河北农村统计年鉴

2019

河北省人民政府办公厅
河 北 省 统 计 局 编

图书在版编目（CIP）数据

河北农村统计年鉴. 2019 / 河北省人民政府办公厅，河北省统计局编. -- 北京 : 中国统计出版社，2019.10
ISBN 978-7-5037-8927-4

Ⅰ. ①河… Ⅱ. ①河… ②河… Ⅲ. ①农业统计－统计资料－河北－2019－年鉴 Ⅳ. ①F327.22-66

中国版本图书馆 CIP 数据核字(2019)第 177610 号

河北农村统计年鉴-2019

作　　者/ 河北省人民政府办公厅　河北省统计局
责任编辑/ 钟钰 刘海涛
装帧设计/ 刘海涛
出版发行/ 中国统计出版社有限公司
地　　址/ 北京市丰台区西三环南路甲 6 号
邮政编码/ 100073
电　　话/ 邮购（010）63376909　书店（010）68783171
网　　址/ http://www.zgtjcbs.com
印　　刷/ 石家庄天荣印刷有限公司
经　　销/ 新华书店
开　　本/ 880mm×1230mm　1/16
字　　数/ 1103 千字
印　　张/ 35.625
版　　别/ 2019 年 10 月第 1 版
版　　次/ 2019 年 10 月第 1 次印刷
定　　价/ 260.00 元

如有印装差错，由本社发行部调换。

编 辑 说 明

2018年是贯彻党的十九大精神的开局之年，是改革开放40周年，是决胜全面建成小康社会、实施“十三五”规划承上启下的关键一年，是实施乡村振兴战略开局之年。在省委、省政府正确领导下，全省各地以习近平新时代中国特色社会主义思想为指导，认真贯彻中央、省委一号文件，落实中央、省农村工作会议精神，主动适应经济发展新常态，坚持为高质量发展服务，为领导决策服务，为社会公众服务。为了全面反映2018年河北省农村社会经济在加快新时代经济强省美丽河北建设中取得的新成效以及农业生产、农村发展和农民生活发生的新变化，更好地服务于经济建设、领导决策和公众需要，我们编辑了《河北农村统计年鉴—2019》。

《河北农村统计年鉴—2019》在保持历年《河北农村统计年鉴》基本框架的基础上，结合年度特点对部分内容、表式作了适当调整。一是反映实施乡村振兴战略取得的成效和经验；二是反映深化农业供给侧结构性改革取得的成效和经验；三是反映加快推进农业农村现代化取得的成效和经验；四是反映全面深化农村改革取得的成效和经验；五是反映脱贫攻坚取得的成效和经验；六是反映开展农村人居环境综合整治取得的成效和经验。

本《年鉴》统计资料中符号说明：“…”表示数据不足本项最小单位，“空格”表示该项统计数据不详或无该项统计资料，“#”表示其中的主要项。同时，为反映石家庄市、保定市包含省直管县的情况以及两个省直管县经济发展情况，在“统计资料•各市情况”中，分列了石家庄市含省管县辛集市数据、保定市含省管县定州市数据，石家庄市不含省管县辛集市数据、保定市不含省管县定州市数据，并单列了定州市、辛集市两市数据。

为保证本《年鉴》按时、保质出版，省委、省政府有关领导高度重视，省直有关部门及各市、县给予了大力支持，全体编办人员为此付出了辛苦的努力，在此一并表示感谢！

在编辑过程中，我们力图精益求精，但仍难免有不妥之处，敬请广大读者提出宝贵意见。

《河北农村统计年鉴》编辑部

2019年9月

《河北农村统计年鉴——2019》编辑委员会名单

目　录

Ⅰ　特　载

Ⅱ　领导讲话

III 社会经济发展报告

IV 经验选载

V 农业法规　文件选载

Ⅵ　统计图

Ⅶ　统计资料

全省情况

各市情况

Ⅷ 2018年河北农村工作大事记

Ⅸ 附 录

Ⅰ 特 载

中共中央 国务院
关于坚持农业农村优先发展做好“三农”工作的若干意见

（2019年1月3日）

今明两年是全面建成小康社会的决胜期，“三农”领域有不少必须完成的硬任务。党中央认为，在经济下行压力加大、外部环境发生深刻变化的复杂形势下，做好“三农”工作具有特殊重要性。必须坚持把解决好“三农”问题作为全党工作重中之重不动摇，进一步统一思想、坚定信心、落实工作，巩固发展农业农村好形势，发挥“三农”压舱石作用，为有效应对各种风险挑战赢得主动，为确保经济持续健康发展和社会大局稳定、如期实现第一个百年奋斗目标奠定基础。

做好“三农”工作，要以习近平新时代中国特色社会主义思想为指导，全面贯彻党的十九大和十九届二中、三中全会以及中央经济工作会议精神，紧紧围绕统筹推进“五位一体”总体布局和协调推进“四个全面”战略布局，牢牢把握稳中求进工作总基调，落实高质量发展要求，坚持农业农村优先发展总方针，以实施乡村振兴战略为总抓手，对标全面建成小康社会“三农”工作必须完成的硬任务，适应国内外复杂形势变化对农村改革发展提出的新要求，抓重点、补短板、强基础，围绕“巩固、增强、提升、畅通”深化农业供给侧结构性改革，坚决打赢脱贫攻坚战，充分发挥农村基层党组织战斗堡垒作用，全面推进乡村振兴，确保顺利完成到2020年承诺的农村改革发展目标任务。

一、聚力精准施策，决战决胜脱贫攻坚

（一）不折不扣完成脱贫攻坚任务。咬定既定脱贫目标，落实已有政策部署，到2020年确保现行标准下农村贫困人口实现脱贫、贫困县全部摘帽、解决区域性整体贫困。坚持现行扶贫标准，全面排查解决影响“两不愁三保障”实现的突出问题，防止盲目拔高标准、吊高胃口，杜绝数字脱贫、虚假脱贫。加强脱贫监测。进一步压实脱贫攻坚责任，落实最严格的考核评估，精准问责问效。继续加强东西部扶贫协作和中央单位定点扶贫。深入推进抓党建促脱贫攻坚。组织开展常态化约谈，发现问题随时约谈。用好脱贫攻坚专项巡视成果，推动落实脱贫攻坚政治责任。

（二）主攻深度贫困地区。瞄准制约深度贫困地区精准脱贫的重点难点问题，列出清单，逐项明确责任，对账销号。重大工程建设项目继续向深度贫困地区倾斜，特色产业扶贫、易地扶贫搬迁、生态扶贫、金融扶贫、社会帮扶、干部人才等政策措施向深度贫困地区倾斜。各级财政优先加大“三区三州”脱贫攻坚资金投入。对“三区三州”外贫困人口多、贫困发生率高、脱贫难度大的深度贫困地区，也要统筹资金项目，加大扶持力度。

（三）着力解决突出问题。注重发展长效扶贫产业，着力解决产销脱节、风险保障不足等问题，提高贫困人口参与度和直接受益水平。强化易地扶贫搬迁后续措施，着力解决重搬迁、轻后续帮扶问题，确保搬迁一户、稳定脱贫一户。加强贫困地区义务教育控辍保学，避免因贫失学辍学。落实基本医疗保险、大病保险、医疗救助等多重保障措施，筑牢乡村卫生服务网底，保障贫困人口基本医疗需求。扎实推进生态扶贫，促进扶贫开发与生态保护相协调。坚持扶贫与扶志扶智相结合，加强贫困地区职业教育和技能培训，加强开发式扶贫与保障性扶贫统筹衔接，着力解决“一兜了之”和部分贫困人口等靠要问题，增强贫困群众内生动力和自我发展能力。切实加强一线精准帮扶力量，选优配强驻村工作队伍。关心关爱扶贫干部，加大

工作支持力度，帮助解决实际困难，解除后顾之忧。持续开展扶贫领域腐败和作风问题专项治理，严厉查处虚报冒领、贪占挪用和优亲厚友、吃拿卡要等问题。

（四）巩固和扩大脱贫攻坚成果。攻坚期内贫困县、贫困村、贫困人口退出后，相关扶贫政策保持稳定，减少和防止贫困人口返贫。研究解决收入水平略高于建档立卡贫困户的群众缺乏政策支持等新问题。坚持和推广脱贫攻坚中的好经验好做法好路子。做好脱贫攻坚与乡村振兴的衔接，对摘帽后的贫困县要通过实施乡村振兴战略巩固发展成果，接续推动经济社会发展和群众生活改善。总结脱贫攻坚的实践创造和伟大精神。及早谋划脱贫攻坚目标任务2020年完成后的战略思路。

二、夯实农业基础，保障重要农产品有效供给

（一）稳定粮食产量。毫不放松抓好粮食生产，推动藏粮于地、藏粮于技落实落地，确保粮食播种面积稳定在16.5亿亩。稳定完善扶持粮食生产政策举措，挖掘品种、技术、减灾等稳产增产潜力，保障农民种粮基本收益。发挥粮食主产区优势，完善粮食主产区利益补偿机制，健全产粮大县奖补政策。压实主销区和产销平衡区稳定粮食生产责任。严守18亿亩耕地红线，全面落实永久基本农田特殊保护制度，确保永久基本农田保持在15.46亿亩以上。建设现代气象为农服务体系。强化粮食安全省长责任制考核。

（二）完成高标准农田建设任务。巩固和提高粮食生产能力，到2020年确保建成8亿亩高标准农田。修编全国高标准农田建设总体规划，统一规划布局、建设标准、组织实施、验收考核、上图入库。加强资金整合，创新投融资模式，建立多元筹资机制。实施区域化整体建设，推进田水林路电综合配套，同步发展高效节水灌溉。全面完成粮食生产功能区和重要农产品生产保护区划定任务，高标准农田建设项目优先向“两区”安排。恢复启动新疆优质棉生产基地建设，将糖料蔗“双高”基地建设范围覆盖到划定的所有保护区。进一步加强农田水利建设。推进大中型灌区续建配套节水改造与现代化建设。加大东北黑土地保护力度。加强华北地区地下水超采综合治理。推进重金属污染耕地治理修复和种植结构调整试点。

（三）调整优化农业结构。大力发展紧缺和绿色优质农产品生产，推进农业由增产导向转向提质导向。深入推进优质粮食工程。实施大豆振兴计划，多途径扩大种植面积。支持长江流域油菜生产，推进新品种新技术示范推广和全程机械化。积极发展木本油料。实施奶业振兴行动，加强优质奶源基地建设，升级改造中小奶牛养殖场，实施婴幼儿配方奶粉提升行动。合理调整粮经饲结构，发展青贮玉米、苜蓿等优质饲草料生产。合理确定内陆水域养殖规模，压减近海、湖库过密网箱养殖，推进海洋牧场建设，规范有序发展远洋渔业。降低江河湖泊和近海渔业捕捞强度，全面实施长江水生生物保护区禁捕。实施农产品质量安全保障工程，健全监管体系、监测体系、追溯体系。加大非洲猪瘟等动物疫情监测防控力度，严格落实防控举措，确保产业安全。

（四）加快突破农业关键核心技术。强化创新驱动发展，实施农业关键核心技术攻关行动，培育一批农业战略科技创新力量，推动生物种业、重型农机、智慧农业、绿色投入品等领域自主创新。建设农业领域国家重点实验室等科技创新平台基地，打造产学研深度融合平台，加强国家现代农业产业技术体系、科技创新联盟、产业创新中心、高新技术产业示范区、科技园区等建设。强化企业技术创新主体地位，培育农业科技创新型企业，支持符合条件的企业牵头实施技术创新项目。继续组织实施水稻、小麦、玉米、大豆和畜禽良种联合攻关，加快选育和推广优质草种。支持薄弱环节适用农机研发，促进农机装备产业转型升级，加快推进农业机械化。加强农业领域知识产权创造与应用。加快先进实用技术集成创新与推广应用。建立健全农业科研成果产权制度，赋予科研人员科技成果所有权，完善人才评价和流动保障机制，落实兼职兼薪、成果权益分配政策。

（五）实施重要农产品保障战略。加强顶层设计和系统规划，立足国内保障粮食等重要农产品供给，统筹用好国际国内两个市场、两种资源，科学确定国内重要农产品保障水平，健全保障体系，提高国内安全保障能力。将稻谷、小麦作为必保品种，稳定玉米生产，确保谷物基本自给、口粮绝对安全。加快推进粮食安全保障立法进程。在提质增效基础上，巩固棉花、油料、糖料、天然橡胶生产能力。加快推进并支持农业走出去，加强“一带一路”农业国际合作，主动扩大国内紧缺农产品进口，拓展多元化进口渠道，培育一批跨国农业企业集团，提高农业对外合作水平。加大农产品反走私综合治理力度。

三、扎实推进乡村建设，加快补齐农村人居环境和公共服务短板

（一）抓好农村人居环境整治三年行动。深入学习推广浙江“千村示范、万村整治”工程经验，全面推开以农村垃圾污水治理、厕所革命和村容村貌提升为重点的农村人居环境整治，确保到2020年实现农村人居环境阶段性明显改善，村庄环境基本干净整洁有序，村民环境与健康意识普遍增强。鼓励各地立足实际、因地制宜，合理选择简便易行、长期管用的整治模式，集中攻克技术难题。建立

地方为主、中央补助的政府投入机制。中央财政对农村厕所革命整村推进等给予补助，对农村人居环境整治先进县给予奖励。中央预算内投资安排专门资金支持农村人居环境整治。允许县级按规定统筹整合相关资金，集中用于农村人居环境整治。鼓励社会力量积极参与，将农村人居环境整治与发展乡村休闲旅游等有机结合。广泛开展村庄清洁行动。开展美丽宜居村庄和最美庭院创建活动。农村人居环境整治工作要同农村经济发展水平相适应、同当地文化和风土人情相协调，注重实效，防止做表面文章。

（二）实施村庄基础设施建设工程。推进农村饮水安全巩固提升工程，加强农村饮用水水源地保护，加快解决农村"吃水难"和饮水不安全问题。全面推进"四好农村路"建设，加大"路长制"和示范县实施力度，实现具备条件的建制村全部通硬化路，有条件的地区向自然村延伸。加强村内道路建设。全面实施乡村电气化提升工程，加快完成新一轮农村电网改造。完善县乡村物流基础设施网络，支持产地建设农产品贮藏保鲜、分级包装等设施，鼓励企业在县乡和具备条件的村建立物流配送网点。加快推进宽带网络向村庄延伸，推进提速降费。继续推进农村危房改造。健全村庄基础设施建管长效机制，明确各方管护责任，鼓励地方将管护费用纳入财政预算。

（三）提升农村公共服务水平。全面提升农村教育、医疗卫生、社会保障、养老、文化体育等公共服务水平，加快推进城乡基本公共服务均等化。推动城乡义务教育一体化发展，深入实施农村义务教育学生营养改善计划。实施高中阶段教育普及攻坚计划，加强农村儿童健康改善和早期教育、学前教育。加快标准化村卫生室建设，实施全科医生特岗计划。建立健全统一的城乡居民基本医疗保险制度，同步整合城乡居民大病保险。完善城乡居民基本养老保险待遇确定和基础养老金正常调整机制。统筹城乡社会救助体系，完善最低生活保障制度、优抚安置制度。加快推进农村基层综合性文化服务中心建设。完善农村留守儿童和妇女、老年人关爱服务体系，支持多层次农村养老事业发展，加强和改善农村残疾人服务。推动建立城乡统筹的基本公共服务经费投入机制，完善农村基本公共服务标准。

（四）加强农村污染治理和生态环境保护。统筹推进山水林田湖草系统治理，推动农业农村绿色发展。加大农业面源污染治理力度，开展农业节肥节药行动，实现化肥农药使用量负增长。发展生态循环农业，推进畜禽粪污、秸秆、农膜等农业废弃物资源化利用，实现畜牧养殖大县粪污资源化利用整县治理全覆盖，下大力气治理白色污染。扩大轮作休耕制度试点。创建农业绿色发展先行区。实施乡村绿化美化行动，建设一批森林乡村，保护古树名木，开展湿地生态效益补偿和退耕还湿。全面保护天然林。加强"三北"地区退化防护林修复。扩大退耕还林还草，稳步实施退牧还草。实施新一轮草原生态保护补助奖励政策。落实河长制、湖长制，推进农村水环境治理，严格乡村河湖水域岸线等水生态空间管理。

（五）强化乡村规划引领。把加强规划管理作为乡村振兴的基础性工作，实现规划管理全覆盖。以县为单位抓紧编制或修编村庄布局规划，县级党委和政府要统筹推进乡村规划工作。按照先规划后建设的原则，通盘考虑土地利用、产业发展、居民点建设、人居环境整治、生态保护和历史文化传承，注重保持乡土风貌，编制多规合一的实用性村庄规划。加强农村建房许可管理。

四、发展壮大乡村产业，拓宽农民增收渠道

（一）加快发展乡村特色产业。因地制宜发展多样性特色农业，倡导"一村一品"、"一县一业"。积极发展果菜茶、食用菌、杂粮杂豆、薯类、中药材、特色养殖、林特花卉苗木等产业。支持建设一批特色农产品优势区。创新发展具有民族和地域特色的乡村手工业，大力挖掘农村能工巧匠，培育一批家庭工场、手工作坊、乡村车间。健全特色农产品质量标准体系，强化农产品地理标志和商标保护，创响一批"土字号"、"乡字号"特色产品品牌。

（二）大力发展现代农产品加工业。以"粮头食尾"、"农头工尾"为抓手，支持主产区依托县域形成农产品加工产业集群，尽可能把产业链留在县域，改变农村卖原料、城市搞加工的格局。支持发展适合家庭农场和农民合作社经营的农产品初加工，支持县域发展农产品精深加工，建成一批农产品专业村镇和加工强县。统筹农产品产地、集散地、销地批发市场建设，加强农产品物流骨干网络和冷链物流体系建设。培育农业产业化龙头企业和联合体，推进现代农业产业园、农村产业融合发展示范园、农业产业强镇建设。健全农村一二三产业融合发展利益联结机制，让农民更多分享产业增值收益。

（三）发展乡村新型服务业。支持供销、邮政、农业服务公司、农民合作社等开展农技推广、土地托管、代耕代种、统防统治、烘干收储等农业生产性服务。充分发挥乡村资源、生态和文化优势，发展适应城乡居民需要的休闲旅游、餐饮民宿、文化体验、健康养生、养老服务等产业。加强乡村旅游基础设施建设，改善卫生、交通、信息、邮政等公共服务设施。

（四）实施数字乡村战略。深入推进"互联网+农业"，扩大农业物联网示范应用。推进重要农产品全产业链大数据建设，加强国家数字农业农村系统建设。继续开展电子商务进农村综合示范，实施"互联网+"农产品出村进城工程。全面推进信息进村入户，依托"互联网+"推动公共服务向农村延伸。

（五）促进农村劳动力转移就业。落实更加积极的就业政策，加强就业服务和职业技能培训，促进农村劳动力多渠道转移就业和增收。发展壮大县域经济，引导产业有序梯度转移，支持适宜产业向小城镇集聚发展，扶持发展吸纳就业能力强的乡村企业，支持企业在乡村兴办生产车间、就业基地，增加农民就地就近就业岗位。稳定农民工就业，保障工资及时足额发放。加快农业转移人口市民化，推进城镇基本公共服务常住人口全覆盖。

（六）支持乡村创新创业。鼓励外出农民工、高校毕业生、退伍军人、城市各类人才返乡下乡创新创业，支持建立多种形式的创业支撑服务平台，完善乡村创新创业支持服务体系。落实好减税降费政策，鼓励地方设立乡村就业创业引导基金，加快解决用地、信贷等困难。加强创新创业孵化平台建设，支持创建一批返乡创业园，支持发展小微企业。

五、全面深化农村改革，激发乡村发展活力

（一）巩固和完善农村基本经营制度。坚持家庭经营基础性地位，赋予双层经营体制新的内涵。突出抓好家庭农场和农民合作社两类新型农业经营主体，启动家庭农场培育计划，开展农民合作社规范提升行动，深入推进示范合作社建设，建立健全支持家庭农场、农民合作社发展的政策体系和管理制度。落实扶持小农户和现代农业发展有机衔接的政策，完善“农户+合作社”、“农户+公司”利益联结机制。加快培育各类社会化服务组织，为一家一户提供全程社会化服务。加快出台完善草原承包经营制度的意见。加快推进农业水价综合改革，健全节水激励机制。继续深化供销合作社综合改革，制定供销合作社条例。深化集体林权制度和国有林区林场改革。大力推进农垦垦区集团化、农场企业化改革。

（二）深化农村土地制度改革。保持农村土地承包关系稳定并长久不变，研究出台配套政策，指导各地明确第二轮土地承包到期后延包的具体办法，确保政策衔接平稳过渡。完善落实集体所有权、稳定农户承包权、放活土地经营权的法律法规和政策体系。在基本完成承包地确权登记颁证工作基础上，开展“回头看”，做好收尾工作，妥善化解遗留问题，将土地承包经营权证书发放至农户手中。健全土地流转规范管理制度，发展多种形式农业适度规模经营，允许承包土地的经营权担保融资。总结好农村土地制度三项改革试点经验，巩固改革成果。坚持农村土地集体所有、不搞私有化，坚持农地农用、防止非农化，坚持保障农民土地权益、不得以退出承包地和宅基地作为农民进城落户条件，进一步深化农村土地制度改革。在修改相关法律的基础上，完善配套制度，全面推开农村土地征收制度改革和农村集体经营性建设用地入市改革，加快建立城乡统一的建设用地市场。加快推进宅基地使用权确权登记颁证工作，力争2020年基本完成。稳慎推进农村宅基地制度改革，拓展改革试点，丰富试点内容，完善制度设计。抓紧制定加强农村宅基地管理指导意见。研究起草农村宅基地使用条例。开展闲置宅基地复垦试点。允许在县域内开展全域乡村闲置校舍、厂房、废弃地等整治，盘活建设用地重点用于支持乡村新产业新业态和返乡下乡创业。严格农业设施用地管理，满足合理需求。巩固“大棚房”问题整治成果。按照“取之于农，主要用之于农”的要求，调整完善土地出让收入使用范围，提高农业农村投入比例，重点用于农村人居环境整治、村庄基础设施建设和高标准农田建设。扎实开展新增耕地指标和城乡建设用地增减挂钩节余指标跨省域调剂使用，调剂收益全部用于巩固脱贫攻坚成果和支持乡村振兴。加快修订土地管理法、物权法等法律法规。

（三）深入推进农村集体产权制度改革。按期完成全国农村集体资产清产核资，加快农村集体资产监督管理平台建设，建立健全集体资产各项管理制度。指导农村集体经济组织在民主协商的基础上，做好成员身份确认，注重保护外嫁女等特殊人群的合法权利，加快推进农村集体经营性资产股份合作制改革，继续扩大试点范围。总结推广资源变资产、资金变股金、农民变股东经验。完善农村集体产权权能，积极探索集体资产股权质押贷款办法。研究制定农村集体经济组织法。健全农村产权流转交易市场，推动农村各类产权流转交易公开规范运行。研究完善适合农村集体经济组织特点的税收优惠政策。

（四）完善农业支持保护制度。按照增加总量、优化存量、提高效能的原则，强化高质量绿色发展导向，加快构建新型农业补贴政策体系。按照适应世贸组织规则、保护农民利益、支持农业发展的原则，抓紧研究制定完善农业支持保护政策的意见。调整改进“黄箱”政策，扩大“绿箱”政策使用范围。按照更好发挥市场机制作用取向，完善稻谷和小麦最低收购价政策。完善玉米和大豆生产者补贴政策。健全农业信贷担保费率补助和以奖代补机制，研究制定担保机构业务考核的具体办法，加快做大担保规模。按照扩面增品提标的要求，完善农业保险政策。推进稻谷、小麦、玉米完全成本保险和收入保险试点。扩大农业大灾保险试点和“保险+期货”试点。探索对地方优势特色农产品保险实施以奖代补试点。打通金融服务“三农”各个环节，建立县域银行业金融机构服务“三农”的激励约束机制，实现普惠性涉农贷款增速总体高于各项贷款平均增速。推动农村商业银行、农村合作银行、农村信用社逐步回归本源，为本地“三农”服务。研究制定商业银行“三农”事业部绩效考核和激励的具体办法。用好差别化

准备金率和差异化监管等政策，切实降低“三农”信贷担保服务门槛，鼓励银行业金融机构加大对乡村振兴和脱贫攻坚中长期信贷支持力度。支持重点领域特色农产品期货期权品种上市。

六、完善乡村治理机制，保持农村社会和谐稳定

（一）增强乡村治理能力。建立健全党组织领导的自治、法治、德治相结合的领导体制和工作机制，发挥群众参与治理主体作用。开展乡村治理体系建设试点和乡村治理示范村镇创建。加强自治组织规范化制度化建设，健全村级议事协商制度，推进村级事务公开，加强村级权力有效监督。指导农村普遍制定或修订村规民约。推进农村基层依法治理，建立健全公共法律服务体系。加强农业综合执法。

（二）加强农村精神文明建设。引导农民践行社会主义核心价值观，巩固党在农村的思想阵地。加强宣传教育，做好农民群众的思想工作，宣传党的路线方针和强农惠农富农政策，引导农民听党话、感党恩、跟党走。开展新时代文明实践中心建设试点，抓好县级融媒体中心建设。深化拓展群众性精神文明创建活动，推出一批农村精神文明建设示范县、文明村镇、最美家庭，挖掘和树立道德榜样典型，发挥示范引领作用。支持建设文化礼堂、文化广场等设施，培育特色文化村镇、村寨。持续推进农村移风易俗工作，引导和鼓励农村基层群众性自治组织采取约束性强的措施，对婚丧陋习、天价彩礼、孝道式微、老无所养等不良社会风气进行治理。

（三）持续推进平安乡村建设。深入推进扫黑除恶专项斗争，严厉打击农村黑恶势力，杜绝“村霸”等黑恶势力对基层政权的侵蚀。严厉打击敌对势力、邪教组织、非法宗教活动向农村地区的渗透。推进纪检监察工作向基层延伸，坚决查处发生在农民身边的不正之风和腐败问题。健全落实社会治安综合治理领导责任制。深化拓展网格化服务管理，整合配优基层一线平安建设力量，把更多资源、服务、管理放到农村社区。加强乡村交通、消防、公共卫生、食品药品安全、地质灾害等公共安全事件易发领域隐患排查和专项治理。加快建设信息化、智能化农村社会治安防控体系，继续推进农村“雪亮工程”建设。坚持发展新时代“枫桥经验”，完善农村矛盾纠纷排查调处化解机制，提高服务群众、维护稳定的能力和水平。

七、发挥农村党支部战斗堡垒作用，全面加强农村基层组织建设

（一）强化农村基层党组织领导作用。抓实建强农村基层党组织，以提升组织力为重点，突出政治功能，持续加强农村基层党组织体系建设。增加先进支部、提升中间支部、整顿后进支部，以县为单位对软弱涣散村党组织“一村一策”逐个整顿。对村“两委”换届进行一次“回头看”，坚决把受过刑事处罚、存在“村霸”和涉黑涉恶等问题的村“两委”班子成员清理出去。实施村党组织带头人整体优化提升行动，配齐配强班子。全面落实村党组织书记县级党委备案管理制度。建立第一书记派驻长效工作机制，全面向贫困村、软弱涣散村和集体经济空壳村派出第一书记，并向乡村振兴任务重的村拓展。加大从高校毕业生、农民工、退伍军人、机关事业单位优秀党员中培养选拔村党组织书记力度。健全从优秀村党组织书记中选拔乡镇领导干部、考录乡镇公务员、招聘乡镇事业编制人员的常态化机制。落实村党组织5年任期规定，推动全国村“两委”换届与县乡换届同步进行。优化农村党员队伍结构，加大从青年农民、农村外出务工人员中发展党员力度。健全县级党委抓乡促村责任制，县乡党委要定期排查并及时解决基层组织建设突出问题。加强和改善村党组织对村级各类组织的领导，健全以党组织为领导的村级组织体系。全面推行村党组织书记通过法定程序担任村委会主任，推行村“两委”班子成员交叉任职，提高村委会成员和村民代表中党员的比例。加强党支部对村级集体经济组织的领导。全面落实“四议两公开”，健全村级重要事项、重大问题由村党组织研究讨论机制。

（二）发挥村级各类组织作用。理清村级各类组织功能定位，实现各类基层组织按需设置、按职履责、有人办事、有章理事。村民委员会要履行好基层群众性自治组织功能，增强村民自我管理、自我教育、自我服务能力。全面建立健全村务监督委员会，发挥在村务决策和公开、财产管理、工程项目建设、惠农政策措施落实等事项上的监督作用。强化集体经济组织服务功能，发挥在管理集体资产、合理开发集体资源、服务集体成员等方面的作用。发挥农村社会组织在服务农民、树立新风等方面的积极作用。

（三）强化村级组织服务功能。按照有利于村级组织建设、有利于服务群众的原则，将适合村级组织代办或承接的工作事项交由村级组织，并保障必要工作条件。规范村级组织协助政府工作事项，防止随意增加村级组织工作负担。统筹乡镇站所改革，强化乡镇为农服务体系建设，确保乡镇有队伍、有资源为农服务。

（四）完善村级组织运转经费保障机制。健全以财政投入为主的稳定的村级组织运转经费保障制度，全面落实村干部报酬待遇和村级组织办公经费，建立正常增长机制，保障村级公共服务运行维护等其他必要支出。把发展壮大村级集体经济作为发挥农村基层党组织领导作用的

重要举措，加大政策扶持和统筹推进力度，因地制宜发展壮大村级集体经济，增强村级组织自我保障和服务农民能力。

八、加强党对“三农”工作的领导，落实农业农村优先发展总方针

（一）强化五级书记抓乡村振兴的制度保障。实行中央统筹、省负总责、市县乡抓落实的农村工作机制，制定落实五级书记抓乡村振兴责任的实施细则，严格督查考核。加强乡村振兴统计监测工作。2019年各省（自治区、直辖市）党委要结合本地实际，出台市县党政领导班子和领导干部推进乡村振兴战略的实绩考核意见，并加强考核结果应用。各地区各部门要抓紧梳理全面建成小康社会必须完成的硬任务，强化工作举措，确保2020年圆满完成各项任务。

（二）牢固树立农业农村优先发展政策导向。各级党委和政府必须把落实“四个优先”的要求作为做好“三农”工作的头等大事，扛在肩上、抓在手上，同政绩考核联系到一起，层层落实责任。优先考虑“三农”干部配备，把优秀干部充实到“三农”战线，把精锐力量充实到基层一线，注重选拔熟悉“三农”工作的干部充实地方各级党政班子。优先满足“三农”发展要素配置，坚决破除妨碍城乡要素自由流动、平等交换的体制机制壁垒，改变农村要素单向流出格局，推动资源要素向农村流动。优先保障“三农”资金投入，坚持把农业农村作为财政优先保障领域和金融优先服务领域，公共财政更大力度向“三农”倾斜，县域新增贷款主要用于支持乡村振兴。地方政府债券资金要安排一定比例用于支持农村人居环境整治、村庄基础设施建设等重点领域。优先安排农村公共服务，推进城乡基本公共服务标准统一、制度并轨，实现从形式上的普惠向实质上的公平转变。完善落实农业农村优先发展的顶层设计，抓紧研究出台指导意见和具体实施办法。

（三）培养懂农业、爱农村、爱农民的“三农”工作队伍。建立“三农”工作干部队伍培养、配备、管理、使用机制，落实关爱激励政策。引导教育“三农”干部大兴调查研究之风，倡导求真务实精神，密切与群众联系，加深对农民感情。坚决纠正脱贫攻坚和乡村振兴工作中的形式主义、官僚主义，清理规范各类检查评比、考核督导事项，切实解决基层疲于迎评迎检问题，让基层干部把精力集中到为群众办实事办好事上来。把乡村人才纳入各级人才培养计划予以重点支持。建立县域人才统筹使用制度和乡村人才定向委托培养制度，探索通过岗编适度分离、在岗学历教育、创新职称评定等多种方式，引导各类人才投身乡村振兴。对作出突出贡献的各类人才给予表彰和奖励。实施新型职业农民培育工程。大力发展面向乡村需求的职业教育，加强高等学校涉农专业建设。抓紧出台培养懂农业、爱农村、爱农民“三农”工作队伍的政策意见。

（四）发挥好农民主体作用。加强制度建设、政策激励、教育引导，把发动群众、组织群众、服务群众贯穿乡村振兴全过程，充分尊重农民意愿，弘扬自力更生、艰苦奋斗精神，激发和调动农民群众积极性主动性。发挥政府投资的带动作用，通过民办公助、筹资筹劳、以奖代补、以工代赈等形式，引导和支持村集体和农民自主组织实施或参与直接受益的村庄基础设施建设和农村人居环境整治。加强筹资筹劳使用监管，防止增加农民负担。出台村庄建设项目简易审批办法，规范和缩小招投标适用范围，让农民更多参与并从中获益。

当前，做好“三农”工作意义重大、任务艰巨、要求迫切，除上述8个方面工作之外，党中央、国务院部署的其他各项工作必须久久为功、狠抓落实、务求实效。

让我们紧密团结在以习近平同志为核心的党中央周围，全面贯彻落实习近平总书记关于做好“三农”工作的重要论述，锐意进取、攻坚克难、扎实工作，为决胜全面建成小康社会、推进乡村全面振兴作出新的贡献。

（中发〔2019〕1号）

中共河北省委　河北省人民政府
关于坚持农业农村优先发展扎实推进乡村振兴战略实施的意见

（2019年3月5日）

党的十九大以来，我省认真贯彻落实党中央、国务院“三农”工作决策部署，大力实施乡村振兴战略，深入推进农业供给侧结构性改革，农业农村发展取得显著成效。但也要看到，全面建成小康社会难点在“三农”，重点在“三农”，关键也在“三农”。今明两年是全面建成小康社会的决胜期，“三农”领域有不少必须完成的硬任务，要以更大的决心，更有力的举措，扎实推进乡村振兴战略实施，巩固发展农业农村持续向好形势。

做好今明两年“三农”工作，要以习近平新时代中国特色社会主义思想为指导，全面贯彻党中央、国务院关于“三农”工作决策部署，牢牢把握稳中求进工作总基调，落实高质量发展要求，坚持农业农村优先发展总方针，以实施乡村振兴战略为总抓手，以深化农业供给侧结构性改革为主线，对标全面建成小康社会“三农”工作必须完成的硬任务，抓重点、补短板、强基础，大力调整农业结构，加快优化农村生产力布局，聚力打赢脱贫攻坚战，着力改善农村人居环境，加快补齐农村基础设施和公共服务短板，不断深化农村改革，全面加强农村基层组织建设，确保顺利完成到2020年承诺的农业农村改革发展目标任务。

一、决战决胜脱贫攻坚

(一)全面完成脱贫攻坚任务。坚持现有目标不动摇，锁定建档立卡贫困户，确保焦点不散、靶心不变，聚力解决绝对贫困问题，确保2019年完成32.75万贫困人口脱贫、1448个贫困村出列、13个贫困县摘帽任务，实现所有贫困县、贫困村脱贫退出，解决区域性整体贫困;2020年上半年集中扫尾，实现6.9万兜底贫困人口脱贫，下半年巩固提升，不折不扣完成脱贫攻坚任务。坚持现行标准不动摇，全面排查影响“两不愁三保障”实现的突出问题，切实解决好贫困群众就业、教育、医疗、危房改造等切身利益问题，既不降低标准、影响质量，也不盲目拔高标准、吊高胃口，杜绝数字脱贫、虚假脱贫。坚持主攻深度贫困地区不动摇，脱贫攻坚资金投入重点向深度贫困地区倾斜，重大工程建设项目继续向深度贫困地区倾斜，特色产业扶贫、易地扶贫搬迁、生态扶贫、金融扶贫、社会帮扶、干部人才等政策措施向深度贫困地区倾斜。

(二)提升脱贫攻坚质量水平。实施产业扶贫“十百千”示范工程，着力提高产业扶贫项目收益率和带动力。实施劳务对接扶贫行动，加大精准培训和帮扶力度，将符合条件的贫困劳动力全部纳入就业扶贫政策扶持范围。完善省市县乡村五级产业扶贫技术服务体系，实行县派专家服务团、乡镇建科技服务站、村派科技特派员制度，开展技术咨询、农技培训等科技帮扶。加强贫困地区职业教育和技能培训，加强开发式扶贫与保障性扶贫统筹衔接，增强贫困群众内生动力和自我发展能力。坚持“两区”同建，强化易地扶贫搬迁后续措施，确保搬迁一户稳定脱贫一户，2019年全面完成13.59万贫困人口易地扶贫搬迁任务。持续开展扶贫领域腐败和作风问题专项治理，严厉查处虚报冒领、贪占挪用和优亲厚友、吃拿卡要等问题，坚决纠正脱贫攻坚工作中的形式主义、官僚主义。

(三)巩固和扩大脱贫攻坚成果。脱贫攻坚期内贫困县、贫困村、贫困人口退出后，相关扶贫政策保持稳定，减少和防止贫困人口返贫。对非建档立卡低收入户实施贫困预警监测并研究制定支持政策，对非持续稳定脱贫户加大扶持保障力度，建立促进贫困群众稳定脱贫和防范返贫的长效机制。统筹衔接脱贫攻坚与乡村振兴，尚未摘帽的贫困县要把打好脱贫攻坚战作为实施乡村振兴战略的优先任务，保持工作重心不偏移;已经摘帽的县要通过实施乡村振兴战略巩固发展成果，接续推动经济社会发展和群众生活改善。总结脱贫攻坚的实践创造和伟大精神，将针对绝对贫困的脱贫攻坚举措逐步调整为针对相对贫困的日常性帮扶措施，并纳入乡村振兴架构下统筹安排。及早谋划脱贫攻坚目标任务2020年完成后的战略思路。

二、大力发展乡村产业

(一)稳定粮食综合生产能力。深入实施藏粮于地、藏粮于技战略，加快4500万亩粮食生产功能区和300万亩重要农产品生产保护区建设，开展粮食绿色高质高效创建，确保粮食产量保持在670亿斤以上。加强资金整合，创新投融资模式，吸引社会资金投入高标准农田建设，每年新建280万亩高标准农田，到2020年达到4100万亩。加强农田水利建设，推进大中型灌区续建配套节水改造，因地制宜兴建“五小水利”工程，加快23条(段)河道治理、58座小型水库除险加固、6处大型灌渠续建配套。

(二)做大做强特色产业。树立大农业观、大食物观，围绕服务京津冀协同发展、雄安新区规划建设和2022年北京冬奥会筹办，大力发展现代都市型农业和特色高效农业，加快建设京津冀绿色优质农产品供给基地。落实“一减四增”要求，按照大产业抓小品种、新产业抓大基地、老产业抓新提升、强产业抓固根基的思路，优化布局、突出特色、连片开发、规模发展，2019年调减非优势区高耗低效粮食作物200万亩。扩大优势蔬菜、优质果品、道地中药材、特色食用菌、高油酸花生、高油高蛋白大豆、花卉苗木、饲草饲料等种植面积，重点打造27条特色产业带、100个特色农产品优势区、100个省级现代精品园区。省级对农业特色产业发展先进县、现代农业精品园区、特色优势农产品予以奖补。

(三)大力实施奶业振兴行动。对标世界一流，加快建设奶业振兴示范省，到2020年全省生鲜乳产量增加50万吨，达到450万吨。大力发展乳品加工业，每年安排工业转型升级资金8000万元、战略性新兴产业资金8000万元支持扩大婴幼儿乳粉和巴氏乳产能，2019年新增婴幼儿配方乳粉产量6万吨，推进4条巴氏乳生产线扩建投产。加快建设优质奶源基地，建设1个高标准现代奶业产业园区，建设150个智能奶牛场，每年安排优质奶源基地建设资金1.2亿元。积极发展现代草业，在唐山、保定和20个奶业大县成规模推动粮改饲，在张家口、沧州连片打造优质饲草饲料专用基地，2019年全省新增全株青贮玉米及苜蓿、燕麦等优质饲草20万亩，达到220万亩。

（四）着力发展科技农业。规划建设雄安新区农业科技创新中心，加快建设环首都现代农业科技示范带，重点建设50个京津冀农业协同创新平台。实施重大农业科技研发专项，加强农业科技基础前沿、关键共性技术研发。围绕生物产业、物联网、农产品电子商务、农业技术服务产业，每年培育100家农业科技小巨人企业。支持龙头企业加大科研投入，开展农产品精深加工技术研发应用，2019年重点培育壮大30个创新型农业企业，每个企业省级给予100万元奖补资金。发展现代种业，重点研发节水小麦、饲用玉米、特色蔬菜、马铃薯、杂粮杂豆等特色优势农作物品种，支持优势种子企业兼并重组，打造一批育繁推一体化现代种业集团。促进农机装备产业转型升级，加快推进农业机械化。扩大农业物联网示范应用，推动智慧农业发展。发挥省级农业产业技术体系创新团队作用，推广太行山农业创新驿站做法，推进农科教、产学研结合，解决农业科技服务“最后一公里”问题。建立健全农业科研成果产权制度，赋予科研人员科技成果所有权，完善人才评价交流保障机制，落实兼职兼薪、成果权益分配政策。加强省级农业气象中心建设，提高气象为农服务能力。

（五）大力发展质量农业。对照国际先进标准，加快制修订省级农业地方标准，特色农产品优势区、现代农业园区、规模农业经营主体率先实现标准化生产，2019年全省农业标准化生产覆盖率提高7个百分点，达到64%。加强供京农产品生产基地和冬奥农产品供应备选基地建设。加大农产品质量安全县创建力度，到2020年实现全覆盖。推进农产品质量安全追溯体系建设，特色农产品优势区、现代农业园区产品率先纳入省级农产品质量安全监管追溯平台，推行合格证加施二维码电子出证方式，2020年全部实现可追溯。农产品质量安全追溯与特色农产品优势区、现代农业园区、农业品牌推选、农产品质量认证、农业展会、省级龙头企业评定等重大创建认定工作挂钩。强化农产品质量安全监管，特色农产品优势区、现代农业精品园区和省级农业产业化龙头企业全面落实自检制度，实施全覆盖抽检，全省农产品质量检测整体合格率保持在97%以上。加快推进并支持农业“走出去”，深化“一带一路”农业合作，加强出口农产品基地建设，到2020年建设200个出口农产品质量安全示范区和国际标准农产品示范区（基地），取得国际质量管理体系、生产规范认证的农产品企业（产品）达到300个。

（六）加快发展品牌农业。完善农业品牌准入标准及品牌审核、评价和授权办法，实行品牌准入和品牌目录动态管理。依托现代农业园区和特色农产品优势区，每县优选1—2个主导产业开展标准化建设、质量认证和形象设计，进行全产业链开发，2019年全省重点培育20个区域公用品牌，创响一批“土字号”“乡字号”品牌。实施企业品牌、产品品牌价值提升工程，首次获得中国质量奖、提名奖的分别奖励200万元、100万元，到2020年农业领军品牌达到100个以上。开展多种形式的“冀在心田”农产品品牌宣传、展示和推介活动，组织参加中国国际农交会、中国（廊坊）农交会等全国性大型展会，继续举办蔬菜、食用菌、中药材等产销对接大会和河北品牌农产品万里行活动，创办奶业（奶农）发展大会、休闲渔业发展大会，综合运用传统媒体和新媒体，提高冀产农产品知名度、美誉度。

（七）积极发展绿色农业。深入实施化肥、农药减量增效行动，使用量继续保持负增长。整市整县推进农业废弃物资源化利用，重点支持气、电、肥一体化利用项目发展，2019年全省畜禽粪污综合利用率提高0.6个百分点，达到75%以上，秸秆综合利用率保持在95%以上，其中能源化、饲料化、基料化利用比重大幅提升，继续在全国保持领先水平。做好非洲猪瘟等重大动物疫病防控工作，推进生猪产业转型升级，推广“规模养殖、标准饲养、集中屠宰、冷链运输、冷鲜上市”模式，加快构建餐厨剩余物收集、储运、处理体系。推进渔业提质增效，压减捕捞总量，发展海洋牧场，提高特色渔业、休闲渔业、外向型渔业比重。抓好承德、衡水农业绿色发展示范市建设，创建一批农业绿色发展先行区。

（八）强力推动产业化经营。开展农业大招商，建立完善项目库和省现代农业招商平台，组建金融、科技、政务等服务团队，瞄准世界500强企业、知名央企、京津外迁企业，重点引进一批发展前景好、产业集聚力强、带动能力大的农业重大项目。对引进年实际投资额达到5亿元、10亿元的农业产业化项目，省农业产业化资金分别给予500万元、1000万元奖补。实施省级重点龙头企业产值倍增计划，对省重点龙头企业新建、改扩建项目年投资额达到3亿元以上的，省农业产业化资金给予300万元奖补。鼓励引导龙头企业与生产基地对接、与农民合作社和家庭农场联合，每年支持50个省级示范联合体规范发展。实施农产品加工业提升行动，支持农产品加工企业向农产品主产区转移集中，支持主产区发展农产品加工产业集群和主食加工园区，支持发展适合家庭农场和农民合作社经营的农产品初加工，建成一批农产品加工专业村镇和加工强县，尽可能把产业链留在县域。2020年全省农产品加工转化率达到60%以上，农产品加工业与农林牧渔业产值比达到2.1∶1。

（九）培育发展乡村新产业新业态。推动重要农产品集散地、特色优势农产品产地市场智慧升级，鼓励企业在县乡和具备条件的村建立物流配送网点。完善农产品冷链物流体系，加快构建环京津鲜活农产品1小时物流圈。实施

“互联网+”农产品出村进城工程，与大型电商集团开展战略合作，支持在电商平台建设特产馆，促进冀产农产品线上线下销售。充分发挥乡村资源和生态优势，发展适应城乡居民需求的休闲旅游、餐饮民宿、文化体验、健康养生、养老服务等乡村新型服务业。实施休闲农业和乡村旅游精品工程，推介一批美丽休闲乡村精品线路和特色生态旅游精品线路，加快构建环京津市民休闲度假圈。创新发展具有民族和地域特色的乡村手工业，大力挖掘农村能工巧匠，培育一批家庭工场、手工作坊、乡村车间。完善乡村创新创业支持服务体系，鼓励市县设立乡村就业创业引导基金，支持外出农民工、高校毕业生、退伍军人、城市各类人才返乡下乡创新创业。

三、扎实推进乡村建设

（一）优化乡村空间布局。把加强规划管理作为乡村振兴的基础性工作，按照“五级两规一导则”要求，加快编制国土空间规划，到2019年底实现乡村规划编制和管理全覆盖。以县为单位抓紧编制或修编镇村体系规划，明确村庄分类、科学有序建设。中心村要联合周边村庄建设新型社区，向特色小镇方向发展；保留村要提升基础设施档次，完善服务功能，建设宜居宜业美丽村庄；撤并村要框死村界，严格限制新建扩建，有序引导人口向中心镇、中心村集中。编制实用性强的村庄建设规划，加强农村建房许可管理，突出地域特色、乡土风貌、民族风情，避免千村一面，防止村庄风貌城市化、村庄建筑布局兵营化、村庄建筑式样西洋化、村庄开发建设过度商业化。

（二）全面开展农村人居环境整治。深入学习推广浙江“千村示范、万村整治”工程经验，全面推开以农村垃圾污水治理、厕所革命和村容村貌提升为重点的农村人居环境整治，确保到2020年完成农村人居环境整治三年行动计划目标任务。以垃圾焚烧发电设施建设为重点，合理配置垃圾收集、转运和处理设施，整县推进城乡一体化垃圾收集、转运和处理体系建设，2019年建成垃圾焚烧发电项目9座，2020年建成42座，基本实现垃圾处理设施全覆盖。大力开展农村厕所革命攻坚年活动，积极实施农村户用卫生厕所建设和改造，有条件的地方同步开展厕所粪污无害化处理、资源化利用，2019年完成改厕200万座，到2020年农村卫生厕所普及率达到85%以上。坚持集中处理与分散治理相结合，因地制宜、梯次推进农村生活污水治理，2019年新增完成4000个村庄、累计实现9000个村庄生活污水治理，完成1.5万个村庄生活污水管控。广泛开展村庄清洁行动，确保2019年9月底前取得全面成效。加快通村组道路、入户道路建设，整治公共空间和庭院环境，大力推进村庄绿化，村容村貌得到明显改善。省市县三级预算内安排专项资金支持农村人居环境整治，省级资金向全域完成县和财政困难县、基础条件差的贫困县倾斜。允许县级按规定统筹整合相关资金，集中用于农村人居环境整治。创新农村建设管理方式，引导支持村集体和农民自主组织实施或参与直接受益的村庄基础设施建设和农村人居环境整治。规范和缩小招投标适用范围，简化审批程序，为农民参与建设和运营管理创造条件。农村人居环境整治工作要与各地农村经济发展水平相适应、同当地文化和风土人情相协调，注重实效，防止做表面文章。

（三）加强地下水超采综合治理。全面推广结构节水、工程节水、农艺节水和机制节水，大幅减少农业地下水开采量。2019年实施季节性休耕200万亩、旱作雨养10万亩，推广小麦节水品种及配套技术536万亩，发展高效节水灌溉33万亩，全年实现农业节水7.6亿立方米。围绕建设首都水源涵养功能区和京津冀生态环境支撑区，在坝上地区减少高耗水作物种植面积，实施退耕还林还草、退牧还草，开展轮作休耕、水改旱。加大引水调水力度，推进农业农村地下水源置换。加快建立水价形成机制和节水激励机制，落实农业水权交易实施细则，引导农民开展水权额度内节余水量交易。

（四）梯次推进美丽乡村建设。完成全域农村人居环境整治的地方，要选择地域相连、产业相似、特色相近、民俗相同的村庄，依托旅游景区、产业园区、文化古村落等资源，若干村组团提档升级，打造宜居宜业宜游的美丽乡村精品片区。以县为主体选择有条件的区域，按照全域国土整治的理念，统筹规划、连片打造、“三区”同建、“四村”联创、多类推进，创建乡村振兴示范区。雄安新区分类打造特色小镇，建设美丽乡村，促进农村一二三产业融合发展。每市选定1—2个示范区进行集中支持、重点打造，省级遴选确定13个示范区予以重点支持，农村人居环境整治、高标准农田建设、特色农产品优势区创建、现代农业园区建设等项目资金向示范区倾斜。乡村振兴示范区创建实行省市县领导分包制度。每年从示范区中优选确定全省实施乡村振兴战略现场观摩会议承办地，结合庆祝中国农民丰收节展示成果、庆祝丰收。

（五）扎实推进“空心村”治理。对空置率50%以上和生存条件恶劣、生态环境脆弱的村庄，加快实施易地新建，重点向县城周边和中心乡镇集聚；对空置率较高、距离县城和中心镇较远村庄，统筹推进“三区”同建，积极开展联村并建；对空置率较低的村庄，组织开展拆旧建新、农宅置换、土地复垦，做好就地整治。用足用好城乡建设用地增减挂钩政策，积极引导资金实力雄厚、市场信誉良好的战略合作者实施“空心村”治理项目，可用城乡建设土地增减挂钩节余指标转让收益偿还其前期投资，到2020年底基本完成“空心村”治理任务。

(六)推进农村基础设施提档升级。加强“四好农村路”建设，到2020年实现所有建制村至少有1条安全可靠、顺畅通行农村客车的硬化路，基本完成乡道及以上行政等级公路安全隐患治理。推进农村饮水安全巩固提升工程，加快完成新一轮农村电网改造。实施数字乡村战略，到2020年全省行政村基本实现光纤宽带全覆盖。大力实施农村地区冬季清洁取暖工程，因地制宜推广“气代煤”“电代煤”清洁能源替代，到2020年全省农村清洁取暖率达到85%。健全完善村庄基础设施建管长效机制，明确各方管护责任，有条件的地方可将管护费用纳入县级财政预算。

(七)提升农村公共服务水平。推动建立城乡统筹的基本公共服务经费投入机制，完善农村基本公共服务标准，加快推进城乡基本公共服务均等化。加强农村中小学、职业教育学校和幼儿园建设，改善薄弱学校基本办学条件。支持有条件的村建设文化广场、体育健身设施，到2020年行政村综合文化服务中心建设覆盖率达到70%。提升乡镇卫生院、村卫生室标准化建设水平，推进一体化管理，实施全科医生特岗计划，强化全科医生培养，建立健全统一的城乡居民基本医疗保险制度，同步整合城乡居民大病保险。完善城乡居民基本养老保险待遇确定和基础养老金正常调整机制。健全城乡社会救助体系，完善最低生活保障制度、优抚安置制度。健全农村基本养老服务网络，以乡(镇)为中心建立具有综合服务功能、医养相结合的养老机构，推进农村幸福院等互助型养老服务发展，支持发展农村康养产业，支持利用村集体建设用地依法兴办养老服务设施。加强和改善农村残疾人服务。

(八)改善农村生态环境。大力弘扬塞罕坝精神，加快实施国土绿化三年行动，抓好京津风沙源治理、太行山绿化等林业建设工程，2019年完成营造林770万亩，2020年完成680万亩、森林覆盖率达到36%。实施草原生态修复工程，到2020年张承地区完成退化草地治理30万亩以上，全省草原综合植被覆盖度达到73%。开展露天矿山综合整治，到2020年完成2002处责任主体灭失的矿山迹地综合治理。落实河长制、湖长制，严格乡村河湖水域岸线等水生态空间管理，推进农村水环境治理。实施重点流域治理与生态修复工程，大力开展农村水系连通工程建设，到2020年初步形成水清岸绿的生态廊道。实施乡村绿化美化行动，在沿河、沿路、沿城和村旁、镇旁等区域开展植树造林，搞好街道、庭院、隙地绿化，建设一批森林乡村。

四、深入推进农村改革

(一)深化农村土地制度改革。充分利用农村承包地确权登记颁证成果，积极引导土地经营权向新型农业经营主体集中，发展多种形式适度规模经营，允许承包土地的经营权担保融资。加快推进宅基地使用权确权登记颁证，力争2020年基本完成。稳慎推进农村宅基地制度改革，支持农村集体经济组织以农宅合作社等方式盘活宅基地，采取入股、联营等方式发展乡村旅游、休闲养老等产业。允许在县域内开展全域乡村闲置校舍、厂房、废弃地等整治，盘活建设用地重点用于支持乡村新产业新业态和返乡下乡创业。试点探索农村宅基地有偿退出和集体建设用地储备机制。巩固“大棚房”问题整治成果，严格农业设施用地管理，满足农村三产融合合理用地需求。

(二)推进农村集体产权制度改革。2019年内基本完成集体资产清产核资，加快农村集体资产监督管理平台建设，建立健全集体“三资”管理制度。指导国家级和省级试点完成各项改革任务，积极争取整省试点。加快推进农村集体经营性资产股份合作制改革，发展新型集体经济。引导农民以土地、林地、草原、农宅等资源资产入股开展多种形式股份合作，推动资源变资产、资金变股金、农民变股东。积极探索制定集体资产股权质押贷款办法。完善草原承包经营制度。健全农村产权流转交易市场体系，指导省市县三级农村产权流转交易中心建立健全内部制度，规范交易行为、完善服务功能，逐步引导土地经营权、集体林权、水权、集体经营性资产等各类农村产权入市流转交易。

(三)构建新型农业经营体系。突出抓好家庭农场和农民合作社两类新型农业经营主体，加快培育各类社会化服务组织，完善“农户+合作社+龙头企业”利益联结机制，建立健全支持家庭农场、农民合作社发展的政策体系和管理制度，推动小农户与现代农业发展有机衔接。启动家庭农场培育计划，2019年新增省级示范家庭农场200家，2020年达到1000家。开展农民合作社规范提升行动，按照“清、查、联、提、创”要求，结合特色农产品优势区和现代农业园区建设，打造一批农民合作社高质量发展整县推进试点县。支持供销、邮政、农业服务公司、农民合作社等开展农技推广、土地托管、代耕代种、统防统治、烘干收储等农业生产性服务。大力推进农垦垦区集团化、农场企业化改革，以设区市为单位组建农垦集团公司，加快农垦现代农业园区建设。

(四)创新农村金融服务。持续推进农业信贷担保业务发展，研究制定担保机构业务考核办法。建立县域银行业金融机构服务“三农”的激励约束机制，实现普惠性涉农贷款增速总体高于各项贷款平均增速。推动农业商业银行、农村合作银行、农村信用社逐步回归本源，为本地“三农”服务。发挥农业政策性银行在农村金融体系中的主体和骨干作用，创新金融产品和服务方式，加大对乡村振兴和脱贫攻坚中长期信贷支持力度。按照扩面增品提标的要求，完善农业保险政策。积极发展各类特色农业保险，推广农房、农机具、设施农业、渔业、制种等保险业务，开发满足新型农业经营主体需求的保险产品。全面推进农村基层党组织与基层农村信用社“双基”共建农村信用工程。

（五）鼓励引导工商资本投向农业农村。创新财政资金投入方式，通过政府与社会资本合作、政府购买服务、担保贴息、以奖代补、民办公助、风险补偿等措施，引导金融和社会资本投向农业农村。制定出台鼓励引导工商资本参与乡村振兴的意见，明确项目投资正面清单，落实和完善融资贷款、配套设施补助、税费减免、设施用地等扶持政策。

五、完善乡村治理体系

（一）探索创新治理方式。建立健全党组织领导的自治、法治、德治相结合的领导体制和工作机制，发挥群众参与治理主体作用。开展乡村治理体系建设试点和乡村治理示范村镇创建。加强村民自治组织规范化制度化建设，健全村级议事协商制度，推进村级事务公开，加强村级权力有效监督。开展“法治新农村”创建活动，建立公共法律服务站点，健全公共法律服务体系。指导农村普遍制定或修订村规民约，发挥红白理事会、道德评议会、禁毒禁赌会、村民议事会等群众自治组织教化约束作用。

（二）推动治理重心下移。以解决群众办事难为切入点，健全县乡村三级社会综合服务平台。统筹乡镇站所改革，强化农技、农经、动物防疫等为农服务体系建设，确保乡镇有队伍、有资源为农服务。按照“有利于村级组织建设、有利于服务群众”的原则，将适合村级组织代办或承接的工作事项交由村级组织，并保障必要工作条件，规范村级组织协助政府工作事项，防止随意增加村级组织工作负担。按照有固定场所、有统一服务标志、有公示服务信息、有便民设施、有规范管理制度、有完善配套服务的标准，加强农村综合服务站建设，全面开展为民服务全程代办，实现“一门式办理”“一站式服务”，解决服务群众的“最后一公里”问题，2019年全省所有行政村全部建立规范的农村综合服务站，实现服务群众常态化、长效化。

（三）加强乡村文化建设。实施公民道德建设工程，以社会主义核心价值观为引领，深化中国特色社会主义和中国梦宣传教育，弘扬燕赵文化、西柏坡精神、赶考精神，加强农民群众思想教育。开展新时代文明实践中心建设试点，抓好县级融媒体中心建设。实施婚丧嫁娶革新行动，引导鼓励农村基层群众自治性组织采取约束性强的措施，对婚丧陋习、天价彩礼、孝道式微、老无所养等不良社会风气进行治理。持续深化文明村镇创建，评选推出一批“星级文明户”“五好家庭”等，2020年全省50%以上的行政村达到县级及以上文明村标准，70%以上乡镇达到县级及以上文明乡镇标准。实施乡村特色文化产业提升工程，加大对反映乡村振兴新成就新风尚的艺术作品扶持力度，支持推出乡村创意文化新产品，培育发展乡村特色文化产业。

（四）开展平安乡村创建。持续开展扫黑除恶专项斗争，严厉打击农村黑恶势力，坚决防止“村霸”等黑恶势力对基层政权的侵蚀。加强和改进农村宗教事务管理，坚决反对封建迷信。严厉打击敌对势力、邪教组织、非法宗教活动向农村地区的渗透。推进纪检监察工作向基层延伸，坚决查处发生在农民身边的不正之风和腐败问题。加强乡村社会治安体系建设，深化拓展网格化管理，在行政村推动落实有一个健全的治保会组织、配备一名辅警、建立一支巡逻队伍、建成一套监控系统“四个一工程”。加强乡村交通、消防、公共卫生、食品药品安全、地质灾害、重大气象灾害等公共安全事件易发领域隐患排查和专项治理。坚持和发展新时代枫桥经验，在每个行政村配备一名专职调解员，加强基层人民调解和社会矛盾排查化解工作，提高服务群众、维护稳定的能力和水平。

六、加强农村基层组织建设

（一）实施村党组织带头人优化提升行动。全面落实村党组织书记县级党委备案管理制度。抓好“万人示范培训”，把村党组织书记纳入党员干部培训整体规划，依托省内外19家农村干部培训基地，省级每年直接培训1万名农村党组织书记，实现届内省级培训全覆盖，同步加强市级重点培训、县乡兜底培训。推行村党组织书记星级管理制度，重点围绕班子建设、队伍建设、制度落实、工作业绩、群众评价等指标进行评星定级，将评定结果作为绩效工资、表扬奖励的重要依据。建立第一书记派驻长效工作机制，全面向贫困村、软弱涣散村和集体经济空壳村派出第一书记，向乡村振兴任务重的村拓展。

（二）加强党组织领导下的农村基层组织建设。实施党支部质量提升工程，强化政治功能、着力提升组织力，把农村党支部打造成为坚强的战斗堡垒。落实村党组织5年任期规定，村“两委”换届与县乡换届同步进行。全面落实“四议两公开”，健全村级重要事项、重大问题由村党组织研究讨论机制。完善以党组织为领导的党支部、村代会、村委会、村监会村级组织架构。发挥农村社会组织在服务群众、树立新风等方面的积极作用。健全完善党组织领导的村级事务运行机制，全面推行村级事务“小微权力清单”，不断推进村级治理规范化制度化。

（三）强化村级组织运转保障。健全以财政投入为主的稳定的村级组织运转经费保障制度，全面落实村干部报酬待遇和村级组织办公经费，建立正常增长机制，提高服务群众能力。把发展壮大村级集体经济作为发挥农村基层党组织领导作用的重要举措，加大政策扶持和统筹推进力度，积极探索新型集体经济有效实现形式，到2019年底有集体经济收入的村占比达到80%，年集体经济收入5万元以上的村占比达到40%；到2020年底，基本消灭集体经济收入空白村，年集体经济收入超过5万元的村达到60%以上，培育发展一批集体经济强村。对发展集体经济实绩突出、贡献较大的村“两委”主要负责人，可由县乡按有关规定给予表扬奖励。

七、加强党对“三农”工作领导

（一）强化五级书记抓乡村振兴的制度保障。落实五级书记抓乡村振兴责任的实施细则，2019年省委制定出台市县党政领导班子和领导干部推进乡村振兴战略的实绩考核意见，强化考核结果应用。对标全面建成小康社会目标，梳理农村改革发展必须完成的硬任务，明确时间节点和责任部门，强化工作举措，确保2020年圆满完成各项任务。各级党委农办和农业农村工作部门要由党委副书记分管，履行牵头抓总职能，加强“三农”工作统筹协调。各相关职能部门要主动担当、主动配合、积极作为，履行好部门职责。各市党委、政府每年向省委、省政府报告实施乡村振兴战略进展情况。

（二）牢固树立农业农村优先发展政策导向。各级党委、政府必须把落实“四个优先”的要求作为做好“三农”工作的头等大事，扛在肩上、抓在手上，同政绩考核联系到一起，层层落实责任。干部配备优先考虑，把优秀干部充实到“三农”战线，把精锐力量充实到基层一线，注重选拔熟悉“三农”工作的干部充实到各级党政班子。要素配置优先满足，分别研究出台资金、土地、人才等具体支持政策，推动资源要素向农村流动。资金投入优先保障，各级财政更大力度向“三农”倾斜，完善涉农资金统筹整合长效机制，县域新增贷款主要用于支持乡村振兴，省级政府债券资金安排一定比例用于支持农村人居环境整治、村庄基础设施建设等重点领域。贯彻落实国家关于调整完善土地出让收入使用范围、分阶段逐步提高用于农业农村投入比例的有关政策。加强平台建设，积极推动新增耕地指标和城乡建设用地增减挂钩节余指标调剂使用，调剂收益全部用于巩固脱贫攻坚成果和支持乡村振兴。公共服务优先安排，推进城乡基本公共服务标准统一、制度并轨，实现从形式上的普惠向实质上的公平转变。

（三）加强“三农”工作队伍建设。建立“三农”工作干部队伍培养、配备、管理、使用机制，形成人才向农村基层一线流动的用人导向。拓宽“三农”干部来源渠道，扩大从大学生村官、村“两委”干部、退伍军人等群体中招录选用基层乡镇公务员比例。整合农业综合执法队伍，严把入口关，全面提升农业执法人员能力素质，着力培养既懂农业农村又熟悉法律的“通专结合”“一专多能”农业专业执法人才。把乡村人才纳入各级人才培养计划予以重点支持。建立县域人才统筹使用制度和乡村人才定向委托培养制度，引导各类人才投身乡村振兴，对作出突出贡献的各类人才给予表扬和奖励。对市县党委、政府分管负责同志及农业农村工作部门主要负责同志进行集中培训，有效提升推进乡村振兴战略实施的素质能力。

（四）强化督导考核力度。市县要对标对表全面建成小康社会任务，梳理短板弱项、建立工作台账、明确进度要求、实行销号管理，确保全面建成小康社会关键期各项任务质量效果。继续将实施乡村振兴战略纳入省重点工作大督查范围，强化对各地实施乡村振兴战略情况的日常督导。充分发挥考核指挥棒作用，对市县和省有关部门开展实施乡村振兴战略实绩考核，将年度考核结果与干部培养、考察评价、选拔任用、管理监督紧密衔接，考核结果优秀的全省通报表扬，连续考核结果居于后位的，由省乡村振兴工作领导小组进行约谈。

（冀发〔2019〕1号）

Ⅱ 领导讲话

时清霜同志在全省农业农村重点工作推进电视电话会议上的讲话

（2018年4月2日）

3月28到29日，国务院在我省正定召开了全国春季农业生产工作会议和农村集体资产清产核资工作推进会议，胡春华副总理出席会议并作了重要讲话。明天，国务院还要召开国土绿化、森林防火和防汛抗旱工作电视电话会议。最近，省委常委会、省政府常务会多次研究部署春季农业生产、国土绿化、森林草原防火、“两区”划定、农垦改革、农村集体资产清产核资等工作。为认真贯彻落实国务院会议精神和省委、省政府重要安排部署，省政府决定召开这次会议，对当前需要着力抓好的重点工作进行安排部署。上述几项工作，原本都是计划单独召开会议部署的，但春耕大忙在即，各项工作都很紧迫，也出于落实中央八项规定精简会议、提高效率的考虑，所以几个会议一并召开，“一揽子”部署。会议内容比较多，但都很重要，都要高度重视，认真抓好落实。刚才，邢台、石家庄、承德市和辛集市分别就春季农业生产、造林绿化和森林草原防火、农垦改革、“两区”划定工作，介绍了各自经验和做法。各地要相互学习，相互借鉴。下面，我就做好相关工作讲几点意见。

一、扎实开展春季农业生产

去冬今春以来，全省平均降水7.2毫米，比常年同期偏少66%，旱情持续发展；加之农资价格上涨，生产成本不断增加，后期天气变化又有很大不确定性，农业生产面临的形势不容乐观。各级各有关部门要站在讲政治、顾大局的高度，充分认识抓好春季农业生产的重要性和紧迫性，务必真抓实干，采取有力措施，努力夯实全年粮食和农业丰收基础。

一要精细实施麦田春管。总体看，今年麦田苗情整体偏差、群体不足、个体偏小，一二类苗占84%，比上年减少8个百分点。按照专家意见，麦田管理要适当提早、分类管理、因苗施策、促控结合。要遵循小麦生长规律，抓住产量形成关键时期，指导农民因地制宜、因情施策，科学运筹肥水，促进苗情转化升级。要加强小麦条锈病、赤霉病等病虫害监测防控，及时开展“一喷综防”作业，大力推进专业化统防统治，对重发区实施联防联控和群防群治。

二要精心组织春耕春播。今年“春脖子”短，农时偏紧。各地要抓住时机，科学安排春耕春播。要优化作物结构，按照稳粮、优经、扩饲的思路，因地制宜扩大高端蔬菜、中药材、食用菌、马铃薯、饲草饲料等种植。要提高播种质量，搞好深松整地，加快耕播进度，力争一播全苗。要筛选一批优良品种和先进实用技术，集成配套，有效推广。要备足农用物资，指导农资企业加强生产、流通和储备，搞好用电、用油、用气调度，严厉打击制售假冒伪劣农资行为，让农民用上放心种、放心肥、放心药。

三要精确提供优质服务。组织专家和农技人员深入生产一线，查苗情、查墒情、查病虫情，分类制定管理技术方案。要提高关键农时异常天气预报、气象灾害监测预警的准确率和覆盖率，适时开展人工影响天气作业，科学防灾，合力减灾。要抓好强制免疫、监测预警、检疫监督、兽药和屠宰监管等各个环节，全面提升养殖、流通全产业链疫病防控能力，确保不发生区域性重大动物疫情。

四要精准开展水利建设。着眼提高抗旱减灾能力，抓紧开展小水库、小塘坝等蓄水工程清淤扩容、整修配套、除险加固，建设一批打基础、管长远、利发展的民生水利工程。要大力推广喷灌、微滴灌、水肥一体化等高效农田节水措施，扩大有效节水灌溉面积。要科学调度水源，推进水系水网综合整治和互联互通，统筹管理水库河渠，用足用好地表水，满足春灌需要。要完善抗旱应急预案，发挥抗旱服务组织作用，确保各项抗旱措施落到实处。

二、扎实推进国土绿化

造林绿化是功在当代、利在千秋的事业，是最普惠的民生工程。王东峰书记、许勤省长高度重视国土绿化工作。省委、省政府下发了国土绿化三年行动实施方案和2018年造林任务，正在制定加快交通干线廊道绿化和环城林建设的意见、创新体制机制推进大规模国土绿化的意见。按照计划，未来3年全省要营造林1667万亩，今年任务是917万亩。面对繁重艰巨的任务，必须大力弘扬塞罕坝精神，采取超常规措施，在规划设计、资金筹集、苗木准备、土地落实等方面提早动手，精心部署，争取主动。

一要突出建设重点。张家口冬奥会绿化，要以赛区为中心，坚持全域推进，大中小结合，多栽常绿树，多造景观林。雄安新区森林城市，要围绕建设绿色生态宜居新城，构建片、廊、环相连的森林生态系统。太行山燕山绿化，要营造水源涵养林和水土保持林，建设林果基地。规模化林场建设，要推广塞罕坝经验，在雄安新区白洋淀上游新建规模化林场，提升塞北、千松坝、御道口规模林场建设质量。平原绿化和沿海防护林建设，主要是营造农田林网，绿化美丽乡村。交通干线廊道绿化和环城林建设，要围绕高速铁路、高速公路、国省干道两侧和中心城市、县城周边，大规模种植景观树种和本地树种。

二要突出质量效益。要尊重自然规律，科学确定树种，加强后期管护，提高造林成活率和保存率。要因地制宜选择造林模式，乔灌草搭配，飞封造结合；严把设计关、整地关、苗木关、栽植关和验收关，全面提高造林质量。要发挥专业队造林优势，加强技术服务和培训，积极推广造林实用技术。要加强管护，严格落实管护主体、管护责任和管护措施，确保栽一片、活一片、成林一片。要惠及群众，优先发展经济林，推广互联网+林下经济、森林旅游、森林康养等新业态，壮大花卉苗木、木本粮油、特色经济林等绿色富民产业，实现政府要绿、企业得利、农民受益。

三要突出机制创新。着眼激发造林绿化新动能，创新用地机制，落实集体林地所有权，保护农户承包权，放活林地经营权，赋予经营权流转、投资入股等权能，加快集体林权规范有序流转，扩大造林用地规模。创新技融资机制，建立造林成效与资金分配挂钩的激励约束机制，采取“以奖代补”“先造后补”形式，对造林主体给予补贴；积极推广 PPP 模式、特许经营模式，吸引各类资本投入林业项目建设；鼓励金融机构开发新产品，扩大林权抵押贷款规模。创新主体培育机制，支持社会力量组建家庭林场、专业合作社、股份合作社，承包荒山荒地、沙化土地开展造林绿化；结合实际完善政策，吸引国企、民企等工商资本投资生态保护修复。

三、扎实抓好森林草原防火

当前，气温快速回升，大风天气多，地表可燃物多；加之清明、“五一”临近，外出旅游、农事活动增加，野外用火管控难度加大，火险等级居高不下，春防到了紧要关头，形势十分严峻。各地各有关部门要坚决克服麻痹思想和侥幸心理，提高警惕。严阵以待，坚决打赢春防这场硬仗。

一要在火灾预防上下功夫。宁可千日无火，不可一日无防。要坚持“预防为主、积极消灭”的方针，切实落实防范措施。在高火险期、高火险区，要及早发布封山公告或禁火令，严防火源火种进山入林，真正封住山、管住人、禁住火。基层防控力量要全员上岗到位，盯紧盯牢重点部位和特殊人群，特别要加强京津冀交界线、张家口冬奥会沿线、国有林场和重要目标场所火源管控，严防人为火灾发生。特别是塞罕坝林场，获得了联合国“地球卫士奖”，是全国乃至全世界关注的焦点，一旦发生火灾，不仅会造成重大经济损失，而且会带来严重的社会影响，后果不堪设想，必须加强防控，确保万无一失。要广泛运用广播、电视、网络、微信等多种渠道，大力宣传防火法律、法规和用火常识，公开曝光典型案例，做到查处一案、警示一片、教育一方。

二要在应急处置上下功夫。要着眼于扑大火、抢大险、救大灾，提早做好各项准备。要结合实际完善预案，切实增强科学性、实用性、可操作性。要密切监测火情，综合利用卫星遥感、航空巡护、视频监控和人工瞭望等手段，全方位全天候密切监测，做到有情况第一时间发现、第一时间报告。各专业队伍要进驻防火一线，保持临战状态。一旦发生火灾，要立即启动预案，做到组织指挥到位、技术指导到位、扑救人员到位、物资装备到位，坚决打早打小打了。要密切与驻冀部队、武警的联系，完善跨区增援机制，同心协力，联合作战。

三要在基础保障上下功夫。要优化扑火装备，抓紧检修扑火机具，补充扑火物资，加强车辆和通信设备管理，确保各类设备状态良好。要增加灭火设施，购置高压水泵车辆、消防无人机等现代扑火装备，在重点林区修建输水管道和蓄水池，搞好林区阻隔带、防火道路和航空护林体系建设。要加强队伍建设，制定提质升级计划，抓好业务培训，落实好工资和后勤保障，让他们“安住心、定住神”。

四要在责任落实上下功夫。要严格落实行政首长负责制，各级政府主要负责同志为第一责任人，分管负责同志为主要责任人，林业主管部门主要负责同志为直接责任人。森林草原防火指挥部成员单位要各司其职，各负其责，协调联动，形成合力。要强化值班值守，严格执行领导带班和24小时双岗值班制度。要强化督导检查，重点查火源管控、责任落实、应急准备、值班备勤，确保做到纵向到底、横向到边，不留死角、不留盲区。要强化责任追究，实行约谈制度，每起火灾都要倒查责任，对失职渎职人员依法依纪严肃查处。

四、扎实开展“两区”划定

建立粮食生产功能区和重要农产品生产保护区，是党中央、国务院从经济社会发展大局出发作出的重要战略决策。2017年国务院印发了建立“两区”的指导意见，召开电视电话会议对这项工作进行部署，下达我省粮食生产功能区划定任务4500万亩，其中，小麦3150万亩、玉米4250万亩、水稻100万亩；重要农产品棉花生产保护区300万亩。按照统一要求，我省制定了实施意见和工作方案，将划定任务分解到各市，并在定州、辛集市和滦南等县开展了试点。虽然全省“两区”划定已经顺利起步，但一些地方重视程度不够高、任务分解不及时、总体进展不够快。当前，要在四个方面着力。

一要提高认识。习近平总书记在中央农村工作会议上明确要求，把粮食生产功能区划好建好，真正把藏粮于地、藏粮于技战略落到实处。大家知道，耕地是“大圈”，基本农田是“中圈”，这次划定的“两区”是“中圈”内的“核心圈”，是永久基本农田中生产条件较好的耕地。今后，中央投入将向“两区”聚集，利益补偿、金融支持等资金和项目都要向“两区”倾斜。这必将促进“两区”产业持续健康发展，为“两区”农民开辟广阔增收空间。划定建设好“两区”，是落实国家粮食安全战略的基本要求，是深化农业供给侧结构性改革的现实途径，也是提高农业竞争力的迫切需要，更是各级各有关部门必须按时完成的硬任务。

二要加快进度。国家明确，“两区”划定三年完成，即2017年开展试点、2018年全面展开、2019年全部完成。各地要按照统一的安排部署，抓紧将任务分解到县、落实到村，4月底之前各市、县要出台划定方案、建立工作机制，5月完成测绘单位招标，10月基本完成划定，今年底前完成数据制作、上图入库、资料汇交等工作。要按这个时间节点，倒排工期、挂图作战，环环紧扣、高效推进。要保证质量，划入地块要满足水土条件较好、生态环境优良、基础设施完备、相对集中连片、具有粮食和重要农产品的种植传统等条件。已经建成或规划建设的高标准农田，要优先划入“两区”，确保数量划足、质量划优。

三要完善机制。要按照“谁使用、谁受益、谁管护”的原则，鼓励农民、农村集体经济组织、新型农业经营主体等参与“两区”基础设施建设管理和运营。要大力培育规模化种植主体，带动小农户进入现代农业轨道。要创新支持政策，提高农业补贴的精准性、指导性和时效性，确保粮食生产大县和种粮农户在经济上不吃亏。要健全政策性农业信贷担保体系，鼓励金融部门开发适合“两区”的新产品，支持社会资本参与“两区”建设，带动发展产业化经营。

四要加强督查。省政府成立了由我任组长、相关部门负责同志为成员的领导小组，市、县也要建立相应的工作机制。市政府要对行政区域内“两区”划定、建设和管护负总责，制定保护管理细则，出台支持政策。县政府要制定实施方案，组织人员力量，有力有序推进。省财政将分两个年度安排资金7000万元专项用于“两区”划定，各县要按照1∶1的比例落实配套经费。领导小组成员单位要各司其职、各负其责，加大督导力度，定期深入一线，查问题、督进度、解难题。这里我给大家提个醒，从今年开始，“两区”建设将纳入粮食安全省长责任制考核范围，进行综合评价，年底市、县政府要交账，完不成的要问责。

五、扎实推动农垦改革发展

农垦是国有农业经济的骨干和代表，是推进中国特色新型农业现代化的重要力量。为发展壮大农垦事业，充分发挥农垦在农业现代化建设和经济社会发展全局中的重要作用，2015年11月，党中央、国务院下发《关于进一步推动农垦改革发展的意见》。省委、省政府主要领导高度重视这项决策部署，多次作出重要批示，要求落实责任，创新举措，加快改革推进步伐。两年多来，按照省委、省政府推进农垦改革发展实施意见，各地各有关部门做了大量工作，但一些地方思想不重视，责任落实不到位，改革进展不平衡，任务依然艰巨繁重。按照国家明确的时间要求，今年必须完成土地确权和办社会职能改革，这是硬指标、硬任务，不能有丝毫动摇、半点含糊。

一要加快国有土地使用权确权登记颁证。这项工作总体进展比较慢。截至今年3月底，确权颁证60万亩，占总面积的11.75%。有关市、县和农场要着力破解确权发证的瓶颈，加快工作进度，确保年内确权发证率达90%以上。要抓紧落实工作经费。根据国家有关规定，经费由中央财政、地方财政和农场共同负担。目前中央财政资金已拨付到位，省级补助资金正在落实，市、县政府和农场要尽快筹措资金，确保及时足额到位。要加快权籍调查。各农场要主动作为，抓紧开展土地权属、用途、界址、面积等调查，争取上半年完成这项工作。已确权的农场，要尽快提出申请，力争尽早发证。要加强纠纷调处，妥善处理土地权属争议，化解矛盾纠纷，做到解决一宗发证一宗。对通过协商难以解决的争议，要善于运用法律武器，主动与当地政法部门沟通联系，依据国家出台的《关于完善产权保护制度依法保护产权的意见》和我省实施意见，依法处理纠纷。

二要加快分离农场办社会职能。要因地制宜，分类施策，充分考虑经济社会发展水平、农场区位条件等因素，采取多种方式将社会职能纳入地方政府统一管理。能移交的都要坚决移交，少数暂不具备条件的，要通过内部分开、管办分离的方式分离社会职能。中小农场要尽快制定方案，明确职能谁来干、机构怎么交、人员到哪去，确保按时移交到位。要人随事走，妥处债务。按照人员、资产债务与职能、职权相匹配原则，使符合条件的人员随职能同步移交；对办社会职能形成的债务，经清理甄别纳入政府债务的部分，要按统一要求规范管理。符合呆坏账核销条件的按相关规定予以处理。

三要加快垦区集团化改革。坚持垦区集团化、农场企业化方向，以企业化为基础，加快集团化改革步伐。大型骨干农场，要通过资源整合，建立现代企业制度，构建以资本为纽带的母子公司管理体制，集中资源优势全力做强做优做大主导产业。中小农场，要立足自身区域位置、发展水平、管理体制等实际情况，加快合并重组步伐，选择合适的模式和路径，组建区域性现代农业企业集团。要积极探索建立职业经理人制度，加强经营管理人才培养和选拔，打造一支懂市场、善经营、会管理的高级人才队伍。

六、扎实搞好农村集体资产清产核资

党的十九大报告指出，要深化农村集体产权制度改革，保障农民权益，壮大集体经济。这是继农村土地“三权分置”重大制度创新之后，又一项管长远、管全局的重大改革。搞好农村集体资产清产核资，是深化集体产权制度改革的基础和前提。中央和省关于稳步推进农村集体产权制度改革的意见，明确要求对农村集体所有的各类资产进行全面清产核资，摸清集体“家底”，健全管理制度，防止资产流失。最近，省里下发了开展农村集体资产清产核资工作的通知，明确了总体要求、重点工作、时间节点。这项工作政策性强、涉及范围广、群众关注度高、工作难度大。各地要结合实际精心组织、全力推进。

一要落实任务。这次农村集体资产清产核资的主要任务是全面清理集体所有资产，核实集体资产底数，明晰产权关系，健全管理制度。要通过清产核资，全面摸清农村集体资产存量、结构和管理使用状况，达到账款、账物、账账相符；通过界定所有权，把应归集体所有的资产全部纳入管理范围，理顺产权关系；通过建立管理台账，及时反映资产开发利用和处置状况，建立健全集体资产动态化管理长效机制。

二要规范程序。各地要加快推进，今年底前要完成集体资产清查，明年6月底前完成数据录入、汇总上报，明年底前进行数据核查验收、健全制度。清查范围是2017年12月31日前，农村集体经济组织所有资产，包括集体资源性资产和集体投资的企业。要按照方案规定的成立机构、清查核实、建立台账等十二项程序，全面查清集体所有自然资源和固定资产现状。要坚持账内与账外相结合，实物盘点与账务核查相结合，以物对账，以账查物，全面清点品种、规格、型号、数量，查清来源、去向和管理使用情况，掌握集体资产总量、结构、分布和效益情况，做到账清、财清、物清和债权债务清。

三要严肃纪律。集体资产清查结束后，要按照要求严格进行公示，广泛征求农民群众和当事人意见，凡是有异议的，必须认真进行核查，直至农民群众认可。对核查不清或有权属争议的可协商解决，也可通过仲裁或司法程序解决，确保清查全面彻底、公开民主、准确无误。县级工作机构要对清产核资工作组织验收，省、市将组织抽查。对于抽查中发现不按规定开展工作、集体资产底数不清、群众意见较大的，要限期进行整改。

四要规范管理。要健全农村集体资产管理制度，完善财务收入、开支审批、财务公开等管理制度。集体经济组织的经营、发包、租赁等集体收入，上级转移支付资金和各种补助补偿，要全面及时入账核算。日常开支要按规定程序审批，重大事项要履行民主程序，财务情况要逐笔逐项向群众公布，接受监督。要定期进行资产清查，做到账实、账款相符。集体所有的房屋、建筑物等固定资产，要按资产类别建立台账，及时记录增减变动情况。要建立完善农村集体资源登记、招标投标、经营合同等管理制度，逐项记录集体所有资源，承包租赁集体资产要采取公开协商或招标投标方式进行，签订书面协议，实行合同管理。

做好春季农业生产和当前农业农村各项重点工作，巩固和发展农业农村好形势，任务艰巨，责任重大。我们要更加紧密地团结在以习近平同志为核心的党中央周围，以习近平总书记“三农”思想为指导，开拓创新，攻坚克难，不断开创“三农”工作新局面，加快推进农业农村现代化，为开创新时代全面建设经济强省、美丽河北新局面作出应有贡献。

王刚同志在农作物秸秆综合利用和禁止露天焚烧决定专项监督审议意见跟踪检查汇报动员会上的讲话

（2018年4月9日）

去年11月，省人大常委会采取省市联动、明察暗访相结合的方式，在全省开展了秸秆综合利用和禁止露天焚烧执法检查，取得很好效果。这次开展农作物秸秆综合利用和禁止露天焚烧专项监督审议意见跟踪检查，是为了深入贯彻落实党的十九大精神和东峰书记、许勤省长的重要批示精神，确保省人大常委会专项监督审议意见整改落实，进一步深化和巩固执法检查的成果，切实推动工作改进提高，促进各项规定和要求落实落地。刚才，农工委主任梁久丰同志对这次跟踪检查作了具体的安排部署，听取了发改委、农业厅、环保厅3个部门整改工作汇报，财政厅、科技厅、金融办提交了书面汇报材料。从大家汇报情况看，各部门都给予了高度重视，为搞好这次检查活动打下了良好基础。

下面，我就认真开展好这次跟踪检查，确保常委会审议意见整改落实到位，讲几点意见。

一、提高政治站位，深刻认识开展这次跟踪检查的重要意义

习近平总书记强调，农业强不强、农村美不美、农民富不富，决定着全面小康社会的成色和社会主义现代化建设的质量。党的十九大报告提出，“要实施乡村振兴战略，加快推进农业现代化。”“要持续实施大气污染防治行动，打赢蓝天保卫战。”习近平总书记的重要讲话和中央的重大决策部署，为我们做好新时代“三农”工作指明了前进方向、提供了根本遵循。农作物秸秆综合利用和禁止露天焚烧作为推动乡村振兴战略实施、改善人居环境的重要内容，对于补齐全面建成小康社会的短板，实现农业强农村美农民富的目标，意义十分重大。我们一定要站在政治和全局的高度，深刻认识开展好这次跟踪检查的重要意义。

第一，开展这次跟踪检查，是加强农村人居环境整治，打赢蓝天保卫战的现实需要。民生无小事，小秸秆考验大智慧、呼唤大作为。改善农村人居环境，建设美丽宜居乡村，是实施乡村振兴战略的一项重要任务，事关全面建成小康社会，事关广大农民根本福祉，事关农村社会文明和谐。今年中央1号文件、省委1号文件都明确提出，用三年时间实施农村人居环境整治行动。我省制定了农村人居环境整治三年行动方案，提出以建设美丽宜居村庄为目标，以农村垃圾、厕所、粪污、生活污水治理和村容村貌提升为主攻方向，加快补齐农村人居环境短板。应该说，我省近年来持续开展大气污染防治行动，深入实施农村面貌改造提升行动，加快推进美丽乡村建设，农村人居环境建设取得明显成效。但也必须清醒地看到，我省农村人居环境脏乱差的问题在一些地方不同程度存在，秸秆乱堆乱放、树叶杂草乱扔、垃圾杂物乱倒的现象随处可见，田间地头浓烟不时冒起，既浪费了资源、污染了环境，又存在火灾隐患，这与大气污染防治的要求和人民群众对生态宜居的期盼还有较大差距。这次的跟踪检查，就是要坚持秸秆综合利用与禁止露天焚烧相互促进，切实解决好秸秆综合利用和禁止露天焚烧存在的突出问题，积极回应人民群众关切，坚决遏制违法焚烧秸秆的行为，促进农村人居环境改善和美丽河北建设，切实增强人民群众的获得感、幸福感、安全感。

第二，开展这次跟踪检查，是推进农作物秸秆综合利用质量提高，促进农业增效农民增收的重要举措。秸秆问题能不能解决好，根本还在于利用率能不能提高。我省是农业大省，秸秆资源产量大、分布广、种类多，资源量居全国前三位。农作物秸秆是重要的生物资源和

经济资源，如果利用不好，不仅污染环境，还浪费资源；如果开发利用好，就能变废为宝，促进资源节约、环境保护和农民增收。近年来，全省秸秆综合利用工作取得明显成效，2017年农作物秸秆资源量约为7044万吨，可收集量约5842万吨，综合利用率达到96.8%。其中，肥料化、饲料化、能源化、基料化和原料化利用分别占比69.8%、23.3%、4.9%、1.1%和0.9%，秸秆综合利用水平居于全国前列。从经济效益看，通过玉米机械化秸秆还田，改良土壤，培肥地力，降低生产成本，提高粮食产量，每年可增产30万吨，增收3亿元，机械打捆、压块等增收1000万元以上，跨区作业收入1500万元，共计3.25亿元。但从去年执法检查的情况看，我省农作物秸秆利用水平和质量仍然不高，突出表现在主要农作物种植结构性矛盾突出，秸秆“五化”利用比例不优，秸秆收集储存运输服务体系建设滞后，秸秆综合利用产业化发展程度低，企业规模小、实力弱、带动能力不强等等。开展好这次跟踪检查，就是要持续加强对农作物秸秆综合利用扶持力度，进一步提高秸秆综合利用质量和水平，促进农业增效、农民增收，为建设经济强省做出积极贡献。

第三，开展这次跟踪检查，是实施“八大行动”，推进“双创双服”活动开展的具体体现。今年春节刚过，省委省政府就召开全省“双创双服”动员大会，对2018年开展“双创双服”活动和实施20项民心工程作出安排部署。这是省委深入贯彻落实党的十九大精神的重大决策部署。东峰书记要求将大气污染治理、脱贫攻坚、经济结构调整等重大民生问题列入人大执法检查范围。省人大常委会认真落实省委这一重大决策部署和东峰书记的要求，研究制定了推动“双创双服”活动，实施“八大行动”工作方案，努力实现“双创双服”活动在人大常委会机关落地见效。这次跟踪检查，就是“八大行动”的重点内容之一，也是服务秸秆利用企业、服务农业农村及广大农民群众的重要举措。今年是省十三届人大常委会起步之年，也是作风建设之年。我们要把这次跟踪检查作为依法履职、锤炼作风、改进工作的有利契机，围绕推动农作物秸秆综合利用和禁止露天焚烧决定贯彻落实，深入农村、深入农民、深入企业依法检查、认真检查，在检查中担当作为、改进作风，推动“双创双服”活动扎实开展。

二、坚持跟踪问效，切实增强检查的针对性和实效性

东峰书记多次强调，人大要真监督、真检查，动真格，通过监督帮助政府改进工作；相关职能部门和各市县要加大监管执法力度，严格检查考核问责。要按照东峰书记的要求，查实情、出实招，堵漏洞、补短板，切实增强跟踪检查的针对性和实效性。

一要切实坚持问题导向。问题在哪里，检查工作就要指向哪里。去年省人大常委会执法检查组指出了各级政府及相关部门在贯彻《决定》上存在的突出问题，特别是宣传贯彻不够深入、焚烧秸秆现象屡禁不止、秸秆综合利用政策落实不到位、秸秆还田质量不高、秸秆收集储运服务体系不健全等。这5个方面的问题，是制约农作物秸秆综合利用质量提升和禁止露天焚烧监管水平提高的主要因素。这次跟踪检查，就是要紧紧跟踪这5个方面的问题，逐项进行跟踪，看到底解决了没有，没有解决的原因是什么，准备采取哪些措施，什么时间解决。通过努力发现问题、解决问题，实现秸秆综合利用质量和效益有新提高、“不烧一把火、不冒一股烟”的目标。

二要切实创新检查方式。监督检查的方法要不断改进创新、灵活多样。这次检查在范围上，要做到全覆盖，采取省市联动方式进行，省人大常委会分三个检查组对11个设区市重点抽查，各设区市和定州、辛集市人大常委会对所辖区域自行检查。在检查方法上，采取明查和暗访相结合、人大依法监督和社会舆论监督相结合的方式进行。特别是在暗访时，既要看有没有露天焚烧、冒火冒烟的问题，也要向群众了解秸秆的利用情况，多问几个“为什么”。总之，在检查过程中，要直奔主题，一杆子插到底，敢于动真碰硬，不怕“红脸”不怕“出汗”。对存在问题，要刨根问底、追根溯源，切实找准原因和症结所在；对一而再、再而三整改不到位的问题，该通报的通报、该曝光的曝光。

三要切实增强整改效果。检查的目的在于改进工作、解决问题。根据去年省十二届人大常委会第三十三次会议提出的5个方面的整改意见，为了进一步明晰责任、便于检查，这次将意见梳理为7个方面的具体内容，主要包括深入开展《决定》宣传教育的情况，制定和完善秸秆综合利用规划、实施项目的情况，落实秸秆综合利用扶持政策的情况，提高秸秆直接还田质量的情况，加快秸秆收集储运体系建设的情况，提升秸秆禁烧监管能力的情况，秸秆综合利用科技攻关和成果转化的情况等。这次检查把这7个方面的内容分解到不同的责任主体。哪一项内容没有整改到位，是省一级政府的责任还是市县政府的责任，是农业部门的责任还是财政部门的责任等等，都要非常明确。对有交叉的任务和责任，也要分瓣厘清，把应当承担的整改责任分解到相关部门，确保每一项整改任务责任到位、整改到位。

三、精心组织实施 确保检查工作有力有序有效

这次跟踪检查，是今年省人大常委会第一次重要监督活动，要打好“当头炮”，实现开门红，以跟踪检查的优质高效，推动《决定》落实的高质量高水平。一要认真学习,提高法规政策水平。检查组每位成员都要深入学习习近平总书记新时代“三农”思想和中央、省委关于“三农”工作的重大决策部署，深刻理解新时代实施乡村振兴战略的重大意义、基本要求和实现路径，准确把握“三农”工作的发展大势，真正做到用理论武装头脑、指导检查、推动工作。为了搞好这次检查，农工委编印了有关法规、政策文件资料汇编，希望大家逐条认真学习，做到胸中有数，要熟悉各项规定，把握检查重点，努力做到依法检查、正确检查，切实提高监督质量和水平。二要精心组织，确保检查顺利进行。能不能把这次检查活动组织好开展好并取得实效，是对我们“四个意识”树立牢不牢和的现实考验，也是履职尽责能力强不强的具体检验。这次检查活动，省人大常委会领导亲自带队，农工委和城建环资工委共同组织，邀请了部分省人大常委会委员、专门委员会委员、人大代表以及省直有关部门同志和新闻记者参加，人员多、任务重、分工细。检查组要明确分工、压实责任，精心组织、密切配合，做到无缝衔接；要加强与被检查市县沟通协调，把握好时间节奏，既要完成检查任务，更要确保检查效果。三要求真务实，严肃工作纪律。要牢固树立“一线”“火线”意识，切实增强责任感和使命感，发扬求真务实的优良传统和不怕疲劳、连续作战的工作作风，深入到秸秆综合利用企业和项目现场中去，深入到农民群众中去，坚持听真话、察实情，动真格、求实效，不能走马观花、蜻蜓点水，更不能热热闹闹走过场、搞形式主义。要严格遵守中央八项规定和省委实施细则要求,坚持轻车简从,不给基层增负担,不给群众添麻烦,用实际行动自觉维护人大形象和权威。

张古江同志在全省爱国卫生运动暨农村卫生环境整治电视电话会议上的讲话

(2018年4月9日)

这次会议的主要任务是，以习近平新时代中国特色社会主义思想为指导，深入贯彻党的十九大精神和省委九届五次、六次全会精神，全面安排部署全省爱国卫生运动和农村卫生环境综合整治工作，建设健康、直居、美丽家园。省委、省政府对此高度重视，王东峰书记、许勤省长专门作出重要批示，各级各部门要深刻领会、抓好贯彻落实。省美丽乡村办和石家庄、张家口市及南和县分别从不同角度作了发言，各地要认真学习借鉴。经与徐建培副省长深入沟通，我讲四个方面的意见。

一、充分认识开展爱国卫生运动和农村卫生环境整治工作的重要意义

爱国卫生运动是我们党把群众路线运用于改善环境、卫生防病工作的伟大创举和成功实践，具有强大的生命力。新中国建立之初，毛泽东同志倡导开展了轰轰烈烈的爱国卫生运动，周恩来同志亲自担任第一任中央爱卫会主任，彻底改变了我国城乡环境卫生条件差、部分地区疾病高发的状况。60多年来，爱国卫生运动与时俱进、不断深化，创造了令人瞩目的卫生奇迹，赢得人民群众乃至国际社会的高度赞扬。2017年，世界卫生组织授予中国“社会健康治理杰出典范奖”，以表彰爱国卫生运动为我国乃至全球卫生事业作出的贡献，更加凸显了爱国卫生运动的辉煌成就和巨大影响。

当前，中国特色社会主义进入新时代，赋予爱国卫生运动新的内涵和使命。开创新时代建设经济强省、美丽河北新征程，也给爱国卫生运动提出了新的更高要求。我们一定要站在实施健康中国战略和乡村振兴战略的高度，充分认识开展爱国卫生运动和农村卫生环境整治的重要性和紧迫性，进一步增强责任感和使命感。

(一)开展爱国卫生运动和农村卫生环境整治，是贯彻习近平新时代中国特色社会主义思想的具体行动。习近平新时代中国特色社会主义思想，是全党全国人民为实现中华民族伟大复兴而奋斗的行动指南。我们坚持以

人民为中心，在发展中保障和改善民生，就要更加关注和保障人民群众的健康需求；我们坚持人与自然和谐共生，建设美丽中国，就要坚定走生产发展、生活富裕、生态良好的文明发展道路，全面提升环境卫生水平，为人民创造良好生活环境。我们一定要把开展爱国卫生运动和农村卫生环境整治，作为践行“四个意识”、向习近平总书记看齐的具体行动，继承和发扬爱国卫生运动优良传统，发挥群众工作的政治优势和组织优势，建设健康、宜居、美丽家园。

(二)开展爱国卫生运动和农村卫生环境整治，是实施健康中国战略、满足人民群众健康需求的内在要求。党的十九大报告明确提出实施健康中国战略，强调“坚持预防为主，深入开展爱国卫生运动，倡导健康文明生活方式，预防控制重大疾病”。当前，人民群众健康需求层次不断升级，但受自然环境、社会压力及个人不良生活方式影响，慢性病等疾病威胁日益凸显。培育健康生活方式，提高群众健康素养，显得刻不容缓。我们一定要树立大卫生、大健康的观念，把以治病为中心转变为以人民健康为中心，关注生命全周期、健康全过程，更加扎实有效地开展爱国卫生运动，不断推进健康城市、健康村镇建设，全方位提高人民群众健康水平。

(三)开展爱国卫生运动和农村卫生环境整治，是实施乡村振兴战略、开展农村人居环境整治三年行动的重要内容。习近平总书记十分牵挂农村人居环境问题，在全国“两会”期间参加山东代表团分组审议时强调，“加强农村突出环境问题综合治理，扎实实施农村人居环境整治三年行动计划”。今年中央一号文件聚焦乡村振兴战略，把加强农村突出环境问题综合治理列为推进乡村绿色发展的重要内容。《农村人居环境整治三年行动方案》紧随中央一号文件发布，在部署的六项重点任务中，农村生活垃圾治理、厕所粪污治理、农村生活污水治理就占了三项。农业强不强，农村美不美，农民富不富，决定着全面建成小康社会的成色和社会主义现代化的质量。农村美不美，很重要的是农村环境卫生状况好不好。我们一定要坚决贯彻党中央、国务院系列部署，聚焦人民群众最关心、最直接、最现实的农村环境卫生问题，结合开展爱国卫生运动，扎实推进农村卫生环境综合整治，让百姓身边的环境尽快好起来美起来。

(四)开展爱国卫生运动和农村卫生环境整治，是新时代建设经济强省美丽河北、决胜全面建成小康社会的迫切要求。当前，我省正处于历史性窗口期和战略性机遇期。重大国家战略的实施，脱贫攻坚战的推进，开放程度的提升，都迫切需要一个干净整洁的卫生环境。王东峰书记强调，“要在全省开展春季爱国卫生运动，组织大扫除、大清理，把城乡环境整治得干干净净”。许勤省长批示，“组织开展全省爱国卫生运动，列出具体任务，部署全省各地落实”。我省先后印发了《关于实施乡村振兴战略的意见》、《河北省农村人居环境整治三年行动实施方案(2018-2020年)》、《关于进一步加强爱国卫生工作的通知》。我们一定要把思想和行动统一到省委、省政府决策部署上来，提高政治站位，强化责任担当，冲在第一线，打响当头炮，深入扎实地开展爱国卫生运动，集中力量推进春季农村生活垃圾集中治理行动，为改善城乡环境卫生质量、提升人民健康水平作出贡献。

二、统筹推进爱国卫生各项重点工作

开展全省爱国卫生运动，要全面贯彻“以人民健康为中心，政府主导、跨部门协作、全社会动员，预防为主、群防群控，依法科学治理，全民共建共享”的工作方针，紧紧依靠人民群众，广泛发动社会各界，既要轰轰烈烈、铺天盖地，又要蹄急步稳、务求实效。

(一)扎实推进城乡“厕所革命”。习近平总书记十分关心“厕所革命”，强调“厕所问题不是小事情，不但景区、城市要抓，农村也要抓，要把它作为乡村振兴战略的一项具体工作来推进，努力补齐这块影响群众生活品质的短板”。省委、省政府高度重视“厕所革命”，印发了《城乡厕所改造工程实施方案》，将其纳入全省“双创双服”活动“1+30+1”政策体系。各地要根据年度目标和重点任务，建立改厕台账，实行月报制度，明确改厕标准，严格考核问责，全力抓好城乡厕所建设改造工作。城市方面，要坚持数量质量并重，优化公厕布局，加快公厕建设和改造，今年底前完成建设改造1700座以上；农村方面，要结合《河北省农村人居环境整治三年行动实施方案(2018-2020年)》，以农民户厕改造为重点，统筹考虑污水和粪便收集处理，合理选择改厕模式，年底前完成改造49万座；旅游景区方面，要以提升公厕品质为重点，加快实施质量提升工程、创新推广计划、文明如厕行动，年底前新建和改扩建1600座以上；因省干线公路方面，要以标准化、现代化、国际化为目标，推动高速公路和普通干线公路“厕所革命”，年底前完成高速公路新开通的15对服务区厕所建设，改造提升普通干线公路厕所64处。要深入实施深度贫困地区无害化卫生厕所改造专项行动，今年底前10个深度贫困县完成改造户厕2.4万座、公厕256座。

(二)加大卫生城镇创建力度。创建卫生城镇是爱国卫生运动的重要抓手，对于改善城镇环境、完善城镇功能、提升城镇品位、促进社会和谐意义重大。目前，我省仅迁安、黄骅市获得国家卫生城市称号，7个县获得国家卫生县城称号，与经济大省、人口大省的地位很不匹配。需要强调的是，“多城同创”已经纳入省政府年度重点工作。各地一定要高度重视，按照全面创建、重点培育、突出特色的要求，把创建卫生城市(县城)纳入国民经济和社会发展规划，进一步加大创建工作力度。石家庄、张家口、承德、秦皇岛市要积极创建国家卫生城市，大厂、高邑等县要积极创建国家卫生县城，确保到2020年实现地市级国家卫生城市零突破，每个市都至少创建1个国家卫生县城(乡镇)。要扎实推进健康城市、健康村镇试点工作，试点地区要结合实际制定推进方案，因地制宜做好自选动作，努力打造一批美丽宜居、富有特色、服务完善的健康城镇品牌。

(三)深入开展农村坑塘水系治理和农村生活污水治理。要持续加大农村坑塘水系治理力度，各级各有关部门要对去年开展的纳污坑塘整治行动来一次“回头看”，已完成整治的要再检查再复核，加强管控、防止反弹；整治不彻底的，要深化措施、确保根治；未完成整治的，要挂账督办、限期整治。各级环保、水利部门要将坑塘治理和水系治理结合起来，制定工作方案和验收标准，科学评估和确定坑塘、地表水、地下水、底泥及周边土壤污染控制和修复目标，在全省范围内开展新一轮的排查整治，确保2018年底前完成农村坑塘整治任务，水系污染得到有效遏制。

要梯次推进农村生活污水治理，按照区位条件、村庄人口聚集度、污水产生量、经济发展水平等，因地制宜确定技术路线和治理模式，确保处理方式简便适用有效。要坚持控污与治污并重，将重点河道、干支流农村垃圾整治纳入河长制、湖长制管理，明确各级河长责任。利用两年时间，使农村生活污水管控水平得到明显提升，具备条件的村庄建成集中或分散的生活污水处理设施。

(四)科学开展病媒防制工作。病媒防制是创建国家卫生城镇的重要指标，为“一票否决”项。各地要结合春季农村生活垃圾集中治理行动，坚持以环境治理为主、药物消杀为辅的综合防制原则，集中开展环境卫生整治，组织好冬春季统一灭鼠和夏秋季灭蚊蝇活动，提高应急处置能力和科学防控水平，减少病媒疾病传播。要加强病媒生物孳生地的管理和清理，规范设置防灭“四害”设施，进行密度监测，从源头切断病媒生物疾病传播途径。

(五)广泛开展健康教育和健康促进。一方面要强化公众健康意识，广泛开展健康教育活动，深入实施全民健康素养促进行动，建立健全健康教育网络，大力普及健康知识，营造人人追求健康的良好氛围。另一方面要培育健康生活方式，深入开展全民健身行动和“三减三健”全民健康生活方式行动，建设完善健康步道、健康主题公园等支持性环境，提高公共体育设施的开放率和利用率，形成覆盖城乡的全民健身公共服务体系，让每个人都有时间、有条件、有意愿参与体育锻炼活动，使全民健康素养得到明显提升。

三、扎实开展春季农村生活垃圾集中治理行动

这次春季农村生活垃圾集中治理行动，实施范围是农村地区及城乡结合部，时限要求是到2018年6月底前，重点任务是垃圾清理、道路保洁、垃圾处理场建设、建筑垃圾整治等，标准要求是全面彻底清理、建立长效机制。以此为标志，全面开启我省农村人居环境整治三年行动。各级各有关部门要聚焦重点区域、重点任务，集中时间、集中力量，清除存量、控制增量，打一场歼灭战，确保取得实实在在的成效。

(一)集中清除历史积存垃圾。各地要对行政区域内农村积存垃圾，逐村、逐路、逐条河流、逐景区开展排查和清理，连点成线、连线成面、网格管理、建立台账，全面彻底地清除积存垃圾。垃圾处理全过程，都必须在环保和环卫部门的监督指导下进行，避免产生“搬家”和二次污染。对清理后的区域，要及时做好绿化美化硬化工作，配置垃圾收集设施，防止垃圾“回家”。要坚持清理存量与控制增量相结合，加快建立长效管护机制，落实相应设备、人员、经费，及时清扫、定点收集、定期清运、集中处置农村生活垃圾。要探索农村垃圾治理的市场化运作机制，积极组建稳定的村庄保洁队伍。要完善各项管理制度，落实县、乡(镇)、村监管责任，确保垃圾“日产日清”。省住房城乡建设厅要注意总结各地在集中行动中的好经验好做法，提炼固化为长期的制度安排，研究建立一套可操作的农村垃圾收集处理机制，确保农村环境面貌持续改善。

(二)全面做好道路保洁工作。要切实加大道路沿线环境治理力度，落实人员、养护经费、清扫设备，做好路面保洁和路界内垃圾清理工作，实现清洁常态化。对高速公路、国省干线，交通运输部门要在及时清理垃圾的同时，加强重点时段、路段定点检查与动态巡查，严厉查处超限车辆抛洒或不按规定遮盖篷布、渣土运输车辆未采用厢式密闭防护措施等行为。要结合集中整治“一区三边”违法建设行动，开展干线公路沿线拆违增绿及路域环境综合治理。对铁路、高速铁路，中国铁路北京局集团有限公司石家庄铁路办事处等产权单位要具体负责垃圾清理和保洁，沿线政府要积极协调、搞好配合。对城市出入口、穿越重

要城镇路段，各地要全部实行机械化清扫作业，加强日常管护清扫，确保公路路面范围内达到路露本色、基本无浮土。对农村公路，各地要结合“四好农村路”建设，进一步推进路田分家、路宅分家工作，最大限度减少回土上路。对过村镇路段，要重点治理随意倾倒垃圾、集贸市场占道经营等行为。

(三)切实加强垃圾处理场建设。针对我省村庄生活垃圾普遍实行简易填埋及缺乏防渗、压实、覆盖等措施的问题，各地要根据自身经济发展现状和农村垃圾处理特点，因地制宜地规划建设焚烧发电、水泥窑协同处置、资源化利用、热降解等无害化处理设施，确保覆盖全部农村地区。对县城垃圾处理场覆盖范围内的村庄，要实行“村收集、乡镇转运、县集中处理”的模式集中处理，并在每个乡(镇)建设一座转运站。对因财政状况、地形地貌、转运距离等原因，不宜到县城集中处理的区域，要新建一批中小型分散式处理设施。对不符合卫生条件的农村填埋场，要通过整治达到卫生填埋条件或予以关停。

(四)突出抓好建筑垃圾整治。各地要聚焦城市建筑垃圾“上山下乡”问题，切实加强城市建筑垃圾运输、处理全过程的监管，坚决管住源头。要根据城区内建筑垃圾产生量、地势地貌等因素，每个市、县至少规划建设1个建筑垃圾处理场，今年内要达到开工建设条件。有条件的地方要探索推进建筑垃圾资源化利用和产业化发展，实现变废为宝。城市建筑垃圾处理场覆盖不到的乡村，要设置专门场地，集中堆放农村建筑垃圾，用于路基、房基垫层等方面。

四、切实强化各项保障措施

开展爱国卫生运动和农村卫生环境整治，是一项综合性很强的系统工程。各级各有关部门必须围绕“责任”二字建立机制、实施检查、考核问责，做到上中下游一起抓、前中末端同推进，确保责任到位、形成合力。

(一)建立坚强的组织领导体系。坚持五级联动抓落实，省、市、县、乡、村要分兵把守，层层压实责任。要把开展爱国卫生运动和农村卫生环境整治，作为贯彻落实省委、省政府重大决策的重要组成部分，与实施乡村振兴战略结合起来，与打好脱贫攻坚战结合起来，与农村人居环境整治三年行动结合起来，与创建文明城市和文明村镇结合起来，重在统筹协调、重在健全机制、重在解决问题、重在整治实效。要严格落实责任，把爱国卫生运行纳入国民经济和社会发展规划，加强规划统筹、政策统筹、行动统筹。要坚持党政“一把手”负总责，分管领导具体抓，把责任落实到部门到人员。要加强爱国卫生组织机构建设，在人员、财力投入等方面给予保障。要注重发挥村“两委”干部、第一书记、包村干部、驻村工作队员等一线中坚力量，务实基层基础工作。要按照“谁主管谁负责、谁牵头谁协调”的原则，既要各司其职、抓好分管行业领域各项工作，又要密切配合、形成推进工作落实的合力。

(二)建立严格的考核问责体系。省驻各地的大督查办公室要把这项工作纳入督查范围，采取明察暗访、实地走访等形式，督导各地工作开展。省对市、市对县、县对乡(镇)、乡(镇)对村都要实行排名通报，省对市要每月一排名、每月一通报，鼓励和鞭策各地做好工作。要把爱国卫生运动、春季农村生活垃圾集中治理行动等任务完成情况，纳入各地乡村振兴战略实施情况、农村人居环境整治考核的重要内容，纳入文明城市、文明村镇监测范围和卫生城镇评选条件。要建立责任追究制度，对未完成任务的要通报批评并责令整改；对工作不落实、履职履责不力、排名连续靠后的地方要约谈当地领导，情节严重的要追究有关责任人责任。

(三)建立广泛的社会动员体系。省、市、县要发动机关干部，各级工会、共青团、妇联要广泛动员工人、青年、学生、妇女，大力开展爱国卫生运动和农村生活垃圾集中治理志愿活动。各地也要组织开展大规模志愿活动，快速形成全民爱卫生、共建美好家园的良好局面。要依托医院、爱国卫生机构，开展爱国卫生进校园、进企业、进机关、进社区、进乡村活动，倡导文明行为习惯和健康生活方式，不断提高全民文明素养。

(四)建立全面的舆论监督体系。各级宣传部门要组织新闻媒体，开展全方位、多层次的爱国卫生主题宣传活动，加强文明道德、社会公德、家庭美德教育，努力营造人人参与、共建共享的浓厚氛围。要组织新闻媒体，以随机抽查、集中暗访的形式，深入基层一线，查到实情、查出问题。要选树正反两方面典型，既要挖掘和推广基层经验，打造新时期爱国卫生品牌活动；又要适时曝光治理不及时不认真、乱堆乱放及随地倾倒垃圾等行为，形成强大舆论声势。要加强社会监督，各地爱国卫生等部门要设立专门的网络举报平台和举报电话，及时将举报信息转有关地方处理。

徐建培同志在全省爱国卫生运动暨农村卫生环境整治电视电话会议上的讲话

（2018年4月9日）

刚才，张古江副省长站在建设“健康河北”、实施乡村振兴战略、全面建成小康社会的高度，深刻阐述了开展爱国卫生运动和农村卫生环境整治的重大意义，安排部署了清理积存垃圾、做好道路保洁、加强垃圾处理场建设、抓好建筑垃圾整治、推进城乡“厕所革命”、加大卫生城镇创建力度、开展农村坑塘沟渠水系和生活污水治理等重点任务，明确提出了建立组织领导体系、考核问责体系、社会动员体系、舆论监督体系的要求，具有很强的科学性、指导性和操作性。会后，大家要立即向本地本部门主要领导汇报，认真组织传达学习，切实把广大干部职工的思想行动统一到省委、省政府的决策部署上来。要结合本地本部门实际，制定具体实施方案，进一步细化任务、明确分工、落实责任，确保各项工作扎实推进、圆满完成。下面，我就贯彻落实这次会议精神特别是王东峰书记、许勤省长重要批示精神，再讲几点意见。

第一，要以高度自觉的政治态度推动落实。深入开展爱国卫生运动，综合整治农村卫生环境，是省委、省政府深入贯彻习近平新时代中国特色社会主义思想和党的十九大精神，全面落实中央决策部署，着眼坚决打赢精准脱贫攻坚战，采取的一项重大举措，更是我们顺应民心民意、改变城乡面貌、建设健康美丽宜居家园的有力抓手。当前，我国社会主要矛盾发生变化，人民日益增长的美好生活需要，不仅包含对物质条件不断改善的要求，而且开始向更高层次的追求转化，比如更舒适宜居的条件、更整洁优美的环境、更丰富多彩的精神文化生活、更高水平的医疗卫生服务，等等。这既是社会生产力水平显著提高的必然结果，又对我们推动经济社会发展的路径方法和各项工作提出了新的要求。习近平总书记在党的十九大报告中强调，党的一切工作必须以最广大人民根本利益为最高标准。各级各有关部门必须切实增强“四个意识”，牢牢把握我国发展的阶段性特征，牢牢把握人民群众对美好生活的向往，坚持“以大管小”，用中央决策部署和省委、省政府要求来统一思想认识，指引我们的具体工作；坚持“以小见大”，解决好包括人居环境在内的群众最关心、最直接的现实问题，以此来考量和检验我们的政治立场、政治站位、政治态度。

第二，要以补齐短板的目标导向推动落实。习近平总书记多次用“木桶原理”警示全党要善于补齐短板，在“高质量、均衡性”上取得新成绩。爱国卫生运动涉及面广，整治农村环境更是点多线长，尤其要聚焦短板、精准发力。一要补齐城乡环境整治的短板。当前，一些地方城乡环境不美、生态不优甚至脏乱差，突出表现在农村垃圾乱堆乱放乱倒、卫生厕所普及率低、私搭乱建等。要紧紧扭住这些“老大难”问题，以超常规的措施，持续攻坚，来一场彻底的环境卫生“革命”。二要补齐卫生城镇创建的短板。从全省来看，卫生城市、卫生城镇覆盖率还不高，与先进省（市）相比差距较大，与美丽河北的建设目标也不相称，迫切需要予以高度重视。要在巩固全国文明城市创建的基础上，切实加大投入力度，加快创建进度，力争尽快实现地级市国家卫生城市零突破。三要补齐组织体系薄弱的短板。要适应新时代对爱国卫生工作提出的新任务新要求，切实加强各级爱国卫生运动委员会及其办事机构建设，进一步健全爱国卫生组织体系和基层网络，确保有人管事、有人干事、有钱办事。

第三，要以共建共享的实际行动推动落实。实践证明，运用群众路线的“法宝”，发挥社会整体联动的优势，是做好爱国卫生运动和农村卫生环境整治的成功经验。一要做到目标统筹。紧紧围绕建设健康、美丽、宜居生活家园的共同目标，真正把建设健康河北与美丽河北有机结合起来，把开展爱国卫生运动与农村卫生环境整治深度融合起来，把卫生城镇健康城镇与文明城市、园林城市等创建活动协调联动起来，求取最大公约数，打好最佳组合拳。二要做到部门统筹。各有关部门要强化协调联动，加强协同配合，统一政策设计，统一调配资源，统一采取行动，真正形成上下一条心、左右一股劲、全省一盘棋的工作合力。三要做到力量统筹。充分发挥爱国卫生运动的政治优势、组织优势，坚持人民群众的主体地位，深入发动群众、依靠群众，拓展工作内涵、创新工作载体、丰富工作形式，不断激发爱国卫生运动的生机活力，推动形成党委政府主导、跨部门协作、全社会参与的多元共治格局。

第四，要以担当担责的良好作风推动落实。开展爱国卫生运动，做好农村卫生环境整治工作，既是一场攻坚战，更是一场持久战。要打赢这场战役，完成好省委、省政府交办的任务，需要各级各部门特别是在座的各位积极主动作为，坚持实干实政，勇于担当担责。省委办公厅、省政府办公厅印发的《关于进一步加强爱国卫生工作的通知》和专项行动方案，明确各级党委、政府和各相关部门的具体职责和分工。大家要主动认领，立即行动，结合各自实际，有力有效向前推进。刚才，张古江副省长专门进行强调，把这项工作列入大督查范围，实行定期要账、限期交账、失职问责。大家一定要进一步强化责任意识，认真履行主体主责，实化细化部署要求，扎扎实实推动落实。要把做好这项工作与正在开展的纠正"四风"和作风纪律专项整治活动有机结合起来，真正把自己摆进去，把职责摆进去，把问题摆进去，以干部作风的大转变促进素质能力和精神状态"双提升"，确保各项任务圆满完成，为实施乡村振兴战略，开创新时代建设经济强省、美丽河北新局面提供有力保障。

王刚在防汛防洪专题视察汇报会上的讲话

(2018年6月8日)

这次防汛防洪情况专题视察，是为了落实东峰书记的要求，在去年防洪法律法规执法检查的基础上开展的一次跟踪视察活动。刚才，我们听取了省政府发改委、财政厅、水利厅、民政厅、交通厅、农业厅、气象局、应急办等7个部门负责同志关于防汛防洪工作的汇报。从大家汇报情况看，各部门都给予了高度重视，开展了防汛工作大检查，为确保防汛防洪安全打下了良好基础。

下面，我就搞好这次防汛防洪专题视察讲几点意见。

一、提高政治站位，切实增强搞好防汛防洪专题视察的责任感和紧迫感。党中央、国务院和省委省政府高度重视防汛防洪工作。党的十八大报告指出，加强防灾减灾体系建设，提高气象、地质、地震防御能力。党的十九大报告强调，要树立安全发展理念，弘扬生命至上、安全第一的思想，提升防灾减灾救灾能力。2016年7月28日，习近平总书记在唐山调研考察时指出，防灾减灾救灾事关人民生命财产安全，事关社会和谐稳定，是衡量执政党领导力、检验政府执行力、评判国家动员力、体现民族凝聚力的一个重要方面。今年4月25日，总书记考察长江经济带时强调，现在水患仍是我们面对的最严重的自然灾害之一，要认真研究在实现"两个一百年"奋斗目标的进程中，防灾减灾的短板是什么，拿出战略举措。王东峰书记对防汛工作多次作出重要批示，特别强调要确保今年防汛度汛万无一失。习近平总书记的重要指示精神和王东峰书记的重要批示，为防洪减灾救灾工作水平指明了方向、提供了遵循，也为我们搞好这次专题视察提出了要求，我们要认真贯彻落实。我省在历史上是一个自然灾害频发、灾种较多、灾情严重的地区。洪涝灾害是河北境内主要自然灾害之一。新中国成立以来，我省先后发生过1956年、1963年、1996年、2012年、2016年五次特大洪水，给人民群众生命财产和经济社会建设带来重大灾难。今年4月20日至22日，我省出现强降雨过程，最大降雨量居建国以来同期第三位。据预测，今年汛期我国气候状况总体偏差，海河流域处于多雨区，我省可能出现较大汛情，防汛形势依然严峻。特别是我省山区面积大，强降雨后可能引发山洪、泥石流等次生灾害，尾矿库、小型水库等也可能出现险情，对人民群众财产安全造成威胁。我们要认真落实习近平总书记关于防灾减灾救灾工作的重要讲话精神，牢固树立以人民为中心的发展思想，进一步提高政治站位，深刻认识防汛防洪工作的极端重要性，进一步增强防汛防洪专题视察的责任感和紧迫感，全面了解防汛防洪工作情况，及时发现问题，提出意见建议，推动各级政府及相关部门加强和改进防洪减灾救灾工作，确保全省安全度汛。

二、突出重点，着力提高防汛防洪专题视察的针对性和实效性。这次专题视察要突出两个重点。第一，突出重点区域，保障雄安新区度汛安全。4月14日党中央、国务院批复《雄安新区规划纲要》，标志着规划建设雄安新区进入全面实施阶段。规划建设雄安新区举世瞩目，确保雄安新区防汛安全意义重大。雄安新区起步区位于大清河系白洋淀新安北堤以北区域，目前周边防洪工程尚未达到规划纲要标准，防汛任务十分艰巨。要把雄安新区防汛安全作为今年防汛工作的重中之重，按照"省管全域、市管流域、新区负主体责任"的要求，建立省、市、新区、县联动防御体系，落实相关责任，完善防洪预案，统筹防汛资源，形成工作合力，着力做好精确预报、科学研判、风险调度、工程维护、队伍建设、物资储备、抗洪抢险、疏散群众等各项工作。省视察组特别要把雄安新区上游水库调蓄、堤坝安全、河道清障、蓄滞洪区分洪作为视察重点，推动雄安新区防汛责任落实，工作到位，万无一失。第二，突出重点问题，推动问题整改。去年，省人大常委会开展了防洪防洪法律法规贯彻实施情况执法检查，省十二届人大常委会第三十一次会议听取审议了省人大常委会的执法检查报告和省政府贯彻实施工作报告，指出了在贯彻实施防洪法律法规中存在的4个方面的突出问题，提出了加强和改进防洪减灾救灾工作的意见和建议。这次专题视察要紧紧围绕推动问题整改，重点视察4个方面的内容：一是各级政府履行防洪责任，加强防洪法治宣传教育，提高全民防洪减灾意识和法治观念，营造全社会学法、懂法、用法、守法和积极参与防洪抗灾良好氛围的情况。二是加大防洪资金投入力度，加强防洪规划实施和防洪工程维护和管理、水毁工程修复，消除防洪工程安全隐患；加强蓄滞洪区建设，推进河道内村庄搬迁，保障人民生命财产安全的情况。三是修订和完善防汛抗洪预案，加强防洪抗灾演练，推进防洪减灾预案实施的情况；加强洪水监测、预警、预报信息平台和信息员队伍建设，提升灾害监测预警水平和应急处置能力的情况。四是健全完善河长制组织体系，加大防洪执法监督力度，严肃查处在河道滩地违法进行开发建设、种植林木、养殖畜禽以及向河道内倾倒垃圾、采砂取土、侵占河床河道、损毁防洪工程设施等违法案件的情况。要深入贯彻习近平总书记关于国家总体安全观的思想和防灾减灾救灾理念，按照防汛防洪法律法规和省委的要求，认真听取汇报，深入现场视察，看责任是否落实，整改是否到位，短板是否补上，隐患是否消除，切实增强专题视察的针对性，深入推动问题解决，确保视察取得实效。

三、加强学习，密切配合，确保专题视察顺利开展。一要加强法律法规学习。防汛防洪工作科学性、专业性很强。这次视察农工委为大家辑印了防汛防洪法律法规资料汇编。希望参加视察的同志们要加强对法律法规政策学习，了解我省防汛防洪形势，熟悉视察的主要内容，努力提高防汛防洪政策法律水平。二要认真履行职责。这次专题视察，时间紧、任务重、责任大。希望参加视察的同志妥善处理好日常工作与这次专题视察的关系，集中时间和精力，全身心地投入到这次视察活动。要加强协调、密切配合，科学安排、精心组织，确保专题视察顺利进行。三要坚持求真务实。要深入基层、深入群众、深入现场，听真话、查实情、求实效，力戒形式主义和走马观花。要严格落实中央八项规定和廉洁自律准则，坚持轻车简从，不给基层增加负担，不给群众添麻烦，自觉维护人大干部的良好形象。

着力规范提升基层基础工作　坚决打好打赢精准脱贫攻坚战

——赵一德同志在全省脱贫攻坚基层基础工作规范提升现场会上的讲话

(2018年6月22日)

这次现场会是省委、省政府决定召开的一次重要会议，王东峰书记、许勤省长亲自审定会议方案并专门作出批示、提出明确要求。会议的主要任务是深入贯彻习近平扶贫思想和党的十九大精神，认真落实打赢脱贫攻坚战三年行动电视电话会议精神和胡春华副总理在河北调研督导时的指示精神，全面落实省委、省政府决策部署，对推进脱贫攻坚基层基础工作标准化、规范化进行安排部署。昨天我们实地观摩了隆化县田家营村脱贫攻坚基层基础工作规范提升成果。刚才，周仲明、陆文龙、辛东林、曹志民、方佃军5位同志作了很好的发言，各地要认真学习借鉴，扎实推进脱贫攻坚基层基础工作规范提升。

今年4月开始，承德市针对存在的贫困户识别不精准、干部掌握政策不清楚、因村因户精准施策不到位、档案管理标准不统一、群众满意度不够高等问题，利用两个月时间开展了脱贫攻坚基础工作规范提升行动，通过“查、定、规”，全面解决“户、策、卡”方面存在的问题，取得明显成效。概括起来，承德的做法有4个突出特点:一是覆盖全。既覆盖贫困村、贫困户，又覆盖非贫困村、非贫困户；既体现在精准识别、精准退出上，又体现在精准帮扶、精准防贫上。二是程序严。实行全面检查系统内贫困人口、精准检查脱贫户、精准检查系统外一般户“三步走”，采取备、训、访、帮、档、验、录、示“八字工作法”，各项工作都有一个标准、一套制度，环环相扣、事事规范。三是标准高。全面对标对表国家标准、对标对表国家考核和巡查反馈意见，量身定制、精准施策，保证了工作质量。四是效果好。干部实现了基本政策清楚、村情户情清楚、帮扶思路清楚、群众意愿清楚，贫困户实现了谁负责帮扶清楚、享受什么政策清楚、收支情况清楚、脱贫标准清楚，工作精准度和群众满意度实现了双提升。

国务院扶贫办对河北脱贫攻坚工作高度重视，刘永富主任多次听取工作汇报、进行具体指导，亲自带领骨干力量到河北巡查，帮助我们发现问题、抓好整改、提升脱贫质量和水平。在此，我代表省委、省政府，代表王东峰书记、许勤省长，向国务院扶贫办长期以来对河北的支持帮助表示衷心的感谢！一会儿，国务院扶贫办党组成员夏更生还要讲话，大家要认真学习领会，抓好贯彻落实。下面，围绕深入贯彻习近平扶贫思想、认真贯彻党中央有关决策特别是习近平总书记重要指示和李克强总理批示精神，全面落实省委、省政府决策部署，着力规范提升基层基础工作，坚决打好打赢精准脱贫攻坚战，我讲3点意见。

一、提高政治站位，高度重视脱贫攻坚基层基础工作规范提升

对于脱贫攻坚而言，基层基础工作包括工作标准、工作程序、政策规定、体制机制、组织体系、档案管理、数据平台、项目库建设等各个方面，贯穿于精准识别、精准帮扶、精准退出、精准防贫的全过程，是打赢脱贫攻坚战的重要保障。当前，脱贫攻坚到了攻城拔寨、决战决胜的关键阶段，必须高度重视，全力把这块基石筑牢。

第一，做好基层基础工作是落实精准扶贫精准脱贫基本方略的必然要求。习近平总书记强调，扶贫开发贵在精准，重在精准，成败之举在于精准。习近平扶贫思想核心是精准扶贫精准脱贫；落实精准扶贫精准脱贫基本方略，要害在加强基层基础。习近平总书记关于脱贫攻坚基层基础工作多次作出重要指示，提出重要要求。2017年春节前夕，在我省张北县考察时强调，要以精准扶贫精准脱贫为主线，分类施策，真抓实干，吹糠见米，确保贫困人口如期实现脱贫。在2017年全国“两会”参加四川代表团审议时强调，脱贫攻坚全过程都要精准，有的需要下一番“绣花”功夫。习近平总书记强调，脱贫攻坚一定要扭住精准，做到精准扶贫、精准脱贫，精准到户、精准到人，找对“穷根”，明确靶向。精准识贫精准扶贫要讲究科学、讲究方法、讲究效率，把各方面信息集中起来，建立信息库，实现信息资源共享。习近平总书记的这些重要论述，为我们推进基层基础工作规范提升指明了努力方向、提供了根本遵循。贯彻落实习近平扶贫思想，推动精准扶贫精准脱贫，做到扶持对象精准、项目安排精准、资金使用精准、措施到户精准、因村派人精准、脱贫成效精准，必须掌握贫困群众的真实情况，必须严格工作标准、工作程序，必须依靠基层干部队伍夯实工作基础。

第二，做好基层基础工作是实现打赢脱贫攻坚战三年行动目标的有力保障。磨刀不误砍柴工。基层基础工作做好了，底数摸清了，问题找准了，措施定实了，队伍建强了，机制完善了，扶贫脱贫的精准度和实效性就会大大提高，质量效率就会明显提升。反之，就难以如期高质量完成脱贫攻坚任务。从国家及我省考核、巡查发现的问题看，影响脱贫攻坚有效推进的问题，主要是基层基础工作方面的问题，或者是因为基层基础工作不规范造成的。脱贫攻坚工作的实践证明，规范提升基层基础工作，既是抓好扶贫领域突出问题整改的迫切要求，也是实现打赢脱贫攻坚战三年行动目标任务的现实需要。

第三，做好基层基础工作是提高群众满意度的根本途径。群众是否满意，是衡量脱贫攻坚成效的根本标准。国家考核反馈意见显示，我省2017年因村因户帮扶工作群众满意度仅73%～81%，为全国最低，这是我省脱贫攻坚工作的突出短板。基层基础工作不扎实、不规范，群众不参与、不理解，不少工作就有可能出现盲区、死角，就会事倍功半，群众满意度就会大打折扣。基层基础工作做实了、规范了，群众理解了、认可了、参与了，群众获得感增强了，扶贫工作的群众满意度就会不断提升。

第四，做好基层基础工作是巩固党的执政基础的应有之义。脱贫攻坚事关百姓福祉，事关党的执政基础，既是民生工程也是民心工程，既是重大的经济问题也是严肃的政治问题。只有切实增强基层基础工作，把基层党组织打造成坚强的战斗堡垒，把党员干部打造成组织群众、宣传群众、服务群众的过硬队伍，才能增强党在农村的凝聚力号召力。只有坚持把脱贫攻坚的重心放在基层，把“绣花”功夫下在基层，真正解决好贫困群众的衣食住行和教育、就业、医疗等问题，让老百姓有更多的幸福感，才能进一步凝聚人心、赢得民心，让群众一心一意跟党走，不断巩固党的执政基础。

二、严格规范标准，全面提升脱贫攻坚基层基础工作

规范提升脱贫攻坚基层基础工作，要紧紧围绕实现脱贫目标、解决突出问题、满足群众需求、提升脱贫成效来展开，扎实推进标准化、规范化、信息化。重点围绕6个方面抓好规范提升。

第一，在动态管理上抓好规范提升。要坚持有进有出，结合每月入户调查，把贫困群众和非贫困群众的收

入摸清楚、家底摸清楚、最新情况摸清楚，及时完善档案，对建档立卡贫困户作出必要调整，切实做到应纳尽纳、应出尽出。要健全防贫机制，积极探索政府主导、社会参与和市场化运作相结合的防贫途径，完善医疗救助、教育帮扶、保险兜底等防贫机制，特别是用好保险公司的网络覆盖优势，及时有效跟进帮扶措施，切实防止出现非贫困低收入户和非持续稳定脱贫户致贫返贫问题。要用好信息管理平台，充分发挥大数据管理平台作用，及时更新贫困户信息、帮扶措施、帮扶成效等基本数据，完善拓展系统功能，以推进信息化提高扶贫脱贫的精准度。

第二，在帮扶工作上抓好规范提升。要推动驻村帮扶全天候、全管用，把能力最强的干部放到扶贫一线去，驻村工作队所在村每天都要有驻村干部在岗，严格按照规范要求做好扶贫政策宣传、建档立卡管理、群众思想教育，以及扶贫项目计划编制、组织实施和检查验收等工作，做到真驻村、真入户、真帮扶，有实招、干实事、见实效。要推动社会帮扶落实到对象、到项目，像推动深度贫困地区"五包一"一样，扎实开展"千企帮千村"、强县帮穷县、金融机构"一帮一"等帮扶活动，做到有原则要求、有基本目标、有规范标准、有工作台账、有协调落实，把帮扶具体落到村、落到户、落到人、落到项目。要推动协作帮扶常态化、精准化，抓住京津协作帮扶的重大战略机遇，建立多层级常态化联系、人才交流、项目协作、产业就业合作等机制，不断提升协作帮扶的质量与水平。

第三，在政策落实上抓好规范提升。要严格落实政策，研究政策、熟悉政策、把握政策、宣传政策，善于抓住政策窗口期，把该用的政策用好、能用的政策用足，充分发挥政策效益，最大限度让贫困户享受政策红利。要严格适用对象，政策适用范围既不能扩大也不能缩小，该享受的一个都不能少，不该享受的不能乱开口子。比如，扶贫小额信贷要坚持"户借户用"，坚决杜绝冒名贷款、超范围违规用款，新的贷款严禁"户贷企用"，老的问题要逐步纠正。再比如，光伏扶贫要严格执行国家管理办法，确保村级电站建设满足以下条件，即建档立卡贫困村，发电1000小时以上，有接入条件，不得负债建设、企业不投资入股，产权归村集体所有，收益用于扶贫，主要采取购买公益岗位、小型公益事业、小微奖补等方式。要严格操作程序，把精准贯穿政策落实全过程，严把各个关口，坚持规范操作、不随意缩减必要环节。比如，贫困识别和贫困退出，一定要严格程序，确保客观公正、群众认可。

第四，在项目管理上抓好规范提升。要因地制宜建好扶贫项目库，按照体现本地特色优势、优化资源配置、有较强带贫能力、可持续稳定发展等原则，坚持自下而上和自上而下相结合，有力有效地推进脱贫攻坚项目库建设、加强项目储备，做到让项目等资金，而不能让资金等项目。要提高扶贫项目的带贫率，科学编制项目计划，把握轻重缓急，按照充分利用资源、满足群众需求、长短收益结合等原则选取项目，让更多贫困户参与进来，把更多贫困户带动起来，增强贫困村、贫困户的自身"造血"功能。要高标准推进扶贫项目实施，每个项目都要立项前严格论证、实施中严格把关、完工后严格验收，确保项目高质量，确保实现预期效果。

第五，在资金监管上抓好规范提升。坚持问题导向、清单管理、全程监控、权责匹配、严格监管，着力构建覆盖资金预算、使用全过程的监管机制。要严格公示公告，坚持"谁分配谁使用谁公开"，对扶贫资金的分配、管理、使用一律实行公告、公示，确保资金使用精准、安全、高效，从源头上杜绝违规违纪和腐败问题。要严格绩效考评，由业务主管部门会同财政部门，分项制定扶贫资金的绩效目标，加强对财政扶贫资金预算编制、执行、决算实施全过程绩效管理，把扶贫资金绩效考核与扶贫项目库建设挂钩、与党委政府扶贫成效考核挂钩。要严格专项审计，按照下审一级的要求，对扶贫专项资金管理使用情况实行审计全覆盖，严管严查严防，切实解决资金闲置、浪费、挪用、套取、冒领、截留、贪污等损害贫困群众利益的问题，严惩扶贫领域违规违纪行为。纪检监察机关和审计、扶贫、发改、财政、住建、人社等部门要加强沟通、密切配合，确保把每一笔扶贫资金管好用好。

第六，在群众工作上抓好规范提升。要明确群众工作目的是什么，就是要通过宣传群众、引导群众、组织群众，激发群众脱贫内生动力，密切党群干群关系，提高群众满意度，巩固扩大党的执政基础。要明确群众工作做什么，就是要让每个扶贫干部都清楚如何进村入户、如何开展精准帮扶，让每个村民都清楚贫困户是如何识别、如何退出的，让每个贫困户都清楚可以享受哪些政策、已经享受哪些政策、如何享受政策、如何依靠自己辛勤劳动实现脱贫，切实让每个贫困户都感受到党和政府的关心关怀。要明确群众工作怎么做，就是要带着责任和感情做群众工作，创新载体、丰富形式，通过加强技术技能培训提高贫困群众脱贫致富能力，通过典型示范引导贫困群众增强勤劳致富信心，通过整治家容家貌坚定贫困群众改变贫困落后面貌决心，通过开展"最美家庭"评选等活动激发贫困群众脱贫动力，通过生产奖补、劳务补助、以工代赈等提高贫困群众脱贫积极性。

这里特别强调，规范提升基层基础工作，要按照"缺什么补什么"的原则，在用好已有成果的基础上改进完善，既要坚定不移抓紧推进，又不能不顾实际、另起炉灶、“翻烧饼”。

三、加强组织领导，确保基层基础工作规范提升各项措施落到实处

做好基层基础工作，是提升脱贫攻坚质量水平、打好脱贫攻坚战的重要支撑。各级党委、政府一定要高度重视、加强领导，加大工作力度，确保各项工作落到实处、取得实效。

第一，完善责任体系。要强化市县责任，全省脱贫攻坚基层基础工作规范提升行动在省扶贫开发和脱贫工作领导小组领导下开展，市级党委、政府负责督导和验收，县级党委、政府承担抓落实的主体责任。乡镇党委书记“擂台赛”作为推动责任落实的有效载体，必须不断深化拓展、坚持不懈地搞下去。要强化部门责任，各相关部门要按照责任清单，各司其职、各负其责，扎实抓好相关领域的基层基础工作规范提升。要强化领导责任，各级领导干部要身体力行抓基层基础工作规范提升，主要领导要亲自抓、直接抓，分管领导要集中抓、具体抓，层层传导压力，逐级抓好落实。

第二，建强基层组织。要加强村“两委”班子建设，特别是要利用今年村“两委”换届契机选好贫困村党组织书记，配强贫困村“两委”班子。要通过选派干部到村、吸引本土人才回村等方式，从致富能手、专业合作组织负责人、大学生村官中选拔配备村党组织书记，以村干部素质的提升推进脱贫攻坚基层基础工作规范化。要深入开展“脱贫攻坚党旗红”活动，充分发挥村党组织的战斗堡垒作用和党员干部的先锋模范作用，推动基层基础工作规范提升各项工作落地落实。

第三，加强队伍建设。规范提升基层基础工作，关键靠人。要抓好干部培训，有针对性地开展业务培训、专项培训，全面提高履职能力和规范意识，解决好不愿干、不敢干、不会干的问题。要结合年内开展的县乡村干部轮训，对乡镇党政主要领导和分管领导、扶贫专干、村党组织书记、第一书记、驻村工作队、结对帮扶干部等进行全面培训，学政策、传经验、教方法，提升业务工作能力，提高群众工作的能力。要抓好作风纪律，强化精准意识、规范意识，使各级干部有遵循、有敬畏，全身心地投入到脱贫攻坚中。要抓好激励约束，把脱贫攻坚基层基础工作成效作为扶贫工作年度考核和干部选拔任用的重要依据，对工作扎实、成效显著的，要优先提拔重用；对工作不认真、走过场，搞形式主义的，要严肃批评、问责追责。

第四，强化监督检查。要强化群众监督，充分尊重群众的知情权、参与权、监督权，通过宣传发动、公告公示、设立举报电话信箱等举措，推动各项工作阳光规范操作，让群众广泛参与监督，让群众切实满意认可。要强化民主监督，充分发挥各民主党派的人才优势、资源优势、专业优势，紧盯责任落实、政策落实、工作落实，聚焦精准识别、精准帮扶、精准退出，多视角开展监督，多方面建言献策。要强化舆论监督，充分发挥新闻媒体和网络平台的作用，加强明察暗访，对在基层基础工作上搞形式主义、弄虚作假的进行公开曝光。要强化督促检查，统筹督查力量，聚焦扶贫基层基础工作，突出对重点工作、重点问题的督查，增强督促指导实效。

打赢脱贫攻坚战时间紧、任务重、要求高，各地各部门要认真贯彻落实党中央和省委、省政府决策部署，进一步完善体制机制，全面规范提升基层基础工作，圆满完成打赢脱贫攻坚战三年行动目标，向党中央和全省人民交上一份满意的答卷。

全面提升产业扶贫质量水平　为打赢脱贫攻坚战提供有力支撑

——赵一德同志在全省产业扶贫工作现场会上的讲话

（2018年6月22日）

产业扶贫是实现贫困人口稳定脱贫的根本途径和长久之策，对于推进脱贫攻坚具有稳定性、持续性、普遍性意义。这次会议的主要任务是，深入学习贯彻习近平扶贫思想，特别是习近平总书记关于产业扶贫的重要论述，全面落实打赢脱贫攻坚战三年行动电视电话会议精神和胡春华副总理在河北调研督导时的重要指示要求，认真落实王东峰书记、许勤省长批示精神，更加深入扎实地推进产业扶贫，全面提升我省产业扶贫质量水平。

昨天，我们利用一天时间，现场观摩了隆化县的田

家营村服装扶贫车间、田家营村养牛小区、温泉村民宿、海升集团草莓基地，观摩了滦平县的下营子村久财农牧开发有限责任公司中药材示范园、兴春和园区。大家纷纷表示，看了承德的特色种养、休闲旅游、家庭手工业等产业扶贫项目和产业扶贫模式，很受启发、很有收获，进一步增强了抓好产业扶贫的信心和决心。

近年来，承德市委、市政府坚持把培育可持续发展的产业、可持续脱贫的机制、激发可持续致富的动力作为核心要务，坚持市场导向，坚持从本地特色和资源禀赋出发，凝聚政府、市场、社会、贫困户各方力量，因地制宜发展食用菌、中药材、蔬菜、家庭手工业、乡村旅游等九大扶贫产业，建设5个百万绿色优质农产品基地，走出了一条生产发展、生活富裕、生态良好的产业扶贫新路径。

就全省来讲，省委、省政府高度重视、积极推进，各地各有关部门聚焦产业扶贫项目、狠抓机制建设、强力推动落实，产业扶贫取得重要阶段性成效。一是明确了扶贫产业发展布局。编制了我省“十三五”产业扶贫规划，形成了“1+62”的产业扶贫规划体系，明确了太行山——燕山、环首都、坝上、黑龙港流域4个片区的扶贫产业发展重点，62个贫困县分别确定了3至5个特色主导产业。二是加大了产业扶贫推动力度。很多市县成立了由党委或政府分管负责同志负责、农业农村部门牵头的产业扶贫工作专班，各级涉农项目资金向产业扶贫集中投放，中央和省级财政累计安排到县扶贫资金62.5亿元，贫困县整合各类涉农资金225亿元，全省62个贫困县农业产业化龙头企业达到2370家，农民合作社达到3.78万个，其中贫困村合作社1.1万个，基本实现贫困村全覆盖。三是构建了产业扶贫协同推进格局。把10个深度贫困县、206个深度贫困村作为重点区域，实行“五包一”“三包一”帮扶措施，集中力量帮助发展产业、改善生产生活条件；与农业农村部在环京津28个贫困县联合实施农业特色产业扶贫共同行动，推动落实各类合作协议139个，引进龙头企业63家，完成企业投资23.2亿元。四是形成了一批产业扶贫典型。各地探索形成很多好的做法，威县“金鸡扶贫”、涞水“双带四起来”旅游扶贫、魏县“扶贫微工厂”等，在推动产业扶贫方面发挥了很好的示范带动作用。

刚才，承德市、涞水县、威县、魏县作了很好的发言，他们的做法符合产业扶贫要求和市场规律，具有普遍指导意义，大家要结合本地实际，认真学习借鉴。下面，我围绕深入贯彻习近平扶贫思想、认真贯彻党中央决策特别是习近平总书记重要指示和李克强总理批示精神，围绕全面落实省委、省政府决策部署，认真落实王东峰书记、许勤省长批示要求，就全面提升产业扶贫质量水平、为打赢脱贫攻坚战提供有力支撑，讲4点意见。

一、提高政治站位，切实增强做好产业扶贫工作的责任感和紧迫感

习近平总书记高度重视产业扶贫工作，每次谈到脱贫攻坚都强调产业扶贫，指出“发展产业是实现脱贫的根本之策。要因地制宜，把培育产业作为推动脱贫攻坚的根本出路”。可以说，拿下产业扶贫这一块，打好脱贫攻坚战就有了有力支撑。否则，稳定脱贫和可持续脱贫就会成为一句空话。省委、省政府高度重视产业扶贫，王东峰书记多次提出明确要求，许勤省长多次作出具体安排。各地各有关部门认真贯彻党中央和省委、省政府决策部署，把发展富民产业作为主攻方向，正在走出一条经济效益、社会效益、生态效益同步提升的扶贫路子。

但是，我们必须清醒地看到，全省产业扶贫工作虽然取得一定成效，但仍有不小差距，主要存在5个方面的突出问题。一是特色主导产业不突出。多数贫困县产业扶贫规划区域统筹、错位发展意识还不强，与当地资源禀赋、产业基础结合不紧，产业综合效益和竞争力不强。二是产业项目覆盖率不高。全省87.5万户、184.3万贫困人口，产业扶贫项目覆盖率仅为76%，未能将普惠政策与因村因户施策有效衔接起来，还存在大水漫灌现象。三是经营主体带贫能力不强。62个贫困县中，有21个县省级农业产业化龙头企业数量在2家之内，有4个县没有省级农业产业化龙头企业，合作社经营管理水平不高，带动贫困户增收能力有待提高。四是利益联结机制创新不足。部分地区政府帮扶方式单一，扶贫项目利益联结形式单一，大多以到户扶贫资金简单入股企业或农民合作社，存在行政化倾向和坐吃财政利息之嫌。五是贫困村集体经济薄弱。普遍存在村组织运转基本靠“补”、基础设施建设基本靠“要”、公益事业基本靠“捐”的现象，缺乏对群众应有的组织力、带动力和服务力。此外，产业选择难、人才支撑难、群众受益难、产销对接难、风险防控难等问题，也具有一定的普遍性，需要下大力加以解决。

产业扶贫是脱贫攻坚的“重头”，也是我省扶贫工作的短板。各地各部门要认真学习贯彻习近平扶贫思想，进一步把思想和行动统一到党中央和省委、省政府决策部署上来，把推进产业扶贫作为践行“四个意识”、维护以习近平同志为核心的党中央权威和集中统一领导的具体实践，作为打好打赢脱贫攻坚硬仗的重要举措，以强烈的责任感、使命感和紧迫感狠抓工作落实，推动我省

产业扶贫上水平、上台阶。

二、聚焦脱贫攻坚，着力提升产业扶贫质量水平

推动产业扶贫，发展产业是手段，增收脱贫是目的。产业扶贫必须紧紧围绕提升扶贫脱贫质量，立足当地实际、突出区域特色，切实做到政府有形之手、市场无形之手、社会援助之手、贫困群众勤劳之手“四只手”同向发力，进一步聚焦扶贫、明确重点，找准路径、分类施策，着力推进产业扶贫实现新突破。

第一，瞄准市场需求，突出扶贫产业特色。扶贫产业抓得好的地方，一个共同特点就是围绕市场需求，立足资源禀赋，找准比较优势，因地制宜发展特色产业。这是经验，也是方向。要坚持市场导向，围绕推进一乡一业、一村一品，在突出区域特色上做文章，在提供优质、有效供给上下功夫，避免出现“产业扶贫若干年，卖难返贫一夜间”的问题。一是打好特色牌。各贫困县要对产业扶贫规划实施情况进行中期评估、科学论证，对市场需求进行全面分析、深入研判，对已有规划进行调整完善，重点突出产业特色，突出差异竞争、错位发展，切实做到“人无我有、人有我优、人优我精、人精我强”。二是发展新业态。瞄准城乡市场新需求，特别是瞄准京津两大市场需求，大力发展都市型现代农业，大力发展休闲旅游、文化体验、健康养老、农村电商等新产业新业态，推动一二三产业融合发展，让更多贫困群众从产业发展中实现增收脱贫。滦平县久财农牧开发有限责任公司中药材示范园，立足本地资源禀赋，集中药材品种展示、生态种植、良种繁育、科技研发、产地加工于一体，融入普通话文化、民俗文化、养老养生、健康旅游等多元化发展要素，实现了农区变景区、田园变公园、农房变客房、劳动变运动、农产品变商品，使乡村成为都市人“望山见水忆乡愁”的好去处，生动展示了区域特色产业培育带来的综合效益。三是培育名品牌。强化品牌意识，加强农产品展示中心、物流中心、培训中心建设，推进贫困地区品牌农产品进超市、进社区，多种形式开展农产品网上营销活动，大力推广以购代捐的扶贫模式，着力打造特色区域品牌，提升贫困地区特色产品的美誉度和影响力。

第二，坚持带贫导向，增强产业扶贫实效。要紧紧围绕扶贫脱贫发展产业，把带贫率作为产业扶贫项目引进的重要前置条件，让贫困户能够实实在在分享产业发展收益，坚决防止出现“扶强不扶贫、产业不带贫”现象。一是严格执行扶贫产业带贫标准。在实施特色种养、光伏、旅游、电商、家庭手工业等产业扶贫项目中，凡是使用扶贫资金和整合资金的产业发展项目，都要认真落实国务院扶贫办提出的“379”带贫要求，即建档立卡贫困人口在项目建设运营中的参与比例达到30%以上，在企业提供的由专业合作社承接的商业订单中参与比例达到70%以上，项目租金分配比例的90%以上用于贫困村和贫困户。二是扩大扶贫产业覆盖面。总的要求就是实现贫困户扶贫产业全覆盖，努力做到村村有扶贫产业、户户有增收项目、人人有就业门路。对有劳动能力的贫困户，要通过特色种养、林果、电商、家庭手工业和村级公益岗位等增加收入；对没有劳动能力的五保和低保贫困户，可以通过扶贫资金入股合作社分红、流转土地经营权或宅基地使用权获得租金和村级光伏电站分利增加收入。涞水县“双带四起来”旅游扶贫模式，通过景区带村、能人带户，2016年以来带动62个村、5715人实现脱贫。曲阳县已建和在建村级光伏扶贫电站99个，覆盖贫困户4700多户，村集体年增收可达2万元。这里强调，光伏电站不得负债建设，也不能由企业投资入股，原来由企业投资建设的要进一步规范管理、有效防范风险。三是引导社会帮扶发展扶贫产业。要以增强“造血”功能为目标推动社会帮扶，引导他们改变简单给钱给物的做法，更多地帮助贫困群众发展扶贫产业，做到“授之以渔”而不是简单“授之以鱼”。特别是对参与“千企帮千村”活动的企业，更要引导他们把力量和资源放在帮助贫困村发展产业上，让贫困群众能够获得稳定可持续收入。

第三，强化龙头带动，培育壮大市场主体。市场主体是产业扶贫的主力军，要把打造有带动脱贫能力的市场主体作为产业扶贫的着力点，加大支持力度，壮大发展规模。一是在抓引进上下功夫。要广泛深入地开展村企对接活动，鼓励支持产业化龙头企业到贫困地区投资兴办实体企业，建设产业基地，传播先进技术，带动贫困劳动力就业，促进贫困群众增收脱贫。隆化县田家营村服装扶贫车间的“三带三扶三增”扶贫模式，就是引进龙头企业推进产业扶贫的成功范例。二是在抓内育上下功夫。要以贫困地区资源和特色产业为依托，培育壮大特色农产品、林果、畜禽等扶贫龙头企业，积极拓展生物科技、仓储物流、电子商务等行业，推动一二三产融合发展，让贫困户享受全产业链收益。要加强贫困地区合作社规范化管理，把涉农项目和优惠政策重点向国家级和省级示范社倾斜，鼓励贫困村“两委”领办合作社，增强村集体经济实力，形成产业发展和产业扶贫的良性循环。隆化县温泉村利用丰富的地热资源，通过改善基础设施吸引10家温泉旅游企业落户，有效带动了周边贫困户参与温泉农家院经营。三是在抓返乡创业上下功夫。要鼓励支持本地在外的企业家、技术人员、大学

生、务工人员、复转军人回乡创业，特别是依托现代农业园区、电商园区等打造一批带动能力强的农村“双创”平台，大力发展名特优农产品、物流配送、共享经济，辐射带动贫困人口就业增收。

第四，密切利益联结，大力发展股份合作制。股份合作制是贫困户与市场主体开展深度合作、密切利益联结的有效组织形式，既能够最大限度地聚集生产要素、做大做强特色产业，又能够有效盘活农村资产资源、让贫困户更多分享产业发展收益。要大力发展股份合作制经济，创新贫困户、村集体、企业多方受益机制，让贫困户从产业发展中获取更多红利。一是把现有资源用起来。引导贫困村、贫困户以土地、资金和农宅、集体资产等入股，推动土地、林地、民居等资源变资产，个人资金或到户扶贫资金变股金，打工农民变股东，使贫困农民成为拿租金、分红金、挣薪金的“三金”农民。二是让入股方式活起来。以产业化项目为载体，引导贫困户、村集体、合作社、龙头企业组建多种形式的联合体，探索扶贫资金折股、土地经营权入股等新型入股方式，实行入股多元化、合作多元化，让贫困户和村集体长期稳定分享收益。三是使贫困户动起来。让贫困群众真入股、真出工、真参与经营，真正把权利和利益与经济体捆绑起来，激发贫困群众的内生动力，而不能只是让贫困群众简单分红、坐吃利息，坚决防止“一股了之”养懒汉。

三、用足用好政策，强化对产业扶贫的要素支撑

近年来，各级各部门出台了一系列产业扶贫支持政策，要认真研究把握政策，着力推动政策落实，引导各类生产要素向产业扶贫聚集。

第一，用足用好资金方面的政策。一方面，要用好财政扶贫专项资金。积极争取中央专项扶贫资金，增加省级专项扶贫资金投入，支持贫困县各项涉农资金增幅高于该项资金平均增幅。有关市县要切实加大资金投入力度，安排更多的财政专项资金用于产业扶贫。另一方面，要加大财政涉农资金整合力度。各贫困县要抓住整合资金项目审批权限完全下放到县的机遇，根据年度脱贫任务及巩固脱贫成效需要，在“因需而整”的前提下做到“应整尽整”，尽可能将纳入整合范围的各类资金在“大类间打通”“跨类别使用”，提高支持产业扶贫比例，增强产业扶贫实效。非贫困县也要认真研究扶贫政策、用好相关政策，集中财力帮扶贫困村、贫困户。

第二，用足用好土地方面的政策。要用好省扶贫专项用地指标，对于年度新增土地指标中专项用于支持贫困县重点项目建设的1万亩用地指标，要重点支持特色产业扶贫开发项目。要认真落实国家和省支持旅游业、健身休闲产业、新产业新业态、光伏扶贫以及农村产业融合发展的相关政策，保障相关产业用地。深度贫困地区要抓住3年内按规划新批准的工业项目，其建设用地控制指标可不受相应地区行业投资强度控制指标约束的机遇，推动有关项目加快进度、尽快落地。对贫困村兴办小微企业等所需的非农业建设用地，市县政府要在符合土地利用总体规划、城乡规划和农业相关规划的前提下，优先安排用地计划，及时办理用地手续。

第三，用足用好科技人才方面的政策。要整合省内科技专家资源，以县为单位建立产业扶贫技术专家组，围绕发展扶贫产业，加强技术研发和集成创新，加强对产业扶贫的服务指导。要推广保定市产业服务“六个一”做法，实行“一个特色产业、一个承接平台、一个创新团队、一批科技人才、一个推广中心、一个转化基地”，为产业发展提供全方位的服务支持。要支持有条件的贫困县建设农业科技园和星创天地等载体，展示和推广农业先进科技成果。要加强基层农技推广体系建设，推广张家口贫困地区农技推广服务特聘计划试点经验，从新毕业大学生、农业乡土专家、科研教学单位等一线服务人员中招募特聘农技员，实现科技特派员对贫困村科技服务和创业带动全覆盖，解决好贫困地区农技进村入户“最后一公里”。要实施贫困地区脱贫带头人培育行动，充分利用各类教育培训资源，加快新型职业农民培育基地建设，加强农村实用人才、大学生村官、农民企业家、现代青年农场主培训，加强对贫困人口技术技能培训，让每个扶贫对象都能掌握1至2门致富技能，努力实现“培养一群、带动一业、致富一方”。

第四，用足用好金融方面的政策。要加大扶贫再贷款投放力度，引导地方法人金融机构灵活运用扶贫再贷款资金支持产业扶贫。要结合贫困户产业发展需求，用好产业扶持周转金和扶贫小额信贷。要规范扶贫小额信贷发放，在风险可控前提下可办理无还本续贷业务，对确因非主观因素不能到期偿还贷款的贫困户，可协助其办理贷款展期业务。要完善政府搭台组织、银行降槛降息、贫困农户承贷、保险机构保障的多方联动机制，扎实推广“政银保”“政银担”等模式，有效提升贫困户小额信贷可获得性，最大限度减少贫困群众和扶贫企业风险。要积极鼓励上市公司、证券公司等市场主体，依法依规设立或参与市场化运作的贫困地区产业投资基金和扶贫公益基金。贫困地区企业首次公开发行股票、在全国中小企业股份转让系统挂牌、发行公司债券等，按规定实行“绿色通道”政策。要加大对农业保险支持政策的研究，探索开展农产品价格指数保险、农业贷款保证

保险和农产品收入保障保险，持续推进农业保险扩面、增品、提标。

四、加强组织领导，为产业扶贫提供有力保障

搞好产业扶贫，对于打好打赢脱贫攻坚战具有重要意义。各地各部门要把产业扶贫摆到更加重要的位置，进一步压实责任、强化措施、狠抓落实，确保取得扎实成效。

第一，强化产业扶贫责任。县级党委、政府是抓好产业扶贫的责任主体，党政“一把手”是第一责任人。贫困县党委、政府要以脱贫攻坚统揽经济社会发展全局，把产业扶贫作为治本之策、长久之计、关键之举，切实摆在重中之重的位置来抓。农业农村、扶贫、发改、旅游、林业、商务等部门要集中政策、资源、力量，推动产业扶贫扎实开展。农业农村部门要充分发挥牵头作用，统筹推进产业扶贫各项工作。要把产业扶贫纳入贫困县扶贫成效考核和党政“一把手”离任审计，引导各地发展长期稳定的脱贫产业项目。

第二，加强基层组织建设。要抓好乡镇党委书记、村党支部书记和第一书记、农村致富带头人“三支队伍”，建立健全乡镇党委书记选拔任用、教育培训、激励保障和监督管理体制。要以村“两委”换届为契机，从优秀外出务工经商人员、乡土能人、复退军人和大学生村官中选拔村党组织书记和“两委”班子成员。各级驻村工作队和第一书记要把产业扶贫作为首要任务，和当地基层干部一起，带领贫困群众谋划好实施好特色产业帮扶项目。要建立贫困户产业发展指导员制度，明确到户帮扶干部承担产业发展指导职责，帮助贫困户及时协调解决生产经营中的困难和问题。

第三，坚守生态环境底线。脱贫不仅是眼前有钱花、有饭吃，更重要的是未来可持续、长远能发展。如果只顾盲目发展产业，不重视生态环境保护，产业项目迟早面临停产停工，贫困群众就会失去重要的收入来源。推进产业扶贫，发展扶贫产业，要坚持生态优先，任何时候都要以保护生态环境为前提，既要算经济账更要算生态账，大力发展与当地资源条件和环境承载能力相适应的绿色产业，保证扶贫产业有持久的生命力。

第四，抓好典型示范带动。典型引路是十分有效的工作方式，对于扶贫脱贫尤其如此。要善于发现产业扶贫典型，及时总结产业扶贫经验，培育一批可复制可推广的典型模式，充分发挥典型的示范引领和辐射带动作用。要多方宣传产业扶贫典型模式，广泛推广有普遍意义的典型，精准推广针对某一区域、某一群体有特定意义的范例，让产业扶贫学有榜样，赶有目标。要积极组织基层干部群众观摩典型、学习典型，开展现场教育培训，激发基层干部和贫困群众的脱贫攻坚动力和信心。

产业扶贫是一项重大的政治任务和民心工程。我们要深入贯彻习近平扶贫思想，全面落实党中央和省委、省政府决策部署，凝心聚力、攻坚克难，推动全省产业扶贫不断迈上新台阶，确保如期高质量完成脱贫攻坚任务。

时清霜同志在省粮食安全责任制考核工作组第三次联席会议上的讲话

（2018年7月6日）

刚才，国彦同志宣布了调整后的省粮食安全责任制考核工作组成员名单；洲群同志对今年以来粮食安全责任制考核工作作了比较全面、详尽的汇报；讨论了《关于2017年度河北省粮食安全责任制考核结果的通报》和《关于开展2018年度粮食安全责任制考核工作的通知》。关于2017年省对市的考核结果，会前考核办已征求了各成员单位意见，我也赞成，会后按程序报批，经省政府同意后下发通报各地。关于2018年考核工作的通知，对有些指标进行了调整，会后也要尽快下发。这里，我讲三点意见。

一、高度重视。党的十九大报告指出，要确保国家粮食安全，把中国人的饭碗牢牢端在自己手中。民以食为天，食以粮为本。粮食既是经济又是政治，既是国计又是民生，既是民品又是军需。粮食安全是维系社会稳定的“压舱石”，是国家安全的重要基础。开展粮食安全责任制考核，有利于压实各级政府主体责任，全面加强粮食生产能力、储备能力和流通能力建设，是保障国家粮食安全的重要举措；开展粮食安全责任制考核，有利于推进农业供给侧结构性改革，培育壮大粮食产业主体，推动粮食产业转型升级、提质增效，形成粮食兴、产业旺、经济强、安全稳的良性循环；开展粮食安全责任制考核，有利于增强粮食收购和市场监管能力，加大农业农村污染防治力度，提高粮食生产综合效益，让广大农民分享粮食产业链收益，助力解决农业农村发展不平衡不充分的问题。

二、充分准备。要对标国家明确的新时代粮食工作要求，找准切入点、突出着力点。一是夯实工作基础。各成员单位要按照国办《关于印发粮食安全省长责任制考核办法的通知》，对照2018年度国家考核评分表确定的

责任事项，做好任务分解、台账建立、制度完善、资料整理等基础性工作，把功夫下在平时，把考核要求落实到日常工作中。二是突出重点任务。要围绕国家发改委等10部门《关于认真落实2018年度粮食安全省长责任制的通知》提出的6项重点，聚焦保护耕地、稳定产能、落实政策、保障安全和市场供应等基础性工作，大力发展农水设施，建设高标准农田，提升耕地质量，深化收储制度改革，做强粮食产业经济，推动粮食生产由增产导向转向提质导向，不断提高保障区域粮食安全的能力和水平。三是强化问题整改。对2017年自查中发现的问题和国家考核反馈的问题，要进行认真梳理，逐项建立台账。能立即整改的，要立行立改；一时难以完成整改任务的，要明确责任分工和时间节点，限期整改到位。属于市县的问题，要加强督导检查，不留死角和盲区。要举一反三、标本兼治，注重抓源头、建机制，确保整改取得实效长效。

三、传导压力。省考核工作组既要承担国家对我省的备考任务，还要组织实施对各市的年度考核。一要加强组织领导。省发改委、农业厅、粮食局作为组长单位，要认真研究谋划，主动沟通协调，充分发挥职能作用。各成员单位要加强对这项工作的领导，选派综合素质高、业务能力强的同志，具体组织实施。二要强化考核导向。要科学设置考核内容，突出引导性指标，把近两年考核中发现的问题和短板，需要各级推动落实的重点和难点列入考核内容。要切实发挥好考核指挥棒作用，完善考核计分方法和奖惩措施，引导各市客观评价、主动对标、整改提高。三要注重成果应用。按照考核方案要求，考核结果要通报省委组织部，作为各市政府主要负责人和领导班子综合考评的重要参考。对成绩突出、受到表扬的市，在项目资金安排上优先考虑，拿出“真金白银”倾斜支持；对差的要通报或约谈，鞭策后进。

全力打好垃圾清理攻坚战　全面改善农村人居环境

——赵一德同志在全省农村垃圾集中清理工作视频会议上的讲话

（2018年7月13日）

这次会议是省委、省政府同意召开的一次重要会议，主要任务是落实省委常委会会议和王东峰书记指示精神，就深化农村垃圾集中清理行动、确保7月底前农村垃圾全部清理到位进行安排部署。

前一阶段，按照省委、省政府要求，各地各有关部门从实际出发，采取了一系列行之有效的措施，开展了为期3个月的春季农村生活垃圾集中治理行动，取得了阶段性成果。一是改善了乡村面貌。各地认真组织排查，建立工作台账，通过大清理、大扫除等方式，清除了大量积存的生活垃圾。截至6月底，累计发动136万人(次)，清除积存垃圾2853万立方米。随着大量农村生活垃圾被清理出去，垃圾围村、垃圾堵河等现象得到有效治理，村容村貌得到改观，生产生活环境明显改善，一些村庄“旧貌换新颜”。二是推动了机制建设。各地以集中清理行动为契机，坚持清管并重，指导各村组建保洁队伍，农村生活垃圾治理水平明显提高。目前，全省92%的村庄配备了保洁人员，34485个村基本实现了垃圾日产日清。三是促进了观念转变。在农村垃圾集中清理行动的牵引下，农民群众思想观念正在发生新的变化，生产生活方式也在发生新的变化，好的习惯正在养成，减少污染、讲究卫生、保护生态环境的理念日益深入人心。四是密切了干群关系。垃圾清理切中了农村的痛点，顺应了农民的呼声，缓解了长期以来“脏乱差”问题对农民群众的困扰，得到了广大农民群众的普遍好评，有效增强了基层党组织的凝聚力、战斗力和感召力。可以说，垃圾清理工作取得的成效是综合性、多方面的。但是，我们还要清醒看到，农村垃圾是长期形成的顽疾，是难啃的“硬骨头”，差距还不小，问题还不少，任务还很重。有的地方和部门重视程度不高，组织推动不力；有的责任落实不到位，牵头部门单打独斗；有的垃圾清理不彻底，盲区和死角还不少；有的监管机制不完善，特别是对市场化运营的保洁公司缺乏有效监管；垃圾分类投放、分类运输、分类利用、分类处置机制还没有建立，垃圾终端处置能力还不强，设施还不配套，等等。对这些问题，必须高度重视，努力加以解决。

下面，我就贯彻落实省委常委会意见特别是王东峰书记指示要求，就7月底之前打好农村垃圾集中清理攻坚战，提6点要求。

一、提高政治站位，切实把农村垃圾集中清理摆到突出的位置来抓

习近平总书记指出，要聚焦农村生活垃圾处理、生活污水治理、村容村貌整治，梯次推动乡村山水林田路

房整体改善，这要作为实施乡村振兴战略的阶段性成果。开展农村垃圾治理，看似具体工作，实则不是小事，意义非同寻常。这是实施乡村振兴战略的基础性工作，是打好实施乡村振兴战略第一仗的关键之举，直接影响着乡村振兴战略能否顺利推进、能否取得扎实成效。这是保护农村生态环境的迫切要求，只有全面彻底治理农村垃圾，才能建设山清水秀、天蓝地绿、村美人和的幸福家园，让农村走上生态文明之路。这是提升农民群众生活品质的重大举措，是顺民意、得民心的实事好事，直接关系农民群众切身利益，广大农民群众对此期望值很高。

对农村垃圾治理，省委、省政府高度重视，王东峰书记多次作出批示、提出明确要求，许勤省长多次进行具体安排部署。在7月5日召开的省委常委会会议上，王东峰书记再次强调要大力开展农村垃圾治理，要求到7月底前全部完成集中清理工作。各地各部门要切实把思想和行动统一到习近平总书记重要指示精神和省委、省政府决策部署上来，把农村垃圾治理摆到当前工作更加突出的位置，强力推进、狠抓落实，全面改善农村人居环境。

二、集中全力攻坚，确保如期完成农村垃圾集中清理目标任务

现在距7月底不到20天，时间非常紧迫。各地各部门要立即行动起来，倒排时间、精心组织、全力推动，确保见到实实在在的效果。

一是迅即开展清理。7月底前，要全面清除村庄及周边的垃圾，全面清除农场、工厂、公路铁路、河道及周边的垃圾，全面清除旅游景区、风景名胜区、自然保护区、饮用水水源保护区的垃圾。不论是农村生活垃圾，还是农业生产垃圾、工业固体废弃物，都要纳入清理范围，做到全面清理、全域清理、彻底清理。尤其是对城乡接合部、公路铁路两侧等重点部位和薄弱环节，要下更大功夫加以清理，彻底消灭盲区，不留任何死角死面。

二是及时妥善处置。对清理出来的垃圾，要分类处置，尽可能降低处理成本，防止造成二次污染。有条件的地方要进行垃圾焚烧发电，全面彻底进行无害化处理；对可回收垃圾，要进行回收利用；对易降解的垃圾，要进行堆肥和沼气池处理后返田；对建筑垃圾，要进行定点集中堆放，采取回填路面等方式进行再利用；对危险废物，要按规定由有资质单位单独收集、科学处置；对工业废弃物中有利用价值的要进行资源化利用，不能资源化利用的要按规定进行处置。这里强调，一些地方清理出来的垃圾数量很大，一时难以完全妥善处理，要合理选址临时存放，决不能对生态环境和群众生产生活造成不良影响。

三是防止反弹回潮。农村垃圾清理过的地方，要根据实际情况，及时绿化美化、配置垃圾收集设施，巩固集中治理效果。要建立健全日常监管制度，特别是在村庄及周边区域、产业园区、公路用地范围和旅游景区、风景名胜区等生产生活场所，要健全日常保洁制度，尽快实现垃圾日产日清，防止再次出现垃圾乱扔乱堆乱放现象。

三、逐级压实责任，推动农村垃圾集中清理各项工作落实落地

开展农村生活垃圾治理工作，要实行省市县乡村五级联动、相关部门齐抓共管，以责任落实倒逼工作落实，确保各项任务按时高质量完成。

一是强化主体责任。各市党委、政府和雄安新区党工委、管委会要对本行政区域农村垃圾清理工作负总责。县(市、区)、乡(镇)党委、政府是农村垃圾清理的责任主体，负责具体组织推动，落实各项工作要求。村“两委”干部、第一书记、包村干部、驻村工作队员是一线攻坚力量，要各尽所能、主动作为，积极发动和带领群众参与到农村垃圾清理中来。

二是强化部门责任。住房城乡建设(城管)部门要负起牵头责任，充分发挥综合协调职能，全面推动农村垃圾治理各项工作。农业农村部门负责农业生产废弃物清理的监督管理，并负责督导农场(农业园区)开展垃圾清理。环境保护部门负责农药包装废弃物和农村工业固体废弃物污染防治工作的监督管理，并负责督导工厂(产业园区)开展垃圾清理。公路(高速公路)用地范围内的垃圾清理，由相应的养护管理单位负责，交通运输部门负责督导。铁路(高速铁路)用地范围内的垃圾清理，由相应的产权单位负责，途经的市县负责监督管理。水利部门负责落实河长制，督导河道(沟渠、湖泊、水库)管理范围内农村垃圾的清理。旅游部门负责督导旅游景区的垃圾清理。环境保护、林业、农业等部门还要按照职责，负责督导自然保护区（湿地)的垃圾清理。

三是强化监管责任。健全日常监管体系，落实县乡村监管责任，建立有效的监管机制。集中清理期间，乡镇每周一检查，各村庄由村“两委”每日一检查，市县联合半月一检查。各地要设立专门的网络举报平台和举报电话，及时将举报信息按照属地管理原则转乡镇处理。

四、严格督导问责，层层传导农村垃圾集中清理工作压力

动员千遍，不如问责一次。完成农村垃圾集中清理

任务，要敢于较真碰硬，让失责必问成为必然。

一是加大督查力度。各地要把农村垃圾集中治理工作纳入重点工作大督查，采取明察暗访、实地走访等形式，加强督导检查，确保取得扎实成效。要实行台账式管理，对排查出的农村垃圾逐一明确整改责任和整改时限，加强督导调度，不完成不销号。8月初，省对市、市对县、县对乡（镇）、乡(镇)对村工作开展情况要进行排名，结果进行通报。

二是强化结果运用。要充分发挥考核的指挥棒作用，强化考核结果运用。这次农村垃圾集中清理的成效，将作为对各地实施乡村振兴战略、改善农村人居环境情况年度考核的重要内容，并列入评选文明村镇监测范围和卫生乡镇评选条件。各地务必高度重视，绝不能掉以轻心。

三是依规严肃处理。坚决克服“好人主义”，对工作不落实、未按时完成集中治理任务的，不论涉及到哪一个层级、哪一个部门、哪一个地方，都要按照有关规定严肃追责问责。既要追究属地或产权单位的主体责任，也要追究行业部门的监管责任，切实做到有权必有责、有责必尽责、失责必问责。

五、加强舆论引导，营造开展农村垃圾集中清理浓厚氛围

农村垃圾集中清理不是哪个地方、哪个部门的事情，而是全社会的共同行动，要营造浓厚氛围，形成人人参与、齐抓共管的良好局面。

一是积极引导群众参与。开展农村垃圾集中清理，关键是充分发挥群众的主体作用，让群众动起来、参与进来。要通过广播电视、张贴明白纸、发放宣传手册等多种形式，宣传普及农村垃圾治理的相关知识，让科学合理的农村垃圾处理方式进家入户，激发农民群众积极参与垃圾治理，自觉养成绿色生活习惯。

二是强化典型示范带动。及时总结、宣传一批开展集中治理的先进经验和成功做法，树立和表彰一批优秀典型，营造全方位动员、全社会参与的良好氛围。

三是及时曝光反面典型。特别是推进集中治理工作不力、乱堆乱放及随地倾倒垃圾等行为，切实做到曝光一起、问责一起、警示一片。按照省委要求，8月初省委宣传部将组织力量到各地进行暗访，重点抓不作为、慢作为的反面典型，推动突出问题解决。

六、健全长效机制，全面提升农村垃圾治理水平

开展农村垃圾集中清理是一场攻坚战，有明确的时间节点，但农村垃圾治理是一项长期任务，不可能毕其功于一役，必须把集中清理和开展农村人居环境整治三年行动紧密结合起来，在打好攻坚战的同时建立健全长效机制，持续用力、久久为功，推动这项工作不断实现新进展。

一是推行城乡一体化垃圾处理模式。实行“户清理、村收集、乡转运、县处理”，把农村生活垃圾集中进行无害化处理，不能产生二次污染。

二是构建村庄保洁长效机制。通过以工代赈、工资补助等方式设立保洁员岗位，优先安排家庭经济困难的劳动力从事村庄保洁工作，确保农村垃圾能够得到及时清理。

三是完善垃圾处理配套设施。加快垃圾终端处理设施建设，加快垃圾资源化利用设施建设，不断提高农村垃圾综合利用和处置能力。

开展农村垃圾集中清理任务重、时间紧，各地各部门要迅速行动起来、高度紧张起来，真抓实干、狠抓落实，坚决打好这场顺民意、得民心的硬仗，向省委、省政府和全省人民交上一份满意的答卷。

王刚同志在农产品质量安全法执法检查汇报会上的讲话

（2018年8月6日）

根据全国人大常委会2018年监督工作安排，在全国开展农产品质量安全法贯彻实施情况执法检查。这是十三届全国人大常委会开局之年的一个重要执法检查项目，是农产品质量安全法自2006年颁布实施以来首次开展的执法检查。栗战书委员长对这次执法检查专门作出批示：农产品质量安全是食品安全的基础和源头，全面贯彻实施农产品质量安全法，对于确保人民群众身体健康和生命安全，不断满足人民日益增长的美好生活需要，具有重要意义。要精心组织好农产品质量安全法执法检查，坚持以习近平新时代中国特色社会主义思想为指导，用最严谨的标准、最严格的监管、最严厉的处罚、最严肃的问责，严把从农田到餐桌的每一道防线，切实保障广大人民群众“舌尖上的

安全”。6月25日，全国人大常委会农产品质量安全法执法检查组召开第一次全体会议，听取了农业农村部、生态环境部、国家市场监管总局、财政部贯彻实施农产品质量安全法情况的汇报，吉炳轩副委员长作了讲话并对执法检查提出要求。上月初，张春贤、吉炳轩、武维华三位副委员长分别带队，检查了辽宁、山东、广西、重庆、四川、青海等6个省（市、区）。我陪同武维华副委员长参加了重庆、四川的检查。同时，委托河北、内蒙古、江苏、安徽、江西、河南、湖北、湖南、广东、陕西、新疆等11个省（区）人大常委会分别对本行政区域内贯彻实施农产品质量安全法情况进行检查。这次省人大常委会开展的农产品质量安全法执法检查，是受全国人大常委会委托开展的一次重要的监督检查，是全国执法检查的重要组成部分。刚才，省财政厅、农业厅、林业厅、环保厅、食品药品监管局分别就贯彻实施农产品质量安全法情况作了汇报。从汇报情况看，我省各地各相关部门认真贯彻实施农产品质量安全法，不断健全制度、完善标准、加强监管、严格执法，农产品质量安全形势日趋好转，但仍然存在不少问题和短板，农产品质量安全形势依然严峻。下面，我就搞好这次法执法检查，讲几点意见。

一、提高政治站位，深刻认识开展农产品质量安全法执法检查的重大意义

民以食为天，食以安为先。确保农产品质量安全，是事关人民生活和社会稳定。党的十九大报告指出，实施食品安全战略，让人民吃得放心。习近平总书记指出，抓食品安全，必须正本清源，首先把农产品质量抓好。党的十九大报告和习近平总书记的重要指示为我们做好农产品质量安全工作指明了方向、提供了遵循。农产品质量安全法，对农业生产经营活动、维护农产品质量安全提供了法制保障。我们一定要牢固树立以人民为中心的思想，充分认识贯彻实施农产品质量安全法的重大意义，切实增强执法检查的的责任感和使命感。

（一）开展农产品质量安全法执法检查是保障人民群众身体健康和生命安全，回应人民群众对美好生活向往的现实需要。习近平总书记指出，要在抓好农产品数量安全的基础上，以更大力度抓好农产品质量安全，让人民群众吃得安心放心。长期以来，我国农业的首要任务是保障农产品有效供给，保障人民群众“有的吃”“吃得饱”。随着我国社会生产力水平和人民生活水平的不断提高，人民群众对农产品质量安全问题更加敏感和关注，对农产品质量安全的要求已经从解决温饱问题向“吃得好”“吃得放心”“吃得丰富”“吃得健康”方面转变。人民群众对农产品农兽药残留超标、重金属超标、非法添加有毒有害物质等问题深恶痛绝。农产品安全是食品安全的基础和源头，是人民群众健康安全的根本保障。能不能给老百姓一个安全、满意的交代，是对我们执政能力的重大考验。这次执法检查，就是以农产品质量安全法为准绳，深入推进农产品质量安全标准、法律责任、法律制度落实，从源头上保障农产品质量安全，积极回应人民对美好生活的向往，为人民群众提供更多优质安全、营养健康的农产品。

（二）开展农产品质量安全法执法检查是推进农业供给侧结构性改革，促进农业增效、农民增收的重要举措。习近平总书记指出，要把农产品质量安全作为转变农业发展方式、加快现代农业建设的关键环节。当前，我省农业农村经济已经由高速发展阶段转向高质量发展阶段，农业结构性矛盾、农业供给质量不高的问题日益突出。一方面是农产品数量过剩，另外一方面是优质农产品严重短缺，呈现出“卖难”和“买难”的尴尬局面，直接影响了农业增效和农民增收。我们紧邻京津两大市场，但都市农业、绿色农业、品牌农业、特色农业发展不快，供应北京农产品中自有商标仅占20%。必须瞄准京津冀市场，适应多层次、多样化、高质量消费需求，深化农业供给侧结构性改革，实现农产品由低水平供应向高质量跃升、由“有没有”向“好不好”转变，积极推进农业绿色化、优质化、特色化、品牌化，确保农产品产得优、卖得好。这次执法检查，就是通过推动农产品质量安全法的贯彻实施，从源头上布局，从根本上谋划，深入推进农业供给侧结构性改革，促进农业高质量发展和农产品有效供给，促进农业增效、农民增收。

（三）开展农产品质量安全法执法检查是省人大常委会履行职责，推动农产品质量安全法有效实施的实际行动。栗战书委员长强调，人大及其常委会要把各项工作紧紧扣在贯彻落实党中央重大决策部署上来，紧紧扣在回应人民群众重大关切上来，紧紧扣在厉行法治、推进全面依法治国上来，认真履行好宪法法律赋予的职责。开展农产品质量安全法执法检查，是省人大常委会围绕中央、省委重大决策部署和回应人民群众重大关切的实际行动。河北的农产品直接供给京津冀三地1亿多人民群众，特别是承担着2022年冬奥会等国家重大活动的农产品供给任务。组织开展这次执法检查，有效推进农产品质量安全法贯彻实施，切实保障京津和全省农产品供给安全，既是落实全国人大常委会委托，更是省人大常委会义不容辞的重大责任和政治任务。要通过执法检查切实推动农产品质量安全法贯彻实施，监督和支持政府及有关部门进一步加强农产品质量安全监管，最大限度地消除农产品质量安全风险和隐患，让人民群众吃得安全、吃得放心。

二、突出检查重点，增强农产品质量安全法执法检查的针对性

从上个月我参加全国人大常委会执法检查和各部门汇报看，在农产品产地环境、农产品生产经营、农产品质量安全监管等方面还存在不少问题和短板。这次执法检查，要在全面了解法律实施的基础上，重点检查以下几个方面的内容：

一是农产品质量安全标准体系建设情况。重点检查农产品产地环境、农业投入品、生产规范、产品质量、安全限量、检测方法、包装标识、储存运输等标准制修订情况，技术规范和操作规程制修订等情况，推动最严谨的标准要求落实落地，实现农产品生产有标可依、产品有标可检、执法有标可判。二是农产品产地管理情况。主要是大宗农产品生产区域分类管理情况、农产品基地建设情况、农产品生产环境保护与治理等情况，进一步促进农产品产地环境保护，不断提高绿色安全优质农产品供给能力。三是农产品生产过程中管理和可追溯制度建设情况。重点了解农业投入品安全使用制度建设情况、农产品生产记录建立情况、产地准出制度执行情况、农产品的包装和标识制度执行情况、农产品品牌创建和管理等情况。今年5月份，省农业厅在邢台市举办了农产品质量安全监管追溯平台应用暨质量兴农万里行活动启动仪式，实现了监管工作和农业生产活动的精准化、实时化、痕迹化管理，为落实监管责任、生产者主体责任提供了技术保障，为实施信用管理、追溯管理奠定了基础。四是农产品质量安全管理制度建立情况。主要包括公共财政投入保障、农产品质量安全信息发布、农产品质量安全市场准入、农产品质量安全监督检查、农产品质量安全事故报告和农产品质量安全责任追究等制度建设情况，推动从农田到餐桌全过程最严格的监管制度落实，严肃追究违法责任、坚决打击违法犯罪行为。五是农产品质量安全监督检查制度执行情况。重点了解禁止进入市场销售的农产品制度的执行情况，农产品安全监测制度、监督性抽查制度和检测救济制度的执行情况，检测机构的设立和规范等情况。农业农村部要求，今年例行监测范围进一步扩大，增加了农药和兽用抗生素等影响农产品质量安全水平的监测指标。监测参数由2017年的94项增加到2018年的122项。通过执法检查，督促对农产品质量安全风险监测、评估和监督抽查，深入排查风险隐患，提高风险防范、监测预警和应急处理能力。

三、精心组织实施，确保农产品质量安全法执法检查取得扎实成效。

这次执法检查是贯彻习近平总书记的重要指示、回应人民群众关切最直接最现实的行动。要认真落实战书委员长的批示要求，以高度负责的精神和求真务实的态度，扎实做好执法检查各项工作。

一要认真学习，提高能力。农产品质量安全，法律性、政策性、专业性、时效性很强，农工委编印了执法检查法律法规资料汇编。检查组成员要深刻领会习近平总书记关于农产品质量安全的重要指示和中央、省委的部署要求，认真学习有关法律法规各项条款和规定，熟悉主要内容、把握政策标准，进一步提高法律政策水平。二要坚持原则，依法检查。坚持“依照法定职责、限于法定范围、遵守法定程序”的原则，突出问题导向，认真查找法律贯彻实施中存在的问题，做到监督不越位，不直接处理检查中的具体问题。要善于通过典型案例“解剖麻雀”，深入剖析法律实施中存在的问题。三要精心组织，密切配合。检查组成员要妥善处理好行业工作与人大履职的关系，全身心投入到检查活动中，做到善始善终。工作人员要加强协调、密切配合，科学安排、精心组织，尽职尽责做好服务保障工作。四要求真务实，改进作风。发扬求真务实的思想和工作作风，深入实际听真话、察实情，掌握第一手资料，坚决克服形式主义、官僚主义。严格遵守中央八项规定，注重言行举止，坚持轻车简从，不给基层增加负担，树立检查组的良好形象。

加大扶贫脱贫工作力度　深入推进中央巡视反馈意见整改落实

——王东峰同志在秦皇岛市青龙满族自治县调研检查时的讲话

（2018年8月8日）

今天我们到青龙县隔河头镇大森店村现场查看了易地搬迁扶贫的社区，走访慰问了贫困群众和老党员，刚

才又听了几位同志的汇报。总的感觉，青龙县委、县政府和隔河头镇广大党员干部，认真贯彻党中央重大决策部署，按照省委、省政府和市委、市政府要求，紧密结合本地实际做了大量富有成效的工作，特别是抓脱贫攻坚力度很大，今年能够摘掉国定贫困县的帽子，这是很不容易的。同时，青龙县经济发展、民生工作、社会治理和巡视整改、环保督察整改、扫黑除恶专项斗争整改等也都取得阶段性成效。成绩不说跑不了，问题不说不得了。要注意查找工作中的问题，防止小问题变成大问题。希望秦皇岛市和青龙县在过去工作基础上，巩固拓展成果，奋力拼搏进取，努力取得新的成绩。下面，我讲几点意见。

一、坚持政治站位，全力抓好中央巡视整改和中央督导整改落实

党的十九大后中央第一批巡视把河北列入其中，充分体现了以习近平同志为核心的党中央对河北的关怀、重视和支持。巡视是政治巡视，整改是政治巡视的整改。中央政治局常委会听取了中央巡视情况汇报，习近平总书记作出重要指示，中央巡视反馈意见体现的是党中央的要求。我们必须旗帜鲜明讲政治，从全局高度充分认识做好中央巡视反馈意见整改落实的政治性、战略性、现实性和紧迫性，切实增强政治责任感，把中央巡视整改作为践行“四个意识”、坚定“四个自信”、落实“两个维护”的实际行动和重要考验，坚决全面彻底抓实抓好。同时，中央环保督察和扫黑除恶专项斗争督导已经告一段落，各地各部门坚持边督边改，做了很多工作，接下来中央扫黑除恶专项斗争督导组还要向我省反馈意见，全省上下要集中力量抓好整改落实。中央巡视、督察和督导的目的是要发现问题、解决问题，我们要不等不靠，从每一件事抓起，从基层抓起，有什么问题解决什么问题，什么问题突出就重点解决什么问题。对这几项工作，省委、市委已经作出部署，各地各部门要把工作抓在手上，把责任扛在肩上，确保每一项整改任务落地见效。

二、坚持问题导向，坚决打赢精准扶贫脱贫攻坚战

精准脱贫是党的十九大确定的三大攻坚战之一，也是习近平总书记亲自谋划、亲自部署、亲自推动的重要政治任务。总书记要求五级书记抓脱贫，抓好脱贫攻坚是我们义不容辞的政治责任，各级党委、政府特别是党委书记要亲自抓。青龙县力争今年脱贫摘帽，这只是万里长征的第一步，至关重要的是如何确保实现“后三年”和“三年后”稳定脱贫、防止返贫，实现全县可持续发展。要以脱贫攻坚检查验收为契机，把责任压实，把工作做深做细做实，确保实现“两不愁、三保障”和农民增收目标。青龙县上半年农民人均收入没有达到秦皇岛市的平均水平，群众增收是一项硬任务。因此，抓脱贫攻坚要突出产业扶贫、就业扶贫、科技扶贫，坚持一乡一业、一村一品，调减小麦、玉米种植面积，宜果则果、宜林则林、宜游则游，大力发展生态旅游业、特色种植业、花卉苗圃业等，加快群众增收步伐。乡镇党委书记要一个村一个村研究，把群众增收的路径搞准。要处理好发展和生态的关系，县委书记对旅游开发要亲自抓，统一规划，科学布局，不能在山上到处搞建筑破坏自然生态，可以搞森林公园，把秦皇岛海边大量的游客吸引过来，实现秦皇岛旅游产业的区域布局、结构调整，加快一流国际旅游城市建设步伐。

现在脱贫的贫困村基础设施一般比较脆弱，要精准帮扶、防止返贫，特别是一些农村低保户收入水平离贫困线就差一点点，也要区别建档立卡，不能前边贫困户脱了贫，后边低保户又成了贫困户。要两个台账、两条渠道，千方百计促进农民增收，今年验收摘帽后还要持续用力、防止反弹，不能出半点问题。现在山里生存条件较差，水电气路不通，群众居住分散，再去投资搞基础设施建设成本太高，要加大易地搬迁扶贫力度，通过宅基地置换、增减挂钩、占补平衡解决资金问题，把地方选好，一次到位。刚才我看的搬迁社区老人都住在老年公寓，水电气暖都没有问题，老百姓都很满意，发自内心地感谢党中央、感恩总书记，这是由于脱贫攻坚给人民群众带来了实惠。有个道理要理直气壮地讲，就是脱贫攻坚是以习近平同志为核心的党中央作出的重大决策，饱含着习近平总书记对贫困群众的深切关怀，省市县乡村五级书记抓扶贫是贯彻总书记的重要指示和党中央决策部署，是在执行党中央决策、落实党中央的政策。要加大宣传引导力度，聚集和传播正能量，把提高群众的获得感、幸福感、安全感，切实转化为坚定不移地听党话、跟党走的高度自觉。这就是以实际行动讲政治。

这里我再强调几件事。一要抓好农村垃圾集中处理，结合文明村镇建设，组织动员人民群众把公路两侧和房前屋后的垃圾堆、柴草堆、粪堆清理干净。要建立垃圾清运的常态长效机制，建设无害化垃圾处理场，从根本上防止群众乱倾乱倒。二要抓好“厕所革命”，推进旱厕改水厕，旅游景区的厕所要达到标准。三要加强农村生活污水治理，整治坑塘水系和黑臭水体，平原地区可以搞管网归集、集中处理，山区的生活污水可以通过化粪池、沼气池等方式进行处理，注重实际效果。四要综合

整治村庄环境，加大植树造林力度，建好村民中心、健身广场、村卫生室等基础配套设施，全面提升农村现代化水平。

三、坚持抓党建促发展，全面提升保障民生和高质量发展水平

上边千条线，下边一根针。问题在基层，困难在基层，经验也在基层。基础不牢，地动山摇，基层抓不实，工作很难落实。8月中旬后农村“两委”换届将全面启动，要大力化解矛盾隐患，整治软弱涣散基层党组织，抓好扫黑除恶专项斗争和“一案三查”，特别要把村党支部书记选优配好，现在就要把人选物色好，严禁照顾关系，严禁利益输送，严禁黑恶势力插手基层换届，这要作为各级党委书记的政治责任。换届过程中，对群众的投诉要彻底核查，确保不发生问题。要加强基础工作，着力解决后备力量不足、党员年龄老化等问题，发挥好基层党组织的领导核心作用、战斗堡垒作用和党员先锋模范作用。要强化乡镇班子成员和工作人员责任，实行一线工作责任制，探索推行手机定位管理，包村干部要有工作目标、有任务清单，负责抓好分包村班子建设、产业培育、土地管控、扶贫开发、矛盾化解、扫黑除恶等工作，每一天都要形成工作日志，乡镇党委书记定期审核工作日志、听取工作汇报，确保上级决策部署在基层一线落地落实。县里要加强对乡镇工作的检查和考核，了解值班值守、服务群众和工作落实情况，把乡镇工作压实，把压力层层传导下去。要关心关爱乡村干部，充分调动其工作积极性和创造性。

王东峰同志在卢龙县调研检查时的讲话

(2018年8月8日)

今天下午到卢龙县刘田各庄镇、蛤泊镇青龙河村进行了调研，刚才鞠世闻、杨晓林同志分别汇报了有关情况。总的感到，在孟祥伟同志为班长的市委领导下，卢龙县认真贯彻党中央决策部署和省市工作要求，围绕中央和省委巡视反馈意见整改落实，有力有序有效推进各项重点工作，经济社会保持了持续健康发展的态势，保障和改善民生工作取得新的成效，环境污染治理和生态保护迈出新的步伐。希望卢龙县进一步巩固和提升来之不易的好形势，坚持问题导向，充分认识存在的不足和短板，学习借鉴先进市县经验，形成比学赶超的浓厚氛围，加快实现创新发展、绿色发展、高质量发展。下面，我讲几点意见。

一、坚定不移贯彻习近平总书记重要指示和党中央决策部署，全力抓好中央巡视整改落实

巡视是党内监督战略性制度安排，是国之利器、党之利器。今年2月23日至5月23日，中央第十五巡视组对我省开展了为期3个月的常规巡视，7月18日向我省反馈了意见。我省也正在对各市县开展九届省委第五轮巡视。巡视首先是政治巡视，巡视整改首要的是把思想和行动统一到习近平总书记重要指示和党中央重大决策部署上来，自觉践行“四个意识”，牢固树立“四个自信”，认真落实“两个维护”，对党绝对忠诚，这是巡视整改的主题和聚焦点。中央巡视反馈意见体现的是党中央的要求，要坚持省委带头，市、县、乡(镇、街道)、农村(社区)都要制定方案、落实责任，实打实、硬碰硬地抓好工作，确保全面如期完成巡视整改各项任务，关键是要见到实实在在的效果，让党中央放心，让人民群众满意。这要作为对各级党组织和每位领导干部的政治考验和现实检验。

二、坚定不移实施乡村振兴战略，调整优化产业结构，全力培育支柱主导产业

乡村振兴战略是习近平总书记亲自谋划推动的重大战略，也是党的十九大作出的重要部署，党中央发了文件，省委、市委也都发了文件，要认真抓好工作落实，努力推动乡村振兴战略实现新的更大突破。

卢龙县距离秦皇岛市区较近，山区面积较大，拥有良好的区位优势和生态基础，这为乡村产业振兴和经济结构调整提供了有力支撑。要抓紧研究制定产业结构调整规划，摸清优势和劣势，统筹三次产业发展，以推进农业产业化和农产品加工业为重点，坚持一乡一业、一村一品，确保县有县的主导产业，乡有乡的主导产业，村有村的主导产业，努力提升县乡财力和农民收入水平。要深化农业供给侧结构性改革，加快调整农业结构，持续推进“一减四增”，适度压减小麦、玉米等粮食作物种植面积，增加设施农业、现代产业园区、农业规模化产

业基地和水果、蔬菜、中药材、花卉、苗圃等种植面积，大力发展现代都市型农业，把发展生态旅游与农业观光、农产品加工销售结合起来，加快一二三产业融合发展，提高产品科技含量和附加值，拓展增收空间。要发展多种形式适度经营，加快培育农民合作社、新型职业农民、农业产业化龙头企业、电商平台等新型农业经营主体，鼓励引导工商资本参与进来，完善利益联结机制，通过土地流转等方式整合土地资源，促进规模化、产业化、市场化经营。

三、坚定不移落实习近平生态文明思想，大规模推进国土绿化行动和打赢污染防治攻坚战

习近平总书记指出“绿水青山就是金山银山”，这对卢龙县有很强的针对性。要以中央环保督察“回头看”反馈问题整改为契机，管住管好山水林田湖草，有效改善生态环境质量。要大规模开展植树造林，运用市场化手段，坚持生态林、经济林相结合，在沿河、沿路、沿城和村旁、镇旁成片造林，同步提高经济效益、社会效益和生态效益。特别要把森林防火放在第一位，建立常态长效机制，严格落实责任和防范措施，确保不出任何问题。要加强大气污染治理，突出抓好农村散煤治理，坚持宜电则电、宜气则气，加快煤改气、煤改电进度，继续大力整治“散乱污”企业，坚决防止问题反弹、死灰复燃，确保今年秋冬季空气质量明显好转，确保城乡群众温暖过冬。要算好生态账、长远账，工业企业向县城开发区集中，乡镇不要搞开发区，不能村村点火、户户冒烟，这样不仅形不成聚集效应，还把周边环境破坏了，什么大、什么小要分清楚。要加强水污染治理，抓紧整治纳污坑塘、生活污水和黑臭水体，坚决查处偷排偷放问题，显著改善农村人居环境。卢龙县的发展不能依靠房地产，不能捡到篮子里都是菜，要充分发挥自身比较优势，把文明村镇、美丽乡村建设与发展生态旅游产业结合起来，建设美丽卢龙，当好秦皇岛的后花园。

四、坚定不移加强基层党的建设，全面提升基础设施和公共服务水平

基层党组织是党全部工作和战斗力的基础，必须树立起抓基层、打基础的鲜明工作导向。要把农村“两委”换届紧紧抓在手上，认真抓好化解矛盾、整顿软弱涣散基层党组织、开展扫黑除恶专项斗争等工作，严防黑恶势力介入基层政权，确保换届取得圆满成功。要落实好村“两委”班子的报酬待遇、活动经费、办公经费和办公场所，把基层党组织和基层班子建强配齐，切实发挥基层党组织领导核心作用、战斗堡垒作用和党员先锋模范作用。要加强农村配套设施建设，根据财力状况，坚持尽力而为、量力而行，统筹抓好水电气路暖和农村环境综合整治，建好农村幼儿园、中小学校、村卫生室等基础设施，努力提升教育、医疗、养老等公共服务水平，不断增强人民群众的获得感、幸福感、安全感。

时清霜同志在全省推进农业供给侧结构性改革大力发展特色产业工作会议上的讲话

(2018年8月10日)

我们召开这次会议，主要任务是贯彻落实中央和省委省政府关于推进农业供给侧结构性改革的决策部署，着力打造科技农业、绿色农业、品牌农业、质量农业，大力发展特色产业，推动农业高质量发展，加快我省由农业大省向农业强省跨越。

昨天下午，我们实地观摩了滦平县中药材产业园区，现场听了发展特色产业的情况介绍。这次会议选在滦平召开，是因为滦平特色产业思路清晰、重点突出、措施有力、成效明显，走在全省前列。从参观考察和滦平汇报情况看，可以概括为“四个一”，即：突出一个产业，着眼做大做强中药材产业，整合资源要素，出台支持政策，加大资金投入，4年时间发展到14万亩，产值近20亿元，成为农民收入和县域经济新增长点。建设一流基地，高起点规划、高标准设计，持续用力、梯次推进、规模发展，在22个沟域集中建设千亩以上示范园，带动全县中药材产业提档升级。塑造一个品牌，充分挖掘历史文化内涵，集中力量培育“皇家药庄”品牌，着力发展“热河黄芩”等四大道地药材，引进8个大宗品种，试

种120个珍稀品种，在传承中实现创新发展。打造一个集群，多渠道引入社会资本11亿元，壮大13个加工企业，结合药材基地，同步发展休闲观光、康养旅游等新产业、新业态，融合集聚发展取得显著成效。

刚才，省农业厅、省财政厅、省商务厅根据职责分工，对支持特色产业发展作了发言，我都同意，各地要抓好落实。承德、邯郸、藁城、滦平4个市县和3个经营主体，分别从政策支持、市场开发、机制创新、科技支撑等不同侧面作了交流发言，讲了先进经验和做法，可以说各具特色、各有千秋，大家要相互学习、相互借鉴。下面，我讲几点意见。

一、充分认识发展农业特色产业的重要意义

大家知道，农业供给侧结构性改革，是以习近平同志为核心的党中央审时度势、根据“三农”形势的变化，特别是农业主要矛盾变化作出的科学判断和重要决策，是“三农”工作的主线。对农业供给侧结构性改革的发展历程、现实需要和内涵要义，我们要加深理解、提高认识。2015年12月，中央农村工作会议正式提出，要推进农业供给侧结构性改革；2016年12月，中央农村工作会议要求，深入推进农业供给侧结构性改革，培育农业农村发展新动能；2017年12月，中央农村工作会议提出，我国农业正处在转变发展方式、优化经济结构、转换增长动力的攻关期，要坚持以农业供给侧结构性改革为主线，坚持质量兴农、绿色兴农，加快推进农业由增产导向转向提质导向。

当前，农业发展进入了新阶段，内在动因和外部环境都发生了重大而深刻的变化。一是宏观经济环境发生变化。随着经济增速和居民收入增速放缓，农产品消费需求增长相应放缓。随着二三产业结构调整和转型升级加快，农民外出务工增收难度增加。随着财政收支矛盾加大，每年大幅增加财政支农投入已难以做到。农业发展、农民增收的传统动能明显减弱，而挖掘培育新动能还需要一个过程。二是农产品需求格局发生变化。温饱问题解决之后，消费者对农产品质量和安全提出了更高要求。农产品需求结构加快升级，但供给结构调整相对滞后，导致农产品供需失衡。一方面，名特优农产品仍然偏少，消费者青睐的好东西供不应求，有些中高端农产品还需大量进口；另一方面，很多“大路货”质量不高、品牌不响，不时积压滞销。三是农业国际竞争形势发生变化。我国农业已深度融入国际市场，这些年国际农产品价格下行，加上海运成本大幅下降，农业面对的国际竞争日趋激烈。我们小规模经营为主的农业，人工成本、土地成本上涨较快，在与国际现代大农业竞争中，越来越被动。尤其应该看到，近期中美贸易摩擦不断升级，对农业既是机遇，也是挑战，带有很大不确定性。我们要把握形势，加深研究，趋利避害。四是资源环境状况发生变化。我们长期主要靠增加资源要素投入来实现农业外延式增长，过量使用化肥、农药、农膜，过度开发利用水土资源，不仅造成严重面源污染，损害农业生态环境，也危及农产品质量安全。农业资源环境承载能力趋近极限，拼资源、拼投入的传统老路已经难以为继。农业发展中这些问题，供给和需求两侧都存在，但矛盾的主要方面在供给侧，主要是结构性、体制性问题。保持农业持续稳定发展、推进农业现代化，必须从供给侧入手，加快转变农业发展方式。习近平总书记明确指出，推进农业供给侧结构性改革，提高农业综合效益和竞争力，是当前和今后一个时期我国农业政策改革和完善的主要方向。

推进农业供给侧结构性改革，要在提高粮食综合生产能力基础上，紧紧围绕市场需求变化，以增加农民收入、保障有效供给为主要目标，以提高农业供给质量为主攻方向，以体制改革和机制创新为根本途径，优化农业产业体系、生产体系、经营体系，提高土地产出率、资源利用率、劳动生产率，促进农业农村发展由过度依赖资源消耗、主要满足“量”的需求，向追求绿色生态可持续、更加注重满足“质”的需求转变。简单可以概括为“五个点”，即：牢牢把握创新体制机制这个着力点、形成市场导向这个切入点、提高质量和效益这个着眼点、促进绿色发展这个关切点、增加农民收入这个立足点。推进农业供给侧结构性改革，首先要把农业结构调好调顺调优，优化产品结构、经营结构、区域结构、产业结构。优化产品结构，就要统筹调整农产品种养结构，提高农产品质量，加快发展优势特色农产品生产；优化区域结构，就要建设粮食生产功能区、重要农产品保护区和特色农产品优势区。所以，大力发展特色产业，是推进农业供给侧结构性改革的重要任务。

对推进农业供给侧结构性改革，省委省政府高度重视，出台了一系列政策措施。特别是去年以来，许勤省长多次研究部署、亲自指导调度。省政府制定了《农业供给侧结构性改革三年行动计划》，明确提出，要坚持创新驱动，大力发展科技农业；推动清洁生产，大力发展绿色农业；着眼价值提升，大力发展品牌农业；实施标准化生产，大力发展质量农业。为此，省里成立了领导小组，制定了推进方案，明确了“四个一百”的工作抓手，即打造100个优质绿色农产品、100个农业领军品牌、100个现代农业精品园区、100个创新型农业企业。完善了配套政策，印发了考核办法，要求“月调度、季通报、半年小结、年终考核”。为进一步把发展“四个农业”的

要求落到实处、引向深入，在充分调研、广泛论证基础上，省政府决定，把农业特色产业作为切入点和突破口，整合资源，集中力量，合力攻坚。

“特色”就是“独有”，就是“区别于其它”，也就是独一无二的“魅力”。人无我有是特色，人有我强是特色，人强我新是特色。“特色”由历史的积淀、文化的传承和特定的环境所决定。特色产业就是“我”最擅长的经济，是具有比较优势的产业，是有市场竞争力的产业。

农业特色产业就是利用本地独特资源，开发名优农产品，转化为特色商品的现代农业。尽管各个历史阶段内涵不同，但本质都是“少”，也就是通常所说的“物以稀为贵”。在农产品总量供给不足阶段，相对于粮、棉、油等日常生活必需品而言，畜牧、蔬菜、果品就是特色产业。现在，农业发展进入新阶段，市场出现精准细分趋势，个性化、专用化、高端化的产品才具有特色。随着加工业发展和用途的变化，小麦、玉米等大宗农产品中的一些专用品种、功能产品就成为特色产品；畜牧、蔬菜、果品总量增加后，黑猪肉、旱黄瓜、薄皮核桃就成为特色产品。

我省地形地貌多样、自然资源丰富，发展农业特色产业有条件、有优势。经过多年努力，特色农产品总量增加，质量提升，品牌增多，发展模式不断创新，特色产业初步形成良好发展格局，具备了转型升级的基础条件。同时，也存在一些矛盾和问题，表现为“四多四少”。一是粮食总量多，专用产品少。我省是全国最适宜种植强筋冬小麦的地区，小麦总产290多亿斤（居全国第三位），但强筋麦产量为20亿斤，仅占6.9%。（强筋麦也称硬质小麦，主要用于加工烘烤面包。全国现阶段需求量130亿斤，未来需求潜力200亿斤。目前仅能生产60亿斤，加上进口40亿斤，缺口仍有30亿斤。我省强筋小麦产量20亿斤，占全国产量的三分之一。制约因素主要是，收购商和加工企业需要稳定的货源，而目前各地种植规模偏小，形不成批量，导致优质不能优价、甚至销售不畅，农民种植积极性不高）。玉米种植面积4590万亩，居全国第六，但市场需求旺盛的鲜食玉米和青贮玉米仅占4.4%。二是产品门类多，优质高端少。除了一些热带作物，大部分农产品我省都可以生产，尤其是畜牧、蔬菜、果品、禽蛋、奶类等产量均居全国前列，但产品主要满足大众消费，对高端需求、特殊需求的产品开发不足，对产品特色挖掘不充分。三是注册商标多，知名品牌少。全省有1.6万个涉农产品商标，但全国知名商标仅68个。120个区域公用品牌产品中，像富岗苹果、玉田包尖白菜这样，得到高端市场认可且能卖出好价钱的，还不到10个。（许勤省长多次强调品牌建设问题，要求像抓工业品牌培育那样抓农产品品牌建设，大力实施区域、企业、产品“三位一体”品牌战略，支持引导各地结合特色农产品优势区创建，对特色品牌农产品进行全产业链开发，通过创品牌提升价值、提高价格、增加利润）。四是分散生产多，全链条经营少。多数特色农产品生产粗放，组织化程度低，缺乏统一标准和操作规范，大部分以生产经营初级产品为主，精深加工技术、储藏保鲜技术水平低，产业链条短，抵御市场风险能力弱。

特色就是优势、就是品牌、就是竞争力。特色产业是“四个农业”的基础和依托，“四个农业”是特色产业的目标和方向。做大做强农业特色产业，要坚持以推进农业供给侧结构性改革为主线，按照发展“四个农业”的要求，立足区域资源禀赋和产业比较优势，不断注入现代农业要素，优化农产品生产结构，打造一批特色鲜明、优势聚集的区域品牌，加快形成科学合理的农业生产力布局，提高供给体系的质量、效率和竞争力。到2022年，农业特色产业增加值占农业增加值50%以上，全产业链产值达到1万亿元。各市县也要结合当地实际，在全省目标框架内制定自己的目标任务。

二、准确把握农业特色产业的发展重点

基于对我省特色产业现状和问题的分析思考，我们要因业施策、分类指导、统筹推进。要选择一批品质独特、功能特殊、认知度高、市场前景好的特色农产品，在原产地或生态条件最适宜、有生产传统、技术成熟的地区，重点扶持，集中连片规模发展，尽快提高市场竞争力。

一是大产业抓小品种。这里的“大产业”指的是小麦、玉米、生猪、大白菜、鸡蛋等大宗农产品；“小品种”指的是具有特殊用途的产品。大宗农产品生产规模大、分量重，是基础农产品，也是农民收入的“压舱石”、城乡供应的“稳定器”。要优化品种品质结构，把特色品种做成品牌、做成产业，稳定产能、提高效益。小麦，要适应加工专用化趋势，发挥特色品种多、配套技术成熟的优势，加快强筋麦替代中筋麦。到2022年，力争强筋麦产量翻一番，超过40亿斤。玉米，近年来籽粒玉米行情较差、收益下降，鲜食玉米和青贮玉米需求旺盛。要按照粮经饲统筹、种养加一体化的要求，抓住国家调减“镰刀湾”籽粒玉米机遇，主动作为，因势利导，在城市周边实施鲜食玉米替代，在奶牛养殖大县实施青贮玉米替代，在山地丘陵区实施杂粮杂豆替代，用5年时间压减籽粒玉米600万亩。生猪，要在保持总量基本稳定前提下，积极扩大“深县黑猪”等传统特色品种养殖规模，挖掘特定消费群体市场潜力。要适应消费升级的新需求，探索养殖新方式，提高适销对路的肉品产量。

二是新产业抓大基地。这里的新产业，是指中药材、食用菌、花卉、马铃薯繁种等新兴起的产业；大基地，就是要集中连片建设规模化、集约化、标准化的核心生产区。这些产业市场空间大、经济效益高、增收效果好，起步就要坚持高标准，突出抓好规范化生产，扩大规模，提升质量，培育竞争新优势。中药材，要适应传统中医中药道地性要求和健康养生趋势，立足“一地供全国”，充分发挥安国传统中药材交易中心作用，大力发展金银花、连翘、柴胡等27种道地药材，一个道地品种打造一个产业基地。要结合山区开发、山地绿化、产业扶贫和沟域治理，集中发展太行山、燕山两大中药材种植带，带动安国片区、巨鹿片区、坝上片区建设。食用菌，在山区重点发展香菇、栗蘑等木腐菌，在平原重点发展草菇、双孢菇等草腐菌，在坝上和环京津地区重点发展珍稀品种。要借鉴推广平泉、阜平、遵化等地的先进经验，高标准建规模化基地，推广成熟技术，打造区域特色品牌。马铃薯繁种，随着大农业、大食品、大营养、大健康观念的深入人心，马铃薯主粮化步伐加快，相应带来种薯需求增加。要发挥坝上地区夏季冷凉利于繁种的优势，扩大脱毒种薯面积，替代商品薯生产。

三是老产业抓新提升。老产业是指畜牧、蔬菜、果品三大主导产业，目前占农业总产值的70%。这些产业我省有基础、有优势，过去主要是抓数量增加、规模扩张，新形势下重点要转移到挖掘特色、提升品质、增强竞争力上来。蔬菜，要推动省市品种多样化和县乡单品化，尤其要以县域为单位，建设单一品种规模化基地。从馆陶、昌黎、满城等地实际来看，某个蔬菜品种一旦达到一定规模，也就形成了区域特色，具备了市场话语权和定价权。蔬菜大县要着力培育拳头产品，建设设施化、周年化、标准化生产基地和专业化市场。干鲜果品，要结合山地丘陵绿化，压减低产低效粮食作物，引导建设山地苹果产业带、渤海湾优质苹果产业带，发展一批国光、黄元帅、印度青等特殊风味品种生产基地，化解红富士一品独大带来的同质化矛盾（从全国来看，各地适宜产区都在发展红富士，我省也有盲目跟风的问题，目前红富士面积占53%，产量占59%，同质化倾向明显，竞争力明显下降。为此，要大力发展我省传统风味品种，比如国光、元帅、印度青、乔纳金等）。在张承和太行山北部浅山丘陵区，要发展仁用杏加工原料基地。太行山南部浅山丘陵区，要重点发展核桃种植。太行山浅山丘陵区和黑龙港流域，要重点发展抗病抗裂干枣和鲜食枣。张家口和秦皇岛，要围绕葡萄酒产业建设原料基地。大中城市周边休闲农业基地，要适度发展樱桃、桃和鲜食葡萄，促进林果业融合发展。畜牧，要以张家口、承德、唐山、廊坊、保定和石家庄为重点，建设肉牛养殖优势区。要以石家庄、唐山、保定、张家口、承德等地为重点，发展奶牛养殖。要以山区和坝上地区为重点，发展肉羊养殖。奶业要适应消费高端化、功能化需求，重点发展婴幼儿乳粉和巴氏杀菌乳加工，积极开发奶酪、黄油、冰品等新产品。海水养殖，要重点培育对虾、扇贝、海参、梭子蟹、河鲀鱼等高端品种，发展健康养殖，提高产品质量，抢占京津市场，扩大出口份额。

四是强产业抓固根基。梨、板栗、冬枣等在我省都有上千年历史，是特色林果中的精华，在国内外市场享有盛誉。其中鲜梨和板栗出口均达全国一半以上。这些产业主要任务是强基固本、保持优势。要加强管理，规范发展，千万不能急功近利、盲目扩张，把秩序搞乱了、把市场搞丢了、把牌子搞砸了。要着力恢复传统品质，在最适宜地区建设一批规模化、标准化、轻简化外向型基地，淘汰低质低效和非适生区产能，提升产业集中度和竞争力。梨，重点是传统产区、优势品种、经典味道的恢复提升，全力打造国际农产品标准示范区。辛集、晋州、宁晋、魏县、泊头等地，要突出抓好鸭梨基地建设，赵县要重点恢复雪花梨品质，威县新发展的鲜食梨，重点要做强“威梨”品牌，避免同质化竞争。（鸭梨、雪花梨是我省优势品种，具有上千年种植历史，目前高端市场比重小、不认可。主要原因是，梨农为提高产量，普遍采用大肥大水、使用激素和提前采摘，导致品质下降。黄冠梨是近年来扩张最快的品种，产量已居第一位，但是近年来经常出现滞销，价格波动较大，收益下滑。主要原因是：虽然产量高，但保鲜期短，上市后三五天口感就会明显变差）。板栗，迁西、遵化、迁安、兴隆和宽城等核心生产大县，要建设绿色有机生产基地，淘汰低质果园，做强“京东板栗”品牌。冬枣，要深入挖掘黄骅“古贡枣”历史内涵，发挥国家冬枣种质资源基地作用，带动适宜区生产，淘汰非适宜区产能，大力发展设施栽培，让“黄骅冬枣”这一老品牌焕发生机（黄骅是冬枣原产地，目前全省种植24.6万亩，其中黄骅16万亩，而山东沾化一个县就达50万亩，让许多消费者认为山东是冬枣的原产地。这说明，我省没有把这一优势发挥好、利用好，在扩规模、提品质、打品牌上下的功夫还不够大）。

三、着力抓好农业特色产业发展的关键环节

特色既可源于历史传承，也可经过后天培育。各地要立足已有基础，抓住薄弱环节，整合现有资源，挖掘内生潜力，提高质量、培育品牌、降低成本、增加效益，走内涵式发展之路。

一要延伸产业链，促进一二三产融合发展。要科学

布局生产基地、加工基地和仓储物流基地，促进产加销游一体化、一二三产深度融合，打造科技高端、标准高端、品质高端的现代特色农业精品园、科技园。要加强特色种子、种苗、种畜禽、水产苗种繁育基地建设，切实保护古树资源和特色种质资源，提高良种保障能力。要瞄准“省内第一、国内领先、世界知名、市场竞争力强”的目标，按照国际标准农产品生产示范区的规范，打造名特产品“第一车间”，提高基地建设管理水平。要坚持自然景观、田园景观和人文景观协调推进，拓展基地功能，培育一批特色产业观光带。要引导龙头企业向上游拓展，建设高标准种养基地；鼓励种养业园区向下游延伸，拉长产业链、提升价值链。要支持社会资本配套发展包装、仓储、运输、电子商务等关联产业，发挥产业链的磁场效应。要高度重视环境保护，大力推行清洁生产，切实加强废弃物和副产品收集处理，实现循环利用、达标排放。

二要筑牢组织链，增强龙头辐射带动能力。要大力培育引进一批龙头企业、农民合作社等新型经营主体，支持龙头企业开展股份合作、资产重组、联合经营、上市融资，多种形式扩大规模增强实力。要引导和支持龙头企业、合作社，通过土地经营权流转、代耕代种、生产托管、联种联收和股份合作等形式，实现规模化生产。要指导新型经营主体与农民建立稳定的利益联结关系，促进产业链、价值链相融合，带动农户深度参与特色产业发展。产业成熟、链条完善的地区，可采取“龙头企业+合作社+农户”等形式，以订单、务工、股份为纽带建立利益联结关系；缺少龙头企业的地区，可采取“商超+合作社+农户”等形式，以订单为主要联结纽带，建立稳定的产销关系。

三要打造创新链，增强现代科技支撑能力。农业最终要靠科技解决问题。一粒种子可以改变世界。要坚持创新驱动，瞄准世界科技前沿，瞄准特色产业发展需要，集中力量开展科研攻关。要组织实施农业科技研发专项，打造雄安新区农业创新基地、环首都现代农业示范带，培育壮大农业高新技术产业，以食用菌、中药材等18个优势特色产业为重点，构建农业科技创新联盟，加快科技成果转化。要发挥农业科技研发专项、品种审定和成果评审导向作用，把服务特色产业作为重要内容，纳入到评价体系。要组建科技服务团队，抓好技术集成、试验示范和成果转化。要引导龙头企业加大科技投入，与科研院所组建研发机构，开展联合攻关，开发或引进新产品、新技术、新工艺。

四要强化安全链，促进优质高效绿色发展。要深入贯彻落实习近平总书记“四个最严”的指示精神（最严谨的标准、最严格的监管、最严厉的处罚、最严肃的问责），把质量安全放在首位，确保舌尖上的安全，让消费者买得放心、吃得安心。一次质量事件就可能毁掉一个产业。要深刻吸取三鹿奶粉和长春长生疫苗的教训，认真贯彻实施国家标准和行业标准，结合绿色食品、有机农产品生产规范和国际先进标准，制修订省、市地方标准，提升特色农产品的观感品质、营养品质、卫生品质和安全品质，增强特色农产品质量话语权。要引导生产经营主体制定要求更严、水平更高的企业标准，大力推行质量认证，塑造现代顶级农产品品牌，提高影响力和核心竞争力。要加强区域公用品牌使用、管理、保护，严格监督、严防滥用。农业、林业、质监、食药监等部门要强化联检联测，依法开展质量监管，严格管理投入品使用，建立健全追溯体系，严厉打击生产销售假冒伪劣产品行为。

五要完善服务链，提高规模化集约化水平。要调整充实基层农技推广力量，落实福利待遇，加强工作考核，切实发挥生产服务主力军作用。要落实薪酬分配和股权激励制度，支持科技人员离岗创业，与新型经营主体开展合作，促进科研成果转化。要加快培育专业性服务公司，为生产主体提供农机作业、统防统治、集中育苗、加工储存等社会化服务。要充分利用农村闲置场所，配套装备市场交易和冷链物流设施，建设产地交易市场，为农民出售产品提供便利。要培育壮大经纪人队伍，积极引入拍卖、期货、电商等交易方式，扩大特色农产品销售渠道。

四、切实落实农业特色产业发展的保障措施

一要加强组织领导。省农业供给侧结构性改革工作领导小组负责对全省农业特色产业发展工作的指导、统筹、协调和督导，协同推进特色产业发展。省政府制定了《关于深入推进农业供给侧结构性改革加快发展农业特色产业的意见》，明确了总体要求、思路目标、发展方向和重点任务。各地要加强组织领导，制定扶持措施，加大推动力度，确保各项工作落到实处。

二要加大政策支持。落实农业供给侧结构性改革三年行动计划，大力发展“四个农业”，是省委省政府确定的“三农”工作重点。各地各部门在安排项目资金时，要整合资源，加大投入，重点支持，不能撒芝麻盐。省财政厅、省农业厅和省林业厅要加大支持力度，调整支持方向，强化资金整合。要支持特色农产品优势区创建，加快形成特色农业产业集群。对农业特色产业发展先进县和特色优势农产品，要尽量采用“绿箱政策”给予支持，避免出现国际贸易争端。科技、商务、水利、供销、粮食、金融等部门要根据职责分工，给予重点倾斜。要

拓宽融资渠道，通过 PPP、政府购买服务、贷款贴息等方式，吸引社会资本投入特色产业。面对中美贸易战，要加强分析研究对我省带来的影响，提前准备，积极应对。

三要严格督导考核。发展特色产业，省级要加强指导检查，市级要搞好协调调度，县级要发挥主体作用，强化推进落实，形成工作合力。要把农业特色产业发展纳入农业供给侧结构性改革三年行动计划考核范围，与“四个农业”督导检查同步安排、同步实施、一体考核。要不断总结特色产业发展的先进典型和成功经验，因地制宜加以推广。

四要搞好宣传发动。要充分利用传统媒体、新媒体等多种传播渠道，广泛宣传发展特色农业的重大意义，营造良好的发展氛围。要支持生产经营主体深入挖掘特色农产品的文化内涵和养生保健知识，讲好特色历史故事，进行全方位、多角度、立体化宣传。

同志们，前不久省委省政府召开了全省经济发展推进会，东峰书记、许勤省长都作了重要讲话，对下半年工作进行了安排部署，提出了明确要求。我们要深入贯彻会议精神，统筹抓好脱贫攻坚、粮食生产、造林绿化、水利建设、农村改革等各项工作，确保圆满完成全年目标任务。

狠抓中央巡视反馈问题整改　坚决打好打赢脱贫攻坚战

——赵一德同志在全省打赢脱贫攻坚战三年行动电视电话会议暨县(市、区)委书记脱贫攻坚“擂台赛”上的讲话

(2018年8月16日)

这次会议主要任务是深入学习贯彻习近平总书记关于扶贫的重要论述，全面落实国务院扶贫开发领导小组打赢脱贫攻坚战三年行动电视电话会议、全国东西部扶贫协作工作推进会精神，狠抓中央巡视反馈问题整改，聚焦重点难点、全力克难攻坚，确保打好打赢脱贫攻坚战。

刚才，时清霜副省长传达了王东峰书记、许勤省长批示，大家要认真抓好贯彻落实。3个市和6个县(市、区)分别作了很好的发言。邯郸市出台了《关于进一步加强非贫困县和非贫困村脱贫攻坚工作的意见》，走在了全省前列。唐山、廊坊市讲做法、谈打算，虽然扶贫工作起步较晚，但力度大、步伐快。青县、深州、卢龙工作实、亮点多，成效比较明显。无极、南宫、冀州态度坚决、措施务实，体现了打好翻身仗的信心和决心。6月6日全省第一期县(市、区)委书记脱贫攻坚“擂台赛”以来，各地认真落实省委、省政府关于打好脱贫攻坚战的决策部署，把举办乡镇党委书记脱贫攻坚“擂台赛”作为明责加压、推进整改、夯实基础、提升水平的有力抓手。截至7月，全省62个贫困县共举办乡镇党委书记脱贫攻坚“擂台赛”103次。通过这一平台，极大地激发了各地比学赶超、争创一流的积极性，对推进问题整改、打好脱贫攻坚翻身仗发挥了重要作用。各地要进一步用好这个平台，加强交流学习，强化担当担责，全力打好脱贫攻坚战。下面，我讲4点意见。

一、深入学习贯彻习近平总书记扶贫重要论述，进一步增强打好脱贫攻坚战的政治责任感和历史使命感

习近平总书记站在全面建成小康社会、实现中华民族伟大复兴中国梦的战略高度，把脱贫攻坚摆到治国理政突出位置，提出一系列新思想新观点，作出一系列新决策新部署，推动中国减贫事业取得巨大成就，对世界减贫进程作出了重大贡献。近日，中共中央党史和文献研究院会同国务院扶贫办编辑的《习近平扶贫论述摘编》一书出版发行。《论述摘编》共分8个专题：决胜脱贫攻坚，共享全面小康；坚持党的领导，强化组织保证；坚持精准方略，提高脱贫实效；坚持加大投入，强化资金支持；坚持社会动员，凝聚各方力量；坚持从严要求，促进真抓实干；坚持群众主体，激发内生动力；携手消除贫困，共建人类命运共同体。坚决打好脱贫攻坚战，确保到2020年我国现行标准下农村贫困人口实现脱贫，贫困县全部摘帽，让贫困人口和贫困地区同全国一道进入全面小康社会，是我们党的庄严承诺，是有利于中华民族和整个人类发展的伟大事业。论述摘编的出版发行，对于深入学习研究习近平总书记关于扶贫的重要论述和我国脱贫攻坚的伟大实践，推动全面建成小康社会、夺取新时代中国特色社会主义伟大胜利，具有十分重要的意义。

习近平总书记对河北知之深、爱之切，党的十八大以来6次视察河北，每次都对脱贫攻坚工作提出明确要求。河北是京畿重地，在全国大局中具有特殊地位，脱贫攻坚是必须打赢的一场硬仗，是关系全局的重大政治任务，是对当好首都政治“护城河”的现实检验。现在距2020年完成脱贫攻坚任务只有两年多时间，已进入决战决胜的关键阶段。能否抓住用好这两年时间，直接决定脱贫攻坚战的成败。

党的十八大以来，在省委、省政府的坚强领导下，在各地各部门和广大干部群众的共同努力下，我省脱贫攻坚工作取得重大进展。2013年至2017年，全省共减贫497万人，平均每年减贫100万人左右，贫困发生率从9.84%下降到1.86%。但是，我省脱贫攻坚面临的任务仍然十分艰巨，还有105.9万贫困人口，都是难啃的“硬骨头”，特别是张承坝上等深度贫困地区脱贫难度很大。在国家扶贫成效考核中，我省已连续两年排名靠后，被中央领导约谈。如果不能奋起赶超、打赢翻身仗，那就不是工作问题而是政治问题了。各地各部门要进一步提高政治站位，深入学习贯彻《习近平扶贫论述摘编》，深刻领会丰富内涵、精神实质，深刻领会脱贫攻坚的重大意义、方法路径、推进措施，进一步把思想和行动统一到党中央的决策部署上来。要真正把脱贫攻坚作为一项极其重大、极为严肃的政治任务，作为践行“四个意识”、落实“两个维护”的实际行动，作为对干部精神状态、干事能力、工作作风的现实检验，以强烈的政治责任感和历史使命感，以只争朝夕、时不我待的紧迫感，扎实推进脱贫攻坚各项工作，确保打赢翻身仗、打好攻坚战。

二、坚持问题导向，全面彻底抓好中央巡视反馈问题整改

抓好中央巡视反馈问题整改，既是当前的重大政治任务，也是打赢脱贫攻坚战三年行动的重要工作举措。各地各部门要聚焦突出问题，坚持举一反三，注重标本兼治，狠抓整改落实，全面提升我省脱贫攻坚质量水平。

第一，着力抓好“各级党委主体责任落实不到位”问题整改。针对巡视反馈的一些地方对扶贫工作重视不够、抓落实用力不足等问题，强化省负总责、市县抓落实的工作机制，坚持党政同责，五级书记一起抓，层层传导压力。要压实县级党委、政府主体责任，继续办好县(市、区)委书记“擂台赛”、乡镇党委书记“擂台赛”，推动各地加压促动、比学赶超。要严格落实领导干部包联制度，全面实行责任捆绑、“双线考核”，倒逼各级领导干部真包真联。要深入实施五级书记遍访贫困对象行动，县委书记要遍访贫困村，乡镇党委书记和村党组织书记要遍访贫困户。省直有关部门要加强与对口国家部委的对接沟通，结合我省实际制定三年行动实施方案认真抓好组织落实。各级扶贫部门要充分发挥职能作用，加强统筹协调，推动形成攻坚合力。

第二，着力抓好“贫困人口识别和退出不够精准”问题整改。中央巡视指出，我省一些地方错评率、错退率较高，群众认可度较低。从近期动态调整情况看，有的县问题数据占比较多。精准识别退出工作，必须持续抓紧抓好。一是精准摸清底数。在去年建档立卡“回头看”基础上，下半年要集中开展一次贫困识别退出专项核查，逐村逐户核实，对错评户严格按程序清退或标注，对漏评户、错退户和返贫人口及时纳入。二是实行动态管理。严格执行贫困人口建档立卡和动态管理服务办法，对建档立卡贫困户实行月调查、季调整、年入档，重点做到“四个一”，即一户一干部常态联系、一户一档案全面建档、一户一措施精准帮扶、一月一登记掌握实情。三是提高信息化管理水平。依托省级精准扶贫精准脱贫大数据平台，建立省市县乡村五级联网，民政、教育、卫生计生、人力资源社会保障、住房城乡建设等行业部门横向互联的信息网络，完善贫困人口电子档案。加强大数据平台建设，及时统计、掌握和反映贫困底数、收入状况，提高工作时效性和精准度。

第三，着力抓好“扶贫政策落实不到位”问题整改。中央巡视指出，一些地方帮扶措施缺乏针对性、“三保障”政策尚未完全落地。针对这些问题，要继续在精准落实政策上用力。一是认真研究把握政策。从领导干部做起，各级扶贫干部都要扑下身子学习政策、研究政策、吃透政策，努力成为“行家里手”。二是精心宣传落实政策。乡村两级和驻村工作队一道，结合每月走访调查、走家串户，加大扶贫政策宣传力度，让每个贫困户都清楚可以享受哪些政策、已经享受了哪些政策、如何享受政策，切实感受到党和政府的关心关怀。要结合致贫原因和贫困户需求，因户因人施策，及时完善和落实精准到户帮扶措施，提高帮扶措施的针对性。三是严格政策落实程序。要把精准贯穿政策落实的全过程，严把各个关口，坚持规范操作，不随意缩减必要环节。政策适用范围既不能扩大也不能缩小，该享受的一个都不能少，不该享受的坚决不能乱开口子。

第四，着力抓好“扶贫资金使用中损失浪费严重”问题整改。从各地自查情况看，截至6月底，全省闲置扶贫资金高达6.8亿元，有的县闲置资金超过1亿元，扶贫资金使用效率和效益亟待提高。一是加强扶贫资金监管。深入开展扶贫资金管理使用专项核查，加快闲置扶贫资金清理整改，对资金报账进度慢、未报账资金数额大的要通报约谈。要按照“谁投入谁监管”的原则，完善项

目公示公告、招投标、资金风险防控等机制，规范村级重大事项决策实施，从源头上杜绝资金管理使用中的腐败问题。要加强县级脱贫攻坚项目库建设，搞好扶贫项目储备，变“资金等项目”为“项目等资金”，从源头上解决资金闲置和损失浪费。二是强化资金绩效目标管理。抓紧组织开展2018年上半年财政扶贫资金绩效评估，引导各地对标对表国家财政扶贫资金绩效评价办法和指标体系，精准选好项目，加快资金拨付，完善验收办法，确保扶贫资金安全高效使用。三是实行扶贫审计全覆盖。继续加强扶贫审计，在完成贫困县扶贫专项资金、涉农资金使用管理的审计基础上，下半年向所有非贫困县拓展，实现扶贫审计县域全覆盖，切实解决骗取套取、违规使用、借机牟利等问题。

第五，着力抓好“扶贫领域腐败和作风问题仍然比较突出”问题整改。深入开展扶贫领域腐败和作风问题专项治理“回头看”，坚决彻底抓好整改落实。一是扎实推进作风转变。在全省深入开展学习宣传全国脱贫攻坚模范李保国、全国优秀共产党员李双星先进事迹活动，凝聚干事创业的正能量。各级领导干部要带头深入基层，转变作风，帮助贫困群众解决实际问题，从源头上化解矛盾，及时解决扶贫信访问题。二是强化监督执纪问责。要把查处和整治扶贫领域腐败和作风问题作为各级纪委监委机关监督执纪问责的重要任务，严厉查处各类腐败和吃拿卡要、优亲厚友、克扣侵占等问题。要实施巡视巡察工作全覆盖，对发现的问题线索及时移送纪检监察机关和责任部门，依法依纪调查处理。三是切实减轻基层负担。要统筹整合检查考评，未经批准不得开展扶贫专项考核，严禁层层多头组织脱贫攻坚检查考评。省市两级对县及县以下的考核每年原则上不超过2次，市级及以下未经省批准不得开展第三方评估。同时，要减少会议文件和填表报数。

第六，着力抓好“基层组织和扶贫干部队伍建设存在短板”问题整改。针对巡视反馈的贫困村党支部战斗力不强、驻村干部“挂名帮扶”、扶贫干部担当不够等问题，多措并举，全面加强基层组织和扶贫干部队伍建设。一是建强基层组织。要以村“两委”换届为契机，选好村党组织书记，选优配强村“两委”班子，提升基层组织的组织力、凝聚力、战斗力。二是严格驻村管理。坚持“谁派出谁管理谁负责”，强化派出单位管理主体和工作职责，做到工作队员当代表、派出单位作后盾、“一把手”负总责，提高帮扶成效。要强化县乡两级管理责任，县级党委、政府每季度至少组织召开1次驻村工作队长会议，协调解决具体问题，切实把工作做深做细做实。三是加强扶贫培训。要按照分级分类原则，继续组织开展省市县乡村干部扶贫政策大轮训，年底前基本实现应训尽训，着力提升扶贫干部政策水平和落实能力。四是狠抓队伍建设。要进一步加强扶贫部门领导班子建设，选优配强干部，优化工作流程。要强化干部选拔任用，推进干部轮岗交流，建立激励鼓励和容错机制，努力营造人人想干事、人人能干事的良好氛围。

三、加大工作力度，扎实推进脱贫攻坚三年行动

党中央、国务院《关于打赢脱贫攻坚战三年行动的指导意见》和省委、省政府实施意见已经印发。各地各部门要认真贯彻党中央和省委、省政府决策部署，紧盯目标标准，聚焦工作重点，强化政策保障，加大落实力度，确保到2020年全面完成脱贫攻坚任务。

第一，坚持目标标准。到2020年的脱贫攻坚目标已明确，就是全面完成国家提出的“两确保、两实现”，即确保现行标准下农村贫困人口实现脱贫，消除绝对贫困，确保贫困县全部摘帽，解决区域性整体贫困；实现贫困地区农民人均可支配收入增长幅度高于全省平均水平，实现贫困地区基本公共服务主要领域指标接近全省平均水平。要紧紧围绕105.9万贫困人口脱贫、62个贫困县摘帽，聚焦稳定实现贫困人口“两不愁、三保障”，既不拔高也不降低，既不抢跑也不滞后。要紧盯年度目标，做实年度计划，对每年抓哪些工作、实现什么目标，做到心中有数、了如指掌，确保按期高质量打赢脱贫攻坚战三年行动。

第二，着力抓好非贫困县非贫困村脱贫工作。当前，非贫困县非贫困村脱贫工作还存在一些突出问题。有的贫困识别不够精准，从最近的建档立卡数据信息调整情况看，一些非贫困县清退人员较多，反映出识别精准度差距较大。有的财政投入不足，有的县2018年县本级投入财政专项扶贫资金仅252万元，贫困人口人均财政投入仅282元，与脱贫攻坚任务极不适应。有的工作力量薄弱，非贫困县普遍没有扶贫工作专职机构、专职人员，一些非贫困县扶贫机构或挂靠民政局或临时加挂牌子。目前，我省非贫困县有贫困人口31.6万人，占全省贫困人口的近30%，其中贫困人口1万人以上的4个、5000人以上的25个。非贫困县非贫困村扶贫工作起步相对较晚，基层基础工作比较薄弱，亟需加大工作力度。一是加大精准识别力度。要结合动态调整，严格程序标准，精准建档立卡，真正做到应纳尽纳、应退尽退。二是加大资金投入力度。非贫困县贫困人口人均财政扶贫资金投入标准，应不低于省级以上对贫困县贫困人口同期人均投入标准，同时要加强监管，确保每一笔扶贫资金都用在贫困户身上。三是加大力量配置力度。要抓紧落实脱贫攻坚

责任部门，充实精干专职工作人员，保障工作场所和工作经费，有扶贫任务的乡镇要建立扶贫工作站，脱贫任务重的非贫困村要成立扶贫工作室。四是加大帮扶工作力度。要为每个贫困户落实帮扶责任人，安排县乡机关干部开展结对帮扶，针对致贫原因制定和落实帮扶措施。对脱贫攻坚任务重的非贫困村，县里要派驻工作队进行帮扶，限期改变面貌。

第三，强力突破深度贫困地区。打好脱贫攻坚战，深度贫困地区是重中之重，必须狠抓不放、强力突破。一是狠抓政策落实。省直有关部门要对支持深度贫困地区的政策逐项进行梳理，建立责任清单和工作台账，搞好政策落实“回头看”。张承保3市和10个深度贫困县党委、政府要进一步强化主体责任，研究政策、吃透政策，用足政策、用好政策。二是加快项目进度。深度贫困县特别是坝上地区施工季节短，工作必须往前赶。各地要结合本地实际情况，大力推进产业发展、易地搬迁、危房改造、基础设施和公共服务等重点项目建设，能多开工就多开工、能早竣工就早竣工。党政“一把手”要多深入工程现场检查督导，及时协调解决困难问题。省直有关部门要加大督导力度，定期通报工程进展情况。三是加强跟踪监测。对贫困发生率在18%以上的县和20%以上的深度贫困村，要进行常态化的跟踪监测和预警评估，对虚高的县和村要及时调整纠正，对真高的要加大支持力度。对贫困发生率在20%以上的县和30%以上的村，要逐一“解剖麻雀”，加大工作力度，确保如期高质量脱贫。9月份，省扶贫开发和脱贫工作领导小组将召开专题会议，对深度贫困地区脱贫攻坚工作进行调度。

第四，精准推进产业就业科技扶贫。要按照省委要求，帮助每个贫困村逐一落实主导产业，实现稳定脱贫和可持续发展。要统筹考虑发展短平快项目和能持续发挥效益的项目，切实把贫困群众纳入产业化经营链条，提高产业扶贫项目对贫困户的覆盖率。要通过发展“微工厂”吸纳就业、扶持创业带动就业、劳务协作转移就业等方式，提高贫困群众就业组织化程度，拓宽贫困群众增收渠道。要通过向贫困村选派科技特派员、加大乡镇科技服务站建设力度、支持贫困县发展农业科技园等方式，提高科技在脱贫攻坚中的贡献度，为脱贫攻坚插上科技的翅膀。

第五，健全完善防贫机制。8月11日，王东峰书记在临西县《筑牢因病致贫返贫“防火墙”》上作出批示，要求“组织对全省贫困户中因病致贫家庭逐一摸排，结对帮扶，一户一策，如期脱贫，压实各市县责任，作为一项硬任务，严格考核落到实处”。目前，全省剩余贫困人口中，因病致贫返贫户占49.8%，解决这一群体脱贫问题迫在眉睫。各地要认真贯彻落实王东峰书记批示要求，学习临西县经验，逐一研究帮扶措施，逐户落实帮扶责任，通过开展健康扶贫防止因病致贫返贫。要推广魏县经验，坚持政府主导，用好市场方法，加强对非建档立卡低保户、非持续稳定脱贫户日常监测，分类制定精准防贫办法，防止形成新的贫困人口。各地要全面启动“两非户”筛查工作，年底前防贫机制要实质性运行。

第六，有效防范化解风险。打好脱贫攻坚战，必须防止和克服急功近利行为，有效防范和稳妥处置扶贫领域存在的各类风险。一是防范化解扶贫产业市场风险。通过提高组织化程度，培育区域特色优势品牌，延伸产业链，拓宽销售渠道，降低市场波动对扶贫产业发展的影响。二是防范化解易地扶贫搬迁稳不住、难脱贫的风险。在做好搬迁安置的同时，扎实推进“三区同建”，下大气力做好搬迁贫困人口产业、就业的安排。三是防范化解金融扶贫过度负债的风险。加强扶贫小额信贷管理，对“户贷企用”严格管控，防止把风险转嫁给贫困户，造成“因债返贫”。四是防范化解财政担保兜底的风险。易地扶贫搬迁要用好土地增减挂钩政策，及早合理安排好还款节奏，理顺还款渠道。

第七，创新工作推进方式。一是项目化实施。要像抓经济工作一样，用项目化的方法抓脱贫攻坚，把产业扶贫、易地扶贫搬迁、危房改造等重点任务作为一个个项目来推进，一个项目一个班子、一套方案，完成一个验收一个。二是台账式管理。每项重点工作都要建立整改台账，明确整改任务、整改措施、责任单位、完成时限，实行销号制度，完成一件销号一件，做到逐项“建账”、专人“管账”、定期“要账”、按时“交账”、及时“清账”。三是市场化运作。充分发挥市场在资源配置中的决定性作用，以市场思维、市场手段推动脱贫攻坚，整合资金、技术、人才、土地等要素资源，优化资源配置，调动市场主体参与脱贫攻坚积极性，增强脱贫攻坚活力。四是社会化推进。整合社会各方面力量和资源，动员全社会参与脱贫攻坚，扎实开展“千企帮千村”等社会帮扶活动，形成跨地区、跨部门、跨单位的多元主体社会扶贫体系。

前不久召开的全国东西部扶贫协作工作推进会对推进东西部扶贫协作作出安排部署，各地各部门要认真贯彻会议精神，紧密结合我省实际，深入扎实推进东西部扶贫协作和定点扶贫各项工作。一是聚焦重点工作。要加强产业合作，建立企业参与扶贫协作发展机制，引导京津两市企业到我省受援县投资兴业。要探索在京津两市成立贫困人口就业创业服务站，精准搞好劳务对接。要务实推进人才交流，加强和改进扶贫领域省外挂职干部服务管理，切实发挥应有作用。二是细化协作任务。

张承保3市和28个受援县要对2018年京冀、津冀扶贫协作协议及相关议定事项，进行细化分解，建立工作台账，确保每一项任务都落地见效。各受援县要抓好县级扶贫协作项目库建设，做到规划一批、储备一批、实施一批，坚决防止扶贫协作资金闲置浪费。三是完善常态机制。要落实省级联席会议制度，每年至少召开1次扶贫协作党政联席会议，研究重大事项，推进重点工作，解决重大问题。京津冀扶贫协作办公室要切实发挥作用，抓好统筹协调和督导落实。要完善市县交流互访机制，张承保3市党政负责同志每季度至少与京津对接1次，各受援县党政主要负责同志每两个月至少与京津结对帮扶区对接1次。

四、加强组织领导，为打好打赢脱贫攻坚战提供强有力保障

脱贫攻坚是一场硬仗，没有任何退路。各地各部门要强化抓落实、促攻坚的工作导向，以决战决胜的姿态，狠抓责任落实，狠抓政策落实，狠抓工作落实，确保打好打赢脱贫攻坚战。

第一，抓好扶贫成效考核和贫困退出各项工作。从今年开始，省对市县扶贫成效考核要提前到国家考核之前进行。各地要认真做好考核准备工作，对照国家考核指标，一项一项查漏补缺，努力达到“好”的标准，以各地的“好”确保全省在国家考核中进入“好”或“较好”行列。从明年起，贫困退出工作由省里统一组织实施，对通过省里评估检查的县，国家按20%的比例进行抽查。今年计划退出的21个贫困县标准要更高、要求要更严，把各项工作做得更深更实，确保顺利通过评估、按期脱贫摘帽。

第二，加强和改进督查巡查。6个督查巡查组要加强驻市巡回督导，强化责任，严明纪律，充分发挥作用。近期，我和时清霜同志要专题听取督查巡查工作情况汇报。要统筹安排各类脱贫攻坚考核检查督查，未经省扶贫开发和脱贫工作领导小组批准，不准以任何形式开展考核，市级以下不得开展第三方评估，严禁层层多头检查考评，切实减轻基层负担，保证基层拿出更多的精力抓落实。

第三，建立常态化约谈制度。**下半年开始，国家将对省级党委和政府精准识别建档立卡、扶贫小额信贷、光伏扶贫、扶贫资金管理使用等4项重点工作开展经常性约谈。**按照国务院扶贫办安排，对中央和国家领导批示、国务院扶贫办明察暗访、国家相关部委问题反馈、信访举报、新闻媒体报道等反映出的突出问题，要进行常态化约谈。约谈采取4种形式进行:一是由国务院扶贫办发函给各省扶贫部门进行问题提醒，要求核实整改。二是在问题提醒的基础上，对平时工作中发现的突出问题，约谈相关市县主要负责同志和省扶贫办主要负责同志。三是对存在严重问题或普遍性突出问题的，报中央领导同意后，约谈省级分管负责同志。四是对年度考核较差或存在突出问题的，约谈省委、省政府主要负责同志。**我们要把各项工作做实做细做到位，决不能被国家约谈，这要作为一条底线坚决守住。我省也参照国务院扶贫办的做法，建立常态化约谈制度，对出现问题的市县进行通报或约谈，督促问题整改。**

第四，营造脱贫攻坚浓厚氛围。要通过多种方式宣传脱贫攻坚的政策措施，做到家喻户晓，使打好脱贫攻坚战成为全社会的共同认识和自觉行动。要培树扶贫典型，结合全国脱贫攻坚奖和脱贫攻坚模范评选表彰，在全省选树一批脱贫攻坚典型人物，宣传推广一批脱贫攻坚典型事例，发挥典型示范带动作用，激发脱贫攻坚正能量。

打赢脱贫攻坚战时间紧、任务重。各地各部门要认真学习贯彻习近平总书记扶贫重要论述，全面落实省委、省政府打赢脱贫攻坚战三年行动决策部署，坚持目标标准，聚焦国家考核，集中精力、精准发力，确保2018年度国家扶贫成效考核进入“好”或“较好”行列，坚决打赢脱贫攻坚翻身仗。

时清霜同志在全省“空心村”治理工作推进会议上的讲话

(2018年8月27日)

这次会议是按照东峰书记、许勤省长要求召开的一次重要会议。近日，省委、省政府印发了《河北省空心村治理工作总体方案》。这次会议就是要贯彻落实东峰书记、许勤省长重要指示精神，对全省“空心村”治理进行工作动员、全面部署。一会儿，桐利常务副省长将作重要讲话，大家要认真学习领会，抓好贯彻落实。下面，

我先讲几点意见。

一、深刻认识推进“空心村”治理的重要意义

省委、省政府决定，要下大决心、用大气力抓好这项工作。对此，我们要提高政治站位，加深理解认识。

（一）推进“空心村”治理，是实施乡村振兴战略的重要举措。随着工业化和城镇化的快速推进，我省广大农村特别是坝上地区、边远山区，空心村问题日趋严重，人口大量外流，常住人口明显减少，缺人气、缺活力、缺生机，许多村庄房屋空置、宅基地闲置。坝上村庄宅基地闲置率高达80%-90%，“房堵窗、户封门、村里看不到年轻人”是真实写照。“空心村”问题的存在，造成了农村土地资源严重浪费，制约了经济社会可持续发展。开展“空心村”治理，能够优化村庄布局，提高土地利用效率，促进产业发展，改善人居环境，创新乡村治理模式，是实施乡村振兴战略的有益探索和具体实践。打好“空心村”治理这场硬仗，能够为我省实施乡村振兴战略开局起步奠定坚实基础。

（二）推进“空心村”治理，是助力脱贫攻坚的有效途径。一般来讲，“空心村”生产生活条件差，基础设施和公共服务水平落后。特别是空置率高的村，大多是贫困村，居住分散，生产生活环境差，道路、教育、医疗等配套设施更差，有的地方甚至连饮水安全都保证不了，严重影响了群众的获得感和幸福感。实施“空心村”治理，能够配套完善水电路气讯等基础设施，提高科教文卫保等公共服务水平，加快改善农民居住生活条件。同时，通过村庄复垦、土地流转，实施新型社区、产业园区、生态功能区同步建设，能够让群众搬得出、留得住、能就业、有收入，实现稳定脱贫。

（三）推进“空心村”治理，是加快新型城镇化的有力抓手。党的十九大报告提出，要加快农村转移人口市民化，建立健全城乡融合发展的体制机制和政策体系。2017年末，我省城镇化率为55%，低于全国58.5%的平均水平。通过对“空心村”实施易地新建，让农村人口向县城及中心镇集聚，农村人口就可以直接转变为城镇人口，有利于提高城镇化水平。通过开展联村并建新型农村社区或实施就地整治，推动农村人口由分散居住向集中居住转变，统一配套基础设施和公共服务设施，促进生产要素在城乡之间有序流动、合理配置，有利于缩小城乡差距、解决二元分割问题。

为此，各级各有关部门要牢固树立以人民为中心的发展思想，从践行“四个意识”的高度，充分认识加快“空心村”治理的重要性和紧迫性，统一思想认识，提高政治站位，强化政策支持，严格落实责任，切实把这件大事要事抓紧抓好、抓出成效。

二、明确开展“空心村”治理的目标任务和推进路径

一分部署，九分落实。《河北省“空心村”治理工作总体方案》以及各专项工作方案已经印发，各地各有关部门要按照方案部署和要求，认真研究、精心谋划，尽快部署、抓紧启动，全力推动工作落实。

一要把握总体要求。“空心村”治理，要以实施乡村振兴战略为总抓手，以改善农村人居环境、助力脱贫攻坚、推动城乡融合发展为目标，以深度贫困地区、生态脆弱地区、人口流出严重地区为重点，按照人口向城镇集中、劳动力向园区转移、土地向新型经营主体集聚的路径，统筹推进生产、生活、生态建设，配套提升基础设施、公共服务和社会保障水平，为打赢脱贫攻坚战、推进乡村全面振兴奠定坚实基础。

在推进过程中，要注意做到四个结合：一是与脱贫攻坚紧密结合。脱贫攻坚与“空心村”治理不是简单的任务叠加，而是目标与手段、内容与渠道的关系，要相互衔接、相互促进，按照2020年这个时间节点统筹安排任务、协同推进工作。二是与新型城镇化紧密结合。开展“空心村”治理，要与县城、中心镇建设统筹规划、协同推进，提高土地利用率和户籍人口城镇化率，在质和量上提升城镇化水平。三是与产业发展紧密结合。无论采用哪种方式开展“空心村”整治，对腾出的土地和空置的农宅，都要考虑发展什么产业、怎么发展产业、由谁来发展产业等问题，目的就是促进就地就近就业，增加农民收入。四是与生态建设紧密结合。就地整治的村，腾出的宅基地，要因地制宜种植各类苗木、花草，大幅度增加绿地面积，改善人居环境。实施易地新建的村，原村庄复垦后，要尽快还林还草还牧，实现绿色发展。

二要聚焦目标任务。综合我省“空心村”整体情况、脱贫攻坚任务、冬奥会筹办需要和土地政策窗口期，省委、省政府明确了三个关键时间节点：第一个是2018年12月底前，列入“空心村”治理任务的村庄全部完成前期准备，包括编制规划、建立台账、选址布点、发动群众、签订拆迁协议、项目立项、招投标等。第二个是2019年12月底前，纳入易地扶贫搬迁任务的“空心村”全部完成治理任务，开展就地整治的村庄完成整治任务，任务量较少的市县也要争取完成治理任务。第三个是2020年12月底前，所有列入“空心村”治理任务的村庄要全部完成治理任务。这些工作头绪多、任务重，各地要抓

紧时间往前赶，严格按照这几个时间节点，不折不扣地抓好落实，确保如期完成任务。哪个环节出问题，哪个地区进展慢，就要打板子、追责任。

三要选好治理安置方式。东峰书记要求，“空心村”治理要因地制宜、分类推进。参照易地扶贫搬迁做法，结合近年来美丽乡村建设经验，省里提出了三种治理方式：一是易地新建。对于空置率在50%以上以及生存条件恶劣、生态环境脆弱等“一方水土养不起一方人”的村庄，原则上全部实施易地新建。原村庄拆除复垦，退宅还林还草或建设现代农业园区。二是联村并建。对空置率较高、距离县城和中心镇较远、绝大多数村民不愿外迁的村庄，可以就近依托产业基础好、人口吸纳能力强的中心村，按照新型农村社区、产业园区、生态功能区“三区”同建的路径，联合建设新型农村社区。三是就地整治。对空置率较低、不实施整体新建的“空心村”，通过小范围的拆旧、建新、农宅置换、复垦等方式，开展就地整治。在整治过程中，安置好群众是一个大问题，要尊重他们的意愿，切实维护好财产权益。安置可采取两种方式：一是集中安置，有劳动能力的要集中安置在县城；60周岁以上、无劳动能力的老年人，要集中安置到乡镇养老院、互助幸福院。二是分散安置，在城镇或经常居住地已购房、就业或养老的，要鼓励他们有偿退出房屋及宅基地，实行自主分散安置。各地要针对不同地域、不同村庄、不同农户，合理选择治理和安置方式，确保高质量和平稳推进落实，让群众满意。

三、切实用足用好支持政策

开展“空心村”治理，必须有强有力的政策支持。各级各有关部门，要充分用足国家政策，用好省内政策，创新地方政策，形成政策叠加效应，共同下好这盘民生“大棋”。

第一，土地政策。“空心村”治理资金来源，主要是城乡建设用地增减挂钩节余指标收益和补充耕地收益。国家《城乡建设用地增减挂钩节余指标跨省域调剂管理办法》和《跨省域补充耕地国家统筹管理办法》已经下发，这让深度贫困地区指标跨省交易成为可能，这些政策都有明确时间要求，仅限于脱贫攻坚期，我们要在政策窗口期内，用足用好这项政策。省国土厅要加大跑办力度，积极争取国家跨省调剂指标，最大限度满足深度贫困县土地节余指标交易需要。考虑到张家口是全省“空心村”治理的重点区域，深度贫困县跨省调剂指标要优先向张家口倾斜。

第二，补偿政策。要保护好农民的土地承包权、宅基地使用权和房屋所有权，切实维护农民权益。科学制定搬迁补偿标准，搬迁农户退出宅基地后，原则上参照易地扶贫搬迁有关政策，置换安置住房或给予货币补偿。在城镇社区和新建镇集中安置、自愿有偿退出合法宅基地的，享受与城市居民同等公共服务，加快推进市民化。鼓励地方多渠道筹集资金，用于村集体对进城落户农民自愿退出宅基地的补偿；农户在一户一宅前提下，退出农村宅基地后，要给予一定经济补偿。对拆旧复垦出的土地，可采取确权确股不确地的方式，股份量化到村集体组织成员，统一流转后实行规模经营，增加农民收益。

第三，融资政策。推进“空心村”治理，困扰我们最大的难题就是资金问题。只要解放思想、大胆创新，这个问题也不难解决。要用市场化思维，引进实力雄厚、信誉良好的战略投资者，通过市场方式实施“空心村”治理项目。要鼓励市场主体与村集体合作，利用腾出的农宅和土地发展乡村旅游和产业园区。涞源县引进北京洛克集团、京汉集团、华中地产等多家公司，对42个村庄进行旅游开发；引进华夏幸福，通过整村拆建、部分拆建和改造提升等模式，对188个村的基础设施和公共服务改造提升，这种做法值得各地学习借鉴。张家口市“空心村”治理任务很重，但优势也非常明显，要紧紧抓住举办冬奥会、打造首都水源涵养功能区和生态支撑区的有利时机，把省内国内大企业、大资本引进来，共同参与“空心村”整治。

四、强化组织保障

开展“空心村”治理，时间紧、任务重，政策性强，工作难度大，必须以强有力的组织保障，推动各项工作落地见效。

一要加强组织领导。省成立了“空心村”治理工作领导小组，桐利常务副省长任组长，古江副省长和我任副组长，省农工办、省发展改为委、省国土资源厅、省财政厅、省住建厅、省民政厅等部门主要负责同志为成员，统筹负责“空心村”治理工作。办公室设在省农工办（省美丽办）。各有关部门要按照职能分工，强化责任落实，抓好各项工作。各地都要参照省里做法，抓紧成立相应工作机构。

二要夯实工作责任。“空心村”治理实行“省级指导、市级协调、县级实施”的工作推进机制。市级要加强组织协调、日常督导；县级是责任主体和实施主体，要将“空心村”治理工作列入重要议事日程。治理任务重的市县，要作为“一把手”工程，主要负责同志积极谋划、主动担当、靠前指挥、亲自推动。各市、县要建立工作台账，倒排工期、挂图作战，明确责任部门和责任人，确保每项任务都有人落实、有人督查、有人负责，确保治理工作强力推进、按时完成。

三要依法开展治理。“空心村”治理模式、安置方式等要征求群众意见，尊重群众意愿，严格履行民主程序。要广泛发动群众，引导农民全程参与。充分发挥驻村工作队的作用，逐户逐人做好工作。坚持依法办事，不得违背群众意愿强拆强建。县、乡两级要做好风险防控，坚决防止发生群体性事件。

四要营造良好氛围。各地要通过传统媒体和新媒体，加强宣传报道，广泛宣传“空心村”治理的重要意义和好政策、好典型、好做法，正确把握舆论导向，打消群众顾虑，激发群众热情，充分调动农民群众的积极性、主动性，努力营造浓厚的舆论氛围。

时清霜同志在全省非洲猪瘟等动物疫病防控工作电视电话会议上的讲话

(2018年9月3日)

这次会议是省委、省政府决定召开的，主要任务是贯彻落实中央领导批示和全国会议精神，对全省非洲猪瘟等动物疫病防控工作进行动员部署。党中央、国务院高度重视动物疫病防控工作，习近平总书记指出，国家对动物疫病实行预防为主的方针，要加强对动物防疫工作的统一领导，建立健全动物防疫体系，加强对动物防疫活动的管理，预防、控制和扑灭动物疫病，促进养殖业发展，保护人体健康，维护公共卫生安全。李克强总理多次作出批示，要求毫不放松抓好非洲猪瘟防控工作，特别是要指导和督促相关地方严格落实责任，坚决阻断疫情传播和蔓延，尽快扑灭疫情，并正确引导舆论，及时回应群众关切。胡春华副总理作出具体安排部署。省委、省政府高度重视，许勤省长批示要求，全省各地各部门要认真学习贯彻习近平总书记关于动物疫病防控工作的重要指示精神，认真落实李克强总理重要批示精神，按照国办《通知》要求，进一步强化责任，加强全面排查监测，一旦发现疫情，坚决果断处置。加强舆情管控和引导，确保我省养殖业安全、市场供应和社会稳定。

刚才，省农业厅、林业厅、交通运输厅、食药监局、石家庄海关负责同志作了发言，我都同意，大家要抓好贯彻落实。下面，我讲四点意见:

一、深刻认识严峻形势

非洲猪瘟是一种急性、烈性、高度接触性传染病，是世界养猪业的头号杀手，死亡率高，早期发现难、预防难、控制难，疫情高风险区范围大，封锁期长（为6周，其他病一般为3周），目前没有疫苗可防。早在2008年，我国就将非洲猪瘟列入一类动物疫病，国家和省中长期动物疫病防治规划也将其列为重点防范的外来动物疫病。目前，辽宁、河南、江苏、浙江、安徽5省已经发生了6起疫情（昨晚，农业农村部通报：安徽省宣城市新发现一起），我省虽然尚未发生，但决不能掉以轻心，对疫情的危害性和防控形势的复杂性、紧迫性要有清醒的认识。

第一，从疫情影响看，危害严重。尽管非洲猪瘟不是人畜共患病，不会对人体健康造成直接影响，但对生猪产业构成严重威胁。2007年以来，该病从非洲传入格鲁吉亚、俄罗斯等东欧国家，由于防控能力薄弱，病毒在当地猪群中定殖并持续扩散蔓延，给当地养猪业造成重大损失。据不完全统计，仅2007年至2017年，非洲猪瘟已在俄罗斯超过30个地区、引发1000多起疫情，其中60%是家猪疫情，平均病死率为72%，累计扑杀家猪200余万头。2018年以来，全球非洲猪瘟疫情更为严峻，11个中东欧国家通报3200多起。我国今年8月3日首次确诊以来，已经发生6起疫情，扑杀生猪近4万头，销毁相关产品5700吨。猪肉是我国居民最主要动物蛋白质来源，猪肉消费占肉类消费的60%以上。如果疫情大面积爆发，不仅对生猪产业造成毁灭性打击，而且直接影响百姓生活、社会稳定甚至国家宏观调控政策。

第二，从疫病特点看，防控难度大。与其他重大动物疫病相比，一是防控手段少，由于全世界范围内尚无有效疫苗，缺乏特异性防控手段，一旦扩散蔓延，难以有效控制。二是传播方式多，非洲猪瘟病毒可以在猪肉产品、泔水中长时间存活，并通过飞机、轮船和火车等交通工具远距离传播。既可通过接触家猪、野猪及其产品传播，也可通过虫媒叮咬传播，一旦在当地定殖，短时间难以根除。三是传播路径不清，自8月3日至今，在不到1个月时间，全国连续出现了6起疫情，呈点状分布，疫点之间没有任何关系，而且从溯源的角度也没有相关性。

第三，从我省实际看，防控压力大。我省是生猪养殖大省，年饲养量5000多万头，在全国排名第六位。大型猪场养殖密度大，中小型猪场和散养户数量多，养殖者素质不高，防疫水平低，一旦传入极易迅速蔓延。我省内环京津，是其他省份生猪及其产品调入京津的必经之地，调运频次高、数量多，疫病传入风险高。同时，我省与东北、西北、华中、华东互联互通，已发生疫情的两个省份（辽宁、河南）都与我省毗邻，疫情堵截难度大。

为此，各地各有关部门要准确把握疫情形势，强化风险意识，树牢底线思维，尽可能把形势估计得更严峻一些，把工作准备得更充分一些，把措施制定得更周密一些，坚决打好非洲猪瘟疫情阻击战。

二、全面落实防控措施

国内发生非洲猪瘟疫情以来，各级各有关部门按照“内防、外堵、严处理”的要求，迅速行动，主动作为，积极采取疫情排查、监测、封堵、技术指导等综合防控措施，目前疫情形势总体稳定。但是，未来疫情发展还有很大的不确定性，要坚持国家动物疫病防控24字方针（加强领导、密切配合，依靠科学、依法防治，群防群控、果断处置），进一步细化防控方案，狠抓关键措施落实。

一是疫情排查要全面。加强排查是及时发现疫情、消除隐患的前提。要继续开展疫情排查，以养殖场、交易市场、屠宰场、无害化处理厂为重点，增加巡查频次，做到不漏一场、不漏一户、不漏一畜。要加强野外巡查巡护，发现野猪异常死亡的，按规定立即采样送检。要加大对入境口岸、交通枢纽周边地区以及中欧班列沿线地区的监测力度。一旦发现异常情况，要早报告、早处置，为及时消除疫情隐患争取时间、赢得主动。

二是调运监管要到位。实践证明，强化生猪调运监管、限制风险猪群移动，是切断病毒传播链条、降低疫情风险的有效手段。我省要认真贯彻落实全国会议精神，对生猪调运实施限制措施，禁止从疫区省份调入生猪；跨省调运生猪不得经过发生疫情的省份。前一段，秦皇岛市在辽宁省界设立9个临时检查消毒站，公安、农业、交通运输等部门密切配合，已劝返来自辽宁的运猪车18辆，扑杀销毁手续不全生猪3车18头。各地要借鉴秦皇岛的做法，在省界（除环京津外）主要交通干道设置临时公路检查站，严格检查进入我省的运猪车辆，对违法调运行为从严从重处罚。同时省内也要严格生猪产地检疫和屠宰检疫，不得违规出具检疫合格证明。

三是应急备战要充分。各地要按照《农业部非洲猪瘟疫情应急预案》《河北省突发重大动物疫情应急预案》的规定，抓紧制定完善本地非洲猪瘟防控工作方案，调整充实指挥机构，组建应急队伍，备足防疫物资，做好应急响应。要建立专家队伍，开展非洲猪瘟防控知识培训宣传，让每一名基层兽医人员、养殖场户深入了解掌握非洲猪瘟的典型症状，提高快速鉴别能力。同时，加强24小时疫情值班和日报告制度，公开值班电话，保障信息畅通。一旦发生疫情，要立即启动应急预案，分级响应，通力协作，抓早灭小，迅速扑灭疫情。

四是舆论导向要正确。要加强科普宣传，让群众知道“非洲猪瘟不是人畜共患病，不会传染人，猪肉可以放心食用”；让养殖场户明白“只要按照科学方式养殖，强化安全防护，规范引种调运，落实好消毒防疫等措施，非洲猪瘟是可防可控的”。要密切关注舆情动态，掌握舆情信息，及时发布防控最新情况，正确引导舆论，防止炒作；要回应社会普遍关注的热点问题，为群众答疑解惑，维护社会和谐稳定。

三、严格落实防控责任

各级各有关部门要按照职责分工，各司其职，各负其责，协调联动，形成工作合力。

一要落实市县属地管理责任。国家制定的《重大动物疫情应急条例》明确提出，重大动物疫情应急工作要按照属地管理的原则，实行政府统一领导、部门分工负责，逐级建立责任制。防控非洲猪瘟等重大动物疫病，市县政府要负总责，主要领导是第一责任人，分管领导是直接责任人。要切实把防控工作摆上重要日程，亲自调查研究、安排部署，对出现的问题，要及时协调解决。

二要落实部门联防责任。农业部门要切实发挥牵头作用，在做好排查、监测、监管、应急等工作的同时，组织协调有关部门共同做好防控工作。发展改革、财政部门要根据防控需求，提供经费保障，发生疫情时，要足额保障扑杀、无害化处理、补偿等动物疫情应急处理所需经费。食品药品监管、工商部门要做好流通环节动物产品监管，对上市猪肉产品加强查证验物、索证索票工作。林业部门要强化野外巡护，加强野猪感染情况排查、监测，发现问题及时处置。公安部门要会同农业部门共同加强疫情封堵，做好疫区安全保卫、封锁、社会治安管理以及口岸监督检查。交通运输部门要加强运输车辆管理，在高速公路、主要交通干线设置检查站，与农业部门共同开展监督检查。铁路、民航、口岸办等部门要加强入境运输工具的监督、检查和登记。海关要做好进出口检验检疫工作，防止疫病传入。卫生计生部门要加强人畜共患病知识宣传、解疑释惑和诊治。宣传部门要密切关注舆情动态，正确引导舆论，防止恶意炒作。各有关部门要切实负起责任，落实信息共享和联防联控措施，加大督导检查力度，随时发现和解决存在问题。

三要落实企业主体责任。从事动物饲养、屠宰、经营、运输的单位和个人，是动物疫病防控的主体。要督促他们落实主体责任，加强生物安全管理。要进一步健全防疫制度，升级改造防疫设施，开展临床巡查，严格车辆人员管理，强化预防消毒。要加大餐饮企业监管力度，监督他们从正规渠道购买猪肉产品，按要求收集处理餐厨垃圾。企业负责人发现疑似动物疫情时，要立即向农业部门报告，并配合做好预防、控制和扑灭工作。对发现疫情不报告、出售病死猪及其产品的，要依法依规严肃查处。

四、全力保障市场供应

中秋、国庆将至，即将迎来猪肉消费高峰期。要坚持疫病防控与产业发展两手抓、两促进，努力完成保供给、保产业、保安全的任务。

一要稳定生猪生产。认真落实“菜篮子”市长负责制，组织引导生猪生产，落实扶持生猪生产相关政策。特别是生猪主产区、调出大县，要加强防疫管理，落实各项防疫措施，严防疫情传入。种猪场、大型规模养殖场要看好自家门、管好自家事，全力保护好生猪产业的基础产能。

二要规范屠宰加工。加快推进生猪屠宰企业标准化建设，实行品牌经营、冷链流通、冷鲜上市，增强肉品质量安全保障能力。针对城乡结合部、屠宰企业周边等私屠滥宰易发区、多发区，做到主动查处和举报核查相结合、定期巡查和飞行检查相结合、日常监管和专项整治相结合，严厉打击私屠滥宰、注水或注入其他物质、屠宰病死畜禽、添加使用“瘦肉精”等违法行为，确保人民群众“舌尖上的安全”。

三要维护流通秩序。进一步做好主产区与主销区的衔接、屠宰环节准出与加工环节准入的衔接，强化市场监测，维护价格秩序，确保猪肉产品足量供应。要加强生猪产品流通、加工、餐饮环节质量监管，严厉打击违法经营行为。运输畜禽及其产品的车辆，必须凭动物检疫证明承运和享受鲜活农产品运输“绿色通道”政策。经检疫检验合格、符合调运监管规定的生猪产品，各地各有关部门不得限制进入本地市场。

最后，我再强调一下，9月1日，全省秋季重大动物疫病集中免疫工作已经启动。各地各有关部门要在统筹抓好非洲猪瘟防控工作的同时，扎实做好口蹄疫、高致病性禽流感、布病等动物疫病防控，深化病死动物无害化处理和保险联动工作，确保不发生区域性重大动物疫情。

投身脱贫攻坚主战场　再谱鱼水情深新篇章

——赵一德同志在驻冀部队参与打赢脱贫攻坚战三年行动工作会议上的讲话

（2018年9月14日）

今天，我怀着对驻冀部队和广大官兵的崇敬和感激之情来参加这次会议。刚才，省军区副政委要文须传达了习近平总书记关于打赢脱贫攻坚战的重要指示精神，党中央、国务院和省委、省政府对部队参与脱贫攻坚工作的要求，以及中央军委政治工作部《关于坚决贯彻落实习主席重要指示深入扎实做好部队定点扶贫工作的通知》精神。一会儿，省军区司令员王舜还要作讲话，军地各级各部门要认真贯彻落实。中部战区陆军第112师、陆军第81集团军、第82集团军、武警河北省总队、保定军分区、海军秦皇岛专用器材保障基地、行唐县人武部、战略支援部队第6通信团、店房村党支部还要作交流发言。大家要相互学习借鉴。在此，我代表省委、省政府，代表王东峰书记、许勤省长，向长期以来为河北脱贫攻坚工作作出贡献的驻冀部队和广大官兵，表示衷心的感谢和诚挚的慰问！

下面，我围绕贯彻落实党中央和省委、省政府决策部署，就驻冀部队投身脱贫攻坚主战场、再谱鱼水情深新篇章，讲3点意见。

一、驻冀部队积极参与脱贫攻坚，取得了丰硕成果，展示了爱民为民的优秀品格

党的十八大以来，驻冀部队坚决贯彻习近平总书记重要指示精神和党中央决策部署，把助力脱贫攻坚作为重大政治任务，紧紧围绕脱贫攻坚目标任务，在扶贫帮困中担重任，在发挥优势上出实招，在真帮真扶上求实效，为全省脱贫攻坚作出了重要贡献。2016年实施精准扶贫以来，驻冀部队团级以上单位帮扶367个贫困村，累计帮助近30万贫困人口摆脱贫困，在助力河北脱贫攻坚中交出了一份满意的答卷。

一是开展定点帮扶不断实现新进展。积极发挥部队独特优势，按照精准扶贫精准脱贫要求，逐村逐户量身定制脱贫措施，定点帮扶工作扎实有效。省军区协调驻冀部队团级以上单位与驻地贫困村结成帮扶对子，配合军委机关、中部战区、海军、陆军等开展定点帮扶工作，专门成立联络小组负责日常保障。目前，军委机关、军委国防动员部等11个单位在河北定点帮扶12个贫困村，直接投入2743万元，协调资金6500余万元，援建项目70余个。

二是扶持扶贫产业发展不断取得新成效。依托贫困地区资源禀赋和产业基础，大力扶持“一村一品”特色扶贫产业，帮助贫困群众增产增收。省军区指导驻军单位在帮扶村成立近20个专业合作社，形成了林果种植、花卉培育、特色养殖、果品加工等一批“军字号”特色扶贫产业。2017年4月陆军第82集团军调整组建以来，在阜平县帮扶片区建设农业合作社、养殖基地、经济果林园等，辐射带动500多个贫困户参股入社，目前生产总值达1000余万元。

三是为贫困群众办实事不断推出新举措。坚持把地方所需、群众所盼、部队所能有机结合起来，认真开展医疗帮扶、助学兴教等活动，创造了部队扶贫帮困新模式，在助力贫困群众脱贫上不断取得新成绩。武警河北省总队医院常年深入平山县西黄泥村、赞皇县老师会村，组织专家开展义诊医疗服务，为患者现场开具处方、免费发放药品，被当地群众亲切地称为“武警亲人”。2016年以来，驻冀部队修建农村公路500多公里，打井139眼，援建农家书屋、文化活动中心381个，援建中小学59所，植树造林约2万亩，有效改善了贫困地区生产生活条件。

四是激发脱贫内生动力不断拓展新渠道。采取宣讲政策、典型示范等形式，多方激发贫困群众脱贫攻坚积极性、主动性，引导他们通过辛勤劳动过上更加美好的幸福生活。中部战区陆军机关与平山县土岭村结为帮扶对子以来，帮助建设农家书屋、农民网吧和文化中心等一批文化设施，安排文艺宣传队宣传党的十九大精神，宣传党中央和省委、省政府脱贫攻坚政策，描绘美好未来，激发内生动力，在引导贫困群众坚定脱贫致富信心和决心上取得积极成效。

五是助推基层组织建设不断走出新路子。充分利用部队政治优势，帮助帮扶村开展党性教育和培训，加强村“两委”班子建设，增强基层组织的凝聚力、战斗力。陆军第81集团军帮扶怀安县突出基层组织联建，指定“文化二连”“特功五连”等先进基层党支部与7个贫困村党支部结成互助对子，深入开展“组织共建、队伍共抓、人才共育、难题共解”活动，在帮助帮扶村建强村“两委”班子上做了大量工作、取得明显成效。

驻冀部队投身精准扶贫精准脱贫的生动实践，充分展示了驻冀部队践行“四个意识”的政治自觉、思想自觉、行动自觉，诠释了政治建军的深刻内涵；充分展示了驻冀部队与人民群众同呼吸、共命运、心连心的使命担当，奏响了军民鱼水情深的新篇章；充分展示了驻冀部队召之即来、来之能战、战之必胜的过硬作风和时代风采，把脱贫攻坚作为新战场，以攻城拔寨的决心和勇气推进各项工作，赢得贫困群众的普遍赞誉。

二、河北脱贫攻坚取得重要进展，但任务依然艰巨，需要驻冀部队继续加大支持力度

省委、省政府高度重视脱贫攻坚工作，王东峰书记到河北工作以来9次召开省委常委会会议专题研究，多次召开全省性会议进行安排部署，对脱贫攻坚工作提出明确要求，许勤省长多次主持召开省政府常务会议作出具体部署。全省实行省市县乡村五级书记一起抓，健全“1+N”政策支撑体系，完善扶贫资金投入增长机制，狠抓基层基础规范提升，扎实推进产业就业科技扶贫，打好易地扶贫搬迁、农村危房改造、空心村整治政策组合拳，全面落实社保兜底政策，强化驻村帮扶和定点帮扶，严格督查考核，脱贫攻坚质量不断提升。2017年，全省实现78.8万贫困人口脱贫，贫困县农村居民人均可支配收入同比增长11%，高于全省农村平均水平2.9个百分点。今年上半年，45个国定贫困县农村居民人均可支配收入5622元，同比增长10.1%，高于全省农村平均水平1.1个百分点。但是，我们也清醒地看到，到2020年如期实现打赢脱贫攻坚战三年行动目标，任务依然十分艰巨。截至2017年底，全省建档立卡贫困人口还有105.9万人，其中张承保地区有贫困人口64.6万人、占61%，10个深度贫困县有贫困人口36.7万人、占34.7%，剩下的大多是贫困程度深、脱贫难度大的“硬骨头”。下一步，省委、省政府将以抓好中央巡视和国家扶贫成效考核反馈意见问题整改为契机，扎实做好各项工作，全力打好脱贫翻身仗和攻坚战。

驻冀部队参与脱贫攻坚的“八个助力”完全符合河北实际，面对艰巨繁重的任务，希望驻冀部队一如既往地支持脱贫事业，在参与脱贫攻坚中展现新作为。希望军地双方进一步增强合力攻坚的政治责任感和历史使命感，共同打好脱贫攻坚这场硬仗。希望驻冀部队进一步发挥特有优势，更加积极地支持和服务全省脱贫攻坚工作大局，主动与地方党委、政府脱贫攻坚总体规划搞好衔接，着眼地方所需、群众所盼、部队所能，倾力做好基础设施援建、扶贫产业扶持和定点帮扶等工作，在脱贫攻坚中发挥更大作用。希望驻冀部队进一步加强组织

领导，积极参与到扶贫开发和脱贫工作领导小组工作中来，部队领导亲自协调调度、亲自督导落实，定期深入贫困地区调研指导，及时协调解决重大问题，推动党中央脱贫攻坚决策部署落到实处，推动全省脱贫攻坚不断上水平、上台阶。

三、各级党委政府要主动对接，强化协调服务，携手驻冀部队打好脱贫攻坚战

各级党委、政府要加强军地协作，及时将驻冀部队扶贫工作纳入本地脱贫攻坚整体规划，搞好顶层设计，加强统筹协调，确保脱贫攻坚各项工作顺利推进。一是主动提供服务保障。积极支持驻冀部队与贫困县、贫困村建立定点帮扶关系，配合驻冀部队开展帮建工作，切实为驻冀部队搞好扶贫提供有力保障。二是及时协调解决问题。各级扶贫部门要主动与驻冀部队加强联系，健全完善工作会商、情况通报、信息共享等机制，进一步加强协调配合，及时帮助解决工作中遇到的困难和问题。三是积极营造浓厚氛围。深入挖掘、广泛宣传驻冀部队参与打赢脱贫攻坚战的好经验、好做法、好典型，为军民携手推进脱贫攻坚创造良好的社会氛围。

到2020年，贫困地区和贫困群众同全国一道进入全面小康社会，是我们党向全国人民作出的庄严承诺。让我们更加紧密地团结在以习近平同志为核心的党中央周围，以时不我待、只争朝夕的精神打好打赢脱贫攻坚战，为推进新时代经济强省、美丽河北建设作出新的更大贡献。

深入贯彻习近平总书记关于扶贫脱贫重要指示
坚持以提升党建工作水平打赢扶贫脱贫攻坚战

——王东峰同志在阜平县调研座谈会上的讲话

（2018年9月15日）

这次我和梁田庚、高志立、时清霜等省领导以及省直有关部门的负责同志到阜平来，主要是认真学习贯彻习近平新时代中国特色社会主义思想和党的十九大精神，深刻领会习近平总书记关于脱贫攻坚重要讲话和重要指示精神，重点抓好3项具体任务。一是进一步把扶贫脱贫工作推向深入，确保硬碰硬、实打实、高质量完成脱贫任务。二是坚持抓党建促脱贫，充分发挥基层党组织战斗堡垒作用和党员先锋模范作用。三是深入推进中央巡视反馈意见整改落实，确保事事有着落、件件有回音。

昨天，我们利用一天时间实地考察了阜平县阜平镇楼房村、北果园乡固镇梨树创新驿站和固镇村、军熙枣业有限公司、北果园乡店房村，深入了解了精准扶贫脱贫和基层党组织建设情况，广大人民群众对打赢脱贫攻坚战充满信心，对党的扶贫政策非常感激，发自内心地感恩习近平总书记、感谢党中央，令我们深受感染、深受教育。刚才，几位同志先后作了发言，谈了认识和体会，讲了经验和做法，也提出了意见和建议，听后很受启发、很有收获。梁田庚同志讲了重要意见，针对性和指导性强，符合保定和阜平扶贫工作和基层党建工作实际，大家要抓好落实。

总的看，保定市委、市政府，阜平县委、县政府深入贯彻习近平总书记重要指示和党中央重大决策，认真落实省委工作部署，在中央和国家机关、北京市的支持帮助下，在全县人民群众的共同努力下，各项工作取得重要阶段性成效。一是扶贫脱贫工作迈上新台阶。昨天我们实地查看了易地扶贫搬迁现场，效果很好，群众也很满意。二是基层党建工作打开新局面。过去，村“两委”换届往往问题多发频发，既存在黑恶势力、家族势力、村霸插手基层政权等现象，也存在因为村子穷、资源缺乏找不出合适人选等情况，还存在换届期间大量村民群访集访造成换届搁置等问题，但这次阜平县农村“两委”换届取得圆满成功，党支部一个不落完成换届，村委会换届也将很快完成，这在历史上是没有过的。三是经济建设取得新进展。各项经济指标有了长足进步，但对标高质量发展的要求还有差距，必须进一步优化产业结构、实现转型发展，既要确保全面完成脱贫攻坚任务，还要努力实现高质量发展，增加群众收入，保障改善民生。四是生态环境有了新变化。纳污坑塘和垃圾治理取得显著成效，这为建设新农村、发展旅游业创造了良好条件。下一步要探索建立垃圾发电厂，实现垃圾无害化

处理。五是政治生态呈现新气象。前一段，省委、市委经过慎重研究，对阜平县委、县政府班子进行了调整、充实和加强，既保证了工作的连续性、稳定性，也补充了新生力量，现在县四大班子领导同志讲政治、顾大局，凝心聚力、团结干事，精气神很足，战斗力很强，广大干部群众脱贫致富奔小康的热情很高，更加坚定了我们打赢脱贫攻坚战的必胜信心。这些成绩的取得，是以习近平同志为核心的党中央坚强领导的结果，是省市县乡村各级干部和广大人民群众共同努力的结果，也饱含着中央和国家机关、北京市、部队给予我省扶贫工作的大力支持，特别是国家机关事务管理局、自然资源部、中国农业科学院、中国农业银行、北京市、国防动员部、中部战区的领导同志多次深入阜平调研检查脱贫攻坚工作，帮助解决了很多实际问题。同时，还安排了许多同志来阜平挂职，这些同志舍小家、顾大家，立足本职、深入一线，坚决贯彻党中央决策部署，克服了许多困难，发挥了重要作用。大家的辛苦和成效必将载入阜平脱贫攻坚的史册。在此，我代表省委、省政府，对保定市、阜平县所有干部群众付出的辛勤汗水和取得的良好工作成效，对中央和国家机关、北京市、部队等部门单位主要领导同志、领导班子和挂职帮扶干部表示衷心的感谢，致以崇高的敬意！

下面，我讲几个问题。

一、深入贯彻习近平总书记重要指示和党中央决策部署，以抓好巡视整改为契机，坚决打赢扶贫脱贫攻坚战

打赢脱贫攻坚战，到2020年实现全面建成小康社会宏伟目标，是习近平总书记在党的十九大向全党、全国、全世界作出的庄严承诺，是必须完成的政治任务。习近平总书记对河北知之深、爱之切，对阜平老区人民和贫困群众更是念念不忘、牵挂在心。2012年12月底，习近平总书记十八大之后到地方视察的第二站就选在阜平县，到深山区访真贫、看真贫，就推进脱贫攻坚和基层党组织建设发表重要讲话、提出重要指示要求。这是以习近平同志为核心的党中央对河北人民和阜平人民的深切关怀，是对河北各级党组织和广大党员干部的殷切重托。阜平县在脱贫攻坚的特殊阶段承担着特殊的任务和特殊的使命，如果脱贫攻坚搞不好，就对不起习近平总书记和党中央，也对不起阜平人民。我们要深切体会习近平总书记对老区人民的一片深情，坚持以习近平新时代中国特色社会主义思想为指导，全面落实党中央重大决策部署，增强政治责任感和现实紧迫感，围绕“两不愁、三保障”和“两确保、两实现”目标要求，用心用情用力做好各项工作，巩固已有成果，总结提升经验，正视问题不足，勇于攻坚克难。要全面提升扶贫脱贫工作质量和水平，不仅解决贫困县摘帽的问题，还要解决2020年全面建成小康社会后高质量、可持续发展的问题，不断提升人民群众获得感、幸福感、安全感，让习近平总书记和党中央放心，让阜平人民满意。

1. 坚持目标导向，进一步完善扶贫脱贫工作规划和方案。要把脱贫目标与高质量发展要求结合起来，科学确定发展目标和重点任务，明确时间表、路线图、责任人，有力有序有效推进。要围绕圆满完成今年脱贫目标任务，变被动为主动，充分调动广大干部群众的积极性，深入开展政策宣讲，加强职业技能培训，引导群众靠诚实劳动脱贫致富，依靠市场解决长远增收问题，防止产生依赖和等靠情绪，确保贫困群众既脱得了贫，还能知道怎样脱的贫。要抓紧制定明年的计划安排，以脱贫目标倒排工期，按照接受国家验收甚至更高的标准推进工作，有什么问题就解决什么问题，什么问题突出就解决什么问题，把各项工作抓细抓小抓到位。要采取第三方明察暗访、听取群众意见等方式，主动接受各方面的监督，检验扶贫脱贫成效。

2. 增强内生动力，进一步抓好产业扶贫、就业扶贫、科技扶贫。打赢脱贫攻坚战，必须增强贫困群众内生动力和造血功能，解决好“后三年”和“三年后”的问题，实现稳定脱贫和可持续发展。要突出抓好产业扶贫，坚持一乡一业、一村一品、一村一策，因地制宜发展特色种养、家庭手工、休闲旅游、农村电商、健康养老等多种业态，把有劳动能力的贫困群众全部纳入到脱贫产业中来。要完善利益联结机制，依托龙头企业、专业合作社，形成“公司+基地+农户”模式，让群众既有股金收益，又有工资收入。要突出抓好就业扶贫，围绕产业发展和市场需求，落实扶持政策，加强职业培训，提高就业技能，激发创业热情，实现一人就业、全家脱贫。要全面摸排剩余劳动力，提高劳务输出组织化程度，促进农村剩余劳动力转移。要发挥政府和企业作用，通过生态建设、产业项目、托底安置等方式多渠道提供就业岗位。要突出抓好科技扶贫，组织省市县科技队伍深入开展科技下乡，及时帮助解决实际问题，大力推广先进适用技术，降低发展成本，增加科技含量，促进农业增效和农民增收。

3. 关注特殊群体，进一步推动帮扶救助政策落实。对没有劳动能力的老人，在本人自愿的基础上以县为单位开展集中养老，探索医养结合的新路子。对贫困家庭子女实行救助政策，职业学校免费就读，加强校企对接，积极推荐就业，实现稳定增收。加强医疗托底保障，健全基本医疗、大病救助制度，防止因病致贫返贫。要对

特殊困难群众进行全面排查，对发现的问题，建立台账，落实责任，确保解决到位。要坚持“事不过三”工作机制，坚决防止既不解决问题、又不向上报告。不管哪一级干部，都要对群众认真负责，都要把问题解决到位。

4. 统筹协调推进，进一步抓好易地扶贫搬迁。要与实施乡村振兴战略、推进新型城镇化、治理“空心村”结合起来，加强顶层设计，优化选址布局，严格落实搬迁政策和规范标准，合理安排工期，强化工程质量，确保应搬尽搬。加强产业配套和就业安置，完善生产生活条件，确保搬得出、稳得住、能致富。要加强水电气讯路和农村卫生室、幼儿园、文化场所、村民综合服务站等配套设施建设，切实解决好上水、下水问题，上水就是保证群众安全饮水，下水就是搞好污水处理。要加强垃圾综合治理，建立村收集、乡转运、县处理的常态长效机制，加快无害化垃圾处理场建设。运用无人机等方式开展环境执法检查，对黑臭水体和纳污坑塘全面排查治理，限期解决到位，为美丽乡村建设创造条件。

二、牢固树立和深入落实新发展理念，大力调整优化产业结构，推进阜平经济高质量发展

创新、协调、绿色、开放、共享的发展理念是经济社会发展的总要求。阜平县委、县政府要立足县情实际，明确全县经济发展的思路和定位，在新发展理念指引下做好经济发展的总体规划，充分发挥比较优势，切实优化产业结构，坚持旅游兴县、产业强县、生态富县，提高发展的质量和效益。

1. 大力发展旅游产业。要真正把旅游业作为带动全县经济发展的第一产业来抓，整合全县旅游资源，推进互联互通交通体系建设，与保定涞源、山西五台山、北京等景区景点实现一体化布局，培育发展旅游公司，打造精品旅游线路。要充分运用国管局、自然资源部、国防动员部等帮扶资源，依托乡情特点，发展红色旅游、特色旅游。要把发展旅游与生态环境治理结合起来，对生态状况深入排查，对突出问题登记造册，已经破坏了的想办法加快恢复，没有破坏的要坚决保护好，特别是严禁在25度以上坡地搞开发，以良好生态为旅游发展奠定坚实基础。

2. 大力发展涉农工业。要打造农产品加工产业链，带动农村种植业、养殖业发展，实现一二三产业融合发展。阜平是山区，土地资源宝贵，要统筹产业资源，集中向县城工业园区聚集，充分用好开发区平台，提升入园产业集聚度，进一步降低成本、提高效益。要防止各乡镇四面开花各搞一套，那样不仅配套成本高昂、容易引起同质竞争，同时极易破坏生态环境和旅游景观，最终得不偿失。县城食品园要大力引进高科技、无污染、现代化龙头企业，依托全县核桃、大枣等产品优势，搞农产品精深加工，既为群众解决销路，又为企业提供原材料，必要时还可以为滞销鲜食水果提供兜底，减少群众损失。

3. 大力发展特色农业和观光农业。要积极推进农业产业结构调整，坚持宜农则农、宜林则林、宜果则果、宜牧则牧、宜旅游则旅游，着力发展林果经济、农业采摘、农家乐等多种业态，推广种植苗圃花卉等经济作物，提高农产品附加值。要围绕京津等大城市需求，高度重视发展现代都市型农业，加大宣传力度，打造知名品牌。

4. 大力发展康养产业。依靠阜平特殊区位和环境优势，顺应当前人口老龄化趋势和人民群众休疗需要，加强统筹谋划和顶层设计，积极引入先进理念、技术和人才，统筹医疗卫生和生态环境资源，运用市场化办法，按照政府主导、社会参与、企业化运营的方式，大力发展医养结合的康复中心、休闲中心、养老院等，加强配套基础设施建设，提升服务质量和水平，真正把健康疗养产业做大做强。

5. 大力发展职业教育产业。贫困地区发展职业教育潜力很大，既可以促进就业扶贫，又可以拉动经济发展。要加强改革创新，强化课程设计，用好中央和国家机关、北京市在教育和企业方面的丰富资源，积极借鉴外地先进经验，推进校企衔接、人岗对接，提供订单式人才培训服务，增强人才培养针对性。

三、夯实基层基础，全面提升基层党建工作水平

前不久中央党建工作领导小组秘书组将阜平确定为农村基层组织建设的联系点，这是对河北工作的高度重视和有力支持。我们要以此为契机，进一步明确目标、严格标准、扎实工作，推动“抓基层党建”与“促脱贫攻坚”深度融合，力争将阜平打造成高水平的全国农村基层组织建设示范点。

要重点抓好几项工作。一是深入落实各级党委抓基层党建工作政治责任，通过深入开展党建述职评议考核等，推动党建工作落地落实。二是结合村“两委”换届，选优配强“两委”班子，特别是党支部书记，充分发挥好基层党组织领导核心和战斗堡垒作用。三是进一步做好发展农村党员工作，着力解决党员老龄化严重、后备力量不足等问题，积极引入新鲜血液，充分发挥大学生村官、退役军人等年轻党员作用，确保党的事业后继有人。四是深入抓好农村扫黑除恶专项斗争，坚定不移加大惩治力度，确保基层政权稳固、社会大局稳定、人民群众切身利益得到保障。坚持“有黑打黑、无黑扫恶、

无恶治乱"，坚持"一案三查"，对群众投诉举报的问题线索要及时核查甄别，特别是乡镇党委书记、村党支部书记和派出所所长离群众最近，必须切实负起责任，把推进扫黑除恶专项斗争作为一项重大政治任务来抓，层层签字背书，绝不包庇护短，确保取得扎实成效。五是分级分层培训村党支部书记和"两委"委员，深入细致做好培训学习方案，确保参训人员学有所获、以知促行、学用相长。加强新型职业农民培训，更新思想观念，提升知识层次，掌握科学技术，熟悉市场经济，在推动农业农村现代化中发挥更大作用。六是千方百计增加群众收入，通过调整农业产业结构提升农民经营性收入，通过组织推荐农村劳动力就业提升农民工资性收入，通过农村改革和农业产业化结合提升农民财产性收入，通过提供小额无抵押贷款解决农民创业资金困难，通过引入商业保险和政策性保险解决农民赚得起赔不起问题。七是解决乡镇干部走读问题，严格执行政策文件，规范日常休假制度，确保乡镇干部集中精力干好工作，确保办事群众进得了门、找得着人、办得成事，真正实现与人民群众站在一起、干在一起，用实际行动展示公仆形象。八是树立鲜明用人导向，注重从基层发现和选拔干部，真正把在基层第一线经受锻炼、作风务实、实绩突出的干部选出来、用起来，村党支部书记、村委会主任、大学生村官等符合条件、工作做得好的，优先选录为公务员。各级组织部门要善于在实践中发现人才，真正关心基层干部成长进步，帮助他们解决工作和生活方面遇到的实际困难，切实为大家解除后顾之忧。

四、加强党的领导和班子建设，打造忠诚干净担当的高素质干部队伍

各级党组织要坚持和加强党的全面领导，特别是党委书记，既要敢于担当作为，深入贯彻习近平总书记重要指示和党中央决策部署，全面落实上级党委各项工作部署，又要严格按照组织程序办事，认真执行民主集中制，抓大事、谋全局，集思广益、凝心聚力，最大限度调动各方面积极性，齐心协力推动各项工作落地落实。各级党员干部要深刻认识到，幸福生活是奋斗出来的，建设经济强省、美丽河北是干出来的。我们把优秀干部放到最困难、最复杂、最艰苦的地方磨炼，既是为了工作和事业需要，也是为了培养锻炼干部。今后，我们的工作任务会越来越艰巨，考核标准会越来越严格，各级党员干部要勇于担当担责，在经济社会发展和为人民服务的主战场建功立业。困难越大、挑战越大，对自己的历练也越大、学到的本事也越大。乡镇工作非常辛苦，问题在基层，困难在基层，经验和办法也在基层。乡镇干部承担着从中央到地方各项任务的落地落实，也是离群众最近、群众感受最直接的党和政府形象。希望大家守住底线、忠诚担当、无私奉献，搭起袖子加油干，苦干实干拼命干，真正成为想干事、会干事、干成事、不怕事、不出事，为党分忧、为民解难的干部，为实现阜平跨越式发展、推动保定当好全省经济社会发展排头兵作出更大贡献！

坚决贯彻党中央定点扶贫决策部署　齐心协力打赢精准扶贫脱贫攻坚战

——王东峰同志在中央单位驻河北省定点扶贫工作座谈会上的讲话

（2018年9月17日）

这次会议是深入贯彻习近平总书记关于扶贫脱贫工作一系列重要指示和党中央决策部署的实际行动，也是认真落实今天上午召开的中央定点扶贫工作推进会议精神和全面提升定点扶贫工作水平的具体举措。在河北脱贫攻坚决战决胜的关键阶段，国务院扶贫办刘永富主任和中央直属机关工委李勇副书记等32家中央单位的领导同志出席会议，共商脱贫大计，共谋河北发展，这是对河北的关心支持和大力帮助，令我们深受感动，倍受鼓舞。这对于齐心协力打赢精准扶贫脱贫攻坚战、圆满完成党中央交给的重大政治任务，具有十分重要的意义。

长期以来，国务院扶贫办对河北扶贫脱贫工作十分关心和重视，从多方面给予了大力支持，特别是今年国务院扶贫开发领导小组巡查河北期间，刘永富主任深入基层一线，帮助"把脉会诊"，有力指导和推动河北脱贫攻坚迈出新的步伐。中央直属机关工委、中央党校、中央对外联络部、国务院办公厅、国家机关事务管理局、国家发改委、教育部、生态环境部、安全部、审计署、国务院国资委、中央党史和文献研究院、国家信访局、国家邮政局、国家外汇管理局、国家知识产权局、国务院港澳办、司法部、国务院发展研究中心、民盟中央、

民建中央、中残联、新华社、人民日报社、经济日报社、中国农业银行、中国航天科技集团、中国联通、中煤集团、中化集团、中国铁道建筑有限公司等中央定点扶贫单位坚持政治站位，强化使命担当，在人力物力财力等方面持续加大帮扶力度，为河北脱贫攻坚和经济社会发展作出了突出贡献。在此，我代表省委、省政府和全省7500多万人民，向国务院扶贫办、中央各定点扶贫单位的领导和同志们表示衷心的感谢，致以崇高的敬意!

刚才，李勇副书记等7位中央定点扶贫单位领导同志介绍了定点扶贫情况，成效突出，工作扎实，事迹感人，经验宝贵，听后深受教育和启发。所有定点扶贫单位把定点扶贫工作作为重大政治任务，认真贯彻习近平总书记重要指示和党中央决策部署，态度坚决、积极主动、措施有力；大家深怀为民之情，视帮扶驻地为家乡，视贫困群众为亲人，竭尽全力办实事、解难事、做好事，把党和政府的温暖送到贫困群众的心坎上；大家弘扬优良作风，深入到条件艰苦的革命老区、坝上地区和深山区，克服了许多难以想象的困难，展现了中直单位干部的良好作风和奉献精神。大家提出的意见和建议务实中肯、符合实际，我们一定认真采纳，体现到今后工作中。刘永富主任的讲话政治站位高，工作要求实，充分体现了习近平总书记重要讲话精神和党中央决策部署，充分反映了对河北贫困群众的深情厚谊，对中央定点扶贫单位提出的要求，也是对河北省委、省政府和各地各部门的要求，具有很强的针对性和指导性。我们一定认真学习领会，全面抓好落实。下面，我讲几点意见。

一、深入贯彻党中央决策部署，以中央定点扶贫为动力，扎实推动河北脱贫攻坚取得重要阶段性成效

以习近平同志为核心的党中央高度重视脱贫攻坚工作，党的十九大把脱贫攻坚作为全面建成小康社会必须打好的三大攻坚战之一，具有重大的现实意义和深远的历史意义。习近平总书记对河北知之深、爱之切，上世纪80年代在正定工作期间为我们留下宝贵的思想财富、精神财富和实践成果，党的十八大以来6次视察河北，每次都对脱贫攻坚提出明确要求，充分体现了深厚的为民情怀和坚定的人民立场，饱含着对河北人民的关心关爱和殷切期望，为我们做好扶贫脱贫工作指明了前进方向。河北省委、省政府深入学习贯彻党的十九大精神和习近平总书记重要指示，始终把脱贫攻坚作为践行“四个意识”、落实“两个维护”的现实检验，作为对党绝对忠诚、当好首都政治“护城河”的实际行动，坚持省市县乡村五级书记一起抓，先后召开一系列动员会、专题会、推进会、通报会和县委书记“擂台赛”进行安排部署，切实抓好中央巡视和国家扶贫成效考核反馈意见整改，扎扎实实推进脱贫攻坚。去年，全省78.8万贫困人口稳定脱贫、2153个贫困村退出，今年又有25个贫困县通过省级验收评估，其中11个国定县接受了国家评估验收。

河北脱贫攻坚取得的每一点成绩，都凝结着中央定点单位的关心和支持，凝结着帮扶干部的心血和汗水。中央各定点单位围绕群众最关心、受益最直接、需求最急迫的问题开展帮扶，真情实意、真金白银、真抓实干，做了大量卓有成效的工作，河北人民永远铭记在心。

一是政治站位高，大局意识强。中央单位把定点扶贫工作摆上重要议事日程，成立了高规格的定点扶贫工作领导小组，许多单位都是“一把手”亲力亲为，既挂帅又出征，分管领导具体抓、全力抓，帮扶同志住在县里、村里开展工作，体现了高度的政治自觉。仅去年以来，就有国务院副秘书长、国管局局长李宝荣，生态环境部部长李干杰，国务院国资委党委书记郝鹏、主任肖亚庆，司法部部长傅政华，国务院港澳办主任张晓明，国务院发展研究中心党组书记马建堂，中残联理事长鲁勇等领导同志到定点扶贫县开展调研检查，推动中央脱贫攻坚工作部署和各项政策落到实处。据不完全统计，2017年以来，中央单位赴定点县调研检查1815人次，其中部级领导108人次，召开各种调研检查座谈会70余次，给我们以有力指导和帮助。

二是支持力度大，帮扶措施实。中央定点扶贫单位立足自身特点和行业优势，通过政策倾斜、资金投入、项目引进、科技支撑、智力支持等方式，加强对定点县的帮扶，形成了多层次、多形式、全方位的定点帮扶格局。比如，中央直属机关工委推进临城县农村饮水安全项目资金及时到位，解决了临城镇、郝庄镇等4个乡镇9个村吃水不卫生、吃水难问题。中联部投入和引进资金1400多万元，帮助行唐县开展适度规模化和集约化经营，实现土地增值增收。国务院机关事务管理局长期帮扶阜平县，一任接着一任干，突出抓好职业教育、电子商务、产业扶持、整村推进和扶危济困等工作，仅职业教育一项就组织1.6万多人次参加各类社会培训，给予项目大力支持。国家发改委帮助灵寿县协调引进投资30亿元的菜鸟中国智能骨干网项目。生态环境部支持隆化县、围场满族蒙古族县环保专项资金2.8亿元，帮助两县实施贫困村农村环境治理工程。国务院国资委帮助魏县引进各类资金51.7亿元、项目8个。国家信访局帮助海兴县协调扶贫贷款，改善办学条件，积极推进教育信息化。民盟中央帮助广宗县建设农业产业科技园区，推广绿色种植。民建中央帮助丰宁满族自治县引进光伏发电、健康养老和特色休闲产业。中国农业银行帮助武强县引进上市公

司投资11.8亿元，建设生猪产业与生态农业示范项目，帮助饶阳协调资金3000万元实施电子产业园项目。中国航天科技集团帮助涞源县培育壮大龙头企业，推行“公司+农户”扶贫模式，促进贫困群众增收。中国联通公司帮助沽源县加强道路和网络设施建设，援建农民合作社项目。其他定点单位也都采取一系列措施给予支持帮助，收到了很好的效果。

三是干部素质高，工作作风好。中央定点扶贫单位先后选派100多名优秀干部到我省扶贫一线开展帮扶，有的挂职贫困县党政领导，有的担任贫困村第一书记，还有的是扶贫工作队员，认真负责，工作艰苦、生活艰苦、作风艰苦，与基层干部群众朝夕相处、并肩作战，不仅给贫困地区发展带来了新理念、新思路、新方法，而且给贫困群众办了许多好事实事，深得干部群众的称赞。中联部驻行唐县东井底村第一书记李双武全身心扑在扶贫上，不仅带领群众引水源、建水库、开渠凿井，千方百计找项目、引资金，还引导贫困群众解放思想、转变观念，帮建基层党组织。他常挂在嘴边的一句话就是：为贫困群众多办点实事，再苦再累心也甜，人民日报社在滦平县开展以“名誉校长”为主要内容的教育精准扶贫活动，在全社招聘13名同志担任贫困小学校长，组织300多名编辑记者赴贫困小学开展活动，筹资300多万元实施“希望工程快乐阅读”“滦平学子梦圆行动”和职业技能培训等，带动2000多名贫困人口脱贫。

四是脱贫效果好，面貌变化大。中央定点扶贫单位坚持精准施策、靶向帮扶，有的帮助引进产业项目，让贫困群众走上了稳定脱贫之路；有的帮助开展职业技能培训，让贫困家庭子女学到了一技之长，实现了一人就业、全家脱贫；有的帮助筹建农村饮水安全项目，让群众吃上了干净水、放心水；有的帮助开展农村环境综合治理，使贫困村面貌焕然一新。一分辛苦，一分收获。中央定点扶贫单位的辛勤努力和无私奉献为贫困地区稳定脱贫和可持续发展注入了生机和活力，让贫困群众切实感受到了党和政府的关怀与温暖。同时，北京市、天津市和国防动员部及有关部队也给河北脱贫攻坚工作有力支持，分别帮扶我省张家口、承德和保定3市28个县（市、区），中共中央政治局委员、北京市委书记蔡奇和陈吉宁市长，中共中央政治局委员、天津市委书记李鸿忠都曾率领党政代表团到我省调研支持扶贫工作，亲自指导推动帮扶任务落实。12个中央军委机关和8个驻冀军级以上单位累计帮扶我省100个村，其中贫困村97个，中央军委办公厅、中央军委国防动员部、中央军委政法委、陆军、海军政治工作部、中部战区首长先后到定点帮扶村调研指导、推动工作，协调解决问题。所有这些，都为我省打赢扶贫脱贫攻坚战注入了强大动力，提供了有力支撑。

二、聚焦全面建成小康社会，深入落实精准扶贫精准脱贫基本方略，全面提升定点扶贫工作水平

让贫困人口和贫困地区同全国一道进入全面小康社会，是我们党的庄严承诺。河北还有105.9万贫困人口，而且大多是贫中之贫、困中之困，如期完成脱贫攻坚任务时间紧、任务重、要求高，必须持续升级加力，下足“绣花”功夫，坚决打赢精准扶贫脱贫攻坚战。

1.坚持目标标准，确保脱贫攻坚质量。省委、省政府认真贯彻党中央、国务院关于打赢脱贫攻坚战三年行动的指导意见，紧紧围绕中央提出的“两不愁、三保障”和“两确保、两实现”要求，明确了脱贫攻坚的主要目标。2018年，打好脱贫攻坚翻身仗，推动各项工作争先进位。实现50万贫困人口脱贫、2480个贫困村出列、21个贫困县摘帽；完成6.4万贫困人口搬迁入住，启动剩余5.2万贫困人口搬迁工作；确保在国家扶贫成效考核中进入“好”或“较好”行列。2019年，解决区域性整体贫困，推动主要工作决战决胜。完成49万贫困人口脱贫、1088个贫困村出列、13个贫困县摘帽任务，实现所有贫困县、贫困村全部出列，贫困发生率降到2%以下；全面完成全省14.2万贫困人口易地搬迁任务。2020年，上半年集中扫尾，实现6.9万兜底贫困人口脱贫；下半年巩固提升，迎接国家考核评估验收，全面完成脱贫攻坚任务，推动形成稳定脱贫可持续发展长效机制。

2.坚持重点突破，夯实稳定脱贫基础。着眼于统筹解决好“后三年”和“三年后”的问题，全面落实高质量发展要求，紧密结合实际，进一步完善精准扶贫脱贫举措，细化工作任务，实化帮扶抓手，确保各项帮扶措施到村、到户、到人，实现多渠道增收、可持续发展。一是突出抓好产业扶贫脱贫。坚持一乡一业、一村一品，因地制宜发展特色种养、家庭手工、休闲旅游、农村电商、健康养老等多种业态，把有劳动能力的贫困群众全部纳入到脱贫产业中来。完善利益联结机制，依托龙头企业、专业合作社，形成“公司+基地+农户”模式，让群众既有股金收入，又有工资收入。二是突出抓好就业扶贫脱贫。围绕产业发展和市场需求，加强职业培训，提高就业技能，落实扶持政策，激发创业热情，实现一人就业、全家脱贫。抢抓京津冀协同发展机遇，提高劳务输出组织化程度，促进农村剩余劳动力转移。发挥政府和企业作用，通过生态建设、产业项目、托底安置等方式多渠道提供就业岗位。三是突出抓好科技扶贫脱贫。实施科技扶贫三年行动计划，组织科研单位、高等院校、

农业园区、科技企业和市县科技队伍等深入开展科技下乡，推广先进技术，降低发展成本，增加科技含量，提升产品附加值，促进农业增效和农民增收。建立和落实科技特派员制度，实现贫困村科技服务全覆盖，及时帮助解决技术难题。四是突出抓好易地搬迁扶贫脱贫。与实施乡村振兴战略、推进新型城镇化、治理“空心村”结合起来，加强顶层设计，优化选址布局，严格落实搬迁政策和规范标准，合理安排工期，强化工程质量，首先保证建档立卡贫困人口应搬尽搬。加强产业配套和就业安置，完善生产生活条件，确保搬得出、稳得住、能致富。对于坝上地区易地搬迁腾退出来的土地，及时还林还草还牧，打好脱贫攻坚与环境保护修复的“组合拳”。五是突出抓好公共服务体系建设。深入落实农村人居环境整治三年行动方案，大力实施贫困村提升工程，加强水电气讯路建设，提升农村卫生室、幼儿园、文化场所、村民综合服务站等配套设施。切实解决好上水、下水、垃圾问题，上水就是群众安全饮水，下水就是搞好污水处理，垃圾就是建立村收集、乡转运、县处理的常态长效机制，加快无害化垃圾处理场建设，对黑臭水体和纳污坑塘全面排查治理。六是突出抓好困难群众救助。对没有劳动能力的老人，在本人自愿的基础上以县为单位开展集中养老，探索医养结合的新路子。对贫困家庭子女实行救助政策，职业学校免费就读，加强校企对接、推荐就业，实现稳定增收。对全省考上大学的困难家庭学生进行全面摸底，登记造册，加强资助，确保顺利就读、完成学业。加强医疗托底保障，健全基本医疗、大病救助制度，防止因病致贫返贫。

3.切实用好帮扶资源，加快扶贫脱贫步伐。如期实现脱贫目标，离不开中央定点扶贫单位的有力指导和援助支持。衷心希望各定点扶贫单位一如既往地关心支持河北工作，为打赢脱贫攻坚战注入强大动力。一是聚焦贫困人口，精准实施帮扶。把目标瞄准到建档立卡贫困户，把措施落实到建档立卡贫困户，把精力集中到建档立卡贫困户，深入调查研究，搞好分析论证，找准致贫原因，对接脱贫需求，坚持缺什么、补什么，因村、因户、因人施策，量身定制帮扶措施，选准脱贫路子，做好雪中送炭、输血造血并重的工作。二是加大投入力度，增强帮扶实效。发挥中央定点扶贫单位掌握大量政策信息、市场信息、人才技术和资金等扶贫资源的优势，帮助谋划重大项目，加强基础设施建设，促进群众就业创业；发挥定点扶贫资源的杠杆作用，撬动更多金融资金、市场资金、民间资金投入脱贫攻坚，形成多渠道、多样化资金投入。三是建强基层组织，激发内生动力。与当地党委一起抓好基层党组织建设和党员队伍建设，加强对基层干部的教育培训，提升组织群众、宣传群众、凝聚群众、服务群众的能力，提高发展经济、改善民生、化解矛盾、维护稳定的本领，把扶贫与扶志、扶智结合起来，激发群众改变贫困面貌的决心和干劲，营造勤劳致富、光荣脱贫的浓厚氛围。

三、切实担负起重大政治责任，健全完善定点扶贫工作机制，进一步凝聚脱贫攻坚强大合力

河北是一块革命的土地、英雄的土地，是“新中国从这里走来”的土地。让老区人民和贫困群众过上好日子，是河北各级党委、政府义不容辞的政治责任。脱贫攻坚时间越紧、难度越大、要求越高，越要坚持和加强党的全面领导，越要凝聚方方面面的智慧和力量，上下一条心，拧成一股绳，坚定信心，埋头苦干，努力创造无愧于时代和历史的业绩。

打赢脱贫攻坚战，河北各级党委、政府责无旁贷。我们要进一步深入贯彻习近平总书记重要指示精神和党中央决策部署，以中央定点扶贫为动力，坚持五级书记一起抓扶贫脱贫，全面抓好中央巡视和国家扶贫成效考核反馈意见整改落实，举全省之力推动脱贫攻坚取得新成效。我们要进一步推动工作重心下移，树立大抓基层的鲜明导向，严格落实包联制度，推动各级领导干部深入基层调查研究，解剖麻雀、指导工作，从实际出发制定接地气、真管用、能解决问题的政策措施，上下联动提高工作水平。我们要进一步完善脱贫攻坚考核监督评估机制，强化督导检查考核，对苦干实干、成绩突出的表彰奖励，对工作不扎实、考评结果差的追责问责，引导各级干部集中精力抓工作，在脱贫攻坚的实践中彰显新担当、新作为，同时积极配合做好中央定点扶贫单位的考核工作，及时向中央单位反馈帮扶干部的工作情况，对表现突出的提出表彰建议。我们要进一步抓住中央定点扶贫机遇，拼搏竞进，奋发作为，把党中央的关心关怀和中央帮扶单位的支持帮助转化为脱贫攻坚的强大动力和实际成效。这次会后，相关市县要对支持配合定点帮扶工作、用足用好帮扶资源情况进行全面“回头看”，有什么问题就解决什么问题，什么问题突出就重点解决什么问题，真正把各项工作抓紧抓实抓到位。

中央对深入开展定点扶贫工作提出明确要求，我们要结合实际抓好贯彻落实。一要深化扶贫脱贫规划。聚焦2020年全面建成小康社会，把提高脱贫质量放在首位，坚持一村一策、到户到人、精准帮扶，完善提升工作规划和具体方案，科学确定发展目标和重点任务，抓紧制定明年的计划安排，明确时间表、路线图、责任人，确保各项工作扎实有效深入推进。二要梳理建立问题清单。围绕年度目标任务，及时总结各方面工作，坚持定性定

量相结合，看看哪些已经做了、哪些还没有做，哪些做得比较好、哪些做得还不够，哪些需要中央单位帮助解决、哪些需要自己加大力度，实施清单台账管理，以问题解决推动工作落实。三要严格落实工作责任。压实各级党委政府主体责任、纪委监委监督责任、职能部门监管帮扶责任，强化党政主要负责同志第一责任人责任，从省委常委和省级领导干部做起，落实党员领导干部"一岗双责"，分管领导具体抓，主动担当担责，上下联动提高工作水平。四要完善协调协作机制。各相关设区市市委书记、市长要亲自抓，进一步加强与中央定点扶贫单位沟通联系，定期到帮扶单位登门拜访，多请示，多报告，多接受指导，汇报脱贫攻坚的思路举措和需要支持的具体事项，增强定点扶贫的针对性。对双方确定的帮扶事项要明确牵头领导和责任部门，加强跟踪督办，定期进行反馈，确保落地见效，惠及贫困群众。五要切实加大宣传力度。善于发现和宣传先进典型，加大报道力度，广泛凝聚正能量，营造全社会理解、关心、支持定点扶贫工作的浓厚氛围。对中央定点扶贫单位的有效经验和成功做法，要及时总结推广，在更大范围"开花结果"，形成制度化的长效机制。六要全力搞好服务保障。各有关市县要像对待自己的亲人和战友一样对待帮扶干部，满腔热情接待，真心实意关爱，积极主动服务中央定点扶贫单位的同志们，政治上关心，工作上重视，生活上关照，切实为帮扶干部排忧解难，尽最大努力为他们创造良好的工作和生活环境，推动定点扶贫工作迈上新台阶。

我们坚信，在以习近平同志为核心的党中央坚强领导下，在国务院扶贫办和中央定点扶贫单位的指导支持下，我们一定能够打赢脱贫攻坚战，确保如期全面建成小康社会，向党中央和全省人民交上优异答卷。

许勤同志在中央单位驻河北省定点扶贫工作座谈会上的讲话

(2018年9月17日)

在脱贫攻坚进入决战决胜的关键阶段，我们十分高兴地邀请到国务院扶贫办主任刘永富、有关中央和国家机关领导同志，参加中央单位驻河北省定点扶贫工作座谈会。各位领导百忙之中与我们共商脱贫攻坚大计，充分体现了践行习近平总书记关于脱贫攻坚工作重要指示精神的高度政治自觉和强烈使命担当，充分体现了对河北脱贫攻坚工作的高度重视和关心支持，我们深受感动、非常感谢。在此，向刘永富主任以及各位领导同志的到来，表示诚挚的欢迎和衷心的感谢！

今天召开这次座谈会，主要是共同学习贯彻习近平总书记关于脱贫攻坚工作重要指示精神和中央决策部署，认真落实中央单位定点扶贫工作推进会议精神，汇报河北省扶贫脱贫工作情况，交流各中央单位定点扶贫经验做法，听取对河北脱贫攻坚工作的意见建议，深化和创新定点扶贫工作机制，携手高质量打好精准脱贫攻坚战。

刚才，赵一德同志汇报了河北省脱贫攻坚有关情况。中国农业银行、中央和国家机关工委、国家机关事务管理局、中共中央对外联络部、人民日报社、国务院国资委、国家审计署7个中央定点扶贫单位的领导同志作了讲话，既客观总结了定点扶贫工作取得的成效，又提出了下步工作安排，政治站位高、支持力度大、帮扶措施实，将进一步为我省贫困地区稳定脱贫注入强大动力。中央单位把定点扶贫工作作为重大政治任务，在政策、资金、项目、科技、智力等方面持续加大帮扶力度，取得显著成效，把习近平总书记和党中央的关怀和温暖送到了贫困群众的心坎上，受到当地干部群众的高度称赞。国务院扶贫办十分关心支持河北的扶贫脱贫工作，党的十八大以来刘永富主任多次来河北，深入贫困地区调研检查、"把脉会诊"，协调解决问题，具体指导推动，有力促进了河北省的脱贫攻坚工作。今天刘永富主任专门到会指导并讲话，深情回顾习近平总书记对河北脱贫攻坚工作的关心关怀，传达学习中央单位定点扶贫工作推进会议精神特别是胡春华副总理的讲话精神，深刻阐述做好脱贫攻坚工作特别是定点扶贫工作的重大意义，对河北借势借力打赢脱贫攻坚翻身仗、提高定点扶贫工作水平提出明确要求，体现了坚决贯彻落实习近平总书记关于脱贫攻坚工作重要指示精神的强烈"四个意识"和高度政治自觉、思想自觉、行动自觉，为我们进一步做好脱贫攻坚工作提供了有力指导。王东峰书记站在践行"两个维护"、全面建成小康社会、实现"两个一百年"奋斗目标的高度，深刻分析了河北省脱贫攻坚工作面临的新形势、新任务，充分肯定也真诚感谢中央和国家机关有关单位在定点扶贫河北中取得的显著成绩，对深入落实精准扶贫精准脱贫基本方略，全面提升定点扶贫工作水平，健全完善定点扶贫工作机制提出明确要求。对于各位领导同志的讲话，河北各地各部门特别是贫困地区、贫困县一定要认真学习领会，不折不扣抓好贯彻落实。

第一，携手脱贫攻坚，共担重大政治责任。脱贫攻坚是以习近平同志为核心的党中央作出的重大战略决策，是党的十九大确定的三大攻坚战之一，也是世界历史上最伟大的减贫工程。开展定点扶贫，是我国政治优势和制度优势的重要体现。当前，河北脱贫工作已进入啃硬骨头、攻城拔寨的冲刺期，全省还有10个深度贫困县、206个深度贫困村、105.9万贫困人口，与全国一道如期全面建成小康社会时间紧迫、任务艰巨、责任重大，既需要河北举全省之力推进，又迫切需要中央定点扶贫单位继续予以大力指导支持。衷心希望中央定点扶贫单位一如既往地关心支持河北，与河北广大干部群众一道共同深入学习贯彻习近平总书记关于脱贫攻坚工作重要指示精神和党中央、国务院决策部署，扎实推进中央《关于打赢脱贫攻坚战三年行动的指导意见》各项目标任务落实，同心同力同向，全力打好打赢脱贫攻坚战，努力向习近平总书记和党中央交出一份优异答卷。

第二，充分发挥优势，全面提升定点扶贫水平。中央定点扶贫单位政治站位高、眼界视野宽，联系社会广泛、熟悉部门行业政策，具有人才、信息、资金等独特优势，这都是河北脱贫攻坚急需的宝贵资源。衷心希望中央定点扶贫单位坚持发挥单位、行业优势与立足贫困地区实际相结合，在产业发展、生态保护、基础设施建设、资源开发、教育医疗等方面给予河北更多政策倾斜、资金支持。特别是对贫困发生率高、脱贫难度大的10个深度贫困县，在工作上提供更多指导，发挥牵线搭桥和综合协调作用，帮助当地引进新项目、新技术、新产业和龙头企业，布局和建设一批优质项目，加快脱贫出列步伐。坚持扶贫与扶志、扶智相结合，继续选派思想好、作风正、能力强的优秀干部到定点扶贫县挂职、担任驻村第一书记，加强对当地干部群众在思想、能力、观念、作风等方面的帮带，加强基层党组织建设，激发内生动力活力。

第三，密切对接配合，凝聚强大攻坚合力。长期以来，中央定点扶贫单位不忘初心、牢记使命，带着感情、带着责任、带着资源，倾心倾力帮扶河北，作了大量卓有成效的工作，河北人民将永远铭记。全省各地各部门要按照王东峰书记要求，始终怀着一颗感恩的心，热情周到搞好服务保障，协调落实好挂职干部相关待遇，帮助解决实际困难，提供必要的工作和生活条件，大力宣扬定点扶贫感人事迹和成功经验，配合做好考核工作，为中央单位定点帮扶提供坚强保障。要建立常态化汇报、请示、对接工作机制，珍惜用好对口帮扶人力物力资源，进一步强化责任担当，坚持精准施策，以更加严实的作风坚决打赢脱贫攻坚翻身仗，以实际行动回报国务院扶贫办和中央定点扶贫单位的关心支持。

深入学习贯彻习近平总书记重要指示
举全省之力推动脱贫攻坚取得新成效

——王东峰同志在全省第三次县(市、区)委书记脱贫攻坚“擂台赛”会议上的讲话

(2018年10月29日)

这次扶贫脱贫攻坚“擂台赛”会议的主要任务是，深入学习贯彻习近平总书记关于扶贫脱贫工作的重要论述和党中央重大决策部署，认真落实中央脱贫攻坚专项巡视工作动员部署会和中央纪委深化专项治理扶贫领域腐败和作风问题工作推进会议精神，自觉践行“四个意识”，坚决落实“两个维护”，层层压实责任，强力攻坚突破，切实提升扶贫脱贫工作质量和水平，扎实做好迎接国家扶贫成效考核各项工作，举全省之力坚决打赢脱贫攻坚战。

刚才，8位同志作了发言。大家立足本地本单位实际，交流了工作情况，总结亮点，查找不足，表明了攻坚决心，明确了努力方向，展现了勇于担当的精神和苦干实干的作风。我们举办“擂台赛”，就是要把各地脱贫攻坚的成果亮一亮、比一比，让大家知道谁做得好、经验是什么；谁还有不足、差距在哪里，相互交流，学习借鉴。工作先进的要再接再厉、乘势而上，努力争取新的更大成绩；进展缓慢的要知耻后勇、迎头赶上，全力以赴打开新的局面。事在人为，路在脚下。大家要更多地从主观上找问题、找原因，敢于亮丑，主动改进，坚持新人要理旧账，做好抓重点、补短板、强弱项的工作，通过共同努力，在全省形成比学赶超、争先进位的良好态势。

党的十九大以来，全省各级各部门认真学习贯彻习

近平总书记重要指示和党中央决策部署，勇于担当担责，不断加大力度，做了大量艰苦细致工作，推动脱贫攻坚取得新的成效。主要是“五个明显提升”。一是思想认识和政治站位明显提升，五级书记抓扶贫脱贫攻坚的行动更加自觉。从省级领导干部做起，逐级传导责任，强化示范带动，把脱贫攻坚摆在重中之重位置来抓，形成了党政同责、“一岗双责”、上下联动、条块结合的工作格局。二是脱贫工作力度和质量明显提升。贫困退出工作进入全国先进行列。我省11个国定贫困县顺利通过国家评估检查，贫困发生率均低于2%，群众认可度由去年的73.8%达到90%以上，还有14个省定贫困县同步脱贫摘帽，广大贫困群众有了更多的获得感、幸福感。三是产业就业扶贫和造血功能明显提升，稳定脱贫和可持续发展能力不断增强。产业扶贫项目覆盖率达到94%以上，帮助18万多名贫困劳动力实现就业，选派1000名科技人员赴贫困县开展科技服务，易地扶贫搬迁入住贫困人口近5万人。四是困难帮扶和保障水平明显提升，基础设施和公共服务得到有效改善。资助建档立卡学生7万人，全面推行县域内住院先诊疗后付费和“一站式”报销服务，贫困人口就医自付比例由33.32%下降到8.32%，完成9.3万户危房改造的年度任务。五是解决问题和整改落实成效明显提升，脱贫攻坚工作得到全面加强。国家扶贫成效考核指出的24项76个问题，国家巡查反馈的4个方面问题，中央巡视反馈意见的问题，基本整改到位。同时也要看到，工作中还存在不少问题和不足，一些地方和单位的脱贫攻坚责任落实不到位，工作进展不平衡，产业就业扶贫和科技扶贫、易地扶贫搬迁还不到位，精准施策还有差距，扶贫资金和项目管理使用不够规范，等等。我们既要充分肯定成绩，鼓舞士气，增强信心，又要高度重视存在问题，升级加力，补齐短板，推动全省脱贫攻坚取得新成效。

下面，我讲几点意见。

一、深入学习贯彻习近平总书记关于扶贫脱贫工作的重要论述，增强贯彻落实的思想自觉和行动自觉

党的十八大以来，党中央高度重视扶贫脱贫工作，习近平总书记提出一系列新思想新观点新论断，指导和推动脱贫攻坚取得决定性进展和历史性成就。各地各部门要旗帜鲜明讲政治，坚持以习近平总书记重要指示和要求为统领，推动扶贫脱贫各项工作落地见效。

1.深刻领会习近平总书记的重要论述，切实用以武装头脑、指导实践、推动工作。习近平总书记关于扶贫工作的重要论述，深刻回答了一系列重大理论和实践问题，为我们做好工作指明了前进方向，提供了根本遵循。党的十八大后，习近平总书记到贫困地区考察的第一站就是我省阜平县，6次视察河北，每次都对脱贫攻坚作出重要指示。我们要把学习贯彻总书记关于扶贫工作的重要论述，与学习贯彻总书记对河北工作重要指示结合起来，着力在学懂弄通做实上下功夫，深化思想认识，坚持政治站位，确保各项工作的正确政治方向，以脱贫攻坚的实际成效坚决当好首都政治“护城河”。

2.全面准确把握党中央脱贫攻坚的新要求，做到认识到位、工作到位、效果到位。今年6月，党中央、国务院出台了关于打赢脱贫攻坚战三年行动的指导意见，省委、省政府也出台了实施意见，明确了脱贫攻坚的任务书、时间表、路线图。各地各部门要紧跟党中央步伐，深刻认识脱贫攻坚面临的新形势新任务，充分看到脱贫攻坚面临的困难挑战，坚持领导工作实、任务责任实、资金保障实、督查验收实，更加注重深度贫困地区脱贫攻坚，更加注重提升脱贫质量，更加注重增强群众获得感，更加注重激发内生动力，切实做到扶真贫、真扶贫、真脱贫。

3.聚焦国家考核进入“好”或“较好”行列的目标，真正谋在深处、干在实处、走在前列。国家扶贫成效考核是对我们工作的“把脉会诊”和“全面体检”，是一场没有退路、只能打赢的硬仗。我省扶贫领域整改工作取得的成绩表明，有问题不可怕，只要高度重视、思路对头、措施有力、工作扎实、担当尽责，完全可以打开新局面。我们要把迎接国家考核作为一项重大而紧迫的任务，坚持问题导向，强化目标引领，明确着力点和突破口，抓紧查漏补缺，加大攻坚力度，以各地各部门考核的优异成绩，确保河北在国家考核中进入“好”或“较好”行列，真正打好脱贫攻坚翻身仗。各地各部门要对标国家考核，坚持高标准、严要求，确保在省内考核中全部达到“好”的目标；对标2020年全面建成小康社会，把各项工作往前排、往前赶，确保小康路上一户不能少、一人不能落；对标党中央和我省确定的扶贫脱贫任务，统筹解决“后三年”和“三年后”的问题，确保稳定脱贫和可持续发展。

二、全面落实精准扶贫精准脱贫基本方略，以改革创新的精神解决脱贫攻坚中面临的实际问题

各地各部门要以精准扶贫、精准脱贫为主线，用足用好国家政策，结合实际大胆探索，以创新的思路和举措破解难题，全面提升扶贫脱贫质量。

1.下大力增强产业扶贫的实效性，切实提高贫困人口的自我发展能力。要扩大产业扶贫覆盖面，建设脱贫

攻坚项目库，实施十大特色扶贫产业专项行动，搞好精准对接，建立工作台账，提高贫困群众参与度，把所有有劳动能力的贫困人口都纳入到脱贫产业中来。要增强产业扶贫针对性，结合贫困地区的资源优势、产业基础和群众意愿，坚持一乡一业、一村一品、一户一策，加快发展种植养殖、乡村旅游、农家乐、林果、中医药、光伏、电商和家庭手工业，加强扶贫产业基地和园区建设，搞出特色，打出品牌，下功夫解决扶贫产业同质化问题。要提高产业扶贫收益率，大力推广股份合作、订单帮扶、生产托管等有效做法，完善利益联结机制，实现贫困户与现代农业发展紧密衔接、与新型农业经营主体联动发展，让贫困群众在扶贫产业发展中真正得到实惠、增加收入。

2. 下大力提升就业扶贫的组织化程度，努力拓宽贫困群众增收渠道。要突出抓好职业技能培训，教育、扶贫等部门要与用工企业加强合作，充分运用市场化的办法，统筹整合各类培训资源，开展岗前培训、订单培训和技能提升培训，实现培训一个、就业一个、脱贫一家。要突出抓好劳务协作，用好京津两大市场，实施劳务对接扶贫行动，完善输出地与输入地劳务服务机制，有效预防拖欠工资等问题，保障贫困劳动力的合法权益。要突出抓好就地安置，支持企业在贫困地区发展扶贫车间、创业园区，鼓励农民专业合作社吸纳贫困劳动力就地就业，开发多种形式的公益岗位，增加贫困人口工资性、财产性、经营性收入。

3. 下大力实施科技扶贫行动，组织科技人员投身脱贫攻坚主战场。要创新激励政策，在项目立项、经费申请、职称评定、专项补贴、成果转化收益等方面，对科技人员下乡扶贫给予倾斜，激发科技人员扎根农村、服务农民的热情。省科技厅、省科协、省教育厅、省发展改革委等部门要抓紧制定具体政策和措施，广泛动员省市县三级科技人员到贫困村、贫困户，有针对性地搞好帮扶，提高科技兴农水平。要创新服务体系，实行县派专家服务团、乡镇建科技服务站、村派科技特派员制度，深入开展技术咨询、农技培训等科技帮扶，培养一批本土人才，提升科技扶贫整体水平。要创新工作机制，总结推广李保国团队经验，建立专业化的科技扶贫驿站，探索贴近群众需求、带动产业发展的扶贫模式，更好发挥科技的支撑作用。

4. 下大力探索易地扶贫搬迁举措，稳定解决脱贫和发展问题。用好国家政策，尊重农民意愿，因地制宜，多措并举，确保搬得出、稳得住、能致富。要用好城镇化政策，围绕落实国家确定的1亿农民城镇化要求，在有条件的地方把土地一次性置换出来，科学布局和建设集中安置区，推行货币化安置和大产权制，搞好村改居、农改非，房产可上市、可交易，完善配套政策，不留政策尾巴。要结合易地搬迁，加大土地流转力度，探索农村承包地和宅基地“三权分置”改革，通过转包、转让、入股、合作、租赁、互换等方式，积极推进规模化、产业化经营，提高土地使用效益，在不改变土地性质的情况下增加贫困群众收入。要深化“空心村”治理，用好占补平衡、增减挂钩政策，落实“五级两规一导则”，全域规划，加快进度，盘活土地资源，优化村庄布局，同步解决搬新不拆旧、闲置复垦难问题，加快改变农村面貌。当前，要集中力量抓好易地扶贫搬迁项目建设，完善配套设施，促进转移就业，按时完成年度任务。

5. 下大力强化“两不愁三保障”，多措并举为贫困群众兜好底。要抓好教育扶贫，健全完善资助政策体系，对贫困家庭子女读书上学情况进行全面排查，考上大学的给予资助，参加职业教育的予以免费，不让一个孩子上不起学。要抓好健康扶贫，全面落实“基本医保+大病保险+医疗救助”三重保障机制，推行村卫生室和乡镇卫生院一体化管理，完善村医准入门槛和退出机制，培养壮大村医队伍，优化村卫生室药品结构，降低贫困人口就医负担，防止因病致贫返贫。要抓好危房改造，对贫困地区危房进行全面排查梳理，规范对象认定，加大资金投入，做到应改尽改，保障贫困群众住房安全。要抓好困难救助，实行低保提标扩面，对丧失劳动能力的3类人，包括患病群众、60岁以上老人、残疾人，不能通过产业就业脱贫的，全部纳入低保范围，对老弱病残、鳏寡孤独等群体，探索医养结合，推行集中养老。

6. 下大力整治农村人居环境，加快改善贫困地区生产生活条件。要全面实施贫困村提升工程，扎实推进水、电、气、讯、路等基础设施建设，完善学校、幼儿园、卫生室等基本公共服务，深化生活垃圾治理、生活污水治理、厕所革命，建设美丽宜居乡村。要积极稳妥推进冬季清洁取暖，坚持宜电则电、宜气则气、宜热则热，强化电源气源保障，暂不具备煤改气、煤改电条件的，一律使用无烟煤和清洁煤，确保贫困群众安全温暖过冬。要鼓励贫困群众参与生态建设，推广“合作社+管护+贫困户”模式，将新增退耕还林还草任务向贫困地区倾斜，完善横向生态保护补偿机制，让保护生态的贫困县、贫困村、贫困户更多受益，实现生态改善和扶贫脱贫双赢。

7. 下大力加强对口帮扶工作，推动协作扶贫向深度广度拓展。要扎实推进中央单位定点扶贫，定点县党政主要负责同志要主动登门拜访，积极沟通汇报，周到搞好服务，对确定的帮扶事项加强跟踪督办，把定点单位的各种资源优势用足用好。要扎实推进京津对口帮扶，认真落实战略合作框架协议，在劳务合作、农超对接、职业教育、休闲养老、乡村旅游等方面，创新平台载体，强化精准协作，推动项目落地见效。要扎实推进省内结对帮扶，廊坊市、唐山市12个经济强县帮扶张家口市、承德市12个贫困县，要发挥比较优势，做到真帮真扶，对确定的项目、议定的事项，盯住不放，务求实效。要扎实推进“千企帮千村”行动，引导广大民营企业积极奉献爱心、履行社会责任，踊跃投身脱贫攻坚，对促进贫困地区发展和贫困群众增收成效明显的给予大力表彰。

8.下大力完善防贫常态长效机制，促进稳定脱贫和可持续发展。要强化脱贫后续扶持，对摘帽县和脱贫户，做到脱贫不脱责任、不脱政策、不脱帮扶、不脱监管，进一步巩固和扩大脱贫成果。要实施贫困预警监测，对非建档立卡低收入户特别是低保户和特困户，对非持续稳定脱贫户，加大扶持救助力度，提高生活保障水平，防止出现新的贫困人口。要坚持群众主体地位，把扶贫与扶志、扶智结合起来，充分调动贫困群众积极性和主动性，有效激发内生动力，自力更生、艰苦奋斗，靠自己的努力勤劳致富。

三、坚持以做好迎接国家扶贫成效考核工作为契机，举全省之力坚决打赢脱贫攻坚翻身仗

确保国家扶贫成效考核进入“好”或“较好”行列，是全省上下的共同政治责任。各地各部门必须横下一条心、拧成一股绳，背水一战、决战决胜，把苦干实干的成效转化为国家考核的成果。

1.全面对标对表，准确把握目标标准和政策口径。要聚焦“两不愁三保障”，既不能降低标准、影响质量，也不能调高标准、吊高胃口，确保焦点不散、靶心不变。今年，国家在考核内容、考核方式、贫困退出等方面作出一些调整，提出一系列新要求。省直有关单位主要负责同志要带队到国家部委专题汇报沟通，把目标标准、指标体系、工作要求搞清楚、弄明白，听取意见建议，争取指导支持。各市县都要准确把握考核内容，把各项指标细化量化具体化，真正干到实处，取得实效。

2.盯紧关键环节，做到重点工作精准到位。要严格组织贫困退出工作，决不能弄虚作假、蒙混过关，决不能为摘帽而摘帽，党政主要负责同志亲自审核、签字背书，确保脱贫质量经得起历史和实践的检验。目前，国家对精准识别建档立卡、扶贫小额信贷、光伏扶贫、扶贫资金管理使用等4项工作，实行常态化约谈，省扶贫办、省银保监局、省发展改革委、省财政厅要切实负起责任，加强工作指导和督促检查，确保不出问题。要总结推广承德等地“政银企户保”扶贫模式，加强扶贫资金监管，完善风险分担机制，发挥金融扶持贫困地区产业发展、帮助贫困群众脱贫的积极作用。

3.先行搞好自查，主动发现和解决突出问题。12月底国家将启动扶贫成效考核，11月中旬省里将开展对市县考核，各地要按照这样的时间表倒排，认真搞好自评自查。省级考核重在发现问题、解决问题，要向市县和部门交办问题清单，坚持有什么问题就解决什么问题，什么问题突出就重点解决什么问题，较真碰硬，从严从实，迅速抓好整改。近期，要从省委常委做起，各级领导干部都要深入到贫困村、贫困户，开展调研检查，加强工作指导，促进问题解决。

4.持续深入整改，有效防止各类问题发生。国家明确指出，去年扶贫成效考核发现的问题，今年要重点考、持续查。各地各部门要对整改落实情况开展全面“回头看”，特别是对国家考核和巡查反馈的问题、中央巡视反馈的问题，逐条逐项核查，到村到户到人，重点看举一反三是否到位，看制度机制是否健全，看贫困群众是否满意，确保整改高质量、过得硬。要针对问题易发多发领域，认真排查薄弱环节，建立健全常态长效机制，做到老问题清零、新问题不出。

四、认真落实中央脱贫攻坚专项巡视和扶贫领域腐败和作风问题专项治理工作要求，以严格的责任和扎实的作风推动各项任务落地见效

10月9日，中央巡视工作领导小组召开中央脱贫攻坚专项巡视工作动员部署会，会议传达学习了习近平总书记关于巡视工作重要指示精神，赵乐际同志作了动员讲话，强调提高政治站位，强化巡视监督，推动落实脱贫攻坚政治责任，为打赢脱贫攻坚战提供有力保障，杨晓渡、陈希同志提出要求。8月25日，中央纪委在陕西召开深化专项治理扶贫领域腐败和作风问题工作推进会，杨晓渡同志强调，保障党中央关于脱贫攻坚重大决策部署的贯彻落实，增强专项治理工作实效，推动专项治理工作深化发展。10月22日，中央纪委召开深入推进扫黑除恶监督执纪问责工作电视电话会议，刘金国同志强调，脱贫攻坚领域的涉黑涉恶腐败案件必须同步立案、同步调查。我们要把学习贯彻中央会议和中央领导同志讲话精神作为重要政治任务，与抓好中央巡视河北反馈意见整改结合起来，全面抓好任务落实，确保取得扎实成效。

1.深入落实各级党委、政府的主体责任，推动扶贫脱贫攻坚升级加力。要坚持省负总责、市县抓落实的工作机制，五级书记一起抓，各级党政“一把手”切实负起第一责任人责任，既挂帅又出征，党政同责，协同发力，层层抓好落实。要严格领导干部包联制度，对联系的市县乡村，不仅要底数清楚、进度清楚，而且要推动有力、督导有力，谁包联谁负责。非贫困县党委、政府

要切实把脱贫攻坚摆上位置，紧盯目标任务，做到全面覆盖，如期实现脱贫。要实事求是搞准贫困发生率、贫困户退出率、贫困户返贫率，高度重视解决平均数背后的具体问题，对非贫困县的贫困村、贫困户，也不能掉以轻心、麻痹大意，切实做到扶贫脱贫一人不能少。要加强基层党组织建设，抓好扶贫干部队伍建设，强化驻村工作队管理，更好带领群众脱贫致富。各地各部门要对落实中央和省里扶贫脱贫政策开展全面“回头看”，集中力量解决执行不到位、群众不满意的问题，彻底打通“最后一公里”。

2.深化扶贫领域腐败和作风问题专项治理，严肃查处违纪违法行为。各级纪委监委要强化监督执纪问责，督促党委、政府履行好脱贫攻坚主体责任，着力解决形式主义、官僚主义和不担当、不作为等问题，既坚决查处和纠正脱贫攻坚工作中弄虚作假、急躁蛮干、消极拖延等问题，又集中力量整治把党中央大政方针只当口号不抓落实、贯彻党中央精神只见表态不见行动等突出问题。要坚决查处扶贫领域贪污挪用、截留私分、虚报冒领、强占掠夺等行为，坚决查处发生在民生资金、“三资”管理、征地拆迁、教育医疗、生态环保等领域的严重违纪违法行为，坚决查处一些基层干部吃拿卡要、盘剥克扣、优亲厚友等问题，切实维护广大群众切身利益。要深入开展扫黑除恶专项斗争，扎实推进“一案三查”，依法打击村霸黑恶势力，严防他们插手基层政权，影响脱贫攻坚大局。要严格落实责任制和责任追究制，对思想不重视、工作不力，造成严重影响、拖了全省后腿的，坚决追责问责。

3.加强脱贫攻坚巡视工作，有力保障党中央决策部署落地落实。要把脱贫攻坚纳入省委巡视工作的重要内容，对贫困县实现巡视全覆盖，对承担扶贫工作的相关部门开展巡视巡察。要重点搞好“八看八查”，一看精准落实党中央脱贫攻坚方针政策的情况，查工作存在的差距；二看党委、政府履行脱贫攻坚主体责任情况，查领导履职担当存在问题；三看有关部门按照职责履行脱贫攻坚责任情况，查工作落实的成效；四看纪检监察机关履行脱贫攻坚监督责任情况，查追责问责是否到位；五看各类监督检查发现脱贫攻坚问题整改落实情况，查解决突出问题存在的不足；六看脱贫攻坚过程中干部队伍建设情况，查担当担责、攻坚克难精神风貌；七看抓党建促脱贫攻坚和基层党组织建设情况，查各级党组织领导核心作用、战斗堡垒作用和党员先锋模范作用发挥情况；八看扶贫协作和定点扶贫工作开展情况，查解决突出问题和焦点问题是否到位。要盯住“关键少数”，聚焦重点对象，深入查找普遍性、倾向性问题，用好巡视结果，督促整改落实。要与纪委监委的日常监督、专项治理、派驻监督、巡视巡察衔接起来，与组织、审计、信访、承担扶贫督查考核任务相关部门工作协同起来，与民主监督、司法监督、群众监督、舆论监督贯通起来，全面提升脱贫攻坚工作水平。

脱贫攻坚正处于攻坚克难的关键阶段，尤其需要担当担责精神、拼搏奋斗精神、无私奉献精神。我们一定更加紧密地团结在以习近平同志为核心的党中央周围，坚持以习近平新时代中国特色社会主义思想为指导，全面落实党中央决策部署，坚定信心，苦干实干，以优异成绩向党中央和全省人民交出满意答卷！

时清霜同志在全省农业产业化暨奶业振兴工作会议上的讲话

（2018年11月6日）

大家知道，农业产业化是农业现代化的根本途径，是增加农民收入的重要载体，是促进三产融合的有效形式。实施奶业振兴是贯彻落实习近平总书记重要指示的具体行动，是省委、省政府的重大决策，对我省具有特殊重要意义。这两件事情原计划都要单独开会进行安排部署，但考虑到精简会议、提高效率，决定两个会议合并召开，分析研究加快农业产业化发展、推进奶业振兴的思路和举措，进一步提升现代农业发展的质量效益和竞争力。

昨天，我们实地观摩了邢台5个县的龙头企业和产业化项目，现场听了情况介绍，大家普遍感到耳目一新、眼前一亮，感触很深、收获很大。这几年，邢台市推进农业产业化经营和奶业发展思路清晰，措施有力，特色鲜明，成效明显，走在全省前列。从参观考察和邢台汇报情况看，可以概括为四个“突出”：一是突出项目建设。坚持以项目促发展、以项目促提升，谋划实施了一大批投资规模大、带动能力强的产业化项目。2018年，投资1000万元以上的项目落地157个，其中亿元以上的79个，10亿元以上的17个。二是突出品牌培育。狠抓农业品牌建设，构建以区域公用品牌为引领、企业品牌为支撑、产品品牌为重点的品牌体系。目前有区域公用品牌6个，河北省著名商标120个，中国驰名商标13个，培育了今麦郎、金沙河、绿岭、富岗、威梨等一批在全国有影响力的知名品牌。三是突出环境营造。围绕壮大农业特色产业，制定支持政策，出台激励措施，优化营商环境。南和县编制《金沙河“万亩方”规划》，支持金沙河面业建设规模化种植基地；临城县安排财政贴息专项资金，支持发展核桃深加工；隆尧县成立工作专班，帮助今麦郎公司办理上市手续。四是突出融合发展。支持龙头企业与专业合作组织、家庭农场、种养大户深度对接、多形式联合，延长产业链，提升价值链。冀南优质麦产业化联合体、宁晋县一菇食用菌产业化联合体等，都成为一二三产融合发展的典范。

刚才，几个市县和龙头企业，分别从政策支持、科技创新、龙头带动、融合发展等不同侧面作了交流发言，讲了先进经验和典型做法，大家要相互学习、相互借鉴。下面，我讲几点意见。

一、关于农业产业化

农业产业化经营的实质，就是用管理现代工业的办法，来组织现代农业的生产和经营。习近平总书记关于“三农”工作的重要论述中，多次谈到农业产业化问题。总书记在正定工作时提出，农业和农村经济健康发展，必须走农林牧副渔全面发展和农工商综合经营的道路；在福建工作时要求，要在结构调整中培植农业主导产业，重要的是推进农业产业化经营；在浙江工作时强调，要大力发展农业产业化经营组织，提高农业产业化、农户组织化水平。今年6月在山东考察时，再次肯定了农业产业化经营模式。

多年来，省委、省政府始终高度重视农业产业化发展，出台支持政策，加大投入力度，狠抓项目建设，完善联结机制，产业化持续快速发展，农业整体竞争力显著提升，农业经营方式不断创新，农民组织化程度明显提高，对农民增收带动作用日益显著，对国民经济的支撑作用不断提升。但是，也要清醒看到，与先进省份相比，还存在较大差距，主要表现为“低、小、弱、差、少”。所谓“低”，就是加工水平低。农产品加工转化率为53%，低于全国65%的平均水平，部分农产品还处在卖原料阶段，即使加工也是低层次、粗放型。农产品加工业与农业产值比仅为1.8:1，低于全国2.2:1的平均水平，更远低于山东4.6:1的水平。所谓“小”，就是规模总量小。我省农产品加工业产值1.1万亿，不足河南的1/2（河南为2.3万亿）。所谓“弱”，就是企业实力弱。我省年销售收入亿元以上龙头企业600多家，远低于山东、河南水平（两省均为3000多家）。特别是我省缺少像三全食品、河南双汇这样的超大型企业集团。所谓“差”，就是科技支撑差。省级重点龙头企业年科研投入31.38亿，仅占销售收入的0.92%，而河南、山东分别为100亿和103亿，占比分别达1.2%、1.4%。我省龙头企业中建有国家级研发机构的有8个，河南18个；获得高新技术企业称号的龙头企业101个，山东190个。所谓“少”，就是知名品牌少。我省农产品注册商标中，省级著名商标仅占1.4%，中国驰名商标仅占0.11%，“三品一标”产品数仅为山东的1/3。这些问题，需要引起高度重视，认真研究解决。

（一）准确把握形势

中央确定，“三农”工作的主线是推进农业供给侧结构性改革，加快农业由增产导向转向提质导向。省政府经过充分调研、广泛论证认为，推进农业供给侧结构性改革，“四个农业”是发展方向，特色产业是有效载体，产业化经营是根本路径。为把中央的决策部署落到实处，变成河北的具体行动，省政府制定了《农业供给侧结构性改革三年行动计划》，一手抓特色产业，一手抓产业化经营，加强顶层设计，加大政策支持，强力组织推动。关于特色产业，省政府下发了政策性文件，8月份，在滦平召开了现场会。关于农业产业化，省政府印发了《做大做强农业产业化龙头企业的意见》。可以说，无论是抓特色产业，还是抓产业化，着眼点都是提高农业发展质量，着力点都是破解农产品阶段性供过于求和供给不足的矛盾，着重点都是满足日益升级的消费需求，把农产品卖出去、卖个好价钱。

实践证明，龙头企业是构建现代农业产业体系的重要主体，是提升农业产业化经营水平的核心力量。抓农业产业化，重中之重是抓好龙头企业。当前，农业发展进入新阶段，龙头企业发展的内在动因和外部环境都发生了深刻变化，面临着前所未有的新形势，概括起来，可以叫做“三期同至”。

第一，从国际环境看，处于大有可为的机遇期。受世界经济持续低迷、复苏缓慢影响，特别是美国采取一系列贸易保护主义措施，强烈冲击全球农业生产布局与利益分配格局，提高了龙头企业生产经营成本，利润空间进一步收窄，个别企业甚至生存都出现困难。全球金融市场持续波动，引发农产品价格不稳，农业小生产与大市场的矛盾进一步激化。在农业生产成本迅速攀升、比较效益较低的情况下，跨国农业企业巨头加速抢占我国市场、挤压国内农业企业发展空间，使我省农业发展面临更大挑战。同时，随着农业生产和农产品市场的国际化程度不断提高，龙头企业依靠国内国际两个市场、两种资源发展的特征日趋明显，为龙头企业“走出去”发展跨国公司、产业集群创造了条件。机遇与挑战并存，在这种环境下，农业产业化和龙头企业将扮演更重要的角色。

第二，从国内环境看，迎来创新发展的关键期。长期以来，耕地、水等自然资源更多用于满足农业生产，农产品供给主要依靠增加要素投入，对资源环境造成很大压力。党的十八大以来，随着生态文明理念日益深入人心，农业不仅要承担产品供给功能，还要拓展生态环境保护、观光旅游休闲和文化传承等多种功能。同时，实施乡村振兴战略，把农业农村现代化摆在了基本实现社会主义现代化的首要位置，必将加快推动各类资源要素向“三农”倾斜。这就要求龙头企业加快转型升级，实现绿色发展、融合发展，在乡村振兴中发挥更大作用。

第三，从自身发展看，进入做大做强的平台期。客观分析发展现状，纵向跟自己比，这些年进步不小，取得了明显成绩，但横向与发达省份比，还存在诸多问题。10月31日中央政治局会议指出，当前经济运行稳中有变，经济下行压力有所加大，部分企业经营困难较多，长期积累的风险隐患有所暴露。同样，龙头企业发展也处于结构升级、方式转变、动能转换的重要时期，增长速度放慢，规模扩张减缓，利润水平降低，需要高度警觉，制定有效措施，积极主动应对。

（二）科学厘清方向

省政府制定的《做大做强农业产业化龙头企业的意见》，提出了农业产业化龙头企业发展的主要目标、重点任务和工作措施，明确要着力打造7个产值超1000亿元的特色产业，到2022年，农产品加工业与农林牧渔业产值之比达到2.4:1，农业产业化经营水平显著提升。具体工作中，要加快实现“五个转变”：

一是动能培育上，由要素驱动向创新驱动转变。企业持续发展之基、市场制胜之道在于创新，要下好创新这个先手棋，改变靠拼资源、拼消耗的要素驱动发展模式。要引导龙头企业增强创新意识，加大科研投入，改进生产工艺，与国内外知名企业和科研机构联合设计、合作制造，开发具有自主知识产权的新技术新产品。比如，晨光生物公司坚持人才和创新双轮驱动，集聚了国务院特贴专家、青年拔尖人才100多人，集中开展科研攻关，使辣椒红色素生产技术由跟跑、并跑发展到世界领跑；开发先进提取分离工艺，研制生产了4大系列80多种产品，辣椒红色素、辣椒精、叶黄素产销量世界第一。

二是产品生产上，由生产导向向消费导向转变。随着城乡居民收入和生活水平不断提高，模仿型排浪式消费阶段基本结束。市场除了对营养、安全等传统需求外，休闲、功能性等个性化需求不断涌现。龙头企业要抓住市场需求变化趋势，认真开展调查研究，适时调整产业结构和产品结构，打造新产品、引领新消费。比如，今麦郎坚持“品类即是需求”理念，以消费者认知为导向，大力实施品类聚焦和品类创新战略，布局打造“爆品”，推出一桶半、一菜一面、芒顿小镇、老范家面馆等新品类。今年1-9月份，面品业务同比增长25%，饮品业务同比增长35%。

三是资源利用上，由粗放增长向绿色生产转变。当前社会各界对绿色发展的理念越来越认可，消费者愿意为绿色生态农产品付出更高成本，同时政府对排污企业的惩处力度也在加大。在市场需求和政策要求双重驱动下，实现资源有效利用、功能充分发挥，龙头企业必须走绿色发展、集约发展的路子。要改进生产工艺、建立完善污水处理设施，减少对环境的危害。在设施农业、规模养殖等行业，要充分利用农业废弃物，大力发展光伏、沼气等新能源产业。要加大对小麦、玉米、豆粕等加工副产品的利用，减少排放，提高附加值。比如，大名县子丰公司，利用麦麸生产小麦胚芽油，一斤就卖到近百元。

四是管理方式上，由传统企业向现代公司转变。总体来看，龙头企业大多管理粗放，难以适应激烈的市场竞争。要鼓励龙头企业按照现代企业制度要求，进行公司制、股份制改造，建立规范法人治理结构，创新管理机制和管理手段，提高市场竞争力。要打破所有制、行业和地区界限，按照集中有效资产、重组低效资产、盘活呆滞资产、清除无效资产的思路，推进龙头企业改制、重组。要支持龙头企业开展国际合作交流，引进国外资本、先进技术、管理方法和高层次人才，提高经营效益。

五是发展模式上，由单兵作战向融合发展转变。当前，互利共赢、融合发展已成为现代农业发展的重要趋势。要引导龙头企业充分挖掘产业链各环节潜力，带动各主体实现共创价值、共享利益。要延长产业链，向上游发展良种繁育、产品设计，建设高标准原料生产示范基地；向下游发展精深加工、包装储运等业务，提高农产品转化增值能力。要构建组织链，通过资金、技术、土地等要素进行股份合作，采用联合体的模式，带动各类经营主体加快发展。要完善供应链，通过市场效应吸引上下游企业集聚发展，形成区域增长极，提高规模经济的效率和效益。

（三）扭住发展重点

第一，建设原料基地“固本培元”。优质、生态、安全的原料基地，是农产品加工“第一车间”。要着眼解决基地建设与企业生产脱节问题，依托龙头企业、合作组织、种养大户建设原料基地。要促进规模化。加快推进土地经营权流转，大力发展适度规模经营，在特色优势农产品生产区、粮食生产核心区、蔬菜生产示范县、畜牧和果品生产大县，集中建设一批成方连片的优质农产品生产基地，从源头上确保产品品质。要实现专业化。瞄准加工需求，发展龙头企业需要的优质专用品种，形成“为加工而种、为加工而养”的格局。要推行标准化。按照标准化要求，强化原料基地建设，建立健全农产品检验检测和追溯体系，开展质量管理认证和产品质量认证。省农业农村厅、林业和草原局要将优势特色主导产业、农业生产全程社会化服务试点等项目，优先安排到龙头企业原料基地，整合相关资金支持其加快发展。

第二，狠抓项目建设“强筋壮骨”。重点项目建设是增强企业发展后劲的重要举措。要按照“谋划一批、储备一批、开工一批、投产一批”的要求，抓好重点项目建设。要加大引进力度。抓住北京企业外迁机遇，瞄准世界500强、知名央企、国家级龙头企业，引进一批经济效益好、带动作用强、绿色环保的大项目。要建设融合项目。谋划一批与互联网、物联网相结合的项目，发展智能化精准化农业；谋划建设与旅游、教育、文化、健康养老等融合发展的项目，开发农业多种功能；谋划建设与生物技术、农业设施装备技术、信息技术相融合的项目，发展现代生物农业、设施农业、工厂化农业。要“走出去”新建项目。支持龙头企业参与“一带一路”建设，赴境外建设农产品生产基地、农产品加工园区、农产品物流中心。省产业化办、省发改委，每年要抓一批重点项目，按政策规定给予奖补支持。

第三，增加要素投入“舒筋活血”。融资难、用地难是龙头企业反映最为普遍的两大难题。各地各有关部门要千方百计破解瓶颈、解决难题。在融资方面，省里在7个市开展了农业产业化增信基金试点，要摸索经验，尽快推开。农行、农发行、农村信用社要更好发挥支农作用，开展多种形式的银企对接活动，破解融资难题。省产业化办要建立上市企业后备库，选择有前景的企业重点辅导，帮助直接融资。对新上市企业，除享受河北省上市奖励政策外，省产业化资金将再给予50%的奖补。在用地方面，县级政府要在符合政策前提下，尽量保障龙头企业用地需求，不能厚此薄彼。对于生产过程中所需生产设施和附属设施用地，要按政策纳入设施农用地管理。要鼓励龙头企业参与土地整治、高标准农田建设、空心村治理和美丽乡村建设，整合利用农村零星存量建设用地，用于发展三产融合项目。

第四，创建知名品牌“提高身价”。随着人们生活水平提高和消费观念转变，薄利多销式的生存模式已不合时宜，只有打造良好品牌形象，才能提升市场竞争力。比如，沧州的金丝小枣，经常出现“卖难”问题，即使卖出去了，也卖不上好价钱。但一贴上人家“三只松鼠”的商标，不但卖价高，而且还供不应求。这就是品牌的效应。为此，要在全面提高产品品质基础上，加强品牌塑造，挖掘历史民俗、农耕传承和文化内涵，开展品牌设计，创建自主品牌。要支持农业产业化联合体开展品牌共建共享、打造品牌联盟。有关部门要认真落实政策规定，对获得中国质量奖、提名奖、驰名商标的，及时兑现奖励。

第五，支持民营企业家“轻装前行”。农业产业化龙头企业绝大多数都是民营企业，民营企业家是推动产业化发展的骨干和灵魂，没有他们敢为人先的创新意识、锲而不舍的奋斗精神，就没有产业化蓬勃发展的良好局面。11月1日，习近平总书记在民营企业座谈会上强调，民营企业家是我们自己人，各级党委和政府要把构建亲清新型政商关系的要求落到实处，把支持民营企业发展作为一项重要任务，花更多时间和精力关心民营企业家成长，不能成为挂在嘴边的口号。各级各有关部门要积极作为、靠前服务，悉心听取民营企业家的正当诉求，坚决保护其合法权益，帮助解决实际困难，真正让他们放下包袱，吃下定心丸，安心谋发展。要通过多种形式开展企业家培训，开阔视野，提高素质，着力培育一批懂经营、会管理、善创新的民营企业领军人物。民营企业家也要加强自我学习、自我教育、自我提升，弘扬企业家精神，做创业创新、回报社会的典范，树立良好的社会形象。同时，要聚精会神办企业、遵纪守法搞经营，在合法合规中发展壮大龙头企业。

二、关于奶业振兴

9月27日，国务院在内蒙古召开了全国奶业振兴工作推进会议，胡春华副总理出席会议并讲话。10月22日，省政府常务会研究通过了《奶业振兴规划纲要》，随后，省委常委会还要进行专题研究，省政府正在研究制定具体支持政策。各地各有关部门要主动学习对接，抓好贯彻落实。

（一）切实增强推进奶业振兴的紧迫感

党中央、国务院高度重视奶业振兴，习近平总书记多次作出重要指示，要求下决心把乳业做强做优，生产出让人民群众满意、放心的高品质乳业产品，打造出具有国际竞争力的乳业产业，培育出具有世界知名度的乳业品牌。李克强总理主持召开国务院常务会议，研究奶业振兴问题。三鹿奶粉事件后，我省以壮士断腕的决心、知耻后勇的勇气，大力整顿奶业秩序，重塑乳粉业形象，实现了绝地奋起、浴火重生，主要标志是“三个第一、两个最好”。“三个第一”，即奶牛规模养殖水平第一（全省300头以上奶牛养殖场存栏比例占98%，高出全国平均水平40个百分点）；乳制品产量和液体乳产量第一（2017年分别为373万吨和362万吨，连续四年全国第一位）；婴幼儿乳粉产能增速第一（婴幼儿乳粉产能15.5万吨，比2008年翻了一番。君乐宝奶粉在全球同行业首家通过国际食品安全标准 A+认证，成为国内唯一登陆香港、澳门市场销售的企业。11月2日，君乐宝荣获第三届中国质量奖提名奖）。“两个最好”，即生鲜乳收购秩序全国最好；生鲜乳质量全国最好。

同时，还要看到，与现代奶业要求相比，仍存在不小差距。一是养殖效益不高。2017年泌乳牛平均单产7.3吨，比发达国家低2.1吨；每公斤生鲜乳成本3.1元左右，比发达国家高0.6元，智能化管理水平亟需提高。二是企业实力不强。全省乳品加工企业年销售收入300亿元，仅相当于雀巢公司的1/5。全国乳品品牌市场知名度调查中，我省只有君乐宝进入前20，排名第11位。三是高端产品不多。90%以上乳制品为液体乳，低脂无糖功能性产品少，奶酪、黄油产品开发尚属空白。四是利益联结不紧。乳品加工企业与奶牛养殖场多为合同收购关系，企业主导收购价格，养殖场缺乏话语权，限收、拒收和倒奶现象时有发生。

各级各有关部门必须站在践行“四个意识”的高度，以振兴民族奶业为己任，不折不扣落实中央和省委、省政府决策部署，把奶业振兴摆到更加重要位置，多措并举提高发展质量和水平。

（二）着力抓好奶业振兴重点任务

要对标国际一流水平，建设优质奶源基地，壮大乳品加工企业，完善利益联结机制，提升绿色优质乳制品供给能力。到2022年，奶源基地、乳品加工、乳品品质、乳品品牌达到世界一流，乳制品产量达到510万吨，生鲜乳产量650万吨，婴幼儿乳粉产量20万吨，培育1-2家国际知名品牌，全产业链产值达到1000亿元。当前和今后一个时期，要抓住关键环节，在“优”字上下力气、做文章。

第一，建设优质奶源基地。奶源是奶业振兴的基础。要依托现有产业发展基础和区域布局特点，完善奶业发展规划，形成产业集中、优势突出、质量最好、效益最佳的奶源主产区。要优化奶业区域布局。引导奶牛养殖企业向饲草饲料丰富、生态容量大的区域转移，乳品加工企业向奶源基地转移，集中打造坝上、山前平原、黑龙港流域三大奶业聚集区。2022年，三大奶业集聚区奶牛存栏和奶类产量占到全省的90%以上。要建设优质饲料基地。坚持以养定种、以养带种，大力调整种植结构，配套发展饲草饲料基地，坝上地区实施退耕还草，平原地区推行“粮改饲”、扩大苜蓿种植，建设优质饲草饲料专用基地。要健全良繁体系。坚持引进和自主培育相结合，积极发展国产精品奶牛良种。加快建设奶牛养殖大县，培育奶牛核心群，提升养殖质量效益。要提升智能化养殖水平。推动奶牛小区转型升级，实施信息化改造，夯实规模化养殖、标准化生产、信息化管理基础。到2022年，单产9吨以上奶牛养殖比例达到一半以上。要大力发展家庭牧场。研究支持家庭牧场发展的优惠政策，加强奶农培训和奶业社会化服务体系建设，帮助解决养殖技术和管理难题，提高奶源质量、提升奶牛养殖效率。

第二，培育优势领军企业。乳品企业是奶业发展的“火车头”。无论是生产高质量乳制品、重塑消费者对民族奶业的信心，还是推动奶业科技进步、提升奶业供给体系效率，都离不开乳制品加工企业。要壮大龙头企业。坚持对标国际一流，提升战略定位，按照做强骨干龙头、做大区域龙头、做多新兴龙头的思路，加快兼并重组，鼓励企业学习借鉴国外先进技术和管理经验，提升产品质量和技术水平，改进经营理念和经营模式。要重点培育一批销售收入超百亿的乳品集团，促进产业集群集聚发展，加快形成骨干龙头带动、产业集群发展的新格局。要推进技术创新。引导企业牢固树立创新发展理念，着眼拓展高端乳品市场，依靠科技创新推动奶业和乳制品向价值链中高端跃升。坚持自主创新、引进创新、协同创新相结合，指导企业建立国家级研发中心和重点实验室，开发新工艺、新技术。要优化产品结构。支持企业瞄准高端市场，更多发展婴幼儿乳粉和巴氏乳，开发奶酪、黄油等新产品。针对营养型、保鲜型消费特点，在大中城市周边发展巴氏奶等特色小型乳品加工。加快发展智慧物流配送，构建从奶源基地、加工企业到销售终端的流通体系。要完善利益联结机制。加强示范带动，引导奶农以奶牛、资金、劳动、技术、产品等为纽带组建合作社，提高奶农生产组织化水平。推广“奶农+合作社+公司”的模式，支持有条件的奶农和合作社发展乳品加工流通，推动奶牛养殖向乳品加工流通全面拓展，让奶农更多分享增值收益。

第三，打造优良乳品品质。质量安全是奶业发展的生命线。推进奶业振兴，所有措施都要建立在确保质量安全和品质提升基础上，做到创新生产组织方式与健全监管体系两手抓。要抓原料奶质量。推进奶牛养殖转型升级，对饲料、防疫、养殖环境、饲养方式、养殖技术等环节，进行全方位全过程管控。要坚决关停不合格奶站，规范原料奶贮运秩序，对所有奶站和运输车实行全时段、精准化管理。要抓乳制品质量。创新监管方式，加大监管密度，全面检查生产许可、制度落实、能力建设等情况，对乳制品生产企业实行抽样全覆盖。依法打击违法违规行为，建立乳品企业“黑名单”制度和市场退出机制，让挑战道德底线的企业和个人倾家荡产，付出应有代价。要抓标准提升。顺应乳制品消费升级趋势，完善标准体系，以标准升级带动产品升级。要研究制定高于国家生鲜乳生产标准、与欧盟相衔接的乳制品行业标准、高于欧盟的企业标准，严格按标准组织生产。要抓检测体系建设。大力提升公共检验检测能力，强化各环节抽检监测，坚决守住乳品质量安全关。要探索建立生鲜乳收购第三方质量检测中心，减少生鲜乳购销质量争议，为奶农检测提供便利。到2022年，生鲜乳和乳制品抽检合格率达到100%。

第四，创建名优乳品品牌。从位居国际前列的大型乳品企业成功经验看，品牌创建和品牌营销决定企业持久生命力。乳品企业要增强品牌意识，走品牌化发展之路。要加强品牌谋划。发挥自身优势，打造有竞争力的民族奶业。大型乳品企业要瞄准国际市场，着力打造骨干产品和拳头产品，争创国际知名品牌。区域龙头要保持传统特色，扩大消费群体，形成品牌优势。奶牛养殖场和合作组织，要兴办加工企业，开拓消费市场，打好“冷、鲜、活”大众品牌。要加强品牌营销。聘请国际咨询公司开展品牌策划，开拓“一带一路”沿线乳品市场，扩大国际影响力。组织企业参加婴幼儿乳粉发展大会、中国质量奖评选和国际展销会，提高产品知名度。要加强品牌培育。大力支持品牌创建，对获得中国质量奖、提名奖和驰名商标的龙头企业给予奖励，对区域优势品牌和大众品牌给予适当奖励。要加强消费体验。引导企业创建奶业特色精品景区，每个聚集区都要建设一条观光旅游线路，加强基础配套建设，提升接待服务能力。通过建设示范牧场，让消费者零距离体验养殖加工过程，普及知识，增强信心。

三、关于当前几项急需抓好的工作

（一）继续抓好非洲猪瘟综合防控。8月初，我国发生非洲猪瘟疫情以来，省委、省政府高度重视，王东峰书记、许勤省长多次作出重要批示，省政府5次召开会议进行安排部署，并把非洲猪瘟防控纳入省重点工作大督查范围。11月1日，我们收听收看了国务院非洲猪瘟防控工作电视电话会议，会后省政府立即进行了安排部署。我想，对非洲猪瘟防控工作，怎么强调都不为过。当前，全国13个省已经发生53起疫情，特别是与我省毗邻的辽宁、内蒙古、山西、河南、天津等省（区、市）陆续发生，我省从最初的南北夹击到中间开花，现在变成了四面受围，可以说疫情已经“兵临城下”，形势异常严峻复杂。大家一定要按照胡春华副总理的讲话要求，认清防控严峻形势，绷紧严防死守这根弦，立足最不利局面，做最坏打算，做长期作战准备。要细化已有措施，建立动物疫病举报制度，强化公路检查站点联合执法，全面深化疫情排查，坚决禁止泔水饲喂生猪行为。要实化关键措施，建立完善活畜禽承运车辆备案管理制度，严厉打击私屠滥宰行为。要创新治本措施，加强规模化猪场和种猪场防控工作，逐步取消中小规模养殖场。要探索联防机制，加强与京津信息资源共享，联合开展执法检查。要积极筹措资金，保障工作需要。要加强宣传引导，密切关注舆情，及时回应社会公众关切。要落实好生猪生产扶持政策，加强活猪储备，确保生猪生产和猪肉供应稳定。

（二）加快推进“两区”划定。建立粮食生产功能区和重要农产品生产保护区，是党中央、国务院的重大决策，是落实国家“藏粮于地、藏粮于技”战略的制度性安排。国家明确要求，年底前要完成小麦、水稻等粮食功能区划定任务，明年农业建设资金要集中支持完成“两区”划定的省份，同时把今年“两区”划定纳入各省粮食安全省长责任制考核范围。今年4月，在全省农业农村重点工作推进电视电话会上，我专门进行过安排部署。经过大家共同努力，“两区”划定取得阶段性成效，但与国家要求相比，还存在较大差距，农业农村部等三部委联合印发通报，我省在全国排名倒数第五。许勤省长作出重要批示，要求查明原因，认真整改，抓紧把工作进度赶上来。市县政府分管负责同志作为直接责任人，要亲自抓，找准问题，制定对策，倒排工期，挂图作战，加紧调度，强力推进。农业部门要及时通报进展情况；财政部门要足额落实经费，采取适当方式，提高工作效率，解决招投标慢的问题；发展改革、自然资源等部门要积极配合，协同推进。总之，“两区”划定是一项硬任务，必须按时完成。

（三）及早总结今年谋划明年。目前，距年底只剩不足两个月时间。各地各有关部门要及早着手，总结今年、谋划明年。总结今年，要对照年初确定的目标任务和重点工作，像乡村振兴战略规划、脱贫攻坚进展、农业特色产业方案、产业化发展和奶业振兴政策等等，要一条一条梳理，一项一项对照，查漏补缺，找准问题。要积极作为，不放松、不懈怠，努力提高各项任务的完成质量。谋划明年，要在谋深谋实谋细上下功夫。明年是全面建成小康社会的关键之年。要强化责任感紧迫感，坚持目标导向和问题导向，对标对表全面建成小康社会要求，将“三农”工作摆在新时代的大背景、大格局下考量，跳出“三农”谋划“三农”，根据农业农村经济发展目标，调整完善工作思路、重点任务和保障措施，着力解决突出问题。要用改革的思路攻克难题、破解瓶颈，用开放的意识整合资源、开拓市场，对所有工作任务制定时间表、路线图、责任人，确保落到实处。

最后，我再强调一下安全生产工作。年末岁尾，是安全生产事故高发期。10月31日，国务院安委办、应急管理部召开视频会议，对安全生产工作作出部署。各地各有关部门要认真贯彻会议精神，盯紧盯牢事故多发地区和行业领域，全面排查安全隐患，采取针对性措施，严防重特大事故发生，维护好农业农村和谐、稳定、安全的良好局面。

III 社会经济发展报告

综 合 篇

全省农村经济综述

2018年，全省各地全面贯彻习近平新时代中国特色社会主义思想和党的十九大精神，以实施乡村振兴战略为总抓手，深入推进农业供给侧结构性改革，全省农业农村呈现稳中有进的发展态势，粮食再获好收成，乡村振兴开局良好。

一、农林牧渔业生产稳步增长

2018年，全省农林牧渔业实现总产值5707.0亿元，同比增长3.0%。从增速来看，农业、林业、牧业、渔业、农林牧渔服务业产值增速分别为2.1%、-1.0%、4.4%、1.3%和8.1%；从结构来看，农业和农林牧渔服务业占比比上年提高，分别提高0.3和0.2个百分点；牧业占比下降0.5个百分点；林业和渔业占比与上年持平。实现农林牧渔业增加值3521.7亿元，增长3.2%。

二、种植业生产结构不断调整优化

（一）粮食生产再获好收成，结构调整继续深化

1.粮食生产再获好收成。2018年，在农业气候条件非常不利的情况下，全省加强科技指导服务，科学开展防灾减灾，技术推广和田间管理加强，各类农作物种植克服灾害影响，虽呈现粮食面积、单产、总产“三降”的趋势，但仍取得较好收成。全年粮食作物播种面积达6538.7千公顷，同比下降1.8%；粮食单产达5660.0公斤/公顷，下降1.6%；粮食总产量达3700.9万吨，下降3.4%。

2.调减玉米面积，深化结构调整。2018年，全省各地深入推进农业供给侧结构性改革，深化结构调整，继续调减非优势产区籽粒玉米，进一步减少普通小麦面积，增加杂粮、豆类和薯类播种面积。2016年到2018年，粮食播种面积连续三年持续下降，内部结构不断优化。其中，2018年玉米播种面积比上年减少159.5万亩，下降3.0%；小麦播种面积减少24.2万亩，下降0.7%；豆类播种面积增加38.8万亩，增长28.7%；薯类播种面积增加21.8万亩，增长6.9%。

（二）经济作物种植结构继续优化

全省大力发展优质高效经济作物。2018年，全省棉花播种面积为210.4千公顷，比上年减少10.2千公顷，下降4.6%，单产有所提高，每公顷单位面积产量为1137.3公斤，比上年增加49.6公斤/公顷，增长4.6%。受帮扶政策影响，糖料播种面积大幅增长，达18.1千公顷，增长48.7%；作为战略性新兴产业的中草药材继续保持良好发展势头，播种面积达85.5千公顷，增长14.2%。

（三）蔬菜瓜果面积小幅增长

2018年，蔬菜瓜果生产保持较平稳发展。全省蔬菜播种面积达787.6千公顷，比上年增长5.2%，总产量达5154.5万吨，增长1.9%。瓜果类播种面积73.9千公顷，增长4.4%，总产量391.0万吨，减少1.1%。瓜果类产量减少原因主要是我省部分地区受风雹等自然灾害影响较严重，西瓜、甜瓜等瓜果作物减产较多。其中，西瓜产量下降3.9%。

三、林业生产平稳，水果产量略有下降

2018年，全省把张家口冬奥会绿化、雄安新区森林城市建设、交通干线廊道绿化和环城林建设、太行山燕山绿化、规模化林场建设、平原绿化和沿海防护林建设等6项工程作为造林绿化的主战场，着力提升国土绿化质量，大力开展造林绿化和工程建设，林业生产保持平稳。由于受倒春寒、台风、冰雹等自然灾害影响，全省水果及食用坚果产量略减。2018年，园林水果产量957.0万吨，下降1.3%；食用坚果产量56.2万吨，下降0.7%。

四、畜牧业生产总体稳定

（一）生猪产能调减。2018年，受其他省局部发生非洲猪瘟疫情影响，全省生猪行业补栏积极性有所降低，尤其对中小散户影响较大。同时，在价格波动、禁运政策和

环保因素共同影响下，生猪结构性调整步伐加快，散户继续淘汰退出，生猪养殖大规模化和集团化趋势明显。2018年，全省生猪存栏 1820.8 万头，下降 7.0%；生猪出栏3709.6 万头，下降 2.0%；猪肉产量 286.3 万吨，下降 1.8%。

（二）肉牛养殖平稳向好。2018 年，随着活牛价格持续上涨，养殖效益增加，拉动肉牛生产向好，部分效益较差的奶牛场转产肉牛，肉牛综合生产能力进一步提高。2018 年，全省肉牛存栏 199.3 万头，出栏 345.6 万头，增长 1.5%；肉产量 56.5 万吨，增长 1.6%。

（三）奶业结构优化，单产提高。全省大力推进奶业振兴，加快转变发展方式，促进产业提质增效，奶业发展呈现出牛群结构优化，奶站减少，单产提高，标准化、集约化生产水平进一步提升的良好态势。2018 年，全省奶牛存栏 105.9 万头，下降 15.0%；牛奶产量 384.8 万吨，增长 1.0%。

（四）肉羊行情好转。2018 年，随着羊肉价格不断上涨，肉羊养殖盈利较好，养殖户积极性提高，生产势头转好。但由于生产周期长、禁牧等因素肉羊存栏数量仍呈降势。2018 年，全省肉羊存栏 1179.6 万只，同比下降 4.0%；出栏 2201.4 万只，羊肉产量 30.5 万吨，分别增长 1.5%。

（五）肉鸡和蛋鸡养殖规模下降。肉鸡生产由于祖代引种连续受限，毛鸡供应持续低位。蛋鸡生产受市场波动及环保政策等影响，部分产能退出，蛋鸡存栏整体仍处于较低水平。2018 年，全省家禽存栏 38463.6 万只，下降 3.0%，其中，肉鸡下降 9.6%；家禽出栏 59728.2 万只，禽肉产量 88.9 万吨，与上年相比均下降 1.5%；禽蛋产量378.0 万吨，下降 1.5%。

五、渔业生产下降幅度收窄

2018 年，全省水产品总产量 107.9 万吨，同比下降3.5%，但降幅比上半年收窄 3.2 个百分点。内部结构呈现“三减二增”，海洋捕捞 21.2 万吨，同比下降 9.3%；海水养殖 53.8 万吨，同比增长 1.7%；淡水捕捞 4.2 万吨，同比下降 13.6%；淡水养殖 28.6 万吨，同比下降 5.9%；休闲渔业产值达到 6.7 亿元，同比增长 1.97%。海洋捕捞减少原因主要是海洋捕捞业受近几年实行资源总量管理、新伏季休渔制度以及加快减船转产等影响，捕捞产量持续降低。淡水养殖减少原因主要是淡水养殖受大水面“退养”，特别是去年全面清理取缔了潘家口、大黑汀水库等网箱养鱼，全省淡水养殖产量出现了急剧下降。淡水捕捞减少原因主要是潘家口、大黑汀等水库目前尚未开放捕捞作业，环境督查导致部分水库停止捕捞。

六、乡村振兴战略和农业供给侧结构性改革扎实推进

产业兴旺是乡村振兴的重点，乡村最核心的产业是农业。围绕加快推进农业产业升级，提高农业综合效益和竞争力，大力调整农业种植结构，乡村振兴战略实现良好开局。按照稳粮、优经、扩饲的思路，大力发展设施蔬菜、食用菌和中草药等农业新经济，适度发展规模经营，壮大新产业新业态，农业产业链、价值链得到有效延伸。种植业方面，农业新经济加快发展。2018 年，全省食用菌（干鲜混合）总产量 140.9 万吨，增长 5.4%。中草药产量达50.5 万吨，增长 6.6%。渔业方面，休闲渔业产值达到 6.7亿元，同比增长 1.97%。休闲渔业在京津地区声名远播，固定客源充裕，经济效益明显，为一二三产融合发展发挥了示范引领作用。

七、农业产业化保持稳定健康发展

2018 年，全省各地以习近平新时代中国特色社会主义思想为统领，深入贯彻落实中央和省委、省政府关于“三农”工作各项决策部署，以农业供给侧结构性改革为主线，以产业兴旺和农民增收为目标，以做强做大农业产业化龙头企业作为重要抓手，加强政策引导，集中资源要素，优化营商环境，完善市场机制，推动龙头企业由分散布局向集中集聚发展、由要素驱动向创新驱动转型、有数量增长向质量提升转变、由单打独斗向联合经营升级，全面提升质量效应和综合竞争力，促进传统农业向现代农业转型升级，为脱贫攻坚和乡村产业振兴提供重要支撑。2018 年，全省农业产业化经营总量 6736.8 亿元，农业产业化经营率为 65.9%。

（河北省统计局　孙玉梅）

部 门 篇

农业生产

【概况】2018年，是改革开放40周年，也是贯彻党的十九大精神、实施乡村振兴战略的开局之年。认真贯彻落实中央一号文件和全省农村工作会议精神，深入推进农业供给侧结构性改革，继续主动调整农业种植结构，加快优化产业布局，大力发展特色种植等项目。全省农业农村呈现稳中有进、持续向好的发展态势，为全省经济稳定增长提供了重要保障。

全年粮食总产量达740.2亿斤，超过年初确定的670亿斤任务目标任务，连续6年保持在700亿斤以上，为保障口粮绝对安全做出了积极贡献。在确保粮食稳定生产的基础上，继续深入推进结构调整。全年调减非优势产区籽粒玉米159.5万亩，减少普通小麦24.3万亩，发展优质强筋小麦订单面积298 万亩；新增“双高”大豆26.2万亩，发展高油酸花生20万亩，种植结构更加优化，特色优势粮油快速发展。全省蔬菜供应充足，质量稳定，连续三年全省瓜菜抽检平均合格率达98%以上。2018年，全省瓜菜种植面积1292.19万亩，总产5545.46万吨。单产4292公斤/亩，居全国第一位。棉花、中药材、食用菌等特色产业均衡发展。全省粮经饲比由2017年的73.4:23.8:2.8调整到72:25:3。产业融合步伐加快。大力推进农业综合开发,牢牢把握乡村振兴等战略机遇，积极争取资金支持,创新农业开发模式。全省农村居民人均可支配收入14031元,比上年增长8.9%。分类推进美丽乡村建设。农业绿色发展水平明显提高。深入开展地下水超采综合治理，推进农业废弃物资源化利用，持续推进农作物秸秆综合利用，利用率保持在96.17%，名列全国前茅。扎实推进农村承包地确权登记颁证工作。截至2018年底，完善土地承包合同1166万份，占应确权农户总数的98.5%，涉及承包地面积8054.8万亩；土地承包经营权登记簿完善率、证书发放率分别达到98.2%、96.3%；我省新型经营主体蓬勃发展，在工商部门注册登记的合作社11.75万家，家庭农场3.7万家，分别比2017年底增长1.3%、24%，合作社数量位居全国第三位；土地流转面积3033万亩，占家庭承包经营耕地总面积的36.8%，比2017年底增长3.5个百分点。加强农业信息化建设，积极做好品牌规划和品牌宣传，重点打造了20个特色区域公用品牌。产业扶贫扎实推进。京津冀三地农业合作不断强化，协同发展不断深入。农业现代化进程加快，农业产业化经营率达到65.9%。全省农业农村经济呈现稳中有进、稳中向好的发展态势。

【粮食生产】认真落实藏粮于地、藏粮于技战略，加强农田基础条件建设，深入推进农业供给侧结构性改革，优化种植布局，调整种植结构，突出以节水、节肥、节药为重点的粮食绿色发展。面对倒春寒、干旱、连阴雨、高温等罕见灾害性天气，加强惠农政策落实，组织专家开展田间考察，召开会商调度会，制定下发小麦、玉米等粮食作物技术指导意见，召开全省秋冬种工作会、冬前管理视频会、春耕春管及小麦绿色高产高效创建现场观摩培训会等活动，加强惠农政策落实，加强田管技术和应对灾害性天气措施落实，小麦、玉米等粮食作物优良品种覆盖率稳定在98%以上，主推技术覆盖率达到95%以上，为全省粮食生产取得好收成提供技术支撑和政策支持。据国家统计局河北调查总队统计，全年粮食播种面积9808万亩，粮食总产量740.2亿斤，超过年初确定的670亿斤任务目标任务，连续6年保持在700亿斤以上，为保障口粮绝对安全做出了积极贡献。2018年3月28-29日，全国春季农业生产工作会议和农村集体资产清产核资工作推进会议在我省正定县召开，国务院副总理胡春华出席会议并讲话，对我省粮食生产工作给予充分肯定。

【蔬菜产业】河北省2018年瓜菜种植面积为1292.19万亩，总产5545.46万吨。平均单产4292公斤/亩，居全国第一位。面积、总产分别比上年增长5.1%和1.7%。主要种植叶菜、果菜、根茎蔬菜130余个种类。全年蔬菜产品质量总体稳定，国家定点抽检，连续三年全省瓜菜平均合格率达98%以上。蔬菜生产力布局基本稳定，着力推动品种结构的优化布局，促进县域单品化、单品周年化转型，发展大品种，建设大基地，规模化发展水平有较快提高。冀北坝上露地错季菜、冀东日光温室生产、冀中环京津棚室栽培和冀南拱棚叶菜四大蔬菜产区，蔬菜大县快速发展，生产水平持续提高。多品种种植，多种设施类型搭配，多种茬口衔接，是我省蔬菜生产的基本特点，全省蔬菜四季生产、周年供应的均衡性明显增强，没有出现季节性、结构性的积压滞销和缺货断供情况。全年各月都能批量调出，不仅供应京津，还向其他省市大量供应。

【中药材】加快构建燕山、太行山中药材产业带和冀中平原、冀南平原、坝上高原产区“两带三区”格局，着力推进中药材产业品种道地化、生产绿色化、基地标准化、产品优质化。2018年中药材种植面积128万亩，比上年增加15.7万亩，增长14.0%，产量50.5万吨。印发《关于2018年扶持中药材产业发展的指导意见》，扶持滦平、承德县、蔚县、青龙、安国、灵寿、内丘、邢台县、清河、涉县和武安等11个中药材大县建设，按照全产业链打造、全价值链提升的思路，重点发展金银花、酸枣仁、黄芩、柴胡、北苍术和安国八大祁药等道地中药材，落实提质增效推进方案。挖掘中药材加工增值潜力，开发连翘、丹参、蒲公英等功能茶40多类，酸枣汁、枸杞珍、莲花清菲、金银花红茶等功能饮品20多类，以及决明子枕头、酸枣壳座垫等保健用品，中药材副产品综合利用效益显著。滦平、邢台县等培育以中药材为主题的特色休闲农业线路20多条，滦平县整体开发22条沟域，成为城乡居民旅游观光、休闲度假和健康养生的胜地。

【棉花产业】总体形势是，播种面积下降趋势减缓，单产有所提高，总产稳定。全省棉花播种面积315.58万亩，比上年减少15.32万亩，减4.63%；皮棉单产75.82公斤/亩，比去年增加3.29公斤，增4.54%；总产23.93万吨，基本稳定。制定棉花绿色高质高效创建技术管理方案，在关键生育期进行田间指导，为全省棉花绿色高质高效发展提供技术保障。开展棉花花铃期考察，印发《2018年河北省棉花中期田间管理技术指导意见》，指导全省棉花生产。抓好邱县和临西棉花绿色高质高效创建项目实施，围绕绿色高质、节本增效、生态友好，集成推广“优质品种+测土配方施肥+病虫草害绿色统一防控+农机农艺结合+简化栽培+间套种植”等综合配套技术，推进棉花生产的绿色化、机械化、轻简化和社会服务化。

【食用菌产业】以香菇产业为重点，集中培育、加快发展，省级制定印发了《河北省香菇产业提质增效推进方案》，明确重点建设平泉市、遵化市、阜平县等错季香菇生产基地，促进香菇产业提质增效。产业发展取得明显成效，到 2018年年底，全省已建成平泉卧龙、阜平天生桥、遵化平安城、临西下堡寺等30多个规模化基地，以规模化、标准化、专业化为标志的产业集中度明显高于其他县域和其他农业产业门类。平泉市的“平泉香菇”入选首批“中国特色农产品优势区”，国际标准农业标准化示范区建设成效得到巩固，成为全国唯一一个具有香菇市场定价权的县级区域，在产业做大基础上，初步实现了做强的目标。

在大力发展香菇产业的同时，把发展食用菌作为产业扶贫的主导产业，省级印发《河北省食用菌产业扶贫行动计划》（冀农业特发〔2008〕11号），支持贫困县选择特色产品，以扶贫资金折股、土地使用权入股、到生产园区务工等多种方式，吸收贫困户劳动力参与食用菌产业，共建共享，带动农民增收。食用菌产业已辐射全省113个县，形成多个特色食用菌小镇。带动全年食用菌生产规模达141万吨，产值108亿元。

【水果产业】全省水果面积795万亩，预计总产957万吨，面积和产量与上年基本持平。在种植业结构调整带动下，区域布局和品种结构总体稳定，加快全省水果产业高质量发展步伐。特色水果产业居于全国领先水平。梨果全年产量和出口量均位居全国第一。鸭梨、黄冠梨、雪花梨继续在北美、俄罗斯和东南亚市场稳定扩大，开辟欧洲市场取得重大进展，近年来引进的新品种已经实现批量化生产。高端苹果和葡萄产业发展也取得重要进展。晋州市的“晋州鸭梨”、内丘县的“富岗苹果”和怀来县的“怀来葡萄”入选第二批“中国特色农产品优势区”，进一步提升了区域特色品牌价值和国际影响力。同时，设施栽培成为水果业转型升级的重要方向。饶阳、昌黎、乐亭、山海关、黄骅、青县等地设施栽培水果面积增长迅速，主要栽培品种为葡萄，水蜜桃、油桃、鲜杏、樱桃、冬枣等，成为高端设施农业的重要组成部分。饶阳县成为全国最大的设施葡萄生产县。

【种植业结构】深入贯彻实施《河北省农业供给侧结构性改革三年行动计划》《河北省优势特色农产品提质增效实施方案》，制定优质强筋小麦、鲜食玉米、高油酸花生、专用马铃薯和杂粮杂豆等提质增效推进方案，加强协调配合、完善推进机制，以粮油绿色高产高效创建示范县和优势特色粮食提质增效为抓，加强示范区建设，与全国农技推广中心、中粮集团、邢台市政府共同召开中国优质强筋小麦产业发展大会，召开种植业结构调整、优质大豆等系列现场培训观摩活动，带动优质强筋小麦、高油酸花生、专用马铃薯、杂粮杂豆等特色作物发展。全年调减非优势产区籽粒玉米159.5万亩，减少普通小麦24.3万亩，发展优质强筋小麦订单面积298 万亩；新增“双高”大豆26.2万亩，发展高油酸花生20万亩，种植结构更加优化，特色优势粮油快速发展。

【农田节水】2018年地下水超采综合治理农业项目共736万亩，总投资14.56亿元，在石家庄、唐山、廊坊、保定、衡水、沧州、邢台、邯郸等市组织实施。其中，季节性休耕200万亩，小麦节水品种及配套技术推广补贴536万亩，试点旱作雨养种植10.21万亩，节约农业用水5.72亿立方米。

【农业农村改革】扎实推进农村承包地确权登记颁证工作。截至2018年底，全省完善土地承包合同1166万份，占应确权农户总数的98.5%，涉及承包地面积8054.8万亩；土地承包经营权登记簿完善率、证书发放率分别达到98.2%、96.3%；173个涉农县（市、区）的数据库成果全部通过农业农村部初检。经过近五年时间，尤其是我省2016年确定为国家第三批整省推进试点后，省市县乡村各级各方面投入了大量精力人力财力、在面临诸多土地延包历史遗留问题和矛盾纠纷情况下，农村承包地确权登记颁证工作基本完成。

【新型农业经营主体】大力培育新型农业经营主体。我省新型经营主体蓬勃发展，在工商部门注册登记的合作社11.75万家，家庭农场3.7万家，分别比2017年底增长1.3%、24%，合作社数量位居全国第三位；农业生产性服务组织7.1万家，同比增长4.4%；土地流转面积3033万亩，占家庭承包经营耕地总面积的36.8%，比2017年底增长3.5个百分点。

【农业信息化】一是加强农业大数据中心建设，搭建了农业数据中心技术支撑体系。完成了涉农业务系统的虚拟化平台安装部署，实现了网络集中管控、数据初步共享和安全核心保障。涵盖统计监测、质量监管、信息管理、预警防控、指挥调度、行政执法、协同办公等7大类重要业务，22个行业应用系统。二是推进信息进村入户工程。被农业农村部确定为2018年信息进村入户整省推进示范省；印发《河北省农业厅关于做好信息进村入户工程整省推进示范工作的通知》，明确各地建设任务、建设市、级运营中心和申请财政支持额度等内容；调整信息进村入户工作领导小组，全省多方合力开展工作，共同推进信息进村入户工程整省推进示范工作。三是提升12316三农热线服务能力。充分发挥12316窗口服务功能，拓展了12316网站、微信公众号等功能，精准推送农业生产经营、技术推广、政策法规、休闲旅游等公益服务信息；优化12316三农热线专家团队，专家由原来的468名增加到773名，定期与专家联线互动，为农民提供更优质的信息服务。四是加快农业物联网技术应用。依托省级农业物联网综合管理平台，与廊坊、唐山等市级平台对接，形成农业物联网综合应用体系，在现代农业示范园区、设施蔬菜、畜牧和水产养殖基地开展农业物联网技术应用示范，已形成21个农业物联网应用典型。五是加强农民手机技能培训。重点围绕“手机助力农产品线上营销”主题，在全省范围内组织开展了农民手机应用技能培训周活动。采取线上线下相结合、省市联动，政府“搭台”企业“唱戏”的方式，累计培训普通农户、基层农技人员、新型农业经营主体、大学生村官、返乡创业人员、种养大户、农民合作组织成员、益农信息社信息员等62000余人次，发放宣传资料近20000份。

【农产品品牌建设】2018年，实施企业品牌价值提升工程，制定农业品牌目录制度，全省制定下发《河北省农业供给侧结构性改革三年行动计划打造100个农业领军品牌实施方案(2018-2020)》，制定《河北省农产品品牌目录制度》。评选发布了20个河北省农产品企业品牌和20个农产品区域公用品牌。建立河北省品牌农产品（北京）展示展销中心，以“展销+渠道+超市”形式将我省农产品直输消费终端。以“冀忆.老区臻纯”为主题，打造了我省贫困地区农产品整体品牌形象。实举办首届品牌创意大赛，征集到2100余份广告语、LOGO和产品包装，有效宣传了我省农业品牌。在北京、上海、深圳等5个一线城市，开展河北知名农业品牌万里行活动，斩获大量合同，签约2.9亿元。共举办或组织参加2018首场贫困地区农产品产销对接活动、全国春季农业生产工作会议河北品牌农产品展、2018京津冀品牌农产品展销对接活动、环首都贫困地区农产品产销对接活动等10场，共组织3000多种农产品，400多个包括平泉香菇、鸡泽辣椒、万全鲜食玉米等区域公用品牌及国际知名企业品牌及农产品品牌进行宣传推介。大力推进农村创业创新，在第二届全国创业创新大赛上取得获奖数和总成绩均位列全国第一的好成绩。

【农业资源环境】在秸秆综合利用方面，2018年，全省主要农作物秸秆理论资源量约6415.35 万吨；可收集量约5421.44万吨，其中：玉米秸秆3300.91万吨，小麦秸秆1510.20万吨，棉花秸秆136.18万吨，薯类、花生、水稻等秸秆474.15万吨；全省资源化利用5213.76 万吨，其中：肥料化利用3591.86万吨、饲料化利用1230.94万吨、能源化利用263.15万吨、基料化利用75.74万吨和原料化利用52.07 万吨，分别占已利用量的约为68.89%、23.61%、5.05%、1.45%、1.0% 。全省秸秆综合利用率达到96.17%，名列全国前茅。农作物秸秆肥料化（粉碎还田），是目前我省秸秆利用最主要的方式，与日本等发达国家接近，略高于河南（63.33%）、山东（58.59%）、山西（53.28%）等邻近省。

【美丽乡村建设】一是农村“厕所革命”超额完成任务。全省共完成农村改厕126万座，比年初确定的49万座目标多完成77万座，完成年度目标的258%，19个县已全域完成无害化卫生厕所改造。同时，建设乡村旅游厕所703座，5242个村建设了公共卫生厕所。 二是农村生活垃圾得到有效治理。全省农村历史积存垃圾基本清理完毕，48317个村庄配备了保洁员18.57万名；43154个村庄建立了“村收集、乡镇转运、县集中处理”的城乡一体化垃圾处理机制，占村庄总数的89.3%。全省137个县（市、区）由专业公司参与负责日常保洁，其中105个县（市、区）全域由专业公司负责，32个县（市、区）部分乡镇由专业公司负责。三是生活污水得到有序治理。因地制宜开展农村污水治理技术路线和技术模式试点示范，确保处理方式简便适用有效，累计完成5495个村庄的污水治理任务（接入城市污水管网一体化处理的村庄2325个；其他污水集中收集或分散式处理的村庄3170个），其中2018年新增完成1380个，涉及农村生活污水治理项目1600个，1.7万个村得到有效管控，实现生活污水不乱泼乱倒、乱排乱放。四是村容村貌水平全面提升。在道路硬化上，制定《河北省农村人居环境整治穿村公路硬化专项行动实施方案

（2018-2020年）》，完成“四好农村路”建设7005公里，其中穿村公路841公里；行政村主街道硬化任务基本完成。在村庄绿化上，全省共完成村庄绿化面积31万亩，超额完成年度绿化任务。大力实施村庄亮化项目建设，全省村庄总共照明达标村达到19323个。在村庄美化上，创建美丽庭院100万户，90%的行政村普遍建立了“一约两会”，县级及县以上文明村镇数量达到40%以上。五是乡村建设初步实现规划管理。全省应编制镇级总体规划的镇941个，已完成786个，完成率为83.53%；应编制乡级规划的乡750个，已完成526个，完成率为70.13%；应编制村庄规划的行政村36184个，已完成18809个，完成率为51.98%。制定《农村住房建筑设计导则》，加强乡村规划工作指导。

【农产品质量安全】2018年，以推进《农业供给侧结构性改革三年行动计划》落实为主线，坚持质量兴农、绿色兴农、品牌强农，全省农业高质量发展水平不断提升。一是突出标准引领作用，进一步完善农业标准体系。重点围绕全省10大类27种农业特色优势产品，以农业新技术推广应用、集约化规模化种养殖、农产品质量安全和投入品质量等领域为重点，全年发布省级农业地方标准119项；梳理涉农标准1091项，组织编撰了涵盖4个产业95个主要品种的《河北省农业标准化生产手册(2018)》，建立了由147名专家组成的厅农业标准化专家库。截止2018年，共制定完成省、市级农业地方标准4372项，基本实现主要农产品标准全覆盖。二是坚持优质导向发展，推进农业标准化生产。目前，全省累计建成园艺作物标准园728个、标准化养殖场1196个，创建县级以上现代农业园区达到1742个，有效期内“三品一标”农产品达2913个，农业标准化生产覆盖率达57%。三是强化安全至上理念，加强农业全链条监管。坚持高起点谋划、高水平创建，示范推广全链条监管追溯。加强农产品质量安全县创建。加快农产品质量安全追溯体系建设。省级农产品质量安全追溯信息平台已正式启动运行，6132名监管人员完成了用户注册，为省市县级监管人员配备了1170余部移动监管终端设备，1085个农产品生产单位开展追溯试点创建，7.9万个农资和农产品生产经营主体建立了电子信用档案，实现了监管工作精准化、实时化、痕迹化管理。强化监管监测体系建设。多措并举推进检测机构“双认证”，完善食品安全考核挂钩、定期通报和补贴奖励机制，全省通过“双认证”的检测机构数量达到48家。在全国率先打造省内“三级（省、市、县）五层”（省级检测机构、省级分中心、市级检测机构、市级区域站、县级质检机构）农产品检测体系，石家庄市等4个农（畜）产品质量检验监测中心被命名为省级分中心。构建产地准出和市场准入无缝衔接监管机制，对主要农产品产地实施抽检全覆盖。全年省级检测农产品及投入品13013批，监测总体合格率为99.16%，连续十年未发生重大农产品质量安全事件。

【农业产业化】2018年，全省已创建152个省级示范农业产业化联合体，汇集了3500多家经营主体融合发展。全省农业产业化经营总量达到6736亿元，农业产业化经营率65.9%，农产品加工业产值位列装备制造业、钢铁产业之后，是第三大工业产业。全省有农业产业化企业7120家，其中省级重点龙头企业834家，国家重点46家，龙头企业为社会提供了120万个就业岗位，带动省内1300万农户参与农业产业化经营，农户增收总额360亿元。农业产业化已成为提高我省农业竞争力、带动农民增收致富、促进乡村产业发展的重要力量。

【对外合作】2018年积极推进国际标准农产品生产示范区（基地）建设、认证奖补和外经外贸促进工作，提升我省农产品竞争力。2018年，利用省级财政资金3000万元，建设了40家国际标准农产品生产示范区（基地），奖励了80家农产品企业境内外认证，支持了4家农业企业“走出去”。截至目前，全省创建国际标准农产品生产示范区（基地）122个，取得有机农产品、农产品地理标志、国际认证的企业或产品300个以上，出口1万美元以上的企业634个。共组织省内82家农业企业参加境内外国际性展会，提高国际市场竞争力。坚持每月月通报制度，通报各市农产品进出口情况。加快农业走出去步伐，为企业搭建对外交流合作平台。召开了2018年河北省农业对外合作会议、农业对外合作厅际联席会议，举办了2018年国际标准农产品生产示范基地及农业走出去培训班。开展农业对外合作工作绩效管理省级自评工作，获得农业农村部“促进农业对外合作延伸绩效管理优秀单位”。不断完善农业对外招商项目库，加强农业对外招商项目宣传工作，推动唐县中法公司合作的农业综合体建设项目、秦皇岛中日公司合作的渔产品展示中心建设项目启动实施。认真严谨开展外事接待、出访、援外等工作，共组织了赴法国、南非、英国等16个出访团组，接待来自俄罗斯、加拿大等国家和地区的10多个来访团组，积极开展农业交流合作，促进了农业“引进来”和“走出去”。完成企美美国有机亚洲蔬菜种植加工技术示范中心建设等农业国际交流与合作项目。

（河北省农业农村厅　刘霞）

林业和草原

【综述】2018年，全省林业草原系统以习近平新时代中国特色社会主义思想和党的十九大精神为指导，深入贯彻习近平生态文明思想，坚决落实党中央、国务院和省委、省政府关于林业草原工作的决策部署，围绕建设京津冀生态环境支撑区战略定位，大规模开展国土绿化，加强林草资源管护，壮大绿色富民产业，深化林业草原改革，各项工作均取得明显成效，受到省委、省政府、国家林业和草原局的充分肯定。

【生态建设】大规模推进国土绿化。省委、省政府高度重视林业生态建设，把国土绿化作为京津冀协同发展和经济强省、美丽河北建设的重要支撑。省委、省政府先后印发《国土绿化三年行动实施方案（2018-2020年）》、《关于创新体制机制推进大规模国土绿化的意见》、《关于加快推进全省交通干线廊道绿化和环城林建设的意见》等一系列政策文件，将国土绿化三年行动列入全省重点工作大督查内容，把造林绿化完成情况纳入对各设区市党政领导班子和领导干部年度考核内容。紧紧围绕京津冀协同发展、雄安新区规划建设、北京冬奥会筹办，突出抓好林业生态建设重点，全省上下掀起国土绿化新热潮。2018年是近年来完成营造林绿化任务最多、成效最好的一年。

2018年全省完成人工造林539万亩，完成全年省下达生产计划（370万亩）的146%；飞播造林22万亩，新封山育林336万亩，封山与飞播造林完成全年生产计划（275万亩）的130%；退化林修复0.4万亩，人工更新4万亩。森林抚育面积674万亩，其中包含张家口市森林质量精准提升214万亩。四旁（零星）植树1亿株，当年苗木产量35亿株，育苗面积143万亩。

全力推进张家口冬奥会赛区及全域绿化，高质量打造雄安新区“千年秀林”。坚持“尊重自然、顺应自然、保护自然”、“先植绿，后建城”理念，高质量完成11万亩异龄、复层、混交的近自然“千年秀林”。启动雄安新区白洋淀上游规模化林场试点建设，统筹资金项目，加大推进力度，完成造林16万亩。深入推进京津保平原生态过渡带建设，突出抓好生态廊道、新型城镇周边、湖淀周围等主要区域造林，打造集中连片、相互贯通的大型城市森林带，完成通道绿化85万亩、环城林带28万亩。

【重点工程】林业重点工程稳步推进。大力实施京津风沙源治理、三北防护林体系建设、全国防沙治沙示范区建设等国家重点生态工程。本着“新旧对接，集中连片，规模推进，综合治理”的原则，抓重点、攻难点、出亮点。全年林业重点工程完成171万亩，与上年同期相比增长15%，其中人工造林面积112万亩，飞播造林9万亩，当年新封山育林50万亩，与上年同期相比分别增长11%、30%、25%。分工程来看，京津风沙源治理工程完成造林66万亩，三北防护林工程完成造林57万亩，沿海防护林工程完成造林22万亩，太行山绿化工程完成造林26万亩，与上年同期相比分别增长19%、8%、8%、27%。

根据第五次全国沙化和荒漠化监测结果，我省沙化土地和荒漠化土地面积再次实现双减少。五年内沙化和荒漠化土地分别减少32.8万亩、173.5万亩，年均分别减少6.6万亩、34.7万亩。

【林业产业】认真践行绿水青山就是金山银山理念，围绕政府要绿、群众得利，培育壮大林果富民产业。林板产业持续发展，文安、曹妃甸、平泉被授予国家人造板示范区、国家木材加工示范区，全省人造板产量居全国前列。鼓励发展中高档特色盆花、精品观赏苗木和多用途花卉，全省新增花卉种植面积2.1万亩，北京世界园艺博览会河北展区建设进展顺利。依托森林公园建设，打造了一批森林旅游精品项目。怀来、沽源、青龙国家级森林（生态）公园规划顺利通过评审，举办了首届“塞罕坝杯”摄影大奖赛，参加了2018中国森林旅游节，重点打造了“塞罕坝”森林旅游知名品牌。

2018年全省林业产业产值1453.7亿元，林业产业结构不断优化。林业产业结构由“十二五”末期的49：45：6，调整为为48：45：7，以森林旅游、林业休闲服务为主的林业第三产业成为林业经济增长的新亮点。

【草原建设管护】深入推进重点草原生态工程，争取投入1.31亿元禁牧补助资金和1.5亿元绩效评价奖励资金，建设10个万亩以上“草原生态保护示范区”，示范区总面积达到26.24万亩，草原综合植被盖度达到71.6%以上。完成京津风沙源治理工程草地治理任务15.1万亩。开展草地资源清查，建成全省草地清查数据库，在全国率先开发了草原资源综合管理系统及APP软件，实现了全省草原数据的管理、校验和应用。草原“三防”成效显著，草原防火实现“零火灾”，完成鼠害防治277.5万亩、虫害防治368.8万亩，草原因灾损失大幅下降。组织开展草原执法检查“绿剑”行动和草原征占用专项检查“护卫”行动，查处草原违法案件11起（移送司法机关3起），有效遏制了破坏草原违法行为。

【资源管理】在完成全省二类森林资源调查任务及第二次陆生野生动物和重点保护野生植物资源调查等基础工作的同时，突出抓好“两防、四保、两严”。“两防”即森林防火和林业有害生物防控。面对严峻的春防形势，采取强宣传、治隐患、管火源、重扑救、明责任等一系列超常措施，全省发生森林火灾起数、过火面积、受害森林面积同比分别下降34.2%、74.5%、79%，实现了森林火灾次数连续4年下降和因灾损失大幅降低，是森林防火历史上防控成效最好的一年。完成林业有害生物防治作业1456万亩次，成灾率0.24‰，远低于国家4‰的防控指标。“四保”即天然林、公益林、湿地和野生动植物保护。聘任天然商品林护林员1.1万人，全省1317万亩天然商品林得到有效保护。《河北省湿地自然保护区规划（2018-2035年）》和9个湿地自然保护区专项规划，通过省政府常务会议审议。组织开展“绿盾2018”专项行动和全省自然保护地大检查，加大违法违规问题查处和整改力度，积极推动解决历史遗留问题，进一步提升了自然保护区综合管理能力。扎实做好野猪非洲猪瘟等疫源疫病防控工作，未发生野生动物疫情。“两严”即严格林地林木管理和严厉打击涉林犯罪。圆满完成森林资源规划设计调查、林地变更调查。严格规范建设项目使用林地和采伐林木审批管理，没有超出国家下达的林地定额和采伐限额。组织开展了保护森林资源监督检查和“春雷”“绿剑”“金钺”“金剑”“金网”“金盾”等专项行动，查处涉林案件3930起，侦破了一批非法售猎野生动物大案要案。

【林业改革】坚持向改革要动力，向创新要活力，全面深化林业重点领域改革。一是国有林场改革。圆满完成146个国有林场主体改革任务，组织国有林场改革督导检查和中期评估，推动市、县改革方案落地落实，顺利完成省级验收。编制了《河北省国有林场中长期发展规划》《河北省国有林场管理办法》等，为国有林场长远发展奠定基础。二是集体林权制度配套改革。积极对接县级农村产权流转交易平台，制定印发了农村产权交易中心集体林权交易规则，完善林权流转服务功能，规范林权交易行为。全省累计流转林地605万亩，落实林权抵押贷款22.6亿元。平泉市被国家林草局确定为新一轮集体林业综合改革试验区。三是依法行政和“放管服”改革。积极推进林业法治建设，配合完成《森林法》《河北省种子管理条例》《河北省木材经营加工运输管理办法》等征求意见及修改工作，开展国家宪法日等系列宣传活动。积极推进“互联网+政务服务”，29项行政许可事项实现网上办理，占许可事项总数的85%。加强“双随机一公开”监管。我局在全省精神文明创建工作联席会上作了典型发言。

（河北省林业和草原局　闫香妥）

畜牧业生产

【概况】2018年，河北省各级畜牧兽医部门认真学习习近平新时代中国特色社会主义思想，以新发展理念为指导，深入落实全省农村工作会议和全国农业工作会议精神，聚焦实施乡村振兴战略，深入推进供给侧结构性改革，按照“稳发展、优供给、强监管、保安全、护生态”总体要求，进一步加快建设现代畜牧业体系，推动了畜牧业高质量发展。全省畜牧业生产整体稳中趋好，呈现出结构优化、效率提升的良好态势，主要畜禽产品产量保持增长，市场供应充足。全省肉类、禽蛋和牛奶产量分别达到467.2万吨、378万吨和391.1万吨，同比分别增长-1.2%、-1.6%和1%。2018年全省生猪存栏1820.8万头，其中能繁母猪存栏173.9万头，同比分别下降7%、7%；出栏3709.6万头，猪肉产量286.3万吨，同比下降2%、1.8%；牛存栏342万头，其中奶牛存栏105.9万头，同比分别下降4.9%、15%；出栏345.6万头，牛肉产量56.5万吨，同比均增加1.5%；羊存栏1179.6万只，出栏2201.4万只，同比分别下降4%和增加1.5%；家禽存栏3.85亿只，其中肉鸡存栏0.75亿只，蛋鸡存栏2.73亿只。同比分别下降3%、9.9%和1.2%；家禽出栏5.97亿只，同比下降1.5%。

【奶业振兴工作】按照胡春华副总理在全国春季生产会期间作出重要指示和省政府常务会议要求，起草了《河北省奶业振兴规划纲要（2018-2025年）》，全面贯彻落实《国务院办公厅关于推进奶业振兴保障乳品质量安全的意见》和全国奶业振兴工作推进会议精神。10月22日，省政府第29次常务会议审议并原则同意《规划纲要》，按照会议要求，在原有基础上制定了新一轮奶业振兴具体扶持政策。2018年12月9日，省委第58次常委会议要求，围绕《河北省奶业振兴规划纲要（2018-2025年）》任务目标，研究编制了《关于加快推进奶业振兴的实施意见》。11月5日至6日，省政府在邢台市召开了全省奶业振兴工作会议，时清霜副省长传达了9月27日全国奶业振兴工作推进会议精神，对下一步奶业振兴重点任务进行了安排部署，要求各级各有关部门要密切协作，加大政策扶持力度，合力推进全省奶业振兴工作。

1.建设绿色优质奶源基地。一是建设智能奶牛场。以石家庄、唐山、张家口、保定四个奶业大市为重点，在奶牛养殖场数量多、标准化规模养殖基础好、积极性高的22个奶业大县，整县推进智能奶牛场建设，建设智能奶牛场160个。联合省财政厅印发了《2018年乳粉业发展项目实施方案》，公开遴选确定具有软件开发和设备研发能力、在河北有成功实施案例和服务团队的信息化公司，为奶牛场逐一制定建设方案，提供设备安装、技术培训、数据维护及上传等服务。组织召开智能奶牛场建设培训会议，解读智能奶牛场建设方案。制定《河北省智能奶牛场建设内容要求》和《河北省智能奶牛场建设验收程序及标准》。召开智能奶牛场建设推进会，及时了解进展情况，解决项目实施中存在问题。二是健全奶牛良繁体系。在全省332个奶牛场开展奶牛生产性能测定19.8万头，每月对参测奶牛场逐一提供生产性能测定报告，对出现乳房炎、代谢病、营养失衡、管理不精准等问题的奶牛场逐一提出指导意见。进口美国300枚顶级种用胚胎和1000支排名前10种公牛精液，开展了对初生的56头小公犊牛全基因组测定和20头12-18月龄种用后备育成公牛后裔测定。三是提高粪污资源化利用水平。落实省政府《畜禽养殖废弃物资源化利用工作方案》，对奶牛养殖场粪污资源化处理设施建设情况逐一调查、登记造册，实行台账式管理。按照“一场一策一方案”的要求，对现有90家处理设施不达标的奶牛场进行了整改。

2.培育乳制品加工领军企业。一是新建乳品加工企业。继续扩大乳粉、低温酸奶等优势产品产能，君乐宝乳业在石家庄鹿泉铜冶镇新建一个年产19.8万吨液奶工厂，已投产运营，在威县新建年产16万吨液奶工厂，在鹿泉铜冶镇新建年产2.2万吨奶粉工厂，计划2019年投产。二是乳企自建牧场。君乐宝乳业在威县、行唐新建2个现代化牧场，存栏规模分别达到10000头和5000头，在张家口并购1个牧场，存栏21000头。三是完善利益联结机制。石家庄、唐山、张家口、保定四个奶业大市继续开展第三方仲裁检测，构建公开、公平、公正的市场环境。每季度组织召开生鲜乳收购价格协调会议，发布全省生鲜乳交易参考价，有效稳定奶牛养殖收益预期。

3.提升乳制品质量安全水平。一是加强生鲜乳质量安全监督抽检。按照《农业农村部办公厅关于开展2018年生鲜乳专项整治行动的通知》安排部署，印发了《2018年河北省生鲜乳专项整治行动方案》，每季度召开全省农产品质量安全监管工作会议，把生鲜乳质量安全监管作为重要内容，层层落实监管责任。组织开展了生鲜乳收购站、运输车“全覆盖”现场检查和各市交叉检查，全省各级出动执法人员6575人次，共检查生鲜乳收购站3027站次、运输车2587车次，对发现问题的生鲜乳收购站进行了认真整改。按照“省对所有生鲜乳收购站（车）每年抽检一次，市级每半年抽检一次，县级每季度抽检一次”要求，前三季度开展省级生鲜乳抽样1700批次，全省抽样检测累计5100批次，抽检合格率100%。二是完善质量标准体系。引导君乐宝乳业建立了以产业链(奶源管理、供应商管理、产品设计开发、生产过程控制、终端质量管理、消费者沟通)为横向坐标，以4Q（质量策划、质量运营、质量绩效评价、质量改进）为纵向坐标的质量管理5.0模式，通过五个发展阶段，实现全链条的卓越运营。5月在国际权威质量评定组织B.I.D（Business Initiative Directions）举办的2018年IQS质量峰会和颁奖大会上，君乐宝荣获“国际质量管理卓越和创新钻石奖”。11月，君乐宝公司荣获第三届“中国质量奖提名奖”。三是优化乳品结构。君乐宝增加了白小纯牛奶等系列新品；蒙牛增加了酸酸乳等风味酸乳和低温发酵乳；河北三元增加了金爱益系列配方奶粉和脱脂乳粉、稀奶油、低温发酵乳产品。新品投放市场，赢得消费者青睐，扩大了市场消费。

4.创建乳品知名品牌。一是提升品牌知名度。今年君乐宝品牌再次入围CCTV国家品牌计划。二是扩大市场影响力，2月在香港第三方检测机构开展的“小鱼亲测”婴幼儿配方奶粉抽检中，君乐宝获得“品质卓越”的绿鱼最高安全评级。三是加强消费体验。君乐宝世界级奶业小镇借力石家庄旅发大会全面提档升级，新建500余亩的文化花海、生态农业果蔬产业园、犊牛产房等项目，让来访的国内外游客近距离感受君乐宝的品质实力、品牌魅力。组织伊利、蒙牛、君乐宝、河北三元共15家乳制品加工厂开放工业旅游，全年共接待游客110余万人次。

【畜禽良繁体系建设】一是加大畜禽种质资源保护与开发力度。积极开展2017年物种品种资源保护项目绩效评价工作；指导2018年物种品种资源保护项目实施单位按照有关要求与畜牧业司签订了项目委托协议，加快项目实施进度；对现代种业提升工程河北省辛集市国家生猪种质资源场建设项目等两个项目进行了批复，进一步加大对我省地方畜禽遗传资源保护力度。组织全省种畜禽生产经营企业积极申报国家核心育种场和良种扩繁基地，及时上报申报材料，并配合农业农村部专家完成了现场验收。二是做好种畜禽质量监督监测。组织专家对省种公牛站新增种公牛体型外貌进行评定，结果进行了公示并报全国畜牧总站备案；配合农业农村部开展种畜禽质量抽查工作，对发现问题督促有关企业按照农业农村部有关要求查找原因，及时反馈整改情况。累计测定奶样887969份，上传中国奶业协会327个奶牛场177804头奶牛的生产性能测定数据，完成全年任务15万头的118.5%。线性鉴定35个奶牛场3615头奶牛，完成全年任务3500万头的103%。召开了2018种猪生产性能测定培训会议，对省内26个种公猪站的129头种公猪常温精液进行抽样检测，并对10家省级种猪场的254头种公猪进行了生产性能测定。三是加大基层技术人员培养力度。组织召开了“河北省奶牛生产性能测定表彰培训暨首届奶农大会”，对先进单位和个人进行了表彰并对全省参测奶牛场技术人员进行了培训。承办了由农业农村部等国家5部门主办2018年中国技能大赛-全国农业行业职业技能（家畜繁殖员）大赛，共有全国32支代表队96名队员参加了角逐。河北省3名选手分别获得大赛第2、3、10名，被授予“全国技术能手”和“全国农业技术能手”荣誉称号，并由农业农村部晋升技师职业资格和职业资格，代表队摘取“团体第一名”桂冠，省畜牧良种工作站荣获“突出贡献奖”。四是做好与全国畜牧总站进行工作对接。在奶牛生产性能测定、京津冀种猪生产性能测定等工作上积极争取国家支持。河北省“养殖书屋”在全国畜牧总站和中国农业出版社的大力支持下，于7月5日揭牌并正式启用。

【畜禽标准化规模养殖】一是组织河北省农业产业体系专家完成了河北省优势特色农产品区域布局规划（2018-2020年）中畜牧部分的六大畜种特优产品提质增效推进方案；组织畜禽养殖产业体系创新团队完成了六大畜种标准化生产标准的收集整理工作。二是组织完成2018年现代种业提升工程畜禽良种项目（辛集市国家生猪种质资源场和张家口市国家猪基因库建设项目）初步设计及概算的编制及专家审核，配合发展规划处完成初设批复工作。完成了每月28日通过农业部建设信息网和国家重大项目库，上报2015-2018年现代种业提升工程畜禽良种项目建设进度信息报送工作。三是完成农业农村部畜禽养殖标准化示范场创建工作，按照农业农村部下达的8个指标要求，我省及时下发了创建方案，确定创建了部级畜禽养殖标准化示范场10个，完成创建验收工作，得到农业农村部全部公示并确认。四是完成了2019年农业农村部和省发改委关于畜牧良种基建项目投资建议计划的上报工作。五是在我国发生非洲猪瘟疫情以来，在全省28个生猪监测县实行了生猪生产、产品及市场价格日报告制度，为领导决策促进生猪生产保障市场供应提供了参考。

【畜禽粪污资源化利用】2018年畜禽粪污资源化利用工作紧紧围绕“两率”任务目标，以畜禽粪污处理设施建设为重点，突出资源化利用，创新循环模式，畜禽粪污综合利用工作初见成效。根据畜禽规模养殖直联直报信息系统测算，规模养殖场粪污处理设施装备配套率达到93.8%，畜禽粪污综合率为74.6%。

1.开展绩效考核。一是会同省环境保护厅印发了《河北省畜禽养殖废弃物资源化利用工作考核办法（试行）》、《2017年度畜禽养殖废弃物资源化利用工作考核实施方案》。成立了时清霜为组长的畜禽养殖废弃物资源化利用工作领导小组。二是受省政府委托，省农业农村厅代省政府与各市政府签订了畜禽养殖废弃物资源化利用责任书。组织召开全省各市、县参加的畜禽养殖废弃物资源化利用视频会议，对出台的考核办法进行解读并安排部署考核工作，要求各市县按照考核内容，认真组织开展自查并做好迎考准备工作。三是组织召开了各市和34个畜牧大县参加的畜禽养殖废弃物考核培训会，对考核及直联直报系统进行了培训。向省政府报告了考核准备相关工作，同时对照考核办法中考核指标要求，协调相关厅局提供佐证材料，逐项完善落实。由农业厅、环保厅组成6个考核组，采取听取汇报、查阅佐证材料、现场核查的方式，对各市进行了绩效考核。

2.推进项目实施。一是中央财政支持项目。组织申报2018年中央财政支持的整市整县推进项目，会同省财政厅组织相关专家对申报的实施方案进行初审，申报的1市3县全部通过农业农村部评审，推荐通过率100%。二是省级财政支持项目。对申报省级财政支持项目实施方案进行了评审论证，确定了曲周等5个县为实施单位，共支持5000万元，多次指导项目县完善实施方案，并会同财政厅对5县方案进行了批复。三是美丽乡村办粪污资金支持项目。对32个项目申报县进行了审核，根据项目县确定原则，确定对畜禽养殖猪当量35万头以上的申报县和奥运举办地予以资金支持，按照资金分配原则，拟订了资金分配方案。四是在安平县召开全省畜禽粪污资源化利用工作现场会及项目县调度会。听取项目县进展情况汇报，研究部署下一阶段工作安排。五是陪同农业农村部开展畜禽粪污资源化利用项目实施情况的督导检查，推进项目实施的进度。六是加强项目管理。对滦平、辛集、玉田县的项目变更进行审核，并会同财政厅进行了批复。召开项目调度会议，对共性问题进行讨论并安排部署下一阶段工作。印发了《加强2015-2017年粪污资源化利用项目管理的通知》，要求各市规范验收备案。

3．开展技术推广和承载能力评估。一是围绕畜禽粪污收集、储运、处理及社会化服务等内容，组织人员到江苏、浙江先进省份对标学习畜禽粪污资源化利用工作，就先进经验和工作理念进行交流，多次深入养殖场和第三方机构开展治理模式提炼总结，筛选出可复制、可推广的6种适用治理模式，并在全省推广应用。二是编印了河北省畜禽粪污治理典型画册，为各地粪污资源化利用工作提供了典型样板。三是印发了《关于报送2018年畜禽养殖环境承载能力评估相关数据信息的通知》，在40个畜牧养殖大县开展畜禽养殖环境承载能力评估试点工作。

【统计监测工作】一是完成了部、省两级2.67万张报表，261.4万个监测数据的催报、审核与汇总工作。二是完成年度自评工作。对涉及考评的96个监测县进行了逐县审核、反复驳回，督促上传完整详实材料。三是完成畜禽生产监测预警分析与信息发布工作。多方搜集材料，加强监测数据分析，及时调研养殖场户，密切跟踪市场变化，高质量完成了前三季度全省畜牧业产销形势分析。同时利用“河北牧业”微信公众平台及短信平台共发布市场行情、京津冀价格、行业信息等230多条。四是做好农业部畜禽养殖户 APP 数据直报试点工作。农业部畜牧业司选取河北省的蛋鸡监测县辛集与生猪监测县黄骅作为畜禽养殖户 APP 数据直报试点县，9月13日至14日，农业农村部畜牧业信息入户行动暨手机 APP 直报河北试点培训先后在辛集市、黄骅市召开，两市共组织基层信息采集员、养殖场户等100多人参会。五是数据核查工作。赴石家庄、邢台、保定、唐山、秦皇岛等地开展了监测数据实地核查。六是启动生猪价格日报工作。为及时跟踪非洲猪瘟疫情对我省生猪产业的影响，及时了解生猪价格走势，从9月9日起启动生猪价格应急日报及时准确地完成了生猪价格日报的监测和报送工作，为研判形势、保护产业发展提供了基础信息，为领导决策提供了有力依据。

【非洲猪瘟防控】 8月3日国内首例非洲猪瘟疫情发生以来，全省畜牧兽医部门按照农业农村部和省农业农村厅党组的安排部署，全力做好非洲猪瘟防控工作。一是领导高度重视。省委、省政府把做好非洲猪瘟防控工作摆在突出位置。王东峰书记3次作出批示指示，并亲临防控非洲猪瘟监督检查站检查慰问；许勤省长先后作出17次批示，主持召开省政府常务会议专题研究部署；时清霜副省长39次作出批示提出防控要求，5次到省农业农村厅防控非洲猪瘟指挥中心进行指导，多次到防控一线督导调研。全省投入资金1.7亿元，其中省财政5353万元用于非洲猪瘟检测仪器购置、检疫监管、检查站人员补助、屠宰企业视频监控系统等事宜。二是集中统一指挥。2018年9月9日，省政府重新组建防治重大动物疫病指挥部，建立农业农村、公安、住建、市场监管等18个部门联合工作机制。省政府召开6次全省性专题会议，省政府办公厅下发4个专题文件，对不同阶段防控工作都在第一时间作出安排部署和调度。全省各级政府和指挥部成员单位系统，共签订非洲猪瘟防控工作责任状34万份，砸实了防控责任。三是落实关键防控措施。第一是严格生猪调运监管。全省共设立公路动物卫生监督临时检查站（点）945个，查验车9.62万辆，检查生猪395.37万头、生猪产品12.94万吨，无害化处理生猪1245头，猪产品19.6吨。严格生猪运输车辆备案及监管，全省共备案生猪运输车辆5708台。第二是严格猪场密罐管理。出台《河北省生猪养殖场非洲猪瘟防控工作指导意见》，督导生猪养殖场户落实防疫主体责任，切实做到“八要八禁止”，严格实行密罐式管理。组织开展全方位培训，培训养殖场（户）110万人次，覆盖到每一个养猪场。监督指导养殖场实行“一书一状”，全省所有生猪养殖场都签订非洲猪瘟防控承诺书和责任状。制定出台《河北省非洲猪瘟防控乡镇干部包联责任制（暂行）》，实行乡镇干部双包责任制，全省共明确包联干部4.23万人，包联养殖场及养殖场所在村11.2万个。第三是严格屠宰场管理。印发《河北省生猪定点屠宰企业非洲猪瘟防控工作指导意见》，指导屠宰场“严把六关”，做到六严禁，制定《河北省生猪定点屠宰企业消毒规范》，组织屠宰企业开展大整顿、大清洗、大消毒活动。强化屠宰自检，全省166家生猪定点屠宰厂基本配齐非洲猪瘟检测设备，培训检测人员177人。第四是严格餐厨剩余物全链条监管。在全省开展了生猪养殖场户禁止使用泔水喂猪专项排查整治工作，1050家曾经泔水喂猪的养殖场（户）全部被叫停。第五是严格疫情排查和检测。坚持县乡政府和农业部门“双轨排查制”，全省共出动人员137万人(次)，排查养殖场(户)、生猪交易市场、生猪屠宰场和生猪无害化处理厂860.2万个（次），排查生猪5.65亿头（次）。四是强化督导检查。省农业农村厅作为牵头部门，22次召开专题办公会研究非洲猪瘟防控工作，4次召开视频会议进行安排部署，第一时间成立非洲猪瘟防控应急指挥中心，实行集中办公，先后组织开展6轮工作督导检查和暗访。省委将非洲猪瘟防控工作纳入省重点工作大督查范围，由省委驻市督导组对各级党委政府全面落实防控责任进行大督查，对发现问题及时通报、追踪整改，促进了属地责任、监管责任和防控措施落实到位。五是区域联防联控。联合京津印发《京津冀非洲猪瘟联防联控机制实施方案》，召开了联防联控工作部署会，多次同北京会商供京猪肉保障事宜。我省财政部门要求必须全力做好资金保障工作。省林草、公安、住建、市场监管、海关等部门，也都按照各自职责，组织开展本系统督导检查，切实形成了联防联控工作局面。六是稳定生猪生产和市场供应。印发《关于加强非洲猪瘟防控积极引导小型养猪场（户）转型升级的通知》，组织省级技术推广部门及生猪产业创新团队进行技术指导，推行标准化饲养，保障生猪稳定健康发展。及时启动京津冀生猪养殖和市场供应日报监测制度，建立部门、专家会商机制，每日发布预警信息，防止生猪价格波动过大。

【动物疫病防控体系建设】一是圆满完成全省重大动物疫病防控工作。印发了《2018年河北省重大动物疫病防控工作方案》《2018年河北省主要动物疫病免疫工作方案》，扎实推进重大动物疫病强制免疫工作。全省全年共完成禽流感免疫5.97亿只，口蹄疫免疫猪3776万头、牛685万头、羊3248万只，小反刍兽疫免疫羊2510万只，全省畜禽免疫密度常年保持在90%以上。全省未发生区域性重大动物疫情。在农业农村部重大动物疫病防控工作延伸绩效管理考核中，河北省已连续三年被评为优秀等次。二是规范强制免疫疫苗和耳标管理。完成2018年强制免疫疫苗和耳标招标采购工作，共采购禽流感、口蹄疫等强免疫苗7.71亿毫升/头份，耳标4280万套，涉及金额约2.2亿元。制定印发了《关于进一步规范生猪耳标管理工作的通知》。三是加强动物疫情应急处置。印发《河北省突发重大动物疫情应急预案》(冀政办(2018)18号)，在省政府网站刊登了《应急预案》的政策解读。切实做好应急物资储备，按照程序及时招标采购了应急用消毒药230吨。四是加强动物疫病监测与流行病学调查。全省全年口蹄疫血清学监测共计27.45万份，合格率92.74%；病原学监测41443份，全部阴性。高致病性禽流感血清学监测29.32万份，合格率95.4%；病原学监测17865份，全部阴性。小反刍兽疫血清学监测4.64万份，合格率93.74%；病原学监测9260份，全部阴性。五是全力推进动物疫病净化工作。印发了《2018年河北省种畜禽场主要疫病监测工作实施方案》，加强种畜禽场主要疫病监测净化工作。全省共确定34家养殖企业开展动物疫病净化工作，其中1家企业通过国家示范场验收，4家企业通过国家创建场验收，2家企业通过省级创建场验收。

【病死畜禽无害化处理体系建设】一是稳步推进体系建设。全省共建成病死畜禽集中无害化处理厂（中心）61个，建成收集点505个，配套运输车辆221台，收集处理体系已覆盖的县（市、区）达到120个，初步形成了以养殖大县、区域中心为辐射的全省病死畜禽无害化处理与收集体系。2018年全省无害化处理染疫动物956.49万头（只），无害化处理病害动物肉类1694.56吨，保障了食品和生态环境安全。二是扎实推进生猪保险联动。全省11个设区市和2个直管市全部开展病死猪无害化处理与保险联动工作。2018年全省累计承保育肥猪2240.42万头，保费收入5.3182亿元，分别比2017年增长59%、47%，实现了养殖户、保险公司、生态环境等多方共赢，有效地推动了病死畜禽无害化处理工作。

【动物卫生执法监督】一是不断加大监督执法力度。2018年，全省共办理动物卫生监督执法案件2692件，3个执法案卷获得“2018年度全国动物防疫行政执法案卷评查优秀案卷”(全国共33个)，2份行政处罚决定书获得“2018年度全国动物防疫行政执法案卷评查优秀行政处罚决定书”(全国共23份)。二是不断充实监督执法人员。通过动物卫生监督网开展动物卫生监督月度专题培训7期，向社会宣传动物卫生监督相关政策法规；开展全省官方兽医网络培训，组织全省官方兽医参加全国动物卫生监督执法人员网络考试，提高执法水平。完成了第五批新增官方兽医的审核工作，共计确认第五批官方兽医653名，注销因调离、退休、病故等原因注销官方兽医388人，充实并净化了官方兽医队伍。目前全省共有官方兽医6558人。三是不断提升监督执法能力。组织全省开展层级行业技能比武竞赛活动，选出3名队员和1名技术指导代表河北省参赛。经过激烈角逐，我省综合成绩名列前茅，获得团体第三名的优异成绩。在理论考试中，我省选手取得个人和团体理论成绩全国第一名的优异成绩。在实际操作比赛中，我省选手在全国96名选手比赛中，荣获个人一等奖一个（全国第二名)，个人二等奖一个，个人三等奖一个。四是不断强化信息手段建设。以动物检疫电子出证系统为核心，构建从养殖到屠宰全链条信息化监管系统，推动监管信息互联共享；组织完成了基础数据的建档入库工作。组织完成动物养殖场、诊疗场所、隔离场所及无害化处理场所等监管对象基础数据的建档入库工作。通过打造“河北智慧动监”，达到动物卫生监督动态实时监管、大数据统计分析、科学决策、预警及风险控制的目的，真正实现由数据动监到智慧动监的转变。

【药政管理】一是启动兽用抗菌药使用减量化行动。按照省委省政府2018年1号文件精神和农业农村部《兽用抗菌药使用减量化行动试点工作方案（2018—2021年)》要求，省厅制定印发了《河北省兽用抗菌药使用减量化试点建设实施方案（2018-2021)》，全省选定了25家大中型畜禽养殖场为2018年部级、省级兽用抗菌药使用减量化行动试点，并举办以“产好药、用好药、少用药”、确保畜产品质量安全为主题的河北省兽用抗菌药使用减量化行动启动仪式。印发了《河北省兽药安全使用质量管理指导意见》。坚持以试点建设为抓手，强力推进兽用抗菌药使用减量化行动，确保我省兽药抗菌药使用量实现“零增长”。二是稳步实施兽药“二维码”追溯制度。全省140家兽药生产企业全部按要求申请了兽药二维码密钥，并配备了相关设备，兽药产品信息及时上传入库，实现所有兽药产品赋二维码出厂、上市销售。举办了6期全省兽药二维码追溯经营环节入网培训班，1900多家经营企业、4200多人参加了培训，并核发了培训证书，全省共有2221家兽药经营企业入网注册，1480家兽药经营企业实现了出入库信息上传，入网运行率达到67%，提前实现了农业农村部要求的年底前实现50%上网运行的目标。三是严格兽药监督执法及日常管理。组织各地对农业农村部兽药质量监督抽检通报及各省抽检不合格产品涉及的生产企业及时依法进行了查处，对涉及的兽药经营企业假兽药来源进行了追溯，对不合格产品进行了监督销毁。约谈兽药生产企业11家，对6家兽药生产企业进行了飞检，有效纠正了企业的非法违规生产行为。2018年，全国共抽检我省兽药生产企业生产的产品800多批次，合格率99.1%，位居全国第一。四是规范行政许可。严格制定兽药行政许可审批程序，实施兽药GMP检查验收随机抽查制度，受理35家兽药生产企业的行政许可申请，全部实行网上受理审批，落实审批事项公告公示制度。五是指导安全生产。制定了《河北省兽药安全生产工作指南》及《兽药按全省生产突发事件应急预案》。认真开展“安全生产月”和“安全生产燕赵行”活动，在全省开展了兽药生产、经营环节安全生产事故隐患大排查大整治行动。举办了以“生命至上、安全发展”为主题的兽药生产企业安全生产消防应急演练，组织全省兽药生产企业签订了《2018年兽药安全生产承诺书》。

【兽医医政管理】一是执业兽医资格考试工作规范开展。按照农业农村部的部署和要求，10月21日在河北政法职业学院举办了2018年全省执业兽医资格考试，共有1692人报名缴费，1511人参加考试，没有发生试卷泄密、考试作弊和群体性事件，圆满各项考试工作。二是组织开展全省兽医系统实验室考核验收工作。有7个市级兽医实验室通过了考核验收。省动物疫病预防控制中心实验室首次通过CMA认证。三是举办了全省兽医实验室技能大比武活动。制定了《2018年河北省兽医系统实验室综合技能大比武工作实施方案》，举办了全省兽医系统实验室综合技能大比武工作，共有63个市、县疫控中心兽医实验室90多人参加活动，对获得优胜单位和个人进行全省通报表彰。我省遴选的“动物疫病防治员”技术能手获得2018年中国技能大赛——全国农业行业职业技能大赛团体第五名；四是积极探索兽医社会化服务。印发了《河北省农业厅关于加快推进全省兽医社会化服务工作的指导意见》，各地按照“市场运作、项目招标、政府买单、按绩取酬”的方式，积极推进政府购买服务等兽医社会化服务工作。中国兽医发布报道了我省加快推进兽医社会化服务工作的指导意见，并陉、围场等县兽医社会化服务试点工作典型经验在“河北三农工作简报”进行刊登。

【畜禽屠宰监管】一是畜禽屠宰监管“扫雷行动”及打击私屠滥宰取得初步成效。先后印发了《关于开展畜禽屠宰监管“利剑行动”的通知》《关于做好暑期屠宰环节畜禽产品质量安全保障工作的通知》《关于开展全省畜禽屠宰检查活动的通知》《2018年全省畜禽屠宰监管“扫雷行动”实施方案》等文件。全省组成6个检查组，检查了13个市（含定州、辛集）、13个县（市、区）屠宰监管工作，抽查了22家畜禽定点屠宰企业。加强部门合作，与省食药监、省公安厅联合印发《关于严厉打击肉制品黑窝点黑作坊的通告》；建立健全京津冀屠宰监管协作机制，积极参与京津冀屠宰监管联防联查行动，全省累计出动执法人员40486人次，立案189件，其中5起案件移交司法处理。二是畜禽屠宰监管“提升年”行动有序推进。制定《2018年全省畜禽屠宰监管“提升年”行动实施方案》，着力提升监管能力、监管质量、监管形象和保障机制。2018年，全省生猪定点屠宰企业标准化建设新增投资近1.8亿元，达标率实现85.75%，屠宰企业标准化水平持续提升。三是监督执法水平不断提升。在全省继续开展执法安全评查活动，通过一系列活动的开展，全省畜禽屠宰监管队伍业务水平有效提升，在7月11日农业农村部办公厅关于生猪屠宰行政处罚案卷评查通报中，我省1个案卷、2个文书被评为优秀。

【草原生态保护与建设】1.推进新一轮草原补奖政策落实。根据省委确定的2018年度重点工作任务，利用禁牧补助资金和绩效评价奖励资金，继续推进新一轮草原生态保护示范区建设。制定了2018年“草原生态保护示范区”建设工作方案，确立了各季度工作目标、工作措施。建设9个万亩以上“草原生态保护示范区”，草原综合植被盖度达到71.6%以上。2.顺利完成了京津风沙源治理工程。配合省发改委落实京津风沙源治理二期工程项目，加快草原修复，完成京津风沙源草地治理15.1万亩，暖棚63万平方米，青贮窖16万立方米，储草棚11万平方米的治理工程建设任务。3.草原“三防”工作再创佳绩。强化草原“三防”体系建设和执法监督。切实做好草原“三防”工作，在重要时间节点和“五一”、“十一”期间对有关市、县草原防火工作安排部署情况和隐患排查整治情况进行督导检查。全年确保了不发生较大级别以上草原火灾，不发生越境草原火，不发生重大人身伤亡事故，火灾受害率控制在0.3‰以内。完成草原虫害防治320万亩，完成草原鼠害防治100万亩。4.加强草原管理法制进程。按照农业部的要求和省草原监理站联合开展了大美草原守护行动。严格草原征占用审核审批管理，组织开展非法征占用草原清查整治行动。推动落实草原“生态红线”和基本草原划定，依法依规严格保护草原生态资源，加强草原资源精细化管理。参与起草了河北省《关于加快坝上地区生态环境治理修复的实施方案》。

【粮改饲试点】2018年我省建设粮改饲试点市2个、试点县23个，国家下达任务130.8万亩，支持资金21800万元。试点市、县已完成青贮收获面积189.69万亩，青贮499.48万吨。青贮玉米种植户较同期籽粒玉米种植户亩增收预计在20%以上。实现了面积、质量双提升和种植、养殖效益双增赢。绩效考核17个省份我省排名第三。一是把握原则，制定方案。对粮改饲试点工作早安排、早谋划、早落实，联合省财政厅及时印发《2018年河北省“粮改饲”试点工作实施方案》，明确了支持环节、补助标准、补助方式、工作要求等。二是机制创新，精准管理。积极创新农业金融产品和服务，建立信贷担保、“青贮贷”等金融产品，有效缓解了养殖户收贮资金压力。以补助资金受益对象为节点，对种植、收贮等环节进行精准统计，确保资金规范使用，政策有效落实。三是总结典型经验，推动项目创新。在工作开展过程中，对各地涌现的一批好经验、好做法及时推广。利用粪污废弃物生产沼气-沼液沼渣还田-种植全株青贮玉米-饲喂奶牛，循环发展模式在已经在省内形成共识，在生产中得到广泛接受。第三方资产评估机制，从滦南、滦县开始到全省多个试点县、区开始采用。丰宁、围场等县整合农业项目的圈舍补贴、旱作农业地膜补贴等多项资金，确保项目顺利实施。全省试点县在项目带动脱贫工作中，通过在土地流转、青贮料的收购、养殖用工等方面向建档立卡贫困户倾斜来带动贫困户增收。四是强化技术支撑，加强宣传推广。充分发挥河北省草业创新团队在粮改饲试点工作推进过程中的科技支撑作用，积极开展适宜当地种植的优质牧草与饲料作物品种引种试验、创建全株青贮玉米应用示范点两个。省、市、县各级项目管理部门累计举办各种类型培训班57次，培训人员3268人次，编辑印发青贮技术资料4300多本，制作“粮改饲”技术指导光盘近5200余张，充分利用电视、广播、报刊杂志、互联网等媒体，开展主题突出、形式多样的宣传报道。

【苜蓿种植】2018年国家下达我省指导性目标任务3.24万亩，项目资金1940万元。任务分解到阳原县、康保县等七个县区。一是积极组织申报，制定实施方案。2017年10月和2018年4月两次组织各地积极申报高产优质苜蓿示范建设项目，并对申报材料进行评审，最终确定10家单位为项目建设单位。资金下达后及时印发了《2018年河北省高产优质苜蓿示范建设项目实施方案》，明确了项目任务目标、补贴内容、补贴标准等。要求各项目单位按照任务标准编制《项目实施方案》报上级农财部门批准后实施。二是及时评估，加强管理。针对高产优质苜蓿示范建设项目的多年连续的特点，对2015年以来的项目单位进行评估、检查苜蓿种植留存情况，目前我省苜蓿留存面积19万亩。高产优质苜蓿示范建设项目实施实行法人负责制、招投标制、监理制和合同制。为提高项目的可操作性，印发了《河北省高产优质苜蓿示范建设项目管理规范》，对项目档案、基地建设、田间管理及验收标准等做了详细规定。委托河北省草业体系创新团队编制了《苜蓿标准化生产技术手册》。

【饲料工业】全省饲料工作围绕饲料生产和饲料质量两个安全，监管与服务并重，致力于打造良好的营商环境，饲料工作有序开展。全年饲料总产量1346万吨，总产值425亿元，分别比去年增长0.07%和8.7%。1.组织开展了河北省2018年饲料和饲料添加剂专项治理行动。深入贯彻落实省委一号文件“规范饲料添加剂使用”要求，制定并印发了《河北省2018年饲料和饲料添加剂专项治理行动实施方案》，分安排部署、宣传发动、集中治理、交叉互查、督导检查五个阶段，对全省饲料生产、经营、使用环节进行了全面治理。全省共出动执法人员22527人次，检查生产企业2429个次，经营单位2507个次、养殖场户6811个次，查处问题企业45个，取缔非法企业9个，抽取样品3617批次，检出不合格样品2批，查处违法饲料产品6吨，立案调查违规企业7个，涉案金额7.15万元，处罚金额9.3万元。较大程度的净化了饲料市场，对饲料行业不法生产经营使用行为起到了较大的震慑作用。2.组织开展了饲料质量安全监管监测工作。一是制定了《2018年度河北省饲料质量安全监管工作实施方案》，并组成五个检查组，分别于2018年5月28日至6月1日、9月5日至9日对石家庄、邢台、衡水、辛集市所有受检企业进行了监督检查，同时按照农业部要求对受检企业抽取样品送第三方检测，共检查342家饲料和饲料添加剂生产企业，抽取样品366批次，待结果出来后，将对不合格产品依照《条例》进行处置。二是制定并组织实施2018年饲料监测计划。三是开展了宠物饲料监督抽检工作。组织唐山市畜牧水产品质量监测中心开展了宠物饲料监督抽检工作，全省共抽检43家宠物饲料生产企业，抽检样品125批次，检出不合格样品2批，不合格标签7份。3.印发《河北省畜牧兽医局关于加强饲料和饲料添加剂生产企业管理的通知》。针对2018年上半年饲料质量安全监管现场检查过程中发现的主要问题，印发了《关于加强饲料和饲料添加剂生产企业管理的通知》，对饲料和饲料添加剂生产许可证管理、统计信息报送、新修订的饲料法规规章的落实以及深入实施《饲料质量安全管理规范》等重点工作进行了再次部署。4.组织举办饲料法规、统计暨安全生产培训班。按照年初的计划安排，于9月3-4日在石家庄市举办了饲料法规、统计、安全生产培训班。重点对新颁布的《宠物饲料管理办法》、新修订的《饲料卫生标准》《饲料添加剂安全使用规范》进行了宣贯；对新的饲料统计报表制度和统计系统运行中存在的突出问题进行了研讨；同时对饲料安全生产相关知识进行了培训。各市饲料办主任、负责统计、安全生产人员、重点饲料和饲料添加剂生产企业负责人、省局草原与饲料处、饲料工业协会、饲料监察所相关人员等共160余人参加了培训。本次培训邀请了农业农村部畜牧业司、中国饲料工业协会相关专家、我省安全生产专家进行授课，收到了良好的效果。5.饲料行业安全生产有效开展。将饲料安全生产责任落实、制度建设、专项整治和执法、监督检查、基础管理、教育培训、职业病防治、事故报告和调查处理等内容进行了安排部署，并与各市签订了饲料安全生产目标管理责任状。制定了《河北省饲料安全生产突发事件应急预案》。开展了安全生产大检查，重点抓好饲料生产安全隐患“大排查、大治理”工作。省级共检查企业41家，市级共检查企业223家。县级基本上达到了全覆盖，排除各类安全隐患42条。组织制定了《河北省饲料行业安全生产风险辨识分级管控指南（试行）》。6.饲料统计工作顺利衔接。实现了饲料统计新旧报表制度顺利衔接。对饲料统计报表系统企业名单、饲料和饲料添加剂行政许可管理系统企业名单进行梳理、核对，保持两个系统一致性。建立河北省饲料统计工作群，及时解答市、县、生产企业的问题，同时对企业报表进行催报、审核，上报率达到了95%，基本实现饲料统计报表新旧制度的衔接。

（河北省奶源管理办公室　赵学风　马修国）

渔业生产

【概况】2018年，全省渔业系统以党的十九大精神和习近平新时代中国特色社会主义思想为指引，深入贯彻全国渔业渔政工作会议等决策部署，持续推进渔业供给侧结构性改革，加快转方式、调结构，提升管理水平，以提质增效、减量增收、绿色发展、富裕渔民为目标，以健康养殖、适度捕捞、保护资源、做强产业为方向。渔民收益进一步增加，渔业产出效益逐步提高。

2018年，全省水产品总产量109.6万吨，同比下降5.88%。其中海洋捕捞产量21.2万吨、同比下降9.27%，超额完成农业部下达的每年降低5%的目标任务；远洋捕捞6.5万吨，同比增长35.85%；海水养殖49万吨，同比下降7.43%；淡水捕捞4.21万吨、同比下降14.04%；淡水养殖28.6万吨、同比下降5.86%。渔业经济总产值264.5亿元，比去年增长5.96%；渔民人均收入16790.71元，同比增长10.8%。

【捕捞业】海洋捕捞产业结构更加合理。2018年海洋捕捞21.2万吨，同比下降9.27%，海洋捕捞渔船3828艘，同比下降6.93%，功率296710千瓦，同比下降0.21%。为保护海洋资源，全面组织实施海洋伏季休渔制度，推行沿海捕捞渔民减船转产、更新改造政策，完成减船234艘、减少功率12937.23千瓦，更新改造渔船127艘。远外海捕捞不断拓展。2018年远洋捕捞6.5万吨，同比增长35.85%，今年以来新增2艘远洋渔船赴毛里塔尼亚海域生产，新建3艘鱿钓渔船下水生产，全年共23艘渔船从事远洋渔业生产，产量增速明显，产值近2亿元。淡水捕捞得到有效控制。淡水捕捞4.2万吨、同比下降14%，淡水捕捞渔船1172艘，同比减少2.5%，近年来对水库进行治理，淡水捕捞船减少，捕捞产量趋于合理。

【养殖业】海水养殖受灾严重。2018年海水养殖产量49万吨，同比下降7.43%；养殖面积111404公顷，同比增长3.55%。因台风、暑期高温等原因，海水养殖受灾严重，受灾面积20121公顷，其中扇贝产量37.8万吨，同比下降10.89%，海参产量4764吨，同比下降48.56%。淡水养殖持续下降。淡水养殖产量28.6万吨，同比下降5.86%，近年来水库进行网箱、围网整治，清理网箱，水库产量3万吨，同比减少43.69%，其中网箱产量1729吨，同比减产93.91%，通过治理，水库水质好转，生态环境明显改善。

【第二三业】水产品加工能力下降。2018年我省水产品加工企业229家，同比下降9.13%，水产加工能力329028吨/年，同比下降23.58%，水产加工品总量73106吨，同比下降17.16%。因环境治理，取缔部分加工企业，水产品加工业受损严重。休闲渔业新型业态发展迅速。2018年，全省休闲渔业经营主体已达1280家，其中创建国家和省级以上休闲渔业示范基地44个；年接待游客500万人次以上，全省休闲渔业总产值近8亿元，同比增长10.73%。

【经济发展】渔业经济产值稳定增长。2018年渔业经济总产值264.6亿元，同比增长5.96%，第一产业产值222.1亿元，同比增加6.76%；第二产业产值25.8亿元，同比增加1.52%；第三产业产值16.7亿元，同比增加2.68%。虽渔业产量下降，但水产品价格保持高位运行，渔业新型业态加快发展，渔民收益进一步增加，渔民人均收入16790.71元，同比增长10.8%，渔业产出效益逐步提高。

（河北省农业厅　雷霞）

农村居民收入与消费

2018年是全面贯彻党的十九大精神的开局之年，在河北省委、省政府的正确领导下，坚持创新竞进、转型升级、提质增效、改善民生，实现了农村居民收入增长与经济发展基本同步，农村居民的获得感、幸福感不断提升。据住户一体化调查资料显示，2018年河北农村居民人均可支配收入水平14031元，比上年增长8.9%；农村居民人均消费支出11383元，比上年增长8.0%，基本实现收支同步稳定增长。

一、各项收入全面增长，与经济发展基本同步

河北农村居民人均可支配收入14031元，比上年增加1150元，是农民增收历史上第三次超过千元。

（一）收入全面稳定增长，工资性收入贡献最大

1.收入四大来源全面增长。河北农村居民各项收入呈全面增长态势，工资、经营收入较快增长，转移、财产收入稳步增长。其中，河北农村居民人均工资性收入7454元，增长9.0%，增幅比上年回落0.2个百分点；经营净收入4612元，增长9.1%，比上年加快2.6个百分点；财产净收入299元，增长8.9%，比上年加快2.4个百分点；转移净收入1667元，增长8.4%，比上年加快0.8个百分点。

2.工资性收入仍是增收主动力。工资性收入继续稳定增长，是农村居民收入增长的有力支撑。2018年，农村居民人均工资性收入增加613元，对农村居民人均可支配收入增量的贡献率为53.3%，拉动农村居民可支配收入增长4.8个百分点。

3.经营净收入为增收注入新动力。农村居民人均经营性收入增加384元，对农村居民人均可支配收入增量的贡献率为33.4%，拉动农村居民可支配收入增长3.0个百分点。

（二）与经济增长基本同步，为实现收入翻番奠定基础

1.收入增速与经济增长基本同步。2018年，河北农村居民人均可支配收入比上年增长8.9%；扣除价格因素，实际增长6.4%，比全省国内生产总值增速6.6%低0.2个百分点。从前三季度看，一季度、上半年、前三季度农村居民人均可支配收入扣除价格因素实际增速分别为6.9%、6.8%、6.7%，比同期 GDP 增速分别高0.9、0.3和0.1个百分点，收入增长与经济增长保持基本同步。

2.2019年有望实现翻番目标。按现价看，2018年农村居民人均可支配收入14031元，是2010年的2.3倍。按可比价看，2011-2018年农村居民人均可支配收入累计实际增长91.7%。初步测算，未来两年农村居民人均可支配收入年均实际增长2.2%以上，即可在2020年实现农村居民人均可支配收入翻番目标；如若在2019年提前实现翻番目标，则农村居民人均可支配收入需增长4.4%以上。

3.农民收入增速实现“五高”。①增速高于上年：2018年农村居民人均可支配收入增长8.9%，高于上年0.8个百分点，是近4年最高增速；②增速高于城镇：农村居民人均可支配收入增速高于城镇居民0.9个百分点，是近3年来首次；③增速高于年初目标：2018年河北政府工作报告提出，农村居民人均可支配收入预期目标是增长7.5%，2018年农村居民人均可支配收入增长8.9%，比预期目标高1.4

个百分点；④增速高于全国平均增速：全国农村居民人均可支配收入增长8.8%，河北增速比全国高0.1个百分点，在全国位居19位，比上年上升7位；收入水平比全国低586元，位居全国第12位，比上年上升3位；⑤增速高于周边多数地区：河北农村居民人均可支配收入增速高于天津、辽宁、山东、河南，分别高2.9、2.3、1.1和0.2个百分点；低于内蒙0.8个百分点，与山西持平。收入水平高于山西、内蒙和河南，分别高2281元、228元和200元，比天津、山东和辽宁分别低9034元、2266元和625元。

（三）城乡居民收入差距缩小，降至近10年最低

2018年城镇居民人均可支配收入32977元，比上年增长8.0%，扣除价格因素，实际增长5.3%；农村居民人均可支配收入14031元，比上年增长8.9%，扣除价格因素，实际增长6.4%。农村居民人均可支配收入实际增速高于城镇居民1.1个百分点。城乡居民收入比由上年的2.37下降为2.35，城乡居民收入相对差距缩小，好于全国平均水平。

从近10年看，城乡居民收入比在2009年达到历史最高2.79之后连续4年下降；但随着河北经济结构转型升级、化解过剩产能、治理大气污染等工作力度加大，经济出现下滑，农村居民收入增速连续4年下降，致使2014-2017年城乡居民收入比连续4年停滞在2.37，2018年是近5年来城乡居民收入比首次下降，是近10年的最低点，比2009年下降0.44。

二、农村居民消费特征

2018年农村居民人均消费支出11383元，比上年增长8.0%，生活消费水平稳定增长。

（一）生活消费稳定增长

1.“八大类”支出呈全面增长态势。2018年农村居民“八大类”生活消费支出呈全面增长态势。从增速来看，生活用品及服务支出774元，增长15.8%，增速最快。其后依次为教育文化娱乐支出1171元，增长15.5%；医疗保健支出1202元，增长12.0%；其他用品和服务支出232元，增长11.3%；居住支出2542元，增长6.8%；食品烟酒支出3003元，增长6.6%；衣着支出723元，增长5.6%；交通通信支出1737元，增长2.8%。从消费水平看，吃、住、行依然是农村居民消费的重头戏，占生活消费支出的64.0%，对消费增量的贡献率为46.5%。

2.农村居民消费支出增速快于城镇。2018年，农村居民人均生活消费支出增长8.0%，比城镇居民人均生活消费支出7.4%的增速高0.6个百分点。从消费八大类看，农村居民除食品烟酒、衣着和居住外，其余5项增速均高于城镇。

3. 网上消费步入寻常农家。近年来随着互联网的普及，物流业的覆盖，农村居民网购次数、网购金额都大幅上涨。2018年农村调查户户均网购次数比上年增长2.5倍，户均网购消费金额比上年增长1.4倍。八大类消费中均有网购行为，排在前三位的是吃穿用。衣着高居网购次数和消费金额之首，分别占总网购次数和消费额的34.6%和32.7%；网购次数排在二、三位的依次是食品烟酒和生活用品及服务，分别占25.9%和20.8%；网购金额排在第二、第三位的是生活用品及服务和食品烟酒分别占24.0%和10.3%。吃穿用是“网购热点”，而大宗耐用品和医疗保健市场有待进一步开发

4.农村居民收支基本保持同步增长。2018年农村居民生活消费支出增长8.0%，同期农村居民人均可支配收入增长8.9%，年度收支基本保持同步增长。2018年一季度、上半年和前三季度农村居民生活消费支出分别增长9.1%、9.1%和9.0%，同期人均可支配收入分别增长9.2%、9.0%和9.1%，季度收支也基本保持同步增长。

5.农村居民边际消费倾向高于城镇居民。2018年，农村居民人均生活消费支出增加847元，人均可支配收入增加1150元，农村居民边际消费倾向（消费增加额与收入增加额之比）为73.6%。同期，城镇居民边际消费倾向为62.9%。农村居民边际消费倾向比城镇居民高10.7个百分点。

（二）消费结构不断升级

1.恩格尔系数进一步降低。2018年，河北农村居民人均食品烟酒消费支出增长6.6%，比上年高4.0个百分点，占消费支出比重为26.4%，比上年下降0.3个百分点，比全国低2.0个百分点。近5年农村居民恩格尔系数逐年下降，由2014年的29.4%，到2018年的26.4%，下降了3.0个百分点。

2.服务性消费支出占比提升。2018年，农村居民人均服务性消费支出（不含自有住房折算租金）占农村居民消费支出的比重为26.0%，比上年提升1.8个百分点。主要是随着农民收入水平不断提高，消费观念的转变，带动在外饮食、家庭服务、医疗服务等服务性消费较快增长。从其消费结构看，人均饮食服务支出增长59.0%，家庭服务支出增长17.3%，医疗服务支出增长13.2%，包含旅馆住宿等在内的其他服务支出增长20.5%。

3.发展和享受型消费支出增长快于生存性支出。2018年，农村居民生活消费支出中发展和享受性消费，即生活用品服务、交通通信、教育文化娱乐、医疗保健和其他用品和服务支出共计5115元，比上年增加462元，增长9.9%，比人均生活消费支出增速高1.9个百分点，比生存型消费支出增速高3.4个百分点。

（国家统计局河北调查总队　张力）

农产品生产者价格

2018年河北农产品生产者价格指数为104.65，价格水平同比上涨了4.65%。

【农产品生产价格指数由负转正】2018年农产品生产

者价格走势结束了连续三年的负增长，价格指数由降转升，全年农产品生产者价格指数达到104.65。分季度看，连续四个季度呈现正增长态势，其中一、二、三季度增速逐季加快，分别达到了3.78%、5.35%和9.74%，四季度增速虽然比三季度有所放缓，但仍达到了6.95%。

【农、林、牧、渔业生产价格“全面上涨”】分行业看，农林牧渔四大板块全面上涨。其中种植业、林业、畜牧业、渔业产品生产者价格分别比上年同期上涨了4.49%、0.53%、4.62%、9.85%。

（一）种植业产品生产者价格指数为104.49

2018年，河北种植业产品生产者价格总体呈现上涨态势，同比上涨了4.49%，是2014年价格指数呈现负增长以来的首次上涨，主要原因是水果、蔬菜、玉米价格带动所致。所调查的八类价格涨跌各半，其中谷物、蔬菜及食用菌、香料原料、水果及坚果价格呈上涨之势，较上年分别上涨了3.09%、6.5%、10.85%和14.3%；而油料、豆类、薯类、棉花价格则呈下跌态势，较上年分别下跌了14.49%、6.63%、2.72%和2.61%。

（二）林业产品生产者价格指数为100.53

2018年，河北林业产品生产价格总体呈上涨态势，同比上涨了0.53%。是农、林、牧、渔四大类中上涨幅度最小的类别。价格小幅上涨的主要原因是：随着雄安新区的建设步伐加快，当地及周边地区植保类树苗需求量增加，导致道路两边及观赏性树苗价格有所上涨。

（三）畜牧业产品生产者价格指数为104.62

2018年，河北畜牧业产品生产者价格同比上涨了4.62%。分类别看，调查的三大类产品中，除活牲畜由于生猪价格持续低迷，导致价格下降8.09%之外，活家禽和畜禽产品均呈大幅上涨之势，同比分别上涨了10.96%和19.84%。

（四）渔业产品生产者价格指数为109.85

2018年，河北渔业产品生产者价格呈现大幅上涨态势，同比上涨了9.85 %，其主要原因是由于养殖淡水鱼类价格大幅上涨所致。

【主要品种生产者价格变动分析】

（一）小麦价格持续下降

2018年河北小麦生产者价格平均为每公斤2.35元，同比下降了2.08%，从分季走势看：一至四季度均呈降势，同比分别下降了3.91%、2.13%、0.88%和1.23%。据调查，小麦生产者价格下降的原因是，近几年来小麦产量连年丰收，库存增加，市场供应充足，加之小麦用途单一，导致价格有所下跌。

（二）玉米价格小幅回弹

2018年玉米生产者价格平均为每公斤1.71元，同比上涨了6.85%。从分季走势看，一、二季度涨势明显，三季度有所回落，同比跌幅5.26%，四季度止跌回升，全年总体呈现上涨的趋势。

玉米价格自2015年四季度大幅跳水、并持续低迷了两年多的时间，进入2018年价格开始呈现恢复性上涨，但距历史最高点的每公斤2.36元相比，还有较大的差距。据调查，玉米价格小幅上涨的主要原因：一是受政策性种植结构调整的影响，种植面积缩减，产量下降。二是受中美贸易战的影响，促使玉米价格上涨。

（三）马铃薯价格低位运行

2018年马铃薯生产者价格为每公斤0.98元，同比下降了2.72%。主要原因是窖储囤货增多，造成大量货源滞销。2016年冬天，我省张、承两地大雪，马铃薯产量下降，由于交通受阻，销售通道不畅，导致马铃薯价格上涨超过三成。2017年开始当地农民大量挖掘地窖储藏马铃薯，准备从中获利，窖藏的马铃薯远远超过市场需求量，从2017年二季度开始，马铃薯价格一蹶不振，始终低位徘徊，直到2018年4季度才稍有起色，价格回暖，但全年总体仍呈下跌态势。

（四）花生价格大幅下跌

2018年花生生产者价格为每公斤4.63元，同比下跌了14.49%。主要原因是受国际形势影响，外贸出口量锐减；同时本地内需市场疲软，油厂企业收购意愿不强。外销和内供双方面原因造成花生仁价格下跌。

（五）棉花价格持续下降

河北棉花价格自2011年一季度达到11.76之后，价格持续下跌，到2016年二季度，每公斤价格下跌到4.6元，随着国家对产棉大省补贴政策的出台，价格虽然有所回升，但近两年来价格一直在6.50元左右上下波动。2018年河北棉花生产者平均价格为每公斤6.58元，同比下跌了2.61%。据调查，河北棉花价格持续下跌的原因，主要是河北棉花品质差、棉纺企业需求不旺，导致价格持续走低。

（六）蔬菜价格总体趋涨

2018年蔬菜价格总体呈现上涨趋势，同比上涨了6.71%。调查的八类蔬菜呈现四涨四跌态势，其中：甘蓝类、叶菜类、瓜菜类和豆类蔬菜价格上涨，涨幅分别为38.72%、21.45%、16.41%和1.54%；而葱蒜类、白菜类、根茎类和茄果类蔬菜下跌，同比分别下跌了7.95%、7.81%、4.9%和3.64%。主要原因是：2018年夏季暴雨频发，全国范围内暴雨台风影响较大，部分蔬菜设施损毁，对蔬菜生产产生了较大影响，加之冬季气温偏低，对蔬菜采摘、产量及运输均受到影响，导致价格上涨。

（七）水果价格强势上涨

2018年水果类生产者价格上涨，同比上涨了14.87%，其中苹果和梨生产者价格分别上涨了16.21%和19.87%。主要原因是：水果受清明前后气温骤降、花蕾受冻和秋季病虫害影响，2018年产量减少，品质较差。特别是往年的拳头产品，例如：水晶富士、精品鸭梨等供货量不足，导致价格大幅上涨。

（八）活猪价格大幅下跌

我省生猪价格自2016年二季度达到每公斤19.94元的历史最高点之后，开始持续下跌，到2018年二季度下跌到每公斤10.26元，随后受生产成本的制约，价格开始有所回升，到四季度回升到每公斤12.23元，全年累计河北活猪生产者平均价格为每公斤12.27元，每公斤仍然比上年下降了2.46元，同比下跌了16.02%。目前河北生猪仍未走出多了砍、少了喊的生产怪圈。

（九）活牛价格持续小幅攀升

河北活牛价格自2016年一季度跌到每公斤20.9元的低点后开始持续小幅回升，到2018年四季度每公斤价格已达到25.6元，接近历史最高点。全年累计河北活牛生产者价格为24.65元/公斤，同比上涨了3.31%。主要原因是：近年来城乡居民保健意识提高，三餐膳食营养搭配日趋合理，佐餐肉类选购方面，牛羊肉逐步为市民所青睐，百姓健康意识的提升，是拉动市场需求最直接的因素，使牛肉价格保持小幅增长势头。

（十）活羊价格大幅回升

河北活羊价格生产周期与活牛基本相似，但上涨幅度远远高于活牛价格的涨幅。其价格自2015的四季度跌至每公斤14.97的低点之后，开始持续回升，到2018年四季度已回升到每公斤25.05元，与最高点价格25.35元，仅差0.30元，比最低点的价格每公斤高10.08元。

2018年累计，河北活羊生产者价格每公斤为22.27元，同比上涨了9.7%。上涨原因与活牛类似，城乡居民刚性需求增加所致。

（十一）禽蛋价格大幅波动

2018年禽蛋生产者价格总体呈现上涨态势，全省平均生产者价格为8.95元/公斤，同比上涨了25.06%。其中一、二、三季度价格分别上涨了39.27%、45.18%和29.83%，四季度下降了2.24%。据调查，禽蛋价格大幅上涨主要原因是：2017年春季开始，河北部分地区出现了禽流感疫情，导致全省范围饲养蛋鸡数量骤降，禽蛋价格大幅走低，进入2018后价格恢复到正常水平，价格稳定在9元左右的合理区间。

（国家统计局河北调查总队　刘珺）

农产品中间消耗

2018年河北主要农产品中间消耗增多减少，具体情况如下：

一、冬小麦消耗增加

2018年冬小麦亩均生产投入费用496.21元，比上年增加3.37元，增0.68%。其中，物质投入费用337.3元，增加0.7元，增0.21%；生产服务支出费用158.91元，增加2.66元，增1.7%。

（一）物质消耗中的种籽、肥料的亩均投入费用略增，农药、电费用同比减少。

种籽和肥料每亩投入费用分别为78.37元和177.67元，比上年分别增加0.36元和3.32元，分别增0.46%和1.9%。农药、电费用每亩分别投入为16.33元和60.82元，与上年相比分别减少0.43元和0.82元，分别下降了2.59%和1.34%。

（二）生产服务支出中的外雇运输费、外雇机械作业费亩均投入增加，外雇排灌费用减少。

外雇运输费和外雇机械作业费每亩消耗分别为1.22元和150.96元，同比分别增加0.25元和3.56元，增26%和2.42%。外雇排灌费用亩均为5.93元，与去年相比亩均费用减少0.65元，减9.82%。

二、秋粮及棉花中间消耗两增两减

2018年黄玉米、马铃薯、大豆和细绒棉的种植成本分别为323.73元/亩、1109.89元/亩、150.28元/亩和430.92元/亩；其中玉米和大豆分别比上年增加7.54元和20.85元，增幅分别为2.39%和16.11%；马铃薯和细绒棉分别比上年减少了20.61元和50.74元，减幅分别为1.82%和10.53%。

（一）黄玉米：平均消耗支出为323.73元/亩，比上年增加7.54元，增2.39%。其中物质消耗支出217.30元/亩，占总消耗支出的67.12%，比上年增加5.49元，增加2.59%；生产服务支出106.43元/亩，占总消耗支出的32.88%，比上年增加2.06元，增1.97%。

从物质消耗支出看，调查的12 项支出中，除燃料比上年减少0.48元外，其它均比上年有所上涨。其中占比重较大的项目是：肥料平均124.36元/亩，比上年增加了2.24元，增1.83%；用种45.16元/亩，比上年增加0.05元，增0.10%，用电量25.01元/亩，比上年增加2.15元，增9.41%；其它消耗类所占比重较小。

从生产服务支出看，调查的6项支出中呈现三增两减一持平的态势，其中占比重较大的是外雇机械作业费，消耗支出为104.33元/亩，比上年增加了2.66元，增2.61%。其它各项所占比重很小。

（二）马铃薯：平均消耗支出为1109.89元/亩，比上年减少20.61元，减1.82%。其中物质消耗支出为1000.97元/亩，占总消耗支出的90.19%，平均比上年增加14.25元，增1.44%；生产服务支出为108.92元/亩，占总消耗支出的9.81%，比上年减少34.86，减24.24%。

从物质消耗支出看：主要是肥料支出430.90元/亩、用种支出360.26元/亩、农药支出89.14元/亩、燃料支出

35.04元/亩、用电支出27.71元/亩、农膜支出7.75元/亩。与上年对比，用种比上年减少29.54元。

从生产服务支出：主要是外雇机械作业和外雇运输费两项，其中外雇机械作业支出为78.04元/亩，比上年减少了53.46元，外雇运输费支出为30.88元/亩，比上年增加了18.6元。

（三）大豆：平均消耗支出150.28元/亩，比上年支出增加20.85元，增16.11%。其中物质消耗支出为121.63元/亩，占总消耗支出80.94%，平均每亩比上年增加21.79元，增21.83%；生产服务支出为28.65元/亩，占总消耗支出19.06%，平均每亩比上年减少0.95元，减3.2%。

从物质消耗支出看：占比重较大的用种、肥料和农药平均分别为40.19元/亩、62.71元/亩和11.12元/亩，比上年分别增加了9.74元、10.81元和3.04元。

从生产服务支出看：外雇机械费用，平均消耗支出为27.40元/亩，比上年减少了2.20元。外雇排灌费用为1.25元/亩。

（四）细绒棉：平均消耗支出为430.92元/亩，比上年减少50.74元，减10.53%。其中物质消耗支出373.85元/亩，占总消耗支出的86.76%，比上年减少37.44元，减9.10%；生产服务支出57.07元/亩，占总消耗支出的13.24%，比上年减少13.30元，减18.90%。

从物质消耗支出看：有数据的6项支出中呈四减二增态势。其中用种、肥料、农药和用电量支出分别为41.39元/亩、139.48元/亩、106.74元/亩和30.77元/亩，比上年分别减少了2.65元、17.51元、19.22元和5.53元；燃料、农膜每亩支出分别为18.92元/亩、36.54元/亩，比上年分别增加了3.23元、4.24元，则是受价格上涨所致。

从生产服务支出看：仅外雇机械作业费用一项支出，为57.07元/亩，比上年减少13.30元。

三、畜牧业中间消耗四增一减

2018年下半年畜牧业调查品种中间消耗与去年同期相比呈现“四增一减”态势。其中活猪、活牛、活羊和鸡蛋中间消耗分别比上年同期增加了3.21%、1.91%、15.61%和12.85%；而活鸡中间消耗则比上年减少了10.24%。

（一）活猪：平均每头养殖中间消耗为1098.44元，比上年同期增加34.13元，增3.21%。其中物质消耗支出1079.28元，比上年同期增加42.21元，增4.07%。生产服务支出19.16元，比上年同期减少8.08元，减29.65%。据调查，消耗增加的主要原因是：以玉米为代表的占比较大的饲料价格上涨，同时受中美贸易战影响，大豆作为饲料的重要原料之一，它的短缺势必会提高饲料的成本和价格。

（二）活牛：平均每头养殖中间消耗为5472.06元，与上年同期相比增加102.45元，增1.91%。其中物质消耗支出5431.18元，比上年同期增加116.25元，增2.19%。生产服务支出40.88元，比上年同期减少13.79元，减25.23%。主要是饲料消耗上涨较多所致。其原因有三：一是部分农户养殖了昂贵的牛品种，食用精饲料成本较高；二是供给侧性改革要求降低玉米产能，青粗饲料少，单价有所增加；三是舍饲禁牧使得青粗饲料用量增加，青粗饲料相对短缺，价格有所增加。

（三）活羊：平均每只养殖中间消耗为364.33元，与上年同期相比，增加49.18元，增15.61%。其中物质消耗支出349.84元，比上年同期增加60.46元，增20.89%。生产服务支出14.49元，比上年同期减少11.27元，减43.76%，是需求量增加，活羊本地需求量增加，外运减少所致。养殖成本增加的主要原因：一是饲料价格回升，以及北部承德地区的禁牧措施导致饲料用量增加，饲料成本上涨到267.75元/只，比上年同期上涨19.98%。二是随着羊肉等羊类产品价格上涨，购买仔畜的成本增加，两者共同作用导致活羊成本增长较多。

（四）活鸡：平均每只养殖中间消耗为15.25元，与上年同期相比减少了1.74元，减10.24%，主要原因是由于占养殖总中间消耗80%的饲料投入减少所致，平均每只鸡饲料消耗费用为12.33元，比上年减少1.26元，减9.30%。据调查，去年河北部分地区禽流感发生较重，导致价格快速下滑养殖户投入减少，甚至弃养，今年以来养殖规模重新扩大，养殖数量大幅增加，仔畜、饲料大批量购入，平均价格降低；同时活鸡越大饲料消耗越多，今年部分活鸡提前出栏，单位饲料消耗减少。

（五）鸡蛋：平均消耗费用为5.90元/公斤，比上年同期增加0.67元，增幅为12.85%。主要上涨在占总消耗94%的饲料消耗费用中，今年鸡蛋的饲料成本为5.56元/公斤，同比增加0.66元/公斤，增13.56%。鸡蛋中间消耗上涨原因：一是饲料价格涨，平均每公斤涨0.5-2毛不等；二是今年鸡蛋价格走高，蛋鸡数量增多，饲料丢撒量随之增加。

（国家统计局河北调查总队　肖超）

居民消费价格

2018年河北居民消费价格（CPI）上涨2.4%，涨幅较上年扩大0.7个百分点，涨幅温和回升，总体运行平稳。其中，城市上涨2.5%，农村上涨2.4%；食品价格由降转升上涨2.2%，非食品价格上涨2.5%；工业品价格上涨2.8%，服务项目价格上涨2.5%。

一、CPI运行主要特征

（一）涨幅温和回升，CPI重返“2时代”

2018年河北CPI上涨2.4%，涨幅比2017年升高0.7

个百分点，是 2014 年以来五年间的最高值，价格水平重返“2 时代”。

（二）同比指数走势平稳，环比波动幅度略大

月度同比：1、2 月份受“春节错月”因素影响，同比指数为年内最低、最高水平，涨幅分别为 1.7%和 3.2%；3-7 月同比指数走势平稳，涨幅在 2.1-2.5%之间；8、9 月份因部分地区蔬菜受灾供应减少，及中秋、国庆“双节”因素共同影响，CPI 涨幅略有扩大，分别为 2.9%和 3.0%；10-12 月份同比涨幅逐渐回落。月度同比涨跌幅差在 1.5%之内，波幅不大，运行平稳。

月度环比：1、2 月份雨雪天气气候寒冷，加之春节期间居民消费需求激增，鲜菜、鲜瓜果等食品以及部分服务项目价格高位上涨，拉动 CPI 环比分别上涨 0.7%和 1.2%。3-6 月气温快速回升，同时春节效应消退，CPI 明显回落，降幅在 0.2-1.0%之间。7 月份之后，伴随着部分食品价格和服务价格上涨，环比指数回升，除 11 月份略降 0.1%，其他月份涨幅保持在 0-0.9%之间。月度环比涨跌幅差在 2.2%之内，运行正常。

（三）八大类商品及服务价格全面上涨

从结构看，2018 年八大类商品及服务价格全面上涨。其中，医疗保健上涨 7.4%，居首位；其次是居住、其他用品和服务均上涨 2.5%；教育文化和娱乐、食品烟酒、衣着、生活用品及服务、交通和通信分别上涨 2.4%、2.0%、1.7%、1.7%、0.4%。

（四）涨幅高于全国平均水平

2018 年河北 CPI 同比上涨 2.4%，比全国（2.1%）高 0.3 个百分点，在 31 个省、市、区由高到低的排序中，居第 6 位。与周边省市相比，低于北京（同比上涨 2.5%，下同）、辽宁（2.5%）、山东（2.5%），高于河南（2.3%）、天津（2.0%）、内蒙古（1.8%）、山西（1.8%）。

分类别看，医疗保健、其他用品和服务、衣着、教育文化和娱乐分别比全国平均水平高 3.1、1.3、0.5、0.2 个百分点，食品烟酒、居住、生活用品及服务比全国均高 0.1 个百分点；交通通信低于全国 1.3 个百分点。

二、影响 CPI 变动的主要因素

全省经济供给结构不断优化，市场供需较为均衡，河北 CPI 总体呈现平稳运行的态势。2018 年 CPI 上涨的影响因素，主要表现在以下三个方面：

（一）服务项目价格持续上涨是 CPI 上涨的主要动力

2018 年服务项目价格累计上涨 2.5%，影响 CPI 总水平上涨 0.95 个百分点，在总水平 2.4%的累计涨幅中，贡献率达到了 38.8％。其中涨幅较大的服务项目主要集中在医疗和教育。

1.医疗服务价格普遍上涨。2017 年 9 月份河北医疗服务价格改革全面推开，各地城市公立医院综合改革陆续开展，受此影响全省医疗服务价格持续上涨。2018 年医疗服务累计上涨 7.5%，拉动 CPI 总水平上涨 0.43 个百分点，调查的 13 个医疗服务基本分类中，10 类上涨，其中涨幅较大的有一般医疗服务、护理、中医治疗，分别上涨 30.8%、21.7%、16.0%。

2.教育服务价格稳步上涨。受教学环境逐步优化、人工服务成本不断提高的影响，而且优质教育资源供给相对偏紧，居民需求却不断增加，导致教育服务价格稳步上涨。2018 年，教育服务价格累计上涨 2.7%，影响全省 CPI 总水平上涨 0.19 个百分点。

（二）工业品价格上涨助推 CPI 上涨

2018 年工业品价格同比上涨 2.8%，涨幅比去年同期扩大 0.5 个百分点，推升全省 CPI 总水平上涨 0.93 个百分点。

1.药品价格持续上涨。受环保、人工、运输等成本持续增高影响，自 2015 年药价放开以来，全省中药、西药价格持续处于上涨态势，今年中药、西药分别上涨 6.5%、9.5%，合计影响 CPI 总水平上涨 0.27 个百分点。

2.能源资源性商品价格总体呈上涨态势。受国际油价波动影响，2018 年汽油、柴油价格分别上涨 13.0%和 14.3%；受煤改气、煤改电等因素影响，以居民用煤为主的其他燃料价格上涨 19.9%；因政策性调价影响，居民用水、液化石油气价格分别上涨 14.7%、3.3%，上述五项合计拉动 CPI 总水平上涨 0.59 个百分点。

（三）食品价格由降转升拉动 CPI 上涨

食品始终是影响 CPI 的一大因素，食品价格同比由 2017 年下降 1.3%转为 2018 年上涨 2.2%，影响 CPI 总水平上涨 0.44 个百分点。食品价格由降转升，是 CPI 涨幅扩大的重要因素。

1.鲜菜价格由降转升。因汽柴油、化肥和农药等农资价格上涨，带动鲜菜运输和种植成本增加；另一方面 8、9 月份台风暴雨使部分蔬菜主产区遭受重灾，供应量减少，而本地蔬菜生产又处于淡季，致使全省鲜菜环比分别上涨 13.9%和 11.3%；加之上年同期鲜菜价格整体偏低，对比基数较低，使 2018 年鲜菜价格累计上涨 9.3%，涨幅比上年同期（-9.3%）扩大了 18.6 个百分点，对 CPI 的贡献率由-13.3%转为 8.3%。

2.鸡蛋价格涨幅较大。鸡蛋价格自 2015 年以来持续低迷，2017 年 7 月份开始止跌回升，出现恢复性上涨。由于 2017 年前期价格过低，对今年形成明显的高翘尾影响，导致鸡蛋价格涨幅明显，由上年同期下降 4.8%转为上涨 14.1%，对 CPI 的贡献率由-2.2%转为 4.2%。

三、2019 年 CPI 走势预测

目前中国经济存在诸多困难和挑战，但是我国发展的重要战略机遇期没有变。综合来看，影响价格走势的因素错综复杂，其中抑制和推动价格上涨的因素同时存在。

（一）推动 CPI 上涨的因素

一是劳动力成本上升。这是拉动居民消费价格上涨的长期存在因素，将直接或间接地推高农产品、劳动密集型产品和服务项目价格。

二是环境保护成本提高、能源价格上涨及水电煤油价格改革将推升相关工业品价格。

三是服务项目价格的持续上涨。随着我国主要矛盾的转化，居民对居住、教育、家政等服务性需求将不断增加，必将推动服务项目价格持续上涨，从而推动 CPI 上涨。

（二）抑制 CPI 上涨的因素

一是市场供应相对充足。市场商品总体供需平衡，部分产品供大于求，不存在价格大幅上涨的基础。同时随着生产力不断提高，高技术含量产品价格将稳中趋降。

二是粮价稳定。粮食价格作为百价之基，是影响 CPI 走势的重要因素。粮食连年丰收，价格保持基本稳定，为食品价格乃至 CPI 平稳运行奠定基础。

三是医疗服务价格改革对 CPI 的影响趋于缓和。目前，全省各地已陆续完成医疗服务价格改革，后期医疗服务改革对 CPI 带来的上行压力减弱。

四是翘尾影响回落。据测算，2018 年价格变动对 2019 年的滞后影响约为 1.0 个百分点，比上年缩小 0.4 个百分点。翘尾影响减弱将拉低全省居民消费价格总水平。

综合考虑以上各种因素的影响，预计 2019 年河北 CPI 将继续保持温和上涨的态势，涨幅在政策调控目标范围之内。

四、对策建议

2019 年是新中国成立 70 周年，是全面建成小康社会关键之年。价格关乎经济民生和社会稳定，虽然目前 CPI 温和上涨，但调控监管工作仍不能放松。

（一）加强民生价格监管，保障群众利益

一是要继续加强药品、医疗服务价格管理；二是继续规范各类学校收费制度，规范教育收费行为，严格教育收费公示制度；三是进一步调整并完善针对健康生活、养老等健康行业的准入机制与配套政策。

（二）加大力度，破解服务业“用工荒”和“狂涨价”问题

一是进一步提高农民工市民化程度，努力为外地务工人员解决家人团聚、子女入学等现实问题创造更好条件，为服务业劳动力供给提供保障；二是深入发展“互联网+服务”，降低服务业供需信息沟通成本，对分散的服务供给进行整合，从而增加供给，平抑价格。

（三）密切关注农副产品价格变化，确保农产品生产供应稳定

一是确保关系民生的农副产品供应量充足。鲜活食品等“菜篮子”商品是居民生活的必需品，对 CPI 的影响程度大，增强防御自然灾害能力，为农作物稳定生产提供有力保障；二是政府相关部门要充分利用大数据，科学分析农产品供需量，为种植（养殖）户提供更加高效的价格信息平台，指导他们理性判断农产品价格未来走势，减轻“猪周期”、“大小年”对农产品价格的影响。

（国家统计局河北调查总队　许文丽）

民营经济

【概况】2018年全面贯彻落实党的十九大精神的开局之年，是改革开放40周年，是决胜全面建成小康社会、实施“十三五”规划的承上启下关键之年。在省委、省政府正确领导下，全省各地各有关部门全面贯彻习近平总书记关于民营经济发展的系列重要指示和讲话，认真落实党中央、国务院和省委、省政府工作部署，大力优化营商环境，深入推进创业创新，着力增强公共服务，全省民营经济实现了稳中有进、稳中向好的发展目标，取得了显著工作成效。

2018年，全省民营经济从业人员2228.7万元，同比增长10.9个百分点，实现增加值24486.1亿元，同比增长6.8%，占全省 GDP 的68%，比上年提高0.1个百分点；上缴税金3784.8亿元，同比增长21.1%占全部财政收入的比重为67.8%，比上年提高6.4个百分点；营业收入107715.2亿元，同比增长8.9%；出口290.9亿美元，同比增长9.3%。民营经济稳步发展，占全省经济比重已稳定三分之二以上，经济支撑作用更加重要。

【深化改革 发展环境进一步优化】一是强化组织推动。省委、省政府在全省范围内开展“双创双服”活动，进一步优化民营经济发展环境。6月25日、12月4日省委、省政府分别召开了全省民营经济发展大会和推进会，东峰书记、许勤省长出席并作了重要讲话，公布了2017年民营经济发展先进市县，发布了民营企业100强、民营制造业100强、民营服务业100强名单，评价认定了100家优秀民营企业，对当前和今后一段时期全省民营经济发展工作进行安排部署。在习近平总书记11月1日主持召开民营企业座谈会前后，东峰书记、许勤省长、桐利常务副省长、万祥部长等省领导分赴各地密集主持召开民营经济座谈会，了解企业经营发展情况，帮助民营企业解决困难和问题，极大地鼓舞了企业发展士气，增强了企业发展信心。二是完善政策措施。省委、省政府先后出台了《关于营造企业家健康成长环境弘扬优秀企业家精神更好发挥企业家作用的实施意见》《关于大力发展民营经济的意见》《关于大力促进民营经济高质量发展的若干意见》等支持民营经济发展的综合性文件，制定了万企转型、特色产品等一系列3年行动计划，构建了较为完备的支持民营企业发展的政

策体系。三是实施领导包联。出台《"双创双服"重点企业包联实施意见》，建立省市县包联重点企业服务机制，实现了组织领导、工作部署、任务分解、责任落实、督促指导"五到位"。实行线上线下"双轮驱动"，通过省政企服务直通信息化平台线上受理985家工业企业反映问题1338个，已办结1333个，企业问题解决率99.6%。四是深化商事改革。大力推进"多证合一"改革，目前已实施"五十证合一"，保持全国先进水平。统筹推进"证照分离"改革，在石家庄国家高新技术产业开发区等12个区域开展试点，着力解决"照后减证""准入不准营"等问题。全面推行企业登记全程电子化，企业申请、受理、核准、发照、公示全流程网上办理，实现了"网上审批一次不用跑"和"见面审批最多跑一次"。截至2018年底，全省市场主体总量达到538.11万户，同比增长14.48%，总量居全国第七位，其中民营经济市场主体占比97.71%。五是减轻企业负担。省政府出台《关于进一步减低成本减轻负担促进实体经济企业发展的若干意见》，着力为企业减负。严格落实增值税税率下调、留抵退税、小微企业免征等优惠政策，让民营企业轻装上阵。分别发布了我省行政事业性收费和政府性基金目录清单，年初取消了城市道路车辆通行费项目，实现了省立涉企行政事业性收费"清零"目标。

【创新引领 转型升级步伐进一步加快】一是搭建双创载体。培育和建设一批创新创业结合、线上线下结合、孵化投资结合的众创空间、孵化器，新增省级孵化器36家、众创空间84家，总数分别达145家、240家。筛选25家省级、80家市级小微双创示范基地进行重点培育，新增国家级基地4家、省级24家。加大创业孵化基地（园区）建设基地力度，评选50家省级示范创业就业孵化基地。大力培育中小企业公共服务示范平台，新增国家级5家，总数达11家。二是建设创新平台。支持企业与省内外高等院校合作，建设重点实验室、工程技术研究中心、产业技术研究院等创新载体，全省共建设科技创新平台659家，其中省级以上重点实验室163家、技术创新中心428家、产业技术研究院68家。推动跨行业跨区域创新资源整合，加强产业链、创新链、技术链、资本链、价值链、服务链深度融合，建立了一批产业技术创新战略联盟，目前全省产业技术创新战略联盟39个，其中国家级4个、国家级重点培育单位2个、省级33个。三是培育科创企业。实施新一轮科技型中小企业成长计划，开展苗圃、雏鹰、小巨人和上市四大工程，新增科技型中小企业超过1万家。实施高新技术企业后备培育工程，新增国家级高新技术企业1800家，两年新增近3000家，是此前历史总和的1.5倍。实施"专精特新"中小企业服务提升工程，建立企业培育库，入库企业865家，新增"专精特新"中小企业200家，总数达到524家。省民营办推荐的"专精特新"中小企业代表—秦皇岛星箭特种玻璃有限公司总经理卢勇在全国民营企业座谈会上作了发言，得到习近平总书记的充分肯定。四是开展双创活动。组织全省"双创活动周"活动，开展双创示范基地建设、科技企业孵化培育、创业就业服务、小微型企业创业创新基地培育等7场成果展，举办战略性新兴产业发展论坛、京津冀中小企业创业创新服务对接活动等8场主题活动，推动民营经济高质量发展。组织"创客中国"创新创业大赛等系列创业创新活动，进一步营造了创业创新氛围。开展创业辅导师培训活动，培育2期220多名省级创业辅导师。五是推动产业集聚。起草《关于加快产业集群建设推动县域经济高质量发展实施方案（2018－2020年）》，为县域经济发展增添新动能。实施产业集群示范和提升工程，重点培育一批示范产业集群和集群龙头企业，做强产业集群区域品牌，培育一批产业名县、名镇，2018年新增示范集群11个、创建特色产业名县名镇25个。遴选定州汽车及零部件、沙河玻璃、临西轴承开展智慧集群试点，加快推动互联网技术与产业集群融合发展。六是实施品牌战略。突出质量标杆引领作用，新增中国质量提名奖3家；省政府质量奖15家，其中50%为民营企业。大力推进品牌建设，新增河北知名品牌产品423项，全省有效期内省名牌产品、中小企业名牌产品分别达1547项、677项；认定105家企业为省质量效益型企业、518项产品为省优质产品，其中民营企业均占80%以上。引导民营企业提升标准化管理水平，国家光伏技术标准创新基地落户英利，这是我国首个光伏领域的技术标准创新基地。

【拓宽渠道 融资难题进一步缓解】一是扩大融资规模。省政府办公厅印发《河北省支持中小企业融资若干措施》，着力解决企业融资难融资贵。加快推进民营企业挂牌上市融资，全省新增境内外多层次资本市场上市挂牌企业233家。全省企业通过股权和债券实现直接融资1800.3亿元，对企业降低财务成本发挥了积极作用。加大对现有小票分中心结构调整力度，新设立2家小额票据贴现分中心，对民营企业进行票据贴现。二是加强担保增信。着力做大省级、做强市级、做实县级担保机构，截至2018年底，我省融资担保公司274家，资本金总额462亿元，融资担保在保余额387亿元。省财政安排省科技贷款风险补偿资金2500万元，对合作银行发放用于科技型中小企业的贷款业务给予风险补助或奖励。三是开展银企对接。组织召开河北省深化小微企业金融服务电视电话会议、金融服务小微企业政策宣讲会等，开展2018年产融合作银企对接活动，与34家金融机构签约支持中小微企业发展融资总额度为10975亿元，落实12544亿元，超额完成14.3%。鼓励采取动产抵押、商标专用权质押、股权出质登记等措施，搭建银企对接平台，积极帮助市场主体企业融资。四是拓展投资领域。省政府办公厅印发《关于进一步激发民间有效投资活力全面推进全省经济高质量发展的实施意见》，进一步激发了民间有效投资活力。积极推进企业投资项目承诺制试点改革，出台《河北省企业投资项目承诺制改革试点指导意见》，在定州经济开发区、威县正式开展试点工作。

【培育提升 人才素养进一步提升】一是加强人才引进。组织开展民营企业招聘周、河北省毕业生就业市场、京津冀招才引智大会、沿海经济带高级人才洽谈会、中国河北海内外高层次人才洽谈会等系列活动，引进3万多人到中小微企业就业。充分发挥民营经济人才培训基地、高技能人才培养基地、技能大师工作室等作用，为民营企业输送各类人才超万人。扩大民营企业专业职称自主评审试点，由去年的晨光生物1家扩大到科林电气等4家。二是开展人才培养。依托清华大学等知名高校优势资源，举办中小企业经营管理领军人才、高级工商管理培训班、高层经营管理者专题培训班12期，培训企业人才800多名。举办中小企业名家讲坛12期，培训中小企业管理者3000多名。加大对优秀民营企业家宣传表彰力度，我省推荐的千喜鹤集团董事长刘延云、以岭药业集团董事长吴以岭、君乐宝集团总裁魏立华、长城汽车股份有限公司董事长魏建军入围改革开放40年百名杰出民营企业家名单。三是提升人才素质。大力开展技能大赛、劳动竞赛等职业技能培训活动，在民营企业中新建省级高技能人才培训基地、技能大师工作室各5个，新增博士后创新实践基地21家，7家民营企业获得国家授予“博士后科研工作站”。加大“河北中小企业远程课堂”建设力度，依托时代光华在线学习平台等优质教学资源，扶助中小微企业开展网络培训等，全年完成各级各类培训超过200万人次（含企业自主培训）。

【增加供给 服务能力进一步提高】一是完善服务体系。进一步完善平台网络功能，整合社会服务资源，广泛服务企业，2018年平台网络线上服务企业3.2万家以上。启动信息化营商服务平台建设，打造民营经济发展服务平台。大力培育中小企业公共服务示范平台、公共技术平台等，为中小微企业提供创业辅导、管理咨询、投资融资、对外合作、展览展销等公共服务。二是建设服务平台。为全面贯彻新修订的《中小企业促进法》，率先在全国建设跨部门中小企业政策信息发布平台，并于“双创活动周”期间上线运行，目前发布涉企政策2116条，点击量超过23万人次，通过手机APP、QQ工作群、微信群等方式覆盖18.4万人。三是开展入企服务。选择部分成长性产业集群和小微型企业创业创新示范基地组织开展“订单式”服务11场，服务企业2000多家。为帮助中小企业解决法律问题，提升管理能力和水平，赴各地开展“金色阳光”法律服务活动5场，服务企业1000多家，解决问题300多个，发放各类资料2000多份。组织开展10期“专家学者企业行”活动，帮助500多家企业解决生产、经营和管理上的难题。四是助企开拓市场。组织企业参加廊坊经洽会、中博会、西博会、工博会、软博会等国内大型展会，助力我省企业产品、技术“走出去”，资本、人才“引进来”。举办2018京津冀产业协同对接活动，现场签约投资金额近100亿元。实施境内外百展市场开拓计划，对企业展位费给予资助，鼓励其拓展市场份额。支持民营企业对外投资，截至2018年底，全省备案对外投资的民营企业757家，对外投资额137.4亿美元，占全省对外投资总额的74.7%。

（河北省工信厅　李延军）

农垦经济

【综述】2018年，河北垦区在省委、省政府和农业部的正确领导下，以习近平新时代中国特色社会主义思想为指导，深入贯彻落实中央一号文件精神，落实中央农村工作会议、全国农业会议的部署，深化农垦改革，积极探索与推进市场企业化、垦区集团化，巩固创新农垦农业高质量发展，促进农垦现代化产业融合发展，垦区经济持续稳定健康发展。

农垦经济平稳增长，经济总量又上新台阶。全年实现农垦生产总值达到531.16亿元，比上年增长8.64%。其中，第一产业增加值57.78亿元，增长11.47%；第二产业增加值271.84亿元，增长5.14%；第三产业增加值201.54亿元，增长12.88%。2018年人均GDP净增加11342元，达到127233元，比上年增长9.79%。人均纯收入19527元，比上年增长12.13%。

【第一产业】2018年，垦区切实贯彻落实惠农强农政策，加快农业科技推广，加强现代农业建设，农业综合生产能力平稳增强。全年实现农林牧渔业总产值111.52亿元，比上年下降21.79%。全年农作物总播种面积为86.20千公顷，比上年增长1.15千公顷，增长1.35%。其中：粮食作物播种面积70.18千公顷，比上年增长4.41千公顷，增长6.71%，占农作物总播种面积的81.42%；棉花面积2.89千公顷，减少0.95千公顷，下降24.74%；油料面积2.52千公顷，增长1.11千公顷，增长78.72%；蔬菜、瓜类面积5.54千公顷，减少1.59千公顷，增加22.30%。其他作物4.41千公顷，减少2.1千公顷，下降32.26%。垦区全年农作物种子播种面积1880.28公顷，其中，原种播种面积385.22公顷，良种播种面积1495.06公顷。生产量合计8450.04吨；加工厂6个，加工生产能力15030吨；种子公司6个；年末从业人员150人，其中技术人员24人；种子质量检验室8个，种子检验人员8人。

粮食总产量稳步增长。全年粮食总产为57.05万吨，比上年减少8.26万吨，减少12.65%。

畜牧业保持健康发展。2018年末大牲畜存栏17.44万头。奶牛数量达到14.98万头，牛奶总产量55.87万吨。察北、沽源两个农场牛奶产量分别达到18.72万吨和23.63万吨占全垦区牛奶总产量的75.80%。

水产养殖业良好发展。2018年末水产品养殖面积16223公顷，比上年增加4.46%。养殖面积中淡水8687公顷，海水7536公顷。全年水产品总产量154640吨，比上年增加41215吨，增长36.34%。其中：淡水产品产量89054吨，增长11.89%；海水产品产量65586吨，增长93.83%。对虾产量24118吨，比上年减少7.44%。

全年植树造林面积7.46千公顷，其中经济林0.59千公顷，防护林6.58千公顷。年末林地面积74.11千公顷。

农业基础设施建设平稳发展。年末农业机械总动力108.51万千瓦，比上年增加3.35%。农用排灌动力机械12232台，大中型农用拖拉机4274台，小型拖拉机16068台，播种机2919台，联合收获机762台，机动割晒机623台，机动脱粒机3355台，农用运输车辆4806辆。水稻工厂化育秧设备105套，温室549万平方米，大棚474万平方米。当年机播面积84.50千公顷，占农作物总播种面积的比重达98.03%，机械收获面积73.89千公顷，占农作物总播种面积的85.72%。

【第二产业】2018年第二产业实现增加值271.84亿元，比上年增长5.14%，增加值占农垦生产总值的51.18%，其中工业增加值243.41亿元，比上年增长5.25%；建筑业增加值28.43亿元，比上年增长4.18%。

工业保持平稳发展。2018年工业企业总数为1146个，其中国有工业企业及规模以上的非国有工业企业211个，销售产值519.25亿元，减少36.18%。乳制品产量37.57万吨，比上年减少19.13%，液体乳产量34.66万吨，比上年减少11.81%。

2018年实现工业总产值710.55亿元，比上年减少17.54%。国有工业总产值147.81亿元,增长11.24%；战略性新兴工业产值57.12亿元。

建筑业稳步发展。建筑企业620个，年末从业人员9447人。全年实现增加值28.43亿元，比上年增长4.18%。年末固定资产原值3.53亿元，全年施工房屋建筑面积56.91平方米，房屋竣工面积21.44万平方米。

【运输业、批发零售贸易业、服务业及出口商品】交通运输业全年完成货运量87975万吨，客运708万人次；年末单位个数5938个，从业人员17069人，运输工具10408台；营业总收入27.26亿元，比上年增长13.58%。

批发零售业、餐饮业、服务业年末单位个数13623个，固定资产原值33.30亿元，比上年增长1.31%，营业用房面积56.41万平方米，增长3.90%；营业总收入301.59亿元，比上年增长3.55%，其中批发零售业217.66亿元，比上年增长4.28%；餐饮业21.32亿元，与上年持平；服务业62.62亿元，比上年增长2.32%；批发零售业、餐饮业、服务业营业网点数15692个，年末从业人员5.05万人。

全年出口商品总金额24.27亿元，比上年增长24.46%。其中：农产品40万元，减少73.51%；水产品2558万元，增长9.69%；工业品240141万元，增长25.46%。

【固定资产投资】固定资产投资持续快速增长。固定资产投资对垦区经济持续增长起着较强推动作用。2018年全垦区完成固定资产投资总额468.66亿元，比上年减少107.07亿元，减少18.59%。国有固定资产投资9.57亿元，比上年下降70.86%；非国有固定资产投资459.09亿元，比上年减少19.86%。

【科研】2018年末全垦区拥有科研单位4个，其中省、地属科研单位1个，场属 3个；从业人员83人，其中科技人员56人。科研经费1605.93万元，其中省地局自筹1595.93万元，企业自筹10万元。

【人口、职工、收入与社会保障】2018年末垦区总人口42.09万人，年末全垦区从业人员25.70万人。其中第一产业9.23万人，比上年减少6.96%；第二产业8.06万人，减少7.57%；第三产业8.41万人，增长0.84%。

职工生活水平稳步提高。2018年全垦区实现居民人均可支配收入19527元，比上年增长12.13%。垦区危房改造工作自2011年开展以来，职工居住条件得到改善，年末职工实有住房面积1706万平方米，比上年增长4.98%，人均住房面积40.54平方米。

【农垦绿色、有机食品、无公害农产品】截止2018年末，我垦区认证了36个绿色、有机食品、无公害农产品，带动18428个农户。

【农垦改革】国有土地确权登记发证任务提前完成。全省完成农垦国有土地权籍调查510.24万亩，登记发证409.96万亩，颁发不动产权证40979本，发证率96.12%，提前完成了国家发证率90%的目标任务。全省32个农场基本完成办社会职能改革任务，承担社会职能的787个机构、1.92万名职工已全部纳入地方政府统一管理，减少农场负担34.52亿元。

（河北省农垦局　王伟）

农业综合开发

【大力推进农业综合开发】一是推动农发投入规模持续扩大。牢牢把握乡村振兴等战略机遇，积极向国家农发办争取资金支持。2018年，共争取到中央财政农发资金21.6亿元，增幅达6.51%。同时，积极筹措、统筹安排，2018年投入62个贫困县的农发资金达到17亿元，极大支持了脱贫攻坚。创新农业开发模式。二是为农业农村现代化发展助力。加强农业基础设施建设。2018年，安排财政资金超过10亿元（含贫困县整合部分资金），建设各类土地治理项目80万亩（未含贫困县部分）。同时，围绕做强畜牧、蔬菜、果品等主导产业，2018年，共安排财政资金1.7亿元，扶持各类新型经营主体115个。三是探索现代农业发展新路径。一方面， 2018年安排财政资金7000万元，继续支持迁西“花乡果巷”田园综合体试点项目。一方面，投入财政资金1.06亿元，优选实施了4个创新园区试点项目，探索生态项目和高标准农田项目的融合发展。四是促进农业实现可持续发展。大力推广工程节水、农艺节水、管理节水加科技支撑“3+1”综合节水模式，2018年以来，共安排推广喷灌、滴灌1万亩，实施生态综合治理项目9万亩，埋设防渗管道2400多公里。五是制度体系建设不断完善。制定推行《农发项目评审办法》等4项制度，完善“全过程全覆盖全员参与”等管理机制，实现了管理的精准化。深化农发信息系统应用，项目和资金基本实现了平台公开透明运行、同步监控，确保实现资金、项目和队伍“三个安全”。

（河北省农业综合开发办公室　刘树中）

自然灾害救助

2018年，全省部分地区遭受了较为严重的自然灾害，给部分受灾群众的生产生活造成了较大困难和影响。全省各级民政部门以习近平新时代中国特色社会主义思想为指导，全面贯彻落实党中央、国务院及省委、省政府关于防灾减灾救灾工作的重大决策部署，积极快速应对各类自然灾害，切实保障群众基本生活，重点围绕防灾减灾宣传演练、综合减灾能力建设、新灾应对、灾后恢复重建等方面开展了卓有成效的工作，各项工作稳步开展。

一、加强宣传演练，扎实做好防灾减灾日各项工作

省民政厅协助省政府新闻办召开2018年“全国防灾减灾日”系列宣传活动新闻发布会，联合省气象局、省地震局共同参加“防灾减灾 河北力量”高端访谈栏目，联合石家庄市在河北科技大学举行省会“5.12”防灾减灾日宣传活动暨应急避险综合演练，组织编印《河北省防灾减灾知识手册》免费向全省发放。下拨专项补助经费200万元；充分发挥省减灾委办公室统筹协调职能，指导全省各地各部门全面排查和集中整治灾害风险隐患，认真组织防震、抗洪、消防等方面的救灾演练活动，各市民政部门也积极开展了各类救灾演练活动。在宣传周活动期间全省共组织各类宣传活动3000余场，组织演练活动1500余场，展示图板、悬挂张贴标语21余万条，发放手册、挂图、明白纸等宣传资料300多万份，发送公益短信5000余万条，社会公众的防灾减灾意识和自救互救技能得到全面提升，全省综合防灾减灾能力显著增强。

二、夯实基础，全面提升防灾减灾救灾能力

一是加强救灾物资储备建设。2018年我省滦南县、张北县、平泉市三个救灾物资储备库建设项目纳入到中央财政重点支持范围，全省救灾物资储备库和储备点已达167个，基本覆盖全省。更新了省级应急救灾物资生产厂商名录，签订了应急供应协议，合规完成300万元省级救灾物资公开采购工作。省物资储备库储备救灾物资达到20多类近60万件，全省储备主要救灾物资近120万件，能够满足启动省级自然灾害救助Ⅲ级以上应急响应的物资需求。二是健全专业队伍体系。对全省5万余名灾害信息员数据进行更新和电子注册，对全省200余名灾害信息员骨干进行了业务培训，指导衡水、秦皇岛、邢台等市开展了乡镇以上灾害信息员培训工作。三是推进减灾示范社会创建。新建设全国综合减灾示范社区54个，超额完成了年初任务目标。联合省地震局、省气象局指导各地创建全国综合减灾示范社区54个，全省总数已达470个。

三、立足“防大汛，救大灾”，积极做好自然灾害应对工作

一是科学周密部署工作。汛前，省民政厅印发了关于认真做好汛期救灾工作的通知，对全省汛期救灾工作进行了全面安排部署。修订编印《河北省民政厅2018年救灾应急工作预案》，组织开展省民政厅救灾应急演练，提高了全厅实战能力。二是加强值守和信息报告。从6月1日至9月30日，启动了省、市、县灾害信息管理人员24小时值班制度，确保汛期应急快速响应，实现灾害信息传递全天候、无断档。全年省级累计上报各类自然灾害信息2374条、灾情325条，灾情快报27期，《自然灾害季度报告》4期、《自然灾害年度评估报告》1期。三是建立会商评估制度。省减灾委办公室组织开展了全省低温冷冻灾害会商评估、“安比”台风灾害会商评估和年度灾害综合会商评估工作。四是及时应急响应。7次启动灾害救助预警，派出救灾工作组11个，深入全省11个市的46个重灾县（市）查看灾情，慰问受灾群众，指导灾区开展救灾应急工作。五是加大投入，保障受灾群众基本生活。省民政厅、财政厅下拨省级救灾资金2365万元，临时救助群众131万人次，有效缓解了受灾群众吃、穿、住、医等基本生活困难。全部完成了302户倒塌农房重建和3592户损坏农房修缮。

四、多方筹集资金，扎实开展受灾群众冬春救助

突出冬春救助重点对象，深入细致得做好冬春期间受灾人员的基本生活救助工作。一是细致排查，摸清底数。9至10月份，在全省统一安排下，组织专门力量，进村入户，对灾区群众生产生活情况进行了全面细致的调查摸底，详细掌握受灾群众生活困难底数。根据受灾程度及家庭生活状况，分别对有自救能力户、有部分自救能力户和无自救能力户分类登记造册，设立台帐，建立“三无户”

（无钱、无粮、无自救能力）档案。二是结合实际，制订冬春救助方案。在调查核实的基础上，各级民政部门会同同级财政部门按照分类救助的原则制定了本地区冬春期间受灾人员救助方案。三是积极落实救灾资金，开展有效救助。争取国家支持我省冬春救助资金1.0344亿元，协调省财政厅配套冬春生活救助补助资金1235万元，共计1.1579亿元的省以上资金，于12月29日下拨到各市县，保证了全省冬春救助工作的正常开展，保障受灾群众温暖、安全过冬。

五、积极探索，稳步开展试点县自然灾害综合风险调查

为深入落实习近平总书记防灾减灾救灾重要讲话精神和防灾减灾救灾体制机制改革意见，2018年，国家减灾中心将我省滦州市确定为“县域自然灾害综合风险与减灾能力调查”试点，将井陉县确定为“年度洪涝灾害风险综合防范模式研究相关资料的收集与分析”试点。2018年5月，我省减灾中心与国家减灾中心签订了项目课题委托书，并成立了项目工作组。并按国家减灾中心要求，编制了《河北省县域自然灾害综合风险与减灾能力调查试点工作方案》（草案），并国家减灾中心按工作计划亲赴滦州市（原滦县）推进试点工作。目前项目组已完成部分项目数据采集工作，整体工作按既定方案顺利推进中。

六、加强规范、引导和支持，加快推进社会力量和市场参与救灾工作

一是积极引导社会力量参与救灾工作。搭建了社会力量服务平台，鼓励、支持和规范社会力量有序有力参与防灾减灾救灾工作，录入登记71支社会力量。二是加强京津冀救灾协同。指导廊坊市、保定市、张家口市、唐山市分别与北京市、天津市相关地区签署《毗邻市区救灾协同互助协议》，建立了毗邻区灾情共享、救灾物资协同保障、救灾队伍互助等机制，区域救灾能力得到全面提升。三是推进政策性农户保险试点。不断扩大农房保险覆盖范围，全省开展农房保险的县(市、区)已达到115个，参保农户达到937万户，每户每年保额达到3万元，可为群众住房提供灾害风险保障金额2500多亿元。

（河北省应急管理厅　艾军）

水利建设

2018年，在省委、省政府正确领导下，广大水利干部职工积极践行新时期水利工作方针，紧紧围绕加快建设新时代经济强省、美丽河北奋斗目标，锐意进取、砥砺奋进，各项工作取得显著成效，水利保障经济社会发展的能力持续提升。

一、重点项目建设步伐加快。积极争取中央和省级水利资金71.9亿元，安排大型灌区续建配套、地下水超采综合治理、中小河流治理和小型水库除险加固等项目458个。创新工作方式，学习借鉴广东、浙江、江苏等省份经验，加强项目建设过程督办和考评，建立分工明细、上下协同的工作机制，中央水利投资计划完成率97.1%，位居全国上游。

二、全力确保全省安全度汛。逐级落实防汛责任，严密防控历次降雨过程，防灾减灾成效显著。市、县、乡、村逐级签订5.2万份防汛责任书，1002座小型水库、487个河道内村庄、2923个蓄滞洪区内村庄全部落实“三个责任人”岗位职责。所有小型水库和2584个受洪水威胁的山区村均配备了防汛应急卫星电话。各地利用山洪灾害监测预警系统启动预警广播7102次，发送预警短信7.2万条，紧急转移群众1.29万人。以大清河流域发生暴雨洪水为背景，着眼确保雄安新区安全度汛，组织抗洪抢险模拟实战演练，促进了新区各项防汛备汛工作落实。海河防总给我省发来感谢信，许勤省长批示“今年汛期防范工作启动早，责任落的实”。

三、地下水超采综合治理深入实施。打好地下水超采综合治理“组合拳”，在生态补水、农业节水、农村水源置换、水价改革上协同发力。配合水利部编制完成《华北地下水超采综合治理河湖地下水回补试点方案（2018-2019年）》，由水利部、河北省政府联合印发实施，2018年9月13日启动南拒马河、滹沱河、滏阳河3条河道补水试点。在78个县实施地下水高效节水灌溉和地表水灌溉项目，在南水北调受水区15个县实施农村生活用水水源置换项目，项目总投资30.3亿元，完成率97%，整治河渠334公里，清淤扩容坑塘50处，改造灌溉面积177万亩；继续推进农业水价综合改革，全省新增水价改革面积409万亩。

四、水生态环境持续改善。按照省委、省政府要求，将地下水取水许可审批权限上收到省级，完成了全省102万眼机井摸底调查，建立了基础信息库，在全国率先实现了机井精准动态管理；加大机井关停力度，全年共关停城区自备井2345眼，农业灌溉井4741眼。滹沱河、滏阳河、南拒马河三条河道累计补水6.27亿立方米，形成水面面积40平方公里，试点河流重现生机，沿线地下水水位逐步回升，补水社会效益和生态效益初步显现。争取省级以上水土流失治理资金4.95亿元，治理水土流失面积2235平方公里；革命老区、坡改梯、京津风沙源治理和密云水库上游清洁小流域等项目平稳有序推进。

五、雄安新区涉水工作顺利实施。《河北雄安新区防洪规划》先后通过水利部和省政府组织的专家咨询论证，已经中央京津冀协调领导小组审议通过。新区供水工程方案和白洋淀生态补水方案，与水利部进行深入对接，形成近期和远期保障供水共识。会同生态环境部门编制了白洋淀流域治理实施方案，率先在雄安新区及周边区域深入开展地下水超采综合治理、水土流失综合治理和河湖清理行动，取得较好效果。南拒马河防洪工程前期工作加快开展，大树刘泵站工程建设加快实施。

六、重点领域改革稳步推进。深入推进水资源税改革试点，核定非农纳税人用水量28亿立方米，征收水资源税20.82亿元；完成56万户农业水资源税纳税人认定，核定用水量73亿立方米。深化农业水价综合改革，井灌区农业水价综合改革县由118个扩大到138个，累计完成改革面积1709万亩；161个县（市、区）完成农业水权确权登记和水权交易实施细则制定，发放农业水权证1400万份。

（河北省水利厅　苏运芳）

农业机械

2018年，全省各级农机管理部门坚持以新发展理念为引领，紧紧围绕“提质增效转方式、稳粮增收可持续”的工作主线，认真贯彻省委、省政府的决策部署，凝心聚力、开拓进取，扎扎实实地抓好工作落实，较好地完成了年初确定的各项工作目标。全省农机化装备水平进一步提高，农机装备结构继续优化，农业机械化事业实现又好又快发展。

一、农机化服务体系更加完善

随着政府进一步减轻农民负担、加强公益性服务政策的落实，农机化基层组织继续由经营型向公益服务型转化，经营组织减少、公益型服务机构增加。2018年底，在农机购置补贴政策引领下，农机化作业服务组织6121个，比上年略有减少；其中，拥有农机原值50万元以上的1878个，比上年增加603个；农机专业合作社2860个，比上年增加276个。农机户2918879个，比上年略有减少，从业人员4018910人比上年略有减少。可以看出在农机购置补贴等惠农强农富农政策的强烈拉动下，通过资金扶持、重大项目拉动、规范化发展、信息化服务等多措并举扶持农机社会化服务组织、农机大户均向集中化发展，专业合作社同样有了较大幅度提升。

二、农机保有量持续增加，农机装备结构进一步改善

到2018年底，全省农机总动力达到7706.20万千瓦，比上年增加125.62万千瓦；拖拉机保有量149.67万台，比上年减少10.78万台，其中大中型拖拉机保有量达到27.29万台，80马力以上机型所占比例达到32.61%，较上年增加2.48个百分点，继续呈增长态势；小型拖拉机保有量达到122.3万台，较上年减少6.6万台，继续减少。我省拖拉机逐步向大型化发展。全省联合收割机达到16.07万台，较上年增加0.47万台，其中玉米收获机械继续增长，达到7.05万台，比上年增长0.46万台，说明小麦收割机已趋于饱和，玉米收获机增长态势放缓；在大中型拖拉机增长的基础上，配套农机具也相应增长，80马力以上机型配套农机具达到40.57万部，80马力以上机型配套农机具为168.78万部。

三、农机化水平稳步提升，范围不断拓展

2018年，全省完成机耕面积5266.85千公顷，机播面积达到6816.63千公顷，均比上年略有减少，机收面积达到5953.62千公顷，比上年增加419.52千公顷，机耕、机播、机收分别达到86.58%、82.32%、70.95%，主要农作物耕种收综合机械化水平达到80.61%，比上年增加3.41%；具体来看，全省玉米机收面积达到2757.69千公顷，比上年增加251.82千公顷，同比增加1%，玉米机收率达到81.55%；完成机械化秸秆还田面积4249.86千公顷；完成保护性耕作面积146.19千公顷；落实机械深松面积699.12千公顷，圆满完成农机深松作业补贴项目。

四、补贴政策拉动农民购机积极性，投入总量继续维持高水平

2018年全省农业机械化总投入为47.57亿元，其中：财政资金6.82亿元，基本建设投入0.41亿元，农机具购置投入40.34亿元。分别占总投入的14.34%、0.86%、84.8%。从以上数字看出，中央惠农政策带动了农民购置农业机械的积极性，促进了机械化的快速发展。但是基本建设投入仍显不足，科研、推广投入更是逐年占据偏低地位，将可能造成机械化发展后劲不足，需引起重视。而单位和集体投入再次出现下滑趋势，说明我省基层农机化服务组织建设需进一步加大工作支持力度。

五、经营效益保持平稳，利润率略有下降

2018年全省农机行业实现总收入197.25亿元，比上年略有减少，其中作业收入146.84亿元，占总收入的74%。近些年，随着农产品价格持续走低，农机用油价格的上涨，农机作业成本也居高不下，农机作业利润环境趋于平稳。

（河北省农业机械化管理局　刘伟）

气象防灾减灾服务

【概况】2018年，全省气象工作以习近平新时代中国特色社会主义思想为指导，深入贯彻省委、省政府及中国气象局决策部署，紧紧契合经济社会转型发展需要及时调整供给，紧紧围绕雄安、冬奥等国家重大战略积极主动作为，紧紧适应国家和部门“放管服”改革推动权责落地，紧紧对标全面从严治党要求强化政治担当，推动气象事业高质量发展，为新时代全面建设经济强省美丽河北提供优质气象保障。

河北省气象局设有10个内设机构，13个直属事业单位，2个直属企业；设有11个设区市气象局和135个县（市、区）气象局，曹妃甸区、曹妃甸工业区、渤海新区3个气象局为副处级气象局。全省气象部门在编职工2202人。

【气候基本概况】2018年，河北省气温偏高，降水和日照接近常年，气象灾害种类多，但损失程度偏轻。主要天气气候特点为：全省年平均气温12.6℃，较常年偏高0.8℃，春、夏季显著偏高，夏季历史同期最高，冬、秋季接近常年；全省年平均降水量509.2毫米，较常年偏多1.2%，春季显著偏多，4月出现异常降水，夏季接近常年，冬、秋季降水偏少；全省年平均日照时数2449.6小时，较常年偏少40.4小时，春季日照时数偏少，部分时段偏少近5成，冬、夏、秋季接近常年。年内气象灾害损失程度低于20世纪90年代以来的平均水平，属于“偏轻”年份，气候年景属于“偏好”年份。

气温　2018年，全省年平均气温12.6℃，较常年偏高0.8℃，比2017年偏低0.4℃，属偏高年份。全省年平均气温在3.0～15.4℃之间，与常年相比，仅承德县、秦皇岛、围场、隆化气温偏低0.5℃以上，其余地区气温接近常年或偏高，全省超过3成的区域偏高1℃以上。冬季，全省平均气温-2.7℃，属正常年份。春季，全省平均气温14.5℃，较常年偏高1.5℃，属显著偏高年份，为有气象记录以来同期第三高值年（仅低于2014和2017年）。季内各月温度均偏高，3月下旬气温异常偏高，偏高6.0℃，为历史同期第二高年份。夏季，全省平均气温26.6℃，较常年偏高1.7℃，属显著偏高年份，为有气象记录以来同期最高，平均最低气温偏高更为显著，较常年偏高2.1℃。空间分布上，全省夏季气温均偏高，保定南部、石家庄东部、衡水中部、邢台东部、邯郸中部等地区偏高超过2℃，83个县（市、区）夏季平均气温突破历年夏季最高值。

降水　2018年，河北省年平均降水量较常年偏多1.2%，属正常年份。各地年降水量在217.4～923.4毫米之间，区域差异明显，多雨中心主要位于东部和西南部地区，承德南部、秦皇岛北部、唐山北部、沧州东部、保定西部等地降水在600毫米以上，承德和沧州局部超过800毫米，兴隆最多达923.4毫米；张家口西南部、沧州西部、保定南部等地降水不足400毫米。与常年相比，全省大部地区降水接近常年，唐山西北部、廊坊北部、沧州东部等地偏多，部分地区偏多3成以上，沧州局部偏多超过5成；沧州西部、保定东南部、石家庄中部、衡水中部等地降水偏少，石家庄、保定和沧州三市局部偏少3成以上。冬季，全省平均降水量2.6毫米，较常年偏少75.5%，属于异常偏少年份。春季，全省平均降水量114.1毫米，较常年偏多57.2%，属显著偏多年份。夏季，全省平均降水量356.9毫米，较常年同期偏多6.8%，属于正常年份。秋季，全省平均降水量33.3毫米，较常年同期偏少61.3%，属显著偏少年份。

日照　2018年，河北省年平均日照2449.6小时，较常年偏少40.4小时，属正常年份。各地年日照在1658.8～2965.7小时之间，张家口大部以及沧州和唐山等地局部超过2800小时，怀来最多；石家庄西南部以及邢台和保定两市局部日照少于2000小时。与常年相比，邢台中部和西部、石家庄大部、保定北部和南部、张家口南部等地日照偏少100小时以上，其中石家庄西南部以及邢台和保定等地局部偏少超过300小时；沧州东北部、唐山南部以及廊坊、张家口和衡水等地局部偏多100小时以上。

【主要气象灾害】2018年主要气象灾害有干旱、暴雨、高温、寒潮、雾和霾、大风冰雹、沙尘、连阴雨、干热风等。干旱影响偏轻，但区域性和阶段性明显；汛期雨季偏早，暴雨日数偏多，部分地区降水强度大、极端性强，登陆台风次数多、影响大；高温日数多，高温过程影响范围广、强度大、持续时间长；寒潮日数偏多、强度偏强，影响范围广；大雾日数偏少，秋末冬初大雾过程频发；霾天气主要出现在冬季，日数为近5年次少；大风和冰雹日数偏少，但局地风雹灾害损失重；沙尘日数偏少，出现近3年首次沙尘暴；连阴雨天气偏多，但影响偏轻；干热风接近常年。

干旱　2018年，全省气象干旱（轻旱及以上）日数为190.1天，较常年偏多45.3天。空间分布上，承德中南部、秦皇岛大部、唐山北部、沧州西部、石家庄中西部、衡水大部、邢台东部、邯郸东部等地区气象干旱日数在200天以上，局部超过250天。年内，气象干旱以阶段性为主，主要发生在初春和秋冬季，其中秋末冬初气象干旱较重。3月，全省出现大范围旱情。3月16日，宽城等13个县（市、区）最长连续无降水日数超过100天，12个县（市、区）最长连续无降水日数达到或突破历史极值；49个县（市、区）气象干旱等级达到重旱以上，其中6个县（市、区）为特旱。入秋后，全省降水显著偏少，冀中大部地区降水偏少7成以上，气象干旱持续发展，季内全省平均干旱日数64.8天，较常年偏多27.0天，为2007年以来最多。

暴雨　暴雨日数偏多，雨季偏早，北上“台风”影响大。全年出现暴雨258站次，较常年偏多28.7%。入汛后，共有3个台风（10号台风“安比”、14号台风“摩羯”和18号台风“温比亚”）北上影响河北，其中10号台风“安比”是1949年以来第一个保持热带风暴强度进入河北的台风。4月21～22日，河北出现强降水过程，全省平均降水量为45.7毫米，27个县（市、区）出现暴雨，暴雨发生范围为有气象记录以来春季最大，19个县（市、区）突破历史最早暴雨初日。峰峰、柏乡、鸡泽等33个县（市、区）日最大降水量突破历史4月极值，其中12个县（市、区）过程降水量突破历史春季（3～5月）降水量极大值。7月13日，河北省较常年偏早9天进入雨季。7月23～24日，受台风“安比”影响，全省平均降水量26.8毫米，廊坊北部、唐山东北部、秦皇岛西北部、承德局部等地过程降水超过100毫米，其中最大降水量为三河站170.6毫米，突破该站有气象记录以来历史最大值。8月13～15日，受台风“摩羯”减弱低压外围云系影响，全省平均降水量41.7毫米。唐山西北部、秦皇岛中南部和沧州东部等地过程降水超过100毫米，沧州局部超过250毫米，其中最大降水量为孟村站330.5毫米，达特大暴雨等级。14日，孟村（273.3毫米）和盐山（228.7毫米）日最大降水量突破该站有气象记录以来历史最大值。

高温　全年高温日数显著偏多，过程影响范围广、强度大、持续时间长。全省平均高温（日平均气温≥35℃）日数19.5天，较常年（10.2天）偏多近1倍，为1971年以来第四多年。6月27日，元氏（43.0℃）、无极（41.8℃）日最高气温突破有气象记录以来历史极值。空间分布上，河北省中南大部分地区高温日数超过20天，任县、藁城、鸡泽等7个县（市、区）高温日数达到或突破历史极值，鸡泽、迁安、涿州等8个县（市、区）最长连续高温日数达到或突破历史极值。全年共出现11次高温过程。6月26日～7月1日，河北省出现全年最强高温过程，影响范围涉及130个县（市、区），期间39个县（市、区）高温日数超过5天，藁城、栾城、深泽和辛集连续6天出现高温。27日，高温强度最大，96个县（市、区）达到38℃以上，50个县（市、区）超过40℃，元氏（43.0℃）、无极（41.8℃）日最高气温突破有气象记录以来历史极值（42.3℃和41.6℃）。29日，高温天气范围最广，125个县（市、区）出现高温，影响范围排历史同期（6月下旬）第二位。

寒潮降温　全年寒潮日数偏多、强度偏强，影响范围广，年内影响河北省的冷空气过程共27次，与常年持平，冷空气强度偏强，为2010年以来最强。全年出现寒潮1041站次，较常年偏多32.8%，其中强寒潮以上等级436站次，较常年偏多1倍。影响范围超过20个县（市、区）的寒潮降温过程8次，其中4月3～5日，寒潮影响范围最广、降温幅度最大、影响最重，全省25个县（市、区）平均气温最大降幅超过20℃，武安市降幅最大达23.7℃，全省92个县（市、区）平均气温降温幅度突破历史极值，主要分布于中南部的麦区。期间，全省有137个县（市、区）降温幅度达到寒潮等级，其中96个县（市、区）出现强寒潮，36个县（市、区）出现特强寒潮；5日寒潮范围最广，为137个县（市、区），影响范围为历史同期（4月）最大。受此次寒潮降温天气影响，张家口、保定、邢台、邯郸、石家庄、衡水6市的19个县（市）111个乡镇遭受低温冷冻和风雹灾害，主要受灾农作物为桃树、杏树、梨树、苹果树、板栗等果树、花椒树、大蒜和韭菜等大棚蔬菜，农作物受灾面积81.59千公顷，绝收面积34千公顷，58.38万人受灾，直接经济损失达8.5亿元。

雾和霾　2018年全省平均大雾日16.2天，较常年偏少5.4天，为2013年以来最少。张家口大部、承德东北部、保定西部、石家庄大部、邯郸西部等地区大雾日数不足10天，崇礼、万全、张家口三站全年未出现大雾天气。与常年相比，全省大雾日数以偏少为主，廊坊局部、保定南部、石家庄大部、衡水中部、邢台局部、邯郸中部等地区偏少10天以上。全年大雾影响范围达到50个县（市、区）以上的日数有11天，主要集中在10月中旬至12月上旬。霾天气，全省平均霾日45.7天，为近5年次少，比2017年偏多8.4天。张家口东部以及承德、秦皇岛、唐山、沧州等地个别地区霾日数在10天以下，滦南全年没有出现霾天气；冀中南、冀东大部地区在20天以上，石家庄、保定、邢台、邯郸四市大部分地区超过50天。年内霾影响较大的时段主要集中1～3月和11～12月，全年影响范围超过50个县（市、区）的日数有53天。3月12日，全省11个市的112个县（市、区）出现霾，为2018年影响范围最大的一天，影响范围为近5年历史同期（3月）次大。

大风与冰雹　大风与冰雹日数均偏少，但风雹灾害极端性强，影响损失重。2018年全省共出现大风1172站次，较常年偏少9.2%，但为2006年以来最多。大风天气主要集中在3～6月，占全年的61.3%，其中4月大风最多。全年累计出现10次影响范围超过30个县（市、区）的大风过程。其中灾害较重的为：4月5～6日和5月12～13日两次过程。4月6日，影响范围达104个县（市、区），为2001年以来影响范围最大。5月12～13日，全省36个县（市、区）出现大风，6个县（市、区）的极大风速超过10级，7个县（市、区）极大风速突破有记录以来极大值；9个县（市、区）出现冰雹，最大直径达到2厘米。据不完全统计，风雹天气共造成沧州、石家庄、邢台、保定等地的8个县（市、区）1.6万人受灾，农作物受灾面积2.2千公顷，直接经济损失550万元。2018年全省出现冰雹36站次，较常年偏少74.2%。冰雹天气主要出现在6月中下旬，占全年的58.3%，6月12～14日冰雹过程影响最大，40个县（市、区）出现大风，18个县（市、区）出现冰雹天气，最大冰雹直径为2.4厘米。据不完全统计，受风雹天气影响，石家庄、保定、衡水、邢台、张家口、承德等地的20个县（市、区）32.8万人受灾，农作物受灾面积15.2千公顷，直接经济损失2.2亿元。

沙尘　沙尘天气偏少，近3年首次出现沙尘暴，3月出现大范围沙尘天气过程。全年出现沙尘471站次，较常年偏少53.8%，较2017年多23站次，为2009年以来最多；出现浮尘267站次，较常年偏少15.9%；扬沙221站次，较常年偏少70.1%。年内围场出现1次沙尘暴天气，为近3年首次。全年沙尘影响范围涉及全省131个县（市、区），其中

31个县（市、区）的沙尘日数超过5天，主要分布在张承地区；3个县（市、区）超过10天，其中康保多达25天。沙尘天气主要集中在2～5月，占全年的84.3%，3月28日和4月10日单日影响范围超过50个县（市、区）。3月28日沙尘影响范围达112个县（市、区），为1982年以来3月单日沙尘范围最广；4月10日，全省52个县（市、区）出现沙尘，其中43个县（市、区）出现浮尘、9个县（市、区）出现扬沙，单日沙尘影响范围为2006年以来同期（4月）最大。

降雪　降雪日数偏少，年初降雪频繁。全年平均降雪日数为9.2天，较常年偏少5.5天（37.4%）。影响范围超过50个县（市、区）的较强降雪有7次，主要出现在1月4～9日、21～24日、27～28日，3月15～18日，4月3～6日和12月5～6日、26～27日。其中3月15～18日降雪过程缓解旱情显著，4月3～6日降雪过程范围最广，影响最大。4月3～6日，全省共141个县（市、区）出现降雪天气，降雪区平均降水量为5.6毫米，4月5日，阳原县日最大降雪量20毫米，突破历史4月最大值。

连阴雨　连阴雨天气偏多、影响范围广，春夏两季影响较大。全年共出现连阴雨567站次，较常年偏多16.0%，与2017年接近。连阴雨天气主要出现在4～5月和7～8月。4月出现连阴雨81站次，较常年偏多近3倍；5月出现111站次，偏多1.5倍；7月出现155站次，偏多34.3%；8月出现146站次，偏多48.2%。年内全省大部分地区最长持续连阴雨日数在4天以上，承德中部和东部、唐山中部以及秦皇岛、保定、石家庄、邢台、邯郸5市大部超过6天，迁安、滦南、秦皇岛3个县（市、区）分别为12天、11天和11天，突破或达到该地区有气象记录以来最长持续连阴雨日数。全年较大范围连阴雨天气过程分别出现在5月15～22日和7月7～15日。5月15～22日，连阴雨天气影响范围达104个县（市、区），居历史同期（5月）第三位，保定中部、石家庄西部以及邢台、邯郸2市大部连阴雨日数在5天以上，沙河、高邑、临城等13个县（市、区）连续8天出现连阴雨天气。7月7～15日，97个县（市、区）出现连阴雨天气，保定大部、雄安新区大部、石家庄西北部、邯郸大部以及邢台、衡水、沧州、唐山、秦皇岛5市部分地区连阴雨日数超过4天，迁安、顺平、行唐等7个县（市、区）达8天以上。

干热风　2018年干热风站次接近常年，影响偏轻。5月11日～6月20日，全省共出现干热风577站次，接近常年，较2017年偏少3成。年内北部康保等6个县（市、区）未出现干热风，其他大部分地区干热风日数在2天以上，其中保定和雄安新区大部、沧州大部、廊坊中南部、承德中南部、张家口东南部、秦唐北部以及邢台西部、邯郸西部超过4天，阜平和赞皇9天，为全省最多。6月5日，干热风影响范围达114个县（市、区），影响范围为2002年以来第二广，102个县（市、区）为重度干热风，主要分布在张家口东南部、承德西南部、秦唐北部以及冀中南大部分地区。

【气候对相关行业的影响】年内极端天气和气候变化对农业、林业、畜牧业、盐业、水产业、交通运输业等产生较大影响。

农业　2018年冬小麦返青期较晚，全省麦区从2月28日开始，由南到北陆续返青，比近5年偏晚7天左右。5月中旬，中南部大部地区出现连阴雨天气，5月19～21日主麦区总日照时数不足5小时，大部分连续3天日照时数为0，气温下降，导致灌浆缓慢或停止，对千粒重的增加十分不利。玉米生产主要受年内阶段性干旱、台风、异常高温和大风影响较大。由于春季气温显著偏高、降水偏少，部分地区出现旱情，北部玉米部分春播区没有水浇条件，推迟至5月21～23日大范围降水过程后进行补种。7月9日、8月2日，中南部地区发生2次较大范围的暴雨洪涝灾害，部分地块作物倒伏、折断严重，对玉米生产造成了一定影响。7月下旬到8月上旬受持续高温闷热天气影响，廊坊南部、保定东南部、石家庄东部以及沧州、衡水、邯郸3市局部夏玉米达到中度高温热害等级。异常高温导致部分夏玉米果穗结实不良，部分地块出现授粉不良、果穗缺粒以及严重秃尖等问题。全省玉米发生结实不良现象面积500千公顷左右，占全省玉米播种面积的14.3%，其中，成灾面积315.3千公顷，占播种面积的9.0%。8月下旬干旱发展，部分没有灌溉的秋粮作物早衰导致提前收获，对秋粮产量有一定影响。

水产业　7月25日～8月5日受副热带高压控制，河北省出现132个县（市、区）超过35℃高温天气，最长连续高温日数达到8天。秦皇岛、唐山、沧州沿海3市持续高温天气近10天，超过水产养殖品种海参的耐温范围，导致海参大面积死亡。昌黎县、乐亭县、唐山国际旅游岛及黄骅等4个海参主养县（市、区）受灾。经统计，全省海参养殖受灾面积9千公顷，预计减产8960吨，经济损失11.55亿元。其中，昌黎县受灾面积3.7千公顷，减产4400吨，经济损失6亿元；乐亭县受灾面积4千公顷，减产3600吨，经济损失4亿元；唐山国际旅游岛受灾面积0.8千公顷，经济损失1.056亿元；黄骅市养殖受灾面积0.5千公顷，经济损失超5000万元。

林业　2018年，寒潮降温、风雹、高温等灾害性天气对河北省林果产业造成了较大损失。4月初开始，在天气回暖过程中，发生“前春暖、后春寒”倒春寒天气，全省大部气温明显降低，严重影响生长期、花期林果和作物成长。低温造成果树花器不完全或呈畸形，处于蕾期或即将开放的果树，低温导致受粉不良、坐果率低、多畸形果，降低了果品的品质和产量。5月中旬、6月中旬，受大风、冰雹、雷暴等天气影响，林果受损，出现大量落果，部分农业设施受损。夏季高温日数显著偏多，持续高温干旱对处于果实迅速膨大时期的苹果、梨等有一定不利影响，主要表现在果实膨大缓慢或停止生长，严重抑制叶片光合作用，甚至导致落果、缩果，对果树产量有明显影响。

森林防火　春季气温显著偏高，大风天气接近常年，但降水显著偏多，尤其是4月之后，森林火险等级相对降低，较2017年偏少。全年共发生森林火灾25起，过火面积295.37公顷，受害森林面积66.88公顷，较2017年同期火灾次数减少13起，下降34.2%；过火面积减少861.33公顷，下降74.5%；受害森林面积减少252.34公顷，下降79%，未发生重大以上火灾，未发生重大人员伤亡，未发生“进京火”。

畜牧业　2018年对畜牧业造成影响的因素主要是低温、高温、干旱、风雹等。影响主要在3个方面：一是对牧草的影响；二是对主要饲料玉米的影响；三是对牲畜本身的影响。对牧草的影响，影响牧草产量的灾害主要有：低温、干旱。坝上地区春季气温回升晚，气温低，返青时间比常年晚15天左右；低温造成豆科牧草死亡。生长期内的5月至6月中下旬，气候干旱给牧草的生长造成严重影响，牧草产量减产约5%。对主要饲料玉米的影响，影响玉米产量的因素主要有高温、风雹、干旱等。7月中下旬，高温导致玉米花粉母细胞发育不良或畸形，8月上旬散粉阶段的高温导致花粉活力降低甚至丧失。花粉、花丝活力低，出现果穗授粉、受精不良，导致结实不良，影响玉米产量，一定程度影响了农牧民增收。对牲畜本身的影响，对牲畜本身影响因素主要是低温和高温。春季4月3-5日的降温雨雪天气使得保定、张家口、沧州、衡水、邢台等市共117户养殖户受灾，畜禽舍损坏约3.89万平方米，畜禽死亡4040头只，直接经济损失约298万元。进入9月中旬后，坝上地区遭遇极端寒冷天气，造成牲畜冻伤，致使牲畜瘦弱，成牲畜流产，仔畜成活率低，老弱幼畜死亡增多。夏季高温显著偏多，持续高温天气造成牲畜采食量减少，饲料报酬降低，生产性能下降，严重的甚至导致死亡。

海洋地质　2018年全省年平均降水量509.2毫米，累计出现暴雨258站次，较常年偏多28.7%。年内，雨季偏早，汛期3个台风（10号台风“安比”、14号台风“摩羯”和18号台风“温比亚”）北上影响河北，其中受“安比”影响，全省平均降水量26.8毫米，廊坊北部、唐山东北部、秦皇岛西北部、承德局部等地过程降水超过100毫米；受“摩羯”减弱低压外围云系影响，全省平均降水量41.7毫米，唐山西北部、秦皇岛中南部和沧州东部等地过程降水量超过100毫米。地质方面，全年共发生各类小型地质灾害灾情10起，其中崩塌6起、滑坡4起，共造成1人受伤，直接经济损失9.51万元。与上年同期相比，地质灾害发生数量持平，直接经济损失减少了95%。年内发生的地质灾害与降雨关系十分密切，全年因降雨诱发地质灾害9起，占总数的90%。海洋方面，受北上台风影响，秦皇岛、唐山、沧州3市海洋灾害造成损失共计9320.53万元，其中受台风“安比”影响，唐山灾害损失为720万元；受台风“摩羯”北上影响，秦皇岛、唐山、沧州3市沿海地区均有所损失，沧州市损失最重达8000万元。

盐业　2018年盐区年平均气温较常年偏高，比2017年偏低；全年累计降水量647毫米，接近常年略偏高，比2017年偏多76毫米；累计蒸发量1690毫米，比2017年偏少364毫米。其中夏季天气以闷热为主，蒸发量小，总体不利于原盐生产。1～6月，盐区降水量偏少，蒸发量略低于去年。降水过程集中在汛期7～8月，有利于春晒和秋收。沧州盐区降水量蒸发量偏大，唐山盐区降水量蒸发量偏小，总体差值保持稳定，对原盐生产影响较小。高温高湿天气影响：全年降水天数53天，高温天气较历年偏多，超过32℃的高温日数达57天，多数高温天气湿度大，蒸发量不高。台风和风暴潮影响：7～8月，渤海湾受台风和风暴潮影响，共发生4次灾害性强降水：7月11～15日出现强降水及风暴潮，降水量达53.8毫米；7月23～24日受台风“安比”影响，降水量达50.6毫米，并伴有7～8级大风；8月13～15日受台风“摩羯”影响，降水量达71.0毫米，伴有7级大风；8月17～19日受台风“温比亚”影响，降水量达53.5毫米。强降水对盐业生产造成了严重损失。

交通　2018年全省平均交通运营不利天气（10毫米以上降水、雪、雨凇、雾、扬沙、沙尘暴、大风）日数为45.8天，较常年偏少13.1天，为近5年次少。各地交通不利天气日数在25～98天，张家口北部、承德西北部、雄安新区北部、廊坊北部、沧州东部、邢台大部、邯郸东南部等地区在50天以上，局部超过60天。与常年相比，全省大部地区偏少或接近常年，张家口西南部、廊坊中部、石家庄东部、邯郸中部等地区偏少超过20天。年内影响交通运输的天气主要以降水、雾、大风、降雪、结冰等天气为主。据交通部门统计，全年因大雾影响路况的有1896起，因降雨影响路况的有973起，因降雪影响路况的有602起，因道路结冰影响路况有38起，因路面湿滑影响路况有15起，因汛期强降水天气造成路堑边坡塌方4052.7立方米，路基路面损毁2248.1立方米，边坡损毁1128立方米。受台风“安比”影响，全省干线公路因降雨造成48条段的182处水毁，水毁抢修及水毁恢复治理工程费用共计3511万元。

空气质量　2018年全省平均优良天数208天，同比增加5.7天。1～10月全省优良天数同比增加12天；11～12月全省优良天数同比减少6.4天。各地市全年优良日数有增有减，同比增加较多的地市有衡水、邯郸、秦皇岛，分别增加33天、19天、17天，雄安、承德、张家口减少较多，分别减少66天、13天、9天。全省重污染天气日数17天，同比减少11.7天。1～10月全省重污染日数同比减少12.1天，11～12月同比增加0.4天。各地市全年重污染日数减少较多的有保定、邯郸、唐山，分别减少24天、18天、17天，承德重污染日数同比持平。年内出现8次区域性重污染天气过程，主要集中在1月、2月和11月，PM2.5极值为372，较去年下降31.0%，污染强度同比明显减弱。全省大气环境承载力（表征一定区域大气自我净化的能力）为335.5吨/（年·平方公里），较近5年（2013～2017年，下同）偏高4.1%，其中52.4%台站偏高，石家庄偏高16.4%。各季节与近5年同期相比，除春季外，其他季节均偏高，冬季偏高近3成。

【气象综合防灾减灾救灾工作】拓展多源灾情监测渠道，研发了8类灾害图像、18种互联网灾情文字识别模型，灾害监测更趋智能。建立了重大灾害性天气预警信息全网发布机制，电话自动精准“叫应”基层应急责任人近2万人次。联合墨迹公司等社会力量开展风险普查，20余类数据实现共享共联。出版全国首部分灾种气象灾害风险地图集，开展贫困县气象灾害风险地图编制。与教育部门联合发文，建立灾害天气防御停复课机制。省“两办”12次发文部署气象灾害防御和预报预警等工作，全省因灾死亡人数、直接经济损失比2000年以来分别减少89%、84%，为历史新低。

【生态文明建设气象保障作用】生态气象写入水资源统筹利用、地下水超采综合治理和主体功能区建设等省重点规划，省气象局列入“三线一单”领导小组成员单位。建成全国首个环境气象智能评估系统，开展减排效果评估、气象条件贡献定量评估，气态污染源清单实现逐月更新。围场获评河北首家“中国天然氧吧”，邢台打造“太行山最绿的地方”生态名片，内丘县獐么乡被认定为“中国大陆持续暴雨极值中心”。国家级飞机人工增雨和科学实验石家庄基地投入使用，初步建成空地联合作业平台及飞行保障系统，国内最大的双75立方米膨胀云室安装完成。开展了太行山东麓人影作业技术试验、冬奥人工增雪试验。年地面作业1428点次、飞行142架次，估算增水35.2亿立方米。

【乡村振兴、精准脱贫】联合河北农大组建11个为农气象服务专家团队，特色气象服务辐射全省。为1.5万余个种养植大户和新型农业经营主体在线提供互动服务。开展深州蜜桃、曹妃甸水稻等9种优质农产品气候品质评估，开发黄骅冬枣连阴雨、迁西板栗干旱等气象指数保险产品。49个县实施了“三农”专项。气象预警信息接入省扶贫平台。研发光伏数值预报服务系统，完成贫困县太阳能资源精细化评估和部分市县生态旅游气候资源评价。选派优秀干部组建62个工作队驻村扶贫，省气象局2个重点扶贫村如期脱贫出列。

【“两翼”气象服务保障】完成雄安新区《气候安全评估和通风廊道构建专题成果报告》。《河北雄安新区智慧气象发展规划》通过中国气象局审定。气象防灾减灾等建设内容纳入《白洋淀生态环境治理和保护规划》和《雄安新区起步区综合防灾专项规划》。成立雄安新区气象局筹备处，服务新区规划建设和安全运行。冬奥河北赛区赛场综合气象观测系统基本建设完成，赛事精细化预报与智慧服务系统应用于雪季演练，崇礼赛区实现1公里分辨率预报。36人冬奥气象服务团队驻场受训并开展服务工作。科技部科技冬奥专项获批立项。完成赛区精细化风场模拟评估。

【气象业务现代化与公共气象服务】新增10类329套观测设备，观测站数量和密度全国领先。手机应用“卦天”APP 正式上线，收集社会实景观测图片300余万张。“一网两池四平台多应用”气象信息化整体架构基本形成，资源池可用存储容量达到780TB，高性能计算峰值运算能力达到120万亿次/秒， 0-72小时产品分辨率达1公里1小时，强对流天气预警提前量51分钟。面向交通、能源、旅游等领域，开展高速公路雾灾格点化预报，大雾预报准确率达84%；完善新能源数值预报系统，辐照度预报准确率稳定在90%以上；在100个4A 级以上景区部署“云端网眼”，提供特色旅游气象服务。圆满完成北戴河暑期办公、省第二届园博会、省旅发大会、廊坊农交会等重大活动气象保障。

（河北省气象局　毛翠辉）

农业科研

2018年，河北省农林科学院坚持以习近平新时代中国特色社会主义思想为指导，认真落实省委、省政府关于“三农”工作的总体要求，坚持正确政治方向，坚持发展第一要务，坚持稳中求进工作总基调，落实新发展理念，围绕全省农业供给侧结构性改革，大力实施科技创新计划和科技服务计划，切实加强以党建为统领的自身建设，依法依规、科学民主治院，全院各项事业实现持续稳定发展。

【科研项目】全年落实省级以上项目220项，到位经费2.06亿元，较上年增长35.3%，项目质量、研究层次明显提升。国家重点研发专项在研16项，国家自然科学基金项目在研27项。新落实中央补助地方条件建设项目1项，省发改委平台建设项目2项，3个农业部重点实验室、试验站通过验收，全院创新平台条件有效改善。紧跟时代特点和产业需求，认真谋划实施的现代农业科技创新工程，围绕农产品质量与农田生态环境安全、农产品加工增值与农业业态创新、经济作物高效生产、粮油作物节本增效等4大领域，明确34项重点任务，加快关键技术和应用基础研究的重大突破、集成应用和快速转化。2018年实施创新工程子项目145项，认真谋划2019年创新任务113项。

【科技产出】获得省级以上科技奖励成果21项，其中，“主要蔬菜卵菌病害关键防控技术研究与应用”“梨优质早、中熟新品种选育与高效育种技术创新”获得国家科技进步二等奖（参加），受到省政府表彰；获省科技进步二等奖2项、省技术推广一等奖4项、省社科二等奖3项、省山区创业二等奖4项。审定（登记）农作物新品种101个，形成技术标准和规程20个，获得专利权90项，发表中文核心期刊以上论文270篇，其中SCI/EI源收录65篇。自主培育的冀麦418、衡观35和联合培育的石麦15节水小麦品种，被评为国家节水绿色小麦品种。高油、高蛋白大豆，高油酸花生，适机采棉花，“四光”葡萄，高产早熟板栗，果品保鲜，中药材，日光温室棚室结构，生物防治，生物农药，农业废弃物综合利用，新型肥料等一大批成果展现了良好的应用前景。

【科技服务】在全省建设百亩规模以上示范基地（点）112个，打造高标准示范基地30个。示范区规模达到13.4万亩，辐射带动300多万亩不同产业发展，示范新品种（系）468项次，新成果新技术232项次，培训农民代表4万余人次。按照“五个一”科技合作新模式，进一步深化与衡水市、邯郸市的科技合作，在阜城县建设绿色高粱特色产业基地、蜜蜂授粉西瓜基地，在涉县建设中药材产业基地，探索了科技成果转化的新机制。推进农业科技扶贫，驻张家口崇礼区的两个扶贫工作队，加快发展特色产业，扎实做好帮扶工作，受到省委、省政府肯定。全院155名科技专家，在全省48个贫困县开展科技扶贫，编印《河北省农科院适宜贫困地区推广应用的105项农业技术》1万册，助力脱贫攻坚、产业发展。服务雄安新区建设，组织科普宣传活动10场次，提出发展建议2份，建设绿色农产品供给基地2个，为新区食品安全、农业面源污染防控和水资源高效利用提供了科技支撑。全年向省政府及有关部门提供产业发展政策技术建议14份。

【人才队伍】着眼人才引进，新招聘符合“名校英才入冀”政策的博士9名，全院博硕士占专业技术人员比例达到62%，45岁以下高级职称和35岁以下中级职称人员占比达到46%。加强团队建设，新进站博士后2人，全院在站博士后6人。培养领军人才，全院省“巨人计划”创新团队增加到4个，“国务院特殊津贴专家”增加到26人，省管优秀专家13人，省特贴专家（突出贡献专家）52人，省青年拔尖人才14人，国家现代农业产业技术体系岗位专家16人、试验站22个，省产业技术体系岗位专家33人、试验站3个，高层次人才队伍更加壮大。强化素质教育，3人获省人社厅优秀专家出国培训资助、6人获人才项目资助、2人获引进留学人员项目资助；举办第二期英语能力提升班，23名青年科技骨干对外交流能力显著提升。着眼机制创新，突出品德、能力和业绩，克服“唯论文、唯职称、唯学历、唯奖项”倾向，探索了适合不同人才成长规律的评价机制；实行标志性成果、代表性论著评价制度，鼓励科研人员提高科研质量，有效激发了科研人员创新热情。

【科技合作】按照扩大高水平对外开放的要求，新落实国家、省级国际合作项目4项，向国外派遣交流组团22个60人次，接待15个国家来访专家学者60人次，对外交流水平稳步提升。获批日方资助的“樱花计划项目”，成为全国唯一连续两年获得资助的农业科研单位。深入推进与“一带一路”沿线国家农业科技合作，在巴基斯坦规模示范“冀研105”甜椒品种，较当地品种提高产量23%，被巴方列入商业化运作计划。着眼简化办事程序、优化审批流程、提高出访和接待效果，修订印发《河北省农林科学院外事工作管理办法》，为进一步扩大对外交流、提升开放水平提供了制度保障。积极推进京津冀农业科技协同发展，联合北京市农科院、天津市农科院共同谋划项目14项，争取经费500多万元；联合建立科技示范基地9个，引进新品种、新技术、新成果32项，培训农民技术代表1000多人次，区域协同发展的成效更加明显。

（河北省农林科学院　张晓）

农村科技

2018年，是深入贯彻十九大精神的开局之年，是全面落实“十三五”规划的关键之年，也是确保完成河北省科技创新三年行动计划目标任务的起始之年。省科技厅坚持“十抓”工作法，团结一致、紧盯目标、聚力落实，圆满完成全年各项目标任务。

一年来，积极研究谋划农业农村科技政策，与省农业农村厅联合印发了《河北省科技农业创新驱动三年行动实施方案(2018-2020年)》，与省统计局、省农业农村厅联合印发了《河北省农业科技进步贡献率测算工作方案》，与省扶贫办联合印发了《河北省农业科技精准扶贫三年行动方案(2018-2020年)》，并研究制定了《河北省农业科技园区管理办法》，全省科技农业支持力度进一步加大，发展速度进一步加快，发展质量进一步提升。2018年，全省农业科技进步贡献率达到58.5%。一年来，全省农业创新平台建设取得新发展，国家级农业科技园区新增1家、达到15家，在全国排第4位；国家级星创天地新增28家、达到88家，在全国排第5位；省级农业科技小巨人企业新增225家、达到699家。一年来，涉农专项绩效实施水平得到新提升，全年研发集成农业新技术、新产品、新工艺等400余项、建立各类研究示范基地200多个。一年来，一些工作得到肯定和表彰，省科技厅先后获得第25届中国杨凌农高会优秀组织奖、优秀展示奖，第22届中国(廊坊)农产品交易会优秀组织奖，科技部远程教育工作特殊贡献奖等。

一、农业科技园区重点抓提档升级，再增1家国家级园区。依据《国家农业科技园区发展规划(2018-2025年)》《国家农业科技园区管理办法》，研究制定了《河北省农业科技园区管理办法》，园区支持力度进一步加大，每建设1家省级园区给予100万元资金支持，每升建一家国家园区给予200万元资金支持。年内，衡水饶阳农业科技园区正式升建为国家园区，石家庄、沧州、辛集3个国家园区顺利通过科技部验收，获评1优2良。全省现有省级以上农业科技园区130家，其中国家园区15家。农业科技园区已经成为全省农业科技的集成示范平台、成果转化平台、创新创业平台、科技服务平台和人才培养平台，为全省现代农业发展提供了先进的发展模式。

二、环首都现代农业科技示范带重点抓协同发展，形成“1+2”推进机制。与京津合作，征集汇总了环首都示范带建设技术需求和成果供给，编制印发了《环首都现代农业科技示范带成果供给指南及需求清单(2018年)》。与北京对接，智能农业园区、食用菌等16个农业协同创新平台项目落户示范带，实现科技成果就近就地转化。在第22届中国(廊坊)农产品交易会主会场，邀请院士、专家，举办了雄安新区农业科技创新高地孵化论坛，探讨了未来农业、信息农业的发展方向以及京津冀协同创新、雄安新区农业科技创新、都市群现代农业发展的新路径、新模式和新方法等。

三、提升农业科技创新活力重点抓主体聚集，再培育一批星创天地和农业科技小巨人企业。制定了《河北省星创天地建设工作指引》，按照“政府引导、企业运营、市场运作、社会参与”的原则，持续开展星创天地创建备案工作，引导符合条件的实体创建省级星创天地，择优申报国家星创天地。2018年，开展了两批省级星创天地申报备案工作，新备案124家，全省达到383家，其中国家星创天地88家。星创天地的建设，为科技特派员创新创业营造了低成本、专业化、社会化、便捷化的服务环境。进一步加快农业创新主体培育，2018年第三批备案农业科技小巨人企业225家，全省达到699家。

四、实现科技兴粮重点抓示范工程实施，持续推进粮食丰产增收。继续实施粮食丰产科技示范工程，在太行山山前平原和海河低平原区，针对自然资源禀赋差、耕地生产能力弱、水肥利用效率低等问题，重点围绕“节水优质、培肥节肥、抗逆减灾、轻简高效”四个创新方向，开展了玉米、小麦相关研究，建设了超高产攻关田和万亩高产核心区，构建了均衡丰产增效技术模式。2018年共建设高产攻关田100余亩，新技术示范核心区1万多亩，累计示范57万亩，辐射带动1073万亩。完成了渤海粮仓项目后续验收、绩效总结评价等工作。

五、农业科技扶贫重点抓技术服务，实现了贫困县专家服务团和深度贫困村科技特派员选派全覆盖。全面落实《河北省农业科技精准扶贫三年行动方案(2018-2020年)》，科技精准扶贫能力进一步提高。成立了有省科技厅、省扶贫办等单位参加的“河北省农业科技精准扶贫工作协调小组”，加强对科技扶贫工作的协调指导。对全省62个贫困县产业现状及技术需求进行了调研梳理并形成调研报告，实现专家服务团和科技特派员帮扶与贫困地区产业需求的精准对接。有扶贫任务的地市都积极行动，制定了本市相关扶持政策措施，全省农业科技扶贫力度加大，取得良好效果。持续实施“三区”科技人员专项，完成了1000名科技特派员选派和380名本土科技人员培养计划，继续实现全省62个贫困县和10个深度贫困县的206个深度贫困村全覆盖。

六、涉农专项组织重点抓绩效提升，研发一批创新技术和成果。继续组织实施了农业关键共性技术攻关、现代农业科技奖励性后补助、环首都现代农业科技示范带及农业科技园区、科技特派员创新创业等专项，与财政厅共同实施了农转资金专项。加强项目过程和绩效管理，完成了2017年度农业农村领域专项绩效自评，全部评价为“优”，形成了一批创新技术和成果。紧盯科技部专项指南，积极组织、全程跟踪，组织申报了科技部专项项目，争取更多国家资金倾斜河北。

(河北省科学技术厅　孙立永)

财政支农

【综述】2018年，面对严峻复杂的国内外形势，全省各级财政部门坚持以习近平新时代中国特色社会主义思想为指导，深入学习贯彻党的十九大精神和习近平总书记对河北工作的重要指示批示，坚决落实党中央、国务院和省委、省政府决策部署，坚持稳中求进工作总基调，坚定贯彻新发展理念，按照高质量发展要求，以供给侧结构性改革为主线，全面落实积极财政政策，优化财政支出结构，强化财政资金管理，着力推进农业供给侧结构性改革、着力支持打赢脱贫攻坚战、着力深化农村综合改革、着力创新财政支农体制机制，着力支持乡村振兴战略实施，改革创新、事争一流，圆满完成全年各项工作任务，多项工作取得新的突破，为巩固和发展全省农业农村好形势提供了有力支撑。

【财政支农投入稳步增长】坚持把农业农村作为财政支出的优先保障领域，持续增加财政农业农村支出，加快完善支农投入稳定增长机制。省财政不断加大对农业农村工作支持力度，拨付省级财政支农专项资金130.3亿元，比去年增加6.6%；积极争取中央支农专项资金267.5亿元，确保了全省支农投资力度不减。财政部对我省农村综合改革工作进行表彰，给予6851万元奖励；国务院扶贫办、财政部财政专项扶贫资金绩效考评荣获优秀等次，给予8000万元奖励；扶贫资金监督管理追责办法、资产收益扶贫典型模式得到财政部肯定并在全国推广；农业水价综合改革工作被国家发改委、财政部、水利部、农业部评为优秀单位。

【全力支持打赢脱贫攻坚战】把扶贫工作作为工作重中之重，全力以赴抓好省委省政府决策部署落实。一是加大资金投入力度。落实省委“两个确保”要求，对标国家考核口径，省级年初预算安排财政专项扶贫资金40.4亿元，较上年实现大幅增长，并指导市县调整优化预算加大扶贫投入。深入推进贫困县统筹整合使用财政涉农资金试点，下达贫困县省以上整合使用涉农资金159亿元、增长25.5%。认真落实深度贫困县脱贫攻坚十项财政支持政策，下达省以上10项政策财政资金116.5亿元、增长24.6%。二是建立长效监管机制。制定出台《扶贫资金监督管理追责办法》，首次划定五类责任主体60项追责情形，全程落实扶贫资金管理和监督责任，架起了河北省扶贫资金管理使用的“高压线”，财政部向全国进行推广；制定出台《扶贫项目资金绩效管理实施办法》，组织市县对5000多个扶贫项目的资金全部设定了绩效目标指标；推动落实资金支付“四方联签联审”、公告公示等制度，构建“横向到边、纵向到底”的扶贫资金动态监控系统，对财政扶贫资金实行全过程监管。三是稳妥做好易地扶贫搬迁融资方式调整。认真落实国家要求，全面测算我省易地扶贫搬迁工程贷款和专项建设基金的承贷、承接、使用情况，统一规范为发行地方政府债券融资，实现工程建设资金平稳转换。四是支持资产收益扶贫工作。制定出台《关于推进财政支农资金支持资产收益扶贫健康发展的实施意见》，对资产收益类项目作出了具体要求，明确各部门责任分工，全面规范我省资产收益扶贫工作。《中国财政》、《中国财经报》、《河北日报》等全国和省内主流媒体，先后对我省资产收益扶贫工作进行宣传报道。五是持续加强监督检查。在全省组织开展扶贫领域设立“小金库”等违反财经纪律问题专项清理，财政扶贫资金拨付、使用和绩效评价“回头看”，组织对全省62个贫困县开展拉网式专项检查，形成严格财政扶贫资金监管高压态势。

【农业供给侧结构性改革引向深入】围绕建设“四个农业”，积极调整财政支农资金结构，支持农业供给侧结构性改革。一是支持农业产业结构优化。争取中央农业生产发展资金116.9亿元，总量居全国第四位。通过增信基金、贷款贴息等方式，集中扶持了一批农业领军企业和重大项目，提升了我省乳粉、蔬菜、中药材等优势特色农产品质量。积极争取中央农作物秸秆综合利用、“粮改饲”资金，推动种植结构调整、空气质量改善和农业废弃物有效利用。二是认真落实农业绿色补贴政策。严格执行补贴资金管理制度，发放耕地地力保护补贴68.7亿元，受益农户1250万户。改革完善农机购置、深松补贴政策，对纳入补贴范围、完成归档的农业机械产品，实行敞开补贴。三是支持农业新型经营主体发展。加快培育我省新型农业经营主体，下达资金8亿元用于支持粮食适度规模经营，优先支持农业信贷担保体系建设。四是提升农业科技支撑能力。安排3.6亿元，支持夯实农业基础科技，鼓励农业科技创新发展，继续推广冬小麦稳产配套技术，促进农业科技成果转化与应用推广。五是支持现代农业产业园区建设。下达资金2.77亿元，支持建设优势特色产业引领区，推进一二三产业融合。配合省农业农村厅组织争取国家现代农业园区，石家庄市鹿泉区现代农业产业园被批准创建国家现代农业产业园，争取中央资金5700万元。

【促进农业农村可持续发展取得新进展】围绕改善农业农村生态环境，着力支持改善农村人居环境、促进可持续发展。一是支持生态绿化建设。争取中央资金21.9亿元，支持张家口冬奥会造林绿化。认真研究落实雄安新区造林、大规模国土绿化、廊道绿化政策。二是大力开展农田水利建设。投入资金2050万元，支持河（湖）长制工作。投入资金1.05亿元，开展小流域治理。投入资金7.58亿元，支持防汛抗旱、灾后薄弱环节建设等。三是深入推进地下水超采综合治理。多方筹措资金55亿元，支持实施农业旱作雨养、耕地休耕、非农作物替代、高效节水工程、引调水工程等建设，推进农业水价改革，开展水资源税改革。四是加大农业生态保护力度。投入资金5.8亿元，积极推进草原生态保护、畜禽粪污综合治理和秸秆综合利用试点。五是全面支持农村人居环境改善。投入资金19.36亿元，采用以奖代补、奖补结合等方式，聚焦农村垃圾处理、污水治理、厕所改造、村容村貌提升等重点难点任务，支持推进农村人居环境整治三年行动。

【农村综合改革获得新成绩】加快农村领域各项改革，为乡村振兴加速助力。一是一事一议财政奖补工作稳步推进。安排一事一议奖补资金11.6亿元，带动社会资金投入1.9亿元，6673个村和社区实施公益项目7392个，直接受益人口达到917万人。二是扶持村级集体经济发展试点成效明显。三年试点期间，安排试点村1318个，为村集体增收4015万元。2211户建档立卡贫困户增加收入716万元，户均增收3088元。三是美丽中国河北样板村建设扎实推进。在全省32个县遴选62个村推进美丽中国河北样板村建设，每个村补助300万元，全部开工建设，部分村已完成建设任务。四是全面支持农村集体产权制度改革。安排资金6160万元，支持开展省农村集体资产清产核资工作。

【涉农资金统筹整合实现新跨越】认真贯彻落实国务

院文件精神，主动加强与省直有关部门沟通协调，改革的组织和协调机制基本建立，涉农资金管理体制机制逐步完善，统筹整合长效机制初步健全，取得了阶段性成果。一是构建起上下联动的工作机制。制定并以省政府名义印发实施方案，建立工作机制，省市县三级统筹推进。成立改革督察工作协调小组，督导各市落实改革任务，确保改革方向不跑偏、措施不落空。二是整合归并涉农专项资金。涉农专项转移支付资金由19项整合为11项，基建投资由31项整合为11项。落实“大专项+任务清单”管理方式，推进涉农资金在行业内整合使用。三是完善涉农资金管理制度。组织修订地下水超采、美丽乡村、农业水价改革等资金管理办法，制定出台了林业改革发展资金、水利发展资金、扶贫项目资金等绩效管理制度。

（河北省财政厅 马磊）

农业信贷

【概况】2018年，中国农业发展银行河北省分行作为全省唯一一家农业政策性金融机构，在省委省政府和总行党委的正确领导下，在人民银行、银保监会河北监管局、财政专员办、新闻媒体等有关部门的大力支持下，认真学习宣传贯彻党的十九大精神，扎实履行政策性银行职能，切实加大对全省经济社会发展重点领域和薄弱环节的支持力度，为服务全省脱贫攻坚、支持农业供给侧结构性改革、促进城乡一体化发展、推动京津冀协同发展和建设美丽河北做出了积极贡献。

——存贷款大幅“双增”。全年累放各类贷款482.24亿元，同比增加194.64亿元，年末贷款余额1270.88亿元，较年初增加222.68亿元，增幅21.2%。其中支持小微企业贷款增速位居全省大型银行机构第1位。各项存款余额603.54亿元，较年初增加137.81亿元，增幅29.6%，位居全国农发行系统省级分行第1位。

——不良贷款大幅“双降”。不良贷款余额和占比分别比年初下降7.95亿元和0.89个百分点，资产质量进一步优化，处于同业较好水平。

——经营绩效稳步提升。在经济下行压力较大，利差持续收窄的情况下，实现账面利润7.41亿元。

【党建统领，凝聚高质量发展合力】坚持以党建统领全局，从“根”和“魂”的高度思考和理解加强党建的极端重要意义，以党建凝人心、聚合力、助发展，为全行爬坡过坎提供坚强政治保证。一是唤醒党员意识。充分利用中心组学习、专题辅导、集中培训、主题活动等方式加强学习，提升站位，强化担当。举办三期以学习习近平新时代中国特色社会主义思想、十九大精神为主题的“燕赵讲堂”，邀请资深专家深入解读、专题辅导，强化党员理论武装。二是明确党员责任。在市县分支行配备兼职组织员和党务专员的基础上，建立党建工作巡查督导制度，全面巡查“三会一课”“两学一做”“一岗双责”制度落实情况。三是创新党建载体。加强“党建云”手机APP使用管理，借助微信平台、公众号等信息手段，实现“随时看、随时学”，提升党建工作的时效性。推广完善“三亮三比三看齐”党建信息平台，健全党员工作日志，建立党员先锋模范岗，推动形成“比学赶帮超”的浓厚氛围。

【强力支农，加快高质量发展步伐】坚持新发展理念，把发展作为解决存在问题的基础和关键，以服务乡村振兴战略为己任，积极发挥“兴业、补短、安居、融合”作用，不断加大支农力度。聚焦粮食安全，为全省乡村振兴提供重要保障。作为粮食主产省的农发行，坚持服从服务于国家粮食安全大战略，扎实做好粮食收购资金供应与管理工作。2018年，累计发放粮棉油贷款73.81亿元，年末粮棉油贷款余额394.46亿元。在托市收购未启动的情况下，积极支持小麦市场化收购，累计发放夏秋粮收购贷款66亿元，支持收购粮食107.82亿斤。累计向三河汇福粮油、柏粮集团、金沙河面业等一大批农业产业化龙头企业投放贷款20.37亿元，促进实体经济发展壮大。聚焦脱贫攻坚，为全省乡村振兴补齐发展短板。秉承家国情怀，坚持把打赢脱贫攻坚战作为首要政治任务，聚焦全省贫困地区和重点领域，推动各项工作、各种资源、各方力量向脱贫攻坚聚合。全年累放精准扶贫贷款157.48亿元，年末精准扶贫贷款余额415.7亿元，较年初净增79.92亿元，支持脱贫攻坚主力银行作用不断凸显，被省金融办等五部门、省金融市场协会分别评为“金融扶贫优秀单位”、“河北省金融助力脱贫工作先进单位”。认真落实“五包一”扶贫要求，扎实开展涞源县定点帮扶工作，省分行党委班子成员先后10余次实地调研帮扶，筹集帮扶资金182.85万元，通过开展送医下乡、修缮道路、捐赠书籍等活动，切实提升了当地民众生活质量。聚焦乡村宜居，为全省乡村振兴打牢坚实基础。围绕棚户区改造、人居环境改善、农村路网建设等重点领域，大力支持农业农村基础设施建设和生态环境治理，全年累计发放水利、交通、人居环境、城乡一体化等基础设施类贷款78亿元，年末基础设施中长期贷款余额达到674.75亿元。积极助力张家口冬奥会建设，累计发放此类贷款34.7亿元。率先向雄安新区投放金融机构首笔林业贷款1.25亿元，打响了金融机构支持雄安新区建设的“第一枪”；投放农发行系统首笔供应链贷款0.7亿元，支持新区10万亩苗景兼用林建设。聚焦产业兴旺，为全省乡村振兴注入内生活力。围绕“藏粮于地”战略，统筹推进高标准农田、土地复垦等项目，累计审批农地类项目贷款27.72亿元，投放贷款4.65亿元。积极支持农村流通体系建设，先后审批威县冷链、辛集保税区等11个物流项目，金额26.23亿元，年末农村流通体系建设贷款余额20.64亿元。

【融智融力，提升高质量发展能力】一是加快不良贷款清收处置。持续开展不良贷款清收化解处置“攻坚战”，逐行逐企业制定清收方案，综合运用各种清收手段和方式清收处置。全年累计实现批量转让8.95亿元，呆账核销1817万元，现金清收1889万元，较大程度优化了信贷资产质量。二是维护存量贷款安全。按照省委省政府明确的全省隐性债务化解时序和目标，指导各行配合地方政府做好存量项目整改工作，根据风险化解措施，跟踪做好后续工作。三是创新转型发展模式。顺应内外部政策调整，深入研判发展形势，推进全行业务实现转型发展。积极推进政策性金融支持政府和社会资本合作，灵活运用贷款政策，不断激发社会投资活力。累计审批PPP模式项目26个，金额132.56亿元，发放贷款46.69亿元，位居全国农发行系统前列。

【狠抓管理，夯实高质量发展根基】一是开展合规整治。在全辖开展了为期一年、覆盖全局、全员参与的“依法办行、合规办事”专项整治活动，梳理制定“岗位职责清单、履职制度清单、从业负面清单”三个清单，完善“职责运行流程、问题整改流程、风险防控流程”三个流程，构建“三道防线机制、检查整改机制、奖惩激励机制”三个机制。辖内张家口分行、衡水分行、邢台分行、涉县支行被银保监会河北监管局评为2018年度银行业金融机构案防合规文化建设先进单位。二是强化问题整改。认真做好总行专项巡视问题整改、扶贫领域作风整改、系列专项治理活动检查和其他各项内外部检查问题的整改工作。扎实开展市场乱象整治，坚决制止屡查屡犯问题。同时，深入剖析问题根源，查找制度缺陷和管理漏洞，完善相关制度，弥补管理短板。三是夯实基础管理。制定各条线高质量发展标准，将高质量要求渗透到经营管理的各个环节。深入开展信贷队伍建设年活动，狠抓信贷全流程标准化操作，推动信贷管理上水平。组织开展合规办贷“回头看”，逐笔逐环节查找问题和不足，及时采取补救措施弥补漏洞。

【固本培元，强化高质量发展支撑】一是建设坚强队伍。坚持以岗选人、以事择人、以专业用人，把干部选准用好，推进干部年轻化、知识化、专业化。提拔任用了34名（四名80后）正副处级干部。落实中央组织工作会议精神，制定《适应新时代要求大力发现培养选拔优秀年轻干部的实施办法》，为青年员工成长成才创造条件。组织了建行以来最大规模的专业人才库选拔考试，全面加强干部梯队建设。二是培育优良作风。制定《党风廉政建设巡察督察工作暂行办法》，组建巡察督察队伍，推动全面从严管党治行向基层延伸。制定全系统《加强作风建设工作方案》，就落实中央八项规定实施细则提出50条具体要求，将作风建设推向深处。三是打造特色文化。根据总行企业文化价值体系，结合河北源远流长的燕赵文化、，打造“铸魂太行、建功燕赵”价值追求，培养不屈服、有血性、敢担当、善作为、勇争先的精神气质，把文化软实力融入方方面面和全岗全员。大张旗鼓彰树“最美农发行人”等各类先进典型，营造奋勇争先的良好氛围，树立起正确的“风向标”。

（中国农业发展银行河北省分行　王聪）

农村扶贫开发

【概述】2018年是河北脱贫攻坚进程中极为特殊、极不平凡的一年。一年来，全省认真学习贯彻习近平总书记关于扶贫工作的重要论述，全面落实党中央决策部署，把打赢脱贫攻坚战作为践行“四个意识”、落实“两个维护”、当好首都政治“护城河”的现实检验，以国家扶贫成效考核反馈意见问题整改为抓手，强化统筹协调，严格考核评估，狠抓督促落实，坚决打赢脱贫攻坚翻身仗，推动全省脱贫攻坚取得显著成效。全省实现65万建档立卡贫困人口脱贫，贫困发生率降至0.78%，21个贫困县（18个国定县、3个省定县）摘帽，圆满完成年度脱贫任务；全省62个贫困县农村居民人均可支配收入达到10922元，较上年增长11.7%，高于全省农村平均水平2.8个百分点；贫困地区脱贫产业布局进一步优化，基础设施和公共服务水平进一步提升，贫困群众脱贫致富奔小康的内生动力进一步增强，为推动全省脱贫攻坚决战决胜，为2020年全面打赢脱贫攻坚战奠定坚实基础。

【完善脱贫攻坚推进机制】党委政府定期研究脱贫攻坚制度。省委常委会先后15次、省政府常务会先后9次、省扶贫开发和脱贫工作领导小组先后13次召开会议，传达学习习近平总书记关于扶贫工作重要讲话重要批示精神，专题研究部署脱贫攻坚工作。党中央、国务院出台关于打赢脱贫攻坚战三年行动的指导意见后，我省研究出台了实施意见，确定了脱贫攻坚的任务书、时间表、路线图。县乡党委政府脱贫攻坚“擂台赛”制度。省级每两个月以视频会议形式举办一次县（市、区）委书记脱贫攻坚“擂台赛”，县级每月举办一次乡镇党委书记脱贫攻坚“擂台赛”，先后举办县委书记“擂台赛”3次、乡镇党委书记“擂台赛”752次。领导干部包联制度。省委书记、省长、省委副书记分别包联脱贫攻坚任务重的三个市，并分包一个深度贫困县，其他省委常委分别包联一个市或雄安新区、分包一个深度贫困县，其他省级干部、省直部门和市县领导干部均承担分包任务，构建了上下联动、全面覆盖的包联体系。行业部门责任清单制度。出台《河北省扶贫开发和脱贫工作领导小组工作规则》，围绕“两不愁、三保障”重点工作，逐部门明确领导小组成员单位的工作职责、任务目标，建立任务清单，定期督导检查，推动工作落实。五级书记遍访贫困对象制度。从省委、省政府领导做起，带头深入基层，扎实开展蹲点调研、随机调研，与扶贫对象面对面交流沟通，掌握第一手材料，帮助解决困难和问题。

【扶贫资金投入】2018年，河北省中央、省本级专项扶贫资金共投入682403万元。其中，中央财政专项扶贫资271261万元，较2017年增长2.5%；省本级专项扶贫资金41.1142亿元，较2017年增长313%。全省58个贫困县（国定45个、省定13个）对涉农资金进行统筹整合并制定使用方案，财政专项扶贫资金主要用于产业扶贫项目、基础设施建设项目、资产收益扶贫项目、金融扶贫项目、贫困人口技能提升项目、旅游扶贫项目、危房改造项目等7大类项目。

【扶贫资金管理】河北省出台《脱贫攻坚项目库建设实施细则》，规范项目管理，提高财政资金效益，完成87167个县级脱贫攻坚三年滚动项目入库，计划投资735.1亿元，其中2018年入库项目45725个，投资327.9亿元。统筹整合资金115.4亿元，支持贫困村基础设施建设和贫困户产业发展，目前统筹整合资金报账率92.6%。出台《河北省财政扶贫资金支付监控暂行办法》，实行县级主管部门、乡镇、村委会和扶贫对象（或施工单位）“四联签”联审联签制度。出台《河北省扶贫资金项目公告公示实施办法》，做到省市县乡村扶贫资金分配使用一律公开。开展2016、2017年度财政扶贫资金拨付、监管、绩效评价“回头看”，完成2016年至2017年度闲置扶贫资金5936.15万元清理工作。

【深度贫困地区脱贫攻坚】河北省在全国率先启动深度贫困地区脱贫攻坚工作，减贫规模和幅度不断加大。2018年，10个深度贫困县共减贫20.8万人，贫困发生率下降8.02个百分点，下降幅度高于全省平均水平5.38个百分点，10个深度贫困县农民人均可支配收入9334元，同比增长13.1%，高于全省农村平均水平4.2个百分点。实施易地扶贫搬迁、危房改造和空心村治理，推进“双基”深度贫困村提升工程，开展农村环境综合整治，群众生产生活条件不断改善。严格落实“三个新增”（新增脱贫攻坚资金、新增脱贫攻坚项目、新增脱贫攻坚举措）要求，中央、省财政专项扶贫存量资金、新增资金向深度贫困地区倾斜，统筹整合的财政涉农资金和教育、卫生等社会事业资金向深度贫困地区倾斜，年度增幅高于全省平均增幅。2018-2020年我省财政对10个深度贫困县每年单独安排专项扶贫资金1亿元。2018年安排10个深度贫困县中央和省级资金271902万元，占全省的41.6%，比上年增长了264.9%；进一步完善县级脱贫攻坚项目库建设，一大批新增的特色产业扶贫项目、光伏项目、旅游扶贫项目、生态扶贫项目、易地扶贫搬迁项目、危房改造项目、“空心村”治理项目、东西部扶贫协作项目以及206个深度贫困村“双基”提升工程项目等，先后落地见效；新增脱贫攻坚举措，重点在财政、金融、土地、生态、帮扶政策上实行差异化支持政策，确保深度贫困地区脱贫攻坚工作扎实推进。支持深度贫困县每县设立不低于1亿元的担保基金、3000万元的风险补偿金、2000万元的保险基金。支持10个县设立扶贫小额贷款公司，注册资金降低50%。深度贫困地区开展城乡建设用地增减挂钩可不受指标规模限制，结余指标可跨省域调剂使用，2018年10个深度贫困县申报增减挂钩项目57个，项目审批总规模1.64万亩，产生节余指标1.57万亩。

【建档立卡】全省建档立卡工作始终坚持求真务实，精准摸清底数，精心谋划部署，严密组织实施。经过数据清洗和动态管理，建档立卡工作取得了识别精准、结果公正、群众认可的良好效果。截止2018年12月31日，脱贫30.6万户、64.8万人，剩余贫困人口19.5万户、39.95万人，贫困发生率由2017年的1.86%下降到0.78%。2018年全省18个国定贫困县摘帽、2510个贫困村退出、382个贫困村新识别纳入。目前全省还有13个贫困县、1448个贫困村未出列。依托国家建档立卡数据开发建设了省扶贫开发信息平台，并于2018年4月底正式上线运行。目前已完成包括扶贫对象监测分析、项目资金管理、社会帮扶、易地扶贫搬迁、扶贫成效、扶贫绩效考核、脱贫攻坚指挥、综合办公等八个功能模块的建设，实现了省市县乡村五级的纵向连接，实现了民政、教育、卫计、人社、住建、公安、地税、编办、残联等10个省直部门的扶贫数据共享比对，有效推进各项脱贫攻坚政策措施有效落实，全程跟踪监管脱贫攻坚责任和任务，提高贫困户识别退出精准度，提升脱贫攻坚实效。

【基层基础工作】印发《河北省贫困人口建档立卡和动态管理服务办法（试行）》（冀扶贫脱贫〔2018〕2号），将所有符合现行国家扶贫标准的农户按规定程序进行识别，纳入建档立卡系统管理，做到应纳尽纳、应扶尽扶。印发《河北省贫困退出工作实施办法》（冀扶贫脱贫〔2018〕35号），规范建档立卡贫困户、贫困村、贫困县的退出工作。组织驻村工作队和村干部，定期开展调查服务，了解贫困户“两不愁三保障”情况，解决问题、精准帮扶、增进感情。做到一户一干部常态联系、一户一档案全面建档、一户一措施精准帮扶、定期登记掌握实情，精准识别、精准退出质量和群众满意度进一步提高，有效推进了基层基础工作规范提升。

【易地扶贫搬迁】严格执行全国易地扶贫搬迁既定政

策，适应融资方式调整，强化资金保障，简化工作程序，加强协调调度，逐级压实责任，扎实推进易地扶贫搬迁工作有力有序有效开展。截至2018年末，省级共拨付易地扶贫搬迁各类资金171.9亿元，其中通过财政部门拨付60.5亿元，通过河北省易地搬迁公司拨付111.4亿元。依托县城、建制镇、园区、中心村等规划建设的406个集中安置项目全部开工，交付使用335个，分散安置工作同步推进，累计实现搬迁安置16万人，其中建档立卡贫困人口9.1万人。全省累计签订旧房拆除协议8万余户，已拆除旧房1.68万套，实施复垦及修复0.33万亩。规划建设配套产业园区或项目449个，已建成213个，通过发展特色农林业、发展劳务经济、发展现代服务业、资产收益帮扶、社会保障兜底及其他方式，对“十三五”搬迁贫困人口13.59万人全部落实后续帮扶举措，促进搬迁贫困群众搬得出、稳得住、能脱贫。

【产业扶贫】坚持以实现贫困户产业扶贫项目全覆盖为抓手，构建了分工协作的工作机制，印发了《关于贫困地区发展特色产业促进精准脱贫的实施意见》、《河北省提升产业扶贫质量水平三年行动指导意见》等一系列文件，形成了完善的政策体系，明确了全省产业扶贫的指导思想、任务目标和工作要求，为推动产业扶贫工作提供有力保证。累计实现脱贫攻坚项目库入库项目8.6万个，贫困户产业扶贫项目覆盖率达到100%。强力推进“十百千”示范工程，结合实际，总结了威县“金鸡帮扶”资产收益扶贫、涞水“双带四起来”旅游扶贫等10个产业扶贫典型模式，通过召开全省产业扶贫现场会，复制推广成功经验，以点促面，活跃全局。强化龙头带动，2018年认定省级扶贫龙头企业283家，增强了辐射带动贫困村发展和贫困户增收能力。保障扶贫项目用地需要，每年新增1万亩用地指标支持贫困县重点产业扶贫项目建设，2018年底累计下达土地指标4万亩。加大光伏扶贫力度，2015-2018年争取国家光伏扶贫指标357.5万千瓦，全部建成投产，直接帮扶贫困户24万户。

【企业扶贫】实施“千企帮千村”行动，组织实力强的3837家民营企业对5945个村结成帮扶对子（其中贫困村2722个），实施“村企共建”，实施帮扶项目7823个，投入帮扶资金29.92亿元，受益贫困人口59.3万人次。积极引导华夏幸福基业、华大基因、京东电商、亿利集团、首农集团等一批知名企业投身脱贫攻坚。2018年，社会组织累计捐赠帮扶资金4.46亿元，较上年增加2.44亿元。

【定点扶贫】持续深化中央单位定点扶贫，制定出台《对接服务中央单位定点扶贫工作机制》，完善对接服务、协调协作等制度，深化贫困地区同中央定点扶贫单位的沟通协作，推进帮扶项目落实落地。2018年，中央单位领导班子成员到定点扶贫县开展调研46人次，选派挂职扶贫干部86人、驻村第一书记31人，直接投入帮扶资金2.05亿元，引进帮扶资金8.93亿元，培训基层干部13559人，培训技术人员56076人。开展消费扶贫，购买贫困地区农产品1359.38万元，帮助销售贫困地区农产品2.58亿元。

【东西部扶贫协作】扎实推进京津对口帮扶，北京市、天津市党政主要领导分别率领党政代表团访问河北，我省党政代表团到北京、天津市访问，分别签署了加强战略合作框架协议。2018年，京津两市省部级以上领导干部到我省协作地区调研对接3次，投入财政援助资金12.89亿元，选派党政挂职干部87名、专业技术人才508名，引导企业到贫困地区投资219.8亿元，帮助贫困人口省内就近就业68537人、省外就业15811人，引导东部地区企业结对帮扶贫困村328个。2019年计划投入财政援助10.9亿元，引导社会力量投入帮扶资金1.22亿元。

【驻村帮扶】制定出台《关于加强贫困村驻村工作队选派管理工作的实施意见》《河北省贫困户帮扶责任人管理办法》，脱贫攻坚期内，驻村干部一定3年，驻村工作队不撤离，帮扶力度不减弱，共向7366个贫困村选派2.2万名驻村干部，组织34.8万名帮扶责任人开展结对帮扶，做到村村都有驻村工作队、户户都有帮扶责任人。把严格考核与关心厚爱结合起来，2018年牺牲基层扶贫干部9人，表彰奖励驻村工作队、驻村第一书记、驻村工作队员576个、682人、930人，提拔重用636人，召回驻村干部67人，问责驻村干部1100人。

【雨露计划】深入推进雨露计划工程，通过政府主导、社会参与，资助和引导农村贫困家庭劳动力接受职业教育、创业培训，扶持和帮助贫困人口增加就业发展机会，提高劳动收入。全年对35176名贫困家庭子女发放职业教育助学补助资金5328.99万元。积极组织贫困劳动力转移就业技能培训，针对贫困地区劳动力的实际务工需求，有序开展农民工职业技能提升计划，投入劳动力转移培训资金1767.93万元，举办就业技能培训班955期，培训47697人次，转移就业率达70%以上。指导扶贫开发工作重点县结合当地产业发展，以提升技能为手段，围绕贫困群众实现就近就地就业创业，培训10.9万人次，加快贫困群众脱贫致富步伐。以贫困地区致富带头人为主要对象，全力打造一支“永不走的驻村工作队”。2018年投入培训资金1180.26万元，遴选创业致富带头人20097人，培训15906人次。

【中央专项彩票公益金项目】2018年中央安排河北省中央专项彩票公益金支持贫困革命老区县实施扶贫项目资金2亿元。我省结合脱贫攻坚实际，确定承德县、平泉市、宣化区、赤城县、唐县、涞水县、顺平县、易县、青龙县、大名县等10个县为2018年中央专项彩票公益金支持贫困革命老区项目实施县，每县资金额度2000万元。按照国务院办公厅《关于支持贫困县开展统筹整合使用财政涉农资金试点的意见》(国办发〔2016〕22号)文件精神，10个项目县2018年中央专项彩票公益金全部纳入统筹整合涉农资金使用。通过实施中央专项彩票公益金项目，10个项目县的贫困村生产生活条件得到明显改善，基础设施状况得到进一步提升，增强了扶贫产业的发展后劲。

【社会各界扶贫】广泛动员全省社会力量参与脱贫攻坚的积极性，大力开展扶贫济困、爱心公益事业活动，社会各界爱心企业和人士积极履行社会责任，响应国家“精准扶贫、精准脱贫”号召，发挥自身优势，奉献爱心、贡献力量，开展产业、就业、捐赠、教育、健康、结对帮扶等多种形式的助力脱贫活动，持续加大对贫困地区扶持投入力度。2018年接收捐赠资金9669万元，拨付定向捐赠资金9325万元，协调捐赠物品累计折款约1800万元。帮扶建档立卡贫困村154个，受益贫困户达到12.5万余人。开展了“百万爱心工程”、“精准健康扶贫”、“科技专家联系贫困县技术培训”、“爱心书包暨图书捐赠”等一系列扶贫公益活动，使贫困地区富民产业不断壮大，生产生活条件显著改善，贫困群众生活水平稳定提高，早日建成小康社会。

【精准防贫】把防止返贫和继续攻坚放在同等重要位置，注重巩固脱贫成果，构建精准防贫机制，制定了《关于建立精准防贫机制的指导意见》，划定防贫监测线、预警线，将全省6.8万非持续稳定脱贫户、24.2万非贫困低收入户等存在返贫致贫风险的重点群体纳入防贫保障范围。分类制定精准防贫办法，有针对性地进行扶持和救助，防止“两非户”滑到贫困线以下，形成新的贫困人口。

【扶贫机构和扶贫队伍建设】全省脱贫攻坚任务重的8个设区市和62个贫困县全部单独设置扶贫开发机构，其它有脱贫攻坚任务的县（市区）明确专门机构、专门人员负责。省编办重新修订省扶贫办《三定方案》，对处室、职能进行重新设置和流程再造，增加25名编制、6名正处级领导职数和8名副处长职数，进一步强化了省级扶贫机构和队伍建设。从11个设区市和定州、辛集市抽调22名优秀干部到省扶贫办挂职，加强省扶贫办机关工作力量。从省直有关部门选调24名厅、处以及科级干部组成督查巡查组驻市坚强督导检查，推动脱贫攻坚责任落实、政策落实、工作落实。印发《河北省聚焦打好精准脱贫攻坚战专题培训实施方案》，组织9期扶贫干部培训省级示范班，直接培训省市县乡村五级扶贫干部2481人。按照省级示范培训、市级重点培训、县级兜底培训要求，全省共培训各类各级扶贫干部996期次32.9万人次，全省扶贫干部认识、能力、干劲和作风得到全面提升，为打好脱贫攻坚“翻身仗”提供了坚实的组织保障。

（河北省扶贫开发办公室　康明）

自然资源管理

【概况】

截止到2018年12月31日，河北省土地调查总面积28288.71万亩，与上年度保持一致。

与2018年初数据比较，农用地由19596.56万亩减至19592.15万亩，净减少4.41万亩；建设用地由3362.48万亩增至3396.52万亩，净增加34.04万亩；未利用地由5329.67万亩减至5300.04万亩，净减少29.63万亩。以上地类分别占我省土地总面积的69.26％、12.01％、18.73％。

按土地利用现状分类一级地类统计，耕地由9778.29万亩增至9785.33万亩，净增加7.04万亩；园地由1248.38万亩减至1241.59万亩，净减少6.79万亩；林地由6894.53万亩减至6889.08万亩，净减少5.45万亩；草地由4127.51万亩减至4112.29万亩，净减少15.22万亩；城镇村及工矿用地由2906.97万亩增至2934.32万亩，净增加27.35万亩；交通运输用地由650.66万亩增至657.32万亩，净增加6.66万亩；水域及水利设施用地由1267.21万亩减至1259.51万亩，净减少7.70万亩；其他土地由1415.16万亩减至1409.27万亩，净减少5.89万亩。

根据城镇地籍更新汇总数据，截至2017年底，我省城镇和建制镇土地总面积386255.24公顷，其中城市161914.08公顷，建制镇224341.16公顷。城市用地中，商服用地12729.20公顷，工矿仓储用地45516.14公顷，住宅用地54530.04公顷，公共管理与公共服务用地19666.79公顷，特殊用地3098.59公顷，交通运输用地21530.55公顷，水域及水利设施1671.88公顷，其他土地3170.89公顷；建制镇用地中，商服用地18131.57公顷，工矿仓储用地57225.06公顷，住宅用地90277.83公顷，公共管理与公共服务用地19434.36公顷，特殊用地1185.47公顷，交通运输用地29250.35公顷，水域及水利设施2216.49公顷，其他土地6620.03公顷。

（注：因城镇地籍更新汇总工作需要利用年度土地变更调查数据，鉴于2018年度土地变更调查数据还未确认，城镇地籍更新汇总工作正在进行中，所以只能提供自然资源部确认的2017年数据）

河北省矿产资源丰富，截至2018年底，河北省已发现矿产130种，按亚矿种计算为159种。具有查明资源储量的矿产104种，按亚矿种计算为133种。列入《河北省矿产资源储量表》的矿产72种，按亚矿种计算为93种。上表矿产地1503处，按矿产大类划分：能源矿产166处，金属矿产876处，非金属矿产461处。煤、铁、金、钼、水泥用灰岩等河北省优势（竞争力较强的）矿产保有资源储量情况如下：煤炭229.01亿吨，居全国第12位；铁矿95.16亿吨，居全国第3位；金矿（金属量）269.11吨，居全国第18位；钼矿（金属量）86.93万吨，居全国第10位；水泥用灰岩55.88亿吨，居全国第12位。2018年河北省铁年产矿石量1.523亿吨，煤年产矿石量5167万吨，金年产矿石量243.96万吨。现有非油气矿山企业3101家，从业人数17.05万人，年开采矿石总量3.346亿吨，工业总产值达542.83亿元，形成了以冶金、煤炭、建材为主的矿业经济体系。地质灾害主要有崩塌、滑坡、泥石流、地面塌陷、地裂缝、海水入侵等。

河北省地处环渤海核心地带，沿海地区毗邻京津、连接三北（西北、华北、东北），海洋区位条件独特，现有3个沿海市和11个沿海县（市、区）、7个经济开发区。全省管辖海域7200多平方公里；大陆海岸线长487公里，占全国的3%；在沿海11个省区市中排名第9位。沿海分布有祥云岛、菩提岛、龙岛等砂质无居民海岛，海岛陆域面积36平方公里。河北省沿海地区处于环渤海经济圈的中心地带，海洋生物、港口、原盐、石油、旅游等海洋资源丰富，气候环境适宜，海洋灾害少，是发展海水养殖、盐和盐化工、港口运输、滨海旅游等产业的优良地带，适合进行各种形式的综合开发，具有发展海洋经济的巨大潜力。目前主要海洋产业有滨海旅游业、海洋交通运输业、海洋渔业、海洋化工业以及海洋盐业等。

【耕地保护】

积极措施落实占补平衡、占优补优。从简化工作程序、扩大补充耕地来源、实施村庄改造和空心村治理等方面着手，采取积极措施落实占补平衡、占优补优。科学下达2018年度补充耕地任务，督促各地把任务落实到具体项目上，责任到人，倒排工期，有效增加了全省补充耕地库存，保障了建设用地需求，不仅能够满足2019年全年需要，而且地区分布得到极大改善，全省占补平衡形势实现基本好转。

高标准农田建设进展顺利。多次召开调度推进会，层层落实建设任务责任制，将工作目标具体到项目，责任到人头，截至12月31日，全年通过验收的高标准农田面积210多万亩，本系统完成2360万亩，全省累计4416万亩，自然资源部门完成的任务量约占全省52%。根据《全国高标准农田建设总体规划》，我省2010至2020年高标准农田建设任务4678万亩，我省已建成各类高标准农田比例达到总任务的95%，高标准农田建设走在全国先列。

强化土地复垦监督管理。先后制定了《河北省国土资源厅关于切实做好生产建设项目临时用地土地复垦及监管工作的通知》和《河北省国土资源厅关于开展土地复垦“双随机一公开”监督检查的通知》，开展了全省土地复垦方案执行情况督导检查。同时，按照《河北省土地复垦管理办法》要求，认真做好土地复垦方案审查工作。截至12月31日，省级共完成56个土地复垦方案的审批。

完成耕地保护责任目标考核任务。按照《自然资源部、农业农村部、国家统计局关于开展2016-2020年省级政府耕地保护责任目标期中检查工作的通知》要求，对我省2016-2017年耕地保护责任目标履行情况进行了自查评分和全面总结。同时，印发了《省国土资源厅、省农业厅和省统计局关于开展耕地保护责任目标考核的通知》，同步对各市2016-2017年耕地保护责任目标履行情况进行了全面考核。以最新耕地质量等别成果为基础，全面开展耕地质量年度更新评价工作，探索监测评价的指标、方法、程序，完成耕地质量等别年度监测评价试点研究报告，向国家提交了更新评价数据库、图件等相关资料。

【节约集约用地】

出台政策提升土地利用质量效益。按照“严控总量、做优增量、盘活存量、提高质量”的思路，以省政府办公厅名义印发《关于提升土地利用质量效益的指导意见》。同时配套印发《关于落实项目投入产出管控要求促进土地节约集约利用的通知》，明确各地投资强度和亩均税收等控制标准，要求各地严格市场准入，加强土地供应及开发利用效益监管。实行新增建设用地计划指标分配与供地率、闲置土地数量挂钩制度，对闲置土地多、供地率低的地区减少新增建设用地，直至停批新增建设用地。印发《关于全面排查建设项目用地情况的通知》《闲置土地处置整改工作方案的通知》，开展批而未供和闲置土地专项行动。深入推进城镇低效用地再开发，指导各市县开展调查摸底、标图建库和编制本辖区城镇低效用地再开发专项规划。

开展节约用地考核评价。对2017年度全省单位国内生产总值建设用地使用面积下降目标工作进行了评估，经测算分析，全省下降率5.24%，超过了年均下降4.36%的下降目标；各市（含定州、辛集市）全部完成年均下降目标。会同相关部门对各市（含定州、辛集市）2017年度土地节约利用情况进行考核。推荐涞水县、宁晋县、任丘市、临漳县参加全国第四届国土资源节约集约模范县（市）创建活动。持续开展河北省城市建设用地节约集约利用评价工作，31个城市中心城区评价汇总分析成果，通过自然资源部验收；31个城市区域更新评价成果审核汇总上报部规划院。完成参评的153个开发区土地节约集约利用评价成果审核工作。

推动增减挂钩政策落实。以省政府办公厅名义印发《河北省城乡建设用地增减挂钩节余指标省域内调剂使用管理暂行办法》，会同省发改委印发《关于加快贫困县易地扶贫搬迁土地复垦工作的通知》，多次深入包括10个深度贫困县在内的贫困地区开展帮扶，4次专程赴阜平县开展对口帮扶，通过视频培训基层国土系统工作人员600

多人，积极推进增减挂钩节余指标调剂政策的落实，实地协调解决工作中存在的问题。制定《土地政策支持“空心村”治理专项工作方案》，作为全省空心村治理总方案的子方案印发（〔2018〕-31）。专项方案以增减挂钩政策为主要抓手，对“空心村”治理提出了5条支持政策和4项保障措施。

土地市场建设。一是开展违规出让土地问题清理整改“回头看”。制定《违规出让土地问题清理整改“回头看”工作方案》，先后印发了《关于切实做好违规出让土地问题清理整改“回头看”工作的通知》《关于进一步提高违规出让土地问题清理整改“回头看”工作质量的通知》和《关于进一步规范土地出让管理的通知》，进一步规范土地出让行为。二是加强土地利用开发监测监管。依托部监测监管系统和预警-督办反馈机制，及时处置各类预警督办信息。三是加强土地市场及地价调查监测。组织指导按季度编写《河北省土地市场动态监测分析报告》和《河北省城市地价动态监测报告》，准确把握土地市场形势。四是做好房地产用地管理与调控。严格落实国家和省房地产调控政策，坚持因城因地施策，保持住宅用地供应稳定，防范住宅用地炒作囤积。五是加强土地储备监测监管。依托土地储备监测监管子系统，审核各地年度储备、融资计划，督促各地及时填报土地储备信息，规范开展土地储备工作。

【矿业权管理】

严格控制矿产资源审批。截至2018年底，我省采矿权数量为3106个。探矿权数量为738个。办理探矿权审批手续45宗（与去年同期持平），其中探矿权设立2宗（均为地热），探矿权保留37宗，探矿权变更3宗，探矿权延续3宗。办理采矿权审批手续138宗，其中采矿权设立2宗（均为地热），延续128宗，变更5宗、注销3宗。

上收矿业权审批权限。贯彻落实冀字（2018）3号文件和省委办公厅25号文件精神，上收矿业权审批权限。下发了《关于印发贯彻落实<省委省政府关于改革和完善矿产资源管理加强矿山环境综合治理的意见>责任分工的通知》。相关责任单位反馈了贯彻落实情况、配套措施（文件）制定情况。5月8日，起草了省委办公厅、省政府办公厅《关于严格控制矿业资源开发加强生态环境保护的通知》（冀办传（2018）25号）文件，市、县矿业权许可一律上收至省厅审批。

加强地热资源管理。加强地热资源管理工作研究调研，积极探索地热井审批、地热出让收益征收办法、地热资源整合及监管等方面的新举措，并将沧州市作为该项工作的试点。

研究建立矿产开发综合评估论证制度。根据冀字（2018）3号文要求，研究建立矿产资源开发综合评估论证制度。完成了《河北省矿业权综合论证暂行办法》初稿。

做好煤炭行业化解过剩产能工作。积极配合做好煤炭行业化解过剩产能工作，坚决淘汰过剩落后产能煤矿。依据公告关闭名单，及时注销了6个全省关闭煤矿的采矿许可证。

【海域管理】

严格管控围填海。在全省范围内开展围填海全面排查整改，厅成立围填海历史遗留问题处置工作领导小组，在全国率先启动围填海现状调查及处理工作，省、市、县三级联动，投入大量人力物力，河北省、浙江省在全国率先完成了外业调查，在自然资源部组织召开的全国围填海现状调查培训会上，河北省作为先进单位作典型发言。

加大海岸线和无居民海岛保护与管理。组织开展海岸线资源调查统计，划分了严格保护、限制开发、优化利用三类岸线，形成了海岸线调查统计成果。先后审查、批复了秦皇岛市西浴场入海河口岸线整治、北戴河入海排洪沟等整治修复项目调整方案和祥云岛、龙岛、石河南岛等整治修复项目调整方案，完成唐山湾海域海岸带、唐山湾祥云岛及周边海域综合整治修复项目验收，开展全省海岛开发利用现状填报，为全国海岛统计调查公报提供了河北省有关情况。

扎实开展海洋经济调查和运行监测。扎实推进河北省第一次全国海洋经济调查工作，对全省11个设区市进行了事中、事后质量抽查，涉及全省42个县（市、区），对发现的问题下发整改通知，提出整改意见。截至年底，全省完成6万多家涉海单位清查，3000多家海洋及相关产业调查，以及海洋工程项目、围填海规模、海洋防灾减灾、海洋节能减排和临海开发区等5个专题调查数据采集工作，全部通过全国调查办审核，中国海洋报第五版以《高质高效摸清蓝色家底—第一次全国海洋经济调查的河北答卷》为题，整版报道了我省调查工作开展情况。认真做好海洋经济运行监测工作，全省海洋生产总值实现2172亿元，较上年同期增长9.0%，高于同期全省生产总值增速2.3个百分点，海洋生产总值占全省生产总值比重达到6.3%，较上年增加0.1个百分点。海洋产业结构持续优化，由2016年的4.5:37.1:58.4调整到2017年的3.7:35.1:61.2，第三产业比重提高2.8个百分点。

【林业和草原工作】

大规模推进国土绿化，全年营造林987万亩，为年度目标任务的107.7%，成效显著，是近年来进度最快、完成任务最多的一年，代表我省在全国推进大规模国土绿化现场会上做了典型发言。坚持统筹规划，制定了《河北省国土绿化三年行动实施方案（2018-2020年）》《关于加快推进全省交通干线廊道绿化和环城林建设的意见》《河北省造林绿化规划（2018-2030）》《河北省国土绿化规划（2018-2035）》等20余项文件。全面加强森林草原火灾防控，实现了森林火灾次数连续4年下降，尤其是过火面积、受灾面积下降幅度均超过70%，连续18年没有发生草原火灾，没有发生重特大森林草原火灾。全面加强各类自然保护地统一管理，开展了全省自然保护地大检查、“春雷”“绿盾2018”“绿剑2018”等一系列专项行动，查处涉林案件3008起。

（河北省自然资源厅　杨淑梅）

粮食工作

2018年，在省委省政府坚强领导和省发展改革委指导支持下，全系统广大干部职工团结实干、锐意进取，全力做好抓改革、促转型、保安全各项工作，圆满完成了年度目标任务。

一、粮食市场化购销更趋活跃。一方面充分发挥市场在粮食资源配置中的决定性作用，鼓励多元市场主体积极入市收购；另一方面更好发挥政府作用，认真落实“有人收粮、有仓收粮、有钱收粮、有车运粮”工作要求，指导粮食企业做好仓容腾并、人员培训、设备检修、资金筹措等各项准备，创新收购方式，搞好为农服务。全年共收购粮食426亿斤，其中非国有粮食企业收购粮食达356亿斤，占总收购量的84%，未出现区域性“卖粮难”。许勤省长在关于夏粮收购的情况报告上做出肯定性批示。扎实开展“双创双服”，印发《关于落实粮食收购资格准入服务具体措施的通知》，严格落实“先照后证”“证照分离”要求，实行网上业务办理，优化服务举措，有效激发市场主体活力。截至2018年底，全省具有粮食收购资格的企业2496家。

二、全面加强地方储备粮管理。一是抓好省级储备粮轮换和监管。组织完成了2018年度省储粮油的轮换工作。对59家省储粮承储企业开展业务管理年度综合评价，唐山北环国储库、怀安天丰省储库等6家企业荣获先进单位称号。加强省储粮储存和出入库的质量检验，共检验样品170批次，代表数量47万吨。省储粮信息化管理系统全面开通试运行，业务管理与信息技术深度融合，企业出入库作业效率得到提升，省储粮数量、质量和库区安防智能化监管水平得到提高。二是规范市县储备粮管理。省局制定出台了市、县级储备粮业务管理指导意见，从制度上规范业务活动，并开展了专项检查。廊坊、秦皇岛等市在市、县储备粮管理方面加大力度、创新举措，取得积极成效。

三、努力促进粮食产业经济发展。一是以省政府文件印发《关于加快推进农业供给侧结构性改革大力发展粮食产业经济的实施意见》，唐山、衡水等市出台了贯彻落实意见。二是积极推进“优质粮食工程”建设。我省获批为全国第二批重点支持省份。第一批中央财政补助资金和省级配套资金共1.55亿元已拨付各市级财政。邢台市高度重视“优质粮食工程”建设，项目数和投资额均居全省首位。三是各市县和粮油企业踊跃参加首届中国粮食交易大会。我省粮油产品成交量5万余吨，金额1.55亿元；通过国家粮食电子交易平台线上交易粮食6万吨，金额1.45亿元。四是项目建设扎实推进。全省光伏项目装机总容量达6102千瓦，月均发电超过1万度；国家发改委安排我省的7个粮食安全保障调控和应急设施项目全部开工建设，累计完成投资1.17亿元；粮库智能化升级改造项目进入实施阶段。

四、扎实开展粮食流通行政执法。一是对全省地方粮食企业库存小麦质量进行专项检查。共检查企业356家，抽检样品199个，代表库存小麦数量384.2万吨。二是开展粮食流通专项检查。其中，夏粮收购期间，全省共检查755次，派出检查人员2254人次，检查收购主体1355个。政策性粮食销售出库检查，紧盯政策性粮食竞价交易成交情况，先后制发专项检查通知单105份，涉及粮食70余万吨，督促销售企业规范履约。三是认真做好2019年全国政策性粮食库存数量和质量大清查各项前期准备。与相关部门共同研究制定我省贯彻落实意见，从建立协调机制、落实清查经费等5个方面进行通盘谋划，逐项抓好安排落实。四是开展粮食质量安全监测工作。共对全省1123个新收获粮食样品和523个库存粮食样品进行了检验，并向社会公布了新收获粮食质量检验结果。唐山市创新监管方式，开展执法实践，获评第一批全国粮食流通执法督查创新示范单位。

五、不断完善军粮供应保障体系。一是严格执行政策保证军粮供应，做到了军粮质量安全可靠，品质优良稳定，按时、按质、按量圆满完成了各项军粮供应任务。二是石家庄、邯郸、承德、唐山等市紧贴部队需求，积极主动作为，为驻地部队提供了肉蛋奶菜等副食品保障，总金额达8200多万元。三是有效发挥河北军粮应急保障体系的作用，秦皇岛、廊坊、沧州等地为任务部队提供了高质量的应急饮食保障。四是推动军粮供应军民融合深度发展。“河北军粮”实现销售额5.6亿元。军民融合军粮供应工程项目得到国家局的肯定和支持，张家口、衡水总投资1.99亿元的两个区域性配送中心建设项目已获批。沧州市军供粮油产业园区项目已经市规划委批复，建成后将成为区域粮食应急保障体系的重要支撑。

六、切实履行安全生产行业监管责任。一是狠抓体系建设。通过落实领导分包责任、与企业签订责任书、文件部署、会议调度等形式，健全安全生产责任体系。出台了《河北省粮食仓储企业风险辨识与管控分级指南（试行）》，进一步完善“双控”体系。二是推进全面治理。按照省委省政府和国家局部署，先后开展了安全生产攻坚行动、“两个安全”专项治理等，对机构改革期间的安全稳定工作做出专门部署。省安委会第三巡查组对全系统开展为期3个月的专项巡查，有力促进了隐患排查、问题整改及长效机制建设。三是加强日常监管。立足行业特点，紧盯重点环节、重要时段，开展经常性督导检查。全年共派出检查组、工作组185次，检查企业410家（次），排查各类问题隐患700处，确保了全系统安全生产形势总体平稳。

七、不断深化粮食流通体制改革。一是配合省发改委等部门制定了《关于进一步健全省级储备制度的实施意见》（冀政发[2018]20号），为我省构建职责清晰、运行规范、监管有效、保障有力的统一的地方储备体系提供了制度性保障。形成了《关于健全省级粮食储备制度探索粮食储备动态管理机制的意见》，已呈报省政府待审批。二是着眼补齐管理短板，创新成品粮管理模式。将5000吨小麦粉储备调整为小麦原粮储备，由原代储点调至承储企业本库区；将3000吨省级小麦粉储备由现行的承储企业委托代储改为政府买断优先使用权；调整了部分省级成品粮储备品种及储存地点。通过优化储备结构、减少管理环节、降低储存风险，提升了成品粮储备监管质量和水平。三是积极推进地方储备粮和贸易粮入市公开交易。我省各类粮食网上全年交易量156.4万吨，成交总金额37.52亿元，在优化营商环境、服务宏观调控等方面迈出了坚实步伐。省粮油批发交易中心第一家分中心在定州成立，并成功开展了线上交易。

八、稳步实施粮食安全责任制考核。一是国家对我省考核成绩优秀。在国家对各省2017年度粮食安全省长责任制考核中，我省位列优秀行列，粮食安全省长责任制得到较好落实。二是完成了省对市考核，经市级自评、联合抽查、综合评价、省政府审定等程序，10个市成绩优秀，3个市良好，通过考核，传导了压力，落实了责任，强化了导向。石家庄、衡水连续两年在粮食安全责任制考核中名列前茅。市对县考核也取得较好效果。三是加强对考核工作的统筹协调。组织召开省粮食安全责任制考核工作组第三次联席会议和粮食安全省长责任制考核推进会议，制定《2018年度河北省粮食安全省长责任制考核事项落实清单》等文件。各市也进一步突出重点，建立台账，压实责任，层层推进落实。

（河北省粮食和物资储备局　姚辰彦）

农村供销

【综述】2018年，在省委、省政府和全国总社正确领导下，全省供销系统坚持以习近平新时代中国特色社会主义思想为指导，深入贯彻落实党的十九大精神和中央、省及全国总社决策部署，以实施乡村振兴战略为引领，以高质量发展为根本要求，以农业供给侧结构性改革为主线，持续深化供销社综合改革，全力打赢土地托管、冷链物流、开放办社、精准脱贫、风险防控“五大攻坚战”，坚决把改革进行到底，向着高质量发展坚定前行。全系统全年实现销售总额3209.5亿元，同比增长30.8%；实现资产总额1425.8亿元，同比增长16.8%；实现利润总额17.5亿元，同比增长13.9%。在全国供销系统综合业绩考核中，河北供销系统连续六年荣获省级优胜单位一等奖，考核排名由2013年综合改革前的全国第8位上升到2018年全国第1位。

【打牢基层基础，助推乡村组织振兴】推进基层社分类改造。通过新建一批、提升一批、巩固一批、做强一批，基层社数量增加到1959家，基本实现全省涉农乡镇全覆盖，基层社建设质量不断提升，服务能力持续增强。促进“两社”融合发展。通过共同出资、共创品牌、共享利益等方式，推动1371家基层社与农民专业合作社融合发展，领办创办农民专业合作社2.6万家，组建农民专业合作社联合社1864家，全省农民专业合作社联合社体系基本形成。发展“三位一体”综合合作。全省首批选择33个县开展生产、供销、信用“三位一体”综合合作试点，发挥农民专业合作社生产优势、供销合作社流通优势、农村信用社融资优势，进一步完善基层社服务功能。开展村社共建。建立“村党支部+村委会＋供销合作社＋农民专业合作社”合作发展机制，与村“两委”共建农民专业合作社5000多个，既强化了党对乡村振兴的领导，又增加了农民收入、壮大了集体经济。

【创新服务方式，助推乡村产业振兴】大力开展土地托管服务。着眼提升精准服务小农户能力，积极组织推广为农服务中心3公里服务圈和农业生产全程化托管服务模式，全年完成土地托管面积852.6万亩，比上年增长1.6倍。积极推动龙头企业发展。依托省社农资、电商、合作金融、投融资等经营服务平台，推动276家农业产业化龙头企业与县及县以下供销合作社开展联合合作，全年实现农产品交易额58.9亿元，服务农业产业发展的骨干力量逐步形成。持续增强城乡综合服务能力。围绕城乡居民日益升级的生活需要，省社组建供销物流集团，新建改造104个农产品批发市场，建设121个市、县电商服务中心和6130个村级服务站，推动8个设区市建立鲜活农产品直采直销体系，物联网、电子商务等新技术新模式在全系统加快推广应用。

【加快绿色发展，助推乡村生态振兴】扩大绿色农资供给。落实绿色发展理念，积极参与实施化肥和农药使用零增长行动，开展个性化、定制化、精准化农资综合服务，提高高效、环保、优质农资供给比率。2018年，全系统水溶肥、有机肥销售分别比上年增长213.4%、101.8%。增加优质农产品供给。健全农产品销售服务质量标准和质量追溯体系，加大“三品一标”等特色农产品经营比重，全系统已有3123家农民专业合作社具备有机、绿色、无公害农产品供应能力。提高资源再生能力。依托2.5万家统一服务规范的农村综合服务社（中心）建设再生资源回收网点，与县以上分拣加工中心对接，促进资源循环和高效利用。2018年，全系统再生资源回收额比上年增长42%。

【强化文化引领，助推乡村文化振兴】弘扬供销精神。省社出资打造禅房“扁担精神纪念馆”作为全省供销干部职工教育基地，市县组建7家供销史料馆。大力弘扬“扁担精神”“背篓精神”，在乡村振兴中展现新时代供销人的良好精神风貌。倡导合作理念。通过推进“两社融合”“三位一体”发展，向农民传导合作理念，培养合作意识，着力把基层社打造成为农村精神文明建设的重要阵地。培树供销文化。以编纂《河北供销合作社志》为契机，动员全系统深入挖掘供销文化，搜集文物史料，加强教育宣传，努力讲好新时代的供销故事。

【搞好人才建设，助推乡村人才振兴】强化党建引领。深入实施“旗帜供销”工程，以党建促改革，以改革强党建，全系统在基层服务单位新建基层党组织477个、党员活动室337个，成立党员志愿服务队463个，为乡村振兴提供政治保障。加强队伍建设。加强电子商务、合作金融等适用人才培养，全系统引进或培育高级技能人才982人、专业技术人才1.3万人，推动培养懂农业、爱农村、爱农民的供销工作队伍。参与农民培训。依托河北商贸学校和市、县社职业技能鉴定中心教育培训资源，加大新型职业农民培育力度，全系统参与建设各类培训基地88个，举办各类农业技能培训班1500次，培训农民10万人次。

（河北省供销合作总社　夏铭玉）

卫生健康

【综述】 2018年，是全面贯彻落实党的十九大精神开局之年，也是卫生健康事业改革发展史上很不平常的一年。一年来，在省委、省政府坚强领导下，全省卫生健康系统始终坚持以习近平新时代中国特色社会主义思想为统领，始终坚持以人民健康为中心，始终坚持新时代卫生健康工作方针，深入贯彻落实党的十九大精神和省委、省政府“三六八九”等重大决策部署，以健康河北建设为主线，以打好卫生健康“七套组合拳”为抓手，锐意进取、勇于攻坚，推动全省卫生健康事业取得新进展。其中，健康扶贫工作得到孙春兰副总理批示肯定；黄骅市构建健康联合体，发动家庭医生管医保推进基层健康管理的做法，受到国务院通报表扬。

【深化医药卫生体制改革】大力实施公立医院改革“民心工程”，以省委办公厅名义出台《河北省加强公立医院党的建设实施办法》。研究起草进一步深化医药卫生体制改革、改革完善医疗卫生行业综合监管制度等意见。遴选3个市11 个县开展省级医联体建设试点，全省所有三级医疗机构参与医联体建设。衡水市率先在全省成立紧密型医联体，着力打造服务、责任、利益、管理共同体。遴选33家试点医院建设现代医院管理制度。公立医院药品采购全部实行“两票制”。将控费目标纳入地方党委、政府目标责任制考核体系，医疗费用不合理增长势头得到初步遏制。双随机抽查单位18731家，案件查处率位居全国第6，行政执法三项制度改革试点成效显著。

【基层卫生】扎实开展基本公共卫生服务项目，人均补助经费增长到55元，获国家奖励313万元。组建家庭医生团队 2.5万个，服务签约居民3192万人。乡村一体化管理积极推进。以省政府办公厅名义出台《关于改革完善全科医生培养与使用激励机制的实施意见》，线上线下培训基层医务人员16.5万人。启动实施卫生健康技术研究暨成果转化重点项目15个，确定省临床医学研究中心8家和医学适用技术跟踪项目125个。

【健康扶贫】举全系统之力扎实推进健康扶贫，全省因病致贫返贫人口由2016年的138.4万人减少至21.4万人，减少117万。成立以分管省长为组长的健康扶贫领导小组，组织召开全省推进会，形成齐抓共管、协调推进工作格局。先后出台70个政策措施性文件，构建起基本完善的健康扶贫政策体系。各级财政投入35.61亿元，加强贫困地区医疗卫生服务体系建设，75个深度贫困村卫生室建设全部完成。三重保障实现贫困人口全覆盖，住院个人付费比例由2017年的34.32%下降到7.74%，位居全国第7。全面实施贫困人口县域内住院“先诊疗后付费”和“一站式”即时结算，贫困人口家庭医生签约实现全覆盖，县域内就诊率达92.81%，高于国家90%要求。大病集中专项救治病种扩大至21种，38503名贫困患者得到救治。选派410名三级医院医生常驻帮扶贫困县和雄安3县的91家县级医院。启动“春雨工程”，向896所乡镇卫生院各派驻1名二级以上医院医生挂职副院长，基层医疗卫生服务能力不断提升。实施健康扶贫防病先行专项行动，开展健康防病知识宣传。邢台临西“全民健康体检”服务模式被中央电视台《新闻联播》报道。

【提升医疗卫生服务质量和水平】

1.卫生健康服务环境不断优化。深入推进卫生健康法治建设，大力开展“双创双服”，深化放管服改革，34项政务服务事项全部纳入“河北政务服务网”，20项实现“只跑一次”，14项实现“一次不用跑”。解决群众反映最强烈的办事堵点问题15个，医疗机构、医师、护士电子化注册管理改革全面完成。以省政府名义出台《关于促进“互联网+医疗健康”发展的实施意见》，制发《促进护理服务事业改革与发展实施意见》。启动分娩镇痛试点，扩大肿瘤多学科协作试点范围，在所有三级医疗机构开展日间手术，我省连续4年被国家评为无偿献血先进省份。深入开展扫黑除恶专项斗争。全年新增社会办医疗机构1807家，备案中医诊所587个。

2.中医药强省建设步伐加快。制定出台《河北省中医药强省建设人才支撑计划（2018-2030年）》。新建国医堂200个。国家中医临床研究基地建设单位落户省中医院，石家庄、邯郸通过全国基层中医药工作先进市评审。在全国率先完成中医馆健康信息平台建设，启动京衡中医药协同发展“名片”工程。新建42个国家和省级名中医传承工作室。在全国率先发布省级中医药健康旅游基地评定规范地方标准，遴选确定首批32家中医药健康旅游示范基地。

3.公共卫生和卫生服务保障得到加强。重大或突发急性传染病防控力度进一步加大，全省传染病疫情总体稳定。全力做好长春长生狂犬病疫苗和效价不合格百白破疫苗应对处置工作，国家免疫规划疫苗报告接种率90%以上。有力有序有效开展中化河北盛华“11.28”重大爆燃事故等20 余起突发事件紧急医学救援，最大限度减少人员伤亡，多次得到省委省政府充分肯定。完成农村改厕126.43万座，超额完成年度49万座目标任务。深化计生服务管理改革，在全国率先出台省级计生协改革方案，率先实现省属高校青春健康基地全覆盖，率先建立计生协信息化系统；修订《河北省人口和计划生育条例实施细则》，全面实施计划生育“多证合一”。出台《关于统筹推进出生缺陷综合防治的指导意见》，实施基因测序技术应用惠民工程，启动新生儿听力与耳聋基因联合筛查。职业健康工作在全国率先出台省长令，率先形成“大监管”格局，连续3年被国家评为优秀，全省新发职业病人较去年减少25%。以省政府办公厅名义出台发展健康养老、医养结合等政策，全省建有医养结合机构227家，健康养老环境不断改善。

4.京津冀医疗卫生协同发展和雄安新区规划建设深度实施。全省400余家医疗卫生机构与京津签订合作项目突破500个。推行京津冀医用耗材联合采购，整体降幅15%；94家医疗机构与京津实现33项检验结果互认，79家实现20项医学影像检查资料共享。签署三地人才交流、疾病防控等合作协议，举办卫生应急综合演练。与京津签订支持雄安新区医疗卫生事业发展三方协议，有效跑办支持雄安新区深化改革和扩大开放政策措施，编制新区医疗卫生体系建设规划，着力提升医疗卫生服务能力，为建设大军进驻新区打好医疗保障基础。

（河北省卫生健康委员会　陈泽斌）

村镇建设

一、加快农村危房改造工作

一是按时完成年度改造任务。2017-2018年度9.3万户改造任务全部竣工，2018-2019年度4.9万户改造任务全部开工，竣工45355户，竣工率较上一年度大幅提高，为脱贫攻坚工作提供了坚强支撑。二是强力推进政策措施落实。进一步完善了改造对象认定、建设管理、竣工验收、补助资金兑现等全过程监管机制，加强对各地工作指导，强化帮扶措施落实，做好技术服务，确保改造质量，增强贫困群众的获得感，提高工作满意度。三是深入开展专项治理。按照专项治理的要求，组织各地拉网式检查，彻底查找问题，强力推进问题整改，并组织对62个贫困县191个乡镇542个村7764户危房改造情况进行了全面核查，确保问题整改落实到位。中央巡视、国家和省扶贫考核反馈问题，以及审计、大督查、各地专项检查发现的问题，全部完成整改。在认真整改问题的同时，深入剖析原因，完善政策措施，从源头上防止问题的发生。

二、开展农村垃圾治理和重点镇污水处理设施建设工作

一是集中清理积存垃圾。会同有关部门组织各地开展春季农村生活垃圾集中治理行动、农村垃圾集中清理，彻底清理积存农村垃圾。各地累计集中清理农村垃圾6055万立方米，促进了村庄环境改善。二是推动长效机制建立。坚持清管并重，组织各地因地制宜建立长效机制，巩固集中清理成果。各地有农村垃圾治理任务的48317个村庄，均建立了日常维护机制，配备保洁员19万名，其中43154个村庄建立了城乡一体化垃圾处理机制，占村庄总数的89.3%。137个县（市、区）引进专业公司承担日常保洁、垃圾清运等工作，其中113个县（市、区）全域由专业公司承担相关工作，提高了农村垃圾治理水平。三是加快转运设施建设情况。按照城乡生活垃圾处理设施建设三年行动计划安排，组织各地加快乡镇转运站建设和转运设备的购置。各地建成和主体完工乡镇转运站265座，新增转运车辆1096辆，增加运输能力11551吨，进一步健全了收运体系。四是落实监管责任。通过明查暗访、随机抽查等方式，对各地清理农村垃圾集中清理工作进行核查，对存在突出问题的，进行了追责问责。积极应用卫星遥感图片判读，加强农村垃圾治理工作的监测，巩固长效机制，提升治理综合效果，规范了农村生活垃圾治理管理工作。

对全省重点镇的污水处理情况进行了调查摸底，制定下发了《关于实施重点镇污水处理和雨污分流设施建设改造工作的通知》（冀建村[2018]43号），对重点镇污水处理设施建设情况进行了督导和通报，督促重点镇建设和完善镇区生活污水处理设施。

三、强化新建农房建设管控

一是完善政策指导体系。组织编制《河北省农村住房设计导则》，在新建农房中，大力推广应用节能措施，引导农民群众科学建房，提高农房抗震性能和节能环保效

果。分别对既有农房节能改造技术研究、新建农房管理政策研究、新建农房节能技术研究和既有农房节能改造政策进行研究。组织编制了《河北省农房节能改造指南》，并印发各市5000余册。二是开展农房建设改造试点。根据经省政府同意的试点方案，组织各地申报、专家评定，确定了2500户农村住房节能改造试点，截至9月底全部完成了改造任务，补助资金1000万元。三是强化工作指导。按照工作要求，规范各项试点工作，先后开展重点督导3次、专题调度3次，并组织技术人员，进村入户，现场指导，确保改造质量和综合效果。组织对改造后的农房节能效果进行了检测，形成了专题报告，总结试点经验，加强对全省农房农房建设的指导。四是指导开展设计下乡。落实住建部要求，组织规划设计大师、高等院校、建筑师、规划师深入农村进行现场指导，部分省重点项目设计人员全程现场指导，全年设计下乡活动参与人员约1200人次。

四、做好小城镇建设工作

一是编制下发了《河北省小城镇建设标准（试行）》（冀建村[2018]39号），对全省小城镇建设的规划管理、市政设施建设、公共服务设施建设、历史文化保护与风貌塑造、防灾减灾建设等，制定了详细的标准要求。二是建立了全省100个特色小城镇建设项目库。2018年100个特色小城镇在建项目244项，累计完成投资204.4亿元；三是根据住房城乡建设部村镇建设司《关于开展全国特色小城镇建设情况调查的通知》（建村建函〔2018〕115号），对我省12个全国特色小城镇进行调查，填写上报了有关调查数据；四是配合发改委做好特色小镇工作，制定下发了《河北省特色小镇规划设计编制导则（试行）》（冀建村[2018]38号），对各市推荐的创建类和培育类特色小镇进行了现场查验。

五、抓好历史文化保护

2018年，加强工作指导，推动提高历史文化名镇名村保护水平。一是开展历史文化名镇名村和传统村落调查。组织村镇建设促进中心和相关高校对全省历史文化名镇名村和传统村落情况进行调查，编制了《河北省历史文化名镇名村及传统村落图册（下册）》；按照住建部工作安排，组织河北工业大学、河北工程大学和相关设计单位正在编纂《中国传统建筑解析与传承（河北卷）》。二是积极争取保护资金。组织各地积极申报中央财政补助资金，2个传统村落列入2018年补助范围，全省已有累计130个传统村落通过住建部等部门技术审查，列入补助范围。三是指导推动保护工程实施。加强历史文化名镇名村和传统村落保护项目实施指导，定期对历史文化名镇名村保护项目进展情况进行督导并通报。2018年，组织5位省规划设计大师与5个历史文化名镇名村、传统村落“一对一”结对子，对保护规划提出意见，并定期进行现场指导，提高了保护效果。四是社会宣传力度逐渐扩大。充分利用电视、广播、网络、地铁传媒等，对全省历史文化名镇名村和传统村落进行宣传，介绍镇村主要特点和历史渊源，在社会引起较大反响。组织井陉县吕家村等8个中国传统村落建立了数字博物馆，在全国数字博物馆网站上进行展示。蔚县暖泉镇、邢台县英谈村、沙河市王硇村等历史文化名镇名村和传统村落得到有效保护，吸引大量游客，成为知名旅游景区。

六、加强农村气代煤燃气设施建设

按照省领导指示精神，通过不断完善政策措施，强力推进农村气代煤燃气设施建设。2018年7月18日省双代办印发《河北省2018年冬季清洁取暖工作方案》（冀代煤办〔2018〕29号）明确2018年全省冬季清洁取暖任务180万户。据统计，全省2018年清洁取暖改造完成183.1万户户，其中气代煤146.1万户、电代煤33.3万户、新型清洁取暖试点3.7万户。

（河北省住房和城乡建设厅　李真超）

农村经济发展及调控

一、2018年农村经济完成情况

2018年，全省各级各部门坚持以习近平新时代中国特色社会主义思想为指导，认真贯彻党中央、国务院和省委、省政府有关“三农”工作的决策部署，以实施乡村振兴战略为总抓手，以深化农业供给侧结构性改革为主线，推进农业由增产导向转为提质导向，加大农业结构调整力度，加强农村基础设施保障，加快农业现代化建设步伐，全省农业农村经济呈现了稳中向好、稳中提质的发展态势，为全省经济社会发展提供了有力的基础支撑。全年第一产业增加值3338.0亿元，增长3.0%；农村居民人均可支配收入14031元，增长8.9%，均完成年度计划指标。

（一）乡村振兴战略省级规划体系基本建立

2018年10月以冀发〔2018〕45号文件印发了《河北省乡村振兴战略规划（2018-2022年）》及推进乡村产业振兴、人才振兴、文化振兴、生态振兴、组织振兴等五个专项工作方案，建立起“1+5”省级层面推进乡村振兴的规划体系，明确了目标任务，细化了工作举措，设置了31项指标，安排了105项重大工程、重大计划、重大行动，为各地各部门分类有序推进乡村振兴提供了重要依据。按照国家部署，以省委办公厅、省政府办公厅文件印发了《河北省乡村振兴战略规划（2018-2022年）及5个工作方案主要任务分工方案》（2019-10号文件），强力推进市县落实规划及方案。

（二）农业供给侧结构性改革扎实推进

政策体系进一步健全。制定出台河北省农业供给侧结构性改革三年行动计划、特色优势农产品区域布局规划、10大类27个特优农产品提质增效推进方案等文件，为加快发展科技农业、绿色农业、品牌农业、质量农业提供了有力的政策支撑。

种植结构进一步优化。4500万亩小麦、玉米、水稻生产功能区和300万亩棉花生产保护区划定稳步推进，首批试点的辛集市和邯郸邱县已全面完成。特色农产品优势区创建有序展开，推动饲用玉米、杂粮杂豆、马铃薯、中药材、食用菌等特色产业提质增效。压减籽粒玉米面积123万亩、实行轮作休耕面积200万亩，全年粮食播种面积9808.5万亩，总产670亿斤，比上年下降3.4%。"菜篮子"产品供给丰裕。预计全年肉蛋奶产量分别达到462.2万吨、378万吨、384万吨，水产品总产103.1万吨，产品结构逐步调优。

三产融合进一步加快。建成省级现代农业园区187个，带动社会投资869.6亿元，带动农民就业388.7万人。全省农业产业化经营率达到65.9%。持续打造迁西板栗等14个农产品区域公用品牌，全省品牌农产品达6.5万个。前三季度，全省农产品加工业产值达到4000亿元，同比增长7%。新增中国美丽休闲乡村6个，发布精品线路107条、精品品牌36个，接待游客8000万人次，旅游收入超过150亿元。

(三)精准扶贫精准脱贫战略扎实推进

全面脱贫攻坚成效明显。11个固定贫困县顺利通过国家评估检查，与14个省定县一道脱贫摘帽。45个国定贫困县农民人均可支配收入高于全省农村平均水平。国家扶贫考核指出的24项76个问题全部整改到位，国家巡查反馈的4方面问题和中央巡视反馈问题均按要求基本完成整改。同时，举一反三，查漏补缺，提高脱贫实效。

聚焦深贫地区集中发力。加大对10个深度贫困县、206个深度贫困村政策倾斜力度，省财政对深度贫困县每年分别单独安排财政专项资金1亿元，全年省级安排15.28亿元用于支持深度贫困县。继续实施"五包一""三包一"包联帮扶。全面启动水路电信房灶厕等基础设施建设和教育卫生文化等基本公共服务、村容村貌提升等11项重点工作，截至目前共开工"双基"提升项目1751个，完成投资17.2亿元，深度贫困地区群众生产生活条件得到明显改善。

产业就业扶贫稳步进行。全省脱贫攻坚三年滚动项目入库7.77万个。"十百千"示范工程有序推进，累计实施产业扶贫项目近3万个，带动8848万贫困户实现增收，产业扶贫项目覆盖率达到100%。通过职业技能培训帮助21万名贫困劳动力实现就业。

定点帮扶协作扶贫持续加强。31个中央定点帮扶单位直接投入资金和物资1.74亿元，帮助引进项目105个、资金25.92亿元。与京津分别签署加强战略合作框架协议，京津安排帮扶项目263个、投资10.49亿元。组织廊坊、唐山两市12个经济强县(市、区)结对帮扶张家口、承德市12个贫困县，目前落实帮扶资金1.9亿元。推进"千企帮千村"行动，3039家民营企业结对帮扶2519个贫困村，投入帮扶资金27.77亿元。

(四)民生福祉持续增进

农民收入持续增长。农村居民人均可支配收入14031元，增长8.9%，完成年度计划指标，连续6年增速下滑的态势得到遏制，城乡居民人均可支配收入差距持续缩小。

基础设施逐步完善。完成饮水安全巩固提升工程投资5.91亿元，惠及8市20县80.26万人。完成大型灌区续建配套节水改造投资1.48亿元，恢复改善灌溉面积29.9万亩。累计完成地下水超采综合治理投资22亿元，整治河渠338公里，坑塘53个，改造灌溉面积182万亩。下达全省农村电网改造升级投资计划12.5亿元。

人居环境大幅改善。全省农村累计清理积存垃圾4853万立方米，4.07万个村庄建立了城乡一体化处理机制。完成农村改厕51.5万座；完成7395个村庄生活污水整治任务，年度任务完成率达到80%左右；完成"四好农村公路"4741公里，村庄绿化面积28.3万亩，环村林、村内街道隙地庭院绿化55.9万亩，美化任务800万立方米，新安装或更换各类路灯65.7万盏，推广高效清洁燃烧炉具5000余台，村容村貌整治年度任务完成率达到90%以上。

(五)改革开放蹄疾步稳

农业农村改革进一步深化。农村集体资产清产核资工作全面启动，第一批国家级试点承德双滦区完成改革任务并取得显著成效；14827个乡镇和村完成清产核资，5524个村完成集体产权制度改革。农村土地确权登记颁证全面推进，全省发放权证332万本，承包合同完善率、登记簿建立率分别达到98.1%、97.8%。合作社、家庭农场等新型农业经营主体快速发展，注册登记的合作社、家庭农场分别达11.72万家、3.38万家，同比增长2.89%、25.3%。35家合作社入选全国农民合作社300强，占参评总数的11.66%。

农业对外开放步伐加快。荣盛康旅河北农业发展有限公司与美国约翰迪尔公司、先锋种子公司、苏库普公司等6家企业签署合作备忘录。目前中美友谊示范农场项目初步完成项目总体规划和评审论证，双方共同确定了约7800亩的土地流转范围，并已完成首期1758.65亩地块土地流转工作。

二、价格宏观调控

2018年，全省价格系统围绕服务供给侧结构性改革主线，深化价格改革，强化价费监管，优化价格服务，较好地完成了各项工作任务。城市水价动态调整机制、涉纪涉案财物价格认定和劳动力价格监测等多项工作在全国会上进行了典型发言。农业水价综合改革评为全国先进。

(一)重点领域价格形成机制改革实现新突破。印发了全面深化价格机制改革的实施意见，提出了今后3年价格改革的目标和任务。一是发布实施新版《河北省定价目录》。保留政府定价项目32项，比原目录缩减38%，授权市、县管理项目59%，授权雄安新区达88%。市场调节价比重达到97.9%，实现了价格机制改革第一阶段的改革目标。二是加快天然气价格改革步伐。理顺居民用气门站价格，实现居民与非居民用气门站价格并轨。出台管道燃气配气价格管理办法，建立了天然气价格上下游联动机制和配气价格监管机制。三是巩固医疗服务价格改革成果。放开了公立医疗机构129项非基本医疗服务价格，对医疗服务项目价格进行了动态调整。在全国率先出台了医联体医疗服务价格政策。四是推进高校学费形成机制改革。按照省政府主要领导指示，通过成本监审、价格听证规定程序压茬推进，仅用3个月完成了全省33所公办高校本科学费的调整。制定了进一步扩大民办学校收费自主权加强事中事后监管的政策措施。五是完善景区门票价格形成机制。在国家要求降低国有重点5A 级景区门票价格的基础上，积极协调督导，将80元以上5A 级和100元以上4A 级及以下国有景区全部纳入降价范围，降价免费景点达到31个，平均降价幅度31%。

（二）降价清费减负取得新成效。通过降低电价、气价，清理涉企收费总计减轻企业和群众价费负担52.95亿元。一是降低工商业电价。先后4次降低单一制、2次降低两部制工商业电价，年减轻电费负担44.06亿元，完成国家降价10%的要求。二是清理电网环节收费，通过取消电网企业垄断性服务收费等措施，年减轻电费负担4.3亿元；三是降低部分省内天然气管道运输价格，年减轻用气负担0.54亿元；四是继续清理规范涉企收费。动态调整公布了涉企行政事业性收费、涉企经营服务收费和行政许可中介服务收费三个涉企收费清单。通过省立涉企行政事业性“零收费”，修订省直部门收费标准，清理规范职业技能和公证服务等，减轻企业收费负担4.05亿元。

（三）价格杠杆促进绿色发展取得新进展。出台了《关于创新和完善促进绿色发展价格机制的实施意见》，在省委、省政府价格机制改革意见6个政策体系的基础上，进一步完善了促进绿色发展的价格机制。一是进一步完善差别价格政策。对逾期未完成超低排放改造的钢铁等企业实行了差别化电价政策。出台了光伏+试点项目、张家口风光储输示范项目和石热九期天然气发电价格支持政策。二是扎实推进农业水价综合改革。改革实施面积和进度居全国首位。调整了石津灌区骨干工程水价，由0.15元调整到0.25元，达到运维成本的50%。三是落实水价动态调整机制，组织南水北调受水区市县顺利完成第二轮价格调整。印发了建立健全城镇非居民用水超定额累进加价制度的实施意见。我省绿色价格政策的实施走在全国前列，7月3日国家发改委“创新完善促进绿色发展价格机制专题电视电话会议”上作了典型发言。中国经济导报以《田间工厂社区:处处都有绿色发展价格机制的身影》为题，对我省的经验进行了报导。

（四）价格调控监管水平进一步提升。全年居民消费价格总水平上涨2.4%，实现了全年价格调控目标。一是做好稳价和民生保障工作。加强价格监测预警分析，制定了突发事件粮食和生活必需品应急价格监测预案，加强节日市场价格调控监管，印发了加强汛期保供稳价的紧急通知。认真落实价格补贴与物价上涨挂钩联动机制，廊坊、承德、衡水、张家口、邢台、邯郸、沧州7个市先后启动联动机制，向低收入群体发放价格临时补贴1.036亿元。二是强化市场价格监管。组织开展了供热、供水、供气、电信领域价格重点检查，对政府定价涉企经营服务收费、行政许可中介服务收费和交通、环保领域涉企收费进行了专项检查。开展了物业、教育、医疗、殡葬服务等民生领域价费专项检查。查处各类价格违法案件2185件，经济制裁2881.86万元。三是公平竞争审查工作走在全国前列。召开了省际联席会议和工作推进会，开展了专题培训，完成了全省清理现行排除限制竞争措施工作任务，共评估存量政策文件2800余件，纠正违反公平竞争的政策规定19件。

（五）价格公共服务能力持续增强。一是积极推进依法治价。修订出台了价格听证目录，完善了合法性审查工作制度。全面清理价格政策文件，公布废止了978个价费文件。二是完善垄断行业成本监审规则。出台了天然气配气和水利工程两个定价成本监审办法。开展了高校、天然气管输等行业成本监审，全年完成监审项目170项，核减不应计入定价成本费用60亿元。三是积极做好涉纪涉案涉税财物价格认定工作。完成涉纪涉案财物价格认定事项52件，涉案金额3.37亿元。四是充分发挥12358价格监管服务平台作用。开展“价格举报百日整改提升行动”。受理价格举报15545件，针对物业管理、停车收费举报热点进行了查处。

（河北省发展和改革委员会　武纪成）

农业和农村法制建设

2018年是省十三届人大常委会的开局之年。一年来，我委在省人大常委会党组和主任会议的正确领导下，在常委会分管领导的精心指导下，认真贯彻习近平新时代中国特色社会主义思想和中央、省委“三农”工作重大决策部署，以推进乡村振兴战略实施为总抓手，以实施“八大行动”为牵引，紧紧围绕推进现代农业高质量发展、扶贫脱贫攻坚、生态文明建设等中心工作和重大民生问题，团结一心、履职尽责，主动作为、开拓创新，圆满完成2018年立法、监督、重大事项决定等各项工作任务。

一、充分发挥人大在立法中的主导作用，为推进农村改革发展提供法制保障。以提高立法质量为核心，充分发挥人大在立法中的主导作用，坚持科学立法、民主立法、依法立法，统筹做好农业农村法规的立、改、废等工作。今年以来，协助常委会出台涉农法规2部、作出决定1项、打包修改和废止6件，开展立法调研2次。一是修订出台《河北省人大常委会关于促进农作物秸秆综合利用和禁止露天焚烧的决定》。2015年决定出台后，农工委进行了连续跟踪检查，发现决定落实中存在一些问题和不到位的地方。根据新情况新问题，对决定进行了修订，省十三届人大常委会第四次会议审议通过。修订后的《决定》，突出源头治理，进一步强化了秸秆的能源化、饲料化、基料化利用，强化了农业结构调整，强化了视频监控体系建设，对于提高秸秆综合利用水平、促进农民增收、禁止露天焚烧起到了积极推动作用。二是修订出台《河北省地下水管理条例》。为加强地下水超采综合治理，会同省水利厅起草了《河北地下水管理条例修正案（草案）》，并提请省十三届人大常委会第四次会议初审，第五次会议二审全票通过，2018年11月1日起施行。该《条例》修订出台，将有力保护和利用地下水资源，修复我省地下水生态，促进地下水可持续利用。三是制定出台《河北省种子管理条例》。为保护和合理利用种质资源，加强《种子法》配套法规立法，规范品种选育和种子生产、经营、使用行为，在去年牵头起草《河北省种子管理条例》的基础上，今年配合法制委对条例（草案）进一步修改完善，省十三届人大常委会第二次会议全票通过，2018年6月1日起施行。该《条例》颁布实施，将有力提升种业科技创新水平，促进现代种业和现代农业发展。四是开展涉农地方性法规的清理、打包修改和废止工作。依据近年来国家修改法律和行政法规的决定，对我省现行有效的28件涉农地方性法规进行审视和梳理，提出修改意见和建议。配合法工委对《河北省实施〈中华人民共和国气象法〉办法》《河北省实施〈中华人民共和国水土保持法〉办法》《河北省实施〈中华人民共和国森林法〉办法》《河北省陆生野生动物保护条例》等4件涉农地方性法规进行了打包修改。鉴于《河北省种畜禽管理条例》内容与《中华人民共和国畜牧法》存在诸多不一致的问题，提请省十三届人大常委会第三次会议将该条例予以废止。五是开展了《河北省节约用水条例》立法调研。为加强水资源管理，推进节约用水、促进节水减排、改善生态环境，开展了制定《河北省节约用水条例》立法调研，会同省水利厅起草了条例（草案）。六是开展修订《河北省农村土地承包条例》立法调研。2013年7月1日我省颁布实施了《河北省农村土地承包条例》，随着农村土地制度改革和三权分置制度的完善，条例中有些条款已经不适应新形势新任务新要求，亟需对条例进行修订。会同省农业农村厅开展了修订条例的立法调研，提出了修订意见，为提请常委会审议奠定了基础。

二、持续加大监督力度，不断提高监督实效。自觉服从中央和省委工作大局，围绕重大民生问题和社会关注的热点问题加强监督，深入推进“三农”法律法规和中央省委重大决策部署贯彻落实。全年开展3次执法检查、1次专题视察、2次专题调研。一是开展脱贫攻坚全链条监督。坚决打赢打好脱贫攻坚战是党的十九大提出的三大攻坚战之一，也是重大民生工程和重大政治任务。按照省人大常委会党组统一部署，我委把做好“扶贫脱贫攻坚、大气污染防治、优化营商环境”三项联动监督，作为检验“四个意识”树立牢不牢、对贫困群众感情深不深、履职能力强不强的重要平台，全员上阵、全体参与，高质量高效率完成了方案制定、人员培训、新闻发布、综合协调、实地检查、报告起草、专题询问等各项工作任务。7月份省十三届人大常委会五次会议听取了省政府关于全省扶贫脱贫攻坚工作情况的报告，8月份开展了《河北省农村扶贫开发条例》联动执法检查，10月份提请省十三届人大常委会六次会议审议了执法检查报告并开展了专题询问，11月份省十三届人大常委会第七次会议听取省政府整改情况报告并对五个部门的相关工作进行了满意度测评。二是开展农作物秸秆综合利用和禁止露天焚烧跟踪检查。在去年执法检查的基础上，4月份对落实决定执法检查审议意见情况进行跟踪检查，提请省人大常委会第三次会议审议了省政府整改情况的报告（书面）和省人大常委会跟踪检查报告。这两个报告得到了常委会组成人员的一致好评，充分体现了人大监督力度、彰显了人大权威。东峰书记、许勤省长分别对执法检查报告作出重要批示、对跟踪检查给予充分肯定。三是开展防汛防洪专题视察。为贯彻东峰书记关于防汛工作的批示精神，在去年防洪法律法规执法检查的基础上，6月上旬开展了防汛防洪情况专题视察，7月份省十三届人大常委会第四次会议对视察报告进行审议，并将审议意见转交省政府办理。11月份，省十三届人大常委会第七次会议对视察报告审议意见办理情况报告进行了审议。四是开展农产品质量安全执法检查。为切实保障广大人民群众“舌尖上的安全”，受全国人大常委会委托，8月份开展了《中华人民共和国农产品质量安全法》执法检查，检查出我省贯彻实施中存在的农产品产地环境、农兽药残留、监管监测、检验检测、农业生产、收贮运监管、质量追溯等8个方面的问题，有针对性地提出了营造质量安全氛围、建立健全服务体系、提升监管能力、加快推进农业标准化生产及完善农产品质量安全法相关法律问题的意见和建议，并将执法检查报告上报全国人大农委。五是开展农村人居环境整治专题调研。为认真贯彻落实中央和省委关于《农村人居环境整治三年行动方案》，深入推进我省农村人居环境改善，围绕农村垃圾、厕所粪污、生活污水治理和村容村貌提升等内容进行了专题调研，指出我省农村人居环境整治工作中存在的政治站位不够高、协调推进不够顺畅、工作推进不平衡、资金投入不足、长效机制未形成等5个方面的问题，提出了深化思想认识、形成整体合力、拓宽融资渠道、统筹长远发展、形成长效机制等5个方面的意见建议。调研报告书面提交省十三届人大常委会七次会议参阅。六是开展坝上首都水源涵养区和生态环境支撑区建设专题调研。根据常委会领导的意见，组织张家口市人大及省发改委等部门和单位，围绕“两区”建设进行调研座谈，结合多方面意见，提出了加快坝上首都水源涵养区和生态环境支撑区建设的一点建议，受到常委会领导肯定。

三、积极为代表搭建履职平台，认真办理代表议案和建议。始终把为代表履职搭建平台、提供优质服务作为发挥代表作用重大责任，积极邀请代表参与人大农业和农村立法监督活动，认真办理代表议案和建议。一是积极为代表搭建履职平台。认真落实省人大常委会委员联系代表制度，充分听取省人大代表对人大农业和农村工作的意见和建议。一年来先后邀请各级人大代表参加农业和农村执法检查、专题视察、立法调研等活动80多人次，较好地发挥了人大代表的主体作用。二是认真办理代表议案。陈凤珍等13名代表在省十三届人大一次会议上提出了“关于制定《河北省节约用水条例》”的议案。我们召开会议专题研究办理意见，将制定《河北省节约用水条例》列入立法计划，充分吸纳代表议案内容，会同省水利厅起草了条例（草案）。石立新等12名代表提出了“关于修改《河北省实施<中华人民共和国气象法>办法》”的议案，省十三届人大常委会第三次会议对《河北省实施<中华人民共和国气象法>办法》进行了打包修改，同时建议待气象法修改后，对我省实施办法进行全面修订。三是积极督办代表建议。对康爱国、梁伟建2名省人大代表在省十三届人大一次会议上提出的“关于支持基础设施建设，助力深度贫困县同步脱贫的建议”“进一步推动深度贫困地区农村基本公共服务设施建设的建议”等2件建议，明确专人负责，认真督办，邀请代表参加“扶贫脱贫攻坚、大气污染防治、优化营商环境”三项联动监督，与代表面对面交流意见和建议，有的建议以常委会审议意见形式转省政府研究办理；对张献超、徐辉、孙相顺等3名省人大代表提出的关于“进一步加大秸秆还田补贴力度和范围，促进空气质量较差城市农村环境治理工作有所改善”“关于加强小麦秸秆收储和利用”“关于治理大气污染秸秆焚烧”等3件建议，邀请代表参加农作物秸秆综合利用和禁止露天焚烧跟踪检查，修订出台了《决定》。及时将办理情况向代表反馈，代表们对办理结果表示满意。

四、加强自身建设，努力提高依法履职的素质和能力。积极适应“三农”新形势新任务新要求，通过集中学习、对标交流、专题培训、实践锻炼等方式，努力提高依法履职的素质能力。一是加强思想政治建设，增强“四个意识”。认真学习习近平新时代中国特色社会主义思想，特别是总书记关于坚持和完善人民代表大会制度的重要思想及关于“三农”的重要论述，组织大家开动脑筋、深入思考，撰写体会文章。委员会撰写交流文章23篇，辑印了《农工委理论学习研讨交流文章汇编》。二是加强学习能力建设，打牢履职基础。每半月组织一次集中学习雷打不动，全年共开展集中学习15次，编发学习纪要15期、3万字，创办“三农”工作动态摘编，编辑17期、5.6万字，开拓了眼界视野、增长了知识储备，提高了理论功力和工作能力，得到常委会领导肯定：“抓的紧、抓的实，有创新、有效果，值得各部门参考借鉴”。三是加强实践能力建设，提高工作水平。建立“三个10”基层联系制度，定向联系不同类型的10个县、特色鲜明的10个村、模范作用好的10名基层省人大代表，及时了解和掌握“三农”工作的新情况新问题、农民群众的新期盼新诉求。自觉接受全国人大农业与农村委员会的工作指导，与8个外省人大农委进行了工作交流，举办全省人大农委系统履职能力提升培训班，积极探索做好人大“三农”工作的新举措新途径。四是加强支部建设，夯实战斗堡垒。全面落实党建工作责任制，完成支部换届改选，调整了党小组。落实“三会一课”制度，推动党内生活规范化、经常化。先后组织全体党员干部赴藁城区岗上村、杜村和平山县李家庄开展“进农村、学劳模、对标先进、争创一流”主题党日活动。支部一班人急难任务冲在前、做表率，充分发挥先锋模范作用。协助机关党组开展机关驻村帮扶具体组织协调推进工作，会同信访办完成了省领导信访包案和民营企业包联督访工作。五是加强制度建设，规范工作秩序。适应新时代党的建设和人大“三农”工作新要求，对专委和工委各项制度进行全面梳理，修订专门委员会工作制度3项、工作委员会工作制度5项、党支部组织生活制度3项，形成职责清晰、秩序规范的工作格局和运行机制。

总结一年的工作，有几点体会和思考。一是必须把学习紧紧抓在手上，武装头脑、强筋壮骨。始终坚持突出重点学、结合实际学、互动交流学、结对帮扶学、经常不断学，切实用习近平新时代中国特色社会主义思想武装头脑，不断增强“四个意识”，强化履职责任，激发生机活力。二是必须结合工作实际，解放思想、守正出新。始终坚持紧跟新时代“三农”发展步伐，改进工作方法，在立法工作中提前介入、主动协调、深度参与，时刻掌握立法进度和推进主动权，通过请进来研讨交流、走上去接受指导、走下去征求意见、走出去学习经验，下绣花功夫，提高立法质量；在监督工作中既注重跟踪监督，又紧盯工作落实，既起草好执法检查报告，又对省政府整改报告提出意见，确保整改报告与常委会审议意见对应吻合，突出了问题导向，增强了监督实效。三是必须强化法治思维，遵法守规、依法履职。始终把握人大工作的法定性特点，自觉把宪法和法律作为处理问题的准则，行使每一项职权都坚持“依照法定职责、限于法定范围、遵守法定程序”，养成办事依法、遇事找法、解决问题用法的良好习惯。四是必须坚持一流标准，精益求精、提质增效。始终坚持工作的高质量高标准，按照“细致、精致、极致”的要求，对每项工作精心谋划、精心设计，对每篇文稿精雕细刻、逐字研究，对每次会议周密安排、精心组织。五是必须加强自身建设，提高素质、夯实基础。始终把加强自身建设作为提高履职能力的重要举措，通过专题培训、以会代训、学习考察等方式，推进农业农村法律法规和“三农”政策学习常态化，提高素质能力，为依法履职打下了坚实的理论、法律、政策基础。

按照新时代人大“三农”工作新要求，还存在一些问题。一是理论学习有差距。对习近平新时代中国特色社会主义思想特别是关于坚持和完善人民代表大会制度重要思想的学习，在整体把握上不够系统，在理解上不深、不透，缺乏深度思考，还没有把学习成果和实际工作很好结合起来，运用理论推动工作还不够有力。二是工作谋划有欠缺。特别是面对乡村振兴这盘大棋，对如何抓住产业振兴“牛鼻子”、找到乡村经济发展新载体、探索深化农村改革新路径、建立乡村治理新机制等问题，还有待于深入研究和思考。三是开拓创新有短板。解放思想的力度不够大，工作中存在惯性思维和保守思想，思路不够开阔，有时候满足于完成上级交办的任务，缺乏开拓创新精神。四是调查研究有不足。主要是下基层、去农村、进农户的时间少，调研成果少、有针对性解决问题少，等等。这些问题，都需要下功夫认真改进。

（河北省人大常委会农工委　闫凌云）

各 市 篇

石家庄市

2018年，在市委、市政府的正确领导下，全市乡村振兴战略稳步实施，农业供给侧结构改革深入推进，“三农”工作蓬勃发展，取得了可喜的变化。

一、农业综合生产能力稳步提升

扎实推进农业结构调整，特色优势农业发展壮大，农机装备水平显著提升，农业综合生产能力稳步提升。一是粮食生产再获丰收。全年粮食种植面积达1012万亩，粮食总产436万吨，粮食生产稳定在430万吨以上。全国春季农业生产工作会议在我市召开。二是特色产业优化升级。肉蛋奶产量分别达到53.3万吨、73.5万吨、65.6万吨，在全省分别居第四、第二、第三位，君乐宝乳业集团荣获中国质量奖提名奖。种植业结构不断优化，压减籽粒玉米5万亩，发展强筋麦60万亩。大力培育特色产业，瓜菜总产量513万吨，居全省第二。中药材种植面积17.2万亩，产量7.38万吨，食用菌生产面积3.6万亩，总产量26.5万吨。三是基础保障不断加强。开展粮食生产功能区划定，完成省下达的865万亩划定任务。农田水利基本建设扎实推进，农田水利基本建设扎实推进，新建高标准农田11.91万亩，第一批项目全面启动，主体工程已完成50%以上；新增及恢复改善灌溉面积68万亩，完成防渗及维修改造渠道长度247公里；治理水土流失面积55平方公里；实施农村饮水安全巩固提升工程，解决了46个村、3.9万农村人口饮水不安全问题。四是农机装备水平显著提升。大力推进农机智能化管理，探索完善“互联网+农机”服务新模式，建立农业机械化全产业链服务“智耕”平台，全市主要农作物耕种收机械化综合水平达到97.3%。

二、农业科技支撑能力显著增强

深入实施创新驱动发展战略，聚焦打造“科技农业”，以科技创新引领农业高质量发展。一方面，积极打造农业科技创新高地。不断深化市农科院与北京市农科院等国内一流科研院所的合作，在农业科技创新基地建设、新品种新技术培育引进等方面积极开展合作。今年由市农科院研发的大豆项目荣获金桥奖突出贡献奖。另一方面，加速推进智慧农业体系建设。推进互联网技术在农业全产业链的深度融合，提升全市农业信息化水平。全市智慧农业大数据综合服务管理平台上线运行，在全省首创了“农业滴滴”业务，12316落地服务“布谷”系统投入试运行，通过APP应用，开展在线预约、远程诊断、现场技术支持等菜单式服务，使农民一部手机就能享受“零距离”农技服务。

三、优质农产品供给水平不断提高

主动适应社会消费提档升级趋势，聚焦打造“质量农业”“品牌农业”，突出质量安全和品牌引领，全市农产品供给质量和农产品市场竞争力不断提升。一是全面推行标准化生产。全市1227家规模化畜禽养殖场、100个现代农业园、39家定点屠宰场、197个生鲜乳收购点实现了标准化生产全覆盖，农业标准化生产率达到65%。其中，30个市级高端蔬菜示范园标准化技术普及率达100%。二是大力开展农业品牌培育。全市“三品一标”农产品新认证72个。扎实开展农业品牌培育行动，重点培育了藁城宫面、赵县雪花梨等10个文化底蕴深厚、地域特征鲜明地理标志农产品，君乐宝乳业专业乳制品、金凤扒鸡、双鸽等5家获得国家知名商标，雪花梨获得国家级果品区域公用品牌。三是深入开展农业质量提升行动。全市64家食用农产品市场和24家大型超市纳入了二维码追溯系统管理，实现了食用农产品来源可查、去向可追。全年开展农产品例行抽检10.4万批次，抽检合格率达到99.9%。四是积极构建品牌服务体系。加快电子商务建设，推动平台资源共享和线上线下融合发展，石门特产汇筛选我市180多种特色农产品上线销售。组康恩食品、石门制造两个中央厨房项目，通过建立配套物流网络，实现了品牌农产品加工、包装、配送的一站式服务。

四、一二三产业融合发展加速推进

将“一圈两区”作为推动一二三产融合发展的主战场，以现代农业园区为载体，推进农业与文旅、休闲、康养等产业深度融合，积极培育新产业、新业态。一是环省会农业休闲带成效显著。对鹿泉区君乐宝、紫藤西山庄园、及平山县弘润、润众等一批园区，按省级农业园区和4A级景区标准进行了改造提升，通过形象提升、配套设施完善、新业态新元素植入，实现了园区一二三产融合发展。二是山区综合开发亮点纷呈。积极推进沟域经济开发、山区综合开发及“农业+美丽乡村+旅游+生态”的产村共建模式，建成谷家峪美丽乡村旅游度假村、岸下•石窑小镇、封龙农谷农科小镇等一批美丽乡村风景度假区，有效带动了周边农户增收。三是新型经营主体蓬勃发展。扎实开展新型农业经营主体培育，国家级农民专业合作社示范社达到22家、省级示范社达到131家，省级示范家庭农场达到79家，省级园区达到18家、市级达到81家，鹿泉区现代农业产业园被农业农村部、财政部批准创建2018年国家现代农业产业园。平山县东方巨龟苑入选了2018年农业农村部“夏纳凉”主题休闲农业和乡村旅游精品推介板块，晋州市周家庄乡被农业农村部推介为2018年中国美丽休闲乡村。全市土地流转面积达到270万亩，占家庭承包耕地总面积的42.%，规模经营流转面积217.91万亩，占家庭承包耕地总面积的33.55%。四是农业产业化加速推进。培育发展上下游衔接配套、多要素融合共享、拥有全产业链条的市级以上农业产业化联合体,农业产业化联合体55家，其中省级示范联合体9家。

五、脱贫攻坚行动取得显著成效

认真贯彻落实“精准”战略，围绕“七个一批”“七大工程”，坚持目标问题导向，突出抓好产业扶贫促增收主线，盯紧深度贫困村脱贫、易地扶贫搬迁、因病致贫三个重点和非贫困县扶贫工作短板，扎实推进扶贫脱贫攻坚，圆满完成了年度脱贫任务。全年计划5.1万人脱贫，200个村出列，灵寿、行唐、赞皇3个县摘帽。目前，共有5.7万人脱贫，226个贫困村出列，3个县已通过省级脱贫工作成效考核验收。

六、农业农村生态环境持续改善

深入践行绿色发展理念，聚焦打造“绿色农业”，加快推进生态农业建设，积极推进山水林田湖生态保护，农业农村生态环境得到持续改善。一是大力开展生态绿化。重点实施“一环”“十片”“百果”“千廊”“万圃”造林绿化工程，完成造林73万亩，超额完成70万亩年度任务。开展湿地恢复建设，预计年底前完成湿地现状调查，启动规划编制工作。二是深入开展河（库）清洁行动。全面深化河长制，全面开展河湖清洁行动，重点实施滹沱河生态修复，藁城段14.3公里河槽防洪治理工程已完工，累计投资2.48亿元。滹沱河机场路上下游2.5公里示范段工程，完成投资4.5亿元，“十一”已向市民开放。目前，生态修复一期工程建设已全面铺开。三是大力开展地下水超采综合治理。2018年全市总投资3.51亿元，新增压采能力3.55亿立方米。全面推进自备井关停，累计关停1207眼自备井,超额完成南水北调受水区关停任务。四是全面推进农村面源污染治理。深入开展“一控两减三基本”行动，新增节水灌溉面积21万亩，主要农作物绿色防控覆盖率达30.3%，农作物秸秆综合利用率达到97%。规模以上养殖场畜禽粪污资源化利用设施配套率达到91%，畜禽粪污资源化利用率达到77%。

（石家庄市人民政府）

唐山市

2018年，全市各级各有关部门深入贯彻中央和省委、市委重大决策部署，以实施乡村振兴战略为总抓手，按照“产业兴旺、生态宜居、乡风文明、治理有效、生活富裕”的总要求，重点突破，补齐短板，推动全市农业全面升级、农村全面进步、农民全面发展，农业农村发展实现了稳中有进、稳中向好。全市年内实现第一产业增加值 493.1亿元，增速达2.7%；农村居民人均可支配收入达到17656元，居全省前列。

一、发展特色优势产业，农业供给侧结构性改革稳步推进。以科技农业、绿色农业、质量农业、品牌农业为重点，推动全市农业由增产导向转向提质导向。2018年，全市粮食播种面积734.1万亩，总产310万吨；瓜菜面积190.1万亩，总产991.6万吨；肉蛋奶产量分别达到68万吨、29万吨、105万吨；水产品产量达到52万吨。种植业，全市调减籽粒玉米16.8万亩、小麦3.7万亩、棉花0.3万亩，调增青贮玉米10.9万亩，花生、蔬菜及其他作物20.8万亩。18个县（市、区）粮食生产功能区划定任务基本完成，建设200亩以上的粮油标准园20个。供京津蔬菜基地达到65万亩，“粮改饲”试点项目整市推进，28万亩任务超额完成。创建省级特色农产品优势区7个、培育市级“双十培育”十佳示范区典型10个。畜牧业，全市共有56家奶牛养殖场实施了河北省智能奶牛场建设项目，成年母牛平均单产达到8.3吨以上，提前1年完成了“八吨奶”目标任务。渔业，新开工建设海洋牧场1处，海淡水池塘多品种立体生态健康养殖面积达到38万多亩，海水工厂化养殖面积203万平方米。

二、积极培育“新六产”，农业产业整体竞争力持续提升。坚持以农业产业化重点项目建设为抓手，依托龙头带动，实现市场牵龙头、龙头带基地、基地连农户，推进一二三产融合发展，全市农业产业化经营率达到65.6%，较上年提高1.5个百分点，农业产业化经营率增幅全省第一。2018年全市谋划实施千元以上农业产业化重点项目231个，其中省级重点项目4个、市级31个，亿元以上项目95个。全市拥有市级以上龙头企业367家，省级龙头企业88家，国家级龙头企业5家，龙头企业数量质量进一步提高。积极培育发展农民合作社示范社，全市农民专业合作社达到8958家，其中市级示范社215家，新增省级示范社13家，省级示范社达到了100家，新增国家级示范社6家，国家级示范社达到29家；新认定市级园区15个、县级园区21个，新增投资5.03 亿元；全市家庭农场达到897个，其中省级示范家庭农场59个，市级示范家庭农场160个。全市打造了10个土地股份合作社示范点，土地规模流转率达到72.1%；完成“十佳”休闲农业与乡村旅游示范点评定工作，新增省级以上休闲农业星级企业10个，其中国家级五星企业3个。

三、加大科技创新，农业科技支撑能力明显增强。积极发挥科技在现代农业发展中的支撑和引领作用。创新开展了“农科对接”活动：“双百”对接活动中，优选百余名农业专家依各自专业技术特长对接新型农业经营主体，及时为其提供技术指导与服务；“首席”对接活动中，聘请国内16位知名首席（岗位）专家对接新型农业经营主体，及时为其解决技术难题，提供科技发展规划。建设首席专家工作站5个、省级科技创新示范基地3个、县级5个；建设9个省产业体系综合试验站，组建市级产业体系创新专家团队，充分发挥科技示范引领作用。全市培育新型职业农民1400人，开展实用技术培训30万人次；推广引进新技术、新品种57项；唐山“智慧农业公共服务平台”完成升级并上线试运行，全市新增农业物联网大棚500个，新增物联网大田2万亩。农业机械化水平不断提高，主要农作物耕种收综合机械化率达到86%，比全国、全省分别高出14个和7个百分点。

四、打造“安全食品唐山造”品牌，着力提升农产品质量安全水平。一是全省首家整域国家农产品质量安全市创建基本完成。创建工作通过国家验收，全市14个农业县（市、区）全部纳入国家或省级创建，创建工作位居全省第一、全国前列。二是监测能力进一步提升。市畜牧水产品质量监测中心检测参数达到875个，其检测能力在全国地市级同行业中位于领先地位，市蔬菜质量监测中心监测参数达到98项。市通过农产品质量检测“双认证”的县级检测中心已经达到了9个，位居全省第一。三是建设运行唐山市“智慧农安”管理系统。创新开发运行唐山市“智慧农安”管理系统，初步实现信息化监管、农产品质量可查询、可追溯。四是积极推进标准化生产。全市完成16家企业29个品种的“三品一标”认证工作；创建农产品质量安全标准化生产示范区（企业）32家；制定了绿色农业生产基地培育方案及建设评价指标体系，组织认定了10个绿色农业生产基地。五是强化监督检查。安排专项抽检5238批，抽检合格率总体达到99.5%，全面完成年度任务。非洲猪瘟等重大动物疫病防控得力，确保了不发生区域性重大动物疫情和动物源性产品质量安全事件。

五、实施综合治理，农业生态环境不断改善。一是完成市核心区禁养区内畜禽养殖（户）搬迁。全市涉及路南、路北、高新三个区，共81家养殖场（户）已全部完成搬迁。二是开展渔港环境治理。在主要渔港水域制定并实施渔港渔船废油和生活垃圾回收制度，配备完善了渔港生活垃圾箱、渔船油污水和生活垃圾桶等设施设备，实现渔港生活垃圾清理和渔船废油集中转运、处理。三是实现化肥农药零增长。全市建设了化肥减量增效示范区22个，集中展示化肥减量增效技术成果，建立省级减量控害示范基地13个，引进推广绿色防控技术45项，建立专业化统防统治服务组织743个。四是秸秆和农业废弃物综合利用率不断提高。全市农作物秸秆理论量536.72万吨，可收集量438.79万吨，已利用量425.62万吨，综合利用率96.99%；全市农膜年使用量 23148.85吨，已回收20635.89吨，回收率达到了89.14%；全市2566家农药生产经营单位全部建立农药包装废弃物回收制度。

六、遵循“治用保管”理念，全域治水清水润城工作高质量推进。按照“清、准、高、快、狠”工作要求，举全市之力推进全域治水清水润城工程，国家和省考核的6条河流8个断面水质均全面达标，良好水体比例达到88.89%，高出省标准44.29个百分点。陡河入渤海国家监测口稳定达到四类水体，环城水系各监测断面全部达标，主城区全面消除劣五类水体。坚持全市水资源时间空间统筹、引和用统筹、生产生活生态统筹，高标准完成《全域治水清水润城工程实施方案》、《唐山市全域治水清水润城三年（2018－2020年）行动方案》，为建设水清河畅、岸绿景美、江湖安澜的美好唐山提供了规划指引。采取清堵结合、标本兼治等措施，完成41处污水提标增容或纳网改造，封堵、整治排污排水口门1118个，清理河道垃圾1882处、130万方，清淤疏浚河道淤泥及障碍物184处、95万方，清理、治理河道及两侧一定范围内水产（畜禽）养殖964处、8392亩，查处、拆除傍河工商业污染源255处，拆除傍河违法建筑539处，基本实现入河排污口门能堵尽堵，河道垃圾、底泥、池塘养殖能清尽清，纳污管网、污水处理设施应建尽建。

七、坚持精准方略，高质量完成减贫脱贫目标任务。坚持以“好”补晚，落实“精准”方略，下足“绣花”功夫，产业、就业、健康、教育、危房改造、饮水安全、兜底保障等各项扶贫政策落实落地。全市2565户、6663人如期高质量脱贫，超额完成省达6000人的减贫目标，唐山市扶贫工作被省政府评定为“好”的等次。严格精准识别扶持对象，实行了月调查、季调整、年入档制度，建立了户级档案管理“7证4册2表1卡”模式。确定了“农业龙头企业+合作社+贫困户”的利益联结机制和休闲农业与乡村旅游等产业项目，实现产业项目“全覆盖”。开展了就业扶贫“百分百”行动，严格落实医疗保障、教育资助、危房改造、社保兜底的扶贫政策，医疗报销比例达到98.69%，贫困家庭学生全部落实了“三免一补”“四免一助”教育扶贫政策，高质量完成822户建档立卡贫困户危房改造任务，贫困户城乡居民基本养老保险和城乡居民基本医疗保险保费全部由财政负担，农村低保最低水平提高到4308元。坚持“关口前移、未贫先防”策略，以家庭人均纯收入低于上年度国家贫困线1.8倍为预警监测线，在全市范围初步建立起“近贫预警、骤贫处置、脱贫保稳”的精准防贫体系。

八、深化农业农村改革，不断增强发展内生动力。农村承包土地确权登记颁证基本完成，完善土地承包合同占全市应确权农户数的97.67%，18个县（市、区）通过了省级验收，已颁发国家统一监制的农村土地承包经营权证113.12万本，占应确权农户的97.18%。农村集体产权制度改革扎实起步，全部完成集体资产清查任务，核实资产总额154多亿元；3个省级农村集体产权制度改革试点均按方案顺利推进。农垦改革率先试点，国有农场办社会职能改革已经到位，办社会机构全部完成移交。农垦国有土地使用权确权登记发证工作全面完成。垦区集团化、农场企业化改革全面铺开。农垦改革工作年度考核位列全省第一。“空心村”治理完美收官，确定了空心村治理试点和治理模式，完成132个空心村治理任务，3590亩土地得到有效利用。水利改革、供销社改革持续深化，完成9个县（市、区）、27个乡镇、268个村农业水价综合改革任务，15个试点县（市、区）农业水权确权工作全部完成；市供销社荣获“全国供销合作社系统先进集体”荣誉称号，打造了全国供销企业改革的唐山典型。

九、建设美丽宜居新乡村，农村人居环境整治取得显著成效。立足实施乡村振兴战略，大力开展农村生活垃圾治理、农村生活污水治理、农村厕所改造、村容村貌整治和农村“四好公路”建设。全市基本完成农村生活垃圾治理，5424个村累计清理积存垃圾712万方，全域实行市场化模式的县（市、区）13个，8个县（市、区）确定建设的生活垃圾焚烧发电项目全部进场；农村生活污水有效治理，完成了517个敏感区村庄调查统计工作；全年完成农村厕所改造10万座；村容村貌明显改善，累计硬化路面436万平米，全市行政村主街道硬化率达到90%，绿化植树11.5万亩，维修更换和新安装路灯3.75万盏，清除治理私涂乱画和标语广告59万平米；“四好”农村路建设成效显著，投资3.7亿元新建改建435公里。迁安北部长城山野绿道等10个片区被市政府评定为“十佳”农村人居环境整治示范片区。

（唐山市人民政府）

秦皇岛市

一、农业生产

（一）种植业

全市种植业生产紧紧围绕“提质增效转方式、绿色发展可持续”发展目标，坚持“稳薯、增油、压玉米，强菜、扩药、控水稻”的种植业结构调整工作思路，深入实施“绿色发展”的经济发展战略，进一步优化和调整种植业结构，推广绿色增产种植技术，推动种植业生产向高效、优质、高产、可持续方向发展。

1. 粮食作物。粮食作物播种面积13.13万公顷，产量74.22万吨。稻谷播种面积0.71万公顷，总产量5.3万吨；冬小麦播种面积0.39万公顷，总产量2.5万吨；玉米播种面积8.46万公顷，占粮食播种面积的64.43%，在2016、2017连续两年压减3.73万公顷的基础上，2018年又调减籽粒玉米1.18万公顷。

2. 经济作物。经济作物播种面积6.64万公顷，全市多种经营面积占比33.6%（全省20.2%）。花生播种面积2.2万公顷，总产量7.91万吨；葵花籽播种面积0.11万公顷，总产量0.26万吨；中药材种植面积0.35万公顷，总产量8.78万吨；蔬菜及食用菌播种面积3.50万公顷，总产量247.51万吨，其中食用菌总产量3.09万吨。

3. 蔬菜产业。我市八大蔬菜特色产业快速发展，通过重点区域、重点龙头筛选进行高端综合技术成果组装示范，新建12个市级园区示范项目，重点在草莓、生姜、番茄、食用菌、黄瓜、生菜主栽区域内开展新优品种（菌种、育苗）引进、高效栽培创新模式、节能节本增效设施改造优化等示范推广。

（二）畜牧业

全市畜牧业生产紧紧围绕加快现代畜牧业发展总体思路，从生产端入手，优化重点畜禽生产布局，推进畜牧业转型升级，着力提高综合生产能力和养殖效益，重点抓好抚宁生猪、青龙肉鸡、昌黎毛皮动物、卢龙肉羊等区域特色产业提速发展。

1. 畜禽生产。全市肉、蛋、奶产量分别达到29.47万吨、8.22万吨、5.87万吨。生猪存栏99.10万头、能繁母猪存栏9.49万头，生猪出栏226.46万头；牛存栏10.92万头、牛出栏13.09万头；羊存栏88.01万只、羊出栏178.48万只；家禽存栏1405.67万只、家禽出栏3856.41万只。

2. 特色养殖。抚宁生猪、昌黎毛皮、卢龙肉羊、青龙肉鸡等一批县域特色产业持续发展壮大。河北宏都实业集团年屠宰量突破150万头，日供北京市场2500头以上，占北京市场份额的25%以上；昌黎县毛皮动物饲养量稳定在1200万只，居全国第一；卢龙县肉羊产业打造育种、养殖、加工、销售一条龙发展，年出栏70万只；青龙县肉鸡产业自动化、标准化、机械化达到较高水平，年出栏肉鸡4000万只。

3. 畜禽废弃物综合利用。通过探索推广粪污肥料化还田、能源化利用、沼气工程、种养结合、农牧循环等5种利用模式，大幅减少畜禽粪污违规外排，实现了变废为宝；重点实施畜禽养殖粪污处理标准化、养殖环境美化、废弃物资源化“三化”并进，全市畜禽规模养殖场粪污处理设施配建率达到88.89%，资源化利用率达到76.01%；青龙县成为全省畜禽养殖废弃物资源化利用项目整县推进试点县（全省共5个县区）；领先科技公司“纳米膜生物好氧堆肥发酵装置”成功纳入国家农机购置补贴范围。

4. 非洲猪瘟防控。8月3日，辽宁省沈阳市突发非洲猪瘟疫情后，我市第一时间安排部署，第一时间排查隐患，第一时间设卡堵截，第一时间政府、企业、养殖户全员动员，第一时间对来自高风险区的畜禽产品就地销毁，全市累计关闭2个不合格屠宰场，责令120个养殖主体停止使用泔水喂猪，设立38个临时动物防疫监督检查站，拦截劝返高风险区运猪及产品车辆5298辆、活猪14.86万头、猪产品4755.35吨，截获并无害化处理8次6车生猪及其制品，有效阻击了疫情流入。

二、农业现代化建设

围绕农业节本增效，坚持以科技为支撑，加快农业科技成果转化，全力实施农业良种、先进技术推广工程，农业生产科技水平得到全面提升，农民增收空间得到大幅拓展。一是先进实用技术基本实现全覆盖。推广关键实用技术，建设绿色生产模式攻关田、关键技术集成展示田3200亩，大力推进“互联网+”农业发展，农业物联网等信息化技术覆盖率达到18%。争取到位国家农机购置补贴资金2610万元，农业机械化作业面积达到340万亩次，小麦机收、夏玉米机播比例均达到100%。二是农业科技培训基本实现全覆盖。围绕玉米、水稻、蔬菜、生猪、食用菌等特色产业和先进技术推广，组织认定农业科技示范基地11个、新型职业农民培训基地10个、实训基地20个，举办各类农业技术培训班100余场，培训新型职业农民1500人，普训农民20万人次。

三、农业产业化经营

我市农业产业化发展以项目建设为引领，大力实施农产品加工业提升行动，不断提高龙头企业市场竞争力和辐射带动能力，推动农业产业化经营水平持续提升，全市农业产业化经营总量达到490亿元，经营率达到70.9%，继续保持全省第一，相关工作受到省农业农村厅通报表彰。一是农业项目高起点推动。全年签约农业产业项目19个，总投资146.98亿元；发布农业项目27个，预计总投资153.35亿元；谋划重大项目31个，计划总投资90.6亿元；实施千万元以上重点项目53个，其中投资亿元以上的23个，年度计划总投资25亿元，年底完成26.3亿元。二是龙头企业高质量发展。制定了《秦皇岛市农业产业化重点龙头企业认定和运行监测管理暂行办法》，全市有市级以上龙头企业264家，其中国家级4家，省级52家；6家农业产业化重点项目、省级农业产业化示范联合体贷款贴息1000万元；市农业产业化增信基金全年向10家农业产业化龙头企业发放贷款7100万元。三是休闲农业高品质带动。全市建成国家级休闲农业与乡村旅游示范点8家，省级示范点16家、全国五星级休闲农业园区3家（北戴河集发、昌黎渔岛、昌黎葡萄沟）、四星级2家、三星级1家，休闲园区总数达到75家，年接待游客317万人，社会总收入达到17.6亿元。昌黎葡萄小镇获评2018年“中国最美休闲乡村”（全省11个），“北戴河村艺术村落”入选河北省休闲农业精品品牌。

四、农业供给侧结构性改革

按照国家和省乡村振兴战略安排部署，认真落实农业供给侧结构性改革三年行动计划，重点围绕“特色农业”发展，着力在绿色农业、质量农业、科技农业、品牌农业“四个农业”上下功夫。一是特色农业不断壮大。昌黎县葡萄特色小镇鲜食葡萄种植达3万亩，“马芳营旱黄瓜”被评为河北十大地方特色蔬菜，卢龙县大力发展鲜食甘薯种植面积达到3.3万亩，青龙县成为全省十大道地药材产业大县和特色农产品优势区。二是绿色农业持续发展。测土配方施肥面积达到280万亩次，基本覆盖全部耕地，年示范推广有机肥320万吨，带动减少化肥使用1.5万吨，全市连续三年实现农药、化肥使用量负增长，地膜回收率达到83%，秸秆综合利用率达到98.5%，其中秸秆饲料化利用率达到56%。三是质量农业正在兴起。坚持组织宣传、抽检监管、执法检查、处罚惩治、部门联动“五步并进”，农产品抽检合格率始终保持在98%以上，农业标准化生产率达到60%以上，我市进入国家农产品质量安全示范市创建行列。四是品牌农业蓬勃发展。“山海关大樱桃”成为全市首个地理标志商标，卢龙粉丝、京东板栗、昌黎葡萄酒、石门核桃等4个产品获国家地理标识认证，昌黎葡萄酒、皮毛获评“河北省农产品区域公共品牌”，昌黎皮毛、山海关大樱桃、青龙北苍术获全省“二十大”农产品区域公共品牌，正大鸡肉制品、嘉诚蔬菜水果、鹏远淀粉淀粉、葡萄糖获全省第三届“二十大”农产品企业品牌。五是科技农业日益凸显。建成甘薯、中药材、蔬菜、生猪、羊等5个省级创新实验站，农作物优种覆盖率达到98%以上，主要畜禽良种覆盖率达90%以上，实用技术入户率达到98%以上。

（秦皇岛市人民政府）

邯 郸 市

2018年，全市深入学习贯彻习近平总书记关于“三农”工作的重要论述和指示精神，全面落实中央和省、市农村工作会议部署，以实施乡村振兴战略为统领，深入推进农业供给侧结构性改革，突出补短板、强弱项，新型农业经营主体培育、农业品牌建设等18项工作被全省通报表扬、30余项经验做法被《农民日报》《河北日报》等媒体宣传报道，全国农业产业化联合体现场会、黄淮海地区“三夏”粮食高效生产全程机械化推进活动现场观摩会等多项会议在我市召开。

一、大力发展现代农业，农业发展质量效益不断提升。坚持质量兴农、绿色兴农，扎实推进“四个农业”建设，争取省级以上农业资金16.2亿元，比上年增加1.6亿元，增幅11%，位居全省第三，为全市乡村振兴、农业发展提供了有力支撑。

（一）农业综合生产能力稳步提升。全市完成粮食生产功能区、重要农产品生产保护区划定工作，粮食总产528

万吨，连续七年达到100亿斤以上，蝉联全省第一。蔬菜播种面积308万亩（其中设施蔬菜200万亩，全省第一），总产1310万吨，同比增长2.3%。肉产量58万吨，同比增长1%；禽蛋产量90万吨，同比持平；奶产量16万吨，同比增长4%。特色水产养殖业健康发展，冷水鱼产量达到2600吨以上。

（二）农业结构调整稳中向好。全市调减小麦6.2万亩，调减籽粒玉米24.2万亩，发展优质杂粮85万亩、优质花生63万亩、高端设施蔬菜35万亩，发展道地中药材23万亩、特色食用菌5.5万亩、强筋和功能小麦76.1万亩、优质特色玉米300万亩，发展油料作物63万亩，棉花播种面积稳定在81.5万亩。武安小米、邱县和磁县脱毒甘薯、馆陶黑小麦、邱县文冠果等8大产业，经过近年的培育扶持，已成长壮大为优势特色产业，全市初步形成中东部优质粮食、西部优质杂粮和中药材、东南部优质花生、东北部优质高效棉花、中东部特色高端优质蔬菜的产业布局。

（三）农业园区建设提档升级。全市新建市级园区18个，占年目标任务的180%；新建省级园区6个、国家级后备园区2个。正在创建1个国家级产业园（全省唯一），拥有省级现代农业园区21个（省级以上园区全省第一）、市级42个、县级96个、乡级84个，形成国家、省、市、县、乡五级梯次配置结构。年内，园区累计完成投资412亿元、入园企业总数达485个，总产值达395亿元，带动59.7万农民增收致富，实现规模效益双提升。大棚房清理整治取得阶段性成果，全市先后开展3轮大棚房的清理整治工作，共查违规项目18个，面积100.42亩，目前已全部复耕到位。

（四）农业绿色发展持续发力。大力开展节水、节肥、节药行动，新增地下水压采能力1.14亿方，完成化肥减量7435吨，占年目标任务的100.5%；完成农药减量163吨，占年目标任务的101%。扎实推进畜禽废弃物治理，22个规模养殖场配套粪污设施全部建成，全市规模化养殖场粪污治理设施配建率达到90%以上，畜禽粪污综合利用率达到75%以上，畜禽养殖场废弃物资源化利用率达到70%以上。邱县、鸡泽县步入全国可持续发展试验示范区行列。强力推进农作物秸秆综合利用和禁烧工作，全市秸秆综合利用率达到98.2%，秸秆禁烧创历史最好水平，多次受到市委主要领导的肯定表扬，防控手段实现历史性突破，20个县（市、区）实现红外视频监控系统全县域覆盖。

（五）农业科技推广成效明显。全市举办各类农业科技培训910场、培训10.1万人次，其中市局直接办班100余场（次），培育新型职业农民3400人。全市主要农作物优良品种覆盖率达到99.5%，耕种收综合机械化水平达到80.5以上，农机装备总量位居全省第二、中原经济区第一，成安、磁县被评为全国“主要粮食作物全程机械化示范县”。

（六）农业产业化实现提质增效。全市建成市级以上农业产业化龙头企业477家，其中国家级6家、省级75家，总量居全省第一。省级示范农业产业化联合体达到22家，农业产业化经营率达到69.1%、同比增长0.8个百分点，中国农大在曲周县设立农业绿色发展示范区，鸡泽县、邱县、魏县列入全国农村一二三产融合发展先导区创建单位。扎实开展“双创双服”活动，100个农产品重点加工项目实际完成投资54.2亿元，占年度投资计划的108.4%。11个项目入选省农业产业化重点项目，总量居全省第一。新增中国驰名商标3件、涉农中国驰名商标总量达到17件。多次组织企业参加京津冀农业产业化合作对接大会等系列特色农产品推介活动，并根据市委、市政府主要领导批示，我局全力以赴，短时间内在北京新发地市场成功举办了一次大规模、高规格的京津冀农产品展销对接大会，取得了良好经济效益和社会效益，有效提高了我市果菜在京津的知名度、美誉度和市场占有率，受到了市主要领导肯定赞扬。

（七）农产品质量安全稳步提升。全市农产品质量监测实现全覆盖，年内抽检2.3万批次，合格率达到99.3%，高于年目标任务1.3个百分点。种子质量监督抽检工作实现全覆盖、全抽检。创新农业执法工作得到农业农村部及省厅领导一致认可，并在全省、全国范围内推广。成功创建鸡泽县绿色食品一二三产融合示范园，为全国8个之一、河北唯一。全市完成44个绿色食品产品的年鉴任务，绿色、有机和地理标志产品认证达到78件，“邱县蜂蜜红薯”入选首届中国国际进口博览会参展品牌。全市建立100个农产品质量安全追溯试点企业、18个省级农产品质量安全示范县，农业标准化生产覆盖率达到57%。坚决打好非洲猪瘟防控狙击战、歼灭战，通过持续开展“外堵内控”，实施“封闭”管理和日排查日报告制度，较好的阻击了非洲猪瘟疫情的发生。

（八）产业扶贫效果显著。全市规划农牧、林果、旅游、光伏、电商、微工厂和家庭手工业等各类产业扶贫项目3845个，资金总额11.4亿元，项目覆盖贫困村535个、贫困户61062户，覆盖率达到100%。

二、紧盯环境治理难点，农村人居环境实现持续改善。充分发挥牵总作用，通过采取专项通报、联合督导、严格考评、奖惩挂钩等系列措施，强力推进农村人居环境整治，整体工作在全省名列前茅，争取省级资金4.1亿元。

（一）历史积存垃圾得到彻底清理。先后9次组织市委、市政府领导出席的高规格推进会、调度及观摩会，累计出动人员138万人次、各类车辆机械61万台次，清理积存垃圾300万余方，清理坑塘1.2万个，取缔露天垃圾池1.5万个，涌现出了武安、鸡泽、曲周、邱县等一大批整治工作先进典型。

（二）环卫保洁长效机制初步构建。全市已基本实现保洁专业化、公司化全覆盖，并按照“每100户配备一名保洁员、每15个垃圾箱配备一辆清运车”的标准，配备保洁员20140人，垃圾转运车辆336台。全市新建垃圾中转站44个，农村垃圾城乡一体化处理覆盖75%以上的乡（镇），超年度计划15个百分点，高限、高质完成任务。

（三）环境整治重点任务全面完成。全市改造农村厕所15万座，2283个村庄生活污水得到有效管控，4424个村庄完成了街道硬化任务，3990个村庄绿化覆盖率达到32%以上，4396个村庄完成了亮化、美化任务，农村人居环境整治四项重点任务平均完成率100%，农村废弃物集中处理和粪污资源化利用扩面到762个村。鸡泽县、肥乡区6个省定全域整治县圆满完成年度任务，肥乡区在全省农村工作会议上作了典型发言。邱县承担全国垃圾分类试点任务，得到住建部领导充分肯定。武安、峰峰等4个省级农村生活垃圾治理试点县，全部实现城乡垃圾一体化处理全覆盖。

三、着眼发展成果共享，农村重点领域改革不断深化。贯彻落实中央“三权分置”意见办法，重点在四个领域抓深化、抓落实，取得新突破。

（一）农村集体产权制度改革稳步推进。成功争列全国农村集体产权制度改革整市推进试点，农村集体产权资产清查核实工作实现全覆盖，馆陶县作为国家级农村集体产权制度改革试点县，工作任务全面完成。省农业农村厅先后4期刊发我市经验做法，累计吸引外地30多批次来邯参观学习。

（二）农村承包地确权颁证工作基本完成。农村产权交易市场实现县级全覆盖，农村承包地确权登记颁证工作基本完成，邱县、肥乡区等7个县（区）的数据库已通过农业农村部人工抽检，全省在我市临漳县召开了农村土地承包经营纠纷调解仲裁工作现场观摩会。

（三）农业适度规模经营健康发展。发展规模经营主体9317家、市级以上家庭农场达到430家，其中新创建省级示范家庭农场22家、累计建成92家。全市土地承包经营权累计流转面积298万亩、流转率达33.53%，比上年提高4.53个百分点。

（四）创制性改革取得突破性进展。大力发展农村股份合作制经济，总结推广“党支部+合作社”土地股份合作经验做法，高效完成44个试点村任务。年内，新创建省级农村股份合作制经济示范组织11家、累计达到32家。

四、围绕中心服务大局，高标准完成承担的各项任务。紧紧围绕市委、市政府中心工作，统筹做好农业发展、结构调整、乡村治理等各方面工作。

（一）统筹谋划职能得到充分发挥。积极谋划起草了《关于实施乡村振兴战略加快推进农业农村现代化的实施意见》《邯郸市现代都市农业发展三年行动计划》等10余份市委市政府政策文件。同时，起草制发《邯郸市实施乡村战略实绩考核暂行办法》等系列方案、细则和办法，有力推动了农业农村重点工作的落地见效。

（二）农村基层民主建设取得重大突破。强化基层治理，扎实开展“1.20”“7.30”民主议政议廉活动，创新实施“阳光村务”工程，“四议两公开”工作法已覆盖所有建制村。

（三）农业资源区划工作走在全国前列。顺利完成农业资源数据综合平台年度建设任务，农业资源台账制度试点工作在全国农业区划会上介绍经验，全省农业区划工作培训会议在邯郸召开。

（四）其他各项工作成效明显。精心组织首届中国农民丰收节庆祝活动，临漳县、永年区等6个县（区）庆祝活动规模大、有特色、效果好。深入开展扫黑除恶专项斗争，扎实开展“走贫日”“交流日”“恳谈日”活动，此外，信访稳定、安全生产等各项工作均取得较好成绩。

（邯郸市人民政府）

邢 台 市

2018年，邢台市认真贯彻落实中央和省关于农业农村发展的各项决策部署，以实施乡村振兴战略为总抓手，深入推进农业供给侧结构性改革，加快改善农村人居环境，持续深化农业农村重点领域改革，农业农村经济呈现稳中有进、稳中向优的发展态势，深入实施农业供给侧结构性改革三年行动计划，全省“四个一百工程”中我市有 46 个，位居全省第一。全市农林牧渔业总产值 461.21 亿元，比上年增长 4.9%。农村居民人均可支配收入达到 12287 元，增长 11.7%。农业农村部和省农业农村厅对我市工作给予充分肯定，先后在我市举办了 15 次省级以上会议活动。中央电视台两次播放南和小麦绿色高质高效万亩基地丰收景象，人民日报头版报道了南和县小麦“一喷三防”工作。

一、乡村振兴开局良好

按照“五级书记抓乡村振兴”的要求，市县乡三级协调联动，取得阶段性成效，南宫市、威县、宁晋县、广宗县、内丘县、广宗县、内丘县被评为乡村振兴战略实绩考核先进县（全省共 30 个）。一是完善顶层设计。市、县成立了以党委主要领导为组长的乡村振兴工作领导小组，研究制定了《关于实施乡村振兴战略的意见》、《邢台市乡村振兴战略规划（2018-2022）》，明确了部门责任分工，形成了较为完善的机制框架。二是农村人居环境持续改善。完成厕所改造 29.59 万座，生活污水治理 540 个村，清理村庄标语广告、乱涂乱画 137 万平米。完成村街硬化村 3918 个，村庄绿化 32.5 万亩，美化亮化村 3151 个，创建美丽庭院 38.1 万个。全市 20 个县（市、区）实现城乡垃圾处理一体化全覆盖。内丘、南和、宁晋、威县列为 2018 年省级农村人居环境整治全域完成示范县综合试点。南和县在全省爱国卫生运动及农村环境整治电视电话会上作典型发言。全省卫生创建暨农村改厕工作现场交流推进会在我市召开。三是“空心村”治理工作扎实推进。完成异地扶贫搬迁村1个，易地新建村1个，35个空置率在50%以上村庄治理前期准备工作基本完成。

二、农业生产持续稳定

坚持“藏粮于地、藏粮于技”总要求，牢牢把握稳定生产、保障供应的底线职责，强化政策引领和技术指导，在确保主要粮食作物稳定的前提下，积极优化农业结构，提升农业保障能力。一是农业生产稳中向好。全市粮食播种面积1173.7万亩，总产466.5万吨，保持总体稳定。棉花、油料和蔬菜分别达到9.3万吨、13.7万吨和287.3万吨，肉、蛋、奶和水产品分别完成29.5万吨、41.5万吨、21.8万吨和0.56万吨。二是结构调整成效明显。优质强筋小麦达到100万亩，同比增25%。棉花达到121.2万亩，同比减0.2%，油料、蔬菜面积分别达到60.2万亩、76.1万亩，同比分别增长7.9%、1.4%。三是特色产业不断壮大。打造了柏乡牡丹、巨鹿金银花、邢台县酸枣仁、宁晋食用菌、内丘富岗苹果、威县梨、临城核桃7个绿色优质农产品，巨鹿县、邢台县、内丘县入选河北省十大道地药材产业县。

三、农业发展质量稳步提升

围绕质量兴农、绿色兴农，以现代农业园区为平台，以科技为支撑，巩固提升农业基础，加快推进农业“由增产导向向提质导向”转变。平台建设方面，打造了威县梨现代农业园区、宁晋九河现代农业示范园区、临城县凤凰岭现代农业园区、沙河市红石沟休闲生态农场4个精品园区，新增省级农业园区4家，实现了省级农业园区县县全覆盖，全市农业园区总数达到130家，其中，省级园区24家，市级园区46家，县级园区60家。科技支撑方面，持续推进基层农技推广体系建设，建成两个农业科技集成创新示范基地（宁晋、巨鹿）。创新农技推广手段，开通农技推广云平台1788个。建设了小麦、玉米、棉花、中药材、水果、食用菌以及生猪、奶牛、蛋鸡9个产业的综合试验站，试验示范新品种88个、新技术39项。组建了全省首家市级新型职业农民联合会，在有效发挥新型职业农民联合合作、创新发展方面积累了经验，探索了路子。业态创新方面，创建休闲农业星级企业12个，申报全国最美休闲乡村1个。评定省级休闲渔业示范基地1个。发布精品休闲农业旅游线路12条。装备提升方面，创建全国主要农作物生产全程农业机械化示范县1个，黄河流域棉花生产全程机械化采收现场会在南宫召开。小麦秸秆还田率达到99.5%，玉米秸秆还田率达到80%以上。全市农机装备总动力达到878.03万千瓦，主要农作物耕、播、收综合机械化水平超过85%。质量安全方面，11个县（市）开展农产品质量安全示范县创建，创建率达到65%；化肥农药使用量分别下降2.58%和2.03%。农产品抽检合格率98.6%，超年度目标0.6个百分点。有效期内绿色、有机、地理标志农产品达到84个。

四、农业产业化成效突出

紧扣实施乡村振兴战略和推动农业高质量发展要求，搭建支撑平台，落实支持措施，探索创新农业产业化发展模式，积极推动龙头企业转型升级。2018年，全市国家级重点龙头企业5家、省级重点龙头企业64家、市级重点龙头企业410家，农业产业化经营率达到69.1%，位居全省第四。一是品牌建设取得新成效。打造了隆尧县大葱、巨鹿县金银花、兴达饲料3个农业领军品牌，临城核桃和巨鹿金银花等2个品牌入选首届“中国农民丰收节”全国“100个品牌农产品”。全市新增“奥丁”（宠物饲料）“宇腾YUTENG”（清河羊绒）中国驰名商标2件，累计达到13件。二是项目建设实现新突破。打造了今麦郎、玉峰集团、根力多3个创新型农业企业，临城绿岭公司被农业农村部命名为国家级农业产业化重点龙头企业。清河县艾邦尚生态循环农业综合体、开发区邢台润恒现代农副产品物流园等7个项目列为省级农业产业化重点项目。三是产业融合实现新提升。临城县被确定为“创建整体推进农村一二三产业融合发展试点县”、沙河市被确定为全国创建农村一二三产业融合发展先导区。隆尧县被确定为全国农村创业创新典型县。

五、农业农村改革进展顺利

积极顺应新时期推动农业全面升级、农村全面进步、农民全面发展的要求，着力深化农村领域全面改革，不断增强农业农村发展内生动力。一是农村集体产权制度改革成效显著。桥西区国家级改革试点全面完成任务，其它县（市、区）提前完成农村集体资产清查核实。新启动国家级试点1个（平乡）、省级试点4个（桥东、南和、威县、临西）。二是农垦改革有序推进。大曹庄农场、柳行农场完成农场办社会职能改革，农场国有土地使用权确权登记发证率均达90%以上，被省农垦局评为优秀。三是农村土地确权登记颁证基本完成。二次公示无异议面积850.07万亩，占应确权面积的99.7%；完善土地承包合同126.41万份，占应确权农户总数的98.6%；颁发经营权证书117.34万本，发放率96.2%；土地承包仲裁工作进一步规范，调处纠纷118件。

六、非洲猪瘟防控取得阶段性成效

一是加强组织协调。协调市直有关部门，调整充实了市级重大动物疫病防治指挥部成员，并组织制定印发了《非洲猪瘟疫情应急预案》，明确了部门职责，共同做好防控工作。二是强化工作措施。牵总协调指挥部成员单位，按照防控预案做好疫情排查、监测、消毒、宣传培训，开展泔水猪治理，设置53个公路检查站，与山西晋中市建立联防联控机制，有效防范了疫情传播。三是加强指导调度。针对不同阶段防控要求，以指挥部、指挥部办公室、市农业局名义制定并印发指导性文件13个，转发落实省级指导性文件14个，从责任落实、联防联控、疫情排查、封堵、宣传培训等关键措施落实提出明确要求，并定期调度，督促落实，有效防范了非洲猪瘟疫情传入我市，确保了疫情形势稳定。

（邢台市人民政府）

保定市

2018年，全市农业农村部门坚持以习近平新时代中国特色社会主义思想为指导，坚持党对三农工作的绝对领导、坚持稳中求进工作总基调、坚持农业农村优先发展、坚持走高质量发展之路，以实施乡村振兴战略为总抓手，以推进农业供给侧结构性改革为主线，以优化农业产能和增加农民收入为目标，加快发展科技农业、绿色农业、品牌农业和质量农业，加快推进农业由增产导向转向提质导向，加快农业农村现代化步伐，实现新时代保定现代农业的跨越崛起。

农业综合生产能力显著提升。全市粮食作物播种面积1199.3万亩，总产量470万吨。全市蔬菜播种面积105.6万亩，设施蔬菜34.09万亩，推广高端设施蔬菜技术10万亩，蔬菜总产436.2万吨（统计局数据）。全市肉类总产66.26万吨、禽蛋总产28.32万吨、鲜奶产量37.13万吨，保持相对稳定；生猪存栏294.78万头、牛存栏25.2万头、肉羊出栏536.05万只、禽类出栏7115.98万只，由于单产提高，价格部分回升，收益明显提高（农情数据）。

农业产业结构调整得到新优化。实施季节性休耕5万亩、冬小麦节水稳产配套技术80.4万亩、地下水压采4116万立方米。制定出台《关于推进农业供给侧结构性改革大力发展农业特色产业的实施方案》，特优区建设发展迅速，安国中药材进入国家中药材特优区名单，蠡县麻山药、清苑西瓜、满城草莓等进入省级特优区序列，中药材种植面积35.4万亩，增长10%，食用菌2.8万亩，增长8%，成为脱贫县的脱贫主导产业。投入3536万元，整市开展“粮改饲”试点，青贮玉米50万亩、90多万吨，超额完成省定任务指标，带动种植户年均增收8000多万元。荣获全国青贮抽样金奖、银奖和优秀奖各一名。编制畜牧业发展规划，制定奶业振兴三年行动计划，优化畜禽生产品种和布局，打造畜禽养殖产业优势聚集区，新创建5个部级示范场，全市部省级示范场达到120家。全市水产品总产3.4万吨。在白洋淀、王快水库、西大洋水库增殖放流各类苗种6.8亿尾（粒、只），提前超额完成了省定任务指标。创建全国精品休闲渔业示范基地3家，有效改善水生态环境，有力促进渔业可持续发展。

一二三产业融合取得新突破。全市市级以上农业产业化龙头企业301家，其中省级龙头企业60家，国家级龙头企业2家。2018年，确定市级农业产业化重点项目210个、总投资664亿元，省级农业产业化重点项目4个、总投资86.5亿元，打造省级农业领军企业品牌1个、省级创新型农业企业3个，组织创建省级农业产业化联合体15个。全市（不含雄安新区）现代农业园区规划面积248.5万亩，累计建成面积121.9万亩；流转土地68.8万亩。237家工商企业、283家农民专业合作社参与园区建设，投资总额达370.7亿元。创建县级以上现代农业园区183个，市级精品特色园区56个，我市现代农业园区建设规模、数量连续多年在全省保持领先。全市推出16条以春、夏、秋、冬为主题的休闲农业和乡村旅游精品线路，其中4条入选农业部发布的精品景点线路。全市共评选出金牌农家乐311户，涞、涞、易三地占总户数的79%。

农业科技创新迈上新台阶。我市谋划建设30个太行山农业创新驿站，科技贡献率达到80%以上，带动农户近7万户。在全省率先启动实施智慧农业建设，建立保定智慧农业大数据平台，实现农业数据共享、互通、融合。推进“互联网+现代农业”，应用物联网、大数据、互联网等现代信息技术，整合产业优势资源，发展智慧农业，建立草莓、苹果、柿子等一系列产业联盟。建立完善农业技术服务推广体系，主推技术与主导品种入户率达到95%以上，农技推广实现网络化、信息化。推广智慧农机平台应用，“三夏、三秋”期间共投入各类农用机械20多万台（套），全市夏收机收率达到99.8%。

农业绿色可持续发展取得新成效。编制《绿色可持续发展规划》，全面推进可持续发展，我市被评为省级可持续发展创建示范市。易县和阜平县被列入第一批15个省级农业可持续发展实验示范区。全市规模畜禽养殖场共配套建设粪污处理设施1654个，规模化粪污处理设施配建率90%以上，畜禽粪污综合利用率75%以上，提前完成畜禽粪污资源化利用年度任务目标。推广化肥农药减量增效综合技术，制修订施肥指标48套（个），全市测土配方施肥技术推广面积956.7万亩，配方肥、缓控释肥推广134.5万余吨、103万亩。推广生物及高效低毒低残留农药，农药使用量3901.4吨，同比降低4.9%。绿色防控面积393.5万亩，，覆盖率达到30%，比2017年增长2.5个百分点。新改扩建15处秸秆收储中心，全市秸秆收储运能力达到20万吨以上。在博野县全域推广秸秆腐熟还田4.76万亩。新引进以秸秆为主要原料食用菌“赤松茸”获得成功，全市秸秆综合利用率达到98.03%。

品牌农业发展呈现新局面。实施“一县一品一牌”培育计划，全市累计认证“三品一标”农产品279个、无公害绿色生产企业309家。安国祁菊花和祁山药被农业农村部评为地理标志农产品。满城草莓被授予全国名优果品区域公用品牌、安国中药材、阜平大枣、阜平“老乡菇”，涞水“景岳”香菇等被评为省级名优区域公用品牌。参加2018年全国贫困地区农产品产销对接大会、中国（廊坊）农产品交易会等大型产销对接活动，积极宣传推介我市优势特色农业品牌。连续三年成功组织举办京津冀蔬菜食用菌产销对接大会，2018年我市定兴、高碑店、清苑、定兴分别荣获“创意设计奖”、“优秀组织奖”等六项大奖。

农产品质量安全得到新强化。落实监管责任，强化监管措施，农产品质量水平显著提升，全市未发生农产品质量安全事件。涿州、涞水、满城、涞源、唐县、易县被认定为省级农产品质量安全示范县。全市出动监管、执法人员18.8万人次，检查农兽药生产经营单位、各类畜禽、水产品养殖场（户）、屠宰场（点）7.6万余家次，查处问题167起，责令整改113起，受理12316等投诉举报案件23起，行政立案266件，移送公安部门立案处理5起，确保农产品质量安全。全市共完成各类畜禽免疫7305.92万只，应免畜禽免疫率达到100%。

农业农村改革工作释放新动能。全市应确权村数4638个，2018年实际已开展家庭承包地确权的村4583个，占应确权村数98.8%，全市20个有承包地确权登记工作任务县（市、区）全部通过农业农村部汇交数据库初检，颁证率95%以上，超额完成省定确权颁证90%指标任务。全市5187个需要改革的行政村，已全部完成集体资产清查核实任务。全市家庭农场发展到2803家，同比增加865家；合作社14833个，同比增加1422家，国家级示范社35家，省级示范社194家，省级示范家庭农场75家，均超额完成任务目标。

美丽乡村建设呈现新面貌。21个县（市、区）实现了农村生活垃圾治理市场化专业化，4826个村庄实现了城乡一体化处理模式，所有村庄基本达到生活垃圾“日产日清”，1423个村庄已经开展生活垃圾分类。1200个村的生活污水得到处理。全年完成改厕近10万座，超额完成省定目标。全力推进“三区同建”示范项目建设，新获批的15个试点全部完成规划编制，其中5个村庄主体工程已经完工，投资5.8亿元，完成建筑面积40万平方米，其它村庄建设工作正在有序推进中。新建农村公路1069公里，新增绿化96621亩，2832个村实现了公共照明基本覆盖，1973个村完成美化任务。全市有22户家庭荣获河北省最美家庭、12户家庭荣获全国最美家庭、2户庭院荣获河北省2018年“十佳美丽庭院”。李保国、王焕荣等2户家庭荣获全国首届文明家庭。

农业产业扶贫实现新跨越。按照“长短结合、多点支撑、全面覆盖”的目标，采取“六个一”机制，有力促进贫困地区产业发展和贫困群众增收。全市产业项目覆盖67009户，带动贫困人口136655人，贫困地区2个产业覆盖率100%、3个以上产业覆盖率51%。培育股份合作制的种养加扶贫龙头企业175家，发展现代农业园区112家，涉及贫困村535个，直接吸纳2.1万贫困人口就业。深化拓展“太行山道路”，建成太行山农业创新驿站30个、实验推广基地8.6万亩，辐射带动7万农户增收。我市三个案例入选全省十大产业扶贫典型案例。2018年我市产业扶贫工作荣获河北省脱贫攻坚奖先进集体。

（保定市人民政府）

张家口市

全市农业战线立足“两区”建设，突出改革主题，全力求创新、求突破，“三农”工作保持了健康稳定的发展势头。

一、结构调整取得新进展

围绕地下水超采综合治理，逐步调减蔬菜、马铃薯等作物种植面积，大力发展张杂谷、鲜食玉米、杂粮杂豆等特色产业，不断扩大食用菌、中药材、藜麦等作物种植规模，种植业结构得到进一步优化。全年共播种各类农作物1005.61万亩，粮食作物、经济作物、饲草作物分别达到723.25万亩、242.49万亩、39.86万亩，粮食产量182.34万吨，达到了历史最高水平。围绕建设冬奥农产品供应基地，实施了“五个一批”工程，在推广48项绿色有机农产品生产地方标准基础上，新制订市级农业地方标准27项。创建冬奥农产品供应基地，推进产业布局调整和产品结构的优化，全市“三品一标”动态认证面积达到199.4万亩。

二、特色产业实现新发展

草牧业发展取得突破，聘请中国农科院编制完成了《张家口坝上国家草原公园和国家牧场建设规划（2018—2035年）》初稿，制定了2018年试点推进方案，对目标任务进行了细化分解，市政府命名草原公园和示范牧场试点13个，总面积达到43.12万亩。全市主要畜产品肉、蛋、奶产量分别达到38.2万吨、15.52万吨、112.3万吨，主要畜禽牛、羊、猪、禽分别发展到85.41万头、532万只、455.7万头和4690.9万只，其中奶牛存栏28.1万头。特优区创建不断深化，在去年5个产业列入全省特优区创建范围基础上，今年张北马铃薯、康保肉牛、阳原鹦哥绿豆等9个产业申报了全省优势特色主导产业发展项目，打造了察北、万全和崇礼3个省级精品现代农业园区，启动了坝下县区11个农业公园试点建设。

三、农业产业化实现新提升

大力推进农业产业化龙头企业提质扩模带行业行动，引导企业推进原料生产基地、农产品加工、冷链物流、品牌打造等方面建设，整合省、市农业产业化资金1180万元对带贫效果明显的龙头企业进行贴息扶持，争取省级资金200万元支持马铃薯产业领军企业开展创新性企业争创活动，雪川农业、弘基农业获评河北省创新型农业企业。河北泥河湾农业公司获评河北省第三届“二十大”农产品企业品牌，“泥河湾”注册商标获评驰名商标。年内，全市国家级、省级、市级龙头企业分别达到3家、72家、264家；市级龙头企业资产总额达到285.7亿元，固定资产达到135.3亿元，销售收入达到230.2亿元；全市挂牌农业企业达到21家，其中新三板挂牌3家。

四、脱贫攻坚取得新成效

紧盯进入好或较好行列的目标，坚持目标导向和问题导向，把问题整改贯穿始终，以整改促提升，起底十八大以来发现的3165条问题线索，已于6月底前全部办结。对国考省考反馈问题138条、举一反三问题5C9条，进行了全面对照整改，整改率达到100%。紧盯产业扶贫、生态扶贫、水利扶贫和社会兜底保障扶贫，紧紧围绕产业扶贫“1234”工程（“1”即围绕产业就业全覆盖这一目标；“2”即依托产业扶贫“235”示范工程和农业产业化龙头企业提质扩模带行业行动两大载体；“3”即遵循深入精准、分类指导、绿色永续三条原则；“4”即培强一批传统产业、培优一批特色产业、培育一批新兴产业、做实一批生态产业“四个一批”任务），聚焦重点、攻克难点、培树亮点，精心实施了组织推动、内源驱动、龙头牵动、项目带动、示范促动、三产互动、就业撬动、开放联动“八动战略”，培树了万全“四优先”、怀安“三带”、蔚县“爱心扶贫盈利返哺”、赤城“三股三分红”、张北“五环收益”、阳原“三合作”共富、尚义“三加”旅游扶贫等10多个典型模式，重点打造了209个特色产业扶贫样板村，培育了304家产业扶贫示范合作社和71家扶贫示范龙头企业；年内吸纳2.22万有劳动能力的贫困人口参与生态建设，选聘2.95万名生态护林员和1.01万名河湖巡查员。扎实推进“双基”提升行动，完成794个村农村饮水安全工程。推动农村低保与脱贫标准有效衔接，坚持应保尽保，全市享受低保政策的建档立卡贫困人口增加到21.08万人、占全市贫困人口的比率达到33.28%。推进社会扶贫，组织3次“冬奥情•张家口行”村企帮扶对接活动，签订133个帮扶意向书。年内，17.8万贫困人口实现高质量脱贫，994个贫困村出列，4个贫困县区达到摘帽条件，全市扶贫脱贫工作取得阶段性成效。蔚县“六金”扶贫和尚义美丽乡村建设被评为全国2018民生示范工程；蔚县爱心小米发起人—益海嘉里集团董事长郭孔丰被国家扶贫开发领导小组授予2018全国脱贫攻坚奖奉献奖；我市“建立‘四方协作’机制，探索可再生能源扶贫新路”被列入国务院大督查典型经验做法，在全国推广。

五、生态建设得到新增强

造林绿化实现突破。围绕600万亩造林三年任务一年完成的目标，举全市之力，高位启动、密集调度，观摩拉练、强势推动，在造林规模、各项投入、联结扶贫和建设成效等各方面都实现了前所未有的突破，极大地凝聚了绿水青山就是金山银山的共识，掀起了“肩扛、马驮、人人参与”的建设热潮，激发了绿了青山白了头的造林壮志。全年共投入人力700多万人次，动用各类机械近29万台次，铺设输水管道2500多公里，新修施工防火道路2600多公里，栽植各类苗木3.6亿株，完成造林601.02万亩，是前两年完成总量的1.3倍，全市林木绿化面积从改革开放前的430万亩增加到2759万亩，林木绿化率从8.6%提高到了50%。水环境质量不断改善。坚持把水环境改善作为建设“两区”的有力抓手，实施地下水超采综合治理工程、大型灌区续建配套和节水改造工程共16.1万亩，压采地下水810万立方米；全面落实河湖长制，完成河湖清理任务，累计清理垃圾81.9万立方米，清理违建95处，取缔非法采砂点56处。持续开展水土保持综合治理，完成水土流失治理面积215平方公里。冬奥保障得到提升。全力保障冬奥水资源，有序推进密云水库上游、官厅水库上游水土保持综合治理。完成冀西北飞机增雨雪业务平台建设，完成地面人工增雪作业能力建设，建成29个赛区赛事核心区气象观测站、12个交通气象站，完成70个区域自动气象站建设项目设备安装。

六、农村改革呈现新亮点

农村土地确权，全市有确权任务的18个县区基本完成“二次公示”，完善土地承包合同75.57万份，建立土地承包经营权登记簿875.57万份，占应确权总数96.97%；发放确权证书73.86万份，18个县区全部通过省级验收，并向农业农村部汇交了数据成果。建立了市县乡村四级流转平台，全市土地流转面积达到395万亩，占承包耕地总面积38.4%，其中50亩以上规模经营面积达到283万亩，占全部流转面积71.6%。农村集体产权，怀来获批国家级整县推进试点县，怀安、沽源获批省级整县推进试点县，全市4174个行政村全部完成了资产清查工作。农垦改革，察北、沽源牧场办社会职能改革已完成，康保牧场改革基本完成，三个牧场登记发证面积分别达到25.26万亩、31.24万亩、17.4万亩，发证率分别达到95.75%、91.69%、99.7%，“两个三年”任务基本完成。

七、科技创新取得新突破

新建国家级科研平台1个、省级2个、市级3个，国家发展改革委批准市农科院建立“马铃薯高效育种及质量检测技术国家地方联合工程研究中心”，省科技厅“河北省燕麦技术创新中心”和“河北省马铃薯种质创新与品种改良重点实验室”平台项目已经公示。组织申报各级各类项目48项，较上年增长33%；评价验收科研成果10项，1项达到国际领先水平，申报成果奖励5项。设计构建世界首个谷子SNP检测芯片，实现了张杂谷集中连片亩产千斤。选育出大粒黍子不育材料，大田杂交制种实验取得成功。启动农业农村部“国家马铃薯良种重大科研联合攻关”项目，马恢担任首席专家；5个马铃薯品种取得国家植物新品种保护证书，“冀张薯12号”走出国门在俄罗斯联邦推广，科技成果转化迈出了坚实步伐。

八、农村面貌有了新变化

大力实施农村人居环境提升工程，全市共清除各类积存垃圾393万立方米，设置村庄垃圾收集点77604个，全市4174个行政村生活垃圾得到有效治理。把农村厕所革命作为农村人居环境改善的重要一环，全年新建改建厕所139914座。全面加强污水管控，铺设污水管网50.5万米，建设污水处理设施199处，593个村庄生活污水得到有效管控。完成主街道通村组道路、入户道路硬化1439万平方米，安装、维修路灯 53392盏。整治私涂乱画68.7万平方米，完成环村林、村内、庭院绿化7.08万亩。积极推进中心村建设，建设省级中心村示范点6个，实施深度贫困县村庄面貌改造提升项目391个，为全市农村人居环境整治提供了示范样板。

（张家口市人民政府）

承 德 市

2018年，承德市农业农村工作以实施乡村振兴战略为总抓手，紧紧围绕“产业兴旺、生态宜居、乡村文明、治理有效、生活富裕”总要求，全面部署、统筹安排，各项工作取得明显成效。2018年，全市162个投资千万元以上农业产业化项目开工建设，完成投资85亿元。农村综合改革持续深化，成绩显著；实施人居环境整治重点村673个，投入资金21.41亿元；全市确定果、菜、菌、牧、家庭手工等9大特色扶贫产业，推进百万亩经济林、百万吨食用菌等“五个百万基地”建设，实现扶贫产业全覆盖。城乡居民人均可支配收入分别达到29557元和10804元，增长9.3%和11.6%。

一、调整种养结构，持续夯实产业基础。深入实施农业供给侧结构性改革三年行动计划，持续壮大质量农业、科技农业、绿色农业、品牌农业、功能农业和美丽农业。种植业结构调整以“三线三片”为重点，实施“一减六增双提升”工程，调减籽粒玉米种植面积39万亩，新增蔬菜4.7万亩，新增食用菌占地1.1万亩，新增中药材9.0亩，多种经营种植面积占比达到25.3%。养殖业以“百万头优质肉牛”“百万只优质肉羊”等为重点，肉、蛋、奶产量大幅增长。林果业持续扩大板栗、苹果、山楂、仁用杏、沙棘等八大产业基地规模，积极发展适合矮化密植、效益高、抗逆性好的名优特新品种，完成经济林栽植28.1万亩，新批建7个省级观光采摘果园，精品示范园130处。稳步发展功能农业，全力推进全国首个“功能农业扶贫综合示范区”建设，打造富硒蔬菜、马铃薯、食用菌、苹果等7个“单品冠军”示范区，新增富硒农作物种植面积5万亩，新制定省级标准1项、企业标准1项，河北绿天生物科技有限公司功能肥料生产已投产。扎实推进美丽农业，按照“一路六区”规划布局，促进休闲农业和乡村旅游提档升级，在第三届省旅发大会和180公里“国家一号风景大道”沿线，打造7万余亩花海和15处节点景观，谋划精品农业休闲旅游线路17条，承德县苇子峪村入围 “河北省休闲农业与乡村旅游精品品牌”，围场御道口村成功获评中国美丽休闲乡村，滦平县依托热河黄芩道地中药材产业，建设特优区，大力推进中药材经济沟建设，形成集绿化美化、荒山治理、精准扶贫、康养旅游于一体的现代农业新景观，打造“中药+旅游+康养”的发展模式成为全省经济沟发展的样板。

二、大力扶持企业发展，农业产业化水平快速提升。深入实施扶龙行动，起草《承德市支持农业30家领军龙头企业和30家创新成长型企业的实施意见》，4家国家级、56家省级龙头企业全部通过监测，新申报省级龙头企业30家，新培育市级龙头企业109家；创建省级联合体达到19个，认定市级联合体33个。推进现代农业园区创建，实施“引企入园、上档升级”工程，新增入园企业70家，新认定5家市级现代农业园区，累计达到53个，支持平泉积极开展国家现代农业产业园创建，3家产业园被省农业厅确定为重点现代农业产业园。加快农业产业化项目建设，全市162个投资千万元以上农业产业化项目开工建设，完成投资85亿元。扩大农业对内对外开放，深化京津冀区域协同发展，举办京承、津承农业产业扶贫协作发展会议等各类招商活动5次，签订招商合作项目80多个，合同利用外资200多亿元，已投入资金30多亿元，组织参加各类农产品展览展示活动20余次，达成销售意向超过15亿元；加强与“一带一路”沿线国家和地区农业合作，与斯里兰卡达成黄瓜、马铃薯等农产品直销合作协议。不断壮大品牌农业，实施区域、企业、产品“三位一体”品牌战略，积极培育区域公用品牌，组织10家企业和围场马铃薯等8个区域品牌参加全省品牌农产品创新创意设计大赛，认定市级二十佳农产品区域公用品牌和知名农产品区域公用品牌10个，绿色食品认证发展续展企业11家，有效用标产品99个，新申报企业5家、产品8个；“瀑河源”获批中国驰名商标，新增地理标志证明商标4个。

三、优化生态环境，全面建设美丽宜居乡村。大力开展农村人居环境整治，以垃圾处理、污水治理、厕所改造、村容村貌提升为重点，打好实施乡村振兴战略第一仗，“两治一改、五化一规”十个专项行动共完成投资12.3亿元，清理农村积存垃圾310万立方，新建乡镇垃圾转运站54个，建设焚烧发电、资源化利用、热解炉等终端处理设施的村256个；完成各类无害化卫生厕所改造94203座，515个村庄完成无害化卫生厕所改造，开展农村专业化废弃物集中处理或粪污资源化利用的村庄247个，铺设生活污水集中处理各类管网38.6万余米，建设污水处理设施50处，纳入改厕黑水处理系统18797户，完成通村组道路、村内街道硬化463万平米，环村林、村内街道隙地庭院绿化共2.6亩，新安装或更换各类路灯4.68万盏，美丽庭院达到50%以上的村701个。推进美丽乡村建设，今年建设生态宜居美丽乡村350个，市级美丽乡村精品片区16个，打造提升特色小镇22个。平泉市全域推进中心村建设，椁罗树新型社区“三区同建”的模式得到省委省政府领导的充分肯定。成功承办河北省第三届省旅发大会，沿“国家一号风景大道”围场、丰宁、御道口共投入资金11.77亿元对沿线27个乡镇111个村庄进行改造提升，发展乡村旅游新业态，实现以点促面、促农增收、长效美丽。加大“空心村”治理力度，全市空置率在50%以上的行政村8个、自然村247个，有6个行政村和247个自然村纳入易地扶贫搬迁计划，空置率50%以上的2个重点村制定出台易地新建实施方案，395个就地整治村有89个村完成整治利用设计方案。

四、健全体制机制，推进农业农村改革创新。深化农村综合改革，以激活主体、激活要素、激活市场为目标，向改革要红利、要活力、要效益。农村承包地确权登记颁证工作基本完成，现已发放证书65.1万份，占应发总量74.1万户，的87.8%，年底前基本完成承包经营权证发放和整理归档工作。农村土地承包经营权流转稳步推进，新增流转面积17万亩，累计达到150.4万亩，占家庭承包经营土地面积的36.2%。规范提升农民合作社，全市登记注册合作社12896家，成员15.2万人，国家级示范社23家，新认定省级示范社24家，总数达到139家，平泉市被评为全省2018年农民合作社高质量发展示范县，兴隆县你我他山楂专业合作社被评为全省“十佳”农民合作社。家庭农场达到1173家，评定市级示范农场50家，通过省级示范农场认定21家。农村集体产权制度改革稳步开展，2008个村完成农村集体资产清查，占全市任务总数的81.33%，平泉国家级试点整县域完成清产核资工作，确认农村集体经济组织成员40.8万人，240个村完成股权设置，省级试点隆化县285个村、滦平县209个行政村完成资产清产核资工作。全市农村股份合作制经济组织达到3210家，评选认定市级示范组织100家，申报省级示范组织10家。水价水权改革累计发放水权证42万套。供销社综合改革出台《关于推进生产、供销、信用“三位一体”综合合作的指导意见》，新增供销系统土地托管面积7.5万亩，新建金融超市5家。农村产权流转交易市场体系建设新规范乡镇服务站30家，发布农村产权信息2000余条，规范流转交易合同260份。农垦国有土地确权登记发证工作进展顺利，已确权登记发证165.7万亩，占实际测量总面积的89.8%，农垦办社会职能改革工作有序推进，御道口牧场承担的社会职能已全部实现分离，孤石牧场、红松洼、卡伦后沟、鱼儿山牧场改革有序推进中。全市32个国有林场改革已通过省级验收。平泉市启动行政村公交全覆盖改革试点，财政投入1亿多元实现所有行政村通公交车，彻底解决了农民出行难、出行贵的问题，在全省交通系统推广。

五、决战脱贫攻坚，多渠道增加农民收入。坚持“八措并举”打好脱贫攻坚组合拳，多渠道促进农民增收，年内实现14.28万贫困群众稳定脱贫，平泉市实现高质量脱贫出列，滦平县、兴隆县、承德县完成市级初审，达到退出标准。一批扶贫模式在全国全省推广，“政银企户保”金融扶贫模式被列为全国产业扶贫十大创新机制典型，“兴春和一地生四金”资产收益扶贫模式被列为财政部典型扶贫案例在全国推广，“万户阳光”产业扶贫模式入选“大国攻坚•决胜2020”精准扶贫优秀案例，全省脱贫攻坚基层基础工作规范提升现场会和全省产业扶贫工作现场会先后在承德召开。实施产业就业扶贫，统筹用好各项扶持政策，切实解决贫困群众增收难问题，全市确定果、菜、菌、牧、家庭手工等9大特色扶贫产业，推进百万亩经济林、百万吨食用菌等“五个百万基地”建设，实现扶贫产业全覆盖。规划建设覆盖776个贫困村的村级光伏扶贫电站，已建成131个，每村年增收10万元；建成集中式光伏电站18个、56万千瓦，带动2万贫困群众增收；发展户用分布式光伏扶贫项目8008户，户均年增收3000元。制定出台就业技能培训、创业带动就业、开发扶贫专岗等9项措施和免费培训、求职补贴等11项补贴政策，推行“1+3+4”扶贫培训模式，今年贫困劳动力已就业5.7万人，就业率78%。突出科技扶贫，深入落实国家“百千万”工程，为每个贫困县（市）组建一个科技扶贫专家服务团，选派科技特派员110名，培训技术骨干5600余人，普训农民4万余人次。突出生态扶贫，坚持林上要果、林中要游、林下兼作、造林护林增收，实现“立体式经营”，一林生四财。全市发展经济林983.5万亩，农民人均经济林收入达到3360元，9755人通过护林实现脱贫。

六、加强环境治理，推进生态建设。抓好畜禽粪污治理，加快粪污处理设施配套建设，全市畜禽粪污资源化综合利用率达到70%以上。山水林田湖草生态修复试点工作高点起步，选取围场、丰宁、滦平3县作为示范区，率先突破，探索资金管理、项目管理、绩效考评、台账建立、资金筹措等“1+5”试点工作管理体系，点项目整体开工率达到98%。全面落实河长制，创新开展提升水环境质量“1+9”专项行动，水生态环境治理取得实效，国家水生态文明创建试点25项考核指标全部达到或超过试点建设要求，顺利通过国家评估。大力实施京津风沙源治理、国家水土保持重点治理四大类工程，全市新增和改善灌溉面积12万亩，新增节水灌溉面积11.2亩，治理水土流失570平方公里。大力开展国土绿化三年行动，重点实施四大造林绿化工程，完成造林绿化66.3万亩，完成义务植树730.7万株，加强森林资源管理，将自然保护区全部，森林公园、公益林、天然林大部分划入生态保护红线，划定面积2492.9亩，占全市国土面积的42.1。建立多元生态补偿机制，统筹天然林、公益林和其他林地管护资金，落实建档立卡贫困人口护林员9555人；潮河流域生态补偿机制协议正式签订，期限三年。推进草原生态建设和管护，完成草地综合治理和修复30万亩，草原鼠害防治任务163万亩、虫害防治181万亩，草原综合植被盖度达到82.4%。

七、强化品质保障，确保产品优质安全。加快发展质量农业，实施“农业质量提升年”，深入开展农产品质量风险评估、隐患排查和专项整治行动，加大农产品质量追溯平台应用和农产品质量合格证应用力度，将2312个农产品监管对象纳入追溯平台管理，逐一建档立卡。全力做好非洲猪瘟等疫病防控工作，有力镇守住了全省疫情防控“北大门”。全市农业标准化生产覆盖率达到60.45%，平泉和双滦成功创建“国家级农产品质量安全县”。推进农业节水节肥节药，全市完成旱作节水技术推广面积340万亩、累计节水1.7亿立方米，化肥亩均使用量降低2.5%-3%。加速推进科技农业，积极做好国家农高区创建工作，建立和完善院士工作站运营长效机制，依托李玉、李天来、李德发、赵其国、黄璐琦等院士工作站，提升科技研发能力，加强农业科技小巨人企业培育，15个企业通过省科技厅备案，全市农业科技小巨人企业达到57家。全市60名农业技术专家加入“省优势特色产业产品全产业链技术支撑体系”，围绕蔬菜、中药材、马铃薯、食用菌、肉牛等优势产业，打造12个综合试验推广站，推广新技术27项、优新品种123个，全市主要农作物良种覆盖率稳定在98%以上。

（承德市人民政府）

沧州市

2018年是全面贯彻党的十九大精神的开局之年，市委、市政府坚决贯彻落实中央和省各项决策部署，深入实施乡村振兴战略，全市农村经济呈现出良好态势。农村居民人均可支配收入13516元，增长9.3%。

一、农业生产发展质量得到新提升。粮食、蔬菜、肉类、禽蛋、奶类、渔类等主要农产品产量再获丰收。全年粮食播种面积1324.3万亩，总产量434.46万吨。其中，夏收粮食199.23万吨，秋收粮食235.23万吨。粮食亩产324.9公斤。棉花播种面积25.82万亩，总产量1.86万吨，；油料播种面积17.16万亩，总产量3.69万吨，；蔬菜及食用菌播种面积71.38万亩，总产量320.82万吨，。全年园林水果产量92.9万吨，增长1.55%。全年农林牧渔业总产值完成569.4亿元，同比增长4.05%

二、农业结构调整不断深化。深入推进农业供给侧结性改革，成立农业供给侧结构性改革专班，编制出台了《沧州市农业供给侧结构性改革三年行动计划推进方案》、《沧州市特色优势农产品区域布局规划（2018-2020年）》等一系列文件。选择粮食类、油料类、蔬菜瓜果类、水果类、干果类、畜禽类、水产类等7大类13个具有资源禀赋、品质优良、特色鲜明的农产品，重点打造。顺利推进粮食生产功能区和重要农产品生产保护区划定工作。实施了“南棉北菜东草西特”工程、畜牧业提质增效、增殖放流等一系列工程，共创建省级以上标准化示范场59个。2018年我市成功创建省级特色农产品优势区4个，青县羊角脆、黄骅冬枣、泊头鲜梨、黄骅三疣梭子蟹成功获得第一批河北省特色农产品优势区认定。5个县列入全省畜牧业大县，生猪、肉鸭、肉鸡列入省级特色主导产业。青县、献县被省政府认定为河北省农业特色产业发展先进县。

三、大力推进农业产业化经营。今年以来认真落实省农业产业化工作会议精神，市政府出台了我市《关于做大做强农业产业化龙头企业的实施意见》，围绕小麦、蔬菜、干鲜果品。肉类蛋品、奶类、水产等产业，深化农业供给侧结构性改革这一中心目标，大力实施“龙头提升”工程。每年市本级拿出1000万元农业产业化创新资金。2018年448家市级重点龙头企业可实现年销售收入209.6亿元，实现利润 13.9亿元，出口创汇1.9亿美元，其中58家省级重点龙头企业实现销售收入114.2亿元，实现利润7.8亿元，出口创汇1.4亿美元。全市农业产业化经营率达到66.6%。大力推进农业招商。先后举办了百家大型农业企业走进沧州暨沧州市农业项目招商推进会，召开了两次全市农业项目观摩会，转变了以往就农业抓农业的惯性思维，极大地提高了全市农业项目招商推介的积极性，推动了工商资金进入农业。全市共引进农业项目138个，总投资达到了450亿元。2018年肃宁县被河北省政府认定为河北省农业产业化工作先进县，河北乐寿鸭业有限责任公司（乐寿牌鸭坯、鸭饲料）、泊头东方果品有限公司（梨）被认定为河北省第三届“二十大”农产品企业品牌，泊头鸭梨、青县羊角脆被认定为区域公用品牌。

四、积极引导农村一二三产业融合发展。以现代园区建设为载体，大力发展高端设施农业、农产品加工业和休闲观光旅游业。市财政拿出补助资金3000万元，用于支持和引导现代农业园区建设。 积极开展“一县一园、一乡一园”创建，全市165个农业乡镇中，124个乡镇已经创建了现代农业园区，园区总数达到149个，规划面积达万亩以上的园区65个，5万亩以上的园区达到10个。2018年认定市级现代农业园区15个，总数达到83个。其中省级园区16个。国家级农业科技园区1个，省级农业科技园区13个，省级以上“星创天地”33个，其中国家级3个。积极引导发展农业产业化联合体。2018年省级农业产业化联合体达到9家，培育市级20家。全市已评定星级休闲农业、省级以上美丽休闲乡村及田园景观31家（处），推荐精品休闲游线路12条。2018年11月，我市献县被农业农村部确定为全国第一批农村一二三产业融合发展先导区。南河头获得农业农村部产业强镇创建。

五、绿色生态农业成效显著。以绿色、生态、可持续为目标，大力发展绿色农业。实施畜禽粪污资源化利用、地下水超采综合治理、秸秆综合利用、地膜回收利用等四大工程制定了《关于加快推进畜牧业转型升级绿色发展的实施意见》；全市畜禽规模养殖场粪污处理设施装备配套率达到89.6%，畜禽养粪污综合利用率达到73.85%。2018年，全市畜禽规模养殖场粪污处理设施装备配套率和畜禽粪污综合利用率均达到考核目标任务以上。地下水超采综合治理持续推进，推广季节性休耕制度试点面积40.37万亩，冬小麦节水面积70.9万亩，旱作雨养种植试点1.2万亩。全市秸秆综合利用率保持在95%以上。重点推广了主要农作物绿色防控、有机肥替代化肥、测土配方施肥等技术和项目，农药、化肥使用量分别降低2%和2.5%。建成废旧地膜加工点两处，地膜回收点9个，核心区域地膜回收利用率在70%以上；节水农业加快发展。南水北调引水1.96亿立方米，农业引水1.66亿立方米；地下水超采综合治理持续推进，推广季节性休耕制度试点面积40.37万亩，冬小麦节水面积70.9万亩，旱作雨养种植试点1.2万亩。全市已完成造林50.96万亩，其中，大运河绿化完成造林26.8万亩、中心城区高速公路围合区完成造林9.5万亩。建立了全面的河湖长制制度、考核、清理、技术体系。市委、市政府出台了《实行河长制湖长制主要任务责任分工方案》及河（湖）长巡查、督察督办、问题清单、部门联动制度等制度，先后开展督查工作4次，半年考核工作1次，暗访工作2次，下发市级河长签署的督办通知40件，解决涉河问题共计160余个，开展清除垃圾、清理违障、清洁水质“三清”行动，共排查出河道垃圾76.05万㎥。

六、农村改革实现新突破。印发《2018年全市农村承包地确权登记颁证“回头看”工作方案》，加强培训指导、政策扶持，培树不同工作进展阶段的先进典型，引导全市确权颁证工作有效进行。全市完善土地承包合同比例和建立土地承包经营权登记簿比例均已超过99%；已颁发经营权证118.5万本，占全市应确权农户数的94.8%，综合排名全省第一。制定《关于完善农村土地所有权承包权经营权分置办法的实施意见》和《关于加快培育新型农业经营主体促进农业规模经营发展的实施意见》；通过成立县（市）级土地流转服务中心、乡（镇）土地流转服务站和村土地流转服务点，建立健全县、乡、村土地流转服务体系。出台了《沧州市推进农村土地承包经营权流转工作以奖代补奖励办法》，市财政每年拿出3000万用于奖励土地流转，土地流转总面积达462.3万亩，流转率达到45.3%，多种形式适度规模经营新格局初步形成，土地流转率在全省处于先进行列。制定《沧州市农村集体产权制度改革方案》和《沧州市农村集体经济组织清产核资工作方案》，集体产权资产清查核实工作实现全覆盖，全市5659个村完成农村集体资产清查核实阶段目标；市级和14个县（市）农村产权交易中心全部建成并与省农村产权交易中心平台签约对接，初步形成了上下贯通上下贯通、全面覆盖的农村产权流转交易服务体系。农垦改革完成确权登记发证面积90.6万亩，超额完成省下任务。在全省各垦区位居第一。继续深化水价改革，完成超用加价、一提一补等模式的农业水价改革面积5.7万亩，累计完成300万亩，建立农民用水户协会1790个。

七、脱贫攻坚工作取得了显著成绩，高质量超额完成了减贫任务。市委市政府始终把脱贫攻坚作为最大的政治任务、头等大事和首要的民生工程，精准发力，合力攻坚，认真贯彻落实总书记重要指示精神，实行党政主要领导“双组长制”，四级书记一齐抓，坚持产业就业主攻方向。在继续推进“种养加”、乡村旅游、光伏扶贫、电商扶贫产业的基础上，积极培育家庭作坊、微工厂，大力发展小五金、渔网、渔具、轧花等家庭手工业，全市产业扶贫全覆盖率。坚持兜底保障托住底线。围绕“两不愁、三保障”，按照精准施策、靶向治疗的要求，建立了以市委市政府为主导、市直各职能部门专项负责的“1+N”扶贫政策体系，全力抓好健康扶贫、教育扶贫、残疾扶贫、养老扶贫、住房扶贫和兜底保障六大重点任务，确保不漏一户、不落一人。我市“3+2健康扶贫模式”得到国务院大督查组充分肯定，南皮县充分发挥定点帮扶单位中残联的资源优势，设立残疾人免费职业技能培训基地6家，先后获得“全国残疾人社区康复示范县”“全国白内障无障碍县”等荣誉称号。2018年，把121个贫困村纳入省重点美丽乡村建设范围，占比超过20%。贫困发生率降至0.37%，全市674个贫困村实现全部脱贫出列，7个贫困县在全省率先整体脱贫摘帽得到了省委、省政府主要领导的肯定性批示。

（沧州市人民政府）

廊坊市

2018年，廊坊市委、市政府紧紧围绕学习贯彻习近平新时代中国特色社会主义思想和党的十九大精神，深入贯彻落实中央和省、市各项决策部署，以都市现代农业为基本定位，以实施乡村振兴战略为总抓手，深入推进农业供给侧结构性改革，大力发展科技农业、绿色农业、品牌农业和质量农业，加快农业生产转型升级，农民收入持续较快增长，农村社会事业全面改善。

一、农业生产保持稳定

粮食生产有效供给。制定印发《廊坊市粮食生产功能区划定工作方案》，科学合理划定粮食生产功能区，全市划定粮食生产功能区面积368万亩，其中小麦90万亩、玉米278万亩。2018年，全市粮食播面435.18万亩，总产147.42万吨。

蔬菜产业持续发展。充分发挥环首都蔬菜产业优势，重点培育10个优势瓜菜产品万亩以上规模大产区，全市瓜菜播种面积139.4万亩，总产量560.2万吨，总产值157.4亿元。

畜牧养殖转型升级。优化畜禽养殖布局，转变生产方式，延长畜牧业产业链条，促进一二三产业融合发展，提高畜牧业供给体系质量和效益。2018年，全市猪存栏61.68万头，牛12.2万头（其中奶牛3.73万头），羊75.64万头，禽1408.08万只，猪出栏149.00万头，牛出栏18.2万头，羊出栏154.01万头，禽出栏2058.7万只。肉、蛋、奶产量分别为19.66万吨、12.46万吨、12.13万吨，水产品产量2.24万吨。

特色产业全面发展。食用菌生产在品种多元化、种植规模化、生产标准化等方面发展成效显著，生产总面积2048.5亩，总产量7572.4吨；中药材种植面积6371.25亩，总产1361.35吨；饲草种植面积6万亩，青贮15万吨。河北香菊菊王茶和菊芋花茶在第三届京津冀中药材产业发展大会上获优秀奖，廊坊获得优秀组织奖。

二、农业供给侧结构性改革持续深化

不断健全政策体系。制定印发《廊坊市农业供给侧结构性改革三年行动计划的实施意见》，配套出台《廊坊市农业供给侧结构性改革三年行动计划推进方案》、《关于加快推进农业绿色发展的实施意见》、《关于开展省级特色农产品优势区创建工作的意见》、《廊坊市特优农产品提质增效实施方案》《廊坊市特色优势农产品区域布局规划（2018-2020年）》，持续调整农业产业结构，推广特色品种，优化畜禽结构，因地制宜做强做大休闲农业，促进一二三产业融合发展。

持续推进园区升级。以1个国家级现代农业示范区，12个省级现代农业园区、43个市级现代农业园区和54个县级现代农业园区为重点，推动农产品加工业、新型农业经营主体向园区整合聚集。永清县海泽田现代农业园区、霸州市鑫地美现代农业园区、三河市李旗庄现代农业园区顺利通过省级核查，廊坊远村现代农业园区和固安现代农业园区申报为“河北省现代农业精品园区”。

积极发展休闲农业。围绕“重点节假日”，结合工作重点和季节特点，遴选了5条“春赏花”、4条“夏纳凉”、3条“秋采摘”、3条“冬农趣”精品景点线路， 5家企业申报国家级休闲农业与乡村旅游星级企业，21家企业申报省级休闲农业星级，10家休闲农业园被认定为廊坊市休闲农业示范点，对18家休闲农业示范点、3家省级以上休闲渔业示范基地予资金奖补扶持，促进休闲农业示范的上档升级。

逐步扩大农业合作。成功举办第二十二届中国（廊坊）农产品交易会。展会期间，来自北京、天津、山东、江苏、浙江、广东、新疆、西藏等21个省（市、自治区）的领导和客商，来自俄罗斯、法国、意大利、罗马尼亚、韩国、土耳其等20多个国家的驻华使节和商务代表参会参展，参展企业达到2000多家，到会参展贵宾、客商及参观群众达10万余人次，项目合同金额331.18亿元。人民日报、中央电台、中央电视台、新浪网等30多家媒体对农交会进行了宣传报道，极大地提升了农交会的知名度和美誉度。

三、农业现代化建设不断加快

大力实施“互联网+”现代农业。围绕农业主导产业，积极探索“互联网+”现代农业多模式服务，通过多种模式多种渠道搭建服务平台。一是“互联网+”智慧农场。建立2个示范点，运用配套物联网技术，实现农业资源利用、农业生态环境监测、农业生产经营管理和农产品质量安全监管等功能，帮助企业建立标准化的生产体系和质量安全追溯体系。二是“互联网+”现代农业园区。13个现代农业园区制作了“四季田景”宣传片系统，可让广大网民通过电脑、手机等方式全面详细了解园区厂区、生产和管理等情况，实现园区的宣传推介。三是拓展农业电子商务建设。积极探索“基地+城市社区”鲜活农产品直配、“放心农资进农家”等农业电子商务新模式，在全市选取3家公司作为项目试点企业，进行了“基地+城市社区”“会员宅配”等鲜活农产品直配模式的探索。

着力提升农业产业化经营水平。2018年，全市农业产业化经营销售收入达到430亿元，重点项目投入完成60.04亿元，农业产业化经营率达到67.1%。一是育强龙，围绕四大加工业，突出抓好汇福、康达等企业建设，打造行业领军企业。同时做好5家国家级龙头企业监测工作和省级龙头的检测申报工作。二是强科技，加快与京津冀乃至全国大专院校科研院所合作，引进建设一批现代农产品深加工项目，全面提升科技水平。2018年，汇福粮油、福成五丰两家企业成功列入“河北省农业供给侧结构性改革创新型企业培育计划”。三是优结构，把满足不同层次市场需求作为推进农产品加工业供给侧改革的风向标，分析细化市场，针对不同需求，分层次、差异化发展。

全面推动标准化生产。以健全标准体系、加快按标生产和推进标准认证为重点，全面推动农业标准化。坚持以农产品质量为先导，大力实施品牌强农战略，建立健全农产品质量安全保障体系，着力全市农产品质量安全水平。全市农业标准化生产覆盖率达到57%。加强“三品一标”认证，坚持绿色、有机、无公害准入。全市共认证无公害农产品92个、绿色食品214个、有机农产品6个，地理标志农产品2个。

四、农村人居环境持续改善

根据《河北省农村人居环境整治三年行动实施方案（2018—2020年）》安排，全力推进村容村貌提升、农村生活垃圾治理、农村厕所改造、农村生活污水治理等重点工作，努力改善农村人居环境，构建美丽宜居乡村。一是全域推进垃圾治理。结合春季爱国卫生运动，广泛开展农村垃圾集中清理行动，共清理积存垃圾1280万立方。推进农村垃圾治理长效机制建设，通过建立试点、推广运用，全市实现垃圾治理PPP模式的村街3048个，专业保洁队伍1.5万人，建成垃圾转运站255座，拥有大中型收运车1328辆、小型清理车9239辆，基本实现了农村垃圾治理PPP模式全覆盖。全市已建成主城区焚烧发电厂和霸州市垃圾焚烧发电厂2个。二是厕所革命成效显著。结合全市实际，大力推广三格式、双瓮式卫生厕所。全市共改造厕所7.46万座，超额完成年初确定目标任务。在抓好户厕改造的同时，选择有一定旅游资源的重点村，根据村庄规模每村建设1—2座公厕，完善村街公共服务设施建设。三是污水治理有序推进。结合廊坊河流少水的实际情况，推进污水处理项目三个“必须有”，即沿河道村庄必须有、中心村必须有、精品示范村必须有。考虑农村污水产生量的差别，采取集中和分散相结合的方式。由环保部门牵头对距离市区、县城和乡镇近郊的村庄，生活污水就近纳入城市、县城和乡镇污水收集管网集中统一处理；对于较为分散的村庄，采用生物膜、MBR等集中式小型污水处理设施对生活污水进行统一处理。对农户冲厕污水推广双瓮或三格式沉淀处理装置。2018年，全市农村共铺设污水管网22.8万米，建设污水处理设施1313处。四是村容村貌明显改善。坚持典型示范与全域推进相结合，统筹抓好以村庄道路硬化、绿化、亮化、美化为主要内容的村容村貌整治工程，选树基础条件较好的村庄建设美丽乡村精品村。精品村在保障基础设施项目一步到位的基础上，推进墙体改造、污水治理等提升项目，挖掘村庄文化内涵，培育特色产业，开发旅游元素，建设拥有自我造血能力、可持续发展的样板工程。2018年，全市铺设通村组道路、入户道路481万平方米；安装更换路灯2.59万个；新增环村林、村内、庭院绿化4.68万亩。

五、农业农村改革全面深化

加快推进农村承包地确权登记颁证工作。制定印发《廊坊市2018年全市农村承包地确权登记颁证“回头看”工作方案》，对全市10个县（市、区）确权登记颁证工作开展专项督察，加快推进确权登记颁证工作进度。2018年，全市完善家庭承包合同614617份，占应确权农户的100.03%；建立登记簿614638份，占应确权农户的100.03%；已完成县级数据库录入的村2787个，占应确权村数的99.96%。各县（市、区）均已通过省级验收。全市已发放经营权证书587967本，占应确权农户的95.69%。

有序推动土地经营权流转。加快土地流转，推进多种形式适度规模经营，做好土地流转的管理和服务工作。2018年，全市农村土地经营权流转面积101.81万亩，占家庭承包经营耕地面积的21.86%。50亩以上规模经营的面积60.93万亩，占土地流转总面积的59.84%。全市已签订土地流转合同106630份，流转合同涉及的土地面积69.35万亩。

努力培育新型农业经营主体。制定印发《关于加快构建政策体系培育新型农业经营主体的实施意见》，开展部省市三级示范社和省市县三级示范农场创建与监测活动，加强规范化建设。2018年，全市注册农民合作社达到6358家，国家示范社9家，省级示范社50家，市级示范社99家；全市认定家庭农场1255家，其中省级示范家庭农场43家、市级示范农场96家。

（廊坊市人民政府）

衡 水 市

2018年，全市上下认真贯彻中央、省、市农村工作会议精神，按照乡村振兴战略的总要求和中央1号文件精神，坚持以农业供给侧结构性改革为主线，加快转变农业发展方式，统筹推进农业农村各项重点工作。全市农业产业结构进一步优化，特色产区布局水平进一步提升，农村人居环境得到了大幅改善，质量农业、科技农业、绿色农业、品牌农业蓬勃发展。第一产业增加值200.5亿元，较上年增长4%；农村居民人均可支配收入12493元，增长11.6%。

一是农业主导特色产业健康发展。紧紧围绕京津绿色农产品基地的功能定位，在稳定粮食生产能力的基础上，大力推进农业供给侧结构性改革。2018年全市粮食播种面积1066.3万亩，总产414万吨，继续保持高产稳产，完成粮食总产稳定在70亿斤以上的目标任务。畜牧业平稳发展。全市肉、蛋、奶产量分别完成49万吨、41.2万吨、25.7万吨；奶牛、蛋鸡存栏达到7.1万头、3067万只；生猪、肉牛、肉羊、肉禽出栏分别达到390.8万头、21万头、187.7

万只、4600万只；销往京津市场生猪41.1万头、牛奶产品2200吨。蔬菜产业提质增效，瓜菜播种面积150万亩，其中设施瓜菜81万亩；果树种植面积稳定在51.7万亩，总产99万吨。农产品质量水平全面提高，蔬菜抽检合格率99.4%，畜产品合格率100%；全市新申报“三品一标”认证农产品50个，其中无公害认证产品18个，绿色认证产品32个。

二是现代农业体系不断健全。龙头企业稳定发展，项目建设进展顺利，招商引资和银企对接再掀高潮，品牌建设成效显著，一二三产业融合发展深入推进。全市建设成市级以上农业产业化龙头企业414家，省级龙头企业65家，国家级重点龙头企业3家。注册农民合作社总量达到了14448家，其中农机服务合作社达到了1090家。省级示范农业产业化联合体13家；河北省农产品区域公用品牌3个，河北省农产品企业品牌2家；全国一村一品示范村（镇）10个。截至目前，全市共谋划实施投资千万元以上农业产业化项目102个，其中河北省农业产业化重点项目12个，全部项目规划总投资477亿元，84个产品通过“三品一标”认证。全市经工商管理部门注册家庭农场7600家，已评审认定市级示范家庭农场100家。现代农业园区总量达到了80个，其中省级精品园区17个。饶阳县国家现代农业园区创建工作扎实推进，安平县生猪现代农业产业园已纳入国家现代农业产业园创建管理体系（全省两个）。在新型经营主体带动下，全市土地流转面积达353.88万亩，占家庭承包总面积的45.14%，2018年全市农业产业化经营率达到69.4%，居全省第三位，规模化经营水平进一步提高。

三是农村改革扎实推进。4422个村开展了承包土地确权登记，占应确权总村数的97.5%；完善合同77.3万份，占应确权农户总数的97.2%；数据库录入4325个村，占应确权村数的95.3%；各县市区全部通过了市级核查和省级验收。年底全部完成数据库向农业农村部汇交，土地承包经营权证发放率达到90%以上。截至2018年底，全市5007个应开展集体资产清产核资的村组全部完成集体资产清查核实任务，其中有经营性资产的村组402个、没有经营性资产的村组4605个。核实资产总额102.07亿元，其中核实经营性资产18.62亿元。2943个村完成集体经济组织成员界定，330个无经营性资产的村经成员大会决议成立了经济合作社，70个有经营性资产的村完成股权量化，155个村选举建立了成员(股东)代表大会、理事会、监事会，18个村集体经济组织完成赋码登记颁证。

四是农村人居环境整治工作全面推进。2018年，衡水市以垃圾处理、污水治理、厕所改造、村容村貌提升为重点，深入开展农村人居环境整治行动。全市清理历史积存垃圾118.3万立方米；配备垃圾收集箱（桶）63807个，非露天垃圾收集池3651个，垃圾运转车辆3484辆，配建垃圾运转站62座；改造农村厕所46317座；新建生活污水集中处理管网36.55万米，集中处理设施21处，10164户纳入改厕黑水处理系统，198个村庄生活污水得到有效管控。全市共硬化通村道路、入户道路292万平方米，新增完成通村组道路、入户道路硬化任务村704个；新增环村林、村内、庭院绿化面积3.3万亩；新安、更换、维修路灯21219盏；清理标语广告、私涂乱画256.8万平方米，784个村完成美化任务，1753个村完成地名标志设置。

五是农业可持续发展能力进一步增强。在地下水超采综合治理方面，以地下水超采综合治理试点为契机，“节引调蓄管”综合发力，加强农田水利基础设施和水源调控能力建设，五年来共新开渠道762公里，新建水闸12865座、涵洞1594处、泵站48座、扬水点1629处。2018年衡水市承担季节性休耕70.88万亩，涉及11个县市区；旱作雨养种植试点7万亩；小麦节水品种及稳产配套技术17万亩，绿肥种植试点4000亩，全市农业节水总量达到了1.5亿方，全面完成了压采任务。在农作物秸秆和畜禽养殖废弃物综合利用方面，市委、市政府把农作物秸秆综合利用作为践行“绿水青山就是金山银山”理念、促进农业高质量绿色发展、建设美丽衡水的重要举措，围绕燃料化、肥料化、饲料化、基料化和原料化，强化顶层设计推动，坚持项目带动、社会参与和机制创新，2018年全市主要农作物秸秆可收集量498.65万吨，其中，小麦秸秆174.05万吨、玉米秸秆289.49万吨、棉花秸秆25.78万吨、其它作物秸秆9.22万吨。秸秆利用总量482.06万吨，综合利用率达到96.67%，基本实现了农作物秸秆综合利用市域全覆盖，并培育了气、电、热、肥一体化的新产业。

六是脱贫攻坚取得决定性进展。坚持以脱贫攻坚统揽经济社会发展全局，举全市之力实施“扶贫脱贫攻坚年”，坚持精准扶贫、精准脱贫基本方略，瞄准建档立卡贫困村和贫困人口，严格按照“两不愁、三保障”要求，因村因户因人施策，把脱贫质量放在首位，着力激发贫困人口内生动力，夯实贫困人口稳定脱贫基础，确保脱贫攻坚成果经得起历史和实践检验。2018年，我市计划完成1.8万贫困人口脱贫，实际全市完成脱贫13589户、25001人，超额完成贫困人口年度减贫目标；计划80个贫困村出列，实际共完成152个贫困村脱贫出列，比原计划多完成72个村。2017年退出的武邑、饶阳、阜城、枣强四个贫困县，在2018年7月份国家第三方评估中武邑、饶阳、阜城三个国定贫困县漏评率和错退率都为零，群众认可度均达到95%以上。2018年计划退出的武强和故城两个贫困县经考核验收评估均达到“好”的等次。截至2018年底，全市共有1001个贫困村，已脱贫退出912个；全市剩余贫困户10747户、21054人，贫困发生率下降到0.61%，脱贫攻坚工作取得决定性进展。

（衡水市人民政府）

Ⅳ 经验选载

深化农村集体产权制度改革 夯实乡村振兴发展基础

2018年，按照全省统一部署，石家庄市抢抓“整市试点”机遇，在全省率先推进农村集体产权制度改革，着力构建“归属清晰、权能完整、流转顺畅、保护严格”的产权制度。23个县（市、区）4153个行政村已全部启动改革，其中清产核资工作已全面完成，清理账面资产总额673.4亿元；经营性资产股份合作制改革完成村达到2337个，占全市行政村总数的60%，整体改革工作被督导评价为全省“优秀”。

一、坚持党委政府主导，积极稳妥推进改革。一是加强组织领导。市委、市政府成立了由党政主要领导共同任组长的农村集体产权制度改革工作领导小组，领导小组办公室设在市农业农村局。各县（市、区）、乡（镇）、村也都建立了领导机构，形成了“市级统筹指导、县级直接领导、乡（镇）组织实施、村级具体操作、部门协调服务”的工作机制。二是精心细致谋划。在每个乡（镇）抓了5个不同类型的试点村，并将行唐县、井陉矿区作为整县（区）试点，打造先行先试示范点和示范区，引领全市改革深入推进。三是督导激励保障。建立了市、县、乡、村改革情况反馈和问题汇集机制，对各县（市、区）改革进度每月一调度、一通报，达不到进度要求的，约谈主要领导；市财政先后安排1亿元专项资金，对改革完成村给予奖补。

二、破解“三个难题”，全力攻克重点难点。一是破解改革路径难题。提出“三好”、“五定”、“四有”、“三能”的改革路径和方向。“三好”即“改得好、用得好、管得好”。通过定资产、定成员、定股份、定章程、定“三会”，确保“改得好”；改革后集体经济组织要确保有地位、有制度、有功能、有运行，实现“用得好”；让集体经济能发展、农民收入能增加、股份权利能实现，实现“管得好”。二是破解改革操作难题。制作《改革操作程序及说明》，对改革的三个阶段、17个重点步骤逐一进行操作说明，附带42个参考文本，解决基层落实上“不知如何下手”的难题。整理提出《农村集体产权交易管理办法》等38个配套性政策文件，为农产改革和集体经济发展提供了有力制度保障。三是破解改革不规范难题。制定《改革项目管理办法》，实行改革完成村层层申报、层层验收把关。村级改革必须做到“五不、五确保”，即不经村级相关会议研究不过关，确保改革程序规范；公示公开不到位不过关，确保群众的知情权；清产核资、成员认定、股权配置不实不过关，确保改革真实全面；工作过程不留记录和影像资料不过关，确保改革全程留痕可回溯；群众反映问题未解决的不过关，确保农村稳定。

三、突出“三个抓手”，发展壮大集体经济。一是抓机制创新。推进2337个改革村成立股份经济合作社并注册登记为对外经营的市场主体；建立股东（代表）大会、董事会、监事会治理结构，承担管理集体资产、发展集体经济的职能；重点选配40岁以下、素质高、懂经营的村两委干部4716人，其中包括582名村支书、董事长，建立集体经济发展的强大中枢神经。二是抓政策扶持。印发《发展壮大村级集体经济的实施方案》，指导各村制定发展壮大集体经济三年规划，实施以建实体、上项目为主要内容的深化村级财富积累机制建设，市财政安排1000万元、撬动社会资金近7亿元实施村级财富积累项目，把发展集体经济的氛围营造起来。三是抓精准施策。摸清空白、薄弱、一般、富裕、经济强等村底数；突出贫困村经营性收入达到2万元以上这个核心，开展脱贫出列贫困村集体收入达标专项行动；总结推广资产经营、资源开发、资本运作、服务创收和管理增收等典型经验。2018年村集体经营性收入比去年增长了2%，仅贫困县就消灭了集体收入2万元以下村243个，全市村集体资产股权分红达到4.5亿元。

四、做实“两个载体”，不断激发改革活力。一是做实业务指导载体。编印农产改革100问宣传手册，组织召开各层级政策和业务培训会402期，培训各级干部28018人次，做到每个乡、村都有农产改革的“明白人”。同时，在改革的三个重要环节，制定《清产核资实施方案》《成员身份界定指导意见》和《股权配置参考文本》，严把清产核资、成员身份确认和股权配置三个关口，确保改革取得实效。二是做实产权交易载体。建立市、县两级农村产权交易中心，明确农村集体资产股权流转的办法和操作流程，使农村集体资产股权得以规范有序流动，优化农村集体资产资源配置，保障农民的集体财产权益。

（中共石家庄市委　石家庄市人民政府）

做大加工产业　打响特色品牌

玉田是传统的农业大县，北部有10万亩果树带，中部有60多万亩平原良田，农业资源丰富。近年来，县委、县政府紧紧抓住北京非首都功能疏解、企业外迁的有利时机，大力发展以中华老字号为特色的农产品深加工产业，农业产业化取得长足进展。全县市级以上龙头企业达到32家，其中国家级1家、省级3家；农产品加工规模以上企业24家，加工产值达到38亿元。我县先后被评定为国家现代农业示范区、全国农村改革试验区、国家农业科技园区和全国首家“中华老字号生产加工集聚地和文化旅游观光基地”。

一、科学定位，突出特色。我县是冀东优质粮菜果产区，如何实现农产品转化增值、加快强县富民步伐，一直是县委、县政府认真思考的重大课题。一方面，玉田县毗邻京津，发展农产品深加工产业有巨大的市场需求；另一方面，随着非首都功能疏解的推进，北京大量食品加工企业需要外迁，玉田交通便利，农产品资源丰富，完全可以成为北京企业外迁发展的首选地。为此，全县上下迅速形成共识，把发展以中华老字号为特色的农产品深加工产业作为县域“三大特色产业”之一，全力培育打造。为吸引更多的优质农产品深加工项目特别是中华老字号项目落户玉田，我县主动与中华老字号工作委员会建立了长期稳定的合作关系，承办了2017年首届中华老字号发展大会，并申报成为中华老字号大会永久承办地。同时，积极参加中华老字号工作委员会在各地举办的活动，广泛宣传玉田，精准推介项目，不断扩大我县在老字号企业中的知名度和影响力。近年来，先后引进了北京王致和、红螺食品等中华老字号企业投资项目11个，特别是300年制药不离京的北京同仁堂集团，连续在我县投资建设了5个项目，形成了从中药材种植、加工到研发、物流的完整产业链条。

二、规划引领，高点突破。围绕做大农产品深加工产业，我县坚持高起点站位，聘请农业部规划设计院，以“一园、四区、四基地”为主要内容，编制了国家现代农业示范区发展规划，形成一个占地1万亩的农产品加工园，生猪、奶牛、禽类、甲鱼四大养殖区，蔬菜、林果、粮食、花卉四个万亩种植基地，并以农产品加工园为依托，建设核心区、示范区和辐射区，带动全县乃至周边县区农业产业的快速发展。为做强园区，聘请北京东方华脉规划设计院，对农产品加工园区规划进行再修编，明确了以老字号项目为重点，大力发展农产品精深加工、中医药、保健品以及农业仓储物流等产业的功能定位，形成了体现玉田特色的农业产业化发展规划体系，对促进农产品深加工产业快速发展起到了积极引领作用。

三、打造平台，集聚产业。为集聚发展农产品深加工产业，我县启动实施了规划占地1万亩的农产品加工园区建设，已累计投资5.3亿元，完成路网、管网和污水处理等基础设施建设，实现了“九通一平”，园区的承载力、集聚力和影响力不断增强。目前，园区入驻项目总数达到42个，总投资达到62.8亿元，这些项目全部投产达效后，年可实现产值130亿元、税收6亿元，安排就业1万人，通过拉动粮食、林果、中药材等产业发展将助农增收3亿元。随着北京产业转移加速推进，农产品加工园区建设将进一步提速，我们计划用5年时间，再引进亿元以上农产品深加工项目50个，其中中华老字号项目20个，将其打造成为华北地区最大、最具影响力的中华老字号产业基地。

四、优化服务，提供保障。在项目服务上，根据投资规模、品牌效益、带动能力等实际情况，坚持“一事一议”，给予政策、资金等方面的扶持。同时，建立重点项目快速推进机制，落实领导分包、部门领办、专人代办等制度，及时协调解决项目推进过程中遇到的各种问题。在金融服务上，县财政出资5000万元成立了兴玉担保公司，农民专业合作社信用合作试点建设扎实开展，有效破解了融资难题。在科技服务上，依托大北农等农业龙头企业，建设了“省级院士工作站”“千人计划”专家工作站等科技服务平台，为农产品加工业发展提供了科技支撑。

（中共玉田县委　玉田县人民政府）

全域推进农村人居环境治理 加快建设生态宜居美丽新区

肥乡区是2018年度全省农村人居环境整治全域完成示范县，同时被列为全国农村人居环境整治综合试点县。近年来，区党委政府新一届领导班子始终把农村人居环境整治、美丽乡村建设作为实施乡村振兴战略的第一场硬仗，坚持一年当作两年用、一届当作两届干，全区农村人居环境整治工作实现重大突破，群众生产生活条件和村容村貌显著改善。农业农村部先后5次到我区调研总结典型做法及经验，省领导对我区做法给予肯定性批示。

一、实施三大行动，全面提升乡村"颜值"。一是城乡环境全域整治行动。针对农村长期以来建设管理不到位，村庄环境卫生堪忧的突出问题，区委、区政府直面矛盾、主动作为，专题研究部署城乡环境全域整治工作，党政一把手直接推动、区委常委靠前指挥，所有县级干部全部战斗在一线，区直单位和乡村干部全员上阵，从309国道、定魏线等最困难的区域破题，向乡村和村内层层拓展、高效推进，一大批违章建筑、散乱污企业、残垣断壁被依法依规拆除，乡村容貌焕然一新。二是农村基础设施建设攻坚行动。将2018年定为农村基础设施建设攻坚年，整合各类资金近6亿元，统筹推进农村路、电、水、讯、气等五大类工程建设，牵头县级领导先后召开调度会、协调会、现场办公会60多次，常常徒步几公里带着乡镇和职能部门现场办公，沿途协调解决问题，93个村供水管网、125个村"煤改气"高效实施，583公里农村路网顺利建成通车，被评为"四好农村路"省级示范区。三是全域旅游"无中生有"行动。结合农村人居环境整治，聘请国内一流设计团队高质量编制"一轴三带"发展规划，高标准、大体量、景观化推进通道绿化、河渠绿化、基地绿化、村庄绿化和庭院绿化，全力推进东刘家寨等精品村创建3A、4A级景区，建成肥义公园、邯郸郊野公园、凤湖湿地等一大批景观公园，打造了一大批乡村旅游目的地，推动全域旅游"无中生有"，实现了华丽蝶变。

二、聚焦三个重点，全面提升宜居品质。一是聚焦垃圾处理抓规范。区财政投资2000万元，并创新实行每户每月适当收费制度，公开招标确定环卫公司负责运营，为每户配备1个垃圾桶，100户选聘1名保洁员，500户配备一辆清运车，每个乡镇建设1座垃圾压缩转运站，全区实现了所有村庄垃圾转运集中处理全覆盖和环卫保洁公司化、垃圾处理城乡一体化。二是聚焦"厕所革命"抓普及。制定《全区农村厕所改造专项实施方案》，逐级明确目标任务、工作标准、完成时限和工作措施，并坚持示范辐射带动、分批有序推进，严把招标监理、技术指导、竣工验收，严格实行日通报、周调度制度，坚决确保高质高效完成任务。2018年共改厕17700座，无害化厕所普及率达到了93%。三是聚焦污水治理抓管控。先后整合各类资金6750余万元，因地制宜探索多种污水处理模式，将10个城中村就近全部纳入城区污水管网，在7个具备条件的村统一建设污水处理管网，在6个基础较好的村实施分散式污水处理，其余村采取"排水沟槽+三格式+坑塘简易处理"模式，农村污水实现全域有效管控。

三、健全四项机制，全面提升整治实效。一是三级联动机制。成立由区委书记任组长的领导小组，区、乡、村三级联动，面上由联系乡镇的常委牵头分包，跟踪调度督导，指导工作开展；线上分项目逐一明确一名县级领导分包、一个区直部门牵总、一套班子推进落实，并将农村人居环境整治任务全部量化分解到各乡村，形成点线面紧密结合、纵横到边到底的责任体系。二是联查销号机制。由县级领导带队，区直部门、各乡镇和人大代表、政协委员、媒体记者参加，定期分组逐村开展全方位大联查或暗访，发现问题现场交办，全部建立台账，限期整改销号。同时，不定期开展专项联查，近日连续7天对全区1100多个坑塘进行了检查。三是评比倒逼机制。印发《肥乡区农村人居环境整治工作考核办法》，每月观摩、评比、打分、排队，考核结果与乡镇奖补资金、"两委"干部绩效工资挂钩，倒逼尽职履责。其中，乡镇倒排第一或村庄倒排后十位1次，全区通报并在电视台公开做检查，连续两次进行诫勉谈话，连续三次进行组织处理；考核排位前50位的村庄，特别是对基础较差、变化较大的先进典型，予以大力度宣传，充分激发了干事创业热情。四是多元监督机制。区委农工委具体负责监管9个乡镇和保洁公司，同时让群众充分发挥监督权力，并从乡村选聘部分老党员、老干部作为驻村监督员，确保保洁公司服务高质量。

（中共肥乡区委　肥乡区人民政府）

以做强奶业为突破口
调优结构助力乡村产业振兴

威县是传统农业县，曾长期一棉独大，110万亩耕地常年种植棉花90万亩。近年来，我们持续调粮棉、促转型，打造了“三带三园”全县域现代农业布局（沿西沙河优质林果带、沿106国道设施蔬菜带、沿金沙河“南鸡北牛”畜禽养殖带，4.5万亩君乐宝乳业园区、现代农业园区、宏博肉食加工园区），成为全省唯一一个拥有3个“国字头（国家现代农业示范区、国家农业科技园区、国家现代农业综合开发示范园区）”农业园区的县份。特别是在建设奶业强县上实现了跨越崛起，完成投资20亿元，建成3个万头牧场及年产16万吨乳饮料深加工项目，全省农业产业化暨奶业振兴现场会到我县观摩。实践中我们体会到，抓好奶业振兴，理念要超前、规划要先行、工作要落实。

一、探索“三个机制”，精准高效服务，打造“威县速度”。2013年12月，与君乐宝集团第一个万头牧场成功签约。以此为基础，探索“三个机制”，创优发展环境。一是统一土地流转价格机制，切实保护农民利益，全县按照每年每亩800斤小麦的市场价，短短15天就完成4000亩土地流转清表，项目实现当年开工、当年投产，生动诠释了“威县速度”。二是帮办代办机制，组建全省首个行政审批局，所有手续全部实行代办，即将开工建设的四牧，成为首批“项目投资承诺备案制试点”。三是管理服务机制，成立主管副县长任主任，有关乡镇和部门为成员的管委会，创新“六位一体运行机制（园区一体管理、项目一体招商、土地一体流转、资源一体整合、智力一体引进、产业一体发展）”，破解跨区域管理等“四难问题（跨区域管理难、涉农力量整合难、项目摆放规范难、发展质量保证难）”。累计流转土地7万亩、迁坟400多座，未发生一起上访。

二、创新“三种模式”，降低企业成本，带动群众增收。一是资产收益模式，核心是“国企融资建厂、企业租赁经营、扶贫资金入股、贫困群众分红、集体经济受益”，县农投公司整合涉农资金，投资11亿元建成第三牧场和乳品深加工项目，带动4567名贫困群众每年分红298.26万元，133个村集体增收558.6万元。二是合营托管模式，贫困户以小额扶贫贷款投资2万元，君乐宝投资5000元，实行代购托养、利润分成。已托管奶牛300头，惠及253个建档立卡贫困户，每户每年分红1600元。三是分工协作模式，引进黑龙江艾禾农业科技公司，流转土地5万亩专业饲草种植；坚持“龙头企业+专业合作社+农户”，发展订单种植2万亩。县内投资1.2亿元的中宝奶牛与君乐宝实现强强联手、战略合作，投资建设5000万元新强奶农项目，为君乐宝提供优质奶源。除带动贫困户外，还使6000余户2.1万群众从土地上解放出来，从事二三产业，年人均增收5000元。

三、优化“四大支撑”，强化政策扶持，助推扩规提质。一是资金上，财政补贴3000万元，争取“粮改饲”等上级专项1.6亿元，支持项目建设。二是设施上，县财政投资7000万元，100平方公里建成区实现水电路讯“四通一平”。三是人才上，对企业引进的本科以上高校毕业生每月给予1000元住房补贴，并在家庭成员就医、子女就学、配偶就业给予照顾，吸引60名本科以上毕业生落户；推选一牧负责人魏福国为邢台市人大代表，政治上给荣誉。四是营销上，发挥教育部定点帮扶优势，强力推进“农校对接”，产品被列入学生营养餐计划，在教育部直属高校食堂开设示范窗口。

四、坚持“两个优良”，发展循环农业，实现生态振兴。实现奶业振兴，产业要优良，生态也要优良。争取资金3700万元，建成年产550万立方米的生物燃气项目，形成奶牛饲养、沼气发电、沼液还田、饲草种植生态循环链，第一牧场成为“国家农业综合开发区域生态循环农业示范基地”、全国五大生态循环项目。利用节水压采试点资金2700万元，建成“自走式”“指针式”喷灌系统，覆盖全部饲草基地，每亩每年节水80立方，成为全国智慧节水示范点。

下一步，我们以高标准创建“威县君乐宝乡村振兴示范区”为契机，以打造全国知名乳业小镇为目标，到2020年规划建成5个万头奶牛牧场、15万亩标准化饲草基地、2个乳品深加工厂、5个配套加工基地和3个旅游观光区。全部建成后，实现年产值60亿元，年税收2亿元，提供就业岗位3800人，努力打造奶业强县，助力全省奶业振兴。

（中共威县县委　威县人民政府）

全力推动农业高质量发展
加快开启乡村振兴新征程

我们始终牢记习近平总书记关于农业农村现代化是实施乡村振兴战略的总目标的重要指示精神，以实施乡村振兴战略为总抓手，以推进农业农村现代化为主线，大力发展科技农业、绿色农业、质量农业、品牌农业，取得了积极效果，农业产业化提供农民人均纯收入占比达72.8%，有力加快了奔小康进程。

一、创新路经，绿色循环全产业链推进。按照总书记“加快建设京津冀水源涵养功能区，同步解决贫困问题”的重要指示，将发展高质量农业作为突破口，因地制宜发展以食用菌为主，以设施菜、经果林为辅的“一主两辅”产业，取得了良好的经济效益、生态效益和社会效益。坚持绿色高效发展。全域调整大田作物，推进绿色高效种植，建成3个省级现代农业园区、1个省级农业可持续发展示范区，打造香菇小镇、黄瓜小镇、富硒小镇等现代农业特色小镇，培育了亚欧果仁、呈祥蔬菜等7个有机品牌，农药化肥使用实现负增长，质和量得到同步提升，被评为全国特色农产品优势区。坚持链条式发展。按照“一二三产”融合发展的思路，打造了食用菌、设施菜、山杏等集高端种植、精深加工、市场流通、品牌打造、科技研发、文化创意于一体的全产业链条，食用菌产业链产值达到78亿元，综合实力位居全国县级第一。全市省级以上龙头企业达到20家，数量和规模居全省县级第一。坚持循环式发展。按照“吃干榨净”的理念，打造了食用菌、玉米、山杏、林板四条成熟的农业循环产业链条，探索了“菌炭电热肥联产”等循环发展模式，以山杏、活性炭、食用菌、有机肥为主的跨行业循环经济链成为全国“样板工程”，荣获国家林业和草原局梁希林业科学技术一等奖，用实际行动践行了绿色生态农业理念。

二、破解制约，科技品牌市场三轮驱动。牢牢抓住推动农业高质量发展的关键制约，全力攻坚、合力破解，推动平泉农业高端化、高质化、高效化发展。一是科技创新增动力。建成3家省级产业研究院、4家院士工作站、2家国家级星创天地，研发推广了“蛹虫草功能饮料”“香菇滴丸”“负氧离子释放液”“香菇周年化栽培集成模式”等多项全国领先的农业科技项目，全国食用菌产业体系首席专家张金霞，中国工程院院士陈温福、李天来等带队定期指导，科技对农业产业发展的贡献率达到58%。二是培育品牌扩影响。主打区域、企业和产品三类品牌，通过文化传播、举办盛会、品牌申报等方式，培育了“平泉蘑菇”“平泉黄瓜”等区域品牌，山庄、亚欧等4家企业品牌被评为中国驰名商标，“森源生力饮”“乐野杏仁露”等产品品牌深受京津和省内外地区欢迎。三是开拓市场拓销路。坚持专业市场和“互联网+”同步实施，投资建设了中国北方最大的食用菌交易市场、最大的黄瓜交易市场、“买世界、卖世界”全国最大的杏仁交易市场等一批专业市场，开通了“易菇网”“美菜网”等专业销售网站，食用菌、黄瓜等特色产品远销“一带一路”沿线16个国家和全国60余个大中城市，成为全国食用菌价格形成中心、全国冬茬黄瓜价格形成中心。

三、强化支撑，政府主导引领质量提升。加强顶层设计，积极为农业高质量发展创造良好条件。一是规划引领。坚持以中心村建设推动农业农村高质量发展、引领乡村振兴。制定出台《中心村建设的实施意见》《现代农业产业发展规划》等系列文件，实施新型社区、产业园区、生态功能区“三区同建”，以人口聚集促进现代农业、配套设施、公共服务聚集，让农村居民享受到与城市相同的生产生活条件。二是政策支撑。持续用力、久久为功，三十年如一日，每年出台相关政策，拿出真金白银，大力扶持特色农业。“十三五”以来，支持力度逐步加大，支持方向及时调整，市本级每年投入资金达到8000万元，重点支持技术研发、精深加工等环节，助推平泉农业迈进现代化。三是强力推进。将发展高质量农业作为“一把手”工程，三级书记亲自抓，每年对各乡镇和有关部门下任务、搞观摩、严考核，促进政策和项目落地。经过历届党委、政府的持续推进，目前平泉市已经形成了完整的生产加工体系、科技服务体系、金融保障体系、市场培育体系，为平泉市实现农业高质量发展提供有力支撑。

（中共平泉市委　平泉市人民政府）

夯实基础拓展路径
全力推进现代特色农业发展

永清地处京津雄腹地，毗邻北京新机场，面积776平方公里，辖386个行政村，耕地61.4万亩。近年来，我们坚持“务农、为农、兴农”宗旨，持续推进特色农业大发展、快发展，现代农业建设取得了显著成效，先后被国家绿化委员会评为“全国绿化模范县、全国绿色小康县”，被农业部评为“全国无公害农产品生产示范基地县、全国畜牧大县、国家级现代农业示范区”。主要做了五个方面的工作：

一是做实政策。历年来，县委、县政府始终高度重视现代特色农业发展，在制定政策和安排资金项目上予以重点支持。加强顶层设计，健全完善了“1+9+10”政策体系，“1”就是制定了统揽全局的乡村振兴战略实施意见，“9”就是制定出台了土地三权分置、集体产权制度改革、农业园区建设等9方面农村改革配套政策，“10”就是制定了农业绿色发展、农村股份制经济、种养循环发展、农业基础设施建设等10个实施文件；加大资金项目支持，投入1.26亿元改善农业基础设施，大力实施中低产田改造，累计改造高标准农田29万亩，为现代农业发展提供了有力支撑；推动政策落地，目前全县农村土地确权和集体资产清产核资工作全部完成，建立了农村产权交易中心，全县流转土地20余万亩。积极培育新型市场经营主体，累计发展农民合作社1130家，家庭农场90家。

二是做大园区。县委、县政府把现代农业园区建设作为推进特色农业发展的有效载体，作为资本聚集区、技术引领区、科技示范区集中力量重点打造。目前，以国家级现代农业园区为平台，以远村、新苑阳光、恒都美业3家省级现代农业园区为引领，以海泽田、盛世福地等11家市级园区为示范，以旭源、金阁、科沃等13个县级农业园区为基础，引领特色农业发展格局初具规模。远村农业园区规划3.5万亩，总投资30亿元，已建成核心区1.3万亩，形成了生猪、香菊、花卉、苋草、蔬菜和乡村旅游六大核心产业板块，年生产总值6.4亿元；新苑阳光园区规划3万亩，总投资50亿元，建成核心区5000亩，依托云计算、物联网和大数据，大力发展水肥一体化智能栽培、网络营销等高科技智慧农业；恒都美业园区规划8万亩，投资11亿元，建成核心区9000亩，农业部规划设计研究院国家设施农业工程技术研究示范中心、农业设施结构工程重点实验室等先后落户。

三是做优特色。围绕打造永清现代农业本土特色，拓规模、优环境、出特色，形成了华北地区最大、以胡萝卜运销为主的冷链物流集散地，年交易量达60万吨，销售额9亿元，除满足国内市场外，产品还远销越南、马来西亚等国家，年出口量达5万吨。同时，坚持以销带产，全县胡萝卜标准化种植面积稳定在6.7万亩，年产26.8万吨，产值4.8亿元，“永清胡萝卜”已成为河北省区域公共品牌。支持企业引进育苗新技术，大力发展育苗产业，目前已成为河北省最大的集约化蔬菜育苗输出基地，现有高标准育苗温室、大棚26.5万平方米，年产商品苗3.3亿株，产品辐射山东、山西、内蒙等地区。永清设施蔬菜种植达到38万亩，年产160万吨。果树23.4万亩，年产优质果品24万吨。年出栏生猪47万头，已成为国家级生猪调出大县。

四是做强品牌。紧紧围绕“绿色永清”打造特色农业品牌，积极引导扶持合作社和蔬菜企业开展“三品一标”认证，抢占农产品高端市场，提升舌尖上的品质，叫响绿色永清品牌。截至目前，我县获批绿色蔬菜认证80多个，无公害农产品认证70多个；注册惠民、翠仙、新侬等农产品商标品牌210余个，“永清大蒜”、“永清胡萝卜”荣获国家地理标志商标。

五是做好融合。将现代农业与乡村旅游深度融合，以农促旅、以旅提农，实现一二三产协调发展、共融同兴。将绿野仙庄、盛世福地等现代农业园区拓展为乡村旅游景点，加快提升接待能力和服务水平，倾力打造“绿林燕”和“美月华福”两条乡村旅游景观道。积极推进精品民宿建设，与清华大学合作完成民宿设计方案，打造精品示范民宿20余户。依托桃花节、菊花节等特色品牌和农业旅游创客大赛等活动集聚人气，不断扩大永清乡土旅游品牌的知名度和美誉度，初步形成了“春赏鲜花、夏采果蔬、秋品菊茶、冬泡温泉”四季特色旅游品牌。2018年，全县乡村旅游总收入20.53亿元，同比增长36.3%。

（中共永清县委　永清县人民政府）

强化“四个导向” 推动组织振兴

近年来，饶阳县坚持把加强基层党建摆在突出位置，用严的精神、实的作风抓推进、促落实，推动了全县农业农村工作的全面进步。在实际工作中，强化“四个导向”：

一、强化责任导向，让基层党建愿意抓、有人抓。坚持把加强基层党建作为“一把手工程”，突出抓好责任落实、带头示范、考核奖惩三个环节：一是强化责任落实。2018年先后8次召开常委会对基层党建工作进行研究，建立完善工作责任制，细化责任分工，将压力传导到基层、责任落实到基层，特别是通过村支部向乡镇党委述职、乡镇向县委述职等措施，使基层党建工作处处有人抓、时时有人管。二是坚持带头示范。发挥以上率下作用，每名县级干部都分包乡镇，建立基层联系点，带头深入乡、村、企业进行党建调研，听取汇报、研究部署党建工作，推进基层党建工作的有效开展。三是严格考核奖惩。用好考核“指挥棒”，将考核结果作为干部选拔任用、激励约束的重要依据，先后有9名优秀村支部书记提拔到乡镇领导班子或享受公务员待遇。

二、强化问题导向，让基层党建有目标、有重点。针对基层党组织结构不优、党员素质不高、作用发挥不充分等问题，重点抓三方面工作：一是优化队伍结构。以村“两委”换届为契机，对“两委”班子的任职结构、年龄结构、学历结构等进行调整优化，197个村全部实现村支部书记、村主任“一肩挑”，50周岁以下的村党支部书记由29%提高到51.3%，高中及以上学历的由54%提高到88%。二是提升能力素质。以“干部素质提升年”为抓手，全县197个村全部建立农村党校，围绕脱贫攻坚、乡村振兴、法治乡村等主题，全年共开展轮训58期、7300人次。三是推进党员联系户制度。以村支部为核心、党小组为单位、党员为主体、群众为服务对象，每年选择一个主题，连续6年开展“1+10党员联系户”制度规范提升活动，充分发挥基层党员凝聚人心、服务群众、促进和谐的作用，做到“家有病人过去看看，家有纠纷出面劝劝，家有急活帮忙干干，有事没事常去转转”。

三、强化纪律导向，让党员干部存敬畏、守规矩。一是让基层党组织规范起来，深入开展组织工作规范年活动，推进基层党组织“十个规范化”建设，出台《饶阳县“三会一课”制度实施细则》等系列规定，认真落实“三会一课”，民主生活会、民主评议党员等制度，特别是结合省委巡视整改，引导党员干部从按时足额缴纳党费、规范填写《党支部工作手册》等，让基层党组织结构正规起来、活动正式起来。二是让纪律标尺严起来，结合“两学一做”活动开展，从严格请销假制度、公务人员行为规范等事项抓起，不断增强党员干部对工作纪律和组织纪律的敬畏心态，先后对15名党员进行停止党籍处理，把9名不符合条件的村“两委”人选取消了资格，对5名乡科级干部进行了组织处理。三是让廉政文化热起来，坚持正面引导与反面教育相结合，多方式、多层次教育引导党员干部学纪知法、正心正行，开展“廉政党课下基层”活动34场，创建“党风廉政宣传工作联系点”20个、廉政文化示范点13个，教育培训5000余人次，“严细深实快”作风进一步向基层传导。

四、强化发展导向，让党员干事有平台、有劲头。坚持把抓基层党建与脱贫攻坚、产业发展、环境整治、扫黑除恶等工作深度结合，在大事难事的实践锻炼中提升基层组织的动员力、执行力，先后组织实施了“脱贫攻坚党旗红”“环境整治党员当先锋”等多项活动，实现党员干事创业有平台、有劲头。2018年9月30日，省政府批准饶阳县退出贫困县序列，523户、896人实现稳定脱贫。扫黑除恶专项斗争开展以来，打掉黑恶势力2个、团伙成员13名。近两年，先后荣获“全国农村产业融合发展示范园创建县”“全省脱贫攻坚先进集体”“全省村（社区）‘两委’换届工作先进县”“全省农村环境整治和垃圾治理示范县”等12项省级以上荣誉称号。全省乡村振兴暨人居环境整治现场会观摩了我县3个示范点，河北省抓党建促脱贫攻坚暨农村基层党建工作推进会在我县成功召开，这是对我县抓党建、促发展工作的充分肯定和褒奖。

（中共饶阳县委 饶阳县人民政府）

V 农业法规 文件选载

河北省人民政府 关于加快推进农业供给侧结构性改革 大力发展粮食产业经济的实施意见

(2018年1月13日)

各市(含定州、辛集市)人民政府，各县(市、区)人民政府，雄安新区管委会，省政府各部门:

为认真贯彻落实《国务院办公厅关于加快推进农业供给侧结构性改革大力发展粮食产业经济的意见》(国办发〔2017〕78号)精神，加快推进农业供给侧结构性改革，大力发展粮食产业，提出如下实施意见。

一、总体要求

(一)指导思想。深入贯彻落实党的十九大精神，认真学习贯彻习近平新时代中国特色社会主义思想，坚持市场主导、政府引导，产业融合、协调发展，创新驱动、提质增效，因地制宜、分类指导的原则，以加快推进农业供给侧结构性改革为主线，全面落实国家粮食安全战略，推动粮食产业创新发展、转型升级和提质增效，为振兴河北粮食经济夯实产业基础。

(二)主要目标。到2020年，全省现代粮食产业体系初具规模，质量和效益明显提升，粮食产业增加值年均增长7%左右，粮食加工转化率达到88%以上，主食品工业化率提高到25%以上；主营业务收入过50亿的粮食企业达到6家以上，大型粮食产业化龙头企业和粮食产业集群辐射带动能力持续增强；粮食科技创新能力和粮食安全保障能力进一步提升。

二、培育壮大粮食产业主体

(一)增强粮食企业发展活力。进一步深化国有粮食企业改革，增强市场化经营能力和发展活力，做大做强具有竞争力、影响力、控制力的骨干粮食企业集团，提高全省粮食基础设施使用效率和国有资本运行效率。构建跨区域、跨行业的“产购储加销”协作机制，延长产业链条。鼓励国有粮食企业与新型农业经营主体等开展合作，培育和壮大从事粮食购销活动的多元粮食市场主体，建立健全统一、开放、竞争、有序的粮食市场体系。(省粮食局、省国资委等负责)

(二)培育壮大粮食产业化龙头企业。在省农业产业化重点龙头企业认定工作中，认定和扶持一批具有核心竞争力和行业带动力的粮食产业化重点龙头企业，在确保全省粮食安全的前提下，支持符合条件的龙头企业参与承担地方粮食储备任务。支持龙头企业与新型农业经营主体和农户构建稳固的利益联结机制，引导优质粮食品种种植，带动农民增收。落实“先照后证”改革，严格执行工商登记前置审批事项目录。支持龙头企业建立疫情防控体系，参与进口粮存储。鼓励龙头企业拓展境外种植业务并给予相关检疫检验政策支持和技术指导。(省发展改革委、省粮食局、省农业厅、省财政厅、省商务厅、省工商局、河北出入境检验检疫局等负责)

(三)支持多元主体协同发展。鼓励多元主体开展多种形式的合作与融合。加大粮食类家庭农场、农民合作社培育力度，鼓励通过土地流转、股份合作、联耕联种等方式开展适度规模经营，指导新技术新品种的引进和推广。支持多元市场主体开展粮食储藏、运输、整理等设施建设，构建粮食市场营销网络，运用互联网发展智能生产存贮、建立线上营销平台等。鼓励龙头企业与产业链上下游各类市场主体成立粮食产业联盟，共同制定标准、开发市场、技术公关、扩大融资等，实现优势互补。(省发展改革委、省粮食局、省财政厅、省农业厅、省商务厅、省工商局等负责)

三、创新粮食产业发展方式

(一)引导粮食全产业链融合发展。促进粮食生产、经营、存储、加工等各环节有机融合。引导大型粮食企业积极参与粮食生产功能区建设,逐步构建从田间到餐桌的全产业链。推动粮食企业向上游与新型农业经营主体开展产销合作,通过定向投入、专项服务、良种培育、订单收购、代储加工等方式,建设加工原料基地;向下游延伸建设粮食物流营销和服务网络,着力打造绿色、有机的优质粮食供应链。(省发展改革委、省粮食局、省农业厅、河北出入境检验检疫局等负责)

(二)推动产业集聚发展。深入贯彻京津冀协同发展战略,全方位开展与京津粮食产业合作。依托我省粮食主产区、特色粮食产区和关键粮食物流节点,推进产业向优势产区集聚,重点打造8个优势粮食产业集群和特色集群。整合现有粮食生产、加工、物流、仓储、销售及科技等资源,支持建设现代粮食产业发展示范园区(基地),提高区域经济发展水平。(省发展改革委、省粮食局、省工业和信息化厅、省财政厅、省商务厅等负责)

(三)发展粮食循环经济。鼓励支持粮食企业探索多途径实现粮油副产品循环、全值和梯次利用,提高粮食产品综合利用率和附加值。以绿色粮源、绿色仓储、绿色工厂、绿色园区为重点,构建绿色粮食产业体系。推广节粮减损新设备、新技术和新工艺,推进节粮节能节水示范应用。推广“仓顶阳光工程”,支持粮油加工园区的循环化改造,推进绿色工厂和绿色园区建设。强化食品质量安全、环保、能耗、安全生产等约束,促进粮食企业加大技术改造力度,倒逼落后加工产能退出。(省粮食局、省发展改革委、省工业和信息化厅、省农业厅等负责)

(四)积极发展新业态。推进“互联网+粮食”行动,积极发展粮食电子商务。推广“网上粮店”等新型粮食零售业态,促进线上线下融合。完善我省粮食电子交易平台体系,拓展物流运输、金融服务等功能。搞好粮食文化资源的保护和开发利用,支持粮食文化展示基地和爱粮节粮宣传教育基地建设。鼓励发展粮食产业观光、体验式消费等新业态,打造以粮食元素为主要内容的特色旅游项目。(省粮食局、省发展改革委、省商务厅、省农业厅、省旅游发展委、省工商局、省质监局等负责)

(五)大力培育粮食品牌。支持食品加工企业建设资源优势和地域特色明显的绿色食品及有机食品生产基地。积极推广安全优质粮食生产、绿色防控技术,鼓励创办粮油有机产品示范企业。以农产品商标和地理标志商标为重点,加大对粮食产业商标专用权保护力度,培育一批具有自主知识产权和较强市场竞争力的全国性粮食名牌产品,营造良好品牌发展环境。加强全省粮食行业信用体系建设,对违规企业列入不良记录名单,依法在国家企业信用信息公示系统(河北)和“信用中国(河北)”平台上公告。(省粮食局、省发展改革委、省工业和信息化厅、省农业厅、省工商局、省质监局、省知识产权局等负责)

四、加快粮食产业转型升级

(一)增加绿色优质粮油产品供给。大力推进优质粮食工程建设,以市场需求为导向,建立优质优价的粮食生产、分类收储和交易机制。实施“中国好粮油”行动计划。加快高产高效绿色优质粮食作物新品种展示示范体系建设,引导龙头企业、新型农业经营主体和农户种植绿色优质粮食品种。调优产品结构,大力开发绿色优质、营养健康的粮油新产品。积极推广特色粮油,加快发展木本粮油,建设一批高标准木本粮油基地。(省财政厅、省粮食局、省发展改革委、省工业和信息化厅、省农业厅、省林业厅、省工商局、省质监局等负责)

(二)大力推进主食产业化。支持推进米面、玉米、杂粮及薯类主食制品的工业化生产,大力发展方便食品、速冻食品。推广“生产基地+中央厨房+餐饮门店”“生产基地+加工企业+商超销售”“作坊置换+联合发展”等新模式。保护并挖掘传统主食产品,增加花色品种。加强主食产品与其他食品的融合创新,鼓励和支持开发个性化功能性主食产品。支持主食生产企业经营范围个性化登记。(省粮食局、省工业和信息化厅、省财政厅、省农业厅、省商务厅、省工商局等负责)

(三)加快发展粮食精深加工与转化。积极推动粮食深加工企业建立和实施HACCP等先进管理体系。着力开发粮食精深加工产品,大力发展专用粉、全麦粉、营养强化粉、预配粉、小麦谷朊粉等精深加工产品和麦胚油、维生素E、低聚异构糖、糖醇等高附加值产品。支持大型玉米深加工企业采取生物工程先进适用技术,延伸产业链条。积极发展马铃薯和红薯淀粉精深加工,增加和提升淀粉制品的品种和质量。加快食品工业发展。(省发展改革委、省粮食局、省工业和信息化厅、省财政厅、省食品药品监管局等负责)

五、强化粮食科技创新和人才支撑

(一)加快推动粮食科技创新突破。支持创新要素向企业集聚,加快培育一批具有市场竞争力的创新型粮食领军企业,引导企业加大研发投入和开展创新活动。鼓励科研机构、高校与企业通过共同设立研发基金、实验室、成果推广工作站等方式,提高粮食产业科技研发能力。继续实施河北省重点研发计划农业关键共性技术攻关专项和现代农业科技奖励性后补助专项。加大对营养健康、质量安全、节粮减损、加工转化、现代物流、“智慧粮食”等领域相关基础研究和关键共性技术研发的支持力度,推进信息、生物、新材料等高新技术在粮食产业中的应用。密切跟踪研究国外技术性贸易措施动态变化,做好研判、预警、评议和应对工作。利用技术性贸易措施,倒逼企业按照更高技

术标准提升产品质量，提高国际竞争力。（省科技厅、省质监局、河北出入境检验检疫局、省粮食局等负责）

（二）加快科技成果转化推广。深入实施渤海粮仓、粮食丰产等科技兴粮工程。建立粮食产业科技成果转化信息服务平台，促进粮食科技成果、科技人才、科研机构等与企业有效对接，推动科技成果产业化。继续实施河北省创新能力提升计划环首都现代农业科技示范带及农业科技园区建设专项，加快环首都现代农业科技示范带、农业科技园区、星创天地等平台建设，加大粮食科技成果集成示范基地、科技协同创新共同体和技术创新联盟的建设力度，推进科技资源开放共享。推广绿色生态安全储粮，加快建立一批科技兴粮示范单位。建立科技成果转化推广工作保障衔接机制。（省科技厅、省粮食局等负责）

（三）健全人才保障机制。鼓励粮食产业领域依托国家“千人计划”、河北省“百人计划”等。面向海内外招聘高层次人才和具有博士学位的中青年优秀人才。在享受国务院和省政府特殊津贴专家、省“三三三人才”选拔和优秀专家出国培训交流方面给予支持。实施科技特派员创新创业专项，为全省粮食产业经济发展提供科技服务。将粮食产业技能人才培养纳入“河北省百万燕赵工匠培养支持计划”，支持有条件的高等学校和职业院校开设粮食产业相关专业和课程。鼓励相关高等学校创新人才培养模式，推动高等学校与粮食企业、科研院所开展合作，加强职业技能培训。开展粮食行业职业技能竞赛，加快培养行业短缺实用型人才。（省粮食局、省人力资源社会保障厅、省教育厅等负责）

六、夯实粮食产业发展基础

（一）建设粮食产后服务体系。积极适应粮食收储制度改革，以产粮大县为重点，依托粮油仓储、加工企业和农民合作社、家庭农场，建设一批粮食产后服务中心，为种粮农民提供“五代”（代清理、代干燥、代存储、代加工、代销售）服务，促进粮食提质减损和农民增收。鼓励支持我省符合条件的粮食仓储企业为期货市场、“互联网+粮食”经营模式提供交割服务。（省财政厅、省粮食局、省发展改革委、河北证监局等负责）

（二）完善现代粮食物流体系。加强粮食现代物流体系建设，重点抓好与我省相关的京津粮食流入、黄淮海地区小麦流出、东北粮食流出等粮食物流通道、重要节点物流设施建设。支持符合条件的物流园区增加粮食物流功能，推广粮食集装箱运输。支持曹妃甸港进口粮食指定口岸建设，完善口岸进口粮食检验检疫监管基础设施，提升防疫能力建设水平。加快粮食物流与信息化融合发展，促进粮食物流信息共享。（省发展改革委、省粮食局、省交通运输厅、省商务厅、河北出入境检验检疫局等负责）

（三）健全粮食质量监测体系。继续提升省、市两级粮食质检机构的检验监测水平，加大对粮食主产县和其他有条件的县质检能力建设支持力度，逐步健全粮食质量检验监测体系。加强市场销售粮食质量安全监管，严防不符合食品安全标准的粮食流入口粮市场或用于食品加工。加强质量安全监管执法衔接协作，逐步建立从田间到餐桌的全过程粮食质量安全追溯体系。实施进口粮食安全风险监控计划，保障进口粮食质量安全。深入开展农产品反走私专项行动，保障食品安全。（省粮食局、省食品药品监管局、省农业厅、石家庄海关、省质监局、河北出入境检验检疫局等负责）

七、完善保障措施

（一）加大财税扶持力度。统筹利用商品粮大省奖励资金、产粮产油大县奖励资金、粮食风险基金等支持粮食产业发展和粮食仓储物流设施建设。充分发挥财政资金引导功能，积极引导金融资本、社会资本加大对粮食产业的投入。落实直接从事农业生产的个人和农业生产经营组织购置烘干设备可按规定享受农机具购置补贴、粮食加工企业从事农产品初加工所得按规定享受税收优惠相关政策。严格落实企业所得税优惠事项备案的相关规定。进一步落实国有粮食企业税收减免等优惠政策。（省财政厅、省发展改革委、省农业厅、省国税局、省地税局、省粮食局等负责）

（二）健全金融支持政策。拓宽企业融资渠道，支持符合条件的粮食企业上市挂牌融资，并按照有关规定给予一次性奖补。支持符合条件的粮食企业以多种方式发行多品种多期限结构的公司债券。引导粮食企业与服务实体经济能力较强的期货公司进行对接，积极利用期货市场规避价格波动风险。在风险可控的前提下，加大对粮食产业发展和农业产业化龙头企业的信贷支持。建立健全粮食收购贷款信用保证基金融资担保机制，降低银行信贷风险，支持市场化粮食收购。在做好风险防范的前提下，积极开展企业厂房抵押和存单、订单、应收账款质押等融资业务，创新“信贷+保险”、产业链金融等多种服务模式。（人行石家庄中心支行、河北银监局、河北证监局、河北保监局、省财政厅、省商务厅、省粮食局、省金融办、中国农业发展银行河北省分行等负责）

（三）落实用地用电优惠政策。鼓励开展土地适度规模经营，采用股份合作、托管、代耕代种等多种经营方式，引导土地经营权流向种粮能手和新型农业经营主体。在土地利用年度计划中，对粮食产业项目用地予以统筹安排和重点支持。支持和加快国有粮食企业依法依规将划拨用地转变为出让用地，增强企业融资功能。改制重组后的粮食企业，可依法处置土地资产，用于企业改革发展和解决历史遗留问题。积极支持粮油企业退城进郊，优先安排粮油产业园区建设用地需求。落实粮食初加工用电执行农业生产用电价格政策。（省国土资源厅、省农业厅、省发展改革

委、省粮食局等负责）

(四)加强组织领导。各市、县政府要高度重视粮食产业经济发展，建立健全相关部门密切配合、协同推进的工作机制。要结合精准扶贫、精准脱贫要求，大力开展粮食产业扶贫。各级粮食部门负责协调推进粮食产业发展有关工作，推动产业园区建设，加强粮食产业经济运行监测。各级发展改革、财政部门要强化对重大政策、重大工程和重大项目的支持。各有关部门要根据职责分工抓紧完善各项配套措施，发挥好粮食等相关行业协会商会在标准、信息、人才、机制等方面的作用，合力推进粮食产业经济发展。(省发展改革委、省粮食局、省财政厅、省农业厅、省扶贫办，各市、县政府等负责）

（冀政发〔2018〕2号）

河北省人民政府办公厅
关于印发河北省突发重大动物疫情应急预案的通知

（2018年2月11日）

各市（含定州、辛集市）人民政府，各县（市、区）人民政府，雄安新区管委会，省政府各部门：

《河北省突发重大动物疫情应急预案》已经省政府同意，现印发给你们，请结合本地本部门实际，认真组织实施。

2005年11月24日印发的冀政办〔2005〕28号文件同时废止。

河北省突发重大动物疫情应急预案

一、总则

（一）编制目的。健全动物疫情应对工作机制，依法依规、科学有序应对突发重大动物疫情，最大限度减轻动物疫情对畜牧业和公众健康的危害，确保本省畜牧业持续稳定健康发展，保障群众身体健康，维护公共卫生安全和社会稳定。

（二）编制依据。依据《中华人民共和国动物防疫法》《重大动物疫情应急条例》《国家突发重大动物疫情应急预案》《河北省动物防疫条例》《河北省人民政府突发公共事件总体应急预案》及相关法律、法规和规定，制定本预案。

（三）突发重大动物疫情分级。

根据突发重大动物疫情的性质、危害程度、涉及范围，突发重大动物疫情划分为特别重大（Ⅰ级）、重大（Ⅱ级）、较大（Ⅲ级）和一般（Ⅳ级）四级。

1. 特别重大动物疫情（Ⅰ级）。

（1）高致病性禽流感或 H7N9流感在21日内，全省有20个以上县的行政区域内发生疫情或10个以上县连片发生疫情；

（2）口蹄疫在14日内，本省及周边有4个以上省份发生严重疫情，且疫区连片；

（3）小反刍兽疫在21日内，全省有3个以上市的行政区域内同时发生疫情，或特殊需要划为Ⅰ级疫情的；

（4）非洲猪瘟在15日内，本省及其他省发生疫情并流行；

（5）动物暴发疯牛病等人畜共患病感染到人，并继续大面积扩散蔓延；

(6)国务院兽医主管部门认定的其他特别重大动物疫情。

2. 重大动物疫情（Ⅱ级）。

（1）高致病性禽流感或 H7N9流感在21日内，全省有2个以上市的行政区域内发生疫情；有20个以上的疫点或5个以上、不足10个县连片发生疫情；

（2）口蹄疫在14日内，全省有2个以上相邻市的行政区域或5个以上县的行政区域发生疫情，或有新的口蹄疫亚型出现并发生疫情；

（3）在一个平均潜伏期内，全省有20个以上县的行政区域发生猪瘟、新城疫疫情，或疫点数达到30个以上；

（4）小反刍兽疫在21日内，全省有2个市的行政区域内同时发生疫情的；

（5）非洲猪瘟在15日内，全省1个以上（含）县的行政区域发生疫情，或在我省港口（空港、海港）进口的生猪中首次检出非洲猪瘟病毒；

（6）在我国已消灭的牛瘟、牛肺疫等疫病在本省行政区域内又有发生，或我国尚未发生的疯牛病、非洲马瘟等疫病传入本省或发生；

（7）在一个平均潜伏期内，布鲁氏菌病、结核病、狂犬病、炭疽等二类动物疫病呈暴发流行，涉及3个以上市的行政区域，并呈继续扩散趋势；

(8)国务院兽医主管部门或省农业厅认定的其他重大动物疫情。

3. 较大动物疫情（III级）。

（1）高致病性禽流感或H7N9流感在21日内，在1个市的2个以上县的行政区域内发生疫情或疫点数达到3个以上；

（2）口蹄疫在14日内，在1个市的2个以上县的行政区域内发生疫情或疫点数达到5个以上；

（3）在一个平均潜伏区内，有1个市的5个以上县的行政区域内发生猪瘟、新城疫疫情或疫点数达到10个以上；

（4）在一个平均潜伏期内，在1个市的5个以上县的行政区域内发生布鲁氏菌病、结核病、狂犬病、炭疽等二类动物疫病，并呈暴发流行，或其中的人畜共患病发生感染人的病例，并呈继续扩散趋势；

（5）小反刍兽疫在21日内，在1个市的行政区域内发生疫情的；

（6）高致病性禽流感、口蹄疫、炭疽等高致病性病原微生物菌种、毒种发生丢失；

（7）市以上农业（畜牧兽医）部门认定的其他较大动物疫情。

4. 一般动物疫情（Ⅳ级）。

（1）高致病性禽流感或 H7N9流感、口蹄疫、猪瘟、新城疫疫情在1个县的行政区域内发生。

（2）二、三类动物疫病在1个县的行政区域内呈暴发流行。

（3）县级以上农业（畜牧兽医）部门认定的其他一般动物疫情。

为及时、有效地应对突发重大动物疫情，省农业厅可以结合本省突发重大动物疫情的实际情况、应对能力等，对较大和一般动物疫情的分级标准进行补充和调整，并报省政府和国务院兽医主管部门备案。

（四）适用范围。本预案适用于河北省行政区域内突发重大动物疫情的应对工作。

（五）工作原则。突发重大动物疫情应对工作坚持统一领导、分级管理，快速反应、高效运转，预防为主、群防群控，部门联动、协调配合，依法应对、果断处置的原则。

二、应急组织体系及职责

（一）应急指挥机构。本省县级以上农业（畜牧兽医）部门在本级政府统一领导下，负责组织、协调本行政区域内突发重大动物疫情的应急处理工作，并根据应急工作需要，及时向本级政府提出成立突发重大动物疫情应急指挥部（以下简称应急指挥部）的建议。

1. 省应急指挥部的组成及职责。

省应急指挥部由省政府分管副省长担任指挥长，省政府分管副秘书长、省农业厅主要负责人担任副指挥长，负责统一领导、指挥本省行政区域内特别重大、重大动物疫情，或需要由省政府直接指挥、处理的突发重大动物疫情的应对工作。

省应急指挥部的成员单位根据突发重大动物疫情的性质和应急处理的需要确定，主要包括省政府应急办、省农业厅、省发展改革委、省科技厅、省公安厅、省民政厅、省外办、省财政厅、省人力资源社会保障厅、省交通运输厅、省工业和信息化厅、省林业厅、省通信管理局、省商务厅、省卫生计生委、河北出入境检验检疫局、省工商局、中国铁路北京局集团有限公司石家庄铁路办事处、省政府新闻办和省军区等部门、单位。

省应急指挥部各成员单位的职责如下：

省农业厅：负责组织制定突发重大动物疫情防治技术方案；统一组织实施突发重大动物疫情预防控制措施，并进行检查、督导；根据预防控制工作需要，依法提出对有关区域实施封锁等建议；根据省政府和国务院兽医主管部门授权，发布突发重大动物疫情信息，并向毗邻省（区、市）通报疫情；紧急组织调拨疫苗、消毒药品等应急防疫物资；组织实施对突发重大动物疫情应急工作费用和疫情损失的评估。

省政府应急办：负责督导各级各部门应急工作信息报送，向省政府领导汇报疫情信息和疫情处置工作动态，督促相关部门和单位落实省政府领导有关批示、指示；向国务院应急办报告突发事件相关信息。

省外办：做好突发重大动物疫情应急处理的涉外事务，协助有关部门做好接待国际组织考察和争取国际援助等方面的工作。

省政府新闻办：协助制定突发重大动物疫情应急处理对外发布方案，组织协调新闻单位的新闻报道，必要时组织新闻发布会及中外记者采访。

省发展改革委：负责组织省级储备防疫物资的保障支援，协调防护用品和生活必需品的应急生产。

省科技厅：负责组织开展突发重大动物疫情的预防、扑灭和应急处理的技术研究工作，为预防、控制和扑灭突发重大动物疫情提供技术支持和储备。

省公安厅：密切注视与疫情有关的社会动态，维护疫区社会秩序，配合农业（畜牧兽医）部门做好疫区的封锁、动物扑杀、动物防疫和监督检查等项工作。

省民政厅：负责组织对受灾群众进行生活救助，统一组织对突发重大动物疫情的社会捐助工作，负责境内外各界捐助款物的接受、管理和发放工作。

省财政厅：负责保障突发重大动物疫情应急处理省级所需的资金，并做好资金（含捐赠资金）使用的监督管理工作。

省人力资源社会保障厅：负责依法监督落实突发重大动物疫情应急处理工作人员的工伤保险政策。

省交通运输厅：依法组织应急处置人员及有关药品、器械等应急物资公路、水路、地方铁路运输工作和空运工作，并采取相应措施，防止疫情扩散，依法配合有关部门做好动物防疫的监督检查和疫区封锁工作。

省工业和信息化厅：负责组织无线电监测，协调处理电磁干扰事宜，做好突发重大动物疫情报告和应急处理时的无线电频率保障工作。

省通信管理局：负责组织、协调各基础电信运营企业配合做好突发重大动物疫情报告和应急处置时的通信保障工作。

省商务厅：负责做好发生突发重大动物疫情期间生活必需品的市场供应工作，维护市场秩序；配合农业（畜牧兽医）、出入境检验检疫部门，做好境内外可能对我省畜禽产品设限的应对工作，保证对北京、天津等市及香港、澳门特别行政区的畜禽及其产品的正常供应。

省卫生计生委：负责突发重大动物疫情应急处理中防护措施的指导及人间疫情的监测、预防和诊疗工作。

河北出入境检验检疫局：负责做好出入境动物及其产品的检验检疫工作，防止疫情传入传出；及时收集、分析境外动物疫情信息，并及时向省应急指挥部报告有关情况。

省工商局：根据省政府封锁令的规定，负责关闭疫区内的易感动物及其产品的交易市场。

中国铁路北京局集团有限公司石家庄铁路办事处：保证应急处置人员及有关药品、器械等应急物资和检测样本的铁路运输，采取相应措施，防止疫情扩散，依法配合有关部门做好动物防疫监督检查和疫区封锁工作。

省林业厅：组织开展对陆生野生动物的资源调查和监测，组织专家分析和提出有关陆生野生动物的分布、活动范围和迁徙动态趋势等预警信息；协助农业（畜牧兽医）部门组织开展对陆生野生动物疫源、疫病的监测工作；发生陆生野生动物疫情时，会同有关部门迅速采取隔离控制等措施。

省军区：负责军队系统突发重大动物疫情的应急协调工作。

其他省有关部门应按照各自职责和省应急指挥部要求，制定具体防治措施，部署扑灭突发重大动物疫情工作，并督促各地各有关部门按要求落实各项防治措施。

2.市、县应急指挥部的组成和职责。

市、县应急指挥部由同级政府分管负责同志担任指挥长，有关部门和单位负责同志为成员，负责统一领导、指挥本行政区域内突发重大动物疫情的应急处理工作。

（二）日常管理机构。

省农业厅负责全省突发重大动物疫情应急处理的日常管理工作。其主要职责是：组织、协调突发重大动物疫情的应急准备工作；负责本省有关突发重大动物疫情应急处理的地方性法规、规章、草案和应急预案的起草工作；建立和完善突发重大动物疫情的监测、报告、预警系统；定期组织突发重大动物疫情专业应急队伍进行应急演练，对兽医专业人员进行突发重大动物疫情应急知识和处理技术的培训。

各市、县农业（畜牧兽医）部门及军队参照本预案，结合各自实际，明确本部门、本单位的突发重大动物疫情日常管理机构。

（三）专家委员会。

省农业厅负责设置省本级的突发重大动物疫情应急处理专家委员会。

专家委员会的主要职责是：

1.对相应级别的突发重大动物疫情提出应对技术措施；

2.对突发重大动物疫情的应急准备工作提出建议；

3.参与本省有关突发重大动物疫情应急处理的地方性法规、规章、草案和应急预案、防治措施的起草、修订工作；

4.对突发重大动物疫情应急处理工作进行指导，并对有关兽医专业人员进行培训；

5.对突发重大动物疫情应急反应的终止、后期评估提出建议；

6.省应急指挥部及其日常管理机构规定的其他职责。

各市、县农业（畜牧兽医）部门可以根据本行政区域突发重大动物疫情应急工作需要，设置突发重大动物疫情应急处理专家委员会。

（四）应急处理机构。

1.动物疫病预防控制机构和动物卫生监督机构分别按照职责负责突发重大动物疫情的报告、现场流行病学调查、现场临床诊断、实验室检测和疫情监测，并对疫区封锁、隔离、紧急免疫、扑杀、无害化处理、消毒等应急措施的实施进行监督、指导。

2.出入境检验检疫机构负责出入境动物及其产品的检验检疫、疫情报告、消毒处理及相关的流行病学调查和宣传教育等工作。

三、突发重大动物疫情的监测、预警与报告

（一）监测。本省县级以上政府要建立和完善突发重大动物疫情监测、报告网络体系。各级农业（畜牧兽医）部门要加强对动物疫情监测工作的管理和监督，保证监测质量。

省农业厅应会同出入境检验检疫、林业等有关部门，根据国家有关规定和本省实际，组织开展动物疫情的监测工作。动物疫病预防控制机构负责重大动物疫情的监测。

（二）预警。各级农业（畜牧兽医）部门应根据动物疫病预防控制机构提供的监测信息，按照动物疫情发生、发展的规律和特点，对其危害程度、发展趋势进行分析，并及时作出预警。

（三）报告。任何单位和个人发现已经发生、即将发生或可能发生突发重大动物疫情时，应立即向所在地的县动物疫病预防控制或动物卫生监督机构报告，并有权向县级以上政府及其有关部门举报不履行或不按规定履行突发重大动物疫情应急处理职责的部门、单位及个人。

1.责任报告单位和责任报告人。

（1）责任报告单位。动物隔离、饲养、屠宰加工、运输、经营单位，动物产品生产、经营单位，动物诊疗机构；县级以上政府所属的动物疫病预防控制和动物卫生监督机构；兽医实验室和相关高等学校、科研院所；出入境检验检疫机构；农业（畜牧兽医）部门；县级以上政府。

（2）责任报告人。执行公务的各级动物疫病预防控制、动物卫生监督、出入境检验检疫机构的兽医人员；动物诊疗机构的兽医人员；隔离、饲养、屠宰加工、运输、经营动物和生产、经营动物产品的人员。

2.报告形式。各级动物疫病预防控制机构应按国家有关规定报告动物疫情；其他责任报告单位和个人以电话或书面形式报告动物疫情。

3.报告时限与程序。

发现动物出现群体发病或死亡的，须立即向所在地的县动物疫病预防控制机构报告。初步认为属于突发重大动物疫情的，应在2小时内将情况逐级报省动物疫病预防控制机构，并同时报所在地农业（畜牧兽医）部门；农业（畜牧兽医）部门应及时通报同级卫生计生主管部门。省动物疫病预防控制机构接到报告后，应在1小时内向省农业厅和国务院兽医主管部门所属的动物疫病预防控制机构报告。省农业厅应在接到报告后1小时内报省政府和国务院兽医主管部门。重大动物疫情发生后，省政府在4小时内向国务院报告。遇有重要紧急情况，可先通过电话形式报告。

初步认为属于突发重大动物疫情的，应立即按要求采集病料样品，送省动物疫病预防控制机构进行实验室确诊。省动物疫病预防控制机构不能确诊的，应立即送国家参考实验室确诊。

4.报告内容。

（1）疫情发生的时间、地点；

（2）染疫、疑似染疫动物种类和数量、同群动物数量、免疫情况、死亡数量、临床症状、病理变化、诊断情况；

（3）流行病学和疫源追踪情况；

（4）已采取的控制措施；

（5）疫情报告的单位、负责人、报告人及联系方式。

5.报告期间采取的措施。

在疫情报告期间，有关动物疫病预防控制和动物卫生监督机构应立即采取临时隔离控制措施。必要时，当地县级以上政府可以作出封锁决定并采取扑杀、销毁等措施。

四、突发重大动物疫情的应急响应与终止

（一）应急响应的原则。

突发重大动物疫情发生后，省政府和疫情发生地的市、县政府及其有关部门应及时作出应急响应，并根据不同动物疫病的性质和特点及疫情的发展趋势，及时调整预警和应急响应的级别。

突发重大动物疫情应急处理要采取边调查、边处理、边核实的方式，有效控制疫情发展。

在未发生突发重大动物疫情的地区，当地农业（畜牧兽医）部门接到疫情通报后，要立即组织做好各项应急准备工作，采取必要的防范措施，并按照上一级农业（畜牧兽医）部门的统一指挥，支援突发重大动物疫情地区的应急处理工作。

（二）应急响应。

1.特别重大动物疫情（Ⅰ级）应急响应。特别重大动物疫情确认后，省政府按照《国家突发重大动物疫情应急预案》规定做好应急处理工作。超出省政府处理能力的，向国家请求支援。

2.重大动物疫情（Ⅱ级）应急响应。

重大动物疫情确认后，省农业厅应及时向省政府提出启动本预案的建议。

（1）省政府根据《国家突发重大动物疫情应急预案》的规定，统一领导本省的重大动物疫情应急处理工作。

（2）重大动物疫情确认后，省农业厅按规定向国务院兽医主管部门和省政府报告疫情，向省政府提出启动本预案的建议，并迅速组织有关部门、单位开展应急处理工作。组织开展重大动物疫情的调查与处理；划定疫点、疫区、受威胁区；组织对重大动物疫情应急处理的评估；负责对应急处理工作进行督导检查；开展有关技术培训和动物疫情知识的宣传教育工作，提高公众对突发重大动物疫情的预防控制意识和自我防护能力。

（3）市、县政府在上一级应急指挥部的统一指挥下，组织协调有关部门、单位开展重大动物疫情的应急处理工作。根据应急处理工作需要，紧急调集本行政区域的各类专业应急队伍、人员及应急处理物资、交通工具和相关设施设备。按规定发布封锁令，对疫区实施封锁。封锁的疫区涉及2个以上市或县行政区域的，分别由省政府或市政府决定发布封锁令。在本行政区域内限制或停止易感动物及产品的交易活动，扑杀染疫动物和相关动物，根据应急处理工作的需要临时征用房屋、场所、交通工具，封闭被动物疫病病原体污染的公共饮用水源。组织公安、交通、铁路、民航等部门依法在交通站点设置临时动物防疫监督检查站，对进出疫区的人员、交通工具进行消毒，并对运载的动物及其产品进行检查。依照国家有关规定，做好信息发布工作，信息发布要做到及时主动，准确把握，规范有序，注重社会效果。组织乡镇（街道）及居委会、村委会开展群防群控工作，落实各项应急处理措施。组织有关部门保障商品供应，平抑物价，依法严厉打击造谣传谣、制假售假等违法犯罪和扰乱社会治安的行为，维护社会稳定。

（4）市、县农业（畜牧兽医）部门组织动物疫病预防控制和动物卫生监督机构开展重大动物疫情的调查、处理工作；划定疫点、疫区和受威胁区。组织突发重大动物疫情应急处理专家委员会对疫情进行评估，对启动突发重大动物疫情应急响应的级别提出建议。根据应急处理工作需要，组织实施紧急免疫和预防控制措施。负责对本行政区域内应急处理工作进行督导检查。针对新发现的动物疫病，依照国家有关规定，及时开展有关技术标准和规范的培训工作。开展动物防疫知识宣传教育活动，提高公众对动物疫病的预防控制意识和自我防护能力。组织专家对重大动物疫情的处理情况进行综合评估，包括疫情、现场调查、疫源追踪情况及对扑杀动物、无害化处理、消毒、紧急免疫等措施的效果评价。

（5）各级动物疫病预防控制机构具体负责重大动物疫情的信息收集、报告和分析；负责动物疫病诊断和流行病学调查，向本级农业（畜牧兽医）部门报告结果，提出并实施有针对性的预防控制措施。按规定采集病料，送省动物疫病预防控制机构兽医实验室或国家参考实验室诊断。对突发重大动物疫情应急处理人员进行技术培训。

（6）出入境检验检疫机构负责境外发生重大动物疫情时，会同有关部门停止从疫区国家或地区输入相关动物及其产品；对来自境外疫区的运输工具进行检疫和消毒；参与打击走私入境动物及其产品的违法活动。在境内发生重大动物疫情时，加强对出口货物的查验，会同有关部门停止疫区和受威胁区相关动物及其产品的出口；暂停使用位于疫区内的出入境相关动物临时隔离检疫场所。发现重大动物疫情或疑似重大动物疫情时，应立即向当地农业（畜牧兽医）部门通报，并协助当地动物疫病预防控制和动物卫生监督机构采取疫区封锁、动物扑杀和消毒等措施。

（7）乡镇政府和村委会、居委会应组织力量，向村民、居民宣传动物疫病防治相关知识，协助做好疫情信息的收集、报告及各项应急处理措施的落实工作。

3. 较大动物疫病（Ⅲ级）应急响应。

（1）较大动物疫情确认后，市政府根据本级农业（畜牧兽医）部门的建议，启动市相关专项应急预案，统一领导本行政区域较大动物疫情的应急处理工作。必要时，可向省政府申请资金、物资和技术援助。

（2）市农业（畜牧兽医）部门对较大动物疫情进行确认，按规定向本级政府、省农业厅报告调查处理情况，并参照重大动物疫情应急响应规定的省农业厅的职责履行相应职责。

（3）市动物疫病预防控制和动物卫生监督机构参照重大动物疫情应急响应规定的各级动物疫病预防控制和动物卫生监督机构的职责履行相应职责。

（4）省农业厅负责对疫情发生地的应急处理工作进行督导，及时组织有关专家对应急处理工作提供技术指导和支持，并向本省有关地区通报动物疫情，按规定的职责采取预防控制措施，防止疫情扩散蔓延。必要时，建议省政府协调有关部门对疫情发生地给予资金、物资和技术支持。

（5）乡镇政府和村委会、居委会参照重大动物疫情应急响应规定的乡镇政府和村委会、居委会的职责履行相应职责。

4. 一般动物疫情（Ⅳ级）的应急响应。

（1）一般动物疫情确认后，县农业（畜牧兽医）部门应及时向本级政府提出启动县有关应急预案的建议，由县政府作出是否启动的决定。

（2）县农业（畜牧兽医）部门负责对一般动物疫情进行确认，并按规定向本级政府和市农业（畜牧兽医）部门报告调查处理情况，并参照重大动物疫情应急响应规定的省农业厅的职责履行相应职责。

（3）县动物疫病预防控制和动物卫生监督机构参照重大动物疫情应急响应规定的各级动物疫病预防控制和动物卫生监督机构的职责履行相应职责。

（4）市农业（畜牧兽医）部门负责组织专家对动物疫情的应急处理工作进行技术指导和支持。必要时，建议市政府协调有关部门对疫情发生地给予资金、物资和技术支持。

（5）省农业厅根据疫情发生地应急处理工作需要，组织有关专家对应急处理工作提供必要的技术指导和支持。

（6）乡镇政府和村委会、居委会参照重大动物疫情应急响应规定的乡镇政府和村委会、居委会的职责履行相应职责。

5. 非突发重大动物疫情发生地区的应急响应。

本省县级以上政府及其有关部门应根据发生突发重大动物疫情地区的疫情性质、特点、发生区域和发展趋势，分析本行政区域受到波及的可能性和影响程度，并重点做好下列工作：

（1）与疫情发生地政府及其有关部门保持密切联系，及时获取相关信息；

(2)组织做好本行政区域应急处理工作所需的人员和物资准备；

(3) 组织开展对养殖、运输、屠宰和市场环节的动物疫情监测和预防控制工作，防止疫病的发生、传入和扩散；

(4) 开展动物防疫知识的宣传教育活动，提高公众对动物疫病的预防控制意识和自我防护能力；

(5) 按规定做好公路、铁路、航空、水运交通的检疫监督工作。

（三）安全防护。

1. 应急处理人员的安全防护。

(1)疫区工作人员应配备严密防护级别的个人防护用品、防护药品和便捷消毒等防护用品，采取相应等级的安全防护措施。

(2)受威胁区工作人员应配备加强防护级别的个人防护用品、防护药品和便捷消毒等防护用品，采取相应等级的安全防护措施。

(3)执法人员应配备加强防护级别的个人防护用品和工作服装并配备执法标志及相应的防护药品和便捷消毒等防护用品，采取相应等级的安全防护措施。

(4)疫情应急处置人员应配备严密防护级别的个人防护用品、防护药品和便捷消毒等防护用品，采取相应等级的安全防护措施。加强对应急处理人员进出疫区的管理。应急处理人员进入疫区必须穿戴防护服，离开疫区前必须经过彻底消毒。

2. 疫区群众的安全防护。

突发重大动物疫情特别是危害严重的人畜共患病的突发重大动物疫情发生后，县级以上政府及其有关部门须采取切实有效的防护措施防止人间疫病的发生；对疫区群众的居住环境和动物饲养场所定期进行消毒，限制有关人员、物资的流动，必要时对疫区群众实施紧急免疫接种措施，指定专门医院对患病群众进行救治；加强有关科普宣传教育工作，使疫区群众第一时间了解疫病的发生、发展规律和预防常识，提高自我防护能力。

（四）社会动员。

突发重大动物疫情发生后，县应急指挥部应立即动员社会力量参与封锁疫区、扑杀动物、消毒和无害化处理等项工作。

（五）信息发布。

突发重大动物疫情发生后，县级以上政府及其有关部门应利用广播、电视、报纸和网络等新闻媒体，按规定向社会公开有关信息，宣传应对突发重大动物疫情的科普知识和在应急工作中出现的先进集体、个人。

（六）突发重大动物疫情应急响应的终止。

突发重大动物疫情应急响应的终止应符合下列条件：自疫区内最后一头（只）发病动物及其同群动物按规定处理完毕起，经过一个潜伏期以上的监测，未出现新的病例的并彻底消毒后，经上一级动物疫病预防控制机构验收合格。

特别重大动物疫情应急响应的终止，依照国家有关规定办理。

对重大动物疫情、较大动物疫情、一般动物疫情应急响应的终止，分别由省、市、县农业（畜牧兽医）部门提出建议，报本级政府批准后向社会公布，并向上一级农业（畜牧兽医）部门报告。一般动物疫情应急响应的终止，还应向省农业厅报告。

上级农业（畜牧兽医）部门可以根据下级农业（畜牧兽医）部门的请求，组织专家对突发重大动物疫情应急响应终止的评估工作提供技术指导和支持。

五、善后处理

（一）后期评估。突发重大动物疫情扑灭后，各级农业（畜牧兽医）部门应在本级政府的领导下，组织有关单位和人员对疫情处理情况进行评估。评估内容包括：疫情基本情况和发生经过，现场调查和实验室检测的结果；疫情发生的主要原因分析和结论；疫情处理经过，采取的防治措施和效果；应急处理过程中存在的问题和困难，以及根据本次疫情的暴发流行原因、防治工作中存在的问题和困难提出的改进建议和应对措施。评估报告应报送本级政府，并抄送省农业厅。

（二）奖励。县级以上政府对在突发重大动物疫情应急处理工作中作出突出贡献的先进集体和个人，应按照有关规定予以表扬、奖励；对在突发重大动物疫情应急处理工作中英勇献身的人员，应按有关规定评定为烈士。

（三）责任。在突发重大动物疫情的预防、报告、调查、控制和应急处理过程中，玩忽职守、滥用职权、徇私舞弊或失职、渎职，及有其他违法违纪行为的，依法给予行政处分；构成犯罪的，依法追究刑事责任。

（四）补偿。因扑灭或防治重大动物疫情受到经济损失的，县应急指挥部应在应急响应终止后60日内，依照国家和本省有关规定予以补偿。单位和个人的物资、运输工具及相关设施、设备被征集使用的，有关政府应及时归还并给予合理补偿。

（五）抚恤与补助。县级以上政府要组织有关部门，对因参加突发重大动物疫情应急处理工作致病、致残、死亡的人员，依照国家和本省有关规定给予相应的补助、抚恤。

（六）恢复生产。突发重大动物疫情应急响应终止后，应及时取消贸易及流通控制等限制性措施。根据各种动物疫病的特点，对疫点和疫区进行持续监测，符合要求的，方可重新引进动物，恢复生产。

（七）社会救助。

突发重大动物疫情发生后，县级以上政府及其有关部门应积极采取措施，认真做好受到损害的动物饲养者、染疫人员及其家属的安置、安抚工作，妥善安置封锁隔离区内的群众，为其提供基本的生活保障，做好对疫区人员的防治救助和生活救助工作，提倡和鼓励企业事业单位和其他组织及其个人为疫情的应急处理工作捐助款物。

红十字会、慈善机构等公益性社会团体、组织要广泛动员和开展互助互济和救灾捐赠活动，并加强与国际红十字会等有关国际组织的交流与合作，积极吸纳境外捐赠。

民政部门应依照《中华人民共和国公益事业捐赠法》和《救灾救济捐赠管理暂行办法》及国家有关规定，做好社会捐赠款物的接受、管理、分配和使用工作。

县级以上政府应对救助捐赠活动的组织实施情况进行监督，确保各项救助政策的落实。

六、应急保障

突发重大动物疫情发生后，县级以上政府应积极协调农业（畜牧兽医）、卫生计生、财政、交通运输、公安、工商和市场监管、出入境检验检疫等部门，做好应急处置的保障工作。

（一）通信与信息保障。

各级应急指挥部应将车载电台、对讲机、移动电话等通信工具纳入紧急防疫物资储备范畴，并按规定做好储备物资的保养工作。

通信管理部门应依照国家有关规定，对紧急情况下的电话、传真等予以优先待遇。工业和信息化部门要按照国家有关规定做好无线电管制工作。

（二）应急资源与装备保障。

1. 应急队伍保障。

县级以上政府应建立由农业（畜牧兽医）、公安、卫生计生、工商和市场监管、交通运输部门和军队等有关单位的人员及有关专家、技术人员组成的突发重大动物疫情应急处理预备队伍。

突发重大动物疫情应急处理预备队伍的组成单位和人员，平时由所在部门、单位管理，参加本部门、本单位的工作，在发生突发重大动物疫情后，由各级应急指挥部统一调动使用，并按有关专项应急预案的规定实施疫区封锁、扑杀、消毒、无害化处理等应急处置工作。

2. 交通运输保障。

县级以上政府交通运输部门和其他有关部门负责突发重大动物疫情应急物资的道路运输保障工作。

突发重大动物疫情发生后，县级以上政府有关部门应按规定实施交通管制，并根据应急工作需要开设应急处置快速通道，保证应急处置交通运输工具优先安排、优先放行。

3. 医疗卫生保障。

县级以上卫生计生部门负责开展重大动物疫病（人畜共患病）的人间监测，做好有关预防保障工作。县级以上农业（畜牧兽医）部门在做好突发重大动物疫情应急处置工作的同时，应及时向卫生计生部门通报疫情，并积极配合卫生计生部门开展工作。

4. 公安部门应按照规定职责协助做好疫区封锁和强制扑杀工作，做好疫区安全保卫和社会治安管理。

5. 物资保障。

各级农业（畜牧兽医）部门应按计划和本级政府应对突发重大动物疫情工作需要，建立紧急防疫物资储备库，储备相应的疫苗、诊断试剂、消毒药品、消毒设备、防护用品、应急用交通运输工具等紧急防疫物资，并做好维护和更新。

6. 经费保障。

县级以上政府按照本级政府职责，将动物疫病预防、控制、扑灭、检疫和监督管理所需经费纳入本级财政预算，并积极通过国际、国内等多渠道筹集资金，用于突发重大动物疫情应急处理工作。

各级财政部门按照财政分级负担的原则，为突发重大动物疫情防治工作提供合理而充足的资金保障。

每年用于紧急防疫物资储备、扑杀动物补贴和疫情处理、疫情监测所需的经费，各级财政要予以保障。具体经费补助标准和管理办法由农业（畜牧兽医）部门会同财政部门共同制定。如发生不可预测的重大疫情，实际资金需要与预算资金有差距，各级财政部门要予以追加，以保证支出需要。

各级财政在保证防疫经费及时、足额到位的同时，要加强对防疫经费的管理和监督。

（三）技术储备与保障。

省农业厅应设置重大动物疫病防治专家委员会。该委员会由技术官员和动物疫病防治、流行病学、野生动物学、动物福利、经济、风险评估、法律等方面的专家组成，负责疫病防控策略和方法的咨询，参与防控技术方案的策划、制定和执行。

各级农业（畜牧兽医）部门应会同有关部门组织有关科研单位和专业技术人员，开展突发重大动物疫情的预防、监测、预警和应急处置及先进技术、设备等方面的科学技术研究，提高突发重大动物疫情应急工作的科技含量。

（四）培训与演习。

各级农业（畜牧兽医）部门应加强对突发重大动物疫情应急处理预备队的培训。培训内容：

（1）动物疫病的预防、控制和扑灭知识，包括免疫、流行病学调查、诊断、病料采集与送检、消毒、隔离、封锁、检疫、扑杀及无害化处理等方面的知识；

（2）动物防疫法律、法规、规章和有关应急预案；

（3）个人防护知识；

（4）治安与环境保护；

（5）工作协调、配合等要求。

各级农业（畜牧兽医）部门应根据资金和实际需要，定期组织演练，提高突发重大动物疫情应急处理预备队的工作能力。

（五）社会公众的宣传教育。县级以上政府应组织有关部门，利用广播、电视、报刊、网络、手册等多种形式，对社会公众广泛开展突发重大动物疫情应急知识宣传教育，指导群众以科学行为和方式对待突发重大动物疫情。要充分发挥有关社会团体在宣传和普及动物防疫知识、科普知识等方面的作用。

七、有关方案和预案的制定

省农业厅应按照不同动物疫病病种及其流行特点和危害程度，分别制定实施方案，并根据应急工作需要及时进行修订。

省政府有关部门根据本预案的规定，制定本部门职责范围内的具体工作方案。

市、县政府应依照有关法律、法规、规章的规定，对照本预案，结合本地实际情况，组织制定本级突发重大动物疫情应急预案。

八、附则

（一）有关说明。本预案有关数量的表述中，“以上”含本数，“以下”不含本数。

（二）预案管理与更新。省农业厅应根据本省突发重大动物疫情的形势变化和预案实施过程中发现的问题及时提出修订建议，报省政府批准后修订。

本预案自印发之日起实施。

（冀政办字〔2018〕18号）

中共河北省委办公厅　河北省人民政府办公厅关于印发《河北省农村人居环境整治三年行动实施方案(2018-2020年)》的通知

（2018年2月13日）

各市(含定州、辛集市)、县(市、区)党委和人民政府，雄安新区党工委和管委会，省直各部门，各人民团体：

《河北省农村人居环境整治三年行动实施方案(2018-2020年)》已经省委、省政府领导同意，现印发给你们，请结合实际认真贯彻落实。

河北省农村人居环境整治三年行动实施方案(2018-2020年)

为深入推进我省农村人居环境整治，尽快改善提升农村生产生活条件和生态质量，建设生态宜居的美丽乡村，促进农村经济社会协调发展，全面建成小康社会，制定本实施方案。

一、总体要求

(一)指导思想。全面贯彻党的十九大精神和省委九届六次全会精神，以习近平新时代中国特色社会主义思想为指导，统筹推进“五位一体”总体布局和协调推进“四个全面”战略布局，牢固树立和贯彻落实新发展理念，实施乡村振兴战略，坚持农业农村优先发展，坚持绿水青山就是金山银山，顺应农民群众过上美好生活的期待，统筹城乡发展，统筹生产生活生态，以建设美丽宜居村庄为目标，以农村垃圾、厕所粪污、生活污水治理和村容村貌提升为主攻方向，积极动员各方力量，有效整合各种资源，加快补齐我省农村人居环境短板，确保如期实现全面建成小康社会目标，为新时代建设经济强省、美丽河北奠定坚实基础。

(二)基本原则

——聚焦重点领域，强化工作衔接。落实国家要求，实施乡村振兴战略，结合我省正在开展的美丽乡村建设、深度贫困村改造提升、易地扶贫搬迁、农村危房改造等工作，聚焦农村存在的垃圾、污水、厕所粪污、村容村貌等最突出问题，用3年时间集中攻坚，实现农村人居环境整体改善。

——分级分工负责，健全推进机制。省级定方案、定目标、定标准、定政策，市级抓协调、抓督导、抓配套，县级履行实施主体责任，乡村发动群众积极参与，有关部门各负其责，形成上下联动、部门协作、有力高效的工作推进机制。

——加强统筹谋划，解决关键问题。实行县域统筹规划、乡镇连片推进、村庄整体实施。建立政府主导、分级负担、集体补充、群众参与、社会支持、多元筹集的投融资机制。坚持建管并重，确保建得好用得上能持久，稳定发挥效益。

——坚持分类指导，分步有序推进。针对不同地区和类别的村庄，确定重点任务、整治目标、建设标准和技术模式，坚持先易后难、示范引领、确保质量。不搞一刀切，扎实有序推进农村人居环境整治，切实增强农民群众获得感和幸福感。

（三）主要目标

到2020年，全省农村人居环境明显改观，基本形成与全面建成小康社会相适应的农村垃圾污水、卫生厕所、村容村貌治理体系，村庄环境干净整洁有序，长效管护机制基本建立，农民环境卫生意识普遍增强。

平原地区、城市近郊区等有较好基础和条件的农村，以及重点生态功能区、重要旅游景区周边农村，实现生活垃圾处置体系全覆盖，基本完成无害化卫生厕所改造，厕所粪污得到处理或资源化利用，生活污水治理率明显提高，村庄绿化率达到30%以上，村内道路全部硬化，村容村貌显著提升，长效管护机制有效运行，打造人居环境整治升级版，率先建成一批美丽宜居村庄。

山区、丘陵区有一定基础和条件的农村，人居环境质量明显改善，力争实现90%左右的村庄生活垃圾得到治理，农村卫生厕所普及率达到85%左右，生活污水乱排乱放得到有效治理，村内道路状况和村民出行条件明显改善，村庄绿化覆盖率达到35%以上，村容村貌明显改观。

深度贫困地区农村，实现人居环境干净整洁的基本要求，村庄生活垃圾得到全面清理，生活污水乱排乱放得到有效管控，卫生厕所普遍推广，村庄道路硬化及绿化、美化、亮化水平明显提升。

二、重点任务

（一）全面推进农村生活垃圾治理。2018年县（市、区）行政村村域生活垃圾收集处理率达到90%，2019至2020年在上述基础上，基本完成较大规模非正规垃圾堆放点整治，进一步提升无害化处理、资源化利用水平。

1. 清除历史积存垃圾。开展农村非正规垃圾堆放点整治，集中力量、限定时间、不留死角，全面清理村庄内外、道路两侧、沟渠内、村庄周边积存的建筑和生产生活垃圾，彻底清理房前屋后的粪便堆、杂物堆，彻底解决垃圾“围村”和村内“脏乱差”问题，实现村庄周边无垃圾积存、街头巷尾干净通畅、房前屋后整齐清洁，乡镇周边、交通沿线、景区周围无垃圾的目标。禁止城市向农村堆弃垃圾，防止城市垃圾“上山下乡”。

2. 建立垃圾分类、收集和转运体系。鼓励开展农村垃圾分类试点，从源头上将生活垃圾按照可堆肥垃圾、不可堆肥垃圾、可回收垃圾、有毒有害垃圾等类别分类，实现对可堆肥生活垃圾资源化利用和终端处理，推进垃圾源头减量化、收集分类化和处理资源化，推行户分类、村收集、乡（镇）转运、县集中处理，力争2018年每个县（市、区）至少创建1个垃圾分类和资源化利用示范点。建立健全村庄保洁制度，按照每100户设置1名保洁员的标准，配备农村保洁员队伍，负责村庄巷道卫生保洁和垃圾收集；村庄内按村民居住密度合理配备卫生收集设施，对露天垃圾池采取环保封闭措施。按照垃圾转运的交通路线和转运半径，合理设置垃圾转运站，建立方便适用的转运体系，有效降低运输成本，减少二次污染。在搞好试点基础上，各市县要结合实际加大垃圾分类处理推行力度，确定实现垃圾分类全覆盖和取缔垃圾露天堆放、简易填埋的时间表，确保2020年垃圾分类、收集和转运体系基本建成。

3. 抓好垃圾终端处理。按照集中处理和分散处理相结合的原则，有条件的地方以市为单位，统一规划布局垃圾处理终端，逐步实现无害化垃圾终端处理设施全覆盖。以县为单位，根据村庄人口分布、地形地貌、运输半径等条件，因地制宜确定垃圾处理方式，城区周边农村采取集中处理模式对垃圾进行卫生填埋或焚烧（发电、水泥窑）；边远农村可采取建立阳光堆肥房、磁化降解等分散处理模式对垃圾进行处理。逐步取消简易填埋，彻底整改或取缔达不到环保标准的垃圾填埋场。

（二）大力推进农村厕所革命。按照群众接受、经济适用、维护方便、不污染公共水体的要求，坚持农村改厕与新型社区建设、易地搬迁、污水治理等工作统筹考虑、一并推进，大力开展农村户用卫生厕所建设和改造，同步实施厕所粪污无害化治理、资源化利用。2018年、2019年分别完成厕所改造总任务量的三分之一，2020年底在基本完成厕所改造任务的基础上提升粪污无害化处理水平，卫生厕所普及率达到85%以上，力争无害化卫生厕所普及率达到80%。

1. 因地制宜选择改厕模式。鼓励和推进农村户用厕所退街、进院、入室，消除连茅圈和简陋旱厕，引导农村新建住房配套建设无害化卫生厕所。结合乡村旅游发展，重点推进一批农村厕所旅游化发展，提高厕所建设管理水平。在城镇污水管网可延伸覆盖到的村庄和农村社区，选择使用水冲式厕所；在平原地区选择使用三格化粪池式或双瓮式厕所；在山区和高寒缺水地区可选择粪尿分集或双坑交替式厕所。对于户内无厕所，习惯使用公厕的村庄改建或新建卫生公共厕所。加强村民广场、乡村集市、中小学校、乡镇卫生院等人员密集活动场所卫生公厕建设。无害化卫生厕所改造严格按照国家《农村户厕卫生规范》

(GB19379-2012)、《粪便无害化卫生要求》(GB7959—2012)实施。

2. 深入实施厕所粪污治理。鼓励各地结合实际，采取市场化运作方式，支持专业化企业或个人进行改厕后的检查检修、定期收运、粪液粪渣资源化利用。在具备条件的村庄，建设专业化农业农村废弃物集中处理中心，对畜禽养殖粪污、厕所粪污等废弃物一并处理及资源化利用。落实畜禽规模养殖场主体责任制度，加快建设粪污贮存、处理、利用设施，配套粪污消纳用地，实现资源循环利用。到2020年，粪污资源化利用率达到70%以上。

(三) 积极开展农村生活污水治理。按照区位条件、村庄人口聚集度、污水产生量、经济发展水平等，因地制宜确定农村污水治理技术路线和治理模式，确保处理方式简便适用有效。2018年至2019年，全省农村生活污水管控水平明显提升，具备条件的村庄建成集中或分散的生活污水处理设施。到2020年，全省农村生活污水乱排乱放得到有效管控，厕所污水得到全面治理。

1. 梯次推进污水治理。对南水北调工程输水沿线、集中式饮用水水源地、自然保护区等环境敏感区域的村庄，优先解决污水治理问题，禁止在集中式引用水水源地保护区内设置排污口，严禁将处理后不达标或未经处理的污水排入河道；对经济发展条件较好、人口聚集度较高的村庄，先行开展污水治理；其他地区污水排放得到有效管控。

2. 科学确定污水治理方式和技术。人口密集、污水排放相对集中的村庄，鼓励采用集中处理方式进行处理；城市、县城和乡(镇)近郊的村庄，生活污水就近纳入城市、县城和乡(镇)污水收集管网集中统一处理；针对布局分布散、人口规模较小、地形条件复杂(如山区)、污水不易集中收集、所处区位为非环境敏感的村庄，优先结合农村改厕工作采用三格式化粪池或净化沼气池等黑水处理系统进行处理。

3. 加强污水管控。坚持控污与治污并重，将重点河道、干支流农村垃圾整治纳入河长制、湖长制管理，明确各级河长监管责任。引导村民树立节水意识，鼓励有条件农村开展生活用水计量计费，减少生活污水源头排放。鼓励采用各种方式，充分利用经处理后的生活污水，加强尾水回收利用。

(四) 有效整治村容村貌。加快推进通村组道路、入户道路建设，整治公共空间和庭院环境，大力提升农村建筑风貌，健全传统村落保护体系，推进村庄绿化，完善村庄公共照明设施。2018年，行政村主街道硬化率达到90%以上，自然村到主村有一条畅通安全的道路，村庄绿化亮化美化再上新台阶。到2020年，所有行政村完成街道硬化、夜间亮化和村庄美化建设任务，村容村貌得到根本改善。

1. 推进村庄街道硬化。合理布局村庄道路，村内主街道参照公路工程技术标准建设，小街巷突出乡土特色，出村通道安全通畅。因地制宜选择路面硬化材料，积极利用当地资源和拆旧废弃建筑材料，铺设石板路、青砖路、石台阶等，鼓励生态化铺装。

2. 推进村庄绿化。根据村庄区位特点、自然条件、产业基础等，充分利用村边荒山、荒地、荒滩和环村路，因村而宜，大力实施环村林建设。以乡土树种为主，合理选择经济林、防护林、用材林、特用林树种苗木，开展街道、庭院、隙地绿化和村边道路、沟渠、坑塘绿化，因地制宜建设供村民休闲、游憩、的公园绿地以及小果园、小菜园等，建设优美宜居的生产生活生态空间。

3. 推进村庄亮化。在村庄主要街道两侧，文化广场、学校、村民中心等重要场所安装照明设施，科学设置照明设施间距，推广使用节能灯具和新能源照明。在主要巷道按需要设置照明设施，方便群众夜间出行。

4. 推进村庄美化。深入开展“三清一拆”(清杂物、清残垣断壁和路障、清庭院、拆除违章建筑)行动，清理村庄内电线杆、墙体立面上的私涂乱画、小标语、小广告，营造干净整洁的公共空间和生活环境。开展美丽庭院创建行动，及时整理农家庭院、房前屋后、墙根角落的家什杂物，整齐堆放生产工具、生活用品、农用物资等物品，促进庭院内外整洁有序，与周边景致和环境协调一致。到2020年，全省农村50%以上庭院建成美丽庭院，10%的庭院建成精品庭院。

5. 推进地名标志设置标准化。加强和规范地名管理和地名标志设置，满足农村基础建设和人民生活的需要，按照国家标准《地名标志》(GB17733-2008)和地名管理有关规定，设置村、街、路、巷、门户等地名标志牌。

(五) 加强村庄规划管理。按照实用性原则，开展县域乡村规划编制或修编，实行县域统筹规划，乡镇连片推进，村庄整体实施，到2020年，实现乡村规划管理全覆盖。

1. 科学编制规划。统筹“五级两规一导则”，科学编制省市县乡村城乡规划、土地规划和建设导则。各县（市、区）要统筹搞好县域村庄布局调整优化，合理确定永久保留村，积极整治空心村。要根据村庄人居环境现状兼顾中长期发展需要，编制或修编县域乡村建设规划，既要适应时代发展要求，也要注重保护传承农耕文化和乡村文化。做好县域乡村建设规划与土地利用总体规划、生态环境建设规划、产业发展规划等衔接，实行多规合一，推进清洁生产、营造绿色生活、发展生态经济，推进生产、生活、生态互促共进。村庄规划要突出实用性，符合农村实际、满足农民需要、体现乡村特色，明确人居环境整治重点，推行政府组织领导、村委会发挥主体作用、技术单位指导的村庄规划编制机制。

2. 加强规划管控。充分发挥村庄规划的作用，框定村庄边界，做到农房建设有规划管理、行政村有村庄整治安排、生产生活空间合理分离，实现村庄规划管理基本覆盖。村庄规划要通俗易懂，主要内容达到可实施深度，相关要求纳入村规民约。强化村庄房屋建设管控，新建房屋严格按照村庄规划进行，严格控制体量和建筑风貌，突出乡村特色和地域民族特点，加大传统村落民居和历史文化名村名镇保护力度。鼓励农村新建设区采用装配式建筑。加强乡村建设规划许可管理，建立健全违法用地和建设查处机制。

（六）完善建设和管护机制

1. 建立完善投融资机制。根据农村人居环境整治的基础性、公益性特征，本着政府主导、分级负担，集体补充、群众参与，社会支持、多元筹集原则，合理确定政府、村集体和农户出资责任。对污水垃圾集中处理、无害化卫生公厕等农村卫生公共服务设施的建设管护主要由政府出资；对户用厕所改造、户用小型污水处理等设施建设，由农户适当出资，政府给予奖补，日常管护以农户为主；对村庄绿化、美化、亮化及街道硬化等建设，由村集体、农户适当出资，村民投工投劳，政府给予奖补，日常管护以村集体为主；政府财政资金重点向贫困地区倾斜，对贫困村人居环境整治，免除村集体和贫困人口出资。

2. 推进专业化市场化建设和运行管护。探索建立农村污水垃圾处理统一管理体制，有条件的地方推进村庄垃圾污水第三方治理，提升农村垃圾污水治理的专业化和市场化水平。创新投资运营机制和模式，通过政府购买服务、ppp模式等多种方式，推进农村垃圾污水治理领域市场化改革。通过投资补助、担保补贴、贷款贴息等多种方式，支持社会资本参与垃圾污水治理设施的建设运营管理。支持环保设备生产企业、第三方环保服务公司等市场主体投资建设农村卫生基础设施，并通过“认养、托管、建养一体”等模式开展后期管护，保障设施可持续运转。支持村级组织和农村“工匠”带头人等承接村内环境整治、村内道路、植树造林等小型涉农工程项目。组织开展专业化培训，把当地村民培养成为村内公益性基础设施运行维护的重要力量。

3. 完善财政补贴和农户付费合理分担机制。建立健全农村人居环境整治筹资机制，省市县各级财政要加强对农村人居环境整治工程项目的支持力度，优化财政资金补贴方式，对积极性高、效果明显的村庄和农户实行重点奖补，发挥示范带动作用。建立基于垃圾污水处理绩效的付费机制，实现从“买工程”向“买服务”转变。有条件的地方建立住户付费、村集体补贴、财政补助相结合的管护经费保障制度。鼓励先行先试，在有条件的地区实行污水垃圾处理农户缴费制度，既要保障运营单位获得合理收益，又要综合考虑村民经济承受能力和意愿等因素，合理确定缴费水平和标准。对参与垃圾分类和用水计量计费的农户，给予垃圾污水处理费减免等奖励。完善农村污水垃圾处理费用调整机制，建立上下游价格调整联动机制，价格调整不到位时，地方政府和具备条件的村集体可对运营单位给予合理补偿。

三、发挥村民主体作用

（一）强化农村基层组织作用。加强乡村治理体系建设，结合农村基层组织换届选举，选优配强村“两委”班子，发挥好农村基层党组织核心作用和党员带头作用，带领农民群众移风易俗、改进生活方式、提高生活质量。充分运用农村“一事一议”民主决策机制，实行人居环境整治项目公示制度，保障村民的知情权、参与权、决策权、监督权等权益。鼓励农村集体经济组织通过依法盘活集体经营性建设用地、空闲农房及宅基地等途径，多渠道筹集资金用于人居环境整治。鼓励成立农村环保合作社，组织发动村民积极出资、投工投劳，出主意、想办法，依靠群众的力量和智慧建设美丽家园。

（二）建立完善村规民约。建立健全村民评议会、环保理事会等群众德治组织，通过群众评议、老党员老干部监督等方式，褒扬乡村新风，批评督促并纠正不良风气和陋习，引导农民自我约束、自我管理、自我提高、自我改善人居环境；结合村庄实际，将公共环境卫生整治、公共基础设施建设管护、推进移风易俗、培养良好生活习惯等内容纳入村规民约。明确农民维护公共环境责任，庭院内部、门前屋后环境整治由农民自己负责，村内公共空间整治以村集体经济组织或村民自治为主。

（三）提高村民文明素养。培育和践行社会主义核心价值观，把培育文明健康生活方式作为农村精神文明建设的重要内容。提高农民环境卫生意识，鼓励讲卫生、树新风，摈弃乱扔、乱吐、乱贴等不文明行为，使优美的生活环境、文明的生活方式成为农民的内在自觉要求，激发农民自愿参与农村人居环境整治的内在动力。发挥农村家庭妇女积极作用，带动全家参与人居环境整治。广泛开展文明村镇创建，深入开展“十星级文明农户”“五好文明家庭”“美丽庭院”创建评选活动，以先进典型为引领，明确价值导向，弘扬传统美德，凝聚农村人居环境整治的正能量。

四、完善支持政策

（一）加大政府投入力度。加大政府对农村人居环境整治的投入力度，实行省市奖补、县级统筹，省市县三级财政都要整合设立农村人居环境整治专项资金，列入年度预算。其中，省市专项资金主要用于垃圾污水治理、厕所改造、村容村貌整治等项目奖补。县级政府统筹整合相关渠道资金，有效保障农村人居环境基础设施建设和运行资金。积极争取国家资金支持。依法合规组织发行政府债券筹集资金，用于农村人居环境整治。城乡建设用地增减挂钩所获土地增值收益和村庄整治增加耕地获得的占补平衡指标收益，通过支出预算统筹安排支持当地农村人居环境整治。创新政府支持方式，采取以奖代补、先建后补、以工代赈等多种方式，充分发挥政府投资撬动作用，提高资金使用效益。

(二)拓宽金融支持渠道。积极通过国家开发银行河北省分行、中国进出口银行河北省分行、农业发展银行河北省分行等政策性金融机构，按照国家有关要求为农村人居环境整治争取低息中长期信贷支持。创新多样化抵质押担保模式，鼓励各类金融机构加大对县(市、区)信贷支持力度，特别是在县域网点较多的各农业银行、邮储银行、城市商业银行、农村信用社、村镇银行等要深入农村与企业和项目对接，在信贷投放计划安排上向农村人居环境整治领域倾斜。支持收益较好、实行市场化运作的农村基础设施重点项目开展股权和债券融资。积极利用国际金融组织和外国政府贷款建设农村人居环境设施。

(三)创新推动社会力量参与。积极谋划筛选一批符合条件的农村人居环境整治项目纳入 ppp 项目库，通过推介会、融资需求对接会、媒体网络等平台向社会推介，省市县政府在项目安排上优先支持、申报国家示范并落实奖补资金，通过特许经营等方式吸引社会资本参与农村垃圾治理、污水处理等公共服务设施项目。引导有条件的地区将农村环境基础设施与特色产业、休闲农业、乡村旅游等有机结合，实现农村产业融合发展与人居环境改善互促互进。引导相关部门、社会组织、个人通过捐资捐物、结对帮扶等形式，支持农村人居环境设施建设和运行管护。倡导新乡贤文化，以乡情乡愁为纽带吸引和凝聚各方人士支持农村人居环境整治。

(四)强化技术和人才支撑。立足省内人才技术，借力京津智力资源，开展农村人居环境整治关键技术、工艺和装备的研发。针对我省平原、山区、沿海、坝上等不同地域气候环境特点，分类分级制定厕所改造、垃圾终端处理、污水治理及村容村貌提升技术标准和技术导则，开展典型设计，优化技术方案。加强农村人居环境项目建设和运行管理人员技术培训，加快培养乡村规划设计、项目建设运行等方面的技术和管理人才。选派专业技术人员驻村指导，组织开展企业与县乡村对接农村环保技术和装备，加强新技术、新材料、新装备、新样式“四新”推广应用，提高整治能力和水平。

五、实施步骤

(一)编制落实方案。各市县要在摸清底数、总结经验基础上，做好与既有工作的衔接，围绕巩固已有、查漏补缺、提升重点、消灭空白对照本方案抓紧编制本地农村人居环境整治实施方案和年度工作计划，明确重点方向目标任务、建设项目、责任分工、资金筹措、考核验收等内容。合理安排整治任务和建设时序，因地制宜，务求实效，集中力量解决急需问题，杜绝形象工程、政绩工程。省住房城乡建设厅、省农业厅、省环境保护厅、省卫生计生委、省交通运输厅、省林业厅等有关部门按照职责分工，制定专项方案，并加强对市县工作的指导。2018年2月底前，各市(含定州、辛集市)完成实施方案编制工作，并报送省美丽乡村建设领导小组办公室备案。

(二)开展典型示范。借鉴浙江“千村示范万村整治”经验做法，区分不同类型农村开展人居环境整治典型示范。在面上整体推进的同时，2018年重点开展示范县、示范村创建活动，在全省选出30个党政班子重视程度高、人居环境整治力度大、成效好的县(市、区)，100个人居环境整治工作特别突出的村，予以表彰奖励，并在全省推广其经验做法；已实施美丽乡村建设的村庄，要对标新标准新要求查漏补缺，巩固提升建设成果，当好农村人居环境建设的“领头羊”；城市和景区周边、产业基础较好的村庄，结合本地实际，尊重群众意愿，提升建设标准，打造人居环境整治升级版，发挥示范引领作用，让改善农村人居环境成果更多更好惠及广大农民群众。

(三)积极有序推进。深化放管服改革，对于人居环境整治建设项目，要简化审批流程，减少审批环节，提高审批效率。严格按照法定的范围和规模标准进行招标投标，未达到法定规模标准的小型项目，监管部门不得强制项目建设单位履行招投标程序，财政部门要简化资金拨付手续，加快资金拨付进度，确保资金及时到位。按照先易后难、先点后面、先规划后实施、先建机制后建项目的原则，有序启动农村人居环境整治行动。依据总体目标任务，分区域分年度安排整治任务，集中力量打好人居环境整治攻坚战。全面推广典型试点示范的成熟做法、技术路线和建管模式，加快全省农村人居环境整治。在方法技术可行、体制机制完善的基础上，有条件的市县可扩展治理领域，加快整治进度，提升建管水平。2019年基本完成平原地区、城市近郊区、重点生态功能区、重要旅游景区、部分山区、丘陵区农村人居环境整治任务，深入推进深度贫困地区农村人居环境整治。2020年基本完成全省所有永久保留村人居环境整治任务，构建起适应不同类型农村需要、运行稳定可靠的农村人居环境治理体系，切实增强群众获得感、幸福感。

六、工作保障

(一)加强组织领导。各级党委、政府要把农村人居环境整治作为实施乡村振兴战略的重要载体，进一步统一思想、提高认识、强化举措。省委、省政府统揽全省农村人居环境整治工作，由省美丽乡村建设领导小组具体负责工作协调、组织推动、政策保障和督导考核，省财政厅要根据农村人居环境整治任务的资金需求量，做好资金筹措工作，省住房城乡建设厅、省农业厅、省环境保护厅、省卫生计生委、省发展改革委、省林业厅、省交通运输厅等部门按照职责分工，各司其职、各负其责，形成推进农村人居环境整治工作的合力。县(市、区)是组织实施的责任主体，党政主要负责同志负主体责任，做好项目落地、资金使用、推进实施，对实施效果负责。市级党委和政府做好上下衔接、域内协调和督促检查工作。乡镇党委和政府做好组织实施工作。实行市县领导班子成员包村制度，定期联系指导工作。

(二)严格考核奖惩。对农村人居环境整治工作，实行增比进位管理考核，坚持一季一调度、半年一观摩、一年一考核。把人居环境整治工作考核单列，制定考核办法，明确考核标准，进行专项考核，考核结果同干部使用直接挂钩。对年终考核排名靠前的县(市、区)给予通报嘉奖，对排名靠后的县(市、区)全省通报，并对主要领导进行约谈。省美丽乡村建设领导小组办公室会同省住房城乡建设厅、省农业厅、省环境保护厅、省卫生计生委、省发展改革委、省林业厅、省交通运输厅等有关部门制定验收标准和办法，对市县进行评估、督导和验收，评估验收结果通报市县党委、政府，并报告省委、省政府，以适当形式向社会公布。强化结果运用，将考核结果与省奖补资金直接挂钩。

(三)健全治理标准和法治保障。省有关部门指导市县因地制宜、分门别类制定完善农村生活垃圾治理、厕所粪污治理、生活污水治理和村容村貌提升相关技术模式、施工建设、运行维护等标准规范，确保符合当地实际、措施具体可行。加快推进农村人居环境建设立法工作，明确农村人居环境改善基本要求、政府责任和村民义务；研究制定全省农村垃圾治理条例、乡村清洁条例，鼓励市县结合实际，制定农村垃圾治理办法、乡村清洁办法。

(四)广泛宣传发动。各级各部门要通过喜闻乐见的形式，宣传农村人居环境整治的重要意义、总体要求和主要任务。充分利用报刊、广播、电视等传统媒体和微信、微博等网络新媒体，宣传好典型、好经验和好做法，努力营造全社会关心、支持农村人居环境整治的良好氛围。

（冀办发〔2018〕3号）

中共河北省委办公厅　河北省人民政府办公厅
印发《关于推进深度贫困地区脱贫攻坚的实施意见》的通知

（2018年3月5日）

各市（含定州、辛集市）、县（市、区）党委和人民政府，雄安新区党工委和管委会，省直各部门，各人民团体：

《关于推进深度贫困地区脱贫攻坚的实施意见》已经省委、省政府领导同意，现印发给你们，请结合实际认真贯彻落实。

关于推进深度贫困地区脱贫攻坚的实施意见

为全面贯彻党的十九大精神，深入落实习近平总书记在深度贫困地区脱贫攻坚座谈会上的重要讲话精神，攻克我省深度贫困堡垒，确保如期打赢脱贫攻坚战，同步实现全面小康，根据中共中央办公厅、国务院办公厅印发的《关于支持深度贫困地区脱贫攻坚的实施意见》(厅字〔2017〕41号)精神，结合我省扶贫工作实际，提出如下实施意见。

一、总体要求

(一)指导思想。以习近平新时代中国特色社会主义思想为指导，聚焦深度贫困地区这个“坚中之坚”，坚持精准扶贫精准脱贫基本方略，坚持省负总责、市县抓落实的管理体制，坚持现行扶贫标准，坚持专项扶贫、行业扶贫、社会扶贫“三位一体”大扶贫格局，紧紧抓住国家实施区域协调发展和乡村振兴战略的重大机遇，以解决深度贫困地区突出制约问题为重点，以重大脱贫攻坚工程和到村到户帮扶措施为抓手，以补短板为突破口，以抓党建促脱贫攻坚为组织保证，强化支撑保障体系，加大政策倾斜力度，集中力量攻关，万众一心克难，推进全省扶贫脱贫工作向纵深发展，确保深度贫困地区和贫困群众同全省一道进入全面小康社会。

(二)攻坚范围。根据国家对深度贫困地区的划分标准，结合我省重点支持张承坝上等深度贫困地区脱贫攻坚推进方案，确定全省着力攻坚的深度贫困范围为深度贫困县、深度贫困乡(镇)和深度贫困村。

1.深度贫困县。依据贫困发生率，综合考虑贫困人口规模、脱贫难度等因素，统筹评估自然条件、产业基础及义务教育、基本医疗、住房安全“三保障”等情况，确定康保县、沽源县、尚义县、张北县、丰宁满族自治县、围场满族蒙古族自治县、阳原县、隆化县、阜平县、涞源县等10个深度贫困县。

2. 深度贫困乡(镇)。依据贫困人口规模、贫困发生率、农村居民人均可支配收入等指标，水利、交通等基础设施薄弱，教育、医疗等公共服务滞后，产业发展不充分，且贫困村或深度贫困村数量相对较多等因素，确定阜平县城南庄镇、吴王口乡，张北县二台镇、公会镇，康保县满德堂乡、闫油房乡，围场满族蒙古族自治县三义永乡、半截塔镇，涞源县东团堡乡、上庄乡，丰宁满族自治县石人沟乡、土城镇，沽源县西辛营乡、小河子乡，尚义县八道沟镇、南壕堑镇，隆化县韩家店乡、郭家屯镇，阳原县高墙乡、揣骨疃镇等20个深度贫困乡(镇)。

3. 深度贫困村。基本原则是县域内规划保留、贫困发生率高、贫困人口规模大、农村居民人均可支配收入低、基础设施和公共服务条件差的村，具体为我省推进方案确定的206个深度贫困村。

(三)攻坚目标。到2020年，深度贫困地区稳定实现农村贫困人口“两不愁、三保障”，农民人均可支配收入增长幅度高于全省平均水平3个百分点以上，贫困村水、路、电、信、房、灶、厕等基本生产生活条件显著改善，基本公共服务领域主要指标达到或超过全省平均水平，现行扶贫标准下深度贫困县农村建档立卡贫困人口全部脱贫，10个深度贫困县全部摘帽，20个深度贫困乡(镇)全部退出，206个深度贫困村全部出列，全面解决区域性整体贫困问题。

(四)攻坚原则

——突出难点攻坚。深度贫困地区自然条件差、经济基础弱、贫困程度深、脱贫难度大，剩余的贫困人口因病、因学、因残、因灾致贫返贫和住房不安全的群体规模大，是最难啃的“硬骨头”，要扭住突出难点问题，瞄准特殊困难群体，采取有效举措，给予集中支持。

——突出薄弱环节。坚持抓重点、补短板、强弱项，紧紧抓住贫困人口增收这个核心，着力解决深度贫困地区基础设施、公共服务设施以及基本医疗、住房安全保障等突出问题，推动全省扶贫脱贫成效整体提升。

——突出到村到户。立足实际，因地制宜、因户施策，下足“绣花”功夫，确保扶贫对象精准、项目安排精准、资金使用精准、措施到户精准、因村派人精准、脱贫成效精准，切实提高扶贫脱贫的针对性、实效性和可持续性。

——突出脱贫质量。坚持“两不愁、三保障”标准和2020年脱贫时限，科学合理制定减贫规划和年度计划，做到扶贫工作务实、脱贫过程扎实、脱贫结果真实，切实提高脱贫质量，增强贫困群众的获得感。

二、攻坚重点

新增脱贫攻坚资金、新增脱贫攻坚项目、新增脱贫攻坚举措主要集中用于深度贫困地区，结合我省推进方案，着力实施八大攻坚行动。

(一)实施产业扶贫攻坚行动。推进深度贫困地区产业扶持精准到户，提高产业组织化程度，提升产业带动脱贫能力和质量。因地制宜培育扶贫产业，支持深度贫困县、贫困乡(镇)培育扶贫龙头企业，推广政府+龙头+金融+科研+合作社+贫困户“六位一体”产业扶贫模式，重点扶持能够带动贫困人口受益的特色种植养殖业、农产品加工业、休闲农业等优势产业，促进一二三产业融合发展。着力做大做强特色产业，以深度贫困县为单位，以深度贫困乡(镇)、深度贫困村为主体，着力培育光伏扶贫、旅游扶贫、电商扶贫、生态扶贫等新产业新业态，推进“一乡一业”“一村一品”建设。稳妥推进资产收益扶贫，依托种植、养殖、农产品加工等专业合作组织，探索财政专项扶贫资金和涉农整合资金股权化改革，推进资源变资产、资金变股金、农民变股东的农村“三变”改革，探索各具特色的资产收益扶贫模式。(牵头部门：省农业厅，责任部门：省发展改革委、省财政厅、省旅游发展委、省商务厅、省林业厅、省扶贫办)

(二)实施易地搬迁攻坚行动。结合贫困人口动态管理和全省易地扶贫搬迁规划，对深度贫困县、贫困乡(镇)、贫困村居住在生存条件差、自然灾害频发、就地脱贫难度大、有搬迁愿望的建档立卡贫困户实施易地扶贫搬迁。鼓励深度贫困县对“一方水土养不起一方人”的自然村实施整村搬迁，实现应搬尽搬。科学规划和组织实施搬迁项目建设，严守贫困人口住房建设面积不超过25平方米的“标线”和不因搬迁让贫困户大额举债而影响脱贫的“底线”，坚决杜绝超标准建设。严格落实项目法人责任制、招标投标制、建设监理制和合同管理制，确保工程质量。进一步完善财务管理制度，严守资金使用的“红线”，确保资金使用安全合规。坚持把贫困搬迁户的脱贫工作贯穿于搬迁安置、产业培育全过程，加大产业扶持、转移就业、生态脱贫、社会保障兜底等政策落实力度，进一步提升搬迁质量与脱贫效果，确保实现搬迁一户、脱贫一户。(牵头部门：省发展改革委，责任部门：省扶贫办、省住房城乡建设厅、省国土资源厅、省农业厅、省人力资源社会保障厅、省民政厅)

(三)实施转移就业攻坚行动。整合就业扶贫公益岗位，大力开发深度贫困地区农村保洁、保安、护林、护路等就业扶贫岗位，优先安置深度贫困地区通过市场难以转移就业的大龄(女40岁、男50岁)和建档立卡贫困残疾家庭劳动力就业，深度贫困村符合上述条件的贫困劳动力原则上给予兜底安置。发挥京津对口帮扶劳务协作和中央单位定点扶贫优势，优先组织深度贫困村群众开展劳务输出，促进劳务输出由数量型向质量型、体力型向技能型、分期短期输出向常年稳定输出转变。统筹培训资源，加强深度贫困地区未就业贫困家庭劳动力就业创业技能培训，使其至少掌握1-2门就业技能和2-3项实用技术，实现稳定就业。采取“阶梯晋级式”培训方式，形成贯通从初级技能到中级技能、高级技能的成长通道。鼓励企业在贫困村建立扶贫车间，开展岗位技能培训，促进就地就近就业。对特殊困难家庭未就业的大中专毕业生，降低招聘门槛，加大创业支持力度。（牵头部门：省人力资源社会保障厅，责任部门：省教育厅、省林业厅、省扶贫办）

（四）实施健康扶贫攻坚行动。全面落实基本医疗保险、大病保险和医疗救助三重保障制度。提高基本医疗保险待遇水平，门诊统筹不设起付线，封顶线提高到每人每年500元，报销比例提高到70%；住院报销起付线降低50%，县内定点医疗机构住院合规报销比例提高到90%；18种普通慢性病报销比例为75%、封顶线由每年2000元提高到6000元，4种重大慢性病合规报销比例提高到90%、封顶线提高到15万元。提高大病保险报销水平，取消大病保险住院医疗费用报销起付线，封顶线提高到每人每年50万元。提高医疗救助水平，经基本医疗保险和大病保险报销后，仍有支付困难并可能导致贫困的，大额慢性病门诊个人年自付合规费用超过1000元以上部分，按70%进行救助，年度累计救助限额不超过2万元；住院救助不设起付线，年度最高救助限额7万元；患重特大疾病经住院救助后，超出部分按90%进行救助，年度救助限额20万元。鼓励建立精准扶贫医疗商业补充保险制度，确保个人年度自付合规医疗费用不超过当地农民年度人均可支配收入。深入推进大病集中救治一批、慢病签约服务管理一批、重病兜底保障一批健康扶贫工程“三个一批”行动。全面实行县域内住院先诊疗后付费和基本医疗保险、大病保险、医疗救助“一站式”报销结算，出院时即时结算，贫困患者只需在出院时支付自付医疗费用。加强深度贫困地区疾病防控，强化健康教育，优化妇幼健康服务，提升重点人群健康管理服务水平。（牵头部门：省卫生计生委，省人力资源社会保障厅，责任部门：省民政厅、省财政厅、省扶贫办）

（五）实施残疾人脱贫攻坚行动。把符合条件的农村建档立卡贫困残疾人全部纳入农村低保范围。把农村建档立卡贫困家庭重度残疾人全部纳入医疗救助范围。对建档立卡贫困人口中尚未参加城乡居民基本医疗保险的贫困残疾人个人缴费给予补贴。严格落实困难残疾人生活补贴制度和重度残疾人护理补贴制度。对16周岁以上有长期照料护理需求的贫困重度残疾人，符合特困人员救助供养条件的纳入特困人员救助供养；不符合救助供养条件的，有条件的地方可通过政府购买服务，采用托养等多种方式为其提供集中或社会化照料护理服务。采取多种方式，逐一安置贫困家庭未入学适龄残疾儿童、困境未成年人接受义务教育。增加深度贫困地区残疾人供养、康复中心和残疾儿童特殊教育学校等专业机构建设项目。推动落实建档立卡贫困残疾人家庭享受资产收益扶贫政策。（省残联、省民政厅、省教育厅、省发展改革委、省卫生计生委、省扶贫办分别牵头负责）

（六）实施生态扶贫攻坚行动。实施天然林保护、特色林果产业、生态护林员等重点生态工程项目，国家和省级下达的计划任务向深度贫困地区重点倾斜。深度贫困县森林管护新增岗位优先聘用有劳动能力的贫困人口。支持深度贫困地区建立扶贫造林合作社，吸纳贫困人口参与造林、抚育管护，增加劳务收入。对接落实国家支持政策，推进深度贫困县非基本农田范围内的25度以上坡耕地退耕还林。力争2018年每个深度贫困县至少安排1个农业生态保护建设项目。（牵头部门：省林业厅，责任部门：省发展改革委、省财政厅、省农业厅）

（七）实施贫困村提升攻坚行动。结合实施乡村振兴战略，推进实施深度贫困地区农村基础设施和基本公共服务提升工程行动计划。在206个深度贫困村加快实施水、路、电、信、房、灶、厕等基础设施建设，加强教育、卫生计生、文化等基本公共服务和村容村貌改造提升，到2020年，确保206个深度贫困村生产生活条件和村容村貌显著改善。落实“一村一品”要求，扶持贫困村发展集体经济，确保贫困村集体经济年经营性纯收入有大幅提高。深入开展“脱贫攻坚党旗红”活动，以提升组织力为重点，突出政治功能，切实加强贫困村党支部建设，集中整顿软弱涣散贫困村党组织，推动脱贫工作、扶贫项目落到支部，切实发挥好村党组织在脱贫攻坚中的坚强战斗堡垒作用。（牵头单位：省扶贫办，责任部门，省委组织部、省发展改革委、省水利厅、省交通运输厅、省住房城乡建设厅、省环境保护厅、省卫生计生委、省教育厅、省文化厅、省通信管理局、国网河北省电力有限公司、国网冀北电力有限公司等）

（八）实施内源扶贫攻坚行动。坚持扶贫与扶志、扶智相结合，加强对贫困地区干部群众的宣传、教育、培训和组织发动工作。改进扶贫工作方法，完善贫困户参与机制，采取生产奖补、劳务补助、以工代赈等方式，培养贫困群众发展生产和务工经商的基本能力，持续激发贫困群众脱贫致富的内生动力。加强农村精神文明建设，帮助一些贫困群众彻底消除“等靠要”思想顽疾，牢固树立摆脱贫困、防止返贫为荣的思想观念。创新农村社区治理机制，发挥村规民约作用，设立红白理事会，改变红白事大操大办、“天价彩礼”等陈规陋习，培育健康文明生活方式。强化家庭成员赡养老年人的责任意识，对有能力却不履行赡养义务、为享受农村低保和扶贫政策分家立户或遗弃老人等行为，采取公益诉讼等形式，帮助维护老年人合法权益。深入挖掘深度贫困地区脱贫攻坚丰富实践和先进典型，大力宣传贫困群众依靠自身努力脱贫致富的先进事迹，表扬对扶贫开发作出杰出贡献的组织和个人。(牵头单位：省扶贫办，责任单位：省委宣传部、省民政厅)

三、支持政策

围绕深度贫困地区脱贫攻坚目标任务，省直有关部门要在落实我省推进方案支持政策的同时，进一步强化行业部门扶贫责任，完善政策举措，加大资金投入，确保各项工作落实落地。

(一)加大财政政策支持。中央、省财政专项扶贫存量资金、新增资金进一步向深度贫困地区倾斜，统筹整合的财政涉农和教育、卫生等社会事业资金向深度贫困地区倾斜，年度增幅高于全省平均增幅。2018-2020年省财政对10个深度贫困县每年分别单独安排财政专项扶贫资金1亿元。积极向国家争取新增政府债券支持深度贫困地区脱贫攻坚。(牵头部门：省财政厅，责任部门：省发展改革委、省扶贫办)

(二)加大金融政策支持。针对深度贫困地区融资需求，在贷款准入、利率、期限等方面，对建档立卡贫困户和扶贫产业项目、贫困村提升工程、基础设施建设、基本公共服务等重点领域给予支持。推动5万元以下、3年期以内免担保免抵押、基准利率放贷、财政贴息、县建风险补偿金的扶贫小额信贷落地落实。对深度贫困地区符合条件的企业首次公开发行股票加快辅导备案审核进度；对在新三板挂牌的企业加大支持指导力度，在石家庄股权交易所设立“金融扶贫版”。提高深度贫困地区保险服务水平，加快发展多种形式的农业保险，加大对贫困地区及贫困户的支持力度。(牵头部门：省金融办、人行石家庄中心支行，责任部门：河北银监局、河北证监局、河北保监局、省财政厅、省扶贫办)

(三)加大土地政策支持。省新增建设用地指标优先保障深度贫困地区发展用地需要，足额保障10个深度贫困县所需土地增减挂钩指标。深度贫困地区开展城乡建设用地增减挂钩，可不受指标规模限制，节余指标可在省域范围内流转使用。支持深度贫困地区农村集体经济组织依法使用农村集体建设用地或以土地使用权入股、联营等方式与其他单位或个人共同兴办企业，发展农村新产业新业态。保障光伏扶贫项目用地，光伏方阵使用永久基本农田以外的农用地或未利用地的，在不影响种植、养殖等生产条件的前提下，可按原地类认定，按现用途管理。深度贫困地区建设用地，涉及农用地转用和土地征收的，在做好依法补偿安置前提下，可以边建设边报批；涉及占用耕地的，允许边占边补；省级以下基础设施、易地扶贫搬迁、民生发展等建设项目，确实难以避让永久基本农田的，可以纳入重大建设项目范围，由省级国土资源部门办理用地预审，并按照有关规定办理农用地转用和土地征收。土地整治新增耕地指标，优先在省域范围内流转使用。(牵头部门：省国土资源厅，责任部门：省发展改革委、省扶贫办)

(四)加大生态政策支持。加强深度贫困地区生态建设，优先安排退耕还林任务，重点支持防护林建设和经济林发展。加大重点生态功能区及集中连片特困地区县、国家扶贫开发工作重点县生态护林员选聘力度，逐步将生态护林员管护范围扩大到湿地、沙地及国家级森林公园和国有林场，并优先安排贫困人员，落实生态保护补助奖励政策，切实提升贫困户生态建设的参与度和获得感。(牵头部门：省林业厅，责任部门：省农业厅、省扶贫办)

(五)加大帮扶工作力度。选派政治素质好、工作作风实、综合能力强、具有履职身体条件的干部，调整充实深度贫困村第一书记和驻村工作队。对成绩突出、群众公认的第一书记和驻村干部予以表彰宣传，对不能胜任的及时召回。明确驻村帮扶工作任务，认真落实帮扶脱贫责任制，强化第一书记和驻村工作队管理，对驻村干部到岗到位情况和帮扶成效进行严格督导，以县为单位每年对驻村工作队进行考核，把驻村干部帮扶情况纳入派出单位年度工作考核重要指标。北京、天津市对口帮扶和中央单位定点帮扶的项目资金优先用于深度贫困村。推动民营企业“千企帮千村”精准扶贫行动向深度贫困地区倾斜。支持社会组织参与深度贫困地区脱贫攻坚。(牵头部门：省委组织部、省发展改革委、省扶贫办，责任部门：省工商联、省民政厅)

四、保障措施

(一)落实脱贫攻坚责任。各级党委、政府对本地深度贫困地区脱贫攻坚负总责，要切实加强组织领导，加大投入力度。省直“五包一”牵头单位要抓好统筹协调、指导服务、督促落实等工作。深度贫困县党委、政府主要领导是脱贫攻坚的第一责任人，要统筹做好进度安排、项目落地、资金使用、人力调配、推进实施等工作。探索建立脱贫攻坚容错纠错机制，加大对脱贫攻坚一线干部的正向激励。

(二)严格扶贫资金监管。把扶贫资金监管摆到突出位置，强化涉农资金统筹整合，推进县级脱贫攻坚项目库建设，保证资金围绕脱贫攻坚目标任务精准使用。完善项目资金公告公示制度，提高资金使用效益和透明度。建立常态化监管机制，各级纪检监察机关和审计、财政、扶贫等部门要加大审计和监督检查力度，完善扶贫资金使用绩效考核评价，落实扶贫资金违规使用责任追究制度，对虚报冒领、截留私分、贪污挪用、挥霍浪费等违法违规行为依法依规严肃追责问责。

(三)严格督查考核评估。落实严格的考核评价、督查巡查制度，建立督查计划统筹、督查成果共享机制，避免重复多头检查。加强监督执纪问责，对违反贫困县约束、退出规定，不严不实、弄虚作假，搞“数字脱贫”的，实施严格的责任追究。坚决克服形式主义，减少填表报数，规范调查研究，减轻基层负担，不断提高各项工作的有效性。

(四)加强舆论宣传引导。各级宣传部门和新闻媒体要深入一线，多层次全方位宣传报道决胜深度贫困脱贫攻坚的成就和经验，注重发现典型、树立典型、宣传典型，形成浓厚氛围和强大声势。引导和鼓励社会各界关注、参与和支持扶贫事业，凝聚全社会力量，形成推动深度贫困地区脱贫攻坚的强大合力。

(冀办发〔2018〕11号)

中共河北省委办公厅　河北省人民政府办公厅
印发《关于加快推进农村改革的意见》的通知

(2018年3月27日)

各市(含定州、辛集市)、县(市、区)党委和人民政府，雄安新区党工委和管委会，省直各部门，各人民团体：

《关于加快推进农村改革的意见》已经省委、省政府领导同意，现印发给你们，请结合实际认真贯彻落实。

关于加快推进农村改革的意见

新时期全省农村改革要以习近平新时代中国特色社会主义思想为指导，全面贯彻党的十九大精神和省委九届六次全会精神，以处理好农民和土地的关系为主线，以激活主体、激活要素、激活市场为目标，统筹推进党的十八大以来部署的农村改革举措和党的十九大部署的农村改革任务，着力破除城乡二元结构的体制机制障碍，为实现乡村振兴提供制度保障。到2020年，农村改革关键领域取得重大突破，农村改革的系统性、整体性、协同性显著增强，农业农村发展活力充分激发，乡村振兴内生动力基本形成，人民群众获得感明显提升。现就加快推进农村改革提出如下意见。

一、深化农村土地制度改革，完善“三权”分置制度

(一)完善承包地“三权”分置制度

1.落实集体所有权。在承包地发包、调整、监督、收回中，充分体现和保障农民集体对集体土地占有、使用、收益和处分的权利。在集体土地被征收时，保障农民集体就征地补偿安置方案等提出意见并依法获得补偿的权利。流转土地经营权的，须向农民集体书面备案。向本集体经济组织成员以外规模流转土地的，可收取一定的基础设施使用费和土地流转管理服务费。(责任单位：省农业厅、省国土资源厅)

2.稳定农户承包权。保持土地承包关系稳定并长久不变，衔接落实好第二轮土地承包到期后再延长30年的政策。在基本完成确权任务基础上，加快向农户颁发土地承包经营权证书，2018年底完成。完善确权数据库和信息化管理系统，做好确权登记信息与不动产登记信息平台对接，实现国家、省、县三级承包土地信息联通共享。积极推动确权成果在“两区”划定、轮作休耕、土地流转、惠农政策落实等方面的应用。(责任单位：省农业厅、省发展改革委、省国土资源厅、省财政厅)

3.放活土地经营权。加快流转管理服务体系建设，推广应用土地流转合同示范文本，落实流转合同备案制，引导土地流转规范有序进行。充分发挥新型农业经营主体和服务主体引领作用，通过土地经营权流转、股份合作、代耕代种、土地托管等多种方式，加快发展土地流转型、服务带动型等多种形式适度规模经营。(责任单位：省农业厅)

4.拓展土地经营权权能。总结推广玉田、张北、饶阳、平乡、威县、邱县承包土地的经营权抵押贷款试点经验，采取土地经营权预期收益质押、风险补偿等方式，拓宽新型农业经营主体融资渠道。(责任单位：人行石家庄中心支行、省金融办、省农业厅，有关试点县政府)

5.完善农村土地承包经营纠纷调处机制。加快建立健全乡村调解、县级仲裁的农村土地承包经营纠纷调解仲裁体系。加强县级仲裁庭建设，将仲裁工作经费纳入财政预算予以保障。分级开展培训，提升调解员、仲裁员依法解决矛盾纠纷能力。(责任单位：省农业厅、省综治办、省财政厅)

（二）探索农村宅基地“三权分置”制度

1. 推进“房地一体”的农村宅基地确权登记发证。分类推进“房地一体”村镇地籍调查，加快村镇地籍调查成果资料整理和数据入库，完善村镇地籍调查成果，建立省市县三级农村地籍信息系统。到2020年底，基本完成“房地一体”的农村宅基地和集体建设用地确权登记发证任务。（责任单位：省国土资源厅）

2. 加强宅基地制度创新。探索宅基地所有权、资格权、使用权“三权分置”，落实宅基地集体所有权，保障宅基地农户资格权和农民房屋财产权，适度放活宅基地和农民房屋使用权。在严禁下乡利用农村宅基地建设别墅大院和私人会馆的前提下，重点结合发展乡村旅游，支持农村集体经济组织以出租、合作等方式盘活宅基地，发展农村新产业、新业态。（责任单位：省国土资源厅、省农工办、省美丽办）

（三）促进农村集体建设用地有效利用。在符合土地利用总体规划前提下，允许县级政府通过村土地利用规划，调整优化村庄用地布局，有效利用农村零星分散的存量建设用地；预留部分规划建设用地指标用于单独选址的农业设施和休闲旅游设施等建设。对利用收储农村闲置建设用地发展农村新产业新业态的，给予新增建设用地指标奖励。有序推进定州市农村土地征收、集体经营性建设用地入市、宅基地制度改革试点。（责任单位：省国土资源厅、省美丽办、省农工办、省住房城乡建设厅、省旅游发展委，定州市政府）

二、推进农村产权制度改革，赋予农民更多财产权利

（一）稳步推进农村集体产权制度改革

1. 全面开展清产核资和成员身份确认工作。对农村集体所有的各类资产进行全面清产核资，摸清资产底数，健全资产和成员管理制度。2018年基本完成任务，2019年上半年各市党委、政府向省委、省政府提交工作完成情况报告。（责任单位：省农业厅、省财政厅、省国土资源厅、省审计厅、省公安厅）

2. 推进经营性资产股份合作制改革。坚持两年试点、三年推开，由点到面分期分批实施，将农村集体经营性资产以股份或份额形式量化到本集体成员。2018年重点抓好16个省级以上农村集体产权制度改革试点。到2021年底，基本完成农村集体产权制度改革工作。（责任单位：省农业厅、省财政厅）

3. 推动多种形式股份合作制经济发展。引导支持农民以土地、林地、草原、农宅等资源资产入股进行多种形式股份合作，推动资源变资产、资金变股金、农民变股东。鼓励农民合作社在劳动合作的基础上，吸引社员以承包土地经营权、资金、资产等入股，开展股份合作经营。引导龙头企业以股份合作制为主要形式，与农民合作社相互参股，形成“龙头企业+合作社+农户”的利益共同体。（责任单位：省农业厅、省林业厅、省扶贫办、省旅游发展委）

4. 探索壮大集体经济有效实现形式。因地制宜采取资源开发利用、统一提供服务、物业管理、混合经营、异地置业等多种方式，积极探索农村集体经济新的实现形式和运行机制，提高村集体经济收入。搞好扶持村级集体经济发展试点。（责任单位：省农工办、省财政厅）

5. 完善农村产权流转交易市场体系。以规范交易行为、完善服务功能为重点，加快建设县级农村产权流转交易市场。到2018年底，基本建成省市县三级有效衔接的运营体系，实现交易平台、信息发布、交易规则、收费标准、交易鉴证和档案管理“六统一”。（责任单位：省供销社、省农工办）

（二）深化集体林权制度改革

1. 加快林权配套制度改革。积极探索并加快建立集体林地所有权、承包权、经营权“三权分置”运行机制。在基本完成集体林权主体改革的基础上，以放活经营权、落实处置权、保障收益权为重点，加快推进配套制度改革。（责任单位：省林业厅、省国土资源厅）

2. 引导集体林业适度规模经营。依托各类农村产权流转交易平台，引导农民依法有序流转林地经营权、林木所有权和使用权，促进集体林业适度规模经营，进一步释放集体林权制度改革活力。（责任单位：省林业厅、省农工办、省供销社）

（三）推进农业水价综合改革

1. 健全农业水权制度。以县域用水总量控制指标为基础，坚持按地定水、水随地走，将水权分配到农村集体经济组织、农民用水合作组织、农户等用水主体，建立健全农业水权分配和定额管理制度，探索建立农业水权交易流转机制和政府回购制度。（责任单位：省发展改革委、省水利厅、省财政厅）

2. 完善农业水价形成机制。按照定额管理、水权限额、节奖超罚、合理负担的原则，逐步实现成本定价，在井灌区推行“定额管理、超用加价”“一提一补、按亩返还”等水价改革模式，在灌溉区推行“骨干工程水价+末级渠系水价”的终端水价制度。在建立农业灌溉用水总量控制和定额管理制度基础上，建立完善农业用水节水精准补贴奖励机制。到2020年底，地下水超采综合治理项目区和农田水利工程设施完善的地区率先实现改革目标。（责任单位：省发展改革委、省水利厅、省财政厅）

三、构建新型农业经营体系，提高农业组织化程度

（一）培育新型农业经营主体

1. 实施新型农业经营主体培育工程。制定出台构建政策体系培育新型农业经营主体的实施意见，促进新型农业经营主体快速健康发展。开展省级示范家庭农场、农民合作社示范社创建活动，着力提升新型农业经营主体适应市场能力和带动农民增收致富能力。到2020年底，省级示范家庭农场、农民合作社省级示范社、省级农业产业化龙头企业分别达到1000家。（责任单位：省农业厅、省林业厅、省水利厅、省供销社、省财政厅）

2.发展农业生产性服务组织。围绕特色优势产业全产业链开发，培育发展托管半托管组织、农机合作社、用水合作组织等多形式多类型农业生产性服务组织。以农资供应、代耕代种、农田灌溉、统防统治、仓储烘干、物流配送、防灾减灾等为重点，建立全程农业社会化服务体系。（责任单位：省农业厅、省林业厅、省水利厅、省供销社、省粮食局、省气象局）

3.完善新型农业经营主体与小农户利益联结机制。支持发展“龙头企业+合作社+农户”农业产业化联合体，采取订单农业、股份合作等方式，把小农户纳入现代农业体系。将新型农业经营主体带动农户数量和成效作为相关财政支农资金和项目审批、验收的重要依据。允许财政资金特别是扶贫资金量化到农村集体经济组织和农户后，以自愿入股方式投入新型农业经营主体，通过“保底收益+按股分红”等办法，稳定分享产业链增值收益。（责任单位：省农业厅、省财政厅、省扶贫办、省林业厅、省水利厅、省供销社）

（二）深化农垦改革

1.积极推进农场企业化、垦区集团化。明确农场法人地位，加快公司制股份制改革步伐，建立完善产权清晰、权责明确、政企分开、管理科学的现代企业制度。以9个大型骨干农场为基础打造大型农垦企业集团，推动中小农场合并重组建设区域性现代农业企业集团。（责任单位：省农业厅、省国资委）

2.加快推进农垦国有土地使用权确权登记发证。全面开展权籍调查，依法调处土地权属争议，到2018年底，基本完成农垦国有土地使用权确权登记发证任务。有序开展农垦国有农用地使用权抵押、担保试点。（责任单位：省国土资源厅、省农业厅、省财政厅、省金融办、人行石家庄中心支行）

3.分类推进农场办社会职能改革。采取整体移交、分步分项移交、管办分离等办法，推进国有农场社会管理属地化。到2018年底，将国有农场承担的社会管理和公共服务职能纳入地方政府统一管理。（责任单位：省农业厅、省编委办、省财政厅、省教育厅、省卫生计生委、省民政厅）

（三）深化供销社综合改革

1.发展生产服务。发展生产、供销、信用“三位一体”综合合作，积极推广“供销服务+小农服务、新型农业经营主体、城乡居民”等服务模式。鼓励基层社领办农民合作社及联合社，大力开展土地托管半托管服务。（责任单位：省供销社、省农业厅）

2.强化流通服务。支持农产品电商平台和乡村电商服务站点建设，构建农产品市场和农产品直采直销体系，培育线上线下融合发展的新型现代流通网络。到2020年底，建设县域电商分中心150家。（责任单位：省供销社、省商务厅）

3.创新金融服务。稳妥推进合作金融服务创新，完善运作机制，引导规范农村资金互助合作组织健康有序发展，提升金融助农水平。到2020年底，发展供销金融超市1000家。（责任单位：省供销社、省金融办）

四、创新农业发展机制，推动农业由增产导向向提质导向转变

（一）强化农业科技创新机制。重点围绕18个特色优势产业和产品，以农业科技创新联盟为平台，推动农科教协作、产学研结合。推进农业领域科研成果权益分配改革，完善成果权益分享、转移转化和科研人员分类管理有效办法。探索公益性和经营性农技推广发展机制，允许农技人员通过提供增值服务合理取酬，促进农技推广服务与农业生产经营紧密结合。（责任单位：省科技厅、省编委办、省农业厅、省教育厅、省财政厅、省人力资源社会保障厅）

（二）建立农业绿色发展机制。制定出台我省关于创新体制机制推进农业绿色发展的实施意见，强化政策激励约束，促进农业节水、节肥、节药，提高农业废弃物资源化利用水平，探索生态循环农业发展模式。健全自然资源资产产权制度和生态环境损害赔偿机制，完善地区间、流域上下游之间生态保护补偿机制，探索建立生态产品购买、森林碳汇等市场化补偿机制。（责任单位：省农业厅、省财政厅、省发展改革委、省环境保护厅）

（三）健全农产品质量提升机制。完善农产品产地准出制度，全面推行新型农业经营主体投入品档案管理，推动主要农产品产地检验检测全覆盖，促进农业对标生产、提标生产。完善农产品市场准入制度，推广食用农产品合格证，强化质量安全追溯，倒逼农产品质量提升。通过定制生产、分级定价、竞价拍卖、品牌溢价等方式，激励优质农产品生产。建立农产品品牌目录制度，对进入品牌目录的优质农产品生产主体给予补贴。（责任单位：省农业厅、省质监局）

（四）提升农业对外开放水平。统筹利用国际国内两个市场，每年遴选一批国际标准农产品生产示范基地和取得国际认证的农产品出口企业给予重点支持，对企业参与国际知名展会给予补贴。统筹利用国际国内两种资源，以“一带一路”沿线国家和地区为重点，支持农业企业到境外建设生产基地和加工、仓储物流设施。对企业到国外从事农业开发等海外投资项目，给予政策性海外投资保险保费全额支持。（责任单位：省农业厅、省财政厅、省发展改革委）

五、建立农业农村优先发展机制，促进城乡融合发展

（一）创新财政支农方式。建立健全实施乡村振兴战略财政投入保障制度，确保财政投入与乡村振兴目标任务相适应。调整完善土地出让使用范围，进一步提高农业农村投入比例。制定改进耕地占补平衡管理实施办法，加快建设省内指标调剂平台，利用好高标准农田建设等新增耕地指标和城乡建设用地增减挂钩节余指标跨省域调剂机制，将所得收益全部用于巩固脱贫攻坚成果和支持实施乡村振兴战略。围绕发展科技农业、绿色农业、品牌农业、质量农业和乡村振兴战略实施，在完成上级专项资金目标任务的前提下，可将财政安排的性质相同、用途相近的涉农资金纳入同一资金池统筹使用。采取 PPP、贷款贴息、以奖代补、资产折股量化、担保补助、设立基金等方式，撬动金融和社会资本投资农业农村。（责任单位：省财政厅、省发展改革委、省农业厅）

（二）加快农村金融制度创新。制定出台金融服务乡村振兴的实施意见，引导银行业金融机构创新金融产品和服务方式，在信贷投放计划安排上向农村倾斜。鼓励开展“政银企户保”建立政府搭台增信、银行降槛降息、企业农户承贷、保险兜底保证的多方联动机制，有效提升农户小额信贷可得性。推进省级农业信贷担保机构向市县延伸，加快形成覆盖全省的政策性农业信贷担保体系。全面推进“双基”共建农村信用工程，优化农村金融生态。（责任单位：省金融办、省财政厅、省农业厅、河北保监局、省气象局）

（三）完善农业政策保险体系。持续推进农业保险扩面、增品、提标，进一步发展主要农作物保险、主要畜禽保险、重要“菜篮子”品种保险，推广农房、农机具、设施农业、渔业、制种等保险业务。探索开展农产品价格指数保险、气象指数保险和农业贷款保证保险。探索建立农产品收入保险制度，鼓励保险机构开发满足新型农业经营主体需求的保险产品。支持发展互助保险，抓好14个产粮大县大灾保险试点。（责任单位：省金融办、省财政厅、河北保监局、省农业厅、省林业厅、省扶贫办、省气象局）

（四）畅通城市资本人才下乡通道。制定出台鼓励引导工商资本参与乡村振兴意见，落实和完善融资贷款、配套设施建设补助、税费减免、用地等扶持政策。全面建立高等院校、科研院所等事业单位专业技术人员到乡村和企业挂职、兼职和离岗创新创业制度，保障其在职称评定、工资福利、社会保障等方面的权益。建立城乡、区域、校地之间人才培养合作与交流机制，吸引支持从农村走出去的各类人才通过多种方式服务乡村振兴事业。（责任单位：省发展改革委、省财政厅、省农工办、省国土资源厅、省人力资源社会保障厅、省教育厅、省地税局、省国税局）

（五）推进农业转移人口市民化。落实财政转移支付、城镇建设用地、预算内投资与农村转移人口落户数量挂钩政策。加快实现基本公共服务常住人口全覆盖，将符合条件的农民工纳入城镇住房保障范围。维护进城落户农民土地承包权、宅基地使用权、集体收益分配权，探索建立进城落户农民依法自愿有偿转让上述权益的退出机制。（责任单位：省住房城乡建设厅、省公安厅、省财政厅、省发展改革委、省人力资源社会保障厅、省农工办、省国土资源厅）

（六）创新乡村治理体系。以提升组织力为重点，创新和完善农村基层党组织设置和活动方式，扩大组织覆盖和工作覆盖，强化县乡村三级便民服务网络建设。普遍推行村党组织、村民代表会议、村民委员会、经济合作组织村级治理架构。建立健全村务监督委员会，进一步加强村级民主管理和监督。大力推进村支部书记和村委会主任“一人兼”。落实村级组织运行经费保障政策。开展农村社区建设试点，健全村民自我服务与政府公共服务、社会公益服务有效衔接的农村综合服务管理平台。（责任单位：省委组织部、省民政厅）

各级党委和政府要坚持“一把手”抓农村改革，进一步增强领导、组织、推动农村改革工作的主动性和自觉性。要进一步完善各级党委和政府推进农村改革落实的工作机制，将农村改革工作纳入重点工作大督查范围，每季一调度、半年一通报，发现问题，限期整改，对改革推进不力的进行约谈问责，确保各项农村改革措施落到实处。重大农村改革牵头部门要建立健全可操作、可核查、可追责的督察指标体系，定期对各地农村改革推进情况进行专题督察。各参与部门要主动支持配合牵头部门开展工作，形成合力。市县党委全面深化改革领导小组要将农村改革摆上重要议程，及时研究重大问题，每年至少听取1次农村改革进展情况汇报。各级农村改革专项小组要充实力量，充分发挥好协调、指导、督查作用。将农村改革工作作为市县党委、政府及省直涉农部门领导班子全面深化改革考核的重要内容。

（冀办发〔2018〕21号）

河北省种子管理条例

（2018年3月29日河北省第十三届人民代表大会常务委员会第二次会议通过）

第一章　总　则

第一条　为了加强种质资源保护和利用，规范品种选育、种子生产经营和管理行为，保护植物新品种权，维护育种者、种子生产经营者和使用者的合法权益，提高种子质量，发展现代种业，促进农业和林业可持续发展，保障粮食安全，根据《中华人民共和国种子法》等法律、行政法规，结合本省实际，制定本条例。

第二条　在本省行政区域内从事种质资源保护、品种选育、种子生产经营和监督管理等活动，适用本条例。

本条例所称种子，是指农作物和林木的种植材料或者繁殖材料，包括籽粒、果实、根、茎、苗、芽、叶、花等。

第三条　县级以上人民政府农业、林业主管部门分别主管本行政区域内农作物种子和林木种子管理工作。其他有关部门依照法定职责做好相关工作。

第四条　省人民政府应当推进质量兴农战略，制定种业发展规划并组织实施。

县级以上人民政府应当加强政策引导，提升种业企业自主创新能力、企业竞争能力，强化市场监管，提高种业发展水平，突出特色品种优势，促进农民增收。

第五条　县级以上人民政府农业、林业主管部门应当实施种业提升工程，加强植物新品种的引进、推广和应用，推动农林产业质量提高。

第六条　县级以上人民政府应当制定扶持种业发展的政策措施，并设立扶持现代种业发展资金，用于种质资源保护和创新、植物新品种保护、良种选育、品种审定、生产基地建设、良种推广和监督管理等工作。

县级人民政府应当将种子管理所需经费列入财政预算。

鼓励、引导社会资本投资种业，促进现代种业的研发、生产和推广。

第七条　省人民政府农业、林业主管部门应当建立完善与北京、天津及周边区域品种选育、审定协作机制，推进优良品种的选育推广协同创新，促进种业优势互补和共赢发展。

第八条　省人民政府建立种子储备制度，主要用于发生灾害时的生产需要及余缺调剂，保障农业和林业生产安全。对储备的种子应当定期检验和更新。

第九条　县级以上人民政府农业、林业主管部门应当加强植物新品种保护工作，鼓励和支持种业科技创新、植物新品种培育及成果转化，健全知识产权服务机制，依法保护植物新品种权所有人的合法权益。

第十条　授权品种受法律保护，任何单位和个人不得侵犯。

法律、行政法规另有规定的，从其规定。

第二章　种质资源保护

第十一条　省人民政府农业、林业主管部门应当按照国家有关规定开展种质资源的普查、收集、整理、鉴定、登记、保存、交流和利用，确定并定期公布本省重点保护和可供利用的种质资源名录。

第十二条　省人民政府农业、林业主管部门应当加强种质资源库和种质资源保护区、种质资源保护地的建设和管理。

任何单位和个人不得侵占和破坏种质资源。

第十三条　县级以上人民政府农业、林业主管部门应当在种质资源保护区或者种质资源保护地设立保护标志，加强保护和管理。

第十四条　县级以上人民政府林业主管部门应当根据需要对下列林木种质资源确定保护范围：

（一）优树、良种采穗圃、种子园、母树林、省级采种基地；

（二）优良林分、优良种源等种质资源；

（三）珍稀、濒危树种的种质资源；

（四）其他具有特殊价值的种质资源。

第三章　品种选育、审定与登记

第十五条　各级人民政府应当支持科研院所、高等院校开展育种基础性、前沿性和应用技术研究以及常规作物、主要造林树种育种和无性繁殖材料选育等公益性研究，并促进科研成果转移转化。

第十六条　县级以上人民政府应当扶持本地优势特色农作物的品种选育和成果转化，推广符合产业发展需求的优良品种。

加强生态、用材、经济、能源、观赏等林木品种的选育推广。

第十七条　主要农作物品种、主要林木品种在推广前应当通过国家级或者省级审定。

省人民政府农业、林业主管部门分别设立有专业人员参加的农作物品种和林木品种审定委员会。

通过省级审定的主要农作物品种、林木良种，由品种审定委员会编号，颁发证书，省人民政府农业、林业主管部门公告。

第十八条　省农作物品种审定委员会应当在申请者提供的省级审定品种的试验种子中留取标准样品，交种质资源库保存，用作质量鉴定标准样品、种质资源创新和育种基础材料。

第十九条　在本省审定通过的主要农作物品种、林木良种有下列情形之一的，经原品种审定委员会审核确认后，撤销审定，由原公告部门发布公告，停止推广、销售：

（一）在使用过程中出现不可克服严重缺陷的；

（二）种性严重退化或者失去生产利用价值的；

（三）未按照要求提供品种标准样品或者标准样品不真实的；

（四）以欺骗、伪造试验数据等不正当方式通过审定的。

第二十条　引种通过其他省、自治区、直辖市审定属于同一适宜生态区主要农作物品种、林木良种，引种者应当将引种的品种和区域报省人民政府农业、林业主管部门备案，由省人民政府农业、林业主管部门公告。

引种主要农作物品种的引种者应当在拟引种区域内开展不少于一年的适应性、抗病性试验，对品种的真实性、安全性和适应性负责。具有植物新品种权的品种，还应当经过品种权人的同意。

引种本地区没有自然分布的林木品种，应当按照国家引种标准通过试验。

第二十一条 列入国家非主要农作物登记目录的品种在推广前应当登记。

申请品种登记的单位和个人应当向省人民政府农业主管部门提交登记申请文件和种子样品，并对其真实性负责，保证可追溯，接受监督检查。

省人民政府农业主管部门应当自受理品种登记申请之日起二十个工作日内，对申请者提交的申请文件进行书面审查，符合条件的上报国务院农业主管部门；不符合条件的应当通知申请人，并说明理由。

第二十二条　应当审定的农作物品种未经审定通过的，不得发布广告、推广、销售。

应当审定的林木品种未经审定通过的，不得作为良种推广、销售，但生产确需使用的，应当经林木品种审定委员会认定。

应当登记的农作物品种未经登记的，不得发布广告、推广，不得以等级品种的名义销售。

第四章　种子生产经营管理

第二十三条　从事种子进出口业务的种子生产经营许可证，由省人民政府农业、林业主管部门审核，国务院农业、林业主管部门核发。

从事主要农作物杂交种子及其亲本种子、林木良种种子的生产经营以及实行选育生产经营相结合，符合国务院农业、林业主管部门规定条件的种子企业的种子生产经营许可证，由生产经营者所在地人民政府农业、林业主管部门审核，省人民政府农业、林业主管部门核发。

前两款规定以外的其他种子的生产经营许可证，由生产经营者所在地县级以上人民政府农业、林业主管部门核发。

只从事非主要农作物种子和非主要林木种子生产的，不需要办理种子生产经营许可证。

第二十四条　种子生产经营者应当按照有关规定建立和保存包括种子来源、产地、数量、质量、销售去向、销售日期和有关责任人员等内容的生产经营档案，保证可追溯。

生产经营档案保存期限依照国家有关规定执行。

第二十五条　种子生产经营者销售的种子应当符合国家或者行业标准，附有标签和使用说明。标签和使用说明标注的内容应当与销售的种子相符，并对标注内容的真实性和种子质量负责。

第二十六条　专门经营不再分装的包装种子的，或者受具有种子生产经营许可证的种子生产经营者以书面委托生产、代销其种子的，不需要办理种子生产经营许可证，但应当在种子销售前向当地人民政府农业、林业主管部门备案，并执行进货检查验收制度，验明种子标签和使用说明。

第二十七条　国家、省投资或者以国家、省投资为主的造林项目和国有林业单位造林，应当根据县级以上人民政府林业主管部门制定的规划设计使用林木良种。

第二十八条　种子使用者因种子质量问题或者因种子的标签和使用说明标注的内容不真实，遭受损失的，种子使用者可以向出售种子的经营者要求赔偿，也可以向种子生产者或者其他经营者要求赔偿。赔偿额包括购种价款、可得利益损失和其他损失。属于种子生产者或者其他经营者责任的，出售种子的经营者赔偿后有权向种子生产者或者其他经营者追偿；属于出售种子的经营者责任的，种子生产者或者其他经营者赔偿后，有权向出售种子的经营者追偿。

第五章　种子监督管理

第二十九条　县级以上人民政府农业、林业主管部门应当明确种子管理机构，依法开展农作物和林木种子的具体监督管理工作。

第三十条　省人民政府农业、林业主管部门应当在统一的政府信息发布平台上发布品种审定、撤销审定、引种备案、生产经营许可、监督管理、案件查处等信息。

第三十一条　县级以上人民政府农业、林业主管部门应当加强对种子质量的监督检查，开展品种安全性评价，可以委托种子质量检验机构对种子质量进行检验。

第三十二条　县级以上人民政府农业、林业主管部门应当加强种子生产基地监管、种子市场检查，依法查处违法生产经营种子、破坏种质资源、假冒授权品种、侵犯植物新品种权等行为。

第三十三条　县级以上人民政府农业、林业主管部门应当建立种子生产经营者信用记录，并纳入社会信用信息平台，依法向社会公开。

第三十四条　禁止生产经营假、劣种子。县级以上人民政府农业、林业主管部门和有关部门依法打击生产经营假、劣种子的违法行为，保护农民合法权益，维护公平竞争的市场秩序。

下列种子为假种子：

（一）以非种子冒充种子或者以此品种种子冒充其他品种种子的；

（二）种子种类、品种与标签标注的内容不符或者没有标签的。

下列种子为劣种子：

（一）质量低于国家规定标准的；

（二）质量低于标签标注指标的；

（三）带有国家规定的检疫性有害生物的。

第三十五条　县级以上人民政府农业、林业主管部门应当建立种子投诉举报制度，公开投诉举报联系方式。

县级以上人民政府农业、林业主管部门及其他有关部门收到举报后，应当在规定的时限内依法处理。

第六章　扶持措施

第三十六条　省人民政府应当采取措施加强种业科技创新能力建设，促进种业科技成果转化和权益分配制度改革，维护种业科技人员的合法权益。

县级以上人民政府应当对在种质资源保护工作和良种选育、推广等工作中成绩显著的单位和个人给予奖励。

第三十七条　县级以上人民政府应当加强种业科技支撑能力和基础设施建设的投入，推广以企业为主体的农作物选育、生产和经营相结合的发展模式，鼓励企业通过并购、参股等方式提高竞争力，扶持骨干种子企业和优势特色种子企业发展，引导开展标准化生产和规模化经营。

第三十八条　县级以上人民政府应当科学规划农作物种子生产优势区域布局，建设集中、稳定的种子科研和生产基地，推进规模化、标准化、机械化、集约化建设。

对种子科研和生产基地实行严格保护制度，任何单位和个人不得侵占。

第三十九条 县级以上人民政府应当鼓励和引导金融机构为种子生产经营和收购储备提供信贷支持；支持保险机构开展种子生产保险，促进种子企业发展。

第四十条　省人民政府应当采取措施加强种业人才培养，推进创新型种业科技人才队伍建设。

鼓励科研院所、高等院校开展育种科技人员交流，引导支持育种科研人才创新创业；支持科研院所、高等院校与种子企业联合建立实习实践培训基地和科研实践工作机构，共同培养专业技术人才和高技能人才。

第四十一条　省、设区的市人民政府应当加强南繁管理，制定南繁育种发展规划，协调农业、发展改革、财政、科技等部门，统筹组织，重点扶持，加强南繁基地植物检疫和转基因安全监管工作，推动南繁基地可持续发展。

第七章　法律责任

第四十二条　县级以上人民政府有关部门及其工作人员在种子管理工作中玩忽职守、徇私舞弊、滥用职权的，依法给予处分；构成犯罪的，依法追究刑事责任。

第四十三条　违反本条例规定，给植物新品种权所有人合法权益造成损害的，依法予以赔偿；构成犯罪的，依法追究刑事责任。

第四十四条　违法本条例规定，未依法取得种子生产经营许可证生产经营种子的，依照《中华人民共和国种子法》第七十七条的规定予以处罚。

第四十五条　违反本条例规定，种子生产经营者有下列行为之一的，由县级以上人民政府农业、林业主管部门责令改正，处二千元以上五千元以下罚款；情节严重的，处五千元以上二万元以下罚款：

（一）未按规定建立、保存种子生产经营档案的；

（二）销售的种子没有使用说明或者标签的内容不符合规定的；

（三）专门经营不再分装的包装种子或者受委托生产、代销种子，未按规定备案的。

第四十六条　违反本条例规定，有下列行为之一的，由县级以上人民政府农业、林业主管部门责令停止违法行为，没收违法所得和种子，并处二万元以上五万元以下罚款；情节严重的，并处五万元以上二十万元以下罚款：

（一）对应当审定未经审定的农作物品种进行推广、销售的；

（二）作为良种推广、销售应当审定未经审定的林木品种的；

（三）推广、销售应当停止推广、销售的农作物品种或者林木良种的；

（四）对应当登记未经登记的农作物品种进行推广，或者以登记品种的名义进行销售的；

（五）对已撤销登记的农作物品种进行推广，或者以登记品种的名义进行销售的。

第四十七条　违反本条例规定，生产经营假、劣种子的，依据《中华人民共和国种子法》第七十五条、七十六条的规定予以处罚。

第四十八条　违反本条例规定，侵占种子科研和生产基地的，责令限期改正，恢复原貌；造成损失的，依法承担赔偿责任。

第八章　附　则

第四十九条　转基因植物品种的选育、试验、审定、生产经营和推广，依照国家有关法律、行政法规规定执行。

第五十条　本条例自2018年6月1日起施行。

河北省人民政府办公厅
关于创新农村基础设施投融资体制机制的实施意见

（2018年4月4日）

各市（含定州、辛集市）人民政府，各县（市、区）人民政府，雄安新区管委会，省政府有关部门：

为贯彻落实《国务院办公厅关于创新农村基础设施投融资体制机制的指导意见》（国办发〔2017〕17号）精神，推动我省农村基础设施投融资体制机制改革创新，加快建设完善农村道路、供水、污水垃圾处理、供电、电信等基础设施，经省政府同意，结合我省实际，提出如下实施意见。

一、总体要求

深入贯彻落实党的十九大精神，以习近平新时代中国特色社会主义思想为统领，着力实施乡村振兴战略，围绕加快补齐农村基础设施短板、推进城乡一体化的目标，坚持政府主导、社会参与，农民受益、民主决策，因地制宜、分类施策，建管并重、统筹推进的原则，以创新投融资体制机制为突破口，明确政府农村基础设施建设和投入责任，拓宽投融资渠道，优化投融资模式，加大建设投入力度，完善管理养护机制，全面提高我省农村基础设施建设和管理水平。到2020年，全省基本形成主体多元、充满活力的投融资体制，市场运作、专业高效的建管机制逐步建立，城乡基础设施建设管理一体化水平明显提高，美丽乡村建设取得明显进展，深度贫困村建成整体达到或接近全省农村小康水平的美丽乡村，广大农民共享改革发展成果的获得感进一步增强。

二、构建多元化投融资体系

（一）完善分级分类投入体制。明确省、市、县政府事权和投入责任，构建事权清晰、权责一致、省级统筹、市级协调、县级负责的农村基础设施投入体系。省级负责规划制定、争取国家项目资金支持、统筹安排省级资金；市级负责协调项目前期工作、技术指导、督查验收；县级作为责任主体，负责筹集项目资金、组织项目施工、为项目建设营造良好环境。对农村道路等没有收益的基础设施，建设投入以政府为主，发挥好政府投资的引导和撬动作用，鼓励社会资本和农民参与。对农村供水、污水垃圾处理等基础设施，建设投入以政府和社会资本合作（PPP）模式为主，积极引导社会资本和农民投入，拓宽投融资渠道。社会资本参与旅游开发、美丽乡村等新农村建设的，应承担相应的污水垃圾治理责任。鼓励社会帮扶、捐资捐赠治理农村污水垃圾。对农村供电、电信等以经营性为主的基础设施，建设投入以企业为主，鼓励企业按照国家产业政策申请国家支持。（省财政厅、省发展改革委、省交通运输厅、省水利厅、省住房城乡建设厅、省环境保护厅、省电力公司、冀北电力公司等负责）

（二）强化财政投入稳定增长机制。省、市、县级财政优先保障对农业农村的投入，坚持把农村基础设施作为固定资产投资的重点领域，同时积极争取中央资金。支持扶贫工作重点县政府以规划为依据，整合涉农资金形成合力，用于农村基础设施建设。统筹土地出让收益等各类资金，支持农村基础设施建设。强化财政支农资金监管，完善绩效管理机制，不断提升财政支农资金使用效益。（省财政厅、省发展改革委等负责）

（三）创新政府投融资方式。鼓励市、县政府和社会资本设立农村基础设施建设投资基金，亦可采取直接投资、投资补助、资本金注入、财政贴息、以奖代补、先建后补、无偿提供建筑材料等多种方式撬动社会资金，支持农村基础设施建设。支持地方融资平台投资农村基础设施建设项目，融资平台公司应剥离政府融资职能，加快转型改制，推进市场化融资，建立规范的地方政府举债融资机制。银行机构应在依法合规、审慎测算还款能力和项目收益的前提下，对融资平台公司优先予以信贷支持。允许市、县政府使用一般债券支持农村道路建设，使用专项债券支持农村供水、污水垃圾处理等基础设施建设，探索发行县级农村基础设施建设项目集合债。支持符合条件的企业发行企业债券，用于农村供电、电信等基础设施建设。鼓励金融机构为发行债券的企业提供财务顾问、承销及兑付等金融服务，并实施优惠费率政策，支持企业降低成本。鼓励市、县政府通过财政拨款、特许经营或委托经营等渠道筹措资金，设立不向社会征收的政府性农村基础设施维修养护基金。市、县政府要加强统筹，将农村基础设施建设与现代农业产业园、美丽乡村、乡村旅游、易地扶贫搬迁等实行捆绑式一体化开发建设，不断提升农村基础设施服务能力和水平。（省发展改革委、省财政厅、省农业厅、省金融办、人行石家庄中心支行、河北银监局、河北证监局等负责）

（四）健全政府和社会资本合作机制。拓宽社会资本进入领域，除法律、法规、规章特殊规定的情形外，农村基础设施建设投资均向社会资本开放，各类符合条件的国有企业、民营企业、外商投资企业、混合所有制企业，以及其他投资、经营主体均享有依法依规平等参与的权利，县级政府要本着“非禁即入”的原则，将不允许社会资本进入的基础设施建设项目列出清单并向社会公示。按照“公益性项目、市场化运作”理念，通过股权转让、委托运营、与经营性较强项目组合开发等方式，吸引社会资本参与农村基础设施建设，并与政府投资项目享受同等政策待遇。支持市、县政府将农村基础设施项目整体打包，提高收益能力，并建立运营补偿机制，保障社会资本获得合理投资回报。市、县政府在编报土地利用年度计划时，要将农村基础设施项目用地纳入计划，优先保障建设用地。（省财政厅、省发展改革委、省工业和信息化厅、省国土资源厅、省住房城乡建设厅、省水利厅、省农业厅、省林业厅等负责）

（五）充分调动农民参与积极性。加强宣传引导，充分发挥农民在农村基础设施建设中决策、投资、建设、管护等方面作用。县、乡（镇）在制订农村基础设施发展规划时，要围绕农民需求进行谋划，充分征求和吸纳农民群众意见，坚持群众自主原则，落实村民“一事一议”制度，利用好各项涉农补助资金，引导和鼓励广大农民自觉参与到农村基础设施项目建设中来。合理确定农村基础设施筹资筹劳限额，鼓励农民和农村集体经济组织自主筹资筹劳开展村内基础设施建设。推行农村基础设施建设项目公示制度，发挥农民群众的监督作用。（省农业厅、省水利厅、省林业厅、省民政厅、省住房城乡建设厅等负责）

（六）加大金融支持力度。国家开发银行河北省分行和农业发展银行河北省分行要在支持农村基础设施建设方面充分发挥引领作用，积极扩大政策性长期贷款规模，强化对农村基础设施建设的支持。鼓励商业银行通过开展银团贷款、联合授信等多样化的金融服务方式扩大信贷投放。支持银行业金融机构开展收费权、特许经营权等担保创新类贷款业务，有效满足农村基础设施建设项目的资金需求。发挥农业银行面向三农、商业运作的优势，创新金融产品和服务模式，加大对农村基础设施建设的支持力度。建立并规范发展融资担保、保险等多种形式的增信机制，提高各类农村基础设施投资建设主体的融资能力。鼓励保险资金运用股权、债权、股债结合等形式为农村基础设施建设提供资金支持。鼓励利用国际金融组织和外国政府贷款建设农村基础设施。（省金融办、人行石家庄中心支行、河北银监局、河北保监局、省发展改革委、省财政厅、农业发展银行河北省分行、国家开发银行河北省分行、中国农业银行河北省分行等负责）

（七）落实企业社会责任。输配电企业要进一步加大对农村电网改造升级的投入力度，组织实施农村电网改造升级工程，提高供电保障能力。基础电信运营企业要充分发挥主体作用，加大农村地区宽带网络建设投入力度，推进宽带光纤向农村延伸，实现4G网络全覆盖。鼓励省内其他领域的国有企业拓展农村基础设施建设业务，支持中央企业和省内国有企业通过帮扶援建等方式参与农村基础设施建设。（省国资委、省发展改革委、省通信管理局、省电力公司、冀北电力公司等负责）

（八）引导社会各界积极援建。鼓励企业、社会组织、个人通过捐资捐物、结对帮扶、包村包项目等形式，支持农村基础设施建设和运行管护。积极搭建公益捐助平台，引导国内外机构、基金会、社会团体和各界人士为农村基础设施建设筹资筹物。财政、税务、民政等部门要积极落实企业和个人公益性捐赠所得税税前扣除政策。进一步推进京津两市对口帮扶张家口、承德、保定市，落实省内唐山、廊坊市分别对口帮扶承德、张家口市，以及石家庄、邯郸、邢台、衡水、沧州、保定、秦皇岛市市域内对口帮扶工作方案，重点推进贫困地区交通、饮水、通信等设施建设，改善居民生产生活条件。（省民政厅、省财政厅、省国税局、省地税局、省发展改革委、省扶贫办、省住房城乡建设厅、省交通运输厅、省水利厅、省通信管理局等负责）

三、健全完善建设管护机制

（一）健全农村公路建设养护机制。建立健全“县为主体、行业指导、部门协作、社会参与”的养护工作机制。县级政府要全面落实农村公路建设养护的主体责任，将农村公路养护资金、相关管理机构运行经费及人员基本支出纳入县级财政预算，根据农村公路里程的增加情况，适当增加农村公路养护资金的投入，保证“有路必养”，省级财政对农村公路养护给予一定补助。完善县级农村公路管理机构、乡镇农村公路管理站和建制村村道管理议事机制，确保到2020年农村公路列养率达到100%。推广“建养一体化”模式，有序推进农村公路建设和养护市场化改革，农村公路大中修等专业性养护工程，逐步通过政府购买服务的方式交由专业化养护队伍承担。日常保洁、绿化等非专业项目，鼓励通过分段承包、定额包干等办法，吸纳沿线群众参与。鼓励采取出让公路冠名权、广告权、相关资源开发权等方式筹资建设和养护农村公路。结合物价上涨、里程增加、等级提升等因素，合理确定农村公路养护资金补助标准。（省交通运输厅、省财政厅等负责）

（二）推进农村供水设施产权制度改革。县级政府承担主体责任，建立完善的城乡供水一体化系统，改革现行的管理体制，健全工程良性运行机制。以政府投入为主兴建、规模较大的农村集中供水基础设施，由县级政府或其授权部门根据国家有关规定确定产权归属；以政府投入为主兴建、规模较小的农村供水基础设施，资产交由农村集体经济组织或农民用水合作组织所有；单户或联户农村供水基础设施，国家补助资金所形成的资产归受益农户所有；社会资本投资兴建的农村供水基础设施，所形成的资产归投资者所有，或依据投资者意愿确定产权归属。由产权所有者建立管护制度，落实管护责任。鼓励开展农村供水设施产权交易，通过拍卖、租赁、承包、股份合作、委托经营等方式将一定期限内的管护权、收益权划归社会投资者。推进县、乡（镇）国有供水企业股份制改造，引入第三方参与运行管理。（省水利厅、省发展改革委、省财政厅等负责）

（三）完善农村污水垃圾处理管理体制。坚持政府主导、县域统筹，县级政府要切实承担主体责任，做好示范引领，加大资金投入，不断推进农村污水垃圾治理规范化、制度化。根据县域乡村基础条件、区位特点等方面差异，因地制宜确定县域统筹模式，使农村污水垃圾处理共同推进同步实施。完善农村垃圾市、县集中处置与乡镇分散处置相结合的模式，推动农村垃圾分类和资源化利用，不断完善农村垃圾治理设施设备，逐步提高转运设施及环卫机具的卫生水平。边远村庄垃圾就地减量、处理，不具备处理条件的应妥善储存、定期外运处理。推广建立村庄保洁制度，合理配置保洁员，明确村民的保洁义务。推进建立统一的农村人居环境建设管理信息化平台，促进相关资源统筹利用。（省住房城乡建设厅、省环境保护厅牵头负责）

（四）大力推进农村电力管理体制改革。加快推进现代电力企业制度建设，鼓励开展县级电网企业股份制改革试点。逐步放开增量配电网投资业务，赋予投资主体新增配电网的所有权和经营权。鼓励以混合所有制方式发展配电业务，通过公私合营模式引入社会资本参与农村电网改造升级及运营。支持社会资本投资建设清洁能源项目和分布式电源并网工程。积极推动清洁能源项目并网，开辟并网“绿色通道”管理流程，满足分布式电源并网工程需求，超前开展分布式村级光伏扶贫电站并网工程的前期和物资储备工作，在投资上对扶贫工作重点县县域电网建设加大支持力度，到2020年，全部完成深度贫困村电网改造升级。（省发展改革委牵头负责）

（五）加快开放农村电信设施建设。县级政府及电信监管部门要创新农村电信基础设施建设项目融资模式，支持民间资本以资本入股、业务代理、网络代维等多种形式与基础电信企业开展合作，参与农村电信基础设施建设。鼓励基础电信企业和铁塔公司制定各类优惠的合作方案，吸引民间资本开展农村宽带接入建设和业务运营。（省通信管理局牵头负责）

（六）改进项目管理和绩效评价方式。建立涵盖需求决策、投资管理、建设运营等全过程、多层次的农村基础设施建设项目综合评价体系。以绩效目标为导向，对项目绩效目标实现程度、效益情况进行跟踪监控，保障绩效目标实现。对具备条件的项目，通过公开招标、邀请招标、竞争性磋商、竞争性谈判等多种方式选择专业化的第三方机构，参与项目前期论证、招投标、建设监理、效益评价等，建立绩效考核、监督激励和定期评价机制。（省发展改革委、省财政厅牵头负责）

四、创新定价机制

（一）合理确定农村供水价格。在建立使用者付费制度、促进节约用水的基础上，完善农村供水水价形成机制。对城市周边已纳入城镇自来水供应范围的农户，推行统一的居民阶梯水价政策。农村集中供水应当按照补偿成本、合理盈利的原则确定水价，实行基本水价与计量水价相结合的两部制水价。县级政府和具备条件的农村集体经济组织可根据实际情况对运营单位进行合理补偿。县级以上政府应当建立健全农村集中供水设施运行维护经费合理负担机制，通过财政补贴、水费提留等方式，建立健全农村集中供水设施维修养护基金制度。运营单位应当落实农村集中供水设施运行维护经费，保障运行维护工作正常进行。（省物价局、省水利厅牵头负责）

（二）探索建立污水垃圾处理农户缴费制度。县级政府要将农村垃圾治理费用纳入财政预算。有条件的地方要探索建立农户缴费、村集体补贴、财政补助相结合的机制，保障运营单位获得合理收益。合理确定缴费水平和标准，完善农村污水垃圾处理费用调整机制，建立上下游价格调整联动机制，价格调整不到位时，县、乡（镇）政府和具备条件的村集体可根据实际情况对运营单位给予合理补偿。（省发展改革委、省财政厅、省环境保护厅、省住房城乡建设厅等负责）

（三）完善输配电价机制。按照“管住中间、放开两头”的原则，推进输配电价改革，严格成本审核和监管，落实国家分类定价、阶梯电价政策和电力普遍服务补偿机制，加强对电网企业输配电价政策执行情况的跟踪评估，做好新增配电网配电价格核定工作，保证农村配电网设施运行维护和投资需求。（省物价局、省发展改革委牵头负责）

（四）鼓励电信企业提速降费。县级政府要加快推进农村宽带网络建设，鼓励基础电信企业与民营企业加强合作，引导基础电信企业公平竞争，推动资费水平持续下降。基础电信企业要简化资费结构，降低通信费用，切实提高农村宽带上网、移动互联等业务的性价比，为农村贫困户提供更加优惠的资费方案，为发展农业农村“互联网＋”提供有力支撑。（省通信管理局牵头负责）

五、保障措施

（一）强化规划引导。县级政府要按照城乡一体化发展的要求，把创新投融资体制，加快补齐农村基础设施建设短板，作为县域经济社会发展规划的重要内容，统筹衔接协调乡村建设规划等各类规划，科学制定农村道路、供水、污水垃圾处理、供电、电信等基础设施建设布局。推动城镇基础设施向农村延伸，鼓励将城市周边农村、规模较大的中心镇纳入城镇基础设施建设规划，实行统一规划、统一建设、统一管护。（各县（市、区）政府负责）

（二）完善相关制度规定。健全农村基础设施投融资体制机制，进一步优化营商环境，依法保护投资者的合法权益，维护市场公平有序竞争。加快修订相关规定，适当放宽对农村小型基础设施投资项目管理的项目法人责任制、招标投标制、建设监理制、合同管理制等要求。（省农业厅、省住房城乡建设厅、省交通运输厅、省发展改革委、省法制办等负责）

（三）落实政府责任。市、县政府要把农村基础设施建设管护摆上重要议事日程，统筹本行政区域内国有林区、林场、垦区等基础设施建设，积极创新投融资体制机制。县级政府是农村基础设施建设管护的责任主体，要结合本地实际，制定实施意见，确保各项政策措施落到实处。

（四）加强部门协作。各级各部门要根据本实施意见，按照职责分工，密切协作配合，抓紧制定相关配套措施，并对意见落实情况进行跟踪分析和定期评估。

河北省人民政府关于发布《河北省生态保护红线》的通知

（2018年6月29日）

各市（含定州、辛集市）人民政府，各县（市、区）人民政府，雄安新区管委会，省政府各部门：

为贯彻落实《中共中央办公厅国务院办公厅印发〈关于划定并严守生态保护红线的若干意见〉的通知》（厅字〔2017〕2号），根据《中共河北省委办公厅河北省人民政府办公厅印发〈关于划定并严守生态保护红线的实施意见〉的通知》（冀办字〔2017〕36号），我省划定了生态保护红线，已经国务院同意，现予发布，请认真贯彻执行。

河北省生态保护红线

一、总面积

全省生态保护红线总面积4.05万平方公里，占全省国土面积的20.70%。其中，陆域生态保护红线面积3.86万平方公里，占全省陆域国土面积的20.49%，海洋生态保护红线面积1880平方公里，占全省管辖海域面积的26.02%。

二、基本格局

基本格局呈“两屏、两带、多点”。

“两屏”为燕山和太行山生态屏障，主要生态功能为水源涵养、水土保持与生物多样性维护。

“两带”为坝上高原防风固沙林带和滨海湿地及沿海防护林带。坝上高原防风固沙林带主要生态功能为防风固沙，是京津冀地区抵御浑善达克沙地南侵的最后一道防线；滨海湿地及沿海防护林带对维护海岸生态系统稳定，提高抵御风沙和大潮等自然灾害具有重要生态功能。

“多点”是指分散于平原及山地的各类生态保护地。保护地内多以水库、湖泊、森林、湿地、河流为主，具有洪水调蓄、调节径流、水源涵养、生物多样性维护等功能。

三、主要类型和分布范围

主要类型有坝上高原防风固沙生态保护红线、燕山水源涵养—生物多样性维护生态保护红线、太行山水土保持—生物多样性维护生态保护红线、河北平原河湖滨岸带生态保护红线、海岸海域生态保护红线等。

主要分布于承德、张家口市，唐山市北部山区，秦皇岛市中北部山区，保定、石家庄、邢台、邯郸市西部山区，沧州、衡水、廊坊市局部区域。

（一）坝上高原防风固沙生态保护红线。

分布范围：该区属内蒙古高原的南缘，生态保护红线主要分布于张北县、沽源县、康保县、察北管理区、塞北管理区和尚义县、丰宁满族自治县、围场满族蒙古族自治县的部分地区。生态保护红线面积3277平方公里，占全省陆域面积的1.74%。

生态系统类型及生态功能：区域内以草原生态系统为主，其次为森林生态系统，植被组成以旱生针茅属植物为优势种，羊草草原比重较大，组成森林的树种有白桦、华北落叶松、山杨、蒙古栎等，具有极其重要的防风固沙功能。

保护重点：主要保护脆弱的草原生态系统和林草交错区过渡地带。

（二）燕山水源涵养—生物多样性维护生态保护红线。

分布范围：该区位于河北省东北部，北与坝上高原相接，南与河北平原为邻。生态保护红线主要分布于张家口东部坝下、承德地区坝下和唐山、秦皇岛市所属19个县（市）。生态保护红线面积22579平方公里，占全省陆域面积的11.97%。

生态系统类型及生态功能：区域内以森林生态系统为主，植被覆盖率高，降水条件好，河流水系发达，是滦河、潮白河、辽河三大水系的主要发源地，有潘家口、大黑汀等水库，是北京、天津、唐山三大城市重要水源地，具有重要的水源涵养功能。区域内物种丰富，植被保护良好，为大量生物提供了栖息地，保护了物种的完整性，具有较强的生物多样性维护功能。

保护重点：主要保护森林生态系统，以及珍稀野生动植物栖息地与集中分布区。

（三）太行山水土保持—生物多样性维护生态保护红线。

分布范围：该区位于河北省西部，西与山西省交界，东与河北平原相连，南与河南省相接。生态保护红线主要分布于保定、石家庄、邢台、邯郸市的西部山区。生态保护红线面积11158平方公里，占全省陆域面积的5.92%。

生态系统类型及生态功能：区域内以森林生态系统为主，有大小河流数十条，分属于海河水系的大清河、子牙河、漳卫河系。还分布有西大洋、王快、岗南、黄壁庄、朱庄、岳城等多个大中型水库，具有重要的水土保持与水源涵养功能。区域内西部深山区物种比较丰富，具有较强的生物多样性维护功能。区域内低山丘陵区植被盖度较差，水土流失敏感性强，水土流失严重，易发生地质灾害，是国家水土流失重点治理区域。

保护重点：主要保护森林生态系统，珍稀野生动植物栖息地与集中分布区，以及太行山丘陵水土流失重点治理区。

（四）河北平原河湖滨岸带生态保护红线。

分布范围：该区属华北平原北部区，南到河南省界，北至燕山，西邻太行山，东濒渤海。生态保护红线主要分布于廊坊、沧州、衡水市，秦皇岛、唐山市南部，保定、石家庄、邢台、邯郸市东部。生态保护红线面积1618平方公里，占全省陆域面积的0.86%。

生态系统类型及生态功能：区域内主要以农田生态系统为主，兼有河流与淡水湿地生态系统，分布有海河、滦河两大水系，其中，海河是该区域最大河流，主要支流有北运河、永定河、大清河、子牙河、南运河。区域内还分布有白洋淀、衡水湖、南大港等河湖、湿地、洼地，具有重要的洪水调蓄、生物多样性维护功能。

保护重点：主要保护内陆河流与淡水湿地生态系统，逐渐恢复流域内珍稀濒危野生动植物栖息地。

（五）海岸海域生态保护红线。

分布范围：海岸海域生态保护红线主要分布于秦皇岛、唐山、沧州市的沿海地区。生态保护红线面积1880平方公里，占全省管辖海域面积的26.02%。

生态系统类型及生态功能：区域内主要有海洋、河口、湿地、森林等生态系统。主要生态功能是维护水产种质资源，缓解生态环境恶化，改善沿海地带生态脆弱性，提高抵御风沙和大潮等自然灾害，是京津地区的海防安全重要屏障。

保护重点：主要保护海岸海域生态系统，逐步恢复海岸海域区域内的水产种质资源栖息地以及沿海防护林。

附图：河北省生态保护红线分布图（略）

河北省人民政府办公厅关于提升土地利用质量效益的指导意见

（2018年7月14日）

各市（含定州、辛集市）人民政府，各县（市、区）人民政府，雄安新区管委会，省政府有关部门：

为落实最严格的节约集约用地制度，提高全省土地利用效益，实现高质量发展，结合我省实际，提出如下意见：

一、总体要求

（一）指导思想。以习近平新时代中国特色社会主义思想为统领，全面贯彻落实党的十九大和省委九届五次、六次、七次全会精神，牢固树立新发展理念，服务高质量发展大局，坚持节约优先、保护优先原则，着眼土地粗放利用、土地资源投入产出效益低等问题，按照“严控总量、做优增量、盘活存量、提高质量”的思路，完善土地利用和管理制度，推动土地利用方式转变，促进和引导产业转型升级，提高单位面积土地投入和产出水平，全面提升土地资源综合效益，为加快建设新时代经济强省、美丽河北提供有力支撑。

（二）基本原则。

1.坚持严管严控，节约优先。强化节约集约用地意识，强化土地用途管制，强化开发利用管理。实行建设用地总量和强度双控，提高土地节约集约利用水平，促进用地强度和用地效益双提升。

2.坚持统筹协调，市场配置。充分发挥市场配置资源的决定性作用，更好发挥政府作用，健全建立党委领导、政府负责、部门协同机制，完善监管考核评价制度，激励和约束机制并举，推动节约集约用地和促进经济发展相统筹，实现土地资源保护与开发利用相统一。

3.坚持改革创新，提质增效。适应高质量发展要求，着重在土地供给侧求突破、谋创新。坚持问题导向，完善用地强度和用地效益管控体系，拓宽土地要素保障途径，积极探索差别化管理，科学把握经济发展与节约利用的关系。

（三）总体目标。

1.国土资源保护成效明显增强。落实最严格的耕地保护制度和节约用地制度，建立健全耕地保护和补充机制，全面推进实施高标准农田建设工程。到2020年，全省建设用地总规模控制在3372万亩以内，耕地保有量不少于9080万亩、永久基本农田保护面积不少于7725万亩。

2. 国土空间开发格局明显优化。落实建设用地空间管制制度，调整优化城乡用地结构，合理控制土地开发强度，从严控制新增建设用地。到2020年，国土空间布局日益优化，城镇村用地结构和布局达到规划目标，城镇工矿空间规模控制在1192万亩以内，人均城镇工矿用地控制在147平方米以内。

3. 土地利用综合效益明显提升。释放存量建设用地利用空间，提升土地利用方式内涵发展水平，实现土地资源配置进一步优化，节约集约用地刚性要求和长效机制基本形成。"十三五"期间，单位国内生产总值建设用地使用面积下降20%。到2020年，开发区平均投资强度达到250万元/亩以上，亩均税收达到15万元/年以上。

二、优化国土空间开发利用格局

（一）坚持总量控制，推进土地利用方式向内涵提升转变。城乡建设、区域发展、产业布局、基础设施建设、生态环境保护等相关规划涉及土地利用的内容，应当符合节约集约用地要求，与土地利用总体规划相衔接。健全国土空间用途管制制度，严格控制城市开发边界，控制建设用地总量。各市根据本地实际制定城市建设用地开发强度、土地投资强度、人均用地指标整体管控的具体指标，遏制土地过度开发和建设用地低效利用。推进人口向城镇集中、居住向社区集中、产业向园区集中，实现土地资源高效配置和节约集约利用。（责任单位:市、县（市、区）政府，省国土资源厅、省发展改革委、省环境保护厅、省住房城乡建设厅）

（二）坚持试点先行，编制新一轮土地利用总体规划。按照国家统一部署，以2035年为目标年，科学编制新一轮土地利用总体规划，完善规划体系和功能，创新规划调控指标体系，实施全域全类型土地用途管制，统筹土地开发、利用、保护和整治，合理安排生产、生活、生态用地空间，划定城镇和开发区（园区）开发边界控制线，形成规模适度、布局优化、节约集约的国土空间布局。到2018年，张家口、秦皇岛市和雄安新区以及张家口市崇礼区、怀来县、卢龙县等地完成规划试点工作，形成可推广的经验；到2020年底，完成全省土地利用总体规划编制。（责任单位:省国土资源厅，市、县（市、区）政府）

（三）坚持统筹利用，推进增减挂钩节余指标调剂使用。省国土资源厅研究制定城乡建设用地增减挂钩节余指标省域内调剂使用管理办法，规范国家扶贫开发工作重点县、燕山—太行山连片特殊困难地区的46个国家级贫困县（含涿鹿县赵家蓬区）、17个省级贫困县产生的节余指标调剂使用工作。建立省级节余指标调剂平台，加强省域内节余指标调剂管理。统筹10个深度贫困县节余指标跨省调剂，在优先保障省域、县域内发展用地的前提下，合理确定调剂规模，有序推进拆旧建新。（责任单位:省国土资源厅，有关市、县（市、区）政府）

（四）坚持生态优先，推进未利用地合理开发利用。以保护和改善生态环境、防止水土流失和土地荒漠化为前提，依据土地利用总体规划和土地整治规划，在综合研究资源环境承载能力的基础上，积极推进低丘缓坡荒滩等未利用地开发利用，减轻建设占用耕地的压力。对山区开展土地整治增加的耕地，在达到耕地标准、不破坏耕作层、保有粮食生产能力的前提下，鼓励发展与区域功能定位相契合、与生态环境相适宜的农产品种植。严禁将25度以上陡坡纳入土地整治规划和宜耕土地后备资源范围，不得将25度以上耕地纳入永久基本农田保护范围。（责任单位：市、县（市、区）政府）

三、提升增量土地利用质量效益

（一）坚持标准控制，实行项目用地规模精准化管理。严格执行各类土地使用标准，在建设项目可行性研究、初步设计、土地审批、土地供应、供后监管、竣工验收等环节，加强土地使用标准审查核验。对尚未颁布土地使用标准和建设标准的特殊建设项目，进行项目节地评价并组织专家评审，依据节地评价结果和专家评审意见办理用地手续。省国土资源厅根据经济发展水平，修订完善我省主要项目建设用地控制指标。各地在省建设用地控制标准的基础上，结合当地实际和产业导向，制订适用于当地的建设项目用地控制标准。鼓励各地积极探索节地技术和节地模式。（责任单位：市、县（市、区）政府，省国土资源厅）

（二）坚持有保有压，实行土地要素保障差别化管理。严格落实国家区域政策、产业政策和供地政策，优先保障社会民生产业、重点行业、关键领域、重点建设项目和基础设施项目用地。严格执行《禁止用地项目目录》《限制用地项目目录》，严禁向高污染、高耗能、产能过剩项目供地。建立城镇建设用地增加规模同吸纳农业转移人口落户数量挂钩制度，统筹保障用地计划，到2020年底，全省600万左右农业转移人口和其他常住人口落户城镇。严格限制低密度大户型住宅项目用地，住宅用地容积率指标不得低于1以下。（责任单位：市、县（市、区）政府，省国土资源厅、省住房城乡建设厅）

（三）坚持集约发展，促进产业项目用地效益提升。市、县政府要结合实际，制定工业项目投资强度、亩均税收等投入产出效益控制标准，严把项目准入门槛。各地控制标准应于2018年底前报省政府备案，省政府将根据各地控制标准对工业项目投入产出情况进行考核。鼓励各地积极探索制定其他产业项目投入产出效益控制标准，全面推进产业项目用地效益提升。市、县政府要建立项目准入审查机制，坚持以投资产出效益核定用地规模，对达不到控制标准的新建项目，相应核减建设用地面积。大力推进开发区建设高标准厂房，促进工业企业特别是中小企业节约

集约用地，聚集发展。（责任单位：市、县（市、区）政府，开发区管委会）

四、大力推进存量用地盘活利用

（一）坚持综合施治，有序消化批而未供土地。市、县政府要全面清理2011年至2017年批而未供土地，建立工作台账，加快征地拆迁、土地前期开发、项目审批等工作，为项目供地和建设创造条件。分类采取指标调剂、调整项目加快供地、二次招商、督促限期供应等措施进行盘活，坚决杜绝新增建设用地闲置。实行供地率与新增建设用地计划指标分配、建设用地审批挂钩，对供地率低的市、县，除省重点项目和公共基础设施、保障性安居工程等重大民生项目外，暂停安排该地区新增建设用地计划指标，暂停建设用地审批。（责任单位：市、县（市、区）政府，省国土资源厅）

（二）坚持分类施策，有效处置供而未用土地。市、县政府要全面清理供而未用土地，依法确定处置方式。对已超过合同约定的开工时间未开工、尚未构成闲置土地的，追缴违约金，责令其限期开工。对企业原因造成土地闲置满一年未动工的，足额征缴闲置费，连续两年未动工的，坚决依法收回。对政府及部门原因造成土地闲置的，相关责任部门要积极配合国土资源部门，联合处置，按照限期开发一批、调整利用一批、置换盘活一批、依法收回一批、临时使用一批等方式，因地制宜、加快处置，有效提高建设用地实际使用率。实行闲置土地与新增建设用地计划指标分配挂钩，年底闲置土地超过5000亩的市，按10%比例扣减下年度新增建设用地计划指标，严控新增闲置土地数量。严格“净地”出让制度，加强新增闲置土地源头防控。（责任单位：市、县（市、区）政府，省国土资源厅）

（三）坚持统筹谋划，推进城乡存量低效用地挖潜利用。市、县政府要深入开展城镇低效用地再开发，完善激励机制，鼓励土地权利人自主改造开发，鼓励社会资本积极进入，探索形成多样化低效用地开发模式，促进城镇更新改造和产业转型升级。经依法批准后，鼓励闲置划拨土地上的工业厂房、仓库等用于养老、流通、服务、旅游、文化创意等行业发展，在一定时间内可继续以划拨方式使用土地，暂不变更土地使用性质。廊坊市政府负责香河县盘活存量建设用地试点工作，以盘活集体建设用地、批而未用和城镇低效用地为重点，探索存量建设用地盘活模式。省农业厅及省有关部门要积极推进“空心村”综合治理。（责任单位：市、县（市、区）政府，省农业厅、省国土资源厅、省住房城乡建设厅、省财政厅、省发展改革委、省民政厅）

（四）坚持立体利用，拓展建设用地空间。鼓励建设项目整体设计，分层布局，实现地上地下空间一体开发利用。建设用地使用权在地上、地下分层设立的，其取得方式和使用年期参照在地表设立的建设用地使用权的相关规定确定。以出让方式提供地下空间土地使用权的，按分层利用、区别用途原则，根据所在地块对应用途的基准地价（或同一主体地上建筑楼面地价）一定比例，确定土地出让金或出让底价，具体标准由市、县政府制定。原依法取得的工业用地改造开发后提高厂房容积率且不改变用途的，可不再增缴土地价款。（责任单位：市、县（市、区）政府）

五、全面开展用地质量效益考评督导

（一）坚持联合管控，建立共同责任机制。市、县政府是推进节约集约用地、提升土地利用质量效益的责任主体，要建立健全“党委领导、政府负责、部门协同、公众参与、上下联动”的共同责任机制，组织相关部门共同推进用地质量效益提升。有关部门要各司其职，齐抓共管、形成合力。县级以上国土资源部门负责对项目用地面积、用途以及出让价款收缴等履约情况的监督；县级以上发展改革、科技、工业和信息化、商务、统计、行政审批等部门按职能负责对项目性质、产业政策执行情况、投资强度、单位用地实际投入及产出等情况的监督；县级以上住房城乡建设部门负责对建设用地规划设计和项目工程规划许可执行情况的监督。建立健全项目竣工核验制度，将项目依法用地和履行土地出让合同或划拨决定书约定的有关用地条件，作为建设项目竣工验收内容。（责任单位：市、县（市、区）政府，省国土资源厅、省发展改革委、省科技厅、省工业和信息化厅、省住房城乡建设厅、省商务厅）

（二）坚持奖优罚劣，开展节地效益考核评价。省国土资源厅要按年度开展省级以上（含省级）开发区土地集约利用评价，未参与评价的开发区不得升级、扩区、调区，评价综合排名居全省后三分之二的省级开发区不得升级，综合排名居全省后三分之一的，不得扩区、调区；要进一步完善省土地节约利用考核办法，按年度对各市土地节约利用情况进行考核，结果纳入市政府耕地保护目标责任和设区市政府领导班子经济社会发展绩效考核，严格奖惩。各市政府要参照省考核办法，对县（市、区）土地节约利用情况进行考核。省发展改革、省工业和信息化部门要建立指向明确、指标科学、配套有力的综合评价体系，依据用地、税收、产出、能耗、排放等指标，分别开展“亩产效益”和工业企业质量综合评价，倒逼工业企业转型升级，推动实体经济高质量发展。（责任单位：省发展改革委、省工业和信息化厅、省国土资源厅、省科技厅、省环境保护厅、省商务厅、国家税务总局河北省税务局，市、县（市、区）政府，开发区管委会）

（三）坚持跟踪问效，加强督导检查。2020年底前，市、县政府应根据指导意见要求，紧密结合本地实际，制定本区域建设用地开发强度控制、批而未用土地处置、城乡低效用地再开发、工业项目投入产出效益提升、制度建设等工作年度计划，明确任务目标，年底前向上级政府报送当年完成情况并报备下年度工作计划和任务目标。各市、县应于今年8月底前将2018年工作计划和任务目标报上级政府备案。省政府组织相关部门结合年度土地节约利用考核，对各地年度工作计划执行情况和任务目标完成情况进行督导检查。省国土资源厅每季度对各市（含定州、辛集市）批而未用土地等情况进行通报。省商务厅要将开发区投资强度和亩均税收等情况纳入全省开发区月度主要指标排名结果通报。（责任单位：市、县（市、区）政府，省国土资源厅、省商务厅、省科技厅）

六、切实加强组织领导

（一）健全组织机构。省政府建立提升土地利用质量效益专项行动联席会议制度，全面负责用地质量效益提升工作的组织实施，定期沟通情况，协调解决重大问题。各地要成立相应的领导机构，政府主要负责同志负总责，分管负责同志具体负责，牵头部门组织协调，有关部门分工负责，切实将提升土地利用质量效益各项工作落到实处。

（二）强化实施管理。各级政府及有关部门要认真落实本意见精神，结合实际研究制定实施方案，抓紧出台提升土地利用质量效益的具体政策措施，明确责任分工和时间进度要求，对工作不落实、进展缓慢的，省政府将进行约谈、问责。要紧紧围绕节约集约、高效合理利用土地，总结经验、方法和举措，挖掘典型案例，形成可复制、可推广的经验，指导和推动全省用地质量效益提升工作创新发展。

（三）加强舆论引导。各级政府及有关部门要加强节约集约用地法律、法规、政策和国土资源工作的宣传力度，积极开展节约集约模范县（市）创建活动，充分利用电视、广播、报刊、门户网站、微博、微信、客户端等多种渠道，大力宣传各地提升土地利用质量效益的经验做法，不断提高全社会特别是各级领导干部的节约集约用地意识，努力营造节地增效的良好社会氛围。

河北省取水许可管理办法

（2018年7月21日）

《河北省取水许可管理办法》已经2018年7月11日省政府第17次常务会议通过，现予公布，自2018年9月1日起施行。

河北省取水许可管理办法

第一条　为加强取水许可管理，促进节约用水和水资源可持续利用，推进生态文明建设，根据《中华人民共和国水法》《取水许可和水资源费征收管理条例》等有关法律、法规，结合本省实际，制定本办法。

第二条　在本省行政区域内取水的许可和监督管理，适用本办法。法律、法规另有规定的，从其规定。

本办法所称的取水，是指利用取水工程或者设施直接从河流、水库、湖泊或者地下取用水资源。

本办法所称的取水工程或者设施，是指闸、坝、渠道、人工河道、虹吸管、水泵、水井以及水电站等。

第三条　取水许可应当落实最严格水资源管理制度，坚持统筹规划、节约优先、公开公正、高效便民、严格监管的原则。

第四条　县级以上人民政府应当加强对本行政区域内水资源管理工作的领导，统筹配置水资源，优先使用外调水，鼓励使用非常规水，控制使用地下水。

第五条　县级以上人民政府负责取水审批的机关依照审批权限负责本行政区域内的取水许可工作。

县级以上人民政府水行政主管部门依照管理权限负责本行政区域内取水的监督管理。

第六条　单位或者个人取用水资源的，应当申请取水许可，但有下列情形之一的除外：

（一）农村集体经济组织及其成员使用本集体经济组织的水塘、水库中的水的；

（二）家庭生活和零星散养、圈养畜禽饮用等少量取水的；

（三）为保障矿井等地下工程施工安全和生产安全必须进行临时应急取（排）水的；

（四）为消除对公共安全或者公共利益的危害临时应急取水的；

（五）为农业抗旱或者维护生态环境必须临时应急取水的。

第七条　实行取用水总量控制制度。

省人民政府水行政主管部门应当根据国家下达的取用水总量控制目标和水资源综合规划，制定各设区的市、省直管县（市）行政区域内取用水总量控制指标。

设区的市人民政府水行政主管部门应当根据省人民政府水行政主管部门下达的取用水总量控制指标，制定本行政区域内各县（市、区）取用水总量控制指标，并报省人民政府水行政主管部门备案。

设区的市、县（市、区）取水许可总量，不得超过本行政区域内取用水总量控制指标。

第八条　在地下水一般超采区，应当控制地下水取水许可，限制取水总量。

在地下水限制开采区，一般不得新增地下水取水许可；因当地经济社会发展需要，确需取用地下水的，由省人民政府水行政主管部门统筹安排，通过按比例核减其所在县（市、区）其他地下水取水单位的取水许可量，进行合理配置。

在地下水禁止开采区，禁止新增地下水取水许可。

第九条　取水许可应当首先满足城乡居民生活用水，因城市供水水源单一，确需开凿新取水井作为城市应急备用水源的，应当依法办理取水许可。除应急供水和日常维护性运行外，不得使用应急备用水源。

第十条　取用地表水的，由取水审批机关按照下列规定负责审批：

（一）年取水量不足一百万立方米的，由取水口所在地县级人民政府取水审批机关审批；

（二）年取水量在一百万立方米以上，不足五百万立方米的，由取水口所在地设区的市人民政府取水审批机关审批；

（三）年取水量在五百万立方米以上的，由省人民政府取水审批机关审批。

从跨行政区域的河流边界上游十公里、下游三公里内或者从边界河流取水的，应当按照前款规定，由各自有审批权的取水审批机关的共同上级取水审批机关审批。

从水库取水的，由该水库主管部门的同级取水审批机关审批；超出取水量限额的，按照本条第一款规定的限额和权限审批。

第十一条　取用地下水的，由省人民政府取水审批机关负责审批。

第十二条　申请取水的单位或者个人应当向有审批权的取水审批机关提出取水申请，并依照《取水许可和水资源费征收管理条例》的有关规定提交申请材料；申请取用地热水、矿泉水的，应当同时提交与省人民政府地质矿产行政主管部门签订的地热、矿泉水采矿权出让合同。

新建、改建、扩建建设项目需要申请或者重新申请取水的，建设单位或者项目法人应当在投资项目申请报告核准或者可行性研究报告批复后、开工建设前，向有审批权的取水审批机关提出取水申请。

第十三条　取水审批机关受理取水申请后，应当对取水申请材料进行全面审查，综合考虑本地区的取用水总量控制指标和对经济社会发展带来的影响，决定是否批准取水申请。

水行政主管部门以外的取水审批机关在审查取水申请过程中，需要征求有关水行政主管部门意见的，被征求意见的水行政主管部门应当自收到征求意见材料之日起10个工作日内提出书面意见。

第十四条　取水审批机关认为取水涉及社会公共利益需要听证的，应当向社会公告，依法组织听证。

取水涉及申请人与他人之间重大利害关系的，取水审批机关在作出是否批准取水申请的决定前，应当告知申请人、利害关系人享有要求听证的权利；申请人、利害关系人申请听证的，取水审批机关应当依法组织听证。

取水审批机关应当根据听证笔录，作出许可决定。

第十五条　取水审批机关应当自受理取水申请之日起45日内决定批准或者不批准。决定批准的，应当同时签发取水申请批准文件。

第十六条　有下列情形之一的，取水审批机关决定不予批准，并书面告知申请人不批准的理由和依据：

（一）在地下水禁止开采区取用地下水的；

（二）取用专门用于维护生态环境的水的；

（三）在取水许可总量已经达到取用水总量控制指标的地区增加取水量的；

（四）取水可能对水功能区水域使用功能造成重大损害的；

（五）取水、退水布局不合理的；

（六）城市公共供水管网能够满足用水需要，而自备取水设施取用地下水的；

（七）南水北调受水区内按照分配的供水指标和规定的用途能够满足用水需要，而取用地下水的；

（八）取水可能对第三者或者社会公共利益产生重大损害的；

（九）取水涉及项目不符合国家产业政策或者列入国家产业结构调整指导目录中淘汰类的；

（十）取水涉及产品不符合行业用水定额标准的；

（十一）法律、法规规定的其他情形。

第十七条　新建、改建、扩建建设项目取水或者增加取水量，需要占用第三者的用水量时，建设单位或者项目法人应当在提出取水申请前，与第三者达成一致意见。

第十八条　取水申请经批准后，取水单位或者个人应当按照取水申请批准文件建设取水工程或者设施，并按照有关规定安装取水计量设施。本办法施行前，未经批准并正在使用的农业灌溉取水工程或者设施，应当逐步纳入取水计量管理。

取用地下水的，应当按照取水申请批准文件确定的井位、取水层位开凿取水井。凿井施工单位不得承揽未取得取水申请批准文件的取水井工程。

第十九条　取水申请批准后3年内，取水工程或者设施未开工建设，或者需由国家审批、核准的建设项目未取得国家审批、核准的，取水申请批准文件自行失效。

第二十条　取水工程或者设施建成后，取水单位或者个人应当按照有关规定向取水审批机关申请验收，并报送取水工程或者设施运行情况等相关材料。取水审批机关应当在20日内对取水工程或者设施进行现场核验，出具验收意见；经验收合格的，核发取水许可证，并明确取水许可监督管理机关。

水行政主管部门以外的取水审批机关应当将核发取水许可证的情况及时通知取水口所在地县级以上人民政府水行政主管部门。

第二十一条　取得取水许可证的单位或者个人，不得擅自改变取水地点、取水方式、取水用途和退水地点，或者增加取水量；确需变更上述事项的，应当向有审批权的取水审批机关提出申请，经审查同意后方可变更。

第二十二条　取水许可证有效期限最长不超过5年。在地下水一般超采区、限制开采区取用地下水的，有效期限不超过3年。有效期届满，取水许可证自行失效；需要延续的，取水单位或者个人应当在有效期限届满45日前向有审批权的取水审批机关提出申请。

取水审批机关受理取水延续申请后，应当及时组织对原批准的取水量、实际取水量、取水用途、节水水平和退水水质状况、取水单位或者个人所在行业的用水水平、当地水资源状况等进行全面评估，并根据评估情况，在取水许可证有效期届满前决定是否延续。批准延续的，应当核发新的取水许可证；不予批准的，应当书面说明理由。

第二十三条　在取水许可证有效期限内有下列情形之一的，取水单位或者个人应当重新提出取水申请：

（一）取水量或者取水用途发生改变的，但因取水权转让引起取水量改变的情形除外；

（二）取水水源或者取水地点发生改变的；

（三）退水地点、退水量或者退水方式发生改变的；

（四）退水中所含主要污染物及污水处理措施发生变化的。

第二十四条　连续停止取水满2年的，由有审批权的取水审批机关注销取水许可证。但因不可抗力或者进行重大技术改造等原因造成停止取水满2年，且取水许可证有效期尚未届满的，经有审批权的取水审批机关同意，可以保留取水许可证。

第二十五条　县级以上人民政府取水审批机关应当定期向社会公告取水许可证核发、注销、吊销等情况，接受社会监督。

第二十六条　县级以上人民政府水行政主管部门应当按照属地管理的原则，加强对取水许可制度执行情况的监督检查，对违法取水行为依法进行查处，并将有关违法信息纳入社会诚信档案，实行失信联合惩戒。

第二十七条　任何单位或者个人有权对违法取水行为进行投诉、举报。

县级以上人民政府水行政主管部门和其他有关部门应当建立投诉、举报制度,公布电话、电子邮箱等投诉、举报方式,对有关投诉、举报及时进行受理和查处。

第二十八条　取水单位或者个人有下列行为之一的，由县级以上人民政府水行政主管部门责令限期改正，并依照《中华人民共和国水法》《取水许可和水资源费征收管理条例》的有关规定予以处罚：

（一）未经批准擅自取水的，或者未依照批准的取水许可规定条件取水的；

（二）未取得取水申请批准文件擅自建设取水工程或者设施的；

（三）隐瞒有关情况或者提供虚假材料骗取取水申请批准文件或者取水许可证的；

（四）未在规定期限内装置取水计量设施的。

第二十九条　凿井施工单位承揽未取得取水申请批准文件的取水井工程的，由县级以上人民政府水行政主管部门依照《河北省地下水管理条例》的有关规定予以处罚。

第三十条　取水审批机关、水行政主管部门和其他有关部门及其工作人员，有下列行为之一的，由其上级行政机关责令改正；情节严重的，对直接负责的主管人员和其他直接责任人员依法给予处分；构成犯罪的，依法追究刑事责任：

（一）对符合法定条件的取水申请不予受理或者不在法定期限内批准的；

（二）对不符合法定条件的取水申请签发取水申请批准文件或者核发取水许可证的；

（三）违反本办法规定的审批权限签发取水申请批准文件或者核发取水许可证的；

（四）不履行监督职责，发现违法行为不依法予以查处的；

（五）其他滥用职权、玩忽职守、徇私舞弊的行为。

第三十一条　本办法自2018年9月1日起施行。1999年10月18日河北省人民政府发布的《河北省取水许可制度管理办法》同时废止。

中共河北省委　河北省人民政府 关于加强耕地保护和改进占补平衡的实施意见

（2018年7月22日）

各市（含定州、辛集市）、县（市、区）党委和人民政府，雄安新区党工委和管委会，省直各部门，各人民团体：

党中央、国务院和省委、省政府高度重视耕地保护工作，实行最严格的耕地保护制度和最严格的节约用地制度。近年来，我省在加强土地管理、坚守耕地红线、落实占补平衡等方面取得明显成效。当前，我省经济发展进入新常态，新型工业化、城镇化建设深入推进，京津冀协同发展国家战略加快实施，建设用地需求不断增大，耕地保护和补充耕地任务更加艰巨，受生态环境承载力和耕地后备资源制约，占补平衡矛盾更加突出。为贯彻落实中共中央、国务院《关于加强耕地保护和改进占补平衡的意见》（中发〔2017〕4号），全面加强耕地保护，切实改进占补平衡管理，结合我省实际，提出如下实施意见。

一、总体要求

(一)指导思想。以习近平新时代中国特色社会主义思想为指导，全面贯彻党的十九大精神，坚决落实党中央、国务院决策部署，切实增强各级党委、政府耕地保护责任意识，坚守土地公有制性质不改变、耕地红线不突破、农民利益不受损三条底线，着力加强耕地管控、建设、激励多措并举保护，落实最严格的耕地保护制度，着力推进耕地数量、质量、生态“三位一体”保护，落实“藏粮于地、藏粮于技”战略，着力改进耕地占补平衡管理，落实补充耕地任务、实现耕地占补平衡，统筹推进保护资源、保障发展，为新时代全面建设经济强省、美丽河北提供土地资源保障。

(二)基本原则

——坚持严保严管。强化耕地保护意识，强化土地用途管制，强化耕地质量保护与提升，坚决防止耕地占补平衡中补充耕地数量不到位、补充耕地质量不到位的问题，坚决防止占多补少、占优补劣、占水田补旱地的现象。已经确定的耕地红线绝不能突破，已经划定的城市周边永久基本农田绝不能随便占用。

——坚持节约优先。统筹利用存量和新增建设用地，严控增量、盘活存量、优化结构、提高效率，实行建设用地总量和强度双控，提高土地节约集约利用水平，以更少的土地投入支撑经济社会可持续发展。

——坚持统筹协调。充分发挥市场配置资源的决定性作用和更好发挥政府作用，强化耕地保护主体责任，健全利益调节机制，激励约束并举，完善监管考核制度，实现耕地保护与经济社会发展、生态文明建设相统筹，耕地保护责权利相统一。

——坚持改革创新。适应经济发展新常态和供给侧结构性改革要求，突出问题导向，完善永久基本农田管控体系，改进耕地占补平衡管理方式，实行占补平衡差别化管理政策，拓宽补充耕地途径和资金渠道，不断完善耕地保护和占补平衡制度，把握好经济发展与耕地保护的关系。

(三)目标任务。到2020年，全省耕地保有量不少于9080万亩、永久基本农田保护面积不少于7725万亩，建成高标准农田4678万亩，补充耕地90万亩。耕地保护制度和占补平衡管理机制不断完善，逐步形成保护更加有力、执行更加顺畅、管理更加高效的耕地保护新格局。

二、严管严控建设占用耕地

(一)切实加强规划计划管控。以土地调查成果为底数，以土地利用总体规划总体布局和约束性指标为底盘，以划定的永久基本农田、生态保护红线、城市开发边界为底线，科学编制国土规划，合理划分国土空间管制分区。严格落实国土空间用途管制制度，不得突破土地利用年度计划批地用地，从严控制建设占用耕地特别是优质耕地。新增建设占用耕地计划安排，与补充耕地能力挂钩，与土地节约集约利用水平挂钩，对建设用地存量规模较大、利用粗放、补充耕地能力不足的市县，适当调减新增建设占用耕地计划。按照中央要求，探索建立土地用途转用许可制，强化非农建设占用耕地的转用管控。(责任单位:市县政府，省国土资源厅、省发展改革委、省住房城乡建设厅、省环境保护厅)

(二)严格保护永久基本农田。永久基本农田一经划定，任何单位和个人不得擅自占用或改变用途。强化永久基本农田对各类建设布局的约束，各级各部门在编制城乡建设、基础设施、生态建设等相关规划，推进“多规合一”过程中，应当与永久基本农田布局充分衔接，原则上不得突破永久基本农田边界。一般建设项目不得占用永久基本农田，重大建设项目选址确实难以避让永久基本农田的，在可行性研究阶段，必须对占用的必要性、合理性和补划方案的可行性进行严格论证，通过自然资源部用地预审；深度贫困地区省级以下基础设施、易地扶贫搬迁、空心村搬迁建设、民生发展等建设项目，确实难以避让永久基本农田的，纳入重大建设项目范围，由省国土资源厅办理用地预审；农用地转用和土地征收依法依规报国务院批准。严禁擅自通过调整县乡土地利用总体规划，规避占用永久基本农田审批。(责任单位:市县政府，省国土资源厅、省农业厅、省住房城乡建设厅、省发展改革委、省环境保护厅)

(三)大力推进节约集约用地。实施建设用地总量和强度双控行动，落实“十三五”时期建设用地总量和单位国内生产总值占用建设用地面积下降的目标任务，制定项目投资强度、亩均税收等用地标准，强化节约集约用地目标考核和约束，推动有条件的地方实现建设用地减量化或零增长，促进新增建设不占或少占耕地。全面清理处置批而未用土地，盘活存量建设用地，推进城镇低效用地再开发，引导产能过剩行业和“僵尸企业”用地退出、转产和兼并重组。组织开展建设用地二级市场改革试点工作。合理开发利用城市地上、地下空间，推广多层标准化厂房。鼓励单位之间相同功能设施用地实行共建、共用、共管。大力推进工矿废弃地复垦利用、生态绿化、农村旧村改造和“空心村”治理，培育一批先进典型。(责任单位:市县政府，省国土资源厅、省发展改革委、省住房城乡建设厅、省工业和信息化厅、省商务厅、省科技厅、省农业厅)

三、全面落实补充耕地任务

(一)明确补充耕地责任。市县政府要切实履行补充耕地主体责任，强化政府主导作用，落实补充耕地任务。要根据省政府下达的补充耕地计划，结合本地经济社会发展需要和资源状况，分解落实年度补充耕地任务，制定实施方案，将补充耕地任务落实到地块、责任到人员。乡镇政府负责补充耕地项目实施中的纠纷调处、利益调节，指导农村集体经济组织做好项目后期管护和利用。强化各级政府补充耕地任务完成情况考核，建立健全激励约束机制，各地建设占用耕地实行占补挂钩、以补定占，多补多占、少补少占。(责任单位:市县政府)

(二)拓展补充耕地渠道。转变补充耕地方式，着力通过土地整治建设高标准农田，增加耕地数量、提高耕地质量，严禁利用25度坡度以上山地开发补充耕地。统筹实施土地整治、高标准农田建设、城乡建设用地增减挂钩、历史遗留工矿废弃地复垦等，各种途径产生的新增耕地经核定后均可用于落实补充耕地任务。拓宽资金渠道，统筹土地整治工作专项、耕地开垦费、农业土地开发资金、补充耕地收益，整合其他涉农资金等财政资金，积极吸纳社会资金实施土地整治和高标准农田建设。鼓励采取政府和社会资本合作(PPP)模式、财政资金以奖代补和以补促建等方式，落实补充耕地任务。支持铁路、公路等建设项目用地单位自行补充耕地。引导农村集体经济组织、农民和新型农业经营主体等，依据土地整治规划或高标准农田建设规划，投资或参与土地整治项目，多渠道补充耕地。(责任单位:市县政府，省发展改革委、省农业厅、省财政厅、省国土资源厅、省水利厅)

(三)加快土地修复推进绿色发展。没有合法用地来源占用耕地或其他土地，第二次土地调查确定为建设用地的，市县政府可以依据相关规划，将政策关停形成的历史遗留工矿废弃地，以矿山地质环境恢复、生态环境整治等方式，对压占、损毁土地进行综合治理。按照宜耕则耕、宜林则林、宜草则草的原则，发挥区域性比较优势，对达到耕地标准开发整理成园地的，可以作为补充耕地，在不破坏耕作层的前提下仍按耕地管理。平原区砖瓦窑用地能够整治为耕地的，应当优先复垦为耕地。有序开展旧村改造和“空心村”治理。县乡政府要制定旧村改造和“空心村”治理规划，适于整体搬迁的实施整体搬迁，不具备整体搬迁条件的，可以局部改造、逐步推进。制定合理补偿激励措施，将农民自愿腾退的宅基地复垦成耕地或其他农用地计入补充耕地，或纳入城乡建设用地增减挂钩管理，腾出的建设用地规模在县域内统筹安排，贫困县增减挂钩节余指标和用地规模可在全省范围内流转。(责任单位:市县政府，省国土资源厅、省环境保护厅、省农业厅、省发展改革委、省住房城乡建设厅、省民政厅)

(四)注重土地整治与生态环境协调发展。坚持节约优先、保护优先、自然恢复为主方针，开展资源环境承载力评价，合理划定耕地后备资源范围，科学编制土地整治规划、高标准农田建设规划，与生态保护规划、自然保护区规划有机结合。牢固树立绿水青山就是金山银山的理念，严格控制土地过度开发，防止大面积开山造地。压实市县管控责任，强化省级监督检查，严禁将25度以上陡坡纳入土地整治规划和耕地后备资源范围，合理引导对25度以下坡地开发利用。切实发挥土地整治的生态功能，土地整治项目要与山水林田湖草系统治理、生态系统保护和修复等生态建设工作相衔接，与环境空间格局、产业结构、生产生活方式相融合，不得影响重点生态功能区、生态环境敏感区和脆弱地区的主导生态功能。坝上地区土地整治要把生态建设放在首位，土地资源实行多目标、多功能管理和利用，土地整治形成的新增耕地重点发展契合区域功能定位、与生态环境相适宜的牧草、花卉、油料、药材等农产品种植，实现生态效益、社会效益、经济效益的最大化。(责任单位:市县政府，省国土资源厅、省环境保护厅、省林业厅、省农业厅、省水利厅)

(五)严格补充耕地检查验收。以补充耕地数量、质量为核心，完善项目管理制度。县级政府负责补充耕地项目立项和验收，实施全程管理。规范项目规划设计，强化项目日常监管和施工监理，做好项目竣工验收，严格新增耕地数量认定，规范耕地质量评定，及时完成地类变更。市级政府要强化对补充耕地项目监督管理，负责实地核实补充耕地的数量、质量。省政府强化对市县政府补充耕地的检查复核，确保补充耕地任务落实、数量质量到位。(责任单位:市县政府，省国土资源厅、省农业厅)

四、改进耕地占补平衡管理

(一)完善占补平衡落实机制。通过县域自求平衡、市域统筹调节、省级适当调剂及国家适度统筹，实现全省耕地占补平衡。各类建设占用耕地，应当在县域范围内补充耕地；因资源环境约束确实难以补充耕地的县(市、区)，由设区市政府在全市范围内统筹调节。市(含定州、辛集市)完成补充耕地任务，补充耕地指标仍然不足的，可申请在省域范围内适当调剂。符合补充耕地国家统筹条件的重大建设项目可申请国家统筹。补充耕地指标实行政府统一管理，任何单位和个人不得买卖、转让。补充耕地指标收益由县级政府通过预算安排用于耕地保护、扶贫开发、农业生产和农村经济社会发展。(责任单位:市县政府，省国土资源厅)

(二)改进占补平衡管理方式。改变建设用地项目与补充耕地项目逐一挂钩审查方式，按照补改结合的原则，以县(市、区)为单位建立补充耕地储备库，对补充耕地项目数量、产能和水田进行分类管理、分别使用。根据建设项目占用耕地的数量、产能和水田，分别从补充耕地储备库中予以核销。占用水田的实行全省统筹。申请国家统筹补充耕地的，按国家有关规定执行。(责任单位:市县政府，省国土资源厅)

(三)保障重大建设项目占补平衡。省委、省政府确定的重大急需建设项目，由项目所在地的市、县政府负责落实耕地占补平衡，补充耕地任务预先作出安排，补充耕地指标优先予以保障。项目所在地保障能力不足，补充耕地确实难以及时、足额落实的，可在全省范围内调剂。(责任单位:市县政府，省国土资源厅)

(四)规范补充耕地指标调剂管理。建立补充耕地指标省级调剂机制，明确范围，统筹调剂指标。依据土地整治新增耕地平均成本和占用耕地质量状况，制定差别化的耕地开垦费标准。统筹考虑补充耕地成本、资源保护补偿和管护费用等因素，制定补充耕地调剂指导价格，推进补充耕地指标有序流转。畅通贫困县补充耕地指标流转渠道，贫困县补充耕地指标优先调剂、使用，调剂价格适当提高。补充耕地指标调剂管理办法由省国土资源厅另行制定。(责任单位:省国土资源厅、省发展改革委、省财政厅，市县政府)

五、推进耕地质量提升与耕地保护补偿

(一)全力推进高标准农田建设。市县政府对高标准农田建设负总责，全力推进高标准农田建设。高标准农田建设应当以提高耕地质量和增加耕地数量为主要任务，实行“五统一”管理，以国家下达的高标准农田建设任务为基准统一分配任务，以分配下达的高标准农田建设任务统一安排资金，以《高标准农田建设通则》统一建设标准，以国家综合监管平台统一上图入库，以《高标准农田建设评价规范》统一监管考核。建立政府主导，社会参与的工作机制，以财政资金引导社会资本参与高标准农田建设，充分调动各方积极性。加强高标准农田后期管护，按照“谁使用谁管护，谁受益谁负责”的原则，落实高标准农田基础设施管护责任。(责任单位:市县政府，省发展改革委、省国土资源厅、省农业厅、省财政厅、省水利厅)

(二)积极推进耕地质量提升。全面推进耕作层剥离再利用。按照“谁占用谁剥离”的原则，建设单位落实剥离责任，市县政府负责监督落实，相关费用列入建设项目投资预算。剥离的耕作层土壤优先用于补充新的耕地。将中低质量的耕地、轮作休耕耕地和退化耕地纳入高标准农田建设范围，综合采取工程、生物、农艺等措施，实施农田平整与培肥、农田灌溉与排水、田间道路工程、农田防护与生态等工程，提升耕地质量，有效提高耕地产能。(责任单位:市县政府，省国土资源厅、省农业厅)

(三)稳妥推进耕地休养生息。按照耕地季节性休耕制度试点方案，在地下水超采区开展耕地季节性休耕制度试点工作。试点地方要加强轮作休耕耕地管理，落实季节性休耕任务和要求，不得减少或破坏耕地，不得改变耕地地类，不得削弱农业综合生产能力。加强政策引导，加快土地流转，加大农业科技投入，鼓励规模化经营，调动农民生产积极性，防止耕地荒芜闲置。按照“一季生态绿肥，一季雨养种植”的模式，培肥地力，减少灌溉用水，将农业可持续发展和“藏粮于地、藏粮于技”战略落到实处。(责任单位:省农业厅、省水利厅，市县政府)

(四)有序开展耕地保护补偿激励。按照“试点先行，逐步推进”的原则，开展耕地保护补偿激励试点，对承担耕地保护任务的农村集体经济组织和农户给予奖补，在总结经验基础上，逐步扩大耕地保护补偿激励范围。奖补资金发放与耕地保护目标责任落实和耕地利用情况挂钩，对农村集体经济组织的奖补资金主要用于农田基础设施后期管护与修缮、地力培育、耕地保护管理等。(责任单位:相关市县政府，省财政厅、省国土资源厅)

六、强化保障措施和监管考核

(一)加强组织领导。建立党委领导、政府负责、部门协同、公众参与、上下联动的耕地保护共同责任机制，市县党委、政府要树立保护耕地的强烈意识，切实担负起主

体责任，坚持目标导向、问题导向、结果导向，实施源头控制、过程监管，层层签订责任书，确保本行政区域内耕地保护责任目标全面落实。市县政府主要负责人为耕地保护第一责任人，组织相关部门按照职责分工履职尽责，形成工作合力，落实耕地保护工作责任。（责任单位：市县党委、政府，省有关部门）

（二）强化监督检查。利用卫星遥感等现代科技手段结合日常管理工作，全天候、全覆盖监管，对永久基本农田实行动态监测管理，加强对土地整治过程中的生态环境保护，强化耕地保护全流程监管。加强耕地保护信息化建设，建立信息共享机制。完善土地调查监测体系和耕地质量监测网络，开展耕地质量年度监测成果更新。开展违法用地专项整治三年行动，彻底清除存量违法用地，坚决遏制新增违法用地，构建用地管地长效机制。加大土地巡查和执法力度，强化日常执法监管，加强行政执法与刑事司法衔接，严厉打击违法占地、破坏耕地行为。（责任单位：市县政府，省国土资源厅、省农业厅）

（三）严格耕地保护责任目标考核。修订省对市、市对县、县对乡耕地保护责任目标考核办法，重点在耕地保有量和永久基本农田保护面积、高标准农田建设、补充耕地任务完成、耕地占补平衡落实情况以及耕地保护制度建设情况等方面，健全考核制度，完善奖惩机制，严肃考核纪律。各级政府耕地保护责任目标考核结果作为领导干部综合考核评价、生态文明建设目标评价考核、粮食安全责任制考核、领导干部问责和领导干部自然资源资产离任审计的重要依据。责任追究实行党政同责、一岗双责、终身追责，对履职不力、监管不严、失职渎职的，依纪依规追究党政领导责任。（责任单位：省国土资源厅、省农业厅、省统计局、省委组织部、省纪委监委、省审计厅）

（冀发〔2018〕35号）

中共河北省委办公厅　河北省人民政府办公厅
关于印发《河北省水资源统筹利用保护规划》的通知

（2018年7月26日）

各市（含定州、辛集市）、县（市、区）党委和人民政府，雄安新区党工委和管委会，省直各部门，各人民团体：

《河北省水资源统筹利用保护规划》已经省委、省政府同意，现印发给你们，请认真贯彻落实。

河北省水资源统筹利用保护规划

决胜全面建成小康社会，实现新时代全面建设经济强省、美丽河北目标，水资源水环境承载能力不足已成为突出制约因素。着眼深入贯彻落实党的十九大精神和习近平总书记关于水安全重要指示，加快构建水资源节约保护、开发利用、优化配置的现代治理体系，实现水资源可持续利用，编制本规划。

一、基础条件

（一）河流水系。我省国土面积18.85万平方公里，分属海滦河、辽河、内陆河3个流域。其中，海滦河流域面积17.24万平方公里，占91.4%，从北向南分为滦河、北三河（蓟运河、潮白河、北运河）、永定河、大清河、子牙河、黑龙港及运东地区诸河（南排河、北排河）、漳卫河等七大水系；辽河流域面积0.44万平方公里，占2.4%，位于承德市东北部；内陆河流域面积1.17万平方公里，占6.2%，位于张家口市坝上地区。我省流域面积50平方公里以上的河流1386条，是全国唯一没有大江大河过境的省份。

（二）水资源状况。我省属温带大陆性季风气候，降水量年际年内变化大，时空分布不均。全省多年（1956-2000年）平均降水量532毫米，平均水资源总量205亿立方米，人均水资源量307立方米，为全国人均水资源量的1/7，远低于国际公认的人均500立方米的极度缺水标准，属于典型的资源性缺水省份。上世纪80年代以来，全省水资源量呈现衰减趋势，特别是近十年来，水资源总量衰减到157亿立方米，减少近1/4，其中地表水资源量大幅衰减到67亿立方米。

（三）开发利用现状。我省用水总量倍增，供用水结构不合理。与20世纪50年代相比，我省人口增加1.1倍，灌溉面积增加5倍，用水总量从50亿立方米增加到200亿立方米左右，增加了3倍。近十年全省年平均用水总量193亿立方米，其中生活用水量23亿立方米，工业用水量24亿立方米，农业用水量142亿立方米，生态环境用水4亿立方米。农业是用水大户，占70%以上。从供水构成看，地表水供水量42亿立方米，地下水供水量148亿立方米，非常规水源供水量3亿立方米。地下水是主要水源，占70%以上。

(四)水生态环境状况。我省水生态环境历史欠账多，水资源开发过度。除滦河外，大部分平原河道处于常年干涸状态，与上世纪50年代相比，湿地面积减少一半以上，入海水量减少70%以上；地下水累计超采量约1500亿立方米，超采面积近7万平方公里，冀中南地区形成7个较大的集中连片地下水漏斗区。河湖水体不同程度受到污染，2016年全省199个地表水监测点位(河流监测159个断面、湖库淀监测40个点位)监测数据显示，达到或好于III类的水质断面占54%，Ⅳ类水质断面占10%，Ⅴ类水质断面占9%，劣Ⅴ类占27%。重要水功能区水质持续改善，水质达标率由2013年的52.6%提高到2016年的61%。冀中南部分平原地区浅层地下水存在不同程度的污染。

(五)水资源配置工程。经过几十年的持续建设，我省已形成较为完善的水资源配置体系。现有19座大型水库、45座中型水库、1002座小型水库，总库容119亿立方米，其中兴利库容54亿立方米。配套建设了引滦入唐、引青济秦、引岗黄入石、引西大洋入保、引朱济邢、引岳入邯、王大引水、云州水库调水等一批引调水工程。已建成南水北调中线一期工程，供水范围包括冀中南地区的92个县(市、区)，分配我省口门水量30.4亿立方米。已建成位山引黄工程、引黄入冀补淀工程和李家岸引黄工程，渠首设计年引黄能力共15.8亿立方米，供水范围涉及邯郸、邢台、衡水、沧州、廊坊市和雄安新区。现有万亩以上地表水灌区149处，有效灌溉面积约1245万亩；规模以上机电井91.4万眼，农村集中式供水工程2.7万处。

根据供水体系、水资源特点，我省基本形成了冀中南、冀东北、冀西北3个相对独立的水资源配置工程体系。冀中南地区包括京津以南的石家庄、廊坊、保定、沧州、衡水、邢台、邯郸等市和雄安新区以及定州、辛集2市；冀东北地区包括唐山、秦皇岛、承德等市；冀西北地区为张家口市。

二、现实问题

综合分析，当前我省水资源保护利用存在4个方面突出问题。

(一)水资源供需矛盾突出。严重缺水是我省的基本省情，随着经济社会发展水资源供需矛盾日益突出。多年来，我省依赖大量超采地下水，基本不考虑河湖生态用水来支撑经济社会发展。依据目前人口数量、经济规模、产业结构和生态环境现状，从满足生活、生产、生态用水需求考虑，生活用水需要26亿立方米，工业用水需要25亿立方米，农业用水需要158亿立方米，生态用水(维系河湖生命健康)需要37亿立方米，全省需水总量约为246亿立方米，缺口近100亿立方米。今后一个时期，即使用足用好外调水、充分利用非常规水，我省仍面临水资源短缺问题。加快产业结构调整、实施国家节水行动是破解我省缺水难题的战略举措。

(二)供用水结构不合理。主要表现在产业结构与水资源承载能力不匹配和外调水利用不充分。我省是国家粮食主产区，农业用水量占全省用水总量的70%以上，耗水量高的小麦主要分布在冀中南地下水超采区，用水量占农业用水总量的70%以上。水资源最为短缺的冀西北坝上地区，高耗水蔬菜种植面积高达74万亩，主要靠超采地下水。在工业用水中，高耗水的钢铁、火电、化工等行业约占70%。受多种因素制约，南水北调中线一期工程2015、2016、2017年3个调水年度，引江水水量分别为0.83亿立方米、3.57亿立方米、7.32亿立方米，仅占分配指标的3%、12%、24%；引黄工程年均引水量约3.0亿立方米，远未达到设计引水能力。

(三)水环境治理严重滞后。在我省七大水系主要河湖中，上游山区河流水库水质总体良好，但存在水土流失、面源污染威胁；平原地区大多数河道污染严重，2016年全省河流水质总体为中度污染，Ⅴ类和劣Ⅴ类水质比例为36%。农村河渠垃圾乱堆乱放、脏乱差问题突出。城镇生活和工业年污水排放量30多亿吨，下游河道污染负荷大，急需提升污水处理出水水质标准。

(四)水资源、现代管理薄弱。充分发挥政府重要作用和市场决定性作用的水资源现代管理体系不健全，直接影响水资源优化配置和用水效益。多水源统一调度管理运行机制尚未建立，造成水量调度执行力弱化；有利于水资源统筹利用保护的水价体系尚未形成，外调水与本地水、地表水与地下水、常规水与非常规水统筹利用、协调互补还未实现。终端用水户计量监测网络尚未全覆盖，以“大智移云”为基础的智慧水利建设任重道远。

三、总体要求

(一)指导思想。以习近平新时代中国特色社会主义思想为指导，全面贯彻落实党的十九大精神，坚持以人民为中心的发展思想，牢固树立新发展理念，深入落实节水优先、空间均衡、系统治理、两手发力的治水方针，围绕全面建成小康社会目标任务，适应新时代我国社会主要矛盾新变化，切实把握人民日益增长的美好生活需要，统筹水资源、水生态、水环境、水灾害综合治理，统筹生活、生态、生产用水，统筹外调水与当地水、地表水和地下水，加快推进国家节水行动、水资源配置工程网络建设、水污染防治、江河湖库生态修复和水资源管理体制机制改革等重点任务，全面提升水资源保障能力和水生态环境承载能力，为新时代全面建设经济强省、美丽河北提供强有力的水资源安全保障。

(二)基本原则

——以人为本，服务民生。坚持以人民为中心的发展思想，始终把人民对美好生活的向往作为统筹水资源保护利用的出发点和落脚点，优先保障生活用水，统筹兼顾生态和生产用水，持续改善水生态环境，实现人与自然和谐共生。

——节水优先，高效利用。坚持节水优先，实施国家节水行动，切实把水资源、水环境承载能力作为刚性约束，加快产业结构调整，大力推进各行业节水，形成有利于水资源节约循环利用的空间格局、产业结构、生产方式和生活方式，不断提高用水效率和效益。

——以水定需，优化配置。坚持以水定城、以水定产，立足水资源条件，加强用水需求管理，以水定需、量水而行，抑制不合理用水需求。优先利用外调水，合理开发地表水，限制开采地下水，鼓励使用非常规水，统筹配置生活、生态、生产用水，以水资源可持续利用支撑经济社会可持续发展。

——创新机制，强化管理。坚持问题导向和目标导向，健全水资源管理法规体系，建立多水源统一调度制度，形成有利于各种水源合理配置、高效利用的水价体系，推进智慧水利建设，实现水资源管理现代化。

(三)规划目标。水资源统筹利用保护规划目标分3个阶段：

第一阶段，到2020年，侧重打基础、补短板、强治理、建机制，优化供水水源结构，不断提升水资源水环境承载能力。水资源配置工程体系进一步完善，在适度超采的情况下基本满足经济社会发展用水需求，全省用水总量控制在196亿立方米以内，工业用水控制在21.2亿立方米以内，农业用水控制在130亿立方米以内；全社会用水水资源利用效率明显提升，万元GDP用水量下降到47.2立方米，农田灌溉水有效利用系数提高到0.675；水生态环境明显改善，城市建成区全面消除黑臭水体，重要水功能区水质达标率75%以上，压采地下水51亿立方米以上，除景县漏斗中心受山东省德州市开采影响外，其余深层漏斗中心水位回升5～15米；水资源现代管理体系初步建成，多水源统一调度运行机制基本建立，有利于水资源节约保护和高效利用的合理水价体系基本形成，水资源刚性约束倒逼产业结构调整机制基本建立。

第二阶段，到2025年，侧重固强补弱、整体提升，水资源保障能力与新时代全面建设经济强省、美丽河北相适应。全面建成节水型社会，全省用水总量控制在200亿立方米以内，农业用水控制在125亿立方米以内，地下水基本实现采补平衡，地下水漏斗中心水位上升15～30米。雄安新区等重点区域用水得到保障，水源涵养区、环境支撑区及重要河湖湿地生态功能基本得到修复，水环境质量持续提高，水资源现代管理体系基本建成。

第三阶段，到2035年，水资源节约和循环利用达到世界先进水平，区域水环境质量根本好转，现代水治理体系基本形成，水利现代化基本实现。

(四)规划布局。根据区域内主体功能、城市发展和土地利用总体规划，统筹多水源配置和空间均衡，形成与资源环境承载能力相适应的保护利用格局。

冀中南地区。该区域人口密集、经济发达、河网密布，雄安新区、北京新机场临空经济区、渤海新区等重点经济区位于区内。在该区域，以用足用好引江引黄水、治理河湖水污染、修复地下水生态为重点统筹水资源利用保护。在水源配置上，着力打造“五纵七横多库”的供水网络，实现多水源统一配置调度，保障城镇和重点区域、河湖生态用水。在水资源保护上，太行山区重点实施水土保持和水源涵养，平原地区压减地下水超采量，综合实施河道水污染治理。研究制定雄安新区水资源保障方案，重点通过调剂引江水量、增加引黄水量、调度上游水库水量等综合措施，优先保障雄安新区用水；北京新机场临空经济示范区(河北)以引江水供水为主；渤海新区以引江水、海水利用为主。

冀东北地区。该区域水资源相对丰富，水生态环境良好，重工业发达，唐山市曹妃甸区位于区内。在该区域，重点加强水源涵养和流域、区域地表水优化配置。在水资源配置上，统筹滦河上下游、左右岸，推进滦河水量再分配，打造“一河九库”供水网络，保障区域供水需求。在水资源保护上，持续推进燕山山区水土保持和水源涵养；平原区系统实施河湖生态修复，滨海区实施近岸海域环境整治。

冀西北地区。该区域干旱少雨问题突出，水资源调剂能力差，经济欠发达，2022年北京冬奥会崇礼赛区位于区内。在该区域，以打造水源涵养区和生态环境支撑区为核心，着力推进产业结构调整，实施水源工程建设，保障城乡饮水安全。在水资源配置上，依托永定河及其支流构建“一河四库”供水网络，提高城乡供水保证率，保障冬奥会崇礼赛区用水。在水资源保护上，坝上地区退减蔬菜种植面积，严格控制生产性开发活动，实施退耕退牧还草，压减地下水超采；坝下地区重点实施水土保持和水源涵养保护，严格产业准入制度，控制用水总量增长。

四、主要任务

围绕实现水资源统筹利用保护的总体目标，着力推进5个方面26项重点任务。

(一)大力推进国家节水行动。节水是解决我省缺水难题的治本之策。全面贯彻落实节水优先的要求，整体推进农业、工业和城镇节水。

1.推进农业节水。大力推进农业种植结构调整，全面推广工程节水、农艺节水、机制节水。科学划定4500万亩小麦、玉米、水稻生产功能区和300万亩棉花生产保护区。冀中南深层地下水超采区大幅压减冬小麦种植面积，推进农田轮作休耕，逐步取缔深层水灌溉。冀西北坝上地区强力推进退耕还草和旱作雨养，灌溉面积由现状的119万亩退减到79万亩，其中蔬菜种植面积控制在60万亩以内。冀中南和冀东北的浅层地下水超采区适度压减井灌区冬小麦种植面积。太行山——燕山山丘带实施退耕还林工程，发展以农业景观、生态景观、果业景观、田园风光景观为一体的山地生态旅游农业。2018年新增节水小麦品种及配套技术实施面积不低于500万亩。分期完成大中型灌区续建配套与节水改造，恢复改善灌溉面积300万亩。推进农业灌溉机井统一管理，明确所有权、管理权、使用权，推行精准计量、精准灌溉。到2020年，农业用水控制在130亿立方米。（责任单位：省农业厅、省水利厅，各市县政府负责。以下均需各市县政府落实，不再列出）

2. 推进工业节水。重点推行节水工艺和设备改造、水循环利用、废水处理回用等节水环保技术，实现高效节水、循环利用。在水资源水环境严重超载地区，实行用水定额准入门槛，严格控制高耗水项目建设。省级以上工业园区，推行统一供水、统一排水、统一集中处理和回用，水循环利用率达到全国先进水平。对淘汰类产业，以严格水资源的管控倒逼淘汰落后产能，对没有完成淘汰任务的市县，暂停审批和核准其相关行业新建项目。对技改提升和重组整合类产业，严格取水许可审批，优先配置非常规水、外调水、地表水，严格控制取用地下水。对向沿海和园区转移类产业，充分利用引江、引黄和海水资源，加快实施与产业布局相配套的水源及配套工程。到2020年，工业用水重复利用率超过85%，万元工业增加值用水量下降到13.9立方米。（责任单位：省水利厅、省发展改革委、省工业和信息化厅）

3. 推进城镇节水。强化规划引领，在城市总体规划、控制性详细规划中落实城市节水要求，实施城镇节水综合改造。各市城区、县城，重点对使用年限超过50年和材质落后的供水管网进行更新改造，有条件的城市积极开展分区计量，大力推广节水型器具，加大生活用水特别是公共用水计量智能化管控力度，从严控制高耗水服务业用水。到2020年，城镇管网漏损率下降到10%以内；城镇节水器具普及率达到100%；中型以上城市城镇生活与公共计量设施安装率达到100%。积极创建国家级、省级节水型城市，推动海绵城市建设。（责任单位：省住房城乡建设厅、省发展改革委、省水利厅）

4. 加大非常规水利用。将非常规水纳入水资源进行统一配置。加大再生水回用力度，鼓励建设再生水利用设施，城市绿化、市政环卫、生态景观等优先使用再生水。结合海绵城市建设，实施雨污分流，推进城市雨水利用。在黑龙港流域等微咸水丰富地区推广微咸水与地表水轮流灌溉或混合灌溉，鼓励企业利用微咸水替代淡水。支持沿海地区海水淡化重点工程建设，增加海水淡化利用量。到2020年，全省开发利用非常规水13.5亿立方米。强化生态修复人工增雨（雪）作业能力，提高人工增雨（雪）规模效益，年增加降水量从30亿立方米提升到50亿立方米。（责任单位：省水利厅、省住房城乡建设厅、省农业厅、省发展改革委、省气象局）

（二）加快构建水资源配置工程网络。根据全省经济社会发展总体布局，依托现有水利工程设施，分区域构建较为完善的水资源配置工程网络体系。冀中南地区重点完善引江中线、引江东线和引黄工程体系，为引足用好外调水奠定工程基础。冀东北地区重点建设双峰寺水库、城市供水以及海水利用工程，谋划建设一批中小型水库，提高水资源开发利用效率。冀西北地区重点开展乌拉哈达水库、云州水库调水等工程建设，提高地表水供水能力。

5. 完善引江工程体系。规划建设雄安干渠，确保雄安新区用水安全。实施廊涿干渠与北京南干渠连通工程，为北京新机场临空经济区提供用水保障。加快沧州渤海新区、廊坊“北三县”等南水北调延伸供水工程建设。加快南水北调受水区城镇配水管网改造提升，提高引江水消纳能力，到2020年，受水区城镇生活和工业消纳引江水量达到18亿立方米。推进工业企业江水直供。支持有条件的农村规模化集中供水厂实施江水切换，实现城乡供水一体化。建设廊坊广阳水库等平原调蓄工程，研究中线总干渠与黄壁庄、王快等水库联合调度，提高受水区水源统筹能力和供水保证率。重点实施大清河系、子牙河系重要河道综合治理，利用中线总干渠分水口及退水闸实施生态补水。积极推进南水北调中、东线后续工程前期工作，将雄安新区纳入东线后续工程供水范围。（责任单位：省南水北调办、省水利厅、省住房城乡建设厅）

6. 完善引黄工程体系。加快建设引黄入淀扬水泵站，提高引黄入淀能力；继续实施引黄沿线配套工程，完善三条引黄线路连通工程，实现互通互济。在充分利用现有河渠、坑塘蓄水的基础上，谋划建设引黄调蓄工程，解决引黄时间与灌溉季节不匹配问题，提高引黄水利用效率，最大限度增加引黄水量，力争2020年引黄水量达到9亿立方米。（责任单位：省水利厅）

7. 建设地表水供水工程。加快完成承德双峰寺水库工程收尾工作，尽早蓄水生效。开工建设张家口乌拉哈达水库，积极推动涉县茅岭底、承德县四道河、涿鹿县石湖、宽城满族自治县老亮子等水库前期工作，力争尽快立项实施。支持有条件的地方谋划实施小型水源工程建设。（责任单位：省水利厅）

8. 实施河湖水系连通工程。冀中南地区以“五纵七横多库”为骨架，谋划实施河系连通、库湖连通工程，织密区域供水网络。完善引岳济淀、引岗黄济衡、王大引水等工程，相机向衡水湖、南大港、杨埕等河湖湿地补水；完善漳卫河、子牙河、大清河等河系与黑龙港运东地区连通、潮白河与北运河连通等工程，实施相机补水，提高雨洪水资源利用率。冀东北地区依托潘家口、大黑汀、桃林口三大水库枢纽，实施唐山陡河水库向沿海供水扩建工程、滦下灌区向曹妃甸应急供水工程；实施秦皇岛引青济秦扩建工程，完善秦皇岛市供水系统，提高供水安全程度。冀西北地区推动云州水库调水二期工程建设，增加张家口市主城区和崇礼区供水。充分利用现有河流水系拦蓄雨洪水。按照确有需要、规模适度、蓄调便利的原则，在漏斗治理区结合宁晋泊、永年洼、献县泛区、兰沟洼等蓄滞洪区建设，选择具备留蓄雨洪水、调蓄外调水、集蓄再生水条件的区域，在城镇周边或利用现有农灌坑塘，谋划建设一批人工湖或中小型蓄水工程，补充地下水量，改善生态环境。（责任单位：省水利厅、省发展改革委、省环境保护厅、省南水北调办）

（三）强力推进水污染防治。实施水污染防治行动计划，严格饮用水水源地保护，加强重点流域、区域水污染防治，逐步实现全省水环境安全、水资源清洁、水生态健康。

9. 加强饮用水水源地保护。坚持以防为主、防治结合，在南水北调总干渠、石津干渠和岗南、黄壁庄、王快、西大洋等水源保护区，加快隔离防护设施建设。在地下水水源地保护区增加隔离防护措施。对水源地保护区范围内垃圾、畜禽集中养殖、农药及化肥使用、废污水等实施综合治理，依法清理违法建筑和排污口。加强城镇备用水源地建设和保护，推进农村集中式饮用水水源保护区或保护范围划定工作，加大农村饮用水水源地环境监管力度。到2020年，全省184个县城及以上集中式饮用水水源地全部完成综合整治，彻底消除水源地安全隐患，城市集中式饮用水水源水质达到或优于Ⅲ类比例为100%。（责任单位：省环境保护厅、省水利厅、省住房城乡建设厅）

10. 强化城镇污染源治理。加大污水管网建设和更新改造力度，到2020年，城市污水处理率达到95%，县城污水处理率达到90%，所有城镇污水处理厂达到一级 A 排放标准，大清河流域执行大清河流域标准。再生水利用率提高到30%。大力推动垃圾分类，高标准建设和配置垃圾收集、中转和运输设施，完善生活垃圾收运体系，提高生活垃圾收集覆盖范围和运输装备水平，优先选用垃圾焚烧处理技术，减少原生生活垃圾填埋量，有条件的地方努力实现原生垃圾“零填埋”。（责任单位：省住房城乡建设厅、省环境保护厅、省发展改革委）

11. 严格工业污染源达标排放。完善排污许可体制机制，选择工业污染重点区域和行业，在固定点源管理上率先推行排污许可“一证式”管理，逐步形成以排污许可为核心的固定点源管理制度。所有工业园区建设集中污水处理设施，实行集中处理、达标排放。通过持证排污、按证排污，落实企业主体责任，保障工业污染源达标排放。进一步规范污水排放口设置，加强对工业污染源的监督检查，实施环境信用颜色评价。以钢铁、水泥、电力、玻璃、焦化、石化、有色等行业为重点实施综合治理，确保污染物达标排放。（责任单位：省环境保护厅）

12. 严控农业面源污染。完成全省畜禽养殖禁养区划定，以地定畜，优化调整养殖场布局。以废弃物资源化利用为途径，整县推进畜禽养殖污染防治。持续推进规模化养殖场清洁生产水平。2020年底前，全省所有规模化养殖场（小区）全部配套建设畜禽粪便污水储存、处理、利用设施，逾期未完成的一律依法予以取缔。实行“种养结合”，提高畜禽养殖资源化利用比例。大力推广生态农业种植模式，保障化肥、农药高效安全施用。2019年以后，实现化肥农药使用量零增长或负增长，全省主要农作物产区测土配方施肥技术推广覆盖率达到90%以上，全省主要农作物化肥利用率提高到40%以上，农作物病虫害统防统治覆盖率达到40%以上。到2020年，农膜回收率达到80%。推动污水处理、垃圾处理等设施向农村延伸覆盖。（责任单位：省农业厅、省环境保护厅、省住房城乡建设厅）

13. 开展重污染河流综合治理。对承接城市污水、水污染严重的河流，重点控制入河排污总量，实施生态清淤、人工湿地、排污口治理，河道内布置生物浮床和浮岛，岸边引种净水能力较强的植物，形成一定面积的“缓释区”，降低河流污染物浓度，修复水体净化功能，打造水清岸绿的生态河流。到2020年，全省地表水环境质量得到总体改善，海河、辽河流域水质优良比例分别达到47.9%以上和100%，海河流域丧失使用功能（劣于 V 类）水体断面比例控制在25.7%以内，劣Ⅴ类水质河流基本恢复使用功能。（责任单位：省环境保护厅、省住房城乡建设厅、省林业厅）

（四）统筹推进水生态修复。坚持把水生态环境修复和治理摆在生态文明建设的优先位置，严守生态保护红线，强力推进水生态、水环境系统治理。

14. 修复白洋淀及上游地区水生态。大力实施白洋淀环境综合整治与生态修复工程。建立生态补水长效机制，优化调度引黄水、引江水及当地地表水，满足白洋淀生态用水需求，促进水体循环流动，改善水质；实施上游瀑河、府河、孝义河、白沟引河等8条入淀河流及下游大清河、赵王新河等河道生态综合整治，为推进雄安新区、白洋淀流域水环境质量改善，“打造优美生态环境、构建蓝绿交织、清新明亮、水城共荣的生态城市”提供强力支撑。到2020年，除白洋淀南刘庄点位水质达到地表水Ⅴ类标准要

求外，白洋淀水质稳定达到地表水Ⅲ至Ⅳ类标准。（责任单位：雄安新区管委会，省水利厅、省发展改革委、省环境保护厅）

15. 修复衡水湖等湿地生态。落实湿地保护规划，以冀中南地区和冀西北坝上地区为重点，推进衡水湖、南大港等综合治理，加强湿地修复保护，实施生态补水，修复衡水湖、南大港等湿地，恢复文安洼、东淀等湿地植被和生态功能，建设曹妃甸等湿地自然保护区，建设察汗淖、永年洼等国家湿地公园。（责任单位：省林业厅、省水利厅）

16. 修复重要河流生态。按照《京津冀协同发展六河五湖综合治理与生态修复总体方案》，重点实施永定河（洋河、桑干河）、大清河等河湖综合治理，优先满足河湖生态基本用水需求，构建绿色生态廊道。加快推进滹沱河干流综合治理，力争到2020年河道面貌和生态环境明显改善，结合大运河开发保护系统修复南运河、北运河。结合乡村振兴战略、城镇化建设、美丽乡村建设等，积极推进城镇、中心村周边河渠综合治理。（责任单位：省水利厅、省环境保护厅、省发展改革委、省农业厅）

17. 加快水源涵养区建设及水土流失治理。以张承水源涵养区为重点，大力实施京津风沙源治理、“三北”防护林、太行山绿化、水土保持、清洁小流域治理、退耕还林等重点工程，推进天然林保护，建设野三坡、白石山等一批国家森林公园。到2020年，完成营造林面积1567万亩，新增水土流失治理面积达到6000平方公里，森林覆盖率达到35%。（责任单位：省林业厅、省水利厅）

18. 持续推进地下水超采综合治理。巩固地下水超采综合治理试点成果，以深层地下水超采区和雄安新区周边为重点，持续落实“节、引、蓄、调、管”等综合措施，充分发挥已建工程效益，逐步实现压采目标。到2020年，全省压采率不低于85%，冀西北坝上地区、雄安新区率先实现采补平衡；2030年全面实现地下水采补平衡。进一步加强地下水保护和涵养，有条件的浅层地下水漏斗区探索实施地下水回灌补源，提高地下水调蓄能力。（责任单位：省水利厅、省农业厅）

19. 建立河湖生态水量保障机制。开展河湖健康评估，科学确定重要河湖生态水量和生态水位。优化大中型水库供水调度，在保证城镇供水安全的前提下，确定水库下泄生态水量，重点保障白洋淀、衡水湖等重要湿地及滹沱河、大清河、南运河等河流重点河段生态用水。修订大中型水库调度运用方案，完善洪水调度、供水调度、生态基流调度机制，实施水库洪水动态调度，有序增加水库蓄水。先行实施南水北调中线工程向滹沱河、滏阳河、南拒马河生态补水试点，按照国家总体部署，开工建设南水北调东、中线二期工程，逐步扩大引调引江水量，改善地下水超采区生态环境。充分利用南水北调中线工程实施生态补水、地下水回补和农业灌溉，当地地表水存蓄水库作为引江水量不足时的应急备用水源，增加地下水战略储备。（责任单位：省水利厅）

（五）创新水资源保护利用体制机制。积极推进水资源管理体制机制创新，增强水资源保护利用和配置系统性、整体性、协同性，着力构建权责清晰、监管有力、配置优化、运行有序的水资源管理制度体系。

20. 完善最严格水资源管理制度。配合国家完成主要江河水量分配方案，强化省级统筹，完善省市县三级取用水总量控制指标体系。以县域为单位开展水资源水环境承载能力评价，建立水资源开发利用监测预警机制。健全规划水资源论证制度，把水资源水环境承载能力作为制定国民经济发展规划、土地利用总体规划、城市规划和园区规划的刚性约束。对取用水总量已接近或达到控制指标的地区，限制审批新增取用水。严格地下水管理，修订《河北省取水许可制度管理办法》，对地下水取水许可审批权限进行调整。2019年6月底前，全部关停南水北调受水区城镇自备井。有计划地关停地下水漏斗区农业灌溉深井。（责任单位：省水利厅、省法制办）

21. 加强多水源统一调度。明确机构承担全省水资源调度管理工作，实现多水源统一调度管理。编制全省多水源统一配置和调度方案，制定和实施引江、引黄、地表水年度利用计划，按照充分利用外调水、严守水资源开发利用红线的原则，统筹不同水源、不同区域、不同用户，探索建立外调水原水费足额筹集保障制度，逐渐实现外调水和当地水合理配置、统一管理、科学调度、实时监控。（责任单位：省水利厅、省编委办）

22. 建立科学合理水价体系。立足优先利用外调水、合理开发地表水、限制开采地下水、鼓励使用非常规水，组织测算取用不同水源的综合用水成本，形成原水水价、用户水价基础数据库，厘清取用外调水与本地水、地表水与地下水、常规水与非常规水等不同水源的比价关系，确定不同水源合理的水价标准。对地下水超采区、严重超采区实行差别化的价格政策，充分发挥水资源税经济杠杆调节作用，依法逐步提高地下水水资源税税额标准，适当降低地表水资源税税额标准，逐步实现同地区、同水质、同行业同一供水价格。推进农业水价改革，对超限额农业用水征收水资源税。（责任单位：省发展改革委、省财政厅、省水利厅）

23. 建立分水指标动态调整制度。按照统筹安排、计划管控、定期评估的原则，对引江、引黄水分配指标实行动态管理。依据现行的引江、引黄水量分配指标，自2018年起每3年对各地利用引江、引黄水情况进行一次综合评估，根据评估结果，综合运用行政、经济和市场手段，合理调整分水指标，保障雄安新区、北京新机场临空经济区等新增目标用水需求，促进外调水的高效利用。配合国家制定完成滦河、漳河、滹沱河等江河流域水量分配方案，开展省内跨市河流水量分配方案编制工作，调整和完善省市县三级“三条红线”控制指标体系，优化水资源配置。（责任单位：省水利厅、省南水北调办）

24.推进落实河长制湖长制。在初步建立覆盖省市县乡四级河长体系的基础上，以水资源保护、水域岸线管理、水污染防治、水环境治理、水生态修复、执法监管为重点，一河一策、一湖一策，精准发力、靶向治疗，从根本上解决河湖管理保护的突出问题。全面开展巡河行动，规范各类涉水行为，开展河湖保护专项整治行动，推动水污染防治行动计划实施，严格入河湖排污口监管，推动入河湖排污口综合整治，坚决整治非法排污、非法采砂、非法养殖、侵占河湖水域岸线等问题，全面建设清洁型、生态型河湖。（责任单位：省水利厅、省环境保护厅）

25.推进智慧水利建设。结合实施“互联网+”行动计划、国家大数据战略等，全面提升水利信息化水平。加强水文水资源监测站网体系建设，完善水量、水位、水质、市界断面监测网和省级水资源管理信息平台“四网一平台”建设，建立水资源动态管理监控体系，全面提高对水资源、水环境、水生态监测能力。加快建设南水北调配套工程沿线监测监控设施，建成水量调度、工程监控、信息监测、工程管理、决策会商等应用系统，实现数字化管理和多水源联合调度。进一步加强水土保持监测网络体系建设，提高监测自动化水平。加快实现防汛抗旱指挥、南水北调供水调度管理、水资源管理信息、水土保持监测四网融合。到2020年，城镇和工业用水计量率达到85%以上，实现涉水信息数据共享、实时监测预警、准确会商研判、统一指挥调度，以水利信息化带动水利现代化。（责任单位：省水利厅）

26.推动水生态补偿机制建设。积极配合国家有关部委推进江河源头区、重要水源地、重要水生态修复治理区水生态补偿机制建设，建立流域上下游不同区域的水生态环境保护和协作机制，推动地区间横向生态补偿。实施引滦入津上下游横向生态补偿实施方案，加强潘大水库水源地保护及引滦入津工程沿线水生态保护修复。研究制定京冀密云水库上游流域水源涵养区生态保护补偿机制，促进张承地区水源涵养区建设。（责任单位：省财政厅、省发展改革委、省环境保护厅、省水利厅）

五、投资匡算

依据本规划确定的主要任务，综合考虑国家对水资源、水生态、水环境的投资政策，结合已经批准和正在编制的相关规划、方案、可行性研究报告等前期工作成果，重点匡算农业节水、水资源配置、水污染防治、水生态修复等四大类工程投资，项目总投资约1271亿元，其中农业节水工程60亿元、水资源配置工程262亿元、水污染防治工程55亿元、水生态修复工程894亿元。按照先急后缓、突出重点的原则，合理安排年度建设投资，计划2018-2020年完成投资386亿元，2021-2025年完成投资885亿元。

水资源统筹利用保护规划项目建设涉及多个领域的投资政策，国家投资比例和支持力度不同，凡列入规划的项目，由各有关部门积极争取国家支持，落实建设计划；具备社会融资条件的要充分利用市场手段，多渠道、多层次筹措资金。

六、保障措施

(一)加强组织领导。各级党委、政府要把水资源统筹利用保护放在生态文明建设的重要位置，把水资源三条红线控制指标纳入经济社会发展综合评价体系，明确考核权重，强化指标约束。落实水资源、水生态、水环境保护治理分工负责制，明晰事权责任，实行行政首长负总责，上下之间、部门之间协调联动，形成齐抓共管的合力。各地要结合本地实际，按照本规划确定的任务，强化工作举措，推动各项工作落实。

(二)多措筹集资金。抓住京津冀协同发展和国家加大水利基础设施及生态建设投入的重大战略机遇，加强与国家有关部委的沟通衔接，用足用好各项政策，争取国家支持，多渠道筹措资金。加大资金统筹力度，优化支出结构，按照省委、省政府要求保障重点方向、重点项目支出。各级政府要严格落实水利投入稳定增长机制的各项政策，强化各项规费征收，整合资金，加大投入。充分发挥市场作用，积极引导社会资本投入，运用各项金融政策，努力拓宽资金渠道，加快推进工程建设。

(三)强化科技支撑。充分发挥大专院校、科研机构、高新企业等专业人才优势，加强水安全基础性、战略性、前瞻性重大课题研究，建立水资源水环境专业化智库，为党委、政府治水兴水提供智力支撑。引进、吸收、转化国内外先进技术，提高水资源、水环境治理效益。加强对基层管水治水能力培训，培养一批敢担当、懂专业、善攻关专业技术队伍。

(四)推进社会参与。加强水资源开发利用与节约保护宣传教育，充分利用报刊、广播、电视、网络等进行舆论宣传和科普教育，组织形式多样、内容丰富、公众参与的公益活动，加强水利精神文明建设，不断强化全社会水危机意识，提高公众节水洁水意识。把水情教育纳入国民素质教育、中小学教育课程体系和各级领导干部、公务员教育培训的重要内容。依法公开水资源开发利用与节约保护有关信息，鼓励社会监督，形成良好的社会氛围。

（冀办发〔2018〕40号）

河北省第十三届人民代表大会常务委员会公告

（第12号）

《河北省人民代表大会常务委员会关于促进农作物秸秆综合利用和禁止露天焚烧的决定》已经河北省第十三届人民代表大会常务委员会第四次会议于2018年7月27日修订通过，现予公布，自2018年8月1日起施行。

河北省人民代表大会常务委员会关于促进农作物秸秆综合利用和禁止露天焚烧的决定

（2015年5月29日河北省第十二届人民代表大会常务委员会第十五次会议通过根据2018年5月31日河北省第十三届人民代表大会常务委员会第三次会议《关于修改部分法规的决定》修正2018年7月27日河北省第十三届人民代表大会常务委员会第四次会议修订）

第一条 为大力推进生态文明建设，防治大气污染，保护和改善生态环境，促进农作物秸秆（以下简称“秸秆”）综合利用和农业增效、农民增收，根据《中华人民共和国农业法》《中华人民共和国大气污染防治法》等法律法规，结合本省实际，作出本决定。

第二条 本省行政区域内应当促进秸秆肥料化、饲料化、能源化、基料化、原料化利用，全面禁止露天焚烧秸秆及树叶、荒草等，逐步建立秸秆收集储运体系。

第三条 促进秸秆综合利用和禁止露天焚烧工作，应当坚持多措并举、综合利用，政府推动、市场主导，因地制宜、分类指导，规划引领、合理布局，政策扶持、以用促禁，创新机制、全面推进的原则。

第四条 各级人民政府是促进秸秆综合利用和禁止露天焚烧工作的责任主体，负责本行政区域内秸秆综合利用和禁止露天焚烧工作，并建立健全行政首长负责制、目标管理责任制、责任追究制和工作协调机制，综合运用行政、法治、经济、科技等手段，推进秸秆综合利用和禁止露天焚烧工作。

第五条 县级以上人民政府应当建立由发展和改革、农业、财政、环境保护、科技、公安、交通等部门参加的秸秆综合利用和禁止露天焚烧工作协调机制，按照各自职责分工，统筹协调，密切配合，互相支持，共同做好秸秆综合利用和禁止露天焚烧工作。

第六条 省人民政府应当根据本决定把秸秆综合利用作为新的产业和新的经济增长点进行培育和打造，组织编制全省秸秆综合利用中长期规划。

秸秆综合利用中长期规划应当把秸秆离田加工利用及产业化发展作为主攻方向，制定年度计划、任务和目标，加大扶持力度、优化要素配置，大幅度提高秸秆离田加工利用率和高效综合利用水平。

第七条 设区的市、县（市、区）人民政府应当组织各有关部门，编制本行政区域秸秆综合利用规划，根据当地秸秆资源情况和综合利用现状，因地制宜，科学确定秸秆利用的发展目标，统筹安排秸秆综合利用项目和产业化发展布局。

第八条 省、市、县（市、区）财政部门应当根据当地秸秆综合利用产业化发展需要，将秸秆综合利用资金纳入本级财政预算，加大财政投入力度，根据年度工作重点，统筹资金用于秸秆机械化粉碎还田、秸秆青贮饲用、秸秆收集储运服务体系建设以及秸秆气化、固化成型等资源化利用，并将秸秆收割、青贮、捡拾打捆、秸秆粉碎、机械化深松等农机具纳入农机补贴范围，结合耕地作业加强对秸秆机械化还田作业支持力度。

第九条 县级以上人民政府应当制定有利于促进秸秆综合利用产业发展的财政、投资、用地、用电、信贷、交通、保险等扶持政策；对秸秆综合利用企业，税务等有关部门应当按照国家有关规定落实税收减免、电价补贴等优惠政策。

第十条 各级人民政府应当积极推进秸秆全量化利用示范项目建设，建立以市场为导向、秸秆利用企业为龙头、农业经营主体和广大农民参与的秸秆综合利用机制；充分发挥市场主体作用，鼓励引导各类企业和社会资本进入秸秆综合利用领域，扶持和发展一批秸秆综合利用重点企业，延长秸秆综合利用产业链、价值链，加快秸秆综合利用产业发展步伐。

第十一条 各级人民政府应当采取扶持政策措施，积极推广秸秆科学还田、免耕播种和保护性耕作技术；充分利用国家农机补贴政策，鼓励农民群众购买农业机械，鼓励采取秸秆机械化科学还田、快速腐熟还田、堆沤还田和制作有机肥等方式，不断提高秸秆肥料化利用率。

第十二条 各级人民政府应当积极推进秸秆养畜示范项目建设，大力发展饲料加工业，加快秸秆饲料化利用，提高秸秆饲料化利用率。鼓励规模养殖场、专业养殖户和饲料加工企业利用青贮、微贮和发酵等技术制作秸秆饲料，提高饲料品质。鼓励发展粮饲玉米种植，推广秸秆青贮、全株玉米青贮等技术，促进养殖业发展。鼓励秸秆加工企业与养殖企业建立利益联结及市场运营机制，形成秸秆饲料的专业化生产、精细化分工、市场化运作格局。

第十三条 各级人民政府应当采取扶持政策措施，提高秸秆能源化利用比重。加快培育能源化利用龙头企业，加快推进生物质热电联产县域清洁供热示范项目建设，大力推广规模化生物天然气、气热电肥联产、生物气化、打捆清洁直燃供暖等模式。大力推进秸秆压块利用；鼓励秸秆利用企业投资建设生物质成型燃料压块基地，利用秸秆生物气化（沼气）、热解气化、固化成型及炭化等技术发展生物质能。积极推进秸秆联户沼气工程，拓宽农村沼气发展空间。合理安排利用秸秆发电及工业锅炉燃煤替代项目。

电网企业应当与依法取得行政许可的秸秆（含沼气）发电企业签订并网协议，全额收购并网发电项目的上网电量，并提供上网服务；经营燃气管网、热力管网的企业应当在同质同价的情况下优先接收符合城市燃气管网、热力管网入网技术标准的秸秆燃气和热力入网；石油销售企业应当按照国家和省有关规定，将符合国家标准的秸秆液体燃料纳入其燃料销售体系。

第十四条 各级人民政府应当鼓励支持发展以小麦、玉米、棉花秸秆为基料的食用菌生产。积极推进食用菌产业园建设，培育壮大秸秆生产食用菌基料化龙头企业、专业合作组织、种植大户，以食用菌规模化发展带动基料化利用。支持建设秸秆基料化加工企业，不断提高秸秆用作食用菌原料的比重。

第十五条 各级人民政府应当积极发展以秸秆为原料的加工业，采用清洁工艺生产以秸秆为原料的农业育苗钵、绿化草毯、土壤改良有机炭肥等；鼓励发展以秸秆为原料的人造板材、包装材料、工业用纤维、人造革填充剂等产品；扶持发展秸秆编织业。

第十六条 县（市、区）和乡（镇）人民政府应当扶持发展规模化秸秆收储利用主体，建立适应市场需求，以秸秆综合利用企业为龙头、农业经营主体和农村经纪人为纽带、广大农户参与、市场化运作的秸秆收集储运服务体系；支持秸秆综合利用企业、新型农业经营主体、农村经纪人和农民开展秸秆收集储运服务。

积极推进秸秆收集储运利用项目建设，将秸秆收集储存用地纳入农业用地管理；通过政府推动、财政补贴、市场运作等方式，因地制宜，合理布局，逐步建立起行政村有秸秆堆放点、乡镇有秸秆收储站和秸秆利用企业、县有规模化秸秆利用龙头企业的较完善的秸秆收集储运利用体系。

第十七条 加快推进秸秆综合利用科技创新，支持科研单位、高等院校和秸秆利用企业等机构开展秸秆综合利用技术与设备研究开发，着力在农作物收割和秸秆还田技术、秸秆收集储运、秸秆饲料加工、秸秆转化为生物质能等方面取得重要进展，形成经济、实用的集成技术体系。加快先进技术引进和适用科技成果转化应用，建立秸秆综合利用科技示范基地，推广一批秸秆综合利用科技成果；加大秸秆综合利用技术培训和推广力度，增强农民秸秆综合利用技能，提高秸秆综合利用科技水平。

第十八条 各级人民政府应当大力调整农业种植结构，推进建立农村绿色种植制度。在非粮食功能区，适当调减粮食种植面积，减少高秆作物、扩大矮秆作物面积。在地下水漏斗区，尽快建立耕地休耕制度。积极扩大粮改饲种植范围，发展青贮玉米。根据区域发展规划，在城郊、通道两侧和河湖湿地周边地区部分耕地，积极实施退耕还林、退耕还湖（湿），从源头上减少秸秆产生量。

第十九条 各级人民政府应当组织广播、电视、报刊、网站等新闻媒体，大力宣传露天焚烧秸秆的危害性和秸秆综合利用的经济、生态、社会效益，并对露天焚烧等违法行为予以曝光。

第二十条 村民自治组织、农民合作组织、农村社区等基层组织应当积极配合当地政府做好秸秆综合利用和禁止露天焚烧工作，加强宣传教育，实行重点管控、专人监管、定点巡查，及时制止违法焚烧行为。

第二十一条 县（市、区）和乡（镇）人民政府应当落实属地监管责任，将秸秆禁烧纳入网格化环境监管体系，健全工作机制，充分利用科学监测手段，对露天焚烧秸秆及树叶、荒草等实现全方位、全天候监控，并建立健全火情处置机制。

第二十二条 各级人民政府应当制定和落实禁止露天焚烧秸秆的实施方案和监督检查措施，加强基层执法能力建设，加大实时监测和现场执法、综合执法力度；完善区域联动、部门协调、县乡为主、村组落实的防控机制，确保禁止露天焚烧秸秆任务细化到田、责任到人。

建立禁止露天焚烧秸秆举报受理和案件查处制度。鼓励公民、法人和其他组织对露天焚烧秸秆的违法行为进行举报。受理举报的地方人民政府或者有关部门，应当依法调查处理。

第二十三条 从事种植业的农民、农业种植大户、家庭农场、农民合作社、农业龙头企业等农业经营主体，应当推进秸秆综合利用并加强对农产品采收后的秸秆及树叶、荒草等的管理，按照综合利用的要求，妥善处理，不得露天焚烧。

第二十四条 违反本决定有关规定，露天焚烧秸秆及树叶、荒草等的，由所在地县级人民政府环境保护行政主管部门责令停止违法行为，并处五百元以上二千元以下罚款；情节严重，尚不构成犯罪的，由当地公安机关依据《中华人民共和国治安管理处罚法》进行处罚；构成犯罪的，依法追究刑事责任。

第二十五条 违反本决定有关规定，农业经营主体因未妥善采取综合利用措施，对农产品采收后的秸秆及树叶、荒草予以处理，致使露天焚烧的，由所在地县级人民政府环境保护行政主管部门给予批评教育，可以处五百元以上一千元以下罚款。但已按照第二十四条规定实施处罚的除外。

第二十六条 各级人民政府应当建立健全秸秆综合利用和禁止露天焚烧工作考核评价机制和工作奖惩制度，对于在秸秆综合利用和禁止露天焚烧工作中成绩显著的，应当给予表彰并奖励；对于工作不力，造成露天焚烧且后果严重的，应当追究主要责任人的责任。

第二十七条 本决定自2018年8月1日起施行。

中共河北省委办公厅 河北省人民政府办公厅
关于印发《河北省城乡生活垃圾处理设施建设
三年行动计划(2018-2020年)》的通知

（2018年8月16日）

各市（含定州、辛集市）、县（市、区）党委和人民政府，雄安新区党工委和管委会，省直各部门，各人民团体：

《河北省城乡生活垃圾处理设施建设三年行动计划(2018—2020年)》已经省委、省政府领导同意，现印发给你们，请认真组织实施。

河北省城乡生活垃坡处理设施建设三年行动计划(2018-2020年)

为贯彻落实国家和我省生态环境保护大会精神，坚决打好污染防治攻坚战，强力推进生态文明建设，全面提高城乡生活垃圾治理水平，从根本上解决生活垃圾污染问题，为我省创新发展、绿色发展、高质量发展提供支撑，制定本计划。

一、总体要求

(一)指导思想。坚持以习近平生态文明思想为指导，认真践行以人民为中心的发展思想，贯彻落实全国生态环境保护大会精神，紧紧围绕省委、省政府决策部署，将城乡生活垃圾处理作为重要的生态工程、民心工程、政治工程，进一步加大工作力度，着力构建城乡统筹、结构合理、能力充足、管理精细的生活垃圾处理全过程管理体系，加快推进城乡生活垃圾无害化处理设施建设，着力构建以生活垃圾焚烧处理技术为主、填埋处理技术为辅的生活垃圾处理设施架构，全面提升各地生活垃圾处理水平，彻底解决城乡生活垃圾污染问题，为新时代全面建设经济强省、美丽河北作出贡献。

(二)基本原则

——坚持政府主导、市场运作。发挥政府主导作用，科学谋划生活垃圾无害化收集、转运、处置设施，加强项目推进督导，保证项目建设落实落地。推进环卫经营社会化，推行 PPP、环境污染第三方治理等模式，引导社会资金全方位参与城乡生活垃圾处理，促进各地生活垃圾处置能力全面提高。

——坚持城乡统筹、合理布局。围绕基础设施补短板的要求，统筹规划和合理布局，推动生活垃圾焚烧处理设施共建共享，在具备条件的区域规划建设静脉产业基地，降低环境“邻避效应”。健全农村生活垃圾收运系统，促进城乡生活垃圾处理一体化发展。

——坚持科学论证、因地制宜。结合本地实际，科学选择生活垃圾处理技术和工艺，减少原生垃圾填埋量，加大生活垃圾处理设施污染防治和改造升级力度。科学论证建设项目场址，合理确定项目建设规模，有效控制社会稳定风险，有序推进生活垃圾处理设施建设。

——坚持合理分类、源头减量。完善体制机制，按照易腐垃圾、可回收垃圾、有毒有害垃圾和其他垃圾4类分类方式，积极推动生活垃圾分类，建立分类投放、运输、回收、处理相衔接的全过程管理体系，促进生活垃圾回收网络与再生资源回收网络融合，实现源头减量和资源利用最大化。

——坚持正确引导、全民参与。推进各类党政机关、事业单位、企业、社会团体带头实施生活垃圾分类制度，鼓励公众积极参与，逐步建立健全生活垃圾分类体系。充分宣传生活垃圾分类和保护环境的重要意义，增强公众的环境卫生责任意识和参与意识。

（三）工作目标。根据各市县地理环境、经济发展、人口规模等实际，完善城乡生活垃圾收转运体系，科学合理确定生活垃圾处理方式，重点发展生活垃圾焚烧发电技术，鼓励区域共建共享焚烧处理设施，积极发展生物处理技术，合理统筹填埋处理技术，加快生活垃圾处理设施建设与改造。到2020年，基本实现生活垃圾处理设施全覆盖，平原地区基本实现生活垃圾应烧尽烧，山区基本实现生活垃圾无害化处理。石家庄市建成区实现原生垃圾零填埋，生活垃圾无害化处理率达到100%；其他设市城市和县城生活垃圾无害化处理率达到98%以上；农村（建制镇和村庄）生活垃圾无害化处理率达到90%以上。

二、主要任务

（一）推行生活垃圾分类。遵循国家生活垃圾分类方法，按照易腐垃圾、可回收垃圾、有毒有害垃圾和其他垃圾等4类垃圾对城市生活垃圾进行分类。

对党政机关、事业单位、公共场所管理单位、宾馆饭店、商场超市等公共机构和相关企业实施强制分类投放制度，明确管理责任，规范设置4类垃圾投放设施。

对城市居民实施鼓励分类投放制度，主要推行以下3种模式，并积极探索其他模式。

1. 鼓励地方政府与垃圾分类专业公司合作，加强对居民生活垃圾分类工作的指导，建立居民“绿色账户”，对正确分类投放生活垃圾的居民给予积分奖励，通过积分兑换生活用品等方式，逐步提高居民生活垃圾分类投放的积极性。

2. 发挥物业公司统筹协调作用，通过设立宣传栏、发放宣传册、设置固定回收容器或回收点等方式，引导居民对可回收物进行单独投放，物业公司负责联系物资回收企业定期上门集中收运。将生活垃圾分类管理纳入绿色物业星级评价体系，调动物业公司主动参与垃圾分类的积极性。

3. 推行大小桶分类投放法，在居民区设置大小垃圾收集桶，小桶投放“厨余”湿垃圾，每日早晚进行收运；大桶投放其他垃圾，每日进行收运，实现生活垃圾“干湿分离”。

在农村探索推行垃圾处理源头减量化、收集分类化、处理资源化方式，从源头上将生活垃圾按照可堆肥垃圾、不可堆肥垃圾、可回收垃圾、有毒有害垃圾分类，基本达到有完善设施设备、有成熟治理技术、有稳定保洁队伍、有完善监管制度、有可靠资金保障的“五有”标准。

强化各级政府主体责任，加大公共财政投入，引入市场机制，引导社会资本参与生活垃圾分类投放、收运和处理全过程，根据生活垃圾分类要求，建设和完善生活垃圾投放、收运和处理设施。整合生活垃圾回收网络与再生资源回收网络，通过管控结合、创新渠道，最终将有价值可利用垃圾作为资源回收利用，实现生活垃圾减量、再生资源增量。

2018年，石家庄、邯郸市区率先开展生活垃圾分类试点，建立健全各类生活垃圾分类处理体系和多部门协调推进的工作机制。其他地方可结合本地实际自行确定生活垃圾分类试点的实施范围及时间节点。根据试点城市成效，逐步在全省扩大试点范围。承德市作为农村生活垃圾治理工作试点，全域推进农村生活垃圾治理；省确定的38个示范县（市、区）实施农村生活垃圾就地分类和资源化利用。

（二）加快生活垃圾收转运体系建设。根据国家规范和标准，加快完善设市城市和县城收转运体系，提高生活垃圾收集覆盖范围和运输装备水平。垃圾收集点，按照使用人口、垃圾产生量、收集频率等指标，在街道、公园、广场等公共场所，合理设置满足需要的生活垃圾收集容器，全面整治淘汰脏、破、敞口、易散落等不达标收集容器。垃圾转运站，科学谋划转运站点布局，推进现有不规范生活垃圾转运站升级改造，加快大中型标准化压缩转运站建设，提升转运效率。跨区域处理生活垃圾的市县要加快谋划建设大型压缩转运站，进一步降低转运成本，有效减少运输过程二次污染。垃圾收运车辆，加速淘汰现有非机械、高耗能、密封性能差的生活垃圾收运车辆，向密闭化、机械化方向发展，保证生活垃圾收运过程无抛洒滴漏。

健全农村生活垃圾收运体系。垃圾收集点，根据村庄及周边、城乡接合部区域、公路（高速公路）用地范围、旅游景区和风景名胜区农村生活垃圾收集的需要，合理配备垃圾箱、垃圾投放点以及垃圾清扫工具。垃圾转运站，农村生活垃圾转运以乡（镇）或景区为单位建设转运站，做到日收日运。每个乡（镇）建设1座转运站，集中连片、人口较少的若干乡（镇）可集中建设1座转运站，每个景区根据需要设置1座或若干座转运站，并配备相应的封闭式运输车辆。转运范围覆盖不足1万人的，设置10吨/日的转运站；转运范围覆盖1万～3万人的，设置10～30吨/日的转运站；

转运范围覆盖3万人以上的，设置30吨/日的转运站。垃圾收运车辆，农村生活垃圾收集和运输采用密闭化方式，淘汰或改造敞开式收集设施设备，禁止随意倾倒。

到2020年，全省新增生活垃圾收转运设施929座，新增收转运规模3.19万吨/日，新增转运车辆1826辆。其中，设市城市新增生活垃圾收转运设施184座，新增收转运规模9061吨/日，新增转运车辆177辆；县城新增生活垃圾收转运设施127座，新增收转运规模8007吨/日，新增转运车辆368辆；农村新增生活垃圾收转运设施618座，新增收转运规模1.48万吨/日，新增转运车辆1281辆。

(三)提升生活垃圾处理设施能力。科学优化生活垃圾处理设施布局，充分考虑城市发展方向、环境功能区划、生活垃圾运输距离等因素，合理布局生活垃圾处理设施。各市要以满足本地生活垃圾处理为主，兼顾周边县(市)以及离市区较近的村镇生活垃圾处理需求，大力建设大型焚烧处理设施，实现垃圾全量化焚烧。平原地区的县(市)按照共建共享的原则，与周边县(市)统筹谋划建设焚烧处理设施。不具备区域统筹的山区县(市)以县(市)域为单位谋划建设生活垃圾处理设施，科学合理布点，实现城乡垃圾一体化处理。

科学选择生活垃圾处理技术路线，优先采用焚烧处理技术。已有焚烧处理设施的市要根据生活垃圾增长幅度，改造扩建现有设施和新建焚烧处理设施。未建焚烧设施的张家口、衡水、邯郸市要全面加快建设进度，推进处理工艺升级，大幅减少原生垃圾填埋量。具备区域统筹共建条件的县(市)建设生活垃圾焚烧处理设施，在科学评估的基础上，加快确定共建县(市)。不具备区域统筹条件的县(市)要以县域为单位，谋划建设填埋处理设施，积极探索使用热解处理技术，提高生活垃圾无害化处理水平。各地在建设焚烧设施的同时，要考虑建设垃圾焚烧残渣、飞灰处理等配套设施，推进垃圾焚烧设施与垃圾卫生填埋场配合使用，卫生填埋场从原生垃圾填埋向焚烧残渣填埋和应急处理发展。

推动城乡一体化垃圾处理模式，提升农村生活垃圾治理效果。平原地区的农村，采用“户分类、乡转运、县集中处理”的城乡一体化垃圾处理模式，对农村生活垃圾进行集中处理。山区、丘陵地区的农村，优先采用城乡一体化垃圾处理模式，距离市县垃圾处理厂(场)20公里以内的，应采用城乡一体化垃圾处理模式对农村生活垃圾进行集中处理；其他边远山区、分散的农村，确实不具备城乡一体化垃圾处理模式条件的，通过村庄自建或与附近农村组团建设处理设施，采取“户分类、村收集、村处理”的方式，实现农村生活垃圾有效治理。

结合垃圾处理设施现状、2020年发展需求和各市生活垃圾处理项目谋划情况，全省共新建及扩建处理设施82座(焚烧设施57座，能力4.94万吨/日；填埋设施13座，能力4210吨/日；其他设施12座，能力5800吨/日)，其中设市城市36座(焚烧设施27座，能力2.28万吨/日；填埋设施4座，能力1810吨/日；其他设施5座，能力3250吨/日)，县城46座(焚烧设施30座，能力2.66万吨/日；填埋设施9座，能力2400吨/日；其他设施7座，能力2550吨/日)。

(四)投资估算与资金筹措

1.估算指标。各设施投资按照生活垃圾转运站6万元/吨，转运车辆30万元/辆，生活垃圾处理设施填埋按照25万元/吨•日，焚烧按照40万元/吨•日进行估算。

2.投资估算。全省生活垃圾无害化处理设施建设总投资约259.2亿元。其中，新增收运转运体系投资19.1亿元(设市城市5.4亿元，县城4.8亿元，农村8.9亿元)，新增转运车辆投资5.6亿元(设市城市0.5亿元，县城1.1亿元，农村4亿元)，新建无害化处理设施投资234.5亿元(设市城市110.6亿元，县城123.9亿元)。

3.资金筹措。城乡生活垃圾无害化处理设施项目由市县政府主导实施，对政府参与的新建生活垃圾处理项目全面实施政府和社会资本合作模式，有序推进存量项目转型为政府和社会资金合作模式。完善生活垃圾收费、财政补贴和奖惩机制，加大生活垃圾处理费收缴力度，大力提高收缴率，保障生活垃圾处理设施建设运行经费。积极争取国家专项建设资金、金融贷款优惠政策，统筹整合资金，加快生活垃圾处理设施建设。

三、项目推进

(一)年度实施计划

2018年，列入省委、省政府“双创双服”活动《垃圾无害化处理工程实施方案》的19个焚烧处理设施完成前期手续并具备进场条件；设市城市新建中转站91座，购置运输车辆90辆，建设生活垃圾处理设施4座(全部为焚烧设施)；县城新建中转站49座，购置运输车辆172辆，建设生活垃圾处理设施5座(其中焚烧设施1座，填埋设施3座，其他设施1座)；农村建成转运设施245座，购置运输车辆419辆；城乡一体化处理的农村比例达到60%以上。

2019年，设市城市新建中转站56座，购置运输车辆52辆，建设生活垃圾处理设施9座(其中焚烧设施6座，填埋设施2座，其他设施1座)；县城新建中转站44座，购置运输车辆96辆，建设生活垃圾处理设施7座(其中焚烧设施3座，填埋设施3座，其他设施1座)；农村建成转运设施135座，购置运输车辆306辆；城乡一体化处理的农村比例达到65%以上。

2020年，设市城市新建中转站37座，购置运输车辆35辆，建设生活垃圾处理设施22座(其中焚烧设施17座，填埋设施1座，其他设施4座)；县城新建中转站34座，购置运输车辆100辆，建设生活垃圾处理设施35座(其中焚烧设施26座，填埋设施4座，其他设施5座）；农村建成转运设施238座，购置运输车辆556辆；城乡一体化处理的村庄比例达到70%以上。

（二）焚烧处理设施建设一般做法

1. 处理工艺选择：炉排炉处理工艺。

2. 建设规模要求：生活垃圾焚烧设施处理能力不宜低于600吨/日，最低不低于300吨/日，县（市）区域生活垃圾产生量不足600吨/日的，应与相邻县（市）共同建设使用焚烧处理设施；生活垃圾焚烧系统设计服务期限不应低于20年。

3. 项目选址要求：符合城市总体规划和环境卫生专业规划；符合土地利用总体规划和土地利用年度计划；满足工程建设地质条件和水文地质条件；不受洪水或内涝的威胁；不宜在重点保护的文化遗址、风景区与夏季主导风的上风向；宜靠近服务区，运距应经济合理，与服务区之间有很好的交通运输条件；应有可靠的电力供应和满足生产、生活的供水水源和污水排放条件；应考虑易接入地区电力网；远离水源，尽量设在地下水流向的下游地区；应通过环境影响评价，一般不得在城市建成区新建；应征求选址地块周边利益相关方的意见，并按照法定程序予以公示，引导公众积极参与。

4. 用地规模：基本用地为80亩，大部分项目占地100～120亩之间。

5. 投资估算：每吨处理能力投资40万～50万元。设计处理能力600吨/日焚烧处理设施，总投资2.4亿元左右，其中土建投资约占总投资的25%；焚烧炉及余热锅炉部分投资约占总投资的20%；发电设备约占总投资的11%；烟气处理设备投资约占总投资的25%；渗沥液处理设备投资约占总投资的4%；其他设备和配套设备投资约占总投资的15%。

6. 运行补贴标准：根据劳动力成本和区域，政府所付服务费用有所不同。国内行业建议投标价为：800～1000吨/日焚烧设施，付费60～80元/吨。600～800吨/日焚烧设施，付费70～90元/吨。300～600吨/日焚烧设施，付费80～110元/吨。150～300吨/日焚烧设施，付费150元/吨。

（三）项目实施方式

共建共享生活垃圾处理项目所在地政府作为建设主体应与周边共建共享县（市、区）签订合作意向，按照建设运行一体化要求，坚持公平、公开、公正原则，通过公开招投标，择优选择合作企业，依法赋予中标企业特许经营权，签订特许经营合同，明确垃圾处理付费标准、服务标准和经营年限等内容。中标企业负责生活垃圾处理设施的投资、建设、运行和管理，依法自主经营、自负盈亏，做到安全运营、环保达标。

四、保障措施

（一）压实主体责任。各市县是生活垃圾处理设施建设的责任主体。县（市、区）党委、政府主要负责同志要亲自谋划、亲自部署；分管负责同志要靠前指挥，深入一线，及时协调解决工作中的问题；相关部门要各负其责，积极做好项目落地、拆迁、建设等工作，确保按期完成生活垃圾处理设施建设任务。各市党委、政府，雄安新区党工委、管委会要切实提高政治站位，将生活垃圾处理设施建设作为环境基础设施建设的重点，统筹所辖县（市、区）城乡生活垃圾处理设施设施布局，督促指导行政区生活垃圾处理设施设建设。省有关部门负责对计划实施情况进行评估和监督检查，加强政策法规、监管执法等方面的指导，推动各项工作顺利开展。

（二）加强组织协调。省级层面建立省政府分管领导为组长，省住房城乡建设厅、省发展改革委、省财政厅、省环境保护厅等部门负责同志为成员的城乡生活垃圾处理设施建设领导小组，协调解决推进中遇到的重大问题。各市要成立由政府主要负责同志任组长的城乡生活垃圾处理设施建设领导小组，加强组织领导，明确相关部门职责，完善推进措施，建立协调推进机制。强化部门责任，住房城乡建设部门负责统筹推进城乡生活垃圾处理设施规划建设工作；发展改革部门负责制定和完善生活垃圾处理收费等综合性政策，争取资金支持；财政部门负责落实支持生活垃圾处理和资源化利用的税收优惠政策；环境保护部门负责协调生活垃圾焚烧排放大气污染物排污权交易相关事宜。

（三）加大政策支持。统筹使用省级相关资金，对生活垃圾处理设施建设工作开展较好的市县予以适当补助。加大对生活垃圾焚烧处理设施建设环境容量指标的支持力度，优先保障项目实施。努力将新谋划的焚烧处理设施列入《国家生物质发电“十三五”规划布局方案》，积极争取国家资金支持。市县政府要加大投入力度，根据工作实际需要和财力情况，合理安排生活垃圾处理设施建设相关资金。各地要研究制定跨区域垃圾处理协调、环境补偿标准及办法，保证焚烧处理设施的共建共享。

（四）严肃考核问责。制定考核办法，按照“季通报、年考核”的方式，对各地工作落实情况进行督导检查和年度考核，考核结果上报省委、省政府。将生活垃圾焚烧处理设施建设纳入省级卫生城市、环保模范城市和园林城市创建等指标体系进行考核。各级政府要制定实施方案，明确建设计划，确定共建共享设施覆盖区域，建立任务清单、项目清单、时限清单、责任清单，逐级分解落实责任，明确项目建设时间表、路线图，倒排工期、挂图作战，确保项目快速有序建设。

（五）强化监督管理。落实县乡政府农村生活垃圾清理、转运、处理的责任，推进“户分类、乡转运、县集中处理”的城乡一体化垃圾处理模式，满足农村生活垃圾治理需要，禁止将收集的生活垃圾随意堆放，防止城市垃圾向农村转移。加强农村生活垃圾治理日常监管，各级农村生活垃圾治理主管部门在定期督导检查的基础上，不定期组织明察暗访，对发现的问题责令限期整改，情节严重的，提出问责建议，依纪依规追究有关责任人的责任。

(六)严格风险管控。在项目前期，要切实做好项目属地群众工作，与群众深入交流座谈，认真倾听群众意见，解答群众问题，化解群众疑虑，满足群众合理诉求，取得群众理解和支持，保障社会稳定。项目建设过程中，要严格落实垃圾处理设施建设环保要求，确保按标准建设。严格垃圾处理设施运行管理，确保各种污染物达标排放。同时，结合垃圾处理厂运行实际，安排合适岗位为周边居民提供就业，将短期补偿转化为长期可持续帮扶，努力让生活垃圾焚烧处理与周边居民形成利益共同体，变“邻避效应”为“邻利效应”。

(七)强化舆论引导。充分发挥新闻媒体作用，引导全社会客观认识生活垃圾处理问题，倡导文明卫生、绿色健康的生活方式，形成良好行为习惯，促进生活垃圾源头减量和回收利用。鼓励学校师生学习生活垃圾处理知识和焚烧厂项目建设有关做法等。依托现有生活垃圾焚烧厂等设施，在保证正常安全运行基础上，完善公众参观通道，开展宣传教育基地建设，向社会公众开放，定期组织中小学生参观学习。

(〔2018〕-33号)

中共河北省委办公厅　河北省人民政府办公厅 印发《关于加强农村综合服务站建设的实施意见》的通知

(2018年9月12日)

各市（含定州、辛集市）、县（市、区）党委和人民政府，雄安新区党工委和管委会，省直各单位，各人民团体：

《关于加强农村综合服务站建设的实施意见》已经省委、省政府领导同意，现印发给你们，请结合实际认真贯彻落实。

关于加强农村综合服务站建设的实施意见

为进一步提升农村基层党组织的组织力，提高村“两委”干部凝聚服务群众的能力水平，健全完善农村便民服务体系，深入推进村级组织服务群众常态化长效化，提出如下实施意见。

一、目标要求

以习近平新时代中国特色社会主义思想和党的十九大精神为指导，以提升基层党组织服务水平、增强农民群众获得感为主线，紧紧围绕“硬件设施完备、服务事项规范、制度管理健全、队伍建设到位、服务对象满意”目标，打造办理民事、解决民忧、了解民情、凝聚民心的综合服务平台，着力构建优质、便捷、高效、规范的便民服务体系，确保到2019年底全省所有行政村全部建立规范的农村综合服务站，实现服务群众常态化长效化，为新时代全面建设经济强省、美丽河北奠定坚实组织基础和群众基础。

二、建设标准

依托村级组织活动场所或原有便民服务站(室)建设村级综合服务站，具体达到“六有标准”。

1.有固定服务场所。在村庄内有专门的固定房屋用于综合服务站办公服务，面积一般不少于20平方米。

2.有统一服务标志。悬挂“××乡(镇) ××村综合服务站”标识牌，由县(市、区)结合实际自行确定统一的规格标准。

3.有公示服务信息。设立宣传橱窗或公开栏，主要用于展示村级综合服务站职能、发布便民服务信息、公开值班人员信息等。

4.有配备使民设施。一般应设置敞开式的便民服务柜台，配备服务电话、办公电脑和便民座椅、报刊宣传页取阅架等设施。条件具备的村电脑要与县乡政务网等系统联网。

5.有规范管理制度。制定配套管用的工作制度，印制工作制度、服务手册，主要制度和办事流程张贴上墙，接受群众监督。

6.有完善配套服务。在服务站周边，根据实际配套建设村民活动室、健身广场、便民超市、村卫生室、警务室、村邮站等配套服务场所及设施。

三、服务内容

农村综合服务站在村党组织的领导下，接受乡(镇)便民服务中心的管理和指导，统一受理、代办本村群众申请的服务事项，负责一般性政策和法律法规的咨询解答。加强与乡（镇）便民服务中心的联系转报、催办代办服务事项，配合乡（镇）便民服务中心和主管部门做好审批项目的现场踏勘等工作。

具体服务事项包括6类：

1. 党群服务类。主要包括党费收缴、党团组织关系转接、流动党员登记管理、党群政策咨询、党报党刊征订等服务事项。

2. 农经发展类。主要包括粮食、农机等补贴的统计登记，无公害产品基地认证申报，良种补贴信息登记，林木采伐申报，土地、股权、财产流转，农产品价格信息发布，农业技术信息咨询等事项。有条件的提供本地农产品网上销售、网上商品代购等服务。

3. 生活保障类。受村民委托代其向乡（镇）提交农村低保、特困人员供养、医疗救助、临时救助、危房改造、宅基地划分、家庭贫困证明、义务兵优抚等申请；办理农村劳动力识别登记、职业介绍、就业援助、用工登记；办理申报缴纳社会保险、代收城乡居民医疗保险费、农村养老保险参保手续、农业政策类保险咨询登记等事项。

4. 证照办理类。协助咨询和办理村民身份证、户口簿、生育登记、结婚证、残疾证等各类证件并出具证明，协助做好暂住人口登记和出租房屋登记，协助办理个体工商户、企业申办及年检年审等服务事项。

5. 综治服务类。整合村级综治工作站资源，为群众提供法律援助救助、法律咨询、司法调解、信访接待、纠纷调解等服务事项。

6. 公共服务类。代收代发邮件包裹，代收水费、电费、电话费、有线电视费等服务事项。

各地结合基层工作实际制定详细服务事项清单。

四、服务流程

村级综合服务站实行"一站式"办公、"一条龙"服务，具体流程是：

1. 受理。对村民提出的申请，包括网上可办理的事项，由值班员受理、审查申请材料，按规定落实办理；对由村一级无法受理，需由值班员代办的有关事项，按规定填写村民事务代办单，确认需办事项、受理时间和办结时间。

2. 承办。受理事项后，工作人员按相关程序办理。需要提交乡（镇）便民服务中心办理的，由工作人员全程代办。代办审批事项需当事人到场的，约定时间带领群众到便民服务中心或县级行政审批服务中心办理。按规定需要缴纳费用的，由服务站代为收取，统一上缴。

3. 回复。办理完毕后，及时回复群众办理结果，发放所办批件及证照，做好各项费用的结算工作，征求工作满意度意见。

五、服务制度

1. 全程代理制度。对需要上级党委、政府或主管部门审批的事项，由村级综合服务站统一受理，工作人员全程代理办理或带领群众办理。

2. 服务公开制度。实行服务内容、办事程序、申报材料、法律依据、办理期限、收费标准"六公开"，连同服务人员信息、监督方式和投诉电话一并公开并上墙公示。

3. 台账登记制度。设立《村民事务办理台账》和《村民事务代办台账》，对受理的服务事项逐一登记，明确受理时间、申请人姓名、事项内容、受理人、答复意见、办结时限、办理结果等内容，办结一项销号一项。

4. 首问负责制度。第一个接受询问和受理服务事项的工作人员为首问责任人，负责解答、登记、办理、协调交办以及将办理结果告知服务对象。不能及时办理的，耐心细致做好解释说明。

5. 优质服务制度。实行预约服务制度，通过电话、电子邮件等方式为群众提供服务预约。对个别紧急事项，实行随到随办、特事特办。对因重病、残疾、年老等行动不便的村民，进行上门服务。

6. 责任追究制度。对职责范围内应办理事项推诿扯皮、拖延受理、吃拿卡要、故意刁难的，乡（镇）党委要严肃追究责任人责任。

六、保障措施

1. 加强组织领导。各级党委要把加强农村综合服务站建设作为加强农村基层组织建设的一项重要任务来抓，实行"一把手"负责制，明确一名分管领导具体负责。党委组织部门要牵头抓总，会同民政、财政、人力资源社会保障、行政审批等相关部门，共同推进农村综合服务站规范化建设和管理。村党组织要履职尽责，确保工作人员到位、制度落实到位、服务开展到位。

2. 加强队伍建设。原则上由村党组织书记兼任村级综合服务站负责人职务，村"两委"班子成员、大学生村官轮流坐班、值班值守，工作时间不得空岗缺人。县乡党委要加强对服务站工作人员的教育培训和指导，使其全面掌握服务内容、了解办事程序、明白工作要求，不断提高服务水平。

3. 加强督查考核。乡（镇）党委要加大对农村综合服务站的监督、管理、指导和考核工作力度，各级大督查组要加强对农村综合服务站建设和开展服务情况的督查。乡（镇）和村党组织要采取即时评议、电话反馈、意见箱、评价表等方式，加强群众对服务人员、服务质量的监督，定期对服务人员进行考核，并将结果纳入个人年终考核，与评先评优、绩效发放挂钩。

4. 加强经费保障。村级综合服务站运行维护费用，在村级组织运转经费中的“服务群众专项经费”中列支。省级财政每村每年至少安排0.5万元，市县根据实际可给予适当补贴，确保常态化运转。

（〔2018〕-44号）

河北省人民政府
关于做大做强农业产业化龙头企业的意见

（2018年11月1日）

各市（含定州、辛集市）人民政府，各县（市、区）人民政府，雄安新区管委会，省政府各部门：

为深入推进农业供给侧结构性改革，大力发展农业特色产业，打造科技农业、绿色农业、品牌农业、质量农业，提高农业组织化程度，转变农业发展方式，全面推动农业高质量发展，现就做大做强农业产业化龙头企业提出如下意见。

一、总体要求

（一）指导思想。

以习近平新时代中国特色社会主义思想为指导，深入贯彻党的十九大精神，以深化农业供给侧结构性改革为主线，以产业兴旺和农民增收为目标，加强政策引导，集中资源要素，优化营商环境，完善市场机制，推动龙头企业由分散布局向集中集聚发展、由要素驱动向创新驱动转型、由数量增长向质量提升转变、由单打独斗向联合经营升级，全面提升质量效益和综合竞争力，带动传统农业向科技农业、绿色农业、品牌农业、质量农业转型发展，为脱贫攻坚和乡村产业振兴提供重要支撑。

（二）基本原则。

坚持创新驱动。围绕提高农产品供给体系质量和效益，把创新作为引领转型升级的第一动力，加快推进技术创新、产品创新、管理创新，着力增品种、提品质、创品牌，推动农产品加工业迈向价值链中离端，促进农业产业化经营由规模速度型向质量效益型转变。

坚持生态优先。践行绿水青山就是金山银山的理念，把保护生态环境放在优先位置，尊重自然、顺应自然、保护自然，大力发展资源节约型、环境友好型企业，推广绿色生产加工技术，提高土地产出率、资源利用率、劳动生产率，构建人与自然和谐共生的农业发展新格局。

坚持融合发展。通过资金、技术、品牌、信息等要素融合渗透，大力培育壮大农业产业化联合体，延伸产业链，提升价值链，拓宽增收链，完善利益链，发展更多的新产业、新业态、新模式，构建农村一二三产业深度融合、生产要素相互渗透、经营主体协调共进的现代农业经营体系。

坚持开放合作，统筹利用国际国内两个市场、两种资源，抢抓“一带一路”战略机遇，圈绕龙头企业转型升级需要，大力引进先进技术、经营模式、管理方式和现代服务，加强与知名企业合作，吸引省外名企来我省投资兴业。大力开拓国际市场，推动河北更多农产品“走出去”。

（三）发展目标。

到2022年，全省农业产业化经营总量达到1万亿元以上；产业化经营事达到70%以上，农产品加工业与农林牧渔业产值之比达到2.4∶1。年销售收入100亿元以上的龙头企业达到10家，500亿元以上的达到2-3家。70%以上的省级重点龙头企业拥有“三品一标”认证，挂牌上市的龙头企业达到100家以上。

二、发展重点

以经营集约化、产业链条化、生产智能化、产品商端化、品牌知名化为方向，坚持因地制宜、因业施策、因企选向，将龙头企业做大做强与农业特色产业提档升级紧密结合，重点打造7个产值超千亿元的特色优势产业。

（一）做优小麦产业。支持龙头企业发展全麦粉、高档专用面粉和功能性菌粉，保持并扩大方便面、挂面等产品的市场份额，着力开发高附加值的营养强化挂面、鲜切面、调理快餐面等面粉精深加工产品，增加功能性淀粉糖等食品和医疗保健品供给，提高小麦麸皮、胚芽综合利用水平。引导面制品龙头企业向优势小麦产区集中，自建种植基地，形成相互配套、功能互补、联系紧密的产业集群，倒逼规模小、层次低、能耗高的落后加工产能逐渐退出。到2022年，年销售收入100亿元以上的小麦加工企业达到3家。

（二）做深玉米产业。支持龙头企业梯度开发淀粉基产品，重点发展变性淀粉、淀粉糖、糖醇、氨基酸、有机酸等高技术高附加值产品，研发多样化的玉米食品和多用途的工业原料，延伸产业链、产品链。引导饲料企业调整产品配方，加大玉米使用量。引导加工企业自建高赖氨酸玉米、高油玉米、高淀粉玉米等加工专用品种种植基地。支持鲜食玉米加工企业做大做强，大力发展甜糯鲜食玉米种植。鼓励企业投资建设玉米燃料乙醇项目，将资源优势转化为发展优势。到2022年，年销售收入50亿元以上的企业达到3家以上。

（三）做细油料产业。支持龙头企业发展大豆、花生等传统食用油加工，积极发展米糠油、玉米胚芽油、小麦胚芽油等谷物油，适度发展芝麻、核桃、胡麻、油牡丹等特色专用油料产品。重点支持豆粕等榨后副产品利用.加强大豆卵磷脂、大豆异黄酮等高附加值营养保健品开发，做大做强-批特色高端油品加工企业。支持日处理能力1000吨以上的油料加工项目向规模化、集约化、自动化方向升级，实现工业化、规模化、品牌化经营.鼓励传统油料企业通过兼并重组完善治理结构，增强技术优势，开展管理创新，淘汰落后产能，增强市场竞争力。打造1-2个年销售收入超500亿元的油料类龙头企业。

（四）做强乳品产业。瞄准“奶源基地世界一流、乳品加工企业世界一流、乳品品质世界一流、乳品品牌世界一流”目标，重点实施绿色优质奶源基地建设工程、乳制品加工领军企业培育工程、产品质量提升工程和乳品知名品牌创建工程。引导奶牛养殖龙头企业向饲草饲料多、生态容量大的区域转移，支持乳品加工龙头企业向奶源基地转移，集中打造坝上草原牧区、山前平原农牧结合区、黑龙港流域农草牧结合区等三大奶业聚集区，聚集区内奶牛存栏和奶类产量占全省80%以上。引导龙头企业扩大乳粉、低温酸奶等优势产品产能，着力在巴氏杀菌乳、奶酪等高端产品生产上实现突破。严格落实婴幼儿乳粉生产规范，使用自有奶源、顶级辅料、最优配方、最佳工艺生产质量领先的婴幼儿乳粉。乳制品产量保持全国第一。

（五）做精肉类产业。重点抓好猪、牛、羊、肉鸡、肉鸭等肉类加工，支持龙头企业瞄准高端消费需求，开发适销对路产品，建立较为完善的肉类加工业体系。大力发展冷鲜肉、分割肉和熟肉等猪肉制品，扩大发酵火腿、西式肉制品等中高端猪肉产品生产规模，通过自繁自养、集中育肥等方式，建立优质肉牛、肉羊基地，开发调理牛排、火锅料理、方便菜肴、休闲系列等中高端牛羊肉产品。支持有一定发展基础的禽类养殖加工企业做大做强，逐步向规模化、标准化、现代化方向发展。到2022年，肉类总产量达到475万吨，低温、调理、发酵和休闲肉制品占深加工的60%以上。

（六）做特果蔬产业。果品，依托梨、板栗现有出口企业，加快以气调库为主的贮藏保鲜设施建设，引进智能化采后商品化处理生产线，增加贮藏保鲜能力，提高果品商品质量和档次。在巩固提高干红、干白葡萄酒加工的基础上，积极发展梨酒、枣酒、苹果酒等果酒加工业；大力发展梨、枣、桃、苹果等浓缩果汁加工和以杏仁露、杏仁粉等为主的仁用杏加工，以小包装栗仁、速冻果仁、糖炒板果等为主的板栗加工，以风味核桃、核桃油、核桃露、多肽饮品等为主的核桃加工业，以制干、制脯、罐头等为主的大枣、小枣、冬枣、柿子、山楂等加工，不断提高全省果品加工能力。蔬菜（含食用菌），支持龙头企业开展技术改造和新产品研发，重点发展低温脱水蔬菜、速冻菜、蔬菜罐头、复合果蔬汁等产品。引导龙头企业在蔬菜主产区、蔬菜批发市场邻近区发展洁净菜加工，建立果蔬预冷、分级、包装、配送-条龙冷链物流体系和城市社区分销网络，到2022年，年销售收入10亿元以上的果蔬加工企业达到10个以上。

（七）做大主食产业。顺应主食制品工业化生产、社会化供应的大趋势，支持龙头企业打造集米、面、肉、蛋、菜等主食加工于一体的“中央厨房”。引导建设一批规范化、智能化、规模化的大型主食生产加工配送中心和中央厨房，推广“生产基地+中央厨房+餐饮门店”“生产基地+加工企业十商超销售”“作坊置换+联合发展”等新模式。抓住北京餐饮企业、食品加工企业外迁机遇，在京津、雄安新区周边打造一批主食加工基地。到2022年，全省主食工业化率达到27%以上。

（八）抓好其他产业。适应中医药健康产业发展大势，支持中药材加工企业把“生产车间”延伸到中药材种植基地，做强中药加工产业。提高农产品开发利用强度，指导生产经营主体开发保健、养生药茶和代茶饮、酸枣汁、山橙红酒、枸杞珍、沙棘饮品、菊苣粉等新产品。支持阳原县、肃宁县、辛集市等地皮毛加工产业优化升级，提高产品附加值和品牌美誉度。在薯类加工、特种养殖加工、生物质能源、废弃物加工利用、饲料加工、生物发酵、微生物制剂等行业，精力培育发展一批具有行业竞争力的龙头企业。

三、主要任务

（一）提升创新能力。支持龙头企业加大科研投入，建设高水平研发中心，开展关键技术、前沿技术攻关，引进国内外先进技术进行集成创新，推进产品结构和产业结构升级。加强人才培养和引进，落实高层次人才科研经费补贴和安家费补助政策。引导龙头企业建立现代企业制度，完善公司治理结构，降低管理成本和管理风险，提高经营管理水平。继续开展重点龙头企业监测，支持龙头企业进档升级2018-2020年，打造100个拥有自主知识产权、有较强研发能力、同行业领先、市场竞争力强的创新型龙头企业，省农业厅每个给予100万元奖补资金用于提升创新能力。对新获得国家高新技术企业称号的农业产业化重点龙头企业，省农业产业化资金给予一定的奖补支持。

（二）推进集聚发展。立足农业资源优势，坚持特色化、集约化发展，打造一批农产品加工集中区，促进产业衔接、功能互补、节能环保、降低成本。加强集中区基础设施和公共服务平台建设，提升园区管理水平，打造企业主体责任严格落实、质量安全管理规范、产品质量安全有保障的规范化园区。引导农产品加工企业向优势产区、综合性加工园区集中，推动包装仓储、冷链物流、电子商务等配套产业发展，放大产业集聚效应。支持龙头企业以资本、技术、品牌为纽带，通过收购、参股、兼并、租赁等方式开展合作，形成以大带小、协同配套、分工合作、利益共享的产业集群。每两年评选一批省级农业产业化集聚区，省农业产业化资金给予一定奖补支持。

（三）延伸产业链条。引导龙头企业与合作社、家庭农场、种养大户建立稳定的合作关系，发展农业产业化联合体，实现合作共赢。健全农业社会化服务体系，建设一批规模化、标准化、专业化加工专用原料生产基地。鼓励龙头企业建设原料基地，省农业厅整合相关资金给予支持。优势特色主导产业、农业生产全程社会化服务试点等项目，优先安排到龙头企业的原料基地。农产品产地初加工项目资金，优先支持龙头企业自建或依托产业化联合体成员建设产地初加工设施。帮助龙头企业挖掘当地资源，积极发展休闲观光农业、工业旅游、农业康养等新产业、新业态。支持龙头企业发展连锁经营、智能配送和电子商务等多样化、亲民化营销方式，开辟农产品进社区、进便利店等便捷化销售渠道。不断完善利益联结机制，大力推广农业产业化联合体经营模式，促进家庭经营、合作经营、企业经营协同发展.重点打造300个以上省级示范农业产业化联合体，每年选择50个示范农业产业化联合体，省农业产业化资金每个给予60万元-100万元奖补支持，对建立带贫帮贫机制的示范农业产业化联合体予以优先支持。

（四）狠抓重点项目。加大招商引资力度，瞄准世界500强企业、知名央企、京津外迁企业，加快引进一批投资5亿元以上的大项目，对引进的年实际投资额达到10亿元、5亿元的农业产业化项目，省农业产业化资金分别给予1000万元、500万元奖补。强化政策引导、资金激励，调动省内龙头企业的积极性，谋划建设一批投资规模大、科技含量高、产业链条长、带动能力强、符合供给侧结构性改革方向的项目。对省重点龙头企业新建、改扩建项目年实际投资额达到3亿元以上的，省农业产业化资金给予300万元奖补。鼓励龙头企业参与“一带一路”建设，推动产品、技术、标准、服务“走出去”，赴境外建设农产品生产基地、农产品加工园区、农产品物流中心等项目的，给予重点支持。每年筛选60个左右省级农业产业化重点项目，享受省重点项目同等待遇。

（五）打造知名品牌。推动企业进一步健全质量安全管理，提升企业法人质量安全意识，将质量安全纳入企业发展目标，筑牢质量安全基础。支持龙头企业强化质量控制，实施标准化生产，大力发展无公害农产品、绿色食品、有机食品、地理标志产品、森林生态标志产品，全面提高农产品质量，为品牌建设打牢坚实基础。引导龙头企业深挖历史民俗、农耕传承和文化内涵，开展品牌设计，确立品牌定位，创建质量过硬、特色突出的自主品牌，同时加大广告投放力度，开展多种形式的品牌展示、专题推介、品牌营销，持续提升品牌影响力。支持农业产业化联合体开展品牌共建共享、打造品牌联盟。龙头企业首次获得中国质量奖、提名奖的分别奖励200万元、100万元，新认定中国驰名商标的奖励50万元，对新取得国际商标注册的企业按注册费的70%、总额不超过20万元奖励企业。2018-2020年全省支持培育60个领军企业品牌，省农业厅落实有关奖补政策。

四、保障措施

（一）加强组织领导。各地各有关部门要把做大做强农业产业化龙头企业作为发展农业特色产业、打造“四个农业”的重要抓手，摆上议事目程。各级农业产业化工作领导小组要充分发挥协调作用，形成合力推进的工作机制。要加强农业产业化工作力量，充实队伍，保障投入。省有关部门要强化责任，研究支持龙头企业转型升级的政策措施。各市县要结合本地实际，在充分调查研究的基础上制定推动龙头企业转型升级的具体措施。省政府每两年评选10个农业产业化工作先进县并给予奖励，选树50个农业产业化突出贡献个人和100家行业领军企业，对带贫帮贫能力突出的龙头企业，同等条件下优先选树。

（二）加大财税支持。省财政厅要加强省农业产业化资金投入保障，省农业产业化工作领导小组办公室要围绕龙头企业做大做强，调整农业产业化专项资金使用方向。整合农口资金，加大对龙头企业和农业产业化联合体的倾斜支持力度。市、县政府要根据资源禀赋和发展优势，制定完善农业产业化发展规划，加大对农业产业化经营的支持力度。税务部门要严格执行税收优惠政策，对龙头企业、农产品生产和经营实体应享受的各项税收优惠，税种不能少、数额不能减、企业要知情，确保优惠政策落实到位。

（三）创新金融服务。银行机构要把扶持龙头企业作为信贷支农重点，简化贷款手续、增加授信额度、实施优惠利率，不得随意抽贷停贷；扩大涉农抵（质）押物选择范围，推进农村承包土地经营权、林权、保单等抵（质）押贷款业务。扩大农业产业化增信基金实施范围，完善风险补偿机制。推进农业保险增品提标扩面，拓宽政策性保险保障范围。省农业产业化工作领导小组办公室要建立上市龙头企业后备库，选择10-15家符合国家产业政策、有上市前景的龙头企业，进行重点辅导和跟踪服务，推进企业直接融资。对新上市或挂牌上市的龙头企业，除享受河北省企业挂牌上市奖励政策外，省农业产业化资金按照已享受奖励金额的50%再给予奖补。

（四）强化用地保障。各地安排一定比例新增建设用地指标，专项支持龙头企业发展。对长期无市场需求、处于停产状态的企业，由政府主导进行清理。对于龙头企业生产过程中所需各类生产设施和附属设施用地，以及由于农业规模经营必须兴建的配套设施、农产品初加工设施用地(原则上不超过400平方米)，在不占用基本农田的前提下，纳入设施农用地管理，实行县级备案。鼓励龙头企业参与土地整治、商标准农田建设、空心村治理和美丽乡村建设，整合利用农村零星存量建设用地，用于发展农村一二三产业融合项目。

(五)营造良好环境。规范涉企执法行为，除法律规定外，不得随意对龙头企业采取停电、停气等措施，严禁重复、多头检查，禁止随意对龙头企业提出限产要求，确保龙头企业合法经营不受干扰。龙头企业申报项目、申请专利、认证新产品时，在合规合法的前提下能快则快，切实提高服务质量和效率。对省级重点龙头企业建设的农产品加工项目，可减免城市基础设施配套费。农业、林木培育和种植、畜牧业、渔业、农业灌溉、农产品初加工用电价格均按物价部门具体规定执行。

(六)严格督导考核。省农业产业化工作领导小组办公室牵头组织对各项产业化发展政策落实情况进行协调指导、督导检查，及时掌握各地农业产业化工作情况，定期向省农业产业化工作领导小组报告，并将有关情况在全省通报。对工作推进滞后，任务目标不能完成的，与市、县共同研究推进措施，督促指导整改。

(冀政字〔2018〕52号)

Ⅵ 统计图

现价农林牧渔业总产值

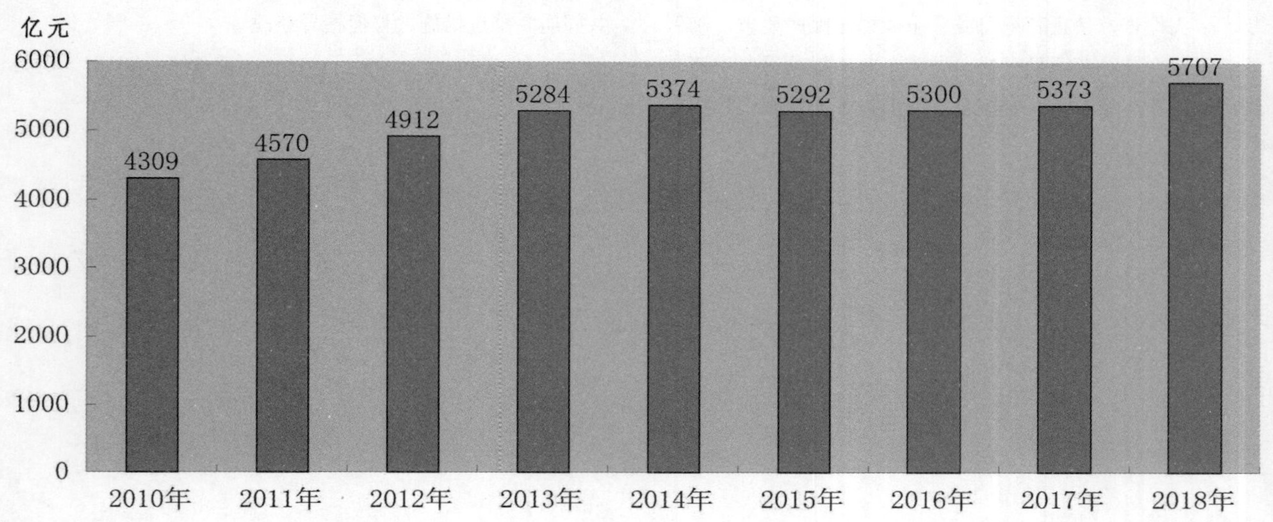

现价农林牧渔业总产值构成

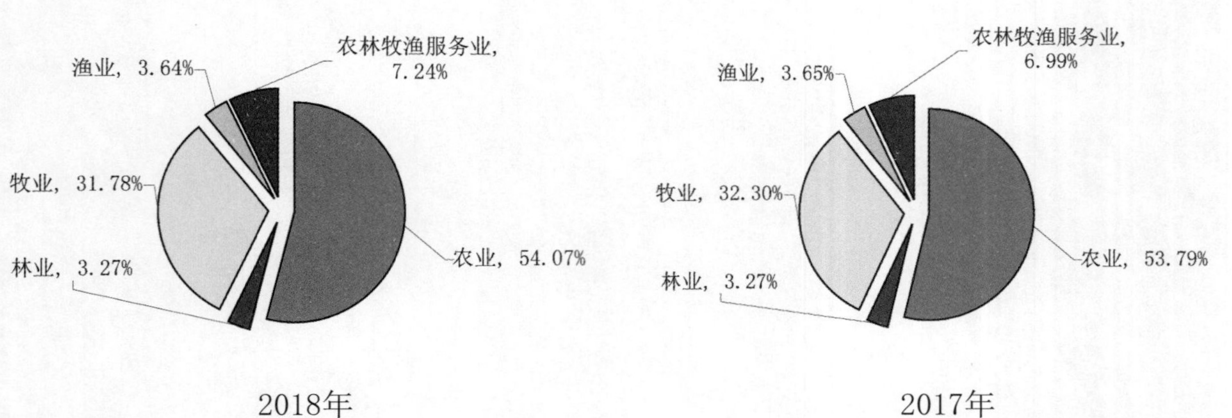

农林牧渔业增加值

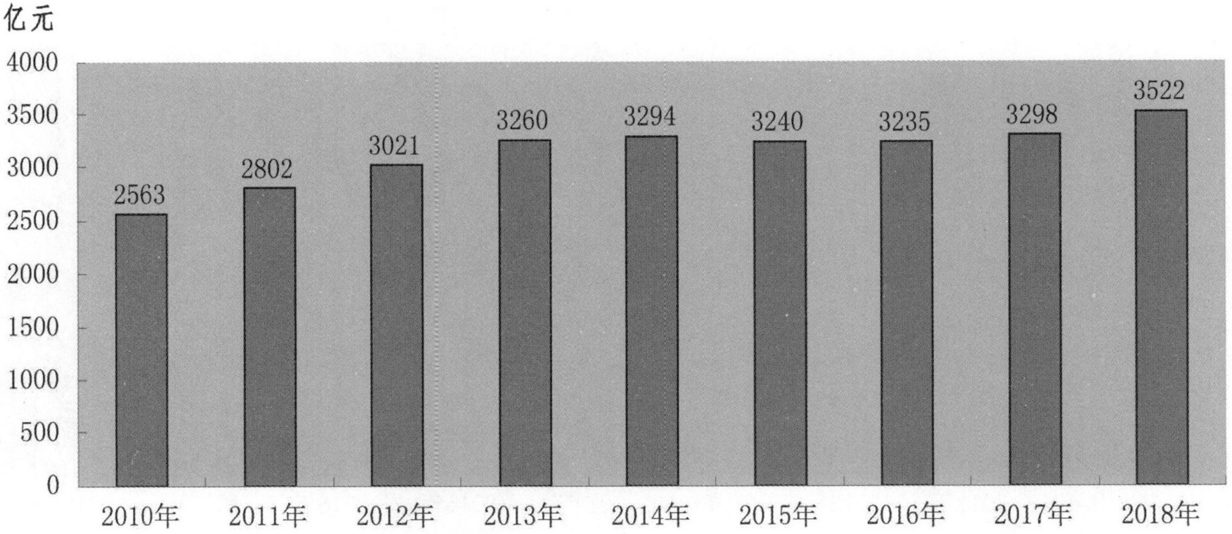

粮食、蔬菜和水果产量

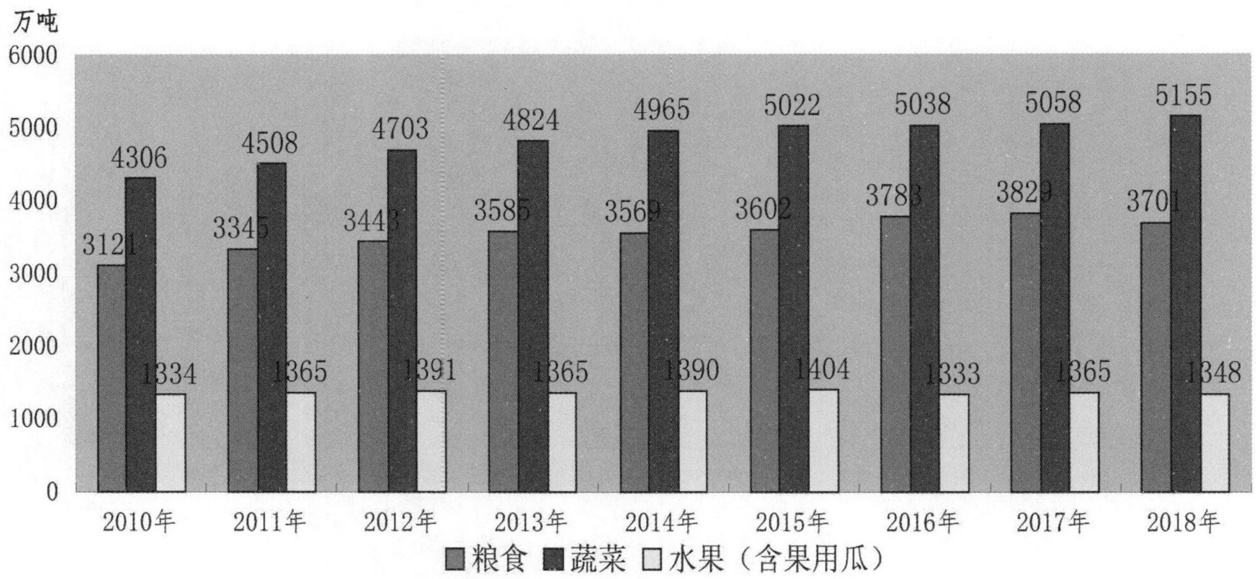

猪牛羊肉产量

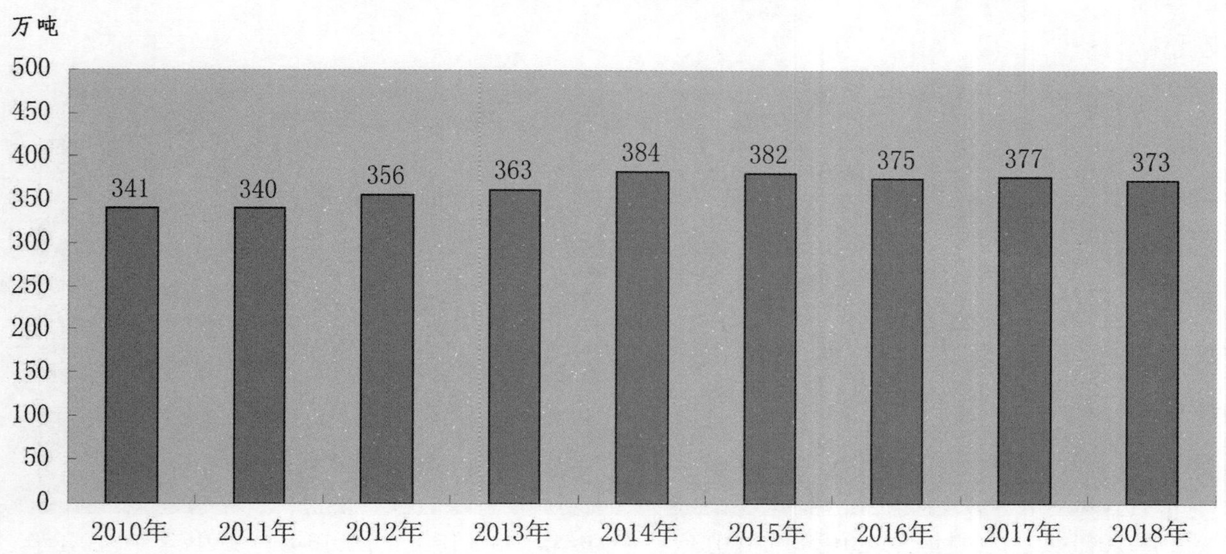

农民人均纯收入及生活消费支出

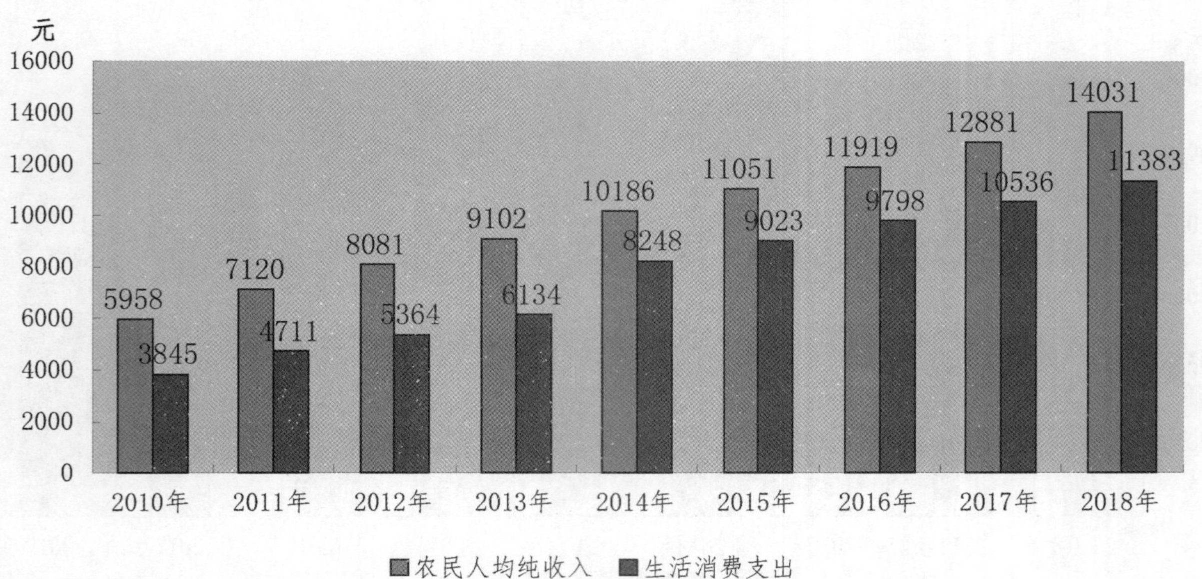

从 2013 年起，农村居民人均纯收入改为新口径：农村居民人均可支配收入；农村人均生活消费支出改为农村人均消费支出。

Ⅷ 统计资料

1-1-1 全省行政区划

(2018年底)　　　　单位：个

名称	地级单位数	县级单位数	市辖区	县级市	县	乡镇级单位数	街道办事处	乡数	镇数	居民委员会	村民委员会
全省	**11**	**168**	**47**	**21**	**100**	**2255**	**308**	**790**	**1156**	**4233**	**48724**
石家庄市（包含辛集市）	1	22	8	3	11	276	60	89	127	748	4289
石家庄市（不含辛集市）	1	21	8	2	11	261	60	82	119	731	3945
辛集市		1		1		15		7	8	17	344
唐山市	1	14	7	3	4	231	54	45	132	667	5305
秦皇岛市	1	7	4		3	98	23	25	50	169	2265
邯郸市	1	13	6	1	11	242	30	92	120	527	5202
邢台市	1	19	2	2	15	198	26	68	104	485	4905
保定市（包含定州市）	1	24	5	4	15	340	31	130	179	527	6186
保定市（不含定州市）	1	23	5	3	15	315	27	125	163	455	5716
定州市		1		1		25	4	5	16	72	470
张家口市	1	16	6		10	233	23	110	99	304	4173
承德市	1	11	3	1	7	218	14	95	109	175	2456
沧州市	1	16	2	4	10	194	26	83	85	208	5757
廊坊市	1	10	2	2	6	107	17	18	72	277	3202
衡水市	1	11	2	1	8	118	4	35	79	146	4984

1-1-2 全省地表形态分布

(2018年底)　　　　单位：平方公里

地表形态	总面积	占总面积(%)
全省地表总面积	**187693**	**100.00**
山地	70194	37.40
坝上高原	24343	12.97
丘陵	9068	4.83
平原	57223	30.49
盆地	22709	12.10
湖泊洼淀	4156	2.21

1-1-3　总人口、人口自然变动及从业人员

年 份	总人口（万人）	#男	出生率（‰）	死亡率（‰）	自然增长率（‰）	就业人员（万人）	#一产业就业人员	城镇登记失业人数（万人）
1949	3086.06	1564.23	27.30	12.73	14.57			
1952	3271.95	1652.81	29.17	12.10	17.07			
1957	3670.10	1865.23	29.62	11.30	18.32			
1962	3883.58	1961.29	28.68	9.06	19.62			
1965	4086.96	2084.19	32.93	8.74	24.18			
1970	4549.55	2320.15	26.73	6.49	20.24			
1975	4913.39	2514.52	17.78	7.22	10.56			
1978	5057.47	2595.40	20.88	6.49	14.39	2109.39	1621.61	
1980	5167.62	2650.65	20.47	6.46	14.01	2182.80	1637.42	
1985	5547.52	2851.51	17.10	5.30	11.80	2555.43	1603.36	3.56
1990	6158.88	3147.00	20.46	6.82	13.64	2955.47	1820.51	7.70
1995	6436.51	3265.89	13.93	6.32	7.61	3252.01	1729.29	17.50
1996	6483.67	3309.37	13.85	6.55	7.30	3300.16	1635.17	15.64
1997	6524.58	3327.63	13.11	6.82	6.29	3324.23	1634.03	15.53
1998	6569.30	3343.24	13.01	6.18	6.83	3367.18	1650.22	15.86
1999	6613.66	3356.43	12.99	6.26	6.73	3322.30	1653.25	16.20
2000	6674.27	3397.20	11.30	6.21	5.09	3385.71	1678.12	17.40
2001	6699.13	3383.67	11.16	6.18	4.98	3409.16	1676.34	19.50
2002	6734.60	3419.96	11.53	6.25	5.28	3435.00	1662.59	22.20
2003	6769.44	3453.92	11.43	6.27	5.16	3470.23	1672.26	25.80
2004	6808.75	3479.62	11.98	6.19	5.79	3516.71	1612.85	28.01
2005	6850.83	3441.17	12.84	6.75	6.10	3568.97	1564.72	27.82
2006	6897.86	3485.69	12.86	6.59	6.23	3609.99	1524.89	28.69
2007	6943.19	3528.97	13.33	6.78	6.55	3664.97	1481.52	29.29
2008	6988.82	3562.35	13.04	6.49	6.55	3725.66	1481.37	32.24
2009	7034.40	3582.08	12.93	6.43	6.50	3792.49	1479.22	34.50
2010	7193.60	3647.18	13.22	6.41	6.81	3865.14	1464.21	35.14
2011	7240.51	3742.62	13.02	6.52	6.50	3962.42	1439.63	35.99
2012	7287.51	3693.75	12.88	6.41	6.47	4085.74	1426.27	36.83
2013	7332.61	3723.50	13.04	6.87	6.17	4183.93	1404.49	37.17
2014	7383.75	3750.64	13.18	6.23	6.95	4202.66	1398.88	38.30
2015	7424.92	3757.23	11.35	5.79	5.56	4212.50	1387.83	39.41
2016	7470.05	3795.17	12.42	6.36	6.06	4223.95	1380.33	39.73
2017	7519.52	3817.66	13.20	6.60	6.60	4206.66	1366.90	40.00
2018	7556.30	3827.27	11.26	6.38	4.88	4196.09	1360.05	38.04

注:1999年以后年份就业人员不包括离开本单位仍保留劳动关系的职工。

1-1-4　历年农业基本生产条件

年　份	一、户数、人口、劳动力								
	乡　村 户　数 (万户)	乡　村 人口数 (万人)	乡村从业 人　　员 (万人)	#农　林 牧渔业	工　业	建筑业	批发和 零售业	交 通 运 输、仓储 和邮政业	住宿和 餐饮业
1957	767.53	3322.06	1382.83	1382.83					
1962	836.21	3555.11	1375.24	1375.24					
1965	846.79	3703.83	1456.74	1456.74					
1970	921.07	4156.23	1635.57	1635.57					
1975	985.81	4415.46	1716.84	1617.61	37.40				
1978	1040.77	4490.38	1726.00	1475.43	95.39	11.87			
1980	1075.10	4537.77	1766.59	1542.02	126.25	22.51			
1985	1159.84	4793.36	2059.76	1639.03	167.98	81.15	35.96	31.14	
1990	1325.48	5211.59	2360.50	1780.42	220.73	102.01	53.59	48.07	
1995	1387.10	5324.29	2573.51	1715.42	325.04	157.83	98.00	78.23	
1996	1390.10	5319.26	2583.16	1621.83	365.92	184.06	116.48	85.58	
1997	1394.43	5313.76	2613.43	1620.31	380.19	188.14	122.16	89.11	
1998	1398.67	5322.46	2635.91	1635.83	380.10	191.51	125.73	89.63	
1999	1401.18	5336.29	2654.31	1639.90	382.38	198.06	129.69	90.63	
2000	1422.61	5382.39	2707.10	1665.45	388.36	202.47	135.33	92.13	
2001	1434.07	5385.64	2717.88	1664.96	390.30	205.74	137.46	93.69	
2002	1434.69	5388.84	2731.76	1651.97	403.47	212.53	141.17	94.55	
2003	1436.10	5383.04	2748.04	1660.24	441.88	243.73	124.89	101.01	37.81
2004	1439.38	5389.87	2771.98	1600.43	481.54	259.35	140.60	107.92	43.05
2005	1448.55	5422.28	2805.94	1552.75	518.86	275.22	154.26	114.71	48.61
2006	1445.65	5412.04	2817.80	1513.04	545.32	285.43	161.03	117.63	50.38
2007	1461.93	5456.94	2846.53	1479.04	576.85	301.50	165.60	121.22	53.11
2008	1476.82	5495.58	2894.82	1478.23	597.96	309.50	172.04	126.96	55.69
2009	1497.39	5531.18	2944.36	1472.50	623.63	327.11	178.03	129.21	57.52
2010	1525.58	5570.20	2976.55	1458.33	640.13	342.13	182.49	132.36	59.60
2011	1536.91	5599.62	3003.83	1433.17	657.96	352.33	188.10	137.87	63.88
2012	1551.16	5628.36	3023.37	1419.85	670.96	359.83	190.89	140.15	65.69
2013	1564.25	5659.96	3039.17	1397.22	678.97	361.10	202.82	133.99	77.86
2014	1575.24	5695.41	3055.91	1389.29	689.86	364.60	207.42	134.99	79.33
2015	1579.05	5711.49	3055.31	1371.37	695.43	365.92	211.87	135.33	80.71
2016	1590.45	5746.56	3063.83	1369.28	695.76	366.89	215.22	135.88	82.87
2017	1609.73	5736.31	3061.75	1354.71	699.30	366.70	216.57	136.78	84.34
2018	1660.26	5829.24	3023.20	1354.33	685.20	357.32	210.21	124.09	88.30

注：1.乡村从业人员：指乡村人口中16岁以上实际参加生产经营活动并取得实物或货币收入的人员。
　　2.2002年及以前年度的批发和零售业从业人员包括批发和零售业以及住宿和餐饮业从业人员。

1-1-4续1　历年农业基本生产条件

年 份	二、耕地面积(千公顷)				三、农业机械化情况		
	年末耕地面积	#年末常用耕地面积	#有效灌溉面积	有效灌溉面积占耕地面积比重(%)	1.农用机械总动力(万千瓦)	2.大中型拖拉机(台)	3.小型拖拉机(万台)
1949		7265.79	769.21	10.6			
1952		7616.41	962.84	12.6		34	
1957		7545.97	1577.55	20.9		1953	
1962		6953.83	1357.31	19.5		4724	
1965		6983.71	1754.27	25.1		5614	
1970		6849.55	2678.31	39.1		6909	0.07
1975		6718.61	3553.22	52.9	769.04	17017	1.94
1978		6675.01	3660.17	54.8	1083.17	28092	9.10
1980		6648.01	3622.25	54.5	1253.84	42133	11.06
1985		6603.41	3572.70	54.1	1993.74	37341	29.04
1990		6556.03	3758.49	57.3	2822.25	30063	59.39
1995		6517.25	4040.01	62.0	4336.44	29040	91.53
1996	6897.11	6498.80	4248.15	61.6	5137.72	32961	101.20
1997	6888.52	6493.74	4322.57	62.8	5808.66	38414	108.64
1998	6874.94	6484.58	4388.04	63.8	6263.90	45767	116.34
1999	6868.77	6478.71	4444.45	64.7	6622.75	52953	123.12
2000	6857.08	6465.96	4482.32	65.4	7000.39	63624	129.85
2001	6854.04	6448.93	4485.39	65.4	7244.43	66771	132.14
2002	6691.13	6125.15	4415.17	66.0	7451.21	76753	134.94
2003	6486.51	5991.27	4403.99	67.9	7764.54	81165	133.79
2004	6441.51	6000.63	4459.77	69.2	8135.63	89745	139.60
2005	6396.25	5988.93	4547.75	71.1	8487.21	100894	144.68
2006	6315.34	5882.52	4569.77	72.4	8795.77	111080	145.47
2007	6314.53	5893.61	4579.02	72.5	9134.53	114345	148.15
2008	6331.89	5901.44	4560.51	72.0	9525.37	136169	150.05
2009	6561.35	6060.83	4509.60	68.7	9861.37	155153	149.15
2010	6551.42	6057.53	4520.87	69.0	10151.30	172676	150.50
2011	6563.78		4596.61	70.0	10349.19	197882	149.10
2012	6558.33		4165.03	63.5	10553.81	213733	146.27
2013	6551.20		4349.03	66.4	10786.45	234425	142.43
2014	6537.74		4404.22	67.4	10942.86	254604	138.62
2015	6525.47		4447.98	68.2	11102.81	274346	136.26
2016	6520.50		4457.64	68.4	7401.97	298740	131.81
2017	6518.86		4474.67	68.6	7580.58	314728	128.99
2018	6523.55		4495.13	68.9	7706.20	280018	122.39

注:1.年末常用耕地面积不包括25°以上坡地。从2011年起，不再统计常用耕地面积。
2.2012年有效灌溉面积为全国第一次水利普查数据(下同)。

1-1-4续2　历年农业基本生产条件

年　份	三、　农　业　机　械　化　情　况（续）						四、农业现代化项目水平	
	4.大中型拖拉机配套农　具（台）	5.小　型拖拉机配套农具（万台）	6.农用排灌电动机（万台）	7.农用排灌柴油机（万台）	8.联　合收割机（台）	9.农用水泵（万台）	1.机　耕地面积（千公顷）	机耕地面积占总播种面积比　重（%）
1952	156						2.05	0.03
1957	4563		0.05	0.16			480.45	6.37
1962	16239		3.03	1.11			1321.67	19.01
1965	15365		6.96	1.13			1764.31	25.26
1970	13537		14.50	4.76			1485.02	21.68
1975	33078		31.82	41.09	237		2740.69	40.79
1978	76803	16.84	40.17	48.60	269	63.87	3863.28	57.88
1980	88589	11.11	46.46	47.09	397	65.28	3819.53	57.45
1985	53091	18.33	62.29	71.12	558	87.01	2792.11	42.28
1990	40962	56.01	75.26	109.00	1624	111.15	4249.63	64.82
1995	45809	89.69	97.45	125.67	12265	134.87	4595.89	70.52
1996	51395	102.08	115.34	130.43	16277	148.88	4765.60	73.33
1997	59013	113.21	122.14	136.34	25006	165.65	4924.14	75.83
1998	76953	130.30	126.05	136.27	32041	163.04	5056.51	77.98
1999	94202	136.69	126.92	136.64	37756	161.42	5141.02	79.35
2000	108349	156.69	131.23	138.23	41945	163.71	5072.60	78.45
2001	123114	163.99	128.01	135.14	43946	156.75	4916.85	76.24
2002	132318	167.61	130.43	131.83	45808	163.72	4874.29	79.58
2003	143412	170.63	133.60	119.46	50578	162.73	4740.87	79.13
2004	163534	182.54	136.61	128.44	53619	159.65	4707.93	78.46
2005	183516	191.63	139.46	125.84	56015	165.85	4745.47	79.24
2006	205530	227.69	139.87	124.33	60412	164.99	4768.88	81.07
2007	223486	200.55	142.62	123.12	63618	170.51	4860.07	60.63
2008	260496	198.96	145.24	117.94	68595	174.44	4914.24	59.28
2009	320043	199.45	146.93	115.00	72937	171.28	5251.56	63.49
2010	345268	201.04	148.18	113.21	79264	172.09	5317.10	64.37
2011	379647	199.38	148.76	109.36	85926	172.22	5332.02	64.41
2012	409718	195.46	149.88	105.28	101418	172.15	5401.96	64.60
2013	435351	191.04	152.41	100.75	115167	172.03	5408.02	64.26
2014	458201	183.74	153.62	97.03	127713	170.61	5432.65	64.25
2015	497756	180.39	154.46	94.27	137703	169.73	5475.26	64.74
2016	538025	173.39	152.91	88.47	147449	164.83	5473.05	64.64
2017	597906	168.78	147.36	75.35	155957	164.71	5480.01	65.38
2018					160464	155.23	5022.44	61.27

注：因统计口径变化，大中型拖拉机配套农具、小型拖拉机配套农具、农用排灌电动机、农用排灌柴油机不在统计。

1-1-4续3 历年农业基本生产条件

年份	四、农业现代化项目水平(续)							
	2.机械播种面积(千公顷)	机播面积占总播种面积比重(%)	3.机械收获面积(千公顷)	机收面积占总播种面积比重(%)	4.化肥施用量(折纯)(万吨)	5.农村用电量(亿千瓦小时)	6.旱涝保收面积(千公顷)	7.年末实有机电井(眼)
1952					0.48			5
1957					3.04	0.11		5786
1962					2.73	1.92		47382
1965					4.65	5.42	806.64	76557
1970					18.52	11.43	1566.41	217105
1975	365.95	3.87	86.14	0.91	36.94	20.12	1933.87	555211
1978	1699.25	18.13	141.74	1.51	65.32	23.84	2008.10	587389
1980	1725.62	19.14	237.32	2.63	74.74	30.77	2041.28	565650
1985	1161.85	13.42	313.37	3.62	110.36	40.93	2225.33	630762
1990	2201.65	25.06	1172.05	13.34	145.21	58.81	2681.20	735470
1995	2956.26	33.90	1881.15	21.57	220.68	118.51	3081.48	798012
1996	3351.66	37.78	2045.29	23.05	259.28	150.02	3176.99	814821
1997	3865.74	43.65	2323.93	26.24	262.44	161.32	3272.56	828334
1998	4306.06	47.33	2579.49	28.35	270.23	167.37	3389.74	889574
1999	4608.08	50.89	2693.47	29.75	272.41	172.91	3423.18	877442
2000	4550.57	50.43	2688.00	29.79	270.62	180.45	3428.17	880324
2001	4498.87	50.04	2570.34	28.59	273.38	184.07	3461.67	893224
2002	4712.83	52.74	2504.62	28.03	278.80	201.73	3372.52	909821
2003	4672.01	54.08	2312.39	26.77	283.31	216.77	3420.42	918432
2004	4778.86	54.96	2258.13	25.97	289.88	266.58	3455.84	918495
2005	5282.47	60.13	2480.45	28.23	303.39	337.05	3609.66	937207
2006	5354.98	61.45	2623.25	30.10	304.89	388.22	3638.66	943907
2007	5472.76	68.28	2682.37	33.47	311.87	430.14	3733.94	952795
2008	6018.41	72.60	2846.50	34.34	312.40	418.90	3751.87	961710
2009	6183.34	74.76	3147.03	38.05	316.17	486.05	3450.17	960346
2010	6274.51	75.96	3428.52	41.50	322.86	511.81	3568.32	964516
2011	6451.91	77.94	3715.28	44.88	326.28	559.22	3659.75	983695
2012	6592.46	78.84	4209.83	50.35	329.33	593.94	3678.54	906250
2013	6571.87	78.09	4680.15	55.61	331.04	616.37	3561.43	913808
2014	6623.45	78.34	4988.42	59.00	335.61	631.33	3548.63	922302
2015	6624.64	78.33	5192.38	61.39	335.49	611.82	3590.44	917192
2016	6669.38	78.77	5397.25	63.74	331.79	600.78	3597.60	914284
2017	6825.28	81.43	5533.93	66.02	321.98	615.16	3754.12	913585
2018	6763.35	82.51	5825.05	71.06	312.40	505.34	3597.78	986134

注：1.从2009年开始，机耕面积按播种面积计算，机耕面积占耕地面积的比重为机耕面积占播种面积的比重。
2.2012年机电井数据为全国第一次水利普查数据。

1-1-5 历年受灾和成灾面积

单位：公顷

年 份	受灾面积	#旱 灾	水 灾	成灾面积	#旱 灾	水 灾	成灾率(%)
1949	1127333	91333	956667	715333	26000	531333	63.5
1952	1394000	768667	173333	955333	238000	107333	68.5
1957	1165333	510667	157333	726000	168000	98000	62.3
1962	3198000	1596000	916000	2044667	843333	674000	63.9
1965	2697333	2352667	27333	1624000	1192667	19333	60.2
1970	662000	113333	136000	347333	96667	192667	52.5
1975	1971933	1576933	94933	1048000	865933	45200	53.1
1978	1474413	760440	311873	970187	504920	199367	65.8
1980	2721460	2386353	4547	1976447	1764400	2440	72.6
1985	2570013	847813	619420	1844233	592140	461700	71.8
1990	3095293	217653	244067	1783887	70807	176240	57.6
1995	2762177	289226	787140	1875069	151565	575190	67.9
1996	2507050	368585	1387067	1708628	216716	1028734	68.2
1997	4044083	3439195	16610	3063959	2684902	12137	75.8
1998	2444726	1030099	139899	1358898	562018	102401	55.6
1999	3617217	3048057	13925	2602177	2269793	10761	71.9
2000	3560282	2974700	114161	2541304	2210543	62783	71.4
2001	2924925	2224193	40795	2063339	1656829	32128	70.5
2002	3696377	2660998	19101	2617448	1959847	14979	70.8
2003	2622015	1316132	105837	1664419	938896	69388	63.5
2004	1543220	391253	110778	797522	198684	61610	51.7
2005	1721821	934146	108803	976022	596169	65277	56.7
2006	1774124	1046985	118614	899864	530335	67098	50.7
2007	1847462	1243650	102746	1170210	876055	84220	63.3
2008	1397714	735875	72775	825872	479858	51673	59.1
2009	1944331	1218240	67906	1301122	928342	31833	66.9
2010	1668172	844652	127120	1058292	640473	58048	63.4
2011	811365	497273	95774	479815	319801	53479	59.1
2012	1107557	338989	456026	758574	236924	310506	68.5
2013	752708	195702	226454	485081	118760	160609	64.4
2014	1164465	976120	17463	721840	599239	10605	62.0
2015	1794902	1104150	320992	976931	543319	239997	54.4
2016	1447833	216054	953218	560582	20601	371143	38.7
2017	803234	367400	58237	381442	146100	23055	47.5
2018	578825	44030	107816	361202	36056	60301	62.4

注：2015年后数据为民政部门数，其他年份为统计部门数。

1-1-6 农村基层组织和从业人员

指　　标	单 位	2010年	2015年	2017年	2018年	2018年比上年增减(%)
一、农村基层组织情况						
乡个数	个	953	890	818	790	-3.4
镇个数	个	1007	1067	1128	1156	2.5
村民委员会个数	个	48953	48974	48671	48724	0.1
二、乡村户数、人口、从业人员						
乡村户数	万户	1525.6	1579.0	1609.7	1660.3	3.1
乡村人口数	万人	5570.2	5711.5	5736.3	5829.2	1.6
乡村从业人员	万人	2976.5	3055.3	3061.7	3023.2	-1.3
#男从业人员	万人	1602.5	1650.1	1654.1	1642.4	-0.7
三、乡村从业人员按行业分						
农林牧渔业	万人	1458.3	1371.4	1354.7	1354.3	
工　业	万人	640.1	695.4	699.3	685.2	-2.0
建筑业	万人	342.1	365.9	366.7	357.3	-2.6
批发和零售业	万人	182.5	211.9	216.6	210.2	-2.9
交通运输、仓储和邮政业	万人	132.4	135.3	136.8	124.1	-9.3
住宿和餐饮业	万人	59.6	80.7	84.3	88.3	4.7
其他非农行业	万人	161.5	194.7	203.3	203.8	0.2

1-1-7 农业主要资源

指　　标	单 位	2010年	2015年	2017年	2018年	2018年比上年增减(%)
一、年末耕地面积	**千公顷**	**6551.4**	**6525.5**	**6518.9**	**6523.6**	**0.1**
#有效灌溉面积	千公顷	4520.9	4448.0	4474.7	4495.1	0.5
二、森　　林						
森林面积	千公顷	4875.3	5800.0	6133.0		
森林覆盖率	%	26.00	31.00	33.00		
林木储蓄量	万立方米	12145	13975	15300		
三、草原面积	**千公顷**	**3692.85**	**2774.35**	**2844**	**2844**	
四、水文、水利						
水资源总量	亿立方米	138.92	135.09	138.34	164.04	18.6
水能资源可开发量	万千瓦	120.6	120.6	120.6	120.6	
淡水养殖面积	公　顷	74955	55781	45901	41000	-10.7
海水养殖面积	公　顷	123810	117533	107583	111404	3.6
海岸线长度	公　里	487	487	487	487	

注：1.2015年草原面积数据为二调数据。
　　2.2015年森林面积、森林覆盖率数据为预计数。

1-1-8 主要农用机械年末拥有量及增减

指　　标	单　位	2010年	2015年	2017年	2018年	2018年比上年增减(%)
一、农用机械总动力合计	**万千瓦**	**10151.30**	**11102.81**	**7580.58**	**7706.20**	**1.7**
柴油发动机动力	万千瓦	8011.62	8760.15	5300.47	5361.58	1.2
汽油发动机动力	万千瓦	121.57	146.03	136.89	136.03	-0.6
电动机动力	万千瓦	2018.11	2196.63	2143.22	2208.49	3.0
其他机械动力	万千瓦				0.10	
二、主要农业机械与设备						
大中型拖拉机	万　台	17.27	27.43	31.47	28.00	-11.0
小型拖拉机	万　台	150.50	136.26	128.99	122.39	-5.1
大中型拖拉机配套农具	万　台	34.53	49.78	59.79		
小型拖拉机配套农具	万　台	201.04	180.39	168.78		
农用排灌电动机	万　台	148.18	154.46	147.36		
农用排灌柴油机	万　台	113.21	94.27	75.35		
联合收获机	万　台	7.93	13.77	15.60	16.05	2.9
割晒机	台	39881	30374	24875		
机动脱粒机	万　台	21.78	19.81	16.81	15.96	-5.1
农用运输车	万　辆	268.19	269.41			
节水灌溉机械	万　套	4.39	5.69	6.01	5.79	-3.6
农用水泵	万　台	172.09	169.73	164.71	155.23	-5.8

注：1.根据《道路交通安全法》和《机动车运行安全技术条件》（GB7258—2012）的规定，取消了“农用运输车”的称谓，统一称为“低速载货汽车”，2016年起不再对“农用运输车”进行单独统计。
2.因统计口径变化，大中型拖拉机配套农具、小型拖拉机配套农具、农用排灌电动机、农用排灌柴油机不在统计。

1-1-9 农业机械化、电气化及农田水利建设情况

指　　标	单　位	2010年	2015年	2017年	2018年	2018年比上年增减(%)
一、农业机械化情况						
机耕地面积	千公顷	5317.10	5475.26	5480.01	5022.44	-8.3
机械播种面积	千公顷	6274.51	6624.64	6825.28	6763.35	-0.9
机械收获面积	千公顷	3428.52	5192.38	5533.93	5825.05	5.3
二、农村电气化情况						
1.农村水电站处数	处	135	248	241	251	4.1
装机容量	千　瓦	63222	395658	371693	403748	8.6
发电量	万千瓦小时	11588	42078	58204	67103	15.3
2.农村用电量	亿千瓦小时	511.81	611.82	615.16	505.34	-17.9
三、农田水利建设情况						
有效灌溉面积	千公顷	4520.87	4447.98	4474.67	4495.13	0.5
旱涝保收面积	千公顷	3568.32	3598.52	3754.12	3597.78	-4.2
年末机电井数	万　眼	96.45	91.72	91.36	98.61	7.9

1—1—10　农用化肥、农药、农膜和柴油使用量

指　　标	单　位	2010年	2015年	2017年	2018年	2018年比上年增减(%)
一、农用化肥施用量(折纯)	**万　吨**	**322.86**	**335.49**	**321.98**	**312.40**	**-3.0**
氮　肥	万　吨	153.07	147.95	140.29	114.47	-18.4
磷　肥	万　吨	47.31	46.36	43.69	23.94	-45.2
钾　肥	万　吨	26.84	28.05	26.85	23.97	-10.7
复合肥	万　吨	95.64	113.14	111.16	150.02	35.0
二、农药使用量	**万　吨**	**8.46**	**8.33**	**7.76**	**6.15**	**-20.8**
三、农用塑料薄膜使用量	**万　吨**	**11.86**	**13.80**	**12.81**	**10.98**	**-14.3**
#地膜使用量	万　吨	6.40	6.57	6.16	5.30	-14.0
地膜覆盖面积	千公顷	1066.13	1068.55	1000.37	812.31	-18.8
四、农用柴油使用量	**万　吨**	**298.47**	**293.19**	**224.55**	**217.56**	**-3.1**

注：2016年走农用柴油使用量不包含农用运输车的柴油使用量。

1—1—11　历年灌区、水库和节水灌溉情况

项　　目	单　位	1990年	1995年	2000年	2005年	2010年	2015年	2017年	2018年
年底万亩以上灌区	处	158	163	147	141	140	149	151	151
#五十万亩以上	处	4	4	5	5	5	6	6	6
三十至五十万亩	处	2	3	12	13	15	15	15	15
水库	座	1173	1169	1107	1096	1063	1065	1070	1070
#大型水库	座	17	17	18	18	19	23	23	23
中型水库	座	35	38	39	39	42	45	45	45
小型水库	座	1121	1114	1050	1039	1002	997	1002	1002
水利工程向农业年供水量	亿立方米	148.14	163.98	170.67	150.69	151.70	130.24	122.76	120.66
易涝面积	千公顷	1865.29	1865.07	1865.07	1870.46	1870.70	1870.7	1870.7	1870.7
除涝面积	千公顷	1564.95	1616.47	1638.16	1642.67	1648.64	1641.14	1641.15	1638.25
占易涝面积比重	%	83.90	86.67	87.83	87.82	88.13	87.73	87.73	87.57
水土流失面积	千公顷	6878.20	6978.65	6978.64	7071.62	7125.49	7125.49	7125.49	7125.49
水土流失治理面积	千公顷	4020.70	4589.00	5407.14	5977.24	6290.31	5061.55	5379.15	5532.54
占流失面积比重	%	58.46	65.76	77.48	84.52	88.28	71.03	75.49	77.64
堤防长度	公　里	17572.00	20106.00	20258.18	21115.67	21393.84	11728.36	11831.15	11967.30
堤防保护耕地面积	千公顷	3191.00	2977.12	3106.46	3343.98	3283.87	3794.26	3635.94	3574.70
节水灌溉面积	千公顷		1225.94	1978.75	2405.21	2698.83	3139.98	3415.72	3594.25
#喷滴灌	千公顷		47.46	371.74	366.61	241.92	193.37	244.03	251.26

1-1-12 受 灾 情 况

指 标	单 位	2010年	2015年	2017年	2018年
一、受灾面积	**千公顷**	**1668.17**	**1794.90**	**803.23**	**578.83**
#旱 灾	千公顷	844.65	1104.15	367.40	44.03
水 灾	千公顷	127.12	320.99	58.24	107.82
风雹灾	千公顷	149.83	347.77	217.46	139.69
霜冻灾	千公顷	252.98	10.68	41.40	121.07
病虫灾	千公顷	118.80	11.31	85.25	15.26
二、成灾面积	**千公顷**	**1058.29**	**976.93**	**381.44**	**361.20**
#旱 灾	千公顷	640.47	543.32	146.10	36.06
水 灾	千公顷	58.05	240.00	23.06	60.30
风雹灾	千公顷	86.92	159.00	114.84	95.63
霜冻灾	千公顷	146.53	2.80	36.58	74.31
病虫灾	千公顷	35.32	6.25	44.93	3.99
三、绝收面积	**千公顷**		**170.85**	**42.92**	**80.79**
四、因灾损失情况					
成（受）灾人口	万人	484.03	1701.80	750.82	540.31
死亡人口	人	7	16	6	4
倒塌房屋	间	2046	621	499	498

注：2015年后数据为民政部门数，其他年份为统计部门数。

1–2–1 历年主要农作物播种面积

单位：千公顷

年 份	总播种面 积	#粮食作物播种面积	#夏收粮食	谷 物	#小 麦	稻 谷	玉 米	豆 类	#大 豆	薯 类
1949	8471.0	7242.9	1621.5		1577.1	38.6	1246.3		632.1	350.2
1952	9071.4	7418.8	1634.1		1586.4	53.5	1129.0		548.9	456.9
1957	9707.9	7983.2	2474.9		2397.0	145.0	1473.7		813.6	481.2
1962	8470.3	7085.5	1795.8		1724.1	57.5	1216.6		535.5	768.1
1965	8615.1	7215.5	1978.7		1851.6	122.2	1457.6		480.0	673.6
1970	8998.8	7670.7	2278.4		2076.1	92.8	1735.6		410.7	694.6
1975	9448.1	8054.1	2954.9		2813.2	73.5	1895.9		241.1	630.3
1978	9370.9	7949.4	2979.2		2854.8	110.2	2236.2		260.0	608.5
1980	9013.9	7487.2	2703.8		2648.9	145.2	2340.9		261.2	473.6
1985	8656.5	6492.7	2367.5		2351.9	127.6	1749.5		300.7	473.9
1990	8786.7	6827.8	2515.0		2508.4	147.7	2040.8		403.5	433.7
1995	8720.1	6829.5	2515.3	5767.2	2500.6	128.7	2290.8	655.4	481.4	407.0
1996	8872.1	7137.3	2610.4	6068.6	2591.2	141.8	2524.9	637.6	473.4	431.1
1997	8856.9	7099.4	2745.3	6068.4	2720.7	155.3	2425.9	610.2	460.0	420.8
1998	9097.7	7305.7	2793.8	6243.8	2764.0	153.2	2581.0	647.8	496.2	414.1
1999	9055.2	7236.1	2765.8	6230.7	2729.9	154.7	2663.8	584.6	438.1	420.8
2000	9024.4	6918.7	2716.6	5879.1	2678.8	143.9	2478.6	592.2	423.7	447.4
2001	8990.8	6628.9	2629.6	5736.1	2579.8	94.1	2543.4	484.0	379.2	408.8
2002	8935.1	6484.4	2493.2	5625.8	2449.6	111.0	2577.4	452.1	331.3	406.5
2003	8638.5	5944.0	2232.9	5183.5	2192.9	75.6	2488.8	384.0	280.5	376.5
2004	8695.4	6003.4	2200.5	5322.9	2161.5	83.5	2630.6	359.7	274.3	320.8
2005	8785.5	6240.2	2415.4	5611.3	2377.1	87.7	2677.4	333.1	254.9	295.8
2006	8713.9	6271.7	2535.6	5752.2	2504.5	88.7	2799.9	270.0	210.9	249.5
2007	8248.2	6201.5	2441.0	5715.3	2420.2	84.0	2903.2	236.6	180.5	249.6
2008	8283.9	6201.0	2451.7	5714.1	2431.8	80.5	2885.4	236.6	180.4	250.3
2009	8266.9	6317.4	2418.5	5893.5	2397.8	83.4	3080.4	189.5	145.7	234.4
2010	8352.0	6441.3	2472.7	6055.9	2451.4	77.6	3191.0	160.4	124.5	225.0
2011	8422.2	6488.6	2455.3	6115.5	2435.0	80.3	3264.7	140.5	109.7	232.6
2012	8462.5	6553.6	2476.9	6197.8	2457.1	82.6	3323.2	127.8	98.5	228.0
2013	8443.8	6607.3	2450.3	6272.6	2432.0	82.9	3428.5	117.9	92.1	216.7
2014	8432.1	6678.6	2421.7	6361.8	2404.0	80.5	3542.1	110.1	86.6	206.7
2015	8482.2	6772.1	2413.5	6463.4	2394.2	79.9	3654.4	98.5	78.6	210.2
2016	8467.5	6791.4	2408.3	6490.6	2389.8	76.3	3696.1	89.1	68.7	211.8
2017	8381.7	6658.5	2400.5	6356.7	2373.4	75.0	3544.1	90.1	70.1	211.6
2018	8197.1	6538.7	2385.1	6196.5	2357.2	78.4	3437.7	116.0	87.6	226.2

1-2-1续　历年主要农作物播种面积

单位：千公顷

年份	#棉花	#油料	#花生	芝麻	#麻类	#甜菜	#烟叶	#烤烟	#蔬菜播种面积	#瓜果类播种面积
1949	625.4	322.7	232.5	52.5	21.9		4.1	0.3		
1952	978.1	348.8	229.9	45.4	40.0		8.1	1.6		
1957	935.8	358.6	220.5	36.9	40.2		5.0	0.8		
1962	667.8	208.7	80.6	46.7	25.0	1.2	5.2	0.5		
1965	716.5	287.3	142.5	39.4	41.1	0.2	3.7	0.7		
1970	580.8	273.3	123.5	46.2	26.3	2.2	4.0	0.8		
1975	582.3	300.3	137.9	40.4	37.9	11.3	8.5	3.3	210.0	25.3
1978	576.6	300.2	133.1	32.1	30.2	15.2	11.8	6.3	225.4	26.0
1980	548.7	461.0	237.1	52.3	27.8	10.0	5.6	1.0	213.7	36.5
1985	850.3	749.8	331.6	123.3	24.6	11.5	11.5	3.3	263.2	82.7
1990	910.9	543.5	296.2	59.7	9.0	7.7	12.2	7.2	288.5	45.2
1995	700.5	604.5	371.7	46.4	4.9	11.9	5.5	3.7	408.9	53.0
1996	427.5	601.1	374.1	39.2	4.4	7.2	6.6	5.0	529.4	60.1
1997	377.1	602.7	399.7	27.2	5.6	7.2	8.9	6.9	599.3	54.4
1998	315.7	632.4	425.2	29.8	5.0	8.0	5.7	4.3	667.7	79.8
1999	266.6	635.2	430.5	27.4	3.4	8.0	5.9	4.3	735.6	78.5
2000	307.4	686.4	463.3	25.9	3.0	9.9	5.5	3.7	866.1	87.7
2001	418.5	631.7	494.5	26.1	2.6	9.3	4.1	2.9	925.8	109.7
2002	407.4	642.0	479.8	21.3	3.6	11.6	4.9	3.2	1028.9	104.1
2003	581.4	634.0	489.5	19.2	2.1	11.5	4.7	3.1	1068.5	111.8
2004	669.1	583.6	448.9	16.2	2.1	8.6	4.4	2.9	1082.2	109.3
2005	573.5	559.0	438.8	15.2	2.2	10.5	3.7	2.6	1104.8	105.4
2006	664.1	485.9	377.6	13.0	2.0	13.9	1.9	1.1	1066.7	103.1
2007	678.5	488.4	383.5	9.7	1.5	15.7	1.9	1.1	653.6	99.9
2008	679.4	496.5	384.3	7.4	0.4	15.7	2.6	2.3	670.3	92.8
2009	581.7	467.6	352.8	5.8	0.4	12.5	2.4	2.1	669.6	82.7
2010	558.9	428.5	336.4	4.4	0.3	14.1	2.2	1.9	693.2	83.3
2011	603.7	403.9	317.8	3.8	0.3	11.5	2.1	1.9	705.7	83.3
2012	451.2	404.5	311.4	3.1	0.3	12.2	2.1	2.0	734.0	84.1
2013	375.5	411.7	311.6	2.5	0.3	12.5	2.1	2.0	743.6	84.8
2014	322.5	390.9	287.6	2.1	0.3	11.1	1.7	1.6	754.7	85.6
2015	230.9	383.8	276.7	2.1	0.2	11.6	1.6	1.5	755.1	85.8
2016	230.7	383.1	270.6	1.5		12.1	1.4	1.4	751.6	70.3
2017	220.6	394.6	266.8	1.4		12.2	1.3	1.3	748.6	70.7
2018	210.4	367.9	258.1	1.6		18.1	1.4	1.3	787.6	73.9

1-2-2 历年主要农作物产品产量

年 份	粮 食总产量(万吨)	#夏收粮食	谷 物				豆 类		薯 类	棉 花总产量(万吨)
				#小 麦	稻 谷	玉 米		#大 豆		
1949	469.5	90.2		86.4	3.1	86.1		30.7	47.5	10.82
1952	772.2	119.3		115.5	9.7	134.7		39.2	95.8	28.14
1957	819.1	167.0		161.7	22.5	207.8		70.7	106.5	30.05
1962	662.8	109.7		104.2	10.5	140.4		33.8	153.4	13.02
1965	964.5	206.0		192.0	27.1	250.7		34.5	159.1	26.07
1970	1272.5	256.5		228.0	36.4	368.1		53.1	210.7	25.28
1975	1543.4	487.4		460.0	36.7	421.1		27.5	199.2	18.30
1978	1687.9	655.2		631.4	54.3	516.6		32.3	163.8	11.71
1980	1522.5	387.9		378.8	83.1	663.2		29.7	125.2	24.72
1985	1966.6	748.2		744.3	78.0	678.9		38.5	144.5	62.86
1990	2276.9	929.8		927.7	91.6	829.2		53.5	138.6	57.08
1995	2739.0	1065.4	2507.0	1060.3	90.3	1183.4	94.3	78.6	137.7	37.05
1996	2789.5	1146.8	2557.1	1139.1	92.2	1168.4	89.9	73.6	142.5	25.84
1997	2746.7	1341.5	2554.1	1330.7	102.4	1009.5	68.0	58.2	124.6	24.87
1998	2917.5	1265.3	2680.3	1253.6	99.2	1187.2	95.0	76.0	142.2	27.02
1999	2746.3	1294.4	2552.1	1280.5	93.1	1088.0	68.6	56.7	125.6	22.26
2000	2551.1	1219.8	2355.6	1208.0	65.8	994.5	74.5	62.9	121.0	30.01
2001	2491.8	1140.6	2309.0	1122.7	47.2	1059.5	67.1	56.3	115.7	41.93
2002	2435.8	1114.2	2256.2	1099.5	55.7	1035.0	60.6	49.4	119.0	40.19
2003	2387.8	1035.4	2205.9	1018.8	41.1	1073.6	60.6	46.4	121.3	52.20
2004	2480.1	1069.0	2319.4	1053.2	47.3	1157.6	57.6	44.3	103.1	66.54
2005	2598.6	1166.0	2452.9	1150.3	51.6	1193.8	51.2	42.4	94.5	57.72
2006	2780.6	1203.4	2640.2	1189.7	51.2	1348.8	46.9	39.5	93.5	70.02
2007	2897.3	1205.3	2781.7	1197.6	57.0	1478.2	40.6	34.8	75.0	71.69
2008	2995.0	1237.8	2862.5	1229.8	54.8	1532.6	41.4	35.0	91.1	72.69
2009	3017.4	1248.9	2926.3	1241.8	56.3	1579.4	30.1	25.0	61.0	58.10
2010	3121.0	1255.1	3018.3	1246.6	52.8	1663.8	27.5	23.3	75.2	54.80
2011	3345.0	1305.5	3237.4	1296.9	58.2	1823.0	28.1	23.8	79.4	62.44
2012	3442.6	1373.5	3330.8	1363.9	47.9	1856.2	24.2	20.0	87.6	53.48
2013	3584.9	1428.5	3474.2	1419.0	56.1	1922.8	22.2	18.1	88.4	43.15
2014	3569.0	1453.1	3468.9	1444.3	51.0	1898.8	23.7	18.2	76.4	39.47
2015	3602.2	1492.6	3505.8	1482.8	51.2	1897.7	19.1	15.3	77.3	32.35
2016	3783.0	1491.8	3645.6	1480.2	51.2	2031.2	19.8	16.0	117.6	23.90
2017	3829.2	1520.8	3674.5	1504.1	50.4	2035.5	20.8	17.1	133.9	24.00
2018	3700.9	1466.5	3524.9	1450.7	52.5	1941.2	28.1	21.2	147.9	23.93

1-2-2续 历年主要农作物产品产量

年份	油料总产量(万吨)	#花生	芝麻	麻类总产量(吨)	#黄红麻	甜菜总产量(万吨)	烟叶(吨)	#烤烟	蔬菜总产量(万吨)	瓜果类总产量(万吨)
1949	26.36	23.25	1.37	9875		0.01	2455	125		
1952	30.99	25.87	2.00	31420		0.06	9040	1990		
1957	29.47	24.34	1.46	25870		0.05	3845	545		
1962	8.42	5.22	1.75	4825		0.32	2310	225		
1965	17.85	10.66	1.95	16785		0.11	2385	535		
1970	24.18	14.89	2.56	11610		2.15	3975	990		
1975	24.05	15.29	2.33	18630	10030	6.05	6715	2515	523.8	33.0
1978	24.50	17.37	1.26	16615	9130	8.31	10940	6385	550.7	29.7
1980	45.14	35.77	3.23	17785	9720	9.44	5900	1540	531.6	45.9
1985	86.92	58.01	5.14	59890	52305	19.89	20135	5440	921.2	173.1
1990	74.89	57.81	2.74	20148	18158	12.34	22090	11596	1157.0	110.6
1995	109.86	94.68	2.47	13996	13095	12.36	9427	6513	2148.4	186.6
1996	120.65	100.48	2.22	11575	10805	6.86	16334	9661	2581.8	221.9
1997	117.98	106.79	1.62	14294	12966	7.09	18872	13965	3033.8	215.1
1998	138.82	118.53	2.23	14257	13313	17.08	12488	8302	3587.8	313.6
1999	129.51	117.98	1.85	9042	8535	7.53	12082	7839	3815.4	310.0
2000	146.97	132.59	2.03	7951	7436	11.53	12429	7360	4454.0	341.9
2001	153.81	144.27	1.99	7231	6897	9.90	9356	4062	4892.6	405.0
2002	151.26	140.45	1.64	10271	10060	14.73	11083	5252	5477.2	420.8
2003	163.10	148.14	1.64	6214	5801	22.03	10693	4378	5903.4	473.8
2004	154.32	137.85	1.50	4329	778	20.99	10952	5135	6187.5	469.4
2005	152.73	140.33	1.46	7262	767	42.66	9759	4928	6467.6	479.4
2006	133.78	121.87	1.32	7328	810	56.82	4984	2286	6314.4	460.3
2007	135.24	128.00	0.97	3962	717	53.08	4223	2271	3916.1	453.4
2008	146.59	131.33	0.83	710	617	59.38	5321	3378	4068.4	433.5
2009	134.90	121.28	0.68	745	699	30.73	5399	3628	4100.5	392.4
2010	129.46	118.33	0.59	677	648	48.98	4926	3192	4306.3	400.6
2011	126.36	113.74	0.53	729	688	42.79	4812	3518	4507.9	407.2
2012	127.25	111.50	0.41	780	738	51.05	4626	3491	4703.0	416.4
2013	132.28	113.99	0.35	786	736	56.92	4714	3697	4823.8	433.7
2014	125.92	105.46	0.29	612	592	54.79	5088	4439	4965.1	448.8
2015	126.01	102.81	0.29	499	480	60.57	3424	2839	5022.2	455.3
2016	126.20	102.68	0.20	3		60.44	2318	2265	5038.2	390.2
2017	129.40	103.41	0.20	3		62.49	2231	2189	5058.5	395.4
2018	121.38	98.45	0.22	8		94.11	3321	3192	5154.5	391.0

1-2-3 历年主要农作物单位面积产量

单位：公斤/公顷

年 份	粮食播种面积单 产	小 麦	稻 谷	玉 米	大 豆	薯 类	棉花播种面积单 产
1949	648	548	798	691	487	1355	173
1952	1041	728	1820	1193	714	2096	288
1957	1026	675	1552	1410	869	2214	321
1962	935	605	1818	1154	632	1997	195
1965	1337	1037	2220	1721	719	2362	364
1970	1659	1098	3926	2121	1293	3033	435
1975	1916	1635	4994	2222	1141	3161	314
1978	2123	2212	4928	2310	1245	2693	203
1980	2034	1430	5722	2833	1140	2640	451
1985	3029	3165	6113	3881	1283	3045	739
1990	3335	3698	6201	4063	1326	3196	627
1995	4011	4240	7019	5166	1654	3384	529
1996	3908	4396	6501	4628	1555	3307	604
1997	3869	4891	6591	4161	1265	2960	660
1998	3993	4536	6477	4600	1532	3434	856
1999	3795	4691	6017	4085	1295	2985	835
2000	3687	4509	4573	4012	1485	2705	976
2001	3759	4352	5021	4166	1486	2830	1002
2002	3756	4489	5019	4015	1492	2926	986
2003	4017	4646	5433	4314	1655	3223	898
2004	4131	4873	5659	4400	1616	3214	994
2005	4164	4839	5882	4459	1664	3193	1007
2006	4434	4750	5770	4817	1873	3747	1054
2007	4672	4948	6784	5092	1929	3006	1056
2008	4830	5057	6814	5312	1939	3641	1070
2009	4776	5179	6751	5127	1716	2604	999
2010	4845	5085	6805	5214	1873	3341	981
2011	5155	5326	7249	5584	2169	3415	1034
2012	5253	5551	5798	5586	2028	3844	977
2013	5426	5835	6768	5608	1962	4080	956
2014	5344	6008	6333	5361	2102	3698	1051
2015	5319	6193	6405	5193	1950	3676	1003
2016	5570	6194	6713	5495	2332	5552	1035
2017	5751	6338	6722	5743	2434	6327	1088
2018	5660	6155	6693	5647	2424	6537	1137

1-2-3续　历年主要农作物单位面积产量

单位：公斤/公顷

年　份	油料播种面积单产	花　生	麻类播种面积单产	甜菜播种面积单产	烟叶播种面积单产	烤　烟	蔬菜播种面积单产	瓜果类播种面积单产
1949	817	721	452		601	391		
1952	888	742	785	14000	1115	1254		
1957	822	679	644	12250	776	717		
1962	403	250	193	2674	448	462		
1965	621	371	408	4800	647	819		
1970	885	545	442	9636	983	1248		
1975	801	509	492	5370	786	756	24938	13052
1978	816	1305	548	5468	930	1013	24435	11400
1980	979	1509	638	9398	1058	1478	24870	12518
1985	1159	1750	2438	17250	1755	1665	34995	20940
1990	1378	1951	2229	16027	1818	1606	40110	24479
1995	1817	2548	2843	10408	1729	1761	52547	35241
1996	2007	2686	2654	9527	2458	1951	48769	36913
1997	1957	2672	2565	9816	2123	2012	50618	39546
1998	2195	2787	2864	21465	2187	1931	53733	39274
1999	2039	2740	2689	9389	2052	1821	52870	39467
2000	2141	2862	2642	11695	2267	1976	51424	38996
2001	2435	2918	2739	10636	2265	1396	53377	36914
2002	2356	2927	2885	12654	2248	1636	53236	40420
2003	2573	3026	2988	19105	2256	1431	55250	42370
2004	2644	3071	2061	24291	2478	1771	57175	42941
2005	2732	3198	3317	40704	2635	1918	58542	45486
2006	2753	3227	3684	40769	2612	2169	59194	44663
2007	2769	3338	2717	33851	2213	2028	59915	45395
2008	2952	3417	1994	37851	2030	1449	60694	46695
2009	2885	3438	2105	24540	2224	1698	61240	47466
2010	3021	3517	2212	34813	2206	1659	62127	48105
2011	3129	3579	2202	37246	2339	1815	63879	48857
2012	3146	3581	2241	41911	2211	1725	64072	49547
2013	3213	3658	2382	45584	2253	1807	64870	51144
2014	3221	3667	2242	49574	3001	2692	65790	52420
2015	3283	3716	2160	52015	2183	1873	66512	53067
2016	3294	3794	2876	49784	1661	1639	67037	55543
2017	3279	3876	1379	51238	1656	1640	67571	55894
2018	3300	3815	1420	51914	2459	2479	65445	52939

1-2-4 主要农作物播种面积增减

指 标	播种面积(千公顷)				
	2010年	2015年	2017年	2018年	2018年比上年增减(%)
农作物总播种面积	**8352.0**	**8482.2**	**8381.7**	**8197.1**	**-2.2**
一、粮食作物	**6441.3**	**6772.1**	**6658.5**	**6538.7**	**-1.8**
#夏收粮食	2472.7	2413.5	2400.5	2385.1	-0.6
1.谷 物	6055.9	6463.4	6356.7	6196.5	-2.5
#稻 谷	77.6	79.9	75.0	78.4	4.5
小 麦	2451.4	2394.2	2373.4	2357.2	-0.7
玉 米	3191.0	3654.4	3544.1	3437.7	-3.0
谷 子	161.6	158.4	127.2	118.4	-6.9
高 粱	16.8	12.2	2.4	9.8	305.1
2.豆 类	160.4	98.5	90.1	116.0	28.7
#大 豆	124.5	78.6	70.1	87.6	24.9
3.薯 类	225.0	210.2	211.6	226.2	6.9
#马铃薯	141.7	161.7	162.8	163.1	0.2
二、油 料	**428.5**	**383.8**	**394.6**	**367.9**	**-6.8**
#花 生	336.4	276.7	266.8	258.1	-3.3
油菜籽	22.5	18.2	24.5	19.4	-20.8
芝 麻	4.4	2.1	1.4	1.6	14.9
胡麻籽	39.7	31.4	38.1	35.7	-6.4
葵花籽	23.2	53.6	62.1	51.8	-16.6
三、棉 花	**558.9**	**322.5**	**220.6**	**210.4**	**-4.7**
四、麻 类	**0.3**	**0.2**	**…**	**…**	**155.6**
#黄红麻	0.3	0.2			
大麻(线)					
五、甜 菜	**14.1**	**11.6**	**12.2**	**18.1**	**48.6**
六、烟 叶	**2.2**	**1.6**	**1.3**	**1.4**	**0.2**
#烤 烟	1.9	1.5	1.3	1.3	-3.5
七、药 材	**28.4**	**62.1**	**74.9**	**85.5**	**14.2**
八、蔬 菜	**693.2**	**755.1**	**748.6**	**787.6**	**5.2**
九、瓜果类	**83.3**	**85.8**	**70.7**	**73.9**	**4.4**
十、其他农作物	**101.9**	**87.3**	**200.2**	**113.7**	**-43.2**
#青饲料	64.3	55.8	115.0	71.0	-38.2

1–2–5 主要农作物播种面积构成

(以农作物总播种面积为100)　　单位：%

指　标	2010年	2015年	2017年	2018年
农作物总播种面积	**100.00**	**100.00**	**100.00**	**100.00**
一、粮食作物	**77.12**	**79.84**	**79.44**	**79.77**
#夏收粮食	29.01	28.45	28.64	29.10
1.谷　物	72.51	76.20	75.84	75.59
#稻　谷	0.93	0.94	0.90	0.96
小　麦	29.35	29.23	28.32	28.76
玉　米	38.21	43.08	42.28	41.94
谷　子	1.93	1.87	1.52	1.44
高　粱	0.20	0.14	0.03	0.12
2.豆　类	1.92	1.16	1.08	1.41
#大　豆	1.49	0.93	0.84	1.07
3.薯　类	2.69	2.48	2.53	2.76
#马铃薯	1.70	1.91	1.94	1.99
二、油　料	**5.13**	**4.53**	**4.71**	**4.49**
#花　生	4.03	3.26	3.18	3.15
油菜籽	0.27	0.21	0.29	0.24
芝　麻	0.05	0.02	0.02	0.02
胡麻籽	0.48	0.37	0.45	0.44
葵花籽	0.28	0.63	0.74	0.63
三、棉　花	**6.69**	**3.80**	**2.63**	**2.57**
四、麻　类	**…**	**…**	**…**	**…**
#黄红麻	…	…		
大麻(线)				
五、甜　菜	**0.17**	**0.14**	**0.15**	**0.22**
六、烟　叶	**0.03**	**0.02**	**0.02**	**0.02**
#烤　烟	0.02	0.02	0.02	0.02
七、药　材	**0.34**	**0.73**	**0.89**	**1.04**
八、蔬　菜	**8.30**	**8.90**	**8.93**	**9.61**
九、瓜果类	**1.00**	**1.01**	**0.84**	**0.90**
十、其他农作物	**1.22**	**1.03**	**2.39**	**1.39**
#青饲料	0.77	0.66	1.37	0.87

1-2-6 主要农作物产品产量增减

指　标	总　产　量（万吨）				
	2010年	2015年	2017年	2018年	2018年比上年增减(%)
一、粮食作物	**3120.99**	**3602.19**	**3829.25**	**3700.86**	**-3.4**
#夏收粮食	1255.10	1492.61	1520.76	1466.47	-3.6
1.谷　物	3018.29	3505.81	3674.50	3524.86	-4.1
#稻　谷	52.82	51.18	50.43	52.49	4.1
小　麦	1246.60	1482.79	1504.12	1450.73	-3.5
玉　米	1663.79	1897.74	2035.48	1941.15	-4.6
谷　子	41.00	51.69	44.96	43.61	-3.0
高　粱	4.72	3.94	0.86	3.81	345.6
2.豆　类	27.53	19.09	20.83	28.13	35.0
#大　豆	23.31	15.33	17.06	21.23	24.4
3.薯　类	75.18	77.29	133.91	147.87	10.4
#马铃薯	40.51	52.61	102.72	106.06	3.3
二、油　料	**129.46**	**126.01**	**129.40**	**121.38**	**-6.2**
#花　生	118.33	102.81	103.41	98.45	-4.8
油菜籽	2.95	3.06	4.17	3.40	-18.3
芝　麻	0.59	0.29	0.20	0.22	7.8
胡麻籽	2.63	2.97	3.81	3.42	-10.4
葵花籽	3.66	15.12	17.42	15.63	-10.3
三、棉　花	**54.80**	**32.35**	**24.00**	**23.93**	**-0.3**
四、麻　类	**0.07**	**0.05**	**…**	**…**	**163.4**
#黄红麻	0.06	0.05	…		-100.0
大麻(线)					
五、甜　菜	**48.98**	**60.57**	**62.49**	**94.11**	**50.6**
六、烟　叶	**0.49**	**0.34**	**0.22**	**0.33**	**48.8**
#烤　烟	0.32	0.28	0.22	0.32	45.8
七、蔬　菜	**4306.31**	**5022.23**	**5058.53**	**5154.50**	**1.9**
八、瓜果类	**400.64**	**455.31**	**395.40**	**390.96**	**-1.1**

1−2−7 主要农作物播种面积单产增减

指　标	每公顷产量(公斤)				
	2010年	2015年	2017年	2018年	2018年比上年增减(%)
一、粮食作物	**4845**	**5319**	**5751**	**5660**	**-1.6**
#夏收粮食	5076	6184	6335	6149	-2.9
1.谷　物	4984	5424	5780	5688	-1.6
#稻　谷	6805	6405	6722	6693	-0.4
小　麦	5035	6193	6338	6155	-2.9
玉　米	5214	5193	5743	5647	-1.7
谷　子	2538	3262	3534	3684	4.2
高　粱	2803	3217	3542	3896	10.0
2.豆　类	1716	1938	2312	2426	4.9
#大　豆	1873	1950	2434	2424	-0.4
3.薯　类	3341	3676	6327	6537	3.3
#马铃薯	2858	3254	6308	6501	3.1
二、油　料	**3021**	**3283**	**3279**	**3300**	**0.6**
#花　生	3517	3716	3876	3815	-1.6
油菜籽	1312	1683	1700	1752	3.1
芝　麻	1341	1381	1423	1336	-6.1
胡麻籽	662	945	1001	958	-4.3
葵花籽	1577	2822	2806	3019	7.6
三、棉　花	**981**	**1003**	**1088**	**1137**	**4.6**
四、麻　类	**2212**	**2160**	**1379**	**1420**	**3.0**
#黄红麻	2258	2212			
大麻(线)					
五、甜　菜	**34813**	**52015**	**51238**	**51914**	**1.3**
六、烟　叶	**2206**	**2183**	**1656**	**2459**	**48.5**
#烤　烟	1659	1873	1640	2479	51.1
七、蔬　菜	**62127**	**66512**	**67575**	**65445**	**-3.2**
八、瓜果类	**48105**	**53067**	**55894**	**52939**	**-5.3**

1-2-8 历年水果及食用坚果产量

单位：吨

年 份	食用坚果产量	#核 桃	板 栗	园林水果产量	#苹 果	梨
1949	12005	3947	4497	228090	1338	80849
1952	12989	3880	5692	351161	1897	61517
1957	22969	5962	12078	226090	3256	52619
1962	14030	4780	8701	319229	2503	79072
1965	37170	9519	19784	331610	6580	73089
1970	36635	7102	13667	523832	32743	188355
1975	31185	6257	15261	645190	75250	263840
1978	42932	10688	22234	795113	172303	370708
1980	43625	11895	23340	801200	178060	359985
1985	51335	12391	23801	1601587	467727	738079
1990	50042	12254	26565	1754709	467647	763038
1995	65532	19099	28812	4319652	1255794	1686062
1996	87502	21742	39976	5031989	1566759	1977097
1997	102402	27905	43021	5561208	1751374	2113339
1998	92742	29441	42490	6296892	1930339	2388517
1999	97254	30365	43023	6437654	1871157	2509805
2000	90259	30102	34620	6773066	1806155	2551647
2001	83036	28761	50725	6697927	1845447	2445536
2002	89177	30613	55049	7485270	1965571	2662857
2003	110723	32746	71595	7969744	2002769	2820702
2004	132974	38401	84661	8769525	2142882	3131868
2005	164307	47032	107079	9184789	2202273	3246220
2006	189815	46044	134895	9685262	2357620	3334972
2007	231374	51456	167010	9713484	2362054	3347961
2008	243575	59725	162469	9678244	2366367	3288870
2009	304221	67339	204690	9730566	2355805	3329744
2010	269790	69955	167057	9329937	2201352	3300410
2011	317541	89721	197001	9577056	2244548	3400943
2012	374194	115476	228212	9750031	2267802	3572023
2013	394748	93688	263287	9317969	2212819	3433953
2014	428051	142041	251822	9410679	2246426	3503857
2015	490628	150959	296354	9486293	2261148	3559909
2016	521816	159170	314510	9428457	2172984	3325068
2017	565865	179177	339030	9699378	2281498	3424349
2018	562129	158423	374954	9569641	2200948	3296768

1-2-8续　历年水果及食用坚果产量

单位：吨

年　份	园林水果产量（续）					
	桃	葡　萄	红　枣	柿　子	杏	红　果
1949			82555			
1952			164183			
1957			73243			
1962			134948			
1965			126425			
1970			121811			
1975		10270	153100	64880		
1978	36309	5647	92855	75207		
1980	34585	7585	124400	55955		
1985	48082	25807	139912	102230	24561	16724
1990	178001	80921	122889	57405	25022	31175
1995	499684	293034	212812	153893	39577	107888
1996	538423	304721	215382	151833	56363	127609
1997	576184	361689	284032	188173	67924	136759
1998	649389	404436	359256	221166	70685	166754
1999	713701	447002	353051	241482	80511	123897
2000	735804	523601	441657	246119	120141	96121
2001	868119	580139	419954	225584	109040	117828
2002	1009618	758280	488031	257519	126981	120480
2003	1133773	803418	551313	291535	140877	123716
2004	1223842	840916	666445	323962	156907	156359
2005	1248910	863938	807577	333382	173335	161367
2006	1316853	878417	909161	345685	185692	191765
2007	1298950	905761	858355	371241	177447	242711
2008	1284671	907415	889867	363726	173589	243501
2009	1229754	923113	972562	348889	170851	264053
2010	1179372	903748	877147	350691	177144	215372
2011	1167064	904699	970749	347961	184757	228139
2012	1139624	954819	919029	350896	187205	238422
2013	1140820	902013	803771	291382	188728	236326
2014	1098516	975973	755500	322929	188097	250450
2015	1091282	1000043	751968	303676	189912	261204
2016	1180743	1095222	771358	319254	194319	258608
2017	1207222	1115727	772949	318444	196978	275096
2018	1269785	1134124	771250	303444	196109	273285

1−2−9　园林水果及食用坚果生产

指　　标	单　位	2010年	2015年	2016年	2017年	2018年	2018年比上年增减(%)
一、园林水果产量	**吨**	**9329937**	**9486293**	**9428457**	**9699378**	**9569641**	**-1.3**
#苹　果	吨	2201352	2261148	2172984	2281498	2200948	-3.5
梨	吨	3300410	3559909	3325068	3424349	3296768	-3.7
桃	吨	1179372	1091282	1180743	1207222	1269785	5.2
葡　萄	吨	903748	1000043	1095222	1115727	1134124	1.6
红　枣	吨	877147	751968	771358	772949	771250	-0.2
柿　子	吨	350691	303676	319254	318444	303444	-4.7
杏	吨	177144	189912	194319	196978	196109	-0.4
红　果	吨	215372	261204	258608	275096	273285	-0.7
二、食用坚果产量	**吨**	**269790**	**490628**	**521816**	**565865**	**562129**	**-0.7**
#核　桃	吨	69955	150959	159170	179177	158423	-11.6
板　栗	吨	167057	296354	314510	339030	374954	10.6
三、果园面积	**千公顷**	**811.4**	**594.1**	**553.0**	**560.0**	**529.7**	**-5.4**
#苹果园	千公顷	199.0	126.9	117.7	122.2	119.5	-2.2
梨　园	千公顷	155.6	131.0	121.5	122.0	120.3	-1.4
桃　园	千公顷	68.0	52.4	49.0	53.5	52.9	-1.0
葡萄园	千公顷	52.9	45.4	43.2	42.7	41.8	-2.0

1−2−10　林　业　生　产

指　　标	单　位	2010年	2015年	2017年	2018年	2018年比上年增减(%)
一、营造林情况						
(一)人工造林面积	千公顷	138.37	284.08	371.77	359.05	-3.4
(二) 飞播造林面积	千公顷	76.60		20.24	14.93	-26.2
(三)当年新封山育林面积	千公顷	68.91	58.84	84.79	223.83	164.0
(四)退化林修复面积	千公顷		11.69	1.70	0.24	-85.9
(五)人工更新面积	千公顷	4.20	5.26	2.80	2.91	3.9
(六)森林抚育面积	千公顷	263.75	444.49	403.69	449.10	11.2
(七)当年零星四旁植树	万　株	10036.95	10786.14	9728.96	9378.94	-3.6
(八)当年新增育苗面积	千公顷	16.12	28.86	27.43	24.86	-9.4
二、商品材采伐量	**万立方米**	**71.34**	**80.45**	**78.70**	**87.42**	**11.1**
#村及村以下木材采伐量	万立方米	44.20	48.29	59.00	68.53	16.2
三、花椒产量	**吨**	**12271**	**10726**	**10325**	**8257**	**-20.0**

注：森林抚育面积是指中、幼龄林抚育面积。

1-2-11 历年牲畜存栏头数

单位：万头

年 份	大牲畜年末存栏	#牛	马	驴	骡
1949	299.80	146.69	8.65	127.08	17.37
1952	369.92	189.15	12.19	148.91	19.64
1957	346.55	174.66	18.12	136.57	17.17
1962	258.13	142.40	19.48	83.10	13.13
1965	300.65	171.71	24.37	90.32	14.24
1970	366.55	198.52	41.01	102.12	24.66
1975	380.70	165.03	70.91	98.43	44.93
1978	354.70	134.60	79.81	83.07	56.95
1980	341.05	120.71	78.02	78.26	63.88
1985	446.50	155.10	71.95	142.57	76.88
1990	525.22	207.90	56.95	176.71	83.66
1995	870.88	579.34	48.68	167.69	75.17
1996	885.85	598.52	49.36	164.23	73.74
1997	860.33	582.96	49.54	158.17	69.66
1998	835.89	563.76	49.03	155.36	67.74
1999	811.94	543.33	48.21	153.61	66.79
2000	774.24	516.73	45.04	149.14	63.33
2001	730.17	487.72	43.31	138.92	60.22
2002	702.92	476.64	40.64	130.04	55.60
2003	685.06	477.87	36.83	121.05	49.31
2004	721.81	528.39	35.53	112.56	45.33
2005	762.63	584.92	33.13	104.11	40.47
2006	613.00	458.93	28.99	90.16	34.92
2007	571.85	448.21	22.78	74.05	26.81
2008	536.23	435.71	18.98	59.45	22.09
2009	491.90	410.19	15.52	48.55	17.64
2010	449.68	380.62	13.17	40.88	15.01
2011	431.71	371.33	11.63	36.25	12.50
2012	423.26	368.35	10.77	33.07	11.07
2013	400.17	351.69	9.65	29.32	9.49
2014	398.18	356.84	8.33	25.03	7.94
2015	395.85	360.31	7.13	21.78	6.60
2016	369.55	340.74	6.17	17.25	5.36
2017	387.87	359.50	5.86	17.35	5.12
2018	371.61	342.03	6.12	17.96	5.46

1-2-11续 历年牲畜存栏头数

年 份	生猪存栏（万头）	羊存栏（万只）	山 羊	绵 羊	活家禽存栏（万只）
1949	346.5	170.3	81.7	88.6	
1952	502.9	306.1	155.6	150.5	
1957	704.4	463.4	263.3	200.1	
1962	524.4	799.7	529.2	270.5	
1965	772.9	573.6	331.1	242.5	
1970	923.8	665.4	391.6	273.8	
1975	1622.8	659.0	382.9	276.1	
1978	1245.7	600.7	346.1	254.6	
1980	1293.4	814.9	461.4	353.5	4210.8
1985	1421.4	721.1	372.8	348.3	10233.0
1990	1494.2	1074.5	562.6	511.9	12838.2
1995	2052.8	1565.7	803.4	762.3	35670.5
1996	2061.2	1654.2	840.1	814.1	44078.6
1997	2097.8	1728.8	872.8	856.0	44971.5
1998	2069.6	1738.8	866.8	872.1	45153.6
1999	2029.2	1719.3	844.9	874.4	45066.2
2000	1959.6	1676.6	801.8	874.8	45515.9
2001	1904.2	1639.5	751.3	888.2	44432.9
2002	1909.9	1572.5	672.9	899.6	47707.8
2003	1926.2	1594.3	664.5	929.8	42212.7
2004	1964.3	1664.5	673.7	990.9	51602.9
2005	1977.5	1679.1	678.3	1000.8	41070.5
2006	1812.8	1552.6	634.9	917.8	37495.5
2007	1923.5	1580.6	784.0	796.7	39177.3
2008	2050.2	1610.8	748.0	862.8	38133.2
2009	2019.5	1556.1	548.2	1007.8	35111.3
2010	1910.7	1397.8	458.7	939.1	33345.5
2011	1968.1	1443.2	463.0	980.2	35990.5
2012	1945.4	1397.2	445.3	951.9	38946.8
2013	2052.9	1435.6	444.8	990.7	37677.8
2014	2052.0	1503.0	474.2	1028.8	39255.4
2015	2015.9	1425.1	467.6	957.5	38421.6
2016	1982.5	1359.8	461.3	898.4	39260.6
2017	1957.8	1228.1	401.4	826.7	39653.2
2018	1820.8	1179.6	365.2	814.3	38463.6

1-2-12 历年牲畜出栏及主要畜产品产量

年份	年内出栏肉猪（万头）	年内牛出栏（万头）	年内羊出栏（万只）	活家禽出栏（万只）	肉类总产量（万吨）	#猪牛羊肉产量（万吨）	奶类产量（万吨）	#生牛奶产量（万吨）	绵羊毛产量（吨）	禽蛋产量（万吨）
1975	584.3		150.5				2.16	1.40	2649	
1978	570.5	4.0	135.7			41.7	2.46	1.82	3652	
1980	716.9	5.4	174.9			52.5	4.51	2.65	5134	
1985	1018.5	15.2	325.9		85.9	81.9	10.05	7.32	7511	33.44
1990	1395.5	45.0	644.4	5246.6	130.1	121.2	14.26	11.18	12634	51.28
1995	2409.6	333.3	1200.7	31457.4	310.7	258.8	38.92	32.55	17427	205.29
1996	2454.1	325.8	1392.0	40690.8	315.9	253.1	47.94	40.06	19284	266.63
1997	2564.5	329.0	1470.0	42762.5	332.7	262.5	54.72	46.74	21547	294.02
1998	2620.4	329.3	1491.3	42920.7	339.8	268.1	65.89	55.81	23172	305.61
1999	2666.6	320.7	1493.2	43913.3	343.7	270.5	78.81	68.35	25715	317.76
2000	2675.2	326.3	1511.5	44471.3	342.4	270.0	96.21	84.20	27788	329.35
2001	2699.4	315.5	1502.7	45073.9	347.7	269.7	119.26	107.38	27475	335.53
2002	2757.1	321.2	1609.6	45671.3	356.6	277.1	148.89	136.89	28657	346.88
2003	2853.0	329.5	1591.6	46542.5	365.8	285.3	207.61	197.90	30004	358.56
2004	2991.0	403.2	1615.8	47033.9	378.8	298.7	276.95	266.46	31678	367.24
2005	3145.0	360.4	1695.5	48690.1	395.6	314.2	348.64	340.35	36466	385.18
2006	3246.7	348.8	1726.4	48743.0	406.2	323.5	384.39	375.01	33254	382.30
2007	2989.8	359.7	1785.6	52201.6	396.6	309.5	415.33	407.06	32051	397.16
2008	3286.9	354.1	1938.7	54094.5	422.3	333.3	430.41	419.60	30660	412.48
2009	3420.1	344.3	2047.2	52837.1	429.7	343.3	385.03	375.51	30232	355.12
2010	3335.8	361.2	2127.0	48327.2	420.7	340.9	375.06	365.74	29290	341.53
2011	3378.1	339.0	2031.0	51189.1	423.9	340.0	389.70	381.66	27748	342.91
2012	3576.7	340.3	2047.6	58564.5	450.7	356.4	399.80	391.20	27663	346.27
2013	3666.4	325.3	2076.9	59315.3	458.8	362.7	388.57	380.91	28105	350.44
2014	3897.8	320.6	2155.7	60491.7	481.1	383.6	414.03	405.67	27930	367.97
2015	3837.1	325.4	2216.1	59388.6	477.5	381.5	401.30	393.50	26851	379.69
2016	3742.6	331.9	2259.7	61875.3	472.1	375.3	373.01	366.35	23376	395.59
2017	3785.3	340.5	2168.9	60637.8	472.3	377.2	387.75	381.01	23158	383.72
2018	3709.6	345.6	2201.4	59728.2	466.7	373.3	391.13	384.81	20816	377.97

1-2-13 历年猪、牛、羊、禽出栏率及胴体重

年 份	猪出栏率(%)	牛出栏率(%)	羊出栏率(%)	家禽出栏率(%)	平均每头猪产肉(公斤)	平均每头牛产肉(公斤)	平均每只羊产肉(公斤)	平均每只家禽产肉(公斤)
1978	41.9	2.8	22.5					
1980	53.0	4.2	24.0					
1985	84.3	11.3	44.9		74.9	122.8	11.4	
1990	94.4	22.2	55.7	45.1	77.2	123.7	12.3	1.11
1995	134.4	71.7	98.5	105.3	77.8	163.8	14.0	1.41
1996	119.5	56.2	88.9	114.1	75.8	150.2	13.1	1.39
1997	124.4	55.0	88.9	97.0	75.2	153.7	13.0	1.36
1998	124.9	56.5	86.3	95.4	75.4	155.3	13.1	1.38
1999	128.8	56.9	85.9	97.3	75.5	154.5	13.1	1.38
2000	131.8	60.1	87.9	98.7	75.3	150.1	13.0	1.38
2001	137.8	61.0	89.6	99.0	75.3	148.6	13.0	1.41
2002	144.8	65.9	98.2	102.8	75.4	151.0	12.9	1.42
2003	149.4	69.1	101.2	97.6	75.3	151.4	12.9	1.42
2004	155.3	84.4	101.3	111.4	75.5	128.3	13.2	1.44
2005	160.1	68.2	101.9	94.4	75.7	149.3	13.2	1.38
2006	164.2	59.6	102.8	118.7	76.0	155.0	13.1	1.41
2007	164.9	78.4	115.0	139.2	76.1	160.5	13.6	1.45
2008	170.9	79.0	122.7	138.1	76.1	160.5	13.6	1.45
2009	166.8	79.0	127.1	138.6	76.1	160.5	13.6	1.46
2010	165.2	88.1	136.7	137.6	76.1	160.8	13.7	1.46
2011	176.8	89.1	145.3	153.5	76.2	160.7	13.9	1.47
2012	181.7	91.7	141.9	162.7	76.3	162.5	13.9	1.47
2013	188.5	88.3	148.6	152.3	76.8	160.8	13.8	1.48
2014	189.9	91.2	150.2	160.5	77.3	163.4	13.9	1.48
2015	187.0	91.2	147.4	151.3	77.4	163.4	14.0	1.49
2016	185.7	92.1	158.6	161.0	77.3	163.4	14.0	1.49
2017	190.9	99.9	159.5	154.4	77.0	163.3	13.9	1.49
2018	189.5	96.1	179.3	150.6	77.2	163.4	13.9	1.49

1-2-14 主要牲畜出栏和畜产品产量及增减情况

指　　标	单　位	2010年	2017年	2018年	2018年比上年增减(%)
一、牲畜出栏量					
1.大牲畜出栏	万头	392.0	354.4	364.4	2.8
#牛	万头	361.2	340.5	345.6	1.5
2.猪 出 栏	万头	3335.8	3785.3	3709.6	-2.0
3.羊 出 栏	万只	2127.0	2168.9	2201.4	1.5
4.活家禽出栏	万只	48327.2	60637.8	59728.2	-1.5
5.兔 出 栏	万只	1197.8	346.1	348.4	0.7
二、肉类总产量	**万吨**	**420.7**	**472.3**	**466.7**	**-1.2**
#猪　肉	万吨	253.8	291.5	286.3	-1.8
牛　肉	万吨	58.1	55.6	56.5	1.6
羊　肉	万吨	29.1	30.1	30.5	1.5
禽　肉	万吨	70.4	90.3	88.9	-1.5
兔　肉	万吨	2.045	0.602	0.617	2.5
三、其他畜产品产量					
1.奶类产量	万吨	375.1	387.8	391.1	0.9
#生牛奶	万吨	365.7	381.0	384.8	1.0
2.山羊粗毛产量	吨	1952	2629	2360	-10.2
3.绵羊毛产量	吨	29290	23158	20816	-10.1
4.羊绒产量	吨	776	831	705	-15.2
5.天然蜂蜜产量	吨	11152	14175	11272	-20.5
6.禽蛋产量	万吨	341.5	383.7	378.0	-1.5
7.蚕茧产量	吨	1417	432	153	-64.6

1-2-15 牲畜年末存栏头数及增减情况

指　　标	单　位	2010年	2017年	2018年	2018年比上年增减(%)
一、大牲畜存栏头数	**万头**	**449.7**	**387.9**	**371.6**	**-4.2**
#牛	万头	380.6	359.5	342.0	-4.9
马	万头	13.2	5.9	6.1	4.5
驴	万头	40.9	17.3	18.0	3.5
骡	万头	15.0	5.1	5.5	6.5
二、猪	**万头**	**1910.7**	**1957.8**	**1820.8**	**-7.0**
#能繁母猪	万头	190.6	187.0	173.9	-7.0
三、羊	**万只**	**1397.8**	**1228.1**	**1179.6**	**-4.0**
1.山　羊	万只	458.7	401.4	365.2	-9.0
2.绵　羊	万只	939.1	826.7	814.3	-1.5
四、家禽	**万只**	**33345.5**	**39653.2**	**38463.6**	**-3.0**
五、兔	**万只**	**628.5**	**156.5**	**151.7**	**-3.1**

1-2-16 历年水产品产量

单位：吨

年 份	水产品总产量	海水产品	#鱼	虾蟹类	淡水产品	#鱼	虾蟹类	远洋捕捞
1949	50184	30158	7081	12934	20026	19251	300	
1952	68915	53463	9988	30428	15452	14928	88	
1957	96142	68534	19763	37583	27608	26882	82	
1962	47030	32568	20632	11025	14462	14014	280	
1965	64290	45586	28688	13531	18704	18192	219	
1970	72091	64610	30816	29211	7481	6678	7	
1975	131128	121457	35029	52722	9671	9146	459	
1978	139017	128043	43988	63856	10974	10232	214	
1980	97610	86479	41902	38144	11131	9811	643	
1985	127495	104529	58578	39276	22966	21464	1489	
1990	218553	164880	61762	71295	53673	50912	2722	
1995	396070	210215	73868	62853	185855	178218	6330	
1996	506930	283038	81682	72035	223892	215806	5317	
1997	606110	338322	119981	69949	267788	255759	11192	
1998	693317	384917	156073	84556	308400	290273	14679	
1999	759566	423429	180402	84302	336137	316480	15356	
2000	809496	482032	187944	80707	327464	306535	15084	
2001	848887	514411	185570	92362	334476	312911	15942	
2002	870571	518440	181557	91831	352131	315759	19720	
2003	862715	489702	177773	90483	373013	340328	25936	
2004	928218	541332	190417	94519	386886	351315	26843	
2005	989461	571808	191613	95057	417653	386333	23696	
2006	871418	499047	155456	77803	372371	342458	22504	
2007	906437	524303	160388	75141	382134	353175	22909	
2008	966400	549250	164631	80317	417150	385537	25009	
2009	1004100	553884	151520	78503	450216	415983	26465	
2010	1063300	582600	151653	78882	480700	443331	27725	
2011	1067131	563281	145094	71757	503850	464896	28464	
2012	998232	634631	141882	81978	363601	319201	33498	
2013	1060219	682809	134634	77538	377410	328514	39094	
2014	1097300	731594	143783	74982	365706	323490	32328	
2015	1129198	756931	153972	77740	368267	327368	30960	4000
2016	1194099	759208	155961	76951	387300	346506	32652	47591
2017	1164600	763207	148731	76994	353193	313725	33197	48200
2018	1096152	702184	133366	77142	328487	293397	29931	65481

1-2-17　水产品产量和养殖面积及增减情况

指　标	单　位	2010年	2015年	2017年	2018年	2018年比上年增减(%)
一、水产品总产量	**吨**	**1063300**	**1129198**	**1164600**	**1096152**	**-5.9**
1.海水产品产量	吨	582600	756931	763207	702184	-8.0
海洋捕捞产量	吨	253292	250447	234049	212348	-9.3
海水养殖产量	吨	329308	506484	529158	489836	-7.4
按品种分:						
鱼　类	吨	151653	153972	148731	133366	-10.3
虾蟹类	吨	78882	77740	76994	77142	0.2
贝　类	吨	308017	482177	494534	451880	-8.6
其　他	吨	44048	43042	42948	38793	-9.7
2.淡水产品产量	吨	480700	368267	353193	328487	-7.0
淡水捕捞产量	吨	92247	57935	49018	42436	-13.4
淡水养殖产量	吨	388453	310332	304175	286051	-6.0
按品种分:						
鱼　类	吨	443331	327368	313725	293397	-6.5
虾蟹类	吨	27725	30960	33197	29931	-9.8
贝　类	吨	3886	3818	2610	1575	-39.7
其　他	吨	5758	6121	3661	3584	-2.1
3.远洋捕捞产量	吨		4000	48200	65481	35.9
二、水产养殖面积	**公顷**	**198765**	**173314**	**153484**	**152404**	**-0.7**
1.海水养殖面积	公顷	123810	117533	107583	111404	3.6
海上养殖	公顷	77046	65773	57813	61941	7.1
滩涂养殖	公顷	27838	33584	28177	22708	-19.4
其他养殖	公顷	18926	18176	21593	26755	23.9
2.淡水养殖面积	公顷	74955	55781	45901	41000	-10.7
池塘养殖	公顷	26995	22746	22324	21730	-2.7
湖泊养殖	公顷	4142	1656	1603	1560	-2.7
河沟养殖	公顷	1719	1217	786	771	-1.9
水库养殖	公顷	41449	29883	20864	16582	-20.5
其他养殖	公顷	650	279	324	357	10.2

1-2-18 历年平均每人主要农产品产量

(按年平均人口计算)

年 份	人均耕地面 积(亩/人)	人均常用耕地面积(亩/人)	粮 食(公斤)	棉 花(公斤)	油 料(公斤)	蔬 菜(公斤)	园林水果(公斤)
1949		3.53	152.14	3.51	8.54		7.39
1952		3.49	238.44	8.69	9.57		10.84
1957		3.08	225.70	8.28	8.12		6.23
1962		2.69	172.64	3.39	2.19		8.31
1965		2.56	238.63	6.45	4.42		8.20
1970		2.26	282.97	5.62	5.38		11.65
1975		2.05	315.78	3.74	4.92	107.11	13.20
1978		1.98	335.72	2.32	4.87	108.38	15.81
1980		1.93	296.42	4.81	8.79	103.50	15.60
1985		1.79	356.43	11.39	15.75	166.96	29.03
1990		1.60	378.23	9.48	12.44	192.19	29.15
1995		1.52	427.17	5.78	17.13	335.05	67.37
1996	1.60	1.50	431.80	4.00	18.68	399.65	77.89
1997	1.58	1.49	422.30	3.82	18.14	466.44	85.50
1998	1.57	1.48	445.62	4.13	21.20	548.01	96.18
1999	1.56	1.47	416.64	3.38	19.65	578.84	97.67
2000	1.54	1.45	383.97	4.52	22.12	670.38	101.94
2001	1.53	1.44	372.65	6.27	23.00	738.99	100.17
2002	1.49	1.36	362.63	5.98	22.52	815.54	111.44
2003	1.44	1.33	353.64	7.73	24.16	874.32	118.03
2004	1.42	1.32	365.30	9.80	22.73	911.39	129.17
2005	1.40	1.31	380.48	8.45	22.36	946.97	134.48
2006	1.37	1.28	404.49	10.19	19.46	918.55	140.89
2007	1.36	1.27	418.65	10.36	19.54	565.87	140.36
2008	1.36	1.27	429.94	10.43	21.04	584.03	138.94
2009	1.40	1.29	430.35	8.29	19.24	584.81	138.78
2010	1.37	1.26	438.71	7.70	18.20	605.33	131.15
2011	1.36		463.48	8.65	17.51	624.62	132.70
2012	1.35		473.93	7.36	17.52	647.44	134.22
2013	1.34		490.40	5.90	18.10	659.88	127.47
2014	1.33		485.04	5.36	17.11	674.78	127.89
2015	1.32		486.50	4.37	17.02	678.28	128.12
2016	1.31		507.95	3.21	16.95	676.59	126.60
2017	1.29		510.92	3.20	17.27	674.94	129.42
2018	1.30		490.97	3.17	16.10	683.81	126.95

注：人均耕地面积、人均常用耕地面积、人均生猪存栏按年末人口计算。

1-2-18续　历年平均每人主要农产品产量

(按年平均人口计算)

年　份	生猪存栏(头)	肉　类总产量(公斤)	#猪牛羊肉(公斤)	禽　蛋(公斤)	奶类产量(公斤)	#生牛奶(公斤)	水产品(公斤)
1949	0.11						1.63
1952	0.16						2.13
1957	0.19						2.65
1962	0.14						1.22
1965	0.19						1.59
1970	0.21						1.60
1975	0.33				0.44	0.29	2.68
1978	0.25		8.29		0.48	0.36	2.76
1980	0.25		13.45		0.88	0.52	1.90
1985	0.26	15.57	14.84	6.06	1.82	1.33	2.31
1990	0.25	21.61	20.13	8.52	2.37	1.86	3.64
1995	0.32	48.46	40.36	32.02	6.07	5.08	6.18
1996	0.32	48.90	39.18	41.27	7.42	6.20	7.85
1997	0.32	51.16	40.36	45.21	8.41	7.19	9.32
1998	0.32	51.90	40.96	46.68	10.06	8.53	10.59
1999	0.31	52.14	41.04	48.21	11.96	10.37	11.52
2000	0.29	51.53	40.64	49.57	14.48	12.67	12.18
2001	0.28	52.00	40.33	50.18	17.84	16.06	12.70
2002	0.28	53.10	41.26	51.64	22.17	20.38	12.96
2003	0.29	54.17	42.25	53.10	30.75	29.31	12.78
2004	0.29	55.79	44.00	54.09	40.79	39.25	13.67
2005	0.29	57.92	46.00	56.40	51.05	49.83	14.49
2006	0.26	59.09	47.06	55.61	55.92	54.55	12.68
2007	0.28	57.31	44.72	57.39	60.01	58.82	13.10
2008	0.29	60.63	47.84	59.21	61.79	60.24	13.87
2009	0.29	61.28	48.96	50.65	54.91	53.56	14.32
2010	0.27	59.14	47.93	48.01	52.72	51.41	14.95
2011	0.27	58.73	47.12	47.51	54.00	52.88	14.79
2012	0.27	62.05	49.06	47.67	55.04	53.85	13.74
2013	0.28	62.76	49.62	47.94	53.16	52.11	14.50
2014	0.28	65.39	52.14	50.01	56.27	55.13	14.91
2015	0.27	64.50	51.52	51.28	54.20	53.15	15.25
2016	0.27	63.39	50.39	53.12	50.08	49.19	16.03
2017	0.26	63.02	50.32	51.20	51.74	50.84	15.54
2018	0.24	61.91	49.52	50.14	51.89	51.05	14.54

1-3-1 全省饲料工业情况

指　标	单 位	2010年	2015年	2017年	2018年	2018年比上年增减(%)
一、饲料工业企业个数	**个**	**1209**	**820**	**890**	**965**	**8.43**
#国　有	个	6	10	7	10	42.86
集　体	个	13	4	6	3	-50.00
私　营	个	795	402	389	154	-60.41
联　营	个	9	1	5	2	-60.00
股　份	个	309	226	307	770	150.81
港澳台	个	4	3	1	3	200.00
外　商	个	12	6	6	7	16.67
其　他	个	12	2	4	16	300.00
二、饲料工业企业职工人数	**人**	**30800**	**29959**	**25175**	**42165**	**67.49**
三、饲料工业企业营业收入	**亿元**	**301.68**	**363.88**	**391.00**	**438.00**	**12.02**
饲料工业企业总产值	亿元	315.75	407.07	391.00	442.00	13.04
四、饲料企业加工产品产量	**万吨**	**1086.36**	**1338.29**	**1345.00**	**1346.00**	**0.07**
1.配合饲料小计	万吨	913.30	1133.38	1131.19	1146.20	1.33
(1)猪　料	万吨	164.51	283.08	292.79	339.50	15.95
(2)蛋禽料	万吨	551.84	466.44	453.27	540.30	19.20
(3)肉禽料	万吨	94.09	190.48	196.52	222.50	13.22
(4)水产料	万吨	41.23	60.85	59.37	75.50	27.17
(5)精料补充料	万吨	53.83	89.04	84.95	120.00	41.26
(6)其　他	万吨	7.80	43.49	44.29	48.10	8.60
2.浓缩饲料小计	万吨	160.00	192.79	195.60	177.19	-9.41
(1)猪　料	万吨	49.58	105.93	104.82	71.00	-32.26
(2)蛋禽料	万吨	81.59	52.86	51.74	87.00	68.15
(3)肉禽料	万吨	13.62	2.26	4.17	7.00	67.87
(4)水产料	万吨					
(5)反刍料	万吨	13.00	28.12	32.49	26.00	-19.98
(6)其　他	万吨	2.21	3.63	2.38	3.00	26.05
3.添加剂预混合饲料小计	万吨	13.06	12.13	18.21	22.79	25.15
(1)猪　料	万吨	4.50	3.76	5.14	8.00	55.64
(2)蛋禽料	万吨	6.03	3.17	3.84	9.00	134.38
(3)肉禽料	万吨	0.94	1.67	0.69	1.00	44.93
(4)水产料	万吨	0.15	0.22	0.25	1.00	300.00
(5)反刍料	万吨	0.90	1.42	5.76	6.00	4.17
(6)其　他	万吨	0.54	1.88	2.53	1.00	-60.47

1-3-2 历年农林牧渔业总产值

(按不变价格计算)　　单位：万元

年份	农林牧渔业总产值	农业	#种植业	林业	牧业	渔业	农林牧渔服务业
	(按1957年不变价格计算)						
1949	180184	160414	143067	2259	15590	1921	
1952	276429	248413	229976	4128	21228	2660	
1957	307677	273043	254034	7008	24331	3295	
1962	226665	202497	185116	4001	18456	1711	
1965	316859	277629	255519	7067	30218	1945	
1970	394415	344471	316986	10970	36911	2063	
	(按1970年不变价格计算)						
1970	538644	465517	433677	16966	53518	2643	
1975	644961	534377	503486	18876	87040	4668	
1978	685638	578756	537142	21615	80213	5054	
1980	687381	567304	532420	18063	98200	3814	
1981	713639	577428	548941	15454	117673	3084	
	(按1980年不变价格计算)						
1981	965451	783410	752099	24911	151142	5988	
1985	1499092	1188118	1136301	48833	252570	9571	
1990	1809563	1358777	1262566	51454	374372	24960	
	(按1990年不变价格计算)						
1990	3866785	2700871	2543021	116894	909030	139990	
1995	5710110	3585601	3275738	133792	1801282	189435	
1996	6244990	3728188	3361601	137844	2145537	233421	
1997	6713897	3915014	3480571	145024	2373523	280336	
1998	7238692	4204617	3705008	148058	2577014	309003	
1999	7589684	4296375	3721825	152417	2799615	341277	
2000	8020111	4526321	3892416	149942	2972928	370920	
2001	8445318	4763377	4089170	183017	3112180	386744	
2002	8868986	4953650	4246754	202936	3312898	399502	
	10368416	5210064	5210064	204132	3952010	426910	575300
2003	11018504	5499430	5499430	228033	4231138	424484	635419
2004	11752370	5873088	5873088	213894	4511036	457731	696621
2005	24341854	12032927	12032927	387778	9957063	750095	1213991
2006	25095512	13338640	13338640	388189	9228634	810000	1330049
2007	25617141	14387805	14387805	502403	8499134	764337	1463462
2008	32335656	16996031	16996031	568762	12220756	909995	1640112
2009	36172789	18183875	18183875	624720	14433198	1072496	1858500
2010	37666607	20337909	20337909	403715	13818542	1424679	2018294
2011	44755491	26052575	26052575	531106	14602615	1449986	2119209
2012	47565183	25734034	25734034	656227	17204090	1616601	2354230
2013	50736286	28189038	28189038	888218	17303441	1771069	2584521
2014	55008012	30685436	30685436	1135920	18619140	1716349	2851166
2015	55168145	29740995	29740995	1236052	19285563	1799874	3105661
2016	54763719	28566779	28566779	1316884	19683308	1833512	3363236
2017	55091169	29077208	29077208	1600739	18851044	1868737	3693441
2018	55368662	29497815	29497815	1737071	18092112	1983195	4058469

注：1.1996-2006年数据按第二次全国农业普查数据进行了调整。
2.2002年下边一行数和2003-2016年数据按新分类。
3.从2005年起，农林牧渔业总产值使用可比价格计算。
4.从2011年起，农林牧渔业总产值使用农普核定后数据。

1-3-3 历年农林牧渔业总产值指数

（上年=100）

年 份	农林牧渔业总产值	农 业	林 业	牧 业	渔 业	农林牧渔服务业
1950	123.0	123.7	127.4	116.2	112.1	
1951	104.2	103.7	114.9	107.6	109.7	
1952	119.7	120.8	124.8	108.8	112.6	
1953	91.1	89.8	113.5	98.9	111.4	
1954	103.1	103.0	105.9	100.3	121.5	
1955	113.0	115.6	104.6	88.9	103.7	
1956	88.5	85.6	133.6	115.1	96.2	
1957	118.6	120.0	101.0	113.0	91.7	
1958	104.6	104.7	124.5	98.3	100.7	
1959	94.8	94.3	101.0	99.0	95.8	
1960	84.4	84.6	84.2	79.0	108.4	
1961	86.7	87.9	66.1	85.3	57.4	
1962	101.5	101.0	81.5	115.7	86.5	
1963	84.9	82.1	81.5	110.8	137.5	
1964	132.5	132.9	186.2	123.5	108.9	
1965	124.3	125.6	116.4	119.6	75.9	
1966	107.1	105.5	147.0	114.7	72.9	
1967	99.6	99.0	84.4	108.8	125.1	
1968	97.1	97.9	100.8	90.5	84.3	
1969	107.9	109.8	123.1	89.1	93.5	
1970	111.3	110.5	100.8	121.4	147.6	
1971	105.7	99.5	90.8	164.7	88.4	
1972	87.3	88.0	94.4	81.2	135.3	
1973	115.2	119.5	116.6	91.1	102.8	
1974	109.3	109.1	93.5	114.7	112.4	
1975	103.1	100.6	118.9	116.3	127.7	
1976	94.4	93.8	105.5	96.2	92.2	
1977	93.5	92.4	95.9	98.6	115.7	
1978	122.1	125.0	113.1	97.2	101.5	
1979	106.9	106.4	86.8	117.7	74.8	
1980	93.8	92.1	96.2	104.0	100.9	

1-3-3续 历年农林牧渔业总产值指数

(上年=100)

年 份	农林牧渔业总产值	农 业	林 业	牧 业	渔 业	农林牧渔服务业
1981	103.8	101.8	85.6	119.8	80.9	
1982	117.6	117.2	154.5	113.1	116.6	
1983	117.2	121.7	100.9	97.8	93.1	
1984	109.1	107.7	120.2	115.3	116.6	
1985	103.3	98.6	104.6	131.1	126.2	
1986	98.5	97.0	91.7	106.0	123.2	
1987	104.5	104.3	103.3	105.3	116.9	
1988	107.8	105.6	104.8	117.6	115.4	
1989	103.1	102.5	98.8	105.5	109.4	
1990	105.4	104.4	107.3	107.1	143.7	
1991	103.6	102.1	104.3	106.6	111.4	
1992	100.9	95.1	103.8	110.3	140.7	
1993	108.7	109.3	95.2	119.5	57.8	
1994	116.2	113.1	105.4	123.6	120.3	
1995	111.9	110.5	105.4	114.0	124.3	
1996	109.4	104.0	103.0	119.1	123.2	
1997	107.5	105.0	105.2	110.6	120.1	
1998	107.8	107.4	102.1	108.6	110.2	
1999	104.8	102.2	102.9	108.6	110.4	
2000	105.7	105.4	98.4	106.2	108.7	
2001	105.3	105.2	122.1	104.7	104.3	
2002	105.0	104.0	110.9	106.4	103.3	
2003	106.3	105.6	111.7	107.1	99.4	110.5
2004	106.7	106.8	93.8	106.6	107.8	109.6
2005	106.5	106.0	96.9	107.7	104.1	107.5
2006	105.5	106.0	96.7	104.9	102.0	108.8
2007	103.9	104.2	109.6	102.1	105.1	108.4
2008	105.1	103.7	108.6	106.6	106.9	107.8
2009	103.2	103.3	111.8	102.3	104.4	106.2
2010	103.5	103.8	101.8	102.4	105.8	106.5
2011	103.9	105.5	103.6	101.1	101.8	105.0
2012	104.1	103.6	105.5	104.7	104.1	105.0
2013	103.3	104.0	106.5	101.2	106.0	107.0
2014	104.1	103.1	108.9	105.1	103.2	107.0
2015	102.7	102.8	104.3	101.7	102.4	107.0
2016	103.5	101.3	97.8	106.8	101.2	107.4
2017	104.0	104.9	107.9	102.1	98.2	108.0
2018	103.0	102.1	99.0	104.4	101.3	108.1

注：1.本表按可比价计算，2003-2014年数据不包括农民家庭兼营商品性工业，包括农林牧渔服务业。
2.从2011年起，农林牧渔业总产值指数使用农普核定后数据。

1-3-4 历年农林牧渔业总产值指数

(1952年=100)

年 份	农林牧渔业总产值	农 业	林 业	牧 业	渔 业	农林牧渔服务业
1949	65.2	64.6	54.7	73.4	72.2	
1952	100.0	100.0	100.0	100.0	100.0	
1957	111.3	109.9	169.8	114.6	123.9	
1962	82.0	81.5	96.9	86.9	64.3	
1965	114.6	111.8	171.2	142.3	73.1	
1970	142.7	138.7	265.7	173.9	77.6	
1975	170.8	159.2	295.7	282.8	137.0	
1978	181.6	172.4	338.6	260.6	148.3	
1980	182.1	169.0	282.9	319.0	111.9	
1985	293.5	260.9	474.5	638.9	144.6	
1990	354.3	298.3	500.0	947.0	377.2	
1995	523.2	396.1	572.3	1876.5	510.5	
1996	572.2	411.8	589.6	2235.1	629.0	
1997	615.2	432.4	620.3	2472.6	755.4	
1998	663.3	464.4	633.3	2684.6	832.7	
1999	695.4	474.6	651.9	2916.5	919.6	
2000	734.9	500.0	641.3	3097.0	999.5	
2001	773.9	526.2	782.8	3243.0	1042.1	
2002	812.8	547.2	868.0	3452.2	1076.5	
2003	864.3	577.5	969.7	3697.3	1070.4	110.5
2004	922.2	616.8	909.5	3941.3	1154.2	121.1
2005	982.1	653.8	881.3	4244.8	1201.5	130.2
2006	1036.1	693.0	852.3	4452.8	1225.5	141.6
2007	1076.5	722.1	934.1	4546.3	1288.0	153.5
2008	1131.4	748.8	1014.4	4846.4	1376.9	165.5
2009	1167.6	773.5	1134.1	4957.8	1437.5	175.8
2010	1208.5	802.9	1154.5	5076.8	1520.9	187.2
2011	1255.0	846.8	1196.3	5134.7	1548.0	196.6
2012	1306.1	877.0	1261.6	5374.0	1610.7	206.4
2013	1348.7	912.1	1343.7	5438.4	1707.4	220.9
2014	1404.2	940.8	1463.3	5713.2	1762.3	236.3
2015	1440.2	966.7	1526.7	5814.3	1803.4	252.9
2016	1491.0	998.6	1492.9	6209.5	1826.5	271.6
2017	1549.5	1046.2	1753.4	6111.7	1839.1	295.0
2018	1596.0	1068.1	1735.8	6380.6	1863.1	318.9

注:农林牧渔服务业指数以2002年为100。

1-3-5 历年农林牧渔业总产值

(按当年价格计算)　　单位：亿元

年　份	农林牧渔业总产值	农　业	林　业	牧　业	渔　业	农林牧渔服务业
1949	20.31	18.08	0.25	1.76	0.22	
1952	29.70	26.69	0.44	2.28	0.29	
1957	30.77	27.31	0.70	2.43	0.33	
1962	31.26	27.93	0.55	2.55	0.24	
1965	45.49	39.86	1.01	4.34	0.28	
1970	59.69	51.59	1.88	5.93	0.29	
1975	72.73	60.26	2.13	9.82	0.53	
1978	75.86	64.03	2.39	8.87	0.56	
1980	97.79	79.86	3.10	14.00	0.83	
1985	167.33	128.65	6.15	31.16	1.37	
1990	357.63	254.77	9.58	83.38	9.90	
1995	1147.83	753.52	23.50	344.18	26.63	
1996	1298.04	801.26	24.80	437.59	34.39	
1997	1437.29	845.18	26.38	523.14	42.59	
1998	1505.91	885.88	27.37	547.57	45.09	
1999	1539.77	879.64	28.14	582.96	49.03	
2000	1544.65	846.72	25.37	613.68	58.88	
2001	1680.33	899.38	34.02	685.77	61.16	
2002	1728.85	918.62	37.49	706.82	65.92	
2003	1877.37	958.30	41.27	721.31	57.72	98.78
2004	2285.56	1135.75	40.02	924.78	72.08	112.93
2005	2379.17	1258.00	40.13	879.38	79.44	122.21
2006	2466.37	1380.45	45.85	832.32	72.75	135.00
2007	3075.77	1639.07	52.37	1146.99	85.14	152.20
2008	3505.23	1760.75	55.89	1410.82	102.77	175.00
2009	3640.93	1958.79	39.69	1350.10	108.38	183.99
2010	4309.42	2470.11	51.26	1443.76	142.47	201.83
2011	4570.27	2484.67	62.23	1643.80	155.36	224.21
2012	4912.42	2710.55	83.40	1709.84	167.08	241.54
2013	5284.43	2975.01	104.30	1772.37	166.28	266.46
2014	5373.76	2893.29	118.47	1895.90	175.85	290.25
2015	5291.68	2820.11	134.62	1842.65	181.12	313.18
2016	5299.66	2772.86	148.30	1846.23	190.30	341.97
2017	5373.38	2890.60	175.54	1735.82	195.86	375.55
2018	5707.00	3085.86	186.64	1813.82	207.49	413.19

注：1.本表按当年价格计算，2003-2018年数据按新分类、生产者价格计算，不包括农民家庭兼营商品性工业，包括农林牧渔服务业(下同)。
2.从2011年起，农林牧渔业总产值使用农普核定后数据。

1-3-6 历年农林牧渔业总产值构成

(按当年价格计算)

单位：%

年 份	农林牧渔业总产值	农 业	林 业	牧 业	渔 业	农林牧渔服务业
1949	100.00	89.03	1.25	8.65	1.07	
1952	100.00	89.87	1.49	7.68	0.96	
1957	100.00	88.74	2.28	7.91	1.07	
1962	100.00	89.34	1.77	8.14	0.75	
1965	100.00	87.62	2.23	9.54	0.61	
1970	100.00	86.42	3.15	9.94	0.49	
1975	100.00	82.85	2.93	13.50	0.72	
1978	100.00	84.41	3.15	11.70	0.74	
1980	100.00	81.66	3.17	14.32	0.85	
1985	100.00	76.88	3.68	18.62	0.82	
1990	100.00	71.24	2.68	23.31	2.77	
1995	100.00	65.65	2.05	29.98	2.32	
1996	100.00	61.73	1.91	33.71	2.65	
1997	100.00	58.80	1.84	36.40	2.96	
1998	100.00	58.83	1.82	36.36	2.99	
1999	100.00	57.13	1.83	37.86	3.18	
2000	100.00	54.82	1.64	39.73	3.81	
2001	100.00	53.53	2.02	40.81	3.64	
2002	100.00	53.14	2.17	40.88	3.81	
2003	100.00	51.05	2.20	38.42	3.07	5.26
2004	100.00	49.69	1.75	40.46	3.16	4.94
2005	100.00	52.87	1.69	36.96	3.34	5.14
2006	100.00	55.97	1.86	33.75	2.95	5.47
2007	100.00	53.29	1.70	37.29	2.77	4.95
2008	100.00	50.23	1.60	40.25	2.93	4.99
2009	100.00	53.80	1.09	37.08	2.98	5.05
2010	100.00	57.32	1.19	33.50	3.31	4.68
2011	100.00	54.37	1.36	35.97	3.40	4.91
2012	100.00	55.18	1.70	34.81	3.40	4.92
2013	100.00	56.30	1.97	33.54	3.15	5.04
2014	100.00	53.84	2.20	35.28	3.27	5.40
2015	100.00	53.29	2.54	34.82	3.42	5.92
2016	100.00	52.32	2.80	34.84	3.59	6.45
2017	100.00	53.79	3.27	32.30	3.65	6.99
2018	100.00	54.07	3.27	31.78	3.64	7.24

注：1.2003-2018年数据按新分类，不包括农民家庭兼营商品性工业，包括农林牧渔服务业(下同)。
2.从2011年起，农林牧渔业总产值构成使用农普核定后数据。

1-3-7 分项农林牧渔业产值及构成

(按当年价格计算)

指 标	绝 对 数(亿元)		构 成(%)	
	2017年	2018年	2017年	2018年
农林牧渔业总产值	**5373.38**	**5707.00**	**100.00**	**100.00**
一、农业产值	**2890.60**	**3085.86**	**53.79**	**54.07**
(一)谷物及其他作物	1063.00	1083.61	19.78	18.99
1.谷 物	737.82	740.89	13.73	12.98
2.薯 类	100.34	117.34	1.87	2.06
3.油 料	65.62	62.11	1.22	1.09
4.豆 类	11.48	15.68	0.21	0.27
5.棉 花	46.15	47.30	0.86	0.83
6.生 麻				
7.糖 类	2.62	4.71	0.05	0.08
8.烟 草	0.18	0.30		0.01
9.其他农作物	98.79	95.28	1.80	1.67
(二)蔬菜、食用菌及花卉盆景园艺	1238.89	1335.31	23.06	23.40
1.蔬 菜	1115.36	1196.14	20.76	20.96
2.食用菌	95.32	108.17	1.77	1.90
3.花 卉	9.52	8.38	0.18	0.15
4.盆景园艺	18.70	22.62	0.35	0.40
(三)水果、食用坚果、饮料和香料	489.23	551.67	9.10	9.67
1.水 果	383.02	459.98	7.13	8.06
(1)园林水果	275.11	348.19	5.12	6.10
(2)瓜果类	107.92	111.78	2.01	1.96
2.食用坚果	97.40	82.16	1.81	1.44
3.香料原料	5.07	9.53	0.09	0.17
(四)中草药材	99.47	115.28	1.85	2.02
二、林业产值	**175.54**	**186.64**	**3.27**	**3.27**
(一)林木的培育和种植	141.68	152.71	2.64	2.68
1.育种育苗	26.21	22.22	0.49	0.39
2.造 林	84.01	100.24	1.56	1.76
3.抚育和管理	31.46	12.47	0.26	0.22
(二)木材采运	4.84	4.51	0.09	0.08
(三)林产品	29.02	29.42	0.54	0.52
三、牧业产值	**1735.82**	**1813.82**	**32.30**	**31.78**
(一)牲畜饲养	549.89	605.31	10.23	10.61
1.牛的饲养	267.45	277.01	4.98	4.85
2.羊的饲养	150.39	191.62	2.80	3.36
3.其他牲畜饲养	3.00	3.00	0.06	0.05
4.奶产品	123.06	127.18	2.29	2.23
5.毛绒产品	5.99	6.50	0.11	0.11
(二)猪的饲养	637.38	600.04	11.86	10.51
(三)家禽饲养	395.81	448.27	7.37	7.85
1.肉 禽	106.20	119.08	1.98	2.09
2.禽 蛋	289.61	329.19	5.39	5.77
(四)猎狩和捕捉动物				
(五)其他畜牧业	152.74	160.20	2.84	2.81
四、渔业产值	**195.86**	**207.49**	**3.65**	**3.64**
(一)海水产品	139.50	150.84	2.60	2.64
(二)淡水产品	56.36	56.64	1.05	0.99
五、农林牧渔服务业产值	**375.55**	**413.19**	**6.99**	**7.24**

注：1.本表按新分类、生产者价格计算，不包括农民家庭兼营商品性工业，包括农林牧渔服务业。

1—3—8 历年农林牧渔业增加值及指数

年 份	农林牧渔业增加值(亿元)	指 数(以上年为100)	年 份	农林牧渔业增加值(亿元)	指 数(以上年为100)	年 份	农林牧渔业增加值(亿元)	指 数(以上年为100)
1952	25.23		1975	50.66	110.2	1998	790.60	106.2
1953	24.10	88.3	1976	45.86	91.9	1999	805.97	104.3
1954	25.38	103.1	1977	48.42	106.3	2000	824.55	105.1
1955	28.18	111.6	1978	52.20	110.4	2001	913.82	105.3
1956	25.01	88.0	1979	61.11	104.2	2002	956.84	105.4
1957	26.11	111.3	1980	68.09	97.4	2003	1064.05	106.1
1958	27.89	103.9	1981	71.03	105.3	2004	1333.57	106.7
1959	27.00	94.7	1982	85.59	119.5	2005	1400.00	106.2
1960	23.43	82.1	1983	102.10	118.7	2006	1461.81	105.0
1961	23.99	79.8	1984	111.46	108.0	2007	1804.72	104.0
1962	24.07	102.3	1985	120.34	102.2	2008	2034.59	104.9
1963	19.84	83.6	1986	123.45	97.4	2009	2207.34	103.3
1964	27.15	138.1	1987	137.66	101.6	2010	2562.81	103.5
1965	37.20	128.4	1988	162.31	101.1	2011	2802.47	104.0
1966	40.12	107.2	1989	196.35	103.7	2012	3021.33	104.0
1967	40.06	100.0	1990	227.89	105.7	2013	3260.29	103.4
1968	40.35	97.3	1991	236.89	102.5	2014	3293.72	103.9
1969	44.11	108.5	1992	257.08	99.4	2015	3239.75	102.7
1970	46.41	103.0	1993	301.68	104.4	2016	3234.52	103.7
1971	44.06	95.4	1994	451.91	111.8	2017	3297.76	104.1
1972	38.35	87.9	1995	631.34	108.6	2018	3522.29	103.2
1973	43.16	111.7	1996	700.94	105.5			
1974	45.62	105.6	1997	761.76	105.4			

注：1.指数按可比价格计算。2003—2018年数据按新分类、生产者价格计算，不包括农民家庭兼营商品性工业，包括农林牧渔服务业(下同)。
2.从2011年起，农林牧渔业增加值及指数构成使用农普核定后数据。

1—3—9 农林牧渔业增加值、构成及占产值比重

指 标	绝对数(万元)		构 成(%)		中间消耗、增加值占产值比重(%)	
	2017年	2018年	2017年	2018年	2017年	2018年
一、农林牧渔业总产值	**53733788**	**57069968**	**100.00**	**100.00**	**100.00**	**100.00**
农 业	28906028	30858611	53.79	54.07	100.00	100.00
林 业	1755414	1866372	3.27	3.27	100.00	100.00
牧 业	17358228	18138185	32.30	31.78	100.00	100.00
渔 业	1958626	2074873	3.65	3.64	100.00	100.00
农林牧渔服务业	3755491	4131927	6.99	7.24	100.00	100.00
二、中间消耗	**20756147**	**21847068**	**100.00**	**100.00**	**38.63**	**38.28**
农 业	8759648	9439897	42.20	43.20	30.30	30.59
林 业	609454	662305	2.94	3.03	34.72	35.49
牧 业	8571610	8697295	41.30	39.80	49.38	47.95
渔 业	737800	758547	3.55	3.47	37.67	36.56
农林牧渔服务业	2077635	2289021	10.01	10.50	55.32	55.40
三、农林牧渔业增加值	**32977641**	**35222900**	**100.00**	**100.00**	**61.37**	**61.72**
农 业	20146380	21418714	61.09	60.82	69.70	69.41
林 业	1145960	1204068	3.47	3.42	65.28	64.51
牧 业	8786618	9440889	26.64	26.81	50.62	52.05
渔 业	1220826	1316323	3.70	3.74	62.33	63.44
农林牧渔服务业	1677856	1842906	5.09	5.22	44.68	44.60

注：2017年农林牧渔增加值、构成及占产值比重使用农普核定后数据。

1-3-10 历年农林牧渔业商品产值

单位:亿元

年 份	农林牧渔业商品产值	农 业	林 业	牧 业	渔 业
1987	110.57	73.75	1.98	31.04	3.80
1990	199.71	127.85	2.85	59.97	9.04
1991	212.78	130.15	4.19	68.23	10.21
1992	244.92	145.60	5.59	80.10	13.63
1993	301.39	179.77	7.24	102.89	11.49
1994	487.46	277.70	9.74	181.16	18.86
1995	714.11	417.00	10.26	262.08	24.77
1996	845.92	454.07	12.64	347.30	31.91
1997	950.42	483.49	13.46	414.27	39.20
1998	1013.48	521.77	13.85	436.96	40.90
1999	1060.90	535.14	13.76	468.12	43.88
2000	1084.35	531.08	11.66	489.55	52.06
2001	1203.96	583.44	17.55	547.45	55.52
2002	1262.29	615.29	18.46	568.43	60.11
2003	1399.47	644.27	18.81	684.34	52.05
2004	1728.80	759.15	20.75	885.06	63.84
2005	1934.80	862.26	23.86	976.03	72.65
2006	1817.08	993.23	29.89	726.78	67.18
2007	2312.00	1187.10	35.92	1010.60	78.38
2008	2605.73	1260.86	36.63	1215.56	92.67
2009	2764.35	1467.40	10.79	1184.59	101.57
2010	3304.70	1881.19	12.76	1275.55	135.20
2011	3524.22	1894.94	18.11	1467.42	143.74
2012	3811.90	2112.42	23.00	1532.02	144.46
2013	4093.65	2336.45	31.53	1592.65	133.02
2014	4158.32	2264.22	34.83	1708.21	151.06
2015	4092.33	2233.12	46.03	1652.86	160.32
2016	4180.32	2272.50	51.70	1680.99	175.13
2017	4234.16	2404.65	60.86	1580.64	188.01
2018	4517.35	2600.43	45.98	1671.43	199.50

注：从2011年起,农林牧渔业商品产值使用农普核定后数据。

1−3−11　历年农林牧渔业商品率

单位：%

年　份	农林牧渔业商品率	农　业	林　业	牧　业	渔　业
1987	55.10	50.56	28.99	71.09	88.58
1990	55.84	50.18	29.75	71.92	91.31
1991	56.34	50.20	33.84	71.92	91.98
1992	58.34	51.55	40.13	73.82	91.35
1993	58.95	52.18	47.32	73.97	92.89
1994	61.21	53.58	50.10	76.06	93.02
1995	62.21	55.34	43.66	76.15	93.02
1996	65.17	56.67	50.97	79.36	92.81
1997	66.13	57.21	51.01	79.19	92.06
1998	67.30	58.90	50.60	79.80	90.70
1999	68.90	60.84	48.90	80.30	89.50
2000	70.20	62.72	45.97	79.77	88.40
2001	71.64	64.87	51.59	79.81	90.76
2002	73.00	66.98	49.25	80.39	91.17
2003	74.52	67.23	45.59	83.40	90.19
2004	75.64	66.84	51.86	85.29	88.56
2005	77.33	68.54	59.46	86.80	91.45
2006	77.94	71.95	65.19	87.32	92.34
2007	79.08	72.42	68.59	88.11	92.06
2008	78.24	71.61	65.54	86.16	90.17
2009	79.97	74.91	27.20	87.74	93.72
2010	80.45	76.16	24.90	88.35	94.90
2011	81.09	76.27	29.11	89.27	92.52
2012	81.61	77.93	27.58	89.60	86.46
2013	81.58	78.54	30.23	89.86	80.00
2014	81.80	78.26	29.40	90.10	85.90
2015	82.20	79.19	34.19	89.70	88.52
2016	84.32	81.96	34.86	91.05	92.03
2017	84.72	83.19	34.67	91.06	95.99
2018	85.33	84.27	24.64	92.15	96.15

1-3-12 历年农业劳动生产率、土地生产率、投入产出率

单位：元

年 份	每一农村农林牧渔业从业人员创造农林牧渔业总产值	每一农村农林牧渔业从业人员创造农林牧渔业增加值	每公顷耕地创造农林牧渔业总产值	每公顷耕地创造农林牧渔业增加值	农业投入产出率(%)
1978	510	351	1136	782	220.6
1980	629	438	1479	1024	229.3
1985	1031	741	2534	1822	256.1
1990	2041	1307	5455	3476	175.7
1995	6558	3627	17612	9687	122.2
1996	7738	4201	19974	10786	117.4
1997	8821	4699	22133	11731	112.8
1998	9202	4856	23223	12192	110.5
1999	9352	4921	23767	12440	109.8
2000	9298	4989	23889	12752	114.5
2001	10091	5488	26056	14170	119.2
2002	10424	5769	28225	15622	123.9
2003	11336	6425	31335	17760	130.8
2004	14019	8180	38089	22224	140.1
2005	15091	8880	39726	23376	143.0
2006	16090	9536	41927	24850	145.5
2007	20559	12063	52188	30622	142.0
2008	23706	13760	59396	34476	138.3
2009	24678	14961	55491	33642	154.0
2010	29408	17489	65778	39118	146.7
2011	31606	19381	69629	42696	158.5
2012	34425	21173	74903	46069	159.8
2013	37505	23139	80663	49766	161.1
2014	38577	23645	82196	50380	158.3
2015	38346	23476	81093	49648	157.9
2016	38684	23610	81278	49606	156.6
2017	39452	24213	82428	50588	158.9
2018	42133	25999	87483	53984	161.2

注：1.按从业人员年平均人数计算。
2.从2011年起，农业劳动生产率、土地生产率、投入产出率使用农普核定后数据。

1-3-13 历年农村经济在国民经济中的地位

年 份	农林牧渔业增加值占地区生产总值比重	乡村人口占总人口比重	农林牧渔业从业人员占全社会从业人员比重	农村消费品零售额占全社会消费品零售额比重
1952	62.31		87.44	63.71
1957	49.92	90.52	89.91	61.20
1962	49.39	91.54	79.21	63.85
1965	51.16	90.63	87.60	67.14
1970	44.52	91.35	89.92	64.65
1975	38.15	89.87	83.17	63.04
1978	28.52	88.79	69.95	64.20
1980	28.43	87.81	74.74	67.82
1985	30.33	86.41	64.14	61.45
1990	25.42	84.62	60.24	53.18
1995	22.16	83.89	52.75	48.87
1996	20.30	82.04	49.14	49.80
1997	19.27	81.44	48.74	51.16
1998	18.58	81.02	48.58	53.02
1999	17.86	80.69	49.76	53.72
2000	16.35	80.72	49.56	53.56
2001	16.56	80.39	49.17	52.92
2002	15.90	80.02	48.40	52.20
2003	15.37	79.52	48.19	51.13
2004	15.73	79.16	45.86	50.82
2005	13.98	79.15	43.84	53.18
2006	12.75	78.46	42.24	52.55
2007	13.26	78.59	40.42	52.10
2008	12.71	78.63	39.76	52.14
2009	12.81	78.63	39.00	52.28
2010	12.57	77.43	37.88	23.73
2011	11.42	77.34	36.33	23.35
2012	11.37	77.23	34.91	23.26
2013	11.48	77.19	33.57	23.16
2014	11.23	77.14	33.29	21.71
2015	10.91	76.92	32.95	22.06
2016	10.22	76.93	32.68	22.06
2017	9.69	76.29	32.20	22.53
2018		77.14	32.28	23.45

注:1.本表为经普后对历史数据进行调整的数据。
2.从2010年起，社会消费品零售额按销售单位所在地分为城镇和农村。
3.从2011年起,农林牧渔业增加值占地区生产总值比重使用农普核定后数据。

1-3-14 历年平均每一乡村农林牧渔业从业人员生产的主要农产品

单位：公斤

年 份	粮 食	棉 花	油 料	猪牛羊肉	禽 蛋	水产品
1957	592.34	21.73	21.31			6.95
1962	431.95	9.47	6.12			3.42
1965	662.09	17.90	12.25			4.41
1970	778.02	15.46	14.78			4.41
1975	948.56	11.31	14.87			8.11
1978	1144.01	7.94	16.61	28.26		9.42
1980	933.24	15.15	27.67	34.05		5.98
1985	1199.86	38.35	53.03	49.97	20.44	7.78
1986	1200.19	31.23	37.71	56.06	21.83	9.47
1987	1181.89	38.55	42.40	58.66	22.68	11.04
1988	1229.81	35.07	39.73	65.98	26.77	12.57
1989	1212.90	31.43	32.83	65.67	26.24	12.25
1990	1278.86	32.06	42.06	68.07	28.80	12.28
1995	1596.69	21.60	64.04	150.86	119.67	23.09
1996	1719.96	15.93	74.39	156.08	164.40	31.26
1997	1695.17	15.35	72.81	162.00	181.46	37.41
1998	1783.49	16.52	84.86	163.92	186.82	42.38
1999	1674.67	13.57	78.98	164.95	193.77	46.32
2000	1531.76	18.02	88.25	162.13	197.75	48.61
2001	1496.61	25.18	92.38	161.96	201.52	50.99
2002	1474.45	24.33	91.56	167.76	209.98	52.70
2003	1438.22	31.44	98.24	171.84	215.97	51.96
2004	1549.63	41.57	96.42	186.66	229.46	58.00
2005	1673.53	37.17	98.36	202.33	248.06	63.72
2006	1837.75	45.28	88.42	213.79	252.67	57.59
2007	1958.91	43.88	91.44	209.25	268.53	61.29
2008	2026.06	49.56	99.16	225.45	279.04	65.38
2009	2049.19	39.68	91.61	233.15	241.17	68.19
2010	2140.11	29.31	88.78	233.79	234.19	72.91
2011	2333.97	31.54	88.17	237.27	239.26	74.46
2012	2424.64	29.03	89.62	251.01	243.88	70.31
2013	2565.71	27.73	94.67	259.60	250.82	75.88
2014	2568.92	26.63	90.64	276.14	264.86	78.98
2015	2626.71	17.43	91.89	278.19	276.87	82.34
2016	2762.75	17.45	92.17	274.06	288.90	83.73
2017	2826.63	17.74	95.52	278.41	283.25	82.41
2018	2732.64	17.67	89.62	275.60	279.08	80.94

注：按年末从业人数计算。

1-3-15 历年农业产业化经营情况

指　　标	单位	1998年	2000年	2005年	2006年	2007年	2008年	2009年	2010年
农业产业化经营总量	亿元	618.5	795.1	1873.1	2171.8	2496.8	2996.4	3213.3	4062.9
农业产业化经营率	%	28.4	36.1	49.4	51.8	53.6	55.3	56.8	58.6
龙头经营组织个数	个	582	604	1118	1172	1203	1230	1252	1465
龙头经营组织销售额	亿元	209.1	306.7	907.3	1106.6	1332.2	1562.8	1614.2	2122.5
龙头企业(集团)个数	个	411	471	908	954	989	1016	1030	1218
龙头企业销售额	亿元	171.4	267.8	832.6	1018.2	1242.4	1460.7	1497.2	1963.6
专业批发市场个数	个	115	103	123	127	125	127	120	129
专业批发市场销售额	亿元	32.6	35.3	66.3	76.0	77.6	91.1	105.4	140.9
中介服务组织个数	个	56	30	87	91	89	87	102	118
中介服务组织销售额	亿元	5.2	3.7	8.4	12.4	12.1	11.0	11.6	18.0
农产品生产(加工)基地个数	个	343	385	469	481	497	505	500	556
农产品生产(加工)基地销售产值	亿元	384.2	463.0	955.5	1056.3	1160.0	1417.8	1582.1	1927.1
农产品生产(加工)基地联系农户	万户	431.1	512.2	681.6	749.0	753.0	758.3	747.9	798.8
种植业生产基地个数	个	191	227	261	263	272	274	271	309
种植业生产基地种植面积	千公顷	849.5	1036.5	1581.8	1705.9	1846.1	1883.6	1964.8	2152.5
种植业生产基地销售产值	亿元	160.3	218.9	434.0	487.2	568.7	661.8	774.6	961.1
种植业生产基地联系农户数	万户	309.4	363.7	465.1	499.4	497.0	499.4	493.8	535.4
养殖业生产基地个数	个	132	137	183	191	198	203	202	218
养殖业生产基地销售产值	亿元	111.4	131.8	316.5	365.6	388.5	512.1	540.5	643.3
养殖业生产基地联系农户数	万户	111.3	133.2	195.1	227.2	235.3	236.2	231.1	239.4
生产加工基地个数	个	20	21	25	27	27	28	27	29
生产加工基地销售产值	亿元	112.5	112.3	205.0	203.6	202.7	243.9	267.0	322.7
生产加工基地联系农户数	万户	10.4	15.3	21.5	22.4	20.8	22.7	22.9	24.0
农户参与度	%	30.8	36.0	47.1	51.8	51.5	51.3	49.9	52.4
参与农户增收比率	%	28.7	28.7	35.6	35.6	36.2	38.2	40.5	41.3
农民受益率	%	10.1	11.9	16.5	17.5	16.0	16.1	16.5	17.4

1−3−15续 历年农业产业化经营情况

指　　标	单 位	2011年	2012年	2013年	2014年	2015年	2016年	2017年	2018年
农业产业化经营总量	亿元	4757.1	5394.3	6147.7	6666.1	6934.8	6297.9	6743.5	6737.4
农业产业化经营率	%	60.0	61.5	63.0	64.2	65.6	64.7	66.6	65.9
龙头经营组织个数	个	1576	1662	1834	1974	2181	2529	2575	2552
龙头经营组织销售额	亿元	2424.0	2719.1	3108.8	3448.0	3637.8	3776.2	4063.3	3885.3
龙头企业(集团)个数	个	1307	1338	1555	1703	1899	2212	2303	2297
龙头企业销售额	亿元	2235.5	2496.5	2861.9	3158.4	3296.7	3390.3	3622.0	3373.0
专业批发市场个数	个	129	127	126	111	113	113	106	98
专业批发市场销售额	亿元	167.0	199.5	222.7	265.6	314.3	357.0	410.9	470.3
中介服务组织个数	个	140	147	153	160	169	204	166	157
中介服务组织销售额	亿元	21.5	23.1	24.2	23.9	26.8	28.9	30.4	41.9
农产品生产(加工)基地个数	个	590	633	671	688	699	724	742	715
农产品生产(加工)基地销售产值	亿元	2313.1	2675.2	3038.9	3218.1	3297.0	2521.7	2680.2	2852.1
农产品生产(加工)基地联系农户	万户	818.3	885.4	852.5	860.7	885.5	807.3	812.8	787.8
种植业生产基地个数	个	322	340	366	374	382	398	415	402
种植业生产基地种植面积	千公顷	2191.6	2097.0	2457.4	2433.7	2373.7	1855.0	1885.5	1851.0
种植业生产基地销售产值	亿元	1118.3	1338.5	1552.7	1598.9	1646.4	1109.2	1161.6	1337.1
种植业生产基地联系农户数	万户	544.4	591.0	583.3	582.4	605.3	558.2	565.4	559.6
养殖业生产基地个数	个	238	259	271	281	286	293	295	282
养殖业生产基地销售产值	亿元	840.5	903.2	980.5	1059.1	1090.1	759.1	832.2	878.5
养殖业生产基地联系农户数	万户	246.2	260.8	239.2	251.8	252.8	215.0	213.1	192.5
生产加工基地个数	个	30	34	34	33	31	33	32	31
生产加工基地销售产值	亿元	354.3	433.4	505.8	560.2	560.5	653.4	686.4	636.5
生产加工基地联系农户数	万户	27.7	33.6	30.0	26.5	27.3	34.1	34.4	35.7
农户参与度	%	53.2	57.1	54.5	54.6	56.1	50.8	50.5	47.5
参与农户增收比率	%	40.4	43.4	41.1	40.0	43.0	41.1	40.7	40.1
农民受益率	%	15.9	29.0	16.2	14.7	15.7	11.9	11.5	10.5

1–3–16 历年城乡居民人均消费水平对比

单位：元

年份	居民消费水平			
	居民消费水平	城镇居民	农村居民	城乡消费水平对比（农村居民=1）
1978	165	402	137	2.93
1980	199	460	164	2.80
1981	223	481	187	2.57
1982	236	507	198	2.56
1983	258	513	221	2.32
1984	301	569	261	2.18
1985	366	672	319	2.11
1986	413	773	356	2.17
1987	494	917	423	2.17
1988	664	1300	557	2.33
1989	722	1557	583	2.67
1990	783	1592	605	2.63
1991	847	1839	675	2.72
1992	950	2182	729	2.99
1993	1089	2496	831	3.00
1994	1320	3009	1001	3.01
1995	1686	3397	1306	2.60
1996	1925	3499	1554	2.25
1997	2151	3765	1711	2.20
1998	2207	3833	1731	2.21
1999	2312	3950	1803	2.19
2000	2533	4523	1848	2.45
2001	2749	4991	1912	2.61
2002	3081	5776	1987	2.91
2003	3271	6063	2042	2.97
2004	3758	7096	2167	3.27
2005	4270	7851	2426	3.24
2006	4924	8971	2714	3.31
2007	5667	10031	3067	3.27
2008	6498	10835	3515	3.08
2009	7193	12195	3606	3.38
2010	8057	13619	3867	3.52
2011	9510	15266	4872	3.13
2012	10683	16452	5730	2.87
2013	11513	17133	6436	2.66
2014	12055	17421	6956	2.50
2015	12684	17721	7580	2.34
2016	14145	19029	8783	2.17
2017	15893	20753	10149	2.04

注：1. 居民消费水平2000年以后数据为按经济普查口径调整后数据。
2. 本表数据来源于国民经济核算资料，与城乡住户抽样调查数据的指标口径不同。

1－4－1　农村居民家庭基本情况

指　　标	单 位	2000年	2005年	2010年	2015年	2016年	2017年	2018年
一、调查户数	户	**4200**	**4200**	**4200**				
二、调查户人口								
户均常住人口	人	4.11	3.92	3.70	3.40	3.41	3.39	3.40
户均整半劳动力	人	2.74	2.81	2.76	2.42	2.42	2.40	2.24
整半劳动力占常住人口比重	%	66.62	71.67	74.47	71.34	70.89	70.80	65.66
平均每个劳动力负担人口	人	1.50	1.40	1.34	1.40	1.41	1.41	1.52
三、劳动力就业情况								
整半劳动力	人	11503	11801	11583				
各业劳动力比重	%	100.00	100.00	100.00	100.00	100.00	100.00	100.00
1.第一产业	%	71.86	63.90	58.22	52.61	48.26	45.92	48.77
2.第二产业	%		16.90	22.75	26.90	28.47	29.65	27.28
(1)采矿业	%		0.74	0.77	1.01	0.91	0.95	0.77
(2)制造业	%	8.50	10.48	14.37	16.64	17.00	17.33	12.85
(3)电力、热力、燃气及水生产和供应业	%		0.26	0.56	0.61	0.65	0.64	1.49
(4)建筑业	%	4.02	5.42	7.05	8.64	9.90	10.73	12.18
3.第三产业	%		19.20	19.03	20.49	23.27	24.43	23.95
(1)批发和零售业	%	4.51	4.97	5.01	5.48	6.49	6.46	4.57
(2)交通运输、仓储和邮政业	%	1.88	2.64	3.03	3.78	4.20	4.09	5.24
(3)住宿和餐饮业	%		1.30	1.51	1.38	1.97	2.35	2.53
(4)信息传输、软件和信息技术服务业	%				0.22	0.36	0.38	0.53
(5)金融业	%				0.25	0.33	0.33	0.20
(6)房地产业	%				0.08	0.09	0.12	0.11
(7)租赁和商务服务业	%				0.18	0.27	0.21	0.40
(8)科学研究和技术服务业	%				0.08	0.09	0.09	0.06
(9)水利、环境和公共设施管理业	%				0.15	0.22	0.20	0.30
(10)居民服务、修理和其他服务业	%	1.85	3.24	4.06	5.15	5.50	6.24	6.04
(11)教育	%		1.19	1.00	1.17	1.08	1.22	1.10
(12)卫生和社会工作	%		0.62	0.66	0.67	0.71	0.75	1.08
(13)文化、体育和娱乐业	%		0.23	0.39	0.27	0.34	0.35	0.37
(14)公共管理、社会保障和社会组织	%		4.99	3.37	1.64	1.62	1.64	1.43
(15)国际组织	%							

1-4-2 农村居民家庭劳动力文化程度

指　　标	单 位	2000年	2005年	2010年	2015年	2016年	2017年	2018年
平均每百个劳动力中								
未上过学	人	2.68	2.80	1.55	2.54	2.34	2.21	1.97
小　　学	人	25.00	19.21	17.52	20.49	19.06	18.99	21.89
初　　中	人	57.99	59.73	59.74	58.69	60.17	59.99	57.11
高　　中	人	13.84	17.13	19.17	14.78	14.66	14.87	15.02
大专及以上	人	0.49	1.12	2.02	3.51	3.76	3.94	4.01

1-4-3 农村居民家庭平均每百户年末拥有生产性固定资产数量

指　　标	单 位	2000年	2005年	2010年	2015年	2016年	2017年	2018年
生产性用房及建筑物	平方米	1179.10	1965.17	2203.59	1179.08	1182.95	1324.26	1818.47
大中型农用拖拉机	台	2.03	2.48	2.92	2.46	2.00	2.10	2.23
小型农用拖拉机	台	34.49	36.43	32.13	36.68	31.01	30.57	22.97
农用排灌动力机械	台		32.04	26.59	8.25	7.57	7.91	6.71
收割机	台		2.07	1.76	0.64	0.74	0.76	2.38
脱粒机	台	6.30	2.17	2.73	2.68	1.78	1.92	5.78
役　畜	头	25.04	11.95	8.32	3.30	2.37	2.77	2.81
产品畜	头	19.88	60.95	40.26	60.96	80.55	52.64	71.36

1-4-4 农村居民家庭平均每户年末拥有生产性固定资产原值

单位：元

指　　标	2000年	2005年	2010年	2015年	2016年	2017年	2018年
平均每户生产性固定资产原值	**6328.32**	**9335.54**	**11455.36**	**15252.44**	**20362.85**	**19302.89**	**19778.62**
1.农　业		4646.31	5683.50	6287.34	5232.19	5226.31	6982.48
2.林　业	4132.77	9.05	11.27	59.15	12.74	10.19	8.80
3.牧　业		1449.07	1417.95	1534.27	2030.10	2003.77	1618.89
4.渔　业				6.93	7.55		
5.农林牧渔服务业				53.04	22.78	53.64	35.52
6.采矿业		14.88	26.19		18.66		8.32
7.制造业	586.06	1070.92	1354.51	1587.37	3182.82	3518.57	3485.59
8.电力、热力、燃气及水生产和供应业			4.76		6.72	12.71	81.98
9.建筑业	31.57	38.33	158.33	238.89	1013.95	1017.04	630.89
10.批发和零售业		457.83	727.00	2362.73	5511.61	4242.49	2023.86
11.交通运输、仓储和邮政业		1356.43	1585.74	2232.68	2100.92	2040.82	3831.84
12.住宿和餐饮业		70.19	101.55	217.22	348.06	317.99	358.58
13.房地产业	1577.92				21.57	21.64	
14.租赁和商务服务业				108.53	96.16	17.85	129.36
15.居民服务、修理和其他服务业		123.43	206.44	487.58	654.50	588.43	471.69
16.其他行业		99.10	178.12	76.71	102.53	231.44	110.84

1-4-5 农村居民住房情况

指　　标	单位	2000年	2005年	2010年	2015年	2016年	2017年	2018年
一、年末拥有房屋面积	**平方米／人**	**22.87**	**28.35**	**32.48**	**37.66**	**39.20**	**39.45**	**39.67**
现住房面积	平方米／人	22.87	28.35	32.23	36.52	38.00	38.26	38.66
#钢筋混凝土	平方米／人	2.98	6.11	7.53	2.88	3.59	3.67	3.45
砖混材料	平方米／人	18.35	21.10	23.57	18.25	20.47	20.45	22.61
砖瓦砖木	平方米／人				14.58	13.25	13.44	11.73
竹草土坯	平方米／人				0.68	0.53	0.55	0.39
其　他	平方米／人				0.13	0.17	0.15	0.49
二、年末拥有房屋价值	**平方米／人**	**5292.80**	**8352.21**	**11047.80**	**35216.01**	**39804.23**	**39937.69**	**45777.88**
三、年内新建、购住房建筑面积	**平方米／人**	**0.94**	**0.74**	**0.42**	**0.41**	**0.27**	**0.43**	**0.45**
#钢筋混凝土结构面积	平方米／人	0.43	0.38	0.23				
砖混结构面积	平方米／人	0.50	0.36	0.17				
四、新建住房竣工建筑面积	**平方米／人**				**0.23**	**0.13**	**0.20**	**0.16**
新购住房建筑面积	平方米／人				0.18	0.14	0.23	0.29
五、年内新建、购住房价值	**元／人**	**325.17**	**308.70**	**312.03**	**768.79**	**694.09**	**1105.82**	**1348.88**
新建住房竣工价值	元／人				219.96	146.55	203.36	185.69
新购住房总金额	元／人				548.83	547.54	902.45	1163.19

1-4-6 农村居民按人均可支配收入分组的户数占调查户比重

指　　标	2000年	2005年	2010年	2015年	2016年	2017年	2018年
比　　重(%)	100.00	100.00	100.00	100.00	100.00	100.00	100.00
按人均可支配收入水平分组							
2000元以下	39.85	23.24	8.83	3.76	2.38	2.63	0.93
2000－3000元	30.40	26.21	12.00	2.51	2.14	2.00	4.01
3000－4000元	15.98	19.40	14.38	3.87	3.19	2.18	2.92
4000－5000元	7.79	12.55	13.07	4.62	3.70	3.31	3.42
5000－6000元		7.21	10.98	5.67	4.78	4.12	6.80
6000－7000元		4.10	8.95	5.99	5.30	5.17	4.92
7000－8000元		2.62	7.33	7.21	6.45	5.96	5.27
8000－9000元		1.33	5.52	7.08	7.02	6.63	6.43
9000－10000元		0.88	4.21	7.66	7.16	6.81	5.18
10000－11000元		0.55	3.57	7.01	6.74	6.59	4.71
11000－12000元		0.45	1.98	5.92	6.77	6.26	4.84
12000－13000元	5.98	0.38	2.00	6.25	6.24	5.59	4.33
13000－14000元	(5000元以上)	0.19	1.14	4.61	5.68	5.58	4.47
14000－15000元		0.21	1.38	4.16	4.35	5.12	4.12
15000－16000元		0.07	0.79	3.18	4.54	4.10	4.15
16000－17000元		0.07	0.79	3.16	3.55	4.21	3.22
17000－18000元		0.07	0.55	2.27	3.24	3.16	2.74
18000－19000元		0.05	0.50	2.57	2.61	2.77	2.43
19000－20000元		0.14	0.29	1.66	2.20	2.32	1.68
20000元以上		0.26	1.74	10.85	11.96	15.49	23.43

1—4—7　历年农村居民人均可支配收入及指数

单位：元/人

年　份	一、收入合计(元)	从集体得到的收入	从经济联合体得到的收入	家庭经营纯收入	其他非生产性收入	二、指数 以上年为100	以1978年为100
1954	62.66	2.91		48.54	11.21		
1957	64.43	48.69		1.61	14.13		
1962	90.11	54.72		24.68	10.71		
1965	87.80	54.80		19.90	13.10		
1966	87.75	56.49		19.69	11.57		
1977	83.14	59.61		16.99	6.54		
1978	114.06	84.12		19.56	10.38	137.2	100.0
1979	136.11	98.21		24.01	13.89	119.3	119.3
1980	175.77	104.96		45.16	25.65	129.1	154.1
1985	385.23	34.87	9.31	304.77	36.28	111.7	337.7
1986	407.61	40.33	10.75	319.31	37.22	105.8	357.4
1987	444.40	43.68	11.63	356.52	32.57	109.0	389.6
1988	546.62	49.97	13.20	444.71	38.74	123.0	479.2
1989	589.40	58.30	13.96	472.36	44.78	107.8	516.7
1990	621.67	55.49	11.65	506.86	47.67	105.5	545.0
1991	657.38	69.46	8.06	523.53	56.33	105.7	576.3
1992	682.48	77.86	8.81	530.32	65.49	103.8	598.4

1—4—7续　历年农村居民人均可支配收入及指数

单位：元/人

年　份	一、可支配收入(元)	1.工资性收入	2.经营净收入	3.财产净收入	4.转移净收入	二、指数 以上年为100	以1978年为100
1993	803.80	220.49	550.08	6.46	26.77	117.8	704.7
1994	1107.25	293.61	753.38	31.58	28.68	137.8	970.8
1995	1668.73	441.23	1149.75	40.92	36.83	150.7	1463.0
1996	2054.95	574.60	1391.21	48.90	40.24	123.1	1801.6
1997	2286.01	762.07	1449.19	36.22	38.53	111.2	2004.2
1998	2405.32	786.79	1520.12	42.09	56.32	105.2	2108.8
1999	2441.50	896.28	1432.37	52.55	60.30	101.5	2140.5
2000	2478.86	949.25	1417.99	51.98	59.64	101.5	2173.3
2001	2603.60	978.38	1501.22	76.01	47.99	105.0	2282.7
2002	2685.16	1043.67	1506.11	77.51	57.87	103.1	2354.2
2003	2853.29	1071.83	1645.17	75.71	60.57	106.3	2501.6
2004	3171.06	1110.92	1887.68	79.03	93.42	111.1	2780.2
2005	3481.64	1293.50	1988.58	93.74	105.81	109.8	3052.5
2006	3801.82	1514.68	2039.64	107.72	139.78	109.2	3333.2
2007	4293.43	1754.33	2249.67	115.80	173.64	112.9	3764.2
2008	4795.46	1979.52	2416.22	118.63	281.09	111.7	4204.3
2009	5149.67	2251.01	2440.44	123.90	334.31	107.4	4514.9
2010	5957.98	2653.42	2729.80	182.45	392.31	115.7	5223.5
2011	7119.69	3423.95	3006.20	206.36	483.18	119.5	6242.1
2012	8081.39	4005.28	3254.57	218.30	603.23	113.5	7085.2
2013	9187.71	4452.99	3165.52	166.37	1402.84	112.6	7979.9
2014	10186.14	5133.34	3435.48	203.96	1413.37	110.9	8847.1
2015	11050.51	5811.87	3684.86	233.78	1320.00	108.5	9597.8
2016	11919.35	6263.25	3970.00	257.47	1428.64	107.9	10352.4
2017	12880.94	6840.90	4227.90	274.23	1537.91	108.1	11187.6
2018	14030.89	7454.00	4612.00	299.00	1667.00	108.9	12186.4

注：2013年以前农村居民为人均纯收入，以后为新口径人均可支配收入，指数为可比。

1-4-8　农村居民总收入

单位：元/人

指　　标	2000年	2005年	2010年	2015年	2017年	2018年
总收入	**3307.55**	**4985.96**	**8293.86**	**14110.02**	**16427.67**	**18649.12**
一、工资性收入	**949.25**	**1293.50**	**2653.42**	**5811.87**	**6840.90**	**7454.10**
（一）工　　资				5407.67	6393.80	7282.23
（二）实物福利				9.40	7.26	7.60
（三）其　　他				394.80	439.84	164.26
二、经营性收入	**2217.08**	**3415.40**	**5034.03**	**6464.87**	**7376.60**	**8778.12**
(一)第一产业经营收入	1595.70	2608.96	3780.22	4047.01	3716.74	4279.29
1.农　业	1214.79	1849.32	2696.13	3064.89	2842.61	3457.71
2.林　业	8.15	14.67	42.45	105.86	124.62	58.48
3.牧　业	361.30	744.92	1041.64	875.10	744.13	760.27
4.渔　业	11.46	0.05		1.15	5.38	2.83
（二）第二产业经营收入	154.35	273.37	474.52	518.13	872.50	1540.12
1.采矿业					3.39	
2.制造业	131.80	253.84	424.61	461.42	695.63	1051.07
3.电力、热力、燃气及水生产和供应业					1.50	3.21
4.建筑业	22.55	19.53	49.91	56.70	171.98	485.84
(三)第三产业经营收入	467.03	533.07	779.28	1899.73	2787.36	2958.71
1.批发和零售业	197.38	234.26	393.07	730.40	1405.79	1179.38
2.交通运输、仓储和邮政业	148.60	194.71	252.70	676.67	782.65	916.84
3.住宿和餐饮业				80.73	114.81	120.50
4.房地产业				0.04	1.04	
5.租赁和商务服务业	121.05	104.10	133.51	21.49	38.54	10.76
6.居民服务、修理和其他服务业				250.08	311.73	259.39
7.其他				45.94	53.32	72.75
8.农林牧渔服务业				94.38	79.48	399.08
三、财产性收入	**62.66**	**93.74**	**182.45**	**249.49**	**285.26**	**327.60**
四、转移性收入	**78.55**	**183.32**	**423.97**	**1583.80**	**1924.91**	**2089.30**

1–4–9 农村居民总支出

单位：元/人

指　　标	2000年	2005年	2010年	2015年	2017年	2018年
全年总支出	**2264.78**	**3711.00**	**6402.90**	**13804.02**	**15588.20**	**18067.93**
一、消费支出	**1365.23**	**2165.72**	**3844.92**	**9022.84**	**10535.94**	**11382.80**
二、生产经营费用支出	**627.34**	**1242.76**	**2072.31**	**2482.68**	**2769.60**	**3779.28**
(一)第一产业经营费用支出	536.64	1036.26	1597.30	1747.96	1473.80	1812.61
1.农　业	359.71	578.16	817.31	1036.95	983.21	1331.74
2.林　业	2.36	3.52	10.17	24.73	33.12	37.19
3.牧　业	169.70	454.56	769.82	684.70	447.32	437.76
4.渔　业	4.87	0.02		1.58	10.15	5.93
(二)第二产业经营费用支出	31.04	94.41	223.82	206.12	281.68	923.79
1.采矿业				0.07	2.00	0.10
2.制造业	29.71	90.98	212.77	195.85	263.24	608.07
3.电力、热力、燃气及水生产和供应业				1.49	2.37	0.22
4.建筑业	1.32	3.43	11.05	8.70	14.07	315.40
(三)第三产业经营费用支出	59.65	112.09	251.19	528.61	1014.12	1042.89
1.批发和零售	16.41	39.41	124.82	214.83	636.16	528.92
2.交通运输、仓储和邮电业	33.03	53.33	89.01	187.64	228.67	259.20
3.住宿和餐饮业				29.26	26.13	25.16
4.房地产业						1.69
5.租赁和商务服务业				6.04	8.62	4.82
6.居民服务、修理和其他服务业				66.45	90.06	64.89
7.其　他				10.22	8.34	3.36
8.农林牧渔服务业				14.16	16.14	154.85
三、财产性支出	**16.22**	**13.29**	**22.10**	**13.57**	**11.03**	**28.89**
四、转移性支出	**84.40**	**167.99**	**317.11**	**263.79**	**387.01**	**422.78**
五、部分商业保险支出				**50.36**	**62.31**	**96.33**
六、购置资产及非经常性转移支出				**1552.34**	**1569.90**	**1703.78**
七、借贷性支出				**418.43**	**252.41**	**654.08**

1—4—10 农村居民人均可支配收入

单位：元/人

指　　标	2000年	2005年	2010年	2015年	2017年	2018年
可支配收入	**2478.86**	**3481.64**	**5957.98**	**11050.51**	**12880.94**	**14030.89**
一、工资性收入	**949.25**	**1293.50**	**2653.42**	**5811.87**	**6840.90**	**7454.10**
1.工　　资				5407.67	6393.81	7282.23
2.实物福利				9.40	7.25	7.60
3.其　　他				394.80	439.84	164.26
二、经营净收入	**1417.99**	**1988.58**	**2729.80**	**3684.86**	**4227.90**	**4611.55**
（一）按产业划分						
1.第一产业	914.45	1455.91	2052.76	2144.19	2100.58	2298.09
2.第二产业	113.26	154.89	213.65	276.15	501.40	533.96
3.第三产业	390.28	377.77	463.38	1264.51	1625.92	1779.50
（二）按行业划分						
1.农　业	758.15	1181.39	1775.23	1904.51	1756.63	1989.24
2.林　业	5.16	10.96	32.08	79.97	91.30	21.12
3.牧　业	145.86	263.54	245.45	160.28	257.42	290.81
4.渔　业	5.28	0.02		-0.56	-4.77	-3.09
5.农林牧渔服务业				79.17	62.28	243.54
6.采矿业				-0.07	1.39	-0.26
7.制造业	92.45	139.53	178.06	234.41	363.22	374.74
8.电力、热力、燃气及水生产和供应业				-1.49	-1.12	1.39
9.建筑业	20.81	15.36	35.59	43.31	137.91	158.09
10.批发和零售业	176.27	183.59	244.36	469.18	686.23	610.83
11.交通运输、仓储和邮政业	106.11	113.76	132.00	445.19	513.86	582.61
12.住宿和餐饮业				47.21	82.43	88.31
13.房地产业				0.04	1.04	-1.69
14.租赁和商务服务业				15.46	29.56	3.41
15.居民服务、修理和其他服务业				174.06	210.10	185.27
16.其　他				34.21	40.42	67.22
三、财产性净收入	**51.98**	**93.74**	**182.45**	**233.78**	**274.23**	**298.71**
四、转移净收入	**59.64**	**105.81**	**392.31**	**1320.00**	**1537.91**	**1666.53**
#养老金或离退休金	10.25	33.95	119.68	495.31	643.82	663.66

注：2013年以前农村居民为人均纯收入，以后为新口径人均可支配收入。

1-4-11　历年农村居民人均消费支出及构成

单位：元

年　份	合　计	一、生活消费品支出						二、非商品支出
		小　计	食　品	衣　着	燃　料	用品及支　出	住　房	
1954	56.86	55.44	39.09	6.46	4.39	2.82	2.68	1.42
1957	58.08	56.36	37.71	7.69	4.32	3.99	2.65	1.72
1962	80.50	76.26	43.55	7.18	10.20	10.18	5.15	4.24
1965	76.50	73.40	51.70	7.90	6.10	4.10	3.60	3.10
1978	95.02	92.95	62.97	13.95	7.30	5.96	2.77	2.07
1980	142.00	138.82	79.61	19.70	8.25	16.83	14.43	3.18
1985	297.72	290.17	148.95	32.25	16.49	42.86	49.62	7.55
1986	333.04	324.28	161.57	35.29	19.09	47.63	60.70	8.76
1987	365.35	355.60	180.34	38.31	17.79	54.13	65.03	9.75
1988	445.68	424.92	209.23	44.84	22.24	67.63	80.98	20.76
1989	495.20	469.75	238.30	47.79	27.53	69.87	86.26	25.45
1990	485.70	456.84	248.64	46.59	27.77	64.66	69.18	28.86
1991	558.23	515.93	267.64	58.39	28.61	82.30	78.99	42.30
1992	579.36	530.33	298.49	56.05	28.54	78.54	68.71	49.03
构成(%)								
1954	100.00	97.50	68.75	11.36	7.72	4.96	4.71	2.50
1957	100.00	97.04	64.93	13.24	7.44	6.87	4.56	2.96
1962	100.00	94.73	54.10	8.92	12.67	12.64	6.40	5.27
1965	100.00	95.95	67.58	10.33	7.97	5.36	4.71	4.05
1978	100.00	97.82	66.27	14.68	7.68	6.27	2.92	2.18
1980	100.00	97.76	56.06	13.88	5.81	11.85	10.16	2.24
1985	100.00	97.46	50.03	10.83	5.54	14.39	16.67	2.54
1986	100.00	97.37	48.51	10.60	5.73	14.30	18.23	2.63
1987	100.00	97.33	49.36	10.49	4.87	14.82	17.80	2.67
1988	100.00	95.34	46.95	10.06	4.99	15.17	18.17	4.66
1989	100.00	94.86	48.12	9.65	5.56	14.11	17.42	5.14
1990	100.00	94.06	51.19	9.59	5.72	13.31	14.24	5.94
1991	100.00	92.42	47.94	10.46	5.13	14.74	14.15	7.58
1992	100.00	91.54	51.52	9.67	4.93	13.56	11.86	8.46

1-4-11续 历年农村居民人均消费支出及构成

单位：元

年 份	合 计	食品烟酒	衣 着	居 住	生活用品及服务	交通通信	教育文化娱乐	医疗保健	其他用品和服务
1993	696.52	406.72	52.26	96.52	35.97	11.33	41.12	44.05	8.55
1994	779.04	441.66	65.22	109.06	42.85	18.70	57.12	33.19	11.24
1995	1104.30	627.43	89.62	165.41	58.15	33.47	73.04	40.93	16.25
1996	1398.94	729.92	133.58	210.49	77.98	57.91	106.74	60.08	22.24
1997	1394.81	701.37	123.88	221.43	78.63	56.53	125.91	61.35	25.71
1998	1298.54	616.90	111.72	212.10	76.95	60.43	130.45	64.46	25.53
1999	1338.37	584.65	106.22	261.70	81.18	72.37	136.10	68.72	27.43
2000	1365.23	539.33	104.84	322.04	65.41	84.55	130.71	78.28	40.07
2001	1429.81	567.95	106.24	329.39	66.59	98.89	139.22	81.33	40.20
2002	1476.42	574.59	109.18	318.99	68.58	110.42	156.91	99.14	38.60
2003	1600.10	639.10	114.97	311.46	71.65	149.52	186.48	101.63	25.28
2004	1834.92	780.09	127.06	340.88	80.42	182.56	115.97	176.60	31.33
2005	2165.72	888.37	155.52	398.90	101.49	221.96	225.79	134.77	38.92
2006	2495.33	915.50	167.87	531.66	115.84	285.70	265.38	166.34	47.03
2007	2786.77	1025.72	185.68	627.98	140.45	318.19	243.30	188.06	57.40
2008	3125.55	1192.93	203.74	696.14	151.94	346.73	250.07	219.32	64.68
2009	3349.74	1195.65	217.82	796.62	170.40	350.92	263.53	289.27	65.55
2010	3844.92	1351.41	250.92	839.66	218.90	464.80	296.11	344.25	78.87
2011	4711.16	1579.65	334.10	1090.29	316.90	520.18	315.41	434.67	119.95
2012	5364.14	1817.00	396.58	1137.31	349.90	604.33	358.49	543.75	156.77
2013	7377.13	2205.22	521.58	1628.26	470.50	931.95	648.71	795.27	175.64
2014	8247.99	2421.20	581.61	1858.48	508.00	1146.52	758.74	788.71	184.72
2015	9022.84	2578.07	625.26	2014.16	527.48	1298.46	870.43	920.54	188.43
2016	9798.28	2745.42	650.23	2206.87	597.17	1511.06	952.85	928.22	206.47
2017	10535.94	2817.16	684.42	2380.80	668.50	1689.43	1014.12	1072.63	208.89
2018	11382.80	3002.67	722.50	2542.27	773.90	1736.53	1170.91	1201.58	232.42
构成(%)									
1993	100.00	58.39	7.50	13.86	5.16	1.63	5.90	6.32	1.24
1994	100.00	56.69	8.37	14.00	5.50	2.40	7.33	4.26	1.45
1995	100.00	56.82	8.12	14.98	5.27	3.03	6.61	3.71	1.46
1996	100.00	52.18	9.55	15.05	5.57	4.14	7.63	4.29	1.59
1997	100.00	50.28	8.88	15.88	5.64	4.05	9.03	4.40	1.84
1998	100.00	47.51	8.60	16.33	5.93	4.65	10.05	4.96	1.97
1999	100.00	43.68	7.94	19.55	6.07	5.41	10.17	5.13	2.05
2000	100.00	39.50	7.68	23.59	4.79	6.19	9.57	5.73	2.95
2001	100.00	39.72	7.43	23.04	4.66	6.91	9.74	5.69	2.81
2002	100.00	38.92	7.39	21.61	4.65	7.48	10.63	6.71	2.61
2003	100.00	39.94	7.19	19.47	4.48	9.34	11.65	6.35	1.58
2004	100.00	42.51	6.92	18.58	4.38	9.95	6.32	9.62	1.71
2005	100.00	41.02	7.18	18.42	4.69	10.25	10.43	6.22	1.79
2006	100.00	36.69	6.73	21.31	4.64	11.45	10.64	6.67	1.88
2007	100.00	36.81	6.66	22.53	5.04	11.42	8.73	6.75	2.06
2008	100.00	38.17	6.52	22.27	4.86	11.09	8.00	7.02	2.07
2009	100.00	35.69	6.50	23.78	5.09	10.48	7.87	8.64	1.96
2010	100.00	35.15	6.53	21.84	5.69	12.09	7.70	8.95	2.05
2011	100.00	33.53	7.09	23.14	6.73	11.04	6.69	9.23	2.55
2012	100.00	33.53	7.09	23.14	6.73	11.04	6.69	9.23	2.55
2013	100.00	29.89	7.07	22.07	6.38	12.63	8.79	10.78	2.38
2014	100.00	29.36	7.05	22.53	6.16	13.90	9.20	9.56	2.24
2015	100.00	28.57	6.93	22.32	5.85	14.39	9.65	10.20	2.09
2016	100.00	28.02	6.64	22.52	6.09	15.42	9.72	9.47	2.11
2017	100.00	26.74	6.50	22.60	6.34	16.03	9.63	10.18	1.98
2018	100.00	26.38	6.35	22.33	6.80	15.26	10.29	10.56	2.04

注：2013年以前为生活消费支出，之后为消费支出。

1-4-12　农村居民家庭人均主要食品消费量

指　标	单 位	2000年	2005年	2010年	2015年	2016年	2017年	2018年
一、粮食(原粮)	公斤	215.88	200.84	181.69	145.41	138.54	134.25	138.63
（一）谷物	公斤	211.00	196.52	178.60	137.58	130.26	125.79	128.52
1.小麦	公斤	153.10	139.80	122.09	93.32	90.72	86.69	87.32
2.稻谷	公斤	14.63	17.47	21.10	24.85	24.48	24.10	24.91
（二）薯类	公斤	2.76	1.52	1.23	2.15	2.19	2.29	3.22
（三）豆类	公斤	2.12	2.81	1.86	5.68	6.08	6.16	6.90
二、蔬菜及菜制品	公斤	61.45	57.70	55.38	82.41	81.73	75.09	83.69
#鲜菜	公斤	61.23		54.69	80.61	79.63	73.07	81.35
三、肉禽及其制品	公斤	8.06	10.54	10.95	18.58	18.78	19.13	22.84
#猪肉	公斤	6.63	7.15	7.12	11.26	10.72	10.95	14.16
牛肉	公斤	0.35	0.47	0.34	0.44	0.44	0.50	0.50
羊肉	公斤	0.19	0.37	0.38	0.83	0.90	0.94	0.67
禽类	公斤	0.37	0.75	1.02	2.93	3.36	3.22	3.87
四、蛋类及蛋制品	公斤	5.09	6.27	7.26	11.49	11.80	12.96	11.81
五、奶和奶制品	公斤	0.22	2.40	3.48	7.55	7.99	8.26	7.47
六、水产品	公斤	1.79	2.48	2.52	3.41	3.87	3.66	4.17
七、油脂类	公斤	5.91	6.75	8.33	11.87	9.45	9.50	7.65
#植物油	公斤	5.32	6.28	8.12	11.73	9.28	9.34	7.36
八、食糖	公斤	0.59	0.77	0.66	1.10	1.21	1.18	1.14
九、鲜瓜果	公斤	16.74	16.57	21.11	41.51	44.75	46.85	49.88
十、坚果类	公斤	0.60	1.11	1.11	3.24	3.90	3.90	4.06
十一、茶叶	公斤		0.13	0.12	0.10	0.11	0.11	0.07
十二、酒	公斤	6.50	9.16	8.84	11.97	11.59	11.55	10.49

1-4-13　农村居民家庭平均每百户年末耐用消费品拥有量

指　标	单 位	2000年	2005年	2010年	2015年	2016年	2017年	2018年
家用汽车	辆				23.61	29.39	31.27	37.62
摩托车	辆	34.33	58.17	61.43	66.43	58.69	57.69	48.83
助力车	辆			40.50	91.11	100.04	102.66	103.73
洗衣机	台	58.86	74.17	86.33	96.72	97.83	98.98	99.39
电冰箱	台				90.12	94.83	95.84	98.56
微波炉	台				15.77	17.00	17.93	18.50
彩色电视机	台	64.76	102.14	116.55	120.81	120.28	121.11	115.17
#接入有线电视网	台		23.64	42.14	51.63	55.40	52.28	40.18
空　调	台				55.25	65.92	70.43	80.97
热水器	台				56.37	62.66	64.54	65.29
#太阳能热水器	台				49.79	54.43	55.83	56.22
消毒碗柜	台				0.29	0.17		
洗碗机	台				0.57	0.67	0.68	0.25
抽油烟机	台	1.86	3.81	8.05	17.21	21.71	24.05	27.71
固定电话	部	31.17	76.74	61.45	33.21	26.59	21.39	8.72
移动电话	部				226.22	236.27	240.52	244.54
#接入互联网	部				68.85	88.14	98.98	167.71
计算机	台				37.82	39.18	40.26	37.46
#接入互联网	台				29.20	31.83	30.61	30.01
摄像机	台	0.24	0.43	0.69	0.72	0.76		
照相机	台	4.17	3.50	4.24	4.54	4.20	4.54	3.95
中高档乐器	架	0.19	0.17	0.38	0.46	0.67	0.90	0.88
健身器材	部				0.64	0.80	1.08	0.82
组合音响	套	8.12	11.74		2.59	1.81		

1-4-14 历年城乡居民可支配收入与消费支出及恩格尔系数

单位：元，%

年份	可支配收入				消费支出		恩格尔系数	
	全体居民	城镇居民	农村居民	城乡收入水平对比(农村居民=1)	城镇居民	农村居民	城镇居民	农村居民
1978		276.24	114.06	2.42	402.00	137.00		66.27
1980		400.56	175.77	2.28	460.00	164.00	60.08	56.06
1981		402.48	204.41	1.97	481.00	187.00	53.34	52.19
1982		432.84	238.70	1.81	507.00	198.00	56.28	54.29
1983		448.68	298.07	1.51	513.00	221.00	56.93	53.52
1984		519.24	345.00	1.51	569.00	261.00	55.36	52.24
1985		630.72	385.23	1.64	672.00	319.00	49.96	50.03
1986		766.44	407.61	1.88	773.00	356.00	50.24	48.51
1987		855.00	444.40	1.92	917.00	423.00	51.67	49.36
1988		1080.48	546.62	1.98	1300.00	557.00	46.50	46.95
1989		1256.88	589.40	2.13	1557.00	583.00	52.00	48.12
1990		1397.35	621.67	2.25	1592.00	605.00	51.16	51.19
1991		1489.32	657.38	2.27	1839.00	675.00	51.34	47.94
1992		1763.40	682.48	2.58	2182.00	729.00	49.51	51.52
1993		2201.04	803.80	2.74	2496.00	831.00	46.31	58.39
1994		3007.68	1107.25	2.72	3009.00	1001.00	47.29	56.69
1995		3991.72	1668.73	2.39	3397.00	1306.00	46.22	56.82
1996		4429.66	2054.95	2.16	3499.00	1554.00	44.78	52.18
1997		4958.67	2286.01	2.17	3765.00	1711.00	41.95	50.28
1998		5084.64	2405.32	2.11	3833.00	1731.00	40.02	47.51
1999		5365.03	2441.50	2.20	3950.00	1803.00	37.70	43.68
2000		5661.16	2478.86	2.28	4523.00	1848.00	34.39	39.50
2001		5984.82	2603.60	2.30	4991.00	1912.00	35.35	39.72
2002		6678.73	2685.16	2.49	5776.00	1987.00	35.42	38.92
2003		7239.12	2853.29	2.54	6063.00	2042.00	35.16	39.94
2004		7951.30	3171.06	2.51	7096.00	2167.00	36.82	42.51
2005		9107.10	3481.64	2.62	7851.00	2426.00	34.56	41.02
2006		10304.56	3801.82	2.71	8971.00	2714.00	33.94	36.69
2007		11690.47	4293.43	2.72	10031.00	3067.00	33.88	36.81
2008		13441.09	4795.46	2.80	10835.00	3515.00	34.73	38.17
2009		14718.25	5149.67	2.86	12195.00	3606.00	33.59	35.69
2010		16263.43	5957.98	2.73	13619.00	3867.00	32.32	35.15
2011		18292.23	7119.69	2.57	15331.00	4893.00	33.80	33.53
2012		20543.44	8081.39	2.54	16554.00	5766.00	33.60	33.53
2013	15189.6	22226.75	9187.71	2.42	14970.03	7377.13	26.88	29.89
2014	16647.4	24141.34	10186.14	2.37	16203.82	8247.99	26.17	29.36
2015	18118.1	26152.16	11050.51	2.37	17586.62	9022.84	26.05	28.57
2016	19725.4	28249.39	11919.35	2.37	19105.89	9798.28	26.13	28.02
2017	21484.1	30547.76	12880.94	2.37	20600.35	10535.94	24.60	26.74
2018	23445.7	32977.18	14030.89	2.35	22127.42	11382.80	25.11	26.38

注：1.1996年以前城镇居民为人均生活费收入，1996-2012年为可支配收入，2013年为新口径可支配收入，指数为可比。
2.2013年以前农村居民为人均纯收入，以后为新口径人均可支配收入，指数为可比（下同）。

1－5－1 种植业生产成本收益与劳动生产率

指　　标	单位	河北粮食		小　麦		玉　米	
		2017年	2018年	2017年	2018年	2017年	2018年
一、每亩							
主产品产量	公斤	543.23	502.29	473.51	383.95	498.10	474.34
产值合计	元	1341.25	1149.82	1181.68	939.33	859.14	879.85
主产品产值	元	1297.87	1128.84	1155.08	913.64	824.41	848.13
副产品产值	元	43.38	20.98	26.60	25.69	34.73	31.72
总成本	元	1319.37	1301.52	1050.12	1053.15	938.69	933.85
生产成本	元	969.74	950.41	859.11	863.97	748.24	743.11
物质与服务费用	元	526.29	518.41	486.74	488.71	352.65	364.73
人工成本	元	443.45	432.00	372.37	375.26	395.59	378.38
家庭用工折价	元	392.34	375.96	372.37	375.26	387.66	372.14
雇工费用	元	51.11	56.04			7.93	6.24
土地成本	元	349.63	351.11	191.01	189.18	190.45	190.74
流转地租金	元	58.35	83.27	4.39	4.80	3.18	3.45
自营地折租	元	291.28	267.84	186.62	184.38	187.27	187.29
净利润	元	21.88	-151.70	131.56	-113.82	-79.55	-54.00
现金成本	元	635.75	657.72	491.13	493.51	363.76	374.42
现金收益	元	705.50	492.10	690.55	445.82	495.38	505.43
成本利润率	%	1.66	-11.66	12.53	-10.81	-8.47	-5.78
二、每50公斤主产品							
平均出售价格	元	119.46	112.37	121.97	118.98	82.76	89.40
总成本	元	117.51	127.20	108.39	133.40	90.42	94.89
生产成本	元	86.37	92.88	88.68	109.43	72.08	75.51
净利润	元	1.95	-14.83	13.58	-14.42	-7.66	-5.49
现金成本	元	56.62	64.28	50.69	62.51	35.04	38.04
现金收益	元	62.84	48.09	71.28	56.47	47.72	51.36
三、附记							
每亩用工数量	日	5.33	5.15	4.77	4.81	5.06	4.84
每亩主产品已出售数量	公斤	430.73	407.21	339.08	267.59	382.67	390.83
每亩主产品已出售产值	元	1035.40	910.46	826.87	635.58	630.36	694.33
商品率	%	89.85	89.56	80.35	76.77	97.29	97.55
商品已出售率	%	79.29	81.07	71.61	69.69	76.83	82.39
每亩补贴收入	元	73.53	69.78	54.42	53.91	58.56	61.55

注：1．“河北粮食”为小麦、玉米、稻谷、谷子、大豆简单平均。
　　2．“每亩主产品已出售数量”和“每亩主产品已出售产值”截止当年年底（下同）。

1-5-1续1 种植业生产成本收益与劳动生产率

指 标	单位	粳 稻		谷 子		大 豆	
		2017年	2018年	2017年	2018年	2017年	2018年
一、每亩							
主产品产量	公斤	658.08	648.59	248.97	247.86	191.41	156.36
产值合计	元	1982.95	1630.29	897.59	1269.10	936.28	796.80
主产品产值	元	1914.13	1624.76	859.45	1237.48	936.28	796.80
副产品产值	元	68.82	5.53	38.14	31.62		
总成本	元	1968.42	1918.55	917.37	948.94	839.82	813.49
生产成本	元	1300.98	1245.13	788.95	813.39	654.03	616.16
物质与服务费用	元	739.44	701.76	190.62	208.42	251.32	223.27
人工成本	元	561.54	543.37	598.33	604.97	402.71	392.89
家庭用工折价	元	416.13	381.50	592.02	597.25	402.71	392.89
雇工费用	元	145.41	161.87	6.31	7.73		
土地成本	元	667.44	673.42	128.42	135.55	185.79	197.33
流转地租金	元	167.48	241.57	0.79	1.47	3.19	
自营地折租	元	499.96	431.85	127.63	134.08	182.60	197.33
净利润	元	14.53	-288.26	-19.78	320.16	96.46	-16.69
现金成本	元	1052.33	1105.20	197.72	217.62	254.51	223.27
现金收益	元	930.62	525.09	699.87	1051.48	681.77	573.53
成本利润率	%	0.74	-15.02	-2.16	33.74	11.49	-2.05
二、每50公斤主产品							
平均出售价格	元	145.43	125.25	172.60	249.63	244.57	254.80
总成本	元	144.36	147.40	176.40	186.66	219.37	260.14
生产成本	元	95.41	95.66	151.71	159.99	170.84	197.03
净利润	元	1.07	-22.15	-3.80	62.97	25.20	-5.34
现金成本	元	77.18	84.91	38.02	42.81	66.48	71.40
现金收益	元	68.25	40.34	134.58	206.82	178.09	183.40
三、附记							
每亩用工数量	日	6.15	5.80	7.65	7.71	5.16	5.04
每亩主产品已出售数量	公斤	570.44	563.22	223.90	216.57	14.90	129.57
每亩主产品已出售产值	元	1648.98	1401.47	779.35	1086.81	81.94	658.94
商品率	%	91.92	94.37	94.58	90.58	77.43	88.13
商品已出售率	%	86.68	86.84	89.93	87.38	7.78	82.87
每亩补贴收入	元	107.60	93.88	81.65	85.10	54.79	61.91

1−5−1续2　种植业生产成本收益与劳动生产率

指　　标	单位	花　生		棉　花	
		2017年	2018年	2017年	2018年
一、每亩					
主产品产量	公斤	270.91	285.34	90.41	95.47
产值合计	元	1539.93	1583.80	1562.14	1695.08
主产品产值	元	1530.52	1575.02	1263.13	1373.03
副产品产值	元	9.41	8.78	299.01	322.05
总成本	元	1523.11	1467.84	2381.83	2315.38
生产成本	元	1263.68	1224.32	2057.45	2022.41
物质与服务费用	元	494.05	492.14	399.95	401.49
人工成本	元	769.63	732.18	1657.50	1620.92
家庭用工折价	元	703.40	682.03	1657.50	1620.92
雇工费用	元	66.22	50.15		
土地成本	元	259.43	243.52	324.38	292.97
流转地租金	元	10.66	12.32	47.72	43.04
自营地折租	元	248.77	231.20	276.66	249.93
净利润	元	16.82	115.96	-819.69	-620.30
现金成本	元	570.93	554.61	447.67	444.53
现金收益	元	969.00	1029.19	1114.47	1250.55
成本利润率	%	1.10	7.90	-34.41	-26.79
二、每50公斤主产品					
平均出售价格	元	282.48	275.99	698.56	719.09
总成本	元	279.39	255.78	1065.11	982.23
生产成本	元	231.80	213.35	920.05	857.95
净利润	元	3.09	20.21	-366.55	-263.14
现金成本	元	104.73	96.65	200.19	188.58
现金收益	元	177.75	179.34	498.37	530.51
三、附记					
每亩用工数量	日	9.86	9.38	21.25	20.78
每亩主产品已出售数量	公斤	157.60	215.77	89.50	95.02
每亩主产品已出售产值	元	888.76	1183.98	1249.89	1366.81
商品率	%	81.22	84.86	99.35	100.00
商品已出售率	%	58.17	75.62	98.99	99.53
每亩补贴收入	元	61.00	58.70	199.13	223.69

1-5-1续3 种植业生产成本收益与劳动生产率

指 标	单位	苹 果		鸭 梨	
		2017年	2018年	2017年	2018年
一、每亩					
主产品产量	公斤	1889.20	1840.01	3345.25	2995.15
产值合计	元	5375.03	6960.89	5572.87	5586.25
主产品产值	元	5368.74	6946.50	5572.87	5586.25
副产品产值	元	6.29	14.39		
总成本	元	3802.90	3702.98	4783.91	4439.57
生产成本	元	3392.03	3415.35	4238.16	3845.84
物质与服务费用	元	992.85	1036.60	1477.86	1303.24
人工成本	元	2399.18	2378.75	2760.30	2542.60
家庭用工折价	元	1772.39	1754.53	2156.31	1921.45
雇工费用	元	626.79	624.22	603.99	621.15
土地成本	元	410.87	287.63	545.75	593.73
流转地租金	元	58.76	1.44	9.35	24.10
自营地折租	元	352.11	286.19	536.40	569.63
净利润	元	1572.13	3257.91	788.96	1146.68
现金成本	元	1678.40	1662.26	2091.20	1948.49
现金收益	元	3696.63	5298.63	3481.67	3637.76
成本利润率	%	41.34	87.98	16.49	25.83
二、每50公斤主产品					
平均出售价格	元	142.09	188.76	83.30	93.25
总成本	元	100.53	100.41	71.51	74.11
生产成本	元	89.67	92.61	63.35	64.20
净利润	元	41.56	88.35	11.79	19.14
现金成本	元	44.37	45.08	31.26	32.53
现金收益	元	97.72	143.68	52.04	60.72
三、附记					
每亩用工数量	日	30.28	30.63	35.69	30.88
每亩主产品已出售数量	公斤	1652.98	1802.34	3162.10	2897.93
每亩主产品已出售产值	元	4696.22	6808.19	5281.42	5419.55
商品率	%	98.96	98.58	98.99	98.53
商品已出售率	%	87.50	97.95	94.53	96.75
每亩补贴收入	元	20.03	35.93	79.89	68.46

1−5−2 种植业生产费用和用工

指 标	单位	河北粮食		小 麦		玉 米	
		2017年	2018年	2017年	2018年	2017年	2018年
一、每亩物质与服务费用	**元**	**526.29**	**518.41**	**486.74**	**488.71**	**352.65**	**364.73**
(一)直接费用	元	512.31	510.55	475.05	478.37	344.08	357.16
1.种子费	元	51.97	51.19	73.37	71.35	46.85	45.68
2.化肥费	元	145.31	152.28	149.24	157.40	106.10	114.90
3.农家肥费	元	21.26	18.06	34.61	30.13	28.18	24.05
4.农药费	元	28.66	29.76	15.82	17.21	16.38	16.92
5.农膜费	元	2.88	2.88			0.41	0.56
6.租赁作业费	元	255.53	250.11	197.87	198.50	141.75	150.66
机械作业费	元	171.71	179.46	132.37	140.11	113.63	122.06
排灌费	元	83.82	70.65	65.50	58.39	28.12	28.60
#水费	元	22.58	23.33	1.83	1.72	1.40	
畜力费	元						
7.燃料动力费	元						
8.技术服务费	元	0.42	0.63				
9.工具材料费	元	3.11	2.98	2.13	2.01	2.39	2.43
10.修理维护费	元	3.17	2.66	2.01	1.77	2.02	1.96
11.其他直接费用	元						
(二)间接费用	元	13.98	7.86	11.69	10.34	8.57	7.57
1.固定资产折旧	元	5.52	5.17	5.56	4.79	5.37	5.06
2.保险费	元	8.46	2.69	6.13	5.55	3.20	2.51
3.管理费	元						
4.财务费	元						
5.销售费	元						
二、每亩人工成本	**元**	**443.45**	**432.00**	**372.37**	**375.26**	**395.59**	**378.38**
1.家庭用工折价	元	392.34	375.96	372.37	375.26	387.66	372.14
家庭用工天数	日	5.03	4.82	4.77	4.81	4.97	4.77
劳动日工价	元	78.00	78.00	78.00	78.00	78.00	78.00
2.雇工费用	元	51.11	56.04			7.93	6.24
雇工天数	日	0.30	0.33			0.09	0.07
雇工工价	元	170.37	169.82	77.48	77.15	88.13	89.14
三、附记							
1.每亩种子用量	公斤	8.45	8.20	17.80	17.13	2.30	2.36
2.每亩化肥用量(折纯)	公斤	29.19	28.53	31.32	30.52	20.67	20.78
3.每亩农膜用量	公斤	0.25	0.23			0.03	0.04

注："河北粮食"为小麦、玉米、稻谷、谷子、大豆简单平均。

1－5－2续1 种植业生产费用和用工

指　　标	单位	粳　稻		谷　子		大　豆	
		2017年	2018年	2017年	2018年	2017年	2018年
一、每亩物质与服务费用	**元**	**739.44**	**701.76**	**190.62**	**208.42**	**251.32**	**223.27**
(一)直接费用	元	717.78	696.11	187.58	204.92	245.40	219.01
1.种子费	元	35.69	36.55	14.52	15.26	43.84	41.63
2.化肥费	元	180.59	184.53	55.86	76.13	93.97	69.31
3.农家肥费	元	0.98		35.45	31.11	5.90	7.60
4.农药费	元	53.78	55.15	9.39	11.64	10.02	13.28
5.农膜费	元	8.23	8.08				
6.租赁作业费	元	426.96	401.16	68.54	65.64	88.58	83.68
机械作业费	元	269.13	276.20	55.25	54.39	54.04	55.85
排灌费	元	157.83	124.96	13.29	2.11	34.54	27.83
#水费	元	64.50	68.27				
畜力费	元				9.14		
7.燃料动力费	元						
8.技术服务费	元	1.26	1.90				
9.工具材料费	元	4.80	4.49	2.16	3.55	1.48	2.07
10.修理维护费	元	5.49	4.25	1.66	1.59	1.61	1.44
11.其他直接费用	元						
(二)间接费用	元	21.66	5.65	3.04	3.50	5.92	4.26
1.固定资产折旧	元	5.62	5.65	3.04	3.50	5.92	4.26
2.保险费	元	16.04					
3.管理费	元						
4.财务费	元						
5.销售费	元						
二、每亩人工成本	**元**	**561.54**	**543.37**	**598.33**	**604.97**	**402.71**	**392.89**
1.家庭用工折价	元	416.13	381.50	592.02	597.25	402.71	392.89
家庭用工天数	日	5.34	4.89	7.59	7.66	5.16	5.04
劳动日工价	元	78.00	78.00	78.00	78.00	78.00	78.00
2.雇工费用	元	145.41	161.87	6.31	7.73		
雇工天数	日	0.81	0.91	0.06	0.05		
雇工工价	元	179.52	177.88	105.15	154.54	65.24	84.22
三、附记							
1.每亩种子用量	公斤	5.24	5.12	0.64	0.67	5.07	5.35
2.每亩化肥用量(折纯)	公斤	35.57	34.26	14.08	14.23	16.04	14.40
3.每亩农膜用量	公斤	0.73	0.66				

1-5-2续2　种植业生产费用和用工

指　　标	单位	花　生		棉　花	
		2017年	2018年	2017年	2018年
一、每亩物质与服务费用	**元**	**494.05**	**492.14**	**399.95**	**401.49**
(一)直接费用	元	488.32	486.54	392.79	396.00
1.种子费	元	202.81	193.01	48.61	46.81
2.化肥费	元	106.13	106.63	131.57	134.88
3.农家肥费	元	6.62	6.13		
4.农药费	元	19.15	20.68	68.60	73.94
5.农膜费	元	24.03	25.37	25.03	25.67
6.租赁作业费	元	124.48	129.60	113.87	110.67
机械作业费	元	98.66	103.19	71.83	70.46
排灌费	元	25.82	26.41	42.04	40.21
#水费	元				
畜力费	元				
7.燃料动力费	元				
8.技术服务费	元				
9.工具材料费	元	2.52	2.62	2.74	2.16
10.修理维护费	元	2.58	2.50	2.37	1.87
11.其他直接费用	元				
(二)间接费用	元	5.73	5.60	7.16	5.49
1.固定资产折旧	元	5.73	5.60	7.16	5.49
2.保险费	元				
3.管理费	元				
4.财务费	元				
5.销售费	元				
二、每亩人工成本	**元**	**769.63**	**732.18**	**1657.50**	**1620.92**
1.家庭用工折价	元	703.40	682.03	1657.50	1620.92
家庭用工天数	日	9.02	8.74	21.25	20.78
劳动日工价	元	78.00	78.00	78.00	78.00
2.雇工费用	元	66.22	50.15		
雇工天数	日	0.84	0.64		
雇工工价	元	78.84	78.36	68.47	72.29
三、附记					
1.每亩种子用量	公斤	17.47	17.46		
2.每亩化肥用量(折纯)	公斤	19.32	18.67	23.56	23.90
3.每亩农膜用量	公斤	1.73	1.89	2.22	2.23

1-5-2续3　种植业生产费用和用工

指　　标	单位	苹　果		鸭　梨	
		2017年	2018年	2017年	2018年
一、每亩物质与服务费用	**元**	**992.85**	**1036.60**	**1477.86**	**1303.24**
(一)直接费用	元	966.46	1017.63	1427.94	1265.97
1.种子费	元				
2.化肥费	元	350.81	389.61	351.78	286.04
3.农家肥费	元	121.17	137.53	21.43	58.93
4.农药费	元	243.99	235.63	387.73	343.23
5.农膜费	元				
6.租赁作业费	元	126.37	147.54	142.51	142.22
机械作业费	元	53.61	62.49	61.00	63.46
排灌费	元	72.76	85.05	81.51	78.76
#水费	元	5.13	6.45		
畜力费	元				
7.燃料动力费	元			41.33	17.18
8.技术服务费	元				
9.工具材料费	元	106.92	91.13	467.67	404.69
10.修理维护费	元	17.20	16.19	15.49	13.68
11.其他直接费用	元				
(二)间接费用	元	26.39	18.97	49.92	37.27
1.固定资产折旧	元	22.82	17.78	32.18	30.52
2.保险费	元				
3.管理费	元			0.27	
4.财务费	元				
5.销售费	元	3.57	1.19	17.47	6.75
二、每亩人工成本	**元**	**2399.18**	**2378.75**	**2760.30**	**2542.60**
1.家庭用工折价	元	1772.39	1754.53	2156.31	1921.45
家庭用工天数	日	22.72	22.49	27.65	24.63
劳动日工价	元	78.00	78.00	78.00	78.00
2.雇工费用	元	626.79	624.22	603.99	621.15
雇工天数	日	7.56	8.14	8.04	6.25
雇工工价	元	82.91	76.69	75.12	99.38
三、附记					
1.每亩种子用量	公斤				
2.每亩化肥用量(折纯)	公斤	61.79	60.43	61.61	49.49
3.每亩农膜用量	公斤				

1-5-3 种植业主要品种中间消耗(2018年)

指　　标	单位	小 麦	玉 米	棉 花	马铃薯	大 豆
一、调查县数	**个**	**32**	**36**	**6**	**5**	**12**
调查单位数	个	155	157	16	14	50
调查面积	亩	4084.69	6584.64	385.50	5265.20	91.07
二、每亩面积产量	**公斤**	**420.89**	**500.72**	**207.58**	**2019.77**	**124.63**
三、每亩中间消耗合计	**元**	**496.21**	**323.73**	**430.92**	**1109.89**	**150.28**
(一)物质消耗	元	337.30	217.30	373.85	1000.97	121.63
#种　子	元	78.37	45.16	41.39	360.26	40.19
占中耗比重(%)		15.79	13.95	9.60	32.46	26.74
肥　料	元	177.67	124.36	139.48	430.90	62.71
占中耗比重(%)		35.81	38.41	32.37	38.82	41.73
燃　料	元	2.79	1.92	18.92	35.04	2.32
农　膜	元		2.08	36.54	7.75	2.05
农　药	元	16.33	17.99	106.74	89.14	11.12
占中耗比重(%)		3.85	6.79	37.64	11.89	10.30
水电合计		61.37	25.30	30.77	27.71	2.80
占中耗比重(%)		12.37	7.82	7.14	2.50	1.86
水　费	元	0.55	0.29			
电　费	元	60.82	25.01	30.77	27.71	2.80
棚架材料费	元					
小农具	元	0.71	0.45		7.04	0.10
其　它	元	0.05	0.05		43.12	0.36
(二)生产服务支出	元	158.91	106.43	57.07	108.92	28.65
#修理费	元					
外雇运输费	元	1.22	0.85		30.88	
外雇排灌费	元	5.93	0.68			1.25
外雇机械作业费	元	150.96	104.33	57.07	78.04	27.40
技术咨询费	元					
上交管理费	元					
其它费	元	0.18	0.17			

1-5-4 养殖业主要品种中间消耗(2018年)

指　　标	单　位	生 猪	活 牛	牛 奶	鸡 蛋	肉 鸡	活 羊
一、调查县数	**个**	**13**	**12**	**5**	**5**	**4**	**11**
调查单位数	个	50	35	15	18	12	35
调查数量	头(只)	31353	1577			429900	5936
二、平均每头(只)毛重	**公斤**	**123.05**	**478.62**			**2.35**	**43.37**
三、每头(只)、公斤中间消耗合计	**元**	**1098.44**	**5472.06**	**15.25**	**5.90**	**15.25**	**364.33**
(一)物质消耗	元	1079.28	5431.18	14.74	5.78	14.74	349.84
#种　子	元	166.42	2313.89	1.91	0.03	1.91	69.71
占中耗比例(%)		15.15	42.29	12.50	0.55	12.50	19.13
饲料、饲草	元	881.32	3026.07	12.33	5.56	12.33	267.75
占中耗比例(%)		80.23	55.30	80.85	94.26	80.85	73.49
燃　料	元	7.11	11.07	0.10	0.01	0.10	
养殖用药	元	11.86	35.22	0.25	0.06	0.25	4.91
水　费	元	0.74	4.29	0.00	0.02	0.00	0.40
电　费	元	11.10	30.68	0.12	0.10	0.12	5.92
小农具	元	0.17	1.46	0.04		0.04	
其　它	元	0.56	8.11				0.03
(二)生产服务支出	元	19.16	40.88	0.51	0.12	0.51	14.49
#修理费	元						
外雇运输费	元	0.69	11.50				5.00
配种费	元	2.42	13.64				
防疫费	元	13.98	11.05	0.50	0.10	0.50	9.49
技术咨询费	元			0.01		0.01	
上交管理费	元						
其它费	元	0.43	4.70		0.02		

1-6-1 历年社会消费品零售总额和商品市场情况

年 份	社会消费品零售总额(亿元)	#农 村	亿元以上商品交易市场个数(个)	亿元以上商品市场成交额(万元)
1949	8.3			
1952	15.8			
1957	26.6			
1962	26.3			
1965	26.6			
1970	32.3			
1975	47.6			
1978	60.3	40.4		
1980	81.2	54.7		
1985	169.7	105.3		
1990	308.0	163.8		
1995	852.1	416.4		
1996	1022.1	509.0		
1997	1195.0	611.4		
1998	1332.6	706.6		
1999	1458.8	783.6		
2000	1613.9	864.4		
2001	1778.3	941.0		
2002	1968.3	1026.6		
2003	2177.9	1113.5		
2004	2576.4	1369.7		
2005	2969.5	1579.2		
2006	3435.7	1805.4		
2007	4053.8	2112.1		
2008	4991.1	2602.4		
2009	5764.9	3013.9		
2010	6821.8	1618.8		
2011	8035.5	1876.4	278	44305944
2012	9254.0	2152.6	268	47739831
2013	10516.7	2435.5	253	48745310
2014	11820.5	2566.5	244	51930114
2015	12990.7	2865.2	235	53656163
2016	14364.7	3169.0	224	55507063
2017	15907.6	3583.3	217	59180279
2018	16537.1	3877.3	200	58483147

注：自2010年起社会消费品零售总额按销售单位所在地分为城镇和乡村。

1-6-2 历年各种物价总指数

(上年=100)

年份	全省居民消费价格总指数	城市居民消费价格总指数	农村居民消费价格总指数	全省零售物价总指数	城市零售物价总指数	农村零售物价总指数	农产品生产价格总指数	农业生产资料价格指数
1952		101.2		102.8	101.2	102.8	102.6	111.3
1957		101.2		101.3	101.6	100.6	102.1	99.5
1962		100.1		100.4	100.1	101.8	92.2	100.9
1965		96.5		97.1	96.6	97.6	98.2	96.2
1970		99.7		99.6	99.7	99.5	99.7	99.7
1975		100.0		100.0	100.0	100.0	100.6	99.8
1978		100.2		99.8	100.2	99.8	106.1	99.0
1980		107.2		105.3	107.5	103.7	114.2	101.2
1985	106.8	108.9	105.7	106.8	109.2	105.5	112.2	104.9
1990	100.6	101.2	99.9	99.9	99.9	100.0	102.8	103.5
1995	115.2	116.1	114.8	115.8	115.2	116.6	128.5	120.9
1996	107.1	107.6	106.8	106.2	106.0	106.3	99.1	108.0
1997	103.5	103.7	103.4	102.1	102.0	102.1	93.3	104.3
1998	98.4	98.7	98.1	97.7	97.9	97.3	90.1	98.7
1999	98.1	98.7	97.6	97.8	98.0	97.7	86.0	97.5
2000	99.7	100.5	99.1	99.1	99.2	98.9	93.0	101.5
2001	100.5	100.4	100.6	99.8	99.4	100.2	103.3	100.2
2002	99.0	98.6	99.5	99.2	98.8	99.6	98.0	100.4
2003	102.2	102.3	102.0	100.2	100.1	100.4	107.5	99.8
2004	104.3	103.7	104.8	103.2	102.3	104.0	110.1	106.7
2005	101.8	101.4	102.2	101.1	101.0	101.2	102.5	106.8
2006	101.7	101.7	101.7	101.5	101.6	101.5	100.2	101.6
2007	104.7	104.3	105.1	104.1	103.5	104.6	116.2	106.9
2008	106.2	105.2	108.1	106.7	105.4	107.9	109.0	118.6
2009	99.3	98.8	100.3	99.0	98.9	99.1	99.7	100.6
2010	103.1	102.8	103.6	103.1	102.7	103.5	115.1	104.4
2011	105.7	105.3	106.5	105.0	104.7	106.0	110.9	112.6
2012	102.6	102.7	102.5	102.2	102.1	102.3	100.7	108.2
2013	103.0	102.7	103.5	102.2	102.1	102.5	105.1	101.1
2014	101.7	101.7	101.8	101.0	101.0	101.1	100.2	99.1
2015	100.9	101.1	100.5	100.2	100.3	100.0	97.5	99.8
2016	101.5	101.5	101.5	101.2	101.1	101.3	96.4	100.0
2017	101.7	101.9	101.4	101.4	101.2	102.2		101.0
2018	102.4	102.5	102.4	102.2	102.1	102.6		103.2

1-6-3 历年各种物价总指数

(1952年=100)

年 份	全省居民消费价格总指数	城市居民消费价格总指数	农村居民消费价格总指数	全省零售物价总指数	城市零售物价总指数	农村零售物价总指数
1957		105.5		106.3	106.3	106.0
1962		117.9		116.8	118.6	114.2
1965		95.1		101.0	93.8	106.7
1970		95.2		100.1	94.4	104.9
1975		95.8		98.3	95.0	101.6
1978		96.7		98.4	96.1	101.6
1980		105.4		105.1	105.0	106.5
1985	109.5	125.8	107.9	122.0	125.1	121.3
1990	175.6	200.1	175.5	194.2	197.1	195.2
1995	309.8	387.7	285.7	326.3	357.1	312.4
1996	331.8	417.2	305.1	346.5	378.5	332.1
1997	343.4	432.6	315.5	353.8	386.1	339.1
1998	337.9	427.0	309.5	345.7	378.0	329.9
1999	331.5	421.4	302.1	338.1	370.4	322.3
2000	330.5	423.5	299.4	335.1	367.4	318.8
2001	332.2	425.2	301.2	334.4	365.2	319.4
2002	328.9	419.2	299.7	331.7	360.8	318.1
2003	336.1	428.8	305.7	332.4	361.2	319.4
2004	350.6	444.7	320.4	343.0	369.5	332.2
2005	356.9	450.9	327.4	346.8	373.2	336.2
2006	363.0	458.6	333.0	352.0	379.2	341.2
2007	380.0	490.9	349.9	375.7	399.6	368.1
2008	403.5	516.4	378.4	401.0	421.3	397.3
2009	400.8	510.3	379.7	396.9	416.5	393.7
2010	413.1	524.7	393.4	409.2	427.7	407.4
2011	436.7	552.5	418.9	429.7	447.9	431.6
2012	448.1	567.3	429.4	439.0	457.4	441.5
2013	461.4	582.7	444.3	448.6	466.9	452.7
2014	469.3	592.6	452.1	453.1	471.4	457.8
2015	473.6	598.9	454.3	454.1	472.8	457.9
2016	480.8	607.9	461.1	459.6	478.0	463.8
2017	489.1	619.3	467.8	466.1	483.6	474.1
2018	501.1	634.6	479.2	476.3	493.6	486.3

注：1.从1994年开始，“零售物价总指数”中不再包括“农业生产资料”。
2.表中全省和农村居民消费价格总指数是以1983年为100。

1-6-4 居民消费价格分类指数

(上年=100)

指标	全省		城市		农村	
	2017年	2018年	2017年	2018年	2017年	2018年
居民消费价格总指数	**101.7**	**102.4**	**101.9**	**102.5**	**101.4**	**102.4**
一、食品烟酒	**99.3**	**102.0**	**99.3**	**102.0**	**99.2**	**101.9**
1.食品	98.7	102.2	98.6	102.2	98.8	102.2
(1)粮食	101.7	99.9	100.9	99.7	102.5	100.1
(2)薯类	96.0	110.2	94.4	110.7	99.3	109.2
(3)豆类	99.9	101.0	100.0	100.8	99.8	101.4
(4)食用油	99.9	99.5	99.0	100.0	100.9	98.8
(5)菜	91.7	108.5	91.9	107.8	91.4	109.9
(6)畜肉类	95.7	95.9	96.6	96.3	94.1	95.1
(7)禽肉类	99.3	103.9	100.6	103.9	96.4	104.0
(8)水产品	105.2	103.2	105.4	103.2	104.6	103.1
(9)蛋类	95.6	112.9	94.7	111.5	96.9	114.8
(10)奶类	98.8	100.6	98.7	100.5	98.9	100.7
(11)干鲜瓜果类	103.0	106.3	101.8	105.9	106.0	107.3
(12)糖果糕点类	102.0	102.2	102.4	102.2	101.2	102.4
(13)调味品	103.1	102.6	103.7	102.7	102.1	102.4
(14)其他食品类	100.3	102.4	100.1	102.1	100.6	102.8
2.茶及饮料	101.1	102.5	101.5	102.3	100.1	102.8
3.烟酒	99.9	100.4	100.1	99.6	99.7	101.1
4.在外餐饮	101.2	101.9	101.3	102.1	101.1	101.3
二、衣着	**101.4**	**101.7**	**101.5**	**101.7**	**101.2**	**101.8**
1.服装	101.7	102.4	101.8	102.5	101.5	102.4
2.服装材料	99.9	100.9	99.5	100.7	100.5	101.1
3.其他衣着及配件	101.3	100.7	101.8	101.0	99.7	99.7
4.衣着加工服务费	104.0	102.8	104.7	102.1	102.4	104.5
5.鞋类	100.4	99.8	100.4	99.6	100.5	100.3
三、居住	**103.0**	**102.5**	**103.0**	**101.9**	**103.2**	**103.7**
1.租赁房房租	103.1	100.8	103.3	100.9	101.0	100.8
2.住房保养维修及管理	101.4	102.0	100.8	103.2	101.9	101.1
3.水电燃料	103.8	106.0	102.2	103.7	106.2	109.6
4.自有住房	103.1	101.1	103.6	101.1	101.8	101.1
四、生活用品及服务	**100.8**	**101.7**	**100.7**	**101.8**	**100.9**	**101.4**
1.家具及室内装饰品	102.1	103.3	102.0	103.7	102.3	102.4
2.家用器具	100.6	101.2	100.7	101.6	100.3	100.4
3.家用纺织品	99.8	100.3	99.7	100.3	99.9	100.3
4.家庭日用杂品	100.3	101.3	100.0	101.2	101.0	101.5
5.个人护理用品	101.2	101.5	101.2	101.7	101.3	100.8
6.家庭服务	101.4	104.3	101.6	103.8	100.8	105.5
五、交通和通信	**100.4**	**100.4**	**100.5**	**100.3**	**100.3**	**100.5**
1.交通	100.7	101.6	100.8	101.6	100.6	101.7
2.通信	99.8	98.0	100.0	97.9	99.6	98.3
六、教育文化和娱乐	**101.6**	**102.4**	**101.3**	**102.4**	**102.2**	**102.3**
1.教育	102.3	102.7	102.0	102.8	102.7	102.7
2.文化娱乐	100.4	101.7	100.3	101.9	100.5	100.9
七、医疗保健	**106.9**	**107.4**	**108.5**	**109.2**	**104.4**	**104.4**
1.药品及医疗器具	108.7	107.3	107.5	106.6	111.2	108.7
2.医疗服务	105.7	107.5	109.2	111.1	101.0	102.0
八、其他用品和服务	**110.1**	**102.5**	**111.9**	**101.9**	**106.3**	**103.6**
1.其他用品类	101.8	100.0	101.8	100.1	101.8	99.8
2.其他服务类	116.9	104.3	120.2	103.2	110.2	106.6

1-6-5 商品零售价格分类指数

(上年=100)

指　　标	全　　省		城　　市		农　　村	
	2017年	2018年	2017年	2018年	2017年	2018年
商品零售价格指数	**101.4**	**102.2**	**101.2**	**102.1**	**102.2**	**102.6**
一、食品	**99.0**	**102.2**	**99.0**	**102.2**	**99.0**	**102.1**
1.粮食	101.6	100.0	100.8	99.8	103.0	100.4
2.薯类	96.1	109.7	95.2	110.0	99.0	108.8
3.豆类	100.3	100.7	100.1	100.6	100.7	101.0
4.食用油	99.9	99.8	99.3	100.2	101.2	99.0
5.菜	91.8	107.6	91.8	107.7	91.7	107.3
6.畜肉类	95.8	96.0	96.3	96.3	94.1	95.1
7.禽肉类	99.3	104.8	99.8	104.6	97.3	105.6
8.水产品	105.5	103.6	105.8	103.7	104.2	103.0
9.蛋类	95.1	112.0	94.6	110.8	96.5	114.8
10.奶类	99.2	100.7	99.2	100.6	99.5	100.8
11.干鲜瓜果类	102.2	106.6	101.5	106.5	105.3	107.0
12.糖果糕点类	102.0	102.0	102.1	102.1	101.5	102.0
13.调味品	102.6	102.5	103.0	102.6	101.6	102.4
14.其他食品类	100.3	102.0	100.2	101.5	100.7	103.2
15.在外餐饮	101.4	102.2	101.5	102.1	101.2	102.5
二、饮料、烟酒	**100.0**	**100.5**	**100.1**	**100.2**	**99.7**	**101.6**
1.茶及饮料	101.0	102.9	101.2	102.9	99.7	103.0
2.烟草	99.0	99.9	99.2	99.6	98.8	100.5
3.酒类	100.7	100.1	100.7	99.1	100.9	102.5
三、服装、鞋帽	**101.2**	**101.6**	**101.3**	**101.7**	**100.9**	**101.2**
1.服装	101.7	102.4	101.7	102.5	101.4	102.0
2.鞋帽袜	100.0	99.6	100.1	99.6	99.8	99.4
3.其他衣着配件	101.4	100.8	101.5	100.9	101.1	100.1
四、纺织品	**99.9**	**100.6**	**99.9**	**100.5**	**100.1**	**100.8**
1.服装材料	100.3	100.9	99.9	100.5	101.3	102.0
2.床上用品	99.9	100.5	99.9	100.5	99.8	100.6
五、家用电器及音像器材	**99.7**	**100.6**	**99.6**	**100.7**	**100.1**	**100.3**
1.家庭设备	100.6	101.3	100.7	101.5	100.3	100.7
2.文娱用耐用消费品	97.7	99.2	97.1	99.1	99.7	99.5
3.专业音像器材	98.0	98.5	97.9	98.4	98.2	98.7

1—6—5续　商品零售价格分类指数

(上年=100)

指　　标	全　省		城　市		农　村	
	2017年	2018年	2017年	2018年	2017年	2018年
六、文化办公用品	**99.2**	**100.1**	**99.0**	**99.7**	**99.8**	**101.5**
七、日用品	**100.5**	**101.4**	**100.5**	**101.5**	**100.6**	**101.2**
1.日用百货	99.5	101.3	99.4	101.3	99.7	101.2
2.厨具餐具茶具	100.7	102.5	100.5	103.1	101.2	100.7
3.清洗用品	101.1	102.3	101.1	102.3	101.4	102.3
4.其他日用品	101.3	100.7	101.4	100.7	101.0	100.7
八、体育娱乐用品	**100.2**	**101.2**	**99.8**	**100.9**	**101.8**	**101.9**
1.体育户外用品	100.5	100.9	99.9	100.9	103.3	100.7
2.娱乐用品	100.2	101.2	99.7	100.9	101.5	102.0
九、交通、通信用品	**97.9**	**97.1**	**98.0**	**97.4**	**97.3**	**96.1**
1.交通运输机械	96.9	97.9	97.1	98.2	96.2	96.5
2.通信器材	100.0	95.3	100.5	95.3	98.9	95.4
十、家具	**102.4**	**103.5**	**102.2**	**103.8**	**103.1**	**102.1**
十一、化妆品	**101.6**	**101.5**	**101.7**	**101.7**	**101.1**	**100.8**
十二、金银饰品	**102.3**	**98.6**	**102.2**	**98.6**	**102.9**	**98.6**
十三、中西药品及医疗保健用品	**109.0**	**107.3**	**107.6**	**106.7**	**113.3**	**109.0**
1.医疗卫生器具	103.7	100.6	99.0	100.1	108.7	101.0
2.中药	107.0	106.2	104.7	105.1	113.1	108.8
3.西药	111.0	109.1	109.7	108.9	114.4	109.8
4.保健器具及用品	104.0	101.1	104.1	100.9	103.0	103.8
十四、书报杂志及电子出版物	**105.2**	**105.3**	**105.8**	**105.6**	**103.2**	**104.4**
1.教材及参考书	101.6	103.2	101.7	102.7	101.5	104.8
2.书报杂志	106.5	107.8	107.7	109.1	101.6	102.5
3.计算机办公软件	114.1	106.5	114.2	106.5	113.7	106.5
十五、燃料	**113.0**	**112.5**	**111.1**	**111.6**	**119.0**	**115.3**
1.煤炭及制品	130.7	117.4	129.1	116.3	132.7	118.8
2.石油及制品	107.1	110.5	107.2	110.4	106.6	111.3
十六、建筑材料及五金电料	**100.6**	**101.1**	**100.5**	**101.2**	**100.9**	**100.8**
1.建筑装璜材料	100.6	101.4	100.5	101.6	100.8	100.7
2.五金水暖	100.6	100.4	100.4	100.1	101.3	101.1

1-6-6　农业生产资料价格分类指数

(上年=100)

年　份	农业生产资料价格指数	一、农用手工工具	二、饲　料	三、产品畜	四、半机械化农具	五、机械化农具
1995	120.9	115.1	144.8	123.6	108.9	115.8
1996	108.0	113.5	110.6	97.5	106.9	105.7
1997	104.3	115.8	92.2	143.8	102.5	100.0
1998	98.7	101.2	98.1	95.8	100.2	99.1
1999	97.5	99.3	101.7	82.6	99.9	96.6
2000	101.5	98.8	96.2	113.5	99.1	97.7
2001	100.2	101.2	104.7	104.2	99.0	98.6
2002	100.4	103.0	99.6	103.4	98.2	98.3
2003	99.8	99.8	101.6	101.3	94.8	97.8
2004	106.7	99.6	110.7	124.4	99.7	99.1
2005	106.8	100.5	99.2	106.2	99.9	101.3
2006	101.6	100.8	100.0	83.2	99.9	100.5
2007	106.9	100.1	107.6	140.6	100.4	101.0
2008	118.6	112.2	120.7	135.6	106.2	107.2
2009	100.6	104.9	100.5	89.1	100.8	102.2
2010	104.4	105.0	108.2	105.0	99.9	101.8
2011	112.6	105.1	108.4	153.6	108.2	111.1
2012	108.2	105.4	106.5	110.9	107.3	106.7
2013	101.1	100.2	104.0	102.1	101.0	101.0
2014	99.1	99.6	104.3	95.0	98.6	100.8
2015	99.8	100.0	99.3	104.4	100.0	100.4
2016	100.0	99.9	96.0	133.5	100.3	100.6
2017	101.0	100.7	99.6	101.0	102.0	100.2
2018	103.2	100.8	103.6	89.6	101.7	100.7

注：2016年第三大类“产品畜”改为“仔畜幼禽及产品畜”

1-6-6续　农业生产资料价格分类指数

(上年=100)

年　份	六、化学肥料	七、农药及农药械	八、农用机油	九、其他农业生产资料	十、农业生产服　务
1995	129.5	119.1	103.8	119.0	
1996	109.9	112.0	107.0	109.2	
1997	92.3	97.5	119.0	99.4	
1998	94.4	96.0	99.7	102.2	
1999	96.6	98.1	101.8	98.5	
2000	95.0	97.7	120.3	97.8	
2001	100.3	96.9	99.7	99.4	
2002	101.6	97.8	98.4	108.0	
2003	100.8	98.5	109.7	85.9	
2004	106.4	102.9	110.8	106.6	
2005	112.0	101.2	116.6	108.6	
2006	101.0	100.4	115.1	107.7	110.4
2007	101.6	100.6	105.1	104.5	108.2
2008	121.2	104.3	116.9	110.9	115.7
2009	101.2	100.7	90.2	100.0	111.2
2010	100.2	97.6	115.2	108.0	103.1
2011	111.8	105.0	113.4	113.0	107.4
2012	108.5	107.3	106.2	111.1	110.0
2013	95.3	103.2	100.8	102.8	104.8
2014	91.6	101.7	98.6	102.8	101.2
2015	101.4	99.6	86.4	99.1	100.5
2016	98.3	98.6	98.4	99.4	100.3
2017	102.4	100.9	107.8	100.5	100.1
2018	108.4	105.2	111.2	101.8	100.2

1—6—7 主要农产品生产价格及指数

指　　标	单　位	2018年生产价格	生产价格指数(以上年为100)	
			2017年	2018年
农产品生产价格指数			**96.19**	**104.65**
一、农业产品			**98.79**	**104.49**
(一)谷　物	元/公斤		101.80	103.09
稻　谷	元/公斤			
小　麦	元/公斤	2.35	103.42	97.92
玉　米	元/公斤	1.71	100.63	106.85
谷　子	元/公斤			
高　粱	元/公斤			
(二)薯　类	元/公斤		100.26	97.28
马铃薯	元/公斤	0.98	100.26	97.28
(三)油　料	元/公斤		88.30	85.51
花　生	元/公斤	4.63	88.30	85.51
油菜籽	元/公斤			
葵花籽	元/公斤			
芝　麻	元/公斤			
(四)豆　类	元/公斤		104.07	93.37
大　豆	元/公斤		104.07	93.37
绿　豆	元/公斤			
(五)棉　花	元/公斤		97.75	97.39
籽　棉	元/公斤	6.58	97.75	97.39
(六)蔬菜及食用菌	元/公斤		92.11	106.50
1.蔬　菜	元/公斤		91.95	106.71
叶菜类蔬菜	元/公斤		81.24	121.45
芹　菜	元/公斤	2.58	85.03	142.56
油　菜	元/公斤	2.22	83.97	118.64
菠　菜	元/公斤			
白菜类蔬菜	元/公斤		101.19	92.19
大白菜	元/公斤	0.88	101.19	92.19
甘蓝类蔬菜	元/公斤		71.12	138.72
结球甘蓝	元/公斤	1.35	71.12	138.72
花椰菜	元/公斤			
根茎类蔬菜	元/公斤		95.36	95.10
白萝卜	元/公斤	1.06	95.36	95.10
胡萝卜	元/公斤			
瓜菜类蔬菜	元/公斤		95.16	116.41
黄　瓜	元/公斤	2.61	94.90	117.15
冬　瓜	元/公斤		106.17	
西葫芦	元/公斤	2.15	97.89	108.72
豆类蔬菜	元/公斤		110.43	101.54
四季豆	元/公斤	4.39	110.43	101.54

1-6-7续1　主要农产品生产价格及指数

指　　标	单　位	2018年 生产价格	生产价格指数(以上年为100)	
			2017年	2018年
茄果类蔬菜	元/公斤		92.78	96.36
茄　子	元/公斤	2.69	82.67	110.00
青　椒	元/公斤		95.84	
西红柿	元/公斤	2.21	97.89	88.43
葱蒜类蔬菜	元/公斤		87.49	92.05
大　葱	元/公斤	1.85	83.38	81.59
蒜　苔	元/公斤			
蒜　头	元/公斤	3.27	92.28	91.66
韭　菜	元/公斤	2.73	90.32	104.39
2.食用菌	元/公斤		95.66	101.84
平　菇	元/公斤	5.06	91.12	101.86
香　菇	元/公斤	8.94	106.28	101.79
其他食用菌	元/公斤	3.80		
(七)水果及坚果	元/公斤		103.06	114.30
1.水果（园林水果）	元/公斤		102.92	114.87
苹　果	元/公斤		106.61	116.21
红富士苹果	元/公斤	5.03	106.61	116.21
梨	元/公斤		102.22	119.87
雪花梨	元/公斤	1.67	110.34	92.17
鸭　梨	元/公斤	2.85	94.50	148.09
葡　萄	元/公斤			
巨峰葡萄	元/公斤			
玫瑰香葡萄	元/公斤			
瓜类水果	元/公斤			
西　瓜	元/公斤			
伊利沙白瓜	元/公斤			
其他水果	元/公斤		101.31	108.11
枣	元/公斤	4.83	101.31	108.11
柿　子	元/公斤			
桃	元/公斤			
杏	元/公斤			
草　莓	元/公斤			
2.食用坚果	元/公斤		106.18	101.97
核　桃	元/公斤	20.40	96.87	99.43
栗　子	元/公斤		112.17	103.60
板　栗	元/公斤	14.10	112.17	103.60
(八)香料原料	元/公斤		91.66	110.85
调味香料	元/公斤		91.66	110.85
花　椒	元/公斤	67.90	91.66	110.85

1—6—7续2　主要农产品生产价格及指数

指　　标	单　位	2018年 生产价格	生产价格指数(以上年为100)	
			2017年	2018年
二、林业产品			**109.50**	**100.53**
(一)育种和育苗			109.50	100.53
苗木类	元/株		109.50	100.53
针叶乔木苗类	元/株	322.30	111.03	100.64
阔叶乔木苗类	元/株		100.00	100.00
(二)木材采伐产品	元/立方米			
1.原　木	元/立方米			
非针叶原木	元/立方米			
杨树原木	元/立方米			
2.薪　材	元/立方米			
三、饲养动物及其产品	**元/公斤**		**90.63**	**104.62**
(一)活牲畜	元/公斤		94.00	91.91
猪	元/公斤	12.27	83.14	83.98
牛	元/公斤	24.65	106.46	103.31
羊	元/公斤	22.27	120.85	109.70
(二)活家禽	元/公斤		87.40	110.96
活　鸡	元/公斤	8.40	87.40	110.96
(三)畜禽产品	元/公斤		86.91	119.84
1.生　奶	元/公斤	3.20	100.16	102.56
2.禽　蛋	元/公斤		82.23	125.06
鸡　蛋	元/公斤	8.95	82.23	125.06
鸭　蛋	元/公斤			
3.动物毛类	元/公斤		124.12	115.67
绵羊毛	元/公斤	8.66	124.12	115.67
四、渔业产品	**元/公斤**		**103.19**	**109.85**
(一)海水养殖产品	元/公斤			
1.海水养殖虾	元/公斤			
海水养殖中国对虾	元/公斤			
其他海水养殖海虾	元/公斤			
2.海水养殖蟹	元/公斤			
海水养殖梭子蟹	元/公斤			
3.海水养殖贝类	元/公斤			
海水养殖扇贝	元/公斤			
海水养殖蛤	元/公斤			
(二)淡水养殖产品	元/公斤		103.19	109.85
养殖淡水鱼	元/公斤		103.19	109.85
养殖淡水鲤鱼	元/公斤	11.08	97.13	112.71
养殖淡水草鱼	元/公斤	12.42	121.54	101.18
养殖淡水鲢鱼	元/公斤			
养殖淡水鲫鱼	元/公斤			

1-7-1 石家庄海关出口农副产品及加工品数量

指　　标	单 位	2010年	2015年	2017年	2018年
肉及杂碎	吨	6597	12573	13798	13917
牛　肉	吨	138	50		
冻　鸡	吨	347	3914	5118	6034
水海产品	吨	22056	46610	36533	30337
活　鱼	吨	237	394	375	159
冻鱼、冻鱼片	吨	792	1267	786	619
鲜、冻对虾	吨	30	0	1.2	
冻虾仁	吨	214	82	121	21
粮　食	吨	69037	69730	68632	57999
谷物及谷物粉	吨	3104	3668	3502	2885
玉　米	吨	2	25	123	156
淀粉块茎及薯类	吨		620	158	936
豆　类	吨		65442	64973	54177
蔬　菜	吨	93736	115996	132173	142978
鲜或冷藏蔬菜	吨	43518	55648	61271	68008
干的食用菌类	吨	126	128	124	80
鲜、干水果及坚果	吨	122492	120179	202623	191564
橘、橙	吨	275			
苹　果	吨	3832	894	935	583
梨	吨	100362	105220	187953	178534
乳品	吨		133	123	162
果蔬汁	吨	9309	15232	20828	17877
食用油籽	吨	11522	3975	3497	2086
大　豆	吨	936	2779	2280	872
花生、花生仁	吨	7306	762	751	708
食用植物油(包括棕榈油)	吨	3038	1495	1336	202
豆　油	吨	54	137	118	95
烘焙花生	吨	1445	4081	2762	1904
天然蜂蜜	吨	792	102	41	
茶　叶	吨		101	5	
辣椒干	吨	1726	1675	1514	1624
猪肉罐头	吨		1		
番茄酱	吨	56	28012	19579	26611
蘑菇罐头	吨	1669	1420	347	315
啤　酒	升		20909	41701	
肠　衣	吨	3947	6800	7082	5866
填充用羽毛；羽绒	吨	6	5	14	
药　材	吨	5726	3304	3881	3582
锯　材	立方米	660	12（吨）	127(吨）	89(吨）
山羊绒	吨	1014	1628	1932	2074

注：2015年、2016年，锯材计量单位“立方米”改为“吨”。

1-7-2 石家庄海关出口农副产品及加工品金额

单位：万美元

指标	2010年	2015年	2017年	2018年	2018年比上年增减(%)
农产品	122770.7	165557.3	149993.3	160528.0	7.0
肉及杂碎	10494.3	13867.0	16016.6	16621.0	3.8
牛　肉	73.4	55.0			
冻　鸡	69.7	1282.4	1395.9	1539.0	10.2
水海产品	12073.6	45255.0	24109.0	23900.3	-0.9
活　鱼	255.1	611.8	498.4	237.4	-52.4
冻鱼、冻鱼片	364.2	899.4	530.0	332.2	-37.3
鲜、冻对虾	13.5		1.0	.	.
冻虾仁	127.4	62.0	102.7	19.9	-80.6
粮　食	6733.6	8406.0	6753.8	5916.3	-12.4
谷物及谷物粉	161.1	315.3	218.4	196.8	-9.9
玉　米	0.2	2.3	12.0	13.7	13.7
淀粉块茎及薯类		84.8	30.3	29.2	-3.6
豆　类		8006.0	6505.1	5690.4	-12.5
蔬　菜	8312.9	11050.7	12849.9	14648.1	14.0
鲜或冷藏蔬菜	2645.1	3340.9	3235.8	5471.9	69.1
干的食用菌类	139.1	96.7	128.1	125.9	-1.7
鲜、干水果及坚果	9301.6	12935.1	16757.0	15293.0	-8.7
橘、橙	12.5				
苹　果	307.9	89.7	81.3	55.8	-31.3
梨	4934.2	8296.3	12401.5	11499.9	-7.3
乳品		15.5	111.1	125.6	13.1
果蔬汁	892.6	1854.7	2066.5	1923.8	-6.9
食用油籽	1323.3	560.8	340.7	207.4	-39.1
大　豆	84.5	385.0	200.7	76.2	-62.0
花生、花生仁	872.0	119.3	93.8	76.6	-18.4
食用植物油(包括棕榈油)	362.4	137.6	138.5	22.7	-83.6
豆　油	7.0	16.5	14.6	14.0	-4.3
花生油					
烘焙花生	225.0	897.8	526.3	339.3	-35.5
天然蜂蜜	129.4	18.6	8.2		
茶　叶		329.8	17.5		
辣椒干	560.7	609.5	469.1	465.0	-0.9
猪肉罐头		1.8			
番茄酱	4.3	2925.7	1777.9	2214.0	24.5
蘑菇罐头	238.2	315.6	103.5	103.5	
啤　酒		1.5	2.8		-99.7
肠　衣	9407.3	11535.5	13501.6	13448.7	-0.4
填充用羽毛；羽绒	13.9	4.1	2.4		
药　材	2182.0	1774.4	2183.1	2762.7	26.6
锯　材	53.5	4.9	17.5	22.3	27.1
山羊绒	6734.6	11264.4	10401.9	12862.8	23.7

1－7－3 石家庄海关进口农副产品及加工品数量

指　　标	单位	2010年	2015年	2017年	2018年
冻　鱼	吨	571	64	1241	3978
鲜、干水果及坚果	吨	57441	1914	11401	17505
香　蕉	吨	56136		9451	14481
乳　品	吨		4565	8043	10771
粮　食	吨	3089461	3969551	5985574	5187226
谷物及谷物粉	吨	80383	171152	265117	322351
小　麦	吨	8732	12595	9833	24414
大　麦	吨	71651	136665	216758	249756
稻谷和大米	吨		513	1792	1815
大　豆	吨	3002514	3763921	5713960	4847250
食用植物油	吨	84432	40269	9472	18291
豆油			2913	705	5259
花生油					
橄榄油	吨	11	54	12	29
棕榈油	吨	74722	35502	7339	2210
菜子油和芥子油#				1064	7028
食　糖	吨	2856	4354	9677	15852
酒　类	千　升	46247	33690	22473	31082
啤　酒	千　升	93	518	578	847
葡萄酒	千　升	46152	33170	21857	30225
饲料用鱼粉	吨	2	185		
豆饼、豆粕	吨		50917	41082	
天然橡胶(包括胶乳)	吨	6695	60086	47908	59375
合成橡胶(包括胶乳)	吨	19981	24035	31748	27860
原　木	立方米	37863	29970（吨）	224173(吨)	324662(吨)
锯　材	立方米	125657	10543（吨）	21132(吨)	46939(吨)
纸　浆	吨	55648	269964	233126	277020
羊　毛	吨	3778	2368	8587	11790
棉　花	吨	68685	4793	9681	29421
肥　料	吨		139043	68453	46516
矿物肥料及化肥	吨		139043	68453	46515
氯化钾	吨		139042	59452	46515

注：2015年、2016年，原木、锯材计量单位“立方米”改为“吨”。

1-7-4 石家庄海关进口农副产品及加工品金额

单位：万美元

指　　标	2010年	2015年	2017年	2018年	2018年比上年增减(%)
农产品	216221.1	257531.0	347582.5	344103.2	-0.7
冻　鱼	60.6	6.9	151.0	836.4	453.9
鲜、干水果及坚果	2826.0	807.0	1157.7	1810.7	56.4
香蕉（包括芭蕉）	2440.4		532.8	1065.5	100.0
乳 品		1789.4	3049.1	2607.8	-14.5
粮　食	138385.0	163379.9	247034.7	224180.9	-8.8
谷物及谷物粉	1799.5	5028.5	6102.1	8251.0	35.2
小　麦	217.8	373.3	271.0	591.5	118.3
大　麦	1581.8	3924.0	4857.4	6453.6	32.9
稻谷和大米		34.2	91.8	103.2	12.3
大　豆	136362.9	157186.6	240418.2	214497.7	-10.3
食用植物油	7101.0	2712.3	678.0	1461.3	115.5
豆油		257.6	57.5	402.8	600.1
花生油					
橄榄油	9.2	29.5	4.7	16.9	255.7
棕榈油	6242.3	2193.3	494.7	147.0	-70.3
菜子油和芥子油#			84.2	574.4	582.4
食　糖	203.7	181.7	472.6	634.3	34.2
酒　类	3784.3	2141.1	2957.3	5033.6	70.2
啤　酒	6.6	26.0	40.4	64.8	60.2
葡萄酒	3775.4	2113.2	2909.1	4962.0	70.6
饲料用鱼粉	1.9	15.8			
豆饼、豆粕		3327.2	2071.1		
天然橡胶(包括胶乳)	1584.1	6236.5	6490.5	6467.2	-0.4
合成橡胶(包括胶乳)	3250.8	2998.1	3810.7	3433.9	-9.9
原　木	436.3	637.8	4035.0	5846.0	44.8
锯　材	2515.0	791.1	1640.4	2351.5	43.4
纸　浆	7988.9	20267.1	17840.5	24114.6	35.2
羊　毛	611.2	585.4	1283.3	2179.0	69.8
棉　花	14339.3	1001.2	1988.0	5846.6	194.1
肥　料	0.5	4410.9	1592.5	1220.4	-23.4
#矿物肥料及化肥		4410.9	1592.5	1219.6	-23.4
#氯化钾		4410.4	1260.4	1219.5	-3.2

1-8-1 河北省农业综合开发情况

指　　标	单　位	完成情况		
		2015年	2017年	2018年
一、总投资	**万元**	**349735.9**	**304612.82**	**305840.0**
1.财政资金	万元	261207	277891	294108
2.自筹资金	万元	69474.8	26721.82	11732.0
3.银行贷款	万元	10000	220000	240000.9
4.其他资金	万元	9054.1	16500	12000
二、土地治理项目	**万亩**	**153.6**	**69.52**	**89.8**
1.投入资金	万元	195013.2	74262	53647.1
2.高标准农田建设项目	万亩	130.1	49.39	80.72
主要工程：				
拦河坝	座	10		
排灌站	座	293	68	180
机电井	眼	10867	5379	6905
衬砌渠道	公里	189.9	30.91	175.328
渠系建筑物	座	12153	3464	4876
喷灌	亩	103399	8223.77	34690.63
微灌	亩	38575	400	6338.4
改良土壤	万亩	29.5	2.33	0.65
建设良种晒场	平方米	600		
田间干道	公里	1594.7	648.42	
田间支路	公里	634	182.59	
造林	万亩	2.7	1.12	1.2
苗圃	亩	1300		
技术培训	人次	1550	3650	4570
仪器设备	台（件）	29		
示范推广	万亩	41.6	14.58	12.9
3.生态综合治理项目	万亩	23.5	20.13	9.0
其他：小流域治理项目	万亩	21.8	19.28	
主要工程：				
拦河坝	座	21	6	10
排灌站	座	89	78	48
机电井	眼	589	179	10
输变电线路配套	公里	114.2	81.21	0.9
衬砌渠道	公里	22.4	11.06	2.0
埋设管道	公里	944.1	821.06	349.5
渠系建筑物	座	119	55	23
喷灌	亩	1700	200	910
微灌	亩	19320	6583	180
小型蓄排水工程	座	1246	859	11
谷坊	座	5		
溪流护岸	公里	1.68		
改良土壤	万亩	1.27	0.32	0.1
机耕路（牧区机耕道）	公里	293.9	210.45	
梯田埂	公里	414.7	113	30
造林	万亩	3.9	3	1.6
技术培训	人次	4425	2825	660
购置仪器设备	台	6		
示范推广	万亩	0.8	1.1	

1-9-1　农垦系统国有农牧场基本情况

指　标	单　位	2005年	2010年	2015年	2016年	2017年	2018年	2018年比上年增减(%)
一、农场数	**个**	**30**	**32**	**33**	**33**	**33**	**33**	
二、农场人口及职工								
总人口	人	397033	422544	459210	462635	421873	420874	-0.24
职工人数	人	85212	71138	66068	66674	62539	57425	-8.18
三、土地总面积	**公顷**	**352607**	**354669**	**393149**	**393146**	**387607**	**384934**	**-0.69**
耕地面积	公顷	80297	89095	97763	96726	92756	95797	3.28
牧草地面积	公顷	70062	77909	94430	93091	97720	95075	-2.71
#已利用	公顷	52126	51891	63911	61944	64599		
林地面积	公顷	89785	83774	79527	76156	73966	74111	0.20
水面面积	公顷	48663	36939	26702	26464	28824	29876	3.65
#养殖面积	公顷	15156	13042	18277	18488	18269		
茶果桑园面积	公顷	2913	1964	1589	1552	1901	2029	6.73
四、农用机械总动力	**千瓦**	**508748**	**898694**	**1194250**	**1162683**	**1049925**	**1085079**	**3.35**
大中型农用拖拉机	台	1046	2586	4749	6229	4791	4274	-10.79
小型及手扶拖拉机	台	17147	22672	23186	20856	16924	16068	-5.06
联合收割机	台	202	348	806	952	764	762	-0.26
农用化肥施用量	吨	21559	24185	33443	35289	51885	64838	24.96
农场用电量	万千瓦小时	69732	99125	206115	482628	409549	207857	-49.25
五、生产总值	**万元**	**681963**	**2287295**	**4556503**	**4868212**	**4889130**	**5311558**	**8.64**
#第一产业增加值	万元	174177	322098	478212	521664	518297	577772	11.48
第二产业增加值	万元	324760	1383855	2350858	2485572	2585506	2718426	5.14
第三产业增加值	万元	183026	581342	1727433	1860976	1785327	2015360	12.88
人均生产总值	元/人	17300	54034	99225	105228	115891	127233	9.79
农林牧渔业总产值(现价)	万元	335053	621483	889766	900549	915659	1115189	21.79

1-9-1续 农垦系统国有农牧场基本情况

指　标	单　位	2005年	2010年	2015年	2016年	2017年	2018年	2018年比上年增减(%)
六、农作物总播种面积	**公顷**	**87903**	**99098**	**100743**	**97265**	**85045**	**86205**	**1.36**
1.粮　食	公顷	59393	64341	78239	76439	65774	70175	6.69
#谷　物	公顷	54083	59771	68009	67346	56407	59844	6.09
#小　麦	公顷	15975	17504	16114	15845	10754	12023	11.80
稻　谷	公顷	17962	18145	24062	25704	25337	27506	8.56
2.棉　花	公顷	21454	19881	7657	5385	3838	2891	-24.67
3.油　料	公顷	920	2015	1262	1467	1411	2517	78.38
七、主要农产品产量								
1.粮　食	吨	339161	415799	532361	622544	653090	570494	-12.65
#谷　物	吨	324412	389171	401920	443034	423812	350480	-17.30
#小　麦	吨	54400	75643	75169	76966	44516	58663	31.78
稻　谷	吨	174670	179027	211730	231792	262041	178162	-32.01
2.棉　花	吨	25133	32481	9410	6831	5076	3134	-38.26
3.油　料	吨	983	2626	1324	1898	1614	3427	112.33
4.鲜　果	吨	21762	16037	24292	24209	27877	16323	-41.45
八、林业生产情况								
当年造林面积	公顷	8011	3110	4227	4703	6059	7457	23.07
林木采伐量	立方米	2758	3636	1621	6363	1093	14.9	-98.64
九、畜牧业渔业生产								
年末大牲畜存栏	头	82832	137400	202800	189800	195641	174400	-10.86
#牛	头	80991	135800	199400	186400	192221	172421	-10.30
年末猪存栏	头	199849	273700	328300	330600	376516	366153	-2.75
年末羊存栏	只	102147	54000	128000	114700	106005	80109	-24.43
#山羊	只	8373	4300	3600	3400	3927	3898	-0.74
年末家禽存栏	万只	167.15	219.06	285.81	373.59	297.92	415.74	39.55
畜产品产量								
肉类总产量	吨	42800	56021	61005	67409	73176	71772	-1.92
牛奶产量	吨	208148	473614	538743	559201	515048	558699	8.48
禽蛋产量	吨	7801	10027	12438	19050	20308	19044	-6.22
水产品产量	吨	68933	78115	136907	114136	113425	154640	36.34
#养殖产量	吨	61000	71562	115135	111896	96230	135379	40.68

1–9–2 主要农牧场经济指标

指 标	单 位	柏各庄农 场	芦 台农 场	汉 沽农 场	中捷友谊农场	南大港农 场	大曹庄农 场	察 北农 场	沽 源农 场	御道口牧 场
一、2010年数量	**人**									
总人口	人	142617	40420	44766	40400	43944	43001	20951	7886	4012
耕地面积	公顷	26703	7716	5640	5551	6345	5502	6718	7959	2120
农作物总播种面积	公顷	22858	7668	5492	10417	9682	11005	6718	7786	2120
粮食总产量	吨	192113	15513	6537	26928	27878	73347	9308	12083	3218
#小麦	吨	1154			8925	8361	36986			
稻谷	吨	169356	8603	96						
水产品产量	吨	66870	630	5811	3005	1410				
#养殖	吨	60628	630	5530	3005	1380				
农业总产值	万元	263071	37898	58937	35355	30122	39666	82546	40938	6350
二、2015年数量										
总人口	人	165102	41487	44690	46891	46933	46364	20697	8092	4035
耕地面积	公顷	28457	7676	6092	6375	6345	5502	9713	8529	2120
农作物总播种面积	公顷	25165	8469	7089	6594	8750	10581	7655	7866	2120
粮食总产量	吨	200100	37065	14711	13622	13692	75862	10473	98137	8652
#小麦	吨	416	1468		5870	5206	39181	160		
稻谷	吨	187219	22436	1211						
水产品产量	吨	127186		4970	3040	1540				
#养殖	吨	108754		4690	3040	1520				
农业总产值	万元	405007	49329	81605	38372	38655	51695	133473	66281	9864
三、2018年数量										
总人口	人	167797	44336	43374	49902	48682	3820	20604	6943	4344
耕地面积	公顷	28476	9073	8032	6375	6345	1080	9713	9933	2120
农作物总播种面积	公顷	24810	7692	6142	2157	8917	2139	8266	9933	2120
粮食总产量	吨	173739	31806	24612	7780	54555	14680	27660	172511	5925
#小麦	吨	731	1525	6319	5680	17000	6932			
稻谷	吨	149099	24480	4059						
水产品产量	吨	145309		4048	3307	1290				
#养殖	吨	129375		4028		1290				

1-9-2续 主要农牧场经济指标

指 标	单 位	柏各庄农 场	芦 台农 场	汉 沽农 场	中捷友谊农场	南大港农 场	大曹庄农 场	察 北农 场	沽 源农 场	御道口牧 场
一、2010年数量										
生产总值(现价)	万元	746476	225453	188313	603278	195000	83016	115225	88933	8590
第一产业增加值	万元	142260	24010	32436	16909	15935	18353	36000	20807	3190
第二产业增加值	万元	309639	156188	92934	506221	122825	49480	64300	62710	1161
第三产业增加值	万元	294577	45255	62943	80148	56240	15183	14925	5416	4239
人均生产总值	元/人									
工业总产值(现价)	万元	542918	524400	303419	1586419	481300	60440	156443	186800	
职工人数	人	33519	4079	3283	7588	7002	2185	1214	2632	1040
利润总额	万元	93871	18323	5372	10280	29065	14121	23602	37487	
外贸出口总额	万元	8568	53837	7423	4500	1710				
二、2015年数量										
生产总值(现价)	万元	1018727	386437	302586	1301002	850000	158194	252000	170179	57987
第一产业增加值	万元	200535	31162	50295	19092	29000	26056	65000	36531	5576
第二产业增加值	万元	377184	279474	144042	584910	495000	101273	170000	115339	43198
第三产业增加值	万元	441008	75801	108249	697000	326000	30865	17000	18309	9213
人均生产总值	元/人	61703	93147	67707	277452	181109	34120	121757	210305	143710
工业总产值(现价)	万元	1147712	1232828	462221	2372126	1421543	221868	482636	445886	62944
职工人数	人	33000	3218	2576	3620	7369	988	1150	2301	818
利润总额	万元	62035	32900	8187	18500	51977	61870	30517	58500	2187
外贸出口总额	万元	18420	94658	19866	5262	1781	2978		229	
三、2018年数量										
生产总值(现价)	万元	1488975	569038	292122	1397209	1070309	2645	167852	143900	95036
第一产业增加值	万元	275103	47388	36025	26508	33525	2230	60741	69822	8304
第二产业增加值	万元	610027	426913	91572	768718	558570	415	79103	46298	77168
第三产业增加值	万元	603845	94737	164525	601983	478214		28008	27780	9564
人均生产总值	元/人	88811	128739	67037	280002	227445	6920	81387	200865	219077
工业总产值(现价)	万元	527683	1594601	301264	2253825	1589246	3331	338364	222338	95909
职工人数	人	30269	2463	2459	3404	7840	81	1102	2370	1114
利润总额	万元	12379	54345	19280	50390	72791	104	2987	-4274	43778
外贸出口总额	万元	15330	184599	21112	21338				40	

1-10-1 历年财政收支情况

单位：亿元

年 份	全部财政收 入	比上年增长(%)	地方公共财政预算收入	比上年增长(%)	公共财政预算支出	比上年增长(%)
1952	4.44	21.4			1.88	68.7
1957	6.69	1.9			5.07	-19.2
1962	10.76	-29.0			5.88	-46.8
1965	12.38	14.3			9.65	-19.6
1970	20.55	37.6			12.13	24.4
1975	30.37	14.3			20.92	5.9
1978	45.10	38.0			32.44	2.9
1980	35.02	-18.3			28.36	-17.1
1985	45.15	15.5			41.66	16.2
1990	81.15	6.6			87.29	12.9
1991	90.66	11.7			91.14	4.4
1992	99.67	9.9			101.19	11.0
1993	144.21	44.7			142.26	40.6
1994	182.16	26.3	95.22		160.84	13.1
1995	214.12	17.5	119.95	26.0	191.18	18.9
1996	258.57	20.8	151.78	26.5	231.90	21.3
1997	297.43	15.0	183.31	20.8	270.46	16.6
1998	341.86	14.9	206.76	12.8	301.55	11.5
1999	367.20	7.4	223.28	8.0	350.80	16.3
2000	397.60	8.3	248.76	11.4	415.54	18.5
2001	448.44	12.8	283.50	14.0	514.18	23.7
2002	544.86	12.6	302.31	14.8	576.59	12.1
2003	634.94	16.5	335.83	15.3	646.74	12.2
2004	778.33	22.6	407.83	43.9	785.56	21.5
2005	1035.20	33.0	515.70	26.5	979.16	24.6
2006	1223.46	18.2	620.53	20.3	1180.36	20.5
2007	1528.90	25.0	789.12	27.2	1506.65	27.6
2008	1824.00	19.3	947.59	20.1	1881.67	24.9
2009	2020.77	10.8	1067.12	12.6	2347.59	24.8
2010	2409.01	19.2	1331.85	24.8	2820.24	20.1
2011	3017.59	25.3	1737.77	30.5	3537.39	25.4
2012	3479.26	15.3	2084.28	19.9	4079.45	15.3
2013	3652.38	5.0	2295.62	10.1	4409.58	8.1
2014	3764.56	3.1	2446.62	6.6	4677.30	6.1
2015	4065.11	8.0	2649.18	8.3	5632.19	20.4
2016	4390.65	8.0	2849.87	7.6	6049.53	7.4
2017	5085.98	15.8	3233.83	13.5	6639.18	9.7
2018	5587.35	9.9	3513.86	8.7	7726.21	16.5

1-10-2 农村集体和农村居民个人固定资产投资额

年 份	全社会固定资产投资总额(万元)	#农村集体单位固定资产投资	占全社会固定资产投资比重(%)	#农村居民个人固定资产投资	占全社会固定资产投资比重(%)
“七五”时期	**8643259**	**1131570**	**13.1**	**2228365**	**25.8**
1986	1312984	132659	10.1	359822	27.4
1987	1520053	192059	12.6	398281	26.2
1988	2108484	375802	17.8	499057	23.7
1989	1929602	277289	14.4	541861	28.1
1990	1772136	153761	8.7	429344	24.2
“八五”时期	**27649417**	**5766951**	**20.9**	**4210837**	**15.2**
1991	2404473	250938	10.4	766958	31.9
1992	3357908	632424	18.8	546134	16.3
1993	5401987	1168929	21.6	630000	11.7
1994	7091874	1533235	21.6	939969	13.3
1995	9393175	2181425	23.2	1327776	14.1
“九五”时期	**79546083**	**20242326**	**25.4**	**8938514**	**11.2**
1996	11876934	3264185	27.5	1435517	12.1
1997	14699903	3987635	27.1	1905761	13.0
1998	16511500	4172899	25.3	1924263	11.7
1999	17985435	4380020	24.4	1756132	9.8
2000	18472311	4437587	24.0	1916841	10.4
“十五”时期	**139663377**	**25790810**	**18.5**	**10671746**	**7.6**
2001	19418957	4507361	23.2	2086309	10.7
2002	20466852	4680000	22.9	2050000	10.0
2003	25158590	5057295	20.1	1994491	7.9
2004	32516504	5601372	17.2	2166461	6.7
2005	42102474	5944782	14.1	2374485	5.6
“十一五”时期	**486474443**	**57526969**	**11.8**	**18654705**	**3.8**
2006	55009984	7734309	14.1	2935796	5.3
2007	68846817	8723906	12.7	3219779	4.7
2008	88665605	10071465	11.4	3956398	4.5
2009	123118505	13998564	11.4	3934497	3.2
2010	150833532	16998725	11.3	4608235	3.1
“十二五”时期					
2011	163893254	16972913	10.4	6090686	3.7
2012	196612832	24055135	12.2	5566535	2.8
2013	231942296	33229695	14.3	5644603	2.4
2015	294482706	62069003	21.1	5425323	1.8
“十三五”时期					
2016年	317500152	80823028	25.5	4099479	1.3
2017年	334068022	90804817	27.2	3945707	1.2
2018年			23.1		1.7

注：2006-2010年,农村集体与农村个人分组为农村非农户与农村农户分组，2011年及以后为农村建设项目投资。

1－10－3　农业基本建设投资

年　份	基本建设投资(亿元)	#农业(包括水利业)基本建设投资	#水利基本建设投资	农业基本建设投资占基本建设投资比重(%)	水利基本建设投资占农业基本建设投资比重(%)
“一五”时期	**19.21**	**2.32**		**12.1**	
“二五”时期	**53.01**	**11.70**		**22.1**	
1963－1965年	14.10	4.54		32.2	
“三五”时期	**29.19**	**9.20**		**31.5**	
“四五”时期	**68.05**	**11.69**		**17.2**	
“五五”时期	**124.40**	**16.33**		**13.1**	
“六五”时期	**133.84**	**9.13**		**6.8**	
“七五”时期	**275.14**	**6.33**		**2.3**	
“八五”时期	**871.96**	**25.37**		**2.9**	
“九五”时期	**2617.63**	**123.03**	**68.34**	**4.7**	**55.5**
“十五”时期					
2001	591.87	43.93	16.60	7.4	37.8
2002	597.24	36.64	14.76	6.1	40.3
2003	845.84	42.01	16.69	5.0	39.7
2004	1308.96	61.96	25.77	4.7	41.6
	城镇投资	农林牧渔业投资	水利管理业投资	农林牧渔业占城镇投资比重(%)	水利管理业占城镇投资比重(%)
2005	3378.32	61.21	33.00	1.8	1.0
“十一五”时期	**41029.28**	**943.19**	**393.01**	**2.3**	**1.0**
2006	4433.99	83.71	57.32	1.9	1.3
2007	5690.31	116.26	55.01	2.0	1.0
2008	7463.77	188.41	60.14	2.5	0.8
2009	10518.54	244.43	112.43	2.3	1.1
2010	12922.66	310.38	108.11	2.4	0.8
	固定资产投资	农林牧渔业投资	水利管理业投资	农林牧渔业占固定资产投资比重(%)	水利管理业占固定资产投资比重(%)
“十二五”时期					
2011	15780.26	590.36	84.87	3.7	0.5
2012	19104.63	651.84	171.68	3.4	0.9
2013	22629.77	794.72	205.38	3.5	0.9
2014	26147.20	1120.95	298.04	4.3	1.1
2015	28905.74	1510.11	324.83	5.2	1.1
	固定资产投资	农林牧渔业投资	水利管理业投资	农林牧渔业占固定资产投资比重(%)	水利管理业占固定资产投资比重(%)
“十三五”时期					
2016	31340.07	1686.58	269.33	5.4	0.90
2017	33012.23	1796.19	259.89	5.4	0.79
2018				4.3	0.50

1—11—1 普通中学和普通小学基本情况

指 标	单 位	合 计				#农 村			
		2010年	2015年	2017年	2018年	2010年	2015年	2017年	2018年
一、普通中学									
学校数	所	3264	2956	3005	3022	1456	857	813	781
学生数	万人	348.76	351.92	389.21	416.64	74.89	45.09	47.92	50.46
二、普通小学									
学校数	所	13563	12126	11697	11545	11084	7368	6862	6616
学生数	万人	511.59	596.24	637.22	658.85	309.80	238.91	235.39	228.73

1—11—2 乡镇卫生院、床位、卫生人员和村卫生室及人员数

指 标	单 位	2010年	2015年	2017年	2018年
一、乡（镇）情况					
1、乡镇卫生院	个	1962	1960	1972	2006
#中心卫生院	个	641	641	642	640
乡卫生院	个	1321	1319	1330	1366
2、乡镇卫生院床位	张	57097	64853	70817	71831
#中心卫生院	张	25349	28387	30714	31122
乡卫生院	张	31748	36466	40103	40709
3、乡镇卫生院卫生机构人员	人	53966	55793	57151	56291
#中心卫生院	人	26112	24759	24794	24165
乡卫生院	人	27854	31034	32357	32126
乡镇卫生院卫生技术人员	人	44902	45867	47073	46266
#中心卫生院	人	21623	20380	20496	19929
乡卫生院	人	23279	25487	26577	26337
二、村情况					
1、村卫生室个数	个	66356	60492	72975	59047
#村办	个	28575	28399	35618	28491
2、乡村医生和卫生员数	人	86986	82355	79738	72779
#乡村医生	人	84080	77733	75316	69341

备注："中心卫生院"和"乡卫生院"：卫健委回复说无法提供。

1—11—3 农村文化机构和农村老年福利机构情况

指 标	单位	2015年	2017年	2018年
一、乡镇文化站	个	**1985**	**1988**	**1989**
二、农村养老服务机构	—			
机构数	个	431	494	565
工作人员数	人	5983	7181	6315
床位数	张	73780	77077	78834
年末收养人数	人	33337	33502	34737
三、农村最低保障资金	**万元**	**302394.2**	**412587.1**	**351130.7**

2-1-1 各市总户数、总人口

名称	年末总户数(万户)		年末常住人口(万人)		城镇人口(万人)		城镇化率(%)	
	2017年	2018年	2017年	2018年	2017年	2018年	2017年	2018年
全　省	**2427.59**	**2462.50**	**7519.52**	**7556.30**	**4136.49**	**4264.02**	**55.01**	**56.43**
石家庄市（包含辛集市）	303.47	308.22	1087.99	1095.16	670.61	691.69	61.64	63.16
石家庄市（不含辛集市）	281.72	286.27	1024.33	1031.49	638.16	658.40	62.30	63.83
辛集市	21.75	21.95	63.66	63.67	32.45	33.29	50.98	52.28
唐 山 市	234.36	230.11	789.70	793.58	486.77	501.07	61.64	63.14
秦皇岛市	113.63	115.27	311.08	313.42	180.05	186.23	57.88	59.42
邯 郸 市	265.01	270.29	951.11	952.81	526.10	541.86	55.31	56.87
邢 台 市	240.30	246.02	735.16	737.44	379.12	390.18	51.57	52.91
保 定 市（包含定州市）	400.33	407.79	1169.05	1173.14	595.82	616.36	50.97	52.54
保 定 市（不含定州市）	364.38	371.19	1046.92	1050.45	532.67	551.17	50.88	52.47
定州市	35.95	36.59	122.13	122.69	63.15	65.19	51.71	53.13
张家口市	191.56	193.98	443.31	443.36	247.90	253.78	55.92	57.24
承 德 市	139.80	141.10	356.50	357.89	180.75	186.35	50.70	52.07
沧 州 市	240.33	242.13	755.49	758.60	395.20	406.91	52.31	53.64
廊 坊 市	143.27	149.27	474.09	483.66	277.34	290.24	58.50	60.01
衡 水 市	155.54	158.33	446.04	447.24	225.70	232.83	50.60	52.06

注：年末总户数为公安年报数，年末常住人口数为人口变动情况抽样调查推算数。

2-1-2 各市人口出生、死亡、自然增长率

单位：‰

名称	出 生 率		死 亡 率		自然增长率	
	2017年	2018年	2017年	2018年	2017年	2018年
全　省	**13.20**	**11.26**	**6.60**	**6.38**	**6.60**	**4.88**
石家庄市（包含辛集市）	13.40	11.17	5.94	5.98	7.46	5.19
石家庄市（不含辛集市）	13.52	11.20	5.87	5.90	7.65	5.30
辛集市	11.53	10.60	7.04	7.20	4.49	3.40
唐 山 市	12.32	10.40	6.99	7.50	5.33	2.90
秦皇岛市	11.02	9.16	7.01	5.77	4.01	3.39
邯 郸 市	14.41	12.20	7.05	6.38	7.36	5.82
邢 台 市	14.86	12.03	7.01	6.50	7.85	5.53
保 定 市（包含定州市）	13.35	10.57	6.68	5.79	6.67	4.78
保 定 市（不含定州市）	13.39	10.63	6.77	5.83	6.62	4.80
定州市	13.05	10.02	5.90	5.44	7.15	4.58
张家口市	10.29	9.37	5.90	7.77	4.39	1.60
承 德 市	12.15	11.20	6.91	7.70	5.24	3.50
沧 州 市	13.35	12.70	6.61	6.40	6.74	6.30
廊 坊 市	14.37	12.80	6.13	5.81	8.24	6.99
衡 水 市	12.31	10.51	6.31	5.62	6.00	4.89

2-1-3 各市农村基层组织情况

单位：个

名　称	乡镇个数		乡个数		镇个数		村委会个数	
	2017年	2018年	2017年	2018年	2017年	2018年	2017年	2018年
全　省	**1946**	**1946**	**818**	**790**	**1128**	**1156**	**48671**	**48724**
石家庄市（包含辛集市）	216	216	89	89	127	127	4353	4289
石家庄市（不含辛集市）	201	201	82	82	119	119	4009	3945
辛集市	15	15	7	7	8	8	344	344
唐 山 市	177	177	45	45	132	132	5403	5305
秦皇岛市	75	75	25	25	50	50	2265	2265
邯 郸 市	212	212	95	92	117	120	5076	5202
邢 台 市	172	172	68	68	104	104	4882	4905
保 定 市（包含定州市）	309	309	137	130	172	179	6185	6186
保 定 市（不含定州市）	288	288	132	125	156	163	5699	5716
定州市	21	21	5	5	16	16	486	470
张家口市	209	209	110	110	99	99	4175	4173
承 德 市	204	204	101	95	103	109	2458	2456
沧 州 市	168	168	83	83	85	85	5680	5757
廊 坊 市	90	90	22	18	68	72	3201	3202
衡 水 市	114	114	43	35	71	79	4993	4984

2-1-4 各市农村基础设施

单位：个

名　称	自来水受益村数		通有线电视村数		通宽带村数		通公共交通村数	
	2017年	2018年	2017年	2018年	2017年	2018年	2017年	2018年
全　省	**45511**	**46349**	**41038**	**44346**	**46809**	**48310**	**39668**	**39996**
石家庄市（包含辛集市）	4129	4230	3572	3807	4315	4318	4150	4105
石家庄市（不含辛集市）	3785	3886	3228	3463	3971	3975	3806	3768
辛集市	344	344	344	344	344	343	344	337
唐 山 市	5222	5204	4834	4888	5396	5388	4132	4209
秦皇岛市	1539	1564	2024	2061	2263	2251	2007	1899
邯 郸 市	4885	5090	4450	4998	4781	5166	4856	4896
邢 台 市	4852	4883	4130	4541	4825	4873	4163	4232
保 定 市（包含定州市）	5580	5774	3977	4838	6001	6127	5284	5424
保 定 市（不含定州市）	5101	5306	3515	4368	5528	5657	4890	5004
定州市	479	468	462	470	473	470	394	420
张家口市	3561	3772	2775	3360	3070	3860	2802	2972
承 德 市	1882	1948	2341	2367	2315	2431	876	1001
沧 州 市	5680	5727	5680	5722	5680	5727	5451	5189
廊 坊 市	3188	3187	2361	2778	3188	3184	2482	2491
衡 水 市	4993	4970	4894	4986	4975	4985	3465	3578

2-1-5　各市乡村户数、人口和劳动力资源

单位：户、人

名　称	乡村户数		乡村人口		1.男		2.女	
	2017年	2018年	2017年	2018年	2017年	2018年	2017年	2018年
全　省	**16097257**	**16602647**	**57363102**	**58292409**	**29554006**	**30149197**	**27809096**	**28143212**
石家庄市（包含辛集市）	1878032	1917668	7042178	7243641	3599425	3713332	3442753	3530309
石家庄市（不含辛集市）	1715089	1747917	6483158	6690845	3310658	3430701	3172500	3260144
辛集市	162943	169751	559020	552796	288767	282631	270253	270165
唐 山 市	1607621	1603607	5513471	5520611	2796474	2805687	2716997	2714924
秦皇岛市	686125	715672	2012968	2058922	1032407	1060073	980561	998849
邯 郸 市	1858014	1908362	7622359	7820485	3973607	4102782	3648752	3717703
邢 台 市	1663470	1660404	6396002	6261897	3286507	3234607	3109495	3027290
保 定 市（包含定州市）	2642518	2844447	9748129	9939465	5027552	5137478	4720577	4801987
保 定 市（不含定州市）	2353477	2545367	8622987	8815197	4444130	4549959	4178857	4265238
定州市	289041	299080	1125142	1124268	583422	587519	541720	536749
张家口市	1213548	1211395	2964165	3024663	1538641	1580191	1425524	1444472
承 德 市	927255	984178	3036438	3084324	1589613	1623354	1446825	1460970
沧 州 市	1658377	1705704	6045796	6186811	3137599	3205269	2908197	2981542
廊 坊 市	863133	911682	3295239	3422653	1697182	1776588	1598057	1646065
衡 水 市	1099164	1139528	3686357	3728937	1874999	1909836	1811358	1819101

2-1-5续　各市乡村户数、人口和劳动力资源

单位：人

名　称	乡村劳动力资源数		1.男		2.女	
	2017年	2018年	2017年	2018年	2017年	2018年
全　省	**33935369**	**34388316**	**18148198**	**18455508**	**15787171**	**15932808**
石家庄市（包含辛集市）	4150165	4199612	2190756	2223042	1959410	1976570
石家庄市（不含辛集市）	3807527	3858948	2007502	2044574	1800025	1814374
辛集市	342639	340664	183254	178468	159385	162196
唐 山 市	3392375	3380505	1796625	1788665	1595750	1591840
秦皇岛市	1266943	1285901	685815	699816	581128	586085
邯 郸 市	4344102	4507359	2306246	2430609	2037856	2076750
邢 台 市	3432282	3495641	1810103	1864238	1622179	1631403
保 定 市（包含定州市）	6003155	5921746	3242111	3186635	2761044	2735111
保 定 市（不含定州市）	5277847	5200924	2855692	2806219	2422155	2394705
定州市	725308	720822	386419	380416	338889	340406
张家口市	1941973	1873832	1077238	1030687	864735	843145
承 德 市	1846701	1889199	1019977	1048830	826724	840369
沧 州 市	3628723	3711470	1943675	1977700	1685048	1733770
廊 坊 市	1861061	2015156	991321	1085252	869740	929904
衡 水 市	2067888	2107895	1084331	1120034	983557	987861

2-1-6 各市乡村从业人员

单位：人

名 称	乡村从业人员数		按性别分			
			男		女	
	2017年	2018年	2017年	2018年	2017年	2018年
全 省	**30617465**	**30231998**	**16541429**	**16423557**	**14076036**	**13808441**
石家庄市（包含辛集市）	3777504	3710503	2037273	1997678	1740231	1712825
石家庄市（不含辛集市）	3478272	3415915	1877725	1839672	1600547	1576243
辛集市	299232	294588	159548	158006	139684	136582
唐 山 市	3025004	2971330	1632682	1595833	1392322	1375497
秦皇岛市	1150641	1128520	632465	620850	518176	507670
邯 郸 市	3937546	3980463	2131198	2173645	1806348	1806818
邢 台 市	3123470	3081550	1649380	1648949	1474090	1432601
保 定 市（包含定州市）	5438486	5228940	2922750	2847854	2515736	2381086
保 定 市（不含定州市）	4762740	4580164	2569047	2499192	2193693	2080972
定州市	675746	648776	353703	348662	322043	300114
张家口市	1644478	1538059	934533	868630	709945	669429
承 德 市	1626012	1605463	912176	906939	713836	698524
沧 州 市	3285687	3325694	1769803	1791398	1515884	1534296
廊 坊 市	1692549	1746201	912726	947789	779823	798412
衡 水 市	1916088	1915275	1006443	1023992	909645	891283

2-1-7 各市分行业乡村从业人员

单位：人

名 称	1.农林牧渔业		2.工业		3.建筑业	
	2017年	2018年	2017年	2018年	2017年	2018年
全 省	**13547053**	**13543291**	**6993049**	**6852006**	**3666976**	**3573189**
石家庄市（包含辛集市）	1388583	1445759	1084517	1019088	389631	362307
石家庄市（不含辛集市）	1296929	1353001	965753	905132	354173	333805
辛集市	91654	92758	118764	113956	35458	28502
唐 山 市	1209925	1187929	811101	814446	331726	317949
秦皇岛市	704348	701919	121443	116986	153690	139014
邯 郸 市	1668421	1721924	644813	632141	486911	550401
邢 台 市	1323094	1361736	923629	853791	289436	280529
保 定 市（包含定州市）	2686173	2562776	990013	959976	871433	811043
保 定 市（不含定州市）	2497529	2363182	912173	880960	610758	580041
定州市	188644	199594	77840	79016	260675	231002
张家口市	1092694	1020559	113618	95909	163371	161997
承 德 市	939375	929673	163526	144974	275761	268719
沧 州 市	967503	1059195	1128792	1125534	349738	326420
廊 坊 市	778706	699504	450273	546737	159208	166732
衡 水 市	788231	852317	561324	542424	196071	188078

2−1−7续1　各市分行业乡村从业人员

单位：人

名　称	4.批发和零售业		5.交通运输、仓储和邮政业		6.住宿和餐饮业		7.信息传输、软件和信息技术服务业	
	2017年	2018年	2017年	2018年	2017年	2018年	2017年	2018年
全　省	**2165746**	**2102099**	**1367790**	**1240869**	**843357**	**882981**	**123044**	**118190**
石家庄市（包含辛集市）	274400	274329	206082	195821	120915	122983	23221	21537
石家庄市（不含辛集市）	261707	257120	196051	186874	115974	115572	21819	19457
辛集市	12693	17209	10031	8947	4941	7411	1402	2080
唐山市	223379	220021	180678	168969	62476	60329	6984	6549
秦皇岛市	45318	46386	41360	37996	29732	28702	3276	3344
邯郸市	364638	329484	219414	176570	151443	162436	30441	27130
邢台市	207731	208356	149708	130790	73612	77866	6229	7362
保定市（包含定州市）	316498	321793	160383	147989	131611	144754	17718	17479
保定市（不含定州市）	265470	270717	143608	134258	112220	126320	12486	13284
定州市	51028	51076	16775	13731	19391	18434	5232	4195
张家口市	67764	65538	54122	48881	45507	45011	8506	6208
承德市	62741	70958	59747	55279	48638	54882	5088	5614
沧州市	350640	321118	168209	159017	89807	93985	12636	13441
廊坊市	101549	114084	63796	67134	39671	45204	4244	4967
衡水市	151088	130032	64291	52423	49945	46829	4701	4559

2−1−7续2　各市分行业乡村从业人员

单位：人

名　称	8.金　融　业		9.房地产业		10.租赁和商务服务业		11.科学研究和技术服务业	
	2017年	2018年	2017年	2018年	2017年	2018年	2017年	2018年
全　省	**67982**	**72993**	**42732**	**49029**	**182111**	**173240**	**19987**	**21870**
石家庄市（包含辛集市）	15030	15453	10836	7217	41664	34505	5747	5868
石家庄市（不含辛集市）	13623	13324	10393	6796	40538	32769	5581	5534
辛集市	1407	2129	443	421	1126	1736	166	334
唐山市	5565	5493	2001	2695	15126	15597	1387	1364
秦皇岛市	1465	1470	880	1310	5087	4910	512	526
邯郸市	14006	16550	12997	15828	47134	36635	5214	5695
邢台市	4463	3890	2217	2341	8870	11856	1026	1417
保定市（包含定州市）	10464	10569	4024	5538	21677	24472	1951	2144
保定市（不含定州市）	9494	9335	3630	5003	18310	20859	1709	1874
定州市	970	1234	394	535	3367	3613	242	270
张家口市	1901	2338	2709	3649	6110	6104	718	1070
承德市	1719	1937	1088	1796	4086	5986	513	571
沧州市	5970	6800	3501	5224	17622	19178	1484	1997
廊坊市	3154	3982	1250	1944	8605	7611	904	661
衡水市	4245	4511	1229	1487	6130	6386	531	557

2-1-7续3　各市分行业乡村从业人员

单位：人

名　称	12.水利、环境和公共设施管理业		13.居民服务、修理和其他服务业		14.教　　育	
	2017年	2018年	2017年	2018年	2017年	2018年
全　省	**50552**	**61676**	**799482**	**793362**	**262254**	**256976**
石家庄市（包含辛集市）	9821	7934	90225	87622	36241	35501
石家庄市（不含辛集市）	9174	7336	75794	74636	33711	33166
辛集市	647	598	14431	12986	2530	2335
唐山市	2928	3257	95108	91303	22926	23345
秦皇岛市	804	1715	26375	26822	4603	4870
邯郸市	12599	17634	141700	147049	48183	45539
邢台市	3413	4041	64184	70509	28767	27392
保定市（包含定州市）	5497	7754	114068	107516	36378	35913
保定市（不含定州市）	4675	6615	76124	75281	31939	31675
定州市	822	1139	37944	32235	4439	4238
张家口市	2746	3546	52007	44829	11586	9110
承德市	1247	1760	33370	32902	9435	9418
沧州市	5601	6899	103066	103835	32454	33377
廊坊市	4157	5100	35786	39008	16531	17385
衡水市	1739	2036	43593	41967	15150	15126

2-1-7续4　各市分行业乡村从业人员

单位：人

名　称	15.卫生和社会工作		16.文化、体育和娱乐业		17.公共管理、社会保障和社会组织	
	2017年	2018年	2017年	2018年	2017年	2018年
全　省	**182025**	**186173**	**106907**	**108392**	**196418**	**195662**
石家庄市（包含辛集市）	26176	26307	23246	20913	31169	27359
石家庄市（不含辛集市）	25228	25411	22374	20014	29450	25968
辛集市	948	896	872	899	1719	1391
唐山市	17319	16969	7901	7290	28474	27825
秦皇岛市	4780	5017	1704	1932	5264	5601
邯郸市	35523	35682	26717	27166	27392	32599
邢台市	15762	16563	7997	9537	13332	13574
保定市（包含定州市）	24147	25598	14399	14879	32052	28950
保定市（不含定州市）	22081	23357	11670	12244	28864	25362
定州市	2066	2241	2729	2635	3188	3588
张家口市	7074	9151	3742	3891	10303	10268
承德市	7083	7343	2886	3219	9709	10432
沧州市	21509	20865	9108	8737	18047	19869
廊坊市	11676	12814	4232	5232	8807	8102
衡水市	10976	9864	4975	5596	11869	11083

2–1–8 各市乡村从业人员的文化程度

单位：人

名　　称	未上过学		小学文化程度		初中文化程度	
	2017年	2018年	2017年	2018年	2017年	2018年
全　　省	**219989**	**233469**	**6994607**	**6436441**	**15113495**	**14951145**
石家庄市（包含辛集市）	39634	33312	738966	673379	1791148	1700078
石家庄市（不含辛集市）	38890	32734	671789	620835	1640404	1560492
辛集市	744	578	67177	52544	150744	139586
唐 山 市	11126	10060	712172	658099	1480387	1441167
秦皇岛市	5479	6256	248667	238388	604987	587947
邯 郸 市	53993	56617	915156	831739	1870453	1937281
邢 台 市	9191	8162	687352	644033	1593818	1552716
保 定 市（包含定州市）	36246	32198	1443000	1261180	2648779	2581873
保 定 市（不含定州市）	33951	29949	1290280	1117446	2291116	2251092
定州市	2295	2249	152720	143734	357663	330781
张家口市	14757	37186	387597	418900	743875	660981
承 德 市	12962	10940	426744	372572	784524	787311
沧 州 市	8529	9395	660561	622316	1684159	1710485
廊 坊 市	22905	24859	434019	382665	876635	934517
衡 水 市	5167	4484	340373	333170	1034730	1056789

2–1–8续 各市乡村从业人员的文化程度

单位：人

名　　称	高中文化程度（包括中专）		大专及以上文化程度	
	2017年	2018年	2017年	2018年
全　　省	**7263344**	**7240414**	**1026030**	**1370529**
石家庄市（包含辛集市）	1059344	1079976	148412	223758
石家庄市（不含辛集市）	985060	999881	142129	201973
辛集市	74284	80095	6283	21785
唐 山 市	692647	706729	128672	155275
秦皇岛市	244461	243919	47047	52010
邯 郸 市	976783	963530	121161	191296
邢 台 市	755691	757958	77418	118681
保 定 市（包含定州市）	1134253	1132088	176208	221601
保 定 市（不含定州市）	997552	991566	149841	190111
定州市	136701	140522	26367	31490
张家口市	402584	329346	95665	91646
承 德 市	348973	364585	52809	70055
沧 州 市	828105	844096	104333	139402
廊 坊 市	330109	351341	28881	52819
衡 水 市	490394	466846	45424	53986

2-1-9 各市农用机械年末拥有量

单位：千瓦

名称	一、农用机械总动力		#柴油发动机动力		汽油发动机动力		电动机动力	
	2017年	2018年	2017年	2018年	2017年	2018年	2017年	2018年
全省	**75805834**	**77062035**	**53004719**	**53615762**	**1368918**	**1360328**	**21432197**	**22084912**
石家庄市（包含辛集市）	13004289	12837189	7862271	7811302	138532	103786	5003486	4922101
石家庄市（不含辛集市）	11742298	11562579	7108262	7013362	118325	83566	4515711	4465651
辛集市	1261991	1274610	754009	797940	20207	20220	487775	456450
唐山市	7758409	7879315	4716812	4443486	88715	91725	2952882	3344104
秦皇岛市	1726035	1762364	1057909	1086011	29065	30586	639061	645767
邯郸市	10016408	10263228	6784769	6879906	126274	135798	3105365	3246544
邢台市	8376404	8780280	6145957	6573000	220710	222541	2009737	1984686
保定市（包含定州市）	7730184	7865117	5846790	5874057	29584	33212	1853810	1957846
保定市（不含定州市）	6754857	6906292	5103510	5241993	24961	28341	1626386	1635956
定州市	975327	958825	743280	632064	4623	4871	227424	321890
张家口市	2517742	2605132	1935180	1984775	58678	62362	523884	557995
承德市	2533672	2581705	1830239	1877647	38749	39052	664684	665006
沧州市	10279725	10296697	8479807	8532452	129272	130140	1670646	1634106
廊坊市	3932672	3932784	2351179	2247055	31107	30360	1550386	1655369
衡水市	7930294	8258224	5993806	6306071	478232	480766	1458256	1471388

2-1-9续1 各市农用机械年末拥有量

单位：台

名称	二、主要农业机械与设备					
	#大中型拖拉机		小型拖拉机		联合收获机	
	2017年	2018年	2017年	2018年	2017年	2018年
全省	**314728**	**280018**	**1289857**	**1223857**	**155957**	**160464**
石家庄市（包含辛集市）	36101	41023	154775	119964	30242	30518
石家庄市（不含辛集市）	34008	39509	139115	104325	27544	27685
辛集市	2093	1514	15660	15639	2698	2833
唐山市	31802	22868	147388	148621	4344	4311
秦皇岛市	5863	4919	44512	44864	449	491
邯郸市	35449	36903	78250	74712	23508	23562
邢台市	40282	37012	178632	170105	20942	22468
保定市（包含定州市）	38542	27346	116676	83292	26053	23383
保定市（不含定州市）	34847	27871	97876	93076	22513	22791
定州市	3695	2777	18800	10329	3540	3626
张家口市	20119	16497	72371	76282	1330	1423
承德市	22510	16329	45710	52963	291	278
沧州市	36550	31350	224367	222273	20104	21254
廊坊市	17618	14594	47645	47985	7405	7466
衡水市	29892	27875	179531	162683	21289	22276

2-1-9续2　各市农用机械年末拥有量

单位：台

名　　称	二、主要农业机械与设备(续)					
	机动脱粒机		节水灌溉机械（套）		农用水泵（台）	
	2017年	2018年	2017年	2018年	2017年	2018年
全　　省	**168057**	**159558**	**60134**	**57947**	**1647050**	**1552335**
石家庄市（包含辛集市）	23188	23073	11388	3604	197578	192256
石家庄市（不含辛集市）	22182	22182	11369	3583	174627	169294
辛集市	1006	891	19	21	22951	22962
唐 山 市	13661	11358	12392	11902	295631	215792
秦皇岛市	5020	5820	4645	5630	64608	63818
邯 郸 市	27250	27503	1049	2882	236290	241768
邢 台 市	16959	16633	1356	1525	157014	155706
保 定 市（包含定州市）	15043	15047	913	1640	212394	217664
保 定 市（不含定州市）	15043	15047	897	1622	190304	189386
定州市			16	18	22090	28278
张家口市	11753	11884	9084	8742	23931	23502
承 德 市	16502	16121	6344	5937	58586	58919
沧 州 市	25049	18539	1920	5031	247462	229962
廊 坊 市	7145	7040	9339	9269	94163	91432
衡 水 市	6487	6540	1704	1785	59393	61516

2-1-10　各市农业机械化情况

单位：公顷

名　　称	机耕面积		机播面积		机收面积	
	2017年	2018年	2017年	2018年	2017年	2018年
全　　省	**5480014**	**5022441**	**6825277**	**6763351**	**5533932**	**5825049**
石家庄市（包含辛集市）	542633	433082	728033	770706	705486	720143
石家庄市（不含辛集市）	497368	384553	643483	675754	630376	631793
辛集市	45265	48529	84550	94952	75110	88350
唐 山 市	533320	512366	579922	549869	382001	385739
秦皇岛市	184950	183733	103061	99162	65986	68798
邯 郸 市	592046	568863	843157	837471	750280	760740
邢 台 市	629450	568532	951519	911473	697431	776197
保 定 市（包含定州市）	643821	610961	867975	869026	820013	827569
保 定 市（不含定州市）	574855	518234	764975	743515	718960	703566
定州市	68966	92727	103000	125511	101053	124003
张家口市	561578	544957	422611	424727	282228	288585
承 德 市	251450	249294	215912	223155	99756	101285
沧 州 市	704161	525149	1010717	909684	825291	854219
廊 坊 市	340563	317724	345574	343508	262779	297838
衡 水 市	496042	507780	756796	824571	642681	743937

2-1-11　各市农村电气化情况

名　　称	1.农村水电站数（处）		装机容量（千瓦）		发电量（万千瓦时）		2.农村用电量（万千瓦时）	
	2017年	2018年	2017年	2018年	2017年	2018年	2017年	2018年
全　省	**241**	**251**	**371693**	**403748**	**58204**	**67103**	**6151557**	**5053380**
石家庄市（包含辛集市）	53	57	93058	112983	15807	23515	776745	619158
石家庄市（不含辛集市）	53	57	93058	112983	15807	23515	740461	589232
辛集市							36284	29926
唐 山 市	14	15	29705	33705	2301	3679	1123923	732965
秦皇岛市	5	6	23990	27670	5319	6344	247906	80188
邯 郸 市	67	67	65401	65651	16774	13622	672625	415473
邢 台 市	11	11	9359	9359	1383	1404	371632	325183
保 定 市（包含定州市）	50	51	91605	92405	10547	12054	558006	709245
保 定 市（不含定州市）	50	51	91605	92405	10547	12054	523781	669041
定州市							34225	40204
张家口市	11	14	10475	13875	1556	2557	126596	139569
承 德 市	30	30	48100	48100	4517	3928	215440	240996
沧 州 市							892398	799276
廊 坊 市							832995	660201
衡 水 市							333291	331126

2-1-12　各市农用化肥、农药使用量

单位：吨

名　　称	一、农用化肥施用量(按实物量计算)					
	合　　计		1.氮　　肥		2.磷　　肥	
	2017年	2018年	2017年	2018年	2017年	2018年
全　省	**10401616**	**8118428**	**4834067**	**3269549**	**2266246**	**1523551**
石家庄市（包含辛集市）	1657404	1163406	847494	559044	434129	297362
石家庄市（不含辛集市）	1440075	968942	747423	460983	349963	228052
辛集市	217329	194464	100071	98061	84166	69310
唐 山 市	1094636	965719	578719	476942	63856	50192
秦皇岛市	362326	299590	129445	99548	31599	21117
邯 郸 市	1623751	1141484	651321	332247	500620	288323
邢 台 市	1147505	775110	476060	237433	283035	150635
保 定 市（包含定州市）	1380912	1123388	686656	497370	230129	158669
保 定 市（不含定州市）	1130509	877566	556839	373053	168837	105825
定州市	250403	245822	129817	124317	61292	52844
张家口市	367161	357161	161499	129079	91711	77557
承 德 市	330532	282498	169728	134395	52103	45114
沧 州 市	975234	761841	459669	322624	208159	150842
廊 坊 市	446183	334608	242257	124554	59776	40123
衡 水 市	1015972	913623	431219	356313	311129	243617

2-1-12续1 各市农用化肥、农药使用量

单位：吨

名称	一、农用化肥施用量(按实物量计算)(续)			
	3.钾肥		4.复合肥	
	2017年	2018年	2017年	2018年
全省	**611774**	**479762**	**2689529**	**2845566**
石家庄市（包含辛集市）	57363	37997	318418	269003
石家庄市（不含辛集市）	48671	31715	294018	248192
辛集市	8692	6282	24400	20811
唐山市	91615	82275	360446	356310
秦皇岛市	30994	22803	170288	156122
邯郸市	87170	56833	384640	464080
邢台市	69113	41891	319297	345151
保定市（包含定州市）	68544	48783	395583	417983
保定市（不含定州市）	61903	42636	342930	355470
定州市	6641	6147	52653	62513
张家口市	28600	34681	85351	115843
承德市	20013	21379	88688	81609
沧州市	70884	57421	236522	231538
廊坊市	23137	21647	121013	148285
衡水市	64341	54052	209283	259642

2-1-12续2 各市农用化肥、农药使用量

单位：吨

名称	二、农用化肥施用量(按折纯法计算)					
	合计		1.氮肥		2.磷肥	
	2017年	2018年	2017年	2018年	2017年	2018年
全省	**3219799**	**3123959**	**1402901**	**1144700**	**436857**	**239380**
石家庄市（包含辛集市）	471105	406290	250304	198885	74425	46465
石家庄市（不含辛集市）	406584	342351	210775	159812	61135	35627
辛集市	64521	63939	39529	39073	13290	10838
唐山市	380479	396803	158928	160067	14279	8000
秦皇岛市	135318	130402	40073	35139	5892	3208
邯郸市	457976	439524	173552	120002	89878	45467
邢台市	343951	313509	129039	84520	53021	23663
保定市（包含定州市）	471720	441987	210555	173549	55419	24899
保定市（不含定州市）	396061	351017	175945	127469	43270	16517
定州市	75659	90970	34610	46080	12149	8382
张家口市	106692	135194	45913	45125	15941	12070
承德市	108728	104324	50816	44882	13406	7048
沧州市	305688	289952	149717	114487	43256	23655
廊坊市	161000	140409	88940	45303	15219	6513
衡水市	277302	325565	105064	122741	56291	38392

2-1-12续3 各市农用化肥、农药使用量

单位：吨

名 称	二、农用化肥施用量(按折纯法计算)(续)				三、农药使用量	
	3.钾 肥		4.复合肥			
	2017年	2018年	2017年	2018年	2017年	2018年
全 省	**268465**	**239679**	**1111576**	**1500200**	**77623**	**61450**
石家庄市（包含辛集市）	25267	18968	121109	141973	12079	8433
石家庄市（不含辛集市）	21844	15809	112830	131103	8775	6446
辛集市	3423	3159	8279	10870	3304	1987
唐 山 市	43428	41355	163844	187381	5304	4779
秦皇岛市	14978	11381	74375	80674	5009	4234
邯 郸 市	33593	28296	160953	245760	7293	5792
邢 台 市	30128	20945	131763	184381	9519	8273
保 定 市（包含定州市）	302538	24371	173068	219170	13759	9593
保 定 市（不含定州市）	30188	21255	146518	185778	12461	8469
定州市	2350	3116	26550	33392	1298	1124
张家口市	10488	17366	34350	60633	3253	2992
承 德 市	8856	10485	35650	41908	1281	1187
沧 州 市	27758	28643	84957	123164	9065	6328
廊 坊 市	10435	10728	46406	77865	2841	2468
衡 水 市	30846	27141	85101	137291	8220	7371

2-1-13 各市农用薄膜及柴油使用量

名 称	农用塑料薄膜使用量（吨）		#地膜使用量（吨）		地膜覆盖面积（公顷）		农用柴油使用量（吨）	
	2017年	2018年	2017年	2018年	2017年	2018年	2017年	2018年
全 省	**128100**	**109833**	**61564**	**52960**	**1000371**	**812312**	**2245547**	**2175628**
石家庄市（包含辛集市）	7979	6168	3158	2201	49580	34378	271602	261207
石家庄市（不含辛集市）	6834	5381	2638	1909	42593	29144	240342	228092
辛集市	1145	787	520	292	6987	5234	31260	33115
唐 山 市	10378	9532	6001	5261	99609	87768	184718	181042
秦皇岛市	4298	4174	1847	1628	28723	25547	102524	90429
邯 郸 市	14379	11489	9306	6429	149955	106677	207325	202238
邢 台 市	13550	11753	8698	7943	146645	144008	292300	289097
保 定 市（包含定州市）	13004	8249	5219	3470	87489	49286	272684	277308
保 定 市（不含定州市）	10721	6472	4640	3185	76949	46149	258814	259913
定州市	2283	1777	579	286	10540	3137	13870	17395
张家口市	10218	14106	5037	7865	78751	96777	57149	54745
承 德 市	10165	7495	3317	3244	55804	54284	129994	118506
沧 州 市	17166	12471	6271	3935	100996	60501	377232	369458
廊 坊 市	8472	7916	4056	3621	65032	44326	97962	90493
衡 水 市	18491	16480	8655	7363	137787	108762	252057	241105

2-1-14 各市农田水利建设情况

名称	有效灌溉面积（公顷）		旱涝保收面积（公顷）		机电井年末数（眼）	
	2017年	2018年	2017年	2018年	2017年	2018年
全省	**4474670**	**4495133**	**3754093**	**3597781**	**913585**	**986134**
石家庄市（包含辛集市）	504020	497830	452765	385601	151439	153539
石家庄市（不含辛集市）	444420	442340	393165	330138	133889	136132
辛集市	59600	55490	59600	55463	17550	17407
唐山市	458140	462870	410496	398764	121765	134664
秦皇岛市	127780	127730	79262	80933	40891	45654
邯郸市	538740	555980	462182	356983	89108	122815
邢台市	587610	587654	520153	508584	105034	100168
保定市（包含定州市）	654370	650106	603836	594845	162726	166289
保定市（不含定州市）	568710	564446	518649	509286	134448	138011
定州市	85660	85660	85187	85559	28278	28278
张家口市	257700	259370	155653	192276	38464	53658
承德市	136410	139983	73757	61712	26559	34335
沧州市	503230	507390	370817	398499	56017	52675
廊坊市	227350	227530	195052	197137	47266	51122
衡水市	479320	478690	430120	422448	74316	71215

2-1-15 各市水库、供水和水保情况

名称	水库座数（座）		水利工程向农业年供水量（亿立方米）		已治理水土流失面积（千公顷）	
	2017年	2018年	2017年	2018年	2017年	2018年
全省	**1070**	**1070**	**122.76**	**120.66**	**5379.15**	**5532.54**
石家庄市（包含辛集市）	239	239	19.59	18.24	482.92	513.89
石家庄市（不含辛集市）	239	239	17.11	16.28	482.92	513.89
辛集市			2.49	1.96		
唐山市	131	131	14.89	15.19	240.41	248.54
秦皇岛市	281	281	4.00	4.86	322.45	277.45
邯郸市	80	80	13.20	13.41	271.96	285.37
邢台市	49	49	10.55	10.03	286.66	308.54
保定市（包含定州市）	94	94	20.23	19.64	627.42	644.55
保定市（不含定州市）	94	94	17.38	16.96	622.32	639.45
定州市			2.85	2.68	5.10	5.10
张家口市	92	92	6.29	6.05	1486.54	1535.62
承德市	101	101	5.52	5.34	1570.42	1634.47
沧州市	3	3	9.40	9.43	6.26	
廊坊市			5.96	5.70	29.24	29.24
衡水市			13.13	12.78	54.87	54.87

2-1-16 各市节水灌溉情况

单位：千公顷

名 称	节水灌溉面积		#喷滴灌面积		低压灌溉面积	
	2017年	2018年	2017年	2018年	2017年	2018年
全 省	**3415.72**	**3594.25**	**380.74**	**252.07**	**2689.79**	**2777.92**
石家庄市（包含辛集市）	460.87	464.79	33.87	14.74	361.59	360.22
石家庄市（不含辛集市）	409.34	413.26	31.36	13.12	312.57	311.20
辛集市	51.53	51.53	2.51	1.62	49.02	49.02
唐 山 市	265.70	316.89	17.62	13.34	246.85	252.89
秦皇岛市	88.34	90.84	6.35	3.81	47.02	49.52
邯 郸 市	430.90	457.61	64.82	49.10	311.64	329.50
邢 台 市	390.16	418.25	34.36	25.05	278.72	299.44
保 定 市（包含定州市）	458.92	484.97	24.80	19.52	386.83	413.33
保 定 市（不含定州市）	411.44	427.31	23.12	16.65	343.50	361.71
定州市	47.48	57.66	1.68	2.87	43.33	51.62
张家口市	202.16	216.89	78.45	30.22	69.36	73.47
承 德 市	121.52	128.76	57.77	40.83	55.07	57.43
沧 州 市	435.99	441.53	22.90	22.80	411.35	409.73
廊 坊 市	180.92	185.40	11.95	9.36	168.97	172.06
衡 水 市	380.24	388.32	27.85	23.30	352.39	360.33

2-1-17 各市自然灾害情况

单位：公顷

名 称	一、受灾面积		#旱 灾		水 灾		风 雹 灾	
	2017年	2018年	2017年	2018年	2017年	2018年	2017年	2018年
全 省	**803234**	**578825**	**367400**	**44030**	**58237**	**107816**	**217464**	**139689**
石家庄市（包含辛集市）	11436	54494	2744		4284	10317	4408	43547
石家庄市（不含辛集市）	11235	54494	2744		4283	10317	4208	43547
辛集市	201				1		200	
唐 山 市	25262	13922		284	4727	1445	15963	606
秦皇岛市	16564	42224	1655		2577	3852	5385	389
邯 郸 市	47505	31949			336	2034	47139	844
邢 台 市	135512	113303			709	49201	49561	30583
保 定 市（包含定州市）	26665	34104	2036		11550	10454	13079	20820
保 定 市（不含定州市）	25905	25620	2036		11550	10454	12319	12336
定州市	760	8484					760	8484
张家口市	215464	101334	141722	19878	3993	10552	31007	7532
承 德 市	254079	48391	211824	23868	13696	10114	21045	9320
沧 州 市	43876	103289	7420		12921	6429	8237	528
廊 坊 市	7315	7480				378	5528	229
衡 水 市	19556	28240			3444	2950	16112	25290

2-1-17续1 各市自然灾害情况

单位：公顷

名称	一、受灾情况（续）				二、成灾面积			
	霜冻灾		病虫灾				#旱灾	
	2017年	2018年	2017年	2018年	2017年	2018年	2017年	2018年
全省	**41406**	**121070**	**85246**	**15263**	**381442**	**361202**	**146100**	**36057**
石家庄市（包含辛集市）		563			6223	48835	1790	
石家庄市（不含辛集市）		563			6023	48835	1790	
辛集市					200			
唐山市					11817	1814		
秦皇岛市					5755	22546	539	
邯郸市	30	22474		2882	18154	4996		
邢台市		30652	85210		71932	42439		
保定市（包含定州市）		2830			11544	16339	910	
保定市（不含定州市）		2830			11544	16339	910	
定州市								
张家口市	38726	62423		948	123965	96923	64067	19878
承德市	2650	2128	36		100287	35211	73647	16179
沧州市				7700	19959	71149	5147	
廊坊市				3733	3234	2519		
衡水市					8650	18431		

2-1-17续2 各市自然灾害情况

单位：公顷

名称	二、成灾面积（续）							
	水灾		风雹灾		霜冻灾		病虫灾	
	2017年	2018年	2017年	2018年	2017年	2018年	2017年	2018年
全省	**23055**	**60301**	**114845**	**95632**	**36580**	**74305**	**44926**	**3994**
石家庄市（包含辛集市）	2602	8992	1831	39319		455		
石家庄市（不含辛集市）	2602	8992	1631	39319		455		
辛集市			200					
唐山市	1667	1152	7436	338				
秦皇岛市	679	2614	2455	165				
邯郸市	60	864	18094	473		2120		329
邢台市	465	20183	26524	14794		7445	44920	
保定市（包含定州市）	4192	5556	6365	9568		1215		
保定市（不含定州市）	4192	5556	6365	9568		1215		
定州市								
张家口市	2597	9077	23354	6081	33930	60942		945
承德市	7267	8525	14082	6201	2650	2128	6	
沧州市	2202	3011	4815	34				1600
廊坊市	1325	326	2563	229				1120
衡水市			7325	18431				

2-1-17续3 各市自然灾害情况

名　　称	三、绝收面积(公顷)		四、因灾损失情况					
			受灾人口(人)		死亡人口(人)		倒塌房屋(间)	
	2017年	2018年	2017年	2018年	2017年	2018年	2017年	2018年
全　　省	**42924**	**80785**	**7508181**	**5403077**	**6**	**4**	**499**	**498**
石家庄市（包含辛集市）	2779	1306	225678	684360	1		86	51
石家庄市（不含辛集市）	2779	1306	223677	684360	1		86	51
辛集市			2001					
唐 山 市	1291	229	345569	184414			37	15
秦皇岛市	575	1843	263736	499352	1		33	51
邯 郸 市	222	330	875993	449716		1		
邢 台 市	1040	6366	1108047	1143796			6	33
保 定 市（包含定州市）	2591	4311	637743	473735	1	2	36	20
保 定 市（不含定州市）	2591	4311	626333	351975	1	2	23	20
定州市			11410	121760			13	
张家口市	14948	46825	747336	551450	2	1	136	194
承 德 市	18557	3721	2236263	361546			144	89
沧 州 市	701	15252	648532	696178	1		12	17
廊 坊 市	170	518	107886	57787			9	22
衡 水 市	51	85	311398	300376				6

2-1-18 各市耕地面积

单位：公顷

名　　称	2010年	2015年	2017年	2018年
全　　省	**6551425**	**6525468**	**6518862**	**6523552**
石家庄市（包含辛集市）	578836	582901	581094	583064
石家庄市（不含辛集市）	522978	527645	525604	526650
辛集市	55857	55256	55490	56414
唐 山 市	561622	555720	558867	557942
秦皇岛市	190531	188650	188084	188171
邯 郸 市	673208	664565	663752	662957
邢 台 市	700042	694044	691611	693452
保 定 市（包含定州市）	807597	802148	801175	808897
保 定 市（不含定州市）	721144	716272	715519	722994
定州市	86453	85876	85657	85903
张家口市	922483	931729	932131	932927
承 德 市	402336	400031	399752	400461
沧 州 市	788471	785034	784228	776427
廊 坊 市	357834	356014	353949	353446
衡 水 市	568465	564632	564218	565807

2–2–1　各市粮食作物播种面积和产量

单位：公顷、公斤/公顷、吨

名　称	农作物总播种面积		一、粮　食　作　物					
			播种面积		播种单产		总　产　量	
	2017年	2018年	2017年	2018年	2017年	2018年	2017年	2018年
全　省	**8381695**	**8197129**	**6658515**	**6538677**	**5751**	**5660**	**38292469**	**37008601**
石家庄市（包含辛集市）	914686	911663	776710	773567	6582	6300	5112160	4873363
石家庄市（不含辛集市）	803779	801860	684297	681140	6508	6237	4453177	4247941
辛集市	110907	109803	92413	92427	7131	6767	658983	625421
唐 山 市	721668	710739	480089	472737	6016	5884	2888301	2781700
秦皇岛市	193644	197689	129005	131254	5862	5655	756596	742235
邯 郸 市	1008260	999757	820524	805829	6871	6555	5637588	5281970
邢 台 市	999701	977746	794783	782444	6072	5962	4826261	4665223
保 定 市（包含定州市）	1111857	1098157	926635	918726	6105	5962	5657324	5477381
保 定 市（不含定州市）	955274	936450	807312	799558	6014	5879	4854770	4700465
定州市	156583	161707	118966	119168	6746	6520	802553	776916
张家口市	718340	670404	524105	482165	3396	3792	1779861	1828387
承 德 市	367240	374433	275849	276130	4689	5072	1293347	1400509
沧 州 市	1024758	985989	904805	894913	4948	4855	4476816	4344627
廊 坊 市	423841	400928	307587	290121	5119	5081	1574479	1474213
衡 水 市	897702	869623	718779	710791	5968	5823	4289737	4138993

注：2017年起，粮、棉全省总数为上报数之和(下同)。

2–2–1续1　各市粮食作物播种面积和产量

单位：公顷、公斤/公顷、吨

名　称	#夏　收　粮　食					
	播种面积		播种单产		总　产　量	
	2017年	2018年	2017年	2018年	2017年	2018年
全　省	**2400525**	**2385067**	**6335**	**6149**	**15207570**	**14664741**
石家庄市（包含辛集市）	339986	348894	6875	6556	2337350	2287194
石家庄市（不含辛集市）	292022	301184	6826	6508	1993443	1959996
辛集市	47964	47710	7170	6858	343907	327198
唐 山 市	117099	116162	5599	5617	655680	652479
秦皇岛市	10429	14613	6713	5871	70005	85798
邯 郸 市	380174	375087	6873	6517	2613105	2444312
邢 台 市	367901	355284	6459	6378	2376432	2266094
保 定 市（包含定州市）	402821	400134	6420	6243	2585936	2498079
保 定 市（不含定州市）	340485	337605	6359	6192	2165202	2090351
定州市	62337	62529	6749	6521	420734	407728
张家口市						
承 德 市						
沧 州 市	379511	377868	5341	5272	2027135	1992299
廊 坊 市	63910	62587	5618	5538	359036	346618
衡 水 市	338695	334438	6445	6255	2182891	2091868

2-2-1续2　各市粮食作物播种面积和产量

单位：公顷、公斤/公顷、吨

名　　称	#秋收粮食					
	播种面积		播种单产		总　产　量	
	2017年	2018年	2017年	2018年	2017年	2018年
全　　省	**4257990**	**4153610**	**5422**	**5379**	**23084898**	**22343860**
石家庄市（包含辛集市）	436725	424673	5354	6090	2774810	2586169
石家庄市（不含辛集市）	392276	379956	6270	6022	2459734	2287946
辛集市	44449	44717	7088	6669	315076	298223
唐 山 市	362990	356575	6150	5971	2232442	2129221
秦皇岛市	118576	116641	5787	5628	686190	656437
邯 郸 市	440350	430742	6868	6588	3024533	2837658
邢 台 市	426882	427160	5739	5616	2449830	2399129
保 定 市（包含定州市）	523457	518592	5867	5745	3071371	2979302
保 定 市（不含定州市）	466828	461953	5762	5650	2689797	2610114
定州市	56629	56639	6742	6518	381819	369188
张家口市	524105	482165	3396	3792	1779960	1828387
承 德 市	275849	276130	4689	5072	1293547	1400509
沧 州 市	525294	517045	4663	4550	2449681	2352328
廊 坊 市	243677	227534	4988	4956	1215442	1127595
衡 水 市	380085	376353	5543	5439	2106846	2047125

2-2-1续3　各市粮食作物播种面积和产量

单位:公顷、公斤/公顷、吨

名　　称	（一）谷物合计					
	播种面积		播种单产		总　产　量	
	2017年	2018年	2017年	2018年	2017年	2018年
全　　省	**6356748**	**6196517**	**5780**	**5688**	**36745053**	**35248600**
石家庄市（包含辛集市）	751307	736607	6697	6456	5031538	4755442
石家庄市（不含辛集市）	662187	647413	6622	6398	4384910	4141861
辛集市	89120	89194	7256	6879	646628	613581
唐 山 市	461939	454730	6024	5896	2782907	2680940
秦皇岛市	106417	103647	5799	5747	617152	595682
邯 郸 市	811712	794136	6894	6592	5595040	5234860
邢 台 市	785871	768829	6090	5983	4785637	4599892
保 定 市（包含定州市）	902464	887083	6106	5965	5510598	5291484
保 定 市（不含定州市）	784463	769804	6012	5878	4716153	4525053
定州市	118001	117279	6733	6535	794445	766431
张家口市	423641	375777	3075	3457	1302772	1299088
承 德 市	220140	219495	4183	4478	920901	982902
沧 州 市	895032	882847	4960	4873	4439385	4302248
廊 坊 市	290881	272828	5205	5159	1514051	1407626
衡 水 市	707344	700538	6001	5850	4245071	4098436

2-2-1续4 各市粮食作物播种面积和产量

单位：公顷、公斤/公顷、吨

名　　称	1.稻　　谷					
	播种面积		播种单产		总　产　量	
	2017年	2018年	2017年	2018年	2017年	2018年
全　　省	**75020**	**78430**	**6722**	**6693**	**504308**	**524900**
石家庄市（包含辛集市）	109	21	2202	2667	240	56
石家庄市（不含辛集市）	109	21	2202	2667	240	56
辛集市						
唐 山 市	62624	62780	6933	6637	43182	416700
秦皇岛市	4970	7070	6015	7509	29897	53092
邯 郸 市	827	850	4376	6084	3619	5171
邢 台 市		569		5851		3329
保 定 市（包含定州市）	1671	1184	4721	7156	7890	8473
保 定 市（不含定州市）	1671	1184	4721	7156	7890	8473
定州市						
张家口市	677	638	4756	6682	3220	4263
承 德 市	4141	5237	6100	6352	25260	33268
沧 州 市						
廊 坊 市		81		6765		548
衡 水 市						

2-2-1续5 各市粮食作物播种面积和产量

单位:公顷、公斤/公顷、吨

名　　称	2.小　　麦					
	播种面积		播种单产		总　产　量	
	2017年	2018年	2017年	2018年	2017年	2018年
全　　省	**2373359**	**2357187**	**6338**	**6154**	**15041187**	**14507300**
石家庄市（包含辛集市）	338001	348409	6891	6561	2329041	2285796
石家庄市（不含辛集市）	290037	300699	6844	6513	1985134	1958598
辛集市	47964	47710	7170	6858	343907	327198
唐 山 市	108484	107328	5617	5597	609402	600688
秦皇岛市	3381	4196	6677	6378	22574	26762
邯 郸 市	379411	374943	6870	6517	2606495	2443373
邢 台 市	367508	354751	6461	6380	2374330	2263255
保 定 市（包含定州市）	395849	393459	6410	6251	2537342	2459323
保 定 市（不含定州市）	334259	331801	6352	6200	2123374	2057006
定州市	61591	61658	6721	6525	413968	402317
张家口市						
承 德 市						
沧 州 市	378716	377868	5343	5272	2023544	1992299
廊 坊 市	63641	61795	5624	5566	357902	343936
衡 水 市	338367	334438	6444	6255	2180557	2091868

2-2-1续6 各市粮食作物播种面积和产量

单位：公顷、公斤/公顷、吨

名　　称	(1) 冬 小 麦					
	播种面积		播种单产		总 产 量	
	2017年	2018年	2017年	2018年	2017年	2018年
全　　省	**2364092**	**2347927**	**6342**	**6159**	**14993834**	**14460900**
石家庄市（包含辛集市）	338001	348409	6891	6561	2329041	2285796
石家庄市（不含辛集市）	290037	300699	6844	6513	1985134	1958598
辛集市	47964	47710	7170	6858	343907	327198
唐 山 市	99442	98394	5662	5650	563065	555934
秦皇岛市	3160	3883	6827	6483	21574	25172
邯 郸 市	379411	374943	6870	6517	2606495	2443373
邢 台 市	367508	354751	6461	6380	2374330	2263255
保 定 市（包含定州市）	395849	393459	6410	6251	2537342	2459323
保 定 市（不含定州市）	334259	331801	6352	6200	2123374	2057006
定州市	61591	61658	6721	6525	413968	402317
张家口市						
承 德 市						
沧 州 市	378716	377868	5343	5272	2023544	1992299
廊 坊 市	63638	61782	5624	5566	357887	343880
衡 水 市	338367	334438	6444	6255	2180557	2091868

2-2-1续7 各市粮食作物播种面积和产量

单位：公顷、公斤/公顷、吨

名　　称	(2) 春 小 麦					
	播种面积		播种单产		总 产 量	
	2017年	2018年	2017年	2018年	2017年	2018年
全　　省	**9267**	**9260**	**5110**	**5011**	**47352**	**46400**
石家庄市（包含辛集市）						
石家庄市（不含辛集市）						
辛集市						
唐 山 市	9043	8934	5124	5009	46337	44754
秦皇岛市	221	313	4517	5080	1000	1590
邯 郸 市						
邢 台 市						
保 定 市（包含定州市）						
保 定 市（不含定州市）						
定州市						
张家口市						
承 德 市						
沧 州 市						
廊 坊 市	3	13	5448	4308	15	56
衡 水 市						

2-2-1续8　各市粮食作物播种面积和产量

单位：公顷、公斤/公顷、吨

名　　称	3.玉　　米					
	播种面积		播种单产		总　产　量	
	2017年	2018年	2017年	2018年	2017年	2018年
全　　省	**3544058**	**3437740**	**5743**	**5647**	**20354766**	**19411500**
石家庄市（包含辛集市）	405233	381093	6622	6441	2683340	2454782
石家庄市（不含辛集市）	365346	340880	6522	6366	2382619	2170060
辛集市	39886	40213	7539	7080	300721	284722
唐 山 市	287246	281567	6007	5870	1725569	1652713
秦皇岛市	92523	84608	5874	5678	543442	480443
邯 郸 市	402988	390806	7135	6866	2875338	2683291
邢 台 市	397188	390904	5845	5717	2321597	2234896
保 定 市（包含定州市）	499330	486706	5897	5764	2944691	2805257
保 定 市（不含定州市）	442986	431283	5789	5662	2564620	2441915
定州市	56343	55423	6746	6556	380071	363342
张家口市	190538	183900	4636	5085	883300	935063
承 德 市	166968	167159	4627	4923	772480	822917
沧 州 市	511786	499004	4691	4589	2400847	2289715
廊 坊 市	225322	209211	5103	5048	1149860	1055997
衡 水 市	364937	362782	5629	5503	2054304	1996426

2-2-1续9　各市粮食作物播种面积和产量

单位：公顷、公斤/公顷、吨

名　　称	4.谷　　子					
	播种面积		播种单产		总　产　量	
	2017年	2018年	2017年	2018年	2017年	2018年
全　　省	**127203**	**118370**	**3534**	**3684**	**449593**	**436100**
石家庄市（包含辛集市）	6989	7035	2074	2077	14495	14613
石家庄市（不含辛集市）	5720	5764	2185	2247	12495	12952
辛集市	1270	1271	1575	1307	2000	1661
唐 山 市	3422	2617	3849	3676	13171	9619
秦皇岛市	4046	5536	3642	4176	14735	23119
邯 郸 市	28306	27350	3859	3753	109237	102642
邢 台 市	21102	22546	4239	4356	89452	98216
保 定 市（包含定州市）	5532	5164	3652	3147	20206	16252
保 定 市（不含定州市）	5532	5141	3652	3147	20206	16177
定州市		23		3261		75
张家口市	30039	26844	2973	3419	89297	91793
承 德 市	18573	15645	3887	4027	72194	62998
沧 州 市	4271	2345	3362	3117	14360	7309
廊 坊 市	1063	457	2302	2387	2447	1091
衡 水 市	3860	2831	2591	2984	10000	8448

2-2-1续10　各市粮食作物播种面积和产量

单位：公顷、公斤/公顷、吨

名　称	5.高　粱					
	播种面积		播种单产		总　产　量	
	2017年	2018年	2017年	2018年	2017年	2018年
全　省	**2414**	**9780**	**3537**	**3896**	**8538**	**38100**
石家庄市（包含辛集市）	25	14	2453	2214	62	31
石家庄市（不含辛集市）	25	14	2453	2214	62	31
辛集市						
唐 山 市	133	388	3591	2655	479	1030
秦皇岛市	39	281	4103	3950	160	1110
邯 郸 市	166	187	1956	2048	325	383
邢 台 市	59	53	2814	3132	166	166
保 定 市（包含定州市）	80	458	5838	3707	467	1698
保 定 市（不含定州市）	13	283	4695	3537	61	1001
定州市	67	175	6060	3983	406	697
张家口市	271	1137	2952	3022	800	3436
承 德 市	716	2028	4450	5077	3186	10296
沧 州 市	245	3579	2400	3588	588	12843
廊 坊 市	527	1191	4224	4635	2226	5520
衡 水 市	152	464	526	3420	80	1587

2-2-1续11　各市粮食作物播种面积和产量

单位：公顷、公斤/公顷、吨

名　称	6.其他谷物					
	播种面积		播种单产		总　产　量	
	2017年	2018年	2017年	2018年	2017年	2018年
全　省	**234694**	**72383**	**1648**	**2151**	**386661**	**155680**
石家庄市（包含辛集市）	950	35	4591	4686	4361	164
石家庄市（不含辛集市）	950	35	4591	4686	4361	164
辛集市						
唐 山 市	30	50	3500	3800	105	190
秦皇岛市	1458	1956	4351	5703	6344	11156
邯 郸 市	13		2000		26	
邢 台 市	14	6	6571	5000	92	30
保 定 市（包含定州市）	1	112	3000	4286	3	480
保 定 市（不含定州市）	1	112	3000	4286	3	480
定州市						
张家口市	202115	52847	1614	2066	326155	109174
承 德 市	29742	17210	1607	1962	47782	33764
沧 州 市	13	51	3538	1608	46	82
廊 坊 市	328	93	4927	5731	1616	533
衡 水 市	29	23	4517	4652	131	107

2–2–1续12　各市粮食作物播种面积和产量

单位：公顷、公斤/公顷、吨

名　　称	#大　麦					
	播种面积		播种单产		总　产　量	
	2017年	2018年	2017年	2018年	2017年	2018年
全　　省	**149**	**7**	**4530**	**2857**	**675**	**20**
石家庄市（包含辛集市）						
石家庄市（不含辛集市）						
辛集市						
唐 山 市	9		5556		50	
秦皇岛市						
邯 郸 市						
邢 台 市						
保 定 市（包含定州市）						
保 定 市（不含定州市）						
定州市						
张家口市	1	7	2000	2857	2	20
承 德 市						
沧 州 市						
廊 坊 市	140		4450		623	
衡 水 市						

2–2–1续13　各市粮食作物播种面积和产量

单位：公顷、公斤/公顷、吨

名　　称	#燕　麦（莜麦）					
	播种面积		播种单产		总　产　量	
	2017年	2018年	2017年	2018年	2017年	2018年
全　　省	**115792**	**113960**	**1391**	**1407**	**161085**	**160300**
石家庄市（包含辛集市）						
石家庄市（不含辛集市）						
辛集市						
唐 山 市						
秦皇岛市						
邯 郸 市						
邢 台 市						
保 定 市（包含定州市）						
保 定 市（不含定州市）						
定州市						
张家口市	104225	103096	1361	1379	141800	142145
承 德 市	11567	10864	1667	1671	19285	18155
沧 州 市						
廊 坊 市						
衡 水 市						

2-2-1续14　各市粮食作物播种面积和产量

单位：公顷、公斤/公顷、吨

名　　称	#荞　　麦					
	播种面积		播种单产		总　产　量	
	2017年	2018年	2017年	2018年	2017年	2018年
全　　省	**2572**	**8660**	**1261**	**1697**	**3243**	**14700**
石家庄市（包含辛集市）	10		2261		21	
石家庄市（不含辛集市）	10		2261		21	
辛集市						
唐 山 市						
秦皇岛市						
邯 郸 市						
邢 台 市						
保 定 市（包含定州市）	…	…	2213	2213	1	1
保 定 市（不含定州市）	…	…	2213	2213	1	1
定州市						
张家口市	1341	7308	1268	1805	1700	13194
承 德 市	1221	1352	1246	1112	1521	1504
沧 州 市						
廊 坊 市						
衡 水 市						

2-2-1续15　各市粮食作物播种面积和产量

单位：公顷、公斤/公顷、吨

名　　称	(二)豆　类　合　计					
	播种面积		播种单产		总　产　量	
	2017年	2018年	2017年	2018年	2017年	2018年
全　　省	**90121**	**115970**	**2311**	**2426**	**208295**	**281300**
石家庄市（包含辛集市）	15465	25183	1861	2044	28774	51465
石家庄市（不含辛集市）	13784	23630	1864	2097	25688	49560
辛集市	1681	1553	1836	1227	3087	1905
唐 山 市	5231	5509	3067	3150	16044	17352
秦皇岛市	3481	6475	2128	2818	7406	18245
邯 郸 市	4482	5918	2542	2169	11395	12837
邢 台 市	5214	7616	3322	3006	17322	22896
保 定 市（包含定州市）	4421	8351	3230	2980	14281	24884
保 定 市（不含定州市）	4287	7670	3204	2968	13735	22762
定州市	134	681	4075	3116	546	2122
张家口市	21289	22839	1454	2014	30947	46000
承 德 市	3946	6091	2989	2765	11794	16842
沧 州 市	6663	9205	2332	2395	15539	22049
廊 坊 市	11297	11504	2620	2524	29596	29041
衡 水 市	8633	7279	2919	2705	25198	19689

2-2-1续16　各市粮食作物播种面积和产量

单位：公顷、公斤/公顷、吨

名　　称	#大　豆					
	播种面积		播种单产		总　产　量	
	2017年	2018年	2017年	2018年	2017年	2018年
全　　省	**70100**	**87570**	**2434**	**2424**	**170625**	**212300**
石家庄市（包含辛集市）	14963	24646	1873	2135	28028	52616
石家庄市（不含辛集市）	13282	23093	1878	2113	24941	48806
辛集市	1681	1553	1836	1227	3087	1905
唐 山 市	3802	3657	3358	3064	12767	11204
秦皇岛市	2590	4781	2568	2840	6650	13580
邯 郸 市	4197	4987	2468	2204	10360	10989
邢 台 市	4905	6329	3310	3100	16236	19617
保 定 市（包含定州市）	4050	6605	3226	2944	13065	19444
保 定 市（不含定州市）	3916	6054	3197	2920	12519	17678
定州市	134	551	4075	3205	546	1766
张家口市	9029	7244	1218	1373	10996	9945
承 德 市	3550	5054	3052	2887	10835	14593
沧 州 市	6112	8591	2366	2463	14463	21160
廊 坊 市	10339	10215	2637	2515	27263	25686
衡 水 市	6564	5461	3041	2815	19962	15371

2-2-1续17　各市粮食作物播种面积和产量

单位：公顷、公斤/公顷、吨

名　　称	#绿　豆					
	播种面积		播种单产		总　产　量	
	2017年	2018年	2017年	2018年	2017年	2018年
全　　省	**6875**	**10460**	**1549**	**1711**	**10650**	**17900**
石家庄市（包含辛集市）	265	295	1935	1817	513	536
石家庄市（不含辛集市）	265	295	1935	1817	513	536
辛集市						
唐 山 市	78	167	3925	3060	306	511
秦皇岛市	1	105	2992	2333	4	245
邯 郸 市	110	845	2300	1907	253	1611
邢 台 市	169	1271	4083	2549	690	3240
保 定 市（包含定州市）	214	546	3332	3548	713	1937
保 定 市（不含定州市）	214	535	3332	3578	713	1914
定州市		11		2091		23
张家口市	4895	5731	1057	1142	5175	6547
承 德 市	71	391	3169	2133	225	834
沧 州 市	231	375	2550	1592	589	597
廊 坊 市	177	149	1644	1268	291	189
衡 水 市	665	585	2844	2826	1891	1653

2−2−1续18　各市粮食作物播种面积和产量

单位：公顷、公斤/公顷、吨

名　　称	#红　小　豆					
	播种面积		播种单产		总　产　量	
	2017年	2018年	2017年	2018年	2017年	2018年
全　　省	**3455**	**4620**	**1679**	**1732**	**5800**	**8000**
石家庄市（包含辛集市）	233	239	961	883	224	211
石家庄市（不含辛集市）	233	239	961	883	224	211
辛集市						
唐 山 市	229	248	1646	2008	377	498
秦皇岛市	28	295	1429	1929	40	569
邯 郸 市	19	42	1105	1357	21	57
邢 台 市	6	7	1700	2000	10	14
保 定 市（包含定州市）	95	211	1758	2744	167	567
保 定 市（不含定州市）	95	205	1758	2707	167	555
定州市		6		2000		12
张家口市	734	1559	891	1400	654	2182
承 德 市	139	371	1705	1978	237	734
沧 州 市	303	239	1406	1222	426	292
廊 坊 市	265	176	1130	1199	299	211
衡 水 市	1404	1233	2382	2161	3345	2665

2−2−1续19　各市粮食作物播种面积和产量

单位：公顷、公斤/公顷、吨

名　　称	(三)薯　类　合　计					
	播种面积		播种单产		总　产　量	
	2017年	2018年	2017年	2018年	2017年	2018年
全　　省	**211647**	**226190**	**31636**	**32687**	**6695607**	**7393500**
石家庄市（包含辛集市）	9938	11777	26086	28214	259238	332277
石家庄市（不含辛集市）	8327	10097	25568	27989	212897	282600
辛集市	1612	1680	28748	29570	46341	49677
唐 山 市	12920	12498	34510	33368	445862	417039
秦皇岛市	19107	21132	34447	30359	658187	641539
邯 郸 市	4331	5775	36026	29674	156015	171365
邢 台 市	3698	5999	31508	35369	116515	212177
保 定 市（包含定州市）	19394	23292	34205	34564	663370	805061
保 定 市（不含定州市）	18563	22084	33699	34561	625559	763250
定州市	831	1208	45501	34612	37811	41811
张家口市	79175	83549	28181	28923	2231205	2416494
承 德 市	51764	50544	34856	39645	1804260	2003826
沧 州 市	3110	2861	35196	35529	109461	101649
廊 坊 市	5408	5789	28502	32429	154155	187732
衡 水 市	2802	2974	34739	35084	97340	104341

2-2-1续20　各市粮食作物播种面积和产量

单位：公顷、公斤/公顷、吨

名　称	1.马铃薯					
	播种面积		播种单产		总产量	
	2017年	2018年	2017年	2018年	2017年	2018年
全　省	**162830**	**163130**	**31541**	**32507**	**5135811**	**5302800**
石家庄市（包含辛集市）	2768	2266	23147	20902	64072	47364
石家庄市（不含辛集市）	2768	2266	23147	20902	64072	47364
辛集市						
唐山市	8724	7972	32926	31421	287244	250492
秦皇岛市	6398	8679	38248	30797	244711	267284
邯郸市	1515	1010	43272	30085	65575	30386
邢台市	1032	1217	29969	31352	30920	38155
保定市（包含定州市）	8651	7776	36367	32302	314602	251182
保定市（不含定州市）	7905	6905	35520	32459	280774	224129
定州市	746	871	45347	31060	33829	27053
张家口市	79167	83271	28181	28932	2231037	2409158
承德市	51547	49740	34844	39521	1796080	1965774
沧州市	1489	313	34512	44217	51372	13840
廊坊市	696	272	26321	19070	18320	5187
衡水市	844	614	37772	39052	31880	23978

2-2-1续21　各市粮食作物播种面积和产量

单位：公顷、公斤/公顷、吨

名　称	2.甘薯					
	播种面积		播种单产		总产量	
	2017年	2018年	2017年	2018年	2017年	2018年
全　省	**48816**	**63060**	**31952**	**33154**	**1559796**	**2090700**
石家庄市（包含辛集市）	7170	9511	27220	29956	195166	284913
石家庄市（不含辛集市）	5559	7831	26772	30039	148825	235236
辛集市	1612	1680	28748	29570	46341	49677
唐山市	4196	4526	37802	36798	158618	166547
秦皇岛市	12709	12453	32534	30053	415476	374255
邯郸市	2815	4765	32128	29586	90439	140979
邢台市	2666	4782	32106	36391	85595	174022
保定市（包含定州市）	10743	15516	32465	35697	346768	553879
保定市（不含定州市）	10658	15179	32350	35518	342785	539121
定州市	85	337	46858	43792	3983	14758
张家口市	8	278	20849	26388	168	7336
承德市	217	804	37696	47328	8180	38052
沧州市	1621	2548	35836	34462	58089	87809
廊坊市	4712	5517	28827	33088	135835	182545
衡水市	1958	2360	33432	34052	65460	80363

2-2-2 各市油料播种面积和产量

单位：公顷、公斤/公顷、吨

名称	油料作物					
	播种面积		播种单产		总产量	
	2017年	2018年	2017年	2018年	2017年	2018年
全省	**394587**	**367876**	**3279**	**3300**	**1293984**	**1213849**
石家庄市（包含辛集市）	40794	39005	3518	3203	143527	124920
石家庄市（不含辛集市）	34149	33453	3307	2974	112915	99478
辛集市	6645	5552	4607	4582	30612	25442
唐山市	79534	77844	4171	4119	331768	320656
秦皇岛市	23808	23107	3496	3541	83229	81826
邯郸市	33103	34000	3816	3768	126328	128100
邢台市	37196	40133	3463	3414	128794	137004
保定市（包含定州市）	37675	37592	3886	3866	146387	145317
保定市（不含定州市）	32324	32013	3807	3823	123041	122393
定州市	5351	5579	4363	4109	23346	22924
张家口市	74866	58355	1548	1590	115912	92761
承德市	10815	12051	2447	2050	26468	24704
沧州市	16743	11587	3017	3225	50510	37374
廊坊市	11790	10753	2617	2707	30849	29110
衡水市	28263	23447	3899	3927	110212	92077

2-2-2续1 各市油料播种面积和产量

单位：公顷、公斤/公顷、吨

名称	#花生					
	播种面积		播种单产		总产量	
	2017年	2018年	2017年	2018年	2017年	2018年
全省	**266788**	**258078**	**3876**	**3815**	**1034076**	**984526**
石家庄市（包含辛集市）	36278	34492	3631	3291	131740	113525
石家庄市（不含辛集市）	30571	29870	3413	3056	104343	91278
辛集市	5708	4622	4800	4813	27397	22247
唐山市	79296	77633	4176	4124	331103	320123
秦皇岛市	22616	22012	3562	3597	80565	79181
邯郸市	28128	28329	4052	4047	113968	114643
邢台市	24826	26049	3566	3544	88531	92323
保定市（包含定州市）	35182	34805	3929	3914	138214	136233
保定市（不含定州市）	29964	29517	3853	3875	115461	114378
定州市	5218	5288	4361	4133	22753	21855
张家口市	274	248	2423	3028	665	751
承德市	179	219	3139	3568	562	783
沧州市	9939	8196	3682	3644	36594	29867
廊坊市	8861	8579	2654	2746	23519	23555
衡水市	21208	17516	4178	4198	88616	73542

2-2-2续2 各市油料播种面积和产量

单位：公顷、公斤/公顷、吨

名 称	#油菜籽					
	播种面积		播种单产		总产量	
	2017年	2018年	2017年	2018年	2017年	2018年
全 省	**24516**	**19425**	**1700**	**1752**	**41681**	**34034**
石家庄市（包含辛集市）	2129	1853	2464	2422	5245	4488
石家庄市（不含辛集市）	1925	1656	2169	2087	4175	3456
辛集市	204	197	5250	5237	1070	1032
唐山市	21	5	2329	3230	49	17
秦皇岛市	19	24	1890	2287	37	54
邯郸市	2915	3398	1884	1918	5493	6518
邢台市	1603	2769	1958	1763	3139	4883
保定市（包含定州市）	313	225	2438	2512	764	565
保定市（不含定州市）	313	224	2438	2510	764	562
定州市		1		3506		3
张家口市	9775	4787	1064	1056	10401	5057
承德市	1987	3606	2128	1638	4228	5906
沧州市	3736	1345	2071	2374	7736	3195
廊坊市	19	13	1904	3035	36	40
衡水市	1998	1400	2279	2365	4553	3311

2-2-2续3 各市油料播种面积和产量

单位：公顷、公斤/公顷、吨

名 称	#芝麻					
	播种面积		播种单产		总产量	
	2017年	2018年	2017年	2018年	2017年	2018年
全 省	**1407**	**1616**	**1423**	**1336**	**2002**	**2159**
石家庄市（包含辛集市）	40	39	896	803	36	31
石家庄市（不含辛集市）	39	39	893	803	35	31
辛集市			1200			
唐山市	54	56	1696	1682	91	94
秦皇岛市	2	11	2107	1534	4	17
邯郸市	308	502	1437	1729	443	868
邢台市	185	156	1462	1600	271	249
保定市（包含定州市）	73	5	1560	1610	114	9
保定市（不含定州市）	73	5	1560	1610	114	9
定州市						
张家口市		107		110		12
承德市	4	36	1255	1444	5	51
沧州市	154	100	2028	1228	313	122
廊坊市	228	240	812	852	185	205
衡水市	358	365	1509	1371	539	501

2-2-2续4 各市油料播种面积和产量

单位：公顷、公斤/公顷、吨

名 称	#胡 麻 籽					
	播种面积		播种单产		总 产 量	
	2017年	2018年	2017年	2018年	2017年	2018年
全 省	**38086**	**35659**	**1001**	**958**	**38123**	**34167**
石家庄市（包含辛集市）						
石家庄市（不含辛集市）						
辛集市						
唐 山 市						
秦皇岛市						
邯 郸 市		…		311		…
邢 台 市						
保 定 市（包含定州市）	3		2985		10	
保 定 市（不含定州市）	3		2985		10	
定州市						
张家口市	37326	33776	1004	961	37469	32464
承 德 市	756	1878	852	907	644	1703
沧 州 市						
廊 坊 市						
衡 水 市						

2-2-2续5 各市油料播种面积和产量

单位：公顷、公斤/公顷、吨

名 称	#葵 花 籽					
	播种面积		播种单产		总 产 量	
	2017年	2018年	2017年	2018年	2017年	2018年
全 省	**62077**	**51752**	**2806**	**3019**	**174176**	**156256**
石家庄市（包含辛集市）	2300	2575	2813	2656	6472	6840
石家庄市（不含辛集市）	1567	1842	2761	2540	4327	4677
辛集市	733	734	2926	2949	2145	2163
唐 山 市	139	123	3410	2968	473	366
秦皇岛市	1168	1055	2242	2434	2619	2568
邯 郸 市	1561	1722	3709	3445	5791	5932
邢 台 市	10417	10996	3475	3534	36194	38858
保 定 市（包含定州市）	2086	2551	3470	3325	7240	8483
保 定 市（不含定州市）	1953	2261	3405	3280	6649	7417
定州市	133	290	4427	3678	590	1066
张家口市	27489	19328	2451	2813	67372	54369
承 德 市	7783	5679	2566	2588	19971	14694
沧 州 市	1781	1660	2540	2506	4525	4160
廊 坊 市	2678	1921	2650	2765	7098	5311
衡 水 市	4674	4144	3513	3541	16422	14674

2–2–3 各市棉花播种面积和产量

单位：公顷、公斤/公顷、吨

名　称	棉　花					
	播种面积		播种单产		总　产　量	
	2017年	2018年	2017年	2018年	2017年	2018年
全　省	**220648**	**210387**	**1088**	**1137**	**240000**	**239273**
石家庄市（包含辛集市）	1621	1272	914	909	1482	1156
石家庄市（不含辛集市）	523	418	812	788	424	329
辛集市	1098	854	963	969	1058	827
唐 山 市	12699	11468	1090	1202	13846	13786
秦皇岛市	64	38	1151	1130	74	43
邯 郸 市	40605	45433	1176	1229	47734	55826
邢 台 市	80687	80833	1074	1152	86697	93141
保 定 市（包含定州市）	855	739	973	981	832	725
保 定 市（不含定州市）	841	729	975	982	820	716
定州市	14	10		906	12	9
张家口市						
承 德 市						
沧 州 市	19720	17210	1099	1081	21667	18607
廊 坊 市	9374	3593	1022	1013	9583	3641
衡 水 市	55024	49801	1056	1051	58084	52347

2–2–4 各市生麻播种面积和产量

单位：公顷、公斤/公顷、吨

名　称	麻　类　合　计					
	播种面积		播种单产		总　产　量	
	2017年	2018年	2017年	2018年	2017年	2018年
全　省	**2**	**5**	**1379**	**1420**	**3**	**8**
石家庄市（包含辛集市）						
石家庄市（不含辛集市）						
辛集市						
唐 山 市	1	1	2197	2055	1	2
秦皇岛市						
邯 郸 市		3		1064		3
邢 台 市						
保 定 市（包含定州市）						
保 定 市（不含定州市）						
定州市						
张家口市		1		1493		1
承 德 市	1	1	1014	1795	2	2
沧 州 市						
廊 坊 市						
衡 水 市						

2-2-5 各市甜菜播种面积和产量

单位：公顷、公斤/公顷、吨

名　　称	甜　　菜					
	播种面积		播种单产		总　产　量	
	2017年	2018年	2017年	2018年	2017年	2018年
全　　省	**12195**	**18128**	**51238**	**51914**	**624863**	**941089**
石家庄市（包含辛集市）						
石家庄市（不含辛集市）						
辛集市						
唐 山 市						
秦皇岛市						
邯 郸 市						
邢 台 市						
保 定 市（包含定州市）						
保 定 市（不含定州市）						
定州市						
张家口市	12119	18015	51203	51887	620543	934747
承 德 市	76	113	56840	56120	4320	6342
沧 州 市						
廊 坊 市						
衡 水 市						

2-2-6 各市烟叶播种面积和产量

单位：公顷、公斤/公顷、吨

名　　称	烟　叶　合　计					
	播种面积		播种单产		总　产　量	
	2017年	2018年	2017年	2018年	2017年	2018年
全　　省	**1347**	**1351**	**1656**	**2459**	**2231**	**3321**
石家庄市（包含辛集市）	14	14	2028	2021	28	28
石家庄市（不含辛集市）	14	14	2028	2021	28	28
辛集市						
唐 山 市	12	54	3505	2136	43	115
秦皇岛市		…		4000		…
邯 郸 市						
邢 台 市						
保 定 市（包含定州市）	73	77	1217	1223	89	94
保 定 市（不含定州市）	73	77	1217	1223	89	94
定州市						
张家口市	1247	1200	1659	2562	2069	3074
承 德 市	1	6	1582	1595	2	10
沧 州 市						
廊 坊 市						
衡 水 市						

2-2-6续 各市烟叶播种面积和产量

单位：公顷、公斤/公顷、吨

名称	#烤烟					
	播种面积		播种单产		总产量	
	2017年	2018年	2017年	2018年	2017年	2018年
全省	**1335**	**1288**	**1639**	**2479**	**2187**	**3192**
石家庄市（包含辛集市）	14	14	2006	1999	28	28
石家庄市（不含辛集市）	14	14	2006	1999	28	28
辛集市						
唐山市						
秦皇岛市						
邯郸市						
邢台市						
保定市（包含定州市）	73	73	1214	1211	89	89
保定市（不含定州市）	73	73	1214	1211	89	89
定州市						
张家口市	1247	1200	1660	2562	2069	3074
承德市	1	1	1550	1642	1	1
沧州市						
廊坊市						
衡水市						

2-2-7 各市药材及其他农作物播种面积和产量

名称	药材				#甘草			
	播种面积（公顷）		药材产量（吨）		播种面积（公顷）		产量（吨）	
	2017年	2018年	2017年	2018年	2017年	2018年	2017年	2018年
全省	**74874**	**85499**	**473373**	**524306**	**263**	**233**	**2022**	**2210**
石家庄市（包含辛集市）	2340	4112	13155	25575	13	8	86	22
石家庄市（不含辛集市）	2207	3943	12446	24651	13	8	86	22
辛集市	133	169	710	924				
唐山市	1689	1658	12779	10128	8	10	168	215
秦皇岛市	3434	3550	82866	87785				
邯郸市	14485	15827	17797	19256	1	1	25	25
邢台市	17211	18855	71911	77629				
保定市（包含定州市）	15301	15443	124172	126619	144	157	1230	1336
保定市（不含定州市）	12180	11973	77107	74928	144	157	1230	1336
定州市	3121	3470	47065	51691				
张家口市	4256	2966	13183	8875	27		61	
承德市	15352	21468	127214	153823	15	23	158	365
沧州市	306	459	1754	2301	43	21	94	47
廊坊市	308	425	1502	1361	13	13	200	200
衡水市	191	736	7039	10953				

2-2-7续 各市药材及其他农作物播种面积和产量

名称	枸杞				其他农作物播种面积（包括花卉种植面积）（公顷）		#青饲料	
	播种面积（公顷）		产量（吨）					
	2017年	2018年	2017年	2018年	2017年	2018年	2017年	2018年
全省	**4637**	**5629**	**32788**	**36442**	**200204**	**113747**	**115018**	**71026**
石家庄市（包含辛集市）	167	194	757	942	23786	16087	18333	10247
石家庄市（不含辛集市）	34	25	61	46	22386	14687	17511	8847
辛集市	133	169	696	896	1400	1400	821	1400
唐山市			1		26004	20222	15921	11847
秦皇岛市	473	464	16990	17643	4179	3605	2642	455
邯郸市		3		12	10281	2639		13
邢台市	3666	3561	13924	12564	17725	994	7062	361
保定市（包含定州市）	28	13	85	65	29148	22397	13349	6148
保定市（不含定州市）	28	13	85	65	15402	6263	8246	1399
定州市					13746	16134	5103	4749
张家口市	48	79	140	229	32425	26575	31494	25877
承德市	220	1270	813	4883	9166	5320	7919	3905
沧州市	26	36	54	79	26890	5065	3944	3624
廊坊市	3	3	15	15	3447	3104	2051	1057
衡水市	6	5	10	10	17152	7738	12304	7490

2-2-8 各市蔬菜播种面积和产量

单位：公顷、公斤/公顷、吨

名称	蔬菜(含食用菌)					
	播种面积		播种单产		总产量	
	2017年	2018年	2017年	2018年	2017年	2018年
全省	**748581**	**787609**	**67575**	**65445**	**50585300**	**51544955**
石家庄市（包含辛集市）	65709	73230	88377	79700	5807211	5836442
石家庄市（不含辛集市）	56572	63902	86955	78629	4919235	5024539
辛集市	9137	9328	97183	87038	887976	811903
唐山市	113388	118684	80923	79336	9175698	9415914
秦皇岛市	32152	34961	74380	70798	2391472	2475175
邯郸市	83494	90260	58362	56456	4872914	5095708
邢台市	48535	50766	56640	56597	2749047	2873205
保定市（包含定州市）	86551	87275	65225	63802	5645261	5568368
保定市（不含定州市）	71465	70285	63762	61985	4556732	4356657
定州市	15086	16990	72156	71320	1088529	1211711
张家口市	68859	79405	73617	67954	5069145	5395953
承德市	54859	58100	62678	64232	3438481	3731868
沧州市	48691	47681	71392	67390	3476148	3213176
廊坊市	81433	83142	62071	60811	5054599	5055995
衡水市	64910	64105	44759	44976	2905324	2883151

2–2–8续1 各市蔬菜播种面积和产量

单位：公顷、公斤/公顷、吨

名称	1.叶菜类					
	播种面积		播种单产		总产量	
	2017年	2018年	2017年	2018年	2017年	2018年
全省	**62635**	**56987**	**54586**	**52635**	**3418990**	**2999508**
石家庄市（包含辛集市）	7602	7970	73404	62061	558007	494608
石家庄市（不含辛集市）	6797	7175	73650	61487	500593	441146
辛集市	805	795	71329	67248	57414	53462
唐山市	7555	7043	62481	60582	472067	426677
秦皇岛市	2349	2056	55993	54804	131518	112677
邯郸市	8879	9324	53401	54340	474148	506667
邢台市	4031	4111	40391	40344	162805	165855
保定市（包含定州市）	5968	5897	61042	50145	364300	295691
保定市（不含定州市）	4767	4571	62126	49117	296153	224496
定州市	1201	1326	56737	53692	68147	71195
张家口市	3157	4767	80480	68099	254088	324628
承德市	4008	3292	38640	35579	154852	117125
沧州市	4373	2970	48045	51329	210113	152432
廊坊市	9761	5955	44665	44068	435949	262422
衡水市	4952	3603	40615	39058	201143	140727

2–2–8续2 各市蔬菜播种面积和产量

单位：公顷、公斤/公顷、吨

名称	#芹菜					
	播种面积		播种单产		总产量	
	2017年	2018年	2017年	2018年	2017年	2018年
全省	**17153**	**18828**	**64933**	**63709**	**1113802**	**1199535**
石家庄市（包含辛集市）	1137	1179	84666	72897	96291	85953
石家庄市（不含辛集市）	1057	1093	84670	71111	89503	77732
辛集市	80	86	84611	95817	6788	8221
唐山市	2864	2867	70979	71865	203318	206058
秦皇岛市	832	821	65848	69761	54774	57257
邯郸市	2948	3084	69012	72788	203430	224509
邢台市	795	806	45580	45887	36231	36969
保定市（包含定州市）	1590	1621	68681	49286	109174	79875
保定市（不含定州市）	1412	1446	70018	48222	98855	69711
定州市	178	175	58062	58063	10319	10164
张家口市	1586	3127	89351	76321	141744	238659
承德市	1051	1017	45770	41792	48111	42498
沧州市	1323	1267	56407	61387	74620	77793
廊坊市	2157	2237	50037	50916	107935	113880
衡水市	870	802	43887	44967	38175	36084

2-2-8续3 各市蔬菜播种面积和产量

单位：公顷、公斤/公顷、吨

名 称	#油 菜					
	播种面积		播种单产		总 产 量	
	2017年	2018年	2017年	2018年	2017年	2018年
全 省	**8123**	**9723**	**50072**	**42988**	**406750**	**417973**
石家庄市（包含辛集市）	1428	1747	74220	54287	105996	94858
石家庄市（不含辛集市）	1234	1547	75202	54309	92814	84034
辛集市	194	200	67973	54120	13182	10824
唐 山 市	1162	1106	53782	50759	62494	56139
秦皇岛市	294	330	37299	37170	10984	12266
邯 郸 市	1191	1485	42068	41011	50108	60902
邢 台 市	218	222	29870	28500	6511	6327
保 定 市（包含定州市）	657	865	46724	37808	30715	32723
保 定 市（不含定州市）	555	733	45103	35661	25019	26157
定州市	103	132	55482	49742	5696	6566
张家口市	420	813	72957	42737	30648	34745
承 德 市	722	750	35788	34324	25824	25743
沧 州 市	476	480	39942	42306	19026	20314
廊 坊 市	1018	1389	42412	37495	43156	52081
衡 水 市	537	535	39663	40888	21287	21875

2-2-8续4 各市蔬菜播种面积和产量

单位：公顷、公斤/公顷、吨

名 称	#菠 菜					
	播种面积		播种单产		总 产 量	
	2017年	2018年	2017年	2018年	2017年	2018年
全 省	**26337**	**28436**	**50665**	**48601**	**1334358**	**1382000**
石家庄市（包含辛集市）	4570	5043	68851	62222	314665	313796
石家庄市（不含辛集市）	4089	4534	68654	61616	280759	279379
辛集市	481	509	70523	67617	33907	34417
唐 山 市	3081	3070	58543	53577	180387	164480
秦皇岛市	902	905	49821	47684	44940	43154
邯 郸 市	4159	4755	44371	46531	184516	221256
邢 台 市	2886	3083	39872	39753	115076	122559
保 定 市（包含定州市）	3170	3411	60798	53684	192718	183093
保 定 市（不含定州市）	2258	2392	62492	53784	141092	128628
定州市	912	1019	56605	53449	51625	54465
张家口市	514	827	70981	61940	36482	51224
承 德 市	1363	1525	35288	32055	48106	48884
沧 州 市	1085	1222	37103	44446	40261	54325
廊 坊 市	2331	2329	40789	41417	95065	96461
衡 水 市	2276	2266	36093	36526	82142	82768

2−2−8续5　各市蔬菜播种面积和产量

单位：公顷、公斤/公顷、吨

名　　称	2.白　菜　类					
	播种面积		播种单产		总　产　量	
	2017年	2018年	2017年	2018年	2017年	2018年
全　　省	**184842**	**187763**	**79342**	**75608**	**14665815**	**14196484**
石家庄市（包含辛集市）	16177	17453	96659	84757	1563636	1479279
石家庄市（不含辛集市）	14813	16003	92942	83565	1376746	1337298
辛集市	1364	1450	137031	97929	186890	141981
唐 山 市	34173	35122	93535	89303	3196360	3136451
秦皇岛市	10037	12069	90455	81072	907923	978458
邯 郸 市	12376	14682	71592	66893	886044	982087
邢 台 市	14449	15113	65750	65289	950043	986731
保 定 市（包含定州市）	21448	22532	80520	75448	1727031	1699984
保 定 市（不含定州市）	16733	17357	78138	74805	1307477	1298382
定州市	4715	5175	88974	77597	419555	401602
张家口市	21633	19611	83051	82205	1796651	1612148
承 德 市	17923	18967	64679	62821	1159242	1191500
沧 州 市	11200	10702	83312	73674	933129	788464
廊 坊 市	15546	12315	63845	67948	992564	836808
衡 水 市	9878	9197	56001	54865	553192	504574

2−2−8续6　各市蔬菜播种面积和产量

单位：公顷、公斤/公顷、吨

名　　称	#大　白　菜					
	播种面积		播种单产		总　产　量	
	2017年	2018年	2017年	2018年	2017年	2018年
全　　省	**174291**	**187763**	**80005**	**75608**	**13944070**	**14196484**
石家庄市（包含辛集市）	15532	17453	96615	84757	1500579	1479279
石家庄市（不含辛集市）	14248	16003	92972	83565	1324628	1337298
辛集市	1284	1450	137031	97929	175950	141981
唐 山 市	33867	35122	93501	89303	3166588	3136451
秦皇岛市	9835	12069	90533	81072	890422	978458
邯 郸 市	12056	14682	71750	66893	864984	982087
邢 台 市	14225	15113	65598	65289	933145	986731
保 定 市（包含定州市）	20739	22532	80775	75448	1675186	1699984
保 定 市（不含定州市）	16026	17357	78364	74805	1255846	1298382
定州市	4713	5175	88974	77597	419340	401602
张家口市	17909	19611	86304	82205	1545585	1612148
承 德 市	17515	18967	64849	62821	1135807	1191500
沧 州 市	11080	10702	83058	73674	920320	788464
廊 坊 市	11871	12315	64821	67948	769491	836808
衡 水 市	9663	9197	56088	54865	541964	504574

2-2-8续7 各市蔬菜播种面积和产量

单位：公顷、公斤/公顷、吨

名称	3.甘蓝类					
	播种面积		播种单产		总产量	
	2017年	2018年	2017年	2018年	2017年	2018年
全省	**35061**	**40150**	**67670**	**67235**	**2372550**	**2699498**
石家庄市（包含辛集市）	3200	3816	94854	77719	303497	296550
石家庄市（不含辛集市）	2038	2555	93400	72045	190318	184051
辛集市	1162	1261	97402	89214	113179	112499
唐山市	5413	5722	78054	77188	422475	441672
秦皇岛市	3608	3548	71550	71876	258121	255017
邯郸市	4544	5422	56465	54618	256602	296140
邢台市	745	721	52373	54920	39001	39597
保定市（包含定州市）	2410	2521	70557	67037	170057	168977
保定市（不含定州市）	1601	1693	64700	62097	103580	105109
定州市	809	828	82143	77135	66477	63868
张家口市	8176	11808	68649	70832	561257	836390
承德市	2590	2827	51658	57526	133810	162627
沧州市	578	553	52199	55792	30195	30834
廊坊市	2752	2126	51664	53738	142204	114248
衡水市	1045	1087	52966	52848	55330	57446

2-2-8续8 各市蔬菜播种面积和产量

单位：公顷、公斤/公顷、吨

名称	#卷心（圆白）菜					
	播种面积		播种单产		总产量	
	2017年	2018年	2017年	2018年	2017年	2018年
全省	**31728**	**40150**	**68226**	**67236**	**2164674**	**2699498**
石家庄市（包含辛集市）	3142	3816	95251	77719	299321	296550
石家庄市（不含辛集市）	1981	2555	93989	72045	186155	184051
辛集市	1162	1261	97402	89214	113166	112499
唐山市	5244	5722	78092	77188	409492	441672
秦皇岛市	3252	3548	71841	71876	233626	255017
邯郸市	4231	5422	56529	54618	239197	296140
邢台市	679	721	53570	54920	36398	39597
保定市（包含定州市）	2337	2521	70877	67037	165621	168977
保定市（不含定州市）	1527	1693	64908	62097	99144	105109
定州市	809	828	82143	77135	66477	63868
张家口市	6847	11808	68008	70832	465650	836390
承德市	2497	2827	52243	57526	130432	162627
沧州市	531	553	52828	55792	28028	30834
廊坊市	1934	2126	52767	53738	102059	114248
衡水市	1034	1087	53045	52848	54851	57446

2-2-8续9 各市蔬菜播种面积和产量

单位：公顷、公斤/公顷、吨

名称	4.根茎类					
	播种面积		播种单产		总产量	
	2017年	2018年	2017年	2018年	2017年	2018年
全省	**61461**	**53014**	**68522**	**65744**	**4211472**	**3485353**
石家庄市（包含辛集市）	5063	4618	78857	79144	399254	365521
石家庄市（不含辛集市）	4690	4234	77983	79763	365740	337749
辛集市	373	384	89839	72323	33514	27772
唐山市	6710	7107	91836	79492	616181	564953
秦皇岛市	2431	2363	63979	60791	155514	143650
邯郸市	4897	4183	61654	67144	301909	280862
邢台市	2389	2671	56039	54861	133852	146534
保定市（包含定州市）	10883	4823	54987	63075	598449	304231
保定市（不含定州市）	10117	4151	53880	62506	545116	259483
定州市	766	672	69608	66589	53333	44748
张家口市	5456	6176	79232	63356	432297	391286
承德市	7957	8180	58879	59529	468509	486950
沧州市	1954	1857	103514	47849	202308	88836
廊坊市	10657	9160	68550	66307	730525	607372
衡水市	3065	1876	56342	56054	172674	105158

2-2-8续10 各市蔬菜播种面积和产量

单位：公顷、公斤/公顷、吨

名称	#白萝卜					
	播种面积		播种单产		总产量	
	2017年	2018年	2017年	2018年	2017年	2018年
全省	**29717**	**30132**	**71976**	**68417**	**2138901**	**2061581**
石家庄市（包含辛集市）	3008	3165	86272	86632	259541	274189
石家庄市（不含辛集市）	2941	3106	86202	86394	253558	268341
辛集市	67	59	89342	99119	5982	5848
唐山市	3660	3788	75422	80268	276067	304055
秦皇岛市	1054	1202	58579	61076	61752	73413
邯郸市	3687	3717	66371	68833	244685	255852
邢台市	1883	2081	55244	56048	104048	116635
保定市（包含定州市）	3742	3957	62067	64487	232242	255199
保定市（不含定州市）	3262	3427	60720	63726	198094	218414
定州市	479	530	71235	69406	34148	36785
张家口市	4036	3754	84793	66266	342213	248762
承德市	2429	2555	60343	63231	146579	161555
沧州市	1471	1470	118647	54447	174503	80015
廊坊市	2869	2883	67272	70748	193033	203966
衡水市	1877	1560	55536	56372	104238	87940

2-2-8续11　各市蔬菜播种面积和产量

单位：公顷、公斤/公顷、吨

名　　称	#胡萝卜					
	播种面积		播种单产		总产量	
	2017年	2018年	2017年	2018年	2017年	2018年
全　省	**16789**	**19226**	**73257**	**60218**	**1229930**	**1157734**
石家庄市（包含辛集市）	1205	1301	75718	65655	91256	85444
石家庄市（不含辛集市）	899	976	70875	65055	63725	63520
辛集市	306	325	89946	67458	27531	21924
唐山市	414	504	380789	73198	157547	36892
秦皇岛市	526	542	66837	68924	35123	37357
邯郸市	324	457	64645	54037	20969	24695
邢台市	482	588	56856	50554	27420	29726
保定市（包含定州市）	878	830	60744	56909	53305	47243
保定市（不含定州市）	618	710	57976	56641	35851	40223
定州市	259	120	67350	58500	17454	7020
张家口市	1226	2422	63889	58845	78303	142522
承德市	5354	5623	57933	57856	310168	325325
沧州市	113	382	54100	22563	6088	8619
廊坊市	5934	6261	72352	64326	429354	402747
衡水市	334	315	60986	54495	20397	17166

2-2-8续12　各市蔬菜播种面积和产量

单位：公顷、公斤/公顷、吨

名　　称	#生姜					
	播种面积		播种单产		总产量	
	2017年	2018年	2017年	2018年	2017年	2018年
全　省	**3403**	**3656**	**69574**	**72762**	**236750**	**266038**
石家庄市（包含辛集市）	307	152	56108	38796	17199	5888
石家庄市（不含辛集市）	307	152	56108	38796	17199	5888
辛集市						
唐山市	2326	2815	71151	79573	165494	224006
秦皇岛市	734	619	70822	53148	51999	32880
邯郸市	6	9	54440	36442	314	315
邢台市	2	2	74488	86500	153	173
保定市（包含定州市）	22	36	55961	49986	1238	1790
保定市（不含定州市）	1	14	59388	61341	48	847
定州市	21	22	55833	42864	1191	943
张家口市		…		15384		2
承德市	1	2	61729	35000	80	70
沧州市	3	5	65473	40400	208	202
廊坊市	1	16	28556	41188	23	659
衡水市	1	1	46211	52000	42	52

2-2-8续13 各市蔬菜播种面积和产量

单位：公顷、公斤/公顷、吨

名称	5.瓜菜类					
	播种面积		播种单产		总产量	
	2017年	2018年	2017年	2018年	2017年	2018年
全省	**93954**	**87993**	**72536**	**72985**	**6814994**	**6422126**
石家庄市（包含辛集市）	8738	7893	83824	84241	732429	664907
石家庄市（不含辛集市）	7856	7016	82525	83707	648278	587262
辛集市	882	877	95397	88515	84151	77644
唐山市	11660	12162	81273	83009	947653	1009522
秦皇岛市	4287	3972	92767	90271	397645	358525
邯郸市	8612	7848	56494	55522	486510	435741
邢台市	4253	3904	56602	55380	240743	216225
保定市（包含定州市）	9476	9152	66399	63357	629225	579874
保定市（不含定州市）	8750	8450	66175	63294	579012	534856
定州市	727	702	69095	64121	50214	45018
张家口市	1347	1935	74113	73487	99810	142220
承德市	6808	6535	60407	67058	411266	438207
沧州市	14254	13263	88234	88557	1257664	1174534
廊坊市	15851	13960	72054	70656	1142143	986328
衡水市	8668	7369	54211	56457	469907	416042

2-2-8续14 各市蔬菜播种面积和产量

单位：公顷、公斤/公顷、吨

名称	#黄瓜					
	播种面积		播种单产		总产量	
	2017年	2018年	2017年	2018年	2017年	2018年
全省	**82292**	**84058**	**73822**	**73853**	**6074982**	**6207884**
石家庄市（包含辛集市）	7269	7496	87136	85081	633352	637760
石家庄市（不含辛集市）	6450	6681	86068	84452	555142	564260
辛集市	819	815	95546	90234	78210	73500
唐山市	10772	11670	81337	83998	876179	980259
秦皇岛市	3887	3937	94589	90776	367712	357403
邯郸市	6709	6964	56723	57159	380581	398032
邢台市	3323	3406	54756	54350	181940	185114
保定市（包含定州市）	8404	8160	65779	63946	552822	521801
保定市（不含定州市）	7699	7473	65477	63899	504106	477515
定州市	705	687	69087	64468	48716	44286
张家口市	1222	1864	73922	74383	90299	138662
承德市	5905	6336	62848	67913	371110	430331
沧州市	14111	13193	88600	88822	1250278	1171846
廊坊市	13329	13920	72810	70697	970473	984097
衡水市	7361	7111	54372	56611	400237	402579

2-2-8续15 各市蔬菜播种面积和产量

单位：公顷、公斤/公顷、吨

名　　称	#南　　瓜					
	播种面积		播种单产		总　产　量	
	2017年	2018年	2017年	2018年	2017年	2018年
全　　省	**1606**	**2085**	**54329**	**47140**	**87277**	**98265**
石家庄市（包含辛集市）	154	135	57513	55114	8859	7450
石家庄市（不含辛集市）	148	129	55889	55947	8244	7189
辛集市	7	7	94204	39076	615	261
唐 山 市	303	314	62113	49235	18813	15480
秦皇岛市	26	26	39639	32677	1027	845
邯 郸 市	288	257	42410	29984	12194	7703
邢 台 市	71	74	34814	32747	2462	2429
保 定 市（包含定州市）	459	843	59015	53810	27070	45355
保 定 市（不含定州市）	450	830	58814	53903	26450	44754
定州市	9	13	69124	47680	620	601
张家口市	34	38	99862	80491	3427	3058
承 德 市	99	135	50624	41754	5014	5632
沧 州 市	36	67	44866	38008	1637	2528
廊 坊 市	17	9	33782	36305	566	332
衡 水 市	120	187	51699	39945	6207	7454

2-2-8续16 各市蔬菜播种面积和产量

单位：公顷、公斤/公顷、吨

名　　称	6.豆　　类（菜用）					
	播种面积		播种单产		总　产　量	
	2017年	2018年	2017年	2018年	2017年	2018年
全　　省	**24640**	**28692**	**42937**	**42307**	**1057955**	**1213862**
石家庄市（包含辛集市）	1350	1509	58328	49381	78740	74532
石家庄市（不含辛集市）	1249	1411	60077	49808	75065	70302
辛集市	100	98	36577	43224	3675	4229
唐 山 市	3141	3670	56292	58187	176805	213558
秦皇岛市	1936	1874	39096	39067	75674	73201
邯 郸 市	2076	2586	31954	33744	66338	87255
邢 台 市	1153	1378	35137	35606	40515	49049
保 定 市（包含定州市）	5694	5895	42888	41397	244215	244025
保 定 市（不含定州市）	4853	4939	42031	41523	203996	205070
定州市	841	956	47834	40749	40220	38955
张家口市	2731	5258	46059	42809	125768	225085
承 德 市	1590	1534	27598	29824	43889	45756
沧 州 市	760	686	44134	42892	33550	29422
廊 坊 市	3075	2984	40028	39229	123071	117066
衡 水 市	1134	1318	43540	41652	49389	54913

2-2-8续17　各市蔬菜播种面积和产量

单位：公顷、公斤/公顷、吨

名　称	#豇　豆					
	播种面积		播种单产		总　产　量	
	2017年	2018年	2017年	2018年	2017年	2018年
全　省	**5939**	**6817**	**41414**	**39347**	**245974**	**268218**
石家庄市（包含辛集市）	241	308	61094	51313	14749	15785
石家庄市（不含辛集市）	241	308	61094	51313	14749	15785
辛集市						
唐 山 市	172	151	53660	46824	9233	7062
秦皇岛市	199	196	38742	40924	7693	8012
邯 郸 市	1247	1629	33251	35166	41462	57295
邢 台 市	418	557	35800	36579	14954	20369
保 定 市（包含定州市）	956	1072	46643	42608	44592	45672
保 定 市（不含定州市）	852	968	46267	42280	39410	40936
定州市	104	104	49715	45662	5182	4736
张家口市	216	131	52608	25178	11353	3288
承 德 市	165	151	26085	28631	4307	4337
沧 州 市	346	320	41597	38025	14375	12160
廊 坊 市	1290	1377	39718	39237	51243	54027
衡 水 市	690	926	46398	43437	32012	40212

2-2-8续18 各市蔬菜播种面积和产量

单位：公顷、公斤/公顷、吨

名　称	#四　季　豆					
	播种面积		播种单产		总　产　量	
	2017年	2018年	2017年	2018年	2017年	2018年
全　省	**17063**	**21875**	**43038**	**43229**	**734355**	**945645**
石家庄市（包含辛集市）	968	1202	56075	48887	54291	58747
石家庄市（不含辛集市）	868	1104	58332	49389	50616	54518
辛集市	100	98	36577	43224	3675	4229
唐 山 市	2940	3519	56233	58674	165352	206497
秦皇岛市	1666	1678	39304	38850	65475	65189
邯 郸 市	720	957	29797	31323	21467	29960
邢 台 市	717	821	34850	34946	24990	28680
保 定 市（包含定州市）	4513	4823	42752	41128	192960	198353
保 定 市（不含定州市）	3778	3971	41806	41338	157928	164135
定州市	736	852	47613	40151	35032	34219
张家口市	2356	5127	41191	43257	97054	221798
承 德 市	1186	1383	26022	29955	30866	41419
沧 州 市	370	366	46097	47144	17071	17262
廊 坊 市	1323	1607	40336	39222	53384	63039
衡 水 市	301	393	38006	37443	11444	14701

2-2-8续19 各市蔬菜播种面积和产量

单位：公顷、公斤/公顷、吨

名称	7.茄果类					
	播种面积		播种单产		总产量	
	2017年	2018年	2017年	2018年	2017年	2018年
全省	**163958**	**155076**	**57862**	**56094**	**9486947**	**8698825**
石家庄市（包含辛集市）	12963	13279	83228	71952	1078910	955411
石家庄市（不含辛集市）	10378	10784	81032	69794	840970	752629
辛集市	2585	2495	92046	81277	237940	202782
唐山市	22525	22732	71687	72214	1614733	1641582
秦皇岛市	3026	3045	65880	67204	199352	204660
邯郸市	20448	18807	60163	54418	1230237	1023427
邢台市	13618	13155	45591	46992	620871	618195
保定市（包含定州市）	18917	17106	61246	59634	1158600	1020105
保定市（不含定州市）	16188	14472	60417	59329	978031	858629
定州市	2729	2634	66166	61309	180568	161476
张家口市	7504	5001	61891	64193	464396	321042
承德市	8486	8606	40536	41267	343980	355136
沧州市	12719	12378	52902	52081	672858	644664
廊坊市	16185	14788	67147	64994	1086764	961149
衡水市	27567	26178	36865	36422	1016247	953454

2-2-8续20 各市蔬菜播种面积和产量

单位：公顷、公斤/公顷、吨

名称	#茄子					
	播种面积		播种单产		总产量	
	2017年	2018年	2017年	2018年	2017年	2018年
全省	**33893**	**34194**	**58907**	**54921**	**1996578**	**1877929**
石家庄市（包含辛集市）	3843	4216	83770	67846	321957	286022
石家庄市（不含辛集市）	2724	3030	80505	64583	219311	195688
辛集市	1119	1186	91717	76183	102646	90334
唐山市	3228	3316	73687	68722	237865	227914
秦皇岛市	517	552	47341	46817	24461	25841
邯郸市	4234	4397	62627	57877	265190	254466
邢台市	2378	2530	45205	44362	107495	112249
保定市（包含定州市）	4706	4723	61777	58318	290726	275419
保定市（不含定州市）	3861	3907	60732	57354	234495	224096
定州市	845	815	66552	62935	56231	51323
张家口市	1075	832	69110	57409	74317	47761
承德市	2284	2378	39385	40497	89957	96287
沧州市	2882	2767	58266	56175	167927	155452
廊坊市	2678	2466	60433	58183	161849	143483
衡水市	6067	6017	42001	42055	254834	253035

2-2-8续21 各市蔬菜播种面积和产量

单位：公顷、公斤/公顷、吨

名称	#辣椒					
	播种面积		播种单产		总产量	
	2017年	2018年	2017年	2018年	2017年	2018年
全省	**51620**	**48520**	**43523**	**42800**	**2246686**	**2076651**
石家庄市（包含辛集市）	1872	2108	76309	60574	142861	127687
石家庄市（不含辛集市）	1591	1839	74214	59562	118094	109554
辛集市	281	269	88174	67506	24767	18132
唐山市	6833	6995	57219	59983	390972	419589
秦皇岛市	513	360	41849	36051	21450	12966
邯郸市	7994	8411	47716	45024	381442	378683
邢台市	5798	5671	34725	36177	201326	205153
保定市（包含定州市）	4940	4188	49230	47659	243213	199602
保定市（不含定州市）	3807	3136	44356	44063	168843	138171
定州市	1134	1052	65590	58375	74370	61431
张家口市	3177	1812	51426	53118	163370	96262
承德市	1782	1842	34927	32701	62255	60250
沧州市	4719	4441	40908	40759	193051	180993
廊坊市	2114	1849	57408	54358	121338	100485
衡水市	11878	10843	27395	27204	325409	294980

2-2-8续22 各市蔬菜播种面积和产量

单位：公顷、公斤/公顷、吨

名称	#西红柿					
	播种面积		播种单产		总产量	
	2017年	2018年	2017年	2018年	2017年	2018年
全省	**71707**	**72363**	**66054**	**65562**	**4736569**	**4744245**
石家庄市（包含辛集市）	6778	6955	84633	77889	573614	541701
石家庄市（不含辛集市）	5644	5914	82886	75646	467805	447386
辛集市	1134	1041	93333	90636	105809	94315
唐山市	11923	12421	79161	80035	943824	994079
秦皇岛市	1977	2134	75936	77729	150118	165853
邯郸市	6334	6000	67554	65051	427887	390277
邢台市	4832	4954	58648	60715	283384	300793
保定市（包含定州市）	8793	8195	66383	66512	583709	545084
保定市（不含定州市）	8068	7429	66344	66811	535245	496362
定州市	725	766	66816	63611	48464	48722
张家口市	2682	2357	68618	75102	184034	177019
承德市	4260	4386	42984	45284	183118	198599
沧州市	4843	5170	61780	59613	299213	308219
廊坊市	9899	10474	70035	68474	693301	717181
衡水市	9386	9318	44146	43513	414369	405439

2-2-8续23 各市蔬菜播种面积和产量

单位：公顷、公斤/公顷、吨

名 称	8.葱 蒜 类					
	播种面积		播种单产		总 产 量	
	2017年	2018年	2017年	2018年	2017年	2018年
全 省	**56015**	**45684**	**56845**	**52307**	**3184176**	**2389628**
石家庄市（包含辛集市）	4009	4225	80518	66206	322775	279725
石家庄市（不含辛集市）	3402	3555	78520	64179	267152	228184
辛集市	606	670	91727	76972	55622	51541
唐 山 市	7819	5513	72580	68627	567493	378324
秦皇岛市	2709	1530	53184	48382	144093	74029
邯 郸 市	14689	13739	50236	43005	737913	590833
邢 台 市	3978	3340	64289	59853	255759	199889
保 定 市（包含定州市）	5546	4893	58306	70524	323390	345091
保 定 市（不含定州市）	4498	4105	55567	55183	249949	226538
定州市	1048	788	70062	150443	73441	118552
张家口市	2018	2760	42113	37654	84978	103910
承 德 市	1919	1851	34288	34358	65812	63605
沧 州 市	2599	1645	49197	38275	127848	62948
廊 坊 市	6910	2723	53895	49059	372402	133611
衡 水 市	3819	3466	47578	45489	181714	157665

2-2-8续24 各市蔬菜播种面积和产量

单位：公顷、公斤/公顷、吨

名 称	#大 葱					
	播种面积		播种单产		总 产 量	
	2017年	2018年	2017年	2018年	2017年	2018年
全 省	**24803**	**27456**	**62710**	**58789**	**1555394**	**1614124**
石家庄市（包含辛集市）	2889	3211	83867	69721	242256	223883
石家庄市（不含辛集市）	2400	2662	82207	67968	197309	180960
辛集市	488	549	92026	78227	44947	42924
唐 山 市	3783	5014	73672	73202	278712	367064
秦皇岛市	865	1168	42390	42380	36687	49479
邯 郸 市	2903	3004	70231	62615	203877	188094
邢 台 市	2551	2858	72039	62739	183754	179283
保 定 市（包含定州市）	3862	3810	59635	58729	230336	223740
保 定 市（不含定州市）	3222	3291	56918	57735	183369	190023
定州市	641	518	73299	65041	46966	33717
张家口市	1357	2058	49264	42132	66875	86719
承 德 市	1368	1444	34937	35604	47783	51415
沧 州 市	1325	1131	44681	41388	59190	46803
廊 坊 市	1825	1627	55723	56037	101679	91153
衡 水 市	2075	2132	50234	49948	104245	106490

2-2-8续25　各市蔬菜播种面积和产量

单位：公顷、公斤/公顷、吨

名　　称	#蒜　　头					
	播种面积		播种单产		总　产　量	
	2017年	2018年	2017年	2018年	2017年	2018年
全　　省	**16658**	**18228**	**42627**	**42544**	**710084**	**775504**
石家庄市（包含辛集市）	803	1014	71021	55074	57052	55842
石家庄市（不含辛集市）	685	893	67708	52880	46407	47225
辛集市	118	121	90275	71275	10645	8617
唐 山 市	484	498	25407	22594	12293	11260
秦皇岛市	362	363	60031	67708	21761	24549
邯 郸 市	9735	10735	41152	37518	400633	402739
邢 台 市	480	482	44018	42745	21147	20606
保 定 市（包含定州市）	1203	1084	55235	111993	66472	121350
保 定 市（不含定州市）	808	814	50666	44863	40923	36515
定州市	396	270	64560	314647	25549	84835
张家口市	582	701	24988	24511	14540	17190
承 德 市	272	407	30800	29939	8391	12190
沧 州 市	413	514	36723	31424	15184	16144
廊 坊 市	1185	1097	41253	38710	48867	42458
衡 水 市	1137	1334	38489	38361	43743	51174

2-2-8续26　各市蔬菜播种面积和产量

单位：公顷、公斤/公顷、吨

名　　称	9.水　生　菜　类					
	播种面积		播种单产		总　产　量	
	2017年	2018年	2017年	2018年	2017年	2018年
全　　省	**1192**	**1142**	**41105**	**42390**	**49013**	**48388**
石家庄市（包含辛集市）	18	39	90000	65776	1602	2541
石家庄市（不含辛集市）	18	39	90000	65776	1602	2541
辛集市						
唐 山 市	68	68	53177	61563	3642	4204
秦皇岛市		4		61593		259
邯 郸 市	225	194	17125	31427	3854	6087
邢 台 市	55	47	18213	39177	1007	1844
保 定 市（包含定州市）	465	412	64366	58132	29904	23975
保 定 市（不含定州市）	465	411	64366	58159	29904	23928
定州市		1		46960		47
张家口市		7				
承 德 市		1		23118		22
沧 州 市	3	2	41094	34765	127	77
廊 坊 市	358	367	24791	25516	8877	9366
衡 水 市		…		43576		14

2-2-8续27 各市蔬菜播种面积和产量

单位：公顷、公斤/公顷、吨

名 称	#莲 藕					
	播种面积		播种单产		总 产 量	
	2017年	2018年	2017年	2018年	2017年	2018年
全 省	**1191**	**1142**	**41122**	**42390**	**48967**	**48388**
石家庄市（包含辛集市）	18	39	90000	65776	1602	2541
石家庄市（不含辛集市）	18	39	90000	65776	1602	2541
辛集市						
唐 山 市	68	68	53177	61563	3642	4204
秦皇岛市		4		61593		259
邯 郸 市	224	194	17051	31427	3812	6087
邢 台 市	55	47	18213	39177	1007	1844
保 定 市（包含定州市）	464	412	64373	58132	29900	23975
保 定 市（不含定州市）	464	411	64373	58159	29900	23928
定州市		1		46960		47
张家口市		7				
承 德 市		1		23118		22
沧 州 市	3	2	41094	34765	127	77
廊 坊 市	358	367	24791	25516	8877	9366
衡 水 市		…		43576		14

2-2-8续28 各市蔬菜播种面积和产量

单位：公顷、公斤/公顷、吨

名 称	10.其 他 蔬 菜					
	播种面积		播种单产		总 产 量	
	2017年	2018年	2017年	2018年	2017年	2018年
全 省	**64823**	**131108**	**61491**	**60883**	**3986060**	**7982259**
石家庄市（包含辛集市）	6590	12488	89546	83813	590149	1046687
石家庄市（不含辛集市）	5331	11189	92701	82798	494199	926445
辛集市	1259	1299	76192	92558	95950	120242
唐 山 市	14324	19546	64857	69872	929034	1365698
秦皇岛市	1770	4500	51819	54171	91730	243777
邯 郸 市	6748	13476	50593	58345	341378	786242
邢 台 市	3864	6326	38228	47101	147697	297955
保 定 市（包含定州市）	5742	13982	59210	58316	339960	815402
保 定 市（不含定州市）	3493	10074	58231	54510	203386	549153
定州市	2249	3908	60730	68126	136575	266249
张家口市	16838	22082	74083	65134	1247409	1438273
承 德 市	3577	6310	24563	40030	87871	252573
沧 州 市	250	3625	8748	64367	2184	233349
廊 坊 市	338	18764	36508	54362	12355	1020051
衡 水 市	4782	10009	41051	48183	196293	482253

2-2-8续29 各市蔬菜播种面积和产量

单位：吨

名　称	11.食　用　菌							
	合　计		#香　菇(干品)		黑木耳(干品)		蘑　菇(鲜品)	
	2017年	2018年	2017年	2018年	2017年	2018年	2017年	2018年
全　　省	**1337328**	**1409023**	**184151**	**200687**	**10526**	**13068**	**1125444**	**1180541**
石家庄市（包含辛集市）	178212	182529	13102	13831	7260	7259	154041	159633
石家庄市（不含辛集市）	158572	162779	602	1231	220	209	154041	159633
辛集市	19640	19750	12500	12600	7040	7050		
唐 山 市	229255	233273	56	116		44	229001	231852
秦皇岛市	29900	30923	1182	1240	130	195	27583	27691
邯 郸 市	87982	100368	606	2572	27	106	85917	95865
邢 台 市	156754	151329	1175	1186	7	305	155240	148807
保 定 市（包含定州市）	60128	65169	7532	11345	595	2959	48769	47966
保 定 市（不含定州市）	60128	65169	7532	11345	595	2959	48769	47966
定州市								
张家口市	2493	971	4	5	3		2486	963
承 德 市	569251	618367	160495	170392	2504	1703	399509	442356
沧 州 市	6171	7616					5824	7598
廊 坊 市	7746	7572					7746	7528
衡 水 市	9436	10905				497	9326	10283

2-2-9 各市瓜果类播种面积和产量

单位：公顷、公斤/公顷、吨

名　称	瓜　果　类　合　计					
	播种面积		播种单产		总　产　量	
	2017年	2018年	2017年	2018年	2017年	2018年
全　　省	**70741**	**73851**	**55894**	**52939**	**3954019**	**3909610**
石家庄市（包含辛集市）	3712	4376	54094	49729	200803	217592
石家庄市（不含辛集市）	3631	4302	54278	50138	197063	215716
辛集市	82	73	45880	25661	3740	1876
唐 山 市	8303	8072	60909	61947	505706	500003
秦皇岛市	1015	1173	44538	42051	45228	49343
邯 郸 市	4837	5767	47333	47728	228932	275262
邢 台 市	3563	3721	43218	44100	154002	164088
保 定 市（包含定州市）	15618	15909	55245	46741	862834	743616
保 定 市（不含定州市）	15320	15554	55240	46627	846282	725239
定州市	298	355	55479	51719	16551	18378
张家口市	1589	1721	42047	36721	66815	63210
承 德 市	1116	1243	29864	30612	33319	38040
沧 州 市	7603	9074	65101	63241	494979	573832
廊 坊 市	10002	9790	57038	55786	570471	546140
衡 水 市	13383	13006	59101	56782	790931	738485

2-2-9续1 各市瓜果类播种面积和产量

单位：公顷、公斤/公顷、吨

名称	#西瓜					
	播种面积		播种单产		总产量	
	2017年	2018年	2017年	2018年	2017年	2018年
全省	**43856**	**45029**	**57979**	**54292**	**2542733**	**2444736**
石家庄市（包含辛集市）	2437	2703	59902	56322	145982	152262
石家庄市（不含辛集市）	2430	2699	59898	56325	145569	151994
辛集市	7	5	61308	54719	413	269
唐山市	2340	2177	59384	60239	138977	131167
秦皇岛市	76	74	67262	57848	5092	4252
邯郸市	3205	3990	49811	50094	159633	199882
邢台市	3180	3327	43283	44709	137652	148745
保定市（包含定州市）	9882	10027	64336	53090	635783	532334
保定市（不含定州市）	9804	9844	64329	53040	630648	522122
定州市	79	183	65240	55754	5135	10212
张家口市	1194	1044	42904	43428	51214	45340
承德市	319	380	46786	42053	14928	15984
沧州市	2844	3155	49745	47471	141454	149771
廊坊市	6541	6657	60651	59156	396705	393810
衡水市	11839	11495	60422	58391	715312	671189

2-2-9续2 各市瓜果类播种面积和产量

单位：公顷、公斤/公顷、吨

名称	#香瓜（甜瓜）					
	播种面积		播种单产		总产量	
	2017年	2018年	2017年	2018年	2017年	2018年
全省	**14596**	**16631**	**61715**	**58942**	**900777**	**980260**
石家庄市（包含辛集市）	830	1144	47293	40436	39241	46264
石家庄市（不含辛集市）	795	1107	47404	41279	37689	45704
辛集市	35	37	44755	15163	1552	560
唐山市	4852	5206	65249	64853	316577	337627
秦皇岛市	135	143	59591	53337	8022	7636
邯郸市	531	563	47820	42821	25412	24095
邢台市	274	276	42220	37995	11550	10487
保定市（包含定州市）	734	837	55109	39443	40444	33032
保定市（不含定州市）	710	796	55457	39264	39397	31267
定州市	23	41	44579	42917	1046	1765
张家口市	311	359	35597	26034	11066	9342
承德市	169	220	14036	14979	2371	3288
沧州市	4505	5550	75739	73479	341173	407823
廊坊市	1327	1258	47158	42568	62564	53557
衡水市	930	1075	45557	43832	42359	47108

2-2-9续3 各市瓜果类播种面积和产量

单位：公顷、公斤/公顷、吨

名　　称	#草莓					
	播种面积		播种单产		总产量	
	2017年	2018年	2017年	2018年	2017年	2018年
全　　省	**7668**	**7955**	**36572**	**35399**	**280451**	**281616**
石家庄市（包含辛集市）	272	302	31928	31902	8677	9620
石家庄市（不含辛集市）	236	270	30010	31718	7095	8572
辛集市	35	31	44763	33496	1581	1047
唐山市	500	486	47106	42213	23541	20529
秦皇岛市	804	864	39795	40006	32001	34566
邯郸市	625	650	37445	37419	23400	24318
邢台市	49	54	50223	45478	2477	2464
保定市（包含定州市）	4558	4824	35883	34483	163552	166335
保定市（不含定州市）	4532	4779	35848	34417	162474	164488
定州市	26	44	41941	41579	1077	1847
张家口市	72	66	54150	54891	3919	3597
承德市	583	575	24561	28683	14307	16499
沧州市	93	54	50487	26639	4702	1444
廊坊市	61	23	50115	32828	3074	768
衡水市	51	58	15679	25669	803	1476

2-2-10 各市特种农作物生产

名　　称	1.花卉种植面积（公顷）		2.鲜切花(万枝)		3.盆栽观赏植物(盆)		4.香料（花椒）	
	2017年	2018年	2017年	2018年	2017年	2018年	2017年	2018年
全　　省	**16099**	**14795**	**22328**	**20061**	**47163041**	**40808199**	**10325**	**6697**
石家庄市（包含辛集市）	878	1037	454	969	7882076	3218266	4296	4306
石家庄市（不含辛集市）	878	1037	454	969	7882076	3218266	4296	4306
辛集市								
唐山市	689	610	13164	9638	2265410	1503067	8	
秦皇岛市	230	215	165	235	6910000	8385877	17	13
邯郸市	1899	1793	6196	4031	23392792	22138184	5321	3655
邢台市	502	371	17	10	1654110	131300	1	1
保定市（包含定州市）	9875	15560	573	599	1468478	1453922	324	139
保定市（不含定州市）	1225	8431	573	583	1468478	1453922	324	139
定州市	8650	7129		16				
张家口市	4	5	64	700	228000		7	
承德市	469	450	642	767	1895765	1933003	341	143
沧州市	99	362	538	1623	212118	1039967		
廊坊市	1366	1460	480	489	835052	919313	10	
衡水市	87	61	35	1000	419240	85300		

2-2-11　各市设施农业生产

名　　称	一、设施蔬菜生产				二、设施瓜果类生产			
	蔬菜种植面积(公顷)		蔬菜产量(吨)		瓜果类种植面积(公顷)		瓜果类产量(吨)	
	2017年	2018年	2017年	2018年	2017年	2018年	2017年	2018年
全　　省	**241560**	**189906**	**16326460**	**12311014**	**35013**	**30865**	**2119032**	**1725092**
石家庄市（包含辛集市）	44481	18388	3628692	1485764	4335	2577	238952	138755
石家庄市（不含辛集市）	40136	15468	3236703	1227143	4315	2560	238367	138069
辛集市	4345	2920	391988	258621	20	18	585	686
唐山市	41776	34707	3270006	2650374	5907	5309	373857	345081
秦皇岛市	7082	10009	533104	737158	539	933	23721	39243
邯郸市	32100	19063	1758779	1123862	1323	1128	66080	45052
邢台市	9055	8755	577418	476859	398	638	21883	27230
保定市（包含定州市）	24051	15392	1422519	936348	7865	7871	425364	333280
保定市（不含定州市）	16180	13942	886432	851202	7802	7827	422096	331165
定州市	7871	1450	536088	85146	63	45	3268	2115
张家口市	6906	7030	528571	412025	147	74	6830	3743
承德市	7107	8829	452599	544374	256	261	8509	8790
沧州市	22327	16194	1571417	1330501	4344	3659	321670	286846
廊坊市	24694	26464	1541596	1524015	3057	2372	172873	125910
衡水市	21983	25074	1041759	1089733	6841	6042	459293	371162

注：设施包括温室、大棚和中小棚。

2-2-11续　各市设施农业生产

名　　称	三、花卉苗木		四、食用菌		五、其他作物(公顷)	
	种植面积(公顷)		产　量(吨)			
	2017年	2018年	2017年	2018年	2017年	2018年
全　　省	**2127**	**960**	**1291129**	**1320076**	**5657**	**6599**
石家庄市（包含辛集市）	85	22	124297	154938		278
石家庄市（不含辛集市）	85	22	121872	147798		278
辛集市			2425	7140		
唐山市	252	177	183290	231249	1717	2626
秦皇岛市	18	29	20482	28108	1173	653
邯郸市	31	9	160062	77570	377	64
邢台市	70	18	121349	145745	117	195
保定市（包含定州市）	196	448	119377	58247	463	75
保定市（不含定州市）	193	56	119377	58247	167	75
定州市	3	392			296	
张家口市	64		9770	370	87	4
承德市	37	70	518030	603719	29	33
沧州市	57	5	13496	5267	10	101
廊坊市	1315	181	7307	6941	46	97
衡水市	1	3	13669	7924	1638	2473

2−2−12 各市水果及食用坚果生产

单位：吨

名称	一、园林水果产量		1.苹果		#红富士苹果		国光苹果	
	2017年	2018年	2017年	2018年	2017年	2018年	2017年	2018年
全　　省	**9699378**	**9569641**	**2281498**	**2200948**	**1094383**	**1448793**	**139349**	**204755**
石家庄市（包含辛集市）	1891725	1875354	230931	200108	161753	161398	4454	4066
石家庄市（不含辛集市）	1484043	1528826	156996	147120	115611	117540	4454	4066
辛集市	407682	346528	73935	52988	46141	43858		
唐山市	787229	796731	192404	194975	147049	153681	7617	7971
秦皇岛市	608244	617219	312044	310901	158165	243159	25397	40651
邯郸市	569118	586811	119199	126119	46748	80702	7112	7996
邢台市	1092640	940370	234241	237175	148322	182800	7289	7437
保定市（包含定州市）	1072512	1165778	127445	125885	60180	89176	2318	3581
保定市（不含定州市）	1046575	1128715	123112	122781	56482	86369	2318	3581
定州市	25937	37063	4333	3104	3698	2807		
张家口市	238526	193884	44494	24617	30368	17517	5232	4686
承德市	1045532	1022715	610481	591928	80961	223965	67506	109204
沧州市	914822	928977	53015	47582	35763	36075	7625	7920
廊坊市	454068	449838	38868	35729	16099	17941	917	947
衡水市	1024962	991965	318377	305929	208977	242377	3881	10296

2−2−12续1 各市水果及食用坚果生产

单位：吨

名称	一、园林水果产量(续1)							
	2.梨		#雪花梨		鸭梨		3.桃	
	2017年	2018年	2017年	2018年	2017年	2018年	2017年	2018年
全　　省	**3424349**	**3296768**	**698126**	**683743**	**1044885**	**1173817**	**1207222**	**1269785**
石家庄市（包含辛集市）	1289324	1299327	351606	360651	314949	320637	57562	64333
石家庄市（不含辛集市）	1013957	1062127	285348	297912	222522	254036	27273	30602
辛集市	275367	237200	66258	62739	92428	66601	30289	33731
唐山市	113138	112893	49467	54739	5833	6536	316607	322398
秦皇岛市	67775	64498	8826	8825	3299	4662	87180	80117
邯郸市	276330	233406	8687	17934	190338	158204	56983	92814
邢台市	396039	248149	102853	60302	47290	41637	34544	32488
保定市（包含定州市）	146236	223969	44538	40254	32789	139014	365736	388778
保定市（不含定州市）	141228	218526	43906	39240	29781	136672	353014	364748
定州市	5008	5443	632	1014	3008	2342	12722	24030
张家口市	7210	7691	3960	3970	2867	2709	3892	3484
承德市	128517	124123	16042	13328	2868	3050	12055	11403
沧州市	440247	447382	36514	40525	260198	262171	20439	24375
廊坊市	156079	153819	54352	57267	42022	44941	89212	88936
衡水市	403454	381512	21280	25948	142431	190256	163011	160659

2-2-12续2 各市水果及食用坚果生产

单位：吨

名 称	一、园林水果产量(续2)					
	4.猕 猴 桃		5.葡 萄		6.红 枣	
	2017年	2018年	2017年	2018年	2017年	2018年
全 省	**358**	**1066**	**1115727**	**1134124**	**772949**	**771250**
石家庄市（包含辛集市）	30	650	113158	107172	171955	173894
石家庄市（不含辛集市）	30	650	86325	85786	171951	173891
辛集市			26832	21386	3	4
唐 山 市	256	250	99175	99771	6745	7395
秦皇岛市		13	112533	131986	1390	1246
邯 郸 市		98	81803	98703	6758	4941
邢 台 市			209271	211584	101924	93251
保 定 市（包含定州市）	72	52	92709	92413	58881	57952
保 定 市（不含定州市）	51	52	89641	89210	58879	57945
定州市	21		3068	3203	2	7
张家口市			143042	125232	4655	4905
承 德 市		1	5942	5400	4788	4729
沧 州 市		3	17333	15965	373539	380587
廊 坊 市			114982	116058	37395	38766
衡 水 市			125778	129840	4919	3584

2-2-12续3 各市水果及食用坚果生产

单位：吨

名 称	一、园林水果产量(续3)					
	7.柿 子		8.杏		9.红 果	
	2017年	2018年	2017年	2018年	2017年	2018年
全 省	**318444**	**303444**	**196978**	**196109**	**275096**	**273285**
石家庄市（包含辛集市）	6179	5968	6822	7761	2027	2039
石家庄市（不含辛集市）	6049	5838	5730	6704	2023	2035
辛集市	130	130	1092	1058	4	4
唐 山 市	23532	22917	14032	14031	13137	13406
秦皇岛市	343	253	3813	3960	7534	7536
邯 郸 市	17380	14685	3324	4409	271	42
邢 台 市	18005	18476	92899	93902	4745	4749
保 定 市（包含定州市）	236990	224990	27355	33766	1699	1527
保 定 市（不含定州市）	236964	224961	27152	33497	1376	1263
定州市	26	29	203	269	323	264
张家口市			17312	7305	1734	186
承 德 市	11212	11261	18122	18174	241528	241588
沧 州 市	291	287	1076	1135	1086	841
廊 坊 市	4496	4527	6882	7194	103	122
衡 水 市	16	80	5341	4473	1232	1248

2-2-12续4　各市水果及食用坚果生产

单位:吨

名　　称	一、园林水果产量(续4)		二、食用坚果产量			
	10.其　他		合　计		#核　桃	
	2017年	2018年	2017年	2018年	2017年	2018年
全　省	**106756**	**122861**	**565865**	**562129**	**179177**	**158423**
石家庄市(包含辛集市)	13738	14101	41349	45651	38561	40561
石家庄市(不含辛集市)	13709	14074	41327	45641	38539	40551
辛集市	29	27	22	10	22	10
唐山市	8203	8695	110913	116549	19267	20161
秦皇岛市	15631	16709	50344	54146	10139	9645
邯郸市	7072	11595	34334	23066	31170	19865
邢台市	972	597	67260	63173	27679	25625
保定市(包含定州市)	15388	16444	40553	30390	37552	27738
保定市(不含定州市)	15158	15729	39339	29575	36339	26923
定州市	230	715	1214	815	1212	815
张家口市	16185	20465	32923	12128	580	350
承德市	12889	14109	185653	214335	11709	11796
沧州市	7795	10821	263	251	254	248
廊坊市	6051	4686	269	368	264	363
衡水市	2833	4640	2004	2072	2003	2071

2-2-12续5　各市水果及食用坚果生产

单位:吨

名　　称	二、食用坚果产量(续)					
	板　栗		松　子		杏　扁	
	2017年	2018年	2017年	2018年	2017年	2018年
全　省	**339030**	**374954**	**477**	**35**	**36652**	**28717**
石家庄市(包含辛集市)	2298	5089				1
石家庄市(不含辛集市)	2298	5089				1
辛集市						
唐山市	90244	96070	354		58	317
秦皇岛市	39917	44329	30		91	173
邯郸市	3130	3172				30
邢台市	39560	37507				41
保定市(包含定州市)	988	1105	25	32	1637	1515
保定市(不含定州市)	986	1105	25	32	1637	1515
定州市	2					
张家口市	11	101		1	31770	11675
承德市	162877	187576	68	1	3097	14962
沧州市						3
廊坊市	5	5				
衡水市	1	1				

2-2-12续6　各市水果及食用坚果生产

单位:公顷

名　　称	三、年末果园面积					
	合　　计		#苹果园		梨　　园	
	2017年	2018年	2017年	2018年	2017年	2018年
全　　省	**560033**	**529863**	**122206**	**119588**	**121992**	**120284**
石家庄市（包含辛集市）	104183	103917	11309	10677	34947	36687
石家庄市（不含辛集市）	89430	90050	8406	7771	25721	27927
辛集市	14753	13867	2903	2906	9226	8760
唐 山 市	33542	30957	8631	8379	5722	5648
秦皇岛市	36246	36668	18026	18133	5355	4981
邯 郸 市	22152	20134	5451	5513	6722	6290
邢 台 市	53534	52100	10478	10749	16633	15313
保 定 市（包含定州市）	68637	62177	7782	7550	4205	3872
保 定 市（不含定州市）	67812	61472	7677	7461	4076	3782
定州市	825	705	105	89	129	90
张家口市	22884	13018	3870	1429	451	389
承 德 市	90075	86857	39137	40215	12148	11834
沧 州 市	64691	62360	3392	3414	16071	15979
廊 坊 市	28841	28468	2636	2650	8087	8106
衡 水 市	35249	33207	11494	10879	11653	11185

2-2-12续7　各市水果及食用坚果生产

单位:公顷

名　　称	三、年末果园面积(续)					
	桃　　园		猕猴桃园		葡　萄　园	
	2017年	2018年	2017年	2018年	2017年	2018年
全　　省	**53506**	**52947**	**221**	**176**	**42715**	**41841**
石家庄市（包含辛集市）	3472	3575	85	75	4342	4054
石家庄市（不含辛集市）	2145	2246	85	75	3259	3232
辛集市	1327	1329			1083	822
唐 山 市	11666	9733	43	45	3126	2983
秦皇岛市	4492	4609	2	2	3506	3931
邯 郸 市	3279	3281	1	1	2864	3155
邢 台 市	2167	2309			7493	7488
保 定 市（包含定州市）	12425	12986	1		3872	3960
保 定 市（不含定州市）	12093	12659	1		3720	3822
定州市	332	327			151	138
张家口市	239	162			7247	5910
承 德 市	973	997	25	52	620	479
沧 州 市	1423	1242			712	886
廊 坊 市	6901	7415			5277	5229
衡 水 市	6468	6638	65		3657	3765

2-2-13 各市林业生产

单位：公顷

名称	一.人工造林面积		二.飞播造林面积		三.新封山（沙）育林面积	
	2017年	2018年	2017年	2018年	2017年	2018年
全　　省	**371770**	**359045**	**20239**	**14934**	**84790**	**223827**
石家庄市（包含辛集市）	27504	31648			20667	17880
石家庄市（不含辛集市）	26695	30848			20667	17880
辛集市	809	800				
唐 山 市	16327	20427			5476	6867
秦皇岛市	27274	20620			6199	6134
邯 郸 市	27988	24230	7240	6935	17531	14634
邢 台 市	21060	16569	4666	4666	5666	4333
保 定 市（包含定州市）	30155	38702	2333	3333	14334	12999
保 定 市（不含定州市）	28765	38272	2333	3333	14334	12999
定州市	1390	430				
张家口市	126453	119563	6000		5332	126383
承 德 市	32171	25446			9585	34597
沧 州 市	31423	23597				
廊 坊 市	15792	18356				
衡 水 市	15623	19887				

2-2-13续1 各市林业生产

单位：公顷

名称	四.退化林修复面积		五.人工更新面积		六.森林抚育面积	
	2017年	2018年	2017年	2018年	2017年	2018年
全　　省	**1672**	**238**	**2800**	**2912**	**403688**	**449100**
石家庄市（包含辛集市）			20	214	137283	81386
石家庄市（不含辛集市）			20	214	136291	81386
辛集市					992	
唐 山 市	36	6	386	522	27338	19758
秦皇岛市	1045	120	39	32	8652	4200
邯 郸 市	302				20209	20420
邢 台 市					35740	31415
保 定 市（包含定州市）		100	98	24	28737	21310
保 定 市（不含定州市）		100	98	24	22227	19730
定州市					6510	1580
张家口市					12141	143186
承 德 市	289	12	1676	1496	33057	39876
沧 州 市					15994	
廊 坊 市					27528	21885
衡 水 市			581	624	57009	65664

2-2-13续2 各市林业生产

名称	七.四旁（零星）植树（万株）		八.年末实有封山（沙）育林面积		九.林木种子采集量（吨）		十.当年苗木产量（万株）	
	2017年	2018年	2017年	2018年	2017年	2018年	2017年	2018年
全　省	**9729**	**9739**	**865042**	**1019150**	**2641**	**2335**	**404180**	**353980**
石家庄市（包含辛集市）	1669	1607	137460	143560	1901	1622	16909	15186
石家庄市（不含辛集市）	1599	1536	137460	143560	1901	1622	15890	14047
辛集市	70	71					1019	1139
唐山市	1038	988	18183	18199			6119	4724
秦皇岛市	439	464	35235	27902	10	2	24870	26504
邯郸市	1242	1431	20757	20037	48	500	12352	11776
邢台市	1230	1238	18499	19100	45	43	11244	10635
保定市（包含定州市）	1300	1066	40469	42334			142218	137730
保定市（不含定州市）	1165	955	40469	42334			64593	60097
定州市	135	111					77625	77633
张家口市	1094	1001	273895	408210	55		73342	52127
承德市	769	720	318477	337741	582	168	99605	82829
沧州市	323	314					5554	2372
廊坊市	485	361	2067	2067			8244	7720
衡水市	141	190					3723	2378

2-2-13续3 各市林业生产

名称	十一.育苗面积（公顷）		#本年新增育苗面积		十二.商品材（立方米）		#村及村以下各级组织和农民个人生产的木材	
	2017年	2018年	2017年	2018年	2017年	2018年	2017年	2018年
全　省	**95824**	**95400**	**26824**	**24862**	**787028**	**874165**	**590041**	**685284**
石家庄市（包含辛集市）	6414	6150	1590	1143	18828	29392	18828	29392
石家庄市（不含辛集市）	5905	5570	1565	1072	15117	26195	15117	26195
辛集市	509	580	25	71	3711	3197	3711	3197
唐山市	2479	5211	599	1994	160309	192729	157654	172331
秦皇岛市	2802	3091	1708	1665	20221	28179	20221	28047
邯郸市	4155	3651	3306	2099	23861	18461	23328	17138
邢台市	5081	5084	1268	1131	31107	34896	31107	34896
保定市（包含定州市）	37182	40623	10697	11443	40676	43447	40468	35024
保定市（不含定州市）	24782	27489	3881	4633	35676	41447	35468	33024
定州市	12400	13134	6816	6810	5000	2000	5000	2000
张家口市	7238	6215	683		30361	17706	23158	17276
承德市	8451	5117	1440	1417	335066	331534	148830	173932
沧州市	6745	6483	2788	1372	13406	19820	13254	19727
廊坊市	9403	10029	1696	1253	42076	53184	42076	53184
衡水市	5874	3746	1049	1345	71117	104817	71117	104337

2-2-14 各市林业重点工程完成情况

单位：公顷

名称	林业重点工程完成情况合计		1.退耕还林工程		2.京津风沙源治理工程		3.三北及长江流域防护林建设工程合计	
	2017年	2018年	2017年	2018年	2017年	2018年	2017年	2018年
全　省	**99509**	**114035**			**37027**	**44210**	**62482**	**69825**
石家庄市（包含辛集市）	3667	4932					3667	4932
石家庄市（不含辛集市）	3467	4932					3467	4932
辛集市	200						200	
唐 山 市	7533	5934					7533	5934
秦皇岛市	21817	21186					21817	21186
邯 郸 市	3335	4003					3335	4003
邢 台 市	3199	3798					3199	3798
保 定 市（包含定州市）	14632	21732					14632	21732
保 定 市（不含定州市）	14632	21732					14632	21732
定州市								
张家口市	21552	21644			21552	21644		
承 德 市	15475	22566			15475	22566		
沧 州 市	5633	4240					5633	4240
廊 坊 市	2666	3467					2666	3467
衡 水 市		533						533

2-2-14续 各市林业重点工程完成情况

单位：公顷

名称	3.三北及长江流域防护林建设工程(续)					
	(1)三北防护林五期工程		(2)太行山绿化工程		(3)沿海防护林三期工程	
	2017年	2018年	2017年	2018年	2017年	2018年
全　省	**35097**	**37781**	**13532**	**17133**	**13853**	**14911**
石家庄市（包含辛集市）	801	1333	2866	3599		
石家庄市（不含辛集市）	601	1333	2866	3599		
辛集市	200					
唐 山 市	6132	4334			1401	1600
秦皇岛市	12199	11132			9618	10054
邯 郸 市			3335	4003		
邢 台 市			3199	3798		
保 定 市（包含定州市）	10500	15999	4132	5733		
保 定 市（不含定州市）	10500	15999	4132	5733		
定州市						
张家口市						
承 德 市						
沧 州 市	2799	983			2834	3257
廊 坊 市	2666	3467				
衡 水 市		533				

2-2-15　各市牲畜出栏

单位：百头

名　　称	一、大牲畜		1.牛		2.马	
	2017年	2018年	2017年	2018年	2017年	2018年
全　　省	**35440**	**36437**	**34050**	**34560**	**290**	**374**
石家庄市（包含辛集市）	5060	5261	4937	5101	16	21
石家庄市（不含辛集市）	4787	4994	4666	4835	16	21
辛集市	272	268	271	266		
唐 山 市	5098	4878	4989	4714	20	29
秦皇岛市	1161	1406	1093	1309	4	7
邯 郸 市	2458	2490	2419	2406	12	25
邢 台 市	1881	1939	1769	1810	23	32
保 定 市（包含定州市）	3195	3506	2949	3199	31	41
保 定 市（不含定州市）	2657	2905	2449	2638	18	28
定州市	539	602	500	560	14	13
张家口市	4422	3709	4179	3291	25	42
承 德 市	6284	6707	5959	6330	134	151
沧 州 市	1913	2219	1850	2151	16	14
廊 坊 市	1522	1859	1488	1821	4	3
衡 水 市	2444	2462	2417	2429	7	8

注：猪、牛、羊、禽全省总数为畜禽监测数，因保留小数位不同，各市之和不等于总数(下同)。

2-2-15续1　各市牲畜出栏

单位：百头

名　　称	3.驴		4.骡		5.骆驼	
	2017年	2018年	2017年	2018年	2017年	2018年
全　　省	**924**	**1263**	**175**	**240**	**1**	**1**
石家庄市（包含辛集市）	102	133	5	6		
石家庄市（不含辛集市）	101	132	5	6		
辛集市	1	1				
唐 山 市	83	122	5	14	1	1
秦皇岛市	59	83	5	7		
邯 郸 市	23	49	5	10		0
邢 台 市	88	95	2	2		
保 定 市（包含定州市）	214	263	1	4		0
保 定 市（不含定州市）	189	235	1	3		0
定州市	25	28	0	1		
张家口市	168	286	50	90		0
承 德 市	95	123	96	102		0
沧 州 市	47	53	0	1		0
廊 坊 市	28	34	3	1		
衡 水 市	18	22	3	3		

2-2-15续2 各市牲畜出栏

单位：百只

名称	二、猪		三、羊		四、活家禽		五、家兔	
	2017年	2018年	2017年	2018年	2017年	2018年	2017年	2018年
全省	**378530**	**370959**	**216890**	**220144**	**6063778**	**5972822**	**34613**	**34844**
石家庄市（包含辛集市）	53375	52299	14690	13842	1098253	966446	5861	6158
石家庄市（不含辛集市）	45691	44683	12722	11805	983453	856314	3526	3973
辛集市	7684	7616	1968	2036	114800	110132	2335	2186
唐山市	62296	59259	11953	11410	533065	553797	2265	2217
秦皇岛市	24422	23416	14950	17848	362121	385641	5645	5200
邯郸市	46313	44559	37521	33961	763545	634741	6815	6330
邢台市	21014	22413	12973	12302	492931	532869	2627	2791
保定市（包含定州市）	60652	59495	33903	43169	443557	536778	3162	3669
保定市（不含定州市）	51068	50819	31223	40589	374802	471469	2784	3371
定州市	9584	8676	2680	2580	68755	65309	378	298
张家口市	23267	22762	26934	24363	255204	219640	1762	1933
承德市	19653	19428	14750	15159	744896	717686	4078	3571
沧州市	25181	26928	18531	18116	809648	898041	487	1073
廊坊市	15161	14901	15364	15402	214738	205871	22	14
衡水市	27196	25500	15322	14574	345820	321312	1890	1887

2-2-16 各市牲畜存栏

单位：百头

名称	一、大牲畜		(一) 牛		(二) 马	
	2017年	2018年	2017年	2018年	2017年	2018年
全省	**38787**	**37161**	**35950**	**34203**	**586**	**612**
石家庄市（包含辛集市）	5399	4615	5221	4484	23	14
石家庄市（不含辛集市）	5103	4330	4934	4208	21	12
辛集市	296	285	287	276	2	2
唐山市	5563	5414	5275	5117	38	40
秦皇岛市	1258	1218	1156	1093	8	9
邯郸市	2716	2424	2506	2235	35	27
邢台市	1949	1918	1871	1837	12	16
保定市（包含定州市）	3501	3654	3118	3306	46	41
保定市（不含定州市）	2920	2845	2589	2539	35	32
定州市	581	809	529	766	11	9
张家口市	5089	4949	4419	4144	76	101
承德市	7090	7690	6301	6847	319	337
沧州市	2029	1843	1956	1763	19	20
廊坊市	1605	1249	1574	1221	5	3
衡水市	2590	2187	2556	2155	4	4

2-2-16续1 各市牲畜存栏

单位：百头

名 称	（三）驴		（四）骡		（五）骆驼	
	2017年	2018年	2017年	2018年	2017年	2018年
全 省	**1735**	**1796**	**512**	**546**	**4**	**4**
石家庄市（包含辛集市）	146	111	8	5	0	0
石家庄市（不含辛集市）	140	105	8	5	0	0
辛集市	6	6	0	0		
唐 山 市	228	229	19	25	3	2
秦皇岛市	86	109	8	8	0	0
邯 郸 市	127	111	47	50	0	0
邢 台 市	64	63	2	2		
保 定 市（包含定州市）	331	302	6	5	0	0
保 定 市（不含定州市）	291	268	5	5	0	0
定州市	40	34	1	0		
张家口市	404	499	189	204	1	1
承 德 市	241	262	228	244	0	0
沧 州 市	53	57	1	1	0	0
廊 坊 市	25	25	1	0		
衡 水 市	29	27	1	1	0	0

2-2-16续2 各市牲畜存栏

单位：百头、百只

名 称	二、猪存栏		#能繁母猪		三、羊存栏	
	2017年	2018年	2017年	2018年	2017年	2018年
全 省	**195780**	**182075**	**18696**	**17391**	**122810**	**117956**
石家庄市（包含辛集市）	27701	26250	2725	2565	8293	7577
石家庄市（不含辛集市）	23181	21962	2318	2164	7182	6531
辛集市	4520	4288	407	401	1111	1046
唐 山 市	34608	34139	3410	3485	6748	6663
秦皇岛市	11580	10502	1078	1041	8440	8801
邯 郸 市	23700	21106	2122	1800	21550	19227
邢 台 市	11587	10734	1223	1012	7323	6852
保 定 市（包含定州市）	31692	28991	3200	2949	19139	20523
保 定 市（不含定州市）	26612	24171	2606	2419	17626	18947
定州市	5080	4820	594	530	1513	1575
张家口市	10788	10551	945	1059	15205	14673
承 德 市	10505	9577	871	734	8327	8553
沧 州 市	11683	12076	1047	1122	10461	10450
廊 坊 市	7075	6169	628	512	8673	7565
衡 水 市	14861	11981	1451	1110	8650	7074

2—2—16续3 各市牲畜存栏

单位：百只

名 称	四、活家禽存栏		五、家兔存栏	
	2017年	2018年	2017年	2018年
全 省	**3965322**	**3846362**	**15650**	**15171**
石家庄市（包含辛集市）	907888	828368	3917	3921
石家庄市（不含辛集市）	771245	694674	2983	3033
辛集市	136643	133693	934	888
唐 山 市	309120	331870	1140	1119
秦皇岛市	138173	140567	1520	1524
邯 郸 市	729965	713472	2863	2976
邢 台 市	398009	389596	1441	1390
保 定 市（包含定州市）	321603	339529	2021	1603
保 定 市（不含定州市）	267070	290864	1897	1498
定州市	54533	48665	124	106
张家口市	175877	126106	671	634
承 德 市	224646	226639	708	640
沧 州 市	353276	379715	209	313
廊 坊 市	145115	140808	8	16
衡 水 市	261650	229691	1151	1035

2—2—17 各市肉类产量

单位：吨

名 称	肉类总产量		1. 牛 肉		2.马 肉	
	2017年	2018年	2017年	2018年	2017年	2018年
全 省	**4723051**	**4666951**	**556000**	**564645**	**3408**	**4212**
石家庄市（包含辛集市）	653804	633133	80700	81163	195	228
石家庄市（不含辛集市）	569620	547480	76300	76565	194	226
辛集市	84185	85653	4400	4598	1	2
唐 山 市	675724	648606	81500	78221	222	323
秦皇岛市	299967	301472	17938	21962	44	88
邯 郸 市	574929	529338	39407	40108	137	272
邢 台 市	283074	295947	28900	29447	251	343
保 定 市（包含定州市）	625844	666285	48200	52292	350	425
保 定 市（不含定州市）	533803	580570	40000	43090	191	295
定州市	92042	85716	8200	9202	159	130
张家口市	326256	295379	68305	51110	270	450
承 德 市	388806	389144	97400	105505	1624	1796
沧 州 市	385410	413668	30225	35353	187	163
廊 坊 市	193408	196621	24300	30129	43	38
衡 水 市	316440	297361	39500	39355	86	87

注：因保留小数位不同，全省数据与各市数据和不一致。

2-2-17续1 各市肉类产量

单位：吨

名称	肉类总产量(续1)					
	3.驴肉		4.骡肉		5.骆驼肉	
	2017年	2018年	2017年	2018年	2017年	2018年
全省	**8161**	**11070**	**2065**	**2745**	**21**	**23**
石家庄市（包含辛集市）	958	1162	58	64		
石家庄市（不含辛集市）	945	1150	58	64		
辛集市	14	12				
唐山市	737	1070	47	154	21	15
秦皇岛市	522	747	60	76		
邯郸市	197	451	55	99		1
邢台市	792	824	20	25		
保定市（包含定州市）	1866	2291	12	38		2
保定市（不含定州市）	1651	2056	8	32		2
定州市	215	235	4	6		
张家口市	1449	2476	586	1005		1
承德市	854	1098	1159	1227		2
沧州市	400	467	5	10		
廊坊市	216	290	32	16		
衡水市	169	195	32	31		

2-2-17续2 各市肉类产量

单位：吨

名称	肉类总产量(续2)					
	6.猪肉		7.羊肉		8.禽肉	
	2017年	2018年	2017年	2018年	2017年	2018年
全省	**2914699**	**2862530**	**301000**	**305414**	**902900**	**889356**
石家庄市（包含辛集市）	414700	410276	20400	18735	135100	119372
石家庄市（不含辛集市）	354200	349876	17700	15711	119000	102203
辛集市	60500	60400	2700	3024	16100	17169
唐山市	484500	458344	16600	16011	91100	93439
秦皇岛市	196000	181905	20758	25276	54900	61486
邯郸市	354000	343491	51622	45047	112100	90856
邢台市	161000	171073	18000	16391	73400	77117
保定市（包含定州市）	459500	460392	47100	64272	67700	85435
保定市（不含定州市）	390800	398192	43300	60389	56800	75427
定州市	68700	62200	3800	3883	10900	10007
张家口市	175834	169511	37411	33501	41753	36416
承德市	150900	149344	20500	20782	115600	108702
沧州市	194600	207759	25849	25204	133309	143858
廊坊市	116900	115101	21400	21169	30500	29792
衡水市	207100	195334	21300	19027	47400	42883

2-2-17续3 各市肉类产量

单位：吨

名　　称	9.兔　肉		10.其他肉	
	2017年	2018年	2017年	2018年
全　　省	**6015**	**6166**	**28782**	**20792**
石家庄市（包含辛集市）	1045	1104	648	1029
石家庄市（不含辛集市）	575	658	648	1027
辛集市	470	446		2
唐 山 市	435	426	582	604
秦皇岛市	872	881	8873	9052
邯 郸 市	1260	1159	16151	7853
邢 台 市	412	446	299	281
保 定 市（包含定州市）	546	643	570	496
保 定 市（不含定州市）	488	591	564	495
定州市	58	52	7	1
张家口市	283	321	366	586
承 德 市	731	641	38	46
沧 州 市	113	221	723	633
廊 坊 市	3	3	14	83
衡 水 市	314	319	539	130

2-2-18 各市畜产品产量

单位：吨

名　　称	一、禽蛋产量		二、奶类产量		#生　牛　奶		三、山羊粗毛产量	
	2017年	2018年	2017年	2018年	2017年	2018年	2017年	2018年
全　　省	**3837217**	**3779658**	**3877505**	**3911338**	**3810057**	**3848100**	**2629**	**2360**
石家庄市（包含辛集市）	876000	842741	715067	701693	713100	699682	321	319
石家庄市（不含辛集市）	733000	700037	674567	651382	672600	649372	321	319
辛集市	143000	142704	40500	50311	40500	50311		
唐 山 市	288600	293345	1060526	1059739	1010900	1012582	241	224
秦皇岛市	82400	82201	56296	63628	51800	58665	359	330
邯 郸 市	895500	897733	153701	141864	143300	133682	441	411
邢 台 市	424200	415086	190202	218462	190200	218461	119	123
保 定 市（包含定州市）	359200	374040	470627	498491	470600	498466	431	368
保 定 市（不含定州市）	291400	308438	322827	338424	322800	338399	431	367
定州市	67800	65602	147800	160068	147800	160068		1
张家口市	205604	176355	846101	818543	846100	818513	35	35
承 德 市	94800	98430	104530	99499	104500	99483	447	420
沧 州 市	254400	254317	72400	101896	72400	101896	186	113
廊 坊 市	125900	124624	122197	121349	121300	120497	5	2
衡 水 市	230600	220785	85800	86175	85800	86174	44	15

2-2-18续1　各市畜产品产量

单位：吨

名　　称	山羊绒产量		四、绵羊毛产量		#细羊毛		半细羊毛	
	2017年	2018年	2017年	2018年	2017年	2018年	2017年	2018年
全　　省	**831**	**705**	**23158**	**20816**	**3784**	**4785**	**14185**	**12788**
石家庄市（包含辛集市）	26	26	2354	2092	116	108	1879	1755
石家庄市（不含辛集市）	26	26	2003	1761	116	108	1528	1425
辛集市			351	331			351	330
唐 山 市	25	22	1292	1175	213	210	839	783
秦皇岛市	90	96	1896	2078	110	134	1686	1892
邯 郸 市	211	154	2844	1676	698	553	1413	874
邢 台 市	43	42	1202	871	57	54	774	743
保 定 市（包含定州市）	203	171	4245	4062	385	363	3660	3396
保 定 市（不含定州市）	203	171	4155	3983	382	360	3575	3319
定州市			90	79	3	2	85	77
张家口市	38	35	1996	3387	364	1965	1191	1119
承 德 市	153	137	2388	1933	786	613	1151	914
沧 州 市	21	6	1465	778	648	385	466	327
廊 坊 市			1425	1337	32	77	93	90
衡 水 市	20	17	2050	1427	375	323	1033	896

2-2-18续2　各市畜产品产量

单位：吨

名　　称	五、天然蜂蜜产量		六、蚕茧产量		#桑蚕茧		柞蚕茧	
	2017年	2018年	2017年	2018年	2017年	2018年	2017年	2018年
全　　省	**14175**	**11272**	**432**	**153**	**182**	**3**	**250**	**150**
石家庄市（包含辛集市）	3535	2848						
石家庄市（不含辛集市）	3531	2844						
辛集市	4	4						
唐 山 市	284	294						
秦皇岛市	836	872	274	153	24	3	250	150
邯 郸 市	628	416						
邢 台 市	1528	1532	98		98			
保 定 市（包含定州市）	2494	1802						
保 定 市（不含定州市）	2470	1779						
定州市	24	23						
张家口市	149	163						
承 德 市	4513	3164	60		60			
沧 州 市	47	30						
廊 坊 市	5	5						
衡 水 市	154	145						

2-2-19 各市畜牧养殖小区情况

单位：个

名 称	养殖小区个数		养猪小区		养鸡小区		#养蛋鸡小区	
	2017年	2018年	2017年	2018年	2017年	2018年	2017年	2018年
全 省	**1157**	**689**	**76**	**72**	**513**	**338**	**62**	**96**
石家庄市（包含辛集市）	178	146	5	12	4	46	4	46
石家庄市（不含辛集市）	177	145	4	11	4	46	4	46
辛集市	1	1	1	1				
唐 山 市	52	29	9	6	4	4	2	2
秦皇岛市	17	13						
邯 郸 市	69	69	1	2	44	44	6	6
邢 台 市	56	51			39	34	2	2
保 定 市（包含定州市）	135	46	24	22	35	23	20	20
保 定 市（不含定州市）	91	4			15	3		
定州市	44	42	24	22	20	20	20	20
张家口市	65	49		5	4	5	4	4
承 德 市	466	184	26	14	310	122	18	10
沧 州 市	70	57			60	47		
廊 坊 市	1	1						
衡 水 市	48	44	11	11	13	13	6	6

2-2-19续1 各市畜牧养殖小区情况

单位：个

名 称	养牛小区		#养奶牛小区		养羊小区		#养绵羊小区	
	2017年	2018年	2017年	2018年	2017年	2018年	2017年	2018年
全 省	**484**	**215**	**431**	**174**	**36**	**40**	**25**	**38**
石家庄市（包含辛集市）	169	67	168	39		21		21
石家庄市（不含辛集市）	169	67	168	39		21		21
辛集市								
唐 山 市	39	19	38	19				
秦皇岛市	17	13	17	13				
邯 郸 市	23	22	23	22	1	1		
邢 台 市	13	13	10	10	3	3	3	3
保 定 市（包含定州市）	76	1	76	1				
保 定 市（不含定州市）	76	1	76	1				
定州市								
张家口市	57	35	56	35	4	4	4	4
承 德 市	79	38	34	30	26	9	16	8
沧 州 市	3	3	3	3				
廊 坊 市	1	1	1	1				
衡 水 市	7	3	5	1	2	2	2	2

2–2–19续2 各市畜牧养殖小区情况

单位：万头、万只

名　称	猪存栏		活鸡存栏		肉牛存栏	
	2017年	2018年	2017年	2018年	2017年	2018年
全　省	**43.73**	**36.61**	**2441.33**	**2483.73**	**2.44**	**1.44**
石家庄市（包含辛集市）	5.88	5.87	304.00	304.31	0.19	0.30
石家庄市（不含辛集市）	4.87	4.86	304.00	304.31	0.19	0.30
辛集市	1.01	1.01				
唐 山 市	5.17	3.55	24.66	26.50	0.20	
秦皇岛市						
邯 郸 市	1.83	2.43	110.00	69.00		
邢 台 市	4.60	5.10	390.00	427.00	0.43	0.09
保 定 市（包含定州市）	4.11	3.23	148.47	77.22		
保 定 市（不含定州市）			110.00	44.00		
定州市	4.11	3.23	38.47	33.22		
张家口市	0.15	1.32	110.00	124.00	0.46	
承 德 市	19.60	12.70	1135.80	1226.00	1.10	0.92
沧 州 市			168.40	178.70		
廊 坊 市						
衡 水 市	2.39	2.41	50.00	51.00	0.06	0.13

2–2–19续3 各市畜牧养殖小区情况

单位：万头、万只

名　称	奶牛存栏		羊存栏		猪出栏	
	2017年	2018年	2017年	2018年	2017年	2018年
全　省	**49.59**	**29.91**	**25.14**	**23.02**	**86.46**	**83.27**
石家庄市（包含辛集市）	25.44	10.87		0.03	8.75	8.78
石家庄市（不含辛集市）	13.12	10.87		0.03	8.75	8.78
辛集市					1.87	
唐 山 市	4.27	0.85			21.12	7.92
秦皇岛市	2.01	1.06				
邯 郸 市	1.09	0.43	0.06	0.06	3.01	3.88
邢 台 市	2.14	2.14	6.20	6.20	7.80	9.60
保 定 市（包含定州市）	4.69	0.17			9.56	7.25
保 定 市（不含定州市）	4.69	0.17				
定州市					9.56	7.25
张家口市	6.02	11.31	6.40	6.35	0.77	3.07
承 德 市	3.60	3.01	12.10	10.00	30.80	38.10
沧 州 市	0.03	0.03				
廊 坊 市	0.03					
衡 水 市	0.28	0.04	0.38	0.38	4.65	4.67

2-2-19续4 各市畜牧养殖小区情况

单位：万只、万头

名称	活鸡出栏		肉牛出栏		羊出栏	
	2017年	2018年	2017年	2018年	2017年	2018年
全省	**10403.16**	**8617.83**	**2.45**	**1.44**	**26.84**	**23.34**
石家庄市（包含辛集市）	435.00	435.40	0.74	0.30		0.05
石家庄市（不含辛集市）	435.00	435.40	0.74	0.30		0.05
辛集市						
唐山市	74.84	71.50	0.10			
秦皇岛市						
邯郸市	154.60	66.31			0.09	0.09
邢台市	910.00	827.00	0.09	0.09	7.30	7.30
保定市（包含定州市）	448.22	243.12				
保定市（不含定州市）	420.00	220.00				
定州市	28.22	23.12				
张家口市	90.00	215.00	0.04		7.93	6.28
承德市	7310.98	5772.00	1.35	0.92	10.80	8.90
沧州市	941.02	948.50				
廊坊市						
衡水市	38.50	39.00	0.13	0.13	0.72	0.72

2-2-19续5 各市畜牧养殖小区情况

单位：吨

名称	肉产量		蛋产量		奶产量	
	2017年	2018年	2017年	2018年	2017年	2018年
全省	**178205**	**59393**	**64951**	**86874**	**1839337**	**812100**
石家庄市（包含辛集市）	15949	17731	39290	39315	827803	404082
石家庄市（不含辛集市）	15949	17731	39290	39315	827803	404082
辛集市	1421					
唐山市	8839	5573	1568	1729	120825	68340
秦皇岛市					35680	30425
邯郸市	555	674	7530	8694	37336	39771
邢台市	960	960			104430	104430
保定市（包含定州市）	8342	5796	4686	4046	195891	6708
保定市（不含定州市）	749	11			195891	6708
定州市	7593	5784	4686	4046		
张家口市	3182	2246	3000	3000	400885	45767
承德市	126700	14286	8877	25200	108000	109328
沧州市	13678	12127			1296	1444
廊坊市					1410	
衡水市				4890	5782	1806

2-2-20　各市特种畜禽饲养存栏情况

单位：头、只

名　　称	貂		鹿		狐　狸	
	2017年	2018年	2017年	2018年	2017年	2018年
全　省	**1743611**	**1498552**	**6760**	**4217**	**1815962**	**1741433**
石家庄市（包含辛集市）	210534	157165	240	250	112056	104779
石家庄市（不含辛集市）	207794	154355			65456	57979
辛集市	2740	2810	240	250	46600	46800
唐 山 市	527932	524143	260	280	537283	502903
秦皇岛市	145682	333394	1300	570	753628	752736
邯 郸 市	9600	9600	243	198	10700	10580
邢 台 市	3050	3040			740	8470
保 定 市（包含定州市）	351315	264865	470	650	51045	49715
保 定 市（不含定州市）	351315	264865	470	650	51045	49715
定州市						
张家口市	110	4150	73	68	9160	13460
承 德 市	892	729	3938	1919	750	4500
沧 州 市	129146	38316	176	110	317700	274690
廊 坊 市						
衡 水 市	365350	163150	60	172	22900	19600

2-2-20续1　各市特种畜禽饲养存栏情况

单位：头、只

名　　称	貉		肉　鸽		雉(山)鸡	
	2017年	2018年	2017年	2018年	2017年	2018年
全　省	**4557151**	**4245646**	**1321334**	**1300758**	**50506**	**37600**
石家庄市（包含辛集市）	116516	112636	503250	616400		
石家庄市（不含辛集市）	114416	110036	493250	604400		
辛集市	2100	2600	10000	12000		
唐 山 市	2634351	2443966	32140	63824		
秦皇岛市	1409501	1298709		580	4956	4000
邯 郸 市	4500	4500	137250	121300	6100	
邢 台 市	750	755	144200	152200	11000	6500
保 定 市（包含定州市）	95030	96160	86447	72198	25000	25500
保 定 市（不含定州市）	94980	96160	82920	68518	25000	25500
定州市	50		3527	3680		
张家口市	28817	21830	300	300		
承 德 市	3190	2260	7200		300	
沧 州 市	248296	249830	94642	87237	2150	1600
廊 坊 市			26205	11319		
衡 水 市	16200	15000	289700	175400	1000	

2-2-20续2 各市特种畜禽饲养存栏情况

单位：头、只

名称	鹌鹑		鸵鸟		獭兔	
	2017年	2018年	2017年	2018年	2017年	2018年
全省	**4910442**	**5380808**	**9770**	**8719**	**2907018**	**1762819**
石家庄市（包含辛集市）	1745500	1483310	5520	4676	27300	24960
石家庄市（不含辛集市）	1745500	1483310	5520	4676	17500	15100
辛集市					9800	9860
唐山市	83000	132000			154135	127982
秦皇岛市	2145842	2469098			5001	3261
邯郸市	5300		300	340	1800046	723910
邢台市	118800	118300			129700	208850
保定市（包含定州市）	587000	939500	3860	3552	288206	265650
保定市（不含定州市）	587000	939500	3860	3552	249586	243490
定州市					38620	22160
张家口市	50000	75000	90	150	58620	53700
承德市				1	34600	32480
沧州市	85000	80000			184600	152976
廊坊市	59000	53000				
衡水市	31000	30600			224810	169050

2-2-20续3 各市特种畜禽饲养存栏情况

单位：头、只

名称	肉犬		鹧鸪		乌骨鸡	
	2017年	2018年	2017年	2018年	2017年	2018年
全省	**251674**	**185107**			**47750**	**70800**
石家庄市（包含辛集市）	15540	4830				
石家庄市（不含辛集市）	15540	4830				
辛集市						
唐山市		1364			20000	30000
秦皇岛市	16000	15380				30000
邯郸市	34780	33780			2000	300
邢台市	258	260			6500	6000
保定市（包含定州市）	37000	33850				
保定市（不含定州市）	37000	33850				
定州市						
张家口市	45	40				
承德市					7250	3000
沧州市	24500	23828				
廊坊市	62951	17275				
衡水市	60600	54500			12000	1500

2–2–21　各市特种畜禽饲养出栏情况

单位：头、只

名　称	貂		鹿		狐　狸	
	2017年	2018年	2017年	2018年	2017年	2018年
全　省	**4747055**	**3367304**	**3878**	**1811**	**6341414**	**5081831**
石家庄市（包含辛集市）	473718	382909	60	70	291538	279468
石家庄市（不含辛集市）	468958	378019			216438	200268
辛集市	4760	4890	60	70	75100	79200
唐 山 市	1041207	1018307	150	240	1791689	1746984
秦皇岛市	469031	260934	610	446	2964238	1865972
邯 郸 市	4000	4200	64	38	8130	8020
邢 台 市	5833	7527			3040	43610
保 定 市（包含定州市）	796695	877035	315	52	175483	172205
保 定 市（不含定州市）	796695	877035	315	52	175483	172205
定州市						
张家口市	80	2093		30	27900	16200
承 德 市	200		2652	912	1550	3900
沧 州 市	427591	241189	27	23	973246	859672
廊 坊 市						
衡 水 市	1528700	573110			104600	85800

2–2–21续1　各市特种畜禽饲养出栏情况

单位：头、只

名　称	貉		肉　鸽		雉(山)鸡	
	2017年	2018年	2017年	2018年	2017年	2018年
全　省	**12633070**	**10276465**	**2613774**	**2282564**	**49395**	**31813**
石家庄市（包含辛集市）	269527	267218	878800	856600		
石家庄市（不含辛集市）	267227	264358	868000	843700		
辛集市	2300	2860	10800	12900		
唐 山 市	4909336	4699703	31290	30424		
秦皇岛市	6391755	4254965		600	285	350
邯 郸 市	2000	2200	230100	210300	11050	
邢 台 市	3000	2850	264300	200100	19000	13000
保 定 市（包含定州市）	216619	216110	261853	232370	15000	16000
保 定 市（不含定州市）	216590	216110	257020	227330	15000	16000
定州市	29		4833	5040		
张家口市	62723	48940				
承 德 市	8548	2800	4100		750	
沧 州 市	698232	709779	401031	354870	3310	
廊 坊 市			34000	5000		
衡 水 市	71330	71900	508300	392300		

2-2-21续2 各市特种畜禽饲养出栏情况

单位：头、只

名称	鹌鹑		鸵鸟		獭兔	
	2017年	2018年	2017年	2018年	2017年	2018年
全省	**3693562**	**4887434**	**9870**	**12010**	**9851314**	**5382435**
石家庄市（包含辛集市）	794700	1536100	5560	7630	69400	63600
石家庄市（不含辛集市）	794700	1536100	5560	7630	56300	50400
辛集市					13100	13200
唐山市	73000	78000			585060	434904
秦皇岛市	2083762	2507784			9265	6871
邯郸市	3100		560	580	5449895	1869799
邢台市	41000	41000			325800	369982
保定市（包含定州市）	612000	604150	3750	3800	1077914	911861
保定市（不含定州市）	612000	604150	3750	3800	963684	845379
定州市					114230	66482
张家口市	30000	60000			319230	225642
承德市					108410	106500
沧州市		5000			1425800	992636
廊坊市	3000	2000				
衡水市	53000	53400			480540	400640

2-2-21续3 各市特种畜禽饲养出栏情况

单位：头、只

名称	肉犬		鹧鸪		乌骨鸡	
	2017年	2018年	2017年	2018年	2017年	2018年
全省	**120299**	**98279**			**47000**	**31000**
石家庄市（包含辛集市）	27290	7885				
石家庄市（不含辛集市）	27290	7885				
辛集市						
唐山市					20000	
秦皇岛市	12671	11580				10000
邯郸市	25690	25690			2600	
邢台市	315	310			9100	16000
保定市（包含定州市）	25100	25400				
保定市（不含定州市）	25100	25400				
定州市						
张家口市	31	28				
承德市					3300	2000
沧州市	9774	9286				
廊坊市	283	30				
衡水市	19140	18070			12000	3000

2-2-22 各市水产品产量

单位：吨

名称	水产品产量		(一)海水产品产量		鱼类		虾蟹类	
	2017年	2018年	2017年	2018年	2017年	2018年	2017年	2018年
全省	**1164600**	**1096152**	**763207**	**702184**	**148731**	**133366**	**76994**	**77142**
石家庄市（包含辛集市）	19567	18145						
石家庄市（不含辛集市）	19540	18108						
辛集市	27	37						
唐山市	500330	475260	280368	238613	41083	41641	53052	52194
秦皇岛市	379977	371335	372172	365030	18166	15328	6866	6844
邯郸市	24152	25311						
邢台市	5855	5632						
保定市（包含定州市）	34085	32006						
保定市（不含定州市）	34028	31996						
定州市	57	10						
张家口市	9656	8875						
承德市	20683	4586						
沧州市	138735	126223	106139	95259	85324	73581	16766	17660
廊坊市	25055	22389	4528	3282	4158	2816	310	444
衡水市	6505	6390						

2-2-22续1 各市水产品产量

单位：吨

名称	(一)海水产品产量（续）				按生产方式分			
	贝类		其他海水产品		海洋捕捞产品产量		海水养殖产品产量	
	2017年	2018年	2017年	2018年	2017年	2018年	2017年	2018年
全省	**494534**	**451880**	**42948**	**39796**	**234049**	**212348**	**529158**	**489836**
石家庄市（包含辛集市）								
石家庄市（不含辛集市）								
辛集市								
唐山市	151652	112518	34581	32260	110145	104816	170223	133797
秦皇岛市	341073	337714	6067	5144	26834	22705	345338	342325
邯郸市								
邢台市								
保定市（包含定州市）								
保定市（不含定州市）								
定州市								
张家口市								
承德市								
沧州市	1809	1648	2240	2370	92542	81545	13597	13714
廊坊市			60	22	4528	3282		
衡水市								

2-2-22续2 各市水产品产量

单位：吨

名称	(二)淡水产品产量		鱼类		虾蟹类		贝类	
	2017年	2018年	2017年	2018年	2017年	2018年	2017年	2018年
全省	**353193**	**328487**	**313725**	**293397**	**33197**	**29931**	**2610**	**1575**
石家庄市（包含辛集市）	19567	18145	17894	17056	974	493		
石家庄市（不含辛集市）	19540	18108	17867	17019	974	493		
辛集市	27	37	27	37				
唐山市	185141	189310	159121	163645	25660	25352		
秦皇岛市	5907	4859	5218	4572	550	185		
邯郸市	24152	25311	23348	24898	783	406	20	5
邢台市	5855	5632	5840	5618	4	3		
保定市（包含定州市）	34085	32006	27156	26811	1960	1097	2590	1563
保定市（不含定州市）	34028	31996	27099	26801	1960	1097	2590	1563
定州市	57	10	57	10				
张家口市	9656	8875	8354	8167	1302	708		
承德市	20683	4586	20633	4586	50			
沧州市	21115	14266	19379	12831	1731	1435		
廊坊市	20527	19107	20358	18972	102	110		
衡水市	6505	6390	6424	6241	81	142		7

2-2-22续3 各市水产品产量

单位：吨

名称	(二)淡水产品产量（续）		按生产方式分			
	其他类		淡水捕捞产品产量		淡水养殖产品产量	
	2017年	2018年	2017年	2018年	2017年	2018年
全省	**3661**	**3584**	**49018**	**42436**	**304175**	**286051**
石家庄市（包含辛集市）	699	596	9380	9364	10187	8781
石家庄市（不含辛集市）	699	596	9380	9364	10160	8744
辛集市					27	37
唐山市	360	313	3363	3232	181778	186078
秦皇岛市	139	102	979	782	4928	4077
邯郸市	1	2	7013	6922	17139	18389
邢台市	11	11	1235	1260	4620	4372
保定市（包含定州市）	2379	2535	17170	16192	16915	15814
保定市（不含定州市）	2379	2535	17170	16192	16858	15804
定州市					57	10
张家口市			52	47	9604	8828
承德市			4873	1402	15810	3184
沧州市	5		2650	1344	18465	12922
廊坊市	67	25	1072	639	19455	18468
衡水市			1231	1252	5274	5138

2-2-23 各市水产养殖面积

名 称	远洋捕捞产量（吨）		水产养殖面积（公顷）		(一)海水养殖面积（公顷）	
	2017年	2018年	2017年	2018年	2017年	2018年
全 省	**48200**	**65481**	**153484**	**152404**	**107583**	**111404**
石家庄市（包含辛集市）			2588	1704		
石家庄市（不含辛集市）			2580	1693		
辛集市			8	11		
唐 山 市	34821	47337	73388	78670	60330	65517
秦皇岛市	1898	1446	42366	42448	37288	36181
邯 郸 市			1880	1879		
邢 台 市			1306	1402		
保 定 市（包含定州市）			3812	1859		
保 定 市（不含定州市）			3800	1852		
定州市			12	7		
张家口市			7266	7299		
承 德 市			4158	1728		
沧 州 市	11481	16698	13700	12580	9965	9706
廊 坊 市			2324	2158		
衡 水 市			696	677		

2-2-23续1 各市水产养殖面积

单位：公顷

名 称	(一) 海水养殖面积（续）					
	1.海上养殖		2.滩涂养殖		3.其他	
	2017年	2018年	2017年	2018年	2017年	2018年
全 省	**57813**	**61941**	**28177**	**22708**	**21593**	**26755**
石家庄市（包含辛集市）						
石家庄市（不含辛集市）						
辛集市						
唐 山 市	25345	30503	23661	17717	11324	17297
秦皇岛市	32468	31438	4516	4600	304	143
邯 郸 市						
邢 台 市						
保 定 市（包含定州市）						
保 定 市（不含定州市）						
定州市						
张家口市						
承 德 市						
沧 州 市					9965	9315
廊 坊 市						
衡 水 市						

2-2-23续2　各市水产养殖面积

单位：公顷

名　　称	(二)淡水养殖面积		1.池塘养殖		2.湖泊养殖	
	2017年	2018年	2017年	2018年	2017年	2018年
全　　省	**45901**	**41000**	**22324**	**21730**	**1603**	**1560**
石家庄市（包含辛集市）	2588	1704	720	529		
石家庄市（不含辛集市）	2580	1693	712	518		
辛集市	8	11	8	11		
唐 山 市	13058	13153	11560	11945	170	170
秦皇岛市	5078	6267	460	433		
邯 郸 市	1880	1879	1080	1066	146	146
邢 台 市	1306	1402	459	644	60	42
保 定 市（包含定州市）	3812	1859	676	664	474	430
保 定 市（不含定州市）	3800	1852	664	657	474	430
定州市	12	7	12	7		
张家口市	7266	7299	444	394	712	731
承 德 市	4158	1728	366	363	41	41
沧 州 市	3735	2874	3539	2857		
廊 坊 市	2324	2158	2324	2158		
衡 水 市	696	677	696	677		

2-2-23续3　各市水产养殖面积

单位：公顷

名　　称	(二)淡水养殖面积（续）					
	3.河沟养殖		4.水库养殖		5.其他养殖	
	2017年	2018年	2017年	2018年	2017年	2018年
全　　省	**786**	**771**	**20864**	**16582**	**324**	**357**
石家庄市（包含辛集市）			1868	1175		
石家庄市（不含辛集市）			1868	1175		
辛集市						
唐 山 市	240	215	978	673	110	150
秦皇岛市	150	150	4466	5684	2	
邯 郸 市	286	286	367	381	1	
邢 台 市			787	712		4
保 定 市（包含定州市）	102	103	2349	459	211	203
保 定 市（不含定州市）	102	103	2349	459	211	203
定州市						
张家口市			6110	6174		
承 德 市			3751	1324		
沧 州 市	8	17	188			
廊 坊 市						
衡 水 市						

2-2-24 各市水产品加工企业情况

名称	加工企业个数（个）		加工能力（吨/年）		水产冷库（座）	
	2017年	2018年	2017年	2018年	2017年	2018年
全省	**252**	**229**	**430558**	**329028**	**220**	**221**
石家庄市（包含辛集市）	1	1	1500	1500	3	3
石家庄市（不含辛集市）	1	1	1500	1500	3	3
辛集市						
唐山市	113	123	87248	90628	112	120
秦皇岛市	49	36	299470	197660	46	40
邯郸市	10	10	7500	7500		
邢台市						
保定市（包含定州市）						
保定市（不含定州市）						
定州市						
张家口市	1	1	1000	1000		
承德市	3	3	20000	20000	7	6
沧州市	75	55	13840	10740	52	52
廊坊市						
衡水市						

2-2-24续 各市水产品加工企业情况

名称	冻结能力（吨/日）		水产加工产量（吨）		#冷冻水产品	
	2017年	2018年	2017年	2018年	2017年	2018年
全省	**6117**	**6087**	**88247**	**73106**	**69090**	**57367**
石家庄市（包含辛集市）	18	18	770	770	570	570
石家庄市（不含辛集市）	18	18	770	770	570	570
辛集市						
唐山市	1895	1978	30422	31672	28030	29355
秦皇岛市	977	869	37392	23372	32535	20308
邯郸市			6433	6506		
邢台市						
保定市（包含定州市）						
保定市（不含定州市）						
定州市						
张家口市			1000	1000	1000	1000
承德市	120	115	100	20	100	20
沧州市	3107	3107	12130	9766	6855	6114
廊坊市						
衡水市						

2—2—25 各市主要人均指标(2018年)

单位：公斤

名称	粮食产量	棉花产量	油料产量	蔬菜产量	园林水果产量	肉类产量
全省	**490.97**	**3.17**	**16.10**	**683.81**	**126.95**	**61.91**
石家庄市（包含辛集市）	446.45	0.11	11.44	534.68	171.80	58.00
石家庄市（不含辛集市）	413.26	0.03	9.68	488.81	148.73	53.26
辛集市	982.36	1.30	39.96	1275.27	544.30	134.54
唐山市	351.38	1.74	40.51	1189.42	100.64	81.93
秦皇岛市	237.71	0.01	26.21	792.69	197.67	96.55
邯郸市	554.85	5.86	13.46	535.29	61.64	55.61
邢台市	633.60	12.65	18.61	390.22	127.72	40.19
保定市（包含定州市）	467.71	0.06	12.41	475.48	99.55	56.89
保定市（不含定州市）	448.22	0.07	11.67	415.44	107.63	55.36
定州市	634.68	0.01	18.73	989.88	30.28	70.02
张家口市	412.42		20.92	1217.13	43.73	66.63
承德市	392.09		6.92	1044.77	286.32	108.94
沧州市	573.89	2.46	4.94	424.44	122.71	54.64
廊坊市	307.85	0.76	6.08	1055.81	93.94	41.06
衡水市	926.70	11.72	20.62	645.52	222.09	66.58

2—2—25续 各市主要人均指标(2018年)

名称	#猪牛羊肉产量（公斤）	奶类产量（公斤）	#生牛奶产量（公斤）	禽蛋产量（公斤）	水产品产量（公斤）
全省	**49.52**	**51.89**	**51.05**	**50.14**	**14.63**
石家庄市（包含辛集市）	46.74	64.28	64.10	77.20	1.68
石家庄市（不含辛集市）	43.01	63.37	63.17	68.10	1.78
辛集市	106.84	79.02	79.02	224.15	0.06
唐山市	69.80	133.87	127.91	37.06	60.39
秦皇岛市	73.38	20.38	18.79	26.33	119.68
邯郸市	45.03	14.90	14.04	94.30	2.66
邢台市	29.46	29.67	29.67	56.37	0.77
保定市（包含定州市）	49.27	42.57	42.56	31.94	2.74
保定市（不含定州市）	47.84	32.27	32.27	29.41	3.06
定州市	61.50	130.76	130.76	53.59	0.01
张家口市	57.32	184.63	184.63	39.78	2.00
承德市	77.17	27.86	27.85	27.56	1.29
沧州市	35.44	13.46	13.46	33.59	16.76
廊坊市	34.75	25.34	25.16	26.02	4.79
衡水市	56.81	19.29	19.29	49.43	1.43

注：各指标均按年平均人口计算。

2-3-1　2018年各市农林牧渔业总产值(可比价)

单位：万元

名　　称	农林牧渔业总产值	一、农业产值	(一)谷物及其他作物	(二)蔬菜、食用菌及花卉盆景园艺产品	(三)水果、食用坚果、饮料和香料
全　　省	**55368662**	**29497815**	**10571806**	**12719617**	**5108497**
石家庄市（包含辛集市）	6543932	3249244	1241631	1343542	614624
石家庄市（不含辛集市）	5760114	2816696	1084761	1163471	520998
辛集市	783818	432548	156870	180071	93626
唐 山 市	7857466	3779491	974437	2168875	615101
秦皇岛市	3659764	1424933	397510	517909	350890
邯 郸 市	5824700	3088910	1359010	1395301	290763
邢 台 市	4498178	2998958	1650328	731720	446760
保 定 市（包含定州市）	6848486	3719929	1384889	1462736	599768
保 定 市（不含定州市）	5819691	3095073	1205033	1145078	585419
定州市	1028795	624856	179856	317658	14349
张家口市	3823675	1799402	673130	999928	107014
承 德 市	3846016	2308826	414686	923372	629700
沧 州 市	5628276	2437948	1101421	907868	423642
廊 坊 市	2974979	2097152	356606	1462762	275278
衡 水 市	3679885	2266077	1084359	670800	487058

注：有关产值、商品产值、中间消耗、增加值，全省总数为省计算数，分市为上报数，各市之和不等于总数(下同)。

2-3-1续1　2018年各市农林牧渔业总产值(可比价)

单位：万元

名　　称	(四)中草药材	二、林业产值	(一)林木的培育和种植	(二)竹木采运	(三)林产品
全　　省	**1097895**	**1737071**	**1420040**	**41945**	**275087**
石家庄市（包含辛集市）	49447	211335	186336	1318	23681
石家庄市（不含辛集市）	47466	206246	181362	1203	23681
辛集市	1981	5089	4974	115	
唐 山 市	21078	106343	94375	10831	1137
秦皇岛市	158624	103835	86296	1703	15836
邯 郸 市	43836	146253	145153	1100	
邢 台 市	170150	99320	97202	2118	
保 定 市（包含定州市）	272536	285040	263395	2482	19163
保 定 市（不含定州市）	159543	220422	198891	2482	19049
定州市	112993	64618	64504		114
张家口市	19330	559856	543616	688	15552
承 德 市	341068	216674	106687	19563	90424
沧 州 市	5017	96949	77699	1144	18106
廊 坊 市	2506	80180	74513	3167	2500
衡 水 市	23860	94438	88129	6309	

2-3-1续2　2018年各市农林牧渔业总产值(可比价)

单位：万元

名　　称	三、牧业产值	(一)牲畜饲养	(二)猪的饲养	(三)家禽饲养	(四)猎狩和捕捉动物
全　　省	**18092112**	**6053666**	**6547102**	**4002760**	
石家庄市（包含辛集市）	2561944	720351	928821	803197	
石家庄市（不含辛集市）	2241359	666121	799257	667464	
辛集市	320535	54230	129564	135733	
唐 山 市	2629051	781796	1065617	332382	
秦皇岛市	1349307	272053	393742	134302	
邯 郸 市	2156152	508817	774091	862952	
邢 台 市	1146121	316513	392847	421758	
保 定 市（包含定州市）	2460260	771894	1077758	396011	
保 定 市（不含定州市）	2147508	656844	943225	332954	
定州市	312752	115050	134533	63057	
张家口市	1349190	747459	404356	177203	
承 德 市	1218585	657821	335650	194452	
沧 州 市	1360735	367569	469260	367629	
廊 坊 市	656029	269170	245467	134999	
衡 水 市	1027738	340411	452116	231495	

2-3-1续3　2018年各市农林牧渔业总产值(可比价)

单位：万元

名　　称	(五)其他畜牧业	四、渔业产值	(一)海水产品	(二)淡水产品	五、农林牧渔服务业
全　　省	**1488584**	**1983195**	**1441825**	**541369**	**4058469**
石家庄市（包含辛集市）	109575	28677		28677	493505
石家庄市（不含辛集市）	108517	28626		28626	467960
辛集市	1058	51		51	25545
唐 山 市	449256	1022241	682662	339579	320379
秦皇岛市	549210	486907	479110	7797	294782
邯 郸 市	10292	33815		33815	399582
邢 台 市	15003	7770		7770	246009
保 定 市（包含定州市）	214597	59332		59332	323925
保 定 市（不含定州市）	214485	59318		59318	297370
定州市	112	14		14	26555
张家口市	15862	14202	81	14121	101025
承 德 市	30662	6348		6348	95583
沧 州 市	156277	410402	386613	23789	1321651
廊 坊 市	6393	38808	12692	26116	102810
衡 水 市	3716	9422		9422	282210

2-3-2 各市农林牧渔业总产值(现价)

单位：万元

名　　称	农林牧渔业总产值		一、农业产值		(一)谷物及其他作物		1.谷　物	
	2017年	2018年	2017年	2018年	2017年	2018年	2017年	2018年
全　　省	**53733788**	**57069968**	**28906028**	**30858611**	**10630050**	**10836101**	**7378161**	**7408936**
石家庄市（包含辛集市）	6345669	6739068	3123391	3371553	1229826	1251574	981668	1007288
石家庄市（不含辛集市）	5576136	5936666	2685627	2926324	1066690	1092083	849853	876554
辛集市	769533	802402	437764	445229	163136	159491	131815	130734
唐 山 市	7647722	8068295	3677405	3956264	1054737	1015625	586746	591732
秦皇岛市	3497035	3698760	1400948	1485191	390942	395161	109013	123881
邯 郸 市	5634283	5776355	2998606	3080503	1363388	1386568	1116705	1112858
邢 台 市	4289113	4612117	2883643	3053720	1603259	1652865	979378	994556
保 定 市（包含定州市）	6579159	7007223	3813452	3837237	1377972	1419272	1080727	1094923
保 定 市（不含定州市）	5590806	5961080	3251269	3197205	1195206	1237063	922908	936450
定州市	988353	1046143	562183	640032	182766	182209	157819	158473
张家口市	3637064	4036632	1809430	1950630	777198	715468	328574	301564
承 德 市	3632165	4080564	2074574	2498733	385505	440771	163807	181435
沧 州 市	5409131	5693732	2364363	2439507	1071963	1105477	867361	909516
廊 坊 市	2939197	3051891	2081144	2157539	359007	359367	270903	271884
衡 水 市	3621983	3773364	2254974	2345395	1110641	1105937	841206	868882

2-3-2续1 各市农林牧渔业总产值(现价)

单位：万元

名　　称	#小　麦		稻　谷		玉　米		2.薯　类	
	2017年	2018年	2017年	2018年	2017年	2018年	2017年	2018年
全　　省	**3504596**	**3409216**	**181551**	**188964**	**3277117**	**3397013**	**1003352**	**1173384**
石家庄市（包含辛集市）	542668	571881	86	20	432015	429586	58411	77640
石家庄市（不含辛集市）	462538	491828	86	20	383599	379760	47011	65121
辛集市	80130	80053			48416	49826	11400	12519
唐 山 市	141998	151105	156370	144890	277816	289224	98316	100908
秦皇岛市	5021	6694	10100	19115	87738	84077	140859	139686
邯 郸 市	605655	584511	1303	1861	462933	469575	29778	38505
邢 台 市	542546	547954		1198	373779	391108	25042	48875
保 定 市（包含定州市）	591201	590990	2855	3049	474097	490921	132577	178997
保 定 市（不含定州市）	494746	496446	2855	3049	412906	427336	126252	170434
定州市	96455	94544			61191	63585	6325	8563
张家口市			1089	1535	148705	165574	264929	281341
承 德 市			9094	11977	124368	144011	196504	237620
沧 州 市	471488	496037			386535	400701	20146	23734
廊 坊 市	83391	83209		197	185128	184798	35503	46602
衡 水 市	508070	516579			330743	349374	19737	23031

2-3-2续2 各市农林牧渔业总产值(现价)

单位：万元

名 称	薯类（续）		3.油 料					
	#马铃薯				#花 生		油菜籽	
	2017年	2018年	2017年	2018年	2017年	2018年	2017年	2018年
全 省	**619642**	**646528**	**656171**	**621145**	**541856**	**509985**	**23661**	**19446**
石家庄市（包含辛集市）	8261	5843	72754	59250	67618	53030	3368	4283
石家庄市（不含辛集市）	8261	5843	57205	46261	53262	41506	2175	3705
辛集市			15549	12989	14356	11524	1193	578
唐 山 市	59186	58938	173865	166134	173500	165824	26	10
秦皇岛市	37092	45372	44368	42125	42216	41014	11	29
邯 郸 市	7530	2980	62465	67506	57665	59384	3347	3958
邢 台 市	3987	5022	66455	70623	46239	47822	1705	3051
保 定 市（包含定州市）	47271	39421	76135	74664	72435	70812	405	325
保 定 市（不含定州市）	41926	34577	63969	62904	60512	59491	405	323
定州市	5345	4844	12166	11760	11923	11321		2
张家口市	264806	279461	48362	39503	659	390	8172	2706
承 德 市	194493	228030	13302	9924	295	406	2240	3160
沧 州 市	5857	1606	26695	19752	19168	15229	4329	1830
廊 坊 市	2089	601	15617	14671	12324	12201	19	21
衡 水 市	3634	2781	56533	46544	46435	38095	2571	1822

2-3-2续3 各市农林牧渔业总产值(现价)

单位：万元

名 称	4.豆 类				5.棉 花		6.生 麻	
			#大 豆					
	2017年	2018年	2017年	2018年	2017年	2018年	2017年	2018年
全 省	**114841**	**156784**	**87019**	**101904**	**461518**	**473043**		**3**
石家庄市（包含辛集市）	14906	24998	14290	24341	1455	2067		
石家庄市（不含辛集市）	13332	24084	12716	23427	777	432		
辛集市	1574	914	1574	914	678	1635		
唐 山 市	8659	10136	6510	5383	26626	27255		1
秦皇岛市	3821	9095	3382	6557	143	86		
邯 郸 市	5702	6875	5278	5274	91787	110368		1
邢 台 市	9101	12269	8281	9415	166636	184139		
保 定 市（包含定州市）	7852	12265	6641	9548	1585	885		
保 定 市（不含定州市）	7574	11233	6363	8700	1577	879		
定州市	278	1032	278	848	8	6		
张家口市	18387	22886	5660	4775				
承 德 市	6092	8718	5524	7006				1
沧 州 市	8275	10931	7376	10159	41665	36789		
廊 坊 市	15619	15006	13903	12329	18430	7198		
衡 水 市	14580	11136	10182	7378	111696	103491		

2-3-2续4　各市农林牧渔业总产值(现价)

单位：万元

名　　称	7.糖　料		8.烟　草		9.其他农作物		#饲料作物	
	2017年	2018年	2017年	2018年	2017年	2018年	2017年	2018年
全　　省	**26244**	**47054**	**1830**	**2989**	**987913**	**952763**	**69569**	**35513**
石家庄市（包含辛集市）			23	25	100609	80306	2717	2443
石家庄市（不含辛集市）			23	25	98489	79606	2045	1743
辛集市					2120	700	672	700
唐 山 市			35	103	160490	119356	8716	11012
秦皇岛市					92738	80288		228
邯 郸 市					56951	50382		
邢 台 市					356647	342403	390	181
保 定 市（包含定州市）			73	85	79023	57453	1632	3076
保 定 市（不含定州市）			73	85	72853	55078		701
定州市					6170	2375	1632	2375
张家口市	103815	46738	7201	7181	5927	16255	5927	13223
承 德 市	182	317	2	9	5616	2747		1954
沧 州 市					107821	104755		1813
廊 坊 市					2935	4006	114	530
衡 水 市					66889	52853	1952	3748

2-3-2续5　各市农林牧渔业总产值(现价)

单位：万元

名　　称	(二)蔬菜、食用菌及花卉盆景园艺产品		1.蔬　菜		2.食用菌		3.花　卉	
	2017年	2018年	2017年	2018年	2017年	2018年	2017年	2018年
全　　省	**12388935**	**13353054**	**11153600**	**11961355**	**953178**	**1081694**	**95166**	**83791**
石家庄市（包含辛集市）	1322682	1374265	1171097	1228713	133135	137832	8718	6844
石家庄市（不含辛集市）	1155484	1192415	1015924	1062344	121110	122351	8718	6844
辛集市	167198	181850	155173	166369	12025	15481		
唐 山 市	1991495	2252780	1819321	2052474	139731	177306	31573	22424
秦皇岛市	519207	521051	491051	485321	20866	23615	7220	12115
邯 郸 市	1347791	1329341	1233492	1203311	64048	76705	35820	36751
邢 台 市	684860	750132	570260	631544	112887	116023	1713	365
保 定 市（包含定州市）	1544758	1501148	1344764	1252811	43889	55783	2633	2863
保 定 市（不含定州市）	1277563	1172837	1195658	1061792	43889	55783	2633	2831
定州市	267195	328311	149106	191019				32
张家口市	885704	1098767	883205	1096576	1768	749	383	1400
承 德 市	843583	984825	446123	503408	393740	476897	3184	3503
沧 州 市	956408	875818	949325	854187	4355	5928	1384	4668
廊 坊 市	1443093	1509915	1391789	1445841	5400	5799	1830	1945
衡 水 市	653160	692523	645712	681709	6955	8403	493	2411

2-3-2续6 各市农林牧渔业总产值(现价)

单位：万元

名称	4.盆景园艺		(三)水果、食用坚果、饮料和香料		1.水果		(1)园林水果	
	2017年	2018年	2017年	2018年	2017年	2018年	2017年	2018年
全省	**186991**	**226214**	**4892294**	**5516666**	**3830230**	**4599750**	**2751079**	**3481938**
石家庄市（包含辛集市）	9732	876	543255	695978	462421	606724	414304	554757
石家庄市（不含辛集市）	9732	876	437316	594083	356523	504844	309492	454058
辛集市			105939	101895	105898	101880	104812	100699
唐山市	870	576	604337	666685	451921	501723	267755	323212
秦皇岛市	70		336782	377886	265996	302220	232327	275867
邯郸市	14431	12574	250055	320508	163020	257216	103863	185773
邢台市		2200	444510	480155	341144	384893	319992	360162
保定市（包含定州市）	153472	189691	630144	642715	549090	593992	285085	366682
保定市（不含定州市）	35383	52431	616758	626858	537857	579581	278267	355119
定州市	118089	137260	13386	15857	11233	14411	6818	11563
张家口市	348	42	117953	116976	91178	93971	82654	83024
承德市	536	1017	578337	730405	337949	422358	328993	410980
沧州市	1344	11035	332305	453174	331822	452730	204585	292505
廊坊市	44074	56330	275889	285736	275373	282666	133102	154948
衡水市			476391	522964	472849	519357	314782	366224

2-3-2续7 各市农林牧渔业总产值(现价)

单位：万元

名称	#苹果		梨		(2)瓜果类		2.食用坚果	
	2017年	2018年	2017年	2018年	2017年	2018年	2017年	2018年
全省	**874520**	**1095923**	**613095**	**799082**	**1079152**	**1117812**	**974032**	**821571**
石家庄市（包含辛集市）	84383	100962	232571	320665	48117	51967	80834	66486
石家庄市（不含辛集市）	57046	74647	184297	264902	47031	50786	80793	66471
辛集市	27337	26315	48274	55763	1086	1181	41	15
唐山市	73735	97207	20539	28161	184166	178511	152378	164962
秦皇岛市	122746	151309	12242	15794	33669	26353	70786	75666
邯郸市	35507	56965	49044	54823	59157	71443	61950	42224
邢台市	86851	120167	69752	57895	21152	24731	103325	91395
保定市（包含定州市）	49782	61973	26042	52472	264005	227310	80219	47629
保定市（不含定州市）	48152	60445	25153	51161	259590	224462	78066	46183
定州市	1630	1528	889	1311	4415	2848	2153	1446
张家口市	18167	12217	1296	1563	8524	10947	26775	23005
承德市	226991	298395	22482	31243	8956	11378	240158	307192
沧州市	22008	22586	77635	94443	127237	160225	483	442
廊坊市	14736	17767	28247	38131	142271	127718	468	670
衡水市	123218	151592	71909	91511	158067	153133	3542	3607

2-3-2续8 各市农林牧渔业总产值(现价)

单位：万元

名称	2.食用坚果（续）				3.香料原料（花椒）		(四)中草药材	
	核桃		板栗					
	2017年	2018年	2017年	2018年	2017年	2018年	2017年	2018年
全省	**349544**	**242310**	**421235**	**522462**	**50664**	**95345**	**994749**	**1152790**
石家庄市（包含辛集市）	77856	59158	2860	7321		22768	27628	49736
石家庄市（不含辛集市）	77815	59143	2860	7321		22768	26137	47743
辛集市	41	15					1491	1993
唐山市	38327	31140	112129	133411	38		26836	21174
秦皇岛市	20479	14727	49735	60560			154017	191093
邯郸市	57964	37450	3865	4644	25085	21068	37372	44086
邢台市	53949	40579	49360	50687	5	3867	151014	170568
保定市（包含定州市）	71736	40624	1221	1543	835	1094	260578	274102
保定市（不含定州市）	69585	39178	1219	1543	835	1094	161742	160447
定州市	2151	1446	2				98836	113655
张家口市	1156	519	13	134			28575	19419
承德市	21803	19569	202025	264150	230	855	267149	342732
沧州市	455	438				2	3687	5038
廊坊市	460	663	6	7	48	2400	3155	2521
衡水市	3541	3606	1	1			14782	23971

2-3-2续9 各市农林牧渔业总产值(现价)

单位：万元

名称	二、林业产值		(一)林木的培育和种植		1.育种育苗		2.造林	
	2017年	2018年	2017年	2018年	2017年	2018年	2017年	2018年
全省	**1755414**	**1866372**	**1416820**	**1527111**	**262124**	**222159**	**840063**	**1002448**
石家庄市（包含辛集市）	194900	227779	169325	200234	15262	18912	86634	109573
石家庄市（不含辛集市）	191600	222506	166255	195081	14790	18912	85218	106085
辛集市	3300	5273	3070	5153	472		1416	3488
唐山市	77037	113584	65441	100703	5670	19214	38222	60153
秦皇岛市	100544	111514	84874	92096	16141	16266	60409	63310
邯郸市	147729	156458	146227	155293	31481	19711	92872	113548
邢台市	96031	106978	94020	104764	11985	10893	54941	67200
保定市（包含定州市）	236429	308825	217435	283817	108142	134319	82919	127330
保定市（不含定州市）	167499	241447	148635	216567	43730	69069	81137	125843
定州市	68930	67378	68800	67250	64412	65250	1782	1487
张家口市	275644	602948	264262	583562	7977	18499	238865	501356
承德市	253544	235422	111696	114882	13609	24329	73581	60714
沧州市	104136	106732	90729	83800	26348	13045	54998	67062
廊坊市	63589	85294	58980	78910	16026	15420	27638	40900
衡水市	64074	100279	59662	93644	9913	13072	27343	47767

2-3-2续10　各市农林牧渔业总产值(现价)

单位：万元

名　　称	3.抚育和管理		(二)木材采运		#村及村以下木材采运		(三)林产品	
	2017年	2018年	2017年	2018年	2017年	2018年	2017年	2018年
全　省	**141252**	**124670**	**48445**	**45112**	**48445**	**52265**	**290150**	**294150**
石家庄市（包含辛集市）	67429	71749	1168	1409	1168	1409	24407	26136
石家庄市（不含辛集市）	66247	70084	938	1289	938	1289	24407	26136
辛集市	1182	1665	230	120	230	120		
唐 山 市	21549	21336	9940	11556	9928	11368	1656	1325
秦皇岛市	8324	12520	1250	1792	1144	1782	14420	17626
邯 郸 市	21874	22034	1479	1165	1417	1082	23	
邢 台 市	27094	26671	1928	2214	1928	2214	83	
保 定 市（包含定州市）	26374	22060	2214	2630	2201	2584	16780	22378
保 定 市（不含定州市）	23768	21547	2214	2630	2201	2584	16650	22250
定州市	2606	513					130	128
张家口市	17420	63707	1234	724	1234	689	10148	18662
承 德 市	24506	29839	20865	20583	10694	9716	120983	99957
沧 州 市	9383	3693	832	1263	823	1263	12575	21669
廊 坊 市	15316	22590	2609	3384	2609	3384	2000	3000
衡 水 市	22406	32805	4412	6635	4412	6605		

2-3-2续11　各市农林牧渔业总产值(现价)

单位：万元

名　　称	三、牧业产值		(一)牲畜饲养					
					1.牛的饲养		2.羊的饲养	
	2017年	2018年	2017年	2018年	2017年	2018年	2017年	2018年
全　省	**17358228**	**18138185**	**5498865**	**6053061**	**2674523**	**2770095**	**1503933**	**1916166**
石家庄市（包含辛集市）	2535731	2598382	733568	753743	387823	400273	102277	120734
石家庄市（不含辛集市）	2230290	2272537	685402	697361	366537	378674	88627	103028
辛集市	305441	325845	48166	56382	21286	21599	13650	17706
唐 山 市	2578180	2593061	816651	819132	392973	375671	82897	99458
秦皇岛市	1251792	1299499	216810	287701	85854	104908	103681	151470
邯 郸 市	2089961	2098007	511509	530606	190083	185734	260247	288052
邢 台 市	1073074	1186786	293200	330237	138715	145344	91142	106680
保 定 市（包含定州市）	2172551	2462525	631567	822681	231654	257297	235144	374463
保 定 市（不含定州市）	1843904	2150819	526607	702825	192364	212019	216538	351989
定州市	328647	311706	104960	119856	39290	45278	18606	22474
张家口市	1426462	1365596	816727	779509	332827	265285	188488	211950
承 德 市	1181882	1238007	619742	685455	474156	510642	103238	133814
沧 州 市	1247043	1362402	314512	389997	149136	172437	128322	157781
廊 坊 市	656168	664215	264444	283309	116201	121064	106550	121223
衡 水 市	1021962	1029477	327099	355299	189855	195597	106263	127829

2-3-2续12　各市农林牧渔业总产值(现价)

单位：万元

名　称	3.其他牲畜饲养		4.奶 产 品		#生牛奶		5.毛绒产品	
	2017年	2018年	2017年	2018年	2017年	2018年	2017年	2018年
全　省	**30000**	**30000**	**1230552**	**1271834**	**1208294**	**1248752**	**59857**	**64966**
石家庄市（包含辛集市）	5856	5319	227675	222551	226967	221859	3717	4878
石家庄市（不含辛集市）	5856	5319	214798	206004	214090	205312	3364	4348
辛集市			12877	16547	12877	16547	353	530
唐 山 市	1570		336464	341058	320658	327912	2747	2945
秦皇岛市	3774	3103	17074	19981	16473	19032	5947	7659
邯 郸 市	149	1533	49454	45776	45583	42422	11576	9001
邢 台 市	50	3358	60264	71787	60263	71788	3029	3068
保 定 市（包含定州市）	252	15070	149416	161914	149393	161899	14885	13767
保 定 市（不含定州市）	252	15070	102675	109884	102652	109869	14706	13693
定州市			46741	52030	46741	52030	179	74
张家口市	9568	12525	278446	264882	278446	264880	4948	5437
承 德 市	12	260	33223	32084	33212	32078	8813	8255
沧 州 市	3880	9542	23001	33535	23001	33535	2373	514
廊 坊 市	1350	1478	38913	37640	38617	37329	1430	1904
衡 水 市	751	889	27282	27946	27282	27946	2895	2988

2-3-2续13　各市农林牧渔业总产值(现价)

单位：万元

名　称	#羊　毛		山羊绒		(二)猪的饲养		(三)家禽饲养	
	2017年	2018年	2017年	2018年	2017年	2018年	2017年	2018年
全　省	**26617**	**36887**	**33240**	**28079**	**6373829**	**6000419**	**3958097**	**4482691**
石家庄市（包含辛集市）	2677	3837	1040	1041	898750	841612	825923	897499
石家庄市（不含辛集市）	2324	3307	1040	1041	769364	723930	698970	746702
辛集市	353	530			129386	117682	126953	150797
唐 山 市	1747	2134	1000	811	1048964	971784	309683	373052
秦皇岛市	2291	3854	3656	3805	411228	363058	123377	150657
邯 郸 市	3512	3172	8064	5829	779506	700604	784143	857032
邢 台 市	1321	1547	1708	1521	353445	360368	405930	477369
保 定 市（包含定州市）	5459	6604	9426	7163	1020662	989275	349491	441824
保 定 市（不含定州市）	5280	6530	9426	7163	859903	867366	286994	371998
定州市	179	74			160759	121909	62497	69826
张家口市	3074	4259	1874	1178	400900	367587	200187	198968
承 德 市	2839	3282	5974	4973	328399	305877	194605	214152
沧 州 市	1655	401	718	113	425212	431739	339288	412523
廊 坊 市	1430	1904			254782	222668	133148	152171
衡 水 市	2095	2307	800	681	457937	411091	233425	259547

2–3–2续14 各市农林牧渔业总产值(现价)

单位：万元

名称	(三）家禽饲养（续）				(四)狩猎和捕捉动物		(五)其他畜牧业	
	#肉禽		禽蛋					
	2017年	2018年	2017年	2018年	2017年	2018年	2017年	2018年
全省	**1062015**	**1190835**	**2896082**	**3291856**			**1527437**	**1602014**
石家庄市（包含辛集市）	195464	187532	630459	709967			77490	105528
石家庄市（不含辛集市）	175598	163149	523372	583553			76554	104544
辛集市	19866	24383	107087	126414			936	984
唐山市	93222	108741	216461	264311			402882	429093
秦皇岛市	63701	77687	59676	72970			500377	498083
邯郸市	133823	130984	650320	726048			14748	9765
邢台市	86949	108094	318981	369275			20499	18812
保定市（包含定州市）	78258	109955	271233	331869			170831	208745
保定市（不含定州市）	66578	97245	220416	274753			170400	208630
定州市	11680	12710	50817	57116			431	115
张家口市	44091	45910	156096	153058			8648	19532
承德市	123564	129704	71041	84448			39136	32523
沧州市	148608	188319	190680	224204			168031	128143
廊坊市	38098	40517	95050	111654			3794	6067
衡水市	60792	65235	172633	194312			3501	3540

2–3–2续15 各市农林牧渔业总产值(现价)

单位：万元

名称	#蚕茧		家兔		四、渔业产值		(一)海水产品	
	2017年	2018年	2017年	2018年	2017年	2018年	2017年	2018年
全省	**821**	**459**	**13845**	**15768**	**1958626**	**2074873**	**1394989**	**1508438**
石家庄市（包含辛集市）			2347	2767	29601	29449		
石家庄市（不含辛集市）			1411	1783	29566	29397		
辛集市			936	984	35	52		
唐山市			907	991	1005006	1076986	687903	726636
秦皇岛市	521	459	2311	2330	478692	503407	468497	495595
邯郸市			2725	2506	33106	34719		
邢台市	186		1048	1258	7508	7991		
保定市（包含定州市）			2049	1536	53809	62754		
保定市（不含定州市）			1898	1421	53737	62739		
定州市			151	115	72	15		
张家口市			718	813	15959	14535		84
承德市	114		1635	1682	26567	6524		
沧州市			1710	262	423424	441416	391140	416912
廊坊市			8	7	41551	40237	14954	13333
衡水市			758	849	8517	9675		

2-3-2续16　各市农林牧渔业总产值(现价)

单位：万元

名　称	(一)海水产品（续1）							
	#养　殖		1.鱼　类		2.虾　蟹类		3.贝　类	
	2017年	2018年	2017年	2018年	2017年	2018年	2017年	2018年
全　省	**855663**	**860357**	**446040**	**492365**	**615520**	**646572**	**247249**	**289559**
石家庄市（包含辛集市）								
石家庄市（不含辛集市）								
辛集市								
唐 山 市			123249	146916	424416	430662	75830	70647
秦皇岛市	120588	70256	54528	53985	54696	56281	341060	357328
邯 郸 市								
邢 台 市								
保 定 市（包含定州市）								
保 定 市（不含定州市）								
定州市								
张家口市				84				
承 德 市								
沧 州 市			255972	258112	134128	144862	906	1033
廊 坊 市			12474	9829	2480	3446		16
衡 水 市								

2-3-2续17　各市农林牧渔业总产值(现价)

单位：万元

名　称	4.其 他 类		(二)淡水产品		#养　殖		1.鱼　类	
	2017年	2018年	2017年	2018年	2017年	2018年	2017年	2018年
全　省	**86180**	**79942**	**563638**	**566435**	**483391**	**484574**	**398431**	**407055**
石家庄市（包含辛集市）			29601	29449			22730	23988
石家庄市（不含辛集市）			29566	29397			22695	23936
辛集市			35	52			35	52
唐 山 市	64408	78411	317103	350350			201781	235775
秦皇岛市	18213	27994	10195	7812		1580	6412	6446
邯 郸 市			33106	34719		2859	29654	33450
邢 台 市			7508	7991		16	7421	7923
保 定 市（包含定州市）			53809	62754		380	32421	41760
保 定 市（不含定州市）			53737	62739		380	32349	41745
定州市			72	15			72	15
张家口市			15959	14451			10732	11525
承 德 市			26567	6524		41	26347	6524
沧 州 市	134	12905	32284	24504			24616	18052
廊 坊 市		42	26597	26904		346	25858	26291
衡 水 市			8517	9675		30	8160	8817

2-3-2续18 各市农林牧渔业总产值(现价)

单位：万元

名　　称	(二) 淡水产品 (续)						五、农林牧渔服务业	
	2.虾蟹类		3.贝　类		4.其他类			
	2017年	2018年	2017年	2018年	2017年	2018年	2017年	2018年
全　　省	**146067**	**138947**	**835**	**587**	**18305**	**19847**	**3755491**	**4131927**
石家庄市（包含辛集市）	4277	2759		10	2594	2692	462046	511905
石家庄市（不含辛集市）	4277	2759		10	2594	2692	439053	485902
辛集市							22993	26003
唐 山 市	112903	113274			2419	1301	310094	328400
秦皇岛市	2812	697			971	669	265059	299149
邯 郸 市	3446	1233	6	32		4	364881	406668
邢 台 市	4	14			83	54	228857	256642
保 定 市（包含定州市）	5157	4728	852	577	15379	15689	302918	335882
保 定 市（不含定州市）	5157	4728	852	577	15379	15689	274397	308870
定州市							28521	27012
张家口市	5227	2894		32			109569	102923
承 德 市	220						95598	101878
沧 州 市	7618	6452			50		1270165	1343675
廊 坊 市	449	505			290	108	96745	104606
衡 水 市	357	656		2		200	272456	288538

2-3-3 各市农林牧渔业总产值及构成(2018年)

单位：万元

名　　称	农林牧渔业总产值						农林牧渔业总产值构成(%)				
		农 业	林 业	牧 业	渔 业	农林牧渔服务业	农 业	林 业	牧 业	渔 业	农林牧渔服务业
全　　省	**57069968**	**30858611**	**1866372**	**18138185**	**2074873**	**4131927**	**54.07**	**3.27**	**31.78**	**3.64**	**7.24**
石家庄市（包含辛集市）	6739068	3371553	227779	2598382	29449	511905	50.03	3.38	38.56	0.44	7.60
石家庄市（不含辛集市）	5936666	2926324	222506	2272537	29397	485902	49.29	3.75	38.28	0.50	8.19
辛集市	802402	445229	5273	325845	52	26003	55.49	0.66	40.61	0.01	3.24
唐 山 市	8068295	3956264	113584	2593061	1076986	328400	49.03	1.41	32.14	13.35	4.07
秦皇岛市	3698760	1485191	111514	1299499	503407	299149	40.15	3.01	35.13	13.61	8.09
邯 郸 市	5776355	3080503	156458	2098007	34719	406668	53.33	2.71	36.32	0.60	7.04
邢 台 市	4612117	3053720	106978	1186786	7991	256642	66.21	2.32	25.73	0.17	5.56
保 定 市（包含定州市）	7007223	3837237	308825	2462525	62754	335882	54.76	4.41	35.14	0.90	4.79
保 定 市（不含定州市）	5961080	3197205	241447	2150819	62739	308870	53.63	4.05	36.08	1.05	5.18
定州市	1046143	640032	67378	311706	15	27012	61.18	6.44	29.80		2.58
张家口市	4036632	1950630	602948	1365596	14535	102923	48.32	14.94	33.83	0.36	2.55
承 德 市	4080564	2498733	235422	1238007	6524	101878	61.23	5.77	30.34	0.16	2.50
沧 州 市	5693732	2439507	106732	1362402	441416	1343675	42.85	1.87	23.93	7.75	23.60
廊 坊 市	3051891	2157539	85294	664215	40237	104606	70.70	2.79	21.76	1.32	3.43
衡 水 市	3773364	2345395	100279	1029477	9675	288538	62.16	2.66	27.28	0.26	7.65

2-3-4　各市农林牧渔业总产值指数(2018年)

(上年=100)

名　称	农林牧渔业总产值	农　业	林　业	牧　业	渔　业	农林牧渔服务业
全　省	**103.0**	**102.1**	**99.0**	**104.4**	**101.3**	**108.1**
石家庄市（包含辛集市）	103.1	104.0	108.4	101.0	96.9	106.8
石家庄市（不含辛集市）	103.3	104.9	107.6	100.5	96.8	106.6
辛集市	101.9	98.8	154.2	105.0	145.7	111.1
唐 山 市	102.7	102.8	138.0	102.0	101.7	103.3
秦皇岛市	104.7	101.7	103.3	107.8	101.7	111.2
邯 郸 市	103.4	103.0	99.0	103.2	102.1	109.5
邢 台 市	104.9	104.0	103.4	106.8	103.5	107.5
保 定 市（包含定州市）	104.1	97.5	120.6	113.2	110.3	106.9
保 定 市（不含定州市）	104.1	95.2	131.6	116.5	110.4	108.4
定州市	104.1	111.1	93.7	95.2	19.4	93.1
张家口市	105.1	99.4	203.1	94.6	89.0	92.2
承 德 市	105.9	111.3	85.5	103.1	23.9	100.0
沧 州 市	104.1	103.1	93.1	109.1	96.9	104.1
廊 坊 市	101.2	100.8	126.1	100.0	93.4	106.3
衡 水 市	101.6	100.5	147.4	100.6	110.6	103.6

2-3-5　各市农林牧渔业商品产值

单位：万元

名　称	农林牧渔业商品产值		一、农业商品产值		(一)谷物及其他作物		1.谷　物	
	2017年	2018年	2017年	2018年	2017年	2018年	2017年	2018年
全　省	**42341613**	**45173472**	**24046522**	**26004316**	**7348553**	**8042045**	**4820152**	**5355179**
石家庄市（包含辛集市）	4562639	4884340	2277342	2545985	822307	864130	626728	711352
石家庄市（不含辛集市）	3995620	4286042	1965877	2217926	706469	738067	525974	599965
辛集市	567019	598298	311465	328059	115838	126063	100754	111387
唐 山 市	6842530	7215501	3362605	3662114	843878	828101	469037	485289
秦皇岛市	2840584	3005824	1197476	1275250	290307	285993	65265	76155
邯 郸 市	4424878	4577866	2442636	2580805	1027969	1093997	824669	875169
邢 台 市	3412239	3683558	2359157	2536780	1182814	1240300	722429	738339
保 定 市（包含定州市）	5087586	5487381	2975698	3062784	871290	932166	667886	700933
保 定 市（不含定州市）	4227960	4569231	2459220	2511308	714440	776347	533724	566231
定州市	859626	918150	516478	551476	156850	155819	134162	134702
张家口市	2938625	3048353	1480247	1732506	581119	634793	266699	263908
承 德 市	3041450	3475053	1777494	2210940	315967	353974	130677	138026
沧 州 市	3389065	3648749	1838813	1994065	634938	756872	483922	607066
廊 坊 市	2457584	2558095	1828325	1920612	241929	251459	173256	183997
衡 水 市	2893656	3011679	1898732	2003286	800020	813989	573795	610446

2–3–5续1 各市农林牧渔业商品产值

单位：万元

名称	2.薯类		3.油料		4.豆类		5.棉花	
	2017年	2018年	2017年	2018年	2017年	2018年	2017年	2018年
全省	**772782**	**957364**	**508992**	**498159**	**78620**	**112618**	**422797**	**450006**
石家庄市（包含辛集市）	42420	54210	43164	34189	8477	16364	857	1060
石家庄市（不含辛集市）	35189	46073	38185	29402	7713	15907	495	325
辛集市	7231	8137	4979	4787	764	457	362	735
唐山市	75467	80514	149207	143005	5721	7925	25716	26440
秦皇岛市	122182	119000	32478	31076	2167	5091	89	55
邯郸市	20049	28548	54605	58978	3964	4693	88369	106938
邢台市	12259	33173	52949	57766	6488	9526	156191	172799
保定市（包含定州市）	100890	136141	58825	57881	4921	8956	1066	687
保定市（不含定州市）	95514	128862	47876	47298	4685	8081	1059	682
定州市	5376	7279	10949	10583	236	875	7	5
张家口市	225047	249520	43343	34692	14828	20018		
承德市	165864	201323	11210	7288	4133	5044		
沧州市	13227	16972	20055	15958	6194	6157	39390	35259
廊坊市	28350	37025	11805	10831	10293	10000	16403	6249
衡水市	16464	20111	45925	38103	12271	9893	107554	99801

2–3–5续2 各市农林牧渔业商品产值

单位：万元

名称	6.生麻		7.糖类		8.烟草		9.其他农作物	
	2017年	2018年	2017年	2018年	2017年	2018年	2017年	2018年
全省		**3**	**25858**	**46283**	**1571**	**2948**	**637994**	**619487**
石家庄市（包含辛集市）					10	22	100651	46933
石家庄市（不含辛集市）					10	22	98903	46373
辛集市							1748	560
唐山市		1			28	97	118702	84830
秦皇岛市							68126	54616
邯郸市		1					36313	19670
邢台市							232498	228697
保定市（包含定州市）							36828	27568
保定市（不含定州市）							31582	25193
定州市							5246	2375
张家口市			25647	45967	1522	7181	4033	13507
承德市		1	181	317	1	1	3901	1974
沧州市							72150	75460
廊坊市							1822	3357
衡水市							44011	35635

2−3−5续3　各市农林牧渔业商品产值

单位：万元

名　　称	(二)蔬菜、食用菌及花卉盆景园艺		1.蔬　菜		2.食 用 菌		3.花　卉	
	2017年	2018年	2017年	2018年	2017年	2018年	2017年	2018年
全　　省	**10860141**	**11932925**	**9720363**	**10634840**	**872444**	**1031071**	**89408**	**79911**
石家庄市（包含辛集市）	975985	1021188	838724	884039	124167	131457	6648	5092
石家庄市（不含辛集市）	869038	904536	742392	781009	113552	117835	6648	5092
辛集市	106947	116652	96332	103030	10615	13622		
唐 山 市	1918215	2174384	1760116	1988159	126467	163812	30765	21857
秦皇岛市	449036	453027	421611	417897	20751	23587	6604	11543
邯 郸 市	1172671	1162101	1068951	1046474	54835	67225	34538	36187
邢 台 市	622538	684641	512826	571735	107999	110969	1713	337
保 定 市（包含定州市）	1291224	1272914	1104606	1069344	38210	52284	2571	2782
保 定 市（不含定州市）	1044416	1004894	969367	898584	38210	52284	2571	2782
定州市	246808	268020	135239	170760				
张家口市	763272	968542	761001	966831	1621	679	383	1000
承 德 市	737395	897649	367698	428371	366241	464824	2920	3437
沧 州 市	891931	815189	885678	796365	4029	5603	1149	4393
廊 坊 市	1337119	1408742	1289842	1347719	5042	5626	1705	1842
衡 水 市	624629	661605	617506	650994	6630	8200	493	2411

2−3−5续4　各市农林牧渔业商品产值

单位：万元

名　　称	4.盆景园艺		(三)水果、食用坚果、饮料和香料		1.水　果		(1) 园林水果	
	2017年	2018年	2017年	2018年	2017年	2018年	2017年	2018年
全　　省	**175323**	**187102**	**4346314**	**4905723**	**3385924**	**4128648**	**2409395**	**3074551**
石家庄市（包含辛集市）	6446	600	457742	616094	384970	530496	346339	486865
石家庄市（不含辛集市）	6446	600	370364	532503	297627	446919	259922	404292
辛集市			87378	83591	87343	83577	86417	82573
唐 山 市	867	556	574218	638693	426393	477978	254543	306548
秦皇岛市	70		304117	345140	238310	273430	206864	251760
邯 郸 市	14347	12215	207473	282591	125044	220484	76151	157723
邢 台 市		1600	411127	447178	315216	357356	296086	334683
保 定 市（包含定州市）	152357	148504	561672	585203	490070	543188	244546	327165
保 定 市（不含定州市）	34268	51244	549048	571220	479593	530646	238191	317075
定州市	118089	97260	12624	13983	10477	12542	6355	10090
张家口市	267	32	108950	111257	83616	88679	76530	79147
承 德 市	536	1017	466736	627926	265127	348878	256862	339053
沧 州 市	1075	8828	308437	417094	308013	416682	188905	267553
廊 坊 市	40530	53555	246204	257927	245733	255692	117816	139793
衡 水 市			459879	504836	456594	501451	300754	351102

2-3-5续5　各市农林牧渔业商品产值

单位：万元

名　　称	(2) 瓜 果 类		2.食用坚果		3.香料原料		(四)中 药 材	
	2017年	2018年	2017年	2018年	2017年	2018年	2017年	2018年
全　　省	**979222**	**1054097**	**886759**	**747958**	**46611**	**29116**	**956451**	**1123624**
石家庄市（包含辛集市）	38631	43631	72772	63675			21308	44573
石家庄市（不含辛集市）	37705	42627	72737	63661			20006	42820
辛集市	926	1004	35	14			1302	1753
唐 山 市	171850	171430	147806	160715			26294	20936
秦皇岛市	31446	21670	65807	71710			154016	191090
邯 郸 市	48893	62761	57686	41344	24743		34523	42116
邢 台 市	19130	22673	95906	86145	5	3671	142678	164661
保 定 市（包含定州市）	245547	216023	70814	41326	784	108	250152	272501
保 定 市（不含定州市）	241402	213571	68671	39885	784	108	151316	158847
定州市	4145	2452	2143	1441			98836	113654
张家口市	7086	9532	25334	22578			26906	17914
承 德 市	8265	9825	201414	278338	195	30	257396	331391
沧 州 市	119108	149129	424	410		2	3507	4910
廊 坊 市	127917	115899	423	635	48	1600	3073	2484
衡 水 市	155840	150349	3285	3385			14204	22856

2-3-5续6　各市农林牧渔业商品产值

单位：万元

名　　称	二、林业商品产值		(一)林木的培育和种植		(二)木材采运		(三)林 产 品	
	2017年	2018年	2017年	2018年	2017年	2018年	2017年	2018年
全　　省	**608602**	**459823**	**333519**	**198524**	**41236**	**38421**	**211142**	**222877**
石家庄市（包含辛集市）	54530	42049	16574	27956	608	1173	37348	12920
石家庄市（不含辛集市）	54530	42049	16574	27956	608	1173	37348	12920
辛集市								
唐 山 市	49094	21634	39315	9613	9063	10971	716	1050
秦皇岛市	13691	25953		8902	1104	1569	12587	15482
邯 郸 市	1028	6180		5470	1028	710		
邢 台 市	30202	12142	28318	9997	1808	2145	76	
保 定 市（包含定州市）	44808	113106	26849	91061	1381	1347	16578	20698
保 定 市（不含定州市）	44677	53477	26848	31560	1381	1347	16448	20570
定州市	131	59629	1	59501			130	128
张家口市	129305	54039	123061	42933	1158	530	5086	10576
承 德 市	150555	113820	40734	15442	17833	17686	91988	80692
沧 州 市	39431	39413	28615	23996	355	857	10461	14560
廊 坊 市	13689	10168	10218	5213	1650	2225	1821	2730
衡 水 市	12462	11498	8563	5268	3899	6230		

2-3-5续7 各市农林牧渔业商品产值

单位：万元

名　称	三、牧业商品产值		(一)牲畜饲养		1.牛的饲养		2.羊的饲养	
	2017年	2018年	2017年	2018年	2017年	2018年	2017年	2018年
全　省	**15806402**	**16714301**	**5052357**	**5627034**	**2462701**	**2584499**	**1356247**	**1748502**
石家庄市（包含辛集市）	2203966	2268267	637832	667799	335760	361787	77402	88091
石家庄市（不含辛集市）	1948444	1998076	599114	623169	316360	342132	68928	77119
辛集市	255522	270191	38718	44630	19400	19655	8474	10972
唐 山 市	2450460	2483430	773748	783920	362024	351829	75844	93212
秦皇岛市	1156868	1205697	204409	270465	81533	100009	98111	143378
邯 郸 市	1949599	1957894	468504	477928	170658	161594	241726	268604
邢 台 市	1015665	1126795	284932	320394	134657	140809	87970	103235
保 定 市（包含定州市）	1996780	2251960	586010	762288	219906	245002	210268	344677
保 定 市（不含定州市）	1673391	1944930	481323	642755	180781	199924	191660	322205
定州市	323389	307030	104687	119533	39125	45078	18608	22472
张家口市	1313878	1248560	750330	715182	294030	235214	179278	199722
承 德 市	1087910	1144196	573532	653052	445510	491115	88742	122612
沧 州 市	1127737	1216792	284537	350600	135900	161972	117780	138553
廊 坊 市	575274	588327	241341	258462	110322	114242	94991	107898
衡 水 市	974543	987755	305838	336596	181326	187558	94362	117782

2-3-5续8 各市农林牧渔业商品产值

单位：万元

名　称	3.其他牲畜饲养		4.奶　类		5.毛 绒 类		(二)猪的饲养	
	2017年	2018年	2017年	2018年	2017年	2018年	2017年	2018年
全　省	**24951**	**15192**	**1169516**	**1216636**	**56493**	**62205**	**5819306**	**5593591**
石家庄市（包含辛集市）	5480	4341	209994	209007	3370	4573	781092	753650
石家庄市（不含辛集市）	5480	4341	199439	195438	3081	4139	666883	650087
辛集市			10555	13569	289	434	114209	103563
唐 山 市	1538		331622	335953	2720	2926	1013643	945159
秦皇岛市	2255	724	16563	18177	5947	7633	380854	337460
邯 郸 市	140	683	45500	38855	10480	8192	739881	678693
邢 台 市	6315	3311	52972	69985	3018	3054	336904	347214
保 定 市（包含定州市）		1093	141370	157983	14315	13028	940842	915549
保 定 市（不含定州市）		1093	94746	106073	14136	12955	784423	796912
定州市			46624	51910	179	73	156419	118637
张家口市	6414	9857	264020	252419	4638	5078	367472	333194
承 德 市	181	260	30417	30779	8415	8086	299069	285715
沧 州 市	3780	4703	21522	30261	1923	748	372743	380083
廊 坊 市	1035	1161	33842	33614	1151	1547	206699	184135
衡 水 市	666	747	26668	27508	2816	2981	444642	400066

2-3-5续9 各市农林牧渔业商品产值

单位：万元

名称	(三)家禽饲养		1.肉禽		2.禽蛋		(四)狩猎和捕捉动物	
	2017年	2018年	2017年	2018年	2017年	2018年	2017年	2018年
全省	**3598702**	**4092235**	**969195**	**1089733**	**2628194**	**3002502**		
石家庄市（包含辛集市）	715799	790524	167443	165359	548356	625165		
石家庄市（不含辛集市）	613204	669362	151064	145329	462140	524033		
辛集市	102595	121162	16379	20030	86216	101132		
唐山市	294168	355623	89976	105231	204192	250392		
秦皇岛市	112695	136243	60498	73122	52197	63121		
邯郸市	729794	793435	125029	120031	604765	673404		
邢台市	377374	447761	80923	101643	296451	346118		
保定市（包含定州市）	313686	396168	72543	98617	241178	297551		
保定市（不含定州市）	252070	327309	61160	86252	190910	241057		
定州市	61616	68859	11383	12365	50268	56494		
张家口市	189350	185144	41580	43721	147770	141423		
承德市	183494	185706	128062	116404	55432	69302		
沧州市	307239	369787	132408	166916	174831	202871		
廊坊市	123883	140070	35573	38069	88310	102001		
衡水市	221532	248115	57939	62262	163593	185853		

2-3-5续10 各市农林牧渔业商品产值

单位：万元

名称	(五)其他畜牧业		四、渔业商品产值		(一)海水产品		(二)淡水产品	
	2017年	2018年	2017年	2018年	2017年	2018年	2017年	2018年
全省	**1314360**	**1401442**	**1880085**	**1995032**	**1336817**	**1445988**	**543234**	**549044**
石家庄市（包含辛集市）	69243	56294	26801	28039	222		26579	28039
石家庄市（不含辛集市）	69243	55458	26769	27991	222		26547	27991
辛集市		836	32	48			32	48
唐山市	368901	398728	980371	1048323	669349	703323	311022	345000
秦皇岛市	458910	461529	472549	498924	462745	491403	9804	7521
邯郸市	11420	7838	31615	32987			31615	32987
邢台市	16455	11426	7215	7841			7215	7841
保定市（包含定州市）	156002	177955	50744	59531			50744	59531
保定市（不含定州市）	155571	177954	50672	59516			50672	59516
定州市	431	1	72	15			72	15
张家口市	6726	15040	15195	13248			15195	13248
承德市	31815	19723	25491	6097			25491	6097
沧州市	163218	116322	383084	398479	352283	376156	30801	22323
廊坊市	3351	5660	40296	38988	14871	13229	25425	25759
衡水市	2531	2978	7919	9140			7919	9140

2-3-6 各市农林牧渔业中间消耗

单位：万元

名　　称	农林牧渔业中间消耗		(一)农业中间消耗		1.农业物质消耗		(1)用 种 量	
	2017年	2018年	2017年	2018年	2017年	2018年	2017年	2018年
全　省	**20756147**	**21853329**	**8759648**	**9439897**	**7037527**	**7459779**	**1027900**	**1026900**
石家庄市（包含辛集市）	2169873	2280292	720096	766779	547816	589837	85839	95417
石家庄市（不含辛集市）	1867094	1962676	599120	646293	472482	515039	75910	85459
辛集市	302779	317616	120976	120486	75334	74798	9929	9958
唐 山 市	2852591	2990842	1029518	1108852	778336	838772	117704	127107
秦皇岛市	1421042	1501656	434207	459389	360839	380229	41552	44069
邯 郸 市	2403676	2462110	1046346	1071473	880442	904927	133384	137264
邢 台 市	1700838	1834901	955509	1008578	736541	766046	121512	125312
保 定 市（包含定州市）	2539554	2703660	1236907	1241485	921074	924969	137600	139299
保 定 市（不含定州市）	2148664	2294444	1046545	1024252	777348	760953	116472	115188
定州市	390890	409216	190362	217233	143726	164016	21128	24111
张家口市	1570926	1713854	735902	798245	584529	635056	170702	191911
承 德 市	1238493	1358950	539091	646963	469901	563225	63938	78051
沧 州 市	2212448	2337245	733274	754856	562407	580381	103312	106699
廊 坊 市	995666	1038610	595772	618118	453400	467408	72091	79193
衡 水 市	1624938	1640178	894715	893219	722358	717727	112805	112629

2-3-6续1 各市农林牧渔业中间消耗

单位：万元

名　　称	1.农业物质消耗(续1)							
	(2)役畜用饲料、饲草		(3)肥　料		(4)燃　料		(5)农　药	
	2017年	2018年	2017年	2018年	2017年	2018年	2017年	2018年
全　省	**29883**	**39883**	**3373839**	**3474839**	**417568**	**477568**	**736094**	**735094**
石家庄市（包含辛集市）	6905	7097	234930	247130	40416	42439	49591	54730
石家庄市（不含辛集市）	3108	3408	214312	227002	28417	31181	36822	42218
辛集市	3797	3689	20618	20128	11999	11258	12769	12512
唐 山 市	3554	3837	343744	370335	40952	43934	60719	65190
秦皇岛市	3719	4024	167264	174677	31150	34194	40294	42309
邯 郸 市	2365	2666	405157	415492	49746	51012	57980	58967
邢 台 市	2387	2078	298352	319986	45018	46607	57014	60514
保 定 市（包含定州市）	3973	3908	400327	403483	49151	49644	69664	66069
保 定 市（不含定州市）	3397	3251	336191	330292	41536	40954	58052	52818
定州市	576	657	64136	73191	7615	8690	11612	13251
张家口市	56181	54139	134656	149251	39859	44057	28876	30838
承 德 市	3480	3825	218988	260382	20930	26448	40393	48902
沧 州 市	5980	5993	202797	210485	34032	35058	45232	46502
廊 坊 市	1514	1605	204300	208225	21679	22786	33815	34105
衡 水 市	7554	7298	349816	348418	38988	39273	55290	54466

2–3–6续2　各市农林牧渔业中间消耗

单位：万元

名　称	1.农业物质消耗(续2)							
	(6)农用塑料薄膜		(7)用电量		(8)小农具购置		(9)办公用品购置	
	2017年	2018年	2017年	2018年	2017年	2018年	2017年	2018年
全　省	**372842**	**452842**	**759005**	**839258**	**54271**	**66271**	**3656**	**4656**
石家庄市（包含辛集市）	21402	23181	88682	95057	2812	3456	1098	1672
石家庄市（不含辛集市）	17640	19592	76846	82936	2341	2858	1061	1583
辛集市	3762	3589	11836	12121	471	598	37	89
唐山市	35480	38257	120962	131394	4575	4898	1978	2131
秦皇岛市	11466	11402	31630	32293	1919	1926	910	993
邯郸市	36244	36555	92887	96066	23608	24722	4710	5118
邢台市	45575	42439	111617	112329	11107	8063	4244	3254
保定市（包含定州市）	41696	42006	140493	141687	6843	7410	2339	2320
保定市（不含定州市）	34840	34182	118419	116497	6082	6542	1966	1895
定州市	6856	7824	22074	25190	761	868	373	425
张家口市	21861	23769	36691	40438	13251	14542	7473	7197
承德市	23056	27266	29031	35773	2863	3907	123	160
沧州市	38881	38353	91148	94262	6617	6787	1560	1629
廊坊市	19044	20677	70461	71470	2433	2595	1176	1355
衡水市	41451	40394	73346	72695	7034	7006	4014	3984

2–3–6续3　各市农林牧渔业中间消耗

单位：万元

名　称	(10)其他		2.生产服务支出		(二)林业中间消耗		1.物质消耗	
	2017年	2018年	2017年	2018年	2017年	2018年	2017年	2018年
全　省	**262468**	**342468**	**1722121**	**1980119**	**609454**	**662305**	**443018**	**474029**
石家庄市（包含辛集市）	16141	19658	172280	176942	48742	56345	38866	43819
石家庄市（不含辛集市）	16025	18802	126638	131254	47650	54529	37790	42049
辛集市	116	856	45642	45688	1092	1816	1076	1770
唐山市	48668	51689	251182	270080	24775	36941	19724	29600
秦皇岛市	30935	34342	73368	79160	40072	44630	35073	38781
邯郸市	74361	77065	165907	166546	59106	63460	45305	48745
邢台市	39715	45464	218968	242532	46750	53229	37785	43128
保定市（包含定州市）	68988	69143	315833	316516	77462	101249	61250	80728
保定市（不含定州市）	60393	59334	269197	263299	60002	83170	47046	66021
定州市	8595	9809	46636	53217	17460	18079	14204	14707
张家口市	74979	78914	151373	163189	111180	223239	82771	175395
承德市	67099	78511	69190	83738	68992	65632	53376	49991
沧州市	32848	34613	170867	174475	36285	39548	29683	33276
廊坊市	26887	25397	142372	150710	22037	30828	18369	25762
衡水市	32060	31564	172357	175492	26767	41697	22081	34419

2-3-6续4　各市农林牧渔业中间消耗

单位：万元

名　称	1.林业物质消耗(续1)							
	(1)用种量		(2)肥　料		(3)燃　料		(4)农　药	
	2017年	2018年	2017年	2018年	2017年	2018年	2017年	2018年
全　省	**363499**	**376499**	**28298**	**35209**	**11970**	**15970**	**17809**	**17309**
石家庄市（包含辛集市）	16646	18473	10315	11132	3455	4170	3289	3680
石家庄市（不含辛集市）	16218	17855	9985	10622	3289	3914	3176	3477
辛集市	428	618	330	510	166	256	113	203
唐山市	11236	16997	5352	8058	565	845	1870	2676
秦皇岛市	21423	23346	9442	10640	823	894	1319	1316
邯郸市	27361	28606	10502	11536	1517	1694	2904	3267
邢台市	19653	23579	9102	10037	1504	1595	3185	3612
保定市（包含定州市）	35152	46865	15726	20319	1919	2524	5112	6556
保定市（不含定州市）	26641	38052	12230	16700	1510	2100	3958	5361
定州市	8511	8813	3496	3619	409	424	1154	1195
张家口市	59334	107959	8365	18788	1922	9485	4623	11858
承德市	22089	19985	8307	8212	2771	2740	8869	9000
沧州市	20504	23106	3891	4809	791	834	490	665
廊坊市	11008	15688	4613	6299	555	748	1589	2230
衡水市	13716	20893	4857	7908	778	1264	1290	2161

2-3-6续5　各市农林牧渔业中间消耗

单位：万元

名　称	1.林业物质消耗(续2)							
	(5)用电量		(6)小农机具购置		(7)办公用品购置		(8)其　他	
	2017年	2018年	2017年	2018年	2017年	2018年	2017年	2018年
全　省	**14158**	**18158**	**1046**	**1546**	**447**	**547**	**5789**	**8789**
石家庄市（包含辛集市）	1577	1790	2395	2617	357	405	832	1552
石家庄市（不含辛集市）	1554	1747	2394	2596	355	383	819	1455
辛集市	23	43	1	21	2	22	13	97
唐山市	368	557	78	109	44	63	211	295
秦皇岛市	807	1049	269	268	206	228	784	1040
邯郸市	1229	1459	547	671	348	456	897	1056
邢台市	1270	1215	649	504	1146	899	1276	1687
保定市（包含定州市）	1236	1841	404	593	42	161	1659	1869
保定市（不含定州市）	1002	1599	350	537	42	161	1313	1511
定州市	234	242	54	56			346	358
张家口市	2022	7360	1240	5626	807	4113	4458	10206
承德市	994	946	66	65	38	38	10242	9005
沧州市	963	1047	339	288	329	652	2376	1875
廊坊市	301	439	65	88	4	7	234	263
衡水市	636	976	279	439	105	169	420	609

2-3-6续6 各市农林牧渔业中间消耗

单位：万元

名称	2.生产服务支出		(三)牧业中间消耗		1.牧业物质消耗		(1)用种量	
	2017年	2018年	2017年	2018年	2017年	2018年	2017年	2018年
全省	**166436**	**188276**	**8571610**	**8697295**	**8265032**	**8364212**	**1243201**	**1240201**
石家庄市（包含辛集市）	9876	12526	1154133	1185139	1057020	1088826	141080	144643
石家庄市（不含辛集市）	9860	12480	985191	1003576	898903	920088	121695	123956
辛集市	16	46	168942	181563	158117	168738	19385	20687
唐山市	5051	7341	1245237	1251294	1181921	1190422	188506	196627
秦皇岛市	4999	5849	602767	626051	572038	594453	118109	121391
邯郸市	13801	14715	1077861	1083057	1003424	1010589	196258	197033
邢台市	8965	10101	575667	635453	547226	598891	97004	99358
保定市（包含定州市）	16212	20521	1034441	1151609	968153	1082749	157126	172322
保定市（不含定州市）	12956	17149	867256	992719	808992	931486	132103	148541
定州市	3256	3372	167185	158890	159161	151263	25023	23781
张家口市	28409	47844	667308	639192	607107	581999	63878	60905
承德市	15616	15641	564882	588585	527385	550417	112633	116008
沧州市	6602	6272	601482	655606	560682	610055	79339	86711
廊坊市	3668	5066	305797	313625	291865	298382	46388	48013
衡水市	4686	7278	547552	539787	511477	503235	96705	94440

2-3-6续7 各市农林牧渔业中间消耗

单位：万元

名称	1.牧业物质消耗(续1)					
	(2)饲料、饲草		(3)燃　料		(4)用 电 量	
	2017年	2018年	2017年	2018年	2017年	2018年
全省	**6660184**	**6736364**	**175110**	**187110**	**96643**	**101643**
石家庄市（包含辛集市）	814494	835099	24549	22048	39199	38527
石家庄市（不含辛集市）	689182	701370	19745	16921	34542	33557
辛集市	125312	133729	4804	5127	4657	4970
唐山市	919162	918133	9629	9755	27077	27529
秦皇岛市	406750	424407	5505	5625	9892	10211
邯郸市	715106	721621	10778	11275	28993	28481
邢台市	407115	453902	5420	6329	14285	15786
保定市（包含定州市）	744338	835588	8506	9470	22213	24284
保定市（不含定州市）	620416	717815	7167	8198	18536	20789
定州市	123922	117773	1339	1272	3677	3495
张家口市	456652	441275	9327	9955	15730	14989
承德市	369528	384656	6120	6556	4167	4742
沧州市	450819	487830	5512	6284	8285	10081
廊坊市	227853	232101	2210	2214	6100	6117
衡水市	377910	371809	6148	6142	7284	7295

2-3-6续8 各市农林牧渔业中间消耗

单位：万元

名 称	1.牧业物质消耗(续2)				2.生产服务支出	
	(5)畜牧用药品		(6)其 他			
	2017年	2018年	2017年	2018年	2017年	2018年
全 省	**54104**	**58104**	**35789**	**40789**	**306578**	**333083**
石家庄市（包含辛集市）	30104	40477	7594	8032	97113	96313
石家庄市（不含辛集市）	26349	36470	7390	7814	86288	83488
辛集市	3755	4007	204	218	10825	12825
唐 山 市	26049	26902	11498	11476	63316	60872
秦皇岛市	18329	19011	13453	13808	30729	31598
邯 郸 市	31690	31642	20599	20537	74437	72468
邢 台 市	15070	16273	8332	7243	28441	36562
保 定 市（包含定州市）	22920	25189	13050	15896	66288	68860
保 定 市（不含定州市）	19421	21864	11349	14279	58264	61233
定州市	3499	3325	1701	1617	8024	7627
张家口市	40982	34320	20538	20555	60201	57193
承 德 市	7252	8109	27685	30346	37497	38168
沧 州 市	7901	7992	8826	11157	40800	45551
廊 坊 市	6552	7158	2762	2779	13932	15243
衡 水 市	14954	15130	8476	8419	36075	36552

2-3-6续9 各市农林牧渔业中间消耗

单位：万元

名 称	(四)渔业中间消耗		1.渔业物质消耗					
					(1)饲 料		(2)燃 料	
	2017年	2018年	2017年	2018年	2017年	2018年	2017年	2018年
全 省	**737800**	**758547**	**548585**	**559557**	**359313**	**363685**	**47864**	**50264**
石家庄市（包含辛集市）	14359	14169	11901	12014	7486	7421	892	922
石家庄市（不含辛集市）	14345	14148	11891	11999	7479	7413	891	920
辛集市	14	21	10	15	7	8	1	2
唐 山 市	380803	411328	313919	340225	189422	205392	22509	24328
秦皇岛市	224723	236977	156860	173309	62386	69593	22093	21847
邯 郸 市	17563	18267	14530	15166	9211	9554	1732	1816
邢 台 市	3742	3972	2844	3097	2330	2356	127	163
保 定 市（包含定州市）	28778	33561	26061	30420	16056	18530	2070	2358
保 定 市（不含定州市）	28739	33553	26029	30413	16036	18526	2067	2357
定州市	39	8	32	7	20	4	3	1
张家口市	7364	6682	5743	5444	2876	2824	261	252
承 德 市	13906	2815	12620	2520	9622	1846	255	103
沧 州 市	135833	140980	112905	119393	88057	88905	6879	12041
廊 坊 市	18342	17953	14860	14497	9542	9468	1068	1044
衡 水 市	4556	5194	3633	4129	2228	2545	308	342

2-3-6续10 各市农林牧渔业中间消耗

单位：万元

名　称	1.渔业物质消耗(续1)						2.生产服务支出	
	(3)用 电 量		(4)办公用品购置		(5)其　他			
	2017年	2013年	2017年	2018年	2017年	2018年	2017年	2018年
全　　省	**9132**	**10132**	**731**	**931**	**131545**	**134545**	**189215**	**198990**
石家庄市（包含辛集市）	691	684	134	122	2698	2865	2458	2155
石家庄市（不含辛集市）	690	682	134	121	2697	2863	2454	2149
辛集市	1	2		1	1	2	4	6
唐 山 市	13958	14858	113	136	87917	95511	66884	71103
秦皇岛市	3114	3337	295	255	68972	78277	67863	63668
邯 郸 市	618	652	280	305	2689	2839	3033	3101
邢 台 市	113	155	48	59	226	364	898	875
保 定 市（包含定州市）	1206	1513	4524	5340	2205	2679	2717	3141
保 定 市（不含定州市）	1205	1513	4524	5340	2197	2677	2710	3140
定州市	1				8	2	7	1
张家口市	917	732	76	158	1613	1478	1621	1238
承 德 市	303	58	54	54	2386	459	1286	295
沧 州 市	1694	1493	4735	4903	11540	12051	22928	21587
廊 坊 市	710	696	9	14	3531	3275	3482	3456
衡 水 市	144	177	110	122	843	943	923	1065

2-3-6续11 各市农林牧渔业中间消耗

单位：万元

名　称	(五)农林牧渔服务业中间消耗		1.物质消耗		2.生产服务支出	
	2017年	2018年	2017年	2018年	2017年	2018年
全　　省	**2077635**	**2295286**	**1078308**	**1175356**	**999327**	**1119930**
石家庄市（包含辛集市）	232543	257888	164385	181848	68158	76040
石家庄市（不含辛集市）	220788	244158	153805	169447	66983	74711
辛集市	11755	13730	10580	12401	1175	1329
唐 山 市	172258	182427	75109	80164	97149	102263
秦皇岛市	119273	134609	73322	83630	45951	50979
邯 郸 市	202800	225853	146139	165145	56661	60708
邢 台 市	119170	133669	88766	99752	30404	33917
保 定 市（包含定州市）	161966	175756	70970	77489	90996	98267
保 定 市（不含定州市）	146122	160750	64208	71085	81914	89665
定州市	15844	15006	6762	6404	9082	8602
张家口市	49172	46500	30537	28171	18635	18329
承 德 市	51622	54955	30792	33694	20830	21261
沧 州 市	705574	746255	497569	532208	208005	214047
廊 坊 市	53718	58086	19785	22064	33933	36022
衡 水 市	151348	160281	93224	98674	58124	61607

2—3—7　各市农林牧渔业增加值

单位：万元

名　　称	农林牧渔业增加值		1.农　业		2.林　业	
	2017年	2018年	2017年	2018年	2017年	2018年
全　　省	**32977641**	**35216639**	**20146380**	**21418714**	**1145960**	**1204068**
石家庄市（包含辛集市）	4175796	4458776	2403295	2604774	146158	171434
石家庄市（不含辛集市）	3709042	3973990	2086507	2280031	143950	167977
辛集市	466754	484786	316788	324743	2208	3457
唐 山 市	4795131	5077453	2647887	2847412	52262	76643
秦皇岛市	2075993	2197104	966741	1025802	60472	66884
邯 郸 市	3230607	3314245	1952260	2009030	88623	92998
邢 台 市	2588275	2777216	1928134	2045142	49281	53749
保 定 市（包含定州市）	4039605	4303563	2576545	2595752	158967	207576
保 定 市（不含定州市）	3442142	3666636	2204724	2172953	107497	158277
定州市	597463	636927	371821	422799	51470	49299
张家口市	2066138	2322778	1073528	1152385	164464	379709
承 德 市	2393672	2721614	1535483	1851770	184552	169790
沧 州 市	3196683	3356487	1631089	1684651	67851	67184
廊 坊 市	1943531	2013281	1485372	1539421	41552	54466
衡 水 市	1997045	2133186	1360259	1452176	37307	58582

2—3—7续　各市农林牧渔业增加值

单位：万元

名　　称	3.牧　业		4.渔　业		5.农林牧渔服务业	
	2017年	2018年	2017年	2018年	2017年	2018年
全　　省	**8786618**	**9440890**	**1220826**	**1316326**	**1677856**	**1836642**
石家庄市（包含辛集市）	1381598	1413243	15242	15280	229503	254045
石家庄市（不含辛集市）	1245099	1268961	15221	15249	218265	241772
辛集市	136499	144282	21	31	11238	12273
唐 山 市	1332943	1341767	624203	665658	137836	145973
秦皇岛市	649025	673448	253969	266430	145786	164540
邯 郸 市	1012100	1014950	15543	16452	162081	180815
邢 台 市	497407	551333	3766	4019	109687	122973
保 定 市（包含定州市）	1138110	1310916	25031	29193	140952	160126
保 定 市（不含定州市）	976648	1158100	24998	29186	128275	148120
定州市	161462	152816	33	7	12677	12006
张家口市	759154	726404	8595	7853	60397	56427
承 德 市	617000	649422	12661	3709	43976	46923
沧 州 市	645561	706796	287591	300436	564591	597420
廊 坊 市	350371	350590	23209	22284	43027	46520
衡 水 市	474410	489690	3961	4481	121108	128257

2—3—8 各市农林牧渔业增加值构成(2018年)

名称	农林牧渔业增加值构成（以增加值为100）					
	合计	农业	林业	牧业	渔业	农林牧渔服务业
全省	**100.00**	**60.82**	**3.42**	**26.81**	**3.74**	**5.22**
石家庄市（包含辛集市）	100.00	58.42	3.84	31.70	0.34	5.70
石家庄市（不含辛集市）	100.00	57.37	4.23	31.93	0.38	6.08
辛集市	100.00	66.99	0.71	29.76	0.01	2.53
唐山市	100.00	56.08	1.51	26.43	13.11	2.87
秦皇岛市	100.00	46.69	3.04	30.65	12.13	7.49
邯郸市	100.00	60.62	2.81	30.62	0.50	5.46
邢台市	100.00	73.64	1.94	19.85	0.14	4.43
保定市（包含定州市）	100.00	60.32	4.82	30.46	0.68	3.72
保定市（不含定州市）	100.00	59.26	4.32	31.58	0.80	4.04
定州市	100.00	66.38	7.74	23.99		1.88
张家口市	100.00	49.61	16.35	31.27	0.34	2.43
承德市	100.00	68.04	6.24	23.86	0.14	1.72
沧州市	100.00	50.19	2.00	21.06	8.95	17.80
廊坊市	100.00	76.46	2.71	17.41	1.11	2.31
衡水市	100.00	68.08	2.75	22.96	0.21	6.01

2—3—9 各市农林牧渔业增加值指数(2018年)

(上年=100)

名称	农林牧渔业增加值	农业	林业	牧业	渔业	农林牧渔服务业
全省	**103.2**	**102.7**	**97.9**	**104.7**	**102.8**	**108.1**
石家庄市（包含辛集市）						
石家庄市（不含辛集市）	103.7	105.0	107.7	100.5	97.5	106.7
辛集市	101.5	99.8	150.7	104.1	142.9	107.4
唐山市	102.7	102.7	136.8	102.0	101.1	103.3
秦皇岛市	104.4	101.9	102.8	107.7	101.5	111.2
邯郸市	103.1	102.9	98.0	102.9	103.1	109.6
邢台市	104.8	104.0	101.3	107.4	103.8	107.5
保定市（包含定州市）						
保定市（不含定州市）	103.3	95.4	134.0	118.3	110.4	111.2
定州市	104.6	111.0	92.0	95.0	21.2	93.1
张家口市	106.4	99.1	214.4	94.6	89.3	91.7
承德市	106.7	111.4	84.5	103.6	28.5	100.2
沧州市	103.7	103.1	89.4	109.2	97.1	104.1
廊坊市	101.0	100.8	123.1	98.9	92.6	106.3
衡水市	103.9	103.1	147.8	103.0	110.3	103.6

2-3-10　各市农林牧渔业中间消耗、增加值占总产值的比重（2018年）

单位：%

名　　称	农林牧渔业		1.农　业		2.林　业	
	中间消耗	增加值	中间消耗	增加值	中间消耗	增加值
全　　省	**38.29**	**61.71**	**30.59**	**69.41**	**35.49**	**64.51**
石家庄市（包含辛集市）	33.84	66.16	22.74	77.26	24.74	75.26
石家庄市（不含辛集市）	33.06	66.94	22.09	77.91	24.51	75.49
辛集市	39.58	60.42	27.06	72.94	34.44	65.56
唐 山 市	37.07	62.93	28.03	71.97	32.52	67.48
秦皇岛市	40.60	59.40	30.93	69.07	40.02	59.98
邯 郸 市	42.62	57.38	34.78	65.22	40.56	59.44
邢 台 市	39.78	60.22	33.03	66.97	49.76	50.24
保 定 市（包含定州市）	38.58	61.42	32.35	67.65	32.79	67.21
保 定 市（不含定州市）	38.49	61.51	32.04	67.96	34.45	65.55
定州市	39.12	60.88	33.94	66.06	26.83	73.17
张家口市	42.46	57.54	40.92	59.08	37.02	62.98
承 德 市	33.30	66.70	25.89	74.11	27.88	72.12
沧 州 市	41.05	58.95	30.94	69.06	37.05	62.95
廊 坊 市	34.03	65.97	28.65	71.35	36.14	63.86
衡 水 市	43.47	56.53	38.08	61.92	41.58	58.42

2-3-10续　各市农林牧渔业中间消耗、增加值占总产值的比重（2018年）

单位：%

名　　称	3.牧　业		4.渔　业		5.农林牧渔服务业	
	中间消耗	增加值	中间消耗	增加值	中间消耗	增加值
全　　省	**47.95**	**52.05**	**36.56**	**63.44**	**55.55**	**44.45**
石家庄市（包含辛集市）	45.61	54.39	48.11	51.89	50.38	49.62
石家庄市（不含辛集市）	44.16	55.84	48.13	51.87	50.25	49.75
辛集市	55.72	44.28	40.38	59.62	52.80	47.20
唐 山 市	48.26	51.74	38.19	61.81	55.55	44.45
秦皇岛市	48.18	51.82	47.07	52.93	45.00	55.00
邯 郸 市	51.62	48.38	52.61	47.39	55.54	44.46
邢 台 市	53.54	46.46	49.71	50.29	52.08	47.92
保 定 市（包含定州市）	46.77	53.23	53.48	46.52	52.33	47.67
保 定 市（不含定州市）	46.16	53.84	53.48	46.52	52.04	47.96
定州市	50.97	49.03	53.33	46.67	55.55	44.45
张家口市	46.81	53.19	45.97	54.03	45.18	54.82
承 德 市	47.54	52.46	43.15	56.85	53.94	46.06
沧 州 市	48.12	51.88	31.94	68.06	55.54	44.46
廊 坊 市	47.22	52.78	44.62	55.38	55.53	44.47
衡 水 市	52.43	47.57	53.68	46.32	55.55	44.45

2-3-11 各市农业劳动生产率、投入产出率(2018年)

单位：元

名　　称	每一农村农林牧渔业从业人员创造农林牧渔业总产值	每一农村农林牧渔业从业人员创造农林牧渔业增加值	农业投入产出率(%)
全　　省	**42133**	**25999**	**161.1**
石家庄市（包含辛集市）	47553	31463	195.5
石家庄市（不含辛集市）	44806	29993	202.5
辛集市	87023	52576	152.6
唐 山 市	67296	42350	169.8
秦皇岛市	52604	31247	146.3
邯 郸 市	34075	19551	134.6
邢 台 市	34357	20688	151.4
保 定 市（包含定州市）	26700	16398	159.2
保 定 市（不含定州市）	24528	15087	159.8
定州市	53892	32811	155.6
张家口市	38203	21983	135.5
承 德 市	43665	29123	200.3
沧 州 市	56187	33123	143.6
廊 坊 市	41292	27239	193.8
衡 水 市	46001	26006	130.1

注：按从业人员年平均人数计算。

2-3-12 各市农村经济比重(2018年)

名　　称	年末常住人口(万人)	乡村人口(万人)	乡村人口比重(%)	社会消费品零售总额(亿元)	乡村零售额(亿元)	乡村零售额比重(%)
全　　省	**7556.30**	**5829.24**	**77.14**	**16537.10**	**3877.30**	**23.4**
石家庄市（包含辛集市）	1095.16	724.36	66.14	3274.40	531.80	16.2
石家庄市（不含辛集市）	1031.49	669.08	64.87	2934.10	418.50	14.3
辛集市	63.67	55.28	86.82	340.30	113.30	33.3
唐 山 市	793.58	552.06	69.57	2743.60	467.90	17.1
秦皇岛市	313.42	205.89	65.69	830.60	155.70	18.7
邯 郸 市	952.81	782.05	82.08	1686.80	442.50	26.2
邢 台 市	737.44	626.19	84.91	1148.10	234.40	20.4
保 定 市（包含定州市）	1173.44	993.95	84.73	2154.10	545.60	25.3
保 定 市（不含定州市）	1050.45	881.52	83.92	1964.90	501.10	25.5
定州市	122.69	112.43	91.63	189.20	44.50	23.5
张家口市	443.36	302.47	68.22	795.10	208.30	26.2
承 德 市	357.89	308.43	86.18	640.70	176.60	27.6
沧 州 市	758.60	618.68	81.56	1429.90	404.90	28.3
廊 坊 市	483.66	342.27	70.77	1043.00	483.50	46.4
衡 水 市	447.24	372.89	83.38	790.60	225.90	28.6

2-3-13 各市非国有经济基本情况及效益

名 称	单位个数(个)		从业人数(人)		增加值(万元)	
	2017年	2018年	2017年	2018年	2017年	2018年
全 省	**3103625**	**3189935**	**22042369**	**22286594**	**244063660**	**244860515**
石家庄市（包含辛集市）	366768	369974	3319703	662176	43186415	39522652
石家庄市（不含辛集市）	348695	352851	3025186	352851	39453081	35461114
辛集市	18073	17123	294517	309325	3733334	4061538
唐 山 市	407401	438035	2486505	2492654	48858440	47614334
秦皇岛市	126365	136738	783350	784320	10098535	10987017
邯 郸 市	385553	387533	2812223	2768518	24037787	22752408
邢 台 市	305808	306842	2267514	2252567	14896000	14410359
保 定 市（包含定州市）	337431	347263	3256606	3230228	24338433	24469141
保 定 市（不含定州市）	305275	315436	2902669	2875322	22043001	22245412
定州市	32156	31827	353937	354906	2295432	2223729
张家口市	251029	234552	1123923	1021302	9203000	9090347
承 德 市	217531	231297	924582	966863	10545000	9717293
沧 州 市	244027	244788	2322828	2356339	27002002	26102054
廊 坊 市	245978	247804	1477198	1823597	20969132	22348137
衡 水 市	215734	245109	1267937	1264490	10988116	11066773

2-3-13续 各市非国有经济基本情况及效益

单位：万元

名 称	营业收入		实交税金	
	2017年	2018年	2017年	2018年
全 省	**1144733079**	**1077151617**	**31259263**	**37847803**
石家庄市（包含辛集市）	210204202	183943328	5403044	6691737
石家庄市（不含辛集市）	196759825	169428728	5207242	6395470
辛集市	13444377	14514600	195802	296267
唐 山 市	188797874	182180854	4836793	6626847
秦皇岛市	46923673	51463217	1559942	1878031
邯 郸 市	135843965	129092338	2333394	3094085
邢 台 市	77006768	70014236	1472894	1875183
保 定 市（包含定州市）	128192485	125458358	3607702	4397985
保 定 市（不含定州市）	114626065	111834646	3386360	4142279
定州市	13566420	13623712	221342	255706
张家口市	37987765	39233412	1358543	1582370
承 德 市	52156775	48841266	1427771	1802546
沧 州 市	123153039	114062654	2671855	3209545
廊 坊 市	95555495	86719159	5374844	5273976
衡 水 市	48911038	46142795	1212481	1415498

2-3-14 各市非国有出口企业情况

名　　称	企业单位个数(个)		年末职工人数(人)		出口产品交货值(万元)	
	2017年	2018年	2017年	2018年	2017年	2018年
全　　省	**7195**	**6335**	**1116032**	**751902**	**17385861**	**14300927**
石家庄市（包含辛集市）	709	310	153384	1072082	3428466	1072082
石家庄市（不含辛集市）	551	291	108970	970894	3080521	970894
辛集市	158	19	44414	101188	347945	101188
唐 山 市	366	318	124374	1695527	1823069	1695527
秦皇岛市	234	153	119971	1908043	1227000	1908043
邯 郸 市	137	169	32996	320809	424452	320809
邢 台 市	766	742	108948	834985	1144402	834985
保 定 市（包含定州市）	1641	1478	193778	2921166	3569809	2921166
保 定 市（不含定州市）	1553	1397	183556	2819978	3351569	2819978
定州市	88	81	10222	101188	218240	101188
张家口市	213	73	59231	75453	151677	75453
承 德 市	66	59	11616	107426	110290	107426
沧 州 市	1115	1110	111508	2031000	2029056	2031000
廊 坊 市	486	458	130163	1617571	1767775	1617571
衡 水 市	1462	1465	70063	1716865	1709865	1716865

2-3-15 各市非国有经济园区情况

名　　称	园区个数(个)		园区内年末实有企业个数(个)		园区内企业年末从业人员数(人)		园区内企业营业收入(万元)	
	2017年	2018年	2017年	2018年	2017年	2018年	2017年	2018年
全　　省	**281**	**258**	**45107**	**45322**	**2688198**	**2657402**	**67499316**	**319228805**
石家庄市（包含辛集市）	41	33	6632	8394	407187	464493	9850516	65949245
石家庄市（不含辛集市）	36	29	6134	7931	323143	385676	8193605	58469985
辛集市	5	4	498	463	84044	78817	1656911	7479260
唐 山 市	15	17	1884	2769	243823	252688	16565782	42019471
秦皇岛市	15	14	1416	1364	70328	80584	1989415	12201431
邯 郸 市	47	31	7229	4546	197163	233883	5765442	20317049
邢 台 市	37	37	5161	5174	289626	287905	7748086	25672075
保 定 市（包含定州市）	30	26	6113	6111	487160	442442	6478697	89357922
保 定 市（不含定州市）	28	25	5864	5850	457223	411008	5100671	37892988
定州市	2	1	249	261	29937	31434	1378026	51464934
张家口市	21	16	2862	773	68520	50876	2993844	7039545
承 德 市	13	13	2229	3802	117916	116571	2166368	8292444
沧 州 市	32	44	5533	6489	479874	384289	7373014	30263999
廊 坊 市	12	8	3644	2444	151972	129061	2309495	3984123
衡 水 市	18	19	2404	3456	174629	214610	4258657	14131501

2-3-16 各市非国有农产品加工经济单位情况

名　　称	单位个数(个)		从业人员(人)	
	2017年	2018年	2017年	2018年
全　　省	**88911**	**72692**	**1109650**	**1093832**
石家庄市（包含辛集市）	8682	7969	172806	155244
石家庄市（不含辛集市）	8453	7769	166606	151419
辛集市	229	200	6200	3825
唐 山 市	6014	6262	53765	62882
秦皇岛市	1984	2139	35059	30666
邯 郸 市	19559	12669	218143	361993
邢 台 市	22404	22514	208006	190976
保 定 市（包含定州市）	7294	6825	171523	93420
保 定 市（不含定州市）	6858	6211	157991	87417
定州市	436	614	13532	6003
张家口市	7764	5659	48662	40469
承 德 市	3502	2961	50515	43612
沧 州 市	8363	3062	83319	56255
廊 坊 市	1215	759	46682	37976
衡 水 市	2130	1873	21170	20339

2-3-16续 各市非国有农产品加工经济单位情况

单位：万元

名　　称	营业收入		上缴税金	
	2017年	2018年	2017年	2018年
全　　省	**57600538**	**48438558**	**942353**	**970502**
石家庄市（包含辛集市）	11717972	8873297	152266	124335
石家庄市（不含辛集市）	11377629	8679043	148264	122471
辛集市	340343	194254	4002	1864
唐 山 市	3374868	3604168	83268	120629
秦皇岛市	2574432	2850769	54650	66156
邯 郸 市	9465802	8125270	127245	117520
邢 台 市	9821177	7358663	155273	110638
保 定 市（包含定州市）	5721962	5083958	90224	102768
保 定 市（不含定州市）	5590346	4859253	87719	98844
定州市	131616	224705	2505	3924
张家口市	1486333	1281054	40935	37424
承 德 市	1692714	1808621	47493	71916
沧 州 市	3365742	2891943	33887	40703
廊 坊 市	6848859	5209815	128331	159183
衡 水 市	1530677	1351000	28781	19230

2-4-1 各市扶贫情况

名称	当年中央和省财政投入扶贫资金总额（万元）		脱贫人口数（万人）		解决饮水安全人口（万人）		“雨露”计划培训人数（万人）	
	2017年	2018年	2017年	2018年	2017年	2018年	2017年	2018年
全　省	**313747**	**648203**	**79**	**63**	**5**	**32**	**17**	**23**
石家庄市（包含辛集市）	19042	29648	7	6	0	4	1	3
石家庄市（不含辛集市）	18800	29300	7	6	0	4	1	2
辛集市	242	348	1	0				1
唐山市		1982		1		0		0
秦皇岛市	5479	11000	3	1	0			2
邯郸市	27593	39752	8	5	0		2	2
邢台市	41789	52501	8	6	1		1	0
保定市（包含定州市）	49995	110487	16	8	1	11	4	2
保定市（不含定州市）	49577	109830	16	7	1	11	4	2
定州市	418	657	0	1			0	0
张家口市	67947	197796	12	18	1	13	5	6
承德市	46725	136244	16	14	1	4	2	2
沧州市	28802	33978	5	3	0	1	0	1
廊坊市		915		0				0
衡水市	26375	33900	4	3	0		2	4

2-4-2 各市粮食购销情况

单位：吨

名称	从生产者购进		#省外购进		销售		#省外销售	
	2017年	2018年	2017年	2018年	2017年	2018年	2017年	2018年
全　省	**23292489**	**21344608**	**2470124**	**1741577**	**28160633**	**30112209**	**6463034**	**5745591**
石家庄市（包含辛集市）	4604748	4339775	282679	131224	4100624	4632344	910584	1207220
石家庄市（不含辛集市）	3715932	3479811	16397	66479	3801567	4314926	730492	1015139
辛集市	888816	859964	266282	64745	299057	317418	180092	192081
唐山市	1694170	2025126	83385	150966	1120972	1663903	177211	317487
秦皇岛市	2624281	1916684	1623477	1196158	3862538	3974192	1631063	1492934
邯郸市	2909706	2298821	101737	38304	3706249	3267879	510891	445950
邢台市	4983256	4735686	221151	138372	4081314	5717352	258916	226040
保定市（包含定州市）	1909944	1852068	21472	21513	1925961	1836535	100206	21674
保定市（不含定州市）	1788320	1663931	12156	12195	1785387	1656499	96349	21674
定州市	121624	188138	9316	9318	140573	180037	3857	
张家口市	324378	290284	3143	3609	435667	358720	99107	49989
承德市	376275	354753	29471		478443	761027	37135	135381
沧州市	1717009	1550631	33707	34032	1887741	1599519	279237	161335
廊坊市	426133	526230	45020	11004	4674971	4269771	2295658	1446176
衡水市	1722589	1454549	24883	16395	1886153	2030967	163024	241406

注：以上数据为入统全省粮食企业数据。

2-4-3 各市日照、降水和气温情况

名　　称	日照(小时)		降水(毫米)		平均气温(℃)	
	2017年	2018年	2017年	2018年	2017年	2018年
全　　省	**2474.3**	**2449.6**	**484.2**	**509.2**	**13.0**	**12.6**
石家庄市（包含辛集市）	2311.9	2199.4	481.3	459.0	14.6	14.3
石家庄市（不含辛集市）	2309.1	2191.5	482.1	459.5	14.5	14.2
辛集市	2357.9	2324.8	468.9	451.3	15.1	14.9
唐 山 市	2609.0	2553.2	511.5	636.8	12.8	12.4
秦皇岛市	2731.5	2689.1	595.8	586.3	12.0	11.3
邯 郸 市	2201.4	2279.1	393.7	491.9	14.7	14.7
邢 台 市	2129.7	2223.0	470.8	493.3	14.4	14.3
保 定 市（包含定州市）	2332.4	2379.1	504.5	508.4	13.4	12.9
保 定 市（不含定州市）	2332.5	2379.7	509.7	520.5	13.3	12.9
定州市	2329.2	2369.3	410.9	217.4	14.0	13.6
张家口市	2944.3	2838.3	401.2	420.2	7.6	7.1
承 德 市	2678.1	2555.6	535.1	557.1	8.6	8.2
沧 州 市	2643.5	2566.5	542.4	584.4	14.2	13.8
廊 坊 市	2632.7	2547.2	547.3	596.3	13.3	12.7
衡 水 市	2538.0	2534.0	465.6	448.4	14.4	14.1

注：全省数据取自142个气象台站的平均值。

2-4-4 各市乡（镇）卫生院、床位数、卫生人员数和农村村卫生室及人员情况

名　　称	乡（镇）卫生院（个）		床位数（张）		卫生人员数（人）	
	2017年	2018年	2017年	2018年	2017年	2018年
全　　省	**1972**	**2006**	**70817**	**71831**	**57151**	**56291**
石家庄市（包含辛集市）	222	228	8169	8324	6803	6849
石家庄市（不含辛集市）	207	213	8154	7894	6788	6454
辛集市	15	15	430	430	404	395
唐 山 市	189	189	6465	6249	6708	6666
秦皇岛市	75	75	2483	2533	1737	1825
邯 郸 市	213	214	12581	12994	8503	8400
邢 台 市	173	183	7066	7082	5618	5519
保 定 市（包含定州市）	312	312	9799	9787	8337	8204
保 定 市（不含定州市）	290	290	8861	8824	7523	7399
定州市	22	22	938	963	814	805
张家口市	210	212	4562	4758	3290	3280
承 德 市	204	219	6147	6319	4041	3922
沧 州 市	170	170	5521	5488	5512	5400
廊 坊 市	90	90	4403	4421	3244	2922
衡 水 市	114	114	3621	3696	3358	3301

2-5-1 各市主要经济指标排序

名称	农用机械总动力(千瓦)				农村用电量（万千瓦时）			
	2017年数量	位次	2018年数量	位次	2017年数量	位次	2018年数量	位次
全省	**75805834**		**77062035**		**6151557**		**5053380**	
石家庄市（包含辛集市）	13004289	1	12837189	1	776745	4	619158	5
唐山市	7758409	6	7879315	6	1123923	1	732965	2
秦皇岛市	1726035	11	1762364	11	247906	9	80188	11
邯郸市	10016408	3	10263228	3	672625	5	415473	6
邢台市	8376404	4	8780280	4	371632	7	325183	8
保定市（包含定州市）	7730184	7	7865117	7	558006	6	709245	3
张家口市	2517742	10	2605132	9	126596	11	139569	10
承德市	2533672	9	2581705	10	215440	10	240996	9
沧州市	10279725	2	10296697	2	892398	2	799276	1
廊坊市	3932672	8	3932784	8	832995	3	660201	4
衡水市	7930294	5	8258224	5	333291	8	331126	7

注：各市数据均包含省直管县(下同)。

2-5-1续1 各市主要经济指标排序

名称	有效灌溉面积(公顷)				粮食总产量（吨）			
	2017年数量	位次	2018年数量	位次	2017年数量	位次	2018年数量	位次
全省	**4474670**		**44954133**		**38292469**		**37008601**	
石家庄市（包含辛集市）	504020	4	497830	5	5112143	3	4873363	3
唐山市	458140	7	462870	7	2888320	7	2781700	7
秦皇岛市	127780	11	127730	11	756614	11	742235	11
邯郸市	538740	3	555980	3	5637588	2	5281970	2
邢台市	587610	2	578654	2	4826261	4	4665223	4
保定市（包含定州市）	654370	1	650106	1	5657324	1	5477381	1
张家口市	257700	8	259370	8	1779879	8	1828383	8
承德市	136410	10	139983	10	1293332	10	1400509	10
沧州市	503230	5	507390	4	4476817	5	4344627	5
廊坊市	227350	9	227530	9	1574456	9	1474213	9
衡水市	479320	6	478690	6	4289737	6	4138993	3

2-5-1续2　各市主要经济指标排序

单位：吨

名　称	棉花总产量				油料总产量			
	2017年数量	位　次	2018年数量	位　次	2017年数量	位　次	2018年数量	位　次
全　省	**239999**		**239273**		**1293984**		**1213849**	
石家庄市（包含辛集市）	1482	7	1156	7	143527	3	124920	5
唐 山 市	13846	5	13786	5	331768	1	320656	1
秦皇岛市	74	9	43	9	83229	8	81826	8
邯 郸 市	47734	3	55826	2	126328	5	128100	4
邢 台 市	86697	1	93141	1	128794	4	137004	3
保 定 市（包含定州市）	832	8	725	8	146387	2	145317	2
张家口市					115912	6	92761	6
承 德 市					26468	11	24704	11
沧 州 市	21667	4	18607	4	50510	9	37374	9
廊 坊 市	9583	6	3641	6	30849	10	29110	10
衡 水 市	58084	2	52347	3	110212	7	92077	7

2-5-1续3　各市主要经济指标排序

单位：吨

名　称	蔬菜产量				园林水果产量			
	2017年数量	位　次	2018年数量	位　次	2017年数量	位　次	2018年数量	位　次
全　省	**50585300**		**51544955**		**9699378**		**9569641**	
石家庄市（包含辛集市）	5807211	2	5836442	2	1891725	1	1875354	1
唐 山 市	9175698	1	9415914	1	787229	7	796731	7
秦皇岛市	2391472	11	2475175	11	608244	8	617219	8
邯 郸 市	4872914	6	5095708	5	569118	9	586811	9
邢 台 市	2749047	10	2873205	10	1092640	2	940370	5
保 定 市（包含定州市）	5645261	3	5568368	3	1072512	3	1165778	2
张家口市	5069145	4	5395953	4	238526	11	193884	11
承 德 市	3438481	8	3731868	7	1045532	4	1022715	3
沧 州 市	3476148	7	3213176	8	914822	6	928977	6
廊 坊 市	5054599	5	5055995	6	454068	10	449838	10
衡 水 市	2905324	9	2883151	9	1024962	5	991965	4

2–5–1续4 各市主要经济指标排序

单位：吨

名　　称	肉类总产量				禽蛋产量			
	2017年数量	位　次	2018年数量	位　次	2017年数量	位　次	2018年数量	位　次
全　　省	**4723051**		**4666951**		**3837217**		**3779658**	
石家庄市（包含辛集市）	653804	2	633133	3	876000	2	842741	2
唐 山 市	675724	1	648606	2	288600	5	293345	5
秦皇岛市	299967	9	301472	7	82400	11	82201	11
邯 郸 市	574929	4	529338	4	895500	1	897733	1
邢 台 市	283074	10	295947	9	424200	3	415086	3
保 定 市（包含定州市）	625844	3	666285	1	359200	4	374040	4
张家口市	326256	7	295379	10	205604	8	176355	8
承 德 市	388806	5	389143	6	94800	10	98430	10
沧 州 市	385410	6	413668	5	254400	6	254317	6
廊 坊 市	193408	11	196620	11	125900	9	124624	9
衡 水 市	316440	8	297361	8	230600	7	220785	7

2–5–1续5 各市主要经济指标排序

单位：吨

名　　称	奶类产量				水产品产量			
	2017年数量	位　次	2018年数量	位　次	2017年数量	位　次	2018年数量	位　次
全　　省	**3877505**		**3911338**		**1369267**		**1096152**	
石家庄市（包含辛集市）	715067	3	701693	3	31211	8	18182	7
唐 山 市	1060526	1	1059739	1	612272	1	475260	1
秦皇岛市	56296	11	63628	11	361752	2	371335	2
邯 郸 市	153701	6	141864	6	36371	6	25311	5
邢 台 市	190202	5	218462	5	8767	11	5632	10
保 定 市（包含定州市）	470627	4	498491	4	57422	4	32016	4
张家口市	846101	2	818543	2	12994	9	8875	8
承 德 市	104530	8	99499	9	42011	5	4586	11
沧 州 市	72400	10	101896	8	162603	3	126223	3
廊 坊 市	122197	7	121349	7	34926	7	22389	6
衡 水 市	85800	9	86175	10	8938	10	6390	9

2-5-1续6　各市主要经济指标排序

单位：万元

名　　称	农林牧渔业总产值				农林牧渔业增加值			
	2017年数量	位　次	2018年数量	位　次	2017年数量	位　次	2018年数量	位　次
全　　省	**53733788**		**57069968**		**32977641**		**35216639**	
石家庄市（包含辛集市）	6345669	3	6739068	3	4175796	2	4458776	2
唐 山 市	7647722	1	8068295	1	4795131	1	5077453	1
秦皇岛市	3497035	10	3698760	10	2075993	8	2197104	9
邯 郸 市	5634283	4	5776355	4	3230607	4	3314245	5
邢 台 市	4289113	6	4612117	6	2588275	6	2777216	6
保 定 市（包含定州市）	6579159	2	7007223	2	4039605	3	4303563	3
张家口市	3637064	7	4036632	8	2066138	9	2322778	8
承 德 市	3632165	8	4080564	7	2393672	7	2721614	7
沧 州 市	5409131	5	5693732	5	3196683	5	3356487	4
廊 坊 市	2939197	11	3051891	11	1943531	11	2013281	11
衡 水 市	3621983	9	3773364	9	1997045	10	2133186	10

2-5-1续7　各市主要经济指标排序

名　　称	农业产业化经营率(%)				农村居民人均可支配收入(元)			
	2017年数量	位　次	2018年数量	位　次	2017年数量	位　次	2018年数量	位　次
全　　省	**66.6**		**65.9**		**12881**		**14031**	
石家庄市（含辛集市）	68.9	5	63.2	10	13345	3	14518	3
唐 山 市	64.1	10	65.6	9	16229	1	17656	1
秦皇岛市	70.8	1	70.9	1	12563	6	13719	6
邯 郸 市	68.3	6	69.1	4	13151	4	14307	4
邢 台 市	70.2	2	69.1	4	10999	9	12287	9
保 定 市（含定州市）	66.6	7	66.8	7	12779	5	14108	5
张家口市	54.3	11	45.7	11	10293	10	11531	10
承 德 市	69.2	3	70.3	2	9682	11	10804	11
沧 州 市	65.5	9	66.6	8	12363	7	13516	7
廊 坊 市	66.0	8	67.1	6	15487	2	16865	2
衡 水 市	69.1	4	69.4	3	11194	8	12493	8

注：农村居民人均可支配收入指标石家庄市不含辛集市，保定市不含定州市.

2-6-1 各市农业产业化龙头经营组织发展情况

名称	一、龙头经营组织总数(个)		(一)按组织类型分(个)					
			1.龙头企业带动型		#销售额2千万元以上		#销售额1亿元以上	
	2017年	2018年	2017年	2018年	2017年	2018年	2017年	2018年
全 省	**2575**	**2552**	**2303**	**2297**	**1808**	**1757**	**650**	**615**
石家庄市（包含辛集市）	349	343	324	321	259	248	99	87
石家庄市（不含辛集市）	317	317	292	295	239	228	91	80
辛集市	32	26	32	26	20	20	8	7
唐山市	196	250	187	228	140	175	40	58
秦皇岛市	169	172	127	131	88	90	25	24
邯郸市	300	293	281	276	252	245	96	81
邢台市	224	224	212	213	195	193	86	93
保定市（包含定州市）	281	296	263	271	227	218	93	93
保定市（不含定州市）	263	276	246	252	210	199	88	88
定州市	18	20	17	19	17	19	5	5
张家口市	211	180	157	139	101	86	29	24
承德市	202	202	187	188	123	118	31	29
沧州市	306	285	261	253	203	190	73	67
廊坊市	123	108	107	93	64	64	26	18
衡水市	214	199	197	184	156	130	52	41

注：龙头企业、专业市场的统计标准为年销售额500万元以上，中介服务组织年服务收入50万元以上(下同)。

2-6-1续1 各市农业产业化龙头经营组织发展情况

名称	(一)按组织类型分(个)(续1)					
	2.专业市场带动型		#成交额5千万元以上		#成交额1亿元以上	
	2017年	2018年	2017年	2018年	2017年	2018年
全 省	**106**	**98**	**101**	**97**	**96**	**90**
石家庄市（包含辛集市）	13	11	12	10	11	7
石家庄市（不含辛集市）	13	11	12	10	11	7
辛集市						
唐山市	7	7	7	7	6	6
秦皇岛市	5	5	5	5	5	5
邯郸市	14	11	13	11	12	10
邢台市	6	6	6	6	6	6
保定市（包含定州市）	12	11	11	11	9	9
保定市（不含定州市）	11	10	10	10	9	9
定州市	1	1	1	1		
张家口市	6	5	5	5	5	5
承德市	5	4	4	4	4	4
沧州市	20	20	20	20	20	20
廊坊市	7	7	7	7	7	7
衡水市	11	11	11	11	11	11

2-6-1续2 各市农业产业化龙头经营组织发展情况

名 称	(一)按组织类型分(个)(续2)					
	2.中介服务组织带动型		#专业合作经济组织		#服务收入100万元以上的专业合作组织	
	2017年	2018年	2017年	2018年	2017年	2018年
全 省	**166**	**157**	**146**	**138**	**124**	**121**
石家庄市（包含辛集市）	12	11	6	6	3	3
石家庄市（不含辛集市）	12	11	6	6	3	3
辛集市						
唐 山 市	2	15	2	15	2	15
秦皇岛市	37	36	36	35	35	30
邯 郸 市	5	6	5	6	5	6
邢 台 市	6	5	6	5	6	5
保 定 市（包含定州市）	6	14	6	14	6	13
保 定 市（不含定州市）	6	14	6	14	6	13
定州市						
张家口市	48	36	47	35	33	29
承 德 市	10	10	2	2	1	2
沧 州 市	25	12	21	8	18	7
廊 坊 市	9	8	9	8	9	8
衡 水 市	6	4	6	4	6	3

2-6-1续3 各市农业产业化龙头经营组织发展情况

名 称	(二)按利益联结方式分(个)							
	1.合同关系		#订单关系		年订单额（万元）		年履约订单额（万元）	
	2017年	2018年	2017年	2018年	2017年	2018年	2017年	2018年
全 省	**1718**	**1728**	**1369**	**1335**	**14772630**	**15684662**	**13851544**	**14652636**
石家庄市（包含辛集市）	213	214	176	168	1385616	1894151	1332255	1457094
石家庄市（不含辛集市）	186	192	150	149	1125508	1635495	1082634	1215767
辛集市	27	22	26	19	260108	258656	249621	241327
唐 山 市	142	193	124	169	1174126	1622468	1144498	1579088
秦皇岛市	141	144	125	127	1026968	1167495	925520	1108783
邯 郸 市	258	252	227	224	2303894	2023402	2040366	1835828
邢 台 市	117	119	62	56	2049046	1826288	1998734	1787845
保 定 市（包含定州市）	154	151	115	112	1231013	1207151	1040410	1097390
保 定 市（不含定州市）	141	137	104	99	1038347	993119	896250	882758
定州市	13	14	11	13	192666	214032	144160	214632
张家口市	144	128	116	104	620832	754188	571144	712220
承 德 市	159	158	130	131	977275	912907	920149	886715
沧 州 市	186	174	147	119	2408148	2485952	2355860	2444811
廊 坊 市	83	77	63	49	803258	975328	789043	974020
衡 水 市	121	118	84	76	792454	815332	733565	768842

2–6–1续4　各市农业产业化龙头经营组织发展情况

名　　称	(二)按利益联结方式分(个)(续)					
	2.实行利润返还		3.股份分红		4.其他	
	2017年	2018年	2017年	2018年	2017年	2018年
全　　省	**36**	**44**	**59**	**74**	**762**	**706**
石家庄市（包含辛集市）	6	7	9	11	121	111
石家庄市（不含辛集市）	6	7	9	11	116	107
辛集市					5	4
唐 山 市	5	6	4	6	45	45
秦皇岛市	2	2		2	26	24
邯 郸 市	5	6		1	37	34
邢 台 市	2	2	5	5	100	98
保 定 市（包含定州市）	1	2	13	16	113	127
保 定 市（不含定州市）	1	2	13	16	108	121
定州市					5	6
张家口市	4	8	4	6	59	38
承 德 市	1	2	2	3	40	39
沧 州 市	8	6	10	12	102	93
廊 坊 市			1	1	39	30
衡 水 市	2	3	11	11	80	67

2–6–1续5　各市农业产业化龙头经营组织发展情况

名　　称	二、龙头经营组织按产业类型分(个)							
	合　　计		(一) 种植业		1.粮食		2.饲料	
	2017年	2018年	2017年	2018年	2017年	2018年	2017年	2018年
全　　省	**2575**	**2552**	**1227**	**1206**	**266**	**261**	**125**	**124**
石家庄市（包含辛集市）	349	343	187	180	42	39	33	30
石家庄市（不含辛集市）	317	317	172	170	38	37	31	29
辛集市	32	26	15	10	4	2	2	1
唐 山 市	196	250	74	112	21	30	10	19
秦皇岛市	169	172	81	78	25	25	3	3
邯 郸 市	300	293	162	151	36	33	15	10
邢 台 市	224	224	105	103	25	29	16	14
保 定 市（包含定州市）	281	296	114	120	13	18	10	9
保 定 市（不含定州市）	263	276	105	109	11	16	8	7
定州市	18	20	9	11	2	2	2	2
张家口市	211	180	115	94	32	27	6	6
承 德 市	202	202	90	91	23	15	3	3
沧 州 市	306	285	144	134	21	18	15	18
廊 坊 市	123	108	60	48	14	12	4	2
衡 水 市	214	199	95	95	14	15	10	10

2-6-1续6　各市农业产业化龙头经营组织发展情况

名　　称	二、龙头经营组织按产业类型分(个)（续1）							
	3.油料		4.糖料		5.水果		6.蔬菜及食用菌	
	2017年	2018年	2017年	2018年	2017年	2018年	2017年	2018年
全　　省	**57**	**49**	**3**	**5**	**200**	**235**	**396**	**369**
石家庄市（包含辛集市）	6	5			39	46	43	37
石家庄市（不含辛集市）	4	3			34	42	41	36
辛集市	2	2			5	4	2	1
唐 山 市	3	4			11	20	23	36
秦皇岛市	2	2			19	16	25	24
邯 郸 市	19	15			9	19	52	48
邢 台 市	4	3	1		10	11	33	31
保 定 市（包含定州市）	4	3			29	29	37	37
保 定 市（不含定州市）	4	3			28	28	34	34
定州市					1	1	3	3
张家口市	8	5	1	1	6	8	52	38
承 德 市	2	2			19	26	32	31
沧 州 市	2	3		1	44	45	31	29
廊 坊 市	2	2		2	1	2	36	26
衡 水 市	5	5	1	1	13	13	32	32

2-6-1续7　各市农业产业化龙头经营组织发展情况

名　　称	二、龙头经营组织按产业类型分(个)（续2）							
	7.棉麻丝		8.中药材		9.花卉		10.其他种植业	
	2017年	2018年	2017年	2018年	2017年	2018年	2017年	2018年
全　　省	**42**	**29**	**54**	**57**	**17**	**16**	**67**	**61**
石家庄市（包含辛集市）			5	7	3	4	16	12
石家庄市（不含辛集市）			5	7	3	4	16	12
辛集市								
唐 山 市				1	2	1	4	1
秦皇岛市			5	6	1	1	1	1
邯 郸 市	3	1	9	9	3	1	16	15
邢 台 市	4	3	8	7		1	4	4
保 定 市（包含定州市）	1	1	11	14	2	2	7	7
保 定 市（不含定州市）	1	1	11	14	1	1	7	5
定州市					1	1		2
张家口市			1	1	2	3	7	5
承 德 市			9	8	1		1	6
沧 州 市	24	15	1		1	1	5	4
廊 坊 市					2		1	2
衡 水 市	10	9	5	4		2	5	4

2–6–1续8　各市农业产业化龙头经营组织发展情况

名　　称	二、龙头经营组织按产业类型分(个)（续3）							
	（二）畜牧业		1.猪		2.牛		3.羊	
	2017年	2018年	2017年	2018年	2017年	2018年	2017年	2018年
全　省	**834**	**811**	**252**	**257**	**114**	**102**	**52**	**54**
石家庄市（包含辛集市）	118	113	45	43	13	13	3	3
石家庄市（不含辛集市）	102	99	38	36	11	12	2	2
辛集市	16	14	7	7	2	1	1	1
唐 山 市	65	69	19	22	8	7	2	2
秦皇岛市	33	39	6	7	3	2	8	8
邯 郸 市	95	95	32	36	13	11	10	9
邢 台 市	65	70	21	22	4	6	3	2
保 定 市（包含定州市）	100	105	36	36	8	7	10	11
保 定 市（不含定州市）	93	98	34	34	8	6	10	11
定州市	7	7	2	2		1		
张家口市	60	48	19	17	9	8	3	3
承 德 市	60	52	17	14	15	9	4	5
沧 州 市	113	108	26	28	17	19	2	2
廊 坊 市	46	44	12	16	11	8		3
衡 水 市	79	68	19	16	13	12	7	6

2–6–1续9　各市农业产业化龙头经营组织发展情况

名　　称	二、龙头经营组织按产业类型分(个)（续4）							
	4.禽肉		5.蛋类		6.奶类		7.皮毛类	
	2017年	2018年	2017年	2018年	2017年	2018年	2017年	2018年
全　省	**109**	**91**	**84**	**85**	**143**	**145**	**40**	**32**
石家庄市（包含辛集市）	10	6	11	9	23	27	5	3
石家庄市（不含辛集市）	10	6	9	7	21	24	3	3
辛集市			2	2	2	3	2	
唐 山 市	11	12	2	6	20	18		
秦皇岛市	4	6	4	6	1	2	4	4
邯 郸 市	17	9	13	13	5	8	1	1
邢 台 市	8	9	9	8	8	10	11	11
保 定 市（包含定州市）	9	10	12	11	16	20	1	2
保 定 市（不含定州市）	8	10	10	10	15	17	1	2
定州市	1		2	1	1	3		
张家口市	3	2	6	4	13	12	4	2
承 德 市	6	2	4	6	12	13	1	
沧 州 市	31	27	10	10	9	8	10	6
廊 坊 市	4	3	6	5	13	9		
衡 水 市	6	5	7	7	23	18	3	3

2-6-1续10　各市农业产业化龙头经营组织发展情况

名　　称	二、龙头经营组织按产业类型分(个)（续5）							
	8.其他畜牧业		（三）水产业		（四）林业		（五）其他	
	2017年	2018年	2017年	2018年	2017年	2018年	2017年	2018年
全　　省	**40**	**45**	**67**	**76**	**114**	**130**	**333**	**329**
石家庄市（包含辛集市）	8	9	3	3	8	11	33	36
石家庄市（不含辛集市）	8	9	3	3	8	11	32	34
辛集市							1	2
唐 山 市	3	2	17	25	10	21	30	23
秦皇岛市	3	4	27	28	11	13	17	14
邯 郸 市	4	8	2	1	14	16	27	30
邢 台 市	1	2		1	18	16	36	34
保 定 市（包含定州市）	8	8	7	8	3	5	57	58
保 定 市（不含定州市）	7	8	7	8	3	4	55	57
定州市	1					1	2	1
张家口市	3				7	8	29	30
承 德 市	1	3	1	1	21	17	30	41
沧 州 市	8	8	10	9	4	5	35	29
廊 坊 市					8	8	9	8
衡 水 市	1	1			10	10	30	26

2-6-1续11　各市农业产业化龙头经营组织发展情况

名　　称	三、龙头经营组织规模									
	（一）从业人员合计（人）		1.龙头企业		2.专业市场		3.中介服务组织		#专业合作经济组织	
	2017年	2018年	2017年	2018年	2017年	2018年	2017年	2018年	2017年	2018年
全　　省	**508723**	**484603**	**394961**	**374365**	**106767**	**102645**	**6995**	**7593**	**6059**	**6837**
石家庄市（包含辛集市）	76109	64956	54811	45334	21013	19376	285	246	196	173
石家庄市（不含辛集市）	71192	62032	49894	42410	21013	19376	285	246	196	173
辛集市	4917	2924	4917	2924						
唐 山 市	41589	46623	38602	42505	2921	3196	66	922	66	922
秦皇岛市	25739	26357	20048	20638	4202	4483	1489	1236	1464	1214
邯 郸 市	61781	59725	46977	44952	14706	14575	98	198	98	198
邢 台 市	50730	50717	47922	47851	2490	2555	318	311	318	311
保 定 市（包含定州市）	78151	74054	54940	50294	22944	23228	267	532	267	532
保 定 市（不含定州市）	73947	70736	50756	46984	22924	23220	267	532	267	532
定州市	4204	3318	4184	3310	20	8				
张家口市	23777	27024	21343	20364	356	4228	2078	2432	2058	2427
承 德 市	29494	26724	28580	25989	287	116	627	619	25	171
沧 州 市	40164	37373	35680	34041	3672	2740	812	592	612	384
廊 坊 市	19541	16267	18803	15659	196	191	542	417	542	417
衡 水 市	61648	54783	27255	26738	33980	27957	413	88	413	88

2-6-1续12　各市农业产业化龙头经营组织发展情况

名　　称	三、龙头经营组织规模(续1)							
	（二）固定资产净值合计（万元）		1.龙头企业		2.专业市场		3.中介服务组织	
	2017年	2018年	2017年	2018年	2017年	2018年	2017年	2018年
全　　省	**12898110**	**12504192**	**12103878**	**11792150**	**656057**	**565764**	**138175**	**146278**
石家庄市（包含辛集市）	1764251	1589416	1741120	1567607	20793	20347	2338	1462
石家庄市（不含辛集市）	1672064	1508371	1648933	1486562	20793	20347	2338	1462
辛集市	92187	81045	92187	81045				
唐 山 市	1071955	1313003	924938	1254196	145423	45815	1594	12992
秦皇岛市	715722	813934	673690	759875	19682	20631	22350	33428
邯 郸 市	1604043	1541579	1517117	1455400	85169	84045	1757	2134
邢 台 市	1294970	1810476	1258425	1774783	33947	33141	2598	2552
保 定 市（包含定州市）	1355733	1529479	1165581	1316118	184569	197658	5583	15703
保 定 市（不含定州市）	1207634	1373698	1018482	1161337	183569	196658	5583	15703
定州市	148099	155781	147099	154781	1000	1000		
张家口市	946624	893866	898050	849880	25334	24263	23240	19723
承 德 市	824820	826881	783427	787326	4504	4212	36889	35343
沧 州 市	944994	928192	803321	805116	112367	109859	29306	13217
廊 坊 市	1594177	489175	1576115	473907	6230	6229	11832	9039
衡 水 市	780821	768191	762094	747942	18039	19564	688	685

2-6-1续13　各市农业产业化龙头经营组织发展情况

名　　称	三、龙头经营组织规模(续2)							
	（三）带动农户合计（户）		#订单带动农户		1.龙头企业带动农户		#订单带动农户	
	2017年	2018年	2017年	2018年	2017年	2018年	2017年	2018年
全　　省	**18212341**	**20806908**	**7400663**	**9705228**	**15598773**	**19098376**	**6900109**	**9272727**
石家庄市（包含辛集市）	2966814	4993602	1153540	1560753	2896167	4924810	1147762	1555710
石家庄市（不含辛集市）	2610473	4882733	1073120	1476294	2539826	4813941	1067342	1471251
辛集市	356341	110869	80420	84459	356341	110869	80420	84459
唐 山 市	1268025	1284602	699894	599997	998592	1000423	581994	581097
秦皇岛市	1220320	2219540	651146	1850824	1070313	2073990	595162	1788401
邯 郸 市	4714764	3542033	1600002	1674090	3646923	3249424	1479547	1603112
邢 台 市	1933351	2849336	694096	1097778	1772875	2677581	691343	1084932
保 定 市（包含定州市）	1417455	1437779	454587	505059	1331505	1336947	446517	493909
保 定 市（不含定州市）	1302966	1333344	392454	438128	1222316	1237812	384384	426978
定州市	114489	104435	62133	66931	109189	99135	62133	66931
张家口市	531425	646997	312874	498514	488907	602349	304594	492203
承 德 市	927165	817742	589620	534623	804675	687894	538350	470248
沧 州 市	1285308	1003730	460369	488491	935664	827100	381081	383206
廊 坊 市	709145	722199	447059	451663	601376	624006	442504	447721
衡 水 市	1238569	1289348	337476	443436	1051776	1093852	291255	372188

2-6-1续14　各市农业产业化龙头经营组织发展情况

名　　称	三、龙头经营组织规模(续3)							
	2.专业市场带动农户		#订单带动农户		3.中介服务组织带动农户		#订单带动农户	
	2017年	2018年	2017年	2018年	2017年	2018年	2017年	2018年
全　　省	**2215525**	**1429205**	**320515**	**302440**	**398043**	**279327**	**180039**	**130061**
石家庄市（包含辛集市）	45943	47410	2726	2723	24704	21382	3052	2320
石家庄市（不含辛集市）	45943	47410	2726	2723	24704	21382	3052	2320
辛集市								
唐 山 市	268631	268909	117500	16450	802	15270	400	2450
秦皇岛市	105443	90443	23656	23056	44564	55107	32328	39367
邯 郸 市	1055990	279247	117611	67753	11851	13362	2844	3225
邢 台 市	143788	148142	1570	10883	16688	23613	1183	1963
保 定 市（包含定州市）	78170	69756	3865	2760	7780	31076	4205	8390
保 定 市（不含定州市）	72870	64456	3865	2760	7780	31076	4205	8390
定州市	5300	5300						
张家口市	26256	28234	400	2050	16262	16414	7880	4261
承 德 市	51200	48900	11600	12300	71290	80948	39670	52075
沧 州 市	174754	170863	5802	103717	174890	5767	73486	1568
廊 坊 市	102270	94005			5499	4188	4555	3942
衡 水 市	163080	183296	35785	60748	23713	12200	10436	10500

2-6-1续15　各市农业产业化龙头经营组织发展情况

名　　称	四、龙头经营组织效益							
	（一）销售总额（万元）		1.龙头企业		2.专业市场		3.中介服务组织	
	2017年	2018年	2017年	2018年	2017年	2018年	2017年	2018年
全　　省	**40632678**	**38852734**	**36219583**	**33730318**	**4109433**	**4703113**	**303662**	**419303**
石家庄市（包含辛集市）	6029755	4725799	5729387	4423423	293204	298279	7164	4097
石家庄市（不含辛集市）	5600631	4452690	5300263	4150314	293204	298279	7164	4097
辛集市	429124	273109	429124	273109				
唐 山 市	2770695	3191714	2655632	3042807	114640	116121	423	32786
秦皇岛市	2944402	2962207	2885589	2910547	6846	7137	51967	44523
邯 郸 市	4419885	3839220	4190761	3579966	218562	246015	10562	13239
邢 台 市	5654626	5445529	5468980	5035593	136994	242450	48652	167486
保 定 市（包含定州市）	4311939	4671104	3643847	3626968	649627	998583	18465	45553
保 定 市（不含定州市）	3915353	4246090	3249667	3204408	647221	996129	18465	45553
定州市	396586	425014	394180	422560	2406	2454		
张家口市	1728958	1519296	1645463	1430307	45159	70684	38336	18305
承 德 市	1993556	1598953	1896344	1509372	41251	40678	55961	48903
沧 州 市	5628174	5474474	3623522	3355346	1952701	2092964	51951	26164
廊 坊 市	1871894	1711151	1747619	1640337	107797	55495	16478	15319
衡 水 市	3278794	3713287	2732439	3175652	542652	534707	3703	2928

2-6-1续16 各市农业产业化龙头经营组织发展情况

名　　称	四、龙头经营组织效益（续1）							
	（二）净利润（万元）		1.龙头企业		2.专业市场		3.中介服务组织	
	2017年	2018年	2017年	2018年	2017年	2018年	2017年	2018年
全　　省	**4694481**	**5103750**	**2227288**	**2175856**	**2431335**	**2890223**	**35858**	**37671**
石家庄市（包含辛集市）	444478	333365	353850	254688	89744	78156	884	521
石家庄市（不含辛集市）	426379	324121	335751	245444	89744	78156	884	521
辛集市	18099	9244	18099	9244				
唐 山 市	228215	267382	185577	218096	42468	45421	170	3865
秦皇岛市	65543	86772	57855	80365	3355	3056	4333	3351
邯 郸 市	467940	404106	337997	260550	129296	142580	647	976
邢 台 市	315663	466653	272443	347479	40786	113738	2434	5436
保 定 市（包含定州市）	850124	1040830	310247	261404	534668	766672	5209	12754
保 定 市（不含定州市）	818129	1015810	280157	238327	532763	764729	5209	12754
定州市	31995	25020	30090	23077	1905	1943		
张家口市	97514	106746	71307	68690	23493	35928	2714	2128
承 德 市	166296	132131	130204	100052	29481	29569	6611	2510
沧 州 市	1345689	1430811	234771	169518	1101335	1257971	9583	3322
廊 坊 市	110665	-18386	91059	-29711	17778	9792	1828	1533
衡 水 市	602354	853340	181978	444725	418931	407340	1445	1275

2-6-1续17 各市农业产业化龙头经营组织发展情况

名　　称	四、龙头经营组织效益（续2）							
	（三）上交税金（万元）		1.龙头企业		2.专业市场		3.中介服务组织	
	2017年	2018年	2017年	2018年	2017年	2018年	2017年	2018年
全　　省	**946934**	**1054856**	**793993**	**870979**	**152010**	**182375**	**931**	**1502**
石家庄市（包含辛集市）	108201	98117	95568	89598	12618	8506	15	13
石家庄市（不含辛集市）	105344	95836	92711	87317	12618	8506	15	13
辛集市	2857	2281	2857	2281				
唐 山 市	65751	67799	62660	64294	3079	3491	12	14
秦皇岛市	37684	41825	37498	41424	96	344	90	57
邯 郸 市	86248	43545	77962	35408	8286	7942		195
邢 台 市	75187	102418	72944	92743	2072	9091	171	584
保 定 市（包含定州市）	167867	183336	92633	81162	75074	102017	160	157
保 定 市（不含定州市）	157631	177981	82397	75807	75074	102017	160	157
定州市	10236	5355	10236	5355				
张家口市	43368	40834	39061	40483	4307	324		27
承 德 市	69496	69850	67854	68271	1189	1124	453	455
沧 州 市	41039	37903	30454	25465	10555	12438	30	
廊 坊 市	128822	173585	127972	173172	850	413		
衡 水 市	123271	195644	89387	158959	33884	36685		

2-6-1续18 各市农业产业化龙头经营组织发展情况

名 称	四、龙头经营组织效益（续3）					
	（四）龙头企业出口创汇（万美元）		（五）龙头企业主要农产品原料采购值（万元）		（六）专业市场成交额（万元）	
	2017年	2018年	2017年	2018年	2017年	2018年
全 省	**164606**	**141327**	**21226723**	**19083843**	**23507917**	**27645294**
石家庄市（包含辛集市）	16224	18182	3213209	2450621	1493562	1458052
石家庄市（不含辛集市）	12558	16901	2850385	2232820	1493562	1458052
辛集市	3666	1281	362824	217801		
唐 山 市	27418	22528	1329334	1507399	779541	738184
秦皇岛市	33451	31364	1401923	1865778	1724307	1719327
邯 郸 市	24779	21212	2765768	2139308	2337088	2648746
邢 台 市	11156	11316	3716397	3057336	412800	508430
保 定 市（包含定州市）	16123	13465	2034231	1929114	4163075	7251567
保 定 市（不含定州市）	16123	13465	1812467	1703047	4153475	7241948
定州市			221764	226067	9600	9619
张家口市	5652	6371	824822	738992	586859	677396
承 德 市	6259	5872	859880	694350	475042	466460
沧 州 市	11653	9010	2239652	2165421	8729901	9522115
廊 坊 市	3333	1709	1192613	1062836	525247	455260
衡 水 市	8558	298	1648894	1472688	2280495	2199757

2-6-1续19 各市农业产业化龙头经营组织发展发展情况

名 称	五、龙头经营组织按重点级别分(个)							
	1.国家重点龙头		2.省级重点龙头		3.市级重点龙头		4.县级重点龙头	
	2017年	2018年	2017年	2018年	2017年	2018年	2017年	2018年
全 省	**51**	**39**	**602**	**550**	**1430**	**1455**	**492**	**508**
石家庄市（包含辛集市）	4	3	65	55	151	169	129	116
石家庄市（不含辛集市）	4	3	55	48	151	169	107	97
辛集市			10	7			22	19
唐 山 市	5	5	53	56	98	133	40	56
秦皇岛市	7	4	44	38	102	110	16	20
邯 郸 市	8	5	61	65	195	187	36	36
邢 台 市	4	4	48	48	116	120	56	52
保 定 市（包含定州市）	3		74	62	157	161	47	73
保 定 市（不含定州市）	3		66	53	148	161	46	62
定州市			8	9	9		1	11
张家口市	5	3	75	49	60	66	71	62
承 德 市	4	3	55	49	132	136	11	14
沧 州 市	5	5	48	49	212	202	41	29
廊 坊 市	4	4	30	28	75	62	14	14
衡 水 市	2	3	49	51	132	109	31	36

2-6-1续20 各市农业产业化龙头经营组织发展发展情况

名 称	六、龙头经营组织按上市情况分（个）					
	1.境内上市		2.境外上市		3.未上市	
	2017年	2018年	2017年	2018年	2017年	2018年
全 省	**51**	**51**	**12**	**8**	**2512**	**2493**
石家庄市（包含辛集市）	9	4			340	339
石家庄市（不含辛集市）	6	4			311	313
辛集市	3				29	26
唐 山 市	4	7	2	2	190	241
秦皇岛市	2	1	1	1	166	170
邯 郸 市	5	9	2	2	293	282
邢 台 市	3	4			221	220
保 定 市（包含定州市）	6	5			275	291
保 定 市（不含定州市）	5	4			258	272
定州市	1	1			17	19
张家口市	8	5	4		199	175
承 德 市	3	3			199	199
沧 州 市	7	6	1	1	298	278
廊 坊 市	2	4	1	1	120	103
衡 水 市	2	3	1	1	211	195

2-6-1续21 各市农业产业化龙头经营组织发展发展情况

名 称	七、龙头经营组织按产品辐射范围分（个）					
	1.本省内		2.跨省区		3.国 外	
	2017年	2018年	2017年	2018年	2017年	2018年
全 省	**757**	**744**	**1634**	**1628**	**184**	**180**
石家庄市（包含辛集市）	142	147	188	180	19	16
石家庄市（不含辛集市）	130	140	172	163	15	14
辛集市	12	7	16	17	4	2
唐 山 市	67	62	105	155	24	33
秦皇岛市	51	51	89	90	29	31
邯 郸 市	55	53	233	227	12	13
邢 台 市	74	70	147	150	3	4
保 定 市（包含定州市）	63	80	189	188	29	28
保 定 市（不含定州市）	59	72	175	176	29	28
定州市	4	8	14	12		
张家口市	77	58	115	106	19	16
承 德 市	35	41	152	146	15	15
沧 州 市	92	87	192	180	22	18
廊 坊 市	35	31	83	76	5	1
衡 水 市	66	64	141	130	7	5

2-6-2　各市农产品生产(加工)基地发展情况

名　　称	一、农产品生产(加工)基地个数(个)		(一) 按基地类型分 (个)					
			1.种植业生产基地(包括林果)		2.养殖业生产基地(包括水产)		3.农产品加工基地	
	2017年	2018年	2017年	2018年	2017年	2018年	2017年	2018年
全　　省	**742**	**715**	**415**	**402**	**295**	**282**	**32**	**31**
石家庄市（包含辛集市）	72	66	33	30	37	34	2	2
石家庄市（不含辛集市）	67	61	31	28	34	31	2	2
辛集市	5	5	2	2	3	3		
唐 山 市	64	64	27	27	34	34	3	3
秦皇岛市	46	45	25	25	19	18	2	2
邯 郸 市	119	114	59	59	55	50	5	5
邢 台 市	67	67	43	43	22	22	2	2
保 定 市（包含定州市）	139	130	88	81	43	41	8	8
保 定 市（不含定州市）	132	123	84	77	40	38	8	8
定州市	7	7	4	4	3	3		
张家口市	44	42	25	24	16	15	3	3
承 德 市	54	54	35	35	19	19		
沧 州 市	49	49	24	24	21	22	4	3
廊 坊 市	37	35	26	24	9	9	2	2
衡 水 市	51	49	30	30	20	18	1	1

注：农产品生产基地的统计标准为销售产值500万元以上或种植面积5000亩以上，加工基地的统计标准为销售产值2000万元以上且基地内不够企业标准的个体加工户达1000户以上，商品率90%以上(下同)。

2-6-2续1　各市农产品生产(加工)基地发展情况

名　　称	(二) 农产品生产（加工）基地按基地带动的龙头经营组织类型分（个）							
	1.龙头企业带动型		2.专业市场带动型		3.中介服务组织带动型		4.无龙头带动	
	2017年	2018年	2017年	2018年	2017年	2018年	2017年	2018年
全　　省	**352**	**352**	**70**	**70**	**35**	**33**	**285**	**260**
石家庄市（包含辛集市）	21	21	8	8	4	2	39	35
石家庄市（不含辛集市）	21	21	7	7	4	2	35	31
辛集市			1	1			4	4
唐 山 市	40	42	6	7	1	2	17	13
秦皇岛市	28	28	4	4			14	13
邯 郸 市	80	80	15	15	2	2	22	17
邢 台 市	33	32	6	5	9	7	19	23
保 定 市（包含定州市）	34	34	9	9	10	10	86	77
保 定 市（不含定州市）	31	31	8	8	8	8	85	76
定州市	3	3	1	1	2	2	1	1
张家口市	22	23	1	1	3	3	18	15
承 德 市	34	35	3	3	4	4	13	12
沧 州 市	22	23	6	6	1	1	20	19
廊 坊 市	14	12	4	4			19	19
衡 水 市	24	22	8	8	1	2	18	17

2—6—2续2　各市农产品生产(加工)基地发展情况

名　　称	(三) 农产品生产（加工）基地按产业类型分（个）							
	1.粮　食		2.饲　料		3.油　料		4.糖　料	
	2017年	2018年	2017年	2018年	2017年	2018年	2017年	2018年
全　　省	**42**	**40**	**1**		**17**	**16**	**1**	**1**
石家庄市（包含辛集市）	3	3			1	1		
石家庄市（不含辛集市）	3	3			1	1		
辛集市								
唐 山 市	4	4			2	2		
秦皇岛市	6	6			1	1		
邯 郸 市	7	7			1	1		
邢 台 市	2	2			2	2		
保 定 市（包含定州市）	5	6			6	5		
保 定 市（不含定州市）	5	6			5	4		
定州市					1	1		
张家口市	6	6					1	1
承 德 市	6	3						
沧 州 市					1	1		
廊 坊 市	1	1	1		1	1		
衡 水 市	2	2			2	2		

2—6—2续3　各市农产品生产(加工)基地发展情况

名　　称	(三) 农产品生产（加工）基地按产业类型分（个）（续1）							
	5.水　果		6.蔬菜及食用菌		7.棉麻丝		8.中药材	
	2017年	2018年	2017年	2018年	2017年	2018年	2017年	2018年
全　　省	**117**	**111**	**150**	**141**	**19**	**19**	**15**	**15**
石家庄市（包含辛集市）	12	10	12	10				
石家庄市（不含辛集市）	11	9	11	9				
辛集市	1	1	1	1				
唐 山 市	6	6	10	10	1	1		
秦皇岛市	9	7	6	6			2	2
邯 郸 市	12	12	22	22	5	5	3	3
邢 台 市	13	13	12	12	5	5	4	4
保 定 市（包含定州市）	27	25	33	28			3	3
保 定 市（不含定州市）	26	24	32	27			3	3
定州市	1	1	1	1				
张家口市	4	4	12	11				
承 德 市	6	6	13	13			3	3
沧 州 市	9	9	8	8	5	5		
廊 坊 市	10	10	11	10				
衡 水 市	9	9	11	11	3	3		

2-6-2续4　各市农产品生产(加工)基地发展情况

名　　称	（三）农产品生产（加工）基地按产业类型分（个）（续2）							
	9.花　卉		10.其他种植业		11.猪		12.牛	
	2017年	2018年	2017年	2018年	2017年	2018年	2017年	2018年
全　　省	**10**	**7**	**33**	**9**	**84**	**79**	**24**	**24**
石家庄市（包含辛集市）			2	1	12	11	1	1
石家庄市（不含辛集市）			2	1	11	10	1	1
辛集市					1	1		
唐 山 市			5		8	8	1	1
秦皇岛市			2		4	4	1	
邯 郸 市	3	3	2	1	16	14	4	4
邢 台 市			5	1	6	6	2	2
保 定 市（包含定州市）	6	3	9	2	15	14	2	3
保 定 市（不含定州市）	5	2	9	2	14	13	2	3
定州市	1	1			1	1		
张家口市			4	2	6	5	1	1
承 德 市			2		5	5	4	4
沧 州 市			2	2	2	2	2	2
廊 坊 市	1	1			3	3	3	3
衡 水 市					7	7	3	3

2-6-2续5　各市农产品生产(加工)基地发展情况

名　　称	（三）农产品生产（加工）基地按产业类型分（个）（续3）							
	13.羊		14.禽　肉		15.蛋　类		16.奶　类	
	2017年	2018年	2017年	2018年	2017年	2018年	2017年	2018年
全　　省	**27**	**27**	**37**	**36**	**62**	**59**	**35**	**32**
石家庄市（包含辛集市）	2	2			13	12	6	6
石家庄市（不含辛集市）	1	1			12	11	6	6
辛集市	1	1			1	1		
唐 山 市	1	1	3	3	3	3	8	8
秦皇岛市	3	3	5	5	1	1		1
邯 郸 市	9	9	4	4	15	13	3	2
邢 台 市	1	1	4	4	8	8	1	1
保 定 市（包含定州市）	4	4	5	5	9	8	9	8
保 定 市（不含定州市）	4	4	5	5	8	7	8	7
定州市					1	1	1	1
张家口市	3	3			4	4	3	3
承 德 市	3	3	3	3	1	1	1	1
沧 州 市			7	6	4	5	1	1
廊 坊 市	1	1	1	1	2	2		
衡 水 市			5	5	2	2	3	1

2-6-2续6　各市农产品生产(加工)基地发展情况

名　　称	(三) 农产品生产 (加工) 基地按产业类型分 (个) (续4)							
	17.皮毛类		18.其他畜牧业		19.水产业		20.林　业	
	2017年	2018年	2017年	2018年	2017年	2018年	2017年	2018年
全　　省	**10**	**10**	**2**	**3**	**26**	**23**	**21**	**50**
石家庄市 (包含辛集市)	1	1			3	2	3	5
石家庄市 (不含辛集市)	1	1			3	2	3	5
辛集市								
唐 山 市	1	1			9	9		5
秦皇岛市	2	2			4	3		4
邯 郸 市			1	2	3	3	8	9
邢 台 市	1	1						4
保 定 市 (包含定州市)	2	2			2	1		9
保 定 市 (不含定州市)	2	2			2	1		9
定州市								
张家口市								2
承 德 市			1	1	1	1	5	7
沧 州 市	2	2			4	4		
廊 坊 市							2	2
衡 水 市	1	1					3	3

2-6-2续7　各市农产品生产(加工)基地发展情况

名　　称	二、农产品生产(加工)基地规模效益							
	农产品生产(加工)基 地 产 值(万元)		农产品生产(加工)基地销售产值(万元)		基地销售产值按产业类型分 (万元)			
					1.粮　食		2.饲　料	
	2017年	2018年	2017年	2018年	2017年	2018年	2017年	2018年
全　　省	**27929598**	**29562911**	**26802490**	**28520790**	**869174**	**891743**	**2032**	
石家庄市 (包含辛集市)	2869118	2860254	2765704	2769011	106044	100854		
石家庄市 (不含辛集市)	2453910	2448144	2357927	2356901	106044	100854		
辛集市	415208	412110	407777	412110				
唐 山 市	4170575	4405473	4054681	4303086	122489	112113		
秦皇岛市	1849322	1999444	1790874	1940511	110373	116031		
邯 郸 市	2865698	3265117	2736224	3157856	118085	148693		
邢 台 市	2248534	2233110	2070382	2112800	38342	38835		
保 定 市 (包含定州市)	4045888	4194592	3919537	4060234	20309	44056		
保 定 市 (不含定州市)	3717464	3835189	3604804	3722354	20309	44056		
定州市	328424	359403	314733	337880				
张家口市	1469052	1147456	1426944	1111858	178095	124770		
承 德 市	2011551	2543737	1896444	2393671	169121	199967		
沧 州 市	2360684	2730145	2297870	2660746				
廊 坊 市	1803062	2032722	1699403	1940080	938	902	2032	
衡 水 市	2236114	2150861	2144427	2070937	5378	5522		

2-6-2续8　各市农产品生产(加工)基地发展情况

名　　称	二、农产品生产(加工)基地规模效益（续1）							
	基地销售产值按产业类型分（万元）（续1）							
	3.油　料		4.糖　料		5.水　果		6.蔬菜及食用菌	
	2017年	2018年	2017年	2018年	2017年	2018年	2017年	2018年
全　　省	**121406**	**141505**	**7540**	**13059**	**2508520**	**2588845**	**7355595**	**8257743**
石家庄市（包含辛集市）	6361	5409			327825	383795	788914	686893
石家庄市（不含辛集市）	6361	5409			253535	308542	682023	566616
辛集市					74290	75253	106891	120277
唐 山 市	37719	42868			333816	323126	1412593	1684646
秦皇岛市	8193	8726			189218	185233	290583	325928
邯 郸 市	18442	30159			60170	91624	961952	1231933
邢 台 市	11832	13549			168198	213561	208671	264075
保 定 市（包含定州市）	26909	25750			364166	342189	763802	730811
保 定 市（不含定州市）	20397	18508			357961	336979	681217	626918
定州市	6512	7242			6205	5210	82585	103893
张家口市			7540	13059	388682	204437	429220	383725
承 德 市					169665	268998	616945	747657
沧 州 市	500	2905			124455	194147	547144	680309
廊 坊 市	3100	3520			90571	96558	899352	1039884
衡 水 市	8350	8619			291754	285177	436419	481882

2-6-2续9　各市农产品生产(加工)基地发展情况

名　　称	二、农产品生产(加工)基地规模效益（续2）							
	基地销售产值按产业类型分（万元）（续2）							
	7.棉麻丝		8.中药材		9.花　卉		10.其他种植业	
	2017年	2018年	2017年	2018年	2017年	2018年	2017年	2018年
全　　省	**1299560**	**1370285**	**448422**	**618385**	**145404**	**159848**	**497577**	**39684**
石家庄市（包含辛集市）							15152	5679
石家庄市（不含辛集市）							15152	5679
辛集市								
唐 山 市	3940	3498					107002	
秦皇岛市			150000	186400			14164	
邯 郸 市	111701	139000	17326	21913	40163	47731	32795	1746
邢 台 市	117691	153490	96525	107460			54673	1050
保 定 市（包含定州市）			96851	121265	82083	87455	91347	11618
保 定 市（不含定州市）			96851	121265	13484	8885	91347	11618
定州市					68599	78570		
张家口市							30707	16036
承 德 市			87720	181347			146368	
沧 州 市	1011334	1017290					5369	3555
廊 坊 市					23158	24662		
衡 水 市	54894	57007						

2-6-2续10　各市农产品生产(加工)基地发展情况

名　　称	二、农产品生产(加工)基地规模效益（续3）							
	基地销售产值按产业类型分（万元）（续3）							
	11.猪		12.牛		13.羊		14.肉　禽	
	2017年	2018年	2017年	2018年	2017年	2018年	2017年	2018年
全　　省	**3694044**	**3420854**	**801147**	**883581**	**492563**	**597309**	**402441**	**353853**
石家庄市（包含辛集市）	427313	453454	19890	15745	8804	16673		
石家庄市（不含辛集市）	339222	366454	19890	15745	5803	7103		
辛集市	88091	87000			3001	9570		
唐 山 市	787794	726532	51715	51915	14388	15800	21875	21894
秦皇岛市	283707	247583	678		63614	92089	40266	46281
邯 郸 市	486340	534982	17906	21767	170799	165051	31291	20153
邢 台 市	112362	126178	20265	19357	12806	15151	23973	27339
保 定 市（包含定州市）	968003	694118	60279	60053	106890	184714	139762	74874
保 定 市（不含定州市）	874548	610368	60279	60053	106890	184714	139762	74874
定州市	93455	83750						
张家口市	116457	119691	40153	36550	91215	79935		
承 德 市	165317	168510	346147	402803	21469	25535	82621	86590
沧 州 市	95590	103393	7528	7227			38324	52377
廊 坊 市	21543	21819	168007	190833	2578	2361	980	1016
衡 水 市	229618	224594	68579	77331			23349	23329

2-6-2续11　各市农产品生产(加工)基地发展情况

名　　称	二、农产品生产(加工)基地规模效益（续4）							
	基地销售产值按产业类型分（万元）（续4）							
	15.蛋　类		16.奶　类		17.皮毛类		18.其他畜牧业	
	2017年	2018年	2017年	2018年	2017年	2018年	2017年	2018年
全　　省	**1533226**	**1670246**	**594600**	**549288**	**3356903**	**3096597**	**1364**	**4594**
石家庄市（包含辛集市）	493672	477845	132360	105639	205763	191565		
石家庄市（不含辛集市）	358168	357835	132360	105639	205763	191565		
辛集市	135504	120010						
唐 山 市	87559	101322	249440	230032	72730	77553		
秦皇岛市	13930	14472		871	248880	250570		
邯 郸 市	433580	475981	12257	12241			862	4092
邢 台 市	128081	163612	21730	20063	1023298	826540		
保 定 市（包含定州市）	128164	141801	91657	111114	811100	860000		
保 定 市（不含定州市）	98797	120346	63647	73354	811100	860000		
定州市	29367	21455	28010	37760				
张家口市	96637	83845	48238	46273				
承 德 市	11115	14520	21965	18350			502	502
沧 州 市	61547	101993	4000	4200	44579	47243		
廊 坊 市	28200	43067						
衡 水 市	50741	51788	12953	505	950553	843126		

2–6–2续12 各市农产品生产(加工)基地发展情况

名称	二、农产品生产(加工)基地规模效益（续5）							
	基地销售产值按产业类型分（万元）（续5）				农产品生产(加工)基地上交税金（万元）		1.种植业生产基地种植面积（公顷）	
	19.水产业		20.林业					
	2017年	2018年	2017年	2018年	2017年	2018年	2017年	2018年
全省	**1334234**	**1470266**	**744815**	**1422798**	**139197**	**157198**	**1885488**	**1851025**
石家庄市（包含辛集市）	8133	5752	32851	126167	16403	16111	173363	171423
石家庄市（不含辛集市）	8133	5752	32851	126167	16403	16111	156326	155397
辛集市							17037	16026
唐山市	588313	631256		118885	2487	2539	273256	262071
秦皇岛市	377268	403962		62365	4010	4568	166436	162777
邯郸市	15025	16034	204228	194756	2540	1658	239798	255499
邢台市				61081	41982	40831	170628	187083
保定市（包含定州市）	26750	31510		60868	13284	11873	172710	165239
保定市（不含定州市）	26750	31510		60868	13284	11873	154845	145044
定州市							17865	20195
张家口市				3537	8848	10740	188284	138228
承德市	20536	852	36953	267624	4962	21116	137545	200265
沧州市	298209	380900			4783	5218	144723	106519
廊坊市			458944	515458	11440	11947	85288	77673
衡水市			11839	12057	28458	30597	133457	124248

2–6–2续13 各市农产品生产(加工)基地发展情况

单位：万元

名称	二、农产品生产(加工)基地规模效益(续6)					
	种植业产值		种植业销售产值		种植业上交税金	
	2017年	2018年	2017年	2018年	2017年	2018年
全省	**12203530**	**13944696**	**11615906**	**13371284**	**21791**	**45239**
石家庄市（包含辛集市）	1327462	1359024	1277147	1308797	4447	4568
石家庄市（不含辛集市）	1146281	1163494	1095966	1113267	4447	4568
辛集市	181181	195530	181181	195530		
唐山市	2020251	2340137	1955559	2277136	1396	1785
秦皇岛市	777455	900906	756763	880340		93
邯郸市	1254378	1495915	1181599	1432500	231	350
邢台市	747377	880479	695932	853101	171	186
保定市（包含定州市）	1403429	1489978	1344993	1432356	2277	2118
保定市（不含定州市）	1229219	1282593	1181092	1237441	2277	2118
定州市	174210	207385	163901	194915		
张家口市	674194	601819	645804	581299	5166	7420
承德市	1310445	1791624	1226772	1676009	947	21049
沧州市	735428	949377	702302	911686	4204	4709
廊坊市	1109004	1242591	1020401	1167796	198	214
衡水市	844107	892846	808634	850264	2754	2747

2-6-2续14 各市农产品生产(加工)基地发展情况

名称	二、农产品生产(加工)基地规模效益(续7)					
	2.养殖业生产基地牲畜饲养量（百头）		禽类饲养量（百只）		水产养殖面积（公顷）	
	2017年	2018年	2017年	2018年	2017年	2018年
全　省	**539953**	**462277**	**5382863**	**5367110**	**68885**	**82596**
石家庄市（包含辛集市）	56852	52211	1013843	968470	2171	1831
石家庄市（不含辛集市）	47793	41607	709277	731370	2171	1831
辛集市	9059	10604	304566	237100		
唐山市	88205	77994	385316	353623	33914	46856
秦皇岛市	44340	39242	309016	290500	13666	15463
邯郸市	85534	84332	1132998	1052370	603	603
邢台市	16447	15497	560552	587710		
保定市（包含定州市）	93055	97536	501222	463593	50	682
保定市（不含定州市）	84031	89627	429923	410393	50	682
定州市	9024	7909	71299	53200		
张家口市	38429	27737	96502	119055		
承德市	31372	32383	456450	549297	2430	30
沧州市	59076	9375	516535	575697	16051	17131
廊坊市	3599	3716	100555	117837		
衡水市	23044	22254	309874	288958		

2-6-2续15 各市农产品生产(加工)基地发展情况

单位：万元

名称	二、农产品生产(加工)基地规模效益(续8)					
	2.养殖业生产基地养殖业产值		养殖业销售产值		养殖业上交税金	
	2017年	2018年	2017年	2018年	2017年	2018年
全　省	**8620309**	**9043862**	**8322160**	**8784609**	**17462**	**13336**
石家庄市（包含辛集市）	1133702	1107099	1090172	1075108	1337	1433
石家庄市（不含辛集市）	899675	890519	863576	858528	1337	1433
辛集市	234027	216580	226596	216580		
唐山市	1921156	1892284	1873814	1856304	777	663
秦皇岛市	806343	818986	789399	802508	435	714
邯郸市	1182325	1252375	1129031	1217970	694	729
邢台市	332192	383368	319217	371700	407	388
保定市（包含定州市）	1146730	1278113	1113367	1244464	2889	2690
保定市（不含定州市）	992516	1126095	962535	1101499	2889	2690
定州市	154214	152018	150832	142965		
张家口市	347508	348436	336690	334605	1902	2015
承德市	701106	752113	669672	717662	4015	67
沧州市	568448	728299	539777	697333	106	77
廊坊市	77368	92250	75781	89408	1200	1060
衡水市	403431	390539	385240	377547	3700	3500

2-6-2续16 各市农产品生产(加工)基地发展情况

单位：万元

名称	二、农产品生产(加工)基地规模效益(续9)					
	3.农产品加工基地加工业产值		加工业销售产值		加工业上交税金	
	2017年	2018年	2017年	2018年	2017年	2018年
全　省	**7105759**	**6574353**	**6864424**	**6364897**	**99944**	**98623**
石家庄市（包含辛集市）	407954	394131	398385	385106	10619	10110
石家庄市（不含辛集市）	407954	394131	398385	385106	10619	10110
辛集市						
唐山市	229168	173052	225308	169646	314	91
秦皇岛市	265524	279552	244712	257663	3575	3761
邯郸市	428995	516827	425594	507386	1615	579
邢台市	1168965	969263	1055233	887999	41404	40257
保定市（包含定州市）	1495729	1426501	1461177	1383414	8118	7065
保定市（不含定州市）	1495729	1426501	1461177	1383414	8118	7065
定州市						
张家口市	447350	197201	444450	195954	1780	1305
承德市						
沧州市	1056808	1052469	1055791	1051727	473	432
廊坊市	616690	697881	603221	682876	10042	10673
衡水市	988576	867476	950553	843126	22004	24350

2-6-2续17 各市农产品生产(加工)基地发展情况

名称	三、农产品生产(加工)基地带动农户数(户)		#订单带动农户数		1.种植业生产基地带动农户数		#订单带动农户数	
	2017年	2018年	2017年	2018年	2017年	2018年	2017年	2018年
全　省	**8128113**	**7877933**	**1571150**	**1552499**	**5653523**	**5596080**	**1167013**	**1202624**
石家庄市（包含辛集市）	763058	771651	88217	80377	517936	559974	63546	63505
石家庄市（不含辛集市）	585459	594689	88217	80377	385763	427801	63546	63505
辛集市	177599	176962			132173	132173		
唐山市	1177270	1136095	204865	166658	815269	808256	146586	127283
秦皇岛市	663998	661646	79911	88965	465801	468622	38670	48714
邯郸市	1019697	1149083	431252	437151	681093	777648	319589	336465
邢台市	731755	714657	205357	158003	559703	549624	190731	153521
保定市（包含定州市）	1067178	983938	146060	154271	734206	729493	100105	117708
保定市（不含定州市）	923441	911793	116063	132806	664339	659653	73278	97357
定州市	143737	72145	29997	21465	69867	69840	26827	20351
张家口市	779954	619751	179313	170541	484619	333376	140373	136857
承德市	786454	735610	117632	110348	531649	528932	87855	79431
沧州市	490874	491990	34640	91360	353442	357933	18330	71340
廊坊市	195039	183886	561	579	174918	164205	550	570
衡水市	452836	429626	83342	94246	334887	318017	60678	67230

2-6-2续18　各市农产品生产(加工)基地发展情况

名　　称	三、农产品生产(加工)基地带动农户数(户)(续1)					
	2.养殖业生产基地带动农户数		#订单带动农户数		3.农产品加工基地带动农户数	
	2017年	2018年	2017年	2018年	2017年	2018年
全　　省	**2130785**	**1924540**	**297558**	**251722**	**343805**	**357313**
石家庄市（包含辛集市）	230303	196834	23799	15999	14819	14843
石家庄市（不含辛集市）	184877	152045	23799	15999	14819	14843
辛集市	45426	44789				
唐 山 市	341288	307225	58279	39375	20713	20614
秦皇岛市	138974	135614	8763	8151	59223	57410
邯 郸 市	315660	305536	91845	85489	22944	65899
邢 台 市	143336	136415	14626	4482	28716	28618
保 定 市（包含定州市）	300892	227936	30105	25834	32080	26509
保 定 市（不含定州市）	227022	225631	26935	24720	32080	26509
定州市	73870	2305	3170	1114		
张家口市	232035	230475	11190	8184	63300	55900
承 德 市	254805	206678	29777	30917		
沧 州 市	69562	86380	16310	20020	67870	47677
廊 坊 市	10981	10541	11	9	9140	9140
衡 水 市	92949	80906	12853	13262	25000	30703

2-6-2续19　各市农产品生产(加工)基地发展情况

名　　称	三、农产品生产(加工)基地带动农户数(户)(续2)		四、基地带动农户的户均纯收入(元)			
	#农产品加工基地订单带动农户数				#从产业化中经营中得到的户均纯收入	
	2017年	2018年	2017年	2018年	2017年	2018年
全　　省	**106579**	**98153**	**25622**	**27225**	**10429**	**10908**
石家庄市（包含辛集市）	872	873	26498	25976	12637	11135
石家庄市（不含辛集市）	872	873	28723	28063	14347	12298
辛集市			19166	18963	7001	7226
唐 山 市			32558	33799	12297	12782
秦皇岛市	32478	32100	19707	19437	6387	6486
邯 郸 市	19818	15197	26285	26790	7415	8315
邢 台 市			26780	26707	11238	11661
保 定 市（包含定州市）	15850	10729	24580	26095	10025	10453
保 定 市（不含定州市）	15850	10729	25922	27071	10180	10466
定州市			15958	13767	9028	10290
张家口市	27750	25500	13292	14196	6891	8184
承 德 市			21105	23114	9917	10829
沧 州 市			27505	27871	12214	13169
廊 坊 市			29197	29956	13450	14148
衡 水 市	9811	13754	39370	52618	17955	19170

2-6-3 各市农业产业化统计监测情况

名　　称	农业产业化总量(万元)		产业化经营率(%)		农副产品转化率(%)		农副产品加工增值率(%)	
	2017年	2018年	2017年	2018年	2017年	2018年	2017年	2018年
全　　省	**67435168**	**67373524**	**66.6**	**65.9**	**37.1**	**38.8**	**70.6**	**76.8**
石家庄市（包含辛集市）	8795459	7494810	68.9	63.2	37.3	35.4	78.3	80.5
石家庄市（不含辛集市）	7958558	6809591	68.8	63.2	35.1	33.2	86.0	85.9
辛集市	836901	685219	69.8	63.7	53.0	51.4	18.3	25.4
唐 山 市	6825376	7494800	64.1	65.6	50.1	51.2	99.8	101.9
秦皇岛市	4735276	4902718	70.8	70.9	44.2	45.5	105.8	56.0
邯 郸 市	7156109	6997076	68.3	69.1	41.0	45.9	51.5	67.3
邢 台 市	7725008	7558329	70.2	69.1	23.7	26.6	47.2	64.7
保 定 市（包含定州市）	8231476	8731338	66.6	66.8	37.4	38.2	79.1	88.0
保 定 市（不含定州市）	7520157	7968444	68.6	68.8	38.3	39.2	79.3	88.2
定州市	711319	762894	51.4	51.9	31.8	32.3	77.7	86.9
张家口市	3155902	2631154	54.3	45.7	27.0	22.7	99.5	93.6
承 德 市	3890000	3992624	69.2	70.3	52.2	58.7	120.5	117.4
沧 州 市	7926044	8135220	65.5	66.6	23.0	28.3	61.8	55.0
廊 坊 市	3571297	3651231	66.0	67.1	37.3	41.2	46.5	54.3
衡 水 市	5423221	5784224	69.1	69.4	33.0	32.5	65.7	115.6

2-6-3续 各市农业产业化统计监测情况

名　　称	农副产品商品率(%)		农民人均纯收入增长率(%)		农户参与度(%)		参与农户增收比率(%)		农民受益率(%)	
	2017年	2018年	2017年	2018年	2017年	2018年	2017年	2018年	2017年	2018年
全　　省	**84.7**	**85.3**	**8.1**	**8.9**	**50.5**	**47.5**	**40.7**	**40.1**	**11.5**	**10.5**
石家庄市（包含辛集市）	77.5	78.4			40.6	40.2	47.7	42.9		
石家庄市（不含辛集市）	77.8	78.6	8.1	8.8	34.1	34.0	50.0	43.8	9.7	7.5
辛集市	76.0	77.1	8.7	10.0	109.0	104.3	36.5	38.1	14.1	13.3
唐 山 市	93.3	93.2	8.0	8.8	73.2	70.9	37.8	37.8	16.2	14.9
秦皇岛市	87.9	88.4	8.1	9.2	96.8	92.5	32.4	33.4	16.8	15.2
邯 郸 市	84.0	85.3	8.2	8.8	54.9	60.2	28.2	31.0	7.5	8.5
邢 台 市	84.0	84.6	9.9	11.7	44.0	43.0	42.0	43.7	11.7	10.8
保 定 市（包含定州市）	81.1	82.3			40.4	34.3	40.8	40.1		
保 定 市（不含定州市）	79.5	80.8	10.0	10.4	39.2	35.5	39.3	38.7	8.5	7.6
定州市	89.6	90.1	10.9	10.2	49.7	24.1	56.6	74.7	7.8	4.1
张家口市	83.3	77.5	11.4	12.0	64.3	51.2	51.8	57.7	17.6	14.5
承 德 市	86.0	87.3	10.8	11.6	84.8	74.7	47.0	46.9	26.5	23.9
沧 州 市	81.9	83.9	9.0	9.3	29.6	29.3	44.4	47.3	8.0	7.9
廊 坊 市	86.5	86.8	8.4	8.9	22.6	20.2	46.1	47.2	5.1	4.5
衡 水 市	86.4	86.4	11.2	11.6	41.2	37.7	45.6	36.4	19.7	17.7

3-1 县(市、区)国民经济主要指标(2018)(1-1)

县(市、区)	一、基本情况						
	行政区域面积(平方公里)	乡个数(个)	镇个数(个)	村民委员会个数(个)	#自来水受益村数	通有线电视村数	通宽带村数
石家庄市							
长安区	138		4	8	8	8	8
桥西区	70			15	12	14	14
新华区	92			13	11	10	11
井陉矿区	70	1	2				
裕华区	61		1	5	5	5	5
藁城区	836	1	12	177	226	226	226
鹿泉区	603	3	9	208	208	198	208
栾城区	326	3	4	173	173	173	173
井陉县	1381	7	10	318	308	262	305
正定县	468	5	3	154	165	165	165
行唐县	1025	11	4	322	323	316	327
灵寿县	1066	9	6	279	266	183	261
高邑县	222	1	4	107	107	107	107
深泽县	296	3	3	125	125	125	125
赞皇县	1210	7	4	212	167	212	212
无极县	524	5	6	213	213	213	213
平山县	2648	11	12	717	693	472	712
元氏县	675	7	8	208	180	196	207
赵　县	674	4	7	281	281	281	281
晋州市	619	1	9	224	224	106	224
新乐市	525	3	8	160	160	160	160
唐山市							
路南区	117	1	1	55	55	55	55
路北区	161	1	1	71	71	71	71
古冶区	248	3	2	122	122	122	122
开平区	257		6	134	134	125	134
丰南区	1288	3	12	444	444	301	444
丰润区	1154	3	17	480	479	453	478
曹妃甸区	1281		5	11	105	105	105
滦南县	1483		16	589	589	555	589
乐亭县	1020	3	10	532	473	423	466
迁西县	1461	8	9	417	270	417	417
玉田县	1170	4	16	750	750	623	750
遵化市	1514	12	13	648	648	648	648
迁安市	1227	7	10	457	432	458	458
滦州市	1027		10	504	485	385	504
秦皇岛市							
海港区	800		8	262	189	252	261
山海关区	194		3	96	94	93	94
北戴河区	113		3	43	43	43	43
抚宁区	968	2	5	363	180	298	363
青龙满族自治县	3510	14	11	396	226	394	396
昌黎县	1212	5	11	418	405	415	418

3-1 县(市、区)国民经济主要指标(2018)(1-2)

县(市、区)	一、基本情况						
	行政区域面积(平方公里)	乡个数(个)	镇个数(个)	村民委员会个数(个)	#自来水受益村数	通有线电视村数	通宽带村数
卢龙县	956	3	9	548	331	437	548
邯郸市							
邯山区	209	2	2	169	123	123	123
丛台区	192	4	1	167	65	70	71
复兴区	137	2	1	94	28	34	41
峰峰矿区	341	1	9	148	157	139	154
肥乡区	503	4	5	255	255	255	255
永年区	761	8	9	342	342	336	342
临漳县	742	7	7	429	425	425	425
成安县	482	4	5	239	234	234	234
大名县	1053	10	10	609	609	588	609
涉　县	1509	8	8	308	256	280	280
磁　县	695	5	6	253	234	238	238
邱　县	449	2	5	217	216	216	217
鸡泽县	336	3	4	169	169	168	165
广平县	314		7	169	169	169	169
馆陶县	456	4	4	277	269	269	269
魏　县	864	9	12	489	489	481	488
曲周县	677	4	6	338	338	336	338
武安市	1806	9	13	502	464	389	500
邢台市							
桥东区	122	1	2	55	55	55	55
桥西区	120		2	31	31	30	31
邢台县	1848	6	10	519	519	420	492
临城县	797	4	4	220	216	219	219
内丘县	788	4	5	309	309	93	309
柏乡县	268	2	4	121	121	121	121
隆尧县	749	5	7	276	276	276	276
任　县	431	4	4	134	134	134	134
南和县	405	5	3	209	209	196	209
宁晋县	1111	5	11	333	333	328	333
巨鹿县	631	3	7	246	246	246	246
新河县	366	4	2	169	169	169	169
广宗县	504	4	4	196	196	196	196
平乡县	406	4	2	227	227	227	227
威　县	1012	5	11	519	519	519	519
清河县	501		6	305	305	298	305
临西县	542	3	6	299	299	299	299
南宫市	861	5	6	440	440	440	440
沙河市	859	4	4	242	224	220	238
保定市							
竞秀区	127	5		71	63	63	63
莲池区	178	6	1	119	111	111	111
满城区	658	6	5	183	183	166	179

3-1 县(市、区)国民经济主要指标(2018)(1-3)

县(市、区)	一、基本情况						
	行政区域面积(平方公里)	乡个数(个)	镇个数(个)	村民委员会个数(个)	#自来水受益村数	通有线电视村数	通宽带村数
清苑区	867	9	9	266	264	266	266
徐水区	723	4	10	304	281	236	299
涞水县	1662	4	11	284	244	106	281
阜平县	2496	7	6	209	209	209	209
定兴县	714	9	7	274	176	121	261
唐　县	1414	11	9	345	265	294	345
高阳县	441	2	5	165	163	163	163
容城县	314	3	5	127	127	109	127
涞源县	2448	9	8	283	275	156	276
望都县	358	2	6	142	143	143	142
安新县	779	4	9	207	223	217	222
易　县	2534	18	9	469	369	257	461
曲阳县	1084	9	9	367	334	354	367
蠡　县	652	3	10	232	232	183	232
顺平县	712	5	5	237	237	237	237
博野县	331		7	133	133	81	133
雄　县	661	4	8	223	287	284	286
涿州市	751	1	10	402	394	301	402
安国市	486	3	6	198	195	142	194
高碑店市	620		9	409	406	177	409
张家口市							
桥东区	374	1	2	47	47	34	47
桥西区	119		1	20	20	20	20
宣化区	2014	7	7	314	299	254	276
下花园区	315	4		46	46	46	46
万全区	1162	7	4	170	171	171	171
崇礼区	2324	8	2	211	210	207	196
张北县	3854	11	7	366	324	362	357
康保县	3365	8	7	326	287	151	260
沽源县	3363	10	4	233	182	194	230
尚义县	2601	7	7	172	162	172	164
蔚　县	3198	11	11	546	433	459	501
阳原县	1849	9	5	301	234	126	259
怀安县	1698	7	4	273	265	195	261
怀来县	1801	6	11	279	268	208	253
涿鹿县	2802	4	13	373	372	338	355
赤城县	5273	9	9	440	387	359	403
承德市							
双桥区	354		5	53	33	44	49
双滦区	452	1	5	63	52	61	63
鹰手营子矿区	149		4	15	14	15	15
承德县	3648	11	12	378	306	375	376
兴隆县	3117	5	15	289	146	229	283
滦平县	2993	10	10	199	126	197	197

3-1 县(市、区)国民经济主要指标(2018)(1-4)

县(市、区)	一、基本情况						
	行政区域面积(平方公里)	乡个数(个)	镇个数(个)	村民委员会个数(个)	#自来水受益村数	通有线电视村数	通宽带村数
隆化县	5473	15	9	357	252	350	348
丰宁满族自治县	8739	16	10	309	296	304	309
宽城满族自治县	1936	8	10	205	171	202	201
围场满族蒙古族自治县	9037	25	12	312	313	315	315
平泉市	3294	4	15	238	208	238	238
沧州市							
新华区	89	1		20	24	24	24
运河区	118	1	1	62	62	62	62
沧　县	1520	15	4	510	511	511	511
青　县	968	3	7	345	349	349	349
东光县	710	1	8	447	447	447	447
海兴县	868	4	3	197	199	199	199
盐山县	795	6	6	450	449	450	449
肃宁县	516	3	6	254	254	254	254
南皮县	790	3	6	312	312	312	312
吴桥县	582	5	5	473	473	473	473
献　县	1173	11	7	500	500	500	500
孟村回族自治县	387	2	4	126	126	126	126
泊头市	1009	4	8	657	657	657	657
任丘市	872	5	7	413	349	349	349
黄骅市	1545	6	4	331	328	328	328
河间市	1322	11	7	615	563	563	563
廊坊市							
安次区	578	4	4	288	284	284	284
广阳区	331	1	3	169	148	149	149
固安县	703	4	5	419	419	342	419
永清县	776	5	5	386	386	386	386
香河县	448		9	300	300	140	300
大城县	897		10	394	394	312	394
文安县	1037	1	12	383	383	378	383
大厂回族自治县	176		5	105	105	105	105
霸州市	802	3	9	363	353	328	351
三河市	643		10	395	395	335	394
衡水市							
桃城区	383	1	3	221	221	221	221
冀州区	878	4	6	382	382	382	381
枣强县	905	2	9	553	553	553	553
武邑县	800	2	7	522	524	524	524
武强县	443	2	4	230	238	237	236
饶阳县	572	2	5	197	197	197	197
安平县	496	3	5	230	230	230	230
故城县	941	2	11	538	538	538	538
景　县	1188	5	11	848	828	846	846
阜城县	695	4	6	610	610	609	610
深州市	1245	6	11	465	465	465	465
定州市	1284	5	16	470	468	470	470
辛集市	951	7	8	344	344	344	343

3–1 县(市、区)国民经济主要指标(2018)(2–1)

县(市、区)	二、人口与就业				
	户籍人口（万人）	乡村总户数（户）	乡村人口（万人）	年末乡村从业人员（人）	#农林牧渔业从业人员（人）
石家庄市					
长安区	65.4	6972	2.3	10738	1868
桥西区	67.5	13959	3.9	14502	374
新华区	50.5	9939	3.8	16764	2348
井陉矿区	8.9	14179	5.2	21715	3320
裕华区	47.2	5955	2.8	13088	1161
藁城区	86.2	195658	76.5	402855	127072
鹿泉区	44.1	98013	39.5	177451	65581
栾城区	35.8	84879	33.5	175075	43906
井陉县	33.1	87072	29.5	143864	61225
正定县	51.4	103437	43.8	220264	66798
行唐县	46.2	114383	39.9	197666	113019
灵寿县	35.0	75060	28.3	150053	73789
高邑县	20.4	43377	17.8	98683	54694
深泽县	25.8	61961	22.9	127568	45791
赞皇县	28.0	65394	22.9	133653	48899
无极县	53.7	121778	47.2	252260	115866
平山县	50.3	133772	45.6	231622	144026
元氏县	44.5	97488	40.1	197723	112514
赵　县	62.0	141970	56.6	278707	124971
晋州市	57.5	134427	51.6	265796	79036
新乐市	51.7	105567	42.3	224397	51379
唐山市					
路南区	26.8	20426	6.4	32202	9638
路北区	66.6	33421	11.9	64795	26628
古冶区	33.9	38422	12.1	60677	25828
开平区	25.2	58286	18.1	82466	21226
丰南区	53.7	123235	45.8	244662	94961
丰润区	81.8	177812	62.6	333469	170796
曹妃甸区	21.4	48505	15.4	86504	38869
滦南县	57.2	152632	51.7	290816	190645
乐亭县	44.6	122431	37.7	226024	101532
迁西县	39.7	99364	35.1	197777	82920
玉田县	70.6	166486	60.8	335077	96796
遵化市	75.8	195119	68.5	332827	109908
迁安市	77.7	159863	55.2	292614	54889
滦州市	57.4	147490	51.5	288255	112373
秦皇岛市					
海港区	73.4	69443	19.4	97182	43496
山海关区	14.6	19320	5.7	30471	21409
北戴河区	9.7	24783	6.3	34986	11929
抚宁区	34.1	94637	28.9	155198	100926
青龙满族自治县	56.7	150545	49.9	273702	179470
昌黎县	52.4	181145	45.4	263992	166188

3-1 县(市、区)国民经济主要指标(2018)(2-2)

县(市、区)	二、人口与就业				
	户籍人口（万人）	乡村总户数（户）	乡村人口（万人）	年末乡村从业人员（人）	#农林牧渔业从业人员（人）
卢龙县	41.7	129132	38.0	214028	142136
邯郸市					
邯山区	49.3	45827	19.1	94242	32872
丛台区	55.7	34384	15.0	61288	18937
复兴区	37.5	13234	5.9	29607	12274
峰峰矿区	48.7	57816	23.2	96387	30355
肥乡区	41.3	79504	35.7	195433	57488
永年区	96.6	179131	72.8	381552	148941
临漳县	75.6	146986	64.4	400767	271848
成安县	46.5	85008	34.5	192127	67298
大名县	93.5	161875	70.1	356775	178501
涉　县	43.0	122490	38.3	196762	76223
磁　县	47.8	86931	34.5	169282	43740
邱　县	25.8	53626	21.2	113712	70996
鸡泽县	34.0	69403	28.6	145608	24640
广平县	31.3	60716	25.9	139947	61792
馆陶县	36.3	72187	28.7	145310	78814
魏　县	103.9	210717	90.2	352890	178442
曲周县	53.3	101819	48.2	260936	117938
武安市	84.6	197476	73.0	377487	153724
邢台市					
桥东区	31.4	23193	7.5	37333	8641
桥西区	42.1	20567	7.1	34616	10356
邢台县	36.2	115603	34.3	171759	67566
临城县	22.1	55685	19.3	83229	47389
内丘县	29.7	64734	24.9	132755	55454
柏乡县	20.6	47154	18.8	91698	36619
隆尧县	56.9	124471	51.4	261853	111560
任　县	38.9	57859	24.2	124758	48354
南和县	39.7	87154	35.7	175816	80611
宁晋县	86.1	198546	73.5	349095	187310
巨鹿县	43.1	102779	35.1	182674	122928
新河县	17.7	45304	15.8	72046	42988
广宗县	33.5	74613	28.3	147252	54903
平乡县	36.6	63209	26.9	133130	36022
威　县	64.6	162936	60.3	309649	157802
清河县	44.6	87962	36.4	165644	31127
临西县	39.3	93612	34.4	172006	75486
南宫市	50.6	112298	43.0	204566	88994
沙河市	45.8	99516	38.7	168924	71974
保定市					
竞秀区	43.5	30221	11.9	61117	21343
莲池区	63.2	46784	17.4	90189	31265
满城区	40.8	89883	33.9	183592	111509

3-1 县(市、区)国民经济主要指标(2018)(2-3)

县(市、区)	二、人口与就业				
	户籍人口（万人）	乡村总户数（户）	乡村人口（万人）	年末乡村从业人员（人）	#农林牧渔业从业人员（人）
清苑区	69.1	166866	63.6	350072	188546
徐水区	63.4	183352	57.5	305434	149898
涞水县	36.2	99196	32.1	178497	112159
阜平县	23.0	83405	20.1	72229	43112
定兴县	60.6	168019	57.5	324387	139516
唐　县	59.5	144307	54.1	268164	129315
高阳县	32.3	78539	27.8	158302	57384
容城县	27.6	64123	23.5	128245	39570
涞源县	28.8	85886	24.6	119555	82116
望都县	27.2	62615	23.2	125703	75352
安新县	50.9	164414	48.6	233616	116395
易　县	58.1	150004	51.7	247395	137157
曲阳县	65.5	173135	58.9	258374	139118
蠡　县	54.6	128131	51.1	281337	143507
顺平县	31.5	84094	29.5	159777	108224
博野县	27.2	86799	25.2	127838	70880
雄　县	46.2	141575	45.0	196954	91121
涿州市	70.1	124221	47.4	262196	143720
安国市	41.1	93523	34.5	202973	112024
高碑店市	56.7	103355	43.9	245109	121116
张家口市					
桥东区	26.0	23272	5.7	29202	20748
桥西区	20.7	7259	2.1	8680	1258
宣化区	52.2	82159	20.7	111992	75208
下花园区	6.5	11942	2.7	14138	7398
万全区	22.5	73278	19.2	96742	63169
崇礼区	13.1	34770	8.6	44019	23496
张北县	36.1	111954	27.6	122363	80754
康保县	26.9	98708	24.3	124546	69503
沽源县	22.5	83565	19.7	108423	87374
尚义县	18.6	43713	10.6	51099	37215
蔚　县	50.1	95440	24.4	106741	85748
阳原县	27.3	83618	22.6	115101	68292
怀安县	24.1	73279	19.4	109348	79691
怀来县	36.7	103731	27.5	155072	93025
涿鹿县	35.1	106558	26.4	144586	102689
赤城县	29.4	116507	26.0	119607	88367
承德市					
双桥区	31.5	28000	7.9	35649	9569
双滦区	14.8	27529	9.0	41685	13163
鹰手营子矿区	6.2	6037	2.0	9217	3309
承德县	42.6	126713	38.8	208686	117745
兴隆县	32.8	96631	29.3	157000	101582
滦平县	33.0	99980	29.2	153082	71526

3-1 县(市、区)国民经济主要指标(2018)(2-4)

县(市、区)	二、人口与就业				
	户籍人口（万人）	乡村总户数（户）	乡村人口（万人）	年末乡村从业人员（人）	#农林牧渔业从业人员（人）
隆化县	44.8	116952	38.2	214034	126392
丰宁满族自治县	40.8	119813	35.0	173692	121149
宽城满族自治县	26.2	69004	23.1	121981	49905
围场满族蒙古族自治县	53.6	144851	47.8	241008	177338
平泉市	47.9	130367	41.8	219758	125042
沧州市					
新华区	18.5	10998	3.9	15793	6026
运河区	35.3	21518	8.2	38130	21129
沧　县	74.1	179702	68.8	382499	75990
青　县	43.9	99393	36.4	211592	52898
东光县	38.5	94844	33.9	169386	68655
海兴县	23.6	62970	20.2	115031	71318
盐山县	49.5	119183	44.7	222397	137917
肃宁县	37.0	93477	32.9	201187	54709
南皮县	39.9	92864	34.7	198665	97342
吴桥县	28.1	73828	24.0	143019	49241
献　县	66.1	145599	55.7	280751	131423
孟村回族自治县	23.2	48685	18.8	94685	37766
泊头市	63.1	154177	49.7	268729	64314
任丘市	81.0	145138	54.5	271083	62761
黄骅市	48.3	108429	41.9	211510	31998
河间市	90.3	205554	73.7	430120	81697
廊坊市					
安次区	37.7	72672	27.8	150455	83396
广阳区	43.0	37190	15.7	75992	37454
固安县	52.2	95556	38.5	179088	134437
永清县	41.3	86537	33.1	179951	96420
香河县	37.4	80790	28.7	143172	43617
大城县	53.6	127823	46.6	255788	91219
文安县	55.4	125870	46.8	239326	78135
大厂回族自治县	13.2	40937	10.2	44221	11270
霸州市	65.6	127276	53.1	265591	52455
三河市	73.1	106444	36.8	186577	66354
衡水市					
桃城区	48.5	51247	16.7	79386	18871
冀州区	34.5	96623	29.0	146539	74293
枣强县	40.5	110640	34.6	175266	88786
武邑县	31.9	72272	27.5	141883	78305
武强县	21.6	59568	20.0	102608	54014
饶阳县	29.1	74872	26.2	150373	54330
安平县	33.7	84474	28.4	150891	40509
故城县	52.6	126353	43.8	214649	107387
景　县	54.8	134367	48.9	251250	124554
阜城县	35.4	110599	33.4	167778	67204
深州市	56.8	185150	53.1	277874	121895
定州市	123.8	299080	112.4	648776	199594
辛集市	63.5	169751	55.3	294588	92758

3-1 县(市、区)国民经济主要指标(2018)(3-1)

县(市、区)	三、综合经济（续1）					
	农林牧渔业增加值（万元）	农业增加值（万元）	林业增加值（万元）	牧业增加值（万元）	渔业增加值（万元）	农林牧渔服务业增加值（万元）
石家庄市						
长安区	9594	4001	382	3114		2097
桥西区	1226	1028		21		177
新华区	4569	3688	194	18		669
井陉矿区	4570	2177	346	1999	13	35
裕华区	661	465		159		37
藁城区	431025	251066	5050	154568	48	20293
鹿泉区	197139	134084	8619	38282	4122	12032
栾城区	173213	61835	2280	78967		30131
井陉县	132054	57248	27317	39428	203	7858
正定县	368775	203838	5856	142488		16593
行唐县	340256	182776	13203	122266	477	21534
灵寿县	262052	162777	13362	75790	4445	5678
高邑县	124092	100440	633	18634		4385
深泽县	149082	89469	1451	42959	275	14928
赞皇县	175322	91186	16629	54385	649	12473
无极县	287658	161342	2951	106819	3	16543
平山县	170661	56582	47065	44000	4743	18271
元氏县	180216	85722	5935	83348	271	4940
赵　县	241162	179889	4149	41839		15285
晋州市	372562	256231	8775	94367		13189
新乐市	332823	183981	2486	122394		23962
唐山市						
路南区	14480	8472	533	5461		14
路北区	32085	26994	485	4558		48
古冶区	84593	50022	2340	26031	4108	2092
开平区	41413	16143	3118	18993	1147	2012
丰南区	430454	241896	5371	73462	89864	19861
丰润区	364950	188337	6539	152196	2859	15019
曹妃甸区	305983	63591	1530	37803	177296	25763
滦南县	765145	385842	11798	207323	135375	24807
乐亭县	759075	519348	3392	90000	141671	4664
迁西县	207380	138691	10613	42527	9197	6352
玉田县	613553	409977	6390	183327	3331	10528
遵化市	460235	315026	12382	121537	844	10446
迁安市	335959	162841	5056	154701		13361
滦州市	432351	253277	5406	166379	729	6560
秦皇岛市						
海港区	72191	33813	3489	25141	4746	5002
山海关区	79879	48608	502	15658	13031	2080
北戴河区	19950	12948	750	2972	1932	1348
抚宁区	341260	156060	14605	132752	726	37117
青龙满族自治县	441261	268505	24292	121984	1770	24710
昌黎县	675179	298537	10179	237008	66324	63131

3-1 县(市、区)国民经济主要指标(2018)(3-2)

县(市、区)	三、综合经济（续1）					
	农林牧渔业增加值（万元）	农业增加值（万元）	林业增加值（万元）	牧业增加值（万元）	渔业增加值（万元）	农林牧渔服务业增加值（万元）
卢龙县	346143	193691	11784	123352	1032	16284
邯郸市						
邯山区	21674	14099	937	6499		139
丛台区	9301	5500	990	2342		469
复兴区	7039	2674	2411	1598		356
峰峰矿区	42831	8177	5442	26312	1108	1792
肥乡区	269050	181518	5548	60169	24	21791
永年区	342459	212582	4805	116128	3857	5087
临漳县	227988	135273	3132	79971	13	9599
成安县	267586	164259	1795	62172	7	39353
大名县	265044	158515	3221	84253	227	18828
涉　县	109627	57105	19876	29700	1983	963
磁　县	99668	39560	7463	47035	3599	2011
邱　县	160884	92476	3365	45123	53	19867
鸡泽县	137170	85164	2389	43129	40	6448
广平县	101421	78708	2048	19936	24	705
馆陶县	192951	102410	2494	80886	15	7146
魏　县	360176	261048	3742	74144	26	21216
曲周县	229245	114133	1829	90430	2490	20363
武安市	259624	137854	19581	99180	884	2125
邢台市						
桥东区	10217	8080	175	1852		110
桥西区	8254	4992	498	2434	72	258
邢台县	146859	113420	11154	21172	392	721
临城县	81492	46261	2350	30564	1717	600
内丘县	126203	87961	8566	28550	28	1098
柏乡县	89497	64521	488	23866		622
隆尧县	226071	166291	3791	51461		4528
任　县	120099	92884	2056	20972	21	4166
南和县	208747	170204	2630	30212	14	5687
宁晋县	302141	221373	1903	63241	3	15621
巨鹿县	284350	254614	2150	27053	45	488
新河县	114387	80984	1698	25335	442	5928
广宗县	120755	88585	1573	25335		5262
平乡县	150023	119385	2899	23810		3929
威　县	262462	189479	2707	63076	195	7005
清河县	98272	46210	2340	9868	261	39593
临西县	151621	102891	1876	29061	90	17703
南宫市	183476	143672	2349	34976	216	2263
沙河市	73125	32840	2523	31016	483	6263
保定市						
竞秀区	16321	11170	100	3820		1231
莲池区	22860	11104	98	11061		597
满城区	212384	128528	5060	64762	73	13961

3-1 县(市、区)国民经济主要指标(2018)(3-3)

县(市、区)	三、综合经济（续1）					
	农林牧渔业增加值（万元）	农业增加值（万元）	林业增加值（万元）	牧业增加值（万元）	渔业增加值（万元）	农林牧渔服务业增加值（万元）
清苑区	298761	229398	7666	55545		6152
徐水区	261434	116683	2413	127488	157	14693
涞水县	153434	80860	28323	39311	142	4798
阜平县	103855	69033	8921	17398	6058	2445
定兴县	288848	176162	1325	85370	177	25814
唐　县	263871	82339	8901	169600	936	2095
高阳县	68773	44454	2436	11792	20	10071
容城县	83212	54475	588	25456	244	2449
涞源县	58964	24199	10523	22918	274	1050
望都县	151076	97017	16351	34292	8	3408
安新县	104046	57085	119	27708	15541	3593
易　县	245981	103501	9857	127111	3632	1880
曲阳县	152411	74339	9455	63229	1376	4012
蠡　县	168815	100269	5239	55190		8117
顺平县	200469	174328	5455	18853	9	1824
博野县	118881	77959	17516	19262		4144
雄　县	108014	70011	7196	27451		3356
涿州市	233740	144108	4528	69362	455	15287
安国市	190221	152695	4361	27884		5281
高碑店市	152625	88973	1753	51613	84	10202
张家口市						
桥东区	16530	6189	2656	7633		52
桥西区	2543	172	660	1559		152
宣化区	154987	54441	22788	72549	465	4744
下花园区	22734	9793	1281	10100		1560
万全区	104619	35144	13383	48558	4	7530
崇礼区	58029	22849	29107	5836	14	223
张北县	276309	172324	16893	86096	235	761
康保县	179129	91294	21023	66349	66	397
沽源县	248350	170906	49067	27165	936	276
尚义县	141843	90178	30220	18136	125	3184
蔚　县	148335	63356	17886	62926	329	3838
阳原县	115643	33242	18562	59465	307	4067
怀安县	102884	52847	27132	20912	278	1715
怀来县	146734	68404	27604	43445	4204	3127
涿鹿县	151491	44133	52434	51512	202	3210
赤城县	239026	137925	48287	44493	688	7633
承德市						
双桥区	5466	3156	886	1272	68	84
双滦区	26905	16980	1182	4394	379	3970
鹰手营子矿区	7011	4387	688	1709	150	77
承德县	378097	270605	15153	84815	707	6817
兴隆县	301506	261492	9113	25519	228	5154
滦平县	257960	144537	32574	76618	313	3918

3-1 县(市、区)国民经济主要指标(2018)(3-4)

县(市、区)	三、综合经济（续1）					
	农林牧渔业增加值（万元）	农业增加值（万元）	林业增加值（万元）	牧业增加值（万元）	渔业增加值（万元）	农林牧渔服务业增加值（万元）
隆化县	411833	236004	22053	148360	412	5004
丰宁满族自治县	263426	104057	33336	115227	485	10321
宽城满族自治县	177903	124090	14040	33121	411	6241
围场满族蒙古族自治县	515369	367941	32378	111245	283	3522
平泉市	369389	314935	7795	44918	121	1620
沧州市						
新华区	2139	417	942	711	19	50
运河区	5448	2194	666	2521		67
沧　县	248204	138245	23268	62142	20	24529
青　县	477386	402957	8091	48186	211	17941
东光县	272075	76572	2582	31524	457	160940
海兴县	94794	26480	994	28774	29706	8840
盐山县	99668	37213	1657	56791	319	3688
肃宁县	236256	167368	6309	52220		10359
南皮县	225989	132082	2125	28126	471	63185
吴桥县	300627	105292	6304	53737	190	135104
献　县	305961	157024	1481	98202	2003	47251
孟村回族自治县	66762	24659	323	40866	113	801
泊头市	173538	117289	5817	41256	433	8743
任丘市	143762	92162	584	24810	3478	22728
黄骅市	348566	81605	1223	60309	182461	22968
河间市	205911	106456	668	47206	186	51395
廊坊市						
安次区	116092	82204	6891	18934	639	7424
广阳区	79900	54548	4970	17483	249	2650
固安县	432277	398953	3349	19349	171	10455
永清县	554803	468597	4273	75456	353	6124
香河县	186893	155572	2763	24015	1390	3153
大城县	173664	114822	8121	46531	394	3796
文安县	123093	73299	10434	28777	7532	3051
大厂回族自治县	41186	15850	1983	22182	501	670
霸州市	130803	87203	9810	23463	6368	3959
三河市	171047	88130	1714	71524	4687	4992
衡水市						
桃城区	89121	54684	5093	22971	372	6001
冀州区	123599	88842	7099	21718	1376	4564
枣强县	140652	101746	3860	27804	178	7064
武邑县	248373	184861	3356	46851	108	13197
武强县	92978	50930	3495	29726		8827
饶阳县	285645	233781	3632	33013		15219
安平县	128631	49067	2506	65446	115	11497
故城县	229354	145027	1645	65492	933	16257
景　县	191349	118109	8534	49964	159	14583
阜城县	197793	145643	4807	33488	27	13828
深州市	372375	265022	9298	82409	272	15374
定州市	636927	422799	49299	152816	7	12006
辛集市	484786	324743	3457	144282	31	12273

3-1 县(市、区)国民经济主要指标(2018)(4-1)

县(市、区)	三、综合经济(续2)			四、农业		
	一般公共预算收入（万元）	一般公共预算支出（万元）	年末居民储蓄存款余额（万元）	(一) 农用机械总动力（千瓦）	大中型拖拉机（台）	小型拖拉机（台）
石家庄市						
长安区	580265	375980		20277	20	28
桥西区	724504	442693		4215	11	20
新华区	275232	237586		20501	30	20
井陉矿区	36469	78544	423115	6488	13	173
裕华区	392821	213577		1310		
藁城区	425202	589131	3117217	1766443	3513	4100
鹿泉区	278072	485968	2385765	559086	871	6506
栾城区	136217	270430	1675819	652355	1883	4524
井陉县	71105	229083	1372573	361567	80	22291
正定县	290581	890820	3683190	801279	2208	1790
行唐县	53996	308448	1532992	896828	1957	261
灵寿县	50228	256196	1287404	491026	1811	8581
高邑县	54072	171993	773206	478384	966	8580
深泽县	48012	160980	1146848	295871	1523	800
赞皇县	40358	194810	868663	532929	13654	3010
无极县	68400	285653	1889968	673636	1768	9637
平山县	172105	409573	1939261	677896	1534	10545
元氏县	86560	256636	1619283	648109	2142	13422
赵　县	67067	239784	1530310	444617	964	6580
晋州市	102700	339720	2581885	494975	1875	2500
新乐市	91600	275278	1685351	1730837	2667	957
唐山市						
路南区	230234	180048		78442	164	854
路北区	452760	348702		46655	192	233
古冶区	143914	222200	2556702	74460	524	995
开平区	116555	145875	1767388	99267	543	1375
丰南区	448170	634882	4339168	563169	2740	5540
丰润区	269574	432735	6009737	806438	3234	17333
曹妃甸区	678987	814213	1962179	571896	945	10070
滦南县	126660	346872	2537277	962749	3671	30370
乐亭县	157405	352785	2893790	741699	1583	21881
迁西县	147080	308636	2423585	196649	391	2981
玉田县	113149	342093	4128631	682266	2135	11165
遵化市	148522	408336	4266736	1000412	2036	17126
迁安市	610133	822378	6182788	1116921	1352	11213
滦州市	205000	358291	2774393	589802	2101	10983
秦皇岛市						
海港区	438433	378613		55715	462	1300
山海关区	58254	99127		40744	79	813
北戴河区	57310	163098	971274	15953	61	362
抚宁区	41076	189216	1974417	221419	496	5603
青龙满族自治县	44048	304639	1431450	119622	126	2031
昌黎县	145988	339999	3624154	675623	2799	25714

3-1 县(市、区)国民经济主要指标(2018)(4-2)

县(市、区)	三、综合经济(续2)			四、农业		
	一般公共预算收入（万元）	一般公共预算支出（万元）	年末居民储蓄存款余额（万元）	(一) 农用机械总动力（千瓦）	大中型拖拉机（台）	小型拖拉机（台）
卢龙县	53894	246599	1669428	633288	896	9041
邯郸市						
邯山区	179192	240541		94816	710	210
丛台区	218841	163071		110902	214	105
复兴区	110396	150890		114333	41	18
峰峰矿区	156840	303399	2302554	105316	328	3101
肥乡区	71230	267250	901742	519470	3325	526
永年区	159305	369696	2995777	703378	2359	5468
临漳县	51796	295231	1423589	673365	3847	4311
成安县	79860	238673	1003120	647731	2178	3125
大名县	44592	363865	1770823	747407	3503	3730
涉　县	127066	279132	1876381	374500	232	22902
磁　县	75200	245951	1704493	757398	4800	2325
邱　县	40142	166873	690147	282584	1384	5617
鸡泽县	41163	195459	840169	289940	746	1049
广平县	54439	189595	744234	350534	2165	18
馆陶县	56069	231138	916409	556367	2846	803
魏　县	86420	432789	1742549	746333	3447	5890
曲周县	59355	227099	1191107	814271	2736	1353
武安市	455062	658388	5146456	1820120	1516	11010
邢台市						
桥东区	117598	159399		17320	73	258
桥西区	178952	212698		71617	496	2655
邢台县	117018	368724	1614885	359565	1608	10688
临城县	29929	163113	949190	254067	1807	7128
内丘县	58329	178776	1060434	270194	800	8649
柏乡县	20550	119170	538071	375877	1513	6173
隆尧县	47133	211743	1455729	986009	4426	14000
任　县	36203	197438	935189	534038	1963	10100
南和县	44420	224898	959397	507243	1881	3120
宁晋县	109388	369969	2503121	1180299	2892	28610
巨鹿县	43346	226498	1248811	454142	5719	14244
新河县	19503	139711	669058	309610	1900	9200
广宗县	23302	176542	671778	230717	891	3535
平乡县	35758	188279	989080	306830	695	7500
威　县	56228	290695	1487932	690893	2912	4100
清河县	85526	249566	1941592	412676	1610	4316
临西县	44368	201665	973071	566566	1980	3511
南宫市	38787	230437	1726051	785331	2607	18489
沙河市	116199	288323	2428901	323391	822	11750
保定市						
竞秀区	61692	206973		47566	396	382
莲池区	91105	266458		79649	344	384
满城区	69038	252803	1619760	299902	1144	2223

3−1 县(市、区)国民经济主要指标(2018)(4−3)

县(市、区)	三、综合经济(续2)			四、农业		
	一般公共预算收入（万元）	一般公共预算支出（万元）	年末居民储蓄存款余额（万元）	（一）农用机械总动力（千瓦）	大中型拖拉机（台）	小型拖拉机（台）
清苑区	72640	357079	1981666	549713	3532	3460
徐水区	181046	413041	2217118	513086	1850	4755
涞水县	76629	248562	1291519	179130	629	4490
阜平县	36281	306249	948888	85499	59	1209
定兴县	73923	288182	1554556	472893	2128	7389
唐　县	45476	320859	1934805	299015	1598	4254
高阳县	65936	193089	147780	174632	1526	357
容城县	21693	163136	1160716	312895	1218	4061
涞源县	80974	329211	929211	81074	501	2290
望都县	35044	161762	1010047	313396	1345	9667
安新县	28768	217908	1544302	404130	1124	10012
易　县	70192	335364	1760189	243031	503	3719
曲阳县	51737	345479	1786939	447846	773	6451
蠡　县	50006	235413	1676940	501606	2389	402
顺平县	44525	195704	968919	263406	763	4
博野县	21428	131066	779929	287061	935	2630
雄　县	25279	191682	1677472	256695	960	6040
涿州市	293001	476694	3679192	293010	1188	8795
安国市	72442	215578	1815278	544901	1534	9402
高碑店市	152067	334277	3380343	256155	1432	700
张家口市						
桥东区	36896	113676		10996	73	91
桥西区	38027	122307		18343	1	40
宣化区	146200	523430	4261323	110792	977	2509
下花园区	25761	132346	415289	10302	37	292
万全区	45405	271984	452681	97026	739	2240
崇礼区	52025	313319	804078	72046	415	1976
张北县	70118	335971	1123249	366754	2287	13743
康保县	25857	328899	471180	277564	1011	12070
沽源县	31616	296742	602998	458232	3304	20670
尚义县	21094	260643	495986	127489	1017	3664
蔚　县	58342	334902	1831293	265129	1652	3447
阳原县	38080	284996	927792	120164	919	2300
怀安县	68227	243458	909638	81129	344	943
怀来县	155000	385907	1891045	170360	876	3612
涿鹿县	66324	296896	1277733	199316	1031	3454
赤城县	55271	278077	1023022	111732	1015	3722
承德市						
双桥区	158169	136263	6086698	21682	114	430
双滦区	131121	105582	999715	62629	172	990
鹰手营子矿区	16215	57106	328855	34459	33	107
承德县	70136	307008	1479766	164275	1207	1571
兴隆县	67588	282634	1471931	73490	141	1080
滦平县	94803	326308	1279801	313144	641	4548

3-1 县(市、区)国民经济主要指标(2018)(4-4)

县(市、区)	三、综合经济(续2)			四、农业		
	一般公共预算收入（万元）	一般公共预算支出（万元）	年末居民储蓄存款余额（万元）	(一) 农用机械总动力（千瓦）	大中型拖拉机（台）	小型拖拉机（台）
隆化县	45057	373342	1306704	310267	1801	4088
丰宁满族自治县	74417	415334	1303759	488142	3160	14140
宽城满族自治县	103456	212280	1797791	89140	276	1220
围场满族蒙古族自治县	58168	435978	1475991	687688	7650	17718
平泉市	68128	345678	1961633	336789	1134	7071
沧州市						
新华区	92589	111088		48469	378	1026
运河区	156055	149400		84759	346	2224
沧　县	111618	446447	1926859	1109610	2530	39266
青　县	88008	271098	1967275	575518	1784	4890
东光县	52690	231412	1791534	523773	1338	4037
海兴县	43372	178408	687188	370891	1171	12722
盐山县	54968	250417	1178620	450802	1670	7050
肃宁县	113855	346519	1581137	721681	1452	8100
南皮县	49450	264200	1305994	976760	3080	14010
吴桥县	36822	206834	1137216	516718	2700	5442
献　县	73980	326454	2230294	903459	2555	14905
孟村回族自治县	37664	140844	823092	269871	1297	4104
泊头市	95169	302751	2819081	1177628	2308	50720
任丘市	370826	490766	4711178	556425	1320	10118
黄骅市	188008	492037	2822439	856052	1839	18650
河间市	118412	398092	3545378	998220	4954	20620
廊坊市						
安次区	279531	318147		146263	888	698
广阳区	205105	221121		115228	835	1290
固安县	456086	738393	2605071	491998	2085	4846
永清县	163110	420358	1452210	428154	1877	3427
香河县	367553	638734	3028731	242686	1126	2451
大城县	100070	324817	2525955	480709	2223	12000
文安县	114350	381906	2683935	667541	1345	13172
大厂回族自治县	277752	344541	1105242	152538	755	950
霸州市	274281	712064	4322186	777506	2156	5554
三河市	600503	922217	5071163	430000	1303	3593
衡水市						
桃城区	144756	240023	6198392	342836	2182	5800
冀州区	56312	259089	1933718	739049	3454	22773
枣强县	75018	295480	2117785	481263	2090	7000
武邑县	45582	231257	1274346	585627	4225	6850
武强县	38003	185154	857775	592635	808	12060
饶阳县	32510	206919	1091609	505292	1079	8
安平县	77027	270408	1927840	387773	1457	8495
故城县	66633	300045	1815983	1155974	2895	28600
景　县	82200	279986	2516591	1110744	3770	32000
阜城县	47093	241627	1469651	656143	3436	10290
深州市	89963	340473	1891640	1650205	1680	28480
定州市	220422	619514	4396818	958825	2777	10329
辛集市	188001	533925	3512147	1274610	1514	15639

3-1 县(市、区)国民经济主要指标(2018)(5-1)

县(市、区)	四、农业（续1）						
	机耕面积（公顷）	机播面积（公顷）	机收面积（公顷）	化肥使用量(按折纯法计算)	农药使用量（吨）	地膜使用量（吨）	农村用电量（万千瓦时）
石家庄市							
长安区	5513	7513	7513	753	132		1199
桥西区	145	145	54	49	1		2244
新华区	693	693	693	151	6	4	2798
井陉矿区	123	123	116	186	11		789
裕华区	101	110	106	3		…	787
藁城区	34104	74730	66588	21596	308	407	23309
鹿泉区	12474	29752	25118	13610	511	48	40827
栾城区	12124	33842	32071	14304	221	37	16134
井陉县	13256	19156	11459	11014	130	36	10752
正定县	22907	44113	43572	39678	354	273	14407
行唐县	30786	41829	32035	16276	248	6	12495
灵寿县	11242	27618	36981	19642	84	18	11153
高邑县	20130	30130	22600	10417	201	167	8355
深泽县	8535	28983	28161	18093	227	34	27489
赞皇县	17000	23686	22000	11434	363	135	66539
无极县	21090	54447	54447	30376	579	130	49057
平山县	13120	22480	21505	16887	153	102	15236
元氏县	19881	58856	58716	10277	245	22	9604
赵　县	59481	64320	63533	44921	1169	6	32940
晋州市	29333	46333	46333	37048	1007	35	199329
新乐市	50688	65068	56365	24414	493	450	35260
唐山市							
路南区	3357	3315	2459	3024	60	46	8791
路北区	5190	3950	3260	4701	39	16	4400
古冶区	5697	6032	4592	5954	85	91	8084
开平区	6951	7566	7493	2867	11	47	24424
丰南区	45286	52176	40887	28672	479	695	29584
丰润区	54163	63613	46527	41781	582	142	34782
曹妃甸区	23816	23450	23080	12220	527	27	36616
滦南县	84050	79290	68100	41323	536	1045	26005
乐亭县	66000	41593	29349	85255	965	595	12306
迁西县	13826	4059	334	15926	82	97	14564
玉田县	53700	84300	68500	49201	373	816	151456
遵化市	45389	52844	25956	28273	238	426	59040
迁安市	24078	39261	9744	20408	95	375	266898
滦州市	52563	60024	32597	45906	450	636	25393
秦皇岛市							
海港区	9005	5150	1844	4781	71	13	8395
山海关区	3877	1553	226	1515	26	130	706
北戴河区	1700	1077	861	1670	54	25	13003
抚宁区	27070	6780	2660	20429	878	331	8803
青龙满族自治县	26856	8568		8972	557	12	15946
昌黎县	71610	57732	43721	52938	1808	874	16428

3-1 县(市、区)国民经济主要指标(2018)(5-2)

县(市、区)	四、农业（续1）						
	机耕面积（公顷）	机播面积（公顷）	机收面积（公顷）	化肥使用量（按折纯法计算）	农药使用量（吨）	地膜使用量（吨）	农村用电量（万千瓦时）
卢龙县	43615	18302	19486	38489	739	224	12187
邯郸市							
邯山区	7066	14646	13866	11320	132	33	12927
丛台区	5874	9739	9680	697	26	1	5970
复兴区	1853	3805	3329	875	29	5	3263
峰峰矿区	6100	8230	7545	6382	70	2	11145
肥乡区	50200	50007	47415	42127	407	812	17358
永年区	44165	68452	65867	43562	664	251	28887
临漳县	40980	77130	76400	44776	551	122	15702
成安县	37805	47779	39779	41563	187	1308	31776
大名县	88152	122379	116992	41990	735	533	22164
涉　县	20030	10900	8400	7262	304	5	12150
磁　县	21443	33122	31716	13447	65	148	47244
邱　县	34174	44091	26682	23317	324	1761	4987
鸡泽县	25019	31755	31157	19497	180	38	29995
广平县	22184	32640	29060	13874	523	326	13892
馆陶县	24500	45403	43850	22252	241	217	13459
魏　县	54294	84379	81184	39318	455	55	14387
曲周县	36026	74929	60945	44212	396	646	31343
武安市	27200	43300	32333	15894	201	81	65855
邢台市							
桥东区	2815	5600	4336	2100	20		7649
桥西区	2933	5451	5400	1102	28	1	3675
邢台县	17525	29815	20712	12413	551	35	21183
临城县	19415	25196	23516	7935	152	2	6037
内丘县	29540	39929	37700	7969	195	6	11727
柏乡县	17135	30077	29408	12325	108	39	6825
隆尧县	46550	86540	81028	38956	675	112	41866
任　县	25496	50956	50446	16283	427	218	22274
南和县	26400	50863	54000	16249	527	442	22531
宁晋县	62305	125854	127522	42465	1400	206	35984
巨鹿县	35800	57800	51028	14594	440	594	13187
新河县	21000	37198	30180	6368	482	363	8857
广宗县	32687	34076	26578	11377	626	1204	10027
平乡县	29150	46850	36850	17849	117	398	23462
威　县	61401	68710	27748	32606	715	2274	11856
清河县	27778	48430	45803	15056	332	18	23705
临西县	31500	54860	53542	26921	285	477	11915
南宫市	62000	78000	37630	19401	1069	1554	21588
沙河市	12255	25487	23091	9865	125	1	18902
保定市							
竞秀区	2681	5040	5040	2845	162	27	13434
莲池区	2865	5438	4804	2555	147	30	9794
满城区	13700	21630	22830	12469	574	249	22609

3−1 县(市、区)国民经济主要指标(2018)(5−3)

县(市、区)	四、农业（续1）						
	机耕面积（公顷）	机播面积（公顷）	机收面积（公顷）	化肥使用量(按折纯法计算)	农药使用量（吨）	地膜使用量（吨）	农村用电量（万千瓦时）
清苑区	53810	71144	65330	49377	1141	775	37022
徐水区	35190	62373	60841	26365	378	52	42922
涞水县	16696	17550	15000	8134	176	124	16483
阜平县	2000	300	280	2716	111	1	5422
定兴县	42506	66510	65899	30106	503	192	37541
唐　县	18541	25662	23185	18548	197	27	16117
高阳县	16177	33537	31057	10042	325	257	57878
容城县	17201	33774	31169	9826	62	23	20585
涞源县	16333	14330	2000	4109	28	1	7133
望都县	24019	34550	33703	18617	296	93	10328
安新县	31824	52952	45697	11739	333	90	81010
易　县	17617	26057	32873	16049	920	103	16245
曲阳县	21666	18396	21937	12018	548	18	14638
蠡　县	33335	46099	38926	15463	226	211	41468
顺平县	16000	19712	19765	14701	565	203	30233
博野县	14391	23984	23283	12023	568	8	16136
雄　县	24729	26191	21180	8669	358	105	77521
涿州市	31611	51057	53675	23077	405	247	56395
安国市	36667	38667	37289	24516	284	27	7828
高碑店市	28674	48561	47803	13895	176	330	27190
张家口市							
桥东区	5260	1500	1620	1646	28	47	3897
桥西区	201			27			886
宣化区	24400	22370	4140	9891	177	1199	8543
下花园区	1650	13		459	30	6	294
万全区	17572	13333	2467	5315	64	469	28770
崇礼区	6334	787	834	1857	28	147	1907
张北县	84053	78067	48667	10172	174	1032	3034
康保县	89285	85080	78166	5350	83	518	3063
沽源县	79120	77030	72500	10074	83	1213	3416
尚义县	36002	23500	17650	7791	281	577	3693
蔚　县	55046	50500	19000	12207	151	1199	13846
阳原县	31000	10350	9600	9890	243	164	6286
怀安县	32200	12100	5000	14286	166	516	17179
怀来县	17900	15400	8660	15724	524	83	14788
涿鹿县	20100	8357	4628	24117	800	99	11567
赤城县	24600	10071	1260	3792	65	163	6712
承德市							
双桥区	1100	1035		450	3	3	3492
双滦区	2650	2400		875	5	17	3004
鹰手营子矿区	295	285		176	9	2	1039
承德县	22867	17800	953	10054	136	15	43265
兴隆县	6000	3933		6757	170	17	14675
滦平县	18350	14510	1770	9535	168	61	39040

3-1 县(市、区)国民经济主要指标(2018)(5-4)

县(市、区)	四、农业（续1）						
	机耕面积(公顷)	机播面积(公顷)	机收面积(公顷)	化肥使用量(按折纯法计算)	农药使用量(吨)	地膜使用量(吨)	农村用电量(万千瓦时)
隆化县	34600	23876	5550	17567	63	62	12287
丰宁满族自治县	65412	60113	28612	10393	83	149	11251
宽城满族自治县	8570	5333		5594	57	6	80700
围场满族蒙古族自治县	69100	60100	59000	22220	401	2623	14088
平泉市	18500	32670	5400	20120	86	287	15918
沧州市							
新华区	456	756	723	333	17		1784
运河区	1191	2571	2510	1375	41	12	1940
沧　县	44724	94857	93505	31844	1090	7	96581
青　县	57943	51940	50745	22086	225	631	33946
东光县	43094	69758	61366	20897	1072	953	30738
海兴县	28854	41823	40208	8675	193	25	14083
盐山县	33145	70333	68575	13501	234	21	14727
肃宁县	19399	44017	42697	18208	613	199	42212
南皮县	39539	79334	72339	17441	232	556	16435
吴桥县	32576	57994	51711	23495	239	381	16051
献　县	43722	70667	66789	22773	207	286	46000
孟村回族自治县	16614	33324	31999	7305	409	8	83880
泊头市	30442	67382	61983	36578	761	46	104161
任丘市	32557	59236	55688	13624	156	114	76656
黄骅市	45670	78645	72144	13874	308	114	73540
河间市	44324	75069	69377	35398	432	558	144369
廊坊市							
安次区	23511	31560	32667	6529	93	477	12898
广阳区	18300	17300	11600	6730	113	85	16822
固安县	50500	50000	39366	27337	1002	935	28250
永清县	46066	59506	29199	26041	250	823	18269
香河县	8849	12561	13733	19757	166	135	22702
大城县	54975	56528	54435	15197	226	97	90717
文安县	51882	60157	59759	16492	156	513	109059
大厂回族自治县	2400	2774	2774	1488	58		12112
霸州市	34370	31490	32859	10049	204	533	251497
三河市	26747	21443	21257	10790	199	25	96429
衡水市							
桃城区	24538	27801	26661	9822	302	213	39029
冀州区	44542	73188	56300	27324	913	1151	33334
枣强县	49974	101501	99572	26259	737	1186	26915
武邑县	63113	67713	65700	16602	424	542	14511
武强县	23558	41286	44320	8468	66	136	16584
饶阳县	41754	63816	46100	17920	92	954	17691
安平县	20206	43524	39797	17539	247	79	28011
故城县	40400	78971	66791	35986	794	1786	22225
景　县	59319	123086	113967	47158	657	262	16005
阜城县	44952	74495	59240	23461	729	793	26093
深州市	83085	113500	110170	89856	2316	259	75131
定州市	92727	125511	124003	90970	1124	286	40204
辛集市	48529	94952	88350	63939	1987	292	29926

3-1 县(市、区)国民经济主要指标(2018)(6-1)

县(市、区)	四、农业（续2）					
	有效灌溉面积（公顷）	(二) 农作物总播种面积（公顷）	粮食播种面积（公顷）	#稻谷播种面积（公顷）	小麦播种面积（公顷）	玉米播种面积（公顷）
石家庄市						
长安区	3970	3234	2983		227	2709
桥西区	200	196	54		27	27
新华区	2370	1176	693		295	346
井陉矿区	1800	229	124			124
裕华区	172	159	137		77	58
藁城区	55050	86766	76381		34533	30960
鹿泉区	23040	34198	27655		12087	13408
栾城区	22120	36807	33261		16400	14136
井陉县	10010	18256	15115		916	11222
正定县	28240	55299	42414		21507	19333
行唐县	24240	70341	51921		24320	25628
灵寿县	17790	36141	32029	21	12075	18116
高邑县	15410	30130	23828		11191	12167
深泽县	20640	35228	30367		13160	16421
赞皇县	22310	23686	17650		4517	11628
无极县	33440	66656	56226		26653	27794
平山县	19400	29019	22137		4253	16116
元氏县	21170	64059	60277		26667	30820
赵　县	47500	76133	74846		38587	35730
晋州市	39690	60424	54007		25000	26015
新乐市	32830	66524	52076		24340	26280
唐山市						
路南区	3190	3719	2693	28	810	1417
路北区	4500	5999	3172		702	2470
古冶区	5000	8271	4157	197	779	3169
开平区	4790	8265	5859	13	1050	4718
丰南区	57900	71676	37716	8836	9622	19088
丰润区	40220	72312	57186		18158	38482
曹妃甸区	25580	24810	23439	21363	114	1499
滦南县	71310	114177	66086	14793	19256	30498
乐亭县	54200	67448	41868	5368	8149	26410
迁西县	5250	18708	12251			8934
玉田县	63880	112865	83390	551	29428	47196
遵化市	36090	57772	41997		7560	33885
迁安市	40110	48637	30985	92	887	27863
滦州市	29310	67290	39964	687	7461	28419
秦皇岛市						
海港区	5280	9072	5386	32		3858
山海关区	2600	3919	571	6		59
北戴河区	2620	1788	952	232		398
抚宁区	19105	27544	13798	819		10062
青龙满族自治县	16500	32024	22317	110		16199
昌黎县	50550	74411	51832	3050	3930	34253

3-1 县(市、区)国民经济主要指标(2018)(6-2)

县(市、区)	四、农业（续2）					
	有效灌溉面积（公顷）	(二) 农作物总播种面积（公顷）	粮食播种面积（公顷）	#稻谷播种面积（公顷）	小麦播种面积（公顷）	玉米播种面积（公顷）
卢龙县	25060	45261	33651	1346	266	18612
邯郸市						
邯山区	10860	15667	15161		6966	7707
丛台区	4990	9969	9809		5215	3865
复兴区	1770	4122	3901		1060	2269
峰峰矿区	7690	9909	9561		3083	5209
肥乡区	38190	66347	48366		24207	23200
永年区	54230	84336	69984		33371	35342
临漳县	51100	86042	79516		37400	41058
成安县	34910	59806	42352		21779	19101
大名县	58870	133768	102432		56705	45615
涉　县	5610	32252	16146	453	3591	8384
磁　县	17060	36773	35126		14109	18550
邱　县	31860	47277	27592		13588	13102
鸡泽县	24530	39223	31173		17063	13904
广平县	23730	39308	32662		16460	15489
馆陶县	28930	51946	43902		21869	21121
魏　县	57760	94011	82645		41468	39716
曲周县	41780	79862	63815		28293	35133
武安市	35430	62810	55177		12275	23148
邢台市						
桥东区	3340	6035	5601		2815	2785
桥西区	2700	5748	5463		2702	2749
邢台县	23990	30814	23494		5387	15781
临城县	10880	30677	27126		10481	15241
内丘县	23400	48373	37546		16535	18992
柏乡县	17970	33187	29671		13908	15310
隆尧县	49000	92542	82477		40953	39618
任　县	30180	55611	51057		25265	25200
南和县	28800	56514	48252		22803	24962
宁晋县	69500	134080	125442		59773	64981
巨鹿县	28214	58692	41414		19715	20244
新河县	21540	37699	32461		15231	16050
广宗县	26640	36364	18141		7364	6442
平乡县	26100	50325	38731	569	14778	21414
威　县	72800	71571	31218		16670	10848
清河县	34090	49166	46651		23447	21852
临西县	32830	58421	53862		25787	26615
南宫市	62310	82181	46864		18567	19233
沙河市	20970	29581	27303		7896	17591
保定市						
竞秀区	5250	5041	4602		2242	2359
莲池区	5368	5438	4808		2231	2573
满城区	21120	29445	23724		9630	13589

3−1 县(市、区)国民经济主要指标(2018)(6−3)

县(市、区)	四、农业（续2）					
	有效灌溉面积（公顷）	（二）农作物总播种面积（公顷）	粮食播种面积（公顷）	#稻谷播种面积（公顷）	小麦播种面积（公顷）	玉米播种面积（公顷）
清苑区	53230	90654	70605		33100	35744
徐水区	36600	67973	61828		33802	27214
涞水县	13800	29231	22855	5	6206	14329
阜平县	9750	13208	9859			5759
定兴县	47460	80506	67673		32758	32165
唐　县	19210	29054	26201	35	8706	15450
高阳县	23670	34515	32360		15419	16765
容城县	17020	36846	33775		16499	16976
涞源县	5880	18189	17043	7		15931
望都县	22540	41691	37677		20284	17307
安新县	31760	55504	53149	664	23813	28630
易　县	25440	40386	34863		8160	23685
曲阳县	17320	36804	32216		7837	20138
蠡　县	36990	56621	46536		17643	26083
顺平县	18940	29550	21553	105	9712	10650
博野县	23200	27241	24124		11648	12183
雄　县	18430	35620	33532		8034	21251
涿州市	40200	59286	48924	368	21084	26000
安国市	31490	56168	38653		19533	19120
高碑店市	36230	54946	50233		22326	25758
张家口市						
桥东区	4500	6682	6459			5776
桥西区	30	256	240			219
宣化区	25660	33002	28740	2		21450
下花园区	750	2290	1715			946
万全区	19500	19111	16640	161		13565
崇礼区	8480	11076	5525			674
张北县	29280	102915	55619			0
康保县	14570	104844	76205			
沽源县	26060	96922	66464			0
尚义县	9750	40050	15194			1021
蔚　县	25930	62724	56125	116		39012
阳原县	19200	43777	40202			24175
怀安县	18840	34809	27089	224		21269
怀来县	20750	22752	20283	95		17957
涿鹿县	18040	24396	22035	40		18439
赤城县	12850	39409	27124			14259
承德市						
双桥区	2080	1702	969			858
双滦区	2230	3798	3052			2747
鹰手营子矿区	590	944	451			312
承德县	16660	37551	31563	451		28209
兴隆县	6713	6768	5456			4951
滦平县	19330	32542	16443	363		14368

3-1 县(市、区)国民经济主要指标(2018)(6-4)

县(市、区)	四、农业（续2）					
	有效灌溉面积（公顷）	（二）农作物总播种面积（公顷）	粮食播种面积（公顷）	#稻谷播种面积（公顷）	小麦播种面积（公顷）	玉米播种面积（公顷）
隆化县	22060	58219	34042	4296		26047
丰宁满族自治县	30050	76359	59261			26894
宽城满族自治县	6040	14602	11201	58		8570
围场满族蒙古族自治县	20680	96929	75486	8		21693
平泉市	13550	42129	35695	61		30518
沧州市						
新华区	400	756	756		444	312
运河区	2241	2627	2580		847	1716
沧　县	37190	97683	95652		40093	54634
青　县	29120	73782	51664		11853	39008
东光县	48420	72197	64738		33687	29792
海兴县	15580	43430	41968		18003	23231
盐山县	33010	70686	70355		33053	37200
肃宁县	36870	51677	43919		17867	25718
南皮县	34790	84130	75330		36807	38095
吴桥县	33850	62167	52747		26880	25418
献　县	53200	80295	69118		28867	37955
孟村回族自治县	14770	33954	33230		15906	16885
泊头市	43120	68602	67272		26207	40940
任丘市	40680	63690	59959		22073	32824
黄骅市	16380	83848	79015		36500	39547
河间市	63040	79649	73416		23087	49447
廊坊市						
安次区	14140	32081	25269		638	22825
广阳区	12010	13493	8110		1506	5975
固安县	36210	68848	40259		16667	21707
永清县	30320	60339	29589		3461	25173
香河县	20410	21927	12560		4850	7661
大城县	29210	65934	55924		6080	44469
文安县	32740	65657	61886		16683	41377
大厂回族自治县	4470	3354	2391		844	1547
霸州市	25670	40164	32463	81	3800	24182
三河市	22350	28925	21474		7240	14136
衡水市						
桃城区	20000	31217	27095		13308	13169
冀州区	47600	80091	55463		27371	27151
枣强县	51940	90860	77892		37978	37369
武邑县	39180	85318	62036		30711	29206
武强县	22960	45470	40594		16838	23422
饶阳县	35080	62446	37583		15181	21758
安平县	26900	43324	39664		15237	23887
故城县	47630	95083	68387		32341	32830
景　县	77130	125515	117361		56444	60086
阜城县	37040	74429	59802		28866	29402
深州市	63690	118455	108063		52157	55852
定州市	85660	161707	119168		61658	55423
辛集市	55490	109804	92427		47710	40213

3−1 县(市、区)国民经济主要指标(2018)(7−1)

县(市、区)	四、农业(续3)						
	大豆播种面积（公顷）	油料播种面积（公顷）	棉花播种面积（公顷）	糖料播种面积（公顷）	蔬菜播种面积（公顷）	粮食总产量（吨）	#稻谷产量（吨）
石家庄市							
长安区	47	16			223	15988	
桥西区					129	322	
新华区	52	69			261	4129	
井陉矿区					98	650	
裕华区		3			19	847	
藁城区	9405	1038	3		9045	518445	
鹿泉区	1387	867	26		5494	148275	
栾城区	2482	79	5		842	217175	
井陉县	936	1190	81		1753	60082	
正定县	1054	2990	6		6599	282170	
行唐县	287	4971	18		4196	323785	
灵寿县	105	1686	30		2035	157565	56
高邑县	92	871	50		5151	154700	
深泽县	606	1037	17		2803	202069	
赞皇县	446	4478	10		1482	64784	
无极县	1170	3100			6929	357323	
平山县	261	2777	69		2525	110478	
元氏县	637	1712	103		1927	353900	
赵　县	259	139	1		1059	551332	
晋州市	2077	1736			4679	339618	
新乐市	540	4694			6429	342947	
唐山市							
路南区	9	399	…		578	16720	149
路北区		397			2374	18245	
古冶区	2	1701	…		2290	23181	1413
开平区		1752			650	31629	92
丰南区	140	8600	8514		16559	243693	76477
丰润区	150	7178	29		7359	339875	
曹妃甸区	3	65			1114	162194	149099
滦南县	53	15132	10		20270	389244	95227
乐亭县	356	2159	7		17589	246607	33511
迁西县	919	2328	118		1195	66893	
玉田县	111	717	66		25482	477607	2776
遵化市	147	11089	15		4594	227308	
迁安市	551	10019	7		7222	163589	622
滦州市	1185	15332	112		10305	252517	3407
秦皇岛市							
海港区	413	2080			1536	22439	172
山海关区	105	680			2565	3306	32
北戴河区	198	135			609	6041	2063
抚宁区	303	3713	2		7013	72797	5617
青龙满族自治县	1160	1162			5113	104784	485
昌黎县	866	7429	18		13878	307888	23871

3-1 县(市、区)国民经济主要指标(2018)(7-2)

县(市、区)	四、农 业(续3)						
	#大豆播种面积(公顷)	油料播种面积(公顷)	棉花播种面积(公顷)	糖料播种面积(公顷)	蔬菜播种面积(公顷)	粮食总产量(吨)	#稻谷产量(吨)
卢龙县	1687	7546	18		3879	207817	10291
邯郸市							
邯山区	76	122	65		319	91352	
丛台区	71	60	44		30	36311	
复兴区	68	167	54		0	18366	
峰峰矿区	281	121	8		133	42940	
肥乡区	333	1230	3129		11037	337089	
永年区	142	805	378		13062	494988	
临漳县	123	735	56		5546	590622	
成安县	232	1212	8397		6669	297699	
大名县	92	20059			10844	700619	
涉　县	976	374			1061	61382	2151
磁　县	307	220	27		1084	200823	
邱　县	79	276	17144		1992	168036	
鸡泽县	3	94	559		7298	204189	
广平县	154	1005	1158		3393	226062	
馆陶县	477	1255	709		5637	302349	
魏　县	630	2314	955		7178	559959	
曲周县	37	851	10634		3923	436181	
武安市	810	2323	1970		2357	282399	
邢台市							
桥东区	1	42	1		391	31056	
桥西区		135	9		105	29628	
邢台县	293	2960	154		1630	105581	
临城县	184	2320	10		1194	136078	
内丘县	316	5235	6		1338	196709	
柏乡县	262	569	46		2844	209409	
隆尧县	874	2271	1321		5683	540275	
任　县	255	548	5		3743	346372	
南和县	68	433	2		6936	295810	
宁晋县	481	1555	555		6511	833228	
巨鹿县	105	3936	464		3324	221194	
新河县		1173	3506		420	170160	
广宗县	267	4700	8687		2368	94406	
平乡县	157	5792	278		4050	254546	3329
威　县	685	1424	36217		2488	165415	
清河县	918	801	1395		259	292336	
临西县	340	1053	2458		777	330894	
南宫市	896	3245	25639		5980	244745	
沙河市	227	1586	82		583	121375	
保定市							
竞秀区		17	1		384	28544	
莲池区		102			502	30425	
满城区		455	13		3138	139055	

3-1 县(市、区)国民经济主要指标(2018)(7-3)

县(市、区)	四、农　业（续3）						
	#大豆播种面积（公顷）	油料播种面积（公顷）	棉花播种面积（公顷）	糖料播种面积（公顷）	蔬菜播种面积（公顷）	粮食总产量（吨）	#稻谷产量（吨）
清苑区	391	1670	6		7894	449590	
徐水区	348	584	1		4723	385009	
涞水县	433	2756	22		2820	112180	15
阜平县	413	1512			1298	44687	
定兴县	394	3717	45		8544	430181	
唐　县	76	971	11		1818	152379	205
高阳县	89	819	152		1099	181121	
容城县	15	514	2		2191	217365	
涞源县	113	33			516	54416	15
望都县	47	450	3		2292	262789	
安新县	4	211	142		1351	294478	5201
易　县	229	2221	3		3074	180909	
曲阳县	509	2788	106		1530	144743	
蠡　县	988	2183	192		6900	261476	
顺平县	27	647	4		5669	118004	442
博野县	27	986	18		1588	155884	
雄　县	1229	876			1016	199847	
涿州市	227	2748			6660	271254	2595
安国市		3322	10		3551	250702	
高碑店市	495	2579			1800	320588	
张家口市							
桥东区	41	53			165	37575	
桥西区					16	854	
宣化区	470	1449			2166	171004	3
下花园区	84	40			412	7594	
万全区	232	327			1745	105739	1445
崇礼区	8	1252			4120	18110	
张北县	885	14971		6235	10052	144970	
康保县	207	13437		4876	7070	155293	
沽源县		5950		709	21154	263062	
尚义县	533	9324		5501	7621	43606	
蔚　县	399	1086		20	3336	184205	583
阳原县	2236	2313			748	121446	
怀安县	534	4606		20	2432	121727	1432
怀来县	364	510			1772	106169	440
涿鹿县	283	645			1703	138617	360
赤城县	965	1559			9215	114915	
承德市							
双桥区	14	344			272	4481	
双滦区	43	46			552	14910	
鹰手营子矿区	22	29			390	2416	
承德县	754	180			4772	184539	3569
兴隆县	111	59			1123	22226	
滦平县	415	397			7063	74323	1630

3-1 县(市、区)国民经济主要指标(2018)(7-4)

县(市、区)	四、农　业（续3）						
	#大豆播种面积（公顷）	油料播种面积（公顷）	棉花播种面积（公顷）	糖料播种面积（公顷）	蔬菜播种面积（公顷）	粮食总产量（吨）	#稻谷产量（吨）
隆化县	953	1657			15425	200455	27166
丰宁满族自治县	968	4052			9228	194476	
宽城满族自治县	446	702			1937	52540	477
围场满族蒙古族自治县	613	4308		1	11979	440249	45
平泉市	665	241		112	5184	200540	381
沧州市							
新华区						2907	
运河区	10	2			45	9236	
沧　县	676	115	76		1577	412255	
青　县	502	675	111		15859	202126	
东光县	966	467	5313		1413	368083	
海兴县	336	425	178		519	146955	
盐山县	20	67	6		237	261683	
肃宁县	156	281	12		7273	245811	
南皮县	112	467	4011		3996	409416	
吴桥县	150	356	5266		3286	368641	
献　县	846	3929	467		5220	349831	
孟村回族自治县	118	391	90		232	154355	
泊头市	19	134	108		1010	359495	
任丘市	3540	532	272		2587	337247	
黄骅市	918	972	892		1671	261668	
河间市	222	2620	407		2377	413387	
廊坊市							
安次区	969	1614	321		3672	113614	
广阳区	247	673	157		3505	39864	
固安县	699	1373	5		23974	214390	
永清县	560	3434	821		24238	148315	
香河县	49	15			9002	71454	
大城县	3867	1865	1274		4732	264978	
文安县	1677	143	179		1796	307342	
大厂回族自治县					919	13943	
霸州市	2075	1633	834		4399	174847	548
三河市	64	3	3		6895	124398	
衡水市							
桃城区	263	1099	264		2443	178498	
冀州区	216	2369	17071		4830	303485	
枣强县	511	1302	8330		2236	460863	
武邑县	892	3468	7509		9718	354673	
武强县	105	751	76		1978	238197	
饶阳县	70	2724	55		20351	209323	
安平县	320	1917			1499	218932	
故城县	1456	2750	9625		9670	385051	
景　县	361	674	3922		2522	719388	
阜城县	1062	336	2839		4731	318234	
深州市	42	5678	72		4018	652948	
定州市	551	5579	10		16990	776916	
辛集市	1553	5553	854		9328	625421	

3−1 县(市、区)国民经济主要指标(2018)(8−1)

县(市、区)	四、农业(续4)						
	小麦产量(吨)	玉米产量(吨)	大豆产量(吨)	油料产量(吨)	棉花产量(吨)	糖料产量(吨)	蔬菜产量(吨)
石家庄市							
长安区	1325	14543	120	37			12694
桥西区	155	167					8774
新华区	1718	2294	117	167			17204
井陉矿区		650					2664
裕华区	462	376		8			706
藁城区	246255	239765	23983	4720	4		726004
鹿泉区	71578	71465	2210	2512	23		454874
栾城区	111413	100747	4249	194	2		74830
井陉县	4116	47974	905	2187	53		90684
正定县	143720	132872	2784	13267	5		587503
行唐县	148656	166113	404	18821	11		289679
灵寿县	57545	92102	196	3567	16		369229
高邑县	75070	78128	185	1952	51		428294
深泽县	86540	112990	1489	3856	14		207876
赞皇县	20286	39655	552	9793	7		107315
无极县	169238	184094	1659	7480			515161
平山县	26403	79967	329	6724	57		142295
元氏县	166362	176591	990	4713	88		120256
赵　县	277884	270942	831	498	1		78478
晋州市	164025	169861	3363	5618			354047
新乐市	158964	178040	690	13365			422877
唐山市							
路南区	5203	8615	23	1523			29540
路北区	3189	15056		1596			148276
古冶区	4407	17292	9	5897			222504
开平区	5819	25128		7191			41698
丰南区	49332	117465	262	35955	10694		1124541
丰润区	108414	228859	447	31583	34		527232
曹妃甸区	731	9471	7	319			70212
滦南县	108864	177724	176	62810	11		1526572
乐亭县	47476	155422	1049	10262	7		1394928
迁西县		52161	2960	8313	128		111666
玉田县	162400	275532	244	2857	68		2191785
遵化市	39031	185941	498	47949	12		503965
迁安市	4137	149236	2009	34763	10		539573
滦州市	41353	188091	3458	65582	151		909313
秦皇岛市							
海港区		17341	808	5115			61165
山海关区		343	223	2291			178164
北戴河区		2640	567	553			36066
抚宁区		53511	869	11325	2		447098
青龙满族自治县		76886	3150	4186			297826
昌黎县	25121	200018	2076	30312	17		1128482

3-1 县(市、区)国民经济主要指标(2018)(8-2)

县(市、区)	四、农业(续4)						
	小麦产量(吨)	玉米产量(吨)	大豆产量(吨)	油料产量(吨)	棉花产量(吨)	糖料产量(吨)	蔬菜产量(吨)
卢龙县	1641	123694	5699	26537	25		307770
邯郸市							
邯山区	45797	44167	199	273	70		17146
丛台区	22681	12544	74	208	59		714
复兴区	6116	10989	80	230	61		7
峰峰矿区	12958	25694	734	228	8		4935
肥乡区	162054	172627	715	4692	3727		689339
永年区	226745	265299	373	2887	353		877514
临漳县	268214	317609	437	2307	65		279323
成安县	148511	143224	644	5494	10723		427765
大名县	374578	325856	135	83114			453196
涉　县	14734	31704	2003	752			68065
磁　县	79564	110717	933	694	34		57914
邱　县	79353	84240	345	1171	21474		114594
鸡泽县	110430	93455	9	342	647		378766
广平县	109994	113234	298	4333	1303		180118
馆陶县	147722	152093	1146	5081	754		333007
魏　县	275561	280868	898	5289	895		451227
曲周县	188898	245445	157	3303	13469		198252
武安市	68071	130763	1459	4868	2029		120088
邢台市							
桥东区	16954	14099	3	136	1		15812
桥西区	14913	14672		397	10		3591
邢台县	26939	71201	584	7517	102		95852
临城县	57607	74986	275	5885	8		64920
内丘县	95440	94071	810	15221	7		79671
柏乡县	98886	108595	1013	2127	37		213454
隆尧县	285646	244500	3800	10000	1679		432601
任　县	174975	168737	961	2117	6		252993
南和县	148345	145032	234	1841	3		440658
宁晋县	429195	402016	1530	5089	379		324441
巨鹿县	119956	96437	294	13156	578		169326
新河县	83812	80911		3571	3674		24070
广宗县	41575	31192	961	17021	9666		97295
平乡县	94452	146691	369	22034	315		179611
威　县	94269	53885	2142	7246	44848		100247
清河县	157211	130541	2218	2421	1563		11749
临西县	153213	169586	887	2688	2633		96877
南宫市	102991	92355	3166	14246	27579		239654
沙河市	41156	75103	370	3204	54		25443
保定市							
竞秀区	13471	15066	1	61	…		21634
莲池区	14222	16182		398			31914
满城区	60048	76069		1529	14		175145

3−1　县(市、区)国民经济主要指标(2018)(8−3)

县(市、区)	四、农　业（续4）						
	小麦产量（吨）	玉米产量（吨）	大豆产量（吨）	油料产量（吨）	棉花产量（吨）	糖料产量（吨）	蔬菜产量（吨）
清苑区	212502	225561	1550	6756	6		542671
徐水区	216201	164513	852	2379	1		374194
涞水县	35559	65892	1403	10586	23		177403
阜平县		23267	865	4725			76654
定兴县	203575	206679	1684	15940	56		600356
唐　县	51224	91707	260	3222	10		74940
高阳县	82029	98164	235	3187	159		55037
容城县	103323	112247	57	2129	2		152986
涞源县		49643	391	87			26717
望都县	137828	124534	171	2080	3		159309
安新县	143164	145812	9	688	142		48919
易　县	48348	116931	755	8934	3		200081
曲阳县	47913	77023	1084	7075	101		85048
蠡　县	107552	140988	2959	7346	166		392694
顺平县	54970	56750	86	2393	3		302291
博野县	80352	73790	75	4551	16		100577
雄　县	49566	119519	3428	2884			57840
涿州市	124069	136730	612	9160			392218
安国市	123620	127082		15990	12		203866
高碑店市	141257	169184	1201	10757			107775
张家口市							
桥东区		35169	74	51			6511
桥西区		793					766
宣化区		143043	616	2205			132161
下花园区		5120	112	48			35104
万全区		89058	360	789			86401
崇礼区		4051	8	1682			188572
张北县			750	19422		290338	967321
康保县			251	25566		285574	718222
沽源县				4924		36234	1397031
尚义县		6580	783	18506		290299	491227
蔚　县		143636	533	1814		30	230307
阳原县		92407	1624	3313			39678
怀安县		102527	1063	9650		948	146006
怀来县		99563	496	910			60546
涿鹿县		129163	550	1024			40925
赤城县		55488	2721	2107			442276
承德市							
双桥区		3946	57	859			13871
双滦区		14013	64	283			56362
鹰手营子矿区		1736	81	90			18974
承德县		165843	2649	551			403881
兴隆县		19853	370	215			44056
滦平县		65230	1495	589			504559

3-1 县(市、区)国民经济主要指标(2018)(8-4)

县(市、区)	四、农业(续4)						
	小麦产量(吨)	玉米产量(吨)	大豆产量(吨)	油料产量(吨)	棉花产量(吨)	糖料产量(吨)	蔬菜产量(吨)
隆化县		153639	3277	6422			688383
丰宁满族自治县		109446	2465	4988			497425
宽城满族自治县		43144	939	1663			151508
围场满族蒙古族自治县		62634	1333	8449		44	755022
平泉市		176443	1807	524		6298	591153
沧州市							
新华区	1606	1301					
运河区	3375	5811	16	4			3936
沧　县	189740	220763	1053	249	64		90633
青　县	58603	141345	702	1821	149		1307439
东光县	207641	155755	3345	1245	5339		68351
海兴县	59250	85689	656	917	144		23423
盐山县	148740	112730	21	162	4		12827
肃宁县	110632	133310	558	1024	14		509783
南皮县	217638	190398	272	1801	4937		322641
吴桥县	188173	177760	631	1134	5610		129763
献　县	164107	175715	2532	13561	513		302873
孟村回族自治县	76579	76236	293	1256	85		17058
泊头市	150007	209110	43	345	111		45775
任丘市	136479	184605	8124	1502	275		150670
黄骅市	120122	130323	2193	2644	881		71725
河间市	142018	267630	721	9225	480		135692
廊坊市							
安次区	2776	105674	1493	3122	314		210879
广阳区	7578	30411	833	1944	136		163900
固安县	98602	107298	2253	4068	4		1389924
永清县	17751	126865	1336	8974	628		1805446
香河县	28329	42956	169	34			486208
大城县	31728	216208	11311	5852	1576		263996
文安县	89337	203092	3519	327	192		110285
大厂回族自治县	4779	9164					53288
霸州市	20936	131356	4647	4780	790		243561
三河市	41974	82096	100	9	3		328186
衡水市							
桃城区	89937	86762	581	3988	263		181144
冀州区	162831	137788	608	8965	17235		78211
枣强县	229689	220108	1473	5219	9971		103796
武邑县	187951	158419	1953	12036	7310		627495
武强县	104766	131905	269	2467	78		106968
饶阳县	91906	113260	193	9179	42		785662
安平县	94049	122859	835	5802			76450
故城县	204376	170802	4546	11025	10773		380070
景　县	369059	347469	1120	2431	3869		87199
阜城县	166961	145672	3338	1029	2672		278973
深州市	341967	310759	148	28924	94		170752
定州市	402317	363342	1766	22924	9		1211711
辛集市	327198	284722	1905	25442	827		811903

3−1　县(市、区)国民经济主要指标(2018)(9−1)

县(市、区)	四、农　业(续5)					
	园林水果产量（吨）	食用坚果产量（吨）	肉类总产量（吨）	#猪牛羊肉产量（吨）	禽蛋产量（吨）	奶类产量（吨）
石家庄市						
长安区	3423	73	1666	1604	255	2341
桥西区	40	4	12	12	1	
新华区	408	40	9	9	4	
井陉矿区	4430	99	1395	1345	818	
裕华区		194	78	77	41	218
藁城区	138193	779	76096	58724	111734	43440
鹿泉区	15222	1222	12040	8951	27362	43684
栾城区	1725	156	23362	12712	72309	51740
井陉县	36638	2933	15828	11942	24714	2712
正定县	3656	194	66281	54202	84446	66619
行唐县	121406	2466	36052	30319	37347	202979
灵寿县	4275	6449	30745	28142	16240	35188
高邑县	3521	174	9155	7021	12786	3530
深泽县	85252	529	19275	17081	16400	20347
赞皇县	89619	18482	22606	19475	20316	
无极县	3898		40316	30866	68696	40586
平山县	5943	2	19992	18564	13524	6739
元氏县	7562	4658	36364	29465	41694	24806
赵　县	312639	2	23197	17700	23190	12077
晋州市	679394	1224	51668	43507	58143	13250
新乐市	10537	10	59917	49472	66924	80393
唐山市				3455		
路南区	58	3	3675	2329	606	5303
路北区	4899		2963	10189	872	4230
古冶区	8869	35	12696	7739	10945	42618
开平区	1321	205	8941	38790	3446	11480
丰南区	12460	11	48092	56282	12845	71386
丰润区	33943	2430	66690	20192	45398	49401
曹妃甸区	3901	10	22276	88852	5491	1057
滦南县	43294	86	104404	19815	34960	399285
乐亭县	339426	112	28084	17003	8519	30258
迁西县	36297	64268	20408	95000	7879	20086
玉田县	39791	454	103793	66979	60166	96074
遵化市	132858	41697	72797	61054	24102	9802
迁安市	72737	6692	69174	41875	31720	77496
滦州市	46180	506	48465	7301	29600	180802
秦皇岛市						
海港区	12743	5159	12883	983	5133	2923
山海关区	22830	33	7544	62435	3246	1758
北戴河区	2825	2	1882	38813	1138	
抚宁区	121661	12365	84011	53173	13535	8577
青龙满族自治县	214205	31197	54891	32099	11080	177
昌黎县	105841	90	65778	38061	21673	31131

3-1　县(市、区)国民经济主要指标(2018)(9-2)

县(市、区)	四、农　业（续5）					
	园林水果产量（吨）	食用坚果产量（吨）	肉类总产量（吨）	#猪牛羊肉产量（吨）	禽蛋产量（吨）	奶类产量（吨）
卢龙县	131007	5258	67771	54860	20288	15149
邯郸市				2930		
邯山区	6496	88	3224	818	2242	17012
丛台区	132	371	1361	893	2225	
复兴区	66	59	942	17565	733	90
峰峰矿区	1061	83	19205	26401	7955	7484
肥乡区	44774	11	31704	32366	37541	10875
永年区	11799	242	45394	32752	142133	33671
临漳县	20911	102	38034	24135	38617	6460
成安县	67753	566	28727	46896	41597	12981
大名县	20135	81	56127	10626	74462	2991
涉　县	25047	7001	14514	21632	29620	
磁　县	2676	320	27379	10815	45251	7319
邱　县	31814	123	16722	17073	39295	133
鸡泽县	32980	8	22841	7170	38922	4989
广平县	15124	9	9001	25906	17266	644
馆陶县	17183	2	40282	30005	148417	4365
魏　县	237247	109	40564	31051	56980	585
曲周县	22897	63	37408	74019	93289	5339
武安市	21050	13802	77754	1074	25167	1993
邢台市				1066		
桥东区	1528	138	1303	8998	900	167
桥西区	649	15	1491	10455	2023	1107
邢台县	118936	35268	11434	18285	12357	68
临城县	14248	7068	13935	8776	32766	
内丘县	42896	9263	20130	19765	16474	677
柏乡县	69500	212	12209	7363	30398	1132
隆尧县	21962	916	29162	11681	50749	5135
任　县	7042	121	10663	26428	25334	
南和县	3905	67	15578	9947	36234	7623
宁晋县	164388		29589	17136	26300	108184
巨鹿县	96000		16104	12992	11998	4303
新河县	139115		18300	8126	9294	673
广宗县	12361	27	15429	11662	7342	
平乡县	23654	2944	11977	5076	17752	1634
威　县	166889	27	30011	9792	43983	79594
清河县	5365		8664	19394	4142	2474
临西县	12197	6	13742	7047	22795	1197
南宫市	24866	613	21272	3679	14123	
沙河市	12111	5954	11834	1030	40142	2628
保定市				20716		
竞秀区	10268	139	3681	3680		
莲池区	453	62	1412	741	13156	9479
满城区	170129	46	23313	19575	32751	20262

3−1 县(市、区)国民经济主要指标(2018)(9−3)

县(市、区)	四、农　业（续5）					
	园林水果产量（吨）	食用坚果产量（吨）	肉类总产量（吨）	#猪牛羊肉产量（吨）	禽蛋产量（吨）	奶类产量（吨）
清苑区	45732	28	28900	19898	34939	60537
徐水区	22013	226	66751	58605	20933	122442
涞水县	34939	2420	20321	18238	3198	4403
阜平县	59023	7644	6684	6028	2269	3852
定兴县	25664	36	59613	50958	28310	6983
唐　县	46307	14015	64278	61878	12967	3562
高阳县	5139	36	7572	6412	5008	4697
容城县	1659	52	18803	17780	3545	8052
涞源县	3188	2057	10156	9914	3483	
望都县	13949	133	14551	12519	12040	24810
安新县	12911	19	20184	17997	12096	149
易　县	95237	997	63871	60855	24005	4017
曲阳县	132593	334	28987	25442	9262	20086
蠡　县	25128	15	6614	5221	9933	5307
顺平县	307859	265	10957	10078	3736	4623
博野县	31746	30	11539	10185	7629	1564
雄　县	31645	840	19909	12314	7985	632
涿州市	20742	82	39758	30192	16755	14320
安国市	6816	0	15220	13942	14831	4542
高碑店市	15033	69	31220	27113	25387	13701
张家口市				3365		
桥东区	404	71	4530	852	5220	2336
桥西区	8		865	32144	373	947
宣化区	1974	343	35565	3371	23719	39332
下花园区	1050	1156	5308	20616	8765	3005
万全区	4192	52	21757	1556	7861	58438
崇礼区	128	20	2048	41232	980	6975
张北县			41491	24732	1405	115590
康保县			25354	7478	1851	54233
沽源县			7672	7418	367	19712
尚义县	7		8649	25118	701	110
蔚　县	315	714	28005	17604	26234	18097
阳原县	3175	343	22392	9711	44005	6113
怀安县	505	274	10790	14336	2313	16478
怀来县	137168	5893	28807	18796	9057	38381
涿鹿县	42378	3150	23434	17102	27645	26010
赤城县	2057	112	18657	884	2344	2219
承德市				2490		
双桥区	511	81	918	925	361	
双滦区	1321	0	2627	29300	919	107
鹰手营子矿区	1131	491	1022	14438	555	
承德县	239389	2616	80127	40466	20222	1497
兴隆县	328599	154048	16470	11467	5803	1012
滦平县	30222	1115	78586	35994	9087	6473

3-1 县(市、区)国民经济主要指标(2018)(9-4)

县(市、区)	四、农　业(续5)					
	园林水果产量(吨)	食用坚果产量(吨)	肉类总产量(吨)	#猪牛羊肉产量(吨)	禽蛋产量(吨)	奶类产量(吨)
隆化县	43847	228	69506	66907	8429	2165
丰宁满族自治县	5575	408	49833	45258	17328	63580
宽城满族自治县	48056	40760	18219	15583	6734	
围场满族蒙古族自治县	207878	12388	52329	42775	12647	24126
平泉市	115573	2151	18159	16066	14098	539
沧州市				347		
新华区	66		468	700	411	
运河区	1168		1167	24239	2896	34
沧　县	197367	5	32387	11818	37988	7125
青　县	13595		16790	11753	15270	13244
东光县	5218	80	14369	12733	14308	251
海兴县	4941		25744	43211	7509	1375
盐山县	344		46571	9655	3942	
肃宁县	56265	…	23613	13969	18834	3398
南皮县	61428		16461	18895	8744	
吴桥县	12646	23	22652	39705	17826	
献　县	54222	59	49847	7475	38009	4059
孟村回族自治县	8244		40196	17192	4387	
泊头市	375270		22060	6510	36194	4000
任丘市	13421	5	22525	29072	7779	3724
黄骅市	67950		43374	14241	14553	2100
河间市	54919	79	26320	7054	20581	1377
廊坊市				7071		
安次区	47424	22	9562	13298	12826	7562
广阳区	9973		8639	41728	11068	7274
固安县	82995	…	14477	6122	7378	7406
永清县	203339	25	45141	17331	10598	23265
香河县	3953	184	8815	8694	28282	5851
大城县	58581		24833	12567	21917	9618
文安县	7436	16	11858	12477	9385	14672
大厂回族自治县	717		13338	33838	3357	
霸州市	8293	17	16407	11787	8494	1256
三河市	26988	104	36591	9892	10084	44444
衡水市				13914		
桃城区	16623		13613	20408	7025	3948
冀州区	42414	435	11876	10221	12556	3164
枣强县	35962	26	15048	15992	4282	4256
武邑县	37730	6	25480	57092	16810	5048
武强县	2586		14382	26252	14463	39063
饶阳县	192040	1475	19306	27166	26855	8949
安平县	24458	2	58699	14299	11842	3887
故城县	8905		36901	41462	28380	6317
景　县	11087	113	30669	75285	20282	3604
阜城县	34317		17167	68022	22412	2698
深州市	583468	14	48040	32830	51659	5242
定州市	37063	815	85716	62200	65602	160068
辛集市	346528	10	85653	60400	142704	50311

3−1 县(市、区)国民经济主要指标(2018)(10−1)

县(市、区)	四、农　业（续6）						
	年内猪出栏（百头）	年内牛出栏（百头）	年内羊出栏（百只）	年末猪存栏（百头）	年末牛存栏（百头）	年末羊存栏（百只）	水产品产量（吨）
石家庄市							
长安区	163	10	166	43	12	71	
桥西区	1	0				1	
新华区			6			15	
井陉矿区	171		23	87		27	12
裕华区	9		8	2	1	9	
藁城区	5800	405	1368	3250	430	624	70
鹿泉区	994	64	178	278	90	94	5115
栾城区	1109	230	351	191	264	207	
井陉县	888	216	900	509	215	624	300
正定县	5900	512	424	3440	497	200	
行唐县	2211	851	564	650	495	356	685
灵寿县	3319	211	620	1690	330	346	5298
高邑县	834	23	196	312	15	84	
深泽县	1844	85	888	481	47	409	127
赞皇县	1118	639	593	491	344	422	853
无极县	2811	564	1408	1302	640	694	3
平山县	1949	118	817	934	178	553	5460
元氏县	2444	522	1641	1030	253	842	185
赵　县	2023	68	529	549	46	179	
晋州市	5050	120	873	3600	76	565	
新乐市	5963	172	243	3050	253	184	
唐山市							
路南区	423	13	30	174	27	17	
路北区	271	9	114	152	10	77	
古冶区	1100	72	301	549	108	141	6242
开平区	648	140	224	317	73	75	1711
丰南区	4852	122	372	3560	248	308	66877
丰润区	6250	327	1465	3150	301	1017	4158
曹妃甸区	2656	8	19	1110	14	12	117530
滦南县	10232	509	614	6000	1147	449	76578
乐亭县	2147	106	910	1054	113	666	135430
迁西县	1412	143	2571	539	152	1039	12720
玉田县	9925	920	1038	5700	1022	649	4140
遵化市	7068	619	1622	5000	592	963	1175
迁安市	6055	754	996	3810	606	572	
滦州市	3307	917	999	1482	494	545	1030
秦皇岛市							
海港区	747	37	632	382	33	380	1508
山海关区	615	23	155	275	37	125	3933
北戴河区	103	2	127	61	4	74	840
抚宁区	6866	256	3193	3571	173	1324	1103
青龙满族自治县	4137	108	4160	1008	74	2100	1600
昌黎县	4887	493	4356	2222	419	2543	90236

3-1 县(市、区)国民经济主要指标(2018)(10-2)

县(市、区)	四、农 业(续6)						
	年内猪出栏(百头)	年内牛出栏(百头)	年内羊出栏(百只)	年末猪存栏(百头)	年末牛存栏(百头)	年末羊存栏(百只)	水产品产量(吨)
卢龙县	5270	369	5165	2590	314	2184	1565
邯郸市							
邯山区	304	15	187	81	23	70	
丛台区	82	5	55	17			
复兴区	106	1	65	29	0	39	
峰峰矿区	2143	30	337	800	23	109	2180
肥乡区	2507	171	3006	1006	184	1580	35
永年区	3101	230	3083	1456	244	1624	5998
临漳县	2662	360	4842	1092	123	1480	22
成安县	2130	187	3766	1007	92	2063	6
大名县	5009	273	3199	2700	371	1726	350
涉 县	1076	62	788	561	112	495	3200
磁 县	2417	98	1032	1461	85	777	5300
邱 县	733	84	2733	410	86	1731	88
鸡泽县	1609	112	2129	615	76	1087	61
广平县	788	18	831	421	12	408	27
馆陶县	2852	106	1299	1209	103	775	21
魏 县	3532	81	1979	1925	96	2706	69
曲周县	2960	253	2876	1060	196	1742	3790
武安市	9073	159	464	4738	272	264	1354
邢台市							
桥东区	121	6	38	60	6	22	
桥西区	126	3	36	60	7	37	110
邢台县	958	48	699	390	23	374	536
临城县	919	189	358	475	172	237	2400
内丘县	2238	72	202	912	53	66	40
柏乡县	1080	19	102	360	14	81	
隆尧县	2127	82	1180	818	16	424	
任 县	829	8	534	400	3	267	31
南和县	1429	38	137	786	43	54	18
宁晋县	2825	258	638	1422	443	484	5
巨鹿县	826	145	903	730	184	432	66
新河县	1976	134	310	1043	128	242	620
广宗县	1289	130	958	630	172	745	
平乡县	716	109	660	347	70	331	
威 县	1032	142	1601	510	252	1099	298
清河县	565	23	233	283	23	189	360
临西县	638	192	1322	226	132	589	140
南宫市	1819	147	1771	844	44	817	303
沙河市	674	64	591	342	49	361	650
保定市							
竞秀区	453			193			
莲池区	93	14	21	29	51	8	
满城区	2425	34	433	1254	118	468	115

3–1 县(市、区)国民经济主要指标(2018)(10–3)

县(市、区)	四、农业(续6)						
	年内猪出栏(百头)	年内牛出栏(百头)	年内羊出栏(百只)	年末猪存栏(百头)	年末牛存栏(百头)	年末羊存栏(百只)	水产品产量(吨)
清苑区	2340	63	539	938	206	417	
徐水区	6500	351	563	4500	507	431	68
涞水县	1886	107	1497	696	94	1164	198
阜平县	549	61	572	279	151	763	5767
定兴县	5800	135	1655	3950	122	1293	120
唐　县	3361	91	20563	1900	138	6666	1403
高阳县	849	30	271	544	34	197	30
容城县	2246	37	200	512	46	111	378
涞源县	774	165	988	174	87	278	424
望都县	1449	50	459	356	81	224	12
安新县	2132	37	244	146	8	96	17975
易　县	5500	891	2438	3060	342	830	2598
曲阳县	1946	180	5081	571	165	2471	2100
蠡县	561	29	250	244	34	281	
顺平县	1083	71	329	262	59	548	12
博野县	1324	22	489	455	15	183	
雄　县	1170	22	951	410	15	515	
涿州市	3485	73	1642	1423	121	958	706
安国市	1654	31	490	691	20	272	
高碑店市	3071	139	789	1576	126	772	90
张家口市							
桥东区	377	13	136	240	32	151	
桥西区	97	1	81	32	5	38	
宣化区	3015	325	2751	1276	190	975	600
下花园区	409	2	176	165	9	134	
万全区	1941	268	1104	700	229	992	4
崇礼区	139	27	62	84	24	49	15
张北县	4415	377	1363	2657	584	2179	240
康保县	1286	461	5431	401	476	1803	85
沽源县	215	380	1043	175	322	1092	987
尚义县	455	117	1819	142	116	966	154
蔚　县	2073	378	2581	639	159	1315	420
阳原县	1507	186	2214	824	104	1705	376
怀安县	987	34	1192	666	124	896	328
怀来县	1533	134	946	628	134	711	4500
涿鹿县	2259	98	1155	781	47	362	340
赤城县	1250	363	1586	871	344	894	826
承德市							
双桥区	104	2	40	65	3	42	102
双滦区	313	3	105	319	11	123	480
鹰手营子矿区	111	3	54	55	1	41	220
承德县	2600	467	1368	1045	337	742	517
兴隆县	1519	91	1151	653	36	404	350
滦平县	4643	175	1249	1812	173	557	397

3−1 县(市、区)国民经济主要指标(2018)(10−4)

县(市、区)	四、农 业 (续6)						
	年内猪出栏(百头)	年内牛出栏(百头)	年内羊出栏(百只)	年末猪存栏(百头)	年末牛存栏(百头)	年末羊存栏(百只)	水产品产量(吨)
隆化县	3495	2132	3320	1720	2587	982	520
丰宁满族自治县	2183	1465	2539	1472	1065	1475	600
宽城满族自治县	1660	56	1334	640	47	1240	606
围场满族蒙古族自治县	1791	1550	2334	1319	2218	1809	419
平泉市	945	384	1631	408	365	1069	195
沧州市							
新华区	41	1	17	44	3	7	19
运河区	77	2	48	34	3	29	
沧　县	2478	136	1728	1063	138	1086	24
青　县	1023	112	1420	720	137	830	321
东光县	822	221	1082	296	274	555	681
海兴县	1535	47	349	1474	24	168	7437
盐山县	5187	88	1167	993	48	888	343
肃宁县	1090	26	531	724	40	304	
南皮县	1225	218	695	657	144	516	503
吴桥县	1419	358	1307	509	101	625	292
献　县	3792	354	2969	1695	255	2001	2139
孟村回族自治县	310	222	1157	189	156	739	131
泊头市	1803	79	1272	949	73	866	467
任丘市	741	39	595	416	54	562	2920
黄骅市	3168	169	2223	1649	65	658	64325
河间市	1553	30	1432	556	35	513	208
廊坊市							
安次区	803	18	523	401	39	326	920
广阳区	815	42	289	216	66	237	362
固安县	1546	28	797	596	31	478	243
永清县	4178	196	4391	1860	241	2383	536
香河县	561	74	423	306	42	333	2086
大城县	1264	326	1564	452	70	891	600
文安县	685	55	2204	350	98	1173	5108
大厂回族自治县	513	486	491	178	137	223	1245
霸州市	1417	19	898	674	19	581	4265
三河市	2730	552	1907	1135	442	686	7024
衡水市							
桃城区	986	170	1033	423	113	426	565
冀州区	880	126	789	486	45	306	1968
枣强县	1337	200	1295	366	109	580	269
武邑县	1298	482	1706	816	482	825	161
武强县	924	137	562	422	289	239	
饶阳县	1843	57	671	1010	74	417	
安平县	7425	21	251	4520	35	173	181
故城县	2197	330	3112	468	661	1273	1421
景　县	2513	362	1051	903	54	557	96
阜城县	1399	118	1618	926	124	930	67
深州市	4242	354	1998	1476	153	1187	418
定州市	8676	560	2580	4820	766	1575	10
辛集市	7616	266	2036	4288	276	1046	37

3−1 县(市、区)国民经济主要指标(2018)(11−1)

县(市、区)	四、农 业（续7）					
	农业产业化经营率（%）	（三）农林牧渔业总产值（现价）（万元）	农业产值	林业产值	牧业产值	渔业产值
石家庄市						
长安区	14.6	16013	5325	545	5926	
桥西区	99.1	3760	3363		40	
新华区	83.5	6446	4858	194	53	
井陉矿区	8.9	7145	2805	476	3776	17
裕华区	98.3	986	608		306	
藁城区	72.6	657134	331604	7442	277202	103
鹿泉区	79.7	287084	174369	11613	68656	8266
栾城区	61.4	287991	84952	3362	139123	
井陉县	41.3	193330	76015	31622	69463	436
正定县	71.0	555250	267403	7810	246692	
行唐县	46.9	521094	236445	17150	223276	946
灵寿县	33.3	382539	206885	17316	138405	8523
高邑县	55.9	173397	129650	910	34029	
深泽县	53.3	228649	119206	1767	77182	493
赞皇县	47.3	262934	114314	24629	97694	1230
无极县	67.7	443494	210905	4267	195070	8
平山县	59.2	259908	72900	63370	77820	9099
元氏县	46.7	274061	107122	9062	148229	276
赵　县	57.9	346888	236008	5131	75031	
晋州市	63.8	504194	293248	11266	172733	
新乐市	62.5	502901	235249	3255	216243	
唐山市						
路南区	43.1	23616	12068	799	10715	
路北区	4.3	46673	36833	898	8832	
古冶区	43.6	136242	67035	3506	52170	8826
开平区	34.6	69301	22997	5431	33878	2469
丰南区	65.7	670603	326050	7241	136904	155728
丰润区	54.1	614734	264823	11121	298854	6146
曹妃甸区	71.1	545582	93969	2508	75677	315468
滦南县	69.1	1247061	551959	18203	415933	205154
乐亭县	70.2	1104922	713407	4720	171896	204404
迁西县	70.0	301434	179098	12786	75493	19767
玉田县	71.6	995666	601920	8462	354439	7160
遵化市	70.8	672587	404560	18296	224416	1815
迁安市	68.1	551479	220168	8847	292408	
滦州市	68.0	700747	357178	8447	318800	1567
秦皇岛市						
海港区	45.6	116548	44183	6162	50145	6965
山海关区	77.4	120069	64276	911	32272	18830
北戴河区	25.5	31675	17534	1275	6643	3773
抚宁区	69.2	563514	215226	22270	256974	1559
青龙满族自治县	61.7	734769	409494	40843	236356	3153
昌黎县	72.3	1127453	426846	17269	453228	115327

3-1 县(市、区)国民经济主要指标(2018)(11-2)

县(市、区)	四、农　业（续7）					
	农业产业化经营率（%）	（三）农林牧渔业总产值（现价）（万元）	农业产值	林业产值	牧业产值	渔业产值
卢龙县	55.0	576428	288457	20521	235623	2220
邯郸市						
邯山区	72.9	40425	23032	2096	14986	
丛台区	23.7	16910	9401	1720	4734	
复兴区	64.5	12280	4378	4088	3037	
峰峰矿区	50.1	80478	13125	9189	51755	2382
肥乡区	72.5	467752	287074	9113	122530	49
永年区	58.3	593048	314549	9147	249620	8295
临漳县	66.8	394892	219779	5115	148379	30
成安县	70.0	450895	240774	3097	118536	8
大名县	73.5	535076	287904	5525	198846	491
涉　县	73.6	174266	78524	30738	59011	3828
磁　县	68.4	185933	63440	13212	97016	7741
邱　县	72.4	268924	135246	5614	83283	121
鸡泽县	70.7	229446	127878	3981	83001	87
广平县	70.9	166844	121431	3605	40186	38
馆陶县	66.2	380634	156882	4232	203033	29
魏　县	71.6	581260	391298	6059	136162	59
曲周县	72.0	433380	181172	3146	197931	5357
武安市	65.2	422613	190261	33773	191899	1902
邢台市						
桥东区	23.8	17052	12546	375	3880	
桥西区	8.6	14814	7871	969	5240	154
邢台县	65.1	229782	160624	21605	45154	778
临城县	68.3	143499	67427	3871	67467	3404
内丘县	68.0	213199	132561	17286	60890	58
柏乡县	68.6	150017	95308	979	52326	
隆尧县	67.0	384980	255205	8314	111381	
任　县	67.4	202180	142819	3999	45949	43
南和县	72.1	340847	255710	4530	67926	25
宁晋县	63.7	516231	340871	3762	136775	24
巨鹿县	68.7	460943	398078	4398	57275	92
新河县	65.1	188901	117702	3378	54116	887
广宗县	46.1	202636	134230	3102	53469	
平乡县	70.2	233164	169656	5895	49732	
威　县	67.2	416299	260038	6144	135052	415
清河县	85.3	177699	72080	3771	21937	498
临西县	65.4	257612	153360	3856	63651	195
南宫市	68.9	299035	215181	4807	73608	420
沙河市	75.4	129249	47105	4818	66048	920
保定市						
竞秀区	77.8	26198	15957	182	7312	
莲池区	77.0	40793	16556	175	22719	
满城区	68.1	353472	188776	8780	138662	161

3-1 县(市、区)国民经济主要指标(2018)(11-3)

县(市、区)	四、农 业（续7）					
	农业产业化经营率（%）	（三）农林牧渔业总产值（现价）（万元）	农业产值	林业产值	牧业产值	渔业产值
清苑区	66.3	485324	346979	8604	115946	
徐水区	68.3	449519	176017	3968	236143	340
涞水县	69.4	249144	131615	35569	70857	308
阜平县	40.4	143167	86631	16290	24347	13019
定兴县	74.6	478598	255942	2403	168248	380
唐　县	69.0	397911	108281	16239	266667	2013
高阳县	65.7	110337	60253	3634	23754	42
容城县	56.4	140032	84305	934	48761	523
涞源县	55.2	93819	32625	19958	38287	587
望都县	69.9	238743	142047	22940	66076	16
安新县	73.0	183645	89446	126	52622	33401
易　县	63.0	406228	153964	16735	223478	7821
曲阳县	67.0	249832	107610	16536	113698	2959
蠡　县	73.8	314264	168354	9624	118027	
顺平县	72.0	279584	232704	7698	35057	20
博野县	52.8	178173	108915	23252	36684	
雄　县	61.9	168945	98510	11425	51462	
涿州市	58.7	385506	213034	6693	130412	978
安国市	68.8	325164	251322	6511	55455	
高碑店市	82.0	250126	121341	2956	102708	171
张家口市						
桥东区		31874	9535	7442	14809	
桥西区	55.1	4628	271	1131	2944	
宣化区	29.4	266921	81617	35581	139044	858
下花园区	37.4	38882	15477	2035	18414	
万全区	48.3	180062	55665	20583	90193	6
崇礼区	30.6	105880	37353	56714	11388	22
张北县	63.6	465844	288132	21690	154335	387
康保县	64.4	343359	175717	41506	125259	117
沽源县	48.1	450120	329865	68742	49373	1630
尚义县	12.7	252382	165186	44992	34664	215
蔚　县	31.2	268766	102560	41208	117431	596
阳原县	28.5	198937	49984	29253	110557	534
怀安县	33.1	147897	80282	27132	37523	455
怀来县	63.3	255724	112221	45112	83937	8082
涿鹿县	51.2	259729	65301	87868	99871	491
赤城县	8.6	385977	218896	71233	82069	1142
承德市						
双桥区	80.4	8639	4407	1485	2410	146
双滦区	54.5	40357	22069	1843	8208	670
鹰手营子矿区	61.4	10550	5749	1050	3252	323
承德县	72.3	580676	369955	20376	174286	722
兴隆县	67.9	415076	342584	12398	48005	491
滦平县	68.2	409197	199662	41802	159009	559

3-1 县(市、区)国民经济主要指标(2018)(11-4)

县(市、区)	四、农　业（续7）					
	农业产业化经营率（%）	（三）农林牧渔业总产值（现价）（万元）	农业产值	林业产值	牧业产值	渔业产值
隆化县	71.6	645948	332051	30587	271323	730
丰宁满族自治县	60.3	441306	152942	45879	220073	866
宽城满族自治县	69.7	251800	158260	18344	60275	882
围场满族蒙古族自治县	63.7	767336	503013	50050	205739	610
平泉市	72.4	498711	402899	10770	81128	271
沧州市						
新华区	92.6	3668	654	1564	1376	24
运河区	75.5	9465	3278	1208	4872	
沧　县	75.6	409305	199404	34628	120060	32
青　县	67.5	690739	542429	12300	95194	454
东光县	40.9	552869	127059	4705	58056	981
海兴县	53.3	160085	39644	1407	55453	43696
盐山县	60.8	179387	58537	2391	109720	479
肃宁县	72.5	384191	241865	10805	108215	
南皮县	48.3	396026	195314	3520	54340	704
吴桥县	67.8	566372	153878	11702	96436	407
献　县	62.3	529825	228513	2247	189728	3036
孟村回族自治县	50.6	119631	38083	1031	78541	181
泊头市	70.3	278595	169141	9413	79709	659
任丘市	44.0	243412	138544	963	47469	5303
黄骅市	68.7	559447	121616	1830	116513	267817
河间市	78.6	364305	157149	1069	90185	278
廊坊市						
安次区	58.3	183169	116238	10455	38453	1322
广阳区	69.6	127780	78165	8496	34646	512
固安县	70.4	620985	554690	5609	36739	346
永清县	59.0	794200	636711	6367	136586	762
香河县	69.4	285609	220367	4453	50706	2989
大城县	58.9	280395	169807	13654	87546	847
文安县	74.5	196826	109134	15648	53555	11625
大厂回族自治县	80.3	65300	22343	3346	37098	1075
霸州市	47.7	203057	123695	14058	45714	10684
三河市	75.0	283153	126008	2929	132906	10075
衡水市						
桃城区	49.7	160619	88726	8574	49015	802
冀州区	42.3	217935	146577	11988	46148	2956
枣强县	80.7	252662	171981	6502	57899	387
武邑县	63.5	439007	303531	5705	99850	233
武强县	67.5	172652	83080	6220	63496	
饶阳县	63.1	474738	361712	6236	72553	
安平县	69.0	249133	81678	4436	136905	248
故城县	60.9	407752	231455	2904	134812	2007
景　县	63.8	354720	202263	14713	104597	340
阜城县	46.4	348595	238149	8249	70997	92
深州市	68.5	632559	410388	16296	170707	583
定州市	51.9	1046143	640032	67378	311706	15
辛集市	63.7	802402	445229	5273	325845	52

3-1 县(市、区)国民经济主要指标(2018)(12-1)

县(市、区)	四、农业（续7）		五、交通与通讯			
	农林牧渔服务业产值	农林牧渔业总产值指数（上年=100）	公路里程（公里）	固定电话用户（户）	移动电话用户（户）	互联网宽带接入用户（户）
石家庄市						
长安区	4217	77.2				
桥西区	357	50.4				
新华区	1341	94.8				
井陉矿区	71	85.1	137	8610	90680	25210
裕华区	72	99.7				
藁城区	40783	107.0	1693	42538	674942	169626
鹿泉区	24180	96.0	982	39500	350000	90000
栾城区	60554	103.3	836	26420	492400	148180
井陉县	15794	101.4	1466	11263	112569	58350
正定县	33345	101.4	1128	47658	640120	129729
行唐县	43277	105.5	1425	16984	340538	80225
灵寿县	11410	104.6	1252	20500	299200	41587
高邑县	8808	105.1	622	10800	170731	31373
深泽县	30001	105.0	526	8315	184893	58490
赞皇县	25067	103.6	892	3953	212314	57971
无极县	33244	104.3	836	25000	450432	50128
平山县	36719	104.5	2799	28560	124600	65890
元氏县	9372	104.3	1048	19562	405320	40683
赵　县	30718	99.6	855	19310	506350	112327
晋州市	26947	106.1	1048	25308	387695	60819
新乐市	48154	102.8	962	20095	467501	97920
唐山市						
路南区	34	101.7				
路北区	110	106.3				
古冶区	4705	103.1	341	46715	419016	83645
开平区	4526	97.0	380	35234	147254	41319
丰南区	44580	105.3	1387	35500	638400	149600
丰润区	33790	100.1	1922	98134	1006377	218962
曹妃甸区	57960	102.0	1035	57000	441400	92500
滦南县	55812	105.1	1958	47046	545772	122005
乐亭县	10495	103.1	2343	38799	513473	119658
迁西县	14290	103.4	1507	37551	426480	81495
玉田县	23685	102.8	1613	70501	669105	167228
遵化市	23500	103.5	1733	69000	726300	168180
迁安市	30056	95.6	3314	60425	787996	200677
滦州市	14755	103.0	1573	52103	558286	126300
秦皇岛市						
海港区	9093	93.3	739	177764	1365444	373717
山海关区	3780	104.5	283			
北戴河区	2450	93.5	165	26646	98219	33862
抚宁区	67485	105.8	1207	22900	386000	69300
青龙满族自治县	44923	105.8	2700	26326	436053	86352
昌黎县	114783	105.2	2039	45000	556531	146025

3-1 县(市、区)国民经济主要指标(2018)(12-2)

县(市、区)	四、农业(续7)		五、交通与通讯			
	农林牧渔服务业产值	农林牧渔业总产值指数(上年=100)	公路里程(公里)	固定电话用户(户)	移动电话用户(户)	互联网宽带接入用户(户)
卢龙县	29607	102.3	1655	18225	301288	65808
邯郸市						
邯山区	311	73.2				
丛台区	1055	59.7				
复兴区	777	99.5	157			
峰峰矿区	4027	97.5	582	23718	495058	94132
肥乡区	48986	104.7	1182	3542	277800	38580
永年区	11437	106.6	1101	26083	589264	42171
临漳县	21589	104.4	2212	17546	267913	25759
成安县	88480	107.7	1063	19025	282257	45940
大名县	42310	103.0	1505	15500	565000	82200
涉　县	2165	85.5	1513	22379	409823	87215
磁　县	4524	102.6	916	30379	650859	153193
邱　县	44660	104.3	848	5850	187000	34821
鸡泽县	14499	103.4	1824	9816	273815	51443
广平县	1584	101.5	520	7200	162000	32848
馆陶县	16458	103.7	991	7950	256258	55214
魏　县	47682	106.1	1426	17730	567988	76036
曲周县	45774	109.4	1278	12909	406890	66292
武安市	4778	101.2	1482	42000	900000	192500
邢台市						
桥东区	251	97.7				
桥西区	580	104.7				
邢台县	1621	103.0	2496	27100	183568	37883
临城县	1330	99.5	829	26236	131568	22879
内丘县	2404	109.5	1196	26300	170238	39725
柏乡县	1404	105.7	362	8349	159340	38491
隆尧县	10080	100.2	1016	63520	367120	45300
任　县	9370	105.8	865	10261	280813	61621
南和县	12656	105.9	838	15450	316678	92445
宁晋县	34799	97.6	1797	36525	539788	145814
巨鹿县	1100	108.0	1398	19830	287139	40189
新河县	12818	127.3	651	10941	101711	34626
广宗县	11835	104.7	1110	11865	122682	16032
平乡县	7881	106.5	1083	16258	275698	64282
威　县	14650	108.0	1753	16337	319768	85530
清河县	79413	102.1	940	36199	283679	86087
临西县	36550	108.8	906	11570	282600	70865
南宫市	5019	108.2	1278	33950	242416	71505
沙河市	10358	100.0	1606	46920	488255	134605
保定市						
竞秀区	2747	92.4	52	6609		27430
莲池区	1343	97.0	28	6828		18287
满城区	17093	108.7	984	31470	459328	123640

3-1 县(市、区)国民经济主要指标(2018)(12-3)

县(市、区)	四、农业（续7）		五、交通与通讯			
	农林牧渔服务业产值	农林牧渔业总产值指数（上年=100）	公路里程（公里）	固定电话用户（户）	移动电话用户（户）	互联网宽带接入用户（户）
清苑区	13795	97.8	1212	34216	560563	173702
徐水区	33051	106.7	867	47951	572294	195668
涞水县	10795	104.4	1213	21384	299483	90414
阜平县	2880	110.4	1589	13903	180561	65794
定兴县	51625	101.2	890	26455	459680	153267
唐　县	4711	115.3	1116	33428	454313	139442
高阳县	22654	100.0	617	31401	382132	128076
容城县	5509	89.2	396	23400	265000	71000
涞源县	2362	109.0	1280	17664	269078	89155
望都县	7664	102.8	615	17227	266738	88562
安新县	8050	107.9	602	32900	392000	87900
易　县	4230	105.7	1761	35241	447173	147990
曲阳县	9029	113.1	1577	35698	530456	157228
蠡　县	18259	105.5	903	29414	479838	155806
顺平县	4105	104.3	971	20717	266268	86884
博野县	9322	88.7	491	15412	242475	71513
雄　县	7548	110.5	908	32988	445965	109655
涿州市	34339	103.7	1164	65607	682956	255603
安国市	11876	100.1	606	29495	409263	139304
高碑店市	22950	106.7	1087	31693	514362	231505
张家口市						
桥东区	88	64.5				
桥西区	282	74.1				
宣化区	9821	100.1	1379	43476	729100	196400
下花园区	2956	108.2	281	5127	66654	19425
万全区	13615	104.8	1108	4695	237829	52419
崇礼区	403	104.7	1100	6781	94638	23690
张北县	1300	109.1	2743	24077	266334	47833
康保县	760	106.4	3108	3760	137000	25900
沽源县	510	106.3	1492	1981	161387	31427
尚义县	7325	109.4	1156	2255	102505	24483
蔚　县	6971	105.8	2006	13301	447855	82411
阳原县	8609	107.3	1249	8569	192400	47459
怀安县	2505	97.5	1528	12021	147490	28222
怀来县	6372	112.6	3038	51009	263479	56782
涿鹿县	6198	99.0	1478	45163	100235	41407
赤城县	12637	97.3	1689	5949	187994	42788
承德市						
双桥区	191	86.2	641	66129	793681	144720
双滦区	7567	106.2	584	12580	204693	56505
鹰手营子矿区	176	107.7	227	8149	81146	19265
承德县	15337	110.1	2776	20280	359834	65610
兴隆县	11598	103.3	2731	12659	291696	62881
滦平县	8165	105.9	2198	10977	284768	58191

3-1 县(市、区)国民经济主要指标(2018)(12-4)

县(市、区)	四、农业（续7）		五、交通与通讯			
	农林牧渔服务业产值	农林牧渔业总产值指数（上年=100）	公路里程（公里）	固定电话用户（户）	移动电话用户（户）	互联网宽带接入用户（户）
隆化县	11257	106.7	2881	14075	360601	67715
丰宁满族自治县	21546	103.6	3479	14220	351369	70811
宽城满族自治县	14039	98.9	1509	11592	275930	52919
围场满族蒙古族自治县	7924	107.8	3315	22315	450371	87496
平泉市	3643	105.8	2489	17529	408965	81605
沧州市						
新华区	50	88.3				
运河区	107	110.9				
沧　县	55181	108.5	2016	184396	603463	149394
青　县	40362	101.8	1041	37355	484144	117396
东光县	362068	104.3	1300	21720	357800	78545
海兴县	19885	114.2	836	23815	238153	52875
盐山县	8260	102.1	988	33010	339527	57941
肃宁县	23306	101.5	672	25598	365352	78600
南皮县	142148	106.5	926	18934	355788	75839
吴桥县	303949	103.2	894	23801	217244	57455
献　县	106301	105.6	1691	45080	657390	158081
孟村回族自治县	1795	110.9	579	42127	101758	9165
泊头市	19673	104.3	1050	37960	604552	139524
任丘市	51133	84.4	1390	161170	876381	203802
黄骅市	51671	104.7	1844	51428	620472	144076
河间市	115624	105.4	1449	56862	769512	188608
廊坊市						
安次区	16701	100.5	921			
广阳区	5961	95.5	633			
固安县	23601	102.7	1533	28010	513866	151916
永清县	13774	102.6	1121	18500	391000	82700
香河县	7094	102.2	1026	29454	455701	126212
大城县	8541	102.3	1297	45010	461211	105097
文安县	6864	99.8	1632	25795	601675	159084
大厂回族自治县	1438	78.2	549	11600	183000	77467
霸州市	8906	97.6	1316	52612	840645	175491
三河市	11235	101.9	1422	54069	796990	174589
衡水市						
桃城区	13502	102.9	834	110039	1135145	241850
冀州区	10266	101.3	1400	48180	321632	63035
枣强县	15893	103.3	1717	38932	357167	73789
武邑县	29688	105.0	1234	26601	245332	45982
武强县	19856	101.8	765	15250	178200	49600
饶阳县	34237	101.2	681	20200	266600	61365
安平县	25866	99.6	799	43171	422296	100761
故城县	36574	97.8	1293	44966	420869	76988
景　县	32807	99.4	1638	44161	439217	74554
阜城县	31108	102.6	1353	17473	267514	45123
深州市	34585	102.4	1682	35000	505000	126000
定州市	27012	104.1	1839	50605	1153696	252700
辛集市	26003	101.9	1273	38443	583978	114562

3−1 县(市、区)国民经济主要指标(2018)(13−1)

县(市、区)	六、教育、科技、卫生					
	普通中学专任教师数（人）	普通中学在校学生数（人）	小学专任教师数（人）	小学在校学生数（人）	医疗卫生机构床位数（床）	医疗卫生机构技术人员数（人）
石家庄市						
长安区	2220	27166	2795	61232	10589	16042
桥西区	2789	27950	2868	74580	6804	10100
新华区	1935	26334	2249	54577	7133	11758
井陉矿区	266	2766	425	4201	743	754
裕华区	1455	22209	1533	47252	6537	10758
藁城区	2814	33434	3585	64665	2021	2402
鹿泉区	1777	19029	1936	36281	1980	2765
栾城区	1269	14264	1742	29519	1449	1610
井陉县	1136	13934	1434	17765	1418	1859
正定县	1865	27026	2506	44576	2303	3013
行唐县	1428	23645	2810	40705	1982	1862
灵寿县	1042	17214	1855	26791	1272	1574
高邑县	750	10348	1243	19615	745	562
深泽县	596	9023	996	16412	876	931
赞皇县	657	11394	1348	30067	1147	881
无极县	1467	21134	2192	42338	1429	1365
平山县	2151	23138	2266	37480	1872	2043
元氏县	430	21844	2225	36406	1985	2187
赵　县	1914	23777	2377	47828	2511	2142
晋州市	1729	23562	2128	41482	1517	1769
新乐市	2039	29320	2444	51074	2060	2419
唐山市						
路南区	785	11149	928	17577	5325	6202
路北区	1777	23306	2396	46311	11942	10388
古冶区	1200	8335	1489	14632	2445	2282
开平区	1008	9497	1328	15632	1264	1318
丰南区	2391	27589	2134	33942	2314	3243
丰润区	3120	37461	3265	58445	4196	4970
曹妃甸区	834	8994	1027	14232	1193	1442
滦南县	2527	31432	2227	31384	2779	2623
乐亭县	2151	19922	1648	17398	2114	2043
迁西县	1733	22484	2453	33837	2291	1932
玉田县	2628	35079	3082	52134	3161	3056
遵化市	3662	45398	3521	62951	3202	3739
迁安市	3172	39937	3689	66873	4333	6068
滦州市	2579	27484	2507	40400	2365	3126
秦皇岛市						
海港区	2289	25837	3595	61711	8422	12003
山海关区	357	3489	539	7925	1026	1012
北戴河区	287	1866	761	5788	1768	975
抚宁区	1607	14680	1784	18898	1874	1848
青龙满族自治县	1579	17334	2647	41622	1883	1561
昌黎县	1974	26470	2351	30081	2468	2772

3-1 县(市、区)国民经济主要指标(2018)(13-2)

县(市、区)	六、教育、科技、卫生					
	普通中学专任教师数（人）	普通中学在校学生数（人）	小学专任教师数（人）	小学在校学生数（人）	医疗卫生机构床位数（床）	医疗卫生机构技术人员数（人）
卢龙县	1952	19032	2528	22961	1754	1722
邯郸市						
邯山区	783	12128	2395	59493	9741	10393
丛台区	453	5394	1868	46698	6470	8374
复兴区	322	3901	1720	23644	1231	1630
峰峰矿区	1804	22097	2116	34931	3390	2965
肥乡区	1985	26007	2279	44730	1070	1213
永年区	3054	56481	4240	87229	4757	3221
临漳县	2032	35622	3727	74719	2721	2245
成安县	1798	20490	2787	49531	1772	1464
大名县	3126	51773	4679	84414	4076	3248
涉　县	1578	24014	1782	34849	2841	1843
磁　县	3051	42156	2221	49339	2642	2319
邱　县	1291	21890	1849	32335	927	619
鸡泽县	1478	16168	1783	38756	1247	1127
广平县	1104	16510	1592	36143	1297	1075
馆陶县	1045	17873	2179	42897	1398	1349
魏　县	3409	49422	5426	98444	3165	2552
曲周县	1690	29068	3018	63140	2084	1817
武安市	4084	45323	4747	86200	4182	3907
邢台市						
桥东区	1369	20236	1298	33208	5549	6488
桥西区	2429	29820	1721	44945	4276	6199
邢台县	1336	14710	1588	22960	2173	2065
临城县	1262	17203	1062	19596	1138	1092
内丘县	1136	17055	1036	21468	1324	1325
柏乡县	618	9435	1007	16641	935	777
隆尧县	1311	17767	2896	44974	2028	2154
任　县	754	9379	1948	31942	1132	1244
南和县	1827	20010	1615	31557	1306	1381
宁晋县	2561	33529	3176	58350	3718	2844
巨鹿县	1318	22107	2327	34545	2064	1668
新河县	488	5794	611	9375	676	615
广宗县	668	8465	1548	27301	1125	1140
平乡县	1091	16322	1798	33065	1461	1419
威　县	2489	29625	3039	61480	2278	2111
清河县	1489	21541	3535	51850	1957	2284
临西县	1183	19637	2236	40383	1536	1151
南宫市	2086	31756	2150	38182	1841	1646
沙河市	2860	29440	2604	42153	1791	2103
保定市						
竞秀区	1398	14239	2132	30654	2245	3650
莲池区	4805	28742	2518	51543	12715	15284
满城区	1828	22338	2000	36173	1512	2512

3-1 县(市、区)国民经济主要指标(2018)(13-3)

县(市、区)	六、教育、科技、卫生					
	普通中学专任教师数（人）	普通中学在校学生数（人）	小学专任教师数（人）	小学在校学生数（人）	医疗卫生机构床位数（床）	医疗卫生机构技术人员数（人）
清苑区	2417	31184	2778	55521	2670	2735
徐水区	2847	36501	2071	48568	3549	3195
涞水县	1525	18044	1530	21855	1110	1241
阜平县	1097	12781	1167	20583	923	845
定兴县	1888	33410	2225	43370	1485	1678
唐　县	2353	35048	2757	50918	2817	2010
高阳县	1619	18506	2059	32284	1282	1740
容城县	919	11758	1267	22567	1270	1052
涞源县	1168	17361	1372	25349	1948	1538
望都县	973	12581	1189	19108	1059	1183
安新县	1423	21890	2693	46735	1627	1743
易　县	2397	33406	2578	39432	3140	2684
曲阳县	3031	46342	3546	74219	3200	3140
蠡　县	1733	27458	2471	51017	1736	1584
顺平县	1154	13818	1565	22447	1338	1305
博野县	916	13448	813	21244	924	950
雄　县	1585	26358	2167	49084	1118	1341
涿州市	3051	28536	1928	43257	4159	5467
安国市	1783	24046	1748	27225	1339	1447
高碑店市	2180	29432	2051	41609	2125	2672
张家口市						
桥东区	731	8475	1116	20978	2976	2811
桥西区	605	8318	806	15862	5245	5457
宣化区	2514	28750	2402	37762	3646	4106
下花园区	223	1715	328	2453	303	318
万全区	656	9369	1099	14902	1397	865
崇礼区	328	2670	538	4954	427	449
张北县	1322	23208	1312	22683	2322	1442
康保县	505	5325	738	6149	865	644
沽源县	561	5971	744	11203	697	546
尚义县	519	5476	785	6053	1015	609
蔚　县	1738	20812	2332	44507	2184	1645
阳原县	912	7003	1358	17508	810	753
怀安县	1038	8608	1028	13839	799	677
怀来县	1364	19615	1977	30005	1940	1253
涿鹿县	1188	17458	1790	23434	1480	1049
赤城县	400	7291	1297	16617	1092	658
承德市						
双桥区	652	8253	967	25379	5356	7072
双滦区	538	6732	762	14046	1561	1399
鹰手营子矿区	206	2060	238	2953	536	472
承德县	1286	21425	1628	25982	2550	1833
兴隆县	1143	14604	1662	20096	1562	1515
滦平县	1134	17020	1506	21989	1981	1864

3-1 县(市、区)国民经济主要指标(2018)(13-4)

县(市、区)	六、教育、科技、卫生					
	普通中学专任教师数(人)	普通中学在校学生数(人)	小学专任教师数(人)	小学在校学生数(人)	医疗卫生机构床位数(床)	医疗卫生机构技术人员数(人)
隆化县	1258	19079	2208	32076	2424	2171
丰宁满族自治县	1486	19086	2095	29862	2291	1962
宽城满族自治县	913	11860	1847	23762	1713	1533
围场满族蒙古族自治县	1756	31331	2290	41364	2748	2192
平泉市	1322	26601	2073	31507	2246	2092
沧州市						
新华区	115	1025	1121	15180	3695	4245
运河区	404	7625	1914	41357	8921	9757
沧　县	2237	32492	3198	68634	3018	2643
青　县	1272	16786	2189	38969	1617	1933
东光县	802	13231	1772	29556	1643	1530
海兴县	840	10150	1412	19982	1032	855
盐山县	819	15940	1702	44911	1431	1774
肃宁县	1649	19296	1775	33311	1602	1783
南皮县	1335	18561	2042	35307	1502	1659
吴桥县	816	11629	1307	17752	1473	1323
献　县	2330	37882	3607	73638	1840	1956
孟村回族自治县	600	8153	1360	23388	521	639
泊头市	2170	36663	2836	62751	2167	2380
任丘市	3208	44709	4521	85586	4618	5886
黄骅市	1963	27911	2198	44934	2463	3294
河间市	1504	30349	3290	87930	2439	2772
廊坊市						
安次区	1111	16193	2046	34126	764	1315
广阳区	691	9385	1968	36151	5451	7057
固安县	2743	25419	2895	50448	1390	1724
永清县	1364	11481	1920	33797	1199	1186
香河县	1543	19252	2685	35076	1744	2447
大城县	2174	27661	3413	57620	2058	1892
文安县	2157	24991	3399	63349	2548	2359
大厂回族自治县	654	7147	722	12892	475	673
霸州市	2500	35428	3497	77882	3118	4427
三河市	2498	41093	3693	75401	5521	6835
衡水市						
桃城区	3625	58080	2577	45738	6613	9248
冀州区	3950	48165	1647	28705	995	1044
枣强县	1670	24850	1637	36138	1293	995
武邑县	2261	32360	1140	20716	1193	1040
武强县	664	7012	1173	15643	601	729
饶阳县	752	8747	1590	19858	1423	1600
安平县	1174	16071	1938	27267	1302	1426
故城县	1914	30492	2291	45336	2388	2482
景　县	1968	28635	2295	44655	2261	1804
阜城县	1578	20080	1593	27536	1423	1038
深州市	1664	22644	2154	34334	1730	2126
定州市	4979	76723	4842	94234	5767	6268
辛集市	2500	31338	2873	45190	2292	3406

3-1 县(市、区)国民经济主要指标(2018)(14-1)

县(市、区)	七、居民收入		八、社会保障		九、城镇化率(%)
	城镇居民人均可支配收入（元）	农村居民人均可支配收入（元）	基本养老保险参保人数（人）	基本医疗保险参保人数（人）	
石家庄市					
长安区	39950		178727	233674	100.0
桥西区	40706		159090	302608	100.0
新华区	40144		119272	49169	100.0
井陉矿区	32014	18807	53861	60972	82.4
裕华区	41012		97910	179993	100.0
藁城区	35500	19159	496070	701985	55.1
鹿泉区	34303	19171	271014	395898	59.8
栾城区	31858	17487	215583	306553	61.2
井陉县	29630	13259	176135	299361	43.5
正定县	31984	18531	277846	462806	58.8
行唐县	29707	8694	258240	390850	39.4
灵寿县	29106	8398	198031	320095	39.5
高邑县	27579	13960	111056	180128	44.9
深泽县	28426	13462	141326	225179	37.2
赞皇县	27130	8054	143315	242827	33.4
无极县	29214	15214	304041	482732	41.8
平山县	30344	9324	305775	456207	39.5
元氏县	28371	14848	260258	395687	39.4
赵　县	30344	15401	334875	537988	40.6
晋州市	33675	19096	353404	511960	45.2
新乐市	28413	16954	247602	464224	49.3
唐山市					
路南区	42284	17974	113850		91.7
路北区	42667	20487	155866		96.1
古冶区	37455	17137	166256		87.1
开平区	36577	16959	148609	179520	66.1
丰南区	40445	17236	443539	525382	59.1
丰润区	39959	16825	563384	705870	58.8
曹妃甸区	39082	19266	179086	234316	73.4
滦南县	37343	15171	432744	524718	50.4
乐亭县	36975	17619	334027	394622	53.3
迁西县	38977	17258	293967	373436	49.8
玉田县	36038	17066	491295	653076	52.1
遵化市	38469	16841	482819	672396	58.3
迁安市	40327	23255	502962	714776	57.7
滦州市	40076	17396	451889	488631	54.1
秦皇岛市					
海港区	37963	19490	161069	393177	87.7
山海关区	33152	19319	63352	797444	95.0
北戴河区	41095	19495	63858	84675	91.1
抚宁区	34967	15128	229666	290323	32.8
青龙满族自治县	33903	10683	362247	453840	32.6
昌黎县	31710	16175	365208	471204	48.7

3-1 县(市、区)国民经济主要指标(2018)(14-2)

县(市、区)	七、居民收入		八、社会保障		九、城镇化率(%)
	城镇居民人均可支配收入（元）	农村居民人均可支配收入（元）	基本养老保险参保人数（人）	基本医疗保险参保人数（人）	
卢龙县	32421	13724	275584	350862	38.9
邯郸市					
邯山区	38160	16491	153439		87.1
丛台区	39372	16036	130773		86.9
复兴区	38569	14625	68920		90.1
峰峰矿区	27064	13880	212021	342321	75.7
肥乡区	26701	15346	242160	348616	49.0
永年区	31800	16529	530015	798519	47.0
临漳县	29390	15547	385371	587758	45.8
成安县	34414	15400	258794	393326	51.1
大名县	29305	13618	513221	734667	47.0
涉　县	22953	13284	267307	387294	61.7
磁　县	30298	15081	258804	419934	53.0
邱　县	21237	14076	162332	218011	50.0
鸡泽县	27482	15010	208390	277233	44.0
广平县	24466	13207	183183	265014	47.0
馆陶县	25786	13200	213707	297482	49.2
魏　县	28860	13926	569059	858899	51.1
曲周县	28940	15624	308403	451905	45.0
武安市	37190	15833	512200	740778	53.9
邢台市					
桥东区	31071		91845	188724	94.9
桥西区	35977		91855	199623	96.8
邢台县	29920	14160	279855	340839	33.8
临城县	25280	9484	136828	204307	45.9
内丘县	27462	12333	180677	274980	44.0
柏乡县	24857	13336	115025	187128	44.8
隆尧县	26554	12690	369144	525894	44.5
任　县	25920	12524	232043	344103	46.1
南和县	29264	14826	251458	335797	55.5
宁晋县	27567	14813	506643	788320	48.2
巨鹿县	25695	8401	232555	383061	46.9
新河县	24483	8001	114118	153927	42.0
广宗县	26000	9127	188848	287340	33.2
平乡县	25609	10176	207185	317034	57.3
威　县	24354	9069	371339	565294	44.2
清河县	29753	15193	258377	404178	58.5
临西县	27148	14052	263720	351879	47.4
南宫市	25896	13033	340073	446955	48.6
沙河市	31457	15633	287048	400527	56.1
保定市					
竞秀区	35824	21787	126951		97.5
莲池区	36259	20941	242792		98.1
满城区	31493	17004	235448	385203	51.8

3−1　县(市、区)国民经济主要指标(2018)(14−3)

县(市、区)	七、居民收入		八、社会保障		九、城镇化率(%)
	城镇居民人均可支配收入（元）	农村居民人均可支配收入（元）	基本养老保险参保人数（人）	基本医疗保险参保人数（人）	
清苑区	31469	17411	352056	620459	44.7
徐水区	31525	17325	413130	570671	48.4
涞水县	25585	10547	233951	296125	47.4
阜平县	20110	8590	150495	219542	41.5
定兴县	31826	15650	362749	501032	48.1
唐　县	21302	8173	352722	518601	36.4
高阳县	27902	18220	199657	265604	52.8
容城县	26921	17355	182228	247397	47.2
涞源县	25536	8065	198227	262867	49.3
望都县	27322	13623	165935	242416	47.4
安新县	28388	14444	295672	467338	39.1
易　县	24794	9328	394191	503746	34.6
曲阳县	22507	8086	303436	548718	38.3
蠡　县	27056	15846	314187	467040	43.4
顺平县	27208	8037	205379	280631	37.1
博野县	23860	13176	151400	237742	50.0
雄　县	32422	16932	254540	325680	48.5
涿州市	35981	18398	356179	582211	58.8
安国市	26785	18170	272376	370253	50.1
高碑店市	31783	16650	329533	488456	52.8
张家口市					
桥东区	36739		119046	125976	84.2
桥西区	34473		87778	96184	95.1
宣化区	32646	13372	303434	374284	71.2
下花园区	33829	12880	41435	51594	74.2
万全区	30588	10270	166469	203330	55.7
崇礼区	32337	10860	93633	117524	46.9
张北县	28644	10833	258447	322921	50.5
康保县	26364	9984	154540	241721	41.4
沽源县	27704	10466	136218	202715	41.8
尚义县	25151	9359	121164	161824	38.8
蔚　县	31217	10413	312292	447033	44.0
阳原县	24275	9666	168821	223540	44.0
怀安县	27437	11024	138910	196798	44.8
怀来县	31756	17140	215810	316897	55.7
涿鹿县	32196	12866	247789	283852	48.9
赤城县	29706	10715	194244	231622	40.6
承德市					
双桥区	33930	12812	67614		95.3
双滦区	34427	12918	52013	99358	75.1
鹰手营子矿区	26387	10441	15537		90.0
承德县	27782	11118	270408	373012	41.8
兴隆县	26285	12343	222144	294502	41.7
滦平县	30047	10116	220425	299756	45.3

3-1 县(市、区)国民经济主要指标(2018)(14-4)

县(市、区)	七、居民收入		八、社会保障		九、城镇化率(%)
	城镇居民人均可支配收入（元）	农村居民人均可支配收入（元）	基本养老保险参保人数（人）	基本医疗保险参保人数（人）	
隆化县	26248	9093	286479	390852	42.9
丰宁满族自治县	23660	8528	269161	364575	39.5
宽城满族自治县	31810	12806	177367	240273	51.1
围场满族蒙古族自治县	24703	9002	338203	476417	40.2
平泉市	28479	12531	313390	412693	52.3
沧州市					
新华区	35197	14112	58480	97828	96.5
运河区	37771	15875	91566	210319	95.6
沧　县	34159	15111	494933	694291	35.3
青　县	33897	16494	301482	399539	52.2
东光县	33721	12575	263943	349003	51.6
海兴县	28584	8658	124545	194794	46.1
盐山县	30246	10539	302880	441994	44.9
肃宁县	33930	13955	248230	319770	48.4
南皮县	33291	10544	214616	359658	44.8
吴桥县	31480	13315	198808	253230	48.9
献　县	30997	11644	406236	560300	44.0
孟村回族自治县	32643	12118	133766	192984	49.4
泊头市	33557	14724	367072	561294	56.2
任丘市	35738	16658	493917	861472	64.5
黄骅市	34281	16391	276868	448822	59.4
河间市	34054	14752	568178	730692	43.4
廊坊市					
安次区	37437	16542	356734	331970	62.4
广阳区	40591	16157	181286	265384	73.1
固安县	36847	16161	276872	424248	57.6
永清县	35410	15781	266438	345729	49.6
香河县	43067	18042	255076	326325	62.1
大城县	37776	15380	348821	405597	49.7
文安县	38064	16727	342648	483230	54.8
大厂回族自治县	41477	16820	91634	125085	64.5
霸州市	42930	17304	400623	598844	58.6
三河市	44240	19122	368651	548996	64.5
衡水市					
桃城区	34884	15835	176742	372473	81.2
冀州区	32218	14971	257898	330147	58.2
枣强县	29084	12052	274830	363095	46.1
武邑县	22432	9202	205214	267728	44.1
武强县	23399	8991	135380	180414	41.6
饶阳县	25905	8841	209524	255928	43.6
安平县	28600	15703	223861	295479	50.8
故城县	26510	11973	332415	450043	47.1
景　县	28238	15333	346778	464946	49.2
阜城县	26771	9094	214511	300833	44.5
深州市	26262	15141	364261	507209	50.5
定州市	33436	16252	664007	1100537	53.1
辛集市	34556	17337	431081	580336	52.3

3-2 各县(市、区)棉花总产量排序(2018年)

单位：吨

县(市、区)	棉花总产量	位次	县(市、区)	棉花总产量	位次	县(市、区)	棉花总产量	位次
威　县	44848	1	任丘市	275	39	灵寿县	16	77
南宫市	27579	2	桃城区	263	40	肃宁县	14	78
邱　县	21474	3	文安县	192	41	深泽县	14	79
冀州区	17235	4	蠡　县	166	42	满城区	14	80
曲周县	13469	5	高阳县	159	43	遵化市	12	81
故城县	10773	6	滦州市	151	44	安国市	12	82
成安县	10723	7	青　县	149	45	行唐县	11	83
丰南区	10694	8	海兴县	144	46	滦南县	11	84
枣强县	9971	9	安新县	142	47	迁安市	10	85
广宗县	9666	10	广阳区	136	48	邢台市桥西区	10	86
武邑县	7310	11	迁西县	128	49	唐　县	10	87
吴桥县	5610	12	泊头市	111	50	定州市	9	88
东光县	5339	13	邢台县	102	51	峰峰矿区	8	89
南皮县	4937	14	曲阳县	101	52	临城县	8	90
景　县	3869	15	深州市	94	53	内丘县	7	91
肥乡区	3727	16	元氏县	88	54	乐亭县	7	92
新河县	3674	17	孟村回族自治县	85	55	赞皇县	7	93
阜城县	2672	18	武强县	78	56	清苑区	6	94
临西县	2633	19	邯山区	70	57	任　县	6	95
武安市	2029	20	玉田县	68	58	正定县	5	96
隆尧县	1679	21	临漳县	65	59	固安县	4	97
大城县	1576	22	沧　县	64	60	盐山县	4	98
清河县	1563	23	复兴区	61	61	藁城区	4	99
广平县	1303	24	丛台区	59	62	易　县	3	100
魏　县	895	25	平山县	57	63	顺平县	3	101
黄骅市	881	26	定兴县	56	64	三河市	3	102
辛集市	827	27	沙河市	54	65	望都县	3	103
霸州市	790	28	井陉县	53	66	南和县	3	104
馆陶县	754	29	高邑县	51	67	栾城区	2	105
鸡泽县	647	30	饶阳县	42	68	抚宁区	2	106
永清县	628	31	柏乡县	37	69	容城县	2	107
巨鹿县	578	32	磁　县	34	70	邢台市桥东区	1	108
献　县	513	33	丰润区	34	71	赵　县	1	109
河间市	480	34	卢龙县	25	72	徐水区	1	110
宁晋县	379	35	鹿泉区	23	73	竞秀区	…	111
永年区	353	36	涞水县	23	74	路南区	…	112
平乡县	315	37	昌黎县	17	75	古冶区	…	113
安次区	314	38	博野县	16	76			

3-3 各县(市、区)油料总产量排序(2018年)

单位：吨

县(市、区)	油料总产量	位次
大名县	83114	1
滦州市	65582	2
滦南县	62810	3
遵化市	47949	4
丰南区	35955	5
迁安市	34763	6
丰润区	31583	7
昌黎县	30312	8
深州市	28924	9
卢龙县	26537	10
康保县	25566	11
辛集市	25442	12
定州市	22924	13
平乡县	22034	14
张北县	19422	15
行唐县	18821	16
尚义县	18506	17
广宗县	17021	18
安国市	15990	19
定兴县	15940	20
内丘县	15221	21
南宫市	14246	22
献　县	13561	23
新乐市	13365	24
正定县	13267	25
巨鹿县	13156	26
武邑县	12036	27
抚宁区	11325	28
故城县	11025	29
高碑店市	10757	30
涞水县	10586	31
乐亭县	10262	32
隆尧县	10000	33
赞皇县	9793	34
怀安县	9650	35
河间市	9225	36
饶阳县	9179	37
涿州市	9160	38
永清县	8974	39
冀州区	8965	40
易　县	8934	41
围场满族蒙古族自治县	8449	42
迁西县	8313	43
邢台县	7517	44
无极县	7480	45
蠡　县	7346	46
威　县	7246	47
开平区	7191	48
曲阳县	7075	49
清苑区	6756	50
平山县	6724	51
隆化县	6422	52
古冶区	5897	53
临城县	5885	54
大城县	5852	55
安平县	5802	56
晋州市	5618	57
成安县	5494	58
魏　县	5289	59
枣强县	5219	60
海港区	5115	61
宁晋县	5089	62
馆陶县	5081	63
丰宁满族自治县	4988	64
沽源县	4924	65
武安市	4868	66
霸州市	4780	67
阜平县	4725	68
藁城区	4720	69
元氏县	4713	70
肥乡区	4692	71
博野县	4551	72
广平县	4333	73
青龙满族自治县	4186	74
固安县	4068	75
桃城区	3988	76
深泽县	3856	77
新河县	3571	78
灵寿县	3567	79
阳原县	3313	80
曲周县	3303	81
唐　县	3222	82
沙河市	3204	83
高阳县	3187	84
安次区	3122	85
永年区	2887	86
雄　县	2884	87
玉田县	2857	88
临西县	2688	89
黄骅市	2644	90
鹿泉区	2512	91
武强县	2467	92
景　县	2431	93
清河县	2421	94
顺平县	2393	95
徐水区	2379	96
临漳县	2307	97
山海关区	2291	98
宣化区	2205	99
井陉县	2187	100
容城县	2129	101
柏乡县	2127	102
任　县	2117	103
赤城县	2107	104
望都县	2080	105
高邑县	1952	106
广阳区	1944	107
南和县	1841	108
青　县	1821	109
蔚　县	1814	110
南皮县	1801	111
崇礼区	1682	112
宽城满族自治县	1663	113
路北区	1596	114
满城区	1529	115
路南区	1523	116
任丘市	1502	117
孟村回族自治县	1256	118
东光县	1245	119
邱　县	1171	120
吴桥县	1134	121
阜城县	1029	122
肃宁县	1024	123
涿鹿县	1024	124
海兴县	917	125
怀来县	910	126
双桥区	859	127
万全区	789	128
涉　县	752	129
磁　县	694	130
安新县	688	131
滦平县	589	132
北戴河区	553	133
承德县	551	134
平泉市	524	135
赵　县	498	136
莲池区	398	137
邢台市桥西区	397	138
泊头市	345	139
鸡泽县	342	140
文安县	327	141
曹妃甸区	319	142
双滦区	283	143
邯山区	273	144
沧　县	249	145
复兴区	230	146
峰峰矿区	228	147
兴隆县	215	148
丛台区	208	149
栾城区	194	150
石家庄市新华区	167	151
盐山县	162	152
邢台市桥东区	136	153
鹰手营子矿区	90	154
涞源县	87	155
竞秀区	61	156
张家口市桥东区	51	157
下花园区	48	158
长安区	37	159
香河县	34	160
三河市	9	161
裕华区	8	162
运河区	4	163

3-4 各县(市、区)蔬菜总产量排序(2018年)

单位：吨

县(市、区)	蔬菜总产量	位次	县(市、区)	蔬菜总产量	位次	县(市、区)	蔬菜总产量	位次
玉田县	2191785	1	卢龙县	307770	57	万全区	86401	113
永清县	1805446	2	献　县	302873	58	曲阳县	85048	114
滦南县	1526572	3	顺平县	302291	59	内丘县	79671	115
沽源县	1397031	4	青龙满族自治县	297826	60	赵　县	78478	116
乐亭县	1394928	5	行唐县	289679	61	冀州区	78211	117
固安县	1389924	6	临漳县	279323	62	阜平县	76654	118
青　县	1307439	7	阜城县	278973	63	安平县	76450	119
定州市	1211711	8	大城县	263996	64	唐　县	74940	120
昌黎县	1128482	9	任　县	252993	65	栾城区	74830	121
丰南区	1124541	10	霸州市	243561	66	黄骅市	71725	122
张北县	967321	11	南宫市	239654	67	曹妃甸区	70212	123
滦州市	909313	12	蔚　县	230307	68	东光县	68351	124
永年区	877514	13	古冶区	222504	69	涉　县	68065	125
辛集市	811903	14	柏乡县	213454	70	临城县	64920	126
饶阳县	785662	15	安次区	210879	71	海港区	61165	127
围场满族蒙古族自治县	755022	16	深泽县	207876	72	怀来县	60546	128
藁城区	726004	17	安国市	203866	73	磁　县	57914	129
康保县	718222	18	易　县	200081	74	雄　县	57840	130
肥乡区	689339	19	曲周县	198252	75	双滦区	56362	131
隆化县	688383	20	崇礼区	188572	76	高阳县	55037	132
武邑县	627495	21	桃城区	181144	77	大厂回族自治县	53288	133
定兴县	600356	22	广平县	180118	78	安新县	48919	134
平泉市	591153	23	平乡县	179611	79	泊头市	45775	135
正定县	587503	24	山海关区	178164	80	兴隆县	44056	136
清苑区	542671	25	涞水县	177403	81	开平区	41698	137
迁安市	539573	26	满城区	175145	82	涿鹿县	40925	138
丰润区	527232	27	深州市	170752	83	阳原县	39678	139
无极县	515161	28	巨鹿县	169326	84	北戴河区	36066	140
肃宁县	509783	29	广阳区	163900	85	下花园区	35104	141
滦平县	504559	30	望都县	159309	86	莲池区	31914	142
遵化市	503965	31	容城县	152986	87	路南区	29540	143
丰宁满族自治县	497425	32	宽城满族自治县	151508	88	涞源县	26717	144
尚义县	491227	33	任丘市	150670	89	沙河市	25443	145
香河县	486208	34	路北区	148276	90	新河县	24070	146
鹿泉区	454874	35	怀安县	146006	91	海兴县	23423	147
大名县	453196	36	平山县	142295	92	竞秀区	21634	148
魏　县	451227	37	河间市	135692	93	鹰手营子矿区	18974	149
抚宁区	447098	38	宣化区	132161	94	石家庄市新华区	17204	150
赤城县	442276	39	吴桥县	129763	95	邯山区	17146	151
南和县	440658	40	元氏县	120256	96	孟村回族自治县	17058	152
隆尧县	432601	41	武安市	120088	97	邢台市桥东区	15812	153
高邑县	428294	42	邱　县	114594	98	双桥区	13871	154
成安县	427765	43	迁西县	111666	99	盐山县	12827	155
新乐市	422877	44	文安县	110285	100	长安区	12694	156
承德县	403881	45	高碑店市	107775	101	清河县	11749	157
蠡　县	392694	46	赞皇县	107315	102	石家庄市桥西区	8774	158
涿州市	392218	47	武强县	106968	103	张家口市桥东区	6511	159
故城县	380070	48	枣强县	103796	104	峰峰矿区	4935	160
鸡泽县	378766	49	博野县	100577	105	运河区	3936	161
徐水区	374194	50	威　县	100247	106	邢台市桥西区	3591	162
灵寿县	369229	51	广宗县	97295	107	井陉矿区	2664	163
晋州市	354047	52	临西县	96877	108	张家口市桥西区	766	164
馆陶县	333007	53	邢台县	95852	109	丛台区	714	165
三河市	328186	54	井陉县	90684	110	裕华区	706	166
宁晋县	324441	55	沧　县	90633	111	复兴区	7	167
南皮县	322641	56	景　县	87199	112			

3-5 各县(市、区)园林水果产量排序(2018年)

单位：吨

县(市、区)	园林水果产量	位次	县(市、区)	园林水果产量	位次	县(市、区)	园林水果产量	位次
晋州市	679394	1	玉田县	39791	56	文安县	7436	111
深州市	583468	2	武邑县	37730	57	任　县	7042	112
泊头市	375270	3	定州市	37063	58	安国市	6816	113
辛集市	346528	4	井陉县	36638	59	邯山区	6496	114
乐亭县	339426	5	迁西县	36297	60	平山县	5943	115
兴隆县	328599	6	枣强县	35962	61	丰宁满族自治县	5575	116
赵　县	312639	7	涞水县	34939	62	清河县	5365	117
顺平县	307859	8	阜城县	34317	63	东光县	5218	118
承德县	239389	9	丰润区	33943	64	高阳县	5139	119
魏　县	237247	10	鸡泽县	32980	65	海兴县	4941	120
青龙满族自治县	214205	11	邱　县	31814	66	路北区	4899	121
围场满族蒙古族自治县	207878	12	博野县	31746	67	井陉矿区	4430	122
永清县	203339	13	雄　县	31645	68	灵寿县	4275	123
沧　县	197367	14	滦平县	30222	69	万全区	4192	124
饶阳县	192040	15	三河市	26988	70	香河县	3953	125
满城区	170129	16	定兴县	25664	71	南和县	3905	126
威　县	166889	17	蠡　县	25128	72	曹妃甸区	3901	127
宁晋县	164388	18	涉　县	25047	73	无极县	3898	128
新河县	139115	19	南宫市	24866	74	正定县	3656	129
藁城区	138193	20	安平县	24458	75	高邑县	3521	130
怀来县	137168	21	平乡县	23654	76	长安区	3423	131
遵化市	132858	22	曲周县	22897	77	涞源县	3188	132
曲阳县	132593	23	山海关区	22830	78	阳原县	3175	133
卢龙县	131007	24	徐水区	22013	79	北戴河区	2825	134
抚宁区	121661	25	隆尧县	21962	80	磁　县	2676	135
行唐县	121406	26	武安市	21050	81	武强县	2586	136
邢台县	118936	27	临漳县	20911	82	赤城县	2057	137
平泉市	115573	28	涿州市	20742	83	宣化区	1974	138
昌黎县	105841	29	大名县	20135	84	栾城区	1725	139
巨鹿县	96000	30	馆陶县	17183	85	容城县	1659	140
易　县	95237	31	桃城区	16623	86	邢台市桥东区	1528	141
赞皇县	89619	32	鹿泉区	15222	87	双滦区	1321	142
深泽县	85252	33	广平县	15124	88	开平区	1321	143
固安县	82995	34	高碑店市	15033	89	运河区	1168	144
迁安市	72737	35	临城县	14248	90	鹰手营子矿区	1131	145
柏乡县	69500	36	望都县	13949	91	峰峰矿区	1061	146
黄骅市	67950	37	青　县	13595	92	下花园区	1050	147
成安县	67753	38	任丘市	13421	93	大厂回族自治县	717	148
南皮县	61428	39	安新县	12911	94	邢台市桥西区	649	149
阜平县	59023	40	海港区	12743	95	双桥区	511	150
大城县	58581	41	吴桥县	12646	96	怀安县	505	151
肃宁县	56265	42	丰南区	12460	97	莲池区	453	152
河间市	54919	43	广宗县	12361	98	石家庄市新华区	408	153
献　县	54222	44	临西县	12197	99	张家口市桥东区	404	154
宽城满族自治县	48056	45	沙河市	12111	100	盐山县	344	155
安次区	47424	46	永年区	11799	101	蔚　县	315	156
唐　县	46307	47	景　县	11087	102	丛台区	132	157
滦州市	46180	48	新乐市	10537	103	崇礼区	128	158
清苑区	45732	49	竞秀区	10268	104	沧州市新华区	66	159
肥乡区	44774	50	广阳区	9973	105	复兴区	66	160
隆化县	43847	51	故城县	8905	106	路南区	58	161
滦南县	43294	52	古冶区	8869	107	石家庄市桥西区	40	162
内丘县	42896	53	霸州市	8293	108	张家口市桥西区	8	163
冀州区	42414	54	孟村回族自治县	8244	109	尚义县	7	164
涿鹿县	42378	55	元氏县	7562	110			

3−6 各县(市、区)水产品总产量排序(2018年)

单位：吨

县(市、区)	水产品总产量	位次	县(市、区)	水产品总产量	位次	县(市、区)	水产品总产量	位次
乐亭县	135430	1	安次区	920	46	涞水县	198	91
曹妃甸区	117530	2	赞皇县	853	47	平泉市	195	92
昌黎县	90236	3	北戴河区	840	48	元氏县	185	93
滦南县	76578	4	赤城县	826	49	安平县	181	94
丰南区	66877	5	涿州市	706	50	武邑县	161	95
黄骅市	64325	6	行唐县	685	51	尚义县	154	96
安新县	17975	7	东光县	681	52	临西县	140	97
迁西县	12720	8	沙河市	650	53	孟村回族自治县	131	98
海兴县	7437	9	新河县	620	54	深泽县	127	99
三河市	7024	10	宽城满族自治县	606	55	定兴县	120	100
古冶区	6242	11	宣化区	600	56	满城区	115	101
永年区	5998	12	丰宁满族自治县	600	57	邢台市桥西区	110	102
阜平县	5767	13	大城县	600	58	双桥区	102	103
平山县	5460	14	桃城区	565	59	景　县	96	104
磁　县	5300	15	邢台县	536	60	高碑店市	90	105
灵寿县	5298	16	永清县	536	61	邱　县	88	106
鹿泉区	5115	17	隆化县	520	62	康保县	85	107
文安县	5108	18	承德县	517	63	藁城区	70	108
怀来县	4500	19	南皮县	503	64	魏　县	69	109
霸州市	4265	20	双滦区	480	65	徐水区	68	110
丰润区	4158	21	泊头市	467	66	阜城县	67	111
玉田县	4140	22	涞源县	424	67	巨鹿县	66	112
山海关区	3933	23	蔚　县	420	68	鸡泽县	61	113
曲周县	3790	24	围场满族蒙古族自治县	419	69	内丘县	40	114
涉　县	3200	25	深州市	418	70	辛集市	37	115
任丘市	2920	26	滦平县	397	71	肥乡区	35	116
易　县	2598	27	容城县	378	72	任　县	31	117
临城县	2400	28	阳原县	376	73	高阳县	30	118
峰峰矿区	2180	29	广阳区	362	74	广平县	27	119
献　县	2139	30	清河县	360	75	沧　县	24	120
曲阳县	2100	31	大名县	350	76	临漳县	22	121
香河县	2086	32	兴隆县	350	77	馆陶县	21	122
冀州区	1968	33	盐山县	343	78	沧州市新华区	19	123
开平区	1711	34	涿鹿县	340	79	南和县	18	124
青龙满族自治县	1600	35	怀安县	328	80	崇礼区	15	125
卢龙县	1565	36	青　县	321	81	井陉矿区	12	126
海港区	1508	37	南宫市	303	82	望都县	12	127
故城县	1421	38	井陉县	300	83	顺平县	12	128
唐　县	1403	39	威　县	298	84	定州市	10	129
武安市	1354	40	吴桥县	292	85	成安县	6	130
大厂回族自治县	1245	41	枣强县	269	86	宁晋县	5	131
遵化市	1175	42	固安县	243	87	万全区	4	132
抚宁区	1103	43	张北县	240	88	无极县	3	133
滦州市	1030	44	鹰手营子矿区	220	89			
沽源县	987	45	河间市	208	90			

3—7　各县(市、区)农林牧渔业总产值排序(2018年)

单位：万元

县(市、区)	农林牧渔业总产值	位次	县(市、区)	农林牧渔业总产值	位次	县(市、区)	农林牧渔业总产值	位次
滦南县	1247061	1	唐　县	397911	57	井陉县	193330	113
昌黎县	1127453	2	南皮县	396026	58	新河县	188901	114
乐亭县	1104922	3	临漳县	394892	59	磁　县	185933	115
定州市	1046143	4	赤城县	385977	60	安新县	183645	116
玉田县	995666	5	涿州市	385506	61	安次区	183169	117
辛集市	802402	6	隆尧县	384980	62	万全区	180062	118
永清县	794200	7	肃宁县	384191	63	盐山县	179387	119
围场满族蒙古族自治县	767336	8	灵寿县	382539	64	博野县	178173	120
青龙满族自治县	734769	9	馆陶县	380634	65	清河县	177699	121
滦州市	700747	10	河间市	364305	66	涉　县	174266	122
青　县	690739	11	景　县	354720	67	高邑县	173397	123
遵化市	672587	12	满城区	353472	68	武强县	172652	124
丰南区	670603	13	阜城县	348595	69	雄　县	168945	125
藁城区	657134	14	赵　县	346888	70	广平县	166844	126
隆化县	645948	15	康保县	343359	71	桃城区	160619	127
深州市	632559	16	南和县	340847	72	海兴县	160085	128
固安县	620985	17	安国市	325164	73	柏乡县	150017	129
丰润区	614734	18	蠡　县	314264	74	怀安县	147897	130
永年区	593048	19	迁西县	301434	75	临城县	143499	131
魏　县	581260	20	南宫市	299035	76	阜平县	143167	132
承德县	580676	21	栾城区	287991	77	容城县	140032	133
卢龙县	576428	22	鹿泉区	287084	78	古冶区	136242	134
吴桥县	566372	23	香河县	285609	79	沙河市	129249	135
抚宁区	563514	24	三河市	283153	80	广阳区	127780	136
黄骅市	559447	25	大城县	280395	81	山海关区	120069	137
正定县	555250	26	顺平县	279584	82	孟村回族自治县	119631	138
东光县	552869	27	泊头市	278595	83	海港区	116548	139
迁安市	551479	28	元氏县	274061	84	高阳县	110337	140
曹妃甸区	545582	29	邱　县	268924	85	崇礼区	105880	141
大名县	535076	30	蔚　县	268766	86	涞源县	93819	142
献　县	529825	31	宣化区	266921	87	峰峰矿区	80478	143
行唐县	521094	32	赞皇县	262934	88	开平区	69301	144
宁晋县	516231	33	平山县	259908	89	大厂回族自治县	65300	145
晋州市	504194	34	涿鹿县	259729	90	路北区	46673	146
新乐市	502901	35	临西县	257612	91	莲池区	40793	147
平泉市	498711	36	怀来县	255724	92	邯山区	40425	148
清苑区	485324	37	枣强县	252662	93	双滦区	40357	149
定兴县	478598	38	尚义县	252382	94	下花园区	38882	150
饶阳县	474738	39	宽城满族自治县	251800	95	张家口市桥东区	31874	151
肥乡区	467752	40	高碑店市	250126	96	北戴河区	31675	152
张北县	465844	41	曲阳县	249832	97	竞秀区	26198	153
巨鹿县	460943	42	涞水县	249144	98	路南区	23616	154
成安县	450895	43	安平县	249133	99	邢台市桥东区	17052	155
沽源县	450120	44	任丘市	243412	100	丛台区	16910	156
徐水区	449519	45	望都县	238743	101	长安区	16013	157
无极县	443494	46	平乡县	233164	102	邢台市桥西区	14814	158
丰宁满族自治县	441306	47	邢台县	229782	103	复兴区	12280	159
武邑县	439007	48	鸡泽县	229446	104	鹰手营子矿区	10550	160
曲周县	433380	49	深泽县	228649	105	运河区	9465	161
武安市	422613	50	冀州区	217935	106	双桥区	8639	162
威　县	416299	51	内丘县	213199	107	井陉矿区	7145	163
兴隆县	415076	52	霸州市	203057	108	石家庄市新华区	6446	164
沧　县	409305	53	广宗县	202636	109	张家口市桥西区	4628	165
滦平县	409197	54	任　县	202180	110	石家庄市桥西区	3760	166
故城县	407752	55	阳原县	198937	111	沧州市新华区	3668	167
易　县	406228	56	文安县	196826	112	裕华区	986	168

3—8 各县（市、区）农林牧渔业增加值排序（2018年）

单位：万元

县(市、区)	农林牧渔业增加值	位次	县(市、区)	农林牧渔业增加值	位次	县(市、区)	农林牧渔业增加值	位次
滦南县	765145	1	赵 县	241162	57	任 县	120099	113
乐亭县	759075	2	赤城县	239026	58	博野县	118881	114
昌黎县	675179	3	肃宁县	236256	59	安次区	116092	115
定州市	636927	4	涿州市	233740	60	阳原县	115643	116
玉田县	613553	5	故城县	229354	61	新河县	114387	117
永清县	554803	6	曲周县	229245	62	涉 县	109627	118
围场满族蒙古族自治县	515369	7	临漳县	227988	63	雄 县	108014	119
辛集市	484786	8	隆尧县	226071	64	万全区	104619	120
青 县	477386	9	南皮县	225989	65	安新县	104046	121
遵化市	460235	10	满城区	212384	66	阜平县	103855	122
青龙满族自治县	441261	11	南和县	208747	67	怀安县	102884	123
滦州市	432351	12	迁西县	207380	68	广平县	101421	124
固安县	432277	13	河间市	205911	69	磁 县	99668	125
藁城区	431025	14	顺平县	200469	70	盐山县	99668	126
丰南区	430454	15	阜城县	197793	71	清河县	98272	127
隆化县	411833	16	鹿泉区	197139	72	海兴县	94794	128
承德县	378097	17	馆陶县	192951	73	武强县	92978	129
晋州市	372562	18	景 县	191349	74	柏乡县	89497	130
深州市	372375	19	安国市	190221	75	桃城区	89121	131
平泉市	369389	20	香河县	186893	76	古冶区	84593	132
正定县	368775	21	南宫市	183476	77	容城县	83212	133
丰润区	364950	22	元氏县	180216	78	临城县	81492	134
魏 县	360176	23	康保县	179129	79	广阳区	79900	135
黄骅市	348566	24	宽城满族自治县	177903	80	山海关区	79879	136
卢龙县	346143	25	赞皇县	175322	81	沙河市	73125	137
永年区	342459	26	大城县	173664	82	海港区	72191	138
抚宁区	341260	27	泊头市	173538	83	高阳县	68773	139
行唐县	340256	28	栾城区	173213	84	孟村回族自治县	66762	140
迁安市	335959	29	三河市	171047	85	涞源县	58964	141
新乐市	332823	30	平山县	170661	86	崇礼区	58029	142
曹妃甸区	305983	31	蠡 县	168815	87	峰峰矿区	42831	143
献 县	305961	32	邱 县	160884	88	开平区	41413	144
宁晋县	302141	33	宣化区	154987	89	大厂回族自治县	41186	145
兴隆县	301506	34	涞水县	153434	90	路北区	32085	146
吴桥县	300627	35	高碑店市	152625	91	双滦区	26905	147
清苑区	298761	36	曲阳县	152411	92	莲池区	22860	148
定兴县	288848	37	临西县	151621	93	下花园区	22734	149
无极县	287658	38	涿鹿县	151491	94	邯山区	21674	150
饶阳县	285645	39	望都县	151076	95	北戴河区	19950	151
巨鹿县	284350	40	平乡县	150023	96	张家口市桥东区	16530	152
张北县	276309	41	深泽县	149082	97	竞秀区	16321	153
东光县	272075	42	蔚 县	148335	98	路南区	14480	154
肥乡区	269050	43	邢台县	146859	99	邢台市桥东区	10217	155
成安县	267586	44	怀来县	146784	100	长安区	9594	156
大名县	265044	45	任丘市	143762	101	丛台区	9301	157
唐 县	263871	46	尚义县	141843	102	邢台市桥西区	8254	158
丰宁满族自治县	263426	47	枣强县	140652	103	复兴区	7039	159
威 县	262462	48	鸡泽县	137170	104	鹰手营子矿区	7011	160
灵寿县	262052	49	井陉县	132054	105	双桥区	5466	161
徐水区	261434	50	霸州市	130803	106	运河区	5448	162
武安市	259624	51	安平县	128631	107	井陉矿区	4570	163
滦平县	257960	52	内丘县	126203	108	石家庄市新华区	4569	164
武邑县	248373	53	高邑县	124092	109	张家口市桥西区	2543	165
沽源县	248350	54	冀州区	123599	110	沧州市新华区	2139	166
沧 县	248204	55	文安县	123093	111	石家庄市桥西区	1226	167
易 县	245981	56	广宗县	120755	112	裕华区	661	168

3—9 各县(市、区)农村居民人均可支配收入排序(2018年)

单位：元

县(市、区)	农村居民人均可支配收入	位次	县(市、区)	农村居民人均可支配收入	位次	县(市、区)	农村居民人均可支配收入	位次
迁安市	23255	1	桃城区	15835	55	宽城满族自治县	12806	109
竞秀区	21787	2	武安市	15833	56	隆尧县	12690	110
莲池区	20941	3	永清县	15781	57	东光县	12575	111
路北区	20487	4	安平县	15703	58	平泉市	12531	112
北戴河区	19495	5	定兴县	15650	59	任　县	12524	113
海港区	19490	6	沙河市	15633	60	兴隆县	12343	114
山海关区	19319	7	曲周县	15624	61	内丘县	12333	115
曹妃甸区	19266	8	临漳县	15547	62	孟村回族自治县	12118	116
鹿泉区	19171	9	赵　县	15401	63	枣强县	12052	117
藁城区	19159	10	成安县	15400	64	故城县	11973	118
三河市	19122	11	大城县	15380	65	献　县	11644	119
晋州市	19096	12	肥乡区	15346	66	承德县	11118	120
井陉矿区	18807	13	景　县	15333	67	怀安县	11024	121
正定县	18531	14	无极县	15214	68	崇礼区	10860	122
涿州市	18398	15	清河县	15193	69	张北县	10833	123
高阳县	18220	16	滦南县	15171	70	赤城县	10715	124
安国市	18170	17	深州市	15141	71	青龙满族自治县	10683	125
香河县	18042	18	抚宁区	15128	72	涞水县	10547	126
路南区	17974	19	沧　县	15111	73	南皮县	10544	127
乐亭县	17619	20	磁　县	15081	74	盐山县	10539	128
栾城区	17487	21	鸡泽县	15010	75	沽源县	10466	129
清苑区	17411	22	冀州区	14971	76	鹰手营子矿区	10441	130
滦州市	17396	23	元氏县	14848	77	蔚　县	10413	131
容城县	17355	24	南和县	14826	78	万全区	10270	132
辛集市	17337	25	宁晋县	14813	79	平乡县	10176	133
徐水区	17325	26	河间市	14752	80	滦平县	10116	134
霸州市	17304	27	泊头市	14724	81	康保县	9984	135
迁西县	17258	28	复兴区	14625	82	阳原县	9666	136
丰南区	17236	29	安新县	14444	83	临城县	9484	137
怀来县	17140	30	邢台县	14160	84	尚义县	9359	138
古冶区	17137	31	沧州市新华区	14112	85	易　县	9328	139
玉田县	17066	32	邱　县	14076	86	平山县	9324	140
满城区	17004	33	临西县	14052	87	武邑县	9202	141
开平区	16959	34	高邑县	13960	88	广宗县	9127	142
新乐市	16954	35	肃宁县	13955	89	阜城县	9094	143
雄　县	16932	36	魏　县	13926	90	隆化县	9093	144
遵化市	16841	37	峰峰矿区	13880	91	威　县	9069	145
丰润区	16825	38	卢龙县	13724	92	围场满族蒙古族自治县	9002	146
大厂回族自治县	16820	39	望都县	13623	93	武强县	8991	147
文安县	16727	40	大名县	13618	94	饶阳县	8841	148
任丘市	16658	41	深泽县	13462	95	行唐县	8694	149
高碑店市	16650	42	宣化区	13372	96	海兴县	8658	150
安次区	16542	43	柏乡县	13336	97	阜平县	8590	151
永年区	16529	44	吴桥县	13315	98	丰宁满族自治县	8528	152
青　县	16494	45	涉　县	13284	99	巨鹿县	8401	153
邯山区	16491	46	井陉县	13259	100	灵寿县	8398	154
黄骅市	16391	47	广平县	13207	101	唐　县	8173	155
定州市	16252	48	馆陶县	13200	102	曲阳县	8086	156
昌黎县	16175	49	博野县	13176	103	涞源县	8065	157
固安县	16161	50	南宫市	13033	104	赞皇县	8054	158
广阳区	16157	51	双滦区	12918	105	顺平县	8037	159
丛台区	16036	52	下花园区	12880	106	新河县	8001	160
运河区	15875	53	涿鹿县	12866	107			
蠡　县	15846	54	双桥区	12812	108			

4-1 乡镇经济主要指标(2018年)

乡镇名称	行政区域面积(公顷)	乡镇户籍人口(人)	一般公共预算收入(万元)	粮食产量(吨)	现价农林牧渔业总产值(万元)	第一产业从业人员(人)
长安区西兆通镇	3000	42084	910.4	6525	5424	5450
长安区南村镇	3600	40555	9700	7869	8836	12088
长安区高营镇	1600	40634	943.4	1163	269	1870
长安区桃园镇	1836	36524	1419	311	1245	1011
井陉矿区贾庄镇	3455	25350	10041	72	4684	980
井陉矿区凤山镇	1929.7	15071	2851	398	1464	1358
井陉矿区横涧乡	1512.1	14755	5313.8	180	996	982
裕华区方村镇	1600	43110	2307	847	986	1105
藁城区廉州镇	8628	83282	18055	42087	48036	26475
藁城区兴安镇	6479	57280	7080.4	38597	43259	3711
藁城区贾市庄镇	5700	53056	5092.6	29305	89895	5752
藁城区南营镇	5256	48946	5919	41291	52811	3213
藁城区梅花镇	7445	67869	7569	75835	42947	5235
藁城区岗上镇	4547	37564	7859	28854	44003	4012
藁城区南董镇	4875	48428	5845	22723	15412	4814
藁城区张家庄镇	4740	61450	5434	42338	38832	5831
藁城区南孟镇	3974	50267	5273	33792	70404	2664
藁城区增村镇	5724	78720	2751	41339	38633	20457
藁城区常安镇	6630	58870	4725	45630	65036	23650
藁城区西关镇	4982	47487	5023	45952	41001	4110
藁城区九门回族乡	4660	47338	5018	39425	56159	5314
鹿泉区获鹿镇	4832	69773	28678	4379	10855	2820
鹿泉区铜冶镇	7270	71068	32700	28386	75297	10030
鹿泉区寺家庄镇	3984	44359	3095	22440	29805	2283
鹿泉区上庄镇	4872	49615	8319	11456	21950	7978
鹿泉区李村镇	6500	38992	2043	27695	31888	7725
鹿泉区宜安镇	6997	30389	1908	9836	22274	5981
鹿泉区黄壁庄镇	3250	19188	1126	9003	16998	6400
鹿泉区大河镇	6382	47966	1956	22706	44018	2083
鹿泉区山尹村镇	2355	14390	1962.2	8110	9827	1406
鹿泉区石井乡	4552	13893	1919	931	4361	1875
鹿泉区白鹿泉乡	4325	10906	1472	916	11827	1913
鹿泉区上寨乡	3170	10869	1214.8	2384	6160	3048
栾城区栾城镇	5171.6	77628	10199	29175	40129	6438
栾城区冶河镇	4327	53039	3076	30742	46805	5900
栾城区窦妪镇	5782.9	55796	6480	35986	54680	6934
栾城区楼底镇	3042.1	47770	4696	15682	21217	7321
栾城区南高乡	3674.7	29384	1352	33235	34990	4237
栾城区柳林屯乡	4815.9	45780	1521	29064	39485	4996
栾城区西营乡	5745.9	48856	701	43290	50685	8080
井陉县微水镇	9930.6	61571	4019	5947	19394	3182
井陉县上安镇	5773.9	23779	719.5	3984	9717	4001
井陉县天长镇	9892.6	37358	1110	6517	19310	12272
井陉县秀林镇	5727.6	25604	4270	5188	15583	5366
井陉县南峪镇	8122.1	14472	104	3056	8813	2174
井陉县威州镇	7779.2	27649	487	6893	20474	5182
井陉县小作镇	7692.6	17378	664.6	3562	12276	2972
井陉县南障城镇	10301.9	11428	126	2179	6888	2829
井陉县苍岩山镇	11966.5	10044	38	2161	10005	2122

4-1续1　乡镇经济主要指标(2018年)

乡镇名称	行政区域面积(公顷)	乡镇户籍人口(人)	一般公共预算收入(万元)	粮食产量(吨)	现价农林牧渔业总产值(万元)	第一产业从业人员(人)
井陉县测鱼镇	16734.1	14882	103	2931	9030	3255
井陉县吴家窑乡	4759.9	15159	2398	2806	9117	3366
井陉县北正乡	1889	10267	612	2208	5827	1472
井陉县于家乡	3432.3	7204	309	1546	6017	1210
井陉县孙庄乡	5304.2	16595	709	3482	12119	3911
井陉县南陉乡	4615.4	7975	17	1979	9373	2125
井陉县辛庄乡	16109.5	10109	408	2672	5965	3310
井陉县南王庄乡	7879.4	10486	58	2971	9543	2476
正定县正定镇	7684.1	129248	11259	32761	83972	9596
正定县新城铺镇	3719	40661	4835	27006	58782	5160
正定县新安镇	4365.5	40075	2806	33418	84232	6035
正定县南牛乡	4024.9	51017	4460	33366	61144	8068
正定县南楼乡	8443.5	58383	1351	40199	58246	9768
正定县西平乐乡	2512	23998	906.5	18999	35792	3835
正定县北早现乡	4179.6	43723	1493	39283	61620	7172
正定县曲阳桥乡	6781.5	54962	3960	36800	80530	8526
行唐县龙州镇	4243.1	45781	529	28789	32701	6661
行唐县南桥镇	6125.7	34586	1385.1	29143	36875	6121
行唐县上碑镇	2542.2	18693	36	13488	26374	3488
行唐县口头镇	14630.9	27400	850	17579	47286	8634
行唐县独羊岗乡	6111.4	43641	538	40346	58648	5300
行唐县安香乡	4285.5	31911	1812.3	28173	28369	6209
行唐县只里乡	6250.7	44167	385	40336	35083	5458
行唐县市同乡	2813.5	24838	891	16536	22206	3171
行唐县翟营乡	7153.9	38409	2101.8	37283	44807	9201
行唐县城寨乡	6023.3	21498	95	14236	37058	3047
行唐县上方乡	4909.2	26396	1150	22649	35046	5946
行唐县玉亭乡	6161	28922	776	13624	31104	4012
行唐县北河乡	4216.9	7684	470	4722	22185	2354
行唐县上闫庄乡	5847	6556	352	2480	12778	1650
行唐县九口子乡	13121.6	17054	862	1707	29523	2878
灵寿县灵寿镇	4474.6	65977	1010	19465	53671	3765
灵寿县青同镇	5639.1	28627	1001	19735	34030	7462
灵寿县塔上镇	4554.8	12073	217.8	6524	16007	3341
灵寿县陈庄镇	16081	22344	399	4242	22520	6570
灵寿县慈峪镇	9520	36165	780	15688	25836	8690
灵寿县岔头镇	8315.1	18643	16	3919	25959	6012
灵寿县三圣院乡	3039	26960	328	16511	23990	2815
灵寿县北洼乡	3312	23247	405	16593	35598	7653
灵寿县牛城乡	3886.6	24614	352	11649	21677	6321
灵寿县狗台乡	4484	24766	786.4	15550	38218	3978
灵寿县南寨乡	2470.7	17374	480.2	11885	25417	3190
灵寿县南燕川乡	7133	13695	382	5079	19521	3050
灵寿县北谭庄乡	3837.9	11741	286.5	5568	12219	2100
灵寿县寨头乡	10795.9	14056	477.8	3525	14272	4651
灵寿县南营乡	13952.8	10115	305	1632	13604	4566
高邑县高邑镇	3789.4	54974	6926	20234	25671	2671
高邑县大营镇	4633.9	34570	5634.6	41656	55028	8486
高邑县富村镇	5440.1	41189	2835.9	31114	20233	13080

4—1续2　乡镇经济主要指标(2018年)

乡镇名称	行政区域面积(公顷)	乡镇户籍人口(人)	一般公共预算收入(万元)	粮食产量(吨)	现价农林牧渔业总产值(万元)	第一产业从业人员(人)
高邑县万城镇	4995	45924	5422	36957	29088	14127
高邑县中韩乡	3377	26578	1000	24739	43377	5689
深泽县深泽镇	2814	48226	6352	10182	17490	2906
深泽县铁杆镇	7324	42303	3410	47631	48256	7700
深泽县赵八镇	3598	36334	3685	31694	27000	5735
深泽县白庄乡	5770	45649	1990	41143	64102	11638
深泽县留村乡	3831	35104	1636	29834	24773	7235
深泽县桥头乡	6263	50449	4951	41585	47028	10591
赞皇县赞皇镇	6281	66833	8318	17902	34698	7623
赞皇县院头镇	10710	24892	411	4439	22984	4856
赞皇县南邢郭镇	5166.2	26390	2099.2	10779	22477	4386
赞皇县嶂石岩镇	9642.1	7392	626.4	542	7969	1302
赞皇县西龙门乡	4353.9	29144	423.3	5253	22450	5159
赞皇县南清河乡	4808.4	23843	2814	7212	19724	5007
赞皇县西阳泽乡	7513	28978	1917.8	7551	21934	5081
赞皇县土门乡	4740	15404	1315	1657	18211	3632
赞皇县黄北坪乡	9808.1	14462	1554.4	1879	33317	3002
赞皇县许亭乡	14999.4	23995	2170.4	2549	33961	4415
赞皇县张楞乡	5684	17896	2248.4	5021	25209	3300
无极县无极镇	5700	52868	15900	32977	39197	12118
无极县七汲镇	5400	45430	634	38306	57400	10765
无极县张段固镇	5100	46156	17602	29954	32271	10158
无极县北苏镇	5728.1	60390	1879	45852	50599	13522
无极县郭庄镇	4300	45985	1061	33448	35366	10562
无极县大陈镇	4200	34509	470	26972	40694	8076
无极县高头回族乡	3200	37417	1399	26270	39242	8617
无极县郝庄乡	5727	56930	10421	38177	38295	13521
无极县东侯坊乡	5600	53255	4985	41957	41700	12156
无极县里城道乡	4600	45625	1863	30758	40972	10205
无极县南流乡	3000	26975	155	12652	27758	6052
平山县平山镇	18573.3	121423	12543	24952	48174	20956
平山县东回舍镇	7712.1	38378	780	11174	14154	14314
平山县温塘镇	9658	24498	1230	5425	19097	8828
平山县南甸镇	6413	26736	1850	7491	14401	8732
平山县岗南镇	9629.2	33668	678	5579	13829	9372
平山县古月镇	13267.1	19423	28	2173	8148	6044
平山县下槐镇	13801.1	17689	6	1604	13355	5866
平山县孟家庄镇	10401.1	8461	1	1048	8746	2623
平山县小觉镇	17813	18854	28	2212	7734	5894
平山县蛟潭庄镇	14907	7859	2	1206	6655	1932
平山县西柏坡镇	2940.3	7398	319	187	6256	2623
平山县下口镇	12075	8994	9	609	5648	4027
平山县西大吾乡	4178.3	23931	101	8824	16300	5064
平山县上三汲乡	4257.1	24843	45	9906	13023	7741
平山县两河乡	4643	22878	62	8098	9877	5691
平山县东王坡乡	12980	24223	98	8473	12890	9223
平山县苏家庄乡	5887.9	9432	30	1270	6882	3934
平山县宅北乡	10673	13554	25	2040	6663	4540
平山县北冶乡	20645	18515	61	2995	8012	7436

4-1续3　乡镇经济主要指标(2018年)

乡镇名称	行政区域面积(公顷)	乡镇户籍人口(人)	一般公共预算收入(万元)	粮食产量(吨)	现价农林牧渔业总产值(万元)	第一产业从业人员(人)
平山县上观音堂乡	11021.5	5217	1	734	4393	1315
平山县杨家桥乡	13778	9649	2	1355	4965	3108
平山县营里乡	23527	11346	1	1994	5550	3684
平山县合河口乡	16019	6012	106	1130	5156	1079
元氏县槐阳镇	5200	65158	4852	36036	34448	12534
元氏县殷村镇	3946	32733	887	3661		11800
元氏县南佐镇	4052	16694	665.3	11301	14521	6854
元氏县宋曹镇	3673.8	35539	580	31015	18347	20320
元氏县南因镇	3856.8	37582	563.9	33114	26037	8734
元氏县姬村镇	4353.6	30448	785	26196	18636	7066
元氏县北褚镇	4821.5	24056	50	24535	15554	16946
元氏县马村镇	4249.7	36190	3264.4	38757	29416	14471
元氏县东张乡	4536.1	41162	711.6	28744	25751	12003
元氏县赵同乡	3820	29497	971	25914	16391	1200
元氏县苏村乡	3655.7	15805	417.1	8755	20427	4500
元氏县苏阳乡	4805.1	25203	1714.5	18240	14095	15759
元氏县北正乡	5763.7	13712	398.2	7002	12840	8766
元氏县前仙乡	4379	10600	233	6571	6738	8612
元氏县黑水河乡	5837	14496	569	7924	11465	4659
赵县赵州镇	7827.3	121519	6128.6	69079	39324	16062
赵县范庄镇	8967.7	79953	1104.2	8	44292	18051
赵县北王里镇	6209.7	49706	1243.5	67498	31415	16984
赵县新寨店镇	4721.2	33179	3433.2	49296	23448	7429
赵县韩村镇	6441.8	52828	341.6	78392	37771	9828
赵县南柏舍镇	5825.1	43858	3244.3	63012	25794	9091
赵县沙河店镇	4676.9	37282	222.8	43983	20841	6785
赵县前大章乡	5945.5	47150	301.8	70921	30422	9125
赵县谢庄乡	7670.6	78728	437.1	7182	39656	17455
赵县高村乡	5718.1	44793	292	65247	28083	8213
赵县王西章乡	3394.9	30504	657.7	36723	25810	5948
石家庄高新技术产业开发区宋营镇	2637.7	61053	2584.9	5858	2209	7486
石家庄高新技术产业开发区郄马镇	2503.4	33880	2672.7	5053	2187	7844
石家庄循环化工园区丘头镇	5421	54159	4521	40000	16966	5674
辛集市辛集镇	7554	148388	19696.1	46938	34258	6698
辛集市旧城镇	5519.4	41959	1688.3	25952	98114	4903
辛集市张古庄镇	4593.2	30936	1310.1	25904	65631	7661
辛集市位伯镇	5154.8	41317	1818.6	48653	40614	7708
辛集市新垒头镇	4001	29784	2979.8	36553	49252	3786
辛集市新城镇	5555	22476	2987	40149	38351	3012
辛集市南智邱镇	7634	36919	1615.7	63804	40699	5809
辛集市王口镇	10366.8	37964	379.3	6317	15736	2971
辛集市天宫营乡	5352.4	30310	1586	33344	37691	3899
辛集市前营乡	5923.9	35310	1346.4	32504	74766	8181
辛集市马庄乡	7482.2	25460	1278.6	79925	52989	6150
辛集市和睦井乡	6710.8	34079	1814.7	55379	60608	5733
辛集市田家庄乡	8529.5	53023	2272	59036	59242	8965
辛集市中里厢乡	4231.9	22680	787	33129	51209	2918
辛集市小辛庄乡	4025.1	25003	1005.6	34046	23666	3205
晋州市晋州镇	8897	133740	5961.1	54016	50253	9795

4−1续4 乡镇经济主要指标(2018年)

乡镇名称	行政区域面积(公顷)	乡镇户籍人口(人)	一般公共预算收入(万元)	粮食产量(吨)	现价农林牧渔业总产值(万元)	第一产业从业人员(人)
晋州市总十庄镇	6441.3	56681	1847.6	29069	64102	144
晋州市营里镇	4625.9	37377	1189	17277	35108	5659
晋州市桃园镇	7686.4	59676	1670	24862	59772	9861
晋州市东卓宿镇	5407.5	47011	883.8	36504	37847	6721
晋州市马于镇	5965.5	46760	1819.3	27064	88502	8364
晋州市小樵镇	6387.7	64407	1550	55152	45350	7781
晋州市槐树镇	6947.4	62037	1291	53239	29274	9377
晋州市东里庄镇	6224.8	53084	1930	29334	78731	11390
晋州市周家庄乡	1625.1	14147	562.8	12598	7220	1262
新乐市化皮镇	3095	23560	1061	20703	32009	7411
新乐市承安镇	7932.1	80273	2043	51216	56702	6874
新乐市正莫镇	4101	24068	1339	13993	28938	4076
新乐市南大岳镇	2069.3	23032	703	17495	33733	3834
新乐市杜固镇	3151.6	33889	1230	21694	32868	3931
新乐市邯邰镇	8355.6	78265	1545.5	65928	75855	7280
新乐市东王镇	3829.5	32616	706	23541	39420	4119
新乐市马头铺镇	4542	46724	2481	35228	46317	4235
新乐市协神乡	4718.6	41644	1785	40291	49869	5422
新乐市木村乡	2748.3	22333	1278	13400	32551	891
新乐市彭家庄回族乡	2969.2	22661	818	19912	33352	2009
路南区稻地镇	5020	29302	5226	14355	20675	6335
路南区女织寨乡	2921.1	30468	20716.5	2198	2913	2291
路北区韩城镇	5603	55736	40995	15489	27657	12685
路北区果园乡	4000	64714	6001.6	2756	19017	13908
古冶区范各庄镇	6380	56198	1587	9099	37970	3533
古冶区卑家店镇	5767	32951	960.9	4935	22852	7958
古冶区王辇庄乡	7055.4	28582	910.9	3977	27953	7720
古冶区习家套乡	1818.3	14048	751.1	3708	14499	2488
古冶区大庄坨乡	1745	15106	5388	1461	32968	4322
开平区开平镇	6568.3	58906	1209.4	5031	10345	4717
开平区栗园镇	3398	30159	663	6473	13845	4595
开平区郑庄子镇	2254.2	19531	699.7	3563	4288	1107
开平区双桥镇	3170	15982	786	1600	2833	2230
开平区洼里镇	3200	20882	1916	5571	21082	2773
开平区越河镇	5642.9	35656	13547	9391	16908	6594
丰南区小集镇	7732.6	36280	75951	23056	36824	8207
丰南区黄各庄镇	6855.9	50095	19185	19739	52181	3922
丰南区西葛镇	4809.6	25134	8680	40416	24887	1584
丰南区大新庄镇	13372.7	56633	1309	46567	83935	19490
丰南区钱营镇	11467	41407	4302.6	21004	45472	10911
丰南区唐坊镇	4870.9	18211	1088	2570	16412	4215
丰南区王兰庄镇	8650	39568	2319.9	8766	49503	4233
丰南区柳树鄺镇	10906.2	30825	3571	29405	41253	7390
丰南区黑沿子镇	10729	24386	1954	3662	138044	5558
丰南区丰南镇	7416.7	79118	79400	7631	14171	2777
丰南区大齐各庄镇	3986	14099	2082	10902	36466	1597
丰南区岔河镇	4338.7	28161	950	16872	23791	6779
丰南区南孙庄乡	9418.2	25897	298	3215	53968	8435
丰南区东田庄乡	7288	17601	527	1084	38146	5423

4-1续5 乡镇经济主要指标(2018年)

乡镇名称	行政区域面积(公顷)	乡镇户籍人口(人)	一般公共预算收入(万元)	粮食产量(吨)	现价农林牧渔业总产值(万元)	第一产业从业人员(人)
丰南区尖字沽乡	4565	17865	1212	7216	15086	4430
丰润区丰润镇	9520	80007	29106	28675	82065	19852
丰润区任各庄镇	4994	29991	2237	17683	49650	9063
丰润区左家坞镇	8370	41036	486	16990	30838	11244
丰润区泉河头镇	5380	24310	919.7	11510	10250	5564
丰润区王官营镇	9710	39947	1017.2	17463	16737	17020
丰润区火石营镇	13180	30108	1626.7	11854	12560	10085
丰润区新军屯镇	4970	38903	1501	23158	40307	8111
丰润区小张各庄镇	2782	16056	956.9	13110	16589	7602
丰润区丰登坞镇	6820	40400	924	33646	32892	9766
丰润区李钊庄镇	6370	24256	1273	17162	31806	9320
丰润区白官屯镇	6605	45032	1160	35921	43275	30185
丰润区石各庄镇	4510	25090	1617.7	22315	23486	7936
丰润区沙流河镇	5630	36591	1133.2	26399	34362	9369
丰润区七树庄镇	2670	18954	1199.5	16032	15252	3480
丰润区杨官林镇	5143	28334	1038	13603	14217	4451
丰润区银城铺镇	5100	35172	4228.3	5098	8619	5452
丰润区常庄镇	2900	19700	1043.3	4978	6976	5099
丰润区姜家营乡	2977	15809	4295	5242	2679	2759
丰润区欢喜庄乡	3730	15879	1797.5	13828	10522	7500
丰润区刘家营乡	2700	14856	2035	3872	5001	4620
曹妃甸区唐海镇	5928	47528	2124	13560	20898	5049
曹妃甸区滨海镇	12400	23883	3932	11529	63025	3562
曹妃甸区柳赞镇	5490	14353	1041.4	2551	99809	3545
曹妃甸区一农场	5053.5	11875	1454	14219	24435	7566
曹妃甸区三农场	4658	6687	1370	8531	22157	994
曹妃甸区四农场	5359	7698	6457	8661	35643	1160
曹妃甸区五农场	3075	7094	1214	8979	26132	2163
曹妃甸区六农场	2080	6455	1392	4587	21310	1889
曹妃甸区七农场	6793	2683	2461	1035	10248	474
曹妃甸区八农场	8213	27891	1588	34746	84230	6935
曹妃甸区九农场	6400.1	15565	3857	18593	47972	3150
曹妃甸区十农场	4826	11942	1376	17204	19735	6620
曹妃甸区十一农场	8253	8067	1109	18000	43172	3542
曹妃甸区八里滩养殖场	121	1	642		994	35
曹妃甸区十里海养殖场	3233	1054	659		9409	253
滦南县倴城镇	9631	61952	2372	25581	60376	15285
滦南县宋道口镇	8744	50226	1435	44831	121033	17460
滦南县长凝镇	5368	34052	1347	28996	38558	10498
滦南县胡各庄镇	6752	35264	1906	27751	66988	7227
滦南县坨里镇	3756	18245	1005	12664	37503	7757
滦南县姚王庄镇	2659	16599	845	3644	75546	8252
滦南县司各庄镇	11947	42489	5818	39250	89107	16736
滦南县安各庄镇	6985	25403	878	23295	54079	10517
滦南县扒齿港镇	11601	38953	1346	41465	111164	17095
滦南县程庄镇	9193	52806	1387	32945	123825	21068
滦南县青坨营镇	8694	28498	989	22081	87197	10807
滦南县柏各庄镇	9670	48263	2253	35553	98677	14137
滦南县南堡镇	2614	15852	1038.3	5623	142991	6735

4-1续6　乡镇经济主要指标(2018年)

乡镇名称	行政区域面积(公顷)	乡镇户籍人口(人)	一般公共预算收入(万元)	粮食产量(吨)	现价农林牧渔业总产值(万元)	第一产业从业人员(人)
滦南县方各庄镇	5342	30022	1617	19413	40946	10155
滦南县东黄坨镇	5120	17139	1638	15439	54460	4301
滦南县马城镇	3066	17351	762	10713	28111	3598
乐亭县乐亭镇	7653.8	37783	3620.6	22165	127511	10031
乐亭县汤家河镇	7450.3	25050	3223.8	17390	113477	5181
乐亭县胡家坨镇	5096.8	20706	962.8	18400	58595	8188
乐亭县阎各庄镇	6780	34133	1324	20460	74060	9725
乐亭县马头营镇	6002	23617	1642.5	27934	55562	4354
乐亭县新寨镇	3980.4	24469	910.5	8457	63487	7286
乐亭县汀流河镇	4936.2	25699	2859.9	18118	77391	7502
乐亭县姜各庄镇	22636	48918	1584.3	31587	180515	14099
乐亭县毛庄镇	7544.6	31805	1377	19999	81951	8107
乐亭县中堡镇	8166.1	30951	1435.5	16394	95654	8846
乐亭县庞各庄乡	3868.2	20725	1994.3	10319	54311	6639
乐亭县大相各庄乡	3887.5	20729	2014.8	12770	63343	6096
乐亭县古河乡	6243.1	21339	2020	20117	49605	4658
迁西县兴城镇	13889	56154	17766	11170	33065	9250
迁西县金厂峪镇	8600	18149	1439	2108	12477	4269
迁西县洒河桥镇	6713	20259	3264	1211	21850	3736
迁西县太平寨镇	12310	36678	201	5153	18294	9342
迁西县罗家屯镇	6900	24516	790	6409	14511	6192
迁西县东荒峪镇	6444	15140	521	3395	15942	4013
迁西县新集镇	9645	27405	184	9551	23567	5720
迁西县三屯营镇	10100	29821	26473	4729	20644	6092
迁西县滦阳镇	10498	20025	1585	1975	22476	4500
迁西县白庙子乡	6436	18555	1564	4178	15199	3071
迁西县上营乡	8600	13426	236	1435	12800	3764
迁西县汉儿庄乡	11400	22245	733	2020	27895	6212
迁西县渔户寨乡	6798	11982	330	1379	12013	3001
迁西县旧城乡	3675	9935	2557	1192	11310	2819
迁西县尹庄乡	5982	20483	364	3328	16649	4460
迁西县东莲花院乡	6111	11871	71	3753	10644	2366
迁西县新庄子乡	5182.4	12415	804	3907	10030	3733
玉田县玉田镇	8033	70133	12235	25568	76665	5804
玉田县亮甲店镇	7470	40251	1484	31825	131209	6414
玉田县鸦鸿桥镇	6260	57660	2087	22559	66079	5481
玉田县窝洛沽镇	7770	52446	1796	41161	55604	5892
玉田县石臼窝镇	10340	37439	674	53344	85318	6850
玉田县虹桥镇	5490	32119	1613	22063	52021	11202
玉田县散水头镇	5100	27599	984	23397	41843	3483
玉田县林南仓镇	2900	23294	3376	10907	24289	2772
玉田县林西镇	6460	30876	4395	31579	53882	3873
玉田县杨家板桥镇	6560	27838	268	36169	45367	4030
玉田县彩亭桥镇	2750	20512	2270	10505	34180	2088
玉田县孤树镇	4470	27135	2540	16758	23040	6455
玉田县大安镇镇	5700	30912	583	20436	41739	3713
玉田县唐自头镇	5620	19866	222	10417	23159	3085
玉田县郭家屯镇	8390	35675	998	22281	38824	4521
玉田县杨家套镇	4850	29314	1947	18150	52900	6237

4-1续7　乡镇经济主要指标(2018年)

乡镇名称	行政区域面积(公顷)	乡镇户籍人口(人)	一般公共预算收入(万元)	粮食产量(吨)	现价农林牧渔业总产值(万元)	第一产业从业人员(人)
玉田县林头屯乡	3800	22727	116	13739	32071	4102
玉田县潮洛窝乡	6020	23407	309	27394	49580	5473
玉田县陈家铺乡	3730	16933	2755	19203	34460	2478
玉田县郭家桥乡	4200	18241	188	20152	33436	2843
唐山市芦台开发区海北镇	8613.2	28004	1269	20599	55660	9278
唐山市汉沽管理区汉丰镇	8950	24536	1301	13165	37972	7239
唐山高新技术产业开发区老庄子镇	3817	28477	94	8226	10849	11328
唐山海港开发区王滩镇	18415	51560	3236.5	40500	82728	11206
遵化市遵化镇	3132	45286	3475	111	23560	2155
遵化市堡子店镇	6750	41129	2140	18962	38944	7688
遵化市马兰峪镇	5205	25675	707	6504	15459	3469
遵化市平安城镇	9570	54237	818	25126	93248	7972
遵化市东新庄镇	6310	39196	913.4	18634	61606	5244
遵化市新店子镇	9497	49273	2750	17794	39330	9872
遵化市党峪镇	8154	27501	660	7556	25362	3000
遵化市地北头镇	6358	22293	176	9880	18819	4452
遵化市东旧寨镇	7552	23227	444	8479	26666	8421
遵化市铁厂镇	7613	19016	140	5335	27347	3548
遵化市苏家洼镇	6126	33480	3550	9417	13105	4823
遵化市建明镇	7230	34329	9223	6982	28345	6413
遵化市石门镇	7267	33628	838	19381	36276	4743
遵化市西留村乡	2922	26814	2034	7024	14563	87
遵化市崔家庄乡	2950	21966	1387.1	7337	21115	2498
遵化市兴旺寨乡	6450	22919	3969	6125	20209	3296
遵化市西下营满族乡	3396	11966	273	2010	9397	2886
遵化市汤泉满族乡	2432	9751	1464	2769	8330	1481
遵化市东陵满族乡	7021	24216	649	7879	29299	1769
遵化市刘备寨乡	6053	22492	173	15233	60478	3085
遵化市团瓢庄乡	4439	29869	716	15565	17855	4729
遵化市娘娘庄乡	7409	21481	574	3812	17268	4036
遵化市西三里乡	2303.5	18524	1105.9	2947	6975	1590
遵化市侯家寨乡	5853	14583	712.7	1355	7303	1995
遵化市小厂乡	9286.2	16906	241	1091	11728	3525
迁安市迁安镇	12813.9	186409	38583	16196	48404	9018
迁安市夏官营镇	7180.9	34129	891	12103	19204	3142
迁安市杨各庄镇	7600.7	38957	809	22061	43264	4077
迁安市建昌营镇	8992.5	46933	620	13659	60630	6553
迁安市赵店子镇	3943.1	24101	55605	6683	27827	2099
迁安市野鸡坨镇	7527.1	39297	34840	11284	33469	2514
迁安市大崔庄镇	6612.3	26612	289	5426	24743	3314
迁安市杨店子镇	9421	86379	51474	8869	23533	5836
迁安市蔡园镇	5571.2	27220	9778	4686	17495	2425
迁安市马兰庄镇	4916.1	24198	15654	1030	3393	861
迁安市沙河驿镇	4076.8	31225	25236	6687	33590	1025
迁安市木厂口镇	5878.9	25408	148952	5917	27627	1785
迁安市扣庄乡	7126	44208	1830	14150	38609	2943
迁安市彭店子乡	4055.4	23720	752	7470	20650	2109
迁安市上射雁庄乡	4434.5	25919	21846	5826	34473	4962
迁安市闫家店乡	4239.4	25589	106	6688	22015	2001

4-1续8　乡镇经济主要指标(2018年)

乡镇名称	行政区域面积（公顷）	乡镇户籍人口（人）	一般公共预算收入（万元）	粮食产量（吨）	现价农林牧渔业总产值（万元）	第一产业从业人员（人）
迁安市五重安乡	6771.4	27989	10567	4949	16712	3621
迁安市大五里乡	5049.7	18690	4245	3149	23123	1511
迁安市太平庄乡	6508	16886	12764	6756	32718	2913
滦县东安各庄镇	11672.5	65982	5385	25363	65005	14510
滦县雷庄镇	7742.5	37013	3726	14777	44098	7961
滦县茨榆坨镇	6125.1	26745	59339	19237	78794	4970
滦县榛子镇	9587.8	57135	8352	29049	66163	12758
滦县杨柳庄镇	8298.6	23221	6719	12534	40060	5868
滦县油榨镇	8243	47333	387	22966	40749	9695
滦县古马镇	6965	34561	7042	19563	74781	9166
滦县小马庄镇	8562.4	37644	1761	29889	104896	9354
滦县九百户镇	8036	34149	900	16553	36143	5737
滦县王店子镇	5911.9	27011	335	17049	38586	7633
海港区东港镇	1834	15569	1981	801	4276	1127
海港区海港镇	1287	11982	1687.7	255	68	152
海港区西港镇	2900	17314	7710.1	632	4510	1903
海港区海阳镇	2575.6	20854	2333.5	1462	8802	4340
海港区北港镇	5400	18747	1987	3086	8200	6704
海港区杜庄镇	9257.1	24124	7917	3510	8152	5669
海港区石门寨镇	17734.4	46821	21373.2	9640	19749	11919
海港区驻操营镇	23407.5	24944	2518.2	5292	171238	11801
山海关区第一关镇	2200	12343	1064	253	11515	4228
山海关区石河镇	11278.2	20856	1276	1120	76083	5257
山海关区孟姜镇	4153.3	18414	1319.9	1932	32471	5054
北戴河区海滨镇	917	13930	2440.2		5047	446
北戴河区戴河镇	3714	24979	5083	735	13944	5016
北戴河区牛头崖镇	3955.1	27948	9681	5306	12271	6467
抚宁区抚宁镇	19325.5	82918	4396	14854	127170	25126
抚宁区留守营镇	8970.5	48802	1954.1	19458	71087	12415
抚宁区榆关镇	13515.5	37403	1640	13089	63509	14490
抚宁区台营镇	15864	44773	1999.9	7853	58273	15823
抚宁区大新寨镇	21357	37434	1691	6443	49981	17149
抚宁区茶棚乡	11384.1	39889	1272	7756	67154	13540
抚宁区深河乡	3586	7929	1283	3344	6412	2383
青龙满族自治县青龙镇	36100	80990	1846.2	6066	52409	13784
青龙满族自治县祖山镇	31517	23379	1419	5973	26386	7862
青龙满族自治县木头凳镇	18600	33187	140	7917	79383	15218
青龙满族自治县双山子镇	10400	23571	660.7	5145	39069	8131
青龙满族自治县马圈子镇	18900	25936	1782.1	4856	26280	4977
青龙满族自治县肖营子镇	13400	35701	1322.2	8376	46455	9959
青龙满族自治县大巫岚镇	16500	35851	1193.3	7093	32365	10849
青龙满族自治县土门子镇	12000	26964	880	5637	57158	10178
青龙满族自治县八道河镇	17200	31559	1171.8	3913	30704	10849
青龙满族自治县隔河头镇	16711.7	27663	1126.9	3869	34399	14699
青龙满族自治县娄杖子镇	11100	24844	475	5253	39616	9370
青龙满族自治县凤凰山乡	7800	11382	464.9	2146	15375	4405
青龙满族自治县龙王庙乡	12100	17452	654	5368	17858	7157
青龙满族自治县三星口乡	10400	15054	421.4	3492	20309	3049
青龙满族自治县干沟乡	8800	10041	489.4	2454	12881	2329

4−1续9　乡镇经济主要指标(2018年)

乡镇名称	行政区域面积(公顷)	乡镇户籍人口(人)	一般公共预算收入(万元)	粮食产量(吨)	现价农林牧渔业总产值(万元)	第一产业从业人员(人)
青龙满族自治县大石岭乡	11500	12781	328	2870	24198	5410
青龙满族自治县官场乡	18400	12752	458	1790	18090	4304
青龙满族自治县茨榆山乡	11000	19466	420.8	4608	34231	5567
青龙满族自治县平方子乡	7915	11999	628	2569	13528	3936
青龙满族自治县安子岭乡	14000	15903	728.4	3196	18192	4194
青龙满族自治县朱杖子乡	6400	15603	834.7	2601	23011	6036
青龙满族自治县草碾乡	8520	11296	606.6	3159	24328	4118
青龙满族自治县七道河乡	6100	9692	564.7	1770	15179	691
青龙满族自治县三拨子乡	8400	12622	897	1839	14371	6579
青龙满族自治县凉水河乡	11500	20328	520	2824	18994	4356
昌黎县昌黎镇	8713	118584	3865.4	14185	45262	15001
昌黎县靖安镇	9027	42932	2381	15269	109636	18148
昌黎县安山镇	8290	47175	2194.7	33370	49280	12352
昌黎县龙家店镇	8260.4	43757	1602.1	28538	25337	8483
昌黎县泥井镇	7301	26569	1781	30396	47109	13323
昌黎县大蒲河镇	3500	11820	1509	8257	33677	4655
昌黎县新集镇	9112	31352	2586.6	20856	59812	16582
昌黎县刘台庄镇	5896.7	23365	1553	30256	52425	12283
昌黎县茹荷镇	4602	16067	83.4	17930	66360	7080
昌黎县朱各庄镇	5830	32087	1994	12804	14835	10048
昌黎县荒佃庄镇	7121.9	29401	1583	26136	71355	12143
昌黎县团林乡	1312.4	7213	1067	6171	24676	3161
昌黎县葛条港乡	4170	21711	1610	17628	28047	8685
昌黎县马坨店乡	10159.3	38011	1771	40547	72413	14950
昌黎县两山乡	5046.2	19703	1529	3031	22804	3031
昌黎县十里铺乡	3367.2	13437	1938.1	936	18816	6263
卢龙县卢龙镇	10645.2	68597	1199	21542	41140	15812
卢龙县潘庄镇	8293.9	25356	763	16175	29017	8706
卢龙县燕河营镇	10756.2	34479	1275	16888	49322	16238
卢龙县双望镇	7920.8	30178	411	21969	53031	10522
卢龙县刘田各庄镇	11095	44043	650	23556	76569	18891
卢龙县石门镇	8850.4	43842	2809	16196	37391	13290
卢龙县木井镇	6875.3	43337	375	22667	91199	11933
卢龙县陈官屯镇	7409.1	27596	463	14967	40696	10548
卢龙县蛤泊镇	5183.2	28447	385	12927	55697	10548
卢龙县下寨乡	4034.7	16667	444	12914	25217	6431
卢龙县刘家营乡	6194	17051	1390	6323	18830	4438
卢龙县印庄乡	7101.6	27981	429	19070	52172	11867
秦皇岛市经济技术开发区渤海乡	2100	9777		75	643	2541
邯山区北张庄镇	3600	31637	9919	8518	3769	7355
邯山区河沙镇镇	4814.1	47776	2030.9	38766	17157	7757
邯山区马庄乡	810	23490	1960	708	313	270
邯山区南堡乡	5845.8	52174	2033.7	20123	8904	9717
邯山区代召乡	4300	33486	2000	23237	10282	9376
丛台区黄粱梦镇	5819	61992	3068.3	15000	3000	8200
丛台区苏曹乡	800	36125	5550			
丛台区三陵乡	5579	29124	1458	11800	2300	4871
丛台区南吕固乡	2616.8	38995	1600	1250	250	6506
丛台区兼庄乡	2414	37102	1503.8	4000	352	8798

4—1续10 乡镇经济主要指标(2018年)

乡镇名称	行政区域面积(公顷)	乡镇户籍人口(人)	一般公共预算收入(万元)	粮食产量(吨)	现价农林牧渔业总产值(万元)	第一产业从业人员(人)
复兴区户村镇	4012.4	31786	3026.6	10518	6052	5580
复兴区彭家寨乡	1499.9	44469	1848.5	1661	936	4493
复兴区康庄乡	6014	29303	750	6187	5198	6520
峰峰矿区临水镇	1061	36880	1199.4		1400	400
峰峰矿区峰峰镇	4308	67085	1437	4342	5276	2261
峰峰矿区新坡镇	2415	28507	843	4248	7100	4818
峰峰矿区大社镇	4112.9	41219	429.7	9399	11218	5280
峰峰矿区和村镇	5249	55241	1738	4060	17854	5268
峰峰矿区义井镇	5686	51791	1985	4259	11388	4251
峰峰矿区彭城镇	3334.5	52227	1100	4086	6056	3900
峰峰矿区界城镇	2716	25069	846	2470	9224	1482
峰峰矿区大峪镇	2013	17374	1091.7	2378	3423	1693
峰峰矿区西固义乡	2043.4	14230	758	7698	5929	1532
肥乡区肥乡镇	8062	90952	6937	49102	64052	5971
肥乡区天台山镇	5928	45448	4471	44703	57138	6371
肥乡区辛安镇镇	4505	37423	608.3	41230	50115	4907
肥乡区大寺上镇	4539	37588	299	31951	45311	5428
肥乡区东漳堡镇	5352	38804	1947	34091	43396	6911
肥乡区毛演堡乡	5462	45897	2338	25388	64204	5651
肥乡区元固乡	5569	47757	369	31902	54086	8751
肥乡区屯庄营乡	5338	32485	1295	35037	42833	6235
肥乡区旧店乡	5499	36882	2032	43685	46615	7263
永年区临洺关镇	8208	161809	418	44088	29855	12758
永年区大北汪镇	4043	42717	320	32050	28715	5719
永年区张西堡镇	5087	53549	320	23930	50717	8040
永年区广府镇	4155	56855	912	16160	63165	10951
永年区永合会镇	7771	41216	220	10577	21136	7164
永年区刘营镇	3245	61671	584.1	34431	27433	7558
永年区西苏镇	4616	73423	248	44514	41256	11409
永年区讲武镇	3778	57630	469.9	32160	21902	8442
永年区东杨庄镇	3258	53501	414	35020	54329	7010
永年区界河店乡	3222	35614	6508	11021	21236	5343
永年区刘汉乡	4647	53321	235	40231	32156	8135
永年区正西乡	4371	43167	202	25248	28588	6514
永年区曲陌乡	3691.9	45897	494	29100	24011	4988
永年区辛庄堡乡	4430	50690	213	43742	28001	8121
永年区小龙马乡	4141	62170	336.3	41237	56225	6905
永年区西河庄乡	4583	38166	210	17752	43303	5730
永年区西阳城乡	2825	30542	220	12738	19831	4160
临漳县临漳镇	5201	104066	1485	34325	25760	2600
临漳县南东坊镇	2773.2	32486	330	25611	19421	2310
临漳县孙陶集镇	7354	70756	857	53677	27287	2210
临漳县柳园镇	7202.6	70689	699	63530	34573	21694
临漳县称勾集镇	5835	53217	115	49713	31727	2495
临漳县邺城镇	4879.6	39736	3215	30779	33520	11210
临漳县章里集镇	4196.4	46902	56	39877	22229	1895
临漳县狄邱乡	3664.2	36248	168	33284	27161	1866
临漳县张村集乡	7595	67439	150	63806	39993	24890
临漳县西羊羔乡	3058.9	27888	371	23238	20644	9297

4-1续11 乡镇经济主要指标(2018年)

乡镇名称	行政区域面积(公顷)	乡镇户籍人口(人)	一般公共预算收入(万元)	粮食产量(吨)	现价农林牧渔业总产值(万元)	第一产业从业人员(人)
临漳县杜村集乡	5448.6	61452	245	38182	26613	23176
临漳县习文乡	5848.1	43283	290	35327	26331	27853
临漳县砖寨营乡	5639.3	54796	241	49456	32105	18510
临漳县柏鹤集乡	4938.8	47242	183	49817	27528	17302
成安县成安镇	4856	81593	41657	26942	67834	11904
成安县商城镇	7215	70058	14756	44893	77919	10203
成安县漳河店镇	5065	43076	3527	30888	46633	6221
成安县李家疃镇	4908	49733	3788	43249	44874	7187
成安县北乡义镇	6425	50230	2309	30233	41991	7261
成安县辛义乡	5638	54521	2416	37649	49869	7926
成安县柏寺营乡	3365	28198	2454	22547	31584	4082
成安县道东堡乡	6475	55499	3376	37234	63387	8039
成安县长巷乡	4194	30934	5397	24062	26804	4475
大名县大名镇	4607	70833	570	32355	23941	2175
大名县杨桥镇	6297	52620	140	55585	29980	9464
大名县万堤镇	4906	38879	1166	40801	26133	5781
大名县龙王庙镇	5043	60846	1409.4	31891	22568	16477
大名县束馆镇	5364	44402	356	30575	32254	15763
大名县金滩镇	6065	57866	168	38509	23911	8202
大名县沙圪塔镇	5859	44918	1201.9	47116	25364	7551
大名县大街镇	6386	47542	740.3	49111	28605	8509
大名县铺上镇	4597	36558	479.5	29703	21762	5971
大名县孙甘店镇	5736	44809	867	23206	23920	8091
大名县王村乡	4832	48333	1088	42840	22412	9849
大名县黄金堤乡	5406	42561	420	42145	35067	12579
大名县旧治乡	5850	53256	260	48105	33130	14095
大名县西未庄乡	4344	35223	245	33565	26371	7581
大名县西付集乡	5440	52234	220	37355	32621	8346
大名县埝头乡	6348	54927	638	34048	27895	8768
大名县北峰乡	5002	39275	830	19916	25673	7700
大名县张铁集乡	6264	48478	280	23673	28746	8187
大名县红庙乡	4999	41759	146	28689	26483	8199
大名县营镇回族乡	1971	19978	316.7	8557	18192	5213
涉县河南店镇	7502.6	33528	563	6300	17042	4818
涉县索堡镇	9578	26337	331.6	4761	12301	8124
涉县西戌镇	4162.2	16550	484.9	1665	7382	2531
涉县井店镇	10836	44320	1079	3587	11134	8066
涉县更乐镇	6613	24074	860	2138	10114	2678
涉县固新镇	15435	26124	467.1	4860	13164	3674
涉县西达镇	9440	17611	256.2	2900	7152	2895
涉县偏城镇	13611.4	14933	400	1097	19431	915
涉县神头乡	6172.1	15058	888	3259	6958	3333
涉县辽城乡	11191.8	21258	283	4627	7474	3091
涉县偏店乡	4352	20030	753.2	2659	7491	4858
涉县龙虎乡	7633.2	23801	359.5	3582	10463	6151
涉县木井乡	6031.4	19370	278.9	3887	7119	5763
涉县关防乡	10503.5	17446	1258	3717	6357	4394
涉县合漳乡	11118	22043	301	2805	7704	3605
涉县鹿头乡	10917	18337	871.2	3790	13069	6437

4-1续12 乡镇经济主要指标(2018年)

乡镇名称	行政区域面积(公顷)	乡镇户籍人口(人)	一般公共预算收入(万元)	粮食产量(吨)	现价农林牧渔业总产值(万元)	第一产业从业人员(人)
涉县涉城镇	5710	65505	332.2	5748	9911	4890
磁县磁州镇	10430.3	164914	530.1	60220	76272	5474
磁县讲武城镇	7451.9	60057	294.1	44100	30470	6305
磁县岳城镇	9531.1	41505	4864	21930	12235	3989
磁县观台镇	4105.2	34957	323	10762	12279	4118
磁县白土镇	6675.3	25359	515.8	5757	8802	3475
磁县黄沙镇	2082.1	16969	445	3869	2076	2059
磁县路村营乡	3852	28828	411	8527	11724	3693
磁县时村营乡	4592.1	31002	1297.3	27270	8440	3683
磁县陶泉乡	9687.8	20789	336.2	2157	8354	3425
磁县都党乡	3804.4	19276	373	3953	4741	2694
磁县北贾壁乡	7295	34347	272	7126	8344	4825
邱县新马头镇	11952	51913	3812	33969	59292	10818
邱县邱城镇	5843.1	39141	580	24833	44526	11280
邱县梁二庄镇	6253	32527	1500	39500	37696	6900
邱县香城固镇	6099.1	35603	282	17982	40658	11937
邱县古城营镇	7027.1	36451	300.2	15052	45632	9464
邱县南辛店乡	5284.3	28255	220	31735	32267	7109
邱县陈村回族乡	1123.6	7726	139.8	4935	8823	982
鸡泽县鸡泽镇	6283.6	56490	7654	34900	37465	4375
鸡泽县小寨镇	6277	48306	2255.3	36025	39117	6218
鸡泽县双塔镇	3567.5	41516	625	26821	33622	2921
鸡泽县曹庄镇	4744.9	44562	753.2	27362	32093	4692
鸡泽县浮图店乡	5709.4	62341	1448.5	39043	33716	1937
鸡泽县吴官营乡	4280	33682	980	21917	26369	2390
鸡泽县风正乡	2761.4	28392	2240	18121	27064	2071
广平县广平镇	4961.8	76812	11121	35080	28022	12253
广平县平固店镇	5306	40710	1038	37160	17708	6905
广平县胜营镇	4692	50829	2950	34459	23989	9186
广平县南阳堡镇	3151.5	33367	1685.7	25515	26309	8617
广平县十里铺乡	4510.1	45758	3889.4	32791	26067	8493
广平县南韩村乡	4897.2	35892	652.5	35136	18236	12510
广平县东张孟乡	3843.1	30060	1596	25920	17943	9023
馆陶县馆陶镇	4825	74103	5915.3	24454	24885	7340
馆陶县房寨镇	4400.9	29365	621	31320	56215	7206
馆陶县柴堡镇	7447	51246	570	48954	40266	15355
馆陶县魏僧寨镇	5598	39450	2463	43630	55196	7046
馆陶县寿山寺乡	6110.1	47873	1500	46281	49027	10256
馆陶县王桥乡	5470.3	42654	298	42388	45592	9304
馆陶县南徐村乡	4269	31905	1079	14680	20243	10414
馆陶县路桥乡	7226	34364	300	50167	35355	14976
魏县魏城镇	6364.7	133464	1211	25387	42342	12920
魏县德政镇	2365.3	26944	439	12386	26280	5875
魏县北皋镇	6937.3	82305	800	46067	68266	16959
魏县双井镇	4876.7	51258	631.2	36028	34480	11297
魏县牙里镇	4835.1	68583	605.8	37734	34512	8567
魏县车往镇	4470	49715	820	31331	34125	8900
魏县回隆镇	4413	61860	3100	34696	36580	8454
魏县张二庄镇	6114.4	70366	266.8	43585	98965	16339

4-1续13 乡镇经济主要指标(2018年)

乡镇名称	行政区域面积(公顷)	乡镇户籍人口(人)	一般公共预算收入(万元)	粮食产量(吨)	现价农林牧渔业总产值(万元)	第一产业从业人员(人)
魏县东代固镇	2875.7	38416	620	4580	16776	7911
魏县院堡镇	2138.2	26655	968	16360	3599	4677
魏县棘针寨镇	2794.6	29660	591	12501	405	3942
魏县南双庙镇	4423.1	51246	590	31855	3687	8300
魏县沙口集乡	6183	55166	899	31616	34646	10135
魏县野胡拐乡	2612.3	25441	2508	15374	4128	5964
魏县仕望集乡	2380.8	25716	378	16125	4012	7070
魏县前大磨乡	3711.4	38236	725	25124	5527	6654
魏县大辛庄乡	4575.6	36540	530	30064	6125	140
魏县大马村乡	2239.2	22138	173	18171	3997	7256
魏县边马乡	5092.5	59693	225	40993	10000	10500
魏县北台头乡	2687.2	31087	298	22454	5321	4407
魏县泊口乡	4271.2	54804	560.3	27526	5946	11039
曲周县曲周镇	7366	91695	1671.9	35347	78966	14756
曲周县安寨镇	8738	69079	1500	67774	53825	14000
曲周县侯村镇	9891	71708	1700.5	72494	47570	9950
曲周县河南疃镇	7440	51591	1967.3	47953	37263	8529
曲周县第四疃镇	8457	46948	9096	43970	30870	14657
曲周县白寨镇	6553	63146	1435.4	52886	64686	17331
曲周县槐桥乡	5713	34489	1230	34875	35180	7022
曲周县南里岳乡	5291	40713	1307.3	40938	31148	7143
曲周县大河道乡	3620	28355	1226.3	21315	30909	6596
曲周县依庄乡	4599	35165	1335	18629	22963	7497
邯郸经济技术开发区尚璧镇	2918.6	38928	803	8740	32778	6700
邯郸经济技术开发区南沿村镇	3992	53360	192	14235	60450	29725
邯郸经济技术开发区小西堡乡	4518	45981	689	16825	67870	20231
邯郸经济技术开发区姚寨乡	5358	46254	203	16278	63470	6712
冀南新区高臾镇	5275	46196	713	27950	13158	11049
冀南新区西光禄镇	5263	27416	807	15619	11260	2805
冀南新区林坛镇	6427	36108	636.2	32332	10587	4034
冀南新区马头镇	1800	34487	814	3750	2000	2652
冀南新区辛庄营乡	1539	28917	366	13300	10220	4200
冀南新区花官营乡	3449	42072	1190	24500	15020	12350
冀南新区台城乡	3052	30054	622	14780	11880	3721
冀南新区南城乡	5507.6	27934	231.3	26956	13133	6576
武安市武安镇	4150	113009	135905	3306	5122	1290
武安市康二城镇	7000	35394	758	3138	4855	4215
武安市午汲镇	7200	44590	39195	37240	57711	7476
武安市磁山镇	5354	30254	1357.7	11248	17123	4436
武安市伯延镇	4300	20166	615.2	19195	29752	4676
武安市淑村镇	6404.6	26216	660.4	12292	19052	4856
武安市大同镇	7400	49037	1049	20129	31200	9700
武安市邑城镇	6619.6	45526	596.5	22354	34649	4125
武安市矿山镇	9966	47355	389	7238	11219	8326
武安市贺进镇	10900	29142	512.9	3391	6523	8078
武安市阳邑镇	10700	50279	975.1	12455	19305	6855
武安市徘徊镇	10361	31954	360	12480	19344	6500
武安市冶陶镇	7500	25861	600	10144	15723	10258
武安市上团城乡	5130	37210	78931	9137	14152	5280

4-1续14　乡镇经济主要指标(2018年)

乡镇名称	行政区域面积(公顷)	乡镇户籍人口(人)	一般公共预算收入(万元)	粮食产量(吨)	现价农林牧渔业总产值(万元)	第一产业从业人员(人)
武安市北安庄乡	3200	18956	402	14174	21970	3912
武安市北安乐乡	5000	34534	165	764	1184	6320
武安市西土山乡	7396	57487	295	20437	31667	320
武安市西寺庄乡	6750	45574	318	12986	20128	10640
武安市活水乡	20990	27419	550	5341	8279	9418
武安市石洞乡	7100	24736	450	16701	25887	2678
武安市管陶乡	18800	21276	220	4940	7657	4902
武安市马家庄乡	8370	21695	418	7965	11577	5712
桥东区东郭村镇	1307	20154	743	1559	1697	799
桥东区祝村镇	4827.6	45836	1480	23911	6473	5810
桥东区大梁庄乡	898	13283	1209	556	2178	
桥西区南大郭镇	2500	33302	8267	4395	2335	4098
桥西区李村镇	6500	39155	7583.5	15237	7012	4652
邢台县晏家屯镇	4681	30801	4065.7	17508	11511	2020
邢台县南石门镇	10238	49132	2978	13071	18585	6510
邢台县羊范镇	7817	31457	2871	10715	8572	2544
邢台县皇寺镇	15500	37174	3248.2	12689	1260	5629
邢台县会宁镇	10400	40685	1220	21738	16653	3692
邢台县西黄村镇	14000	22544	1985	5519	17270	2505
邢台县路罗镇	14726.6	16885	2279.5	2989	9496	2150
邢台县将军墓镇	12515	14922	1910	1696	8540	5937
邢台县浆水镇	16300	26151	1516	3031	37229	5831
邢台县宋家庄镇	16200	19233	1416	1986	21995	2730
邢台县太子井乡	6500	13385	1882.3	3279	6673	3848
邢台县龙泉寺乡	15156.5	14045	2536.1	2982	9791	1764
邢台县北小庄乡	11435.9	10404	1040.1	1302	16552	3689
邢台县城计头乡	8900	10319	1250.3	1216	6580	1500
邢台县白岸乡	12100	11016	665	1200	4441	3300
邢台县冀家村乡	8230.7	10429	1079.5	1479	10088	1712
临城县临城镇	12900	62820	7740.4	34812	27497	8580
临城县东镇镇	5296	26104	650	23704	14969	4556
临城县西竖镇	8867	19733	1508.5	6804	28908	4127
临城县郝庄镇	9482	15677	1515.6	4145	10656	3828
临城县黑城乡	10271	29539	1360	24401	18746	9227
临城县鸭鸽营乡	9071	33534	110.5	31118	21317	6697
临城县石城乡	7333	11942	638	6331	10698	3694
临城县赵庄乡	16369	19689	1915.9	4764	10708	3381
内丘县内丘镇	6520	64038	1250	31734	18868	7195
内丘县大孟村镇	7650	36011	1021.1	26253	22173	9766
内丘县金店镇	9920	70275	2820	33463	31931	9444
内丘县官庄镇	4857	33177	919.9	54230	20838	7540
内丘县柳林镇	9160	24173	830	32346	23018	7131
内丘县五郭店乡	7998	31738	976.7	12392	26242	9261
内丘县南赛乡	9645	13534	764.2	3314	28738	2158
内丘县獐獏乡	5660	7563	50	479	11408	710
内丘县侯家庄乡	17390	16232	664.3	2148	120000	2249
柏乡县柏乡镇	5030	51905	1515	40376	24646	4521
柏乡县固城店镇	5238	41871	948	42100	29688	7293
柏乡县西汪镇	3660	33796	978	25375	35089	4675

4-1续15 乡镇经济主要指标(2018年)

乡镇名称	行政区域面积(公顷)	乡镇户籍人口(人)	一般公共预算收入(万元)	粮食产量(吨)	现价农林牧渔业总产值(万元)	第一产业从业人员(人)
柏乡县龙华镇	5460	39703	1177	51581	27188	4469
柏乡县王家庄乡	3320	19658	503	22931	15636	3076
柏乡县内步乡	3290	19117	909	24346	17770	5022
隆尧县隆尧镇	8155.7	100862	9423.7	52364	50724	13451
隆尧县魏家庄镇	4112.9	36384	561.5	32644	27451	4436
隆尧县尹村镇	6772	54600	472.7	37772	33401	6500
隆尧县山口镇	5465.9	39881	746.5	39940	33575	9056
隆尧县莲子镇镇	7511.8	46554	4349.9	46546	21324	11527
隆尧县固城镇	6446	49726	863.6	60384	28018	7147
隆尧县东良镇	6899	60744	380.5	52572	41194	13435
隆尧县北楼乡	3796.1	35949	163.1	33991	31156	9842
隆尧县双碑乡	3668.1	33332	160.9	25442	28426	4515
隆尧县牛家桥乡	4989.1	28653	119.1	33831	30318	9988
隆尧县千户营乡	7797.8	40660	7.3	54139	32932	10240
隆尧县大张庄乡	6789.1	39886	65.1	51894	21954	11423
任县任城镇	5600	57909	4966	50287	30893	5854
任县邢家湾镇	5300	47764	2293	47767	23536	10420
任县辛店镇	3500	44025	1187	30071	22415	7350
任县天口镇	6296	51648	977	52136	24691	6720
任县西固城乡	6300	46895	1101	44231	31595	7418
任县永福庄乡	4900	38070	1706	51298	22410	6550
任县大屯乡	6800	53846	4226	60626	32967	8655
任县骆庄乡	4000	38256	851	28220	20688	6259
南和县和阳镇	4514	52550	3747.3	32140	45632	6223
南和县贾宋镇	6768	57786	2682	57808	59111	8350
南和县郝桥镇	6110.5	69713	2632.4	48707	49925	12701
南和县东三召乡	5800	55579	2437.3	46878	47031	12344
南和县阎里乡	4515	43167	1632.9	30487	45496	8757
南和县河郭乡	4461.1	37206	2704	32824	38301	8914
南和县史召乡	3800	43046	1952	26002	32560	10080
南和县三思乡	4532	37610	2786	20964	22791	10327
宁晋县凤凰镇	9263	123552	51396	54457	48152	18834
宁晋县河渠镇	7960	72208	1011	63540	33109	21428
宁晋县北河庄镇	5996	56782	488	56492	34085	13258
宁晋县耿庄桥镇	13312	68322	1783	103744	31376	19072
宁晋县东汪镇	5860	39197	1005	41174	29674	11909
宁晋县贾家口镇	8616	59192	8737	65554	34619	12424
宁晋县四芝兰镇	8586	61620	645	58289	46205	12240
宁晋县大陆村镇	6636.7	53841	1745	58718	32623	7784
宁晋县苏家庄镇	8666.7	70511	2028	49711	52858	11401
宁晋县换马店镇	5572.2	47572	596	40775	33127	13357
宁晋县唐邱镇	6014.8	52682	362	45893	35625	13226
宁晋县侯口乡	5825.5	28876	4954.3	48888	19847	6061
宁晋县纪昌庄乡	5931	28399	138	40914	27041	8585
宁晋县北鱼乡	2061	10117	565	18557	10014	3014
宁晋县徐家河乡	3913	24497	1386.3	36717	27147	8704
宁晋县大曹庄乡	2087.5	19040	1611	18190	14617	6013
巨鹿县巨鹿镇	8335.9	91288	5234	22556	83140	13887
巨鹿县王虎寨镇	4721	30816	1274	15477	29159	7015

4-1续16　乡镇经济主要指标(2018年)

乡镇名称	行政区域面积(公顷)	乡镇户籍人口(人)	一般公共预算收入(万元)	粮食产量(吨)	现价农林牧渔业总产值(万元)	第一产业从业人员(人)
巨鹿县西郭城镇	3718	15715	1495	20707	21998	2372
巨鹿县官亭镇	6390.3	40731	1428	37292	30915	13946
巨鹿县阎疃镇	6351.6	36257	1568	17480	51258	17092
巨鹿县小吕寨镇	3759	26520	1807	9866	26354	8373
巨鹿县苏家营镇	7989	46724	1327	26828	41220	9999
巨鹿县堤村乡	7310	53621	248	19366	51767	16294
巨鹿县张王疃乡	7456	49127	510	23756	47380	18212
巨鹿县观寨乡	6639.9	40617	1123	27866	77752	12738
新河县新河镇	5706	44920	590	28260	12084	10202
新河县寻寨镇	5456	27988	638	30960	13238	8900
新河县白神首乡	4135	19387	580	23320	9972	4200
新河县荆家庄乡	6664	27294	499	47778	33472	10200
新河县西流乡	6689	28559	1484	17100	7312	4632
新河县仁让里乡	7665	27435	430	19700	8424	2985
广宗县广宗镇	6480	58766	1920.4	7215	74802	5099
广宗县冯家寨镇	6813	46784	216.8	21898	66226	8274
广宗县北塘疃镇	9219	56215	1780	6366	35512	9651
广宗县核桃园镇	6793	39762	727.2	26337	13159	8327
广宗县葫芦乡	4199	27610	372.2	5206	961	6349
广宗县大平台乡	7309	47808	646	6708	5113	5711
广宗县件只乡	4890	32789	528.4	7152	1117	8587
广宗县东召乡	3669	25508	615.9	13524	5746	2905
平乡县平乡镇	5270	43968	1703.2	39832	31678	4726
平乡县河古庙镇	6370	50660	3489.1	31479	36791	3286
平乡县节固乡	5730	50700	1564	43486	35543	7512
平乡县油召乡	6550	55393	1789.9	52706	38892	9175
平乡县田付村乡	4940	35017	1684	29024	28343	5704
平乡县寻召乡	5290	39231	1450.6	28749	31337	5729
威县洺州镇	6836	75099	1301	7857	28388	5671
威县梨园屯镇	5540	36971	502.4	8078	24940	8874
威县章台镇	6256.8	43075	730.2	2420	29188	14860
威县侯贯镇	7082.4	39890	906	11646	20390	10214
威县七级镇	6145.7	35832	835	12880	25685	16218
威县贺营镇	6562.1	37009	610	11600	21427	9298
威县方家营镇	5307.8	31221	800	7374	19683	7714
威县常庄镇	5613	31926	707.6	11701	30166	7624
威县第什营镇	8243.5	46631	776	7770	30297	14536
威县贺钊镇	6937	40507	799	6845	22244	3712
威县赵村镇	5853.1	34939	898.3	9558	32955	5950
威县枣园乡	5546.3	44752	999.4	13680	21186	7761
威县固献乡	6654	39016	880	10360	19200	9870
威县张家营乡	5289.9	29404	346	11025	24710	5449
威县常屯乡	7586	38812	963	12022	27575	7311
威县高公庄乡	5769.4	34749	688	11538	38248	10342
清河县葛仙庄镇	12698	135134	4769	36502	26079	8620
清河县连庄镇	8219.5	67296	1703	52683	11459	6359
清河县油坊镇	7150	59789	1488	62990	27729	7336
清河县谢炉镇	7021	60081	2042.4	48827	25331	13305
清河县王官庄镇	7200	66548	2704	42909	20621	6010

4−1续17　乡镇经济主要指标(2018年)

乡镇名称	行政区域面积(公顷)	乡镇户籍人口(人)	一般公共预算收入(万元)	粮食产量(吨)	现价农林牧渔业总产值(万元)	第一产业从业人员(人)
清河县坝营镇	7771	53815	1852	56958	18597	12548
临西县临西镇	3350	33734	2463	19743	16573	5000
临西县河西镇	5300	46627	1377	26127	21276	5720
临西县下堡寺镇	6000	39912	2221	25650	36956	6125
临西县尖冢镇	6000	43955	1663.1	40985	23268	4550
临西县老官寨镇	7400	43747	2719	57271	32385	4550
临西县吕寨镇	5610	38948	2142	35356	26498	6807
临西县东枣园乡	4400	29485	791.6	22780	19338	7580
临西县摇鞍镇乡	7700	46563	1627.4	48675	35476	6971
临西县大刘庄乡	6500	44008	1393.2	44544	24254	8590
河北邢台经济开发区东汪镇	2080	31346	943	7525	4715	9367
河北邢台经济开发区王快镇	2860	37697	1460	7626	4902	
河北邢台经济开发区沙河城镇	2985	19942	1050	9180	3170	3200
河北邢台经济开发区留村镇	6930	58800	1200	28000	5100	19600
南宫市苏村镇	5060	24364	668	18142	13363	5251
南宫市大高村镇	4620	23382	445	12574	21872	6033
南宫市垂杨镇	7760	47259	1000.2	24984	18727	6444
南宫市明化镇	6950	37713	746.5	22267	29844	5798
南宫市段芦头镇	9290	60698	2147.2	24705	20660	13077
南宫市紫冢镇	8550	48308	1074.2	30018	31546	7905
南宫市大村乡	5870	27351	713.9	17781	21694	7503
南宫市南便村乡	6080	34103	921.5	18745	22068	5687
南宫市大屯乡	5640	24118	782	9987	20027	5634
南宫市王道寨乡	5800	26399	822	10212	18792	6923
南宫市薛吴村乡	6680	37561	1164	18351	33298	7853
沙河市新城镇	5244	46286	1317	20021	13515	6975
沙河市白塔镇	8400	49327	1800	13928	14135	12900
沙河市十里亭镇	6330	32949	7753	10520	11997	7080
沙河市綦村镇	10842	34996	7984	5135	16941	8373
沙河市册井乡	6065.6	29794	855.6	5054	9013	9277
沙河市刘石岗乡	7550	26836	722	10771	10566	1000
沙河市柴关乡	8310	18712	785	3436	8271	3347
沙河市蝉房乡	15230	19290	781	2889	13961	2579
竞秀区颉庄乡	1139.9	21349	1684	419	290	3794
竞秀区富昌乡	1415.6	24426	1202	4123	1301	2775
竞秀区韩村乡	550	19069	1293	433	168	520
竞秀区南奇乡	2272.1	23794	2170.7	5208	6719	6954
竞秀区江城乡	4289	40967	12023	18379	17719	7300
莲池区韩庄乡	2317.1	56901	872	7466	7280	1680
莲池区东金庄乡	1530	21530	11850	1339	7428	5360
莲池区百楼乡	2707	25201	1713	10119	5578	5169
莲池区杨庄乡	1272	15131	604.3	1100	3208	3960
莲池区南大园乡	1722	28383	120		481	3736
莲池区焦庄乡	2980	36214	2092.6	7241	7580	4000
莲池区五尧乡	2779	38814	9206	606	9238	3801
满城区满城镇	8798.7	111446	9064	22970	95084	27551
满城区大册营镇	4740	39604	1278.7	12826	28985	9236
满城区神星镇	7370	43390	2010	8976	32873	16700
满城区南韩村镇	5933	46285	6912.6	27649	58323	13731

4-1续18　乡镇经济主要指标(2018年)

乡镇名称	行政区域面积(公顷)	乡镇户籍人口(人)	一般公共预算收入(万元)	粮食产量(吨)	现价农林牧渔业总产值(万元)	第一产业从业人员(人)
满城区方顺桥镇	5198	45866	1387	24397	36408	11380
满城区于家庄乡	2947	24371	7030.8	17883	24036	5064
满城区要庄乡	2816	25282	1121.1	11676	28280	9799
满城区白龙乡	4750	18392	1183	4425	10603	7167
满城区石井乡	5924.3	24651	885.2	4952	19087	2465
满城区坨南乡	6667	18638	849.4	2458	13078	5918
满城区刘家台乡	7862	7092	579.8	843	6715	1785
清苑区清苑镇	4690	43174	4846.5	14666	16491	6691
清苑区冉庄镇	6440	38801	813.9	38197	30947	5765
清苑区阳城镇	6563	38961	982	50947	27561	11420
清苑区魏村镇	4529	41876	2955	33044	18333	8113
清苑区温仁镇	6709	53633	1159	21467	53164	25353
清苑区张登镇	5538	40831	1056	9164	42599	14565
清苑区大庄镇	2900	27744	699.4	15953	15175	5134
清苑区臧村镇	4069	34940	578	26135	21341	13165
清苑区望亭镇	4687	43084	930	33640	36648	19051
清苑区白团乡	5051	37336	1710	38756	14087	9942
清苑区北店乡	4502	33154	1033.5	18145	19381	4935
清苑区石桥乡	6635	46363	1331.8	29000	33443	21544
清苑区李庄乡	4860	28531	643	32951	23559	6794
清苑区北王力乡	4499	31958	979	10412	31534	10680
清苑区东吕乡	5909	48025	976	19721	57195	12789
清苑区何桥乡	3938	30461	972.9	30000	16193	9625
清苑区孙村乡	2200	19615	648	12656	14507	5122
清苑区阎庄乡	2233	21434	475	14736	13166	5397
徐水区安肃镇	8154	135407	34636	45339	57853	21500
徐水区崔庄镇	7036.2	77533	1536	51377	42758	8729
徐水区大因镇	5744.3	62994	2603.6	37299	42043	22433
徐水区遂城镇	6790.1	53672	1297	47854	37706	20294
徐水区高林村镇	6576.9	46846	1834.2	44818	65101	12180
徐水区大王店镇	7270.5	50239	1918	21590	49888	20590
徐水区漕河镇	5287	40198	4603	25303	46496	6872
徐水区东史端镇	4236	38504	1000	25222	21053	6555
徐水区留村镇	3733.3	31155	782	23020	21400	7911
徐水区正村镇	3588.5	29842	142	21052	26380	9990
徐水区户木乡	3588.8	26420	1350.5	24644	18077	9401
徐水区瀑河乡	3357.9	16938	2237.2	8628	13500	5530
徐水区东釜山乡	3813	14427	59	5988	3292	3660
徐水区义联庄乡	3122.3	9400	895.8	3565	3300	4900
涞水县涞水镇	4431	37834	350	13378	32566	13949
涞水县永阳镇	6486.1	30899	1237.8	11840	20954	9817
涞水县义安镇	5335.6	32162	314.7	19146	27612	7838
涞水县石亭镇	7356.9	37331	1106	11040	17014	13313
涞水县赵各庄镇	25311.6	21789	665	2043	16394	8985
涞水县九龙镇	22418.6	16287	495	1899	13815	4598
涞水县三坡镇	21837	13131	240	974	6137	3059
涞水县一渡镇	4798.1	10327	790.4	1539	5000	2470
涞水县明义镇	3331.3	22498	340	13132	20244	9188
涞水县王村镇	3443.6	22510	1370.1	9703	12605	9586

4-1续19 乡镇经济主要指标(2018年)

乡镇名称	行政区域面积(公顷)	乡镇户籍人口(人)	一般公共预算收入(万元)	粮食产量(吨)	现价农林牧渔业总产值(万元)	第一产业从业人员(人)
涞水县娄村镇	16205.5	29364	3262	8407	26121	12052
涞水县东文山乡	3200	17818	328	7398	10858	2711
涞水县其中口乡	17677.6	7167	567	1223	3950	3093
涞水县龙门乡	21306.5	10798	525	1661	6729	5397
涞水县胡家庄乡	2520.8	15108	1066	8794	29239	6103
阜平县阜平镇	29440	58763	1153.9	10000	16778	9036
阜平县龙泉关镇	14872	7800	120	860	2290	1700
阜平县平阳镇	18726	26608	200	8100	6000	9020
阜平县城南庄镇	27580	21829	1337	4160	22928	7340
阜平县天生桥镇	16483	11319	663.8	1560	15060	9000
阜平县王林口镇	10550	20827	450	184	9327	3490
阜平县台峪乡	11367	8561	196	4171	6322	1685
阜平县大台乡	17714	13146	30	1043	6464	4226
阜平县史家寨乡	26380	9265	642.9	105	5726	5754
阜平县砂窝乡	23169	11764	1074	4816	5731	3700
阜平县吴王口乡	20423	6722	150	6000	4868	1040
阜平县夏庄乡	16942	5324	85	1037	4550	964
阜平县北果元乡	15947	23701	1922.6	4870	13909	9244
定兴县定兴镇	6587	100233	30244	15060	15123	3781
定兴县固城镇	6724.2	55862	721.7	47486	42924	9785
定兴县贤寓镇	6722.2	48087	447	42133	51227	13906
定兴县北河镇	3328.6	24002	630.5	19881	18937	3295
定兴县天宫寺镇	4259	40270	526.6	27593	29858	9360
定兴县小朱庄镇	4486	35897	519.9	28935	28713	6980
定兴县姚村镇	3090.6	22322	498	23195	19687	7986
定兴县东落堡乡	3917.7	28623	564	23143	24353	17677
定兴县高里乡	8245.2	56098	789	45890	61687	19814
定兴县张家庄乡	2823	20949	376	21180	23347	3910
定兴县肖村乡	3751	27388	427	26266	46432	1337
定兴县柳卓乡	3155.6	27113	449.6	21770	18797	1295
定兴县杨村乡	3856.3	34669	489.9	21022	25750	9601
定兴县北田乡	4879	41767	540.3	25815	36736	19296
定兴县北南蔡乡	2815	22098	364.7	20124	16566	6993
定兴县李郁庄乡	2777	20556	1796	20688	18461	4798
唐县仁厚镇	5000	91112	4430.4	18185	25766	9842
唐县王京镇	4600	55072	1138	36604	22320	7960
唐县高昌镇	5500	35993	510	16200	26432	15331
唐县北罗镇	4100	55090	899.1	16329	19983	7141
唐县白合镇	11000	31073	1210.6	5374	15778	8888
唐县军城镇	9700	23153	1360	4046	8300	8410
唐县川里镇	10100	8908	493.9	1045	1657	2109
唐县长古城镇	4310	44261	1332	20555	33903	12607
唐县罗庄镇	5400	40335	96	5980	11789	10512
唐县都亭乡	3400	25922	175	8641	28886	6130
唐县南店头乡	1780	24364	1015.4	7364	39900	6228
唐县北店头乡	7910	33576	773	2999	21726	10799
唐县雹水乡	2900	18728	605.7	2605	2463	10235
唐县大洋乡	5100	25162	878.2	1966	9041	11177
唐县迷城乡	5200	10929	266	5034	2783	5026

4-1续20　乡镇经济主要指标(2018年)

乡镇名称	行政区域面积(公顷)	乡镇户籍人口(人)	一般公共预算收入(万元)	粮食产量(吨)	现价农林牧渔业总产值(万元)	第一产业从业人员(人)
唐县齐家佐乡	11600	25893	816	5884	15325	7196
唐县羊角乡	9200.5	12283	548.8	1664	5087	3059
唐县石门乡	9215	9157	47.4	1180	4100	3679
唐县黄石口乡	11800	17321	632.2	2076	3145	4200
唐县倒马关乡	10300	4401	293	925	1205	1508
高阳县庞口镇	8611.4	50783	1077	30512	22400	10185
高阳县西演镇	7197.3	50768	841.3	34200	23920	10244
高阳县邢家南镇	5050.2	36977	280	16124	9470	7984
高阳县晋庄镇	5405.7	35924	701.5	35054	12790	7949
高阳县蒲口乡	5249	25588	901.4	23758	13191	4841
高阳县小王果庄乡	4395.8	30438	1033.7	23702	9725	6528
高阳县庞家佐乡	4273.8	26450	650	14140	13387	5020
容城县容城镇	7590	70075	2252	43096	31930	4710
容城县小里镇	3500	28383	830	27561	13803	4893
容城县南张镇	5380	49689	1938.4	44712	23344	10298
容城县大河镇	3200	25406	743	23847	11464	3735
容城县晾马台镇	3380	26933	910	18449	10962	3608
容城县八于乡	2920	22369	318	19804	11332	5517
容城县贾光乡	2380	26754	733	21714	24623	5275
容城县平王乡	3050	26687	995	18178	12574	4138
涞源县涞源镇	20300	46107	1862.1	10806	11092	15576
涞源县银坊镇	23200	14899	200	2821	6195	2351
涞源县走马驿镇	15700	18560	736.3	1407	6732	6668
涞源县水堡镇	15300	7890	562.7	1855	4485	2000
涞源县王安镇	14600	16214	1535.6	2524	4917	6540
涞源县杨家庄镇	11700	12012	1701	792	1836	1382
涞源县白石山镇	15700	19347	1728.1	6310	7549	6658
涞源县南屯镇	7100	12368	1342.9	4088	4993	4407
涞源县南马庄乡	13500	10494	1357	928	5666	2263
涞源县北石佛乡	14900	19654	1403	7930	10053	8784
涞源县金家井乡	17700	14750	3952	4364	6257	3805
涞源县留家庄乡	14000	7595	1392	1983	5166	2927
涞源县上庄乡	19300	15009	255	3225	5998	5998
涞源县东团堡乡	19400	15191	789	3130	4105	7123
涞源县塔崖驿乡	7500	6569	1250.5	1168	3695	2350
涞源县乌龙沟乡	7500	6201	428	714	2825	3190
涞源县烟煤洞乡	7400	5361	470	370	2255	1752
望都县望都镇	3980	55970	1456.1	27330	22327	9156
望都县固店镇	4994	31500	733	37053	34307	13540
望都县贾村镇	4016	31172	615.1	23309	31973	6450
望都县中韩庄镇	6610	30314	646	49134	33184	13025
望都县寺庄乡	4883	36275	453	35923	28815	8028
望都县赵庄乡	3413	27532	605.6	31246	29776	10210
望都县黑堡乡	3822	29880	550	28259	27713	4916
望都县高岭乡	4031	29156	662.4	30536	32426	10308
安新县安新镇	7138	51558	1525	18657	13057	4887
安新县大王镇	7300	30235	1997.8	34432	13460	8464
安新县三台镇	5600	34670	2150	23108	10210	4572
安新县端村镇	7200	49438	1216.1	28262	20966	4436

4-1续21　乡镇经济主要指标(2018年)

乡镇名称	行政区域面积(公顷)	乡镇户籍人口(人)	一般公共预算收入(万元)	粮食产量(吨)	现价农林牧渔业总产值(万元)	第一产业从业人员(人)
安新县赵北口镇	2260	23908	750	4545	7447	1807
安新县同口镇	8800	36175	817	43256	8253	13214
安新县刘李庄镇	6200	53019	1323	20252	16371	18368
安新县安州镇	7481	41314	1236	30745	13872	17618
安新县老河头镇	6090	45257	1142.3	36247	15076	13313
安新县圈头乡	4500	29747	842	90	10656	6325
安新县寨里乡	5795.8	37929	1093.7	29196	11768	5616
安新县芦庄乡	4100	21449	774	26794	12771	10648
易县龙化乡	5344.6	33881	647.9	15711	15840	7127
易县易州镇	5749.6	61640	1250	9549	15452	3487
易县梁格庄镇	13929	32123	326	4012	16982	5361
易县西陵镇	8318	16628	270	3822	20635	4331
易县裴山镇	8506.4	35505	1461	16582	21445	14064
易县塘湖镇	11308	44940	3035	13284	39536	17366
易县狼牙山镇	16976.3	17615	1080.8	5254	10804	5315
易县良岗镇	16778.2	12215	220	1999	6355	3691
易县紫荆关镇	25992	19691	552	2869	34285	3269
易县高村镇	9152.8	37468	436.2	12391	32985	7886
易县桥头乡	5249	27662	200	19163	17369	5194
易县白马乡	7002	16728	248	5934	13265	3188
易县流井乡	11950.7	18103	388.5	5822	21388	3223
易县高陌乡	6731.9	49876	891	30653	38535	14073
易县大龙华乡	7497.4	12584	1169.6	1619	5825	1500
易县安格庄乡	10325.6	11446	205	917	6095	4139
易县凌云册乡	6210	32448	266	25956	37275	13793
易县西山北乡	9212.5	23156	375.2	5249	19641	7407
易县尉都乡	4081	16825	170	6928	7598	3155
易县独乐乡	3318.2	9985	587.6	959	17345	3580
易县七峪乡	4730	2676	216	608	2850	1033
易县富岗乡	7368.8	5992	645	355	2355	1617
易县坡仓乡	6935.8	5660	215	930	4189	1588
易县牛岗乡	8203.8	5713	110	650	2672	2342
易县桥家河乡	7954	4476	505.6	469	1959	728
易县甘河净乡	6077.2	1521	217.1	725	2258	554
易县蔡家峪乡	6996.9	2509	557	230	1705	1019
易县南城司乡	16940.6	13930	95	3981	5398	3113
曲阳县恒州镇	5361	62149	1246	15269	7498	15376
曲阳县灵山镇	12120	68844	540	7400	7085	18907
曲阳县燕赵镇	4708.7	50865	1090	20706	14290	14852
曲阳县羊平镇	4845.9	48039	1057.6	7091	4878	8912
曲阳县文德镇	4361.9	50055	320	22573	13500	12721
曲阳县晓林镇	6283.5	42786	195	9114	6289	12755
曲阳县邸村镇	3040	27081	883.2	11758	8190	6509
曲阳县齐村镇	7754.1	18372		2083	1434	3450
曲阳县路庄子乡	3107.8	18668	160	6200	4200	5472
曲阳县下河乡	5982.1	33646	791	6747	10023	7648
曲阳县庄窠乡	2864.7	13491	637	2232	370	4281
曲阳县孝墓乡	6802.3	29725	150	29853	14195	14870
曲阳县东旺乡	6209.5	42307	958.4	12951	8521	8532

4-1续22 乡镇经济主要指标(2018年)

乡镇名称	行政区域面积(公顷)	乡镇户籍人口(人)	一般公共预算收入(万元)	粮食产量(吨)	现价农林牧渔业总产值(万元)	第一产业从业人员(人)
曲阳县产德乡	8371.6	37135	145	7563	5654	7341
曲阳县党城乡	5723.3	26680	898.1	3613	2122	8320
曲阳县郎家庄乡	9597.7	26259	900	2583	1792	8506
曲阳县范家庄乡	5038.8	11232	456	652	1450	2680
曲阳县北台乡	6221.1	13093	829	1865	1217	3223
蠡县蠡吾镇	9948	104968	1413	31050	31850	22784
蠡县留史镇	5950	58891	5709	10818	13119	15782
蠡县大百尺镇	7421.6	62224	810.5	29982	19047	12653
蠡县辛兴镇	6253	52014	858.3	78944	12000	8862
蠡县北郭丹镇	2565.2	22055	702.3	14793	15100	2170
蠡县万安镇	2952	30698	420	15200	19000	3930
蠡县桑园镇	3688.6	29386	642.6	20521	28962	6101
蠡县南庄镇	6929.7	41886	416	37915	34763	19043
蠡县大曲堤镇	2860	26080	658.9	5196	13102	12382
蠡县鲍墟镇	5828	42865	754	25462	11486	11578
蠡县小陈乡	2958	24407	492.8	23967	13121	10926
蠡县林堡乡	2725	21940	424	11600	14100	7800
蠡县北埝头乡	5170	25656	110	31600	2500	16280
顺平县蒲阳镇	6473	56582	1817.5	30695	48010	19380
顺平县高于铺镇	6729	54076	1018	35741	55142	23836
顺平县腰山镇	5224	37867	481	18797	38859	11825
顺平县蒲上镇	5950	32723	1811.7	11797	28284	12132
顺平县神南镇	8980	12551	763.2	2257	6548	7631
顺平县白云乡	6276	30138	860	9736	37700	9951
顺平县河口乡	5836.9	17644	433	482	25782	6937
顺平县安阳乡	8964	19076	577.2	3489	18591	8369
顺平县台鱼乡	5922	18652	190	2681	21714	7502
顺平县大悲乡	10822	20925	410	2937	12115	6030
博野县博野镇	7828	68817	1666	31309	34879	7758
博野县小店镇	3092.7	32676	622.7	16467	17431	4002
博野县程委镇	7093	45641	2093	36112	31780	11466
博野县东墟镇	2873.6	26160	1194.8	16656	19659	6739
博野县北杨镇	2813	27966	445	13575	22651	7156
博野县城东镇	4095.8	32785	550	14514	22264	5989
博野县南小王乡	5294.5	37920	846.4	27251	29509	12706
雄县雄州镇	9018	77965	2361	26179	22746	15479
雄县昝岗镇	4503	36932	1277	16233	15210	220
雄县大营镇	6137	39706	1171	28160	2736	18650
雄县龙湾镇	8074	56558	4230	24330	21959	8412
雄县朱各庄镇	5116	38222	1302.1	12720	16188	4500
雄县米家务镇	5769	39998	1146	27251	10684	10526
雄县鄚州镇	6479	28351	1881	14020	14346	1130
雄县苟各庄镇	6208	32089	4893	19722	11579	1713
雄县北沙口乡	3833.4	24717	735	25508	8743	6230
雄县双堂乡	4109	23675	801	18102	11950	11525
雄县张岗乡	4879	33606	736	7055	15308	9660
雄县七间房乡	5220	29756	1342	10797	12353	1176
保定高新技术产业开发区贤台乡	2867	25720	2260	3684	2369	5136
保定高新技术产业开发区大马坊乡	1930	18507	1200	3077	3410	6400

4-1续23 乡镇经济主要指标(2018年)

乡镇名称	行政区域面积(公顷)	乡镇户籍人口(人)	一般公共预算收入(万元)	粮食产量(吨)	现价农林牧渔业总产值(万元)	第一产业从业人员(人)
保定白沟新城白沟镇	5434	57930	51852	7159	6987	3796
涿州市松林店镇	7153.6	63312	2583.6	33974	32570	14832
涿州市码头镇	5932	38245	1721.8	17722	32391	14185
涿州市东城坊镇	10062.6	44900	1519	32526	22520	13600
涿州市高官庄镇	4259	27895	910	18979	30056	10120
涿州市东仙坡镇	4485.2	35401	1486.5	14809	32391	7130
涿州市百尺竿镇	5658	46442	1541.4	22176	23573	10314
涿州市义和庄镇	8120.2	41054	8188	22059	83300	16503
涿州市刁窝镇	6811.2	38634	1738	24760	34339	12127
涿州市林家屯镇	5042	38490	980	26472	43301	11830
涿州市豆庄镇	6380.9	39715	1681.3	32128	32391	21000
涿州市孙庄乡	2987.3	18401	897	10971	32391	3580
定州市留早镇	8687.2	50104	953	72686	46356	8117
定州市清风店镇	5355.7	49942	976	34445	20206	6111
定州市庞村镇	4662.4	51512	911	30712	45185	7481
定州市砖路镇	5596.4	58322	658	38068	44799	9580
定州市明月店镇	4136.6	52995	909	28836	21342	11799
定州市叮咛店镇	8316	63554	1057	58384	31426	13150
定州市东亭镇	4917	36864	978.3	20144	45682	7280
定州市大辛庄镇	4244.3	34210	832	505	78000	5450
定州市东旺镇	4425.2	33586	879.2	19381	40621	6920
定州市高蓬镇	5615	48201	937.1	31110	46982	4958
定州市邢邑镇	4839	37708	827	33704	31103	5649
定州市李亲顾镇	4972.2	45773	1125	42053	24070	5103
定州市子位镇	6096.3	47367	758.7	43662	39861	4987
定州市开元镇	4397	54823	1167.6	34893	18533	28976
定州市周村镇	5036.1	53578	1008.6	36455	23235	12277
定州市息冢镇	5544	44095	410	27695	36028	6840
定州市东留春乡	4962	31599	723	30850	42608	5406
定州市号头庄回族乡	5406	39600	887.7	45053	68852	10400
定州市杨家庄乡	3600.2	35321	876.5	23160	26910	6378
定州市大鹿庄乡	6022.9	48731	976.2	22016	39457	13834
定州市西城乡	3487.7	27589	924.1	23275	18397	5453
安国市伍仁桥镇	3480	34886	403	22850	29510	8060
安国市石佛镇	5495	38114	773	25440	28440	10523
安国市郑章镇	5500	40599	3320.9	25563	27806	11720
安国市大五女镇	3900	25945	544	21330	23785	9351
安国市西佛落镇	3150	30583	68	12260	27656	8514
安国市西城镇	3500	31480	386	25542	25490	9022
安国市明官店乡	4700	36182	902.6	16895	23560	8401
安国市南娄底乡	3952	39931	512	30890	31290	4778
安国市北段村乡	4700	25848	1380	25280	29995	7148
高碑店市方官镇	6400	51753	5953	43169	26108	16934
高碑店市新城镇	7000	54489	2220	32263	37613	14955
高碑店市泗庄镇	5600	39219	1800	27954	19385	10286
高碑店市辛立庄镇	6030	45180	2350	46247	24861	16530
高碑店市东马营镇	4000	33176	1169.7	16837	17220	7535
高碑店市辛桥镇	7200	42429	3459	44143	24140	10294
高碑店市肖官营镇	4500	30170	2593.5	19275	12928	5721

4-1续24　乡镇经济主要指标(2018年)

乡镇名称	行政区域面积(公顷)	乡镇户籍人口(人)	一般公共预算收入(万元)	粮食产量(吨)	现价农林牧渔业总产值(万元)	第一产业从业人员(人)
高碑店市张六庄镇	6200	41338	4057	34050	23617	11996
高碑店市梁家营乡	2900	29507	1151	21925	29734	10740
桥东区姚家庄镇	4622	13910	2323	6087	3151	4402
桥东区大仓盖镇	11100	23329	2135.4	19660	17210	8149
桥东区东望山乡	18680	17064	2264	13826	7882	7599
桥东区东窑子镇	10408	21459	2714.1	854	4628	1258
宣化区庞家堡镇	12803	21960	2369	3633	4727	2753
宣化区深井镇	33259.3	33337	1598	27564	38882	10552
宣化区崞村镇	27193.9	21244	1442	12421	30900	7326
宣化区洋河南镇	12121	33289	2455	20323	26705	7126
宣化区贾家营镇	16426.1	20838	1140.1	20547	26164	8478
宣化区顾家营镇	4750.4	13078	1125.8	11180	13412	4626
宣化区赵川镇	17619	32793	1663	22840	35747	10265
宣化区河子西乡	4899.8	17027	6823.2	9298	12460	7147
宣化区春光乡	3871.1	14646	7606.6	2325	5854	2236
宣化区侯家庙乡	5397.6	16051	2483	8013	8383	6980
宣化区李家堡乡	9634.2	10350	728	4137	11821	2055
宣化区王家湾乡	23374	6968	1084	5484	15576	522
宣化区塔儿村乡	16094.1	8800	1225.7	7964	17595	1598
宣化区江家屯乡	11110.2	28422	3414.9	15275	18466	8760
下花园区花园乡	5199	10570	1410.3	1039	8914	2597
下花园区辛庄子乡	7625.7	5270	736.2	2191	3005	844
下花园区定方水乡	11227	8783	780.1	3834	22300	2807
下花园区段家堡乡	6420	2188	796	530	1853	1150
万全区孔家庄镇	6540	33285	2116	16653	15434	7206
万全区万全镇	7126	14955	5873	8890	9339	4563
万全区洗马林镇	13858	9712	1942.8	3586	7114	2321
万全区郭磊庄镇	5852	23633	3713.6	15901	25888	7688
万全区膳房堡乡	17695	11841	1596.5	6889	16947	5683
万全区北新屯乡	18663	9136	1586.6	3538	11000	4859
万全区宣平堡乡	7269	23910	2880.4	7674	19655	5800
万全区高庙堡乡	13400	13280	929.9	6210	11489	4027
万全区旧堡乡	6424	11319	1654	150	16935	6226
万全区安家堡乡	10138	24682	2921.7	12680	21637	7684
万全区北沙城乡	6484	18991	675.6	8798	23533	9389
崇礼区西湾子镇	22440	31684	7785.5	1332	5651	3720
崇礼区高家营镇	34693	26622	4279	3648	12064	8107
崇礼区四台嘴乡	37251.8	13605	4037.8	1084	10637	5216
崇礼区红旗营乡	17676	9162	1927.7	517	7935	1182
崇礼区石窑子乡	14398.7	8095	2030	2045	8927	1360
崇礼区驿马图乡	33653.1	10425	2215.2	2525	17363	6206
崇礼区石嘴子乡	29904.4	9210	1903	12233	4732	2862
崇礼区狮子沟乡	12150.9	7753	871.9	1363	13256	1201
崇礼区清三营乡	14066	5814	136	2200	7393	2833
崇礼区白旗乡	15628	8245	330	2327	8979	1189
张北县张北镇	13777	19668	2290.9	3063	63628	9521
张北县公会镇	25958.6	15946	1164.5	12167	52939	5891
张北县二台镇	31681.8	26212	1593.3	48069	76083	5173
张北县大囫囵镇	28008	18245	1142	9094	15988	7389

4-1续25 乡镇经济主要指标(2018年)

乡镇名称	行政区域面积(公顷)	乡镇户籍人口(人)	一般公共预算收入(万元)	粮食产量(吨)	现价农林牧渔业总产值(万元)	第一产业从业人员(人)
张北县小二台镇	18728.6	16101	295	8809	13496	2490
张北县油篓沟镇	22752.4	24020	1021	8987	19951	8464
张北县大河镇	22133.1	19058	1128	8394	9428	6020
张北县台路沟乡	17231.9	12067	1111.2	5722	10101	2889
张北县馒头营乡	19539.5	15787	845.6	4770	56163	5000
张北县二泉井乡	23251.1	19934	853.1	12539	14856	4007
张北县单晶河乡	16074.8	13907	966.7	5361	8879	1911
张北县海流图乡	28302.2	20120	715	8096	10549	4185
张北县两面井乡	19919.4	17242	411	10159	54110	4439
张北县大西湾乡	21627	14146	991.9	9185	7883	2128
张北县郝家营乡	16330	14773	1807	2354	15426	3241
张北县白庙滩乡	22164.9	13635	1282.2	7035	8990	2079
张北县战海乡	17683	11631	623.9	2940	9281	3290
张北县三号乡	19145.6	15044	837	500	300	3513
康保县康保镇	32903	53339	1365	14791	40006	5427
康保县张纪镇	25918	20322	1372	12407	28249	7515
康保县土城子镇	19200	15870	942.5	20980	23557	5917
康保县邓油坊镇	14467.2	15550	884	9168	22270	2110
康保县李家地镇	15000	13488	890	6044	22150	3205
康保县照阳河镇	23403.6	12454	1061.7	8289	17158	1768
康保县屯垦镇	41157	23835	1206	18996	29830	8548
康保县闫油坊乡	23300	17940	945	14819	20847	5759
康保县丹清河乡	20301	15612	578	11586	21624	85
康保县哈咇嘎乡	16770	12072	289	7676	21574	4699
康保县二号卜乡	18790	16280	862.5	10930	30889	3160
康保县芦家营乡	15949	11521	810	8357	11779	815
康保县忠义乡	10543	11456	550	8695	19545	3659
康保县处长地乡	14346	12611	920	7947	22305	4555
康保县满德堂乡	29666	15126	966.5	12846	16766	3739
沽源县平定堡镇	40300	46021	1040	27292	59953	9121
沽源县小厂镇	21811	14749	814	10765	22940	5241
沽源县黄盖淖镇	18081	15645	4087	14372	27387	6121
沽源县九连城镇	32200	21610	1229	26532	8413	7670
沽源县高山堡乡	17700	10687	1464	27264	24083	5900
沽源县小河子乡	34760	19302	5281.7	23268	34783	11122
沽源县二道渠乡	21800	10713	632.8	121707	42050	4785
沽源县大二号回族乡	6300	3133	611	16426	11889	2100
沽源县闪电河乡	22700	13278	723	19763	37905	4040
沽源县长梁乡	23000	14193	1872	50929	17580	153
沽源县丰源店乡	28288	10664	1635	736	17471	3850
沽源县西辛营乡	21300	15926	3853.5	10506	24526	6825
沽源县莲花滩乡	21900	7283	608	10949	9307	1935
沽源县白土窑乡	25778.7	16189	2074	12365	26436	8205
尚义县南壕堑镇	24828	42768	2632	3334	28836	2500
尚义县大青沟镇	18187	19824	1122.3	1500	30235	12016
尚义县八道沟镇	20015	15403	1622	6860	1045	4578
尚义县红土梁镇	29324	11620	127.3	1902	5182	1618
尚义县小蒜沟镇	37284	10733	1559	4985	3254	1262
尚义县三工地镇	10792	8633	687	12630	9685	6186

4-1续26　乡镇经济主要指标(2018年)

乡镇名称	行政区域面积(公顷)	乡镇户籍人口(人)	一般公共预算收入(万元)	粮食产量(吨)	现价农林牧渔业总产值(万元)	第一产业从业人员(人)
尚义县满井镇	16490	13242	1096.3	5495	7104	1075
尚义县大营盘乡	25748	12690	571.7	3242	13941	4979
尚义县大苏计乡	13854	10861	1124.7	3579	12159	4903
尚义县石井乡	13100	12764	870	4405	16508	850
尚义县七甲乡	7259	7125	837.7	13085	14850	4405
尚义县套里庄乡	11461	8426	639	7560	5470	106
尚义县甲石河乡	14324	7582	597	3880	5336	2368
尚义县下马圈乡	14587	4312	370	3261	978	1146
蔚县蔚州镇	3764.3	83818	1605	2784	7824	1882
蔚县代王城镇	6851	31880	1501	9976	10322	8809
蔚县西合营镇	14045.2	52553	2676.6	19968	13830	8523
蔚县吉家庄镇	13500	24932	2840	9462	14761	7081
蔚县白乐镇	6460.8	20386	1485	10477	9084	4746
蔚县暖泉镇	6326	17799	1876.9	6389	8716	3300
蔚县南留庄镇	7182	28268	1684	12468	12752	5316
蔚县北水泉镇	10709.6	12899	1060	5813	8446	2108
蔚县桃花镇	16214.7	21152	2874.4	984	18710	4157
蔚县阳眷镇	13493.9	18700	1493.8	2719	8054	1347
蔚县宋家庄镇	39632	28507	841	15401	20561	3618
蔚县下宫村乡	25345	25008	1800	19062	20204	5853
蔚县南杨庄乡	12319.3	15772	1836	10417	13838	4691
蔚县柏树乡	21300	12496	1263	5154	9168	3048
蔚县常宁乡	5881	10066	70	8384	9049	3364
蔚县涌泉庄乡	10002	24626	2127	12027	9133	6654
蔚县杨庄窠乡	11809.1	17372	1380	8374	9131	5371
蔚县南岭庄乡	8322.5	13723	2050.3	4098	8215	2518
蔚县陈家洼乡	9690.7	8480	1002	5777	8561	1039
蔚县黄梅乡	7683.1	10411	993	2313	7474	2292
蔚县白草村乡	12200.1	8692	1352.7	3039	8717	1955
蔚县草沟堡乡	47105.3	13398	1400	255	30786	2765
阳原县西城镇	10460	63063	8683	7408	25285	4253
阳原县东城镇	16742	17992	1254	7781	9343	5910
阳原县化稍营镇	9411.8	25606	4217	8604	16711	8135
阳原县揣骨疃镇	28100	25762	1667	12652	15843	7159
阳原县东井集镇	12800	32638	2736.8	14315	13441	8183
阳原县要家庄乡	10660	20941	955.8	6534	10984	1548
阳原县东坊城堡乡	11500	10074	1442.9	6678	10609	3104
阳原县井儿沟乡	12620	11610	769	10003	9715	3354
阳原县三马坊乡	7770	10202	2195	5097	15377	4519
阳原县高墙乡	17962	16095	1098	8252	17025	6864
阳原县大田洼乡	8050	5437	567.2	4117	3984	2441
阳原县辛堡乡	11640	13050	1394	8423	18305	5356
阳原县马圈堡乡	10880	8640	1297	6838	11498	2706
阳原县浮图讲乡	15330	11500	985.8	14741	18015	2980
怀安县柴沟堡镇	16382.8	74581	3745.7	110907	25957	10663
怀安县左卫镇	27179	36543	11260	28200	25515	24429
怀安县头百户镇	8381	15726	1543	22064	25871	7732
怀安县怀安城镇	20487.1	28766	2452	19512	18558	11023
怀安县渡口堡乡	20236.9	16807	1845	10034	9156	11089

4-1续27 乡镇经济主要指标(2018年)

乡镇名称	行政区域面积(公顷)	乡镇户籍人口(人)	一般公共预算收入(万元)	粮食产量(吨)	现价农林牧渔业总产值(万元)	第一产业从业人员(人)
怀安县第六屯乡	8361.1	10245	1337	5349	3260	4720
怀安县西湾堡乡	11621.8	8408	12	7636	4622	5033
怀安县西沙城乡	8500	10316	1532.6	10454	5122	2989
怀安县太平庄乡	16877.4	9580	1159.3	9556	5283	3439
怀安县王虎屯乡	17383.4	12391	1273	10278	11230	4597
怀安县第三堡乡	13751	13308	540	10608	11151	6550
怀来县沙城镇	5902	102778	3464.5	6230	12203	5313
怀来县北辛堡镇	7056	18431	720.8	4901	16527	7630
怀来县新保安镇	6686	22651	1003.5	5580	8400	3966
怀来县东花园镇	13616	19032	760	11883	31538	3450
怀来县官厅镇	17991.4	12171	663	3972	14038	3374
怀来县桑园镇	12133	27441	1164.6	12403	95908	12887
怀来县存瑞镇	15125	28301	821.2	7851	30855	10693
怀来县土木镇	9354	24166	1318	10855	24477	7752
怀来县大黄庄镇	4617	18611	634	8622	25054	6035
怀来县西八里镇	3658	22986	653.8	5500	71	6821
怀来县小南辛堡镇	17236	18852	962	5199	15862	5196
怀来县狼山乡	5790.4	12556	737.5	3012	12302	2832
怀来县鸡鸣驿乡	4200	9077	635.2	6005	24220	2370
怀来县东八里乡	2530	10707	456.1	7706	2324	2930
怀来县瑞云观乡	11830	6050	539.8	671	6425	2310
怀来县孙庄子乡	11135.9	4920	469	4083	4693	1677
怀来县王家楼回族乡	13200	8418	659	6649	13911	3924
涿鹿县涿鹿镇	7544	72596	2218.9	9020	16746	13799
涿鹿县张家堡镇	6736.6	23858	1511	15887	35471	4562
涿鹿县武家沟镇	23939.1	13666	309	6190	5718	4025
涿鹿县五堡镇	6596.6	27925	1119.6	15800	9787	9514
涿鹿县保岱镇	10386	30234	1025	24827	18409	12939
涿鹿县矾山镇	15204	22073	1979	16673	14656	14239
涿鹿县大堡镇	25492.2	18379	1367.6	28465	21492	9085
涿鹿县河东镇	35140.9	11302	839	1150	3058	3759
涿鹿县东小庄镇	6074	32597	10956	36857	22394	9262
涿鹿县辉耀镇	22932	12287	1196	7784	11212	3764
涿鹿县大河南镇	23081.1	10277	430	609	3292	2031
涿鹿县温泉屯镇	7313.6	14511	809.5	1098	7768	8020
涿鹿县蟒石口镇	29560.5	9307	485	421	2492	2100
涿鹿县栾庄乡	13944	19917	1400	8808	17878	9277
涿鹿县黑山寺乡	6929.2	11344	954.3	17707	9941	8780
涿鹿县卧佛寺乡	24288.5	10422	1537.4	11247	73458	4860
涿鹿县谢家堡乡	17586	5706	570	132	3960	2152
赤城县赤城镇	24861	49906	2631	6422	20895	6174
赤城县田家窑镇	18796.6	19770	1959.9	10660	16447	6886
赤城县龙关镇	28395.1	27839	884.6	11339	34209	8904
赤城县雕鹗镇	35372	15530	4777.5	7554		5564
赤城县独石口镇	21544.7	6315	2019.5	5901	10138	1607
赤城县白草镇	24395	10532	1041.7	7050	12909	3689
赤城县龙门所镇	23543.1	13732	1398	890	22991	3768
赤城县后城镇	36979.7	20770	1254	7922	16912	6084
赤城县东卯镇	44254	23148	1500	4500	16649	6480

4-1续28 乡镇经济主要指标(2018年)

乡镇名称	行政区域面积(公顷)	乡镇户籍人口(人)	一般公共预算收入(万元)	粮食产量(吨)	现价农林牧渔业总产值(万元)	第一产业从业人员(人)
赤城县炮梁乡	15567.2	7403	928.3	1918	6586	1461
赤城县大海陀乡	26413.1	10000	1464.5	1157	18793	2866
赤城县镇宁堡乡	32982.8	13770	695	6785	47118	4670
赤城县马营乡	31521.7	11166	692.3	5283	10908	2818
赤城县云州乡	52055.1	18518	2124.5	9063	14910	4765
赤城县三道川乡	21337.8	8930	1513	3114	14140	4098
赤城县东万口乡	28358.9	16194	1467	10844	15094	6564
赤城县茨营子乡	24202.8	10600	720	3907	14079	2416
赤城县样田乡	19159.2	8869	2304	3229	41253	3913
张家口市高新技术产业开发区老鸦庄镇	3221.3	43790	2177	6750	32586	4900
张家口市高新技术产业开发区沈家屯镇	4500	31727	2430.5	19503	31099	12200
张家口市高新技术产业开发区姚家房镇	3259	28444	2049	13752	32586	7898
张家口市高新技术产业开发区沙岭子镇	3387	21686	2529	10213	20352	6061
张家口市察北管理区沙沟镇	9627.6	7255	673.1	1177	500	1678
张家口市察北管理区宇宙营乡	9774	6287	626	9063	11811	3699
双桥区水泉沟镇	4128	18093	566	346	715	645
双桥区狮子沟镇	3038	24142	770.7	32	261	179
双桥区牛圈子沟镇	6200	43134	825	505	793	1575
双桥区大石庙镇	8230	22214	952	1554	3349	2404
双桥区双峰寺镇	12849.2	31811	854.7	2043	3521	3548
双滦区双塔山镇	8856	20143	878	1767	4821	1012
双滦区滦河镇	1525	8374	633.5	122	451	489
双滦区大庙镇	9436.2	12874	735.5	2021	3246	2513
双滦区偏桥子镇	5253	10119	718.9	4143	13513	3331
双滦区西地镇	11309.2	21278	1058.3	5211	5239	2086
双滦区陈栅子乡	8795	15146	984.5	2145	13089	5128
鹰手营子矿区鹰手营子镇	3283	7206	1091	818	3568	860
鹰手营子矿区北马圈子镇	2510	10563	739	501	2399	327
鹰手营子矿区寿王坟镇	6037	11521	1261	580	2340	473
鹰手营子矿区汪家庄镇	2260	8881	884.2	517	2243	913
承德县下板城镇	25364	72811	26678	7612	22198	9850
承德县甲山镇	17116	22185	10360	6426	15195	3218
承德县六沟镇	18040	33346	2221	14989	27975	12010
承德县三沟镇	18033	22322	1801	12342	21914	8201
承德县头沟镇	18513.5	26958	6166	17988	30629	8792
承德县高寺台镇	13364	15005	6787	4713	15473	3990
承德县鞍匠镇	18693	16917	1252	6131	19113	7120
承德县三家镇	30329.4	23521	240	16287	73876	7022
承德县磴上镇	24997	16399	715	11765	47146	6395
承德县上谷镇	12472	20957	495	12221	21576	6418
承德县新杖子镇	10030	13660	555	5053	16197	3894
承德县石灰窑镇	12868	23089	260	13060	15908	6413
承德县东小白旗乡	11693	9591	180	4864	10661	2190
承德县刘杖子乡	17587	11723	406	4273	78416	4080
承德县孟家院乡	10147	11610	1573	4362	20522	3749
承德县大营子乡	17358	9804	65	3969	26662	3340
承德县八家乡	13741	9889	2088	3292	20317	2987
承德县满杖子乡	11026.7	9317	110	3940	21417	2510
承德县五道河乡	15857	9107	66	4231	26605	2905

4-1续29 乡镇经济主要指标(2018年)

乡镇名称	行政区域面积(公顷)	乡镇户籍人口(人)	一般公共预算收入(万元)	粮食产量(吨)	现价农林牧渔业总产值(万元)	第一产业从业人员(人)
承德县岔沟乡	18367	16373	7531	13126	18517	5650
承德县岗子满族乡	8120	8685	364	4280	7225	3148
承德县两家满族乡	10098	10840	145	4787	9030	3148
承德县仓子乡	10991	10688	91	4828	14104	2406
兴隆县兴隆镇	16423.3	72307	1631.4	1683	28156	7104
兴隆县半壁山镇	13257.6	22275	1021.4	1062	35802	8679
兴隆县挂兰峪镇	16975.3	13643	874.1	863	28736	4973
兴隆县青松岭镇	17476.3	14738	967.7	1061	20233	6823
兴隆县六道河镇	18216.6	18631	985.8	1161	24029	5580
兴隆县平安堡镇	8942.4	15479	1169.1	1632	12207	4227
兴隆县北营房镇	9872.8	13873	1089.7	1039	14642	3400
兴隆县孤山子镇	7719	11499	807	548	30992	4706
兴隆县蓝旗营镇	10065	14858	753.2	692	22747	5411
兴隆县雾灵山镇	15291.4	13801	1065.2	1525	12881	3355
兴隆县李家营镇	15387.2	11337	787.2	1276	8011	2143
兴隆县大杖子镇	21776.7	17932	819.6	2039	29231	7833
兴隆县三道河镇	11968.7	16794	804.9	1127	24861	6400
兴隆县蘑菇峪镇	30040.5	17600	886.7	1980	19404	7509
兴隆县大水泉镇	21463.6	14423	840.9	1594	22815	6520
兴隆县南天门满族乡	10024.1	7350	676.7	1134	12323	3421
兴隆县八卦岭满族乡	9966.9	15070	674	658	34016	6342
兴隆县陡子峪乡	7554.3	6652	620	379	7152	2931
兴隆县上石洞乡	13019.7	3788	598	279	11604	1889
兴隆县安子岭乡	8056	5620	673.9	494	15234	2336
滦平县滦平镇	14165.3	18640	1168	4493	24050	3054
滦平县长山峪镇	20084	22932	970	3246	17385	5957
滦平县红旗镇	13531	16473	735	5083	28504	3079
滦平县金沟屯镇	21025.4	20794	1161	6229	30181	5698
滦平县虎什哈镇	24224	23058	1069	7822	44793	6220
滦平县巴克什营镇	18445	21557	885	2041	11344	3462
滦平县张百湾镇	21751	26480	2103	8411	46447	3889
滦平县付营子镇	21102	19030	827.2	4940	25428	4350
滦平县大屯镇	15843	21593	1372	4820	26325	2000
滦平县火斗山镇	15815	15814	735	3406	18270	3862
滦平县平坊满族乡	6753	7544	709	3154	17716	1944
滦平县安纯沟门满族乡	15703	13482	858.9	4048	22143	3278
滦平县小营满族乡	12869	15168	699	3321	18634	3056
滦平县西沟满族乡	15255	7873	639	3622	19505	2015
滦平县邓厂满族乡	7386	2683	481	982	5380	814
滦平县五道营子满族乡	12370.4	4946	456.1	720	9007	1369
滦平县马营子满族乡	13872	9528	568	2605	13737	2699
滦平县付家店满族乡	7928	5576	446	1640	9151	1237
滦平县两间房乡	9680	10132	604	1593	9488	4535
滦平县涝洼乡	9225	7130	475	1922	10407	2410
隆化县隆化镇	28958	42485	1417.7	5943	28861	10491
隆化县韩麻营镇	21670.8	23984	1001.5	8034	19220	7784
隆化县中关镇	8296.6	11316	812.2	2894	14371	3027
隆化县七家镇	14610.4	13877	788	4275	26863	4769
隆化县汤头沟镇	26346.9	30219	1093.5	13373	46220	9229

4-1续30 乡镇经济主要指标(2018年)

乡镇名称	行政区域面积(公顷)	乡镇户籍人口(人)	一般公共预算收入(万元)	粮食产量(吨)	现价农林牧渔业总产值(万元)	第一产业从业人员(人)
隆化县张三营镇	14280.8	24913	817	14932	40917	6430
隆化县唐三营镇	27821.8	28578	831.9	17587	38203	9615
隆化县蓝旗镇	26526	20615	883.5	10631	18800	5106
隆化县步古沟镇	27254	16918	784.3	9954	35224	4219
隆化县郭家屯镇	68911.1	23093	2183	18711	45876	9189
隆化县荒地乡	28562.7	18497	992	11388	20131	6899
隆化县章吉营乡	15628	17674	911	9444	18660	6879
隆化县茅荆坝乡	30568.1	10678	595.2	3629	15204	3839
隆化县尹家营满族乡	8994	8709	720.2	5817	16239	3461
隆化县庙子沟蒙古族满族乡	9825	6930	418	4402	12384	1882
隆化县偏坡营满族乡	17903	13250	647.5	9508	31339	4170
隆化县山湾乡	19097.5	10777	651.4	5887	24357	2467
隆化县八达营蒙古族乡	18879	14090	653	8621	31385	3416
隆化县太平庄满族乡	17131	11593	586	6347	12404	1860
隆化县旧屯满族乡	17405.2	8111	526	4006	11013	3442
隆化县西阿超满族蒙古族乡	18968.6	10757	837.4	2664	25672	3979
隆化县白虎沟满族蒙古族乡	9409	8257	568	3808	17615	3023
隆化县碱房乡	20396.5	7128	705.3	3849	13358	1530
隆化县韩家店乡	28285.9	15047	933	9435	57370	6233
隆化县湾沟门乡	20203	10746	963.5	5316	19921	3453
丰宁满族自治县大阁镇	45908.6	39993	3890	3956	42799	9635
丰宁满族自治县大滩镇	62419.9	23750	550	14780	40299	10255
丰宁满族自治县鱼儿山镇	36114.4	15360	303	12269	33595	6624
丰宁满族自治县土城镇	34300	18166	150	12132	35381	7580
丰宁满族自治县黄旗镇	32191.2	15804	1429.6	8991	17657	5002
丰宁满族自治县凤山镇	36261.7	37295	2580	15636	37409	13543
丰宁满族自治县波罗诺镇	16101.6	12173	973	8250	16500	1990
丰宁满族自治县黑山咀镇	29692.1	21109	571	14350	12050	4968
丰宁满族自治县天桥镇	15948.6	10001	655	6369	9206	3462
丰宁满族自治县胡麻营镇	26764.2	18076	18462	5540	13996	2658
丰宁满族自治县万胜永乡	25701.6	4954	493	4836	10968	1121
丰宁满族自治县四岔口乡	65649.3	7278	130	9573	10458	500
丰宁满族自治县苏家店乡	48257.7	5946	510	3397	8853	1755
丰宁满族自治县外沟门乡	57818.1	6377	410	4181	9859	2621
丰宁满族自治县草原乡	20209.3	6784	43	5950	10664	652
丰宁满族自治县窟窿山乡	27458.2	4190	210	2500	2380	720
丰宁满族自治县小坝子乡	30975	5113	423	2156	7452	1995
丰宁满族自治县五道营乡	36369	9352	659	4000	29515	2100
丰宁满族自治县南关蒙古族乡	35370	19532	675	7636	16287	6360
丰宁满族自治县选将营乡	33140	14204	257	8037	10966	4326
丰宁满族自治县西官营乡	26050	12912	40	5689	8975	10356
丰宁满族自治县王营乡	13233.1	6581	730	2459	9725	2062
丰宁满族自治县北头营乡	19855	7549	33	3526	10476	3156
丰宁满族自治县石人沟乡	34741	17230	590	9486	17240	3689
丰宁满族自治县汤河乡	44431.7	9652	92	4025	7976	4120
丰宁满族自治县杨木栅子乡	18904.7	8457	50	5500	9663	3455
宽城满族自治县宽城镇	17252.6	62443	18244.6	6303	24786	5548
宽城满族自治县龙须门镇	18619.5	24637	3573.1	7627	21217	5397
宽城满族自治县峪耳崖镇	14149.4	27656	7374	4001	20849	6365

4-1续31 乡镇经济主要指标(2018年)

乡镇名称	行政区域面积(公顷)	乡镇户籍人口(人)	一般公共预算收入(万元)	粮食产量(吨)	现价农林牧渔业总产值(万元)	第一产业从业人员(人)
宽城满族自治县板城镇	16061.4	23814	8667.8	6152	19973	3152
宽城满族自治县汤道河镇	23125.8	21655	275.9	6525	39046	5821
宽城满族自治县饽罗台镇	8091	9035	2284.4	1038	12880	2446
宽城满族自治县碾子峪镇	7848.6	17608	7066.7	3266	17722	3672
宽城满族自治县亮甲台镇	6710.2	7813	5622	2507	9380	2187
宽城满族自治县化皮溜子镇	5854.5	10120	393.6	1546	11064	3287
宽城满族自治县松岭镇	4844.3	6309	8001.1	1099	7521	1583
宽城满族自治县塌山乡	8306.6	6167	415.3	1545	11861	1434
宽城满族自治县孟子岭乡	9682.1	7515	374.9	1720	10966	1842
宽城满族自治县独石沟乡	4967.9	1586	7.5	119	2470	524
宽城满族自治县铧尖乡	6274.1	7657	315.4	1434	10279	1576
宽城满族自治县东黄花川乡	4422.1	6229	2457.4	1374	5866	1009
宽城满族自治县苇子沟乡	9592.1	7814	79.8	2356	8221	1790
宽城满族自治县大字沟门乡	7250.1	5899	28.8	1974	6783	1058
宽城满族自治县大石柱子乡	9732.4	7984	116.7	1954	10916	2007
围场满族蒙古族自治县围场镇	18778.8	73255	1576.6	8398	14613	4247
围场满族蒙古族自治县四合永镇	15268.5	26617	1494.4	9720	16913	4419
围场满族蒙古族自治县克勒沟镇	16804.4	20842	564.2	19890	34609	10489
围场满族蒙古族自治县棋盘山镇	27518.7	23353	684.1	28391	49400	6052
围场满族蒙古族自治县半截塔镇	20781.7	12662	608.4	11249	19573	5170
围场满族蒙古族自治县朝阳地镇	16277	19467	524.8	21587	37561	6818
围场满族蒙古族自治县朝阳湾镇	18271.4	21610	689.6	23310	40559	10453
围场满族蒙古族自治县腰站镇	20940.4	24779	718.2	13725	23882	4657
围场满族蒙古族自治县龙头山镇	14856.1	12572	671.5	7198	12525	4366
围场满族蒙古族自治县新拨镇	27273.7	17427	500.4	14346	24962	9650
围场满族蒙古族自治县御道口镇	24240	5637	641.2	17032	29636	2610
围场满族蒙古族自治县城子镇	29561	12984	569.3	9968	17344	6150
围场满族蒙古族自治县道坝子乡	19333	11047	562.9	8460	14720	5172
围场满族蒙古族自治县黄土坎乡	24507	14787	582.6	9530	16582	4829
围场满族蒙古族自治县四道沟乡	10901.4	8829	416.4	3619	6297	3005
围场满族蒙古族自治县兰旗卡伦乡	20215.8	12540	647.5	8126	14139	6895
围场满族蒙古族自治县银窝沟乡	20732.4	18559	609.1	33507	59608	7798
围场满族蒙古族自治县新地乡	18052	22031	451.8	21013	36563	8731
围场满族蒙古族自治县广发永乡	13261	11248	518.9	8479	14753	3330
围场满族蒙古族自治县育太和乡	9412	8482	395.7	14634	25463	3093
围场满族蒙古族自治县郭家湾乡	18381.3	10384	403.8	13676	23796	4000
围场满族蒙古族自治县杨家湾乡	16763.9	14044	464.9	9136	15897	4419
围场满族蒙古族自治县大唤起乡	12404.6	9859	461.4	5323	9262	4047
围场满族蒙古族自治县哈里哈乡	23344.8	11021	774.9	9186	15984	4487
围场满族蒙古族自治县张家湾乡	12878.4	5222	351.8	3199	5566	2377
围场满族蒙古族自治县宝元栈乡	16983.8	10524	411.2	10291	17906	2600
围场满族蒙古族自治县山湾子乡	22959.6	10584	499.9	11533	20067	5190
围场满族蒙古族自治县三义永乡	24527.4	10396	381.1	19550	34017	3120
围场满族蒙古族自治县姜家店乡	24420	8538	567.9	10886	18942	4322
围场满族蒙古族自治县下伙房乡	17643.7	9210	382.1	5178	9009	2665
围场满族蒙古族自治县燕格柏乡	29630.8	6503	374.2	5497	9565	2678
围场满族蒙古族自治县牌楼乡	15169.1	11034	455.8	9089	15815	5311
围场满族蒙古族自治县老窝铺乡	27611.4	3818	335.8	8386	14592	568
围场满族蒙古族自治县石桌子乡	16041.1	6725	387.4	3683	6408	3003

4-1续32 乡镇经济主要指标(2018年)

乡镇名称	行政区域面积(公顷)	乡镇户籍人口(人)	一般公共预算收入(万元)	粮食产量(吨)	现价农林牧渔业总产值(万元)	第一产业从业人员(人)
围场满族蒙古族自治县大头山乡	17791.4	11929	457.3	6668	11602	4850
围场满族蒙古族自治县南山嘴乡	17476.4	5234	325.1	4343	7557	1471
围场满族蒙古族自治县西龙头乡	23735.9	5184	303.1	5783	10062	2875
承德高新技术产业开发区冯营子镇	8327.3	28415	1520	1560	3751	3329
承德高新技术产业开发区上板城镇	19627	38029	12061.9	6404	7217	9684
平泉市平泉镇	22386.1	101880	17307	14236	18733	11414
平泉市黄土梁子镇	15340.2	21220	997.6	14754	30714	5779
平泉市榆树林子镇	29871.9	31582	1083.9	20320	73867	10004
平泉市杨树岭镇	20475.6	33092	1590.7	16836	28058	7583
平泉市七沟镇	28118.7	28101	1116.2	15495	27945	7665
平泉市小寺沟镇	15067	25190	1454.8	9885	11775	7851
平泉市党坝镇	22242.9	26961	1212.1	10263	13879	6649
平泉市卧龙镇	23023	32756	1486.9	11642	71395	8672
平泉市南五十家子镇	9140.2	20417	736.3	8604	9523	4556
平泉市北五十家子镇	11555.5	13512	694.7	7766	38346	5133
平泉市杼椤树镇	13833	21139	974.6	5785	33415	4954
平泉市柳溪镇	22811.2	12806	830.7	6284	20858	4002
平泉市平北镇	12535.9	17540	898.9	10709	16314	5545
平泉市青河镇	15459.6	18215	886.8	7551	22828	8430
平泉市台头山镇	19015.1	21651	898.4	13890	19178	8761
平泉市王土房乡	12803.1	6733	732.6	1749	2843	2091
平泉市七家岱满族乡	11424.2	9626	639.2	4342	22247	2178
平泉市茅兰沟满族蒙古族乡	16997.4	19573	775.3	12708	24256	6961
平泉市道虎沟乡	7309.6	17232	881.5	7721	12537	6414
新华区小赵庄乡	4904	38829	13679	3198	3668	6028
运河区小王庄镇	4243	34089	1991.1	5042	4288	6159
运河区南陈屯乡	4290	49080	3809	4193	3969	14970
沧县旧州镇	8200	25175	6133	25957	19206	859
沧县兴济镇	11400	50529	7295.1	39812	21690	2040
沧县杜生镇	5800	44247	1536	16582	31012	2585
沧县崔尔庄镇	11800	61867	7119.6	22650	28224	7705
沧县薛官屯乡	9300	24603	4720	27788	14723	2160
沧县捷地回族乡	4300	31302	2296	18402	19703	1598
沧县张官屯乡	7900	50681	4568	31138	21587	7823
沧县李天木回族乡	9000	41943	9542.3	36565	24375	6238
沧县风化店乡	13000	45818	11052.6	39655	27538	2489
沧县姚官屯乡	7000	37240	5688.2	22833	18674	4295
沧县杜林回族乡	7800	46599	3078	12006	19978	2085
沧县汪家铺乡	8700	38553	6072.2	19657	24002	3500
沧县刘家庙乡	6500	29013	2265	26604	19104	3429
沧县仵龙堂乡	6900	32976	5482	29829	21600	2355
沧县大官厅乡	8500	44399	5099	24162	15980	5327
沧县高川乡	6500	35511	1720	20211	21647	4187
沧县黄递铺乡	4600	27043	4296.6	11261	16423	3804
沧县大褚村回族乡	5500	27996	4454.7	15100	19850	2140
沧县纸房头乡	8800	45394	10510	46356	34521	4058
青县清州镇	11000	110001	2981	28223	114324	3346
青县金牛镇	14300	45484	1867	19600	31451	1692
青县新兴镇	8800	38002	1559	22746	34530	7288

4-1续33 乡镇经济主要指标(2018年)

乡镇名称	行政区域面积(公顷)	乡镇户籍人口(人)	一般公共预算收入(万元)	粮食产量(吨)	现价农林牧渔业总产值(万元)	第一产业从业人员(人)
青县流河镇	11000	38151	1646.9	30217	62857	5510
青县木门店镇	7800	31264	1368	28366	59887	6664
青县马厂镇	12686	45236	6209.1	34945	7391	3414
青县盘古镇	7200	29987	1788	13545	107824	8840
青县上伍乡	6000	22082	1431	17000	4766	3689
青县曹寺乡	12600	45507	2233.9	25880	273118	9001
青县陈嘴乡	4000	17994	1134	9343	22932	3763
东光县东光镇	7149.4	74569	28553	29981	87955	3001
东光县连镇镇	8788.9	44120	2911	35301	54505	10211
东光县找王镇	5704.8	29129	937	29916	51714	5619
东光县秦村镇	7191	31288	1312	41263	57595	4928
东光县灯明寺镇	8048.1	33462	1268	49211	61715	6054
东光县南霞口镇	9067.3	42010	3461	49144	61680	10119
东光县大单镇	8607	50802	1799	50385	62324	8630
东光县龙王李镇	7851.4	38975	554	37176	55478	6536
东光县于桥乡	8523.7	33750	1250	45706	59898	12010
海兴县苏基镇	10900	50269	36260.5	19876	25846	5422
海兴县辛集镇	4800	23824	1419	9987	14601	8866
海兴县高湾镇	7920	29814	1133	29378	34500	11023
海兴县赵毛陶乡	13920	37674	1196	29502	34500	12440
海兴县香坊乡	6520	21077	1540	6897	7326	5600
海兴县小山乡	23402.7	27718	977	18260	27055	7768
海兴县张会亭乡	6340	36725	834	25634	18283	9035
盐山县盐山镇	9640	63901	3167	18179	24368	7860
盐山县望树镇	5380	35185	350	23353	20260	12025
盐山县庆云镇	5600	44523	890	22473	22283	7800
盐山县韩集镇	5270	42802	1845	16665	20628	3246
盐山县千童镇	3810	29927	267	14012	19032	5594
盐山县圣佛镇	7770	48882	1839	37000	38686	4028
盐山县边务乡	9070	33311	2128.8	14659	32486	13324
盐山县小营乡	5900	30072	1460.2	23353	20260	8560
盐山县杨集乡	6810	32560	1245	18315	20515	12100
盐山县孟店乡	8520	43655	1977	30365	32587	13351
盐山县常庄乡	3280	21833	54	13590	17867	2105
盐山县小庄乡	6470	35908	1627.1	32163	31525	5710
肃宁县肃宁镇	4971.7	70823	89876	16271	18489	6174
肃宁县梁家村镇	8145.8	53004	1468	33210	43408	8549
肃宁县窝北镇	6083.2	36981	1093	33268	55122	7268
肃宁县尚村镇	5453	36946	13174	24522	23928	5666
肃宁县万里镇	5595.4	38448	1274	27357	77339	5559
肃宁县师素镇	6776.5	40411	1997	42118	39068	6704
肃宁县河北留善寺乡	5127.3	35577	1368	21480	38093	4353
肃宁县付家佐乡	5066.5	30054	1547	26368	56385	5859
肃宁县邵庄乡	4402.4	25295	2057	21218	32359	4628
南皮县南皮镇	6524	64411	8206	30650	31682	6516
南皮县冯家口镇	10095	46865	1072	50708	45543	13392
南皮县寨子镇	8571	60097	1235	50976	56236	14728
南皮县鲍官屯镇	9104	35842	932	47352	34454	12752
南皮县王寺镇	9069	41873	1230	44742	39602	10339

4-1续34 乡镇经济主要指标(2018年)

乡镇名称	行政区域面积(公顷)	乡镇户籍人口(人)	一般公共预算收入(万元)	粮食产量(吨)	现价农林牧渔业总产值(万元)	第一产业从业人员(人)
南皮县乌马营镇	9657	28705	4190	51273	26929	8091
南皮县大浪淀乡	9981	33721	1069	50106	35244	9848
南皮县刘八里乡	5716	29326	1101.8	32346	26929	2996
南皮县潞灌乡	9854	58650	1228	51263	99407	18680
吴桥县桑园镇	4561.8	50553	5336	27596	36214	3239
吴桥县铁城镇	7376.3	38210	628	45212	86164	5665
吴桥县于集镇	5713.6	25542	446	37891	58681	5878
吴桥县梁集镇	5333.6	20855	513	26802	48509	6080
吴桥县安陵镇	6771	23877	616	26890	61260	4666
吴桥县曹家洼乡	5140.4	22211	4318	29737	7137	9120
吴桥县宋门乡	6440	26543	1308	42906	63305	3210
吴桥县杨家寺乡	5125.5	22842	501	30267	50948	6923
吴桥县沟店铺乡	6082.2	25105	906	46219	56376	5300
吴桥县何庄乡	5670.6	25385	319	36746	53933	4400
献县乐寿镇	9900	87110	10940	28542	43080	8910
献县淮镇镇	7200	46275	1189	25110	48318	3315
献县郭庄镇	5800	37122	1447.6	22438	35070	4917
献县河城街镇	8300	50973	4714.8	12469	21798	4100
献县韩村镇	11100	58038	979	22761	23137	15824
献县陌南镇	8400	43012	1602	10135	17327	11254
献县陈庄镇	8600	36995	3506	29360	40781	7530
献县徐留高乡	4900	31862	2103	14681	20615	5421
献县商林乡	5100	29697	745	18826	31670	8790
献县段村乡	6900	30231	1078	23259	40008	3986
献县张村乡	6700	28618	793.2	26912	40005	5921
献县临河乡	5400	32811	1024.6	23401	39060	2696
献县小平王乡	4900	20704	685	18914	25868	6725
献县十五级乡	6500	30577	828	16754	27877	4832
献县垒头乡	4800	24639	1065	11457	19729	1900
献县南河头乡	3700	26901	778.1	15858	27107	1382
献县西城乡	5800	27976	851	11803	11734	4250
献县本斋回族乡	3000	16978	866.1	15059	16531	1826
孟村回族自治县孟村镇	7600	44989	14068	35025	21251	6154
孟村回族自治县新县镇	6400	34708	1280	35343	27458	7752
孟村回族自治县辛店镇	4100	30577	18186	13009	6276	5292
孟村回族自治县高寨镇	6100	26263	1281	23168	18840	4536
孟村回族自治县宋庄子乡	5500	34205	1390	31827	31251	7811
孟村回族自治县牛进庄乡	8300	35868	1466	19998	14555	6221
沧州渤海新区新村回族乡	8300	15463	3054		26658	
泊头市泊镇	5780	47564	18602	19884	17669	3593
泊头市交河镇	7904	45106	12927	31343	20198	3219
泊头市齐桥镇	10392	60479	2301	25394	37891	5901
泊头市寺门村镇	8158	36056	3559	37417	17357	3126
泊头市郝村镇	9278	39781	2244	34204	22204	5979
泊头市富镇镇	7818	38023	3500	38110	22816	2231
泊头市文庙镇	8466	41903	2105	18131	20254	3869
泊头市洼里王镇	7044	49229	2457	20194	28882	7095
泊头市王武庄乡	6942	35220	1986	22898	24600	2676
泊头市营子乡	9412	48843	1886	31719	19613	6659

4-1续35　乡镇经济主要指标(2018年)

乡镇名称	行政区域面积(公顷)	乡镇户籍人口(人)	一般公共预算收入(万元)	粮食产量(吨)	现价农林牧渔业总产值(万元)	第一产业从业人员(人)
泊头市四营乡	7548	34340	7376	33848	23396	8650
泊头市西辛店乡	9629	43902	486	43160	22850	10929
任丘市出岸镇	5400	42154	1846	20165	19988	4496
任丘市石门桥镇	5990	49343	2875	26160	16440	4487
任丘市吕公堡镇	5170	40604	2445	27958	16268	2952
任丘市长丰镇	7860	52967	1912.9	23549	18786	7007
任丘市梁召镇	7390	45732	2494	37074	23152	1400
任丘市辛中驿镇	5880	45505	2735	27944	18154	5010
任丘市麻家坞镇	7230	46882	4110	32003	19457	2461
任丘市议论堡乡	7178	42487	7365	22023	12231	3151
任丘市青塔乡	5319.2	32750	1983	20162	12657	4424
任丘市北辛庄乡	5022.8	35966	4587	19071	15334	2957
任丘市北汉乡	5120	33440	1372	17048	19400	4843
任丘市于村乡	8292	45911	2184	43591	16084	2452
黄骅市黄骅镇	12931	48153	95295	8108	8871	847
黄骅市南排河镇	7194	56601	5847		277603	11927
黄骅市吕桥镇	15000	43990	5611	40924	30991	2232
黄骅市旧城镇	14311	41786	4010	21970	32846	1881
黄骅市羊二庄回族乡	22079	53227	15576	11924	42434	1880
黄骅市常郭乡	16573	46624	3466.4	24762	28855	4690
黄骅市滕庄子乡	19351	45948	4225	31759	31036	3457
黄骅市官庄乡	9182	32761	3005	12742	9888	2568
黄骅市齐家务乡	16069	44941	5714	66687	59297	1001
黄骅市羊三木回族乡	5506	9717	2860	10019	4249	618
河间市米各庄镇	8769	68298	3176	33539	20424	6759
河间市景和镇	6504.6	30546	1472.6	23121	16499	2596
河间市卧佛堂镇	8092.9	55192	2040	37265	21430	5454
河间市束城镇	9182	58965	2606	31253	22546	5720
河间市留古寺镇	6057.9	35827	1505	31928	14880	3455
河间市沙河桥镇	7759.4	47837	2354.8	17859	18865	4620
河间市诗经村镇	10202	63726	3125	33349	31586	7024
河间市故仙乡	8556.4	41682	1926.7	35392	21432	3924
河间市黎民居乡	10453	50935	1725.6	41645	22577	4850
河间市兴村乡	8774.2	61140	1790.8	19612	24409	6382
河间市沙洼乡	5624	39084	1209.9	11417	14873	3873
河间市西九吉乡	5050	34785	1854	11071	24622	3343
河间市北石槽乡	4235	25944	1106	18632		2431
河间市时村乡	5525	33209	1243	18861	16096	2974
河间市行别营乡	6319.7	46595	1708	8244	17973	4295
河间市尊祖庄乡	7584	43868	1575	20420	16336	3968
河间市龙华店乡	5049.5	31523	2108	11950	12394	3049
河间市果子洼回族乡	2711.2	24156	1351	3114	15443	2432
安次区落垡镇	5966	26043	3240	14106	11015	10546
安次区码头镇	10508	51272	5222.5	19398	25641	14547
安次区葛渔城镇	8060.6	43863	5495.3	15858	39246	11630
安次区东沽港镇	6440.7	40225	6575.7	16539	22661	15766
安次区调河头镇	6223	27212	4148.3	14336	13487	9246
安次区杨税务乡	9200	40447	24721	19513	31495	12458
安次区仇庄乡	7249.7	32375	5170.3	13356	19427	8639

4-1续36 乡镇经济主要指标(2018年)

乡镇名称	行政区域面积(公顷)	乡镇户籍人口(人)	一般公共预算收入(万元)	粮食产量(吨)	现价农林牧渔业总产值(万元)	第一产业从业人员(人)
安次区北史家务乡	3137.4	33412	5158	507	20197	540
广阳区南尖塔镇	2626	36285	1448.3	1355	14055	2960
广阳区万庄镇	8842	75923	10876	6777	58779	12956
广阳区九州镇	7968.2	63323	5475.7	28303	31945	15813
广阳区北旺乡	4331	34248	876.8	3428	23000	3416
固安县固安镇	16614	184128	407045.1	29665	90748	26967
固安县宫村镇	7360	41125	6681	8841	54075	9824
固安县柳泉镇	8686	51269	9239.3	31035	48235	14562
固安县牛驼镇	6988.4	43996	13372	25130	95595	14252
固安县马庄镇	5338	35556	144	24983	32345	15261
固安县东湾乡	7475	45995	5103.6	26958	89034	14151
固安县彭村乡	4616.1	28724	5550	17400	46187	10346
固安县渠沟乡	4980	34227	3980	19438	51576	13214
固安县礼让店乡	3570	23124	556	16348	48885	8155
永清县永清镇	17620	96398	30268	35863	251289	24720
永清县韩村镇	9060	31088	1042	13401	30121	9040
永清县后奕镇	5210	27341	1380.5	11795	49627	2143
永清县别古庄镇	9950	30764	4620	16082	43929	10000
永清县里澜城镇	6793	29204	3859	12699	36215	9201
永清县管家务回族乡	2947	12873	961	6455	23224	1903
永清县曹家务乡	9057	30223	4441	12695	63973	11575
永清县龙虎庄乡	5251	30687	621.3	13497	139023	7956
永清县刘街乡	5500	31988	2714	16835	118794	11967
永清县三圣口乡	5952.1	30953	410	8993	36819	7265
香河县淑阳镇	5233	101250	98092	3178	5925	1265
香河县蒋辛屯镇	3288	22618	31117	10922	11578	887
香河县渠口镇	6475	50124	2743	15376	20380	10681
香河县安头屯镇	4583	27592	684	1280	31675	4741
香河县安平镇	3352	35005	27524	3110	12640	3020
香河县刘宋镇	6289	35959	860	15301	56866	2820
香河县五百户镇	6199	38624	1396	9178	112760	11824
香河县钱旺镇	3651	27248	3792	2243	4489	3694
香河县钳屯镇	3421	23444	2259	7037	11729	2909
大城县平舒镇	6796	79108	1002	20164	19055	4531
大城县旺村镇	14564	45304	3590	45466	45454	11264
大城县大尚屯镇	13146	83532	1959.2	37783	44876	18494
大城县南赵扶镇	10705	50252	5546.1	27773	32911	13280
大城县留各庄镇	7907	51783	6636	23861	22548	9105
大城县权村镇	6307.5	43678	1206	20565	19434	14260
大城县里坦镇	5994	26369	3886.2	18624	24265	14300
大城县广安镇	6860	43223	1500	20951	22299	6950
大城县北魏乡	7310	52373	1290.7	25850	26929	14562
大城县臧屯乡	10070	51544	911	23941	22624	12839
文安县文安镇	13315	124269	4251.9	4956	38597	8541
文安县新镇镇	4815	34035	9865	24327	6882	1400
文安县苏桥镇	8292.4	34788	2443.2	22095	835	7441
文安县大柳河镇	10498.8	41034	3459	21850	5682	3580
文安县左各庄镇	4280	26603	4231	10112	6412	2011
文安县滩里镇	6522	32196	1860	12599	3685	1802

4-1续37 乡镇经济主要指标(2018年)

乡镇名称	行政区域面积(公顷)	乡镇户籍人口(人)	一般公共预算收入(万元)	粮食产量(吨)	现价农林牧渔业总产值(万元)	第一产业从业人员(人)
文安县史各庄镇	3628	26986	2243	6325	4732	2423
文安县赵各庄镇	7168	39194	1699	29530	6075	7719
文安县兴隆宫镇	5462	27010	2597.7	12213	5910	4058
文安县大留镇镇	7083	39470	1926	28720	4512	4450
文安县孙氏镇	14392	62900	3614.9	41156	6289	8002
文安县德归镇	10487.1	21631	2535.4	29227	5492	6910
文安县大围河回族满族乡	6198	31715	1830	15121	4986	10336
大厂回族自治县大厂镇	4133	37698	14705	3787	16738	2230
大厂回族自治县夏垫镇	4118	35282	9759	5120	23396	3482
大厂回族自治县祁各庄镇	4747.5	25609	10256	1166	11652	2090
大厂回族自治县邵府镇	2218	11009	4271.9	932	7670	1090
大厂回族自治县陈府镇	2376	12569	2260.9	2938	5844	2496
霸州市霸州镇	7670	75557	10529	23881	23202	7304
霸州市南孟镇	5196	37153	8041	15011	25816	6933
霸州市信安镇	4158	30376	4519	3545	883	7123
霸州市堂二里镇	4638	35145	1643.4	10037	12450	3505
霸州市煎茶铺镇	7420.3	45100	1760.3	18354	18900	2480
霸州市胜芳镇	9701	99196	29340	16385	13263	3448
霸州市杨芬港镇	8528.2	40441	3279.6	20122	29542	7295
霸州市岔河集乡	8490.1	80570	2755.3	15621	16636	6465
霸州市康仙庄乡	7854	51206	2403.2	18570	20028	6601
霸州市东杨庄乡	3021.1	24531	1335	10655	7526	3227
霸州市王庄子乡	5146	37641	1613.5	16675	6600	4249
霸州市东段乡	6367.3	46217	3255	8707	5751	3673
三河市泃阳镇	6000	60018	39218	10339	38798	5224
三河市李旗庄镇	4800	25723	13355	9181	30723	3652
三河市杨庄镇	4800	28755	1407	15732	19480	3826
三河市皇庄镇	6500	46571	1675	26178	32251	4012
三河市新集镇	6300	48476	576	18164	15300	5486
三河市段甲岭镇	6200	22836	1100	6962	21559	2422
三河市黄土庄镇	6200	36600	8352	6260	40402	4084
三河市高楼镇	7800	43661	2346	14674	16614	4616
三河市齐心庄镇	4400	25226	2062	9857	33681	3264
三河市燕郊镇	10800	351483	445730	7051	34345	5796
桃城区郑家河沿镇	10843.4	46531	14239.3	46092	39917	6355
桃城区赵家圈镇	11400	38401	16281	75159	50113	7080
桃城区邓庄镇	9995.4	31013	6880.9	50732	65142	4601
桃城区何家庄乡	1091.2	30031	3497	168	769	146
冀州区冀州镇	13416	91615	4500	34670	19754	12861
冀州区官道李镇	6408	20562	2295.5	28950	17115	7587
冀州区南午村镇	11646	39203	5736.5	34894	32040	7251
冀州区周村镇	7709	25559	1809	19409	19795	7672
冀州区码头李镇	9310	31401	2175	32562	27996	5423
冀州区西王镇	7377	31778	1367.9	38013	18777	5900
冀州区门家庄乡	6186.3	22223	932	36986	16378	6120
冀州区徐家庄乡	8125	28000	952	19734	19734	5216
冀州区北漳淮乡	5878	21914	1286.6	18584	16669	3925
冀州区小寨乡	11703	33120	3374.3	34872	29625	7717
枣强县枣强镇	19200	107763	6409	94370	46881	15489

4-1续38 乡镇经济主要指标(2018年)

乡镇名称	行政区域面积(公顷)	乡镇户籍人口(人)	一般公共预算收入(万元)	粮食产量(吨)	现价农林牧渔业总产值(万元)	第一产业从业人员(人)
枣强县恩察镇	3700	15686	805	16554	13053	4845
枣强县大营镇	13600	76226	16803	66071	33225	12589
枣强县嘉会镇	3200	12481	294	14490	16787	3085
枣强县马屯镇	11400	39638	680	81687	24029	10462
枣强县肖张镇	3400	14231	385	12804	10506	4100
枣强县张秀屯镇	9300	32636	1756.8	36251	24307	7498
枣强县新屯镇	7254	37760	2975	44127	21589	6339
枣强县唐林镇	6900	23251	885	24197	24451	8841
枣强县王均乡	6410	23797	1031	34768	17566	8320
枣强县王常乡	6000	21232	1125	35543	20268	11656
武邑县武邑镇	12991.4	71132	9401	55924	70947	8891
武邑县清凉店镇	8982	31013	1673	39499	51561	6945
武邑县审坡镇	10530.6	37067	556	51907	66793	9368
武邑县赵桥镇	9756.9	38203	580	41640	46449	13173
武邑县韩庄镇	10522.3	40106	250	37175	50996	12557
武邑县肖桥头镇	7396.8	29206	939	39766	39079	8608
武邑县龙店镇	7492.8	28273	480	31826	39299	9248
武邑县圈头乡	5922.2	22611	56	30270	38049	5215
武邑县大紫塔乡	6410	20889	503	26666	35834	4300
武强县武强镇	9603	60455	7514	43516	29746	11413
武强县街关镇	7532.6	32495	1711	39430	29999	11566
武强县周窝镇	5309.7	26338	9621.7	30559	25054	6327
武强县东孙庄镇	7511	33705	2617	44150	34425	7644
武强县豆村乡	6236.6	30782	1579.7	34085	26512	8615
武强县北代乡	8085	31025	2551.4	44689	26916	8560
饶阳县饶阳镇	8900.7	43123	4133	33294	59725	6356
饶阳县大尹村镇	4707	24374	214	14790	69651	5231
饶阳县五公镇	6611.4	36563	1685	34155	108936	5067
饶阳县大官亭镇	8687	43167	338	33352	54864	8095
饶阳县王同岳镇	6411.5	29759	2679	24927	87331	6799
饶阳县留楚乡	14274.4	57610	1421	40208	47342	13691
饶阳县东里满乡	7636.8	38449	358	28597	46887	9091
安平县安平镇	8177	85911	3295	32960	28998	7690
安平县马店镇	8172	55747	1324	35078	29726	7140
安平县南王庄镇	6144	35577	662	21896	37172	6200
安平县大子文镇	5613	32350	734	27080	23948	2957
安平县东黄城镇	4810	30796	1176	22997	20879	2501
安平县大何庄乡	5893	36159	939	27789	27104	5500
安平县程油子乡	6301	37680	1280	25480	24624	5621
安平县西两洼乡	4436	22551	1100	25652	56682	2900
故城县郑口镇	12070	115009	5309.8	58425	46721	7619
故城县夏庄镇	8041.1	39831	902	40607	37011	19810
故城县青罕镇	4960	28454	651	18281	27915	4852
故城县故城镇	5279.8	28431	1434.3	21323	30111	7120
故城县武官寨镇	7657.2	40743	2890	24349	24862	16047
故城县饶阳店镇	8424	41060	1006	28357	24862	6452
故城县军屯镇	3048.5	19045	687.7	20796	20225	2930
故城县建国镇	6722	53853	2633	43271	37294	6981
故城县西半屯镇	8111.4	45765	808	29384	35867	14560

4−1续39　乡镇经济主要指标(2018年)

乡镇名称	行政区域面积(公顷)	乡镇户籍人口(人)	一般公共预算收入(万元)	粮食产量(吨)	现价农林牧渔业总产值(万元)	第一产业从业人员(人)
故城县房庄镇	9989	35925	2876.5	36323	33355	9512
故城县三朗镇	7417.4	27048	1667	20807	27295	7933
故城县辛庄乡	7150	29446	1299	18500	26559	5598
故城县里老乡	5263.6	20599	1426	24620	24007	2991
景县景州镇	6750	42596	7429	40174	20033	3311
景县龙华镇	7832.5	37310	3314	56491	28936	5261
景县广川镇	8022	32798	2574.7	48554	21936	8289
景县王瞳镇	6274.2	28168	1098	38994	20774	5599
景县洚河流镇	6280.6	28837	1362	34304	19211	3700
景县安陵镇	5698.4	24563	1355	38611	19427	4179
景县杜桥镇	8587.6	40670	1567	50370	18118	4029
景县王谦寺镇	7568	31311	1478	48173	19532	5972
景县北留智镇	7696.5	32538	1636.3	44210	23569	6724
景县留智庙镇	8254	39914	12744	46519	28044	6721
景县梁集镇	8248.2	37373	1631.5	52055	21125	8462
景县刘集乡	7322.6	27739	1238.5	48096	23045	6547
景县连镇乡	6119.9	24848	1277.6	36016	21024	5896
景县温城乡	6334	25026	1127	40228	19324	1782
景县后留名府乡	7497.9	29495	1551.8	44763	21329	7455
景县青兰乡	7790.4	32353	1584	37529	20721	4689
阜城县阜城镇	8686.8	65751	21525	35061	47697	9756
阜城县古城镇	9045.5	45847	2133	29270	52889	8081
阜城县码头镇	10094	42373	1814	41395	46362	6196
阜城县霞口镇	6804	33589	1543.8	22743	43217	8537
阜城县崔家庙镇	9211	45316	1678.6	53125	27125	7121
阜城县漫河镇	6780	29933	1521	24150	52395	4536
阜城县建桥乡	4143	19350	831	20367	22654	4872
阜城县蒋坊乡	5278	27364	1330	19248	23154	4533
阜城县大白乡	4432	20968	1320.1	27628	18016	3766
阜城县王集乡	5056	22141	1123	23986	18817	4050
河北衡水经济开发区大麻森乡	8134.5	32077		25716	18362	4899
衡水滨湖新区魏家屯镇	4174	22954	2558	17850	14576	4965
衡水滨湖新区彭杜村乡	9500	40549	5282.1	38203	19476	6223
深州市唐奉镇	8372.6	41851	1392	16530	60654	10114
深州市深州镇	8301	77897	14484	11740	59102	5310
深州市辰时镇	9776.4	42638	3130.1	34690	58124	5352
深州市榆科镇	7334.3	28046	1363.9	46071	39609	4411
深州市魏家桥镇	7782	29385	2047.2	56838	27939	6993
深州市大堤镇	6743	24221	757	47750	22888	8439
深州市前磨头镇	6223	23089	1730	44016	33929	3505
深州市王家井镇	8739.6	34786	1714.4	68503	32963	4281
深州市护驾迟镇	7412.7	23978	1349.4	53511	27482	4645
深州市大屯镇	8193	25494	2014.1	56215	29666	6188
深州市高古庄镇	6973.1	22135	1610	45114	28037	3396
深州市兵曹乡	6215	34247	1321.6	2845	51902	8780
深州市穆村乡	4215.7	31254	1937	579	30182	8679
深州市东安庄乡	7199.7	41926	5243.9	35647	32610	6670
深州市北溪村乡	7004	33939	1782.1	41593	32101	5746
深州市大冯营乡	8090	32823	1998	53838	39185	10801
深州市乔屯乡	5943	19986	1399	37761	26186	3661

5–1　各省(市、自治区)农林牧渔业总产值和第一产业增加值及其位次

（按当年现行价格计算）

地 区	农林牧渔业总产值（亿元）				第一产业增加值（亿元）			
	2017年		2018年		2017年		2018年	
	数量	位次	数量	位次	数量	位次	数量	位次
北 京	308.3	29	296.8	29	120.42	30	118.69	30
天 津	382.1	27	390.5	28	168.96	28	172.71	28
河 北	**5373.4**	**8**	**5707.0**	**7**	3129.98	7	3338	7
山 西	1418.7	25	1460.6	25	719.16	25	740.64	25
内蒙古	2813.5	20	2985.3	20	1649.77	19	1753.82	19
辽 宁	3851.6	14	4061.9	14	1902.28	16	2033.3	15
吉 林	2064.3	21	2184.3	21	1095.36	22	1160.75	22
黑龙江	5586.6	7	5624.3	8	2965.25	9	3000.96	10
上 海	292.6	30	289.6	30	110.78	31	104.37	31
江 苏	7161.2	3	7192.5	4	4045.16	4	4141.72	4
浙 江	3093.4	17	3157.3	18	1933.92	15	1967.01	16
安 徽	4597.9	11	4672.7	11	2582.27	11	2638.01	11
福 建	3947.2	12	4229.5	12	2215.13	13	2379.82	13
江 西	3069.0	19	3148.6	19	1835.26	17	1877.33	17
山 东	9140.4	1	9397.4	1	4832.71	1	4950.52	1
河 南	7562.5	2	7757.9	2	4139.29	3	4289.38	3
湖 北	6129.7	5	6207.8	6	3528.96	6	3547.51	6
湖 南	5213.5	9	5361.6	9	2998.4	8	3083.59	8
广 东	5969.9	6	6318.1	5	3611.44	5	3831.44	5
广 西	4698.7	10	4909.2	10	2878.3	10	3019.37	9
海 南	1488.9	24	1535.7	24	962.84	23	1000.11	23
重 庆	1902.5	22	2052.4	22	1276.09	21	1378.27	21
四 川	6955.5	4	7195.7	3	4262.35	2	4426.66	2
贵 州	3413.9	15	3619.5	16	2032.27	14	2159.54	14
云 南	3872.9	13	4108.9	13	2338.37	12	2498.86	12
西 藏	178.2	31	195.5	31	122.72	29	130.25	29
陕 西	3077.6	18	3240.0	17	1741.45	18	1830.19	18
甘 肃	1559.6	23	1659.4	23	859.75	24	921.3	24
青 海	364.1	28	405.9	27	238.41	27	268.1	27
宁 夏	517.4	26	575.8	26	250.62	26	279.85	26
新 疆	3326.6	16	3637.8	15	1551.84	20	1692.09	20

5-2 各省（市、自治区）粮食、蔬菜产量及其位次

地区	粮食产量（万吨）				蔬菜产量（万吨）			
	2017年		2018年		2017年		2018年	
	数量	位次	数量	位次	数量	位次	数量	位次
北京	100.3	31	34.1	31	156.8	29	130.6	30
天津	527.1	26	209.7	26	269.6	28	254.0	28
河北	**9987.8**	**6**	**3700.9**	**5**	**5058.5**	4	**5154.5**	**4**
山西	4771.4	15	1380.4	16	806.7	22	821.9	22
内蒙古	10171.4	5	3553.3	8	1111.3	21	1006.5	21
辽宁	5201.2	14	2192.5	12	1797.8	16	1852.3	15
吉林	8315.9	8	3632.7	7	356.6	26	438.2	26
黑龙江	21245.3	1	7506.8	1	798.6	23	634.4	23
上海	199.7	30	103.7	29	293.5	27	294.5	27
江苏	8291.0	9	3660.3	6	5540.5	3	5625.9	3
浙江	1465.8	23	599.1	23	1910.5	13	1888.4	14
安徽	10982.7	4	4007.3	4	2019.6	12	2118.2	12
福建	1249.8	24	498.6	24	1415.3	19	1493.0	18
江西	5679.5	13	2190.7	13	1490.1	18	1537.0	17
山东	12683.4	3	5319.5	3	8133.8	1	8192.0	1
河南	16372.7	2	6648.9	2	7530.2	2	7260.7	2
湖北	7279.5	11	2839.5	11	3826.4	6	3963.9	6
湖南	7468.4	10	3022.9	10	3671.6	7	3822.0	7
广东	3254.6	21	1193.5	19	3177.5	9	3330.2	9
广西	4279.6	18	1372.8	17	3282.6	8	3432.2	8
海南	423.7	28	147.1	27	553.1	24	566.8	24
重庆	3046.1	22	1079.3	21	1862.6	14	1932.7	13
四川	9438.0	7	3493.7	9	4252.3	5	4438.0	5
贵州	4579.2	16	1059.7	22	2272.2	10	2613.4	10
云南	6253.8	12	1860.5	14	2077.8	11	2205.7	11
西藏	278.5	29	104.4	28	72.7	31	72.6	31
陕西	4529.1	17	1226.0	18	1734.0	17	1808.4	16
甘肃	3970.7	19	1151.4	20	1212.3	20	1292.6	20
青海	423.8	27	103.1	30	148.1	30	150.3	29
宁夏	1069.9	25	392.6	25	539.9	25	550.8	25
新疆	3443.8	20	1504.2	15	1820.1	15	1465.1	19

5-3 各省（市、自治区）水果产量及其位次

地 区	水果产量（万吨）				#园林水果产量（万吨）			
	2017年		2018年		2017年		2018年	
	数量	位次	数量	位次	数量	位次	数量	位次
北 京	74.4	27	61.5	28	57.2	24	46.4	24
天 津	58.3	28	62.5	27	38.0	27	39.8	25
河 北	**1365.3**	**7**	**1347.9**	**7**	**969.9**	**5**	**957.0**	**6**
山 西	844.0	12	750.6	14	797.5	9	697.6	10
内蒙古	322.9	22	264.2	23	55.4	25	39.0	26
辽 宁	770.3	14	788.9	13	558.5	14	576.5	14
吉 林	89.5	26	148.1	26	17.2	29	25.7	29
黑龙江	236.9	24	170.8	25	51.1	26	29.5	27
上 海	46.4	29	54.3	29	24.6	28	29.5	28
江 苏	942.5	11	934.1	11	309.8	20	288.6	22
浙 江	751.3	15	743.6	15	458.0	15	457.9	16
安 徽	606.4	19	643.8	18	316.6	19	325.9	19
福 建	644.7	17	683.1	17	601.1	12	639.8	12
江 西	670.1	16	684.4	16	455.2	16	470.2	15
山 东	2804.3	1	2788.8	1	1647.6	2	1673.8	2
河 南	2602.4	2	2492.8	2	932.0	6	907.4	8
湖 北	948.4	10	998.0	10	621.2	11	655.5	11
湖 南	956.4	9	1016.8	9	586.4	13	628.8	13
广 东	1538.7	5	1669.2	5	1421.2	4	1547.8	4
广 西	1900.4	4	2116.6	3	1577.1	3	1790.5	1
海 南	405.5	20	430.4	21	303.8	21	322.1	20
重 庆	403.4	21	431.3	20	347.6	18	372.7	17
四 川	1007.9	8	1080.7	8	883.2	7	948.4	7
贵 州	280.1	23	369.5	22	211.0	22	293.8	21
云 南	783.9	13	813.4	12	725.4	10	757.1	9
西 藏	0.2	31	0.3	31				
陕 西	1922.1	3	1835.1	4	1660.8	1	1566.0	3
甘 肃	630.9	18	609.3	19	397.2	17	370.0	18
青 海	3.7	30	3.5	30	1.1	30	1.4	30
宁 夏	210.6	25	197.2	24	68.1	23	47.6	23
新 疆	1420.2	6	1497.9	6	855.5	8	1056.0	5

5-4 各省（市、自治区）肉类产量及其位次

地 区	肉类总产量（万吨）				#猪牛羊肉产量（万吨）			
	2017年		2018年		2017年		2018年	
	数量	位次	数量	位次	数量	位次	数量	位次
北 京	26.4	30	17.5	30	21.7	30	15.1	30
天 津	36.1	26	33.9	28	27.4	29	25.3	29
河 北	**472.3**	**5**	**466.7**	**5**	**377.2**	**5**	**373.3**	**6**
山 西	93.3	24	93.1	24	77.1	24	77.1	24
内蒙古	265.2	14	267.3	14	237.1	13	239.6	13
辽 宁	385.4	11	377.1	11	253.0	12	244.2	12
吉 林	256.1	17	253.6	16	179.0	17	172.3	17
黑龙江	260.3	16	247.6	17	216.1	15	204.9	15
上 海	17.6	31	13.5	31	15.1	31	11.6	31
江 苏	342.3	12	328.5	12	225.2	14	216.1	14
浙 江	114.7	21	104.6	22	87.0	23	77.5	23
安 徽	415.2	10	421.7	10	267.3	10	269.7	10
福 建	264.9	15	256.1	15	132.0	20	117.1	20
江 西	326.1	13	325.7	13	263.5	11	260.9	11
山 东	866.0	1	854.7	1	539.4	1	534.2	3
河 南	655.8	2	669.4	2	528.0	3	540.7	2
湖 北	435.4	7	431.0	7	364.7	7	358.8	7
湖 南	543.3	4	541.7	4	481.5	4	479.6	4
广 东	444.1	6	449.9	6	284.0	8	287.6	8
广 西	420.2	8	426.8	9	270.0	9	279.6	9
海 南	78.7	25	79.9	25	47.4	25	48.7	25
重 庆	180.6	19	182.3	19	144.1	18	146.1	18
四 川	653.8	3	664.7	3	532.8	2	542.0	1
贵 州	206.5	18	213.7	18	184.0	16	189.8	16
云 南	419.2	9	427.2	8	374.1	6	378.5	5
西 藏	32.1	29	28.4	29	30.0	27	27.8	28
陕 西	113.4	22	114.5	21	104.0	21	104.4	21
甘 肃	99.1	23	101.2	23	93.6	22	95.6	22
青 海	35.3	27	36.5	26	34.2	26	35.5	26
宁 夏	33.5	28	34.1	27	29.7	28	30.3	27
新 疆	159.9	20	162.0	20	137.1	19	139.5	19

5–5 各省（市、自治区）牛奶和禽蛋产量及其位次

地 区	牛奶产量（万吨）				禽蛋产量（万吨）			
	2017年		2018年		2017年		2018年	
	数量	位次	18数量	位次	数量	位次	18数量	位次
北 京	37.4	16	31.1	20	15.7	25	11.2	27
天 津	52.1	13	48.0	14	19.0	23	19.4	24
河 北	**381.0**	**3**	**384.8**	3	**383.7**	**3**	**378.0**	3
山 西	77.4	10	81.1	10	101.9	12	102.6	12
内蒙古	552.9	1	565.6	1	53.2	14	55.2	14
辽 宁	119.7	8	131.8	8	270.4	4	297.2	4
吉 林	34.0	19	38.8	16	121.0	9	117.1	9
黑龙江	465.2	2	455.9	2	113.8	10	108.5	10
上 海	36.4	18	33.4	18	3.4	29	3.2	29
江 苏	49.0	14	50.0	13	183.4	5	178.0	5
浙 江	14.3	22	15.7	22	35.9	20	31.5	21
安 徽	29.8	21	30.8	21	154.7	7	158.3	7
福 建	13.1	24	13.8	24	46.5	15	44.3	16
江 西	9.5	26	9.6	26	45.7	16	47.0	15
山 东	223.5	4	225.1	4	444.8	1	447.0	1
河 南	202.9	5	202.7	5	401.2	2	413.6	2
湖 北	12.8	25	12.8	25	168.2	6	171.5	6
湖 南	6.1	28	6.2	28	103.2	11	105.4	11
广 东	13.9	23	13.9	23	38.5	18	39.2	18
广 西	8.1	27	8.9	27	24.2	22	22.3	22
海 南	0.5	31	0.2	31	4.8	28	4.7	28
重 庆	5.1	29	4.9	29	40.3	17	41.5	17
四 川	63.7	11	64.2	11	144.5	8	148.8	8
贵 州	4.4	30	4.6	30	18.7	24	20.0	23
云 南	56.8	12	58.2	12	30.3	21	32.7	20
西 藏	37.1	17	36.4	17	0.5	31	0.5	31
陕 西	107.3	9	109.7	9	60.1	13	61.6	13
甘 肃	40.4	15	40.5	15	13.8	27	14.1	26
青 海	32.4	20	32.6	19	2.5	30	2.3	30
宁 夏	160.1	7	168.3	7	15.3	26	14.4	25
新 疆	191.9	6	194.9	6	37.4	19	37.3	19

5-6 各省(市、自治区)农村居民人均可支配收入及位次

单位：元

地区	2010年		2015年		2017年		2018年	
	数量	位次	数量	位次	数量	位次	数量	位次
全国	**5919**		**11422**		**13432**		**14617**	
北京	13262	2	20569	3	24240	3	26490	3
天津	10075	4	18482	4	21754	4	23065	4
河北	**5958**	**12**	**11051**	**14**	**12881**	**15**	**14031**	**13**
山西	4736	22	9454	23	10788	24	11750	24
内蒙古	5530	16	10776	19	12584	20	13803	18
辽宁	6908	9	12057	9	13747	10	14656	10
吉林	6237	10	11326	11	12950	12	13748	20
黑龙江	6211	11	11095	13	12665	18	13804	17
上海	13978	1	23205	1	27825	1	30375	1
江苏	9118	5	16257	5	19158	5	20845	5
浙江	11303	3	21125	2	24956	2	27302	2
安徽	5285	18	10821	18	12758	16	13996	14
福建	7427	7	13793	6	16335	6	17821	6
江西	5789	14	11139	12	13242	11	14460	11
山东	6990	8	12930	8	15118	8	16297	8
河南	5524	17	10853	17	12719	17	13831	16
湖北	5832	13	11844	10	13812	9	14978	9
湖南	5622	15	10993	15	12936	13	14093	12
广东	7890	6	13360	7	15780	7	17168	7
广西	4543	25	9467	22	11325	22	12435	22
海南	5275	20	10858	16	12902	14	13989	15
重庆	5277	19	10505	20	12638	19	13781	19
四川	5087	21	10247	21	12227	21	13331	21
贵州	3472	30	7387	30	8869	30	9716	30
云南	3952	28	8242	28	9862	28	10768	28
西藏	4139	26	8244	27	10330	26	11450	26
陕西	4105	27	8689	26	10265	27	11213	27
甘肃	3425	31	6936	31	8076	31	8804	31
青海	3863	29	7933	29	9462	29	10393	29
宁夏	4675	23	9119	25	10738	25	11708	25
新疆	4643	24	9425	24	11045	23	11975	23

注：2013年以前农村居民为人均纯收入，2013年为新口径人均可支配收入。

Ⅷ 2018年河北农村工作大事记

一 月

1月3日 由吉林省委农办副主任钟东为组长的国务院扶贫开发领导小组2017年省级扶贫成效交叉考核组到河北省考核。河北省与考核组举行了座谈。省委书记王东峰出席座谈并讲话。省委副书记、省长许勤出席座谈会。省委常委、组织部部长梁田庚主持座谈会。省领导童建明、沈小平和省政府秘书长朱浩文出席。在河北省期间，考核组还将听取河北省有关情况汇报，并到贫困地区开展实地核查。

1月15日 全省农村工作会议在石家庄举行。省委书记王东峰，省委副书记、省长许勤出席并讲话。

1月16日 全省扶贫开发工作会议在石家庄市召开。省委常委、组织部部长梁田庚出席会议并讲话，省委常委、常务副省长袁桐利主持会议并讲了具体意见，省人大常委会副主任王刚、省政协副主席郭华出席会议，副省长沈小平出席会议并传达了全国扶贫开发工作会议精神。

二 月

2月5日 副省长时清霜到省林业厅调研。

2月9日 省长许勤就脱贫攻坚工作赴张北县调研。

2月14日 省扶贫开发和脱贫攻坚工作领导小组召开全体会议。省委书记、省人大常委会主任王东峰主持会议并讲话。省委副书记、省长许勤出席并讲话。梁田庚、袁桐利、王刚、徐建培、时清霜出席会议。

2月26日 副省长时清霜就春季森林草原防火工作在石家庄检查指导。

三 月

3月2日 省委书记、省人大常委会主任王东峰到保定市清苑区冉庄村调研检查。省领导焦彦龙、董仚生、童建明、聂瑞平、刘凯参加调研检查。

3月6日 全省扶贫脱贫驻村工作动员大会召开。省委书记、省人大常委会主任王东峰作出批示。省委常委、组织部部长梁田庚出席会议并讲话，副省长张古江出席会议。

3月17日至19日 副省长、省公安厅厅长刘凯就脱贫攻坚工作赴张家口崇礼区调研。

3月20日 副省长张古江召集省有关部门和部分电力企业负责同志，研究调度全省“厕所革命”工作。

3月28日至29日 全国春季农业生产工作会议在正定县召开。中共中央政治局常委、国务院总理李克强对会议作出重要批示。中共中央政治局委员、国务院副总理胡春华出席会议并讲话。会议代表参观了正定县塔元庄村，重温学习习近平总书记“三农”思想，并考察了正定县万亩小麦绿色高质高效创建核心示范区等春耕现场。省委书记、省人大常委会主任王东峰陪同参观考察，省委副书记、省长许勤在会上作交流发言。农业农村部部长、中央农办主任韩长赋，中华全国供销合作总社党组书记、理事会主任王侠等国家部委领导出席会议。省领导赵一德、梁田庚、童建明、邢国辉、刘凯、时清霜分别参加相关活动。

3月30日 省长许勤主持召开省政府常务会议，传达学习全国春季农业生产工作会议和农村集体资产清产核资工作推进会议精神，研究贯彻落实意见；审议通过《河北省贯彻落实〈关于在湖泊实施湖长制的指导意见〉实施方案》。

四 月

4月2日 全省农业农村重点工作推进电视电话会议在石家庄召开。副省长时清霜出席会议并讲话。

4月3日 省委、省政府召开全省脱贫攻坚重点工作推进会议。省委书记、省人大常委会主任王东峰传达中共中央政治局会议精神并讲话。省委副书记、省长许勤主持会议。省政协主席叶冬松，省委副书记赵一德出席会议。

今天，副省长张古江就脱贫攻坚工作赴顺平县调研。副省长时清霜就脱贫攻坚和森林草原防火工作赴保定调研。

4月5日至6日 省长许勤就脱贫攻坚工作赴张家口市调研。副省长夏延军一同调研。调研结束后，许勤立即在石家庄召开省长办公会议，对调研中梳理的问题进行专题研究。

4月9日 全省爱国卫生运动暨农村卫生环境整治电视电话会议在石家庄召开。省委书记、省人大常委会主任王东峰，省委副书记、省长许勤作出批示。副省长张古江出席并讲话，副省长徐建培主持并讲话。

今天，省委常委、副省长，雄安新区党工委书记、管委会主任陈刚就生态环境建设、环境卫生综合整治、扶贫工作赴安新县进行调研检查。

4月12日 省委书记、省人大常委会主任王东峰在承德市召开座谈会，听取该市脱贫攻坚和对口支援及生态环境建设情况汇报。省委副书记、省长许勤主持座谈会。省领导梁田庚、袁桐利出席会议。

今天，省政府党组书记、省长许勤主持召开省政府党组会议，深入学习贯彻习近平总书记关于脱贫攻坚工作重要讲话和重要指示精神，传达学习中央关于2017年省级党委和政府扶贫开发工作成效考核情况的有关要求，传达学习汪洋同志、胡春华同志等中央领导的重要讲话精神，按照省委第94次常委会扩大会议和王东峰书记的部署要求，进一步压实责任，细化举措，一个环节一个环节排查存在问题，一项一项狠抓整改落实，以从严从实的作风，坚决打赢脱贫攻坚翻身仗。

4月13日 省委书记、省人大常委会主任王东峰在张家口市主持召开座谈会，听取该市冬奥会筹办、脱贫攻坚、生态建设等方面工作汇报。省委副书记、省长许勤出席座谈会。省领导梁田庚、袁桐利、童建明、刘凯参加座谈会。

4月13日至14日 中共中央政治局委员、北京市委书记蔡奇，北京市委副书记、市长陈吉宁率领北京市党政代表团来我省就扶贫协作工作进行对接，并签署《全面深化京冀扶贫协作工作三年行动框架协议》。省委书记、省人大常委会主任王东峰，省委副书记、省长许勤陪同北京市党政代表团先后深入到承德市滦平县兴春和生态循环农业示范区、丰宁满族自治县黄旗镇城根营村，张家口市沽源县小厂镇窑沟台村、张北县嘉茂菌业有限公司、张北县台路沟乡后大营滩村，认真听取扶贫工作汇报，详细考察扶贫项目，入户走访贫困群众，并召开座谈会，深入对接和共同深入推进扶贫协作工作。陈吉宁、许勤分别介绍了北京和河北经济社会发展、京冀扶贫协作等方面情况。北京市领导张工、魏小东、崔述强和市政府秘书长靳伟，河北省领导梁田庚、袁桐利、童建明、聂瑞平、周仲明、时清霜和省政府秘书长朱浩文参加活动。

4月16日 省长许勤主持召开省长办公会，专题研究张家口脱贫攻坚有关问题，研究关于落实脱贫攻坚“两不愁、三保障”重点任务责任清单。副省长张古江、徐建培、夏延军、时清霜，省长助理、省金融办主任江波，省政府秘书长朱浩文出席会议。

4月16日至17日 省委书记、省人大常委会主任王东峰赴阜平县调研检查。省领导袁桐利、童建明、聂瑞平、时清霜分别参加调研或座谈。

4月19日 省长许勤就应对4月21至22日我省范围有一轮强降雨天气作出批示，要求省防汛抗旱指挥部和省直各相关部门、各市县要坚决落实习近平总书记关于防灾减灾救灾工作重要指示精神，树牢“四个意识”，时刻把人民放在心中，提前部署，做足预案，落实责任，切实做好强降雨防范应对工作，确保人民群众生命财产安全。

4月19日 全省保障性安居工程工作推进会议在廊坊市召开。副省长张古江出席会议并讲话。

今天，副省长时清霜就“五包一”定点帮扶工作赴阳原县调研。

4月21日 省扶贫开发和脱贫工作领导小组召开全体会议。省委书记、省人大常委会主任王东峰主持会议并讲话。省委副书记、省长许勤讲话，省委副书记赵一德参加会议并通报考核情况。梁田庚、袁桐利、王刚、徐建培、时清霜等出席会议。

4月23日 省委、省政府在石家庄召开全省扶贫脱贫领域整改暨巡视和“一问责八清理”整改“回头看”工作会议。省委书记、省人大常委会主任王东峰出席并讲话，省委副书记、省长许勤就全省扶贫脱贫领域问题整改进行部署，省政协主席叶冬松出席会议，省委副书记赵一德主持会议。会议以电视电话会议形式召开。省委常委，省人大常委会、省政府、省政协领导成员，省法院院长，省检察院检察长，其他省级干部；省长助理，省政府秘书长；省直各单位主要负责人等在主会场参加会议。各市、雄安新区、各县（市、区）、各乡镇设分会场。

五　月

5月2日 副省长时清霜就春季农业生产、植树造林、农业产业化工作赴邢台市调研。

5月6日 省政府召开全省易地扶贫搬迁工作推进会议。省委常委、常务副省长袁桐利出席会议并讲话，代表省政府与7个市政府签订了责任书。副省长时清霜主持会议并讲了具体意见。

5月10日 省委常委、常务副省长袁桐利陪同国家审计署党组书记、审计长胡泽君赴定点帮扶的保定市顺平县调研脱贫攻坚工作。

5月14日 全省义务教育均衡发展和教育扶贫会议暨对市县级政府履行教育职责评价动员会议在邢台召开。副省长徐建培出席会议并讲话。

5月17日至18日 省委常委、常务副省长袁桐利就脱贫攻坚工作赴沧州市调研。

5月22日 省长许勤赴武汉参加国家防总防汛工作座谈会。

5月24日 省长许勤主持召开省长办公会，专题研究《河北省加快奶业振兴行动计划》。省委常委、常务副省长袁桐利，副省长时清霜，省政府秘书长朱浩文参加会议。

5月25日至26日 副省长时清霜就脱贫攻坚和森林防火工作赴承德市隆化县、围场满族蒙古族自治县和塞罕坝机械林场调研。

5月30日 全省防汛抗旱暨河长制湖长制工作会议在石家庄召开。省委书记、省人大常委会主任王东峰出席会议并讲话。省委副书记、省长许勤作工作部署，省委副书记赵一德主持会议并通报2017年度全省河长制工作考核验收情况及2018年全省防汛抗旱工作准备情况。会议以电视电话会议形式召开，张古江、徐建培、刘凯在主会场参加会议。各市、雄安新区、各县（市、区）设分会场。

5月31日 省长许勤在石家庄就防汛准备工作进行检查。

六　　月

6月2日 国务院扶贫办、自然资源部组成赴河北巡查组，对河北省2017年省级党委和政府扶贫开发工作成效考核发现问题整改工作进行巡查。

6月2日至3日 省长许勤就扶贫领域问题整改、冬奥项目建设情况赴张家口调研检查。

6月3日 省委书记、省人大常委会主任王东峰就深入推进生态环境保护、精准脱贫、防汛抗旱、“双创双服”、“三夏”生产等重点工作赴保定市调研检查。袁桐利、童建明、聂瑞平参加调研检查。

6月3日至5日 国务院副总理、国务院扶贫开发领导小组组长胡春华在河北调研督导脱贫攻坚工作。河北省委书记、省人大常委会主任王东峰陪同调研督导。省委副书记、省长许勤参加有关活动。农业农村部部长、中央农办主任韩长赋，国务院机关党组成员高雨，国务院扶贫办主任刘永富，河北省领导赵一德、童建明、邢国辉、聂瑞平、时清霜参加有关活动。

6月4日至5日 省委常委、常务副省长袁桐利就脱贫攻坚工作赴承德市调研。

副省长、省公安厅厅长刘凯到邯郸市检查指导漳卫南运河防汛及河长制工作落实情况。调研期间，看望慰问安保执勤一线公安干警。

6月6日 国家扶贫成效考核反馈意见问题整改工作推进会暨脱贫攻坚“擂台赛”在石家庄举行。省委书记、省人大常委会主任王东峰出席会议并讲话，省委副书记、省长许勤主持会议。省政协主席叶冬松，省委副书记赵一德出席会议。会议以广电网络视频会议形式召开。省委常委，省人大常委会、省政府、省政协领导班子成员，省军区负责人，省检察院检察长；省政府秘书长；省直各单位主要负责人，省各民主党派驻会副主委，驻石省级管理领导人员企业、省属重点骨干大学、中直驻冀单位主要负责人等在主会场参加会议。各市、雄安新区、各县（市、区）设分会场。

6月9日 国务院扶贫开发领导小组赴河北巡查组召开巡查意见反馈会，向我省反馈意见。巡查组组长、国务院扶贫办主任刘永富讲话，省委书记、省人大常委会主任王东峰主持会议并作表态发言。省委副书记赵一德汇报我省整改情况，巡查组副组长、国务院扶贫办党组成员夏更生反馈巡查情况。副省长时清霜出席会议。

6月10日至11日 副省长张古江就脱贫攻坚工作赴顺平县督导检查。

6月12日 副省长时清霜就“三夏”生产工作赴保定徐水区调研。

6月12日至13日 永定河省级河长、副省长张古江就永定河系防汛工作，赴张家口市下花园区、怀来县和廊坊市固安县调研督导。

6月16日至17日 副省长、省公安厅厅长刘凯到张家口市崇礼区就脱贫攻坚和扶贫领域问题整改工作调研检查，并主持召开座谈会。

6月18日 省委常委、副省长，雄安新区党工委书记、管委会主任陈刚实地调研白洋淀生态环境治理和保护工作。

6月19日 省委常委、常务副省长袁桐利赴乐亭县检查滦河流域防汛工作。

今天，省政府在石家庄召开全省健康扶贫推进会议。副省长徐建培出席会议并讲话。

今天，河北省防汛抗旱指挥部指挥长、副省长时清霜赴宁晋县艾辛庄枢纽检查防汛工作。

6月21日 副省长徐建培赴沧州市督导检查防汛和河长制工作。

6月21日至22日 全省脱贫攻坚基层基础工作规范提升现场会在承德市召开。省委书记、省人大常委会主任王东峰，省委副书记、省长许勤作出批示。省委副书记赵一德出席并讲话，省人大常委会副主任、承德市委书记周仲明出席，副省长时清霜主持，国务院扶贫办党组成员夏更生出席并讲话。

6月28日 省长许勤到省气象局调研检查汛期服务保障工作。副省长时清霜一同调研。

6月29日 国家防总副总指挥、水利部部长鄂竟平一行赴雄安新区检查防汛工作。副省长、省防指指挥长时清霜陪同检查。

6月30日 生态环境部部长李干杰赴承德开展定点扶贫调研检查。省人大常委会副主任、承德市委书记周仲明出席相关活动。

七 月

7月3日 副省长时清霜就防汛备汛、河长制湖长制落实和实施乡村振兴战略等工作赴衡水调研。

7月4日至5日 国家林业和草原局局长张建龙率队赴雄安新区和石家庄市调研。期间，与我省在石家庄举行工作座谈会。省委书记、省人大常委会主任王东峰出席座谈会。省领导陈刚、邢国辉、时清霜参加相关活动。

7月6日 省粮食安全责任制考核工作组第三次联席会议在石家庄召开。副省长时清霜出席会议并讲话。

7月7日 副省长夏延军赴定州和保定检查防汛工作。

7月10日 省长许勤连夜到省防汛抗旱指挥部检查防汛工作。副省长时清霜一同调研。

今天，省防汛抗旱指挥部举行全省抗洪抢险演练暨防汛调度会。省防汛抗旱指挥部指挥长、副省长时清霜出席并讲话。

7月11日 省长许勤主持召开省政府常务会议，认真学习习近平新时代中国特色社会主义思想和总书记重要讲话、重要指示精神，研究审议《河北省绿色建筑促进条例（草案）》《河北省取水许可管理办法（修订草案）》《全省“空心村”治理工作总体方案》《河北省“万企转型”实施方案》《关于全面加强生态环境保护坚决打好污染防治攻坚战的实施意见》，研究国务院大督查自查迎查、开展扫黑除恶专项斗争等工作。

7月13日 全省农村垃圾集中清理工作电视电话会议召开。省委副书记赵一德出席会议并讲话。副省长张古江出席，副省长时清霜主持。

7月17日 省长许勤到省政府应急办检查调度防汛应急工作。

今天，省委常委、常务副省长袁桐利出席省人大常委会召开扶贫脱贫攻坚、大气污染防治、优化营商环境联动监督动员会并代表省政府作表态讲话。省委书记、省人大常委会主任王东峰作出批示。省委副书记赵一德出席并讲话。省人大常委会党组书记、常务副主任范照兵主持并传达王东峰书记批示，党组副书记、副主任王晓东就省委批准的《联动监督工作方案》作说明，副主任王刚、王会勇，秘书长曹汝涛出席。

7月18日 省委常委、副省长，雄安新区党工委书记、管委会主任陈刚就防汛工作深入到新区防汛抗旱指挥部、安新县同口二村孝义河入淀口、白洋淀新安北堤北六村段和安新县城滨河路城市管网溢流口调研。

7月19日 全省防汛工作调度会在石家庄召开。副省长时清霜出席会议并讲话。

7月20日 副省长时清霜就防汛备汛、脱贫攻坚和“双创双服”包联企业帮扶工作赴邯郸、邢台调研。

7月21日 省政府党组书记、省长许勤主持召开省政府党组会议，深入学习习近平总书记关于防汛抢险救灾工作重要指示精神，研究进一步强化我省防汛工作的落实措施，强调要坚决贯彻习近平总书记重要指示精神，牢固树立以人民为中心的思想，按照省委、省政府部署安排和王东峰书记指示要求，严密监测当前雨情汛情，强化预报预警预防，全力以赴做好防汛抢险救灾各项工作，切实保障人民群众生命财产安全。

7月22日 省防汛抗旱指挥部紧急召开应对7月23日至24日强降雨天气过程防汛工作调度会。省委副书记赵一德作出部署，副省长时清霜主持。调度会以电视电话会议形式召开。省水利厅设主会场，各市（含定州、辛集市）、各县（市、区）设分会场。

7月24日 副省长、省防指指挥长时清霜到省防汛抗旱指挥部调度台风“安比”应对工作。

7月26日至27日 全省易地扶贫搬迁工作现场会在保定市涞源县召开。省委常委、常务副省长袁桐利出席会议并讲话。

八 月

8月6日 全省防汛工作紧急调度会在石家庄召开。副省长时清霜出席会议并讲话。

8月7日 省长许勤主持召开省政府常务会议，研究全省脱贫攻坚工作，对下阶段工作进行部署安排。

8月8日至9日 省长许勤赴张家口市检查督导脱贫攻坚工作。

8月9日 省委副书记赵一德、副省长夏延军出席康保县脱贫攻坚帮扶工作调度会并分别讲话。

8月10日 全省推进农业供给侧结构性改革大力发展特色产业工作会在滦平召开。副省长时清霜出席会议并讲话。

8月11日 全省防汛工作紧急调度视频会在石家庄召开。副省长时清霜出席会议并讲话。

8月13日 全省防范台风暴雨调度会议在石家庄召开。副省长时清霜出席会议并讲话。

8月15日 省委书记、省人大常委会主任王东峰和省委副书记、省长许勤冒着台风和大雨，深入到秦皇岛市防汛指挥中心，看望慰问奋战在一线的干部职工，现场指挥调度防汛工作，要求全省各级党委、政府和有关部门认真学习贯彻习近平总书记关于防灾减灾救灾工作的重要指示精神，把保护人民群众生命财产安全作为最高准则，进一步细化防汛工作措施，严格落实责任，科学指挥调度，确保平稳安全度汛。

8月16日 我省举行打赢脱贫攻坚战三年行动电视电话会议暨县（市、区）委书记脱贫攻坚“擂台赛”。省委书记、省人大常委会主任王东峰，省委副书记、省长许勤作出批示。省委副书记赵一德出席并讲话，副省长时清霜主持。有关市县作了发言。

8月25日 省长许勤就大力实施乡村振兴战略、完善省会城市规划在石家庄市调研。

8月27日 省政府召开全省“空心村”治理工作推进会议。省委常委、常务副省长袁桐利出席会议并讲话，副省长时清霜作了具体部署。

8月28日 北京•燕太片区职教扶贫协作区成立暨2018年集中开学仪式在阜平县职业教育学校举行。副省长徐建培出席并讲话。

8月29日 省电商扶贫工作座谈会召开。省委副书记赵一德主持会议并讲话。副省长时清霜出席会议。省直有关部门和阿里巴巴集团副总裁方建生等参加座谈会。

九　月

9月3日 全省非洲猪瘟等动物疫病防控工作电视电话会议召开。副省长时清霜出席会议并讲话。

9月8日 全省非洲猪瘟防控工作会议在石家庄召开。副省长时清霜出席会议并讲话。

9月10日 副省长时清霜就重大动物疫病防控工作赴保定市徐水区调研。

9月10日至13日 全国人大常委会副委员长丁仲礼率领全国人大常委会执法检查组赴唐山市和秦皇岛市，就海洋环境保护法贯彻实施情况开展执法检查。省委常委、常务副省长袁桐利，省人大常委会副主任王晓东、周仲明分别参加座谈会或陪同检查。

9月13日 我省召开推进京津冀扶贫协作工作电视电话会议。省委副书记赵一德出席会议并讲话。副省长时清霜主持会议。

9月14日 驻冀部队参与打赢脱贫攻坚战三年行动工作会议召开。省委副书记赵一德，省军区司令员王舜、政委李宁出席并讲话。军地领导时清霜、要文须、吕运成、姚红星等出席。9个单位作发言。

9月15日 国家发展改革委副主任林念修就脱贫攻坚工作赴灵寿县调研，省委常委、常务副省长袁桐利陪同调研。

9月16日 全省城乡生活垃圾处理工作现场会在石家庄召开。副省长张古江出席会议并讲话。

9月17日 中央单位驻河北省定点扶贫工作座谈会在北京举行。省委书记、省人大常委会主任王东峰出席会议并讲话。省委副书记、省长许勤主持会议。省委副书记赵一德汇报河北省扶贫脱贫有关情况。中央和国家机关有关领导李勇、徐绿平、黄宪起、孙尧、唐朝、刘志强、孙宝厚、宋哲、张军扩、龙庄伟、周长奎、乔永清、刘正荣，省领导聂瑞平、周仲明、时清霜参加会议。

9月19日 省委书记、省人大常委会主任、乡村振兴工作领导小组组长王东峰主持召开省委省政府乡村振兴工作领导小组会议。省委副书记、乡村振兴工作领导小组常务副组长赵一德出席会议。省领导梁田庚、袁桐利、焦彦龙、董仚生、李谦、时清霜、曹素华出席会议。

今天，全省易地扶贫搬迁工作推进会在石家庄召开。省委常委、常务副省长袁桐利出席会议并讲话。

9月20日 省政府召开全省非洲猪瘟防控工作紧急视频会议。副省长时清霜出席会议并讲话。

9月21日至23日 农业农村部督查组来我省督导检查非洲猪瘟防控工作。先后实地督查了隆化县、丰宁满族自治县、张北县和沽源县。

9月22日 省长许勤就县域经济发展情况赴石家庄市无极县、晋州市调研。

9月26日 省委常委、副省长，雄安新区党工委书记、管委会主任陈刚，赴包联村容城县容城镇后营村走访慰问贫困户并调研精准扶贫工作。

今天，第二十二届中国（廊坊）农产品交易会在廊坊国际会展中心开幕。34个农业项目现场签约，合同金额331.18亿元。中华全国供销合作总社理事会副主任邹天敬，副省长时清霜出席开幕式。

9月28日至29日 国家林业和草原局副局长李春良带领国务院第六督导组在秦皇岛市督导非洲猪瘟防控工作，并召开座谈会。副省长时清霜参加座谈会。

十　月

10月10日 副省长时清霜就秋收秋种工作到石家庄市藁城区调研。

10月11日至12日 国务委员兼国务院秘书长肖捷到我省张家口市张北县、怀安县调研脱贫攻坚工作。

10月13日 我省召开重点区域防控非洲猪瘟紧急调度视频会议。副省长时清霜出席会议并讲话。

10月15日至16日 国务院发展研究中心主任李伟就脱贫攻坚工作赴定点帮扶的邯郸市大名县进行调研。省委常委、常务副省长袁桐利一同调研。

10月20日 省委副书记赵一德、副省长时清霜会见了2018年全国脱贫攻坚先进事迹巡回报告团全体成员。

10月21日 2018年全国脱贫攻坚先进事迹巡回报告会在石家庄市举行。省委副书记赵一德出席报告会并致辞，副省长时清霜主持报告会。

10月23日 全省实施乡村振兴战略推进会暨城市规划建设管理工作会议在石家庄召开。省委书记、省人大常委会主任王东峰出席会议并讲话。省委副书记、省长许勤主持会议，省委副书记赵一德，省领导袁桐利、焦彦龙、张古江、李谦、时清霜在主会场出席会议。会议以广电网络视频会议形式召开。省直有关单位主要负责人，驻石省委管理领导人员企业、省属重点骨干大学主要负责人，中直驻冀有关单位主要负责人；省住房城乡建设厅、省农业厅（省农工办）领导班子成员在主会场参加会议。各市、雄安新区、各县（市、区）设分会场。

10月25日 省扶贫开发和脱贫工作领导小组召开全体会议。省委书记、省人大常委会主任王东峰主持会议并讲话。省委副书记赵一德通报全省脱贫攻坚工作情况。省领导聂瑞平、周仲明、徐建培、时清霜、曹素华出席会议。

10月29日 全省第三次县（市、区）委书记脱贫攻坚"擂台赛"会议在石家庄举行。省委书记、省人大常委会主任王东峰出席会议并讲话。省委副书记、省长许勤主持会议。省委副书记赵一德，副省长时清霜在主会场出席会议。会议以广电网络视频会议形式召开。省扶贫开发和脱贫工作领导小组成员单位主要负责人、分管负责人和相关处室主要负责人在主会场参加会议。各市、雄安新区、各县（市、区）设分会场。

今天，副省长张古江赴顺平县督导检查脱贫攻坚工作。期间，张古江还对军队退役人员管理服务、农村垃圾治理、冬季清洁取暖等工作进行督导检查。

10月30日 省政府召开全省深度贫困地区农村基础设施和基本公共服务提升工程推进会。省委常委、常务副省长袁桐利，副省长时清霜出席会议并讲话。

今天，全省农村道路交通安全综合治理现场会在任丘市召开。副省长、省公安厅厅长刘凯出席会议并讲话。

十 一 月

11月1日 收听收看全国非洲猪瘟防控工作电视电话会议后，副省长时清霜在全省非洲猪瘟防控工作电视电话会议上要求，认清防控严峻形势，绷紧严防死守这根弦，细化实化防控措施，强化各项保障，坚决打好疫情防疫阻击战，力争不发生，确保不定殖。

11月5日 副省长张古江赴农村"双代"工程未全面完工的保定市清苑区，进村入户抽查气代煤工程进展情况，检查小学、村卫生所等公共服务单位清洁取暖工作。

11月5日至6日 全省农业产业化暨奶业振兴工作会议在邢台召开。副省长时清霜出席会议并讲话。

11月8日 省长许勤主持召开张家口市脱贫攻坚工作电视电话调度会议，深入学习贯彻习近平新时代中国特色社会主义思想和党的十九大精神，全面落实习近平总书记关于脱贫攻坚工作的重要指示精神，认真落实党中央、国务院总体部署，按照省扶贫开发和脱贫工作领导小组第三次会议及全省脱贫攻坚"擂台赛"部署，围绕张家口市脱贫攻坚工作重点和难点，找短板、补弱项、抓整改、促提升，坚定信心、凝聚合力，坚决打赢脱贫攻坚翻身仗。叶冬松、赵一德、董仚生、刘凯、时清霜、曹素华、葛会波、苏银增和卫彦明、丁顺生参加会议。

11月11日至12日 燕山-太行山片区脱贫攻坚部省部际联系会议在承德县召开。工业和信息化部党组书记、部长苗圩出席会议并讲话。国务院扶贫办副主任夏更生，工信部副部长辛国斌，省人大常委会副主任、承德市委书记周仲明，副省长时清霜，山西省政协副主席李晓波，内蒙古自治区副主席张韶春出席会议。省委常委、常务副省长袁桐利就脱贫攻坚工作赴丰宁满族自治县调研。

11月12日 省委常委、副省长，雄安新区党工委书记、管委会主任陈刚，就开展环保"走遍雄安"活动、2018年秋冬季植树造林工作等赴安新县调研。

今天，副省长时清霜就非洲猪瘟防控工作赴承德市调研。

11月13日 副省长张古江赴行唐县督导检查农村"双代"工作。

今天，全省扶贫成效考核工作动员部署电视电话会议召开。省委副书记赵一德出席会议并讲话。副省长时清霜主持会议。

11月15日至16日 副省长时清霜就农业产业化和奶业振兴工作赴唐山市调研。

11月23日 全省城乡生活垃圾处理工作调度会在石家庄召开。副省长张古江出席会议并讲话。

11月24日 副省长时清霜到省防控非洲猪瘟应急指挥中心对防控工作进行调度。

11月26日 副省长时清霜就非洲猪瘟防控到省动物疫病预防控制中心调研。

11月28日至29日 全省实施乡村振兴战略暨农村人居环境整治工作现场观摩会在衡水举行。省委副书记赵一德出席会议并讲话。副省长时清霜主持会议。

十 二 月

12月6日 农业农村部副部长余欣荣赴石家庄就“大棚房”问题专项清理整治和农村改厕工作进行调研。副省长时清霜陪同调研。

今天，省级扶贫成效考核专题会在石家庄召开。省委副书记赵一德出席会议并讲话。副省长时清霜主持会议。

12月8日 全省扶贫成效考核反馈问题整改电视电话会议召开。省委副书记赵一德出席会议并讲话。省人大常委会副主任、保定市委书记聂瑞平在保定分会场出席会议。副省长时清霜主持会议。

12月11日 全省加强非洲猪瘟防控工作电视电话会议在石家庄召开。副省长时清霜出席会议并讲话。

12月14日至15日 省长许勤在北京主持召开雄安新区规划编制专题会议。

12月15日 省长许勤赴张家口市调研检查脱贫攻坚和冬奥会筹办工作。副省长徐建培、省政府秘书长朱浩文参加有关活动。

12月19日 副省长时清霜赴保定唐县调研指导脱贫攻坚和非洲猪瘟防控工作。

12月24日 省委副书记赵一德连夜调度脱贫攻坚工作。副省长时清霜主持会议。

Ⅸ 附 录

一、农村统计主要指标解释

乡村户数：是指长期（一年以上）居住在乡镇（不包括城关镇）行政管理区域内的住户，还包括居住在城关镇所辖行政村范围内的农村住户。

户口不在本地而在本地居住一年及以上的住户也包括在本地农村住户内；有本地户口，但举家外出谋生一年以上的住户，无论是否保留承包耕地都不包括在本地农村住户范围内。不包括乡村地区内的国有经济的机关、团体、学校、企业、事业单位的集体户。

乡村人口：指乡村地区常住居民户数中的常住人口数，即经常在家或在家居住6个月以上，而且经济和生活与本户连成一体的人口。外出从业人员在外居住时间虽然在6个月以上，但收入主要带回家中，经济与本户连为一体，仍视为家庭常住人口；在家居住，生活和本户连成一体的国家职工、退休人员也为家庭常住人口。但是现役军人、中专及以上（走读生除外）的在校学生、以及常年在外（不包括探亲、看病等）且已有稳定的职业与居住场所的外出从业人员，不应当作家庭常住人口。

乡村从业人员：指乡村人口中16岁以上实际参加生产经营活动并取得实物或货币收入的人员，既包括劳动年龄内经常参加劳动的人口，也包括超过劳动年龄但经常参加劳动的人员。但不包括户口在家的在外学生、现役军人和丧失劳动能力的人，也不包括待业人员和家务劳动者。

年末耕地：指种植农作物的土地，包括熟地，新开发、复垦、整理地，休闲地（含轮歇地、轮作地）；以种植农作物（含蔬菜）为主，间有零星果树、桑树或其他树木的土地；平均每年能保证收获一季的已恳滩地和海涂。耕地中包括南方宽度小于1.0米、北方宽度小于2.0米固定的沟、渠、路和地坎（埂）；临时种植药材、草皮、花卉、苗木等的耕地，以及其他临时改变用途的耕地。

有效灌溉面积：是指具有一定的水源，地块比较平整，灌溉工程或设备已经配套，在一般年景下，当年能够进行正常灌溉的耕地面积。在一般情况下，有效灌溉面积应等于灌溉工程或设备已经配套，能够进行正常灌溉的水田和水浇地面积之和。

旱涝保收面积：在有效灌溉面积中，灌溉设施齐全，抗灾能力较强，土地肥力较高，遇到较大的旱涝灾害，能保证遇旱能灌，遇涝能排的耕地面积。灌溉设施的抗旱能力和排涝能力，全国各地根据当地的气候执行不同的标准。一般抗旱能力南方在50～100天，北方在30～50天；排涝能力达到5年至10年一遇的标准，防洪一般达到20年一遇的标准。

旱涝保收面积应小于或等于有效灌溉面积。

农用机械总动力合计：是指主要用于农、林、牧、渔业的各种机械动力的总和，包括耕作机械、农用排灌机械、收获机械、植保机械、林业机械、畜牧机械、渔业机械、农产品加工机械、农用运输机械、其他农业机械。按能源又分为柴油、汽油、电力和其他动力。总动力按法定计算单位千瓦计算。（注：1马力=735.5瓦特=0.735千瓦）

农作物总播种面积：是指全年各种农作物播种面积的总和，其计算公式为：

本年农作物总播种面积=上年秋冬播作物面积+本年春播作物面积+本年夏播作物面积

或：本年农作物总播种面积=本年夏收作物播种面积+本年秋收作物播种面积

复种指数：反映耕地利用程度的指标。指年内农作物的总播种面积对耕地面积之比，用百分数表示。复种指数表示耕地在一年内被用来种植农作物的平均次数。计算公式如下：

$$复种指数=\frac{\begin{matrix}农作物总\\播种面积\end{matrix}-\begin{matrix}绿肥作物\\播种面积\end{matrix}}{耕地面积}\times 100\%$$

农作物产量：指本年全社会范围内生产的农产品的产量，不论计划内外，数量多少，耕地上与非耕地上的农作物产量，都应统计在内。各种主要作物产量按国家的统一规定计算。作为粮食的薯类产量按五斤折一斤计算。

园林水果：指在专业性果园、林地及零星种植果树上生产的水果（老口径水果）。不包括瓜果类。

年末果园面积：指年末专业性果园面积。不包括果用瓜种植面积。

造林面积：是指报告期内宜林荒山荒地、宜林沙荒地、无立木林地、疏林地和退耕地等其他宜林地上通过人工措施开成或恢复森林、林木、灌木林的过程。经过检查验收符合"造林技术规程"要求株树，成活率达85%以上的面积。四旁植树如一侧在四行以上，连续面积0.066公倾（一亩）以上，应统计在造林面积内。

在造林面积中，不包括补植面积、治沙种草面积、经济林垦复面积、迹地更新面积和低产林改造面积。

当年（期内）出栏的畜禽数：是指当年（报告期内）农村各种合作经济组织、农民家庭和国有农场、机关、团体、学校、工矿企业、部队等单位以及城镇居民饲养的，已屠宰或出售的全部畜禽。

期初（末）畜禽存栏数：是指本期（报告期）期初（末）农村与城市的全部畜禽存栏数。除科学研究单位专门用于试验研究的牲畜和军马以外，农村各种合作经济组织和国有农场、农民个人、机关团体、学校、工矿企业、部队等单位以及城镇居民饲养的各种畜禽，不分大小、公母、品种、用途，一律包括在内。专业运输组织的运输用牲畜也应包括在内。但商业部门库存的和运输途中的活牲畜不进行统计。

出栏率：是分析饲养牲畜、特别是饲养肉用牲畜向社会提供畜产品数量多少的指标，它反映畜禽周转的快慢，反映饲养产品的经济效果和生产水平。其计算公式为：

$$出栏率=\frac{出栏头数(包括出售和自宰的)}{期初头数(可用上期末头数代替)}\times100\%$$

肉产量：是指当年出栏并已屠宰的畜禽肉产量。猪、牛、羊、马、驴、骡、骆驼肉产量按屠宰后除去头蹄下水后带骨肉的胴体重计算，兔禽肉产量按屠宰后去毛和内脏后的重量计算。

水产品产量：是指本年度内捕捞的水产品（包括人工养殖并捕获的水产品和捕捞天然生长的水产品）产量。

（1）海水产品产量：是指从海洋和海水养殖水域中捕捞的海水产品产量，包括鱼类、虾蟹类、贝类、藻类。

（2）淡水产品产量：是指淡水湖泊、水库、河沟和池塘以及其他淡水水域内捕捞的淡水产品产量。包括鱼类、虾蟹类、贝类，不包括淡水水生植物。

（3）养殖产量：是指从海水养殖面积和淡水养殖面积中捕捞的产量。

（4）捕捞产量：是指捕捞天然生长的水产品产量。

养殖面积：养殖面积是反映养殖生产规模的基本指标。水产品养殖面积是指人工投放鱼、虾、蟹、贝、藻等苗种并经常进行饲养管理的水面面积。

海水养殖面积：是指利用海上、滩涂、陆基放养海带苗、蛏、各种贝类、鱼苗等水产苗种以养殖鱼、虾、贝、藻类等水产品的人工养殖水面面积。在报告期无论是否全部收获或尚未收获其产品，均应统计在海水养殖面积中。但有些滩涂水面不投放鱼种或投放少量鱼苗，只进行一般管理，不统计为养殖面积。

淡水养殖面积：是指已放养鱼苗、鱼种等水产品苗种并经常进行人工饲养管理的池塘、湖泊、水库、沟渠的养殖水面面积。淡水养殖面积中不应包括稻田养鱼面积。

农林牧渔业总产值：是以货币表现的农林牧渔业的全部产品总量和对农林牧渔业生产活动进行的各种支持性服务活动的价值。它反映一定时期内农林牧渔业生产总规模和总成果，是观察农林牧渔业生产水平和发展速度，研究农林牧渔业内部比例关系、农林牧渔业和工业、农林牧渔业和国家建设、人民生活比例关系的重要指标，同时也是计算农林牧渔业劳动生产率和农林牧渔业增加值的基础资料。

农林牧渔业总产值的统计范围是辖区内各种经济类型、各个系统的全部农林牧渔业生产单位或非农行业单位附属的农林牧渔业生产活动单位。军委系统的农林牧渔业生产（除军马外）也应包括在内，但不包括农业科学试验机构进行的农业生产。

农林牧渔业总产值的核算范围是一定时期内生产的农业、林业、牧业、渔业产品的价值量和对农林牧渔业生产活动进行的各种支持性服务活动的价值的总和。既包括生产部门的产值，也包括农林牧渔服务业产值。

农林牧渔业商品产值：是指农林牧渔业生产单位或生产部门（包括国有、集体、农户）在一定时期内生产的农产品总产量中实际出售的商品量的价值。

农林牧渔业增加值：指农、林、牧、渔及农林牧渔服务业生产货物或提供服务活动而增加的价值，为农林牧渔业现价总产值减去农林牧渔业现价中间投入后的余额。

增加值也叫附加价值或追加价值，是指各单位生产经营的最终成果，即本单位或本行业对社会所作的贡献。从宏观上来说，增加值是计算生产总值的基础，即各部门增加值之和就是生产总值；从微观上来说，增加值能客观反映单位或行业的投入、产出、速度和收入等情况。因此，计算增加值不仅是国民经济宏观管理的需求，也是微观的企业和行业管理的需要。

计算农林牧渔业增加值主要采用二种方法，即生产法（或称正算法）、分配法（或称倒算法或收入法）。

生产法：就是从生产的角度，把农林牧渔业总产出中外购的原料、燃料、动力、其他物耗和劳务中间消耗扣除，余额就是增加值，其公式为：

农林牧渔业增加值=农林牧渔业总产出-农林牧渔业中间消耗（中间物质消耗+生产服务支出）。

它包括新增加的价值和固定资产的转移价值。

分配法：就是从收入的角度，对农业生产单位（或农户）在生产经营和劳务（服务）活动过程中形成的不含中间消耗的各种收入分配之和计算增加值的方法。其公式为：

农林牧渔业增加值=固定资产折旧+劳动者报酬+生产税净额（生产税-生产补贴）+营业盈余。

农业产业化生产经营总量：是指区域内的农业产业化各类生产经营单位在统计报告期内生产经营的总成果。

农业产业化经营率：是指报告期内某区域的龙头经营组织和农产品生产（加工）销售产值之和占其自身与本区域内未经加工转化的农林牧渔业总产值之和的比率。

二、农村统计常用计算公式

（一）人口统计常用指标计算公式

1.人口出生率、死亡率和自然增长率

$$出生率=\frac{年内出生人数}{年内平均人数}\times 1000‰$$

$$死亡率=\frac{年内死亡人数}{年内平均人数}\times 1000‰$$

$$自然增长率=\frac{年内出生人数-年内死亡人数}{年内平均人数}\times 1000‰=出生率-死亡率$$

$$注：年内平均人数=\frac{年初人口+年末人口}{2}$$

2.人口密度

$$人口密度=\frac{某地区总人口数}{某地区土地总面积}$$

（二）土地面积统计常用指标计算公式

1.按农业人口或农业劳动力平均的耕地面积

$$按农业人口平均的耕地面积=\frac{耕地面积}{农业人口}$$

$$按农林牧渔业劳动力平均的耕地面积=\frac{耕地面积}{农林牧渔业劳动力}$$

2. 单位耕地产出指标

$$\frac{单位耕地面积的产量}{(或产值、增加值)}=\frac{各种农产品产量(或产值、增加值)}{耕地面积}$$

（三）农作物产量统计常用指标计算公式

1. 农作物单位面积产量

$$单产=\frac{总产量}{播种面积}$$

2. 粮食耕地单位面积产量

$$粮食耕地单位面积产量=\frac{粮食总产量}{粮食实际占用耕地面积}$$

3. 平均每人拥有粮食（油料）

$$平均每人拥有粮食（或油料）=\frac{某地区粮食(或油料)总产量}{该地区年内平均总人口}$$

4. 平均每一农林牧渔业从业人员生产粮食

$$平均每一农林牧渔业从业人员生产粮食=\frac{粮食总产量}{农林牧渔业从业人员}$$

（四）林业生产统计常用指标计算公式

1. 森林覆盖率

$$森林覆盖率=\frac{年末实有林地面积}{土地总面积}\times 100\%$$

2. 补植面积的计算

（1）用实际补植的株数折算补植面积

例：一块地上补植2000株，这块地每公顷造林密度为200株。

补植面积=2000÷200=10（公顷）

（2）根据造林成活率推算补植面积

例：新造幼林100公顷，成活率60%，在该地补植。

补植面积=100×（1-60%）=40公顷

（3）平均每人拥有林地面积

$$平均每人拥有林地面积=\frac{年末实有林地面积}{年末总人口数}$$

（五）牧业生产统计常用指标计算公式

1. 牲畜全年饲养头数

牲畜全年饲养头数=年末存栏头数+年内出售头数+年内自宰自食头数

2. 牲畜全年出栏头数和出栏率

牲畜全年出栏头数=年内出售头数+年内自宰自食头数

$$牲畜全年出栏率=\frac{年内出栏头数}{年初存栏头数}\times 100\%$$

3. 牲畜全年净增头数和净增率

牲畜全年净增头数=年内增加头数－年内减少头数=年末存栏头数－年初存栏头数

$$牲畜全年净增率=\frac{全年净增头数}{年初存栏头数}\times 100\%=\frac{年末存栏头数-年初存栏头数}{年初存栏头数}\times 100\%$$

4. 能繁母畜在牲畜中的比重

$$能繁母畜在牲畜中的比重=\frac{年末能繁母畜头数}{年末实有牲畜头数}\times 100\%$$

5. 每头出栏肥猪平均胴体重

$$每头出栏肥猪平均胴体重=\frac{出栏肥猪肉产量}{出栏肥猪头数}$$

（六）农林牧渔业总量统计常用计算公式

1. 农林牧渔业总产值

农林牧渔业总产值=∑（某种农产品当年总产量×该种农产品生产价格）

2. 农业总产值发展速度

报告期可比价产值=报告期现价产值÷报告期农产品生产价格指数（农产品生产价格缩减指数）

或报告期可比价农业总产值=报告期农产品产量×上年同期的农产品生产者价格

农业发展速度=报告期可比价农林牧渔业总产值÷基期现价农林牧渔业总产值×100%

可比价指上年同期的价格，基期为上年同期。

3. 农林牧渔业增加值

农林牧渔业增加值=农林牧渔业总产值-农林牧渔业中间消耗

4. 农业增加值发展速度

报告期可比价增加值=报告期现价产值×增加值率÷报告期农产品生产价格缩减指数

农业发展速度=报告期可比价农林牧渔业增加值÷基期现价农林牧渔业增加值×100%

（七）农业现代化统计常用指标计算公式

1. 机械化

（1）平均每公顷耕地拥有农业机械总动力数

$$平均每公顷耕地拥有农业机械动力=\frac{农业机械总动力（千瓦）}{耕地面积（公顷）}$$

（2）平均每一村拥有拖拉机台数

$$平均每一村拥有拖拉机台数=\frac{拖拉机台数}{村委会个数}$$

（3）耕地机械化程度

$$耕地机械化程度=\frac{实际机耕面积}{总播种面积}\times 100\%$$

（4）播种机械化程度

$$播种机械化程度=\frac{实际机械播中面积}{总播种面积}\times 100\%$$

（5）收获机械化程度

$$收获机械化程度=\frac{实际机械收获面积}{总播种面积}\times 100\%$$

（6）粮食脱粒机械化程度

$$粮食脱粒机械化程度=\frac{机械脱粒粮食数量}{粮食总产量}\times 100\%$$

2. 电气化

（1）说明农村用电的普遍程度

$$有电乡（或村）所占比重=\frac{已通电的乡（或村）数}{全部乡（或村）数}\times 100\%$$

（2）说明每公顷耕地耗用的电量

$$每公顷耕地电力装备程度=\frac{农村用电量}{耕地面积}$$

3. 化学化

（1）反映化肥施用水平

$$平均每公顷耕地化肥施用量=\frac{化肥施用量(公斤)}{耕地面积(公顷)}$$

（2）化学肥料有效成分含量

氮　　肥

名　　称	含氮（N）（%）	名　　称	含氮（N）（%）
硫酸铵	20	碳酸氢铵	15～17
氨　水	15～17	硝 酸 铵	33～34
氯化铵	24～25	尿　　素	46

磷　　肥

名　　称	含五氧化二磷（$P_2{\bullet}_5$）（%）	名　　称	含五氧化二磷（$P_2{\bullet}_5$）（%）
过磷酸钙	12～13	钙美磷肥	12
磷矿粉肥	10～30		

钾　　肥

名　　称	含氧化钾（$K_2{\bullet}$）（%）	名　　称	含氧化钾（$K_2{\bullet}$）（%）
硫酸钾	48～50	氯化钾	50～60

复 合 肥

名　　称	含氮（N）（%）	含磷（$P_2{\bullet}_5$）（%）	含钾（$K_2{\bullet}$）（%）
磷 酸 铵	11～13	60	～
硝 酸 钾	13～15	—	45～46
磷 酸 钾	—	24	27
硝酸钾肥	5	50	22

4. 水利化

反映农田水利化程度

$$农田机械化灌溉程度=\frac{机电灌溉面积}{耕地面积}\times100\%$$

$$农田水利化程度=\frac{有效灌溉面积}{耕地面积}\times1\mathrm{0}0\%$$

$$旱涝保收程度=\frac{旱涝保收面积}{耕地面积}\times10C\%$$

$$每一农业人口拥有有效灌溉面积=\frac{有效灌溉面积}{农业人口}$$

$$每一农业人口拥有旱涝保收田面积=\frac{旱涝保收面积}{农业人口}$$

（八）度量衡公制、市制常用单位比较表

名　称	公　制	市　制
长　度	1公里=1000米 =2市里 =0.621英里 =0.540海里 1米=100厘米 =3市尺 =3.281英尺 1厘米=10毫米 =0.3市寸 1海里=1.852公里 1英里=1.609公里	1里=150丈 =0.5公里 =0.311英里 =0.270海里 1丈=10尺 1尺=10寸 ≈0.33米 =1.094英尺 1寸=10分 ≈3.33厘米
面　积	1平方公里=100公顷 =4平方市里 =1500市亩 1公顷=1000平方米 =15市亩 =2.471英亩 1平方米=10000平方厘米 =9平方市尺 1英亩=0.405公顷 =6.07亩	1平方里=375亩 =0.25平方公里 1亩=60平方丈 =6000平方尺 =0.164英亩 1平方丈=100平方尺
体积容积	1立方米=1000000立方厘米 =27立方市尺 1立方厘米=1000立方毫米 1公升=1000立方厘米 =1000毫升 =1市升 =0.220英加仑	1立方丈=1000立方尺 1立方尺=1000立方寸 1石=10斗 1斗=10升
重　量	1吨=1000公斤 =2000市斤 1公斤=1000克 =2市斤 =2.205英磅 1英磅（常衡）=0.454公斤 =0.907市斤 1普特（俄制）=16.38公斤 =32.78市斤 1盎司（英制，金药制）=31.1035克 =0.62221市两 1克拉=0.2克	1担=100斤 1斤=10两 =0.5公斤 =1.102（英磅） 1两=10钱
其　他	1千瓦=1.36马力	1马力=0.735千瓦

三、符号使用说明

1. “空格”，表示该项统计指标数据为0、缺或无该项统计资料；
2. “#”表示其中项；
3. “*”或“①”，表示本表下有注解。

四、2018年度河北省科学技术进步奖农业获奖项目

序号	项目名称	主要单位	主要完成人	奖项
1	食品质量安全生物影响因素快速检测技术与装备及其应用	河北农业大学，河北出入境检验检疫局检验检疫技术中心，北京金诺美生物技术有限公司	张伟，王建昌，杨倩，陈启跃，张蕴哲，孙晓霞，檀建新，王金凤，张先舟，胡连霞	一等奖
2	棉花优异种质鉴评及创制新技术和多抗优质新品种选育	河北农业大学，河间市国欣农村技术服务总会	马峙英，张桂寅，吴立强，王省芬，李志坤，张艳，柯会锋，卢怀玉，吴金华，杨君	一等奖
3	“大午金凤”羽色自别粉壳蛋鸡的选育与应用	河北大午农牧集团种禽有限公司，中国农业大学	宁中华，刘平，曲鲁江，赵晓钰，刘华格，郑利杰，王德贺，刘龙，代占辉，刘建峰	一等奖
4	动物性食品中重要危害因子快速检测技术与应用	河北省兽药监察所，河北农业大学，北京维德维康生物技术有限公司，河北英茂生物科技有限公司，石家庄市农林科学研究所	王萍，王建平，赵国先，刘怡菲，张会彩，武英利，马立才，王继英，陈公武，金世清	一等奖
5	石家庄君乐宝乳业有限公司（企业技术创新奖）			一等奖
6	河北小麦/玉米轮作系统减氮增效关键技术	河北农业大学，中国农业科学院农业环境与可持续发展研究所，河北科创土地规划技术服务有限公司，河北圣和农业机械有限公司	彭正萍，李迎春，王艳群，薛澄，郭李萍，郑洁，门杰	二等奖
7	河北省传统村落保护关键技术研究与示范	河北农业大学	贾安强，李国庆，郝永刚，刘海燕，王广和，李宏伟，纪江海	二等奖
8	优质抗病虫早熟棉种质资源创制、新品种选育及应用	邯郸市农业科学院	李世云，杨玉枫，路正营，韩永亮，崔红印，尹国，孙璐	二等奖
9	进口食品中农兽药及其他化学污染物检测关键技术与残留普查	秦皇岛出入境检验检疫局检验检疫技术中心，中国计量大学	曹彦忠，俞晓平，李学民，崔宗岩，李响，叶子弘，刘永明	二等奖
10	硫酸钾肥绿色高效生产技术	河北工业大学，冷湖滨地钾肥有限责任公司，山东农大肥业科技有限公司	袁俊生，何茂雄，赵颖颖，丁方军，郭小甫，纪志永，王士钊	二等奖
11	规模化蛋鸡舍环境监测与调控智能化关键技术研究与应用	河北农业大学，保定市畜牧工作站	李丽华，陈辉，黄仁录，李久熙，许利军，于尧，鲍惠玲	二等奖
12	动物源性食品中新型瘦肉精免疫检测技术创建与应用	河北省科学院生物研究所，济南大学，石家庄科品生物技术有限公司，北京康源泰博生物科技有限公司	李春生，张勇，刘静静，吴萌，曹秀梅，张波，李亚璞	二等奖
13	黄淮北部小麦-玉米控水减氮高效生产技术与应用	河北省农林科学院粮油作物研究所	贾秀领，张经廷，吕丽华，梁双波，董志强，籍俊杰，姚艳荣	二等奖
14	梨抗黑星病机理研究及新种质创制与应用	河北省农林科学院昌黎果树研究所	张海娥，高丽娟，徐金涛，李龙飞，郝宝锋，李永红，王岭	二等奖

序号	项目名称	主要完成人	完成单位	总评等级
15	红枣加工产业化关键技术创新与应用	河北农业大学，农业部规划设计研究院，河北保定槐茂有限公司，北京汇源集团冀中食品饮料有限公司	王颉，锁然，刘亚琼，王海，马艳莉，牛海卫，夏亚男	二等奖
16	节水抗病小麦新品种河农7069、河农7106的选育与应用	河北农业大学	杨学举，赵勇，张树华，秦秋菊，李春杰	三等奖
17	基于植物-微生物协同的矿山废弃地植被恢复技术与示范	河北农业大学	李玉灵，杨志新，徐学华，杜克久，郭江	三等奖
18	河北省夏玉米全程化学防控安全减施增效技术	河北农业大学，河北省农业技术推广总站，河北威远生物化工有限公司	张金林，张利辉，康占海，王亚楠，范朝辉	三等奖
19	猪主要疫病快速检测及综合防控技术研究与应用	河北农业大学，河北省动物疫病预防控制中心	左玉柱，范京惠，顾文源，申亮，王丽娟	三等奖
20	仔猪腹泻防控关键技术研究与应用	河北农业大学	董世山，陈立功，王迎春，马利芹，曹玲芝	三等奖
21	马铃薯渣发酵增值工艺研究及产品开发	河北农业大学，河北斐默特生物科技有限公司，沧州旺发生物技术研究所有限公司	陈宝江，程书梅，崔亚利，谷新晰，刘士杰	三等奖
22	蛋鸡养殖提质增效关键技术研究与示范	河北省畜牧兽医研究所，保定职业技术学院，辛集市新绿科技发展有限公司	李茜，侯海锋，郑长山，刘彦慈，魏广	三等奖
23	饲料中苯巴比妥、艾司唑仑、地西泮以及盐酸氯丙嗪的检测毛细管电泳法	河北省产品质量监督检验研究所，河北科技大学	罗强，王涛，韩光，吕国强，张红玲	三等奖
24	优质高产抗病丹参系列新品种选育及产业化应用	河北省农林科学院经济作物研究所，神威药业集团有限公司，石家庄以岭药业股份有限公司	温春秀，谢晓亮，周明霞，刘灵娣，高秀强	三等奖
25	优质、抗病苹果新品种‘苹光’‘苹锦’选育及应用	河北省农林科学院昌黎果树研究所	赵永波，杨凤秋，张朝红，张新生，陈东玫	三等奖
26	黄淮海玉米抗病性鉴定标准化技术体系构建与应用	河北省农林科学院植物保护研究所，中国农业科学院作物科学研究所	石洁，张海剑，王晓鸣，蔡春锡，郭宁	三等奖
27	华北日光温室小气候资源高效利用技术研究	河北省气象科学研究所	魏瑞江，王鑫，乐章燕，高建华，范凤翠	三等奖
28	白酒发酵微生物群落结构分析及优良菌种筛选与应用	河北衡水老白干酒业股份有限公司，衡水学院	李泽霞，朱会霞，刘彦龙，张福艳，程宗志	三等奖

五、2018年度河北省自然科学奖农业领域获奖项目

序号	项目名称	主要完成人及单位	奖项
1	变化环境下干旱区水循环演变过程及植被动态响应机理研究	沈彦俊（中国科学院遗传与发育生物学研究所农业资源研究中心） 陈亚宁（中国科学院新疆生态与地理研究所） 王彦芳（河北省社会科学院） 李　稚（中国科学院新疆生态与地理研究所） 张玉翠（中国科学院遗传与发育生物学研究所农业资源研究中心）	一等奖
2	河北省鸟类多样性研究与保护	吴跃峰（河北师范大学） 李东明（河北师范大学） 孙砚峰（河北农业大学） 付玉明（河北师范大学） 武丽娜（河北师范大学）	三等奖
3	干旱荒漠环境克隆植物丛枝菌根真菌资源多样性及其生态适应性研究	贺学礼（河北大学） 赵丽莉（河北大学） 郭辉娟（河北大学） 赵金莉（河北大学） 陈　烝（河北大学）	三等奖
4	基于导入系玉米重要性状基因克隆的生物学基础	陶勇生（河北农业大学） 张祖新（华中农业大学） 岳　兵（华中农业大学） 邢文慧（河北农业大学	三等奖

六、2018 年度河北省技术发明奖农业获奖项目

序号	项目名称	主要完成人	奖项
1	具有促生抗病和环境修复多重作用的复合微生态制剂研发与应用	董金皋（河北农业大学） 赵　斌（河北农业大学） 邢继红（河北农业大学） 时翠平（河北农业大学） 司贺龙（河北农业大学） 张　靖（河北农业大学）	三等奖

黑龙江统计年鉴

HEILONGJIANG STATISTICAL YEARBOOK

2022

（总第36期 No.36）

黑 龙 江 省 统 计 局
国家统计局黑龙江调查总队 编

Compiled by

HEILONGJIANG PROVINCIAL BUREAU OF STATISTICS
SURVEY ORGANIZATION OF HEILONGJIANG OF NBS

图书在版编目（CIP）数据

黑龙江统计年鉴. 2022 = Heilongjiang Statistical Yearbook 2022 : 汉英对照 / 黑龙江省统计局，国家统计局黑龙江调查总队编. -- 北京 : 中国统计出版社，2022.12
ISBN 978-7-5230-0027-4

Ⅰ. ①黑… Ⅱ. ①黑… ②国… Ⅲ. ①统计资料－黑龙江省－2022－年鉴－汉、英 Ⅳ. ①C832.35-54

中国版本图书馆 CIP 数据核字（2022）第 213971 号

黑龙江统计年鉴—2022

作　　者 / 黑龙江省统计局　国家统计局黑龙江调查总队
责任编辑 / 高媛媛
执行编辑 / 且淑芬
装帧设计 / 李　静
出版发行 / 中国统计出版社
地　　址 / 北京市丰台区西三环南路甲 6 号 邮政编码 /100073
电　　话 / 邮购（010）63376909　书店（010）68783171
网　　址 / http://www.zgtjcbs.com
印　　刷 / 哈尔滨翱翔印务有限公司
经　　销 / 新华书店
开　　本 / 890mm×1240mm　1/16
字　　数 / 858 千字
印　　张 / 35.25　彩页：1.25
版　　别 / 2022 年 12 月第 1 版
版　　次 / 2022 年 12 月第 1 次印刷
定　　价 / 438.00 元　　Price:438.00 yuan (RMB)

《黑龙江统计年鉴—2022》
编委会和编辑工作人员

编委会

主　任：刘玉和　魏建平

副主任：杜国喜　张跃文　王　强
邵培霖　于学海　高　明

编　委：（按姓氏笔划排序）

于占涛　于春艳　王　楠　王大勇　石　岩
付庆武　冯　瑞　刘加权　刘志达　李春华
何华锐　张莹娣　张晨阳　张辉斌　陆　阳
苑国武　林松娟　周　琦　周立平　侯希昌
栾　超　高　杨　高福东　郭秀艳　郭振威
陶百兴　燕慧军　魏书慧

编辑工作人员

总 编 辑：刘玉和　杜国喜

副总编辑：于占涛　李大航　罗德成　王艳娟

责任编辑：高媛媛

执行编辑：刘世娟　王志博　且淑芬

英文编辑：刘世娟

统计制图：刘世娟　李　静

编辑人员：（按姓氏笔划排序）

于占占　王　悦　王文国　王占先　王志博　王晓静　王璐璋
毛　鑫　尹　波　冯天宠　付鹏鸿　曲　晶　孙　冰　刘　阳
刘　欣　刘　翔　刘忠梁　安　静　李红良　李明武　李依滨
李莹莹　杨　阳　杨慧雪　邵　军　吴　梦　张小璇　陈　宇
苗立辉　林　利　周　睿　孟珊珊　赵春贵　秦冬雪　徐金玲
郭宇航　戚　萍　隋书莉　雷　丽　谭　磊　翟　雪　魏　瑨

Heilongjiang Statistical Yearbook-2022

Editorial Board And Editorial Staff

编 辑 说 明

一、《黑龙江统计年鉴—2022》是一部全面反映黑龙江省经济和社会发展状况的资料性工具书。本书系统收录了全省及各市（地）、县 2021 年经济和社会各方面的统计数据，以及历史重要年份的主要统计数据。

二、全书共分 20 个部分：1. 综合；2. 人口、就业人员和工资；3. 国民经济核算；4. 价格指数；5. 人民生活；6. 财政、金融和保险；7. 资源与环境；8. 能源；9. 固定资产投资；10. 对外经济贸易；11. 农业；12. 工业；13. 建筑业；14. 住房和房地产；15. 国内贸易和旅游业；16. 运输和邮电；17. 教育与科技；18. 文化、体育、卫生和社会服务；19. 城市概况；附录、各县、市主要指标（2021 年）。各部分均附有主要统计指标解释。

三、资料中使用的度量衡单位均采用国际统一标准的计量单位。

四、本年鉴的资料大部分来自年度统计报表，部分数据来自抽样调查和专业部门年报，部分专业历史数据和资料来源口径有调整，请留意表中注释。

五、附录中的县域经济指标为各县（市）上报数，未做逐级核对，仅供参考。

六、由于数据来源和计算方法不同，一些指标分地区数据相加不等于全省数，请使用时注意。部分合计数或相对数因单位取舍不同而产生的计算误差均未做调整。

七、本年鉴中的符号使用说明：“空格”表示该项统计指标数据不详或无该项数据，数据不足本表最小单位数；“#”表示其中主要项。

EDITOR'S NOTES

I. *Heilongjiang Statistical Yearbook—2022* is an annual statistics publication, which covers very comprehensive data in 2021 and some selected data series in historically important years at provincial levels and local levels of cities, regions, and counties directly under the provincial government and therefore, reflects various aspects of social and economic development of Heilongjiang.

II. The book contains the following 20 parts, 1. General Survey; 2. Population, Employment and Wages; 3. National Accounts; 4. Price Indices; 5. People's Living Conditions; 6. Government Finance,Financial Intermediation and Insurance; 7. Resources and Environment; 8. Energy; 9. Investment in Fixed Assets; 10. Foreign Trade and Economic Cooperation; 11. Agriculture; 12. Industry; 13. Construction; 14.Housing and Real Estate; 15. Domestic Trade and Tourism; 16. Transport, Postal and Telecommunication Services; 17. Education, Science and Technology; 18. Culture, Sports, Public Health and Social Services; 19. General Survey of Cities; APPENDIX. Main Indicators of Counties(2021). In addition, explanatory notes on main statistical indicators are provided at the end of each part.

III. The units of measurement used in this book are internationally standard measurement units.

IV. The major data sources of this publication are obtained from annual statistical reports, and some from sample surveys and professional departments. Statistical coverage of some professional historical data has adjusted. Please attention to explanatory notes in charts.

V. Some statistical data gathering from regions are not the same as total of province. Please attention to use. Statistical discrepancies due to rounding are not adjusted in this yearbook.

VI. Economic indicators in appendix are statistical data of county. The data are not checked from level. It is reference only.

VII. Notations used in this yearbook:

"(Blank) " indicates that the data are unknown or are not available or the figure is not large enough to be measured with the smallest unit in the table; "# " indicates the major items of the total.

篇 目 索 引　Subject Index

耕地

黑龙江省是中国耕地面积最大的省份，是世界著名的三大黑土带之一。
全省人均耕地面积居全国第一位。

■耕地面积2.574亿亩

■人均耕地面积8.18亩

Heilongjiang province has the largest area of cultivated land among the provinces in China, Heilongjiang province lies in one of the three most famous black earth belts in the world. The cultivated land per capita list the first in China.

粮食

黑龙江省粮食产量连续12年居全国首位，是中国重要的商品粮基地。

■粮食播种面积2021年1455.1万公顷

■粮食产量2021年7867.7万吨

Heilongjiang province is an important commodity grain base in China,and its grain output ranks first in China for 12 consecutive years.

大豆

黑龙江省大豆种植面积和产量居全国首位。

■大豆播种面积2021年388.8万公顷

■大豆产量2021年718.8万吨

The sown areas and yield soybean in Heilongjiang are standing number one in China.

绿色食品

黑龙江省绿色食品认证面积居全国第一位。

■绿色食品认证数量2021年3047个

■绿色食品种植面积2021年8816.8万亩

Heilongjiang ranks first in China in area of green food certification.

草原

黑龙江省草地面积约118.6万公顷，优质的牧草为畜牧业发展提供了丰厚的天然条件，全省牛奶和乳制品产量均居全国前列。

■奶牛数量2021年109.7万头

■乳制品产量2021年189.4万吨

■牛奶产量2021年500.3万吨

The provincial grassland area is about 1186000 hectares, and the high- quality grazing provide rich natural condition for the development of the stock raising. The prodction of milk and dairy products rank the total accumulation of the nation.

旅游资源

黑龙江省冰雪旅游资源堪称中国之最。

■亚布力是亚洲最大的滑雪场；

■镜泊湖是中国最大的高山堰塞湖；

■五大连池被誉为“天然火山博物馆”。

The resources of ice-and-snow in Heilongiang are praised the best of all in China. Yabuli sking site is the biggest in Asia Jingpohu lake is the largest mountain-and-wei stufing lake in China. Wudalianchi is praised as the natural volcano museum.

原油

黑龙江省原油产量居全国第三，大庆油田累计提供原油24.6亿吨。

■原油产量2021年2945.5万吨

Heilongjiang's crude oil ranks third in China,and Daqing provides 2.5 billion tons.

森林

黑龙江省是我国重点林区之一，森林面积、森林总蓄积量和木材产量均居全国前列，是国家重要的木材战略储备基地。

■森林面积2100万公顷

■森林覆盖率44.66%

■森林蓄积量20.99亿立方米

Heilongjiang Province is one of China's major forest areas. The forest area, total volume of forest and timber production rank the total accumulation of the nation, is an important national timber strategic reserve base.

黑龙江的一天（2021年）

Selected Indicators Average Daily Social and Economic Activities of Heilongjiang Province(2021)

地区生产总值40.76亿元
GDP 4076 million yuan

出生人口307人
Birth population 307 persons

死亡人口745人
Deadth population 745 persons

粮食产量21.56万吨
Yield of Grain 215553 tons

公共财政收入3.56亿元
Public financial revenue 356 million yuan

旅游收入3.68亿元
Earnings from tourism 368 million yuan

公共财政支出13.99亿元
Public financial ecpenditures 1399 million yuan

客运量41.6万人
Passenger traffic 0.42 million persons

进出口总额8460.3万美元
Total exports and imports 84.60 million USD

货运量170.7万吨
Freight traffic 1707315 tons

进口总额6561.6万美元
Total imports 65.61 million USD

邮电业务总量1.04亿元
Business volume of post and telecommunications service 104 million yuan

出口总额1898.6万美元
Total exports 18.99 million USD

金融机构各项存款增加额7.42亿元
Every deposit tota value of financial institution 742 million yuan

原油产量8.07万吨
Yield of Crude Oil 80699 tons

居民储蓄增加额7.79亿元
Savings deposit of rural and urban residents 779 million yuan

钢材产量2.61万吨
Yield of steel 26066 tons

发电量3.14亿千瓦小时
Electricity 314 million kwh

乳制品产量0.52万吨
Yield of dairy product 5189 tons

三项专利授权106.5件
Number of three types of patent applications granted 106.5 units

汽车产量208辆
Yield of Automobile 208 unit

牛奶产量1.37万吨
Yield of milk 13707 tons

肉类产量0.82万吨
Output of Meat 8233 tons

数字黑龙江

总人口及自然增长率

Total Population and Natural Growth Rate

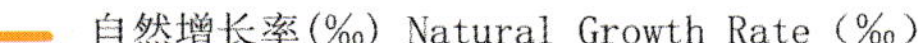

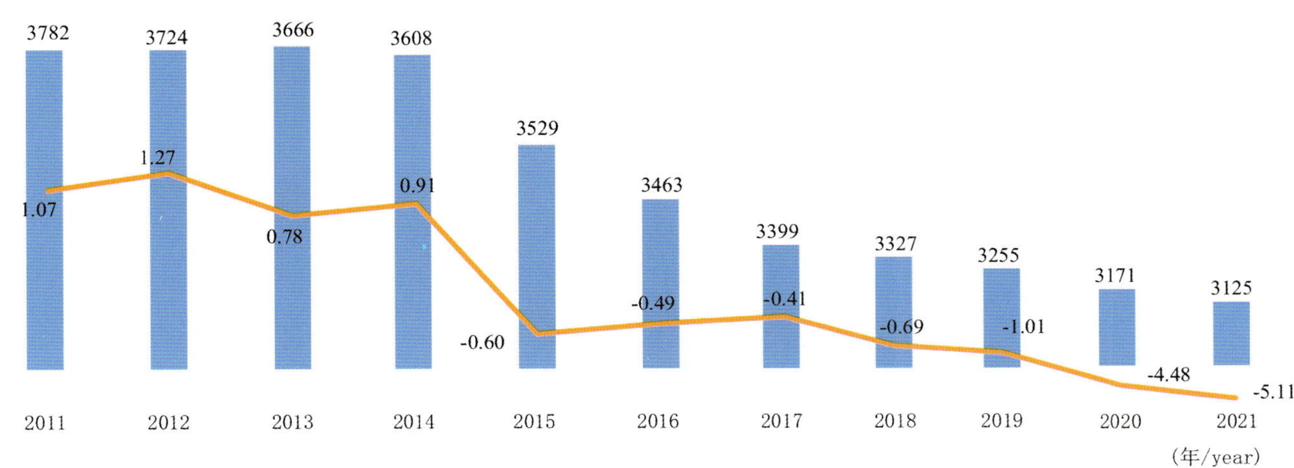

常住人口城镇化率（%）

Resident Population Urbanization Rate (%)

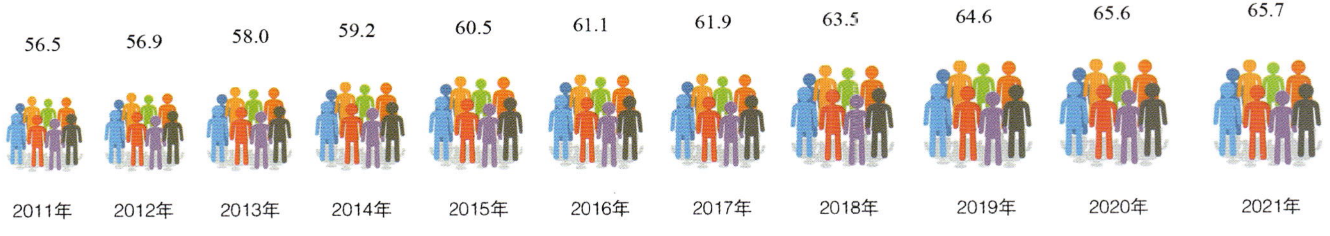

就业人数（万人）

Number of Employed Persons (10000 persons)

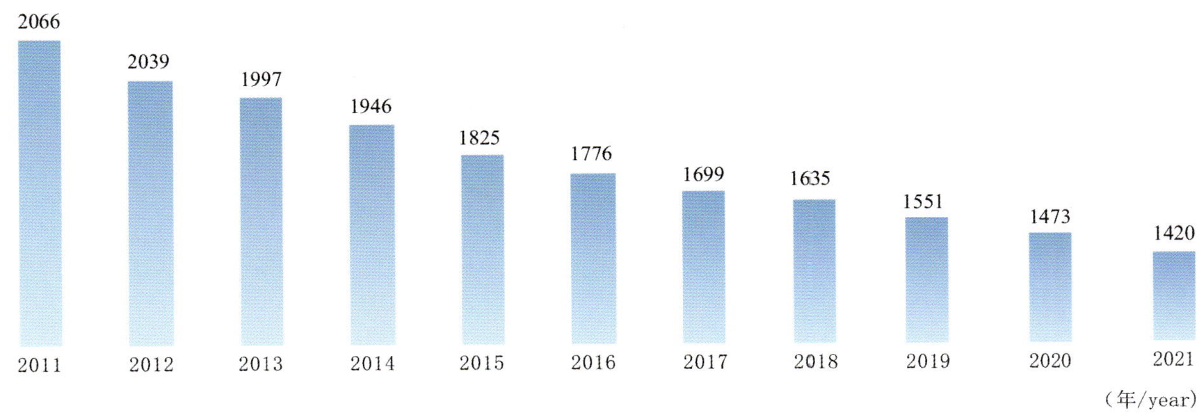

城镇非私营单位就业人员平均工资（元）

Average Wage of Employed Persons in Urban Non-private Units (yuan)

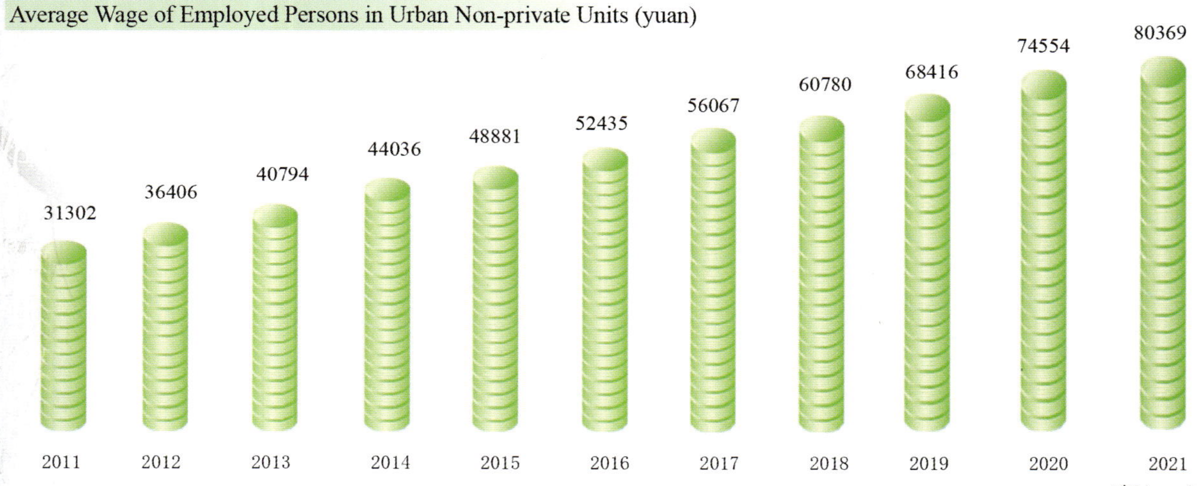

地区生产总值及增长速度

Gross Domestic Product &It's Growth Rate

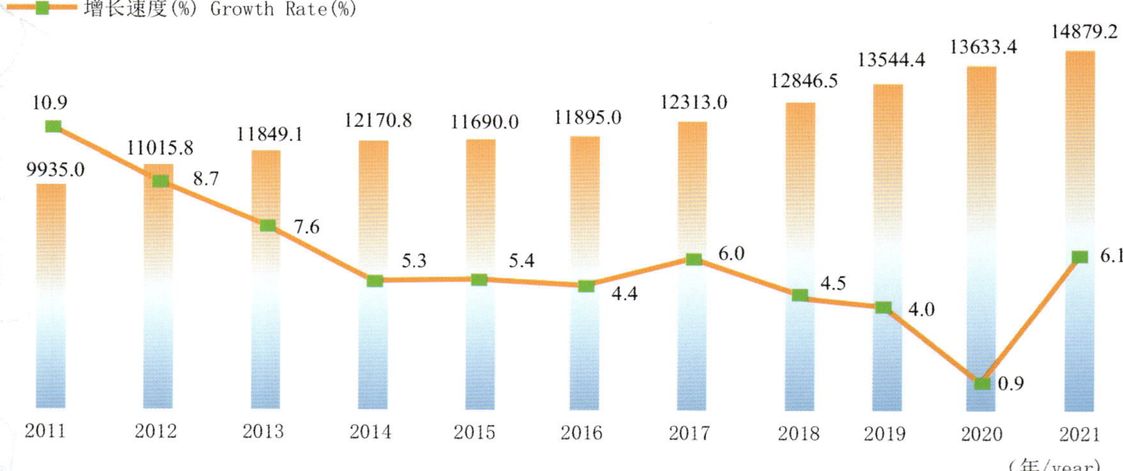

地区生产总值构成(%)

Composition of GDP (%)

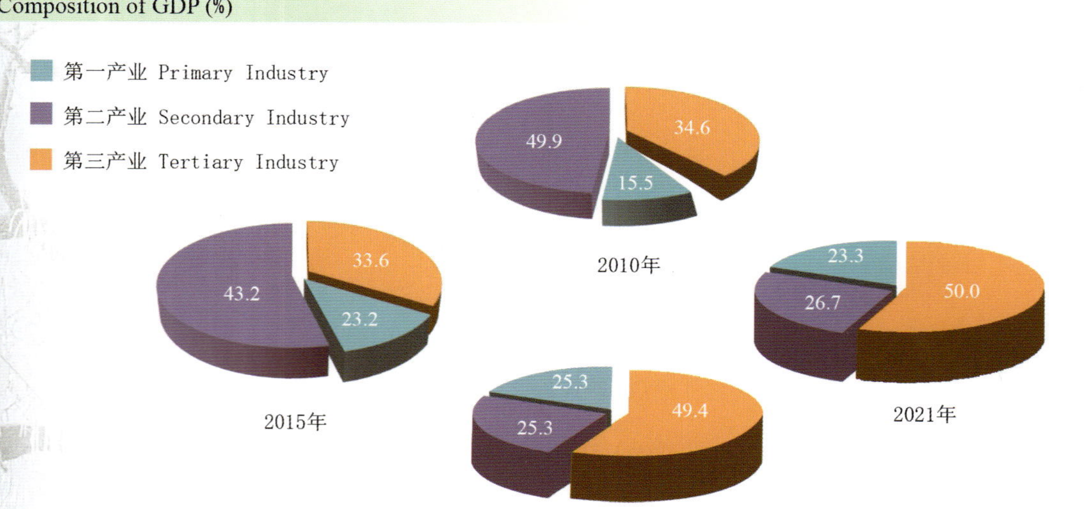

人均地区生产总值（元）

Per Capita GDP (yuan)

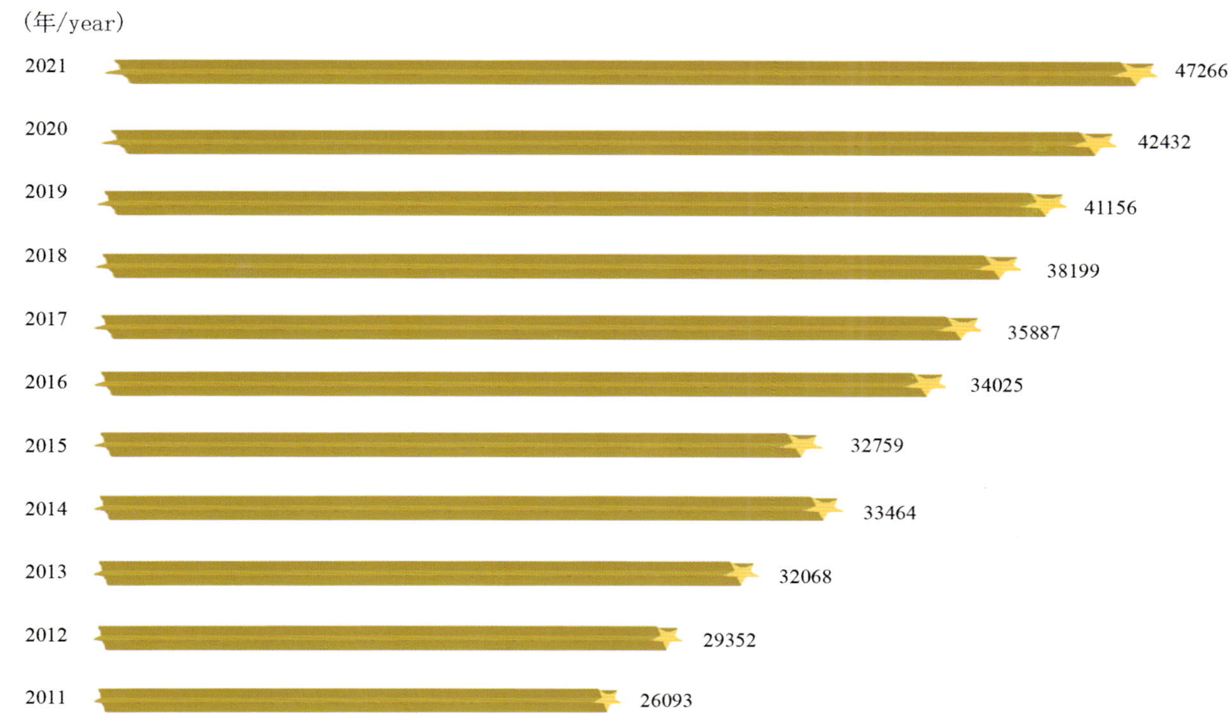

城乡常住居民人均可支配收入（元）

Annual Per Capita Disposable Income of Urban & Rural Households (yuan)

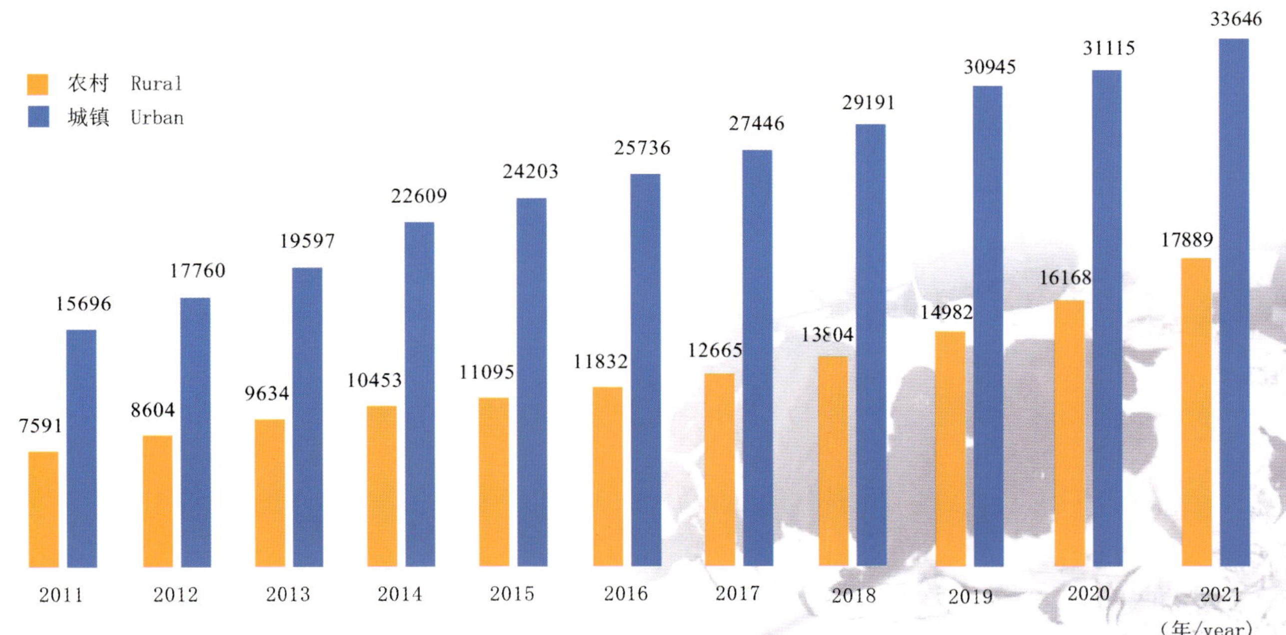

城镇居民消费结构（%）
Urban Resident's Consumption Composition (%)

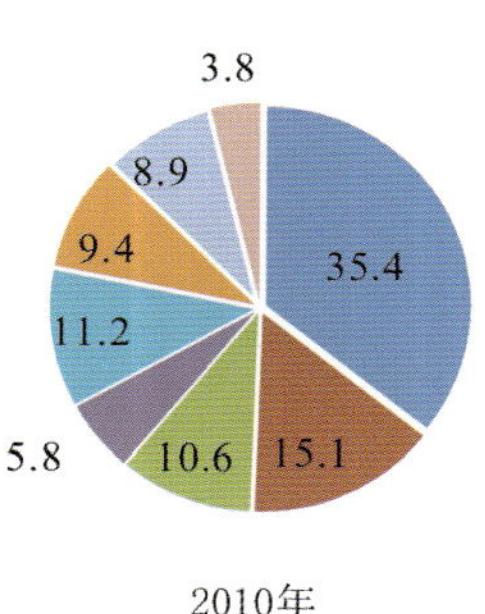

2010年

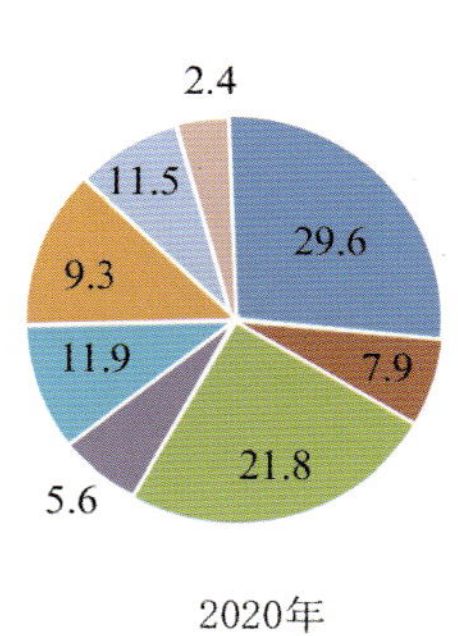

2020年

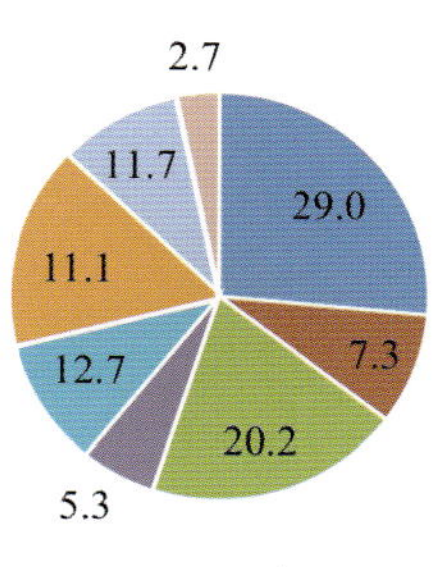

2021年

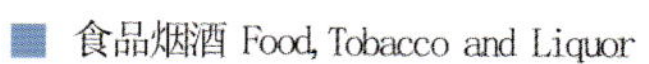

- 食品烟酒 Food, Tobacco and Liquor
- 衣着 Clothing
- 居住 Residence
- 生活用品及服务 Household Facilities, Articles and Services
- 交通通信 Transport and Communications
- 教育文化娱乐 Education, Cultural and Recreation
- 医疗保健 Medicine and Medical Services
- 其他用品和服务 Other Commodities and Services

农村居民消费结构（%）
Rural Resident's Consumption Composition (%)

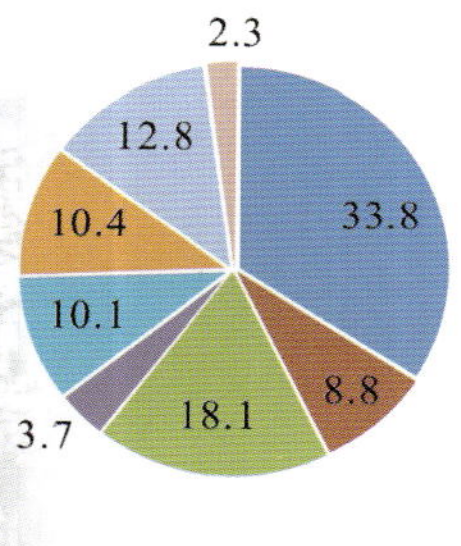

2010年

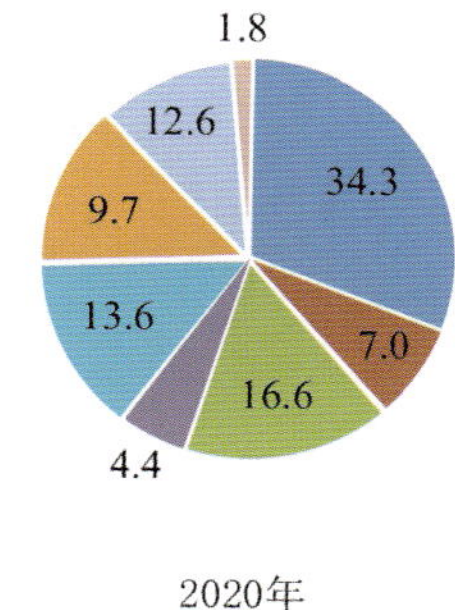

2020年

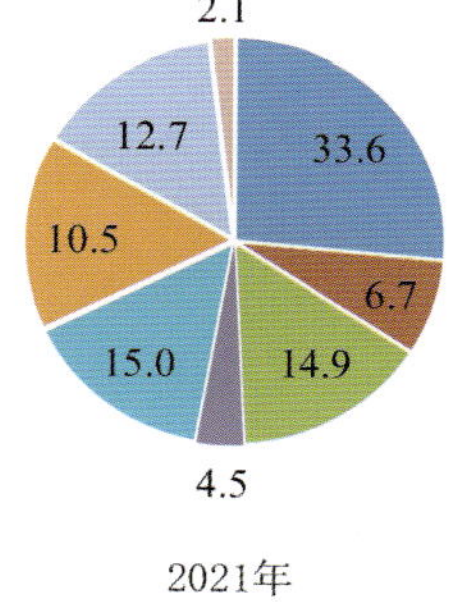

2021年

单位GDP能耗上升或下降（%）
Rise or Fall Rate of Energy Consumption Per Unit of GDP (%)

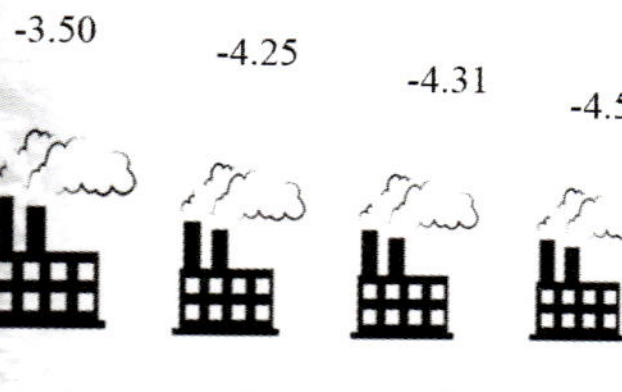

2011年 2012年 2013年 2014年

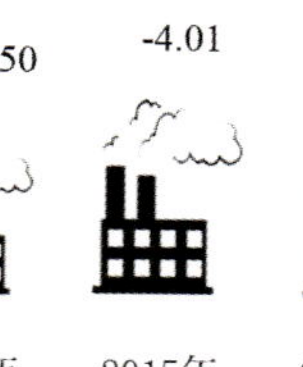

2015年

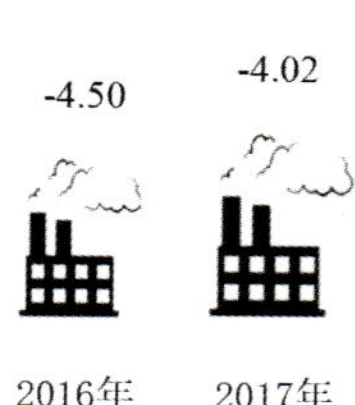

2016年 2017年

2018年

2019年

2020年

2021年

进出口总额（亿美元）

Total Value of Imports and Exports (USD 100 million)

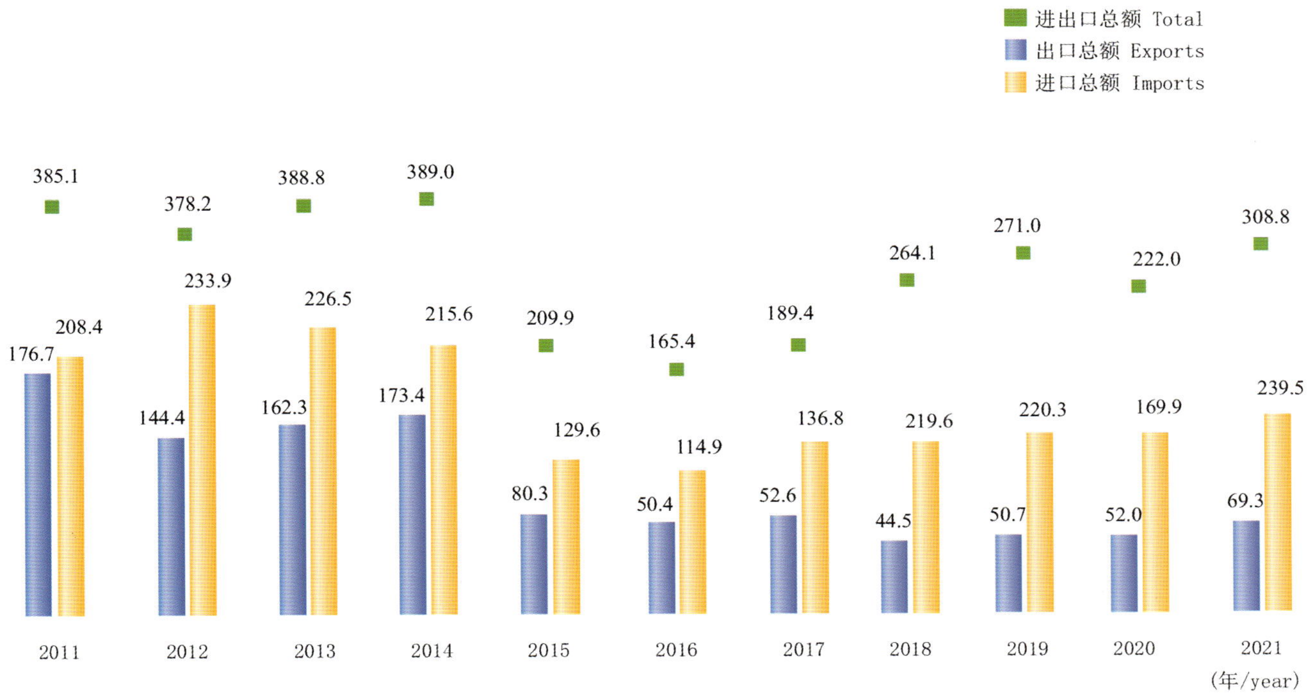

外贸依存度（%）

Degree of Dependence upon Foreign Trade (%)

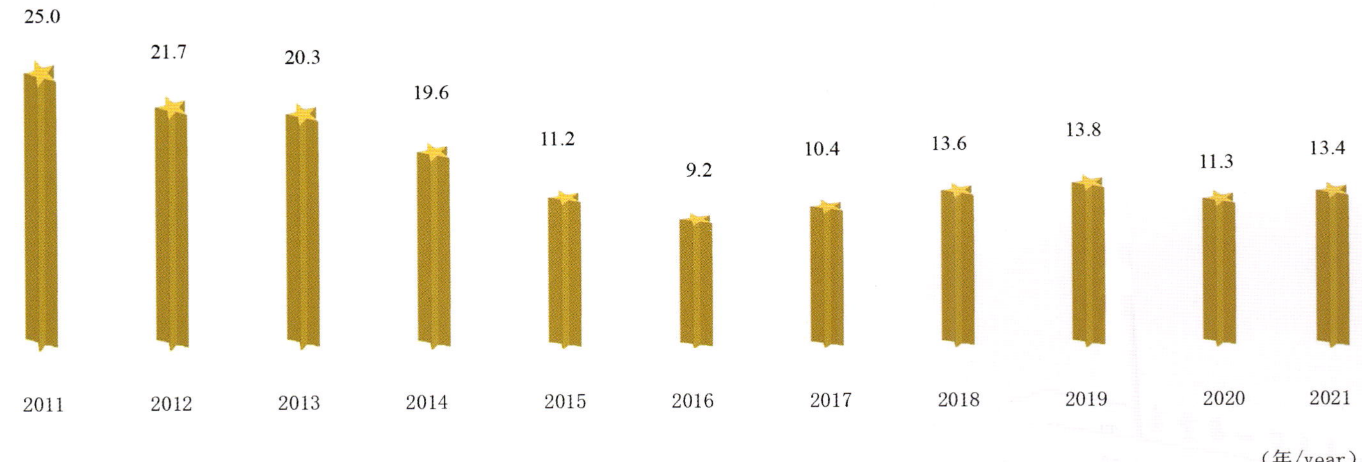

粮食产量（万吨）

Yield of Grain (10000 tons)

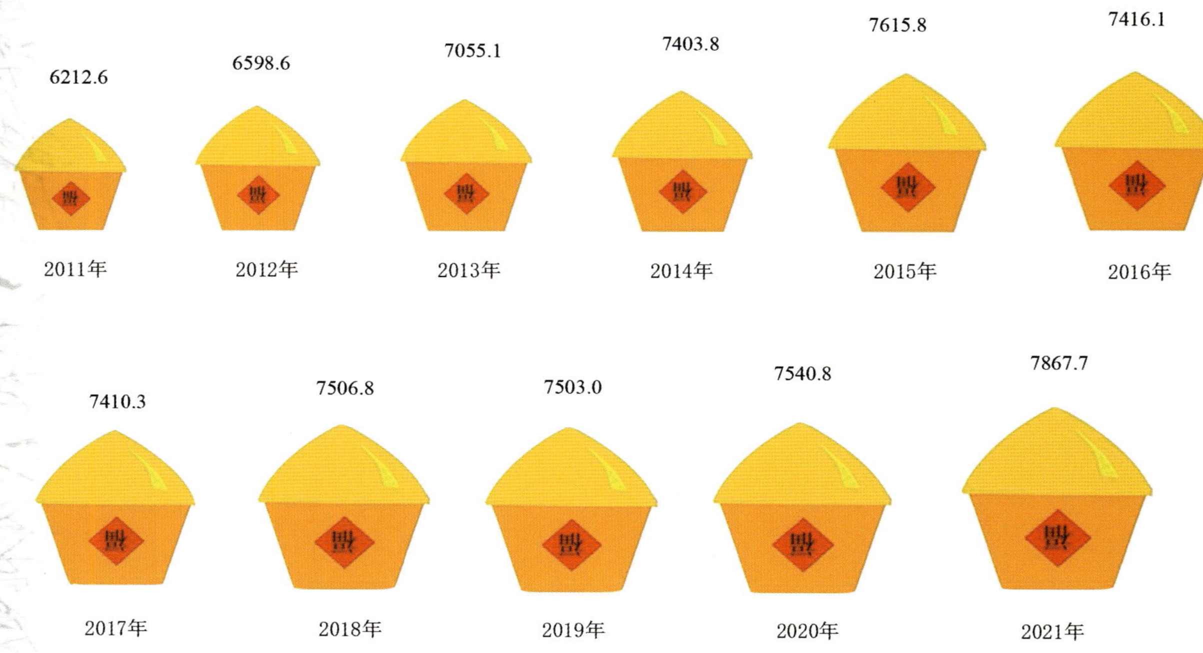

农业总产值（亿元）

Gross Output Value of Farming, Forestry, Animal Husbandry & Fishery (100 million yuan)

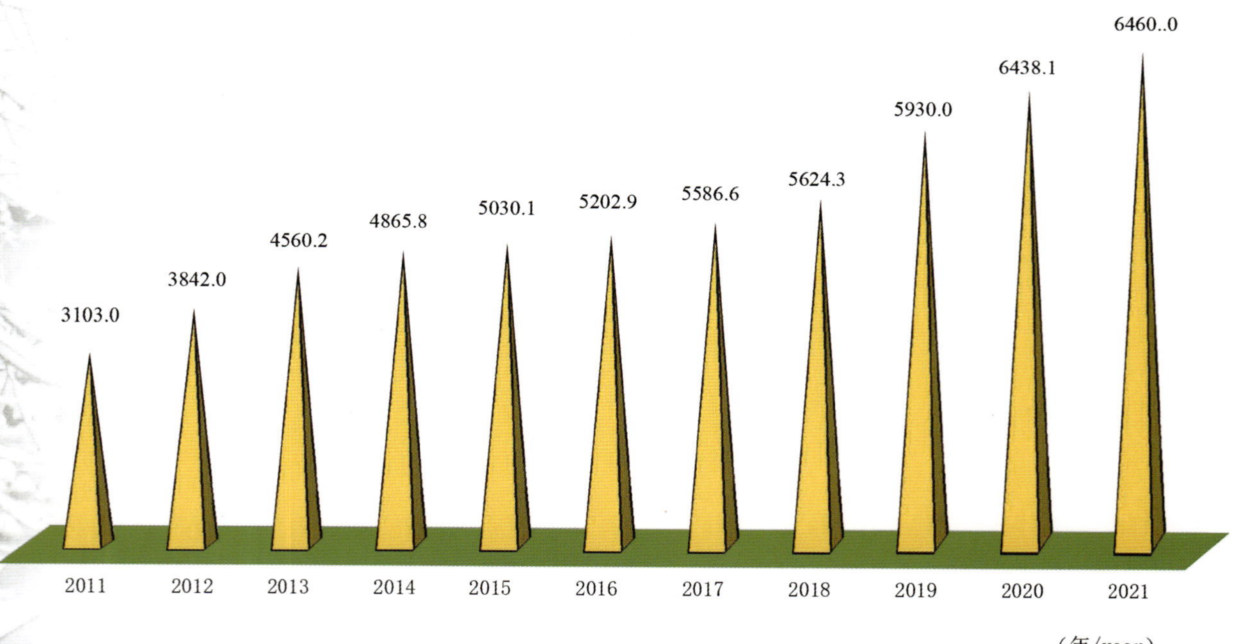

数字黑龙江

绿色食品产业发展

Green Food Industry Development

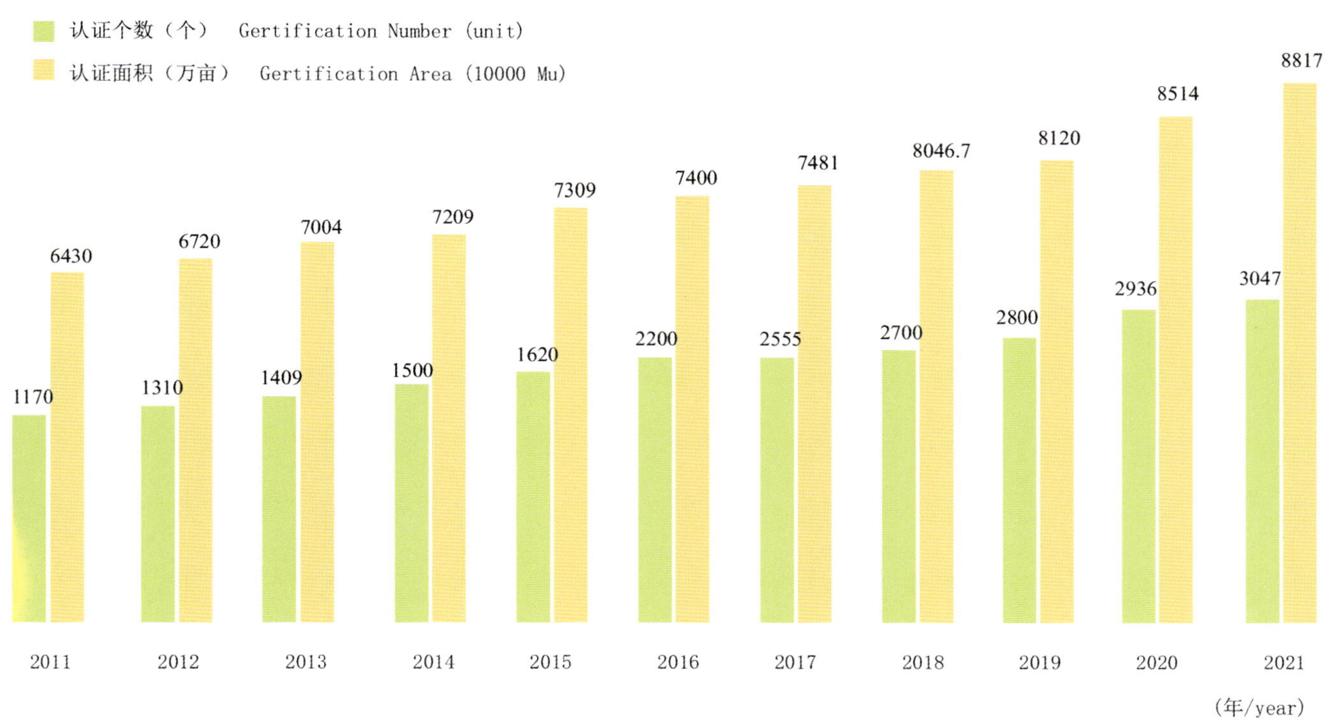

规模以上工业增加值增长速度（%）

Rate of Value-added of Industry Above Designated Size (%)

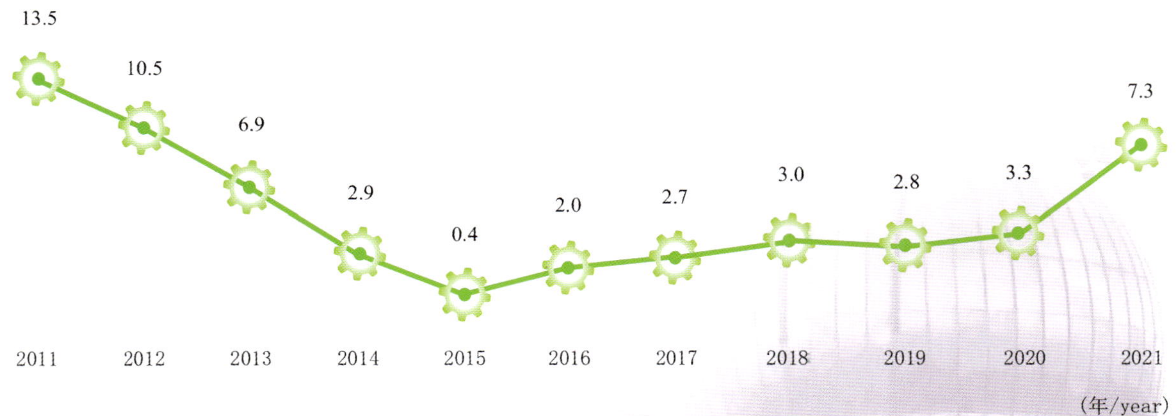

石油产量（万吨）
Yield of Crude Oil (10000 tons)

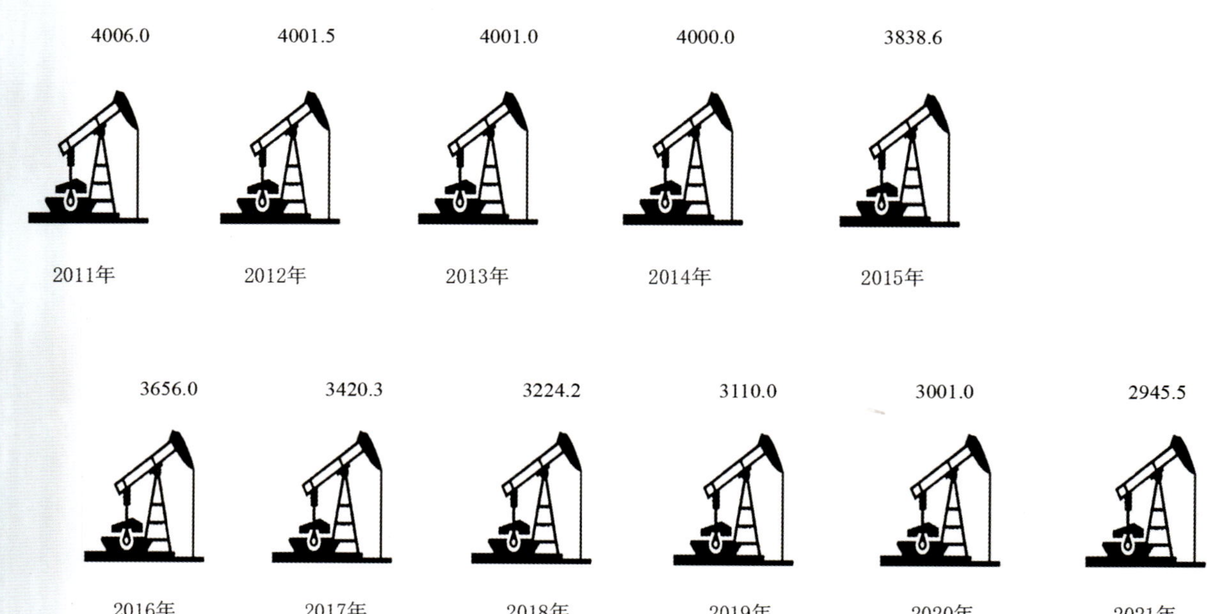

客货运输量
Total Passenger & Freight Traffic

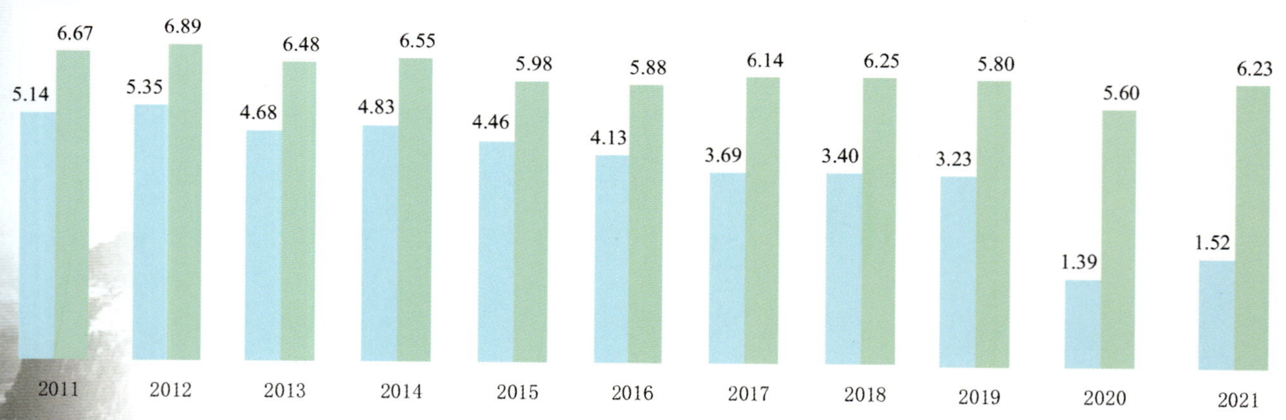

各类学校在校学生数（万人）

Number of Students Enrollment By Type of School (10000 persons)

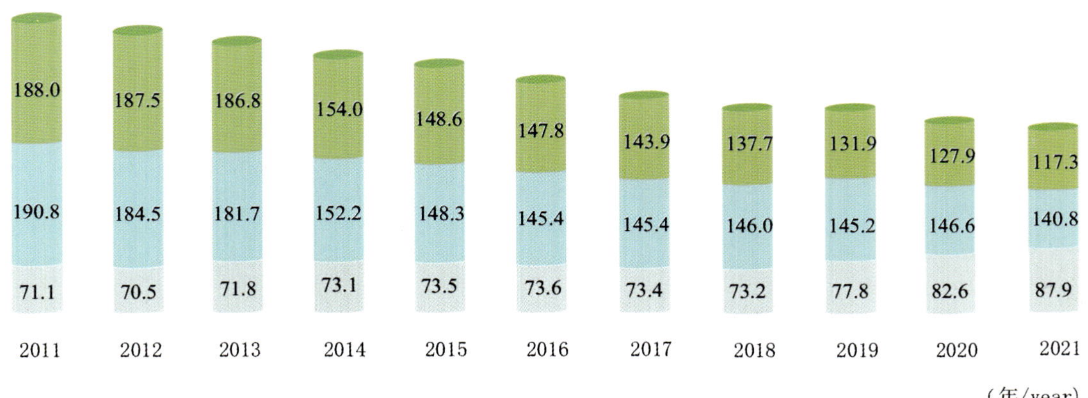

每万人拥有大学生数（人）

Number of University and College Students Per 10000 Population (person)

三项专利授权数（件）

Number of Patent Applications Certified (item)

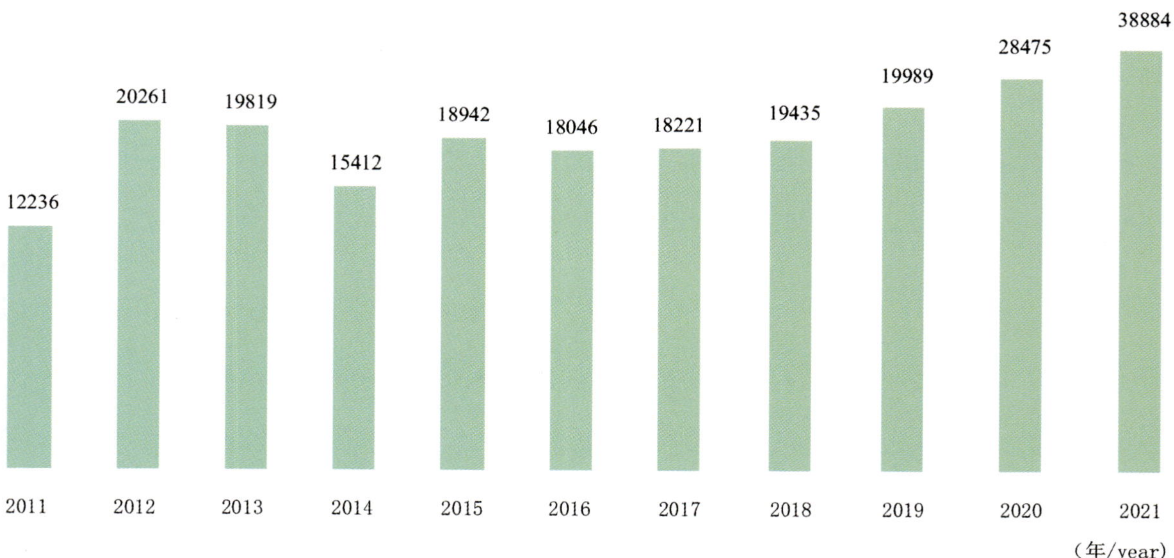

每万人拥有卫生资源数

Number of Health Resources Per 10000 Population

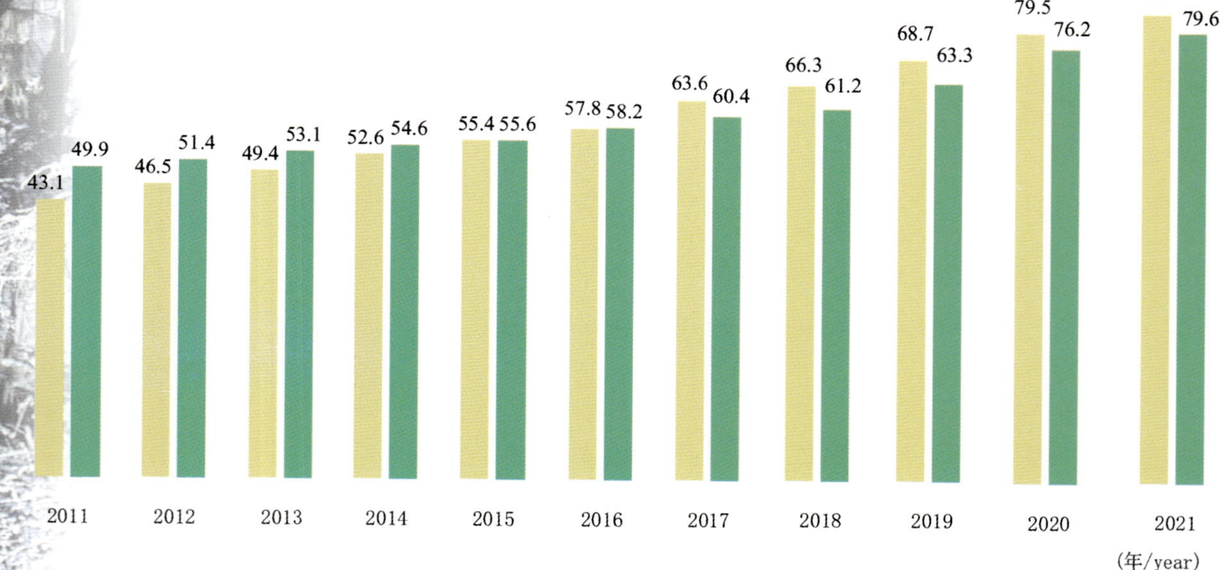

数字黑龙江

目　录
CONTENTS

第一篇　综　合
Chapter 1　General Survey

第二篇　人口、就业人员和工资
Chapter 2　Population, Employment and Wages

第三篇　国民经济核算
Chapter 3　National Accounts

第四篇　价格指数
Chapter 4　Price Indices

第五篇　人民生活
Chapter 5　People's Living Conditions

第六篇　财政、金融和保险
Chapter 6　Government Finance, Financial Intermediation and Insurance

第七篇　资源与环境
Chapter 7　Resources and Environment

第八篇　能　源
Chapter 8　Energy

第九篇　固定资产投资
Chapter 9　Investment in Fixed Assets

第十篇　对外经济贸易
Chapter 10　Foreign Trade and Economic Cooperation

第十一篇　农　业
Chapter 11　Agriculture

第十二篇 工 业
Chapter 12 Industry

第十三篇 建筑业
Chapter 13 Construction

第十四篇 住房和房地产
Chapter 14 Housing and Real Estate

第十五篇　国内贸易和旅游业
Chapter 15　Domestic Trade and Tourism

第十六篇　运输和邮电
Chapter 16　Transport, Postal and Telecommunication Services

第十七篇　教育与科技
Chapter 17　Education, Science and Technology

第十八篇　文化、体育、卫生和社会服务
Chapter 18　Culture, Sports, Public Health and Social Services

第十九篇　城市概况
Chapter 19　General Survey of Cities

第1篇

综 合

CHAPTER 1 GENERAL SURVEY

1-1 行政区划（2021年）
Divisions of Administrative Areas(2021)

单位：个 (unit)

地 区	Region	市、地辖区 Districts Under the Jurisdiction of Citities(Prefecture)	县级市 Cities at County Level	县、自治县 County, Autonomous Couties	镇 Towns	乡 Township	民族乡 Ethnic Community Township	城市街道办事处 Cities Street Communities	村民委员会 Village Board	社区居委会 Neighborhood community
合 计	**Total**	**58**	**21**	**46**	**565**	**284**	**52**	**415**	**9026**	**3186**
哈尔滨	Harbin	9	2	7	111	45	11	137	1889	1041
齐齐哈尔	Qiqihar	7	1	8	71	46	6	41	1261	257
鸡 西	Jixi	6	2	1	25	19	4	29	459	133
鹤 岗	Hegang	6		2	11	8	2	32	212	127
双鸭山	Shuangyashan	4		4	22	18	2	25	461	202
大 庆	Daqing	5		4	31	24	3	44	482	315
伊 春	Yichun	4	1	5	24	8	1	13	205	134
佳木斯	Jiamusi	4	3	3	49	22	4	21	962	279
七台河	Qitaihe	3		1	9	6	2	20	220	63
牡丹江	Mudanjiang	4	5	1	48	3	4	24	887	218
黑 河	Heihe	1	3	2	31	27	7	11	567	144
绥 化	Suihua	1	3	6	107	49	4	12	1341	218
大兴安岭	Daxinganling	4	1	2	26	9	2	6	80	55

1-1 续表1 Continued

地 区	Region	县级市	City at County Level	县	County	区	District
哈尔滨市	**Harbin City**	尚志市	Shangzhi	宾 县	Binxian	道里区	Daoli
		五常市	Wuchang	方正县	Fangzheng	南岗区	Nangang
				依兰县	Yilan	道外区	Daowai
				巴彦县	Bayan	松北区	Songbei
				木兰县	Mulan	香坊区	Xiangfang
				通河县	Tonghe	平房区	Pingfang
				延寿县	Yanshou	呼兰区	Hulan
						阿城区	Acheng
						双城区	Shuangcheng
齐齐哈尔市	**Qiqihar City**	讷河市	Nehe	龙江县	Longjiang	龙沙区	Longsha
				依安县	Yian	建华区	Jianhua
				泰来县	Tailai	铁锋区	Tiefeng
				甘南县	Gannan	昂昂溪区	Angangxi
				富裕县	Fuyu	富拉尔基区	Fularji
				克山县	Keshan	碾子山区	Nianzishan
				克东县	Kedong	梅里斯达斡尔族区	Meilisi Daur Nationality District
				拜泉县	Baiquan		
鸡西市	**Jixi City**	密山市	Mishan	鸡东县	Jidong	鸡冠区	Jiguan
		虎林市	Hulin			恒山区	Hengshan
						城子河区	Chengzihe
						滴道区	Didao
						梨树区	Lishu
						麻山区	Mashan
鹤岗市	**Hegang City**			绥滨县	Suibin	向阳区	Xiangyang
				萝北县	Luobei	工农区	Gongnong
						南山区	Nanshan
						兴安区	Xingan
						东山区	Dongshan
						兴山区	Xingshan

1-1 续表2 Continued

地　区	Region	县级市	City at County Level	县	County	区	District
双鸭山市	Shuangyashan City			集贤县	Jixian	尖山区	Jianshan
				友谊县	Youyi	岭东区	Lingdong
				宝清县	Baoqing	宝山区	Baoshan
				饶河县	Raohe	四方台区	Sifangtai
大庆市	Daqing City			林甸县	Lindian	萨尔图区	Sartu
				肇源县	Zhaoyuan	龙凤区	Longfeng
				肇州县	Zhaozhou	让胡路区	Ranghulu
				杜尔伯特蒙古族自治县	Durbote Mongolia Nationality Autonomous	红岗区	Honggang
						大同区	Datong
伊春市	Yichun City	铁力市	Tieli	嘉荫县	Jiayin	伊美区	Yimei
				汤旺县	Tangwang	乌翠区	Wucui
				丰林县	Fenglin	友好区	Youhao
				大箐山县	Daqingshan	金林区	Jinlin
				南岔县	Nancha		
佳木斯市	Jiamusi City	同江市	Tongjiang	桦南县	Huanan	向阳区	Xiangyang
		富锦市	Fujin	桦川县	Huachuan	前进区	Qianjin
		抚远市	Fuyuan	汤原县	Tangyuan	东风区	Dongfeng
						郊　区	Suburb
七台河市	Qitaihe City			勃利县	Boli	新兴区	Xinxing
						桃山区	Taoshan
						茄子河区	Qiezihe
牡丹江市	Mudanjiang City	绥芬河市	Suifenhe	林口县	Linkou	东安区	Dongan
		海林市	Hailin			阳明区	Yangming
		宁安市	Ningan			爱民区	Aimin
		穆棱市	Muling			西安区	Xian
		东宁市	Dongning				
黑河市	Heihe City	北安市	Beian	逊克县	Xunke	爱辉区	Aihui
		五大连池市	Wudalianchi	孙吴县	Sunwu		
		嫩江市	Nenjiang				
绥化市	Suihua City	安达市	Anda	望奎县	Wangkui	北林区	Beilin
		肇东市	Zhaodong	兰西县	Lanxi		
		海伦市	Hailun	青冈县	Qinggang		
				庆安县	Qingan		
				明水县	Mingshui		
				绥棱县	Suiling		
大兴安岭地区	Daxinganling Prefecture	漠河市	Mohe	呼玛县	Huma	新林区	Xinlin
				塔河县	Tahe	呼中区	Huzhong
						松岭区	Songling
						加格达奇区	Jiagedaqi

1-2 各部门机构数
Grass-roots Unit in Various Sectors

单位：个 (unit)

部 门	Sector	2017	2018	2019	2020	2021
规模以上工业企业	**Industrial Enterprises above Designated Size**	**3731**	**3251**	**3531**	**3830**	**4355**
内资企业	Domestic Funded Enterprises	3549	3096	3377	3684	4201
国有企业	State-owned Industry	119	109	89	47	114
集体企业	Collective-owned Industry	28	34	28	27	23
股份合作企业	Cooperative Enterprises	6	6	6	2	11
联营企业	Joint Ownership Enterprises					3
有限责任公司	Limited Liability Corporations	1532	1283	1334	1128	1137
股份有限公司	Share Holding Enterprises	191	169	166	107	86
私营企业	Private Enterprises	1660	1488	1746	2301	2814
港、澳、台商投资企业	Enterprises with Funds from Hong Kong, Macao and Taiwan	65	49	43	47	49
外商投资企业	Foreign Funded Enterprises	117	106	111	99	105
建筑企业	**Construction Enterprises and Units**	**1614**	**1671**	**1850**	**2237**	**2195**
内资企业	Domestic Funded Enterprises	1608	1667	1847	2234	2191
国有企业	State-owned Industry	91	66	78	76	55
集体企业	Collective-owned Industry	77	70	60	43	35
股份合作企业	Cooperative Enterprises	1	2		2	2
联营企业	Joint Ownership Enterprises	1	1		2	
有限责任公司	Limited Liability Corporations	717	479	781	563	459
股份有限公司	Share Holding Enterprises	77	62	64	38	26
私营企业	Private Enterprises	641	987	863	1509	1614
港、澳、台商投资企业	Enterprises with Funds from Hong Kong, Macao and Taiwan	3	2	1	1	1
外商投资企业	Foreign Funded Enterprises	3	2	2	2	3
外商投资企业	**Enterprise of Foreign-Funded**	**4444**	**5028**	**5296**	**6008**	**5888**
中外合资	Joint Ventures	497	610	618	350	498
中外合作	Cooperative Operation	49	66	66	34	56
外资企业	Foreign Investment	773	907	1010	661	957
教育(所)	**Education (unit)**					
普通高等学校	Regular Institutions of Higher Education	81	81	81	80	78
成人高等学校	Adult Education Schools	21	20	16	16	16
中等专业学校	Specialized Secondary Schools	82	80	76	74	70
成人中等专业学校	Secondary Schools for Adults	40	36	32	27	19
普通中学	Regular Secondary Schools	1800	1784	1788	1784	1775
#高 中	Senior Secondary Schools	371	366	368	370	366
职业中学	Vocational Secondary Schools	115	113	111	109	106
技工学校	Vestibule Schools	127	129	129	131	130
小 学	Primary Schools	1537	1469	1431	1407	1380
幼儿园	Kindergartens	5888	5852	5881	5763	5639
科学研究与开发机构数	Number of R&D Institutions	226	226	226	226	121

1-2 续表 Continued

单位：个 (unit)

部 门	Sector	2017	2018	2019	2020	2021
文化事业机构	**Cultural Establishments**	**2444**	**2466**	**2255**	**2289**	**2293**
艺术业	Art Institutions	122	146	151	146	159
图书馆业	Library	109	109	110	103	103
群众文化服务业	Mass Cultural Establishments	1635	1635	1430	1387	1395
艺术教育业	Arts Education Establishments	6	6	6	4	4
文物业	Cultural Relic Establishments	275	282	277	388	373
#博物馆	Museums	183	191	193	191	177
其他文化业	Others	297	288	281	261	82
广播、电视	**Broadcasting and Television**					
广播电台(座)	Radio Stations(unit)	10	10	10	10	10
电视台(座)	Television Stations(unit)	10	10	10	9	8
出版、发行事业	**Publishing and Distribution Establishments**	**692**	**625**	**668**	**666**	**653**
出版单位	Publishing Houses	420	367	413	406	401
书刊印刷厂	Printing Houses	155	155	155	160	153
书 店	Book Stores	103	103	100	100	99
卫生机构	**Health Institutions**	**20278**	**20357**	**20377**	**20461**	**20593**
医 院	Hospitals	1088	1104	1143	1126	1188
疗养院	Sanatoriums	2	2	2	3	没有
县(区)社区卫生服务站	Sanitation and Service Agencies of Community of County	629	614	631	645	673
卫生院	Health Cares	984	976	972	973	971
县(区)卫生所、医务室	Institutions of Sanitation of County	933	851	855	795	714
门诊部	Clinics	722	863	949	1018	1501
县(区)诊所	County (district) clinic	4283	4415	4623	4837	4798
村卫生室	Village Clinics	10832	10740	10448	10385	10128
急救中心	First-aid Centers	16	16	15	15	19
采供血机构	Institutions of Pick and Supply Blood	29	29	28	30	30
妇幼保健院(所、站)	Institutes of Maternity and Child	144	145	140	131	117
专科疾病防治院(所、站)	Specialized Disease Prevention and Treatment Institutes	107	94	87	74	34
疾病预防控制中心	Diseases Prevent and control Centers	164	166	162	147	147
卫生监督所	Medical Supervise Institutions	150	149	145	135	138
计划生育技术服务机构	Family Planning Institutions	147	146	129	94	64
医学科学研究机构	Research Institutes of Medical Sciences	4	5	5	5	1
医学在职培训机构	Medical Institutions of In-service Education	9	9	8	8	4
统计信息中心	Statistical Information Center	4	4	4	3	3
其他卫生机构	Other Medical Institutions	31	29	31	27	28
社会福利	**Social Welfare Establishments**					
社会福利事业单位	Social Welfare Institutions	1162	1290	1556	1787	2155
收容遣送站	Collecting and Repatriation Units	65	57	56	56	56
殡葬事业单位	Funeral and Interment Institutions	138	134	135	135	128

1-3 法人单位数(2021年)
Number of Corporate Units (2021)

单位：个 (unit)

地 区	Region	总 计 Total	农、林、牧、渔业 Agriculture, Forestry, Animal Husbandry and Fishery	采矿业 Mining	制造业 Manufa-cturing	电力、热力、燃气及水生产和供应业 Production and Supply of Electric, heat, Gas and Water	建筑业 Construction	批发和零售业 Wholesale and Retail Trades
全 省	**Total**	**360303**	**58793**	**2000**	**30062**	**2870**	**20274**	**85788**
哈尔滨	Harbin	129538	15839	295	11713	460	7650	32530
齐齐哈尔	Qiqihar	35623	7931	67	2597	577	1951	7528
鸡 西	Jixi	9716	2003	261	933	99	383	1990
鹤 岗	Hegang	6673	815	176	550	69	395	1439
双鸭山	Shuangyashan	14666	2879	237	1008	174	755	3316
大 庆	Daqing	40023	4760	176	3289	353	2330	10460
伊 春	Yichun	9955	1258	95	1010	99	909	2000
佳木斯	Jiamusi	32890	5993	114	2410	287	1829	8177
七台河	Qitaihe	4961	628	112	365	42	209	1041
牡丹江	Mudanjiang	30068	3839	251	3095	247	1702	8716
黑 河	Heihe	17943	5235	108	889	189	951	3808
绥 化	Suihua	21590	6679	27	1816	219	785	3564
大兴安岭	Daxinganling	6657	934	81	387	55	425	1219

注：本表国民经济行业分类采用《国民经济行业分类(GB/T 4754—2017)》(下同)。

a) The national economy industry classification uses the Industrial Classification of the National Economy (GB/T 4754-2017) (the same below).

1-3 续表1 Continued

单位：个 (unit)

地 区	Region	交通运输、仓储和邮政业 Transport, Storage and Post	住宿和餐饮业 Hotels and Catering Services	信息传输、软件和信息技术服务业 Information Transmission, Software and IT Softwares	金融业 Financial Intermediation	房地产业 Real Estate	租赁和商务服务业 Leasing and Business Services	科学研究和技术服务业 Scientific Research and Technical Services
全 省	**Total**	**11779**	**3174**	**14252**	**1594**	**11871**	**31252**	**20442**
哈尔滨	Harbin	3785	1590	7363	553	4333	15035	10345
齐齐哈尔	Qiqihar	1086	221	788	131	924	2055	1482
鸡 西	Jixi	285	84	102	52	386	423	238
鹤 岗	Hegang	261	48	185	56	266	441	181
双鸭山	Shuangyashan	643	60	255	63	438	1004	473
大 庆	Daqing	1202	273	2757	179	1391	3352	3688
伊 春	Yichun	334	115	263	54	292	817	290
佳木斯	Jiamusi	1450	229	1200	116	1187	2996	1376
七台河	Qitaihe	147	27	108	51	139	263	117
牡丹江	Mudanjiang	1065	226	651	136	1069	2344	1041
黑 河	Heihe	479	99	238	73	590	1036	487
绥 化	Suihua	786	136	228	97	672	797	504
大兴安岭	Daxinganling	256	66	114	33	184	689	220

1-3 续表2 Continued

单位：个 (unit)

地 区	Region	水利、环境和公共设施管理业 Management of Water Conservancy, Environment and Public Facilities	居民服务、修理和其他服务业 Services to Households Repair and Other Services	教 育 Education	卫生和社会工作 Health and Social Services	文化、体育和娱乐业 Culture, Sports and Entertainment	公共管理、社会保障和社会组织 Public Management Social Security and Social Organizations
全 省	**Total**	**2870**	**5424**	**12855**	**5835**	**7737**	**31431**
哈尔滨	Harbin	935	2552	3726	1570	2889	6375
齐齐哈尔	Qiqihar	301	515	1536	846	749	4338
鸡 西	Jixi	101	100	421	199	193	1463
鹤 岗	Hegang	61	68	264	190	138	1070
双鸭山	Shuangyashan	126	146	536	285	323	1945
大 庆	Daqing	280	686	1445	487	941	1974
伊 春	Yichun	173	100	295	224	222	1405
佳木斯	Jiamusi	254	412	1177	458	596	2629
七台河	Qitaihe	55	57	464	117	126	893
牡丹江	Mudanjiang	194	339	1199	471	695	2788
黑 河	Heihe	162	166	751	339	328	2015
绥 化	Suihua	137	210	827	492	353	3261
大兴安岭	Daxinganling	91	73	214	157	184	1275

1-4 按地区和行业门类分组的产业活动单位数(2021年)

Number of Industrial Activities Units by Sector and Region(2021)

单位：个 (unit)

地 区	Region	总 计 Total	农、林、牧、渔业 Agriculture, Forestry, Animal Husbandry and Fishery	采矿业 Mining	制造业 Manufacturing	电力、热力、燃气及水生产和供应业 Production and Supply of Electric, heat, Gas and Water	建筑业 Construction
全 省	**Total**	**412792**	**60333**	**2147**	**30700**	**3763**	**22135**
哈尔滨	Harbin	144422	15930	300	11941	593	8142
齐齐哈尔	Qiqihar	41329	8000	68	2641	707	2158
鸡 西	Jixi	11745	2043	290	964	150	400
鹤 岗	Hegang	8398	945	193	577	98	428
双鸭山	Shuangyashan	17652	3013	256	1043	232	980
大 庆	Daqing	43846	4778	186	3353	419	2515
伊 春	Yichun	12227	1487	96	1035	146	1016
佳木斯	Jiamusi	38145	6203	115	2468	386	2029
七台河	Qitaihe	6247	650	150	379	88	221
牡丹江	Mudanjiang	33491	3981	267	3149	280	1853
黑 河	Heihe	21746	5513	112	921	288	1036
绥 化	Suihua	25470	6709	28	1828	297	860
大兴安岭	Daxinganling	8074	1081	86	401	79	497

1-4　续表1　Continued

单位：个　(unit)

地　区	Region	批发和零售业 Wholesale and Retail Trades	交通运输、仓储和邮政业 Transport, Storage and Post	住宿和餐饮业 Hotels and Catering Services	信息传输、软件和信息技术服务业 Information Transmission, Software and IT Software	金融业 Financial Intermediation	房地产业 Real Estate	租赁和商务服务业 Leasing and Business Services
全　省	**Total**	**102832**	**15658**	**3961**	**17301**	**9855**	**12995**	**34109**
哈尔滨	Harbin	38604	4699	2053	8067	2805	4901	16201
齐齐哈尔	Qiqihar	9471	1517	268	1105	977	991	2346
鸡　西	Jixi	2671	503	100	251	493	412	479
鹤　岗	Hegang	1928	444	68	277	290	278	491
双鸭山	Shuangyashan	4094	893	85	500	540	472	1128
大　庆	Daqing	11508	1527	339	2935	859	1530	3656
伊　春	Yichun	2670	489	130	480	334	329	891
佳木斯	Jiamusi	10075	1830	260	1504	755	1258	3240
七台河	Qitaihe	1270	259	32	159	244	149	292
牡丹江	Mudanjiang	9496	1478	265	921	793	1129	2501
黑　河	Heihe	4681	707	119	479	555	634	1234
绥　化	Suihua	4844	916	149	356	995	705	878
大兴安岭	Daxinganling	1520	396	93	267	215	207	772

1-4　续表2　Continued

单位：个　(unit)

地　区	Region	科学研究和技术服务业 Scientific Research and Technical Service	水利、环境和公共设施管理业 Management of Water Conservancy, Environment and Public Facilities	居民服务、修理和其他服务业 Services to Households Repair and Other Services	教　育 Education	卫生和社会工作 Health and Social Services	文化、体育和娱乐业 Culture, Sports and Entertainment	公共管理、社会保障和社会组织 Public Management Social Security and Social Organization
全　省	**Total**	**21945**	**3201**	**5747**	**13527**	**7021**	**8247**	**37315**
哈尔滨	Harbin	10861	990	2689	3799	1777	3013	7057
齐齐哈尔	Qiqihar	1622	335	545	1744	929	808	5097
鸡　西	Jixi	270	111	112	426	211	205	1654
鹤　岗	Hegang	236	94	80	277	222	160	1312
双鸭山	Shuangyashan	558	164	155	555	306	346	2332
大　庆	Daqing	3841	294	713	1545	521	985	2342
伊　春	Yichun	338	188	112	306	298	242	1640
佳木斯	Jiamusi	1527	287	443	1227	706	652	3180
七台河	Qitaihe	147	61	61	506	348	134	1097
牡丹江	Mudanjiang	1111	208	359	1255	496	718	3231
黑　河	Heihe	604	210	183	793	415	408	2854
绥　化	Suihua	571	150	217	878	634	379	4076
大兴安岭	Daxinganling	259	109	78	216	158	197	1443

1-5 按地区和行业门类分组的单产业法人单位数(2021年)
Number of Single Industrial Corporate Units by Sector and Region (2021)

单位：个 (unit)

地区	Region	总计 Total	农、林、牧、渔业 Agriculture, Forestry, Animal Husbandry and Fishery	采矿业 Mining	制造业 Manufacturing	电力、热力、燃气及水生产和供应业 Production and Supply of Electric, heat, Gas and Water	建筑业 Construction	批发和零售业 Wholesale and Retail Trades
全省	**Total**	**351235**	**58554**	**1948**	**29486**	**2709**	**19363**	**83795**
哈尔滨	Harbin	126318	15810	288	11462	420	7229	31752
齐齐哈尔	Qiqihar	34774	7906	67	2540	560	1875	7344
鸡西	Jixi	9400	1991	250	911	90	368	1902
鹤岗	Hegang	6444	800	171	545	64	382	1400
双鸭山	Shuangyashan	14228	2859	232	987	163	709	3228
大庆	Daqing	39250	4754	172	3236	334	2250	10313
伊春	Yichun	9609	1234	95	998	93	870	1945
佳木斯	Jiamusi	32181	5966	114	2375	271	1775	7976
七台河	Qitaihe	4735	625	101	352	37	200	1013
牡丹江	Mudanjiang	29405	3822	248	3048	238	1638	8549
黑河	Heihe	17330	5201	105	870	177	917	3721
绥化	Suihua	21125	6666	27	1790	212	743	3474
大兴安岭	Daxinganling	6436	920	78	372	50	407	1178

1-5 续表1 Continued

单位：个 (unit)

地区	Region	交通运输、仓储和邮政业 Transport, Storage and Post	住宿和餐饮业 Hotels and Catering Services	信息传输、软件和信息技术服务业 Information Transmission, Software and Information Technology	金融业 Financial Intermediation	房地产业 Real Estate	租赁和商务服务业 Leasing and Business Services	科学研究和技术服务业 Scientific Research and Technical Service
全省	**Total**	**11341**	**3030**	**14041**	**1093**	**11415**	**30628**	**20063**
哈尔滨	Harbin	3636	1502	7259	437	4140	14688	10114
齐齐哈尔	Qiqihar	1041	211	777	87	895	2020	1459
鸡西	Jixi	268	83	94	26	373	411	235
鹤岗	Hegang	247	44	180	37	255	439	177
双鸭山	Shuangyashan	620	58	243	28	425	982	463
大庆	Daqing	1175	260	2742	136	1326	3292	3650
伊春	Yichun	314	111	259	28	279	811	289
佳木斯	Jiamusi	1414	222	1188	74	1163	2961	1356
七台河	Qitaihe	137	27	103	32	134	253	114
牡丹江	Mudanjiang	1023	223	643	95	1032	2298	1014
黑河	Heihe	452	94	227	42	569	1013	480
绥化	Suihua	772	132	222	56	653	786	494
大兴安岭	Daxinganling	242	63	104	15	171	674	218

1-5 续表2 Continued

单位：个 (unit)

地 区	Region	水利、环境和公共设施管理业 Management of Water Conservancy, Environment and Public Facilities	居民服务、修理和其他服务业 Services to Households Repair and Other Services	教 育 Education	卫生和社会工作 Health and Social Services	文化、体育和娱乐业 Culture, Sports and Entertainment	公共管理、社会保障和社会组织 Public Management Social Security and Social Organization
全 省	**Total**	**2826**	**5346**	**12657**	**5671**	**7651**	**29618**
哈尔滨	Harbin	918	2512	3688	1534	2850	6079
齐齐哈尔	Qiqihar	296	507	1479	825	742	4143
鸡 西	Jixi	100	99	419	194	192	1394
鹤 岗	Hegang	60	66	262	185	137	993
双鸭山	Shuangyashan	123	145	532	279	318	1834
大 庆	Daqing	277	675	1412	485	935	1826
伊 春	Yichun	171	100	291	220	219	1282
佳木斯	Jiamusi	250	407	1164	427	587	2491
七台河	Qitaihe	55	57	444	103	126	822
牡丹江	Mudanjiang	191	336	1186	467	689	2665
黑 河	Heihe	160	164	743	322	325	1748
绥 化	Suihua	136	207	823	473	348	3111
大兴安岭	Daxinganling	89	71	214	157	183	1230

1-6 按地区和行业门类分组的多产业法人单位数(2021年)

Number of Multi-industrial Corporate Units by Sector and Region(2021)

单位：个 (unit)

地 区	Region	总 计 Total	农、林、牧、渔业 Agriculture, Forestry, Animal Husbandry and Fishery	采矿业 Mining	制造业 Manufacturing	电力、热力、燃气及水生产和供应业 Production and Supply of Electric, heat, Gas and Water	建筑业 Construction
全 省	**Total**	**9068**	**239**	**52**	**576**	**161**	**911**
哈尔滨	Harbin	3220	29	7	251	40	421
齐齐哈尔	Qiqihar	849	25		57	17	76
鸡 西	Jixi	316	12	11	22	9	15
鹤 岗	Hegang	229	15	5	5	5	13
双鸭山	Shuangyashan	438	20	5	21	11	46
大 庆	Daqing	773	6	4	53	19	80
伊 春	Yichun	346	24		12	6	39
佳木斯	Jiamusi	709	27		35	16	54
七台河	Qitaihe	226	3	11	13	5	9
牡丹江	Mudanjiang	663	17	3	47	9	64
黑 河	Heihe	613	34	3	19	12	34
绥 化	Suihua	465	13		26	7	42
大兴安岭	Daxinganling	221	14	3	15	5	18

1-6 续表1 Continued

单位：个 (unit)

地 区	Region	批发和零售业 Wholesale and Retail Trades	交通运输、仓储和邮政业 Transport, Storage and Post	住宿和餐饮业 Hotels and Catering Services	信息传输、软件和信息技术服务业 Information Transmission, Software and Information Technology	金融业 Financial Intermediation	房地产业 Real Estate	租赁和商务服务业 Leasing and Business Services
全 省	**Total**	**1993**	**438**	**144**	**211**	**501**	**456**	**624**
哈 尔 滨	Harbin	778	149	88	104	116	193	347
齐齐哈尔	Qiqihar	184	45	10	11	44	29	35
鸡 西	Jixi	88	17	1	8	26	13	12
鹤 岗	Hegang	39	14	4	5	19	11	2
双 鸭 山	Shuangyashan	88	23	2	12	35	13	22
大 庆	Daqing	147	27	13	15	43	65	60
伊 春	Yichun	55	20	4	4	26	13	6
佳 木 斯	Jiamusi	201	36	7	12	42	24	35
七 台 河	Qitaihe	28	10		5	19	5	10
牡 丹 江	Mudanjiang	167	42	3	8	41	37	46
黑 河	Heihe	87	27	5	11	31	21	23
绥 化	Suihua	90	14	4	6	41	19	11
大兴安岭	Daxinganling	41	14	3	10	18	13	15

1-6 续表2 Continued

单位：个 (unit)

地 区	Region	科学研究和技术服务业 Scientific Research and Technical Service	水利、环境和公共设施管理业 Management of Water Conservancy, Environment and Public Facilities	居民服务、修理和其他服务业 Services to Households Repair and Other Services	教 育 Education	卫生和社会工作 Health and Social Services	文化、体育和娱乐业 Culture, Sports and Entertainment	公共管理、社会保障和社会组织 Public Management Social Security and Social Organization
全 省	**Total**	**379**	**44**	**78**	**198**	**164**	**86**	**1813**
哈 尔 滨	Harbin	231	17	40	38	36	39	296
齐齐哈尔	Qiqihar	23	5	8	57	21	7	195
鸡 西	Jixi	3	1	1	2	5	1	69
鹤 岗	Hegang	4	1	2	2	5	1	77
双 鸭 山	Shuangyashan	10	3	1	4	6	5	111
大 庆	Daqing	38	3	11	33	2	6	148
伊 春	Yichun	1	2		4	4	3	123
佳 木 斯	Jiamusi	20	4	5	13	31	9	138
七 台 河	Qitaihe	3			20	14		71
牡 丹 江	Mudanjiang	27	3	3	13	4	6	123
黑 河	Heihe	7	2	2	8	17	3	267
绥 化	Suihua	10	1	3	4	19	5	150
大兴安岭	Daxinganling	2	2	2			1	45

1-7 按地区和行业门类分组的多产业法人所属产业活动单位数(2021年)
Number of Multi-industrial Activities Units of Corporation by Sector and Region(2021)

单位：个 (unit)

地 区	Region	总 计 Total	农、林、牧、渔业 Agriculture, Forestry, Animal Husbandry and Fishery	采矿业 Mining	制造业 Manufa-cturing	电力、热力、燃气及水生产和供应业 Production and Supply of Electric, heat, Gas and Water	建筑业 Construction	批发和零售业 Wholesale and Retail Trades
全 省	**Total**	**61557**	**1779**	**199**	**1214**	**1054**	**2772**	**19037**
哈尔滨	Harbin	18104	120	12	479	173	913	6852
齐齐哈尔	Qiqihar	6555	94	1	101	147	283	2127
鸡 西	Jixi	2345	52	40	53	60	32	769
鹤 岗	Hegang	1954	145	22	32	34	46	528
双鸭山	Shuangyashan	3424	154	24	56	69	271	866
大 庆	Daqing	4596	24	14	117	85	265	1195
伊 春	Yichun	2618	253	1	37	53	146	725
佳木斯	Jiamusi	5964	237	1	93	115	254	2099
七台河	Qitaihe	1512	25	49	27	51	21	257
牡丹江	Mudanjiang	4086	159	19	101	42	215	947
黑 河	Heihe	4416	312	7	51	111	119	960
绥 化	Suihua	4345	43	1	38	85	117	1370
大兴安岭	Daxinganling	1638	161	8	29	29	90	342

1-7 续表1 Continued

单位：个 (unit)

地 区	Region	交通运输、仓储和邮政业 Transport, Storage and Post	住宿和餐饮业 Hotels and Catering Services	信息传输、软件和信息技术服务业 Information Transmission, Software and Information Technology	金融业 Financial Intermediation	房地产业 Real Estate	租赁和商务服务业 Leasing and Business Services	科学研究和技术服务业 Scientific Research and Technical Service
全 省	**Total**	**4317**	**931**	**3260**	**8762**	**1580**	**3481**	**1882**
哈尔滨	Harbin	1063	551	808	2368	761	1513	747
齐齐哈尔	Qiqihar	476	57	328	890	96	326	163
鸡 西	Jixi	235	17	157	467	39	68	35
鹤 岗	Hegang	197	24	97	253	23	52	59
双鸭山	Shuangyashan	273	27	257	512	47	146	95
大 庆	Daqing	352	79	193	723	204	364	191
伊 春	Yichun	175	19	221	306	50	80	49
佳木斯	Jiamusi	416	38	316	681	95	279	171
七台河	Qitaihe	122	5	56	212	15	39	33
牡丹江	Mudanjiang	455	42	278	698	97	203	97
黑 河	Heihe	255	25	252	513	65	221	124
绥 化	Suihua	144	17	134	939	52	92	77
大兴安岭	Daxinganling	154	30	163	200	36	98	41

1-7 续表2 Continued

单位：个 (unit)

地 区	Region	水利、环境和公共设施管理业 Management of Water Conservancy, Environment and Public Facilities	居民服务、修理和其他服务业 Services to Households Repair and Other Services	教 育 Education	卫生和社会工作 Health and Social Services	文化、体育和娱乐业 Culture, Sports and Entertainment	公共管理、社会保障和社会组织 Public Management Social Security and Social Organization
全 省	**Total**	**375**	**401**	**870**	**1350**	**596**	**7697**
哈尔滨	Harbin	72	177	111	243	163	978
齐齐哈尔	Qiqihar	39	38	265	104	66	954
鸡 西	Jixi	11	13	7	17	13	260
鹤 岗	Hegang	34	14	15	37	23	319
双鸭山	Shuangyashan	41	10	23	27	28	498
大 庆	Daqing	17	38	133	36	50	516
伊 春	Yichun	17	12	15	78	23	358
佳木斯	Jiamusi	37	36	63	279	65	689
七台河	Qitaihe	6	4	62	245	8	275
牡丹江	Mudanjiang	17	23	69	29	29	566
黑 河	Heihe	50	19	50	93	83	1106
绥 化	Suihua	14	10	55	161	31	965
大兴安岭	Daxinganling	20	7	2	1	14	213

1-8 按登记注册类型分组的法人单位数和产业活动单位数(2021年)
Numbers of Corporate Units and Industrial Activities Units by Register Type(2021)

单位：个 (unit)

项 目	Item	法人单位数 Unit Number of Legal Person	产业活动单位数 Unit Number of Industry Activity
合 计	**Total**	**360303**	**412792**
内资企业	**Domestic Funded Enterprises**	**359409**	**409536**
国有	State-owned Enterprises	30149	43534
集体	Collective-owned Enterprises	2095	3696
股份合作	Cooperative Enterprises	628	1395
联营企业	Joint Ownership Enterprises	159	227
国有联营	State Joint Ownership Enterprises	30	45
集体联营	Collective Joint Ownership Enterprises	60	92
国有与集体联营	State-Collective Joint Ownership Enterprises	11	17
其他联营	Other Joint Ownership Enterprises	58	73
有限责任公司	Limited Liability Corporations	19216	26921
国有独资公司	State-owned Proprietorship	1103	2513
其他有限责任公司	Other Limited Liability Corporations	18113	24408
股份有限公司	Share Holding Enterprises	2242	9015
私营企业	Private Enterprises	232835	251608
私营独资	Private Proprietorship	20625	21059
私营合伙	Private Partnership	1655	1706
私营有限责任公司	Private Limited Liability Corporations	208177	225803
私营股份有限公司	Private Share Holding Enterprises	2378	3040
其他企业	Others	72085	73140
港澳台商投资企业	**Enterprises with Funds from Hong Kong, Macao and Taiwan**	**333**	**1219**
与港澳台资合资经营	Joint Ventures with Hong Kong, Macao and Taiwan	104	160
与港澳台资合作经营	Cooperative Operation with Hong Kong, Macao and Taiwan	8	13
港澳台商独资经营	Individual Proprietorship of Hong Kong, Macao and Taiwan	202	965
港澳台商投资股份有限公司	Share Holding Enterprises with Funds from Hong Kong, Macao and Taiwan	7	47
其他港、澳、台商投资	Others	12	34
外商投资	**Foreign Funded Enterprises**	**561**	**2037**
中外合资经营	Joint Ventures	178	252
中外合作经营	Cooperative Operation	12	15
外资企业	Foreign Investment	297	1185
外商投资股份有限公司	Foreign Funded Share Holding Enterprises	56	547
其他外商投资	Others	18	38

1-9 国民经济和社会发展总量与速度指标

指 标	Item	总量指标		
		2000	2005	2010
人口与就业	**Population and Employment**			
人口(万人)	**Population(10000 persons)**			
总人口	Population at Year-end	3807.0	3820.0	3833.0
男性人口	Male	1945.8	1933.1	1943.4
女性人口	Female	1861.2	1886.9	1889.6
市镇人口	Urban	1977.4	2028.4	2129.6
乡村人口	Rural	1829.6	1791.6	1703.4
就业(万人)	**Employment (10000 persons)**			
就业人员数	Number of Employed Persons	1600.7	1748.8	2102.0
#城镇就业人员	Urban Employed Persons	722.8	799.8	1167.9
城镇登记失业人数	Registered Unemployed in Urban Areas	25.3	31.3	36.2
宏观经济	**Macro Economy**			
国民经济核算(亿元)	**National Accounting(100 million yuan)**			
地区生产总值	Gross Domestic Product	2855.5	4756.4	8308.3
第一产业	Primary Industry	375.5	674.6	1291.8
第二产业	Secondary Industry	1633.4	2656.4	4146.1
第三产业	Tertiary Industry	846.5	1425.4	2870.4
人均地区生产总值(元)	Per Capita GDP (yuan)	7515	12456	21694
固定资产投资(亿元)	**Investment in Fixed Assets(100 million yuan)**			
房地产开发	Real Estate Development	104.1	267.6	843.1
对外贸易	**Foreign Trade**			
进出口总额(万美元)	Total Exports and Imports(USD 10000)	298620	957216	2550382
出口额	Exports	145101	607202	1628176
进口额	Imports	153519	350014	922207
实际利用外资额(万美元)	Total Amount of Foreign Capital Actually Used(USD 10000)	26546	43098	90816
财政(亿元)	**Government Finance(100 million yuan)**			
公共财政收入	General Budgetary Financial Revenue	185.3	318.2	755.6
公共财政支出	General Budgetary Financial Expenditure	381.9	787.8	2253.3
价格指数(上年=100)	**Price Indices(preceding year=100)**			
居民消费价格总指数	General Consumer Price Index	98.3	101.2	103.9
商品零售价格总指数	General Retail Price Index	97.8	100.4	103.1
工业生产者购进价格指数	Producer Price Index for Industrial Products	108.6	111.8	114.5
工业生产者出厂价格指数	Producer Price Index for Industrial Products	122.9	116.7	115.0
产 业	**Industry**			
农 业	**Agriculture**			
农林牧渔业总产值(亿元)	Gross Output Value of Farming, Forestry, Animal Husbandry and Fishery(100 million yuan)	625.1	1294.4	2422.2
乡村从业人员(万人)	Number of Rural Employees(10000 persons)	913.2	950.1	934.1

Principal Aggregate Indicators on National Economic and Social Development and Growth Rates

Aggregate Data			速度指标(%) Indices and Growth Rates(%)							
			指数(2021年为以下各年) Index (2021 as percentage of the following years)					年均增长 Average Annual Growth Rate		
2015	2020	2021	2000	2005	2010	2015	2020	"十一五"时期 Eleventh Five-Year Period	"十二五"时期 Twelfth Five-Year Period	"十三五"时期 Thirteen Five-Year Period
3529.0	3171.0	3125.0	82.1	81.8	81.5	88.6	98.5	0.1	-1.6	-2.1
1783.7	1588.2	1566.0	80.5	81.0	80.6	87.8	98.6	0.1	-1.7	-2.3
1745.3	1582.8	1559.0	83.8	82.6	82.5	89.3	98.5	0.03	-1.6	-1.9
2134.0	2080.5	2052.8	103.8	101.2	96.4	96.2	98.7	1.0	0.04	-0.5
1395.0	1090.5	1072.2	58.6	59.8	62.9	76.9	98.3	-1.0	-3.9	-4.8
1825.0	1473.0	1420.0	88.7	81.2	67.6	77.8	96.4	3.7	-2.8	-4.2
1076.0	923.0	892.0	123.4	111.5	76.4	82.9	96.6	7.9	-1.6	-3.0
41.0	31.0	28.5	112.6	91.1	78.6	69.5	91.9	3.0	2.5	-5.4
11690.0	13633.4	14879.2	521.1	312.8	179.1	127.3	109.1	11.8	7.1	3.1
2712.2	3445.1	3463.0	922.2	513.3	268.1	127.7	100.5	13.9	16.0	4.9
3926.9	3449.9	3975.3	243.4	149.6	95.9	101.2	115.2	9.3	-1.1	-2.6
5050.9	6738.5	7440.9	879.0	522.0	259.2	147.3	110.4	15.0	12.0	5.9
32759	42432.0	47266	628.9	379.5	217.9	144.3	111.4	11.7	8.6	5.3
992.1	982.9	936.0	899.1	349.8	111.0	94.3	95.2	25.8	3.3	-0.2
2098599	2219892	3088408	1034.2	322.6	121.1	147.2	139.1	21.7	-3.8	1.1
803072	520486	693125	477.7	114.2	42.6	86.3	133.2	21.8	-13.2	-8.3
1295527	1699406	2395283	1560.3	684.3	259.7	184.9	140.9	21.4	7.0	5.6
48233	54434	38926	146.6	90.3	42.9	80.7	71.5	16.1	-11.9	2.4
1165.9	1152.5	1300.5	701.7	408.7	172.1	111.5	112.8	18.9	9.1	-0.2
4020.7	5449.4	5104.8	1336.8	648.0	226.6	127.0	93.7	23.4	12.3	6.3
101.1	102.3	100.6	102.3	99.4	96.8	99.5	98.3			
100.1	101.5	101.6	103.9	101.2	98.5	101.5	100.1			
88.2	95.1	110.5	101.7	98.8	96.5	125.3	116.2			
86.0	93.4	112.3	91.4	96.2	97.7	130.6	120.2			
5030.1	6438.1	6460.0	1033.4	499.1	266.7	128.4	100.3	13.4	15.7	5.1
749.0	550.0	528.0	57.8	55.6	56.5	70.5	96.0	-0.3	-5.0	-5.3

1-9　续表1

指　　标	Item	总量指标		
		2000	2005	2010
主要农产品产量(万吨)	Output of Major Farm Products(10000 tons)			
粮豆薯	Grain	2545.5	3600.0	5632.9
#水　稻	Rice	1042.2	1172.5	2277.5
玉　米	Corn	790.8	1379.5	2513.7
大　豆	Bean	450.1	748.0	615.4
薯　类	Tubers	81.8	85.3	82.9
油　料	Oil-bearing Crops	43.8	60.6	27.5
麻　类	Fiber Crops	18.7	36.1	2.2
蔬菜、食用菌	Vegetables, Mushroom	1325.6	1153.5	723.8
烟　叶	Tobacco	9.6	7.4	9.6
瓜　果	Fruits	319.4	306.4	321.5
奶　类	Milk	156.5	444.2	482.7
水产品	Aquatic Products	38.2	44.6	40.0
规模以上工业	**Industry above Designated Size**			
主要工业产品产量	Output of Major Industrial Products			
原油(万吨)	Crude Oil(10000 tons)	5306.7	4495.0	4004.9
天然气(亿立方米)	Natural Gas(100 million cu.m)	23.0	24.4	30.0
水泥(万吨)	Cement(10000 tons)	903.7	1113.3	3507.2
成品钢材(万吨)	Steel Products(10000 tons)	76.3	232.3	566.0
汽车(万辆)	Automobile(10000 unit)	13.4	26.6	24.8
发电量(亿千瓦时)	Electricity(100 million kwh)	426.7	596.0	774.5
建筑业	**Construction**			
建筑业总产值(亿元)	Gross Output Value(100 million yuan)	334.1	572.9	1769.7
房屋建筑施工面积(万平方米)	Floor Space of Buildings under Construction(10000 sq.m)	2962.6	4467.7	7171.0
房屋建筑竣工面积(万平方米)	Floor Space of Buildings Completed(10000 sq.m)	1886.9	2249.7	3620.0
交通运输业	**Transportation**			
货运量(万吨)	Freight Traffic(10000 tons)	57332	64776	62205
铁　路	Railways	13077	16123	17717
公　路	Highways	39685	44376	40582
水　运	Waterways	788	1301	1015
民　航	Civil Aviation	3.2	4.2	7.6
管　道	Pipelines	3779	2972	2883
客运量(万人)	Passenger Traffic(10000 persons)	49975	55758	47746
铁　路	Railways	9897	8359	10602
公　路	Highways	39864	46809	36001
水　运	Waterways	45	240	292
民　航	Civil Aviation	169	350	851
邮电通信业	**Postal and Telecommunication Services**			
邮电业务总量(亿元)	Business Volume of Postal and Telecommunication Services(100 million yuan)	167.1	346.8	823.4
邮政业务总量	Business Volume of Post	10.5	23.7	47.0
电信业务总量	Business Volume of Telecommunications	156.6	323.1	776.4
函件(万件)	Number of Letters Delivered (10000 pieces)	9114	13010	9305
报刊期发数(万份)	Number of Newspapers and Magazines(10000 pieces)	240.0	386.0	367.7
固定电话年末用户(万户)	Number of Fixed Telephone Subscribers at Year-end(10000 subscribers)	486.9	1082.1	813.5
移动电话用户(万户)	Number of Mobile Telephone(10000 subscribers)	315.8	1132.3	2243.0

Continued

Aggregate Data			速度指标(%) Indices and Growth Rates(%)							
			指数(2021年为以下各年) Index (2021 as percentage of the following years)					年均增长 Average Annual Growth Rate		
2015	2020	2021	2000	2005	2010	2015	2020	"十一五"时期 Eleventh Five-Year Period	"十二五"时期 Twelfth Five-Year Period	"十三五"时期 Thirteen Five-Year Period
7615.8	7540.8	7867.7	309.1	218.5	139.7	103.3	104.3	9.4	6.2	-0.2
2720.9	2896.2	2913.7	279.6	248.5	127.9	107.1	100.6	14.2	3.6	1.3
4280.2	3646.6	4149.2	524.7	300.8	165.1	96.9	113.8	12.8	11.2	-3.2
498.8	920.3	718.8	159.7	96.1	116.8	144.1	78.1	-3.8	-4.1	13.0
69.8	31.9	31.7	38.8	37.2	38.2	45.4	99.3	-0.6	-3.4	-14.5
18.3	12.3	13.6	31.0	22.4	49.3	74.1	110.1	-14.6	-7.8	-7.6
2.0	11.6	11.0	59.0	30.6	507.4	557.3	94.8	-43.0	-1.9	42.5
807.4	674.3	725.4	54.7	62.9	100.2	89.8	107.6	-8.9	2.2	-3.5
6.9	2.9	2.7	27.7	36.0	27.8	38.9	92.7	5.3	-6.5	-16.0
161.6	132.6	140.1	43.9	45.7	43.6	86.7	105.6	1.0	-12.9	-3.9
495.8	501.0	501.7	320.6	112.9	103.9	101.2	100.1	1.7	0.5	0.2
54.2	67.4	71.9	188.0	161.1	179.8	132.5	106.6	-2.2	6.3	4.4
3838.6	3001.0	2945.5	55.5	65.5	73.5	76.7	98.2	-2.3	-0.8	-4.8
35.6	46.8	50.5	219.6	207.0	168.3	141.7	107.9	4.2	3.5	5.6
3264.5	2376.5	2170.8	240.2	195.0	61.9	66.5	91.3	25.8	-1.4	-6.2
403.8	879.0	951.4	1246.9	409.6	168.1	235.6	108.2	19.5	-6.5	16.8
8.0	7.2	7.6	56.8	28.6	30.7	94.5	106.1	-1.4	-20.1	-2.3
870.0	1083.5	1144.9	268.3	192.1	147.8	131.6	105.7	5.4	2.4	4.5
1675.1	1206.4	1328.5	397.6	231.9	75.1	79.3	110.1	25.3	-1.1	-6.4
5617.1	3285.3	3753.5	126.7	84.0	52.3	66.8	114.3	9.9	-4.8	-10.2
2966.8	1645.6	786.8	41.7	35.0	21.7	26.5	47.8	10.0	-3.9	-11.1
59758	56031	62317	108.7	96.2	100.2	104.3	111.2	-0.8	-0.8	-1.3
9033	12603	12512	95.7	77.6	70.6	138.5	99.3	1.9	-12.6	6.9
44200	35521	42086	106.1	94.8	103.7	95.2	118.5	-1.8	1.7	-4.3
1245	538	519	65.9	39.9	51.1	41.7	96.5	-4.8	4.2	-15.4
12.2	11.6	11.1	349.3	265.8	147.0	90.7	95.7	12.6	10.1	-1.1
5268	7357	7189	190.2	241.9	249.4	136.5	97.7	-0.6	12.8	6.9
44551	13942	15184	30.4	27.2	31.8	34.1	108.9	-3.1	-1.4	-20.7
9865	4590	4867	49.2	58.2	45.9	49.3	106.0	4.9	-1.4	-14.2
32632	7608	8477	21.3	18.1	23.5	26.0	111.4	-5.1	-1.9	-25.3
372	99	135	300.0	56.3	46.2	36.3	136.8	4.0	5.0	-23.3
1682	1645	1704	1009.6	487.5	200.2	101.3	103.6	19.5	14.6	-0.4
511.5	2236.1	379.1	226.9	109.3	46.0	74.1	17.0	18.9	-9.1	34.3
52.2	143.3	133.4	1270.5	562.9	283.8	255.6	93.1	14.7	2.1	22.4
459.3	2092.8	245.7	156.9	76.0	31.6	53.5	11.7	19.2	-10.0	35.4
4609	1378	1395.3	15.3	10.7	15.0	30.3	101.3	-6.5	-13.1	-21.5
297.3	233.0	224.9	93.7	58.3	61.2	75.7	96.5	-1.0	-4.2	-4.8
596.0	298.8	316.9	65.1	29.3	39.0	53.2	106.1	-5.5	-6.0	-12.9
3329.8	3844.4	3759.5	1190.5	332.0	167.6	112.9	97.8	14.6	8.2	2.9

1-9 续表2

指 标	Item	总量指标		
		2000	2005	2010
旅游业	**Tourism**			
国际旅游人数(万人次)	Number of Tourists from Abroad(10000 person-times)	55.2	82.2	172.4
国内旅游人数(万人次)	Number of Domestic tourists(10000 person-times)	2712	4466	15702
金融业（亿元）	**Financial Intermediation(100 million yuan)**			
金融机构人民币各项存款余额	Deposits of National Banking System	3333.4	6135.1	12835.7
金融机构人民币各项贷款余额	Loans of National Banking System	3145.1	3658.5	7230.5
保险公司保费金额	Insurance Premium of Insurance Companies	40.8	139.6	343.2
保险公司赔款及给付金额	Indemnity Expenditure and Payment of Insurance Companies	11.1	25.2	77.6
教育、科技、文化	**Education, Science and Technology and Culture**			
教 育	**Education**			
在校学生数(万人)	Students Enrollment(10000 persons)			
普通高等学校	Institutions of Higher Education	20.0	54.1	71.9
中等专业学校	Specialized Secondary Schools	11.5	9.8	11.9
普通中学	Regular Secondary Schools	235.6	241.0	194.7
小 学	Primary Schools	310.2	231.5	190.4
专任教师数(万人)	Full-time Teachers(10000 persons)			
普通高等学校	Institutions of Higher Education	1.6	3.5	4.4
中等专业学校	Specialized Secondary Schools	0.7	0.3	0.4
普通中学	Regular Secondary Schools	14.4	14.3	14.2
小 学	Primary Schools	19.3	16.3	15.1
科 技	**Science and Technology**			
研究与试验发展经费支出(亿元)	Expenditures on Research and Development(100 million yuan)			
授权专利数(件)	Total Patent Applications Certified(item)	2252	2906	6803
技术市场成交额(亿元)	Volume of Transaction in Technical Markets(100 million yuan)	15.2	14.3	53.4
文 化	**Culture**			
电视节目制作时间(小时)	Time for TV Programs Production(hour)	21266	47647	81482
印刷图书(万册)	Number of Printed books(10000 copies)	9944	5938	7420
印刷期刊(万册)	Number of Printed magazine(10000 copies)	7919	3503	5253
印刷报纸(万份)	Number of Printed newspapers(10000 copies)	73571	71410	78219
人民生活	**People's Living Conditions**			
生 活	**Living Conditions**			
城镇非私营单位就业人员平均工资(元)	Average Wage of Employed Persons In Urban Non-private Units(yuan)			27735
城镇常住居民人均可支配收入(元)	Annual Per Capita Disposable Income of Urban Households(yuan)			13857
农村常住居民人均可支配收入(元)	Annual Per Capita Disposable Income of Rural Households(yuan)			6211
城乡居民储蓄存款余额(亿元)	Outstanding Amount of Saving Deposits in Urban and Rural Areas(100 million yuan)	2286	4079	7255
人均储蓄存款(元)	Per Capita Balance of Saving Deposit(yuan)	6015	10681	18944
婚姻(万对)	**Marriages and Divorces(10000 couples)**			
结婚登记总数	Registered Number of Marriages	21.8	22.8	30.9
离婚数	Number of Divorces	7.5	9.6	14.0
卫 生	**Public Health**			
卫生机构(个)	Health Institutions(unit)	8038	8326	8938
卫生机构床位(万张)	Beds of Health Institutions(10000 beds)	12.0	12.0	16.0
卫生技术人员(万人)	Medical Technical Personnel(10000 persons)	17.1	15.1	18.9
城市建设	**Municipal Works**			
全年供水总量(亿立方米)	Total Annual Volume of Tap Water Supply(100 million cu.m)	15.4	12.0	16.4
城市排水管道长度(公里)	Length of City Sewage Pipes(km)	4877	5918	7504
人工煤气供气量(万立方米)	Volume of Coal Gas Supply(10000 cu.m)	30347	40199	7587
液化石油气供应量(万吨)	Volume of Liquefied Petroleum Gas Supply(10000 tons)	19.9	22.9	22.0
年末实有道路长度(公里)	Length of Paved Roads at Year-end(km)	8286	9318	10090
园林绿地面积(公顷)	Green Areas(hectare)	33768	51415	69581
清运垃圾(万吨)	Volume of Garbage Disposal(10000 tons)	918	1027	782

Continued

Aggregate Data			速度指标(%) Indices and Growth Rates(%)							
			指数(2021年为以下各年) Index (2021 as percentage of the following years)					年均增长 Average Annual Growth Rate		
2015	2020	2021	2000	2005	2010	2015	2020	"十一五"时期 Eleventh Five-Year Period	"十二五"时期 Twelfth Five-Year Period	"十三五"时期 Thirteen Five-Year Period
83.5	16.5							16.0	-13.5	-27.7
12926	14256	16304	601.2	365.1	103.8	126.1	114.4	28.6	-3.8	2.0
21218.9	31452.6	34162.3	1024.8	556.8	266.2	161.0	108.6	15.9	10.6	8.2
16214.9	22482.3	24307.8	772.9	664.4	336.2	149.9	108.1	14.6	17.5	6.8
591.8	987.3	995.5	2438.9	712.9	290.0	168.2	100.8	19.7	11.5	10.8
169.3	309.3	339.3	3067.8	1346.4	437.5	200.5	109.7	25.2	16.9	12.8
73.5	82.6	87.9	438.7	162.5	122.2	119.6	106.5	5.9	0.4	2.3
11.2	7.8	6.7	58.0	68.4	56.3	60.1	86.4	4.0	-1.3	-7.0
148.3	146.6	140.8	59.8	58.4	72.3	94.9	96.0	-4.2	-5.3	-0.2
148.6	127.9	117.3	37.8	50.7	61.6	78.9	91.7	-3.8	-4.7	-3.0
4.7	4.9	4.8	296.9	136.7	108.6	102.6	98.2	4.7	1.2	0.9
0.5	0.4	0.4	54.4	123.2	95.3	87.2	95.4	5.3	1.8	-1.8
15.3	13.0	13.0	90.0	90.8	91.4	85.0	100.0	-0.1	1.5	-3.2
10.9	10.4	10.1	52.3	61.9	66.7	92.6	97.4	-1.5	-6.3	-1.0
157.7	173.2	194.6				123.4	112.4			1.9
18942	28475	38884	1726.6	1338.1	571.6	205.3	136.6	18.5	22.7	8.5
127.3	267.8	352.9	2315.9	2474.8	661.1	277.3	131.8	30.2	19.0	16.0
97437	107621	104502.0	491.4	219.3	128.3	107.3	97.1	11.3	3.6	2.0
7170	8804	8809	88.6	148.3	118.7	122.9	100.1	4.6	-0.7	4.2
4467	2486	2324	29.3	66.3	44.2	52.0	93.5	8.4	-3.2	-11.1
66308	33053	31499	42.8	44.1	40.3	47.5	95.3	1.8	-3.3	-13.0
48881	74554	80369			289.8	164.4	107.8		12.0	8.8
24203	31115	33646			242.8	139.0	108.1		11.8	5.2
11095	16168	17889			288.0	161.2	110.6		12.3	7.8
12440	21170	24012	1050.6	588.7	331.0	193.0	113.4	12.2	11.4	11.2
34860	65888	76278	1268.1	714.1	402.6	218.8	115.8	12.1	13.0	13.6
31.8	17.2	17.2	79.1	75.4	55.8	54.1	100.2	6.2	0.6	-11.6
19.0	13.8	8.6	114.9	89.6	61.6	45.3	62.4	7.8	6.3	-6.2
9304	20461	20593	256.2	247.3	230.4	221.3	100.6	1.4	0.8	17.1
21.2	25.3	26.1	216.4	217.5	163.0	123.2	102.9	5.9	5.8	3.7
21.3	24.3	24.9	145.3	165.1	131.9	117.1	102.6	4.6	2.4	2.7
14.9	13.7	13.1	85.0	109.2	79.9	87.9	95.6	6.4	-1.9	-1.7
10345	13291	13797	282.9	233.1	183.9	133.4	103.8	4.9	6.6	5.1
7202	2380	1877	6.2	4.7	24.7	26.1	78.9	-28.4	-1.0	-19.9
21.0	14.7	16.9	84.9	73.8	76.8	80.3	115.0	-0.8	-0.9	-6.9
12364	13713	14441	174.3	155.0	143.1	116.8	105.3	1.6	4.1	2.1
76501	71526	81606	241.7	158.7	117.3	106.7	114.1	6.2	1.9	-1.3
523	498	522	56.9	50.8	66.7	99.8	104.8	-5.3	-7.7	-1.0

1-10 国民经济和社会发展结构指标
Composition Indicators on National Economic and Social Development

单位：% (%)

指 标	Item	2000	2010	2015	2020	2021
人口与就业	**Population and Employment**					
人 口	**Population**					
性别结构	Sexual Composition					
男	Male	51.1	50.7	50.5	50.1	50.1
女	Female	48.9	49.3	49.5	49.9	49.9
城乡结构	Urban and Rural Composition					
城 镇	Urban	51.9	55.6	60.5	65.6	65.7
乡 村	Rural	48.1	44.4	39.5	34.4	34.3
就 业	**Employment**					
城乡结构	Urban and Rural Composition					
城 镇	Urban	45.2	55.6	59.0	62.7	62.8
乡 村	Rural	54.8	44.4	41.0	37.3	37.2
宏观经济	**Macro Economy**					
国民经济核算	**National Accounting**					
地区生产总值产业结构	Structure of Gross Domestic Product					
第一产业	Primary Industry	13.2	15.5	23.2	25.3	23.3
第二产业	Secondary Industry	57.2	49.9	33.6	25.3	26.7
第三产业	Tertiary Industry	29.6	34.6	43.2	49.4	50.0
货物进出口	**Imports and Exports of Goods**					
进出口总额结构	Structure of Total Exports and Imports					
出 口	Exports	48.6	63.8	38.3	23.5	22.4
进 口	Imports	51.4	36.2	61.7	76.5	77.6
财 政	**Government Finance**					
财政收入结构	Composition of Government Revenue					
省 级	Province		21.7	22.3	21.2	22.0
地 级	City		41.3	56.5	57.3	57.8
县 级	County		35.6	21.2	21.5	20.2
乡镇级	Town & Township		1.4			
财政支出结构	Composition of Government Expenditure					
一般公共服务	General Public Services		9.9	6.0	5.9	6.3
教 育	Education		13.3	13.7	10.3	11.2
科学技术	Science and Technology		1.2	1.1	0.8	0.9
社会保障和就业	Social Safety Net and Employment Effort		13.6	18.1	24.8	26.1
卫生健康	Health		6.0	6.8	7.4	7.7
节能环保	Energy Saving and Environmental Protection		3.9	3.9	4.0	2.8
城乡社区事务	Urban and Rural Area Community Affairs		6.3	8.7	8.2	5.8
农林水事务	Agriculture, Forestry and Water Conservancy		15.0	16.9	16.8	17.0
交通运输	Transportation		6.6	6.8	4.6	4.2
住房保障支出	Affairs of Housing Security		4.8	5.3	4.2	4.5
其 他	Others		19.4	12.7	13.1	13.6

1-10　续表1　Continued

单位：%　(%)

指　标	Item	2000	2010	2015	2020	2021
产　业	**Industry**					
农　业	**Agriculture**					
农林牧渔业总产值结构	Composition of Gross Output Value of Agriculture, Forestry, Animal Husbandry and Fishery					
农　业	Farming	66.3	54.5	62.8	62.8	63.5
林　业	Forestry	2.9	3.5	3.1	3.0	3.2
牧　业	Animal Husbandry	28.1	37.8	30.1	29.7	28.4
渔　业	Fishery	2.7	1.4	1.7	1.8	2.1
农、林、牧、渔专业及辅助性活动	Professional and Support Activities for Agriculture, Forestry, Animal Husbandry and Fishery		2.7	2.3	2.7	2.8
建筑业	**Construction**					
建筑业总产值结构	Composition of Gross Output Value of Construction Industry					
国有企业	State-owned Enterprise	53.3	32.0	14.7	5.6	6.1
集体企业	Collective-owned Enterprises	22.6	5.2	6.3	1.1	1.7
有限责任公司	Limited Liability Corporations	10.5	37.9	57.6	53.9	48.8
股份有限公司	Share Holding Enterprises	7.6	7.3	5.4	8.2	8.6
私营企业	Private Enterprises	2.9	17.2	15.4	31.0	34.6
其　他	Other Enterprises	3.2	0.4	0.6	0.2	0.2
交通运输业	**Transportation**					
货运量结构	Structure of Freight Traffic					
铁　路	Railways	22.6	28.2	15.1	22.5	20.1
公　路	Highways	69.4	65.5	74.0	63.4	67.5
水　运	Waterways	1.4	1.6	2.1	1.0	0.8
管　道	Petroleum and Gas Pipelines	6.6	4.7	8.8	13.1	11.5
客运量结构	Structure of Passenger Traffic					
铁　路	Railways	19.7	22.0	22.1	32.9	32.1
公　路	Highways	79.9	75.6	73.2	54.6	55.8
水　运	Waterways	0.1	0.6	0.8	0.7	0.9
民　航	Civil Aviation	0.3	1.8	3.8	11.8	11.2

1-10 续表2 Continued

单位：%　　(%)

指　标	Item	2000	2010	2015	2020	2021
旅游业	**Tourism**					
国际游客人数结构	Structure of Tourists					
外国人	Foreigners	91.5	95.6	94.3	84.0	
港澳台同胞	Compatriots form Hong Kong, Macao and Taiwan	8.5	4.4	5.7	16.0	
教育、科技、卫生	**Education, Science and Health Care**					
教　育	**Education**					
普通学校在校学生结构	Structure of Students Enrollment					
大学生	College and University Students	3.5	18.7	24.1	25.7	28.7
中学生	Secondary School Students	47.2	45.7	41.1	42.5	42
小学生	Primary School Students	49.3	35.6	34.8	31.8	29.3
普通学校专任教师结构	Full-time Teachers by Type					
普通高等学校	College and Universities	4.4	12.1	14.6	16.7	16.7
中等学校	Secondary Schools	43.4	46.6	51.4	48.0	48.4
小　学	Primary Schools	52.3	41.3	34.0	35.3	34.9
科　技	**Science and Technology**					
研究与试验发展经费内部支出结构	Composition of Intramural Expenditure on R&D					
基础研究	Basic Research			11.3	13.3	11.2
应用研究	Applied Research			20.2	31.8	30.6
试验发展	Experimental Development			68.5	54.9	58.2
卫　生	**Health Care**					
卫生技术人员结构	Composition of Medical Technical Personnel					
#执业(助理)医师	Licensed (Assistant) Doctors	45.9	40.8	37.4	39.6	39.0
注册护士	Registered Nurses	30.0	33.2	38.2	42.2	43.1
药师(士)	Pharmacist		5.9	9.5	4.6	4.5
人民生活	**People's Living Conditions**					
城镇居民现金消费结构	**Cash Consumption Composition of Urban Residents**					
食品烟酒	Food, Tobacco and Liquor	38.4	35.4	27.7	29.6	29.1
衣　着	Clothing	13.3	15.1	10.3	7.9	7.3
居　住	Residence	9.4	10.6	19.9	21.8	20.2
生活用品及服务	Household Facilities, Articles and Services	5.9	5.8	5.3	5.6	5.3
交通通信	Transport and Communications	7.6	11.2	12.0	11.9	12.7
教育文化娱乐	Education, Cultural and Recreation	12.0	9.4	10.8	9.3	11.1
医疗保健	Health Care and Medical Services	8.9	8.9	11.2	11.5	11.7
其他用品和服务	Miscellaneous Goods and Services	4.5	3.8	2.8	2.4	2.7
农村居民消费结构	**Consumption Composition of Rural Residents**					
食品烟酒	Food, Tobacco and Liquor	44.3	33.8	27.5	34.3	33.6
衣　着	Clothing	6.8	8.8	7.6	6.9	6.7
居　住	Residence	19.7	18.1	18.5	16.6	14.9
生活用品及服务	Household Facilities, Articles and Services	3.3	3.7	4.3	4.4	4.5
交通通信	Transport and Communications	7.6	10.1	13.8	13.6	15.0
教育文化娱乐	Education, Cultural and Recreation	5.5	10.4	13.1	9.7	10.5
医疗保健	Health Care and Medical Services	9.8	12.8	13.3	12.6	12.7
其他用品和服务	Miscellaneous Goods and Services	3.0	2.3	1.9	1.8	2.1

1-11 国民经济和社会发展比例与效益指标
Indicators on National Economic and Social Development

指 标	Item	2000	2010	2015	2020	2021
人口与就业	**Population and Employment**					
出生率(‰)	Birth Rate(‰)	9.43	7.35	6.00	3.75	3.59
死亡率(‰)	Death Rate(‰)	5.50	5.83	6.60	8.23	8.70
自然增长率(‰)	Natural Growth Rate(‰)	3.93	1.52	-0.60	-4.48	-5.11
每一就业人员负担人口(含本人)(人)	Dependency Ratio (including the labour self)(person)	2.38	1.98	1.89	2.40	2.40
城镇登记失业率(%)	Unemployment Rate in Urban Areas(%)	3.30	4.27	4.48	3.37	3.18
国民经济核算	**National Accounts**					
三次产业增加值比例(第一产业=100)	Ratio of Value-added by Type of Industry (Value added in primary industry=100)					
第二产业	Secondary Industry	435.0	321.0	144.8	100.1	114.8
第三产业	Tertiary Industry	225.4	222.2	186.2	195.6	214.9
全社会劳动生产率(元/人)	Overall Labor Productivity (yuan/person)			62000	90168	102863
第一产业	Primary Industry			14385	22785	23941
第二产业	Secondary Industry			20827	22817	27482
第三产业	Tertiary Industry			26788	44567	51441
	in Construction(%)					
财 政	**Government Finance**					
公共财政收入相当于GDP比例(%)	Proportion of General Budgetary Financial Revenue to GDP(%)	6.5	9.1	10.0	8.5	8.7
公共财政支出相当于GDP比例(%)	Proportion of General Budgetary Financial Expenditure to GDP(%)	13.4	27.1	34.4	40.0	34.3
对外贸易	**Foreign Trade**					
进出口总额相当于GDP比例(%)	Proportion of Total Imports & Exports to GDP(%)	8.7	20.8	11.2	11.3	13.4
实际利用外资占签订利用外资额比例(%)	Proportion of Foreign Capital for Utilization by Signed Contracts or Agreements(%)	101.7	93.4	95.0	22.5	12.6
能 源	**Energy**					
能源生产弹性系数	Elasticity Ratio of Energy Production	-1.05	0.002	-0.75	-0.65	0.26
能源消费弹性系数	Elasticity Ratio of Energy Consumption	-1.35	0.55	0.25	-0.79	0.95
单位国内生产总值能耗上升或下降率(±%)	Rise or Fall Rate of Energy Consumption per Unit of GDP(±%)		-5.00	-4.01	-1.70	-0.30
农 业	**Agriculture**					
每公顷播种面积农产品产量(千克)	Output of Farm Crops per Hectare of Sown Area(kg)					
粮 食	Grain	3242	4526	5332	5223	5407
#水 稻	Rice	6489	7254	6944	7480	7535
大 豆	Soybean	1569	1651	1874	1905	1849
亚 麻	Flax	2045	4139	4029	5315	3389
甜 菜	Beetroots	17452	22476	35541	45628	46917
烤 烟	Flue-cured Tobacco	1800	2622	2678	2721	2795

1-11 续表 Continued

指 标	Item	2000	2010	2015	2020	2021
规模以上工业	**Industry above Designated Size**					
总资产贡献率(%)	Ratio of Industrial Output Value(%)		22.1	8.7	5.8	7.5
资产负债率(%)	Assets-Liability Ratio(%)	58.1	55.2	56.4	60.3	61.0
成本费用利润率(%)	Ratio of Profits to Industrial Cost(%)	31.4	15.2	4.2	3.3	4.9
营业收入利润率(%)	Proportion of Products Sold(%)				3.2	4.5
建筑业	**Construction**					
全员劳动生产率（按总产值计算，元/人）	Overall Labor Productivity (in terms of Gross Output Value, yuan/person)	51580	183395	228445	341327	427535
技术装备率(元/人)	Value of Machinery per Laborer (yuan/person)	10478	7771	10425	12645	12927
动力装备率(千瓦/人)	Power of Machines per Laborer(kw/person)	7.1	3.4	4.2	5.6	5.3
产值利税率(%)	Ratio of Pre-tax Profit to Gross Output Value(%)	4.0	10.1	6.0	5.9	4.8
交通运输业	**Transportation**					
货运量弹性系数	Elasticity of Freight Traffic	0.16	0.74	-1.63	-3.85	1.84
客运量弹性系数	Elasticity of Passenger Traffic	0.38	0.71	-1.44	-63.09	1.46
铁路网密度(公里/万平方公里)	Railway Density(km/10000 sq.km)	120.4	125.4	135.2	144.1	152.0
公路网密度(公里/万平方公里)	Highway Density(km/10000 sq.km)	1108	3358	3607	3572	3572
铁路货运密度(万吨公里/公里)	Railway Freight Traffic Density(10000 ton/km)	1315	1821	970	1238	1234
公路货运密度(万吨公里/公里)	Highway Freight Traffic Density(10000 ton/km)	32.2	50.2	56.9	41.3	48.5
电话普及率(部/百人)	Access to Telephones(set/100 persons)	22.0	79.7	111.2	130.7	130.4
旅游业	**Tourism**					
每一国际游客花费(元)	Per Capita Expenditure of International Tourists(yuan)				9631.8	
国内旅游人均花费（元）	Expenditure per Domestic Tourist (yuan)	446.2	529.9	1034.3	1142.4	825.2
金融业	**Finance intermediation**					
金融机构存款增加额相当于GDP比例(%)	Increasing Deposits as Percentage of GDP(%)	11.1	21.8	16.8	27.3	18.2
金融机构贷款增加额相当于GDP比例(%)	Increasing Loans as Percentage of GDP(%)	1.4	15.0	24.2	8.1	12.3
百元存款相应的贷款(元)	Loans to Per 100 yuan Deposits(yuan)	94.4	56.3	76.4	71.5	71.2
教 育	**Education**					
学龄儿童入学率(%)	Rate of School-age Children Enrollment(%)	98.8	99.1	99.9	100.0	100.0
小学升学率(%)	Rate of Primary Schools Enrollment(%)	95.9	99.9	98.8	98.5	98.8
学校教师负担系数(%)	Student-teacher Ratio (in percentage)(%)					
高等学校	Colleges and Universities	12.4	16.3	15.7	16.9	18.2
中等学校	Secondary Schools	16.9	13.9	9.9	11.2	11.1
小 学	Primary Schools	14.7	12.4	13.6	12.0	11.6
教育支出相当于GDP比例(%)	Expenditures for Operating Expenses of Education as Percentage of GDP(%)			4.7	4.1	3.8
科 技	**Science and Technology**					
研究与科学发展经费相当于GDP比例(%)	R&D Expenditures as Percentage of GDP(%)			1.4	1.3	1.3
卫 生	**Health Care**					
每万人拥有卫生技术人员(人)	Number of Doctors per 10000 Persons(person)	45.0	49.3	55.6	76.2	79.6
每万人拥有卫生机构床位(张)	Number of Hospital Beds per 10000 Persons(bed)	31.6	41.8	55.4	79.5	83.4
医疗机构病床使用率(%)	Beds Utilization Rate of Medical Organizations(%)	48.7	72.4	76.5	45.4	51.2
人民生活	**People's Living Conditions**					
城镇居民家庭恩格尔系数(%)	Engel's Coefficient of Urban Households(%)	38.4	35.4	27.7	29.6	29.1
农村居民家庭恩格尔系数(%)	Engel's Coefficient of Rural Households(%)	44.3	33.8	27.5	34.3	33.6
城市建设	**Municipal Works**					
城市人口用水普及率(%)	Coverage Rate of Urban Population with Access to Tap Water(%)	74.7	89.1	97.2	99.0	99.2
城市燃气普及率(%)	Coverage Rate of Urban Population with Access to Tap Gas(%)	59.3	88.8	86.6	90.8	92.2
城市人均公园绿地面积(平方米)	Per Capita Public Green Areas(sq.m)	5.4	11.8	12.0	12.8	13.6

1-12 按人口平均的主要工农业产品产量
Per Capita Major Farm Products and Industrial Products

年 份 Year	粮豆薯 (千克) Grain (kg)	油 料 (千克) Oil-bearing Crops (kg)	猪牛羊肉 (千克) Pork, Beef and Mutton (kg)	牛 奶 (千克) Cow Milk (kg)	水产品 (千克) Aquatic Products (kg)	钢 (千克) Steel (kg)	原 煤 (吨) Coal (ton)	原 油 (吨) Crude Oil (ton)	发电量 (千瓦时) Electricity (kwh)
1978	476.4	2.8	10.3	4.4	0.7	17.6	1.20	1.62	347
1980	459.0	7.5	11.6	3.9	0.6	16.5	1.33	1.62	405
1985	420.2	8.5	9.4	12.9	2.0	22.7	1.87	1.65	559
1990	655.7	4.9	13.0	28.8	4.2	27.0	2.34	1.58	837
1991	608.1	4.3	14.3	31.6	4.6	28.0	2.39	1.56	889
1992	658.9	6.1	14.8	33.5	5.0	32.7	2.34	1.55	966
1993	659.7	4.4	14.5	30.8	5.2	34.5	1.99	1.54	1027
1994	705.3	4.3	16.9	30.3	5.7	30.3	2.10	1.53	1044
1995	703.2	5.4	19.1	32.9	6.9	25.4	2.15	1.52	1052
1996	820.2	4.5	25.1	35.9	7.8	22.7	2.21	1.51	1105
1997	830.2	4.9	26.8	37.6	8.6	23.6	2.02	1.50	1158
1998	799.7	4.5	29.8	37.8	9.5	21.0	1.89	1.49	1127
1999	812.8	10.4	31.6	37.8	9.6	20.5	1.65	1.44	1088
2000	670.0	11.5	33.1	40.6	10.1	23.4	1.31	1.40	1123
2001	696.2	9.5	35.3	49.6	10.6	24.2	1.34	1.35	1150
2002	771.6	13.9	38.8	61.9	11.0	37.8	1.54	1.32	1205
2003	658.7	11.7	43.9	78.8	11.0	43.4	1.74	1.27	1277
2004	821.6	12.1	53.3	98.1	11.3	47.4	1.87	1.22	1295
2005	942.8	15.9	63.5	115.3	11.7	60.8	1.90	1.18	1561
2006	989.1	16.5	36.7	110.8	8.7	82.5	2.07	1.14	1654
2007	1015.0	13.1	35.7	114.6	9.0	114.1	2.09	1.09	1782
2008	1209.9	7.4	37.0	114.6	9.3	111.5	2.14	1.05	1881
2009	1251.8	7.4	41.7	119.2	10.0	147.9	2.29	1.05	1879
2010	1470.9	7.2	44.4	124.4	10.4	147.8	2.42	1.05	2022
2011	1631.7	6.1	45.6	123.0	9.4	156.7	2.31	1.05	2164
2012	1758.2	6.0	50.0	128.6	12.1	162.6	2.31	1.07	2246
2013	1909.4	5.1	52.5	120.9	13.2	170.8	2.12	1.08	2237
2014	2035.7	4.7	56.7	132.0	14.1	132.9	1.87	1.10	2403
2015	2134.2	5.1	57.3	137.8	15.2	113.2	1.77	1.08	2438
2016	2121.3	5.9	59.3	134.7	16.4	95.2	1.61	1.05	2568
2017	2159.8	4.2	63.0	135.6	17.1	119.7	1.59	1.00	2660
2018	2232.2	3.3	60.9	135.6	18.6	166.9	1.72	0.96	3020
2019	2279.9	3.5	58.8	141.4	19.7	237.6	1.58	0.95	3212
2020	2347.0	3.8	64.0	155.7	21.0	273.6	1.62	0.93	3372
2021	2499.3	4.3	65.3	158.9	22.8	302.2	1.90	0.94	3637

注：2005、2006年钢产量为粗钢产量。
a) In 2005, 2006 the output of steel is crude steel.

1-13　平均每天主要社会经济活动
Selected Indicators on Average Daily Social and Economic Activities

指　　标	Item	2000	2005	2010	2015	2020	2021
每天创造的财富	**Daily Production**						
地区生产总值(亿元)	Gross Domestic Product(100 million yuan)	7.82	13.03	22.76	32.03	37.53	40.76
第一产业	Primary Industry	1.03	1.85	3.54	7.43	9.42	9.49
第二产业	Secondary Industry	4.48	7.28	11.36	10.76	9.54	10.89
工　业	Industry	4.29	7.00	10.67	9.85	8.61	10.02
建筑业	Construction	0.27	0.42	0.86	1.16	1.13	1.21
第三产业	Tertiary Industry	2.32	3.91	7.86	13.84	18.57	20.39
公共财政收入(亿元)	General Budgetary Financial Revenue(100 million yuan)	0.51	0.87	2.07	3.19	3.16	3.56
粮豆薯(万吨)	Grain(10000 tons)	6.97	9.86	15.43	20.87	20.66	21.56
#水　稻	Rice	2.86	3.21	6.24	7.45	7.93	7.98
玉　米	Corn	2.17	3.78	6.89	11.73	9.99	11.37
大　豆	Bean	1.23	2.05	1.69	1.37	2.52	1.97
薯　类	Tuber	0.22	0.23	0.23	0.19	0.09	0.09
油料(吨)	Oil-bearing Crops(ton)	1200	1660	754	502	338	372
麻类(吨)	Fiber Crops(ton)	512	989	60	54	319	302
烟叶(吨)	Tobacco(ton)	263	203	262	188	79	73
瓜果类(吨)	Melon and Fruits(ton)	8751	8395	8809	4428	3634	3838
水产品(吨)	Aquatic Products(ton)	1047	1222	1095	1486	1847	1969
原油(万吨)	Crude Oil(10000 tons)	14.54	12.32	10.97	10.52	8.22	8.07
天然气(亿立方米)	Natural Gas(100 million cu.m)	0.06	0.07	0.08	0.10	0.13	0.14
水泥(万吨)	Cement(10000 tons)	2.48	3.05	9.61	8.94	6.51	5.95
粗钢(万吨)	Crude Steel(10000 tons)	0.24	0.68	1.79	1.15	2.70	2.63
成品钢材(万吨)	Steel Products(10000 tons)	0.21	0.64	1.55	1.11	2.41	2.61
汽车(辆)	Automobile(unit)	367	729	679	221	196	208
发电量(亿千瓦时)	Electricity(100 million kwh)	1.17	1.63	2.12	2.38	2.97	3.14
每天消费量	**Daily National Consumption**						
公共财政支出(亿元)	General Budgetary Financial Expenditure(100 million yuan)	1.05	2.16	6.17	11.02	14.93	13.99
全社会用电量(亿千瓦时)	Electricity Consumption(100 million kwh)		1.52	2.05	2.38	2.78	2.98

1-13 续表 Continued

指 标	Item	2000	2005	2010	2015	2020	2021
每天其他经济活动	**Other Daily Economic Activities**						
邮电业务总量(亿元)	Business Volume of Postal and Telecommunication Services(100 million yuan)			2.26	1.40	6.13	1.04
客运量(万人)	Passenger Traffic (10000 persons)	136.9	152.8	130.8	122.1	38.2	41.6
货运量(万吨)	Freight Traffic (10000 tons)	157.1	177.5	170.4	163.7	153.5	170.7
居民新增储蓄额(亿元)	Outstanding Amount of Savings Deposit(100 million yuan)	0.46	1.35	2.26	4.34	8.53	7.79
进出口总额(万美元)	Total Value of Imports and Exports (USD 10000)	818	2622	6986	5751	6082	8461
出 口	Total Exports	398	1663	4460	2200	1426	1899
进 口	Total Imports	421	959	2526	3551	4656	6562
实际利用外资额(万美元)	Foreign Capital Actually Used (USD 10000)	302	417	756	1519	149	107
国际旅游人数(人)	Number of Tourists from Abroad (person)	1511	2251	4724	2287	452	
国际旅游外汇收入(万美元)	Foreign Exchange Earnings (USD 10000)	51.8	93.3	208.9	108.3	435.1	
人口和社会活动	**Population and Social Activities**						
出生人口(人)	Births(person)	984	824	772	580	326	307
死亡人口(人)	Deaths(person)	574	544	612	638	715	745
结婚(对)	Marriages(couple)	597	626	846	872	471	472
离婚(对)	Divorces(couple)	205	263	383	520	377	235
发表科技论文(篇)	Scientific and Technological Papers(piece)		56.0	110.2	123.4	133.2	129.2
出版科技著作(种)	Scientific and Technological Composing(kind)		2.0	2.5	2.8	2.6	2.9
成交技术合同(件)	Number of Technical Contracts Completed(piece)	27.08	5.59	5.44	5.08	14.05	19.07
技术市场成交额(万元)	Transaction Value on Technical Market(10000 yuan)	417	391	1462	3487	7337	9668
授权专利(件)	Number of Patent Applications Certified(item)	6.17	7.96	18.64	51.90	78.01	106.53
公共图书馆流通人次(万人次)	Circulation of Public Libraries(10000 person-times)	1.67	1.38	1.70	2.65	1.09	1.39
印刷图书(万册)	Printed Copies of Books(10000 copies)	27.2	16.3	20.3	19.6	24.1	24.1
印刷杂志(万册)	Printed Copies of Magazines(10000 copies)	21.7	9.6	14.4	12.2	6.8	6.4
印刷报纸(万份)	Printed Copies of Newspaper(10000 copies)	201.6	195.6	214.3	181.7	90.6	86.3
诊疗人次(万人次)	Total Number of Patients Treated(10000 person-times)	12.09	12.02	20.35	20.71	23.36	26.45
入院人数(万人)	Hospital Admissions(10000 patients)	0.41	0.55	1.02	1.39	0.98	1.21
生活垃圾清运量(万吨)	Volume of Garbage Disposal(10000 tons)	2.51	3.08	2.14	1.43	1.36	1.43
受理劳动争议案件(件)	Number of Labor Dispute Cases Accepted(piece)	7.81	16.81	24.99	31.13	54.36	77.03
劳动争议结案案件(件)	Number of Labor Dispute Cases Settled(piece)	7.99	16.63	24.75	31.33	56.24	78.03

主要统计指标解释

行政区划 指国家对行政区域的划分。根据有关法规规定，我国的行政区域划分如下：(1)全国分为省、自治区、直辖市；(2)省、自治区分为自治州、县、自治县、市；(3)自治州分为县、自治县、市；(4)县、自治县分为乡、民族乡、镇；(5)直辖市和较大的市分为区、县；(6)国家在必要时设立的特别行政区。

平均增长速度 平均增长速度表明社会经济现象在一个较长的时期内逐期平均增长变化的程度，它不能根据各个环比增长速度直接求得，但与平均发展速度之间存在着一定的数量关系：平均增长速度＝平均发展速度－1。

平均发展速度是一种根据环比发展速度计算的序时平均数，由于各时期对比的基础不同，所以计算平均发展速度不能采用一般的序时平均数的计算方法，计算方法分为水平法和累计法。水平法，又称几何平均法，即将环比发展速度按连乘法用几何平均数公式计算。累计法，也称方程法，根据一段时期内各年发展水平总和与基期水平的关系，列出方程式计算平均发展速度。水平法着重考虑最后一年所达到的发展水平；累计法着重考虑整个时期累计发展水平的总量。

本《年鉴》内所列的平均增长速度，除固定资产投资用“累计法”计算外，其余均用“水平法”计算。从某年到某年平均增长速度的年份，均不包括基期年在内。如建国四十三年以来的平均增长速度是以 1949 年为基期计算的，则写为 1950-1992 年平均增长速度，其余类推。

国民经济行业分类 自 2017 年年报和 2018 年定期报表开始使用新的《国民经济行业分类》（GB/T4754-2017）。该分类是由国家统计局组织修订，原国家质量监督检验检疫总局和中国国家标准化管理委员会于 2017 年 6 月 30 日发布。这次修订是在 2011 年分类标准的基础上，结合我国经济活动特点，参照联合国《全部经济活动的国际标准产业分类》（ISIC/Rev.4）进行的。修订后的《国民经济行业分类》（GB/T4754-2017）共有门类 20 个，大类 97 个，中类 473 个，小类 1382 个。

企业登记注册类型 是以在市场监管部门登记注册的各类企业为划分对象，以市场监管部门对企业登记注册的类型为依据，将企业登记注册类型分为内资企业、港澳台商投资企业和外商投资企业三大类。内资企业包括国有企业、集体企业、股份合作企业、联营企业、有限责任公司、股份有限公司、私营企业和其他企业；港澳台商投资企业和外商投资企业分别包括合资经营企业、合作经营企业、独资经营企业和股份有限公司等。

国有企业 指企业全部资产归国家所有，并按《中华人民共和国企业法人登记管理条例》规定登记注册的非公司制的经济组织。不包括有限责任公司中的国有独资公司。

集体企业 指企业资产归集体所有，并按《中华人民共和国企业法人登记管理条例》规定登记注册的经济组织。

股份合作企业 指以合作制为基础，由企业职工共同出资入股，吸收一定比例的社会资产投资组建，实行自主经营，自负盈亏，共同劳动，民主管理，按劳分配与按股分红相结合的一种集体经济组织。

联营企业 指两个及两个以上相同或不同所有制性质的企业法人或事业单位法人，按自愿、平等、互利的原则，共同投资组成的经济组织。联营企业包括国有联营企业、集体联营企业、国有与集体联营企业和其他联营企业。

有限责任公司 指根据《中华人民共和国公司登记管理条例》规定登记注册，由两个以上、五十个以下的股东共同出资，每个股东以其所认缴的出资额对公司承担有限责任，公司以其全部资产对其债务承担责任的经济组织。有限责任公司包括国有独资公司以及其他有限责任公司。

股份有限公司 指根据《中华人民共和国公司登记管理条例》规定登记注册，其全部注册资本由等额股份构成并通过发行股票筹集资本，股东以其认购的股份对公司承担有限责任，公司以其全部资产对其债务承担责任的经济组织。

私营企业 指由自然人投资设立或由自然人控股，以雇佣劳动为基础的营利性经济组织。包括按照《公司法》、《合伙企业法》以及《个人独资企业法》规定登记注册的私营独资企业、私营合伙企业、私营有限责任公司、私营股份有限公司和个人独资企业。

其他企业 指上述企业之外的其他内资经济组织。

与港澳台商合资经营企业 指港澳台地区投资者与内地企业依照原《中华人民共和国中外合资经营企业法》及有关法律的规定，按合同规定的比例投资设立，分享利润、分担风险和亏损的企业。

与港澳台商合作经营企业 指港澳台地区投资者与内地企业依照原《中华人民共和国中外合作经营企业法》及有关法律的规定，依照合作合同的约定进行投资或提供条件设立，分配利润、分担风险和亏损的企业。

港澳台商独资经营企业 指依照原《中华人民共和国外资企业法》及有关法律的规定，在内地由港澳台地区投资者全额投资设立的企业。

港澳台商投资股份有限公司 指根据国家有关规定，经商务部（原外经贸部）批准设立，并且其中港、澳、台商的股本占公司注册资本的比例达 25%以上的股份有限公司。凡其中港、澳、台商的股本占公司注册资本的比例小于 25%的，属于内资中的股份有限公司。

其他港澳台商投资企业　指在中国境内参照原《外国企业或个人在中国境内设立合伙企业管理办法》和《外商投资合伙企业登记管理规定》，依法设立的港、澳、台商投资合伙企业等。

中外合资经营企业　指外国企业或外国人与中国内地企业依照原《中华人民共和国中外合资经营企业法》及有关法律的规定，按合同规定的比例投资设立，分享利润和分担风险和亏损的企业。

中外合作经营企业　指外国企业或外国人与中国内地企业依照原《中华人民共和国中外合作经营企业法》及有关法律的规定，依照合作合同的约定进行投资或提供条件设立，分配利润、分担风险和亏损的企业。

外资企业　指依照原《中华人民共和国外资企业法》及有关法律的规定，在中国内地由外国投资者全额投资设立的企业。

外商投资股份有限公司　指根据国家有关规定，经商务部（原外经贸部）批准设立，并且其中外资的股本占公司注册资本的比例达25%以上的股份有限公司。凡其中外资股本占公司注册资本的比例小于25%的，属于内资企业中的股份有限公司。

其他外商投资企业　指在中国境内依照原《外国企业或个人在中国境内设立合伙企业管理办法》和《外商投资合伙企业登记管理规定》，依法设立的外商投资合伙企业等。

行政机关、事业单位和社会团体　参照企业登记注册类型，主要按其经费来源和管理方式划分。具体规定如下：

⑴行政机关：包括国家机关和政党机关，原则上均列为“国有”。但有特殊规定的，如供销社等，则列为“集体”。

⑵事业单位：包括经国家机构编制部门和有关业务主管部门批准成立的各类事业单位，不包括实行企业化管理的事业单位。事业单位的划分办法如下：

①由国家财政预算拨款或列入财政预算外资金管理以及经费主要来源于国有主管部门或国有上级单位的事业单位，列为“国有”。

②经费主要来源于集体单位的事业单位，列为“集体”。

③公民个人(或个人合伙)开办的事业单位，列为“私营”。

④上述以外的其他事业单位，如果其经费来源不明确，按管理方式进行归类。

⑶社会团体：包括经民政部门批准成立以及未纳入社会团体管理条例范围的工会、妇联等各类社会团体。社会团体的划分办法如下：

①未纳入民政部社会团体管理条例范围的工会、妇联、共青团、青联、工商联、科协、侨联等社会团体，国家拨款设立的基金会或基金管理组织以及经费主要来源于国有业务主管部门或国有上级单位的社会团体，列为“国有”。

②经费主要来源于集体单位的社会团体，列为“集体”。

③公民个人(或个人合伙)开办的社会团体，划为“私营”。

④上述以外的其他社会团体，如果其经费来源不明确，改按管理方式进行归类。

Explanatory Notes on Main Statistical Indicators

Divisions of Administrative Areas refer to the division of administrative areas by the State. The relative laws define the administrative division as follows: 1) the whole country is divided into provinces, autonomous regions and municipalities directly under the Central Government; 2) provinces and autonomous regions are further divided into autonomous prefectures, counties, autonomous counties and cities; 3) autonomous prefectures are further divided into counties, autonomous counties and cities; 4) counties and autonomous counties are further divided into townships, ethnic townships and towns; 5) municipalities directly under the Central Government and large cities are divided into districts and counties, 6) the State shall, when necessary, establish special administrative regions.

Average Annual Growth Rate shows the average growth rate of social and economic development during a longer period. It can not be directly calculated by chain based growth rate. The relation is:

Average growth rate = average speed of development – 1

Average speed of development is the time series average of speed which is obtained through chain-based calculation. Because the reference bases during the different periods are different, average speed of development can not be calculated by the general method. Level approach and accumulative approach for calculating average speed of development rate are applied. The "level approach", or geometric average approach, is derived by the formula of geometric average of the chain-based speeds of development by continuous multiplication. The other is called the "accumulative approach" or the "equation" method, which is derived by the summation of the actual figure of each year in the interval divided by the figure in the base year. The level approach focuses on the level of the last year, while the accumulative approach emphasizes the aggregate development for the entire duration.

The average annual growth rates listed in the *Yearbook* are calculated by the level approach except for the growth rate of investment in fixed assets. The base year is not listed in the duration for which average annual growth rates are computed. For instance, the average annual growth rate of the 43 years since 1949 is shown as the average annual growth rate of 1950-1992 without showing the base year 1949.

Industrial Classification of the National Economy The new *Industrial Classification of the National Economy* (GB/T 4754-2017) is introduced starting from the compilation of 2017 annual statistics and 2018 monthly or quarterly statistics. The revision, based on the 2011 classification, was organized by the National Bureau of Statistics taking into consideration of the characteristics of economic activities in China and the *International Standards of the Industrial Classification of All Economic Activities* (ISIC/Rev.4) of the United Nations. The new *Classification* was promulgated by the former National Administration of Quality Supervision, Inspection and Quarantine and the Standardization Administration of the People's Republic of China on June 30, 2017. The revised version of the *Industrial Classification of the National Economy* (GB/T 4754-2017) is composed of 20 sections, 97 divisions, 473 groups and 1382 classes.

Registration Status of Enterprises (units) Enterprises are classified into 3 categories, namely enterprises with domestic investment, enterprises with investment from Hong Kong, Macao and Taiwan, and enterprises with foreign investment, according to the registration status of an enterprise in market supervision administration. Domestic-invested enterprises include state-owned enterprises, collective-owned enterprises, cooperative enterprises, joint ownership enterprises, limited liability corporations, share-holding corporations Ltd., private enterprises and other enterprises. Included in the enterprises with investment from Hong Kong, Macao and Taiwan and enterprises with foreign investment are joint-venture enterprises, cooperative enterprises, sole-proprietorship enterprises and share-holding corporations Ltd.

State-owned Enterprises refer to non-corporation economic units where the entire assets are owned by the state and which have been registered in accordance with the *Regulation of the People's Republic of China on the Management of Registration of Corporate Enterprises*. Not included from this category are state sole-proprietorship corporations in the limited liability corporations.

Collective-owned Enterprises refer to economic units where the assets are owned collectively and which have been registered in accordance with the *Regulation of the People's Republic of China on the Management of Registration of Corporate Enterprises*.

Cooperative Enterprises refer to a form of collective economic units (enterprises) where capitals come mainly from employees as their shares, with certain proportion of capital from the outside, where production is organized on the basis of independent operation, independent accounting for profits and losses, joint work, democratic management, and a distribution system that integrates remuneration according to work with dividend according to capital share.

Joint Ownership Enterprises refer to economic units established by two or more corporate enterprises or corporate institutions of the same or different ownership, through joint investment on the basis of voluntary participation, equality, and mutual benefits. They include state joint ownership enterprises; collective joint ownership enterprises; joint state-collective enterprises; and other joint ownership enterprises.

Limited Liability Corporations refer to economic units established with investment from 2-50 investors and registered in accordance with the *Regulation of the People's Republic of China on the Management of Registration of Corporations*, each investor bearing limited liability to the corporation depending on its share of investment, and the corporation bearing liability to its debt to the maximum of its total assets. Limited liability corporations include state sole-proprietorship corporations and other limited liability corporations.

Share-holding Corporations Ltd. refer to economic units registered in accordance with the *Regulation of the People's Republic of China on the Management of Registration of Corporations*, with total registered capital divided into equal shares and additional capitals raised through issuing stocks. Each investor bears limited liability to the corporation depending on the holding of shares, and the corporation bears liability to its debt to the maximum of its total assets.

Private Enterprises refer to profit-making economic units invested and established by natural persons, or controlled by natural persons, using employed labour. Included in this category are private sole-proprietorship enterprise, private partnership enterprise, private limited liability companies, private limited-liability company by shares and individual sole-proprietorship enterprise registered in accordance with the *Company Law*, *the Law on Partnership Business* and *the Law on Individual Proprietorship Enterprises*.

Other Domestic-Invested Enterprises refer to domestic-invested economic units other than those mentioned above.

Joint Venture Enterprises with Hong Kong, Macao and Taiwan are enterprises jointly established by investors from Hong Kong, Macao and Taiwan with enterprises in the mainland of China in accordance with the former *Law of the People's Republic of China on Sino-foreign Equity Joint Ventures* and other relevant laws, where the establishment of the investment and the sharing of profits, taking risks and loss are stipulated in joint venture contracts.

Cooperative Enterprises with Hong Kong, Macao and Taiwan established by investors from Hong Kong, Macao and Taiwan with enterprises in the mainland of China in accordance with the former *Law of the People's Republic of China on Sino-foreign Contractual Joint Venture* and other relevant laws, where the investment or provision of facilities and the sharing of profits and risks are stipulated under cooperative contracts.

Sole-proprietorship Enterprises with Investment from Hong Kong, Macao and Taiwan refer to enterprises established in the mainland of China with exclusive investment from investors from Hong Kong, Macao and Taiwan in accordance with the former *Law of the People's Republic of China on Enterprises with Foreign Investment* and other relevant laws.

Share-holding Corporations Ltd. with Investment from Hong Kong, Macao and Taiwan refer to share-holding corporations Ltd. established with the approval from the Ministry of Commerce（the former Ministry of Foreign Trade and Economic Relations）in line with relevant state regulations, where the share of investment from Hong Kong, Macao or Taiwan businessmen exceeds 25% of the total registered capital of the corporation. In case the share of investment from Hong Kong, Macao or Taiwan is less than 25% of the total registered capital, the enterprise is to be classified as domestic-invested share-holding corporation Ltd.

Other Enterprises with Funds From Hong Kong, Macao and Taiwan refer to partnership enterprises with investments from Hong Kong, Macao and Taiwan established within the territory of China in accordance with former *Administrative Measures on the Establishment of Partnership Enterprises in China by Foreign Enterprises or Foreign Individuals* and *Regulations for the Administration of the Registration of Foreign-invested Partnership Enterprises*.

Joint Venture Enterprises with Foreign Investment refer to enterprises jointly established by foreign enterprises or foreigners with enterprises in the mainland of China in accordance with the former *Law of the People's Republic of China on Sino-foreign Equity Joint Ventures* and other relevant laws, where the sharing of investment, profits and risks and loss are stipulated in contracts.

Cooperative Enterprises with Foreign Investment refer to enterprises jointly established by foreign enterprises or foreigners with enterprises in the mainland of China in accordance with the former *Law of the People's Republic of China on Sino-foreign Contractual Joint Venture* and other relevant laws, where the investment or provision of facilities and the sharing of profits and taking risks and loss are stipulated in cooperative contracts.

Sole-proprietorship Enterprises with Foreign Investment refer to enterprises established in the mainland of China with exclusive investment from foreign investors in accordance with the former *Law of the People's Republic of China on Enterprises with Foreign Investment* and other relevant laws.

Share-holding Corporations Ltd. with Foreign Investment refer to share-holding corporations Ltd. established with the approval from the Ministry of Commerce （the former Ministry of Foreign Trade and Economic Relations） in line with relevant state regulations, where the share of investment from foreign investors exceeds 25% of the total registered capital of the corporation. In case the share of foreign investment is less than 25% of the total registered capital, the enterprise is to be classified as domestic-invested share-holding corporation Ltd.

Other Enterprises with Foreign Funds refer to partnership enterprises established within the territory of China in accordance with former *Administrative Measures on the Establishment of Partnership Enterprises in China by Foreign Enterprises or Foreign Individuals* and *Regulations for the Administration of the Registration of Foreign-invested Partnership Enterprises*..

Government Agencies, Institutions and Social

Organizations are classified into the following categories by source of funds and manner of management taking reference of the registration status of enterprises:

(1) Government agencies: include State and party agencies, classified in principle as State-owned. There are exceptions, such as supply and marketing cooperatives which are classified as collective-owned.

(2) Institutions: include institutions of various types established with the approval by organization and staffing departments of the government, but exclude institutions where enterprise management system is introduced. Institutions are further classified as follows:

(a) Institutions for which their main budgets are from government budget appropriations or extra-budget funds, or allocated from the budget of their competent government agencies. Such institutions are classified as state-owned.

(b) Institutions for which their budget mainly come from collective units. Such institutions are classified as collective-owned.

(c) Social institutions established by individual or a group of citizens, which are classified as private.

(d) Institutions other than those mentioned above for which their sources of budget are not clear. Such institutions are classified by the manner of management.

(3) Social organizations: include social organizations established with the approval from the Ministry of Civil Affairs, and organizations that are not covered by social organization management regulations such as trade unions, women's

federations etc.. Social organizations are further classified as follows:

(a) Social organizations that are not covered by social organization management regulations of the Ministry of Civil Affairs such as trade unions, women federations, communist youth leagues, youth associations, industrial and commerce associations, scientist associations, overseas Chinese associations, etc., foundations and fund management organizations established with funds from the state, and social organizations whose funds mainly come from the budget of their competent government agencies. Such institutions are classified as State-owned.

(b) Social organizations for which their budget mainly come from collective units. Such institutions are classified as collective-owned.

(c) Social organizations established by individual or a group of citizens, which are classified as private.

(d) Social organizations other than those mentioned above for which their sources of budget are not clear. Such organizations are classified by the manner of management.

第2篇

人口、就业人员和工资

CHAPTER 2 POPULATION, EMPLOYMENT AND WAGES

2-1　人口和就业基本情况
Population and Employment

指　标	Item	2017	2018	2019	2020	2021
人　口	**Population**					
总人口(万人)	Total Population (10000 persons)	3399.0	3327.0	3255.0	3171.0	3125.0
男	Male	1713.8	1675.1	1635.6	1588.2	1566.0
女	Female	1685.2	1651.9	1619.4	1582.8	1559.0
市　镇	Urban	2104.0	2111.3	2103.4	2080.5	2052.8
乡　村	Rural	1295.0	1215.7	1151.6	1090.5	1072.2
性别比(女性=100)	Sex Ratio (Female=100)	101.7	101.4	101.0	100.3	100.4
出生率(‰)	Birth Rate (‰)	6.22	5.98	5.73	3.75	3.59
死亡率(‰)	Death Rate (‰)	6.63	6.67	6.74	8.23	8.70
自然增长率(‰)	Natural Growth Rate (‰)	-0.41	-0.69	-1.01	-4.48	-5.11
就　业	**Employment**					
就业人员合计(万人)	Total Number of Employed Persons (10000 persons)	1699.0	1635.0	1551.0	1473.0	1420.0
城镇就业人员	Urban Employed Persons	1026.0	999.3	959.5	923.0	892.0
#国有单位	State-owned Units	254.1	246.4	176.9	156.9	158.0
集体单位	Collective-owned Units	10.6	9.6	2.9	2.3	2.0
其他单位	Units of Other Types of Ownership	148.3	136.7	169.8	157.2	151.2
灵活就业	Obtain Employment Flexibly	209.9	200.3	180.8	162.3	155.4
乡村就业人员	Rural Employed Persons	673.0	635.7	591.5	550.0	528.0
城镇非私营单位就业人员平均工资(元)	Average Wage of Employed Persons In Urban Non-private Units (yuan)	56067	60780	68416	74554	80369
国有单位	State-owned Units	55789	59716	64184	75060	77455
集体单位	Collective-owned Units	45814	51838	63906	66859	68118
其他单位	Other Units	57290	63332	72922	75583	83476
城镇私营单位就业人员平均工资(元)	Average Wage of Employed Persons In Urban Private Units (yuan)	32422	34801	36674	38685	42071
城镇登记失业人数(万人)	Number of Registered Unemployed Persons in Urban Areas(10000 persons)	39.7	39.4	34.7	31.0	28.5
城镇登记失业率(%)	Registered Unemployment Rate in Urban Areas(%)	4.21	3.99	3.53	3.37	3.18

2-2 年末人口数
Population at Year-End

单位：万人、% (10000 persons,%)

年 份 Year	总人口 Total Population	按性别分 By Sex 男 Male 人口数 Population	比 重 Proportion	女 Female 人口数 Population	比 重 Proportion	按城乡分 By Residence 城镇 Urban 人口数 Population	比 重 Proportion	乡村 Rural 人口数 Population	比 重 Proportion
1953	1189.7	646.4	54.3	543.3	45.7	378.9	31.8	810.8	68.2
1954	1250.2	676.2	54.1	574.0	45.9	416.7	33.3	833.5	66.7
1955	1321.2	714.2	54.1	607.0	45.9	433.8	32.8	887.4	67.2
1956	1418.2	770.9	54.4	647.3	45.6	496.0	35.0	922.2	65.0
1957	1478.5	796.8	53.9	681.7	46.1	545.1	36.9	933.4	63.1
1958	1563.7	842.2	53.9	721.5	46.1	587.1	37.5	976.6	62.5
1959	1682.0	908.1	54.0	773.9	46.0	741.9	44.1	940.1	55.9
1960	1807.1	973.4	53.9	833.7	46.1	877.6	48.6	929.5	51.4
1961	1897.1	1018.4	53.7	878.7	46.3	900.1	47.4	997.0	52.6
1962	1893.5	1001.8	52.9	891.7	47.1	811.2	42.8	1082.3	57.2
1963	1972.0	1041.0	52.8	931.0	47.2	796.0	40.4	1176.0	59.6
1964	2053.3	1078.7	52.5	974.6	47.5	811.5	39.5	1241.8	60.5
1965	2133.9	1116.8	52.3	1017.1	47.7	805.6	37.8	1328.3	62.2
1966	2188.6	1143.9	52.3	1044.7	47.7	822.2	37.6	1366.4	62.4
1967	2258.9	1179.6	52.2	1079.3	47.8	842.0	37.3	1416.9	62.7
1968	2343.4	1218.8	52.0	1124.6	48.0	867.2	37.0	1476.2	63.0
1969	2440.8	1264.7	51.8	1176.1	48.2	865.9	35.5	1574.9	64.5
1970	2522.6	1306.9	51.8	1215.7	48.2	907.3	36.0	1615.3	64.0
1971	2627.2	1361.6	51.8	1265.6	48.2	936.7	35.7	1690.5	64.3
1972	2723.4	1409.7	51.8	1313.7	48.2	1007.3	37.0	1716.1	63.0
1973	2818.6	1459.4	51.8	1359.2	48.2	1034.0	36.7	1784.6	63.3
1974	2894.0	1496.6	51.7	1397.4	48.3	1059.1	36.6	1834.9	63.4
1975	2958.1	1528.7	51.7	1429.4	48.3	1078.8	36.5	1879.3	63.5
1976	3019.4	1558.3	51.6	1461.1	48.4	1093.7	36.2	1925.7	63.8
1977	3072.5	1585.3	51.6	1487.2	48.4	1118.2	36.4	1954.3	63.6
1978	3129.6	1614.2	51.6	1515.4	48.4	1122.9	35.9	2006.7	64.1
1979	3168.7	1629.2	51.4	1539.5	48.6	1181.4	37.3	1987.3	62.7
1980	3203.8	1642.4	51.3	1561.4	48.7	1232.7	38.5	1971.1	61.5
1981	3239.3	1660.3	51.3	1579.0	48.7	1275.3	39.4	1964.0	60.6
1982	3281.1	1677.9	51.1	1603.2	48.9	1309.4	39.9	1971.7	60.1
1983	3306.0	1692.0	51.2	1614.0	48.8	1356.8	41.0	1949.2	59.0
1984	3331.0	1706.0	51.2	1625.0	48.8	1398.0	42.0	1933.0	58.0
1985	3357.0	1718.2	51.2	1638.8	48.8	1440.5	42.9	1916.5	57.1
1986	3385.0	1733.6	51.2	1651.4	48.8	1485.3	43.9	1899.7	56.1

注：1990、2000、2010、2020年数据为当年普查数据推算数，2011-2019年数据为第七次全国人口普查衔接修订后数据(下同)。

a) The data of 1990,2000,2010 and 2020 are the projection of the census data of the year, and the data of 2011-2019 are connected and revised by The seventh national census (the same below) .

2-2　续表　Continued

单位：万人、%　　　　　　　　　　　　　　　　　　　　　(10000 persons,%)

年　份 Year	总人口 Total Population	按性别分 By Sex				按城乡分 By Residence			
		男 Male		女 Female		城镇 Urban		乡村 Rural	
		人口数 Population	比　重 Proportion	人口数 Population	比　重 Proportion	人口数 Population	比　重 Proportion	人口数 Population	比　重 Proportion
1987	3424.0	1753.0	51.2	1671.0	48.8	1536.0	44.9	1888.0	55.1
1988	3466.0	1774.4	51.2	1691.6	48.8	1589.9	45.9	1876.1	54.1
1989	3510.0	1796.6	51.2	1713.4	48.8	1646.5	46.9	1863.5	53.1
1990	3543.0	1812.0	51.1	1731.0	48.9	1699.2	48.0	1843.8	52.0
1991	3575.0	1827.5	51.1	1747.5	48.9	1753.2	49.0	1821.8	51.0
1992	3608.0	1844.0	51.1	1764.0	48.9	1809.1	50.1	1798.9	49.9
1993	3640.0	1861.1	51.1	1778.9	48.9	1866.2	51.3	1773.8	48.7
1994	3672.0	1873.0	51.0	1799.0	49.0	1924.9	52.4	1747.1	47.6
1995	3701.0	1887.5	51.0	1813.5	49.0	1985.9	53.7	1715.1	46.3
1996	3728.0	1901.3	51.0	1826.7	49.0	2007.5	53.8	1720.5	46.2
1997	3751.0	1912.0	51.0	1839.0	49.0	2021.8	53.9	1729.2	46.1
1998	3773.0	1923.5	51.0	1849.5	49.0	2037.4	54.0	1735.6	46.0
1999	3792.0	1933.2	51.0	1858.8	49.0	2055.3	54.2	1736.7	45.8
2000	3807.0	1945.8	51.1	1861.2	48.9	1977.4	51.9	1829.6	48.1
2001	3811.0	1948.2	51.1	1862.8	48.9	1996.2	52.4	1814.8	47.6
2002	3813.0	1953.0	51.2	1860.0	48.8	2004.5	52.6	1808.5	47.4
2003	3815.0	1940.4	50.9	1874.6	49.1	2006.3	52.6	1808.7	47.4
2004	3816.8	1937.8	50.8	1879.0	49.2	2014.5	52.8	1802.3	47.2
2005	3820.0	1933.1	50.6	1886.9	49.4	2028.4	53.1	1791.6	46.9
2006	3823.0	1942.5	50.8	1880.5	49.2	2045.3	53.5	1777.7	46.5
2007	3824.0	1931.1	50.5	1892.9	49.5	2061.1	53.9	1762.9	46.1
2008	3825.0	1933.2	50.5	1891.8	49.5	2119.0	55.4	1706.0	44.6
2009	3826.0	1943.6	50.8	1882.4	49.2	2123.4	55.5	1702.6	44.5
2010	3833.0	1943.4	50.7	1889.6	49.3	2129.6	55.6	1703.4	44.4
2011	3782.0	1909.7	50.5	1872.3	49.5	2136.5	56.5	1645.5	43.5
2012	3724.0	1887.7	50.7	1836.3	49.3	2118.2	56.9	1605.8	43.1
2013	3666.0	1844.8	50.3	1821.2	49.7	2127.7	58.0	1538.3	42.0
2014	3608.0	1812.1	50.2	1795.9	49.8	2136.7	59.2	1471.3	40.8
2015	3529.0	1783.7	50.5	1745.3	49.5	2134.0	60.5	1395.0	39.5
2016	3463.0	1748.6	50.5	1714.4	49.5	2115.5	61.1	1347.5	38.9
2017	3399.0	1713.8	50.4	1685.2	49.6	2104.0	61.9	1295.0	38.1
2018	3327.0	1675.1	50.3	1651.9	49.7	2111.3	63.5	1215.7	36.5
2019	3255.0	1635.6	50.2	1619.4	49.8	2103.4	64.6	1151.6	35.4
2020	3171.0	1588.2	50.1	1582.8	49.9	2080.5	65.6	1090.5	34.4
2021	3125.0	1566.0	50.1	1559.0	49.9	2052.8	65.7	1072.2	34.3

2-3 人口出生率、死亡率、自然增长率
Birth Rate, Death Rate and Natural Growth Rate of Population

单位：‰ (‰)

年 份 Year	全省 Provincial			市 City			县 County		
	出生率 Birth Rate	死亡率 Death Rate	自然增长率 Natural Growth Rate	出生率 Birth Rate	死亡率 Death Rate	自然增长率 Natural Growth Rate	出生率 Birth Rate	死亡率 Death Rate	自然增长率 Natural Growth Rate
1957	36.59	10.45	26.14	48.33	9.50	38.83	33.01	10.74	22.27
1962	35.46	8.62	26.84	38.94	8.08	30.86	33.79	8.87	24.92
1965	40.38	8.00	32.38	40.11	6.08	34.03	40.47	8.67	31.80
1970	34.80	5.81	28.99	30.78	5.21	25.57	36.04	6.00	30.04
1975	21.98	5.43	16.55	16.21	5.11	11.10	23.70	5.53	18.17
1978	16.84	4.68	12.16	14.12	4.91	9.21	17.64	4.61	13.03
1980	13.49	4.86	8.63	11.74	4.77	6.97	14.07	4.89	9.18
1985	15.04	4.76	10.28	13.39	5.22	8.17	16.86	3.86	13.00
1990	18.11	6.35	11.76	15.43	5.92	9.51	20.71	6.79	13.92
1991	15.89	5.70	10.19	12.30	5.42	6.88	17.05	5.73	11.32
1992	16.25	6.12	10.13	12.88	5.40	7.48	17.65	6.55	11.10
1993	15.90	5.52	10.38	15.37	5.88	9.49	16.10	5.65	10.45
1994	15.15	5.47	9.68	14.91	5.06	9.85	15.39	6.18	9.21
1995	13.23	5.33	7.90	12.09	5.30	6.79	13.72	5.34	8.38
1996	12.40	5.05	7.35	12.28	5.02	7.26	12.43	5.06	7.37
1997	12.02	5.17	6.85	11.46	5.02	6.44	12.91	5.35	7.56
1998	11.68	5.32	6.36	10.24	4.67	5.57	13.31	6.07	7.25
1999	10.55	5.49	5.06	9.56	4.68	4.87	11.23	5.86	5.37
2000	9.43	5.50	3.93	8.76	4.94	3.82	10.11	6.10	4.01
2001	8.48	5.49	2.99	7.56	5.31	2.25	9.44	5.82	3.62
2002	7.98	5.44	2.54	7.30	5.29	2.01	9.12	5.61	3.51
2003	7.48	5.45	2.03	5.80	4.60	1.20	9.30	6.40	2.90
2004	7.27	5.45	1.82	5.15	3.97	1.18	9.53	7.02	2.51
2005	7.87	5.20	2.67	5.81	4.74	1.07	10.57	5.80	4.77
2006	7.57	5.18	2.39	5.82	4.86	0.96	9.18	4.90	4.28
2007	7.88	5.39	2.49	6.25	4.89	1.36	9.85	6.02	3.83
2008	7.91	5.68	2.23	6.94	5.77	1.17	9.21	5.55	3.66
2009	7.48	5.42	2.06	6.55	5.40	1.15	8.76	5.54	3.22
2010	7.35	5.83	1.52	6.45	5.36	1.09	7.78	5.98	1.80
2011	6.99	5.92	1.07	6.58	5.57	1.01	7.59	6.33	1.26
2012	7.30	6.03	1.27	6.52	5.21	1.31	8.27	7.06	1.21
2013	6.86	6.08	0.78	5.82	5.21	0.61	7.52	6.49	1.03
2014	7.37	6.46	0.91	6.47	5.51	0.96	7.92	7.11	0.81
2015	6.00	6.60	-0.60	5.96	6.17	-0.21	6.04	7.04	-1.00
2016	6.12	6.61	-0.49	6.19	6.23	-0.04	6.02	7.14	-1.12
2017	6.22	6.63	-0.41	6.33	6.11	0.22	6.06	7.39	-1.33
2018	5.98	6.67	-0.69	6.04	5.94	0.10	5.89	7.77	-1.88
2019	5.73	6.74	-1.01	5.92	6.04	-0.12	5.43	7.83	-2.40
2020	3.75	8.23	-4.48	4.14	6.51	-2.37	3.43	9.57	-6.14
2021	3.59	8.70	-5.11	3.70	6.63	-2.93	3.56	10.28	-6.72

2-4　人口年龄构成和抚养比
Age Composition and Dependency Ratio of Population

单位：万人、%　　(10000 persons,%)

年 份 Year	人口数 Total Population	0-14岁 Aged 0-14	15-64岁 Aged 15-64	65岁及以上 Aged 65 and over	总抚养比 Gross Dependency Ratio	少年儿童抚养比 Children Dependency Ratio	老年人口抚养比 Old Dependency Ratio
1986	3385.0	1020.7	2230.6	133.7	51.8	45.8	6.0
1987	3424.0	993.4	2305.5	125.0	48.5	43.1	5.4
1988	3466.0	931.3	2403.4	131.3	44.2	38.7	5.5
1989	3510.0	957.1	2412.1	140.9	45.5	39.7	5.8
1990	3543.0	944.3	2463.7	135.0	43.8	38.3	5.5
1991	3575.0	990.9	2438.9	145.2	46.6	40.6	6.0
1992	3608.0	984.6	2474.0	149.4	45.8	39.8	6.0
1993	3640.0	881.6	2613.3	145.1	39.3	33.8	5.6
1994	3672.0	869.1	2649.9	153.1	38.6	32.8	5.8
1995	3701.0	868.1	2663.5	169.5	38.9	32.6	6.4
1996	3728.0	802.0	2732.5	193.5	36.4	29.4	7.1
1997	3751.0	798.9	2757.0	195.1	36.1	29.0	7.1
1998	3773.0	776.0	2800.5	196.5	34.7	27.7	7.0
1999	3792.0	778.1	2808.5	205.3	35.0	27.7	7.3
2000	3807.0	719.1	2876.0	211.7	32.4	25.0	7.4
2001	3811.0	699.0	2882.0	230.0	32.2	24.3	8.0
2002	3813.0	648.2	2922.3	242.5	30.5	22.2	8.3
2003	3815.0	604.3	2957.1	253.6	29.0	20.4	8.6
2004	3816.8	555.0	3002.6	259.2	27.1	18.5	8.6
2005	3820.0	563.7	2966.5	289.8	28.8	19.0	9.8
2006	3823.0	536.4	2979.3	307.4	28.3	18.0	10.3
2007	3824.0	501.3	2978.5	344.2	28.4	16.8	11.6
2008	3825.0	481.6	2990.4	353.0	27.9	16.1	11.8
2009	3826.0	464.1	2999.2	362.7	27.6	15.5	12.1
2010	3833.0	458.4	3055.7	318.9	25.4	15.0	10.4
2011	3782.0	447.4	3012.7	321.9	25.5	14.9	10.7
2012	3724.0	439.1	2953.8	331.1	26.1	14.9	11.2
2013	3666.0	430.3	2892.6	343.1	26.8	14.9	11.9
2014	3608.0	422.8	2822.2	363.0	27.8	15.0	12.8
2015	3529.0	391.7	2752.6	384.7	28.2	14.2	14.0
2016	3463.0	379.2	2682.1	401.7	29.1	14.1	15.0
2017	3399.0	365.0	2625.1	408.9	29.5	13.9	15.6
2018	3327.0	353.3	2545.8	427.9	30.7	13.9	16.8
2019	3255.0	336.2	2471.2	447.6	31.7	13.6	18.1
2020	3171.0	327.4	2349.0	494.6	35.0	13.9	21.1
2021	3125.0	306.0	2295.0	524.0	36.1	13.3	22.8

2-5 按年龄和性别分人口数
Population by Age and Sex

单位：万人、% (10000 persons,%)

年 龄	Age	合计 Total			男 Male			女 Female		
		2015	2020	2021	2015	2020	2021	2015	2020	2021
人口数	**Population**									
总 计	**Total**	**3529.0**	**3171.0**	**3125.0**	**1783.7**	**1588.2**	**1566.0**	**1745.3**	**1582.8**	**1559.0**
0-4岁	Age 0-4	116.6	82.6	66.8	61.4	42.6	36.0	55.2	40.0	30.8
5-9岁	Age 5-9	131.2	108.4	101.4	69.3	56.0	53.4	61.9	52.4	48.0
10-14岁	Age 10-14	144.0	136.4	137.8	75.4	70.6	72.5	68.6	65.8	65.3
15-19岁	Age 15-19	159.9	138.3	140.9	81.4	71.7	71.7	78.5	66.6	69.2
20-24岁	Age 20-24	219.5	140.2	146.1	109.1	72.5	73.8	110.4	67.7	72.2
25-29岁	Age 25-29	277.4	157.8	115.1	140.0	81.3	58.5	137.4	76.5	56.6
30-34岁	Age 30-34	252.7	243.4	196.0	126.9	124.3	99.0	125.8	119.1	97.0
35-39岁	Age 35-39	278.4	225.1	211.8	142.0	114.8	105.3	136.4	110.3	106.5
40-44岁	Age 40-44	359.4	245.2	229.7	184.3	125.1	116.6	175.1	120.1	113.1
45-49岁	Age 45-49	362.1	325.0	310.7	184.5	165.5	156.0	177.6	159.5	154.7
50-54岁	Age 50-54	328.2	330.6	348.9	166.8	167.5	177.3	161.4	163.1	171.6
55-59岁	Age 55-59	271.2	302.1	340.3	134.8	150.7	169.3	136.4	151.4	171.0
60-64岁	Age 60-64	243.8	241.3	255.5	120.2	118.3	127.0	123.6	123.0	128.5
65-69岁	Age 65-69	160.6	208.5	231.2	79.1	99.1	110.8	81.5	109.4	120.4
70-74岁	Age 70-74	97.0	128.8	148.2	46.7	59.4	71.8	50.3	69.4	76.4
75-79岁	Age 75-79	71.4	73.0	72.0	34.5	32.0	33.2	36.9	41.0	38.8
80-84岁	Age 80-84	36.6	50.5	47.3	18.2	21.9	21.5	18.4	28.6	25.8
85-89岁	Age 85-89	14.3	23.4	19.3	7.0	10.3	9.0	7.3	13.1	10.3
90岁及以上	Age 90 and Over	4.7	10.4	6.1	2.1	4.6	3.1	2.6	5.8	2.9
构成	**Composition**									
总 计	**Total**	**100.0**	**100.0**	**100.0**	**100.0**	**100.0**	**100.0**	**100.0**	**100.0**	**100.0**
0-4岁	Age 0-4	3.3	2.6	2.1	3.4	2.7	2.3	3.2	2.5	2.0
5-9岁	Age 5-9	3.7	3.4	3.2	3.9	3.5	3.4	3.5	3.3	3.1
10-14岁	Age 10-14	4.1	4.3	4.4	4.2	4.5	4.6	3.9	4.1	4.2
15-19岁	Age 15-19	4.5	4.4	4.5	4.6	4.5	4.6	4.5	4.2	4.4
20-24岁	Age 20-24	6.2	4.4	4.7	6.1	4.6	4.7	6.3	4.3	4.6
25-29岁	Age 25-29	7.9	5.0	3.7	7.8	5.1	3.7	7.9	4.8	3.6
30-34岁	Age 30-34	7.2	7.7	6.3	7.1	7.8	6.3	7.2	7.5	6.2
35-39岁	Age 35-39	7.9	7.1	6.8	8.0	7.2	6.7	7.8	7.0	6.8
40-44岁	Age 40-44	10.2	7.7	7.4	10.3	7.9	7.4	10.0	7.6	7.3
45-49岁	Age 45-49	10.3	10.3	9.9	10.3	10.4	10.0	10.2	10.1	9.9
50-54岁	Age 50-54	9.3	10.4	11.2	9.4	10.6	11.3	9.2	10.3	11.0
55-59岁	Age 55-59	7.7	9.5	10.9	7.6	9.5	10.8	7.8	9.6	11.0
60-64岁	Age 60-64	6.9	7.6	8.2	6.7	7.4	8.1	7.1	7.8	8.2
65-69岁	Age 65-69	4.6	6.6	7.4	4.4	6.2	7.1	4.7	6.9	7.7
70-74岁	Age 70-74	2.7	4.1	4.7	2.6	3.8	4.6	2.9	4.4	4.9
75-79岁	Age 75-79	2.0	2.3	2.3	1.9	2.0	2.1	2.1	2.6	2.5
80-84岁	Age 80-84	1.0	1.6	1.5	1.0	1.4	1.4	1.1	1.8	1.7
85-89岁	Age 85-89	0.4	0.7	0.6	0.4	0.6	0.6	0.4	0.8	0.7
90岁及以上	Age 90 and Over	0.1	0.3	0.2	0.1	0.3	0.2	0.1	0.4	0.2

注：由于2021年数据采用了抽样及加权推算，合计与各项分组相加略有误差。

a)Since the 2021 data are calculated by sampling and weighting, there is a slight error in the sum of the data by grouping.

2-6 分地区年末人口数(2021年)
Population at Year-End by Region (2021)

单位：户、万人、% (Household,10000 persons,%)

地区	Region	年底总户数 Total Household	总人口 Total Population	按性别分 By Sex 男 Male 人口数 Population	比重 Proportion	女 Female 人口数 Population	比重 Proportion
全省	**Total**	**14945732**	**3491.1**	**1751.4**	**50.2**	**1739.7**	**49.8**
哈尔滨	Harbin	3982738	943.2	470.1	49.8	473.1	50.2
齐齐哈尔	Qiqihar	2120983	516.5	260.2	50.4	256.3	49.6
鸡西	Jixi	748897	164.7	82.5	50.1	82.2	49.9
鹤岗	Hegang	451202	95.7	47.6	49.7	48.1	50.3
双鸭山	Shuangyashan	621570	137.0	68.7	50.2	68.3	49.8
大庆	Daqing	1065871	271.8	135.1	49.7	136.7	50.3
伊春	Yichun	553601	108.4	53.7	49.5	54.7	50.5
佳木斯	Jiamusi	995543	227.9	114.4	50.2	113.5	49.8
七台河	Qitaihe	355743	75.1	38.0	50.6	37.1	49.4
牡丹江	Mudanjiang	1045161	244.2	122.0	50.0	122.2	50.0
黑河	Heihe	710805	153.8	77.3	50.3	76.5	49.7
绥化	Suihua	2104286	513.3	261.8	51.0	251.5	49.0
大兴安岭	Daxinganling	189332	39.7	20.1	50.6	19.6	49.4

注：本表根据公安年报计算。
a)This table is calculated according to the police annual report.

2-7 分地区城镇登记失业人员及失业率
Registered Unemployed Persons and Unemployment Rate in Urban Area by Region

单位：万人、% (10000 persons,%)

地区	Region	失业人员 Unemployed Persons 2017	2018	2019	2020	2021	失业率 Unemployment Rate 2017	2018	2019	2020	2021
全省	**Total**	**39.74**	**39.41**	**34.69**	**31.02**	**28.54**	**4.21**	**3.99**	**3.53**	**3.37**	**3.18**
哈尔滨	Harbin	8.82	10.03	9.48	8.96	8.86	3.68	3.76	3.51	3.50	3.45
齐齐哈尔	Qiqihar	4.52	3.96	3.62	3.59	2.87	4.31	3.81	3.34	3.31	3.07
鸡西	Jixi	1.55	1.71	1.61	1.68	1.38	4.02	3.77	3.68	3.39	3.04
鹤岗	Hegang	1.72	1.45	1.23	1.37	1.17	4.11	3.82	3.55	3.30	3.04
双鸭山	Shuangyashan	0.96	0.95	0.94	1.00	1.04	4.04	3.82	3.50	3.33	3.07
大庆	Daqing	4.29	3.81	3.24	3.23	3.03	4.22	3.76	3.20	3.22	3.02
伊春	Yichun	2.13	1.88	1.66	1.67	1.37	4.15	3.94	3.50	3.59	3.04
佳木斯	Jiamusi	2.32	2.15	1.82	2.06	1.95	4.05	3.95	3.20	3.22	3.09
七台河	Qitaihe	0.78	1.00	0.94	0.89	0.78	4.27	3.87	3.60	3.32	3.08
牡丹江	Mudanjiang	2.82	2.43	2.20	2.76	2.44	3.52	3.81	3.25	3.42	3.03
黑河	Heihe	0.99	0.97	0.88	1.42	1.29	3.60	3.51	3.27	3.31	3.25
绥化	Suihua	2.23	1.97	1.80	1.86	1.94	3.82	3.76	3.61	3.23	3.15
大兴安岭	Daxinganling	0.67	0.58	0.56	0.53	0.42	4.20	3.36	3.44	3.48	3.01

2-8 三次产业年末就业人数

Number of Employed Persons at Year-End by Three Strata of Industry

单位：万人、% (10000 persons,%)

年 份 Year	就业人员数 Total Employed Persons	第一产业 Primary Industry	第二产业 Secondary Industry	第三产业 Tertiary Industry	构成 Composition 第一产业 Primary Industry	第二产业 Secondary Industry	第三产业 Tertiary Industry
2010	2102.0	868.9	407.3	825.8	41.3	19.4	39.3
2014	1946.0	719.2	377.5	849.6	37.0	19.4	43.7
2015	1825.0	694.2	349.7	781.1	38.0	19.2	42.8
2016	1776.0	664.2	319.7	792.1	37.4	18.0	44.6
2017	1699.0	632.0	295.6	771.3	37.2	17.4	45.4
2018	1635.0	606.2	272.7	756.1	37.1	16.7	46.2
2019	1551.0	569.2	257.5	724.3	36.7	16.6	46.7
2020	1473.0	538.0	240.0	695.0	36.5	16.3	47.2
2021	1420.0	516.0	234.0	670.0	36.3	16.5	47.2

注：2010-2020年年末数据是国家统计局根据第七次全国人口普查数据修订数。2021年是人口抽样调查国家反馈数据（下同）。

a) The data at the end of 2010-2020 is revised by the National Bureau of statistics according to the data of the seventh national census.The data of 2021 are from a nationally representative sample of the population (the same below).

2-9 分城乡就业人数

Number Employed Persons at Year-End in Urban and Rural Areas

单位：万人 (10000 persons)

年 份 Year	合 计 Total	城 镇 Urban Areas	#国有单位 State-owned Units	集体单位 Collective-owned Units	灵活就业 Obtain Employment Flexibly	其他单位 Units of Other Types of Ownership	乡 村 Rural Areas
2010	2102.0	1167.9	332.4	22.0	188.7	105.6	934.1
2011	2066.0	1161.5	333.6	16.1	201.9	116.5	904.5
2012	2039.0	1160.0	335.4	15.3	195.0	120.2	879.0
2013	1997.0	1149.7	291.9	15.8	208.4	159.7	847.3
2014	1946.0	1133.8	277.1	14.7	231.8	159.1	812.2
2015	1825.0	1076.0	267.8	14.1	236.9	151.6	749.0
2016	1776.0	1059.8	263.7	12.2	232.2	149.0	716.2
2017	1699.0	1026.0	254.1	10.6	209.9	148.3	673.0
2018	1635.0	999.3	246.4	9.6	200.3	136.7	635.7
2019	1551.0	959.5	176.9	2.9	180.8	169.8	591.5
2020	1473.0	923.0	156.9	2.3	162.3	157.2	550.0
2021	1420.0	892.0	158.0	2.0	155.4	151.2	528.0

2-10　分地区年末城镇非私营单位就业人数
Number of Employment in Urban Non-Private Units at Year-End by Region

单位：人　　(person)

年份 地区	Year Region	总计 Total	农、林、牧、渔业 Agriculture, Forestry, Animal Husbandry and Fishery	采矿业 Mining	制造业 Manufa-cturing	电力、热力、燃气及水生产和供应业 Production and Supply of Electric, heat, Gas and Water	建筑业 Construction
2013		4674345	798383	323312	653326	181815	369628
2014		4508828	710984	359280	613082	180839	338497
2015		4335151	654595	318638	574066	180621	311202
2016		4248714	667985	279101	519865	176015	284420
2017		4130136	677202	255592	456676	168343	247003
2018		3926560	656214	268514	386097	136521	214861
2019		3495740	407217	234219	301119	144566	174291
2020		3163969	201052	235867	280255	138802	147091
2021		3112025	200199	232212	264423	155736	124794
哈尔滨	Harbin	970962	13272	3340	103010	33855	55677
齐齐哈尔	Qiqihar	255058	10776	8	36097	9629	7314
鸡西	Jixi	132174	1386	32253	6748	6375	5384
鹤岗	Hegang	116197	11242	35066	4166	5011	2781
双鸭山	Shuangyashan	124008	15184	20938	2640	4933	4085
大庆	Daqing	369040	829	108200	53025	16887	25882
伊春	Yichun	113186	35551	648	8721	3025	1604
佳木斯	Jiamusi	180108	32849	32	9745	5298	5538
七台河	Qitaihe	83210	2612	28443	3613	2439	1258
牡丹江	Mudanjiang	177552	21496	75	14148	5964	4178
黑河	Heihe	123128	15387	2147	2759	4352	2167
绥化	Suihua	216534	8030		19278	10173	7862
大兴安岭	Daxinganling	74425	31585	1062	473	2023	1064

注：市(地)数据不包括哈尔滨铁路局和国网黑龙江省电力有限公司相关数据(下同)。
a) City (local city) data do not include relevant data of Harbin Railway Administration and State Gr.d Heilongjiang Electric Power Co., Ltd.(the same below).

2-10 续表1 Continued

单位：人 (person)

年 份 地 区	Year Region	批发和零售业 Wholesale and Retail Trades	交通运输仓储和邮政业 Transport, Storage and Post	住宿和餐饮业 Hotels and Catering Services	信息传输、软件和信息技术服务业 Information Transmission, Software and Information Technology	金融业 Financial Intermediation	房地产业 Real Estate	租赁和商务服务业 Leasing and Business Services
2013		196718	280624	109287	70793	159208	60212	59092
2014		187562	277461	45246	76385	169005	60346	62055
2015		182176	274955	41511	73668	187020	59870	62900
2016		186170	271327	40433	72891	213468	61337	68933
2017		177763	270041	36859	81555	226548	62550	79775
2018		156808	250300	32438	79656	217173	64203	108374
2019		111888	257628	14195	88156	234283	57983	135422
2020		108527	234047	13541	85545	243039	54113	124003
2021		103265	234437	15293	58425	208141	53865	134220
哈尔滨	Harbin	46979	41405	9339	31643	68702	25223	102799
齐齐哈尔	Qiqihar	11823	8499	449	3837	9470	3619	4439
鸡 西	Jixi	4647	4217	308	1872	9558	975	2712
鹤 岗	Hegang	3553	3616	349	1164	6449	519	2448
双鸭山	Shuangyashan	1960	5609	249	1430	6171	2244	1276
大 庆	Daqing	7052	7558	1017	3459	21712	12771	7144
伊 春	Yichun	864	2856	467	1619	3226	1133	683
佳木斯	Jiamusi	6106	7817	831	2536	17862	1054	6447
七台河	Qitaihe	1148	2241	173	1017	6566	737	847
牡丹江	Mudanjiang	5223	5646	432	3259	20743	1621	2804
黑 河	Heihe	3258	5928	422	1844	10890	939	1523
绥 化	Suihua	9951	6930	400	3657	25256	2610	597
大兴安岭	Daxinganling	701	1444	857	1088	1536	420	501

2-10　续表2　Continued

单位：人　　(person)

年　份 地　区	Year Region	科学研究和技术服务业 Scientific Research and Technical Service	水利、环境和公共设施管理业 Management of Water Conservancy, Environment and Public Facilities	居民服务、修理和其他服务业 Services to Households Repair and Other Services	教　育 Education	卫生和社会工作 Health and Social Services	文化、体育和娱乐业 Culture, Sports and Entertainment	公共管理、社会保障和社会组织 Public Management Social Security and Social Organization
2013		111528	104330	46290	450369	223051	45595	430784
2014		115422	101503	42642	453708	225950	40981	447880
2015		111809	108794	43100	442622	223709	39965	443930
2016		111223	111348	39937	430329	229192	39209	445531
2017		106923	109521	39102	417976	231389	38244	447074
2018		91742	103924	42349	409035	229921	35017	443412
2019		86370	67099	28329	396144	249073	28254	479504
2020		55808	65370	12409	398007	264625	24908	476960
2021		59927	68381	15135	399592	264453	23242	496283
哈尔滨	Harbin	35286	19788	11258	141500	87196	11146	129544
齐齐哈尔	Qiqihar	4385	10422	670	43508	32316	1775	56022
鸡　西	Jixi	1187	4338	318	15910	11879	870	21237
鹤　岗	Hegang	595	1050	193	9940	8836	758	18461
双鸭山	Shuangyashan	923	3438	386	14264	10946	760	26572
大　庆	Daqing	5850	1097	155	38796	21913	890	34803
伊　春	Yichun	919	5446	211	9558	7519	681	28455
佳木斯	Jiamusi	1958	4729	248	25588	19189	1191	31090
七台河	Qitaihe	1627	554	110	7234	6707	667	15217
牡丹江	Mudanjiang	2052	3542	550	27396	23587	1747	33089
黑　河	Heihe	1268	6370	356	17966	10139	899	34514
绥　化	Suihua	2446	4709	490	41151	21537	1222	50235
大兴安岭	Daxinganling	1431	2898	190	6781	2689	638	17044

2-11 按行业分年末国有单位就业人数

Number of Employment in State-Owned Units at Year-End by Sector

单位：人 (person)

年 份 Year	总 计 Total	农、林、牧、渔业 Agriculture, Forestry, Animal Husbandry and Fishery	采矿业 Mining	制造业 Manufacturing	电力、热力、燃气及水生产和供应业 Production and Supply of Electric, heat, Gas and Water	建筑业 Construction	批发和零售业 Wholesale and Retail Trades
2013	2919007	790212	11744	70486	89916	96218	53685
2014	2770991	702780	9331	63476	86450	88314	46677
2015	2678459	647035	7789	69258	85612	68363	45404
2016	2636890	660654	7357	56580	81301	63001	43197
2017	2540814	670334	5199	44306	78987	43438	40301
2018	2464248	650035	23386	28965	49661	39066	36741
2019	1768987	374905	9654	9770	34624	12080	11034
2020	1569389	189983	13543	6658	38079	12333	15083
2021	1579516	181912	17310	7576	21289	9175	14302

2-11 续表1 Continued

单位：人 (person)

年 份 Year	交通运输仓储和邮政业 Transport, Storage and Post	住宿和餐饮业 Hotels and Catering Services	信息传输、软件和信息技术服务业 Information Transmission, Software and Information Technology	金融业 Financial Intermediation	房地产业 Real Estate	租赁和商务服务业 Leasing and Business Services	科学研究和技术服务业 Scientific Research and Technical Service
2013	255329	72907	22082	51414	15017	26177	99043
2014	250879	22073	20135	56488	14570	31374	101157
2015	245370	20231	19380	59693	13292	31133	100886
2016	242424	20527	19327	61832	11708	30544	97896
2017	223218	18634	12894	52705	11345	31126	92959
2018	211133	17986	16769	54447	9106	31369	77070
2019	62021	4897	5610	31583	3362	38498	35667
2020	52891	4555	7233	19369	3533	20205	37598
2021	49111	3733	8371	17327	5494	27602	40055

2-11　续表2　Continued

单位：人　(person)

年　份 Year	水利、环境和公共设施管理业 Management of Water Conservancy, Environment and Public Facilities	居民服务、修理和其他服务业 Services to Households Repair and Other Services	教　育 Education	卫生和社会工作 Health and Social Services	文化、体育和娱乐业 Culture, Sports and Entertainment	公共管理、社会保障和社会组织 Public Management Social Security and Social Organization
2013	97903	37582	445445	213996	39741	430110
2014	92670	36379	447551	217401	35943	447343
2015	97350	36998	437422	214746	34957	443540
2016	100762	33485	421810	216171	33112	435202
2017	98509	33298	404402	210674	30998	437487
2018	90943	38022	404386	213593	28431	443339
2019	59258	4900	362915	213435	19394	475380
2020	57419	6322	360241	232486	18603	473253
2021	58721	6360	365671	234276	17693	493536

2-12　按行业分年末城镇集体单位就业人数
Number of Employment in Urban Collective-Owned Units at Year-End by Sector

单位：人　(person)

年　份 Year	总　计 Total	农、林、牧、渔业 Agriculture, Forestry, Animal Husbandry and Fishery	采矿业 Mining	制造业 Manufacturing	电力、热力、燃气及水生产和供应业 Production and Supply of Electric, heat, Gas and Water	建筑业 Construction
2013	158145	1538	13188	46735	829	33110
2014	147269	881	7840	48279	888	32932
2015	141049	767	7643	44383	835	28796
2016	122044	642	7416	36047	751	22304
2017	105883	817	9269	33902	741	16451
2018	95469	531	7460	33156	804	12213
2019	29258	136	5702	5783	215	6540
2020	23035	118	5562	3162	80	4050
2021	20406	107	4117	3035	101	3739

2-12 续表1 Continued

单位：人 (person)

年 份 Year	批发和零售业 Wholesale and Retail Trades	交通运输仓储和邮政业 Transport, Storage and Post	住宿和餐饮业 Hotels and Catering Services	信息传输、软件和信息技术服务业 Information Transmission, Software and Information Technology	金融业 Financial Intermediation	房地产业 Real Estate	租赁和商务服务业 Leasing and Business Services
2013	12578	2147	3521	193	19208	1166	6632
2014	10150	2008	2346	63	19384	929	5160
2015	11671	1569	2143	55	19239	503	7055
2016	11414	1025	2401	43	19159	563	6928
2017	9206	841	2257	40	16778	642	6012
2018	6871	587	1051	64	14662	650	6992
2019	2372	703	141		1865	421	1203
2020	970	621	198	76	1631	212	988
2021	899	621	198	107	1678	170	628

2-12 续表2 Continued

单位：人 (person)

年 份 Year	科学研究和技术服务业 Scientific Research and Technical Service	水利、环境和公共设施管理业 Management of Water Conservancy, Environment and Public Facilities	居民服务、修理和其他服务业 Services to Households Repair and Other Services	教 育 Education	卫生和社会工作 Health and Social Services	文化、体育和娱乐业 Culture, Sports and Entertainment	公共管理、社会保障和社会组织 Public Management Social Security and Social Organization
2013	1677	3493	2863	2483	5928	678	178
2014	1319	3851	2552	2498	5246	665	278
2015	938	4912	2804	1962	5076	602	96
2016	767	3638	2695	433	4983	732	103
2017	506	1554	1859	513	3885	525	85
2018	450	3299	1534	994	3881	197	73
2019	329	46	203	812	2610	3	174
2020	546	116	173	1122	3051	17	343
2021	443	96	134	1061	2984	16	274

2-13　按行业分年末城镇其他单位就业人数
Number of Employment in Urban Other Units at Year-End by Sector

单位：人　(person)

年　份 Year	总　计 Total	农、林、牧、渔业 Agriculture, Forestry, Animal Husbandry and Fishery	采矿业 Mining	制造业 Manufacturing	电力、热力、燃气及水生产和供应业 Production and Supply of Electric, heat, Gas and Water	建筑业 Construction	批发和零售业 Wholesale and Retail Trades
2013	1597193	6633	298380	536105	91070	240300	130455
2014	1590568	7323	342109	501327	93501	217251	130735
2015	1515643	6793	303206	460425	94174	214043	125101
2016	1489780	6689	264328	427238	93963	199115	131559
2017	1483439	6051	241124	378468	88615	187114	128256
2018	1366843	5648	237668	323976	86056	163582	113196
2019	1697495	32176	218863	285566	109727	155671	98482
2020	1571545	10952	216762	270436	100643	130708	92473
2021	1512104	18180	210785	253812	134347	111880	88065

2-13　续表1　Continued

单位：人　(person)

年　份 Year	交通运输仓储和邮政业 Transport, Storage and Post	住宿和餐饮业 Hotels and Catering Services	信息传输、软件和信息技术服务业 Information Transmission, Software and Information Technology	金融业 Financial Intermediation	房地产业 Real Estate	租赁和商务服务业 Leasing and Business Services	科学研究和技术服务业 Scientific Research and Technical Service
2013	23148	32859	48518	88586	44029	26283	10808
2014	24574	20827	56187	93133	44847	25521	12946
2015	28016	19137	54233	108088	46075	24712	9985
2016	27878	17505	53521	132477	49066	31461	12560
2017	45982	15968	68621	157065	50563	42637	13458
2018	38580	13401	62823	148064	54447	70013	14222
2019	194904	9157	82546	200835	54200	95721	50374
2020	180535	8788	78236	222040	50368	102810	17664
2021	184705	11362	49947	189136	48201	105989	19429

2-13 续表2 Continued

单位：人 (person)

年 份 Year	水利、环境和公共设施管理业 Management of Water Conservancy, Environment and Public Facilities	居民服务、修理和其他服务业 Services to Households Repair and Other Services	教 育 Education	卫生和社会工作 Health and Social Services	文化、体育和娱乐业 Culture, Sports and Entertainment	公共管理、社会保障和社会组织 Public Management Social Security and Social Organization
2013	2934	5845	2441	3127	5176	496
2014	4982	3711	3659	3303	4373	259
2015	6532	3298	3238	3887	4406	294
2016	6948	3757	8086	8038	5365	10226
2017	9458	3945	13061	16830	6721	9502
2018	9682	2793	3656	12647	6389	
2019	7795	23226	32417	33028	8857	3950
2020	7835	5914	36644	29088	6288	3364
2021	9564	8641	32861	27193	5533	2473

2-14　按行业分年末女性就业人员(2021年，城镇非私营单位)

Number of Female Employed Persons at Year-End by Sector (2021，Excluding Private)

单位：人、%　　(person, %)

行　业	Sector	单位女性就业人员 Number of Female Employed Persons	占单位就业人员比重 Proportion of Female Employed Persons to Total
总　计	**Total**	**1229093**	**39.5**
农、林、牧、渔业	Agriculture, Forestry, Animal Husbandry and Fishery	55770	27.9
采矿业	Mining	50077	21.6
制造业	Manufacturing	77599	29.3
电力、热力、燃气及水生产和供应业	Production and Supply of Electric, Heat, Gas and Water	33742	21.7
建筑业	Construction	26880	21.5
批发和零售业	Wholesale and Retail Trade	50795	49.2
交通运输、仓储及邮政业	Transport, Storage and Post	45896	19.6
住宿和餐饮业	Hotels and Catering Services	9171	60.0
信息传输、软件和信息技术服务业	Information Transmission, Software and Information Technology	24436	41.8
金融业	Financial Intermediation	122757	59.0
房地产业	Real Estate	21908	40.7
租赁和商务服务业	Leasing and Business Services	47438	35.3
科学研究和技术服务业	Scientific Research and Technical Services	20454	34.1
水利、环境和公共设施管理业	Management of Water Conservancy, Environment and Public Facilities	20243	29.6
居民服务、修理和其他服务业	Services to Households, Repair and Other Services	6876	45.4
教　育	Education	250480	62.7
卫生、社会工作	Health and Social Service	180893	68.4
文化、体育和娱乐业	Culture, Sports and Entertainment	10458	45.0
公共管理、社会保障和社会组织	Public Management, Social Securities and Social Organization	173222	34.9
国际组织	International Organizations		

2-15 按行业分城镇非私营单位就业人员工资总额
Total Wage of Employed Persons in Urban Non-Private Units by Sector

单位：亿元、千元 (100 million yuan, 1000 yuan)

年份 Year / 地区 Region		总计 Total	农、林、牧、渔业 Agriculture, Forestry, Animal Husbandry and Fishery	采矿业 Mining	制造业 Manufacturing	电力、热力、燃气及水生产和供应业 Production and Supply of Electric, heat, Gas and Water	建筑业 Construction	批发和零售业 Wholesale and Retail Trades
2013		1944.5	188.4	185.1	262.3	99.5	180.3	74.0
2014		2033.1	186.0	200.5	266.4	105.6	167.3	75.8
2015		2164.2	187.2	185.7	265.8	113.8	143.6	80.2
2016		2251.4	190.5	174.1	261.3	114.8	132.9	88.8
2017		2368.6	227.1	179.6	255.0	115.2	118.7	89.3
2018		2421.4	215.5	215.3	246.8	100.0	114.6	81.7
2019		2421.2	136.6	214.1	210.0	116.0	100.6	67.4
2020		2372.0	71.2	216.6	213.1	121.2	87.4	68.6
2021		2530.3	83.9	231.7	219.0	144.9	82.7	81.2
哈尔滨	Harbin	87800480	764878	336435	8932444	2990865	3978664	3902297
齐齐哈尔	Qiqihar	19126326	425685	328	2793787	711695	432303	1477120
鸡西	Jixi	9188655	70986	2200215	363177	371948	295875	326685
鹤岗	Hegang	7665499	470181	2251996	263701	329040	142274	176532
双鸭山	Shuangyashan	8301328	656507	1865955	149109	351411	164627	127695
大庆	Daqing	38175056	45819	14294809	6024124	1863291	2129928	497779
伊春	Yichun	6426410	1163603	49713	525785	168366	67444	68798
佳木斯	Jiamusi	11720910	1573371	1139	563097	368699	268020	328227
七台河	Qitaihe	5425997	109896	1886127	182419	227726	63044	81280
牡丹江	Mudanjiang	11962879	752903	3271	937836	479101	211947	393724
黑河	Heihe	8199711	641411	216929	126960	291506	98205	178881
绥化	Suihua	13558955	218273		1022325	699154	362436	505330
大兴安岭	Daxinganling	4858594	1493539	66886	19871	73414	56188	55651

2-15　续表1　Continued

单位：亿元、千元　(100 million yuan, 1000 yuan)

年份 地区	Year Region	交通运输仓储和邮政业 Transport, Storage and Post	住宿和餐饮业 Hotels and Catering Services	信息传输、软件和信息技术服务业 Information Transmission, Software and Information Technology	金融业 Financial Intermediation	房地产业 Real Estate	租赁和商务服务业 Leasing and Business Services	科学研究和技术服务业 Scientific Research and Technical Service
2013		140.0	46.7	39.2	89.3	22.7	23.6	67.7
2014		157.8	17.8	45.3	97.0	24.7	24.4	72.2
2015		162.4	17.6	47.8	116.4	27.1	27.7	73.8
2016		172.4	18.1	44.2	132.2	28.1	33.1	74.9
2017		187.0	18.1	52.9	150.4	29.0	41.8	78.5
2018		189.3	16.4	51.5	144.5	32.4	59.8	76.4
2019		216.5	5.8	63.1	168.7	29.9	88.1	82.4
2020		209.8	5.3	69.5	168.8	28.1	100.4	50.7
2021		220.9	6.4	55.0	174.4	28.9	120.1	58.2
哈尔滨	Harbin	3082566	419022	3238402	7585643	1684845	10576052	3464715
齐齐哈尔	Qiqihar	563216	18995	326570	984273	174806	169338	325187
鸡西	Jixi	247061	10249	155144	860191	50329	83749	72939
鹤岗	Hegang	211292	11699	96446	536134	19996	126422	37871
双鸭山	Shuangyashan	290530	8175	123275	569920	62547	39023	64644
大庆	Daqing	675627	41800	335918	1552936	531684	361318	966961
伊春	Yichun	151701	18535	129453	369626	37022	37493	70241
佳木斯	Jiamusi	450895	31174	246342	1222011	50815	326217	134582
七台河	Qitaihe	124057	5839	82962	328975	23895	23029	86029
牡丹江	Mudanjiang	362197	16063	250137	1276582	88948	130295	174053
黑河	Heihe	325480	16496	149574	687802	45347	63734	91362
绥化	Suihua	449289	12198	265344	1292274	102040	31382	177761
大兴安岭	Daxinganling	99905	30308	98563	177846	22104	43942	149513

2-15 续表2 Continued

单位：亿元、千元 (100 million yuan,1000 yuan)

年份 地区	Year Region	水利、环境和公共设施管理业 Management of Water Conservancy, Environment and Public Facilities	居民服务、修理和其他服务业 Services to Households Repair and Other Services	教育 Education	卫生和社会工作 Health and Social Services	文化、体育和娱乐业 Culture, Sports and Entertainment	公共管理、社会保障和社会组织 Public Management Social Security and Social Organization
2013		27.3	23.1	194.5	95.4	17.8	167.5
2014		28.9	23.0	223.7	106.7	17.6	192.4
2015		35.8	22.6	277.4	124.3	20.2	234.3
2016		38.8	23.4	294.3	142.0	21.7	265.8
2017		39.2	23.4	303.7	154.1	22.5	283.1
2018		40.1	25.8	318.3	164.7	21.7	306.6
2019		27.4	19.2	333.4	182.4	18.0	341.6
2020		28.0	5.3	338.3	202.0	16.1	371.6
2021		29.7	6.2	370.5	224.4	16.8	375.1
哈尔滨	Harbin	999590	419722	14674397	9041939	904005	10804000
齐齐哈尔	Qiqihar	423141	33140	3753714	2294380	109134	4109516
鸡西	Jixi	140340	17778	1341483	957044	54906	1568554
鹤岗	Hegang	60586	8296	827070	741029	52262	1302671
双鸭山	Shuangyashan	143917	23262	1095604	806711	58421	1699993
大庆	Daqing	45981	10291	3719486	2253533	76775	2746995
伊春	Yichun	218623	11358	748400	540636	42097	2007516
佳木斯	Jiamusi	190353	13139	2252116	1428893	82033	2189790
七台河	Qitaihe	49007	6277	567129	513528	45709	1019067
牡丹江	Mudanjiang	149177	31234	2352962	1725826	72132	2554489
黑河	Heihe	199701	16231	1672674	648843	62538	2666039
绥化	Suihua	202752	25917	3493758	1289385	79350	3329987
大兴安岭	Daxinganling	151007	8053	553921	200704	44135	1513046

2-16 分地区城镇非私营单位就业人员平均工资
Average Wage of Employed Persons in Urban Non-Private Units by Region

单位：元 (yuan)

年份 地区	Year Region	总计 Total	农、林、牧、渔业 Agriculture, Forestry, Animal Husbandry and Fishery	采矿业 Mining	制造业 Manufa-cturing	电力、热力、燃气及水生产和供应业 Production and Supply of Electric, heat, Gas and Water	建筑业 Construction
2013		40794	23793	58079	39668	54355	36581
2014		44036	25816	56472	43254	58221	37389
2015		48881	28556	54707	45447	62714	37948
2016		52435	28782	59875	49775	64919	39922
2017		56067	30638	68926	55497	68215	42200
2018		60780	30926	79255	62891	72319	48414
2019		68416	31754	90004	69173	80297	52767
2020		74554	36523	91342	75263	86997	52585
2021		80369	40996	98793	81878	92695	62166
哈尔滨	Harbin	89587	60494	99771	84570	88522	70026
齐齐哈尔	Qiqihar	74362	40274	41287	78178	73519	40025
鸡西	Jixi	68716	52283	67401	54064	58630	51553
鹤岗	Hegang	65985	41910	65176	60406	64965	46323
双鸭山	Shuangyashan	66798	43668	87421	59341	72742	39563
大庆	Daqing	101289	57028	126436	112381	108533	80194
伊春	Yichun	56718	32477	82213	60884	59346	41079
佳木斯	Jiamusi	60098	34873	35845	57530	69730	48930
七台河	Qitaihe	65675	42740	73591	53464	93852	47528
牡丹江	Mudanjiang	67641	41930	43528	64996	79433	46256
黑河	Heihe	68513	46821	99857	45421	67269	41856
绥化	Suihua	61577	32275		52644	69260	38423
大兴安岭	Daxinganling	66526	48152	62259	40627	55456	51515

2-16 续表1 Continued

单位：元 (yuan)

年份 地区	Year Region	批发和零售业 Wholesale and Retail Trades	交通运输仓储和邮政业 Transport, Storage and Post	住宿和餐饮业 Hotels and Catering Services	信息传输、软件和信息技术服务业 Information Transmission, Software and Information Technology	金融业 Financial Intermediation	房地产业 Real Estate	租赁和商务服务业 Leasing and Business Services
2013		38346	50817	43308	55780	57385	36849	38722
2014		41480	56406	39387	59055	58112	40002	39918
2015		44654	58601	42095	64003	65140	44447	44945
2016		48576	62977	44807	62707	64737	45376	48066
2017		50907	68747	48778	65370	66790	46693	56493
2018		52525	74935	50404	64022	66942	48982	67108
2019		60286	83090	40192	71471	69860	51173	70901
2020		63050	88628	39837	80673	68288	51387	84975
2021		77983	93288	41197	93945	74150	53953	92982
哈尔滨	Harbin	81535	74502	43823	102053	91978	67853	108849
齐齐哈尔	Qiqihar	128478	64607	43230	84092	103326	46539	39271
鸡西	Jixi	69413	60355	34235	82896	84335	51435	30418
鹤岗	Hegang	51208	60069	35538	81956	80835	40165	52000
双鸭山	Shuangyashan	65132	51712	35469	83955	85889	27771	29559
大庆	Daqing	69788	81842	40548	100129	66346	41413	54088
伊春	Yichun	78555	53457	40975	80949	113608	33337	54083
佳木斯	Jiamusi	54764	57304	36501	97019	59577	50319	42755
七台河	Qitaihe	69563	55366	33699	81443	39291	31547	27585
牡丹江	Mudanjiang	74685	63808	36948	76280	55763	55095	46668
黑河	Heihe	54317	55219	35293	81632	61400	48003	42737
绥化	Suihua	49482	64072	32801	72353	45174	38712	52245
大兴安岭	Daxinganling	78915	68246	33531	89476	115211	52675	90512

2-16　续表2　Continued

单位：元　(yuan)

年　份 地　区	Year Region	科学研究和技术服务业 Scientific Research and Technical Service	水利、环境和公共设施管理业 Management of Water Conservancy, Environment and Public Facilities	居民服务、修理和其他服务业 Services to Households Repair and Other Services	教　育 Education	卫生和社会工作 Health and Social Services	文化、体育和娱乐业 Culture, Sports and Entertainment	公共管理、社会保障和社会组织 Public Management Social Security and Social Organization
2013		60617	26855	49320	43379	43194	39726	39335
2014		62073	28993	52333	49503	47659	43083	43143
2015		66168	32980	50275	62673	55776	50931	53007
2016		68514	35519	55411	68283	62122	55056	59837
2017		73978	36282	58569	72656	66627	58391	63684
2018		82607	38571	60090	77787	71719	62263	69260
2019		94140	41454	65339	84227	73454	63598	71516
2020		90288	43365	45351	85176	76562	64342	77808
2021		97529	43908	41953	92853	85042	71787	76461
哈尔滨	Harbin	99129	51612	37976	104143	104418	79283	84046
齐齐哈尔	Qiqihar	74131	40783	51743	87108	70464	61266	74122
鸡　西	Jixi	61123	32349	55911	83911	80722	62534	73147
鹤　岗	Hegang	64202	58162	42527	84042	82071	60772	71154
双鸭山	Shuangyashan	69019	40998	60305	76558	73785	75884	65237
大　庆	Daqing	167337	38465	64520	95427	103629	86942	80184
伊　春	Yichun	76335	40125	54495	77312	71146	61262	70713
佳木斯	Jiamusi	68831	40554	52974	88484	74237	67816	72717
七台河	Qitaihe	52785	48190	56553	78124	76441	68441	66676
牡丹江	Mudanjiang	81828	42589	57800	85091	73968	46398	77141
黑　河	Heihe	72022	37087	45572	94055	63432	69766	80083
绥　化	Suihua	71956	43448	52397	84699	60292	64692	66752
大兴安岭	Daxinganling	104988	47266	44563	80824	75229	69574	91926

2-17 城镇非私营单位就业人员平均工资(2021年)

Average Wage of Employed Persons in Urban Non-Private Units (2021)

单位：元 (yuan)

项 目	Item	全部单位 Total	国有单位 State-owned Units	集体单位 Urban Collective-owned Units	其他单位 Others
总 计	**Total**	**80369**	**77455**	**68118**	**83476**
按执行会计标准类别分组	**Group by Implementation Accounting Standard Category**				
企业	Enterprises	79646	61637	68774	84068
政府	Government	81947	82151	67023	75063
民间非营利组织	Non-Governmental Non-profit Organizations	54279	85630	39931	48321
其他	Other	91020	60317	35429	96174
按行业分组	**Grouped by Sector**				
农、林、牧、渔业	Agriculture, Forestry, Animal Husbandry and Fishery	40996	40628	42757	43562
采矿业	Mining	98793	95553	58265	99750
制造业	Manufacturing	81878	72169	93197	82031
电力、热力、燃气及水生产和供应业	Production and Supply of Electric, Heat, Gas and Water	92695	55811	62985	98290
建筑业	Construction	62166	55937	66849	62722
批发和零售业	Wholesale and Retail Trade	77983	115777	37310	72259
交通运输、仓储及邮政业	Transport, Storage and Post	93288	70878	54327	99307
住宿和餐饮业	Hotels and Catering Services	41197	47386	42755	39095
信息传输、软件和信息技术服务业	Information Transmission, Software and IT Services	93945	96272	125306	93485
金融业	Financial Intermediation	74150	127443	94311	69696
房地产业	Real Estate	53953	49278	40185	54480
租赁和商务服务业	Leasing and Business Services	92982	55583	41978	102891
科学研究和技术服务业	Scientific Research and Technical Services	97529	88171	64505	117757
水利、环境和公共设施管理业	Management of Water Conservancy, Environment and Public Facilities	43908	44159	61598	42186
居民服务、修理和其他服务业	Services to Households, Repair and Other Services	41953	54007	41345	32959
教 育	Education	92853	95365	78142	64838
卫生、社会工作	Health and Social Services	85042	87159	59291	69608
文化、体育和娱乐业	Culture, Sports and Entertainment	71787	73786	68938	65322
公共管理、社会保障和社会组织	Public Management, Social Security and Social Organization	76461	76475	62735	75185
国际组织	International Organizations				

2-18　按行业分国有单位就业人员平均工资
Average Wage of Employed Persons in State-Owned Units by Sector

单位：元　　(yuan)

年　份 Year	总　计 Total	农、林、牧、渔业 Agriculture, Forestry, Animal Husbandry and Fishery	采矿业 Mining	制造业 Manufa-cturing	电力、热力、燃气及水生产和供应业 Production and Supply of Electric, heat, Gas and Water	建筑业 Construction	批发和零售业 Wholesale and Retail Trades
2013	39072	23868	40007	43876	47990	38573	44178
2014	42794	25862	45310	51557	50904	38150	50711
2015	49307	28627	45471	48958	54168	39947	55589
2016	52847	28825	46392	52532	56360	40762	57455
2017	55789	30685	47000	56784	57585	54943	65150
2018	59716	30985	77097	54715	57828	66449	70743
2019	64184	32181	71412	41577	58274	50717	101961
2020	73622	35760	87380	66680	75543	53066	103827
2021	77455	40628	95553	72169	55811	55937	115777

2-18 续表1 Continued

单位：元 (yuan)

年份 Year	交通运输仓储和邮政业 Transport, Storage and Post	住宿和餐饮业 Hotels and Catering Services	信息传输、软件和信息技术服务业 Information Transmission, Software and Information Technology	金融业 Financial Intermediation	房地产业 Real Estate	租赁和商务服务业 Leasing and Business Services	科学研究和技术服务业 Scientific Research and Technical Service
2013	51796	47305	54993	65784	36493	37095	61761
2014	57840	44781	57864	67957	40097	36521	63643
2015	60376	47820	63774	74356	47055	40818	67252
2016	64415	49893	65312	75790	49742	42938	69908
2017	71718	55309	68314	84871	52507	42796	74929
2018	78963	56154	67973	74878	49810	47565	83945
2019	63683	43794	79570	102551	47718	40995	79147
2020	66063	42818	83872	119745	50785	49788	85695
2021	70878	47386	96272	127443	49278	55583	88171

2-18 续表2 Continued

单位：元 (yuan)

年份 Year	水利、环境和公共设施管理业 Management of Water Conservancy, Environment and Public Facilities	居民服务、修理和其他服务业 Services to Households Repair and Other Services	教育 Education	卫生和社会工作 Health and Social Services	文化、体育和娱乐业 Culture, Sports and Entertainment	公共管理、社会保障和社会组织 Public Management Social Security and Social Organization
2013	26760	51217	43377	43489	39770	39364
2014	28936	53433	49462	48034	43258	43156
2015	33136	50351	62739	56328	51335	53018
2016	35422	56271	68269	62483	55653	60761
2017	35793	59070	72783	67240	58583	64490
2018	38145	60598	78075	72249	64347	69261
2019	41625	52060	85716	74530	66359	71651
2020	43851	54786	87465	78433	67439	77901
2021	44159	54007	95365	87159	73786	76475

2-19　按行业分城镇集体单位就业人员平均工资
Average Wage of Employed Persons in Urban Collective-Owned Units by Sector

单位：元　(yuan)

年　份 Year	总　计 Total	农、林、牧、渔业 Agriculture, Forestry, Animal Husbandry and Fishery	采矿业 Mining	制造业 Manufa-cturing	电力、热力、燃气及水生产和供应业 Production and Supply of Electric, heat, Gas and Water	建筑业 Construction
2013	35819	15662	37757	36004	54607	31823
2014	37740	23913	46419	36207	45483	34562
2015	39063	21659	44709	33319	54664	36615
2016	41618	27715	44700	34592	56491	34492
2017	45814	35120	48670	36516	57243	37422
2018	51838	25766	58446	47439	58825	46713
2019	63906	51783	78826	73169	75628	53750
2020	66859	54426	76062	83248	51154	61517
2021	68118	42757	58265	93197	62985	66849

2-19　续表1　Continued

单位：元　(yuan)

年　份 Year	批发和零售业 Wholesale and Retail Trades	交通运输仓储和邮政业 Transport, Storage and Post	住宿和餐饮业 Hotels and Catering Services	信息传输、软件和信息技术服务业 Information Transmission, Software and Information Technology	金融业 Financial Intermediation	房地产业 Real Estate	租赁和商务服务业 Leasing and Business Services
2013	26732	29559	43635	25804	49174	26971	35845
2014	26941	31064	44848	31175	52725	25945	37392
2015	33247	31845	46459	35702	53758	31321	41013
2016	37111	42310	52458	36860	60736	27125	43072
2017	34067	45467	57890	39000	70941	28726	56523
2018	30893	42482	55508	30688	69402	29256	59058
2019	33662	62130	38450		90442	27399	50299
2020	32495	43160	37224	163329	89795	40032	42427
2021	37310	54327	42755	125306	94311	40185	41978

2-19 续表2 Continued

单位：元 (yuan)

年 份 Year	科学研究和技术服务业 Scientific Research and Technical Service	水利、环境和公共设施管理业 Management of Water Conservancy, Environment and Public Facilities	居民服务、修理和其他服务业 Services to Households Repair and Other Services	教 育 Education	卫生和社会工作 Health and Social Services	文化、体育和娱乐业 Culture, Sports and Entertainment	公共管理、社会保障和社会组织 Public Management Social Security and Social Organization
2013	42813	22201	45573	39942	35905	40800	31017
2014	42978	24479	49224	45846	40067	48922	29081
2015	54220	25898	60850	48668	47047	53138	55031
2016	60736	32110	59834	54727	51980	57845	60221
2017	56851	39258	59900	60817	54327	61126	66800
2018	62498	38762	58554	70617	60184	36929	66905
2019	54602	55064	32980	71447	63644	87333	51230
2020	59350	61022	33977	72913	55027	76118	57915
2021	64505	61598	41345	78142	59291	68938	62735

2-20 按行业分城镇其他单位就业人员平均工资
Average Wage of Employed Persons in Urban Other Units by Sector

单位：元 (yuan)

年 份 Year	总 计 Total	农、林、牧、渔业 Agriculture, Forestry, Animal Husbandry and Fishery	采矿业 Mining	制造业 Manufacturing	电力、热力、燃气及水生产和供应业 Production and Supply of Electric, heat, Gas and Water	建筑业 Construction	批发和零售业 Wholesale and Retail Trades
2013	44381	16803	59698	39437	60556	36564	37067
2014	46776	21506	56996	42868	65089	37677	39436
2015	49062	22666	55165	46098	64742	37512	41944
2016	52621	24688	60649	50668	72349	40313	46734
2017	57290	24402	70110	57038	77753	39869	47833
2018	63332	24231	80087	65164	80906	44463	48251
2019	72922	25340	91095	70040	87178	52888	56207
2020	75583	49260	91987	75364	91395	52252	56806
2021	83476	43562	99750	82031	98290	62722	72259

2-20　续表1　Continued

单位：元　(yuan)

年　份 Year	交通运输仓储和邮政业 Transport, Storage and Post	住宿和餐饮业 Hotels and Catering Services	信息传输、软件和信息技术服务业 Information Transmission, Software and Information Technology	金融业 Financial Intermediation	房地产业 Real Estate	租赁和商务服务业 Leasing and Business Services	科学研究和技术服务业 Scientific Research and Technical Service
2013	41889	34712	56212	54187	37244	41317	52606
2014	43606	32995	59511	53138	40257	44550	51601
2015	44547	35257	64114	61960	43860	51135	56157
2016	51342	37813	61742	60122	44549	53730	58216
2017	54413	39673	64829	60103	45605	67049	68049
2018	53419	42097	63033	63541	49072	79106	75792
2019	89233	38272	70915	64656	51576	84450	104836
2020	95340	38311	80300	63684	51475	91921	100960
2021	99307	39095	93485	69696	54480	102891	117757

2-20　续表2　Continued

单位：元　(yuan)

年　份 Year	水利、环境和公共设施管理业 Management of Water Conservancy, Environment and Public Facilities	居民服务、修理和其他服务业 Services to Households Repair and Other Services	教　育 Education	卫生和社会工作 Health and Social Services	文化、体育和娱乐业 Culture, Sports and Entertainment	公共管理、社会保障和社会组织 Public Management Social Security and Social Organization
2013	35497	38036	47305	35799	39255	17491
2014	33216	44065	57563	35322	40831	35726
2015	36261	42001	62165	36444	47216	35571
2016	39018	45051	69990	58632	51070	21320
2017	40979	53650	69185	61836	57300	26307
2018	42633	54031	46975	66216	53261	
2019	40099	68498	67799	67251	57385	56336
2020	39631	35450	62482	63818	54919	66798
2021	42186	32959	64838	69608	65322	75185

2-21　按行业分城镇私营单位就业人员平均工资
Average Wage of Employed Persons in Urban Private Units by Sector

单位：元　　　　(yuan)

年份 Year	总计 Total	农、林、牧、渔业 Agriculture, Forestry, Animal Husbandry and Fishery	采矿业 Mining	制造业 Manufa-cturing	电力、热力、燃气及水生产和供应业 Production and Supply of Electric, heat, Gas and Water	建筑业 Construction
2014	26960	22241	27071	26571	27860	30191
2015	28586	25011	31468	27966	29179	32129
2016	30533	26367	32478	29592	32277	34021
2017	32422	28196	34577	31469	34590	34447
2018	34801	30123	38716	34405	32493	34426
2019	36674	32354	39311	37581	36226	33595
2020	38685	32494	48006	41348	39089	35463
2021	42071	35050	59662	47539	41750	38863

2-21　续表1　Continued

单位：元　　　　(yuan)

年份 Year	批发和零售业 Wholesale and Retail Trades	交通运输仓储和邮政业 Transport, Storage and Post	住宿和餐饮业 Hotels and Catering Services	信息传输、软件和信息技术服务业 Information Transmission, Software and Information Technology	金融业 Financial Intermediation	房地产业 Real Estate	租赁和商务服务业 Leasing and Business Services
2014	26648	27677	24030	28065	31235	28268	23625
2015	27481	30996	25377	31261	32638	31287	26644
2016	28874	35454	27556	34172	34216	35178	30494
2017	30821	36994	27875	37286	36555	37102	32501
2018	31793	40120	31009	40903	43467	36683	39310
2019	33620	43740	33176	45348	41225	36751	36813
2020	35848	43075	34027	47617	47414	37050	38780
2021	40132	46168	36849	53156	33883	34635	41683

2-21 续表2 Continued

单位：元 (yuan)

年 份 Year	科学研究和技术服务业 Scientific Research and Technical Service	水利、环境和公共设施管理业 Management of Water Conservancy, Environment and Public Facilities	居民服务、修理和其他服务业 Services to Households Repair and Other Services	教 育 Education	卫生和社会工作 Health and Social Services	文化、体育和娱乐业 Culture, Sports and Entertainment	公共管理、社会保障和社会组织 Public Management Social Security and Social Organization
2014	31204	22651	21346	27379	23488	23344	
2015	33246	26537	24661	28264	26033	23913	
2016	34537	29730	28193	29425	28830	25032	
2017	38214	30315	30725	31382	33421	26825	
2018	43348	30526	30471	32520	36565	29379	
2019	44782	34459	32010	35856	36274	33856	
2020	47070	32883	30241	32701	37626	35035	
2021	47608	27737	31607	33393	47693	41714	

2-22 分地区城镇私营单位就业人员平均工资
Average Wage of Employed Persons in Urban Private Units by Region

单位：元 (yuan)

地 区	Region	2015	2016	2017	2018	2019	2020	2021
总 计	**Total**	**28586**	**30533**	**32422**	**34801**	**36674**	**38685**	**42071**
哈尔滨	Harbin	30155	32448	34961	39327	42785	43718	46575
齐齐哈尔	Qiqihar	27518	29650	30975	32126	34272	35038	39275
鸡 西	Jixi	25625	26608	27639	28973	28363	30042	35850
鹤 岗	Hegang	25619	29524	32993	31639	32700	35596	39720
双鸭山	Shuangyashan	25849	28124	29296	32849	35469	37477	40179
大 庆	Daqing	29016	30717	32321	34423	36682	39371	43881
伊 春	Yichun	22865	23188	23838	26390	29930	30272	35478
佳木斯	Jiamusi	27089	28765	29622	31740	32808	36250	39188
七台河	Qitaihe	23035	23610	24234	28302	32285	36013	39831
牡丹江	Mudanjiang	25915	26223	27518	28617	30074	32214	37419
黑 河	Heihe	28547	34644	34742	32236	33992	37564	40630
绥 化	Suihua	26101	29067	30676	34978	35867	36723	39909
大兴安岭	Daxinganling	27211	27896	28523	29097	29896	33894	38165

主要统计指标解释

人口数 指一定时点、一定地区范围内有生命的个人总和。

年度统计的年末人口数指每年 12 月 31 日 24 时的人口数。年度统计的全国人口总数内未包括香港、澳门特别行政区和台湾省以及海外华侨人数。

城镇人口和乡村人口 城镇人口是指居住在城镇范围内的全部常住人口；乡村人口是除上述人口以外的全部人口。

出生率(又称粗出生率) 指在一定时期内(通常为一年)一定地区的出生人数与同期内平均人数(或期中人数)之比，用千分率表示。本资料中的出生率指年出生率，其计算公式为:

$$出生率=\frac{年出生人数}{年平均人数}\times 1000‰$$

式中：出生人数指活产婴儿，即胎儿脱离母体时(不管怀孕月数)，有过呼吸或其他生命现象。年平均人数指年初、年底人口数的平均数，也可用年中人口数代替。

死亡率(又称粗死亡率) 指在一定时期内(通常为一年)一定地区的死亡人数与同期内平均人数(或期中人数)之比，用千分率表示。本资料中的死亡率指年死亡率，其计算公式为:

$$死亡率=\frac{年死亡人数}{年平均人数}\times 1000‰$$

人口自然增长率 指在一定时期内(通常为一年)人口自然增加数(出生人数减死亡人数)与该时期内平均人数(或期中人数)之比，用千分率表示。计算公式为:

$$人口自然增长率=\frac{本年出生人数-本年死亡人数}{年平均人数}\times 1000‰$$

$$=人口出生率-人口死亡率$$

总抚养比 也称总负担系数。指人口总体中非劳动年龄人口数与劳动年龄人口数之比。通常用百分比表示。说明每 100 名劳动年龄人口大致要负担多少名非劳动年龄人口。用于从人口角度反映人口与经济发展的基本关系。计算公式为:

$$GDR=\frac{P_{0\sim14}+P_{65^+}}{P_{15\sim64}}\times 100\%$$

其中：*GDR* 为总抚养比;

$P_{0\sim14}$ 为 0 ~ 14 岁少年儿童人口数;

P_{65^+} 为 65 岁及 65 岁以上的老年人口数;

$P_{15\sim64}$ 为 15 ~ 64 岁劳动年龄人口数。

老年人口抚养比 也称老年人口抚养系数。指某一人口中老年人口数与劳动年龄人口数之比。通常用百分比表示。用以表明每 100 名劳动年龄人口要负担多少名老年人。老年人口抚养比是从经济角度反映人口老化社会后果的指标之一。计算公式为:

$$EDR=\frac{P_{65^+}}{P_{15\sim64}}\times 100\%$$

其中：*EDR* 为老年人口抚养比;

P_{65^+} 为 65 岁及 65 岁以上的老年人口数;

$P_{15\sim64}$ 为 15 ~ 64 岁的劳动年龄人口数。

少年儿童抚养比 也称少年儿童抚养系数。指某一人口中少年儿童人口数与劳动年龄人口数之比。通常用百分比表示。以反映每 100 名劳动年龄人口要负担多少名少年儿童。计算公式为:

$$CDR=\frac{P_{0\sim14}}{P_{15\sim64}}\times 100\%$$

其中：*CDR* 为少年儿童抚养比;

$P_{0\sim14}$ 为 0 ~ 14 岁少年儿童人口数;

$P_{15\sim64}$ 为 15 ~ 64 岁劳动年龄人口数。

劳动力 指在 16 周岁及以上，有劳动能力，参加或要求参加社会经济活动的人口。包括就业人员和失业人员。

就业人员 指年满十六周岁，为取得报酬或经营利润，在调查周内从事了 1 小时（含 1 小时）以上劳动的人员；或由于在职学习、休假等原因在调查周内暂时未工作的人员；或由于停工、单位不景气等原因临时未工作的人员。

单位就业人员 指报告期末最后一日 24 时在本单位中工作，并取得工资或其他形式劳动报酬的人员数。该指标为时点指标，不包括最后一日当天及以前已经与单位解除劳动合同关系的人员，是在岗职工、劳务派遣人员及其他就业人员之和。就业人员不包括:

(1)离开本单位仍保留劳动关系，并定期领取生活费的人员;

(2)在本单位实习的各类在校学生;

(3)本单位因劳务外包而使用的人员。如:建筑业整建制使用的人员。

城镇私营和个体就业人员 城镇私营就业人员指在工商管理部门注册登记，其经营地址设在县城关镇(含县城关镇)以上的私营企业就业人员，包括私营企业投资者和雇工。城镇个体就业人员指在工商管理部门注册登记，并持有城镇户口或在城镇长期居住，经批准从事个体工商经营的就业人员，包括个体经营者和在个体工商户劳动的家庭帮工和雇工。

在岗职工 指在本单位工作且与本单位签订劳动合同，并由单位支付各项工资和社会保险、住房公积金的人员，以及上述人员中由于学习、病伤、产假等原因暂未工作仍由单位支付工资的人员。在岗职工还包括:

(1)应订立劳动合同而未订立劳动合同人员(如使用的农村户籍人员);

(2)处于试用期人员;

(3)编制外招用的人员;

(4)派往外单位工作，但工资仍由本单位发放的人员(如挂职锻炼、外派工作等情况)。

工资总额　指根据《关于工资总额组成的规定》(1990 年 1 月 1 日国家统计局发布的一号令)进行修订，在报告期内(季度或年度)直接支付给本单位全部就业人员的劳动报酬总额。包括计时工资、计件工资、奖金、津贴和补贴、加班加点工资、特殊情况下支付的工资，是在岗职工工资总额、劳务派遣人员工资总额和其他就业人员工资总额之和。

工资总额是税前工资，包括单位从个人工资中直接为其代扣或代缴的房费、水费、电费、住房公积金和社会保险基金个人缴纳部分等。

工资总额不论是计入成本的还是不计入成本的，不论是以货币形式支付的还是以实物形式支付的，均应列入工资总额的计算范围。

平均工资　指单位就业人员在一定时期内平均每人所得的工资额。它表明一定时期工资收入的高低程度，是反映就业人员工资水平的主要指标。计算公式为:

$$\text{平均工资}=\frac{\text{报告期就业人员工资总额}}{\text{报告期就业人员平均人数}}$$

城镇登记失业人员　劳动年龄（年满 16 周岁（含）至依法享受基本养老保险待遇）内，有劳动能力，有就业要求，处于无业状态，并在公共就业和人才服务机构进行失业登记的城镇常住人员。

城镇登记失业率　城镇登记失业人员与城镇单位就业人员(扣除使用的农村劳动力、聘用的离退休人员、港澳台及外方人员)、城镇单位中的不在岗职工、城镇私营业主、个体户主、城镇私营企业和个体就业人员、城镇登记失业人员之和的比。

Explanatory Notes on Main Statistical Indicators

Total Population refers to the total number of people alive at a certain point of time within a given area.

The annual statistics on total population is taken at midnight, the 3lst of December, not including residents in Taiwan province, Hong Kong SAR and Macao SAR and Chinese national residing abroad.

Urban Population and Rural Population Urban population refers to all people residing in cities and towns, while rural population refers to population other than urban population.

Birth Rate (or Crude Birth Rate) refers to the ratio of the number of births to the average population (or mid-period population) during a certain period of time (usually a year), expressed in ‰. Birth rate in the chapter refers to annual birth rate. The following formula is used:

$$\text{Birth Rate} = \frac{\text{Number of Births}}{\text{Annual Average Population}} \times 1000‰$$

Number of births in the formula refers to live births, i.e. when a baby has breathed or showed any vital phenomena regardless of the length of pregnancy.

Annual average population is the average of the number of population at the beginning of the year and that at the end of the year. Sometimes it is substituted by the mid-year population.

Death Rate (or Crude Death Rate) refers to the ratio of the number of deaths to the average population (or mid-period population) during a certain period of time (usually a year), expressed in ‰. Death rate in the chapter refers to annual death rate. The following formula is used:

$$\text{Death Rate} = \frac{\text{Number of Deaths}}{\text{Annual Average Population}} \times 1000‰$$

Natural Growth Rate of Population refers to the ratio of natural increase in population (number of births minus number of deaths) in a certain period of time (usually a year) to the average population (or mid-period population) of the same period, expressed in ‰. The following formula is applied:

$$\text{Natural Growth Rate of Population} = \frac{\text{Number of Births - Number of Deaths}}{\text{Annual Average Population}} \times 1000‰$$

Natural Growth Rate of Population = Birth Rate-Death Rate

Gross Dependency Ratio also called gross dependency coefficient, refers to the ratio of non-working-age population to the working-age population, express in %. Describing in general the number of non-working-age population that every100 people at working ages will take care of, this indicator reflects the basic relation between population and economic development from the demographic perspective. The gross dependency ratio is calculated with the following formula:

$$GDR = \frac{P_{0\sim14} + P_{65^+}}{P_{15\sim64}} \times 100\%$$

Where: *GDR* is the gross dependency ratio,

$P_{0\sim14}$ is the population of children aged 0-14,

P_{65^+} is the elderly population aged 65 and over,

$P_{15\sim64}$ is the working-age population aged 15-64.

Elderly Dependency Ratio also called elderly dependency coefficient, refers to the ratio of the elderly population to the working-age population, express in %. It describes the number of the elderly population that every 100 people at working ages will take care of. Elderly dependency ratio is one of the indicators reflecting the social implication of population aging from the economic perspective. The elderly dependency ratio is calculated with the following formula:

$$Elderly = \frac{P_{65^+}}{P_{15\sim64}} \times 100\%$$

Where: *EDR* is the elderly dependency ratio,

P_{65^+} is the elderly population aged 65 and over,

$P_{15\sim64}$ is the working-age population aged 15-64.

Children Dependency Ratio also called children dependency coefficient, refers to the ratio of the children population to the working-age population, express in %. It describes the number of children population that every 100 people at working ages will take care of. The children dependency ratio is calculated with the following formula:

$$CDR = \frac{P_{0\sim14}}{P_{15\sim64}} \times 100\%$$

Where: *CDR* is the children dependency ratio,

$P_{0\sim14}$ is the children population aged 0-14, and

$P_{15\sim64}$ is the working-age population aged 15-64.

Labour Force refers to the population aged 16 and over who are capable of working, are participating in or willing to participate in economic activities, including employed persons and unemployed persons.

Employed Persons refer to persons, aged 16 and over, who performed some work for compensation or business gains for one hour or more during the reference period; or persons who do not work for the reasons of study or on holiday; or persons who are temporarily absent from a job for disorganization or suspension of work, recession, etc.

Persons Employed in Various Units refer to the total number of employees who work at his unit and obtain wages or other forms of payment at the end of the reporting period. This indicator is a kind of time point index and it equals to the sum of the number of employed staff and workers, labor dispatch personnel and other employed persons. Employed persons do not include:

1)persons who have left their working units while keeping their labour contract (employment relation) unchanged and receiving regular alimony;

2)all kinds of enrolled students who do internship in various units;

3) persons employed due to labor outsourcing, for example, persons employed in the organizational system of construction industry.

Persons Employed in Private Enterprises and Self-Employed Individuals in Urban Areas Persons employed in private enterprises refer to the persons employed in the private enterprises which have been registered at the departments of industrial and commercial administration for which the business operation are situated at a county town (i.e. a town where the county government is located), or at urban areas with administrative hierarchy higher than a county town. The self-employed individuals in urban areas refer to persons who hold the certificates of residence in urban areas or have resided in the urban areas for a long time and have been registered at the departments of industrial and commercial administration and approved to be engaged in individual industrial or commercial business, including self-employed persons as well as helpers and hired laborers who work in individual households.

Employed Staff and Workers refer to persons who signed labor contracts with working units and working units would pay wages, social insurance and housing funds for them. Persons who have their work posts but are temporarily absent from work for reasons of study or on sick, injury or maternal leave and still receive wages from their working units are also included. Employed staff and workers also include:

1)Persons who should have signed the labor contracts but not (like people with rural household registration);

2)Employees on probation;

3)Employees beyond the staffing quota;

4)Employees who are sent to other working units but still obtain wages from their original units (situations like on-the-job placement, expatriated assignment, etc.)

1)Employed Staff and Workers do not include: Dispatched personnel who work and are paid directly by the working units; they shall be counted into "labour dispatch personnel" of the working units;

2)Personnel through labor outsourcing, they shall be counted into "employed staff and workers" of the units which contracted them.

Total Wage Bill It is revised according to the "Provision of Composition of Total Wages" (Order No.1 by National Bureau of Statistics on January, 1st, 1990), total wage bill refers to the total remuneration payment to all employed persons in various units during the reporting period (by quarter or by year), including hourly-paid wages, piece-rate wages, bonuses, allowance and subsidies, overtime wages and wages paid under special circumstances. It equals to the sum of total wages of employed staff and workers, dispatch labors and other employed persons.

Total wage bill is pre-tax wages, including the room charges, utility bills, housing funds and social insurance paid or withheld by employee's units.

Total wage bill, whether or not included in cost, whether or not paid in money or in kind, shall be included in the calculation of total wage.

Average Wage refers to the average per capita wage during a certain period of time for employed persons. It shows the general level of wage income during a certain period of time, one major indicator to reflect the wage level. It is calculated as follows:

$$\text{Average Wage} = \frac{\text{Total Wage Bill of Employed Persons at Reference Time}}{\text{Average Number of Persons Employed at Reference Time}}$$

Registered Unemployed Persons in Urban Areas refer to the persons residing in urban areas at certain working ages (16 years old to the age of enjoying primary endowment insurance benefits according to the law), who are capable of working, unemployed and willing to work, and have been registered at the public employment and talent service agencies to apply for a job.

Registered Unemployment Rate in Urban Areas refers to the ratio of the number of the registered unemployed persons to the sum of the number of persons employed in various units (minus the employed rural labour force, re-employed retirees, and Hong Kong, Macao, Taiwan or foreign employees), laid-off staff and workers in urban units, owners of private enterprises in urban areas, owners of self-employed individuals in urban areas, employees of private enterprises in urban areas, employee of self-employed individuals in urban areas, and the registered unemployed persons in urban areas

第3篇

国民经济核算

CHAPTER 3 NATIONAL ACCOUNTS

3-1　地区生产总值
Gross Domestic Product

单位：亿元　　　　　　　　　　　　　　　　　　　　(100 million yuan)

年　份 Year	地　区 生产总值 Gross Domestic Product	第一产业 Primary Industry	第二产业 Secondary Industry	工　业 Industry	建筑业 Construction	第三产业 Tertiary Industry	#交通运输仓储邮电通信业 Traffic, Transport, Storage, Post and Telecommunication Services	#批发零售贸易餐饮业 Wholesale, Retail Trade and Catering Services	人均地区生产总值(元) Per Capita GDP (yuan)
1952	26.0	11.9	7.8	7.0	0.9	6.2	1.6	2.5	238
1953	31.9	12.9	10.7	9.3	1.4	8.3	2.1	3.3	277
1954	36.5	15.0	13.1	11.5	1.6	8.4	2.1	3.0	299
1955	37.9	16.6	12.2	10.6	1.6	9.2	2.2	3.6	295
1956	41.8	18.0	13.1	11.4	1.7	10.7	2.5	4.0	305
1957	43.9	17.2	14.9	13.4	1.5	11.9	2.6	4.1	303
1958	60.8	18.2	29.4	26.9	2.5	13.2	3.2	5.0	400
1959	72.3	17.4	37.9	34.7	3.2	17.1	5.1	5.9	446
1960	78.9	11.7	47.7	43.6	4.1	19.5	6.1	6.0	452
1961	52.9	10.9	25.3	23.3	1.9	16.8	4.4	4.5	286
1962	53.3	14.5	22.9	21.2	1.7	15.9	4.2	4.3	281
1963	60.4	17.9	27.8	25.2	2.6	14.7	3.3	3.6	312
1964	66.2	16.8	32.6	29.4	3.2	16.9	4.1	4.7	329
1965	76.7	19.6	39.6	36.4	3.2	17.5	4.4	4.7	367
1966	89.6	23.3	48.0	44.1	3.9	18.3	5.0	4.8	414
1967	88.4	26.0	44.5	41.0	3.5	17.9	4.8	4.6	398
1968	86.3	25.2	43.9	40.6	3.3	17.2	4.7	4.4	375
1969	97.9	24.4	55.1	51.0	4.1	18.4	5.6	4.6	409
1970	107.7	25.6	63.0	58.5	4.5	19.1	6.0	4.6	434
1971	111.7	25.9	65.6	60.9	4.7	20.2	6.4	4.5	434
1972	111.7	27.5	63.5	59.1	4.4	20.7	6.2	4.4	417
1973	119.3	30.1	68.2	63.9	4.3	21.0	6.2	4.3	430
1974	126.8	32.6	72.3	67.8	4.5	21.9	6.4	4.4	444
1975	136.2	33.4	80.6	75.8	4.8	22.2	6.7	4.7	466
1976	139.2	33.9	83.8	79.4	4.4	21.4	6.4	4.2	466
1977	150.5	38.0	90.7	86.2	4.5	21.8	6.4	4.3	494
1978	169.2	41.0	105.1	100.6	4.5	23.1	7.7	4.0	546
1979	180.8	44.3	112.2	107.3	4.9	24.3	8.9	4.2	574
1980	212.5	55.3	128.8	122.5	6.3	28.4	9.9	4.6	667
1981	218.3	57.8	129.7	122.6	7.1	30.8	9.6	5.3	678
1982	236.2	63.8	136.9	127.3	9.7	35.5	10.8	5.3	725
1983	263.1	78.9	145.6	134.8	10.8	38.5	11.9	5.6	799
1984	300.3	86.0	169.0	154.9	14.1	45.3	13.3	6.8	905
1985	331.5	77.0	197.7	180.9	16.8	56.8	15.8	10.4	991
1986	371.1	92.7	206.6	189.0	17.6	71.8	19.3	11.9	1101
1987	422.9	90.7	252.0	231.9	20.1	80.1	20.5	13.7	1242
1988	499.0	94.2	286.5	261.6	24.9	118.4	27.9	27.5	1449

注：1.本表按当年价格计算。
　　2.表中数据为第四次全国经济普查衔接修订后的数据(下同)。
　　3.从1992年开始，执行《国民经济行业分类》(GB/T 4754-2017)，交通运输仓储邮电通信业改为交通运输、仓储和邮政业；批发零售贸易餐饮业调整为批发和零售业。
　　4.三次产业分类依据国家统计局2018年修订的《三次产业划分规定》。
　　5.2021年为初步核算数(下同)。
　　6.2011-2020年计算人均地区生产总值使用的常住人口数据为第七次全国人口普查衔接修订后数据。
　　7.表中部分数据分项合计与总计不等是由于数据修约误差所致，未作机械调整。

a) Data in value terms in this table are calculated at current prices.
b) The data in the table are the data of the fourth national economic census (the same below).
c) Since 1992, the data has been in accordance with the classification of national economic sectors (GB / T 4754-2017), and the transportation, warehousing, post and telecommunications industry has been changed into transportation, warehousing and postal industry; the wholesale and retail trade catering industry has been adjusted to wholesale and retail industry, accommodation and catering industry.
d) The classification of three industries is based on the provisions on the classification of three industries revised by the National Bureau of statistics in 2018.
e) The year of 2021 is the preliminary accounting amount (the same below).
f) The resident population data used to calculate the per capita GDP from 2011 to 2020 is the revised data of the seventh national census.
g) The difference between the total and partial data in the table is due to the error of data reduction, and no mechanical adjustment is made.

3-1 续表 Continued

单位：亿元 (100 million yuan)

年 份 Year	地 区 生产总值 Gross Domestic Product	第一产业 Primary Industry	第二产业 Secondary Industry	工 业 Industry	建筑业 Construction	第三产业 Tertiary Industry	#交通运输仓储邮电通信业 Traffic, Transport, Storage, Post and Telecommunication Services	#批发零售贸易餐饮业 Wholesale, Retail Trade and Catering Services	人均地区生产总值(元) Per Capita GDP (yuan)
1989	569.6	93.9	335.5	310.0	25.5	140.1	31.0	29.6	1633
1990	654.0	156.9	343.1	323.9	25.4	154.0	26.2	30.7	1855
1991	734.5	145.2	390.8	369.5	28.4	198.6	34.7	47.4	2064
1992	857.4	163.5	465.5	440.0	34.1	228.4	32.2	50.7	2387
1993	1075.3	194.2	613.1	580.4	44.0	268.0	36.6	58.5	2967
1994	1448.1	298.8	803.6	764.3	54.0	345.7	45.1	73.8	3961
1995	1790.2	363.5	992.5	949.1	61.7	434.2	54.6	88.0	4856
1996	2137.6	434.9	1205.4	1160.0	67.8	497.3	65.1	98.4	5755
1997	2397.6	450.6	1357.2	1304.9	77.7	589.9	90.2	114.0	6412
1998	2470.2	419.9	1396.1	1332.0	90.2	654.2	98.3	120.2	6566
1999	2536.9	369.2	1466.6	1399.9	93.0	701.1	100.5	123.3	6707
2000	2855.5	375.5	1633.4	1566.4	97.0	846.5	131.7	155.1	7515
2001	3043.4	426.6	1665.9	1592.0	105.2	951.0	159.2	166.7	7990
2002	3242.7	464.2	1728.3	1650.8	110.7	1050.2	177.5	180.3	8507
2003	3609.7	493.0	1956.4	1874.8	119.1	1160.3	184.9	195.0	9464
2004	4134.7	580.9	2270.3	2175.7	137.4	1283.5	201.2	216.6	10836
2005	4756.4	674.6	2656.4	2556.6	152.9	1425.4	224.0	226.3	12456
2006	5329.8	731.8	2998.0	2890.2	173.6	1599.9	236.1	243.8	13947
2007	6126.3	892.4	3383.0	3254.1	200.2	1850.9	274.3	271.0	16023
2008	7134.2	1073.8	3935.0	3765.6	243.4	2125.4	286.8	331.1	18654
2009	7218.9	1141.9	3668.1	3470.2	271.3	2409.0	284.4	406.3	18871
2010	8308.3	1291.8	4146.1	3894.1	312.9	2870.4	316.4	496.6	21694
2011	9935.0	1695.5	4916.3	4624.4	363.0	3323.2	346.3	577.2	26093
2012	11015.8	2119.6	5099.8	4776.0	409.3	3796.5	380.4	688.0	29352
2013	11849.1	2539.6	5202.7	4857.5	428.6	4106.9	374.4	713.5	32068
2014	12170.8	2691.0	4872.4	4527.9	424.5	4607.4	426.6	795.0	33464
2015	11690.0	2712.2	3926.9	3593.9	422.3	5050.9	434.3	830.9	32759
2016	11895.0	2751.2	3689.7	3367.3	429.5	5454.0	463.4	876.0	34025
2017	12313.0	2965.3	3519.5	3226.1	414.3	5828.2	488.7	900.6	35887
2018	12846.5	3001.2	3536.0	3266.7	409.4	6309.3	508.5	946.3	38199
2019	13544.4	3183.2	3640.1	3334.0	417.4	6721.1	503.6	1001.3	41156
2020	13633.4	3445.1	3449.9	3121.8	409.7	6738.5	497.4	997.0	42432
2021	14879.2	3463.0	3975.3	3658.8	442.1	7440.9	549.8	1509.7	47266

3-2　地区生产总值构成
Composition of Gross Domestic Product

单位：%　　(%)

年　份 Year	地区生产总值 Gross Domestic Product	第一产业 Primary Industry	第二产业 Secondary Industry	工　业 Industry	建筑业 Construction	第三产业 Tertiary Industry	#交通运输仓储邮电通信业 Traffic, Transport, Storage, Post and Telecommunication Services	#批发零售贸易餐饮业 Wholesale, Retail Trade and Catering Services
1952	100.0	45.8	30.2	26.8	3.4	24.0	6.3	9.4
1953	100.0	40.5	33.5	29.2	4.3	26.0	6.6	10.4
1954	100.0	41.1	35.9	31.6	4.3	23.0	5.7	8.3
1955	100.0	43.8	32.0	27.9	4.1	24.2	5.9	9.4
1956	100.0	43.1	31.3	27.2	4.1	25.6	5.9	9.6
1957	100.0	39.1	33.9	30.5	3.4	27.0	6.0	9.4
1958	100.0	29.9	48.4	44.2	4.2	21.7	5.3	8.2
1959	100.0	24.1	52.4	48.0	4.4	23.5	7.0	8.2
1960	100.0	14.8	60.5	55.2	5.3	24.7	7.7	7.6
1961	100.0	20.6	47.7	44.1	3.6	31.7	8.4	8.5
1962	100.0	27.2	43.0	39.8	3.2	29.8	7.8	8.1
1963	100.0	29.6	46.0	41.7	4.3	24.4	5.5	5.9
1964	100.0	25.4	49.1	44.4	4.7	25.5	6.1	7.1
1965	100.0	25.6	51.7	47.5	4.2	22.7	5.7	6.1
1966	100.0	26.0	53.5	49.2	4.3	20.5	5.5	5.3
1967	100.0	29.4	50.3	46.4	3.9	20.3	5.4	5.2
1968	100.0	29.2	50.9	47.1	3.8	19.9	5.4	5.1
1969	100.0	24.9	56.3	52.1	4.2	18.8	5.8	4.7
1970	100.0	23.8	58.5	54.3	4.2	17.7	5.6	4.3
1971	100.0	23.2	58.7	54.5	4.2	18.1	5.7	4.0
1972	100.0	24.6	56.9	52.9	4.0	18.5	5.5	3.9
1973	100.0	25.2	57.2	53.6	3.6	17.6	5.2	3.6
1974	100.0	25.7	57.1	53.5	3.6	17.2	5.1	3.5
1975	100.0	24.5	59.2	55.6	3.6	16.3	4.9	3.4
1976	100.0	24.4	60.2	57.1	3.1	15.4	4.6	3.0
1977	100.0	25.2	60.3	57.3	3.0	14.5	4.3	2.8
1978	100.0	24.2	62.1	59.4	2.7	13.7	4.5	2.4
1979	100.0	24.5	62.1	59.4	2.7	13.4	4.9	2.3
1980	100.0	26.0	60.6	57.6	3.0	13.4	4.7	2.2
1981	100.0	26.5	59.4	56.2	3.2	14.1	4.4	2.4
1982	100.0	27.0	58.0	53.9	4.1	15.0	4.6	2.3
1983	100.0	30.0	55.4	51.2	4.2	14.6	4.5	2.1
1984	100.0	28.6	56.3	51.6	4.7	15.1	4.4	2.3
1985	100.0	23.2	59.6	54.6	5.0	17.2	4.8	3.1
1986	100.0	25.0	55.7	50.9	4.8	19.3	5.2	3.2
1987	100.0	21.4	59.6	54.8	4.8	19.0	4.8	3.2
1988	100.0	18.9	57.4	52.4	5.0	23.7	5.6	5.5
1989	100.0	16.5	58.9	54.4	4.5	24.6	5.4	5.2
1990	100.0	24.0	52.5	49.5	3.9	23.5	4.0	4.7
1991	100.0	19.8	53.2	50.3	3.9	27.0	4.7	6.5

3-2 续表 Continued

单位：% (%)

年 份 Year	地 区 生产总值 Gross Domestic Product	第一产业 Primary Industry	第二产业 Secondary Industry	工 业 Industry	建筑业 Construction	第三产业 Tertiary Industry	#交通运输仓储邮电通信业 Traffic, Transport, Storage, Post and Telecommunication Services	#批发零售贸易餐饮业 Wholesale, Retail Trade and Catering Services
1992	100.0	19.1	54.3	51.3	4.0	26.6	3.8	5.9
1993	100.0	18.1	57.0	54.0	4.1	24.9	3.4	5.4
1994	100.0	20.6	55.5	52.8	3.7	23.9	3.1	5.1
1995	100.0	20.3	55.4	53.0	3.4	24.3	3.0	4.9
1996	100.0	20.3	56.4	54.3	3.2	23.3	3.0	4.6
1997	100.0	18.8	56.6	54.4	3.2	24.6	3.8	4.8
1998	100.0	17.0	56.5	53.9	3.7	26.5	4.0	4.9
1999	100.0	14.6	57.8	55.2	3.7	27.6	4.0	4.9
2000	100.0	13.2	57.2	54.9	3.4	29.6	4.6	5.4
2001	100.0	14.0	54.7	52.3	3.5	31.3	5.2	5.5
2002	100.0	14.3	53.3	50.9	3.4	32.4	5.5	5.6
2003	100.0	13.7	54.2	51.9	3.3	32.1	5.1	5.4
2004	100.0	14.1	54.9	52.6	3.3	31.0	4.9	5.2
2005	100.0	14.2	55.8	53.8	3.2	30.0	4.7	4.8
2006	100.0	13.7	56.3	54.2	3.3	30.0	4.4	4.6
2007	100.0	14.6	55.2	53.1	3.3	30.2	4.5	4.4
2008	100.0	15.1	55.2	52.8	3.4	29.7	4.0	4.6
2009	100.0	15.8	50.8	48.1	3.8	33.4	3.9	5.6
2010	100.0	15.5	49.9	46.9	3.8	34.6	3.8	6.0
2011	100.0	17.1	49.5	46.5	3.7	33.4	3.5	5.8
2012	100.0	19.2	46.3	43.4	3.7	34.5	3.5	6.2
2013	100.0	21.4	43.9	41.0	3.6	34.7	3.2	6.0
2014	100.0	22.1	40.0	37.2	3.5	37.9	3.5	6.5
2015	100.0	23.2	33.6	30.7	3.6	43.2	3.7	7.1
2016	100.0	23.1	31.0	28.3	3.6	45.9	3.9	7.4
2017	100.0	24.1	28.6	26.2	3.4	47.3	4.0	7.3
2018	100.0	23.4	27.5	25.4	3.2	49.1	4.0	7.4
2019	100.0	23.5	26.9	24.6	3.1	49.6	3.7	7.4
2020	100.0	25.3	25.3	22.9	3.0	49.4	3.6	7.3
2021	100.0	23.3	26.7	24.6	3.0	50.0	3.7	10.1

3-3　地区生产总值指数
Indices of Gross Domestic Product

(上年=100)　　(preceding year=100)

年　份 Year	地　区 生产总值 Gross Domestic Product	第一产业 Primary Industry	第二产业 Secondary Industry	工业 Industry	建筑业 Construction	第三产业 Tertiary Industry	人均地区 生产总值 Per Capita GDP
1953	110.0	98.4	126.9	124.1	148.9	110.7	104.4
1954	110.2	106.1	120.9	122.7	109.2	101.9	103.9
1955	106.5	111.1	98.7	97.6	106.3	111.6	101.0
1956	106.5	95.8	116.3	116.2	116.4	110.7	100.0
1957	107.8	106.8	110.0	110.7	105.1	106.0	102.0
1958	140.5	133.4	170.4	173.1	146.7	113.2	133.7
1959	118.6	93.3	133.2	134.3	120.9	134.4	111.2
1960	107.8	66.1	129.0	128.6	134.2	117.5	100.3
1961	58.1	74.8	45.5	46.0	39.5	72.8	54.7
1962	97.9	120.6	89.5	89.4	90.8	93.1	95.6
1963	115.1	121.9	118.6	115.5	158.6	104.6	112.8
1964	114.1	100.5	120.4	121.3	112.3	119.3	109.6
1965	115.5	116.7	122.4	124.3	103.1	104.7	111.0
1966	116.6	118.7	121.8	122.0	120.0	105.8	112.9
1967	101.4	111.6	96.7	96.9	94.3	99.1	98.5
1968	97.4	96.9	98.4	98.6	95.1	96.1	94.1
1969	109.3	96.9	120.2	120.3	118.2	104.1	105.2
1970	110.1	110.9	112.6	112.8	111.0	103.5	106.1
1971	102.3	100.3	102.4	102.4	102.0	104.7	98.6
1972	98.7	85.8	102.4	102.6	100.0	103.6	95.0
1973	106.4	109.3	107.7	108.4	98.7	99.1	102.7
1974	106.5	108.2	106.3	106.3	105.7	105.1	103.3
1975	107.8	110.2	109.5	110.3	98.1	98.9	105.2
1976	100.9	94.5	103.2	103.4	100.2	100.6	98.8
1977	108.3	111.9	108.6	109.1	101.5	102.3	106.3
1978	111.4	105.3	115.9	116.5	105.0	100.6	109.4
1979	102.8	92.9	105.9	105.8	107.0	102.2	101.3
1980	109.6	112.1	108.5	107.8	122.9	111.8	108.3
1981	103.4	102.8	103.5	102.9	115.4	104.3	102.3
1982	106.1	107.8	104.2	102.5	133.8	111.7	104.9
1983	108.6	124.5	102.9	102.4	108.4	103.3	107.5
1984	110.5	102.0	114.8	113.6	128.8	112.0	109.7
1985	105.2	87.4	110.8	110.6	112.8	117.3	104.4
1986	102.9	117.9	93.5	93.3	95.4	118.4	102.1
1987	108.1	95.5	112.6	113.4	104.2	113.1	107.1
1988	106.6	97.6	102.6	101.9	111.2	130.5	105.3
1989	106.2	89.6	110.6	111.6	100.1	110.8	104.9
1990	106.5	141.8	98.2	98.5	94.9	99.9	105.3
1991	105.7	91.9	110.2	110.9	101.9	109.8	104.8

注：本表按不变价格计算。

a) Data in this table are calculated at constant prices.

3-3 续表 Continued

(上年=100) (preceding year=100)

年 份 Year	地 区 生产总值 Gross Domestic Product	第一产业 Primary Industry	第二产业 Secondary Industry	工业 Industry	建筑业 Construction	第三产业 Tertiary Industry	人均地区生产总值 Per Capita GDP
1992	106.2	105.8	106.3	106.4	105.9	106.3	105.2
1993	107.1	104.3	108.3	108.2	110.5	106.6	106.1
1994	108.3	107.2	108.7	108.9	106.4	108.2	107.3
1995	109.0	106.8	110.0	110.0	110.7	108.6	108.1
1996	110.0	110.8	110.3	110.3	111.0	108.7	109.2
1997	109.5	106.2	109.6	109.3	113.7	111.8	108.7
1998	107.6	98.9	109.2	108.5	118.8	110.6	106.9
1999	107.1	103.0	107.5	107.5	106.8	109.0	106.5
2000	107.7	96.9	109.5	109.7	107.4	110.7	107.2
2001	108.9	106.8	109.9	109.8	111.6	107.9	108.6
2002	109.9	107.1	110.9	111.1	107.3	109.1	109.8
2003	109.8	102.1	111.9	112.1	108.0	109.0	109.8
2004	110.4	112.5	111.8	111.8	110.9	106.8	110.3
2005	110.6	112.0	111.3	111.6	108.9	108.4	110.5
2006	110.4	107.4	111.3	111.6	111.1	110.2	110.3
2007	109.8	104.3	111.2	111.2	109.3	109.8	109.8
2008	110.3	108.5	111.2	111.1	108.6	109.4	110.3
2009	110.1	105.2	111.5	111.3	117.6	109.6	110.1
2010	111.7	106.1	113.8	113.5	108.1	109.9	111.6
2011	110.9	106.4	112.0	112.2	109.1	111.3	111.5
2012	108.7	106.5	109.1	109.5	107.2	109.2	110.3
2013	107.6	104.7	107.0	107.2	102.9	109.6	109.2
2014	105.3	105.6	102.9	103.3	99.2	108.6	107.0
2015	105.4	105.1	101.7	101.4	101.4	110.6	107.5
2016	104.4	104.2	102.0	102.0	101.1	106.3	106.6
2017	106.0	104.5	102.8	102.9	101.5	109.1	108.0
2018	104.5	103.7	102.1	102.6	97.9	106.4	106.6
2019	104.0	102.4	102.7	102.8	101.8	105.6	106.2
2020	100.9	102.9	102.6	102.8	98.9	98.7	103.3
2021	106.1	106.6	105.0	106.3	101.1	106.3	108.2

3-4　地区生产总值指数
Indices of Gross Domestic Product

(1978=100)　　(1978=100)

年　份 Year	地区生产总值 Gross Domestic Product	第一产业 Primary Industry	第二产业 Secondary Industry	工业 Industry	建筑业 Construction	第三产业 Tertiary Industry	人均地区生产总值 Per Capita GDP
1953	23.0	45.4	11.7	10.9	28.5	37.7	62.2
1954	25.4	48.1	14.2	13.4	31.1	38.4	64.7
1955	27.0	53.5	14.0	13.1	33.1	42.9	65.3
1956	28.8	51.2	16.3	15.2	38.5	47.5	65.3
1957	31.0	54.7	17.9	16.8	40.5	50.3	66.6
1958	43.6	73.0	30.5	29.1	59.4	56.9	89.1
1959	51.7	68.1	40.7	39.1	71.8	76.5	99.0
1960	55.7	45.0	52.5	50.3	96.4	89.9	99.3
1961	32.4	33.7	23.9	23.1	38.1	65.5	54.3
1962	31.7	40.6	21.4	20.7	34.6	60.9	51.9
1963	36.5	49.5	25.3	23.9	54.8	63.8	58.6
1964	41.6	49.7	30.5	29.0	61.6	76.1	64.2
1965	48.1	58.0	37.3	36.0	63.5	79.6	71.3
1966	56.0	68.9	45.5	44.0	76.1	84.2	80.5
1967	56.8	76.9	44.0	42.6	71.8	83.5	79.3
1968	55.3	74.5	43.3	42.0	68.3	80.2	74.6
1969	60.5	72.2	52.0	50.5	80.7	83.5	78.5
1970	66.6	80.1	58.6	57.0	89.6	86.4	83.3
1971	68.1	80.3	60.0	58.4	91.4	90.5	82.1
1972	67.2	68.9	61.4	59.9	91.4	93.8	78.0
1973	71.6	75.3	66.1	64.9	90.2	92.9	80.1
1974	76.2	81.5	70.3	69.0	95.4	97.7	82.7
1975	82.1	89.8	77.0	76.1	93.6	96.6	87.0
1976	82.9	84.9	79.4	78.7	93.8	97.2	86.0
1977	89.8	95.0	86.3	85.8	95.2	99.4	91.4
1978	100.0	100.0	100.0	100.0	100.0	100.0	100.0
1979	102.8	92.9	105.9	105.8	107.0	102.2	101.3
1980	112.7	104.1	114.9	114.1	131.5	114.3	109.7
1981	116.5	107.1	118.9	117.4	151.7	119.2	112.2
1982	123.6	115.4	123.9	120.3	203.1	133.1	117.7
1983	134.2	143.7	127.5	123.2	220.2	137.5	126.6
1984	148.3	146.6	146.4	139.9	283.6	154.0	138.8
1985	156.0	128.1	162.2	154.8	319.9	180.7	144.9
1986	160.6	151.0	151.6	144.4	305.1	213.9	148.0
1987	173.6	144.2	170.8	163.7	318.0	241.9	158.5
1988	185.0	140.8	175.2	166.9	353.5	315.7	166.9
1989	196.5	126.1	193.8	186.2	353.9	349.8	175.1
1990	209.3	178.8	190.3	183.4	336.0	349.4	184.4
1991	221.2	164.4	209.7	203.4	342.5	383.7	193.2

注：本表按不变价格计算。
a) Data in this table are calculated at constant prices.

3-4 续表 Continued

(1978=100)

年 份 Year	地 区 生产总值 Gross Domestic Product	第一产业 Primary Industry	第二产业 Secondary Industry	工业 Industry	建筑业 Construction	第三产业 Tertiary Industry	人均地区 生产总值 Per Capita GDP
1992	234.9	173.9	222.9	216.4	362.7	407.9	203.2
1993	251.6	181.4	241.4	234.2	400.7	434.8	215.6
1994	272.5	194.4	262.4	255.0	426.4	470.4	231.4
1995	297.0	207.6	288.6	280.5	472.0	510.9	250.1
1996	326.7	230.1	318.4	309.4	523.9	555.3	273.1
1997	357.7	244.3	348.9	338.2	595.7	620.9	296.9
1998	384.9	241.6	381.0	366.9	707.7	686.7	317.4
1999	412.3	248.9	409.6	394.5	755.8	748.5	338.0
2000	444.0	241.2	448.5	432.7	811.8	828.6	362.4
2001	483.5	257.6	492.9	475.1	905.9	894.0	393.5
2002	531.4	275.9	546.7	527.9	972.1	975.4	432.1
2003	583.5	281.7	611.7	591.7	1049.8	1063.2	474.4
2004	644.1	316.9	683.9	661.6	1164.3	1135.5	523.3
2005	712.4	354.9	761.2	738.3	1267.9	1230.8	578.3
2006	786.5	381.2	847.2	823.9	1408.6	1356.4	637.8
2007	863.6	397.5	942.1	916.2	1539.6	1489.3	700.3
2008	952.5	431.3	1047.6	1017.9	1672.0	1629.3	772.4
2009	1048.8	453.8	1168.1	1133.0	1966.3	1785.7	850.5
2010	1171.5	481.4	1329.3	1285.9	2125.6	1962.5	949.1
2011	1299.1	512.3	1488.8	1442.8	2319.0	2184.3	1058.6
2012	1412.2	545.6	1624.2	1579.9	2486.0	2385.2	1167.8
2013	1519.5	571.2	1737.9	1693.6	2558.1	2614.2	1275.8
2014	1600.0	603.2	1788.3	1749.5	2537.6	2839.0	1364.9
2015	1686.4	633.9	1818.7	1774.0	2573.1	3140.0	1466.7
2016	1760.6	660.6	1855.1	1809.5	2601.4	3337.8	1562.9
2017	1866.3	690.3	1907.1	1861.9	2640.5	3641.5	1687.4
2018	1950.3	715.8	1947.1	1910.3	2585.0	3874.6	1798.3
2019	2028.3	733.0	1999.7	1963.8	2631.5	4091.5	1910.3
2020	2045.7	754.1	2052.0	2018.2	2601.9	4040.3	1973.5
2021	2173.6	804.1	2154.3	2144.0	2633.9	4305.8	2137.4

(1978=100)

3-5　全省三次产业对地区生产总值贡献率

Share of the Contributions of the Three Strata of Industry to the Increase of the GDP

单位：%　　　　(%)

年　份 Year	地　区 生产总值 Gross Domestic Product	第一产业 Primary Industry	第二产业 Secondary Industry	第三产业 Tertiary Industry
2001	100.0	10.1	63.5	26.4
2002	100.0	9.3	63.6	27.1
2003	100.0	2.7	70.5	26.8
2004	100.0	14.0	67.1	18.9
2005	100.0	13.5	64.3	22.2
2006	100.0	10.1	60.7	29.2
2007	100.0	6.0	64.0	30.0
2008	100.0	10.8	61.9	27.3
2009	100.0	6.6	65.2	28.2
2010	100.0	6.5	68.5	25.0
2011	100.0	9.2	55.1	35.7
2012	100.0	11.1	52.3	36.6
2013	100.0	9.1	46.8	44.1
2014	100.0	15.0	27.4	57.6
2015	100.0	13.4	15.3	71.3
2016	100.0	22.0	15.6	62.4
2017	100.0	17.5	15.4	67.1
2018	100.0	19.2	15.3	65.5
2019	100.0	14.0	20.9	65.1
2020	100.0	74.7	93.6	-68.3
2021	100.0	27.5	20.7	51.8

注：三次产业贡献率指各产业不变价增加值增量与GDP不变价增量之比。

a) Share of the contributions of the three strata of industry to the increase of the GDP refers to the proportion of the increment of the value-added of each industry to the increment of GDP.

3-6 三次产业对地区生产总值增长的拉动
Contribution of the Three Strata of Industry to GDP Growth

单位：百分点 (percentage points)

年 份 Year	地 区 生产总值 Gross Domestic Product	第一产业 Primary Industry	第二产业 Secondary Industry	第三产业 Tertiary Industry
2001	8.90	0.90	5.65	2.35
2002	9.90	0.92	6.30	2.68
2003	9.80	0.26	6.91	2.63
2004	10.40	1.46	6.98	1.96
2005	10.60	1.43	6.82	2.35
2006	10.40	1.05	6.31	3.04
2007	9.80	0.59	6.27	2.94
2008	10.30	1.11	6.38	2.81
2009	10.10	0.67	6.59	2.84
2010	11.70	0.76	8.01	2.93
2011	10.90	1.00	6.01	3.89
2012	8.70	0.97	4.55	3.18
2013	7.60	0.69	3.56	3.35
2014	5.30	0.80	1.45	3.05
2015	5.40	0.72	0.83	3.85
2016	4.40	0.97	0.69	2.74
2017	6.00	1.05	0.92	4.03
2018	4.50	0.86	0.69	2.95
2019	4.00	0.56	0.84	2.60
2020	0.90	0.67	0.84	-0.61
2021	6.10	1.68	1.26	3.16

注：三次产业拉动指GDP增长速度与各产业贡献率之乘积。

a) Contribution of the three strata of industry to GDP growth refers to the growth rate of GDP multiplied by the contribution share of each industry.

3-7　分地区生产总值和指数
Gross Regional Product and Indices by Region

地　区	Region	地区生产总值(亿元) Gross Regional Product (100 million yuan)						指　数(上年=100) Indices (preceding year=100)				
		2016	2017	2018	2019	2020	2021	2017	2018	2019	2020	2021
哈尔滨	Harbin	4374.6	4717.2	5010.1	5129.4	5135.2	5351.7	105.3	104.9	103.9	100.5	105.5
齐齐哈尔	Qiqihar	1038.2	1043.8	1052.2	1123.0	1186.1	1224.5	105.0	106.1	105.8	103.5	106.6
鸡　西	Jixi	504.6	508.6	521.0	552.8	570.1	603.7	106.5	105.0	104.6	102.0	107.1
鹤　岗	Hegang	285.6	308.2	317.6	336.8	333.4	354.2	107.8	105.2	103.7	100.2	107.0
双鸭山	Shuangyasha	385.2	407.8	446.8	478.3	487.6	516.0	104.9	105.0	104.8	101.2	106.3
大　庆	Daqing	2080.5	2234.1	2502.6	2540.3	2248.3	2620.0	102.7	103.4	103.5	100.6	106.2
伊　春	Yichun	238.3	261.8	276.0	298.5	292.7	318.7	106.5	106.0	105.5	100.2	107.3
佳木斯	Jiamusi	640.5	714.8	724.1	762.9	801.5	816.2	105.5	104.0	103.4	102.7	107.5
七台河	Qitaihe	193.5	204.4	225.5	219.1	204.4	231.4	105.9	105.5	100.3	97.6	105.2
牡丹江	Mudanjiang	746.1	790.0	783.9	826.4	826.8	875.0	105.6	101.2	104.2	100.4	106.1
黑　河	Heihe	482.3	504.2	531.8	580.0	612.8	637.1	106.9	107.2	106.0	103.4	106.2
绥　化	Suihua	1014.4	1016.2	1030.7	1101.4	1134.4	1177.7	105.6	103.9	103.5	101.9	106.3
大兴安岭	Daxinganling	112.4	122.5	129.0	138.8	140.9	153.1	106.6	105.6	105.1	102.6	106.3

注：1.本表绝对数按当年价格计算，指数按不变价格计算。
2.各地地区生产总值绝对数、指数为第四次全国经济普查衔接修订后的数据。
a) Level data in this table are calculated at current prices while indices at constant prices.
b) The absolute number and index of regional GDP are the data of the fourth national economic census.

3-8　分地区人均地区生产总值和指数
Per Capita Gross Regional Product and Indices by Region

地　区	Region	人均地区生产总值(元) Per Capita Gross Regional Product (yuan)						指　数(上年=100) Indices (preceding year=100)				
		2016	2017	2018	2019	2020	2021	2017	2018	2019	2020	2021
哈尔滨	Harbin	42425	45974	49097	50650	51113	53823	106.8	105.5	104.6	101.3	106.6
齐齐哈尔	Qiqihar	22132	22902	23832	26293	28802	30558	109.1	109.5	109.3	107.3	109.6
鸡　西	Jixi	29567	30405	32051	35129	37495	40807	108.7	108.1	108.0	105.5	110.1
鹤　岗	Hegang	28728	31724	33533	36441	37035	40338	110.3	107.9	106.2	102.9	109.7
双鸭山	Shuangyasha	28600	31015	34780	38056	39853	43270	107.5	107.5	107.1	103.9	109.1
大　庆	Daqing	72554	77905	87572	89785	80374	94790	102.7	103.8	104.6	101.7	107.4
伊　春	Yichun	23378	26522	28760	32135	32789	36982	110.0	109.0	109.0	104.2	111.1
佳木斯	Jiamusi	27667	31229	32082	34391	36873	38247	106.7	105.5	105.2	104.8	109.5
七台河	Qitaihe	24697	27114	30734	30628	29383	34055	110.1	108.4	102.9	100.3	107.7
牡丹江	Mudanjiang	29071	31444	31951	34571	35661	38719	107.8	103.6	107.0	103.5	108.9
黑　河	Heihe	32481	35164	38172	42852	46963	50206	110.7	110.3	109.1	107.2	109.2
绥　化	Suihua	22761	23661	25008	27794	29843	31915	109.6	108.3	107.6	106.2	109.5
大兴安岭	Daxinganling	26995	31090	34252	38758	41762	47544	112.7	110.5	110.6	108.9	111.3

注：1.本表绝对数按当年价格计算，指数按不变价格计算。
2.各地生产总值绝对数、指数为第四次全国经济普查衔接修订后的数据。
3.本表计算人均GDP使用的GDP数据为根据第四次全国经济普查资料修订后数据，人口数据为根据第七次全国人口普查资料修订后数据。
a) Level data in this table are calculated at current prices while indices at constant prices.
b) The absolute number and index of GDP of each region are the data of the fourth national economic census.
c) The GDP data used in the calculation of per capita GDP in this table is the data revised according to the data of the fourth national economic census, and the population data is the data revised according to the data of the seventh national census.

3-9 分地区三次产业增加值(2021年)
Gross Regional Product by Three Strata of Industry by Region(2021)

单位：亿元 (100 million yuan)

地区	Region	地区生产总值 Gross Regional Product	第一产业 Primary Industry	第二产业 Secondary Industry	第三产业 Tertiary Industry
哈尔滨	Harbin	5351.7	628.2	1239.2	3484.3
齐齐哈尔	Qiqihar	1224.5	377.1	292.1	555.3
鸡西	Jixi	603.7	204.7	152.1	247.0
鹤岗	Hegang	354.2	99.4	114.0	140.8
双鸭山	Shuangyashan	516.0	199.3	138.9	177.7
大庆	Daqing	2620.0	250.5	1378.2	991.3
伊春	Yichun	318.7	120.0	60.2	138.5
佳木斯	Jiamusi	816.2	371.7	115.1	329.4
七台河	Qitaihe	231.4	37.3	99.3	94.8
牡丹江	Mudanjiang	875.0	211.4	188.3	475.4
黑河	Heihe	637.1	280.7	85.9	270.5
绥化	Suihua	1177.7	570.5	136.2	470.9
大兴安岭	Daxinganling	153.1	57.8	25.4	69.9

注：1.本表绝对数按当年价格计算，指数按不变价格计算。
2.三次产业增加值数据因四舍五入未做机械调整。

a) Level data in this table are calculated at current prices while indices at constant prices.
b) The added value data of the three industries were not adjusted mechanically due to rounding.

3-9 续表 Continued

地区	Region	构成（地区生产总值=100） Composition (GRP=100)			指数（上年=100） Indices (preceding year=100)			
		第一产业 Primary Industry	第二产业 Secondary Industry	第三产业 Tertiary Industry	地区生产总值 Gross Regional Product	第一产业 Primary Industry	第二产业 Secondary Industry	第三产业 Tertiary Industry
哈尔滨	Harbin	11.7	23.2	65.1	105.5	106.6	103.2	106.1
齐齐哈尔	Qiqihar	30.8	23.9	45.3	106.6	106.5	110.5	104.8
鸡西	Jixi	33.9	25.2	40.9	107.1	106.7	110.0	105.8
鹤岗	Hegang	28.1	32.2	39.8	107.0	107.2	106.9	106.8
双鸭山	Shuangyashan	38.6	26.9	34.4	106.3	106.9	106.2	105.7
大庆	Daqing	9.6	52.6	37.8	106.2	106.3	105.9	106.5
伊春	Yichun	37.7	18.9	43.4	107.3	107.1	104.7	108.4
佳木斯	Jiamusi	45.5	14.1	40.4	107.5	106.0	112.3	107.7
七台河	Qitaihe	16.1	42.9	41.0	105.2	106.1	103.1	106.8
牡丹江	Mudanjiang	24.2	21.5	54.3	106.1	106.3	104.5	106.7
黑河	Heihe	44.1	13.5	42.5	106.2	107.1	105.9	105.5
绥化	Suihua	48.4	11.6	40.0	106.3	106.7	105.1	106.0
大兴安岭	Daxinganling	37.7	16.6	45.7	106.3	106.6	105.3	106.3

主要统计指标解释

国内生产总值(GDP) 指一个国家所有常住单位在一定时期内生产活动的最终成果。国内生产总值有三种表现形态，即价值形态、收入形态和产品形态。从价值形态看，它是所有常住单位在一定时期内生产的全部货物和服务价值与同期投入的全部非固定资产货物和服务价值的差额，即所有常住单位的增加值之和；从收入形态看，它是所有常住单位在一定时期内创造的各项收入之和，包括劳动者报酬、生产税净额、固定资产折旧和营业盈余；从产品形态看，它是所有常住单位在一定时期内最终使用的货物和服务价值与货物和服务净出口价值之和。在实际核算中，国内生产总值有三种计算方法，即生产法、收入法和支出法。三种方法分别从不同的方面反映国内生产总值及其构成。

对于一个地区来说，称为地区生产总值或地区GDP。

三次产业 三次产业的划分是世界上较为常用的产业结构分类，但各国的划分不尽一致。根据《国民经济行业分类》（GB/T 4754—2017）和《三次产业划分规定》，我国的三次产业划分是：

第一产业是指农、林、牧、渔业（不含农、林、牧、渔专业及辅助性活动）。

第二产业是指采矿业(不含开采专业及辅助性活动)，制造业（不含金属制品、机械和设备修理业），电力、热力、燃气及水生产和供应业，建筑业。

第三产业即服务业，是指除第一产业、第二产业以外的其他行业。

劳动者报酬 指劳动者从事生产活动应获得的全部报酬，既包括货币形式的报酬，也包括实物形式的报酬。主要包括工资、奖金、津贴和补贴，单位为其员工交纳的社会保险费、补充社会保险费和住房公积金、行政事业单位职工的离退休金、单位为其员工提供的其他各种形式的福利和报酬等。

生产税净额 指生产税减生产补贴后的差额。其中，生产税指政府对生产单位从事生产、销售和经营活动，以及因从事生产活动使用某些生产要素（如固定资产和土地等）所征收的各种税收、附加费和其他规费。生产税分为产品税和其他生产税，产品税主要有：增值税、消费税、进口关税、出口税等；其他生产税主要有：房产税、车船使用税、城镇土地使用税等。生产补贴则相反，它是政府为影响生产单位的生产、销售及定价等生产活动而对其提供的无偿支付，包括农业生产补贴、政策亏损补贴、进口补贴等。生产补贴作为负生产税处理。

固定资产折旧 指由于自然退化、正常淘汰或损耗而导致的固定资产价值下降，用以代表固定资产通过生产过程被转移到其产出中的价值。原则上，固定资产折旧应按照固定资产的重置价值计算。

营业盈余 指常住单位创造的增加值扣除劳动者报酬、生产税净额和固定资产折旧后的余额。

支出法国内生产总值 是从最终使用的角度反映一个国家(或地区)一定时期内生产活动最终成果的一种方法，包括最终消费支出、资本形成总额及货物和服务净出口三部分。计算公式为：

支出法国内生产总值=最终消费支出+资本形成总额+货物和服务净出口

最终消费支出 指常住单位为满足物质、文化和精神生活的需要，从本国经济领土和国外购买的货物和服务的支出。它不包括非常住单位在本国经济领土内的消费支出。最终消费支出分为居民消费支出和政府消费支出。

居民消费支出 指常住住户在一定时期内对于货物和服务的全部最终消费支出。居民消费支出除了直接以货币形式购买的货物和服务的消费支出外，还包括以其他方式获得的货物和服务的消费支出，后者称为虚拟消费支出。居民虚拟消费支出主要包括：单位以实物报酬及实物转移的形式提供给劳动者的货物和服务；住户生产用于自身消费的货物（如自产自用的农产品），以及纳入生产核算范围并用于自身消费的服务（如住户的自有住房服务）；银行和保险机构提供的间接计算的金融服务。

政府消费支出 指政府部门为全社会提供的公共服务的消费支出和免费或以较低的价格向居民住户提供的货物和服务的净支出，前者等于政府服务的产出价值减去政府单位所获得的经营收入的价值，后者等于政府部门免费或以较低价格向居民住户提供的货物和服务的市场价值减去向住户收取的价值。

资本形成总额 指常住单位在一定时期内获得减去处置的固定资产和存货的净额，包括固定资本形成总额和存货变动两部分。

固定资本形成总额 指常住单位在一定时期内获得的固定资产减处置的固定资产的价值总额。固定资产是通过生产活动生产出来的，且其使用年限在一年以上、单位价值在规定标准以上的资产，不包括自然资产、耐用消费品、小型工器具。固定资本形成总额包括住宅、其他建筑和构筑物、机器和设备、培育性生物资源、知识产权产品（研发支出、矿藏的勘探、计算机软件）的价值获得减处置。

存货变动 指常住单位在一定时期内存货实物量变动的市场价值，即期末价值减期初价值的差额，再扣除当期由于价格变动而产生的持有收益。存货变动可以是正值，也可以是负值，正值表示存货上升，负值表示存货下降。存货包括生产单位购进的原材料、燃料和储备物资等存货，以及生产单位生产的产成品、在制品和半成品等存货。

货物和服务净出口 指货物和服务出口减货物和服务

进口的差额。出口包括常住单位向非常住单位出售或无偿转让的各种货物和服务的价值；进口包括常住单位从非常住单位购买或无偿得到的各种货物和服务的价值。货物的出口和进口都按离岸价格计算。

直接消耗系数 也称为投入系数，记为 aij(i,j=1,2,…,n)它是指在生产经营过程中第 j 产品(或产业)部门的单位总产出所直接消耗的第 i 产品部门货物或服务的价值量，将各产品(或产业)部门的直接消耗系数用表的形式表现出来，就是直接消耗系数表或直接消耗系数矩阵，通常用字母 A 表示。

完全消耗系数 指第 j 产品部门每提供一个单位最终使用时，对第 i 产品部门货物或服务的直接消耗和间接消耗之和。将各产品部门的完全消耗系数用表的形式表现，就是完全消耗系数表或完全消耗系数矩阵，通常用字母 B 表示。

Explanatory Notes on Main Statistical Indicators

Gross Domestic Product (GDP) refers to the final products produced by all resident units in a country during a certain period of time. Gross domestic product is expressed in three different perspectives, namely value, income, and products respectively. GDP in its value perspective refers to the balance of total value of all goods and services produced by all resident units during a certain period of time, minus the total value of input of goods and services of the nature of non-fixed assets; in other words, it is the sum of the value-added of all resident units. GDP from the perspective of income refers to the sum of all kinds of revenue, including Compensation of Employees, Net Taxes on Production, Depreciation of Fixed Assets, and Operating Surplus. GDP from the perspective of products refers to the value of all goods and services for final demand by all resident units plus the net exports of goods and services during a given period of time. In the practice of national accounting, gross domestic product is calculated from three approaches, namely production approach, income approach and expenditure approach, which reflect gross domestic product and its composition from different angles.

For a region, it is called as Gross Regional Product(GRP) or regional GDP.

Three Strata of Industry Classification of economic activities into three strata of industries is a common practice in the world, although the grouping varies to some extent from country to country. In China, according to Industrial Classification for National Economic Activities (GB/T 4754—2017) and Rules on Division of Three Strata of Industries, economic activities are categorized into the following three strata of industries:

Primary industry refers to agriculture, forestry, animal husbandry and fishery industries (not including services in support of agriculture, forestry, animal husbandry and fishery industries).

Secondary industry refers to mining and quarrying (not including support activities for mining), manufacturing (not including repair service of metal products, machinery and equipment), production and supply of electricity, heat, gas and water, and construction.

Tertiary industry refers to all other economic activities not included in the primary or secondary industries.

Compensation of Employees refers to the total payment of various forms to employees for the productive activities they are engaged in. It includes the employees earn in cash or in kind. It mainly include: wages, bonuses and allowances, subsidies, social insurance paid by company or unit for its staff, supplementary social insurance, housing fund, the pension for the employees of the administrative institution, other forms of welfare and remuneration provide by the units for its employees.

Net Taxes on Production refers to taxes on production less subsidies on production. The taxes on production refers to the various taxes, extra charges and fees levied on the production units on their production, sale and business activities as well as on the use of some factors of production, such as fixed assets, land etc. in the production activities they are engaged in. Taxes on production are divided into product tax and other kinds of taxes on production, product tax mainly includes: value-added tax, consumption tax, import duty, export duty; other taxes on production mainly include: House Property Tax, Tax on Vehicles and Boat Operation, Urban Land Use Tax, etc. In contrast to taxes on production, subsidies on production refer to the payment by the government for free to the production units to influence production activities of production units such as production, sales and pricing, which include agricultural production subsidies, subsidies for policy losses, import subsidies, etc. Subsidies on production are therefore regarded as negative taxes on production.

Depreciation of Fixed Assets Refers to the decline of the value of fixed assets due to natural deterioration, normal elimination or loss, it reflects the value of transfer of the fixed assets in the production of the current period. In principle, the depreciation of fixed assets should be calculated on the basis of the re-purchased value of the fixed assets.

Operating Surplus refers to the balance of the value added created by the resident units after deducting the labourers remuneration, net taxes on production and the depreciation of fixed assets.

GDP by Expenditure Approach refers to the method of measuring the final results of production activities of a country (region) during a given period from the perspective of final uses. It includes final consumption expenditure, gross capital formation and net export of goods and services. The formula for computation is.:

GDP by expenditure approach = final consumption expenditure + gross capital formation + net export of goods and services

Final Consumption Expenditure refers to the total expenditure of resident units for purchases of goods and services from both the domestic economic territory and abroad to meet the needs of material, cultural and spiritual life. It does not include the expenditure of non-resident units on consumption in the economic territory of the country. The final consumption expenditure is broken down into household consumption expenditure and government consumption expenditure.

Household Consumption Expenditure refers to the total expenditure of resident households on the final consumption of goods and services. In addition to the consumption of goods and services bought by the households directly with money, the household consumption expenditure also includes expenditure on goods and services obtained by the households in other ways, i.e. the latter so-called imputed consumption expenditure, which mainly includes: (a) the goods and services provided to households by employers in the form of payment in kind and transfer in kind; (b) goods and services produced and consumed by the households themselves (such as self produced agricultural products); (c) financial intermediate services provided by banking and insurance institutions.

Government Consumption Expenditure refers to the consumption expenditure spent for the provision of public services provided by the government to the whole country and the net expenditure on the goods and services provided by the government to households free of charge or at reduced prices. The former equals to the output value of the government services minus the value of operating income obtained by the government departments. The latter equals to the market value of the goods and services provided by the government free of charge or at reduced prices to the households minus the value received by the government from the households.

Gross Capital Formation refers to the fixed assets acquired less disposals and the net value of inventory, thus including gross fixed capital formation and changes in inventories.

Gross Fixed Capital Formation refers to the value of acquisitions less those disposals of fixed assets during a given period. Fixed assets are the assets produced through production activities with unit value above a specified amount and which could be used for over one year. Natural assets, consumer durables, small instruments are not included. Gross Fixed Capital Formation includes the value of housing, other buildings and structure, equipment and machinery, breeding biological resources, intellectual property right product (expenditure for R&D, the prospecting of minerals and the acquisition of computer software) minus the disposal of them.

Changes in Inventories refers to the market value of the change in the physical volume of inventory of resident units during a given period, i.e. the difference between the values at the beginning and at the end of the period minus the gains due to the change in prices. The changes in inventories can have a positive or a negative value. A positive value indicates an increase in inventory while a negative value indicates a decrease in inventory. The inventory includes raw materials, fuels and reserve materials purchased by the production units as well as the inventory of finished products, semi-finished products and work-in-progress.

Net Export of Goods and Services refers to the exports of goods and services subtracting the imports of goods and services. Exports include the value of various goods and services sold or gratuitously transferred by resident units to non-resident units. Imports include the value of various goods and services purchased or gratuitously acquired resident units from non-resident units. Because the provision of services and the use of them happen simultaneously, the acquisition of services by resident units from abroad is usually treated as import while the acquisition of services by non-resident units in this country is usually treated as export. The exports and imports of goods are calculated at FOB.

Direct Input Coefficient refers to the volume of products and services of industry i, which is consumed directly by industry j in the course of its production or business, recorded as aij (i,j=1,2, … ,n). The table of direct input coefficients, or the direct input coefficients matrix, usually denoted as A, is a table that presents direct input coefficients of all industries.

Total Input Coefficient refers to the volume of products and services of industry i which is consumed directly and indirectly by industry j in producing each unit of final use. The table of total input coefficients, or total input coefficients matrix, usually denoted as B, is a table that presents total input coefficients of all industries.

价格指数

CHAPTER 4 PRICE INDICES

4-1　各种价格指数
Price Indices

(上年=100)　　(preceding year=100)

年　份 Year	商品零售价格指数 Retail Price Index	居民消费价格指数 Consumer Price Index	城市 Urban Areas	农村 Rural Areas	工业生产者购进价格指数 Purchasing Price Index for Industrial Producers	工业生产者出厂价格指数 Producer Price Index for Industrial Products
1978	100.2	100.5	100.5			
1979	101.8	102.5	102.5			
1980	105.6	107.3	107.3			
1981	102.1	102.1	102.1			
1982	102.8	103.0	103.0			
1983	102.2	102.5	102.5			
1984	104.4	104.3	104.4	103.1		
1985	111.7	111.8	111.9	110.0		
1986	105.9	106.2	106.0	107.5		
1987	109.6	109.4	109.7	106.6		
1988	117.8	118.0	118.6	116.1		
1989	114.0	114.6	114.6	114.6		
1990	104.9	105.7	105.6	106.3		
1991	106.5	107.4	108.2	105.3		
1992	108.5	109.2	109.7	105.9	112.9	111.6
1993	114.6	114.8	115.2	113.7	139.6	141.3
1994	120.7	121.9	122.0	121.3	119.3	129.0
1995	114.3	116.1	115.9	116.2	112.7	116.1
1996	105.1	107.1	107.6	105.8	103.4	104.6
1997	102.2	104.4	104.5	103.8	104.4	102.3
1998	98.4	100.4	100.9	99.7	97.7	97.8
1999	96.1	96.8	97.0	96.3	98.2	107.4
2000	97.8	98.3	98.7	97.2	108.6	122.9
2001	100.4	100.8	100.8	100.4	99.5	96.0
2002	98.5	99.3	99.3	99.5	99.3	97.8
2003	99.7	100.9	100.8	101.2	107.6	111.9
2004	102.8	103.8	103.5	105.2	115.2	113.1
2005	100.4	101.2	100.8	102.3	111.8	116.7
2006	101.5	101.9	101.8	102.4	105.6	109.9
2007	105.6	105.4	105.4	105.4	105.0	105.3
2008	105.8	105.6	105.0	107.2	114.1	114.0
2009	98.9	100.2	99.8	101.2	93.4	87.4
2010	103.1	103.9	103.6	104.9	114.5	115.0
2011	104.5	105.8	105.6	106.4	111.1	112.0
2012	102.2	103.2	103.3	102.9	98.8	100.0
2013	101.1	102.2	102.0	103.1	98.7	98.0
2014	100.8	101.5	101.4	101.6	97.6	97.1
2015	100.1	101.1	101.1	101.1	88.2	86.0
2016	101.1	101.5	101.2	102.1	96.0	95.1
2017	99.9	101.3	101.2	101.8	110.2	109.3
2018	101.1	102.0	102.0	101.9	109.0	109.0
2019	102.1	102.8	102.7	103.2	100.3	98.2
2020	101.5	102.3	102.1	102.9	95.1	93.4
2021	101.6	100.6	100.6	100.8	110.5	112.3

注：1.1994年后商品零售价格指数不包括农业生产资料。
2.从2011年起工业品出厂价格指数改为工业生产者出厂价格指数，原材料、燃料、动力购进价格指数改为工业生产者购进价格指数(下同)。

a) Since 1994, Retail Price Indices Exclude Agricultural Means of Production.

b) From 2011, the producer price index for manufactured goods and the purchasing price index for raw materials, fuel and power changed to the producer price index for industrial products and the purchasing price index for industrial producers(the same below).

4-2 各种价格定基指数
Fixed-Base Price Indices

年 份 Year	商品零售价格指数 Retail Price Index	居民消费价格指数 Consumer Price Index	城市 Urban Areas	农村 Rural Areas	工业生产者购进价格指数 Purchasing Price Index for Industrial Producers	工业生产者出厂价格指数 Producer Price Index for Industrial Products
1978=100						
1979	101.8	102.5	102.5			
1980	107.5	110.0	110.0			
1981	109.7	112.3	112.3			
1982	112.8	115.7	115.7			
1983	115.3	118.6	118.6			
1984	120.4	123.7	123.8			
1985	134.6	100.0	138.6	100.0		
1986	142.5	106.2	146.9	107.5		
1987	156.2	116.2	161.1	114.6		
1988	184.0	137.1	191.1	133.1		
1989	209.8	157.1	219.0	152.5		
1990	220.1	166.1	231.3	162.1		
1991	234.4	178.4	250.3	170.7		
1992	254.3	194.8	274.6	180.8		
1993	291.5	223.6	316.3	205.6		
1994	351.8	272.6	385.9	249.4		
1995	402.1	316.5	447.3	289.8	100.0	100.0
1996	422.6	339.0	481.3	306.6	103.4	104.6
1997	431.9	353.9	503.0	318.3	107.9	107.0
1998	425.0	355.3	507.5	317.3	105.5	104.7
1999	408.0	343.8	491.8	305.4	103.6	112.4
2000	399.0	337.9	485.4	296.8	112.5	138.1
2001	400.6	340.6	489.3	298.0	111.9	132.6
2002	394.6	338.2	485.9	296.5	111.1	129.7
2003	393.4	341.2	489.8	300.1	119.5	145.1
2004	404.4	354.2	506.9	315.7	137.7	164.1
2005	406.0	358.5	510.9	322.9	153.9	191.5
2006	412.1	365.3	520.1	330.6	162.5	210.5
2007	435.2	385.0	548.2	348.5	170.6	221.7
2008	460.4	406.6	575.6	373.6	194.7	252.7
2009	455.3	407.4	574.4	378.1	181.8	220.9
2010	469.4	423.3	595.1	396.6	208.2	254.0
2011	490.5	447.8	628.4	422.0	231.3	284.5
2012	501.3	462.1	649.1	434.2	228.5	284.5
2013	506.8	472.3	662.1	447.7	225.5	278.8
2014	510.9	479.4	671.4	454.9	220.1	270.7
2015	511.4	484.7	678.8	459.9	194.1	232.8
2016	517.0	492.0	686.9	469.6	186.3	221.4
2017	516.5	498.4	695.1	478.1	205.3	242.0
2018	522.2	508.4	709.0	487.2	223.8	263.8
2019	533.2	522.6	728.1	502.8	224.5	259.1
2020	541.2	534.6	743.4	517.4	213.5	242.0
2021	549.7	538.0	747.8	521.5	235.9	271.8

注：居民消费价格总指数及农村居民消费价格指数以1985年为基期，工业生产者出厂价格指数和工业生产者购进价格指数以1995年为基期。

a) The index of year 1985 is defined as 100 in Consumer Price Index and Rural Consumer Price Index,the index of year 1995 is defined as 100 in Purchasing Price Index for Industrial Producers and Producer Price Index for Industrial Products.

4-3　居民消费价格分类指数
Consumer Price Indices by Category

(上年=100)　　　(preceding year=100)

项　目	Item	2020年 全　省 Total Indices	2020年 城　市 Urban Indices	2020年 农　村 Rural Indices	2021年 全　省 Total Indices	2021年 城　市 Urban Indices	2021年 农　村 Rural Indices
居民消费价格指数	**Consumer Price Index**	**102.3**	**102.1**	**102.9**	**100.6**	**100.6**	**100.8**
食品烟酒	**Food, Tobacco and Liquor**	**108.0**	**107.7**	**108.9**	**99.5**	**99.8**	**98.5**
食　品	Food	109.6	109.1	110.7	98.9	99.4	97.8
粮　食	Grain	101.9	101.7	102.2	100.4	100.4	100.4
薯　类	Tubers	100.5	101.7	96.6	99.5	99.6	99.4
豆　类	Soybeans	106.4	107.0	105.2	107.6	109.9	104.2
食用油	Edible Oil	103.2	101.6	105.8	110.1	110.7	109.3
菜	Vegetables	105.1	105.6	103.6	106.1	106.2	105.7
畜肉类	Livestock Meat	138.9	136.5	145.3	83.6	85.5	79.0
禽肉类	Poultries Meat	102.9	102.7	103.8	96.7	96.7	96.4
水产品	Aquatic Products	103.7	103.4	104.7	108.2	107.7	110.1
蛋　类	Eggs	89.0	89.2	88.3	115.4	116.0	113.6
奶　类	Milk	101.4	101.3	101.8	101.8	102.0	101.0
干鲜瓜果类	Dried and Fresh Melons and Fruits	92.7	93.6	90.0	101.4	100.7	103.6
糖果糕点类	Confectionery	100.4	100.3	101.0	101.2	101.4	100.6
调味品	Flavoring	99.9	99.3	100.2	100.6	100.8	100.4
其他食品类	Other Foods	100.9	100.7	101.3	100.0	99.9	100.4
茶及饮料	Tea and Beverages	100.8	101.1	100.1	99.7	99.5	100.1
烟　酒	Tobacco and Liquor	100.4	100.5	100.3	100.6	100.9	100.2
在外餐饮	Dining Out	105.9	105.5	107.0	100.8	100.7	101.1
衣　着	**Clothing**	**99.1**	**99.0**	**99.5**	**100.8**	**101.1**	**100.0**
服　装	Garments	99.0	98.8	99.7	100.5	100.6	99.9
鞋　类	Footwear	99.1	99.2	98.8	102.1	102.7	100.2
居　住	**Residence**	**98.5**	**97.9**	**100.1**	**100.3**	**100.1**	**100.8**
租赁房房租	Rent of Rental Housing	96.9	96.4	100.2	98.6	98.4	99.5
住房保养维修及管理	Housing Maintenance and Management	100.4	100.8	99.9	100.7	100.5	101.1
水电燃料	Water, Electricity and Fuels	100.2	100.1	100.2	103.8	104.4	102.3
自有住房	Private Housing	97.1	96.0	100.1	98.8	98.4	100.0
生活用品及服务	**Supplies and Services**	**99.7**	**99.6**	**100.0**	**99.8**	**99.9**	**99.6**
家具及室内装饰品	Furniture and Interior Decorations	100.3	100.3	100.3	100.5	100.5	100.3
家用器具	Household Facilities	98.8	98.7	99.3	100.1	100.2	99.9
家用纺织品	Household Textile	99.6	99.2	100.9	99.2	99.0	100.2
家庭日用杂品	Daily Use Household Articles	99.1	98.8	99.8	100.3	100.6	99.5
个人护理用品	Personal-care Supply	101.7	101.9	100.5	98.3	98.3	98.3
家庭服务	Household Services	98.3	97.7	100.7	101.2	101.4	100.0
交通和通信	**Transportation and Communication**	**96.5**	**96.4**	**96.9**	**104.0**	**103.8**	**104.4**
交　通	Transportation	95.2	95.0	95.7	105.2	105.0	105.6
通　信	Communication	99.1	99.1	99.0	101.3	101.2	101.4
教育文化和娱乐	**Education, Culture and Recreation**	**102.3**	**102.4**	**102.1**	**100.5**	**100.4**	**100.7**
教　育	Education	102.4	102.4	102.5	100.7	100.7	100.7
文化娱乐	Cultural and Recreational Articles	101.9	102.3	99.5	99.9	99.8	100.7
医疗保健	**Health Care**	**102.5**	**103.0**	**101.4**	**101.1**	**100.2**	**102.9**
药品及医疗器具	Drugs and Medical Instrument	102.2	102.3	101.9	99.5	99.5	99.4
医疗服务	Medical Service	102.8	103.6	101.1	101.9	100.6	104.3
其他用品和服务	**Other Articles and Services**	**104.4**	**104.8**	**102.8**	**99.4**	**99.3**	**99.6**
其他用品类	Other Articles	110.0	110.6	107.1	100.3	100.3	100.2
其他服务类	Other Services	100.2	100.1	100.4	98.5	98.4	98.7

4-4 商品零售价格分类指数
Retail Price Indices by Category of Commodities

(上年=100) (preceding year=100)

项 目	Item	2020年			2021年		
		全 省 Total Indices	城 市 Urban Indices	农 村 Rural Indices	全 省 Total Indices	城 市 Urban Indices	农 村 Rural Indices
商品零售价格总指数	**Retail Price Index**	**101.5**	**101.5**	**101.6**	**101.6**	**101.6**	**101.6**
食品类	**Food**	**109.6**	**109.6**	**109.8**	**99.3**	**99.5**	**98.3**
粮 食	Grain	102.4	102.6	101.8	100.5	100.6	100.3
薯 类	Tubers	101.1	101.8	97.1	99.4	99.4	99.1
豆 类	Soybeans	106.8	107.1	105.4	107.9	108.8	104.2
食用油	Edible Oil	102.5	101.8	105.4	110.0	110.0	110.5
菜	Vegetables	105.2	105.5	103.1	106.2	106.2	106.0
畜肉类	Livestock Meat	137.8	136.8	145.8	84.2	85.1	78.1
禽肉类	Poultries Meat	102.8	102.6	104.0	96.1	96.1	96.2
水产品	Aquatic Products	103.3	103.1	105.0	107.8	107.7	109.4
蛋 类	Eggs	88.4	88.3	88.7	116.4	116.7	114.5
奶 类	Milk	102.2	102.2	101.7	102.0	102.1	101.1
干鲜瓜果类	Dried and Fresh Melons and Fruits	93.5	94.0	89.8	101.5	101.2	104.0
糖果糕点类	Confectionery	100.5	100.5	101.0	101.4	101.5	100.6
调味品	Flavoring	99.7	99.7	100.2	100.8	100.9	100.7
其他食品类	Other Foods	100.6	100.5	101.1	100.1	100.0	101.1
在外餐饮	Dining Out	105.7	105.5	107.2	100.8	100.7	101.4
饮料、烟酒	**Beverages, Tobacco and Liquor**	**100.8**	**100.9**	**100.2**	**100.6**	**100.6**	**100.3**
茶及饮料	Tea and Beverages	101.4	101.5	100.1	99.3	99.3	100.2
烟 草	Tobacco	100.2	100.2	100.0	100.3	100.3	100.0
酒	Liquor	101.6	101.8	100.5	101.9	102.0	101.1
服装、鞋帽类	**Garments, Shoes and Hats**	**98.7**	**98.6**	**99.4**	**101.1**	**101.3**	**99.9**
服 装	Garments	98.5	98.3	99.5	100.6	100.7	99.8
鞋帽袜	Footgear and Hats	99.2	99.3	98.9	102.5	102.9	100.1
其他衣着配件	Others	99.6	99.5	100.4	100.6	100.7	100.0
纺织品类	**Textiles**	**99.0**	**98.8**	**100.3**	**99.6**	**99.4**	**100.5**
服装材料	Clothing	100.0	100.0	100.0	99.4	99.3	100.3
床上用品	Bedding	98.7	98.5	100.4	99.6	99.4	100.5

4-4　续表　Continued

(上年=100)　　(preceding year=100)

项　目	Item	2020年 全省 Total Indices	2020年 城市 Urban Indices	2020年 农村 Rural Indices	2021年 全省 Total Indices	2021年 城市 Urban Indices	2021年 农村 Rural Indices
家用电器及音像器材	**Household Appliances and Music and Video Equipment**	**99.0**	**99.0**	**98.9**	**100.3**	**100.4**	**99.3**
家庭设备	Household Facilities	99.0	98.9	99.4	100.3	100.4	99.4
文娱用耐用消费品	Durable Consumer Goods for Recreational Use	99.0	99.1	98.0	100.4	100.7	98.9
专业音像器材	Sound and Video Equipment	99.5	99.5	99.3	100.1	100.1	100.0
文化办公用品	**Cultural and Official Appliances**	**100.0**	**100.0**	**99.6**	**102.0**	**102.0**	**101.5**
日用品	**Articles for Daily Use**	**98.4**	**98.2**	**99.9**	**100.7**	**101.0**	**99.1**
日用百货	General Merchandise for Daily Use	97.8	97.4	100.0	102.6	103.3	98.8
厨具餐具茶具	Kitchen Utensils and Tableware	100.0	100.2	98.8	98.4	98.5	97.2
洗涤用品	Washing Product	97.8	97.5	100.0	100.4	100.4	100.5
其它日用品	Others	99.1	99.0	100.3	100.6	100.7	99.7
体育娱乐用品	**Sports and Recreation Articles**	**99.9**	**99.9**	**100.1**	**100.4**	**100.4**	**99.9**
体育用品	Sports Goods	100.6	100.7	100.0	100.6	100.6	99.7
娱乐用品	Amusement Goods	99.7	99.7	100.1	100.3	100.4	99.9
交通、通信用品	**Transportation and Communication Articles**	**97.4**	**97.4**	**97.2**	**100.7**	**100.7**	**100.8**
交通运输机械	Transportation Facility	97.9	97.9	97.7	99.7	99.7	99.4
通信器材类	Communication Facility	96.2	96.2	96.2	103.4	103.4	103.5
家　具	**Furniture**	**100.3**	**100.4**	**100.3**	**100.8**	**100.8**	**100.2**
化妆品类	**Cosmetics**	**102.4**	**102.6**	**100.1**	**97.9**	**97.9**	**98.4**
金银饰品	**Gold, Silver Ornaments**	**118.3**	**119.2**	**112.2**	**100.8**	**100.7**	**101.4**
中西药品及医疗保健用品	**Medicines and Health Cares Articles**	**102.3**	**102.3**	**102.3**	**99.8**	**99.9**	**99.6**
医疗卫生器具	Medical Instruments	105.3	105.8	98.6	91.8	92.1	89.9
中　药	Traditional Chinese Medicines	103.9	104.3	101.9	102.1	102.2	101.0
西　药	Western Medicine	101.2	101.0	102.3	99.9	99.8	101.0
保健器具及用品	Health Care Appliances and Articles	104.0	103.9	104.3	102.0	102.1	100.1
书报杂志及电子出版物	**Newspapers, Magazines and E-journal**	**101.0**	**101.0**	**100.8**	**100.8**	**100.8**	**100.9**
教材及参考书	Teaching Materials and Reference Books	101.4	101.4	101.8	101.5	101.4	101.8
书报杂志	Newspapers and Magazines	100.8	100.9	100.4	100.3	100.4	100.0
计算机办公软件	Office Software	99.8	100.0	98.0	100.2	100.3	99.4
燃料类	**Fuels**	**92.9**	**92.6**	**94.3**	**115.7**	**115.6**	**116.7**
煤炭及制品类	Coal and Their Products	101.0	101.1	100.7	117.8	116.5	121.3
石油及制品	Oil and Their Products	90.2	90.4	88.7	115.5	115.5	115.5
建筑材料及五金电料类	**Building Materials, Hardware and Electric Materials**	**100.2**	**100.1**	**101.0**	**100.7**	**100.7**	**100.9**
建筑装潢材料	Building Decoration Materials	100.4	100.3	101.1	100.8	100.8	101.2
五金水暖	Hardware	99.7	99.5	100.7	100.2	100.1	100.2

4-5　农产品生产价格指数
Producer Price Indices for Farm Products

(上年=100) (preceding year=100)

指　　标	Item	2017	2018	2019	2020	2021
总指数	**General Index**	**95.1**	**100.8**	**106.2**	**118.5**	**111.1**
农业产品	Agricultural Products	96.1	102.9	99.5	112.1	117.3
林业产品	Forestry Products	115.3	105.1	102.5	100.7	99.4
畜牧业产品	Animal Husbandry Products	89.8	89.6	141.1	129.9	79.2
渔业产品	Fishery Products	95.3	99.1	105.3	112.8	109.6

4-6　按工业部门分工业生产者出厂价格指数
Producer Price Indices for Industrial Products by Category

(上年=100) (preceding year=100)

类　　别	Category	2017	2018	2019	2020	2021
总指数	**General Index**	**109.3**	**109.0**	**98.2**	**93.4**	**112.3**
轻工业	Light Industry	99.5	101.0	101.0	102.2	102.2
以农产品为原料	Using Farm Products as Raw Materials	99.2	100.8	101.2	102.6	101.9
以非农产品为原料	Using Non-Farm Products as Raw Materials	101.8	102.8	99.5	99.2	103.5
重工业	Heavy Industry	113.9	112.4	97.0	89.4	116.5
采掘工业	Mining & Quarrying Industry	129.3	125.2	96.1	75.1	132.6
原料工业	Raw Materials Industry	113.6	110.0	95.6	90.8	114.3
加工工业	Manufacturing Industry	102.9	103.3	99.4	99.6	104.9
生产资料	Means of Production	113.5	112.3	96.9	89.8	117.4
采　　掘	Mining & Quarrying Industry	129.3	125.2	96.1	75.1	132.6
原　　料	Raw Materials Industry	113.6	110.6	95.4	90.7	113.7
加　　工	Manufacturing Industry	103.0	103.2	99.3	99.9	109.1
生活资料	Consumer Goods	99.4	100.6	101.4	102.1	98.9
食　　品	Food	99.1	100.5	101.6	102.5	101.3
衣　　着	Clothing	98.6	99.0	99.6	101.3	99.1
一般日用品	Articles for Daily Use	100.9	101.5	100.7	100.2	101.6
耐用消费品	Durable Consumer Goods	99.2	100.8	100.5	100.4	83.1
冶金工业	Metallurgical Industry	115.6	108.7	101.0	100.8	128.3
电力工业	Power Industry	100.5	99.8	100.7	100.5	100.1
煤炭及炼焦工业	Coal and Coking Industry	131.3	110.1	101.6	97.2	120.7
石油工业	Petroleum Industry	124.2	123.0	94.5	75.2	132.1
化学工业	Chemical Industry	109.8	108.9	96.3	96.2	111.3
机械工业	Machine Building Industry	100.1	100.7	100.3	100.6	96.1
建筑材料工业	Building Materials Industry	103.7	108.3	97.0	99.3	113.4
森林工业	Timber Industry	99.9	99.6	99.7	98.6	98.8
食品工业	Food Industry	99.1	100.3	101.6	102.9	101.8
纺织工业	Textile Industry	100.0	100.0	103.1	97.0	99.7
缝纫工业	Tailoring Industry	98.9	98.5	99.4	102.1	99.6
皮革工业	Leather Industry	98.8	99.9	100.0	100.3	100.0
造纸工业	Paper Industry	108.1	112.0	94.0	98.2	103.3
文教艺术用品工业	Cultural, Educational & Handicrafts Articles	100.4	100.6	100.0	99.9	103.0
其他工业	Others	101.3	101.1	99.1	101.1	104.8

4-7　按工业行业分工业生产者出厂价格指数
Producer Price Indices for Industrial Products by Sector

(上年=100)　　(preceding year=100)

行　　业	Sector	2017	2018	2019	2020	2021
总指数	**General Indices**	**109.3**	**109.0**	**98.2**	**93.4**	**112.3**
采矿业	**Mining and Quarrying**					
煤炭开采和洗选业	Mining and Washing of Coal	128.0	107.6	103.6	97.5	111.7
石油和天然气开采业	Extraction of Petroleum and Natural Gas	133.2	130.1	94.9	68.8	148.0
黑色金属矿采选业	Mining and Processing of Ferrous Metal Ores	114.5	103.8	111.6	107.4	116.9
有色金属矿采选业	Mining and Processing Non-ferrous Metal Ores	121.5	117.0	99.7	96.8	131.2
非金属矿采选业	Mining and Processing of Nonmetal Ores	102.7	108.9	102.8	98.7	101.0
开采专业及辅助性活动	Professional and Support Activities For Mining	99.9	98.1	99.9	100.0	102.5
制造业	**Manufacturing**					
农副食品加工业	Processing of Food from Agricultural Products	98.4	100.0	100.9	103.5	101.3
食品制造业	Manufacture of Foods	101.3	101.3	101.8	100.4	103.5
酒、饮料和精制茶制造业	Manufacture of Wine, soft drinks and refined tea	97.8	102.5	97.5	102.8	104.5
烟草制品业	Manufacture of Tobacco	100.0	100.0	118.8	108.1	100.0
纺织业	Manufacture of Textile	100.0	100.0	103.1	97.0	99.7
纺织服装、服饰业	Manufacture of Textile and Apparel	98.9	98.5	99.4	102.1	99.6
皮革、毛皮、羽毛及其制品和制鞋业	Manufacture of Leather, Furs, Feather and Related Products and Footwear	98.9	99.9	100.4	101.0	100.0
木材加工和木、竹、藤、棕、草制品业	Processing of Timber, Manufacture of Wood, Bamboo, Rattan, Palm and Straw Products	100.0	99.4	99.6	98.4	98.2
家具制造业	Manufacture of Furniture	99.1	101.0	100.4	100.2	102.2
造纸和纸制品业	Manufacture of Paper and Paper Products	108.1	112.0	94.0	98.2	103.3
印刷和记录媒介复制业	Printing and Reproduction of Recording Media	102.2	101.3	99.4	100.7	103.3
文教、工美、体育和娱乐用品制造业	Manufacture of Articles for Culture, Education and Sports Activities	99.6	100.1	102.1	101.4	104.2
石油、煤炭及其他燃料加工业	Processing of Petroleum, Coal and Other Fuels	118.3	115.5	93.0	82.0	126.2
化学原料和化学制品制造业	Manufacture of Chemical Raw Material and Chemical Products	117.1	113.2	93.5	92.7	119.9
医药制造业	Manufacture of Medicines	102.5	103.1	100.3	98.8	101.6
化学纤维制造业	Manufacture of Chemical Fiber	121.3	121.2	86.2	80.2	96.5
橡胶塑料制品业	Manufacture of Rubber and Plastics Products	105.7	103.0	99.6	98.5	107.6
非金属矿物制品业	Manufacture of Non-metallic Mineral Products	103.5	107.0	96.5	99.6	114.0
黑色金属冶炼及压延加工业	Smelting and Pressing of Ferrous Metals	126.1	113.4	96.9	98.1	131.0
有色金属冶炼及压延加工业	Smelting and Pressing of Non-ferrous Metals	99.8	102.8	109.5	106.1	125.7
金属制品业	Manufacture of Metal Products	104.9	102.5	101.2	101.4	105.0
通用设备制造业	Manufacture of General Purpose Machinery	99.2	99.6	100.6	99.2	100.6
专用设备制造业	Manufacture of Special Purpose Machinery	100.9	101.0	100.8	103.0	100.1
汽车制造业	Manufacture of Automotive	100.1	100.1	100.0	99.9	83.9
铁路、船舶、航空航天和其他运输设备制造业	Manufacture of Railway, Ship, Aerospace and Other Transport Equipment	100.5	100.3	100.7	99.8	100.3
电气机械及器材制造业	Manufacture of Electrical Machinery and Apparatus	100.3	102.8	98.8	100.8	105.9
计算机、通信和其他电子设备制造业	Manufacture of Computers, Communication and Other Electronic Equipment	108.8	99.9	98.0	100.6	101.2
仪器仪表制造业	Manufacture of Measuring Instruments	100.1	102.4	102.8	101.7	100.4
其他制造业	Other Manufacturing	118.7	100.0	100.0	100.0	104.7
废弃资源综合利用业	Comprehensive Utilization of Waste Resources Industry	111.5	113.6	103.3	103.9	136.4
金属制品、机械和设备修理业	Repair Service of Metal Products, Machinery and Equipment	100.0	100.0	99.9	99.5	103.1
电力、燃气及水生产和供应业	**Production and Supply of Electric Power, heat, Gas and Water**					
电力、热力生产和供应业	Production and Supply of Electric Power and Heat Power	100.5	99.8	100.7	100.5	100.1
燃气生产和供应业	Production and Supply of Gas	100.8	97.1	104.2	100.9	100.3
水的生产和供应业	Production and Supply of Water	100.0	100.0	99.9	100.3	100.3

4-8 工业生产者购进价格指数
Purchasing Price Indices for Industrial Producers

(上年=100) (preceding year=100)

类　别	Category	2017	2018	2019	2020	2021
总指数	**General Index**	**110.2**	**109.0**	**100.3**	**95.1**	**110.5**
燃料、动力类	Fuels and Motive Power	117.3	114.9	98.0	87.2	119.3
黑色金属材料类	Ferrous Metals Materials	107.1	106.5	104.3	102.6	114.6
# 钢　材	Steel Products	104.3	105.5	104.1	101.9	110.2
其　他	Others	118.9	110.2	105.4	105.7	119.0
有色金属材料和电线类	Nonferrous Metals Materials and Electric Wire	103.4	100.5	99.7	100.4	120.2
化工原料类	Chemical Raw Materials	107.4	105.8	91.5	88.6	115.2
木材及纸浆类	Logging and Paper Pulp	104.9	106.2	99.0	96.1	102.5
建筑材料类及非金属矿类	Building Materials and Nonmetal Minerals	107.0	109.7	96.6	97.8	104.6
其他工业原料及半成品	Others Industry Materials & Semi Finished Articles	101.9	102.3	102.6	102.0	103.9
农副产品类	Farm Products	99.2	96.8	110.1	113.2	105.1
纺织原料类	Textile Raw Materials	101.4	99.8	98.9	97.6	95.5

主要统计指标解释

居民消费价格指数　是反映一定时期内城乡居民所购买的生活消费品和服务项目价格变动趋势和程度的相对数。

城市居民消费价格指数　是反映一定时期内城市居民家庭所购买的生活消费品价格和服务项目价格变动趋势和程度的相对数。通过该指数可以观察和分析消费品的零售价格和服务项目价格变动对城镇居民收入和消费支出的影响。

农村居民消费价格指数　是反映一定时期内农村居民家庭所购买的生活消费品价格和服务项目价格变动趋势和程度的相对数。该指数可以观察农村消费品的零售价格和服务项目价格变动对农村居民收入和生活消费支出的影响。

商品零售价格指数　是反映一定时期内城乡商品零售价格变动趋势和程度的相对数。

农产品生产者价格指数　是反映一定时期内，农产品生产者出售农产品价格水平变动趋势及幅度的相对数。该指数可以客观反映全国农产品生产价格水平和结构变动情况，满足农业与国民经济核算需要。其中某代表品生产价格指数是通过对全部有出售该产品行为的调查单位的个体指数进行几何平均求得的，类价格指数是通过对其所属的类（或代表品）的价格指数进行加权平均求得的。季度累计价格指数的计算方法与分季指数的计算方法相同。

工业生产者出厂价格指数　是反映一定时期内全部工业产品第一次出售时的出厂价格总水平的变动趋势和变动幅度的相对数。

工业生产者购进价格指数　是反映作为中间投入的原材料、燃料、动力购进价格总水平的变动趋势和变动幅度的相对数。

固定资产投资价格指数　是反映一定时期内固定资产投资品及取费项目的价格变动趋势和变动幅度的相对数。

Explanatory Notes on Main Statistical Indicators

Consumer Price Indices are relative figures reflecting the trend and degree of changes in prices of consumer goods and services purchased by urban and rural households during a given period.

Consumer Price Indices of Urban Household reflect the trend and degree of changes in prices of consumer goods and services purchased by urban households during a given period. It can be used to observe and analyze the impact of price changes in consumer goods and services on urban household income and consumption expenditure.

Consumer Price Indices of Rural Household reflect the trend and degree of changes in prices of consumer goods and services purchased by rural households during a given period. It can be used to observe the impact of change in retail prices of consumer goods and service prices on rural household income and consumption expenditure on living.

Retail Price Indices are relative figures reflecting the trend and degree of changes in retail prices of commodities during a given period.

Producer Prices Indices for Farm Products are relative figures reflecting the trend and degree of changes in producers' prices received by farmers when they sell farm products during a given period. These indices depict the change in the level and structure of producer prices for farm products of the country and meet the needs of agricultural statistics and national accounts statistics. The producer price index for a given product is calculated as the geometrical mean of individual indices for all surveyed units which sell such products, and the indices for a product category is obtained as the weighted mean of price indices for all products in the category. Method for calculating accumulative quarterly indices is the same as for calculating the distinctive quarterly indices.

Producer Price Indices for Industrial Products are relative figures reflecting the trend and degree of changes in general ex-factory prices of all manufactured goods for first sale during a given period.

Purchasing Price Indices for Industrial Producers are relative figures reflecting changes in the level and degree of purchasing prices such as intermediate input such as raw materials, fuels and power.

Price Indices for Investment in Fixed Assets are relative figures reflecting the trend and degree of changes in prices of investment goods and projects in fixed assets during a given period.

第5篇

人民生活

CHAPTER 5 PEOPLE'S LIVING CONDITIONS

5-1　人民生活基本情况
Basic Statistics on People's Living Conditions

项　　目	Item	2017	2018	2019	2020	2021
就　　业	**Employment**					
每一农村劳动力负担人数(人)	Number of Dependents per Rural Laborer(person)	1.3	1.3	1.3	1.3	1.2
每一城镇就业者负担人数(人)	Number of Dependents per Urban Employee(person)	2.2	2.2	2.2	2.4	2.4
城镇登记失业率(%)	Urban Registered Unemployment Rate(%)	4.21	3.99	3.53	3.37	3.18
收　　入	**Income of Rural and Urban Residents**					
全省居民人均可支配收入(元)	Annual Per Capita Disposable Income of the Province Households(yuan)	21206	22726	24254	24902	27159
农村常住居民人均可支配收入(元)	Annual Per Capita Disposable Income of Rural Households(yuan)	12665	13804	14982	16168	17889
城镇常住居民人均可支配收入(元)	Annual Per Capita Disposable Income of Urban Households(yuan)	27446	29191	30945	31115	33646
城镇非私营单位就业人员平均工资(元)	Average Wage of Employed Persons In Urban Non-private Units(yuan)	56067	60780	68416	74554	80369
消　　费	**Consumption**					
全省居民人均消费支出(元)	Per Capita Annual Living Expenditure of the Province Households(yuan)	15577	16994	18111	17056	20636
农村常住居民人均消费支出(元)	Per Capita Annual Living Expenditure of Rural Households(yuan)	10524	11417	12495	12360	15225
农村居民恩格尔系数(%)	Engel's Coefficient of Rural Households (%)	26.5	26.3	26.8	34.3	33.6
城镇常住居民人均消费支出(元)	Per Capita Annual Living Expenditure of Urban Households(yuan)	19270	21035	22165	20397	24422
城镇居民恩格尔系数(%)	Engel's Coefficient of Urban Households (%)	27.2	26.3	26.2	29.6	29.1
储　　蓄	**Savings**					
城乡居民年底储蓄存款余额(亿元)	Balance of Savings Deposit of Rural and Urban Residents at Year-end(100 million yuan)	14331	15611	18056	21170	24012
平均每人储蓄存款余额(元)	Per Capita Balance of Saving Deposit (yuan)	41769	46420	54865	65888	76278
城市公用事业	**Public Utilities in Urban Areas**					
城市人口用水普及率(%)	Coverage Rate of Urban Population with Access to Tap Water(%)	98.5	98.5	98.8	99.0	99.2
燃气普及率(%)	Coverage Rate of Urban Population with Access to Tap Gas(%)	87.8	89.5	91.1	90.8	92.2
每万人拥有公共交通车辆(标台)	Number of Public Transportation Vehicles Per 10000 Population(unit)	15.5	15.8	16.5	15.7	14.6
人均公园绿地面积(平方米)	Per Capita Public Green Areas(sq.m)	11.8	12.4	12.4	12.8	13.6
教育、文化、卫生	**Education, Culture and Public Health**					
学龄儿童入学率(%)	Enrollment Ratio of School-Age Children(%)	99.9	99.9	100.0	100.0	100.0
每万人口在校大学生数(人)	Number of University Students per 10000 Persons(person)	256.5	258.6	253.0	316.1	368.1
城镇每百户拥有彩色电视机(台)	Number of Color TV Sets per 100 Households in Urban Areas(unit)	101	99	100	100	97
农村每百户拥有彩色电视机(台)	Number of TV Sets per 100 Households in Rural Areas(unit)	106	103	102	103	100
每万人拥有卫生机构病床数(张)	Number of Hospital Beds per 10000 Persons(bed)	63.6	66.3	68.7	79.5	83.4
每万人拥有卫生技术人员数(人)	Number of Medical Personnel per 10000 Persons(person)	60.4	61.2	63.3	76.2	79.6

5-2 城乡居民家庭人均收入和恩格尔系数

Per Capita Annual Income and Engel's Coefficient of Urban and Rural Households

年 份 Year	农村居民人均可支配收入 Per Capita Annual Net Income of Rural Households		城镇居民人均可支配收入 Per Capita Annual Disposable Income of Urban Households		农村居民家庭恩格尔系数(%) Engel's Coefficient of Rural Households(%)	城镇居民家庭恩格尔系数(%) Engel's Coefficient of Urban Households (%)
	绝对数(元) Value (yuan)	指数 Index (1985=100)	绝对数(元) Value (yuan)	指数 Index (1985=100)		
1978	172	56.3	455		61.8	42.9
1979	191	59.8	458		57.0	
1980	205	61.7	420		57.7	56.7
1981	224	62.7	424		58.2	57.4
1982	252	67.3	460		57.7	58.6
1983	388	102.4	518		55.0	58.2
1984	432	112.1	580		53.4	56.9
1985	398	100.0	742	100.0	57.7	52.8
1986	476	115.6	830	105.5	56.4	51.7
1987	474	112.3	889	103.0	55.2	52.6
1988	553	128.9	1004	98.1	55.5	50.3
1989	535	112.4	1138	97.0	55.0	51.8
1990	760	144.3	1211	97.7	56.6	51.1
1991	735	135.5	1389	103.6	57.7	50.6
1992	949	160.5	1630	110.9	62.0	49.9
1993	1028	163.8	1960	115.7	61.0	49.2
1994	1394	175.6	2597	125.6	64.4	50.8
1995	1766	199.9	3375	140.9	55.0	48.2
1996	2182	213.1	3768	146.2	55.5	46.2
1997	2308	219.1	4091	151.9	54.8	45.9
1998	2253	217.1	4269	157.1	55.0	43.5
1999	2166	211.9	4595	174.2	52.8	40.5
2000	2148	213.6	4913	188.9	44.3	38.4
2001	2280	226.2	5426	207.0	42.7	37.2
2002	2405	239.3	6101	241.8	41.6	35.5
2003	2509	248.9	6679	255.0	40.7	35.6
2004	3005	287.0	7471	275.7	40.9	35.4
2005	3221	299.9	8273	303.0	36.3	33.5
2006	3552	325.4	9182	330.4	35.3	33.3
2007	4132	357.0	10245	349.8	34.6	35.0
2008	4856	391.3	11581	375.2	33.0	36.3
2009	5207	414.8	12566	408.2	31.4	35.3
2010	6211	471.7	13857	434.3	33.8	35.4
2011	7591	541.5	15696	466.0	35.1	36.1
2012	8604	596.5	17760	510.4	37.9	36.1
2013	9634	647.8	19597	552.2	35.2	35.8
2014	10453		22609		28.2	27.5
2015	11095		24203		27.5	27.7
2016	11832		25736		27.7	27.7
2017	12665		27446		26.5	27.2
2018	13804		29191		26.3	26.3
2019	14982		30945		26.8	26.2
2020	16168		31115		34.3	29.6
2021	17889		33646		33.6	29.1

注：从2014年起，居民收支调查数据为新口径汇总数据，与以前年份不可比。

a) Since 2014, Income and Expenditure Survey data is the new residents caliber aggregate data and that is not comparable with previous years.

5-3　城镇居民家庭基本情况
Basic Conditions of Urban Households

单位：元　　(yuan)

项　目	Item	2018	2019	2020	2021
调查户数(户)	**Number of Households Surveyed (household)**	**3486**	**3488**	**3490**	**3490**
期内户均常住成员数(人)	Average Household Size(person)	2.5	2.5	2.5	2.5
平均每户就业人口(人)	Average Number of Employed Persons per Household(person)	1.2	1.1	1.1	1.0
平均每户就业面(%)	Percentage of Employment per Household(%)	46.0	45.3	42.4	42.1
平均每一就业者负担人数(人)	Number of Dependents Per Employee(person)	2.2	2.2	2.4	2.4
人均可支配收入	**Per Capita Disposable Income**	**29191**	**30945**	**31115**	**33646**
工资性收入	Income of Wages and Salaries	16706	17829	17543	19025
经营净收入	Net Business Income	3302	3422	2753	2872
财产净收入	Net Income from Property	1387	1367	1324	1350
转移净收入	Net Income from Transfer	7797	8327	9495	10399
消费支出	**Consumption Expenditure**	**21035**	**22165**	**20397**	**24422**
食品烟酒	Food, Tobacco and Liquor	5525	5814	6029	7095
衣　着	Clothing	1920	1873	1615	1780
居　住	Residence	4149	4319	4449	4945
生活用品及服务	Household Facilities, Articles and Services	1173	1093	1142	1293
交通通信	Transport and Communications	2605	2612	2436	3093
教育文化娱乐	Education, Cultural and Recreation	2473	2926	1891	2715
医疗保健	Health Care and Medical Services	2512	2841	2351	2851
其他用品和服务	Miscellaneous Goods and Services	678	687	484	651
恩格尔系数(%)	**Engel's Coefficient(%)**	**26.3**	**26.2**	**29.6**	**29.1**

5-4 农村居民家庭基本情况
Basic Conditions of Rural Households

单位：元 (yuan)

项　目	Item	2018	2019	2020	2021
调查户数(户)	**Number of Households Surveyed (household)**	**1810**	**1810**	**1810**	**1810**
期内住户常住成员数(人)	Number of Permanent Residents in the Households Surveyed	5109	4976	4863	4805
平均每户整、半劳动力	Average Number of Full/Semi Labour Force (including the laborer himself or herself)	2.1	2.0	2.1	2.1
平均每个劳动力负担人口	Average Number of Dependents per Laborer Force	1.3	1.3	1.3	1.2
人均可支配收入	**Per Capita Disposable Income**	**13804**	**14982**	**16168**	**17889**
工资性收入	Income of Wages and Salaries	3009	3330	3152	3322
经营净收入	Net Business Income	7053	7196	8452	9354
财产净收入	Net Income from Property	679	759	848	1109
转移净收入	Net Income from Transfer	3062	3698	3716	4104
消费支出	**Consumption Expenditure**	**11417**	**12495**	**12360**	**15225**
食品烟酒	Food, Tobacco and Liquor	3001	3350	4244	5120
衣　着	Clothing	695	834	859	1018
居　住	Residence	1917	1922	2047	2268
生活用品及服务	Household Facilities, Articles and Services	491	501	549	680
交通通信	Transport and Communications	1633	1909	1681	2288
教育文化娱乐	Education, Cultural and Recreation	1419	1779	1198	1596
医疗保健	Health Care and Medical Services	2030	1925	1563	1939
其他用品和服务	Miscellaneous Goods and Services	232	275	221	318
恩格尔系数(%)	**Engel's Coefficient(%)**	**26.3**	**26.8**	**34.3**	**33.6**

5-5 城镇家庭居住户耐用消费品百户拥有情况
Number of Durable Consumer Goods Owned Per 100 Urban Households

品　名	Item	2017	2018	2019	2020	2021
摩托车　(辆)	Motorcycle (unit)	9	7	6	6	5
家用汽车　(辆)	Automobile (unit)	17	21	25	26	33
洗衣机　(台)	Washing Machine (unit)	94	95	98	98	97
电冰箱(柜)(台)	Refrigerator (unit)	95	98	100	101	100
彩色电视机(台)	Color TV Set (unit)	101	99	100	100	97
计算机　(台)	Computer (unit)	60	54	54	54	42
照相机　(台)	Camera (unit)	18	12	12	12	5
微波炉　(台)	Microwave Oven (unit)	36	34	35	36	34
空调　(台)	Air Conditioner (unit)	11	14	14	15	19
热水器　(台)	Shower (unit)	52	71	75	78	81
移动电话　(部)	Mobile Telephone (unit)	208	212	223	224	219

5-6　农村家庭居住户耐用消费品百户拥有情况
Number of Durable Consumer Goods Owned Per 100 Rural Households

项　目	Item	2017	2018	2019	2020	2021
洗衣机　(台)	Washing Machine (unit)	90	90	93	94	95
电冰箱(柜)(台)	Refrigerator (unit)	93	94	98	100	103
排油烟机　(台)	Smoke Absorber (unit)	13	11	11	12	15
微波炉　(台)	Microwave Oven (unit)	5	6	6	6	5
热水器　(台)	Shower (unit)	8	8	9	11	12
摩托车　(辆)	Motorcycle (unit)	53	46	42	40	41
固定电话　(部)	Telephone (unit)	12	7	3	2	2
移动电话　(部)	Mobile Telephone (unit)	213	222	236	237	230
彩色电视机(台)	Color TV Set (unit)	106	103	102	103	100
计算机　(台)	Computer (unit)	28	21	20	22	16
照相机　(台)	Camera (unit)	5	1	1	1	1

5-7　城乡居民人民币储蓄存款(年底余额)
Savings Deposit of Urban and Rural Households at Year-End

年　份 Year	城乡储蓄存款余额(亿元) Balance of Savings Deposit of Rural and Urban Residents (100 million yuan)	全省人均储蓄存款(元) Per Capita Balance of Saving Deposit (yuan)	年　份 Year	城乡储蓄存款余额(亿元) Balance of Savings Deposit of Rural and Urban Residents (100 million yuan)	全省人均储蓄存款(元) Per Capita Balance of Saving Deposit (yuan)
1978	9	30	2005	4079	10681
1980	19	59	2006	4374	11445
1985	70	210	2007	4478	11712
1990	309	876	2008	5545	14499
1991	389	1092	2009	6430	16809
1992	476	1325	2010	7255	18944
1993	583	1608	2011	8147	21397
1994	791	2162	2012	9269	24698
1995	1091	2960	2013	10059	27223
1996	1419	3820	2014	10857	29851
1997	1690	4519	2015	12440	34860
1998	1907	5068	2016	13448	38467
1999	2119	5603	2017	14331	41769
2000	2286	6015	2018	15611	46420
2001	2578	6769	2019	18056	54865
2002	2916	7649	2020	21170	65888
2003	3342.4	8764	2021	24012	76278
2004	3585.7	9397			

5-8 分地区城乡常住居民人均可支配收入
Per Capita Disposable Income of Urban and Rural Households by Region

单位：元 (yuan)

地 区	Region	城镇常住居民人均可支配收入 Annual Per Capita Disposable Income of Urban Households					农村常住居民人均可支配收入 Annual Per Capita Disposable Income of Rural Households				
		2017	2018	2019	2020	2021	2017	2018	2019	2020	2021
全 省	**Average**	**27446**	**29191**	**30945**	**31115**	**33646**	**12665**	**13804**	**14982**	**16168**	**17889**
哈尔滨	Harbin	35546	37828	40007	39791	42745	15557	16934	18238	19631	21512
齐齐哈尔	Qiqihar	26304	28051	30031	30736	33084	13965	15283	16689	18057	19954
鸡 西	Jixi	22607	23889	25413	25957	28252	16808	18258	19700	21217	23406
鹤 岗	Hegang	21370	22639	24149	24521	26042	13967	15134	16466	17783	19463
双鸭山	Shuangyashan	23806	25272	26844	27340	29448	13882	15102	16235	17290	18927
大 庆	Daqing	38736	41091	43298	42891	45876	14757	15978	17368	18584	20424
伊 春	Yichun	23676	25191	26707	26881	29194	13725	15017	16188	17386	
佳木斯	Jiamusi	26332	28141	29869	30658	33150	14872	16315	17702	19196	21154
七台河	Qitaihe	23528	24949	26431	26315	28298	12169	13230	14340	15473	17238
牡丹江	Mudanjiang	30569	32504	34422	34133	36641	16896	18458	20045	21729	23832
黑 河	Heihe	26138	27957	29970	30899	33477	14007	15268	16734	18247	20528
绥 化	Suihua	23450	25023	26760	27546	29700	12831	14002	15262	16616	18475
大兴安岭	Daxinganling	23220	24718	26285	26876	29136	12098	13288	14378	15499	17483

主要统计指标解释

从 2012 年四季度起，国家统计局对分别进行的城乡住户调查实施了一体化改革，规范了城乡划分范围，统一了城乡居民收入指标名称、分类和统计标准，建立了城乡统一的一体化住户调查，并据此采集全国居民有关数据。1978-2012 年的数据，根据国家统计局城镇住户调查和农村住户调查的历史数据，按照住户收支与生活状况调查可比口径推算得到。

一、居民可支配收入

居民可支配收入指居民可用于最终消费支出和储蓄的总和，即居民可用于自由支配的收入。既包括现金收入，也包括实物收入。按照收入的来源，可支配收入包含四项，分别为：工资性收入、经营净收入、财产净收入和转移净收入。

工资性收入　指就业人员通过各种途径得到的全部劳动报酬和各种福利，包括受雇于单位或个人、从事各种自由职业、兼职和零星劳动得到的全部劳动报酬和福利。

经营净收入　指住户或住户成员从事生产经营活动所获得的净收入，是全部经营收入中扣除经营费用、生产性固定资产折旧和生产税之后得到的净收入。计算公式为：

经营净收入=经营收入-经营费用-生产性固定资产折旧-生产税

财产净收入　指住户或住户成员将其所拥有的金融资产、住房等非金融资产和自然资源交由其他机构单位、住户或个人支配而获得的回报并扣除相关的费用之后得到的净收入。财产净收入包括利息净收入、红利收入、储蓄性保险净收益、转让承包土地经营权租金净收入、出租房屋净收入、出租其他资产净收入和自有住房折算净租金等。财产净收入不包括转让资产所有权的溢价所得。

转移净收入　计算公式为：转移净收入=转移性收入-转移性支出

转移性收入　指国家、单位、社会团体对住户的各种经常性转移支付和住户之间的经常性收入转移。包括养老金或退休金、社会救济和补助、政策性生产补贴、政策性生活补贴、救灾款、经常性捐赠和赔偿、报销医疗费、住户之间的赡养收入，本住户非常住成员寄回带回的收入等。转移性收入不包括住户之间的实物馈赠。

转移性支出　指调查户对国家、单位、住户或个人的经常性或义务性转移支付。包括缴纳的税款、各项社会保障支出、赡养支出、经常性捐赠和赔偿支出以及其他经常转移支出等。

根据住户收支与生活状况调查，分城镇和农村的居民人均可支配收入等数据的覆盖人群主要变化：一是计算城镇居民人均可支配收入时分母包括了在城镇地区常住的农民工，计算农村居民人均可支配收入时分母不包括在城镇地区常住的农民工；二是由本户供养的在外大学生视为常住人口。

二、居民消费支出

居民消费支出是指居民用于满足家庭日常生活消费需要的全部支出，既包括现金消费支出，也包括实物消费支出。消费支出可划分为食品烟酒、衣着、居住、生活用品及服务、交通通信、教育文化娱乐、医疗保健以及其他用品及服务八大类。

食品烟酒　指用于各种食品和烟草、酒类的支出。

衣着　指与居民穿着有关的支出，包括服装、服装材料、鞋类、其他衣类及配件、衣着相关加工服务的支出。

居住　指与居住有关的支出，包括房租、水、电、燃料、物业管理等方面的支出，也包括自有住房折算租金。

生活用品及服务　指家庭及个人的各类生活品及家庭服务。包括家具及室内装饰品、家用器具、家用纺织品、家庭日用杂品、个人用品和家庭服务。

交通通信　指用于交通和通信工具及相关的各种服务费、维修费和车辆保险等支出。

教育文化娱乐　指用于教育、文化和娱乐方面的支出。

医疗保健　指用于医疗和保健的药品、用品和服务的总费用。包括医疗器具及药品，以及医疗服务。

其他用品及服务　指无法直接归入上述各类支出的其他用品与服务支出。

服务性消费　指住户用于各种生活服务的消费支出，包括餐饮服务、衣着鞋类加工服务、居住服务、家庭服务、交通通信服务、教育文化娱乐服务、医疗服务和其他服务等。

Explanatory Notes on Main Statistical Indicators

In the fourth quarter of 2012, the NBS launched its reform on the household survey programme, to develop an integrated survey, instead of two separate urban and rural household surveys. The reform aims at regulating the division of urban and rural areas, integrating the concepts, classifications and standards, implementing the integrated household survey, and collecting household data in the whole country thereafter. Data from 1978 to 2012 are estimated based on the historical data of Urban Household Survey and Rural Household Survey according to the comparable definition and coverage of main income and consumption indicators of Household Survey on Income and Expenditure and Living Conditions.

1. Disposable Income of Households

Disposable Income of Households refers to the income of households for purpose of final expenditure and savings. It includes income both in cash and in kind. By sources of income, disposable income includes four categories: income from wages and salaries, net business income, net income from properties and net income from transfer.

Income from Wages and Salaries refers to remuneration of labour and salaries from all kinds of sources, including those employed by other units or individuals, freelance work, part-time jobs, and sporadic labour.

Net Business Income refers to net income earned by households and their members engaged in production and business activities. It refers to the net income of operating revenue minus operating costs, depreciation of productive fixed assets, and production tax. The formula is:

Net Business Income=Operating Revenue-Operating Costs-Depreciation of Productive Fixed Assets-Production Tax

Net Income from Properties refers to the net income received as returns by households or members of financial assets, non-financial assets such as housing, to other institutions, households or individuals, and minus relevant costs. Net income from properties includes net income of interest, bonus income, net income of saving insurance, net income of rents of transferring management right of contract land, income of renting housing, income of renting other assets, net converted rents of self-owned housing. Net income from properties do not include premium of transferring ownership of assets.

Net Income from Transfer The formula is:

Net Income from Transfer=Income from Transfers-Expenditure from Transfer

Income from Transfer refers to the regular transfer from country, institutions, social communities to households and between households. It includes old-age and retirement pension, disaster relief funds, regular donation and compensation, applying for medical fees, supporting income between households, income from non-usual-residing members of households, etc. Income from transfer do not include presents in kinds between households.

Expenditure from Transfer refers to regular or obligatory transfer paid to government, institutions, households or individuals. It includes tax payment, expenditure on all kinds of social security, supporting expenditure, regular donation, compensation payment and other regular transfer expenditure.

According to Household Survey on Income and Expenditure and Living Conditions, main changes of population coverage of per capita disposable income of urban and rural residents includes: migrant workers residing in urban areas are included in the denominator when calculating per capita disposable income of urban residents, and not included in denominator when calculating per capita disposable income of rural residents; students studying in universities or colleges in other places who are supported by the households are regarded as permanent residents of the households.

2. Consumption Expenditure of Households

Consumption Expenditure of Households refers to all expenditure of households for living expenditure to satisfy family daily living. It includes expenditure in cash and in kind. It includes eight categories: food, tobacco and liquor; clothing; residence; household facilities, articles and services; transport and communications; education, cultural and recreational activities; health care and medical services, and miscellaneous goods and services.

Food, Tobacco and Liquor refers to expenditure for food, tobacco and liquor of all kinds.

Clothing refers to expenditure related to clothing, including clothes, clothing materials, footwear, other clothing and accessories, processing services related to clothing.

Residence refers to expenditure related to residence, including housing rents, water, electricity, fuel, property management, and including converted self-owned housing rents.

Household Facilities, Articles and Services refers to expenditure for family and individual articles for living purpose and family services. It includes furniture and interior decoration, home appliances, home textiles, household miscellaneous daily articles, personal articles, and family services.

Transport and Communications refers to expenditure for transport and communication and related services, maintenance and repairs, and vehicle insurance.

Education, Cultural and Recreational Activities refers to expenditure on education, cultural and recreational activities.

Health Care and Medical Services refers to expenditure on drugs, supplies and services of medical and health care. It includes medical appliances and drugs, and medical services.

Miscellaneous Goods and Services refers to expenditure of all kinds of expenditure of other articles and services that can not divided into the category above.

Service Consumption refers to consumption expenditure of households for various living services, including catering services, clothing and footwear processing services, housing services, household services, transportation and communication services, education, culture and entertainment services, medical services and other services.

第6篇

财政、金融和保险

CHAPTER 6 GOVERNMENT FINANCE, FINANCIAL INTERMEDIATION AND INSURANCE

6-1　财政、金融和保险

Government Finance, Financial Intermediation and Insurance

单位：亿元　(100 million yuan)

年　份 Year	公共财政收　入 Public Financial Revenue	公共财政支　出 Public Financial Expenditure	金融机构人民币存款余额 RMB Deposits	金融机构人民币贷款余额 RMB Loans	全年各项保费收入 All Premium Income	全年各项赔款及给付 All Claim and Payment
1978	63.3	31.5	81.9	84.6		
1979	54.1	28.3	76.7	97.2		
1980	17.1	25.8	98.5	123.3		
1981	15.6	25.9	105.8	138.0		
1982	17.3	28.0	112.0	159.0		
1983	21.6	30.7	118.6	178.6		
1984	26.7	36.1	162.6	245.4		
1985	37.4	44.6	145.1	276.8		
1986	47.4	61.3	183.3	342.2		
1987	53.8	66.0	232.5	368.2		
1988	62.6	74.1	294.0	456.4		
1989	72.3	85.4	356.9	519.5		
1990	76.6	92.7	413.8	697.5		
1991	94.7	110.1	553.0	814.7	7.9	4.2
1992	84.6	102.5	690.0	953.6	11.9	5.3
1993	108.1	124.9	761.4	1247.3	8.7	5.0
1994	84.7	142.4	1012.8	1507.1	9.4	6.8
1995	101.3	174.6	1555.9	1776.4	10.8	6.1
1996	126.9	208.9	2021.3	2102.1	16.1	7.0
1997	150.6	233.6	2409.5	2524.4	25.5	7.3
1998	179.3	280.8	2713.2	2854.9	28.4	10.6
1999	170.1	339.0	3017.0	3103.9	35.3	8.0
2000	185.3	381.9	3333.4	3145.1	40.8	11.1
2001	213.6	478.3	3742.1	3358.6	53.3	14.8
2002	231.9	531.9	4236.7	3624.0	85.6	16.5
2003	248.9	564.9	4810.0	3981.3	118.7	19.9
2004	289.4	697.6	5313.9	4038.9	127.6	24.0
2005	318.2	787.8	6135.1	3658.5	139.6	25.2
2006	386.6	968.5	6923.4	3971.9	157.2	34.4
2007	440.2	1187.3	7559.7	4256.4	155.5	82.2
2008	578.4	1542.3	8993.8	4532.7	251.2	103.0
2009	641.6	1877.7	11022.8	5988.3	278.4	96.7
2010	755.6	2253.3	12835.7	7230.5	343.2	77.6
2011	997.5	2794.1	14328.4	8548.7	317.8	86.8
2012	1163.2	3171.5	16326.6	9906.7	344.1	98.3
2013	1277.4	3369.2	18131.8	11359.4	384.3	154.4
2014	1301.3	3434.2	19254.8	13391.7	507.1	154.8
2015	1165.9	4020.7	21218.9	16214.9	591.8	169.3
2016	1148.4	4227.3	22179.0	17725.0	685.5	237.8
2017	1243.3	4641.1	23615.1	19208.4	931.4	240.5
2018	1282.5	4675.7	25321.9	20156.3	899.1	257.2
2019	1262.8	5011.6	27716.7	21370.0	952.2	324.0
2020	1152.5	5449.4	31452.6	22482.3	987.3	309.3
2021	1300.5	5104.8	34162.3	24307.8	995.5	339.3

注：1、2011年开始，原指标“地方一般预算收入”和“地方一般预算支出”更名为“地方公共财政收入”和“地方公共财政支出”（下同）。
　　2、因部分机构目前处于风险处置阶段，自2021年6月起，保险行业汇总数据口径暂不包含风险机构数据。

a) From 2011,local financial revenue and local financial expenditure is renamed local public financial budgetary revenue and local financial budgetary expenditure(the same below).

b) Since June, the 2021 data of the insurance industry does not include the data of risk institutions because some institutions are currently at the risk-handling stage.

6-2 地方公共财政收入
Local Public Financial Revenue

单位：万元 (10000 yuan)

项 目	Item	2017	2018	2019	2020	2021
收入合计	**Total Revenue**	**12433118**	**12825950**	**12627563**	**11525107**	**13005113**
税收收入	Tax Revenue	9019067	9808045	9244036	8119164	8701790
增值税	Value-added Tax	3507220	3768882	3394949	2802099	3071139
营业税	Sales Tax	70142	46080			
企业所得税	Enterprises' Income Tax	1023780	1070358	1037439	983862	1090310
企业所得税退税	Drawback of Enterprise Income Tax					
个人所得税	Individual Income Tax	414555	472613	326864	306082	328657
资源税	Resources Tax	535913	665485	649114	480018	650643
城市维护建设税	Tax on Urban Maintenance and Construction	580773	632876	564671	494137	550542
房产税	Tax on Real Estates	382670	411377	421829	386697	448611
印花税	Stamp Tax	117461	120908	127656	129639	152665
城镇土地使用税	Tax on the Use of Urban Land	752109	727595	808290	726649	757768
土地增值税	Land Value Added Tax	634119	798121	669295	661799	572914
车船税	Tax on Vehicles and Ships	194021	211033	226235	251442	262930
耕地占用税	Tax on The Occupancy of Cultivated Land	209184	159951	229602	199549	140315
契 税	Contract Tax	582291	690676	732589	650072	626123
烟叶税	Tax on Tobacco Leaf	14829	14924	10749	11906	10658
环境保护税	Environmental protection tax			23279	22734	25716
其他税收收入	Others		17166	21475	12479	12799
非税收入	Non-Tax Revenue	3414051	3017905	3383527	3405943	4303323
专项收入	Expert Project Income	657423	674179	619833	558909	633075
行政事业性收费收入	Income from Administrative Fees	623652	507307	557906	500031	620424
罚没收入	Penalty and Confiscator Income	459911	490675	593673	560852	797800
国有资本经营收入	Stated-owned Assets Profit	280104	77261	87180	202580	55660
国有资源(资产)有偿使用收入	Revenue from using Stated-owned Assets Pro	1137811	1039602	1199580	1207503	1720104
捐赠收入	Income from Donation	16630	19555	15821	26510	28805
政府住房基金收入	Government Housing Fund Income	161892	162906	228259	212425	374672
其他收入	Other	76628	46420	81275	137133	72783

6-3　各级地方公共财政收入(2021年)
Local Public Financial Revenue by Rating (2021)

单位：万元　　　　(10000 yuan)

项　　目	Item	合　计 Total	省　级 Province	地　级 City	县　级 County
收入合计	**Total Revenue**	**13005113**	**2862426**	**7514195**	**2628492**
税收收入	Tax Revenue	8701790	2023310	5246997	1431483
增值税	Value-added Tax	3071139	1105622	1586148	379369
企业所得税	Enterprises' Income Tax	1090310	239687	613423	237200
企业所得税退税	Drawback of Enterprise Income Tax				
个人所得税	Individual Income Tax	328657	41083	247379	40195
资源税	Resources Tax	650643	488169	112058	50416
城市维护建设税	Tax on Urban Maintenance and Construction	550542		463433	87109
房产税	Tax on Real Estates	448611	22431	337643	88537
印花税	Stamp Tax	152665	7633	110449	34583
城镇土地使用税	Tax on the Use of Urban Land	757768	37889	623840	96039
土地增值税	Land Value Added Tax	572914	28645	447856	96413
车船税	Tax on Vehicles and Ships	262930	13147	162720	87063
耕地占用税	Tax on The Occupancy of Cultivated Land	140315		36415	103900
契　税	Contract Tax	626123	31306	483820	110997
烟叶税	Tax on Tobacco Leaf	10658		1430	9228
环境保护税	Environmental protection tax	25716	3858	13272	8586
其他税收收入	Others	12799	3840	7111	1848
非税收入	Non-Tax Revenue	4303323	839116	2267198	1197009
专项收入	Expert Project Income	633075	250550	275699	106826
行政事业性收费收入	Income from Administrative Fees	620424	174281	281072	165071
罚没收入	Penalty and Confiscator Income	797800	88919	497710	211171
国有资本经营收入	Stated-owned Assets Profit	55660	12025	32168	11467
国有资源(资产)有偿使用收入	Revenue from using Stated-owned Assets Profit	1720104	293735	759719	666650
捐赠收入	Income from Donation	28805	16	5090	23699
政府住房基金收入	Government Housing Fund Income	374672	17224	352583	4865
其他收入	Other	72783	2366	63157	7260

6-4 地方公共财政支出
Local Public Financial Expenditure

单位：万元 (10000 yuan)

项 目	Item	2017	2018	2019	2020	2021
支出合计	**Total Expenditure**	**46410771**	**46767503**	**50115589**	**54494110**	**51048145**
一般公共服务	General Public Services	2790825	3076072	3009978	3210368	3239348
外 交	Foreign Affairs					
国 防	National Defense	53419	55208	46620	44810	57860
公共安全	Public Security	2233909	2472225	2538635	2642513	2637157
教 育	Education	5731126	5443838	5551255	5624245	5709536
科学技术	Science and Technology	469094	395249	421622	429831	435158
文化旅游体育与传媒	Cultural,Tourism,Sport and Media	535564	462012	547005	583747	554158
社会保障和就业	Social Security and Employment	9285487	10240862	11132672	13508548	13298940
卫生健康	Health Care	2971657	3009978	3144235	4011913	3922766
节能环保	Energy Conservation and Environmental Protection	1932040	1540926	2110589	2202687	1405411
城乡社区	Urban and Rural Community Affairs	4566972	4156980	5557916	4448389	2951852
农林水	Agriculture, Forestry and Water Conservancy	8151611	8344713	8819893	9145251	8689781
交通运输	Transportation	2525594	2447099	2206055	2489537	2136732
资源勘探工业信息等	Resource Exploration Industry Information	703486	901820	927609	1035758	958166
商业服务业等	Commerce and Services	182754	183753	109027	194708	144697
金融	Financial Affairs	29221	23421	75874	84581	24009
援助其他地区	Assistance to Other Regions	28540	36856	34510	32147	32037
自然资源海洋气象等	Nature Resources, Ocean and Weather	478266	324406	368150	269788	367745
住房保障	Housing Security	2651544	2409575	1668965	2277713	2293671
粮油物资储备	Reserve of Grain, Oil and Other Materials	483161	546516	472599	635963	469511
灾害防治及应急管理	Prevention of Disaster and Emergency Management			304931	371319	408307
其他支出	Other Expenditure	48209	49658	27821	9899	7104
债务付息	Interest Payments on Debts	551806	639464	1033566	1233717	1297696
债务发行费用	Issuing Debts	6486	6872	6062	6678	6503

6-5　各级地方公共财政支出(2021年)
Local Public Financial Expenditure by Rating(2021)

单位：万元　　(10000 yuan)

项　目	Item	合　计 Total	省　级 Province	地　级 City	县　级 County
支出合计	**Total Expenditure**	**51048145**	**11945578**	**19124450**	**19978117**
一般公共服务	General Public Services	3239348	388574	1472347	1378427
外　交	Foreign Affairs				
国　防	National Defense	57860	18997	22558	16305
公共安全	Public Security	2637157	1215072	879726	542359
教　育	Education	5709536	1394302	2022732	2292502
科学技术	Science and Technology	435158	197463	153466	84229
文化旅游体育与传媒	Cultural, Tourism, Sport and Media	554158	141950	248046	164162
社会保障和就业	Social Security and Employment	13298940	3414934	5497854	4386152
卫生健康	Health Care	3922766	497587	1566282	1858897
节能环保	Energy Conservation and Environmental Protection	1405411	588788	460203	356420
城乡社区	Urban and Rural Community Affairs	2951852	10363	1951121	990368
农林水	Agriculture, Forestry and Water Conservancy	8689781	2126915	1040537	5522329
交通运输	Transportation	2136732	844957	612439	679336
资源勘探工业信息等	Resource Exploration Industry Information	958166	163976	623242	170948
商业服务业等	Commerce and Services	144697	13339	33709	97649
金融	Financial Affairs	24009	14815	8704	490
援助其他地区	Assistance to Other Regions	32037	32000	37	
自然资源海洋气象等	Nature Resources, Ocean and Weather	367745	71930	147968	147847
住房保障	Housing Security	2293671	142139	1507663	643869
粮油物资储备	Reserve of Grain, Oil and Other Materials	469511	321735	32995	114781
灾害防治及应急管理	Prevention of Disaster and Emergency Management	408307	141592	141644	125071
其他支出	Other Expenditure	7104	1500	4937	667
债务付息	Interest Payments on Debts	1297696	202089	692742	402865
债务发行费用	Issuing Debts	6503	561	3498	2444

6-6 分地区公共财政收入(2021年)
Local Public Financial Revenue by Region (2021)

单位：万元 (10000 yuan)

地 区	Region	公共财政收入 General Budgetary Financial Revenue	税收收入 Tax Revenue	#增值税 Value-added Tax	#企业所得税 Corporate Income Tax	#个人所得税 Individual Income Tax
哈尔滨	Harbin	3658149	2811166	817232	416986	168198
齐齐哈尔	Qiqihar	845672	515616	146570	122315	16370
鸡 西	Jixi	396315	219193	75554	21471	10635
鹤 岗	Hegang	282516	152333	57942	21584	5286
双鸭山	Shuangyashan	317253	182671	63339	15177	5487
大 庆	Daqing	1847905	1189016	314141	56901	29134
伊 春	Yichun	177675	107051	34786	6102	3062
佳木斯	Jiamusi	580613	318235	84607	37905	11052
七台河	Qitaihe	239946	140501	61262	8027	4373
牡丹江	Mudanjiang	604484	366275	125721	42686	11860
黑 河	Heihe	449192	230244	57117	45912	9929
绥 化	Suihua	631762	384698	103614	46829	10479
大兴安岭	Daxinganling	111205	61481	23632	8728	1709

6-6 续表 Continued

单位：万元 (10000 yuan)

地 区	Region	#城市维护建设税 Tax on Town Maintenance and Construction	#耕地占用税 Tax on Occupation of Cultivated Land	#契 税 Deed Tax	非税收入 Non-Tax Revenue	#专项收入 Expert Project Income	#行政事业性收费收入 Income from Administrative Fees	基金收入 Fund Income
哈尔滨	Harbin	215788	31842	345560	846983	127255	191398	2526008
齐齐哈尔	Qiqihar	27336	21064	42746	330056	28396	31833	214307
鸡 西	Jixi	17446	928	12941	177122	12450	17458	51116
鹤 岗	Hegang	11613	1753	6540	130183	8072	10537	23935
双鸭山	Shuangyashan	13309	11159	8625	134582	14482	16007	39517
大 庆	Daqing	143643	7565	53011	658889	71342	38006	148430
伊 春	Yichun	5933	5023	7524	70624	7116	6517	28822
佳木斯	Jiamusi	17771	14391	28584	262378	21388	35355	91197
七台河	Qitaihe	13993	88	6499	99445	9365	8742	45021
牡丹江	Mudanjiang	38742	17305	33506	238209	26541	25313	145587
黑 河	Heihe	9584	6867	15915	218948	18465	13287	50381
绥 化	Suihua	30493	21716	30624	247064	33410	47900	195927
大兴安岭	Daxinganling	4891	614	2742	49724	4243	3790	9660

6-7　分地区公共财政支出(2021年)
Local Public Financial Expenditure by Region(2021)

单位：万元　(10000 yuan)

地　区	Region	公共财政支出 General Budgetary Financial Expenditure	一般公共服务 General Public Services	公共安全 Public security	教育 Education	科学技术 Science and Technology	文化旅游体育与传媒 Cultural Tourism Sport and Media	社会保障和就业 Social Security and Employment
哈尔滨	Harbin	9920759	634496	398459	1143298	97527	96639	2571181
齐齐哈尔	Qiqihar	5109563	343790	141818	592670	27209	35958	1435205
鸡　西	Jixi	1805532	134134	66398	187852	11472	20881	530067
鹤　岗	Hegang	1212898	143737	58254	132928	3717	12225	258136
双鸭山	Shuangyashan	1502829	117140	54028	174315	12954	17742	410799
大　庆	Daqing	3368514	277255	156148	454555	16918	39969	704745
伊　春	Yichun	1894161	122996	81340	181258	2755	19449	660116
佳木斯	Jiamusi	3366057	255115	104391	286833	19123	30401	660292
七台河	Qitaihe	848744	87512	44405	100947	11030	6604	211719
牡丹江	Mudanjiang	2676642	191555	98322	296540	15847	47647	748570
黑　河	Heihe	2604190	173950	75076	219543	13258	38040	438970
绥　化	Suihua	3927647	263441	110771	506275	4506	30368	1026793
大兴安岭	Daxinganling	865031	105653	32675	38220	1379	16285	227413

6-7 续表 Continued

单位：万元　(10000 yuan)

地　区	Region	卫生健康 Health Care	节能环保 Energy Conservation and Environmental Protection	城乡社区 Urban and Rural Community Affairs	农林水 Agriculture Forestry and Water Conservancy	其他支出 Other Expenditure	政府性基金支出 Government Fund Income
哈尔滨	Harbin	1001630	132366	919687	875164	2050312	3582759
齐齐哈尔	Qiqihar	446500	69976	305862	1301572	409003	433522
鸡　西	Jixi	149333	28069	118065	259392	299869	178750
鹤　岗	Hegang	87483	46253	43334	244822	182009	91876
双鸭山	Shuangyashan	129152	21810	71651	260647	232591	242904
大　庆	Daqing	324827	30783	479570	324832	558912	289619
伊　春	Yichun	113037	201882	98711	196112	216505	181406
佳木斯	Jiamusi	241097	83196	212826	795245	677538	451702
七台河	Qitaihe	68507	10827	57316	110220	139657	213123
牡丹江	Mudanjiang	205893	25982	210831	309359	526096	422563
黑　河	Heihe	206202	86481	159534	813882	379254	342656
绥　化	Suihua	387694	30385	220922	919767	426725	275178
大兴安岭	Daxinganling	63824	48613	43180	151852	135937	19954

6-8 金融机构、人员数(2021年)
Number of Institutions and employees in Financial Intermediation(2021)

单位：个、人 (unit, person)

项目	Item	机构总数 Number of Institutions	从业人员数 Number of Employees
金融机构合计	**Total**	**6325**	**110187**
大型商业银行	**State Owned Commercial Bank**	**3463**	**59515**
工商银行	Industrial and Commercial Bank	509	12637
农业银行	Agriculture Bank	636	13352
中国银行	Bank of China	245	5867
建设银行	Bank of Construction	398	9653
交通银行	Bank of Communication	86	2082
邮政储蓄银行	Postal Deposit and Remittance	1589	15924
政策性银行及国家开发银行	**Policy Bank**	**90**	**2528**
国家开发银行	The Bank of State Development	1	201
进出口银行	Export-Import Bank	1	69
中国农业发展银行	The Bank of Agricultural Development	88	2258
股份制商业银行	**Shareholding System Bank**	**218**	**5219**
中国光大银行	Ever Bright Bank	47	1037
招商银行	Merchants Bank	40	1037
上海浦东发展银行	Pudong Development Bank	33	660
兴业银行	Industrial Bank	29	672
中信银行	China CITIC Bank	19	549
广发银行	Development Bank	27	671
中国民生银行	China MinSheng Bank	16	281
华夏银行	HXB	6	169
平安银行	Ping An Bank	1	143
城市商业银行	**City Commercial Bank**	**580**	**13028**
农村金融机构	**Rural Financial Institutions**	**1957**	**29006**
农村信用社	Rural Credit Coopertive	398	5949
农村商业银行	Rural Commercial Bank	1463	21303
村镇银行	Village Bank	92	1705
农村资金互助社	Rural Credit Union Funds	4	49
非银行金融机构	**Non-bank Financial Institutions**	**6**	**615**
企业集团财务公司	Finance Company of Enterprise Group	3	96
信托公司	International Trust in the Financial	1	204
金融租赁公司	Financial Leasing Company	1	95
消费金融公司	Consumer Finance Companies	1	220
外资金融银行	**Foreign-funded Banks**	**7**	**92**
国民银行(中国)有限公司哈尔滨分行	Kookmin Bank (China) co., LTD. Harbin Branch	1	18
韩亚银行(中国)有限公司哈尔滨分行	Hanya Bank (China) co., LTD. Harbin Branch	1	26
东亚银行(中国)有限公司哈尔滨分行	East Asia Bank (China) co., LTD. Harbin Branch	1	9
汇丰银行(中国)有限公司哈尔滨分行	The Hongkong and Shanghai Banking Corporation Limited, Harbin Branch	1	13
摩根大通银行(中国)有限公司哈尔滨分行	JPMorgan Chase Bank (China) co., LTD. Harbin branch	1	17
法兴银行(中国)有限公司哈尔滨分行	Societe Generale Bank (China) co., LTD. Harbin Branch	1	4
渣打银行(中国)有限公司哈尔滨分行	Standard Chartered Bank (China) co., LTD. Harbin Branch	1	5
资产管理公司	**Asset Management**	**4**	**184**
东方资产管理公司黑龙江省分公司	Orient Asset Management Corporation	1	32
长城资产管理公司黑龙江省分公司	Great Wall Asset Management Corporation	1	62
信达资产管理公司黑龙江省分公司	Cinda Asset Management Corporation	1	47
华融资产管理公司黑龙江省分公司	HuaRong Assets Management Corporation	1	43

6-9 金融机构人民币信贷资金平衡表(年底余额)
Balance Sheet of Credit Funds of Financial Institutions at Year-End

单位：亿元 (100 million yuan)

指 标	Item	2018	2019	2020	2021
资金来源总计	**Sources of Funds**	**26126.5**	**28676.4**	**32053.1**	**34961.6**
各项存款	Total Deposits	25321.9	27716.7	31452.6	34162.3
境内存款	Domestic Deposits	25306.9	27699.9	31435.6	34144.0
住户存款	Households Deposits	15610.7	18056.1	21169.7	24012.3
活期存款	Demand Deposits	5956.6	6373.7	7220.4	7467.6
定期及其他存款	Time Deposits and Others	9654.1	11682.4	13949.3	16544.7
非金融企业存款	Non-financial Corporate Deposits	4294.2	4377.0	4554.0	4633.6
活期存款	Demand Deposits	2450.8	2445.0	2340.0	2348.1
定期及其他存款	Time Deposits and Others	1843.3	1932.0	2214.0	2285.4
财政性存款	Fiscal Deposits	852.9	748.9	997.2	1015.3
机关团体存款	Organizations Deposits	3816.2	4224.8	4422.4	4184.3
非银行业金融机构存款	Non-banking Financial Institutions Deposits	732.9	293.1	292.3	298.5
境外存款	Overseas Deposits	15.0	16.8	17.0	18.3
金融债券	Financial Bond	151.9	167.0	139.0	62.0
卖出回购资产	Sell Repurchase Assets	77.8	206.2	167.5	174.0
借款及非银行业金融机构拆入	Borrowing and Non-banking Financial Institutions are Dismantled	9.0	3.5	16.0	3.8
联行往来(净)	Jones Lang Lasalle Exchanges (net)				
应付及暂收款	Payable and Temporary Collection	593.3	664.4	774.6	880.7
各项准备	Reserves	595.9	633.0	719.7	810.6
所有者权益	Owners Equity	1278.3	1389.6	1446.8	1631.5
#实收资本	Paicl-up Capital	566.2	574.1	601.1	766.4
其 他	Others	-1901.5	-2104.0	-2663.1	-2763.3
资金运用总计	**Uses of Funds**	**26126.5**	**28676.4**	**32053.1**	**34961.6**
各项贷款	Total Loans	20156.3	21370.0	22482.3	24307.8
境内贷款	Domestic Loans	19922.1	21109.4	22173.2	23952.8
住户贷款	Households Loans	5376.4	5925.1	6479.3	6927.0
短期贷款	Short-term Loans	1420.5	1508.8	1545.5	1680.1
消费贷款	Consumer Loans	474.6	604.8	580.6	634.8
经营贷款	Business Loans	945.9	904.0	964.9	1045.3
中长期贷款	Medium & Long-term Loans	3955.9	4416.2	4933.9	5246.9
消费贷款	Consumer Loans	3147.8	3597.8	4038.0	4220.0
经营贷款	Business Loans	808.1	818.4	895.8	1026.8
非金融企业及机关团体贷款	Non-financial Companies and Organizations Loans	14535.7	15184.3	15693.9	17025.8
短期贷款	Short-term Loans	7418.9	7581.7	7160.0	7358.7
中长期贷款	Medium & Long-term Loans	5788.4	6239.0	7271.5	8090.7
票据融资	Bill Financing Loans	1089.3	1110.0	1010.5	1324.2
融资租赁	Finance Lease Loans	221.9	238.3	239.9	241.1
各项垫款	Advances	17.2	15.3	12.0	11.2
非银行业金融机构贷款	Non-banking Financial Institutions Loans	10.0			
境外贷款	Overseas Loans	234.2	260.7	309.1	355.0
债券投资	Bond Investment	1430.3	1621.2	2052.5	2571.4
股权及其他投资	Equity and Other Investments	2782.2	2492.2	2355.6	2483.1
买入返售资产	Buy Back to Sell Assets	40.2	27.7	22.7	53.0
存放非银行业金融机构款项	Storage of Non-banking Financial Institutions	2.8	1.9	3.7	17.8
联行往来(净)	Jones Lang LaSalle Exchanges (net)	1144.8	2580.0	4510.0	4885.1
#境内存放二级准备金	Stored in the Secondary Reserve	434.2	407.1	59.3	57.9
金银占款	Funds Outstanding for Gold and Silver				
中央银行外汇占款	Central Bank Foreign Exchange Occupation				
应收及预付款	Receivables and Advance Payments	232.3	249.4	301.3	331.2
投资性房地产	Investment Real Estate	0.7	0.2	0.6	0.6
固定资产	Fixed Assets	337.0	333.6	324.3	311.6

6-10 分地区金融机构人民币信贷收支表(年底余额)(各项存款)

单位：亿元

年 份 地 区	Year Region	各项存款 Total Deposits	境内存款 Domestic Deposits	住户存款 Households Deposits	活期存款 Demand Deposits	定期及其他存款 Time Deposits and Others
2015		21218.9	21204.2	12439.8	4928.1	7511.6
2016		22179.0	22165.1	13448.4	5525.0	7923.3
2017		23615.1	23600.1	14331.0	5806.0	8525.1
2018		25321.9	25306.9	15610.7	5956.6	9654.1
2019		27716.7	27699.9	18056.1	6373.7	11682.4
2020		31452.6	31435.6	21169.7	7220.4	13949.3
2021		34162.3	34144.0	24012.3	7467.6	16544.7
哈尔滨	Harbin	14555.1	14540.8	8187.2	2666.8	5520.4
齐齐哈尔	Qiqihar	2856.3	2855.9	2351.8	751.0	1600.9
鸡 西	Jixi	1461.4	1461.1	1208.8	337.7	871.1
鹤 岗	Hegang	963.7	963.6	804.2	252.5	551.7
双鸭山	Shuangyashan	1203.8	1203.7	960.8	325.5	635.3
大 庆	Daqing	3555.3	3554.9	2668.7	651.6	2017.1
伊 春	Yichun	989.0	988.9	739.1	190.6	548.6
佳木斯	Jiamusi	1867.4	1866.9	1556.5	582.6	973.9
七台河	Qitaihe	671.3	671.2	527.7	150.0	377.6
牡丹江	Mudanjiang	2039.5	2038.2	1745.9	441.6	1304.3
黑 河	Heihe	1192.7	1192.2	932.1	354.0	578.2
绥 化	Suihua	2345.3	2345.2	2034.3	673.7	1360.6
大兴安岭	Daxinganling	461.4	461.4	295.0	90.0	205.0

Balance Sheet of Credit Funds of Financial Institutions at Year-End by Region(Deposits)

(100 million yuan)

非金融企业存款 Non-financial Corporate Deposits	活期存款 Demand Deposits	定期及其他存款 Time and Others	财政性存款 Fiscal Deposits	机关团体存款 Organizations	非银行业金融机构存款 Non-banking Financial Institutions Deposits
4085.2	2337.3	1747.9	859.2	2939.9	880.2
4298.8	2448.5	1850.3	689.8	3174.9	553.2
4531.2	2594.3	1936.9	619.7	3306.0	812.2
4294.2	2450.8	1843.3	852.9	3816.2	732.9
4377.0	2445.0	1932.0	748.9	4224.8	293.1
4554.0	2340.0	2214.0	997.2	4422.4	292.3
4633.6	2348.1	2285.4	1015.3	4184.3	298.5
3001.0	1306.8	1694.2	847.4	2213.0	292.2
267.6	156.2	111.5	20.9	215.4	0.1
82.7	60.9	21.8	8.3	159.3	2.0
49.7	39.5	10.2	6.9	102.8	0.1
105.4	69.7	35.7	7.3	130.1	0.004
472.5	219.1	253.4	16.1	397.5	0.1
79.2	46.9	32.3	16.4	154.1	0.02
138.9	114.6	24.3	19.3	148.2	3.9
47.9	38.1	9.8	4.2	91.4	0.01
119.1	78.4	40.7	10.3	162.9	0.02
103.7	88.5	15.2	13.5	142.8	0.01
106.8	84.8	21.9	28.5	175.5	0.02
59.1	44.7	14.5	16.2	91.1	0.002

6-11 分地区金融机构人民币信贷收支表(年底余额)(各项贷款)

单位：亿元

年份 地区	Year Region	各项贷款 Total Loans	境内贷款 Domestic loans	住户贷款 Households loans	短期贷款 Short-term Loans	消费贷款 Consumer	经营贷款 Business	中长期贷款 Medium & Long-term Loans
2015		16214.9	16174.2	4036.7	1398.9	322.6	1076.3	2637.8
2016		17725.0	17625.1	4590.2	1412.5	363.3	1049.3	3177.7
2017		19208.4	19073.5	5000.5	1414.5	427.2	987.3	3586.0
2018		20156.3	19922.1	5376.4	1420.5	474.6	945.9	3955.9
2019		21370.0	21109.4	5925.1	1508.8	604.8	904.0	4416.2
2020		22482.3	22173.2	6479.3	1545.5	580.6	964.9	4933.9
2021		24307.8	23952.8	6927.0	1680.1	634.8	1045.3	5246.9
哈尔滨	Harbin	13741.2	13386.3	4118.1	724.0	354.1	369.9	3394.2
齐齐哈尔	Qiqihar	1574.8	1574.8	439.5	120.9	28.2	92.7	318.6
鸡西	Jixi	959.3	959.3	171.4	64.1	10.7	53.4	107.4
鹤岗	Hegang	636.2	636.2	79.5	44.7	14.8	29.9	34.8
双鸭山	Shuangyashan	946.3	946.3	152.5	74.2	10.3	63.9	78.3
大庆	Daqing	1285.1	1285.1	399.3	84.9	33.1	51.8	314.4
伊春	Yichun	205.2	205.2	53.0	20.0	7.6	12.4	33.0
佳木斯	Jiamusi	1960.6	1960.6	310.8	113.8	25.1	88.7	197.0
七台河	Qitaihe	309.8	309.8	69.9	28.4	7.3	21.0	41.5
牡丹江	Mudanjiang	776.7	776.7	317.9	92.6	19.8	72.9	225.3
黑河	Heihe	479.1	479.1	200.7	102.5	36.0	66.5	98.2
绥化	Suihua	1275.0	1275.0	540.1	143.7	32.7	111.0	396.4
大兴安岭	Daxinganling	158.3	158.3	74.3	66.5	55.2	11.2	7.9

Balance Sheet of Credit Funds of Financial Institutions at Year-End by Region(Loans)

(100 million yuan)

消费贷款 Consumer	经营贷款 Business	非金融企业及机关团体贷款 Non-financial Companies and Organizations Loans	短期贷款 Short-term Loans	中长期贷款 Medium & Long-term Loans	票据融资 Bill Financing	融资租赁 Finance Lease	各项垫款 Advances
1893.8	744.0	12137.5	6353.3	4512.8	1155.0	105.6	10.8
2382.0	795.7	13034.9	7119.0	4726.9	1023.9	152.9	12.2
2806.6	779.4	14073.0	7841.0	5370.0	689.5	160.6	12.0
3147.8	808.1	14535.7	7418.9	5788.4	1089.3	221.9	17.2
3597.8	818.4	15184.3	7581.7	6239.0	1110.0	238.3	15.3
4038.0	895.8	15693.9	7160.0	7271.5	1010.5	239.9	12.0
4220.0	1026.8	17025.8	7358.7	8090.7	1324.2	241.1	11.2
2954.7	439.5	9268.2	2336.7	5610.9	1077.8	241.1	1.7
238.1	80.5	1135.2	690.5	405.0	39.8		
60.7	46.7	787.9	623.0	132.5	32.5		
14.4	20.4	556.7	389.2	150.0	17.5		
21.5	56.8	793.8	609.2	174.4	10.3		
214.1	100.3	885.8	329.9	512.3	34.2		9.4
22.7	10.4	152.3	51.0	81.9	19.2		0.1
122.3	74.7	1649.9	1382.7	245.7	21.5		
24.7	16.8	239.9	91.1	133.9	15.0		
191.4	33.9	458.8	181.8	262.1	14.8		
63.7	34.5	278.4	203.0	61.9	13.5		
287.6	108.8	734.9	434.2	277.4	23.4		
4.2	3.6	84.0	36.5	42.7	4.8		

6-12 黑龙江A股股票发行情况

单位：万元

公司名称	Company Name	证券代码 Securities Code
金洲慈航集团股份有限公司	Jinzhou Cihang Group Co., Ltd	000587.SZ
京蓝科技股份有限公司	Kingland Technology Co.,Ltd.	000711.SZ
航天科技控股集团股份有限公司	Aerospace Hi-Tech Holding Group Co., Ltd.	000901.SZ
哈尔滨电气集团佳木斯电机股份有限公司	Harbin Electric Corporation Jiamusi Electric Machine Co., Ltd.	000922.SZ
大庆华科股份有限公司	Daqing Huake Co., Ltd.	000985.SZ
哈尔滨誉衡药业股份有限公司	Harbin Gloria Pharmaceuticals Co., Ltd.	002437.SZ
哈尔滨博实自动化股份有限公司	Harbin Boshi Automation Co., Ltd.	002698.SZ
葵花药业集团股份有限公司	Sunflower Pharmaceutical Group Co., Ltd.	002737.SZ
哈尔滨三联药业股份有限公司	Harbin Medisan Pharmaceutical Co., Ltd.	002900.SZ
哈尔滨九洲集团股份有限公司	Harbin Jiuzhou Group Co.,Ltd.	300040.SZ
哈尔滨中飞新技术股份有限公司	Harbin Zhongfei New Technology Co.,Ltd.	300489.SZ
中航直升机股份有限公司	Avicopter Plc.	600038.SH
湘财股份有限公司	Xiangcai Co.,Ltd	600095.SH
哈尔滨东安汽车动力股份有限公司	Harbin Dongan Auto Engine Co.,Ltd.	600178.SH
安通控股股份有限公司	Antong Holdings Co., Ltd.	600179.SH
佳通轮胎股份有限公司	Giti Tire Corporation	600182.SH
黑龙江国中水务股份有限公司	Heilongjiang Interchina Water Treatment Co.,Ltd	600187.SH
哈尔滨空调股份有限公司	Harbin Air Conditioning Co., Ltd.	600202.SH
亿阳信通股份有限公司	Bright Oceans Inter-Telecom Corporation	600289.SH
牡丹江恒丰纸业股份有限公司	Mudanjiang Hengfeng Paper Co., Ltd	600356.SH
万向德农股份有限公司	Wanxiang Doneed Co.,Ltd	600371.SH
黑龙江北大荒农业股份有限公司	Heilongjiang Agriculture Company Limited	600598.SH
哈药集团股份有限公司	Harbin Pharmaceutical Group Co.,Ltd.	600664.SH
哈尔滨工大高新技术产业开发股份有限公司	Harbin GongDa High-Tech Enterprise Development Co.,Ltd	600701.SH
广联航空工业股份有限公司	Guanglian Aviation Industry Co., Ltd.	300900.SZ
中航资本控股股份有限公司	Avic Capital Co., Ltd.	600705.SH
华电能源股份有限公司	Huadian Energy Company Limited	600726.SH
东方集团股份有限公司	Orient Group Incorporation	600811.SH
哈药集团人民同泰医药股份有限公司	HPGC Renmintongtai Pharmaceutical Corporation	600829.SH
龙建路桥股份有限公司	Longjian Road&Bridge Co.,Ltd	600853.SH
哈尔滨哈投投资股份有限公司	Harbin Hatou Investment Co.,Ltd	600864.SH
哈尔滨秋林集团股份有限公司	Harbin Churin Group Jointstock Co.,Ltd.	600891.SH
宝泰隆新材料股份有限公司	Baotailong New Materials Co.,Ltd	601011.SH
中国第一重型机械股份公司	China First Heavy Industries	601106.SH
黑龙江交通发展股份有限公司	Heilongjiang Transport Development Co.,Ltd	601188.SH
哈尔滨威帝电子股份有限公司	Harbin Viti Electronics Corp.	603023.SH
黑龙江珍宝岛药业股份有限公司	Heilongjiang ZBD Pharmaceutical Co.,Ltd.	603567.SH
奥瑞德光电股份有限公司	Aurora Optoelectronics Co., Ltd.	600666.SH
哈尔滨新光光电科技股份有限公司	Harbin Xinguang Optic-Electronics Technology Co.,Ltd.	688011.SH
黑龙江出版传媒股份有限公司	Heilongjiang Publishing Media Co., Ltd	605577.SH

Issuance of A Shares

(10000 yuan)

上　市 时　间 Listed Time	首　发 融资额 Initial Issue	可转债 Transferable Bond	配　股 Rationed Shares	定　向 增　发 Directed Issuance	公　开 增　发 Public Issuance	融资额 合　计 Total Amount of Financing	总股本(万股) (2020年末) Stock Capital by 2020 (10000 share)
1996-4-25			18711	601650		620361	212375
1997-4-11	5988		5962	460003		471953	102367
1999-4-1	18600		135972	295520		450091	79820
1999-6-18	37510			274022		311532	59840
2000-7-26	25020					25020	12964
2010-6-23	175000					175000	219812
2012-9-11	52480					52480	102255
2014-12-30	133335					133335	58400
2017-9-22	95349					95349	31660
2010-1-8	59400	80800		44968		185168	38040
2015-7-1	19931					19931	13613
2000-12-18	47100		27476	442647		517222	58948
1997-7-8	28900		19843	1334498		1383241	268199
1998-10-14	57400		35622			93022	46208
1998-11-4	39100			435000		474100	436429
1999-5-7	40320					40320	34000
1998-11-11	22850		18150	295759		336759	165394
1999-6-3	18240					18240	38334
2000-7-20	72960			111143		184103	63105
2001-4-19	28360	45000		28938		102298	29873
2002-9-16	13880					13880	29258
2002-3-29	161400	150000				311400	177768
1993-6-29			179767	548206		727972	250696
1996-5-28	13500		29610	324252		367361	103474
2020-10-29	93925					93925	21024
1996-5-16			17971	1683702	90000	1791673	891997
1996-7-1	5898	80000		150000	68850	304748	153468
1994-1-6	47499		123777	870300		1041576	371458
1994-2-24	11700					11700	57989
1994-4-4	29400			47024		76424	100490
1994-8-9	11500		7992	1483413		1502905	208057
1996-3-25	18360		14074	180800		213234	61759
2011-3-9	174600			256160		430760	160481
2010-2-9	1140000			155095		1295095	685778
2010-3-19				23000		23000	131588
2015-5-27	26500	20000				46500	56208
2015-4-24	152409			123800		276209	84916
1993-7-12	1820		8106	436837		446763	122733
2019-7-22	95225					95225	10000
2021-8-24	26622					26622	4444

6-13 保险公司机构数(2021年)

单位：个

机构名称	Organization Name	机构总数 Number of Institutions
全省合计	**Total**	**2393**
寿险公司小计	**Life Insurance Companies Subtotal**	**1270**
中国人寿保险股份有限公司	China Life Insurance Co., Ltd.	415
中国太平洋人寿保险股份有限公司	China Pacific Life Insurance Co., Ltd.	120
中国平安人寿保险股份有限公司	China Ping An Life Insurance Co., Ltd.	135
新华人寿保险股份有限公司	China Life Insurance Co., Ltd.	70
泰康人寿保险有限责任公司	Tai Kang Life Insurance Co., Ltd.	83
太平人寿保险有限公司	Taiping Life Insurance Co., Ltd.	97
建信人寿保险股份有限公司	CCB Life Insurance Co., Ltd.	11
民生人寿保险股份有限公司	Minsheng Life Insurance Co., Ltd.	15
富德生命人寿保险股份有限公司	Fude Sino Life Insurance Co., Ltd.	48
平安养老保险股份有限公司	Ping An Endowment Insurance Co., Ltd.	3
合众人寿保险股份有限公司	Union Life Insurance Co., Ltd.	29
君康人寿保险股份有限公司	June Life Insurance Co., Ltd.	10
信泰人寿保险股份有限公司	Xintai Life Insurance Co., Ltd.	20
农银人寿保险股份有限公司	ABC Life Insurance Co., Ltd.	4
和谐健康保险股份有限公司	Hexie Health Insurance Co., Ltd.	2
中国人民人寿保险股份有限公司	Chinese People's Life Insurance Co., Ltd.	79
阳光人寿保险股份有限公司	Sun Life Insurance Co., Ltd.	55
百年人寿保险股份有限公司	Century Life Insurance Co., Ltd.	21
大家人寿保险股份有限公司	Dajia Life Insurance Co., Ltd.	7
中意人寿保险有限公司	Generali China Life Insurance Co., Ltd.	9
中英人寿保险有限公司	England Life Insurance Co., Ltd.	16
光大永明人寿保险有限公司	Sun Life Everbright Life Insurance Co., Ltd.	6
太平养老保险股份有限公司	Taiping Pension Insurance Co., Ltd.	1
华夏人寿保险股份有限公司	Huaxia Life Insurance Co., Ltd.	1
中邮人寿保险股份有限公司	China Post Life Insurance Co., Ltd	1
泰康养老保险股份有限公司	Tai Kang Pension Insurance Co., Ltd.	1
华泰人寿保险股份有限公司	Huatai Life Insurance Co., Ltd.	5
英大泰和人寿保险股份有限公司	Yingdataihe Life Insurance Co., Ltd.	5
中国人寿养老保险股份有限公司	China Life Pension Company Limited	1
财险公司小计	**Insurance Company Subtotal**	**1123**
中国人民财产保险股份有限公司	China PICC	384
中国大地财产保险股份有限公司	China Continent Property & Casualty Insurance Co., Ltd.	59
中国出口信用保险公司	China Export & Credit Insurance Corporation	1
中华联合财产保险股份有限公司	China United Property Insurance Co., Ltd.	5
中国太平洋财产保险股份有限公司	China Pacific Property Insurance Co., Ltd.	67
中国平安财产保险股份有限公司	China Ping An Insurance Company	78
天安保险股份有限公司	Tian An Insurance Co., Ltd.	23
华安财产保险股份有限公司	Hua An Property Insurance Co., Ltd.	44
太平财产保险有限公司	Pacific Property Insurance Co., Ltd.	7
永诚财产保险股份有限公司	Yongcheng Property Insurance Co., Ltd.	9
大家财产保险股份有限公司	DaJia Property and Casualty Insurance Co., Ltd	57
安华农业保险股份有限公司	Anhua Agricultural Insurance Co., Ltd.	10
阳光财产保险股份有限公司	Sunshine Property and Casualty Insurance Co., Ltd.	64
阳光农业相互保险公司	Sunshine Agriculture Mutual Insurance Company	189
都邦财产保险股份有限公司	Du Bang Property Insurance Company	10
中国人寿财产保险股份有限公司	China Life Insurance Company	79
中意财产保险有限公司	China Insurance Co., Ltd.	2
英大泰和财产保险股份有限公司	Yingda Taihe Property Insurance Co., Ltd.	5
华泰财产保险有限公司	Huatai Property Insurance Co., ltd	3
中航安盟财产保险有限公司	AVIC UNITA Property Insurance Co., Ltd	20
中银保险有限公司	BOC Insurance Co., Ltd.	1
中原农业保险股份有限公司	Zhongyuan Agricultural Insurance Co., Ltd	6

Number of Institutions of Insurance Company(2021)

(unit)

机构类别 Organization Type					
总公司 Company	分公司 Branch	中心支公司 Center Support Company	支公司 Support Company	营业部 Sales Department	营销服务部 Marketing Services Division
1	**51**	**336**	**1030**	**39**	**936**
	29	**181**	**435**	**2**	**623**
	1	13	91	2	308
	1	13	91		15
	1	11	53		70
	1	12	22		35
	1	11	33		38
	1	12	1		83
	1	6			4
	1	6	4		4
	1	12	16		19
	1	2			
	1	9	5		14
	1	9			
	1	6	9		4
	1	3			
	1	1			
	1	13	65		
	1	9	32		13
	1	7	6		7
	1	6			
	1	5	3		
	1	6			9
	1	4	1		
	1				
	1				
	1				
	1				
	1	3	1		
	1	2	2		
	1				
1	**22**	**155**	**595**	**37**	**313**
	1	13	145	37	188
	1	12	33		13
	1				
	1	3	1		
	1	13	53		
	1	13	38		26
	1	9			13
	1	12	16		15
	1	5	1		
	1	7	1		
	1	13	31		12
	1	2	7		
	1	13	46		4
1	1	12	168		7
	1	7			2
	1	13	32		33
	1	1			
	1	3	1		
	1	2			
	1	2	17		
	1				
	1		5		

6-14 保险业务情况
Major Indicators of Insurance Business

单位：万元 (10000 yuan)

项 目	Item	2015	2016	2017	2018	2019	2020	2021
保费收入	**Premium Income**	**5917671**	**6855239**	**9314112**	**8991064**	**9521556**	**9872576**	**9954672**
企业财产险	Enterprise Property Insurance	48861	50093	48405	47217	47166	51538	53746
家庭财产险	Family Property Insurance	7885	8647	11272	12473	15190	17654	17404
机动车辆险	Motor Vehicle Insurance	870855	999313	1146753	1181570	1228451	1234585	1100628
船舶险	Ships Insurance	111	96	84	78	70	178	162
货物运输险及责任保险	Cargo Transportation Insurance and Liability Insurance	5875	6693	5900	7251	6879	7410	9574
责任险	Liability Insurance	31216	33808	43045	51469	62818	78523	72440
保证保险	Guarantee Insurance	54912	39162	57919	144579	194399	154491	99774
农业险	Agriculture Insurance	298473	318422	354612	396870	432777	511958	576077
其他保险	Other Insurance	17464	32721	27392	36270	33800	43076	55245
寿 险	Life Insurance	4033169	4135990	6392455	5455620	5273386	5282709	5490395
健康险	Health Insurance	447541	1107113	1075470	1487407	2047283	2309170	2307978
人身意外伤害险	Person Accident Insurance	101308	123180	150806	170260	179336	181284	171248
赔款及给付	**Claim and Payment**	**1692546**	**2377512**	**2405184**	**2571690**	**3240484**	**3092566**	**3392850**
企业财产险	Enterprise Property Insurance	22560	31127	34603	22765	20920	32326	27123
家庭财产险	Family Property Insurance	2588	3456	5095	5424	6625	8957	11335
机动车辆险	Motor Vehicle Insurance	421467	492419	556124	620019	626711	611272	719424
船舶险	Ships Insurance	2.66	13.95	7.76	5.37	8.49	16.21	27.00
货物运输险及责任保险	Cargo Transportation Insurance and Liability Insurance	3051	2433	3175	4735	2668	2535	2411
责任险	Liability Insurance	14717	21279	29058	30477	34755	47971	46490
保证保险	Guarantee Insurance	8663	15516	18800	34399	85099	150668	101153
农业险	Agriculture Insurance	189845	375930	273767	280285	624517	462578	423807
其他保险	Other Insurance	6916	8069	7321	8199	13780	16939	39165
寿 险	Life Insurance	867684	1187491	1120847	1064294	1049992	1032355	835700
健康险	Health Insurance	138198	218194	329204	462425	734902	692596	1151439
人身意外伤害险	Person Accident Insurance	16853	21583	27182	38664	40506	34352	34777

注：其他保险=建筑安装工程保险及责任保险+出口信用险+其他险。

a) Other Insurance = construction and installation insurance and liability insurance + export credit insurance + other.

主要统计指标解释

一般公共预算收入　指国家财政参与社会产品分配所取得的收入，是实现国家职能的财力保证。主要包括：(1) 各项税收：包括国内增值税、国内消费税、进口货物增值税和消费税、出口货物退增值税和消费税、企业所得税、个人所得税、资源税、城市维护建设税、房产税、印花税、城镇土地使用税、土地增值税、车船税、船舶吨税、车辆购置税、关税、耕地占用税、契税、烟叶税、环境保护税等。(2) 非税收入：包括专项收入、行政事业性收费、罚没收入、国有资本经营收入、国有资源（资产）有偿使用收入和其他收入。财政收入按现行分税制财政体制划分为中央本级收入和地方本级收入。

一般公共预算支出　指国家财政将筹集起来的资金进行分配使用，以满足经济建设和各项事业的需要。主要包括：一般公共服务、外交、国防、公共安全、教育、科学技术、文化体育与传媒、社会保障和就业、医疗卫生与计划生育、节能环保、城乡社区、农林水、交通运输、资源勘探信息等、商业服务业等、金融、援助其他地区、国土海洋气象等、住房保障、粮油物资储备、债务付息、债务发行费用等方面的支出。财政支出根据政府在经济和社会活动中的不同职权，划分为中央财政支出和地方财政支出。

信贷资金　指金融机构以信用方式积聚和分配的货币资金。金融机构信贷资金的来源有各项存款、金融债券、对国际金融机构负债、流通中现金、其他项目等；信贷资金的运用有各项贷款、有价证券及投资、金银占款、外汇占款、财政借款及在国际金融机构中的资产等。

存款　指企业、机关、团体或居民根据资金必须收回的原则，把货币资金存入银行或其他信贷机构保管并取得一定利息的一种信用活动形式。根据存款对象或性质的不同可划分为单位存款、个人存款、财政性存款、临时性存款、委托存款、其他存款等科目。它是银行信贷资金的主要来源。

贷款　指银行或其他信贷机构根据资金必须归还的原则，按一定利率，为企业、个人等提供资金的一种信用活动形式。我国银行贷款分为短期贷款、中长期贷款、融资租赁、票据融资、各项垫款、境外贷款等。

保险公司　在中国境内的、经过保险监督管理部门批准设立，并依法登记注册的各类商业保险公司。

保险金额　指保险人承担赔偿或者给付保险金责任的最高限额。

保费　指投保人为取得保险人在约定范围内所承担赔偿责任而支付给保险人的费用。

赔款　指保险人根据保险合同的规定，向被保险人支付的赔偿保险责任损失的金额。

给付　包括死伤医疗给付和满期给付。死伤医疗给付是指保险人根据人寿保险及长期健康保险合同的规定，因被保险人在保险期内发生保险责任范围内的保险事故支付给被保险人(或受益人)的金额。满期给付是指被保险人生存期满，保险人按人寿保险合同规定支付给被保险人的满期保险金额。

股票及其他股权　指股票购买者及直接投资者对其投资企业净资产所拥有的权益。股票是股份公司签发的证明股东投资并按其所持股份享有权益和承担义务的权益性证券。其他股权是机构单位以直接投资的方式用除股票、债权性证券以外的土地、房屋及建筑物、机器设备、存货、资源资产等实物资产，商标、专利权、土地使用权、特许使用权、商誉等无形资产及货币资金直接向其他单位进行的投资。通常以股权证、出资证明书、参与证或类似的单据为凭证。

Explanatory Notes on Main Statistical Indicators

General Public Budget Revenue refers to income for the government finance through participating in the distribution of social products. It is the financial guarantee to ensure government functioning. The government revenue includes the following main items: (1) Various tax revenues including domestic value added tax (VAT), domestic consumption tax, VAT and consumption tax from imports, VAT and consumption tax rebate for exports, corporate income tax, individual income tax, resource tax, city maintenance and construction tax, house property tax, stamp tax, urban land use tax, land appreciation tax, tax on vehicles and boat operation, ship tonnage tax, vehicle purchase tax, tariffs, farm land occupation tax, deed tax, and tobacco tax, environment protection tax, etc. (2) Non-tax revenue, including special program receipts, charge of administrative and institutional units, penalty receipts, operating income from government capital, income from use of state-owned resources (assets) and others non-tax receipts.

General Public Budget Expenditure refers to the distribution and use of the funds which the government finance has raised, so as to meet the needs of economic construction and various undertakings. It includes the following main items: expenditure for general public services, expenditure for foreign affairs, expenditure for national defence expenditure for public security, expenditure for education, expenditure for science and technology, expenditure for culture, sport and media, expenditure for social safety net and employment effort, expenditure for medical and health care and family planning, expenditure for energy conservation and environment protection, expenditure for urban and rural community affairs, expenditure for agriculture, forestry and water conservancy, expenditure for transportation, expenditure for resource exploration and information, expenditure for affairs of commerce and services, expenditure for finance, aid to other regions, expenditure for land, ocean and weather, expenditure for housing security, expenditure for grain & oil reserves, interest payment for public debts, expenditure for issuing debts. General public budget expenditure is divided into general public budget expenditure of central government and general public budget expenditure of local government according to the different functions of the governments played in economic and social activities,

Credit Funds refer to the monetary funds accumulated and distributed in the means of credit by the financial institutions. The sources of credit funds include various deposits, financial bonds, liabilities to international financial institutions, currency in circulation, other items. The uses of credit funds include loans, securities and investment, position for bullion and silver purchase, position for foreign exchange purchase, advances to treasury, and assets with international financial institutions.

Deposit is a form of credit by which enterprises, institutions, organizations or households can put money into banks and other credit institutions for safekeeping and interest earning under the principle of free withdrawal. According to different depositors, deposits are divided into unit deposits, personal deposits, fiscal deposits, temporary deposits, entrusted deposits and other deposits. Deposits are major sources of the credit funds of banks.

Loan is a form of credit by which banks and other credit institutions provide funds at certain interest rate to enterprises and individuals in the light of the principle of unconditional repayment. Loans from Chinese banks include short-term loan, medium-term and long-term loans, financial lease, bill financing, various money advanced, foreign loans.

Insurance Companies refer to commercial insurance companies of various forms registered by law and established in China with the approval of insurance regulatory agencies.

Amount Insured refers to the maximum that the insurant will get for the claim of the case insured.

Premium is the fee paid by the insurant to the insurer to obtain the obligation of compensation from the insurance within the agreed terms.

Settled Claim is the compensation paid by the insurer to the insurant in accordance with the insurance contract.

Payment includes payment for death, injury or medical treatment and payment at maturity. Payment for death, injury or medical treatment refers to the money paid to the insurant (or the beneficiary) in accordance with the life or health insurance contract when the insurant encounters accidents within the insured period covered in the contract. Payment at maturity refers to the payment to the insurant in accordance with the life insurance contract at the end of the insured period.

Shares and Other Holding Rights refer to the rights of stockholders and direct investors on the net assets of corporations they have invested in. Shares refer to negotiable securities on creditor's rights, issued by share companies certifying the investment by stockholders and their rights and duties in accordance with the amount of stocks that they hold. Other holding rights refer to the direct investment by institutional units in other units with currency capital or with assets, in forms other than shares and negotiable securities on creditor's rights, including such tangible assets such as land, buildings, machines and equipment, inventory, resources, etc., and such intangible assets as trade marks, patents, monopolies, rights on land use, licenses, commercial reputation, etc.. Documents of proof of holding rights usually include certificates on creditor's right, certificates on investment or on participation, etc.

第7篇

资源与环境

CHAPTER 7 RESOURCES AND ENVIRONMENT

7-1　土地状况
Land Characteristics

项　目	Item	面　积 (万公顷) Area (10000 hectares)	占总面积 (%) Percentage to Total Area(%)
总面积	**Total Land Area**	**4706.9**	**100.0**
耕　地	Cultivated Land	1716.6	36.5
园　地	Garden Land	6.7	0.1
林　地	Forests Land	2162.8	45.9
草　地	Grassland	117.6	2.5
湿　地	Wetland	349.2	7.4
城镇村及工矿用地	Land for Inhabitation, Mining and Manufacturing	117.1	2.5
交通运输用地	Land for Transport Facilities	21.0	0.4
水域及水利设施用地	Land for Water Conservancy Facilities	170.6	3.6
其他用地	Other	45.3	1.0

注：本表数据来源于黑龙江省自然资源厅(7-2表同)。
a) The data in this table is from the Department of natural resources of Heilongjiang Province(the same as 7-2 table).

7-2　分地区土地面积
Land Area in the Region

地　区	Region	总面积(万公顷) Total Land Area (10000 hectares)
全　省	**Total**	**4706.9**
哈尔滨	Harbin	530.8
齐齐哈尔	Qiqihar	422.6
鸡　西	Jixi	224.9
鹤　岗	Hegang	146.7
双鸭山	Shuangyashan	220.5
大　庆	Daqing	212.0
伊　春	Yichun	328.0
佳木斯	Jiamusi	324.6
七台河	Qitaihe	61.9
牡丹江	Mudanjiang	388.3
黑　河	Heihe	668.6
绥　化	Suihua	348.7
大兴安岭	Daxinganling	829.3

7-3 主要河流基本情况(2020年)
Major Rivers(2020)

名称	Name	流域面积（平方公里） Drainage Area (sq.km)	河长（公里） Length (km)
呼玛河	Humahe River	31197	524
逊毕拉河	Xunbilahe River	15739	279
穆棱河	Mulinghe River	18136	834
挠力河	Naolihe River	22495	596
呼兰河	Hulanhe River	31424	523
蚂蚁河	Ant River	10547	341
汤旺河	Tangwanghe River	20557	509

注：水利数据来源于黑龙江省水文水资源中心。
a) Figures of water resources were obtained from the Hydrographic Department of Heilongjiang Province.

7-4 分地区水资源状况(2021年)
Water Resources by Region(2021)

单位：亿立方米 (100 Million cu.m)

地区	Region	水资源总量 Total Water Resources Volume	地下水资源与地表水资源不重复量 Unduplicated Measurement Volume of Surface Water and Ground Water	地表水资源量 Total Surface Water Resources Volume
全省	**Total**	**1196.28**	**175.75**	**1020.53**
哈尔滨	Harbin	137.97	21.87	116.10
齐齐哈尔	Qiqihar	120.65	34.61	86.04
鸡西	Jixi	42.13	10.41	31.72
鹤岗	Hegang	32.13	6.18	25.95
双鸭山	Shuangyashan	34.40	9.10	25.30
大庆	Daqing	30.48	16.32	14.16
伊春	Yichun	93.58	4.26	89.32
佳木斯	Jiamusi	56.39	22.23	34.16
七台河	Qitaihe	7.98	0.80	7.18
牡丹江	Mudanjiang	89.89	3.41	86.48
黑河	Heihe	191.81	18.32	173.49
绥化	Suihua	72.45	20.70	51.75
大兴安岭	Daxinganling	286.42	7.54	278.88

7-5　主要矿产资源储量
Reserves of Major Mineral Resources

项　目	Item	2017	2018	2019	2020	2021
煤炭(亿吨)	Coal(100 million tons)	199.1	198.2	198.2	209.6	260.7
铁矿(矿石亿吨)	Iron(Ore,100 million tons)	4.06	3.68	3.65	3.63	3.48
铜矿(铜万吨)	Copper(Metal,10000 tons)	425.2	573.5	317.8	312.1	304.3
铅矿(万吨)	Lead(Metal,10000 tons)	58.0	57.5	57.4	58.7	48.5
锌矿(万吨)	Zinc(Metal,10000 tons)	192.7	190.8	190.2	189.5	158.0
镁矿(万吨)	Magnesium(10000 tons)	891.3	891.3	891.3	891.3	891.3
镍矿(吨)	Nickel(ton)	21612	21612	21612	21612	21612
钨矿WO_3(万吨)	Tungsten(WO_3,10000 tons)	16.51	15.67	15.40	15.18	14.99
金矿(岩金)(千克)	Gold ore (rock gold) (kg)	159695	162260	218474	133529	130615
矽线石(万吨)	Fibrolite(10000 tons)	757.3	757.3	757.3	757.3	757.3
熔剂用灰岩(万吨)	Limestone for Flux(10000 tons)	4229.4	4120.4	4051.9	3982.6	3913.5
冶金用白云岩(万吨)	Dolomite for Metallurgy(10000 tons)	3653	3653	3653	3653	3653
铸型用砂(万吨)	Placer for Mould(10000 tons)	1039.9	1039.9	1039.9	49427.7	49427.7
耐火粘土(万吨)	Refractory Clay(10000 tons)	1533.7	1533.7	1533.7	1533.7	1533.7
硫铁矿(万吨)	Pyrite Ore(10000 tons)	251.4	251.4	251.4	380.0	326.8
化肥用蛇纹岩(万吨)	Serpentinite for Chemical Fertilizer(10000 tons)	7880.3	7880.3	7880.3	7880.3	7880.3
泥炭(万吨)	Peat(10000 tons)	2877.3	2877.3	2877.3	2885.0	3966.8
磷矿石(万吨)(不包括伴生磷)	Phosphorite(10000 tons)	4255	4255	4255	6791	6791
长石(万吨)	Feldspar(10000 tons)	17558	17558	17558	17558	11653
陶瓷土(万吨)	Pottery Clay(10000 tons)	2021	2021	2021	33493	33493
玻璃用砂(万吨)	Gritstone for Glass(10000 tons)	1591	1591	1591	39217	39217
玻璃用脉石英(万吨)	Vein Quartz for Glass(10000 tons)	799.5	799.5	799.5	537.2	445.0
玻璃用大理岩(万吨)	Marble for Glass(10000 tons)	2820	2820	2820	2820	2820
水泥配料用粘土(万吨)	Clay for Cement Industry(10000 tons)	11210.9	11210.7	11210.5	11210.4	9695.4
水泥用大理岩(亿吨)	Marble for Cement(100 million tons)	16.2	16.8	18.2	18.1	18.7
膨润土(万吨)	Bentonite(10000 tons)	14594	14594	14594	14594	14645
饰面用花岗岩(万立方米)	Granite for Facing(10000 cu.m)	5265	5265	5264	5313	5307
火山灰(万吨)	Pozzolana(10000 tons)	4948	4948	4948	4948	4948
饰面用大理岩(万立方米)	Marble for Facing(10000 cu.m)	668	668	668	668	699
石墨(万吨)	Graphite(10000 tons)	19535.8	23263.4	28604.6	33604.7	35025.0
沸石(万吨)	Zeolite(10000 tons)	11908	11908	11908	11908	11908
颜料黄土(万吨)	Sienna(10000 tons)	192	192	192	192	192
铸石用玄武岩(万吨)	Basalt for Casting(10000 tons)	11110	11110	11110	11110	411
岩棉用玄武岩(万吨)	Basalt for Artificial Asbestos(10000 tons)	7274	7274	7274	7274	7274
珍珠岩(万吨)	Perlite(10000 tons)	3316	3304	3298	3296	3296

注：本表数据来源于黑龙江省自然资源厅。
a) Figures in this table were obtained from the Department of Natural Resources of Heilongjiang Province.

7-6 主要城市(区)平均气压(2021年)
Monthly Average Atmospheric Pressure of Major Cities(2021)

单位：百帕 (hPa)

月份	Month	哈尔滨 Harbin	齐齐哈尔 Qiqihar	北林 Beilin	大庆 Daqing	加格达奇 Jiagedaqi	爱辉 Aihui	伊春 Yichun	佳木斯 Jiamusi	鸡西 Jixi	牡丹江 Mudan-jiang	鹤岗 Hegang	双鸭山 Shuang-yashan	七台河 Qitaihe
年平均	**Annual Average**	**999.9**	**995.6**	**992.3**	**995.2**	**968.0**	**992.6**	**981.5**	**1003.7**	**981.3**	**978.0**	**991.3**	**992.3**	**990.5**
1 月	Jan.	1008.1	1003.6	999.7	1003.0	973.3	1000.0	987.6	1011.7	987.1	983.8	998.0	999.1	997.3
2 月	Feb.	1004.4	1000.4	996.0	999.6	970.2	995.9	983.6	1006.6	982.3	979.6	993.2	994.1	992.3
3 月	Mar.	1002.5	997.8	994.7	997.6	969.3	994.7	983.5	1006.4	983.5	980.1	993.6	994.7	992.9
4 月	Apr.	1001.3	996.8	993.7	996.6	969.1	993.6	982.4	1004.6	982.5	979.4	992.1	993.3	991.5
5 月	May	989.0	984.3	981.6	984.2	957.8	982.1	971.6	993.5	972.3	968.9	981.7	982.8	980.9
6 月	June	990.1	985.3	983.1	985.2	959.8	983.9	973.7	995.1	974.2	970.6	983.6	984.7	982.8
7 月	July	992.5	987.6	985.6	987.5	962.9	986.5	976.4	997.5	976.7	973.0	986.2	987.3	985.3
8 月	Aug.	993.7	989.9	986.7	989.3	965.0	988.6	977.5	998.7	977.5	973.6	987.4	988.2	986.2
9 月	Sept.	1000.3	996.5	993.2	995.8	970.0	994.4	983.8	1005.4	983.4	979.5	993.7	994.5	992.4
10 月	Oct.	1006.5	1002.1	998.6	1001.8	974.1	997.9	987.4	1009.6	987.5	984.5	997.0	998.2	996.6
11 月	Nov.	1002.7	999.2	994.6	998.3	971.0	995.1	983.1	1005.4	982.2	979.3	992.4	993.4	991.6
12 月	Dec.	1008.1	1003.6	999.5	1003.1	973.2	998.6	987.0	1010.1	986.1	983.7	996.5	997.6	995.8
春季	Spring	997.6	993.0	990.0	992.8	965.4	990.1	979.2	1001.5	979.4	976.1	989.1	990.3	988.4
夏季	Summer	992.1	987.6	985.1	987.3	962.6	986.3	975.9	997.1	976.1	972.4	985.7	986.7	984.8
秋季	Fall	1003.2	999.3	995.5	998.6	971.7	995.8	984.8	1006.8	984.4	981.1	994.4	995.4	993.5
冬季	Winter	1006.9	1002.5	998.4	1001.9	972.2	998.2	986.1	1009.5	985.2	982.4	995.9	996.9	995.1
最高	Highest	1002.9	998.6	995.2	998.2	970.9	995.6	984.5	1006.6	984.1	980.8	994.1	995.2	993.3
最低	Lowest	996.8	992.2	989.2	991.9	964.9	989.6	978.4	1000.7	978.3	975.0	988.3	989.4	987.5

注：气象数据来源于黑龙江省气象数据中心。
a) Figures of climate were obtained from Herlongjiang Province Meteorological Data Center.

7-7 主要城市(区)平均气温(2021年)

Monthly Average Temperature of Major Cities (2021)

单位：摄氏度 (℃)

月份	Month	哈尔滨 Harbin	齐齐哈尔 Qiqihar	北林 Beilin	大庆 Daqing	加格达奇 Jiagedaqi	爱辉 Aihui	伊春 Yichun	佳木斯 Jiamusi	鸡西 Jixi	牡丹江 Mudan-jiang	鹤岗 Hegang	双鸭山 Shuang-yashan	七台河 Qitaihe
年平均	**Annual Average**	**5.5**	**5.3**	**4.6**	**5.6**	**0.4**	**1.8**	**2.5**	**4.9**	**5.5**	**5.4**	**3.1**	**5.8**	**4.4**
1 月	Jan.	-19.1	-19.0	-19.8	-17.8	-26.6	-25.0	-22.3	-19.7	-17.4	-17.8	-21.7	-17.7	-20.0
2 月	Feb.	-13.4	-12.6	-14.2	-11.9	-18.3	-18.1	-16.2	-14.1	-11.8	-11.3	-15.4	-12.3	-14.0
3 月	Mar.	-0.4	0.9	-0.8	0.6	-5.1	-3.9	-3.1	-1.6	-0.5	-0.1	-3.2	-0.4	-1.9
4 月	Apr.	8.5	8.1	7.7	8.3	3.3	4.5	6.0	8.1	8.1	8.3	6.1	8.8	7.5
5 月	May	15.8	15.4	15.3	15.8	10.7	11.9	12.7	14.9	14.8	14.3	12.6	15.0	14.6
6 月	June	20.6	21.2	20.5	21.2	17.8	20.3	18.5	20.7	19.5	18.8	19.1	20.7	19.6
7 月	July	26.0	24.6	25.4	25.3	21.2	23.4	24.0	25.7	25.5	25.2	24.0	25.8	25.1
8 月	Aug.	21.0	20.6	20.4	20.7	17.3	18.5	19.0	21.8	20.9	21.0	19.9	22.1	21.0
9 月	Sept.	16.3	15.7	15.4	16.1	11.4	13.7	13.1	15.0	15.3	15.2	14.0	16.1	14.4
10 月	Oct.	7.6	7.1	6.5	7.4	1.5	3.5	4.3	5.6	7.0	6.5	4.8	7.6	5.9
11 月	Nov.	-3.6	-4.1	-5.1	-4.4	-7.8	-6.4	-6.6	-3.7	-2.1	-2.0	-4.9	-2.5	-3.4
12 月	Dec.	-13.0	-14.2	-15.6	-14.1	-20.5	-20.3	-19.6	-15.5	-13.2	-13.3	-18.6	-13.9	-15.6
春季	Spring	8.0	8.1	7.4	8.2	3.0	4.2	5.2	7.1	7.5	7.5	5.2	7.8	6.7
夏季	Summer	22.5	22.1	22.1	22.4	18.8	20.7	20.5	22.7	22.0	21.7	21.0	22.9	21.9
秋季	Fall	6.8	6.2	5.6	6.4	1.7	3.6	3.6	6.0	6.7	6.6	4.6	7.1	5.6
冬季	Winter	-15.2	-15.3	-16.5	-14.6	-21.8	-21.1	-19.4	-16.4	-14.1	-14.1	-18.6	-14.6	-16.5
最高	Highest	10.7	10.3	9.5	10.5	7.5	7.8	9.0	10.6	11.1	11.8	9.3	10.6	10.3
最低	Lowest	0.7	0.7	0.1	1.4	-5.4	-3.5	-3.2	-1.0	0.7	0.0	-2.9	1.5	-1.1

7-8 主要城市(区)平均相对湿度(2021年)
Monthly Average Relative Humidity of Major Cities (2021)

单位: % (%)

月 份	Month	哈尔滨 Harbin	齐齐哈尔 Qiqihar	北林 Beilin	大庆 Daqing	加格达奇 Jiagedaqi	爱辉 Aihui	伊春 Yichun	佳木斯 Jiamusi	鸡西 Jixi	牡丹江 Mudanjiang	鹤岗 Hegang	双鸭山 Shuangyashan	七台河 Qitaihe
年平均	**Annual Average**	**70**	**63**	**71**	**64**	**67**	**67**	**71**	**68**	**65**	**64**	**70**	**62**	**70**
1 月	Jan.	71	64	72	63	62	64	68	66	62	65	65	61	68
2 月	Feb.	67	56	67	58	56	59	65	64	59	61	61	58	66
3 月	Mar.	66	46	64	53	58	58	61	65	60	60	64	58	68
4 月	Apr.	49	43	49	44	49	46	49	50	44	45	52	41	50
5 月	May	59	51	58	51	62	65	66	65	60	60	71	63	64
6 月	June	74	68	70	67	75	70	75	72	72	75	76	71	74
7 月	July	83	84	85	81	84	84	84	81	79	77	86	83	84
8 月	Aug.	85	81	86	82	83	86	84	75	79	76	81	69	79
9 月	Sept.	81	74	82	75	78	74	83	79	79	81	81	70	81
10 月	Oct.	60	55	59	55	64	60	63	60	56	61	63	49	62
11 月	Nov.	78	67	85	72	65	69	78	74	67	56	73	66	77
12 月	Dec.	66	63	71	67	67	67	71	65	57	47	68	57	67
春 季	Spring	58	47	57	49	56	56	59	60	55	55	62	54	61
夏 季	Summer	81	78	80	77	81	80	81	76	77	76	81	74	79
秋 季	Fall	73	65	75	67	69	68	75	71	67	66	72	62	73
冬 季	Winter	68	61	70	63	62	63	68	65	59	58	65	59	67

7-9　主要城市(区)降水量(2021年)
Monthly Precipitation of Major Cities (2021)

单位：毫米　　(millimeters)

月　份	Month	哈尔滨 Harbin	齐齐哈尔 Qiqihar	北林 Beilin	大庆 Daqing	加格达奇 Jiagedaqi	爱辉 Aihui	伊春 Yichun	佳木斯 Jiamusi	鸡西 Jixi	牡丹江 Mudan-jiang	鹤岗 Hegang	双鸭山 Shuang-yashan	七台河 Qitaihe
合　计	**Total**	**640.8**	**666.1**	**638.5**	**568.7**	**766.3**	**513.2**	**780.1**	**563.9**	**416.0**	**462.2**	**569.4**	**614.1**	**464.9**
1　月	Jan.	4.5	5.8	10.1	6.4	3.6	5.8	4.1	3.0	3.9	9.2	5.4	4.1	4.7
2　月	Feb.	8.1	4.0	15.0	3.3	6.6	4.9	20.3	23.7	4.8	5.5	12.0	20.6	12.0
3　月	Mar.	10.2	3.2	20.4	4.8	31.3	20.4	27.9	46.1	31.4	27.6	45.9	43.8	40.2
4　月	Apr.	8.0	16.8	17.8	8.7	27.6	15.5	24.6	12.8	20.3	13.2	15.9	18.2	28.3
5　月	May	80.6	28.3	68.4	34.4	47.0	47.0	70.8	77.7	42.0	65.8	80.6	98.9	60.7
6　月	June	80.1	86.8	76.2	73.4	191.3	44.9	66.9	65.7	63.6	118.6	56.3	133.7	91.4
7　月	July	167.9	260.7	149.2	178.6	210.9	149.1	197.4	78.2	31.1	25.4	127.5	121.8	58.8
8　月	Aug.	146.7	162.2	126.7	130.3	124.9	149.5	205.8	114.1	66.4	66.4	90.9	59.6	45.0
9　月	Sept.	63.4	60.5	90.0	80.9	78.4	23.9	65.6	62.9	81.0	65.7	61.5	48.5	54.0
10 月	Oct.	12.4	9.9	10.6	4.5	35.9	20.8	12.3	3.6	11.3	18.2	5.5	4.4	13.4
11 月	Nov.	53.7	25.4	45.7	39.6	4.6	21.9	71.3	68.4	54.3	40.5	62.0	54.0	49.7
12 月	Dec.	5.2	2.5	8.4	3.8	4.2	9.5	13.1	7.7	5.9	6.1	5.9	6.5	6.7
春　季	Spring	98.8	48.3	106.6	47.9	105.9	82.9	123.3	136.6	93.7	106.6	142.4	160.9	129.2
夏　季	Summer	394.7	509.7	352.1	382.3	527.1	343.5	470.1	258.0	161.1	210.4	274.7	315.1	195.2
秋　季	Fall	129.5	95.8	146.3	125.0	118.9	66.6	149.2	134.9	146.6	124.4	129.0	106.9	117.1
冬　季	Winter	17.8	12.3	33.5	13.5	14.4	20.2	37.5	34.4	14.6	20.8	23.3	31.2	23.4

7-10 主要城市(区)平均风速(2021年)
Monthly Average Wind Velocity of Major Cities(2021)

单位：m/s (m/s)

月份	Month	哈尔滨 Harbin	齐齐哈尔 Qiqihar	北林 Beilin	大庆 Daqing	加格达奇 Jiagedaqi	爱辉 Aihui	伊春 Yichun	佳木斯 Jiamusi	鸡西 Jixi	牡丹江 Mudan-jiang	鹤岗 Hegang	双鸭山 Shuang-yashan	七台河 Qitaihe
年平均	**Annual Average**	**2.6**	**2.4**	**2.0**	**3.0**	**2.2**	**2.6**	**2.1**	**2.4**	**3.4**	**2.9**	**2.0**	**1.9**	**3.1**
1 月	Jan.	2.2	1.8	1.8	2.5	1.6	2.1	1.9	2.0	3.6	2.3	2.0	1.9	2.6
2 月	Feb.	2.8	2.3	2.1	3.2	2.1	2.8	2.5	2.3	4.4	3.2	2.2	1.9	4.1
3 月	Mar.	3.0	2.8	2.4	3.4	2.4	2.9	2.3	2.6	3.8	3.2	2.1	2.2	3.4
4 月	Apr.	3.2	3.3	2.7	3.6	2.9	3.9	3.0	3.3	4.3	3.9	2.8	2.6	4.1
5 月	May	3.0	2.8	2.4	3.6	2.6	2.8	2.5	3.0	3.4	3.4	2.0	1.9	3.1
6 月	June	2.4	2.5	1.9	2.9	2.3	2.6	2.0	2.1	2.7	2.4	1.6	1.7	2.6
7 月	July	2.3	2.3	1.9	2.6	2.0	2.2	1.7	1.7	2.1	2.0	1.3	1.5	1.9
8 月	Aug.	2.8	2.2	1.8	2.6	2.0	1.9	1.8	2.3	2.8	2.8	2.0	1.7	2.8
9 月	Sept.	2.2	2.2	1.6	2.6	2.0	1.9	1.4	1.8	2.3	1.9	1.7	1.5	2.0
10 月	Oct.	2.5	2.5	2.0	3.0	1.9	2.6	2.2	2.4	3.5	2.7	2.2	2.0	3.1
11 月	Nov.	2.6	2.4	1.8	3.1	2.4	3.2	2.1	2.4	4.0	3.5	2.4	1.9	3.5
12 月	Dec.	2.7	2.1	2.0	2.7	1.8	2.4	2.0	2.4	4.1	3.1	2.1	2.0	3.5
春季	Spring	3.1	3.0	2.5	3.5	2.6	3.2	2.6	3.0	3.8	3.5	2.3	2.2	3.5
夏季	Summer	2.5	2.3	1.9	2.7	2.1	2.2	1.8	2.0	2.5	2.4	1.6	1.6	2.4
秋季	Fall	2.4	2.4	1.8	2.9	2.1	2.6	1.9	2.2	3.3	2.7	2.1	1.8	2.9
冬季	Winter	2.6	2.1	2.0	2.8	1.8	2.4	2.1	2.2	4.0	2.9	2.1	1.9	3.4
最大	Maximum	12.0	10.8	8.9	14.2	11.8	11.8	13.2	13.3	15.1	15.6	12.8	9.8	17.0
风向	Wind Direction	SW	SW	WSW	SW	SE	WNW	W	SW	W	W	WSW	WSW	WNW

7-11 主要城市(区)日照时数(2021年)
Monthly Sunshine Hours of Major Cities (2021)

单位：小时 (hour)

月份	Month	哈尔滨 Harbin	齐齐哈尔 Qiqihar	北林 Beilin	大庆 Daqing	加格达奇 Jiagedaqi	爱辉 Aihui	伊春 Yichun	佳木斯 Jiamusi	鸡西 Jixi	牡丹江 Mudanjiang	鹤岗 Hegang	双鸭山 Shuangyashan	七台河 Qitaihe
合 计	**Total**	**2333.4**	**2383.0**	**2290.1**	**2704.2**	**2223.3**	**2266.9**	**2713.2**	**2416.7**	**2267.2**	**2291.6**	**2292.3**	**1934.2**	**2305.9**
1 月	Jan.	212.3	191.5	187.6	215.3	171.8	169.8	200.5	221.3	197.8	237.6	186.9	152.4	236.9
2 月	Feb.	173.6	197.9	182.9	219.5	189.4	185.6	229.0	178.5	150.3	153.2	168.1	123.8	167.9
3 月	Mar.	216.0	243.4	213.0	261.1	224.0	209.4	272.7	205.4	195.2	191.1	200.8	157.6	196.5
4 月	Apr.	221.6	243.1	244.5	263.9	241.0	236.5	307.6	243.6	227.3	232.4	238.4	216.2	224.2
5 月	May	251.2	233.7	243.3	303.4	199.2	202.9	336.4	231.6	228.2	218.0	207.7	188.3	232.4
6 月	June	208.1	238.1	226.9	272.0	214.8	239.5	356.7	235.2	211.3	189.8	236.1	205.4	226.3
7 月	July	182.0	138.4	216.5	205.6	177.4	185.9	308.3	228.6	217.6	254.0	197.3	174.5	216.3
8 月	Aug.	182.6	177.0	171.2	188.4	154.3	158.8	175.6	201.7	140.7	152.7	178.6	140.1	147.9
9 月	Sept.	175.5	184.4	155.8	197.9	155.1	196.2	154.7	179.0	176.7	168.3	189.2	170.1	168.4
10 月	Oct.	211.7	227.3	186.5	242.5	197.0	194.3	193.5	214.3	204.5	201.2	213.7	162.6	196.6
11 月	Nov.	104.4	132.3	100.0	144.4	147.8	136.3	79.4	117.9	136.4	118.5	116.6	105.7	118.8
12 月	Dec.	194.4	175.9	161.9	190.2	151.5	151.7	98.8	159.6	181.2	174.8	158.9	137.5	173.7
春 季	Spring	688.8	720.2	700.8	828.4	664.2	648.8	916.7	680.6	650.7	641.5	646.9	562.1	653.1
夏 季	Summer	572.7	553.5	614.6	666.0	546.5	584.2	840.6	665.5	569.6	596.5	612.0	520.0	590.5
秋 季	Fall	491.6	544.0	442.3	584.8	499.9	526.8	427.6	511.2	517.6	488.0	519.5	438.4	483.8
冬 季	Winter	580.3	565.3	532.4	625.0	512.7	507.1	528.3	559.4	529.3	565.6	513.9	413.7	578.5

7-12 工业“三废”排放治理情况
Discharge and Treatment of Industrial Waste Water, Waste Gas and Solid Wastes

项 目	Item	2020	2021
工业废水	**Industrial Waste Water**		
工业废水排放量(万吨)	Volume of Industrial Waste Water Discharged(10000 tons)	15256.90	17965.42
直接排入环境的	Directly Into the Environment	10964.27	13120.47
排入污水处理厂的	Discharged Into the Sewage Treatment Plant	4292.63	4844.95
化学需氧量COD排放量(万吨)	Chemical Oxygen Demand COD Emissions(10000 tons)	2.13	0.69
氨氮排放量(万吨)	Ammonia - Nitrogen Emissions(10000 tons)	0.10	0.05
工业废气	**Industrial Waste Gas**		
工业废气排放量(亿立方米)	Emission Volume of Industrial Waste Gas(100 million cu.m)	14058.40	21701.16
二氧化硫排放量(万吨)	Emission Volume of Sulphur Dioxide (10000 tons)	9.03	5.78
氮氧化物排放量(万吨)	Emission Volume of Nitrogen Oxide (10000 tons)	10.61	9.67
烟(粉)尘排放量(万吨)	Emission Volume of Smoke (powder) Dust(10000 tons)	11.92	8.51
工业固体废物	**Industrial Solid Wastes**		
工业固体废物产生量(万吨)	Volume of Industrial Solid Wastes Produced(10000 tons)	6769.13	8315.93
工业固体废物综合利用量(万吨)	Volume of Industrial Solid Wastes Utilized(10000 tons)	3166.23	3609.32
工业固体废物处置量(万吨)	Volume of Industrial Solid Wastes Treated(10000 tons)	1328.01	1387.92
工业固体废物贮存量(万吨)	Volume of Industrial Solid Wastes Accumulated(10000 tons)	2744.83	3946.48
危险废物产生量(万吨)	Hazardous Waste Generated Volume(10000 tons)	118.54	118.13
危险废物利用处置量(万吨)	Utilization and Disposal of Hazardous Waste(10000 tons)	126.56	115.47
危险废物本年末贮存量(万吨)	Storage Capacity of Hazardous Wastes at the End of the Year (10000 tons)	16.92	19.58

注：1.环保数据来源于黑龙江省生态环境厅，此数据为快报数据。
2.2020年，2021年生态环境统计数据为国家动态更新后数据(下同)。

a) Figures of climate were obtained from the Department of Ecology Environmental of Heilongjiang Province.
b) The ecological environment statistics data in 2020 and 2021 are the state dynamic updated data(the same below).

7-13　分地区污染物排放总量情况(2021年)
Total Emission Volume of Pollutants by Region (2021)

地　区	Region	废　水排放量(万吨) Volume of Waste Water Discharged (10000 tons)	化学需氧量COD排放量(吨) Chemical Oxygen Demand COD Emissions (ton)	氨　氮排放量(吨) Ammonia-Nitrogen Emissions (ton)	二氧化硫排放量(吨) Emission Volume of Sulphur Dioxide(ton)	氮氧化物排放量(吨) Emission Volume of Nitrogen Oxide(ton)	烟(粉)尘排放量(吨) Emission Volume of Smoke(powder) Dust(ton)
全　省	**Total**	**126943.1**	**851359.0**	**14678.6**	**110319.2**	**278453.2**	**350816.2**
哈尔滨	Harbin	40171.8	40538.9	899.2	33537.1	71396.9	138347.3
齐齐哈尔	Qiqihar	13384.5	16565.9	568.2	15384.6	33065.6	29276.0
鸡　西	Jixi	4463.4	4317.8	258.5	8381.8	11381.4	6846.6
鹤　岗	Hegang	6768.4	3655.0	585.1	6190.5	8604.2	27287.7
双鸭山	Shuangyashan	6068.3	5129.9	115.6	5686.5	12644.1	25893.4
大　庆	Daqing	14499.9	16786.4	937.7	8154.2	32702.6	23968.3
伊　春	Yichun	5487.4	12637.3	707.2	5296.4	15611.9	9113.6
佳木斯	Jiamusi	9400.6	15760.8	771.9	5084.3	14051.1	14079.3
七台河	Qitaihe	1784.1	2217.6	37.9	3506.9	9391.3	6121.9
牡丹江	Mudanjiang	9623.7	11376.1	569.5	9037.7	21419.3	39140.6
黑　河	Heihe	4362.1	4406.2	103.0	3224.5	6469.2	5982.1
绥　化	Suihua	9332.4	16864.1	366.5	5464.8	39222.7	16408.0
大兴安岭	Daxinganling	1596.6	3665.8	340.4	1369.7	2493.1	8351.2

注：以上数据中，化学需氧量和氨氮无各地市农业源数据，因而全省总计大于等于地市合计。

a) In the above data, there is no agricultural source data of local cities for chemical oxygen demand and ammonia nitrogen, and the General Administration of agricultural reclamation only has motor vehicle emission data.

7-14 工业污染排放和处理利用情况(2021年)

类 别	Category	汇总工业企业数(个) Number of Industrial Enterprises (unit)	工业废水排放量(万吨) Volume of Industrial Waste Water Discharged (10000 tons)	直接排入环境的 Directly Into the Environment	排入污水处理厂的 Discharged Into the Sewage Treatment Plant
重点调查企业	**Key Survey Enterprises**	**1482**	**17965.42**	**13120.47**	**4844.95**
农、林、牧、渔专业及辅助性活动	Professional and Support Activities for Agriculture, Forestry, Animal Husbandry and Fishery	4	0.55		0.55
煤炭开采和洗选业	Mining and Washing of Coal	80	5941.66	5941.66	
石油和天然气开采业	Extraction of Petroleum and Natural Gas	22			
黑色金属矿采选业	Mining and Processing of Ferrous Metal Ores	2			
有色金属矿采选业	Mining and Processing of Non-Ferrous Metal Ores	11	3.33	3.33	
非金属矿采选业	Mining and Processing of Nonmetal Ores	23			
开采专业及辅助性活动	Professional and Support Activities for Mining	5	0.37	0.37	
农副食品加工业	Processing of Food from Agricultural Products	191	1244.84	150.92	1093.93
食品制造业	Manufacture of Foods	76	2614.38	823.61	1790.77
酒、饮料和精制茶制造业	Manufacture of Wine, Soft Drinks and Refined Tea	65	1209.73	484.30	725.43
烟草制品业	Manufacture of Tobacco	2	12.86		12.86
纺织业	Manufacture of Textile	11	133.21		133.21
纺织服装、服饰业	Manufacture of Textile, Wearing Apparel and Accessories	1			
皮革、毛皮、羽毛及其制品和制鞋业	Manufacture of Leather, Fur, Feathers and Related Products and Footwear	9	24.71		24.71
木材加工和木、竹、藤、棕、草制品业	Processing of Timber, Manufacture of Wood, Bamboo, Rattan, Palm, and Straw Products	8			
家具制造业	Manufacture of Furniture	11	3.84	3.84	
造纸和纸制品业	Manufacture of Paper and Paper Products	27	331.58	328.66	2.93
印刷和记录媒介复制业	Printing, Reproduction of Recording Media	4	2.00		2.00
文教、工美、体育和娱乐用品制造业	Manufacture of Articles for Culture, Education and Sports Activities				
石油、煤炭及其他燃料加工业	Processing of Petroleum, Coal and Other Fuels	31	1003.10	903.16	99.93

Discharge and Treatment of Industrial Pollution (2021)

工业废水中化学需氧量排放量(吨) Emission Volume of Industrial Waste Water Chemical Oxygen Demand COD (ton)	工业废水中氨氮排放量(吨) Emission Volume of Industrial Waste Water Ammonia - Nitrogen (ton)	工业废气排放量(亿立方米) Emission Volume of Industrial Waste Gas (100 million cu.m)	工业废气中二氧化硫产生量(吨) Volume of Industrial Waste Gas Sulphur Dioxide Produced (ton)	工业废气中二氧化硫排放量(吨) Emission Volume of Industrial Waste Gas Sulphur Dioxide (ton)	工业废气中氮氧化物产生量(吨) Volume of Industrial Waste Gas Nitrogen Oxide Produced (ton)	工业废气中氮氧化物排放量(吨) Emission Volume of Industrial Waste Gas Nitrogen Oxide (ton)
6762.38	**491.37**	**21701.16**	**507479.26**	**57783.67**	**299805.13**	**96727.37**
0.39	0.01	5.51	788.25	788.25	30.62	30.62
307.95		254.59	1758.73	1407.98	1042.01	989.21
		213.99	424.30	416.71	2468.93	2468.93
		2.93	52.69	52.69	23.28	23.28
0.08		6.20	407.39	51.64	158.69	57.72
		7.17	123.91	119.97	79.65	79.65
0.44		2.21	41.72	32.55	47.78	47.78
872.10	38.68	138.51	3113.28	608.08	2116.29	993.43
2331.44	306.27	158.90	8512.07	682.45	9307.77	2120.66
514.14	28.43	140.09	6889.08	2503.10	3055.78	1100.83
4.13	0.28	1.12	1.06	1.06	5.28	5.28
781.23	3.93	1.19	44.92	44.92	21.47	21.47
		0.005	0.03	0.03	0.08	0.08
23.13	4.75					
		3.20	191.29	20.48	89.35	64.09
0.21		5.10	61.60	29.12	25.98	24.47
145.38	4.62	20.59	793.48	238.05	523.42	182.41
0.53	0.01	0.11	10.54	10.54	1.60	1.60
415.65	7.96	1460.36	39967.04	1466.13	11717.92	7764.45

7-14　续表1

类　别	Category	汇总工业企业数(个) Number of Industrial Enterprises (unit)	工业废水排放量(万吨) Volume of Industrial Waste Water Discharged (10000 tons)	直接排入环境的 Directly Into the Environment	排入污水处理厂的 Discharged Into the Sewage Treatment Plant
化学原料和化学制品制造业	Manufacture of Raw Chemical Materials and Chemical Products	77	3394.63	3363.81	30.82
医药制造业	Manufacture of Medicines	71	319.74	17.58	302.17
化学纤维制造业	Manufacture of Chemical Fibers				
橡胶和塑料制品业	Manufacture of Rubber and Plastic Products	7	32.97	32.90	0.07
非金属矿物制品业	Manufacture of Non-metallic Mineral Products	121	14.16	3.22	10.94
黑色金属冶炼和压延加工业	Smelting and Pressing of Ferrous Metals	5	647.40	647.40	
有色金属冶炼和压延加工业	Smelting and Pressing of Non-ferrous Metals	2	133.88		133.88
金属制品业	Manufacture of Metal Products	12	37.22	1.80	35.42
通用设备制造业	Manufacture of General Purpose Machinery	15	83.17	4.09	79.08
专用设备制造业	Manufacture of Special Purpose Machinery	9	175.51	171.85	3.66
汽车制造业	Manufacture of Automotive	8	16.13		16.13
铁路、船舶、航空航天和其他运输设备制造业	Manufacture of Railways, Ship, Aerospace and Other Transport Equipment	8	107.96	23.48	84.48
电气机械和器材制造业	Manufacture of Electrical Machinery and Equipment	2	17.86		17.86
计算机、通信和其他电子设备制造业	Manufacture of Computer, Communications and Other Electronic Equipment	4	50.48		50.48
仪器仪表制造业	Manufacture of Instrument				
其他制造业	Other Manufacture	4	11.77	11.11	0.66
废弃资源综合利用业	Comprehensive Utilization of Waste Resources Industry	10	0.02	0.02	
金属制品、机械和设备修理业	Repair Service of Metal Products, Machinery and Equipment	6	13.24		13.24
电力、热力生产和供应业	Production and Supply of Electric Power and Heat Power	537	346.60	203.36	143.23
燃气生产和供应业	Production and Supply of Gas				
水的生产和供应业	Production and Supply of Water	1	36.50		36.50

CONTINUED

工业废水中化学需氧量排放量(吨) Emission Volume of Industrial Waste Water Chemical Oxygen Demand COD (ton)	工业废水中氨氮排放量(吨) Emission Volume of Industrial Waste Water Ammonia - Nitrogen (ton)	工业废气排放量(亿立方米) Emission Volume of Industrial Waste Gas (100 million cu.m)	工业废气中二氧化硫产生量(吨) Volume of Industrial Waste Gas Sulphur Dioxide Produced (ton)	工业废气中二氧化硫排放量(吨) Emission Volume of Industrial Waste Gas Sulphur Dioxide (ton)	工业废气中氮氧化物产生量(吨) Volume of Industrial Waste Gas Nitrogen Oxide Produced (ton)	工业废气中氮氧化物排放量(吨) Emission Volume of Industrial Waste Gas Nitrogen Oxide (ton)
799.89	68.29	321.36	1770.53	1153.50	3235.41	2791.65
104.69	3.62	22.48	374.88	243.91	239.24	203.07
3.47	0.04	3.78	176.16	22.71	114.21	58.09
3.95	0.43	557.84	4351.01	2379.25	17618.21	6378.73
118.84	4.39	1315.34	31289.47	4941.55	13891.13	9800.58
41.45	4.50	49.15	5201.92	35.38	275.56	108.11
20.73	2.43	4.73	4.88	4.88	5.63	5.63
29.40	1.09	3.12	124.90	16.36	77.99	77.99
36.21	0.49	128.52	13.36	13.36	451.71	451.71
6.37	0.63	2.55	2.42	2.42	406.65	406.65
44.12	2.96	163.49	194.59	15.78	129.09	38.96
2.90	0.28	37.35	4.50	4.50	7.84	7.84
13.08	0.57	0.33	0.13	0.13	0.76	0.76
6.75	1.23	4.36	166.50	12.57	84.63	49.35
0.42	0.02	5.86	0.71	0.71	0.74	0.74
3.82	0.15	0.10	2.09	2.09	0.41	0.41
121.20	5.19	16659.01	400619.84	40460.85	232550.04	60371.16
8.33	0.17					

7-14 续表2

类 别	Category	工业废气中烟(粉)尘产生量(吨) Produced Volume of Industrial Waste Gas Smoke (powder) Dust (ton)	工业废气中烟(粉)尘排放量(吨) Emission Volume of Industrial Waste Gas Smoke(powder) Dust (ton)	一般工业固体废物产生量(万吨) Volume of Industrial Solid Wastes Produced (10000 tons)
重点调查企业	**Key Survey Enterprises**	**20427150.41**	**85149.05**	**8315.93**
农、林、牧、渔专业及辅助性活动	Professional and Support Activities for Agriculture, Forestry, Animal Husbandry and Fishery	94.21	0.47	0.28
煤炭开采和洗选业	Mining and Washing of Coal	87102.58	14315.81	1066.41
石油和天然气开采业	Extraction of Petroleum and Natural Gas	65.09	8.65	0.11
黑色金属矿采选业	Mining and Processing of Ferrous Metal Ores	2726.24	1013.31	194.85
有色金属矿采选业	Mining and Processing of Non-Ferrous Metal Ores	3946.11	11.01	2889.26
非金属矿采选业	Mining and Processing of Nonmetal Ores	31025.19	4969.81	480.36
开采专业及辅助性活动	Professional and Support Activities for Mining	616.43	4.19	245.04
农副食品加工业	Processing of Food from Agricultural Products	150928.22	275.58	40.18
食品制造业	Manufacture of Foods	133240.03	213.69	37.06
酒、饮料和精制茶制造业	Manufacture of Wine, Soft Drinks and Refined Tea	213691.24	506.01	44.43
烟草制品业	Manufacture of Tobacco	0.11	0.11	0.01
纺织业	Manufacture of Textile	363.95	1.51	0.36
纺织服装、服饰业	Manufacture of Textile, Wearing Apparel and Accessories	1.70	0.002	0.001
皮革、毛皮、羽毛及其制品和制鞋业	Manufacture of Leather, Fur, Feathers and Related Products and Footwear			
木材加工和木、竹、藤、棕、草制品业	Processing of Timber, Manufacture of Wood, Bamboo, Rattan, Palm, and Straw Products	1264.40	34.75	0.86
家具制造业	Manufacture of Furniture	182.08	1.59	0.25
造纸和纸制品业	Manufacture of Paper and Paper Products	48751.19	82.39	10.82
印刷和记录媒介复制业	Printing, Reproduction of Recording Media	0.78	0.003	0.03
文教、工美、体育和娱乐用品制造业	Manufacture of Articles for Culture, Education and Sports Activities			
石油、煤炭及其他燃料加工业	Processing of Petroleum, Coal and Other Fuels	419843.84	13474.98	20.72

CONTINUED

一般工业固体废物综合利用量(万吨) Volume of Industrial Solid Wastes Utilized (10000 tons)	一般工业固体废物处置量(万吨) Volume of Industrial Solid Wastes Treated (10000 tons)	一般工业固体废物贮存量(万吨) Volume of Industrial Solid Wastes Accumulated (10000 tons)	危险废物产生量(万吨) Hazardous Waste Generated Volume (10000 tons)	危险废物利用处置量(万吨) Utilization and Disposal of Hazardous Waste (10000 tons)	危险废物年末贮存量(万吨) Storage Capacity of Hazardous Wastes at the End of the Year (10000 tons)
3609.32	**1387.92**	**3946.48**	**118.13**	**115.47**	**19.58**
0.28					
897.95	92.99	87.68	0.0004	0.0002	0.0003
0.07	0.02	0.02	52.22	52.68	12.47
28.10	8.00	166.75	0.0001	0.0001	0.0001
13.27	435.12	2795.72	14.89	14.89	0.0004
1.98	293.39	310.96	0.002	0.03	0.003
38.49	206.56	0.0008	3.92	0.06	4.12
33.05	7.13	0.01	0.01	0.01	0.0009
34.37	2.69	0.002	0.02	0.02	0.004
28.99	15.43	0.01	0.01	0.01	0.0008
	0.01				
0.13	0.22	0.01	0.003	0.003	
0.001					
0.86	0.001				
0.11	0.14	0.0001	0.03	0.03	0.0008
10.79	0.03	0.001	0.001	0.002	0.00001
	0.03	0.0003	0.00003	0.00003	0.00004
20.40	0.32		8.66	8.65	0.01

7-14 续表3

类　别	Category	工业废气中烟(粉)尘产生量(吨) Produced Volume of Industrial Waste Gas Smoke (powder) Dust (ton)	工业废气中烟(粉)尘排放量(吨) Emission Volume of Industrial Waste Gas Smoke(powder) Dust (ton)	一般工业固体废物产生量(万吨) Volume of Industrial Solid Wastes Produced (10000 tons)
化学原料和化学制品制造业	Manufacture of Raw Chemical Materials and Chemical Products	197887.33	543.86	81.49
医药制造业	Manufacture of Medicines	2556.12	50.04	3.88
化学纤维制造业	Manufacture of Chemical Fibers			
橡胶和塑料制品业	Manufacture of Rubber and Plastics Products	8536.07	41.50	2.48
非金属矿物制品业	Manufacture of Non-metallic Mineral Products	1775010.89	10091.82	126.42
黑色金属冶炼和压延加工业	Smelting and Pressing of Ferrous Metals	484081.72	9148.79	411.14
有色金属冶炼和压延加工业	Smelting and Pressing of Non-ferrous Metals	4591.41	11.56	53.55
金属制品业	Manufacture of Metal Products	108.08	39.46	0.05
通用设备制造业	Manufacture of General Purpose Machinery	569.21	19.07	3.45
专用设备制造业	Manufacture of Special Purpose Machinery	3394.14	1149.85	12.03
汽车制造业	Manufacture of Automotive	156.90	56.20	3.15
铁路、船舶、航空航天和其他运输设备制造业	Manufacture of Railways, Ship, Aerospace and Other Transport Equipment	3406.09	157.31	10.17
电气机械及器材制造业	Manufacture of Electrical Machinery and Apparatus	3.40	0.13	0.08
计算机、通信和其他电子设备制造业	Manufacture of Computer, Communications and Other Electronic Equipment			0.11
仪器仪表制造业	Manufacture of Measuring Instruments			
其他制造业	Other Manufacture	2767.71	11.18	0.94
废弃资源综合利用业	Comprehensive Utilization of Waste Resources Industry	74.19	3.77	3.75
金属制品、机械和设备修理业	Repair Service of Metal Products, Machinery and Equipment	0.32	0.20	0.05
电力、热力生产和供应业	Production and Supply of Electric Power and Heat Power	16850163.47	28910.47	2572.16
燃气生产和供应业	Production and Supply of Gas			
水的生产和供应业	Production and Supply of Water			

CONTINUED

一般工业固体废物综合利用量(万吨) Volume of Industrial Solid Wastes Utilized (10000 tons)	一般工业固体废物处置量(万吨) Volume of Industrial Solid Wastes Treated (10000 tons)	一般工业固体废物贮存量(万吨) Volume of Industrial Solid Wastes Accumulated (10000 tons)	危险废物产生量(万吨) Hazardous Waste Generated Volume (10000 tons)	危险废物利用处置量(万吨) Utilization and Disposal of Hazardous Waste (10000 tons)	危险废物年末贮存量(万吨) Storage Capacity of Hazardous Wastes at the End of the Year (10000 tons)
79.28	1.22	8.52	20.77	20.85	0.11
2.38	1.49	0.00003	0.06	0.06	0.004
0.001	2.48		0.02	0.02	0.01
10.41	0.59	115.54	0.01	0.01	0.0006
411.14			2.11	2.11	0.003
0.03	52.28	1.24	0.96	0.96	
0.02	0.03		0.03	0.02	0.01
3.44	0.01	0.0003	0.26	0.24	0.02
4.10	7.78	0.15	0.88	0.12	2.65
3.14	0.01		0.17	0.16	0.01
9.90	0.26		0.27	0.27	
0.08			0.38	0.38	0.0009
0.09	0.02		0.03	0.03	0.003
0.34	0.60		0.02	0.02	0.0004
3.44	0.20	0.24	0.76	0.78	0.03
0.05			0.02	0.03	0.0009
1972.62	258.85	459.63	11.62	13.04	0.13

主要统计指标解释

耕地 指利用地表耕作层种植农作物为主，每年种植一季及以上（含以一年一季以上的耕种方式种植多年生作物）的土地，包括熟地，新开发、复垦、整理地，休闲地（含轮歇地、休耕地）；以及间有零星果树、桑树或其他树木的耕地；包括南方宽度＜1.0 米，北方宽度＜2.0 米固定的沟、渠、路和地坎(埂)；包括直接利用地表耕作层种植的温室、大棚、地膜等保温、保湿设施用地。

园地 指种植以采集果、叶、根、茎、汁等为主的集约经营的多年生木本和草本作物，覆盖度大于 50%和每亩株数大于合理株数 70%的土地。包括用于育苗的土地。

林地 指生长乔木、竹类、灌木的土地。不包括生长林木的湿地，城镇、村庄范围内的绿化林木用地，铁路、公路征地范围内的林木，以及河流、沟渠的护堤林用地。

牧草地 指生长草本植物为主的土地。

径流量 指在一定时段内通过河流某一过水断面的水量，用以反映一个国家或地区水资源的丰歉程度。计算公式为:

径流量=降水量-蒸发量

流域 每条河流都有自己的干流和支流，干支流共同组成这条河流的水系。每条河流都有自己的集水区域，这个集水区域就称为该河流的流域。

矿产资源 指由地质作用形成的，具有利用价值的，呈固态、液态、气态的自然资源，是社会生产发展的重要物质基础。目前我国已发现矿种有 170 多种，按其特点和用途，可分为能源矿产(如煤炭、石油、天然气、地热)、金属矿产(如铁矿、锰矿、铜矿、铅矿、铝土矿)、非金属矿产(如金刚石、石灰岩、粘土)和水气矿产(如地下水、矿泉水、二氧化碳气)四大类。其中：金属矿产按其物质成份和性质又可分为：黑色金属矿产、有色金属矿产、贵金属矿产、稀有金属矿产、稀土金属矿产、分散元素金属矿产六类。

矿产基础储量 基础储量是查明矿产资源的一部分。它能满足现行采矿和生产所需的指标要求，是控制的、探明的并通过可行性或预可行性研究认为属于经济的、边界经济的部分，用未扣除设计、采矿损失的数量表示。

平均气温 气温指空气的温度，我国一般以摄氏度为单位表示。气象观测的温度表是放在离地面约 1.5 米处通风良好的百叶箱里测量的，因此，通常说的气温指的是离地面 1.5 米处百叶箱中的温度。计算方法：月平均气温是将全月各日的平均气温相加，除以该月的天数而得。年平均气温是将 12 个月的月平均气温累加后除以 12 而得。

平均相对湿度 指空气中实际水气压与当时气温下的饱和水气压之比。其统计方法与气温相同。

降水量 指从天空降落到地面的液态或固态(经融化后)水，未经蒸发、渗透、流失而在地面上积聚的深度。计算方法：月降水量是将全月各日的降水量累加而得。年降水量是将 12 个月的月降水量累加而得。

日照时数 指太阳实际照射地面的时数，通常以小时为单位表示。其统计方法与降水量相同。

水资源总量 指当地降水形成的地表和地下产水总量，即地表径流量与降水入渗补给量之和。

地表水资源量 指河流、湖泊以及冰川等地表水体中可以逐年更新的动态水量，即天然河川径流量。

地下水资源量 指地下饱和含水层逐年更新的动态水量，即降水和地表水入渗对地下水的补给量。

地表水与地下水重复计算量 指地表水和地下水相互转化的部分，即天然河川径流量中的地下水排泄量和地下水补给量中来源于地表水的入渗补给量。

供水总量 指各种水源为用水户提供的包括输水损失在内的毛水量。

地表水源供水量 指地表水体工程的取水量，按蓄、引、提、调四种形式统计。

地下水源供水量 指水井工程的开采量，按浅层淡水、深层承压水和微咸水分别统计。

其他水源供水量 包括污水处理再利用、集雨工程、海水淡化等水源工程的供水量。

用水总量 指各类用水户取用的包括输水损失在内的毛水量。

农业用水 包括农田灌溉用水、林果地灌溉用水、草地灌溉用水、鱼塘补水和畜禽用水。

工业用水 指工矿企业在生产过程中用于制造、加工、冷却、空调、净化、洗涤等方面的用水，按新水取用量计，不包括企业内部的重复利用水量。

生活用水 包括城镇生活用水和农村生活用水。城镇生活用水由居民用水和公共用水（含第三产业及建筑业等用水）组成；农村生活用水指居民生活用水。

生态环境补水 仅包括人为措施供给的城镇环境用水和部分河湖、湿地补水，而不包括降水、径流自然满足的水量。

一般工业固体废物产生量 指当年全年调查对象实际产生的一般工业固体废物的量。一般工业固体废物指企业在工业生产过程中产生且不属于危险废物的工业固体废物。

一般工业固体废物综合利用量 指当年全年调查对象通过回收、加工、循环、交换等方式，从固体废物中提取或者使其转化为可以利用的资源、能源和其他原材料的固体废物量（包括当年利用的往年工业固体废物累计贮存量）。如用作农业肥料、生产建筑材料、筑路等。综合利用量由原产生固体废物的单位统计。

一般工业固体废物处置量 指当年全年调查对象将工业固体废物焚烧和用其他改变工业固体废物的物理、化学、生物特性的方法，达到减少或者消除其危险成分的活动，或者将工业固体废物最终置于符合环境保护规定要求的填埋场的活动中，所消纳固体废物的量（包括当年处置的往年工业固体废物累计贮存量）。

一般工业固体废物贮存量　指当年全年调查对象以综合利用或处置为目的，将固体废物暂时贮存或堆存在专设的贮存设施或专设的集中堆存场所内的量。专设的固体废物贮存场所或贮存设施必须有防扩散、防流失、防渗漏、防止污染大气、水体的措施。

一般工业固体废物倾倒丢弃量　指当年全年调查对象将所产生的固体废物倾倒或者丢弃到固体废物污染防治设施、场所以外的量。

危险废物产生量　指当年全年调查对象实际产生的危险废物的量。危险废物指列入国家危险废物名录或者根据国家规定的危险废物鉴别标准和鉴别方法认定的，具有爆炸性、易燃性、易氧化性、毒性、腐蚀性、易传染性疾病等危险特性之一的废物。包括利用处置危险废物过程中二次产生的危险废物的量。按《国家危险废物名录》（2016）填报。

危险废物利用处置量　指调查年度调查对象从危险废物中提取物质作为原材料或者燃料的活动中消纳危险废物的量，以及将危险废物焚烧和用其他改变危险废物物理、化学、生物特性的方法，达到减少或者消除其危险成分的活动，或者将危险废物最终置于符合环境保护规定要求的填埋场的活动中，所消纳危险废物的量。包括本单位自行处置利用的本单位产生和接收外单位危险废物量。

危险废物年末累积贮存量　指将危险废物以一定包装方式暂时存放在专设的贮存设施内的量。专设的贮存设施指对危险废物的包装、选址、设计、安全防护、监测和关闭等符合《危险废物贮存污染控制标准》（GB18597-2001）等相关环保法律法规要求，具有防扩散、防流失、防渗漏、防止污染大气和水体措施的设施。包括本单位自行贮存的本单位产生的和接收外单位的危险废物量。

生活垃圾清运量　指报告期收集和运送到各生活垃圾处理厂(场)和生活垃圾最终消纳点的生活垃圾数量。生活垃圾指城市日常生活或为城市日常生活提供服务的活动中产生的固体废物以及法律行政规定的视为城市生活垃圾的固体废物。包括：居民生活垃圾、商业垃圾、集市贸易市场垃圾、街道清扫垃圾、公共场所垃圾和机关、学校、厂矿等单位的生活垃圾。

生活垃圾无害化处理率　指报告期生活垃圾无害化处理量与生活垃圾产生量的比率。在统计上，由于生活垃圾产生量不易取得，可用清运量代替。计算公式为：

$$\text{生活垃圾无害化处理率}=\frac{\text{生活垃圾无害化处理量}}{\text{生活垃圾产生量}}\times 100\%$$

森林面积　包括郁闭度 0.2 以上的乔木林地面积和竹林面积，国家特别规定的灌木林地面积，农田林网以及村旁、路旁、水旁、宅旁林木的覆盖面积。

森林覆盖率　以行政区域为单位的森林面积占区域土地总面积的百分比。计算公式为：

$$\text{森林覆盖率}=\frac{\text{森林面积}}{\text{土地总面积}}\times 100\%$$

活立木总蓄积量　指一定范围土地上全部树木蓄积的总量，包括森林蓄积、疏林蓄积、散生木蓄积和四旁树蓄积。

森林蓄积量　指一定森林面积上存在着的林木树干部分的总材积。

湿地　指陆地和水域的交汇处，水位接近或处于地表面，或有浅层积水，且处于自然状态的土地。

自然保护区　指为了保护自然环境和自然资源，促进国民经济的持续发展，将一定面积的陆地和水体划分出来，并经各级人民政府批准而进行特殊保护和管理的区域个数。根据保护对象，自然保护区分为自然生态系统类、野生生物类、自然遗迹类。风景名胜区、文物保护区不计在内。

Explanatory Notes on Main Statistical Indicators

Cultivated Land refers to the land that mainly for the regular cultivation of farm crops by using the surface tillage layer, planting more than one harvest a year (including perennial crops cultivated by more than one harvest a year), including cultivated land, newly-developed land, reclaimed land, consolidated land, fallow; It covers the land with some fruit trees, mulberry trees and others; It also covers fixed ditch, canal, road and sill (ridge) with width less than 1 meter in the South and 2 meters in the North; It covers the land for thermal insulation and moisturizing facilities such as greenhouse, greenhouse and plastic film planted directly by surface tillage layer.

Garden Land refers to land for intensive cultivation of perennial woody plants and herbs to collect fruits, leaves, roots, stems and juice, with a covering rate over 50% and plant number per mu over 70% of rational plant number. Land for nursery is included.

Forest Land refers to land for planting arbor, bamboo, bush shrub. It does not include the wetland where trees grow, the land for greening trees within the scope of towns and villages, the forest within the scope of railway and highway land acquisition, the land for revetment forest of rivers and ditches.

Pastureland refers to land mainly for the growth of herbs.

Volume of Runoff refers to the total volume of water running through a certain cross section of a river during a certain period of time, reflecting the water resource condition in a country or a region. The formula for calculating volume of runoff is as follows:

Runoff =Precipitation-Evaporation

Drainage Area Each river has its own main stream and branches to form the water system of the river. Each river has its own catchment's area, which is also called as the drainage area of the river.

Mineral Resources refer to useful minerals, with solid state, liquid state, gaseity, due to the geological process. Minerals are important natural resources, and important material base for social development. At present, there are more than 170 types of minerals discovered in China. They can be categorized into four groups: energy producing minerals (including coal, petroleum, natural gas and terrestrial heat), metallic minerals (including iron, manganese, copper, lead and bauxite), non metallic minerals (including diamond, limestone and clay), and water/gas related minerals (including ground water, mineral water and carbon dioxide). Metallic minerals can be further classified as ferrous, non-ferrous, noble metal, rare metal, rare earth metal and dispersed metals.

Ensured Mineral Reserves refer to the actual mineral reserves, which equal to the proven mineral reserves (including industrial reserves and prospective reserves) minus extracted parts and underground losses.

Average Temperature refers to the air temperature. China uses centigrade as the unit. The thermometry used for weather observation is put in a breezy shutter, which is 1.5 meters high from the ground. Therefore, the commonly used temperature refers to the temperature in the breezy shutter 1.5 meters away from the ground. The calculation method is as follows:

Monthly average temperature is the summation of average daily temperature of one month divided by the actual days of that particular month.

Annual average temperature is the summation of monthly average of a year divided by 12 months.

Average Annual Relative Humidity refers to the ratio of actual water vapour pressure to the saturation water vapour pressure under the current temperature. The calculation method is the same as that of temperature.

Volume of Precipitation refers to the deepness of liquid state or solid state (thawed) water falling from the sky to the ground that has not been evaporated, infiltrated or run off. The calculation method is as follows:

Monthly precipitation is the summation of daily precipitation of a month.

Annual precipitation is the summation of 12 months precipitation of a year.

Annual Sunshine Hours refer to the actual hours of sun irradiating the earth, usually expressed in hours. The calculation method is the same as that of the precipitation.

Total Water Resources refers to total volume of surface water and groundwater and is measured as run-off for surface water and replenishment of groundwater with rainfall in local area.

Surface Water Resources refers to total volume of year by year renewable dynamic resources which exist in rivers, lakes, glaciers and other surface water and are the natural run-off of rivers.

Groundwater Resources refers to total volume of year by year renewable dynamic resources which exist in saturation acquifers of groundwater and are measured as replenishment of groundwater with rainfall and surface water.

Duplicated Measurement between Surface Water and Groundwater refers to mutual exchange between surface water and groundwater, i.e. run-off of rivers includes some depletion into groundwater while groundwater includes some replenishment from surface water.

Water Supply refers to gross water of various sources supplied to consumers, including losses during distribution.

Surface Water Supply refers to withdrawals through the surface water supply system, which can be divided into four categories: storage, flow, pumping and transfer project.

Groundwater Supply refers to withdrawals from supplying wells, which can be divided into three categories: shallow layer freshwater, deep confided freshwater and slightly brackish water.

Other Water Supply Sources include supplies by waste-water treatment, rain collection, seawater desalinization and other water projects.

Water Use refers to gross water used by various water users, including losses during distribution.

Water Use for Agriculture includes uses of water for irrigation of farming fields, forestry and orchards, irrigation of grassland, replenishment of fishing farms and water used for animal husbandry.

Water Use for Industry refers to new withdrawals of water, excluding reuse of water within enterprises.

Water Use for Residential includes use of water for residential in both urban and rural areas. Urban water useof residential is composed of household use and public use (including tertiary industry and construction). Rural water use for residential includes water used by households.

Water Use for Ecological purposes includes recharge of rivers , lakes and wetlands, and use for urban environment protection.

Common Industrial Solid Wastes Generated refers to the amount of common industrial solid wastes the surveyed units actual generated over the year. The common industrial solid wastes refers to the industrial solid wastes that are generated during the industrial process and are not hazardous wastes.

Common Industrial Solid Wastes Integrated Use refers to amount of solid wastes from which useable materials can be extracted or converted into usable resources, energy or other materials through reclamation, processing, recycling and exchange (including utilizing in the year the stocks of industrial solid wastes of the previous year) generated by surveyed units over the year of the survey, e.g. being used as agricultural fertilizers, building materials or as material for paving road. The information should be measured as the unit of generating wastes.

Common Industrial Solid Wastes Disposed refers to the amount of industrial solid wastes disposed, which covers the amount of previous years, through incineration or other methods to change its physical, chemical and biological propertiesto reduce or eliminate the hazardsor landfilled in the sites following the requirements for environmental protection by surveyed units over the year of the survey.

Stock of Common Industrial Solid Wastes refers to the amount of solid wastes placed in special facilities or special sites by enterprises for the purposes of integrated use or disposal over the year of the survey. The sites or facilities should take measures against dispersion, loss, seepage, and air and water contamination.

Common Industrial Solid Wastes Discharged refers to the amount of industrial solid wastes dumped or discharged by producing enterprises to disposal facilities or to other sites over the year of the survey.

Hazardous Wastes Generated refers to the amount of actual hazardous wastes generated by surveyed units over the year of the survey, which is covered secondary generation during the process of disposal and reuse of hazardous wastes. Hazardous waste refers to those listed in the National Hazardous Wastes catalogue or identified as any one of the following properties in light of the national hazardous wastes identification standards and methods: explosive, ignitable, oxidizable, toxic, corrosive or liable to cause infectious diseases or lead to other dangers. It should be reported following the National Catalogue of Hazardous Wastes (2016 Version).

Hazardous Wastes Reused and Disposed refers to the amount of hazardous wastes that are used to extract materials for raw materials or fuel over the year of the survey, and the amount of hazardous wastes which are incineration or specially disposed using other methods to change its physical, chemical and biological properties and thus to reduce or eliminate the hazards, or placed ultimately in the sites following the requirements for environmental protection over the year of the survey. It includes the hazardous wastes generated by the enterprise itself and received from other enterprises.

Year-end Stock of Hazardous Wastes refers to the amount of hazardous wastes specially packaged and placed in special facilities or special sites by enterprises, which covered stock of surveyed units generated and received from other units. The special stock facilities should meet the requirements set in relevant environment protection laws and regulations such as "Pollution Control Standards for Hazardous Waste Stock" (GB18597-2001) in regard to package of hazardous waste, location, design, safety, monitoring and shutdown, and take measures against dispersion, loss, seepage, and air and water contamination.

Municiple Wastes Transported refers to amount of municiple wastes collected and transported to disposal factories or sites during the reference period. Municiple wastes are solid wastes generated from urban households or from service activities for urban households, and solid wastes regarded by laws and regulations as municiple wastes, including those from households, commercial activities, markets, cleaning of streets, public sites, offices, schools, factories, mining units and other sources.

Treated Ratio of municiple Wastes refers to the amount ofmunicple wastes treated over the generation amount. Accutually it is difficult to get the amount of generation of municiple wastes, so in practise it is substituted by that the amount of municiple wastes transported. It is calculated as:

$$\text{Ratio of consumption wastes treated} = \frac{\text{consumption wastes treated}}{\text{consumption wastes produced}} \times 100\%$$

Forest Area refers to the area of trees and bamboo grow with a canopy density above 0.2 degree, the area of shrubby tree according to regulations of the government, the area of forest land inside farm land and the area of trees planted by the side of villages, farm houses and along roads and rivers.

Forest Coverage Rate refers to the percentage of afforested land area to the total land area.within the administrative region, The formula is as follows:

$$\text{Forestry coverage rate} = \frac{\text{Area of Afforested Land}}{\text{Area of Total Land}} \times 100\%$$

Total Living Forest Stock Volume refers to the total stock volume of timber of living treeswithin the given region, including forest,trees sparse trees, scattered trees and trees planted by the side of villages, farm houses and along roads and rivers.

Stock Volume of Forest refers to total stock volume of timber of tree trunk in a given forest area, which shows the total size and level of forest resources of a country or a region.

Wetland refers to the land at the intersection of land and water, where the water level is close to or on the ground surface, or there is shallow ponding and is in a natural state.

Natural Reserves refer to the area that protect typical natural ecosystems, natural concentrated distribution of rare and endangered wild animal and plant species, and natural relics of special significance. It has a large area to ensure the safety of the main protected objects, and to maintain and restore the quantity of rare and endangered wild animals and plants and their habitats.

第8篇

能　源

CHAPTER 8 ENERGY

8-1 能源生产和消费弹性系数
Elasticity Ratio of Energy Production and Consumption

单位：% (%)

年 份 Year	能源生产比上年增长 Growth Rate of Energy Production over Preceding Year	能源消费比上年增长 Growth Rate of Energy Consumption over Preceding Year	能源生产弹性系数 Elasticity Ratio of Energy Production	能源消费弹性系数 Elasticity Ratio of Energy Consumption
1957	20.60	7.30	2.42	0.86
1962	-1.70	-18.80	0.85	9.40
1965	15.80	-6.60	1.03	-0.43
1970	26.80	28.90	2.65	2.86
1975	11.60	3.00	1.53	0.39
1978	4.30	9.30	0.39	0.83
1980	1.50	4.30	0.15	0.43
1985	5.10	0.50	0.85	0.08
1990	2.70	3.10	0.47	0.53
1995	1.30	8.50	0.14	0.92
1996	1.10	0.10	0.11	0.01
1997	-9.60	5.90	-0.96	0.59
1998	4.50	0.90	0.54	0.11
1999	-6.10	-4.70	-0.81	-0.63
2000	-8.60	-11.10	-1.05	-1.35
2001	-1.00	2.90	-0.11	0.31
2002	3.00	6.40	0.29	0.62
2003	2.30	12.40	0.22	1.20
2004	13.60	11.90	1.16	1.02
2005	0.90	9.30	0.08	0.80
2006	1.20	8.60	0.10	0.72
2007	-2.70	7.50	-0.23	0.63
2008	-3.60	6.50	-0.31	0.55
2009	0.62	4.60	0.06	0.41
2010	0.02	6.98	0.002	0.55
2011	1.29	8.23	0.11	0.67
2012	-0.04	5.28	-0.004	0.53
2013	-4.90	3.30	-0.61	0.41
2014	-6.20	0.86	-1.11	0.15
2015	-4.28	1.43	-0.75	0.25
2016	-3.76	-0.30	-0.85	-0.07
2017	0.11	1.70	0.02	0.28
2018	-3.94	1.58	-0.88	0.34
2019	-1.98	1.56	-0.48	0.38
2020	-0.62	-0.76	-0.65	-0.79
2021	1.58	5.78	0.26	0.95

8-2 综合能源平衡表
Overall Energy Balance Sheet

单位：万吨标准煤 (10000 tons of SCE)

项目	Item	2018	2019	2020	2021
可供消费的能源总量	**Total Energy Available for Consumption**	**11435.9**	**11613.8**	**11525.1**	**12191.6**
一次能源生产量	Primary Energy Output	9957.3	9760.6	9700.6	9854.1
外省(区、市)调入量	Inflow from Other Provinces (Regions, Cities)	6112.9	6804.1	6588.2	6382.9
进口量	Imports	4870.0	5036.6	4502.4	4542.3
本省(区、市)调出量(−)	Outflow to Other Provinces (Regions, Cities) (-)	9938.0	9887.5	9258.9	8503.0
出口量(−)	Exports (-)	1.8		-4.2	2.0
年初年末库存差额	Stock Changes in the Year	435.5	-100.0	-11.4	-82.6
年初库存量	Stocks	1874.1	1440.5	1540.5	1550.0
年末库存量(−)	Stock Changes in the Year (-)	1438.6	1540.5	1551.9	1632.6
能源消费总量	**Total Energy Consumption**	**11435.9**	**11613.9**	**11525.1**	**12191.6**
在总量中:	Consumption by Sector				
农、林、牧、渔业	Agriculture, Forestry, Animal Husbandry and Fishery	625.9	658.9	669.0	681.7
工业	Industry	5948.5	6282.7	6320.4	6754.8
建筑业	Construction	56.0	52.3	49.6	49.7
交通运输、仓储和邮政业	Transport, Storage and Post	934.0	1038.3	994.4	1077.0
批发和零售业、住宿和餐饮业	Wholesale and Retail Trade , Hotels and Catering Services	788.7	761.4	739.1	792.6
其他	Others	2049.2	812.8	766.7	815.5
生活消费	Household Consumption	1743.5	2007.4	1985.9	2020.4
在总量中:	Consumption by Usage				
终端消费	End-use Consumption	9700.4	10621.0	10378.9	11021.6
#工业	Industry	4213.0	5289.9	5174.2	5584.7
加工转换损失量	Losses During the Process of Energy Conversion	1562.1	923.2	1084.3	994.0
火力发电	Fuel Power Generation				
供热	Heating	887.5	496.8	607.6	654.7
洗选煤	Coal Washing and Dressing	515.6	271.0	243.5	279.1
炼焦	Coking	96.5	115.4	103.6	136.8
炼油	Petroleum Refining	170.7	206.6	312.3	166.2
制气	Gas Production	18.0	3.5	2.7	4.6
损失量	Energy Losses	173.4	69.6	61.8	176.0

注：电力、热力按等价热值折算。

a) Electric power and heat are converted by the equivalent calorific value.

8-3　全社会用电量
Electricity Consumption

单位：亿千瓦时　　(100 million kwh)

行　业	Sector	2018	2019	2020	2021
全社会用电量	**Electricity Consumption**	**973.88**	**995.63**	**1014.40**	**1088.94**
居民生活用电	**Electricity Consumption for Households**	**184.64**	**182.28**	**195.23**	**198.76**
城镇居民	Urban	114.75	112.05	126.10	129.31
乡村居民	Rural	69.88	70.24	69.13	69.45
产业用电	**Electricity Consumption for Sector**	**789.24**	**813.34**	**819.16**	**890.18**
第一产业	Primary Industry	28.43	25.77	26.97	32.05
第二产业	Secondary Industry	583.01	597.77	608.63	647.24
第三产业	Tertiary Industry	177.80	189.80	183.56	210.90
行业用电					
农、林、牧、渔业	Agriculture, Forestry, Animal Husbandry and Fishery	47.27	41.64	43.06	47.69
采矿业	Mining	184.32	186.83	194.20	192.95
制造业	Manufacturing	194.50	202.98	203.97	227.51
电力、热力、燃气及水生产和供应业	Production and Distribution of Electricity, Heat, Gas and Water	192.64	197.08	200.30	216.91
建筑业	Construction	11.82	11.14	10.50	10.26
批发和零售业	Wholesale and Retail Trade	35.64	41.54	38.17	46.89
交通运输、仓储和邮政业	Transport, Storage and Post	25.12	30.57	29.63	32.68
住宿和餐饮业	Hotels and Catering Services	10.57	11.76	10.67	13.67
信息传输、软件和信息技术服务业	Information Transmission, Software and Information Technology	12.94	13.82	15.98	18.64
金融业	Financial Intermediation	2.47	2.58	2.68	2.88
房地产业	Real estate	12.53	13.49	12.67	13.18
租赁和商务服务业	Leasing and Business Services	4.37	4.98	4.80	4.82
科学研究和技术服务业	Scientific Research and Technical Services	1.59	1.86	1.77	2.01
水利、环境和公共设施管理业	Management of Water Conservancy, Environment and Public Facilities	6.72	7.47	6.94	7.35
居民服务、修理和其他服务业	Services to Households, Repair and Other Services	21.13	18.35	15.83	17.70
教　育	Education	9.41	9.87	9.53	12.28
卫生和社会工作	Health and Social Service	6.17	6.79	7.17	8.49
文化、体育和娱乐业	Culture, Sports and Entertainment	2.76	2.92	2.65	2.99
公共管理和社会组织、国际组织	Public Management and Social Organization, International Organizations	7.28	7.68	8.64	11.27

8-4 工业用电量
Electricity Consumption of Industry

单位：亿千瓦时 (100 million kwh)

行 业	Sector	2018	2019	2020	2021
工业合计	**Total**	**571.46**	**586.88**	**598.47**	**637.38**
采矿业	**Mining and Quarrying**	**184.32**	**186.83**	**194.20**	**192.95**
煤炭开采和洗选业	Mining and Washing of Coal	42.73	40.09	39.06	34.59
石油和天然气开采业	Extraction of Petroleum and Natural Gas	125.28	125.64	133.68	133.57
黑色金属矿采选业	Mining and Processing of Ferrous Metal Ores	0.69	0.59	1.24	1.54
有色金属矿采选业	Mining and Processing of Non-ferrous Metal Ores	10.86	15.69	14.70	17.27
非金属矿采选业	Mining and Processing of Nonmetal Ores	3.03	2.73	3.21	3.41
其他采矿业	Mining of Other Ores	1.73	2.09	2.31	2.57
制造业	**Manufacturing**	**194.50**	**202.98**	**203.97**	**227.51**
农副食品加工业	Processing of Food from Agricultural Products	21.16	21.96	23.43	27.44
食品制造业	Manufacture of Foods	8.14	9.20	12.21	12.75
酒、饮料和精制茶制造业	Manufacture of Wine, soft drinks and refined tea	5.77	5.88	5.48	5.75
烟草制品业	Manufacture of Tobacco	0.64	0.65	0.62	0.69
纺织业	Manufacture of Textile	2.23	2.45	2.53	2.73
纺织服装、服饰业	Manufacture of Textile and Apparel	0.42	0.42	0.42	0.39
皮革毛皮羽毛及其制品和制鞋业	Manufacture of Leather,Fur,feather and Related Products and Footwear	0.14	0.20	0.23	0.20
木材加工和木竹藤棕草制品业	Processing of Timber, Manufacture of Wood, Bamboo, Rattan, Palm and Straw Products	4.09	3.98	3.86	4.26
家具制造业	Manufacture of Furniture	1.15	1.00	1.05	1.17
造纸和纸制品业	Manufacture of Paper and Paper Products	4.14	3.61	3.72	3.91
印刷和记录媒介的复制业	Printing and Reproduction of Recording Media	0.81	0.84	0.81	0.91
文教工美体育和娱乐用品制造业	Manufacture of Articles for Culture, Education and Sports Activities	0.30	0.32	0.28	0.27
石油、煤炭及其他燃料加工业	Processing of Petroleum, Coal and Other Fuels	24.76	26.18	25.71	33.18
化学原料及化学制品制造业	Manufacture of Raw Chemical Materials and Chemical Products	25.31	25.40	23.39	24.14
医药制造业	Manufacture of Medicines	4.94	4.62	4.31	4.54
化学纤维制造业	Manufacture of Chemical Fiber	0.15	0.19	0.19	0.22
橡胶和塑料制品业	Manufacture of Rubber and Plastics Products	4.81	4.73	5.46	5.77
非金属矿物制品业	Manufacture of Non-metallic Mineral Products	24.04	24.81	24.09	25.32
黑色金属冶炼及压延加工业	Smelting and Pressing of Ferrous Metals	29.65	32.60	31.96	35.21
有色金属冶炼及压延加工业	Smelting and Pressing of Non-ferrous Metals	3.15	3.90	5.74	6.10
金属制品业	Manufacture of Metal Products	5.44	5.12	5.20	5.70
通用设备制造业	Manufacture of General Purpose Machinery	8.24	7.94	7.85	8.50
专用设备制造业	Manufacture of Special Purpose Machinery	1.47	1.47	1.49	1.62
汽车制造业	Manufacture of Automotive	1.14	1.04	0.96	0.94
铁路、船舶、航空航天和其他运输设备制造业	Manufacture of Railroad, Ship, Aerospace and Other Transport Equipment	4.39	4.45	4.25	4.43
电气机械及器材制造业	Manufacture of Electrical Machinery and Apparatus	2.19	2.16	2.14	2.26
计算机、通信和其他电子设备制造业	Manufacture of Computer, Communication and Other Electronic Equipment	0.60	0.48	2.69	2.46
仪器仪表制造业	Manufacture of Measuring Instruments	0.08	0.10	0.26	0.26
其他制造业	Other Manufacture	4.39	6.37	2.49	4.91
废弃资源综合利用业	Comprehensive Utilization of Waste Resources Industry	0.52	0.68	0.82	1.07
金属制品、机械和设备修理业	Repair Service of Metal Products, Machinery and Equipment	0.26	0.25	0.34	0.40
电力、热力、燃气及水生产和供应业	**Production and Distribution of Electricity, Heat, Gas and Water**	**192.64**	**197.08**	**200.30**	**216.91**
电力、热力生产和供应业	Production and Supply of Electric Power and Heat Power	182.30	185.61	186.96	202.41
燃气生产和供应业	Production and Distribution of Gas	1.95	1.90	2.46	2.08
水的生产和供应业	Production and Distribution of Water	8.39	9.57	10.89	12.43

8-5 分地区单位地区生产总值能耗上升或下降
Rise or Fall Rate of Energy Consumption Per Unit of GDP by Region

单位：% (%)

地区	Region	2014	2015	2016	2017	2018	2019	2020	2021
全省	**Total**	**-4.50**	**-4.01**	**-4.50**	**-4.02**	**-2.76**	**-2.49**	**-1.70**	**-0.30**
哈尔滨	Harbin	-4.84	-3.11	-3.31	-4.86	-0.31	-3.50	-3.12	-1.52
齐齐哈尔	Qiqihar	-8.78	-10.08	-7.29	-3.63	0.77	0.25	-3.95	-3.28
鸡西	Jixi	-4.69	-1.53	-7.34	-5.04	-3.32	-1.11	-0.51	-4.20
鹤岗	Hegang	-4.36	-4.18	-3.85	-3.63	-2.53	-3.00	-2.99	3.55
双鸭山	Shuangyashan	-4.06	-2.51	-4.03	-4.01	-3.11	-3.05	-3.01	2.92
大庆	Daqing	-3.30	-2.51	-3.20	-3.20	-3.32	-2.96	-2.97	2.54
伊春	Yichun	-3.95	-2.19	-3.55	8.30	2.57	13.03	-3.74	2.05
佳木斯	Jiamusi	-3.52	-3.11	-5.30	-5.11	-3.67	-1.53	-0.29	-1.49
七台河	Qitaihe	-4.30	-4.34	-4.51	-4.05	-3.13	-2.92	-3.56	-0.29
牡丹江	Mudanjiang	-3.79	-4.01	-3.63	-3.64	-2.75	-3.19	-2.92	-4.15
黑河	Heihe	-3.42	-3.09	-8.99	-2.88	-3.31	-2.33	-1.07	-1.41
绥化	Suihua	-3.45	-3.42	-3.31	-3.40	[illegible].36	-3.03	-3.00	-0.38
大兴安岭	Daxinganling	-3.21	-2.53	-3.24	-3.13	-3.19	-2.81	-2.51	-3.10
绥芬河	Suifenhe	-4.19	-4.30	-1.02	-3.64				
抚远	Fuyuan	-3.56	-3.12	-3.24	-2.51				

主要统计指标解释

能源生产总量　指一定时期内，全国一次能源生产量的总和。该指标是观察全国能源生产水平、规模、构成和发展速度的总量指标。一次能源生产量包括原煤、原油、天然气、水电、核能及其他动力能(如风能、地热能等)发电量，不包括低热值燃料生产量、太阳热能等的利用和由一次能源加工转换而成的二次能源产量。

能源消费总量　是指一定地域内，国民经济各行业和居民家庭在一定时间消费的各种能源的总和。包括：原煤、原油、天然气、水能、核能、风能、太阳能、地热能、生物质能等一次能源；一次能源通过加工转换产生的洗煤、焦炭、煤气、电力、热力、成品油等二次能源和同时产生的其他产品；其他化石能源、可再生能源和新能源。其中水能、风能、太阳能、地热能、生物质能等可再生能源，是指人们通过一定技术手段获得的，并作为商品能源使用的部分。在核算过程中，一次能源、二次能源消费不能重复计算。能源消费总量分为终端能源消费量、能源加工转换损失量和能源损失量三部分。

(1)终端能源消费量：指一定时期内，全国生产和生活消费的各种能源在扣除了用于加工转换二次能源消费量和损失量以后的数量。

(2)能源加工转换损失量：指一定时期内，全国投入加工转换的各种能源数量之和与产出各种能源产品之和的差额。该指标是观察能源在加工转换过程中损失量变化的指标。

(3)能源损失量：指一定时期内，能源在输送、分配、储存过程中发生的损失和由客观原因造成的各种损失量，不包括各种气体能源放空、放散量。

能源生产弹性系数　是研究能源生产增长速度与国民经济增长速度之间关系的指标。计算公式：

$$\text{能源生产弹性系数}=\frac{\text{能源生产量年平均增长速度}}{\text{国民经济年平均增长速度}}$$

国民经济年平均增长速度，可根据不同的目的或需要，用国民生产总值、国内生产总值等指标来计算，本年鉴是采用国内生产总值指标计算的。

电力生产弹性系数　是研究电力生产增长速度与国民经济增长速度之间关系的指标。一般来说，电力的发展应当快于国民经济的发展，也就是说电力应超前发展。计算公式为:

$$\text{电力生产弹性系数}=\frac{\text{电力生产量年平均增长速度}}{\text{国民经济年平均增长速度}}$$

能源消费弹性系数　反映能源消费增长速度与国民经济增长速度之间比例关系的指标。计算公式为:

$$\text{能源消费弹性系数}=\frac{\text{能源消费量年平均增长速度}}{\text{国民经济年平均增长速度}}$$

电力消费弹性系数　反映电力消费增长速度与国民经济增长速度之间比例关系的指标。计算公式为:

$$\text{电力消费弹性系数}=\frac{\text{电力消费量年平均增长速度}}{\text{国民经济年平均增长速度}}$$

能源加工转换效率　指一定时期内，能源经过加工、转换后，产出的各种能源产品的数量与同期内投入加工转换的各种能源数量的比率。该指标是观察能源加工转换装置和生产工艺先进与落后、管理水平高低等的重要指标。计算公式为:

$$\text{能源加工转换效率}=\frac{\text{能源加工转换产出量}}{\text{能源加工转换投入量}}\times 100\%$$

单位国内生产总值能耗　指一定时期内，一个国家或地区每生产一个单位的国内生产总值所消耗的能源。计算公式为:

$$\text{单位国内生产总值能耗}=\frac{\text{能源消费总量}}{\text{国内生产总值}}$$

单位国内生产总值电耗　指一定时期内，一个国家或地区每生产一个单位的国内生产总值所消耗的电力。计算公式为:

$$\text{单位国内生产总值电耗}=\frac{\text{全社会用电量}}{\text{国内生产总值}}$$

Explanatory Notes on Main Statistical Indicators

Total Energy Production refers to the total production of primary energy by all energy producing enterprises in the country in a given period of time. It is a comprehensive indicator to show the level, scale, composition and pace of development of energy production of the country. The production of primary energy includes that of coal, crude oil, natural gas, hydro-power and electricity generated by nuclear energy and other means such as wind power and geothermal power. However, it does not include the production of fuels of low calorific value, solar thermal and secondary energy converted from primary energy.

Total Energy Consumption refers to the total consumption of energy of various kinds by the production sectors of the economy and the households in a given period of time. It includes the primary kinds of energy such as coal, crude oil, natural gas, hydro-power, nuclear power, wind power, solar power, geothermal power and bio-energy; the secondary kinds of energy and their products which are transformed from the primary energy such as washed coal, coke, coal gas, electricity, heating, and petroleum products; and other kinds of fossil energy, renewable energy and new energy. The renewable energy, including hydro-power, wind power, solar power, geothermal power and bio-energy, refers to the part attained with some given technical means and used for commercial purposes. Total energy consumption can be divided into three parts: end-use energy consumption; loss during the process of energy conversion; and energy loss.

(1) End-use Energy Consumption: It refers to the total energy consumption by the production sectors and the households in the country (region) in a given period of time. It does not include the consumption during the conversion of primary energy into secondary energy and the loss in the process of energy conversion.

(2) Loss During the Process of Energy Conversion: It refers to the total input of various kinds of energy for conversion, minus the total output of various kinds of energy in the country in a given period of time. It is an indicator to show the loss that occurs during the process of energy conversion.

(3) Energy Loss: It refers to the total of the loss of energy during the course of energy transport, distribution and storage and the loss caused by any objective reason in a given period of time. The loss of various kinds of gas due to gas discharges and stocktaking is not included.

Elasticity Ratio of Energy Production is an indicator to show the relationship between the growth rate of energy production and the growth rate of the national economy. The formula is:

$$\text{Elasticity Ratio of Energy Production} = \frac{\text{Average Annual Growth Rate of Energy Production}}{\text{Average Annual Growth Rate of National Economy}}$$

The average annual growth rate of the national economy can be measured by indicators such as the Gross National Product and the Gross Domestic Product, depending on the purposes or needs. The Gross Domestic Product has been used in the calculation of the ratio in this Yearbook.

Elasticity Ratio of Electricity Production is an indicator to show the relationship between the growth rate of electricity production and the growth rate of the national economy. Generally speaking, the growth rate of electricity production should be higher than that of the national economy.

Its formula is:

$$\text{Elasticity Ratio of Electricity Production} = \frac{\text{Average Annual Growth Rate of Electricity Production}}{\text{Average Annual Growth Rate of National Economy}}$$

Elasticity Ratio of Energy Consumption is an indicator to show the relationship between the growth rate of energy consumption and the growth rate of the national economy. The formula is:

$$\text{Elasticity Ratio of Energy Consumption} = \frac{\text{Average Annual Growth Rate of Energy Consumption}}{\text{Average Annual Growth Rate of National Economy}}$$

Elasticity Ratio of Electricity Consumption is an indicator to show the relationship between the growth rate of electricity consumption and the growth rate of the national economy. The formula is:

$$\text{Elasticity Ratio of Electricity Consumption} = \frac{\text{Average Annual Growth Rate of Electricity Consumption}}{\text{Average Annual Growth Rate of National Economy}}$$

Efficiency of Energy Processing and Conversion refers to the ratio of the total output of energy products of various kinds after processing and conversion to the total input of energy of various kinds for processing and conversion in the same reference period. It is an important indicator to show the current conditions of energy processing and conversion equipment, production technique and management. The formula is:

$$\text{Efficiency of Energy Processing \& Conversion} = \frac{\text{Output of Energy After Processing \& Conversion}}{\text{Input of Energy for Processing \& Conversion}} \times 100\%$$

Energy Consumption per Unit of GDP refers to the energy consumption per unit of Gross Domestic Product in a country or the Gross Regional Product in a region in the same reference period. The formula is:

$$\text{Energy Consumption per Unit of GDP} = \frac{\text{Total Energy Consumption}}{\text{Gross Domestic Product}}$$

Electricity Consumption per Unit of GDP refers to the electricity consumption per unit of Gross Domestic Product in a country or the Gross Regional Product in a region in the same reference period. The formula is:

$$\text{Electricity Consumption per Unit of GDP} = \frac{\text{Total Electricity Consumption}}{\text{Gross Domestic Product}}$$

第 9 篇

固定资产投资

CHAPTER 9 INVESTMENT IN FIXED ASSETS

9-1　固定资产投资比上年增长情况
Growth Rate of Investment in Fixed Assets Over Preceding Year

单位：%　　(%)

指　　标	Item	2020	2021
全社会固定资产投资总额	**Total Investment**	**3.3**	**7.2**
固定资产投资总额(不含农户)	**Total Investment(Excluding Rural Households)**	**3.6**	**6.4**
按登记注册类型分	**Grouped by Registration Status**		
内　　资	Domestic Capital	3.8	5.5
国　　有	State-Owned Units	-12.5	25.0
集　　体	Collective-Owned Units	262.9	-43.7
股份合作	Cooperative	20.7	-35.7
联　　营	Joint	38.8	25.0
国有独资公司	State-owned Companies	23.1	15.7
其他有限责任公司	Other Limited Liability	16.9	-9.6
股份有限公司	Share-holding	-27.8	-48.4
私　　营	Private	3.9	22.9
其　　他	Others	-17.3	40.7
港澳台商投资	Funds from Hong Kong, Macao and Taiwan	7.7	4.4
外商投资	Foreign Funded	-29.9	117.2
个体经营	Self-employed	51.9	4.3
按隶属关系分	**Grouped By Jurisdiction of Management**		
中　　央	Central Investment	-15.0	8.5
地　　方	Local Investment	8.0	5.9
按控股情况分	**By Situation of Holdings**		
国有控股	State-holding	5.9	15.3
集体控股	Collective-holding	24.1	-50.0
私人控股	Private-holding	0.7	1.7
港澳台商控股	Hong Kong, Macao and Taiwan-holding	0.6	1.5
外商控股	Foreign-holding	43.3	193.0
其　　他	Others	101.7	71.5
按构成分	**Grouped by Composition of Funds**		
建筑安装工程	Construction and Installation	11.8	4.8
设备工器具购置	Purchase of Equipment and Instruments	-11.7	11.2
其他费用	Others	-17.8	10.8
按产业分	**Grouped by Sector**		
第一产业	Primary Industry	124.1	5.6
第二产业	Secondary Industry	-0.8	14.5
#工　业	Industry	0.3	12.6
第三产业	Tertiary Industry	1.7	2.2
按建设性质分	**Grouped by Type of Construction**		
#新　　建	New Construction	7.4	6.3
扩　　建	Expansion	-31.0	10.7
改建和技术改造	Reconstruction	2.1	52.3
到位资金	**Funds Available**	**1.3**	**-1.5**
施工项目个数	**Number of Projects Under Construction**	**16.3**	**2.2**
#本年新开工	Started This Year	15.3	-10.9

9-2 各行业按建设性质和构成分固定资产投资及施工、投产项目比上年增长情况(不含农户)(2021年)

单位：%

指 标	Item	投资额 Investment	#新建 New Construction
总 计	**Total**	**6.4**	**6.3**
农、林、牧、渔业	**Agriculture, Forestry, Animal Husbandry and Fishery**	**-4.8**	**-4.5**
农 业	Farming	43.1	43.6
林 业	Forestry	-12.0	11.1
畜牧业	Animal Husbandry	-20.6	-21.7
渔 业	Fishery	1134.1	216.2
农、林、牧、渔专业及辅助性活动	Professional and Support Activities for Agriculture,Forestry, Animal Husbandry and Fishery	-42.2	-44.6
采矿业	**Mining and Quarrying**	**24.9**	**25.8**
煤炭开采和洗选业	Mining and Washing of Coal	61.5	-6.1
石油和天然气开采业	Extraction of Petroleum and Natural Gas	29.4	29.4
黑色金属矿采选业	Mining and Processing of Ferrous Metal Ores	-17.0	61.5
有色金属矿采选业	Mining and Processing of Non-ferrous Metal Ores	-62.9	-81.6
非金属矿采选业	Mining and Processing of Nonmetal Ores	430.4	806.9
开采专业及辅助性活动	Mining Auxiliary Activities	-86.5	46.8
其他采矿业	Mining of Other Ores		
制造业	**Manufacturing**	**-6.9**	**-9.6**
农副食品加工业	Processing of Food from Agricultural Products	-5.7	-0.7
食品制造业	Manufacture of Foods	62.7	42.5
酒、饮料和精制茶制造业	Manufacture of Liquor, Beverages and Refined Tea	9.6	-4.3
烟草制品业	Manufacture of Tobacco	-47.7	-47.7
纺织业	Manufacture of Textile	23.3	49.4
纺织服装和服饰业	Manufacture of Textile, Wearing Apparel and Accessories	187.2	567.7
皮革、毛皮、羽毛及其制品和制鞋业	Manufacture of Leather, Furs, Feather and Related Products and Footwear		
木材加工及木竹藤棕草制品业	Processing of Timber, Manufacture of Wood, Bamboo, Rattan, Palm and Straw Products	34.7	38.5
家具制造业	Manufacture of Furniture	-0.1	12.9
造纸和纸制品业	Manufacture of Paper and Paper Products	-3.6	-5.7
印刷和记录媒介复制业	Manufacture of Printing and Record Medium Reproduction	-80.3	-86.3
文教、工美、体育和娱乐用品制造业	Manufacture of Articles for Culture, Education, Arts and Crafts, Sport and Entertainment Activities	-1.4	-7.4
石油、煤炭及其他燃料加工业	Processing of Petroleum, Coal and Other Fuels	-71.6	-75.5
化学原料及化学制品制造业	Manufacture of Raw Chemical Materials and Chemical Products	-3.7	5.1
医药制造业	Manufacture of Medicines	17.0	20.0
化学纤维制造业	Manufacture of Chemical Fibers	-99.0	-99.0
橡胶和塑料制品业	Manufacture of Rubber and Plastics	3.1	19.1
非金属矿物制品业	Manufacture of Non-metallic Mineral Products	25.4	17.2
黑色金属冶炼及压延加工业	Smelting and Pressing of Ferrous Metals	4.0	-34.9
有色金属冶炼及压延加工业	Smelting and Pressing of Non-ferrous Metals	-8.7	-56.8
金属制品业	Manufacture of Metal Products	-21.0	-25.1
通用设备制造业	Manufacture of General Purpose Machinery	18.8	8.0
专用设备制造业	Manufacture of Special Purpose Machinery	-21.3	-20.2
汽车制造业	Manufacture of Automotive	106.0	257.4
铁路、船舶、航空航天和其他运输设备制造业	Manufacture of Railroad, Marine, Aerospace and Other Transportation Equipment	8.5	-31.7
电气机械及器材制造业	Manufacture of Electrical Machinery and Equipment	368.6	429.0
计算机、通信和其他电子设备制造业	Manufacture of Computers, Communication and Other Electronic Equipment	19.1	46.6
仪器仪表制造业	Manufacture of Measuring Instruments and Machinery	-69.3	-76.8
其他制造业	Other Manufacturing	-33.3	
废弃资源综合利用业	Comprehensive Utilization of Waste Resources Industry	-14.1	1.5
金属制品、机械和设备修理业	Repair Service of Metal Products, Machinery and Equipment	-61.0	99.4
电力、热力、燃气及水生产和供应业	**Production and Supply of Electricity, heat, Gas and Water**	**33.1**	**37.6**
电力、热力生产和供应业	Production and Supply of Electric Power and Heat Power	51.3	54.7
燃气生产和供应业	Production and Supply of Gas	-17.9	-16.5
水的生产和供应业	Production and Supply of Water	-6.5	-3.2
建筑业	**Construction**		
房屋建筑业	Housing Building Construction		
土木工程建筑业	Civil Engineering Construction		
建筑安装业	Construction Installation		
建筑装饰和其他建筑业	Construction Decoration and Other Construction		

Growth Rate of Investment in Fixed Assets over Preceding Year by Sector, Type of Construction and Composition of Funds Number of Construction Projects and under Construction and Put into Use (Excluding Rural Households)(2021)

(%)

#扩建 Expansion	#改建 Recons-truction	建筑安装工程投资 Construction and Installation	设备工器具购置 Purchase of Equipment and Instruments	其他费用 Others	施工项目 Numberof Projects under Construction	#新开工 Numberof Projects Started This Year
10.7	**52.3**	**4.8**	**11.2**	**10.8**	**2.2**	**-10.9**
-21.1	**47.3**	**-7.4**	**20.5**	**7.3**	**8.7**	**-4.2**
-28.6	153.8	46.8	38.2	-29.1	43.0	20.7
	-90.4	-29.0	800.0	-2.2	-22.9	-30.4
-4.2	-12.1	-28.9	57.7	152.4		-34.0
		1116.2			100.0	
-77.2	21.5	-46.2	-18.5	-49.8	-25.2	3.0
165.7	**11.4**	**25.2**	**10.5**	**52.7**	**21.4**	**27.3**
832.7	75.1	66.1	26.9	619.3	27.9	40.0
		28.1	109.3	31.4		
-54.9	-92.3	-23.5	35.7			
-94.4	-51.8	-59.8	82.9	-98.7	12.5	-25.0
-83.4	-13.9	183.9	79.6	2876.8		-25.0
	-94.2	-96.5	-84.8	-41.8		
-13.6	**37.0**	**-9.1**	**-0.4**	**-18.4**	**-5.9**	**-11.8**
-24.1	-40.5	-9.1	9.7	3.6	1.4	-2.0
228.4	144.1	71.3	64.3	-9.8	17.7	-14.6
-32.5	92.3	27.7	3.5	-73.3	4.2	-7.4
		-77.8			-50.0	
141.6		156.5	-78.1	676.1	-61.3	-84.6
		711.6	-24.9	141.9	400.0	
	12.1	34.8	40.2	-91.9	-9.7	-19.0
	-26.6	-23.2	121.8	1550.0		33.3
1.4	-6.8	-24.8	15.8	20.0	-16.7	-40.0
-31.1	-85.5	-97.9	-55.0	-60.8	-53.3	
		-40.0	54.7		-50.0	-50.0
-0.1	3.5	-68.0	-83.5	-30.6	-36.6	-34.1
-70.7	-66.5	-4.4	25.8	-63.5	-20.3	-24.5
-37.0	26.9	11.4	37.4	-62.3	-5.1	-20.0
		-81.2				
9.0	-82.2	37.3	-6.7	-89.1	-8.7	75.0
104.0	116.6	-12.0	102.0	398.8	8.7	19.6
1685.6	188.3	2.8	16.4	-73.8	-6.7	-33.3
	329.2	-15.1	32.0	8.9	10.0	33.3
-66.4		-37.6	-8.5	286.7	28.0	28.6
-88.3	98.9	43.2	3.7	-46.8	5.4	36.4
	-62.4	-23.0	-29.9	97.6	-2.2	-3.8
	37.4	277.0	-1.0		-30.8	-25.0
-72.6	114.9	-39.5	78.3	74.8	-21.1	-71.4
23.7	81.1	263.0	418.9	739.0	6.3	
	19.1	-40.0	41.3	125.5	-27.3	
			79.8	394.8	-50.0	
			-33.3			
-84.2	36.7	101.9	-59.2	-74.5	-14.3	-14.3
		107.5	-74.3	40.3	50.0	
2.2	**27.9**	**31.5**	**28.7**	**74.9**	**11.3**	**-2.3**
35.2	34.6	62.3	33.7	71.9	29.9	28.2
179.0	-51.9	-17.8	-19.7	-10.5	-23.1	-60.9
-45.4	21.7	-9.1	-18.8	109.5	-1.3	-22.9

9-2续表

单位：%

指 标	Item	投资额 Investment	#新建 New Construction
批发和零售业	**Wholesale and Retail Trades**	**36.5**	**30.0**
批发业	Wholesale Trade	46.4	41.5
零售业	Retail Trade	30.2	22.1
交通运输、仓储和邮政业	**Transport, Storage and Post**	**2.9**	**-10.4**
铁路运输业	Railway Transport	-14.9	-19.1
道路运输业	Road Transport	13.9	-3.6
水上运输业	Water Transport	-19.4	-2.2
航空运输业	Air Transport	4.6	-47.5
管道运输业	Transport Via Pipelines	-91.5	-91.5
多式联运和运输代理业	Multimodal transportation and transportation agency	-42.1	-42.1
装卸搬运和仓储业	Loading, Unloading and Storage	-2.8	-6.6
邮政业	Post	-20.3	-20.3
住宿和餐饮业	**Hotels and Catering Services**	**-28.2**	**-39.4**
住宿业	Hotels	-40.8	-46.5
餐饮业	Catering Services	43.1	-1.5
信息传输、软件和信息技术服务业	**Information Transmission, Software and Information Technology**	**18.1**	**15.1**
电信、广播电视和卫星传输服务	Telecommunication, Radio and Television and Satellite Transmission Service	12.5	7.5
互联网和相关服务	Internet and Related Service	56.5	90.9
软件和信息技术服务业	Software and Information Technology	95.1	131.9
金融业	**Financial Intermediation**	**103.7**	**103.7**
货币金融服务	Monetary and Financial Service	-62.6	-62.6
资本市场服务	Capital Market Service		
保险业	Insurance		
其他金融业	Other Financial Activities	1297.1	1297.1
房地产业	**Real Estate**	**-5.5**	**-24.2**
租赁和商务服务业	**Leasing and Business Services**	**16.3**	**22.7**
租赁业	Leasing	-88.7	-92.4
商务服务业	Business Services	22.5	25.0
科学研究和技术服务业	**Scientific Research and Technical Services**	**46.7**	**35.1**
研究和试验发展	Research and Experimental Development	-35.1	-31.9
专业技术服务业	Professional Technical Services	-58.0	-68.7
科技推广和应用服务业	Science and Technology Popularization and Application Services	91.6	73.2
水利、环境和公共设施管理业	**Management of Water Conservancy, Environment and Public Facilities**	**17.6**	**8.4**
水利管理业	Management of Water Conservancy	-4.8	-4.9
生态保护和环境治理业	Ecological Protection and Environmental Treatment	-53.1	-55.3
公共设施管理业	Management of Public Facilities	41.0	35.6
居民服务、修理和其他服务业	**Service to Households, Repair and Other Services**	**-9.3**	**-9.3**
居民服务业	Services to Households	-10.6	-12.4
机动车、电子产品和日用产品修理业	Repair of Motor Vehicles, Electronics and Household Products	1.6	1.6
其他服务业	Other Services	1.6	1.6
教育	**Education**	**37.5**	**42.7**
卫生和社会工作	**Health and Social Service**	**16.7**	**17.5**
卫生	Health	93.0	174.3
社会工作	Social Service	-67.4	-72.3
文化、体育和娱乐业	**Culture, Sports and Entertainment**	**31.9**	**48.4**
新闻和出版业	Journalism and Publishing Activities		
广播、电视、电影和影视录音制作业	Radio, Television, Motion Picture and Audio-visual Programme Production Services		
文化艺术业	Cultural and Art Activities		
体育	Sports Activities		
娱乐业	Entertainment	54.2	54.4
公共管理、社会保障和社会组织	**Public Management, Social Security and Social Organization**	**11.1**	**1.1**
中国共产党机关	Organs of Communist Party of China	276.2	276.2
国家机构	Government Agencies	11.1	-0.6
人民政协、民主党派	People's Political Consultative Conference and Democratic Parties		
社会保障	Social Security		
群众团体、社会团体和其他成员组织	Mass Organizations, Social Organizations and Other Membership Organizations		
基层群众自治组织	Grass Roots Self-Governing Organizations		
国际组织	**International Organizations**		

Continued

(%)

#扩建 Expansion	#改建 Reconstruction	建筑安装工程投资 Construction and Installation	设备工器具购置 Purchase of Equipment and Instruments	其他费用 Others	施工项目 Numberof Projects under Construction	#新开工 Numberof Projects Started This Year
399.8	**-2.0**	**26.8**	**-79.7**	**158.0**	**9.1**	**-9.5**
	54.9	58.6	-60.2	34.3	38.1	23.1
348.0	-23.9	6.2	-87.8	244.7	-4.4	-24.1
15.6	**150.9**	**1.9**	**22.6**	**4.5**	**-14.6**	**-37.3**
	36.0	-12.0	15.1	-30.2	-29.2	-85.7
3.2	209.8	11.4	17.2	26.3	-22.5	-47.1
		-39.3		2450.0	-33.3	
117.0		3.8	61.2	-7.9	16.7	200.0
		-84.0	-98.0	-98.4	-60.0	-50.0
		-56.5		-22.2		
195.2	136.7	-11.8	100.6	119.8	17.9	-8.8
		-31.3				
	48.7	**-35.2**	**174.2**	**53.7**	**5.1**	**4.0**
	37.3	-44.9	12.4	53.7	-3.0	-4.8
	312.8	19.7	415.2		50.0	50.0
1324.6	**-71.8**	**27.2**	**10.2**	**150.3**	**5.9**	**25.0**
	-93.7	23.1	3.6	319.6	30.0	33.3
		2.2	209.8	-32.9	-27.8	-12.5
-87.3		258.6	43.0	85.1	66.7	150.0
		33.1	**-93.4**	**1473.4**	**-60.0**	
		-62.1	-93.4		-75.0	
		1179.5		1435.5		
		-5.1	**-37.9**	**-5.6**	**-46.3**	**-73.3**
-42.7	**-41.2**	**22.8**	**-32.9**	**-7.9**	**23.5**	**-22.6**
			-85.2		-50.0	
-42.7	-41.2	24.4	136.0	-6.2	26.5	-20.0
30.6	**432.3**	**33.6**	**20.4**	**197.4**	**-11.9**	**-25.9**
	-6.2	-36.6	-39.5	114.2	15.4	75.0
		-72.6	-11.6	-49.0	-36.4	-50.0
-49.2	829.2	60.0	366.2	226.3	-4.2	-38.5
52.1	**52.4**	**12.3**	**-38.8**	**97.8**	**4.2**	**-3.3**
73.2	-16.8	-26.5	-27.5	152.5	-12.7	-29.2
27385.0	-33.9	-53.4	-9.6	-65.2	-3.6	-39.2
43.4	59.5	37.1	-50.8	150.2	12.2	7.0
-80.6	**84.8**	**-8.8**	**-20.6**	**-18.8**	**-20.5**	**-30.4**
-76.1	84.8	-12.3	232.1	-3.8	-14.7	-16.7
		22.4			-50.0	-75.0
		22.4			-50.0	-75.0
-45.7	**97.2**	**35.1**	**58.7**	**54.6**	**22.8**	**17.5**
29.6	**21.8**	**3.5**	**56.6**	**25.9**	**17.8**	**-37.6**
34.9	2.5	113.4	56.3	190.9	28.6	-28.3
-10.5	378.7	-66.4	93.9	-88.1	-19.0	-68.2
-97.1	**239.6**	**26.0**	**-31.4**	**203.8**	**-12.8**	**-27.1**
-87.5	635.9	30.4	310.2	332.5		22.2
-4.6	**270.7**	**16.0**	**-10.4**	**-54.2**	**3.4**	**-23.5**
			276.2			
-4.6	713.1	16.6	-16.2	-54.2	2.3	-24.5

9-3　固定资产投资资金来源比上年增长情况(不含农户)(2021年)
Growth Rate of Funds Sources for Investment in Fixed Assets Over Preceding Year (Excluding Rural Households)(2021)

单位：%　　(%)

年份 地区	Year Region	合计 Total	按资金来源分 By Sources of Funds					
			国家预算内资金 State Budget	国内贷款 Domestic Loans	债券 Bond	利用外资 Foreign Investment	自筹资金 Self-raising Funds	其他资金 Others
总计	**Total**	**-0.8**	**33.7**	**10.0**	**-57.0**	**-40.6**	**-0.8**	**-10.6**
哈尔滨	Harbin	-12.7	28.3	-30.0		189.5	-3.1	-21.6
齐齐哈尔	Qiqihar	6.1	93.4	-52.5	-37.4	-42.9	0.9	40.8
鸡西	Jixi	34.6	72.5	-58.5			22.1	112.6
鹤岗	Hegang	-19.5	-12.5	-73.7	-94.7	-57.6	-26.7	94.4
双鸭山	Shuangyashan	-1.1	27.3	4.4			26.5	-58.3
大庆	Daqing	5.6	-16.8	61.0	-5.2	-96.9	18.7	-40.9
伊春	Yichun	9.9	12.1	-70.5	28.2		12.2	51.3
佳木斯	Jiamusi	32.2	3.4	598.7	-79.2	-34.1	17.2	218.4
七台河	Qitaihe	23.5	243.7	381.0	-93.8		-22.3	126.0
牡丹江	Mudanjiang	-3.3	29.8	-45.9	-34.0		19.4	-33.7
黑河	Heihe	6.4	-3.0	-23.3	352.1		-10.7	8.3
绥化	Suihua	-18.5	27.6	-14.5	-65.8	-72.7	-30.3	149.7
大兴安岭	Daxinganling	7.6	35.4	-38.7			41.3	-13.3
不分地区	Not Classified by Region	28.7	113.8	87.3	-61.1		-26.7	

9-4　分地区按构成和建设性质分固定资产投资比上年增长情况(不含农户)(2021年)

Growth Rate of Investment in Fixed Assets over Preceding Year by Region, Composition of Funds and Type of Construction (Excluding Rural Households)(2021)

单位：%　　(%)

年份 地区	Year Region	投资额 Total Investment	按构成分 By Composition of Funds			按建设性质分 By Type of Construction		
			建筑安装工程 Construction and Installation	设备、工器具购置 Purchase of Equipment and Instruments	其他费用 Others	#新建 New Construction	#扩建 Expansion	#改建 Reconstruction
总计	**Total**	**6.4**	**4.8**	**11.2**	**10.8**	**6.3**	**10.7**	**52.3**
哈尔滨	Harbin	4.2	-0.2	45.7	3.7	31.8	-1.8	41.9
齐齐哈尔	Qiqihar	7.0	1.0	29.3	33.3	-0.9	-9.6	15.7
鸡西	Jixi	19.1	7.7	60.5	45.2	7.5	20.8	44.8
鹤岗	Hegang	0.5	-17.3	-20.5	177.6	-3.1	-1.1	4.2
双鸭山	Shuangyashan	6.6	-1.5	35.2	66.7	-5.7	31.2	119.9
大庆	Daqing	0.2	6.0	-30.2	12.2	5.5	249.4	-50.1
伊春	Yichun	-11.1	0.1	-46.3	-33.4	-14.3	-51.3	10.8
佳木斯	Jiamusi	27.8	26.6	98.6	-4.0	2.1	136.0	67.1
七台河	Qitaihe	31.8	29.4	34.5	43.1	28.9	43.0	38.5
牡丹江	Mudanjiang	18.2	21.4	-23.9	77.9	10.8	-4.7	188.0
黑河	Heihe	5.8	6.3	31.4	-23.0	3.7	-52.5	15.5
绥化	Suihua	-21.6	-24.1	-18.0	-0.8	-10.2	-8.1	23.1
大兴安岭	Daxinganling	7.3	25.0	-7.2	-45.0	9.1	119.4	-33.5
不分地区	Not Classified by Region	33.3	40.9	18.5	21.4	4.0	38.7	435.7

9-5　分地区按行业分固定资产投资比上年增长情况(不含农户)(2021年)

Growth Rate of Investment in Fixed Assets over Preceding Year by Region and Sector(Excluding Rural Households)(2021)

单位：%　　　　(%)

年　份 地　区	Year Region	总　计 Total	农、林、牧、渔业 Agriculture, Forestry, Animal Husbandry and Fishery	采矿业 Mining	制造业 Manufacturing	电力、热力、燃气及水生产和供应业 Production and Supply of Electric, heat, Gas and Water	建筑业 Construction	批发和零售业 Wholesale and Retail Trades
总　计	**Total**	**6.4**	**-4.8**	**24.9**	**-6.9**	**33.1**		**36.5**
哈尔滨	Harbin	4.2	0.8	-6.0	0.4	43.2		192.0
齐齐哈尔	Qiqihar	7.0	-16.9		-7.5	35.8		-56.4
鸡　西	Jixi	19.1	-2.4	19.2	3.8	-7.5		639.0
鹤　岗	Hegang	0.5	13.2	82.0	20.2	-40.8		-28.4
双鸭山	Shuangyashan	6.6	-14.8	111.3	11.6	-21.9		744.3
大　庆	Daqing	0.2	15.6	19.3	-50.0	61.8		47.8
伊　春	Yichun	-11.1	32.3		-28.5	-25.6		
佳木斯	Jiamusi	27.8	28.9		36.0	8.5		-35.6
七台河	Qitaihe	31.8	-11.8	117.2	40.4	3.7		
牡丹江	Mudanjiang	18.2	23.0	161.2	2.5	-16.2		-11.1
黑　河	Heihe	5.8	-26.2	-20.0	9.8	31.3		22.5
绥　化	Suihua	-21.6	-23.7		-16.3	8.9		-68.9
大兴安岭	Daxinganling	7.3	3.4	-74.2	3781.6	11.1		98.2
不分地区	Not Classified by Region	33.3						

9-5 续表1 Continued

单位：% (%)

年份 地区	Year Region	交通运输仓储和邮政业 Transport, Storage and Post	住宿和餐饮业 Hotels and Catering Services	信息传输、软件和信息技术服务业 Information Transmission, Software and Information Technology	金融业 Financial Intermediation	房地产业 Real Estate	租赁和商务服务业 Leasing and Business Services	科学研究和技术服务业 Scientific Research and Technical Service
总　计	**Total**	**2.9**	**-28.2**	**18.1**	**103.7**	**-5.5**	**16.3**	**46.7**
哈尔滨	Harbin	-27.7	-62.1	298.7	1565.3	-14.6	58.8	-2.7
齐齐哈尔	Qiqihar	-36.9	-57.3	-79.9		45.3	47.6	-77.9
鸡　西	Jixi	45.2				29.2		-55.5
鹤　岗	Hegang	-14.0				-7.8		-83.6
双鸭山	Shuangyashan	-28.4	-46.8	-77.0		4.2	-37.1	137.0
大　庆	Daqing	-9.4		-96.6		-12.3	13.2	-67.3
伊　春	Yichun	60.7	-88.6			-18.9	64.2	48.8
佳木斯	Jiamusi	4.2	326.2	409.8		97.7	-13.0	28.6
七台河	Qitaihe	-7.5		-85.3		81.9	-91.4	523.4
牡丹江	Mudanjiang	-13.5	65.6			6.7	19.6	-29.6
黑　河	Heihe	18.7	-66.3	-55.9		50.9	-76.2	246.2
绥　化	Suihua	21.8	-9.8	25366.7		-50.9	-73.1	-67.3
大兴安岭	Daxinganling	92.5	63.4	-54.0		555.6		-72.2
不分地区	Not Classified by Region	19.4		-50.7				

9-5 续表 2 Continued

单位：% (%)

年 份 地 区	Year Region	水利、环境和公共设施管理业 Management of Water Conservancy, Environment and Public Facilities	居民服务、修理和其他服务业 Services to Households Repair and Other Services	教 育 Education	卫生和社会工作 Health and Social Work	文化、体育和娱乐业 Culture, Sports and Entertainment	公共管理、社会保障和社会组织 Public Management Social Securities and Social Organization
总 计	**Total**	**17.6**	**-9.3**	**37.5**	**16.7**	**31.9**	**11.1**
哈尔滨	Harbin	68.6	-71.5	54.8	89.9	129.6	97.7
齐齐哈尔	Qiqihar	77.1	-50.4	14.0	102.1	13.6	-42.0
鸡 西	Jixi	16.7		1093.7	70.0	696.9	8.1
鹤 岗	Hegang	24.1	-15.2	-44.6	-10.4	-87.5	15.6
双鸭山	Shuangyashan	5.7	5.9	105.2	-3.7	113.2	20.8
大 庆	Daqing	2.8	573.4	-49.2	-2.2	-57.7	51.0
伊 春	Yichun	-58.7		151.1	53.5	153.8	25.3
佳木斯	Jiamusi	-17.2	23.6	1.2	25.0	-4.5	29.8
七台河	Qitaihe	-42.0		-44.0	54.7	-26.1	3.1
牡丹江	Mudanjiang	136.3	-52.1	60.9	-4.8	48.4	-37.5
黑 河	Heihe	4.5		101.3	-14.8	-52.2	-2.5
绥 化	Suihua	-46.5	-21.8	38.6	-42.2	213.8	-56.9
大兴安岭	Daxinganling	-50.7	-86.5	26.7	46.1	-33.8	-38.6
不分地区	Not Classified by Region						

9-6　国有单位固定资产投资比上年增长情况(2021年)
Growth Rate of Investment in Fixed Assets over Preceding Year of State-Owned Units (2021)

单位：%　　(%)

指　标	Item	2020	2021
投资总额	**Total Investment**	**-12.5**	**25.0**
按构成分	**Grouped by Composition of Funds**		
建筑安装工程	Construction and Installation	-6.3	21.0
设备、工器具购置	Purchase of Equipment and Instruments	-24.4	48.1
其他费用	Others	-45.7	52.2
按隶属关系分	**Grouped By Jurisdiction of Management**		
中　央	Central Investment	-58.7	-24.4
地　方	Local Investment	1.2	31.0
按建设性质分	**Grouped by Type of Construction**		
#新　建	New Construction	-15.1	19.2
扩　建	Expansion	-38.2	-0.3
改　建	Reconstruction	42.1	83.3
按行业分	**Grouped by Sector**		
农、林、牧、渔业	Agriculture, Forestry, Animal Husbandry and Fishery	46.0	9.7
采矿业	Mining	178.3	59.7
制造业	Manufacturing	-61.9	48.3
电力、热力、燃气及水生产和供应业	Production and Supply of Electric, heat, Gas and Water	36.4	53.7
建筑业	Construction		
批发和零售业	Wholesale and Retail Trade	54.4	147.7
交通运输、仓储及邮政业	Transport, Storage and Post	-43.7	31.4
住宿和餐饮业	Hotels and Catering Services	212.2	-0.6
信息传输、软件和信息技术服务业	Information Transmission, Software and Information Technology	-65.7	214.4
金融业	Financial Intermediation	-66.1	2.9
房地产业	Real Estate	-36.4	-31.3
租赁和商务服务业	Leasing and Business Services	19.8	130.0
科学研究和技术服务业	Scientific Research and Technical Services	50.5	148.4
水利、环境和公共设施管理业	Management of Water Conservancy, Environment and Public Facilities	8.7	6.7
居民服务、修理和其他服务业	Services to Households, Repair and Other Services	-67.6	28.5
教　育	Education	-1.2	30.8
卫生、社会工作	Health and Social Work	63.3	88.4
文化、体育和娱乐业	Culture, Sports and Entertainment	23.4	22.5
公共管理、社会保障和社会组织	Public Management, Social Securities and Social Organization		16.6
国际组织	International Organizations		

9-7 按构成和建设性质分的国有单位固定资产投资比上年增长情况(2021年) Growth Rate of Investment in Fixed Assets over Preceding Year of State-Owned Units by Composition of Funds and Type of Construction(2021)

单位：% (%)

年份 地区	Year Region	投资总额 Total Investment	按构成分 By Composition of Funds 建筑安装工程 Construction and Installation	设备、工器具购置 Purchase of Equipment and Instruments	其他费用 Others	按建设性质分 By Type of Construction #新建 New Construction	#扩建 Expansion	#改建 Reconstruction
总计	**Total**	**25.0**	**21.0**	**48.1**	**52.2**	**19.2**	**-0.3**	**83.3**
哈尔滨	Harbin	43.3	31.6	76.7	139.7	59.8	-7.5	36.4
齐齐哈尔	Qiqihar	24.2	17.8	83.1	107.1	24.5	35.1	19.8
鸡西	Jixi	31.1	34.3	3.7	1.9	31.0	35.0	38.9
鹤岗	Hegang	9.9	-27.7	240.4	356.6	12.2	511.5	-55.1
双鸭山	Shuangyashan	-15.6	-10.6	-37.5	-83.8	-19.6	29.4	53.8
大庆	Daqing	25.0	14.1	170.3	5.4	24.2	87.2	24.1
伊春	Yichun	-28.8	-16.3	-35.8	-84.5	-28.8	-57.5	-18.1
佳木斯	Jiamusi	3.5	7.5	-2.6	-39.2	-8.4	145.0	83.3
七台河	Qitaihe	66.4	48.6	407.3	242.0	66.1	131.1	-10.3
牡丹江	Mudanjiang	51.1	56.2	-32.8	68.9	16.0	-41.7	235.9
黑河	Heihe	-2.9	1.6	-17.8	-59.9	7.0	-53.7	10.7
绥化	Suihua	14.4	-0.8	173.7	174.0	27.3	-79.4	8.4
大兴安岭	Daxinganling	2.0	3.0	-3.6	-1.9	17.6	123.6	-35.2
不分地区	Not Classified by Region	147.6	179.5		44.3	69.4	17.1	

主要统计指标解释

全社会固定资产投资　是以货币形式表现的在一定时期内全社会建造和购置固定资产的工作量以及与此有关的费用的总称。该指标是反映固定资产投资规模、结构和发展速度的综合性指标。全社会固定资产投资按登记注册类型可分为国有、集体、联营、股份制、私营和个体、港澳台商、外商、其他等。

固定资产投资（不含农户）　指城镇和农村各种登记注册类型的企业、事业、行政单位及城镇个体户进行的计划总投资 500 万元及以上的建设项目投资和房地产开发投资，包括原口径的城镇固定资产投资加上农村企事业组织项目投资，该口径自 2011 年起开始使用。

房地产开发投资　指各种登记注册类型的房地产开发法人单位统一开发的包括统代建、拆迁还建的住宅、厂房、仓库、饭店、宾馆、度假村、写字楼、办公楼等房屋建筑物，配套的服务设施，土地开发工程（如道路、给水、排水、供电、供热、通讯、平整场地等基础设施工程）和土地购置的投资；不包括单纯的土地开发和交易活动。

实际到位资金　指用于固定资产投资的各种货币资金。包括国家预算资金、国内贷款、利用外资、自筹资金和其他资金。

国家预算资金　国家预算包括一般预算、政府性基金预算、国有资本经营预算和社保基金预算。各类预算中用于固定资产投资的资金全部作为国家预算资金填报，其中一般预算中用于固定资产投资的部分包括基建投资、车购税、灾后恢复重建基金和其他财政投资。各级政府债券也应归入国家预算资金。

国内贷款　指报告期固定资产投资项目单位向银行及非银行金融机构借入用于固定资产投资的各种国内借款，包括银行利用自有资金及吸收存款发放的贷款、上级拨入的国内贷款、国家专项贷款（包括煤代油贷款、劳改煤矿专项贷款等），地方财政专项资金安排的贷款、国内储备贷款、周转贷款等。

利用外资　指报告期收到的境外（包括外国及港澳台地区）资金(包括设备、材料、技术在内)。包括对外借款(外国政府贷款、国际金融组织贷款、出口信贷、外国银行商业贷款、对外发行债券和股票)、外商直接投资、外商其他投资(包括利用外商投资收益在国内进行固定资产再投资活动的资金)。不包括我国自有外汇资金(国家外汇、地方外汇、留成外汇、调剂外汇和国内银行自有资金发放的外汇贷款等)。各类外资按报告期的外汇牌价（中间价）折成人民币计算。

自筹资金　指在报告期内筹集的用于项目建设和购置的资金。包括自有资金、股东投入资金和借入资金，但不包括各类财政性资金、从各类金融机构借入资金和国外资金。

其他资金来源　指在报告期收到的除以上各种资金之外的用于固定资产投资的资金。包括社会集资、个人资金、无偿捐赠的资金及其他单位拨入的资金等。

固定资产投资按国民经济行业分　指根据其从事的社会经济活动性质对各类单位进行的分类。应根据建设项目建成投产后的主要产品种类或主要用途及社会经济活动种类来划分，不能根据项目单位本身的行业类别来划分。如果项目投产后有几种产品，应根据主要产品来确定行业类别。一般情况下，一个建设项目只能属于一种国民经济行业。

固定资产投资按隶属关系分　是按建设单位或企业、事业、行政单位的主管上级机关确定的。

(1)中央　是指中共中央、人大常委会和国务院各部、委、局、总公司以及直属机构直接领导的建设项目和企业、事业、行政单位。这些单位的固定资产投资计划由国务院各部门直接编制和下达，统一组织或委托下级实施。包括有中央垂直管理的部门（如国家统计局各级调查队）和中央直属企业、事业单位（如工商银行、中国电信、中国石油）等。

(2)地方　是由省（自治区、直辖市）、地（区、市、州、盟）、县（区、市、旗）三级政府及业务主管部门直接领导和管理的建设项目、企业、事业、行政单位。地方项目还包括不隶属以上各级政府及主管部门的建设项目和企业、事业单位，如外商投资企业和无主管部门的企业等。

固定资产投资按建设性质分　按整个建设项目情况来确定。建设项目的性质一般分为新建、扩建、改建和技术改造、单纯建造生活设施、迁建、恢复、单纯购置。农户投资不划分建设性质。

(1)新建　指从无到有“平地起家”开始建设的项目。现有企业、事业、行政单位投资的项目一般不属于新建。但如有的单位原有基础很小，经过建设后新增的固定资产价值超过该企业、事业、行政单位原有固定资产价值（原值）三倍以上的，也应作为新建。

(2)扩建　指在厂内或其他地点，为扩大原有产品的生产能力(或效益)或增加新的产品生产能力，而增建的生产车间(或主要工程)、分厂、独立的生产线等项目。行政、事业单位在原单位增建业务性用房(如学校增建教学用房、医院增建门诊部、病房等)也作为扩建。

现有企、事业单位为扩大原有主要产品生产能力或增加新的产品生产能力，增建一个或几个主要生产车间(或主要工程)、分厂，同时进行一些更新改造工程的，也应作为扩建。

(3)改建和技术改造　指现有企业、事业单位对原有设施进行技术改造或更新(包括相应配套的辅助性生产、生活福利设施) 的建设项目。改建项目包括现有企业、事业单位为适应市场变化的需要，而改变企业的主要产品种类(如军工企业转民产品等) 的建设项目，原有产品生产作业线由于各工序(车间)之间能力不平衡，为填平补齐充分发挥原有生产能力而增建但不增加主要产品设计能力的建设项目。技术改造是指企业、事业单位在现有基础上用先进的技术代替落后的技术，用先进的工艺和装备代替落后的工艺和装备，以改变企业落后的技术经济面貌，实现以内涵为主的扩大再生产，达到提高产品质量、促进产品更新换代、节约能源、降低消耗、扩大生产规模、全面提高社会经济效益的目的。技术改造具体包括以下内容：机器设备和工具的更新改造；生产工艺改革、节约能源和原材料的改造；厂房建筑和公共设施的改造；保护环境进行的“三废”治理改造；劳动条件和生产环境的改造等。

固定资产投资按构成分

(1)建筑工程　指各种房屋、建筑物的建造工程。这部分投资额必须兴工动料，通过施工活动才能实现，是固定资产投资额的重要组成部分。

(2)安装工程　指各种设备、装置的安装工程。

在安装工程中，不包括被安装设备本身价值。

(3)设备工具器具购置　指报告期内购置或自制的，达到固定资产标准的设备、工具、器具的价值。新建单位及扩建单位的新建车间，按照设计或计划要求购置或自制的全部设备、工具、器具，不论是否达到固定资产标准均计入“设备工具器具购置”中。

(4)其他费用　指在固定资产建造和购置过程中发生的，除建筑安装工程和设备、工器具购置投资完成额以外的应当分摊计入固定资产投资的费用，不指经营中财务上的其他费用。

施工项目个数　是指本年正式进行过建筑或安装施工活动的建设项目个数。包括本年新开工项目，以前年度开工跨入本年继续施工项目，本年全部建成投产项目、以前年度全部停缓建在本年恢复施工的项目，本年进行过施工又在本年内全部停缓建的项目。施工项目个数可以反映一定时期固定资产投资的实际规模，与同期全部建成投产项目个数相比，可以从建设速度的角度反映固定资产投资的效果。

本年投产项目个数　指报告期内按设计文件规定建成主体工程和相应配套的辅助设施，形成生产能力或工程效益，经过验收合格，并且已正式投入生产或交付使用的建设项目。

新增生产能力（或工程效益）　指通过固定资产投资活动而增加的设计能力(或工程效益)。主要指标包括建设规模、本年施工规模、自开始建设累计新增生产能力(或工程效益)、本年新增生产能力(或工程效益)等。

建设规模　指建设项目或工程设计文件中规定的全部设计能力(或工程效益)。包括已经建成投产和尚未建成投产的工程的生产能力(或工程效益)。

本年施工规模　指报告期内施工的单项工程（或更新改造项目）的设计能力(或工程效益)，包括报告期以前已开工跨入本年继续施工的工程的设计能力和报告期新开工工程的设计能力。也包括报告期内建成投产或报告期施工后又停缓建的单项工程设计能力。不包括在报告期以前建成投产或已经停、缓建的工程，以及报告期内尚未正式开工的工程的设计能力。

自开始建设累计新增生产能力（或工程效益）　指自开始建设至本年底止建成投产的全部单项工程累计新增生产能力(或工程效益)。

本年新增生产能力（或工程效益）　指在本年度内按照新增生产能力(或工程效益)的计算条件和标准，实际建成投入生产或交付使用的生产能力(或工程效益)。

新增固定资产　是指已经完成建造和购置过程，并已交付生产或使用单位的固定资产的价值，包括已经建成投入生产或交付使用的工程投资和达到固定资产标准的设备、工具、器具的投资及有关应摊入的费用。该指标是表示固定资产投资成果的价值指标，也是反映建设进度，计算固定资产投资效果的重要指标。

项目建成投产率　指一定时期内全部建成投产项目个数与同期施工项目个数的比率。该指标从建设单位建设速度的角度反映投资效果。

固定资产交付使用率　指一定时期新增固定资产与同期完成投资额的比率。该指标是反映固定资产动用速度，衡量建设过程中宏观投资效果的综合指标。由于新增固定资产是较长时期内形成的结果，而投资额则是当年完成的，因此，该指标一般适宜于反映较长时期内固定资产的动用情况。

Explanatory Notes on Main Statistical Indicators

Total Investment in Fixed Assets in the Whole Country refers to the volume of activities in construction and purchases of fixed assets of the whole country and related fees, expressed in monetary terms during the reference period. It is a comprehensive indicator which shows the size, structure and growth of the investment in fixed assets. Total investment in fixed assets in the whole country includes, by type of ownership, the investment by State-owned units, collective-owned units, joint ownership units, share-holding units, private units, individuals as well as investments by entrepreneurs from Hong Kong, Macao and Taiwan, foreign investors and others.

Investment in Fixed Assets (Excluding Rural Households) refers to the investment in construction projects with a total planned investment of 5 million yuan and over by enterprises of various ownerships, institutions, administrative units and urban self-employed individuals, and the investment in real estate development in both urban and rural areas. Since 2011, it covers the urban investment in fixed assets under the previous statistical coverage plus project investments by rural enterprises and institutions.

Investment in Real Estate Development refers to investment by real estate development companies, commercialized buildings construction companies and other real estate development units of various types of ownership in the construction of buildings, such as residential buildings, factory buildings, warehouses, hotels, guesthouses, holiday villages, office buildings, the complementary service facilities and land development projects, such as roads, water supply, water drainage, power supply, heating supply, telecommunications, land leveling and other infrastructural projects. It does not include activities in pure land transactions.

Actual Funds for Investment refer to all kinds of monetary funds used for fixed assets investment. It includes state budget funds, domestic loans, foreign capital utilization, self-raising funds and other funds.

Fund from the State Budget State budget consists of general budget, government fund budget, operation budget of state-owned assets and social security fund budget. Funds for investment in fixed assets from various budgets are reported as fund from the state budget, of which, the general budget utilized on fixed assets investment includes investment on infrastructure construction, vehicle purchase tax, post-disaster restoration and reconstruction funds and other financial investment. Government bonds at all levels should also be included.

Domestic Loans refer to loans of various forms borrowed by investing units from banks and non-bank financial institutions during the reference period for the purpose of investment in fixed assets, including loans issued by banks from their self-owned funds and deposit, loans appropriated by higher responsible authorities, special loans by government (including loan for substituting petroleum with coal, special loans for reform-through-labour coal mines), loans arranged by local government from special funds, domestic reserve loan, and revolving loan, etc.

Foreign Investment refers to overseas (including foreign countries, Hong Kong, Macao and Taiwan) funds received during the reference period (covering equipment, materials and technology), including foreign borrowings (loans from foreign governments and international financial institutions, export credit, commercial loans from foreign banks, issue of bonds and stocks overseas), foreign direct investment and other foreign investments (including funds from foreign direct investment income that are reinvested in fixed assets domestically). Excluded from this category is capital in foreign exchanges owned by China (foreign exchanges owned by the central and local governments, foreign exchanges retained by enterprises, foreign exchanges by enterprises through the regulating mechanism, loans in foreign exchanges issued by the Bank of China with its own fund, etc.). In calculating the utilization of foreign capital, foreign currencies are converted into Chinese Renminbi applying the exchange rate (central parity rate) at the end of the reference period.

Self-raised Funds refer to funds for investment in fixed assets received during the reference period by investing units, including investment in fixed assets using own funds of various enterprises and institutions or funds raised from other units other than financial funds, funds borrowed from financial institutions and overseas funds.

Other Funds refer to funds for investment in fixed assets received from sources other than those listed above, including funds raised from individuals and through donations, and funds transferred from other units.

Investment in Fixed Assets by Sector refers to the classification of investment by the nature of social economic activities the investing units are engaged in. The classification of construction projects by sector is determined by the major products or the purpose of the projects when they are put into production or use, and by the nature of their social economic activities, instead of being determined by industrial classification of the project enterprises. The project will be classified according to major product if there are several kinds of products yielded. In general, one project can only be classified into one sector.

Investment in Fixed Assets by Jurisdiction of Management refers to the classification of investment by the competent authorities under which investment is made by construction units, enterprises, institutions or administrative units.

(1) Central investment refers to the investment in projects or by enterprises, institutions or administrative units which are under the direct leadership and management of the State Council and of the national commissions, ministries, agencies and State-owned large corporations. Various ministries and departments of the State Council prepare and implement plans through unified organization or lower-level commissions, which include departments direct under central government (i.e. survey offices at all level of the National Bureau of Statistics) and enterprises and institutions directly under central government (like the Industrial and Commercial Bank of China, China Telecom and China National Petroleum Corporation)..

(2) Local investment refers to the investment in projects or by enterprises, institutions or administrative units which are under the direct leadership and management of competent departments and governments at the level of province (autonomous regions and municipalities directly under the Central Government), prefecture (prefectures, cities and leagues) and county (districts, cities and banners). Also included are projects by foreign-invested enterprises and enterprises without competent managing authorities.

Investment in Fixed Assets by Type of Construction Construction projects in general can be classified, by the type of construction, into new construction, expansion, reconstruction and technical transformation, purely construction of living facilities, moving, restoration and purely purchasing. However, investment by type of construction is not applied to investment by and investment by rural households.

(1) New construction in general refers to construction projects, which start from scratch. The existing projects invested by enterprises, institutions and administrative agencies cannot be classified as new construction. In case the size of the existing unit is quite small, and the value of newly added fixed assets is more than three times of the original value, the expansion will be considered as new construction.

(2) Expansion refers to construction of new production workshop, branch factory or independent production line within a factory or in other locations, for the purpose of increasing the production capacity (or improving efficiency) or adding new production capacity by enterprises and institutions. Newly constructed accommodation for the operation of institutions and administrative organizations (such as newly constructed buildings for teaching in schools, buildings for clinics or wards in hospitals, etc.) are also classified as expansion.

Also included in expansion are investments by existing enterprises or institutions in building major production line(s) or branch factory (ies) along with some work on innovation, for the purpose of expanding the production capacity of original products or producing new products.

(3) Reconstruction and technical transformation refers to construction projects by existing enterprises or institutions in innovation or technical transformation of the old facilities (including auxiliary production equipment and welfare facilities). Also considered as reconstruction is the construction of new workshops by the existing enterprises or institutions to change the variety of products to meet the market demand (such as the production of civil products by defence industries), or to bring the designed production capacity into full play through a more balanced production process on production lines. Technical transformation refers to replacement of old technology or equipment by new technology or equipment, in order to expand the reproduction through improvement of technology contents in production, to improve product quality, to promote new products, to save energy, to reduce consumption, to expand the production scale and to improve overall social-economic efficiency. Contents of technical transformation include: updating of machinery, equipment and tools; reforming production process by using energy or materials saving technology; construction of factory workshops and transformation of public facilities; treatment transformation of "three wastes" (waste gas, waste water and industrial residue) aiming at environmental protection; improvement of working conditions and environment, etc.

Investment in Fixed Assets by Structure

(1) Construction refers to the construction of houses and buildings. This part of investment can only be achieved through construction activities, it is the major component of the total investment in fixed assets.

(2) Installation refers to the installation of various kinds of equipment and instruments.

The value of equipment installed itself is not included in the value of installation projects.

(3) Purchase of equipment and instruments refers to the total value of equipment, tools, and instruments purchased or self-produced which come up to the cut-off point for fixed assets during the reference period. Equipment, tools and instruments purchased or self-produced for new workshops by newly established or expanded units are categorized as "purchase of equipment and instruments" no matter whether they come up to the cut-off point for fixed assets.

(4) Other expenses refer to expenses arising during the construction or purchase of fixed assets other than those expenses on construction, installation and purchase of equipment and instruments. Other financial expenses arising in operation are not included.

Number of Projects under Construction refers to number of all projects with actual construction or installation activities in current year, including newly started projects, projects started previously and extended into the current year, projects completed and put into operation in current year, projects suspended previously and resumed in current year, and projects started this year but suspended or postponed in current year. The number of projects under construction can reflect the actual size of investment in fixed assets during a given period, and when compared with the number of projects completed and put into use during the same period, it demonstrates the results of investment in fixed assets from the angle of the speed of the construction.

Number of Projects Put into Use This Year refer to projects have completed the main construction and correspondent auxiliary facilities in accordance with the design documents, resulting in forming production capacity (efficiency) and have been checked and accepted after relevant tests, and have been formally delivered for use.

Newly Increased Production Capacity (or Project Efficiency) refers to the increase in design capacity (or project efficiency) through investment in fixed assets. The main indicators include: construction scale, scale of projects under construction in current year, the accumulated newly increased production capacity (project efficiency) since the start of the projects and the newly increased production capacity (project efficiency) of current year.

Construction Scale refers to the total designed production capacity (project efficiency) of the construction projects in accordance with the design document, including those have been put into operation and those that have not been completed.

Scale of Projects under Construction in Current Year refers to the designed production capacity (project efficiency) of a single project (or renovation project) under construction in the reference period, including the designed production capacity of projects that have been started previously and still under construction in the current year, the newly started projects, and projects that have been completed and put into operation in the reference period or those have been started but suspended or postponed in the reference period. Projects that have been completed and put into operation, suspended or postponed before the reference period, and projects that have not been officially started in the reference period are not included.

The Accumulated Newly Increased Production Capacity (project efficiency) since the Start of the Projects refers to the accumulated newly increased production capacity of all the single projects which have been put into use from the beginning of the projects till the end of current year.

The Newly Increased Production Capacity (project efficiency) of Current Year refers to the production capacity (project efficiency) that has been completed and put into operation in current year according to the calculation conditions and standards on newly increased production capacity (project efficiency).

Newly Increased Fixed Assets refer to the value of fixed assets that has completed the construction and purchase, and has been delivered to the production or owner units, including investment in projects that have been completed and put into operation in current year and the investment in equipment, tools and appliance that meet the standard of fixed assets and fees that should be apportioned. This is an indicator that demonstrates the results of investment in fixed assets in monetary terms, and an important indicator to reflect the speed of construction and to calculate the efficiency of investment.

Rate of Construction Projects Completed and Put into Use refers to the ratio of the number of construction projects completed and put into use in a certain period of time to the number of projects under construction in the same period. This reflects the investment efficiency from the perspective of the speed of projects construction.

Rate of Projects of Fixed Assets Completed and Put into Operation refers to the ratio of the newly increased fixed assets to the total investment made in the same period. This is a comprehensive indicator reflecting the speed of the employment of fixed assets and the investment efficiency at the macro-level. As the newly increase fixed assets is the result of a long period while the investment is completed in the current year, this indicator is expected to be used to reflect the employment of fixed assets over a long period of time.

对外经济贸易

CHAPTER 10 FOREIGN TRADE AND ECONOMIC COOPERATION

10-1　对外经济贸易基本情况
Foreign Trade and Economic Cooperation

指　　标	Item	2017	2018	2019	2020	2021
货物进出口总额(人民币亿元)	**Total Value of Imports and Exports (RMB 100 million yuan)**	**1280.7**	**1747.7**	**1865.9**	**1537.0**	**1995.0**
出口总额	Total Exports	356.3	294.0	349.4	360.9	447.7
初级产品	Primary Goods	8.3	54.5	55.4		
工业制成品	Manufactured Goods	44.3	239.5	294.2		
进口总额	Total Imports	924.5	1453.7	1516.5	1176.1	1547.3
初级产品	Primary Goods	95.0	1226.1	1273.6		
工业制成品	Manufactured Goods	40.7	227.6	243.7		
进出口差额	Balance	-568.2	-1159.8	-1167.1	-815.3	-1099.6
货物进出口总额(亿美元)	**Total Value of Imports and Exports (USD 100 million)**	**189.4**	**264.1**	**271.0**	**222.0**	**308.8**
出口总额	Total Exports	52.6	44.5	50.7	52.0	69.3
进口总额	Total Imports	136.8	219.6	220.3	169.9	239.5
进出口差额	Balance	-84.2	-175.1	-169.6	-117.9	-170.2
实际使用外资额(亿美元)	**Total Amount of Foreign Investment Actually Utilized (USD 100 million)**	**58.6**	**59.5**	**5.4**	**5.4**	**3.9**
新设立外商直接投资企业数(个)	**Number of enterprises for Contracted Foreign Direct Investment (unit)**	**105**	**127**	**158**	**113**	**126**
外商直接投资合同金额(亿美元)	**Contract Value of Projects for Contracted Foreign Direct Investment (USD 100 million)**	**97.6**	**84.9**	**20.3**	**24.2**	**30.8**
外资企业基本情况	**Registered Foreign-funded Enterprises**					
年底登记户数(户)	Number of Registered Enterprises (household)	4444	5028	5296	6008	5888
投资总额(亿美元)	Total Investment (USD 100 million)	336.7	427.5	460.5	1681.7	1734.0
注册资本(亿美元)	Registered Capital (USD 100 million)	200.4	259.1	287.6	1536.1	1519.6
#外方	Capital from Foreign Investors	148.3	177.0	192.0	860.2	841.3

注：1.进出口总额1993年以前为对外贸易经济合作厅数据，1993年起为哈尔滨海关数据，未包括石油出口业务(下同)。
2.从2021年开始实际使用外资额使用商务部反馈数据。

a) The total value of imports and exports were provided by Department of Foreign Trade and Economic Cooperation before 1993.Since 1994,the data were provided by Harbin CIQ expecting exports of petroleum (the same as following tables).

b) Starting from the 2021, the actual amount of foreign investment used is the feedback data from the Ministry of Commerce.

10-2 货物进出口总额
Total Value of Imports and Exports of Goods

年 份 Year	人民币(亿元) (RMB 100 million yuan)				美元(亿元) (USD 100 million)			
	进出口总额 Total Value of Imports and Exports	出口总额 Total Exports	进口总额 Total Imports	进出口差额 Balance	进出口总额 Total Value of Imports and Exports	出口总额 Total Exports	进口总额 Total Imports	进出口差额 Balance
1957	2.6	2.6			0.8	0.8		
1965	0.6	0.6			0.2	0.2		
1970	0.5	0.5			0.2	0.2		
1975	1.3	1.3			0.7	0.7		
1978	0.8	0.8			0.5	0.5		
1979	1.2	1.2			0.7	0.7		
1980	1.9	1.5	0.5	1.0	1.3	1.0	0.3	0.7
1981	2.7	2.3	0.4	1.8	1.6	1.3	0.3	1.1
1982	3.8	3.3	0.5	2.9	2.0	1.7	0.2	1.5
1983	6.5	5.4	1.1	4.3	3.3	2.7	0.5	2.2
1984	10.0	7.9	2.1	5.8	4.3	3.4	0.9	2.5
1985	15.0	12.1	2.9	9.3	5.1	4.1	1.0	3.2
1986	28.0	21.2	6.7	14.5	8.1	6.2	2.0	4.2
1987	35.8	30.2	5.6	24.6	9.6	8.1	1.5	6.6
1988	46.2	34.9	11.3	23.6	12.4	9.4	3.0	6.3
1989	53.2	38.7	14.5	24.2	14.1	10.3	3.9	6.4
1990	71.4	52.0	19.4	32.6	14.9	10.9	4.1	6.8
1991	107.4	73.3	34.1	39.2	20.2	13.8	6.4	7.4
1992	158.9	101.0	57.9	43.1	28.8	18.3	10.5	7.8
1993	190.1	97.2	92.9	4.3	33.0	16.9	16.1	0.7
1994	209.1	107.0	102.1	4.9	24.3	12.4	11.8	0.6
1995	199.3	97.4	101.9	-4.5	23.9	11.7	12.2	-0.5
1996	203.6	90.0	113.7	-23.7	24.5	10.8	13.7	-2.9
1997	204.2	108.4	95.8	12.6	24.6	13.1	11.6	1.5
1998	166.4	75.0	91.4	-16.4	20.1	9.1	11.0	-2.0
1999	181.4	78.7	102.7	-24.1	21.9	9.5	12.4	-2.9
2000	247.2	120.1	127.1	-7.0	29.9	14.5	15.4	-0.8
2001	280.2	133.4	146.7	-13.2	33.9	16.1	17.7	-1.6
2002	360.1	164.7	195.3	-30.6	43.5	19.9	23.6	-3.7
2003	441.2	237.5	203.6	33.9	53.3	28.7	24.6	4.1
2004	562.0	304.6	257.4	47.2	67.9	36.8	31.1	5.7
2005	783.9	497.2	286.7	210.5	95.7	60.7	35.0	25.7
2006	1025.2	672.8	352.4	320.5	128.6	84.4	44.2	40.2
2007	1315.5	933.0	382.5	550.5	173.0	122.7	50.3	72.4
2008	1590.4	1150.8	438.9	711.9	229.0	165.7	63.2	102.5
2009	1108.0	688.6	419.4	268.5	162.2	100.8	61.4	39.3
2010	1726.2	1102.1	624.1	477.9	255.0	162.8	92.2	70.6
2011	2487.3	1141.3	1346.0	-204.7	385.1	176.7	208.4	-31.7
2012	2387.4	911.5	1476.5	-565.0	378.2	144.4	233.9	-89.5
2013	2407.9	1005.2	1402.8	-397.0	388.8	162.3	226.5	-64.1
2014	2389.5	1065.2	1324.4	-259.2	389.0	173.4	215.6	-42.2
2015	1307.3	500.1	807.2	-306.4	209.9	80.3	129.6	-49.2
2016	1093.7	332.5	761.2	-428.8	165.4	50.4	114.9	-64.5
2017	1280.7	356.3	924.5	-568.2	189.4	52.6	136.8	-84.2
2018	1747.7	294.0	1453.7	-1159.8	264.1	44.5	219.6	-175.1
2019	1865.9	349.4	1516.5	-1167.1	271.0	50.7	220.3	-169.6
2020	1537.0	360.9	1176.1	-815.3	222.0	52.0	169.9	-117.9
2021	1995.0	447.7	1547.3	-1099.6	308.8	69.3	239.5	-170.2

10-3　海关货物进出口总额
Total Value of Imports and Exports (Customs Statistics)

单位：万元　　(10000 yuan)

类　别	Category	进出口总额 Total Value of Imports and Exports				
		2017	2018	2019	2020	2021
总　额	**Total**	**1893574**	**17477261**	**18659107**	**15370091**	**19950071**
一般贸易	General Trade	1266303	13891134	15367668	12059419	16596213
国家间、国际组织无偿援助和赠送的物资	Donation of Countries and International		1869	6064	1033	767
其他捐赠物资	Other donated materials	1			3959	4
来料加工	Processing and Assembling with Customer's Materials	37947	58707	103597	56849	45796
进料加工	Processing and Assembling with Import Materials	187128	872877	858512	778682	740861
边境小额贸易	Little Amount Trade on the Borders	310924	1858991	1671026	1833001	2110120
对外承包工程出口货物	Export Goods of Contracted Projects with Foreign Countries or Territories	45523	213819	192501	281922	267637
外商投资企业作为投资进口的设备、物品	Import Equipment's and Goods of Foreign-Funded Enterprises	13	49			
保税监管场所进出境货物	Inbound and Outbound Goods in Bonded Supervision Places	13972	473614	75374	78799	67534
其　他	Others	31763	86200	371733	174327	121139

注：2017年数据单位为万美元。(下同)
a) The data unit 2017 is USD 10000. (the same below)

10-3　续表 Continued

单位：万元　　(10000 yuan)

类　别	Category	出口总额 Total Exports				
		2017	2018	2019	2020	2021
总　额	**Total**	**525751**	**2939826**	**3493875**	**3608596**	**4477109**
一般贸易	Ordinary Trade	209731	1580638	1995715	2182186	2967672
国家间、国际组织无偿援助和赠送的物资	Donation of Countries and International		1869	6064	1033	767
其他捐赠物资	Other donated materials				1236	4
来料加工	Processing and Assembling with Customer's Materials	19076	47417	29907	15860	13153
进料加工	Processing and Assembling with Import Materials	118496	533566	505517	418968	392299
边境小额贸易	Little Amount Trade on the Borders	116074	554429	512219	626150	794362
对外承包工程出口货物	Export Goods of Contracted Projects with Foreign Countries or Territories	45523	213819	192501	281922	267637
保税监管场所进出境货物	Inbound and Outbound Goods in Bonded Supervision Places	101	7	65	2213	6137
其　他	Others	16750	3081	248223	27779	35079

10-4 海关分国家(地区)货物进出口总额
Total Value of Imports and Exports by Countries and Territories (Customs Statistics)

单位：万元 (10000 yuan)

国家(地区)	Countries(Territories)	进出口总额 Total Value of Imports and Exports		出口总额 Total Exports		进口总额 Total Imports	
		2020	2021	2020	2021	2020	2021
总 额	**Total**	**15370091**	**19950071**	**3608596**	**4477109**	**11761496**	**15472962**
亚 洲	**Asia**	**2378137**	**2681397**	**1583227**	**1886190**	**794910**	**795207**
阿富汗	Afghanistan	5	109		86	5	23
巴 林	Bahrain	804	19977	804	19941		36
孟加拉国	Bangladesh	9146	23225	9120	23225	27	
文 莱	Brunei	286	665	286	665		
缅 甸	Myanmar	10720	14226	7806	13035	2914	1191
柬埔寨	Cambodia	8444	22210	8165	9603	279	12607
塞浦路斯	Cyprus	177	158	177	158		
中国香港	Hong Kong, China	355815	433159	353288	432197	2528	962
印 度	India	95667	116635	75740	114940	19927	1695
印度尼西亚	Indonesia	76577	116228	56179	82315	20398	33913
伊 朗	Iran	4349	6956	4293	4762	55	2195
伊拉克	Iraq	159367	185983	34079	77728	125288	108255
以色列	Israel	21422	11890	6642	8083	14780	3808
日 本	Japan	266184	306152	105001	115548	161184	190604
约 旦	Jordan	1707	3366	1707	3366		
科威特	Kuwait	4829	12626	1988	4841	2841	7785
老 挝	Lao People's Democratic Republic	3552	3834	3547	3834	5	
黎巴嫩	Lebanon	1139	722	1131	722	8	
中国澳门	Macao, China	6	358	6	358		
马来西亚	Malaysia	54933	76234	45181	65380	9752	10854
马尔代夫	Maldives	35	337	35	336		1
蒙 古	Mongolia	26177	35698	10970	23230	15208	12468
尼泊尔联邦民主共和国	Federal Democratic Republic of Nepal	716	769	715	769	1	
阿 曼	Oman	1267	7928	1267	2450		5478
巴基斯坦	Pakistan	206063	154087	204393	153675	1670	411
菲律宾	Philippines	38188	61570	34656	61334	3531	236
卡塔尔	Qatar	6057	6778	3333	6778	2724	
沙特阿拉伯	Saudi Arabia	300349	270303	23964	22742	276385	247561
新加坡	Singapore	37848	26852	17644	14267	20204	12584
韩 国	Republic of Korea	240084	237582	176170	210565	63914	27017
斯里兰卡	Sri Lanka	4191	5264	4190	5222	1	42
叙利亚	Syria	531	266	528	254	2	12
泰 国	Thailand	39209	79209	29577	53254	9632	25955
土耳其	Turkey	63313	68804	60573	67248	2740	1557
阿拉伯联合酋长国	United Arab Emirates	122601	176183	114978	130443	7623	45740
也门共和国	Arab Republic of Yemen	542	913	542	913		
越 南	Viet Nam	59398	100430	53685	85168	5713	15261
中国台湾	Taiwan, China	45534	55442	33721	40697	11813	14744
东帝汶	Democratic Republic of Timor-Leste	73	48	73	48		
哈萨克斯坦	Kazakhstan	34430	19442	34208	16231	223	3211
吉尔吉斯斯坦	Kirghizia	2502	1928	2446	1858	56	69
塔吉克斯坦	Tadzhikistan	78	61	78	61		
土库曼斯坦	Turkmenistan	54508	3566	54508	3531		35
乌兹别克斯坦	Uzbekistan	5075	4890	4935	4330	140	560

注：亚洲差额部分为政策性进出口。
a) The part balance of Asian is policy imports and exports.

10-4　续表1 Continued

单位：万元　(10000 yuan)

国家(地区)	Countries(Territories)	进出口总额 Total Value of Imports and Exports		出口总额 Total Exports		进口总额 Total Imports	
		2020	2021	2020	2021	2020	2021
非　洲	**Africa**	**172591**	**156196**	**91607**	**131302**	**80984**	**24894**
阿尔及利亚	Algeria	2057	2539	2057	2539		
安哥拉	Angola	45661	668	323	668	45338	
贝　宁	Benin	258	692	258	470		222
博茨瓦纳	Botswana	36	1963	36	1963		
布隆迪	Burundi	10	273	10	273		
喀麦隆	Cameroon	1115	3164	1115	3144		20
佛得角	Cabo Verde		12		12		
乍　得	Chad	53	5316	53	5316		
科摩罗	Comoros a republic in the Indian Ocean		64		64		
刚　果	Congo	15236	411	15236	411		
吉布提	Djibouti	5714	686	3	686	5712	
埃　及	Egypt	1086	17564	1086	10709		6855
赤道几内亚	Eq. Guinea	7242	113	5466	113	1776	
埃塞俄比亚	Ethiopia	24	544	24	485		59
加　蓬	Gabon	4076	57	4076	57		
冈比亚	Gambian	19	767	19	767		
加　纳	Ghana	956	1502	942	1502	14	
几内亚	Guinea	2257	1218	2256	1218	2	
几内亚(比绍)	Bissau		128		128		
科特迪瓦	Cote Diver	443	577	443	577		
肯尼亚	Kenya	327	4883	158	4517	169	365
利比里亚	Liberia	1643	184	1324	184	318	
利比亚	Libya		577		577		
马达加斯加	Madagascar	383	466	383	182		285
马拉维	Malawi	420		185		236	
马　里	Mali	26		26			
毛里塔尼亚	Mauritania		434		434		
毛里求斯	Mauritius	469	632	469	632		
摩洛哥	Morocco	479	12667	478	11078		1589
莫桑比克	Mozambique	4574	3250	4304	1586	270	1663
纳米比亚	Namibia	771	176	771	175		1
尼日尔	Niger	60	131	60	131		
尼日利亚	Nigeria	881	12513	881	12122		391
留尼汪	Reunion	3446	273	3441	273	5	
卢旺达	Rwanda	144	173	144	173		
塞内加尔	Senegal	57	2661	57	2661		
塞拉利昂	Sierra Leone	712	84	607	64	105	20
索马里	Somalia	10	160	2	160	9	
南　非	South Africa	127	49527	127	39818		9709
苏　丹	Sudan	33392	570	16048	570	17344	
坦桑尼亚	Tanzania	2421	2621	2398	2309	23	312
多　哥	Togo	2194	238	1967	217	227	21
突尼斯	Tunisia	59	4230	59	1233		2997
乌干达	Uganda	9538	2068	916	1683	8622	385
布基纳法索	Burkina Faso	766	197	81	197	685	
刚果(金)	Congo	157	463	157	463		
赞比亚	Zambia	193	189	65	189	128	
津巴布韦	Zimbabwe	133	581	133	581		
梅利利亚	Melilla	209		209			
莱索托	Lesotho		10		10		
斯威士兰	Swaziland a country of southeast Africa		16		16		
马约特岛	Mayotte		254		254		
南苏丹共和国	The Republic of South Sudan	74	17713	74	17713		

10-4 续表2 Continued

单位：万元 (10000 yuan)

国家(地区)	Countries(Territories)	进出口总额 Total Value of Imports and Exports		出口总额 Total Exports		进口总额 Total Imports	
		2020	2021	2020	2021	2020	2021
欧　洲	**Europe**	**10933686**	**14480623**	**1441731**	**1745507**	**9491955**	**12735116**
比利时	Belgium	58425	115844	42206	99980	16218	15864
丹　麦	Denmark	19638	15018	15341	10877	4296	4142
英　国	United Kingdom	78603	103758	50791	79467	27812	24291
德　国	Germany	247881	305594	88190	109745	159691	195849
法　国	France	153489	92369	21987	21890	131502	70479
爱尔兰	Ireland	10277	9585	2097	1871	8180	7713
意大利	Italy	69113	91436	19577	42851	49536	48585
卢森堡	Luxemburg	39	2	6	2	33	
荷　兰	Netherlands	81060	130475	60149	98704	20911	31771
希　腊	Greece	14606	18712	14590	18698	15	14
葡萄牙	Portugal	10692	11915	5956	8463	4736	3453
西班牙	Spain	82328	81714	60109	56321	22218	25393
阿尔巴尼亚	Albania	337	586	337	586		
奥地利	Austria	12470	10631	1185	1214	11285	9417
保加利亚	Bulgaria	5384	4498	2265	3004	3119	1494
芬　兰	Finland	15047	22952	5829	4396	9218	18556
匈牙利	Hungary	15816	12529	2462	3019	13354	9510
冰　岛	Iceland	333	1161	105	20	229	1141
马耳他	Malta	28	1092	4	1092	24	
摩纳哥	Monaco	4				4	
挪　威	Norway	8968	5940	6294	4068	2675	1872
波　兰	Poland	32505	52646	23776	44048	8728	8598
罗马尼亚	Romania	6583	6367	3343	4329	3239	2038
圣马力诺	San Marino		25		25		
瑞　典	Sweden	118179	79317	17363	13355	100815	65962
瑞　士	Switzerland	14976	11287	1630	1213	13346	10074
爱沙尼亚	Estonia	1177	936	531	444	646	492
拉脱维亚	Latvia	3942	5011	530	514	3413	4497
立陶宛	Lithuania	12432	10896	10814	8238	1618	2658
格鲁吉亚	Georgia	1051	1256	829	857	222	400
亚美尼亚	Armenia	22885	552	50	97	22836	454
阿塞拜疆	Azerbaijan	596	9740	481	639	116	9102
白俄罗斯	Byelorussia	6790	19051	3675	833	3115	18218
摩尔多瓦	Moldova	301	385	210	314	91	71
俄罗斯联邦	Russia	9732584	13133992	951979	1068624	8780605	12065368
乌克兰	Ukraine	27155	33279	11165	16712	15989	16568
斯洛文尼亚共和国	Republic of Slovenia	16563	13339	7952	6248	8611	7091
克罗地亚共和国	Republic of Croatia	2287	3048	2157	2944	129	103
捷克共和国	Republic of Czech	38801	24550	2637	2414	36164	22136
斯洛伐克共和国	Republic of Slovakia	5926	12000	702	4438	5223	7561
北马其顿	Macedonia	80	144	9	86	71	58
波斯尼亚--黑塞哥维那	Bosnia and Herzegovina	73	459	53	162	20	297
塞尔维亚	Serbia	2213	24395	311	568	1902	23827
黑山	Montenegro		2137		2137		

10-4　续表3　Continued

单位：万元　(10000 yuan)

国家(地区)	Countries(Territories)	进出口总额 Total Value of Imports and Exports 2020	2021	出口总额 Total Exports 2020	2021	进口总额 Total Imports 2020	2021
拉丁美洲	**Latin America**	**634946**	**1069334**	**127843**	**227981**	**507104**	**841354**
安提瓜和巴布达	Antigua and Barbuda						
阿根廷	Argentina	18996	13444	5849	8241	13148	5203
阿鲁巴岛	Aruba Island		6		6		
巴哈马	Bahamas	4	2	4	2		
巴巴多斯	Barbados	53	5	53	5		
伯利兹	Belize		187		187		
多民族玻利维亚国	Bolivia	140	1569	140	1569		
巴　西	Brazil	365069	746437	26664	48820	338405	697617
开曼群岛	Cayman Islands		26		26		
智　利	Chile	110381	42102	15494	23725	94887	18377
哥伦比亚	Colombia	10845	19402	10296	18888	549	515
哥斯达黎加	Costa Rica	1717	2251	1717	2251		
古　巴	Cuba	149	38	148	38	1	
库腊索岛	Curacao	12		12			
多米尼加共和国	Dominican Republic	2552	2289	2552	2289		
厄瓜多尔	Ecuador	4800	8483	4459	8398	341	84
法属圭亚那	French Guiana		233		233		
格林纳达	Grenada		1		1		
危地马拉	Guatemala	2410	8517	2410	8517		
圭亚那	Guyana	73	83	73	83		
海　地	Haiti	61	176	61	176		
洪都拉斯	Honduras	638	1723	634	1723	4	
牙买加	Jamaica	334	398	334	398		
马提尼克岛	Martinique		1		1		
墨西哥	Mexico	31420	65435	28079	62191	3342	3244
尼加拉瓜	Nicaragua	369	543	367	543	3	
巴拿马	Panama	2155	3883	2155	3882		2
巴拉圭	Paraguay	1863	2258	1863	2258		
秘　鲁	Peru	46041	118810	16218	26373	29824	92437
波多黎各	Puerto Rico	359	803	359	803		
圣卢西亚	Saint Lucia		2		2		
圣马丁岛	Saint Martin		9		9		
萨尔瓦多	El Salvador	669	781	665	781	4	
苏里南	Surinam	85	129	85	129		
特立尼达和多巴哥	Trinidad and Tobago	480	850	480	850		
特克斯和凯科斯群岛	Turks and Caicos Islands		2		2		
乌拉圭	Uruguay	31889	25361	5292	1488	26597	23873
委内瑞拉	Venezuela	1355	3096	1355	3096		
北美洲	**North America**	**669973**	**775651**	**283940**	**387704**	**386034**	**387947**
加拿大	Canada	106543	134341	63760	82647	42783	51694
美　国	United States	563359	639546	220180	305057	343180	334489
格陵兰	Greenland		1764				1764
大洋洲	**Oceania**	**570987**	**780028**	**80249**	**98425**	**490738**	**681603**
澳大利亚	Australia	306825	373007	74765	90130	232060	282877
斐　济	Fiji	75	167	75	167		
新喀里多尼亚	New Caledonia	91	133	91	133		
瓦努阿图	Vanuatu						
新西兰	New Zealand	263779	406062	5101	7336	258678	398726
巴布亚新几内亚	Papua New Guinea	97	546	97	546		
所罗门群岛	Solomon Islands	12	8	12	8		
汤　加	Tonga	60	73	60	73		
基里巴斯	Kiribati						
萨摩亚	Samoa		30		30		
法属波利尼西亚	French Polynesia		2		2		
大洋洲其他国家(地区)	Other countries (regions) of Oceania		1		1		

10-5 海关主要商品出口数量和金额(2021年)
Main Export Goods in Volume and Value(Customs Statistics)(2021)

品 名	Item	数 量 Volume	金额(万元) Value (10000 yuan)
农产品	Agricultural Produce		573506
肉类(包括杂碎)(吨)	Meat and Offal (Including Entrails)(ton)	1898	11286
水产品(吨)	Aquatic Products(ton)	167	346
蔬菜及食用菌(吨)	Vegetables(ton)	136729	118099
干鲜瓜果及坚果(吨)	Fruits and Nuts(ton)	13826	36647
粮食(吨)	Grain (ton)	35619	23061
稻谷及大米(吨)	Paddy and Rice(ton)	27505	14099
罐头 (吨)	Canned Food (ton)	2125	6022
酒类及饮料	Alcohol and Drink		5814
果蔬汁 (吨)	Fruit Juice and Vegetable Juice (ton)	70	203
啤酒(万升)	Beer(10000 liters)	792	4123
烟草及其制品 (吨)	Tobacco and Its Products (ton)	8161	10185
制盐 (吨)	Salt Manufacturing (ton)	329	24
水泥及水泥熟料(吨)	Cement and Cement Clinker(ton)	2785	176
钨品 (吨)	Tungsten Product (ton)	2	34
成品油 (吨)	Refined Oil (ton)	13813	6650
汽油 (吨)	Petrol (ton)	9590	4662
柴油 (吨)	Diesel (ton)	4058	1600
氧化铝 (吨)	Aluminium oxide (ton)	17	16
稀土及其制品 (吨)	Rare Earth and Its Products (ton)	10	47
医药材及药品 (吨)	Materials and Medicines (ton)	10197	38460
中药材 (吨)	Chinese Herbal Medicine (ton)	211	1365
中式成药 (吨)	Chinese Medicine (ton)	105	1403
抗菌素(制剂除外) (吨)	Antibiotic (ton)	155	8519
医用敷料 (吨)	Medical Dressing (ton)	75	643
肥料 (吨)	Fertilizer (ton)	41911	12294
尿素 (吨)	Urea (ton)	33583	10163
硫酸铵 (吨)	Ammonia Sulfate (ton)	3785	512
磷酸氢二铵 (吨)	Ammonium phosphate (ton)	4000	1489
磷酸二氢铵 (吨)	Ammonium dihydrogen phosphate (ton)	8	4
合成有机染料 (吨)	Synthetic Organic Dye (ton)	11	155
美容化妆品及洗护用品 (吨)	Beauty Cosmetics and Toiletries (ton)	490	1525
烟花、爆竹 (吨)	Fireworks, Firecrackers (ton)	171	396
塑料制品	Plastic Products		75271
橡胶轮胎 (吨)	Rubber Tire (ton)	5411	9326
皮革、毛皮及其制品	Glass Products(ton)		12017
箱包及类似容器 (吨)	Bags and Similar Containers (ton)	11295	114547
木及其制品 (吨)	Wood and Its Products (ton)	87843	135114
家用或装饰用木制品 (吨)	Household or Decorative Wood Products (ton)	17022	27137
胶合板及类似多层板(立方米)	Plywood and Similar Products(cu.m)	37039	34956
植物材料编结品 (吨)	Plant Material Braid (ton)	760	1608
纸浆、纸及其制品 (吨)	Pulp, Paper and Its Products (ton)	47999	61304
纺织原料 (吨)	Textile Material (ton)	67	203
纺织纱线、织物及其制品	Textile Yarns, Fabrics and Products		194188

10-5 续表 Continued

品 名	Item	数 量 Volume	金额(万元) Value (10000 yuan)
服装及衣着附件	Clothing and Clothing Accessories		116405
鞋靴(万双)	Shoes and Boots(10000 pairs)	4512	214254
帽类（万个）	CAPS (10000 units)	1284	8591
花岗岩及其制品(吨)	Granite Material and Products(ton)	4369	1306
陶瓷产品（吨）	Ceramic Product (ton)	26647	20373
玻璃及其制品(吨)	Rolled Steel(ton)		16628
钢材(吨)	Unwrought Copper and Copper(ton)	239740	187459
未锻轧的铜及铜材(吨)	Unwrought Aluminum and Aluminous Material(ton)	115	710
未锻轧的铝及铝材(吨)	Leather, Fur and Its Products	12155	25049
家具及其零件	Furniture and Its Parts		116933
玩具	Toys		88404
体育用品及设备	Sporting Goods and Equipment		11349
笔及其零件	Pens and Its Parts		4878
机电产品	Mechanical and Electrical Products		1753132
机械基础件	Mechanical Foundation		23675
轴承（吨）	Bearing (ton)	9154	6691
通用机械设备	General Purpose Mechanical Equipment		80815
泵（万台）	PUMPS (10000 sets)	89	19112
阀门及类似装置（万套）	Valves and Similar Devices (10000 sets)	114	17855
机床（万台）	Machine Tool (10000 sets)	1	13035
自动数据处理设备及其零部件	Automatic Data Processing Equipment and Its Parts		19271
自动数据处理设备（万台）	Automatic Data Processing Equipment (10000 sets)	1	10395
电工器材	Electrical Equipment		162601
变压器（万个）	Transformers (10000 units)	5	12637
原电池（万个）	Primary Battery (10000 units)	639	602
蓄电池（万个）	Storage Battery (10000 units)	179	42290
锂离子蓄电池(万个)	Lithium Ion Battery (10000 units)	66	35491
电气控制装置	Electrical Control Unit		39535
电线及电缆（吨）	Wires and Cables (ton)	5302	34145
手机（万台）	Cell Phone(10000 units)	72	405395
家用电器（万台）	Household Appliances(10000 units)	303	51059
音视频设备及其零件	Audio and Video Equipment and Parts Thereof		9065
电子元件	Electronic Component		24239
摩托车（万辆）	Motorbikes (10000 units)	1	854
自行车（万辆）	Bicycle (10000 units)	18	6042
摩托车及自行车的零配件	Spare Parts for Motorcycles and Bicycles		11208
汽车(包括底盘)（万辆）	Car (including Chassis) (10000 units)	1	202179
汽车零配件	Auto Parts		100661
婴孩车及其零件(吨)	Baby Carriages and Their Parts (ton)	1724	4846
计量检测分析自控仪器及器具	Automatic Measuring, Testing and Analyzing Instruments and Apparatus		28645
医疗仪器及器械	Medical Instruments and Apparatus		4730
钟表及其零件	Clocks and watches and their parts		2542
手表(万只)	Watch (10000 units)	26	840
灯具、照明装置及其零件	Lamps Lighting Devices and Its Parts		46843
高新技术产品	High and New-tech Products		764244

10-6 海关主要商品进口数量和金额(2021年)
Main Import Goods in Volume and Value(Customs Statistics)(2021)

品 名	Item	数量 Volume	金额(万元) Value (10000 yuan)
农产品	Agricultural Produce		1717193
肉类(包括杂碎)(吨)	Meat(including Entrails)(ton)	98709	340809
牛肉（吨）	Beef (ton)	25252	78500
猪肉（吨）	Pork(ton)	299	623
水产品(吨)	Aquatic Products(ton)	4188	12965
冻鱼（吨）	Frozen Fish(ton)	2889	5571
乳品(吨)	Dairy Products(ton)	49758	100512
奶粉（吨）	Milk Powder (ton)	27009	57952
干鲜瓜果及坚果(吨)	Fresh and Dried Fruits and Nuts(ton)	7863	32033
粮食（吨）	Grain (ton)	2735687	910621
小麦（吨）	Wheat(ton)	8081	1897
玉米（吨）	Corn(ton)	35813	4083
稻谷及大米(吨)	Paddy and Rice(ton)	7847	3805
豆类（吨）	Soybean(ton)	2666174	897349
大豆（吨）	Soybean(ton)	2665365	896891
食用油（吨）	Soybean Oil(ton)	81435	61347
豆油（吨）	Soybean Oil(ton)	71479	52226
酒类及饮料	Alcohol and Beverages		16860
啤酒（万升）	Beer(10000 liters)	2388	9093
葡萄酒（万升）	Wine(10000 liters)	105	1438
制盐(吨)	Salt Making(ton)	1087	258
金属矿及矿砂(吨)	Metal Ore and Ore(ton)	5848152	741310
铁矿砂及其精矿（吨）	Iron ore and Its Concentrate(ton)	5762000	610502
煤及褐煤（吨）	Coal and lignite(ton)	3533587	206046
原油 （吨）	Crude Oil(ton)	29499425	9348668
成品油（吨）	Product Ol(ton)	1831	1207
天然气（吨）	Natural Gas(ton)	7536636	974349
医药材及药品(吨)	Petroleum Products Refined(ton)	837	3955
中药材（吨）	Traditional Chinese Medicine(ton)	754	2268
肥料（吨）	Fertilizer(ton)	931209	182591
初级形状的塑料(吨)	Plastic in Primary Shape(ton)	2260	2596
塑料制品（吨）	Plastic Products(ton)		6737
天然及合成橡胶(包括胶乳)(吨)	Natural and Synthetic Rubber(including latex)(ton)	16623	20674
木及其制品 （吨）	Wood and Its Products (ton)	8028872	1110890
原木（万立方米）	Log(10000 cu.m)	638	610612
锯材（万立方米）	Sawn Timber(10000 cu.m)	341	479992
纸浆、纸及其制品(吨)	Pulp Paper and Its Products(ton)	394212	171826
纺织纱线、织物及其制品	Textile Yarn ,Fabric and Its Products		10188
服装及衣着附件	Clothing and Accessories		1405
玻璃及其制品	Glass and Its Products		346
玻璃纤维及其制品（吨）	Glass Fiber and Its Products(ton)	1	27

10-6　续表 Continued

品　　名	Item	数量 Volume	金额(万元) Value (10000 yuan)
钢材（吨）	Rolled Steel(ton)	4482	22605
未锻轧铜及铜材（吨）	Unwrought Rolled Steel and Steel(ton)	2514	12540
未锻轧铝及铝材（吨）	Unwrought Aluminum and Aluminum(ton)	2729	4875
机电产品	Mechanical and Electrical Products		645558
食品加工机械（台）	Food Processing Machinery(set)	36	1256
印刷、装订机械及其零件	Printing ,Bookbinding Machinery and Parts		5
通用机械设备	General Mechanical Equipment		47395
压缩机（台）	Compressor(set)	37850	3046
阀门及类似装置（万套）	Valves and Similar Devices(10000 sets)	67	26712
自动数据处理设备及其零部件	Automatic Data Processing Equipment and Its Components		404
存储部件(台)	Memory Component(set)	441	26
自动数据处理设备的零件、附件(吨)	Parts and Accessories of Automatic Data Processing Equipment(ton)	1	64
电工器材	Electrician Equipment		26803
变压器（个）	Electrician(unit)	5624	349
蓄电池（个）	Storage Battery(unit)	4988	3622
电线及电缆（吨）	Wire and Cable(ton)	20	1706
电子元件	Electronic Component		15510
电容器（吨）	Electrical Capacitor(ton)	3	401
印刷电路（块）	Printed Circuit(unit)	42331	98
二极管及类似半导体器件（万个）	Diode and Similar Semiconductor Devices(10000 units)	25151	3091
集成电路（万个）	Integrated Circuit(10000 units)	21575	9103
汽车零配件	Parts of Motor Vehicles		244404
航空器零部件（吨）	Parts of Aircraft(ton)		7896
液晶显示板（个）	liquid Crystal Display Panel(unit)	646	20
计量检测分析自控仪器及器具	Detection and Analysis of the Measurement Apparatus with		39963
医疗仪器及器械	Medical Instruments and Equipment		14347
钟表及其零件	Clocks and Watches and Their Parts		49
手表（只）	Wrist watches(unit)	4250	40
高新技术产品	High and New-tech Products		133376
计算机与通信技术	Computer and Communication Technology		20689
电子技术	Electronic Technique		18392
航空航天技术	Aerospace Engineering		16974
文化产品	Cultural Artifact		4565

10-7 分地区进出口总额
Total Value of Import and Export by Region

单位：万元 (10000 yuan)

地区	Region	进出口总额 Total Value of Imports and Exports		出口总额 Total Exports		进口总额 Total Imports		进出口差额 Balance	
		2020	2021	2020	2021	2020	2021	2020	2021
全省	**Total**	**15370091**	**19950071**	**3608596**	**4477109**	**11761496**	**15472962**	**-8152900**	**-10995852**
哈尔滨	Haerbin	2558890	3445819	1368934	1713292	1189957	1732527	178977	-19235
齐齐哈尔	Qiqihar	519924	665623	299552	409361	220372	256262	79180	153099
鸡西	Jixi	253766	340403	235340	327494	18426	12909	216914	314585
鹤岗	Hegang	227425	244868	4745	50176	222681	194692	-217936	-144516
双鸭山	Shuangyashan	123879	208338	50802	107882	73077	100455	-22275	7427
大庆	Daqing	7508807	10413797	418079	505601	7090728	9908196	-6672649	-9402595
伊春	Yichun	63160	71874	21307	20589	41853	51285	-20546	-30696
佳木斯	Jiamusi	634123	994613	213376	223048	420748	771565	-207372	-548517
七台河	Qitaihe	6878	11808	1726	7817	5152	3992	-3426	3825
牡丹江	Mudanjiang	2610315	2409940	821588	857495	1788728	1552445	-967140	-694950
黑河	Heihe	506883	701230	95929	92944	410953	608286	-315024	-515342
绥化	Suihua	352230	431204	75868	151917	276362	279288	-200494	-127371
大兴安岭	Daxinganling	3810	10554	1351	9492	2459	1062	-1108	8430

10-8 分地区外商直接投资情况
Foreign Direct Investment Actually Utilized by Region

地区	Region	设立企业(个) Establishment of Enterprises(unit)			合同外资(万美元) Contract Value (USD 10000)			实际使用额(万美元) Used Value (USD 10000)		
		2019	2020	2021	2019	2020	2021	2019	2020	2021
全省	**Total**	**158**	**113**	**126**	**202683**	**241646**	**308409**	**54324**	**54434**	**38926**
哈尔滨	Harbin	84	57	62	90719	151353	140330	33953	34149	27760
齐齐哈尔	Qiqihar	9	6	4	71454	5462	4485	11139	12315	3033
鸡西	Jixi	4	2	1	2210	52	471	50	55	112
鹤岗	Hegang	2	3	7	5527	1133	261	145	78	34
双鸭山	Shuangyashan	2	2	4	256	475	2039		213	400
大庆	Daqing	11	7	10	8849	52440	4457	7225	5299	6033
伊春	Yichun	1	3		649	4395	68		53	57
佳木斯	Jiamusi	9	13	11	510	2649	4627	98	452	437
七台河	Qitaihe	1		4	6		2269			100
牡丹江	Mudanjiang	24	14	18	20210	14096	146448	636	203	276
黑河	Heihe	5	5	3	34	2455	2646	302	99	120
绥化	Suihua	5	1	2	2229	7136	280	759	1507	551
大兴安岭	Daxinganling	1			30		28	18	11	13

注：从2021年开始实际使用外资额使用商务部反馈数据(下同)。

a) Starting from the 2021, the actual amount of foreign investment used was the feedback data from the Ministry of Commerce(the same below).

10-9　利用外资概况
Utilization of Foreign Capital

单位：个、万美元　(unit, USD 10000)

年　份 Year	总　计 Total			对外借款 Foreign Loans		
	设立企业 Establishment of Enterprises	合同金额 Contracted Value	实际使用额 Used Value	项　目 Number of Projects	合同金额 Contracted Value	实际使用额 Used Value
1984	21	2505	8317	3	1288	8000
1985	53	9169	1747	8	4951	249
1986	52	4389	4987	5	2641	2409
1987	46	11291	4558	5	3332	2597
1988	97	15949	9860	11	5328	3553
1989	90	9952	15347	4	861	11050
1990	89	4100	11777	2	788	7102
1991	256	16517	6462	6	3484	4148
1992	928	56177	10516	5	1655	99
1993	1729	123291	29969	13	22317	7007
1994	726	106265	49054	13	47281	14241
1995	868	161269	74994	18	54693	23458
1996	545	77627	78725	12	5988	22034
1997	407	88757	103537	27	30052	30052
1998	278	96398	87009	28	34370	34370
1999	331	122651	111309	18	29414	29414
2000	281	108557	110359	21	27274	27274
2001	269	118800	115114	27	29000	29000
2002	199	141404	123656		29100	29100
2003	258	165283	128772	28	25800	25800
2004	286	197366	144546	6	20907	20907
2005	272	215776	152203	6	18252	7512
2006	251	261030	174901	11	39800	4100
2007	242	295757	216908	2	22800	8400
2008	170	402686	265642	10	66700	10900
2009	169	331852	250900	11	76700	14700
2010	149	307439	275851	2	20329	9700
2011	131	352006	345694			20890
2012	98	390017	399140			9144
2013	86	514829	464231	1	15000	2901
2014	102	614462	515551	4	28135	6760
2015	91	583934	554509	11	15096	9634
2016	117	772249	589647	1	2664	7814
2017	105	975847	585717	2	6806	2074
2018	127	848915	594792	1	31000	7766
2019	158	202683	54324			
2020	113	241646	54434			
2021	126	308409	38926			

10-10 按行业分外商直接投资(2021年)
Foreign Direct Investment by Sector(2021)

单位：个、万美元 (unit, USD 10000)

行 业	Sector	设立企业 Establishment of Enterprises	实际使用金额 Realized FDI Value
总 计	**Total**	**126**	**38926**
农、林、牧、渔业	Agriculture, Forestry, Animal Husbandry and Fishery	3	942
采矿业	Mining		6649
制造业	Manufacturing	18	15666
电力、热力、燃气及水生产和供应业	Production and Supply of Electricity, Heat, Gas and Waterr	9	1185
建筑业	Construction	1	30
批发和零售业	Wholesale and Retail Trades	36	363
交通运输、仓储和邮政业	Transport, Storage and Post		150
住宿和餐饮业	Hotels and Catering Services	3	
信息传输、软件和信息技术服务业	Information Transmission, Software and Information Technology	4	936
金融业	Financial Intermediation		
房地产业	Real Estate		121
租赁和商务服务业	Leasing and Business Services	16	6113
科学研究和技术服务业	Scientific Research and Technical Services	31	4744
水利、环境和公共设施管理业	Management of Water Conservancy, Environment and Public Facilities		1948
居民服务、修理和其他服务业	Service to Households, Repair and Other Services		80
教育	Education	1	
卫生和社会工作	Health and Social Service		
文化、体育和娱乐业	Culture, sports and entertainment	4	

10-11　按国别(地区)分外商直接投资额(2021年)
Foreign Direct Investment by Country (Region)(2021)

单位：个、万美元　　　　(unit, USD 10000)

国别(地区)	Country(region)	设立企业 Establishment of Enterprises	实际使用金额 RealizedFDI Value
总　计	**Total**	**126**	**38926**
亚　洲	**Asia**	**86**	**30325**
中国香港	Hong Kong, China	53	29792
中国澳门	Macao, China	4	6
中国台湾	Taiwan, China	13	121
菲律宾	Philippines		
马来西亚	Malaysia		
新加坡	Singapore	2	101
泰　国	Thailand	1	
蒙 古	Mongolia		
日 本	Japan	2	13
韩 国	Korea	9	292
巴基斯坦	Pakistan	1	
土库曼斯坦	Turkmenistan	1	
非　洲	**Africa**	**7**	
埃塞俄比亚	Ethiopia	1	
肯尼亚	Kenya	1	
卢旺达	Rwanda	2	
加　纳	Ghana	2	
乌干达	Uganda	1	
塞舌尔	Seychelles		
安哥拉	Angola		
欧　洲	**Europe**	**19**	**3584**
德　国	Germany	2	5
法　国	France		
意大利	Italy	1	
比利时	Belgium		3500
奥地利	Austria	1	
英　国	United Kingdom	1	26
丹　麦	Denmark		
卢森堡	Luxembourg		
荷　兰	Holland		
瑞　典	Sweden		
瑞　士	Switzerland		52
俄罗斯	Russia	13	1
乌克兰	Ukraine	1	
拉丁美洲	**Latin America**		**4904**
伯利兹	Belize		1520
开曼群岛	Cayman Islands		3007
维尔京群岛	Virgin Is.		377
北美洲	**North America**	**11**	**112**
加拿大	Canada	7	6
美　国	United States	4	106
大洋洲	**Oceania**	**2**	**1**
澳大利亚	Australia	1	1
新西兰	New Zealand	1	
萨摩亚	Samoa		
投资性公司投资	**Investment Company**	**2**	

10-12 外商投资企业户数和投资额(2021年)

Number of Enterprise and Investment of Foreign-Funded Enterprises(2021)

单位：户、万美元 (unit,USD 10000)

项目	Item	户数 Number of Enterprise	投资总额 Total Investment	注册资本 Registered Capital	#外方 Foreign
全 省	**Total**	**5888**	**17340098**	**15195748**	**8412634**
按企业类别分组	**Grouped by Status**				
中外合资	Equity Joint Venture	498	2732037	1207774	539313
中外合作(法人)	Contractual Joint Venture	56	280944	113531	81113
外资企业	Foreign Companies	957	1844351	1245176	1245176
2020年1月1日起登记的外商投资有限责任公司	A foreign-funded limited liability company registered as of January 1,2020	153	12380071	12520616	6475813
外商投资股份有限公司	Foreign Investment Co., Ltd.	17	91056	80289	44717
其他外商投资企业	Other Foreign-invested Enterprises	791	11639	28362	26504
在中国境内从事经营活动的外国(地区)企业	Foreign (regional) enterprises engaged in business activities within the territory of China	9			
外商投资企业分支机构	Branches of Foreign-invested Enterprises	3407			
按行业分组	**Grouped by Sector**				
农林牧渔业	Agriculture, Forestry, Animal Husbandry and Fishery	75	452841	419382	388088
采矿业	Mining	9	12541	10428	10140
制造业	Manufacturing	613	1250958	743106	588126
电力、热力、燃气及水生产和供应业	Production and Supply of Electricity, Heat, Gas and Water	121	377906	349477	205897
建筑业	Construction	43	15779	12840	9247
批发和零售业	Wholesale and Retail Trades	1027	2396086	953153	360718
交通运输、仓储和邮政业	Transport, Storage and Post	54	42206	23526	20490
住宿和餐饮业	Hotels and Catering Services	465	49494	22430	19678
信息传输、软件和信息技术服务业	Information Transmission, Software and Information Technology	1670	101255	869203	627662
金融业	Financial Intermediation	157	234560	93413	15735
房地产业	Real Estate	78	174790	95973	82730
租赁和商务服务业	Leasing and Business Services	1189	11552411	11184263	5739350
科学研究和技术服务业	Scientific Research and Technical Services	242	586504	353958	287979
水利、环境和公共设施管理业	Management of Water Conservancy, Environment and Public Facilities	16	13298	20099	17852
居民服务、修理和其他服务业	Service to Households, Repair and Other Services	44	7762	7247	4683
教 育	Education	3		15	15
卫生和社会工作	Health and Social Service	11	18732	12868	10345
文化、体育和娱乐业	Culture, Sports and Entertainment	43	38094	17770	17568
其 他	Others	28	14881	6596	6330

主要统计指标解释

货物进出口总额　指实际进出我国国境的货物总金额。包括对外贸易实际进出口货物，来料加工装配进出口货物，国家间、联合国及国际组织无偿援助物资和赠送品，华侨、港澳台同胞和外籍华人捐赠品，租赁期满归承租人所有的租赁货物，进料加工进出口货物，边境地方贸易及边境地区小额贸易进出口货物，中外合资企业、中外合作经营企业、外商独资经营企业进出口货物和公用物品，到、离岸价格在规定限额以上的进出口货样和广告品(无商业价值、无使用价值和免费提供出口的除外)，从保税仓库提取在中国境内销售的进口货物，以及其他进出口货物。该指标可以观察一个国家在对外贸易方面的总规模。我国规定出口货物按离岸价格统计，进口货物按到岸价格统计。

商品收发货人所在地进、出口额　指按进出口企业注册登记地进行分组汇总的进、出口额。

商品境内目的地进口额和商品境内货源地出口额　境内目的地进口额指按进口货物的消费、使用或最终抵运地进行分组汇总的进口额；境内货源地出口额指按出口货物的产地或原始发货地进行分组汇总的出口额。

服务进出口　指常住单位与非常住单位之间相互提供的服务。包括运输，旅行，建筑，保险服务，金融服务，电信、计算机和信息服务，知识产权使用费，个人、文化和娱乐服务，维护和维修服务，加工服务，其他商业服务，政府服务。

外商直接投资　是指外国投资者在我国境内通过设立外商投资企业、合伙企业、与中方投资者共同进行石油资源的合作勘探开发以及设立外国公司分支机构等方式进行投资。外国投资者可以用现金、实物、无形资产、股权等投资，还可以用从外商投资企业获得的利润进行再投资。

外商其他投资　指除对外借款和外商直接投资以外的各种利用外资的形式。包括企业在境内外股票市场公开发行的以外币计价的股票发行价总额，国际租赁进口设备的应付款，补偿贸易中外商提供的进口设备、技术、物料的价款，加工装配贸易中外商提供的进口设备、物料的价款。

对外直接投资　是境内投资者以控制国（境）外企业的经营管理权为核心的经济活动，体现在一经济体通过投资于另一经济体而实现其持久利益的目标。

对外承包工程　根据《对外承包工程管理条例》，对外承包工程是指中国的企业或者其他单位承包境外建设工程项目的活动。

对外劳务合作　指组织劳务人员赴其他国家或地区为国外的企业或机构工作的经营性活动。

Explanatory Notes on Main Statistical Indicators

Total Import and Export of Goods refer to the real value of commodities imported and exported across the border of China. They include the actual imports and exports through foreign trade, imported and exported goods under the processing and assembling trades and materials, supplies and gifts as aid given gratis between governments and by the United Nations and other international organizations, and contributions donated by overseas Chinese, compatriots in Hong Kong and Macao and Chinese with foreign citizenship, leasing commodities owned by tenant at the expiration of leasing period, the imported and exported commodities processed with imported materials, commodities trading in border areas, the imported and exported commodities and articles for public use of the Sino-foreign joint ventures, cooperative enterprises and ventures with sole foreign investment. Also included is import or export of samples and advertising goods for which CIF or FOB value are beyond the permitted ceiling (excluding goods of no trading or use value and free commodities for export), imported goods sold in China from bonded warehouses and other imported or exported goods. The indicator of the total imports and exports at customs can be used to observe the total size of external trade in a country. In accordance with the stipulation of the Chinese government, imports are calculated at CIF, while exports are calculated at FOB.

Import or Export by Location of Importers/Exporters The location of importers or exporters refers to the place inside China's customs territory where the importers or exporters are registered..

Imports and Exports by Location of Domestic Consumers/Producers The location of domestic consumers refers to the place inside China's customs territory where the imported goods are to be consumed, utilized or destined for. The location of domestic producers refers to the place inside China's customs territory where the exported goods are produced, manufactured or initially delivered.

Import and Export of Services refers to services provided between resident and non-resident units, including transportation, travel, construction, insurance, finance, telecommunications, computer and informations, professional and management consultancy, intellectual property fee, individual, culture and recreation, maintenance and repair, and other services, but excluding government services.

Foreign Direct Investment refers to foreign investment in China through the establishment of foreign invested enterprises, cooperative exploration and development of petroleum resources with domestic investors and the establishment of branch organizations of foreign enterprises. Foreign investment can be made in forms of cash, physical investment, intangible assets and equity, in addition with reinvestment of the foreign enterprises with the profits gained from the investment.

Other Foreign Investment refers to all forms of utilization of foreign capitals other than foreign borrowings and foreign direct investment. It includes the total value of stock shares in foreign currencies issued by enterprises at domestic or foreign stock exchanges, rent payable for the imported equipment through international leasing arrangement, cost of imported equipment, technology and materials provided by foreign counterparts in compensation trade and processing and assembly trade.

Out Ward Direct Investment refers to investment made by domestic enterprises and organizations (referred to as domestic investors) in foreign countries and Hong Kong SAR, Macao SAR and Taiwan province in forms of cash, physical investment and intangible assets, and the economic activities centring on operation and management of those enterprises are under the control of domestic investors. The content of overseas direct investment mainly reflects one economic entity by investing in another economic entity to achieve its goal of lasting interest.

Overseas Contracted Projects refer to activities of contracting overseas construction projects by Chinese enterprises or any other units, which are stipulated in the *Regulations on Administration of Foreign Contracted Project.*

Overseas Labour Services refer to operational activities of organizing labour force to go abroad providing services to foreign enterprises or agencies.

第11篇

农 业

CHAPTER 11 AGRICULTURE

11-1 农业生产条件
Condition for Agricultural Production

项 目	Item	2017	2018	2019	2020	2021
农村基层单位(个)	Basic Unit in Rural(unit)					
乡镇数	Township and Towns	885	888	902	902	901
#镇数	Towns	532	541	557	555	565
村民委员会	Villagers Committee	8967	8967	9044	9045	9026
化肥施用量(万吨)	Consumption of Chemical Fertilizers (10000 tons)	251.2	245.6	223.3	224.2	239.0
氮 肥	Nitrogenous Fertilizer	85.4	83.6	73.0	72.0	75.9
磷 肥	Phosphate Fertilizer	52.6	49.5	44.1	45.0	47.6
钾 肥	Potash Fertilizer	35.6	34.7	30.6	30.9	32.4
复合肥	Compound Fertilizer	77.6	77.9	75.6	76.4	83.0
农村用电量(亿千瓦时)	Electricity Consumed in Rural Areas (100 million kwh)	79.8	82.8	85.6	89.7	94.0
农用塑料薄膜使用量(万吨)	Consumption of Agricultural Films (10000 tons)	7.9	7.7	7.2	7.1	6.1
#地膜使用量	Consumption of Ground Films	3.1	2.9	2.5	2.4	1.8
地膜覆盖面积(千公顷)	Ground Film Covered Areas (1000 hectares)	284.7	263.2	268.2	233.0	185.8
农用柴油使用量(万吨)	Consumption of Agricultural Diesel Oil (10000 tons)	146.8	148.4	137.4	138.5	140.3
农药使用量(万吨)	Consumption of Pesticide (10000 tons)	8.3	7.5	6.4	6.1	5.7
666.7公顷(万亩)以上灌区(处)	Number of Irrigated region 666.7 hectares and over(unit)	387	387	387	389	332
有效灌溉面积(万公顷)	Region 666.7 hectares and over(10000 hectares)	123.7	148.3	153.4	153.4	108.5
水库(座)	Number of Reservoirs (unit)	1070	1031	973	898	845
大型水库(1亿立方米以上)	Large (above 100 million cu.m)	28	28	28	29	29
中型水库(1千万-1亿立方米)	Medium-sized (10 million-100 million cu.m)	102	101	98	101	98
小型水库(10万-1千万立方米)	Small (100000-10 million cu.m)	940	902	847	768	718
水库库容量(亿立方米)	Capacity of Reservoirs (100 million cu.m)	268.6	268.4	267.7	288.3	286.0
大型水库	Large	217.7	217.7	217.7	237.6	237.7
中型水库	Medium-sized	35.3	35.2	34.6	34.8	34.0
小型水库	Small	15.6	15.6	15.4	15.1	14.3
机电井数(万眼)	Number of Electrical and Mechanical Well(10000 unit)	27.2	27.8	28.0	29.9	30.1
治理水土流失面积(万公顷)	Area of Soil Erosion under Control(10000 hectares)	447.7	489.5	489.5	574.7	627.0
堤防长度(公里)	Total Length of Dikes(km)	14733	15208	15321	15439	15633
堤防保护面积(万公顷)	Area of Land Protected by Dikes (10000 hectares)	329.5	346.0	349.9	337.7	343.6

11-2 乡村户数和从业人员
Number of Rural Households and Employed Persons

单位：万人、人 (10000 persons, person)

年份 Year	乡村户数 (万户、户) Number of Rural Households (10000 households, household)	乡村从业人员 Rural Employees	男 Male	女 Female
2005	493.5	950.1	545.1	405.1
2006	498.3	944.3	541.3	403.0
2007	493.9	949.4	543.1	406.3
2008	504.9	966.3	554.0	412.4
2009	509.5	978.2	557.7	420.5
2010	509.1	934.1	532.5	401.6
2011	512.5	904.5	512.5	392.0
2012	514.1	879.0	491.9	387.1
2013	517.7	847.3	468.0	379.3
2014	520.5	812.2	443.3	368.9
2015	524.5	749.0	402.9	347.0
2016	521.3	716.2	386.0	330.2
2017	523.5	673.0	363.1	309.9
2018	530.8	635.7	334.2	301.5
2019	545.1	591.5	321.2	270.3
2020	545.5	550.0	308.6	241.4
2021	518.2	528.0		

11-3 农、林、牧、渔业总产值和指数
Gross Output Value of Farming,Forestry,Animal Husbandry and Fishery and Related Indices

年 份 Year 地 区 Region	绝对数(亿元、万元) Gross Output Value of Farming, Forestry, Animal Husbandry and Fishery(100 million yuan, 10000 yuan)					指数(上年=100) Indices (preceding year=100)				
	总产值 Total	#农 业 Farming	#林 业 Forestry	#牧 业 Animal Husbandry	#渔 业 Fishery	总产值 Total	#农 业 Farming	#林 业 Forestry	#牧 业 Animal Husbandry	#渔 业 Fishery
1978	60.9	51.0	2.6	7.2	0.1	120.2	126.3	81.3	99.0	90.0
1980	85.6	69.6	3.5	12.2	0.3	108.6	110.5	113.6	94.8	119.0
1985	114.3	84.6	7.0	21.5	1.2	92.7	91.1	89.0	110.4	137.3
1990	245.4	183.7	7.6	49.3	4.7	125.1	127.6	101.2	121.1	106.5
1991	244.3	175.0	8.2	55.9	5.2	99.5	93.6	100.7	122.0	110.9
1992	278.0	204.3	10.3	57.1	6.3	105.6	108.6	107.8	95.2	108.8
1993	318.0	235.4	10.2	64.5	7.9	102.2	100.9	98.0	106.5	103.9
1994	509.6	381.5	12.4	106.0	9.7	112.5	109.7	113.8	121.7	115.2
1995	623.6	462.2	14.7	134.3	12.4	106.3	100.7	118.9	125.0	124.1
1996	740.8	558.7	16.8	151.5	13.8	110.6	111.0	110.0	109.3	115.8
1997	772.3	571.1	17.1	168.7	15.4	107.1	107.9	101.9	105.3	111.6
1998	736.3	517.6	17.7	184.5	16.5	100.1	96.1	97.8	109.9	115.7
1999	660.5	459.9	18.3	165.9	16.4	103.0	102.6	107.0	103.0	106.3
2000	625.1	414.4	18.3	175.7	16.8	99.3	95.3	100.0	108.2	103.2
2001	711.0	450.6	15.7	224.6	20.1	106.5	106.5	97.9	109.9	105.0
2002	776.7	487.5	16.2	252.1	20.9	108.1	107.5	102.2	110.5	104.0
2003	903.3	502.9	59.1	294.2	23.1	103.0	96.5	102.5	115.4	106.0
2004	1136.6	620.2	65.8	400.7	25.0	119.3	122.7	111.4	117.7	103.5
2005	1294.4	718.6	67.3	461.2	27.4	110.2	109.0	100.6	115.8	105.6
2006	1391.1	817.5	68.0	448.7	21.1	106.4	106.5	101.0	106.8	108.8
2007	1591.7	873.4	76.7	577.3	19.3	105.7	103.3	104.7	108.3	115.9
2008	2004.1	1051.7	84.5	792.1	21.7	110.5	112.7	106.6	108.0	107.0
2009	2136.8	1136.5	78.0	836.7	28.8	106.3	105.1	99.3	108.6	119.1
2010	2422.2	1320.1	84.9	916.5	34.9	106.5	108.9	108.7	102.7	108.8
2011	3103.0	1778.5	95.1	1214.5	40.7	106.7	110.0	103.4	102.2	112.3
2012	3842.0	2339.8	112.7	1308.6	53.5	105.8	107.5	105.3	103.2	107.8
2013	4560.2	2954.7	146.9	1334.8	60.1	104.8	107.5	105.6	99.2	115.0
2014	4865.8	3193.6	154.6	1338.3	72.3	105.6	107.7	98.9	101.5	111.1
2015	5030.1	3156.9	156.6	1515.2	83.6	106.1	107.3	104.8	103.1	111.4
2016	5202.9	3189.7	163.7	1627.1	92.0	105.5	105.4	108.7	104.7	112.0
2017	5586.6	3471.3	175.2	1701.7	98.0	104.6	104.1	105.7	105.3	107.8
2018	5624.3	3635.0	186.4	1542.4	105.7	103.5	104.5	105.8	100.6	107.4
2019	5930.0	3774.5	193.9	1671.8	123.1	102.5	102.5	105.1	101.7	104.1
2020	6438.1	4044.1	192.4	1913.0	115.6	102.6	101.4	104.7	105.2	103.9
2021	6460.0	4099.5	208.0	1833.1	135.9	107.1	105.8	109.6	109.5	106.8
哈尔滨 Harbin	1196.0	771.1	33.8	314.5	26.3	107.1	106.1	105.6	110.7	103.0
齐齐哈尔 Qiqihar	741.3	384.8	10.8	322.7	15.1	107.2	103.6	108.8	111.4	104.0
鸡 西 Jixi	378.3	291.3	8.5	61.2	10.8	107.3	107.9	88.4	111.8	96.3
鹤 岗 Hegang	200.6	125.4	2.6	53.5	3.6	107.5	108.1	102.1	108.2	103.5
双鸭山 Shuangyashan	356.2	272.6	11.7	56.7	3.9	107.4	108.2	101.9	106.0	104.2
大 庆 Daqing	516.0	231.8	7.4	243.0	28.4	106.9	105.4	103.7	107.8	112.4
伊 春 Yichun	209.0	122.3	45.2	34.2	5.5	107.8	107.0	111.9	105.1	122.5
佳木斯 Jiamusi	660.1	485.4	15.4	128.8	19.8	106.6	106.8	105.1	106.4	106.4
七台河 Qitaihe	75.4	45.1	3.6	19.4	1.4	106.4	105.2	110.1	109.7	113.5
牡丹江 Mudanjiang	388.4	288.8	4.1	74.7	3.8	106.8	106.5	108.0	108.1	109.1
黑 河 Heihe	534.0	400.4	31.8	66.0	5.8	107.6	107.5	102.8	111.2	108.4
绥 化 Suihua	1090.7	620.6	9.1	414.5	35.0	107.2	105.6	109.9	108.8	116.6
大兴安岭 Daxinganling	114.4	40.3	50.1	13.6	0.3	107.0	99.9	114.1	104.7	123.9

注：1.2003年起执行新的国民经济行业分类标准，农林牧渔业新增加了农林牧渔服务业，林业中新增加了林木采伐(下同)。
2.2007-2017年数据是与第三次农业普查衔接后数据。

a) Since 2003, the new category standard of national economy industry is implemented, the relative service industry is newly added to farming, forestry, animal husbandry and fishery, forest-cutting is newly added to forestry (the same below).

b) Data from 2007 to 2007 on national accounts have been adjusted according to the results of the third national agricultural census.

11-4　主要农业机械拥有量(年底数)
Major Agricultural Machinery at Year-end

年份 Year 地区 Region	农业机械总动力(万千瓦) Total Power of Agriculture Machinery (10000 kw)	拖拉机及配套机械							
		小型(22.1千瓦及以下)		中型(22.1-73.5千瓦)		大型及以上(73.5千瓦及以上)		拖拉机配套农具	其中：58.8千瓦及以上拖拉机配套
		万台、台 10000 units, unit	万千瓦、千瓦 10000 kw, kw	万台、台 10000 units, unit	万千瓦、千瓦 10000 kw, kw	万台、台 10000 units, unit	万千瓦、千瓦 10000 kw, kw	万部、部 10000 sets, sets	万部、部 10000 sets, sets
2019	5273.5	102.4	1433.4	44.4	1624.9	4.1	499.9	220.0	32.3
2020	6775.1	98.0	1382.6	56.1	2178.0	7.7	985.8	288.1	67.9
2021	6888.4	91.9	1290.3	58.1	2277.1	8.8	1100.1	288.1	72.0
哈尔滨 Harbin	1220.9	187002	2092086.5	132305.0	4601987	11928	1566362	467961	143370
齐齐哈尔 Qiqihar	924.8	242539	3447391.8	49164.0	1987500	11785	1593710	635384	50727
鸡西 Jixi	311.8	33074	469911.8	30087.0	1102903	2411	295258	153023	11081
鹤岗 Hegang	136.5	6511	106753.9	12810.0	529057	2432	291431	49631	10844
双鸭山 Shuangyashan	239.8	31945	532256.4	25773.0	1017506	2752	342879	95813	8062
大庆 Daqing	376.3	107142	1524821.8	16808.0	654716	3585	471987	156497	32330
伊春 Yichun	96.5	3660	49308.0	14642.0	564760	1098	143878	26598	3159
佳木斯 Jiamusi	653.9	78064	1281996.6	46346.0	2071730	7145	914955	194680	22784
七台河 Qitaihe	97.4	9557	141059.5	12533.0	500551	1022	116895	25814	2888
牡丹江 Mudanjiang	350.1	46838	636991.0	62101.0	2069102	1888	231938	154420	28771
黑河 Heihe	389.3	60391	948365.5	21881.0	890369	7860	1050137	156838	51709
绥化 Suihua	896.7	100071	1481086.0	73448.0	2840894	12843	1736232	363767	80297
大兴安岭 Daxinganling	55.7	3583	53186.8	6707.0	263713	1031	113544	18689	3383

注：本表数据来源于黑龙江省农业农村厅。
a) The data in this table comes from the Department of agriculture and rural affairs of Heilongjiang Province.

11-4　续表　Continued

年份 Year 地区 Region	农用水泵 Pumps	节水灌溉机械 Irrigation Equipment	联合收割机 Combine Harvester		机动脱粒机 Motorized Threshing Machines	
	万台、台 10000 units, unit	台(套) unit	万台、台 10000 units, unit	万千瓦、千瓦 10000 kw, kw	万台、台 10000 units, unit	万千瓦、千瓦 10000 kw, kw
2019	38.1	38023	19.8	600.9	14.8	36.0
2020	48.3	58480	16.9	1241.4	14.8	39.9
2021	41.4	52503	15.9	1184.8	12.7	30.3
哈尔滨 Harbin	75894	14000	29350	1841426	42750	61275
齐齐哈尔 Qiqihar	110497	11276	17838	1408527	28645	529
鸡西 Jixi	16057	244	10956	752680	7133	20422
鹤岗 Hegang	8452	429	4062	304752	539	1744
双鸭山 Shuangyashan	7090	60	4902	439564	2652	7450
大庆 Daqing	38386	3696	5259	477182	15221	22776
伊春 Yichun	2946	320	1358	131251	58	3997
佳木斯 Jiamusi	27903	268	18817	1404695	6076	89288
七台河 Qitaihe	2088	65	2443	187129	1984	43919
牡丹江 Mudanjiang	17259	3110	4637	311251	12490	34014
黑河 Heihe	2894	527	4513	558303	9014	
绥化 Suihua	452	74	720	63503	120	1587
大兴安岭 Daxinganling	103674	18434	54079	3967795	654	16488

11-5　分地区农用化肥施用量和农村用电量

Consumption of Chemical Fertilizers and Electricity Consumption in Rural Areas by Region

年份 Year / 地区 Region		化肥施用折纯量(吨) Consumption of Chemical Fertilizers (Convert into 100%, ton)					农村用电量(万千瓦时) Electricity Consumed in Rural Areas (10000 kwh)
		合计 Total	氮肥 Nitrogenous Fertilizer	磷肥 Phosphate Fertilizer	钾肥 Potash Fertilizer	复合肥 Compound Fertilizer	
2010		2148852	773541	474006	307803	593502	557278
2011		2284366	819024	490730	340986	633626	701381
2012		2402818	859790	510504	357068	675456	643269
2013		2449560	867799	508478	369810	703473	669533
2014		2519295	889463	524068	378520	727244	695625
2015		2553071	884584	521106	372702	774679	725812
2016		2527469	870974	507033	363665	785797	774675
2017		2511953	854433	525849	356168	775503	797667
2018		2456410	835561	494820	346814	779216	828042
2019		2232662	729697	440738	305787	756441	856368
2020		2242160	719366	450313	308585	763897	897225
2021		2389656	759393	476128	323678	830458	939945
哈尔滨	Harbin	441616	137478	45216	50991	207931	234300
齐齐哈尔	Qiqihar	353232	120312	56957	40075	135888	105922
鸡西	Jixi	170463	53394	40788	27240	49041	54776
鹤岗	Hegang	45675	14418	10582	7481	13195	6174
双鸭山	Shuangyashan	228546	74182	49303	36600	68461	52487
大庆	Daqing	120831	43963	16904	10461	49503	71281
伊春	Yichun	24076	6323	7198	4198	6357	9136
佳木斯	Jiamusi	306806	98768	70549	61291	76199	121984
七台河	Qitaihe	31779	13381	7182	6219	4997	16442
牡丹江	Mudanjiang	90590	29535	12885	12740	35430	54920
黑河	Heihe	251151	70364	74398	35109	71281	34903
绥化	Suihua	317613	94918	82111	30190	110394	175681
大兴安岭	Daxinganling	7278	2357	2057	1082	1782	1937

11-6 分地区有效灌溉面积、水库和除涝面积
Effective Irrigated Area, Reservoirs and Area with Flood Prevention Measures by Region

年份 地区	Year Region	万亩以上灌区数 (处) (unit)	水库数 (座) Number of Reservoirs (unit)	水库库容量 (万立方米) Capacity of Reservoirs (10000 cu.m)
2021		332	845	2859711
哈尔滨	Harbin	70.0	252	426000
齐齐哈尔	Qiqihar	52.0	100	982209
鸡西	Jixi	21.0	78	99143
鹤岗	Hegang	6.0	15	18086
双鸭山	Shuangyashan	17.0	38	100122
大庆	Daqing	24.0	11	96095
伊春	Yichun	5.0	15	22482
佳木斯	Jiamusi	25.0	22	25250
七台河	Qitaihe	7.0	21	35599
牡丹江	Mudanjiang	27.0	50	655369
黑河	Heihe	7.0	132	282582
绥化	Suihua	28.0	104	102153
大兴安岭	Daxinganling		7	14620
农场垦局	ARB	43.0		
省监狱管理局	Provincial Bureau of Prisons			
省森工总局	Longjiang Forestry Group			

11-7 主要农作物播种面积
Sown Areas of Major Farm Crops

单位：万公顷、公顷 (10000 hectares, hectare)

年份 Year / 地区 Region	粮食作物播种面积 Total Sown Areas of Grain crops	谷物 Cereal	#水稻 Rice	#小麦 Wheat	#玉米 Corn	#谷子 Millet	#高粱 Jowar
1980	731.8		21.0	210.5	188.4	76.9	27.1
1981	728.2		22.4	219.0	157.7	76.9	29.5
1982	708.9		23.9	190.4	136.3	72.3	29.0
1983	723.5		24.6	209.6	164.2	74.8	31.4
1984	735.5		27.8	198.0	192.0	63.3	29.3
1985	721.6		39.0	203.8	157.7	49.3	14.5
1986	571.5		50.7	196.9	168.9	41.0	17.5
1987	741.2		58.1	158.7	197.6	30.8	17.3
1988	688.6		55.3	123.9	182.8	24.5	17.2
1989	726.2		60.4	168.2	190.4	21.3	17.5
1990	742.0		67.4	178.1	216.9	17.5	15.9
1991	742.7	507.0	74.7	173.7	223.0	14.0	13.6
1992	734.8	491.3	77.8	161.5	216.6	13.2	14.1
1993	755.8	425.1	73.6	133.7	177.7	12.6	16.6
1994	750.1	433.1	74.8	119.5	196.4	10.8	16.2
1995	750.0	467.6	83.5	111.6	241.1	8.8	13.4
1996	779.6	534.0	110.9	123.7	266.6	7.3	17.1
1997	799.5	529.9	139.7	107.4	254.5	6.7	13.5
1998	808.3	526.8	156.3	95.9	248.6	7.0	11.7
1999	809.9	549.1	161.5	95.3	265.2	7.1	12.4
2000	785.2	427.9	160.6	59.0	180.1	8.2	11.6
2001	795.7	434.9	157.7	38.3	211.0	7.0	11.0
2002	783.3	439.4	157.1	24.5	223.7	7.4	11.6
2003	786.3	381.4	129.5	21.4	203.5	5.6	9.2
2004	821.6	423.3	167.5	24.7	214.2	4.1	6.3
2005	988.9	503.3	185.0	25.9	273.0	4.2	7.9
2006	1052.6	577.2	199.2	24.4	330.5	3.5	7.3
2007	1118.0	667.6	228.8	23.3	405.5	1.0	2.5
2008	1147.4	683.5	262.9	23.8	384.9	2.4	3.4
2009	1212.2	742.1	269.5	29.2	436.2	2.0	3.4
2010	1244.5	823.7	313.9	27.8	475.6	1.6	4.1
2011	1283.1	896.5	343.7	29.6	518.0	1.2	3.3
2012	1321.2	998.1	363.1	20.8	610.1	0.7	2.9
2013	1357.6	1059.6	386.1	13.2	657.1	0.6	2.5
2014	1396.8	1086.4	396.8	14.4	670.8	0.8	3.5
2015	1428.3	1138.4	391.8	7.0	736.1	0.7	2.6
2016	1420.2	1063.5	392.5	7.9	652.8	2.4	4.5
2017	1415.4	1000.6	394.9	10.2	586.3	1.8	5.4
2018	1421.5	1031.2	378.3	10.9	631.8	2.1	5.8
2019	1433.8	980.4	381.3	5.6	587.5	1.1	4.4
2020	1443.8	943.8	387.2	4.9	548.1	0.9	2.4
2021	1455.1	1049.4	386.7	6.7	652.4	0.8	2.4
哈尔滨 Harbin	1985538.0	1776823.1	603391.9	29.0	1172478.8	327.3	441.2
齐齐哈尔 Qiqihar	2444026.3	1699678.4	446810.0	1057.4	1247136.8	211.3	4186.4
鸡西 Jixi	934618.1	837629.4	498673.9	26.3	338476.3	105.3	347.6
鹤岗 Hegang	545435.1	467476.6	301367.2	0.2	165684.6	0.7	423.9
双鸭山 Shuangyashan	997750.0	784819.7	408692.2	50.9	375015.3	7.7	1053.6
大庆 Daqing	701171.6	623920.2	112243.2	4168.9	496101.9	4647.0	5595.5
伊春 Yichun	278397.1	145495.8	60258.7	58.7	85137.2	4.0	37.2
佳木斯 Jiamusi	1869661.1	1474910.6	1006497.0	19.1	468013.7	124.0	256.9
七台河 Qitaihe	209240.8	170144.9	24751.3	89.7	145256.5	3.7	7.3
牡丹江 Mudanjiang	648150.6	419203.5	50278.8	665.8	366093.0	1369.5	715.0
黑河 Heihe	1840984.9	603990.6	15272.1	49488.1	529624.2	34.8	9571.5
绥化 Suihua	1813407.8	1400509.4	327071.7	868.0	1068852.1	743.8	1410.3
大兴安岭 Daxinganling	172861.7	17353.7		10743.5	6542.3		3.0

注：1.2007—2017年数据是与第三次农业普查衔接后数据。
2.表中的粮食作物播种面积为抽样调查结果，由于抽样框不同，全省粮食作物不等于分市县。

a) Data from 2007 to 2017 on national accounts have been adjusted according to the results of the third national agricultural census.

b) The sown area of grain crops in the table is the result of sampling survey. Due to the different sampling frame, the grain crops of the whole province are not equal to the cities and counties .

11-7 续表1 Continued

单位：万公顷、公顷 (10000 hectares, hectare)

年份 地区	Year Region	豆类 Soybean	#大豆 Soja	薯类 Tuber	油料 Oil-bearing Crops	#油菜籽 Rapeseeds	#葵花籽 Helianthus	#白瓜籽 Pumpkin Seeds	甜菜 Beetroots
1980		173.6	163.0	23.7	24.4	0.4	19.2		24.3
1981		190.4	180.0	21.9	31.5	0.2	26.7		23.4
1982		224.0	213.6	22.6	26.5	0.7	21.7		24.4
1983		181.1	169.3	26.1	22.5	0.8	19.0		33.7
1984		182.1	179.5	23.5	22.4	0.9	20.7		30.5
1985		226.0	216.7	22.2	39.2	2.0	33.8		29.2
1986		220.7	219.7	20.9	18.3	3.0	13.8		30.6
1987		240.9	240.0	21.4	16.9	5.4	10.6		26.3
1988		244.9	242.9	24.7	16.5	8.1	7.4		42.7
1989		229.1	226.4	23.3	13.4	5.8	6.2		31.4
1990		216.2	207.9	21.8	14.2	6.6	6.5		35.8
1991		215.4	209.4	20.3	13.7	6.5	6.5		41.6
1992		221.2	216.0	22.3	18.3	9.8	7.4		33.2
1993		307.2	297.9	23.5	15.5	6.6	7.3		28.4
1994		294.8	279.6	22.2	17.4	5.5	7.4		34.4
1995		258.9	251.3	23.5	14.7	4.5	6.8		32.8
1996		221.9	216.1	23.7	12.8	3.1	7.6		29.1
1997		245.4	239.4	24.2	14.2	2.1	8.8		25.1
1998		254.7	246.0	26.8	20.9	3.4	11.2		23.1
1999		229.2	215.3	31.6	29.3	7.2	13.9		12.4
2000		317.8	286.8	39.5	36.3	8.0	18.3		14.6
2001		319.6	287.4	41.2	30.2	1.3	18.0		18.2
2002		300.6	263.1	43.3	37.4	0.4	23.4	10.7	19.9
2003		366.1	324.2	38.8	46.3	0.2	25.7	15.1	11.9
2004		367.4	340.1	30.9	41.1	0.3	17.1	13.0	7.6
2005		452.4	421.5	33.2	41.0	0.2	20.7	16.0	8.0
2006		454.8	424.6	20.3	33.9	0.1	20.3	10.0	5.8
2007		434.7	397.9	15.8	36.8	0.1	17.5	10.0	9.0
2008		441.8	414.8	22.1	21.9	0.0	10.7	6.9	9.0
2009		441.9	416.5	28.1	20.3	0.2	8.7	7.9	6.4
2010		394.9	372.7	26.0	16.7	0.1	5.7	8.6	7.8
2011		359.7	340.2	26.9	14.9	0.1	4.0	8.4	8.2
2012		297.9	286.0	25.2	11.7	0.04	3.0	6.1	7.3
2013		275.5	263.7	22.5	9.8	0.01	2.0	5.1	3.9
2014		291.5	279.3	18.9	8.7	0.002	1.7	5.2	1.0
2015		276.3	266.1	13.5	9.5		6.7	6.7	0.2
2016		341.2	322.3	15.5	12.4	0.005	1.3	7.6	0.3
2017		398.2	373.5	16.6	7.6	0.03	0.9	5.6	0.9
2018		374.2	356.8	16.0	5.2	0.2	0.5	2.6	1.2
2019		441.9	427.9	11.5	5.2	0.2	0.2	2.6	0.9
2020		493.0	483.2	7.0	4.2	0.02	0.4	1.7	0.3
2021		399.1	388.8	6.6	4.1	0.02	0.1	1.4	0.3
哈尔滨	Harbin	202555.0	191750.3	6159.9	747.1		1.7	56.3	
齐齐哈尔	Qiqihar	729407.5	684769.2	14940.4	1162.1	106.7	82.3	113.3	3399.1
鸡西	Jixi	96462.1	92554.8	526.6	568.7	0.1		284.7	
鹤岗	Hegang	77903.9	75173.2	54.7	166.7		1.0	6.2	
双鸭山	Shuangyashan	212435.3	211475.6	495.0	201.6	10.0		166.6	
大庆	Daqing	75293.5	64040.6	1957.8	21759.3		673.7		15.9
伊春	Yichun	132531.5	129744.2	369.9	209.1			209.1	
佳木斯	Jiamusi	394345.0	393654.9	405.4	84.7		19.1	35.1	0.5
七台河	Qitaihe	39028.3	38835.7	67.6	291.1			205.9	
牡丹江	Mudanjiang	216802.4	212926.2	12144.7	14543.0		41.8	12426.1	1.0
黑河	Heihe	1227440.0	1213645.5	9554.3	868.7	75.0	314.6	386.0	
绥化	Suihua	394041.3	388846.1	18857.1	431.9		71.5	113.4	
大兴安岭	Daxinganling	154748.6	152188.3	759.4	19.0	19.0			

注：表中的粮食作物播种面积为抽样调查结果，由于抽样框不同，全省粮食作物不等于分市县。

a) The sown area of grain crops in the table is the result of sampling survey. Due to the different sampling frames,the grain crops in the whole province are not equal to those in different cities and counties.

11-7 续表2 Continued

单位：万公顷、公顷 (10000 hectares, hectare)

年 份 地 区	Year Region	麻 类 Fiber Crops	#亚麻 Flax	药 材 Herb	烟 叶 Tobacco	#烤烟 Flue-cured	蔬菜、食用菌 Vegetables Mushroom	瓜果类 Melon	饲料作物 Feed Crops
1980		13.7	8.9		1.0		33.0	6.6	
1981		11.4	8.0			1.7	29.5	7.8	
1982		7.8	5.3			4.0	31.0	5.8	
1983		6.2	5.3		3.2	2.8	29.6	6.0	
1984		7.1	6.5		3.4	3.1	27.3	5.9	
1985		7.8	7.4		5.0	4.3	24.9	7.7	
1986		8.2	7.9		5.0	4.2	25.1	7.7	
1987		12.3	12.1		5.9	5.1	22.8	7.6	
1988		14.1	13.9		8.3	7.6	24.8	7.1	
1989		8.9	8.8		13.8	13.0	24.5	7.6	
1990		8.2	8.1		12.5	11.6	23.0	3.4	
1991		9.8	9.7		13.2	12.3	21.8	3.1	
1992		7.1	7.0		9.7	9.2	23.4	3.8	
1993		6.5	6.4		8.4	7.8	26.3	5.0	
1994		8.3	8.2		7.1	6.6	26.3	5.0	
1995		10.1	10.0		6.8	6.5	29.3	5.0	
1996		8.5	8.4		10.2	9.8	29.4	5.0	
1997		5.5	5.4		10.8	10.3	29.9	6.0	
1998		3.6	3.5		5.9	5.4	35.4	7.8	
1999		5.0	4.9		6.4	6.1	44.6	8.2	
2000		9.5	8.8		4.9	4.5	44.6	12.6	
2001		12.9	12.4		4.6	4.1	42.7	13.0	
2002		10.3	10.1	2.4	4.5	4.0	43.2	14.1	14.9
2003		11.3	11.1	3.3	3.7	3.3	40.0	13.4	29.7
2004		9.8	8.9	3.5	3.2	2.8	29.2	9.5	29.9
2005		8.5	8.2	4.8	4.2	4.0	33.3	11.0	22.6
2006		5.6	4.8	2.6	1.9	1.7	31.3	12.2	23.4
2007		5.1	4.1	5.5	3.2	2.8	29.1	7.4	18.9
2008		4.1	3.6	5.2	3.3	3.3	28.8	6.9	19.4
2009		1.2	1.1	3.1	3.7	3.2	18.8	6.9	10.3
2010		0.5	0.5	3.7	3.7	3.2	18.4	10.6	8.4
2011		0.3	0.3	5.1	3.5	3.2	22.3	10.1	7.8
2012		0.2	0.2	4.7	3.8	3.4	25.0	5.8	6.5
2013		0.1	0.1	3.9	3.6	3.2	26.6	6.4	5.6
2014		0.3	0.1	3.0	3.3	3.1	26.9	5.7	4.3
2015		0.3	0.1	2.1	2.5	2.3	24.5	4.5	3.1
2016		1.2	0.1	2.9	2.0	1.8	17.7	5.9	8.2
2017		1.9	0.1	3.3	1.5	1.5	20.5	5.5	5.1
2018		1.7	0.1	4.2	1.2	1.2	16.2	4.0	4.0
2019		2.1	0.2	7.1	1.0	1.0	14.7	4.2	2.9
2020		1.9	0.2	11.8	1.1	1.0	15.2	4.0	3.2
2021		1.6	0.1	16.3	1.0	0.9	15.7	3.8	3.9
哈尔滨	Harbin	57.1	0.4	23806.5	1461.2	1451.2	31187.1	8215.1	1688.2
齐齐哈尔	Qiqihar	4801.3	1.3	19522.4			13933.6	4332.1	12043.9
鸡 西	Jixi			16940.7	145.5	145.5	3849.3	427.0	1960.6
鹤 岗	Hegang			3826.9			814.9	97.5	263.5
双鸭山	Shuangyashan	92.7		9889.7	375.7	306.6	2167.9	1950.6	379.7
大 庆	Daqing	265.5	2.1	13182.3	447.8	447.8	28048.8	8611.8	11173.0
伊 春	Yichun			12009.7			1468.3	112.1	47.0
佳木斯	Jiamusi			14802.8	975.5	975.5	5688.7	1509.8	1153.6
七台河	Qitaihe			11378.1	515.2	515.2	4166.2	527.0	
牡丹江	Mudanjiang	547.0		14711.7	4302.3	3899.7	18992.1	4607.0	2262.8
黑 河	Heihe	8036.2	309.4	6697.4			4584.7	351.7	6395.8
绥 化	Suihua	1571.3		8277.7	1293.6	1116.6	40897.2	7436.0	1996.2
大兴安岭	Daxinganling	481.5	285	8074.6			1592.9	75.7	135.5

11-8 主要农产品产量
Yield of Major Farm Products

单位：万吨、吨 (10000 tons, ton)

年份 地区	Year Region	粮食 Grain	谷物 Cereal	#水稻 Rice	#小麦 Wheat	#玉米 Corn	#谷子 Millet	#高粱 Jowar
1980		1462.4	1085.9	79.6	394.6	520.0	103.6	63.1
1981		1250.0	969.7	55.7	314.1	455.0	99.7	64.9
1982		1150.0	819.2	70.9	268.2	352.6	87.6	54.2
1983		1549.0	1228.8	91.5	451.0	463.5	125.7	76.9
1984		1757.5	1402.0	124.0	382.5	642.0	115.5	100.5
1985		1405.0	1035.6	162.9	376.8	386.8	63.2	34.0
1986		1776.3	1169.5	220.8	355.9	632.0	60.1	55.1
1987		1737.6	1373.3	225.7	299.8	646.1	40.2	48.0
1988		1768.0	1282.1	243.5	250.4	700.6	35.5	55.2
1989		1668.9	1292.2	231.7	367.3	615.2	22.7	43.8
1990		2312.5	1901.0	314.4	474.8	1008.3	31.3	53.3
1991		2164.3	1789.6	316.2	381.1	1007.5	23.7	45.8
1992		2366.3	1936.6	376.6	424.8	1042.8	24.3	51.4
1993		2390.8	1799.5	388.3	340.0	956.6	27.2	73.3
1994		2578.7	1971.3	410.4	275.3	1146.4	24.3	86.4
1995		2592.5	2062.8	469.9	293.4	1219.1	20.9	47.9
1996		3046.5	2512.4	636.0	329.5	1445.0	21.5	65.5
1997		3104.5	2434.9	860.9	328.4	1165.9	14.4	48.3
1998		3008.5	2483.4	925.8	285.2	1199.7	9.0	51.7
1999		3074.6	2524.8	944.3	284.2	1228.4	13.6	39.6
2000		2545.5	1974.1	1042.2	95.8	790.8	8.7	26.0
2001		2651.7	1989.1	1016.3	93.8	819.5	10.3	28.5
2002		2941.2	2195.5	921.0	89.4	1070.5	16.2	52.3
2003		2512.3	1792.0	842.8	39.7	830.9	12.9	39.8
2004		3135.0	2302.5	1120.0	83.0	1050.0	8.6	24.7
2005		3600.0	2714.0	1172.5	97.0	1379.5	7.4	25.6
2006		3780.0	2986.7	1360.0	93.0	1453.5	7.3	24.5
2007		3881.0	3346.7	1655.1	68.7	1590.1	1.7	7.5
2008		4627.3	3908.4	1851.4	89.2	1915.5	3.9	18.6
2009		4788.9	4060.4	1899.6	115.8	2012.6	4.1	20.4
2010		5632.9	4918.7	2277.5	92.0	2513.7	5.6	26.2
2011		6212.6	5491.1	2438.4	103.0	2927.6	4.2	15.0
2012		6598.6	5970.4	2600.2	69.4	3283.8	2.5	13.2
2013		7055.1	6498.6	2710.8	38.5	3734.8	2.1	12.0
2014		7403.8	6797.7	2797.2	46.1	3929.1	2.9	21.8
2015		7615.8	7037.9	2720.9	21.5	4280.2	2.9	12.0
2016		7416.1	6754.8	2763.6	28.6	3912.8	9.6	27.6
2017		7410.3	6609.7	2819.3	38.1	3703.1	7.3	33.9
2018		7506.8	6747.6	2685.5	36.2	3982.2	7.5	28.9
2019		7503.0	6653.0	2663.5	20.4	3939.8	3.9	23.8
2020		7540.8	6576.9	2896.2	18.7	3646.6	2.7	11.5
2021		7867.7	7104.4	2913.7	26.3	4149.2	2.6	11.7
哈尔滨	Harbin	12696498.9	12309921.9	4000527.7	126.6	8304916.6	1376.5	2658.1
齐齐哈尔	Qiqihar	12362450.9	11004882.5	2978024.9	3966.4	7996404.7	737.3	25290.8
鸡西	Jixi	6015719.7	5838570.0	3803153.5	88.4	2032991.8	401.5	1934.9
鹤岗	Hegang	3287898.8	3164423.0	2174478.2	0.6	988086.0	3.0	1855.2
双鸭山	Shuangyashan	5932908.6	5520140.9	3255234.8	137.0	2258042.6	20.0	6706.5
大庆	Daqing	4599866.5	4455660.6	809042.2	11907.8	3578145.2	18362.2	35683.7
伊春	Yichun	1013141.6	819962.4	345395.7	258.2	474077.6	15.0	215.9
佳木斯	Jiamusi	11294239.8	10575428.8	7554310.0	74.2	3019065.3	475.4	1504.0
七台河	Qitaihe	1023874.6	964734.7	153092.5	292.5	811176.7	11.8	44.8
牡丹江	Mudanjiang	2972829.8	2534874.2	329396.5	2470.5	2192973.9	5671.8	4019.8
黑河	Heihe	6013586.1	3712053.7	99764.9	191259.7	3377017.7	86.5	43924.9
绥化	Suihua	11541839.3	10664310.4	2520470.5	3600.0	8126435.6	3033.3	7815.9
大兴安岭	Daxinganling	234384.8	53808.0		19423.3	34348.8		3.0

注：1.2007-2017年数据是与第三次农业普查衔接后数据。
2.表中的粮食作物产量为抽样调查结果，由于抽样框不同，全省粮食作物不等于分市县。

a) Data from 2007 to 2017 on national accounts have been adjusted according to the results of the third national agricultural census.

b) The yield of grain crops in the table is the result of sampling survey. Due to the different sampling frame, the grain crops of the whole province are not equal to the cities and counties .

11-8 续表1 Continued

单位：万吨、吨 (10000 tons, ton)

年份 地区	Year Region	豆类 Soybean	#大豆 Mung Bean	薯类 Tuber	油料 Oil-bearing Crops	#油菜籽 Rapeseeds	#葵花籽 Helianthus	#白瓜籽 Pumpkin Seeds
1980		325.5	220.5	51.0	23.9		22.6	
1981		235.4	188.3	44.9	37.4		40.0	
1982		330.8	245.5	43.3	34.4		41.3	
1983		258.7	238.5	61.5	32.2		28.9	
1984		293.0	290.5	62.5	26.0		24.6	
1985		325.6	313.7	43.8	28.4		25.2	
1986		306.0	378.0	47.5	19.0		16.4	
1987		397.1	383.5	67.2	12.6		6.5	
1988		285.7	384.4	71.0	13.0		7.0	
1989		303.3	291.8	73.4	13.1		6.5	
1990		337.4	325.8	74.1	17.2	7.0	8.1	
1991		317.4	309.8	57.3	15.2	7.0	6.6	
1992		354.0	349.1	75.7	21.9	9.9	10.3	
1993		505.3	491.5	86.0	16.1	4.3	9.5	
1994		532.8	513.6	74.6	15.6	4.0	9.4	
1995		448.2	438.8	81.5	20.1	5.3	9.0	
1996		435.6	413.5	98.5	16.8	3.3	10.5	
1997		588.7	576.2	80.9	18.2	2.9	11.6	
1998		458.6	444.6	66.5	16.9	3.2	7.6	
1999		474.1	446.6	75.7	39.3	7.7	22.6	
2000		489.6	450.1	81.8	43.8	6.8	26.0	
2001		537.5	496.2	125.1	36.3	1.5	20.8	
2002		610.7	556.3	135.0	52.8	0.5	36.8	10.9
2003		616.1	560.8	104.1	44.7	0.3	21.0	15.2
2004		727.5	675.0	105.0	46.0	0.4	24.2	15.1
2005		800.7	748.0	85.3	60.6	0.3	33.2	20.0
2006		689.3	652.5	104.0	63.1	0.1	32.1	23.6
2007		483.7	452.7	50.6	50.1	0.1	24.4	18.3
2008		665.3	625.5	53.5	28.5	0.1	12.8	9.5
2009		640.5	612.1	87.9	28.2	0.3	11.8	9.8
2010		631.3	615.4	82.9	27.5	0.2	10.5	11.2
2011		634.5	598.5	86.9	23.3	0.1	6.9	10.5
2012		539.9	521.5	88.3	22.5	0.1	6.0	9.2
2013		470.0	454.2	86.5	19.0	0.1	4.3	7.4
2014		530.0	514.0	76.1	17.1	0.1	3.6	8.2
2015		508.1	498.8	69.8	18.3		10.5	10.5
2016		586.3	562.8	75.1	20.7	0.1	3.1	12.6
2017		719.6	689.4	81.0	14.3	0.1	2.0	8.8
2018		678.5	657.8	80.7	11.2	0.2	1.5	4.1
2019		797.0	780.8	53.0	11.5	0.2	0.5	4.0
2020		932.0	920.3	31.9	12.3	0.03	0.7	2.7
2021		731.7	718.8	31.7	13.6	0.03	0.4	2.2
哈尔滨	Harbin	351981.2	337049.8	34595.8	2133.3		1.0	109.0
齐齐哈尔	Qiqihar	1266288.2	1190245.8	91280.2	2720.5	89.0	108.8	149.6
鸡西	Jixi	174336.2	168325.3	2813.5	1029.1	0.2		530.3
鹤岗	Hegang	123182.4	118738.6	293.4	165.5		3.0	4.6
双鸭山	Shuangyashan	409419.0	407835.1	3348.7	593.4	5.0		543.4
大庆	Daqing	133693.5	119702.0	10512.5	102508.2		2621.0	
伊春	Yichun	191535.8	186790.5	1643.3	313.1			313.1
佳木斯	Jiamusi	717000.7	715923.6	1810.3	147.7		43.0	52.7
七台河	Qitaihe	59107.6	58883.2	32.3	395.0			395.0
牡丹江	Mudanjiang	365782.6	359071.2	72173.0	23197.8		68.3	19360.2
黑河	Heihe	2268154.6	2242744.8	33377.8	1359.2	133.0	497.4	625.9
绥化	Suihua	759490.4	750498.8	118038.5	1206.1		179.7	285.4
大兴安岭	Daxinganling	179047.3	175175.5	1529.4	47.7	47.7		

注：表中的粮食作物产量为抽样调查结果，由于抽样框不同，全省粮食作物不等于分市县。

a) The yield of grain crops in the table is the result of sampling survey. Due to the different sampling frames, the grain crops in the whole province are not equal to those in different cities and counties.

11-8 续表2 Continued

单位：万吨、吨 (10000 tons, ton)

年份 地区	Year Region	麻类 Fiber Crops	#亚麻 Flax	甜菜 Beetroots	烟叶 Tobacco	#烤烟 Flue-cured Tobacco	蔬菜、食用菌 Vegetables Mushroom	瓜果类 Melon
1980		19.0	17.5	287.6	2.8	2.2	523.6	
1981		19.2	18.3	312.7	4.4	3.4		
1982		6.5	5.9	274.3	8.0	6.9		
1983		13.5	13.1	515.2	5.7	4.4		
1984		19.0	18.6	422.8	7.1	6.1		
1985		15.0	14.8	315.2	8.9	7.0	485.1	
1986		20.7	20.4	389.8	10.5	8.1	585.0	
1987		31.2	31.1	330.4	10.4	8.8	463.9	
1988		35.4	35.5	555.1	14.0	12.4	526.5	
1989		22.4	22.3	397.5	23.1	12.4	526.1	
1990		22.4	22.3	632.0	21.9	19.3	563.7	76.5
1991		26.8	26.7	620.3	18.5	16.8	484.0	46.5
1992		19.6	19.5	539.8	13.6	12.6	578.1	72.4
1993		17.2	17.0	298.7	13.1	11.6	672.3	94.9
1994		21.7	21.7	322.7	10.0	8.9	679.6	104.0
1995		32.2	32.0	500.8	11.2	10.1	883.6	126.6
1996		23.7	23.6	491.9	18.1	16.9	916.7	129.1
1997		13.3	13.1	447.7	17.5	16.3	990.0	158.7
1998		9.1	9.0	310.2	9.4	8.3	998.5	160.0
1999		14.8	14.6	203.6	11.2	10.3	1187.3	221.9
2000		18.7	18.0	254.8	9.6	8.1	1325.6	319.4
2001		29.8	28.1	329.8	8.4	7.3	1250.2	335.9
2002		36.2	35.7	437.6	7.4	6.3	1324.7	353.2
2003		28.3	26.7	71.4	4.6	4.5	1198.3	316.5
2004		39.3	31.0	96.0	5.6	5.6	1061.6	273.1
2005		36.1	34.5	155.0	7.4	7.4	1153.5	306.4
2006		29.4	20.5	205.0	5.6	5.6	1135.6	366.6
2007		18.0	15.4	237.2	6.9	6.9	1058.5	218.3
2008		16.5	15.0	260.0	7.8	7.8	1057.9	233.0
2009		4.5	4.4	110.0	8.3	7.3	701.1	225.6
2010		2.2	2.2	175.0	9.6	8.5	723.8	321.5
2011		1.2	1.2	275.0	8.5	7.8	789.9	308.2
2012		1.0	0.9	273.1	9.7	8.8	866.4	211.8
2013		0.9	0.6	123.2	8.9	8.1	946.1	225.3
2014		2.5	0.7	41.1	8.4	7.8	885.6	201.1
2015		2.0	0.6	7.3	6.9	6.2	807.4	161.6
2016		6.8	0.4	11.4	5.3	4.9	687.3	191.7
2017		11.8	0.6	37.4	4.7	4.6	798.6	185.8
2018		10.5	0.4	53.0	3.4	3.3	634.4	141.3
2019		12.4	0.9	41.6	2.6	2.5	655.4	131.8
2020		11.6	1.0	14.1	2.9	2.7	674.3	132.6
2021		11.0	0.2	16.0	2.7	2.5	725.4	140.1
哈尔滨	Harbin	240.9	15.0		3688.1	3688.1	1366235.8	141041.6
齐齐哈尔	Qiqihar	34375.3		159580.5			725901.3	185947.1
鸡西	Jixi				376.0	376.0	172348.1	16880.3
鹤岗	Hegang						40155.5	2634.9
双鸭山	Shuangyashan	159.1			1837.5	1673.5	87283.0	63999.0
大庆	Daqing	2338.1	6.4	634.2	1024.0	1024.0	1212687.2	368605.1
伊春	Yichun						119643.6	4478.5
佳木斯	Jiamusi			26.3	2333.4	2333.4	204455.2	62834.5
七台河	Qitaihe				1589.0	1589.0	191586.3	23994.1
牡丹江	Mudanjiang	5907.5		53.0	11860.7	10803.5	1266615.8	191081.1
黑河	Heihe	52870.9	1692.0				163117.0	12149.5
绥化	Suihua	13769.0			3917.0	3297.2	1638001.6	325410.3
大兴安岭	Daxinganling	664	314				66309.0	1826.1

11-9 主要农产品单位面积产量
Yield of Major Farm Products Per Hectare

单位：千克/公顷 (kg/hectare)

年份 Year 地区 Region	粮食 Grain	水稻 Rice	小麦 Wheat	玉米 Corn	大豆 Soybean	薯类 Tuber	亚麻 Flax	甜菜 Beetroots	烤烟 Flue-cured Tobacco
1980	1998	3803	1868	2768	1350	2160	1980	11813	2678
1981	1717	2498	1440	2453	1058	2048	2273	13343	2003
1982	1622	2970	1418	2183	1148	1913		11228	1755
1983	2141	3713	2138	2835	1418	2363	2475	15278	1598
1984	2390	4478	1935	2533	1620	2655	1148	13860	2025
1985	1947	4185	1845	2610	1463	1980	2003	10800	1598
1986	3108	4343	1823	3758	1733	2273	2565	12713	1913
1987	2344	3893	1890	3780	1598	3128	2588	12578	1733
1988	2568	4410	2025	3848	1643	2880	2543	13028	1643
1989	2298	3825	2183	3218	1283	3150	2543	12668	1643
1990	3117	4658	2678	4658	1575	3398	2745	17663	1665
1991	2914	4230	2183	4523	1485	2835	2768	14918	1373
1992	3220	4838	2631	4815	1616	3690	2790	16268	1373
1993	3163	5279	2543	5384	1650	3646	2676	10512	1500
1994	3438	5485	2304	5836	1837	3679	2634	9390	1354
1995	3457	5626	2628	5056	1746	3468	3205	15246	1567
1996	3908	5739	2665	5421	1914	4155	3557	16922	1735
1997	3883	6163	3075	4581	2408	3345	2447	17808	1583
1998	3722	5909	2967	4823	1808	2479	2558	13450	1550
1999	3796	5851	2982	4632	2074	2396	3013	16421	1696
2000	3242	6489	1623	4390	1569	2071	2039	17482	1810
2001	3333	6444	2450	3884	1726	3039	2262	18112	1769
2002	3755	5861	3643	4785	2115	3116	3516	21999	1585
2003	3195	6510	1854	4083	1730	2685	2416	6011	1379
2004	3816	6687	3360	4902	1985	3398	3478	12710	2019
2005	3640	6338	3744	5053	1775	2567	4190	19264	1850
2006	3714	6511	3750	4908	1657	3128	4852	18457	2201
2007	3471	7234	2952	3921	1138	3205	3734	26359	2429
2008	4033	7042	3748	4976	1508	2416	4120	28761	2388
2009	3951	7048	3969	4614	1470	3127	3915	17222	2265
2010	4526	7254	3303	5285	1651	3194	4139	22476	2622
2011	4842	7094	3485	5652	1759	3232	4507	33526	2440
2012	4994	7162	3333	5383	1823	3496	5807	37439	2623
2013	5197	7021	2923	5684	1722	3841	6725	31932	2511
2014	5300	7049	3199	5858	1840	4035	5118	40099	2541
2015	5332	6944	3065	5815	1874	5168	4029	35541	2678
2016	5222	7040	3639	5994	1746	4847	2861	34933	2666
2017	5235	7140	3742	6316	1846	4888	4776	39958	3127
2018	5281	7099	3307	6303	1844	5038	4349	43996	2831
2019	5233	6986	3643	6706	1824	4595	5275	46773	2610
2020	5223	7480	3839	6654	1905	4585	5315	45628	2721
2021	5407	7534	3906	6360	1849	4774	3389	46917	2795
哈尔滨 Harbin	6394	6630	4365	7083	1758	5616			2524
齐齐哈尔 Qiqihar	5058	6665	3751	6412	1738	6110		46948	
鸡西 Jixi	6437	7627	3366	6006	1819	5343			2584
鹤岗 Hegang	6028	7215	3000	5964	1580	5367			
双鸭山 Shuangyashan	5946	7965	2694	6021	1929	6765			
大庆 Daqing	6560	7208	2856	7213	1869	5370	3005	39805	2287
伊春 Yichun	3639	5732	4402	5568	1440	4443			
佳木斯 Jiamusi	6041	7506	3891	6451	1819	4465		52500	2392
七台河 Qitaihe	4893	6185	3260	5584	1516	477			3084
牡丹江 Mudanjiang	4587	6551	3711	5990	1686	5943		53000	2770
黑河 Heihe	3267	6532	3865	6376	1848	3493	5468		
绥化 Suihua	6365	7706	4147	7603	1930	6260			2953
大兴安岭 Daxinganling	1356		1808	5250	1151	2014	1102		

注：表中的粮食作物单位面积产量为抽样调查结果。

a) The grain yield per hectare in the table is the result of sampling survey.

11-10 园林水果生产情况
Yield of Fruits

年份 地区	Year Region	果园面积(公顷) Area of Orchards (hectare) 总计 Total	#苹果 Apples	#梨 Pears	#葡萄 Grapes	园林水果产量(吨) Yield of Fruits (ton) 总计 Total	#苹果 Apples	#梨 Pears	#葡萄 Grapes
2005		39488	15488	5345	1708	461974	177432	48422	20720
2006		37593	13334	4919	1632	471209	159759	49124	22728
2007		40900	13170	5130	1780	517659	150534	46524	21847
2008		40960	11950	5250	2730	593539	138330	47078	45062
2009		35340	12000	4230	2480	493241	140670	41164	42206
2010		36150	11420	4840	2990	466371	117019	37648	56732
2011		34980	10850	4560	2970	542336	113984	40224	62120
2012		35330	11640	3980	3960	567404	150661	37259	83443
2013		34242	11648	3458	3869	491133	140649	28238	81441
2014		34710	12198	3819	4867	576390	148900	33830	118016
2015		33928	12378	3858	4608	518563	176181	34490	100042
2016		32281	9146	2708	5411	530187	147118	36923	97721
2017		27196	8646	2656	3991	510800	144496	36587	72848
2018		20416	8667	2543	3812	294717	137532	42912	87180
2019		29706	9096	2613	2809	331745	137571	64217	54160
2020		41142	9669	2328	2819	374478	143620	50304	55904
2021		45004	9507	2266	3056	441972	143434	50994	81689
哈尔滨	Harbin	2769	250	82	225	32283	1681	814	3098
齐齐哈尔	Qiqihar	3484	30	54	280	36959	15	2126	6244
鸡西	Jixi	1511	483	184	166	17755	7822	2480	3778
鹤岗	Hegang	202	13	31	56	1170	200	50	664
双鸭山	Shuangyashan	900	232	129	151	9861	3436	1665	2116
大庆	Daqing	2452	211		1525	81757	4000		55749
伊春	Yichun	846			16	5136			133
佳木斯	Jiamusi	3782	36	27	62	14531	1571	790	1058
七台河	Qitaihe	1486		0	17	854		50	144
牡丹江	Mudanjiang	24042	8250	1758	387	237382	124708	43019	6432
黑河	Heihe	3101	2			1902			
绥化	Suihua	179			172	2356			2274
大兴安岭	Daxinganling	250				27			

11-11 蔬菜、食用菌生产情况
Yield of Vegetable and Mushroom

年 份 地 区	Year Region	播种面积(公顷) Sown Area (hectare)				产量(吨) Yield (ton)			
		总 计 Total	#白菜 Chinese Cabbage	#黄瓜 Cucumber	#萝卜 Radish	总计 Total	#白菜 Chinese Cabbage	#黄瓜 Cucumber	#萝卜 Radish
2005		333390	111305	23399	9078	11535465	4961917	777779	501397
2006		331094	113435	21731	14886	11327103	4888475	695098	487233
2007		291130	90210	20490	14041	10534756	3961792	698375	487481
2008		287700	86730	20330	14490	10578998	4094636	714842	492696
2009		187580	57040	15250	10590	7011518	2583124	589175	353666
2010		184480	60562	14407	9531	7238271	2911454	566848	357713
2011		223130	76560	17405	13742	7899314	3113831	618806	496705
2012		249850	68919	19281	13946	8654146	3006789	666798	495756
2013		265670	75352	20449	14077	9451458	3199246	783589	488111
2014		268850	73824	21086	11277	9856073	3311552	867131	424008
2015		245250	61468	15573	6420	9574374	3346748	683727	207829
2016		177083	52294	14410	8228	6872710	2480675	570552	352625
2017		205341	58946	15867	9828	7985902	2676598	650386	414174
2018		161516	45142	11548	5784	6343982	2041657	484944	218449
2019		147051	36614	12096	5365	6554007	1738876	554790	229379
2020		152378	34334	12937	6464	6743239	1764930	577063	233072
2021		157392	35396	13810	7553	7254339	1978510	645221	304904
哈尔滨	Harbin	31187	6697	3412	1697	1366236	400537	143587	79992
齐齐哈尔	Qiqihar	13934	3849	1210	402	725901	230667	67200	19336
鸡 西	Jixi	3849	710	480	151	172348	45093	25954	7339
鹤 岗	Hegang	815	115	124	13	40156	7179	9155	785
双鸭山	Shuangyashan	2168	463	234	236	87283	22432	10716	7910
大 庆	Daqing	28049	5411	2158	532	1212687	384906	85830	24140
伊 春	Yichun	1468	293	149	93	119644	17208	7854	4117
佳木斯	Jiamusi	5689	894	807	290	204455	42748	30660	8720
七台河	Qitaihe	4166	2495	225	223	191586	111661	22478	5134
牡丹江	Mudanjiang	18992	2222	1951	1027	1266616	115018	119765	46739
黑 河	Heihe	4585	2314	259	172	163117	98779	9759	5839
绥 化	Suihua	40897	9452	2706	2576	1638002	473163	109488	88894
大兴安岭	Daxinganling	1593	481	97	142	66309	29120	2775	5959

11-12 畜牧业生产情况
Number of Livestock

单位：万头 (10000 heads)

年 份 Year	大牲畜数 量 Large Animals	黄牛及肉牛 Cattle and Beef Cattle	奶 牛 Milk Cow	马 Horses	驴 Donkeys	骡 Mules
1978	286.9	105.1	6.2	164.5	4.8	6.3
1980	257.8	95.6	7.8	143.6	4.6	6.2
1985	305.5	149.9	25.8	117.9	6.4	5.5
1986	314.0	156.7	31.9	113.3	6.5	5.6
1987	314.6	155.9	40.3	106.5	6.4	5.5
1988	318.1	157.7	47.0	101.3	6.6	5.5
1989	324.1	165.0	49.2	98.0	6.2	5.7
1990	348.2	182.8	54.0	99.2	6.3	5.9
1991	358.7	192.4	57.9	95.7	6.4	6.3
1992	365.3	200.6	61.1	90.1	7.0	6.5
1993	376.4	221.2	55.1	86.7	7.2	6.3
1994	420.2	265.9	56.4	83.4	8.2	6.5
1995	485.7	326.6	61.7	81.9	8.9	6.8
1996	540.6	376.7	65.8	81.2	9.8	7.1
1997	545.3	383.1	67.2	78.7	9.3	6.9
1998	549.5	388.1	68.5	77.8	8.9	6.3
1999	549.0	389.6	68.6	76.6	8.3	5.9
2000	547.7	391.5	69.8	72.8	7.9	5.6
2001	558.3	400.4	77.8	66.6	8.1	5.3
2002	598.3	432.3	93.3	60.0	7.6	5.1
2003	690.3	506.8	117.6	53.0	7.7	5.1
2004	773.0	573.9	141.0	45.5	7.7	4.8
2005	840.2	622.3	164.3	41.2	7.6	4.8
2006	548.4	378.6	126.2	32.2	7.5	3.9
2007	563.5	394.1	131.8	28.5	6.0	3.0
2008	560.2	392.3	131.4	28.2	5.8	2.5
2009	575.1	361.9	178.8	26.8	5.2	2.4
2010	578.2	363.2	180.6	27.6	4.5	2.4
2011	564.9	367.0	164.0	26.7	4.6	2.6
2012	567.1	367.9	166.6	25.9	4.2	2.5
2013	542.3	358.8	153.0	24.6	4.0	2.0
2014	550.0	368.8	152.4	23.6	3.8	1.4
2015	557.3	387.7	144.7	19.9	3.7	1.2
2016	540.7	389.7	128.1	18.2	3.5	1.2
2017	509.3	365.2	124.1	15.5	3.3	1.1
2018	476.2	351.5	105.0	13.4	5.2	1.0
2019	492.6	367.3	107.6	12.1	4.8	0.6
2020	529.8	403.9	111.9	9.3	4.3	0.4
2021	525.7	405.3	109.7	7.9	2.6	0.2

注：2006-2017年数据是与第三次农业普查衔接后数据。

a) Data from 2006 to 2017 on national accounts have been adjusted according to the results of the third national agricultural census.

11-12 续表 Continued

年 份 Year	肉猪出栏数量(万头) Slaughtered Fattened Hogs (10000 heads)	猪年末数量(万头) Hogs (10000 heads, head)	羊年末数量(万只) Sheep and Goats (10000 heads)	山 羊 Goats	绵 羊 Sheep	家 禽(万只) Poultry (10000 heads)
1978	403.7	835.0	218.7	11.7	207.0	1899.7
1980	446.0	716.7	303.0	32.6	270.4	2238.7
1985	383.5	592.9	229.6	30.8	198.8	5947.5
1986	392.4	564.8	210.4	25.1	185.3	5081.9
1987	371.6	438.4	218.5	23.5	195.0	5507.4
1988	334.8	486.8	236.7	24.5	212.2	6531.4
1989	350.5	548.7	264.3	28.1	236.2	7027.2
1990	458.6	654.9	283.3	34.2	249.1	7791.1
1991	511.7	683.7	291.0	35.8	255.2	9398.4
1992	524.4	678.6	281.7	35.6	246.1	10280.4
1993	509.4	665.0	279.8	45.0	234.8	11284.4
1994	573.8	719.0	326.0	61.3	264.7	13302.5
1995	672.4	855.9	389.2	94.7	294.5	16530.6
1996	882.4	900.7	431.6	124.0	307.6	18297.3
1997	936.5	932.2	440.5	122.1	318.4	18580.7
1998	1063.1	958.1	462.8	121.5	341.3	12028.6
1999	1123.2	1014.4	481.1	120.2	360.9	12878.2
2000	1206.6	1085.4	507.4	123.8	383.6	13144.5
2001	1300.2	1123.0	567.8	147.3	420.4	13739.4
2002	1395.4	1163.0	749.1	228.7	520.4	14783.4
2003	1599.6	1326.4	1029.5	403.0	626.5	15987.7
2004	1905.4	1532.1	1153.6	448.2	705.4	16691.5
2005	2238.0	1670.4	1180.3	408.9	771.4	16680.8
2006	1330.8	1209.8	777.6	270.5	507.1	11926.5
2007	1244.6	1228.7	821.8	287.7	534.1	12560.4
2008	1369.5	1310.4	850.2	352.0	498.2	12975.0
2009	1555.8	1395.4	899.3	338.9	560.4	13270.1
2010	1663.1	1412.8	895.4	332.4	563.0	13601.5
2011	1714.5	1433.7	918.5	338.3	580.1	14403.2
2012	1867.4	1461.7	901.6	324.2	577.4	15544.7
2013	1945.4	1448.9	821.2	248.1	573.1	15161.6
2014	2070.8	1466.4	861.0	229.2	631.7	15074.4
2015	2027.6	1429.9	900.6	197.3	703.3	15884.3
2016	2026.3	1401.6	869.6	187.1	682.5	16634.8
2017	2090.5	1433.9	835.2	175.9	659.3	16901.0
2018	1964.4	1353.2	772.7	166.0	606.7	16124.7
2019	1701.5	1173.2	767.2	154.1	613.1	16488.0
2020	1790.0	1371.2	811.2	116.6	694.6	18097.4
2021	2228.1	1416.3	839.2	114.0	725.2	15078.7

11-13 畜产品产量
Output of Livestock Products

单位：万吨 (10000 tons)

年 份 Year	肉类产量 Yield of Meat	#猪牛羊肉产量 Yield of Pork, Beef and Mutton	猪 肉 Pork	牛 肉 Beef	羊 肉 Mutton	#禽 肉 Meat of Poultry	奶 类 Milk	#牛 奶 Cow Milk
1978		31.9						
1980		37.1	34.8	1.6	0.7		13.9	12.4
1985	34.9	31.5	29.7	1.0	0.8	3.4	45.5	43.0
1986	36.4	33.1	31.1	1.5	0.5	3.3	56.3	53.8
1987	36.3	32.1	29.1	2.4	0.6	4.2	68.1	66.3
1988	37.9	32.0	28.6	2.7	0.7	5.9	83.1	81.8
1989	40.9	33.2	29.5	2.9	0.7	7.4	88.2	87.1
1990	55.9	46.0	39.5	5.2	1.3	9.7	102.7	101.7
1991	62.7	50.9	43.4	6.1	1.4	11.3	114.2	112.6
1992	66.3	53.2	44.4	7.3	1.5	12.4	122.5	120.4
1993	65.4	52.4	42.6	8.4	1.4	12.3	113.3	111.6
1994	77.7	61.7	47.5	12.4	1.8	14.9	113.1	110.8
1995	90.3	70.3	53.4	15.0	1.9	18.8	121.2	121.2
1996	116.0	93.2	68.9	21.9	2.5	21.4	136.2	133.3
1997	125.9	100.1	74.1	23.5	2.6	25.9	143.0	140.5
1998	142.7	112.2	83.5	25.7	3.0	29.0	144.5	142.1
1999	150.9	119.5	89.0	27.3	3.2	30.0	145.0	142.8
2000	159.9	125.9	95.4	27.1	3.5	32.4	156.5	154.3
2001	171.2	134.4	101.4	29.0	3.9	34.5	192.4	189.0
2002	190.0	147.9	110.9	32.3	4.7	40.0	239.8	235.8
2003	217.2	167.5	125.0	35.8	6.7	47.7	304.0	300.5
2004	260.5	203.4	149.5	44.9	9.0	54.7	378.1	374.5
2005	306.3	242.5	177.1	54.1	11.3	61.4	444.2	440.2
2006	168.1	140.2	99.5	31.0	9.7	25.2	427.7	423.5
2007	165.9	136.6	93.0	33.2	10.4	27.0	441.7	438.3
2008	171.5	141.5	98.4	32.6	10.5	28.0	442.8	438.3
2009	191.2	159.7	111.3	36.8	11.6	29.8	461.9	455.9
2010	203.1	170.1	118.9	39.0	12.2	31.3	482.7	476.4
2011	207.9	173.6	122.5	39.3	11.8	32.5	475.6	468.3
2012	225.2	187.6	135.8	39.7	12.1	35.8	487.9	482.8
2013	232.4	194.0	142.4	39.7	11.9	36.5	451.1	446.8
2014	243.7	206.2	153.7	40.6	11.9	35.9	483.5	479.9
2015	243.6	204.6	150.6	41.6	12.4	37.6	495.8	491.9
2016	248.1	207.2	151.7	42.5	12.9	39.6	473.4	470.7
2017	260.3	216.1	159.3	43.9	12.9	42.8	468.4	465.2
2018	246.9	204.9	149.9	42.6	12.5	41.3	458.5	455.9
2019	237.1	193.4	135.2	45.5	12.7	42.3	467.2	465.2
2020	253.2	205.6	143.9	48.3	13.4	46.4	501.0	500.2
2021	300.5	205.5	184.8	50.7	15.0	48.8		500.3

注：1.2006-2017年数据是与第三次农业普查衔接后数据。
2.2018年畜产品数据包含农垦系统数据(下同)。

a) Data from 2006 to 2017 on national accounts have been adjusted according to the results of the third national agricultural census.
b) In 2018, the data of animal husbandry in different cities include the data of farming system (the same below).

11-13 续表 Continued

单位：吨 (ton)

年 份 Year	绵羊毛 Sheep Wool	#细羊毛 Fine Wool	#半细羊毛 Semi-Fine Wool	山羊毛粗 毛 Goat Wool	羊 绒 Cashmere	禽 蛋 (万吨) Poultry Eggs (10000 ton)	蜂 蜜 Honey
1978							4770
1980	9635	4409	5043	102	4		5290
1985	7564	3476	3992	57	5	20.5	5458
1986	6542	2830	3593	30	11	18.6	3932
1987	7086	3019	4002	26	19	20.5	4933
1988	7474	3295	4067	68	15	23.8	4529
1989	8503	3390	4942	125	11	24.3	4012
1990	9614	3672	5852	93	4	30.9	3052
1991	9737	3980	5757	75	4	36.8	2640
1992	9330	3503	5827	92	2	37.8	2600
1993	8329	3192	5137	112	1	36.8	2899
1994	8817	3399	5418	99	2	40.8	2801
1995	9751	3114	6637	96	6	48.6	3038
1996	11847	4004	7843	115	12	62.4	2964
1997	13014	3820	9194	91	18	67.5	2934
1998	12921	3956	8965	91	19	71.2	2678
1999	12793	3548	9245	108	17	74.9	2956
2000	13550	4365	9185	62	22	75.3	3765
2001	14540	4423	10117	182	58	80.3	7331
2002	17505	4576	12212	251	181	84.6	7781
2003	20606	6107	13154	713	393	90.3	7016
2004	24391	6297	16817	712	691	98.3	11884
2005	25734	5296	17769	874	793	102.7	11286
2006	25007	4254	15629	827	850	88.5	12716
2007	24929	4290	15837	624	856	92.3	10881
2008	23443	6111	17332	657	687	95.5	12242
2009	25309	4611	20698	382	770	104.9	15168
2010	28952	5532	21180	763	701	109.5	20370
2011	28952	5532	21180	763	701	110.7	20370
2012	31755	5453	23404	772	707	114.7	19691
2013	32129	5281	23790	1595	494	110.0	18023
2014	28375	5434	22941	1487	332	106.2	19004
2015	28959	4404	24294	1663	329	109.1	19995
2016	27417	3561	24294	1786	269	117.2	20574
2017	29741	3803	24294	1534	263	113.8	19236
2018	27196	3924	20879	1202	190	109	18816
2019	23610	3790	19820	1226	135	114	16883
2020	21275	3882	17393	827	60	117	13327
2021	23110	3556	19553	510	62	110	16389

11-14 水产品产量
Output of Aquatic Products

单位：吨 (ton)

年份 Year / 地区 Region		总产量 Total	#鱼类 Fish	#虾蟹类 Shrimps	#贝类 Shell-fish	#淡水捕捞 Fresh Water Fishing	#人工养殖 Artificially Cultured	#鱼类 Fish
1980		20172	20122	31	19	11219	8953	8953
1985		66389	65527	759	103	28184	38205	38205
1990		147869	146916	892	52	47940	99929	99929
1995		252900	251536	1253	108	52212	200688	200676
1996		290209	287973	2164	67	51896	238313	238281
1997		323450	321708	1419	71	48572	274878	274588
1998		357033	351773	5221	37	73111	283922	281916
1999		364998	362808	2151	37	52245	312753	312418
2000		382153	380586	1522	43	57637	324516	324230
2001		401892	399823	2019	47	37010	364882	364586
2002		417786	416256	1121	48	52197	365589	365031
2003		418915	415578	3229	99	47810	371105	368678
2004		430066	425003	4637	397	53568	376498	372885
2005		445970	438486	5936	451	50762	395208	389532
2006		330852	324237	5308	390	38802	292050	286638
2007		342505	335676	5525	372	38736	303769	298143
2008		355800	350628	4784	367	41795	314005	309927
2009		380700	375354	4943	377	43149	337551	333096
2010		399700	394052	5323	284	46885	352815	347952
2011		356720	353781	2927	512	54203	314998	314998
2012		452840	447524	4914	356	51946	400894	396431
2013		488615	483859	4346	358	51560	437055	432997
2014		513534	508805	4359	319	54138	459396	455313
2015		542368	537152	4808	357	57169	485199	480595
2016		572955	566398	6124	377	54551	518404	512395
2017		587302	579819	6978	424	51640	535662	528723
2018		624320	615619	8122	495	47100	577220	569687
2019		648300	637562	9951	735	40000	608300	598386
2020		674141	656751	14988	543	42414	631727	614985
2021		718534	694238	19732	597	43020	675514	651964
哈尔滨	Harbin	130683	129009	1184	87	3525	127158	125704
齐齐哈尔	Qiqihar	74709	71451	3206		11822	62887	59629
鸡西	Jixi	45850	45149	665		2746	43104	42403
鹤岗	Hegang	12951	12640	79		607	12343	12038
双鸭山	Shuangyashan	15149	15033	103		717	14432	14317
大庆	Daqing	129789	119572	9702	510	13881	115908	106201
伊春	Yichun	8471	5857			393	8078	5464
佳木斯	Jiamusi	70078	67606	2325		4920	65158	62696
七台河	Qitaihe	7123	7052	66			7123	7052
牡丹江	Mudanjiang	19390	19290	13		529	18861	18761
黑河	Heihe	18310	18101	204		463	17847	17638
绥化	Suihua	184334	181781	2185		3289	181045	178492
大兴安岭	Daxinganling	1698	1698			128	1570	1570

注：1.2006-2017年数据是与第三次农业普查衔接后数据。

2.本表数据来源于黑龙江省农业农村厅。

a) Data from 2006 to 2017 on national accounts have been adjusted according to the results of the third national agricultural census.

b) The data in this table comes from the Department of agriculture and rural affairs of Heilongjiang Province.

11-15 特种作物生产情况
Production of Special Products

指 标	Item	播种面积(公顷) Sown Area(hectare)					产量(吨) Yield(ton)				
		2017	2018	2019	2020	2021	2017	2018	2019	2020	2021
药 材	Herb	32887	41533	70731	117721	163120					
#人 参	#Panax	3051	3105	9419	9773	20202	11440	5329	18370	19874	43277
甘 草	Liquorice	118	703	640	374	255	190	6697	1278	613	898
枸 杞	Meddler	573	73	116	107	95	2085	176	173	152	249
龙胆草	Gentian	161	56	66			2705	236	48		
月苋草	Evening Primrose	1181	4938	3141	3188	6282	2696	14479	6037	3823	14831
白瓜籽	Pumpkin seeds	56301	26012	26302	17325	14003	90358	40356	39554	26784	22369
万寿菊	Marigold	4413	3039	2323	3843	3333	76389	51641	24927	74638	102333
甜叶菊	Stevia Rebaudiana	6218	666	180			26285	2310	703		
甜葫芦	Sweet Calabash	1675	482	174			4563	1484	399		
花 卉	Flower	2217	454	355	883	3792					

注：从2020年开始不再统计龙胆草、甜叶菊、甜葫芦的播种面积和产量。
a) From 2020, the sowing area and yield of felwort, stevia and sweet gourd will not be counted.

11-15 续表 Continued

指 标	Item	产 量 Yield				
		2017	2018	2019	2020	2021
食用菌(吨)	Edible Mushroom (ton)	463713	523038	548372	613277	610864
黑木耳(干品)	Jew's-ear (dry)	194462	312803	268434	307526	281778
香菇(干品)	Lentinus Edodes (dry)	9514	60710	71198	72044	27014
蘑菇类(鲜品)	Others(fresh)	258271	79044	159885	201019	295654
鲜切花(万枝)	Fresh Flower and Ikebana (10000 branch)	606	3705	2633	881	3625
盆栽观赏植物(包括盆景)(万盆)	Potted Ornamental (include bonsai)(10000 basin)	1059	1039	165	75	146

11-16 特色养殖生产情况
Production of Characteristic Breeding

指 标	Item	年末存栏 Stock at Year-end			
		2018	2019	2020	2021
熊(只)	Beer (head)	3671	3986	3999	3897
鹿(只)	Deer (head)	35976	26595	26728	30385
鸵鸟(只)	Ostrich (head)	2913	2472	3317	4355
山鸡(只)	Wild Chicken (head)	113567	101532	19928	2710
貉子(只)	Racoon Dog (head)	612378	773617	1115319	684956
鹧鸪(只)	Francolin (head)	17296	18549	17628	
狐(只)	Fox (head)	422231	458592	487129	107201
笨鸡(万只)	Domestic Chicken (10000 heads)	1674	1601	1018	678

指 标	Item	出栏数量和产量 Output			
		2018	2019	2020	2021
熊胆汁(千克)	Beer Bile (kg)	35974	44770	47268	50616
鹿茸(千克)	Deer horn(kg)	33241	20899	23333	25228
出栏山鸡(只)	Wild Chicken (head)	136640	137507	42813	7675
出栏笨鸡(万只)	Domestic Chicken (10000 heads)	1773	1642	912	1021
出栏肉犬(只)	Slaughtered Dog(head)	247008	199199	164789	106958
林蛙(吨)	Rana Japonoca (ton)	666.94	198.30	597.81	3589.15
蚕茧(吨)	Pod (ton)	4550	3745	3384	3289

11−17 绿色食品种植业和山特产品情况(2021年)
Basic Statistics on Green Food and Special Mountain-Products(2021)

单位：万公顷、万吨　　(10000 hectares, 10000 tons)

指　标	Item	绿色食品 Green Food		有机食品 Organic Food	
		面积	产量	面积	产量
种植业合计	**Total Crops**	**520.82**	**2522.98**	**50.24**	**215.95**
水　稻	Rice	211.97	1241.11	16.75	74.97
玉　米	Corn	131.55	741.47	11.36	68.82
大　豆	Soja	141.20	212.26	15.31	32.14
小　麦	Wheat	4.71	8.37	1.51	3.09
杂粮咋豆	Coarse Grains and Beans	9.42	25.37	2.24	4.90
马铃薯	Potatoes	10.56	42.83	0.05	1.14
蔬　菜	Vegetables	3.09	91.45	0.57	12.11
其　他	Others	8.31	160.11	2.46	18.78
山特产品合计	**Total Special Mountain-Product**	**8.13**	**43.27**	**8.59**	**3.72**
山野菜	Potherb	3.05	13.52	1.98	0.13
食用菌	Edible Mushroom	3.11	18.90	2.88	0.49
其　他	Others	1.97	10.85	3.73	3.11

注：1.有机食品指由中绿华夏有机食品认证中心认证的产品数据。
2.本表数据来源于黑龙江省农业农村厅。

a) Organic food data was provided by the Green China Organic Food Certification Center.
b) The data in this table comes from the Department of agriculture and rural affairs of Heilongjiang Province.

11−18 绿色食品养殖业情况
Breed Aquatics of Green Food

指　标	Item	2017	2018	2019	2020	2021
牵动农户(户)	Number of Affected Households (household)	26511	26108	17650	15385	19827
生猪存栏(头)	Hogs in Stock (head)	52299	220700	144700	89161	97565
生猪出栏(头)	Slaughtered Fattened Hogs (head)	51289	164320	105800	81498	104105
猪肉产量(吨)	Output of Pork (ton)	3212	10342	6854	5166	7043
肉牛存栏(头)	Oxus in Stock (head)					
肉牛出栏(头)	Slaughtered Fattened Oxus (head)					
牛肉产量(吨)	Output of Beef (ton)					
奶牛存栏(头)	Milk Cow in Stock (head)					24900
牛奶产量(吨)	Output of Cow Milk (ton)					62000
鹅存栏(只)	Goose in Stock (head)	175000	165000	665000	110000	25000
鹅出栏(只)	Slaughtered Fattened Goose (head)	686000	410000	620000	90000	210000

注：本表数据来源于黑龙江省农业农村厅。

a) The data in this table comes from the Department of agriculture and rural affairs of Heilongjiang Province.

11-19 绿色食品加工企业情况
Basic Statistics on Green Food Processing

指 标	Item	2017	2018	2019	2020	2021
企业个数(个)	Number of Enterprises (unit)	970	1005	1040	1103	1158
职工人数(万人)	Number of Staff and Workers (10000 persons)	24.9	23.6	22.8	22.5	20.1
#技术人员	Technicians	2.8	2.6	2.6	2.6	2.5
#中级职称以上	The Secondary Title and Above	1.1	1.0	1.1	1.1	1.0
流动资产(亿元)	Circulating Funds (100 million yuan)	273.7	257.4	217.6	280.2	282.2
固定资产净值(亿元)	Net Value of Fixed Assets(100 million yuan)	330.0	351.9	297.6	355.4	359.4
投资额度(亿元)	Investment Amount (100 million yuan)	306.6	286.7	227.7	278.1	343.8
国家预算内投资	State Budgetary Appropriation	21.6	23.1	21.6	3.8	5.3
国内贷款	Domestic Loans	65.7	63.4	54.3	65.6	56.0
利用外资	Foreign Investment	2.6	3.1	1.3	3.4	3.5
自筹资金	Fundraising	207.0	173.0	140.4	198.7	221.2
其他投资	Others	9.7	24.1	10.0	6.6	57.8
产品产量(万吨)	Yield of Products (10000 tons)	1740.0	1790.0	1670.0	1699.0	1741.2
订单数量(万吨)	Amount of Orders (10000 tons)	950.3	965.0	915.0	922.0	925.2
#省 内	Inside the Province	201.2	211.7	201.1	203.5	214.3
省 外	Outside the Province	705.4	713.2	675.1	679.2	684.5
国 外	at Abroad	43.7	40.1	38.8	39.3	26.4

11-20 林业生产情况
Basic Statistics on Forestry

指 标	Item	2018	2019	2020	2021
营造林面积(公顷)	**Total Area of Afforestation (hectare)**	**121705**	**120858**	**135479**	**118140**
人工造林面积	Manual Planting	51353	41634	43051	33806
当年新封山(沙)育林面积	New Closing Hillsides for Afforestation	30763	26241	20268	23344
退化林修复面积	Restoration of Degraded Forest	39184	50263	72160	75397
人工更新面积	Artificial Regeneration	406	2720		
森林抚育面积(公顷)	**Working Area of Forest (hectare)**	**886978**	**816717**	**866114**	**456576**
年末实有封山(沙)育林面积(公顷)	**Closing Hillsides for Afforestation at Year-end (hectare)**	**720140**	**272568**	**14864**	**667**
四旁(零星)植树(株)	**Oddly Tree Planting (root)**	**4720681**	**724100**		
商品材采伐(立方米)	**Forest Cutting (cu.m)**	**690865**	**458200**	**720900**	**1740353**

注：1.本表数据来源于黑龙江省林业和草原局、中国龙江森林工业集团有限公司、黑龙江伊春森工集团有限责任公司、大兴安岭林业集团公司。
2.2018—2020年为商品材采伐量，2021年为木材产量。

a) The data in this table are from Heilongjiang Forestry and grassland Bureau, China Longjiang Forest Industry Group Co., Ltd., Heilongjiang Yichun Forest Industry Group Co., Ltd. and Daxinganling Forestry Group Co., Ltd.

b) From 2018 to 2020, commercial timber is felled and 2021 timber is produced.

主要统计指标解释

农林牧渔业总产值 指以货币表现的农、林、牧、渔业全部产品和对农林牧渔业生产活动进行的各种支持性服务活动的价值总量，它反映一定时期内农林牧渔业生产总规模和总成果。1957 年以前的农林牧渔业总产值中包括了厩肥和农民自给性手工业(如农民自制衣服、鞋、袜，自己从事粮食初步加工等)。1958 年及以后，林业中增加了村及村以下竹木采伐产值；牧业中取消了厩肥产值；副业中取消了农民自给性手工业产值，增加了村及村以下办的工业产值；渔业中增加了海洋捕捞水产品产值。1980 年及以后，在副业中增加了农民家庭兼营工业商品部分的产值。从 1984 年起村及村以下工业产值划归工业。从 1993 年起取消副业，将野生动物的捕猎划入牧业，野生植物采集和农民家庭兼营商品性工业划归农业。从 2003 年起，执行新的国民经济行业分类标准，农林牧渔业总产值中包括了农林牧渔服务业产值，2018 年以后农林牧渔服务业产值改称农林牧渔专业及辅助性活动产值。林业中增加了森林采运业产值。农业中取消了家庭兼营商品性工业产值，将野生林产品的采集划归林业。第一、二、三次农业普查以后，根据农业普查结果，对农业、畜牧业、渔业年报数据和农业、畜牧业、渔业产值进行了修订。2010 年执行《统计用产品分类目录》，对 2009 年的农业、林业产值做了相应调整。

农林牧渔业总产值的计算方法通常是按农、林、牧、渔业产品及其副产品的产量分别乘以各自单位产品价格求得；少数生产周期较长，当年没有产品或产品产量不易统计的，则采用间接方法匡算其产值；然后将四业产品产值及农林牧渔服务业产值相加即为农林牧渔业总产值。

粮食产量 指日历年度内生产的全部粮食数量。按收获季节包括夏收粮食、早稻和秋收粮食，按作物品种包括谷物、薯类和豆类。其产量计算方法：谷物按脱粒后的原粮计算，豆类按去豆荚后的干豆计算；薯类(包括甘薯和马铃薯，不包括芋头和木薯)1964 年以前按每 4 公斤鲜薯折 1 公斤粮食计算，从 1964 年开始改为按 5 公斤鲜薯折 1 公斤粮食计算；城市郊区作为蔬菜的薯类(如马铃薯等)按鲜品计算，并且不作粮食统计。1989 年以前全国粮食产量数据主要靠全面报表取得，1989 年开始使用抽样调查数据。

棉花产量 指全社会的产量。包括春播棉和夏播棉。产量按皮棉计算。不包括木棉。

油料产量 指全部油料作物的生产量。包括花生、油菜籽、芝麻、向日葵籽、胡麻籽（亚麻籽）和其他油料。不包括大豆、木本油料和野生油料。花生以带壳干花生计算。

水产品产量 指渔业（捕捞和养殖）生产活动的最终有效成果，包括全部海水和淡水鱼类、甲壳类（虾、蟹）、贝类、头足类、藻类和其他类渔业产品的最终产量。水产品产量是通过各级水产和统计部门逐级上报取得数据。1995 年及以前，贝类中牡蛎按鲜肉计算；蚶、蛤、蛙按 5 斤鲜品折 1 斤计算。1996 年以后则统一按鲜品计算。

猪、牛、羊、禽肉产量 指当年出栏并已屠宰、除去头蹄下水后带骨肉(即胴体重)的重量。包括全社会范围内的产量。1996 年以前为全面统计并逐级上报数据。1996 年第一次农业普查以后，根据普查结果，对畜牧业主要年报数据进行了修正。1999 年以后，国家统计局在部分地区开展了猪、牛、羊、禽等主要畜禽品种的抽样调查，并用抽样数据作为国家定案数据使用。未开展抽样调查的地区和品种，仍使用各级统计部门逐级上报数据。2008 年，建立了主要畜禽监测调查制度，猪、牛、羊、禽等主要畜禽数据均以抽样调查数为法定数据。

期初(末)畜禽存栏头(只)数 指报告期初(末)饲养的大牲畜、猪、羊、家禽等畜禽的数量。数据上报方式及数据调整情况同猪、牛、羊、禽肉产量

农作物播种面积 指日历年度内收获农作物在全部土地（耕地或非耕地）上的播种或移植面积。凡是本年内收获的农作物，无论是本年还是上年播种，都算为播种面积，但不包括本年播种，下年收获的农作物面积。

耕地灌溉面积 指具有一定的水源，地块比较平整，灌溉工程或设备已经配套，在一般年景下能够进行正常灌溉的耕地面积。在一般情况下，有效灌溉面积应等于灌溉工程或设备已经配套，能够进行正常灌溉的水田和水浇地面积之和。它是反映我国农田水利建设的重要指标。

农用化肥施用量 指本年内实际用于农业生产的化肥数量，包括氮肥、磷肥、钾肥和复合肥。化肥施用量要求按折纯量计算数量。折纯量是指把氮肥、磷肥、钾肥分别按含氮、含五氧化二磷、含氧化钾的百分之百成分进行折算后的数量。复合肥按其所含主要成分折算。公式为：

折纯量=实物量 × 某种化肥有效成分含量的百分比

农业机械总动力 指全部农业机械动力的额定功率之和。农业机械是指用于种植业、畜牧业、渔业、农产品初加工、农用运输和农田基本建设等活动的机械及设备。农机总动力按使用能源不同分为以下四部分：

柴油发动机动力：指全部柴油发动机额定功率之和；

汽油发动机动力：指全部汽油发动机额定功率之和；

电动机动力：指全部电动机（含潜水电泵的电动机）额定功率之和；

其他机械动力：指采用柴油、汽油、电力之外的其他能源，如水力、风力、煤炭、太阳能等动力机械功率之和。

本指标的统计数据来源于农机部门。

乡村户数 指长期(一年以上)居住在乡镇(不包括城关镇)行政管理区域内的住户，还包括居住在城关镇所辖行政村范围内的农村住户。户口不在本地而在本地居住一年及以

上的住户也包括在本地农村住户内；有本地户口，但举家外出谋生一年以上的住户，无论是否保留承包耕地都不包括在本地农村住户范围内。不包括乡村地区内的国有经济的机关、团体、学校、企业、事业单位的集体户。

乡村人口 指乡村地区常住居民户数中的常住人口数，即全年经常在家或在家居住6个月以上，而且经济和生活与本户连成一体的人口。外出从业人员在外居住时间虽然在6个月以上，但收入主要带回家中，经济与本户连为一体，仍视为家庭常住人口；在家居住，生活和本户连成一体的国家职工、退休人员也为家庭常住人口。但是现役军人、中专及以上(走读生除外)的在校学生、以及常年在外(不包括探亲、看病等)且已有稳定的职业与居住场所的外出从业人员，不应当作家庭常住人口。

乡村从业人员 指乡村人口中16周岁以上实际参加生产经营活动并取得实物或货币收入的人员，即包括劳动年龄内经常参加劳动的人员，也包括超过劳动年龄但经常参加劳动的人员，但不包括户口在家的在外学生、现役军人和丧失劳动能力的人，也不包括待业人员和家务劳动者。从业人员按从事主业时间最长（时间相同按收入）分为农林牧渔业从业人员、工业从业人员、建筑业从业人员、交通运输业、仓储及邮电通讯业从业人员、批零贸易及餐饮业从业人员、其他非农行业从业人员。

Explanatory Notes on Main Statistical Indicators

Gross Output Value of Agriculture, Forestry, Animal Husbandry and Fishery refers to the total value of products of agriculture, forestry, animal husbandry and fishery, and total value of services in support of agriculture, forestry, animal husbandry and fishery activities. It reflects the total scale and results of agricultural production during a given period. Prior to 1957, China's gross agricultural output value included barnyard manure and handicraft products for self-consumption (clothes, shoes, stockings, and initial grain processing undertaken by peasants). Since 1958, cutting and felling of bamboo and trees by villages and other cooperative organizations under villages have been included in forestry; value of barnyard manure has been excluded from animal husbandry; self consumed handicrafts have not been included from sideline occupations, while the output value of industries run by villages and cooperative organizations under village has been included in sideline occupations; and the output value of fish catches by motor fishing boats has been added to fishery. Since 1980, the value of handicraft products made for sale by individuals in households has been added to sideline occupations. Since 1984, industries run by villages and under villages have been included in the sector of industry. Since 1993, the subdivision of sideline occupations has been cancelled, and the hunting of wild animals has been classified into animal husbandry, and the gathering of wild plants and commodity industry run by rural household have been included in farming. A new industrial classification of economic activities was introduced in 2003. Under the new classification, value of services to agriculture, forestry, animal husbandry and fishery is included in the gross output value of agriculture. In 2018, the output value of agriculture, forestry, animal husbandry and fishery services was renamed the output value of professional and auxiliary activities in support of agriculture, forestry, animal husbandry and fishery, value of wood felling and transport is included in forestry, value of industrial output by rural households is not included in agriculture. According to the result of the first, second, third Agriculture Census, efforts were made to adjust the annual reports of animal husbandry and fishery output and the output value of agriculture, animal husbandry and fishery output to make the figures from the annual reports consistent with the census data. "The Classification of Products for Statistical Purposes" implemented in 2010 made relevant revision on the output value of agriculture and forestry in 2009.

Gross output value of agriculture is obtained by multiplying the output of each product or by-product by its price, resulting in the output value of each single item. For a small number of products, annual output of which is not available or difficult to get due to the long production (growing) process involved, the output value is estimated through an indirect approach. The sum of output values of all products of agriculture, forestry, animal husbandry and fishery and services in support to those industries is then equal to the gross output value of agriculture.

Grain Output refers to the total output of grains produced by agricultural producers within a calendar year. It includes summer grain, early rice and autumn grain if classified by harvest seasons; it covers cereal, tubers and beans if classified by type of crops. Output of cereal should be limited to husked grain only. Output of beans refers to dry beans without pods. The output of tubers (sweet potatoes and potatoes, not including taros and cassava) are converted into that of grain at the ratio 4:1, i.e. 4 kilograms of fresh tubers were equivalent to 1 kilogram of grain up to 1964. Since 1964 the ratio for conversion has been 5:1, and Starting from 2014, the ratio for conversion has been 1:1. Tubers supplied as vegetables (such as potatoes) in cities and suburbs are calculated as fresh vegetables and their output is not included in the output of grain. Data on grain production before 1989 were obtained through the Comprehensive Statistical Reporting System. Since 1989, data from sample surveys are used.

Cotton Output refers to cotton production in the whole country including cotton planted in spring and in autumn. Output is measured as the weight of ginned cotton. Ceiba is not included.

Output of Oil-bearing Crops refers to the total production of oil-bearing crops of various kinds, including peanuts (dry, in shell), rapeseeds, sesame, sunflower seeds, flax seeds, and other oil-bearing crops. Soybeans, oil-bearing woody plants, and wild oil-bearing crops are not included.

Output of Aquatic Products refers to final output actually yielded from fishing production (fishery and breeding), including all output of marine and freshwater fish, crustaceans (shrimps, crabs), shellfish, cephalopod, seaweed and other fishery products. Data on output of aquatic products are reported by aquatic product and statistical agencies level by level. Before 1995, among the shellfish, oyster was counted as fresh meat; 5 kilograms of ark shell, clams and frogs are equivalent to 1 kilogram of fresh aquatic products; they have all been counted as fresh aquatic products since 1996.

Output of Pork, Beef, Mutton and Poultry refers to the meat of slaughtered hogs, cattle, sheep and goats with head, feet, and offal taken away. Data refers to the production of the whole country. Before 1996, it was a comprehensive reporting from the lower level to the upper one. The First Agricultural Census of China in 1996 revealed some discrepancy between the production of animal products from the annual reports and that from the census. Efforts were made to adjust the output value of animal husbandry to make the figures from the annual reports consistent with the census data. Since 1999, the NBS conducted sample surveys for the major animal husbandry products, such as hogs, cattle, sheep and goats and fowls, and the data from sample surveys are used as national finalized data. Those products, which are not covered by the sample survey, are still reported by statistical agencies level by level. In 2007, the data on animal husbandry from 2000 to 2006 were revised according to the results of the Second Agriculture Census of China. In 2008, A Monitoring and Survey Program was set up on main livestock, the data on the main livestock such as hog, cattle, sheep and poultry became the official data based on the sampling survey.

Number of Livestock or Poultry in Stock at Beginning/End of Period refers to the total number of large animals, pigs, sheep, fowls, etc. raised at the beginning/end of the reference period. Data reporting system and data adjustment are the same as that in the output of pork, beef, mutton and poultry.

Sown Area of Crops refers to area of all land (cultivated or non-cultivated area) sown or transplanted with crops that are harvested within the calendar year by agricultural producers. All crops harvested within the year are counted as sown area, regardless of being sown in this year or the previous year. Crops sown this year but will be harvested in the coming year are excluded.

Irrigated Area of Cultivated Land refers to area of land that are effectively irrigated, i.e. relatively level land, where there are water sources or complete sets of irrigation facilities to lift and move adequate water for irrigation purpose under normal conditions. Under normal situations, irrigated area is the sum of watered fields and irrigated fields where irrigation systems or equipment have been installed for regular irrigation purpose. It is an important indicator to reflect the farmland water conservancy construction in China.

Consumption of Chemical Fertilizers in Agriculture refers to the quantity of chemical fertilizers applied in agriculture in the year, including nitrogenous fertilizer, phosphate fertilizer, potash fertilizer, and compound fertilizer. The consumption of chemical fertilizers is calculated in terms of volume of effective components by means of converting the gross weight of the respective fertilizers into weight containing effective component (e.g. nitrogen content in nitrogenous fertilizer, phosphorous pentoxide contents in phosphate fertilizer, and potassium oxide contents in potash fertilizer). Compound fertilizer is converted in regard to its major components. The formula is:

Volume of effective component = physical quantity× effective component of certain chemical fertilizer (%)

Total Power of Agricultural Machinery refers to the total rated capacity of all agricultural machinery. Agricultural machinery refers to the machineries and equipments which are used for activities of planting, animal husbandry, fishery, primary processing of agricultural products, agricultural transport and infrastructure construction of farmland. Total power of agricultural machinery is grouped into four parts according to the energy used:

Diesel engine power refers to the total rated capacity of all diesel engines.

Gasoline engine power refers to the total rated capacity of all gasoline engines.

Motor power refers to the total rated capacity of all motors (include submersible pump motors).

Other mechanical powers refer to the total mechanical capacity of the sources of energy besides diesel, gasoline and motor power, such as hydro power, wind power, coal and solar energy.

Data are mainly from agricultural machinery agencies.

Number of Households in Villages refers to households resident on a long term basis (i.e. 1 year or more) in administrative districts in townships (not including urban townships), including rural households resident in areas under the jurisdiction of urban townships. Households whose household registration is not in the locality yet resident for one year or more are included among the rural households. Households having local household registration yet the whole household having left for somewhere else for work for one year or more, whether still retaining contracted farmland, are not included among the local rural households. Also not included are collective households associated with institutions of the State economy, organizations, schools and enterprises.

Number of Residents of Villages refers to the number of usual residents in usual resident households in rural areas. These are persons who are regularly at home or are at home for 6 months or more and economically and socially integrated with the household. For persons who are away from home for employment for more than 6 months yet the main income is brought back home and thus economically integrated with the household, the person is still considered as a usual resident of the household. National employee and retired personnel who reside at home and whose living is integrated with the household are also considered as usual residents. However, serving military personnel, students at secondary technical level or above (unless commuting between school and home), employed persons who are regularly elsewhere the year round (except visiting relatives or receiving medical attention) and having a stable job and residence should not be considered as usual resident of the household.

Rural Persons Engaged refer to persons in the rural labour force aged over 16 years who are engaged in actual production and management activities and receive payment in kind or wages, including those covered within the labour force age bracket and regularly participating in production activities, and those who are out of the labour force age bracket yet also participating in production activities regularly. Students studying in other places with their permanent residence registered in local areas, servicemen and persons incapable of working are not included. Also not included are those who are waiting for jobs and those engaged in housework. Persons employed are classified as persons engaged in agriculture, forestry, animal husbandry or fishery activities; persons engaged in industrial activities; persons engaged in construction activities; persons engaged in transport, storage and telecommunications

activities; persons engaged in wholesale and retail trade and catering activities; and persons engaged in other non-agriculture activities. In case the person is engaged in more than one type of work, classification is according to the industry in which he works most of the time (where time is the same income would be the criterion).

工 业

CHAPTER 12 INDUSTRY

12-1 工业企业单位数
Number of Industry Enterprises

单位：个 (unit)

类别	Category	2017	2018	2019	2020	2021
总 计	**Total**	**3731**	**3251**	**3531**	**3830**	**4355**
#亏损企业	Loss-making Enterprises	1001	876	807	957	1170
#国有控股企业	State-holding Enterprises	482	466	492	512	604
按登记注册类型分	**Grouped by Status of Registration**					
内资企业	Domestic Invested Enterprise	3549	3096	3377	3684	4201
国有企业	State-owned Enterprises	119	109	89	47	114
#中央企业	Central Industry	14	20	24	12	38
集体企业	Collective-owned Enterprises	28	34	28	27	23
股份合作企业	Cooperative Enterprises	6	6	6	2	11
联营企业	Joint Ownership Enterprises					3
有限责任公司	Limited Liability Corporations	1532	1283	1334	1128	1137
股份有限公司	Share Holding Corporations Ltd.	191	169	166	107	86
私营企业	Private Enterprises	1660	1488	1746	2301	2814
私营独资企业	Private Sole-proprietorship Enterprises	32	23	27	35	48
私营合伙企业	Private Partnership Enterprises	2	2	3	4	5
私营有限责任公司	Private Limited Liability Corporations	1532	1383	1642	2168	2656
私营股份有限公司	Private Share-holding Corporations Ltd.	94	80	74	94	105
其他企业	Other Enterprises	13	7	8	9	13
港、澳、台商投资企业	Enterprises with Investment from Hong Kong, Macao and Taiwan	65	49	43	47	49
外商投资企业	Foreign Invested Enterprises	117	106	111	99	105
按轻重工业分	**Grouped by Light and Heavy Industry**					
轻 工 业	Light Industry	1793	1564	1664	1786	1983
重 工 业	Heavy Industry	1938	1687	1867	2044	2372
按企业规模分	**Grouped by Size of Enterprises**					
大 型	Large Enterprises	79	81	79	76	78
中 型	Medium-sized Enterprises	389	339	348	344	329
小 型	Small Enterprises	2601	2194	2286	2380	2570
微 型	Micro type	662	637	818	1030	1378
按行业分	**Grouped by Sector**					
采矿业	Mining	206	198	211	237	248
#煤炭开采和洗选业	Mining and Washing of Coal	137	135	144	156	159
石油和天然气开采业	Extraction of Petroleum and Natural Gas	2	2	3	2	2
制造业	Manufacturing	3107	2624	2838	3080	3528
电力、热力、燃气及水生产和供应业	Production and Supply of Electricity, heat, Gas and Water	418	429	482	513	579

12-2　工业企业主要经济指标(2021年)

单位：个、万元

类　别	Category	单位数 Number of Enterprises	#亏损企业 Loss-making Enterprises
总　计	**Total**	**4355**	**1170**
#亏损企业	**Loss-making Enterprises**	1170	1170
#国有控股企业	State-holding Enterprises	604	162
按登记注册类型分	**Grouped by Status of Registration**		
内资企业	Domestic Invested Enterprise	4201	1123
国有企业	State-owned Enterprises	114	29
#中央企业	Central Industry	38	4
集体企业	Collective-owned Enterprises	23	4
股份合作企业	Cooperative Enterprises	11	3
联营企业	Joint Ownership Enterprises	3	
有限责任公司	Limited Liability Corporations	1137	338
国有独资公司	Sole State-funded Corporations	101	33
其他有限责任公司	Other Limited Liability Corporations	1036	305
股份有限公司	Share Holding Corporations Ltd.	86	22
私营企业	Private Enterprises	2814	726
私营独资企业	Private Sole-proprietorship Enterprises	48	9
私营合伙企业	Private Partnership Enterprises	5	1
私营有限责任公司	Private Limited Liability Corporations	2656	682
私营股份有限公司	Private Share-holding Corporations Ltd.	105	34
其他企业	Other Enterprises	13	1
港、澳、台商投资企业	Enterprises with Investment from Hong Kong, Macao and Taiwan	49	13
外商投资企业	Foreign Invested Enterprises	105	34
按经济组织类型分	**Grouped by Medium-sized Enterprises**		
独资企业	Proprietorship	260	63
国有企业	State-owned Enterprises	114	29
集体企业	Collective-owned Enterprises	23	4
私营独资企业	Private Sole-proprietorship Enterprises	48	9
港澳台商独资经营企业	Sole-proprietorship Enterprises from Hong Kong, Macao and Taiwan	24	3
外资企业	Foreign Funded Enterprises	51	18
合作、合伙企业	Cooperative Enterprises and Partnership	37	6
股份合作企业	Cooperative Enterprises	11	3
国有联营企业	State Joint Ownership Enterprises	1	
集体联营企业	Collective Joint Ownership Enterprises	1	
国有与集体联营企业	Joint State-collective Ownership Enterprises		
其他联营企业	Other Joint Ownership Enterprises	1	
私营合伙企业	Private Partnership Enterprises	5	1
港澳台资合作经营企业	Cooperative Enterprises with Funds from Hong Kong, Macao and Taiwan	1	1
中外合作经营企业	Cooperative Enterprises	2	
其他企业(内资)	Other Enterprises (Domestic Funded)	13	1
股份有限公司	Share Holding Enterprises	197	59
股份有限公司(内资)	Share Holding Enterprises (Domestic Funded)	86	22
私营股份有限公司	Private Share Holding Corporations Ltd.	105	34
港澳台商投资股份有限公司	Share Holding Enterprises with Funds from Hong Kong, Macao and Taiwan		
外商投资股份有限公司	Share-holding Corporations Ltd.	6	3
有限责任公司	Limited Liability Corporations	3861	1042
国有独资公司	State Sole-proprietorship Corporations	101	33
私营有限责任公司	Private Limited Liability Corporations	2656	682
港澳台合资经营企业	Joint Venture Enterprises of Hong Kong, Macao and Taiwan	22	9
中外合资经营企业	Joint-venture Enterprises	46	13
其他有限责任公司	Other Limited Liability Corporations	1036	305

Maj[illegible] Indicators of Industrial Enterprises (2021)

(unit, 10000 yun)

工业总产值 Total Industrial Output Value	资产总计 Total Assets	[illegible]动资产 [illegible]计 Total Current Assets	应收帐款 Accounts Receivable	产成品 Finished Goods	固定资产原价 Original Value of Fixed Assets	固定资产净额 Net Fixed Assets	负债合计 Total Liabilities	营业收入 Business Revenue
113800669	[illegible]	**87091033**	**17583126**	**5324920**	**152391469**	**60880912**	**113668748**	**118343240**
22627224	[illegible]	20225873	3589432	1224383	37554326	18221713	39254970	22039920
56980323	[illegible]	47474556	7465408	1810588	120619206	42832648	69285493	59419352
105443686	[illegible]	79420537	15251990	4872678	144259855	57077890	104560961	107726174
3319461	[illegible]	3389872	574411	83559	4289922	1890830	4877092	3634313
2028886	[illegible]	2460025	347723	67907	1870000	875769	2808819	2335639
396555	[illegible]	517108	229800	9464	238245	59775	386567	362816
58752	[illegible]	25161	11247	2830	32953	17037	23421	49408
49564	[illegible]	13798	1800	6065	31054	21615	16435	49940
54911307	[illegible]	48232815	8227505	2056025	112291888	41745660	68011748	57272467
4008102	[illegible]	3076899	664130	107898	8948515	3919074	7446024	4628585
50903205	[illegible]	45155917	7563375	1948127	103343372	37826586	60565724	52643882
16231355	[illegible]	6368609	1222497	584323	11737362	4646344	8949909	16269195
30358452	[illegible]	20841387	4971762	2127619	15474475	8638523	22111900	29971316
318564	[illegible]	120512	[illegible]	11109	189354	122973	276444	263714
34965	[illegible]	12273	[illegible]	760	9459	4627	20338	36311
27461758	[illegible]	17659830	[illegible]	1921319	13649701	7630341	19436301	27171205
2543165	[illegible]	3048772	[illegible]	194432	1625961	880583	2378817	2500087
118241	[illegible]	31786	12967	2792	163955	58106	183889	116719
2335758	[illegible]	3601019	903793	158884	1638857	972907	3508061	2622131
6021224	[illegible]	4069478	1427344	293358	6492758	2830115	5599726	7994935
7952113	[illegible]	8437557	1997713	393298	8524538	3786700	10119132	9093722
3319461	[illegible]	[illegible]	574411	83559	4289922	1890830	4877092	3634313
396555	[illegible]	[illegible]	229800	9464	238245	59775	386567	362816
318564	[illegible]	[illegible]	30267	11109	189354	122973	276444	263714
1408244	[illegible]	[illegible]	820454	98361	770361	551595	2491802	1808915
2509289	[illegible]	[illegible]	342780	190805	3036655	1161527	2087227	3023965
336154	[illegible]	[illegible]	47749	17845	355189	151787	319751	326333
58752	[illegible]	25161	11247	2830	32953	17037	23421	49408
11726	[illegible]	8379	1573	4532	2632	2483	7357	10192
35215	[illegible]	2074	228	550	26282	17047	7020	37125
2622	[illegible]	3345		983	2140	2086	2058	2622
34965	[illegible]	12273	3389	760	9459	4627	20338	36311
1733	[illegible]	3245	2280		33251	12093	10284	1733
40505	[illegible]	35366	5635		77942	35969	45192	40505
118241	[illegible]	31786	12967	2792	163955	58106	183889	116719
18928776	[illegible]	10089918	1873505	808537	13484229	5580235	12076527	18936905
16231355	[illegible]	6368609	1222497	584323	11737362	4646344	8949909	16269195
2543165	[illegible]	3048772	566331	194432	1625961	880583	2378817	2500087
154255	[illegible]	672536	84678	29782	120905	53308	747801	167623
86583626	[illegible]	68406847	13664160	4105240	130027514	51362189	91153337	89986280
4008102	[illegible]	3076899	664130	107898	8948515	3919074	7446024	4628585
[illegible]	[illegible]	17659830	4371775	1921319	13649701	7630341	19436301	27171205
[illegible]	[illegible]	684856	70629	55125	828671	406879	985782	779767
[illegible]	[illegible]	1829347	994251	72771	3257255	1579310	2719506	4762841
[illegible]	[illegible]	45155917	7563375	1948127	103343372	37826586	60565724	52643882

12-2 续表1

单位：个、万元

类　别	Category	单位数 Number of Enterprises
按轻重工业分	**Grouped by Light and Heavy Industry**	
轻工业	Light Industry	1983
重工业	Heavy Industry	2372
按行业分	**Grouped by Industry**	
采矿业	Mining and Quarrying	248
煤炭开采和洗选业	Mining and Washing of Coal	159
石油和天然气开采业	Extraction of Petroleum and Natural Gas	2
黑色金属矿采选业	Mining and Processing of Ferrous Metal Ores	9
有色金属矿采选业	Mining and Processing of Non-ferrous Metal Ores	14
非金属矿采选业	Mining and Processing of Non-metal Ores	36
开采专业及辅助性活动	Professional and Support Activities for Mining	28
其他采矿业	Mining of Other Ores	
制造业	Manufacturing	3528
农副食品加工业	Processing of Food from Agricultural Products	1235
食品制造业	Manufacture of Foods	158
酒、饮料和精制茶制造业	Manufacture of Liquor, Beverages and Refined Tea	76
烟草制品业	Manufacture of Tobacco	3
纺织业	Manufacture of Textile	45
纺织服装、服饰业	Manufacture of Textile, Wearing Apparel and Accessories	6
皮革、毛皮、羽毛及其制品和制鞋业	Manufacture of Leather, Fur, Feather and Related Products and Footwear	60
木材加工和木、竹、藤、棕、草制品业	Processing of Timber, Manufacture of Wood, Bamboo, Rattan, Palm and Straw Products	148
家具制造业	Manufacture of Furniture	35
造纸和纸制品业	Manufacture of Paper and Paper Products	39
印刷和记录媒介复制业	Printing and Reproduction of Recording Media	24
文教、工美、体育和娱乐用品制造业	Manufacture of Articles for Culture, Education, Arts and Crafts, Sport and Entertainment Activities	18
石油、煤炭及其他燃料加工业	Processing of Petroleum, Coal and Other Fuels	58
化学原料和化学制品制造业	Manufacture of Raw Chemical Materials and Chemical Products	222
医药制造业	Manufacture of Medicines	141
化学纤维制造业	Manufacture of Chemical Fibers	4
橡胶和塑料制品业	Manufacture of Rubber and Plastics Products	87
非金属矿物制品业	Manufacture of Non-metallic Mineral Products	383
黑色金属冶炼及压延加工业	Smelting and Pressing of Ferrous Metals	21
有色金属冶炼及压延加工业	Smelting and Pressing of Non-ferrous Metals	19
金属制品业	Manufacture of Metal Products	134
通用设备制造业	Manufacture of General Purpose Machinery	151
专用设备制造业	Manufacture of Special Purpose Machinery	204
汽车制造业	Manufacture of Automobiles	35
铁路、船舶、航空航天和其他运输设备制造业	Manufacture of Railroad, Ship, Aerospace and Other Transport Equipment	51
电气机械及器材制造业	Manufacture of Electrical Machinery and Apparatus	77
计算机、通信和其他电子设备制造业	Manufacture of Computers, Communication and Other Electronic Equipment	18
仪器仪表制造业	Manufacture of Measuring Instruments and Machinery	35
其他制造业	Other Manufacture	10
废弃资源综合利用业	Comprehensive Utilization of Waste Resources Industry	24
金属制品、机械和设备修理业	Repair Service of Metal Products, Machinery and Equipment	7
电力、热力、燃气及水生产和供应业	Production and Supply of Electricity, heat, Gas and Water	579
电力、热力生产和供应业	Production and Supply of Electric Power and Heat Power	489
燃气生产和供应业	Production and Supply of Gas	49
水的生产和供应业	Production and Supply of Water	41

Continued

(unit, 10000 yuan)

#亏损企业 Loss-making Enterprises	工业总产值 Total Industrial Output Value	资产总计 Total Assets	流动资产合计 Total Current Assets	应收帐款 Accounts Receivable	产成品 Finished Goods	固定资产原价 Original Value of Fixed Assets	固定资产净额 Net Fixed Assets	负债合计 Total Liabilities	营业收入 Business Revenue
508	32800512	34902921	21302068	4508265	2429330	15167663	8672797	19774775	34023743
662	81000157	151598918	65788965	13074862	2895590	137223806	52208114	93893972	84319498
51	19525919	53345363	20923971	1754356	764327	67542355	18641399	27546280	20730184
34	4952513	9477796	3950278	703056	335660	7753923	3315357	7426868	5407137
	10231007	36636123	12969365	256962	279223	55857261	13732472	13963129	11051210
3	72417	482404	111767	11039	12027	276219	175671	340965	157657
5	1267161	1997509	514531	25692	23683	925183	576035	1018620	1238476
6	282090	498201	260564	95071	21628	143557	90009	219798	276679
3	2720730	4253330	3117465	662536	92106	2580212	751856	4576901	2599025
905	79823953	92995098	55361996	13036291	4511394	43048615	21708533	57602122	82820573
299	17796437	13960485	8856674	1381359	1468575	5301943	3399583	9019319	19090889
58	5882872	7428928	4538128	1620642	252362	3433466	2064047	4157688	6333458
28	2236041	2964370	1613014	199038	131549	1793787	1043756	1601935	2274356
	1305365	1067515	701273	64906	28977	675045	301082	231917	1326325
15	363655	482976	326514	52492	80098	198954	92648	288331	310340
2	73560	105494	82287	55160	3444	29737	19409	77441	69594
3	637390	126297	96869	56429	14906	16699	10192	63162	617389
64	759110	702066	538952	133664	108762	142818	77389	453531	605280
12	248555	357156	234274	60674	55829	166393	79001	241583	245973
13	478483	643819	331650	130086	47969	531037	227457	340377	476452
5	135349	159813	98567.4	33125	6713.7	106865.9	42988.4	102354.5	138024.2
5	46405	85142	46609	10774	9234	26159	18223	64316	42706
17	16096230	9344120	3550422	285027	339664	10061316	4062565	6099956	15357302
73	4021483	5566287	3035404	499821	356849	2936403	1322473	3887989	4127606
34	2492189	5858416	3392145	582718	226528	2289984	1016154	2697682	2093091
3	38901	91265	71008	3071	1223	16709	7751	43175	11798
13	550225	580573	363428	139134	50053	394786	155950	393573	520287
99	3572188	7248501	4046814	1548271	277371	3285229	1700331	4897471	3384011
5	4880242	4279661	1715390	237208	79992	2128585	1591385	2722629	5385105
4	1688949	1081079	396295	20613	15558	808808	533573	662157	1745623
27	1132578	2492895	1893897	313603	63022	634080	373016	1885186	1129256
31	2728623	6650153	5048359	1208698	119477	1804183	797172	4369918	2562252
40	2342326	5887629	3674703	1188953	175585	1302489	600736	3710390	2664238
11	2481735	2993811	1784731	550470	114006	1328543	544583	2016322	4105846
9	3798158	5747354	4120683	1350290	169193	1601193	624527	3568054	3657980
12	1881098	3914239	2853376	712396	147385	963456	420354	2153683	1989590
5	238224	872211	416843	138939	87822	220888	115590	383518	209081
3	465453	834696	634282	147532	30514	205702	92662	507677	488172
1	522949	714423	414609	130151	18852	383511	215608	447923	569934
10	810172	376149	290251	132600	24712	80742	48006	252661	1151740
4	119013	377576	194547	48447	5172	179105	110322	260203	136875
214	14450797	40161378	10805067	2792479	49199	41800499	20530979	28520345	14792483
186	13441689	35698427	8875521	2563239	27737	40040888	19563761	25699869	13796906
12	619644	1103483	402334	114848	17404	738989	373889	641709	626140
16	389464	3359468	1527212	114392	4059	1020621	593330	2178767	369437

12-2 续表2

单位：万元

类 别	Category
总 计	**Total**
#亏损企业	**Loss-making Enterprises**
#国有控股企业	State-holding Enterprises
按登记注册类型分	**Grouped by Status of Registration**
内资企业	Domestic Invested Enterprise
国有企业	State-owned Enterprises
#中央企业	Central Industry
集体企业	Collective-owned Enterprises
股份合作企业	Cooperative Enterprises
联营企业	Joint Ownership Enterprises
有限责任公司	Limited Liability Corporations
国有独资公司	Sole State-funded Corporations
其他有限责任公司	Other Limited Liability Corporations
股份有限公司	Share Holding Corporations Ltd.
私营企业	Private Enterprises
私营独资企业	Private Sole-proprietorship Enterprises
私营合伙企业	Private Partnership Enterprises
私营有限责任公司	Private Limited Liability Corporations
私营股份有限公司	Private Share-holding Corporations Ltd.
其他企业	Other Enterprises
港、澳、台商投资企业	Enterprises with Investment from Hong Kong, Macao and Taiwan
外商投资企业	Foreign Invested Enterprises
按经济组织类型分	**Grouped by Medium-sized Enterprises**
独资企业	Proprietorship
国有企业	State-owned Enterprises
集体企业	Collective-owned Enterprises
私营独资企业	Private Sole-proprietorship Enterprises
港澳台商独资经营企业	Sole-proprietorship Enterprises from Hong Kong, Macao and Taiwan
外资企业	Foreign Funded Enterprises
合作、合伙企业	Cooperative Enterprises and Partnership
股份合作企业	Cooperative Enterprises
国有联营企业	State Joint Ownership Enterprises
集体联营企业	Collective Joint Ownership Enterprises
国有与集体联营企业	Joint State-collective Ownership Enterprises
其他联营企业	Other Joint Ownership Enterprises
私营合伙企业	Private Partnership Enterprises
港澳台资合作经营企业	Cooperative Enterprises with Funds from Hong Kong, Macao and Taiwan
中外合作经营企业	Cooperative Enterprises
其他企业(内资)	Other Enterprises (Domestic Funded)
股份有限公司	Share Holding Enterprises
股份有限公司(内资)	Share Holding Enterprises (Domestic Funded)
私营股份有限公司	Private Share Holding Corporations Ltd.
港澳台商投资股份有限公司	Share Holding Enterprises with Funds from Hong Kong, Macao and Taiwan
外商投资股份有限公司	Share-holding Corporations Ltd.
有限责任公司	Limited Liability Corporations
国有独资公司	State Sole-proprietorship Corporations
私营有限责任公司	Private Limited Liability Corporations
港澳台合资经营企业	Joint Venture Enterprises of Hong Kong, Macao and Taiwan
中外合资经营企业	Joint-venture Enterprises
其他有限责任公司	Other Limited Liability Corporations

Continued

(10000 yuan)

营业成本 Business Cost	销售费用 Selling Expenses	管理费用 Management Expenses	财务费用 Financial Expenses	利息费用 Expenditure for Interests	利润总额 Total Profits	亏损企业亏损总额 Total Losses Made by Enterprises-in-red
98342215	**2732389**	**5149580**	**1578213**	**1646455**	**5369835**	**2559116**
22255476	421597	985120	587347	492002	-2559116	2559116
48310911	604033	3061903	935444	1122698	1630679	1720449
89683845	2101170	4669126	1454846	1517783	4228341	2273988
3115312	25396	147757	40230	33819	268612	46360
1950772	16600	96539	14164	18087	222938	10417
322053	4273	28502	334	107	9283	11204
40575	823	4606	113	17	2808	174
34693	216	2724	152	154	10100	
47848745	917603	2837621	916821	1076286	1535755	1533879
3950292	21405	355414	128861	123611	138052	109495
43898453	896198	2482207	787960	952674	1397703	1424384
12215753	272910	553113	157942	147203	1071910	247081
25986528	879594	1094051	331557	252523	1344000	419434
203262	5069	14116	6929	6680	28874	1392
34456	174	913	61	14	254	359
23778679	765894	944302	280591	202762	1028319	376391
1970132	108457	134719	43976	43077	286553	41292
120186	356	753	7698	7666	-14127	15856
1835852	297885	81128	25010	38984	588085	24136
6822518	333333	399327	98357	89689	553409	260992
7482856	389018	344048	97019	85620	875047	186587
3115312	25396	147757	40230	33819	268612	46360
322053	4273	28502	334	107	9283	11204
203262	5069	14116	6929	6680	28874	1392
1214843	237852	42922	14850	27797	493964	4083
2627387	116428	110751	34677	17217	74314	123548
275395	6469	13187	8094	8005	11456	16586
40575	823	4606	113	17	2808	174
9713	132	92	154	154	77	
22423	52	2606	-2		10015	
2557	32	25			8	
34456	174	913	61	14	254	359
1928		117	3	7	-197	197
25940	379	2672	31		11431	
120186	356	753	7698	7666	-14127	15856
14359325	387739	700292	222926	210467	1386449	322031
12215753	272910	553113	157942	147203	1071910	247081
1970132	108457	134719	43976	43077	286553	41292
173440	6373	12460	21008	20188	27986	33658
76224639	1949163	4092055	1250173	1342363	3096884	2033912
3950292	21405	355414	128861	123611	138052	109495
23778679	765894	944302	280591	202762	1028319	376391
601464	55513	36687	10120	11032	93132	19856
3995751	210153	273444	42641	52284	439679	103786
43898453	896198	2482207	787960	952674	1397703	1424384

12-2　续表3

单位：万元

类　别	Category
按轻重工业分	**Grouped by Light and Heavy Industry**
轻工业	Light Industry
重工业	Heavy Industry
按行业分	**Grouped by Industry**
采矿业	Mining and Quarrying
煤炭开采和洗选业	Mining and Washing of Coal
石油和天然气开采业	Extraction of Petroleum and Natural Gas
黑色金属矿采选业	Mining and Processing of Ferrous Metal Ores
有色金属矿采选业	Mining and Processing of Non-ferrous Metal Ores
非金属矿采选业	Mining and Processing of Non-metal Ores
开采专业及辅助性活动	Professional and Support Activities for Mining
其他采矿业	Mining of Other Ores
制造业	Manufacturing
农副食品加工业	Processing of Food from Agricultural Products
食品制造业	Manufacture of Foods
酒、饮料和精制茶制造业	Manufacture of Liquor, Beverages and Refined Tea
烟草制品业	Manufacture of Tobacco
纺织业	Manufacture of Textile
纺织服装、服饰业	Manufacture of Textile, Wearing Apparel and Accessories
皮革、毛皮、羽毛及其制品和制鞋业	Manufacture of Leather, Fur, Feather and Related Products and Footwear
木材加工和木、竹、藤、棕、草制品业	Processing of Timber, Manufacture of Wood, Bamboo, Rattan, Palm and Straw Products
家具制造业	Manufacture of Furniture
造纸和纸制品业	Manufacture of Paper and Paper Products
印刷和记录媒介复制业	Printing and Reproduction of Recording Media
文教、工美、体育和娱乐用品制造业	Manufacture of Articles for Culture, Education, Arts and Crafts, Sport and Entertainment Activities
石油、煤炭及其他燃料加工业	Processing of Petroleum, Coal and Other Fuels
化学原料和化学制品制造业	Manufacture of Raw Chemical Materials and Chemical Products
医药制造业	Manufacture of Medicines
化学纤维制造业	Manufacture of Chemical Fibers
橡胶和塑料制品业	Manufacture of Rubber and Plastics Products
非金属矿物制品业	Manufacture of Non-metallic Mineral Products
黑色金属冶炼及压延加工业	Smelting and Pressing of Ferrous Metals
有色金属冶炼及压延加工业	Smelting and Pressing of Non-ferrous Metals
金属制品业	Manufacture of Metal Products
通用设备制造业	Manufacture of General Purpose Machinery
专用设备制造业	Manufacture of Special Purpose Machinery
汽车制造业	Manufacture of Automobiles
铁路、船舶、航空航天和其他运输设备制造业	Manufacture of Railroad, Ship, Aerospace and Other Transport Equipment
电气机械及器材制造业	Manufacture of Electrical Machinery and Apparatus
计算机、通信和其他电子设备制造业	Manufacture of Computers, Communication and Other Electronic Equipment
仪器仪表制造业	Manufacture of Measuring Instruments and Machinery
其他制造业	Other Manufacture
废弃资源综合利用业	Comprehensive Utilization of Waste Resources Industry
金属制品、机械和设备修理业	Repair Service of Metal Products, Machinery and Equipment
电力、热力、燃气及水生产和供应业	Production and Supply of Electricity, heat, Gas and Water
电力、热力生产和供应业	Production and Supply of Electric Power and Heat Power
燃气生产和供应业	Production and Supply of Gas
水的生产和供应业	Production and Supply of Water

Continued

(10000 yuan)

营业成本 Business Cost	销售费用 Selling Expenses	管理费用 Management Expenses	财务费用 Financial Expenses	利息费用 Expenditure for Interests	利润总额 Total Profits	亏损企业亏损总额 Total Losses Made by Enterprises--in-red
28304134	1641413	1120675	277495	247042	2064444	383060
70038081	1090975	4028905	1300717	1399414	3305392	2176056
14458771	171842	1664526	286874	497762	1967402	107831
3928730	52723	581180	69000	67471	515535	26314
7316399	96538	880637	189555	405295	848573	
132468	3462	13786	1301	1317	2459	2655
480979	1161	46695	22755	19983	593606	2151
178328	11876	15687	763	1607	56805	4291
2421867	6082	126541	3500	2091	-49577	72420
69500367	2464530	3008415	696154	659714	4026905	1109914
17626198	434736	349326	173516	133885	469998	173395
4717905	572535	180336	21991	44458	1008097	56531
1853452	144755	79591	24761	20181	87615	41052
440301	12579	149552	-5538	61	78629	
282906	4712	12703	5276	3391	3458	9057
66396	80	2117	33	30	820	112
583091	1576	2110	46	41	20989	362
553225	20143	15099	4046	2518	5021	17580
214286	11152	16241	2748	2200	-549	6039
415274	9240	22859	6725	3400	14961	6927
121642	3669	7947	2240	1345	1743	769
38876	1133	1976	327	177	-393	1401
11842536	217175	339096	97376	97285	861633	130036
3639957	68530	211209	52564	46593	72382	125519
1032832	418418	247504	23476	26338	373310	39192
12774	393	1150	445	272	-3645	4245
465746	12795	21025	2876	1492	11695	2442
2858699	89901	183845	56019	45931	199017	38278
4701593	125198	80514	83243	63242	180765	11637
1605098	6309	29218	19708	18019	54504	2050
973910	12923	68186	-598	5305	50983	10334
2282806	70803	178679	14302	22645	-57722	195592
2302028	61928	129776	65525	60056	57879	71220
3594108	26246	291953	-5891	7214	353385	24396
3233448	27698	162101	7311	13903	117014	13968
1750664	68013	101661	19012	18776	7092	73831
161041	8071	13805	10636	12204	913	17413
371629	20323	42825	7604	4139	8761	29271
469270	3108	41030	-782	185	30734	101
1172161	9211	8844	4664	1950	9514	5475
116519	1176	16141	2494	2481	8305	1689
14383077	96017	476640	595184	488979	-624471	1341371
13577384	18935	403249	542864	440364	-682748	1254955
523891	54539	31807	2366	4661	26612	6374
281803	22544	41584	49954	43953	31665	80042

12-3 大中型工业企业主要经济指标(2021年)

单位：个、万元

类　别	Category	单位数 Number of Enterprises	#亏损企业 Loss-making Enterprises
总　计	**Total**	**407**	**113**
#亏损企业	Loss-making Enterprises	113	113
#国有及国有控股企业	State-owned and State-holding Enterprises	174	61
#大　型	Large-sized Enterprises	78	18
按登记注册类型分	**Grouped by Status of Registration**		
内资企业	Domestic Funded	**363**	**99**
国有企业	State-owned Enterprises	22	7
#中央企业	Central Industry	3	
集体企业	Collective-owned Enterprises	8	2
股份合作企业	Cooperative Enterprises	1	
联营企业	Joint Ownership Enterprises	1	
有限责任公司	Limited Liability Corporations	193	64
国有独资公司	Sole State-funded Corporations	33	10
其他有限责任公司	Other Limited Liability Corporations	160	54
股份有限公司	Share Holding Enterprises	30	6
私营企业	Private Enterprises	107	19
私营独资企业	Private-funded Enterprises	3	
私营合伙企业	Private Partnership	1	
私营有限责任公司	Private Limited Liability Corporations	93	19
私营股份有限公司	Private Share-holding Enterprises	10	
其他企业	Other Enterprises	1	1
港、澳、台商投资企业	Enterprises with Funds from Hong Kong, Macao and Taiwan	13	5
外商投资企业	Foreign Funded Enterprises	31	9
按经济组织类型分	**Grouped by Type of Economic Organizations**		
独资企业	Proprietorship	**55**	**13**
国有企业	State-owned Enterprises	22	7
集体企业	Collective-owned Enterprises	8	2
私营独资企业	Private-funded Enterprises	3	
港澳台商独资经营企业	Proprietorship from Hong Kong, Macao and Taiwan	4	1
外资企业	Foreign Funded Enterprises	18	3
合作、合伙企业	Cooperative Enterprises and Partnership	5	1
股份合作企业	Cooperative Enterprises	1	
国有联营企业	State Joint Ownership Enterprises		
集体联营企业	Collective Joint Ownership Enterprises	1	
国有与集体联营企业	State and Collective Joint Ownership Enterprises		
其他联营企业	Other Joint Ownership Enterprises		
私营合伙企业	Private Partnership	1	
港澳台资合作经营企业	Cooperative Enterprises with Funds from Hong Kong, Macao and Taiwan		
中外合作经营企业	Sino-foreign Cooperative Enterprises	1	
其他企业(内资)	Other Enterprises (Domestic Funded)	1	1
股份有限公司	Share Holding Enterprises	43	8
股份有限公司(内资)	Share Holding Enterprises (Domestic Funded)	30	6
私营股份有限公司	Private Share Holding Enterprises	10	
港澳台商投资股份有限公司	Share Holding Enterprises with Funds from Hong Kong, Macao and Taiwan		
外商投资股份有限公司	Foreign Funded Share Holding Enterprises	3	2
有限责任公司	Limited Liability Corporations	304	91
国有独资公司	Sole State-funded Corporations	33	10
私营有限责任公司	Private Limited Liability Corporations	93	19
港澳台合资经营企业	joint venture Enterprises of Hong Kong, Macao and Taiwan	9	4
中外合资经营企业	Sino-foreign Cooperative joint venture Enterprises	9	4
其他有限责任公司	Other Limited Liability Corporations	160	54

Major Indicators of Large and Medium-Sized Industrial Enterprises(2021)

(unit, 10000 yuan)

工业总产值 Total Industrial Output Value	资产总计 Total Assets	流动资产合计 Total Current Assets	应收帐款 Accounts Receivable	产成品 Finished Goods	固定资产原价 Original Value of Fixed Assets	固定资产净额 Net Fixed Assets	负债合计 Total Liabilities	营业收入 Business Revenue
74317179	**126959120**	**54490922**	**8362384**	**2481123**	**122736525**	**44964982**	**74134841**	**78049781**
15175494	31848365	12056683	1941306	498221	29625910	14087379	26053039	14865562
46805302	92554199	36631949	4410394	1169818	106677723	35774920	53451968	48524764
50708306	91749894	37338269	4713210	1241782	101084360	33497889	52550873	55031462
67700479	**115860388**	**48221608**	**6667218**	**2152508**	**116642800**	**42218269**	**66669558**	**69525308**
1194213	2139578	1130119	354743	8286	1345981	775401	1475541	1186409
561426	715136	533687	162844	3535	193251	106157	389534	574293
227257	338047	282777	124755	8292	116457	50301	258041	233129
11975	7532	4157	500	2121	4833	2371	6469	11081
35215	19121	2074	228	550	26282	17047	7020	37125
41329410	85368741	34912376	4283242	1245327	97755176	33474174	49347038	43329775
2833279	6672999	2259352	298421	85210	6783234	2887018	5631866	3457074
38496131	78695741	32653024	3984821	1160117	90971942	30587155	43715172	39872701
15433118	14505914	5231614	901432	404939	11281342	4442999	8024115	15418245
9398633	13309167	6644536	996728	482994	5954670	3402318	7379045	9238883
85830	78073	23309	4660	2114	68892	38549	107092	76863
3652	2692	1786	1469		1248	665	2001	3041
7873186	9671439	4682078	705593	416005	4987836	2828416	5988069	7807740
1435964	3556964	1937363	285005	64875	896694	534688	1281883	1351239
70658	172289	13955	5591		158061	53659	172289	70659
1407796	4370789	2938543	581725	83643	966063	508818	2874513	1541107
5208904	6727942	3330772	1113442	244972	5127662	2237895	4590770	6983366
4433464	**8099096**	**4952975**	**1206755**	**258070**	**4336265**	**1998924**	**5301774**	**5015640**
1194213	2139578	1130119	354743	8286	1345981	775401	1475541	1186409
227257	338047	282777	124755	8292	116457	50301	258041	233129
85830	78073	23309	4660	2114	68892	38549	107092	76863
807984	3258405	2400754	537145	66467	307550	218373	2044403	1063126
2118181	2284993	1116016	185451	172912	2497384	916301	1416696	2456113
159256	274714	51638	10967	2671	257612	106125	232326	159663
11975	7532	4157	500	2121	4833	2371	6469	11081
35215	19121	2074	228	550	26282	17047	7020	37125
3652	2692	1786	1469		1248	665	2001	3041
37756	73081	29667	3179		67189	32383	44548	37756
70658	172289	13955	5591		158061	53659	172289	70659
17003238	19274388	7832920	1265913	499319	12298287	5030989	10050496	16915572
15433118	14505914	5231614	901432	404939	11281342	4442999	8024115	15418245
1435964	3556964	1937363	285005	64875	896694	534688	1281883	1351239
134155	1211510	663942	79476	29505	120252	53303	744498	146089
52721220	99310922	41653390	5878750	1721063	105844361	37828943	58550245	55958906
2833279	6672999	2259352	298421	85210	6783234	2887018	5631866	3457074
7873186	9671439	4682078	705593	416005	4987836	2828416	5988069	7807740
599813	1112384	537789	44579	17176	658513	290445	830110	477982
2918812	3158358	1521147	845336	42556	2442836	1235909	2385028	4343409
38496131	78695741	32653024	3984821	1160117	90971942	30587155	43715172	39872701

12-3 续表1

单位：个、万元

类别	Category	单位数 Number of Enterprises	#亏损企业 Loss-making Enterprises
按轻重工业分	**Grouped by Light and Heavy Industry**		
轻工业	Light Industry	130	29
重工业	Heavy Industry	277	84
按行业分	**Grouped by Industry**		
采矿业	Mining and Quarrying	57	5
煤炭开采和洗选业	Mining and Washing of Coal	42	2
石油和天然气开采业	Extraction of Petroleum and Natural Gas	2	
黑色金属矿采选业	Mining and Processing of Ferrous Metal Ores	2	
有色金属矿采选业	Mining and Processing of Non-ferrous Metal Ores	5	1
非金属矿采选业	Mining and Processing of Non-metal Ores	2	1
开采专业及辅助性活动	Professional and Support Activities for Mining	4	1
其他采矿业	Mining of Other Ores		
制造业	Manufacturing	256	54
农副食品加工业	Processing of Food from Agricultural Products	35	10
食品制造业	Manufacture of Foods	28	6
酒、饮料和精制茶制造业	Manufacture of Liquor, Beverages and Refined Tea	13	4
烟草制品业	Manufacture of Tobacco	3	
纺织业	Manufacture of Textile	6	1
纺织服装、服饰业	Manufacture of Textile, Wearing Apparel and Accessories	1	1
皮革、毛皮、羽毛及其制品和制鞋业	Manufacture of Leather, Fur, Feather and Related Products and Footwear		
木材加工和木、竹、藤、棕、草制品业	Processing of Timber,Manufacture of Wood,Bamboo,Rattan,Palm and Straw Products	2	
家具制造业	Manufacture of Furniture	5	2
造纸和纸制品业	Manufacture of Paper and Paper Products	2	
印刷和记录媒介复制业	Printing and Reproduction of Recording Media	2	
文教、工美、体育和娱乐用品制造业	Manufacture of Articles for Culture,Education and Sports Activities	1	1
石油、煤炭及其他燃料加工业	Processing of Petoleum,Coal and Other Fuels	23	4
化学原料和化学制品制造业	Manufacture of Raw Chemical Materials and Chemical Products	18	3
医药制造业	Manufacture of Medicines	24	1
化学纤维制造业	Manufacture of Chemical Fibers		
橡胶和塑料制品业	Manufacture of Rubber and Plastics Products	2	
非金属矿物制品业	Manufacture of Non-metallic Mineral Products	19	1
黑色金属冶炼及压延加工业	Smelting and Pressing of Ferrous Metals	5	1
有色金属冶炼及压延加工业	Smelting and Pressing of Non-ferrous Metals	3	
金属制品业	Manufacture of Metal Products	5	2
通用设备制造业	Manufacture of General Purpose Machinery	14	4
专用设备制造业	Manufacture of Special Purpose Machinery	14	2
汽车制造业	Manufacture of Automobiles	6	1
铁路、船舶、航空航天和其他运输设备制造业	Manufacture of Railroad, Ship, Aerospace and Other Transport Equipment	8	3
电气机械及器材制造业	Manufacture of Electrical Machinery and Apparatus	9	3
计算机、通信和其他电子设备制造业	Manufacture of Computers,Communication and Other Electronic Equipment	3	2
仪器仪表制造业	Manufacture of Measuring Instruments	3	1
其他制造业	Other Manufacturing		
废弃资源综合利用业	Comprehensive Utilization of Waste Resources Industry		
金属制品、机械和设备修理业	Repair Service of Metal Products, Machinery and Equipment	2	1
电力、热力、燃气及水生产和供应业	Production and Supply of Electric Power, heat, Gas and Water	94	54
电力、热力生产和供应业	Production and Supply of Electric Power and Heat Power	76	45
燃气生产和供应业	Production and Supply of Gas	4	
水的生产和供应业	Production and Supply of Water	14	9

Continued

(unit, 10000 yuan)

工业总产值 Total Industrial Output Value	资产总计 Total Assets	流动资产合计 Total Current Assets	应收帐款 Accounts Receivable	产成品 Finished Goods	固定资产原价 Original Value of Fixed Assets	固定资产净额 Net Fixed Assets	负债合计 Total Liabilities	营业收入 Business Revenue
15168990	18691263	10790635	2266506	949298	8901374	5101978	9806953	15672832
59148189	108267856	43700287	6095878	1531825	113835151	39863004	64327888	62376949
17226546	49721902	18673427	1353409	509429	66166108	17961360	25198194	18281328
3374930	7648645	2558391	546493	115147	7236576	3053296	5992401	3665442
10231007	36636123	12969365	256962	279223	55857261	13732472	13963129	11051210
53825	206001	22071	1955	8996	196238	138431	119443	134687
927654	1363495	325617	9532	8893	505489	342051	716649	907643
66046	79897	52204	39033	5519	21480	11895	19855	73918
2573083	3787741	2745779	499434	91651	2349065	683215	4386717	2448429
47563168	54501060	29935720	6128423	1966274	29723186	14500711	32728360	49699316
5195705	4314931	2282154	316128	441971	2201178	1477021	2834488	5605952
4586513	5817984	3569339	1236788	146712	2573716	1638118	3215570	4867827
1756364	1936217	1106363	150018	84538	1152728	704846	1042699	1808375
1305365	1067515	701273	64906	28977	675045	301082	231917	1326325
136681	158263	110526	19993	26596	77209	37597	98805	170669
10817	12081	9306	992	95	4977	2668	881	8331
113419	150260	118205	26604	4624	30201	14250	72481	105739
83575	180315	97701	13365	38460	117783	53107	108525	106592
232576	302894	145192	37097	31806	337698	117222	57559	229403
19614	40004	24313	6448	420	31115	6314	10401	20361
2377	16262	10995	713	2810	7110	3916	15306	2747
15747436	9110300	3395059	247610	316645	9977873	4010824	5974526	14986660
1706615	1722780	949835	161842	68505	1671066	647900	1048207	1737181
1427104	3963034	2263822	317925	98955	1451985	585306	1738879	1099246
135132	106253	56369	23431	12545	177848	42909	107470	131738
1200569	3321736	1681500	452195	98588	1378244	727635	2099749	1084937
4613466	4097003	1601243	205219	68050	2060066	1544817	2601014	5095339
1586161	912721	329982	3850	8824	748595	497860	563182	1630834
138369	262388	166029	56682	25901	123648	71971	146960	105750
1943940	4680079	3800469	870774	65627	1066823	374607	3352674	1766078
1224398	4447756	2541783	721619	106050	952495	417530	2841623	1823443
2280402	2657335	1576106	481029	93204	1223639	492411	1803972	3749243
549667	1196337	633959	212107	12978	511040	210406	426922	608944
1195880	2871902	2175017	367786	106759	775958	320162	1669741	1278450
112456	506037	143194	55299	67821	166709	89573	262225	69166
154783	370740	278328	41607	8814	100213	39593	198653	162067
103786	277933	167661	36396		128225	71067	203934	117920
9527465	22736158	5881776	880552	5420	26847231	12502912	16208287	10069136
8996485	19668101	4416469	831624	2375	25682813	11919792	14331559	9553490
288587	456427	92454	21435	2764	371226	143994	194032	302870
242393	2611631	1372852	27493	282	793192	439126	1682695	212776

12-3 续表2

单位：万元

类　别	Category
总　计	**Total**
#亏损企业	Loss-making Enterprises
#国有控股企业	State-holding Enterprises
#大　型	Large-sized Enterprises
按登记注册类型分	**Grouped by Status of Registration**
内资企业	Domestic Invested Enterprise
国有企业	State-owned Enterprises
#中央企业	Central Industry
集体企业	Collective-owned Enterprises
股份合作企业	Cooperative Enterprises
联营企业	Joint Ownership Enterprises
有限责任公司	Limited Liability Corporations
国有独资公司	Sole State-funded Corporations
其他有限责任公司	Other Limited Liability Corporations
股份有限公司	Share Holding Corporations Ltd.
私营企业	Private Enterprises
私营独资企业	Private Sole-proprietorship Enterprises
私营合伙企业	Private Partnership Enterprises
私营有限责任公司	Private Limited Liability Corporations
私营股份有限公司	Private Share-holding Corporations Ltd.
其他企业	Other Enterprises
港、澳、台商投资企业	Enterprises with Investment from Hong Kong, Macao and Taiwan
外商投资企业	Foreign Invested Enterprises
按经济组织类型分	**Grouped by Medium-sized Enterprises**
独资企业	Proprietorship
国有企业	State-owned Enterprises
集体企业	Collective-owned Enterprises
私营独资企业	Private Sole-proprietorship Enterprises
港澳台商独资经营企业	Sole-proprietorship Enterprises from Hong Kong, Macao and Taiwan
外资企业	Foreign Funded Enterprises
合作、合伙企业	Cooperative Enterprises and Partnership
股份合作企业	Cooperative Enterprises
国有联营企业	State Joint Ownership Enterprises
集体联营企业	Collective Joint Ownership Enterprises
国有与集体联营企业	Joint State-collective Ownership Enterprises
其他联营企业	Other Joint Ownership Enterprises
私营合伙企业	Private Partnership Enterprises
港澳台资合作经营企业	Cooperative Enterprises with Funds from Hong Kong, Macao and Taiwan
中外合作经营企业	Cooperative Enterprises
其他企业(内资)	Other Enterprises (Domestic Funded)
股份有限公司	Share Holding Enterprises
股份有限公司(内资)	Share Holding Enterprises (Domestic Funded)
私营股份有限公司	Private Share Holding Corporations Ltd.
港澳台商投资股份有限公司	Share Holding Enterprises with Funds from Hong Kong, Macao and Taiwan
外商投资股份有限公司	Share-holding Corporations Ltd.
有限责任公司	Limited Liability Corporations
国有独资公司	State Sole-proprietorship Corporations
私营有限责任公司	Private Limited Liability Corporations
港澳台合资经营企业	Joint Venture Enterprises of Hong Kong, Macao and Taiwan
中外合资经营企业	Joint-venture Enterprises
其他有限责任公司	Other Limited Liability Corporations

Continued

(10000 yuan)

营业成本 Business Cost	销售费用 Selling Expenses	管理费用 Management Expenses	财务费用 Financial Expenses	利息费用 Expenditure for Interests	利润总额 Total Profits	亏损企业亏损总额 Total Losses Made by Enterprises-in-red
62985954	**1834235**	**3727587**	**1008335**	**1206565**	**3723496**	**1813279**
15199840	**259311**	**572899**	**396241**	**360119**	**-1813279**	**1813279**
38917292	506448	2682150	688344	918998	1010308	1535153
44012089	962292	2806053	629759	846651	2116467	1167692
55952989	1258800	3315128	920570	1104912	2879622	1568647
977320	**13700**	**46871**	**9907**	**9387**	**119225**	**16028**
433986	7915	9863	982	1614	104187	
205788	1182	18674	190	106	8710	6578
7899		411			2216	
22423	52	2606	-2		10015	
35790573	633264	2351665	622719	833173	897113	1259111
2900870	18566	310938	89583	91962	106470	71445
32889702	614698	2040727	533137	741212	790642	1187666
11533485	243062	504503	138077	131013	1028482	227296
7338140	367540	390398	142029	123587	829718	43779
40360	1511	4908	5635	5644	20830	
2129		381	-1	0	238	
6275756	293798	331743	113478	88595.2	581888	43779
1019896	72231	53366	22917	29348	226761	
77362			7650	7646	-15856	15856
1035183	272502	56985	11256	27691	383489	13307
5997782	302933	355475	76510	73962	460385	231325
4087563	344289	181044	44642	44887	471729	123194
977320	**13700**	**46871**	**9907**	**9387**	**119225**	**16028**
205788	1182	18674	190	106	8710	6578
40360	1511	4908	5635	5644	20830	
698556	225377	28807	5850	21250	302081	2785
2165539	102519	81783	23060	8501.1	20884	97804
134507	431	5472	7697	7646	7129	15856
7899		411			2216	
22423	52	2606	-2		10015	
2129		381	-1		238	
24694	379	2074	49		10516	
77362			7650	7646	-15856	15856
12709212	319164	569329	181990	180549	1282839	260949
11533485	243062	504503	138077	131013	1028482	227296
1019896	72231	53366	22917	29348	226761	
155832	3870	11461	20996	20188	27596	33653
46054673	1170352	2971742	774006	973482	1961799	1413280
2900870	18566	310938	89583	91962	106470	71445
6275756	293798	331743	113478	88595	581888	43779
336627	47126	28178	5405	6441	81408	10522
3651717	196164	260156	32404	45273	401390	99868
32889702	614698	2040727	533137	741212	790642	1187666

12-3 续表3

单位：万元

类　别	Category	营业成本 Business Cost
按轻重工业分	**Grouped by Light and Heavy Industry**	
轻工业	Light Industry	11947523
重工业	Heavy Industry	51038431
按行业分	**Grouped by Industry**	
采矿业	Mining and Quarrying	12547453
煤炭开采和洗选业	Mining and Washing of Coal	2417915
石油和天然气开采业	Extraction of Petroleum and Natural Gas	7316399
黑色金属矿采选业	Mining and Processing of Ferrous Metals Ores	117230
有色金属矿采选业	Mining and Processing of Non-ferrous Metal Ores	339822
非金属矿采选业	Mining and Processing of Nonmetal Ores	52725
开采专业及辅助性活动	Professional and Support Activities For Mining	2303362
其他采矿业	Mining of Other Ores	
制造业	Manufacturing	40121492
农副食品加工业	Processing of Food from Agricultural Products	5097427
食品制造业	Manufacture of Foods	3604598
酒、饮料和精制茶制造业	Manufacture of Wine, soft drinks and refined tea	1495935
烟草制品业	Manufacture of Tobacco	440301
纺织业	Manufacture of Textile	153665
纺织服装、服饰业	Manufacture of Textile and Apparel	7365
皮革、毛皮、羽毛及其制品和制鞋业	Manufacture of Leather, Furs, Feather and Related Products and Footwear	
木材加工和木、竹、藤、棕、草制品业	Processing of Timber,Manufacture of Wood,Bamboo,Rattan, Palm and Straw Products	72685
家具制造业	Manufacture of Furniture	85999
造纸和纸制品业	Manufacture of Paper and Paper Products	189798
印刷和记录媒介复制业	Printing and Reproduction of Recording Media	17061
文教、工美、体育和娱乐用品制造业	Manufacture of Articles for Culture, Education and Sports Activities	2497
石油、煤炭及其他燃料加工业	Processing of Petroleum, Coal and Other Fuels	11532653
化学原料和化学制品制造业	Manufacture of Raw Chemical Materials and Chemical Products	1548589
医药制造业	Manufacture of Medicines	435971
化学纤维制造业	Manufacture of Chemical Fibers	
橡胶和塑料制品业	Manufacture of Rubber and Plastics Products	120654
非金属矿物制品业	Manufacture of Non-metallic Mineral Products	870544
黑色金属冶炼及压延加工业	Smelting and Pressing of Ferrous Metals	4421487
有色金属冶炼及压延加工业	Smelting and Pressing of Non-ferrous Metals	1509783
金属制品业	Manufacture of Metal Products	92510
通用设备制造业	Manufacture of General Purpose Machinery	1632387
专用设备制造业	Manufacture of Special Purpose Machinery	1612725
汽车制造业	Manufacture of Automobiles	3264636
铁路、船舶、航空航天和其他运输设备制造业	Manufacture of Railroad, Ship, Aerospace and Other Transport Equipment	488006
电气机械及器材制造业	Manufacture of Electrical Machinery and Apparatus	1139471
计算机、通信和其他电子设备制造业	Manufacture of Computers,Communication and Other Electronic Equipment	60046
仪器仪表制造业	Manufacture of Measuring Instruments	120956
其他制造业	Other Manufacturing	
废弃资源综合利用业	Comprehensive Utilization of Waste Resources Industry	
金属制品、机械和设备修理业	Repair Service of Metal Products, Machinery and Equipment	103740
电力、热力、燃气及水生产和供应业	Production and Supply of Electric Power, heat, Gas and Water	10317009
电力、热力生产和供应业	Production and Supply of Electric Power and Heat Power	9881561
燃气生产和供应业	Production and Supply of Gas	249916
水的生产和供应业	Production and Supply of Water	185533

Continued

(10000 yuan)

销售费用 Selling Expenses	管理费用 Management Expenses	财务费用 Financial Expenses	利息费用 Expenditure for Interests	利润总额 Total Profits	亏损企业亏损总额 Total Losses Made by Enterprises--in-red
1089692	648385	124609	136784	1348346	166587
744543	3079202	883726	1069781	2375151	1646692
122561	1560816	254664	473598	1722902	73783
19205	530890	52291	55697	408437	3575
96538	880637	189555	405295	848573	
534	10258	1279	1311	1967	
365	24910	9449	9589	509685	192
2891	3806	592	254	9981	1227
3029	110315	1498	1453	-55742	68789
1647119	1854177	454061	465113	2847140	652930
157011	123607	67504	61920	142940	60271
527287	123800	9911	31117	772419	27090
130746	43475	13464	12101	64082	23582
12579	149552	-5538	61	78629	
3128	5276	2304	831	6328	539
	851.1	27	30	-76	76
11013	4131	531	518	15596	
7273	11245	1597	1663	-1402	4214
4680	10453	2229	1334	14366	
177	2086	19	35	988	
219	222	0		-282	282
197080	329082	95868	96126.2	830647	124464
21635	87385	21996	18997	42929	7071
233232	158746	15697	18866	295637	12540
6165	2935	200	44	475	
15510	65538	37827	34028	112701	4341
123981	75758	81288	61219	180596	6668
4749	21901	16302	14899	45160	
800	8419	1458	1190	776	946
56797	117242	7204	18027	-101190	188732
38437	66140	59271	54768	19923	56586
23879	280509	-7888	6323	345819	22254
9892	63158	3800	4001	20240	8258
50795	74021	12216	12490	-20225	66719
918	5116	11263	11276	-11631	14790
8637	9737	4883	2617	-10648	22295
499	13793	627	631.8	2342	1213
64555	312595	299611	267854	-846545	1086566
5163	265897	267835	234529	-849495	1008746
39399	14723	-1936	1044	14684	
19993	31975	33712	32281	-11734	77819

12-4 国有控股工业企业主要经济指标(2021年)

单位：个、万元

类 别	Category	单位数 Number of Enterprises	#亏损企业 Loss-making Enterprises
总 计	**Total**	**604**	**162**
#亏损企业	Loss-making Enterprises	162	162
#大中型企业	Large and Medium-sized Enterprises	174	61
按轻重工业分	**Grouped by Light and Heavy Industry**		
轻工业	Light Industry	92	31
重工业	Heavy Industry	512	131
按行业分	**Grouped by Sector**		
采矿业	Mining and Quarrying	29	6
煤炭开采和洗选业	Mining and Washing of Coal	13	3
石油和天然气开采业	Extraction of Petroleum and Natural Gas	2	
黑色金属矿采选业	Mining and Processing of Ferrous Metals Ores		
有色金属矿采选业	Mining and Processing of Non-ferrous Metal Ores	2	
非金属矿采选业	Mining and Processing of Nonmetal Ores	9	2
开采专业及辅助性活动	Professional and Support Activities For Mining	3	1
其他采矿业	Mining of Other Ores		
制造业	Manufacturing	269	71
农副食品加工业	Processing of Food from Agricultural Products	43	17
食品制造业	Manufacture of Foods	14	4
酒、饮料和精制茶制造业	Manufacture of Wine, soft drinks and refined tea	7	4
烟草制品业	Manufacture of Tobacco	2	
纺织业	Manufacture of Textile	2	2
纺织服装、服饰业	Manufacture of Textile and Apparel		
皮革、毛皮、羽毛及其制品和制鞋业	Manufacture of Leather, Furs, Feather and Related Products and Footwear		
木材加工和木、竹、藤、棕、草制品业	Processing of Timber, Manufacture of Wood, Bamboo, Rattan, Palm and Straw Products	3	1
家具制造业	Manufacture of Furniture		
造纸和纸制品业	Manufacture of Paper and Paper Products	3	
印刷和记录媒介复制业	Manufacture of Printing and Record Medium Reproduction	3	1
文教、工美、体育和娱乐用品制造业	Manufacture of Articles for Culture, Education and Sports Activities	1	1
石油、煤炭及其他燃料加工业	Processing of Petroleum, Coal and Other Fuels	6	2
化学原料和化学制品制造业	Manufacture of Raw Chemical Materials and Chemical Products	23	6
医药制造业	Manufacture of Medicines	13	2
化学纤维制造业	Manufacture of Chemical Fibers		
橡胶和塑料制品业	Manufacture of Rubber and Plastics	3	
非金属矿物制品业	Manufacture of Non-metallic Mineral Products	39	9
黑色金属冶炼及压延加工业	Smelting and Pressing of Ferrous Metals	1	
有色金属冶炼及压延加工业	Smelting and Pressing of Non-ferrous Metals	3	
金属制品业	Manufacture of Metal Products	10	1
通用设备制造业	Manufacture of General Purpose Machinery	21	6
专用设备制造业	Manufacture of Special Purpose Machinery	20	6
汽车制造业	Manufacture of Automotive	6	2
铁路、船舶、航空航天和其他运输设备制造业	Manufacture of Railroad, Marine, Aerospace and Other Transportation Equipment	20	3
电气机械及器材制造业	Manufacture of Electrical Machinery and Equipment	10	1
计算机、通信和其他电子设备制造业	Manufacture of Computers, Communication and Other Electronic Equipment	2	
仪器仪表制造业	Manufacture of Measuring Instruments	4	1
其他制造业	Other Manufacturing	5	
废弃资源综合利用业	Comprehensive Utilization of Waste Resources Industry	3	1
金属制品、机械和设备修理业	Repair Service of Metal Products, Machinery and Equipment	2	1
电力、热力、燃气及水生产和供应业	Production and Supply of Electric Power, heat, Gas and Water	306	85
电力、热力生产和供应业	Production and Supply of Electric Power and Heat Power	273	72
燃气生产和供应业	Production and Supply of Gas	7	
水的生产和供应业	Production and Supply of Water	26	13

Major Indicators of State-Holding Industrial Enterprises (2021)

(unit, 10000 yuan)

工业总产值 Total Industrial Output Value	资产总计 Total Assets	流动资产合计 Total Current Assets	应收帐款 Accounts Receivable	产成品 Finished Goods	固定资产原价 Original Value of Fixed Assets	固定资产净额 Net Fixed Assets	负债合计 Total Liabilities	营业收入 Business Revenue
56980323	**115135419**	**47474556**	**7465408**	**1810588**	**120619206**	**42832648**	**69285493**	**59419352**
12876085	29592588	11229619	1651911	285756	27781621	13268129	25160968	12990071
46805302	92554199	36631949	4410394	1169818	106677723	35774920	53451968	48524764
5511878	7101873	3994707	478038	401979	3904627	2034601	4245949	5903031
51468445	108033547	43479850	6987369	1408609	116714579	40798047	65039544	53516322
15817793	47849746	18321130	1263850	479219	65150980	17295076	24237513	16979916
2897636	7039588	2472163	489851	95655	6640313	2687141	5645920	3240761
10231007	36636123	12969365	256962	279223	55857261	13732472	13963129	11051210
269995	333654	46512	838	7968	288596	165565	185571	261574
109958	227524	106300	20299	4721	36393	26683	78045	110008
2309198	3612857	2726790	495899	91651	2328418	683215	4364848	2316363
29772994	36883393	21818349	4317156	1319108	21344946	9199707	23969424	30681563
2467061	2614512	1460741	134894	241609	1175581	871515	2087328	2880514
989592	1152265	603996	126663	42806	693060	400573	683510	1023938
74620	163094	68145	6966	11014	120570	66065	93145	86189
1204116	984699	626687	61099	9769	644859	294096	221250	1229117
3489	47284	25363	-3544	1484	3069	2574	29862	6247
23195	42710	28944	12459	5906	17785	12345	19992	16895
200974	297612	143553	33385	34544	324637	113046	62833	203054
23370	44852	26594	7817	420	38152	7981	12235	24117
	24434	6929			32	2	16375	39
12129397	5209483	1390516	77320	130342	8466844	3154404	3149409	11499651
1622676	2051356	1198488	120286	217727	1578404	693083	1418438	1771110
518065	1674150	979714	97196	43730	842655	253239	963964	420678
12695	29419	18791	10920	2266	19822	8789	20512	14495
814510	1895426	777224	213971	82700	1331103	674815	1373778	755414
10346	30496	26030	4830	3482	5567	3381	13227	30125
512284	546362	166737	3547	5139	527597	309405	360611	554777
465386	1754873	1369385	95952	25158	369774	230882	1403886	474688
1583609	4432550	3522406	807916	27866	1115358	487651	3253463	1509664
900359	3905969	2152519	608060	84701	693156	351404	2581883	1537836
687216	1203788	737506	95507	69607	716449	181162	600375	850077
3531502	5138865	3746355	1203223	146242	1429862	543444	3346191	3396583
999780	2306397	1906495	378744	88531	613035	217896	1453281	1073241
20888	92552	71496	6312	3002	17381	12976	5960	35340
140215	285817	191478	21423	14896	130763	47261	206722	146672
485904	670839	384096	128226	15489	372255	209543	418438	536815
299056	148256	126167	53871	10679	23501	15097	89948	539105
52691	135335	61993	10113		73678	37079	82811	65186
11389536	30402281	7335077	1884402	12261	34123280	16337864	21078556	11757873
10835550	27101257	5848760	1788299	11139	32949801	15739898	19062635	11204480
270835	435035	81310	19706	218	341217	133191	172344	285991
283152	2865989	1405007	76397	904	832261	464775	1843577	267401

12-4 续表

单位：万元

类　别	Category
总　计	**Total**
#亏损企业	Loss-making Enterprises
#大中型企业	Large and Medium-sized Enterprises
按轻重工业分	**Grouped by Light and Heavy Industry**
轻工业	Light Industry
重工业	Heavy Industry
按行业分	**Grouped by Sector**
采矿业	Mining and Quarrying
煤炭开采和洗选业	Mining and Washing of Coal
石油和天然气开采业	Extraction of Petroleum and Natural Gas
黑色金属矿采选业	Mining and Processing of Ferrous Metals Ores
有色金属矿采选业	Mining and Processing of Non-ferrous Metal Ores
非金属矿采选业	Mining and Processing of Nonmetal Ores
开采专业及辅助性活动	Professional and Support Activities For Mining
其他采矿业	Mining of Other Ores
制造业	Manufacturing
农副食品加工业	Processing of Food from Agricultural Products
食品制造业	Manufacture of Foods
酒、饮料和精制茶制造业	Manufacture of Wine, soft drinks and refined tea
烟草制品业	Manufacture of Tobacco
纺织业	Manufacture of Textile
纺织服装、服饰业	Manufacture of Textile and Apparel
皮革、毛皮、羽毛及其制品和制鞋业	Manufacture of Leather, Furs, Feather and Related Products and Footwear
木材加工和木、竹、藤、棕、草制品业	Processing of Timber, Manufacture of Wood, Bamboo, Rattan, Palm and Straw Products
家具制造业	Manufacture of Furniture
造纸和纸制品业	Manufacture of Paper and Paper Products
印刷和记录媒介复制业	Printing and Reproduction of Recording Media
文教、工美、体育和娱乐用品制造业	Manufacture of Articles for Culture, Education and Sports Activities
石油、煤炭及其他燃料加工业	Processing of Petroleum, Coal and Other Fuels
化学原料和化学制品制造业	Manufacture of Raw Chemical Materials and Chemical Products
医药制造业	Manufacture of Medicines
化学纤维制造业	Manufacture of Chemical Fibers
橡胶和塑料制品业	Manufacture of Rubber and Plastics Products
非金属矿物制品业	Manufacture of Non-metallic Mineral Products
黑色金属冶炼及压延加工业	Smelting and Pressing of Ferrous Metals
有色金属冶炼及压延加工业	Smelting and Pressing of Non-ferrous Metals
金属制品业	Manufacture of Metal Products
通用设备制造业	Manufacture of General Purpose Machinery
专用设备制造业	Manufacture of Special Purpose Machinery
汽车制造业	Manufacture of Automotive
铁路、船舶、航空航天和其他运输设备制造业	Manufacture of Railroad, Ship, Aerospace and Other Transport Equipment
电气机械及器材制造业	Manufacture of Electrical Machinery and Apparatus
计算机、通信和其他电子设备制造业	Manufacture of Computers, Communication and Other Electronic Equipment
仪器仪表制造业	Manufacture of Measuring Instruments
其他制造业	Other Manufacturing
废弃资源综合利用业	Comprehensive Utilization of Waste Resources Industry
金属制品、机械和设备修理业	Repair Service of Metal Products, Machinery and Equipment
电力、热力、燃气及水生产和供应业	Production and Supply of Electric Power, heat, Gas and Water
电力、热力生产和供应业	Production and Supply of Electric Power and Heat Power
燃气生产和供应业	Production and Supply of Gas
水的生产和供应业	Production and Supply of Water

Continued

(10000 yuan)

营业成本 Business Cost	销售费用 Selling Expenses	管理费用 Management Expenses	财务费用 Financial Expenses	利息费用 Expenditure for Interests	利润总额 Total Profits	亏损企业亏损总额 Total Losses Made by Enterprises--in-red
48310911	**604033**	**3061903**	**935444**	**1122698**	**1630679**	**1720449**
13532734	80167	503336	381936	345248	-1720449	1720449
4387919	153492	336882	74895	68272	286948	55931
43922992	450541	2725021	860548	1054426	1343732	1664518
11894141	118517	1423056	240654	461226	1212675	77518
2187068	13897	480882	42061	48644	307877	6800
7316399	96538	880637	189555	405295	848573	
97920	215	6957	8487	5709	81428	
54649	5037	5452	49	1120	34848	1929
2238105	2829	49127	503	458	-60051	68789
24764512	423155	1309465	248658	263395	1009762	538581
2627586	50225	46549	60061	47794	85034	30454
882718	54039	28426	9514	12607	46557	3398
68643	2071	7748	3900	1272	-657	7579
386622	8561	143456	-5598		49973	
6923	30	570	207	209	-1586	1586
15339	354	1628	264	261	-1346	1556
166031	3523	10973	2048	1343	13319	
20723	177	2380	66	35	887	102
		231	0		-246	246
8533826	57120	284334	54729	54805	611773	119828
1556498	19051	87424	30184	27971	45782	12670
204284	34062	93579	4174	5010	93471	12567
11959	447	1448	275		53	
567387	10222	64374	13367	12418	101701	4000
24550	419	1125	87	92	3125	
493812	4034	15855	11237	9841	13437	
394828	3157	35430	-6712	2082	30687	3703
1458367	43595	113233	9103	17261	-161177	189100
1395549	32473	50472	60693	55083	-24419	60268
769200	21170	54437	-4632	1474	-12378	22336
3057545	24369	130057	6439	12724	83226	10787
918228	44060	64954	-5311	3455	15662	33066
32171	1033	1907	-971	76	531	
113243	5045	16802	4046	119	-15240	22295
448005	586	38611	-808	184	24840	
556787	2917	3290	1676	1644	3570	2670
53689	414	10175	621	632	3186	370
11652259	62361	329381	446131	393077	-591758	1104351
11197191	6101	280252	409680	356488	-616705	1025353
237688	36391	12983	-2519	555	15328	
217379	19869	36147	38969	36034	9618	78998

12-5　集体工业企业主要经济指标(2021年)

单位：个、万元

类　别	Category	单位数 Number of Enterprises	#亏损企业 Loss-making Enterprises
总　计	**Total**	**23**	**4**
#亏损企业	Loss-making Enterprises	4	4
#大中型企业	Large and Medium-sized Enterprises	8	2
按轻重工业分	**Grouped by Light and Heavy Industry**		
轻工业	Light Industry	2	
重工业	Heavy Industry	21	4
按行业分	**Grouped by Sector**		
采矿业	Mining	10	2
煤炭开采和洗选业	Mining and Washing of Coal	7	1
石油和天然气开采业	Extraction of Petroleum and Natural Gas		
黑色金属矿采选业	Mining and Processing of Ferrous Metal Ores		
有色金属矿采选业	Mining and Processing of Non-ferrous Metal Ores		
非金属矿采选业	Mining and Processing of Non-metal Ores		
开采专业及辅助性活动	Professional and Support Activities for Mining	3	1
其他采矿业	Mining of Other Ores		
制造业	Manufacturing	13	2
农副食品加工业	Processing of Food from Agricultural Products		
食品制造业	Manufacture of Foods		
酒、饮料和精制茶制造业	Manufacture of Liquor, Beverages and Refined Tea		
烟草制品业	Manufacture of Tobacco		
纺织业	Manufacture of Textile		
纺织服装、服饰业	Manufacture of Textile, Wearing Apparel and Accessories		
皮革、毛皮、羽毛及其制品和制鞋业	Manufacture of Leather, Fur, Feather and Related Products and Footwear		
木材加工和木、竹、藤、棕、草制品业	Processing of Timber, Manufacture of Wood, Bamboo, Rattan, Palm and Straw Products		
家具制造业	Manufacture of Furniture		
造纸和纸制品业	Manufacture of Paper and Paper Products	1	
印刷和记录媒介复制业	Printing and Reproduction of Recording Media		
文教、工美、体育和娱乐用品制造业	Manufacture of Articles for Culture, Education, Arts and Crafts, Sport and Entertainment Activities		
石油、煤炭及其他燃料加工业	Processing of Petroleum, Coal and Other Fuels		
化学原料和化学制品制造业	Manufacture of Raw Chemical Materials and Chemical Products	4	1
医药制造业	Manufacture of Medicines	1	
化学纤维制造业	Manufacture of Chemical Fibers		
橡胶和塑料制品业	Manufacture of Rubber and Plastics		
非金属矿物制品业	Manufacture of Non-metallic Mineral Products	2	
黑色金属冶炼及压延加工业	Smelting and Pressing of Ferrous Metals		
有色金属冶炼及压延加工业	Smelting and Pressing of Non-ferrous Metals		
金属制品业	Manufacture of Metal Products	1	
通用设备制造业	Manufacture of General Purpose Machinery		
专用设备制造业	Manufacture of Special Purpose Machinery	3	
汽车制造业	Manufacture of Automobiles		
铁路、船舶、航空航天和其他运输设备制造业	Manufacture of Railroad, Ship, Aerospace and Other Transport Equipment		
电气机械及器材制造业	Manufacture of Electrical Machinery and Apparatus		
计算机、通信和其他电子设备制造业	Manufacture of Computers, Communication and Other Electronic Equipment		
仪器仪表制造业	Manufacture of Measuring Instruments and Machinery		
其他制造业	Other Manufacture		
废弃资源综合利用业	Comprehensive Utilization of Waste Resources Industry		
金属制品、机械和设备修理业	Repair Service of Metal Products, Machinery and Equipment	1	1
电力、热力、燃气及水生产和供应业	Production and Supply of Electricity, heat, Gas and Water		
电力、热力生产和供应业	Production and Supply of Electric Power and Heat Power		
燃气生产和供应业	Production and Supply of Gas		
水的生产和供应业	Production and Supply of Water		

Major Indicators of Collective-Owned Industrial Enterprises(2021)

(unit, 10000 yuan)

工业总产值 Total Industrial Output Value	资产总计 Total Assets	流动资产合计 Total Current Assets	应收帐款 Accounts Receivable	产成品 Finished Goods	固定资产原价 Original Value of Fixed Assets	固定资产净额 Net Fixed Assets	负债合计 Total Liabilities	营业收入 Business Revenue
396555	**589573**	**517108**	**229800**	**9464**	**238245**	**59775**	**386567**	**362816**
65519	330242	283037	104235	1545	161507	37543	200401	68454
227257	338047	282777	124755	8292	116457	50301	258041	233129
5375	5020	2985	1909	177	4916	2034	2088	5228
391180	584553	514123	227891	9287	233329	57740	384479	357589
64659	203631	188976	83195	3537	111000	7082	81143	69929
62859	44216	35461	14577	3537	15928	7082	31901	69929
1800	159415	153515	68617		95072		49242	
331896	385941	328133	146606	5927	127245	52693	305424	292887
3123	3793	2173	1909	1	4114	1620	90	3123
225575	212622	196291	103103	5178	57956	14223	149397	214622
2252	1226	812		176	802	414	1998	2105
8666	4095	3853	1280	390	801	231	1427	8666
3891	3106	1937		52	3725	1169	333	6097
36874	18245	17269	13959	130	4360	976	30324	5107
51515	142855	105797	26355		55487	34059	121855	53168

12-6 按行业分私营工业企业主要指标(2021年)

单位：个、万元

行 业	Sector	企业单位数 Number of Enterprises
总 计	**Total**	**2814**
采矿业	Mining and Quarrying	170
煤炭开采和洗选业	Mining and Washing of Coal	109
石油和天然气开采业	Extraction of Petroleum and Natural Gas	
黑色金属矿采选业	Mining and Processing of Ferrous Metal Ores	8
有色金属矿采选业	Mining and Processing of Non-ferrous Metal Ores	8
非金属矿采选业	Mining and Processing of Non-metal Ores	27
开采专业及辅助性活动	Professional and Support Activities For Mining	18
其他采矿业	Mining of Other Ores	
制造业	Manufacturing	2481
农副食品加工业	Processing of Food from Agricultural Products	934
食品制造业	Manufacture of Foods	88
酒、饮料和精制茶制造业	Manufacture of Liquor, Beverages and Refined Tea	39
烟草制品业	Manufacture of Tobacco	1
纺织业	Manufacture of Textile	30
纺织服装、服饰业	Manufacture of Textile, Wearing Apparel and Accessories	3
皮革、毛皮、羽毛及其制品和制鞋业	Manufacture of Leather, Fur, Feather and Related Products and Footwear	50
木材加工和木、竹、藤、棕、草制品业	Processing of Timber, Manufacture of Wood, Bamboo, Rattan, Palm and Straw Products	131
家具制造业	Manufacture of Furniture	31
造纸和纸制品业	Manufacture of Paper and Paper Products	29
印刷和记录媒介复制业	Printing and Reproduction of Recording Media	18
文教、工美、体育和娱乐用品制造业	Manufacture of Articles for Culture, Education, Arts and Crafts, Sport and Entertainment Activities	10
石油、煤炭及其他燃料加工业	Processing of Petroleum, Coal and Other Fuels	40
化学原料和化学制品制造业	Manufacture of Raw Chemical Materials and Chemical Products	135
医药制造业	Manufacture of Medicines	81
化学纤维制造业	Manufacture of Chemical Fibers	3
橡胶和塑料制品业	Manufacture of Rubber and Plastics	69
非金属矿物制品业	Manufacture of Non-metallic Mineral Products	268
黑色金属冶炼及压延加工业	Smelting and Pressing of Ferrous Metals	15
有色金属冶炼及压延加工业	Smelting and Pressing of Non-ferrous Metals	14
金属制品业	Manufacture of Metal Products	91
通用设备制造业	Manufacture of General Purpose Machinery	101
专用设备制造业	Manufacture of Special Purpose Machinery	153
汽车制造业	Manufacture of Automobiles	19
铁路、船舶、航空航天和其他运输设备制造业	Manufacture of Railroad, Ship, Aerospace and Other Transport Equipment	24
电气机械及器材制造业	Manufacture of Electrical Machinery and Apparatus	52
计算机、通信和其他电子设备制造业	Manufacture of Computers, Communication and Other Electronic Equipment	9
仪器仪表制造业	Manufacture of Measuring Instruments and Machinery	19
其他制造业	Other Manufacture	5
废弃资源综合利用业	Comprehensive Utilization of Waste Resources Industry	16
金属制品、机械和设备修理业	Repair Service of Metal Products, Machinery and Equipment	3
电力、热力、燃气及水生产和供应业	Production and Supply of Electricity, heat, Gas and Water	163
电力、热力生产和供应业	Production and Supply of Electric Power and Heat Power	135
燃气生产和供应业	Production and Supply of Gas	23
水的生产和供应业	Production and Supply of Water	5

Main Indicators of Private Enterprises by Industrial Sector (2021)

(unit, 10000 yuan)

工业总产值 Total Industrial Output Value	资产总计 Total Assets	流动资产合计 Total Current Assets	应收帐款 Accounts Receivable	产成品 Finished Goods	固定资产原价 Original Value of Fixed Assets	固定资产净额 Net Fixed Assets	负债合计 Total Liabilities	营业收入 Business Revenue	营业成本 Business Cost	利润总额 Total Profits	亏损企业亏损总额 Total Losses Made by Enterprises-in-red
30358452	**36244309**	**20841387**	**4971762**	**2127619**	**15474475**	**8638523**	**22111900**	**29971316**	**25986528**	**1344000**	**419434**
2102138	3192929	1747604	325594	214270	1327143	682515	1979090	2112686	1569743	260630	21226
1316616	1701408	1081574	144243	181389	697805	360173	1277541	1378995	1090670	144931	14250
69060	455848	100864	10072	11342	252632	160841	329534	154188	129794	2272	2655
161087	377136	224165	15910	4177	147738	50670	89404	156670	60655	81452	1959
172133	270676	154264	74771	16906	112164	63326	141753	166672	123679	21958	2363
383242	387860	186738	80597	455	116805	47505	140859	256162	164945	10018	
26604692	28297174	17243447	4201523	1897662	10646781	6089979	16581977	26231980	22899496	1108540	299379
9593997	6684485	4653075	760379	772267	1964972	1176046	3879564	9991711	9274535	277834	69156
1597440	1785350	636064	115986	101957	1193414	843322	1094632	1611947	1375489	66384	22615
1078866	1401796	810651	42044	66809	749836	490006	771493	1043641	845679	70742	8060
101249	82816	74586	3807	19207	30186	6986	10667	97208	53679	28656	
210350	237245	180465	40323	47498	99063	44030	159252	203467	184011	4471	3603
20703	8555	7325	1503	173	1091	365	7207	20703	20310	141	36
527679	96818	79332	43785	12899	6955	4656	48939	511414	481229	19051	
585793	446897	352213	86158	87879	74272	42539	325278	456422	438735	-8427	14758
203154	271051	200630	60247	49017	104638	41296	193615	180101	160239	918	2618
205622	278854	138195	66046	9159	174654	99682	233932	195931	178690	-2556	6927
103542	92432	52121	18848	5551	57199	33087	71561	105460	94940	1036	444
27135	41756	25554	6544	4774	20307	14021	34519	26369	23620	470	416
2305911	2857005	1370826	130895	111734	992331	557773	1860653	2252575	1931483	148602	6903
1214361	1410890	771564	172590	70654	683815	357778	1050480	1115404	964864	4581	86260
978456	2690488	1522207	287865	131387	828658	451260	993379	920151	486988	166759	9976
36841	31585	15136	2635	1221	16665	7710	15964	9757	10755	-2537	3137
357434	402305	266813	95803	33022	169670	89642	251364	332787	300921	7302	2332
1549646	2270320	1519381	787396	102219	929225	467437	1733802	1487459	1311794	22220	27961
2072860	1968014	787792	145082	55776	1054856	655913	1196372	2071129	1769249	57955	10536
81640	152853	53334	14212	4734	54736	33837	94840	90694	76517	8169	2050
428464	455961	335821	137377	16215	137341	70069	298409	441428	395786	12140	2957
725238	1301079	936190	266107	46094	422691	177041	593426	685083	528290	85391	2708
1070976	1358959	1073752	442816	60745	400236	176791	715837	775343	625325	48950	6049
106547	238131	172972	39772	10905	57651	26743	167056	101552	78489	7153	720
233303	515222	297396	116830	22087	154624	74812	201236	222028	146891	33845	988
356173	351567	274236	131891	17203	96435	44947	157853	348134	301310	8304	2955
81182	243798	161602	60194	8759	50828	28436	114562	76560	53862	11707	2606
242373	425091	337685	77410	7346	62704	39994	186160	259125	194049	21229	
37045	43584	30513	1925	3363	11256	6065	29485	33119	21265	5894	101
456620	129345	87804	38047	13673	41441	24490	80845	553347	561261	1388	2399
14092	22923	18211	7008	3335	5037	3205	9596	11933	9243	770	107
1651622	4754207	1850337	444644	15688	3500551	1866030	3550833	1626650	1517290	-25170	98830
1438818	4335064	1713005	386312	7334	3170811	1652443	3281647	1429308	1353295	-33504	92803
187296	311947	119788	52298	5825	219408	132349	194575	171834	147463	4410	6007
25508	107196	17544	6035	2528	110331	81238	74611	25508	16532	3923	21

12-7 按行业分“三资”工业企业主要指标(2021年)

单位：个、万元

行　　业	Sector	企业单位数 Number of Enterprises
总　计	**Total**	**154**
采矿业	Mining and Quarrying	2
煤炭开采和洗选业	Mining and Washing of Coal	
石油和天然气开采业	Extraction of Petroleum and Natural Gas	
黑色金属矿采选业	Mining and Processing of Ferrous Metal Ores	
有色金属矿采选业	Mining and Processing of Non-ferrous Metal Ores	1
非金属矿采选业	Mining and Processing of Non-metal Ores	
开采专业及辅助性活动	Professional and Support Activities For Mining	1
其他采矿业	Mining of Other Ores	
制造业	Manufacturing	112
农副食品加工业	Processing of Food from Agricultural Products	26
食品制造业	Manufacture of Foods	17
酒、饮料和精制茶制造业	Manufacture of Liquor, Beverages and Refined Tea	15
烟草制品业	Manufacture of Tobacco	
纺织业	Manufacture of Textile	1
纺织服装、服饰业	Manufacture of Textile, Wearing Apparel and Accessories	
皮革、毛皮、羽毛及其制品和制鞋业	Manufacture of Leather, Fur, Feather and Related Products and Footwear	1
木材加工和木、竹、藤、棕、草制品业	Processing of Timber, Manufacture of Wood, Bamboo, Rattan, Palm and Straw Products	3
家具制造业	Manufacture of Furniture	
造纸和纸制品业	Manufacture of Paper and Paper Products	1
印刷和记录媒介复制业	Printing and Reproduction of Recording Media	
文教、工美、体育和娱乐用品制造业	Manufacture of Articles for Culture, Education, Arts and Crafts, Sport and Entertainment Activities	1
石油、煤炭及其他燃料加工业	Processing of Petroleum, Coal and Other Fuels	1
化学原料和化学制品制造业	Manufacture of Raw Chemical Materials and Chemical Products	6
医药制造业	Manufacture of Medicines	5
化学纤维制造业	Manufacture of Chemical Fibers	
橡胶和塑料制品业	Manufacture of Rubber and Plastics	1
非金属矿物制品业	Manufacture of Non-metallic Mineral Products	9
黑色金属冶炼及压延加工业	Smelting and Pressing of Ferrous Metals	
有色金属冶炼及压延加工业	Smelting and Pressing of Non-ferrous Metals	
金属制品业	Manufacture of Metal Products	6
通用设备制造业	Manufacture of General Purpose Machinery	5
专用设备制造业	Manufacture of Special Purpose Machinery	5
汽车制造业	Manufacture of Automobiles	2
铁路、船舶、航空航天和其他运输设备制造业	Manufacture of Railroad, Ship, Aerospace and Other Transport Equipment	2
电气机械及器材制造业	Manufacture of Electrical Machinery and Apparatus	2
计算机、通信和其他电子设备制造业	Manufacture of Computers, Communication and Other Electronic Equipment	1
仪器仪表制造业	Manufacture of Measuring Instruments and Machinery	1
其他制造业	Other Manufacture	
废弃资源综合利用业	Comprehensive Utilization of Waste Resources Industry	
金属制品、机械和设备修理业	Repair Service of Metal Products, Machinery and Equipment	1
电力、热力、燃气及水生产和供应业	Production and Supply of Electricity, heat, Gas and Water	40
电力、热力生产和供应业	Production and Supply of Electric Power and Heat Power	29
燃气生产和供应业	Production and Supply of Gas	6
水的生产和供应业	Production and Supply of Water	5

Main Indicators of Industrial Enterprises with Hongkong, Macao, Taiwan and Foreign Funds by Industrial Sector(2021)

(unit, 10000 yuan)

工业总产值 Total Industrial Output Value	资产总计 Total Assets	流动资产合计 Total Current Assets	应收帐款 Accounts Receivable	产成品 Finished Goods	固定资产原价 Original Value of Fixed Assets	固定资产净额 Net Fixed Assets	负债合计 Total Liabilities	营业收入 Business Revenue	营业成本 Business Cost	利润总额 Total Profits	亏损企业亏损总额 Total Losses Made by Enterprises-in-red
8356983	**13979472**	**7670497**	**2331136**	**452243**	**8131615**	**3803022**	**9107787**	**10617066**	**8658370**	**1141495**	**285127**
123323	293770	153117	7087	7353	99976	77666	54463	107801	30359	79910	
114110	275188	143546		7353	88974	69396	46442	98587	24465	78307	
9213	18582	9572	7087		11002	8270	8021	9213	5893	1602	
7137926	10115612	6504449	2088077	431123	3937739	2005908	6350509	9360718	7572848	1089682	112551
1547272	1257362	765501	131294	174813	648250	376944	833693	1815140	1658851	40963	27865
1729335	3157188	2535752	1048848	45704	728845	371834	1676725	2204081	1302428	631449	21471
590497	742401	316691	51883	30599	699777	356256	318491	630535	443900	39436	321
11738	16791	14983	4742	236	5024	841	896	14564	13225	850	
3190	1274	539	259	1	2535	728	17	1822	1696	-134	134
12742	20539	16206	3273	5957	9888	3633	13162	9968	9201	-166	286
26924	18511	11160	4555	424	14875	5623	15077	25682	23022	1853	
2152	1925	1528	440	470	1209	397	538	2152	1672	89	
150874	214121	166891	2213	2953	50895	2611	392732	16701	19091	-3121	3121
389420	336559	158383	13192	18978	314823	119096	161924	465529	438348	3895	7935
50006	95451	61389	9477	4615	42768	18702	61713	50750	28446	5391	138
125559	94545	46928	20079	10997	174531	41267	97360	121955	110993	434	
492057	1625250	930944	252169	54290	309238	217013	1050825	436495	398216	22342	2445
73120	77242	49616	25289	3082	33713	19862	39555	82542	74573	3057	540
23754	41458	32942	15149	2115	17273	8089	21139	64128	59180	1046	1048
171922	234833	175999	23550	16037	137825	34644	99238	194306	151917	25467	1588
1564722	1378990	768784	388647	19272	510356	315124	1132777	3037089	2642333	355646	
38869	89408	58695	13329	2482	78601	28529	49145	41005	37329	-4880	5078
85853	586130	343844	61753	29505	108364	46883	260050	93476	124449	-33653	33653
25862	29353	26306	8734	4800	451	209	15979	25177	11833	1084	
21345	19817	12822	4233	1956	3597	1643	63534	21035	19365	-6928	6928
714	76464	8545	4971	1837	44903	35979	45941	6587	2781	5563	
1095733	3570090	1012931	235973	13767	4093900	1719448	2702815	1148548	1055163	-28097	172576
785808	2440955	541421	197129	5780	3763336	1586195	1931609	823729	811810	-109681	171749
228154	320632	84352	15805	7605	295378	116960	158388	246752	194534	13931	
81772	808503	387158	23038	383	35186	16293	612818	78066	48819	67653	827

12-8 工业企业主要经济效益指标(2021年)

单位：%

类 别	Category
总 计	**Total**
按轻重工业分	**Grouped by Light and Heavy Industry**
轻工业	Light Industry
重工业	Heavy Industry
按行业分	**Grouped by Sector**
采矿业	Mining and Quarrying
煤炭开采和洗选业	Mining and Washing of Coal
石油和天然气开采业	Extraction of Petroleum and Natural Gas
黑色金属矿采选业	Mining and Processing of Ferrous Metal Ores
有色金属矿采选业	Mining and Processing of Non-ferrous Metal Ores
非金属矿采选业	Mining and Processing of Non-metal Ores
开采专业及辅助性活动	Professional and Support Activities for Mining
其他采矿业	Mining of Other Ores
制造业	Manufacturing
农副食品加工业	Processing of Food from Agricultural Products
食品制造业	Manufacture of Foods
酒、饮料和精制茶制造业	Manufacture of Liquor, Beverages and Refined Tea
烟草制品业	Manufacture of Tobacco
纺织业	Manufacture of Textile
纺织服装、服饰业	Manufacture of Textile, Wearing Apparel and Accessories
皮革、毛皮、羽毛及其制品和制鞋业	Manufacture of Leather, Fur, Feather and Related Products and Footwear
木材加工和木、竹、藤、棕、草制品业	Processing of Timber, Manufacture of Wood, Bamboo, Rattan, Palm and Straw Products
家具制造业	Manufacture of Furniture
造纸和纸制品业	Manufacture of Paper and Paper Products
印刷和记录媒介复制业	Printing and Reproduction of Recording Media
文教、工美、体育和娱乐用品制造业	Manufacture of Articles for Culture, Education, Arts and Crafts, Sport and Entertainment Activities
石油、煤炭及其他燃料加工业	Processing of Petroleum, Coal and Other Fuels
化学原料和化学制品制造业	Manufacture of Raw Chemical Materials and Chemical Products
医药制造业	Manufacture of Medicines
化学纤维制造业	Manufacture of Chemical Fibers
橡胶和塑料制品业	Manufacture of Rubber and Plastics Products
非金属矿物制品业	Manufacture of Non-metallic Mineral Products
黑色金属冶炼及压延加工业	Smelting and Pressing of Ferrous Metals
有色金属冶炼及压延加工业	Smelting and Pressing of Non-ferrous Metals
金属制品业	Manufacture of Metal Products
通用设备制造业	Manufacture of General Purpose Machinery
专用设备制造业	Manufacture of Special Purpose Machinery
汽车制造业	Manufacture of Automobiles
铁路、船舶、航空航天和其他运输设备制造业	Manufacture of Railroad, Ship, Aerospace and Other Transport Equipment
电气机械及器材制造业	Manufacture of Electrical Machinery and Apparatus
计算机、通信和其他电子设备制造业	Manufacture of Computers, Communication and Other Electronic Equipment
仪器仪表制造业	Manufacture of Measuring Instruments and Machinery
其他制造业	Other Manufacture
废弃资源综合利用业	Comprehensive Utilization of Waste Resources Industry
金属制品、机械和设备修理业	Repair Service of Metal Products, Machinery and Equipment
电力、热力、燃气及水生产和供应业	Production and Supply of Electricity, heat, Gas and Water
电力、热力生产和供应业	Production and Supply of Electric Power and Heat Power
燃气生产和供应业	Production and Supply of Gas
水的生产和供应业	Production and Supply of Water

Major Indicators on Economic Benefit of Industrial Enterprises (2021)

(%)

营业收入 利润率 Profit Margin of Business Revenue	资　产 负债率 Assets- Liability Ratio	总资产 贡献率 Ratio of Total Assets to Industrial Output Value	成本费用 利 润 率 Ratio of Profits to Industrial Cost
4.5	**61.0**	**7.5**	**4.9**
6.1	56.7	10.5	6.5
3.9	61.9	6.8	4.3
9.5	51.6	8.5	11.6
9.5	78.4	11.5	11.1
7.7	38.1	7.0	9.6
1.6	70.7	2.2	1.6
47.9	51.0	38.3	105.6
20.5	44.1	16.7	27.2
-1.9	107.6	-0.2	-1.9
4.9	61.9	10.0	5.3
2.5	64.6	4.9	2.5
15.9	56.0	16.6	18.1
3.9	54.0	9.3	4.2
5.9	21.7	75.0	13.0
1.1	59.7	2.5	1.1
1.2	73.4	2.5	1.2
3.4	50.0	19.7	3.6
0.8	64.6	1.9	0.8
-0.2	67.6	3.3	-0.2
3.1	52.9	5.5	3.2
1.3	64.1	3.5	1.3
-0.9	75.5	1.5	-0.9
5.6	65.3	36.4	6.9
1.8	69.9	3.6	1.8
17.8	46.1	9.3	20.6
-30.9	47.3	-2.4	-23.6
2.3	67.8	4.2	2.3
5.9	67.6	5.3	6.2
3.4	63.6	7.6	3.5
3.1	61.3	8.8	3.3
4.5	75.6	2.7	4.7
-2.3	65.7	0.6	-2.2
2.2	63.0	3.0	2.2
8.6	67.4	15.9	9.0
3.2	62.1	2.8	3.3
0.4	55.0	2.0	0.4
0.4	44.0	2.1	0.4
1.8	60.8	3.5	1.9
5.4	62.7	4.7	5.7
0.8	67.2	31.7	0.8
6.1	68.9	3.4	6.0
-4.2	71.0	0.5	-4.0
-5.0	72.0	0.2	-4.7
4.3	58.2	3.77	4.3
8.6	64.9	2.6	8.0

12-9 大中型工业企业主要经济效益指标(2021年)

单位：%

类　别	Category
总　计	**Total**
按轻重工业分	**Grouped by Light and Heavy Industry**
轻工业	Light Industry
重工业	Heavy Industry
按行业分	**Grouped by Sector**
采矿业	Mining
煤炭开采和洗选业	Mining and Washing of Coal
石油和天然气开采业	Extraction of Petroleum and Natural Gas
黑色金属矿采选业	Mining and Processing of Ferrous Metal Ores
有色金属矿采选业	Mining and Processing of Non-ferrous Metal Ores
非金属矿采选业	Mining and Processing of Non-metal Ores
开采专业及辅助性活动	Professional and Support Activities for Mining
其他采矿业	Mining of Other Ores
制造业	Manufacturing
农副食品加工业	Processing of Food from Agricultural Products
食品制造业	Manufacture of Foods
酒、饮料和精制茶制造业	Manufacture of Liquor, Beverages and Refined Tea
烟草制品业	Manufacture of Tobacco
纺织业	Manufacture of Textile
纺织服装、服饰业	Manufacture of Textile, Wearing Apparel and Accessories
皮革、毛皮、羽毛及其制品和制鞋业	Manufacture of Leather, Fur, Feather and Related Products and Footwear
木材加工和木、竹、藤、棕、草制品业	Processing of Timber, Manufacture of Wood, Bamboo, Rattan, Palm and Straw Products
家具制造业	Manufacture of Furniture
造纸和纸制品业	Manufacture of Paper and Paper Products
印刷和记录媒介复制业	Printing and Reproduction of Recording Media
文教、工美、体育和娱乐用品制造业	Manufacture of Articles for Culture, Education, Arts and Crafts, Sport and Entertainment Activities
石油、煤炭及其他燃料加工业	Processing of Petroleum, Coal and Other Fuels
化学原料和化学制品制造业	Manufacture of Raw Chemical Materials and Chemical Products
医药制造业	Manufacture of Medicines
化学纤维制造业	Manufacture of Chemical Fibers
橡胶和塑料制品业	Manufacture of Rubber and Plastics Products
非金属矿物制品业	Manufacture of Non-metallic Mineral Products
黑色金属冶炼及压延加工业	Smelting and Pressing of Ferrous Metals
有色金属冶炼及压延加工业	Smelting and Pressing of Non-ferrous Metals
金属制品业	Manufacture of Metal Products
通用设备制造业	Manufacture of General Purpose Machinery
专用设备制造业	Manufacture of Special Purpose Machinery
汽车制造业	Manufacture of Automobiles
铁路、船舶、航空航天和其他运输设备制造业	Manufacture of Railroad, Ship, Aerospace and Other Transport Equipment
电气机械及器材制造业	Manufacture of Electrical Machinery and Apparatus
计算机、通信和其他电子设备制造业	Manufacture of Computers, Communication and Other Electronic Equipment
仪器仪表制造业	Manufacture of Measuring Instruments and Machinery
其他制造业	Other Manufacture
废弃资源综合利用业	Comprehensive Utilization of Waste Resources Industry
金属制品、机械和设备修理业	Repair Service of Metal Products, Machinery and Equipment
电力、热力、燃气及水生产和供应业	Production and Supply of Electricity, heat, Gas and Water
电力、热力生产和供应业	Production and Supply of Electric Power and Heat Power
燃气生产和供应业	Production and Supply of Gas
水的生产和供应业	Production and Supply of Water

Major Indicators on Economic Benefit of Large and Medium-Sized Industrial Enterprises(2021)

(%)

	营业收入 利润率 Profit Margin of Business Revenue	资 产 负债率 Assets-Liability Ratio	总资产 贡献率 Ratio of Total Assets to Industrial Output Value	成本费用 利 润 率 Ratio of Profits to Industrial Cost
	4.8	**58.4**	**8.7**	**5.3**
	8.6	52.5	14.0	9.7
	3.8	59.4	7.8	4.2
	9.4	50.7	8.2	11.6
	11.1	78.4	11.4	13.5
	7.7	38.1	7.0	9.6
	1.5	58.0	3.8	1.5
	56.2	52.6	45.5	135.5
	13.5	24.9	18.7	16.4
	-2.3	115.8	-0.5	-2.3
	5.7	60.1	13.5	6.4
	2.6	65.7	5.7	2.6
	15.9	55.3	16.1	17.8
	3.5	53.9	10.2	3.8
	5.9	21.7	75.0	13.0
	3.7	62.4	5.6	3.8
	-0.9	7.3	2.6	-0.9
	14.8	48.2	11.4	17.1
	-1.3	60.2	4.1	-1.3
	6.3	19.0	8.5	6.7
	4.9	26.0	4.2	5.1
	-10.3	94.1	-0.2	-9.6
	5.5	65.6	36.8	6.8
	2.5	60.8	6.3	2.5
	26.9	43.9	10.3	33.1
	0.4	101.2	3.3	0.4
	10.4	63.2	6.3	11.2
	3.5	63.5	7.8	3.7
	2.8	61.7	8.6	2.9
	0.7	56.0	1.7	0.7
	-5.7	71.6	-0.8	-5.4
	1.1	63.9	2.4	1.1
	9.2	67.9	17.4	9.7
	3.3	35.7	3.8	3.4
	-1.6	58.1	1.0	-1.5
	-16.8	51.8	0.2	-14.3
	-6.6	53.6	-0.6	-6.8
	2.0	73.4	3.0	2.0
	-8.4	71.3	-1.6	-7.7
	-8.9	72.9	-2.1	-8.1
	4.9	42.5	4.9	4.9
	-5.5	64.4	1.1	-4.3

12-10 国有控股工业企业主要经济效益指标(2021年)

单位：%

类 别	Category
总 计	**Total**
按轻重工业分	**Grouped by Light and Heavy Industry**
轻工业	Light Industry
重工业	Heavy Industry
按行业分	**Grouped by Sector**
采矿业	Mining and Quarrying
煤炭开采和洗选业	Mining and Washing of Coal
石油和天然气开采业	Extraction of Petroleum and Natural Gas
黑色金属矿采选业	Mining and Processing of Ferrous Metal Ores
有色金属矿采选业	Mining and Processing of Non-ferrous Metal Ores
非金属矿采选业	Mining and Processing of Non-metal Ores
开采专业及辅助性活动	Professional and Support Activities for Mining
其他采矿业	Mining of Other Ores
制造业	Manufacturing
农副食品加工业	Processing of Food from Agricultural Products
食品制造业	Manufacture of Foods
酒、饮料和精制茶制造业	Manufacture of Liquor, Beverages and Refined Tea
烟草制品业	Manufacture of Tobacco
纺织业	Manufacture of Textile
纺织服装、服饰业	Manufacture of Textile, Wearing Apparel and Accessories
皮革、毛皮、羽毛及其制品和制鞋业	Manufacture of Leather, Fur, Feather and Related Products and Footwear
木材加工和木、竹、藤、棕、草制品业	Processing of Timber, Manufacture of Wood, Bamboo, Rattan, Palm and Straw Products
家具制造业	Manufacture of Furniture
造纸和纸制品业	Manufacture of Paper and Paper Products
印刷和记录媒介复制业	Printing and Reproduction of Recording Media
文教、工美、体育和娱乐用品制造业	Manufacture of Articles for Culture, Education, Arts and Crafts, Sport and Entertainment Activities
石油、煤炭及其他燃料加工业	Processing of Petroleum, Coal and Other Fuels
化学原料和化学制品制造业	Manufacture of Raw Chemical Materials and Chemical Products
医药制造业	Manufacture of Medicines
化学纤维制造业	Manufacture of Chemical Fibers
橡胶和塑料制品业	Manufacture of Rubber and Plastics Products
非金属矿物制品业	Manufacture of Non-metallic Mineral Products
黑色金属冶炼及压延加工业	Smelting and Pressing of Ferrous Metals
有色金属冶炼及压延加工业	Smelting and Pressing of Non-ferrous Metals
金属制品业	Manufacture of Metal Products
通用设备制造业	Manufacture of General Purpose Machinery
专用设备制造业	Manufacture of Special Purpose Machinery
汽车制造业	Manufacture of Automobiles
铁路、船舶、航空航天和其他运输设备制造业	Manufacture of Railroad, Ship, Aerospace and Other Transport Equipment
电气机械及器材制造业	Manufacture of Electrical Machinery and Apparatus
计算机、通信和其他电子设备制造业	Manufacture of Computers, Communication and Other Electronic Equipment
仪器仪表制造业	Manufacture of Measuring Instruments and Machinery
其他制造业	Other Manufacture
废弃资源综合利用业	Comprehensive Utilization of Waste Resources Industry
金属制品、机械和设备修理业	Repair Service of Metal Products, Machinery and Equipment
电力、热力、燃气及水生产和供应业	Production and Supply of Electricity, heat, Gas and Water
电力、热力生产和供应业	Production and Supply of Electric Power and Heat Power
燃气生产和供应业	Production and Supply of Gas
水的生产和供应业	Production and Supply of Water

Major Indicators on Economic Benefit of State-Holding Industrial Enterprises (2021)

(%)

营业收入 利润率 Profit Margin of Business Revenue	资 产 负债率 Assets-Liability Ratio	总资产 贡献率 Ratio of Total Assets to Industrial Output Value	成本费用 利 润 率 Ratio of Profits to Industrial Cost
2.7	**60.2**	**7.1**	**3.0**
4.9	**59.8**	**16.2**	**5.7**
2.5	60.2	6.5	2.8
7.1	50.7	7.1	8.6
9.5	80.2	9.9	11.2
7.7	38.1	7.0	9.6
31.1	55.6	39.9	66.5
31.7	34.3	22.2	52.8
-2.6	120.8	-0.8	-2.6
3.3	**65.0**	**12.7**	**3.7**
3.0	79.8	5.4	3.1
4.6	59.3	6.3	4.7
-0.8	57.1	6.1	-0.8
4.1	22.5	77.8	9.3
-25.4	63.2	-4.1	-19.6
-8.0	46.8	-0.6	-7.6
6.6	21.1	8.4	7.0
3.7	27.3	4.1	3.8
-625.4	67.0	-0.8	-106.5
5.3	60.5	57.7	6.8
2.6	69.2	5.4	2.7
22.2	57.6	7.9	26.6
0.4	69.7	2.8	0.4
13.5	72.5	7.9	15.3
10.4	43.4	12.5	11.4
2.4	66.0	6.8	2.5
6.5	80.0	1.7	6.9
-10.7	73.4	-2.6	-9.6
-1.6	66.1	1.4	-1.6
-1.5	49.9	-0.5	-1.4
2.5	65.1	2.2	2.5
1.5	63.0	2.6	1.5
1.50	6.4	0.0	1.5
-10.4	72.3	-3.3	-10.5
4.6	62.4	3.9	4.9
0.7	60.7	34.2	0.6
4.9	61.2	6.1	4.9
-5.0	69.3	0.3	-4.7
-5.5	70.3	0.1	-5.2
5.4	39.6	5.0	5.4
3.6	64.3	1.9	3.1

12-11 集体工业企业主要经济效益指标(2021年)

单位：%

类　别	Category
总　计	**Total**
按轻重工业分	**Grouped by Light and Heavy Industry**
轻工业	Light Industry
重工业	Heavy Industry
按行业分	**Grouped by Sector**
采矿业	Mining and Quarrying
煤炭开采和洗选业	Mining and Washing of Coal
石油和天然气开采业	Extraction of Petroleum and Natural Gas
黑色金属矿采选业	Mining and Processing of Ferrous Metals Ores
有色金属矿采选业	Mining and Processing of Non-ferrous Metal Ores
非金属矿采选业	Mining and Processing of Nonmetal Ores
开采专业及辅助性活动	Professional and Support Activities For Mining
其他采矿业	Mining of Other Ores
制造业	Manufacturing
农副食品加工业	Processing of Food from Agricultural Products
食品制造业	Manufacture of Foods
酒、饮料和精制茶制造业	Manufacture of Wine, soft drinks and refined tea
烟草制品业	Manufacture of Tobacco
纺织业	Manufacture of Textile
纺织服装、服饰业	Manufacture of Textile and Apparel
皮革、毛皮、羽毛及其制品和制鞋业	Manufacture of Leather, Furs, Feather and Related Products and Footwear
木材加工和木、竹、藤、棕、草制品业	Processing of Timber, Manufacture of Wood, Bamboo, Rattan, Palm and Straw Products
家具制造业	Manufacture of Furniture
造纸和纸制品业	Manufacture of Paper and Paper Products
印刷和记录媒介复制业	Printing and Reproduction of Recording Media
文教、工美、体育和娱乐用品制造业	Manufacture of Articles for Culture, Education and Sports Activities
石油、煤炭及其他燃料加工业	Processing of Petroleum, Coal and Other Fuels
化学原料和化学制品制造业	Manufacture of Raw Chemical Materials and Chemical Products
医药制造业	Manufacture of Medicines
化学纤维制造业	Manufacture of Chemical Fibers
橡胶和塑料制品业	Manufacture of Rubber and Plastics Products
非金属矿物制品业	Manufacture of Non-metallic Mineral Products
黑色金属冶炼及压延加工业	Smelting and Pressing of Ferrous Metals
有色金属冶炼及压延加工业	Smelting and Pressing of Non-ferrous Metals
金属制品业	Manufacture of Metal Products
通用设备制造业	Manufacture of General Purpose Machinery
专用设备制造业	Manufacture of Special Purpose Machinery
汽车制造业	Manufacture of Automobiles
铁路、船舶、航空航天和其他运输设备制造业	Manufacture of Railroad, Ship, Aerospace and Other Transport Equipment
电气机械及器材制造业	Manufacture of Electrical Machinery and Apparatus
计算机、通信和其他电子设备制造业	Manufacture of Computers, Communication and Other Electronic Equipment
仪器仪表制造业	Manufacture of Measuring Instruments
其他制造业	Other Manufacturing
废弃资源综合利用业	Comprehensive Utilization of Waste Resources Industry
金属制品、机械和设备修理业	Repair Service of Metal Products, Machinery and Equipment
电力、热力、燃气及水生产和供应业	Production and Supply of Electric Power, heat, Gas and Water
电力、热力生产和供应业	Production and Supply of Electric Power and Heat Power
燃气生产和供应业	Production and Supply of Gas
水的生产和供应业	Production and Supply of Water

Major Indicators on Economic Benefit of Collective-Owned Industrial Enterprises(2021)

(%)

营业收入利润率 Profit Margin of Business Revenue	资产负债率 Assets-Liability Ratio	总资产贡献率 Ratio of Total Assets to Industrial Output Value	成本费用利润率 Ratio of Profits to Industrial Cost
2.6	**65.6**	**4.6**	**2.6**
2.7	**41.6**	**6.5**	**2.8**
2.6	65.8	4.5	2.6
6.5	39.9	7.0	7.3
10.2	72.2	38.2	11.9
	30.9	-1.6	-100.0
1.6	79.1	3.2	1.6
4.3	2.4	6.0	4.4
2.0	70.3	4.6	2.0
0.3	162.9	8.0	0.3
2.0	34.9	9.6	2.1
4.9	10.7	18.4	5.2
21.7	166.2	9.6	24.1
-2.3	85.3	-0.2	-2.2

12-12 按行业分私营工业企业主要经济效益指标（2021年）

单位：%

行业	Sector
总计	**Total**
采矿业	Mining and Quarrying
煤炭开采和洗选业	Mining and Washing of Coal
石油和天然气开采业	Extraction of Petroleum and Natural Gas
黑色金属矿采选业	Mining and Processing of Ferrous Metals Ores
有色金属矿采选业	Mining and Processing of Non-ferrous Metal Ores
非金属矿采选业	Mining and Processing of Nonmetal Ores
开采专业及辅助性活动	Professional and Support Activities For Mining
其他采矿业	Mining of Other Ores
制造业	Manufacturing
农副食品加工业	Processing of Food from Agricultural Products
食品制造业	Manufacture of Foods
酒、饮料和精制茶制造业	Manufacture of Wine, soft drinks and refined tea
烟草制品业	Manufacture of Tobacco
纺织业	Manufacture of Textile
纺织服装、服饰业	Manufacture of Textile and Apparel
皮革、毛皮、羽毛及其制品和制鞋业	Manufacture of Leather, Furs, Feather and Related Products and Footwear
木材加工和木、竹、藤、棕、草制品业	Processing of Timber, Manufacture of Wood, Bamboo, Rattan, Palm and Straw Products
家具制造业	Manufacture of Furniture
造纸和纸制品业	Manufacture of Paper and Paper Products
印刷和记录媒介复制业	Printing and Reproduction of Recording Media
文教、工美、体育和娱乐用品制造业	Manufacture of Articles for Culture, Education and Sports Activities
石油、煤炭及其他燃料加工业	Processing of Petroleum, Coal and Other Fuels
化学原料和化学制品制造业	Manufacture of Raw Chemical Materials and Chemical Products
医药制造业	Manufacture of Medicines
化学纤维制造业	Manufacture of Chemical Fibers
橡胶和塑料制品业	Manufacture of Rubber and Plastics Products
非金属矿物制品业	Manufacture of Non-metallic Mineral Products
黑色金属冶炼及压延加工业	Smelting and Pressing of Ferrous Metals
有色金属冶炼及压延加工业	Smelting and Pressing of Non-ferrous Metals
金属制品业	Manufacture of Metal Products
通用设备制造业	Manufacture of General Purpose Machinery
专用设备制造业	Manufacture of Special Purpose Machinery
汽车制造业	Manufacture of Automobiles
铁路、船舶、航空航天和其他运输设备制造业	Manufacture of Railroad, Ship, Aerospace and Other Transport Equipment
电气机械及器材制造业	Manufacture of Electrical Machinery and Apparatus
计算机、通信和其他电子设备制造业	Manufacture of Computers, Communication and Other Electronic Equipment
仪器仪表制造业	Manufacture of Measuring Instruments
其他制造业	Other Manufacturing
废弃资源综合利用业	Comprehensive Utilization of Waste Resources Industry
金属制品、机械和设备修理业	Repair Service of Metal Products, Machinery and Equipment
电力、热力、燃气及水生产和供应业	Production and Supply of Electric Power, heat, Gas and Water
电力、热力生产和供应业	Production and Supply of Electric Power and Heat Power
燃气生产和供应业	Production and Supply of Gas
水的生产和供应业	Production and Supply of Water

Main Indicators on Economic Benefit of Private Industrial Enterprises by Industrial Sector (2021)

(%)

营业收入利润率 Profit Margin of Business Revenue	资 产负债率 Assets-Liability Ratio	总资产贡献率 Ratio of Total Assets to Industrial Output Value	成本费用利润率 Ratio of Profits to Industrial Cost
4.5	**61.0**	**6.5**	**4.7**
12.3	62.0	13.2	14.4
10.5	75.1	15.1	12.1
1.5	72.3	2.2	1.5
52.0	23.7	27.6	113.9
13.2	52.4	12.1	15.4
3.9	36.3	4.6	4.1
4.2	58.6	6.8	4.4
2.8	58.0	5.4	2.9
4.1	61.3	6.7	4.3
6.8	55.0	12.3	7.6
29.5	12.9	42.1	42.2
2.2	67.1	4.5	2.2
0.7	84.2	4.2	0.7
3.7	50.6	22.9	3.9
-1.9	72.8	-0.6	-1.8
0.5	71.4	3.0	0.5
-1.3	83.9	1.9	-1.3
1.0	77.4	3.5	1.0
1.8	82.7	2.8	1.8
6.6	65.1	8.5	7.1
0.4	74.5	2.6	0.4
18.1	36.9	9.1	20.4
-26.0	50.5	-6.6	-20.6
2.2	62.5	3.7	2.2
1.5	76.4	3.5	1.5
2.8	60.8	6.9	2.9
9.0	62.1	9.5	9.1
2.8	65.5	5.1	2.8
12.5	45.6	9.2	13.8
6.3	52.7	6.1	6.7
7.0	70.2	4.5	7.6
15.2	39.1	9.0	17.4
2.4	44.9	5.6	2.5
15.3	47.0	6.0	17.9
8.2	43.8	7.5	8.8
17.8	67.7	16.5	21.7
0.3	62.5	43.7	0.2
6.5	41.9	6.1	6.6
-1.6	74.7	0.5	-1.5
-2.3	75.7	0.2	-2.2
2.6	62.4	2.3	2.6
15.4	69.6	6.4	18.8

12-13 按行业分“三资”工业企业主要经济效益指标（2021年）

单位：%

行业	Sector
总　计	**Total**
采矿业	Mining and Quarrying
煤炭开采和洗选业	Mining and Washing of Coal
石油和天然气开采业	Extraction of Petroleum and Natural Gas
黑色金属矿采选业	Mining and Processing of Ferrous Metals Ores
有色金属矿采选业	Mining and Processing of Non-ferrous Metal Ores
非金属矿采选业	Mining and Processing of Nonmetal Ores
开采专业及辅助性活动	Professional and Support Activities For Mining
其他采矿业	Mining of Other Ores
制造业	Manufacturing
农副食品加工业	Processing of Food from Agricultural Products
食品制造业	Manufacture of Foods
酒、饮料和精制茶制造业	Manufacture of Wine, soft drinks and refined tea
烟草制品业	Manufacture of Tobacco
纺织业	Manufacture of Textile
纺织服装、服饰业	Manufacture of Textile and Apparel
皮革、毛皮、羽毛及其制品和制鞋业	Manufacture of Leather, Furs, Feather and Related Products and Footwear
木材加工和木、竹、藤、棕、草制品业	Processing of Timber, Manufacture of Wood, Bamboo, Rattan, Palm and Straw Products
家具制造业	Manufacture of Furniture
造纸和纸制品业	Manufacture of Paper and Paper Products
印刷和记录媒介复制业	Printing and Reproduction of Recording Media
文教、工美、体育和娱乐用品制造业	Manufacture of Articles for Culture, Education and Sports Activities
石油、煤炭及其他燃料加工业	Processing of Petroleum, Coal and Other Fuels
化学原料和化学制品制造业	Manufacture of Raw Chemical Materials and Chemical Products
医药制造业	Manufacture of Medicines
化学纤维制造业	Manufacture of Chemical Fibers
橡胶和塑料制品业	Manufacture of Rubber and Plastics
非金属矿物制品业	Manufacture of Non-metallic Mineral Products
黑色金属冶炼及压延加工业	Smelting and Pressing of Ferrous Metals
有色金属冶炼及压延加工业	Smelting and Pressing of Non-ferrous Metals
金属制品业	Manufacture of Metal Products
通用设备制造业	Manufacture of General Purpose Machinery
专用设备制造业	Manufacture of Special Purpose Machinery
汽车制造业	Manufacture of Automobiles
铁路、船舶、航空航天和其他运输设备制造业	Manufacture of Railroad, Ship, Aerospace and Other Transport Equipment
电气机械及器材制造业	Manufacture of Electrical Machinery and Apparatus
计算机、通信和其他电子设备制造业	Manufacture of Computers, Communication and Other Electronic Equipment
仪器仪表制造业	Manufacture of Measuring Instruments
其他制造业	Other Manufacturing
废弃资源综合利用业	Comprehensive Utilization of Waste Resources Industry
金属制品、机械和设备修理业	Repair Service of Metal Products, Machinery and Equipment
电力、热力、燃气及水生产和供应业	Production and Supply of Electric Power, heat, Gas and Water
电力、热力生产和供应业	Production and Supply of Electric Power and Heat Power
燃气生产和供应业	Production and Supply of Gas
水的生产和供应业	Production and Supply of Water

Main Indicators on Economic Benefit of Industrial Enterprises with Hongkong, Macao,Taiwan and Foreign Funds by Industrial Sector(2021)

(%)

营业收入 利润率 Profit Margin of Business Revenue	资　产 负债率 Assets- Liability Ratio	总资产 贡献率 Ratio of Total Assets to Industrial Output Value	成本费用 利 润 率 Ratio of Profits to Industrial Cost
10.8	**65.2**	**11.5**	**11.5**
74.1	18.5	28.7	217.0
79.4	16.9	30.2	268.2
17.4	43.2	6.7	21.0
11.6	62.8	14.4	12.5
2.3	66.3	4.7	2.3
28.7	53.1	23.2	35.2
6.3	42.9	13.6	7.0
5.8	5.3	7.5	6.2
-7.4	1.3	-6.7	-7.0
-1.7	64.1	-1.1	-1.6
7.2	81.5	13.2	7.5
4.1	27.9	5.6	4.3
-18.7	183.4	-1.1	-15.7
0.8	48.1	3.8	0.9
10.6	64.7	10.1	11.9
0.4	103.0	3.3	0.4
5.1	64.7	4.2	5.0
3.7	51.2	5.0	3.9
1.6	51.0	4.3	1.7
13.1	42.3	11.2	14.9
11.7	82.2	33.7	12.4
-11.9	55.0	-4.1	-10.9
-36.0	44.4	-4.0	-23.2
4.3	54.4	9.1	4.2
-32.9	320.6	-33.5	-24.8
84.5	60.1	4.6	99.4
-2.5	75.7	1.9	-2.3
-13.3	79.1	-1.4	-12.1
5.7	49.4	5.9	5.7
86.7	75.8	10.1	91.5

12-14 分地区工业企业单位数(2021年)
Number of Industrial Enterprises by Region(2021)

单位：个 (unit)

地 区	Region	总 计 Total	#国有控股 State-holding	#集 体 Collective -owned	大 型 Large	中 型 Medium	小 型 Small	微 型 Micro type	轻工业 Light Industry	重工业 Heavy Industry
哈尔滨	Harbin	1419	199	3	27	104	912	376	684	735
齐齐哈尔	Qiqihar	403	61		11	22	236	134	196	207
鸡 西	Jixi	227	37	1	3	22	134	68	97	130
鹤 岗	Hegang	162	22	7	3	27	91	41	46	116
双鸭山	Shuangyashan	160	33		4	18	89	49	58	102
大 庆	Daqing	538	68	11	11	38	288	201	192	346
伊 春	Yichun	69	8		1	4	52	12	36	33
佳木斯	Jiamusi	369	50		1	18	179	171	224	145
七台河	Qitaihe	113	14		5	15	64	29	21	92
牡丹江	Mudanjiang	345	29	1	3	16	197	129	129	216
黑 河	Heihe	122	31		1	9	74	38	44	78
绥 化	Suihua	406	45		7	33	241	125	250	156
大兴安岭	Daxinganling	21	6			3	13	5	6	15

12-15 分地区工业企业主要经济指标(2021年)
Major Indicators of Industrial Enterprises by Region(2021)

单位：万元 (10000 yuan)

地 区	Region	工业总产值 Total Industrial Output Value	资产总计 Total Assets	流动资产合计 Total Current Assets	应收帐款 Accounts Receivable	产成品 Finished Goods	固定资产原价 Original Value of Fixed Assets	固定资产净额 Net Fixed Assets	负债合计 Total Liabilities
哈尔滨	Harbin	29819562	51367621	29998062	6657664	1907305	22938530	11051004	32251659
齐齐哈尔	Qiqihar	10352227	17702065	9176126	2692186	450445	8441449	4769988	10721757
鸡 西	Jixi	3805400	7389869	3518489	842772	305527	4620873	2428839	4991362
鹤 岗	Hegang	3164541	4857488	2075841	364925	224590	4140521	1895327	3762626
双鸭山	Shuangyashan	4887777	7040822	2725621	550592	162092	5672335	3096642	5301751
大 庆	Daqing	32305980	57587228	24189044	3423650	760920	73181617	21050791	28752641
伊 春	Yichun	2566912	2801164	1244727	188414	44531	1896066	1143824	1963147
佳木斯	Jiamusi	5488650	6823938	3268193	744097	388464	3758743	1845202	4547788
七台河	Qitaihe	3478252	5984005	2465989	349253	193005	4151709	1623839	4152172
牡丹江	Mudanjiang	2972495	4832365	2229844	687298	266015	4018761	1744642	2985703
黑 河	Heihe	2087901	3591901	1260293	176170	86348	2036059	1009977	2395225
绥 化	Suihua	7962296	9191404	4017906	762057	499089	5845185	3605747	6480829
大兴安岭	Daxinganling	382875	761728	504602	81910	36089	281730	120753	549954

12-15 续表 Continued

单位：万元 (10000 yuan)

地 区	Region	营业收入 Business Revenue	营业成本 Business Cost	销售费用 Selling Expenses	管理费用 Management Expenses	财务费用 Financial Expenses	利息费用 Expenditure for Interests	利润总额 Total Profits	亏损企业亏损总额 Total Losses Made by Enterprises-in-red
哈尔滨	Harbin	30409870	25020688	1167759	1438846	356946	351861	1071830	689487
齐齐哈尔	Qiqihar	11989969	10063550	431880	349209	179962	167101	1009418	292507
鸡 西	Jixi	4229644	3427740	100821	262262	79356	65611	222925	94890
鹤 岗	Hegang	3335449	2794409	74478	181958	57430	44144	186191	78199
双鸭山	Shuangyashan	4770159	4085507	127586	197355	116861	92161	82833	107280
大 庆	Daqing	33816249	26441534	279687	1730551	338728	549412	1866311	360870
伊 春	Yichun	2734537	2302901	15508	62111	56298	47650	150044	57182
佳木斯	Jiamusi	5098063	4515715	126952	146868	70702	53004	189149	74520
七台河	Qitaihe	3866004	3274884	86286	209614	58481	53277	192912	56605
牡丹江	Mudanjiang	2846123	2490144	57168	124346	51533	45055	70590	121162
黑 河	Heihe	2065784	1362559	22079	89586	46167	39736	514281	33676
绥 化	Suihua	8196423	7383316	224347	210622	147219	127532	174690	147509
大兴安岭	Daxinganling	447875	336055	17840	9736	1398	2116	70291	13601

12-16 分地区大中型工业企业主要经济指标(2021年)
Major Indicators of Large and Medium-Sized Industrial Enterprises by Region(2021)

单位：万元 (10000 yuan)

地区	Region	工业总产值 Total Industrial Output Value	资产总计 Total Assets	流动资产合计 Total Current Assets	应收帐款 Accounts Receivable	产成品 Finished Goods	固定资产原价 Original Value of Fixed Assets	固定资产净额 Net Fixed Assets	负债合计 Total Liabilities
哈尔滨	Harbin	14685682	28096654	15215742	2541631	759839	14137132	6456087	16738792
齐齐哈尔	Qiqihar	7016120	11815495	6485645	1863674	263814	4663492	2710758	7281080
鸡西	Jixi	1771387	4223341	1655650	495672	84246	3281181	1713398	2707864
鹤岗	Hegang	1900871	2852054	1097548	175593	95721	3050725	1201714	2584057
双鸭山	Shuangyashan	3672615	5599328	2025842	329202	98225	4732179	2618760	4209997
大庆	Daqing	27636809	51117841	20726761	1976128	554193	69488834	18798522	24489818
伊春	Yichun	1928382	1578750	835868	87444	18520	755576	530563	1093528
佳木斯	Jiamusi	1773774	2191365	1140957	205587	150054	1406619	755070	1610154
七台河	Qitaihe	2573831	4544525	1741076	178090	102555	3280949	1239006	3245605
牡丹江	Mudanjiang	1008009	1987845	788564	179735	95435	2383262	857351	1100661
黑河	Heihe	1254835	1807380	466495	18450	25348	989423	560584	1111073
绥化	Suihua	4386296	4207521	1631899	223601	229127	3045812	1983686	2857637
大兴安岭	Daxinganling	182769	366780	262581	25438	4046	113448	45147	292441

12-16 续表 Continued

单位：万元 (10000 yuan)

地区	Region	营业收入 Business Revenue	营业成本 Business Cost	销售费用 Selling Expenses	管理费用 Management Expenses	财务费用 Financial Expenses	利息费用 Expenditure for Interests	利润总额 Total Profits	亏损企业亏损总额 Total Losses Made by Enterprises-in-red
哈尔滨	Harbin	14754467	11301635	764803	838610	208791	228248	426730	519571
齐齐哈尔	Qiqihar	8332924	7020040	369181	201217	125163	127315	684646	222252
鸡西	Jixi	2041602	1474747	43720	206900	42300	38817	174699	37114
鹤岗	Hegang	1933109	1617298	35587	149037	39001	28646	57427	61619
双鸭山	Shuangyashan	3572537	2971918	110972	163391	95049	79946	73029	72224
大庆	Daqing	29603192	22731238	210227	1584872	259060	482967	1688675	290498
伊春	Yichun	2121879	1865178	6111	39263	29202	27338	96373	6641
佳木斯	Jiamusi	1756293	1519493	64186	64297	25721	25380	72134	33489
七台河	Qitaihe	2686695	2200914	64894	168600	36219	38381	168414	34626
牡丹江	Mudanjiang	1008587	856550	24666	52793	25538	24987	30141	71504
黑河	Heihe	1244706	690773	3907	33737	25849	26151	465469	1018
绥化	Suihua	4275252	3786774	135202	84289	78244	68786	154794	23368
大兴安岭	Daxinganling	181445	106182	779	4064	1066	1806	62594	7727

12-17 分地区国有控股工业企业主要经济指标(2021年)
Major Indicators of State-Owned and State-Holding Industrial Enterprises by Region(2021)

单位：万元 (10000 yuan)

地区	Region	工业总产值 Total Industrial Output Value	资产总计 Total Assets	流动资产合计 Total Current Assets	应收帐款 Accounts Receivable	产成品 Finished Goods	固定资产原价 Original Value of Fixed Assets	固定资产净额 Net Fixed Assets	负债合计 Total Liabilities
哈尔滨	Harbin	13994317	28521767	16430181	3168696	655300	13223164	6089228	18676381
齐齐哈尔	Qiqihar	2544970	7555704	3226897	872084	86236	4060450	1979917	4677933
鸡西	Jixi	1518159	3927861	1436344	394388	96980	3492614	1748482	2875465
鹤岗	Hegang	1103109	2735578	778728	131581	35219	3205229	1253173	2505039
双鸭山	Shuangyashan	1271394	3253220	1096077	149107	21207	3330507	1665348	2641469
大庆	Daqing	25507763	50617588	20066613	1706143	531100	70187016	19275503	24398648
伊春	Yichun	455001	872621	213999	86306	10425	972856	520887	668846
佳木斯	Jiamusi	1346056	2604693	1095200	321715	136744	2154811	992226	1836611
七台河	Qitaihe	876656	2111621	501907	141130	12218	2608130	956410	1694851
牡丹江	Mudanjiang	738480	1770186	538431	175057	47616	2314910	917646	1067160
黑河	Heihe	654793	955398	351793	39034	36747	947738	349993	643950
绥化	Suihua	2246454	3257237	1036852	178789	131327	2587121	1548801	2507898
大兴安岭	Daxinganling	197371	381704	285240	39239	9469	126765	40697	279108

12-17 续表 Continued

单位：万元 (10000 yuan)

地区	Region	营业收入 Business Revenue	营业成本 Business Cost	销售费用 Selling Expenses	管理费用 Management Expenses	财务费用 Financial Expenses	利息费用 Expenditure for Interests	利润总额 Total Profits	亏损企业亏损总额 Total Losses Made by Enterprises-in-red
哈尔滨	Harbin	14213974	11366048	283148	791296	167616	197483	391803	369811
齐齐哈尔	Qiqihar	3305313	3000844	40021	149354	116642	102019	-82331	202539
鸡西	Jixi	1919296	1440458	12601	190368	38997	35006	132360	40550
鹤岗	Hegang	1130890	917927	1073	124409	33934	31976	39105	56480
双鸭山	Shuangyashan	1151493	945782	5222	111540	49240	51225	-40560	86575
大庆	Daqing	26047479	19655665	189544	1276824	300993	506856	1317266	294791
伊春	Yichun	451987	305595	464	12978	26592	22902	43379	43298
佳木斯	Jiamusi	1460618	1262491	34213	39550	37415	32582	81343	39178
七台河	Qitaihe	1030577	840293	3572	120901	22232	20494	17431	34763
牡丹江	Mudanjiang	745283	656463	5468	34164	34926	32203	-5383	71996
黑河	Heihe	641823	567338	4992	21448	17608	13506	35206	11593
绥化	Suihua	2591803	2403443	22769	46364	72734	68367	60281	32109
大兴安岭	Daxinganling	191724	105352	945	6190	-618	284	72409	5141

12-18 分地区集体工业企业主要经济指标(2021年)
Major Indicators of Collective-Owned Industrial Enterprises by Region(2021)

单位：万元 (10000 yuan)

地区	Region	工业总产值 Total Industrial Output Value	资产总计 Total Assets	流动资产合计 Total Current Assets	应收帐款 Accounts Receivable	产成品 Finished Goods	固定资产原价 Original Value of Fixed Assets	固定资产净额 Net Fixed Assets	负债合计 Total Liabilities
哈尔滨	Harbin	9266	8126	4922	1909	229	8642	3204	2421
齐齐哈尔	Qiqihar								
鸡西	Jixi	2850	4452	4106	3749	20	789	346	2970
鹤岗	Hegang	62859	44216	35461	14577	3537	15928	7082	31901
双鸭山	Shuangyashan								
大庆	Daqing	318719	530361	470402	209142	5568	211463	48942	348360
伊春	Yichun								
佳木斯	Jiamusi								
七台河	Qitaihe								
牡丹江	Mudanjiang	2861	2418	2217	422	110	1423	201	915
黑河	Heihe								
绥化	Suihua								
大兴安岭	Daxinganling								

12-18 续表 Continued

单位：万元 (10000 yuan)

地区	Region	营业收入 Business Revenue	营业成本 Business Cost	销售费用 Selling Expenses	管理费用 Management Expenses	财务费用 Financial Expenses	利息费用 Expenditure for Interests	利润总额 Total Profits	亏损企业亏损总额 Total Losses Made by Enterprises--in-red
哈尔滨	Harbin	11325	9039	209	1599	0.2	1.3	440	
齐齐哈尔	Qiqihar								
鸡西	Jixi	2521	2453		123	-0.1		211	
鹤岗	Hegang	69929	55386	138	4004	112	106	7098	2089
双鸭山	Shuangyashan								
大庆	Daqing	276456	254056	3926	22030	223	0.2	843	9115
伊春	Yichun								
佳木斯	Jiamusi								
七台河	Qitaihe								
牡丹江	Mudanjiang	2586	1118		745	-1.1		692	
黑河	Heihe								
绥化	Suihua								
大兴安岭	Daxinganling								

12-19 主要工业产品产量
Output of Major Industrial Products

品 名	Item	2017	2018	2019	2020	2021
原煤(万吨)	Crude Coal(10000 tons)	5440.4	5791.6	5195.0	5206.3	5974.9
原油(万吨)	Crude Oil(10000 tons)	3420.3	3224.2	3110.0	3001.0	2945.5
天然气(亿立方米)	Natural Gas(100 million cu.m)	40.5	43.5	45.7	46.8	50.5
大米(万吨)	Rice(10000 tons)	1170.5	983.3	1091.2	1352.1	1508.1
铁矿石原矿(万吨)	Original Ironstone Reserves(10000 tons)	537.6	337.1	288.5	255.7	280.6
精制食用植物油(万吨)	Purifier Edible Vegetable Oil(10000 tons)	214.5	64.3	54.3	55.8	48.3
成品糖(万吨)	Finished Product Sugar(10000 tons)	5.7	7.2	12.6	20.4	22.4
乳制品(万吨)	Dairy Products(10000 tons)	158.6	155.3	164.2	164.9	189.4
#液体乳(万吨)	Liquid Milk(10000 tons)	114.1	118.0	129.0	123.9	151.2
白酒(万千升)	Liquor(10000 kiloliter)	57.8	13.7	13.9	11.5	11.0
啤酒(万千升)	Beer(10000 kiloliter)	185.2	185.0	201.6	128.5	127.7
卷烟(亿支)	Cigarettes(100 million pieces)	364.3	379.5	382.5	384.7	402.8
亚麻布(万米)	Linen(10000 m)	2334.0	2036.0	2183.0	2389.0	3486.4
人造板(万立方米)	Man-made Board(10000 cu.m)	334.3	88.0	41.1	25.1	24.0
机制纸及纸板(万吨)	Machine-made Paper and Paperboards(10000 tons)	44.1	45.3	34.4	31.9	30.0
原油加工量(万吨)	Crude Oil Processed(10000 tons)	1622.7	1507.7	1489.6	1643.3	1886.9
汽油(万吨)	Gasoline(10000 tons)	519.2	512.4	521.7	533.5	556.8
柴油(万吨)	Diesel oil(10000 tons)	425.9	412.5	340.4	317.7	355.9
焦炭(万吨)	Coke(10000 tons)	761.3	875.8	1075.9	1062.7	1234.9
硫酸(折100%，万吨)	Sulfuric Acid(convert into 100%, 10000 tons)	7.4	5.0	4.3	5.5	58.0
盐酸(万吨)	Muriatic Acid(10000 tons)	12.5	14.3	21.8	36.0	31.2
烧碱(万吨)	Caustic Soda(10000 tons)	20.5	21.3	22.5	22.7	24.0
合成氨(万吨)	Synthetic Ammonia(10000 tons)	49.0	39.5	50.6	48.6	49.9
农用化肥(折100%，万吨)	Chemical Fertilizer for Agricultural Use (convert into 100%,10000 tons)	51.8	38.4	46.6	49.7	71.9
化学农药原药(折有效成分100%，吨)	Chemical Pesticides(convert into100%,ton)	901	3623	4100	5023	7495
乙烯(万吨)	Ethylene(10000 tons)	115.8	105.8	128.8	131.1	135.9
化学药品原药(吨)	Chemical Medicines(ton)	9784.5	2961.0	2811.2	12955.2	18927.8
中成药(万吨)	Proprietary Chinese Medicine(10000 tons)	2.2	3.7	3.5	3.6	2.8
化学纤维(万吨)	Chemical Fiber(10000 tons)	7.5	5.2	3.7	2.5	2.2
橡胶轮胎外胎(万条)	Tires(10000 units)	506.3	460.2	427.1	414.3	480.5
塑料制品(万吨)	Plastic Products(10000 tons)	32.9	20.4	15.1	21.9	25.4
水泥(万吨)	Cement(10000 tons)	2634.5	2039.5	2148.0	2376.5	2170.8
平板玻璃(万重量箱)	Plate Glass(10000 weight cases)	402.9	394.5	402.7	399.1	577.3
石墨及碳素制品(吨)	Graphite and Related Products(ton)	286218	337199	401845	529528	745146
生铁(万吨)	Pig Iron(10000 tons)	438.8	695.7	800.7	863.1	846.5
粗钢(万吨)	Crude Steel(10000 tons)	503.0	774.3	896.1	986.5	960.6
钢材(万吨)	Rolled Steel(10000 tons)	410.6	561.4	782.0	879.0	951.4
铝材(万吨)	Aluminous Material(10000 tons)	14.8	14.5	15.4	14.9	16.4
电站锅炉(蒸发量吨)	Power Plant Boiler(vaporing ton)	86323	82484	62522	51409	54158
电站用汽轮机(万千瓦)	Steam turbine for power station(10000 kw)	983.2	1002.7	1001.9	1133.5	779.4
金属切削机床(台)	Metal-cutting Machine Tools(unit)	446	374	421	358	1051
发电机组(发电设备,万千瓦)	Power Generating Equipment(10000 kw)	1417.4	1435.3	1108.4	1806.8	2096.1
矿山专用设备(吨)	Special Equipment for Mine(ton)	9986	12586	22112	44317	29490
冶炼设备(吨)	Smelting Equipment(ton)					
金属轧制设备(吨)	Metal-rolling Equipment(ton)	107156	115610	118954	49039	84012
大中型拖拉机(台)	Large and Medium Tractors(unit)	1412	6483	7410	13322	8868
小型拖拉机(台)	Small-sized Tractors(unit)	1278		8	332	
铁路货车(辆)	Railway Passenger Engines(unit)	9945	10322	13355	9186	8230
汽车(辆)	Motor Vehicles(unit)	122219	162914	188944	71691	76075
改装汽车(辆)	Special Automobile(unit)	372	240	371	268	380
发电量(亿千瓦时)	Electricity(100 million kwh)	912.5	1015.49	1057.2	1083.5	1144.9
微型电子计算机(台)	Mini-computers(unit)	5533				

12-20 分地区主要工业产品产量(2021年)
Output of Major Industrial Products by Region(2021)

地 区	Region	原煤(万吨) Crude Coal (10000 tons)	原油(万吨) Crude Oil (10000 tons)	大米(万吨) Rice (10000 tons)	精制食用植物油(万吨) Purifier Edible Vegetable Oil (10000 tons)	成品糖(吨) Finished Product Sugar (ton)	乳制品(吨) Dairy Products (ton)
全 省	**Total**	**5974.9**	**2945.5**	**1508.1**	**48.3**	**224293**	**1894001**
哈尔滨	Harbin			406.6	27.0		362326
齐齐哈尔	Qiqihar			131.2	3.7	224293	720645
鸡 西	Jixi	1321.2		214.8			
鹤 岗	Hegang	1046.7		46.8	0.4		613
双鸭山	Shuangyashan	1825.7		58.3	2.2		
大 庆	Daqing		2945.5	30.8			372339
伊 春	Yichun			0.8			1480
佳木斯	Jiamusi			366.0	5.0		11750
七台河	Qitaihe	770.8		1.7			
牡丹江	Mudanjiang	102.2		10.5	0.4		84266
黑 河	Heihe	248.0			0.6		31695
绥 化	Suihua			240.7	8.9		308887
大兴安岭	Daxinganling	660.2					

注：本表数据因四舍五入未做机械调整。
a) The data in this table are not mechanically adjusted due to rounding.

12-20 续表1 Continued

地 区	Region	卷烟(万支) Cigarettes (10000 pieces)	白酒(千升) Liquor (1000 liter)	啤酒(千升) Beer (1000 liter)	亚麻布(万米) Linen (10000 m)	机制纸及纸板(吨) Machine-made Paper and Paperboards (ton)	汽油(万吨) Gasoline (10000 tons)
全 省	**Total**	**4027500**	**110258**	**1277412**	**3486**	**300232**	**556.8**
哈尔滨	Harbin	4027500	91009	1032382	220	101663	142.9
齐齐哈尔	Qiqihar		13627		539		
鸡 西	Jixi		85	46208			
鹤 岗	Hegang		662	2176		3426	
双鸭山	Shuangyashan						
大 庆	Daqing			7720			413.9
伊 春	Yichun		683				
佳木斯	Jiamusi			72876		6390	
七台河	Qitaihe						
牡丹江	Mudanjiang		2030	94052	472	188753	
黑 河	Heihe			13765			
绥 化	Suihua		2162	8233	2255		
大兴安岭	Daxinganling						

12-20 续表2 Continued

地 区	Region	柴 油 (万吨) Diesel Oil (10000 tons)	农用化肥 (吨) Chemical Fertilizer for Agricultural Use (10000 tons)	化学农药原药 (吨) Chemical Pesticides (ton)	化学药品原药 (吨) Chemical Medicines (ton)	水 泥 (万吨) Cement (10000 tons)	平板玻璃 (万重量箱) Plate Glass (10000 weight cases)
全 省	**Total**	**355.9**	**718586**	**7495**	**18928**	**2170.8**	**577.3**
哈尔滨	Harbin	106.2		1905	14923	808.8	
齐齐哈尔	Qiqihar			361		257.4	
鸡 西	Jixi					85.7	
鹤 岗	Hegang		279427	581	3	101.8	
双鸭山	Shuangyashan		38180			89.4	
大 庆	Daqing	249.7	147894			152.4	
伊 春	Yichun				84	63.3	
佳木斯	Jiamusi		85086	3719	9	220.7	577.3
七台河	Qitaihe					27.8	
牡丹江	Mudanjiang				184	97.5	
黑 河	Heihe					92.2	
绥 化	Suihua		167999	930	3608	173.9	
大兴安岭	Daxinganling				117		

12-20 续表3 Continued

地 区	Region	汽 车 (辆) Motor Vehicles (unit)	粗钢 (万吨) Crude Steel (10000 tons)	金属切削机床 (台) Metal-cutting Machine Tools (unit)	金属轧制设备 (吨) Metal-rolling Equipment (ton)	小型拖拉机 (台) Small-sized Tractors (unit)	发电量 (亿千瓦小时) Electricity (100 million kwh)
全 省	**Total**	**76075**	**961**	**1051**	**84012**		**1145.0**
哈尔滨	Harbin	1000	121	587	3040		218.3
齐齐哈尔	Qiqihar		194	464	80972		126.8
鸡 西	Jixi						59.2
鹤 岗	Hegang						71.1
双鸭山	Shuangyashan		225				113.1
大 庆	Daqing	75075					174.7
伊 春	Yichun		420				50.6
佳木斯	Jiamusi						71.4
七台河	Qitaihe						86.3
牡丹江	Mudanjiang						67.1
黑 河	Heihe						25.1
绥 化	Suihua						79.9
大兴安岭	Daxinganling						1.4

12-21 四大主导产业主要经济指标(2021年)

单位：万元

指 标	Item	工业总产值 Total Industrial Output Value
总 计	**Total**	**93774977**
装备工业	Equipment Industry	15187207
金属制品业	Manufacture of Metal Products	1132578
金属制品、机械和设备修理业	Repair Service of Metal Products, Machinery and Equipment	119013
通用设备制造业	Manufacture of General Purpose Machinery	2728623
专用设备制造业	Manufacture of Special Purpose Machinery	2342326
汽车制造业	Manufacture of Automotive	2481735
铁路、船舶、航空航天和其他运输设备制造业	Manufacture of Railroad, Marine, Aerospace and Other Transportation Equipment	3798158
电气机械及器材制造业	Manufacture of Electrical Machinery and Equipment	1881098
计算机、通信和其他电子设备制造业	Manufacture of Computers, Communication and Other Electronic Equipment	238224
仪器仪表制造业	Manufacture of Measuring Instrument	465453
石化工业	Petrochemical Industry	20706838
石油、煤炭及其他燃料加工业	Processing of Petroleum, Coal and Other Fuels	16096230
化学原料和化学制品制造业	Manufacture of Chemical Raw Material and Chemical Products	4021483
化学纤维制造业	Manufacture of Chemical Fiber	38901
橡胶和塑料制品业	Manufacture of Rubber and Plastics	550225
能源工业	Energy Industry	31965583
煤炭开采和洗选业	Mining and Washing of Coal	4952513
石油和天然气开采业	Extraction of Petroleum and Natural Gas	10231007
电力、热力生产和供应业	Production and Supply of Electric Power and Heat Power	13441689
燃气生产和供应业	Production and Distribution of Gas	619644
开采专业及辅助性活动	Professional and Support Activities for Mining	2720730
食品工业	Food Industry	25915350
农副食品加工业	Processing of Food from Agricultural Products	17796437
食品制造业	Manufacture of Foods	5882872
酒、饮料和精制茶制造业	Manufacture of Beverage	2236041

Main Economic Indicators of Four Leading Industry(2021)

(10000 yuan)

资产总计 Total Assets	流动资产合计 Total Current Assets	应收帐款 Accounts Receivable	产成品 Finished Goods	固定资产原价 Original Value of Fixed Assets	固定资产净额 Net Fixed Assets	负债合计 Total Liabilities
156875750	**71964461**	**14088060**	**4264579**	**139149321**	**53472420**	**96367062**
29770564	20621420	5659327	912174	8239639	3678962	18854951
2492895	1893897	313603	63022	634080	373016	1885186
377576	194547	48447	5172	179105	110322	260203
6650153	5048359	1208698	119477	1804183	797172	4369918
5887629	3674703	1188953	175585	1302489	600736	3710390
2993811	1784731	550470	114006	1328543	544583	2016322
5747354	4120683	1350290	169193	1601193	624527	3568054
3914239	2853376	712396	147385	963456	420354	2153683
872211	416843	138939	87822	220888	115590	383518
834696	634282	147532	30514	205702	92662	507677
15582244	7020262	927053	747790	13409213	5548738	10424694
9344120	3550422	285027	339664	10061316	4062565	6099956
5566287	3035404	499821	356849	2936403	1322473	3887989
91265	71008	3071	1223	16709	7751	43175
580573	363428	139134	50053	394786	155950	393573
87169159	29314963	4300641	752130	106971273	37737333	52308476
9477796	3950278	703056	335660	7753923	3315357	7426868
36636123	12969365	256962	279223	55857261	13732472	13963129
35698427	8875521	2563239	27737	40040888	19563761	25699869
1103483	402334	114848	17404	738989	373889	641709
4253330	3117465	662536	92106	2580212	751856	4576901
24353783	15007816	3201040	1852485	10529196	6507386	14778942
13960485	8856674	1381359	1468575	5301943	3399583	9019319
7428928	4538128	1620642	252362	3433466	2064047	4157688
2964370	1613014	199038	131549	1793787	1043756	1601935

12-21 续表

单位：万元

指　标	Item	营业收入 Business Revenue
总　计	**Total**	**98139404**
装备工业	Equipment Industry	16943290
金属制品业	Manufacture of Metal Products	1129256
金属制品、机械和设备修理业	Repair Service of Metal Products, Machinery and Equipment	136875
通用设备制造业	Manufacture of General Purpose Machinery	2562252
专用设备制造业	Manufacture of Special Purpose Machinery	2664238
汽车制造业	Manufacture of Automotive	4105846
铁路、船舶、航空航天和其他运输设备制造业	Manufacture of Railroad, Marine, Aerospace and Other Transportation Equipment	3657980
电气机械及器材制造业	Manufacture of Electrical Machinery and Equipment	1989590
计算机、通信和其他电子设备制造业	Manufacture of Computers, Communication and Other Electronic Equipment	209081
仪器仪表制造业	Manufacture of Measuring Instrument	488172
石化工业	Petrochemical Industry	20016993
石油、煤炭及其他燃料加工业	Processing of Petroleum, Coal and Other Fuels	15357302
化学原料和化学制品制造业	Manufacture of Chemical Raw Material and Chemical Products	4127606
化学纤维制造业	Manufacture of Chemical Fiber	11798
橡胶和塑料制品业	Manufacture of Rubber and Plastics	520287
能源工业	Energy Industry	33480418
煤炭开采和洗选业	Mining and Washing of Coal	5407137
石油和天然气开采业	Extraction of Petroleum and Natural Gas	11051210
电力、热力生产和供应业	Production and Supply of Electric Power and Heat Power	13796906
燃气生产和供应业	Production and Distribution of Gas	626140
开采专业及辅助性活动	Professional and Support Activities for Mining	2599025
食品工业	Food Industry	27698703
农副食品加工业	Processing of Food from Agricultural Products	19090889
食品制造业	Manufacture of Foods	6333458
酒、饮料和精制茶制造业	Manufacture of Beverage	2274356

Continued

(10000 yuan)

营业成本 Business Cost	销售费用 Selling Expenses	管理费用 Management Expenses	财务费用 Financial Expenses	利息费用 Expenditure for Interests	利润总额 Total Profits	亏损企业亏损总额 Total Losses Made by Enterprises--in-red
82712989	**1976916**	**4210273**	**1301209**	**1410770**	**3712779**	**2330998**
14786152	297180	1005127	120395	146723	546610	437715
973910	12923	68186	-598	5305	50983	10334
116519	1176	16141	2494	2481	8305	1689
2282806	70803	178679	14302	22645	-57722	195592
2302028	61928	129776	65525	60056	57879	71220
3594108	26246	291953	-5891	7214	353385	24396
3233448	27698	162101	7311	13903	117014	13968
1750664	68013	101661	19012	18776	7092	73831
161041	8071	13805	10636	12204	913	17413
371629	20323	42825	7604	4139	8761	29271
15961013	298893	572480	153261	145641	942064	262242
11842536	217175	339096	97376	97285	861633	130036
3639957	68530	211209	52564	46593	72382	125519
12774	393	1150	445	272	-3645	4245
465746	12795	21025	2876	1492	11695	2442
27768270	228817	2023413	807285	919881	658395	1360063
3928730	52723	581180	69000	67471	515535	26314
7316399	96538	880637	189555	405295	848573	
13577384	18935	403249	542864	440364	-682748	1254955
523891	54539	31807	2366	4661	26612	6374
2421867	6082	126541	3500	2091	-49577	72420
24197555	1152027	609253	220268	198525	1565710	270978
17626198	434736	349326	173516	133885	469998	173395
4717905	572535	180336	21991	44458	1008097	56531
1853452	144755	79591	24761	20181	87615	41052

主要统计指标解释

工业 指从事自然资源的开采，对采掘品和农产品进行加工和再加工的物质生产部门。具体包括：(1)对自然资源的开采，如采矿、晒盐等(但不包括禽兽捕猎和水产捕捞)；(2)对农副产品的加工、再加工，如粮油加工、食品加工、缫丝、纺织、制革等；(3)对采掘品的加工、再加工，如炼铁、炼钢、化工生产、石油加工、机器制造、木材加工等，以及电力、燃气及水的生产和供应等；(4)对工业品的修理、翻新，如机器设备的修理等。

工业统计调查单位为工业法人单位。

工业法人单位指从事工业生产经营活动的法人单位。工业法人单位应同时具备以下条件：①依法成立，有自己的名称、组织机构和场所，能够独立承担民事责任；②独立拥有（或授权）使用资产，承担负债，有权与其他单位签订合同；③具有包括资产负债表在内的账户，或者能够根据需要编制账户。

国有控股企业 即原来的国有及国有控股企业，根据企业实收资本中国有经济成分的出资人的实际投资情况，或国有经济成分的出资人对企业资产的实际控制、支配程度进行分类。以下情况为国有控股：(1)在企业的全部实收资本中，国有经济成分的出资人拥有的实收资本（股本）所占企业全部实收资本（股本）的比例大于50%的国有绝对控股。(2)在企业的全部实收资本中，国有经济成分的出资人拥有的实收资本（股本）所占比例虽未大于50%，但相对大于其他任何一方经济成分的出资人所占比例的国有相对控股；或者虽不大于其他经济成分，但根据协议规定拥有企业实际控制权的国有协议控股。(3)投资双方各占50%，且未明确由谁绝对控股的企业，若其中一方为国有经济成分的，一律按国有控股处理。

本篇涉及的企业登记注册类型的解释详见综合篇。

资产总计 指企业过去的交易或者事项形成的、由企业拥有或者控制的、预期会给企业带来经济利益的资源。资产一般按流动性分为流动资产和非流动资产。其中流动资产可分为货币资金、交易性金融资产、应收票据、应收账款、预付款项、其他应收款、存货等；非流动资产可分为长期股权投资、固定资产、无形资产及其他非流动资产等。来源于会计“资产负债表”中“资产总计”项目的期末余额数。

流动资产合计 资产满足以下条件之一应归为流动资产：(1)预计在一个正常营业周期中变现、出售或耗用，主要包括存货、应收账款等；(2)主要为交易目的而持有；(3)预计在资产负债表日起一年内（含一年）变现；(4)自资产负债日起一年内，交换其他资产或清偿负债的能力不受限制的现金或现金等价物。包括货币资金、应收票据、应收账款、存货等项目。来源于会计“资产负债表”中“流动资产合计”项目的期末余额数。

负债合计 指企业过去的交易或者事项形成的，预期会导致经济利益流出企业的现时义务。负债一般按偿还期长短分为流动负债和非流动负债。来源于会计“资产负债表”中“负债合计”项目的期末余额数。

应收账款 指资产负债表日以摊余成本计量的、企业因销售商品、提供服务等经营活动应收取的款项。来源于会计“资产负债表”中“应收账款”项目的期末余额数。

产成品 指企业已经完成全部生产过程并验收入库，可以按照合同规定的条件送交订货单位，或者可以作为商品对外销售的产品。如果会计“资产负债表”列示“产成品”或“库存商品”项目，则为其期末余额；或者，根据会计“产成品”或“库存商品”科目的借方余额，减去为“产成品”或“库存商品”计提的存货跌价准备等计算得出。

主营业务收入 指企业确认的销售商品、提供劳务等主营业务的收入。来源于会计“主营业务收入”科目的期末贷方余额（结转前）。

主营业务成本 指企业经营主要业务所发生的成本总额。来源于会计“主营业务成本”科目的期末借方余额（结转前）。

销售费用 指企业在销售商品和材料、提供劳务的过程中发生的各种费用，包括保险费、包装费、展览费和广告费、商品维修费、预计产品质量保证损失、运输费、装卸费等以及为销售本企业商品而专设的销售机构（含销售网点、售后服务网点等）的职工薪酬、业务费、折旧费等经营费用。

管理费用 指企业为组织和管理企业生产经营所发生的费用，包括企业在筹建期间内发生的开办费、董事会和行政管理部门在企业经营管理中发生的，或者应当由企业统一负担的公司经费等。来源于会计“利润表”中“管理费用”项目的本年累计数。

财务费用 指企业为筹集生产经营所需资金等而发生的筹资费用，包括企业生产经营期间发生的利息支出（减利息收入）、汇兑损失（减汇兑收益）以及相关的手续费等。来源于会计“利润表”中“财务费用”项目的本年累计数。

利润总额 指企业在一定会计期间的经营成果，是生产经营过程中各种收入扣除各种耗费后的盈余，反映企业在报告期内实现的盈亏总额。来源于会计“利润表”中“利润总额”项目的本年累计数。

总资产贡献率 反映企业全部资产的获利能力，是企业经营业绩和管理水平的集中体现，是评价和考核企业盈利能力的核心指标。计算公式为：

$$\text{总资产贡献率}=\frac{\text{利润总额}+\text{税金总额}+\text{利息支出}}{\text{平均资产总额}}\times 100\%$$

公式中：税金总额为主营业务税金及附加与应交增值税之和；平均资产总额为期初期末资产之和的算术平均值。

资产负债率　该指标既反映企业经营风险的大小，也反映企业利用债权人提供的资金从事经营活动的能力。计算公式为:

$$资产负债率(\%)=\frac{负债总额}{资产总额}\times 100\%$$

资产与负债均为报告期期末数。

流动资产周转次数　指一定时期内流动资产完成的周转次数，反映投入工业企业流动资金的周转速度。计算公式为:

$$流动资产周转次数=\frac{主营业务收入}{全部流动资产平均余额}$$

公式中: 全部流动资产平均余额为期初和期末的流动资产之和的算术平均值。

成本费用利润率　反映企业投入的生产成本及费用的经济效益，同时也反映企业降低成本所取得的经济效益。计算公式为:

$$成本费用利润率(\%)=\frac{利润总额}{成本费用总额}\times 100\%$$

公式中: 成本费用总额为主营业务成本、销售费用、管理费用、财务费用之和。

Explanatory Notes on Main Statistical Indicators

Industry refers to the material production sector which is engaged in the extraction of natural resources and processing and reprocessing of minerals and agricultural products, including (1) extraction of natural resources, such as mining, salt production (but not including hunting and fishing); (2) processing and reprocessing of farm and sideline produces, such as grain and oil processing, food processing, silk reeling, spinning and weaving and leather making; (3) processing and reprocessing of mineral products, such as steel making, iron smelting, chemicals manufacturing, petroleum processing, machine building, timber processing, and production and supply of electricity, gas and water; (4) repairing and renovating of industrial products such as the machinery.

In industrial surveys, the units of enquiry are industrial corporate units.

Industrial corporate units refer to corporate units engaging in industrial production and operation activities, which meet the following requirements: (1) They are established legally, having their own names, organizations, location, and are able to take civil liability independently; (2) They possess (or are authorized to use) assets independently, assume liabilities and are entitled to sign contracts with other units; (3) They have accounts including the balance sheets or can compile the accounts according to the need.

State-holding Enterprises cover the original state-owned enterprises and state-holding enterprises. They are classified according to the actual investment made by the contributor of state-owned part in the paid-in capital of the enterprises, or the degree of control or dominance of the contributor on the assets of the enterprises. The following cases are regarded as state-holding: (1) Absolute state-holding in which the contributor of state-owned parts possess more than 50% of all the paid-in capital (stocks) of the enterprises; (2) Relative state-holding in which the contributor of state-owned parts possess no more than 50% of the paid-in capital (stocks) of the enterprises, but more than that of any other contributor; or Agreed state-holding in which the contributor of state-owned parts possess no more than other contributors but have actual control over the enterprises according to agreements; (3) In the case both contributor possess 50% and it is not clear which one is in absolute holding position, the enterprise is regarded as state-holding enterprise if one of the contributor has state-owned elements.

For explanation of types of registration covered in this chapter, please refer to General Survey.

Total Assets refer to all resources that are owned or controlled by enterprises through previous trades or transactions with expectation of making economic profits. Classified by the degree of liquidity, total assets include current assets and non-current assets. Current assets can be classified into monetary capital, trading financial assets, notes receivable, accounts receivable, advanced payments, other receivables and inventories. Non-current assets can be divided into long-term equity investment, fixed assets, intangible assets and other non-current assets. Data on this indicator can be obtained from the year-end figures of total assets in the Balance Sheet of accounting records.

Total Current Assets refer to the assets that meet one of the following requirements: (1) expected to be cashed, sold or used in a normal operation cycle, mainly including inventory and accounts receivable; (2) be owned for trading purpose mainly; (3) expected to be cashed in one year (including one year) from the day of the Balance Sheet; (4) unlimited cash or cash equivalents that can be exchanged with other assets or being capable of settling debts during one year since the day of the Balance Sheet. Included are monetary capital, notes receivable, accounts receivable and inventories. Data on this indicator can be obtained from the year-end figures of total current assets in the Balance Sheet of accounting records.

Total Liabilities refer to payable liabilities of enterprises that accumulated from previous trades or transactions with expectation of economic profits leaking out. In terms of payment, it can be divided into liquid liabilities and long-term liabilities. Data on this indicator can be obtained from the year-end figures of total liabilities in the Balance Sheet of accounting records.

Accounts Receivable refers to creditor's rights through business activities such as selling goods and providing labor. It comes from the ending balance of accounts receivable in balance sheet.

Finished Goods refers to the products that the enterprises have completed all of the production process and accepted and put in storage, and can be sent to the ordering units in accordance with the contract stipulations, or can be on sale. If "finished goods" or "goods in stock" are listed in the Balance Sheet, it is the ending balance; or, it is calculated according to the debit balance of the accounting "finished goods" or "goods in stock" account, minus the inventory falling price reserves for "finished products" or "goods in stock".

Revenue from Principal Business refers to the income confirmed of an enterprise from the principal business of selling products and providing labor services. Data on this indicator can be obtained from the year-end credit balance of “revenue from principal business” in the accounting record of enterprise (before carryover).

Cost of Principal Business refers to the total cost occurred from the principal business of the enterprise. Data can be obtained from the year-end debit balance of “cost of principal business" in the accounting record of enterprise (before carryover).

Selling Expense refers to the cost during the sale of goods and materials, providing labour services, including insurance, packing, exhibition fees and advertising fees, merchandise maintenance costs, expected product quality guarantee loss, transportation fees, handling fees, and operating expenses for the sales of the company's products such as employee compensation, business expenses, depreciation costs for dedicated sales offices (including sales outlets, after-sales service outlets, etc.).

Administrative Expense refers to the expenses for the organization and management of enterprise operating, including the start-up costs during the construction of enterprises, funds occurred during enterprises operating by board of directors and executive management in the enterprise management, or burden by enterprises. It comes from year's cumulative amount of management cost in income statement.

Financial Expenses refers to cost of raising fund for enterprises to raise funds for production and operation, including interest payments (a reduction in interest income), exchange loss (less exchange gains) and related fees during the period of production. It comes from current amount of financial expenses in income statement.

Total Profits refers to the operation results in a certain accounting period, and it is the balance of various incomes minus various spendings in the course of operation, reflecting the total profits and losses of enterprises in reference period. Data are obtained from the amount of total profits in the profit statement of the accounting record of enterprise.

Ratio of Profits, Taxes and Interests to Average Assets reflects the profit-making capability of all assets, manifests the performance and management of the enterprise, and is a key indicator for evaluating the profit-making potential of the enterprise. It is calculated as follows:

$$\text{Ratio of Profits, Taxes and Interests to Average Assets} = \frac{\text{total profits} + \text{total taxes} + \text{interest payment}}{\text{average assets}} \times 100\%$$

In the above formula, total taxes is the sum of tax and extra charges on the principal business and value-added tax payable; and average assets is the arithmetic mean of the sum of beginning assets and ending assets.

Ratio of Debts to Assets reflects both the operation risk and the capability of the enterprise in making use of the capital from the creditors. It is calculated as follows:

$$\text{Ratio of Debts to Assets(\%)} = \frac{\text{total debts}}{\text{total assets}} \times 100\%$$

Both assets and debts are figures at the end of the reference period.

Turnover of Current Assets refers to the number of times of turnover of current assets in a given period of time, which reflects the speed of the turnover of current assets of industrial enterprises, and is calculated as follows:

$$\text{Turnover of Current Assets} = \frac{\text{revenue from principal business}}{\text{average balance of total current assets}}$$

In the above formula, average balance of total current assets refers to the arithmetic mean of the sum of current assets at the beginning and at the end of the reference period.

Ratio of Profits to Total Industrial Costs reflects the economic efficiency of input cost and cost reduction. It is calculated as follows:

$$\text{Ratio of Profits to Total Industrial Cost (\%)} = \frac{\text{total profits}}{\text{total costs}} \times 100\%$$

Total costs in the above formula are the sum of cost of principal business, marketing cost, management cost and financial cost.

第13篇

建筑业

CHAPTER 13 CONSTRUCTION

13-1 建筑业企业基本情况
Basic Conditions of Construction Enterprises

指标	Item	2017	2018	2019	2020	2021
施工企业单位数(个)	Number of Construction Enterprises (unit)	1614	1671	1850	2237	2195
年平均人数(万人)	Average Number of Employed Persons (10000 persons)	59.9	45.2	38.9	35.3	31.1
固定资产原价(亿元)	Original Value of Fixed Assets (100 million yuan)	286.4	284.0	267.7	258.8	237.8
固定资产净值(亿元)	Net Value of Fixed Assets (100 million yuan)	153.2	147.7	132.8	122.9	109.3
自有机械设备台数(万台)	Number of Machinery and Equipment Owned (10000 units)	12.0	10.6	10.1	12.2	7.7
自有机械设备净值(亿元)	Net Value of Machinery and Equipment Owned (100 million yuan)	75.5	79.7	52.0	44.7	40.2
自有机械设备总功率(万千瓦)	Total Power of Machinery and Equipment Owned (10000 kw)	293.2	253.7	232.8	197.5	163.6
总产值(亿元)	Gross Output Value of Construction(100 million yuan)	1560.1	1194.3	1181.3	1206.4	1328.5
#建筑工程	Construction Projects	1287.9	921.0	910.4	962.2	1073.9
安装工程	Installation Projects	226.3	212.1	214.1	180.2	187.6
竣工产值(亿元)	Output Value of Buildings Completed (100 million yuan)	802.1	669.4	662.0	470.0	458.6
产值竣工率(%)	Ratio of Output Value of Buildings Completed to Gross Output Value (%)	51.4	56.0	56.0	39.0	34.5
签订的合同金额(亿元)	Contracted Fund (100 million yuan)	2615.8	2357.1	2539.8	2586.5	2983.9
#本年新签合同金额	New singed Contracted Fund at Current year	1695.4	1404.8	1376.8	1501.2	1580.8
房屋建筑施工面积(万平方米)	Floor Space of Buildings under Construction (10000 sq.m)	4768.7	3765.4	3430.1	3285.3	3753.5
房屋建筑竣工面积(万平方米)	Floor Space of Buildings Completed (10000 sq.m)	2127.0	1789.3	1301.4	1645.6	786.8
房屋建筑面积竣工率(%)	Rate of Floor Space of Buildings Completed (%)	44.6	38.2	37.9	28.1	21.0
利润总额(亿元)	Total Profits(100 million yuan)	37.5	23.4	43.6	18.9	10.5
利税总额(亿元)	Total Tax (100 million yuan)	100.7	88.6	95.3	71.3	64.3
按总产值计算全员劳动生产率(元/人)	Overall Labor Productivity In Terms of Gross Output Value (yuan/person)	260553	263940	303720	341327	427535
技术装备率(元/人)	Value of Machines per Laborer (yuan/person)	12614	17618	13360	12645	12927
动力装备率(千瓦/人)	Power of Machines per Laborer (kw/person)	4.9	5.6	6.2	5.6	5.3
产值利润率(%)	Ratio of Profit to Gross Output Value (%)	2.4	1.9	3.7	1.6	0.8
产值利税率(%)	Ratio of Pre-tax Profit to Gross Output Value (%)	6.5	5.4	8.1	5.9	4.8

13-2 建筑业企业生产情况(2021年)

类　别	Category	企　业 单位数 (个) Number of Enterprises (unit)	签定的 合同额 (万元) Value of Newly Signed Contracts (10000 yuan)
总　计	**Total**	**2195**	**29839461**
#国有及国有控股	State-owned and State-holding Enterprises	172	19057933
按登记注册类型分组	**Grouped by Status of Registration**		
内资企业	Domestic Funded Enterprises	2191	29813121
国有企业	State-owned Enterprises	55	2227429
集体企业	Collective-owned Enterprises	35	354761
股份合作企业	Cooperative Enterprises	2	25796
联营企业	Joint Ownership Enterprises		
有限责任公司	Limited Liability Corporations	459	16351792
股份有限公司	Share Holding Enterprises	26	2826378
私营企业	Private Enterprises	1614	8026965
港、澳、台商投资企业	Enterprises with Funds from Hong Kong, Macao and Taiwan	1	1525
外商投资企业	Foreign Funded Enterprises	3	24815
按经济组织类型分组	**Grouped by Type of Economic Organizations**		
独资企业	Proprietorship	107	2659295
合作、合伙企业	Cooperative Enterprises and Partnership	3	28619
股份有限公司	Share Holding Enterprises	41	2997412
有限责任公司	Limited Liability Corporations	2044	24154136
按国民经济行业分组	**Grouped by Sector**		
房屋建筑业	Housing Building Construction	1028	10909882
住宅房屋建筑	Residential Building	946	10547303
体育场馆建筑	Stadium Building	2	22891
其他房屋建筑业	Other Housing Construction Industry	80	339688
土木工程建筑业	Civil Engineering Construction	616	17146001
铁路、道路、隧道和桥梁工程建筑	Railway, Road, Tunnel and Bridge	376	10614893
铁路工程建筑	Railway Engineering	3	629177
公路工程建筑	Highway Engineering	83	6092776
市政道路工程建筑	Municipal Road Engineering	262	3096710
城市轨道交通工程建筑	Urban Rail Transit Engineering Construction	2	6307
其他道路、隧道和桥梁工程建筑	Other Road, Tunnel and Bridge Engineering Construction	26	789923
水利和水运工程建筑	Water Conservancy and Inland Port Engineering Construction	91	1510863
水源及供水设施工程建筑	Water Supply and Water Supply Facilities	66	1215261
河湖治理及防洪设施工程建筑	Governance of Lakes and Flood Control Facilities	22	265313
港口及航运设施工程建筑	Port and Shipping Facilities	3	30289
工矿工程建筑	Mining Engineering	10	1885701
架线和管道工程建筑	Line Putting-up and Pipeline Engineering	64	528884

Production of Construction Enterprises(2021)

#本年新签定 This Year	总产值 (万元) Gross Output Value (10000 yuan)	建筑工程 Construction Projects	安装工程 Installation Projects	其 他 Others	在总产值中(万元) in Gross Output Value (10000 yuan) 在外省完成的产值 Completed outside the Province	装修装饰产 值 Building Decoration
15807746	**13284973**	**10738762**	**1876340**	**669871**	**230542**	**2612559**
8731856	7173702	5757733	1120856	295113	3133	1985260
15793889	13268426	10724440	1874216	669770	229017	2603003
1315853	816450	616264	174081	26105	729	229680
256578	221806	138918	74059	8829	10	1725
13401	8126	7424	497	205		
7684854	6487740	5082863	1050309	354568	45072	1543343
1349640	1141374	1020082	121248	44	1788	346235
5173563	4592930	3858889	454022	280019	181418	482020
1194	1525	1525			1525	
12664	15021	12796	2124	101		9556
1589297	1078443	786847	248524	43072	739	232170
15908	8871	7854	812	205	158	31
1460235	1183901	1056628	127194	79	1788	346235
12742306	11013757	8887432	1499811	626515	227857	2034124
6166870	5396311	5076534	138046	131731	38464	670928
5931410	5182118	4874196	132010	175912	34075	661387
18056	2953	2953				
217404	211240	199385	6036	5819	4389	9541
8401452	6834105	5021435	1407441	405230	15382	1766229
4205187	3808982	3582128	51016	175838	5553	1041725
178849	307292	307292				158146
2480221	2088813	1963392	14494	110927	1368	684683
1206782	1155055	1058071	35820	61165	4185	149837
1007	4651	3949	702			1835
338328	253170	249424		3746		47224
921150	693093	656304	25752	11037	881	78453
718687	544889	512144	23580	9165	881	71301
182241	136478	132654	2171	1653		6933
20222	11726	11507		220		220
1449471	951456	199363	736647	15446		272885
378259	332086	115411	205673	11003		139224

13-2 续表1

类　别	Category	企　业单位数（个）Number of Enterprises (unit)	签定的合同额（万元）Value of Newly Signed Contracts (10000 yuan)
架线及设备工程建筑	Wiring and Equipment Engineering	36	441057
管道工程建筑	Pipeline Engineering	28	87827
节能环保工程施工	Energy Conservation and Environmental Protection Engineering Construction	10	27735
节能工程施工	Energy Saving Engineering Construction	1	13000
环保工程施工	Environmental Protection Engineering Construction	8	11761
电力工程施工	Power Engineering Construction	33	1099286
火力发电工程施工	Thermal Power Engineering Construction	5	887359
水力发电工程施工	Construction of Hydropower Project	4	29879
风能发电工程施工	Construction of Wind Power Generation Project	3	5534
其他电力工程施工	Other Power Engineering Construction	18	172986
其他土木工程建筑	Other Civil Engineering	31	1478531
建筑安装业	Construction Installation	262	885047
电气安装	Electrical Installation	100	288054
管道和设备安装	Piping and Equipment Installation	44	209479
其他建筑安装业	Other	118	387514
建筑装饰、装修和其他建筑业	Building Decoration, Decoration and Other Construction Industries	289	898531
建筑装饰和装修业	Building Decoration and Decoration Industry	240	812926
建筑物拆除和场地准备活动	Building Demolition and Site Preparation Activities	15	33619
提供施工设备服务	Provide Construction Equipment Service	2	1061
其他未列明建筑业	Other Construction not Listed	32	50926
按隶属关系分组	**Grouped by Administration**		
#中　央	Central	13	4464441
地　方	Local	270	12086273
其　他	Other	1912	13288748
按企业资质等级分组(新标)	**Grouped by Quality and Grade**		
施工总承包	Overall Contracted Construction	1645	27788655
特　级	Special Grade	4	7056528
一　级	First Grade	101	12332459
二　级	Second Grade	536	5266161
三　级	Third Grade	1004	3133506
专业承包	Specialized Contraction	550	2050807
一　级	First Grade	67	403253
二　级	Second Grade	350	1322568
三　级	Third Grade	133	324986

Continued

#本年新签定 This Year	总产值 (万元) Gross Output Value (10000 yuan)	建筑工程 Construction Projects	安装工程 Installation Projects	其 他 Others	在总产值中(万元) in Gross Output Value (10000 yuan)	
					在外省完成的产值 Completed outside the Province	装修装饰产 值 Building Decoration
306001	264756	70193	193616	947	132209	
72258	67330	45218	12057	10055	7014	
19103	19360	17441	1542	376	728	
9000	12011	12011				
7381	5286	3368	1542	376	728	
485665	309894	124030	183994	1869	82655	5965
335429	181966	97891	84075	1	78807	
18508	14860	14468	368	23		
5439	4667		4667		1670	
123060	105405	11671	91888	1845	2178	5965
942509	719127	326692	202774	189661	150560	2875
627465	518043	222504	286432	9106	46018	7462
227148	184002	64252	118667	1083	16567	372
168326	114512	56853	57307	352	5728	1776
231991	219528	101399	110458	7671	23723	5315
611960	536514	418289	44421	73804	129385	169233
545515	475270	361081	41192	72996	122719	167798
31017	24628	24398		230	1773	
764	804		804		185	
34665	35813	32810	2425	578	4708	1436
2466296	1469142	758320	703532	7290	680527	
5889232	4925249	4410422	288972	225855	930555	17511
7452218	6890582	5570020	883837	436726	1001477	213031
14447909	12146787	10053081	1547467	546239	2450244	55557
2886240	2341117	1871497	469620		837426	
6257547	5137684	4103985	770445	263254	1471054	736
2872666	2608221	2352990	163160	92072	78987	10370
2431455	2059766	1724610	144243	190914	62777	44452
1359838	1138186	685681	328873	123633	162315	174985
244744	237864	132409	83040	22415	89145	123199
868141	694315	436592	178500	79223	58623	48963
246953	206007	116680	67333	21995	14547	2823

13-2 续表2

类 别	Category	竣工产值（万元）Output Value of Buildings Completed (10000 yuan)
总 计	**Total**	**4585675**
#国有及国有控股	State-owned and State-holding Enterprises	1895240
按登记注册类型分组	**Grouped by Status of Registration**	
内资企业	Domestic Funded Enterprises	4582177
国有企业	State-owned Enterprises	243362
集体企业	Collective-owned Enterprises	136051
股份合作企业	Cooperative Enterprises	292
联营企业	Joint Ownership Enterprises	
有限责任公司	Limited Liability Corporations	2067711
股份有限公司	Share Holding Enterprises	202167
私营企业	Private Enterprises	1932594
港、澳、台商投资企业	Enterprises with Funds from Hong Kong, Macao and Taiwan	2379
外商投资企业	Foreign Funded Enterprises	1120
按经济组织类型分组	**Grouped by Type of Economic Organizations**	
独资企业	Proprietorship	391394
合作、合伙企业	Cooperative Enterprises and Partnership	292
股份有限公司	Share Holding Enterprises	225442
有限责任公司	Limited Liability Corporations	3968547
按国民经济行业分组	**Grouped by Sector**	
房屋建筑业	Housing Building Construction	2086585
住宅房屋建筑	Residential Building	2007425
体育场馆建筑	Stadium Building	223
其他房屋建筑业	Other Housing Construction Industry	78937
土木工程建筑业	Civil Engineering Construction	2015963
铁路、道路、隧道和桥梁	Railway, Road, Tunnel and Bridge	583404
铁路工程建筑	Railway Engineering	37368
公路工程建筑	Highway Engineering	236383
市政道路工程建筑	Municipal Road Engineering	268337
城市轨道交通工程建筑	Urban Rail Transit Engineering Construction	2878
其他道路、隧道和桥梁工程建筑	Other Road, Tunnel and Bridge Engineering Construction	38438
水利和水运工程建筑	Water Conservancy and Inland Port Engineering Construction	274990
水源及供水设施工程建筑	Water Supply and Water Supply Facilities	251821
河湖治理及防洪设施工程建筑	Governance of Lakes and Flood Control Facilities	22903
港口及航运设施工程建筑	Port and Shipping Facilities	265
工矿工程	Mining Engineering	741387
架线和管道工程建筑	Line Putting-up and Pipeline Engineering	196307

Continued

产值竣工率 (%) Ratio of Output Value of Buildings Completed to Gross Output Value (%)	房屋建筑施工面积（万平方米） Floor Space of Buildings under Construction (10000 sq.m)	#本年新开工 Starting Working at Current Year	房屋建筑竣工面积（万平方米） Floor Space of Buildings Completed (10000 sq.m)	#住宅 Residence	房屋建筑面积竣工率 (%) Rate of Floor Space of Buildings (%)
34.5	**3753.5**	**1837.4**	**786.8**	**536.4**	**21.0**
26.4	2147.6	904.6	339.1	231.7	15.8
34.5	3753.5	1837.4	786.8	536.4	21.0
29.8	26.1	11.6	4.4	0.6	17.0
61.3	54.1	42.6	20.6	6.8	38.0
3.6					
31.9	2481.7	1122.0	431.5	306.2	17.4
17.7	16.9	14.4	2.6	2.4	15.1
42.1	1174.7	646.8	327.7	220.4	27.9
155.9					
7.5					
36.3	84.1	55.3	25.2	7.5	30.0
3.3					
19.0	60.2	39.6	6.9	6.4	11.5
36.0	3609.2	1742.5	754.7	522.5	20.9
38.7	3239.0	1594.2	694.1	501.1	21.4
38.7	3173.8	1576.2	674.5	488.8	21.3
7.6					
37.4	65.2	18.0	19.6	12.3	30.0
29.5	359.9	134.7	54.3	11.7	15.1
15.3	123.4	37.3	9.7	5.1	7.8
12.2	50.8				
11.3	2.2	1.9	1.2	1.0	54.7
23.2	70.4	35.4	8.5	4.1	12.0
61.9					
15.2					
39.7	6.9	6.9	1.5	1.5	21.6
46.2	6.9	6.9	1.5	1.5	21.6
16.8					
2.3					
77.9	3.3	3.3	3.2		97.3
59.1	3.0		3.0	3.0	100.0

13-2 续表3

类　别	Category	竣工产值(万元) Output Value of Buildings Completed (10000 yuan)
架线及设备工程建筑	Wiring and Equipment Engineering	152311
管道工程建筑	Pipeline Engineering	43997
节能环保工程施工	Energy Conservation and Environmental Protection Engineering Construction	9975
节能工程施工	Energy Saving Engineering Construction	6000
环保工程施工	Environmental Protection Engineering Construction	1912
电力工程施工	Power Engineering Construction	72181
火力发电工程施工	Thermal Power Engineering Construction	6729
水力发电工程施工	Construction of Hydropower Project	1642
风能发电工程施工	Construction of Wind Power Generation Project	3591
其他电力工程施工	Other Power Engineering Construction	60218
其他土木工程建筑	Other Civil Engineering	137612
建筑安装业	Construction Installation	245172
电气安装	Electrical Installation	100555
管道和设备安装	Piping and Equipment Installation	71215
其他建筑安装业	Other	73402
建筑装饰、装修和其他建筑业	Building Decoration, Decoration and Other Construction Industries	237956
建筑装饰和装修业	Building Decoration and Decoration Industry	190933
建筑物拆除和场地准备活动	Building Demolition and Site Preparation Activities	12445
提供施工设备服务	Provide Construction Equipment Service	114
其他未列明建筑业	Other Construction not Listed	34464
按隶属关系分组	**Grouped by Administration**	
#中　央	Central	683616
地　方	Local	1115825
其　他	Other	2786234
按企业资质等级分组(新标)	**Grouped by Quality and Grade**	
施工总承包	Overall Contracted Construction	4141518
特　级	Special Grade	850162
一　级	First Grade	1341664
二　级	Second Grade	998466
三　级	Third Grade	951227
专业承包	Specialized Contraction	444157
一　级	First Grade	65960
二　级	Second Grade	283697
三　级	Third Grade	94501

Continued

产值竣工率 (%) Ratio of Output Value of Buildings Completed to Gross Output Value (%)	房屋建筑施工面积 (万平方米) Floor Space of Buildings under Construction (10000 sq.m)	#本年新开工 Starting Working at Current Year	房屋建筑竣工面积 (万平方米) Floor Space of Buildings Completed (10000 sq.m)	#住宅 Residence	房屋建筑面积竣工率 (%) Rate of Floor Space of Buildings (%)
57.5					
65.3	3		3	3	100.0
51.5					
50.0					
36.2					
23.3	1	1			19.8
3.7					
11.1	1	1			14.9
77.0					
57.1					100.0
19.1	222	86	37	2	16.5
47.3	71	54	11	6	15.8
54.6					99.2
62.2	58	51	4	3	6.1
33.4	13	3	8	4	59.7
44.4	84	55	27	17	32.3
40.2	39	20	15	11	39.7
50.5	1				
14.1					
96.2	45	34	12	7	26.3
46.5	56	6	3		5.7
22.7	2020	953	337	239	16.7
40.4	1677	879	446	297	26.6
34.1	3599	1720	750	518	20.8
36.3	936	532	192	155	20.5
26.1	1608	564	270	159	16.8
38.3	591	302	157	113	26.6
46.2	463	322	131	91	28.3
39.0	155	117	37	19	23.7
27.7					
40.9	136	114	26	16	19.4
46	18.9	3.3	10.3	2.8	54.5

13-3 建筑业企业财务状况(2021年)

单位：万元

类 别	Category	资产合计 Total Assets	#流动资产 Circulating Funds	#在建工程 Progress under Construction
总 计	**Total**	**22908775**	**19607857**	**169360**
#国有及国有控股	State-owned and State-holding Enterprises	13466179	11668169	21865
按登记注册类型分组	**Grouped by Status of Registration**			
内资企业	Domestic Funded Enterprises	22874911	19577890	169360
国有企业	State-owned Enterprises	1311589	1175823	5518
集体企业	Collective-owned Enterprises	327760	281640	10465
股份合作企业	Cooperative Enterprises	8886	7678	
联营企业	Joint Ownership Enterprises			
有限责任公司	Limited Liability Corporations	12054385	10596626	32849
股份有限公司	Share Holding Enterprises	2169903	1605639	1875
私营企业	Private Enterprises	7002386	5910485	118654
港、澳、台商投资企业	Enterprises with Funds from Hong Kong, Macao and Taiwan	9113	7824	
外商投资企业	Foreign Funded Enterprises	24751	22143	
按经济组织类型分组	**Grouped by Type of Economic Organizations**			
独资企业	Proprietorship	1688373	1505881	15983
合作、合伙企业	Cooperative Enterprises and Partnership	9723	8114	
股份有限公司	Share Holding Enterprises	2337711	1744200	7692
有限责任公司	Limited Liability Corporations	18872967	16349663	145685
按国民经济行业分组	**Grouped by Sector**			
房屋建筑业	Housing Building Construction	7809316	6724123	80665
住宅房屋建筑	Residential Building	7444888	6400681	71959
体育场馆建筑	Stadium Building	18651	18540	
其他房屋建筑业	Other Housing Construction Industry	345777	304903	8706
土木工程建筑业	Civil Engineering Construction	13161336	11242677	75874
铁路、道路、隧道和桥梁工程建筑	Railway, Road, Tunnel and Bridge	7213715	5897827	48213
铁路工程建筑	Railway Engineering	554118	492293	
公路工程建筑	Highway Engineering	3797900	2855695	22210
市政道路工程建筑	Municipal Road Engineering	2188919	1934503	23289
城市轨道交通工程建筑	Urban Rail Transit Engineering Construction	6346	5918	
其他道路、隧道和桥梁工程建筑	Other Road, Tunnel and Bridge Engineering Construction	666433	609419	2713
水利和水运工程建筑	Water Conservancy and Inland Port Engineering Construction	1194047	977646	1104
水源及供水设施工程建筑	Water Supply and Water Supply Facilities	1005138	819204	412
河湖治理及防洪设施工程建筑	Governance of Lakes and Flood Control Facilities	144018	118409	440
港口及航运设施工程建筑	Port and Shipping Facilities	44891	40033	253
工矿工程建筑	Mining Engineering	2514704	2348845	15991
架线和管道工程建筑	Line Putting-up and Pipeline Engineering	612155	489377	6234

Financial Status of Construction Enterprises(2021)

(10000 yuan)

#固定资产 Fixed Assets	#固定资产累计折旧 Accumulated Depreciation of Fixed Assets	负债合计 Total Liabilities	#流动负债 Circulating Liabilities	#非流动负债 Non-current Liabilities	所有者权益 Total Owners Rights and Interests	#实收资本 Actual Received Capital	#个人资本 Personal Capital
2377773	**1285153**	**16897217**	**15936849**	**775405**	**6011557**	**4983452**	**912675**
1110317	645717	11455293	10787367	661647	2010887	2016694	10951
2372003	1282727	16869851	15909482	775405	6005060	4977280	912675
166285	88609	1060630	1013895	43578	250959	297750	360
56920	26674	229580	202381	24059	98180	44105	1139
2194	986	6810	6810		2076	2000	2000
1232199	716432	9796414	9214022	506593	2257971	2126379	144701
68709	30157	1872851	1736645	133164	297052	150124	1740
845696	419870	3903565	3735729	68011	3098821	2356922	762735
1348	443	6933	6933		2180	1660	
4423	1982	20433	20433		4317	4512	
223603	115323	1332175	1258074	67637	356198	347282	2687
2624	1015	7613	7579	35	2110	2000	2000
98262	46066	1925402	1789096	133164	412310	209591	41417
2053284	1122749	13632027	12882100	574569	5240940	4424579	866572
642658	280646	5226988	4865269	226207	2582328	1988347	428237
602492	258620	5024191	4669149	222032	2420697	1853788	410539
404	315	5026	5026		13625	12115	
39762	21711	197772	191095	4175	148006	122444	17699
1524734	897093	10547330	9984307	543958	2614006	2364365	328196
628730	342800	5530848	5105778	412519	1682868	1157630	198022
73397	38127	444834	444385	449	109283	78843	10000
219667	94525	3002004	2669922	326250	795897	480939	54877
246063	160055	1574266	1484151	83395	614653	469051	103946
2830	2402	5369	5369		977	3869	3519
86773	47691	504375	501950	2425	162059	124928	25680
122202	43102	708452	684255	21053	485596	373294	60531
88244	30596	591693	569938	19457	413445	310188	42362
24939	8007	82874	82028		61144	54506	18169
9018	4499	33885	32289	1596	11006	8600	
533741	380736	2790156	2763042	27113	-275451	357372	6642
122839	60676	349588	343081	6078	262566	141305	36340

13-3 续表1

单位：万元

类别	Category	资产合计 Total Assets	#流动资产 Circulating Funds	#在建工程 Progress under Construction
架线及设备工程建筑	Wiring and Equipment Engineering	349348	5817	5817
管道工程建筑	Pipeline Engineering	140028	416	416
节能环保工程施工	Energy Conservation and Environmental Protection Engineering Construction	26891		
节能工程施工	Energy Saving Engineering Construction	6559		
环保工程施工	Environmental Protection Engineering Construction	17046		
电力工程施工	Power Engineering Construction	532806	558	558
火力发电工程施工	Thermal Power Engineering Construction	348932		
水力发电工程施工	Construction of Hydropower Project	7758	24	24
风能发电工程施工	Construction of Wind Power Generation Project	14014		
其他电力工程施工	Other Power Engineering Construction	160721	534	534
其他土木工程建筑	Other Civil Engineering	968384	3774	3774
建筑安装业	Construction Installation	847803	6712	6712
电气安装	Electrical Installation	282531	1550	1550
管道和设备安装	Piping and Equipment Installation	192648	362	362
其他建筑安装业	Other	372624	4800	4800
建筑装饰、装修和其他建筑业	Building Decoration, Decoration and Other Construction Industries	793254	6109	6109
建筑装饰和装修业	Building Decoration and Decoration Industry	689454	4987	4987
建筑物拆除和场地准备活动	Building Demolition and Site Preparation Activities	45000	983	983
提供施工设备服务	Provide Construction Equipment Service	2556		
其他未列明建筑业	Other Construction not Listed	56244	138	138
按隶属关系分组	**Grouped by Administration**			
#中 央	Central	3317628	9807	9807
地 方	Local	6981373	20236	20236
其 他	Other	9308857	139318	139318
按企业资质等级分组(新标)	**Grouped by Quality and Grade**			
施工总承包	Overall Contracted Construction	17808797	142139	142139
特 级	Special Grade	4688865	10493	10493
一 级	First Grade	7558425	5695	5695
二 级	Second Grade	3497819	53557	53557
三 级	Third Grade	2063688	72393	72393
专业承包	Specialized Contraction	1799060	27221	27221
一 级	First Grade	548748	5249	5249
二 级	Second Grade	962802	20836	20836
三 级	Third Grade	287511	1136	1136

Continued

(10000 yuan)

#固定资产 Fixed Assets	#固定资产累计折旧 Accumulated Depreciation of Fixed Assets	负债合计 Total Liabilities	#流动负债 Circulating Liabilities	#非流动负债 Non-current Liabilities	所有者权益 Total Owners Rights and Interests	#实收资本 Actual Received Capital	#个人资本 Personal Capital
82842	41518	232969	232310	440	210483	104224	27357
39997	19158	116619	110771	5638	52084	37081	8984
4618	3660	13840	13834	6	18171	19996	1367
		2002	2002		4764	4500	
2896	2008	9290	9284	6	12600	14182	1367
90019	59658	428933	410878	16778	165823	113222	18296
37013	30488	318203	304131	14072	49088	55530	7000
245	116	6347	6347		1606	963	
17372	10643	10716	7446	2035	11131	4166	500
35001	18237	92779	92108	671	103030	51413	10796
22263	6449	725505	663430	60412	268426	196547	6997
150447	78771	574086	556999	1661	407244	308097	92769
51030	29165	214419	210286	199	127217	106593	31318
25746	14331	129563	128232	105	78235	53463	9300
73671	35274	230104	218481	1357	201792	148042	52152
59934	28643	548813	530273	3579	407980	322644	63473
45611	19995	502731	484846	2963	337175	277728	52268
7502	4867	19273	19166	105	29015	17508	2580
262	181	1230	1230		1537	1500	
6559	3600	25579	25032	511	40254	25908	8625
588915	404594	3604578	3547229	57349	-7691	533840	
451421	187629	6435760	5873154	535070	1994633	1426073	72220
1337438	692929	6856880	6516466	182986	4024616	3023539	840456
2130751	1159671	15692129	14765459	761168	5087832	4330761	736902
508424	347897	5224394	4908309	316085	330518	604909	
662128	387087	6489638	6120604	334062	2002840	1660782	184919
692169	323778	2479408	2343766	78930	1764265	1288220	355381
268030	100909	1498689	1392780	32091	990210	776850	196603
247023	125481	1205088	1171390	14237	923725	652691	175773
38358	21432	461341	458216	3107	211645	176032	47099
137952	71723	547016	525971	6005	564571	362939	108951
70713	32327	196732	187203	5125	147509	113721	19723

13-3 续表2

单位：万元

类别	Category	总收入 Total Income	主营业务收入 Revenue from Principal Business
总计	**Total**	**14939010**	**14510313**
#国有及国有控股	State-owned and State-holding Enterprises	7747742	7558407
按登记注册类型分组	**Grouped by Status of Registration**		
内资企业	Domestic Funded Enterprises	14915902	14493888
国有企业	State-owned Enterprises	806955	774717
集体企业	Collective-owned Enterprises	225160	176595
股份合作企业	Cooperative Enterprises	13405	13404
联营企业	Joint Ownership Enterprises		
有限责任公司	Limited Liability Corporations	7183554	7006334
股份有限公司	Share Holding Enterprises	1249388	1236623
私营企业	Private Enterprises	5437439	5286214
港、澳、台商投资企业	Enterprises with Funds from Hong Kong, Macao and Taiwan	1525	1525
外商投资企业	Foreign Funded Enterprises	21583	14900
按经济组织类型分组	**Grouped by Type of Economic Organizations**	**14939010**	**14510313**
独资企业	Proprietorship	1059277	974733
合作、合伙企业	Cooperative Enterprises and Partnership	14634	14633
股份有限公司	Share Holding Enterprises	1343062	1332030
有限责任公司	Limited Liability Corporations	12522036	12188917
按国民经济行业分组	**Grouped by Sector**		
房屋建筑业	Housing Building Construction	5384330	5182662
住宅房屋建筑	Residential Building	5135533	4938109
体育场馆建筑	Stadium Building	7157	7004
其他房屋建筑业	Other Housing Construction Industry	241640	237548
土木工程建筑业	Civil Engineering Construction	8106143	7944992
铁路、道路、隧道和桥梁工程建筑	Railway, Road, Tunnel and Bridge	4283525	4201423
铁路工程建筑	Railway Engineering	341032	329929
公路工程建筑	Highway Engineering	2263789	2239365
市政道路工程建筑	Municipal Road Engineering	1298187	1258942
城市轨道交通工程建筑	Urban Rail Transit Engineering Construction	4174	4174
其他道路、隧道和桥梁工程建筑	Other Road, Tunnel and Bridge Engineering Construction	376344	369014
水利和水运工程建筑	Water Conservancy and Inland Port Engineering Construction	783114	761136
水源及供水设施工程建筑	Water Supply and Water Supply Facilities	601605	581150
河湖治理及防洪设施工程建筑	Governance of Lakes and Flood Control Facilities	153620	153074
港口及航运设施工程建筑	Port and Shipping Facilities	27889	26912
工矿工程建筑	Mining Engineering	1508623	1480710
架线和管道工程建筑	Line Putting-up and Pipeline Engineering	438686	417424

Continued

(10000 yuan)

#主营业务成 本 Cost of Principal Business	#主营业务税金及附加 Taxes and Extra Charges of Principal Business	营业外收 入 Other Revenue from Business	管理费用 Management Expenses	财务费用 Financial Expenses	营业利润 operating profit	利润总额 Total Profits	利税总额 Total Pre-tax Profits
13320087	**68546**	**47022**	**594744**	**90501**	**102882**	**104581**	**642862**
7053652	24572	31840	216297	68520	-3528	1294	250558
13303964	68469	47013	593286	90100	103299	105000	642639
712633	3839	1936	35715	647	15410	15712	49989
148067	1967	4393	35215	-79	-6635	-4926	4018
13244	31	2	594	4	-468	-486	-110
6568952	25765	35293	236019	41419	-21885	-18968	213762
1118737	6403	520	26643	27066	17217	17305	62693
4742332	30465	4869	259101	21045	99660	96363	312287
1607	2		16		-99	-99	-97
14515	76	9	1442	401	-318	-321	321
13320087	**68546**	**47022**	**594744**	**90501**	**102882**	**104581**	**642862**
882288	6009	6339	72097	569	9791	11790	55041
14432	39	2	731	7	-577	-594	-103
1203686	6724	658	32140	27073	19573	19513	67544
11219680	55774	40023	489776	62852	74095	73872	520380
4860415	31734	9238	189150	21568	89682	87612	298106
4637735	30688	8837	173336	20510	88449	86170	288304
6687	19	20	519	50	41	59	111
215993	1027	381	15295	1008	1192	1382	9691
7211415	30828	28790	306882	65894	-2634	-5693	271600
3701389	19700	3349	133637	45576	88817	84251	244342
304567	1482	672	3362	2038	5681	5787	13974
1893097	10100	1425	58425	32313	50235	49871	134031
1166569	6213	790	56865	8962	23658	19346	66701
3723	7		199	-1	246	246	337
333434	1900	462	14787	2264	8997	9001	29300
711438	4720	1862	28437	6032	22318	23165	63765
540643	3567	959	22406	5629	20245	20260	51244
145711	1045	134	4579	-24	2023	2150	10657
25084	109	768	1453	427	49	755	1865
1454877	94	17316	46746	825	-119385	-118613	-87808
374292	2592	2899	35274	296	6380	5687	23163

13-3 续表3

单位：万元

类 别	Category	总收入 Total Income	主营业务收入 Revenue from Principal Business
架线及设备工程建筑	Wiring and Equipment Engineering	350324	335934
管道工程建筑	Pipeline Engineering	88362	81491
节能环保工程施工	Energy Conservation and Environmental Protection Engineering Construction	24067	23762
节能工程施工	Energy Saving Engineering Construction	9938	9938
环保工程施工	Environmental Protection Engineering Construction	12252	12128
电力工程施工	Power Engineering Construction	347685	342602
火力发电工程施工	Thermal Power Engineering Construction	180707	177624
水力发电工程施工	Construction of Hydropower Project	16150	16149
风能发电工程施工	Construction of Wind Power Generation Project	18682	18682
其他电力工程施工	Other Power Engineering Construction	129207	127503
其他土木工程建筑	Other Civil Engineering	719910	717402
建筑安装业	Construction Installation	721413	685236
电气安装	Electrical Installation	220337	199895
管道和设备安装	Piping and Equipment Installation	149454	146706
其他建筑安装业	Other	351621	338635
建筑装饰、装修和其他建筑业	Building Decoration, Decoration and Other Construction Industries	727124	697423
建筑装饰和装修业	Building Decoration and Decoration Industry	638111	608627
建筑物拆除和场地准备活动	Building Demolition and Site Preparation Activities	33969	33924
提供施工设备服务	Provide Construction Equipment Service	1477	1477
其他未列明建筑业	Other Construction not Listed	53567	53395
按隶属关系分组	**Grouped by Administration**		
#中 央	Central	2051193	2010079
地 方	Local	5066040	4967812
其 他	Other	7821776	7532422
按企业资质等级分组(新标)	**Grouped by Quality and Grade**		
施工总承包	Overall Contracted Construction	13298353	12920277
特 级	Special Grade	2840172	2815421
一 级	First Grade	5094693	4960239
二 级	Second Grade	3092553	2963001
三 级	Third Grade	2270935	2181617
专业承包	Specialized Contraction	1640657	1590036
一 级	First Grade	299111	288355
二 级	Second Grade	1077680	1050991
三 级	Third Grade	263866	250690

Continued

(10000 yuan)

#主营业务成本 Cost of Principal Business	#主营业务税金及附加 Taxes and Extra Charges of Principal Business	营业外收入 Other Revenue from Business	管理费用 Management Expenses	财务费用 Financial Expenses	营业利润 operating profit	利润总额 Total Profits	利税总额 Total Pre-tax Profits
302581	2003	2310	26503	58	6358	5287	18649
71711	589	589	8771	239	23	400	4515
21428	94	253	2617	163	-653	-428	88
9700	51		44	91	46	23	186
9757	33	70	2451	106	-324	-259	11
294822	1261	1478	40012	4933	-15941	-17023	-12135
166460	516	105	9480	4787	-11808	-11863	-12265
15468	120		639	-2	-73	-109	853
16191	92		656	123	1620	1614	2792
94241	526	1372	29009	24	-5567	-6552	-3406
652700	2108	1635	20141	8069	15631	17069	39724
623899	3250	8436	57276	1059	-1038	6200	29656
182889	1155	2190	21159	392	-2965	-1377	7277
133161	668	92	9314	116	3263	3150	7457
307849	1427	6154	26804	551	-1336	4427	14922
624358	2735	558	41435	1980	16873	16462	43501
542315	2302	496	35121	1780	17047	16847	40686
31207	304	34	1802	75	581	575	1965
1362	4		155	17	-61	-237	-108
49474	124	27	4358	109	-694	-722	959
1940711	1787	16029	56231	8069	-125843	-125644	-83970
4558251	21214	9363	160142	51870	118893	119419	308375
6821124	45545	21630	378371	30562	109833	110806	418458
12026847	62427	42730	475958	86637	86208	88532	574632
2674697	5029	14866	46021	32176	-85201	-88153	-9867
4606990	18758	6821	153011	35741	94762	96176	282770
2730236	21910	16187	157977	7596	44814	48010	171823
2014925	16730	4856	118950	11124	31833	32499	129906
1293239	6119	4292	118786	3864	16675	16048	68231
265828	1104	679	16637	1587	2117	2367	14756
805699	3908	2521	81772	1886	6265	5670	36141
221713	1107	1092	20377	391	8293	8012	17334

13-4 分地区建筑业企业基本情况

年份 Year 地区 Region		企业单位数(个) Number of Enterprises (unit)	年末从业人员(人) Number of Persons Employed (person)	自有机械设备数量(台) Number of Machinery and Equipment Owned (unit)	自有机械设备功率(万千瓦) Total Power of Machinery and Equipment Owned (10000 kw)
2005		1948	430971	165903	341.9
2006		1781	432016	157684	334.1
2007		1733	471335	157949	366.3
2008		1971	479114	161174	372.3
2009		1919	674884	159810	358.9
2010		1945	561857	143340	327.8
2011		2020	490761	156112	364.4
2012		2038	490884	134579	312.5
2013		2008	440100	134516	283.5
2014		1825	363016	153448	330.0
2015		1599	466601	123778	306.6
2016		1566	373570	123106	324.1
2017		1614	357783	120339	293.2
2018		1761	299354	106176	253.7
2019		1850	270596	100692	232.8
2020		2237	232214	122333	197.5
2021		2195	194734	76923	163.6
哈尔滨	Harbin	923	98659	19439	51.7
齐齐哈尔	Qiqihar	210	10920	12797	5.7
鸡西	Jixi	102	7817	2954	7.5
鹤岗	Hegang	70	4726	2462	4.8
双鸭山	Shuangyashan	112	6177	768	1.6
大庆	Daqing	176	29665	31994	63.9
伊春	Yichun	73	2307	554	2.3
佳木斯	Jiamusi	80	8349	610	3.6
七台河	Qitaihe	30	1894	280	0.8
牡丹江	Mudanjiang	140	6965	1333	3.5
黑河	Heihe	88	5357	1370	3.2
绥化	Suihua	152	9877	1544	8.0
大兴安岭	Daxinganling	39	2021	818	7.0

Basic Conditions of Construction Enterprises by Region

自有机械设备净值 (万元) Net Value of Machinery and Equipment Owned (10000 yuan)	劳动生产率 (元/人,按总产值计算) Overall Labor Productivity (yuan/person)	产值竣工率 (%) Ratio of Output Value of Buildings Completed to Gross Output Value (%)	房屋建筑面积竣工率(%) Rate of Floor Space of Buildings Completed (%)	技术装备率 (元/人) Value of Machinery per Laborer (yuan/person)	动力装备率 (千瓦/人) Power of Machinery per Laborer (kw/person)
679666	91345	78.1	50.4	10837	5.5
711059	109543	70.7	49.1	11130	5.2
748550	139136	58.2	54.7	11891	5.8
798106	127267	60.8	44.1	9797	4.6
762805	146124	57.1	68.4	8303	3.9
749900	183395	50.2	50.5	7771	3.4
783975	220377	56.4	49.8	8514	4.0
804716	272229	51.6	50.7	9228	3.6
770020	242528	51.0	53.7	7555	2.8
853835	251080	48.2	55.2	9968	3.9
764419	228445	60.2	52.8	10425	4.2
756200	256076	62.7	50.8	11281	4.8
755259	260553	51.4	44.6	12614	4.9
797198	263940	56.0	38.2	17618	5.6
519653	303720	56.0	37.9	13360	6.2
446909	353436	39.0	28.1	12645	5.6
401677	427535	34.5	21.0	12927	5.3
124296	458607	23.5	16.2	6886	2.9
19655	319298	45.9	38.5	12464	3.6
13573	228305	37.2	41.4	12764	7.1
9044	436015	37.1	17.5	16585	8.8
3096	367184	53.2	63.7	4537	2.3
155484	448977	76.8	56.0	48024	19.7
6474	384393	52.9	36.5	20112	7.2
11622	634766	48.4	40.9	11715	3.6
3620	594681	46.6	62.8	18145	4.1
9910	471978	38.2	15.6	7980	2.8
5875	256874	66.2	37.2	7480	4.0
28169	264803	30.7	29.2	14065	4.0
10859	343095	31.0	11.8	29128	18.8

13-4 续表

年 份 地 区	Year Region	资产合计(万元) Total Assets (10000 yuan)	负债合计(万元) Total Liabilities (10000 yuan)	所有者权益(万元) owner's equity (10000 yuan)	实收资本 Paid-up capital	总收入(万元) Total Income (10000 yuan)	利润总额(万元) Total Profits (10000 yuan)
2005		7038066	4261973	2776123	2585760	5664967	52342
2006		8203440	5278702	2924738	2700632	6840358	76641
2007		9142571	6054731	3087840	2699169	8508795	98029
2008		10397027	6964890	3432138	3132750	10913499	457660
2009		10829222	7133558	3695664	3232330	13078488	558203
2010		11951907	8195121	3756786	3289940	16082766	564931
2011		14595943	10040174	4555769	3587785	19446063	589187
2012		16398329	11079601	5293964	4010791	21053609	617830
2013		18019776	12563726	5456050	4061503	18358995	670536
2014		17958140	12499104	5459037	4745830	17365202	508883
2015		17275931	11736030	5539901	4022879	14578309	466005
2016		19565969	13538096	6027872	4269043	15301588	525244
2017		20177153	13908371	6268782	4815968	14663018	375135
2018		20615459	14397763	6217700	4988869	13308813	233972
2019		22012614	15081393	6931220	5333273	13934098	435594
2020		23082728	16196673	6886055	5277542	13738828	188613
2021		22908775	16897219	6011555	4983455	14939010	104581
哈尔滨	Harbin	14244814	10379229	3865585	2819148	9090538	147237
齐齐哈尔	Qiqihar	825938	497802	328135	279006	584208	6622
鸡 西	Jixi	459433	339963	119470	108378	294443	4764
鹤 岗	Hegang	489194	308734	180460	105760	252964	3345
双鸭山	Shuangyashan	331205	179235	151970	129595	261416	2103
大 庆	Daqing	3224431	3108852	115578	648322	1953492	-106343
伊 春	Yichun	311811	223037	88774	66570	161736	1535
佳木斯	Jiamusi	530472	342083	188389	151601	655008	16628
七台河	Qitaihe	192124	135524	56600	50001	165962	2884
牡丹江	Mudanjiang	1160488	717793	442696	313136	540532	15882
黑 河	Heihe	247067	126574	120493	90357	238693	-3556
绥 化	Suihua	713413	446621	266792	148270	611450	9805
大兴安岭	Daxinganling	178385	91772	86613	73311	128568	3675

Continued

利税总额 (万元) Total Pre-tax Profits (10000 yuan)	产值利润率 (%) Profit Rate Value (%)	产值利税率 (%) Gross Output Value (%)	资本利润率 (%) profit ratio of capital (%)	资本利税率 (%) Profits to Assets (%)	人均利润 (元/人) per capita profit (yuan/person)	人均利税 (元/人) Per capita taxes (yuan/person)	资产负债率 (%) Assets-Liability Ratio (%)
245187	0.9	4.3	2.0	10.5	835	3909	60.6
305123	1.1	4.4	2.0	8.9	1200	4776	64.3
343990	1.1	3.9	3.6	7.8	1557	5464	66.2
1520636	2.5	14.7	14.6	2.1	5618	18667	67.0
1332707	4.2	9.9	17.3	2.4	6076	14507	65.9
1781420	3.2	10.1	17.2	1.8	5854	18461	68.6
1321917	2.9	6.5	16.4	2.7	6399	14357	68.8
1338823	2.6	5.6	15.4	3.0	7085	15353	67.6
1321228	2.7	5.3	16.5	3.1	6579	12963	69.7
1139144	2.4	5.3	10.7	24.0	5941	13298	69.6
1011231	2.8	6.0	11.6	25.1	6355	13791	67.9
1053488	3.1	6.1	12.3	24.7	7835	15716	69.2
1006681	2.4	6.5	7.8	20.9	6265	16813	68.9
886137	1.9	5.4	4.7	13.1	5707	15908	69.8
953157	3.7	8.1	8.2	17.9	11199	24505	68.5
713426	1.6	5.9	3.6	13.5	5337	20185	70.2
642865	0.8	4.8	2.1	12.9	3366	20689	73.8
444965	1.8	5.4	5.2	15.8	8157	24650	72.9
30320	1.3	6.0	2.4	10.9	4199	19227	60.3
19531	2.0	8.0	4.4	18.0	4480	18366	74.0
16373	1.4	6.9	3.2	15.5	6134	30026	63.1
16752	0.8	6.7	1.6	12.9	3082	24548	54.1
-53049	-7.3	-3.6	-16.4	-8.2	-32846	-16385	96.4
10709	1.2	8.7	2.3	16.1	4768	33268	71.5
47635	2.6	7.6	11.0	31.4	16760	48014	64.5
10047	2.4	8.5	5.8	20.1	14456	50358	70.5
43292	2.7	7.4	5.1	13.8	12789	34860	61.9
12078	-1.8	6.0	-3.9	13.4	-4527	15378	51.2
34477	1.8	6.5	6.6	23.3	4896	17214	62.6
9735	2.9	7.6	5.0	13.3	9859	26114	51.4

主要统计指标解释

建筑业统计单位 指从事房屋、构筑物建造和设备安装活动的法人企业。建筑业法人企业应具有建筑业资质并能够独立核算，同时还应具备以下条件：①依法成立，有自己的名称、组织机构和场所，能够承担民事责任；②独立拥有和使用资产，承担负债，有权与其他单位签订合同；③独立核算盈亏，能够编制资产负债表。

建筑业总产值 是以货币形式表现的建筑业企业在一定时期内生产的建筑业产品和提供服务的总和。建筑业总产值包括：

⑴建筑工程产值：指列入建筑工程预算内的各种工程价值。

⑵安装工程产值：指设备安装工程价值，不包括被安装设备本身的价值。

⑶其他产值：建筑业总产值中除建筑工程、安装工程以外的产值。包括房屋构筑物修理产值、非标准设备制造产值、总包企业向分包企业收取的管理费以及不能明确划分的施工活动所完成的产值。

a.房屋构筑物修理产值：指房屋和构筑物修理所完成的产值，但不包括被修理房屋、构筑物本身价值和生产设备的修理价值。

b.非标准设备制造产值：指加工制造没有定型的非标准生产设备的加工费和原材料价值(如化工厂、炼油厂用的各种罐、槽，矿井生产统一使用的各种漏斗、三角槽、阀门等)以及附属加工厂为本企业承建工程制作的非标准设备的价值。

建筑业增加值 指建筑业企业在报告期内以货币形式表现的建筑业生产经营活动的最终成果。

从 2004 年第一次全国经济普查开始，建筑业现价增加值按生产法和分配法(收入法)两种方法计算，以收入法的计算结果为准，即从收入的角度出发，根据生产要素在生产过程中应得的收入份额计算。具体计算方法：经济普查年度建筑业增加值按照《经济普查年度 GDP 核算方案》计算，非经济普查年度建筑业增加值按照《非经济普查年度 GDP 核算方案》计算。

房屋施工面积 指房地产开发企业本年施工的全部房屋建筑面积。包括本年新开工的房屋建筑面积、上年跨入本年继续施工的房屋建筑面积、上年停缓建在本年恢复施工的房屋建筑面积、本年竣工的房屋建筑面积以及本年施工后又停缓建的房屋建筑面积。多层建筑应填各层建筑面积之和。

房屋竣工面积 指报告期内房屋建筑按照设计要求已全部完工，达到住人和使用条件，经验收鉴定合格或达到竣工验收标准，可正式移交使用的各栋房屋建筑面积的总和。

Explanatory Notes on Main Statistical Indicators

Statistical Unit in the Construction Industry refers to a corporate enterprise engaged in the construction of buildings and structures and in the installation of equipment. A corporate construction enterprise should have qualification certificates with independent accounting system, and should meet the following 3 requirements: a) being set up in line with relevant legal basis, having its full name, organization and location, and capable of taking civil liabilities; b) independently possessing and using its assets and assuming its liabilities, and entitled to sign contracts with other institutions; and c) making independent accounts of its profits and losses, and capable of compiling its own balance sheet.

Gross Output Value of Construction refers to total of construction products and services, expressed in money terms, produced or rendered by construction and installation enterprises during a given period of time. It includes:

(1) Output value of construction projects: the value of projects covered by the project budgets;

(2) Output value of installation projects: the value of the installation of equipment, (excluding the value of the equipment to be installed);

(3) Other output values: the output value of construction industry apart from that of construction projects and installation projects. It includes: output value of repair of buildings and structures; output value of non-standard equipment manufacturing; overhead expenses received by contracted enterprises from the sub-contracted enterprises and the completed output value of construction activities for which there is no clear definition.

a. Output value of repair of buildings and structures: the value created through the repairs of buildings or structures. It does not include the value of buildings or structures being repaired and the value of the repair of production equipment;

b. Output value of manufactured non-standard equipment: the value of non-standard production equipment, including raw materials and manufacturing cost, made for the construction project (i.e., chemical plant; kettles or tanks used by refineries; various fillers, triangle tanks, valves used by mines). It also includes the output value of equipment manufactured by subsidiary workshops.

Value-added of Construction refers to the final result of the activities of production and operation of enterprises of the construction industry in monetary terms during the reference period.

Starting from the 2004 economic census, value-added of construction is calculated by both production approach and income approach, with the figures from the income approach as the final figures. Under the income approach, calculation starts from the perspective of income and is based on the share of income derived from the production process by the relevant factors of production. Specifically, value-added of construction for the Census years is calculated in accordance with the Programme of Compilation of GDP and National Accounts for the Year of Economic Census, and value-added of construction for other years is calculated in accordance with the Programme of Compilation of GDP and National Accounts for the Non Economic Census Years.

Floor Space of Buildings under Construction refers to the total space area of the buildings under construction in the year by real estate development enterprises. It includes buildings started in the year, continued from the previous year, suspended in earlier years but restarted in the year, completed in the year, and buildings under construction but suspended in the year. The floor space of a multi-storied building should be the sum of floor space of all the stories.

Floor Space of Buildings Completed refers to the total floor space of each building that has been completed in the reference period in accordance with the requirements of the design, up to the standard for being resided in and put into use, or has been checked and accepted by departments concerned as qualified ones or up to the standard of buildings completed and can be handed over for putting into use.

住房和房地产

CHAPTER 14 HOUSING AND REAL ESTATE

14-1 房地产开发企业主要指标
Main Indicators of Enterprises for Real Estate Development

指 标	Item	2017	2018	2019	2020	2021
企业个数(个)	**Number of Enterprises (unit)**	**1968**	**1853**	**1836**	**1515**	**1416**
内 资	Domestic Funded	1941	1828	1815	1496	1400
#国 有	State-owned Enterprises	27	27	21	13	9
集 体	Collective-owned Enterprises	1	1			1
港、澳、台投资	Enterprises with Funds from Hong Kong, Macao and Taiwan	18	14	12	11	10
外商投资	Foreign Funded	9	11	9	8	6
从业人员期末人数(万人)	**Final Number of Employed Persons (10000 persons)**	**3.77**	**3.25**	**3.01**	**2.71**	**2.38**
内资企业	Domestic Funded	3.68	3.16	2.96	2.66	2.33
#国 有	State-owned Enterprises	0.07	0.06	0.03	0.01	0.02
集 体	Collective-owned Enterprises	0.02	0.02			
港、澳、台投资企业	Enterprises with Funds from Hong Kong, Macao and Taiwan	0.08	0.08	0.03	0.04	0.03
外商投资企业	Foreign Funded	0.01	0.02	0.02	0.01	0.01
本年土地购置面积(万平方米)	**Land Space Purchased This Year(10000 sq.m)**	**246.2**	**246.1**	**311.9**	**418.7**	**201.8**
本年完成投资(亿元)	**Investment Completed This Year(100 million yuan)**	**815.6**	**944.4**	**958.0**	**982.9**	**936.0**
#住 宅	Residential Buildings	554.7	647.8	687.8	702.1	724.0
资金来源小计(亿元)	**Sources of Funds(100 million yuan)**	**1199.1**	**1286.9**	**1242.3**	**1194.8**	**1235.1**
#国内贷款	Domestic Loans	103.8	124.6	91.4	61.2	78.6
自筹资金	Self-raising Fund	585.4	551.9	591.2	643.3	552.0
其他资金	Others	510.0	58.6	43.1	45.7	43.2
房屋建筑面积(万平方米)	**Floor Space of Buildings(10000 sq.m)**					
施工面积	Floor Space under Construction	10328.5	10588.2	11441.2	11261.9	10740.9
#住 宅	Residential Buildings	7432.1	7684.0	8216.4	8132.6	7831.1
#本年新开工	Floor Space Started This Year	2219.7	2494.7	2446.1	2222.0	1738.3
竣工面积	Floor Space Completed	1651.2	1203.5	1204.1	1438.0	968.1
商品房销售面积(万平方米)	**Floor Space of Commercialized Buildings Sold (10000 sq.m)**	**2255.8**	**1913.3**	**1684.5**	**1494.4**	**1348.1**
#住 宅	Residential Buildings	1868.1	1665.6	1461.1	1349.9	1204.5
实收资本合计(亿元)	**Total Capital Held(100 million yuan)**	**1025.0**	**1056.8**	**1046.0**	**942.6**	**918.5**
资产负债率(%)	**Ratio of Liabilities to Assets(%)**	**70.7**	**70.2**	**69.9**	**71.8**	**69.2**
主营业务收入(亿元)	**Revenue from Principle Business(100 million yuan)**	**958.8**	**1075.2**	**994.0**	**840.9**	**794.1**

14-2 房地产开发企业个数
Number of Enterprises for Real Estate Development

单位：个 (unit)

年份 地区	Year Region	合计 Total	国有 State-owned Enterprises	集体 Collective-owned Enterprises	股份有限公司 Share-holding Corporations Ltd.	港澳台商投资 Enterprises with Funds from Hong Kong, Macao and Taiwan	外商投资 Foreign Funded Enterprises	其他 Others
1995		295	183	24	44	30	9	5
2000		439	170	32	71	25	9	132
2001		483	152	32	79	23	8	189
2002		606	142	24	111	23	18	288
2003		776	144	21	131	25	17	438
2004		1009	118	15	137	23	12	704
2005		1050	124	7	170	21	17	711
2006		1214	127	6	144	24	18	895
2007		1320	117	7	137	25	18	1016
2008		1589	102	11	145	23	19	1289
2009		1576	101	7	133	25	17	1293
2010		1890	97	9	164	23	19	1578
2011		2157	88	6	165	25	19	1854
2012		2134	78	4	144	23	17	1868
2013		2118	49	1	137	24	13	1894
2014		2154	47	1	124	24	11	1947
2015		2041	39	1	116	19	10	1856
2016		1956	31	1	115	15	10	1784
2017		1968	27	1	100	18	9	1813
2018		1853	27	1	90	14	11	1710
2019		1836	21		88	12	9	1706
2020		1515	13		33	11	8	1450
2021		1416	9	1	22	10	6	1368
哈尔滨	Harbin	472	5		9	8	3	447
齐齐哈尔	Qiqihar	157	1	1	1			154
鸡西	Jixi	89	1		2			86
鹤岗	Hegang	35	1		1			33
双鸭山	Shuangyashan	38						38
大庆	Daqing	102					2	100
伊春	Yichun	34			1			33
佳木斯	Jiamusi	79			1			78
七台河	Qitaihe	36			1	1		34
牡丹江	Mudanjiang	149			3	1	1	144
黑河	Heihe	69			1			68
绥化	Suihua	140	1		2			137
大兴安岭	Daxinganling	16						16

14-3　房地产开发企业从业人员数
Number of Employed Persons in Enterprises for Real Estate Development

单位：人　　　　(person)

年份 地区	Year Region	合计 Total	国有 State-owned Enterprises	集体 Collective-owned Enterprises	股份有限公司 Share-holding Corporations Ltd.	港澳台商投资 Enterprises with Funds from Hong Kong, Macao and Taiwan	外商投资 Foreign Funded Enterprises	其他 Others
1995		15473	11541	724	1005	785	320	1098
2000		23058	10756	858	5055	504	229	5656
2001		23792	9752	997	3624	521	198	8700
2002		25486	4710	623	5085	568	457	14043
2003		27465	4029	679	4302	307	385	17763
2004		33076	4199	403	5489	379	472	22134
2005		30169	4253	90	4278	318	611	20619
2006		29933	3554	151	3323	389	597	21919
2007		33353	3258	153	3097	414	562	25869
2008		35664	3195	211	3098	313	533	28314
2009		33929	2932	354	3402	366	388	26487
2010		40308	3420	398	3223	359	463	32445
2011		47678	4588	137	4633	490	434	37396
2012		46396	2639	325	2840	466	308	39818
2013		45004	1278	5	3043	566	257	39855
2014		44332	1077	5	2613	666	192	39779
2015		40786	869	5	2659	471	152	36630
2016		38015	726	153	2615	424	133	33964
2017		37748	680	240	1934	795	118	33981
2018		32507	596	240	1548	752	191	29180
2019		30134	338		1553	344	161	27738
2020		27149	146		678	406	130	25789
2021		23769	162	9	355	319	111	22813
哈尔滨	Harbin	10186	106		209	288	40	9543
齐齐哈尔	Qiqihar	2224	2	9	13			2200
鸡西	Jixi	734	13		5			716
鹤岗	Hegang	371	39		4			328
双鸭山	Shuangyashan	313						313
大庆	Daqing	2652					52	2600
伊春	Yichun	387			10			377
佳木斯	Jiamusi	1553			22			1531
七台河	Qitaihe	320			4	16		300
牡丹江	Mudanjiang	1908			21	15	19	1853
黑河	Heihe	828			2			826
绥化	Suihua	2169	2		65			2102
大兴安岭	Daxinganling	124						124

14-4 房地产开发企业的土地开发、购置及投资规模 Land Development, Purchase and Investment Scale of Enterprises for Real Estate Development

单位：平方米、万元 (sq.m, 10000 yuan)

年份 Year 地区 Region		本年购置土地面积 Land Space Purchased This Year	实际需要的总投资 Total Investment Actually Needed	开始建设累计完成投资 Accumulative Investment Actually Completed Since Starting of Construction	全部建成尚需投资 Further Investment Required for the Completion of Construction
1995		2064	1366222	754008	612214
2000		2564674	2202002	1575893	626109
2001		2177103	2861880	2024592	837288
2002		3892116	3543170	2102119	1441051
2003		4943627	3903147	2447840	1455307
2004		5691027	5892072	3350300	2541772
2005		6925485	6823703	4089993	2733710
2006		6197941	8014573	5415257	2599316
2007		7043255	9580358	6590127	2990231
2008		8709744	11266041	7434679	3831362
2009		8333122	15162888	10451311	4711577
2010		11743040	23411233	14348207	9063026
2011		18606548	40598254	21536691	19061563
2012		9299142	51698029	31809107	19888922
2013		6556746	57810218	39909895	17900323
2014		4165769	64563657	45766253	18797404
2015		2703960	60605240	42875259	17729981
2016		1612034	59834332	41176141	18658191
2017		2462255	62747604	43135345	19612259
2018		2460593	64158417	44622504	19535913
2019		3119241	68388675	46923354	21465321
2020		4187027	75278914	47954730	27324184
2021		2018452	75638030	48925950	26712080
哈尔滨	Harbin	1258809	49917605	31561862	18355743
齐齐哈尔	Qiqihar	128671	4461745	3194870	1266875
鸡西	Jixi		1794747	1321426	473321
鹤岗	Hegang	28826	276476	116192	160284
双鸭山	Shuangyashan	22122	707897	490941	216956
大庆	Daqing	41910	3817623	2680560	1137063
伊春	Yichun	43594	770503	389207	381296
佳木斯	Jiamusi	42069	2813687	2030319	783368
七台河	Qitaihe	85431	784587	546488	238099
牡丹江	Mudanjiang	131307	5432411	3812864	1619547
黑河	Heihe	100538	807858	607158	200700
绥化	Suihua	39742	3934788	2079139	1855649
大兴安岭	Daxinganling	95433	118103	94924	23179

14-5　房地产开发完成投资额
Actually Completed Investment of Enterprises for Real Estate

单位：万元 (10000 yuan)

年份 地区	Year Region	本年完成投资额 Investment Completed This Year	按构成分 By Use of Funds 建筑安装工程 Construction and Installation	设备、工器具购置 Purchase of Equipment and Instrument	其他费用 Others	土地购置 Land Purchase
1995		473651	417508	8318	47825	30988
2000		1040979	782764	14412	243803	83939
2001		1470839	1173669	25869	271301	109197
2002		1457937	1021700	23967	412270	238993
2003		1632806	1140727		461438	265734
2004		2140702	1589430	66980	484292	302887
2005		2676332	2106481	47981	521870	324360
2006		3213152	2607672	32091	573389	220157
2007		3823651	2838824	56278	928549	466463
2008		4398563	3041451	57241	1299871	896126
2009		5639170	4272536	63859	1302775	743112
2010		8431198	6752877	83864	1589457	906816
2011		12275672	10060375	105728	2108569	1530448
2012		15358438	12635375	124052	2599011	1509508
2013		16048330	13418518	214380	2415432	1253332
2014		13240875	11013966	249453	1977456	1671406
2015		9921453	8569430	114075	1237948	994961
2016		8648391	7548991	98393	1001007	832675
2017		8155957	6925813	101660	1128484	875052
2018		9444049	7272759	99717	2071573	1595565
2019		9580066	6262318	101851	3215897	2779848
2020		9829165	7264508	80121	2484536	2176047
2021		9359670	6976707	51969	2330994	1669325
哈尔滨	Harbin	5313706	3547767	17130	1748809	1212442
齐齐哈尔	Qiqihar	712416	515416	7203	189797	172124
鸡西	Jixi	184334	171752	1741	10841	6995
鹤岗	Hegang	61014	54572	105	6337	431
双鸭山	Shuangyashan	101007	86754	1425	12828	10290
大庆	Daqing	436188	314924	1318	119946	116028
伊春	Yichun	70685	68446	19	2220	
佳木斯	Jiamusi	1019185	905487	7649	106049	59579
七台河	Qitaihe	53209	46273	551	6385	3759
牡丹江	Mudanjiang	625588	548672	4529	72387	59809
黑河	Heihe	224512	199690	1640	23182	9748
绥化	Suihua	537936	503743	8561	25632	15884
大兴安岭	Daxinganling	19890	13211	98	6581	2236

14-6 房地产开发建设按工程用途分的投资和新增固定资产
Actually Completed Investment of Enterprises for Real Estate by Use and Newly Increased Fixed Assets

单位：万元 (10000 yuan)

年份 地区	Year Region	按工程用途分的投资额 by Use of Projects				新增固定资产 Newly Increased Fixed Assets
		住宅 Residential Buildings	办公楼 Office Buildings	商品营业用房 House for Business Use	其他 Others	
1999		532679	49827	145167	91880	679863
2000		712644	35691	162186	130458	961671
2001		1016457	42330	254384	157668	1274384
2002		771661	76021	276203	334052	904095
2003		886210	63710	351126	331760	1067546
2004		1397332	80734	451728	262031	1351368
2005		1748422	82290	461665	383955	1572296
2006		2476493	59546	472631	204482	1907823
2007		2796442	64450	505361	457398	2426086
2008		3065870	35325	566332	731036	2052819
2009		4425157	91569	699868	422576	3657239
2010		6575367	109197	1053409	693225	5517655
2011		9478981	166726	1446218	1183747	6769528
2012		11225245	269161	2183563	1680469	8246658
2013		11247187	311156	2763097	1726890	8353877
2014		9460270	252529	2368761	1159315	9527092
2015		6811541	253191	2102305	754416	11476701
2016		5979597	243593	1714812	710389	7075620
2017		5546977	273815	1562982	772183	4994852
2018		6477699	311563	1607454	1047333	3476045
2019		6878253	131429	1474395	1095989	3433410
2020		7020859	175747	1544899	1087660	4038610
2021		7240481	128586	1126262	864341	3532978
哈尔滨	Harbin	4014321	117399	673913	508073	1471699
齐齐哈尔	Qiqihar	583185	2605	85281	41345	374703
鸡西	Jixi	153192		22158	8984	64886
鹤岗	Hegang	37215	841	8675	14283	9500
双鸭山	Shuangyashan	75146	1	20662	5198	22710
大庆	Daqing	314848	672	19580	101088	189408
伊春	Yichun	63918		1972	4795	63478
佳木斯	Jiamusi	819856	3309	129150	66870	380284
七台河	Qitaihe	45070	54	5469	2616	59686
牡丹江	Mudanjiang	520369	172	69446	35601	621171
黑河	Heihe	180587	804	19076	24045	157328
绥化	Suihua	415233	2677	70325	49701	118029
大兴安岭	Daxinganling	17541	52	555	1742	96

14-7 房地产开发企业的资金来源
Capital Source of Enterprises for Real Estate Development

单位：万元 (10000 yuan)

年份 地区	Year Region	本年资金来源合计 Total Funds the Year	上年末结余资金 A Balance at End of Previous Year	本年资金来源小计 Sources of Funds	国家预算内资金 State Budget	国内贷款 Domestic Loans	利用外资 Foreign Investment	自筹资金 Self-raising Fund	其他资金 Others
1999		752630	39319	713311	4021	147930	3010	276685	281665
2000		957753	38734	919019	1000	182528	10543	362915	362033
2001		1385794	60016	1325778		159546	420	566232	599580
2002		1415734	97988	1317746	4570	236117	6233	618710	452116
2003		1721670	113689	1607981	350	260166	4050	870635	472780
2004		2246559	151780	2094779	2300	183776	54912	1092193	761598
2005		2844133	163416	2680717		178057	35300	1362272	1105088
2006		3585481	148891	3436590		331881	39073	1859085	1206551
2007		4288367	220609	4067758		261860	18718	2436261	1350919
2008		5009858	385031	4624827		294758	13771	3145679	1170619
2009		7271208	480773	6790435		737899	25877	3605959	2420700
2010		11430442	926816	10503626		488956	15000	6513529	3486141
2011		17685735	1675059	16010676		619884	33500	10870814	4486478
2012		19633386	2522968	17110418		876365	165	11040675	5193213
2013		20920924	2584488	18336436		1301852		11026235	6008349
2014		16956270	2872261	14084009		978225	27000	9099429	3979355
2015		14903067	2693467	12209600		1264556	13228	7306680	3625136
2016		13307892	2691520	10616372		905389	9000	5521943	4180040
2017		14513375	2522141	11991234		1037696		5853731	5099807
2018		16311611	3442813	12868798		1246260		5518653	586263
2019		15220174	2796698	12423476		914073	14694	5912122	430783
2020		15472105	3524567	11947538		612110	7184	6433242	457105
2021		12351024	2426623	9924401		786392		5520487	431615
哈尔滨	Harbin	7718767	1712877	6005890		363685		2896000	166548
齐齐哈尔	Qiqihar	823522	194191	629331		29261		351805	54864
鸡西	Jixi	239801	46348	193453		6501		105251	29151
鹤岗	Hegang	65994	4481	61513				43429	10763
双鸭山	Shuangyashan	114943	18133	96810		2231		55164	32271
大庆	Daqing	603053	176495	426558		9000		251544	4909
伊春	Yichun	84933	15945	68988		400		57458	2680
佳木斯	Jiamusi	1124710	19572	1105138		362803		691695	49638
七台河	Qitaihe	70049	11280	58769		2000		35037	4943
牡丹江	Mudanjiang	670438	180221	490217		8511		332200	39483
黑河	Heihe	249054	18123	230931				176014	10129
绥化	Suihua	557560	28866	528694		2000		496941	26236
大兴安岭	Daxinganling	28200	91	28109				27949	

14-8 房地产开发建设房屋施工面积
Floor Space of Buildings under Construction of Real Estate Development

单位：平方米 (sq.m)

年份 地区	Year Region	施工房屋建筑面积 Floor Space of Buildings Under Construction	#新开工 Started This Year	住宅 Residential Buildings	办公楼 Office Buildings	商业营业用房 House for Business Use	其他 Others
1999		11187155	7273868	8268285	630728	2065737	222405
2000		14513563	8473110	10995283	535182	2640151	342947
2001		17685892	9172691	13612689	611730	3164906	296567
2002		15895856	8685336	11647486	812504	2924268	511598
2003		19000320	11104078	13111334	792962	4154636	941388
2004		22550629	11931656	15830527	800083	5014827	905192
2005		26304651	14851141	19226052	934958	4894991	1248650
2006		31064526	17477365	24271325	711888	4622027	1459286
2007		33017345	18340732	26363154	437141	4780785	1436265
2008		36111387	22410734	29066535	401381	4528881	2114590
2009		45213490	29955500	36926884	586070	5078374	2622162
2010		75328812	50214326	61074452	752647	8622671	4879042
2011		121229416	72742236	96628625	1220343	13710366	9670082
2012		134849706	50743456	104719594	1776618	15699880	12653614
2013		135673668	40304430	102413971	1993260	18778597	12487840
2014		142180884	32813806	104241125	2505387	20862869	14571503
2015		124103540	21817937	87849756	2491408	21131449	12630927
2016		108657453	20063137	77460456	2367085	17129958	11699954
2017		103284678	22197164	74321067	2383871	15690998	10888742
2018		105882476	24947375	76839540	2309375	16081582	10651979
2019		114411959	24461091	82163622	2143277	17290111	12814949
2020		112619052	22219679	81326415	2153288	15970634	13168715
2021		107409456	17383129	78311486	2105436	14665691	12326843
哈尔滨	Harbin	54063381	6346770	35871238	1710841	8784991	7696311
齐齐哈尔	Qiqihar	10034438	1856330	8255431	72934	980396	725677
鸡西	Jixi	6294412	685487	5262132	27277	507180	497823
鹤岗	Hegang	481844	215587	361669		45757	74418
双鸭山	Shuangyashan	1410152	279265	1023326	4742	269734	112350
大庆	Daqing	4796292	796558	3983429	54265	443186	315412
伊春	Yichun	1068946	192642	833491	5224	170251	59980
佳木斯	Jiamusi	5488178	2261622	4403428	114770	598449	371531
七台河	Qitaihe	1408137	285161	911845	339	394478	101475
牡丹江	Mudanjiang	12464962	1656253	9773370	65770	1346249	1279573
黑河	Heihe	2798557	652355	2349903	27294	199774	221586
绥化	Suihua	6887472	2069696	5155365	21622	867397	843088
大兴安岭	Daxinganling	212685	85403	126859	358	57849	27619

14-9　房地产开发建设房屋竣工面积和造价
Floor Space of Buildings Completed and Their Cost in Real Estate Development

年份 Year 地区 Region		竣工房屋建筑面积(平方米) Floor Space of Buildings Completed (sq.m)	住宅 Residential Buildings	办公楼 Office Buildings	商业营业用房 House for Business Use	其他 Others	竣工房屋造价(元/平方米) Cost of Buildings Completed (yuan/sq.m)	住宅 Residential Buildings
1999		5474196	4288778	195416	889600	100402	897	820
2000		8278630	6293041	365015	1428150	192424	905	819
2001		10138189	8283706	218061	1472774	163648	944	914
2002		8035908	6398979	229070	1209003	198856	929	873
2003		8834762	6590471	257897	1573139	413255	984	906
2004		11132574	8323312	231200	2222841	355221	1051	956
2005		13050250	10394472	272514	1847289	535975	1089	1044
2006		13981158	11535031	305411	1619101	521615	1230	1184
2007		15956174	12448764	272726	2540478	694206	1404	1034
2008		14047031	11600798	126015	1773934	546284	1195	1122
2009		18882802	15754595	181325	1942761	1004121	1548	1495
2010		26458267	21989911	242769	3032968	1192619	1718	1677
2011		32313443	25979788	219545	4344276	1769834	1661	1650
2012		32457265	26462053	285203	3402487	2307522	1977	1942
2013		29327010	23444092	320683	3398376	2163859	2190	2160
2014		30009026	22957015	534876	3607919	2909216	2433	2287
2015		29242070	21268196	262082	5327396	2384396	2309	2256
2016		23756095	17570854	408494	3454339	2322408	2525	2426
2017		16511720	12059412	389934	2569967	1492407	2400	2252
2018		12034634	9205271	508615	1468124	852624	2391	2357
2019		12040810	9409277	171499	1288128	1171906	2446	2276
2020		14379809	11159413	230066	1603784	1386546	2327	2263
2021		9681232	7316415	38917	1442818	883082	2662	2567
哈尔滨	Harbin	3088179	2053931	35163	571840	427245	3285	3258
齐齐哈尔	Qiqihar	1062986	802066	240	192502	68178	1957	1879
鸡西	Jixi	182056	157637		13309	11110	1969	1927
鹤岗	Hegang	49967	40580		9190	197	1901	1697
双鸭山	Shuangyashan	115064	103570		7320	4174	1896	1908
大庆	Daqing	308455	280826		19182	8447	2891	2889
伊春	Yichun	251422	218504		8581	24337	2458	2345
佳木斯	Jiamusi	1301515	1016259	3380	261284	20592	2520	2404
七台河	Qitaihe	270515	172529		51401	46585	2001	2047
牡丹江	Mudanjiang	2009339	1567782	134	219043	222380	2867	2780
黑河	Heihe	370828	322094		18772	29962	2272	2294
绥化	Suihua	664297	576690		67732	19875	1392	1366
大兴安岭	Daxinganling	6609	3947		2662		2248	1951

14-10 按用途分商品房屋销售面积
Floor Space of Commercialized Buildings Sold by Use

单位：平方米 (sq.m)

年 份 地 区	Year Region	商品房屋销售面积 Floor Space of Commercialized Buildings Sold	住 宅 Residential Buildings	办公楼 Office Buildings	商业营业用房 Houses for Business Use	其 他 Others
1999		3513834	2946888	94633	430949	41364
2000		4998452	4244271	106813	585997	61371
2001		5946410	4906264	182549	763290	94307
2002		6924691	5743325	131366	968783	81217
2003		8146447	6731129	146593	1154425	114300
2004		9846508	7900508	127929	1562776	255295
2005		12428124	10482603	290082	1382206	273233
2006		14827148	12985068	204711	1411379	225990
2007		17092455	15185671	114405	1436368	356011
2008		14865665	12866198	89502	1593543	316422
2009		20169765	17512157	194221	1922128	541259
2010		27209459	23856799	83786	2347388	921486
2011		33977745	29191147	79085	3603816	1103697
2012		38068231	32262165	242575	4108684	1454807
2013		33399501	29442296	248432	2562090	1146683
2014		24757412	21314633	153360	2395608	893811
2015		19966142	17106037	181983	1982818	695304
2016		21172915	17970213	263493	2219650	719559
2017		22558104	18681422	455829	2527381	893472
2018		19132548	16655768	148835	1823878	504067
2019		16844978	14611244	106093	1617400	510241
2020		14943595	13498616	63225	1025987	355767
2021		13480892	12045488	101806	905347	428251
哈尔滨	Harbin	6094454	5170669	99358	545131	279296
齐齐哈尔	Qiqihar	1269683	1177620	2448	68364	21251
鸡 西	Jixi	455671	419649		20512	15510
鹤 岗	Hegang	46294	35753		650	9891
双鸭山	Shuangyashan	114229	100157		12525	1547
大 庆	Daqing	1161579	1056192		80640	24747
伊 春	Yichun	234828	204530		14364	15934
佳木斯	Jiamusi	1121934	1085814		31250	4870
七台河	Qitaihe	157133	147950		8642	541
牡丹江	Mudanjiang	973242	907208		48642	17392
黑 河	Heihe	479077	447753		15373	15951
绥 化	Suihua	1350894	1273421		57295	20178
大兴安岭	Daxinganling	21874	18772		1959	1143

14-11　按用途分商品房屋销售额
Total Sale of Commercialized Buildings by Use

单位：万元　(10000 yuan)

年份 地区	Year Region	商品房屋销售额 Total Sale of Commercialized Buildings	住宅 Residential Buildings	办公楼 Office Buildings	商业营业用房 Houses for Business Use	其他 Others
2004		1873625	1315782	36577	450912	70354
2005		2608815	1963185	119489	452856	73285
2006		3255377	2642682	70609	473964	68122
2007		4224086	3575076	29895	511022	108093
2008		4209652	3399086	25092	689934	95540
2009		6536890	5370482	80446	875396	210566
2010		10119482	8330469	35809	1367963	385241
2011		13573379	10819917	38358	2238139	476965
2012		15482979	12019303	138229	2645351	680096
2013		15823382	13059034	176126	1968866	619356
2014		12085441	9626924	119604	1919667	419246
2015		10271369	8242147	134932	1529970	364320
2016		11210446	9036646	213931	1550636	409233
2017		14597226	11344722	521644	2203937	526923
2018		13203133	11122816	174461	1588735	317121
2019		12681789	10699658	134429	1524867	322835
2020		10641984	9461493	75300	872472	232719
2021		8580801	7518873	97937	742073	221918
哈尔滨	Harbin	5338838	4538743	97062	547666	155367
齐齐哈尔	Qiqihar	670831	625696	875	34542	9718
鸡西	Jixi	192736	169338		15002	8396
鹤岗	Hegang	17463	12482		281	4700
双鸭山	Shuangyashan	32165	27727		4032	406
大庆	Daqing	524247	468113		45831	10303
伊春	Yichun	85161	73028		5116	7017
佳木斯	Jiamusi	517126	493380		21152	2594
七台河	Qitaihe	64329	56113		8006	210
牡丹江	Mudanjiang	446177	407938		29224	9015
黑河	Heihe	178716	165043		7605	6068
绥化	Suihua	505663	475226		22842	7595
大兴安岭	Daxinganling	7349	6046		774	529

14-12 按不同分组分房地产开发企业投资完成情况(2021年)

单位：万元

项 目	Item	计 划 总投资 Total Investment Planed	累计完成 投 资 Accumulated Investment Completed	本年完成 投 资 Investment Completed This Year
总 计	**Total**	**75638030**	**48925950**	**9359670**
按登记注册类型分组	**By Status of Registration**			
内资企业	Domestic Funded	73565122	47460425	9138321
#国有企业	State-owned Enterprises	150128	147200	895
集体企业	Collective-owned Enterprises			
股份合作企业	Cooperative Enterprises	140000	68194	26253
国有联营企业	State Joint Ownership Enterprises			
国有独资公司	State Sole funded Corporations	2058028	1434333	292646
其他有限责任公司	Other Limited Liability Corporations	44016940	27349818	5010511
股份有限公司	Share-holding Corporations Limited	1183506	760313	184741
私营独资企业	Private-funded Enterprises	324029	140419	114755
私营合伙企业	Private Partnership Enterprises			
私营有限责任公司	Private Limited Liability Corporations	25575117	17502097	3461813
私营股份有限公司	Private Share-holding Corporations Limited	17374	11964	620
其他企业	Other Enterprises	100000	46087	46087
港澳台商投资企业	Enterprises with Funds from Hong Kong, Macao and Taiwan	1833393	1305794	212863
与港澳台商合资经营企业	Joint-ventures Enterprises	525818	343909	90604
与港澳台商合资合作经营企业	Cooperative Enterprises			
港澳台商独资经营企业	Enterprises with Sole Investment	1307575	961885	122259
港澳台商投资股份有限公司	Share-holding Corporations Ltd.			
外商投资企业	Foreign Funded Enterprises	239515	159731	8486
中外合资经营企业	Joint-venture Enterprises	154515	113174	5017
中外合作经营企业	Cooperation Enterprises			
外资企业	Enterprises with Sole Funds	85000	46557	3469
外商投资股份有限公司	Share-holding Corporations Ltd.			
按控股情况分组	**By Share-holding**			
国有控股	State-owned Enterprises	14517607	9299712	2120126
集体控股	Collective-owned Enterprises	1425473	755871	61106
私人控股	Private Share-holding	41206267	25986624	5434670
港澳台商控股	Enterprise with Funds from Hong Kong, Macao and Taiwan	1593393	1207939	212863
外商控股	Foreign Funded Enterprises	85000	46557	3469
其 他	Others	16810290	11629247	1527436
按资质等级分组	**By Qualification Grade**			
一 级	First Grade	1506882	1176996	35808
二 级	Second Grade	9532508	6359761	768720
三 级	Third Grade	26539258	21014074	2447248
四 级	Fourth Grade	1026042	756891	220890
暂 定	Interim	28409292	14810041	4466387
其 他	Others	8620048	4804187	1416617
按隶属关系分组	**By Jurisdiction of Management**			
中 央	Central	3125763	1801970	226542
地 方	Region	14011161	8644165	1873050
其 他	Others	58462376	38453097	7233360

Investment Actually Completed by Enterprises for Real Estate Development by Different Grouping(2021)

(10000 yuan)

住　宅 Residential Buildings	办公楼 Office Buildings	商业营业用　房 Houses for Business Use	其　他 Others	本年新增固定资产 Newly Increased Fixed Assets This Year	本年资金来源小计 Sources of Funds
7240481	**128586**	**1126262**	**864341**	**3532978**	**9924401**
7072097	128586	1092249	845389	3446328	9724050
395		378	122		9506
26253					24231
251587		13373	27686	112246	202486
3733844	71992	659984	544691	953173	5356754
169931	1821	6334	6655	38000	246602
98387	2000	9737	4631	16521	150061
2756522	52773	395313	257205	2326388	3682089
610		5	5		1950
34568		7125	4394		50371
160548		33780	18535	26632	190918
70480		4962	15162	26632	45618
90068		28818	3373		145300
7836		233	417	60018	9433
4796		185	36	60018	8567
3040		48	381		866
1805533	47180	93485	173928	410625	2303816
43606	157	12572	4771	99817	62402
4230956	61713	689871	452130	2794301	5725189
160548		33780	18535	26632	190918
3040		48	381		866
996798	19536	296506	214596	201603	1641210
33135		1620	1053	6470	114774
610364	944	78621	78791	470899	882259
1780904	66533	354631	245180	1454437	2462968
173343	1213	29999	16335	151429	214141
3551382	50237	477160	387608	1123680	4759888
1087753	9659	183831	135374	322103	1487599
211215	267	6101	8959	83018	226795
1508736	14071	203771	146472	377963	1966599
5496395	114248	915375	707342	3071997	7704289

14-13 按不同分组分房地产开发企业商品房销售情况(2021年)

项 目	Item	商品房销售面积(平方米) Floor Space of Commercialized Buildings Sold (sq.m)	住 宅 Residential Buildings
总 计	**Total**	**13480892**	**12045488**
按登记注册类型分组	**By Status of Registration**		
内资企业	Domestic Funded	13142114	11817204
#国有企业	State-owned Enterprises	2921	2516
集体企业	Collective-owned Enterprises		
股份合作企业	Cooperative Enterprises	35282	35282
国有联营企业	State Joint Ownership Enterprises		
国有独资公司	State Sole funded Corporations	285316	261485
其他有限责任公司	Other Limited Liability Corporations	5535166	4799262
股份有限公司	Share-holding Corporations Limited	284149	279801
私营独资企业	Private-funded Enterprises	217372	186133
私营合伙企业	Private Partnership Enterprises		
私营有限责任公司	Private Limited Liability Corporations	6679535	6154353
私营股份有限公司	Private Share-holding Corporations Limited	67739	64464
其他企业	Other Enterprises	34634	33908
港澳台商投资企业	Enterprises with Funds from Hong Kong, Macao and Taiwan	297817	189913
与港澳台商合资经营企业	Joint-ventures Enterprises	46541	36001
与港澳台商合资合作经营企业	Cooperative Enterprises		
港澳台商独资经营企业	Enterprises with Sole Investment	251276	153912
港澳台商投资股份有限公司	Share-holding Corporations Ltd.		
外商投资企业	Foreign Funded Enterprises	40961	38371
中外合资经营企业	Joint-venture Enterprises	35476	34703
中外合作经营企业	Cooperation Enterprises		
外资企业	Enterprises with Sole Funds	5205	3668
外商投资股份有限公司	Share-holding Corporations Ltd.	280	
按控股情况分组	**By Share-holding**		
国有控股	State-owned Enterprises	1576348	1326379
集体控股	Collective-owned Enterprises	194089	170242
私人控股	Private Share-holding	9485186	8663758
港澳台商控股	Enterprise with Funds from Hong Kong, Macao and Taiwan	293581	189913
外商控股	Foreign Funded Enterprises	5205	3668
其 他	Others	1926483	1691528
按资质等级分组	**By Qualification Grade**		
一 级	First Grade	73543	73296
二 级	Second Grade	1818754	1653617
三 级	Third Grade	4513011	3853630
四 级	Fourth Grade	590649	524121
暂 定	Interim	4914241	4486845
其 他	Others	1554474	1439447
按隶属关系分组	**By Jurisdiction of Management**		
中 央	Central	436650	403821
地 方	Region	1971307	1822952
其 他	Others	11052153	9797933

Sale of Commercialized Buildings by Enterprises for Real Estate Development by Different Grouping(2021)

办公楼 Office Buildings	商业营业用房 Houses for Business Use	其他 Others	商品房销售额（万元） Total Sale of Commercialized Buildings Sold (10000 yuan)	住宅 Residential Buildings	办公楼 Office Buildings	商业营业用房 Houses for Business Use	其他 Others
101806	**905347**	**428251**	**8580801**	**7518873**	**97937**	**742073**	**221918**
97570	799218	428122	8367200	7359871	93952	691519	221858
		405	2137	1940			197
			24231	24231			
	22164	1667	156921	138568		17840	513
62207	415872	257825	4187615	3633074	57884	360694	135963
	3556	792	204555	199437		4660	458
	10201	21038	125224	108264		8440	8520
35363	343424	146395	3613136	3206236	36068	294625	76207
	3275		37647	32862		4785	
	726		15734	15259		475	
4236	103668		192286	139098	3985	49203	
4236	6304		44366	34789	3985	5592	
	97364		147920	104309		43611	
	2461	129	21315	19904		1351	60
	773		18806	18165		641	
	1408	129	1949	1739		150	60
	280		560			560	
14862	85466	149641	1366886	1192922	20071	79441	74452
	19301	4546	91999	78494		11433	2072
34654	542812	243962	5469460	4859762	38175	443739	127784
	103668		188301	139098		49203	
	1408	129	1949	1739		150	60
52290	152692	29973	1462206	1246858	39691	158107	17550
	247		63026	62668		358	
5835	128412	30890	1136526	992473	8045	119031	16977
45892	391937	221552	2684813	2232061	53850	286018	112884
	48189	18339	205824	181308		18060	6456
44136	249856	133404	3529478	3193509	25278	233709	76982
5943	85018	24066	957534	853854	10764	84297	8619
	12522	20307	452278	427559		18001	6718
3556	99973	44826	1332434	1235362	6085	72944	18043
98250	792852	363118	6787610	5847473	91852	651128	197157

14-14 按不同分组分房地产开发企业主要财务指标(2021年)

单位：万元

项 目	Item	资产总计 Total Assets	流动资产合计 Total Working Capitals	固定资产原价 Original Value of Fixed Assets	累计折旧 Accumulated depreciation
总 计	**Total**	**98409256**	**73754252**	**2898445**	**494665**
按登记注册类型分组	**By Status of Registration**				
内资企业	Domestic Funded	95307176	71284970	2872281	486047
#国有企业	State-owned Enterprises	347381	343349	802	315
集体企业	Collective-owned Enterprises	3577	3568	76	67
股份合作企业	Cooperative Enterprises	154451	153538	174	70
国有联营企业	State Joint Ownership Enterprises				
国有独资公司	State Sole funded Corporations	7850208	5389456	124176	10868
其他有限责任公司	Other Limited Liability Corporations	64216227	45407241	1839205	236632
股份有限公司	Share-holding Corporations Limited	1851675	1461642	29520	10618
私营独资企业	Private-funded Enterprises	210806	191576	4058	942
私营合伙企业	Private Partnership Enterprises				
私营有限责任公司	Private Limited Liability Corporations	20352654	18032716	869319	223919
私营股份有限公司	Private Share-holding Corporations Limited	207385	189073	4952	2617
其他企业	Other Enterprises	112812	112812		
港澳台商投资企业	Enterprises with Funds from Hong Kong, Macao and Taiwan	1996841	1368314	19873	5845
与港澳台商合资经营企业	Joint-ventures Enterprises	366812	330607	11822	4154
与港澳台商合资合作经营企业	Cooperative Enterprises				
港澳台商独资经营企业	Enterprises with Sole Investment	1630029	1037707	8051	1692
港澳台商投资股份有限公司	Share-holding Corporations Ltd.				
外商投资企业	Foreign Funded Enterprises	1105239	1100969	6291	2772
中外合资经营企业	Joint-venture Enterprises	1022315	1021814	1126	1052
中外合作经营企业	Cooperation Enterprises				
外资企业	Enterprises with Sole Funds	82925	79155	5166	1720
外商投资股份有限公司	Share-holding Corporations Ltd.				
按控股情况分组	**By Share-holding**				
国有控股	State-owned Enterprises	48227628	30719102	1381035	138110
集体控股	Collective-owned Enterprises	4934546	2480875	213672	10242
私人控股	Private Share-holding	41662854	37671041	1277404	337582
港澳台商控股	Enterprise with Funds from Hong Kong, Macao and Taiwan	2631928	1934789	20451	6333
外商控股	Foreign Funded Enterprises	952300	948446	5883	2398
其 他	Others				
按资质等级分组	**By Qualification Grade**				
一 级	First Grade	2146418	1439494	161208	37447
二 级	Second Grade	18223855	15169243	427916	126060
三 级	Third Grade	38257414	23813882	1583359	235579
四 级	Fourth Grade	1000196	742032	59817	5439
暂 定	Interim	20800121	16957598	247539	40958
其 他	Others	17981252	15632003	418605	49183
按隶属关系分组	**By Jurisdiction of Management**				
中 央	Central	2544729	2321787	5133	2472
地 方	Region	42250209	26307351	980047	113586
其 他	Others	53614318	45125115	1913264	378606

Main Financial Indicators by Enterprises of Real Estate Development by Different Grouping(2021)

(10000 yuan)

负债合计 Total Liabilities	实收资本 Paid in Capital	主营业务收入 Revenue from Principal Business	土地转让收入 Land Transferred Revenue	商品房屋销售收入 Sales Revenue of Commercial Houses	房屋出租收入 Revenue from Houses Leasing	其他收入 Other Revenue	主营业务成本 Cost of Principal Business	主营业务税金及附加 Taxes and Other Charges on Principal Business	主营业务利润 Profits of Principal Business	利润总额 Total Profits
68054061	**9184589**	**7940940**	**5437**	**7485057**	**64703**	**378827**	**6645258**	**455130**	**341039**	**305286**
65247750	8922214	7841503	5437	7397350	54929	376872	6562722	451104	321241	286723
289043	58245	65842		64861	957	23	42073	502	12119	12148
1918	2010								-33	-33
140640	18000	463				463	505	219	-3057	-3027
4223935	477580	352117		350606	454	1058	293138	48376	132768	135950
41448040	5877504	4300222	1565	3911878	25766	354795	3643295	245764	250379	233116
1942559	143239	265781		263469	2152	133	246655	12232	-31301	-31792
172581	15332	19394		18891		502	21626	937	-8459	-8689
16755728	2305692	2780223	3873	2730182	25600	19898	2263372	141613	-25925	-45698
155301	23413	57462		57462			52059	1320	1088	1102
118006	1200							141	-6338	-6355
1738109	159459	66196		55157	9085	1954	50918	4312	23911	22824
267913	85395	27522		27440	83		22298	-2566	4807	3113
1470196	74064	38674		27717	9002	1954	28620	6878	19105	19711
1068202	102915	33240		32551	689		31617	-286	-4113	-4260
1032198	59692	28977		28630	347		28042	-767	-1572	-1691
36003	43223	4263		3921	342		3575	481	-2541	-2569
24978315	3949205	2409006		2036334	21007	347342	2020130	150714	401177	383080
4422488	555096	222875	1485	216071	4893	249	270413	15586	-24521	-24186
35384829	4447914	5222542	3952	5158985	29031	28159	4291520	283245	-48685	-66185
2269328	164459	81909		69747	9085	3076	59584	5103	18319	17855
999100	67915	4608		3921	688		3611	483	-5250	-5278
1863611	292564	197129		193951	381	2798	203525	12037	-30080	-30855
13172118	1758884	1255805	80	1235900	18112	1524	1088456	63089	139421	106411
24043882	3746878	3415232	3844	3205340	28699	172491	2786445	208727	174756	175828
832464	117160	167924	1514	164904	132	1354	156980	9947	-10949	-10511
16398775	1511220	2079436		1886529	17101	174306	1703456	115133	-37092	-50360
11743211	1757882	825415		798433	279	26355	706397	46197	104983	114774
1725005	279791	811744		802334	9383		649772	36542	104245	104083
22045210	3367206	1802082		1498214	11915	285939	1528915	122199	260202	264025
44283846	5537592	5327114	5437	5184510	43406	92887	4466571	296389	-23407	-62823

14-15 按不同分组分房地产开发企业土地购置及建设房屋面积(2021年)

单位：平方米

项 目	Item	企业数(个) Number of Enterprises (unit)	本年购置土地面积 Land Space Pending Development
总 计	**Total**	**1416**	**107409456**
按登记注册类型分组	**By Status of Registration**		
内资企业	Domestic Funded	1400	103929512
#国有企业	State-owned Enterprises	9	532878
集体企业	Collective-owned Enterprises	1	
股份合作企业	Cooperative Enterprises	3	90960
国有联营企业	State Joint Ownership Enterprises		
国有独资公司	State Sole funded Corporations	29	3231643
其他有限责任公司	Other Limited Liability Corporations	442	51214991
股份有限公司	Share-holding Corporations Limited	22	1624712
私营独资企业	Private-funded Enterprises	14	617959
私营合伙企业	Private Partnership Enterprises		
私营有限责任公司	Private Limited Liability Corporations	872	46372446
私营股份有限公司	Private Share-holding Corporations Limited	7	25734
其他企业	Other Enterprises	1	218189
港澳台商投资企业	Enterprises with Funds from Hong Kong, Macao and Taiwan	10	3136492
与港澳台商合资经营企业	Joint-ventures Enterprises	4	347302
与港澳台商合资合作经营企业	Cooperative Enterprises		
港澳台商独资经营企业	Enterprises with Sole Investment	6	2789190
港澳台商投资股份有限公司	Share-holding Corporations Ltd.		
外商投资企业	Foreign Funded Enterprises	6	343452
中外合资经营企业	Joint-venture Enterprises	3	235682
中外合作经营企业	Cooperation Enterprises		
外资企业	Enterprises with Sole Funds	3	107770
外商投资股份有限公司	Share-holding Corporations Ltd.		
按控股情况分组	**By Share-holding**		
国有控股	State-owned Enterprises	147	18959289
集体控股	Collective-owned Enterprises	32	2053422
私人控股	Private Share-holding	1223	64175873
港澳台商控股	Enterprise with Funds from Hong Kong, Macao and Taiwan	10	3136382
外商控股	Foreign Funded Enterprises	4	107770
其 他	Others		18976720
按资质等级分组	**By Qualification Grade**		
一 级	First Grade	12	1566028
二 级	Second Grade	156	15227696
三 级	Third Grade	631	41039212
四 级	Fourth Grade	112	3389345
暂 定	Interim	376	33180584
其 他	Others	129	12990371
按隶属关系分组	**By Jurisdiction of Management**		
中 央	Central	20	2495956
地 方	Region	176	19504510
其 他	Others	1220	85238921

Land Purchase and Floor Space o Buildings Developed by Enterprises for Real Estate Development by Different Grouping(2021)

(sq.m)

施工房屋面积 Floor Space of Buildings under Construction	本年新开工面积 Floor Space Started This Year	竣工房屋面积 Floor Space of Buildings Completed	竣工房屋价值(万元) Value of Buildings Completed (10000 yuan)	从业人员期末人数(人) Final Number of Employed Persons (person)
17383129	**9681232**	**2577295**	**2018452**	**23769**
17317603	9324380	2490645	2018452	23339
				162
				9
				24
288635	326075	94173	21533	1540
8105110	2494327	681234	1324775	9976
192681	127378	37958	9619	355
380351	28022	5000	58145	182
8132637	6348578	1672280	593096	10879
				182
218189			11284	30
65526	121170	26632		319
65526	121170	26632		99
				220
	235682	60018		111
	235682	60018		40
				71
2589805	977123	328980	208869	5353
198434	265629	92647		762
12238420	7640055	1954358	1489910	17191
65526	121170	26632		382
				81
2290944	677255	174678	319673	
	19606	5860		312
1591384	1474889	425680	202326	4218
4305490	3841644	958573	243023	9825
809612	662422	143396	53219	879
7345100	2460442	747614	1199626	6232
3315323	1206009	292572	320258	2303
	282168	74068		742
3309815	1301843	314025	218739	4832
13903245	8097221	2189202	1799713	18195

14-16 分地区房地产开发企业主要经济指标
Main Indicators of Real Estate Development by Region

单位：万元 (10000 yuan)

年份 地区	Year Region	资产总计 Total Assets	负债合计 Total Liabilities	所有者权益合计 Owners' Equity	主营业务收入 Revenue from Principal Business	主营业务成本 Cost of Principal Business	利润总额 Total Profits
2005		7638744	5708433	1930311	1935485	1653916	31628
2006		9346277	6663943	2682334	2519647	2013278	320243
2007		11532354	8641649	2890705	3224432	2563256	259949
2008		14624206	9494495	5129711	3439803	2739794	258924
2009		18613889	12677221	5936668	5149500	4093066	453941
2010		25874201	18398317	7475884	6755674	5322608	649961
2011		43470000	31489751	11980249	8419015	6287589	890654
2012		71072452	43317095	27755357	9863946	7787222	610619
2013		84893771	52968613	31925157	9953489	7603988	623345
2014		101241094	61424461	39816633	8919262	6929111	257089
2015		85246840	59150715	26096125	8163520	6173682	420611
2016		90336865	61038885	29297981	12174158	9406995	857077
2017		97664033	69019301	28644731	9588283	7280251	346938
2018		99377014	69790559	29586455	10751505	7880188	1815188
2019		101360615	70886640	30473975	9939891	7518549	901792
2020		98555107	70730040	27825067	8409111	6138497	613864
2021		98409256	68054061	30355195	7940940	6645258	305286
哈尔滨	Harbin	59545538	41921270	17624268	5343313	4257142	171117
齐齐哈尔	Qiqihar	9666403	6283527	3382876	593026	519144	27863
鸡西	Jixi	1436440	1194930	241510	166909	152232	-4092
鹤岗	Hegang	443158	384776	58382	49311	57607	-5273
双鸭山	Shuangyashan	894547	742733	151814	53286	55330	-5136
大庆	Daqing	10323829	6306386	4017443	472054	433042	101880
伊春	Yichun	360651	289691	70961	107481	91981	6456
佳木斯	Jiamusi	5621270	3095293	2525977	435791	393451	60304
七台河	Qitaihe	484889	403987	80902	53745	70143	-32932
牡丹江	Mudanjiang	4805149	3948218	856931	346629	312030	4699
黑河	Heihe	1719838	823957	895881	101200	89241	-6260
绥化	Suihua	3037699	2608095	429604	210487	207152	-12277
大兴安岭	Daxinganling	69846	51199	18647	7708	6765	-1063

主要统计指标解释

本年土地购置面积　指房地产开发企业本年通过各种方式获得土地使用权的土地面积。

土地购置费　指房地产开发企业通过各种方式取得土地使用权而支付的费用。土地购置费按实际发生额填报，分期付款的应分期计入。项目分期开发的，只计入与本期项目有关的土地购置费。前期支付的土地购置费，项目纳入统计后计入。

计划总投资　指房地产开发企业在建的建设工程按照总体设计（或按设计概算或预算）规定的内容全部建成计划需要的总投资。

自开始建设累计完成投资　指房地产开发企业在建的房屋建设工程或正在开发的土地开发工程从开始建设到本年末止累计完成的全部投资。

房地产开发投资　指房地产开发企业本年完成的全部用于房屋建设工程、土地开发工程的投资额以及公益性建筑和土地购置费等的投资。

本年实际到位资金　指房地产开发企业本年实际到位，可用于房地产开发的各种货币资金及来源渠道。具体细分为国内贷款、利用外资、自筹资金和其他资金。

房屋施工面积　指房地产开发企业本年施工的全部房屋建筑面积。包括本年新开工的房屋建筑面积、上年跨入本年继续施工的房屋建筑面积、上年停缓建在本年恢复施工的房屋建筑面积、本年竣工的房屋建筑面积以及本年施工后又停缓建的房屋建筑面积。多层建筑应填各层建筑面积之和。

房屋新开工面积　指房地产开发企业本年新开工建设的房屋建筑面积，以单位工程为核算对象。不包括在上年开工跨入本年继续施工的房屋建筑面积和上年停缓建而在本年恢复施工的房屋建筑面积。房屋的开工应以房屋正式开始破土刨槽（地基处理或打永久桩）的日期为准。房屋新开工面积指整栋房屋的全部建筑面积，不能分割计算。

房屋竣工面积　指房地产开发企业本年按照设计要求已全部完工，达到住人和使用条件，经验收鉴定合格或达到竣工验收标准，可正式移交使用的各栋房屋建筑面积的总和。

商品房销售面积　指房地产开发企业本年出售商品房屋的合同总面积(即双方签署的正式买卖合同中所确定的建筑面积)。

商品房销售额　指房地产开发企业本年出售商品房屋的合同总价款(即双方签署的正式买卖合同中所确定的合同总价)。该指标与商品房销售面积同口径。

Explanatory Notes on Main Statistical Indicators

Land Space Purchased in the Year refers to the area of land with its use rights already obtained in the year by real estate development companies.

Value of Land Purchased refers to the payment made by real estate development enterprises for land use rights. The actual payment of land purchased is recorded. If the payment is by installments, it should be recorded when occurring. If the project is developed by stages, the value of land purchased only related to the current project. The value of land purchased in the early stage should be recorded after the project is included in the statistics..

Total Investment Planned refers to the total amount required for the completion of the activities according to the planned design or budget for the project under construction by real estate development companies.

Accumulative Investment Actually Completed Since Starting of Construction refers to all the investment accomplished by real estate development companies in the construction of building or the development of land from the beginning to the end of the year.

Investment in Real Estate Development refers to the investment made by real estate development companies in the construction of housing, development of land, nonprofit buildings and value of land purchased.

Total Actual Funds in Place This Year refers to the total amount available for real estate development regardless of kinds of currencies or sources of the funds which are further classified as domestic loans, foreign investment, self-raising funds and others.

Floor Space of Buildings under Construction refers to the total space area of the buildings under construction in the year by real estate development companies. It includes buildings started in the year, continued from the previous year, suspended in earlier years but restarted in the year, completed in the year, and started in the year but suspended in the year as well. The floor space of a multi-storied building should be the sum of floor space of all the stories.

Floor Space of Buildings Started This Year refers to the total floor space area of the buildings started in the year by real estate development companies. It excludes the buildings started in previous years and continued in the year, and the buildings suspended in previous years but restarted in the year. The start of a construction is defined by the date of ground breaking or pile driving. The floor space of the building includes that of the entire building.

Floor Space of Buildings Completed refers to the total floor space area of the buildings completed in the year by real estate development companies, which meet the requirements as designed, reach the criteria set for people to live in or use, have passed the acceptance checks, and are ready for delivery or use.

Area of Commercialized Housing Sold refers to total contracted area of commercialized housing (i.e. area of floor space as designated in the formal contracts signed by both sides) sold by real estate development companies during the reference time. It constitutes floor space of completed housing and floor space of future housing.

Value of Commercialized Housing Sold refers to the total contracted value (i.e. value of sales/purchase for selling/purchase of commercialized housing as designated in the contract signed by both sides) received from the sales of the buildings by real estate development companies during the reference time. This indicator has the same coverage as the area of commercialized housing sold, which constitutes floor space of completed housing and floor space of housing yet to be completed.

第15篇

国内贸易和旅游业

CHAPTER 15 DOMESTIC TRADE AND TOURISM

15-1 国内贸易和旅游基本情况

Basic Conditions of Domestic Trade and Tourism

单位：亿元 (100 million yuan)

指 标	Item	2017	2018	2019	2020	2021
社会消费品零售总额	**Total Retail Sales of Consumer Goods**	**5077.4**	**5275.0**	**5603.9**	**5092.3**	**5542.9**
按地区分	By Region					
城 镇	City	4441.2	4588.7	4869.5	4473.5	4853.8
#城 区	County	3711.5	3894.3	4131.8	3269.1	3465.2
乡 村	Under County Level	636.2	686.2	734.4	618.8	689.1
按行业分	By Sector					
批发和零售业	Wholesale and Retail Trade	4473.0	4652.4	4944.1	4591.5	5000.7
住宿和餐饮业	Hotels and Catering Services	604.4	622.5	659.8	500.8	542.2
限上批发零售业企业情况	**Indicators of Enterprise above Designated Size in Wholesale and Retail Trade**					
企业数(个)	Number of Enterprises(unit)	1747	1681	1944	2214	2879
从业人数(万人)	Employee (10000 persons)	13.1	12.5	13.0	13.6	14.3
商品销售总额	Total Sales	4671.3	5025.1	5532.3	6639.6	8126.3
限上住宿和餐饮业企业情况	**Indicators of Enterprise above Designated Size in Hotels and Catering Services**					
企业数(个)	Number of Enterprises(unit)	313	271	284	267	359
从业人数(万人)	Employee (10000 persons)	2.3	2.1	2.0	1.7	1.9
营业额	Business Revenue	43.0	34.7	33.8	23.3	32.8
限上连锁店情况	**Indicators of Branch Chain Store above Designated Size**					
连锁门店数(个)	Number of Branch Chain Store(unit)	1949	1590	1732	1715	2222
营业面积(万平方米)	Business Areas (10000 sq.m)	64.3	51.4	45.2	42.5	53.1
从业人员(人)	Number of Person Employed (person)	20850	16694	15952	13035	16312
销售总额	Total Sales	249.9	222.9	228.6	189.9	237.9
旅 游	**Tourism**					
国际旅游人数(万人)	Number of International Tourists(10000 person)	103.9	109.2	110.7	16.5	
外国人	Foreigners	98.5	104.1	99.3	13.8	
港、澳、台合计	Tourists from Hong Kong, Macao and Taiwan	5.4	5.0	11.4	2.6	
香港同胞	Chinese Compatriots from Hong Kong	1.4	1.4	5.9	1.7	
澳门同胞	Chinese Compatriots from Macao	0.1	0.1	0.8	0.5	
台湾同胞	Chinese Compatriots from Taiwan Province	3.9	3.5	4.6	0.4	
旅游外汇收入总额(亿美元)	Total of Foreign Exchange Earnings(USD 100 million)	4.8	5.4	6.3		
旅游外汇收入总额(亿元)	Total of Foreign Exchange Earnings(100 million yuan)				15.9	
国内旅游人数(亿人次)	Number of Domestic Tourists(100 million person-times)	1.6	1.8	2.2	1.4	1.6
国内旅游收入(亿元)	Receipts of Domestic Tourism(100 million yuan)	1877	2208	2604	1629	1345

15-2 社会消费品零售总额(1978-2009年)
Total Retail Sale of Consumer Goods (1978-2009)

单位：亿元 (100 million yuan)

年份 Year	社会消费品零售总额 Total Retail Sale of Consumer Goods	按地区分 By Region			按行业分 By Sector				
		市 City	县 County	县以下 Under County Level	批发和零售业 Wholesale and Retail Trade	住宿和餐饮业 Hotels and Catering Services	制造业 Manufacturing	农业生产者 Farm Producers	其他 Others
1978	61.8	23.3	23.8	14.7	53.2	2.4	2.9		3.3
1980	81.0	37.1	23.9	20.0	68.6	3.7	4.4		4.3
1985	156.7	86.2	46.7	23.8	119.8	9.0	11.3		16.6
1990	341.0	199.5	74.6	66.9	271.4	17.9	19.6	19.1	13.0
1991	352.2	231.7	82.9	37.6	276.2	19.1	21.7		35.2
1992	403.0	269.9	84.3	48.8	313.9	20.8	24.0		44.3
1993	448.9	315.8	81.5	51.7	354.7	23.6	24.2	30.5	15.8
1994	526.6	370.6	92.3	63.7	401.3	34.0	29.3	45.6	16.3
1995	636.6	444.5	108.2	83.9	488.9	39.0	27.7	57.3	23.7
1996	712.5	504.8	113.0	94.6	547.4	49.5	34.3	66.5	14.9
1997	783.3	554.6	124.2	104.5	608.3	56.4	33.7	72.0	12.9
1998	825.7	591.1	120.0	114.6	638.2	67.1	32.1	75.8	12.4
1999	863.1	616.5	127.8	118.7	661.2	73.8	35.3	77.4	15.5
2000	907.8	651.6	133.3	123.1	704.3	81.7	32.9	73.2	15.8
2001	971.9	703.2	139.0	129.5	753.2	94.0	37.3	69.2	18.4
2002	1045.4	760.0	147.8	137.6	815.8	107.5	34.8	68.4	18.9
2003	1065.0	788.8	144.4	131.8	922.2	117.8			24.9
2004	1182.1	881.0	156.4	144.6	1019.4	135.3			27.3
2005	1315.8	989.1	169.2	157.5	1134.8	152.6			28.3
2006	1470.5	1122.3	175.0	173.1	1265.1	177.5			27.9
2007	1689.7	1304.6	197.9	187.2	1455.8	206.1			27.7
2008	2026.2	1571.4	232.1	222.6	1745.7	250.8			29.6
2009	2298.5	1783.8	260.9	253.9	1977.7	290.1			30.7

注：1.2000及以后商品购进、销售和库存总额为限额以上企业统计口径。
2.2003年起社会消费品零售总额不再包括“制造业”企业的料、室对居民及社会集团的零售额和“农业生产者”对非农业居民的零售额。
3.2005年及以前社会消费品零售总额不包括住宿业统计，所以住宿和餐饮业数据中不含住宿业(下同)。
4.1993年之后数据根据第四次全国经济普查结果进行修订。

a) The total purchases, sales and inventory only include enterprises above designated size from 2000.
b) The total retail sales of consumer goods do not include the retail sales of residents and social groups sold by unit of manufacturing and the retail sales sold by farmers to non-agricultural residents from 2003.
c) The total retail sales of consumer goods before 2005 do not include the statistics of hotel, so the number of hotel and food services do not include hotel(the same below).
d) The data after 1993 were revised on the basis of the results of the fourth national economic census.

15-3　社会消费品零售总额
Total Retail Sale of Consumer Goods

单位：亿元 (100 million yuan)

年份 Year	社会消费品零售总额 Total Retail Sale of Consumer Goods	按地区分 By Region			按行业分 By Sector	
		城镇 City	#城区 County	乡村 Under County Level	批发和零售业 Wholesale and Retail Trade	住宿和餐饮业 Hotels and Catering Services
2010	2663.8	2364.8	1890.3	298.9	2336.3	327.5
2011	3056.1	2714.3	2175.9	341.8	2677.9	378.3
2012	3449.7	3025.3	2415.5	424.4	3016.4	433.3
2013	3835.0	3362.4	2700.3	472.7	3379.2	455.9
2014	4201.3	3682.4	2959.1	518.9	3716.8	484.6
2015	4471.0	3912.5	3256.0	558.4	3943.9	527.1
2016	4794.1	4193.0	3499.6	601.1	4224.4	569.7
2017	5077.4	4441.2	3711.5	636.2	4473.0	604.4
2018	5275.0	4588.7	3894.3	686.2	4652.4	622.5
2019	5603.9	4869.5	4131.8	734.4	4944.1	659.8
2020	5092.3	4473.5	3269.1	618.8	4591.5	500.8
2021	5542.9	4853.8	3465.2	689.1	5000.7	542.2

15-4 限额以上批发和零售业企业商品销售情况(2021年)

单位：万元

类 别	Category	企业数(个) Number of Enterprises (unit)
总 计	**Total**	**2879**
批发业	**Wholesale Trade**	**1229**
按登记注册类型分组	**Grouped by Status of Registration**	
内资企业	Domestic Funded Enterprises	1223
国有企业	State-owned Enterprises	55
集体企业	Collective-owned Enterprises	3
股份合作企业	Cooperative Enterprises	1
联营企业	Joint Ownership Enterprises	
有限责任公司	Limited Liability Corporations	286
国有独资企业	Sole State-funded Corporations	20
其他有限责任公司	Others Limited Liability Corporations	266
股份有限公司	Share-holding Corporations Ltd.	28
私营企业	Private Enterprises	847
私营独资企业	Private-funded Enterprises	27
私营合伙企业	Private Partnership Enterprises	2
私营有限责任公司	Private Limited Liability Corporations	809
私营股份有限公司	Private Share-holding Corporations Ltd.	9
其他企业	Other Enterprises	3
港、澳、台商投资企业	Enterprises with Funds from Hong Kong, Macao and Taiwan	2
外商投资企业	Foreign Funded Enterprises	4
按国民经济行业分组	**Grouped by Sector**	
农、林、牧产品批发	Wholesale of Agriculture, Forestry and Livestock Products	336
食品、饮料及烟草制品批发	Wholesale of Foods, Beverages and Tobaccos	134
#米、面制品及食用油批发	Wholesale of Rice, Flour and Edible Oil	42
烟草制品批发	Wholesale of Tobaccos	18
纺织、服装及家庭用品批发	Wholesale of Textile, Wearing Apparel and Household Articles	37
#服装批发	Wholesale of Garments	15
文化、体育用品及器材批发	Wholesale of Culture, Sports Appliances and Equipment	19
医药及医疗器材批发业	Wholesale of Medicines and Medical Appliances	183
矿产品、建材及化工产品批发	Wholesale of Mineral Products, Building Materials and Chemical Products	337
#煤炭及制品批发	Wholesale of Coal and Related Products	76
石油及制品批发	Wholesale of Petroleum and Related Products	35
金属及金属矿批发	Wholesale of Metal Materials	57
建材批发	Wholesale of Building Materials	65
化肥批发	Wholesale of Chemical Fertilizer	36
机械设备五金产品及电子产品批发	Wholesale of Machinery, Hardware and Electronics	155
#汽车及零配件批发	Wholesale of Automobiles and Their Accessories	51
摩托车及零配件批发	Wholesale of Motorcycles and Their Accessories	1
五金产品批发	Wholesale of Hardware Products	6
计算机、软件及辅助设备批发	Wholesale of Computer, Software and Assistant Appliances	10
贸易经纪与代理	Trade Broker and Agency	13
其他批发业	Other Wholesale not Classified Elsewhere	15

Sales Statistics of Enterprise above Designated Size in Wholesale and Retail Trade (2021)

(10000 yuan)

商品购进额 Total Purchases	从业人数(人) Employment (person)	商品销售总额 Total Sales	批发 Wholesale Trade	零售 Retail Trade
72203123	**142995**	**81262963**	**63681124**	**17581839**
56875277	**52621**	**64759745**	**61979120**	**2780625**
55170609	49285	59359491	56596541	2762950
8288673	8805	9386456	9124417	262039
18793	46	25323	25323	
44520	18	44364	44364	
32943541	16276	34204891	33722799	482092
496605	840	620359	608628	11731
32446937	15436	33584533	33114171	470361
2084877	7379	2908947	1572374	1336573
11752555	16742	12748566	12070368	678198
568442	421	623449	609072	14378
26122	18	25780	24724	1056
10986814	15943	11794673	11197638	597035
171177	360	304664	238935	65730
37650	19	40944	36896	4047
1677115	3255	2279220	2275379	3841
27553	81	3121034	3107201	13833
8343373	7449	8724336	8474217	250119
7903414	14007	9873562	9754276	119286
3217519	2078	3401285	3335036	66249
2167469	6019	3243990	3243611	379
475755	2328	774771	649459	125312
144178	1542	197274	156536	40739
199070	841	243517	235592	7926
4198075	11230	4710771	4589614	121157
32103699	11899	33598518	31592634	2005884
3633894	823	3732789	3633673	99116
2995313	7479	4008993	2338535	1670458
7929893	629	8043193	7892409	150785
1176668	1027	1267335	1208074	59261
1912357	733	1996995	1995504	1491
3049045	4445	6199402	6090888	108514
456308	839	3545491	3516411	29079
2914	16	3198	3198	
104396	32	105797	105147	650
45738	187	51564	42685	8879
41325	138	69520	64432	5088
561522	284	565348	528010	37338

15-4 续表

单位：万元

类 别	Category	企业数（个） Number of Enterprises (unit)
零售业	**Retail Trade**	**1650**
按登记注册类型分组	**Grouped by Status of Registration**	
内资企业	Domestic Funded Enterprises	1613
国有企业	State-owned Enterprises	30
集体企业	Collective-owned Enterprises	11
股份合作企业	Cooperative Enterprises	18
联营企业	Joint Ownership Enterprises	2
有限责任公司	Limited Liability Corporations	346
国有独资企业	Sole State-funded Corporations	11
其他有限责任公司	Others Limited Liability Corporations	335
股份有限公司	Share-holding Corporations Ltd.	30
私营企业	Private Enterprises	1170
私营独资企业	Private-funded Enterprises	72
私营合伙企业	Private Partnership Enterprises	11
私营有限责任公司	Private Limited Liability Corporations	1070
私营股份有限公司	Private Share-holding Corporations Ltd.	17
其他企业	Other Enterprises	6
港、澳、台商投资企业	Enterprises with Funds from Hong Kong, Macao and Taiwan	24
外商投资企业	Foreign Funded Enterprises	13
按国民经济行业分组	**Grouped by Sector**	
综合零售	Integrated Retail	210
#百货零售	Retail of General Merchandise	120
超级市场零售	Retail of Supermarkets	81
食品、饮料及烟草制品专门零售	Special Retail of Food, Beverages and Tobaccos	160
纺织、服装及日用品专门零售	Special Retail of Textiles, Garments and Daily Consumer Articles	53
#服装零售	Retail of Garments	38
文化、体育用品及器材专门零售	Special Retail of Culture, Sports Appliances and Equipment	87
#体育用品及器材零售	Retail of Sports Appliances and Equipment	5
图书、报刊零售	Retail of Books, Newspapers and Magazines	67
医药及医疗器材专门零售	Special Retail of Medicines and Medical Appliances	163
#药品零售	Retail of Medicines	146
汽车、摩托车、零配件和燃料及其他动力销售	Retail of Motor Vehicles, Motorcycles, Parts, and Fuel and Other Powers	708
#汽车零售	Retail of Motor Vehicles	477
机动车燃料零售	Retail of Fuel of Motor Vehicles	214
家用电器及电子产品专门零售	Special Retail of Household Electric Appliances and Electronic Products	131
#家用视听设备零售	Retail of Household Electric Appliances	4
计算机、软件及辅助设备零售	Retail of Computer, Software and Assistant Appliances	22
通信设备零售	Retail of Communication Equipments	45
五金、家具及室内装修材料专门零售	Special Retail of Hardware, Furniture and Interior Decoration Materials	37
货摊、无店铺及其他零售业	Stalls, Non-shop and Other Retails	101
#邮购及电视、电话零售	Mail Order, Television and Telephone Selling	

Continued

(10000 yuan)

商　品 购进额 Total Purchases	从业人数 (人) Employment (person)	商品销售 总　额 Total Sales	批 发 Wholesale Trade	零 售 Retail Trade
15327847	**90374**	**16503218**	**1702004**	**14801214**
14314474	84014	15324686	1658657	13666029
256721	3472	308830	20764	288066
18430	575	22527	2443	20084
46152	556	46204	3005	43200
8609	25	9068		9068
4509143	25561	5082137	465103	4617034
101570	292	105243	996	104248
4407573	25269	4976894	464107	4512787
2538098	5553	2018201	595051	1423151
6933241	48199	7832374	570381	7261992
109335	787	124928	5657	119272
40591	168	42344		42344
6584548	46284	7456650	535679	6920971
198768	960	208452	29046	179406
4080	73	5346	1911	3435
512427	4055	544566	291	544275
500945	2305	633966	43056	590909
2980007	31406	4134628	92668	4041959
1648308	16077	2731229	58867	2672362
1320743	15105	1382823	30417	1352406
468097	2628	526227	86625	439603
360946	4299	379434	8335	371100
311271	3555	320468	6074	314394
257346	3034	300608	67479	233129
22764	288	45057		45057
196056	2255	208884	63733	145151
857110	18349	1010896	42381	968515
822688	17911	966098	41941	924157
8587090	23990	8179552	1046772	7132780
5279785	16516	5433899	281306	5152594
3277091	7344	2709308	760464	1948844
1027848	4364	1125715	242031	883684
9669	231	11434	1114	10320
54972	345	62829	15472	47358
408481	1486	460354	72567	387786
94747	1038	111591	15976	95615
694655	1266	734567	99738	634829

15-5 限额以上批发和零售业商品分类销售额(2021年)

Total Sales of Enterprise above Designated Size in Wholesale and Retail Trade by Category of Commodities(2021)

单位：万元 (10000 yuan)

项　目	Item	销售合计 Total	批　发 Wholesale Trade	零　售 Retail Trade
合　计	**Total**	**76615190**	**59787289**	**16827901**
粮油、食品类	Grain and Oil,Food	11652488	9712306	1940182
#粮油类	Grain and Oil	7213626	6567610	646016
肉禽蛋类	Meat, Poultry and Eggs	671161	375588	295573
水产品类	Aquatic Products	84454	4016	80439
蔬菜类	Vegetables	219614	28092	191522
干鲜果品类	Dry and Fresh Fruits	310490	83741	226749
饮料类	Beverages	557426	283451	273976
烟酒类	Tobacco and Liquor	3557177	3368564	188613
服装、鞋帽、针纺织品类	Clothing, Shoes, Hats and Textiles	1889895	164982	1724913
#服装类	Clothing	1466197	90318	1375879
鞋帽类	Shoes and Hats	312283	48364	263918
针纺织品类	Knitwear and Textiles	111415	26299	85116
化妆品类	Cosmetics	195496	9631	185865
金银珠宝类	Gold, Silver and Jewelry	348261	82785	265476
日用品类	Articles for Daily Use	463617	38359	425258
#可穿戴智能设备	Wearable Smart Devices	8075		8075
五金、电料类	Hardware and Electrical Materials	110933	90185	20748
体育、娱乐用品类	Sports and Recreation Articles	50085	1363	48721
书报、杂志类	Newspapers and Magazines	245011	94911	150100
电子出版物及音像制品类	E-journal and Video Products	2760	2	2758
家用电器及音像器材类	Household Appliances and Video Appliances	946551	313722	632828
中西药品类	Traditional Chinese and Western Medicines	5205208	4235130	970078
文化办公用品类	Cultural and Official Goods	252999	85063	167936
家具类	Furniture	77166	4025	73141
通信器材类	Communication Appliances	1489707	987734	501973
煤炭及制品类	Coal and Related Product	4825253	4709110	116143
木材及制品类	Wood and Wooden Product	1492809	1492809	
石油及制品类	Petroleum Related Product	19257348	15629230	3628118
化工材料及制品类	Chemical Materials and Products	2392560	2392560	
#化肥类	Fertilizer	1750645	1750645	
金属材料类	Metal Materials	5626185	5626185	
建筑及装潢材料类	Building and Decoration Materials	249613	212747	36866
机电产品及设备类	Mechanical and Electrical Products	462629	436839	25790
汽车类	Automobiles	8573925	3674455	4899470
种子饲料类	Seed and Feedstuff	2234842	2234842	
棉麻类	Cotton and Hemp	1058	925	134
其他类	Others	4454190	3905376	548813

15-6　分地区限额以上批发和零售业商品销售情况(2021年)
Sales Statistics of Enterprise above Designated Size in Wholesale and Retail Trade by Region(2021)

地　区	Region	企业数(个) Number of Enterprises (unit)	产业活动单位数(个) Number of Establishments (unit)	从业人数(人) Employment (person)
全　省	**Total**	**2879**	**6657**	**142995**
哈尔滨	Harbin	1011	2385	61572
齐齐哈尔	Qiqihar	291	590	14464
鸡　西	Jixi	160	576	7542
鹤　岗	Hegang	57	310	4668
双鸭山	Shuangyashan	49	122	2351
大　庆	Daqing	343	760	13433
伊　春	Yichun	34	317	1342
佳木斯	Jiamusi	294	368	10334
七台河	Qitaihe	52	44	1952
牡丹江	Mudanjiang	298	331	9645
黑　河	Heihe	130	249	4276
绥　化	Suihua	143	545	10832
大兴安岭	Daxinganling	17	60	584

15-6　续表　Continued

地　区	Region	商品销售总额(万元) Total Sales (10000 yuan)		
		合　计 Total	批　发 Wholesale Trade	零　售 Retail Trade
全　省	**Total**	**81262963**	**63681124**	**17581839**
哈尔滨	Harbin	35823703	27645911	8177792
齐齐哈尔	Qiqihar	6793002	5674404	1118598
鸡　西	Jixi	1466819	869770	597049
鹤　岗	Hegang	579682	290586	289096
双鸭山	Shuangyashan	517836	307393	210443
大　庆	Daqing	20490531	17933852	2556679
伊　春	Yichun	1167769	1050157	117612
佳木斯	Jiamusi	4810149	3206632	1603517
七台河	Qitaihe	623369	357303	266066
牡丹江	Mudanjiang	5359372	4065014	1294357
黑　河	Heihe	1620241	1264482	355759
绥　化	Suihua	1863085	941450	921635
大兴安岭	Daxinganling	147406	74172	73235

15-7 限额以上住宿和餐饮业企业经营状况(2021年)
Sales Statistics of Enterprices of Accomodation and Catering Services Above Designated Size(2021)

项目	Item	企业数(个) Number of Enterprises (unit)	从业人数(人) Employment (person)	营业额(万元) Business Revenue (10000 yuan)	#客房收入 Guest Room Revenue	#餐费收入 Food Revenue
总计	**Total**	**359**	**19027**	**328211**	**128365**	**167013**
住宿业	**Accommodation**	**238**	**12357**	**196410**	**122186**	**47853**
按登记注册类型分组	**Grouped by Status of Registration**					
内资企业	Domestic Funded Enterprises	231	11099	174833	112030	39403
国有企业	State-owned Enterprises	23	2099	23728	11304	7860
集体企业	Collective-owned Enterprises	3	107	1271	625	380
股份合作企业	Cooperative Enterprises					
联营企业	Joint Ownership Enterprises					
有限责任公司	Limited Liability Corporations	69	4376	60373	38020	12099
国有独资企业	Sole State-funded Corporations	9	1221	7677	3424	1900
其他有限责任公司	Others Limited Liability Corporations	60	3155	52696	34596	10199
股份有限公司	Share-holding Corporations Ltd.	5	572	9839	2693	2462
私营企业	Private Enterprises	128	3917	78510	58317	16563
私营独资企业	Private-funded Enterprises	4	92	1040	827	189
私营合伙企业	Private Partnership Enterprises					
私营有限责任公司	Private Limited Liability Corporations	119	3700	73564	54298	15807
私营股份有限公司	Private Share-holding Corporations Ltd.	5	125	3906	3193	566
其他企业	Other Enterprises	3	28	1112	1072	40
港、澳、台商投资企业	Enterprises with Funds from Hong Kong, Macao and Taiwan	5	804	10365	4565	4554
合资经营企业	Joint-venture Enterprises	1	41	963	774	161
合作经营企业	Cooperative Enterprises					
独资企业	Enterprises with Sole Investment	4	763	9402	3791	4393
投资股份有限公司	Share-holding Corporations Ltd. with Investment					
其他港澳台投资企业	Other Enterprises					
外商投资企业	Foreign Funded Enterprises	2	454	11213	5591	3896
中外合资经营企业	Joint-venture Enterprises					
中外合作经营企业	Cooperative Enterprises					
外资企业	Enterprises with Sole Foreign Investment	2	454	11213	5591	3896
外商投资股份有限公司	Share-holding Corporations Ltd. with Foreign Investment					
其他外商投资企业	Other Foreign Investment Enterprise					
按住宿行业小类分组	**Grouped by Small Kind of Points**					
旅游饭店	Tourist Hotel	116	8613	129132	70242	36133
一般旅馆	General Hotel	107	3280	58433	45067	10695
其他住宿业	Other Accommodation	15	464	8845	6877	1025
按星级分组	**Grouped by Star**					
五星	Five-star Hotel	11	1551	26179	12222	10907
四星	Four-star Hotel	39	4144	54637	29049	16472
三星	Three-star Hotel	36	1089	15919	11796	2721
二星	Two-star Hotel	6	291	7125	6339	508
一星	One-star Hotel	3	35	641	410	90
其他	Others	143	5247	91909	62370	17154

15-7　续表　Continued

项　目	Item	企业数（个）Number of Enterprises (unit)	从业人数（人）Employment (person)	营业额（万元）Business Revenue (10000 yuan)	#客房收入 Guest Room Revenue	#餐费收入 Food Revenue
餐饮业	**Restaurants**	**121**	**6670**	**131800**	**6179**	**119161**
按登记注册类型分组	**Grouped by Status of Registration**					
内资企业	Domestic Funded Enterprises	118	6158	115076	6179	103759
国有企业	State-owned Enterprises	3	167	1559	269	1266
集体企业	Collective-owned Enterprises	1				
股份合作企业	Cooperative Enterprises					
联营企业	Joint Ownership Enterprises					
有限责任公司	Limited Liability Corporations	23	2675	46084	2241	42551
国有独资企业	Sole State-funded Corporations	1	57	587	373	214
其他有限责任公司	Others Limited Liability Corporations	22	2618	45497	1867	42337
股份有限公司	Share-holding Corporations Ltd.	1	30	358		358
私营企业	Private Enterprises	90	3286	67076	3669	59584
私营独资企业	Private-funded Enterprises	5	87	1351	351	987
私营合伙企业	Private Partnership Enterprises	1	13	262		262
私营有限责任公司	Private Limited Liability Corporations	82	3088	64734	3319	57609
私营股份有限公司	Private Share-holding Corporations Ltd.	2	98	729		726
其他企业	Other Enterprises					
港、澳、台商投资企业	Enterprises with Funds from Hong Kong, Macao and Taiwan	2	332	12591		11866
合资经营企业	Joint-venture Enterprises	1	268	4302		4158
合作经营企业	Cooperative Enterprises					
独资企业	Enterprises with Sole Investment	1	64	8290		7708
投资股份有限公司	Share-holding Corporations Ltd. with Investment					
其他港澳台投资企业	Other Enterprises					
外商投资企业	Foreign Funded Enterprises	1	180	4133		3536
中外合资经营企业	Joint-venture Enterprises					
中外合作经营企业	Cooperative Enterprises					
外资企业	Enterprises with Sole Foreign Investment	1	180	4133		3536
外商投资股份有限公司	Share-holding Corporations Ltd. with Foreign Investment					
其他外商投资企业	Other Foreign Investment Enterprise					
按国民经济行业分组	**Grouped by Sector**					
正餐服务业	Dinner Service	97	3593	66064	6179	55371
快餐服务业	Snack Service	8	2239	44470		43448
饮料及冷饮服务业	Beverage and Cold Drink Service	2	129	3595		3323
餐饮配送及外卖送餐服务	Catering Distribution and Delivery Service	12	651	17383		16729
其他餐饮业	Other Restaurants	2	58	289		289

15-8 分地区限额以上住宿和餐饮业经营状况(2021年)

Sales Statistics of Accommodation and Restaurants Above Designated Size by Region(2021)

地区	Region	住宿业 Accommodation 企业数(个) Number of Enterprises (unit)	从业人数(人) Employment (person)	营业额(万元) Business Revenue (10000 yuan)	#客房收入 Guest Room Revenue	#餐费收入 Food Revenue
全省	**Total**	**238**	**12357**	**196410**	**122186**	**47853**
哈尔滨	Harbin	117	6723	123617	76207	26767
齐齐哈尔	Qiqihar	15	567	9526	6615	2253
鸡西	Jixi	8	151	2031	1609	54
鹤岗	Hegang	7	394	4102	2715	1377
双鸭山	Shuangyashan	5	189	2396	1263	1008
大庆	Daqing	14	886	12036	7181	3600
伊春	Yichun	12	541	4521	3024	1179
佳木斯	Jiamusi	13	404	5406	3766	1542
七台河	Qitaihe	5	189	1733	1075	561
牡丹江	Mudanjiang	20	912	14896	9596	4121
黑河	Heihe	9	446	5204	3236	1422
绥化	Suihua	7	405	5966	3164	1958
大兴安岭	Daxinganling	6	550	4977	2735	2013

15-8 续表 Continued

地区	Region	餐饮业 Restaurants 企业数(个) Number of Enterprises (unit)	从业人数(人) Employment (person)	营业额(万元) Business Revenue (10000 yuan)	#客房收入 Guest Room Revenue	#餐费收入 Food Revenue
全省	**Total**	**121**	**6670**	**131800**	**6179**	**119161**
哈尔滨	Harbin	53	4470	95817	1929	89375
齐齐哈尔	Qiqihar	5	155	2263	242	1693
鸡西	Jixi	6	205	4032	1197	1948
鹤岗	Hegang	4	224	3617	114	3483
双鸭山	Shuangyashan	2	49	495	195	259
大庆	Daqing	12	313	6509	807	5494
伊春	Yichun	1	57	587	373	214
佳木斯	Jiamusi	20	594	11099	598	10097
七台河	Qitaihe					
牡丹江	Mudanjiang	9	348	4291	432	3859
黑河	Heihe	2	42	654	114	540
绥化	Suihua	7	213	2436	179	2198
大兴安岭	Daxinganling					

15-9　限额以上批发和零售业商品销售数量(2021年)

Total Sales Number of Enterprise above Designated Size in Wholesale and Retail Trade by Commodities(2021)

品　名	Item	购进量 Total Purchases Volume	销售量 Total Sales Volume
大米(稻米)(吨)	Rice (rice) (ton)	4313308	5087143
面粉(小麦面)(吨)	Flour (wheat flour) (ton)	10098	9576
小麦(吨)	Wheat (ton)	415494	228674
玉米(吨)	Corn(ton)	6814926	7773523
大豆(吨)	Soybean(ton)	529212	735747
薯类(吨)	Tubers(ton)	1505	1492
食用植物油(吨)	Edible Vegetable Oil(ton)	148473	114838
猪肉(吨)	Pork(ton)	549892	545323
牛肉(吨)	Beef(ton)	43133	43490
羊肉(吨)	Lamb(ton)	3710	3679
禽肉(吨)	Meat of Poultry(ton)	14888	13876
鲜蛋(吨)	Fresh Eggs(ton)	7246	7421
彩色电视机(台)	Color TV(unit)	223047	236711
家用电冰箱(台)	Household Refrigerator(unit)	184985	221765
房间空调器(台)	Household Air Conditioner(unit)	180690	184546
电脑(微型计算机)(台)	Computer (microcomputer)(unit)	26081	24949
钢材(吨)	Steel Products(ton)	1539564	2108611
铝(吨)	Aluminum(ton)	60944	20020
水泥(吨)	Cement(ton)	1221353	1247352
化学肥料(吨)	Chemical Fertilizers(ton)	4857863	4888909
化学农药(吨)	Chemical Pesticide(ton)	6434	4841
汽车(辆)	Motor Vehicles(unit)	2125130	1946038
#轿车	Car	649874	585786

15-10 限额以上批发和零售业企业财务状况(2021年)

单位：万元

项目	Item	企业数(个) Numbers of Enterprises (unit)	流动资产小计 Circulating Funds
总计	**Total**	**2879**	**35799670**
批发企业	**Wholesale Trade**	**1229**	**29911702**
按登记注册类型分组	**Grouped by Status of Registration**		
内资企业	Domestic Funded Enterprises	1223	28761040
国有企业	State-owned Enterprises	55	2466240
集体企业	Collective-owned Enterprises	3	17567
股份合作企业	Cooperative Enterprises	1	42788
联营企业	Joint Ownership Enterprises		
有限责任公司	Limited Liability Corporations	286	17379152
国有独资企业	Sole State-funded Corporations	20	2350733
其他有限责任公司	Others Limited Liability Corporations	266	15028419
股份有限公司	Share-holding Corporations Ltd.	28	1848823
私营企业	Private Enterprises	847	6994609
其他企业	Other Enterprises	3	11861
港、澳、台商投资企业	Enterprises with Funds from Hong Kong, Macao and Taiwan	2	816143
外商投资企业	Foreign Funded Enterprises	4	334518
按国民经济行业分组	**Grouped by Sector**		
农、林、牧产品批发	Wholesale of Agriculture, Forestry and Livestock Products	336	7701479
食品、饮料及烟草制品批发	Wholesale of Foods, Beverages and Tobaccos	134	5638453
#米、面制品及食用油批发	Wholesale of Rice, Flour and Edible Oil	42	3167651
烟草制品批发	Wholesale of Tobaccos	18	1354544
纺织、服装及家庭用品批发	Wholesale of Textile, Wearing Apparel and Household Articles	37	448916
#服装批发	Wholesale of Garments	15	81516
文化、体育用品及器材批发	Wholesale of Culture, Sports Appliances and Equipment	19	292674
医药及医疗器材批发	Wholesale of Medicines and Medical Appliances	183	3257871
矿产品、建材及化工产品批发	Wholesale of Mineral Products, Building Materials and Chemical Products	337	9995672
#煤炭及制品批发	Wholesale of Coal and Related Products	76	712986
石油及制品批发	Wholesale of Petroleum and Related Products	35	260736
金属及金属矿批发	Wholesale of Metal Materials	57	2218131
建材批发	Wholesale of Building Materials	65	2281067
化肥批发	Wholesale of Chemical Fertilizer	36	2561942
机械设备五金交电及电子产品批发	Wholesale of Machinery, Hardware and Electronics	155	2388303
#汽车摩托车及零配件批发	Wholesale of Automobiles, Motorcycles and Their Accessories	52	478078
五金产品批发	Wholesale of Hardware Products	6	25485
计算机软件及辅助设备批发	Wholesale of Computer, Software and Assistant Appliances	10	16608
贸易经纪与代理	Trade Broker and Agency	13	44641
其他批发业	Other Wholesale not Classified Elsewhere	15	143693

注：本表中数据按照批发零售住宿餐饮业财务报表填报，企业个数是指有财务活动的企业个数。

a) Data in this table according to wholesale and retail hotels and catering provided financial statements, enterprise number refers to the number of enterprise financial activities.

Financial Indicators of Enterprise above Designated Size in Wholesale and Retail Trade(2021)

(10000 yuan)

资产合计 Total Assets	负债合计 Total Liabilities	实收资本 Paid-in Capital	固定资产原价 Original Value of Fixed Assets	累计折旧 Total Depreciation	营业收入 Revenue in Business	营业成本 Cost in Business	税金及附加 Tax and Extra Changes in Business
45892648	**35622536**	**8006256**	**5177328**	**2094526**	**73307607**	**68782857**	**503417**
36926918	**28462099**	**4366595**	**2709140**	**1055683**	**59123454**	**55939239**	**451491**
35748599	27172174	4363665	2677621	1047143	54354590	51664772	444190
3255371	1633047	930311	657285	340134	8658458	7569452	392660
27034	32594	9283	14178	2340	25086	22410	44
42825	19595	20000	43	27	40785	39536	26
19892878	16746343	2127437	998698	325332	31272150	30614436	25417
2452362	2433601	64199	112405	49146	827850	1067668	1608
17440516	14312742	2063238	886293	276186	30444301	29546768	23809
4854607	2609257	584684	634790	256885	2553023	2373701	7681
7662109	6117940	691750	370670	122383	11764737	11005848	18357
13775	13399	200	1956	43	40351	39389	5
816212	954555	2000	16	2	2017752	1525245	5639
362107	335370	929	31502	8538	2751111	2749222	1662
10940333	7436347	1743836	1012341	354432	8596262	8477918	20991
6584046	4898602	1097468	513258	221310	8872574	7357666	385783
3767612	3025853	581612	103736	25233	3118079	3062453	2691
1498534	533592	387970	263780	161216	2882037	2036621	375740
550381	334153	65998	13034	7523	690216	525051	2252
86810	81754	3640	6440	4852	162830	137105	251
482759	238711	65407	23769	4771	231704	210414	417
3639199	2893678	303041	186583	61022	4284618	3759271	9345
11229418	10050985	796170	790609	351616	30295781	29603608	25562
784675	532258	142427	30433	12129	3357857	3246166	6594
752598	721648	52264	600577	289433	3681634	3425930	7338
2370243	2055258	269463	10966	4228	7171242	7076821	4753
2510969	2303415	106532	78694	20772	1212567	1148024	2368
2755703	2454612	110552	54048	17174	1861465	1782245	1731
3284495	2428995	271344	152288	50394	5563824	5438476	6180
494860	443304	35014	13829	4926	3148075	3122045	1921
26102	22624	2996	842	152	93718	92767	64
17968	8633	5951	425	287	48457	45030	88
48546	40926	4423	3913	2072	68762	63389	73
167743	139703	18908	13345	2543	519712	503445	888

15-10 续表1

单位：万元

项　　目	Item	企业数（个）Numbers of Enterprises (unit)
零售企业	**Retail Trade**	**1650**
按登记注册类型分组	**Grouped by Status of Registration**	
内资企业	Domestic Funded Enterprises	1613
国有企业	State-owned Enterprises	30
集体企业	Collective-owned Enterprises	11
股份合作企业	Cooperative Enterprises	18
联营企业	Joint Ownership Enterprises	2
有限责任公司	Limited Liability Corporations	346
国有独资企业	Sole State-funded Corporations	11
其他有限责任公司	Others Limited Liability Corporations	335
股份有限公司	Share-holding Corporations Ltd.	30
私营企业	Private Enterprises	1170
其他企业	Other Enterprises	6
港、澳、台商投资企业	Enterprises with Funds from Hong Kong, Macao and Taiwan	24
外商投资企业	Foreign Funded Enterprises	13
按国民经济行业分组	**Grouped by Sector**	
综合零售	Integrated Retail	210
#百货零售	Retail of General Merchandise	120
超级市场零售	Retail of Supermarkets	81
食品、饮料及烟草制品专门零售	Special Retail of Food, Beverages and Tobaccos	160
纺织、服装及日用品专门零售	Special Retail of Textiles, Garments and Daily Consumer Articles	53
#服装零售	Retail of Garments	38
文化、体育用品及器材专门零售	Special Retail of Culture, Sports Appliances and Equipment	87
#体育用品及器材零售	Retail of Sports Appliances and Equipment	5
图书、报刊零售	Retail of Books, Newspapers and Magazines	67
医药及医疗器材专门零售	Special Retail of Medicines and Medical Appliances	163
#药品零售	Retail of Medicines	146
汽车、摩托车、零配件和燃料及其他动力销售	Retail of Motor Vehicles, Motorcycles, Parts, and Fuel and Other Powers	708
#汽车零售	Retail of Motor Vehicles	477
机动车燃料零售	Retail of Fuel of Motor Vehicles	214
家用电器及电子产品专门零售	Special Retail of Household Electric Appliances and Electronic Products	131
#家用视听设备零售	Retail of Home Audio-visual Equipment	4
计算机、软件及辅助设备零售	Retail of Computer, Software and Assistant Appliances	22
通信设备零售	Retail of Communication Equipments	45
五金、家具及室内装修材料专门零售	Special Retail of Hardware, Furniture and Interior Decoration Materials	37
货摊、无店铺及其他零售业	Stalls, Non-shop and Other Retails	101
#邮购及电视、电话零售	Mail Order,Television and Telephone Selling	

Continued

(10000 yuan)

流动资产小计 Circulating Funds	资产合计 Total Assets	负债合计 Total Liabilities	实收资本 Paid-in Capital	固定资产原价 Original Value of Fixed Assets	累计折旧 Total Depreciation	营业收入 Revenue in Business	营业成本 Cost in Business	税金及附加 Tax and Extra Changes in Business
5887969	**8965731**	**7160437**	**3639661**	**2468188**	**1038843**	**14184153**	**12843618**	**51926**
5460941	8139308	6457644	3413553	2061611	851850	13042771	11864760	45924
114975	152626	129327	11204	33312	12305	290119	236135	3244
12641	15746	9169	1432	4951	3053	21493	17127	121
26391	44018	32133	6655	15912	5905	47589	28196	155
555	821	46	307	518	315	8050	7722	5
2148743	3630047	2819647	2656591	922147	317900	4219385	3710491	18342
12953	39407	57438	9113	23464	6168	105295	98382	186
2135791	3590640	2762209	2647478	898684	311732	4114090	3612110	18156
405997	699592	775774	102185	322457	185427	1512073	1396528	6180
2749512	3592414	2689217	634175	759705	326226	6939426	6464916	17870
2128	4045	2330	1005	2608	718	4636	3644	7
289637	453424	436596	68407	230647	118694	528638	440204	3906
137391	372998	266197	157701	175931	68299	612744	538655	2096
1701760	3055935	2721574	2385187	1050107	489041	2790903	2235138	21040
1252482	2372147	2143799	1291616	852282	381631	1416288	1103859	17951
435402	646596	542281	1091851	195102	105427	1353212	1113980	2876
235240	283952	185557	55376	52192	19873	489509	436274	595
175489	313758	214550	61390	159418	48127	344088	272446	2922
148763	265088	161555	44364	138294	38407	300524	241164	2719
260543	526691	274277	203104	166987	36548	296190	228013	1696
12636	20933	29581	6566	5622	2442	40174	29590	199
137675	389841	150033	185998	156929	32001	214426	163356	1180
532528	597961	410185	58166	50757	22782	915498	736700	2906
507758	572439	392419	53476	50203	22516	874910	701899	2750
2321230	3309636	2662498	728888	810398	355047	7604318	7051335	18659
1902360	2389662	2075094	468170	440251	190259	5116425	4757965	13046
405405	905974	580191	255311	369347	164564	2453551	2263333	5531
447219	541821	424619	80022	79699	41568	1010001	1232211	1350
9412	15128	12538	1229	6545	869	10545	8728	27
30223	33810	16850	12816	2218	1615	57131	51088	144
63783	66310	49837	18608	4431	2743	412256	391054	269
72351	157382	139754	46100	67890	14041	102947	85333	998
141610	178595	127423	21429	30740	11818	630698	566169	1761

15-10 续表2

单位：万元

项 目	Item	其他业务利润 Other Business Profit
总 计	**Total**	**230348**
批发企业	**Wholesale Trade**	**48750**
按登记注册类型分组	**Grouped by Status of Registration**	
内资企业	Domestic Funded Enterprises	48750
国有企业	State-owned Enterprises	8648
集体企业	Collective-owned Enterprises	
股份合作企业	Cooperative Enterprises	
联营企业	Joint Ownership Enterprises	
有限责任公司	Limited Liability Corporations	27903
国有独资企业	Sole State-funded Corporations	2638
其他有限责任公司	Others Limited Liability Corporations	25266
股份有限公司	Share-holding Corporations Ltd.	195
私营企业	Private Enterprises	12004
其他企业	Other Enterprises	
港、澳、台商投资企业	Enterprises with Funds from Hong Kong, Macao and Taiwan	
外商投资企业	Foreign Funded Enterprises	
按国民经济行业分组	**Grouped by Sector**	
农、林、牧产品批发	Wholesale of Agriculture, Forestry and Livestock Products	12229
食品、饮料及烟草制品批发	Wholesale of Foods, Beverages and Tobaccos	18074
#米、面制品及食用油批发	Wholesale of Rice, Flour and Edible Oil	6491
烟草制品批发	Wholesale of Tobaccos	10679
纺织、服装及家庭用品批发	Wholesale of Textile, Wearing Apparel and Household Articles	3770
#服装批发	Wholesale of Garments	999
文化、体育用品及器材批发	Wholesale of Culture, Sports Appliances and Equipment	584
医药及医疗器材批发业	Wholesale of Medicines and Medical Appliances	5208
矿产品、建材及化工产品批发	Wholesale of Mineral Products, Building Materials and Chemical Products	5344
#煤炭及制品批发	Wholesale of Coal and Related Products	80
石油及制品批发	Wholesale of Petroleum and Related Products	1623
金属及金属矿批发	Wholesale of Metal Materials	
建材批发	Wholesale of Building Materials	141
化肥批发	Wholesale of Chemical Fertilizer	1271
机械设备五金交电及电子产品批发	Wholesale of Machinery, Hardware and Electronics	3305
#汽车摩托车及零配件批发	Wholesale of Automobiles, Motorcycles and Their Accessories	1358
五金产品批发	Wholesale of Hardware Products	
计算机软件及辅助设备批发	Wholesale of Computer, Software and Assistant Appliances	
贸易经纪与代理	Trade Broker and Agency	20
其他批发业	Other Wholesale not Classified Elsewhere	215

Continued

(10000 yuan)

销售费用 Sales Expenses	管理费用 Management Expenses	财务费用 Financial Expenses	营业利润 Business Profits	利润总额 Total Profits	应交所得税 Payable Income Tax	应付工资 Total Wage Payable	本年应交增值税 Value-added Tax Payable
2583149	**1093143**	**317180**	**748359**	**807833**	**223329**	**1116340**	**781678**
1688226	**645872**	**188714**	**620188**	**671902**	**176728**	**672808**	**454463**
1135885	628406	192977	700402	745157	175770	578845	424877
166952	233071	64	314781	318481	73473	227309	127122
1103	953	426	466	1291	2	190	-2
856	271	-92	157	157	46	70	28
506437	191016	112037	151920	175511	52019	174426	112741
13423	12770	6838	23299	24530	6140	8955	16332
493015	178247	105199	128621	150981	45879	165470	96409
137398	18293	21449	23738	20340	1335	86699	50615
322497	184597	59060	209262	229299	48892	90087	134354
641	205	33	78	78	3	63	19
552067	16549	-4728	-79542	-72233	968	93855	29547
274	917	465	-672	-1022	-9.6	109	39
154269	126862	105401	123460	142072	19569	53662	4571
762502	226334	-35059	179319	186371	79352	320195	161387
38623	22235	-364	-8932	-8112	-298	17091	20698
93214	175867	-30600	238935	239564	69738	193584	103036
60777	17228	2013	93413	94834	23506	15626	25272
19962	8127	874	-2750	-2685	64	7966	1664
7532	7478	-2961	12614	12474	64	5026	673
307570	113638	42669	40359	43520	16156	107077	62194
330825	87282	63785	217379	230440	31615	133287	175272
41464	19794	9548	46678	56385	6624	13457	45035
156017	-4049	237	88715	79453	683	86613	60210
36110	20933	21658	18402	22833	5608	4622	33117
22280	9641	9125	24523	29127	6481	4412	13478
33887	14470	24541	14085	16110	3287	8362	14479
56220	60332	11333	-49381	-44749	5378	36227	19050
7094	12362	1033	6131	5952	873	4648	4902
267	443	-1	205	215	5.3	130	586
1397	952	225	625	764	62	1010	696
1860	1443	284	1671	2057	465	617	567
6672	5276	1250	1356	4886	622	1092	5478

15-10 续表3

单位：万元

项 目	Item	其他业务利润 Other Business Profit
零售企业	**Retail Trade**	**181598**
按登记注册类型分组	**Grouped by Status of Registration**	
内资企业	Domestic Funded Enterprises	173216
国有企业	State-owned Enterprises	606
集体企业	Collective-owned Enterprises	
股份合作企业	Cooperative Enterprises	57
联营企业	Joint Ownership Enterprises	
有限责任公司	Limited Liability Corporations	52050
国有独资企业	Sole State-funded Corporations	28
其他有限责任公司	Others Limited Liability Corporations	52022
股份有限公司	Share-holding Corporations Ltd.	12483
私营企业	Private Enterprises	108019
其他企业	Other Enterprises	
港、澳、台商投资企业	Enterprises with Funds from Hong Kong, Macao and Taiwan	2029
外商投资企业	Foreign Funded Enterprises	6353
按国民经济行业分组	**Grouped by Sector**	
综合零售	Integrated Retail	90927
#百货零售	Retail of General Merchandise	63601
超级市场零售	Retail of Supermarkets	25469
食品、饮料及烟草制品专门零售	Special Retail of Food, Beverages and Tobaccos	397
纺织、服装及日用品专门零售	Special Retail of Textiles, Garments and Daily Consumer Articles	6777
#服装零售	Retail of Garments	6591
文化、体育用品及器材专门零售	Special Retail of Culture, Sports Appliances and Equipment	1561
#体育用品及器材零售	Retail of Sports Appliances and Equipment	26
图书、报刊零售	Retail of Books, Newspapers and Magazines	1412
医药及医疗器材专门零售	Special Retail of Medicines and Medical Appliances	3161
#药品零售	Retail of Medicines	3155
汽车、摩托车、零配件和燃料及其他动力销售	Retail of Motor Vehicles, Motorcycles, Parts, and Fuel and Other Powers	28668
#汽车零售	Retail of Motor Vehicles	28307
机动车燃料零售	Retail of Fuel of Motor Vehicles	358
家用电器及电子产品专门零售	Special Retail of Household Electric Appliances and Electronic Products	49893
#家用视听设备零售	Retail of Household Electric Appliances	94
计算机、软件及辅助设备零售	Retail of Computer, Software and Assistant Appliances	727
通信设备零售	Retail of Communication Equipments	477
五金、家具及室内装修材料专门零售	Special Retail of Hardware, Furniture and Interior Decoration Materials	41
货摊、无店铺及其他零售业	Stalls, Non-shop and Other Retails	172
#邮购及电视、电话零售	Mail Order,Television and Telephone Selling	

Continued

(10000 yuan)

销售费用 Sales Expenses	管理费用 Management Expenses	财务费用 Financial Expenses	营业利润 Business Profits	利润总额 Total Profits	应交所得税 Payable Income Tax	应付工资 Total Wage Payable	本年应交增值税 Value-added Tax Payable
894924	**447271**	**128466**	**128171**	**135930**	**46601**	**443532**	**327215**
776719	412826	114835	143022	153352	45130	411581	307988
34290	10622	895	7646	8022	277	17369	4519
2283	1102	-20	246	156	6	1968	209
4156	3296	1	710	785	5	3131	135
123	139	18	41	34	2	105	44
280173	141253	54504	38490	41533	20468	148528	50201
5525	780	368	-903	-862	0.2	2896	25
274648	140473	54137	39393	42396	20467	145632	50176
75393	11069	10608	25210	23638	5656	51498	159488
380209	245094	48819	70063	78500	18714	188784	93360
91	251	10	616	683	3	198	32
68224	20851	9933	-13398	-16583	1644	19798	11569
49981	13595	3697	-1454	-838	-173	12153	7658
322692	139240	60258	46342	47964	21625	129602	50997
103378	111997	50309	64427	66503	18695	67258	19472
216529	26010	8495	-16551	-17009	2927	60786	31217
22343	17193	3172	11856	11672	2240	11751	6855
33596	16388	1596	17282	16756	3431	16840	4651
25603	12994	345	17787	17277	2976	12612	3451
33301	16063	3210	1985	2340	-1809	21850	1059
12005	1306	552	-4737	-4736	-347	1622	766
15304	11076	1622	12422	13125	-164	16169	458
105409	56160	2729	6000	6553	3685	66878	19693
104092	54111	2427	4281	4788	3268	65312	18965
275987	148218	49213	65512	69305	14842	168248	225549
162006	128862	45942	18997	24554	9676	98722	52735
113593	18192	2967	44153	42389	4979	69115	171445
46671	29742	3996	-14403	-13630	2192	19167	8040
1597	241	92	-145	-146	48	456	118
1167	2627	110	1201	1322	114	1446	692
10145	9327	1685	-681	-580	525	5931	3423
7350	12717	3491	-6838	-6641	177	4263	2048
47575	11549	800	436	1610	219	4933	8321

15-11 限额以上住宿业财务指标(2021年)

单位：万元

项目	Item	企业数 (个) Numbers of Enterprises (unit)	流动资产 小计 Circulating Funds
总计	**Total**	**238**	**280537**
按登记注册类型分组	**Grouped by Status of Registration**		
内资企业	Domestic Funded Enterprises	231	245057
国有企业	State-owned Enterprises	23	20514
集体企业	Collective-owned Enterprises	3	1319
股份合作企业	Cooperative Enterprises		
联营企业	Joint Ownership Enterprises		
有限责任公司	Limited Liability Corporations	69	86806
国有独资企业	Sole State-funded Corporations	9	6608
其他有限责任公司	Others Limited Liability Corporations	60	80198
股份有限公司	Share-holding Corporations Ltd.	5	11206
私营企业	Private Enterprises	128	124790
私营独资企业	Private-funded Enterprises	4	267
私营合伙企业	Private Partnership Enterprises		
私营有限责任公司	Private Limited Liability Corporations	119	118930
私营股份有限公司	Private Share-holding Corporations Ltd.	5	5594
其他企业	Other Enterprises	3	422
港、澳、台商投资企业	Enterprises with Funds from Hong Kong, Macao and Taiwan	5	13203
合资经营企业	Joint-venture Enterprises	1	390
合作经营企业	Cooperative Enterprises		
独资企业	Enterprises with Sole Investment	4	12813
投资股份有限公司	Share-holding Corporations Ltd. with Investment		
其他港澳台投资企业	Other Enterprises		
外商投资企业	Foreign Funded Enterprises	2	22277
中外合资经营企业	Joint-venture Enterprises		
中外合作经营企业	Cooperative Enterprises		
外资企业	Enterprises with Sole Foreign Investment	2	22277
外商投资股份有限公司	Share-holding Corporations Ltd. with Foreign Investment		
其他外商投资企业	Other Foreign Investment Enterprise		
按国民经济行业分组	**Grouped by Sector**		
旅游饭店	Restaurant for Tourism	116	192007
一般旅馆	Ordinary Hotels	107	82267
其他住宿业	Others	15	6263

注：本表中数据按照批发零售住宿餐饮业财务报表填报，企业个数是指有财务活动的企业个数。

a) Data in this table according to wholesale and retail hotels and catering provided financial statements, enterprise number refers to the number of enterprise financial activities.

Financial Indicators of Enterprise above Designated Size in Hotels Services(2021)

(10000 yuan)

资产合计 Total Assets	负债合计 Total Liabilities	实收资本 Paid-in Capital	固定资产原价 Original Value of Fixed Assets	累计折旧 Total Depreciation	营业收入 Revenue in Business	营业成本 Cost in Business	税金及附加 Tax and Extra Changes in Business
1073066	**793599**	**524909**	**1009291**	**432145**	**192702**	**68014**	**5417**
880875	644712	346399	719545	286523	171534	62410	4432
265308	145698	69627	325624	95405	22849	11621	1667
2053	756	1945	3323	2633	1257	374	40
287122	206235	177646	206042	101587	59587	23485	1283
49324	42700	7636	57760	17618	7346	2545	101
237799	163535	170010	148283	83968	52241	20940	1182
41964	38531	1537	37421	21781	11145	3711	455
283833	252860	95638	146991	65049	75620	22768	987
1685	674	1259	287	121	1040	526	8.3
266494	243033	88979	140347	63655	70704	21256	973
15655	9154	5400	6356	1274	3876	986	6
594	631	7	144	68	1076	453	1.0
144338	138909	161284	228449	109693	10457	2757	976
2441	52580	9814	58667	56616	963	66	115
141897	86329	151470	169782	53077	9494	2691	861
47852	9979	17227	61297	35930	10711	2847	9
47852	9979	17227	61297	35930	10711	2847	9
877999	603798	479037	879767	381010	127110	41515	4504
171052	174655	41902	113020	47238	56880	22836	875
24015	15146	3971	16504	3898	8713	3663	38

15-11 续表

单位：万元

项　　目	Item	其他业务利　润 Other Business Profit	销售费用 Business Expenses
总　　计	**Total**	**1019**	**67471**
按登记注册类型分组	**Grouped by Status of Registration**		
内资企业	Domestic Funded Enterprises	2193	59334
国有企业	State-owned Enterprises	301	8602
集体企业	Collective-owned Enterprises		585
股份合作企业	Cooperative Enterprises		
联营企业	Joint Ownership Enterprises		
有限责任公司	Limited Liability Corporations	945	21067
国有独资企业	Sole State-funded Corporations		5023
其他有限责任公司	Others Limited Liability Corporations	945	16045
股份有限公司	Share-holding Corporations Ltd.		3030
私营企业	Private Enterprises	947	25972
私营独资企业	Private-funded Enterprises		186
私营合伙企业	Private Partnership Enterprises		
私营有限责任公司	Private Limited Liability Corporations	947	24696
私营股份有限公司	Private Share-holding Corporations Ltd.		1090
其他企业	Other Enterprises		78
港、澳、台商投资企业	Enterprises with Funds from Hong Kong, Macao and Taiwan	-1174	5041
合资经营企业	Joint-venture Enterprises		695
合作经营企业	Cooperative Enterprises		
独资企业	Enterprises with Sole Investment	-1174	4346
投资股份有限公司	Share-holding Corporations Ltd. with Investment		
其他港澳台投资企业	Other Enterprises		
外商投资企业	Foreign Funded Enterprises		3096
中外合资经营企业	Joint-venture Enterprises		
中外合作经营企业	Cooperative Enterprises		
外资企业	Enterprises with Sole Foreign Investment		3096
外商投资股份有限公司	Share-holding Corporations Ltd. with Foreign Investment		
其他外商投资企业	Other Foreign Investment Enterprise		
按国民经济行业分组	**Grouped by Sector**		
旅游饭店	Restaurant for Tourism	734	50501
一般旅馆	Ordinary Hotels	278	15952
其他住宿业	Others	7	1018

Continued

(10000 yuan)

管理费用 Management Expenses	财务费用 Financial Expenses	营业利润 Business Profits	利润总额 Total Profits	应交所得税 Payable Income Tax	应付工资 Total Wage Payable	本年应交增值税 Value-added Tax Payable
103303	**10320**	**-60805**	**-57126**	**197**	**50665**	**2780**
84937	8441	-46926	-43281	133	47014	2668
17377	2681	-17995	-17378	1	10885	762
520	-1	-258	-230		203	24
28865	1802	-16036	-14229	47	18222	405
7147	620	-7281	-7073	3	4900	165
21718	1182	-8755	-7156	44	13323	240
4268	73	-499	-315	1	3329	210
33393	3886	-12014	-11081	84	14333	1265
307	53	-50	-49	0.4	311	6
31830	3632	-12185	-11262	67	13637	1215
1256	201	221	229	17	384	44
515	1	-124	-48		41	3
12235	2730	-13345	-13360		2242	32
583		-496	-530		166	22
11651	2730	-12849	-12829		2076	10
6132	-851	-534	-486	64	1410	81
6132	-851	-534	-486	64	1410	81
74398	7847	-51089	-49787	135	36873	1352
24879	2235	-9459	-7136	57	12123	1200
4027	238	-257	-203	5	1669	229

15-12 限额以上餐饮业财务指标(2021年)

单位：万元

项　目	Item	企业数(个) Numbers of Enterprises (unit)	流动资产小计 Circulating Funds
总　计	**Total**	**121**	**102805**
按登记注册类型分组	**Grouped by Status of Registration**		
内资企业	Domestic Funded Enterprises	118	86457
国有企业	State-owned Enterprises	3	762
集体企业	Collective-owned Enterprises	1	
股份合作企业	Cooperative Enterprises		
联营企业	Joint Ownership Enterprises		
有限责任公司	Limited Liability Corporations	23	13848
国有独资企业	Sole State-funded Corporations	1	512
其他有限责任公司	Others Limited Liability Corporations	22	13336
股份有限公司	Share-holding Corporations Ltd.	1	3252
私营企业	Private Enterprises	90	68595
私营独资企业	Private-funded Enterprises	5	7226
私营合伙企业	Private Partnership Enterprises	1	25
私营有限责任公司	Private Limited Liability Corporations	82	60802
私营股份有限公司	Private Share-holding Corporations Ltd.	2	543
其他企业	Other Enterprises		
港、澳、台商投资企业	Enterprises with Funds from Hong Kong, Macao and Taiwan	2	13204
合资经营企业	Joint-venture Enterprises	1	10847
合作经营企业	Cooperative Enterprises		
独资企业	Enterprises with Sole Investment	1	2357
投资股份有限公司	Share-holding Corporations Ltd. with Investment		
其他港澳台投资企业	Other Enterprises		
外商投资企业	Foreign Funded Enterprises	1	3145
中外合资经营企业	Joint-venture Enterprises		
中外合作经营企业	Cooperative Enterprises		
外资企业	Enterprises with Sole Foreign Investment	1	3145
外商投资股份有限公司	Share-holding Corporations Ltd. with Foreign Investment		
其他外商投资企业	Other Foreign Investment Enterprise		
按国民经济行业分组	**Grouped by Sector**		
正餐服务	Dinner Service	97	81718
快餐服务	Snack Service	8	7774
饮料及冷饮服务	Beverage and Cold Drink Service	2	918
餐饮配送及外卖送餐服务	Catering Distribution and Delivery Service	12	11326
其他餐饮业	Others	2	1069

Financial Indicators of Enterprise above Designated Size in Catering Services(2021)

(10000 yuan)

资产合计 Total Assets	负债合计 Total Liabilities	实收资本 Paid-in Capital	固定资产原价 Original Value of Fixed Assets	累计折旧 Total Depreciation	营业收入 Revenue in Business	营业成本 Cost in Business	税金及附加 Tax and Extra Changes in Business
189460	**152408**	**49206**	**94410**	**30604**	**131441**	**71393**	**469**
167336	139788	42767	90793	27717	115767	64304	458
2463	362	2591	2925	1228	1526	867	6
31335	30791	13430	15577	7508	44124	18695	100
519	215	200	72	65	554	135	24
30816	30576	13230	15505	7443	43570	18560	76
3381	2216	80	527	398	356	212	0.3
130157	106419	26666	71764	18584	69761	44530	352
10732	5200	5091	3206	2	1324	825	9
28	28		3		259	120	0.1
118852	101101	21347	68539	18567	67451	43259	342
545	90	228	17	16	728	327	1
18959	9853	6038	3470	2760	11724	4553	5
15840	7445	5838	1825	1596	3923	1678	1
3119	2408	200	1645	1164	7802	2875	5
3166	2768	400	147	127	3950	2537	5
3166	2768	400	147	127	3950	2537	5
144440	110924	35079	70555	20342	63843	36275	419
25223	25829	11274	17244	9417	42028	14176	6
1193	2100	450	149	121	3418	2520	1
17532	12635	2403	6462	725	17689	14285	38
1072	921		0.1	0.1	4464	4138	6

15-12 续表

单位：万元

项　目	Item	其他业务利润 Other Business Profit	销售费用 Business Expenses
总　计	**Total**	**367**	**45554**
按登记注册类型分组	**Grouped by Status of Registration**		
内资企业	Domestic Funded Enterprises	365	37713
国有企业	State-owned Enterprises	3	562
集体企业	Collective-owned Enterprises		
股份合作企业	Cooperative Enterprises		
联营企业	Joint Ownership Enterprises		
有限责任公司	Limited Liability Corporations	165	23566
国有独资企业	Sole State-funded Corporations		364
其他有限责任公司	Others Limited Liability Corporations	165	23202
股份有限公司	Share-holding Corporations Ltd.		210
私营企业	Private Enterprises	197	13374
私营独资企业	Private-funded Enterprises	5	329
私营合伙企业	Private Partnership Enterprises		90
私营有限责任公司	Private Limited Liability Corporations	192	12870
私营股份有限公司	Private Share-holding Corporations Ltd.		86
其他企业	Other Enterprises		
港、澳、台商投资企业	Enterprises with Funds from Hong Kong, Macao and Taiwan	3	6936
合资经营企业	Joint-venture Enterprises	-8	2432
合作经营企业	Cooperative Enterprises		
独资企业	Sole-proprietorship Enterprises	11	4504
投资股份有限公司	Share-holding Corporations Ltd.		
其他港澳台投资企业	Other Enterprises with Investment from Hong Kong, Macao and Taiwan		
外商投资企业	Foreign Funded Enterprises		905
中外合资经营企业	Joint-venture Enterprises		
中外合作经营企业	Cooperative Enterprises		
外资企业	Enterprises with Sole Foreign Investment		905
外商投资股份有限公司	Share-holding Corporations Ltd. with Foreign Investment		
其他外商投资企业	Other Foreign Investment Enterprise		
按国民经济行业分组	**Grouped by Sector**		
正餐服务	Dinner Service	263	16811
快餐服务	Snack Service	11	27153
饮料及冷饮服务	Beverage and Cold Drink Service	0.4	645
餐饮配送及外卖送餐服务	Food and Beverage Delivery Services		784
其他餐饮业	Others	93	161

Continued

(10000 yuan)

管理费用 Management Expenses	财务费用 Financial Expenses	营业利润 Business Profits	利润总额 Total Profits	应交所得税 Payable Income Tax	应付工资 Total Wage Payable	本年应交增值税 Value-added Tax Payable
19574	**2648**	**-8854**	**-7556**	**128**	**13908**	**1070**
18519	2247	-8168	-7009	121	12281	699
474	1	-447	-224		472	45
3584	768	-2675	-2623	26	2734	198
	-1	32	40	1	190	10
3584	769	-2707	-2662	24	2544	188
266	9	-341	-340		79	
14194	1469	-4705	-3823	95	8996	456
14	1	149	156	7	217	10
25	1	24	25		85	3
13866	1467	-4902	-4036	87	8430	429
289	1	24	33	1	265	14
486	344	-563	-513		1042	326
293	322	-810	-750		295	287
194	23	247	238		746	39
569	56	-123	-34	8	586	45
569	56	-123	-34	8	586	45
15104	1817	-7251	-5633	122	9616	937
1723	575	-1743	-1931	1	2159	18
167	86	94	95		485	18
2551	169	-47	-179	6	1553	84
30	0.2	93	93		96	13

15-13 限额以上批发和零售业连锁经营情况(2021年) Conditions of Chain Wholesale and Retail Enterprises Above Designated Size(2021)

指 标	Item	合 计 Total	直营店 Manufacturer Outlet Store	加盟店 Leagued Store
门店总数(个)	Number of Stores (unit)	2072	1974	98
年末从业人员数(人)	Employed Persons at Year-end(person)	13910	13574	336
年末零售营业面积(平方米)	Operating Area of Retail Enterprises at Year-end (sq.m)	488907	481897	7010
连锁门店商品购进额(万元)	Total Purchases Value(10000 yuan)	1668745	1667229	1516
#统一配送商品购进额	Centralized Purchase and Dilivery	1508341	1507553	789
连锁门店商品销售额(万元)	Total Sales of Commodities(10000 yuan)	2325447	2324067	1380
#零售额	Retail Sales	1582461	1581184	1277

15-14 限额以上住宿和餐饮业连锁经营情况(2021年) Conditions of Chain Hotels and Catering Enterprises Above Designated Size(2021)

指 标	Item	合 计 Total	直营店 Manufacturer Outlet Store	加盟店 Leagued Store
门店总数(个)	Number of Stores (unit)	150	141	9
年末从业人员数(人)	Employed Persons at Year-end (person)	2402	2322	80
年末餐饮营业面积(平方米)	Operating Area of Catering Enterprises at Year-end (sq.m)	41697	41177	520
客房数(间)	Number of Rooms (room)	1933	1103	830
床位数(个)	Number of Beds (bed)	2922	1692	1230
餐位数(位)	Number of Dining-seats (unit)	12179	11989	190
连锁门店商品购进(采购)额(万元)	Total Purchases Value(10000 yuan)	16964	16917	47
#统一配送商品购进(采购)额	Centralized Purchase and Dilivery	13927	13880	47
连锁门店营业额(万元)	Business Revenue(10000 yuan)	53438	50277	3161
#餐费收入	From Meals	45537	45468	69
商品销售额	Sales	712	651	61

15-15　亿元以上商品交易市场基本情况(2021年)
Basic Statistics on Commodity Exchange Markets of Transaction Value over 100 Million Yuan(2021)

类　别	Category	摊位数(个) Number of Booths (unit)	成交额(亿元) Turnover (100 million yuan)
总　计	**Total**	**19341**	**477.55**
粮油、食品类	Grain, Edible Oil, Food	8188	311.38
#粮油类	Grain, Edible Oil	155	5.33
肉禽蛋类	Meat, Poultry and Eggs	647	21.80
水产品类	Aquatic Products	538	16.73
蔬菜类	Vegetables	2561	134.48
干鲜果品类	Dried and Fresh Melons and Fruits	2373	118.88
饮料类	Beverages	25	0.89
烟酒类	Tobacco and Liquor	135	11.19
服装、鞋帽、针纺织品类	Garments, Footwears, Hats, Knitwear and Textiles	3945	17.21
服装类	Clothing	1405	7.36
鞋帽类	Shoes and Hats	1592	3.49
针纺织品类	Knitwear and Textiles	948	6.36
化妆品类	Cosmetics	89	0.35
金银珠宝类	Gold, Silver and Fewelry	5	0.06
日用品类	Articles for Daily Use	172	0.66
#可穿戴智能设备	Wearable Smart Devices	6	0.01
五金、电料类	Hardware and Electrical Materials	62	0.28
体育、娱乐用品类	Sports & Recreation Articles	10	0.41
#照相器材类	Photography Equipment	1	0.03
书报杂志类	Newspapers and Magazines	1	0.004
电子出版物及音像制品类	E-journals and Video Products	9	0.01
家用电器和音像器材类	Household Appliances and Video Appliances	9	0.22
中西药品类	Traditional Chinese and Western Medicines	1	0.03
#西药类	Western Medicines		
中草药及中成药类	Traditional Chinese Medicines		
文化办公用品类	Cultural and Official Appliances	23	0.20
#计算机及其配套产品	Computers and Related Products	1	0.05
家具类	Furniture	400	4.49
通信器材类	Communication Appliances	23	0.13
#智能手机	Smartphones		
煤炭及制品类	Coal and Related Products		
木材及制品类	Wood and Wooden Products		
石油及制品类	Petroleum and Related Products		
化工材料及制品类	Chemical Materials and Related Products	95	3.83
#化肥类	Fertilizers		
金属材料类	Metals Materials	517	10.30
建筑及装潢材料类	Building and Decoration Materials	4043	54.33
机电产品及设备类	Mechanical & Electrical Products		
#农机类	Agricultural Machineries		
汽车类	Automobiles		
种子饲料类	Seeds and Feedstuff	70	1.00
棉麻类	Cotton and Hemp		
其他类	Others	1519	60.59

15-16 旅游发展情况
Development of Tourism

指 标	Item	2017	2018	2019	2020	2021
国际旅游人数总计(人次)	International Tourists (person-time)	1038765	1091568	1106864	164870	
外国人	Foreigners	984643	1041315	992870	138412	
港、澳、台合计	Tourists form Hong Kong, Macao and Taiwan	54122	50253	113995	26458	
香港同胞	Chinese Compatriots from Hong Kong	13907	13839	59333	17404	
澳门同胞	Chinese Compatriots from Macao	1248	1338	8402	4572	
台湾同胞	Chinese Compatriots from Taiwan	38967	35076	46260	4482	
国际旅游外汇收入总额(万美元)	Foreign Exchange Earnings from International Tourism (USD 10000)	47958	53706	63181		
国际旅游外汇收入总额(亿元)	Foreign Exchange Earnings from International Tourism (100 million yuan)				16	
国内旅游人数(万人次)	Number of Domestic Visitors (10000 person-times)	16304	18100	21555	14256	16304
国内旅游收入(亿元)	Earnings from Domestic Tourism (100 million yuan)	1877	2208	2640	1629	1345

注：2014年国内旅游人数及收入按照“住宿+景点”口径统计，与以前年份不可比。

a) Number of domestic tourism and earnings from domestic tourism in accordance with the "accommodation +spots" caliber statistics.

15-17　按国别分外国入境游客
Number of Oversea Visitor Arrivals by Country/Region

单位：人次　(person-time)

国　家	Countries	2012	2013	2014	2015	2016	2017	2018	2019	2020	2021
总　计	**Total**	**1947335**	**1450170**	**1322891**	**786811**	**908707**	**984643**	**1041315**	**992870**	**138412**	
#日　本	Japan	47969	23879	21536	23314	22918	28427	26792	86347	8664	
菲律宾	Philippines	1475	2877	983	257	451	731	1076	11863	2684	
新加坡	Singapore	9516	12880	7839	2139	3090	6531	11452	40701	5338	
泰　国	Thailand	2052	2625	2594	777	1517	2679	3124	32558	5552	
印度尼西亚	Indonesia	1272	1581	1590	1237	1280	2096	3288	12890	3374	
马来西亚	Malaysia	5987	3739	4871	2380	3960	6149	11375	33889	4098	
韩　国	Republic of Korea	194201	185742	178980	122871	111199	82424	92093	79323	8312	
蒙　古	Mongolia	657	550	304	148	197	250	632	154	22	
印　度	India	2517	1787	1593	549	751	931	1101	5855	464	
美　国	United States	43369	33010	33083	5498	5514	6454	7308	57264	9578	
加拿大	Canada	9638	16713	10209	1400	1638	1789	2230	4553	810	
英　国	United Kingdom	9178	8780	7896	1211	1414	1669	1894	24686	5304	
法　国	France	13639	14076	12291	1103	1597	1811	1677	9306	2588	
德　国	Germany	6719	5987	5116	1577	2054	2258	2264	13234	1880	
意大利	Italy	8973	10347	9354	838	1139	1116	985	2760	540	
瑞　士	Switzerland	1315	812	787	300	296	277	248	1207	228	
瑞　典	Sweden	549	246	502	211	238	274	311	9096	1678	
荷　兰	Netherlands	81	10	19	311	526	516	542	13130	2330	
俄罗斯	Russia	1527864	972879	919053	609696	741779	824367	854447	474556	61488	
西班牙	Spain	6321	12884	11288	470	502	521	497	2505	388	
澳大利亚	Australia	8524	9039	8637	1682	2120	2738	2974	15313	3504	
新西兰	New Zealand	1525	1008	1031	310	367	460	552	5067	1130	

主要统计指标解释

批发业 指向其他批发或零售单位（含个体经营者）及其他企事业单位、机关团体等批量销售生活用品、生产资料的活动，以及从事进出口贸易和贸易经纪与代理的活动，包括拥有货物所有权，并以本单位(公司)的名义进行交易活动，也包括不拥有货物的所有权，收取佣金的商品代理、商品代售活动；还包括各类商品批发市场中固定摊位的批发活动，以及以销售为目的的收购活动。

零售业 指百货商店、超级市场、专门零售商店、品牌专卖店、售货摊等主要面向最终消费者（如居民等）的销售活动，以互联网、邮政、电话、售货机等方式的销售活动，还包括在同一地点，后面加工生产，前面销售的店铺（如面包房）；谷物、种子、饲料、牲畜、矿产品、生产用原料、化工原料、农用化工产品、机械设备（乘用车、计算机及通信设备除外）等生产资料的销售不作为零售活动；多数零售商对其销售的货物拥有所有权，但有些则是充当委托人的代理人，进行委托销售或以收取佣金的方式进行销售。

批发和零售业商品购进、销售、库存额 指各种登记注册类型的批发和零售业企业(单位)以本企业(单位)为总体的，从国内、国外市场购进的商品总量，销售和出口的商品总量，库存的商品总量等情况。该指标可以反映商品流转过程中商品的购进、销售、库存之间的比例关系和存在的问题。

商品购进额 指从本企业以外的单位和个人购进(包括从国外直接进口）作为转卖或加工后转卖的商品金额（含增值税）。商品购进包括：（1）从工农业生产者、批发和零售业企业、住宿和餐饮业企业、出版社或报社的出版发行部门和其他服务业企业购进的商品；（2）从机关团体、事业单位购进的商品；（3）从海关、市场管理部门购进的缉私和没收的商品；（4）从居民收购的废旧商品等。不包括：（1）企业为本单位自身经营用，不是作为转卖而购进的商品，如材料物资、包装物、低值易耗品、办公用品等；（2）未通过买卖行为而收入的商品，如接受其他部门移交的商品、借入的商品、收入代其他单位保管的商品、其他单位赠送的样品、加工回收的成品等；(3)经本单位介绍，由买卖双方直接结算，本单位只收取手续费的业务；（4）销售退回和买方拒付货款的商品；（5）商品溢余；（6）期货交易商品。

商品销售额 指对本单位以外的单位和个人出售的商品金额（包括售给本单位消费用的商品，含增值税）。商品销售包括：（1）售给个人和社会集团消费用的商品；（2）售给农业、工业、建筑业、服务业等国民经济各行业用于生产、经营用的商品，包括售予批发和零售业作为转卖或加工后转卖的商品；（3）对国（境）外直接出口的商品。不包括：（1）未通过买卖行为付出的商品，如因机构变动移交给其他企业单位的商品、借出的商品、归还受其他单位委托代保管的商品、付出的加工原料和赠送给其他单位的样品等；（2）促销返券所销售的、不计入营业收入的商品；(3)经本单位介绍，由买卖双方直接结算，本单位只收取手续费的业务；（4）未发生所有权转移的商品预付卡销售，如加油卡；（5）汽车维修、电话卡销售等服务性经济活动；（6）购货退回的商品；（7）商品损耗和损失；（8）出售本单位自用的废旧物资；（9）期货交易商品；（10）自来水供应企业、电力企业、天然气供应企业提供的水、电、气。

期末商品库存额 对于批发和零售业法人单位和个体经营户，是指报告期末取得所有权的全部商品金额（含增值税）；对于批发和零售业产业活动单位，是指报告期末实际在库且归属法人具有所有权的全部商品金额（含增值税）。库存商品包括：（1）存放在本单位(如门市部、批发站、采购站、经营处)的仓库、货场、货柜和货架中的商品；（2）挑选、整理、包装中的商品；（3）已记入购进而尚未运到本单位的商品，即发货单或银行承兑凭证已到而货未到的商品；（4）寄放他处的商品，如因购货方拒绝付款而暂时存在购货方的商品；（5）委托其他单位代销(未作销售或调出)尚未售出的商品；（6）代其他单位购进尚未交付的商品。不包括：（1）所有权不属于本单位的商品，如商品已作销售但买方尚未取走的商品，代替他人保管、运输、加工的商品，代其他单位销售（未做购进或调入）而未售出的商品；（2）委托外单位加工的商品(包括本单位所属加工厂和其他生产单位加工生产尚未收回成品的商品)；（3）外贸企业代理其他单位从国外进口，尚未付给订货单位的商品；（4）代国家储备部门保管的商品。

连锁总店（总部） 指负责连锁企业资源（商号、商誉、经营模式、服务标准、管理模式等等）的开发、配置、控制或使用等功能的企业核心管理机构。连锁经营是指经营同类商品或服务，使用统一商号的若干店铺，在同一总店（总部）的管理下，采取统一采购或特许经营等方式，实现规模效益的组织形式，包括直营连锁、特许连锁和自愿连锁三种形式。其中，直营连锁是指连锁店铺由连锁公司全资或控股开设，在总部的直接控制下，开展统一经营的连锁经营形式；特许连锁是指拥有注册商标、企业标志、专利、专有技术等经营资源的企业（特许人），以合同形式将其拥有的经营资源许可其他经营者（被特许人）使用，被特许人按合同约定在统一的经营模式下开展经营，并向特许人支付特许经营费用的连锁经营形式；自愿连锁是指若干个店铺或企业自愿组合起来，在不改变各自资产所有权关系的情况下，以同一个品牌形象面对消费者，以共同进货为纽带开展的连锁经营形式。

亿元以上商品交易市场 指年成交额在亿元及以上的商品交易市场。商品交易市场是指经有关部门和组织批准设立，有固定场所、设施，有经营管理部门和监管人员，若干市场经营者入内，常年或实际开业三个月以上，集中、公开、独立地进行生活消费品、生产资料等现货商品交易以及提供相关服务的交易场所，包括各类消费品市场、生产资料市场等。

社会消费品零售总额　指企业（单位、个体户）通过交易直接售给个人、社会集团非生产、非经营用的实物商品金额，以及提供餐饮服务所取得的收入金额。个人包括城乡居民和入境人员，社会集团包括机关、社会团体、部队、学校、企事业单位、居委会或村委会等。

住宿业　指为旅行者提供短期留宿场所的活动，有些单位只提供住宿，也有些单位提供住宿、饮食、商务、娱乐一体的服务，不包括主要按月或按年长期出租房屋住所的活动。

餐饮业　指通过即时制作加工、商业销售和服务性劳动等，向消费者提供食品和消费场所及设施的服务。

营业额　指住宿和餐饮业单位在经营活动中，因提供服务或销售商品等取得的全部收入（含增值税），收入主要来源于提供客房、餐费服务、商品销售和其他服务，如商务服务。不包括多产业法人企业附营的其他行业产业活动单位的餐费收入、商品销售收入等各项收入。其中，客房收入指住宿和餐饮业单位在经营活动中因提供住宿服务取得的收入（含增值税）。不包括多产业法人企业附营的其他行业产业活动单位的客房收入。餐费收入指本单位为顾客提供就餐服务取得的收入（含增值税）。包括：经烹饪、调制加工后出售的各种食品，如主食、炒菜、凉拌菜等的收入。不包括多产业法人企业附营的其他行业产业活动单位的餐费收入。

入境游客　指报告期内来中国（大陆）观光、度假、探亲访友、就医疗养、购物、参加会议或从事经济、文化、体育、宗教活动的外国人、港澳台同胞等游客（即入境旅游人数）。统计时，入境游客按每入境一次统计 1 人次。入境旅游人数包括入境过夜游客和入境一日游游客。

出境人数（出境游客）　指中国（大陆）居民因公或因私出境前往其他国家、中国香港特别行政区、澳门特别行政区和台湾省观光、度假、探亲访友、就医疗养、购物、参加会议或从事经济、文化、体育、宗教活动的人数（即出境游客）。统计时，出境游客按每出境一次统计 1 人次。

国内游客　指报告期内在中国（大陆）观光游览、度假、探亲访友、就医疗养、购物、参加会议或从事经济、文化、体育、宗教活动的中国（大陆）居民人数，其出游的目的不是通过所从事的活动谋取报酬。统计时，国内游客按每出游一次统计 1 人次。

国际旅游收入　指入境游客在中国（大陆）境内旅行、游览过程中用于交通、参观游览、住宿、餐饮、购物、娱乐等全部花费。

国内旅游收入（旅游总花费）　指国内游客在国内旅行、游览过程中用于交通、参观游览、住宿、餐饮、购物、娱乐等全部花费。

星级饭店　指设备、设施、服务符合《旅游饭店星级的划分与评定》（GB/T14308-2010）标准，经过有关旅游管理权威部门评定（验收）后授予“星级”称号的饭店。

Explanatory Notes on Main Statistical Indicators

Wholesale Trade refers to the activities of selling wholesale commodities for daily use and capital goods to enterprises of wholesale and retail trades (including self-employed individuals) and other enterprises, institutions and government organs and organizations, and the activities of engaging in import and export and acting as a trade agent. The wholesaler may have the ownership of the commodities for wholesale and trade in the name of its own (a company), and the wholesaler can act as commission agent or commodity broker without the ownership of commodities. Also included are the wholesale activities at the fixed stalls in wholesale market and the acquisition for sales purpose.

Retail Trade refers to the activities of department store, supermarket, franchised store, brand store, retail stall and on-the-spot-making-selling store selling commodities to the final consumers (residents) by any means including internet, post, telephone, sales machine. It also includes shops with sales and production located in the same places (such as bakeries). Retail trade excludes the activities of sales of capital goods such as grain, seed, feed, livestock, mineral products, raw material for production, industrial chemicals, chemical products for agricultural use, machine and equipment (excluding vehicles, computers and communication equipment). Most retailers have the ownership of commodities to sell, but some are acting as agents or brokers to make transactions for a commission.

Purchase, Sales and Stock of Commodities by Wholesale and Retail Trades refer to the total volume of commodities purchased, total volume of sales and exports, and the stock of commodities by wholesale and retail enterprises (establishments) of different status of registration from domestic and overseas markets. This indicator reflects the relationship among purchase, sales and stock of commodities in the circulation of goods and reveals the existing problems.

Total Purchases of Commodities refer to the total value of purchases of commodities by enterprises (establishments) from other establishments or individuals (including direct import from abroad) for the purpose of re-selling, either with or without further processing of the commodities purchased. The commodities include: (1) commodities purchased from agricultural and industrial producer, wholesaler, retailer, publishing house and other service business; (2) commodities purchased from institutions and government departments; (3) confiscated goods purchased from the customs authorities or market management agencies; (4) second-hand goods and wastes purchased from residents; The commodities exclude (1) commodities purchased by enterprises (establishments) for use in their own business operation, commodities obtained without buying or selling procedures such as materials, consumable goods of low value, office appliance, etc. (2) received goods without trading, such as goods handed over from others, borrowed goods, preserved goods for others, donated goods from others, processed and retrieved goods, etc. (3) goods of direct settlement between buyer and seller with handling fees introduced by others, (4) goods returned or refused to pay by the buyer, (5) excessive goods, (6) futures trading commodities.

Total Sales of Commodities refer to value of commodities sold by the establishments to other establishments and individuals (including goods sold for self consumption, including VAT). The commodities include: (1) commodities sold to individuals and social groups for their consumption; (2) commodities sold to establishments in all industries for their production and operation, including agriculture, industry, construction, and catering services, including commodities sold to wholesale and retail establishments for re-selling, with or without further processing; and (3) commodities for direct export to abroad. Excluded are (1) extended commodities without trading, such as goods handed over to other enterprises and institutions because of the change of organizations, lent goods, return of goods kept for others, extended processing materials and samples donated to others, (2) goods sold by coupon rebates that are not included in business income, (3) goods of direct settlement between buyer and seller with handling fees introduced by others, (4) prepaid cards for goods without transfer of ownership, such as gas cards, (5) Service-oriented economic activities such as automobile maintenance and telephone card sales, (6) goods returned after purchase, (7) damaged and spoiled goods, (8) waste and used goods of self-use, (9) futures trading commodities, (10) water, electricity and gas supplied by water supply enterprises, electric power enterprises and natural gas supply enterprises.

Total Stock of Commodities For the legal entities and self-employed individuals engaged in wholesale and retail trade, it refers to total value (including VAT) of commodities possessed at the end of the reference period; and for wholesale and retail establishments, it refers to the value (including VAT) of all commodities actually in stock and owned by their legal persons at the end of reference period. The commodities in stock includes: (1) commodities located in storage, garages, counters, and shelves of operating places of wholesale and retail trades (such as sale stores, wholesale centers, procurement stations and operating offices); (2) commodities in the process of being selected, sorted, and packed; (3) commodities not arrived but recorded as purchase in the account, i.e. commodities not arrived but payment receipts for the commodities from the sellers or the banks arrived; (4) commodities deposited in other places rather than places mentioned above, for instance: commodities in the hold of purchasers temporarily due to the refusal of payment; (5) commodities entrusted to other units to sell but not sold yet; (6) commodities purchased for other units but not delivered yet. Commodities not included as stock are those not owned by the enterprises (units), commodities on commission for processing, imported commodities of agency of foreign trade enterprise but not yet delivered to ordering units and finally those put in stock on behalf of the state reserves units.

Chain Head Stores (headquarter) refer to the core leading stores responsible for development, allocation, administration and utilization of resources (name of stores, brand of stores, operation model, service standard, management way, etc.) of chain stores. Chain stores refers to the stores engaged in providing homogeneous commodities or services, with the central leadership of head store (headquarters) and guided by common policies, conduct centralized purchase and distributed selling of commodities, in order to gain better efficiency through standardized operation. The chain stores include regular chain stores, franchise chain stores and voluntary chain stores.

Regular Chain store refers to chain stores that are invested or controlled by the headquarters. They operate under direct and unified management from the headquarters.

Franchise chain store refers to the chain stores (franchisees) which are franchised with operation resources such as trade marks, names, patent and operation know-how by the franchisors in form of contract and pay the operation fees to the franchisors.

Voluntary chain store refers to the stores operate jointly on the voluntary bases while maintaining their status of independent legal entities with full ownership of their assets. They sell goods of same brand from same channel of resource to the consumers.

Large Commodity Markets with Transaction Value over 100 Million Yuan refers to the commodity markets with an annual transaction at and above 100 million. The commodity market refers to the markets approved and managed by related departments, where there are fixed sites, facilities, managers and administration offices, where there are a certain number of traders to operate for three month and above or all the year, where the commodities including the articles for daily consumption and capital goods and services are traded in a centralized, independent and open way. Such market includes markets of daily goods and market of capital goods, etc.

Total Retail Sales of Consumer Goods refer to the amount obtained by enterprises (units, self-employed individuals) through direct sales of non-production and non-business physical commodity to individuals, social institutions, and revenue from providing catering services. Individuals include rural and urban households, population from abroad, social institutions include government agencies, social organizations, military units, schools, institutions, neighborhood (village) committees.

Hotel Services refer to the accommodation services provided to visitors. Some units may provide only accommodation while others provide a combination of accommodation, meals, business services and/or recreational facilities. It excludes activities related to the provision of long-term primary residences in facilities such as apartments typically leased on a monthly or annual basis.

Catering Services refer to the activities of providing foods, serving locations and facilities to customers through instant processing, commercial sales and service-type labor.

Business Revenue refers to total revenue (including VAT) of hotels and catering services received from providing services or selling commodities through business activities, income comes mainly from providing hotels, catering services, selling of commodities and other services, such as commodity services. It does not include revenue such as meal fees, selling of commodities of other industrial units affiliated with multi industrial legal entities. Income from hotels refers to income (including VAT) of hotels and catering services by providing lodging services through business activities. Income from catering services refers to income (including VAT) from providing catering services, including selling of cooked or prepared foods, such as staple food, cooked dishes, or cold dishes. It does not include meal fees of other industrial units affiliated with multi industrial legal entities.

Overseas Visitor Arrivals refer to the number of tourists of foreigners, Chinese compatriots from Hong Kong, Macao and Taiwan who come to China (mainland) within the reference period for sight-seeing, vacation, visiting relatives, medical treatment, shopping, attending conference, or to engage in economic, cultural, sports and religious activities (namely the number of overseas visitor arrivals). In compiling statistics, each arrival is counted as one person-time. The number of overseas visitor arrivals includes inbound overnight tourists and one-day tourists.

Number of Chinese Residents Going Abroad (Chinese Outbound Visitors) refers to the number of Chinese (mainland) residents going to other countries, Hong Kong Special Administrative region, Macao Special Administrative region and Taiwan for on official or private purposes, for sight-seeing, vacation, visiting relatives, medical treatment, shopping, attending conference, or to engage in economic, cultural, sports and religious activities (namely the Chinese outbound visitors). In compiling statistics, each time of leaving is counted as one person-time.

Number of Domestic Tourists refers to the number of Chinese (mainland) residents who travel within China (mainland) for sight-seeing, vacation, visiting relatives, medical treatment, shopping, attending conference, or to engage in economic, cultural, sports and religious activities. In compiling statistics, each time of travelling is counted as one person-time.

Foreign Exchange Earnings from International Tourism refer to the total expenditure of foreigners, overseas Chinese, Chinese compatriots from Hong Kong, Macao and Taiwan during their stay in the mainland of China on transportation, sighting, accommodation, food, shopping and entertainment.

Income from Domestic Tourism refer to expenditure of domestic tourists on transportation, sighting, accommodation, food, shopping and entertainment while they travel.

Star-rated Hotels refer to hotels rated with stars as evaluated (accepted) by the relevant tourism authorities according to GB/T14308-2010 standard with reference to their infrastructure, facilities and service levels.

运输和邮电

CHAPTER 16 TRANSPORT, POSTAL AND TELECOMMUNICATION SERVICES

16-1　交通运输业基本情况
Basic Conditions of Transport

指　　标	Item	2017	2018	2019	2020	2021
运输线路长度(公里)	**Length of Transport Routes (km)**					
铁路营业里程	Railways in Operation	6122	6782	6668	6781	7153
#地方铁路	Local Railways	751	751	637	538	509
铁路正线延展里程	Extension Length of the Trunk Lines	8587	9934	9732	9897	10439
公路线路里程	Length of Highways	165989	167116	168710	168119	168119
内河通航里程	Length of Navigable Inland Waterways	5495	5495	5495	5495	5495
定期航班航线里程	Length of Civil Aviation Routes	756650	800021	879421	905986	820142
客运量(万人)	**Total Passenger Traffic (10000 persons)**	**36881**	**34013**	**32260**	**13942**	**15184**
铁　路	Railways	10412	10522	11223	4590	4867
公　路	Highways	23917	20739	18212	7608	8477
水　运	Waterways	341	307	317	99	135
民　航	Civil Aviation	2211	2445	2509	1645	1704
旅客周转量(亿人公里)	**Total Passenger-Kilometers (100 million passenger-km)**	**845.6**	**867.7**	**874.9**	**480.4**	**507.9**
铁　路	Railways	274.6	279.3	289.4	123.3	133.5
公　路	Highways	177.1	154.1	139.3	54.2	56.6
水　运	Waterways	0.4	0.4	0.4	0.1	0.1
民　航	Civil Aviation	393.5	433.9	445.8	302.8	317.7
货运量(万吨)	**Total Freight Traffic (10000 tons)**	**61407**	**62532**	**58043**	**56031**	**62317**
铁　路	Railways	11161	11357	12073	12603	12512
公　路	Highways	44127	42943	37624	35521	42086
水　运	Waterways	1110	890	780	538	519
民　航	Civil Aviation	12.6	13.0	14.1	11.6	11.1
管　道	Petroleum and Gas Pipelines	4996	7329	7552	7357	7189
货物周转量(亿吨公里)	**Total Freight Ton-kilometers (100 million ton-km)**	**1850.8**	**1920.3**	**1951.5**	**1918.2**	**2075.9**
铁　路	Railways	737.2	784.6	814.4	839.6	882.8
公　路	Highways	913.5	810.7	795.1	694.0	815.8
水　运	Waterways	7.1	6.1	5.6	51.1	46.2
民　航	Civil Aviation	2.6	2.7	2.9	2.6	2.5
管　道	Petroleum and Gas Pipelines	190.5	316.2	333.5	330.9	328.6
民用汽车拥有量(万辆)	**Number of Civil Motor Vehicles (10000 units)**	**436.8**	**478.6**	**516.9**	**555.8**	**609.6**
#载客汽车	Number of Buses and Cars	371.6	409.9	444.8	478.1	509.7
载货汽车	Number of Trucks	61.1	64.7	68.4	74.1	79.3
#普通载货汽车	Ordinary Trucks	34.0	35.9	37.7	39.2	40.3
#私人汽车	Number of Private-owned Motor Vehicles	387.3	426.8	464.3	502.2	537.3
民用运输船舶拥有量(艘)	**Number of Civil Transport Vessels (unit)**	**1506**	**1438**	**1403**	**1356**	**1239**
机动船	Motor Vessels	1191	1148	1119	1075	985
驳　船	Barges	315	290	284	281	254
私人运输船舶拥有量(艘)	**Number of Private-owned Transport Vessels (unit)**	**970**	**947**	**927**	**903**	**367**
机动船	Motor Vessels	820	801	784	763	242
驳　船	Barges	150	146	143	140	125

注：2019交通部开展全国道路货物运输量专项调查,对2019年货运量及货物周转量重新修订(下同)。

a) In 2019, the Ministry of Communications conducted a special survey on the National Road Cargo Transport Volume, and revised the volume of cargo transport and cargo turnover (the same below).

16-2 运输线路长度
Length of Transportation Routes

单位：公里 (km)

年 份 Year	铁 路 营业里程 Length of Railways in Operation	#地方铁路 Local Railways	铁路正线 延展里程 Extension Length of the Trunk Lines	公路线路 里 程 Length of Highways	内河通航 里 程 Length of Navigable Inland Waterways	定期航班 航线里程 Length of Civil Aviation Routes
1952	3669		4099	8919	3871	
1957	3740		4153	16892	4095	
1965	3750		4644	26256	5912	
1975	4595		5506	40117	6810	
1978	4594		5538	44797	6595	1261
1979	4796		5693	42191	5137	1261
1980	4796		5707	44590	5137	1261
1981	4819		5771	44749	4776	1261
1982	4818		5701	44965	4776	6693
1983	4861		5825	45295	4776	6693
1984	4917		6026	45396	4776	6705
1985	4681		6096	45487	4776	6705
1986	4956		6096	45659	4776	6705
1987	5020		6096	46090	4776	6705
1988	5121		6506	46617	4696	14274
1989	5124	187	6363	47045	4696	14274
1990	5316	428	6363	47203	4696	14274
1991	5316	428	6396	47188	4696	14274
1992	5307	428	6419	47882	4696	14274
1993	5262	428	6398	48023	4696	14274
1994	5262	428	6447	48356	5057	14274
1995	5262	428	6474	48819	5057	14274
1996	5295	428	6481	48986	5057	72000
1997	5336	428	6974	49631	5057	69000
1998	5336	428	7046	49766	5057	90000
1999	5464	490	7047	49928	5057	114000
2000	5465	491	7130	50284	5057	112000
2001	5464	490	7125	62979	5057	123416
2002	5464	490	7123	63046	5057	117406
2003	5373	490	7088	65123	5528	108716
2004	5432	650	7095	66821	5528	127486
2005	5499	718	7260	67077	5528	116624
2006	5503	723	7250	139335	5528	138845
2007	5563	723	7340	140909	5528	208119
2008	5563	723	7422	150846	5528	159587
2009	5644	724	7501	151470	5528	182243
2010	5673	752	7535	151945	5495	203249
2011	5832	751	7652	155592	5495	236674
2012	6022	751	7881	159063	5495	267537
2013	5906	748	7873	160206	5495	432115
2014	5906	748	7055	162464	5495	504510
2015	6120	748	8510	163233	5495	524565
2016	6120	748	8568	164502	5495	630482
2017	6122	751	8587	165989	5495	756650
2018	6782	751	9934	167116	5495	800021
2019	6668	637	9732	168710	5495	879421
2020	6781	538	9897	168119	5495	905986
2021	7153	509	10439	168119	5495	820142

16-3　公路里程
Length of Highways

单位：公里　　(km)

年　份 Year	总　计 Total	等级公路 Expressway and Class I to IV Highway	高　速 Expressway	一　级 First Class	二　级 Second Class	三　级 Third Class	四　级 Fourth Class	等外公路 Highway Below Class IV
1979	42191	39966		14	490	8027	31435	2225
1980	44590	42567		18	597	8494	33458	2023
1981	44749	42762		18	623	8606	33515	1987
1982	44965	42989		18	623	8746	33602	1976
1983	45295	43361		18	652	9384	33307	1934
1984	45396	43558		18	697	9859	32984	1838
1985	45487	43649		18	716	9776	33139	1838
1986	45659	43821		32	758	9964	33067	1838
1987	46090	44343		162	780	10361	33040	1747
1988	46617	44715		160	573	12485	31497	1902
1989	47045	45186		189	806	13276	30915	1859
1990	47203	45495		191	891	14158	30255	1708
1991	47188	45568		192	939	14880	29557	1620
1992	47880	46264		213	1124	15662	29265	1616
1993	48023	46527		213	1302	16953	28059	1496
1994	48356	46919		214	1466	17979	27260	1437
1995	48819	47626	36	230	1977	18574	26809	1193
1996	48986	47787	36	271	2503	18547	26430	1199
1997	49631	48956	147	345	3135	22811	22518	675
1998	49766	49098	176	356	3616	22572	22378	668
1999	49928	49263	176	356	4113	22630	21988	665
2000	50284	49623	285	387	4643	22757	21551	661
2001	62979	57762	414	548	5638	33320	17842	5217
2002	63046	57882	413	707	5821	33132	17809	5164
2003	65123	59599	413	925	6623	33083	18555	5524
2004	66821	61303	722	1040	7034	33169	19339	5518
2005	67077	61691	958	1118	7140	32806	19669	5386
2006	139335	83546	958	1325	7279	33611	40373	55789
2007	140909	93850	1044	1453	7443	33027	50883	47059
2008	150846	104102	1044	1534	7743	32621	61160	46744
2009	151470	114511	1219	1576	8599	32186	70931	36960
2010	151945	118918	1358	1451	9063	32128	74918	33028
2011	155592	124132	3708	1289	8849	32298	77989	31460
2012	159063	129260	4084	1521	9623	32182	81850	29803
2013	160206	131778	4084	1593	9853	33108	83140	28429
2014	162464	135033	4084	1771	10598	34030	84550	27431
2015	163233	136325	4346	1930	11303	33833	84908	26908
2016	164502	138512	4350	2393	11552	34321	85896	25990
2017	165989	140698	4512	2657	11797	34252	87480	25291
2018	167116	142959	4512	2729	11931	34345	89443	24156
2019	168710	144966	4512	3038	12361	34028	91027	23744
2020	168119	144868	4512	3140	12583	33237	91397	23250
2021	168354	145455	4520	3291	12573	33434	91637	22899

注：2006年全省农村公路普查核实后，公路线路里程统计口径调整，增加了“农村公路里程”(下同)。

a) After the Provincial Rural Highway Census and verification in 2006, the statistical caliber of highway route mileage was adjusted, and the“Rural highway mileage” was increased (the same below).

16-4 分地区运输线路长度(2021年)
Length of Transport Routes at Year-End by Region (2021)

单位：公里 (km)

地区	Region	公路里程 Total Length of Highways	等级公路 Expressway and Class I to IV Highways	#高速 Expressway	#一级 First Class	#二级 Second Class	等外公路 Highways Below Class IV
全省	**Total**	**168354.4**	**145455.1**	**4520.5**	**3291.0**	**12572.5**	**22899.3**
哈尔滨	Harbin	24993.0	23059.9	877.2	388.1	1430.3	1933.1
齐齐哈尔	Qiqihar	24725.2	22534.8	600.4	319.8	1461.8	2190.4
鸡西	Jixi	9236.6	7601.0	361.7	168.0	609.5	1635.6
鹤岗	Hegang	6098.6	4399.3	10.3	218.6	301.1	1699.3
双鸭山	Shuangyashan	9122.5	6238.8	163.7	256.1	797.7	2883.8
大庆	Daqing	9105.0	7673.2	249.6	301.7	690.0	1431.7
伊春	Yichun	8319.2	7964.5	132.8	182.0	941.3	354.7
佳木斯	Jiamusi	15913.8	11239.5	605.4	206.8	1157.5	4674.3
七台河	Qitaihe	2603.4	2149.8	98.7	64.5	228.1	453.7
牡丹江	Mudanjiang	12491.8	11619.3	447.9	416.6	1127.9	872.5
黑河	Heihe	15382.4	12256.2	526.4	118.5	1205.2	3126.2
绥化	Suihua	22890.0	21274.2	446.2	373.3	1158.8	1615.8
大兴安岭	Daxinganling	7473.0	7444.8		277.1	1463.3	28.2

16-5 运输线路质量
Quality of Transport Routes

指标	Item	2017	2018	2019	2020	2021
铁路营业里程(公里)	**Length of Railways in Operation (km)**	**5371**	**6031**	**6031**	**6031**	**6402**
#复线里程(公里)	Double-Tracking Length (km)	2163	2826	2826	2823	3195
复线里程比重(%)	Proportion (%)	40.3	46.9	46.9	46.8	49.9
#自动闭塞里程(公里)	Automatic Blocking Length (km)	2696	3360	3360	3360	3748
自动闭塞里程比重(%)	Proportion (%)	50.2	55.7	55.7	55.7	58.5
公路线路里程(公里)	**Length of Highways (km)**	**165989**	**167116**	**168710**	**168119**	**168354**
#有路面里程(公里)	Paved Highways (km)	141809	144024	146000	145852	146391
有路面里程比重(%)	Proportion (%)	85.4	86.2	86.5	86.8	87.0
内河航道里程(公里)	**Length of Navigable Inland Waterways (km)**	**5562**	**5562**	**5562**	**5562**	**5495**
#水深一米以上(公里)	Upwards of one meter (km)	3347	3347	3347	3347	3347
水深一米以上比重(%)	Proportion (%)	60.1	60.1	60.1	60.1	60.1

注：铁路里程为中国铁路哈尔滨局集团有限公司在黑龙江省境内数据。

a) Length of Railways in Operation is data of China Railway Harbin Group Co., Ltd. in churchyard of Heilongjiang Province.

16-6　客运量
Passenger Traffic

单位：万人　　(10000 persons)

年份 Year	合计 Total	铁路 Railways	公路 Highways	水运 Waterways	民航 Civil Aviation
1978	13368	7707	5560	99	2
1979	14172	8329	5756	84	3
1980	14947	8963	5896	84	4
1981	15997	9806	6076	111	4
1982	17503	10566	6843	89	5
1983	18826	11281	7411	130	4
1984	20605	12111	8362	126	6
1985	20347	11625	8562	142	18
1986	21132	11413	9566	124	29
1987	26262	11697	14404	130	31
1988	26128	12689	13268	133	38
1989	25164	11999	13021	103	41
1990	22822	9855	12840	81	46
1991	23823	9938	13754	66	65
1992	23786	10573	13058	58	97
1993	22852	11658	11026	51	117
1994	23211	12231	10819	34	127
1995	23586	11881	11506	37	162
1996	38731	9515	29000	41	175
1997	45824	9604	36008	45	167
1998	47766	10136	37439	24	167
1999	48572	9821	38562	41	149
2000	49975	9897	39864	45	169
2001	51031	9658	41111	80	182
2002	51151	9312	41490	137	212
2003	48073	8319	39347	176	231
2004	51561	8860	42170	233	298
2005	55758	8359	46809	240	350
2006	60593	8924	51023	253	393
2007	64956	9631	54592	257	476
2008	42109	10012	31379	176	542
2009	44094	10133	32947	285	729
2010	47746	10602	36001	292	851
2011	51404	10745	39424	312	923
2012	53497	10524	41551	329	1093
2013	46812	10107	35102	357	1246
2014	48313	10096	36379	366	1472
2015	44551	9865	32632	372	1682
2016	41280	10480	28550	355	1895
2017	36881	10412	23917	341	2211
2018	34013	10522	20739	307	2445
2019	32260	11223	18212	317	2509
2020	13942	4590	7608	99	1645
2021	15184	4867	8477	135	1704

注：1.2008年，交通运输部组织开展了全国公路水路运输量专项调查。统计口径发生较大变化，公路、水运数据不宜进行历史对比(下同)。
2.根据交通部2013年专项调查，对2013年公路、水路客(货)运量进行了修订(下同)。
3.从1985至今,民航数据统计口径为旅客吞吐量,即进出港人数。

a) In 2008, the Department of Transportation organized special investigation on national highway and waterway traffic. Changes in statistical large-caliber, highways, waterways historical data should not be compared (the same below).

b) According to Ministry of Transportation special investigation in 2013,the 2013 highway and waterway passenger(cargo) traffic has been revised (the same below).

c) From 1985 to now, the statistical caliber of civil aviation data is passenger throughput, that is, the number of inbound and outbound passengers.

16-7 旅客周转量
Passenger-Kilometers

单位：亿人公里 (100 million passenger-km)

年 份 Year	合 计 Total	铁 路 Railways	公 路 Highways	水 运 Waterways	民 航 Civil Aviation
1978	90.7	72.2	17.5	0.70	0.3
1979	97.5	78.7	17.9	0.61	0.2
1980	102.7	83.5	18.4	0.60	0.2
1981	110.7	90.8	18.9	0.85	0.1
1982	119.7	97.2	21.8	0.59	0.2
1983	130.8	106.1	23.8	0.85	0.1
1984	146.4	118.2	27.2	0.79	0.2
1985	162.6	132.0	29.5	0.90	0.2
1986	176.5	140.1	35.4	0.72	0.2
1987	209.2	151.8	56.3	0.69	0.4
1988	227.9	174.0	52.9	0.65	0.4
1989	215.5	162.4	52.1	0.52	0.5
1990	183.6	131.6	50.3	0.40	1.3
1991	195.5	138.5	54.7	0.40	1.9
1992	212.1	155.7	50.9	0.30	5.2
1993	225.6	169.3	43.0	0.30	13.0
1994	225.3	171.8	42.9	0.20	10.4
1995	228.8	169.2	47.8	0.20	11.6
1996	280.3	141.9	126.8	0.20	11.4
1997	336.7	151.9	173.0	0.20	11.6
1998	356.7	157.8	186.4	0.03	12.5
1999	377.9	160.1	206.7	0.10	11.0
2000	390.7	162.8	214.5	0.10	13.3
2001	396.3	163.3	219.1	0.10	13.8
2002	402.4	165.3	221.8	0.10	15.2
2003	391.8	151.2	203.4	0.30	36.9
2004	447.0	173.3	225.8	0.30	47.6
2005	485.6	177.6	254.3	0.30	53.4
2006	538.9	194.9	280.6	0.30	63.1
2007	607.1	213.9	313.9	0.30	79.0
2008	530.7	227.3	213.6	0.29	89.5
2009	582.3	239.1	226.9	0.30	116.0
2010	635.0	259.5	243.2	0.30	132.0
2011	685.9	267.3	273.9	0.40	144.3
2012	741.6	262.4	296.8	0.37	182.0
2013	685.8	256.8	216.1	0.40	212.5
2014	743.8	261.5	231.2	0.40	250.7
2015	768.9	257.6	229.6	0.41	281.4
2016	805.6	270.6	200.1	0.39	334.5
2017	845.5	274.6	177.1	0.38	393.5
2018	867.7	279.3	154.1	0.36	433.9
2019	874.9	289.4	139.3	0.35	445.8
2020	480.4	123.3	54.2	0.12	302.8
2021	507.9	133.5	56.6	0.14	317.7

16-8　货运量
Freight Traffic

单位：万吨

年　份 Year	合　计 Total	铁　路 Railways	公　路 Highways	水　运 Waterways	民　航 Civil Aviation	管　道 Pipelines
1978	20659	8592	7888	314	0.1	3865
1979	20882	9101	7562	296	0.1	3923
1980	20600	9387	6897	287	0.1	4029
1981	20025	9321	6329	288	0.1	4087
1982	20096	9952	5720	314	0.1	4110
1983	19780	10436	4825	358	0.1	4161
1984	19185	10731	3752	383	0.2	4319
1985	23000	11341	6735	415	0.5	4508
1986	29927	11627	13386	442	0.6	4471
1987	33255	11722	16552	509	0.8	4471
1988	35900	11709	19180	539	1.0	4471
1989	37268	12389	20009	524	1.1	4345
1990	40062	12920	22239	516	1.3	4386
1991	38149	13108	20164	505	1.2	4371
1992	38393	13069	20416	556	1.6	4350
1993	37430	12947	19518	628	1.7	4335
1994	37222	13248	18857	699	2.2	4416
1995	37741	13607	19281	626	2.5	4224
1996	55570	13659	37000	650	3.0	4258
1997	59252	14290	40023	753	3.0	4183
1998	55219	12378	38291	402	2.8	4145
1999	56651	12961	38685	825	2.7	4177
2000	57332	13077	39685	788	3.2	3779
2001	47934	13371	30135	698	2.4	3728
2002	58116	13369	40317	708	2.9	3719
2003	57638	14267	39031	1052	3.2	3285
2004	60134	15143	40712	1156	3.6	3119
2005	64776	16123	44376	1301	4.2	2972
2006	69090	16069	48389	1389	4.6	3238
2007	73414	16891	51996	1250	5.4	3272
2008	57089	17795	35424	757	6.0	3107
2009	57232	16744	36486	978	6.8	3017
2010	62205	17717	40582	1015	7.6	2883
2011	66749	17678	44420	1118	8.2	3525
2012	68871	16591	47465	1175	9.2	3631
2013	64777	14561	45288	1245	9.9	3673
2014	65529	11777	47173	1262	11.3	5306
2015	59758	9033	44200	1245	12.2	5268
2016	58819	9542	42897	1130	13.0	5237
2017	61407	11161	44127	1110	12.6	4996
2018	62532	11357	42943	890	13.0	7329
2019	58043	12073	37624	780	14.1	7552
2020	56031	12603	35521	538	11.6	7357
2021	62317	12512	42086	519	11.1	7189

注：2014年管道货运统计口径调整，与往年不可比。
a) Pipelines freight statistical standards of 2014 were adjusted, not comparable with previous years.

16-9 货物周转量
Freight Ton-Kilometers

单位：亿吨公里 (100 million ton-km)

年 份 Year	合 计 Total	铁 路 Railways	公 路 Highways	水 运 Waterways	民 航 Civil Aviation	管 道 Pipelines
1978	441.1	376.9	11.1	7.8		45.3
1979	462.0	398.4	10.1	7.5		46.0
1980	486.3	419.2	12.2	7.6		47.3
1981	504.4	420.7	27.5	8.3		47.9
1982	524.3	455.2	12.4	8.5		48.2
1983	564.2	494.4	10.3	10.7		48.8
1984	581.4	509.4	9.7	11.6		50.7
1985	633.9	559.9	18.2	13.9		41.9
1986	697.7	598.1	34.3	13.8		51.5
1987	739.8	629.1	44.1	15.1		51.5
1988	758.3	639.4	51.1	15.8		52.0
1989	810.8	689.6	54.9	16.0		50.3
1990	832.5	706.5	59.6	16.4		50.0
1991	836.5	713.0	57.7	16.2		49.6
1992	842.2	717.0	59.8	16.1		49.3
1993	846.0	724.9	55.9	16.1		49.1
1994	856.6	731.3	57.0	18.5		49.8
1995	867.9	748.3	55.9	16.1		47.6
1996	950.6	754.3	129.0	19.5	0.1	47.7
1997	1005.5	801.3	136.0	21.4	0.1	46.7
1998	890.1	698.6	140.4	5.1	0.2	45.8
1999	954.5	732.5	156.7	20.5	0.3	44.5
2000	961.3	736.7	161.9	19.5	0.4	42.8
2001	982.3	761.6	161.2	15.2	0.3	44.0
2002	995.2	766.7	167.5	16.2	0.9	43.9
2003	1035.5	808.9	163.1	19.4	1.0	43.1
2004	1139.6	874.5	203.8	18.9	1.1	41.3
2005	1201.6	919.7	227.6	20.0	0.8	33.5
2006	1248.1	937.3	252.1	21.2	1.0	36.5
2007	1320.5	978.9	289.9	13.6	1.1	37.0
2008	1727.1	1029.3	653.2	8.5	1.2	34.9
2009	1680.0	980.7	657.1	6.8	1.3	34.0
2010	1875.9	1056.7	762.4	7.0	1.4	48.4
2011	2009.9	1117.4	843.5	7.4	1.6	40.0
2012	2045.3	1065.7	929.0	7.6	1.8	41.3
2013	1973.6	949.2	972.9	7.9	2.0	41.6
2014	1998.7	794.7	1008.5	7.9	2.2	185.4
2015	1739.8	608.0	929.3	8.1	2.3	192.1
2016	1729.5	620.5	904.8	7.3	2.7	194.3
2017	1850.8	737.2	913.5	7.1	2.6	190.5
2018	1920.2	784.6	810.7	6.1	2.7	316.2
2019	1951.5	814.4	795.1	5.6	2.9	333.5
2020	1918.2	839.6	694.0	51.1	2.6	330.9
2021	2075.9	882.8	815.8	46.2	2.5	328.6

16-10　铁路按货物种类分的货运量和货物周转量
Railway Freight Traffic and Freight Ton-Kilometers by Category of Cargo

类　别	Category	货运量（万吨）Freight Traffic (10000 tons)		货物周转量（百万吨公里）Freight Ton-km (million ton-km)		平均运距（公里）Average Transport Distance (km)	
		2020	2021	2020	2021	2020	2021
总　计	**Total**	**22564**	**23041**	**115010**	**120598**	**510**	**523**
煤	Coal	9418	9569	62631	64839	665	678
焦　炭	Coke	721	688	4584	4692	636	682
石　油	Petroleum	1159	1132	3153	3392	272	300
钢　铁	Steel and Iron	974	918	3560	3563	366	388
金属矿石	Metal Ores	1459	1770	8413	8761	577	495
非金属矿石	Nonmetal Ores	338	301	693	651	205	216
矿建材料	Mineral Building Materials	1750	1796	5378	5589	307	311
水　泥	Cement	77	108	178	279	230	259
木　材	Timber	962	853	1244	796	129	93
化肥和农药	Chemical Fertilizers and Pesticides	624	601	3679	3328	590	553
粮　食	Grain	1856	1593	8329	8443	449	530
其　他	Others	3226	3712	13168	16264	408	438

注：本表为中国铁路哈尔滨局集团有限公司数据。
a) Figures in this table are the data of China Railway Harbin Group Co., Ltd..

16-11　信息传输基本情况
Basic Conditions of Information Transfer

指　标	Item	2017	2018	2019	2020	2021
电信业务总量(亿元)	Business Volume of Telecommunications Service(100 million yuan)	597.3	1129.5	1732.1	2092.8	245.7
固定电话用户(万户)	Number of Fixed Telephone Subscribers at Year-end (10000 subscribers)	430.3	354.4	339.9	298.8	316.9
城市电话用户	Urban Fixed Telephones Subscribers	376.9	312.5			
农村电话用户	Rural Fixed Telephones Subscribers	53.4	41.9			
移动电话用户(万户)	Number of Mobile Telephones Subscribers(10000 subscribers)	3657.1	3833.6	3929.0	3844.4	3759.5
#3G移动电话用户	3G Mobile Phone Subscribers	399.8	385.5	77.2	71.0	48.5
#4G移动电话用户	4G Mobile Phone Subscribers	2299.8	2615.8	2977.5	3101.4	2457.9
移动电话通话时长(亿分钟)	Time of Mobile Telephones Conversation(100 million minutes)	1314.0	1189.0	1086.6	996.4	971.2
物联网终端用户(万户)	Number of The Internet of Things (10000 subscribers)	319.3	832.1	1011.7	744.6	956.2
(固定)互联网宽带接入用户(万户)	(Fixed) Broad Band Subscribers Port of Internet(10000 subscribers)	664.6	810.7	848.3	886.3	1013.5
长途光缆线路长度(公里)	Length of Long-distance Optical Cable Lines(km)	53800	56574	50184	51829	51044

注：2021年电信业务总量按2020年不变单价计算。
a) Total Telecom Business in 2021 is 2020 at constant unit prices.

16-12 铁路运输技术经济主要指标

Principle Economic and Technical Indicators of Railway Transport

指 标	Item	2017	2018	2019	2020	2021
货运机车日产量(万吨公里)	Average Daily Ton-kilometers of Freight Locomotives (10000 ton-km)	159.3	165.2	167.3	171.5	171.3
内燃机车	Diesel Locomotives	153.4	121.3	104.5	108.8	249.6
电力机车	Electric Locomotives	187.3	249.0	246.4	248.4	108.6
货运机车平均牵引总重(吨)	Average Total Tonnage of Freight Locomotives (ton)	3072	3120	3148	3154.0	3165.0
内燃机车	Diesel Locomotives	3006	2899	2821	2776.0	3392.0
电力机车	Electric Locomotives	3371	3362	3359	3405.0	2821.0
货运机车日车公里(公里)	Daily Distance per Freight Locomotive (km)	575	592	596	611.0	606.0
客运机车日车公里(公里)	Daily Distance per Passenger Locomotive (km)	858	860	854	845.0	838.0
内燃机车每万吨公里耗油(公斤)	Oil Consumption of Diesel Locomotives (kg/10000 ton-km)	25.4	28.2	30.4	29.0	29.2
电力机车每万吨公里耗电(千瓦小时)	Electricity Consumption of Electric Locomotives (kwh/10000 ton-km)	114.4	103.0	106.0	100.1	101.7
货物列车出发正点率(%)	Punctuality Rate of Freight Trains at Departure(%)	99.4	99.4	99.4	99.2	99.1
货物列车运行正点率(%)	Punctuality Rate of Freight Trains in Running(%)	99.2	99.2	99.3	99.1	99.1
旅客列车出发正点率(%)	Punctuality Rate of Passenger Trains at Departure(%)	100.0	100.0	100.0	100.0	100.0
旅客列车运行正点率(%)	Punctuality Rate of Passenger Trains in Running(%)	99.9	99.9	99.9	99.9	99.9
货物列车技术速度(公里/小时)	Technical Speed of Freight Trains(km/hour)	52.9	56.1	57.5	58.1	57.6
货物列车运行速度(公里/小时)	Running Speed of Freight Trains(km/hour)	41.7	44.8	45.0	46.5	47.6
货运密度(万吨/公里)	Density of Freight Transport(10000 tons/km)	1472	1591	1618	1645.1	1724.9
旅客列车技术速度(公里/小时)	Technical Speed of Passenger Trains(km/hour)	76.9	78.1	79.0	78.8	76.2
旅客列车运行速度(公里/小时)	Running Speed of Passenger Trains(km/hour)	68.9	70.1	70.9	71.0	68.9
客运密度(万人/公里)	Density of Passenger Transport(10000 passengers/km)	409.9	379.6	391.8	166.4	172.6
每万吨货运量拥有货车数(辆)	Number of Freight Cars per 10000 Tons(coach)	1027.9	1035.9	1060.0	1086.7	1098.9
每百万货物吨公里拥有货车数(辆)	Number of Freight Cars per million Ton-km(unit)	185.6	180.7	186.0	188.6	185.7
货车周转时间(天)	Turning Around Time of Freight Cars(day)	3.1	3.1	3.3	3.3	3.3
一次货物作业时间(小时)	Handling Time of Freight(hour)	19.8	20.0	23.0	23.0	23.3
每车中转停留时间(小时)	Transfer Waiting Time per Car(hour)	5.9	6.1	7.3	7.6	6.9
货车净载重(准轨)(吨)	Static Load of Freight Cars(Standard Gauge)(ton)	59.5	60.4	60.9	59.7	59.0

注：本表为中国铁路哈尔滨局集团有限公司数据。

a) Figures in this table are the data of China Railway Harbin Group Co., Ltd..

16-13　主要交通运输工具拥有量
Number of Major Means of Transportation

指　标	Item	2017	2018	2019	2020	2021
铁路机车(台)	**Railway Locomotives (unit)**	**1194**	**1135**	**1070**	**1062**	**1021**
#内燃机车	Diesel Locomotives	985	888	803	790	760
电力机车	Electric Locomotives	209	247	267	272	272
铁路客车(辆)	**Railway Passenger Coaches (coach)**	**5040**	**5023**	**5112**	**5105**	**5102**
#软卧车	Soft Berth Coaches	579	439	472	489	485
硬卧车	Hard Berth Coaches	1470	1925	1921	1399	1916
软座车	Soft Seat Coaches	435	647	729	727	823
硬座车	Hard Seat Coaches	1972	1439	1411	1911	1314
载货汽车(辆)	**Trucks (coach)**	**610734**	**647419**	**683939**	**740699**	**793363**
普通载货汽车	Ordinary Trucks	340329	358500	376726	392064	403127
专用载货汽车	Special Trucks	270405	288919	307213	348635	390236
#私　人	Private-owned	436944	462735	493191	534916	570776
载客汽车(辆)	**Passenger Vehicles (coach)**	**3715728**	**4098669**	**4447690**	**4781458**	**5096550**
#私　人	Private-owned	3415401	3787443	4134149	4473517	4789316
民用轮驳船(艘)	**Civil Transport Vessels (unit)**	**315**	**290**	**284**	**281**	**254**
民用飞机(架)	**Civil Aircrafts (unit)**	**258**	**268**	**277**	**290**	**290**

16-14　民用车辆拥有量(2019年)
Number of Civil Motor Vehicles Owned(2019)

单位：辆　(coach)

指　标	Item	总计 Total	#个人 Individual	营运 Working	非营运 non-Working	校车 Schoolbus
合　计	**Total**	**6897737**	**5700803**	**785905**	**6106363**	**5469**
汽　车	**Automobile**	**6095732**	**5373066**	**644041**	**5446222**	**5469**
载客汽车	Passenger Vehicles	5096550	4789316	142607	4948474	5469
大　型	Large-sized	47446	4444	32395	11157	3894
中　型	Medium-sized	20225	7312	2386	16264	1575
小　型	Small-sized	5006339	4755700	107815	4898524	
微　型	Mini-sized	22540	21860	11	22529	
#轿　车	Car	3291455	3145241	104624	3186831	
载货汽车	Trucks	793363	570776	491221	302142	
重　型	Heavy-sized	244273	114343	237492	6781	
中　型	Medium-sized	37997	26736	33175	4822	
轻　型	Light-sized	510955	429579	220489	290466	
微　型	Mini-sized	138	118	65	73	
#普通载货	Accommodation Trucks	403127	341246	183566	219561	
其他汽车	Others	205819	12974	10213	195606	
摩托车	**Motorcycle**	**294130**	**290731**	**12721**	**281409**	
普　通	Ordinary	289277	285927	12705	276572	
轻　便	Light	4853	4804	16	4837	
拖拉机	**Tractor**	**1587240**				
大中型	Large and Medium-sized	668140				
小　型	Small-sized	919100				
挂　车	**Trailer**	**129977**	**36020**	**128606**	**1371**	
其他类型车	**Others**	**2226**	**986**	**537**	**1689**	

16-15 邮电业务量

年份 Year / 地区 Region		邮电业务总量(亿元) Business Volume of Postal and Telecommunication Services (100 million yuan)	邮政业务总量 Business Volume of Postal Services	电信业务总量 Business Volume of Telecommunication Services	函件(万件) Number of Letters (10000 pcs)	包裹(万件) Package (10000 pcs)	快递业务(万件) Pieces of Express Mail Services (10000 pcs)	报刊期发数(万份) Issue of Newspapers and Magazines (10000 copies)
2009		697.8	40.20	657.60	8667.7	232.1	2052.9	377.0
2010		823.4	47.00	776.40	9305.1	237.6	2308.2	367.7
2011		307.7	30.10	277.60	7772.0	253.4	3066.0	446.3
2012		329.2	32.40	296.80	7057.5	234.4	3623.5	607.0
2013		377.0	39.20	337.80	8681.0	240.5	5393.9	323.8
2014		430.5	44.60	385.90	6842.1	117.5	7014.6	312.3
2015		511.5	52.20	459.30	4609.1	87.3	12636.8	297.3
2016		389.0	68.70	320.30	3659.2	64.6	21769.8	255.2
2017		676.7	79.40	597.30	3725.8	54.1	23185.6	240.0
2018		1223.2	93.74	1129.50	2980.4	52.3	30177.2	237.0
2019		1846.8	114.68	1732.10	1978.8	31.5	35088.9	244.7
2020		2236.1	143.34	2092.80	1377.9	19.5	45522.3	233.0
2021		379.1	133.4	245.70	1395.3	18.9	60491.0	224.9
哈尔滨	Harbin	159.2	67.1	92.11	1148.9	9.8	41160.5	75.8
齐齐哈尔	Qiqihar	34.7	9.7	25.00	41.7	0.7	2748.2	17.6
鸡西	Jixi	15.6	5.4	10.18	18.3	0.8	1249.2	12.2
鹤岗	Hegang	9.4	2.7	6.76	6.6	0.1	560.8	6.7
双鸭山	Shuangyashan	12.3	3.8	8.53	14.0	0.4	841.8	8.2
大庆	Daqing	33.1	9.1	23.92	34.5	1.4	2412.9	31.7
伊春	Yichun	9.1	2.3	6.84	7.5	0.7	637.5	5.5
佳木斯	Jiamusi	22.9	6.8	16.10	10.9	0.5	1888.8	17.2
七台河	Qitaihe	6.8	1.5	5.26	3.1	0.1	425.2	3.9
牡丹江	Mudanjiang	26.5	10.7	15.76	40.8	1.9	4569.4	16.0
黑河	Heihe	12.5	3.4	9.16	25.4	1.1	985.7	12.7
绥化	Suihua	32.2	9.8	22.42	35.2	0.9	2816.7	13.7
大兴安岭	Daxinganling	4.8	1.1	3.63	8.6	0.5	194.2	3.9

注：因电信业务量计算方法调整，2021年电信业务总量按2020年不变单价计算。

a) For the adjustment of telecom traffic calculation method,total Telecom Business in 2021 is 2020 at constant unit prices.

Business Volume of Postal and Telecommunication Services

汇票(万笔) Postal Order (10000 times)	集邮业务(万枚) Stamps for Collection (10000 pieces)	邮路总长度(单程)(万公里) Length of Postal Routes (10000 km)	#农村投递线路长度 Rural Delivery Routes	邮政各类经营网点数(处) Number of Offices (unit)	#设在农村 in Rural	移动电话用户(万户) Number of Mobile Telephone Subscribers at Year-end (10000 subscribers)	#3G移动电话用户 3G Mobile Phone Subscribers	#4G移动电话用户 4G Mobile Phone Subscribers	固定电话用户(万户) Number of Fixed Telephone Subscribers at Year-end (10000 subscribers)	(固定)互联网宽带接入用户(万户) ADSL (Fixed) Broad Band Subscribers Port of Internet (10000 subscribers)
502.9	3637.0			1513	979	1865.9	19.2		870.2	277.2
534.1	3477.5			1552	925	2243.0	90.4		813.5	326.6
487.5	4090.0			1963	976	2566.0	268.8		793.5	386.7
411.6	3838.3			1963	976	2663.9	471.7		776.1	435.8
307.1	4105.9			1978	962	3020.4	837.4		747.8	459.6
186.9	5389.8			1626	1041	3457.8	1094.4	165.1	640.5	492.5
130.5	6306.2	5.9		4348	1521	3329.8	705.6	845.7	596.0	519.5
84.8	5777.4	15.3		4714	1769	3445.6	483.9	1691.8	497.4	575.0
41.9	5162.0	17.8	11.9	5752	2307	3657.1	399.8	2299.8	430.3	664.6
20.0	4939.9	16.2	11.9	6155	2532	3833.6	385.5	2615.8	354.4	810.7
10.1	4041.4	16.8	11.5	6638	2540	3929.0	77.2	2977.5	339.9	848.3
7.7	3460.2	18.9	10.7	8383	2672	3844.4	71.0	3101.4	298.8	886.3
6.0	2947.1	22.7	9.5	8584	2655	3759.5	48.5	2457.9	316.9	1013.5
2.3	1092.4	15.2	2.3	3337	684	1183.6	13.6	806.5	130.6	315.9
0.4	232.8	1.9	1.8	807	319	402.6	4.9	268.9	25.4	119.6
0.3	159.7	0.4	0.5	478	198	186.3	2.4	116.4	12.9	51.8
0.5	101.8	0.2	0.4	257	56	125.8	2.5	76.1	6.0	29.8
0.4	77.7	0.2	0.3	258	91	135.6	2.2	91.4	11.1	41.6
0.5	349.5	0.5	0.5	594	198	362.0	4.6	237.7	19.8	86.6
0.2	63.7	0.2	0.1	250	62	113.0	1.5	80.1	9.2	35.9
0.5	333.6	1.6	0.4	595	206	280.7	3.7	170.0	17.7	78.9
0.2	37.1	0.1	0.1	208	76	83.0	1.1	55.7	4.3	24.1
0.3	175.2	0.7	0.9	489	116	257.0	4.1	172.6	21.7	80.3
0.2	55.6	0.5	0.9	369	210	166.6	2.1	120.0	17.0	44.1
0.3	226.6	0.5	1.4	802	401	405.3	5.3	223.2	36.5	88.9
0.1	41.4	0.8	0.0	140	38	58.0	0.4	39.3	4.8	16.2

16-16 民用运输船舶拥有量
Number of Transport Vessels Owned

指　标	Item	总　计 Total			#私人 Private		
		2019	2020	2021	2019	2020	2021
合　计	**Total**	**1403**	**1356**	**1239**	**927**	**903**	**367**
机动船(艘)	**Motor Vessels (unit)**	**1119**	**1075**	**985**	**784**	**763**	**242**
载客量(客位)	Passenger Capacity (seat)	23990	24238	24286	9138	8890	1407
净载重量(吨位)	Dead Weight Tonnage (ton)	98546	67255	59732	14767	14277	7352
总功率(千瓦)	Total Power (kw)	136502	123945	122968	51600	49577	22992
客船(艘)	Passenger Vessels (unit)	615	621	622	420	412	
载客量(客位)	Passenger Capacity (seat)	22429	22677	22879	7577	7329	
净载重量(吨位)	Dead Weight Tonnage (ton)	5395	5444	5758	2881	2635	
功率(千瓦)	Power (kw)	57758	58249	57695	19166	18957	
客货船(艘)	Passenger- Cargo Vessels (unit)	60	60	56	60	60	56
载客量(客位)	Passenger Capacity (seat)	1561	1561	1407	1561	1561	1407
净载重量(吨位)	Dead Weight Tonnage (ton)	2715	2715	2357	2715	2715	2357
功率(千瓦)	Power (kw)	6475	6475	5659	6475	6475	5659
货船(艘)	Cargo Vessels (unit)	305	262	191	218	211	121
净载重量(吨位)	Dead Weight Tonnage (ton)	90436	59096	51617	9171	8927	4995
功率(千瓦)	Power (kw)	38939	27337	31264	9635	9021	5028
拖船(艘)	Towboat (unit)	139	132	116	86	80	65
功率(千瓦)	Power (kw)	33330	31884	28350	16324	15124	12305
驳船(艘)	**Barges (unit)**	**284**	**281**	**254**	**143**	**140**	**125**
净载重量(吨位)	Dead Weight Tonnage (ton)	180565	179165	166465	32248	30848	27505

16-17 民用航空航线和飞机数量
Number of Civil Aviation Routes and Civil Aircrafts

指　标	Item	2017	2018	2019	2020	2021
定期航班航线条数(条)	**Number of Civil Aviation Routes (unit)**	**304**	**340**	**369**	**372**	**341**
国际航线	International Routes	27	23	27	23	4
国内航线	Domestic Routes	272	315	341	348	337
地区航线	Regional Routes	5	2	1	1	
民用航空航线里程(公里)	**Length of Civil Aviation Routes (km)**	**756650**	**800021**	**879421**	**905986**	**820142**
国际航线	International Routes	74304	55690	72972	75790	6492
国内航线	Domestic Routes	668449	738658	804125	827872	813650
地区航线	Regional Routes	13897	5673	2324	2324	
民用飞机数量(架)	**Number of Civil Aircrafts (unit)**	**258**	**268**	**277**	**290**	**290**
运输飞机	Aerotransport	60	71	76	81	91
通用飞机	General Aircraft	198	197	201	209	199
通用飞行时间(小时)	**Flying Time of General Aviation (hour)**	**29838**	**33202**	**35805**	**39803**	**45922**
农林业航空作业	Flight for Agriculture and Forestry	11120	11166	13030	12784	12559
航空护林作业	Forest Protection Service	2843	2469	2404	4062	3127
其他作业	Others	15875	19567	20371	22957	30236

主要统计指标解释

铁路营业里程　又称营业长度，指投入客货运输营业或临时营业的线路长度。

电气化里程　指具备了电力机车牵引条件，并已交付运营的线路里程。

公路里程　指报告期末公路的实际长度。统计范围：包括城间、城乡间、乡（村）间能行驶汽车的公共道路，公路通过城镇街道的里程，公路桥梁长度、隧道长度、渡口宽度。不包括城市街道里程，断头路里程，农（林）业生产用道路里程，工（矿）企业等内部道路里程。统计原则：按已竣工验收或交付使用的实际里程计算；两条或多条公路共同经由同一路段的重复里程，只计算一次。

内河航道里程　指在一定时期内，能通航运输船舶及排筏的天然河流、湖泊水库、运河及通航渠道的长度。包括全年季节性通航累计三个月以上的航道，不包括仅供零散流放竹、木排的河道。两省以河为界的航道里程，双方均按一半计算，以免重复。

定期航班航线里程　指定期航班营运里程的总长度，以万公里为计算单位。航线里程的统计分为按重复距离计算和按不重复距离计算两种形式。“按重复距离计算”是指不同航线的相同航段距离可以重复累加；“按不重复距离计算”则不同航线相同航段只统计一次。

管道输油（气）里程　指油、气、成品油等各类介质实际输送距离，是反映运输管线长度的指标，也是计算周转量的依据。对于有复线和备用线的地段，原则上按单线计算管输里程。双线同时输送又不能分开计量的情况下，管输里程为双线长度之和除以2。

货（客）运量　指在一定时期内，各种运输工具实际运送的货物重量(旅客数量)。货运按吨计算，客运按人计算。货物不论运输距离长短、货物类别，均按实际重量统计。旅客不论行程远近或票价多少，均按一人一次客运量统计；半价票、儿童票也按一人统计。

货（客）运密度　指在一定时期内某种运输方式在营运线路的某一区段平均每公里线路通过的货物(旅客)运输周转量。计算公式为：

$$\text{货(客)运密度}=\frac{\text{货物(旅客)周转量}}{\text{营业线路长度}}$$

该指标可以反映交通运输线路上的货物(旅客)运输量运输繁忙程度，是平衡运输线路运输能力和通过能力，规划线路建设及改造、配备技术设备，研究运输网布局的重要依据。

货物（旅客）周转量　指在一定时期内，由各种运输工具运送的货物(旅客)数量与其相应运输距离的乘积之总和。该指标可以反映运输业生产的总成果，也是编制和检查运输生产计划，计算运输效率、劳动生产率以及核算运输单位成本的主要基础资料。计算货物周转量通常按发出站与到达站之间的最短距离，也就是计费距离计算。计算公式为：

货物（旅客）周转量=Σ（货物（旅客）运输量×运输距离）

铁路货车平均静载重　指货物在装车时的静止装载重量。计算公式为：

货车平均静载重(吨)=货物发送吨数／装车数

铁路货运机车日产量　指在一定时期内，平均每台货运机车在一昼夜内所完成的总重吨公里数，包括载运货物的重量和车辆本身的自重。该指标从时间和牵引能力两方面反映了机车运用效率。计算公式为：

$$\text{货运机车平均日产量}=\frac{\text{货运总重吨公里数}}{\text{货运机车台日数}}$$

港口货物吞吐量　指经由水路进、出港区范围，并经过装卸的货物数量。按货物流向分为进港吞吐量和出港吞吐量，按货物的贸易性质分为内贸和外贸吞吐量。货物类别根据现行的交通行业《运输货物分类和代码》标准分类。

民用运输船舶拥有量　指报告期末在水路运输管理部门注册登记的从事水上客、货运输活动的我国企业或私人拥有的营业性运输船舶（含我国企业或私人拥有的悬挂外国旗的船舶）数量。不包括非运输船舶及农业、渔业生产船舶。

民用汽车拥有量　指报告期末，在公安交通管理部门按照《机动车注册登记工作规范》，已注册登记领有民用车辆牌照的全部汽车数量。汽车拥有量统计的主要分类：根据汽车结构分为载客汽车、载货汽车及其他汽车；根据汽车所有者不同分为个人(私人)汽车、单位汽车；根据汽车的使用性质分为营运汽车、非营运汽车；根据汽车大小规格不同，载客汽车分为大型、中型、小型和微型，载货汽车分为重型、中型、轻型和微型。

邮政、电信业务总量　指以货币形式表示的邮政、电信通信企业为社会提供各类邮政、电信通信服务的总数量。计算方法为各类业务的实物量分别乘以相应的不变单价，求出各类业务的货币量加总求得。没有不变单价的业务按其业务收入直接相加。

移动电话用户　指在电信运营企业营业网点办理开户登记手续，通过移动电话交换机进入移动电话网，占用移动电话号码的各类电话用户。包括各类签约用户、智能网预付费用户、无线上网卡用户。

互联网上网人数　指过去半年内使用过互联网的6周岁及以上中国居民人数。

城市电话用户　指按行政区划属于中央直辖市、省辖市、地级市、县级市的市区、市郊区及县城区范围内的电话用户数。包括分布在农村地区但以县团级以上建制的独立工矿区、林区、驻军的电话用户。

农村电话用户 指按行政区划属于城市范围以外的乡(镇)、村电话用户。

住宅电话用户 指私人付费或安装在居民住宅并按照私人或住宅电话用户登记注册和收费的各类电话用户。

互联网宽带接入端口 指用于接入互联网用户的各类实际安装运行的接入端口的数量，包括 xDSL 用户接入端口、LAN 接入端口、其他类型接入端口等，不包括窄带拨号接入端口。

Explanatory Notes on Main Statistical Indicators

Length of Railways in Operation refers to the total length of the trunk line for passenger and freight transportation in full operation or temporary operation.

Length of Electrified Trunk Line refers to the length of the trunk line capable for the running of electrified locomotives and having been put into operation.

Length of Highways refers to the actual length of highways at the end of reference period. It covers public roads running vehicles among cities, city and rural areas, township (villages), highways passing through streets at small cities and towns, length of bridges and tunnels, width of ferry piers. It does not include the length of streets in cities, dead end highways, the length of streets built for agricultural (forest) production and inside factories (mines). It can only be calculated with the actual mileage having been completed, checked and accepted or put into operation. If two or more highways go the same section of the way, the length of the section is only calculated for once.

Length of Navigable Inland Waterways refers to the length of natural rivers, lakes, reservoirs and canals that are open to navigation for ships and rafts during a given period. It includes the channels with annual seasonal navigation for more than three months other than the waterways only for scattered bamboo and wooden rafts. If two provinces share one river as the border, the length of waterways will be half divided for each province to avoid duplication.

Length of Routes with Scheduled Flights refers to the total length of all routes for scheduled flights, which is calculated using million kilometres as the unit. There are usually two ways to calculate the route length: duplicated calculation and non-duplicated calculation. Duplicated calculation means that the same segment of different routes can be added duplicately, while the non-duplicated calculation allows the same segment of different routes be counted once only.

Length of Oil (Gas) Pipelines refers to the actual transport distance of oil, gas and oil products, an indicator reflecting the length of transportation routes and a reference to calculate the freight-kilometers. For those sections with double pipelines and alternate pipeline, the length will be calculated according to the length of single pipeline in principle. If the double pipelines perform the transportation at the same time and unable to be counted separately, the length of pipelines will be the length of double pipelines divided by 2.

Freight (Passenger) Traffic refers to the weight of freight (number of passenger) transported with various means within a specific period of time. Freight transport is calculated in tons and passenger traffic is calculated in terms of number of persons. Freight transport is calculated in terms of the actual weight of the goods and takes no account of the type of freight and distance of travel. Passenger traffic is calculated by the principle that one person can be counted only once in one trip and takes no account of the travelling distance and ticket price. The passengers who travel with a half price ticket or a child's ticket is also calculated as one person.

Freight (Passenger) Traffic Density refers to the freight (passenger) traffic volume carried by a particular means of transportation during a given period through one kilometer of a specific section of transportation route. The formula is as follows:

$$\begin{array}{c}\text{Freight (Passenger)}\\\text{traffic density}\end{array} = \frac{\begin{array}{c}\text{freight ton-kilometers}\\\text{(passenger-kilometers)}\end{array}}{\begin{array}{c}\text{length of route}\\\text{in operation}\end{array}}$$

Freight (passenger) traffic density reflects how busy freight (passenger) traffic is on transportation routes. It provides an important basis for balancing transport capability and throughput capability, planning construction and upgrading of transport routes, installing technical facilities and studying the distribution of transport networks.

Freight Ton-kilometers (Passenger-kilometers) refers to the sum of the product of the volume of transported cargo (passengers) multiplied by the transport distance. It is an important indicator to reflect the achievement of the transportation industry. This is an important indicator to show the total results of the transport industry; to prepare and examine the transport plan; and to serve as the main basic data for calculating the efficiency, labour productivity and unit cost of transport. Normally, the shortest distance between the departure station and the destination station (i.e., the payable distance) is the basis in calculating the freight ton-kilometers. The formula is as follows:

$$\begin{array}{c}\text{Freight ton - kilometres}\\\text{(passenger - kilometres)}\end{array} = \sum \begin{array}{c}\text{freight}\\\text{(passenger)traffic}\end{array} \times \begin{array}{c}\text{distance of}\\\text{transportation}\end{array}$$

Average Static Load of Freight Cars refers to the average cargo weight when loaded onto each freight car under the static condition. For its calculation, the following formula is applied:

$$\begin{array}{c}\text{Average static}\\\text{load of freight cars}\end{array}\text{(tons)} = \frac{\text{Tonnage of goods dispatched}}{\text{Number of freight cars loaded}}$$

Average Daily Haul of Freight Locomotives refers to the average total ton-kilometres accomplished by each freight transport locomotive over one day and night during a given period of time. It includes both the weight of the goods carried and the dead weight of the train itself. It is a comprehensive indicator reflecting the locomotive efficiency in terms of both time and the pulling force.

$$\text{Average daily haul of freight transport locomotive (ton - kilometre)} = \frac{\text{Total ton - kilometres of freight}}{\text{Daily number of freight transport locomotive}}$$

Volume of Freight Handled in Coastal Ports above Designated Size refers to the volume of cargo passing in and out of the harbor area of the major coastal ports and having been loaded and unloaded. The volume of freight handled may be classified by direction of cargo flow as in-port freight and out-port freight, or by nature of cargo as freight for domestic trade and freight for foreign trade. It can also be classified by type of freight based on the existing standard classification for transportation industry "Classification and Coding for Freight".

Possession of Civil Transport Vessels refers to the total number at the end of reference period of operating transport vessels owned by Chinese enterprises or privately that are registered in the water transportation management institutions and permitted to perform cargo transport activities (including vessels with foreign flags but owned by Chinese enterprises or citizens). Non-transport vessels and vessels used for agriculture and fishery are not included.

Possession of Civil Motor Vehicles refer to the total numbers of vehicles that are registered and received vehicles license tags according to the Work Standard for Motor Vehicles Registration formulated by the Transport Management Office under the department of public security at the end of the reference period. They are divided into categories. According to the structure of motor vehicles, they are divided into passenger vehicles, trucks and others; according to ownership into private vehicles and vehicles for the unit's use; according to kind of usage into working vehicles and non-working vehicles; and according to size of vehicles into large passenger vehicles, medium-sized passenger vehicles, small passenger vehicles and mini passenger vehicles, heavy trucks, light-heavy trucks, light trucks and mini-trucks.

Business Volume of Post and Telecommunications refers to the total amount of postal and telecommunication services, expressed in value terms, provided by the post and telecommunications departments for society. Business volume of post and telecommunications is the sum of each service in kind multiplying with its correspondent unit price (constant price). Business without constant price add their business revenue directly.

Mobile Telephone Subscribers refer to persons who have gone through registration procedures in the operation points of enterprises engaged in telecommunications and are hence connected with the mobile telephone communication network through the mobile telephone switchboards and occupy mobile phone numbers. Included are various types of subscriber, prepaid users for intelligent network and wireless network card users.

Internet Users refer to the number of Chinese citizens aged 6 and over who use the Internet in the past six months.

Urban Telephone Subscribers refer to the number of telephone subscribers, located at the municipalities directly under the Central Government, cities under the jurisdiction of province, cities at prefecture level, downtown and suburb of city at county level town and county towns according to the administrative division, including subscribers in rural mineral area, forest area, military area that are at or above county level.

Rural Telephone Subscribers refer to telephone subscribers, located at the towns and villages outside the coverage of urban areas according to the administrative division.

Household Telephone Subscribers refer to all kinds of subscribers with telephone sets paid privately or installed in the dwelling units of residents, and registered as private subscribers or residence subscribers for payment.

Broadband Connection Terminals refer to the connection terminals to internet users actually installed and put into operation, including connection terminals for XDSL, connection terminals for LAN, and other types of connection terminals. N-ISDN connection terminals are not included.

教育与科技

CHAPTER 17 EDUCATION， SCIENCE AND TECHNOLOGY

17-1　教育事业基本情况
Basic Statistics on Education

指　　标	Item	2017	2018	2019	2020	2021
学校数(所)	**Number of Schools (unit)**					
普通高等学校	Regular Institutions of Higher Education	81	81	81	80	78
成人高等学校	Adult Institutions of Higher Education	21	20	16	16	16
中等专业学校	Specialized Secondary Schools	82	80	76	74	70
成人中等专业学校	Adult Specialized Secondary Schools	40	36	32	27	19
普通中学	Regular Secondary Schools	1800	1784	1788	1784	1775
#高　中	Senior Secondary Schools	371	366	368	370	366
职业中学	Vocational Secondary Schools	115	113	111	109	106
技工学校	Technical Schools	127	129	129	131	130
小　学	Primary Schools	1537	1469	1431	1407	1380
专任教师数(万人)	**Number of Full-time Teachers (10000 persons)**					
普通高等学校	Regular Institutions of Higher Education	4.6	4.6	4.7	4.9	4.8
成人高等学校	Adult Institutions of Higher Education	0.1	0.1	0.1	0.1	0.1
中等专业学校	Specialized Secondary Schools	0.5	0.5	0.4	0.4	0.4
成人中等专业学校	Adult Specialized Secondary Schools	0.2	0.1	0.1	0.1	0.1
普通中学	Regular Secondary Schools	13.2	13.2	13.0	13.0	13.0
#高　中	Senior Secondary Schools	4.2	4.3	4.3	4.3	4.4
职业中学	Vocational Secondary Schools	0.7	0.7	0.7	0.7	0.7
技工学校	Technical Schools	0.7	0.7	0.7	0.7	0.7
小　学	Primary Schools	11.4	11.1	10.7	10.4	10.1
招生数(万人)	**New Student Enrollment (10000 persons)**					
普通高等学校	Regular Institutions of Higher Education	20.3	20.6	24.8	24.4	25.1
成人高等学校	Adult Institutions of Higher Education	0.5	0.9	3.9	4.5	5.8
中等专业学校	Specialized Secondary Schools	3.3	2.6	2.7	2.7	2.4
成人中等专业学校	Secondary Schools for Adults	1.1	1.1	0.9	1.0	0.1
普通中学	Regular Secondary Schools	46.5	44.6	44.0	42.6	43.3
#高　中	Senior Secondary Schools	18.9	17.3	19.0	19.5	19.1
职业中学	Vocational Secondary Schools	2.0	1.5	2.0	2.3	3.0
技工学校	Vestibule Schools	2.4	2.0	2.0	4.7	5.6
小　学	Primary Schools	22.1	22.2	21.5	20.1	18.1
在校学生数(万人)	**Student Enrollment (10000 persons)**					
普通高等学校	Regular Institutions of Higher Education	73.4	73.2	77.8	82.6	87.9
成人高等学校	Adult Institutions of Higher Education	1.1	1.3	9.2	9.2	11.2
中等专业学校	Specialized Secondary Schools	10.1	9.1	8.3	7.8	6.7
成人中等专业学校	Adult Specialized Secondary Schools	4.1	3.6	3.2	2.8	0.4
普通中学	Regular Secondary Schools	146.0	145.2	146.6	142.2	140.8
#高　中	Senior Secondary Schools	55.6	54.8	55.2	55.7	57.4
职业中学	Vocational Secondary Schools	6.2	5.3	5.3	5.8	8.7
技工学校	Technical Schools	5.6	5.5	5.5	7.6	9.7
小　学	Primary Schools	137.7	131.9	127.9	124.4	117.3
毕业生数(万人)	**Graduates (10000 persons)**					
普通高等学校	Regular Institutions of Higher Education	19.7	20.1	19.5	19.3	19.6
成人高等学校	Adult Institutions of Higher Education	0.7	0.5	4.0	4.3	3.6
中等专业学校	Specialized Secondary Schools	3.6	3.3	3.2	3.0	1.8
成人中等专业学校	Adult Specialized Secondary Schools	1.7	1.8	1.1	1.3	0.2
普通中学	Regular Secondary Schools	45.8	42.5	45.6	46.6	44.9
#高　中	Senior Secondary Schools	18.2	18.1	18.6	18.8	17.4
职业中学	Vocational Secondary Schools	2.1	1.8	1.9	1.7	1.9
技工学校	Technical Schools	2.1	1.8	1.8	2.1	1.9
小　学	Primary Schools	27.9	27.6	25.2	23.5	24.5
每一教师负担学生(人)	**Student-teacher Ratio (person)**					
普通高等学校	Regular Institutions of Higher Education	15.9	15.9	16.5	16.9	18.3
中等学校	Secondary Schools	11.3	11.2	9.9	10.9	11.2
小　学	Primary Schools	12.0	11.9	14.6	12.0	11.6

17-2 各级各类学校数

单位：所

年份 Year	普通高等学校 Regular Institutions of Higher Education	中等学校 Secondary Schools	中等专业学校 Specialized Secondary Schools	中等技术学校 Technical Secondary Schools	中等师范学校 Teacher Secondary Schools	职业中学 Vocational Secondary Schools
1978	24	4140	75	55	20	
1980	28	3522	93	68	25	89
1985	40	3403	99	71	28	400
1990	42	3338	107	77	30	413
1995	38	3190	111	81	30	398
1996	38	3199	113	83	30	361
1997	37	3202	114	84	30	336
1998	38	3123	114	84	30	297
1999	39	3080	112	83	29	269
2000	36	3023	109	83	26	240
2001	41	3034	96	74	22	163
2002	48	3003	75	58	17	182
2003	55	2937	51	40	11	167
2004	59	2907	44	35	9	166
2005	62	2799	56	47	9	156
2006	65	2758	63	55	8	179
2007	68	2677	66	60	6	197
2008	70	2617	66	62	4	196
2009	78	2504	70	66	4	186
2010	79	2426	72	68	4	180
2011	78	2328	75	71	4	161
2012	79	2270	73	69	4	154
2013	80	2183	73	70	3	145
2014	80	2154	74	71	3	134
2015	81	2139	72	70	2	127
2016	82	2019	77	75	2	119
2017	81	1997	82	80	2	115
2018	81	1977	80	78	2	113
2019	81	1975	76	74	2	111
2020	80	1967	74	72	2	109
2021	78	1951	70	68	2	106

Number of Schools by Level and Type

(unit)

普通中学 Regular Secondary Schools	高　中 Senior Secondary Schools	初　中 Junior Secondary Schools	小　学 Primary Schools	幼儿园 Kindergartens	盲聋哑学　校 Blind, Deaf, Deaf-mute Schools
4065	2119	1946	26425	1654	62
3340	1480	1860	25879	2594	58
2904	828	2076	18157	3216	61
2818	600	2218	17092	1826	64
2681	475	2206	16163	3918	68
2725	470	2255	15902	3993	67
2752	474	2278	15377	4168	67
2712	461	2251	15193	4506	66
2699	467	2232	14754	4830	70
2674	463	2211	13995	4503	65
2775	462	2313	12636	2089	72
2746	447	2299	11990	2100	71
2719	481	2238	11400	2181	71
2697	479	2218	10791	3179	73
2587	475	2112	9995	4156	72
2516	475	2041	9288	4287	71
2414	463	1951	8738	4135	71
2355	445	1910	8142	4466	71
2248	430	1818	7202	4092	72
2174	416	1758	6490	3942	74
2092	411	1681	5620	4504	73
2043	398	1645	4834	4796	74
1965	379	1586	3261	5571	74
1946	378	1568	3115	5853	74
1940	377	1563	2802	5770	73
1823	372	1451	1979	5720	73
1800	371	1429	1537	5888	73
1784	366	1418	1469	5852	72
1788	368	1420	1431	5881	72
1784	370	1414	1407	5763	72
1775	366	1409	1380	5639	73

17-3 各级各类学校教职工数

单位：人

年 份 Year	普 通 高等学校 Regular Institutions of Higher Education	中等学校 Secondary Schools	中等专业学校 Specialized Secondary Schools	中等技术学校 Technical Secondary Schools	中等师范学校 Teacher Secondary Schools
1978	23867	188718	12062	9445	2617
1980	29070	192575	13057	10013	3044
1985	36949	194053	15991	13067	2924
1990	42418	214098	17483	13843	3640
1995	43324	208562	18075	14087	3988
1996	43204	208805	18387	14486	3901
1997	41212	209992	18282	14321	3961
1998	40564	211976	18013	14117	3896
1999	42608	213841	17440	13686	3754
2000	43120	210698	16443	12971	3472
2001	46163	210046	13433	10352	3081
2002	52140	207103	10221	7890	2331
2003	60609	203403	6592	4970	1622
2004	64831	201713	6055	4602	1453
2005	65640	193714	6648	5322	1326
2006	68252	193053	6969	5714	1255
2007	72316	192299	7519	6609	910
2008	74480	192253	7519	7002	517
2009	75062	192092	7880	7378	502
2010	75741	189957	7418	6810	608
2011	76205	204497	7462	6873	589
2012	77510	207351	7302	6935	367
2013	77234	201949	7263	6906	357
2014	77000	200828	7541	7361	180
2015	76086	197551	7551	7385	166
2016	74901	195656	7559	7403	156
2017	73918	195595	7956	7813	143
2018	73542	194615	7407	7269	138
2019	74233	192099	6439	6311	128
2020	75226	190008	6544	6424	120
2021	75101	188510	6581	6504	77

Number of Teachers and Staff by Level and Type

(person)

普通中学 Regular Secondary Schools	职业中学 Vocational Secondary Schools	小　学 Primary Schools	幼儿园 Kindergartens	盲聋哑学　校 Blind, Deaf, Deaf-mute Schools
176656		217179	13176	1064
176247	3271	219967	23478	1197
163216	14846	239660	32172	1562
176687	19928	250064	40631	2164
173311	17176	247894	42219	2779
174556	15862	246032	40868	2577
176878	14832	246444	39793	2524
180066	13897	242001	37391	2598
183112	13289	236864	34884	2550
182246	12009	221859	32840	2466
185718	10895	209888	19975	2598
186394	10488	207924	19586	2628
186384	10427	204820	20298	2546
185184	10474	201911	24145	2484
176524	10542	188256	25668	2290
174745	11339	184214	27872	2295
172633	12147	181778	27812	2281
172718	12016	179467	29623	2295
172299	11913	176830	28883	2285
171212	11327	172707	29803	2312
185966	11069	152915	39417	2308
188935	11114	145978	44708	2312
184377	10309	136461	51578	2253
183497	9790	130444	55788	2281
180505	9495	123574	59559	2222
178757	9340	116470	62919	2260
178931	8708	111146	66660	2261
178631	8577	106572	68658	2248
177408	8252	101932	72013	2330
175406	8058	98420	72756	2425
173745	8184	95633	75442	2464

17-4 各级各类学校教师数

单位：人

年份 Year	普通高等学校 Regular Institutions of Higher Education	中等学校 Secondary Schools	中等专业学校 Specialized Secondary Schools	中等技术学校 Technical Secondary Schools	中等师范学校 Teacher Secondary Schools	职业中学 Vocational Secondary Schools
1978	8380	142761	4193	3094	1099	
1980	10365	144291	4946	3477	1469	2589
1985	13448	135366	5953	4610	1343	9306
1990	15915	149499	7253	5435	1818	12198
1995	16542	148057	7757	5726	2031	11028
1996	16403	149560	7917	5904	2013	10316
1997	15736	152402	7999	5938	2061	9883
1998	15505	156257	7958	5918	2040	9331
1999	15804	159855	7787	5762	2025	9032
2000	16169	160153	7358	5464	1894	8396
2001	18042	161133	6193	4389	1804	7617
2002	23179	161352	4925	3505	1420	7373
2003	28525	160108	3302	2267	1035	7177
2004	32119	159719	3039	2089	950	7208
2005	35105	153952	3247	2348	899	7517
2006	36866	154299	3647	2741	906	8124
2007	39792	154769	4017	3338	679	8830
2008	41727	156018	4069	3723	346	8932
2009	43057	156205	4353	4011	342	9020
2010	44198	155048	4198	3773	425	8694
2011	44821	168152	4349	3972	377	8371
2012	45448	170671	4211	3964	247	8441
2013	46215	167746	4279	4036	243	8005
2014	46870	167073	4523	4406	117	7626
2015	46806	165186	4587	4479	108	7630
2016	46829	162945	4678	4577	101	7497
2017	46278	144294	5068	4974	94	7102
2018	46027	143413	4736	4641	95	7013
2019	47245	141887	4106	4017	89	6814
2020	48858	140758	4193	4110	83	6607
2021	48343	140376	4276	4222	54	6517

Number of Teachers by Level and Type

(person)

普通中学 Regular Secondary Schools	高　中 Senior Secondary Schools	初　中 Junior Secondary Schools	小　学 Primary Schools	幼儿园 Kindergartens	盲聋哑学　校 Blind, Deaf, Deaf-mute Schools
138568	28151	110417	187061	9306	642
136756	27606	109150	193787	13317	694
120107	23099	97008	207256	21255	974
130048	22785	107263	215735	24429	1367
129272	21536	107736	214944	28890	1936
131327	21722	109605	213124	27659	1741
134520	22294	112226	214807	27717	1724
138968	22845	116123	210954	26273	1869
143036	23582	119454	206807	25962	1793
144399	24172	120227	193113	24221	1751
147323	25502	121821	182929	11733	1899
149054	26695	122359	180900	11145	1931
149629	29728	119901	178122	11779	1926
149472	32648	116824	175274	13956	1910
143188	34093	109095	163204	14534	1782
142528	35788	106740	160511	15955	1799
141922	37373	104549	158918	16313	1801
143017	39386	103631	157436	17233	1843
142832	40113	102719	155025	16768	1868
142156	40726	101430	151344	17559	1873
155432	49559	105873	134479	22696	1872
158019	50245	107774	128792	25427	1879
155462	49378	106084	120214	28747	1850
154924	50029	104895	114606	30865	1899
152969	49667	103302	109061	32328	1877
150770	49673	101097	101401	34177	1926
132124	42452	89672	114487	35541	1925
131664	42686	88978	110544	35128	1920
130967	42909	88058	107089	35914	1997
129958	43065	86893	103715	35711	2128
129583	44127	85456	101192	36809	2168

17-5 各级各类学校在校学生数

单位：人

年份 Year	普通高等学校 Regular Institutions of Higher Education	中等学校 Secondary Schools	中等专业学校 Specialized Secondary Schools	中等技术学校 Technical Secondary Schools	中等师范学校 Teacher Secondary Schools	职业中学 Vocational Secondary Schools
1978	33248	2622047	36051	19339	16712	
1980	43627	2509164	41177	23483	17694	47822
1985	65940	2218705	59686	34629	25057	141245
1990	79908	2003199	66235	45337	20898	135486
1995	113523	2012719	100003	71239	28764	121520
1996	116379	2114982	111502	81527	29975	117839
1997	115767	2213940	118429	89123	29306	114606
1998	125140	2395561	123854	95414	28440	120185
1999	157063	2601909	128485	103235	25250	116937
2000	200386	2707986	115489	94596	20893	105060
2001	271435	2717522	116315	99280	17035	80619
2002	334627	2767789	121718	106897	14821	84884
2003	392246	2674379	111540	43778	6263	88916
2004	465703	2613122	107997	41862	5134	94725
2005	540867	2480041	97559	44002	5847	103092
2006	584112	2378916	94547	55101	5088	116684
2007	634902	2313072	105562	72217	2856	137601
2008	678139	2263200	115559	91325	1791	143016
2009	708935	2219578	115624	96818	1612	156894
2010	719117	2159652	119002	94312	1751	132873
2011	711198	2088030	119458	95753	3699	123127
2012	704538	2046550	120694	88286	4340	109139
2013	717856	1734842	119341	84363	4331	93773
2014	730614	1673320	117012	84031	4416	73231
2015	735151	1635788	111562	81633	3199	70264
2016	735857	1626379	106308	79579	2317	66344
2017	734166	1623499	101317	85010	1448	61703
2018	732082	1605049	91254	68544	1626	53316
2019	778160	1601809	82886	64271	2038	53301
2020	825601	1557484	77547	62041	1803	58057
2021	879107	1562472	66693	65509	1184	87345

Number of Students Enrollment by Level and Type

(person)

普通中学 Regular Secondary Schools	高中 Senior Secondary Schools	初中 Junior Secondary Schools	小学 Primary Schools	幼儿园 Kindergartens	盲聋哑学校 Blind, Deaf, Deaf-mute Schools
2585996	493965	2092031	4958068	139791	4277
2420165	455716	1964449	5002632	298740	4515
2017774	335914	1681860	4677937	496132	5416
1801478	267169	1534309	3977121	577053	5522
1791196	252376	1538820	3729337	651655	5607
1885641	260071	1625570	3713483	645365	4845
1980905	270276	1710629	3705059	589276	4595
2151522	292464	1859058	3448558	555898	4793
2356487	309567	2046920	3101578	510631	4548
2487437	328765	2158672	2830578	470317	4311
2520588	362410	2158178	2587506	369821	7518
2561187	413251	2147936	2437336	371120	7002
2473923	486096	1987827	2401918	345116	6404
2410400	546793	1863607	2315394	422998	6475
2279390	583567	1695823	2204055	377242	6679
2167685	607896	1559789	2103073	414227	6591
2069909	607254	1462655	2040767	426913	6358
2004625	611287	1393338	1982828	437284	8332
1947060	608221	1338839	1903733	424717	9706
1907777	616885	1290892	1879609	491647	8326
1845445	622251	1223194	1874996	561714	6731
1816717	612579	1204138	1867729	578793	6933
1521728	589379	932349	1540035	540777	6482
1483077	566805	916272	1486016	535854	6693
1453962	554173	899789	1477992	532286	6903
1453727	549844	903883	1439381	528090	7845
1460479	556496	903983	1376526	559283	9268
1452404	548421	932812	1318982	522076	9981
1465622	551656	913966	1278727	509864	11167
1408434	573916	834518	1173409	488748	11181

17-6 各级各类学校招生数

单位：人

年 份 Year	普 通 高等学校 Regular Institutions of Higher Education	中等学校 Secondary Schools	中等专业 学 校 Specialized Secondary Schools	中 等 技术学校 Technical Secondary Schools	中 等 师范学校 Teacher Secondary Schools
1978	13192	988741	19051	9907	9144
1980	11440	964834	19383	10304	9079
1985	24701	774608	24699	14729	9970
1990	24289	697999	19069	14176	4893
1995	35270	764356	35879	26806	9073
1996	36448	736548	39720	30156	9564
1997	36288	739193	41747	31605	10142
1998	39881	913767	44557	34779	9778
1999	62480	934441	46585	40237	6348
2000	76450	847161	35473	29187	6286
2001	98162	810737	31566	26573	4993
2002	115702	789643	40743	36057	4686
2003	125402	686475	36258	15540	2085
2004	149924	725222	33267	13253	1248
2005	172054	710305	31954	16629	1529
2006	180386	714447	35078	24506	1883
2007	195766	693270	40903	33282	999
2008	216022	690791	42038	35868	571
2009	210372	705121	42954	36594	418
2010	195365	650019	40329	32271	781
2011	199414	625026	42931	32830	1595
2012	203066	622583	42296	29130	2170
2013	202707	540110	40612	28258	1366
2014	203081	506653	39026	28905	1260
2015	205725	490720	35936	27604	605
2016	205903	520287	35575	26741	452
2017	202636	518848	33442	27177	417
2018	205726	511558	26152	20309	815
2019	247656	486859	26693	22039	843
2020	244012	476080	27160	22546	175
2021	250731	487228	24197	23922	275

Number of New Students Enrollment by Level and Type

(person)

普通中学 Regular Secondary Schools	高　中 Senior Secondary Schools	初　中 Junior Secondary Schools	职业中学 Vocational Secondary Schools	小　学 Primary Schools	盲聋哑学　校 Blind, Deaf, Deaf-mute Schools
969690	244752	724938		1189813	730
901537	216203	685334	43914	1078553	792
676789	116124	560665	73120	736004	1059
619527	95016	524511	59403	636998	820
678617	93860	584757	49860	639529	831
652427	90282	562145	44401	633284	672
655077	98005	557072	42369	599270	703
816060	113234	702826	53150	510911	796
852360	110095	742265	35496	464113	580
780271	118418	661853	31417	442988	618
751164	141132	610032	28007	414318	884
716662	159228	557434	32238	406494	1024
618877	187643	431234	31340	405337	830
661363	203315	458048	30592	383832	760
641065	205541	435524	37286	240241	778
630939	208852	422087	48430	333206	800
595430	198023	397407	56937	340170	783
598813	209254	389559	49940	336919	1126
597601	207927	389674	64566	312389	1511
570688	207452	363236	39002	341438	1233
542744	207742	335002	39351	333945	664
547433	202090	345343	32854	328950	700
472887	193979	278908	26611	274454	731
444859	181627	263232	22768	227120	1154
431869	180950	250919	22915	249113	977
461494	186283	275211	23218	246422	1531
465032	189010	276022	20374	221026	2071
445889	173135	272754	14795	221795	1450
440359	190255	250104	19807	214565	1736
425971	194509	231462	22949	200964	1539
432568	190854	241714	30463	180533	754

17-7 各级各类学校毕业生数

单位：人

年 份 Year	普 通 高等学校 Regular Institutions of Higher	中等学校 Secondary Schools	中等专业 学 校 Specialized Secondary	中 等 技术学校 Technical Secondary	中 等 师范学校 Teacher Secondary
1980	7828	704698	19911	11708	8203
1985	11772	583165	17347	10620	6727
1990	22972	584486	15986	10607	5379
1995	30622	576053	23369	16177	7192
1996	33439	569253	28852	19881	8971
1997	30589	594398	33861	22956	10905
1998	30055	669351	37397	26665	10732
1999	30218	655719	39353	29862	9491
2000	31737	661074	38157	27606	10551
2001	37359	710566	30327	23054	7273
2002	46401	684420	32431	27214	5217
2003	69050	729371	45279	18758	2636
2004	84964	751291	34596	12241	2150
2005	100791	792618	32449	12201	752
2006	129465	778185	24699	13062	
2007	148883	721246	19317	9399	
2008	169988	708092	20032	12344	56
2009	174380	716578	34407	26216	61
2010	180982	678382	30569	24070	13
2011	196075	679656	35264	31111	581
2012	203792	682859	37357	30082	392
2013	184085	656062	37314	30449	491
2014	185376	541426	37011	27722	971
2015	193980	521228	36425	28274	1822
2016	199598	524250	35370	26988	1334
2017	197183	514793	36222	29453	1260
2018	200701	511412	32841	24378	591
2019	194809	506130	31682	21153	412
2020	192631	514118	30424	22984	370
2021	196489	485618	17646	16897	749

Number of Graduates by Level and Type

(person)

普通中学 Regular Secondary Schools	高 中 Senior Secondary Schools	初 中 Junior Secondary Schools	职业中学 Vocational Secondary Schools	小 学 Primary Schools	盲聋哑学校 Blind, Deaf, Deaf-mute Schools
684422	169152	515270	365	760548	441
527026	102731	424295	38792	654517	432
522845	89285	433560	45655	635770	554
507909	73306	434603	44775	638456	585
497697	74005	423692	42704	606170	569
515521	79682	435839	45016	591032	476
586482	86053	500429	45472	749160	549
575538	82932	492606	40828	785711	508
578390	91419	486971	44527	698124	632
630624	102784	527840	49615	638339	950
621709	105634	516075	30280	570422	670
658977	115778	543199	25115	438218	536
688863	139441	549422	27832	462923	566
726516	161301	565215	33653	443962	669
718229	181583	536646	35257	427035	724
669849	193767	476082	32080	398638	639
650950	203680	447270	37110	390554	879
642951	206616	436335	39220	389841	1629
600743	195518	405225	47070	363943	931
602472	204287	398185	41920	336006	642
600231	206310	393921	45271	346553	576
579347	206088	373259	39401	330069	799
468483	198990	269493	35932	267124	653
460988	193938	267050	23815	254050	655
466614	190714	275900	22266	278092	708
457565	181619	275946	21006	278965	806
425328	180948	244380	17929	276053	927
455768	185865	269903	18680	252008	921
466457	188363	278094	17237	235017	1327
449301	174127	275174	18671	244980	1229

17-8 普通高等学校本专科分学科学生数(2021年)
Number of Students Enrollment in Institutions of Higher Education by Field of Study(2021)

单位：人 (person)

学 科	Subject	本科毕业生数 Graduates of Regular College Course	本科招生数 New Student Enrollment of Regular College Course	本科在校生数 Student Enrollment of Regular College Course
总 计	**Total**	**131227**	**149288**	**574384**
#女 性	Female	70185	74373	296482
哲 学	Philosophy	119	108	417
经济学	Economics	6522	7540	28343
法 学	Law	2991	3344	12885
教育学	Education	5012	6028	21180
文 学	Literature	11832	14742	55383
历史学	History	492	606	2186
理 学	Science	8053	9516	36320
工 学	Engineering	50252	60014	226309
农 学	Agriculture	3105	3854	13547
医 学	Medicine	10400	12410	51739
管理学	Manage	22228	20020	82565
艺术学	Art	10221	11106	43510

17-8 续表 Continued

单位：人 (person)

学 科	Subject	专科毕业生数 Graduates of Regular Specialized Subject	专科招生数 New Student Enrollment of Regular Specialized Subject	专科在校生数 Student Enrollment of Regular Specialized Subject
总 计	**Total**	**65262**	**101443**	**304723**
#女 性	Female	30422	42420	123834
农林牧渔大类	Agriculture, Forestry, Animal Husbandry & Fishery Categories	2408	8321	21133
资源环境与安全大类	Resource Environment and Security Categories	774	1185	5359
能源动力与材料大类	Energy Dynamics and Materials Categories	761	1135	3435
土木建筑大类	Civil Construction Categories	5226	8397	24672
水利大类	Hydraulic Engineering Categories	57	448	939
装备制造大类	Equipment Manufacturing Categories	5352	6743	22837
生物与化工大类	Biology and Chemistry Categories	96	152	448
轻工纺织大类	Light and Textile Industry Categories	437	230	932
食品药品与粮食大类	Food, Medicine and Food Categories	2327	3651	9836
交通运输大类	Major Transportation Sectors Categories	8601	11174	32916
电子信息大类	Electronic Information Categories	7300	11513	37442
医药卫生大类	Medical and Health Categories	9691	14397	44979
财经商贸大类	Finance and Trade Categories	7203	13913	39564
旅游大类	Tourism Categories	2058	2186	7844
文化艺术大类	Cultural and Artistic Categories	2247	3028	9795
新闻传播大类	News Communication Categories	396	840	2373
教育与体育大类	Education and Sports Categories	8698	11143	32784
公安与司法大类	Public Security and Judicial Categories	1521	2053	5515
公共管理与服务大类	Public Administration and Services	109	934	1920

17-9　普通高等学校分科专任教师数(2021年)
Number of Full-Time Teachers by Field of Study in Regular Higher Education Institutions(2021)

单位：人　(person)

学　科	Subject	合　计 Total	教　授 Professors	副教授 A/Prof.	讲　师 Lecturers	助　教 Assistants	教　员 Instructors
总　计	**Total**	**36325**	**7154**	**12675**	**13058**	**1970**	**1468**
#女　性	Female	19880	3037	6773	7775	1283	1012
哲　学	Philosophy	1073	132	270	420	165	86
经济学	Economics	1121	196	408	380	82	55
法　学	Law	1754	199	472	695	247	141
教育学	Education	2410	326	826	920	190	148
文　学	Literature	4696	499	1609	2176	205	207
历史学	History	222	46	85	74	13	4
理　学	Science	3846	903	1473	1205	158	107
工　学	Engineering	11742	2923	4338	3803	357	321
农　学	Agriculture	1055	354	344	286	55	16
医　学	Medicine	3127	843	1059	1014	137	74
管理学	Manage	2768	456	984	953	188	187
艺术学	Art	2511	277	807	1132	173	122

17-9 续表 Continued

单位：人　(person)

学　科	Subject	合　计 Total	教　授 Professors	副教授 A/Prof.	讲　师 Lecturers	助　教 Assistants	教　员 Instructors
总　计	**Total**	**12018**	**1058**	**3745**	**4504**	**1757**	**954**
#女　性	Female	7281	655	2155	2811	1112	548
农林牧渔大类	Agriculture, Forestry, Animal Husbandry and Fishery Categories	492	91	177	182	28	14
资源环境与安全大类	Resource Environment and Security Categories	110	11	35	59	5	
能源动力与材料大类	Energy Dynamics and Materials Categories	114	5	71	34	4	
土木建筑大类	Civil Construction Categories	830	68	296	319	93	54
水利大类	Hydraulic Engineering Categories	16	1	7	6	2	
装备制造大类	Equipment Manufacturing Categories	696	72	244	256	102	22
生物与化工大类	Biology and Chemistry Categories	266	29	137	68	28	4
轻工纺织大类	Light and Textile Industry Categories	67	7	18	32	5	5
食品药品与粮食大类	Food, Medicine and Food Categories	347	39	111	152	39	6
交通运输大类	Major Transportation Sectors Categories	1116	71	283	376	197	189
电子信息大类	Electronic Information Categories	1258	91	389	510	194	74
医药卫生大类	Medical and Health Categories	841	92	243	358	84	64
财经商贸大类	Finance and Trade Categories	1050	84	321	394	187	64
旅游大类	Tourism Categories	265	19	56	101	59	30
文化艺术大类	Cultural and Artistic Categories	1220	91	333	464	231	101
新闻传播大类	News Communication Categories	108	6	22	35	26	19
教育与体育大类	Education and Sports Categories	2764	252	864	1001	400	247
公安与司法大类	Public Security and Judicial Categories	286	14	91	79	47	55
公共管理与服务大类	Public Administration and Services	172	15	47	78	26	6

17-10 分学科研究生数(2021年)
Number of Postgraduates by Subject(2021)

单位：人 (person)

学 科	Subject	毕业生数 Graduates		招生数 New Student Enrollment		在校生数 Student Enrollment	
		博士 doctor	硕士 master	博士 doctor	硕士 master	博士 doctor	硕士 master
总 计	**Total**	**2082**	**20929**	**4560**	**33495**	**18738**	**83881**
#女 性	Female	869	11176	1688	16418	3099	13887
哲 学	Philosophy	21	131	21	97	119	314
经济学	Economics	7	403	24	620	128	1410
法 学	Law	37	1018	81	1666	333	4125
教育学	Education	10	1124	27	2088	73	4899
文 学	Literature	31	810	58	1178	244	2776
历史学	History		83	3	116	10	328
理 学	Science	172	1484	337	2407	1230	5827
工 学	Engineering	1164	8610	2864	13263	12344	32355
农 学	Agriculture	166	1223	221	2481	1003	6416
医 学	Medicine	361	3006	723	4429	2189	11861
军事学	Military						
管理学	Manage	98	2586	171	4253	952	11265
艺术学	Art	15	451	30	897	113	2305
学术型学位	Academic Degree	2003	10613	3636	14335	16555	37628
专业学位	Professional Degree	79	10316	924	19160	2183	46253

17-11　平均每万人口在校学生数和大中小学学生构成
Number of Students Enrollment Per 10000 Population and Composition of Students Enrolled

年　份 Year	大中小学校在校学生占全省人口(%) Students as Percentage of Total Population (%)	平均每万人口学生数(人) Number of Students per 10000 Population (person)			大中小学学生构成(%) Student Structure of Different Level (%)		
		大学生 University and College Students	中学生 Secondary School Students	小学生 Primary School Students	大学生 University and College Students	中学生 Secondary School Students	小学生 Primary School Students
1978	24.3	10.6	837.8	1584.2	0.4	34.4	65.1
1980	23.6	13.6	783.2	1561.5	0.6	33.2	66.2
1985	20.7	19.6	660.9	1393.5	0.9	31.9	67.2
1990	17.1	22.6	565.4	1122.5	1.3	33.1	65.6
1995	15.8	30.7	543.8	1007.7	1.9	34.4	63.7
1996	15.9	31.2	567.3	996.1	2.0	35.6	62.5
1997	16.1	30.9	590.2	987.8	1.9	36.7	61.4
1998	15.8	33.2	634.9	914.0	2.1	40.1	57.8
1999	15.5	41.4	686.2	817.9	2.7	44.4	52.9
2000	15.1	52.6	711.3	743.5	3.5	47.2	49.3
2001	14.6	71.2	713.1	679.0	4.9	48.7	46.4
2002	14.5	87.8	725.9	639.2	6.0	50.0	44.0
2003	14.3	102.8	698.0	629.8	7.2	48.9	43.9
2004	14.7	157.8	704.2	606.8	10.7	47.9	41.3
2005	14.4	192.3	673.0	577.0	13.3	46.7	40.0
2006	14.2	213.3	655.0	550.0	15.0	46.2	38.8
2007	14.0	220.7	641.9	533.7	15.8	46.0	38.2
2008	14.0	242.7	636.1	518.5	17.4	45.5	37.1
2009	13.9	253.0	637.7	497.6	18.2	45.9	35.9
2010	13.8	257.1	629.8	491.0	18.7	45.7	35.6
2011	13.6	255.4	616.6	489.1	18.8	45.3	35.9
2012	13.5	258.3	609.3	487.1	19.1	45.0	36.0
2013	11.7	266.3	506.0	401.6	22.7	43.1	34.2
2014	11.3	270.4	475.4	387.6	23.9	41.9	34.2
2015	11.1	267.6	456.9	386.7	24.1	41.1	34.8
2016	10.9	259.1	453.5	378.2	23.7	41.6	34.7
2017	10.7	256.5	453.4	362.8	23.9	42.3	33.8
2018	10.6	258.6	454.2	348.9	24.4	42.8	32.9
2019	10.4	253.0	450.2	340.9	26.8	39.1	34.1
2020	12.3	316.1	521.9	390.7	25.7	42.5	31.8
2021	12.8	368.1	538.2	375.5	28.7	42.0	29.3

注:从2002起，大学生、中学生在校生中分别新增了网络生和成人生，与以前年份不可比。

a) Since 2002, network students and adult students have been added to college students and middle school students respectively, which is incomparable with the previous years.

17-12 研究生数
Number of Postgraduates

单位：人 (person)

年份 Year	在校学生数 Student Enrollment	招生数 New Student Enrollment	毕业生数 Graduates	每十万人拥有研究生数 Number of Postgraduates per 100000 Population		
				在校学生数 Student Enrollment	招生数 New Student Enrollment	毕业生数 Graduates
1978	350	350		1.1	1.1	
1980	437	115	202	1.4	0.4	0.6
1985	3572	1926	588	10.7	5.8	1.8
1990	4011	1285	1572	11.4	3.6	4.5
1995	5643	1914	1344	15.3	5.2	3.6
1996	6269	2249	1606	16.8	6.0	4.3
1997	6662	2326	1667	17.8	6.2	4.4
1998	7195	2345	1774	19.1	6.2	4.7
1999	8465	3116	1903	22.4	8.2	5.0
2000	10647	4494	2293	28.0	11.8	6.0
2001	13861	5741	2455	36.4	15.1	6.4
2002	17586	7091	2999	46.1	18.6	7.9
2003	23630	9906	3862	62.0	26.0	10.1
2004	30268	12023	5345	79.3	31.5	14.0
2005	37075	13653	6608	97.1	35.8	17.3
2006	42683	14863	9064	111.7	38.9	23.7
2007	46109	15125	11679	120.6	39.6	30.5
2008	48890	15533	12903	127.8	40.6	33.7
2009	51915	17580	14667	135.7	46.0	38.3
2010	54467	18369	15468	142.3	48.0	40.4
2011	57829	19432	15247	150.8	50.7	39.8
2012	60819	20286	16824	158.6	52.9	43.9
2013	62249	20824	18439	162.3	54.3	48.1
2014	61174	20471	20685	159.6	53.4	54.0
2015	62044	21172	19151	162.3	55.4	50.1
2016	63620	21889	19510	167.2	57.5	51.3
2017	68078	25076	19328	179.4	66.1	50.9
2018	72952	26626	19461	192.9	70.4	51.5
2019	78679	28272	20749	210.6	74.6	56.0
2020	89433	35943	23099	280.8	112.9	72.5
2021	102619	38055	23011	328.4	121.8	73.6

17-13　中等职业学校分科学生数(2021年)

Number of Students in Specialized Secondary Schools by Field of Study (2021)

单位：人　　(person)

学　科	Subject	毕业生数 Graduates	招生数 New Student Enrollment	在校学生数 Student Enrollment
总　计	**Total**	**46062**	**61788**	**176725**
农林牧渔大类	Agriculture, Forestry, Animal Husbandry & Fishery Categories	8094	7963	26402
资源环境与安全大类	Resource Environment and Security Categories	957	292	1375
能源动力与材料大类	Energy Dynamics and Materials Categories	40	225	654
土木建筑大类	Civil Construction Categories	680	964	2710
水利大类	Hydraulic Engineering Categories	109	227	491
装备制造大类	Equipment Manufacturing Categories	928	1554	4094
生物与化工大类	Biology and Chemistry Categories	11		10
轻工纺织大类	Light and Textile Industry Categories	224	191	610
食品药品与粮食大类	Food, Medicine and Food Categories	155	276	774
交通运输大类	Major Transportation Sectors Categories	6123	7152	20145
电子与信息大类	Electronic Information Categories	8576	13423	38608
医药卫生大类	Medical and Health Categories	8683	14476	36561
财经商贸大类	Finance and Trade Categories	3416	6385	17321
旅游大类	Tourism Categories	2221	2122	6908
文化艺术大类	Cultural and Artistic Categories	1909	2220	7577
新闻传播大类	News Communication Categories	234	342	930
教育与体育大类	Education and Sports Categories	2885	3431	9642
公安与司法大类	Public Security and Judicial Categories	574	79	889
公共管理与服务大类	Public Administration and Services	243	466	1024

17-14　中等职业学校专任教师数(2021年)
Number of Full-Time Teachers in Secondary Vocational Schools(2021)

单位：人　　　　(person)

项　目	Item	合　计 Total	正高级 Senior	副高级 Sub Senior	中级 Middle	初级 Junior	未定职级 No rank
总　计	**Total**	**12734**	**142**	**4225**	**4518**	**2458**	**1391**
#女　性	Female	7745	90	2628	2596	1517	914
#实习指导课	Practice and Direction Course	743	4	242	269	123	105
专业课	**Professional Course**						
农林牧渔大类	Agriculture, Forestry, Animal Husbandry & Fishery Categories	1303	22	530	514	184	53
资源环境与安全大类	Resource Environment and Security Categories	108		37	34	15	22
能源动力与材料大类	Energy Dynamics and Materials Categories	29		5	5	5	14
土木建筑大类	Civil Construction Categories	117		19	39	48	11
水利大类	Hydraulic Engineering Categories	5			4		1
装备制造大类	Equipment Manufacturing Categories	351	9	119	140	54	29
生物与化工大类	Biology and Chemistry Categories	25	1	12	7	5	
轻工纺织大类	Light and Textile Industry Categories	23		6	8	5	4
食品药品与粮食大类	Food, Medicine and Food Categories	61		25	24	10	2
交通运输大类	Major Transportation Sectors Categories	1061	11	207	309	285	249
电子与信息大类	Electronic Information Categories	1273	11	388	498	217	159
医药卫生大类	Medical and Health Categories	1303	27	340	365	367	204
财经商贸大类	Finance and Trade Categories	700	8	263	230	130	69
旅游大类	Tourism Categories	394		114	139	68	73
文化艺术大类	Cultural and Artistic Categories	1159	22	367	389	248	133
新闻传播大类	News Communication Categories	34		5	6	6	17
教育与体育大类	Education and Sports Categories	4480	30	1690	1692	767	301
公安与司法大类	Public Security and Judicial Categories	28		9	8	1	10
公共管理与服务大类	Public Administration and Services	280	1	89	107	43	40

17-15　各级各类学校女学生数和女教师数
Number of Female Students and Teachers by Level and Type

项　目	Item	2017	2018	2019	2020	2021
女学生数(万人)	**Number of Female Students (10000 persons)**	**183.7**	**180.9**	**178.7**	**176.5**	**174.9**
普通高等学校	Institutions of Higher Education	37.5	37.3	38.4	40.3	42.0
中等专业学校	Specialized Secondary Schools	5.2	4.7	4.3	4.0	3.6
普通中学	Regular Secondary Schools	72.7	73.7	72.5	70.0	69.4
职业中学	Vocational Secondary Schools	2.2	1.9	1.9	2.1	3.4
小　学	Primary Schools	66.2	63.4	61.6	60.1	56.5
女学生占学生总数(%)	**Percentage of Female Students to Total Students (%)**	**49.2**	**50.1**	**48.8**	**48.6**	**48.4**
普通高等学校	Institutions of Higher Education	51.0	50.9	49.3	48.8	47.8
中等专业学校	Specialized Secondary Schools	51.1	51.4	52.3	52.1	53.7
普通中学	Regular Secondary Schools	49.7	49.7	49.5	49.3	49.3
职业中学	Vocational Secondary Schools	36.4	35.3	34.7	35.4	38.5
小　学	Primary Schools	48.1	48.1	48.2	48.3	48.2
女教师数(万人)	**Number of Female Teachers (10000 persons)**	**19.9**	**19.7**	**19.5**	**19.3**	**19.4**
普通高等学校	Institutions of Higher Education	2.5	2.5	2.6	2.6	2.7
中等专业学校	Specialized Secondary Schools	0.3	0.3	0.3	0.3	0.3
普通中学	Regular Secondary Schools	8.6	8.6	8.6	8.6	8.6
职业中学	Vocational Secondary Schools	0.4	0.4	0.4	0.4	0.4
小　学	Primary Schools	8.0	7.8	7.6	7.5	7.4
女教师占教师总数(%)	**Percentage of Female Teachers to Total Teachers (%)**	**65.1**	**65.7**	**66.0**	**66.6**	**66.9**
普通高等学校	Institutions of Higher Education	54.7	55.2	55.6	56.5	56.2
中等专业学校	Specialized Secondary Schools	60.0	61.0	62.6	64.2	64.8
普通中学	Regular Secondary Schools	64.9	65.3	65.7	65.9	66.3
职业中学	Vocational Secondary Schools	60.0	61.1	61.4	61.7	61.5
小　学	Primary Schools	70.2	71.0	71.4	72.3	73.4

17-16 各级学校教师负担学生数
Student-Teacher Ratio by Level

单位：人 (person)

年 份 Year	普通高等学校 Institutions of Higher Education		中等学校 Secondary Schools		小 学 Primary Schools	
	教师数 Number of Teachers	平均每个教师负担学生 Student-teacher Ratio	教师数 Number of Teachers	平均每个教师负担学生 Student-teacher Ratio	教师数 Number of Teachers	平均每个教师负担学生 Student-teacher Ratio
1978	8380	4.0	142761	18.4	187061	26.5
1980	10365	4.2	144291	17.4	193787	25.8
1985	13448	4.9	135366	16.4	207256	22.6
1990	15915	5.0	149499	13.4	215735	18.4
1991	15823	5.0	149950	13.3	216342	17.9
1992	15641	5.4	149918	13.2	216377	17.5
1993	15604	6.2	147621	12.7	213823	17.5
1994	16097	6.8	147699	12.8	215222	17.5
1995	16542	6.9	148057	13.6	214944	17.4
1996	16403	7.1	149560	14.1	213124	17.4
1997	15736	7.4	152402	14.5	214807	17.2
1998	15505	8.1	156257	15.3	210954	16.3
1999	15804	9.9	159855	16.3	206807	15.0
2000	16169	12.4	160153	16.9	193113	14.7
2001	18042	15.0	161133	16.9	182929	14.1
2002	23179	14.6	160153	17.2	180900	13.5
2003	28525	13.5	160108	16.6	178122	13.5
2004	32119	14.6	159719	16.4	175274	13.2
2005	35105	15.4	153952	16.1	163204	13.5
2006	36866	16.7	154299	15.1	160511	13.1
2007	39792	16.0	154769	14.9	158918	12.8
2008	41727	16.3	156018	14.5	157436	12.6
2009	43057	16.5	156205	14.2	155025	12.3
2010	44198	16.3	155048	13.9	151344	12.4
2011	44821	15.9	168152	12.4	134479	13.9
2012	45448	15.5	170671	12.0	128792	14.5
2013	46215	15.5	167746	10.3	120214	12.8
2014	46870	15.6	167073	10.0	114606	13.0
2015	46806	15.7	165186	9.9	109061	13.6
2016	46829	15.7	162945	10.0	101401	14.2
2017	46278	15.9	144294	11.3	114487	12.0
2018	46027	15.9	143413	11.2	110544	11.9
2019	47245	16.5	141887	11.3	107089	11.9
2020	48858	16.9	142082	11.2	103715	12.0
2021	48343	18.2	140376	11.1	101192	11.6

17-17　中小学升学及学龄儿童入学情况

Statistics of Junior Secondary Schools and Primary Schools Entering Higher Level Schools, Statistics of School-Age Children Enrolled

单位：万人、%　　(10000 persons,%)

年　份 Year	初　中毕业生数 Graduates of Junior Secondary Schools	高级中等学校招生数 Students Entering Senior Secondary Schools	小　学毕业生数 Graduates of Primary Schools	初级中等学校招生数 Students Entering Junior Secondary Schools	小学升学率 Percentage of Graduates of Primary Schools Entering Junior Secondary Schools	学　龄儿 童 数 School-age Children	已入学学龄儿童数 School-age Children Enrolled in Schools	学龄儿童入 学 率 Percentage of School-age Children Enrolled
1978	46.9	24.5	77.4	72.5	93.7	406.7	386.9	95.1
1980	51.5	26.0	76.1	68.5	90.1	417.9	395.1	94.5
1985	42.5	21.7	65.5	56.2	85.8	341.5	333.8	97.7
1990	43.5	20.0	63.6	52.7	82.8	313.1	310.0	99.0
1995	43.5	19.3	63.8	59.4	93.1	347.9	343.9	98.9
1996	42.4	18.4	60.6	57.3	94.6	346.9	345.8	99.7
1997	43.6	20.5	59.1	55.7	94.2	355.9	351.2	98.8
1998	50.0	20.8	74.9	70.3	94.0	334.0	327.7	98.1
1999	49.3	20.3	78.6	74.2	94.4	296.6	292.0	98.4
2000	48.7	18.9	69.8	66.2	95.9	275.1	271.7	98.8
2001	52.8	20.6	63.8	61.0	96.1	248.4	240.6	96.9
2002	52.3	26.3	57.0	56.1	98.4	232.0	226.5	97.6
2003	55.1	28.3	43.8	43.3	98.9	247.2	225.1	91.1
2004	55.6	28.5	46.3	45.9	99.2	232.1	217.8	93.8
2005	57.3	32.6	44.4	43.6	98.2	211.2	207.9	98.4
2006	54.2	36.2	42.7	42.2	98.9	201.2	198.9	98.9
2007	47.7	36.7	40.0	39.8	99.5	196.3	193.7	98.7
2008	44.8	39.2	39.1	39.0	99.7	189.7	188.5	99.4
2009	43.7	41.9	39.0	39.0	99.9	183.1	182.2	99.5
2010	40.5	40.6	36.4	36.4	99.9	181.6	180.0	99.1
2011	39.9	41.8	33.6	33.5	99.8	182.1	181.7	99.8
2012	39.4	39.7	34.7	34.6	99.7	181.7	181.3	99.8
2013	37.3	32.2	33.0	27.9	84.6	145.6	145.5	99.9
2014	27.0	29.0	26.7	26.3	98.5	141.1	141.0	99.9
2015	26.7	28.0	25.4	25.1	98.8	139.6	139.6	99.9
2016	27.6	28.1	27.8	27.5	99.0	136.0	136.0	99.9
2017	27.6	27.8	27.9	27.6	98.9	130.8	130.8	99.9
2018	24.4	24.5	27.6	27.3	98.8	125.2	125.1	99.9
2019	27.0	26.6	25.2	25.0	99.2	120.4	120.3	100.0
2020	27.8	30.2	23.5	23.1	98.5	116.6	116.5	100.0
2021	27.5	30.9	24.5	24.2	98.8	109.0	109.0	100.0

注：2002起年高级中等学校招生数中新增了成人中专招生数，使相关数据明显增大。

a) From 2002,the data of senior secondary schools include the data of specialized secondary schools for adults.

17-18　各类技工学校基本情况(2021年)
Statistics on Various Technical Schools(2021)

单位：人　　(person)

指　标	Item	合　计 Total	地方人社部门办 Local Human Resources and Social Security Bureau	地方国有经济单位办 Launched by local State-owned Economic Institution	行业办 Launched by Sector	企业办 Launched by Enterprise	其　他 Others
学校数(所)	Number of Schools (unit)	106	50	14	4	10	42
在校学生数	Number of Students	109662	69869	9550	3935	5615	30243
#女　性	Female	40642	25176	3054	1652	1402	12412
招生数	New Student Enrollment	33338	19310	4078	1879	2199	9950
毕业生数	Graduates	22801	13063	3598	1848	1750	6140
在职教职工数	Teachers and Staff	7898	5112	885	270	615	1901
#文化技术理论课教师	Classroom Teachers	4610	3299	533	167	366	778
生产实习课指导教师	Practical Training Teachers	1113.0	556.0	126.0	14.0	112.0	431

17-19　各级各类成人学校在校学生数
Student Enrollment in Adult Schools by Level and Type

单位：万人　　(10000 persons)

学校类别	Category	2017	2018	2019	2020	2021
成人高等学校	**Adult Education Schools**	**1.10**	**1.73**	**2.36**	**2.46**	**3.22**
广播电视大学	Radio and TV Universities	0.23	0.35	0.50	0.59	0.69
职工高等学校	Schools of Higher Education for Staff and Workers	0.13	0.12	0.13	0.10	0.09
管理干部学院	College for Management Cadres	0.29	0.51	0.66	0.60	0.78
教育学院	Pedagogical Colleges	0.44	0.74	1.07	1.18	1.66
成人中等学校	**Secondary Schools for Adults**	**36.03**	**20.40**	**15.59**	**14.48**	**9.28**
中等专业学校	Specialized Secondary Schools for Adults	4.08	3.58	3.15	2.79	0.41
成人中学	Secondary Schools for Adults	0.39	0.32	0.04	0.04	
成人技术培训学校	Technical Training Schools for Adults	31.57	16.49	12.40	11.64	8.87

17-20 技工学校数、学生数和教职工数
Number of Technical Schools, Students, Staff and Teachers

单位：所、人 (unit, person)

年份 Year	学校数 Schools	在校学生数 Student Enrollment	毕业生数 Graduates	招生数 New Student Enrollment	教职工数 Staff and Teachers	#专任教师 Full-time Teachers
1978	128	25200	4523	19969	4887	1855
1980	217	50731	19969	25529	8941	3670
1985	202	50257	18949	25048	12902	5192
1990	220	95665	32103	33409	18271	7745
1995	220	85809	49100	29608	16179	8002
1996	195	64105	30884	20261	15245	7993
1997	192	62580	30898	22788	14990	7578
1998	168	44107	27155	13903	12595	6667
1999	170	35795	21884	10969	11962	7040
2000	172	28979	13126	9886	9375	5392
2001	166	24939	13379	9769	10429	7966
2002	150	28008	11567	13458	8892	5903
2003	147	31789	11135	17104	9454	7099
2004	135	41411	12318	21591	10833	7620
2005	128	60407	16429	28264	9417	6064
2006	124	68658	17167	32860	9256	6170
2007	121	88076	21775	46796	10457	7465
2008	130	91059	21063	40428	10261	7474
2009	130	101307	25158	44570	11101	8417
2010	133	142109	39697	82949	12316	7982
2011	133	194501	31131	100878	11539	8211
2012	134	225762	55013	94975	12338	8695
2013	134	144221	91463	44647	11671	7987
2014	133	95985	71838	30150	10789	7965
2015	131	63300	48680	22771	11274	8054
2016	127	56295	27561	23205	10893	8083
2017	127	55893	21235	24360	10999	7335
2018	129	55494	18402	20379	10307	7110
2019	131	76424	20503	47342	10166	7130
2020	130	96771	18750	56455	9081	6752
2021	106	109662	22801	33338	7898	5723

17-21 分地区普通高等学校基本情况(2021年)
Basic Statistics on Regular Institutions of Higher Education by Region(2021)

单位：所、人 (unit, person)

地区	Region	学校数 Schools	教职工数 Staff and Teachers	#专任教师 Full-time Teachers	#教授 Professors	#副教授 A/Prof.	招生数 New Enrollment	在校生数 Total Enrollment	毕业生数 Graduates	授予学位数 Degrees Conferred
全　省	**Total**	**78**	**75101**	**48343**	**8212**	**16420**	**250731**	**879107**	**196489**	**130420**
哈尔滨	Harbin	48	51744	33119	5945	11669	155832	571204	132290	91216
齐齐哈尔	Qiqihar	6	5370	3824	497	1222	19857	70627	16545	9807
鸡　西	Jixi	1	649	482	74	78	2777	9852	2301	1531
鹤　岗	Hegang	1	335	231	23	134	1180	4089	719	
双鸭山	Shuangyashan	1	290	142	10	29	1362	7279	1010	
大　庆	Daqing	5	5422	3505	623	1247	17261	60223	13788	10178
伊　春	Yichun	1	433	200	13	72	3008	6276	827	
佳木斯	Jiamusi	4	3949	2482	325	680	15400	46863	8361	5467
七台河	Qitaihe	1	162	120	17	49	1156	4737	715	
牡丹江	Mudanjiang	7	4772	2870	520	901	24703	70451	13196	6461
黑　河	Heihe	1	863	608	93	140	3693	12001	2835	2781
绥　化	Suihua	1	820	541	58	144	3695	12858	2980	2979
大兴安岭	Daxinganling	1	292	219	14	55	807	2647	922	

17-22 分地区中等专业学校基本情况(2021年)
Basic Statistics on Secondary Vocational Schools by Region(2021)

单位：人 (person)

地区	Region	学校数(所) Schools (unit)	教职工数 Staff and Teachers	#专任教师 Full-time Teachers	#副高级以上 Deputy High above	招生数 New Enrollment	#初中毕业 Graduate from Senior Secondary Schools	在校生数 Total Enrollment	毕业生数 Graduates
全　省	**Total**	**195**	**16496**	**12734**	**4367**	**61788**	**44339**	**176725**	**46062**
哈尔滨	Harbin	52	5821	4699	1451	21776	18320	60520	16862
齐齐哈尔	Qiqihar	25	1858	1448	422	13733	6786	39559	10221
鸡　西	Jixi	9	529	413	137	1057	909	3547	1156
鹤　岗	Hegang	6	812	441	227	1327	671	4218	2128
双鸭山	Shuangyashan	8	463	396	165	524	484	2234	856
大　庆	Daqing	14	1035	735	270	4185	1801	8049	1288
伊　春	Yichun	9	590	337	89	899	732	2576	1541
佳木斯	Jiamusi	18	1421	1119	354	5625	4404	17067	3669
七台河	Qitaihe	3	142	71	17	1104	666	2557	454
牡丹江	Mudanjiang	17	1153	1084	357	4920	4064	15513	2754
黑　河	Heihe	11	1049	723	432	1838	1446	6565	2169
绥　化	Suihua	17	1341	1052	370	4473	3890	13418	2542
大兴安岭	Daxinganling	6	282	216	76	327	166	902	422

17-23 分地区普通中学学校数(2021年)

Number of Regular Secondary Schools by Region(2021)

单位：所 (unit)

地区	Region	合计 Total	#高中 Senior Secondary Schools	城区 Urban Areas	#高中 Senior Secondary Schools	镇区 Counties and Towns	#高中 Senior Secondary Schools	乡村 Rural Areas	#高中 Senior Secondary Schools
				按城乡分 By Urban and Rural Areas					
全省	**Total**	**1775**	**366**	**606**	**202**	**788**	**151**	**381**	**13**
哈尔滨	Harbin	453	103	201	67	149	34	103	2
齐齐哈尔	Qiqihar	244	41	55	22	112	19	77	
鸡西	Jixi	96	20	39	15	42	5	15	
鹤岗	Hegang	51	13	23	5	27	8	1	
双鸭山	Shuangyashan	77	17	18	5	47	12	12	
大庆	Daqing	77	30	70	19	47	11	30	
伊春	Yichun	77	15	22	8	24	7	2	
佳木斯	Jiamusi	77	27	38	12	65	11	24	4
七台河	Qitaihe	77	7	21	4	15	3	11	
牡丹江	Mudanjiang	77	32	43	17	55	14	14	1
黑河	Heihe	77	22	26	11	45	7	17	4
绥化	Suihua	77	32	45	16	134	14	72	2
大兴安岭	Daxinganling	77	7	5	1	26	6	3	

17-24 分地区普通中学在校学生数(2021年)

Number of Students of Regular Secondary Schools by Region(2021)

单位：人 (person)

地区	Region	合计 Total	#高中 Senior Secondary Schools	城区 Urban Areas	#高中 Senior Secondary Schools	镇区 Counties and Towns	#高中 Senior Secondary Schools	乡村 Rural Areas	#高中 Senior Secondary Schools
				按城乡分 By Urban and Rural Areas					
全省	**Total**	**1408434**	**573916**	**753799**	**324579**	**566146**	**235722**	**88489**	**13615**
哈尔滨	Harbin	408305	157744	277522	108962	112087	46672	18696	2110
齐齐哈尔	Qiqihar	170957	70489	59545	29973	95919	40516	15493	
鸡西	Jixi	66340	26979	42976	20059	20067	6920	3297	
鹤岗	Hegang	33501	16105	16941	8202	16466	7903	94	
双鸭山	Shuangyashan	52646	25992	14135	7636	37106	18356	1405	
大庆	Daqing	154652	59565	86008	32972	58661	26593	9983	
伊春	Yichun	26088	13335	18308	10697	7429	2638	351	
佳木斯	Jiamusi	96198	43927	47127	21846	39828	15883	9243	6198
七台河	Qitaihe	37897	14702	25327	10503	9977	4199	2593	
牡丹江	Mudanjiang	90083	40032	49087	19988	35725	19301	5271	743
黑河	Heihe	54569	25333	32278	15364	17616	6187	4675	3782
绥化	Suihua	206500	74205	83319	37709	105892	35714	17289	782
大兴安岭	Daxinganling	10698	5508	1226	668	9373	4840	99	

17-25 分地区普通中学招生数(2021年)
Number of New Enrollment Students of Regular Secondary Schools by Region(2021)

单位：人 (person)

地区	Region	合计 Total	#高中 Senior Secondary Schools	按城乡分 By Urban and Rural Areas 城区 Urban Areas	#高中 Senior Secondary Schools	镇区 Counties and Towns	#高中 Senior Secondary Schools	乡村 Rural Areas	#高中 Senior Secondary Schools
全省	**Total**	**432568**	**190854**	**232096**	**108295**	**175099**	**77415**	**25373**	**5144**
哈尔滨	Harbin	126427	53240	84797	36869	35933	15510	5697	861
齐齐哈尔	Qiqihar	55229	23024	19147	9788	31256	13236	4826	
鸡西	Jixi	18806	9093	12463	6867	5654	2226	689	
鹤岗	Hegang	10569	5183	5635	2678	4902	2505	32	
双鸭山	Shuangyashan	16829	8360	4531	2377	11934	5983	364	
大庆	Daqing	43140	19327	23986	10766	16887	8561	2267	
伊春	Yichun	8470	4228	5977	3436	2385	792	108	
佳木斯	Jiamusi	32341	14935	16062	7334	13289	5563	2990	2038
七台河	Qitaihe	10928	5067	7149	3630	3203	1437	576	
牡丹江	Mudanjiang	29984	12971	16780	6683	11356	6005	1848	283
黑河	Heihe	17988	8445	10816	5184	5643	1987	1529	1274
绥化	Suihua	58438	25252	24389	12483	29632	12081	4417	688
大兴安岭	Daxinganling	3419	1729	364	200	3025	1529	30	

17-26 分地区普通中学毕业生数(2021年)
Number of Graduates of Regular Secondary Schools by Region(2021)

单位：人 (person)

地区	Region	合计 Total	#高中 Senior Secondary Schools	按城乡分 By Urban and Rural Areas 城区 Urban Areas	#高中 Senior Secondary Schools	镇区 Counties and Towns	#高中 Senior Secondary Schools	乡村 Rural Areas	#高中 Senior Secondary Schools
全省	**Total**	**449301**	**174127**	**225143**	**99549**	**191523**	**71289**	**32635**	**3289**
哈尔滨	Harbin	121872	45081	76152	32089	38327	12709	7393	283
齐齐哈尔	Qiqihar	59938	21473	19497	9056	34311	12417	6130	
鸡西	Jixi	20442	8867	12537	6268	6787	2599	1118	
鹤岗	Hegang	11901	5177	6157	2656	5703	2521	41	
双鸭山	Shuangyashan	18453	8252	4724	2241	12932	6011	797	
大庆	Daqing	44174	18896	23961	10757	17098	8139	3115	
伊春	Yichun	9643	4389	6505	3519	2897	783	241	87
佳木斯	Jiamusi	33183	12708	16075	6650	14367	4619	2741	1439
七台河	Qitaihe	11432	4575	7154	3273	3263	1302	1015	
牡丹江	Mudanjiang	30975	12202	16105	6013	12793	6047	2077	142
黑河	Heihe	20395	8368	11831	5083	6721	1947	1843	1338
绥化	Suihua	63034	22336	24028	11711	32931	10625	6075	
大兴安岭	Daxinganling	3859	1803	417	233	3393	1570	49	

17-27 分地区普通中学教职工数(2021年)
Number of Teachers and Staff of Regular Secondary Schools by Region(2021)

单位：人 (person)

地区	Region	合计 Total	按城乡分 By Urban and Rural Areas			按主管部门分 By Department		
			城区 Urban Areas	镇区 Counties and Towns	乡村 Rural Areas	教育部门办 Run by Educational Department	其他部门办 Schools Run by Other Department	民办 Run by Private and Other Social Sources
全省	**Total**	**173745**	**81477**	**70612**	**21656**	**160111**	**3429**	**10205**
哈尔滨	Harbin	45349	28304	12035	5010	38367	616	6366
齐齐哈尔	Qiqihar	22415	6637	11177	4601	21758	53	604
鸡西	Jixi	8753	4666	3291	796	7766	738	249
鹤岗	Hegang	5872	3024	2774	74	4439	1207	226
双鸭山	Shuangyashan	6954	2175	4268	511	6763		191
大庆	Daqing	17688	10801	5116	1771	16846	116	726
伊春	Yichun	4494	2482	1802	210	4494		
佳木斯	Jiamusi	12161	4658	5942	1561	11167		994
七台河	Qitaihe	3751	2096	1056	599	3620	87	44
牡丹江	Mudanjiang	10568	5064	4532	972	9973	445	150
黑河	Heihe	8398	3576	3852	970	8398		
绥化	Suihua	24871	7610	12780	4481	24049	167	655
大兴安岭	Daxinganling	2471	384	1987	100	2471		

17-28 分地区普通中学教师数(2021年)
Number of Teachers of Regular Secondary Schools by Region(2021)

单位：人 (person)

地区	Region	合计 Total	#高中 Senior Secondary Schools	按城乡分 By Urban and Rural Areas			按主管部门分 By Department		
				城区 Urban Areas	镇区 Counties and Towns	乡村 Rural Areas	教育部门办 Run by Educational Department	其他部门办 Schools Run by Other Department	民办 Run by Private and Other Social Sources
全省	**Total**	**129583**	**44127**	**65030**	**52532**	**12021**	**120894**	**2018**	**6671**
哈尔滨	Harbin	34852	11911	22874	9322	2656	30223	434	4195
齐齐哈尔	Qiqihar	16057	5354	5434	8487	2136	15663	10	384
鸡西	Jixi	6442	2160	3729	2240	473	5891	331	220
鹤岗	Hegang	3737	1432	1980	1736	21	2890	744	103
双鸭山	Shuangyashan	4780	1908	1490	3051	239	4639		141
大庆	Daqing	13359	4622	7559	4527	1273	12761	50	548
伊春	Yichun	3532	1294	2031	1399	102	3532		
佳木斯	Jiamusi	8616	3342	3976	3757	883	8094		522
七台河	Qitaihe	3147	1067	1923	881	343	3071	66	10
牡丹江	Mudanjiang	8389	3198	4316	3436	637	7982	316	91
黑河	Heihe	5907	2158	2948	2309	650	5907		
绥化	Suihua	19217	5143	6597	10052	2568	18693	67	457
大兴安岭	Daxinganling	1548	538	173	1335	40	1548		

17-29 分地区小学学校数和在校学生数(2021年)
Statistics on Primary Schools and Students Enrollment by Region(2021)

单位：所、人 (unit, person)

地 区	Region	学校数 Number of Schools	按城乡分 By Urban and Rural Areas			在校学生数 Student Enrollment	按城乡分 By Urban and Rural Areas		
			城 区 Urban Areas	镇 区 Counties and Towns	乡 村 Rural Areas		城 区 Urban Areas	镇 区 Counties and Towns	乡 村 Rural Areas
全 省	**Total**	**1380**	**544**	**581**	**255**	**1173409**	**642463**	**438719**	**92227**
哈尔滨	Harbin	353	178	123	52	376943	251786	100081	25076
齐齐哈尔	Qiqihar	174	55	77	42	158156	55376	79660	23120
鸡 西	Jixi	58	28	20	10	45679	28159	14930	2590
鹤 岗	Hegang	33	19	11	3	28786	16857	11341	588
双鸭山	Shuangyashan	62	19	36	7	44331	12710	29690	1931
大 庆	Daqing	146	57	44	45	105003	61575	33652	9776
伊 春	Yichun	46	20	22	4	24073	14691	8968	414
佳木斯	Jiamusi	116	43	48	25	89386	47624	36936	4826
七台河	Qitaihe	32	15	12	5	26284	16284	7957	2043
牡丹江	Mudanjiang	113	48	48	17	91637	56052	27898	7687
黑 河	Heihe	63	25	30	8	49967	30540	18278	1149
绥 化	Suihua	169	37	95	37	123553	49624	61064	12865
大兴安岭	Daxinganling	15		15		9611	1185	8264	162

17-30 分地区小学招生数和毕业生数(2021年)
Number of New Students Enrollment and Graduates of Primary Schools by Region(2021)

单位：人 (person)

地 区	Region	招生数 Number of New Students Enrollment	按城乡分 By Urban and Rural Areas			毕业生数 Number of Graduates	按城乡分 By Urban and Rural Areas		
			城 区 Urban Areas	镇 区 Counties and Towns	乡 村 Rural Areas		城 区 Urban Areas	镇 区 Counties and Towns	乡 村 Rural Areas
全 省	**Total**	**180533**	**107985**	**61273**	**11275**	**244980**	**119040**	**99689**	**26251**
哈尔滨	Harbin	58159	42860	12319	2980	73857	45800	21640	6417
齐齐哈尔	Qiqihar	22434	9103	10623	2708	32400	8909	17493	5998
鸡 西	Jixi	8022	5281	2357	384	9701	5400	3432	869
鹤 岗	Hegang	4145	2410	1681	54	5405	2956	2345	104
双鸭山	Shuangyashan	6620	2007	4452	161	8610	2169	5876	565
大 庆	Daqing	19538	12164	5946	1428	23670	12328	8061	3281
伊 春	Yichun	3515	2241	1232	42	4305	2426	1781	98
佳木斯	Jiamusi	12249	6966	4906	377	17725	8608	7798	1319
七台河	Qitaihe	4520	3185	1119	216	5794	3532	1612	650
牡丹江	Mudanjiang	12937	8336	3586	1015	17273	9585	5941	1747
黑 河	Heihe	6862	4312	2455	95	9652	5413	3848	391
绥 化	Suihua	20064	8915	9361	1788	34838	11714	18355	4769
大兴安岭	Daxinganling	1468	205	1236	27	1750	200	1507	43

17-31　分地区小学教职工数(2021年)

Number of Teachers and Staff of Primary Schools by Region(2021)

单位：人　　(person)

地区	Region	合计 Total	按城乡分 By Urban and Rural Areas			按主管部门分 By Department		
			城区 Urban Areas	镇区 Counties and Towns	乡村 Rural Areas	教育部门办 Run by Educational Department	其他部门办 Schools Run by Other Department	民办 Run by Private and Other Social Sources
全　省	**Total**	**95633**	**41579**	**39511**	**14543**	**94541**	**745**	**347**
哈尔滨	Harbin	25887	13685	8898	3304	25335	262	290
齐齐哈尔	Qiqihar	10796	3465	5259	2072	10796		
鸡　西	Jixi	3837	2229	1168	440	3699	138	
鹤　岗	Hegang	2362	1311	800	251	2249	113	
双鸭山	Shuangyashan	3925	1107	2205	613	3925		
大　庆	Daqing	8580	3643	3124	1813	8580		
伊　春	Yichun	3484	1429	1908	147	3484		
佳木斯	Jiamusi	7328	3503	2838	987	7325		3
七台河	Qitaihe	1978	1106	593	279	1922	56	
牡丹江	Mudanjiang	7862	3653	2935	1274	7632	176	54
黑　河	Heihe	4889	2408	1753	728	4889		
绥　化	Suihua	13633	4040	7005	2588	13633		
大兴安岭	Daxinganling	1072		1025	47	1072		

17-32　分地区小学专任教师数(2021年)

Number of Full-Time Teachers of Primary Schools by Region (2021)

单位：人　　(person)

地区	Region	合计 Total	按城乡分 By Urban and Rural Areas			按主管部门分 By Department		
			城区 Urban Areas	镇区 Counties and Towns	乡村 Rural Areas	教育部门办 Run by Educational Department	其他部门办 Schools Run by Other Department	民办 Run by Private and Other Social Sources
全　省	**Total**	**101192**	**43655**	**41027**	**16510**	**98588**	**1290**	**1314**
哈尔滨	Harbin	26708	14728	8437	3543	25442	256	1010
齐齐哈尔	Qiqihar	12442	3380	6033	3029	12399	22	21
鸡　西	Jixi	4664	2418	1704	542	4273	391	
鹤　岗	Hegang	2865	1584	1102	179	2533	307	25
双鸭山	Shuangyashan	3803	1072	2129	602	3803		
大　庆	Daqing	9671	4642	3071	1958	9609	49	13
伊　春	Yichun	2952	1286	1537	129	2952		
佳木斯	Jiamusi	7496	3408	3084	1004	7410		86
七台河	Qitaihe	2113	1065	603	445	2064	41	8
牡丹江	Mudanjiang	7972	3513	3110	1349	7761	173	38
黑　河	Heihe	5264	2325	2231	708	5264		
绥　化	Suihua	14120	4135	7047	2938	13956	51	113
大兴安岭	Daxinganling	1122	99	939	84	1122		

17-33 分地区幼儿园基本情况(2021年)
Basic Statistics on Kindergartens by Region (2021)

单位：个、人 (unit, person)

地区	Region	园数 Number of Kindergartens	班数 Number of Classes	幼儿数 Student Enrollment	教职工数 Staff and Teachers	#专任教师 Full-time Teachers
全省	**Total**	**5639**	**24583**	**488748**	**75442**	**36809**
哈尔滨	Harbin	1475	7518	158334	23803	11208
齐齐哈尔	Qiqihar	868	3112	60128	7915	3790
鸡西	Jixi	324	1203	21869	3724	1754
鹤岗	Hegang	136	621	12472	1704	742
双鸭山	Shuangyashan	198	931	18290	2830	1401
大庆	Daqing	536	2451	50518	9014	4427
伊春	Yichun	108	499	10004	1811	926
佳木斯	Jiamusi	399	1758	32973	5590	2765
七台河	Qitaihe	154	644	11790	1798	986
牡丹江	Mudanjiang	424	1793	33694	5949	3039
黑河	Heihe	314	1109	21224	3490	1642
绥化	Suihua	639	2706	52617	6852	3603
大兴安岭	Daxinganling	64	238	4835	962	526

17-34 各级各类成人学校基本情况(2021年)
Basic Statistics on Adult Schools by Level and Type(2021)

单位：所、人 (unit, person)

学校类别	Category	学校数 Schools	毕业生数 Graduates	招生数 New Student Enrollment	在校生数 Student Enrollment	教职工数 Staff and Teachers	#专任教师 Full-time Teachers
总计	**Total**	**1553**	**301818**	**19750**	**125044**	**17603**	**11111**
成人高等学校	Adult Education Schools	16	10526	18560	32206	1871	1074
广播电视大学	Radio and TV Universities	2	2651	3737	6939	302	152
职工高等学校	Schools of Higher Education for Staff and Workers	9	396	547	882	385	233
管理干部学院	College for Management Cadres	3	2844	4757	7783	683	362
教育学院	Pedagogical Colleges	2	4635	9519	16602	501	327
成人中等学校	Secondary Schools for Adults	1537	291292	1190	92838	15732	10037
中等专业学校	Specialized Secondary Schools for Adults	19	2082	1190	4130	1480	1114
成人中学	Secondary Schools for Adults						
职工中学	Secondary Schools for Staff and Workers						
农民中学	Secondary Schools for Peasants						
成人技术培训学校	Technical Training Schools for Adults	1518	289210		88708	14252	8923
职工技术培训学校(机构)	Worker's Technical Training School	65	9652		19097	2003	1501
农村成人文化技术培训学校(机构)	Rural Culture & Technology Training School(Institution)	269	25338		10342	460	290
其他培训机构(含社会培训机构)	Other Training School	1184	254220		59269	11789	7132

17-35　科技活动基本情况
Basic Statistics on Scientific and Technological Activities

指　　标	Item	2017	2018	2019	2020	2021
单位基本情况	**Basic Statistics on Unit**					
单位数(个)	Number of Unit (unit)	4983	4534	5597	5671	6300
有R&D活动单位数(个)	Number of Unit With R & D Activities (unit)	702	607	605	756	971
研究与试验发展(R&D)投入情况	**Statistics on R&D Input**					
R&D人员全时当量(人年)	Full-time Equivalent of R&D Personnel(man-year)	47406	37155	44394	44205	48639
#基础研究	Basic Research	11188	12350	14797	12279	12562
应用研究	Applied Research	7427	8150	10888	13843	14129
试验发展	Experimental Development	28792	16655	18709	18082	21948
R&D经费内部支出(万元)	Expenditure on R&D(10000 yuan)	1465898	1349873	1465528	1731605	1945827
#基础研究	Basic Research	228371	243869	256620	230334	217485
应用研究	Applied Research	275710	401990	335764	550597	595340
试验发展	Experimental Development	961817	704015	873144	950675	1133002
#政府资金	Government Appropriation Funds	542391	534590	523802	724879	683711
企业资金	Self-raised Funds by Enterprises	876889	774650	837739	964483	1087123
R&D经费内部支出相当于地区生产总值比例(%)	Proportion of R & D Expenditure to GDP (%)	1.19	1.05	1.08	1.26	1.31
科技产出及成果情况	**Statistics on S&T Outputs and Results**					
发表科技论文(篇)	Scientific Papers Issued (piece)	45873	47478	51826	48626	47145
出版科技著作(种)	Publication on Science and Technology (kind)	1355	1231	1060	963	1064
科技成果登记数(项)	Number of Major Achievements (item)	1489	1582	1624	1160	1864
国家技术发明奖(项)	State Technological Invention Award (item)	5	12	6	6	
国家科学技术进步奖(项)	National Science and Technology Progress Award (item)	13	15	15	8	
专利申请受理数(件)	Number of Patent Applications Accepted(piece)	11685	11063	14633	14269	16655
#发明专利	Inventions	6572	6967	9183	8418	9447
专利申请授权数(件)	Number of Patent Applications Granted(piece)	6735	5977	6130	6876	8872
#发明专利	Inventions	3328	2983	3169	3344	4685
技术市场情况	**Basic Statistics on Technical Market**					
成交技术合同(件)	Number of Technical Contracts Completed (piece)	2836	3405	3799	5127	6960
技术市场成交额(亿元)	Transaction Value in Technical Market(100 million yuan)	151	170	236	268	353

17-36 科学研究与开发机构基本情况
Basic Statistics on Research and Development Institutions

指　　标	Item	2017	2018	2019	2020	2021
机构基本情况	**Basic Statistics on Institutions**					
机构数(个)	Number of R&D Institutions(unit)	226	226	226	226	121
#中央属	Subordinated to Central Level	16	16	16	16	15
地方属	Subordinated to Local Level	210	210	210	210	106
研究与试验发展(R&D)投入情况	**Statistics on R&D Input**					
R&D人员(人)	R&D Personnel (person)	7359	7219	7175	7106	6488
R&D人员全时当量(人年)	Full-time Equivalent of R&D Personnel(man-year)	5573	6180	5788	6122	5975
#基础研究	Basic Research					
应用研究	Applied Research					
试验发展	Experimental Development					
R&D经费内部支出(万元)	Expenditure on R&D(10000 yuan)	180265	158671	153026	197015	210780
#基础研究	Basic Research	43017	39607	25783	29888	35554
应用研究	Applied Research	50447	37755	35882	42259	57584
试验发展	Experimental Development	64202	63362	91361	124868	117642
#政府资金	Government Appropriation Funds	125400	113195	88555	131356	160151
企业资金	Self-raised Funds by Enterprises	15572	3612	4624	8890	17428
R&D项目(课题)情况	**Statistics on R&D Topics**					
R&D项目(课题)数 (项)	Projects of R&D (item)	2386	1947	1756	1594	1429
R&D项目(课题)人员全时当量(人年)	Participants (man-years)	6152	2244	4567	2863	4455
R&D项目(课题)经费内部支出(万元)	Intramural Expenditure (10000 yuan)	107266	91791	53938	73844	67383
科技产出及成果情况	**Statistics on S&T Outputs and Results**					
发表科技论文(篇)	Scientific Papers Issued (piece)	3477	3065	2950	2911	2306
#国外发表	Published in Foreign Periodicals	667	583	508	508	431
出版科技著作(种)	Publication on Science and Technology (kind)	86	56	55	70	55
专利申请受理数(件)	Number of Patent Applications Accepted(piece)	851	774	618	854	1058
#发明专利	Inventions	361	324	307	356	514
专利申请授权数(件)	Number of Patent Applications Granted(piece)	620	627	495	580	826
#发明专利	Inventions	172	176	151	157	255

17-37　高等学校科技活动情况

Basic Statistics on Higher Education for Scientific and Technological Activities

指　　标	Item	2017	2018	2019	2020	2021
高等学校基本情况	**Basic Statistics on Higher Education**					
学校数(个)	Number of Schools (unit)	136	132	130	133	132
#理工农医	Science, Agricultural, Medicine	56	54	53	55	52
#人文社科	Humanities and Social Sciences	80	78	77	78	80
R&D机构(个)	R&D Institutions (a)	358	306	424	450	530
研究与试验发展(R&D)投入情况	**Statistics on R&D Input**					
R&D人员全时当量(人年)	Full-time Equivalent of R&D Personnel(man-year)	7932	15254	20744	21290	22629
#基础研究	Basic Research	4104	10499	12556	10601	10893
应用研究	Applied Research	2681	4421	7400	10304	11168
试验发展	Experimental Development	1148	334	788	385	568
R&D经费内部支出(万元)	Expenditure on R&D(10000 yuan)	184447	501664	512229	559542	652349
#基础研究	Basic Research	56431	195601	212206	170919	165213
应用研究	Applied Research	82435	296105	245873	376996	467712
试验发展	Experimental Development	45581	9959	54151	11626	19424
#政府资金	Government Appropriation Funds	112598	310329	289049	357048	393428
企业资金	Self-raised Funds by Enterprises	40298	184738	166998	194516	181145
R&D项目(课题)情况	**Statistics on R&D Topics**					
R&D项目(课题)数 (项)	Projects of R&D (item)	14122	18902	22584	23579	26332
R&D项目(课题)人员全时当量(人年)	Participants (man-year)	7943	15255	20744	21291	22629
R&D项目(课题)经费内部支出(万元)	Intramural Expenditure (10000 yuan)	146834	413788	351452	494478	534275
科技产出及成果情况	**Statistics on S&T Outputs and Results**					
发表科技论文(篇)	Scientific Papers Issued (piece)	40839	41236	45220	42506	40935
#国外发表	Published in Foreign Periodicals	9759	12749	19804	17624	17869
出版科技著作(种)	Publication on Science and Technology (kind)	1938	1083	912	890	1007
专利申请受理数(件)	Number of Patent Applications Accepted(piece)	8083	7185	9081	6619	7637
#发明专利	Inventions	3388	5250	6596	5096	5682
专利申请授权数(件)	Number of Patent Applications Granted(piece)	6407	5278	5572	6209	7979
#发明专利	Inventions	1827	2791	3013	3189	4423

17-38　三项专利授权情况

Three Types of Patent Applications Examined and Granted

单位：件　　(item)

指　　标	Item	2017	2018	2019	2020	2021
授权专利数	**Number of Patent Applications Certified**	**18221**	**19435**	**19989**	**28475**	**38884**
发　明	Inventions	4947	4309	4144	4598	6337
实用新型	Utility Models	11395	13066	13308	20211	28698
外观设计	Designs	1879	2060	2537	3666	3849
在授权专利中	**In Patent Applications Certified**					
个　人	Individual	5334	6598	7241	11365	12849
大专院校	Universities and Colleges	7125	6320	6406	7246	8919
科研单位	Research Institutions	873	859	830	997	1248
企　业	Enterprises	4766	5444	5294	8647	15612
机关团体	Government Agencies and Organizations	123	214	218	220	256

17-39 科学技术协会机构和人员数

Number of Institutions and Employed Persons of Associations for Science and Technology

单位：个、人 (unit, person)

项 目	Item	2017	2018	2019	2020	2021
机构数	**Number of Associations or Learned Societies**					
科协合计	Total Number of Associations for Science and Technology	140	140	133	133	134
省 级	Provincial Level	1	1	1	1	1
市地级	City Level	13	13	13	13	13
县 级	County Level	126	126	119	119	120
学会合计	Total Number of Learned Societies	114	114	114	83	118
省 级	Provincial Level	114	114	114	83	88
地市级	City Level					30
人员数	**Personnel**					
科协合计	Total Number of Associations for Science and Technology	1030	1083	854	753	638
#科学家和工程师	Scientists and Engineers					
省 级	Provincial Level	344	364	237	220	
市地级	City Level	297	288	264	212	
县 级	County Level	389	431	353	321	
学会理事	Members of Boards of Directors	4125	6269	1759	4454	
#高级职称	Members with Senior Titles					
省 级	Provincial Level	4125	6269	1759	4454	4491
市地级	City Level					

17-40 科协系统科技活动情况

Basic Statistics on Scientific and Technological Activities of Associations for Science and Technology

项 目	Item	2017	2018	2019	2020	2021
学术活动	**Academic Activities**					
国内学术会议次数(次)	Domestic Academic Meeting (times)	171	177	53	54	56
参加人数(人次)	Number of Participants (person-times)	22322	19936	8603	11067	61595
交流学术论文(篇)	Number of Papers Presented (piece)	3974	3406	678	662	708
科技培训	**Training Program**					
一般培训班培训人数(万人次)	Number of Persons Trained in Training Classes (10000 person-times)	190	40	18	18	26
科普活动	**Activities for Popular Science**					
科普讲座次数(次)	Number of Lectures(times)	1697	1581	1521	1664	947
听讲人数(万人次)	Number of Participants (10000 person-times)	525	359	200	1191	74
科普展览次数(次)	Number of Exhibitions(times)	123	458	1856	920	545
参观人数(万人次)	Number of Participants (10000 person-times)	182	136	562	168	46
青少年科技竞赛次数(次)	Number of Teenagers Participating in Science and Technology Competitions(times)	133	115	125	95	29
科技出版	**Publications**					
科技报纸(种)	Number of Newspapers (kind)	3	5	2	1	
发行量(万份)	Number of Issue (10000 shares)	1	1	0	0	
科技期刊(种)	Number of Academic Journals (kind)	9	15	23	33	
发行量(万册)	Number of Issue (10000 copies)	19	21	14	19	
论文集(种)	Number of Copies Distributed (kind)					
发行量(万册)	Number of Issue (10000 copies)					

17-41 公有经济企业单位专业技术人员数(年底数)
Number of Scientific and Technical Personnel in State-Owned and Collective-Owned Enterprises at Year-End

单位：人 (person)

类 别	Category	合 计 Total		#高级职称 Members with Senior Titles		#中级职称 Members with Secondary Titles	
		2020	2021	2020	2021	2020	2021
总 计	**Total**	**133056**	**120625**	**20019**	**18726**	**35777**	**33153**
工程技术人员	Engineering	59224	64751	10649	12253	17663	18734
农业技术人员	Agriculture	18815	20754	1628	1948	3470	4137
科学研究人员	Scientific Research	253	1863	100	310	95	652
卫生技术人员	Health Care	6946	6014	1050	1034	2144	2019
教学人员	Teaching	1771	2228	158	160	444	657
其 它	Economy	46047	25015	6434	3021	11961	6954

17-42 事业单位专业技术人员数(2021年)
Number of Scientific and Technical Personnel in Institutions(2021)

单位：人 (person)

类 别	Category	学 历 Academic				
		研究生 Graduate	大学本科 Undergraduate	大学专科 College	中专 Secondary	高中及以下 High school and below
总 计	**Total**	**46518**	**342112**	**122944**	**25161**	**1291**
工程技术人员	Engineering	2563	25742	13646	2865	231
农业技术人员	Agriculture	703	9383	7488	1487	112
科学技术人员	Scientific Research	2464	2641	615	103	
卫生技术人员	Health Care	10389	61367	22330	11168	209
教学人员	Teaching	27168	206062	63152	5009	145
其 它	Economy	3231	36917	15713	4529	594

17-43 地方国有企事业单位五大类专业技术人员数
Number of Scientific and Technical Personnel in Local State-Owned Enterprises and Institutions

单位：人 (person)

年 份 Year	合 计 Total	工 程 技术人员 Engineering	农 业 技术人员 Agriculture	卫 生 技术人员 Health Care	科 学 研究人员 Scientific Research	教 学 人 员 Teaching
1990	394936	173781	31010	112878	4873	72394
1995	660685	176636	28672	119136	4885	331356
1996	674304	173885	29181	123875	4889	342474
1997	687448	174120	29795	126429	5107	351997
1998	704590	176209	31968	127156	5808	363449
1999	733932	183370	30466	133307	5398	381391
2000	737890	182346	31134	135295	5252	383863
2001	737459	175644	29905	132167	5069	394674
2002	716539	158157	29564	130269	5047	393502
2003	716404	155432	30731	132671	5694	391876
2004	640340	127635	28149	123452	3251	357853
2005	652998	118318	28008	132515	6244	367913
2006	659834	115626	28653	130183	7043	378329
2007	678115	116311	32285	137244	7448	384827
2008	683084	111820	34084	140072	6955	390153
2009	688324	116152	35310	141749	5898	389215
2010	676844	114200	36220	137487	5027	383910
2011	692097	117109	36121	154820	6638	377409
2012	637316	99522	38198	132778	6911	359907
2013	656165	109558	40763	136690	8084	361070
2014	646741	104540	39481	134734	7498	360489
2015	640181	110047	40564	133675	8311	347584
2016	621962	113086	41555	123197	7045	337079
2017	657760	110986	42838	122852	8377	334680
2018	574852	106699	38480	116020	6692	306961
2019	582328	106369	37484	117615	7346	313514
2020	677241	108944	37524	118608	7821	303230
2021	658651	109798	39927	111477	7686	303764

主要统计指标解释

普通高等学校　指通过国家普通高等教育招生考试，招收高中毕业生为主要培养对象，实施高等学历教育的全日制大学、独立设置的学院、独立学院和高等专科学校、高等职业学校及其他机构。

大学、独立设置的学院主要实施本科及本科层次以上的教育。独立学院主要实施本科层次的教育。高等专科学校、高等职业学校实施专科层次的教育。其他机构是指承担国家普通招生计划任务不计校数的机构，包括普通高等学校分校、大专班等。

成人高等学校　指通过国家成人高等教育招生考试，招收具有高中毕业或同等学力的人员为主要培养对象，利用函授、业余、脱产等多种形式，对其实施高等学历教育的学校。包括：职工高等学校、农民高等学校、管理干部学院、教育学院、独立函授学院、广播电视大学、其他成人高教机构等。其他成人高教机构是指承担国家成人招生计划任务不计校数的机构。

小学学龄儿童净入学率　指调查范围内已入小学学习的学龄儿童占校内外学龄儿童总数的比重。计算公式为：

$$\text{小学学龄儿童净入学率}=\frac{\text{已入学的小学学龄儿童数}}{\text{校内外小学学龄儿童总数}}\times 100\%$$

研究与试验发展（R&D）　指为增加知识存量（也包括有关人类、文化和社会的知识）以及设计已有知识的新应用而进行的创造性、系统性工作，包括基础研究、应用研究和试验发展三种类型。国际上通常采用 R&D 活动的规模和强度指标反映一国的科技实力和核心竞争力。

基础研究　指一种不预设任何特定应用或使用目的的实验性或理论性工作，其主要目的是为获得（已发生）现象和可观察事实的基本原理、规律和新知识。其成果通常表现为提出一般原理、理论或规律，并以论文、著作、研究报告等形式为主。

应用研究　指为获取新知识，达到某一特定的实际目的或目标而开展的初始性研究。应用研究是为了确定基础研究成果的可能用途，或确定实现特定和预定目标的新方法。其研究成果以论文、著作、研究报告、原理性模型或发明专利等形式为主。

试验发展　指利用从科学研究、实际经验中获取的知识和研究过程中产生的其他知识，开发新的产品、工艺或改进现有产品、工艺而进行的系统性研究。其研究成果以专利、专有技术，以及具有新颖性的产品原型、原始样机及装置等形式为主。

R&D 人员　指报告期 R&D 活动单位中从事基础研究、应用研究和试验发展活动的人员。包括直接参加上述三类 R&D 活动的人员，以及与上述三类 R&D 活动相关的管理人员和直接服务人员，即直接为 R&D 活动提供资料文献、材料供应、设备维护等服务的人员。不包括为 R&D 活动提供间接服务的人员，如餐饮服务、安保人员等。

R&D 人员全时当量　指报告期 R&D 人员按实际从事 R&D 活动时间计算的工作量，以“人年”为计量单位。为国际上比较科技人力投入而制定的可比指标。

R&D 经费支出　指报告期调查单位内部为实施 R&D 活动而实际发生的全部经费，按支出性质分为日常性支出和资产性支出。不包括调查单位委托其他单位或与其他单位合作开展 R&D 活动而转拨给其他单位的全部经费。

R&D 经费支出中政府资金　指 R&D 经费支出中来自各级政府财政的各类资金，包括财政科学技术支出和财政其他功能支出的资金用于 R&D 活动的实际支出。

R&D 经费支出中企业资金　指 R&D 经费支出中来自企业的各类资金。对企业而言，企业资金指企业自有资金、接受其他企业委托开展 R&D 活动而获得的资金，以及从金融机构贷款获得的开展 R&D 活动的资金；对科研院所、高校等事业单位而言，企业资金是指因接受从企业委托开展 R&D 活动而获得的各类资金。

R&D 项目（课题）数　R&D 项目（课题）是进行 R&D 活动的基本组织形式，通常由 R&D 活动执行单位依据项目立项书或合同书等形式明确项目任务、目标、人员和经费等。

R&D 项目（课题）人员全时当量　指实际参加研发项目（课题）活动人员折合的全时当量。

R&D 项目（课题）经费支出　指调查单位内部在报告年度进行研发项目（课题）研究和试制等的实际支出。包括劳务费、其他日常支出、固定资产购建费、外协加工费等，不包括委托或与外单位合作进行项目（课题）研究而拨付给对方使用的经费。

新产品销售收入　指报告期企业销售新产品实现的销售收入。新产品是指采用新技术原理、新设计构思研制、生产的全新产品，或在结构、材质、工艺等某一方面比原有产品有明显改进，从而显著提高了产品性能或扩大了使用功能的产品。既包括经政府有关部门认定并在有效期内的新产品，也包括企业自行研制开发，未经政府有关部门认定，从投产之日起一年之内的新产品。

专利　是专利权的简称，是对发明人的发明创造经审查合格后，由专利局依据专利法授予发明人和设计人对该项发明创造享有的专有权。包括发明、实用新型和外观设计。反映拥有自主知识产权的科技和设计成果情况。

发明（专利）　指对产品、方法或者其改进所提出的新的技术方案。是国际通行的反映拥有自主知识产权技术的核心指标。

实用新型（专利）　指对产品的形状、构造或者其结合所提出的适于实用的新的技术方案。反映具有一定技术含量的技术成果情况。

外观设计（专利）　指对产品的形状、图案、色彩或者其结合所作出的富有美感并适于工业上应用的新设计。反映拥有自主知识产权的外观设计成果情况。

科技活动　指在自然科学、农业科学、医药科学、工程与技术科学、人文与社会科学领域(简称科学技术领域)中，与科技知识的产生、发展、传播和应用密切相关的有组织的活动。可分为研究与试验发展(R&D)、研究与试验发展成果应用及相关的科技服务三类活动。该定义是联合国教科文组织考虑成员国特别是发展中国家开展科技统计工作的需要，而对科技活动所作的统计界定。

科技活动人员　指直接从事科技活动以及专门从事科技活动管理和为科技活动提供直接服务，累计的实际工作时间占全年制度工作时间 10%及以上的人员。(1)直接从事科技活动的人员包括：在独立核算的科学研究与技术开发机构、高等学校、各类企业及其他事业单位内设的研究室、实验室、技术开发中心及中试车间(基地)等机构中从事科技活动的研究人员、工程技术人员、技术工人及其他人员；虽不在上述机构工作，但编入科技活动项目(课题)组的人员；科技信息与文献机构中的专业技术人员；从事论文设计的研究生等。(2)专门从事科技活动管理和为科技活动提供直接服务的人员，包括：独立核算的科学研究与技术开发机构、科技信息与文献机构、高等学校、各类企业及其他事业单位主管科技工作的负责人，专门从事科技活动的计划、行政、人事、财务、物资供应、设备维护、图书资料管理等工作的各类人员，但不包括保卫、医疗保健人员、司机、食堂人员、茶炉工、水暖工、清洁工等为科技活动提供间接服务的人员。该指标用来反映投入科技活动人力的规模。

科学家与工程师　指科技活动人员中具有高、中级技术职称(职务)的人员和不具有高、中级技术职称(职务)的大学本科及以上学历人员。该指标用来反映投入科技活动人力的素质。

专业技术人员　指从事专业技术工作和专业技术管理工作的人员，即企事业单位中已经聘任专业技术职务从事专业技术工作和专业技术管理工作的人员，以及未聘任专业技术职务，现在专业技术岗位上工作的人员。包括工程技术人员，农业技术人员，科学研究人员，卫生技术人员，教学人员，经济人员，会计人员，统计人员，翻译人员，图书资料、档案、文博人员，新闻出版人员，律师、公证人员，广播电视播音人员，工艺美术人员，体育人员，艺术人员及企业政治思想工作人员，共十七个专业技术职务类别。用来反映科技人力资源情况。

Explanatory Notes on Main Statistical Indicators

Regular Institutions of Higher Education refer to educational establishments recruiting graduates from senior secondary schools as the main target through National Matriculation TEST. They include full-time universities, independently established colleges, colleges, and institutions of higher professional education, institutions of higher vocational education and others.

Universities and independently established colleges primarily provide undergraduate and above courses; colleges mainly impart undergraduate courses, institutions of higher professional education and institutions of higher vocational education primarily provide professional trainings; and others refer to educational establishments, which are responsible for enrolling higher education students under the State Plan but not enumerated in the total number of schools, including: branch schools of universities and colleges and junior colleges.

Institutions of Higher Education for Adults refer to educational establishments, enrolling personnel with senior secondary school or equivalent education through National Matriculation TEST for Adult, and providing higher education courses in forms of correspondence, spare time, or full time for adults. Institutions of higher learning for adults include schools of higher education for staff and workers, schools of higher education for peasants, colleges for management cadres, pedagogical colleges, independent correspondence colleges, radio and television universities and other educational establishments. Other educational establishments refer undertakings to enrol adult students but not enumerated in the number of schools under the State Plan.

Net Enrolment Ratio of Primary Schools refers to the proportion of school age children enrolled at schools to the total number of school age children both in and outside schools (including retarded children, but excluding blind, deaf and mute children). The formula is:

$$\text{Net Enrolment Ratio of Primary Schools} = \frac{\text{Total Primary School - age Children at Schools}}{\text{Total Primary School - age Children Whether or Not Attending School}} \times 100\%$$

Research and Experimental Development (R&D) refers to creative and systematic work undertaken in order to increase the stock of knowledge (including knowledge of humankind, culture and society) and to devise new applications of available knowledge. R&D includes 3 categories of activities: basic research, applied research and experimental development. The scale and intensity of R&D are widely used internationally to reflect the strength of S&T and the core competitiveness of a country in the world.

Basic Research refers to experimental or theoretical work undertaken primarily to acquire new knowledge of the underlying foundations of phenomena and observable facts, without any particular application or use in view. Basic research usually formulates hypotheses, theories or laws , and its results are mainly released or disseminated in the form of scientific papers or monographs or research reports.

Applied Research refers to original investigation undertaken in order to acquire new knowledge. It is directed primarily towards a specific, practical aim or objective. Purpose of the applied research is to identify the possible uses of results from basic research, or to explore new (fundamental) methods or new approaches. Results of applied research are expressed in the form of scientific papers, monographs, fundamental models or invention patents.

Experimental Development refers to systematic work, drawing on knowledge gained from research and practical experience and producing additional knowledge, which is directed to producing new products or processes or to improving existing products or processes. Results of experimental development activities are embodied in patents, exclusive technology, and monotype of new products or equipment.

R&D Personnel refer to persons of R&D activities units engaged in basic research, applied research, and experimental development at the reference period, including persons of directly participating in the three activities above, as well as management and direct service staff related to R&D activities, such as literature provision, material supply, equipment maintenance staff, it excludes persons providing indirect support and ancillary services, such as canteen and security staff.

Full-time Equivalent of R&D Personnel refers to the ratio of working hours actually spent on R&D during a specific reference period (usually a calendar year) divided by the total number of hours conventionally worked in the same period by an individual or by a group. The measurement unit of the ratio is "man-years". This is an internationally comparable indicator of S&T manpower input.

Expenditure on R&D refers to the real expenditure of surveyed units on their own R&D activities in reporting period. It is divided into current expenditures and gross fixed capital expenditures for R&D according to the nature of expenditure. It doesn't include the fees transferred to cooperated or entrusted agencies on R&D activities.

Expenditure on R&D from Government Funds refers to the expenditure of funds on R&D activities from government agencies at different levels, including appropriate funds on science and technology from financial departments, and the real expenditure of other fiscal functional funds on R&D activities from government agencies.

Expenditure on R&D from Enterprises funds refers to the expenditure of all kinds of funds on R&D activities from enterprises. In terms of enterprises, it refers to the expenditure of self-raised funds of enterprises, funds from other enterprises through entrustment, loans from financial institutions on R&D activities. In terms of public institutions, such as institution of scientific research and universities, it refers to the expenditure of funds from enterprises through entrustment.

Number of R&D Projects (subjects) R&D Projects (subjects) are the basic forms of R&D activities, The project task, target, personnel and expenditure are usually defined by R&D activity execution unit according to project approval specification or contract document.

Full-time Equivalent of R&D Personnel refers to the full-time equivalent of persons actually engaged in R&D projects (subjects).

Expenditure of Funds on R&D Projects (subjects) refers to the real expenditure of internal funds of the surveyed units on research and test of R&D projects (subjects) at the reference year, including service fee, other daily expenditure, cost for fixed assets, cost of external process; excluding expenditure of funds transferred to other cooperated or entrusted units of the projects.

Sales Income of New Products refers to the sales income of new products of the enterprises at the reference period. New products refer to products developed and produced with new technologies and designs or improved in structure, material, process or other aspects so that their performance are improved or their functions expanded. New products include those affirmed by government authorities in their validity period and also those developed by enterprises without the affirmation of government authorities within one year after they are put into production.

Patent is an abbreviation for the patent right and refers to the exclusive right of ownership by the inventors or designers for the creation or inventions, given from the patent offices after due process of assessment and approval in accordance with the Patent Law. Patents are granted for inventions, utility models and designs. This indicator reflects the achievements of S&T and design with independent intellectual property.

Patented Inventions refer to new technical proposals to the products or methods or their modifications. This is universal core indicator reflecting the technologies with independent intellectual property.

Patented Utility Models refer to the practical and new technical proposals on the shape and structure of the product or the combination of both. This indicator reflects the condition of technological results with certain technical content.

Designs refer to the aesthetics and industrially applicable new designs for the shape, pattern and colour of the product, or their combinations. This indicator reflects the appearance design achievements with independent intellectual property.

Scientific and Technological Activities (S&T Activities) refer to organized activities which are closely related with the creation, development, dissemination and application of the scientific and technical knowledge in the fields of natural sciences, agricultural science, medical science, engineering and technological science, humanities and social sciences (referred to as scientific and technological fields). S&T activities can be classified into 3 categories: research and development (R&D) activities, application of R&D results, and related S&T services. This statistical definition is made by UNICHIEF for scientific and technological activities to meet the need of carrying out statistical work in this field for its member countries particularly the developing countries.

Personnel Engaged in S&T Activities refer to personnel directly engaged in S&T activities, in the management of S&T activities, and in providing direct service to S&T activities, with over 10% of the total working hours in a year spent on S&T activities. (1) Personnel directly engaged in S&T activities include researchers, engineers, technicians and other related personnel engaged in S&T activities in independent-accounting R&D institutions, institutions of higher learning, and in research institutes, laboratories, technology development centers and central experiment workshops under enterprises and institutions. Also included are people working in S&T research project teams, professional and technical personnel working in S&T information archiving institutes, and graduate students working on the design of their thesis. (2) Personnel engaged in the management of S&T activities and in providing direct service to S&T activities include senior management people responsible for S&T activities in independent-accounting R&D institutions, S&T information archiving institutes, institutions of higher learning and in enterprises and institutions where S&T activities are undertaken. Also included are people responsible for the planning, administration, personnel management, financial management, logistics supply, equipment maintenance, information and library management that are related with S&T activities. People providing indirect services are excluded, such as security, medical service, drivers, plumbers, cleaners and those providing catering and related service. This indicator reflects the size of personnel engaged in S&T activities.

Scientists and Engineers refer to persons engaged in S&T activities either having obtained titles of senior and middle level professional positions, or those without such positions but have completed university or higher education. This indicator reflects the quality of personnel engaged in S&T activities.

Professional and Technical Personnel refer to persons engaged in professional and technical work or in the management of professional and technical activities, i.e., people with professional or technical positions who are engaged in professional and technical work or in the management of professional and technical activities, and people without professional or technical positions but are working on professional or technical posts. They include professionals and technicians working in 17 categories of technical occupations including engineering, agriculture, scientific researches, medical service, teaching, economic research and application, accounting, statistics, translation, libraries, archives, cultural and museum service, journalism and publication, lawyers, notarization service, radio and television broadcasting, handicraft and fine arts, sports, performing art, and political workers in enterprises. This indicator reflects the condition of human resources in S&T.

第18篇

文化、体育、卫生和社会服务

CHAPTER 18 CULTURE, SPORTS, PUBLIC HEALTH AND SOCIAL SERVICES

18-1 文化事业机构数、从业人员数
Number and Personnel in Cultural Undertakings Institutions

项 目 Item 年 份 Year	总 计 Total	艺术业 Art Institutions	图书馆业 Public Libraries	群众文化 Mass Culture	艺术教育业 Culture and Education	文物业 Cultural Relic	#博物馆 Museums	其他文化业 Other Culture Units
机构数(个) Number of Institutions(unit)								
2001	1361	153	97	946	9	127	41	29
2002	1458	157	97	1037	9	132	46	26
2003	1491	153	97	1081	9	131	45	20
2004	1419	146	96	1018	9	133	46	17
2005	1408	141	96	1015	8	132	46	16
2006	1401	142	96	1000	8	138	47	17
2007	1521	138	98	1033	8	146	53	98
2008	1630	142	101	1141	8	149	56	89
2009	1804	139	100	1227	7	173	71	158
2010	2338	138	107	1654	7	179	76	253
2011	2372	140	107	1652	6	205	103	262
2012	2373	136	106	1641	6	207	104	277
2013	2376	70	107	1640	6	250	156	303
2014	2381	73	107	1640	6	251	158	304
2015	2397	89	107	1641	6	250	158	304
2016	2457	105	108	1665	6	268	176	305
2017	2444	122	109	1635	6	275	183	297
2018	2466	146	109	1635	6	282	191	288
2019	2255	151	110	1430	6	277	193	281
2020	2289	146	103	1387	4	388	191	261
2021	2293	159	103	1395	4	373	177	82
从业人员数(人) Number of Personnel(person)								
2001	11423	5683	1565	2621	365	858	494	331
2002	12768	6200	1751	3070	378	948	570	421
2003	12700	6196	1706	3068	347	989	578	394
2004	12304	6147	1664	2767	360	1099	698	267
2005	12574	6129	1669	2947	342	1119	706	368
2006	12704	6067	1803	2978	362	1100	726	394
2007	14297	5997	1800	2538	354	1312	894	2296
2008	14022	5829	1819	2754	359	1408	967	1853
2009	14517	5602	1806	3387	339	1652	1206	1731
2010	16245	5571	1846	4324	330	1703	1245	2471
2011	17416	5506	1772	4530	324	2078	1636	3206
2012	18056	5308	1796	4633	323	2244	1788	3752
2013	18213	3660	1817	5110	469	2719	2369	4438
2014	18657	3935	1697	5299	535	2790	2387	4401
2015	18335	3782	1693	5193	298	2993	2618	4376
2016	19464	4293	1664	5468	644	3232	2867	4163
2017	19284	4290	1688	5683	605	3212	2893	3806
2018	19756	5139	1659	5685	607	3008	2691	3658
2019	18965	4932	1594	4972	598	2934	2668	3935
2020	19396	5570	1535	5175	293	2999	2743	3824
2021	19581	5631	1558	5052	384	3119	2872	965

注：本表中不包括文化市场经营机构数、旅行社和星级饭店。
a) Cultural market operators, Travel Agency and Star Hotel are not included.

18-2 艺术表演团体基本情况(2021年)

项　　目	Item	机构数（个） Number of Institutions (unit)	从业人员（人） Number of Engaged Persons (person)	#专业技术人员 Professional Technical Staff
总　　计	**Total**	**97**	**4598**	**2937**
按照登记注册类型分类	**By Status of Registration**			
国　有	State-owned	37	2887	2322
其　他	Others	60	1711	615
按隶属关系分	**By Jurisdiction of Management**			
省　级	Run by Provinces	6	1053	841
地市级	Run by Prefectures (Cities)	17	1434	1157
县区级	Run by Counties (Cities) and Others	74	2111	939
按管理部门分	**By Management Authority**			
文化和旅游部门	Cultural and Tourism Departments	37	2887	2322
其他部门	Other Departments	60	1711	615
按剧种分	**By Type of Art**			
话剧、儿童剧、滑稽剧类	Drama, Children's Play and Comedy Troupes	7	256	215
#儿童剧团	Children's Play	3	72	54
歌舞、音乐类	Song and Dance, Musicals	23	1172	730
京剧、昆曲类	Peking Opera and Kunqu Opera	1	194	168
#京剧	Peking Opera	1	194	168
地方戏曲类	Local Opera	21	805	633
杂技、魔术、马戏类	Acrobatics, Magic and Circus	3	432	341
曲艺类	Folk Arts	6	153	101
综合性艺术表演团体	Comprehensive Art Performance	36	1586	749

Basic Statistics on Art Performance Troupes(2021)

本团原创首演剧目（个） Premiere Repertoire By Its Troupe Produced(unit)	演出场次（万场次） Number of Performances (10 000 shows)	#国内演出 Domestic Performances	国内演出观众人次（万人次） Number of Domestic Audience (10 000 person-times)	收入合计（万元） Total Revenue (10 000 yuan)	#财政拨款 Fiscal Appropriation	#演出收入 Performance Income
25	**0.65**	**0.65**	**228.7**	**80078**	**52754**	**2959**
25	0.27	0.27	100.0	52706	48635	1640
	0.38	0.38	128.8	27372	4119	1319
7	0.07	0.07	15.4	19440	18287	857
11	0.12	0.12	39.3	23432	25531	783
7	0.46	0.46	174.0	32206	8935	1319
25	0.27	0.27	100.0	52706	48635	1640
	0.38	0.38	128.8	27372	4119	1319
2	0.02	0.02	7.8	4511	3914	213
			1.7	1285	1090	127
10	0.14	0.14	25.8	17142	14392	985
1	0.01	0.01	2.4	5487	5400	86
1	0.01	0.01	2.4	5487	5400	86
4	0.20	0.20	62.9	10479	13310	527
3	0.14	0.14	69.9	3661	3291	409
1	0.03	0.03	3.9	3013	2860	151
4	0.12	0.12	56.1	35785	9587	588

18-2 续表

项　　目	Item	支出合计（万元）Total Expenditure (10 000 yuan)	#人员支出 Personnel Expenses
总　　计	**Total**	**87838**	**46488**
按照登记注册类型分类	**By Status of Registration**		
国　有	State-owned	54949	35876
其　他	Others	32889	10612
按隶属关系分	**By Jurisdiction of Management**		
省　级	Run by Provinces	21285	14167
地市级	Run by Prefectures (Cities)	28803	17759
县区级	Run by Counties (Cities) and Others	37750	14562
按管理部门分	**By Management Authority**		
文化和旅游部门	Cultural and Tourism Departments	54949	35876
其他部门	Other Departments	32889	10612
按剧种分	**By Type of Art**		
话剧、儿童剧、滑稽剧类	Drama, Children's Play and Comedy Troupe	4567	2203
#儿童剧团	Children's Play	1201	413
歌舞、音乐类	Song and Dance, Musicals	18695	8784
京剧、昆曲类	Peking Opera and Kunqu Opera	5455	4282
#京剧	Peking Opera	5455	4282
地方戏曲类	Local Opera	14625	10662
杂技、魔术、马戏类	Acrobatics, Magic and Circus	5221	3382
曲艺类	Folk Arts	3110	2507
综合性艺术表演团体	Comprehensive Art Performance	36165	14669

Continued

资产总计（万元） Total Assets (10 000 yuan)	#固定资产净值 Net Value Net Value of Fixed Assets	实际使用房屋建筑面积（万平方米） Floor Space of Buildings Actually Used (10 000 sq.m)	#排练练功用房 Buildings for Rehearsing	政府采购的公益演出活动情况 Government Procurement of Public Performance Activities 演出场次（万场次） Number of Performances (10 000 shows)	演出观众人次（万人次） Number of Audience (10 000 person-times)	演出补贴收入（万元） Performance Subsidy Income (10 000 yuan)
146405	**41045**	**23.7**	**3.9**	**0.13**	**36.9**	**3195.8**
42721	41045	20.1	3.9	0.13	36.9	3195.8
103684		3.6				
26116	24361	3.8	1.5	0.04	8.5	1317.1
13600	14573	13.3	2.0	0.04	10.0	1636.7
106689	2112	6.6	0.5	0.05	18.5	242.0
42721	41045	20.1	3.9	0.13	36.9	3195.8
103684		3.6				
4405	5511	3.8	0.1	0.02	3.7	141.3
1796	1025	1.0	0.02		0.5	9.6
17825	19978	8.6	1.3	0.02	6.0	374.4
3233	1034	0.9	0.4	0.01	2.4	134.0
3233	1034	0.9	0.4	0.01	2.4	134.0
5526	2750	3.2	0.8	0.04	12.3	369.7
6280	4107	2.4	0.2	0.01	2.4	412.6
2460	1420	0.5	0.3		0.4	325.0
106676	6246	4.3	0.8	0.03	9.8	1438.8

18-3 艺术表演场馆基本情况(2021年)

项 目	Item	机构数(个) Number of Institutions (unit)	从业人员(人) Number of Engaged Persons (person)
总 计	**Total**	**62**	**1033**
#附属剧场	Affiliated Theatre	19	52
儿童剧场	Children's Theatre	1	
按登记注册类型分	**By Status of Registration**		
国 有	State-owned	24	155
其 他	Others	38	878
按隶属关系分	**By Jurisdiction of Management**		
省 级	Run by Provinces	2	21
地市级	Run by Prefectures (Cities)	12	103
县区级	Run by Counties (Cities) and Others	48	909
按管理部门分	**By Management Authority**		
文化和旅游部门	Cultural and Tourism Departments	25	176
其他部门	Other Departments	37	857
按机构类型分	**By Type of Troupes**		
剧 场	Theaters	32	370
影剧院	Music Halls and Cinemas	7	64
书场、曲艺场	Storytelling, Recitation and Ballad Places	1	1
杂技、马戏场	Acrobatics and Circus Places	2	15
音乐厅	Concert Halls	5	306
综合性	General Performance Theaters	5	140
其 他	Others	10	137

Basic Statistics on Art Performance Places by Region(2021)

#专业技术人员 Professional Technical Staff	座席数(个) Seating Capacity (unit)	演(映)出场次合计(万场次) Number of Performances (10 000 shows)	#艺术演出 Art Performances	观众人次合计(万人次) Number of Audience (10 000 person-times)	#艺术演出观众人次 Art Performances
485	**31511**	**0.34**	**0.32**	**50.2**	**43.5**
24	8685	0.02	0.02	3.1	2.8
21	15080	0.03	0.03	9.6	9.0
464	16431	0.31	0.29	40.5	34.4
5	520				
8	8447	0.03	0.03	7.9	7.8
472	22544	0.32	0.3	42.3	35.7
26	15080	0.03	0.03	9.6	9.0
459	16431	0.31	0.29	40.5	34.4
149	16261	0.21	0.2	24.6	20.6
14	3642			0.1	0.07
	100			0.01	
5	1041	0.01	0.01	0.80	0.60
288	2645	0.01		2.6	1.0
23	2814	0.03	0.03	9.6	9.0
6	5008	0.08	0.08	12.5	12.3

18-3 续表

项 目	Item	收入合计（万元） Total Revenue (10 000 yuan)	#财政拨款 Government Subsidy	#演出收入 Performance Income
总 计	**Total**	**17145**	**7972**	**2840**
#附属剧场	Affiliated Theatre	90	5	85
儿童剧场	Children's Theatre			
按登记注册类型分	**By Status of Registration**			
国 有	State-owned	3421	2316	651
其 他	Others	13724	5656	2189
按隶属关系分	**By Jurisdiction of Management**			
省 级	Run by Provinces	120		
地市级	Run by Prefectures (Cities)	3296	2222	651
县区级	Run by Counties (Cities) and Others	13729	5750	2189
按管理部门分	**By Management Authority**			
文化和旅游部门	Cultural and Tourism Departments	3541	2316	651
其他部门	Other Departments	13604	5656	2189
按机构类型分	**By Type of Troupes**			
剧 场	Theaters	4534	2571	1168
影剧院	Music Halls and Cinemas	223	192	
书场、曲艺场	Storytelling, Recitation and Ballad Places	0.2		0.2
杂技、马戏场	Acrobatics and Circus Places	46		11
音乐厅	Concert Halls	3735	3081	606
综合性	General Performance Theaters	3239	2119	698
其 他	Others	5368	10	358

Continued

支出合计 (万元) Total Expenditure (10 000 yuan)	#人员支出 Personnel Expenses	资产总计 (万元) Total Assets (10 000 yuan)	#固定资产净值 Net Value of Fixed Assets	实际使用房屋建筑面积 (万平方米) Floor Space of Buildings Actually Used (10 000 sq.m)	#演(映)业务用房 Buildings for Performances
19149	**5985**	**56972**	**4907**	**29.1**	**11.4**
428	304	486	162	3.8	1.8
		162	162	0.3	
3273	962	5513	4691	11.9	8.2
15876	5023	51460	216	17.1	3.2
523	169	1248	216	0.01	
3150	843	1171	279	10.6	7.4
15477	4974	54554	4412	18.4	4.0
3796	1131	6760	4907	11.9	8.2
15353	4854	50212		17.1	3.2
5333	1682	3110	216	17.5	3.9
223	219	4648	4593	1.5	0.6
0.3	0.3	5		0.2	0.02
49	23	98		0.1	0.1
5049	2074	12219		0.3	0.1
3079	753	919	15	8.2	6.1
5416	1234	35974	84	1.4	0.6

18-4 群众文化机构基本情况（2021年）

指 标	Item	总 计 Total	文化馆 Cultural Centers
机构数（个）	Institutions (unit)	1395	141
从业人员（人）	Number of Employed Persons (person)	5052	2191
#专业技术人才	Professional Technical Staff	2463	1789
组织品牌节庆活动(个)	Organize Brand Festivals (Unit)	212	212
提供文化服务次数(次)	Number of Cultural Services Provided (times)	26591	12193
文化服务惠及人次(万人次)	Cultural Services Benefiting People(10000 person-times)	600.8	415.6
组织文艺活动（次）	Art Performances and Story-telling Sessions (time)	15499	5617
参加文艺活动人次（万人次）	Person-times Attending Art and Cultural Activities (10000 person-times)	456.1	307.0
举办训练班（次）	Number of Training Courses(time)	8565	4957
培训人次（万人次）	Attending Training (10000 person-times)	53.2	34.7
举办展览个数（个）	Number of Exhibitions (unit)	1673	765
参观人次（万人次）	Visiting Exhibitions(10000 person-times)	82.2	64.6
组织公益性讲座次数（次）	Number of Theoretical Lectures (time)	854	854
参加人次(万人次)	Attending Theoretical Lectures (10 000 person-times)	9.1	9.1
拥有计算机台数（台）	Computer Owned (unit)	7501	1611
线上群众文化活动次数(次)	Number of Online Mass Cultural Activities(times)	4105	4105
线上服务人次（万人次）	On-line Service Person-time(10000 person-times)	317.6	317.6
本年收入合计（万元）	Revenue this Year (10000 yuan)	49787	35880
#财政拨款预算收入	Financial Aid	49114	35220
上级补助收入	Subsidy	132	132
事业预算收入	Income From Undertakings	2.7	2.7
其他收入	Others	538	525
本年支出合计（万元）	Expenditure this Year (10000 yuan)	50197	36544
资产总计(万元)	Total Assets(10000 yuan)	81346	32260
固定资产净值	Net Value of Fixed Assets	64267	18033
实际使用房屋建筑面积（万平方米）	Floor Space of Buildings Actually Used (10000 sq.m)	94.6	30.1
#业务用房面积	Buildings for Mass Cultural Activities	61.0	20.5
馆办文艺团体（个）	Art Performance Troupes Run by Centers (unit)	309	309
馆办文艺团体演出场次（场）	Number of Art Performances Run by Centers (time)	1936	1936
馆办老年大学（个）	Aging College Run by Centers (unit)	17	17
群众业余文艺团体(个)	Part-time Art Troupes (unit)	8215	2502

Basic Statistics on Cultural Institutions (2021)

省级	地市级	县市级		文化站	
			#县文化馆		#乡 镇 文化站
Provincial Level	Prefecture Level	County (City) Level	County Cultural Center	Cultural Stations	Township Cultural Stations
1	16	124	44	1254	898
30	383	1778	940	2861	1956
27	330	1432	782	674	582
2	42	168	62		
25	2270	9898	3329	14398	10290
0.8	80.2	334.5	140.5	185.3	136.1
15	848	4754	1819	9882	6872
0.8	65.6	240.6	101.0	149.1	108.8
9	1283	3665	966	3608	2826
0.03	6.9	27.8	9.0	18.5	15.0
1	68	696	270	908	592
0.01	7.1	57.5	26.6	17.6	12.3
	71	783	274		
	0.6	8.5	3.8		
62	356	1193	406	5890	4030
81	981	3043	1079		
7.1	102.2	208.2	81.4		
2153	7704	26022	12675	13907	9531
2153	7663	25404	12589	13894	9527
	26	106	14		
	2.7				
	12	512	72	13	5
2154	8072	26319	12731	13653	9339
216	8379	23665	9909	49087	35539
180	4542	13312	5269	46234	34040
0.2	5.4	24.6	10.3	64.5	34.2
0.1	3.8	16.7	7.0	40.5	27.4
3	57	249	91		
1	208	1727	757		
		17	5		
30	516	1956	770	5713	4278

18-5 文物业基本情况(2021年)

项　目	Item	总计 Total	按单位类型分 By Unit Type		
			#文 物 科研机构 Scientific and Research Agencies	文物保护 管理机构 Agencies of Cultural Relics Preservation	博物馆 Museums
机构数(个)	Number of Institutions(unit)	373	3	54	177
从业人员(人)	Number of Employed Persons(person)	3119	61	186	2872
#专业技术人员	Professional Technical Staff	1228	43	122	1063
藏品数(件/套)	Number of Collections(piece/set)	1004267	3682	13346	987239
#一级品	Grade One	2676	11	24	2641
基本陈列(个)	Basic Displays(unit)	439		10	429
临时展览(个)	Temporary Exhibition (unit)	406		12	394
参观人次(万人次)	Spectators(10000 person-times)	1097		10	1088
#未成年人	Juveniles	198		4	195
门票销售总额(万元)	Sales of Admission Tickets(10000 yuan)	34		5	29
收入合计(万元)	Total Income (10000 yuan)	77299	2059	2698	72542
#财政拨款预算收入	Government Subsidy	73111	1772	2698	68640
支出合计(万元)	Total Expenditure (10000 yuan)	79435	2366	2784	74286
资产总计(万元)	Total Assets (10000 yuan)	319934	2047	3385	314502
#固定资产原值(万元)	Original Value of Fixed Assets (10000 yuan)	199786	155	2242	197389
实际使用房屋建筑面积(万平方米)	Floor Space of Buildings Actually Used(10000 sq.m)	72.4	0.6	1.7	70.2
#展览用房	Buildings for Exhibitions	49.8	0.3	0.8	48.7
文物库房	Storeroom	4.6		0.1	4.5

Basic Statistics on Cultural Relics (2021)

按隶属关系分 By Jurisdiction of Management			按部门分 By Management Authority	
省级 Provincial Level	地市 Prefecture Level	县区 County (City) Level	文物部门 Cultural Departments	其他部门 Other Departments
12	63	298	294	79
559	1086	1474	2233	886
226	373	629	906	322
373842	310805	319620	646633	357634
2256	227	193	2563	113
32	105	302	269	170
22	165	219	344	62
82	413	603	813	284
34	76	89	142	57
		34	26	7
40519	18680	18100	69502	7797
40142	16648	16321	68648	4462
40501	19079	19855	71325	8110
49084	105066	165785	152808	167126
5482	62514	131791	90217	109569
6.6	30.1	35.7	44.9	27.5
4.2	20.2	25.4	31.7	18.1
0.7	1.5	2.4	2.8	1.9

18-6 博物馆基本情况(2021年)

项 目	Item	总计 Total	#免费开放 Free of Charge
机构数(个)	Number of Institutions(unit)	177	175
从业人员(人)	Number of Employed Persons(person)	2872	2819
#专业技术人员	Professional Technical Staff	1063	1031
藏品数(件/套)	Number of Collections(piece/set)	987239	984978
#文物藏品	Cultural relics collection	323874	322749
#一级品	Grade One	2641	2630
基本陈列(个)	Basic Displays(unit)	429	426
临时展览(个)	Temporary Exhibition (unit)	394	390
参观人次(万人次)	Spectators(10000 person-times)	1088	1073
#未成年人	Juveniles	195	191
举办社会教育活动(次)	Organize Social Education Activities(times)	2344	2341
参加活动人次(万人次)	Number of Participants (10000 person-times)	299	297
#未成年人	Juveniles	71	69
门票销售总额(万元)	Sales of Admission Tickets(10000 yuan)	28.7	14.2
收入合计(万元)	Total Income (10000 yuan)	72542	70614
#财政拨款预算收入	Budgetary Income from Financial Appropriation	68640	67097
支出合计(万元)	Total Expenditure (10000 yuan)	74286	72328
资产总计(万元)	Total Assets (10000 yuan)	314502	311145
#固定资产净值(万元)	Net Value of Fixed Assets	197389	195236
实际使用房屋建筑面积(万平方米)	Floor Space of Buildings Actually Used (10000 sq.m)	70.2	68.2
#展览用房	Buildings for Exhibitions	48.7	47.3
文物库房	Storeroom	4.5	4.3
文化创意产品情况	Status of Cultural and Creative Products		
产品种类(个)	Product Category(unit)	829	826
产品销售收入(万元)	Revenue from Product Sales(10000 yuan)	43.0	42.5
文博单位举办新媒体情况	New Media Held By Cultural Institutions		
举办线上展览(个)	Hold Online Exhibition(Unit)	520	519
网站年访问量(次)	The Annual Number of Visits to The Website(times)	3955099	3695099

Basic Statistics on Museums (2021)

按机构类型分 By Organization Type					按隶属关系分 By Jurisdiction of Management		
综合性 Comprehen-siveness	历史类 History	艺术类 Art	自然科技类 Science and Technology	其他 Others	省级 Provincial Level	地市 Prefecture Level	县区 County (City) Level
67	72	10	11	17	10	41	126
1287	1281	48	136	120	511	1037	1324
521	401	17	66	58	192	346	525
582979	268109	11838	59182	65131	370677	308061	308501
242540	79993	500	88	753	72686	152059	99129
2271	370				2245	216	180
215	139	14	19	42	32	105	292
251	112	6	11	14	22	165	207
343	675	13	20	37	82	413	593
80	95	3	4	13	34	76	85
1007	1115	2	57	163	122	742	1480
46	241	5	5.6	2.0	59	154	86
18	50	0.02	2.4	0.9	22	27	22
	28.7						28.7
49794	20345	98	1849	456	38682	17932	15928
49473	17209	11	1770	177	38592	15900	14148
50321	20785	175	2550	457	38357	18307	17622
176268	115052	10690	7104	5388	47186	104663	162653
124515	57798	5061	5640	4375	5400	62238	129751
39.4	22.7	1.2	3.0	3.8	6.1	29.9	34.2
28.0	15.6	0.8	2.0	2.5	4.0	20.1	24.6
2.0	1.5	0.2	0.4	0.4	0.7	1.5	2.3
595	201	10		23	425	357	47
35.6	1.4	6.0			36.0	0.5	6.5
235	75	4	200	6	40	91	389
627852	3220246	1000	351	105650	2878873	733928	342298

18-6 续表

项　目	Item	按系统分类 By Management Authority		
		文物单位管理的国有博物馆 Cultural Departments	其他行业性国有博物馆 Other Departments	非国有 Civilian -run
机构数(个)	Number of Institutions(unit)	98	32	47
从业人员(人)	Number of Employed Persons(person)	1986	611	275
#专业技术人员	Professional Technical Staff	741	199	123
藏品数(件/套)	Number of Collections(piece/set)	629605	137524	220110
#文物藏品	Cultural relics collection	279170	30155	14549
#一级品	Grade One	2528	113	
基本陈列(个)	Basic Displays(unit)	259	75	95
临时展览(个)	Temporary Exhibition (unit)	332	37	25
参观人次(万人次)	Spectators(10000 person-times)	804	214	71
#未成年人	Juveniles	138	38	18
举办社会教育活动(次)	Organize Social Education Activities(times)	1481	569	294
参加活动人次(万人次)	Number of Participants (10000 person-times)	126	164	10
#未成年人	Juveniles	51	18	3
门票销售总额(万元)	Sales of Admission Tickets(10000 yuan)	21.5		7.2
收入合计(万元)	Total Income (10000 yuan)	64745	6884	913
#财政拨款预算收入	Budgetary Income from Financial Appropriation	64178	4356	107
支出合计(万元)	Total Expenditure (10000 yuan)	66176	6877	1233
资产总计(万元)	Total Assets (10000 yuan)	147376	140279	26847
#固定资产净值(万元)	Net Value of Fixed Assets	87820	90094	19475
实际使用房屋建筑面积(万平方米)	Floor Space of Buildings Actually Used (10000 sq.m)	42.7	17.7	9.9
#展览用房	Buildings for Exhibitions	30.7	11.2	6.8
文物库房	Storeroom	2.7	0.6	1.3
文化创意产品情况	Status of Cultural and Creative Products			
产品种类(个)	Product Category(unit)	783	25	21
产品销售收入(万元)	Revenue from Product Sales(10000 yuan)	36.5		6.5
文博单位举办新媒体情况	New Media Held By Cultural Institutions			
举办线上展览(个)	Hold Online Exhibition(Unit)	487	19	14
网站年访问量(次)	The Annual Number of Visits to The Website(times)	3423969	62150	468980

Continued

按评估定级情况分类 By Evaluation Rating			
国家一级 National Level I	国家二级 National Level II	国家三级 National Level III	未定级馆 no level
6	14	24	133
726	556	491	1099
247	141	244	431
391546	105330	148346	342017
142767	46089	66508	68510
2338	143	108	52
25	42	96	266
54	106	80	154
256	190	295	348
59	33	29	73
493	284	409	1158
186	27	8	78
38	12	4	17
	21.0		7.7
43680	8468	5369	15025
41766	7696	5104	14074
43305	8634	6665	15682
105153	39856	85429	84064
27315	31062	78219	60793
9.1	10.4	14.4	36.3
5.6	6.6	9.1	27.5
0.8	0.8	0.6	2.3
442	333	11	43
36.0	1.0		6.0
54	53	94	319
3279769	340865	30027	304438

18-7　分地区公共图书馆基本情况(2021年)

地　区	Region	机构数（个）Number of Institutions (unit)	从业人员（人）Number of Engaged Persons (person)	#专业技术人员 Professional Technical Staff	总藏量（万册件）Total Collections (10000 copies)	#图　书 Books
全　省	**Total**	**103**	**1558**	**1266**	**2430.4**	**2003.4**
#少儿图书馆	Children's Library	2	17	16	13.3	9.8
#省　级	Province Level	1	171	153	442.9	340.6
地　市	Municipal Level	13	593	423	980.3	770.3
县　区	County Level	89	794	690	1007.2	892.5
#县图书馆	County Library	44	402	349	478.5	416.9
哈尔滨	Harbin	18	237	190	631.0	500.0
齐齐哈尔	Qiqihar	13	163	138	267.7	225.4
鸡　西	Jixi	4	55	54	89.4	66.9
鹤　岗	Hegang	3	40	36	56.8	52.2
双鸭山	Shuangyashan	5	87	44	87.7	75.9
大　庆	Daqing	6	152	100	157.2	142.4
伊　春	Yichun	11	124	94	128.0	103.4
佳木斯	Jiamusi	7	117	97	118.8	102.7
七台河	Qitaihe	2	37	30	38.2	32.0
牡丹江	Mudanjiang	8	121	109	132.4	124.3
黑　河	Heihe	6	59	49	53.5	48.0
绥　化	Suihua	12	153	141	176.7	145.7
大兴安岭	Daxinganling	7	42	31	50.2	43.9
省本级	Provincial Level	1	171	153	442.9	340.6

Statistics on Public Libraries by Region(2021)

电子文本、图片文献资源总量(TB) The Total Quantity of Electronic Text And Picture Literature Resources (TB)	本年新增藏量(万册) New Collections During the Year (10000 copies)	实际持证读者数(个) Actual Number of Licensed Readers (unit)	总流通人次(万人次) Total Number of Circulation (10000 person-times)	#书刊文献外借人次 Borrowing from Libraries	书刊文献外借册次(万册次) Number of Books and Periodicals Lent to Readers (10000 copy-times)
436874.8	**90.6**	**679601**	**508.6**	**145.3**	**354.1**
	0.01	5004	0.8	0.4	1.0
8.2	11.0	26002	101.4	8.8	40.4
790.8	45.2	334514	225.3	64.3	145.7
436075.8	34.4	319085	181.9	72.3	168.1
26045.2	19.2	125238	82.4	29.6	75.1
492	12.6	207768	133.2	56.6	123.1
19275	7.8	69579	42.6	9.5	22.9
4	9.6	27142	25.8	11.0	14.4
	1.0	20237	3.9	1.0	2.3
283	26.6	21914	11.5	4.5	9.6
1287.33	1.9	87995	66.8	14.5	48.8
5852.1	4.8	83047	18.8	5.6	15.0
4	3.5	31189	32.0	7.4	17.5
58.12	0.7	5923	10.0	2.7	6.2
404095	2.3	47259	35.5	11.6	30.7
16	1.5	14334	6.3	4.1	7.7
5500	6.0	31495	13.2	6.4	12.2
	1.3	5717	7.6	1.7	3.6
8.2	11.0	26002	101.4	8.8	40.4

18-7 续表

地 区	Region	为读者举办各种活动 Service Activities Provided for Readers 次数（个） Number of Activities (unit)	参加人次（万人次） Number of Readers Involved (10000 person-times)	计算机（台） Computers (set)	#电子阅览室终端数 Terminals in Electronic Media Reading Rooms	本年收入合计（万元） Total Revenue (10000 yuan)
全 省	**Total**	**1683**	**71.0**	**5254**	**3240**	**30372**
#少儿图书馆	Children's Library	10	0.1	65	50	176
#省 级	Province Level	152	30.7	257	80	5570
地 市	Municipal Level	537	8.6	1397	655	10439
县 区	County Level	994	31.8	3600	2505	14363
#县图书馆	County Library	417	12.1	1652	1187	6388
哈尔滨	Harbin	333	9.0	870	565	5823
齐齐哈尔	Qiqihar	104	4.2	644	400	2814
鸡 西	Jixi	253	7.5	183	142	1137
鹤 岗	Hegang	4	0.1	138	47	655
双鸭山	Shuangyashan	91	3.0	214	136	1057
大 庆	Daqing	124	3.8	462	313	2246
伊 春	Yichun	93	1.4	585	365	1315
佳木斯	Jiamusi	65	1.1	436	309	3348
七台河	Qitaihe	120	1.6	92	75	417
牡丹江	Mudanjiang	115	3.2	360	134	2050
黑 河	Heihe	26	1.1	287	190	1039
绥 化	Suihua	92	3.1	542	375	2214
大兴安岭	Daxinganling	111	1.4	184	109	688
省本级	Provincial Level	152	30.7	257	80	5570

Continued

本年支出合计(万元) Total Expenditure (10000 yuan)	资产总计(万元) Total Assets (10000 yuan)	#固定资产净值 Net Value of Fixed Assets	公用房屋建筑面积(万平方米) Floor Space of Buildings Actually Used (10 000 sq.m)	#书库 Stack Rooms	#阅览室 Reading Rooms	阅览室座席数(个) Seats of Reading Rooms(unit)
28797	**108769**	**87530**	**36.4**	**6.2**	**11.3**	**28641**
188	574	289	0.2	0.1	0.07	312
5550	24358	21910	3.4	0.3	1.2	2385
10729	47015	43008	14.8	2.6	4.0	8950
12519	37397	22612	18.2	3.2	6.1	17306
6510	24271	13648	8.7	1.7	3.0	7044
6022	13762	10745	5.71	1.30	1.49	5636
2806	16956	8363	4.03	0.67	1.15	2313
1229	3023	2616	1.01	0.27	0.33	1148
648	1793	1575	1.27	0.39	0.17	821
1133	1773	1216	1.93	0.29	0.5	1853
2262	26097	24539	4.11	0.37	1.25	3026
1316	4485	2965	2.43	0.41	1.05	2784
1375	1650	1245	3.76	0.66	1.34	2224
480	1422	1394	0.56	0.08	0.2	510
2060	7809	6907	2.53	0.46	0.58	1405
1007	1683	1446	1.98	0.20	0.74	1480
2242	2562	1812	2.70	0.49	1.0	2268
668	1397	797	0.94	0.22	0.36	788
5550	24358	21910	3.39	0.34	1.22	2385

18-8 文化文物机构人员情况
Number and Personnel in Culture and Cultural Relics Institutions

机构类别	Category of Institution	机构(个) Number of Institutions (unit)				从业人员(人) Number of Employed Persons(person)			
		2018	2019	2020	2021	2018	2019	2020	2021
合　计	**Total**	**7842**	**8434**	**7327**	**6516**	**35867**	**47237**	**43769**	**40321**
文化合计	**Cultural**	**7560**	**8157**	**6939**	**6143**	**32859**	**44303**	**40770**	**37202**
艺术表演团体	Art Performance Troupes	90	87	82	97	4317	3617	4050	4598
#公有制	Public Ownership	39	39	41	37	3230	3206	3126	2887
艺术表演场馆	Art Performance Places	56	64	64	62	822	1315	1520	1033
#公有制	Public Ownership	30	29	26	25	298	300	198	176
公共图书馆	Public Libraries	109	110	103	103	1659	1594	1535	1558
文化馆	Cultural Centers	149	150	142	141	2280	2152	2129	2191
文化站	Cultural Stations	1486	1280	1245	1254	3405	2820	3046	2861
#乡镇综合文化站	Township Comprehensive Cultural Stations	901	902	896	898	1552	1665	1936	1956
艺术展览创作机构	Art Exhibition and Creative Institutions	23	18	13	11	123	118	92	85
#美术馆	Museum	13	11	11	10	83	81	79	76
文化和旅游部门教育机构	Culture and Education	6	6	4	4	607	598	293	384
文化和旅游科研机构	Art Research Institutions	3	3	3	3	85	80	77	75
文化市场经营机构	Institutions of Business of Culture	5376	5142	4114	3428	13743	13743	12615	11365
旅行社	Travel Agency		855	775	683		4816	3866	3098
星级饭店	Star Hotel		182	149	112		9713	7892	6277
文化和旅游行政部门	Administrative Department of Culture	139	142	133	133	2107	2379	2182	2165
其他文化和旅游机构	Other Cultural Institutions	123	118	112	112	1343	1358	1473	1512
#文化市场执法机构	Cultural Market Law Enforcement Agencies	73	71	68	94	603	678	687	961
文物合计	**Cultural Relics**	**282**	**277**	**388**	**373**	**3008**	**2934**	**2999**	**3119**
博物馆	Museums	191	193	191	177	2691	2668	2743	2872
文物保护管理机构	Agencies of Cultural Relics Preservation	86	81	55	54	258	221	197	186
文物科研机构	Scientific and Research Agencies	2	2	3	3	47	45	59	61
文物行政部门	Heritage Administration			139	139				
其他文物机构	Other Cultural Relics Agencies	3	1			12			

注：文化市场经营机构不包括非公有制院团和场馆。
a) Institutions of Cultural Business do not include non-state-owned troupes and theaters.

18-9　分地区公共文化设施情况(2021年)
Statistics on Public Cultural Facilities by Region(2021)

单位：个　(unit)

地区	Region	机构数 总计 Number of Institutions	公共图书馆 Public Libraries	文化馆 Cultural Center	文化站 Cultural Station	博物馆 Museums	美术馆 Art Museum
合计	**Total**	**1708**	**103**	**124**	**1254**	**217**	**10**
哈尔滨	Harbin	399	18	18	290	72	1
齐齐哈尔	Qiqihar	208	13	16	161	17	1
鸡西	Jixi	93	4	10	68	10	1
鹤岗	Hegang	69	3	8	52	5	1
双鸭山	Shuangyashan	87	5	8	67	7	
大庆	Daqing	105	6	5	81	12	1
伊春	Yichun	73	11	10	44	8	
佳木斯	Jiamusi	101	7	10	74	10	
七台河	Qitaihe	24	7	4	17	1	
牡丹江	Mudanjiang	121	7	12	77	23	1
黑河	Heihe	115	7	6	76	27	
绥化	Suihua	246	7	10	205	17	2
大兴安岭	Daxinganling	65	7	7	42	8	1
省本级	Provincial Level	2	7				1

18-9　续表 Continued

单位：人　(person)

地区	Region	从业人员数 总计 Number of Engaged Persons	公共图书馆 Public Libraries	文化馆 Cultural Center	文化站 Cultural Station	博物馆 Museums	美术馆 Art Museum
合计	**Total**	**9466**	**1558**	**1778**	**2861**	**3193**	**76**
哈尔滨	Harbin	2401	237	378	608	1175	3
齐齐哈尔	Qiqihar	1053	163	211	491	182	6
鸡西	Jixi	362	55	130	106	65	6
鹤岗	Hegang	249	40	62	90	53	4
双鸭山	Shuangyashan	362	87	66	91	118	
大庆	Daqing	970	152	101	160	547	10
伊春	Yichun	474	124	107	131	112	
佳木斯	Jiamusi	485	117	137	132	99	
七台河	Qitaihe	130	37	31	36	26	
牡丹江	Mudanjiang	696	121	117	140	318	
黑河	Heihe	615	59	115	138	303	
绥化	Suihua	1182	153	256	633	127	13
大兴安岭	Daxinganling	287	42	67	105	68	5
省本级	Provincial Level	200	171				29

18-10 档案机构情况
Basic Statistics on Archive

项 目	Item	2018	2019	2020	2021
机构数(个)	**Number of Institutions**				
行政管理部门	Administrative Department	139	135	138	139
档案馆	Archives	179	167	166	161
#综合档案馆	Comprehensive Archives	142	142	139	139
从业人员(人)	**Employees (person)**	**2031**	**1888**	**4750**	**4683**
#专 职	Full-time Personnel	1130	1370	3150	2863
馆藏情况	**Collection Situation of Archives**				
案 卷(万卷)	Files(10000 volumes)	1179.1	1044.3	1082.8	1098.4
以件为保管单位档案(万件)	Files of the Storage Unit(10000 pieces)	1144.3	1262.8	1374.6	1487.1
底图(万张)	Base Map(10000 pieces)	22.2	19.9	21.8	23.0
电子档案(GB)	Electronic Records(GB)	18660.3	56462.2	46347.3	58195.5
照片档案(万张)	Photos(10000 sheets)	93.8	86.6	111.6	107.8
录音磁带、录像磁带、影片档案(万盘)	Audio Tapes, Video Tapes and Film Files (10000 discs)	2.4	2.0	2.2	2.4
开放档案(万卷、万件)	**Archives Open to Public(10000 volume,10000 pieces)**	**389.6**	**514.3**	**468.9**	**518.9**
档案利用情况	**Utilization of Archives**				
利用人次(万人次)	Utilization (10000 person times)	65.7	41.5	28.1	17.6
利用卷次(万卷(件)次)	Utilization volume times (10000 rolls (pieces)	79.3	64.4	51.5	49.9
档案馆建筑面积(万平方米)	Floor Space of Archive Institutions(10000 sq.m)	28.5	27.8	29.8	30.0
#库 房	Storage Room	14.3	13.2	14.0	14.2

18-11　广播电视事业发展情况

Basic Statistics on Radio and Television Stations

项　目	Item	2017	2018	2019	2020	2021
广播	**Radio**					
广播电台(座)	Number of Broadcasting Stations (set)	10	10	10	10	10
广播节目综合人口覆盖率(%)	Radio Coverage of Population(%)	98.8	99.0	99.2	99.9	99.9
公共广播节目套数(套)	Number of Public Radio Programs (set)	107	108	108	101	106
全年制作广播节目时间(小时)	Length of Radio Programs Produced (hour)	255972	245174	234049	234013	229833
全年公共广播节目播出时间(小时)	Length of Public Radio Programs Broadcasted (hour)	573841	587998	601021	547200	571792
电视	**Television**					
电视台(座)	Number of Television Stations (set)	10	10	10	9	8
电视节目综合人口覆盖率(%)	TV Coverage of Population (%)	98.9	99.1	99.1	99.8	99.9
全省有线广播电视用户数(万户)	Number of Users of Cable Radio and TV(10 000 households)	606.1	591.6	666.2	584.9	563.9
#农村	Rural	112.4	125.9	106.3	112.1	107.1
数字电视用户数	Number of Users of Digital TV (10000 households)	554.6	568.8	652.2	578.8	557.9
有线广播电视入户率(%)	Popularization Rate of Cable Radio and TV (%)	41.6	38.6	42.9	39.4	
#农村	Rural	18.5	20.5	17.5	18.4	
公共电视节目套数(套)	Number of Public TV Programs (set)	105	105	105	104	104
全年制作电视节目时间(小时)	Length of TV Programs Produced (hour)	90490	105089	88602	107621	104502
全年公共电视节目播出时间(小时)	Length of Public TV Programs Broadcasted (hour)	587060	593441	602615	610149	621838
全年电视剧播出数(部)	Number of TV Plays Broadcasted (set)	4963	4809	4869	5189	4574
全年电视剧播出数(集)	Number of TV Plays Broadcasted(part)	176304	171629	173410	175079	174449
广播电视技术及其他	**TV Technology and Others**					
广播电视总收入(亿元)	Revenue of Radio and TV (100 million yuan)	82.1	59.8	61.1	64.2	59.9
广播电视从业人员数(人)	Staff and Workers of Radio and TV (person)	29160	27518	24856	22921	22707
#编辑、记者	Editors and Reporters	4880	4962	4449	4646	5035
#播音员、主持人	Announcers and Anchor Persons	796	859	810	803	736
#工程技术人员	Engineering Technical Personnel	3349	4274	4146	4345	3756
中、短波转播发射台(座)	Transmission and Relaying Stations of Medium and Short Wave Broadcast (unit)	42	39	38	37	37
发射功率(千瓦)	Power of Transmitters (kw)	2167	2188	2026	1955	1925
调频电视转播发射台(座)	Relaying Stations of Frequency Modulation TV Broadcasting(unit)	218	223	217	174	167
调频发射功率(千瓦)	FM Transmitting Power(kw)	632.3	635	634	650	658
电视发射功率(千瓦)	TV Transmitters Power(kw)	981.4	1041.2	1029.7	563.7	500.1
有线广播电视传输干线网络总长(万公里)	Length of Transmission Trunk for Cable Radio and TV (10 000 km)	4.6	7.6	9.0	9.6	9.6

18-12 广播电视节目制作情况
Basic Statistics on Radio and Television Programs Produced

单位：小时 (hour)

项 目	Item	2020 总 计 Total	2020 省 级 Province Level	2020 地市级 City Level	2021 总 计 Total	2021 省 级 Province Level	2021 地市级 City Level
广播节目制作	**Production of Radio Programs**	**234013**	**64868**	**133369**	**229833**	**58417**	**134983**
新 闻	News Programs	34201	8282	15696	34256	7424	15397
专 题	Special Subject Programs	69390	19214	42495	75194	19393	48397
综 艺	General Entertainment Programs	43558	12739	21787	54751	8255	37908
广播剧	Radio Play Programs	10089	4519	3173	10435	6296	1857
广 告	Advertising Programs	15817	3510	11349	13245	850	10556
其 他	Others	60957	16602	38867	41948	16197	20866
电视节目制作	**Production of TV Programs**	**107621**	**29574**	**42965**	**104502**	**25838**	**44931**
新 闻	News Programs	35502	10069	11150	34630	6922	11553
专 题	Special Subject Programs	29757	11234	11303	34575	11875	14723
综 艺	General Entertainment Programs	10971	2600	2879	7828	2232	3283
影视剧	TV Play Programs	1896	31		1530	1530	
广 告	Advertising Programs	13044	2639	9004	11458	587	9143
其 他	Others	16449	2998	8627	14479	2689	6227

18-13 广播、电视节目播出情况
Basic Statistics on Radio and Television Programs Broadcasting

单位：小时 (hour)

项 目	Item	2020 总 计 Total	2020 省 级 Province Level	2020 地市级 City Level	2021 总 计 Total	2021 省 级 Province Level	2021 地市级 City Level
广 播	**Radio Broadcasting**						
公共节目套数(套)	Number of Public Programs (set)	101	9	34	106	9	34
平均每日播出时间	Broadcasting Hours per Day	1499	166	609	1567	162	609
新闻资讯	News Programs	316	19	81	325	20	76
专题服务	Special Subject Programs	320	57	161	354	51	175
综艺益智	General Entertainment Programs	242	34	97	273	22	146
广 播 剧	Radio Play Programs	133	11	52	140	17	44
广 告	Advertising Programs	105	10	67	107	7	67
其 他	Others	383	37	152	367	44	101
电 视	**Television Broadcasting**						
公共节目套数(套)	Number of Public Programs (set)	104	7	31	104	7	31
平均每日播出时间	Broadcasting Hours per Day	1672	157	544	1704	164	549
新闻资讯	News Programs	238	27	69	245	28	68
专题服务	Special Subject Programs	205	28	67	247	42	85
综艺益智	General Entertainment Programs	85	7	21	84	6	18
影 视 剧	TV Play Programs	673	72	233	673	73	230
广 告	Advertising Programs	162	7	78	171	7	77
其 他	Others	309	15	77	284	7	70

18-14　出版、发行事业机构和人员数

Number of Institutions and Personnel Engaged in News and Publishing Undertakings

指　标	Item	2014	2015	2016	2017	2018	2019	2020	2021
机构数(个)	**Number of Institutions (unit)**	**693**	**692**	**693**	**692**	**625**	**668**	**666**	**653**
出版单位	Publishing Units	419	418	421	420	367	413	406	401
#图书出版	Book Publishing			14	14	14	14	14	14
书刊印刷厂	Printing Houses	169	169	169	155	155	155	160	153
新华书店	Book Stores	105	105	103	103	103	100	100	99
人员数(人)	**Number of Personnel (person)**	**23031**	**21045**	**20556**	**16434**	**15794**	**16286**	**13707**	**12611**
出版单位	Publishing Units	13468	12809	11865	9135	8798	9654	7400	6929
#图书出版	Book Publishing			859	829	863	927	909	894
书刊印刷厂	Printing Houses	6539	5304	5274	4991	4294	4039	3807	3344
新华书店	Book Stores	3024	2932	3417	2308	2702	2593	2500	2338

18-15　图书、期刊和报纸出版情况

Number of Books, Magazines and Newspapers Published

年　份 Year	出版数量(种) Number of Publications (kind)			印刷数量(万册、万份) Printed Copies (10000 copies)			总印张数(万印张) Printed Sheets (10000 sheets)		
	图　书 Books	期 刊 Magazines	报　纸 Newspapers	图　书 Books	期 刊 Magazines	报　纸 Newspapers	图　书 Books	期 刊 Magazines	报　纸 Newspapers
1978	269	24	3	10512	1361	13797	33915	3325	12789
1980	246	59	9	11108	2151	15324	50301	6161	13463
1985	855	88	28	16513	2795	49649	62240	8143	31764
1990	1176	184	58	12342	5302	56480	46750	14390	37577
1995	1868	311	86	11342	6718	69115	53136	19103	72446
2000	2070	319	75	9944	7919	73571	49187	24908	119448
2001	2281	322	76	9779	7391	69783	58022	24030	114053
2002	2258	323	76	8747	6459	74244	56561	23116	141986
2003	2098	323	76	7865	5615	73639	50934	21291	143870
2004	2828	312	76	7704	4331	74339	50388	21703	159947
2005	2930	315	76	5938	3503	71410	45850	14985	261470
2006	2667	307	95	5520	3870	89458	48814	18045	267697
2007	3099	309	95	5285	4996	73166	39911	23662	290481
2008	3182	313	91	5167	5092	72667	43260	25191	238501
2009	3408	314	90	6114	5210	75726	44384	26235	229434
2010	3515	314	90	7420	5253	78219	55880	26568	256544
2011	4430	315	89	8284	5502	79234	61349	28559	299480
2012	4218	315	89	6353	5640	78997	52721	29575	311360
2013	5247	314	88	6636	5789	74931	53024	29213	281419
2014	5043	315	88	7426	5279	69039	62513	28070	232130
2015	6087	314	88	7170	4467	66308	62626	25358	173144
2016	7336	314	88	7694	4340	62387	66638	24598	145570
2017	7549	315	86	8837	4390	56521	75582	24205	110925
2018	8709	315	88	8203	3483	49909	68944	18923	87629
2019	8110	315	84	8452	3049	42801	67310	17338	69770
2020	7638	316	76	8804	2486	33053	77263	13183	45397
2021	8564	316	71	8809	2324	31499	82498	12433	43795

18-16 图书出版情况(2021年)
Statistics on Books Published by Categories(2021)

类　别	Category	种类 (种) Number of Publications (item)	总印数 (万册) Printed Copies (10000 copies)	总印张 (千印张) Printed Sheets (1000 sheets)	定价总金额 (万元) Total Amount of Pricing (10000 yuan)
使用“中国标准书号”部分合计	**Publications with "China International Standard Book Number"**	**8564**	**8809.5**	**824988.0**	**185534.2**
马列主义、毛泽东思想	Marxism-Leninism, Mao Zedong Thought	3	0.3	50.1	14.3
哲　学	Philosophy	54	20.0	2128.4	1190.2
社会科学总论	General Social Sciences	29	4.7	675.8	238.5
政治、法律	Politics and Law	146	108.4	8337.9	1523.3
军　事	Military Affairs	35	8.4	943.0	408.2
经　济	Economics	306	23.8	3542.9	1358.0
文化、科学、教育、体育	Culture, Science, Education and Sports	4135	7827.2	714913.7	140791.5
语言、文字	Languages	231	38.9	5346.8	1770.7
文　学	Literature	674	355.2	32471.9	13137.6
艺　术	Arts	580	71.8	8823.4	5032.0
历史、地理	History and Geography	349	83.3	9098.2	5452.1
自然科学总论	General Natural Sciences	14	5.6	309.9	216.8
数理科学、化学	Mathematics and Chemistry	346	55.7	9752.3	3099.5
天文学、地球科学	Astronomy and Geology	48	5.6	605.5	321.2
生物科学	Biology	41	7.9	511.6	466.4
医药、卫生	Medicine and Health Care	266	19.7	2465.8	1286.9
农业科学	Agricultural Science	109	11.0	1177.9	688.9
工业技术	Industrial Technology	820	106.4	17077.1	5271.7
交通运输	Transportation	180	23.1	3169.7	1379.6
航空、航天	Aeronautics and Aerospace	14	0.9	158.0	69.3
环境科学	Environmental Science	58	8.9	1165.2	496.9
综合性图书	General Books	126	22.9	2263.1	1320.3

18-17　音像制品和电子出版物出版情况

Publication of Audio-visual Products and Electronic Publications

指　标	Item	出版品种(种) Number of Publications (kind)			出版数量(万张) Volume of Publications (10000 discs)			发行量(万张) Circulation (10000 sheets)		
		2019	2020	2021	2019	2020	2021	2019	2020	2021
音像制品	**Total**	**10**	**3**	**11**	**0.12**	**0.08**	**0.10**	**0.12**	**0.08**	**0.10**
录像制品	Video Products	4	3	11	0.06	0.08	0.10	0.06	0.08	0.10
录音制品	Fixation on Phonograms	6			0.06			0.06		
电子出版物	**Electronic Publications**	**12**	**22**	**22**	**79.50**	**73.20**	**168.00**			

18-18　体育系统从业人员情况(2021年)

Statistics on Staff and Workers in Physical Education System (2021)

单位：人　　(person)

指　标	Item	总　计 Total	公务员 Civil Servants	体育教练员 Sports Coaches	运动员 Athletes	科研人员 Scientific and Technical Personnel
合　计	**Total**	**4941**	**717**	**1088**	**1366**	**45**
体育行政机关	Administrative Agencies of Physical Culture and Sports	941	717	35		
运动项目管理部门(优秀运动队)	Sports Events Management (Elite sports team)	1794		323	1098	5
职业、运动技术学院	Sports Technical Institutes	130				6
体育运动学校	Physical Education and Sports Schools	316		137	54	
竞技体校	Competitive Sports School	37		20		
少儿体育运动学校(业余体校)	Spare-time Sports School	745		497	3	4
单项运动学校	Physical Education and Sports Schools	10		8		
训练基地	Training Bases	395		31	211	3
体育场馆	Stadium and Gymnasium	110				
体育科研机构	Sports Science and Technology Institute	43				17
其他事业单位	Other Institutions	420		37		10

18-18 续表 Continued

单位：人 (person)

指　标	Item	卫生技术人员 Medical	文化教师 Teachers	管理人员 Administrative	工勤人员 Logistics	其他人员 Others
合　计	**Total**	**22**	**162**	**737**	**258**	**546**
体育行政机关	Administrative Agencies of Physical Culture and Sports			109	10	70
运动项目管理部门(优秀运动队)	Sports Events Management (Elite sports team)	7		173	39	149
职业、运动技术学院	Sports Technical Institutes	11	57	20	9	27
体育运动学校	Physical Education and Sports Schools		65	35	8	17
竞技体校	Competitive Sports School			5	4	8
少儿体育运动学校(业余体校)	Spare-time Sports School		38	96	31	76
单项运动学校	Physical Education and Sports Schools		2			
训练基地	Training Bases	3		51	76	20
体育场馆	Stadium and Gymnasium			30	41	39
体育科研机构	Sports Science and Technology Institute			3	1	22
其他事业单位	Other Institutions	1		215	39	118

18-19 体育事业发展情况 Development of Sports

指　标	Item	2016	2017	2018	2019	2020	2021
运动员教练员裁判员人数(人)	**Number of Coaches and Referees (person)**						
等级运动员	Number of Athletes in Grades	912	724	968	1037	845	1632
等级教练员(国家级)	Number of Coaches in Grades(state-level)	32	30	15	33	33	37
一级教练员	First-class Coach					365	347
二级教练员	Level 2 Trainer					182	186
三级教练员	Level 3 Trainer					69	69
高级教练员	Senior Coach					379	391
等级裁判员	Number of Referees in Grades	99	135	981	712	1074	935
优秀运动员	Excellent Athletes	1363	1398	1348	1501	1449	1366

18-20　卫生机构基本情况
Basic Conditions of Health Institutions

年　份 Year	卫生机构数 (个) Number of Health Institutions (unit)	床位数 (张) Number of Beds (bed)	人员数 (人) Number of Personnel (person)	#卫生技术人员 Medical Technical Personnel	万人拥有卫生机构床位 (张) Number of Health Institutions Beds per 10000 Persons (bed)	万人拥有卫生技术人员 (人) Number of Medical Technical Personnel per 10000 Persons (person)
1980	8685	104022	175286	133527	32.5	41.7
1985	8794	107527	201065	151337	32.0	45.1
1990	8945	122328	227003	172821	34.5	48.8
1991	8878	124949	232614	173220	35.0	49.9
1992	8853	127164	237985	182368	35.2	50.5
1993	7702	127896	236793	179536	35.1	49.3
1994	7714	128390	235334	179362	35.0	48.8
1995	7637	126466	234074	178842	34.2	48.3
1996	7065	121441	230843	177663	32.6	47.7
1997	7676	121263	231589	178483	32.3	47.6
1998	7620	120470	226719	174980	31.9	46.4
1999	7653	120211	226532	176100	31.7	46.4
2000	8038	120454	222746	171252	31.6	45.0
2001	7944	118037	219624	169865	31.0	44.6
2002	8755	119547	198462	154660	31.4	40.6
2003	8469	115930	192858	149964	30.4	39.3
2004	8230	119645	190563	149274	31.4	39.1
2005	8326	119833	191172	150657	31.4	39.5
2006	8181	123308	191945	151916	32.3	39.8
2007	8464	126058	200346	158726	33.0	41.6
2008	7928	136315	203502	161927	35.6	42.3
2009	8678	146568	215412	172118	38.3	45.0
2010	8938	159957	233900	188612	41.8	49.3
2011	8656	165402	236101	191396	43.1	49.9
2012	8836	178342	241266	197168	46.5	51.4
2013	9582	189290	250191	203741	49.4	53.1
2014	9603	201538	256148	209169	52.6	54.6
2015	9304	211637	259395	212504	55.4	55.6
2016	20378	220039	292210	221345	57.8	58.2
2017	20278	241422	299903	229059	63.6	60.4
2018	20357	250139	299813	230890	66.3	61.2
2019	20377	257539	305552	237595	68.7	63.3
2020	20461	253245	310435	242583	79.5	76.2
2021	20593	260682	315178	248784	83.4	79.6

注：2016年开始包括村卫生室情况，与以往年份不可比(下同)。
a) From 2016, includes the situation of the village health room, which is not comparable with the previous years (similarly following tables).

18-21 卫生机构各类人员(2021年)
Employed Persons in Health Care Institutions by Type of Occupation(2021)

单位：人 (person)

类别	Category	总计 Total	医院 Hospitals	卫生院 Health Centers	疾病预防控制中心 Diseases Prevent and control Centers	其他卫生机构 Other Institutes
总计	**Total**	**315178**	**211762**	**22200**	**6830**	**74386**
卫生技术人员	**Medical Technical Personnel**	**248784**	**173799**	**18337**	**5032**	**51616**
执业(助理)医师	Assistant Doctors on Guard	97074	61062	8367	1904	25741
#执业医师	Doctors on Certified Doctors	83332	56865	5497	1582	19388
注册护士	Registered Nurses	107164	85752	3944	473	16995
药师(士)	Pharmacists of Chinese Medicine Personnel	11093	7918	1149	119	1907
检验人员	Laboratory Technicians Personnel	14607	10504	1002	1045	2056
其他	Others	18846	8563	3875	1491	4917
其他人员	**Other Personnel**	**62315**	**45186**	**4464**	**2099**	**10566**
其他技术人员	Other Technical Personnel	15134	9855	1491	849	2939
管理人员	Managerial Personnel	22823	16576	1409	826	4012
工勤人员	Logistics Works	24358	18755	1564	424	3615
平均每万人拥有卫生技术人员	**Number of Medical Technical Personnel per 10000 Population**	**79.6**	**55.6**	**5.9**	**1.6**	**16.5**

注：其他卫生机构总计中包括乡村医生和卫生员。
a) Other Institutes include rural doctors and health workers.

18-22 医疗机构运营情况(2021年)
Operation of Medical Institutions (2021)

指标	Item	合计 Total	#医院 Hospitals	卫生院 Health Centers	门诊部 Clinics	妇幼保健机构 Maternity and Child Care Centers	专科疾病防治院(所、站) Specialized Disease Prevention &Treatment Institutes
门诊服务	**Service of Clinics**						
诊疗人次(万人次)	Total Number of Patients Treated (10000 person-times)	**9653.7**	**6253.0**	**768.2**	**177.4**	**187.2**	**33.7**
#门　诊	Clinics Patients	8212.6	5523.7	697.4	80.5	170.9	32.0
急　诊	Emergency Patients	669.2	616.1	11.5		5.2	0.0
住院服务	**Service of Clinics**						
入院人数(万人)	Hospital Admissions (10000 patients)	442.1	411.1	21.2	1.6	4.3	1.5
住院病人手术人次(万人)	Number of Operation of Patients (10000 patients)	141.6	139.2	0.6		1.7	0.0
每百门、急诊的入院人数(人)	Hospital Admissions per 100 Out-patient and Emergency Patient (person)	5.6	6.7	3.0		2.5	4.8
床位利用	**Utilization of Hospital Beds**						
平均床位周转率(次)	Average Turnover of Beds (times)	17.9	19.3	9.7		12.5	7.5
平均床位工作日(日)	Number of Days per Bed in Use in a Year (days)	186.7	202.7	78.7		87.6	288.2
床位使用率(%)	Utilization Rate of Beds (%)	51.2	55.5	21.6		24.0	79.0
出院者平均住院日(日)	Average Hospitalization Period (days)	10.5	10.8	6.2		6.3	26.3

18-23　卫生机构、床位、人员数(2021年)
Numbers of Health Institutions, Beds and Employed Persons (2021)

机构名称	Name of Institutions	机构数 (个) Number of Institutions (unit)	床位数 (张) Number of Beds (bed)	人员数 (人) Number of Personnel (person)	#卫生技术人员 Medical Technical Personnel
总　计	**Total**	**20593**	**260682**	**315178**	**248784**
医　院	Hospitals	1188	221221	211762	173799
综合医院	General Hospitals	761	145665	151041	125752
中医医院	Hospitals Specialized in Traditional	177	30363	29887	24303
中西医结合医院	Hospitals Combining Chinese and Western Medicine	10	756	1034	869
民族医院	National Hospitals	3	256	159	134
专科医院	Specialized Hospitals	233	43897	29535	22656
口腔医院	Hospitals of Mouth Cavity Diseases Care	20	478	1168	890
眼科医院	Hospitals for Eye Care	24	1499	1930	1302
耳鼻喉科医院	Hospitals for Ear, Nose and Throat Care	2	295	319	276
肿瘤医院	Tumor Hospitals	6	5463	4393	3629
心血管医院	Hospitals for Vas of Heart	6	1480	1160	989
胸科医院	Hospitals for Chest	1	650	726	626
血液病医院	Blood Disease Hospital	1	20	18	13
妇产(科)医院	Hospitals of Maternity	14	1300	1961	1520
儿童医院	Hospitals of Children	2	900	1275	1107
精神病医院	Mental hospitals	54	20086	7377	5313
传染病医院	Hospitals for Infectious Diseases	11	4625	3688	2843
皮肤病医院	Hospitals of Dermatology	7	177	195	141
骨科医院	Orthopedics Hospitals	9	1072	932	766
康复医院	Rehabilitation Hospitals	10	2019	1028	814
美容医院	Hairdressing Hospital	8	187	519	270
其他专科医院	Other Specialized Hospitals	58	3646	2846	2157
护理院(中心)	Nursing Home	4	284	106	85
基层医疗卫生机构	**Primary Health Care Institutions**	**18785**	**33590**	**80303**	**57653**
社区卫生服务中心(站)	Sanitation and Service Agencies of Community	673	7592	15787	12738
社区卫生服务中心	Health Service Center	471	6731	14375	11536
社区卫生服务站	Health Service station	202	861	1412	1202
卫生院	Health Centre	971	24156	22200	18337
街道卫生院	Sub-district Level	7	117	141	116
乡镇卫生院	Township	964	24039	22059	18221
村卫生室	Village Clinics	10128		18754	4890
门诊部	Clinics	1501	1101	11750	10445
诊所.卫生所.医务室	Clinic. Health Clinic. Infirmary	5512	741	11812	11243
诊　所	Clinics	4798	513	9978	9542
卫生所、医务室	Health Clinic. Infirmary	714	228	1834	1701
专业公共卫生机构	**Professional Public Health Agency**	**549**	**5871**	**21525**	**16320**
疾病预防控制中心	Center for Diseases control and Prevention	147		6830	5032
专科疾病防治院(所、站)	Specialized Disease Prevention and Treatment Institutes	34	2155	1760	1368
妇幼保健机构	Maternity and Child Care Centers	117	3697	7960	6185
急救中心(站)	First-aid Centers	19	19	971	491
采供血机构	Institutions of Pick and Supply Blood	30		997	718
卫生监督所(中心)	Health Supervision Institute (Centre)	138		2749	2414
计划生育技术服务机构	Family Planning Institutions	64		258	112
其他卫生机构	**Other Medical Institutions**	**71**		**1588**	**1012**
医学科学研究机构	Research Institutes of Medical Sciences	1		4	3
医学在职培训机构	Medical Institutions of In-service Education	4		47	29
临床检验中心(所、站)	Clinical Laboratory Center	6		201	139
健康体检中心	Health Examination Center	12		467	387
医疗辅助性机构	Medical Auxiliary Institution	17		401	253
统计信息中心	Statistical Information Center	3		184	30
其他	Others	28		284	171

注：本表人员合计中包括乡村医生、卫生员和诊所乡村医师数；不含乡镇卫生院在村卫生室工作的执业(助理)医师、注册护士数。

a) This table includes the number of village doctors, health workers and village doctors in clinics, excluding the number of practicing (assistant) doctors and registered nurses working in village clinics in township hospitals.

18-24 分地区卫生事业基本情况(2021年)
Basic Statistics on Public Health by Region(2021)

单位：个 (unit)

地区	Region	卫生机构数 Number of Health Institutions	#医院 Hospital	#综合医院 General Hospitals	#中医医院 Chinese Medicine Hospitals	#基层医疗卫生机构 Primary Health Care Institutions	#专业公共卫生机构 Professional Public Health Institutions	#其他机构 Others
全省	**Total**	**20593**	**1188**	**761**	**190**	**18785**	**549**	**71**
哈尔滨	Harbin	4786	350	208	67	4324	74	38
齐齐哈尔	Qiqihar	2736	139	93	22	2537	59	1
鸡西	Jixi	1061	66	49	4	955	36	4
鹤岗	Hegang	709	42	33	5	641	25	1
双鸭山	Shuangyashan	1070	56	40	6	986	28	
大庆	Daqing	1461	121	69	28	1304	34	2
伊春	Yichun	574	38	25	7	500	36	
佳木斯	Jiamusi	1971	103	61	8	1817	46	5
七台河	Qitaihe	640	27	18	2	591	21	1
牡丹江	Mudanjiang	2107	88	48	16	1967	39	13
黑河	Heihe	971	62	51	6	880	28	1
绥化	Suihua	2199	60	40	11	2039	95	5
大兴安岭	Daxinganling	308	36	26	8	244	28	

18-24 续表 Continued

单位：张、人 (bed, person)

地区	Region	卫生机构床位数 Number of Beds in Health Institutions	卫生机构人员数 Number of Persons in Health Institutions	#卫生技术人员数(人) Medical Technical Personnel	#执业(助理)医师 Assistant Doctors on Guard	#注册护士 Registered Nurses	#药师(士) Pharmacist	#技师(士) Technician
全省	**Total**	**260682**	**315178**	**248784**	**97074**	**107164**	**11093**	**14607**
哈尔滨	Harbin	88030	99599	79248	31440	34805	3329	4554
齐齐哈尔	Qiqihar	35551	39627	31286	11895	14156	1562	1799
鸡西	Jixi	13411	15362	12689	5128	5531	566	730
鹤岗	Hegang	8593	10667	8534	3131	4099	403	449
双鸭山	Shuangyashan	12268	11575	9170	3524	4011	430	546
大庆	Daqing	19002	27492	21832	9332	9275	1016	1255
伊春	Yichun	7366	9162	6971	2477	2853	291	378
佳木斯	Jiamusi	21221	23866	18778	6913	8110	786	979
七台河	Qitaihe	5071	6529	5181	2005	2222	236	297
牡丹江	Mudanjiang	17762	27430	22160	8136	9382	908	1457
黑河	Heihe	8539	12879	10266	4034	4256	529	738
绥化	Suihua	21121	26956	19495	7905	7106	882	1203
大兴安岭	Daxinganling	2747	4034	3174	1154	1358	155	222

18-25 享受补助、救济人员情况
Persons Receiving Subsidies or Relief Funds

单位：万人 (10000 persons)

项　　目	Item	2017	2018	2019	2020	2021
城乡居民最低生活保障人数	**Number of Persons Receiving Minimum Living Allowance in Urban Area and Rural Area**	**200.6**	**163.4**	**140.0**	**135.4**	**130.1**
城镇居民最低生活保障人数	Number of Persons Receiving Minimum Living Allowance in Urban Area	95.4	74.1	59.8	54.4	49.0
农村居民最低生活保障人数	Number of Persons Receiving Minimum Living Allowance in Rural Area	105.2	89.3	80.2	81.0	81.1
传统救济情况	**Traditional Relief**					
农村特困人数	Extremely poor population in rural areas	11.3	10.3	9.5	9.3	9.2

18-26 社会福利单位机构和工作人员数
Number of Social Welfare Institutions and Enterprises

项　　目	Item	机构数(个) Number of Institutions or Enterprises (unit)			工作人员(人) Number of Persons Engaged (person)		
		2019	2020	2021	2019	2020	2021
总　　计	**Total**	**1747**	**1978**	**2339**	**19651**	**22209**	**20873**
社会福利事业单位	Social Welfare Institutions	1556	1787	2155	16082	18783	17417
收容遣送站	Collecting and Repatriation Units	56	56	56	587	538	539
殡葬事业单位	Funeral and Interment Institutions	135	135	128	2982	2888	2917

18-27 调解民间纠纷分类
Number of Civil Disputes Mediated by Type

项　　目	Item	调解纠纷(件) Civil Disputes(cases)			各种纠纷所占比重(%) Percentage(%)		
		2019	2020	2021	2019	2020	2021
总　　计	**Total**	**372933**	**153218**	**105201**	**100.0**	**100.0**	**100.0**
婚姻家庭	Family Disputes	72474	19845	13057	19.4	13.0	12.4
房屋、宅基地	Housing and Housing Sites	12875	3624	2137	3.5	2.4	2.0
邻　　里	Neighbor Disputes	99590	35198	22452	26.7	23.0	21.4
损害赔偿	Compensation for Damages	22213	7988	3489	6.0	5.2	3.3
其　　他	Others	165781	86563	64066	44.5	56.5	60.9

18-28 律师、公证、调解工作基本情况
Basic Statistics on Lawyers, Notarization and Mediation

项 目	Item	2017	2018	2019	2020	2021
律师工作	**Lawyers**					
律师事务所(个)	Number of Law Offices (unit)	857	862	857	866	860
律师(人)	Number of Lawyers (person)	5378	5468	5999	6352	6940
#专职律师	Full-time Lawyers	4765	4840		5185	5316
兼职律师	Part-time Lawyers	236	220		262	277
聘请担任常年法律顾问的单位(处)	Number of Units with Permanent Legal Advisors (unit)	5212	6547	6938	5537	5831
民事诉讼代理(件)	Agent of Civil Cases (case)	30468	41378	52046	37378	53272
行政诉讼代理(件)	Agent of Administrative Action (case)	845	864	1581	1076	2034
刑事辩护代理(件)	Agent and Defender of Criminal Cases (case)	11188	15166	17474	12368	13824
非诉讼法律事务(件)	Agent of Non-Litigious Legal Affairs (case)	547	10108	13753	4342	7746
咨询和代书(件)	Consulting and Writing (case)	100889	49278	54632	46010	52190
代理申诉	Representation of Complaint			1353	256	219
公证工作	**Notarization**					
公证处(个)	Number of Notary Offices (unit)	149	123	119	111	125
#办理涉外的	Related to Foreign	77	77	77	77	77
公证人员(人)	Notarial Personnel (person)	1092	864	814	1174	1216
#公证员	Notaries	399	412	395	380	373
公证员助理	Assistant Notaries	445	452	419	509	481
办理公证件数(件)	Number of Transacted Notarization (case)	426754	452323	509098	299393	331703
#国内经济合同公证	Notarization of Domestic Economic	4038	15996	53835	33023	16026
人民调解工作	**Number of People's Mediation**					
专职司法助理员(人)	Number of Full-time Judicial Assistants (person)	2382	2422	2404	1774	2353
人民调解委员会(个)	Number of People's Mediation Committees (unit)	15286	15324	15178	14302	14152
调解人员(人)	Number of Mediators (person)	59633	57508	57005	52858	50389
调解民间纠纷(件)	Number of Civil Disputes Mediated (case)	282968	367248	372933	153218	105201

18-29　国内公证业务分类(2021年)
Domestic Notarial Services by Type(2021)

单位：件　(piece)

分　类	Item	办理公证 Number of Notarial Documents Issued	比重(%) Percentage(%)
总计	**Total**	**331703**	**100.00**
委托	Power of Attorney	65745	19.82
声明	Declaration	52146	15.72
赠与(单方)	Gift	2179	0.66
受赠	Gratuities	806	0.24
遗嘱	Testaments	1317	0.40
保证	Promises	359	0.11
公司章程	Corporation Constitutions		
出生	Births	4847	1.46
生存	Survival	24	0.007
死亡	Deaths	1028	0.31
身份	Identity	1229	0.37
曾用名	Resume	681	0.21
住所地(居住地)	Residence	44	0.013
学历	Education Background	15	0.005
学位	Academic Degree	12	0.004
经历	Experiences	6	0.002
资格	Qualifications	2	0.0006
无(有)犯罪记录	Illegal and Criminal Record Check	10774	3.25
婚姻状况	Marital Status	4013	1.21
亲属关系	Kinship Confirmation	10611	3.20
收养	Adoptive Relationship		
抚养事实	The Fact of Raising		
财产权	Property Rights	185	0.06
收入状况	Income State	2	0.0006
指纹(印鉴)	Fingerprint	118	0.04
不可抗力(意外事件)	Force Majeure (Accident)		
查无档案记载	Check No Archival Records		
证书(执照)	Certificate, Licence	50657	15.27
文书上的签名(印鉴)	Signature, Seal	1942	0.59
文本相符	Conformity of Documentation	39529	11.92
保全证据	Evidence Preservation	2967	0.89
现场监督	Field Supervision	1820	0.55
合同(协议)	Contract (Agreement)	16206	4.89
继承(受遗赠)	Inheritance	52068	15.70
具有强制执行效力的债权文书公证书及执行证书	Executor Force Certificate of Execution	10322	3.11
公证登记	Mortgage Registration		
公证提存	Drawing Registration	40	0.012
公证保管	Storage Registration	9	0.003
其他	Others		

18-30 婚姻登记和离婚情况
Basic Statistics on Marriages and Divorces

年 份 Year	居民登记结婚(对) Registered Marriages (couple)	初 婚(人) First Marriages (person)	再 婚(人) Remarriages (person)	涉外及华侨、港澳台同胞准予登记结婚的国内居民 Registered Marriages Related to Foreign, Overseas Chinese, Hong Kong, Macao & Taiwan 合 计(人) Total (person)	#女 性 Female	准予登记离 婚(对) Registered Divorces (couple)	法院协议判决离婚(对) Agreement and Adjudged Divorces (couple)	离婚率(‰) Divorce Rate (‰)
1985	284282	547585	20979	56	39	9155	30018	2.3
1990	284720	529796	39644	173	128	17104	37224	3.1
1995	267300	490744	43856	4312	4271	19237	54733	4.0
1996	260229	473216	47242	4002	3771	20571	58705	4.3
1997	270653	498139	43167	3173	3154	20737	61855	4.4
1998	234488	416018	52958	2745	2700	19792	56600	4.0
1999	224610	403756	45464	2168	2060	22654	52976	4.0
2000	217750	384399	51101	2560	2385	23739	51137	3.9
2001	222294	392712	51876	3889	3675	24940	50925	4.0
2002	193072	335930	50214	3770	3592	26698	45552	3.8
2003	201202	348460	53944	4208	3920	35186	42388	4.1
2004	235120	410058	60182	2844	2558	49278	43733	4.9
2005	228311	395978	60644	2448	2055	53932	42065	5.0
2006	231917	409739	54095	2942	2034	55506	43026	5.2
2007	252041	438465	65617	1982	1738	66779	40340	5.6
2008	283017	486996	79038	2879	2470	79403	40044	6.2
2009	303854	519276	88432	2929	2460	91355	36961	6.7
2010	308886	529835	87937	3093	2286	104406	35272	7.3
2011	332683	555952	109414	2390	1459	116019	35272	7.9
2012	345617	591433	99801	2348	1199	124138	32616	8.4
2013	376612	651424	101800	2101	1163	147613	30643	9.6
2014	352253	617682	86824	1853	1171	157983	29302	10.3
2015	318224	553715	82733	1500	997	162094	27708	10.6
2016	306307	522071	90543	1547	978	164902	22532	10.7
2017	286732	481250	92214	1271	816	175276	21573	11.5
2018	278195	462484	93906	1262	782	175566	19095	11.6
2019	244370	399726	89014	1246	761	170110	16767	11.4
2020	171906	283387	60425	279	148	126147	11620	8.6
2021	172244	246431	98057	250	150	65222	20522	5.4

18-31 劳动争议案件受理和处理情况
The Disposal of Labor Disputes

单位：件 (case)

项 目	Item	2017	2018	2019	2020	2021
案件受理情况	**Cases Accepted**					
当期案件受理数	Number of Cases	12884	23326	36254	19841	28116
#集体劳动争议案件数	Collective Labour Disputes	37	9	9	39	30
劳动者申诉案件数	Cases Appealed by Laborers	12781	23187	35877	18906	28029
劳动者当事人数(人)	Number of Laborers Involved(person)	14278	23613	36830	21696	29050
#集体劳动争议劳动者当事人数	Laborers Involved in Collective Labour Disputes	1275	142	362	1134	771
争议原因	Cause of the Disputes					
劳动报酬	Labour Remuneration	5289	9872	13613	9133	15757
社会保险	Social Insurances	2277	2842	6441	3011	4226
变更劳动合同	Change the Labour Contract					
解除、终止劳动合同	Relieve and End the Labour Contract	563	1025	1035	364	360
其 他	Others	3515	5664	6024	4227	4736
案件处理情况	**Cases Disposed**					
结案数	Number of Cases Settled	13200	23205	35205	20529	28480
处理方式	By Manners of Settlement					
仲裁调解	By Mediation	4520	8187	12762	10919	16419
仲裁裁决	By Arbitration Lawsuit	6675	11228	16743	9016	11484
其 他	Other	2005	3790	5700	594	577
处理结果	By Result of Settlement					
用人单位胜诉	Lawsuit Won by Units	1084	2533	2841	1886	2937
劳动者胜诉	Lawsuit Won by Laborers	7076	7633	12342	6105	6753
双方部分胜诉	Lawsuit Partly Won by Both Parties	2087	2333	3226	8930	15110
本期未结案件数	**Number of Cases Dissected**	**81**	**202**	**1251**	**563**	**199**
其他方式调解案件数	**Number of the Arbitrated Cases through Other Forms**	**11732**	**17674**	**30750**	**11584**	**10883**

18-32 社会保险基本情况
Basic Statistics of Social Insurance

项　　目	Item	2017	2018	2019	2020	2021
年末参加城镇职工基本养老保险人数(万人)	Number of Urban Staff Basic Pension Insurance Contributors at Year-end(10000 persons)	1206.1	1308.5	1364.9	1411.4	1446.6
#职工	Staff and Workers	682.2	731.7	765.1	790.3	811.8
离退休人员	Retirees	523.9	576.8	599.8	621.0	634.8
基金收支情况(亿元)	Revenue and Expenses(100 million yuan)					
基金收入	Revenue	1240.5	1630.2	1785.4	1629.3	1824.5
基金支出	Expenses	1534.2	1793.1	2094.8	2240.1	2456.8
累计结余	Balance at Year-end	-486.2	-557.2	-433.7	-368.9	-372.3
年末参加基本医疗保险人数(万人)	Number of Basic Medical Care Insurance (10000 persons)	2892.6	2908.6	2837.1	2827.0	2821.1
年末参加城镇职工基本医疗保险人数(万人)	Number of Urban Households Basic Medical Care Insurance Contributors at Year-end (10000 persons)	843.8	856.2	873.6	876.4	884.9
#职工	Staff and Workers	493.2	498.0	496.5	484.6	484.3
离退休人员	Retirees	350.6	358.2	377.1	391.8	400.6
基金收支情况(亿元)	Revenue and Expenses(100 million yuan)					
基金收入(亿元)	Revenue(100 million yuan)	285.6	308.1	333.0	370.0	379.9
基金支出(亿元)	Expenses(100 million yuan)	259.9	267.8	295.7	284.1	308.0
累计结余(亿元)	Balance at Year-end(100 million yuan)	320.6	360.9	398.2	517.9	589.8
年末参加城乡居民基本医疗保险人数(万人)	Number of Urban Residents Basic Medical Care Insurance Contributors at Year-end (10000 persons)	2048.9	2052.3	1963.5	1950.6	1936.2
年末参加失业保险人数(万人)	Number of Unemployment Insurance Contributors at Year-end (10000 persons)	315.1	318.0	324.0	326.2	329.5
#领取失业保险金	Beneficiaries of Unemployment Insurance Fund	7.1	7.2	6.1	7.3	8.2
基金收支情况(亿元)	Revenue and Expenses(100 million yuan)					
基金收入(亿元)	Revenue(100 million yuan)	22.0	19.1	22.5	18.6	25.0
基金支出(亿元)	Expenses(100 million yuan)	19.4	15.2	25.6	38.7	24.1
累计结余(亿元)	Balance at Year-end(100 million yuan)	167.8	171.7	128.2	108.3	109.2
年末参加工伤保险人数(万人)	Number of Work Injury Insurance Contributors at Year-end (10000 persons)	519.1	520.1	464.1	442.6	444.4
#享受工伤待遇	Beneficiaries	6.2	6.9	5.9	4.6	4.4
基金收支情况(亿元)	Revenue and Expenses(100 million yuan)					
基金收入(亿元)	Revenue(100 million yuan)	23.7	24.9	26.9	20.4	32.2
基金支出(亿元)	Expenses(100 million yuan)	24.0	26.0	26.4	23.0	28.9
累计结余(亿元)	Balance at Year-end(100 million yuan)	32.0	30.9	31.3	28.7	32.0
年末参加生育保险人数(万人)	Number of Maternity Insurance Contributors at Year-end (10000 persons)	355.1	350.2	343.5	397.7	396.0
#享受待遇	Beneficiaries	8.9	8.2	9.1	11.9	12.0
年末参加城乡居民社会养老保险人数(万人)	Number of Urban and Rural Residents Basic Pension Insurance Contributors at Year-end (10000 persons)	839.6	896.8	916.7	908.7	890.4
#领取养老金	Farmer Beneficiaries	328.0	347.7	361.1	367.4	361.5

注：2020年职工医保与生育保险合并实施，生育保险基金不再单独计算收支、结余情况，包含在职工医保中。

a) In 2020, employee medical insurance and maternity insurance will be implemented together, and the maternity insurance fund will no longer calculate the income, expenditure and balance separately, which will be included in employee medical insurance.

主要统计指标解释

广播/电视节目综合人口覆盖率 指根据国家广电总局制定的《广播电视人口覆盖率统计技术标准和方法》进行统计调查的，在对象区内能接收到由中央、省、地市或县通过无线、有线或卫星等各种技术方式转播的各级广播/电视节目的人口数占全国总人口数的百分比。

艺术表演团体 指由文化部门主办或实行行业管理(经文化行政部门审批或已申报登记并领取相关许可证)，专门从事表演艺术等活动的各类专业艺术表演团体，含民间职业剧团。不包括群众业余文艺表演团体。

艺术表演场馆 指由文化部门主办或实行行业管理(经文化市场行政部门审批或已申报登记并领取相关许可证)，有观众席、舞台、灯光设备，公开售票、专供文艺团体演出的文化活动场所。

文化市场经营机构 指经文化市场行政部门审批或已申报登记并领取相关许可证的、从事文化经营和文化服务活动的机构。

国家综合档案馆 按行政区划或历史时期设置的，收集和管理所辖范围内多种门类档案的档案馆。

等级运动员 指经考核正式批准授予运动员称号的运动员，分为国际级运动健将、运动健将、一级、二级运动员。

等级教练员 指经考核正式批准授予等级教练员职称的教练员，分为国家级、高级、中级、初级教练员。

医疗卫生机构 指从卫生行政部门取得《医疗机构执业许可证》、《计划生育技术服务许可证》，或从民政、工商行政、机构编制管理部门取得法人单位登记证书，为社会提供医疗保健、疾病控制、卫生监督服务或从事医学科研和医学在职培训等工作的单位。医疗卫生机构包括医院、基层医疗卫生机构、专业公共卫生机构、其他医疗卫生机构。

医院 包括综合医院、中医医院、中西医结合医院、民族医院、各类专科医院和护理院，不包括专科疾病防治院、妇幼保健院和疗养院。包括医学院校附属医院。

基层医疗卫生机构 包括社区卫生服务中心、社区卫生服务站、街道卫生院、乡镇卫生院、村卫生室、门诊部、诊所(医务室)。

专业公共卫生机构 包括疾病预防控制中心、专科疾病防治机构、妇幼保健机构、健康教育机构、急救中心（站）、采供血机构、卫生监督机构、卫生健康部门主管的计划生育技术服务机构。不包括传染病院、结核病医院、血防医院、精神病医院、卫生监督（监测、检测）机构。

其他医疗卫生机构 包括疗养院、临床检验中心、医学科研机构、医学在职教育机构、医学考试中心、农村改水中心、人才交流中心、统计信息中心等卫生事业单位。

卫生人员 指在医院、基层医疗卫生机构、专业公共卫生机构及其他医疗卫生机构工作的职工，包括卫生技术人员、乡村医生和卫生员、其他技术人员、管理人员和工勤人员。一律按支付年底工资的在岗职工统计，包括各类聘任人员(含合同工)及返聘本单位半年以上人员，不包括临时工、离退休人员、退职人员、离开本单位仍保留劳动关系人员、本单位返聘和临聘不足半年人员。

卫生技术人员 包括执业医师、执业助理医师、注册护士、药师（士）、检验技师（士）、影像技师、卫生监督员和见习医（药、护、技）师（士）等卫生专业人员。不包括从事管理工作的卫生技术人员(如院长、副院长、党委书记等)。

执业医师 指《医师执业证》“级别”为“执业医师”且实际从事医疗、预防保健工作的人员，不包括实际从事管理工作的执业医师。执业医师类别分为临床、中医、口腔和公共卫生四类。

执业(助理)医师 指《医师执业证》“级别”为“执业助理医师”且实际从事医疗、预防保健工作的人员，不包括实际从事管理工作的执业助理医师。执业助理医师类别分为临床、中医、口腔和公共卫生四类。

每万人口执业(助理)医师 每万人口执业(助理)医师=(执业医师数+执业助理医师数)/人口数 × 10000。人口数系年末常住人口。

每万人口卫生技术人员 每万人口卫生技术人员=卫生技术人员数/人口数 × 10000。人口数系年末常住人口。

每万人口医疗卫生机构床位 每万人口医疗卫生机构床位=医疗卫生机构床位数/人口数 × 10000。人口数系年末常住人口。

社会工作师 指通过全国社会工作师职业水平考试并取得社会工作师职业水平证书的人员。

社会福利企业 指以集中安置有一定劳动能力的残疾人就业为目的（残疾职工占生产人员 10%以上)、带有社会福利性质的企业总称。社会福利企业分类为: 社会福利工厂、假肢厂、其他福利企业。性质分为: 国有、集体和其他性质。

城市最低生活保障人数 指在报告期末纳入当地城市最低生活保障范围、并已发放补助经费的人数。

农村最低生活保障人数 指在报告期末纳入当地农村最低生活保障范围、并已发放补助经费的人数。

五保户 指无法定抚养义务人，或者虽有法定抚养义务人，但是抚养人无抚养能力的; 无劳动能力的; 无生活来源的老年人、残疾人和未成年人。

传统救济人数 指国家规定由民政部门救济的特殊人员和 60 年代精简退职老职工救济人员。特殊人员包括麻风病人、原国民党起义、投诚人员、归侨、台胞台属、宽大释放人员、摘掉右派帽子人员、因公负伤的下乡知青、因计划生育手术事故造成死亡和丧失劳动能力人员等传统民政救济对象。

社区服务机构数 指报告期末设立的社区服务指导中心、社区服务中心、社区服务站、社区养老机构和设施、互助型的养老设施等其他社区服务机构的总和数。具有面向老人，残疾人，儿童及其家庭的商品递送、医疗保健、家庭保洁、日间照料、陪伴服务等为社区居家养老服务的设施和突出综合服务的职能。

粗离婚率 指某地区当年离婚对数占该地区年平均人口的比重。计算公式为:

$$粗离婚率 = \frac{当年离婚对数}{年平均人口数} \times 1000‰$$

人民检察院直接立案侦查案件 指按照管辖的规定，由人民检察院直接立案侦查的贪污贿赂犯罪、渎职犯罪、国家机关工作人员利用职权实施的侵犯公民人身权利和民主权利的犯罪以及经省级人民检察院决定立案侦查的国家机关工作人员利用职权实施的其他重大犯罪案件。

要案 指县、处级以上干部的犯罪案件。该指标主要反映职务犯罪案件中县、处级以上干部被人民检察院依法立案侦查的情况。

批准逮捕 指人民检察院对公安机关、国家安全机关、监狱管理机关提出逮捕的犯罪嫌疑人进行审查，根据事实，依法做出逮捕决定。该指标主要反映人民检察院对提请逮捕犯罪嫌疑人进行审查后依法做出批准逮捕决定的情况。

决定逮捕 指人民检察院对直接立案侦查的案件，认为需要逮捕犯罪嫌疑人时，依据法律做出的逮捕决定。该指标主要反映人民检察院对直接受理的案件行使决定逮捕权的情况。

适用简易程序 指人民法院对依法可能判处三年以下有期徒刑、拘役、管制、单处罚金的公诉案件，事实清楚，证据充分，人民检察院建议或者同意适用简易程序的案件；告诉才处理的案件; 被害人起诉的有证据证明的轻微刑事案件。

提出抗诉 指人民检察院对人民法院的判决、裁定认为确有错误，向人民法院提出对案件重新进行审理的诉讼活动。包括按照第二审程序提出的抗诉和按照审判监督程序（再审程序）提出的抗诉。

立案监督 指人民检察院对侦查机关刑事立案活动的监督。包括对应当立案而不立案的监督和不应立案而立案的监督。

监督立案 包括侦查机关接到要求说明不立案理由后主动立案和执行通知立案两个内容。

监管活动 指人民检察院对监狱等监管改造场所的管理活动进行的监督。青少年罪犯 指人民法院在报告期内判决发生法律效力的有罪判决中14周岁以上不满25周岁的罪犯。其中14周岁以上不满18周岁的罪犯为未成年罪犯。

行政案件 指公民、法人和其他组织不服行政机关作出的具体行政行为，向人民法院提起行政诉讼，人民法院依法审理的案件。

单独赔偿 指单独提起行政赔偿的案件。当事人对行政行为的合法性没有争议，就行政侵权造成的损害赔偿单独提起赔偿诉讼。

公证人员 指在公证处工作的人员总称，包括公证处主任、副主任、公证员、公证员助理(助理公证员)和其他从事辅助性工作的人员。

公证文书 指公证处根据当事人申请，依照事实和法律，按照法定程序制作的，具有法律效力的司法证明文书。

受理劳动人事争议案件数 指劳动人事争议仲裁委员会根据国家有关规定，对劳动人事争议当事人的申请予以审查，符合受理条件而正式立案、准备处理的劳动人事争议案件数。

城镇职工基本养老保险

1.参保职工人数 指报告期末按照国家法律、法规和有关政策规定参加城镇职工基本养老保险并在社保经办机构已建立缴费记录档案的职工人数，包括中断缴费但未终止养老保险关系的职工人数，不包括只登记未建立缴费记录档案的人数。

2.离退休人员人数 指报告期末参加城镇职工基本养老保险的离休、退休和退职人员的人数。

3.基金收入 指根据国家有关规定，由纳入基本养老保险范围的缴费单位和个人按国家规定的缴费基数和缴费比例缴纳的养老保险基金，以及通过其他方式取得的形成基金来源的收入。包括单位和职工个人缴纳的基本养老保险费、基本养老保险基金利息收入、上级补助收入、下级上解收入、转移收入、财政补贴和其他收入。

4.基金支出 指按照国家政策规定的开支范围和开支标准从养老保险基金中支付给参加基本养老保险的个人的养老金、丧葬抚恤补助，以及由于保险关系转移、上下级之间调剂资金等原因而发生的支出。包括离休金、退休金、退职金、各种补贴、医疗费、死亡丧葬补助费、抚恤救济费、社会保险经办机构管理费、补助下级支出、上解上级支出、转移支出、其他支出等。

5.基金累计结余 指截至报告期末基本养老保险基金收支相抵后的累计余额。

城乡居民基本养老保险

1.参保人数 指报告期末，参加城乡居民养老保险（在经办机构参保登记并已建立缴费记录以及制度实施当年已经年满60周岁并在经办机构参保登记）的总人数（不包括已经办理注销登记手续的人数）。

2.基金收入 指根据国家有关规定，由参加城乡居民基本养老保险的个人按规定缴费的城乡居民基本养老保险基金，以及通过集体补助、财政补助等其他方式取得的形成基金来源的收入。包括个人缴费收入、集体补助收入、政府补贴收入、利息收入、转移收入、上级补助收入、下级上解收入和其他收入。

3.基金支出 指按照国家政策规定的开支范围和开支标准从城乡居民基本养老保险基金中支付给参加城乡居民基本养老保险的个人养老金待遇支出，以及由于参保人员跨统筹地区流动而发生的支出等。包括养老金待遇支出、转移支出、补助下级支出、上解上级支出、其他支出。

4.基金累计结余　指截至报告期末城乡居民基本养老保险基金收支相抵后的累计余额。

基本医疗保险

1.参保人数　指报告期末按国家有关规定参加相应基本医疗保险的人数。

2.基金收入　指由用人单位和个人按照国家规定的缴费基数、缴费比例或缴费标准缴纳的基本医疗保险基金，财政补助资金以及通过其他方式取得的形成基金来源的款项，包括：单位缴纳收入、个人缴纳收入、财政补助收入（含医疗救助补助个人收入）、财政补贴收入、利息收入和其他收入。

3.基金支出　指按照国家政策规定的开支范围和开支标准，从基本医疗保险基金中支付给参保人员的医疗保险待遇支出，以及其他支出。包括住院医疗费用支出、门急诊医疗费用支出、个人账户基金支出、其他支出。

4.基金累计结余　指截至报告期末基本医疗保险基金累计结余金额。

失业保险

1.参保人数　指报告期末按照国家法律、法规和有关政策规定参加了失业保险的城镇企业、事业单位的职工及地方政府规定参加失业保险的其他人员的人数。

2.基金收入　指报告期内筹集的失业保险基金的总额，包括失业保险费收入、利息收入、财政补贴收入、其他收入、转移收入。

3.基金支出　指报告期内为保障失业人员基本生活、预防失业、促进再就业等支出的基金总额，包括失业保险金支出、医疗补助金支出、丧葬补助金和抚恤金支出、职业培训和职业介绍补贴支出、其他费用支出、技能提升补贴支出、稳定岗位补贴支出、其他支出、转移支出。

4.基金累计结余　指截至报告期末失业保险基金收支相抵后的累计余额。

工伤保险

1.参保人数　指报告期末依据国家有关规定参加工伤保险的职工人数和有雇工的个体工商户的雇工数。

2.享受工伤保险待遇人数　指年报告期内因工伤或职业病而享受工伤保险待遇的职工人数。为享受工伤医疗待遇中未评定等级的人数、享受伤残待遇人数以及享受因工死亡待遇人数之和。

3.基金收入　指根据国家有关规定，由参加工伤保险的单位按国家规定的缴费基数和缴费比例缴纳及难以直接按照工资总额计算缴纳工伤保险费的部分行业企业按规定方式缴纳的工伤保险费，以及依法通过其他形式取得的形成基金来源的款项。包括：工伤保险费收入、利息收入、上级补助收入、下级上解收入、其他收入。

4.基金支出　指按照国家政策规定的开支范围和开支标准从工伤保险基金中支付给参加工伤保险的人员及供养直系亲属工伤保险待遇支出及其他支出。包括工伤医疗待遇支出、伤残待遇支出、工亡待遇支出、劳动能力鉴定支出、工伤预防费用支出、补助下级支出、上解上级支出和其他支出。

5.基金累计结余　指工伤保险基金收支相抵后的期末累计结余金额。

生育保险

1.参保人数　指报告期末依据有关规定参加生育保险的人数。

2.基金收入　指根据国家有关规定，由参加生育保险的单位按照国家规定的缴费基数和缴费比例缴纳的生育保险基金，以及通过其他方式取得的形成基金来源的款项，包括：单位缴纳的基金收入、利息收入和其他收入。

3.基金支出　指按照国家政策规定的开支范围和开支标准，从生育保险基金中支付给参加生育保险的职工，因妊娠、分娩和计划生育手术而享受的待遇及其他支出。包括：生育津贴、医疗费用支出及其他支出。

4.基金累计结余　指截至报告期末生育保险基金累计结余金额。

Explanatory Notes on Main Statistical Indicators

The Population Coverage Rate of Radio/Television refers to the percentage of the whole country's population who can receive radio/television programmes transmitted by national, provincial, municipal or county stations through wireless, cable or satellite techniques, according to Statistical Standard and Method on Television and Radio Coverage of Population established by the former State Administration of Broadcasting, Film and Television.

Arts Performance Troupes refer to the various professional performing arts groups, which sponsored by the cultural sectors or guided by the cultural society (approved by the cultural administration authority, or registered and permitted with the relative certificate), including non-governmental troupes. The mass amateur arts performance troupes are not included. administration, or registered and permitted with the relative certificate), with the facility of auditorium, stage and lighting, and selling tickets in public.

Arts Performance Places refer to the various sites for cultural activities, which sponsored by the cultural sectors or guided by the cultural society (approved by the cultural market.

Cultural Market Operating Units refer to the units dealing in culture and cultural services, which registered and permitted with the relative certificate by cultural market administration.

National Comprehensive Archives refer to all archives institutions responsible for collecting and keeping various documents and materials by administrative regions or historical periods.

Certified Grade Athletes refer to those who are awarded the title of athletes through assessment. The titles include international level athletes, master of sports, first grade athletes and second grade athletes.

Certified Grade Coaches refer to those who are awarded the title of grade coaches through assessment. The titles include national level coaches, senior grade coaches, medium grade coaches and junior grade coaches.

Medical and Health Care Institutions refer to the units which have been qualified the Certification of Health Care Institution, certification of family planning technical service by the administration of public health, or qualified the Certification of Corporate Unit by the civil affairs, administration for industry and commerce, commission office for public sector reform, and engaging in medical care, disease prevention and control, health supervision and inspection, medicine research and on-job training, etc., including: hospitals, health care institutions at grass-root level, specialized public health institutions, and other medical and health care institutions.

Hospitals include general hospitals, hospitals specialized in traditional Chinese medicine, hospitals of integrated traditional Chinese and western medicine, ethnic hospitals, specialized hospitals and nursing hospitals, excluding specialized disease prevention and treatment institutes, maternal and child health care hospitals and convalescent hospitals.

Health Care Institutions at Grass-root Level include community health service centers, community health service stations, urban health centers, township health centers, village clinics, outpatient departments and clinics (health centers).

Specialized Public Health Institutions include CDC, specialized disease prevention and treatment institutions, maternal and children health centers, health education institutions, emergency centers (first-aid stations), blood gathering and supplying institutions, health inspection institutions, and family planning technical service institutions headed by the health department. It does not include infectious hospital, tuberculosis hospital, schistosomiasis control hospital, mental hospital, health supervision (monitoring and testing) institution.

Other Medical and Health Care Institutions include sanatoriums, clinical laboratory centers, medicinal scientific research institutions, on-job training institutions, medical examination centers, rural water improvement centers, talent exchange centers, and statistical information centers, etc.

Health Care Employees refer to all employees engaged in the health care institutions, such as hospitals, health care institutions at grass-root level, specialized public health institutions, and other medical and health care institutions, including medical technical personnel, village doctors and assistants, other technical personnel, managerial and service staff. The data is based on the year end payroll, including personnel hired (including contract labor) and re-employed after retirement by the institution for over half a year and excluding temporary workers, retired personnel, resigned personnel, personnel who have left the institution but kept the contract relation and personnel who are re-employed after retirement or temporarily employed for less than half a year.

Medical Technical Personnel refer to the professional staff engaged in health care, including licensed doctors, licensed assistant doctors, registered nurses, pharmacists, laboratory technicians, imaging staff, health care supervisors and intern doctors, pharmacists, nurses, and technical personnel, excluding the medical technical personnel engaged in managerial job (e.g. president, vice president and secretary of the party committee etc).

Licensed Doctors refer to the medical workers who have obtained the licenses of qualified doctors and are employed in medical treatment, disease prevention or healthcare institutions, excluding the licensed doctors engaged in management job. The licensed doctors are divided into 4 categories: clinician, Chinese medicine physicians, dentist and public health physicians.

Licensed Assistant Doctors refer to the medical workers who have obtained the licenses of qualified assistant doctors and are employed in medical treatment, disease prevention or healthcare institutions, excluding the licensed assistant doctors engaged in management job. The classification of licensed assistant doctors is clinician, Chinese medicine, dentist and public health.

Number of Licensed (Assistant) Doctors per 10000 Population The formula is:

Number of Licensed Doctors per 10000 Population = (Number of Licensed Doctors + Number of Licensed Assistant Doctors) / Population *10000

The population is the figure of usual population at year-end.

Number of Medical Technical Personnel per 10000 Population The formula is:

Number of Medical Technical Personnel per 10000 Population = Number of Medical Technical Personnel / Population *10000

The population is the figure of usual population at year-end.

Number of Beds of Medical and Health Care Institutions per 10000 Population the formula is:

Number of Beds of Medical and Health Care Institutions per 10000 Population = Number of Beds of Medical and Health Care Institutions / Population *10000

The population is the figure of usual population at year-end.

Social Welfare Enterprises refer to those welfare-oriented enterprises employing a significant number of handicapped people with certain labour ability (handicapped employees shall exceed 10% of the production staff). They can be categorized as welfare factories, artificial limb plants and other welfare enterprises. They can be in the form of state ownership, collective ownership or other kinds of ownership.

Number of Urban Residents Entitled to Minimum Living Allowances refers to the number of urban residents who have been included in the scope of local urban minimum living guarantee and have been granted subsidies by the end of the reporting period.

Number of Rural Residents Entitled to Minimum Living Allowances refers to the number of rural residents who have been included in the scope of local rural minimum living guarantee and have been granted subsidies by the end of the reporting period.

Households Enjoying Five Guarantees refers to those senior citizens, handicapped or under-aged who, without labour ability, can not make a living by themselves and whose statutory providers are unable to support them or who have no statutory providers at all.

Number of Recipients of Traditional Relief refers to special personnel receiving support from civil affair department according to national regulations and personnel who resigned because of the streamlining in the 1960s. Special personnel include traditional recipients of civil affair support, such as lepers, insurrectionists and surrenders of former KMT, returned overseas Chinese, Taiwan compatriots, personnel pardoned and released early from prisons, personnel removed of the label "rightist", educated youth suffered from work injuries in the "Down to the Countryside Movement" and personnel who have lost their work capacity due to family planning surgeries.

Number of Service Institutions in Communities refers to the total number of community service guidance centers, community service centers, community service stations, community pension institutions and facilities and mutual aid pension facilities and other community service institutions at the end of the reporting period. These institutions offer home keeping and elderly care services for the elderly, handicapped people, children and their families, like commodity delivery, health care, cleaning, adult day care, companion and others.

Crude Divorce Rate refers to ratio of divorced couples to the annual average population in a certain region for the reference year, the formula is:

$$\text{Crude Divorce Rate} = \frac{\text{number of couples divorced for the reference year}}{\text{annual average population}} \times 1000‰$$

Cases Registered and Handled Directly by People's Procuratorate Offices refer to those serious criminal cases that, according to the functional jurisdiction, are registered and handled by the People's Procuratorate Offices, including the ones on bribery and corruption, the ones on abuse and dereliction of duty, offenses against citizens' personal and democratic rights by government officials abusing their powers; and that are registered and handled by the provincial Procuratorate offices in relation to other major crimes committed by government officials by abusing their powers.

Key Cases refer to crimes committed by county and director-level and above officials. This indicator reflects the situation of those county and director-level and above officials involved in criminal cases registered and handled by People's Procuratorate offices.

Approval for Arrest refers to the decision made by people's procuratorate office, in accordance with the law and relevant facts, to approve the arrest of the suspect(s) as proposed by the public security departments, state security departments or prisons authority. This indicator reflects approved arrests made by people's procuratorate offices that are proposed by related departments.

Decision on Arrest refers to decision made by the people's procuratorate office, in accordance with laws, to arrest the suspect(s) in the cases that are accepted and to be investigated by the procurators office. This indicator mainly reflects the implementation of the decision on arrest by people's procuratorate office.

Application of Summary Procedure refers to those cases of public prosecution where the suspects might be, according to law, sentenced to fixed-term imprisonment of no more than three years, criminal detention, public surveillance or punishment with fines exclusively by People's Court ; those cases where the facts are clear and the evidence is sufficient, and which the People's Procuratorate suggests or agrees that the summary procedure is applied to; those cases to be handled only upon complaints; and those minor criminal cases prosecuted by the victims with evidence.

Protests Presented refer to those protests presented by local People's Procuratorate at any level who considers that there exists some definite error in a judgment or order of first instance made by a People's Court at the same level to the People's Court at the next higher level, including the protests raised in accordance with the second instance and protests raised in accordance with procedure for trial supervision.

Supervision of Case Registered refers to the actions made by the People's Procuratorate to supervise the criminal cases registered by investigative authorities, including supervision of the cases which have wrongly not been registered and have wrongly been registered.

Supervision of Case Registration includes both the supervision of the registrations by the investigatory authorities and the supervision of the implementation of the notifications to register after the investigatory authorities are requested to state reasons for not registering a case.

Supervisory Activities refers to the supervision of the People's Procuratorate over the management of prisons as well as other places of criminal reformation.

Juvenile Criminals refers to the offenders within the age range of 14 to 25 convicted guilty by the court during the reporting period while those between 14 and 18 are defined as minor offenders.

Administrative Cases refer to the cases filed by citizens, corporations and other organizations against the specific administrative conducts of administrative authorities and handled by the court.

Separate Compensation refers to cases that are separately filed for administrative compensation by the party who has no dispute on the legality of administrative conducts but brings proceedings separately to claim for damages caused by administrative tort.

Notary Personnel refers to people working for notary offices including: directors, deputy directors, notaries, assistant notaries and other people providing assistance.

Notary Documents refer to legally binding judicial notary documents developed at the request of the interested party based on facts and the law following certain legal proceedings.

Number of Labour Disputes Cases Accepted refers to the number of cases of labour disputes submitted that, after being reviewed by the labour dispute arbitration committees in line with the relevant national regulations, are accepted and registered for treatment.

Basic Pension Insurance for Urban Staff and Workers

1. Number of staff and workers covered refers to staff and workers participating in the basic pension insurance for urban staff and workers programme according to national laws, regulations and related policies at the end of the reference period, who have already had payment records in social security management agencies, including those who have interrupt payment without terminating the insurance programme. Those who have registered in the programme but with no payment records are not included.

2. Number of retirees refers to the number of retirees participating in the basic pension insurance for urban staff and workers programmes by the end of the reference period.

3. Revenue of the basic pension insurance programme refers to payments made by employers and individuals participating in the pension insurance programme in accordance with the basis and proportion stipulated in State regulations, and income from other sources that become the source of pension insurance fund, including the premium paid by employers and staff and workers, interest income, subsidies from higher level agencies, income as transfer from subordinate agencies, transferred income, government financial subsidies and other income.

4. Expenditure of basic pension insurance programme refer to payment made on pensions and funeral subsidies to those covered in pension insurance programmes according to related national policies on scope and standard of expenditure. Also included are expenditure which arises due to shift of the insurance relationship or adjustment of funds among agencies. More specifically, included are pensions for resigned people, pensions for retired people, pension for people quitting jobs, various subsidies, medical fees, funeral subsidies, compensation payments, management fees for social security agencies, expenses on subsidies to lower subordinates, expenses as transfer to agencies at higher level, transferred expenditure and other expenditure.

5. Balance of basic pension insurance programme refers to the balance of basic pension insurance funds at the end of the reference period after deducting expenses from revenue.

Basic Pension Insurance for Urban and Rural Residents

1. Number of participants refers to people participating in the basic pension insurance for urban and rural residents programme who registered with the participation and established payment records, and who were 60 years old or above when the system was established and registered with the participation.. Those who cancelled their registration are not included.

2. Revenue of the insurance programme refers to the revenue from the payments made, in accordance with related regulations of the government, by individuals participating in the basic pension insurance for urban and rural residents programme and from the subsidies contributed by collective subsidies, public finance and other sources. It includes the payment by individual participants, collective subsidies, government subsidies, interest income, transferred income, subsidies from higher levels, contributions from lower levels, and income from other sources.

3. Expenditure of the insurance programme refers to payment made to those covered in the basic pension insurance for urban and rural residents according to related national policies on scope and standard of expenditure. Also included are expenditures which arise due to movement of participants among different locations. It includes the payment to the individual participants, transferred expenditures, expenses on subsidies to lower subordinates, expenses as transfer to agencies at higher level, and other expenditures.

4. Balance of insurance programme refers to the balance of basic pension insurance funds for urban and rural residents at the end of the reference period after deducting expenses from revenue.

Basic Medical Care Insurance

1. Number of people participating in the insurance programme refers to people participating in the basic medical care insurance programme according to related regulations at the end of the reference period.

2. Revenue of the insurance programme refers to payments made by employers and individuals participating in the medical care insurance programme in accordance with the basis and proportion stipulated in State regulations, government subsidies and income from other sources that become the source of medical insurance fund, including payment by employers and individuals, financial assistance (including medical assistance subsidiaries to individuals), financial subsidies, interest income and other incomes.

3. Expenditure of the insurance programme refers to medical care payment made to people covered in basic medical care insurance programme within the scope and standards of expenditure according to related national policies, and other expenses, including medical expenses of hospital inpatients, medical expenses for outpatients and emergency patients, payment to individual accounts and other expenditure.

4. Balance of the basic medical care insurance programme refers to the balance of medical care insurance funds at the end of the reference period after deducting expenses from revenue.

Unemployment Insurance

1. Participants refers to staff and workers in urban enterprises or institutions who have participated in the unemployment insurance according to relevant policies and regulations, and other people who have participated according to local government regulations at the end of the reference period.

2. Revenue refers to the total unemployment insurance funds raised in the reference period, including unemployment insurance premium, interest income, financial subsidies, other revenue, and transferred revenue.

3. Expenses refers to total expenses during the reference period to guarantee the basic livelihood of unemployed people, prevention of unemployment, and to encourage their re-employment. Included are unemployment relief, medical fees, funeral subsidies, compensation payments, training expenses, job placement expenses, other expenses, skills upgrading subsidy, job stabilization subsidy, other expenditures, transferred expenditure.

4. Balance refers to the balance of revenue after deducting expenses at the end of the reference period.

Work-related Injury Insurance

1.Participants refers to staff and workers who have participated in the work-related injury insurance and employees who work as self-employed and have participated in the work-related injury insurance according to relevant national regulations at the end of the reference period.

2. Number of beneficiaries refers to number of employee benefited from work-related injury insurance, as a result of work injury or occupational disease. It is the sum of beneficiaries of medical treatment of unrated work injuries, disability benefits for work injuries and compensation for deaths at work places.

3. Revenue refers to payments made by employers participating in the work-related injury insurance programme in accordance with the basis and proportion stipulated in state regulations, and payment by enterprises of some industries where it is difficult to estimate the injury insurance premium directly according to the total wage bill in accordance with stipulated way, and revenue from other sources according to law that become source of work-related injury insurance fund, including revenue of injury insurance, interest income, subsidies from higher level agencies, revenue as transfer from subordinate agencies, and other revenues.

4. Expenses refers to payments made from work-related injury insurance funds to those who participated in the work-related injury insurance and their direct dependents within the scope and standards of expenditure according to related national policies, and other expenditure, including medical fees for work injury, injury and disability subsidies, death subsidies, labor capacity appraisal, injury prevention fees, expenses on subsidies to lower subordinates, expenses as transfer to agencies at higher level, and other expenditure.

5. Balance refers to the balance of the work-related injury funds at the end of the reference period.

Maternity Insurance

1. Number of people covered refers to people who have participated in the maternity insurance programme according to relevant regulation at the end of the reference period.

2. Revenue of maternity insurance programme refers to payments made by employers participating in the maternity insurance programme in accordance with the basis and proportion stipulated in State regulations, and income from other sources that become source of maternity insurance fund, including income of funds paid by employers, interest income and other income.

3. Expenditure of the maternity insurance programme refers to payments made from maternity insurance funds to staff and workers who participate in the maternity insurance programme within the scope and standards of expenditure in accordance with related national policies, expenses paid for pregnancy, child delivery or surgeries related to family planning, and other expenditure, including allowance for child bearing, medical fees and other expenditure.

4. Balance of the maternity programme refers to the balance of the maternity insurance funds at the end of the reference period.

城市概况

CHAPTER 19 GENERAL SURVEY OF CITIES

19-1　城市公用事业基本情况
Basic Statistics on Urban Public Utilities

指　　标	Item	2017	2018	2019	2020	2021
城市建设	**City Areas and Floor Space of Buildings**					
城区面积(平方公里)	Urban Area (sq.km)	2582.9	2587.7	2528.1	2573.8	2591.5
建成区面积(平方公里)	Area of Built Districts (sq.km)	1819.7	1825.0	1770.9	1826.9	1836.8
城市建设用地面积(平方公里)	Area of Land Used for Urban Construction (sq.km)	2201.3	1831.4	1773.7	1780.0	1706.3
城市人口密度(人/平方公里)	Population Density of City Districts (persons/sq.km)	5515	5476	5498	5501	5367
城市供水、燃气及集中供热	**Water Supply, Gas Supply and Heating**					
全年供水总量(亿立方米)	Annual Volume of Tap Water Supply (100 million cu.m)	14.2	14.0	13.5	13.7	13.1
#生活用水	Water Consumption for Residential Use	3.7	3.7	3.7	4.3	4.3
人均生活用水(升)	Per Capita Water Consumption for Residential Use (liter)	120.4	125.5	126.8	129.5	120.6
城市人口用水普及率(%)	Coverage Rate of Urban Population with Access to Tap Water (%)	98.5	98.5	98.8	99.0	99.2
人工煤气供气量(亿立方米)	Coal Gas Supply (100 million cu.m)	0.3	0.4	0.3	0.2	0.2
#家庭用量	Consumption of Coal Gas for Residential Use	0.2	0.2	0.2	0.2	0.2
液化石油气供气量(万吨)	Liquefied Petroleum Gas (10000 tons)	18.9	19.9	18.8	14.7	16.9
#家庭用量	Consumption of Liquefied Gas for Residential Use	9.6	8.6	7.8	8.4	8.7
供气管道长度(公里)	Length of Gas Pipelines (km)	9934	10644	11025	11579	12768
燃气普及率(%)	Coverage Rate of Urban Population with Access to Tap Gas (%)	87.8	89.5	91.1	90.8	92.2
集中供热面积(万平方米)	Area of Centralized Heating(10000 sq.m)	73217	76652	78100	82604	85756
城市市政设施	**Municipal Infra-structure**					
年末实有道路长度(公里)	Length of Paved Roads at Year-end(km)	12369	12726	13422	13713	14441
每万人拥有道路长度(公里)	Length of Paved Roads per 10000 Persons(km)	5.6	5.5	5.9	5.5	6.6
年末实有道路面积(万平方米)	Area of Paved Roads at Year-end(10000 sq.m)	19781	21062	21160	22076	23003
人均拥有道路面积(平方米)	Per Capita Area of Paved Roads(sq.m)	13.9	14.9	15.2	15.6	16.5
城市排水管道长度(公里)	Length of City Sewage Pipes(km)	11990	12278	12422	13291	13797
平均每万人拥有(公里)	Length of Sewer Pipelines per 10000 Population (km)	5.2	5.3	5.5	5.3	6.3
城市公共交通	**Public Transportation**					
年末公共交通车辆运营数(辆)	Number of Public Vehicles under Operation at Year-end (Buses and Trolley Buses, etc.) (units)	20159	19866	20119	19705	17807
每万人拥有公共交通车辆(标台)	Number of Public Transportation Vehicles per 10000 Population(unit)	15.5	15.8	16.5	15.7	14.6
城市绿化和园林	**City Greening**					
园林绿地面积(公顷)	Public Green Areas (hectare)	69711	70669	68732	71526	81606
人均公园绿地面积(平方米)	Per Capita Public Green Areas (sq.m)	11.8	12.4	12.4	12.8	13.6
公园个数(个)	Number of Parks(unit)	371	384	373	422	444
公园面积(公顷)	Area of Parks(hectare)	11450	12480	11078	11857	12631
城市环境卫生	**Environmental Sanitation**					
生活垃圾清运量(万吨)	Volume of Garbage Disposal (10000 tons)	553	525	524	498	522
粪便清运量(万吨)	Volume of Excrement and Urine Disposal (10000 tons)					
每万人拥有公厕(座)	Number of Public Toilets per 10000 Population(unit)	4.4	4.5	4.7	4.3	4.3

19-2 12个省辖城市社会经济主要指标 (2020年,不含所辖县及县级市)

指 标	Item	哈尔滨市 Harbin	齐齐哈尔市 Qiqihar
人口、就业	**Population, Employment**		
年末户籍人口(万人)	Domicile Population at the Year-end(10000 persons)	553.46	129.7
年平均人口(万人)	Annual Mean Population(10000 persons)	553.25	130.11
年出生人口(人)	Annual Birth Population(person)	31200	4877
年死亡人口(人)	Annual Death Population(person)	39819	12316
年末总户数(万户)	Total Households at the Year-end(10000 households)	235.37	59.44
年末城镇登记失业人员数(人)	Number of Registered Unemployed Persons in Urban Areas at Year-end (person)		21597
土地面积	**Land Areas**		
行政区域土地面积(平方公里)	Total Area of Administration Region(sq.km)	10193	4365
#建成区面积	Developed Areas	473	140
城市建设用地面积(平方公里)	Urban Construction Land Areas(sq.km)	443.36	130.96
#居住用地面积	Land Areas of Living	143.74	43.07
综合经济	**Total Economy**		
地区生产总值(当年价格)(亿元)	Gross Domestic Product(100 million yuan)	4009	490
第一产业增加值(万元)	Added Value of Primary Industry	214	34
第二产业增加值(万元)	Added Value of Secondary Industry	1023	169
第三产业增加值(万元)	Added Value of Tertiary Industry	2772	287
人均地区生产总值(元)	Per Capita GDP(yuan)	72467	38138
地区生产总值增长率(%)	Growth Rate of GDP(%)	0.26	3.8
地方一般公共预算收入(万元)	Local General Public Budget Revenue(10000 yuan)	3135370	342136
#各项税收	Taxes	2656221	244088
地方一般公共预算支出(万元)	Local General Public Budget Expenditure(10000 yuan)	8299106	1640396
年末金融机构存款余额(万元)	Balance of Deposits of National Banking System at the Year-end(10000 yuan)	121456729	14221000
#城乡居民储蓄年末余额	Balance of Deposits of Urban and Rural Residence	59777226	10918000
年末金融机构各项贷款余额(万元)	Balance of Loans of National Banking System at the Year-end(10000 yuan)	117803699	10190000
规模以上工业	**Industry**		
工业企业数(个)	Number of Industrial Enterprises(unit)	818	139
内资企业	Domestic Funded Enterprises	763	132
#国有企业	State-Owned Enterprises	15	2
私营企业	Private Enterprises	435	64
港、澳、台商投资企业	Enterprises with Funds from Hong Kong, Macao and Taiwan	14	3
外商投资企业	Foreign Funded Enterprises	41	4

Major Social and Economic Indicators of 12 Provincial Capitals (2020, Not Including The Cities at County Level and Counties)

鸡西市 Jixi	鹤岗市 Hegang	双鸭山市 Shuangyashan	大庆市 Daqing	伊春市 Yichun	佳木斯市 Jiamusi	七台河市 Qitaihe	牡丹江市 Mudanjiang	黑河市 Heihe	绥化市 Suihua
75.2	58.63	45.51	136.94	42	75.1	46.13	85.41	18.15	80.38
	59.18	45.79	137.03	42	75.65	46.44	85.9	18.15	80.69
2523	2105	1572	7130	1264	2987	1828	4194	862	2931
4753	5765	2900	6314	3136	6159	2207	5703	1314	3375
36.1	29.48	22.78	53.34	21.31	34.52	22.33	35.91	7.9	32.2
	8850		27809	7370	8261	7196			
2300	4553	1556	5105		1875	3800	2696	14446	2753
80	56	58	250	97	97	68	82	20	45
80	48.63	58.09	325.01	97.17	90.12	53.39	271.83	20	36.96
48	17.04	15.84	78.33	39.79	30.1	42.01	59.89	5.5	12.3
185	181	182	1874	122	209	157	281	38	201
9	16	26	57	26	32	19	17		88
91	85	88	1010	28	47	71	67	7	28
85	80	68	807	68	130	67	196	31	85
24353	30036	39591	136721	29160	27685	33910	32649	39991	24960
0.7	-2.4	-3.1	0.47	0.67	0.8	-2.3	-1.17	1.1	1.5
231022	170223	155354	1398189	107927	247609	159841	71369	133051	64374
138546	98906	108153	970518	69628	164198	107090	63967	80755	50644
1190730	860285	755780	2162386	1524274	1232229	898307	264228	447545	506410
7454930	5480804	4732900	31979220	6624606	8208563	4657178	8943466	3339571	5699122
5633456	4387470	3042459	23785842	4541577	6612128	3511485	7298740	1951887	4339528
4702129	1545546	6635252	12063761	1430912	2707003	1544025	4772247	1211076	4074007
82	87	66	292	22	108	82	88	30	88
80	85	65	282	21	100	81	81	29	86
6	2		6		6	4	1	3	
49	33	33	182	15	94	58	58	19	24
1	2	1	2		2		3		1
1			8	1	6	1	4	1	1

19-2 续表1

指　　标	Item	哈尔滨市 Harbin	齐齐哈尔市 Qiqihar
邮电通讯	**Post and Telecommunication**		
年末邮政局(所)数(处)	Number of Post and Telecommunications Offices(unit)		76
贸易、外经	**Domestic and Foreign Trade**		
限额以上批发零售企业数	Number of Corporation Enterprises of Wholesale and Retail Trade		
(法人数)(个)	Above Designated Size(unit)	715	143
#零售业	Retail Trade	336	101
外商直接投资项目个数(个)	Number of Projects for Contracted Foreign Direct Investment(unit)	48	1
当年实际使用外资金额(万美元)	Foreign Capital Actual Used(USD 10000)	30776	
教育、科技、文化、卫生	**Education, Science and Technology ,Health**		
成人高等学校(所)	Number of Regular Institutions of Higher Education(unit)	11	
中等职业教育学校数(所)	Number of Specialized Secondary Schools(unit)	49	9
普通中学学校数(所)	Number of Regular Secondary Schools(unit)	250	69
小学学校数(所)	Number of Primary Schools(unit)	235	60
成人高等学校专任教师数(人)	Number of Full-time Teachers of Regular Institutions of Higher Education(person)	1085	
中等职业教育学校教师数(人)	Number of Full-time Teachers of Specialized Secondary Schools(person)	3637	323
普通中学教师数(人)	Number of Full-time Teachers of Regular Secondary Schools(person)	23485	4855
小学专任教师数(人)	Number of Full-time Teachers of Primary Schools(person)	16033	3403
中等职业教育学校学生数(人)	Student Enrollment of Specialized Secondary Schools(person)	49878	4059
普通中学学生数(万人)	Student Enrollment of Regular Secondary Schools(10000 persons)	27	5
小学学生数(万人)	Student Enrollment of Primary Schools(10000 persons)	26	5
体育场馆数(个)	Number of Public Stadiums and Gymnasiums(unit)	42	16
剧场、影剧院数(个)	Number of Theaters, Music Halls and Cinemas(unit)	55	7
公共图书馆图书总藏量(万册、件)	Total Collections of Public Libraries(10000 volumes, units)	175	157
医院个数(个)	Number of Hospitals(unit)	249	68
医院床位数(张)	Number of Beds in Health Institutions(bed)	66821	18280
医生数(执业医师+执业助理医师)(人)	Number of Doctors (person)	24007	6692
注册护士(人)	Registered Nurses(person)	28305	9347

Continued

鸡西市 Jixi	鹤岗市 Hegang	双鸭山市 Shuangyashan	大庆市 Daqing	伊春市 Yichun	佳木斯市 Jiamusi	七台河市 Qitaihe	牡丹江市 Mudanjiang	黑河市 Heihe	绥化市 Suihua
52	33	19	84	46		21	59	15	34
54	36	17	213	10		31	75	20	17
44	27	14	162	8		21	56	9	13
1	3	1		1	7			2	
55	78		319		181			1.2	
		4	1	1	4		6		
5	3	3	10	4	10	1	2	5	2
29	26	24	78	16	39	30	34	18	34
20	21	21	84	16	34	17	39	10	27
		45	72	13	2457		48		
231	264	60	462	121	688	10	125	278	437
2724	2602	2374	9395	1582	3764	2229	2897	1402	3576
1956	1293	1041	3635	1048	2170	1364	2533	842	2348
1911	2621	1146	3996	3286	12227	134	1117	3387	292
3	2	2	9	1	4	3	3	1	4
2	2	1	7	1	3	2	4	1	3
13	6	7	59	12	7	4	4	4	668
3	2	1		3	2	5	6	4	4
26	37	37	13	34	35	20	67	17	
34	27	22	90	16	54	21	37	6	11
6145	5756	4746	13800	3035	10117	3561	10254	1062	
2258	2081	1558	7186	1375	3755	1546	4250	650	1387
2808	3001	1796	7694	1524	4955	1612	5781	643	1444

19-2 续表2

指　　标	Item	哈尔滨市 Harbin	齐齐哈尔市 Qiqihar
人民生活	**People's Livelihood**		
城镇居民人均可支配收入(元)	Annual per Capita Disposable Income of Urban Households(yuan)	39791	30736
城镇居民人均消费支出(元)	Annual per Capita Consumption Expenditure of Urban Households(yuan)	27202	20429
每百户居民家庭拥有家用汽车(辆)	Number of Automobile per 100 Urban Households(unit)	29	23
每百户居民家庭拥有家用计算机(台)	Number of Computer per 100 Urban Households(unit)	72	63
社会保障	**Social Security**		
城镇职工基本养老保险参保人数(人)	Urban Active Contributors of Basic Endowment Insurance(persons)	2061820	333939
城乡居民基本医疗保险参保人数(人)	Urban Active Contributors of Basic Medical Treatment Insurance(persons)	2448715	490850
失业保险参保人数(人)	Active Contributors of Unemployment Insurance(persons)	1012100	148600
提供住宿的各类社会服务机构数(个)	Number of Various Social Service Institutions Providing Accommodation(unit)		126
#养老服务机构数	Number of Pension Service Institutions		126
提供住宿的各类社会服务机构床位数(张)	Number of Beds of Various Social Service Institutions Providing Accommodation(bed)		21161
#养老服务机构床位数	Number of Beds in Elderly Care Service Institutions		21161
城市居民最低生活保障人数(人)	Minimum Number of Urban Residents(person)	36977	23277
市政公用事业	**Municipal Utilities**		
年末实有城市道路面积(万平方米)	Area of Paved Roads at Year-end(10000 sq.m)	6787	1246
排水管道长度(公里)	Length of City Sewage Pipes(km)	3687	1049
供水综合生产能力(包括自备水源)(万立方米/日)	Production Capacity of Tap Water Supply(10000 cu.m/day)	161	47
供水总量(万立方米)	Total Annual Volume of Water Supply(10000 cu.m)	40394	8573
供气总量（人工、天然气)(万立方米)	Volume of Gas Supply (Coal Gas and Natural Gas)(10000 cu.m)	71345	26966
#家庭用量	For Residential Use	18316	4415
液化石油气供气总量(吨)	Volume of Liquefied Petroleum Gas Supply(ton)	22020	6977
#家庭用量	For Residential Use	16801	860
年末实有公共汽(电)车营运车辆数(辆)	Number of Public Vehicles under Operation at Year-end (Buses and Trolley Buses, etc.)(unit)	7219	1137
全年公共汽(电)车客运总量(万人次)	Number of Passengers Carried of Bus, Trolley Bus(10000 person-times)	48476	3464
年末实有出租汽车数(辆)	Number of Taxi(unit)	17518	2773
绿地面积(公顷)	Area of Urban Green Areas(hectare)	15356	4581
#公园绿地面积	Area of Parks Green Areas	5153	971

Continued

鸡西市 Jixi	鹤岗市 Hegang	双鸭山市 Shuangyashan	大庆市 Daqing	伊春市 Yichun	佳木斯市 Jiamusi	七台河市 Qitaihe	牡丹江市 Mudanjiang	黑河市 Heihe	绥化市 Suihua
25957	24521	27340	42891	26881	30658	26315	34133	30899	27546
20775	17038	18597	25659	18039	22741	18390	21701	21496	22415
17	18	18	50	25	21	28	28	26	19
48	51	86	66	68	58	60	65	80	59
220700	174382	193501	455126	129000	149000	155277	221862	58040	45163
318131	265388	196768	506684	180250	936954	243096	351791	107233	424614
128400	75376	83183	168756	47000	118576	90118	130175	17800	18668
87	95	32	74	59		19	81	11	4
87	94		72	58	113	16	78	11	
4863	4473	2869	6251	3564		2133	7442	1541	938
4863	4383		6156	3534	7288	1980	7192	1541	
	26090	46052	3375	25498	18740	20833	8517	4048	16062
	504	555	3771	782	637	488	1070	197	376
339	354	383	2572	395	604	244	718	127	377
4	13	27	139	21	21	22	30	5	15
1464	3088	3623	26985	2626	3938	2967	11317	832	2890
1593	961	1030	32705	122.2	5326	2315	3311	123	1583
163	598	703	10382	12.7	2288	1709	1545	30	782
5960	3735	5638	9473	10352	19818	1270	7739	1701	7033
3300	3713	1253	2872	6987	180	125	3926	1485	3500
699	495	422	2131	404	487	499	683	85	290
7302	6111	3150	4887	3154	6276	4057	7323	592	1511
2915	2037	1100	1890	1873	2559	1005	2910	1019	2344
2813	3382	2382	10467	6514	3732	2780	2185	780	1190
743	754	632	2017	1652	870	610	395	219	365

19-3 分地区城市建设情况(2021年)
Statistics on City Construction by Region (2021)

地 区	Region	城区面积 (平方公里) Urban Area (sq.km)	建成区面积 (平方公里) Area of Built Districts (sq.km)	城市建设用地面积 (平方公里) Area of Land Used for Urban Construction (sq.km)	征用土地面积 (平方公里) Land Put in Requisition for State Construction Projects (sq.km)	城市人口密度 (人/平方公里) Population Density of Urban Area (persons/sq.km)
总 计	**Total**	**2591.5**	**1836.8**	**1706.3**	**8.0**	**5367**
地级市合计	**Total Number at Prefectural Level**	**1823.1**	**1467.2**	**1371.7**	**6.3**	**6402**
哈尔滨	Harbin	490.7	490.7	458.8	1.8	10249
齐齐哈尔	Qiqihar	131.0	131.0	131.0	1.5	8086
鸡 西	Jixi	80.4	80.4	80.1	0.2	7901
鹤 岗	Hegang	85.0	56.3	48.6		5852
双鸭山	Shuangyashan	118.0	58.1	58.1		3840
大 庆	Daqing	327.2	254.8	238.5	0.7	4432
伊 春	Yichun	121.9	97.2	96.4		3459
佳木斯	Jiamusi	188.0	96.1	73.7		3052
七台河	Qitaihe	67.6	67.6	67.6	1.3	5987
牡丹江	Mudanjiang	92.7	70.0	61.4	0.2	7714
黑 河	Heihe	27.9	20.0	20.0		5308
绥 化	Suihua	92.8	45.0	37.5	0.7	3073
县级市合计	**Total Number at County Level**	**768.4**	**369.7**	**334.6**	**1.7**	**2911**
尚 志	Shangzhi	152.0	21.3	21.3	0.2	851
五 常	Wuchang	100.6	26.7	20.1	0.02	1895
讷 河	Nehe	20.0	14.0	13.9		4810
密 山	Mishan	87.4	19.4	17.9		1085
虎 林	Hulin	46.2	11.1	11.1		1437
铁 力	Tieli	21.4	16.5	15.7		5435
同 江	Tongjiang	10.8	10.8	10.7	0.4	5685
富 锦	Fujin	17.9	16.2	16.2		7011
抚 远	Fuyuan	12.6	5.6	5.0		2897
绥芬河	Suifenhe City	34.4	29.5	22.0	0.5	2518
海 林	Hailin	24.3	17.7	17.7	0.4	4132
宁 安	Ningan	13.5	11.2	11.2		5541
穆 棱	Muling	10.4	10.4	10.1	0.01	7529
东 宁	Dongning	19.3	14.7	14.6	0.01	3867
北 安	Beian	57.3	23.1	23.0	0.02	2265
五大连池	Wudalianchi	10.0	5.6	5.6		7020
嫩 江	Nenjiang	28.5	19.5	19.5	0.1	4772
安 达	Anda	26.0	25.1	21.8		5961
肇 东	Zhaodong	48.8	44.7	32.8		4410
海 伦	Hailun	17.7	16.9	16.9	0.0	9316
漠 河	Mohe	9.5	9.5	7.6		3667

19-4　分地区城市供水情况(2021年)

Basic Statistics on Tap Water Supply in Cities by Region (2021)

地　区	Region	年末供水综合生产能力(万立方米/日) Production Capacity of Tap Water Supply (year-end) (10000 cu.m/day)	年末供水管道长度(公里) Length of Water Supply Pipelines (year-end) (km)	全年供水总量(万立方米) Total Annual Volume of Water Supply (10000 cu.m)	#生活用水 For Residential Use	#生产用水 For Productive Use	用水人口(万人) Number of Residents with Access to Tap Water (10000 persons)	人均日生活用水量(升) Per Capita Daily Consumption of Tap Water for Residential Use (liter)
总　计	**Total**	**591.2**	**24572.9**	**130785.7**	**42542.2**	**34040.5**	**1379.4**	**120.6**
地级市合计	**Total Number at Prefectural Level**	**502.3**	**21071.1**	**115440.9**	**34622.2**	**31648.5**	**1158.0**	**108.8**
哈尔滨	Harbin	177.2	7540.8	44781.7	15266.3	5717.9	502.9	140.9
齐齐哈尔	Qiqihar	38.4	1013.9	8002.6	3030.9	2805.7	105.7	99.3
鸡　西	Jixi	27.3	1389.9	5610.5	1648.5	2438.8	63.5	86.9
鹤　岗	Hegang	20.2	643.2	3704.3	1446.5	1152.2	45.5	104.3
双鸭山	Shuangyashan	18.0	1150.6	3410.3	1827.2	278.6	45.0	133.3
大　庆	Daqing	103.8	5640.6	28488.9	4072.4	14028.6	145.0	106.3
伊　春	Yichun	19.3	711.7	2638.6	1083.0	789.4	41.5	92.0
佳木斯	Jiamusi	22.4	641.6	4126.8	1917.5	960.0	57.4	112.9
七台河	Qitaihe	21.9	810.2	2772.6	900.6	792.0	40.5	81.3
牡丹江	Mudanjiang	30.4	880.0	7859.9	1953.3	906.9	68.0	137.5
黑　河	Heihe	5.0	207.5	841.9	451.0	35.1	14.5	107.5
绥　化	Suihua	18.4	441.2	3202.9	1025.1	1743.2	28.5	103.3
县级市合计	**Total Number at County Level**	**88.8**	**3501.8**	**15344.8**	**7919.9**	**2392.1**	**221.4**	**111.1**
尚　志	Shangzhi	5.5	231.1	1585.3	844.4	241.3	12.7	231.0
五　常	Wuchang	8.8	219.3	1350.0	645.5	149.0	18.6	121.6
讷　河	Nehe	2.1	104.8	375.1	244.3	25.4	9.6	81.4
密　山	Mishan	4.0	138.1	637.5	350.0	69.0	9.5	116.2
虎　林	Hulin	2.3	238.0	447.8	201.0	84.3	6.6	108.9
铁　力	Tieli	2.6	260.9	584.0	341.0	108.0	11.5	90.9
同　江	Tongjiang	2.0	290.3	396.0	161.0	12.9	6.1	95.0
富　锦	Fujin	8.0	98.7	876.4	407.1	260.6	12.6	123.3
抚　远	Fuyuan	2.0	61.3	244.0	196.0	12.0	3.6	158.3
绥芬河	Suifenhe City	8.0	182.4	918.3	389.7	92.0	8.5	143.2
海　林	Hailin	3.3	90.4	721.1	207.0	20.0	10.0	94.9
宁　安	Ningan	3.0	162.2	408.0	239.0	5.1	7.5	109.8
穆　棱	Muling	2.4	144.9	295.4	191.1	31.8	7.9	78.1
东　宁	Dongning	3.0	103.7	443.9	250.8	1.9	7.3	94.9
北　安	Beian	5.0	139.6	864.9	307.1	297.8	12.9	86.2
五大连池	Wudalianchi	1.2	110.0	412.0	213.6	4.9	7.0	96.1
嫩　江	Nenjiang	2.0	266.2	628.9	329.1	59.6	13.1	75.4
安　达	Anda	6.0	91.5	870.0	553.0		15.4	116.6
肇　东	Zhaodong	7.3	153.9	2532.6	1432.2	848.2	21.3	190.6
海　伦	Hailun	8.7	275.4	635.2	360.7	43.3	16.5	71.6
漠　河	Mohe	1.6	139.1	118.4	46.3	25.0	3.3	49.5

19-5 分地区城市燃气情况(2021年)
Basic Statistics on Supply of Gas in Cities by Region (2021)

地区	Region	生产能力(万立方米/日) Production Capacity of Coal Gas (10000 cu.m/day)	管道长度(公里) Length of Gas Pipelines (km)			全年供气总量(万立方米) Volume of Gas Supply (10000 cu.m)			用气人口(万人) Population with Access to Gas (10000 persons)		
			人工煤气 Coal Gas	液化石油气 Liquefied Petroleum Gas	天然气 Natural Gas	人工煤气 Coal Gas	液化石油气(吨) Liquefied Petroleum Gas (ton)	天然气 Natural Gas	人工煤气 Coal Gas	液化石油气 Liquefied Petroleum Gas	天然气 Natural Gas
总　计	**Total**		**210.5**	**109.9**	**12447.8**	**1877**	**168760**	**174588**	**31.2**	**264.8**	**986.8**
地级市合计	**Total Number at Prefectural Level**		**210.5**		**11710.5**	**1877**	**124748**	**163882**	**31.2**	**139.3**	**936.6**
哈尔滨	Harbin				5017.4		37500	79799		18.4	484.5
齐齐哈尔	Qiqihar				1424.6		7253	30815		1.2	103.1
鸡　西	Jixi				210.0		11300	1781		17.1	18.9
鹤　岗	Hegang				209.5		4500	901		12.8	22.7
双鸭山	Shuangyashan				259.0		5568	1015		2.8	31.4
大　庆	Daqing				2478.0		10151	37251		3.0	141.8
伊　春	Yichun				63.0		10369	167		39.2	0.4
佳木斯	Jiamusi				1158.0		22432	5638		0.6	56.0
七台河	Qitaihe		210.5		75.4	1877	1361	1137	31.2	5.2	4.1
牡丹江	Mudanjiang				587.9		9126	3627		5.3	65.1
黑　河	Heihe				150.8		1689	161		12.0	2.5
绥　化	Suihua				77.0		3500	1591		21.9	6.1
县级市合计	**Total Number at County Level**			**109.9**	**737.2**		**44012**	**10706**		**125.5**	**50.3**
尚　志	Shangzhi				35.0		2404	600		9.0	3.0
五　常	Wuchang				27.0		6422	288		17.0	1.8
讷　河	Nehe				70.6		450	594		0.9	7.7
密　山	Mishan				43.3		1539	56		4.2	1.7
虎　林	Hulin				24.3		1305	6		6.0	0.1
铁　力	Tieli				56.2		850	215		4.0	1.4
同　江	Tongjiang			0.2	73.9		255	78		0.9	1.6
富　锦	Fujin				42.0		3900	280		8.9	3.1
抚　远	Fuyuan						270			3.0	
绥芬河	Suifenhe City				32.0		1103	84		8.1	0.2
海　林	Hailin				53.8		1900	131		8.2	1.8
宁　安	Ningan				21.0		1950	50		5.1	2.4
穆　棱	Muling				12.1		1120	77		4.2	3.4
东　宁	Dongning				43.1		1701	58		5.2	2.0
北　安	Beian						5377			5.2	
五大连池	Wudalianchi				34.5		216	173		0.8	1.7
嫩　江	Nenjiang			3.7	55.9		1293	164		7.5	1.6
安　达	Anda				54.9		6113	1007		5.7	9.4
肇　东	Zhaodong			106.0	53.7		3320	6831		13.4	7.4
海　伦	Hailun				4.2		1875	13		5.0	0.2
漠　河	Mohe						650			3.2	

19-6　分地区城市集中供热情况(2021年)
Basic Statistics on Heating in Cities by Region (2021)

地　区	Region	供应能力 Heating Capacity		供热总量 Quantity of Heat Supplied		集中供热管道长度 Length of Heating Pipelines		集中供热面积(万平方米)
		蒸汽(吨/小时) Steam (ton/hour)	热水(兆瓦) Hot Water (Mega Watts)	蒸汽(万吉焦) Steam (10000 gigajoules)	热水(万吉焦) Hot Water (10000 gigajoules)	蒸汽(公里) Steam (km)	热水(公里) Hot Water (km)	Area of Centralized Heating (10000 sq.m)
总　计	**Total**	**8933.9**	**54656.6**	**4393.7**	**41824.1**		**23653.3**	**85755.9**
地级市合计	**Total Number at Prefectural Level**	**6543.9**	**46302.5**	**2965.9**	**36534.9**		**19087.7**	**73444.5**
哈尔滨	Harbin	2982.0	19268.0	1315.2	17640.7		5671.1	35050.2
齐齐哈尔	Qiqihar		4155.0		2075.0		1078.2	5606.0
鸡　西	Jixi	10.0	1593.0	10.0	1194.0		680.2	2799.0
鹤　岗	Hegang	3332.9	158.2	1534.3	66.2		922.9	2760.4
双鸭山	Shuangyashan		1454.0		1489.0		885.0	2224.2
大　庆	Daqing		7668.8		6594.5		6470.2	9492.0
伊　春	Yichun		1605.0		1118.0		674.8	1775.6
佳木斯	Jiamusi		1559.0		1500.0		594.0	3441.2
七台河	Qitaihe	72.0	2184.0	81.2	1145.6		383.4	2033.0
牡丹江	Mudanjiang	147.0	3176.0	25.3	1854.9		862.2	4643.0
黑　河	Heihe		1003.5		739.7		516.8	1180.4
绥　化	Suihua		2478.0		1117.3		348.9	2439.6
县级市合计	**Total Number at County Level**	**2390.0**	**8354.1**	**1427.8**	**5289.2**		**4565.6**	**12311.4**
尚　志	Shangzhi	75.0	688.1	75.0	465.0		251.7	748.0
五　常	Wuchang		692.0		367.3		117.1	871.0
讷　河	Nehe		452.0		161.0		128.0	510.0
密　山	Mishan	225.0	174.0	169.0	78.0		255.5	554.5
虎　林	Hulin		249.0		220.0		202.0	390.0
铁　力	Tieli	650.0	176.0	427.8	168.9		169.9	615.0
同　江	Tongjiang	355.0	116.0	152.0	48.0		213.3	363.0
富　锦	Fujin		437.0		336.5		193.0	605.0
抚　远	Fuyuan		199.0		156.4		161.4	228.8
绥芬河	Suifenhe City		638.0		370.0		265.4	666.5
海　林	Hailin		482.0		294.0		213.0	540.0
宁　安	Ningan	150.0	232.0	73.0	222.5		201.6	426.8
穆　棱	Muling		282.0		230.0		144.7	343.8
东　宁	Dongning		92.0		232.2		274.0	420.0
北　安	Beian		810.0		430.0		316.0	723.0
五大连池	Wudalianchi	450.0		162.0			291.5	360.0
嫩　江	Nenjiang		670.0		421.0		299.4	725.0
安　达	Anda		568.0		353.0		375.1	960.4
肇　东	Zhaodong		522.0		378.0		169.1	1194.0
海　伦	Hailun	485.0	665.0	369.0	230.0		192.0	910.6
漠　河	Mohe		210.0		127.4		132.2	156.0

19-7 分地区城市市政设施(2021年)
Basic Statistics on Municipal Infrastructure in Cities by Region (2021)

地 区	Region	年末实有道路长度(公里) Length of Paved Roads (year-end) (km)	年末实有道路面积(万平方米) Area of Paved Roads (year-end) (10000 sq.m)	城市桥梁(座) Number of City Bridges (unit)	城市排水管道长度(公里) Length of City Sewage Pipes (km)	城市污水日处理能力(万立方米) Daily Disposal Capacity of City Sewage (10000 cu.m)	城市道路照明灯(千盏) Number of Street Lights (1000 units)
总 计	**Total**	**14441.4**	**23002.8**	**1242**	**13797.4**	**432.4**	**752.1**
地级市合计	**Total Number at Prefectural Level**	**11795.2**	**19415.7**	**1080**	**11371.3**	**371.0**	**608.4**
哈尔滨	Harbin	4667.0	8270.0	523	3949.1	174.0	205.3
齐齐哈尔	Qiqihar	547.6	1258.6	49	1051.0	27.0	48.7
鸡 西	Jixi	726.0	1215.8	82	341.1	17.0	36.0
鹤 岗	Hegang	426.6	524.7	32	354.0	11.0	18.2
双鸭山	Shuangyashan	446.5	519.2	27	383.7	10.5	13.6
大 庆	Daqing	2255.9	3776.8	202	2662.1	48.4	83.1
伊 春	Yichun	789.2	879.0	55	409.7	12.6	23.1
佳木斯	Jiamusi	357.4	689.4	33	634.4	20.0	52.9
七台河	Qitaihe	539.9	488.3	15	274.3	11.5	49.4
牡丹江	Mudanjiang	802.2	1172.9	55	763.0	20.0	50.6
黑 河	Heihe	91.0	237.3	3	167.2	5.0	14.5
绥 化	Suihua	145.8	384.0	4	381.8	14.0	12.9
县级市合计	**Total Number at County Level**	**2646.1**	**3587.0**	**162**	**2426.1**	**61.4**	**143.8**
尚 志	Shangzhi	146.8	205.8	14	110.4	4.0	3.2
五 常	Wuchang	119.8	166.3	5	127.7	5.5	4.7
讷 河	Nehe	86.0	102.7		108.4	2.0	3.4
密 山	Mishan	117.9	162.6	25	125.1	3.0	3.5
虎 林	Hulin	77.5	109.5		61.0	1.0	5.6
铁 力	Tieli	232.3	199.5	14	99.4	4.0	6.7
同 江	Tongjiang	79.0	149.4		128.7	2.0	8.8
富 锦	Fujin	113.9	195.3		113.0	2.5	9.9
抚 远	Fuyuan	68.8	132.3	3	43.5	1.0	6.6
绥芬河	Suifenhe City	119.3	190.3	17	153.7	2.0	13.4
海 林	Hailin	196.0	224.8	12	128.5	4.0	8.7
宁 安	Ningan	88.3	110.0	4	86.5	3.5	3.5
穆 棱	Muling	148.6	109.3	19	67.0	3.0	7.0
东 宁	Dongning	126.7	160.8	10	94.5	2.0	6.1
北 安	Beian	129.1	302.3	16	136.2	3.0	9.3
五大连池	Wudalianchi	46.1	41.1		78.4	2.0	3.8
嫩 江	Nenjiang	146.3	272.5	1	105.9	3.0	6.5
安 达	Anda	187.2	190.4	4	185.7	4.5	3.2
肇 东	Zhaodong	223.5	307.2	11	260.6	5.1	4.9
海 伦	Hailun	97.6	161.4	2	155.4	4.0	15.3
漠 河	Mohe	95.7	93.9	5	56.6	0.3	9.8

19-8 分地区城市公共交通情况(2021年)

Basic Statistics on Public Transportation in Cities by Region (2021)

地 区	Region	年末公共交通车辆运营数(辆) Number of Public Vehicles under Operation at Year-end (unit)	#公共汽、电车 Bus and Trolley Bus	运营线路总长度(公里) Length under Operation (km)	#公共汽、电车 Bus and Trolley Bus	公共交通客运总量(万人次) Passengers Transported by Public Vehicles (10 000 person-times)	#公共汽、电车 Bus and Trolley Bus
总 计		**17807**	**17285**	**31905**	**31827**	**131715**	**124476**
地级市合计	**Total Number at Prefectural Level**	**15567**	**15045**	**25923**	**25845**	**118412**	**111173**
哈尔滨	Harbin	7503	6981	8641	8563	66069	58830
齐齐哈尔	Qiqihar	1098	1098	1779	1779	3406	3406
鸡 西	Jixi	630	630	1526	1526	5518	5518
鹤 岗	Hegang	523	523	659	659	6881	6881
双鸭山	Shuangyashan	480	480	538	538	3459	3459
大 庆	Daqing	2898	2898	7809	7809	6567	6567
伊 春	Yichun	403	403	1154	1154	3171	3171
佳木斯	Jiamusi	491	491	282	282	6463	6463
七台河	Qitaihe	403	403	343	343	5130	5130
牡丹江	Mudanjiang	682	682	1734	1734	9928	9928
黑 河	Heihe	85	85	198	198	398	398
绥 化	Suihua	371	371	1260	1260	1422	1422
县级市合计	**Total Number at County Level**	**2240**	**2240**	**5982**	**5982**	**13303**	**13303**
尚 志	Shangzhi	229	229	735	735	2004	2004
五 常	Wuchang	131	131	451	451	950	950
讷 河	Nehe	85	85	151	151	409	409
密 山	Mishan	204	204	82	82	1626	1626
虎 林	Hulin	76	76	148	148	509	509
铁 力	Tieli	220	220	653	653	1386	1386
同 江	Tongjiang	45	45	45	45	305	305
富 锦	Fujin	148	148	498	498	1091	1091
抚 远	Fuyuan	15	15	65	65	169	169
绥芬河	Suifenhe City	106	106	233	233	357	357
海 林	Hailin	48	48	91	91	224	224
宁 安	Ningan	91	91	188	188	240	240
穆 棱	Muling	134	134	230	230	180	180
东 宁	Dongning	56	56	207	207	480	480
北 安	Beian	122	122	238	238	742	742
五大连池	Wudalianchi	80	80	431	431	384	384
嫩 江	Nenjiang	62	62	329	329	531	531
安 达	Anda	116	116	344	344	938	938
肇 东	Zhaodong	105	105	186	186	303	303
海 伦	Hailun	127	127	227	227	379	379
漠 河	Mohe	40	40	451	451	96	96

19-9 分地区城市绿地和园林(2021年)
Basic Statistics on Parks and Green Areas in Cities by Region (2021)

地区	Region	城市园林绿地面积(公顷) Area of Parks and Green Land (hectare)	#公园绿地 Park Green Areas	公园(个) Number of Parks (unit)	公园面积(公顷) Area of Parks (hectare)	建成区绿化覆盖率(%) Green Covered Area as % of Completed Area (%)
总计	**Total**	**73045**	**18914**	**444**	**12631**	**37.4**
地级市合计	**Total Number at Prefectural Level**	**61527**	**15671**	**319**	**10443**	**40.3**
哈尔滨	Harbin	15401	5167	100	2868	33.1
齐齐哈尔	Qiqihar	5532	1736	24	1286	44.2
鸡西	Jixi	2827	746	17	544	39.9
鹤岗	Hegang	3455	759	22	759	43.1
双鸭山	Shuangyashan	2382	632	18	302	43.7
大庆	Daqing	13933	2116	14	974	43.9
伊春	Yichun	3454	1652	37	1410	38.8
佳木斯	Jiamusi	3845	862	20	824	44.1
七台河	Qitaihe	3196	621	18	453	46.2
牡丹江	Mudanjiang	5419	780	19	623	34.3
黑河	Heihe	789	219	8	219	43.1
绥化	Suihua	1294	380	22	180	29.1
县级市合计	**Total Number at County Level**	**11519**	**3244**	**125**	**2187**	**32.3**
尚志	Shangzhi	299	187	4	187	17.0
五常	Wuchang	664	200	5	186	17.6
讷河	Nehe	431	215	2	208	34.4
密山	Mishan	399	121	3	114	20.2
虎林	Hulin	320	109	8	64	38.6
铁力	Tieli	667	199	8	80	44.7
同江	Tongjiang	1562	111	3	65	40.0
富锦	Fujin	459	117	2	5	31.3
抚远	Fuyuan	183	149	8	146	35.5
绥芬河	Suifenhe City	1006	134	15	69	40.1
海林	Hailin	721	178	14	158	40.2
宁安	Ningan	373	112	3	63	37.3
穆棱	Muling	357	137	13	115	38.2
东宁	Dongning	633	118	13	39	44.0
北安	Beian	525	204	4	101	25.6
五大连池	Wudalianchi	101	65	1	52	20.9
嫩江	Nenjiang	663	208	7	203	38.1
安达	Anda	446	94	4	23	20.7
肇东	Zhaodong	989	400	3	200	33.9
海伦	Hailun	411	19	1	21	28.0
漠河	Mohe	309	168	4	90	31.4

19-10 分地区城市市容环境卫生情况(2021年)
Basic Statistics on Urban Sanitation in Cities by Region (2021)

地 区	Region	清扫保洁面积(万平方米) Area under Cleaning Program (10000 sq.m)	生活垃圾清运量(万吨) Volume of Garbage Disposal (10000 tons)	市容环卫专用车辆设备总数(台) Number of Special Vehicles for Environmental Sanitation (unit)	公共厕所(座) Number of Public Lavatories (unit)	#三类以上 Third Grade and Above
总 计	**Total**	**27553**	**522**	**10177**	**5997**	**3423**
地级市合计	**Total Number at Prefectural Level**	**23115**	**417.1**	**8480**	**4881**	**3034**
哈尔滨	Harbin	9879	188.8	3926	2654	2219
齐齐哈尔	Qiqihar	2445	35.8	723	352	65
鸡 西	Jixi	790	24.2	500	417	169
鹤 岗	Hegang	587	12.5	388	115	68
双鸭山	Shuangyashan	482	14.3	259	188	108
大 庆	Daqing	3600	42.0	758	224	224
伊 春	Yichun	798	13.0	288	270	59
佳木斯	Jiamusi	906	23.7	130	332	
七台河	Qitaihe	667	14.6	672	34	30
牡丹江	Mudanjiang	1527	24.7	334	173	55
黑 河	Heihe	447	7.2	267	54	37
绥 化	Suihua	989	16.3	235	68	
县级市合计	**Total Number at County Level**	**4438**	**104.8**	**1697**	**1116**	**389**
尚 志	Shangzhi	243	7.6	97	40	18
五 常	Wuchang	210	10.2	41	17	
讷 河	Nehe	106	4.7	122	58	58
密 山	Mishan	92	3.5	89	64	22
虎 林	Hulin	237	3.8	117	73	19
铁 力	Tieli	196	4.1	117	57	22
同 江	Tongjiang	160	2.6	90	11	
富 锦	Fujin	80	2.2	56	15	
抚 远	Fuyuan	248	6.1	45	79	32
绥芬河	Suifenhe City	240	4.4	63	37	10
海 林	Hailin	153	4.9	40	51	12
宁 安	Ningan	139	3.0	47	25	17
穆 棱	Muling	354	4.6	102	21	18
东 宁	Dongning	211	2.9	73	39	30
北 安	Beian	240	5.6	149	135	49
五大连池	Wudalianchi	115	3.6	75	34	20
嫩 江	Nenjiang	209	6.4	130	22	15
安 达	Anda	480	8.6	80	109	21
肇 东	Zhaodong	420	7.7	104	192	25
海 伦	Hailun	222	7.2	31	9	1
漠 河	Mohe	82	1.2	29	28	

19-11 分地区城市设施水平(2021年)
Level of Public Facilities in Cities by Region (2021)

地区	Region	城市用水普及率(%) Coverage Rate of Urban Population with Access to Tap Water (%)	城市燃气普及率(%) Coverage Rate of Urban Population with Access to Gas (%)	每万人拥有公共交通车辆(标台) Number of Public Transportation Vehicles Per 10000 Population (unit)	人均城市道路面积(平方米) Per Capita Area of Paved Roads (sq.m)	人均公园绿地面积(平方米) Per Capita Public Green Areas (sq.m)	每万人拥有公共厕所(座) Number of Public Lavatories Per 10 000 Population (unit)
总计	**Total**	**99.2**	**92.2**	**14.6**	**16.5**	**13.6**	**4.3**
地级市合计	**Total Number at Prefectural Level**	**99.2**	**94.8**	**15.7**	**16.6**	**13.4**	**4.2**
哈尔滨	Harbin	100.0	100.0	17.8	16.4	10.3	5.3
齐齐哈尔	Qiqihar	99.8	98.5	11.8	11.9	16.4	3.3
鸡西	Jixi	100.0	56.6	10.3	19.1	11.7	6.6
鹤岗	Hegang	91.5	71.4	12.1	10.5	15.3	2.3
双鸭山	Shuangyashan	99.2	75.4	11.4	11.5	14.0	4.1
大庆	Daqing	100.0	99.8	24.9	26.0	14.6	1.5
伊春	Yichun	98.4	93.7	10.4	20.8	39.2	6.4
佳木斯	Jiamusi	100.0	98.7	8.1	12.0	15.0	5.8
七台河	Qitaihe	100.0	100.0	12.3	12.1	15.3	0.8
牡丹江	Mudanjiang	95.1	98.4	12.0	16.4	10.9	2.4
黑河	Heihe	98.2	97.6	5.3	16.0	14.8	3.6
绥化	Suihua	100.0	98.2	13.3	13.5	13.3	2.4
县级市合计	**Total Number at County Level**	**99.0**	**78.6**	**9.2**	**16.0**	**14.5**	**5.0**
尚志	Shangzhi	98.1	92.9	16.7	15.9	14.4	3.1
五常	Wuchang	97.6	98.4	5.9	8.7	10.5	0.9
讷河	Nehe	100.0	89.0	8.5	10.7	22.4	6.0
密山	Mishan	100.0	62.9	17.8	17.1	12.7	6.8
虎林	Hulin	100.0	91.4	11.1	16.5	16.4	11.0
铁力	Tieli	98.7	46.4	18.9	17.2	17.1	4.9
同江	Tongjiang	100.0	40.4	7.3	24.3	18.1	1.8
富锦	Fujin	100.0	95.5	11.1	15.6	9.3	1.2
抚远	Fuyuan	98.6	82.2	4.1	36.2	40.8	21.6
绥芬河	Suifenhe City	98.3	95.4	12.7	22.0	15.5	4.3
海林	Hailin	100.0	99.1	3.4	22.4	17.7	5.1
宁安	Ningan	100.0	99.6	10.7	14.7	15.0	3.3
穆棱	Muling	100.0	97.3	10.6	13.9	17.4	2.7
东宁	Dongning	97.9	96.6	7.0	21.6	15.8	5.2
北安	Beian	99.2	40.1	9.4	23.3	15.7	10.4
五大连池	Wudalianchi	100.0	35.8	10.4	5.9	9.2	4.8
嫩江	Nenjiang	96.0	66.9	3.5	20.0	15.3	1.6
安达	Anda	99.5	97.4	7.8	12.3	6.0	7.0
肇东	Zhaodong	99.0	96.8	4.9	14.3	18.6	8.9
海伦	Hailun	100.0	31.3	7.7	9.8	1.2	0.5
漠河	Mohe	94.5	92.0	11.5	27.0	48.4	8.0

主要统计指标解释

供水综合生产能力　指按供水设施取水、净化、送水、出厂输水干管等环节设计能力计算的综合生产能力。包括在原设计能力的基础上，经挖、革、改增加的生产能力。计算时，以四个环节中最薄弱的环节为主确定能力。

供水管道长度　指从送水泵至用户水表之间所有管道的长度。不包括新安装尚未使用、水厂内以及用户建筑物内的管道。

城市供水总量　指报告期供水企业(单位)供出的全部水量。包括有效供水量和漏损水量。

生活用水　包括公共服务用水和居民家庭用水。公共服务用水指为城区社会公共生活服务的用水。包括行政事业单位、部队营区和公共设施服务、批发零售业、住宿餐饮业以及社会服务业等单位的用水。居民家庭用水指城市范围内所有居民家庭的日常生活用水。包括城市居民、农民家庭、公共供水站用水。

生产用水　指在城区范围内生产、运营的农、林、牧、渔业、工业、建筑业、交通运输业等单位在生产、运营过程中的用水。

用水普及率　指报告期末城区用水人口数与城市人口总数的比率。计算公式:

$$用水普及率=\frac{城区用水人口(含暂住人口)}{城区人口+城区暂住人口}\times 100\%$$

人工煤气生产能力　指报告期末人工燃气生产厂制气、净化、输送等环节的综合生产能力，不包括备用设备能力。一般按设计能力计算，当实际生产能力大于设计能力时，应按实际测定的生产能力计算。测定时应以制气、净化、输送三个环节中最薄弱的环节为主。

供气管道长度　指报告期末从气源厂压缩机的出口或门站出口至各类用户引入管之间的全部已经通气、投入使用的管道长度。不包括煤气生产厂、输配站、液化气储存站、灌瓶站、储配站、气化站、混气站、供应站等厂(站)内的管道。

城市供气总量　指报告期燃气企业(单位)向用户供应的燃气数量。包括销售量和损失量。

燃气普及率　指报告期末城区使用燃气的城市人口数与城市人口总数的比率。其中燃气包括人工煤气、天然气、液化石油气三种。计算公式为:

$$燃气普及率=\frac{城区用气人口(含暂住人口)}{城区人口+城区暂住人口}\times 100\%$$

城市供热能力　指供热企业(单位)向城市热用户输送热能的设计能力。

城市供热总量　指在报告期供热企业(单位)向城市热用户输送全部蒸汽和热水的总热量。

城市供热管道长度　指从各类热源到热用户建筑物接入口之间的全部蒸汽和热水的管道长度。不包括各类热源厂内部的管道长度。

道路长度　指道路长度和与道路相通的桥梁、隧道的长度，按车行道中心线计算。

城市桥梁　指为跨越天然或人工障碍物而修建的构筑物。包括跨河桥、立交桥、人行天桥以及人行地下通道等。

城市排水管道长度　指所有排水总管、干管、支管、检查井及连接井进出口等长度之和。

城市污水日处理能力　指污水处理厂(或污水处理装置)每昼夜处理污水量的设计能力。

年末公共交通车辆运营数　指年末城市用于公共交通运营业务的全部车辆数。新购、新制和调入的运营车辆，自投入之日起开始计算；调出、报废和调作他用的运营车辆，自上级主管机关批准之日起不再计入。

城市绿地面积　指报告期末用作园林和绿化的各种绿地面积。包括公园绿地、生产绿地、防护绿地、附属绿地和其他绿地的面积。

公园绿地　城市中向公众开放的、以游憩为主要功能，有一定的游憩设施和服务设施，同时兼有健全生态、美化景观、防灾减灾等综合作用的绿化用地。包括综合公园、社区公园、专类公园、带状公园和街旁绿地。其中综合公园、专类公园和带状公园面积之和为公园面积。

清扫保洁面积　指报告期末对城市道路和公共场所(主要包括城市行车道、人行道、车行隧道、人行过街地下通道、道路附属绿地、地铁站、高架路、人行过街天桥、立交桥、广场、停车场及其他设施等)进行清扫保洁的面积。一天清扫保洁多次的，按清扫保洁面积最大的一次计算。

市容环卫专用车辆设备　指用于环境卫生作业、监察的专用车辆和设备，包括用于道路清扫、冲洗、洒水、除雪、垃圾粪便清运、市容监察以及与其配套使用的车辆和设备。

每万人拥有公共交通车辆　指按城市人口计算的每万人平均拥有的公共交通车辆标台数。计算公式:

$$每万人拥有公共交通车辆=\frac{公共交通运营车标台数}{城区人口+城区暂住人口}$$

Explanatory Notes on Main Statistical Indicators

Production Capacity of Water Supply refers to the designed overall production capacity of water facilities, covering the four segments of water collection, purification, conveyance, and outflow through trunk pipelines. Increased capacity through transformation and innovation projects is included as well. The capacity is determined mainly on the weakest of the above-mentioned four segments.

Length of Water Supply Pipelines refers to the total length of all the pipelines between the water pumps and the user water meters, excluding pipelines newly installed but not used yet, pipeline in the water factory, and pipeline in the user's buildings.

Total Volume of Urban Water Supply refers to the total volume of water supplied by water-works (units) during the reference period, including both the effective water supply and loss during the water supply.

Consumption of Water for Living Use It includes Consumption of Water for Public Service Use and Consumption of Water for Households Use. Consumption of Water for Public Service Use refers to water consumption for public service in the urban areas. It includes water consumption of administrative institutions, army camps, public facilities, wholesale and retail, accommodation and catering industry and social service industry, etc. Consumption of Water for Households Use refers to consumption of water for daily life of all households in cities, including households of urban residents and farmers, and public water supply stations.

Consumption of Water for Production and Operation Use refers to water consumption in the process of production and operation by production and operation units of agriculture, forestry, animal husbandry, fisheries, industry, construction industry, and transportation industry, etc. in urban areas.

Coverage Rate of Urban Population with Access to Tap Water refers to the ratio of the urban population with access to tap water to the total urban population at the end of reference period. The formula is:

$$\text{Coverage of urban population with access to tap water} = \frac{\text{Urban population with access to tap water}}{\text{Urban population}} \times 100\%$$

Production Capacity of Gasworks Gas refers to the overall production capacity of the urban gasworks in gas generation, purification and delivery at the end of the reference period, excluding capacity of the reserved facilities. In general, it is determined by the designed capacity, and when actual production capacity is larger than the designed capacity, the capacity is determined by the actual measurement on the weakest segment in the production, purification and delivery.

Length of Gas Pipelines refers to the total length of pipelines in use between the outlet of the compressor of gas-work or outlet of gas stations and the leading pipe of users, excluding pipelines within gasworks, delivery stations, LPG storage stations, refilling stations, gas-mixing stations and supply stations.

Volume of Gas Supply refers to the total volume of gas provided to users by gas-producing enterprises (units) during the reporting period, including the volume sold and the volume lost.

Coverage Rate of Urban Population with Access to Gas refers to the ratio of the urban population with access to gas to the total urban population at the end of the reference period. Gas here includes artificial coal gas, natural gas and liquefied petroleum gas. The formula is:

$$\text{Coverage rate of urban population with access to gas} = \frac{\text{Urban population with access to gas}}{\text{Urban population}} \times 100\%$$

Heating Capacity in Urban Areas refers to the designed capacity of heating enterprises (units) in supplying heating energy to urban users during the reference period.

Quantity of Heat Supplied in Urban Areas refers to the total quantity of heat from steam and hot water supplied to urban users by heating enterprises (units) during the reference period.

Length of Urban Heating Pipelines refers to the total length of steam or hot water pipelines for sources of heat to the leading pipelines of the buildings of the users, excluding internal pipelines in heat generating enterprises.

Length of Paved Roads refers to the length of roads with paved surface including bridges and tunnels connected with roads. Length of the roads is measured by the central lines.

Urban Bridges refer to bridges built to cross over natural or man-made barriers, including bridges over rivers, overpasses for traffic and for pedestrians, underpasses for pedestrians, etc.

Length of Urban Sewage Pipes refers to the total length of general drainage, trunks, branch and inspection wells, connection wells, inlets and outlets, etc.

Daily Disposal Capacity of Urban Sewage refers to the designed 24-hour capacity of sewage disposal by the sewage treatment works or facilities.

Number of Vehicles under Operation at Year-end refers to the total number of vehicles under operation by public transport enterprises (units) at the end of the year, based on the records of operational vehicles by the enterprises (units).

Area of Urban Green Land refers to the total area occupied for green projects at the end of the reference period, including park green land, production green land, protection green land, green land attached to institutions, and other green areas.

Park Green Area refers to green areas open to the public for amusement and rest with the facilities of amusement, rest and services. Its function includes perfecting ecology, beautifying landscape, and preventing and reducing disaster. Park green areas include comprehensive park, community park, theme park, linear park and roadside green space. Total areas of comprehensive park, topic park and belt-shaped is the area of park.

Road Area Cleaned refers to the area which are regularly cleaned, as at the end of the reference period, at urban roads and public places (mainly including urban roadways, pedestrian walkways, vehicular tunnels, pedestrian underpasses, underground railway stations, lifted roads, pedestrians walk bridges, overpasses, plazas, parking lots and other facilities). If there are several times of cleaning in a day at a location, the area of that time of cleaning with the largest area cleaned will be taken.

Vehicles and Facilities Dedicated to Urban Cleanliness and Environmental Sanitation refer to vehicles and facilities dedicated for use in the operation, management and monitoring of environmental hygiene work. They include vehicles for road cleaning, washing, showering, ice removal, disposal of garbage and human wastes, cleanliness monitoring and related activities.

Public Transportation Vehicles per 10000 Population refers to the number of public transportation vehicles, calculated by urban population, per 10000 population in the city district. The formula for calculation is:

$$\text{Public Transportation Vehicles per 10000 Population} = \frac{\text{Number of Public Transportation Vehicles}}{\text{City District Population}}$$

附 录

各县、市主要指标（2021 年）

APPENDIX MAIN INDICATORS OF COUNTIES(2021)

附录　各县、市主要指标(2021年)
Main Indicators of Counties (2021)

县、市名称	Name	行政区域土地面积(平方公里) Total Land Area (sq.km)	年末总人口(人) Total Population (year's end) (person)	乡镇(个) Township and Towns (unit)	#建制镇 Organic Town	村民委员会(个) Villagers Committee (unit)
呼 兰 区	Hulan	2062	609564	9	6	170
阿 城 区	Acheng	2452	533223	4	4	108
双 城 区	Shuangcheng	3112	755606	17	9	240
依 兰 县	Yilan County	4606	371184	9	6	132
方 正 县	Fangzheng County	2976	215563	9	5	67
宾　县	Bin County	3843	559190	17	12	143
巴 彦 县	Bayan County	3139	632528	18	10	116
木 兰 县	Mulan County	3171	242731	8	6	86
通 河 县	Tonghe County	5676	226291	8	8	82
延 寿 县	Yanshou County	3096	240940	9	6	106
尚 志 市	Shangzhi City	8891	541190	17	10	163
五 常 市	Wuchang City	7499	882748	24	12	260
龙 江 县	Longjiang County	5887	569844	14	8	158
依 安 县	Yian County	3678	455139	15	6	149
泰 来 县	Tailai County	3917	297399	10	8	83
甘 南 县	Gannan County	4791	364434	10	5	95
富 裕 县	Fuyu County	4060	274415	10	6	90
克 山 县	Keshan County	3186	447019	15	7	122
克 东 县	Kedong County	2083	271899	7	5	98
拜 泉 县	Baiquan County	3597	540534	16	7	186
讷 河 市	Nehe City	6660	674877	15	11	170
梅里斯区	Meilisi Daur District	2000	156220	6	5	49
鸡 东 县	Jidong County	3243	258922	11	8	123
虎 林 市	Hulin City	9334	268676	11	7	85
密 山 市	Mishan City	7728	380550	16	8	154
萝 北 县	Luobei County	6768	207538	8	6	63
绥 滨 县	Suibin County	3344	172521	9	3	108
集 贤 县	Jixian County	2217	288016	8	5	149
友 谊 县	Youyi County	1647	104342	11	4	
宝 清 县	Baoqing County	9995	394457	10	7	145
饶 河 县	Raohe County	6598	135052	9	4	79
肇 州 县	Zhaozhou County	2446	422566	12	6	104
肇 源 县	Zhaoyuan County	4120	433014	16	8	135
林 甸 县	Lindian County	3504	251069	8	5	83
杜蒙自治县	Durbote Mongolia Autonomous County	6040	238584	11	5	79
大 同 区	Datong	2310	211297	8	4	58

注：1.阿城区、呼兰区、双城区、梅里斯区、大同区、阳明区、爱辉区、北林区、加格达奇区、佳木斯郊区和五大连池风景区的主要指标数据来自当地统计局(下同)。
2.年末总人口根据公安年报计算。

a) The main indicators data of Acheng, Hulan, Shuangcheng, Meilisi Daur, Datong, Yangming, Aihui, Beilin and Jiagedaqi District, Jiamusi Suburb, Wudalianchi Scenic Spot come from local Statistics(the same as following tables).
b)The total population at the end of the year was calculated by the annual report of the Public Security Bureau.

附录 续表1 Continued

县、市名称	Name	行政区域土地面积(平方公里) Total Land Area (sq.km)	年末总人口(人) Total Population (year's end) (person)	乡镇个数(个) Township and Towns (unit)	#建制镇 Organic Town	村民委员会数(个) Villagers Committee (unit)
嘉荫县	Jiayin County	6739	68373	9	4	73
汤旺县	Tangwang County	2142	48654	2	2	2
丰林县	Fenglin County	2971	89904	3	3	2
大箐山县	Daqingshan County	3706	80785	2	2	10
南岔县	Nancha County	3084	100222	4	3	27
铁力市	Tieli City	3776	278291	8	5	71
佳木斯郊区	Jiamusi Suburb	1704	251370	11	8	100
桦南县	Huanan County	4418	398832	12	7	192
桦川县	Huachuan County	2228	200425	9	5	105
汤原县	Tangyuan County	3420	235160	10	4	138
同江市	Tongjiang City	6229	173788	10	6	85
富锦市	Fujin City	8224	447483	11	11	267
抚远市	Fuyuan City	6041	81605	10	7	50
勃利县	Boli County	2390	296292	10	5	133
林口县	Linkou County	6638	323880	11	11	176
绥芬河市	Suifenhe City	422	67774	2	2	11
海林市	Hailin City	8712	346587	8	8	112
宁安市	Ningan City	7201	400420	12	8	240
穆棱市	Muling City	6041	258316	8	6	127
东宁市	Dongning City	7117	198442	6	6	102
阳明区	Yangming	1303	205686	8	4	59
爱辉区	Aihui	14373	180032	11	4	89
逊克县	Xunke County	14373	93546	11	4	78
孙吴县	Sunwu County	17027	89894	9	3	94
北安市	Beian City	4314	406279	11	2	62
五大连池市	Wudalianchi City	7194	313050	9	5	96
嫩江市	Nenjiang County	8745	441556	11	8	148
五大连池风景区	Wudalianchi Scenic Spot	15211	14079	14	9	
北林区	Beilin	2756	796823	20	15	143
望奎县	Wangkui County	2316	436825	15	10	109
兰西县	Lanxi County	2484	476249	15	9	105
青冈县	Qinggang County	2685	438349	15	12	165
庆安县	Qingan County	5467	356245	14	8	93
明水县	Mingshui County	2308	326326	12	6	99
绥棱县	Suiling County	4311	284658	11	6	76
安达市	Anda City	3586	437231	14	13	116
肇东市	Zhaodong City	4323	840673	21	12	186
海伦市	Hailun City	4642	740522	23	16	242
漠河市	Mohe City	18428	65645	6	6	7
呼玛县	Huma County	14205	43041	8	2	54
塔河县	Tahe County	14063	67529	7	4	11
加格达奇区	Jiagedaqi District	1359	127466	2		8

附录　续表2　Continued

县、市名称	Name	地　区 生产总值 (万元) Gross Domestic Product (10000 yuan)	第一产业 Primary Industry	第二产业 Secondary Industry	第三产业 Tertiary Industry	地区生产总值指数 (上年=100) Indices of Gross Domestic Product (preceding year=100)	人均地区生产总值 (元) Per Capita GDP (yuan)
呼 兰 区	Hulan	1040413	376096	156278	508039	104.1	
阿 城 区	Acheng	2545327	209114	453632	1882581	115.0	51283
双 城 区	Shuangcheng	2408604	1163936	345519	899149	103.3	38352
依 兰 县	Yilan County	1166877	304891	141791	720195	107.8	46031
方 正 县	Fangzheng County	700283	299080	102795	298408	106.5	38619
宾　县	Bin County	1789741	438286	205315	1146140	108.1	40572
巴 彦 县	Bayan County	1268894	461897	98784	708213	107.5	30771
木 兰 县	Mulan County	841159	269643	65738	505778	106.2	48817
通 河 县	Tonghe County	908601	356513	64989	487099	106.1	51568
延 寿 县	Yanshou County	696072	191161	93577	411334	106.6	38782
尚 志 市	Shangzhi City	1858122	702529	233657	921936	106.3	40964
五 常 市	Wuchang City	2920739	1145341	370104	1405294	107.2	40943
龙 江 县	Longjiang County	1340606	570736	413778	356092	110.2	32820
依 安 县	Yian County	769134	379975	90256	298904	107.7	22056
泰 来 县	Tailai County	692187	294752	152665	244770	111.0	28144
甘 南 县	Gannan County	916663	442799	198798	275066	103.2	32317
富 裕 县	Fuyu County	804002	352468	201604	249930	107.6	36444
克 山 县	Keshan County	688111	331036	78210	278865	107.2	27475
克 东 县	Kedong County	674582	173207	278658	222717	114.9	43651
拜 泉 县	Baiquan County	658512	319228	71398	267887	107.4	23735
讷 河 市	Nehe City	1113187	543102	150959	419126	107.2	25885
梅里斯区	Meilisi Daur District	311749	184221	21405	106124	107.3	25189
鸡 东 县	Jidong County	921932	315015	170007	436910	107.3	44093
虎 林 市	Hulin City	1607884	995379	182644	429861	106.8	60595
密 山 市	Mishan City	1439625	649245	130211	660169	107.2	42931
萝 北 县	Luobei County	1060687	472916	199060	388711	105.2	52149
绥 滨 县	Suibin County	589930	369707	20331	199892	107.1	42789
集 贤 县	Jixian County	755933	306194	106675	343064	107.8	31329
友 谊 县	Youyi County	429580	184163	38768	206649	104.9	43048
宝 清 县	Baoqing County	1292301	801615	128314	362372	108.0	39502
饶 河 县	Raohe County	688362	461086	32853	194423	108.4	53356
肇 州 县	Zhaozhou County	1534216	560192	358346	615678	106.2	50426
肇 源 县	Zhaoyuan County	1298752	553866	267273	477613	107.2	39542
林 甸 县	Lindian County	852548	346984	182457	323107	111.2	44829
杜蒙自治县	Durbote Mongolia Autonomous County	1132255	460456	198350	473449	107.2	57077
大 同 区	Datong	853332	448951	81478	322903	106.9	47622

注：1.本表计算人均GDP使用的GDP数据为根据第四次全国经济普查资料修订后数据，人口数据为根据第七次全国人口普查资料修订后数据。
2.三次产业增加值数据因四舍五入未做机械调整。

a) The GDP data used in the calculation of per capita GDP in this table is the data revised according to the data of the fourth national economic census, and the population data is the data revised according to the data of the seventh national census.

b) The added value data of the three industries were not adjusted mechanically due to rounding.

附录　续表3 Continued

县、市名称	Name	地　区 生产总值 (万元) Gross Domestic Product (10000 yuan)	第一产业 Primary Industry	第二产业 Secondary Industry	第三产业 Tertiary Industry	地区生产总值指数 (上年=100) Indices of Gross Domestic Product (preceding year=100)	人均地区生产总值 (元) Per Capita GDP (yuan)
嘉荫县	Jiayin County	267347	155432	10453	101462	111.0	47963
汤旺县	Tangwang County	172149	121646	9132	41371	113.9	53002
丰林县	Fenglin County	243385	138976	25608	78801	107.2	40075
大箐山县	Daqingshan County	149012	75056	18982	54974	106.9	26465
南岔县	Nancha County	195966	49391	39710	106865	106.0	24184
铁力市	Tieli City	796139	369681	180336	246122	102.3	35833
佳木斯郊区	Jiamusi Suburb						
桦南县	Huanan County	1266303	675312	229847	361144	111.0	44765
桦川县	Huachuan County	692993	451810	66400	174783	106.9	48081
汤原县	Tangyuan County	695019	380131	105819	209069	108.7	40561
同江市	Tongjiang City	1107062	676756	57274	373032	107.3	63348
富锦市	Fujin City	1670514	710063	210119	750332	115.0	40741
抚远市	Fuyuan City	781363	583637	13225	184501	103.0	80916
勃利县	Boli County	561114	183788	108461	268865	107.5	20239
林口县	Linkou County	749050	320335	74732	353983	107.8	31922
绥芬河市	Suifenhe City	539504	14381	82989	442134	108.1	47611
海林市	Hailin City	1224292	325954	266104	632234	106.1	42459
宁安市	Ningan City	1241313	664267	74510	502536	106.9	39018
穆棱市	Muling City	1329728	326832	496826	506070	108.5	68512
东宁市	Dongning City	749816	286790	154521	308505	103.1	38764
阳明区	Yangming	484178	86395	168709	229074	104.6	
爱辉区	Aihui	382419	142303	78549	161567	107.6	36935
逊克县	Xunke County	418492	208374	96820	113298	107.8	51317
孙吴县	Sunwu County	233379	99612	13117	120650	106.5	32146
北安市	Beian City	1301736	387038	163150	751548	106.2	42863
五大连池市	Wudalianchi City	1104688	683999	66197	354492	105.7	48230
嫩江市	Nenjiang County	2470790	1272496	367784	830510	106.0	70463
五大连池风景区	Wudalianchi Scenic Spot	59322	13518	4958	40846	106.0	57566
北林区	Beilin	2068761	889189	309130	870442	106.7	30157
望奎县	Wangkui County	772924	413490	64155	295279	104.3	27457
兰西县	Lanxi County	761411	427808	54286	279317	107.1	25046
青冈县	Qinggang County	837896	475209	125567	237120	107.3	29608
庆安县	Qingan County	910732	540567	110673	259492	106.9	35645
明水县	Mingshui County	543215	319861	48772	174582	106.9	27929
绥棱县	Suiling County	550057	330850	26977	192230	106.7	26445
安达市	Anda City	1799469	422342	244815	1132312	105.5	51267
肇东市	Zhaodong City	2221510	1024761	324204	872545	105.5	33839
海伦市	Hailun City	1309983	858492	53253	398238	107.0	27783
漠河市	Mohe City	412851	114319	182008	116524	106.7	79327
呼玛县	Huma County	172911	85161	6957	80793	106.2	48573
塔河县	Tahe County	230072	119365	21943	88764	106.5	45920
加格达奇区	Jiagedaqi District	418254	67275	33403	317576	106.4	31069

附录　续表4　Continued

单位：万元 (10000 yuan)

县、市名称	Name	农林牧渔业总产值 Gross Output Value of Farming, Forestry, Animal Husbandry and Fishery					化肥施用折纯量(吨) Consumption of Chemical Fertilizers (ton. Converting the gross weight into weight containing 100% effective component)	农村用电量(万千瓦时) Electricity Consumed in Rural Areas (10000 kwh)	农用机械总动力(万千瓦) Total Agricultural Machinery Power (10000 kw)
		合　计 Total	#农业 Farming	#林业 Forestry	#牧业 Animal Husbandry	#渔业 Fishery			
呼兰区	Hulan	695822	464413	17100	177825	12119	9442	57091	67.53
阿城区	Acheng	435099	238809	5000	148177	11014	21550	20537	53.72
双城区	Shuangcheng	2305510	1261638	10169	880550	29825	25137	74637	98.69
依兰县	Yilan County	549144	442908	17068	51159	9456	17985	20714	83.42
方正县	Fangzheng County	536216	382079	35446	86854	25679	7650	13173	51.12
宾　县	Bin County	906004	418400	30752	437026	15349	12834	48187	128.56
巴彦县	Bayan County	950063	481226	4476	367355	33500	17362	40493	156.75
木兰县	Mulan County	514967	361104	13399	96720	15004	5164	16489	95.69
通河县	Tonghe County	628307	494724	54027	50043	11514	10419	14824	106.52
延寿县	Yanshou County	358614	261736	10073	62286	9041	9752	24368	57.53
尚志市	Shangzhi City	1249524	933857	63193	206563	27266	27488	38190	87.75
五常市	Wuchang City	2131274	1548055	73194	362851	43302	41665	47236	182.07
龙江县	Longjiang County	1171133	536659	15114	603815	13913	19445	80128	185.8
依安县	Yian County	738799	386481	18074	323837	2519	6753	21100	74.82
泰来县	Tailai County	564139	346333	7980	179968	26198	13788	41798	89.26
甘南县	Gannan County	845547	484168	4875	345006	9536	13406	52893	82.45
富裕县	Fuyu County	706362	314718	3852	360956	26035	7411	30309	61.09
克山县	Keshan County	682260	350703	6297	286693	17372	6801	23921	75.23
克东县	Kedong County	356811	147364	3142	197312	8180	4259	9778	60.9
拜泉县	Baiquan County	601705	338498	26913	215622	9734	9041	35057	88.6
讷河市	Nehe City	1063126	598404	11570	426033	17798	16567	36270	125.43
梅里斯区	Meilisi Daur District						3866	12528	
鸡东县	Jidong County	589132	373968	15072	166874	16365	14861	9585	60.48
虎林市	Hulin City	1736452	1530532	41223	115354	31507	17003	106973	104.54
密山市	Mishan City	1196522	874335	11777	225276	56920	17481	44920	121.79
萝北县	Luobei County	973775	532017	14156	346680	9930	1913	19728	43.83
绥滨县	Suibin County	733505	549882	4024	89459	23230	3226	20827	69.26
集贤县	Jixian County	383331	204909	4349	166278	2489	11567	35628	77
友谊县	Youyi County	372974	305537	1021	43630	974	9577	25423	1.21
宝清县	Baoqing County	1346014	1072205	42074	169086	14036	17127	68766	112.87
饶河县	Raohe County	1298798	1066104	64057	122624	19458	7715	94454	40.77
肇州县	Zhaozhou County	1193500	486880	7775	682285	10890	9787	32570	78.34
肇源县	Zhaoyuan County	1099424	579811	13073	417783	83847	29489	20165	74.42
林甸县	Lindian County	685427	290275	9320	354806	25277	11155	21223	90.45
杜蒙自治县	Durbote Mongolia Autonomous County	998074	351906	5580	524884	105754	9095	22697	84.85
大同区	Datong						2752	19864	43.43

附录　续表5　Continued

单位：万元　(10000 yuan)

县、市名称	Name	农林牧渔业总产值 Gross Output Value of Farming, Forestry, Animal Husbandry and Fishery 合计 Total	#农业 Farming	#林业 Forestry	#牧业 Animal Husbandry	#渔业 Fishery	化肥施用折纯量(吨) Consumption of Chemical Fertilizers (ton, Converting the gross weight into weight containing 100% effective component)	农村用电量(万千瓦时) Electricity Consumed in Rural Areas (10000 kwh)	农用机械总动力(万千瓦) Total Agricultural Machinery Power (10000 kw)
嘉荫县	Jiayin County	245382	204525	15422	15622	2854	1258	9915	23.41
汤旺县	Tangwang County	218853	127253	84020	4945	2635	35	184	0.83
丰林县	Fenglin County	222197	130941	79575	8879	2802	7	1015	2.91
大箐山县	Daqingshan County	128316	34954	69381	20156	3330	85	524	1.09
南岔县	Nancha County	119221	85768	23377	8027	1756	3590	822	2.8
铁力市	Tieli City	624543	379128	47907	172615	15884	3288	9904	60.75
佳木斯郊区	Jiamusi Suburb	598875	268396	8866	299342	11731	11029	12309	
桦南县	Huanan County	1279942	723941	103377	372775	53369	10342	46929	121.69
桦川县	Huachuan County	705420	537894	3040	141721	15240	17295	32837	93.55
汤原县	Tangyuan County	724954	469991	21226	208770	18442	18131	18745	63.41
同江市	Tongjiang City	1093656	983845	7962	50788	29457	15838	75350	68.6
富锦市	Fujin City	1229996	1024723	4462	154840	27902	32000	87058	162.77
抚远市	Fuyuan City	968288	845083	5417	59804	41996	13400	31835	81.24
勃利县	Boli County	387149	225870	21753	116085	5828	9647	16039	47.61
林口县	Linkou County	579671	423999	5905	138332	4331	7456	19351	75.67
绥芬河市	Suifenhe City	27878	17530	1093	7050	435	329	382	4.36
海林市	Hailin City	569115	452908	13481	86927	3597	8047	14290	46.27
宁安市	Ningan City	1234285	897882	7065	259211	17833	14011	24974	102.79
穆棱市	Muling City	611844	452740	7628	112210	6296	4565	11818	36.61
东宁市	Dongning City	523843	434570	3803	31044	3504	9300	9439	54.95
阳明区	Yangming								
爱辉区	Aihui	308154	203380	27960	60817	5417	2289	25432	37.69
逊克县	Xunke County	424564	315903	10433	50221	6745	3861	39349	65.7
孙吴县	Sunwu County	183917	147601	9167	22683	1203	1194	9332	54.78
北安市	Beian City	701883	501986	42898	112728	12101	7665	56193	65.78
五大连池市	Wudalianchi City	1272204	832490	204041	149170	24643	9029	46139	53.47
嫩江市	Nenjiang County	2449627	2002695	23303	264361	8018	10865	74705	108.86
五大连池风景区	Wudalianchi Scenic Spot								
北林区	Beilin	1810114	846639	9713	844694	90328	19653	30429	151.96
望奎县	Wangkui County	838703	411185	3069	409213	13263	6653	27047	58.8
兰西县	Lanxi County	816764	449074	6799	340980	15807	16928	40436	64.89
青冈县	Qinggang County	943252	510142	5812	395143	18164	21630	27238	70.64
庆安县	Qingan County	956339	699909	19927	177087	32464	17230	17003	73.58
明水县	Mingshui County	624791	327646	8491	271776	11945	12487	12993	88.26
绥棱县	Suiling County	555982	466786	11923	42560	25201	20676	18918	79.86
安达市	Anda City	866046	409366	3308	400997	32814	12883	21759	75.86
肇东市	Zhaodong City	2115130	941021	6473	1059274	100323	24566	67236	67.15
海伦市	Hailun City	1379534	1143991	15565	203268	9681	22975	54554	165.7
漠河市	Mohe City	240960	65619	109745	39314	475	838	153	2.35
呼玛县	Huma County	155904	97894	25831	22320	1340	559	4367	28.08
塔河县	Tahe County	232005	52094	145642	26464	516	406	105	3.19
加格达奇区	Jiagedaqi District						134	2094	5.08

附录　续表6 Continued

单位：公顷 (hectare)

县、市名称	Name	主要农作物播种面积 Sown Areas of Main Farm Crops				
		粮　食 Grain Crops	#谷物 Cereal	#大豆 Soja	油　料 Oil-bearing Crops	甜　菜 Beetroots
呼 兰 区	Hulan	130183	122723	5244		
阿 城 区	Acheng	81740	80256	1410		
双 城 区	Shuangcheng	208055	203081	3273	689	
依 兰 县	Yilan County	215982	190928	24848	42	
方 正 县	Fangzheng County	64997	55895	8793		
宾　县	Bin County	180327	172651	7190		
巴 彦 县	Bayan County	224408	195678	28289		
木 兰 县	Mulan County	126490	105025	21315		
通 河 县	Tonghe County	115547	98606	15760	5	
延 寿 县	Yanshou County	111055	98410	12369		
尚 志 市	Shangzhi City	162481	102454	51698	11	
五 常 市	Wuchang City	283441	273668	8553		
龙 江 县	Longjiang County	329001	317111	10952	63	
依 安 县	Yian County	274763	163805	97649		1876
泰 来 县	Tailai County	190011	180621	7465	800	
甘 南 县	Gannan County	299860	233564	54687	3	
富 裕 县	Fuyu County	173549	146920	24271		1335
克 山 县	Keshan County	228183	106951	109707		38
克 东 县	Kedong County	117249	51598	64066		
拜 泉 县	Baiquan County	239986	88829	145053	110	98
讷 河 市	Nehe City	414274	249952	155496	9	52
梅里斯区	Meilisi Daur District	37019	29958	6558		
鸡 东 县	Jidong County	110019	103349	5815	1	
虎 林 市	Hulin City	464949	405010	57703	207	
密 山 市	Mishan City	322631	299312	22478	77	
萝 北 县	Luobei County	254549	211939	41480	166	
绥 滨 县	Suibin County	220014	191842	26790		
集 贤 县	Jixian County	149320	129466	19439	2	
友 谊 县	Youyi County	126214	106920	19284	10	
宝 清 县	Baoqing County	363861	254707	108832	167	
饶 河 县	Raohe County	310235	261964	47646		
肇 州 县	Zhaozhou County	133873	129783	3323	377	
肇 源 县	Zhaoyuan County	154421	142665	10022	13062	
林 甸 县	Lindian County	157133	121571	27882		
杜蒙自治县	Durbote Mongolia Autonomous County	137522	123368	11380	6935	
大 同 区	Datong				1361	16

附录 续表7 Continued

单位：公顷 (hectare)

县、市名称	Name	主要农作物播种面积 Sown Areas of Main Farm Crops				
		粮食 Grain Crops	#谷物 Cereal	#大豆 Soja	油料 Oil-bearing Crops	甜菜 Beetroots
嘉荫县	Jiayin County	99479	53102	43820	2	
汤旺县	Tangwang County	7318	763	6535		
丰林县	Fenglin County	12653	2512	10135		
大箐山县	Daqingshan County	4261	1041	3186	184	
南岔县	Nancha County	15794	5181	10517	8	
铁力市	Tieli City	116971	81161	35465	15	
佳木斯郊区	Jiamusi Suburb	99219	87071	11671		
桦南县	Huanan County	232263	161436	70702	30	
桦川县	Huachuan County	145794	123662	22118		
汤原县	Tangyuan County	132718	122049	10564		
同江市	Tongjiang City	420166	346188	73916	20	
富锦市	Fujin City	539791	382786	156706	35	1
抚远市	Fuyuan City	299709	251719	47978		
勃利县	Boli County	100565	90642	9859	92	
林口县	Linkou County	153174	91800	60263	1604	
绥芬河市	Suifenhe City	2331	563	1759	83	1
海林市	Hailin City	96907	72599	23616	983	
宁安市	Ningan City	145364	111174	23457	2252	
穆棱市	Muling City	129831	63655	64129	6482	
东宁市	Dongning City	56326	30847	24535	2536	
阳明区	Yangming				572	
爱辉区	Aihui	141257	61034	76385	422	
逊克县	Xunke County	196126	88702	107003	14	
孙吴县	Sunwu County	107822	33135	73353	93	
北安市	Beian City	335009	123985	207572	252	
五大连池市	Wudalianchi City	409833	114154	290705	9	
嫩江市	Nenjiang County	650937	182981	458627	78	
五大连池风景区	Wudalianchi Scenic Spot					
北林区	Beilin	185827	156157	26418		
望奎县	Wangkui County	169340	120257	35789	7	
兰西县	Lanxi County	162391	152545	9264	247	
青冈县	Qinggang County	161634	144300	17004	113	
庆安县	Qingan County	171386	146338	24828		
明水县	Mingshui County	134246	95193	35372		
绥棱县	Suiling County	146361	84602	61633		
安达市	Anda City	134787	121075	13699		
肇东市	Zhaodong City	232200	222686	9335	65	
海伦市	Hailun City	315234	157356	155504		
漠河市	Mohe City	2921	12	2792		
呼玛县	Huma County	74052	6106	67615		
塔河县	Tahe County	6898	143	6719		
加格达奇区	Jiagedaqi District					

附录　续表8　Continued

单位：吨　　(ton)

县、市名称	Name	主要农作物产量 Yield of Main Farm Crops					水产品产量 Aquatic Products
		粮食 Grain Crops	#谷物 Cereal	#大豆 Soja	油料 Oil-bearing Crops	甜菜 Beetroots	
呼兰区	Hulan	980161	957119	8458			3665
阿城区	Acheng	547205	544508	2438			6140
双城区	Shuangcheng	1626137	1610396	5776	2021		12522
依兰县	Yilan County	1414769	1365007	49227	85		8148
方正县	Fangzheng County	392612	377085	14959			10881
宾　县	Bin County	1166804	1152770	12395			8596
巴彦县	Bayan County	1362046	1308365	50792			24056
木兰县	Mulan County	710763	676436	34014			8468
通河县	Tonghe County	654551	627113	25439	10		7878
延寿县	Yanshou County	610307	591461	18054			5263
尚志市	Shangzhi City	828969	721778	95241	17		12129
五常市	Wuchang City	1888095	1870285	15548			7507
龙江县	Longjiang County	2345496	2321817	22164	58		8724
依安县	Yian County	1342130	1144967	173513		112548	2364
泰来县	Tailai County	1116828	1100071	13569	2158		15883
甘南县	Gannan County	1613950	1497628	92006	5		6316
富裕县	Fuyu County	1000397	949153	43286		39745	7247
克山县	Keshan County	862167	612224	187759		2195	3954
克东县	Kedong County	417301	306659	107052			3110
拜泉县	Baiquan County	827774	574566	240947	181	2972	5500
讷河市	Nehe City	1802570	1487818	292000	15	2122	10106
梅里斯区	Meilisi Daur District	161205	149552	10495			1459
鸡东县	Jidong County	712986	700577	10422	2		6208
虎林市	Hulin City	3099260	2988351	106824	423		8864
密山市	Mishan City	2042269	2000091	40585	261		29230
萝北县	Luobei County	1493914	1421205	70508	163		2528
绥滨县	Suibin County	1356834	1320961	33914			7783
集贤县	Jixian County	850532	810651	36937	3		2114
友谊县	Youyi County	902020	862744	39250	30		411
宝清县	Baoqing County	2026579	1812120	213747	532		8672
饶河县	Raohe County	1940056	1850991	87980			2535
肇州县	Zhaozhou County	1016778	1007110	7410	1433		6500
肇源县	Zhaoyuan County	1080280	1054010	21317	69558		41322
林甸县	Lindian County	904566	843492	52044			12042
杜蒙自治县	Durbote Mongolia Autonomous County	855765	827204	20926	27739		46146
大同区	Datong				3622	634	12979

附录 续表9 Continued

单位：吨 (ton)

县、市名称	Name	主要农作物产量 Yield of Main Farm Crops					水产品产量 Aquatic Products
		粮食 Grain Crops	#谷物 Cereal	#大豆 Soja	油料 Oil-bearing Crops	甜菜 Beetroots	
嘉荫县	Jiayin County	374853	307089	62760	3		1083
汤旺县	Tangwang County	14877	3748	11045			347
丰林县	Fenglin County	27212	13173	14033			360
大箐山县	Daqingshan County	9752	5117	4540	276		593
南岔县	Nancha County	43076	26487	16381	5		273
铁力市	Tieli City	505088	456016	48501	29		2629
佳木斯郊区	Jiamusi Suburb	671021	649366	20803			8595
桦南县	Huanan County	1253191	1119838	133080	49		9575
桦川县	Huachuan County	962364	918892	43390			8676
汤原县	Tangyuan County	912136	890208	21345			6248
同江市	Tongjiang City	2472345	2365221	106945	46		13806
富锦市	Fujin City	3189473	2866586	321990	53	26	13791
抚远市	Fuyuan City	1833710	1765317	68372			3945
勃利县	Boli County	502189	486145	16023	237		2705
林口县	Linkou County	630504	526902	100770	2557		2056
绥芬河市	Suifenhe City	6264	3161	3060	142	53	213
海林市	Hailin City	450040	412519	36291	1325		1547
宁安市	Ningan City	908298	802263	42281	3617		8418
穆棱市	Muling City	495764	373965	115860	10545		3198
东宁市	Dongning City	172183	136396	32977	4052		1791
阳明区	Yangming				900		531
爱辉区	Aihui	481977	338501	136680	692		2727
逊克县	Xunke County	679464	477252	200876	25		4335
孙吴县	Sunwu County	303417	184354	116489	103		669
北安市	Beian City	1272288	859477	400709	353		5300
五大连池市	Wudalianchi City	1384512	804966	565417	37		3042
嫩江市	Nenjiang County	1891929	1047504	822573	150		1336
五大连池风景区	Wudalianchi Scenic Spot						900
北林区	Beilin	1262540	1196644	47673			37136
望奎县	Wangkui County	1130639	977370	70238	15		10590
兰西县	Lanxi County	1040251	1023953	14091	741		10594
青冈县	Qinggang County	1175969	1141928	32930	285		10649
庆安县	Qingan County	1180906	1142707	37739			16113
明水县	Mingshui County	721465	646287	65146			7131
绥棱县	Suiling County	785785	665031	120228			10329
安达市	Anda City	991686	968033	23612			16863
肇东市	Zhaodong City	1737126	1721207	15063	165		50263
海伦市	Hailun City	1515474	1181149	323780			14667
漠河市	Mohe City	2653	23	2173			84
呼玛县	Huma County	106913	30538	75826			574
塔河县	Tahe County	4556	190	4215			180
加格达奇区	Jiagedaqi District						860

附录　续表10　Continued

单位：万元　　(10000 yuan)

县、市名称	Name	全年主营业务收入2000万元及以上的工业企业 Industrial Enterprises with Annual Revenue From Principal Business over 20 Million Yuan								
		企业单位数（个） Number of Enterprises (unit)	#亏损企业 Losses	工业总产值 Total Industrial Output Value	资产合计 Total Assets	流动资产合计 Total Current Assets	固定资产净额 Net Fixed Assets	负债合计 Total Liabilities	营业收入 Revenue from Principal Business	利润总额 Total Profits
呼兰区	Hulan	117	26	2125041	4000092	1935431	964115	2731939	2059681	65413
阿城区	Acheng	92	17	1603924	2348415	1230991	762492	1535822	1810270	81590
双城区	Shuangcheng	76	25	1318852	1813944	1025922	455831	1103395	1288774	21889
依兰县	Yilan County	17	7	148417	719788	123095	300553	441545	119365	4698
方正县	Fangzheng County	53	7	423946	625364	380657	212278	415008	578635	22098
宾　县	Bin County	64	18	1101357	1775349	899900	388121	1147297	978058	39350
巴彦县	Bayan County	34	14	837284	636378	329106	134433	384557	827195	-2362
木兰县	Mulan County	25	4	144483	155257	65438	61134	110386	121210	-1040
通河县	Tonghe County	27	5	211576	246344	108361	89976	195725	202163	-254
延寿县	Yanshou County	50	3	524751	422620	316368	64467	287335	502184	17586
尚志市	Shangzhi City	44	9	380993	468389	250020	144044	326825	399861	16495
五常市	Wuchang City	137	21	1572095	1346493	841711	321203	731925	1626296	122031
龙江县	Longjiang County	28	4	894242	1027439	561566	334192	452004	934206	283551
依安县	Yian County	26	8	481068	365725	188608	107611	229313	410549	10305
泰来县	Tailai County	38	9	378895	845659	485034	265421	475754	549918	165305
甘南县	Gannan County	40	17	454040	768757	583008	117580	339726	533318	123942
富裕县	Fuyu County	26	6	474394	676652	278433	262242	340992	484731	8418
克山县	Keshan County	18	7	152061	208882	99425	62512	150895	122579	-7127
克东县	Kedong County	17	7	521516	2012638	1640785	160092	1210597	828401	287036
拜泉县	Baiquan County	15	8	185516	220287	118436	62205	105232	205859	62137
讷河市	Nehe City	32	11	829029	949973	479312	370158	658871	916836	49894
梅里斯区	Meilisi Daur District	10	3	91529	148368	56931	14125	112353	89442	4327
鸡东县	Jidong County	29	12	389181	542781	273717	150217	356753	379476	12778
虎林市	Hulin City	52	10	698698	1634684	1030842	230456	686363	919724	62961
密山市	Mishan City	56	19	548599	892583	448314	265356	584190	571806	11260
萝北县	Luobei County	46	10	745128	952909	431322	327868	473477	825238	62593
绥滨县	Suibin County	13	7	85568	418122	86607	241106	313231	84878	3930
集贤县	Jixian County	27	7	574561	753215	455431	146397	780659	475814	4794
友谊县	Youyi County	20	8	280096	207317	112411	56651	204163	237784	5028
宝清县	Baoqing County	39	12	831191	1520623	324786	1043637	1366391	974973	-10556
饶河县	Raohe County	12	3	123464	109504	52263	39355	84963	80824	7688
肇州县	Zhaozhou County	43	27	519075	651822	214547	165261	368063	385958	4496
肇源县	Zhaoyuan County	93	4	1101039	763222	401912	265072	535379	1083332	49563
林甸县	Lindian County	31	4	434313	536627	212375	210995	176458	437492	36939
杜蒙自治县	Durbote Mongolia Autonomous County	40	8	896883	1353162	556137	656740	938948	949180	66484
大同区	Datong	32	9	1460844	2461761	508795	1506924	2067415	915596	-84745

附录　续表11　Continued

单位：万元　　(10000 yuan)

县、市名称	Name	全年主营业务收入2000万元及以上的工业企业 Industrial Enterprises with Annual Revenue From Principal Business over 20 Million Yuan								
		企业单位数（个）Number of Enterprises (unit)	#亏损企业 Losses	工业总产值 Total Industrial Output Value	资产合计 Total Assets	流动资产合计 Total Current Assets	固定资产净额 Net Fixed Assets	负债合计 Total Liabilities	营业收入 Revenue from Principal Business	利润总额 Total Profits
嘉荫县	Jiayin County	3		13699	71352	15628	50193	36171	13752	250
汤旺县	Tangwang County	2		7143	30304	7807	16851	28798	6922	462
丰林县	Fenglin County	11	2	32784	99384	45472	28894	56425	30272	-556
大箐山县	Daqingshan County	4	1	20143	89180	30378	48280	33393	19051	3954
南岔县	Nancha County	6	1	76097	254591	114339	84419	174055	60449	2180
铁力市	Tieli City	19	6	344724	561242	183700	214081	374709	337516	78636
佳木斯郊区	Jiamusi Suburb	46	16	393969	538796	224853	166336	340261	381066	6761
桦南县	Huanan County	43	10	606307	596646	300024	206161	399384	532341	13782
桦川县	Huachuan County	49	20	376945	522994	192366	178114	291323	395764	-200
汤原县	Tangyuan County	43	8	275574	381655	223949	122741	249010	347692	12112
同江市	Tongjiang City	37	13	274703	454724	220626	172647	332852	234144	6798
富锦市	Fujin City	75	15	2029873	1173240	597558	306638	751127	1623664	58309
抚远市	Fuyuan City	10	3	63622	135730	83143	42378	108360	73816	1597
勃利县	Boli County	25	8	458694	715465	457599	114797	424880	471139	12956
林口县	Linkou County	21	13	75528	195269	73550	76000	154377	200422	-1190
绥芬河市	Suifenhe City	73	47	344017	305162	224132	43121	249782	286183	-15731
海林市	Hailin City	38	13	226095	526511	209473	128531	416920	197229	-2722
宁安市	Ningan City	37	9	214834	337401	137408	162393	281404	152992	1324
穆棱市	Muling City	49	18	363682	435112	217203	160273	315463	257078	2310
东宁市	Dongning City	27	8	174892	216206	93812	95940	140362	163942	14808
阳明区	Yangming	42	9	978639	1568329	686924	624432	845811	1004664	18321
爱辉区	Aihui	31	6	341245	664946	246514	237206	469939	367971	47177
逊克县	Xunke County	9	4	147353	600673	238358	136944	301657	128928	77226
孙吴县	Sunwu County	12	5	72704	104689	42473	40038	64230	47355	-1910
北安市	Beian City	31	11	601509	627853	335085	175392	471874	569901	24856
五大连池市	Wudalianchi City	17	12	66168	301684	149485	94272	252428	65929	-12704
嫩江市	Nenjiang County	22	5	858924	1292055	248379	326124	835097	885700	379636
五大连池风景区	Wudalianchi Scenic Spot									
北林区	Beilin	119	41	2560995	3035818	1213024	1486329	2304538	2897149	41188
望奎县	Wangkui County	18	4	272284	172017	73397	87203	128298	260745	-1966
兰西县	Lanxi County	21	10	173844	242009	92312	113197	194940	153895	-3060
青冈县	Qinggang County	32	10	1155620	973191	445388	385629	563164	1157773	33290
庆安县	Qingan County	42	6	641083	792024	445579	172790	448898	666931	33705
明水县	Mingshui County	19	5	154124	233378	109204	106486	117124	126099	6087
绥棱县	Suiling County	22	4	100800	102377	49589	49277	91583	93845	-325
安达市	Anda City	59	19	726972	1860477	690081	576317	1446256	663759	-14525
肇东市	Zhaodong City	41	15	1796049	1188702	627333	352997	758650	1800928	86963
海伦市	Hailun City	33	16	380526	591412	271999	275523	427379	375299	-6668
漠河市	Mohe City	8	2	284208	334228	247057	66403	216454	357512	74447
呼玛县	Huma County	2	2	6397	37786	-3164	16385	17236	6029	-1846
塔河县	Tahe County	4	2	27209	67496	51799	10957	27440	26859	5008
加格达奇区	Jiagedaqi District	5	2	54707	287699	185735	18583	276847	53892	-6495

附录　续表12 Continued

单位：万元　(10000 yuan)

县、市名称	Name	全年主营业务收入2000万元及以上的国有控股工业企业 State-holding Industrial Enterprises with Annual Revenue From Principal Business over 20 Million Yuan								
		企业单位数（个） Number of Enterprises (unit)	#亏损企业 Losses	工业总产值 Total Industrial Output Value	资产合计 Total Assets	流动资产合计 Total Current Assets	固定资产净额 Net Fixed Assets	负债合计 Total Liabilities	营业收入 Revenue from Principal Business	利润总额 Total Profits
呼兰区	Hulan	10	4	298889	1049542	486920	188972	803879	232606	1204
阿城区	Acheng	16	2	310716	708180	220858	299678	521010	320593	41337
双城区	Shuangcheng	4	1	43960	156479	23748	93938	117983	44012	-2474
依兰县	Yilan County	7	2	77035	481244	65513	129660	262123	59298	4153
方正县	Fangzheng County	7	1	47100	202435	50646	129938	127400	47238	12216
宾　县	Bin County	7	1	153779	375624	126893	164025	234524	132843	22307
巴彦县	Bayan County	3		40809	115073	29142	18496	94092	40339	2668
木兰县	Mulan County	1		9434	19647	1337		18749	9434	561
通河县	Tonghe County	5	2	30525	122405	36811	46204	100969	40838	2829
延寿县	Yanshou County	1		18651	18244	27	17454	18244	18662	2717
尚志市	Shangzhi City	2		51511	48069	14470	5335	35362	62915	1917
五常市	Wuchang City	5	1	96466	124998	52082	28451	81986	89194	3664
龙江县	Longjiang County	5		55886	187778	66651	85456	124004	52864	10398
依安县	Yian County	2	1	16595	30536	2247	3129	6203	16615	1378
泰来县	Tailai County	7	2	49002	228145	54412	110807	138341	63712	6133
甘南县	Gannan County	4	1	35435	89510	41281	25770	57502	66964	652
富裕县	Fuyu County	3		217067	212088	108150	85281	52999	214729	12964
克山县	Keshan County	3	2	27794	49778	22968	10733	31855	40728	-456
克东县	Kedong County	2	1	19210	28871	4461	12285	4144	18575	160
拜泉县	Baiquan County	1		11964	22575	60		22575	13258	1556
讷河市	Nehe City	4	2	35461	81671	27280	10812	28896	38962	2214
梅里斯区	Meilisi Daur District	2		43600	13503	9344	2334	3647	46765	3496
鸡东县	Jidong County	3		45518	44896	24033	18530	30719	71787	80
虎林市	Hulin City	5	2	219264	260835	126311	80933	110784	296938	28957
密山市	Mishan City	9	1	84532	352582	62450	144299	174391	87503	9739
萝北县	Luobei County	7	1	118149	449293	138568	164886	226426	118321	34386
绥滨县	Suibin County	4	2	23684	183551	29605	96340	137881	24416	3329
集贤县	Jixian County	4	3	26844	122726	33243	37800	80254	26973	-501
友谊县	Youyi County	6	3	54490	73070	28906	19907	110587	57666	1838
宝清县	Baoqing County	4	4	158775	902160	108300	712191	921344	155620	-42907
饶河县	Raohe County	3	1	21948	45001	17177	14578	28979	15495	1675
肇州县	Zhaozhou County	3		29742	155689	38212	73076	121859	29781	3247
肇源县	Zhaoyuan County	2		72385	110924	38449	51355	106284	72492	7342
林甸县	Lindian County	2		31231	99178	17932	79755	72242	29296	4833
杜蒙自治县	Durbote Mongolia Autonomous County	8	2	501218	770200	310159	410076	614488	491974	25578
大同区	Datong	9	3	1129690	2012535	345259	1250254	1758390	620181	-89365

附录　续表13 Continued

单位：万元　　(10000 yuan)

县、市名称	Name	全年主营业务收入2000万元及以上的国有控股工业企业 State-holding Industrial Enterprises with Annual Revenue From Principal Business over 20 Million Yuan								
		企业单位数(个) Number of Enterprises (unit)	#亏损企业 Losses	工业总产值 Total Industrial Output Value	资产合计 Total Assets	流动资产合计 Total Current Assets	固定资产净额 Net Fixed Assets	负债合计 Total Liabilities	营业收入 Revenue from Principal Business	利润总额 Total Profits
嘉荫县	Jiayin County									
汤旺县	Tangwang County	1		3009	24100	4916	16851	24921	2913	101
丰林县	Fenglin County	2	1	6090	38796	11745	20318	17338	6390	41
大箐山县	Daqingshan County	2		15607	76993	27446	47054	24473	15607	4611
南岔县	Nancha County	1		36500	175491	58930	66191	117521	41565	219
铁力市	Tieli City	1		266927	320401	41300	163346	174369	258507	81003
佳木斯郊区	Jiamusi Suburb	3		26115	37673	3664	23356	20261	20222	2564
桦南县	Huanan County	5		45818	184379	62141	88234	119552	33044	9358
桦川县	Huachuan County	5	2	51784	238184	28023	148200	123941	39732	-1790
汤原县	Tangyuan County	7		52665	140564	96113	39215	103993	179201	9530
同江市	Tongjiang City	6	1	39932	202000	71318	118430	162356	38837	5507
富锦市	Fujin City	11	2	545130	586664	257723	134811	414057	527351	37429
抚远市	Fuyuan City	3		18508	23573	10005	12598	9862	9456	1615
勃利县	Boli County	2		17125	34076	14344	2529	19672	19341	869
林口县	Linkou County	3	1	16421	91275	13141	37131	74484	13903	-285
绥芬河市	Suifenhe City	1	1	9597	9336	7313	1999	3849	5722	-1556
海林市	Hailin City	3	1	15665	79182	13692	38322	61606	14915	-220
宁安市	Ningan City	5	1	29078	167439	33827	113354	147290	24108	5947
穆棱市	Muling City	4	2	36333	95374	22035	53879	93504	22663	-5685
东宁市	Dongning City	2	1	20519	47916	8999	22323	34633	19139	44
阳明区	Yangming	9	3	532148	990569	339044	500120	580983	561045	-31845
爱辉区	Aihui	7	1	98643	237260	65007	118980	103819	102166	9339
逊克县	Xunke County	3		12991	66385	13966	34491	54256	12605	1410
孙吴县	Sunwu County	1		5375	10501	903		9953	5253	404
北安市	Beian City	12	3	466659	462656	222597	147985	343296	448138	24857
五大连池市	Wudalianchi City	4	3	14623	61094	21114	21406	54417	17627	-8134
嫩江市	Nenjiang County	4	1	56502	117502	28206	27132	78210	56033	7331
五大连池风景区	Wudalianchi Scenic Spot									
北林区	Beilin	11	3	1160875	1321545	456951	735347	1018139	1448584	15832
望奎县	Wangkui County	2	1	24252	57316	13265	43623	57316	23118	-3328
兰西县	Lanxi County	2		43426	63118	12028	47226	48167	30817	2452
青冈县	Qinggang County	3	1	322851	261487	100563	106360	166358	329839	13860
庆安县	Qingan County	3	1	132494	180999	48852	76288	110876	155866	2650
明水县	Mingshui County	3	1	56235	106175	47403	55228	67076	45269	6005
绥棱县	Suiling County	2	1	21412	49676	13092	36128	51726	21412	-2497
安达市	Anda City	9		169173	723045	192681	141574	575207	212876	16719
肇东市	Zhaodong City	6	1	171488	178316	53162	115851	145069	180382	15929
海伦市	Hailun City	4	2	144249	315561	98854	191176	267964	143643	-7342
漠河市	Mohe City	3		166466	241607	182197	40307	150170	160471	70388
呼玛县	Huma County									
塔河县	Tahe County	2	1	19238	25615	22892	390	11286	19585	4290
加格达奇区	Jiagedaqi District	1	1	11667	114482	80152		117652	11668	-2269

附录　续表14　Continued

县、市名称	Name	公共财政收入（万元） General Budgetary Financial Revenue (10000 yuan)	政府性基金收入（万元） Governmental Fund Income (10000 yuan)	公共财政支出（万元） General Budgetary Financial Expenditure (10000 yuan)	政府性基金支出（万元） Governmental Fund Expenditure (10000 yuan)	公路线路里程（公里） Length of Highways (km)	普通中学在校学生（人） Students in Regular Secondary Schools (person)	小学在校学生（人） Students in Primary Schools (person)
呼兰区	Hulan	13636		306599	88109	1436	14261	14691
阿城区	Acheng	51537	1339	355846	77562	1562	21605	20785
双城区	Shuangcheng	41699		389278	40591	2458	28361	25273
依兰县	Yilan County	35334	4584	297796	35625	1805	11148	11035
方正县	Fangzheng County	20147	3337	213737	2168	1167	7941	7570
宾县	Bin County	65598	14147	333340	45074	2355	22155	20182
巴彦县	Bayan County	31221	3731	410396	24757	2464	18377	16954
木兰县	Mulan County	17882	1530	219317	2543	1312	8245	7540
通河县	Tonghe County	20641	6177	204396	9921	1343	7202	7341
延寿县	Yanshou County	25025	8565	250345	6228	1171	7425	8167
尚志市	Shangzhi City	27804	5214	346608	16154	2519	20750	18803
五常市	Wuchang City	73237	8764	578599	10728	3755	30001	25970
龙江县	Longjiang County	63137	32157	457930	25775	2887	20761	19350
依安县	Yian County	41568	20760	405191	53232	2697	11672	10678
泰来县	Tailai County	65288	17779	328070	25688	2520	10789	11714
甘南县	Gannan County	46400	6557	359407	8102	2968	15977	13997
富裕县	Fuyu County	42408	4808	316163	31951	2109	9045	8213
克山县	Keshan County	33983	4923	344017	26807	2443	10717	8424
克东县	Kedong County	65424	5753	322874	11177	1610	7529	5924
拜泉县	Baiquan County	31750	4882	504881	71487	2661	13130	12354
讷河市	Nehe City	56227	14959	525190	68568	2842	20086	17937
梅里斯区	Meilisi Daur District	12752	5805	165163	3893	796	3840	3789
鸡东县	Jidong County	34570	4320	269573	30556	1737	9526	5701
虎林市	Hulin City	42786	4263	284409	25822	3326	10172	10285
密山市	Mishan City	46411	9588	380769	16802	2861	18102	10276
萝北县	Luobei County	60185	7198	259395	25153	2643	11413	6320
绥滨县	Suibin County	20250	2860	186565	4027	1948	4936	5114
集贤县	Jixian County	32118	5352	259578	11880	1247	11258	8447
友谊县	Youyi County	13593	3784	94200	25016	512	7046	3243
宝清县	Baoqing County	56443	9700	370706	113078	4115	15329	13985
饶河县	Raohe County	20045	1307	181267	14873	2509	4638	5726
肇州县	Zhaozhou County	36188	7193	233951	64418	1528	19159	10505
肇源县	Zhaoyuan County	38490	8744	345703	24257	1670	21134	11450
林甸县	Lindian County	30277	6193	238503	40820	1537	9543	8087
杜蒙自治县	Durbote Mongolia Autonomous County	40005	5850	276608	15010	1938	13328	8010
大同区	Datong	43097	1922	131414	2609	1181	9841	6095

附录　续表15　Continued

县、市名称	Name	公共财政收入(万元) General Budgetary Financial Revenue (10000 yuan)	政府性基金收入(万元) Governmental Fund Income (10000 yuan)	公共财政支出(万元) General Budgetary Financial Expenditure (10000 yuan)	政府性基金支出(万元) Governmental Fund Expenditure (10000 yuan)	公路线路里程(公里) Length of Highways (km)	普通中学在校学生(人) Students in Regular Secondary Schools (person)	小学在校学生(人) Students in Primary Schools (person)
嘉荫县	Jiayin County	12958	1487	198958	3767	1493	1961	2274
汤旺县	Tangwang County	1798	815	61692	12323	491	368	670
丰林县	Fenglin County	3412	993	91434	1037	793	618	1092
大箐山县	Daqingshan County	2884	260	56358	695	925	538	911
南岔县	Nancha County	6545	271	97592	137	649	2237	1731
铁力市	Tieli City	36241	4976	292364	37649	1802	8041	7341
佳木斯郊区	Jiamusi Suburb	50184	888	182341	56953	993	5561	5760
桦南县	Huanan County	56579	20667	444038	22496	1780	13507	11156
桦川县	Huachuan County	29727	4169	254889	19444	1449	6989	5979
汤原县	Tangyuan County	34448	2872	279388	3834	1786	6812	6454
同江市	Tongjiang City	34395	7784	271621	17978	2544	6965	8894
富锦市	Fujin City	93930	13429	540922	77168	4928	25054	18421
抚远市	Fuyuan City	28443	2929	251555	2976	2203	3932	4957
勃利县	Boli County	34451	6385	291156	43611	1434	10018	8010
林口县	Linkou County	48414	1755	283467	6196	2260	10478	8825
绥芬河市	Suifenhe City	53588	24553	245258	12050	221	5852	6576
海林市	Hailin City	52439	8842	251221	32135	2593	11326	10320
宁安市	Ningan City	37045	5618	267201	45103	2522	13537	12196
穆棱市	Muling City	62220	5695	306388	37672	1878	9413	8438
东宁市	Dongning City	30176	5672	215386	29962	1903	8304	9342
阳明区	Yangming	18922		80430	32174	482	9752	5275
爱辉区	Aihui	30746		289674	351	1712	12649	9038
逊克县	Xunke County	36856	3283	258578	7056	1914	3003	3252
孙吴县	Sunwu County	23907	1790	246066	19326	1402	3574	3620
北安市	Beian City	60265	3830	457247	5006	3144	11764	10677
五大连池市	Wudalianchi City	39898	5098	378709	11597	2864	8783	8852
嫩江市	Nenjiang County	95586	15388	543778	11899	3760	14796	14528
五大连池风景区	Wudalianchi Scenic Spot	5304	75	47578	5183	99		
北林区	Beilin	47974	5407	376997	5344	2459	34123	22951
望奎县	Wangkui County	29324	5764	377098	19921	1853	18545	9838
兰西县	Lanxi County	45265	9194	282806	18649	2013	17242	10212
青冈县	Qinggang County	25694	5053	329562	22430	2707	20247	9961
庆安县	Qingan County	38510	1265	283056	2762	1835	13331	7565
明水县	Mingshui County	19012	1944	254582	2967	1514	10095	7295
绥棱县	Suiling County	37222	9852	298899	6704	2102	12728	6939
安达市	Anda City	105904	18568	346317	13960	1998	16919	11080
肇东市	Zhaodong City	72355	19413	412241	33706	2416	36853	22758
海伦市	Hailun City	42170	4203	613256	33334	3993	26417	14954
漠河市	Mohe City	42866	397	162796	1375	1834	1461	1627
呼玛县	Huma County	13100	610	146941	821	1455	1479	1333
塔河县	Tahe County	6430	3051	85813	456	1297	1250	1251
加格达奇区	Jiagedaqi District	24683	4938	122714	14455	586	5737	4635

中国医疗保障年鉴

CHINA HEALTHCARE SECURITY YEARBOOK

2022

国家医疗保障局 编

图书在版编目(CIP)数据

中国医疗保障年鉴. 2022 = China Healthcare Security Yearbook 2022 / 国家医疗保障局编. —— 北京：中国统计出版社，2022.11

ISBN 978-7-5037-9841-2

Ⅰ. ①中… Ⅱ. ①国… Ⅲ. ①医疗保健制度—中国—2022—年鉴 Ⅳ. ①R199.2-54

中国版本图书馆 CIP 数据核字(2022)第 223310 号

中国医疗保障年鉴(2022)

作　　者/国家医疗保障局
责任编辑/佘竞雄　钟钰
封面设计/黄晨
出版发行/中国统计出版社有限公司
通信地址/北京市丰台区西三环南路甲 6 号　邮政编码/100073
发行电话/邮购(010)64915707　(010)64950918
网　　址/http://www.zgtjcbs.com/
印　　刷/河北鑫兆源印刷有限公司
开　　本/880mm×1230mm　1/16
字　　数/881 千字
印　　张/39.75　0.5 彩页
版　　别/2022 年 12 月第 1 版
版　　次/2022 年 12 月第 1 次印刷
定　　价/398.00 元

2021 年 2 月 8 日，国家医疗保障局党组书记、局长胡静林参加 2020 年度工作总结会议并讲话。

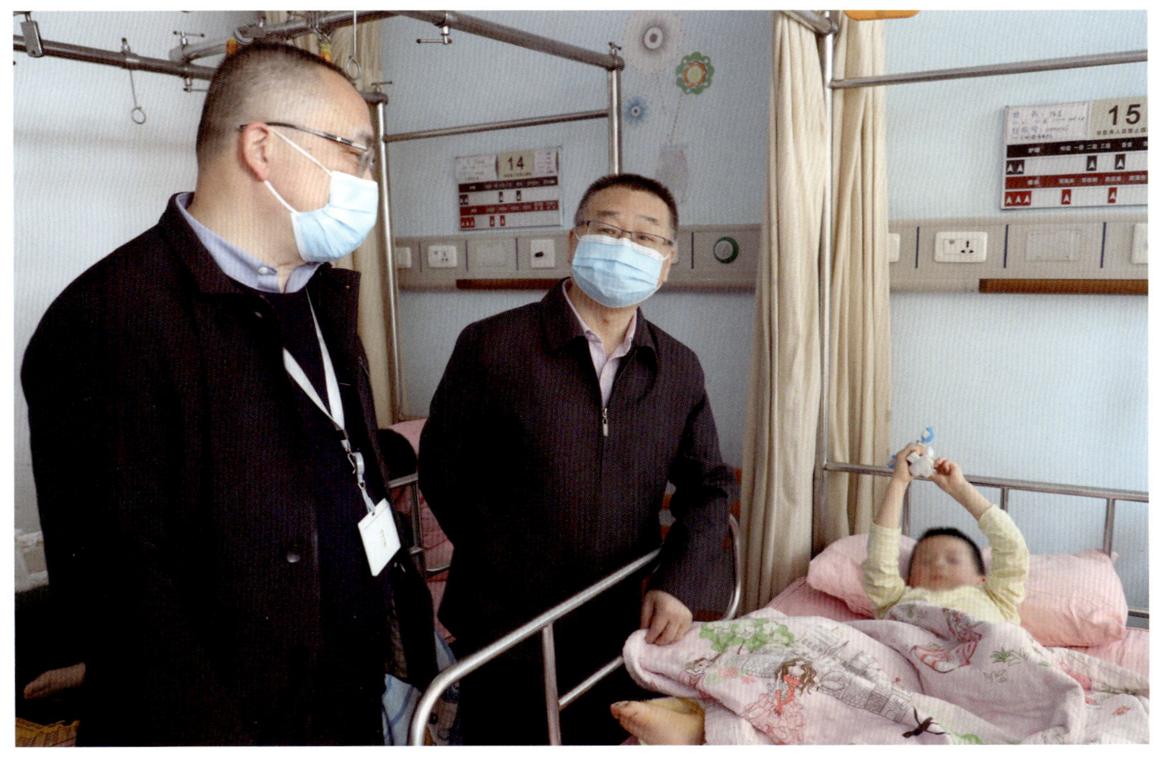

2021 年 2 月 22 日至 23 日，国家医疗保障局党组书记、局长胡静林赴四川开展调研，实地考察了关于骨科和口腔科医用耗材的采购、管理和使用情况。

2021 年 3 月 4 日，国家医疗保障局党组书记、局长胡静林参加局党史学习教育动员大会并讲话。

2021 年 3 月 22 日至 23 日，国家医疗保障局党组书记、局长胡静林赴陕西调研国家组织药品和医用耗材集中带量采购实施情况、陕西省牵头组织的跨省联盟采购开展情况以及医疗保障经办管理情况。

2021 年 3 月 1 日至 2 日，国家医疗保障局党组成员、副局长施子海赴海南开展医保信息化标准化工作专题调研。

2021 年 9 月 29 日，国家医疗保障局党组成员、副局长施子海出席《“十四五”全民医疗保障规划》国务院政策例行吹风会。

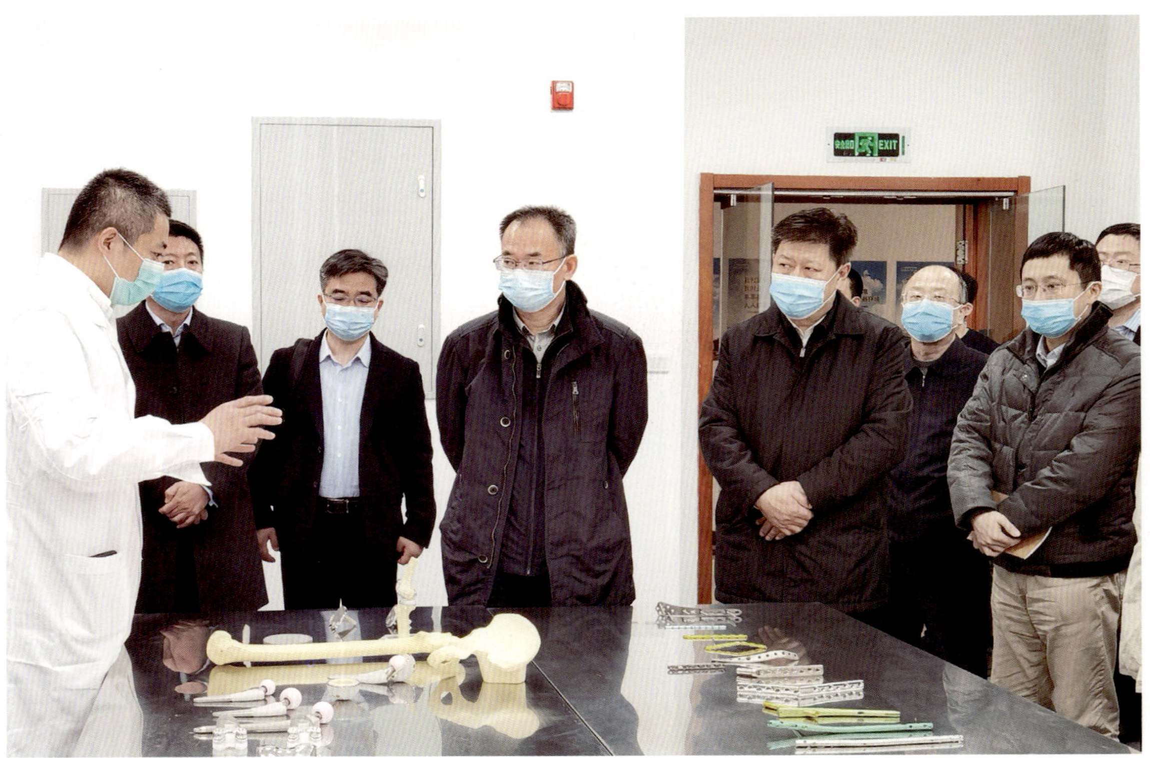

2021 年 2 月 25 日至 26 日，国家医疗保障局党组成员、副局长陈金甫赴天津调研医用耗材集中带量采购工作。

2021 年 5 月 11 日至 12 日，国家医疗保障局党组成员、副局长陈金甫赴广西南宁出席全国医药集中采购政策与实操培训班并讲话。

2021 年 1 月 23 日至 24 日，国家医疗保障局党组成员、副局长李滔赴湖南调研医保基金智能审核、网格化社会监督及大数据监管等工作。

2021 年 6 月 23 日至 25 日，国家医疗保障局党组成员、副局长李滔赴贵州调研医保经办管理服务、DRG/DIP 支付方式改革试点等工作。

中国医疗保障年鉴(2022)

联络员（按单位机构和行政区划排序）

李大鹏　张晨光　姬小荣　赵秀竹　黄高平　温思瑶　高丽颖
王吉鹏　汤庆伟　马　新　孙　鹏　张　蒙　吴　刚　程志平
王晋涛　许　丹　寇振亮　于海峰　王　坤　朱　畅　陈　亮
姚宵霖　孙　干　林萍萍　章学彭　张思周　张　昕　陈　方
欧阳振华　王宇丹　赵梓竹　陈廷任　张　跃　王锦强　高　攀
刘华勋　李　岩　杨奋雷　敬国雷　宋　超　刘铁文　黄继光
俞瑞卿

编辑人员

刘允海　张　琳　郭心洁　王凌霄　廖占力　刘砚青　李晓楠
李鑫铭　段秀秀　董　美

编辑说明

《中国医疗保障年鉴》是展现我国医保改革成就，真实记录医疗保障事业发展的专业性年鉴，重点记录、反映年度医疗保障制度改革的重要事件与热点、重大政策与举措、重大成就与突破、典型案例与经验等，是具有资政决策、理论研究意义的权威性专业性资料性工具书。现已出版《中国医疗保障年鉴(2020)》《中国医疗保障年鉴(2021)》两卷。

《中国医疗保障年鉴(2022)》主要收录了2021年度我国医疗保障重要文献资料和数据，涵盖重要文献、国家医疗保障工作、地方医疗保障工作、法规政策和重要文件、统计数据、大事记、附录等7个篇目。其中，国家医疗保障工作包括工作综述、专题特辑、特载等3个章目，工作综述章目包含国家医疗保障工作综述、规划财务和法规工作、待遇保障工作、医药服务管理工作、医药价格和招标采购工作、基金监管工作、党建人事工作、医疗保障经办管理服务工作、医药价格和招标采购支持与医药集采平台建设工作、综合管理工作、科研与学术工作等11部分；地方医疗保障工作包括各省、自治区、直辖市及新疆生产建设兵团医疗保障工作综述、重要活动和典型案例，其中典型案例203个，较上一卷增加80余个。为便于读者检索，本年鉴附有中文目录、英文目录和索引。

本卷相较上一卷，在内容上有如下调整。

一、新增“专题特辑”章目。2021年是中国共产党成立一百周年，也是“十四五”规划的开局之年。2021年，我国全面建成小康社会，实现第一个百年奋斗目标，开启向第二个百年奋斗目标进军的新征程。为全面客观记录我国医疗保障事业在“两个一百年”历史交汇期的阶段性成就，本卷新增“专题特辑”，重点记述推动党史学习教育走深走实、新冠肺炎疫情防控医疗保障、巩固拓展医疗保障脱贫攻坚成果有效衔接乡村振兴战略等工作。

二、新增“特载”章目。“特载”主要收录了国家医疗保障局党组书记、局长胡静林在2022年1月14日召开的全国医疗保障工作会议上的讲话。该讲话系统回顾了2021年医疗保障工作，分析研判医疗保障改革发展形势，全面部署2022年医疗保障工作。基于接续连贯、有效衔接的编纂原则，年鉴对此进行了收录。

《中国医疗保障年鉴(2022)》是在全国医疗保障系统的共同努力下完成的，在此谨向参与编辑出版工作的领导和同仁们表示衷心感谢。我们深信，在全系统的努力下，在广大读者的支持下，《中国医疗保障年鉴》将以党的二十大会议精神为指引，继续以更高质量更好地服务于医疗保障事业和健康中国建设，在实现第二个百年奋斗目标的伟大征程中奋力谱写医疗保障高质量发展新篇章！

《中国医疗保障年鉴》编辑部

2022年11月

目　录

重要文献

一、党和国家领导人关于医疗保障工作的重要活动和重要指示批示

二、国家医疗保障局领导讲话

国家医疗保障工作

一、工作综述

二、专题特辑

三、特载

地方医疗保障工作

法规政策、重要文件

一、法律法规

二、中共中央、国务院文件

三、部门规章及规范性文件

统计数据

一、医疗保障统计公报

二、医疗保障事业统计数据

大事记

附 录

重要文献

一、党和国家领导人关于医疗保障工作的重要活动和重要指示批示

习近平在中共中央政治局第二十七次集体学习时强调
完整准确全面贯彻新发展理念
确保“十四五”时期我国发展开好局起好步(节选)

中共中央政治局1月28日下午就做好“十四五”时期我国发展开好局、起好步的重点工作进行第二十七次集体学习。

这次中央政治局集体学习，由中央政治局同志自学并交流工作体会，刘鹤、孙春兰、胡春华、蔡奇同志结合分管领域和地方的工作作了发言，大家进行了交流。

习近平指出，进入新发展阶段，完整、准确、全面贯彻新发展理念，必须更加注重共同富裕问题。我们要始终把满足人民对美好生活的新期待作为发展的出发点和落脚点，在实现现代化过程中不断地、逐步地解决好这个问题。要自觉主动解决地区差距、城乡差距、收入差距等问题，坚持在发展中保障和改善民生，统筹做好就业、收入分配、教育、社保、医疗、住房、养老、扶幼等各方面工作，更加注重向农村、基层、欠发达地区倾斜，向困难群众倾斜，促进社会公平正义，让发展成果更多更公平惠及全体人民。促进全体人民共同富裕是一项长期任务，也是一项现实任务，必须摆在更加重要的位置，脚踏实地，久久为功，向着这个目标作出更加积极有为的努力。

习近平指出，要统筹新冠肺炎疫情防控和经济社会发展，毫不放松抓好“外防输入、内防反弹”工作，确保不出现规模性输入和反弹。要统筹发展和安全，善于预见和预判各种风险挑战，做好应对各种“黑天鹅”“灰犀牛”事件的预案，不断增强发展的安全性。(新华社北京2021年1月29日电)

习近平在中共中央政治局第二十八次集体学习时强调
完善覆盖全民的社会保障体系
促进社会保障事业高质量发展可持续发展

中共中央政治局2月26日下午就完善覆盖全民的社会保障体系进行第二十八次集体学习。

中共中央总书记习近平在主持学习时强调，社会保障是保障和改善民生、维护社会公平、增进人民福祉的基本制度保障，是促进经济社会发展、实现广大人民群众共享改革发展成果的重要制度安排，是治国安邦的大问题。要加大再分配力度，强化互助共济功能，把更多人纳入社会保障体系，为广大人民群众提供更可靠、更充分的保障，不断满足人民群众多层次多样化需求，健全覆盖全民、统筹城乡、公平统一、可持续的多层次社会保障体系，进一步织密社会保障安全网，促进我国社会保障事业高质量发展、可持续发展。

中国社会保险学会会长胡晓义就这个问题进行讲解，提出了工作建议。中央政治局的同志认真听取了他的讲解，并进行了讨论。

习近平在主持学习时发表了讲话。他指出，我们党历来高度重视民生改善和社会保障。党的十八大以来，党中央把社会保障体系建设摆上更加突出的位置，对我国社会保障体系建设作出顶层设计，推动我国社会保障体系建设进入快车道。统一城乡居民基本养老保险制度，实现机关事业单位和企业养老保险制度并轨，建立企业职工基本养老保险基金中央调剂制度。整合城乡居民基本医疗保险制度，全面实施城乡居民大病保险，组建国家医疗保障局。推进全民参保计划，降低社会保险费率，划转部分国有资本充实社保基金。积极发展养老、托幼、助残等福利事业，人民群众不分城乡、地域、性别、职业，在面对年老、疾病、失业、工伤、残疾、贫困等风险时都有了相应制度保障。目前，我国以社会保险为主体，包括社会救助、社会福利、社会优抚等制度在内，功能完备的社会保障体系基本建成，基本医疗保险覆盖13.6亿人，基本养老保险覆盖近10亿人，是世界上规模最大的社会保障体系。这为人民创造美好生活奠定了坚实基础，为打赢脱贫攻坚战提供了坚强支撑，为如期全面建成小康社会、实现第一个百年奋斗目标提供了有利条件。同时，随着我国社会主要矛盾发生变化和城镇化、人口老龄化、就业方式多样化加快发展，我国社会保障体系仍存在不足，必须高度重视并切实加以解决。

习近平强调，我们立足国情、积极探索、大胆创新，注重学习借鉴国外社会保障有益经验，成功建设了具有鲜明中国特色的社会保障体系。我们坚持发挥中国共产党领导和我国社会主义制度的政治优势，集中力量办大事，推动社会保障事业行稳致远；坚持人民至上，坚持共同富裕，把增进民生福祉、促进社会公平作为发展社会保障事业的根本出发点和落脚点，使改革发展成果更多更公平惠及全体人民；坚持制度引领，围绕全覆盖、保基本、多层次、可持续等目标加强社会保障体系建设；坚持与时俱进，用改革的办法和创新的思维解决发展中的问题，坚决破除体制机制障碍，推动社会保障事业不断前进；坚持实事求是，既尽力而为、又量力而行，把提高社会保障水平建立在经济和财力可持续增长的基础之上，不脱离实际、超越阶段。要坚持和发展这些成功经验，不断总结，不断前进。

习近平强调，我国社会保障制度改革已进入系统集成、协同高效的阶段。要准确把握社会保障各个方面之间、社会保障领域和其他相关领域之间改革的联系，提高统筹谋划和协调推进能力，确保各项改革形成整体合力。要强化问题导向，紧盯老百姓在社会保障方面反映强烈的烦心事、操心事、揪心事，不断推进改革。要加快发展多层次、多支柱养老保险体系，更好满足人民群众多样化需求。要推动基本医疗保险、失业保险、工伤保险省级统筹，进一步明确中央和地方事权和支出责任。要把农村社会救助纳入乡村振兴战略统筹谋划，健全农村社会救助制度，完善日常性帮扶措施。要健全农民工、灵活就业人员、新业态就业人员参加社会保险制度，健全退役军人保障制度，健全老年人关爱服务体系，完善帮扶残疾人、孤儿等社会福利制度。要坚持不懈、协同推进“三医联动”，推进国家组织药品和耗材集中带量采购改革，深化医保支付方式改革，提高医保基金使用效能。

习近平指出，要从立法、执法、司法、守法各环节加强社会保障工作，在法治轨道上推动社会保障事业健康发展。要加强社会保障立法工作，依法落实各级政府和用人单位、个人、社会的社会保障权利、义务、责任。要依法健全社会保障基金监管体系。要以零容忍态度严厉打击欺诈骗保、套保或挪用贪占各类社会保障资金的违法行为，守护好人民群众的每一分“养老钱”“保命钱”和每一笔“救助款”“慈善款”。

习近平强调，要完善社会保障管理体系和服务网络，在提高管理精细化程度和服务水平上下更大功夫，提升社会保障治理效能。要完善社会保险关系登记和转移接续的措施，健全社会救助、社会福利对象精准认定机制，实现应保尽保、应助尽助、应享尽享。要完善全国统一的社会保险公共服务平台，深入推进社保经办数字化转型。（新华社北京2021年2月27日电）

习近平在看望参加政协会议的医药卫生界教育界委员时强调 把保障人民健康放在优先发展的战略位置(节选)

中共中央总书记、国家主席、中央军委主席习近平3月6日下午看望了参加全国政协十三届四次会议的医药卫生界、教育界委员,并参加联组会,听取意见和建议。他强调,要把保障人民健康放在优先发展的战略位置,坚持基本医疗卫生事业的公益性,聚焦影响人民健康的重大疾病和主要问题,加快实施健康中国行动,织牢国家公共卫生防护网,推动公立医院高质量发展,为人民提供全方位全周期健康服务。

习近平强调,这次抗击新冠肺炎疫情,公立医院承担了最紧急、最危险、最艰苦的医疗救治工作,发挥了主力军作用。要加大公立医疗卫生机构建设力度,推进县域医共体建设,改善基层基础设施条件,落实乡村医生待遇,提高基层防病治病和健康管理能力。要深化医药卫生体制改革,努力在健全分级诊疗制度、现代医院管理制度、全民医保制度、药品供应保障制度、综合监管制度等方面取得突破。要做好中医药守正创新、传承发展工作,建立符合中医药特点的服务体系、服务模式、管理模式、人才培养模式,使传统中医药发扬光大。要科学总结和评估中西药在治疗新冠肺炎方面的效果,用科学的方法说明中药在治疗新冠肺炎中的疗效。要集中力量开展关键核心技术攻关,加快解决一批药品、医疗器械、医用设备、疫苗等领域“卡脖子”问题。要继续加大医保改革力度,常态化制度化开展药品集中带量采购,健全重特大疾病医疗保险和救助制度,深化医保基金监管制度改革,守好人民群众的“保命钱”“救命钱”。

中共中央政治局常委、全国政协主席汪洋参加看望和讨论。丁薛祥、张庆黎、万钢、卢展工、李斌等参加联组会。(新华社北京2021年3月6日电)

习近平在福建考察时强调
在服务和融入新发展格局上展现更大作为
奋力谱写全面建设社会主义现代化国家福建篇章(节选)

中共中央总书记、国家主席、中央军委主席习近平3月22日至25日在福建考察。他强调,要落实党中央决策部署,坚持稳中求进工作总基调,立足新发展阶段、贯彻新发展理念、构建新发展格局,深化供给侧结构性改革,扩大改革开放,推动科技创新,统筹疫情防控和经济社会发展,统筹发展和安全,在加快建设现代化经济体系上取得更大进步,在服务和融入新发展格局上展现更大作为,在探索海峡两岸融合发展新路上迈出更大步伐,在创造高品质生活上实现更大突破,奋力谱写全面建设社会主义现代化国家福建篇章。

23日上午,习近平来到三明市沙县总医院,在住院楼一层大厅听取医改情况介绍,向医护人员、患者了解医改惠民情况。习近平强调,人民健康是社会主义现代化的重要标志。三明医改体现了人民至上、敢为人先,其经验值得各地因地制宜借鉴。要继续深化医药卫生体制改革,均衡布局优质医疗资源,改善基层基础设施条件,为人民健康提供可靠保障。

丁薛祥、刘鹤、陈希、何立峰和中央有关部门负责同志陪同考察。(新华社福州2021年3月25日电)

习近平主持召开中央全面深化改革委员会第十九次会议强调 完善科技成果评价机制 深化医疗服务价格改革(节选)

中共中央总书记、国家主席、中央军委主席、中央全面深化改革委员会主任习近平 5 月 21 日下午主持召开中央全面深化改革委员会第十九次会议。习近平在主持会议时强调,要强化基本医疗卫生事业公益属性,深化医疗服务价格改革,建立合理补偿机制,稳定调价预期,确保群众负担总体稳定、医保基金可承受、公立医疗机构健康发展可持续,提高医疗卫生为人民服务质量和水平。

中共中央政治局常委、中央全面深化改革委员会副主任李克强、王沪宁、韩正出席会议。

会议审议通过了《深化医疗服务价格改革试点方案》等文件。会议指出,医疗服务价格是人民群众最关心最直接最现实的利益问题。近几年,党中央部署推动一系列改革,通过取消药品加成、带量集中招采和加强成本控制,把药品耗材价格降下来了,老百姓负担减轻了,也为调整医疗服务价格创造了条件。

会议强调,深化医疗服务价格改革,要规范管理医疗服务价格项目,建立目标导向的价格项目管理机制,使医疗服务价格项目更好计价、更好执行、更好评价,更能适应临床诊疗和价格管理需要。要加强对医疗服务价格宏观管理,平衡好医疗事业发展需要和各方承受能力,在总量范围内突出重点、有升有降。要结合医疗服务特性加强分类管理,对普遍开展的通用项目,政府要把价格基准管住管好;对于技术难度大的复杂项目,政府要发挥好作用,尊重医院和医生的专业性意见建议,更好体现技术劳务价值。要建立灵敏有度的价格动态调整机制,明确调价的启动条件和约束条件。要搞好价格监测评估和监督检查,确保价格机制稳定运行。要积极稳妥开展试点工作,统筹推进公立医院补偿机制、分级诊疗、医疗控费、医保支付等相关改革,形成综合效应。

中央全面深化改革委员会委员出席会议,中央和国家机关有关部门负责同志列席会议。(新华社北京 2021 年 5 月 21 日电)

习近平主持召开中央财经委员会第十次会议强调 在高质量发展中促进共同富裕 统筹做好重大金融风险防范化解工作(节选)

中共中央总书记、国家主席、中央军委主席、中央财经委员会主任习近平8月17日主持召开中央财经委员会第十次会议并发表重要讲话。

国务院总理、中央财经委员会副主任李克强,全国政协主席汪洋,中央财经委员会委员王沪宁、韩正出席会议。

会议强调,要提高发展的平衡性、协调性、包容性,加快完善社会主义市场经济体制,增强区域发展的平衡性,强化行业发展的协调性,支持中小企业发展。要着力扩大中等收入群体规模,抓住重点、精准施策,推动更多低收入人群迈入中等收入行列。要促进基本公共服务均等化,加大普惠性人力资本投入,完善养老和医疗保障体系、兜底救助体系、住房供应和保障体系。要加强对高收入的规范和调节,依法保护合法收入,合理调节过高收入,鼓励高收入人群和企业更多回报社会。要清理规范不合理收入,整顿收入分配秩序,坚决取缔非法收入。要保护产权和知识产权,保护合法致富,促进各类资本规范健康发展。要促进人民精神生活共同富裕,强化社会主义核心价值观引领,不断满足人民群众多样化、多层次、多方面的精神文化需求。要加强促进共同富裕舆论引导,为促进共同富裕提供良好舆论环境。要促进农民农村共同富裕,巩固拓展脱贫攻坚成果,全面推进乡村振兴,加强农村基础设施和公共服务体系建设,改善农村人居环境。

中央财经委员会委员出席会议,中央和国家机关有关部门负责同志列席会议。(新华社北京2021年8月17日电)

习近平在中央经济工作会议上作重要讲话 强调要正确认识和把握实现共同富裕的战略目标和实践途径(节选)

中央经济工作会议12月8日至10日在北京举行。中共中央总书记、国家主席、中央军委主席习近平,中共中央政治局常委李克强、栗战书、汪洋、王沪宁、赵乐际、韩正出席会议。

习近平在会上发表重要讲话,总结2021年经济工作,分析当前经济形势,部署2022年经济工作。李克强在讲话中对明年经济工作作出具体部署,并作了总结讲话。

会议认为,进入新发展阶段,我国发展内外环境发生深刻变化,面临许多新的重大理论和实践问题,需要正确认识和把握。

要正确认识和把握实现共同富裕的战略目标和实践途径。在我国社会主义制度下,既要不断解放和发展社会生产力,不断创造和积累社会财富,又要防止两极分化。实现共同富裕目标,首先要通过全国人民共同奋斗把"蛋糕"做大做好,然后通过合理的制度安排把"蛋糕"切好分好。这是一个长期的历史过程,要稳步朝着这个目标迈进。要在推动高质量发展中强化就业优先导向,提高经济增长的就业带动力。要发挥分配的功能和作用,坚持按劳分配为主体,完善按要素分配政策,加大税收、社保、转移支付等的调节力度。支持有意愿有能力的企业和社会群体积极参与公益慈善事业。要坚持尽力而为、量力而行,完善公共服务政策制度体系,在教育、医疗、养老、住房等人民群众最关心的领域精准提供基本公共服务。(新华社北京2021年12月10日电)

习近平发表二○二二年新年贺词(节选)

新年前夕,国家主席习近平通过中央广播电视总台和互联网,发表了二○二二年新年贺词。节选如下:

大家好,2022 年即将到来。我在北京向大家致以新年祝福!

回首这一年,意义非凡。我们亲历了党和国家历史上具有里程碑意义的大事。“两个一百年”奋斗目标历史交汇,我们开启了全面建设社会主义现代化国家新征程,正昂首阔步行进在实现中华民族伟大复兴的道路上。

从年头到年尾,农田、企业、社区、学校、医院、军营、科研院所……大家忙了一整年,付出了,奉献了,也收获了。在飞逝的时光里,我们看到的、感悟到的中国,是一个坚韧不拔、欣欣向荣的中国。这里有可亲可敬的人民,有日新月异的发展,有赓续传承的事业。

大国之大,也有大国之重。千头万绪的事,说到底是千家万户的事。我调研了一些地方,看了听了不少情况,很有启发和收获。每到群众家中,常会问一问,还有什么困难,父老乡亲的话我都记在心里。

民之所忧,我必念之;民之所盼,我必行之。我也是从农村出来的,对贫困有着切身感受。经过一代代接续努力,以前贫困的人们,现在也能吃饱肚子、穿暖衣裳,有学上、有房住、有医保。全面小康、摆脱贫困是我们党给人民的交代,也是对世界的贡献。让大家过上更好生活,我们不能满足于眼前的成绩,还有很长的路要走。

我同外国领导人及国际组织负责人电话沟通、视频连线时,他们多次赞扬中国抗疫和为全球疫情防控所作的贡献。截至目前,中国累计向120 多个国家和国际组织提供 20 亿剂新冠疫苗。世界各国风雨同舟、团结合作,才能书写构建人类命运共同体的新篇章。

新年的钟声即将敲响。我们的三位航天员正在浩瀚太空“出差”,海外同胞仍在辛勤耕耘,使领馆、中资企业等海外派驻人员和广大留学生仍在勇毅坚守,无数追梦人还在奋斗奉献。大家辛苦了,我向大家致以诚挚的新年问候!

让我们一起向未来!祝福国泰民安!(新华社北京 2021 年 12 月 31 日电)

李克强主持召开国务院常务会议 部署进一步推进药品集中带量采购改革 以常态化制度化措施减轻群众就医负担(节选)

国务院总理李克强1月15日主持召开国务院常务会议，部署"两节"期间加强对受疫情灾情影响困难群众和低保等群体的生活保障；部署进一步推进药品集中带量采购改革，以常态化制度化措施减轻群众就医负担。

会议指出，健康是人民群众的切身大事。为逐步解决看病贵问题，近年来国家推进药品集中带量采购和使用重大改革，截至去年底已开展了三批集采，覆盖的药品平均降价54%，每年节约费用530多亿元，惠及亿万患者。近期又将开展第四批集采，并扩大高值医用耗材集采范围。会议要求按照医改部署，坚持三医联动，推动药品集采常态化制度化。一是按照保基本、保临床原则，重点将基本医保药品目录内用量大、采购金额高的药品纳入采购范围，逐步覆盖国内上市的临床必需、质量可靠的各类药品和耗材。公立医疗机构均应参加集采。研究对治疗罕见病的"孤儿药"采购作出特殊安排。二是符合条件的仿制药、原研药和参比制剂均以通用名参与集采，通过质量和价格公平竞争产生中选企业和药品、耗材。医疗机构要确保优先使用中选药品，按需求尽可能提高采购量。中选企业要确保降价不降质量、不减疗效，保证供应。加强对中选药品和耗材生产、流通、使用全链条监管。三是集采要在为患者减负同时，兼顾企业合理利润，推动药品、耗材行业在竞争中提高集中度，促进产品创新升级，对节约的医保费用按规定给予医疗机构结余留用激励，努力使这项改革实现患者和企业、医疗机构都受益。

会议还研究了其他事项。(新华社北京2021年1月15日电)

李克强在政府工作报告中提出 切实增进民生福祉 不断提高社会建设水平(节选)

国务院总理李克强3月5日在政府工作报告中提出,切实增进民生福祉,不断提高社会建设水平。注重解民忧、纾民困,及时回应群众关切,持续改善人民生活。

推进卫生健康体系建设。持续推进健康中国行动,深入开展爱国卫生运动,深化疾病预防控制体系改革,创新医防协同机制,健全公共卫生应急处置和物资保障体系,建立稳定的公共卫生事业投入机制。深化公立医院综合改革,扩大国家医学中心和区域医疗中心建设试点,加强全科医生和乡村医生队伍建设,提升县级医疗服务能力,加快建设分级诊疗体系。坚持中西医并重,实施中医药振兴发展重大工程。支持社会办医,促进“互联网+医疗健康”规范发展。强化食品药品疫苗监管。优化预约诊疗等便民措施,努力让大病、急难病患者尽早得到治疗。居民医保和基本公共卫生服务经费人均财政补助标准分别再增加30元和5元,推动基本医保省级统筹、门诊费用跨省直接结算。建立健全门诊共济保障机制,逐步将门诊费用纳入统筹基金报销,完善短缺药品保供稳价机制,采取把更多慢性病、常见病药品和高值医用耗材纳入集中带量采购等办法,进一步明显降低患者医药负担。(新华社北京2021年3月5日电)

李克强总理出席记者会并回答中外记者提问(节选)

十三届全国人大四次会议 3 月 11 日下午在人民大会堂举行记者会,国务院总理李克强出席记者会并回答中外记者提问。

李克强总理指出:健康是幸福的基础,也是生产力。现在县乡基层的医疗机构和力量还比较薄弱,很多人有病往大城市大医院跑。今年我们要多措并举加大对县乡医院、卫生院的投入,对于扩大门诊医保报销范围和常见病药品报销范围、降低药品和高值医用耗材价格等,都要采取一些让群众切实感受得到的措施。也就是说,要让群众看病多一点便利,治病少一点负担。这也有利于巩固脱贫攻坚成果,防止因病返贫致贫。

在养老托幼方面,政府还要通过引导社会力量来兴办社区服务业,尽可能在税收等方面给予优惠支持,给家庭在养老托幼方面不仅减轻一点负担,也多一点温暖。总之,民生方面的事很多,我们要在发展中持续改善民生。我们现在实施的是广覆盖、保基本的社会保障制度。保基本,要在经济发展中持续提高水平,但也要突出重点。对于事关人人、事关国家和民族未来的义务教育和基本医疗,各级政府一定要扛在肩上。(新华社北京 2021 年 3 月 11 日电)

李克强主持召开国务院常务会议 部署进一步推动医保服务高效便民 确定加强新就业形态劳动者权益保障的若干政策措施(节选)

国务院总理李克强7月7日主持召开国务院常务会议,部署进一步推动医保服务高效便民;确定加强新就业形态劳动者权益保障的若干政策措施;决定加大金融对实体经济支持,推出支持碳减排的措施。

会议指出,按照党中央、国务院部署,优化医保便民服务,有利于更好保障群众健康、提升获得感。会议确定,一是重点面向数亿流动人口特别是农民工等群体,加快推进住院、门诊费用异地就医结算服务,确保今年底前各省份60%以上的县至少有1家普通门诊费用跨省联网机构、明年底前每个县至少有1家定点医疗机构能够提供包括门诊费用在内的医疗费用跨省直接结算服务。二是优化定点医疗机构总额预算管理,推进现有试点形成经验,抓紧推广。对社会办医疗机构申请定点医药机构,做到一视同仁。引入商业保险机构参与医保服务,丰富保险品种,提高医保精算水平。规范和压减医保支付自由裁量权,防止医疗机构年底突击"控费"。三是统一规范和优化医保办理流程,简化办理环节和材料,推行医保报销一次告知、一表申请、一窗办成。依托"互联网+",实现医保服务"网上办""掌上办"。四是强化全过程监管,完善法规,依法严厉打击欺诈骗保、诱导住院、虚开发票、滥用药物等行为,守好用好群众"保命钱"。

会议指出,维护好新就业形态劳动者劳动保障权益,有利于促进灵活就业、增加就业岗位和群众收入。会议确定,一是适应新就业形态,推动建立多种形式、有利于保障劳动者权益的劳动关系。对采取劳务派遣、外包等用工方式的,相关企业应合理保障劳动者权益。二是企业应当按时足额支付劳动报酬,不得制定损害劳动者安全健康的考核指标。督促平台企业制定和完善订单分配、抽成比例等制度规则和算法,听取劳动者代表等意见,并将结果公示。不得违法限制劳动者在多平台就业。三是以出行、外卖、即时配送等行业为重点,开展灵活就业人员职业伤害保障试点。四是建立适合新就业形态的职业技能培训模式,符合条件的按规定给予补贴。五是放开灵活就业人员在就业地参加基本养老、基本医疗保险的户籍限制。(新华社北京2021年7月7日电)

李克强主持召开国务院常务会议 审议通过"十四五"全民医疗保障规划 部署健全医保制度体系更好满足群众就医用药需求(节选)

国务院总理李克强 9 月 15 日主持召开国务院常务会议,审议通过"十四五"全民医疗保障规划,部署健全医保制度体系,更好满足群众就医用药需求。

会议指出,全民医保是保障人民健康的一项基本制度。贯彻党中央、国务院部署,新一轮医改以来,我国已建成全世界最大、覆盖全民的基本医疗保障网,"十三五"期间基本医疗保险覆盖 13.6 亿人,覆盖率稳定在 95%以上,医保事业改革发展又取得重要进展,为缓解群众看病难看病贵、增进民生福祉、维护社会和谐稳定发挥了重要作用。"十四五"时期,要深入推进医保制度改革,尽力而为、量力而行,医疗保障要坚持把保基本理念贯穿始终,逐步提高水平,做到可持续。一是健全多层次医保制度体系,分类优化医保帮扶政策。落实全民参保计划,推进职工和城乡居民在常住地、就业地参保,放开灵活就业人员参保户籍限制。稳步提高基本医保门诊报销待遇,完善城乡居民高血压、糖尿病门诊用药保障。加强大病保险与基本医保衔接,提高保障能力。完善困难群众重大疾病救助机制。健全突发重大疫情下的先救治、后收费和针对特殊群体、特定疾病的医药费豁免机制。支持商业健康保险发展,丰富面向老年人等的保险产品。稳步建立长期护理保险制度。完善生育保险政策。二是建立基本医疗体系、基本医保制度相互适应的机制。完善医保支付政策,推动分级诊疗、医联体等发展,将符合条件的基层医疗机构纳入医保定点范围,促进提高基层医疗机构服务水平,减少"小病大治"、过度医疗,提高医保资金使用效能。三是推进医保与医药协同改革。继续实施国家组织药品集中带量采购,扩大高值医用耗材集中带量采购范围,遏制药品、医用耗材价格虚高。及时将临床价值高、患者获益明显的药品纳入医保支付范围,明年实现全国基本医保用药范围基本统一。四是提升医保经办服务水平。建立覆盖省市县乡村的医保服务网络。推进基本医保参保登记和接续转移等跨省通办,在全国实现异地就医住院、门诊费用线上结算。五是加强医保基金监管。严格落实责任,完善部门联动机制,综合运用系统监控、现场检查等方式实现监管全覆盖。引入商业保险机构等第三方力量提升监管专业性。更有效发挥社会监督作用。及时公开通报医保基金使用情况及查出问题,严厉打击欺诈骗保行为。(新华社北京 2021 年 9 月 15 日电)

李克强主持召开国务院常务会议
确定深入推进跨省异地就医费用直接结算的措施
进一步便利群众就近看病用药(节选)

国务院总理李克强11月24日主持召开国务院常务会议，确定深入推进跨省异地就医费用直接结算的措施，进一步便利群众就近看病用药。

会议指出，推进基本医保跨省异地就医费用直接结算，是完善医保制度、解决人民群众突出关切的重要改革举措。特别是在常态化疫情防控情况下，方便了跨省异地工作、居住群众看病和费用报销。今年前10个月，全国住院和门诊费用跨省直接结算超过1000万人次。下一步，要拓展这项惠民改革成果，从实际出发，扎实推进跨省异地就医费用直接结算服务更便捷、更高效。一是完善相关政策，简化手续方便参保人员异地备案，稳步提高住院费用跨省直接结算率，力争“十四五”末达到70%以上。二是扩大普通门诊费用跨省直接结算地区覆盖面，明年实现全国每个县都至少开通一家联网定点医疗机构，开展门诊费用跨省直接结算。三是有序开展高血压、糖尿病、恶性肿瘤门诊放化疗、尿毒症透析、器官移植术后抗排异治疗5种门诊慢特病费用跨省直接结算试点，明年底前覆盖所有统筹地区。四是加快全国医保信息平台建设，统一跨省直接结算规则和流程，加强部门间数据共享和跨区域业务协同，逐步实现医保报销线上线下都能跨省通办。五是完善常态化监管机制，严厉打击欺诈骗保行为，守护好医保资金这个人民群众的“救命钱”。(新华社北京2021年11月24日电)

韩正在医疗保障工作座谈会上强调
纵深推进药品和耗材集中带量采购改革
持续加大医保基金监管力度

中共中央政治局常委、国务院副总理韩正 6 月 4 日主持召开医疗保障工作座谈会并讲话。会议深入学习贯彻习近平总书记重要讲话和指示批示精神，听取医院、企业、专家代表和地方医保部门负责同志意见，研究部署药品和耗材集中带量采购改革、加强医保基金监管等工作。

韩正在充分肯定药品和耗材集中带量采购改革取得的阶段性成效后表示，要按照党中央、国务院决策部署，进一步坚定信心、凝聚共识，坚持问题导向，不断把这项改革推向纵深，让改革成果更多更好惠及广大人民群众。

韩正强调，要坚持全国一盘棋，稳步有序扩大集中带量采购覆盖面，把更多药品和耗材纳入采购范围。要强化企业履约情况监督，督促各地规范采购报量工作，解决好药品和耗材配送问题，多措并举加强中选产品供应保障。要毫不松懈抓好中选药品和耗材质量监管，更严格、更科学做好仿制药一致性评价工作。要加大力度规范医疗机构诊疗行为，防止过度用药、不合理检查。要进一步加强医药价格宏观管理，及时妥善解决群众反映强烈的药价波动问题。

韩正指出，医保基金是群众的“救命钱”，要持续加大监管力度。要坚持零容忍，一以贯之、坚定不移严厉打击欺诈骗保行为，持续保持打击欺诈骗保高压态势。要严格依法追究欺诈骗保机构和人员责任，发现一起严肃查处一起。要加大宣传力度，公开曝光典型案例，强力震慑医保违法违规行为。要健全监管体制机制，创新监管方法，维护好群众的切身利益。（新华社北京 2021 年 6 月 4 日电）

孙春兰在福建调研时强调
加大力度推广三明医改经验
让更多群众享受改革成果

中共中央政治局委员、国务院副总理孙春兰7日至8日在福建厦门、三明调研医改工作并召开推广三明医改经验座谈会。她强调，要深入贯彻习近平总书记视察福建时的重要指示精神，落实党中央、国务院决策部署，加大力度推广三明医改经验，进一步拓展"三医"联动改革成果，更好解决群众看病就医的"急难愁盼"问题。

孙春兰指出，三明是全国医改的"排头兵"，为全国提供了可借鉴可推广的经验。近年来，各地坚持大卫生大健康理念，从以治病为中心转向以人民健康为中心，围绕解决看病难、看病贵问题，深化"三医"联动改革，因地制宜学习借鉴三明医改经验，大力推进药品带量采购、医疗服务价格、人事薪酬、医保支付等综合改革，取得明显成效，三明医改的典型示范效应持续显现。要适应人民群众对健康的新期待，把推广三明经验作为深化医改的重要抓手，推动医改继续向新的领域拓展，不断巩固扩大改革成效，提升人民群众的获得感安全感幸福感。

孙春兰强调，各地要完善领导推进机制，创造性地把三明医改经验与本地实际结合起来，按照大病重病在本省解决、常见病多发病在市县解决、头疼脑热在乡村解决的目标，完善分级诊疗体系，优化医疗资源配置。扩大区域医疗中心布局，加强临床专科建设和医学人才培养，推进县域医共体建设，发展"互联网＋医疗"，多措并举提升县域医疗服务水平。持续扩大国家和地方药品带量采购品种范围，同步完善医疗服务价格动态调整机制，加强医保基金的统筹和管理，推进按疾病诊断相关分组付费、按病种分值付费等精细付费方式，让群众看好病、少花钱。加大公立医院投入，推进薪酬制度改革，确保公立医院公益性。

调研期间，孙春兰到厦门大学国家传染病诊断试剂与疫苗工程技术研究中心、复旦大学附属中山医院厦门医院、三明市沙县区总医院，了解"三医"联动改革、县域医共体和区域医疗中心建设、新冠病毒疫苗和诊断试剂研发等情况。她希望福建省发扬敢为人先的改革精神，继续为全国医改作出示范和表率。（新华社福州2021年7月8日电）

二、国家医疗保障局领导讲话

推动医疗保障高质量发展
为“十四五”起好步、开好局

——在全国医疗保障工作会议上的讲话

（2021年1月12日）

国家医疗保障局党组书记、局长　胡静林

同志们：

这次会议的主要任务是，以习近平新时代中国特色社会主义思想为指导，全面贯彻党的十九大和十九届二中、三中、四中、五中全会精神，深入落实中央经济工作会议部署，总结2020年医疗保障工作，分析医疗保障改革发展面临的形势，研究部署2021年医疗保障工作。下面，我讲四点意见：

一、医疗保障事业发展取得新的突出成效

2020年是极不平凡的一年，也是医保事业取得新成效的一年。这一年，我们坚决贯彻落实习近平总书记重要指示批示精神和党中央、国务院决策部署，始终坚持以人民为中心，砥砺奋进、担当作为，统筹疫情防控和医保事业发展，构建中国特色医疗保障制度框架，坚持不懈地推进重大改革，不断推动医保管理提质增效，医疗保障制度运行平稳，基金安全可持续，群众待遇稳步提升。初步统计，2020年全国基本医保参保人数13.6亿人，参保率稳定在95%以上，生育保险参保人数2.4亿人；基本医保基金（含生育保险）收入2.4万亿元，支出2.1万亿元，累计结存3.2万亿元。2020年，我们重点推进了以下八个方面的工作：

（一）绘蓝图，加强医保制度顶层设计

统筹考虑发展需要和现实能力，分别设定远景目标和近期工作。一是完成医疗保障改革顶层设计。去年3月，中共中央和国务院印发《关于深化医疗保障制度改革的意见》。这是首个以中央名义印发的医保改革文件。文件绘制了中国特色医疗保障制度改革的宏伟蓝图，明确了2025年和2030年改革总体目标。目前，我局牵头的任务正扎实推进，各部门负责的任务也在稳步向前。二是着手编制“十四五”全民医疗保障规划。我们落实五中全会精神，举全系统、全社会之力，编制医保系统首个五年规划，成功将规划纳入国家“十四五”规划体系。经过深入调研，细化提出了未来五年发展目标、重要指标、重大工程和重点措施，是未来五年医保高质量发展的行动指南。各地也稳步推进规划编制工作。

（二）战疫情，助力新冠疫情防控取得战略性成果

面对突如其来的疫情，在党中央的坚强领导下，我们将保障人民健康作为首要任务，创新性地发挥医保在应对重大公共卫生事件中的作用。一是第一时间提出“两个确保”。确保患者不因费用问题影响就医、确保收治医院不因支付政策影响救治，推动实现“早发现、早报告、早隔离、早治疗”。已累计预拨定点救治机构专项资金194亿元。二是调整医保支付政策。临时将新冠肺炎诊疗方案中的药品和诊疗项目纳入目录，制定新冠肺炎出院患者康复治疗项目支付政策。鼓励各地开展新冠病毒检测试剂集中采购，实施技耗分离的价格政策，核酸和抗体检测试剂价格分别下降七成和四成以上。三是优化疫情期间经办服务。提出优化经办服务“五个办”，方便群众办理医保业务。支持长处方和互联网医保服务，全力保障

群众就医购药。重点指导武汉市开展互联网医疗，解决疫情期间慢性病患者取药问题。四是全力支持企业复工复产。全国阶段性减征职工医保费，为975万家参保单位累计减免1650亿元，为促进复工复产、保持就业稳定提供了强有力的政策保障。

（三）奔小康，助力全面打赢脱贫攻坚战

2020年是脱贫攻坚收官年。我们始终把做好贫困人口医疗保障工作作为中心任务，举全局和全系统之力，奋力夺取医保脱贫攻坚全面胜利。一是守牢应保尽保底线。2020年，贫困人口参保率稳定在99.9%以上，全年累计资助7837.2万贫困人口参保。二是确保待遇应享尽享。实施三重制度综合保障，动态监测待遇落实。经三重制度综合保障，贫困人口住院和门诊慢特病费用实际报销比例稳定在80%左右。三是持续治理过度保障。建立问题台账，动态监测地方整改进展，督促抓好落实。基本杜绝看病"不花钱"、领补贴的情况，有效遏制地方新增待遇加码政策势头，有力推动其他保障措施并入三重保障制度，坚决稳妥地治理过度保障。初步统计，2018年以来，医保扶贫政策累计资助贫困人口参保2.3亿人次，减轻个人缴费负担369亿元；惠及贫困人口就医5.3亿人次，减轻医疗费用负担3600亿元，助力近1000万户因病致贫群众精准脱贫，初步实现"基本医疗有保障"。

（四）减负担，持续推进国家组织药品和耗材集中带量采购

深入推进招采制度改革，不断减轻群众看病就医负担。一是深入开展国家组织药品集中带量采购。组织开展第三批国家药品集采，55个中选品种平均降价53%。2018年以来，国家医保局会同相关部门积极推进药品集中采购制度改革，三批国家集采共112个药品，平均降价54%。各地也积极探索，推动药品集中带量采购品种范围进一步扩大。武汉开展胰岛素带量采购，河南濮阳、浙江金华带量采购中成药，重庆、陕西分别组织多省联盟采购，江苏、安徽、湖南等省选择高血压和糖尿病用药、抗生素、抗肿瘤药等采购金额较大的药品开展集采。二是探索开展医用耗材集中带量采购。首次开展国家组织高值医用耗材集中带量采购，中选冠脉支架价格从均价1.3万元下降到700元左右，降幅90%以上。天津、重庆、湖北、广东、北京等省市还分别牵头开展人工晶体、吻合器和补片、新冠检测试剂、冠状球囊等耗材联盟采购，江苏、上海、浙江、河南、安徽、山西、山东、福建等省份也开展省级耗材带量采购。高值医用耗材集中带量采购已成星火燎原之势。药品和耗材集中带量采购对于挤压药耗水分、减轻群众负担、净化行业生态、促进医疗行为规范、减少过度诊疗起到了积极作用。

（五）建机制，推动完善管用高效的医保支付制度

完善医保目录、协议、结算管理，进一步提高支付效益，更好地保障群众权益。一是基本形成医保药品目录动态调整机制。去年7月，我们以医保局1号令印发《基本医疗保险用药管理暂行办法》，进一步规范医保用药管理。组织开展了2020年医保药品目录调整，调入药品119种，调出药品29种，目录内药品达2800种。2018年以来，我们连续三年调整药品目录，共纳入433种新药、好药。114个谈判准入药品价格平均降幅超过50%，准入25种国产创新药，有力地鼓励了国产药品创新。指导各省推进自行增补品种消化工作，河南、上海、山西等省份超额完成任务。二是完善两定机构协议管理。去年12月，我们以医保局2号、3号令分别印发《医疗机构医疗保障定点管理暂行办法》和《零售药店医疗保障定点管理暂行办法》，适应"放管服"要求，简化申请程序，详细规定协议主体权利、义务和责任，为协议管理确定总体框架。三是深化支付方式改革。有序推进DRG付费国家试点，开展区域点数法总额预算和病种分值付费（DIP）试点，推进紧密型县域医共体支付方式改革，初步形成总额预算基础上的多元复合支付方式。大力支持互联网+医疗服务，从慢性病开始，逐步扩大医保"互联网+"支付范围。

（六）强震慑，持续巩固基金监管高压态势

不断织密扎牢医保基金监管制度笼子，让医保基金不再成为新的"唐僧肉"。一是推动基金监管长效机制建设。去年6月，国办印发《关于推进医疗保障基金监管制度体系改革的指导意见》；12月，国务院常务会议审议通过《医疗保障基金使用

监督管理条例(草案)》,为医保基金监管奠定了法制基础。二是持续巩固基金监管高压态势。深入开展打击欺诈骗保专项治理和飞行检查,落实线索移交、举报奖励措施,向社会曝光重大案情。初步统计,2020年共检查定点医药机构62.7万家,占全国所有定点医药机构数量的99.8%,处理违法违规医药机构40.1万家,追回医保资金223.1亿元,巩固形成了打击欺诈骗保的强大震慑态势,有力促进医疗机构加强内部管理,进一步规范医疗服务行为。

(七)夯基础,提高医保公共管理服务能力

不断强化医保信息化、法治化和经办体系建设等基础性工作,强化医保精细化管理,增强医保工作的规范性和科学性。一是积极推进医保信息化、标准化和法治化建设。建成国家医保信息平台主体,于2020年11月在广东汕尾正式投入使用。目前,广东、河北、青海三省五市已上线运行。全面推进医保电子凭证应用,全国所有省份均已开通激活服务,累计用户超4.5亿。制定32项信息化技术标准规范,做好15项信息业务标准编码维护应用。启动部分规章修订工作,全面开展形势分析、基金运行评价等工作。二是规范医保经办管理服务。制定出台《全国医疗保障经办政务服务事项清单》,被国办列入"深化'放管服'、优化营商环境"100个典型案例。持续推进全国医疗保障系统行风建设,全面实施"好差评"制度,完善工作体系和长效机制。全面梳理老年人运用医保智能技术困难场景,保留并优化传统服务,畅通老年人代办服务线下渠道,提高线上服务适老化水平。三是推动医保精细化管理。将精细化管理融入医保全过程,召开现场会总结推广经验,组织开展全国精细化管理服务典型案例征集活动,有效推动地方提高精细化管理水平。

(八)统筹推进其他工作

一是持续完善异地就医直接结算。推动跨省异地就医业务协同,21个省169个统筹地区实现国家渠道线上备案。在京津冀、长三角和西南五省区稳步推进门诊费用跨省直接结算试点,上海牵头的长三角异地就医门诊费用直接结算已实现41个城市全覆盖。2020年,全国住院费用跨省直接结算300.23万人次,涉及医疗费用742.8亿元、医保基金支付438.73亿元;全国门诊费用跨省直接结算273.21万人次,涉及医疗费用6.03亿元、医保基金支付3.42亿元。二是组织扩大长期护理保险制度试点。会同财政部印发《关于扩大长期护理保险制度试点的指导意见》,试点城市增至49个。三是开展参保治理。加强基本医保参保工作,清查全国参保情况,有序清理居民医保重复参保和虚假参保,基本摸清参保底数。四是狠抓"两病"门诊用药保障落地。出台专门举措破解群众待遇享受的"玻璃门"和"旋转门"问题,已有6400多万"两病"患者受益。五是推动其他改革工作。加快推进深化医疗服务价格改革、健全重特大疾病医疗保险和救助制度、治理高值医用耗材改革等改革任务,积极推进医药价格和招采信用评价制度建设,加强医保转移支付资金绩效管理评价,配合有关部门做好企业职工医保征缴职责划转工作。

在工作中,我们始终坚持发挥党建引领作用,坚定不移地推动全面从严治党,确保医保改革发展稳步推进。突出政治统领,坚决贯彻落实习近平总书记重要批示指示精神和党中央决策部署,坚定践行"两个维护"。持续深化理论武装,深入学习贯彻习近平新时代中国特色社会主义思想,引领医保改革沿着正确航线乘风破浪。主动接受中央巡视,落实落细管党治党责任,进一步加强作风和纪律建设,持续强化基层党组织政治功能,稳步推进干部队伍建设,确保医保工作出实绩、惠民生。

2020年的成就离不开过去几年的工作。回首过往,"十三五"时期医保改革取得了巨大成就。体制机制更加健全。医保统一归口管理,极大地提高了政策制定实施的全局性、系统性和协调力、执行力,强化了医保在"三医联动"中的基础性、引导性作用。建立了世界上最大的全民医疗保障网。实现了居民医保和大病保险城乡统一,初步形成了基本医疗保险为主体,医疗救助为托底,其他保障措施共同发展的多层次医疗保障体系。医疗保障质量稳步提高。基本医保待遇水平保持稳定,大病保障水平逐步提高,服务便民程度明显提升,异地住院垫资、"跑腿"报销问题逐步得到解决。这个时期是医保改革力度最大、群众获得感最强、医保功能发挥最充分的五年，为全面建成小康社会作出重要贡献，得到了人民群众和国际社会的充分肯定。

二、深入学习贯彻十九届五中全会和中央经济工作会议精神，推动医疗保障高质量发展

近期，党中央先后召开十九届五中全会和中央经济工作会议。五中全会为开启全面建设社会主义现代化国家新征程、向第二个百年奋斗目标进军提供了根本遵循，为今后五年乃至更长时期发展提供了行动指南。中央经济工作会议分析研判了国内外形势，系统部署了明年工作，对明年及长远工作都有重大指导意义。我们要系统学习领会、深入贯彻落实，将推动医疗保障高质量发展作为“十四五”时期医保发展的主题，努力在“十四五”开好局、起好步。

（一）深刻认识医保高质量发展是适应新发展阶段的必然选择

医保高质量发展是医疗保障事业迎变局、开新局、育新机的必然。一是实现医保制度可持续的必然需要。去年全球经济受疫情冲击深度衰退，目前复苏不稳定不平衡。国际环境不稳定性不确定性增强。一方面，医保基金增收面临困难。我国转入高质量发展阶段，经济中高速增长，受疫情影响，经济恢复基础尚不牢固，财政增收、企业盈利和居民增收难度都在增加。另一方面，基金支出压力不断增大。慢性病正成为人民健康最主要威胁，人民群众医疗费用负担加重。老龄化不断加深，推动医疗消费不断扩大。医药技术进步也极大地刺激医疗消费增长。医药领域的不规范更是医保基金可持续的严峻挑战。各类医疗机构欺诈骗保和不规范使用医保基金行为普遍。药品耗材价格水分大，很多药品和耗材降价九成后，企业仍有利润。小病大治、轻病住院等过度诊疗情况还普遍存在。国际经验看，很多国家在经济高速增长时实现全民覆盖，经济增速下降时收支平衡的挑战更加显现，只有实现从粗放扩张型发展到质量效益型发展的转变，发挥好医保战略性购买作用，才能实现医保制度的可持续发展。

二是解决医保发展不平衡不充分问题的必然要求。与人民群众日益增长的美好生活需要相比，医保发展不平衡不充分问题凸显。一方面，地区间政策差异大、筹资和待遇不均衡，既不适应人口流动，也阻碍异地就医和区域协同发展，更引发待遇攀比。另一方面，居民医保筹资尚未建立合理动态调整机制。重特大疾病保障仍是短板，救助不及时、救助不足问题还比较突出。门诊保障机制还不健全。参保质量还不高，参保服务还不完全适应新就业形态要求。医保法治建设不健全，立法步伐滞后。经办服务体系不够健全，农村服务能力弱。信息化、标准化程度还不高。解决医保领域的不平衡不充分问题，必须不断深化改革，推动高质量发展。

三是推动构建新发展格局的客观需要。健全的医疗保障体系是促进内需，构建新发展格局的重要支撑。推动医保高质量发展，可以稳定保障预期，解决人民群众看病就医后顾之忧，促进释放社会消费；可以适应新就业形态和灵活就业人员的大量涌现，助力新业态、新经济的健康成长；可以充分发挥战略购买作用，通过集中带量采购和医保目录动态调整等方式，净化药品流通环境，引导医药行业形成合理价值取向。而推动构建新发展格局又会反过来促进医保高质量发展，形成相辅相成、良好互动的格局。

（二）准确把握医保高质量发展的内涵和根本要求

党的十九大明确我国经济发展已转向高质量发展阶段。高质量发展本质是一种以质量和效益为价值取向的发展，是主动适应经济新常态、突破发展瓶颈的现实选择，贯穿经济社会发展的各领域和全过程。医保是经济社会的重要组成部分，实现高质量发展更是题中之意。医保的高质量发展，就是从“有没有”到“好不好”的发展，是持续奋斗、渐进实现共同富裕、共享医保改革成果的过程，是实现更高质量、更有效率、更加公平、更可持续、更为安全发展的过程，是健全覆盖全民、统筹城乡、公平统一、可持续的多层次医疗保障制度的历程。基本内涵可以概括为“五个更加”。

一是更加公平。公平是医保制度的首要价值，目标是促进共同富裕。强调全民覆盖、应保尽保，确保发展成果惠及全民。强调城乡间、区域间制度政策统一，待遇和公共服务均衡，劳动力顺畅

流动，让全体人民分享发展成果。强调权利与义务对等，坚持底线思维，既对困难群众实施倾斜保障，又反对“福利主义”。

二是更有效率。效率是医保购买服务的关键指标。强调成本的重要性，就是要提高投入产出比，用同样的资金投入，购买到更好、更优质的医药服务。强调购买的服务更具成本价值，更加经济、更加适宜。

三是更可持续。可持续是医保制度的基本要求。强调医保制度和基金无论短期和长期都可以维持自身平衡。强调医保与经济社会协调发展，企业、个人、政府责任的均衡，合理筹资与适度待遇的匹配。强调制度没有明显短板。

四是更加安全。安全是医保改革发展的生命线。既包括医保改革发展的安全，也包括医保基金的安全。安全是红线，强调维护最广大人民群众的根本利益，协同推进医保与医疗发展，确保基金安全运行，不发生系统性、全局性的风险。

五是更加便捷。便捷是医保公共服务的基本要素。强调减少群众就医等待和时间成本，医保服务流程简洁、方便可及和办理的无感化，传统服务与智能服务融合，更加人性化，更加适应老年人等特殊人群的需求。

推动医保高质量发展，就是要从数量扩张转向内涵发展。当前，要认识和处理好两对关系。

一是处理好统一规范与创新发展的关系。我国医保制度建设从各地试点起步，地方实践探索对制度完善起到至关重要的作用。但日益扩大的地区间政策差异，制约了劳动力自由流动，阻碍了区域经济一体化和异地就医，不适应医保高质量发展要求，亟待规范决策权限，统一基本制度和政策，推动医保制度成熟定型。各地要认识到简单突破政策不是创新、不是发展，要切实转变发展思路，把工作重点转移到推动改革和精细化管理上，在制定实施细则、推动政策落实上下功夫，在优化管理服务上下功夫，推动医保制度的改革完善。

二是处理好改革与管理的关系。改革和管理两者相辅相成，相互促进。深化改革是开山问路，完善管理是巩固成果。医保局是改革的产物，改革是我们旗帜上最鲜明的底色。过去两年多，我们持之以恒地推进改革，啃下了许多硬骨头，办成了一批大事难事，呈现全面推进、多点突破的良好势头。但要真正变为人民群众的获得感、幸福感和安全感，还有大量精细化管理工作要做，要在精细化管理上下足绣花功夫。要深刻认识到改革不会一蹴而就，聚焦人民群众最关心、最直接、最现实的问题，把握改革节奏，渐次推进，一步一步地改革破局，一点一滴地管理巩固扩展，以更坚实的脚步扎实推进医保高质量发展，久久为功。

（三）推动医保高质量发展需要把握的几个重大问题

一是准确把握医保在应对突发重大公共卫生事件中的作用。疫情就是命令，防控就是责任。去年我们出台“两个确保”等多项措施，为统筹疫情防控和经济社会发展做出积极贡献。今年，党中央决定由医保基金和财政共同负担，确保疫苗附条件上市后，人民群众免费接种疫苗。这将是有史以来全球最大的免疫接种计划。我要强调几点。第一，切实提高政治站位。免费接种疫苗，体现了以习近平同志为核心的党中央坚持人民至上、生命至上的理念，体现了社会主义制度的优越性，是有效建立免疫屏障，巩固我国“防疫高地”成绩，防止落入“免疫洼地”的重要措施，有利于最大限度维护广大人民群众的根本利益。各级医保部门要坚决迅速地贯彻落实，把增强“四个意识”、坚定“四个自信”、做到“两个维护”落实到具体行动上。第二，准确把握统一认识。医保支付疫苗费用是应对特殊事件的特殊之举。主要动用医保基金滚存结余，不影响当期医保基金的收支，也不会影响人民群众看病就医的待遇。不要仅算经济账，更要算政治账、安全账；不要仅看短期账，更要看长期账、社会账。全民免费接种疫苗，有利于快速建立免疫屏障，有利于维护正常生产生活秩序和经济社会健康发展，从而进一步促进医保基金长期可持续运行。第三，统筹谋划全力推动。医保支付疫苗费用，绝不是简单付钱。要千方百计确保医保资金发挥最大保障效力，在加强医保管理、防止跑冒滴漏上下功夫，在价格议定、充分发挥医保战略购买作用上下功夫，做好医保支付结算工作，监测好疫苗使用支付情况，确保群众疫苗打得明白，医保资金付得清楚。

二是持之以恒地保持基金监管高压态势。

习近平总书记高度重视基金监管。我们始终把强化基金监管作为全系统的首要任务，取得阶段性进展。但是，最近发生在安徽太和、河北廊坊等地的多起案件在警醒我们，监管的高压态势还十分脆弱，压倒性优势还远未形成，医疗机构运行机制还没有变，监管稍有松懈就会死灰复燃。特别是受疫情影响，医院就诊人次下降，不少医疗机构动起基金的歪心思，要时刻保持警惕。第一，提高思想认识。基金监管是政治任务，是践行“两个维护”的试金石，一把手必须亲自抓，把维护基金安全作为首要任务，出问题就可能一票否决、丢帽子、挪位子。要建立问责机制、逐级压实责任，确保不再出现系统性、普遍性、聚集性恶性欺诈骗保案件。第二，快速反应、坚决处置。欺诈问题零星出现在所难免。露头就打、严肃查处、公开曝光、举一反三是最基本的工作要求。发现了问题不能躲，更不能自欺欺人，不能想拖、想不了了之，那就是对党和人民的失职。第三，继续拧紧螺丝，决不松劲。要以太和等案件为契机，联合公安部门，开展集中专项整治，掀起一波打击欺诈骗保的高潮，要紧抓不放，绝不姑息，强化震慑。第四，主动担当作为。基金监管决不能等靠要，有多少人就动员多少人，尽最大努力监管、先动起来，想办法“挖潜力、借外力、聚合力”，要有任尔东西南北风的定力，有抓铁有痕、踏石留印的韧劲狠劲。

三是强化系统集成协同推进医药服务供给侧改革。医保在促进人民健康的同时，也要引导医药行业高质量发展。实践证明，医保改革在确保群众获得质优价廉医药服务的同时，不仅不会阻碍、反而会推动医药产业的高质量发展。比如，集中带量采购改革不仅大幅降低患者经济负担，推动仿制药替代，还铲除了带金销售的空间，让注重研发、品质和成本的企业逐步成长壮大起来，推动医药行业形成风清气正、海晏河清的良好氛围。同时，配套的基金结余留用政策，让医务人员合理诊疗可以分享改革红利，极大地规范了诊疗行为。药监部门也加快推进一致性评价，加强中选药品和耗材的质量监管，改革已形成多方共赢的局面。要坚定不移地推动医保改革，这是化茧成蝶的过程，要顶得住最初的阵痛，用更多“小切口大改革”来引领和推动医药服务行业供给侧改革。

四是用好绩效管理工具推动医保高质量发展。去年，我们应用“医疗保障运行评价指标体系”对2019年各省医保运行进行试评价，起到了很好的导向作用。各地也要树立绩效管理理念，科学设置医保工作关键绩效指标（KPI），发挥好绩效管理指挥棒的作用，一级督一级做好工作。第一，构建地区间“创先争优”的氛围。绩效管理落脚点是“先进”带动“后进”，不是简单打个分、排个名，是让大家真正了解、客观评价自己，知道什么是更好、怎样能更好，引导各地学先进、补短板、强弱项，也激励先进地区继续进取。第二，完善激励约束机制。要把绩效管理和行风建设、基金运行试评价、能力建设补助资金等各方面紧密结合起来，鼓励真抓实干、努力奋斗。第三，全面实施预算绩效管理。我们将持续完善基本医保基金运行试评价和基金运行绩效考核，将评价结果作为转移支付资金分配的重要因素。各地也要牢固树立预算绩效管理的意识，绷紧“花钱必问效，无效必追责”的弦，提升基金运行绩效。

三、全力抓好2021年各项重点工作

今年是实施“十四五”规划、开启全面建设社会主义现代化国家新征程的第一年，也是中国共产党成立100周年。各级医保部门要以习近平新时代中国特色社会主义思想为指导，全面贯彻落实党的十九大和十九届二中、三中、四中、五中全会精神和中央经济工作会议精神，认真落实党中央、国务院决策部署，坚持稳中求进工作总基调，牢牢把握推动医疗保障高质量发展这个主题，以深入贯彻《中共中央 国务院关于深化医疗保障制度改革的意见》为核心，保持政策的连续性、稳定性和可持续性，继续深化医疗保障制度改革，继续狠抓医保精细化管理，为“十四五”开好局，以优异成绩庆祝建党100周年。重点抓好以下十项工作。

（一）巩固拓展脱贫攻坚成果，有效衔接乡村振兴战略

近期我们将印发文件，各地要抓好贯彻落实。一是抓紧细化工作方案。各地要全面梳理医保扶贫政策，按统一要求，制定本地区配套政策，细化分解任务，将工作重心从攻坚转入常态化帮扶。

二是抓好成果巩固。继续做好农村低收入人口参保工作，确保应保尽保。强化三重制度保障能力，引导社会力量参与，发挥综合保障效能。建立高额费用负担患者监测预警机制，建立健全防范化解因病返贫致贫的长效机制。三是稳妥衔接政策。全面对标对表国家政策和标准，坚守“保基本”底线，合理确定保障标准。过渡期内吃透“四不摘”精神要义，做好政策优化调整。工作要细致、细心、精准，切忌“一刀切”“抽楼梯”，决不能出现因病规模化返贫。

（二）健全重特大疾病医疗保险和救助制度

一是规范医疗救助。以省或地市为单位统一规范救助政策，科学确定对象范围、费用范围、救助标准，实施分类分档救助。二是完善配套政策。健全救助对象及时精准识别机制，会同民政部门明确认定标准。推进医疗救助与医保一体化经办，简化申请审核流程。完善救助基金预算管理，统筹慈善、社会捐赠等资金使用，做好救助与医保统筹层次衔接。三是支持多方参与。鼓励发展慈善医疗救助，引导慈善组织更好发挥对医疗救助的补充作用。加强与医疗互助、商业保险等的衔接互补。

（三）建立健全职工基本医疗保险门诊共济保障机制

这是职工基本医疗保险制度的重大改革，通过调整基金结构放大保障效能，补齐门诊保障短板，让更多职工从中受益。各地务必高度重视、审慎推进。一是精心谋划。各地要准确把握政策精髓，同步推进建立普通门诊统筹和改革职工医保个人账户两项工作，统筹联动、平稳过渡，确保群众受益。二是科学设计。职工医保门诊统筹对多数地方都是新工作，加上门诊就医频繁、真实性合理性审核难，是管理新挑战。各地要科学设定具体政策措施，结合按人头付费支付方式改革，在管住“医生手中笔”上下功夫，用好预算管理、基金监管等工具，不能出现门诊和住院支出两头翘的局面。三是稳妥推进。这次改革大部分群众门诊待遇会提高，患病多的、门诊需求大的人群特别是退休人员受益最大。各地要充分认识改革难度，做好宣传解释工作，积极稳妥推进，让群众理解改革，争取更多人支持改革。各省要在国家文件出台半年内出台实施办法，指导各统筹地区推进落实，可设置3年左右过渡期，以平稳实现改革目标。

（四）建立健全基金监管长效机制

目前，基金监管高压震慑态势初步形成，还需要坚持不懈地巩固扩展成果。一是抓好《医疗保障基金使用监督管理条例》贯彻实施。《条例》即将印发，要用好这把尚方宝剑，抓好宣传、抓好执行、抓好培训，营造“人人知法、人人守法”的良好监管环境。二是进一步提升监管力度。要压实省级医保部门主体责任，完善全覆盖的监督检查制度，聚焦假病人、假病情、假票据等“三假”欺诈骗保问题开展重点整治。同时，指导压实市、县两级监督检查责任，层层传递压力。发挥好重点案例的彻查、曝光、警示的作用。三是创新完善监管方式。要结合全国医保信息系统建设，同步升级智能监控子系统，推广应用视频监控、生物特征识别等新技术，将支付方式改革、“互联网＋医药”等纳入智能监控范围，探索非现场监管。“两试点一示范”试点地区要加快工作进度。四是积极构建协同监管格局。要充分调动现有行政监管、执法、经办稽核力量，整合监管资源。加强部门联动，构建“横到边、纵到底”的监管格局，健全协同执法、一案多处工作机制。充分发挥第三方专业力量，健全完善举报奖励机制，鼓励和引导家庭医生发挥基层“守门人”作用，协同构建基金安全防线。

（五）制度化常态化实施药品耗材集中招标采购

经过两年多探索，集中带量采购思路日趋清晰，工作机制日趋成熟。下一步要巩固改革成果，制度化常态化推进这项改革。一是坚定改革方向。医药集中采购制度改革必然触动部分群体利益，但不动灰色利益就要侵蚀群众权益、威胁基金安全，造成更大的社会问题，要凝聚共识，持续较真碰硬，坚定不移地推进改革。二是加强统筹协同。各地可重点针对国家组织集采以外、费用排名前500位的药品品种，规范开展集中带量采购，探索非过评化药、生物药集中带量采购。探索构建联盟采购机制，分层、分类、分批开展高值医用耗材集采。完善省级平台阳光挂网采购制度，规范挂网撤网规则，促进信息联动，逐步实现全网采购。三是抓好具体落实。落实医保资金结余留用政策，激励医疗机构和医务人员多使用中选产品。密切监测中选产品供应和回款情况，做好中选产品质量监管，畅通中选产品进入医院渠道，确保患者及时享受降价实惠。

（六）深化医药服务价格改革

医药服务价格改革专业性强、比较敏感，要逐步探索、总结经验、稳步实施。一是有序启动医疗服务价格改革试点。今年，我们将科学遴选出部分试点城市，由国家局直接指导改革。试点城市要准确把握改革方向，重在探索机制，形成可复制的改革经验。二是建立医疗服务价格动态调整机制。要使用好这个机制，科学设置调整启动条件、触发机制等指标，每年开展调价评估。满足启动条件的要动态调整医疗服务价格，逐步理顺比价关系，优化医疗收入结构。三是完善药品价格管理。国家局将完善药品价格管理制度框架，丰富药品价格管理政策工具。各地要持续强化药品价格常态化监管，做好药品价格和供应异常变动监测预警，开展函询约谈工作。同时，加快建立并实施医药价格和招采信用评价制度，对媒体曝光的本地区医药企业失信案例全部落实信用评价及约束措施。

（七）持续深化医保支付方式改革

当前，医保支付方式改革工作进展有序，但仍存在推进不平衡、地区差异大、管理方式比较粗放等问题，要加大工作力度，形成改革联动。一是因地制宜确定支付方式并持续推进。DRG 和 DIP 是国家给出的两套住院支付方式改革方案，目标都是减少按服务项目付费，引导医院改变运行机制。各省要统筹考虑，加强谋划，指导统筹地区“虑定而动”，实事求是地选定支付方式，锲而不舍地推动本地化并持续完善。二是确保 DRG 和 DIP 国家试点转入实际付费。按照试点方案，今年两项改革都要转入实际付费阶段。各地要把握工作节奏，细化实施方案，抓好技术对接，3 月起具备条件的 DIP 地区备案后可先行启动实际付费，年底前所有 DRG 和 DIP 试点城市全部实现实际付费。三是推动门诊支付方式改革和县域医共体付费改革。各地要依托基层医疗机构，从糖尿病、高血压、慢性肾衰等治疗方案和评估指标明确的慢性病入手，探索结合家庭医生签约服务与按人头付费。同时，做好紧密型县域医共体付费改革和监管，要进一步细化经办管理服务，加强监督考核，完善激励机制，切忌“一包了之”。

（八）持续做好医保目录管理

目录管理是医保支付重要工具，是合理控制医疗费用，提高基金效益的关键。我们将在抓好 2020 年版医保药品目录落地的基础上，继续开展 2021 年度药品目录动态调整，为建立年度常态化目录调整机制打好基础。各地要按统一要求做好工作。一是确保 2020 年版药品目录落地。尽快调整信息系统，完善支付政策，确保人民群众能够在 3 月 1 日起报销新增药品。同时，做好患者的用药衔接和舆情监测。二是继续做好省级增补药品的消化。今年，继续清理 40％的省增补药品，确保到 2022 年实现药品目录全国基本统一。三是完善医保耗材管理办法。国家局将研究制定医用耗材管理办法，各省要按规定规范医保医用耗材目录，为制定国家医保耗材准入目录奠定基础。

（九）提高医保公共管理服务效能

优质公共管理服务日益成为提升群众获得感和幸福感的重要来源，也是高质量发展必然要求。各地要加强能力建设，切实提高服务效能。一是推动经办服务提质增效。各地要建立健全医保经办管理服务体系，推动医保服务下沉，方便群众办事。创新服务提供方式，推进医保经办管理服务与政务服务、网上政务服务平台等有效衔接，鼓励支持社会力量参与医保经办管理服务，提高服务可及性。强化《全国医疗保障经办政务服务事项清单》落地，推动服务事项办理流程规范化、便捷化，提高服务适老化水平。二是完善异地就医直接结算。坚持全国一盘棋，扎实推进相关工作，确保年底前全国基本实现门诊费用跨省直接结算。先行试点省份和新增试点地区要成为示范标杆，积极参与国家组织的门诊特慢病费用跨省直接结算工作，通过改变结算方式倒逼政策管理逐步统一，可先从高血压、糖尿病等各地共性慢特病入手，为未来全国试点积累经验。三是加强两定机构协议管理。各地要按统一要求抓好落实，细化制定本省管理细则，优化定点申请、专业评估、协商谈判等程序。要建立两定机构绩效考核机制，健全动态调整机制，引导医疗机构内部精细管理。

（十）夯实高质量发展基础

一是高水平编制医疗保障"十四五"规划。各地编制本地规划时，要牢固树立"一盘棋"思想，做好与国家规划的衔接，更好地指导本地医保改革发展。二是加强医保法治建设。各级医保部门要加快本地区医保法治建设，健全行政执法自由裁量基准制度，严格落实行政执法公示、执法全过程记录、重大执法决定法制审核制度，加强医保法治宣传和培训，切实推进知法守法、依法执法、违法必究。三是加强医保信息化标准化建设。各地要依托全国统一技术体系和架构，贯彻执行15项医疗保障信息业务编码标准，加强信息化与标准化融合，加快推进本地信息平台建设，加快推进平台落地，今年年底基本建成全国统一的医保信息平台。要加强平台运维管理，切实维护系统安全和数据安全。拓展系统服务功能，全面推广应用医保电子凭证。四是加强医保精细化管理。精细化管理是医保高质量发展的核心要求。各地要从群众的痛点和难点、管理的堵点和盲点、数据的疑点等处入手，树立新观念、用好新技术、推广新办法，坚定不移地改善管理、提高效益，推进医保精细化管理，推动改革落地见效。

此外，要做好长期护理保险扩大试点。试点地区要坚持保基本，尽力而为、量力而行，不能把保险做成福利。不要简单照搬医保制度，要形成合理筹资分担机制。要通过购买护理服务实现保障，避免简单发放现金补贴。要衔接好相关部门，用好支付工具，让护理服务走出机构、入户到家。要做好医保待遇清单管理制度落地工作。各地要做好制度和政策摸底，坚决树立清单意识和科学决策意识。要严格落实重大决策请示报告制度，未经批准不得出台突破权限的政策，严格执行基本支付范围和标准，纠正过度保障和保障不足问题。要全面落实市地级统筹。在此基础上，有条件的省份可以逐步推进省级统筹。

四、坚定不移地推动全面从严治党，为医保高质量发展提供坚强保障

医保高质量发展的方向已经确定，关键要以政治建设为统领，加强党的全面领导，切实把"两个维护"贯彻到医保工作全过程、各方面。

（一）加强党的领导

这是应对各种风险挑战的底气所在，是实现医保高质量发展的根本保障。一是坚决落实党中央决策部署。认真学习贯彻党的十九届五中全会精神和中央经济工作会议精神，坚决贯彻落实党中央、国务院决策部署，做到党中央提倡的坚决响应，党中央禁止的坚决不做。二是加强政治建设。牢牢把握医保高质量发展主题，引导全系统同志统一思想认识和行动，增强"四个意识"，坚定"四个自信"，做到"两个维护"，确保整体推进、政令畅通。严守政治纪律和政治规矩，落实主体责任，层层传导压力，做到守土有责、守土负责、守土尽责。三是发挥好党建引领作用。各级医保部门主要负责同志要带头落实全面从严治党责任，严格落实一岗双责，强化政治引领，把党的领导贯穿于医保工作各方面、全过程，充分发挥好党组织战斗堡垒作用。

（二）加强干部队伍建设

我们要结合新时代医保工作需要，努力打造一支"心中有理想、肩上有担当、身上有本领、脚下有定力"的干部队伍。一要提升理论学习能力。深入学习领会习近平新时代中国特色社会主义思想，坚持干什么学什么、缺什么补什么，结合工作实际不断提高理论和业务水平。二要提升狠抓落实能力。深入学习贯彻习近平总书记关于医保工作重要论述和指示精神，敢于直面问题，想干事、能干事、干成事，不断解决问题、破解难题，坚决打通政策落地的"最后一公里"。三要提升务实创新能力。在国家明确的制度体系下，要发挥主观能动性，深入群众、扎根群众，做好调查研究，做到心里有数，结合实际创造性地推动工作。四要提升依法行政能力。要牢固树立法治思维，坚守法治为民初心，运用法治方式解决问题，依法履职尽责，提升依法治理水平。

（三）始终绷紧廉政这根弦不放松

廉政建设关乎医保事业成败、医保干部政治生命。医保领域廉政风险隐患比较突出，点多面广和风险系数高。去年，医保系统发生多起严重违纪违法案件。大家要吸取教训、引以为戒，全面检视，切实解决。一是强化警示教育。要经常性开展警示教育，用身边事教育身边人，以案释纪、

以案释法。二是持续正风肃纪。始终保持严的主基调，锲而不舍落实中央八项规定，力戒形式主义、官僚主义，着力减轻基层负担，持之以恒改进作风。三是加强廉政风险防控。实施靶向监督，针对性强化重点岗位权力监督，加快构建“亲”“清”新型政商关系，一体推进“不敢腐、不能腐、不想腐”，不给“围猎者”可乘之机。

同志们，我们站在开启全面建设社会主义现代化国家新征程的历史节点，肩负着党中央赋予的光荣使命和人民群众的殷切期望。让我们更加紧密地团结在以习近平同志为核心的党中央周围，以更加昂扬的斗志、更加坚定的信心和更加扎实的工作，努力开创医疗保障高质量发展新局面，为全面建设社会主义现代化国家作出新的更大贡献，以优异成绩庆祝建党100周年！

依法执法 严查严惩
确保打击欺诈骗保专项整治行动取得实效

——在全国医保基金监管专题工作电视电话会上的讲话

（2021年4月9日）

国家医疗保障局党组书记、局长　胡静林

同志们：

今天我们四部门联合召开视频会议，主要任务是以习近平新时代中国特色社会主义思想为指导，全面贯彻落实党的十九大及十九届二中、三中、四中、五中全会精神，认真落实党中央、国务院关于医疗保障的决策部署，学习贯彻《医疗保障基金使用监督管理条例》，部署开展2021年打击欺诈骗取医疗保障基金专项整治行动。下面，我讲三点意见。

一、统一思想，提高站位，切实增强做好医保基金监管工作的责任感与使命感

医疗保障基金是人民群众"看病钱""救命钱"，是维护社会平稳运行、解决群众疾病医疗后顾之忧的"压舱石"。以习近平同志为核心的党中央高度重视医保基金安全问题，明确要求加强医保基金监管，健全严密有力的基金监管机制。在习近平总书记的亲自关怀和指导下，《中共中央国务院关于深化医疗保障制度改革的意见》《国务院办公厅关于推进医疗保障基金监管制度体系改革的指导意见》（国办发〔2020〕20号，以下简称20号文件）相继出台，为医保基金监管工作作出了顶层设计，明确指出必须始终把维护基金安全作为首要任务，织密扎牢医保基金监管的制度笼子。习近平总书记关于基金监管工作的一系列批示指示精神，充分体现了习近平总书记一切以人民为中心，关注民生、重视民生的博大情怀，是习近平新时代中国特色社会主义思想在医保领域的生动诠释，是新时期医疗保障系统立足新发展阶段、贯彻新发展理念、构建新发展格局、推动医保事业高质量发展的基本遵循和行动指南。

2021年1月，李克强总理签发《医疗保障基金使用监督管理条例》，将于5月1日起正式实施。这是中国医保制度建立20多年来，医保领域第一部专门的行政法规，将为医保基金监管工作提供强有力的法治保障。这次医保和公安、卫生健康三部门联合开展的专项整治行动，是在《条例》颁布实施的新背景下启动的，也是在韩正副总理亲自指挥下部署开展的，体现了对医保基金监管工作的高度重视和对欺诈骗保行为零容忍的坚决态度。

各级医保部门要深入贯彻领会党中央、国务院的决策部署，切实提高政治站位，统一思想、强化认识，将加强医保基金监管作为旗帜鲜明讲政治、在思想和行动上同党中央保持高度一致、增强"四个意识"、坚定"四个自信"、做到"两个维护"的试金石，以坚决态度、扎实部署、有力行动，践行对党的绝对忠诚，恪守政治纪律和政治规矩，全力保障基金安全。

二、继往开来，守正创新，找准基金监管薄弱环节精准发力

2018年以来，各级医保部门以起步就是冲刺的精神状态，将加强医保基金监管、维护基金安全作为首要政治任务，克服机构筹建、工作起步阶段各种困难，举全系统之力加强基金监管，迅速打开

工作局面，初步形成了基金监管高压态势。突出表现在六个方面：

一是“全覆盖”。连续三年开展打击欺诈骗保专项治理，连续两年完成两次全覆盖检查任务。2018—2020年，全国共检查定点医药机构171万家次，查处86万家次，其中行政处罚13713家，暂停协议56567次，取消协议14022家，追回医保资金348.75亿元。建立健全飞行检查工作机制，国家医保局直接开展检查130组次，检查医院264家，查处涉嫌违法违规资金28.12亿元。2020年，各省级医保部门参照国家局飞检经验，组织开展省级飞行检查，共检查定点医疗机构1773家、定点零售药店243家、医保经办机构59家，查处涉嫌违规资金70.8亿元。

二是“勤曝光”。2019年和2020年，各地医保部门曝光欺诈骗保案件分别为8031例、42108例，初步实现了从不愿曝光向主动曝光转变，河北、辽宁、四川等地更是要求发现一起、曝光一起，起到了较好的震慑作用。从2018年底开始，各地积极推动建立举报奖励机制，在发挥群众监督作用、共同维护基金安全方面取得一定成效。2020年，全国共奖励举报人1133人次，比2019年增加88.5%；发放奖励金214.16万元，增长1.47倍。为加强舆论宣传，更好地营造维护基金安全的社会氛围，国家医保局将每年4月份定为全国打击欺诈骗保集中宣传月。目前，各地正在以宣传贯彻《条例》为主题，深入组织开展第三届集中宣传月活动，采取发放宣传品、普法问答、有奖竞猜、动漫宣教、警示教育等多种形式，深入开展群众喜闻乐见、寓教于乐的宣传活动，积极构建人人知法、人人守法的良好社会氛围。广东佛山医保工作人员齐上阵，自编自导拍摄《条例》宣传微视频；江西积极组织定点医疗机构开展《条例》宣教培训，促进医务工作者入脑入心，依法规范服务行为。内蒙古结合疫情防控要求，以包联社区（街道、镇）为宣传阵地，送政策上门为群众答疑解惑，提高公众知晓率。

三是“强体系”。打击欺诈骗保，归根到底离不开人才队伍的支撑。在普遍开展行政监管、协议管理的基础上，北京、山东等12个省级医保部门和59个地市成立了专职的基金监管执法机构，加强了监督管理力量。浙江丽水等地将基金监督管理队伍延伸到最基层，积极构建网络化监管格局。安徽阜阳以“太和”骗保案为鉴，在各县市建立基金监管专职机构，压实监管责任。江苏淮安等地区积极引入商业保险机构、会计师事务所等第三方参与，并完善绩效考核管理机制，充分发挥第三方专业优势协同提升监管效率。各地普遍建立社会监督员制度，助力基金监管长出“千里眼、顺风耳”。

四是“聚合力”。近年来，基金监管工作得到了社会各界的高度关注和各相关部门的鼎力支持。国家层面，司法部全面提速《医保基金使用监督管理条例》的研究制订工作，为基金监管法制化保驾护航；卫生健康、公安部门发挥各自优势，助力整治欺诈骗保乱象。地方层面，各地医保部门积极会同相关部门开展联合执法，完善信息共享、案件移送、联合惩戒等工作机制。比如，湖南长沙医保与公安联合建立大数据实验室，通过部门数据碰撞准确锁定问题线索；福建厦门建立行刑衔接工作机制，加大欺诈骗保案件查处力度；湖北、山西等省纪委监委强力支持医保基金监管，提升专项治理成效。重庆医保局联合公安、卫生健康、市场监管等部门开展医疗检查项目医保基金使用专项联合整治，形成合力，精准打击违法违规行为。

五是“促规范”。2020年是医保基金监管规范年，各地因地制宜加紧规范基金监管执法行为，在监管执法权限、文书、证件、流程、处罚标准等方面加快推进执法规范化、标准化。天津制定实施了医保行政处罚裁量权实施办法、加强欺诈骗取医保基金违法犯罪案件查处和移送工作的实施意见、医保行政执法“双随机、一公开”实施办法等；黑龙江、新疆等地出台了行政处罚程序暂行规定，保障依法实施行政监管；云南统一全省医保审核适用标准，建立规则待审库、审核专家库，对经办稽核适用规则进行动态调整，有效提高经办管理的效率和质量，减少自由裁量权。

六是“建机制”。各地医保部门以20号文件为行动纲领，着力健全基金监督检查、智能监控、举报奖励、信用管理、综合监管、社会监督六项制度，积极推动构建基金监管长效机制。河北坚持以信息化为引领强化智能监控应用，针对欺诈骗保行为特点不断完善药品、诊疗项目、医疗服务设施等基础信息标准库，结合医保待遇和支付政策及时调整完善智能监控规则，进一步强化基金监督检查的精细化。上海通过开展定点医疗机构分级管理、将严重违规信息移送公共信息平台等举措，初步构建起医保信用激励和约束机制。

三年来，基金监管工作取得初步成效，但距离党中央、国务院的要求和人民群众的期盼还有较大差距。去年底，媒体接连曝光的安徽太和、河北廊坊欺诈骗保案件再次警示我们，打击欺诈骗保的形势依然十分严峻，“斩草、除根、换土”的系统工程才刚刚起步，成绩不可高估，问题不可低估。要充分认识到医保基金监管“永远在路上”。当前阶段，发现问题是正常的，关键是要发现一起，严查一起，曝光一起。安徽省在处置太和县骗保案的问题上，行动迅速、坚决，既有对涉案人员的刑事处理和追责问责，也有对当期和长期工作的整改和安排，值得各地学习借鉴。

欺诈骗保行为屡禁不止的原因，主要有以下三个方面：一是“不敢骗”的震慑作用还不够强。对欺诈骗保的专项治理还不够深入、精准、及时，违规成本不高，惩戒手段不多，“骗就罚、罚到怕”的力度还不够大。一些机构和个人受到医保查处后，非但不收手，反而以更加隐蔽的方式继续顶风作案；或者被解除定点后，改头换面重操旧业。不敢骗，就要从查处和震慑抓起，有案必查，有案必罚，露头就打，严惩不贷，始终保持基金监管的高压态势。二是“不能骗”的监管机制不够健全。医保信用评价、信息化监管、社会监管、综合监管等长效机制还未全面有效建立，监管策略还没有实现从事后监管向事前、事中、事后全方位监管转变。各地普遍缺乏专业化、职业化、规范化的医保监管队伍，在监管方式方法上还有很大的改进空间，监管责任压得也不够实。不能骗，就要从体制和制度抓起，强化基金监管体制机制改革和创新，压实各级医保部门尤其是基层监管责任，打造全方位、立体化、标准化的监督平台和监控网络。三是“不想骗”的自律意识还远未形成。医保基金“黑手莫伸、伸手必被抓”的共识还未深入人心，一些医药机构、工作人员和参保人员还没有充分建立起医保基金监管的“红线”和“高压线”概念，自律自觉、知法守法的社会氛围有待建立。不想骗，就要从源头和机制抓起，强化宣传引导，推动行业自律，规范医疗服务行为，在全社会树立起“基金安全、人人有责”的价值导向。

此外，从医保部门自身来看，各地医保部门从原来的不愿查、不敢查、不敢曝光，到现在的主动查、深入查、公开曝光，已经有了很大转变，但距离党中央、国务院的要求和人民群众的期盼还有很大差距。“打铁还需自身硬”，各地医保部门要努力戒除“老好人”思想，与定点医药机构等监管对象保持适宜的距离，明确“亲清”界限，切实做到政治可靠、本领高强，勇于攻坚克难，敢于较真碰硬。

这次我们和公安、卫生健康部门联合组织开展打击欺诈骗保专项整治，就是要在过去三年专项治理工作的基础上，聚焦重点，找准靶点，对症施策，通过部门间联手行动，充分发挥各自的优势和力量，协同发力，互补短板，再掀“不敢骗”的高压震慑氛围，并通过这种协作联动，加快构建“不敢骗”“不能骗”“不想骗”三位一体的基金监管新格局。希望各地各级医保部门积极会同相关部门，坚持问题导向，找准问题根源，理清解题思路，下好先手棋、打好主动仗，继续发扬“咬定青山不放松”的狠劲和改革创新、攻坚克难的韧劲，持续筑高墙、织密网，切实守护医保基金安全。

三、联合行动，重拳出击，以《条例》为盾打响打击欺诈骗保专项整治攻坚战

在前期沟通协调、集中调研的基础上，近期，国家医保局会同公安部、国家卫生健康委联合印发了《关于开展打击欺诈骗保专项整治行动的通知》，对专项整治的目标任务、组织领导、行动内容等提出了明确要求。为确保专项整治实现预期目标，我再强调几点：

（一）用好用足《条例》。《医疗保障基金使用监督管理条例》是医保部门的第一部法规，是医保基金监督执法的强有力保障，贯彻落实《条例》是今年医保全系统的一件大事。各地要以 4 月份基金监管集中宣传月为契机，加强普法宣传，大幅提高定点医药机构和参保群众的守法意识。要加强全员培训，丰富培训形式，讲懂讲透条例内容，确

保知法懂法准确应用。要严格依法执法，切实履行监管职责，依法从严打击欺诈骗保行为。要以《条例》为纲加快基金监管的法制化、规范化建设。国家医保局正在起草条例实施细则、条例释义、自由裁量基准、举报线索处理办法等配套法规和标准规范，各地医保部门也要积极探索，不断完善医保基金监管规范执法体系。

（二）明确整治思路。主要体现在三个并重上：一是坚持全面覆盖与突出重点并重。专项整治行动在对象上要覆盖全国所有定点医药机构，在内容上要覆盖 2020 年 1 月 1 日以来纳入基本医疗保险基金支付范围的所有医药服务行为和医药费用，重点聚焦“假病人”“假病情”“假票据”（以下简称“三假”）等欺诈骗保行为。二是坚持预防与查处并重。持续加强打击欺诈骗保相关政策的宣传教育，坚持以案说法、警钟长鸣，全面增强定点医药机构相关人员的“底线”“红线”意识，参保人员的法律意识和社会责任意识。三是坚持行业自律与专项治理并重。积极指导和引导定点医药机构切实落实内控主体责任，规范执业行为和管理服务，建立健全医保服务、财务等内部管理机制，履行行业自律公约，构建多部门联动机制。

（三）突出整治重点。医疗保障领域“三假”行为典型特征是以欺诈骗保为直接目的，性质恶劣，定性容易，是这次专项整治行动重点打击领域。“三假”问题可能会交织叠加，比如一些问题线索，既涉及假病人、也涉及假病情和假票据。各地要充分利用实践证明行之有效的监督检查手段，包括大数据筛查、突击检查、视频监控、群众举报、病历抽查、跨部门跨地区数据比对等方式，发现可疑线索，迅速分析研判，锁定问题证据，综合运用司法、行政、协议等手段，依据《条例》规定依法依规严厉查处。通过专项整治，切实加强参保人员就医管理，规范定点医药机构医药服务和收费行为，在全国范围内基本铲除“三假”问题普遍性、系统性、地域性、阶段性发生的土壤，进一步净化基金监管环境。

（四）聚焦重点任务。主要任务集中体现在“三个一批”上：一是集中查处一批大案要案。建立医保、公安、卫生健康等部门的信息共享机制，加强部门间数据筛查、比对和共享。加强欺诈骗保案件查处沟通协作，建立日常联络机制，及时通报日常工作信息和重要工作情况及大数据筛查比对发现的问题。加强“行刑衔接”，充分发挥医保、卫生健康等部门专业知识与公安机关侦查手段的联合优势，深挖欺诈骗保犯罪行为，查处一批欺诈骗保大案要案，惩处一批违法犯罪嫌疑人。二是曝光一批典型案件。定期开展打击欺诈骗保形势分析，梳理汇总欺诈骗保案例，结合专项整治重点任务，及时曝光欺诈骗保典型案件，让违法行为暴露在聚光灯下，提升全社会对各类欺诈骗保行为的识别能力，形成有力震慑氛围。三是树立一批先进典型。组织定点医药机构开展欺诈骗保警示教育，自觉落实自我管理主体责任，规范执业行为和内部管理服务。充分发挥行业协会作用，加强行业自律管理，推进定点医药机构履行行业自律公约，树立一批管理规范、服务优质的遵纪守法先进典型。

（五）强化组织实施。各地医保部门是专项整治行动的牵头单位，要加强组织领导，压实监管责任，加强工作衔接，形成工作合力。今天会后，各地医保部门要第一时间向本地区党委政府汇报，积极争取支持，主动协调配合公安、卫生健康、市场监管、司法等相关部门，健全联动工作机制，加强沟通协调，确保专项整治取得实效。要健全考核评价机制和激励问责机制，表扬先进，鞭策后进。对于工作落实不及时、不到位、不全面的，要依法依规追究相关人员责任。要严肃工作纪律，严格遵守各项廉政规定和纪律要求，严禁利用工作之便刁难检查对象，严禁接受检查对象的财物和宴请，严禁因检查影响医疗机构和药店的正常工作秩序。专项整治行动结束后，要及时总结经验，剖析困难问题，为进一步健全完善基金监管长效机制奠定基础。

同志们，加强医保基金监管、维护医保基金安全是事关人民群众切身利益的重大政治任务。我们要以习近平新时代中国特色社会主义思想为指导，始终坚持以人民为中心的发展思想，勇于担当作为、敢于较真碰硬、善于改革创新，周密安排部署，精心组织实施，确保打击欺诈骗保专项整治任务按时高质量完成，以优异成绩为建党 100 周年献上满意答卷！

践行初心使命 奋力担当作为
高质量完成全国统一的医保信息平台建设任务

——在全国医疗保障信息化标准化建设培训班的讲话

（2021年7月20日）

国家医疗保障局党组成员、副局长　施子海

同志们：

去年11月，我们在重庆举办了全国医保信息化标准化建设培训班，当时提出了两个目标，一是今年3月份完成贯标工作，二是到今年年底全国所有省份的平台都要落地。当时，参加会议的各位领导还签了责任书。今年3月份，我们又专门下了文件，提出要求6月底前每个省份至少有1个地市落地，11月底前各省所有地市都要完成落地工作。刚才文君同志通报了进展情况，目前我们已经有18个省和新疆生产建设兵团至少有1个地市落地，也就是说，我们还有13个省份没有完成第一阶段的工作任务。所以，从目前来看，尽管我们取得重要的阶段性进展，但总体上来说没有达到要求。各地进展非常不平衡，如期完成今年全面落地任务的形势还是非常严峻，推进医保平台落地应用的任务依然艰巨。当前，全党全国上下正在认真学习贯彻落实习近平总书记“七一”重要讲话，我们举办这次培训班，就是要以习近平总书记“七一”重要讲话为指导，总结交流前一阶段各地平台落地工作中的好的经验做法，聚焦当前面临的问题和不足，对平台落地工作进行再推动和再部署，继续凝心聚力，推动医保信息化标准化建设，坚决打赢平台全面落地应用的攻坚战。

一、奋力拼搏，医保信息化标准化建设取得阶段性成效

今年是全国统一的医保信息平台建设的决战之年、决胜之年。在国家医保局党组的统一领导和部署下，各级医保部门齐心协力，创新方法，攻坚克难，奋力推进统一、高效、兼容、便捷、安全的医保信息平台建设，用智慧和汗水建立起了医疗保障的“数字底座”，加快构建具有全新架构、全新技术、全新模式、全新标准的全国“数字医保大厦”，涌现了一批先进典型案例，积累了一批可复制、可借鉴、可推广的宝贵经验。因此，这次培训班除了请省局的同志参加以外，我们还请了已经落地地市的医保局负责同志一起参加。希望借这次机会，大家更多地相互交流，更好地沟通。最近一个时期的工作进展，主要表现在三个方面：

（一）平台落地进入“快车道”

为了加快平台建设，确保目标按期完成，各地医保部门创新思路方法，克服各种困难，千方百计推进建设，平台落地应用进入“快车道”。截至目前，医保信息平台已在广东、青海、河北、海南、贵州、甘肃、新疆等18个省份和新疆生产建设兵团的58个地市落地应用，其中，青海、海南已经完成平台业务功能完整上线并实现全省覆盖，河北完成主要业务功能全省覆盖。从全国范围看，平台有效覆盖了4.9万家定点医疗机构、7.1万家定点零售药店，为2.7亿参保人提供了优质的医保服务。新平台功能完备、响应高效、运行稳定，住院结算平均响应时间约0.8秒，比旧系统性能平均提升约10倍，充分证明了平台具有明显的先进性、前瞻性。同时，平台已经在支付方式改革、异地结算、智能监管、药品集中采购、医药价格监测等领域发挥了重要作用，显示出对改善民生、优化

管理的重要支撑和引领作用。这些都充分印证了平台建设的思路正确、建设合理、方案可行，更加坚定了我们加快推进全国统一的医保信息平台建设的信心和决心。

在这一过程中，大家各显神通，探索创新，创造了很多可圈可点的经验做法。广东省坚持“起跑就是冲刺”，立项后 1 个月完成招标采购、2 个月完成首个地市上线、5 个月就完成了 18 个地市上线，更是创造了一天 3 个地市同时上线的优异纪录。福建省为了加快建设进度，相关同志通宵达旦、只争朝夕、夙夜在公，在 15 天内完成了平台上线“从 0 到 1”的艰巨任务。贵州省局领导亲自抓，负责同志逐个地市跑，准确掌握第一手材料，科学合理安排上线时间，做到底数清、计划准，按时保质完成上线任务。青海省建立了问题日处理机制，第一时间梳理并解决上线运行中遇到的问题和困难，确保问题不过夜。河北省由省领导亲自挂帅，成立了以分管副省长为组长的全省医保信息化建设领导小组，定期召开会议，研究调度工作，高位推进全省医保信息化建设，形成了推动工作的强大合力。新疆维吾尔自治区和兵团克服地域广、基础条件差、疫情管控严等诸多因素，发挥两家在同一地域的特殊优势，互帮互助，分工协作，资源共享，共同推进平台建设工作。甘肃省克服重重困难，较好地处理新老系统的过渡衔接，充分发挥省会城市的带头示范作用，为省内其他地市上线树立了榜样。山东省充分利用平台上线的契机，对原有医保业务流程进行梳理和优化，在新的信息平台上实现了全省业务经办流程的统一。黑龙江、内蒙古、四川等省份坚持全国统一建设原则，无条件服从全国整体进度要求，顺利实现了从无到有的突破。

（二）编码标准讲好“普通话”

统一的编码标准是医保信息化的重要基础和前提，标准化落地，信息化才能真正地落实，真正地发挥我们平台的作用。在各级医保部门的共同努力下，医保业务编码工作取得顺利进展。我们制定并发布了 15 项全国统一的医保信息业务编码标准，开展动态维护，形成了标准数据库。在 8 个统筹区开展为期一年的编码标准测试应用试点，探索出一套稳妥有效的贯标落地经验，也验证了编码标准和数据库的兼容性和适用性。陆续印发贯标通知、贯标实施方案、标准化专家指导组工作方案等多个文件，大力推进医保业务编码标准在全国落地应用。各地贯标进度取得重要阶段性成果，天津、安徽、海南等省份已顺利通过全省验收，20 个省份的近 30 个地市也已开展了贯标情况查验，各省的编码映射、测试运行工作也已基本完成，初步形成了全国范围内共用一个标准库、共享一个数据池的良好格局。贯标工作统一了“度量衡”，打通了不同地区医保业务编码不统一、业务数据不同质、业务信息不互认的“堵点”，解决了医保信息化标准化水平低的“痛点”，推动形成全国层面的医保大数据库，为推动平台建设、提高数据质量、提升医保治理能力打下了坚实的基础。

在推动贯标工作过程中，各地高度重视，措施扎实，成效明显。天津市借助作为测试应用地区的先发优势，提前谋划、积极部署、抓住关键，以结算清单为切入点带动其他标准同步推进；同时，通过编写教材、分批培训、实地调研、约谈通报等一系列有效措施，高水准完成贯标任务，率先通过国家验收。海南省在经办机构不由医保部门管理的情况下，突破各种掣肘，敢于担当作为，全力做好贯标工作。省局局长靠前指挥，组织贯标小组到各市县定点医疗机构，现场手把手教学，及时解决疑难问题；严格落实评估验收制度，逐家巡检，真正做到了成熟一家、验收一家、上线一家，确保新平台医保结算功能的正常使用，确保医保数据完整、质优、清洁。安徽省采取与地市医保部门主要负责同志签订工作责任状的形式，明确任务、压实责任、奖惩分明，确保高质量完成工作目标；同时，坚持每周刊发贯标工作专刊，借助横向比较形成高压态势，营造赶超氛围，避免地方跟进不及时、工作落实不到位。江苏省从省级出发，主动与卫健部门沟通协调，合作开展医疗机构培训，明确在医疗机构现行编码与医保编码发生冲突时要优先使用医保编码，为省内贯标工作铺平了道路。

（三）便民服务传递“新温度”

在推动医保精细化管理、提升经办服务水平、推动服务高效便民等方面，医保系统传递出了“新温度”。比如，我们积极推动医保电子凭证的激活应用。医保电子凭证不依托实体卡，可与身份证、二维码、人脸等相关联，在全国范围内跨渠道通用，所有人均可激活。自2019年11月24日，我们在山东济南成功地激活了第一张医保电子凭证，目前用户数量快速增长，应用场景不断丰富，为就医购药、医保查询、跨省异地就医备案、亲情账户绑定、医保业务系统登录等所有医保相关业务提供了高效、便捷的技术支撑。截至目前，全渠道激活用户超7.1亿，31个省份和新疆生产建设兵团支持医保电子凭证就医购药，接入定点医疗机构超20万家，定点零售药店超31万家。疫情期间，我们大力推广使用医保电子凭证，实现互联网医保服务无卡办理，促进医保脱卡结算，避免实体卡的直接接触，有效降低了病毒传播风险，切实为参保人提供更加方便快捷的医保服务，为新冠肺炎疫情防控和优化“互联网＋”医保服务提供有效支持。前期，我们主要是在扩面上下功夫，下一步我们要把更多工作重点放在应用场景上，真正使医保电子凭证发挥便民的积极作用，造福参保人员。又比如，我们积极推进异地就医结算。异地就医牵动着千万人的心，做好异地就医备案和直接结算工作，是推动便民服务、提升人民群众幸福感和获得感的重要举措。2019年12月，国家异地就医备案小程序投入使用，全国统一跨省异地就医备案服务工作正式启动。2020年5月，国家医保信息平台跨省异地就医管理子系统成功上线，系统覆盖全国31个省份和新疆生产建设兵团的绝大多数统筹区，接入了超过4.97万家定点医疗机构，实现了全国范围内跨省异地就医自助备案和住院费用直接结算。2021年2月1日起，28个省份和新疆生产建设兵团依托跨省异地就医管理子系统，统一开展普通门诊费用（不含门诊慢特病）跨省直接结算。跨省异地就医管理子系统支持医保电子凭证、身份证、社保卡等多种身份介质，方便广大人民群众自主选择。截至6月底，超2.37万家定点医疗机构支持跨省直接结算，国家平台累计结算住院费用2269亿元，结算门诊费用近16亿元。

这些成绩的取得，离不开各级医保部门的艰苦努力和辛勤付出。在跨省异地就医门诊直接结算业务上线初期，我们组织专门技术力量到北京协和医院蹲点，掌握第一手资料，帮助医院快速解决问题，使异常率大幅降低。为全力推广应用医保电子凭证，各地通过走进单位、社区激活凭证送好礼等措施，在公交站台、电梯间设置医保电子凭证宣传海报，借助广播电视、网络媒体宣传报道，投放医保电子凭证推广视频等方式，加强宣传，快速提升社会认知度。吉林省将医保电子凭证推广与脱贫攻坚工作结合，对贫困人口开展全口径医保电子凭证激活工作，助力精准扶贫。重庆市开展医保电子凭证“进企业、进村社、进机关事业单位”活动，主动上门服务，让医保电子凭证家喻户晓。湖南省将医保电子凭证扫码激活和接种疫苗相关联，积极开展宣传，有效提高激活率和使用率。整体来说，通过各级医保部门的不懈努力，医保电子凭证在群众中的知晓度和使用率得到了明显提升，取得了良好的效果。

总之，各地医保部门的同志们、相关参建单位的同志们以及两定机构的同志们勇于担当、奋力攻坚、奉献智慧、付出汗水，有力推动了全国统一的医保信息平台建设和医保业务信息编码落地工作。我代表国家医保局党组、代表国家医保局的工作团队向大家的辛勤付出表示衷心的感谢。我们要以先进省份为榜样，比学赶超、真抓实干，改进作风、善作善成，把好的经验和做法记下来、带回去、用起来，推动平台加快落地应用。

在取得成绩的同时我们也应看到，全国统一的医保信息平台是一项复杂的民生工程，在平台落地过程中还存在一些困难和问题，主要表现在以下几个方面：一是思想认识不到位。有些省份没有把信息化标准化作为“一把手”工程来抓，部门间缺乏统一协调，各自为战，工作合力还不够强。一些省份还存在惯性思维，“坐等靠”现象还比较严重，碰到问题就原地等待，找客观原因或怨天尤人。二是建设进展不平衡。部分省份统筹不够、考虑不周，存在上线计划不合理、工作流程不规范等问题，导致项目进展缓慢。还有些省份迟迟未组建稳定的医保信息平台工作专班和贯标工作专班，人员变动频繁，导致工作不连续，甚至不断反复、停滞不前。三是贯标工作不彻底。部分省份对贯标的具体要求和规则学习不充分、理解有偏差。部分省份急于平台落地上线，没有按要求向国家局申请贯标情况查验。四是数据治理不到位。部分省份没有完成对历史数据的转换、迁移、归集，且存在数据上传不及时、不完整的问题，少传、漏传、错传等问题比较突出。

二、凝心聚力，高质量完成医保信息化标准化目标任务

在庆祝中国共产党成立 100 周年大会上，习近平总书记号召全体党员，要牢记初心使命，坚定理想信念，践行党的宗旨，永远保持同人民群众的血肉联系。全国统一的医保信息平台是重大的民生工程，是落实习近平总书记重要讲话精神的具体举措，也是全心全意为人民服务宗旨在医保系统的体现。我们一定要认真学习领会总书记的重要指示，充分发扬“钉钉子”精神，坚持目标导向、问题导向，以信息化和标准化为抓手，以时不我待的紧迫感和使命感，以翻过一山再登一峰、跨过一沟再越一壑的勇气和毅力，全力推进医保信息化标准化建设，确保按时保质完成全面落地应用任务。

（一）务必要统一思想，站在讲政治的高度推动医保信息化标准化建设

习近平总书记指出，要把握数字化、网络化、智能化融合发展的契机，以信息化、智能化为杠杆培育新动能。2020 年 2 月，《中共中央 国务院关于深化医疗保障制度改革的意见》印发，明确提出高起点推进标准化和信息化建设。推动医疗保障信息化标准化，是党中央、国务院交给我们的政治任务，是我们医保系统的使命和担当，更是我们每一个医保人不可推卸的义务和责任，是国之大者。我们要以习近平总书记关于信息化工作的系列重要讲话为指引，坚决贯彻落实党中央、国务院的决策部署，统一思想，提高认识，担当作为，以信息化标准化为抓手，不断推动医疗保障事业高质量发展。

下半年，是全国统一的医保信息平台建设的“冲刺期”和“攻坚期”，我们医保系统更要上下一条心、拧成一股绳、憋足一股劲、共下一盘棋。一是要有更高站位。各地要将建设全国统一的医保信息平台，作为贯彻落实党中央、国务院关于加强医疗保障工作决策部署的具体行动，作为推动医保治理体系和治理能力现代化的重要手段，作为提升人民幸福感、获得感、安全感的关键举措。大家要深刻认识建设全国统一的医保信息平台的重要性、紧迫性，加快进度，强力推进。这里还要明确一点，平台建设的主体责任在省级医保部门，地市级医保部门是平台用户，不是建设方。因此，不能将责任推给地市级医保部门，更不能单纯简单地交给承建厂商。二是要有更大决心。全国统一的医保信息平台建设，采用的是全新的技术路线、平台架构及建设模式，我们走的是一条前人没有走过的路，我们在进行一场以人民为中心的自我革命。已落地应用省份的成功实践，充分印证了全国统一的医保信息平台建设是可行的，我们没有任何理由再犹豫、再观望、再等待。希望大家统一思想，痛下决心，以更大的勇气，革旧鼎新，全力推进新平台建设。特别是工作滞后的地区要抓紧推进，把已经落后的进度尽快追回来。三是要有更实作风。国家医保信息平台在地方落地，是一项复杂的系统工程，必然会存在不少问题、困难及挑战。我们不能敷衍应付，更不能有“鸵鸟思维”，而要迎难而上、敢作敢为，以扎实的工作作风推进平台建设。要坚持目标导向、问题导向，把情况搞清，把问题摸准，把工作做实，做到工作计划切实可行、工作措施扎实有效、工作目标落实落细。四是要有更硬措施。今年地方平台要全部落地应用，全国统一的医保信息平台要如期建成。面对建设时间紧、涉及范围广、工作任务重、疫情不确定等诸多困难，大家一定要统一思想，坚决服从国家局的统一部署，把信息化标准化建设作为“一把手”工程，倒排工期，挂图作战，争分夺秒抓进度、全力以赴推项目。主要负责同志要亲自抓，亲自过问，亲自上手，亲自推动；分管负责同志要具体抓、抓具体、抓落实，既要当好指挥员、协调员，更要当好联络员、战斗员；负责信息化标准化的具体处室和工作人员要冲锋在前、深入一线、身体力行、全力以赴，做到平台一天不落地、我们一天不放松。同时，还要当好领导的参谋助手，既要如实反映问题和困难，更要积极主动解决问题。医保部门还要充分发挥牵头抓总作用，建立健全督导调度通报机制，按照任务完成时限抓进度、要成效。国家局将对工作进展缓慢的省级医保部门进行约谈，省级医保部门要对进展缓慢的市县及时

约谈，确保各项任务按时保质完成。今后的能力建设转移支付资金分配将与各地平台落地应用进度和使用情况密切挂钩，加大奖惩力度，对于不能按时完成落地应用的省份，明年的资金分配将受到重大影响。

（二）务必要加快进度，坚决完成年内平台全部上线任务

建设全国统一的医保信息平台，并确保平台功能充分发挥，国家平台和地方平台需要协同联动，任何一个地方建设不到位，都将影响到全国各地医保业务需求满足度，影响到参保人、定点医药机构、医保经办机构等相关用户的体验感，影响到平台作用的有效发挥。从全国看，地方平台的建设发展呈现不均衡的状态，进度快的省份已经落地应用国家平台，进度慢的省份项目方案尚未完成制定。为了坚决完成年内建成全国统一的医保信息平台的任务，我们必须要以奋发有为、昂扬向上、敢打硬仗的拼搏精神，以埋头苦干、攻坚克难、狠抓落实的工作作风，坚决打好这场攻坚战。一是严格对标对表，规划目标不能变。目前各省份工作进度差异大，大家要根据本地实际进展情况明确工作重点。已全省全业务上线应用的地区，要重视运营维护、功能发挥和安全保障，强化数据分析应用，及时反馈使用过程中的问题和困难，要做好对系统运行的监测，掌握云平台等资源的使用情况，保证资源充足，尽快解决由于资源不足导致统计分析模块运行缓慢等类似问题。主要业务已经上线但未做到全业务应用的省份，要做好全面查漏补缺，尽快做到全业务推广应用。已经有部分试点地市上线的省份，尤其是只有一两个地市上线的省份，切不可有松懈、自满的思想，不能一味在总结经验等问题上花费过多时间，务必要保持势头，一鼓作气、趁热打铁，加快省内其他地市的上线进度，迅速在全省全面落地应用。个别还没做好上线准备的省份，要切实增强紧迫感，主要领导和分管领导一定要切实负起责任，亲自部署推动，有针对性地分析问题，对症下药，快速追赶整体进度，能提前一天是一天，确保不掉队。二是认真反思吸取教训，同样的问题不能反复出现。建设全国统一的医保信息平台是一个充满艰辛和考验的过程，必然会遇到困难和挑战，为了加快推进平台建设进度，我们必须要复盘在建设过程中遇到的问题，总结经验、吸取教训，避免重蹈覆辙。在建设过程中，有的省份因贯标基础不扎实，导致多家医疗机构无法上线；有的省份和相关部门缺乏主动沟通，导致建设进程过慢；有的省份因招标过程中状况频发，导致整体项目建设停滞。这些都不是某一个省份单独存在的问题，不少是共性问题，大家一定要警醒，要从这些问题中吸取教训，不能再走别人走过的弯路，一方面要做实做细，扎实推进工作，另一方面要主动积极沟通，争取形成最大工作合力。三是积极借鉴经验做法，向先进典型省份学习。在我们的平台建设过程中不乏成功的案例，也积累了很多好经验、好做法，还涌现出不少感人事迹。“三人行，必有我师”“一人计短，众人计长”，加强沟通交流、学习先进经验是我们快速进步的法宝。进展快的省份要总结经验，吸取教训，起好模范带头作用，进展慢的省份要向进展快的地区多学多问，深入查找问题、主动对标先进、拿出精准举措，利用好后发优势迎头赶上。希望大家落实落实再落实，加快加快再加快，共同把这项工作如期完成。

（三）务必要彻底贯标，把编码落地工作做实做细

医保信息业务编码标准的贯彻执行，尤其是“三目录”新编码和地方老编码的映射，直接关系到新平台医保结算功能的使用，关乎人民群众医保待遇享受，丝毫马虎不得。各地医保部门不但要加快速度，更要保证质量。一是要严格贯标要求。各地医保部门要按照“省对国家、市对省、两定对医保”的要求逐级落实，尤其是定点医药机构必须扎实完成对码，并将医保标准代码在本机构信息系统中落地应用，确保项项有码。这里有几个具体要求给大家提一下，一个是一定要全量维护入库，药品是经药品监督管理部门批准上市的全部药品，不只是医保目录范围内的品种，而是一个全量的概念。编码是为两定机构服务的，医保不报销的也需结算，如果没有码，就结算不了，系统也运行不了。第二个是编码要全匹配，所有涉及医疗服务收取的费用，要项项有码、条条有数、对应准确。第三个是贯标一定要贯到两定机构，不能仅在医保部门内循环，一定要在两定机构落

地。两定机构端落地，贯标工作才真正完成。第四个是赋码权在国家，地方没有赋码权。地方不能自创一套码出来，否则统一的编码标准就失去意义了。二是形成贯标合力。贯标工作是用信息语言表达医保业务的过程，业务处室要承担起贯标责任，对于药品、医用耗材、医疗服务项目和三病种等几项与政策息息相关的编码标准贯标工作，业务处室不但要参与，还要起到把关的作用。定点医药机构既是标准的贯彻者，也是标准的使用者，更是标准的受益者，要调动起他们的主动性和积极性，最大程度减少障碍，形成合力。三是要提升贯标质量。6 月，国家局网信办将《15 项医保信息业务编码标准贯彻执行验收工作手册》下发至各省级医保部门，目的不仅是让各地明确国家局的验收流程和要求，更是要让各级医保部门参照手册要求，严格遵照验收标准，扎实做好验收工作。各统筹区医保部门要做到“普查”，确保辖区内每家机构贯标工作都能符合验收要求。省级医保部门要做好所辖统筹区的贯标初验，不是把查验材料收上来就算完成任务，而是要切实履行查验责任，确保结果真实准确，并及时向国家局申请验收。国家局的评估验收组在验收工作中要认真负责、注重实效。我们验收组的成员均是参与过医保编码标准研究制定工作的学者专家和地方医保部门的业务骨干，要充分发挥智库优势，不仅要通过验收发现问题，更要协助提出完善措施和解决方案，做好应用指导，提炼出可借鉴、可复制、可推广的经验和模式。

关于贯标工作，这里提个时间要求，平台已上线的地区 8 月底前必须完成验收，还没有上线的地区在平台上线前 1 个月必须完成贯标验收。

（四）务必要深度治理，切实推进数据提质增效

医保数据具有覆盖范围广、迭代速度快、应用价值高等特点。我们要以深化应用为牵引，不断提升数据质量，持续积累数据资产，深度挖掘数据价值，发挥数据对医保业务工作的支撑和引领作用。我们要着力解决平台数据质量不高、数据治理不到位等问题，采取更加有效的措施，加快构建数据治理体系，提升数据治理水平。一是提升数据质量。各地要贯彻落实数据质量标准，设立专职数据治理岗位，压实数据治理责任。要认真分析国家局下发的数据归集情况周报中指出的问题，以月度考核为抓手，明确责任分工，扎实推动整改，使数据质量尽快达到要求。二是加强数据积累。各地要面向医保大数据“采、存、管、用”全生命周期，按照“内部数据应汇尽汇、外部数据整体打通”的原则，通过数据的全链条汇集和精细化治理，形成完整、准确、实时、一致、共享的全国和全省的医保数据资源池，实现数据资源资产化、数据处理中台化，推动“数据资源”向“数据资产”转变。三是提升数据效能。各地要充分认识大数据的应用价值，通过大数据分析，为打击欺诈骗保、药品和耗材招采、待遇政策制定和调整等医保业务提供数据支撑，做到用数据说话、凭数据决策，努力实现医保科学化决策、精细化管理。

此外，各地务必要警钟长鸣，严守平台安全底线，加强医保数据安全防护，确保平台安全高效平稳运行。

同志们，全国统一的医保信息平台建设成功在望，取得的成果来之不易，我们面临着难得机遇，也面临着严峻挑战，道行且阻、行者将至。让我们立足新的起点，“共炒一盘菜、共办一桌席”，始终把人民利益放在最高位置，按照党中央、国务院关于建设全国统一的医保信息平台的决策部署，在国家医保局党组的坚强领导下，赓续共产党人的精神谱系，继承和发扬首创精神、奋斗精神、奉献精神，以永不懈怠的精神状态、一往无前的奋斗姿态，以时不我待的紧迫感、舍我其谁的使命感，加快推进国家医保信息平台的落地应用，为医保事业高质量发展构筑可靠、可用、可信的数字底座，以崭新面貌、创新思维，开启医保信息化建设新篇章。

凝心聚力 狠抓落实
奋力推动“十四五”全民医疗保障高质量发展

——在“十四五”全民医疗保障规划培训班上的讲话

（2021年11月19日）

国家医疗保障局党组成员、副局长　施子海

同志们：

按照国家局年度培训工作计划，今天我们举办“十四五”全民医疗保障规划培训班。培训班的主要任务是深入学习贯彻党的十九大和十九届历次全会精神，学习贯彻习近平总书记关于“十四五”规划和医疗保障工作的重要指示精神，全面解读“十四五”全民医疗保障规划，进一步统一思想，汇聚强大力量，增强历史自觉，为“十四五”医疗保障事业高质量发展提供有力支撑。当前，全党、全国上下正在深入学习贯彻党的十九届六中全会精神，这次全会是在党成立一百年的重要历史时刻、在实现第一个百年奋斗目标、开启全面建设社会主义现代化国家新征程的第二个百年奋斗目标的重大历史关头召开的一次非常重要的会议。全会通过的《决议》全面总结了党的百年奋斗历史经验，对我们做好新时代医疗保障工作具有很强的指导作用。我们要深入学习、全面领会，把党百年历史的经验总结转化为推动“十四五”医疗保障高质量发展的强大动力，切实抓好规划落实。借这个机会，我同大家交流三个方面的意见，供参考。

一、深刻理解新发展阶段、新发展理念、新发展格局对“十四五”时期医疗保障工作的要求

新发展阶段、新发展理念、新发展格局体现了党的十九届五中全会精神的核心要义，也是把握“十四五”时期全部发展要求的关键。

（一）从新发展阶段看医疗保障

新发展阶段是全面建成小康社会、实现第一个百年奋斗目标之后，乘势而上开启全面建设社会主义现代化国家新征程、向第二个百年奋斗目标进军的阶段。习近平总书记指出：“进入新发展阶段明确了我国发展的历史方位”。进入新发展阶段，关键是要统筹中华民族伟大复兴历史全局和世界百年未有之大变局，牢牢把握我国仍处于重要战略机遇期，但机遇和挑战都有新的发展变化，总体上机遇大于挑战的总体判断。具体到医疗保障而言，新发展阶段呈现出一些新变化：

一是我国经济高质量发展为医疗保障改革发展提供了坚实的支撑。今年前三季度，我国国内生产总值同比增长9.8%，两年平均增长5.2%，在多重冲击下表现出经济总量大、增长速度稳、发展后劲足的强大韧性。在经济恢复的同时，发展的质量更高，结构稳步改善。就业和收入的稳定增长、结构优化是医疗保障高质量发展的最大支撑，也在客观上要求医保进一步优化结构、提高效益、强化管理。

二是人口结构的新变化要求不断完善优化医保制度体系。人口老龄化、少子化、就业人口减少对医保高质量发展提出了更高要求。一方面，必须稳步建立长期护理保险制度，持续优化基本医保，加快发展多层次医疗保障；另一方面，要深入挖掘基本医保的潜力，未雨绸缪，提前研判形势，加强收支管理。这也是我们在规划中反复强调保基本，治理过度保障，防止福利化倾向的原因。

三是人民群众对美好生活的向往带来医疗需求持续增长。脱贫攻坚胜利完成实现全面小康的

第一个百年奋斗目标后,我们进入了乡村振兴的新阶段,人民群众生活水平的提升带来医疗需求的提升。一方面,群众渴望有更好的医疗保障,另一方面,不断释放的医疗需求进一步刺激医疗费用增长。这些都对我们统筹做好多层次医疗保障、合理控制医疗费用、提升异地就医结算服务提出了更高要求。

四是新发展阶段对解决发展不平衡不充分问题提出了更高要求。党的十九大报告指出,我国主要矛盾转化为人民日益增长的美好生活需要同不平衡不充分的发展之间的矛盾。在医疗保障领域,发展不平衡不充分问题同样存在。缩小地区间、群体间保障差距仍然是一项长期艰巨的任务。我们需要进一步完善筹资机制,强化基金管理,为逐步提升保障水平创造条件。

(二)从新发展理念看医疗保障

习近平总书记指出,“贯彻新发展理念明确了我国现代化建设的指导原则”。高质量发展就是贯彻新发展理念的具体体现,这其中很重要的一项任务就是推动实现共同富裕。实现全体人民共同富裕,是社会主义的本质要求,也是社会主义优越性的体现。

习近平总书记在中央财经委第十次会议上对共同富裕作出了全面部署,提出了四个原则和六项主要任务。有三段内容与医疗保障关系紧密。一是强调坚持尽力而为量力而行。统筹需要和可能,把保障和改善民生建立在经济发展和财力可持续的基础之上,不要好高骛远,吊高胃口,作兑现不了的承诺。政府不能什么都包,重点是加强基础性、普惠性、兜底性民生保障建设。即使将来发展水平更高、财力更雄厚了,也不能提过高的目标,搞过头的保障,坚决防止落入“福利主义”养懒汉的陷阱。二是要求促进基本公共服务均等化。强调低收入群体是促进共同富裕的重点帮扶保障人群。要完善养老和医疗保障体系,逐步缩小职工与居民、城市与农村的筹资和保障待遇差距。三是共同富裕是一个长远目标,需要一个过程,不可能一蹴而就,对其长期性、艰巨性、复杂性要有充分估计,办好这件事,等不得,也急不得。

对标对表总书记讲话精神,我们在“十四五”医疗保障工作上需要重点突出以下四个方面:

一是千方百计保基本。保基本是医疗保障可持续发展的根本要求。各地要在落实待遇清单制度中全面贯彻保基本的各项要求,一方面,根据经济发展水平,稳步提高保障水平,防止保障不足;另一方面,规范待遇支出,规范政策设置,有效治理政策叠床架屋。

二是坚决治理过度保障。过度保障不可持续,对制度稳定发展的破坏性很大,我们必须下决心治理医保脱贫攻坚的过度保障。既要敢于碰硬协调,解决不合理兜底保障措施,也要给参保群众合理预期,强化保障健康人人有责的意识。

三是着力推进公平统一。地区间政策差异大是影响医保高质量发展的重要问题,也影响着劳动力合理有序流动,必须下决心规范政策,逐步实现统筹区内、省内政策规范统一。要稳步提高统筹层次,完善筹资待遇政策,促进各地政策进一步规范。要进一步规范大病保险和医疗救助,逐步把政策统一到基本医保、大病保险、医疗救助三重制度保障框架。

四是逐步缩小保障差距。实现共同富裕是一个过程,不能一蹴而就。缩小筹资待遇差距是一个很长的过程,不是一个五年规划就可以完成。这方面,我们还是要久久为功,更要反对不顾实际,盲目缩小职工和居民待遇差距的思路和做法。

(三)从新发展格局看医疗保障

构建新发展格局是以习近平同志为核心的党中央积极应对国际国内形势变化、提升我国经济发展水平和塑造国际经济合作竞争新优势而作出的战略抉择。构建新发展格局,关键是畅通国内大循环、形成国内国际双循环相互促进的格局,着力打通生产、分配、流通、消费各个环节。对于医疗保障而言,需要三个方面下功夫:

一是找准医疗保障融入新发展格局的着力点。在国内大循环中,主要是让劳动力合理有序流动,在推动公平统一的基础上,加强改进医保服务,逐步破除与户籍有关的不适宜规定;在国内国际双循环中,主要是发挥医保战略购买的职能作用,依法依规采购进口药品、耗材,在为群众及时提供新药、好药的同时,也为构建高水平对外开放作出积极贡献。前段时间国家局在第四届进博会签约 470 亿元大单,体现了医保在新发展格局中的担当。

二是抓住放开对灵活就业人员参保的户籍限制这个关键。以新就业形态为代表的灵活就业人员成为流动人口的重要组成部分,虽然大部分灵活就业人员通过参加居民医保获得了医疗保障,但是很多不是在就业地参保,在带来大量异地就医需求的同时,影响了人员合理流动和待遇保障水平的提高。对绝大多数城市而言,都应该主动放开。个别超大城市一时难以放开,也应该创造条件,逐步放开。

三是全方位优化医保服务。我们要着力提升完善转移接续政策。医保关系转移接续是政策的难点,也是群众反映的痛点。"十四五"期间,我们要从容易解决的问题入手,逐步统一缴费年限,为将来各地政策更加便利的接续打下基础。同时要大力推进跨省通办。在落实好近期6个跨省通办事项的基础上,进一步梳理政务服务跨省通办事项,便利人员流动,提高参保者的幸福感、获得感。

二、聚焦重点、明确要求,扎实推动规划各项任务高效落实

规划提出了"十四五"时期医疗保障发展的指导思想、基本原则和发展目标,提出"十四五"时期我国医疗保障事业要建设公平医保、法治医保、安全医保、智慧医保和协同医保"五个医保"目标任务,首次设计了5个维度、15项指标体系,并提出健全多层次医疗保障制度体系、优化医疗保障协同治理体系、构筑坚实的医疗保障服务支撑体系等三大体系建设的重点任务。为了使大家更好理解规划内涵,我再从指导思想、基本原则、发展目标和重点任务几个层面重点解释相关内容。

(一)关于指导思想和基本原则

理解指导思想,关键是把握住主线、动力、战略性购买、需求侧管理和供给侧改革并重等关键词。在基本原则方面,坚持党的领导是根本要求,也是我们医疗保障工作不断取得成绩的最重要经验和最根本保证。坚持以人民健康为中心,是医疗保障工作的根本目的,也是出发点和落脚点。坚持保障基本、更可持续,这是基本医保发展的方法论,也是长期坚持的一项基本原则。关键是把保基本贯穿始终,不能日子好的时候提待遇,日子困难时候再想起保基本。坚持系统集成、协同高效,这是医疗保障深化改革的方法论。我们要善于在经济社会发展大局中思考医保工作,主动在医保、医疗、医药联动改革中谋划着力点。坚持精细管理、优质服务,这是医保发展的永恒话题。管理和服务必须两手抓、两手硬,向管理要效益,向服务要满意。坚持共享共治、多方参与,这是医保作为社会治理的基本特点。我们要主动调动各方面力量,普及社会保险理念,形成人人参与、人人享有的格局。

(二)关于发展目标。规划在三个层面提出了发展目标

第一个层面是2025年总目标和2035年远景目标,第二个层面是提出"五个医保"的具体目标,第三个目标是提出的15个指标。

第一,关于2025年总目标和2035年远景目标。在深化医疗保障制度改革意见的总目标基础上,提出了政策规范化、管理精细化、服务便捷化、改革协同化程度明显提升。同时,规划首次提出了2035年远景目标,提出了全民医疗保障向全民健康保障积极迈进。

第二,关于"五个医保"的具体目标。五个医保是医疗保障工作立足新发展阶段的背景,从贯彻新发展理念、构建新发展格局的要求出发,推动医疗保障高质量发展的总要求和总理念,有利于实现医疗保障更高质量、更加公平、更有效率、更可持续的发展。落实五个医保,需要重点把握三个方面要求:

一是吃透内涵。公平医保不仅讲缩小制度间人群间待遇差距,而且包括代际公平、筹资公平,确保保障范围和标准与经济社会发展水平更加适应,决不能提过高的目标,搞过头的保障,坚决防止落入"福利主义"养懒汉的陷阱;不是说五年完全实现筹资待遇无差距,而是逐步缩小相关发展差距。法治医保不仅讲立法、执法、司法、守法等问题,更要不断提升制度法定化程度,推动政策法定,依法参保、依法筹资、依法调整待遇。安全医保不仅讲保障个人安全、化解疾病风险,也包括维护医保基金安全、数据安全、信息安全、网络安全、制度安全,持续织密织牢医保安全网。智慧医保不仅要加强硬件建设,更要以此为基础,加快提升

医保管理服务水平，进一步实现智能化。协同医保不仅要推动医疗保障和医疗服务高质量协同发展，更要着力构建有利于协同发展的体制机制，促进医保、医疗、医药联动，协同推进改革。

二是整体推进。“五个医保”是整体，不能割裂，只强调其中一个或几个医保、忽视其他医保建设，就不能很好地推动高质量发展，也是对“五个医保”的片面理解。一定要坚持整体论，整体、全面推动“五个医保”建设，在“五个医保”相互促进、相互协调中实现高质量发展。

三是贯穿始终。要确保把“五个医保”理念贯彻到“十四五”医疗保障事业发展全过程。每一次政策调整、重大改革都要想想是否有利于推动“五个医保”建设。在这一点上，希望各省都要增强大局意识，推动各项任务高质量落实。

第三，关于 15 个指标。15 个指标涵盖了医疗保障事业发展的主要方面，既关系制度建设全局，也涉及管理服务相关内容，既有基金收支宏观指标，也有参保率和政务服务窗口可办率、线上可办率、住院费用跨省直接结算率等与群众利益密切相关的指标。从某种程度上讲，落实好这些指标，规划的任务就实现了一大半。

一是坚决对标对表。各地要按照规划指标要求，确定各自的发展目标和具体指标值。对参保率、管理类指标、服务类指标，有条件的省份可以将部分指标适当提高，但各地都不能低于国家确定的目标。对待遇保障类指标，各地要按照适度保障、保基本要求，着眼长期可持续，加强与国家目标衔接，稳妥设定目标，防止过度保障和保障不足。需要说明的是，有的省份规划出台较早，指标体系确定较早，也要及时调整完善，在制定年度任务时将有关指标合理纳入。

二是准确理解指标内涵。规划文本对四个指标做了解释，这其中参保率指标最重要、也最难。我们鼓励各省用常住人口作为应参人数，而且国家层面已经不再公布各地户籍人口数据，但是考虑到长期以来按照户籍人口组织参保的实际情况，而且我们现行政策也不完全是常住地参保。所以我们给各地一定时间，逐步调整，逐步扩大到以常住人口为参保基数。另外，药品和高值医用耗材网采率指标，最后修改阶段从数量占比调整为金额占比，这是比较大的调整，请各地准确把握。

三是科学研判发展现状。各地、局内各单位要对每个指标的 2020 年基期值调研摸底，掌握发展基础，做到心中有数。特别是规划文本中没有对外公布 2020 年基期数据的几个指标，要及时摸清发展基础。

四是合理分解年度任务。局内各单位和各地医保部门在制定年度工作计划的时候，要将规划确定的指标细化分解到年度任务中。需要说明的是，基金收支的指标虽然采取了定性表述，但是在年度工作中要与 GDP 增速、一般公共预算收支规模、人均可支配收入等重要指标进行衔接和量化。通过分解到年度计划，努力使各个指标科学合理、稳妥有序地逐年落实，为圆满完成五年任务打下坚实基础。

（三）关于三大体系建设的重点任务

建设多层次医疗保障制度体系、医疗保障协同治理体系、医疗保障服务支撑体系也是本次规划的一大亮点，三大体系建设与“1＋4＋2”的深改任务框架既一脉相承、又扩充细化，是我们落实规划任务的重点。三大体系相互联系、相互影响、相互作用。健全多层次医疗保障体系是重点、是核心，是影响参保群众获得感、满意度和制度可持续性的关键；优化医疗保障协同治理体系是难点，也是提高基金使用效能的关键；构筑坚实的医疗保障服务支撑体系是医疗保障高质量发展的基础和引领。为了使大家深入理解相关内容，我再强调几个方面：

第一，要准确把握三大体系建设的关键词。对多层次医疗保障制度体系而言，关键词是公平、衔接。公平性始终是我国医疗保障发展不懈的价值追求。对基本医保而言，更要强调公平发展，这也与实现全体人民共同富裕的目标相契合。规划提出的建立健全医疗保障待遇清单制度、推动门诊和住院待遇更加均衡、健全重特大疾病医疗保险和救助制度、完善筹资机制、提高统筹层次等任务，都是公平发展的体现。这里特别强调，各级医保部门首先要聚焦基本医保的主业，扎扎实实把基本医保各项制度政策完善好，同时稳妥探索支持商保等发展的有效模式。对协同治理体系而言，关键词是规范、机制。一方面，制度要更加规范，医保目录管理更加规范，建立健全调整规则制度；支付方式改革也要出一系列规程；定点机构管理都要依法依规；医疗服务价格管理也要规范内涵；基金监管要更加规范行政执法等等。另一方面，机制要更加科学，要形成医疗服务定价调价的机制，不是简单涨价；要健全基金监管体制机制，完善综合监管、信用监管、智能监管、社会监督等方式，健全全覆盖监管机制；要推动医疗保障和医疗服务高质量协同，建立基本医疗体系、基本医保制度相互适应的机制。对医疗保障服务支撑体系而言，主要是补短板、强体系。要抓紧补齐我们在信息化、标准化、法治化建设方面的短板，在此基础上，强化医保经办管理服务体系建设，推进服务标准化、规范化，健全基层服务网络，充实服务方式，特别要运用信息化标准化建设成果，提高服务质量，优化服务流程。

第二，要扭住几项关键任务，开创高质量发展新局面。规划提出的重点任务涉及方方面面，既有已经比较明确的门诊共济保障机制改革、重大疾病医疗保险和救助制度改革、多元复合式医保支付方式改革、医保目录动态调整机制、常态化制度化推进药品和高值医用耗材集中带量采购改革、基金监管体制机制、新增医疗服务价格审核等工作，也有需要在改革中不断探索完善的任务，如放开对灵活就业人员参保的户籍限制、居民医保筹资机制改革、推动省级统筹等改革，需要精心设计、稳步有序推动改革。这里再强调三项工作：

一是维护基金运行安全。基金运行安全是医保工作的生命线。各地在出台政策时，要加强基金影响因素测算分析，不仅要看当期，更要看未来3—5年、甚至未来10年、15年的影响。各地要加强基金运行监测，确保应收尽收，加快推动医药服务供给侧改革，坚决挤出医保基金支出水分，更好维护基金运行安全。国家局也会把基金运行评价工作进一步优化完善，尽快纳入基金绩效考核。同时，维护基金安全需要稳步提高统筹层次。推动省级统筹是党中央、国务院明确提出的一项重大改革。这项改革我们不搞一刀切，成熟一个、推动一个，积极稳妥。在推动省级统的时候，一方面，我们鼓励调剂金模式的省级统筹；另一方面，要把省、地市、县区的责任划分清楚，避免出现责任简单上移，影响基金收支平衡。

二是加快推进信息化、标准化建设。这项任务今年在专项调度中提的比较多了，各地也取得了很大进展。希望大家振奋精神、克服困难、一鼓作气，夺取信息化标准化建设的全面胜利。平台建成的省份要抓紧推动数据治理、迁移等工作，及时总结平台上线后的问题并尽快完善，以更好实现平台建设的目标。各地要高度重视信息数据安全管理。当前，各方面对医疗保障数据需求很大，希望各地参照国家局的数据安全管理办法，尽快制定本地区的数据管理规则，稳妥审慎推进数据共享，切实守好数据安全底线。

三是抓好七方面重点工程。规划提出的七方面重点工程涵盖了待遇保障、医药管理、基金监管、价格管理、医保服务等重点领域，具有很强的可操作性，对于规划落实非常关键，也是重中之重。有的工程如重大疾病救助工程需要地方积极试点探索，有的工程如需要地方配合实施，如医疗保障服务示范工程，还有的工程需要进一步强化顶层设计，如国家异地就医结算能力建设等。希望我们国家和省级部门共同努力，以重点工程为抓手，把规划落实到位。

三、协调配合、狠抓落实，推动规划高质量实施

习近平总书记强调，规划的生命力在于实施。高质量编制规划只是完成了“十四五”的第一步，调动各方面力量，保障规划有序有力实施，对于“十四五”医疗保障高质量发展至关重要。

一要坚持党对规划实施的全面领导。党政军民学，东西南北中，党是领导一切的。各级医疗保障部门要深入学习贯彻习近平新时代中国特色社会主义思想，增强“四个意识”、坚定“四个自信”，做到“两个维护”，确保医疗保障工作始终坚持正确政治方向，要将落实规划作为政治任务，作为制定“十四五”期间年度工作的依据，不折不扣落实到位。各地在规划实施中遇有重大事项和重大调整，要及时报国家局。各地要加快编制进度，国家局各单位审核把关也要加快进度，原则上年内都要印发实施。各省也要主动做好对地市规划的指

导，确保国家、省、市三级规划有机衔接。

二要加强培训宣传。实施好规划的前提是各方面准确理解和把握规划。这次培训时间短，但是内容丰富，希望大家认真学习，全面系统准确理解规划表述，了解重要指标、重点任务的背景和涵义。局内各单位要利用各种机会，向地方宣传解读本领域规划内容。各地医保局要组织有针对性的培训，确保地市医保局准确理解规划精神。要利用居民医保年度参保、重大改革发布机会，开展多种形式的宣传活动，提高社会各界对医疗保障工作的认识，争取更多理解和支持，为规划实施创造好的舆论环境。

三要建立健全规划实施机制。医保系统既是第一次编规划，也是第一次组织实施规划，总体上经验不足。希望大家向发展改革等部门自觉学习、加强沟通，不断健全规划实施机制。目前，规划重点任务分工即将印发相关单位，我们要定期做好沟通协调，为各单位落实规划任务创造条件。要建立规划监测评估机制，实时掌握重点目标实施进展、重点任务和重大改革落地情况，发现问题，总结经验，提出建议，为确保五年任务圆满完成提供基础。各省、自治区、直辖市、计划单列市医保局要在第二年 3 月底前将上年度规划实施情况报国家医保局规财法规司。要抓好规划实施联系点建设，积极主动反馈规划实施中的难点问题，加强重大问题研究，帮助国家局提出有价值的意见建议。我们共同努力，解剖麻雀，以点带面，推动规划落实。

四要将规划实施与谋划推动重点工作相结合。规划实施不是孤立推进，要与现有的、即将开展的工作有机结合。将规划实施与谋划年度工作相结合，要将规划任务分解到每一年，纳入各单位、各级医保部门年度重点工作。将规划实施同谋划推动重大改革相结合，研究解决重大问题，推动制度更加成熟定型，提高规划实施效力。

五要进一步汇聚规划实施合力。医保工作牵涉利益主体多、涉及部门多，单靠我们医保部门，很难做出成绩，各单位、各级医保部门要敢于协调、善于协调，充分调动各方面积极性、主动性、创造性，形成推动规划实施的强大合力。要加强同卫生健康、财政、发展改革等部门沟通，争取各方面支持。要更多发挥社会第三方机构的作用，在基金监管、政策储备、慈善捐赠等方面，调动各方力量，举各方之力，推进规划实施。各单位要敢于担当、敢于负责，对于我们牵头的事项不等不靠，主动谋划，加强协调，团结协作，确保年年有进展。对于配合事项，也要提高站位，服务大局，支持医改、医疗服务体系发展、药品监管、社会救助等工作，为三医联动改革作出应有贡献。

同志们，蓝图已经绘就，落实重任在肩，让我们更加紧密地团结在以习近平同志为核心的党中央周围，齐心协力、奋勇拼搏、明确责任、担当作为，确保实现“十四五”全民医疗保障规划确定的各项任务目标，为实现第二个百年奋斗目标、实现中华民族伟大复兴的中国梦作出新的更大贡献！

坚持改革创新 勇于攻坚克难
持续提升医疗服务价格治理现代化水平

——在深化医疗服务价格改革试点动员部署会上的讲话

（2021年11月24日）

国家医疗保障局党组成员、副局长　陈金甫

同志们：

今年5月，习近平总书记主持召开中央全面深化改革委员会第十九次会议，审议通过《深化医疗服务价格改革试点方案》，并就这项改革作出了高屋建瓴、全面系统的重要指示。《深化医疗服务价格改革试点方案》（以下简称41号文）印发后，我们坚决贯彻中央全面深化改革委员会会议精神，按照国务院领导同志的部署要求和中央改革办的指导意见，在摸底测算、实地考察、反复论证基础上，商有关部门审慎选定了河北唐山、江苏苏州、福建厦门、江西赣州、四川乐山等5个城市作为国家直接联系指导的改革试点城市。这次会议的主要任务就是，进一步深入学习贯彻党中央、国务院决策部署，专门动员部署改革试点工作。下面，我讲四方面意见。

一、充分认识改革试点的重要意义

近年来，各地围绕调整优化医疗服务价格进行积极有效的探索，2018年以来全国常用医疗服务项目价格累计上涨超过10%，与国民经济和价格总水平协同增长，对支持医疗事业发展起到了积极作用。与此同时，我们也清醒看到不少问题。一是促进创新发展的杠杆作用发挥不足。偏重微观定调价，宏观管理薄弱，没有真正起到促进分级诊疗、发展薄弱学科、均衡区域发展的调节作用。二是价格形成机制不够合理。地区、层级、学科之间价格水平畸高畸低，重物质消耗、轻技术劳务，医院、医务人员等利益主体参与度不高。三是价格项目管理不够科学。医疗服务价格项目拆分过细、数量繁杂，与临床的适应性和兼容性不足，全国各省平均9000多项。四是价格机制与公立医院薪酬等机制边界不清且缺乏有效衔接。有些观点将公立医院补偿机制不够健全、财务管理不够精细、薪酬分配不够合理等问题简单归咎于医疗服务价格偏低、调整不及时，但对过度检查、过度医疗、小病大治等现象关注不够，改革系统集成不足，各种问题矛盾都简单化、表面化地诉之于提高价格。

针对这些突出问题，必须顺势而为、主动破题。在座的各位作为改革的先行者、探索者、实践者，要充分认识这次改革试点的重大意义。

第一，是推进公立医院高质量发展的指挥棒。公立医院高质量发展及医疗服务水平的提升是新时代全社会的共同需要。当前首要矛盾不是可及性问题，而是优质医疗资源能不能加快扩容、能不能均衡布局，能不能满足人民群众对美好健康生活的需要。医疗服务价格是医疗领域资源和利益的调节工具，具体来说：一是技术劳务价值的“度量衡”。原有价格体系下，技术劳务为主的学科“创收”能力弱，发展活力不足，改革要让技术劳务成色足的学科，收入的含金量也高。二是优化医疗资源配置的“调节阀”。改革强调价格宏观管理和微观调整相结合，引导高层级医院把发展重心聚焦于难度高、风险大的复杂型项目上，减少对基层的虹吸效应，促进分级诊疗。三是公立医院练好内功的“助力器”。建立激励约束机制，鼓励公立医院通过规范诊疗、成本管控、费用控制等改革，打开调价窗口、扩大调价总量，调动公立医院参与改革、同向而行的积极性。

第二，是价格治理的新突破。价格治理的核心要义是平衡，包括平衡社会价格总水平、平衡发展与负担、平衡供需双方利益。改革试点实现价格治理的新突破集中体现在以下几点：一是明确医疗服务价格在宏观管理领域的新定位，从单一的定调价上升为更高层次的宏观管理。过去十年，全国公立医院医疗收入增长3.4倍，已达到3万亿元左右，医疗技术服务收入占比约27%。医疗服务价格对整个宏观价格水平影响权重越来越大。可以说，已经从专业领域的微观定价问题上升为经济社会的宏观管理问题，需要转变观念、提高站位、拓宽视野。二是寻求发展需要和承受能力的新平衡，促进医疗技术创新和可持续发展。价格是重要的民生问题，价格出现偏颇，要么使人民群众就医负担过重；要么使医疗服务的质量效率或者创新进步跟不上经济社会发展。三是建立价格形成的新机制，合理确定医疗服务价格水平。价格作为最灵敏的资源配置信号，是服务供给和需求双方在共同参与、协商、博弈的基础上，利益“大数据”碰撞达成的平衡。一方面要引入医院参与价格形成，让医院和医务人员的专业意见与合理诉求体现在价格上。另一方面则要扮演好宏观管理者、规则制定者的角色，坚持价值导向、增进社会平衡、促进分配公平。

第三，是医保引领“三医联动”改革的助推器。过去十年，医保基金支出快速增长，对医药供给侧的发展壮大起到杠杆作用。而医保部门行使医疗服务价格管理职能以及此次深化医疗服务价格改革，是对医保部门的重要赋能，使得医保部门保障人民群众获得高质量、有效率、能负担的医疗服务的角色更加完整、功能更加健全、工具更加丰富，对于医保引领“三医联动”改革，起到了“涡轮增压”和“加速助推”的积极作用，有利于从起点上管控医保支付的成本。这次改革意义重大，专业性强、复杂程度和敏感程度高，要从试点起步，大胆探索，小心求证，形成可复制可推广的路径经验。所以，这次试点城市的选择我们高度重视、反复论证、审慎决策，选择在座5个城市开展试点，既考虑到东中西部不同地区、兼顾不同经济发展水平和城市规模，确保试点经验具有普适性，也考虑到5个城市改革意愿、工作基础、担当意识、改革精神都非常强。大家要牢记初心使命，坚持求真务实、真抓实干，确保改革试点落地开花，从星星之火开始，形成燎原之势。

二、准确把握改革试点的总体要求和目标任务

作为改革试点的先锋队，大家要提高政治格局，把思想认识统一到中央决策部署上来，全面准确把握改革试点的总体要求和政策要点，切实将改革思路落实到目标上，转化到行动中。

（一）要紧盯改革试点的总体方向。一是坚持以人民健康为中心，切实体现人民性。人民性再怎么强调都不为过，改革要始终围绕保障人民群众获得高质量、有效率、能负担的医疗卫生服务这个基本出发点，坚持公立医院公益属性，考虑多元目标的动态平衡，平衡好“医院看得好病”和“群众看得起病”的关系，避免被动地应对某一些具体的利益诉求，碎片化地增项目、涨价格。二是坚持以临床价值为导向，合理体现技术劳务价值。要聚焦临床需要，发挥好价格工具自身功能，调动医务人员积极性，促进医疗服务创新和薄弱学科发展，提高医疗卫生为人民服务的质量和水平。三是坚持以医疗事业发展规律为遵循，强化适应新机制的治理体系和治理能力。要探索治理创新，在制度框架内探索建立一套定调价的操作规则和量化指标，将各类目标要求内置在价格机制中，使价格机制超脱于单一的行政裁量，进入制度化常态化的运行模式。

（二）要牢牢把握改革试点的整体性和系统性。改革试点的主要内容是相互关联、有机结合、缺一不可的总体设计，可概括为“5＋3＋4”。一是总量增长要可控。改革目的和价值追求，比如坚持公益性、调动积极性、反映发展性、平衡差异性等，要靠定总量、分总量来调控把关。二是管理单元要科学。价格项目是最基本的管理单元，也是医疗服务定调价改革的发力支点。项目规范了，价格的制定、调整、监测、评估才有坚实的基础。三是价格形成要合理。要将利益主体之间的协调

平衡贯彻价格机制的始终,体现共治共享、治理创新。四是动态调整要有据有序。动态调整既是调价窗口的选择机制,也是宏观管理和微观管理之间的传导机制,还是利益的激励约束机制。五是价格功能要见效。监测考核既是上述机制启动的信号枪,也是改革成效和运行情况的晴雨表。

这5项机制充分体现了改革逻辑的内在完整性,而3项支撑则从管理权限、程序和技术系统方面为各地实施5项机制赋权赋能。与此同时,公立医院综合改革、行业监管、政府投入、医保改革等4项配套则集中体现了改革的外部系统性。要始终坚持系统集成、协同高效的基本原则,全面、完整、系统地推进改革,确保内部各项机制、基础支撑体系、外部配套改革三者有机衔接、链条完整、形成合力。

(三)要锚定改革试点的目标任务。试点城市要切实把文件的基本精神和改革要求转化为改革试点的目标任务。

第一,建立与宏观经济社会发展相适应的总量调控机制。过去几年,医药总费用和检查化验、卫生耗材等分项费用都保持两位数增长,与经济社会变化发展不相适应,实际上经济增速、人口结构等基础指标已经发生了趋势性的改边,但在医疗服务价格上没有相应的传导机制。因此,必须有一个管总的“水龙头”,要建立一套切实可行的宏观管理机制。总的思路可以概括为三个关键词:可控、共享、优化。“可控”就是总量可控,在总量范围内突出重点、有升有降,不搞大水漫灌。“共享”就是适应经济社会发展、共享发展成果,在经济发展水平、医疗技术进步和各方承受能力总体平衡和可持续的基础上确定总量。“优化”就是要做好“结构均衡”的大文章。地区间价格调整总量增速快慢结合,医疗机构间价格调整总量有保有压,推动医疗服务优化升级和均衡布局。

第二,探索合理有效的价格分类形成机制。具体来说,就是要结合医疗服务特性,探索建立相应的价格形成机制:一是通用型项目,政府负责管住管好价格基准,允许围绕统一基准适当浮动。比如诊察、护理等项目路径简单、内容明确,服务的均质化程度高,逐步构建起规范稳定、具有普遍性的全国性、区域性价格体系。二是复杂型项目,政府发挥好“定规则、当裁判”的作用,引入医疗机构参与形成。比如难度大、风险高的手术项目,对医务人员个人能力、医疗机构技术支撑体系的要求比较高。过去,政府指导价靠行政决策,医院医务人员被动执行,此次改革学习借鉴市场机制的内在规律和作用方式,强调政府管住调价的“笼子”和“尺子”,引入公立医院参与形成政府指导价,调动众智、发挥众力,在价格形成的全过程中体现人民民主。三是公立医疗机构自主确定价格的特需医疗服务,严格控制数量和规模。避免冲击基本医疗服务的主体地位,且自主定价也不意味着不管不问,要做好价格监测和信息披露,必要时采取措施,维护良好价格秩序。

第三,形成一套科学严谨、公开公正的规则体系和操作程序。改革试点还要在规则体系和操作程序上取得新突破。无论是项目准入、调价、定价,都要客观公正严谨,尽量做到不以人的意志为转移,要主动把涉及复杂利益的工作机制化规则化;要完全按规则办事,规则要求调、调多少的,没有额外的自由裁量空间。要实现这个目标,就需要建立一套与制度机制相匹配的规则体系、操作程序、技术标准。

第四,建立一套严密高效的价格监测考核机制。首先,试点城市在医疗服务信息建设上实现跨越式发展,建立一套可靠的基础信息系统。不管是价格调整,还是价格管理,都要能够自动获取数据的信息系统,真实地掌握价格运行情况、价格调整效果,夯实价格决策的基础。其次,信息监测基础上要有一套考核体系。改革最后要转化为看得见、摸得着的实效,需要有相应的考核体系,以便在内部和外部两方面都能起到激励约束作用。内部,就是对价格调整是否到位,机制自身功能是否实现进行激励约束。外部,就是对于医药服务领域社会目标等方面是否起到促进作用进行激励约束。再者,要扎实做好改革试点的基线调查。基线调查是改革试点的起点,也决定了对终点的评价。国家医保局已对基线调查进行了具体部署,大家一定高度重视,从“第一粒纽扣”开始把改革做实做细做好,务必做到全面、真实、规范。

第五,达到价格机制与其他医改任务系统集成、协同高效的效果。深化医疗服务价格改革作为医改的关键一环，要达到以下几点效果：一是发挥利益传导作用。比如，在协同推动公立医院薪酬制度改革、合理控制医疗费用上。二是发挥资源调节作用。比如，在促进分级诊疗，推动老年、儿科、中医等薄弱学科发展上。三是发挥系统集成作用。比如，统筹推进公立医疗机构高质量发展、完善公立医院补偿机制、医保支付等相关改革，形成综合效应。

三、改革试点中需要妥善处理好的几个问题

我们要清醒地认识到，虽然各方的利益诉求都有内在的合理性，但深化医疗服务价格改革是医药卫生体制改革的一环，不能单兵突进，更不能包打天下。下面，针对一些认识偏差，我强调几个需要妥善处理好的重点问题。

（一）改革试点和价格调整的关系。有观点认为，医疗服务价格改革就是调价。这三年我到一些省市调研，很多地方汇报改革就是调了几次价，院长和医务人员反映意见就是哪些项目价格该涨。很少有人关注背后的深层次矛盾是什么，如何解决。应该说，改革与调价是一个硬币的两面，改革不调价，调价不改革，都是“两张皮”，改革试点落到实践上，必然要调整价格。我们并不回避在试点中给价格做加法，甚至起步阶段做加法可能会占到大头，但试点城市务必要把稳一点：调价不是改革的全部，试点的中心任务是要在调价中探索形成一套科学合理的价格形成和动态调整机制，调价是为让价格管理最终进入制度化标准化规范化轨道服务的。如果我们把改革简单做成涨价，那么真正深层次问题就被忽视了，解决深层次问题的窗口期可能就错过了，特别在当前输入性通胀压力较大的大背景下，更不允许仅仅以改革之名，行涨价之实。

需要重点说明的是，集中带量采购改革为医疗服务价格改革创造了窗口期，但两者“桥归桥、路归路”，不能像一些媒体解读的那样，将医疗服务价格改革当作是药品耗材集中带量采购改革的“补丁”。大家要把握好一个基本原则，药品耗材价格降下来了，老百姓负担减轻了，为调整医疗服务价格创造了条件，但不是说药品和耗材价格降了多少，都要通过医疗服务价格涨价补回来。目前公立医院已经全面实施药品耗材“零差率”销售，集采降价节省的是采购成本，由此腾出的费用空间，首先要向人民群众释放改革红利，增强人民群众的获得感、幸福感。

（二）改革试点与公立医院补偿机制的关系。有声音反映，一些公立医院长期负债经营，加上疫情影响，病人减少、收入下降，可支配的现金流减少，医院运行困难加大，希望提高医疗服务价格来补偿收入。应当说，医院反映的情况是存在的，但绝大多数医院的债务是基建扩张性债务，而不是经营性债务，本质上是公立医院补偿机制两条腿，该迈哪条腿的问题。中央全面深化改革委员会会议审议《试点方案》时强调，要强化基本医疗卫生事业公益属性，建立合理补偿机制。我们全面深刻领会中央精神，不能将发展性支出和经营性支出混为一谈，全部通过医疗服务价格转嫁给人民群众。医疗服务价格水平的功能还是反映服务本身的价值和供求，通过医疗服务价格额外补偿，有悖公立医院的公益性定位，逻辑是立不住的，在收入补偿的问题上要泾渭分明。除了补偿，医院也要加强内部的精细化管理和成本约束，不能靠涨价做大增量、填补窟窿。

（三）改革试点与医务人员薪酬制度的关系。有观点认为，现在医务人员薪酬低，特别是药品和耗材集中带量采购后实际收入减少，应该通过医疗服务涨价增收，调动医务人员积极性。对此，要客观理性地看待。一些专业机构的调查结果显示，公立医院医务人员年均薪酬已经远高于城镇在岗职工平均工资。深化公立医院薪酬制度改革文件明确提出，要拓展深化薪酬制度改革经费渠道，推进医疗服务价格优化改革。我们理解，这不是简单的右手涨价，左手发钱。医疗服务价格是医疗机构收入的影响因素之一，间接地也影响到薪酬分配的总量。但两者是不同主体、不同层面的制度，连接其中的是公立医院内部的财务管理和收入分配机制，不能简单机械地把医疗服务价格与薪酬分配打通、挂钩，不能简单说哪个学科薪酬低了就要涨价，也不能泛泛地说医务人员积极性不高就要涨价。要在医疗服务价格改革和公立医院薪酬制度改革之间加强协同、相向而行，主要

是加强医院内部精细化管理，优化医院内部分配，切实把改革红利传导到广大医务人员身上。

（四）改革试点与技术创新的关系。有声音反映，原来新增医疗服务价格项目审批进度慢、获批难度大，希望深化医疗服务价格改革试点中放大放松准入口子。对此，我们调研发现两个现象：有的地方新增项目进度确实偏慢，医疗技术创新没有及时进入临床应用；有的地方则是大干快上，一年内新增项目300多项，准备第二年再新增600多项，“创新”速度之快、规模之大脱离规律。因此，改革把新增项目的权限统一放在国家和省，要求坚持求真务实、实事求是的精神，审核程序上要快，实际把关上要严，促进医疗技术的真创新及时转化为价格项目，保障患者及时获得更具有临床价值和成本效益的医疗服务。

四、精心组织实施改革试点

下面，我就推进改革试点提四点要求。

（一）加强组织领导，强化部门协同。试点城市要高度重视，提高思想认识，提升政治站位，充分认识改革试点的重要性、复杂性和艰巨性，切实担负起改革试点的主体责任。要加强组织领导，成立领导小组，组建改革专班，省医保局要加强全过程指导。试点城市医保部门要在当地党委和政府领导下，发挥牵头部门作用，统筹协调相关部门推进改革试点，履行好医疗服务价格总水平宏观调控和定调价微观管理的职责。加强部门协同，与公立医院补偿机制、薪酬制度、医疗控费、医保支付等相关改革系统集成，形成综合效应。

（二）周密制定方案，把控改革节奏。试点城市要精心制定本地区实施方案，明确改革目标、主要任务、时间表和路线图，省级医保局要认真指导试点城市完善。试点实施方案报经省级人民政府审核后组织实施，并报国家医保局备案。进度安排方面，力争年底前制定试点实施方案，明年1季度同步细化各项机制和配套措施，扎实围绕总量调控、价格形成、动态调整等重点机制形成实操细则，实质性启动调价工作，明年2季度落地实施。

（三）建立工作机制，加强上下联动。试点要做到思想统一、步调一致、上下联动、横向协同。要建立信息报送机制，每月上报改革进展。对改革试点中遇到的重大问题、突发事件和社会舆论关注的敏感问题要及时报告，妥善采取措施，确保改革稳妥有序。国家医保局和省医保局要加强督导调度，建立通报机制，定期开展现场调研指导，及时通报改革进展，总结交流各地改革的成功做法和经验教训。

（四）加强舆论引导，营造良好氛围。试点城市在制订实施方案和推进改革试点过程中，要坚持民主决策、开门问策、集思广益，充分听取各方意见建议，在决策源头上凝聚改革共识、化解认识分歧。做好政策出台前的风险评估和应对预案，化风险于实践之前，避免引发重大舆情。主动进行政策解读和宣传引导，及时回应医疗机构和医务人员、广大群众的关切，为改革营造良好的舆论氛围。

同志们！承担医疗服务价格改革试点使命光荣、责任重大。我们要坚持改革创新、勇挑重任、攻坚克难的精神，不负时代、不负重托，迈开步子、趟出路子、真抓实干，在改革的试验田上精耕细作，不断提升医疗服务价格治理现代化水平，把试点方案描绘的改革图景，转化为切切实实的民生成果，在深化医疗服务价格改革的新征程上赢得更大的胜利和荣光，以优异成绩迎接党的二十大胜利召开。

聚焦托底保障　强化制度协同
全面健全重特大疾病医疗保险和救助制度

——在健全重特大疾病医疗保险和救助制度工作部署会上的讲话

（2021 年 12 月 2 日）

国家医疗保障局党组成员、副局长　陈金甫

同志们：

在全国上下深入学习贯彻党的十九届六中全会精神之际，我们召开专题会议，主要任务是，深入学习领会习近平总书记系列重要讲话精神，从党的百年奋斗重大成就和历史经验中汲取智慧力量，全面抓好《国务院办公厅关于健全重特大疾病医疗保险和救助制度的意见》（国办发〔2021〕42 号，以下简称《意见》）贯彻落实，着力夯实多层次医疗保障体系托底功能，促进医保高质量发展。刚才，民政部社会救助司伊佩庄同志对做好相关工作提出了要求，江苏省、湖南省、广西壮族自治区医保局负责同志作了发言，讲得都很好。下面，我谈三点意见：

一、深刻认识健全重特大疾病医疗保险和救助制度的重要意义

党中央、国务院高度重视人民群众病有所医问题，特别是困难群众基本医疗保障工作，决策部署全面推进多层次医疗保障体系建设，在破解"看病难、看病贵"问题上取得突破性进展。在发展完善全民医保制度中，同步建立健全医疗救助制度，探索建立大病患者救助保障机制。回顾制度发展历程，有三阶段性特点：

一是制度从无到有，统筹覆盖城乡。2003 年、2005 年，随新农合、城镇居民医保试点同步探索实施我国医疗救助制度，2009 年全面覆盖城乡，2015 年进一步实现基金管理统一，救助政策统一、救助规则公平，救助项目范围也从住院扩大到重大疾病和门诊。

二是保障水平从低到高，总体稳步提升。救助对象范围从低保、特困人员拓展覆盖脱贫人口、边缘人群等，年救助人次超过 1.8 亿。救助标准随经济社会发展水平提升，低保、特困人员住院救助比例稳定在 70%左右，年度救助限额普遍达到 3 万—5 万元。"一站式"结算基本实现县域内全覆盖，并扩大到地级市统筹区。

三是综合保障框架形成，三重制度减负效能显现。机构改革前，医疗救助措施安排上更偏向于困难人群的身份属性来进行社会政策的供给，"补缺性"救助的特点突出。随着国家医保局组建，医疗救助实现与医疗保险统筹管理，着眼于统一的医疗保障制度体系建设，医疗救助与基本医保、大病保险"上下游"制度功能实现衔接。随着三重制度综合保障框架基本形成，医疗救助"托底性"功能定位更清晰。总的看，医疗救助在确保困难群众"看病有制度保障"、有针对性减轻费用负担上发挥了重要作用，对助力打赢脱贫攻坚战、维护社会和谐稳定做出积极贡献。

与此同时，我们也要清醒认识到，在医疗保障发展中不平衡不充分问题仍然比较突出。新发展阶段下，党中央、国务院对增强医保制度的统一性、规范性、公平性、协调性作出了新的部署，对保障和改善民生、促进发展成果人人共享提出了新的要求。随着全民医保制度完善，人民群众医疗保障方面的获得感增强的同时，追求高质量医保服务的愿望更加强烈、需求更为多元。医疗保障

制度功能发挥与中央的要求和群众的期盼还有一定差距,突出表现在托底保障还有短板:

一是托底功能还不够强。近年来反映较为突出的主要是困难群众的医疗费用负担问题,特别是重大疾病患者负担较重时有反映。与此同时,一些边远地区由于医疗资源不足,不能满足本地居民的就医需要,转外就医负担较重。面对这些问题,现有的医疗救助制度无论从政策供给还是资金保障上,都存在托底功能不足的问题,整体救助水平偏低。

二是制度机制还不完善。按照党的十九大“兜底线、织密网、建机制”工作要求,基本医疗保障安全网织的还不密实。目前还存在制度功能边界不清晰,“上下游”制度衔接不够紧密,救助与相关保险支付结算次序不规范,其他补充保障措施参与不充分,防范化解风险能力不强。

三是精细化管理还不到位。救助对象动态精准识别机制未建立,随着对象识别从固定的困难群众身份延伸到困难状况,对精准救助提出更高要求。救助经办管理与基本医保一体化经办还需加强衔接,精细化管理和便民服务水平有待提升,申请申办流程有待细化。基金预算管理和多元化筹资保障机制有待完善。救助对象就医管理相对粗放,综合监管措施有待加强。

针对这些问题,党中央审时度势,作出系列重大决策部署。习近平总书记多次作出重要指示,要求完善应急医疗救助机制,减轻困难群众就医就诊后顾之忧,强调完善大病兜底保障机制,解决好因病致贫问题。党的十九届四中、五中全会对健全重特大疾病医疗保险和救助制度也作出了专门部署。今年8月,中央全面深化改革委员会审议通过《意见》,国务院办公厅于10月印发。大家要切实提高政治站位,把思想和行动统一到中央决策部署上来,深刻认识贯彻落实好《意见》的重要意义。《意见》是对新时代夯实困难群众托底保障的制度性、体系性安排,落实好中央的重大部署,对于开创医疗保障高质量发展新局面,整体促进经济社会发展具有重大意义。

(一)有利于扎实促进共同富裕

健全重特大疾病医疗保险和救助制度,是完善收入分配制度的重要举措,是解决中低收入人群基本医疗保障问题的长远之策。做好这项工作,有助于缩小收入分配差距,促进形成稳定的“橄榄型”分配结构。要顺应新时代扎实推动共同富裕的重大决策,从社会保障制度二次分配的特点,认识医疗保障制度在支出端的减负功能。在扩大就业帮扶、实现稳定增收后,更加注重发挥医疗保障在化解困难家庭支出负担上的作用,有针对性解决中低收入人群收入脆弱性问题。通过筑牢医疗保障托底防线,减轻低收入人群疾病医疗后顾之忧,前置性防范大病患者疾病支出的财务风险,确保共同富裕道路上低收入人群“不掉队”。共同富裕不是平均主义,是在逐步发展中实现全面富裕,所有地区所有人群同时段同标准同步实现共同富裕是不现实的,还会有一些人因病面临返贫致贫风险。要通过构建长效机制,协同发挥社会保障再分配和第三次分配作用,整体化解因病致贫返贫风险,编密织牢医疗保障安全网。

(二)有利于补齐制度体系短板

健全重特大疾病医疗保险和救助制度是持续推进深化改革,构建更加完整清晰的多层次制度体系的重要一环。按照中央深化医疗保障制度改革有关“3+3”的多层次医疗保障体系构架,基本医保、大病保险、医疗救助是政府主导的三重保障,商业补充保险、职工医疗互助、慈善救助等是重要的补充保障。从保障效果看,基本医保“主体层”基本成熟,保障水平总体达到预期。大病保险“补充层”减负功能日益显现,解除了一些大病患者的燃眉之急,但减负功能还有待提升。医疗救助“托底层”的重要性越发凸显,托底的困难情形和费用结构都具有一定时代特征,面临新形势、新要求,相应的短板问题也更为突出。要把握纵深推进改革的契机,把制度建设的重心由原来的基本医保制度转向医疗救助制度,把医保制度治理的重心由单一制度转向多制度系统集成。在三重制度保障更紧密衔接的背景下,夯实救助托底保障,促进社会力量参与,实现制度效益最大化。

(三)有利于促进社会经济发展

完善的社会救助制度、社会保险制度,能够实现充分的社会分配调节,有利于维护社会稳定,消除社会发展的不平衡和矛盾现象,有利于整体促进经济社会发展。要在全面建设社会主义现代化国家、构建国内国际双循环发展新格局中,进一步挖掘内部需求潜力,为高效率的国内大循环提供助力。在这一过程中,要认识消费主体、消费市场从城到乡的延伸,发挥好医疗保障制度对活跃农村消费的积极作用。从内循环看,提供城乡均等化的医疗保障服务,更加有针对性的减轻困难群众疾病医疗后顾之忧,能够有效拉动消费,为乡村振兴产业发展提供消费市场支持。从化解因病致贫返贫风险来看,在诸多致贫原因中,随着外部其他致贫风险的疏解,因病致贫问题风险更加聚集,对社会稳定带来一定负面影响,更需要加强系统治理,整体性消除风险矛盾,为经济社会发展营造良好环境。

二、精准把握《意见》的总体要求和重点措施

此次《意见》不是医疗救助制度的单项改革,也不是简单的政策调整和待遇提升,而是聚焦于系统治理和有效防范社会风险,着眼于困难群众,立足于重大疾病,对多层次制度体系的完整构架和系统安排。贯彻落实好《意见》,既要抓总体的要求,完善体系建设和制度性安排,也要抓重点工作、重点任务和关键领域。

(一)统筹把握总体要求

第一,精准把握改革的总体安排。《意见》紧扣新时代加强和改善民生保障工作的新要求,对夯实医疗保障托底功能作出系统性部署,形成了“1+5+4”的工作安排。“1”个总体目标,聚焦困难群众,聚焦大病费用负担,通过强化三重制度综合保障,夯实医疗救助托底功能,奋力减轻困难群众疾病医疗后顾之忧。“5”项重点改革措施,围绕托底保障“谁”“怎么托”“托到什么程度”“怎么建立长效机制”,从科学确定救助对象、规范三重制度定位衔接、优化救助托底方案、健全防止因病返贫致贫长效机制、支持社会力量参与等五个方面,对多层次制度体系的功能定位、机制衔接、服务管理等作出安排,进一步稳定保障预期,确保制度可持续。“4”项管理机制支撑,对服务、组织、资金、能力等要素保障等提出具体要求。

第二,统筹把握推进改革的几项原则。一要平衡需要与可能。立足社会主义初级阶段的发展实际,明确托底的“底边”“底线”,遵循制度发展规律,切忌“泛福利化”的危害,把医疗保障水平建立在经济发展和财力可持续基础上,不好高骛远、吊高胃口。二要兼顾发展与安全。既通过综合保障减轻中低收入人群费用负担,打消顾虑,刺激消费,为经济发展提供动力支撑。又着眼于社会风险防范化解,从防范冲击社会道德底线的事件、防范基金运行风险两方面,统筹落实好中央的各项要求,统筹增强托底效能,更好促进社会公平正义,为和谐稳定发展保驾护航。三要统筹单项改革和系统集成。以统一规范的医疗救助制度为切入口,统筹单项改革和多层次社会保障体系建设要求,全链条做好民生托底保障工作。

第三,精准把握改革的基本遵循。总结运用医保制度建设的历史经验,将其转化为推进工作的基本遵循,要始终做到“6 个坚持”:坚持以人民为中心,把解决困难群众急难愁盼问题作为工作的出发点,坚持用制度的方法解决群众关心的问题,树立规矩意识,用加强制度建设来补齐基本医疗保障短板。坚持保障基本,要处理好与基本医保“保基本”的关系,医疗救助“保基本”也要有底线意识,要在保障项目和标准上加强与基本医保的协同,要明确救助待遇的标准,保障水平与经济社会发展相适应,费用范围与基本医保相衔接,保障责任锁定基本医保、大病保险支付后的减负问题,既避免保障不足,又防止泛福利化。坚持制度统一规范,加强制度顶层设计,增强刚性约束,强化监督管理,提升制度效能。坚持底线思维,用改革的办法和创新的思维解决救助不均衡问题,统筹完善保障方案,增强托底功能。坚持精准施策,聚焦困难群众,聚焦大病高额费用负担患者,综合考虑困难情况和医疗费用支出,精准实施分类救助。坚持综合协调,通过制度协同、机制衔接、部门协同,真正实现制度改革的系统集成、功能协调。

(二)抓好重点领域和关键环节的改革举措

贯彻落实好《意见》,不能简单地理解为单一制度建设或个别政策的调整,要从系统性功能发挥出发,聚精会神抓好重点任务和关键环节,着力完善 4 方面的体制机制。

第一,聚焦困难群众,建立精准识别机制。要

深刻把握文件主旨，聚焦困难群众重大疾病风险防范化解，做好困难群众和困难状况的精准识别。在精准的目标下，要更加主动的加强部门联动、做好信息共享、强化制度衔接，发挥综合保障效应。要通过精准识别，实现动态跟踪掌握群众医疗费用负担情况，精准锁定困难群众身份，真正做到及时托底，总体提高社会救助的精准性。

一要精准锁定目标人群。在目标人群范围上把握“两个延伸”，一是延伸到边缘人群，包括低保边缘人群和脱贫边缘户，二是延伸到支出型的困难家庭，更好回应新时代发展要求和制度能力提升的需要，确保应救尽救。

二要做好救助对象分类管理。要把医疗救助对象管理纳入社会救助对象管理体系。在做好收入困难患者救助的同时，兼顾边缘人群和因病支出型困难家庭患者的实际困难，综合评估救助需求，精准落实分层分类综合救助的各项要求。

三要加强识别标准和保障政策的衔接。各类边缘人群的监测识别标准要因地制宜，不能脱离实际框定范围过大，要在国家指导标准下细化。要综合考虑经济状况和医疗费用支出情况，动态做好监测人员与分类救助政策的对接，及时提供帮助，实现识别、监测、政策供给三位一体。

第二，强化托底保障机制，增强制度体系综合效能。从“保、减、救、防、帮”五个层面完善医保托底保障机制，形成完整的梯次减负和综合保障链条。要明确不同制度功能定位，促进制度功能链条咬合，用好基本医保、大病保险、医疗救助、防贫机制、社会帮扶等制度资源，形成政府、市场、社会、个人“四方联动”的多元风险化解机制，切实筑牢托底保障防线。

一要夯实基本医保主体保障。着眼于应保尽保，巩固基本医保住院和门诊待遇水平，妥善解决大多数参保群众的基本医疗需求。随着经济社会发展，基本医保支付范围应扩尽扩，通过动态调整医保目录、规范医疗服务监管、推进医疗服务价格改革，实现总体医疗服务和药品价格回归合理，进一步强化基本医保主体保障功能。发挥好保险制度人人参与、人人尽责、互助共济的制度优势。

二要用足大病保险减负保障。瞄准大病患者，在基本医保基础上叠加普惠待遇和倾斜支付，随经济社会的发展和大病保险筹资情况，进一步加强大病保险制度待遇水平的统筹设计，有针对性实现梯次减负。

三要增强医疗救助托底保障。锁定特殊困难人员身份，帮助其及时纳入基本医疗保险覆盖，确保应保尽保。对经基本医保、大病保险支付后，负担较重的困难群众或大病患者给予分类救助，确保救助及时跟进，做到雪中送炭。

四要探索防范化解因病致贫返贫的长效机制。要转变观念，积极应对返贫的新挑战。将因病返贫致贫风险作为一个重大的社会问题，以风险预防为重，通过发挥三重制度政策和经办协同优势，动态识别高额费用负担患者，建立防止贫困的触发机制，争取做到早发现、早预防。

五要鼓励支持慈善救助、商业健康保险、职工互助等发挥综合帮扶作用。要把握好第三次分配制度改革在促进共同富裕中的使命担当和历史机遇，引导慈善救助、商业医疗保险、职工医疗互助等制度资源向经三重制度保障后负担仍然较重的大病患者倾斜。在制度机制、费用范围、经办结算、信息共享等方面加强制度衔接，特别是对惠民保这类政策性补充保险，要避免同质化，也要在保障人群、保障范围、待遇水平上体现对大病患者和困难群众的社会责任。

第三，健全完善统一规范的医疗救助制度。要着眼于统一规范，构建功能完善的医疗救助制度，落实好待遇清单制度，在提高制度管理和运行机制规范化上作文章。

一要健全救助对象动态识别机制。要转变思维，从原有的被动等待式救助转为主动发现式救助。既要与相关部门建立救助对象信息动态共享机制，也要及时预警推送面临潜在风险的高额费用负担患者，协同做好低收入人口监测帮扶。

二要规范救助费用保障机制。规范保障项目设置，与基本医保衔接，既保住院也保门诊慢特病。规范费用支付范围，与基本医保“三个目录”保持一致，统筹区不得擅自扩大救助费用范围。要适度拓展基本保障功能，将基本医保、大病保险起付线以下的政策范围内自付费用，统筹纳入救助核算基数。从调度情况看，超过85%的困难群众年均个人自付医疗费用在3000元以下，对两个保险起付线以下费用的救助，可以有效解决大多数困难群众基本保障需求。

三要规范救助水平设置。在待遇标准上，均衡地区差异，坚持统一的制度设计和待遇标准，探索建立基本救助制度，明确基本的筹资水平和待遇支付标准，避免出现待遇追赶或过度福利。因地制宜做好“三条线”设置，着力解决待遇不均衡问题。起付线上，大方向是降低并控制在合理区间，还要考虑不同收入人群的承受能力，合理设定“门槛”。救助比例上，要分对象类别设定差别化救助标准，既防止过度，也避免不足。救助限额上，虽然明确各统筹区自行设定，还要考虑政策的均衡性，避免地区间差异过大。

四要完善倾斜保障机制。要有针对性完善困难群众的倾斜保障政策，重点在门诊救助保障、高额费用负担患者救助上结合实际有探索创新。比如，加大门诊慢特病救助力度，与基本医保门诊共济保障机制衔接，总体降低慢特病费用负担。做实倾斜救助，根据基金支撑情况，尽力化解政策范围内费用负担。通过明确诊疗方案、规范诊疗减少不合理费用，在“控成本”上创新思路。

五要健全投入保障机制。做实救助基金预算管理，健全多元化筹资保障机制，加强基金监管和运行情况监测，加大资金使用绩效考核。逐步提高救助统筹层次，与基本医保地市级统筹衔接，做大做强基金池，提高资金使用效率和基金抗风险能力。

六要完善管理服务机制。要适应医疗救助制度的特殊管理要求，优化提升管理服务水平。救助经办、待遇支付、基层服务、信息管理等方面落实精细化管理要求，加强部门间信息共享，提高救助服务的协同性，提升便民服务水平。

第四，探索完善防范化解因病致贫返贫长效机制。因病致贫返贫现象在全面建成小康社会后仍将客观存在，解决好这一问题是一项长期性、复杂性、系统性的工程，也是新时代医保制度改革发展中面临的新使命和新挑战。要坚持“救”“防”两手抓。“一手救”，对已经纳入兜底保障的人群全力帮扶；也要“一手防”，对各类边缘人口或支出困难大病患者尽早干预，靶向救助。建立长效机制，重点加强边缘人群的监测和帮扶，是实现共同富裕的必要之举，有助于增强帮扶措施的预见性和针对性，能最大限度防止这部分高风险人群“掉队”

一要细化双预警标准。要考虑兜底保障对象、边缘人群负担能力差别，综合收支因素，合理确定监测指标。比如，江苏泰州以脱贫线和居民人均可支配收入为标准，分类设立医疗救助“双预警”机制，动态监测脱贫户和普通参保人费用负担情况，实现“数据找人”。甘肃建立部门联动机制，对易返贫致贫人口单次住院个人自付超过 6000 元、普通居民单次住院自付超过 1 万元的实施分类监测。这些地方实践，都说明了合理确定监测阈值能有效增强救助主动性、时效性。

二要协同做好信息核查。以统筹区为单位，依托统一的医保信息平台，重点做好跨统筹区异地就医和本地大病患者费用信息预警。同步做好部门信息比对，一旦发现监测人员身份变动的，要动态跟进落实政策。

三要畅通救助申请渠道。做好预警监测人员的分类管理，畅通申请渠道，规范救助申请流程，依申请落实救助政策，避免形成依赖机制。经相关部门认定为低保、特困的，免于申请直接纳入救助；认定为低保边缘、易返贫致贫人口、因病致贫重病患者的，畅通救助申请渠道，及时给予救助。

四要做好综合保障。部门间要分工协作，明确帮扶责任。医保部门既要按规定实施三重保障，也要配合相关部门发挥临时救助、慈善救助、社会帮扶作用，重点化解目录外负担和其他就医成本，帮扶标准上既不是“全包”，也不是“全报”。

三、压实责任，健全机制，确保重点任务落地落实

同志们，狠抓落实是政治机关的职责所在，也是对我们政治能力的重要检验。在向第二个百年奋斗目标迈进的新征程中，我们要心怀国之大者，以更高站位、更大格局、更宽视野，扎实落实好《意见》各项要求，筑牢民生托底保障防线。

（一）切实提高政治站位

健全重特大疾病医疗保险和救助制度，是党中央、国务院统筹加强民生保障工作的重要制度安排。各地要明确任务要求，明确工作责任，锐意

进取、真抓实干，把改革举措落到实处，把惠民政策送到群众身边。

（二）精心组织贯彻实施

要抓紧制订工作方案，细化时间表、明确路线图，把握好推进节奏，明年6月底前全部出台配套文件，同步指导统筹地区完善相关工作机制。省级医保部门要牵头做好本地区贯彻落实情况总结，重大问题及时报告国家医保局。

（三）完善相关工作机制

要健全部门协调机制，做好救助对象身份信息共享互认。统筹完善医疗救助经办管理机制，探索推进一体化经办，研究出台医疗救助经办规程，建立健全支持社会力量参与机制。要建立督导落实的专项调度机制，动态跟踪地方工作落实情况。

（四）做好政策宣传解读

要加强政策宣传，正确引导舆论，不要吊高胃口，传导合理的政策预期，营造良好社会氛围。同时，要密切关注舆情动态，落实属地管理责任，做好舆情风险协同处置，解决好苗头性、倾向性问题。

当前，各地正围绕贯彻落实党的十九届六中全会精神，紧锣密鼓开展各项工作。临近年终岁末，一些重点工作陆续进入总结阶段，各地各级医保部门要切实提高责任意识，要立足民生保障窗口单位特点，落实好保障政策，做好服务管理工作。借此机会，对做好当前和“两节”期间相关重点工作，我提几点要求：

第一，扎实推进待遇保障重点改革。各地要对照年初待遇保障工作会议部署，查漏补缺，抓紧抓实相关制度建设。要统筹落实待遇保障清单制度、健全职工门诊共济保障机制，按照相关三年行动计划，扎实推进工作。巩固“两病”门诊用药保障机制上，要解决地方工作不平衡问题，跟进衔接健康管理。长期护理保险试点、完善支持三孩生育保险政策也要同步推进。

第二，做好医保脱贫成果巩固同乡村振兴衔接。医保部门作为“两不愁三保障”的责任部门，要坚决贯彻中央决策部署，始终保持战略定力，扛起责任担当，一手抓成果巩固，一手抓助力乡村振兴的制度机制建设，统筹做好政策接续衔接。一要平稳做好政策过渡衔接，既要坚定不移地落实中央关于医保帮扶政策优化调整的要求，也要立足实际，科学把握政策调整节奏和力度，切忌“一刀切”。政策调整进展缓慢的5个省份要加快进度，确保年底前出台文件。二要落实省负总责、市县抓落实的工作机制，压实巩固医保脱贫成果的责任，坚决不能因医保帮扶政策落实不到位导致发生规模性、系统性返贫！三要积极配合做好巩固脱贫成果后评估，全面排查医保扶贫领域风险点，紧盯农村低收入人口参保和待遇政策落实，守好不因医保问题发生规模性、系统性返贫的底线，确保应保尽保、应享尽享。四要加强调度监测，逐级摸准监测人员底数信息，健全信息共享机制，及时预警提示风险，有针对性完善政策措施。五要加大对160个国家乡村振兴重点帮扶县的倾斜，在政策供给、服务管理上给予支持。省级医保部门要统筹做好工作指导和资金倾斜支持。

第三，做好两节期间困难群众待遇保障。按规定落实好尘肺病患者、重度残疾人、重点优抚对象等困难群众医保待遇，既要送温暖，也要防风险，要加强与工伤保险、残疾人救助、优待抚恤政策衔接。

同志们，夯实医疗保障体系托底功能，责任重大，意义深远。让我们更加紧密地团结在以习近平同志为核心的党中央周围，锚定共同富裕目标，立足新发展阶段，贯彻新发展理念，全面健全重特大疾病医疗保险和救助制度，切实增进民生福祉，以优异的成绩迎接党的二十大，为全面建设社会主义现代化国家作出更大的贡献！

面向“十四五”开启新征程 推进医保经办管理服务高质量发展

——在全国医疗保障经办工作会议上的讲话

(2021 年 4 月 15 日)

国家医疗保障局党组成员、副局长 李 滔

同志们:

今天,我们召开全国医疗保障经办工作会议。主要任务是深入学习贯彻习近平总书记关于医疗保障工作的重要讲话精神,全面贯彻落实党的十九届五中全会精神,谋划“十四五”工作思路,部署 2021 年重点工作。刚才,北京、河北等 6 个省市的负责同志介绍了医保经办工作的经验做法,其他省份做了书面交流,总结的都很好,各地要结合实际,认真学习借鉴。下面,我讲三点意见。

一、奋发努力、砥砺奋进,医疗保障经办工作取得新的突出成效

近年来,各级医保经办机构认真贯彻落实习近平总书记重要指示批示精神和党中央、国务院决策部署,担当作为、克难攻坚,始终坚持以人民为中心,大力创新服务方式,经办能力不断增强,经办服务更加优化,群众满意度获得感进一步提升,各项工作取得积极进展,成效显著。

(一)疫情防控“两个确保”全面落实

坚决把人民群众生命安全和身体健康放在第一位,落实优化经办服务“五个办”;打通互联网医疗的医保支付通道,方便群众疫情期间就医购药;全力做好新冠肺炎确诊和疑似患者医疗费用结算工作,开展了五批次跨省参保信息核实和全国清算。去年顺利完成新冠救治医疗费用结算,会同财政部及时下达 2 轮中央财政补助。习近平总书记充分肯定医保系统疫情救治费用保障工作,指出这些举措体现了社会主义制度的优越性。在全国医疗保障系统抗击新冠肺炎疫情先进集体和先进个人表彰中,有 20 个经办机构获得先进集体称号,33 位经办人荣获先进个人称号。

(二)新冠病毒疫苗及接种费用结算工作平稳开局

会同财政、卫生健康部门迅速安排和部署新冠病毒疫苗及接种费用保障工作,在国家统一信息平台开通信息报送模块,动态监测各省疫苗结算进展情况和遇到的问题。目前,各省都出台了落实费用保障工作的配套文件,建立了由医保、财政、卫生健康等部门组成的疫苗及接种费用保障专项工作机制或专班。32 个省已全部完成专项预算,有力保障新冠疫情防控工作。

(三)全国医保经办体系更加健全

开展全国经办机构情况调查,指导地方加快经办管理体系建设。各地积极探索向乡村基层延伸经办服务。比如湖北省争取编办支持,构建基层医保经办服务体系,实行“县管乡用”,由区县医保中心统一派员,确保每个乡镇、街道至少派出 1 名事业编制人员和 1 名“以钱养事”人员承担医保服务工作,确保基层有人办事。陕西咸阳、四川广元等地建立健全市、县、镇、村四级医保经办服务网络,在不增加人员编制前提下,通过挂靠、兼职等形式,落实镇村两级基层医保服务网络。

(四)系统行风建设持续推进

成立加强行风建设工作领导小组,统筹部署推进行风建设工作,全面梳理医保政务服务事项,印发加强医保系统行风建设的通知,及时对媒体

曝光的负面典型问题开展调研督导，连续两年开展行风建设专项评价，推动各地及时整改行风建设中短板问题。从行风评价结果来看，2020 年各省群众满意度总体评价结果为满意，整体评价前 5 名为山东、江苏、河北、四川、天津。

（五）医保经办服务不断规范

印发《全国医疗保障经办政务服务事项清单》，被国办列入“深化放管服、优化营商环境”100 个典型案例。各省进一步细化出台省级清单和办事指南，积极推动落地实施。印发《医疗保障经办大厅设置与服务规范（试行）》，对医保经办大厅功能设置与外在形象提出“硬件”标准，在“软件”服务上规范经办工作，全面执行首问负责制度、一次性告知制度、限时办结制度等一系列服务制度，提出了“中国医保 一生守护”的全国医保服务口号，制定服务文明用语示例，树立医保经办良好品牌形象。

（六）全民参保工作稳步推进

十九届三中全会确定社会保险费征管职责划转到税务部门后，各地医保部门认真贯彻党中央、国务院决策部署，密切加强与其他相关部门的配合协同，稳步推进社保费征收体制改革。近期，审计署向国家医保局移交了去年审计发现的重复参保情况，还有一些通过重复参保恶意欺诈骗保的案例。各省要高度重视，审慎细致地做好数据核查。

（七）跨省异地就医不断扩围

进一步完善异地就医结算政策，逐步规范住院、普通门诊和门诊慢特病费用跨省直接结算政策，明确“先备案、选定点、持卡扫码就医”的结算流程、“就医地目录、参保地待遇、就医地管理”的待遇政策、“先预付后清算，国家统一清分、省市两级清算”的资金流转模式。经过几年努力，跨省异地就医在政策层面、结算流程层面、资金划转层面都不断得到规范。去年，京津冀、长三角、西南五省 3 个先行试点片区无感切换到国家医疗保障信息平台，打通了跨区域的互联互通。今年 2 月，山西、辽宁等 15 个新增试点省份也开展了普通门诊费用跨省直接结算试运行。今年 1 月起，328 家定点医疗机构率先启动高血压、糖尿病门诊慢特病相关治疗费用跨省直接结算试运行。25 个省推进快速备案和自助备案双试点，依托国家统一的线上备案渠道实现跨省通办。

（八）经办能力建设切实加强

开展规范医保经办机构审核结算专项治理工作，推动全国医保经办机构落实协议管理、待遇支付、费用监控、稽查审核工作责任，促进医保基金审核结算规范化。各地涌现出一批好的经验做法，江苏省逐项细化审核项目的检查要求和标准，制定量化分值；西藏引入第三方机构，参与核查、审计和评价工作，细化考核评价体系。同时，经办管理水平不断加强。开展全国经办精细化管理服务典型案例征集推介活动，全国推荐了 156 个典型案例，总结、宣传了一批可借鉴、可推广的实践模式。

（九）推进医保重点工作任务有序落地

一是助力打赢医保脱贫攻坚战。完善贫困人口参保台账，实现贫困人口参保率稳定在 99.9% 以上。落实落细贫困人口适度倾斜政策，实现贫困人口住院和门诊慢特病费用实际报销比例稳定在 80% 左右。二是狠抓“两病”门诊用药保障落地，已有 6400 多万“两病”患者受益。三是推进医保信息业务编码标准落地。认真做好 15 项信息业务编码标准的信息维护工作，确保编码统一，实现编码标准的落地使用。此外，各级经办机构稳步推进谈判药品落地、执行药品耗材集中招标采购结余留用、推进长期护理保险制度试点、支付方式改革试点等重点工作，切实发挥了医保政策落地“最后一公里”的作用。

二、深入学习贯彻习近平总书记重要讲话精神，准确把握医疗保障经办工作面临的新形势、新要求

今年 2 月 26 日，中共中央政治局专题学习完善覆盖全民的社会保障体系，习近平总书记做了重要讲话，具有很强的政治性、理论性、指导性，对我们更好地把握新发展阶段，贯彻新发展理念，构建新发展格局，谋划未来医保经办工作具有十分重要的指导意义。

（一）立足新发展阶段，准确把握医保发展新形势

静林局长指出医保高质量发展就是从“有没

有”到“好不好”的发展。中共中央和国务院印发《关于深化医疗保障制度改革的意见》，绘制了中国特色医疗保障制度改革的宏伟蓝图，明确了“1＋4＋2”的改革框架，特别提出加强两项支撑，就是要协同推进医药服务供给侧改革、优化医疗保障公共管理服务。过去两年多，我们持之以恒推进改革，啃下了许多硬骨头，取得初步成效。但真正转变为人民的获得感，还有大量的落地工作要做。经办管理服务“好不好”，发展质量“高不高”，关系医保高质量发展的最终实现，关系党和政府形象，关系老百姓切身感受。全国经办体系要顺应深化改革的大势，通过一项项具体经办举措把改革成果真正转化为人民群众的获得感、幸福感和安全感。

（二）贯彻新发展理念，全面落实医保经办新要求

党的十九届五中全会明确提出，要把新发展理念贯穿发展全过程和各领域。“十四五”期间，医保经办工作也要完整、准确、全面贯彻新发展理念，把握好三个关系。

一是把握好行政和经办的关系。医保经办机构是落实各项医保政策的“最后一公里”，机构改革后，需要进一步明确医保经办机构职能定位，把握好经办和行政的关系，要厘清行政和经办之间的关系，既不要越位、也不能缺位。

二是把握好管理和服务的关系。管理是手段，服务是宗旨。管理本身就是效益，我们强化协议管理、加强基金日常管理、深化支付方式改革，目的就是为了通过精细化管理，提升医保基金使用效益，保障群众待遇水平，更好地服务参保群众。同时，群众的获得感既来自待遇保障水平，也来自服务质量。静林局长多次强调，“服务就是待遇”“要向服务要满意”。同样的待遇，服务不同，老百姓的感受就可能不一样。要时刻保持“以人民为中心”，以参保群众的满意为目标，把我们的管理工作做到群众的心坎里。

三是要把握好协同和指导的关系。要加快构建全国经办一盘棋的格局。国家医保中心要发挥全国经办的龙头作用，加强制度规范建设，做好全国经办指导工作。省级经办机构要承担对全省经办机构的指导职责，加强规范和指导。市级经办机构要重点承担在市级统筹中的统筹管理职责。县级经办机构要更多承担经办服务下沉中的管理职责。各级经办机构要守土有责、守土担责、守土尽责，这样才能上下协同、便民高效，不断提升经办管理服务水平。

（三）构建新发展格局，科学谋划医保经办新思路

“十四五”时期，要加快推动构建医保经办工作新发展格局，牢固树立“以人民为中心”的思想，以促进医疗保障事业高质量发展为主线，加快构建全国统一的医疗保障经办管理体系，大力实施医疗保障服务示范、服务提升和异地就医结算能力建设三项工程，努力开创医疗保障经办管理服务工作新局面。

一是加快构筑全国统一的经办管理支撑体系。《中共中央 国务院关于深化医疗保障制度改革的意见》明确“构建全国统一的医疗保障经办管理体系”，要加强各级经办管理服务体系建设，在全面做实市地级统筹的要求下，加强县区医疗保障经办机构建设，特别是加强基层医疗保障公共服务能力，推进医疗保障公共服务纳入县乡村公共服务一体化建设。合理配备与定点医药机构数量、参保人员数量以及工作职责相匹配的经办工作力量，推进经办队伍专业化、规范化。建立健全基本医保大病保险、医疗救助和长护险经办服务网络。

二是实施医疗保障服务示范工程，深入推进经办服务标准化、规范化。医疗保障服务示范工程是医疗保障“十四五”规划确立的重大工程，我们计划利用 1 个五年时间，大力推进经办政务服务规范化建设，实现县区以上经办标准化窗口全覆盖，在全国打造一批高质量服务示范点。

三是实施医疗保障政务服务提升工程，切实提升医保服务质量。健全政务服务“好差评”制度，聚焦群众关心的热点难点问题，进一步明确优化便民服务措施。提升医保全流程数字化服务水平，推进电子票据使用。提升适老服务水平，保留传统服务，畅通为老年人代办的线下渠道。推进跨省通办，加强部门间数据共享支撑能力。

四是实施国家异地就医结算能力建设工程，大力推进跨省异地就医直接结算高效便捷。进一

步完善跨省异地就医直接结算制度体系，制定全国统一的跨省异地就医直接结算管理办法和规程。健全跨区域医疗保障管理工作体系和协作机制，加强国家、省级异地就医结算中心建设。优化跨省异地就医结算管理服务，提高直接结算率，优化住院、普通门诊、门诊慢特病费用线上线下一体化的异地就医结算服务。

三、聚力聚焦重点任务，全力抓好2021年医保经办工作

2021年是我国现代化建设进程中具有特殊重要性的一年，是实施"十四五"规划、开启全面建设社会主义现代化国家新征程的第一年，做好医保经办工作具有特殊重要意义。这里，我再强调几个方面重点工作。

（一）强化使命担当，扛起做好经办工作的政治责任

一是做好新冠病毒疫苗及接种费用结算工作。新冠病毒疫苗免费接种、个人不负担，是党中央、国务院确定的重大决策，医保系统要统一思想，把做好费用保障工作作为当前重要的政治任务。经办机构是具体承办部门，要确保疫苗及接种费用及时预付、结算，不得拖欠医疗机构的接种费用。另外，每半年进行一次专项审计，要跟财政、审计、卫健相关部门共同做好半年调度和清算工作。

二是巩固医保脱贫攻坚成果，有效衔接乡村振兴战略。各级经办机构要按规定落实三重制度综合保障，做好过渡期政策接续衔接，推动做实基本医保、大病保险、医疗救助"一站式"结算，推进医疗救助和基本医保一体化经办，落实困难群众分类参保资助政策。同时，进一步优化工作流程，加强与乡村振兴衔接，发挥医保经办部门应有的作用。

（二）加强精细化管理，推动医疗保障工作提质增效

一是强化协议管理。对定点医药机构进行协议管理是经办机构的法定职责，也是规范定点机构医药服务行为的基本形式，更是医保工作的重要抓手。在制定协议范本时，要将重点工作在协议中体现，确保各项医保政策、改革措施能够落地落实。

二是加强审核结算和内部控制管理。全国经办系统要贯彻实施好《医疗保障基金使用监督管理条例》，严格落实经办机构协议管理、待遇审核及支付、稽查审核责任，推进日常管理全覆盖和监督检查制度落实，牢牢守住基金安全第一道防线。国家医保局今年将研究制定经办机构内控管理规程，完善经办机构内控管理。

三是扎实推进支付方式改革落地。今年是DRG、DIP试点实际付费年，国家医保局即将印发DRG、DIP经办规程，对经办层面的落地流程、环节、要点进行细化，各省要按照规程要求，指导试点城市开展相关工作，确保今年DRG、DIP试点实际付费落地见效。同时，要加大对DRG、DIP定点医疗机构的宣传和培训，加强DRG、DIP经办运行监测评价，及时总结、反馈经验和问题。

四是推动药品目录调整工作制度化规范化。目录管理是医保支付重要工具，是合理控制医疗费用，提高基金效益的关键。各省要抓好2020年版医保药品目录落地，完善医保支付经办管理措施，做好患者用药衔接和运行监测，配合贯标工作持续做好目录信息编码维护，确保新版药品目录落地实施，平稳运行。

（三）全面优化服务，打造群众满意的医疗保障服务

一是深入推进经办服务标准化规范化。全面落实《全国医疗保障经办政务服务事项清单》，今年将把清单的落地实施情况作为行风评价的重要考核内容，全面推动经办服务减少办理材料、缩短办理时限、简化办事流程、提高服务质量。启动医疗保障服务示范工程，开展标准化窗口和示范点建设。推动出台关于优化医保领域便民服务指导意见，指导各地构建系统完善、科学规范、运行高效的医保经办管理体系和服务网络。

二是统筹优化线上线下一体化公共服务，推进医保服务信息平台建设，提升医保一体化经办、便捷化服务。全国经办机构要积极配合新系统的应用，进行全员培训，无感切换。同时关注系统运行中发现的问题和困难，及时反馈，不断优化，推动信息系统顺利落地和平稳运行。同时，提高适老化水平，合理布局服务网点，加强窗口管理，充

分保障老年人、重度残疾人员等特殊人群顺畅便捷办理相关业务。

三是深入落实行风建设部署要求。聚焦解决群众办事难点、堵点、痛点问题，持续开展行风建设专项评价，推动医疗保障服务提质增效。全面落实“好差评”制度，完善医保经办政务服务评价管理办法，推动“好差评”结果在行风评价中的应用，提升医保公共服务水平和群众满意度。

（四）贴近群众需求，加快推进医保服务高频事项“跨省通办”

按照国务院要求，年底前基本实现医疗保险参保信息变更、城乡居民基本医疗保险参保登记、基本医保关系转移接续、医保定点医疗机构基础信息变更、异地就医备案、门诊费用跨省直接结算等事项的“跨省通办”。各地要按照全国一体化政务服务平台的标准和要求，依托全国统一的医保信息平台建设完善本省的转移接续服务系统，与国家平台全面对接、深度融合，为“跨省通办”打好基础。关于推进门诊费用跨省直接结算工作，着重强调三点：

一是提高政治站位，充分认识做好跨省异地就医直接结算工作的重要意义。党中央、国务院高度重视异地就医直接结算工作，李克强总理明确要求今年扩大门诊费用跨省直接报销的范围，到明年年底前每个县都要确定一个定点医疗机构，能够直接报销包括门诊费用在内的医疗费用。各级医保部门要提高政治站位，强化责任担当、积极主动作为，把党中央、国务院的决策部署不折不扣落到实处。

二是明确工作任务和时限要求。近期，我局会同财政部印发了加快推进门诊费用跨省直接结算工作的通知，具体明确了工作任务和时限要求。省级医保部门要摸清底数，倒排工期，挂图作战，有条件的省份力争在 9 月底前完成全年任务。各级医保部门要将跨省异地就医直接结算工作作为本单位年度重点工作任务，主要领导要负总责亲自抓，分管领导具体抓落实，严格按照任务分解清单，责任压实到每一个统筹地区，落实到人，确保各项工作落实落细。

三是加强改革系统集成、协同高效。统筹“十四五”时期制度改革，推进省内异地就医结算政策和管理的统一，统筹推进门诊费用和门诊慢特病相关治疗费用跨省直接结算工作。同时，切实加强业务协同，建立便捷高效的异地就医业务协同工作机制。国家医保局将持续优化备案管理服务，推进异地就医快速备案和自助开通异地就医直接结算服务，逐步统一全国备案流程。

同志们，做好医疗保障经办管理服务工作，任务艰巨、使命光荣。让我们更加紧密地团结在以习近平同志为核心的党中央周围，深入贯彻落实习近平总书记重要指示批示精神和党中央、国务院决策部署，坚定信心、攻坚克难，为开创医保经办高质量发展新局面做出新的更大贡献，以优异成绩庆祝建党 100 周年！

提高站位 担当作为
着力构建管用高效的医保支付机制

——在全国医保支付范围管理培训班开班式上的讲话

（2021 年 12 月 15 日）

国家医疗保障局党组成员、副局长 李 滔

同志们：

今天举办医保支付范围管理培训班，主要目的是深入学习贯彻党的十九届六中全会精神，盘点 2021 年医药服务管理工作成效，分析当前形势，按照《中共中央 国务院关于深化医疗保障制度改革的意见》《“十四五”全民医疗保障规划》确定的目标任务，安排部署“十四五”时期和 2022 年医药服务管理重点工作，同时开展集中培训。

刚才，六个省份做了交流发言，汇报了在医药服务管理相关领域的做法和经验，讲得都很好，值得各地学习借鉴。下面，我讲四点意见。

一、提高站位、找准定位，深刻认识医药服务管理工作的重要性，切实增强使命感、责任感

（一）做好医药服务管理工作意义重大

医药服务管理工作涉及群众可以去哪里看病就医、可以报销什么范围的药品耗材和医疗服务项目，用什么样的标准来和老百姓、医疗机构结算，这是医保领域的核心工作之一，涉及亿万参保群众最关心最直接最现实的利益问题，涉及医药机构和广大医务人员的切身利益，同时也涉及药品耗材生产企业的利益。每一项决策都备受社会关注，党中央、国务院始终坚持以人民为中心，高度重视医药服务管理工作。

党的十九大报告中明确提出：“全面建立中国特色基本医疗卫生制度、医疗保障制度和优质高效的医疗卫生服务体系”。2020 年 6 月，习近平总书记在中央深改委第十四次会议上强调，“深化医保支付方式改革，加强医保基金监管”。2021 年 2 月 26 日下午，中共中央政治局就完善覆盖全民的社会保障体系进行第二十八次集体学习，习近平总书记再次强调，“深化医保支付方式改革，提高医保基金使用效能”。李克强总理多次强调相关工作的重要性，特别是优化定点医疗机构总额预算管理，要求我们推进现有试点成功经验。韩正副总理、孙春兰副总理也多次指出深化医保支付方式改革、提升管理水平和风险防控能力，以习近平同志为核心的党中央对医药服务管理工作赋予了新使命、提出了新要求，我们要提高政治站位，站在大局全局的高度，深刻认识医药服务管理工作的重要性，切实增强责任感、使命感。

（二）医保支付机制是推动“三医联动”的“牛鼻子”

在医药服务管理中，医保支付机制联结医、保、患三方，平衡三方利益关系，是提升人民群众健康获得感的“指挥棒”、推动“三医联动”的核心机制，也是深化医药服务供给侧改革的关键点。以前医保普遍实行按项目付费，受项目付费等机制影响，过度医疗、医院粗放发展、医保被动买单和患者看病负担重等问题也不断积累恶化，到了非改不可的地步。在遵循医保、医疗和医药“三医”各自发展规律前提下，建立管用高效的医保支付机制，协同推进“三医联动”，是党中央、国务院赋予医保部门光荣的历史责任。

具体对医保来说，以 DRG/DIP 为主要内容的付费方式改革，可以有效解决医保管理信息不

对称难题,建立医保与医院沟通平台和绩效分析评价工具,不断提高医保管理服务水平,实现服务内容可比较可分析、付费标准可预期可控制。对医疗机构而言,新的支付机制能促使医疗机构加强成本管控和临床路径管理,激发规范医疗服务行为的内生动力,转变运营理念,走内涵式发展的新路子。对参保患者而言,医保支付方式改革有助于抑制过度医疗,减轻医疗费用负担,更好提升患者就医获得感和满意度。

总体讲,建立管用高效医保支付机制是促使医疗服务体系优化,医药产品质量提升、供应和安全保证能力增强的"手术刀",是实现协调健康改善、医院良好运行、产业健康发展的"调节阀",是撬动医药服务供给侧改革、促进"三医联动"的重要杠杆。

(三)三大目录管理是基本医疗保障制度的"生命线"

《中共中央 国务院关于深化医疗保障制度改革的意见》明确要求,坚持应保尽保、保障基本,尽力而为、量力而行,实事求是确定保障范围和标准。刚刚结束的中央经济工作会议上,习近平总书记再次强调,"要坚持尽力而为、量力而行,完善公共服务政策制度体系"。首先,医保三大目录调整是划清和明确基本医保保基本的边界。我们适应群众基本医疗需求、临床技术进步、医药产业发展,建立动态调整机制,不断优化医保三大目录,将更多临床价值高、经济性评价优良的药品、诊疗项目、医用耗材纳入医保支付范围,为确保参保患者及时得到适宜的药品耗材、医疗服务提供了支撑。其次,医保三大目录调整是医保基金不断提高保障水平、实现更高层次保基本的重要抓手。我们按《基本医疗保险用药管理暂行办法》要求,坚持"保基本"功能定位,用好医保药品目录调整机制,引导同治疗领域用药适度竞争和目录内药品再降价,减少不合理医保基金支出,腾出基金空间,调入更多患者所需、更高临床价值的新药、新技术、新耗材,推动基本医保保基本不断"升级换代"。

(四)定点医药机构管理是整个医保工作的"主战场"

定点医药机构是医保政策落地的主要载体,定点机构管理是检验医疗保障政策实施落地成效的"度量衡",是医疗保障制度改革"四梁八柱"协同发力、医保基金安全可持续运行的"主动脉"。党的十九大报告把"着力增强改革系统性、整体性、协同性"作为改革取得重大突破的宝贵经验,随着医药卫生体制改革不断深化,医疗卫生服务体系不断变化,医疗机构和零售药店数量明显增加,特别是医养结合、"互联网+医疗"、区域检验检查机构等新医疗服务需求快速涌现,必须通过强化定点医药机构管理,才能保证新时期深化医疗保障制度改革的系统性、整体性、协同性。

加强医保定点协议管理不仅是提高医保基金使用效率的重要方面,更是满足人民群众就医购药需求、保障人民群众医保权益的必然要求。两定机构管理的质量直接关系着国家谈判药品落地、药品耗材集中带量采购等医保惠民举措的成效,是检验医保制度解决人民群众看病就医后顾之忧实际效能的试金石。国家医保局 2 号令、3 号令的出台,不仅充分落实了"放管服"改革要求,而且能够适应医疗保障事业面临的新形势、新环境、新任务,在推动我国医保定点机构管理进入新时代、进一步提升医保治理水平的同时,也将进一步促进我国医疗机构和零售药店的发展,提升人民群众的医保获得感。

二、狠抓落实、开拓创新,医药服务管理工作取得新成效

一年来,各地医保部门认真贯彻落实习近平总书记重要指示批示精神和党中央、国务院决策部署,担当作为,克难攻坚,大力推进 DRG/DIP 支付方式改革试点,创新新冠病毒疫苗及接种费用结算与核查方式,强力推动国家谈判药品落地,消化原自增药品,医药服务管理能力不断增强,定点医药机构管理更加规范,群众满意度获得感进一步提升,各项工作取得积极进展,成效显著。

(一)提高政治站位,新冠肺炎疫情防控"两个确保""两项费用保障"成效明显

新冠肺炎疫情暴发后,国家医保局及时发布了一系列政策文件,明确"两个确保"政策,逐渐形成并不断完善中国特色的重大突发公共卫生事件医保应急机制。各地医保部门立即响应,形成了

医保应急管理与医保基金动态监测报告制度，建立与相关部门及医疗机构有效对接的工作机制，支持“互联网＋医疗”医保结算，出台“长处方”政策，及时有效地解除了患者诊疗与医疗机构收治患者的后顾之忧，对促进社会和谐稳定发挥了重要作用。习近平总书记给予充分肯定，指出“两个确保”体现了我国社会主义制度的优越性。

党中央、国务院作出新冠病毒疫苗及接种费用由医保基金负担、财政适当补助，居民免费接种的有关决策后，国家医保局会同财政、卫生健康部门迅速安排部署了费用保障工作。全国医保系统凝心聚力、团结一致，做到了“两项费用保障”到位。一是建立预付机制，确保“钱等苗”；二是建立结算机制，确保“及时结”；三是建立清算机制，确保“付得明白”；四是建立核查机制，确保“结得准确”；五是注重信息报送，确保“情况明”。各个省讲大局、克服困难，为疫情防控工作默默做出了贡献。

（二）着力提质增效，两项支付方式试点工作顺利收官

自DRG/DIP两项支付方式改革国家试点工作陆续启动以来，国家医保局牵头成立两个技术指导组，组建了国家、省级、试点城市三级专家支持机制，指导各试点城市扎实推动试点工作。各地医保部门切实履职尽责，积极推动试点地区完善信息系统、细化分组、模拟运行。目前，101个试点城市已全面进入实际付费，基本达到了试点预期目标。

一是各地对DRG/DIP支付方式改革的认识明显提高。江苏、安徽把深化支付方式改革工作纳入省委、省政府重点改革任务。云南省昆明市以市政府名义印发了DRG试点方案。浙江、广西在全省（区）开展DRG付费方式改革。山东因地制宜在全省开展DRG/DIP付费方式改革。贵州建立了部门联席会议机制，提高了改革的整体性、系统性、协同性。

二是形成了“中国特色”DRG/DIP支付方式改革的技术规范。试点开始，国家医保局就会同财政部、国家卫健委、国家中医药局集中研究，形成国家医疗保障按疾病诊断相关分组CHS－DRG方案。首次实现DRG从侧重医疗服务评价到用于医保付费、从地方探索上升到国家统一行动的技术标准规范。DIP在上海、广州、淮安等地应用大数据开展病种分值付费经验的基础上，形成了全国统一的技术规范和病种目录库，实现了从手工操作向大数据信息化、从部分病种向病种全覆盖、从分组规则不统一到标准规范的根本性转变。

三是引导供给侧发生“内因”转变的机制初步建立。通过试点，实现了从项目付费向价值付费、从被动买单向主动作为、从单纯的数据审核向大数据应用、从粗放的供给侧管理向精细化管理四个转变。按项目付费的对象是药品、耗材、床位费等，按病组（病种）付费的对象则是医疗服务的结果。按病组（病种）付费提前参与医疗服务过程，形成与医疗机构协商谈判和考核评价的新机制。DRG/DIP支付改革让大数据应用提速增效，激发医疗机构主动控制成本的动力，推动建立健全管理型医疗服务模式，助力医疗机构理顺“补偿”机制，真正做到“因病施治”。

四是DRG/DIP支付方式改革效果初显。从评估情况看，试点工作取得了一定成效，比如，患者个人自付比例、住院率、住院费用增速都有所下降，医疗机构获益增加，医保基金支出增速放缓。17个试点城市DRG实际付费后平均个人自付比例降低了0.12％。武汉市实施DRG以来，住院率由2019年的24.32％，下降到2021年上半年的17％。DRG试点城市2021年住院医疗总费用平均增长率为0.87％，而2019年全国住院医疗费用平均增长率为6％，增速明显放缓。试点城市医疗机构普遍获得不同程度的结余留用资金，其中北京因支架集采降价后仍按病种原标准支付，医疗机构受益明显，积极参与这项改革。沈阳市实施DRG后，三级医院在整体收治住院人次及费用下降的情况下，收治重症及复杂手术的人次及费用呈增加趋势，更加符合医院功能定位。浙江全省实施DRG后，检验检查结果共享等措施得到老百姓认可。

此外，一些地区还探索了基层医疗服务按人头付费与慢性病管理相结合，完善与门诊共济保障相适应的付费机制，推进紧密型县域医共体支付方式改革等。国家医保局会同国家中医药管理

局起草医保支持中医药传承创新发展的指导意见，拟于近期印发。各地积极探索，广东、湖南、四川、山东、安徽、吉林、新疆及兵团等地出台支持中医药事业发展政策。在总额预算管理下，适应不同疾病、不同服务特点的多元复合式医保支付框架基本形成，医保支付方式科学化、规范化、精细化迈上新台阶。

（三）着眼规范统一，医保药品目录管理持续加强

一是2021年国家医保药品目录调整工作顺利完成。本次目录调整，新增74种药品、调出11种药品，67种目录外独家药品谈判成功，平均降价61.71%。目前，国家医保药品目录内药品总数2860种，其中西药1486种、中成药1374种；中药饮片仍为892种。本次调整综合考虑现阶段我国经济社会发展水平、医保基金和参保人员负担能力等因素，确保谈判形成的支付标准符合“保基本”定位。紧盯临床合理用药需求，着力弥补基本用药保障短板，新纳入药品精准补齐肿瘤、慢性病、抗感染、罕见病和妇女儿童等用药需求，患者受益面广泛，将极大减轻患者经济负担。

二是加快统一全国医保药品目录进度。习近平总书记多次强调，要坚持制度的统一性和规范性，要求坚持国家顶层设计，增强制度刚性约束。待遇清单出台，在医药服务范畴主要就是目录的统一规范。按照3年消化进度安排，截至2021年底各省要完成原自行增补品种80%的消化任务。河南、山西、宁夏、河北、广东、海南6个省份已于2021年6月30日完成消化任务，湖北、新疆、新疆生产建设兵团将在12月份全部消化完毕。其余22个省份已按期发文，今年年底前完成第二批消化目标。只有1个省消化进度稍微滞后，目前完成69.9%。

三是持续加强“双通道”指导，确保国谈药品落地。持续完善谈判药品落地监测机制，对患者使用人次、药品总费用、医保报销金额研究分析。联合国家卫健委印发《关于建立完善国家医保谈判药品“双通道”管理机制的指导意见》《关于适应国家医保谈判常态化持续做好谈判药品落地工作的通知》，各地启动迅速、强化落实，湖北将定点医疗机构合理配备使用谈判药品情况纳入协议内容，并与年度考核挂钩，很多地方出台了对实行单行支付的谈判药品，不纳入定点医疗机构总额范围，将合理使用的谈判药品单列，不纳入医疗机构药占比、次均费用等影响其落地的政策措施。山西对“双通道药品”实行“五个不限”管理，不限住院、门诊，医院、药店，不设报销起付线、乙类药个人先行自付比例、单独的年度报销限额，彻底打通了国家谈判药品落地的“最后一公里”。截至2021年10月底，2020年新准入的95个药品在全国14.24万家定点医药机构配备。

（四）着实融合高效，定点机构管理日益规范

国家医保局2、3号令印发后，各地相继出台了两定机构管理的配套政策。江西推进定点医药机构管理制度试点工作，从健全准入退出机制、定点医疗机构精细化管理、医保医师管理等七个方面做积极探索。河北在医保协议管理中增加了医保目录使用率和使用医保目录外项目告知条款。青海研究出台《青海省医疗保险总额付费管理办法》，进一步规范了医保总额付费政策、基金结算清算规定，将患者实际报付比例、三个目录使用率、药品耗材线上招采率等考核指标与总额清算挂钩。甘肃构建了《定点医疗机构服务质量测量工具》，研发了定点医疗机构服务质量数据监测平台，以参保人员为中心，通过对医护技术、医患沟通、环境设施等多个维度进行评价，促进定点医疗机构全面改进服务质量。江苏、贵州等很多省份在两定机构管理方面进行了积极探索、积累了经验。

（五）注重联动协同，深化医改重点任务统筹推进

各地医保部门加强与卫生健康、药监等部门协同配合，积极参与2021年深化医药卫生体制改革工作，对医保牵头的重点任务拉条挂账，实行定期调度。在推动公立医院高质量发展、促进中医药传承创新发展、制定卫生健康领域“十四五”规划等方面提供医保支持、展现医保作为，注重推动医保政策与医改整体方向的融合聚合，增强了“三医联动”的整体性、系统性、协同性。

三、精准研判、强化分析，准确把握医药服务管理工作面临的新形势，切实增强使命感

在即将迈入第二个百年奋斗目标的新时期，

当前医疗保障工作进入发展新阶段，医药服务管理工作如何实现高质量发展？改革如何深化？政策如何更加成熟定型？都值得我们更加深入的思考研究。

（一）面对医保事业新发展，医药服务管理需要更加注重规范性

当前，医疗保障法治化进程加快，国家层面各项政策规定密集出台，《中共中央 国务院关于深化医疗保障制度改革的意见》架起推进医疗保障事业发展的“四梁八柱”，国家医疗保障局1、2、3号令也都体现了医药服务管理领域的具体要求，医疗保障待遇清单管理在医药服务领域就是要从药品目录起步、做到全国规范统一。国家要求有统一的信息系统、三项基本制度要归并、药品目录要相对统一，耗材与医疗服务项目两个目录也要加快规范统一，省、市、县各级医保部门在待遇清单落地、执行全国统一规范的过程中如何破解当前的难点，实现规范化发展，还要进行深入研究思考，要处理好医药服务与经办之间的关系，在定点医药机构总额预算、绩效考核、结算清算等方面要划清职责界限、理顺关系，当前面临的新形势、新要求、新课题都需要新的思考与研究。

（二）面对严峻的基金压力，医药服务管理需要更加注重科学性

当前，受国际局势和新冠肺炎疫情影响，医保基金支出加大、增收减少，同时新设备、新技术、新药品不断应用于临床医学，医药卫生支出持续高速增长，群众医疗负担不断加重，更加考验政策制定和目录调整的精准性。首先，药品目录调整需要考虑如何从安全性、有效性、经济性、创新性、公平性等方面进行科学测算，社会各界反映我们本年度的药品目录调整取得了空前的进步，原因就在于我们运用了科学的方法和工具，考虑了多维度评价模型。希望各地在耗材、医疗服务项目调整与支付标准确定中，认真思考如何做到程序规范、路径清晰、评价科学、结果各方认可？第二，支付标准的确立更是新的挑战，下一步我们要开展药品支付标准试点，更重的担子在各省，国家定规则、地方定标准，如何科学、精准确定支付标准，是摆在我们面前不可回避的一项重大课题。第三，医保支付方式改革需要更加深入分析研究不同医疗服务模式的规律特点，多元复合支付方式中，各地结合实际，合理确定当地的住院、门诊采取什么方式，支付标准、支付规则、支付类型与支付流程如何明确等一系列问题都需要深入研究。第四，两定机构管理方面，除新业态之外，现有的两定机构管理对我们的治理能力和管理水平都提出了更高的要求，需要在定点申请、专业评估、协商谈判、协议订立、协议履行、绩效考核等方面进行专业储备。总之，医药服务管理工作是医保领域内技术性、专业性要求比较高的领域之一，我们这支队伍一定要提升专业能力和技术水平，不断提高科学治理能力和精细化管理水平。

（三）面对医改深化推进，医药服务管理政策需要更加注重系统性

医改是世界性难题，涉及利益主体多，管理链条长，平衡难度大，特别是改革进入深水区，阻力和风险系数呈几何级增长，这就要求在改革过程中，必须充分认识医疗保障是“三医联动”的有机组成部分，医药服务管理工作是医疗保障工作的重要一环，要牢固树立整体思维，强化协同观念，注重相关政策与其他方面的衔接配套，相互补充、相互映照，通过战略性购买体现价值引领和价值赋能，通过使医生行为异化最小的前瞻式付费方式，体现以患者为中心、以临床价值为导向。建立起以健康为中心、促使公共卫生与医疗协同的同向激励，通过购买引导以健康为中心、以质量为核心、以临床价值为导向、以创新为动力，充分发挥医保支付、价格、集采、监管等综合功能，形成政策叠加和系统集成。

四、围绕中心、服务大局，全力抓好2022年医药服务管理工作

十九届六中全会通过的《中共中央关于党的百年奋斗重大成就和历史经验的决议》（简称《决议》）“开创中国特色社会主义新时代”篇章指出，“我国建成世界上规模最大的社会保障体系，十亿二千万人拥有基本养老保险，十三亿六千万人拥有基本医疗保险”，充分肯定了医疗保障工作取得的成就。《决议》指出，补齐民生保障短板、解决好人民群众急难愁盼问题是社会建设的紧迫任务。必须以保障和改善民生为重点加强社会建设，尽

力而为、量力而行，一件事情接着一件事情办，一年接着一年干，使人民获得感、幸福感、安全感更加充实、更有保障、更可持续。全国医保部门要以党的十九届六中全会精神为指引，结合医疗保障工作实际，准确把握医药服务管理工作面临的新形势，找准着力点，认真谋划明年工作，以实际行动推进医疗保障事业高质量发展。

（一）提高站位，持续做好新冠肺炎疫情防控医疗保障工作

各地要提高政治站位，根据疫情防控需要，持续做好救治费用“两个确保”和新冠病毒疫苗及接种“两项费用保障”工作。2022 年要提早预算、细化方案、准备充分、落实到位。

一是坚持人民至上、生命至上，持续落实“两个确保”。准确把握政策要求，根据新冠疫情救治需要，切实落实“两个确保”政策。要加强与定点救治机构沟通协调，及时调度费用支付情况，加强信息比对、数据审核，按时高质量完成结算清算，切实做好确诊患者与疑似患者救治费用保障。确保新冠疫情防控医疗保障有力有效。

二是坚持知责于心、履责于行，加强“两项费用保障”。按照党中央、国务院统一部署和国家医保局系列文件要求，适应新冠疫苗接种工作新进展，切实做好需医保基金承担的疫苗费用和接种费用保障工作。要部门联动协同，准确执行不同阶段的疫苗议定价格，扎实做好月结算工作。要总结工作经验、核清存疑数据、优化工作流程，每半年开展一次阶段性清算。确保建立免疫屏障医疗保障有序有为。

三是坚持更严要求、更实举措，强化结算数据核查。贯彻落实国务院领导同志重要批示精神，围绕医保专项资金结算清算开展数据核查。加强信息比对，创新核查方式，用足绣花功夫。确保医保专项资金支付有根有据。

（二）突出重点，整体推进 DRG/DIP 支付方式改革三年行动计划实施

一是实施 DRG/DIP 支付方式改革三年行动计划。省级医保部门要按三年行动计划要求，谋划好各自的工作，根据当地实际科学分解三年任务，确保 2022 年开好头起好步。各地医保部门党组要认真研究、抓在手上，全力做好新三年的工作。

二是开展以人头付费为主的门诊费用支付方式改革。完善与门诊共济保障相适应的付费机制，要抓住窗口期，充分结合家庭医生签约服务、分级诊疗机制建设等，探索完善门诊按人头付费机制。

三是支持中医药传承创新发展。印发《医保支持中医药传承创新发展的指导意见》，明确医保支持中医药传承创新发展的具体政策措施。选取部分地区开展中医优势病种按病种付费试点工作，更好体现中医药服务价值，实行同病同质同价、优质优价。鼓励地方开展医保对中医药支付的标准规范建设，探索符合中医药特点的评价机制和评价方法。

四是完善紧密型县域医共体支付机制。建立完善与紧密型县域医共体建设相适应的医保支付政策和管理措施，提高医保基金使用效率。完善医保协议管理，加强对紧密型县域医共体医保基金稽核监管，绝对不能一包了之、放任不管。

五是完善定点医药机构管理。全面评估《医疗机构医疗保障定点管理暂行办法》和《零售药店医疗保障定点管理暂行办法》实施成效，加强对经办机构的管理，重点看对两定机构的绩效考核是否管理到位，是否真正实现了优质高效。各地要按国家医保局统一要求，组织各统筹地区开展自评，国家医保局也将组织专家或第三方开展评估。

（三）攻克难点，持续推进医保目录管理更加科学规范

一是确保新版药品目录圆满落地。倒排工作时间，加大工作力度，确保新进药品医保赋码、支付标准调整、信息系统准备提前到位，督促相关医药机构将群众亟需药品提前备货到位，做好试运行和相关调试工作，确保新版目录 2022 年 1 月 1 日正式实施。各地要继续完善跟踪监测和信息上报机制，每月报送国谈药品落地进展。扎实推进“双通道”管理，确保群众“找得见、买得到、用得上”谈判药品。

二是确保完成地方药品目录消化任务。未完成“442”消化任务的省份要加大工作力度，确保 2022 年 6 月底前将原增补药品清理任务全部完成，确保 2022 年实现医保药品目录基本统一。国

家医保局将开展抽查，确保消化工作不打折扣、不留尾巴。地方不得在国家药品目录之外，擅自扩大基本医疗保险、大病保险和医疗救助药品目录范围。由于历史原因，地方已有大病保险、医疗救助范围内超出国家药品目录范围的，要按要求完成消化。

三是开展药品确定支付标准试点。选取部分医保目录内药品开展试点，探索医保目录内药品确定支付标准的原则、方法和具体路径。深入开展《关于完善城乡居民高血压糖尿病门诊用药保障机制的指导意见》（医保发〔2019〕54 号）文件落实情况评估，重点评估集采药品根据集采中标价格确定同通用名药品支付标准要求的落地情况、舆情反映、经验教训等，形成书面报告报国家医保局。

四是探索医用耗材医保准入工作。探索全国统一的医保医用耗材目录动态调整机制及医保支付管理，不断提高医保医用耗材管理的规范化、科学化水平。

五是规范民族药、医疗机构制剂、中药饮片和中药配方颗粒管理。按照《基本医疗保险用药管理暂行办法》要求，对民族药、医疗机构制剂、中药饮片和中药配方颗粒严格把关、规范管理，要完善程序，细化标准，科学测算，把符合临床必须、价格合理、疗效确切等条件的上述药品纳入医保支付范围，具备条件的地区，可同步确定医保支付标准。要建立动态调整机制，及时将不符合条件的上述药品调出支付范围。建立健全罕见病用药保障机制。

（四）提升能力，推动医药服务管理工作高质量发展

新的形势需要我们不断加强学习、加强培训，要在不停学习的路上用新的专业知识、新的理论武装头脑。各地要把培训抓好，医药管理司将从卫生经济学、药物经济学、医保基金测算、目录谈判技巧、医保支付技术等方面开展系列专业培训，着力提高解决实际问题能力。希望各地积极报名、踊跃参加，不断提高政治品质、业务能力、落地实操本领，真正将党中央、国务院的惠民政策落地落实落细。

同志们，使命召唤落实、责任系于实干，目标任务已经明确，方法路径更加清晰，让我们更加紧密地团结在以习近平同志为核心的党中央周围，埋头苦干、勇毅前行，奋力完成新一年医药服务管理工作，确保实现“十四五”全民医疗保障规划的各项任务目标，以优异的成绩迎接党的二十大胜利召开！

国家医疗保障工作

一、工作综述

国家医疗保障工作综述

2021年，国家医疗保障局坚持以习近平新时代中国特色社会主义思想为指导，深入贯彻党的十九大和十九届历次全会以及中央经济工作会议精神，坚决贯彻落实党中央、国务院决策部署，扎实开展党史学习教育，统筹疫情防控和医保发展，持续完善中国特色医疗保障制度，持续推动医保改革走向纵深，持续促进管理服务提质增效，群众待遇稳步改善，制度运行总体平稳，基金安全可持续，实现"十四五"良好开局。2021年全国基本医疗保险参保人数13.63亿人，参保覆盖面稳定在95%以上；基本医疗保险基金（含生育保险）收入2.87万亿元，支出2.40万亿元，累计结存3.62万亿元。

【完善医保制度顶层设计】 *编制实施首个全民医疗保障五年规划* 2021年6月，国务院常务会议审议通过《"十四五"全民医疗保障规划》。2021年9月，国务院办公厅正式印发规划文本，对"十四五"时期医疗保障改革发展的主要目标和重点任务作了全面系统的部署。确定黑龙江省等6个规划实施联系点。

全面推进巩固拓展医保脱贫攻坚成果有效衔接乡村振兴战略 坚决落实党中央、国务院关于巩固拓展脱贫攻坚成果有效衔接乡村振兴的战略部署，医保先行一步，在国家层面率先印发实施意见。原承担脱贫攻坚任务的25个省份全部出台配套措施，部署开展因病致贫返贫预警监测。2021年，全国纳入监测范围的农村低收入人口参保率持续稳定在99%以上；各项医保综合帮扶政策累计惠及农村低收入人口就医1.23亿人次，减轻农村低收入人口医疗费用负担1224.1亿元。

健全职工医保门诊共济保障机制 2021年4月，国务院办公厅印发《关于建立健全职工基本医疗保险门诊共济保障机制的指导意见》，建立职工医保普通门诊统筹，改革个人账户，发挥改革系统集成效能。

开展深化医疗服务价格改革试点 中央全面深化改革委员会第十九次会议审议通过《深化医疗服务价格改革试点方案》，2021年8月正式印发，明确在建立健全更可持续的总量调控机制等五大机制上进行探索。遴选河北省唐山市、江西省赣州市等5个城市开展试点。

【优化群众待遇保障质量】 *健全重特大疾病医疗保险和救助制度* 2021年10月，国务院办公厅印发《关于健全重特大疾病医疗保险和救助制度的意见》，聚焦减轻困难群众和大病患者医疗费用负担，夯实医疗保障制度托底保障功能，建立防范化解因病致贫返贫风险的长效机制。

持续抓好城乡居民高血压、糖尿病门诊用药保障政策落实 联合卫生健康部门开展专项行动，在全国选取52个典型地区重点联系，累计惠及1.25亿患者，减轻群众用药负担428亿元。

稳步推进长期护理保险制度试点 统一全国失能等级评估标准，国家试点城市增至49个、参保超过1.4亿人，累计165万失能群众获益，年人均减负超1.5万元。2021年基金收入260.6亿元，支出168.4亿元。

积极支持三孩生育政策落地实施 研究完善生育保险政策措施，各地迅速将参保女职工生育三孩费用纳入生育保险待遇支付范围。

【助力疫情防控取得显著成效】 *精准做好新冠病毒疫苗及接种费用保障* 会同财政部门共同承担疫苗及接种费用，迅速筹集并预拨疫苗采购资金，及时结算接种费用。"钱等苗"让企业放心生产、采购机构放心采购、接种机构放心接种。截至2021年底，已接种疫苗超28亿剂。

持续降低常态防疫成本 三次与企业磋商，大幅降低疫苗价格。实行核酸检测免收挂号费政策，全国三轮核酸检测降价，单人单检每人份价格

已降至不高于40元，多人混检每人份价格降至不高于10元，有效减轻群众和政府负担。

【持续加大药耗集中带量采购力度】 国家组织集采取得新进展　全年共开展2批化学药集中带量采购，覆盖106种药品，中选产品平均降价54%；开展1批胰岛素专项采购，破解了生物药集采难点，覆盖16种胰岛素，中选产品平均降价48%。自2018年以来，共开展6批国家组织药品集中带量采购，共采购234种药品，涉及金额占公立医疗机构化学药品年采购总额的30%，累计节约费用2600亿元以上。在高值医用耗材集采方面，冠脉支架集采中选结果实施满一年，中选产品年度采购量169万个，达到协议采购量近1.6倍；开展人工髋关节、膝关节集采，中选产品平均降价82%。实施医药价格和招采信用评价，实现药品品种全覆盖，精准打击"行贿者""围猎者"。

地方集采已呈星火燎原之势　重庆、湖北分别牵头开展短缺药、中成药省际联盟集采，天津、江苏、内蒙古、河南分别牵头开展冠脉扩张球囊、药物球囊、导引导丝、骨科创伤类耗材等联盟集采，安徽探索大型医用设备集采，四川牵头探索口腔耗材集采，广东等地分别组织跨省联盟采购，取得积极成效。

【完善医保药品目录管理】 整合全国用量"灵魂砍价"　健全药品评价指标体系，完善专家遴选和谈判机制。本次目录调整，将74种药品新增进入《国家基本医疗保险、工伤保险和生育保险药品目录(2021年)》(简称《2021版目录》)，精准补齐慢性病、罕见病和抗肿瘤用药保障短板，谈判新准入67种独家药品平均降价62%。《2021版目录》收载西药和中成药共2860种，其中西药1486种、中成药1374种。自2018年以来，连续4年开展医保药品目录准入谈判，累计将250种药品通过谈判新增进入目录，价格平均降幅超过50%。

建立国谈药品"双通道"保障机制　暂时进不去医院的药品，先进药店保供应，实行同样支付政策，实时公布配备信息，确保国谈救命药"能查到、能买到、能报销"。15.4万家定点医药机构供应谈判药品，国谈药全年累计惠及患者1.4亿人次、减负1500亿元。

【推进全国制度规范统一】 建立医疗保障待遇清单制度　建立我国民生领域第一个待遇清单制度，在国家层面明确基本医保内涵、支付边界、决策权限，明确3年内实现全国基本制度、基本政策、支付范围等的规范统一。

坚决防范"天价药"进医保　取消地方调整大病保险支付范围权限，逐步消化各省大病保险支付范围与国家药品目录的差异，有序清理消化各省自行增补医保药品目录品种。

【守好人民群众"救命钱"】 持续筑牢医保基金安全防线　全国医保经办机构持续强化协议管理，开展定点医药机构常态化日常核查，加强医保基金结算方式管理和审核结算全面规范，切实守好基金安全"第一道防线"。开展基金监管存量问题"清零行动"，联合公安部、国家卫生健康委员会专项打击"假病人、假病情、假票据"欺诈骗保行为，加大基金监管执法力度，持续巩固基金监管高压态势。2021年通过医保经办机构费用核查和基金监管行政执法，全国共追回医保资金234.18亿元，检查定点医药机构70.8万家，处理41.4万家，其中经办机构解除服务协议4181家，行政处罚7088家，移交司法机关404家；处理参保人员45704人，其中暂停医保卡结算6472人，移交司法机关1789人，曝光案件7万起。组织对29个省份的68家定点医疗机构开展飞行检查，查出涉嫌违法违规资金5.58亿元。

健全"一案多查、联合惩处"机制　会同公安部明确欺诈骗保案件移送范围、移送程序，实现行政执法和刑事司法有效衔接，强化部门监管合力。将监管中发现的涉嫌违反党纪、职务违法犯罪等问题线索移送纪检监察机关，坚决打击内外勾结欺诈骗保行为。会同卫生健康部门合力规范医务人员执业行为，强化行业自律。

持续提高基金监管法治化规范化水平　《医疗保障基金使用监督管理条例》于2021年5月1日正式实施，出台《医疗保障行政处罚程序暂行规定》，印发系列规范性文件，进一步提高医保基金监管法治化水平。鼓励各地积极构建本地举报奖励制度，规范举报线索处理流程。

【推进跨省就医直接结算】 住院费用跨省直接结算稳中有进　联网5.27万家定点医疗机构，

已实现每个县都有至少1家联网定点医疗机构。全年惠及群众住院440.59万人次，涉及医疗总费用1070.20亿元，医保基金支付624.63亿元。

门诊费用跨省直接结算全面突破 联网12.83万家定点医药机构，覆盖所有统筹地区，90%以上的县有1家以上联网定点医疗机构。全年惠及群众门诊949.60万人次，涉及医疗总费用23.82亿元，医保基金支付13.21亿元。启动高血压、糖尿病等五种门诊慢特病相关治疗费用跨省直接结算试点，每个省份(含新疆生产建设兵团)均至少有1个统筹地区开通。

异地就医备案服务持续优化 拓展线上备案渠道，规范备案流程，开通代办功能。所有统筹地区都开通跨省异地就医线上备案，通过国家统一的线上备案渠道累计成功办理备案75.60万人次。

【进一步提高精细化管理服务水平】 *支付方式改革取得新进展* 全国30个按疾病诊断相关分组(DRG)付费国家试点城市和71个区域点数法总额预算和按病种分值(DIP)付费试点城市全部进入实际付费阶段。举办第一届中国CHS—DRG/DIP支付方式改革大会，启动DRG/DIP支付方式改革三年行动计划，确定32个DRG/DIP付费示范点。推进门诊支付方式改革，支持中医药传承创新发展，探索紧密型医共体总额付费政策。

信息化、标准化和法治化建设取得新突破 全国统一的医保信息平台已在31个省份的321个地市和新疆生产建设兵团落地应用，地方平台上线率达到97%。全国均已开通医保电子凭证激活应用服务，累计用户超10.5亿。15项编码标准全面贯标应用，全国共用一个标准库、共享一个数据池。推进《医疗保障法》立法工作取得进展。

经办服务标准化规范化建设取得新进步 国务院常务会议审议通过《关于优化医保领域便民服务的意见》，明确了优化医保领域便民服务的总体目标，加快推动医保服务标准化、规范化、便利化，切实提高医保服务水平。积极谋划推进医保经办体系建设，打造示范点，规范经办大厅设置和服务标准，明确28项服务办理流程，规范经办机构内控管理。推进基本医保参保、转移接续等服务事项“跨省通办”，更好保障流动人员医保权益。持续强化药品价格日常管理，建立药品价格和供应异常变动监测制度，编制全国医药价格指数。加强医药集采平台顶层设计，推进行风建设，医药集采机构与平台建设取得新突破。

规划财务和法规工作

2021年，规划财务和法规工作以实现“十四五”开好局、起好步为目标，以编制《“十四五”全民医疗保障规划》（以下简称《规划》）、建设信息平台、推进医疗保障立法等为着力点，医保规划、法治建设、信息化、标准化、预算管理等重点工作取得新进展。

【做好规划编制实施工作】 编制完成《规划》 在形成《规划》初稿的基础上，两次征求有关部门和各省级医疗保障部门意见，及时汇总整理反馈意见，认真研究采纳意见。针对重点部门，深入沟通对接，争取共识和支持。2021年7月，《规划》正式报国务院审批。9月，国务院常务会议审议通过《规划》，并于9月23日以国务院办公厅名义正式印发。《规划》提出健全多层次医疗保障制度体系，优化医疗保障协同治理体系，构筑坚实的医疗保障服务支撑体系，建设公平医保、法治医保、安全医保、智慧医保、协同医保，首次提出了医疗保障的指标体系，涵盖参保覆盖、基金收支、保障水平、精细管理、优质服务五个维度，共15个指标。邀请专家对《规划》开展了系列解读，国家医疗保障局党组书记、局长胡静林在《人民论坛》发表权威解读文章。

推动《规划》落实 9月29日，在国务院新闻办召开政策吹风会，正式对外发布《规划》，并在国家医疗保障局官网发布“《规划》解读一问一答”。及时对《规划》重点任务做了部门分工。印发《国家医疗保障局办公室关于建立全民医疗保障规划实施联系点的函》，确定黑龙江省、广东省、浙江嘉兴市、甘肃兰州市、山西吕梁岚县、江苏常州溧阳市6个联系点。11月，组织《规划》培训班，全国医疗保障系统从事规划相关工作同志参加培训。

【健全医保法治体系】 *加强立法工作* 推动医疗保障领域第一部专门行政法规《医疗保障基金使用监督管理条例》出台实施。编写《医疗保障基金使用监督管理条例释义》，并正式印发。推动《医疗保障法》列入全国人大常委会2021年立法工作计划，年内形成初稿，并完成第一轮向各部门和社会公开征求意见。配合司法部等部门研究起草《社会保险经办条例》，加强《社会保险经办条例》与医疗保障相关法律法规衔接。推动出台《医疗保障行政处罚程序暂行规定》，促进依法行政。

维护行政相对人合法权益 全年办理行政复议案9件，坚持以事实为依据，以法律为准绳，对地方医保部门合法合理的行政处理决定予以维持；对违法、不当的行政行为依法作出要求改正、确认违法、撤销重作等决定。督促各级医保行政部门依法行政，切实将行政争议化解在初始阶段、化解在行政系统内部，更好维护行政相对人权益。参加行政诉讼案4件，积极做好行政应诉工作，自觉接受司法监督，维护司法权威和行政相对人合法权益。

提高依法行政水平 完成21件规范性文件的合法性审查和公平竞争审查。为国家医疗保障局局内执法人员配发行政执法证件，促进医保系统行政执法公示制度、执法全过程记录制度和重大执法决定法制审核制度落实，规范行政执法自由裁量权，促进行政权力规范运行。落实公职律师制度，将符合条件的国家医疗保障局局内公职人员纳入公职律师管理范围，促进公职律师依法履职。

做好普法宣传培训 开展《医疗保障基金使用监督管理条例》宣传工作，发挥条例在打击欺诈骗保、维护医保基金安全方面的重要作用。组织开展2021年医保干部法治培训班，加强对医保系统干部的法治培训工作，进一步强化各级医保部门法治意识。组织开展12月4日国家宪法日“宪

法宣传周”活动，弘扬宪法精神。

【提高预算管理服务水平】 *开展部门预算管理工作* 组织编报国家医保局2022年部门预算和三年财政支出规划，按要求编报养老保险经费测算、住房改革支出预算和各项目分月用款计划。组织编报2022年国家医疗保障局机关及直属事业单位政府采购预算，根据全局重点工作变化及时调整政府采购预算。根据国家医疗保障局实际工作情况，向财政部申请调整2021年部门预算。落实过紧日子要求，每季度向财政部反馈评估和整改情况。全面实施绩效监控，做好2022年项目预算立项合理性和规范性论证。

规范医保基金管理工作 联合财政部、人力资源社会保障部和国家税务总局开展社会保险基金预决算工作，共同组织编审并形成报告。落实审计整改要求，对2020年度全国基本医疗保险基金审计发现的医保基金挤占挪用和财政少拨少缴两类问题，做好整改工作，并完成重复参保的年度整改任务。

落实转移支付资金管理工作 会同财政部修订《中央财政城乡居民基本医疗保险补助资金管理办法》和《中央财政医疗救助补助资金管理办法》，进一步规范中央对地方公共财政事权转移支付管理。会同财政部研究制定医保转移支付资金分配建议方案，及时下达2021年城乡居民医保财政补助资金3594亿元、城乡医疗救助（含彩票公益金）299亿元、医疗服务与保障能力提升转移支付资金41亿元。组织各地开展转移支付绩效自评和复评工作，建立健全绩效评价指标体系，会同第三方机构对全国31个省（自治区、直辖市）和新疆生产建设兵团开展复评。并将评价结果作为绩效因素之一，与资金分配相挂钩。

【深化信息化标准化建设】 *加快推进地方平台落地应用* 在各级医保部门的共同努力下，全国统一医保信息平台基本建成，2021年底，在31个省（自治区、直辖市）的321个地市和新疆生产建设兵团落地应用，有效覆盖全国约40万家定点医疗机构、约40万家定点零售药店。加强数据共享和业务衔接，推动医保精细化管理，为DRG、DIP等支付方式改革和异地就医门诊费用直接结算、药品及耗材集中带量采购、医保药品目录调整、高值医用耗材治理等医保领域改革提供坚实的基础支撑。

初步形成全国统一编码标准数据库 持续开展医保信息业务编码标准动态维护工作，不断优化完善动态维护流程与平台功能。组织近百名专家成立医保标准化专家指导组，建立联络人分组负责制度，积极开展贯标培训指导和调研，提升各地贯标工作能力和水平。印发《15项医保信息业务编码标准贯彻执行验收工作手册》，严格贯标验收，为全国统一的医保信息平台上线夯实基础。

大力提升医保服务信息化水平 积极宣传推广医保电子凭证，年底全渠道累计激活授权超过10.5亿用户，接入定点医疗机构超过35.8万家，定点零售药店超过37.2万家，推动就医购药从“卡时代”迈进“码时代”。加强国家医保服务网厅、国家医保服务平台App、异地就医小程序等推广应用，加载医保信息查询、药品目录调整申报、医保移动支付等模块，方便群众线上办理业务，推动医保服务“掌上办”“网上办”。坚持智能创新和传统服务相结合，开发医保亲情账户功能，增加App大字版服务，支持多种身份识别介质就医购药，为群众提供更加便利的服务。

持续加强信息基础设施管理和数据治理 开展核心业务区云平台资源扩容，实施云平台高可用架构优化，加强信息系统备份、数据库备份和恢复管理。发挥国家智慧医保实验室作用，大力推进第三方云平台适配测试工作。印发《数据安全管理办法》《关于加强网络安全和数据保护工作的指导意见》等文件，完善医保网络安全和数据管理制度。持续做好数据治理工作考核，提升医保数据质量。

【规范提升医保统计工作】 *按时报送发布统计数据* 按月报送公布医疗保障统计月报，按季编辑整理统计季报，2021年6月公布2020年医疗保障统计公报。在公报基础上，编写全国医疗保障运行报告、全国医疗保障运行情况分析。组织力量编辑出版《2021中国医疗保障统计年鉴》。

统计工作形成系列产品。

积极提升统计数据质量 坚持问题导向，针对统计口径不统一、统计数据运用效果不好的情况，进一步规范统计口径，及时组织线上统计工作培训，加强业务指导，提高统计数据报送质量。针对部分省份统计数据报送不及时的情况，加强调研和报送指导，解答地方在数据提取中的问题，确保统计工作时效。

认真开展形势分析 在 2020 年基金运行试评价工作基础上，充分考虑疫情影响，对指标计算口径、评分标准进行微调后开展 2021 年基金运行评价，并将评价结果发至各地医保局，为加强管理、政策制定等提供有力支撑。强化季度研判分析，聚焦基金收支趋势和影响因素分析，全面总结挖掘数据反映的趋势性、苗头性、方向性问题，加强原因分析，提出完善有关工作的意见建议，为决策提供数据支撑。

待遇保障工作

2021年，待遇保障工作坚持站稳人民立场，锚定共同富裕，紧紧围绕六项重点改革任务，统筹推进相关领域改革，扎实推进医保高质量发展再上新台阶。

【建立健全医疗保障待遇清单制度】 会同财政部印发《关于建立医疗保障待遇清单制度的意见》，由国家医疗保障局局长胡静林在全国待遇保障视频工作会进行专项部署。印发《贯彻落实医疗保障待遇清单制度三年行动方案》，在全国待遇保障基本制度及政策培训班上进行专题培训。建立月度调度机制，定期调度各地配套文件印发进展、督促按时按序做好制度政策规范统一。截至12月底，各省均已制发转发贯彻落实方案，全国50%的统筹地区统一制度框架的目标已经实现。

【健全职工基本医疗保险门诊共济保障机制】 以国务院办公厅名义印发《关于建立健全职工基本医疗保险门诊共济保障机制的指导意见》，国家医疗保障局有关负责同志出席国务院政策例行吹风会，及时做好政策宣传解读。印发《建立健全职工医保门诊共济保障机制三年行动方案（2021—2023年）》，建立工作联系机制。开展三次全覆盖的线上调研，通过全国工作会议、专题座谈会、每周督导等方式及时跟进督导，推进工作落实。各省份正在按要求有序推动相关工作。

【推进健全重特大疾病医疗保险和救助制度】 报请国务院办公厅印发《关于健全重特大疾病医疗保险和救助制度的意见》并及时做好宣传解读，组织召开健全重特大疾病医疗保险和救助制度工作部署会，明确重点任务分工方案，指导各省尽快出台配套政策。截至2021年底，河北、黑龙江、湖南、海南4省出台省级文件。2021年，全国共实施医疗救助20941.08万人次，支出619.90亿元。

【巩固拓展医疗保障脱贫攻坚成果有效衔接乡村振兴战略】 成立国家医疗保障局乡村振兴工作领导小组，统筹加强对巩固拓展医保脱贫攻坚成果有效衔接乡村振兴和定点帮扶工作领导。印发《关于巩固拓展医疗保障脱贫攻坚成果有效衔接乡村振兴战略的实施意见》，明确医保帮扶政策优化调整的总体思路和具体要求，指导原承担医保脱贫攻坚任务的25个省份完善配套政策。分类完善资助参保政策，全年纳入监测范围的农村低收入人口参保率稳定在99%以上，基本实现应保尽保。统筹强化三重制度综合保障，全年各项医保综合帮扶政策累计惠及农村低收入人口就医1.24亿人次，减轻就医负担1224.1亿元。加强推动建立防范化解因病返贫致贫长效机制，指导各地做好高额医疗费用负担患者分类监测预警，截至2021年底，25个省份初步建立高额费用负担患者监测预警机制，全年各地主动推送预警信息120万余人次，经核查认定，将超过28万人纳入医疗救助范围。

【完善城乡居民高血压、糖尿病门诊用药保障机制】 会同国家卫生健康委员会开展深化城乡居民高血压、糖尿病门诊用药保障和健康管理专项行动，进一步完善政策、深化机制、优化服务、提升质量。及时总结推广典型地区的创新模式和先进经验。针对部分政策落实存在短板的省份开展专项调研，提出针对性举措并督促抓好贯彻落实。截至2021年底，全国城乡居民高血压、糖尿病门诊用药保障基本实现地区和人群全覆盖，累计惠及1.25亿患者，减轻群众用药负担428亿元。

【稳步推进长期护理保险制度试点】 会同财政部完成新增试点城市实施方案备案，新增试点按期启动实施。健全试点点对点联系机制、工作调度和运行数据分析等工作机制，指导试点推进。组织开展试点地方自评和第三方评估，为下一步决策提供支撑。出台《关于印发〈长期护理失能等级评估标准（试行）〉的通知》，推动建立全国统一的长期护理保险失能等级评估标准。截至2021年底，长期护理保险制度试点城市达49个，覆盖1.45亿人。

【统筹推进相关工作】 做好支持三孩政策生育保险工作　及时印发《关于做好支持三孩政策生育保险工作的通知》，明确要求各地将参保女职工生育三孩的费用纳入生育保险待遇支付范围，并指导地方全面贯彻落实。研究拟定《关于加强和完善生育保险制度 全面提升制度保障功能的意见》，广泛征求地方和相关部门意见。全面梳理分析全国生育保险政策规定及实施现状，对典型地区进行专项调查分析，系统总结分析国际经验做法，积极配合国家卫生健康委员会、人力资源和社会保障部推动落实支持三孩生育保障政策相关工作，并按职能分工抓好落实。

完善补充医疗保险相关工作　全面分析全国城乡居民大病保险运行数据，总结现状，研判风险。系统梳理分析国际和国内经验，进行科学测算，在提高大病保险制度管理效率上寻求突破。

推进落实城乡居民基本医疗保障有关工作　联合财政部、国家税务总局印发《关于做好2021年城乡居民基本医疗保障工作的通知》，全面部署居民医保有关工作。

做好提高统筹层次有关工作　全面摸底全国基本医保统筹层次，对部分省份加强指导。委托相关课题组开展省级统筹专项调研。

推动放开灵活就业人员在就业地参加基本医疗保险的户籍限制　配合人力资源和社会保障部等8部门印发《关于维护新就业劳动者劳动保障权益的指导意见》，明确要求各地放开灵活就业人员在就业地参保户籍限制。印发《关于落实放开灵活就业人员参保户籍限制工作的通知》，督促地方抓好落实。

做好特殊人群的医疗保障工作　配合中央军委有关部门、退役军人事务部修订完善6部法律法规、8份政策文件。协同推进消防救援人员医疗保障、协助研究制定妇女儿童发展纲要。

医药服务管理工作

2021年，医药服务管理工作认真贯彻落实党中央、国务院决策部署和国家医疗保障局党组的任务要求，创新医药服务管理方式，全力支持打赢新冠肺炎疫情防控阻击战，推进医保药品目录管理、支付方式改革，启动长期护理保险支付方式研究等。

【优化医保药品目录管理与落地】 *开展2021年药品目录调整工作* 经调整，74个药品新增进入目录，其中，7个为直接新增，67个为谈判新增。涵盖慢性病、肿瘤、罕见病、新冠肺炎等多个治疗领域。另有11个临床价值不高、可替代性强及被注销批准文号的药品被调出目录。新版药品目录内包含西药和中成药2860个，其中西药1486个（含协议期内谈判药品213个），中成药1374个（含协议期内谈判药品62个）。另有中药饮片892个。

建立国谈药品“双通道”管理机制 联合国家卫生健康委员会印发《关于建立完善国家医保谈判药品“双通道”管理机制的指导意见》和《关于适应国家医保谈判常态化持续做好谈判药品落地工作的通知》，指导各地遴选符合条件的谈判药纳入“双通道”管理。首次从国家层面将定点药店纳入谈判药品供应保障体系，与定点医院实行相同的支付政策，建立定点药店和定点医疗机构“双通道”供应保障机制，让医院暂时没有配备的谈判药品先进药店，努力实现群众“买得到、用得上、能报销”。同时，为方便患者购买谈判药，定期组织企业上报谈判药品配备信息，并同步在国家医保公共服务平台（App）更新配备信息。截至2021年底，2020年新准入的95种药品在全国9.07万家定点医药机构配备，其中定点医疗机构和定点零售药店分别为2.27万家和6.8万家。

起草医用耗材医保支付管理暂行办法 根据《中共中央 国务院关于深化医疗保障制度改革的意见》《国务院办公厅关于印发治理高值医用耗材改革方案的通知》等文件精神，为推动深化治理医用耗材改革，加强医用耗材医保支付管理，研究起草《基本医保医用耗材支付管理暂行办法（征求意见稿）》和《医保医用耗材“医保通用名”命名规范（征求意见稿）》，11月19日挂网广泛征求意见。

提升罕见病用药可及性 发挥全国统一市场优势，将诺西那生钠等3个年用药费用超100万元的罕见病用药，谈判降至30万元以下，并成功纳入目录，填补目录内脊髓性肌萎缩症、法布雷病治疗用药的空白。其中，备受社会关注每针70万元的知名“天价药”诺西那生钠注射液维持期年治疗费用降至10万元以内（首年20万元以内），极大降低了患者的用药负担。

【推进医保支付方式改革试点】 *DRG/DIP试点工作取得新进展* 印发《关于做好2021年医保支付方式改革试点工作的通知》，召开医保支付方式改革试点推进视频会，明确DRG、DIP试点工作目标和重点内容，分批组织对全国30个DRG国家试点城市和71个DIP国家试点城市开展支付方式改革试点交叉调研评估，指导试点城市分批进入实际付费并持续开展监测评估，2021年底前，101个试点城市全部进入实际付费阶段。印发《DRG/DIP支付方式改革三年行动计划的通知》，总结推广DRG/DIP付费国家试点的有效做法，明确未来三年重点工作任务，加快推进DRG/DIP支付方式改革全覆盖。

研究完善门诊支付方式改革有关政策 为落实《关于建立健全职工基本医疗保险门诊共济保障机制的指导意见》要求，建立与住院支付方式改革相配套的门诊支付机制。开展全国门诊支付方式情况摸底工作，了解门诊支付方式改革现状，开展多省份集中调研。研究开展门诊支付方式改革的相关政策，加快推动不同地区间医保支付方式

逐步规范、趋向统一，提高改革的整体性、协同性。

支持地方积极推进按床日付费工作　北京、内蒙古、浙江、湖北、湖南等地对于精神病、安宁疗护、医疗康复等需要长期住院治疗且日均费用较稳定的疾病探索不同形式的床日付费方式。

研究完善医保支持中医药传承创新发展的有关支付政策　2021 年 12 月，会同国家中医药管理局印发《国家医疗保障局 国家中医药管理局关于医保支持中医药传承创新发展的指导意见》，要求充分发挥医疗保障制度优势，支持中医药传承创新发展，将符合条件的中医医药机构纳入医保定点，加强中医药服务价格管理，将适宜的中药和中医医疗服务项目纳入医保支付范围，完善适合中医药特点的支付政策，强化医保基金监管。

积极探索针对紧密型医共体的总额付费政策　积极配合参与国家卫生健康委员会 567 个紧密型县域医共体试点工作，研究对紧密型县域医共体实行总额付费，形成内部激励机制。2021 年 4 月，会同国家卫生健康委员会印发《关于加强紧密型县域医疗卫生共同体建设监测工作的通知》，进一步加强数据的填报，提高数据管理质量，更好地指导紧密型县域医共体的建设与发展。

【启动长期护理保险支付管理研究】　认真贯彻落实积极应对人口老龄化国家战略，探索完善长期护理保险制度。2021 年 10 月起，对上海、天津、长春、南通、青岛、东营、荆门的长期护理保险支付管理情况进行调研，并组织长期护理保险支付管理课题组系统分析各试点支付管理情况。

医药价格和招标采购工作

2021年，价格招采工作紧紧围绕党中央、国务院有关医药价格和招采工作决策部署，努力做好医药价格管理和招标采购工作。

【推进医药集中带量采购改革】 *集采制度建设总体框架形成* 2021年1月，国务院办公厅印发《关于推动药品集中带量采购工作常态化制度化开展的意见》。5月，经国务院同意，国家医疗保障局等八部门联合印发《关于开展国家组织高值医用耗材集中带量采购和使用的指导意见》。两个文件将前期探索的集采规则、经验做法上升为制度，为坚定不移、规范有序推进药品耗材集中带量采购提供改革依据和基本遵循。11月，以国家医疗保障局办公室名义印发《关于做好国家组织药品集中带量采购协议期满后接续工作的通知》，进一步明确国家组织药品集中带量采购到期后，地方要着眼于稳定市场预期、稳定价格水平、稳定临床用药，对集采品种进行带量采购，明确采购量，巩固改革成果，持续压低虚高药价。3月，会同卫生健康、财政、人力资源和社会保障等部门联合印发《关于加强国家组织药品耗材集中采购医保资金结余使用管理工作的通知》，对结余留用政策落实等作出部署，确保改革政策顺畅落地。药品、耗材集中采购、续约以及激励约束机制基本框架构建形成。

新常态下开创药品集采新格局 2021年，药品集采向化学药以外各板块迈进。其中，国家组织开展对生物药的集采，指导跨省联盟开展中成药集采，使集中采购的覆盖面、适应性显著增加，改革理念进一步得到验证，群众受益面进一步扩大。截至2021年底，累计开展6批国家组织药品集采，共234种药品，平均降幅53%，涉及金额约2400亿元，按集采前价格计算，占公立医疗机构化学药品采购金额约30%。各批次集采平稳推进，前三批集采已运行一年以上，年度实际采购量为约定采购量2倍以上，中选药品采购量占同通用名药品比例超80%，兑现"带量"承诺；第四批集采于2月产生中选结果，5月落地实施，覆盖45个品种，平均降幅52%，供应充足稳定；第五批集采于6月产生中选结果，10月落地实施，覆盖61个品种，平均降幅56%，涉及金额550亿元，是历次集采规模最大的一批。第六批集采（胰岛素专项）于11月开标，产生中选结果，覆盖16个品种，平均降幅48%，将改革扩展到生物药领域。2019年以来，各省在国家指导和统筹下，以独立或联盟的方式，自行开展40批药品省级集采。

深水区攻坚高值医用耗材集采 在2020年开展冠脉支架集采的经验上，2021年选择高值医用耗材领域金额最大、分类复杂、难度最大、群众反映多的骨科耗材开展集中采购。国家组织开展人工关节集采，髋关节平均价格从3.5万元降至7000元左右，膝关节平均价格从3.2万元降至5000元左右，平均降价82%，有效挤出价格水分。主要企业的主流产品均中选，社会反应良好。同时指导跨省联盟开展骨科创伤耗材集采，有效降低相关耗材价格。2019年以来，各省在国家指导和统筹下，自行开展58批医用耗材省级集采。集中采购改革理念在新的领域得到验证，改革深度和广度进一步提升，已经形成国家带头干、区域联盟协同干、各省积极自主干的上下联动、协同推进格局。

【推进医疗服务价格改革】 *深化医疗服务价格改革试点破冰* 《深化医疗服务价格改革试点方案》于5月21日经中央全面深化改革委员会第十九次会议审议通过，经国务院同意后八部门联合印发。通过举办深化医疗服务价格改革试点专题培训班、召开试点城市启动会、研究调价操作手册、点对点指导等方式，不断将改革的理念传导到试点城市，体现在具体方案和操作，确保改革起步阶段把稳改革方向。确定河北省唐山市、江苏省苏州市、福建省厦门市、江西省赣州市、四川省乐山市作为改革试点城市，指导开展基线调查、方案制定等前期工作，促进改革尽快启动。

医疗服务价格动态调整机制有效运行 印发《关于做好医疗服务价格调价评估统计工作的通知》，要求并指导各省及时开展 2021 年调价评估工作。截至 2021 年底，全国 30 个省份完成评估。经评估，触发调价的省份 24 个，有 21 省份实施调价，其余 3 个省份积极推进；未触发调价的省份 6 个，未触发调价主要原因包括次均检查检验费用、次均药品耗材费用增速较快，医保统筹基金接近预警线等情况。到 2021 年底，各省份医疗服务价格动态调整工作基本进入实际运行状态。

重点领域优先推动医疗服务价格调整 抓住冠脉支架集中带量采购窗口期，指导外地患者占比大、现行价格低于全国中位价格的省份，合理调整冠脉支架植入手术价格。研究“人工关节置换”手术价格调整的技术性指南。会同国家卫生健康委、国家市场监管总局等部门印发《关于完善器官移植医疗服务价格政策的意见》，完善器官移植手术及相关的医疗服务价格政策。

启动国家医疗服务价格项目编制工作 按照“先易后难、小步快走”的原则，分期分批发布《器官移植环节手术价格项目立项指南》《临床量表评估类医疗服务价格项目立项指南》，及时指导地方逐步规范整合现有医疗服务价格项目，提高价格项目对临床技术诊疗的兼容性。

【强化药品价格宏观管理】 *医药价格和招采信用评价制度实质发挥作用* 把信用评价制度打造为国家医疗保障局接手价格管理后创造性开展新时期药品价格常态化管理的手段和工具。一是指导各地建立信用评价制度。各地均正式发文，建立信用评价制度，公示失信事项目录清单。二是落实信用评价制度。组织企业提交信用承诺，累计收到医药企业守信承诺 24 万份，实现药品品种全覆盖。对未按时提交信用承诺的企业予以撤网。三是贯彻落实医药价格和招采信用制度。针对药品耗材领域“吃回扣”现象，国家医疗保障局指导各地建立医药价格和招采信用评价制度，公示失信事项目录清单，基本实现医药企业守信承诺全覆盖。累计向全国通报五批医药商业贿赂案源和一批垄断控销案源，涉及企业 500 余家，对 60 余家企业落实信用评价约束措施，一些企业主动降低虚高药价修复信用。

编制全国医药价格指数，确立价格管理信号灯 以国家医疗保障局办公室名义印发《关于试编医药价格指数有关工作的通知》，部署各省做好编制本地指数的工作准备，为医药价格管理提供监测评估和支撑性工具。

持续强化药品价格日常管理 一是推进药品价格常态化监管。落实《关于做好当前药品价格管理工作的意见》，完善基于市场机制的药品价格形成机制。要求各地医保部门在深化“放管服”，尊重市场规律、尊重经营者自主定价权的基础上，综合运用监测预警、函询约谈、提醒告诫、成本调查、信用评价、信息披露等手段，强化药品价格常态化监管。二是建立药品价格和供应异常变动监测制度。定期对短缺清单中 57 种药品 189 个品规开展重点监测，对价格异常的直接或责成产地所在省综合运用成本调查、函询约谈等方式做好药品价格管理工作，并将异常情况及时通报给短缺药供应保障工作会商联动机制办公室。

基金监管工作

2021年，基金监管工作围绕统筹推进医保基金监管制度体系改革持续发力，持续加大基金监管力度，保持巩固打击欺诈骗保高压态势，完善医保基金监管执法体系建设，优化医保领域便民服务，各项工作落深落实。全年检查定点医药机构70.8万家，处理违法违规机构41.4万家，追回资金234.18亿元。

【重拳打击欺诈骗保行为】 深入开展专项治理 联合公安部、国家卫生健康委员会印发《关于开展打击欺诈骗保专项整治行动的通知》，重点聚焦“假病人、假病情、假票据”等欺诈骗保行为。2021年，全国医保部门累计查处涉及“三假”欺诈骗保案件5922起，追回资金2.9亿元。

开展存量问题“清零行动” 全面梳理自国家医疗保障局组建以来至2020年12月底，经飞行检查、信访举报、自查自纠等发现但未查处完结的存量问题。“清零行动”期间，全国共排查出基金监管存量问题9852件，累计办结9761件，办结率99.1%，追回资金27.8亿元。

持续推进飞行检查 持续完善飞行检查工作机制，全年国家医疗保障局联合国家卫生健康委员会、国家中医药管理局组织开展飞行检查30组次，实际检查29个省份(对新疆生产建设兵团的飞行检查，受疫情影响被迫中止)的定点医疗机构68家、医保经办机构30家，查出涉嫌违法违规资金5.58亿元。指导各地积极探索完善省级飞行检查工作机制，常态化开展省内飞行检查，震慑作用进一步向基层延伸。

督办查处重大案件 2021年9月，赴河北省成安县调查核实“互联网+督查”举报线索，以成安县辛义乡卫生院徐村分院虚假住院骗取医保基金案件为抓手，督促河北省举一反三做好后续查处工作。10月，赴山东省督导山东医疗保障局严肃查处菏泽市单县村卫生室欺诈骗保案。

完善举报奖励措施 研究起草《医疗保障基金使用监督管理举报处理暂行办法》，进一步规范举报线索处理流程。2021年，通过各种渠道收到举报线索8253件(来电5632件，信访来信734件，公众号1887件)，其中有效线索1212例，已查实并追回资金约1.13亿元。

加强宣传曝光 4月，在全国开展以“宣传贯彻《条例》加强基金监管”为主题的集中宣传月活动，实现医疗保障行政部门、监管执法机构、经办机构等监管主体和监管对象全覆盖，为基金监管工作营造良好的舆论环境。全年曝光医保违法典型案例7.1万余例，其中国家医疗保障局曝光台曝光6期58例。

【建立健全基金监管长效机制】 强化法治建设 《医疗保障基金使用监督管理条例》自2021年5月1日起实施，为基金监管提供法治利剑。按照整体规划、分期实施的方式，加大条例宣贯和培训力度，指导地方分级分类开展医保基金监管行政执法培训，规范行政执法行为。

推进制度体系改革 以《国务院办公厅关于推进医疗保障基金监管制度体系改革的指导意见》为遵循，加快健全基金监管体系建设。推动各地加强监管专职机构建设，积极构建“横到边、纵到底”的全覆盖监管体系。指导地方结合实际，明确本地区基金监管制度体系改革路线，河北、上海、江西、山西等地已正式印发深化医疗保障基金监管制度体系改革的实施意见或实施方案。7月，分赴江西赣州、江苏徐州、四川泸州开展基金监管“两试点一示范”工作总结评估，全面总结17个信用体系建设试点、32个智能监控示范点及26个基金监管方式创新试点工作成效。

持续推进综合监管 2月，印发《关于医疗保障部门向纪检监察机关移送医疗保障基金监管中发现问题线索的通知》，指导各级医保部门将监管工作中发现的涉嫌违反党纪、职务违法和职务犯罪等问题线索移送纪检监察机关处理，坚决打击内外勾结欺诈骗保行为。11 月，会同公安部印发《关于加强查处骗取医保基金案件行刑衔接工作的通知》，明确欺诈骗保案件移送范围，规范欺诈骗保案件移送程序，进一步健全欺诈骗保案件移送机制，完善多部门协同联动机制。

规范行政执法程序 印发《规范医疗保障基金使用监督管理行政处罚裁量权办法》，指导省级医疗保障行政部门制定行政处罚裁量基准，保障医疗保障基金监管部门合法、合理、适当地行使行政处罚自由裁量权。

健全基金监管重大事项处置机制 规范并指导全国开展医保基金监管重大事件处置工作。探索建立基金监管重大突发事项应对机制，健全预警和监测体系，健全处置及应对规程，加强培训力度，提升地方医保部门重大事项舆情风险应对能力，提升定点医药机构人员整体的风险规避意识，全面降低医保基金损失风险。

建立完善智能监控制度 结合全国医保信息系统建设总体要求和进度，同步部署医保智能监控子系统上线及提档升级。加快推进智能监控知识库和规则库建设，建立智能监控“两库”建设和管理规范及标准，指导各地加强智能监控系统建设，逐步扩大应用范围和应用场景。

推进医院医保精细化管理 支持国家卫生健康委员会能力建设与继续教育中心开展医院医保精细化管理案例评选，总结和推广各地典型经验，推动现代医院医保管理制度不断完善。与国家癌症中心联合开展肿瘤规范化诊疗与医保费用合理化管理综合评价项目，研究建立适应基本医保需求的肿瘤诊疗指导原则。

【统筹推进“放管服”和商保发展工作】 开展医保领域便民服务工作，经国务院同意，印发《国家医疗保障局关于优化医保领域便民服务的意见》，深入推进医疗保障领域“放管服”改革，进一步推动医保服务高效便民。推动“跨省通办”事项落地落实，按期向国务院办公厅报送“跨省通办”工作最新进展情况。支持商业健康保险发展，印发《关于开展医保个人信息授权查询和使用试点工作的通知》，组织开展个人信息授权查询和使用试点工作。

党建人事工作

2021年,党建人事工作以习近平新时代中国特色社会主义思想为指导,聚焦主责主业,坚持围绕中心、服务大局,推动机关党建、纪检及人事等工作取得新进展。

【坚持政治建设统领,坚决做到"两个维护"】 持续深化政治机关意识教育,深入开展"让党中央放心、让人民群众满意的模范机关"创建工作,把创建模范机关融入党建工作和业务工作之中,以创促建、以创促改。协助国家医疗保障局党组制定贯彻《中共中央关于加强对"一把手"和领导班子监督的意见》的具体措施,局主要负责同志定期约谈各单位"一把手",提出明确要求,督促落实全面从严治党主体责任。坚持理论武装铸魂,深入贯彻落实党的十九届五中、六中全会精神,采取线上与线下相结合的方式,组织处以上干部专题培训班,推动学习贯彻习近平新时代中国特色社会主义思想往深里走、往实里走、往心里走。认真抓好巡视整改,实行项目化推进、销号式管理,做到事事有着落、件件有回音,抓好机关党建有关问题整改,坚持举一反三,制定整改方案,逐项推进落实。扎实推进定点帮扶,积极协调产业项目,引进帮扶资金,培训基层干部和技术人员,较好完成了定点帮扶任务。持续推进青年理论学习提升工程,制定《关于进一步推动局机关接地气、年轻干部走基层的通知》,组织召开五四青年干部座谈会、青年五四奖章和青年学习标兵先进事迹分享会,把青年干部放到重要专项任务中锤炼、重点关键岗位上磨炼、重大斗争实践中历练,推动学思用贯通、知信行统一。

【坚持守初心担使命,抓实党史学习教育】 协助国家医疗保障局党组第一时间召开党史学习教育动员大会,对标对表习近平总书记重要指示批示和党中央决策部署,制定实施方案、实施工作方案、宣传工作方案,加强组织领导,成立由局党组主要负责同志任组长的党史学习教育领导小组,下设办公室,统筹推进党史学习教育开展,确保党史学习教育扎实推进、落地落实。局党组理论学习中心组围绕习近平总书记在党史学习教育动员大会、庆祝中国共产党成立100周年大会上的重要讲话等开展专题学习研讨。集中9个工作日时间开设专题读书班,组织全局党员干部学习习近平总书记重要讲话精神。创新方法求实效,邀请中央宣讲团成员和专家学者开展专题辅导,组织参观中国共产党历史展览馆,赴香山革命纪念馆开展主题党日活动,邀请全国医疗保障系统抗击新冠肺炎疫情先进典型代表讲专题党课;举办党史学习教育知识竞赛、演讲比赛,增强学习的针对性、感染力。聚焦解决群众急难愁盼问题,局党组研究制定"我为群众办实事"实践活动实施方案和项目清单,明确重点办实事项目,并取得较好成效。

【坚持大抓支部建设,切实筑牢战斗堡垒】 协助国家医疗保障局党组加强对全面从严治党各项工作的领导,定期分析研判形势,研究解决瓶颈短板,提出加强和改进的措施。严格落实国家医疗保障局2021年党的建设工作要点和全面从严治党工作要点,推动党建各项任务高标准高质量落实到位。围绕深入贯彻《中国共产党党和国家机关基层组织工作条例》《中国共产党支部工作条例(试行)》等,组织开展机关党委委员、纪委委员和党支部书记、委员专题培训,研究制定推进党建与业务深度融合的实施意见,推动破解机关党建和业务工作"两张皮"问题。各党支部落实中央和国家机关部门党支部全面从严治党主体责任清单,严格落实"三会一课"、民主生活会和组织生活会等基本制度,开展"三会一课"落实情况监督检查,推动全面从严治党向纵深发展、向基层延伸。持续推进局基层党组织建设质量提升三年行动实施计划，编印《国家医疗保障局党支部工作手册》，组织"两优一先"评选表彰，走访慰问困难党员，增强党组织的感召力、凝聚力和战斗力。持续抓好"灯下黑"问题专项整治，做到靶向治疗、精准施策。研究制定基层党组织书记抓党建工作述职评议考核实施办法，从严教育管理。

【坚持一体推进"三不"，持续正风肃纪反腐】 突出政治监督，建立健全沟通协调机制，定期督促职能部门加强对贯彻落实习近平总书记重要指示批示工作的督查督办。坚持挺纪在前，紧盯重要节日、关键节点、敏感时段开展全覆盖廉政教育提醒。召开国家医疗保障局机关警示教育大会，贯彻中央和国家机关警示教育会议精神，以身边事教育身边人。组织专题学习，深入贯彻落实中央纪委五次全会精神和国务院第四次廉政工作会议精神，召开全国医疗保障系统党风廉政建设和反腐败会议，组织全国医保系统全面从严治党专题培训，推进全面从严治党压力向系统延伸。制定《国家医疗保障局廉政风险防控清单（试行）》等，提高监督执纪制度化、规范化水平。强化日常监管，就药品和医用耗材带量采购、医保药品目录调整、医保基金监管等重点工作向局内相关单位下发廉政提醒函，与相关负责同志开展廉政谈话，贯通主体责任和监督责任。持续正风肃纪，实事求是运用监督执纪"四种形态"，精准处置问题线索，及时办理信访举报。

【坚持正确选用导向，着力建强干部队伍】 加强制度建设，深入贯彻落实新时代党的组织路线，协助国家医疗保障局党组制定《国家医疗保障局领导干部配偶、子女及其配偶经商办企业禁业范围（试行）》《国家医疗保障局规范干部在企业、社会团体及议事协调机构兼职管理办法》《国家医疗保障局公务员平时考核工作办法（试行）》等制度规定，推动干部人事制度建设向深向细发展。协助局党组严格执行《党政领导干部选拔任用工作条例》，研究制定《国家医疗保障局党组关于进一步强化干部政治素质考察的意见》，鲜明选用导向，严把标准、严格程序，公开公平、公道正派选人用人。按照中央部署，牵头制定国家医疗保障局《权责清单编制工作实施方案》，在规定时间内完成基础清单编制工作。坚持严管厚爱结合，建立健全干部及时报告个人有关事项工作机制，扎实做好年度个人事项报告集中填报工作。扎实做好涉密人员管理工作，严格审查借用人员资格条件，不断规范人员管理。加强优秀年轻干部培养选拔，开展专题调研，通过组织调训、基层调研、挂职锻炼等，为年轻干部健康成长创造有利条件。组织开展公务员法律法规实施情况监督检查自查工作，提升国家医疗保障局公务员队伍管理的科学化水平。制定《国家医疗保障局干部教育培训工作管理办法》，印发《国家医疗保障局 2021 年干部教育培训计划》，全年共培训 2300 余人次。

医疗保障经办管理服务工作

2021年，医疗保障经办管理服务各项工作全面推进。加快建立健全经办管理服务体系，不断加强医保经办标准化规范化建设，积极推动高频医保服务事项“跨省通办”，扩大异地就医直接结算覆盖范围，持续推进医疗保障系统行风建设，切实加强医保基金规范管理，稳步推动支付方式改革落地见效，做好国家医保药品目录调整工作，医疗保障公共服务水平和经办服务能力全面提升。

【不断加强医保经办标准化规范化建设】 印发《2021年医疗保障经办管理服务工作要点》，明确2021年全国经办管理服务的重点任务。落实医疗保障经办政务服务事项清单制度，制定《国家医疗保障局办公室关于印发医疗保障经办政务服务事项操作规范的通知》，推进医疗保障服务事项操作流程标准化规范化。制定《国家医疗保障局关于印发“十四五”医疗保障服务示范工程实施方案的通知》，开展医疗保障服务示范工程，加强示范引领。出台《国家医疗保障局办公室关于印发医疗保障经办大厅设置与服务规范（试行）的通知》，优化群众办事环境，提升服务质量，为老年人、残疾人等特殊群体提供便民服务措施。

【积极推动高频医保服务事项“跨省通办”】 印发《关于加快推进医疗保障政务服务事项“跨省通办”的通知》，对“跨省通办”事项实现路径、网办途径、信息系统改造等作出明确要求，建立周调度制度，指导地方按规定做好相关工作。会同财政部、国家税务总局印发《基本医疗保险参保管理经办规程》，提升参保质量、加强参保工作，全流程动态管理，强化参保登记源头控制；会同财政部印发《基本医疗保险关系转移接续暂行办法》，明确基本医疗保险关系转移接续的范围对象、申请方式、办理流程和有关待遇衔接问题，进一步精简材料、简化流程、压缩时限。截至2021年底，基本医疗保险参保信息变更、城乡居民基本医保参保登记、基本医保关系转移接续、医保定点医疗机构基础信息变更、异地就医结算备案、门诊费用跨省直接结算等六项医保服务事项实现“跨省通办”。

【扩大跨省异地就医直接结算覆盖范围】 在全面推开住院费用跨省直接结算的基础上，加快推进门诊费用跨省直接结算工作。4月，会同财政部印发《关于加快推进门诊费用跨省直接结算工作的通知》，进一步扩大普通门诊费用跨省直接结算覆盖范围。9月，会同财政部印发《关于开展门诊慢特病相关治疗费用跨省直接结算试点工作的通知》，启动门诊慢特病相关治疗费用跨省直接结算试点工作。截至2021年底，全国所有统筹地区均实现住院和普通门诊费用跨省直接结算；所有省份均启动高血压、糖尿病、恶性肿瘤门诊放化疗、尿毒症透析、器官移植术后抗排异治疗五种门诊慢特病相关治疗费用跨省直接结算试点；全国住院费用跨省直接结算定点医疗机构数量为5.27万家，全国门诊费用跨省直接结算定点医疗机构、定点零售药店数量分别为4.56万家、8.27万家。2021年、全国住院费用跨省直接结算440.59万人次，涉及医疗费用1070.20亿元，基金支付624.63亿元，基金支付比例为58.4%；全国门诊费用跨省直接结算949.60万人次，涉及医疗费用23.82亿元，基金支付13.21亿元，基金支付比例为55.5%。进一步简化异地就医备案流程，优化备案服务，不断提高异地就医备案效率，依托国家医保服务平台App和国家异地就医备案小程序，实现全国所有统筹地区跨省异地就医线上备案“跨省通办”。2021年，通过国家统一的线上备案渠道成功办理备案69.11万人次。

【持续推进医疗保障系统行风建设】 印发《关于2020年度医疗保障系统行风建设专项评价结果的通报》，汇总2020年医保系统行风建设专项评价结果，通报部分地区负面典型案例情况。

印发《关于开展2021年度全国医疗保障系统行风建设的通知》，组织报送各地行风建设典型材料，在《中国医疗保险》杂志选登、编印行风建设资料汇编。开展2021年行风建设专项评价。采取“四不两直”（即不发通知、不打招呼、不听汇报、不用陪同接待、直奔基层、直插现场）方式，对全国31个省（自治区、直辖市）和新疆生产建设兵团的60个城市的119家医保经办机构服务窗口开展体验式评价和群众满意度测评，回收群众满意度测评有效问卷1965份。

【切实加强医保基金支付审核结算规范】 为落实医疗保障服务协议管理、支付结算审核责任，切实守牢基金安全“第一道防线”，2021年全国医疗保障经办机构共核查定点医药机构65.47万家（其中实地核查58.3万家，占比89.06%），依据协议处理违约定点医药机构27.91万家，其中拒付或追回资金13.38万家，共挽回医保资金150.92亿元。印发《关于开展2021年度医疗保障经办机构审核结算专项治理工作的通知》，由各省级医保部门组织本地各统筹地区经办机构，对内部控制与管理、基金财务管理、医疗费用审核、结算支付、待遇审核、年终考核与协议管理等六大方面35条具体内容进行自查自纠，累计排查200余条问题，总结各省（自治区、直辖市）在此次专项治理工作中五大类优秀做法，并加以推广。

【大力推动医保支付方式改革落地】 制定《按疾病诊断相关分组（DRG）付费医疗保障经办管理规程（试行）》和《按病种分值（DIP）付费医疗保障经办管理规程（试行）》，指导国家试点城市实际付费。加大医保支付方式改革宣传，搭建面向国际的具有中国特色的医保支付理论与实践的国家级交流平台，举办第一届中国CHS－DRG/DIP支付方式改革大会，部署落实DRG/DIP支付方式改革三年行动计划，系统解读全国统一的DRG/DIP标准规范和实施路径。

【做好国家医保药品目录调整工作】 组织实施2021年国家医保药品目录调整工作，对117种药品进行谈判，经过谈判最终94种药品谈判成功，谈判成功率80.34%，目录外药品平均降幅61.71%。调整后目录内药品总数共计2860种，其中，西药1486种，中成药1374种。新版国家医保药品目录精准补齐肿瘤、慢性病、抗感染、罕见病、妇女儿童等用药需求，支持药品国产创新和迭代升级，群众用药可及性和公平性进一步提高。

医药价格和招标采购支持与医药集采平台建设工作

2021年，医药价格和招标采购支持与医药集采平台建设工作稳步推进，重点做好强化集中带量采购技术支撑、服务医药价格治理、配合开展医疗服务价格改革、发布医药价格信息、落实价格招采信用评价制度等五项工作。

【强化集中带量采购技术支撑】 *开展药品耗材集采市场分析* 结合每月药品最新过评情况，撰写《2020年度药品集中采购年度分析》《过一致性评价药品市场情况和竞争态势分析报告》等报告8篇。完成《关于若干未中选重点原研药品国家集采执行前后平台采购情况变化的报告》，分析未中选原研药带量采购后销售情况的差异，为集中带量采购工作的开展提供数据支持。

加强耗材和未过评药品信息管理 推动多部门医用耗材编码衔接应用，将135万多条高值医用耗材医保码、卫生健康码、UDI码和注册证一一比对，形成能衔接应用的数据库。为非过评药品带量采购提供决策支持。

推进集采药品结余留用、结算支付和资审共享功能模块系统建设 组织开发医保资金“结余留用”测算功能模块，制定使用指南，指导各省规范落实集采结余留用政策，收集2019—2021年的2.9万亿元订单金额交易数据。开发“结算支付”模块，满足药品医用耗材集中采购省级结算、监督功能建设需求。开发“资审共享”模块，统一审核标准，实现审核结果互认，避免重复劳动。

为地方集采工作提供基础数据和技术支持 协助完善《阿莫西林等45个药品联盟地区集团带量采购文件(征求意见稿)》《山西省药械集中招标采购中心药品挂网采购实施细则》《广东省联盟采购目录药品价格数据支持服务》等文件，帮助地方更好开展集采工作。

充分发挥专家组作用 组织专家组专家为制定医保“十四五”规划、相关集采规则制订与完善、实施效果评估等提供专业意见。围绕冠脉支架、胰岛素集采等工作开展专项调研，就药品集采等相关工作开展培训和宣传解读。

强化系统经验交流 面向全国医疗保障部门印发《医保工作动态医药价格和招标采购专刊》20期，介绍国家和各地集采经验，提高地方集采工作能力。

【服务医药价格治理】 *编制医药价格指数* 为丰富医药价格管理工具体系，推动医药价格管理从微观向宏观转变，牵头药品采购价格指数(MPPI)和医疗服务价格指数(MSPI)编制，承接医疗服务价格指数编制子系统建设。印发《关于试编医药价格指数有关工作的通知》。测算结果表明，2021年药品价格比2018年下降13.8%，医疗服务价格上涨13.5%，表明药品价格正逐步回归，技术劳务为主的医疗服务项目价格上涨，“以药养医”的问题稳步解决，促进公立医院高质量发展、减轻人民群众药费负担的各项政策效果逐步显现。

启动“十四五”医药价格监测工程建设 研究制订《全国医药价格监测工程实施方案》，扩展监测范围，强化监测力量，探索建立多主体、多层次的医药价格监测体系。

开展短缺药品与高值医用耗材价格监测 对药品价格和供应情况开展常态化监测评估，动态跟踪短缺药量价状况。监测临床必需易短缺药品57种，提供一至三季度的价格及各省级平台订单与配送数据共27124条。规范高值医用耗材信息报送和价格监测，分三批下发各省级集中采购机构医用耗材数据清单进行匹配，完成约135万条高值医用耗材基本数据的全国联网工作。

印发系列价格指南 印发关于人体器官移植环节医疗服务价格项目立项、临床测评量表类医疗服务价格项目立项等系列指南，参与指导新一

轮医疗服务价格项目设置工作。

支持国家药品价格谈判和新冠疫苗价格议定 服务国家医保药品准入价格谈判，整理分析并提供谈判药品价格和采购量数据。截至 11 月底，共提供 571 项指标、230 万条数据。支持疫苗价格议定和新冠核酸检测价格调整工作，收集全球范围内疫苗上市和价格水平变化情况，以及新冠核酸检测价格水平。

【配合开展医疗服务价格改革】 *汇总国内外改革经验* 检索并统计美国、日本、德国、澳大利亚、英国等国家和地区的医疗价格管理政策，为《医疗服务价格改革试点方案》的制定提供国内外经验和信息支持。

启动改革试点及评估 分别于 9 月中旬在江苏苏州、11 月下旬在江西赣州参与组织“深化医疗服务价格改革试点培训班”和“深化医疗服务价格改革试点动员部署会”，对医疗服务价格改革做动员、部署和培训。组建试点城市专家组跟踪改革进展，设计医疗服务价格调整评估方案，深度参与试点工作。

营造有利于改革的舆论环境 立足医疗服务价格改革试点方案，围绕价格改革中存在的医疗服务公益性与价格改革关系、医疗服务价格与医务人员薪酬等重大问题，组织专家撰写宣传文章 11 篇，为改革推进营造舆论氛围。

【加强医药集采平台建设】 *加强顶层制度设计* 调研各省市集采平台建设情况，研究制定关于提升医药集中采购平台功能、支持服务医药价格改革与管理的意见，以及医药集中采购平台绩效评估指标体系。启动医药集中采购示范平台建设。

推进集采系统行风建设 落实医保政务服务“好差评”制度建设需求，印发药品和医用耗材集中采购公共服务事项清单，指导各省级平台优化服务流程，提高服务水平。

提高平台网采率 将网采率纳入“十四五”全民医保规划考核指标。赴湖北、黑龙江、重庆等地开展网采率专项督导。分析各地药品耗材网采存在的问题及原因，提出强化公立医疗机构网采率绩效考核、非网采不支付等相关措施，将网采率纳入医保两定机构合同协议文本，指导各地切实提高网采率。

【组织落实价格招采信用评价制度】 *督促落实制度建立和守信承诺全覆盖* 逐月逐省动态跟进、研判形势、提供指导，1 月底，全国所有省市建立医药价格和招采信用评价制度。10 月初，平台注册医药企业全部提交守信承诺，实现守信承诺全覆盖。

对医药企业开展信用评级 累计向全国通报 4 批医药商业贿赂案源和 1 批垄断控销案源，涉及企业 220 家。指导各地对涉案企业进行失信评级，评定一般失信企业 49 家、中等失信 13 家、严重失信 5 家。在国家医疗保障局官网开设专栏，发布价格招标信用评价“严重”和“特别严重”失信评定结果，公开曝光 5 家企业严重失信行为。

强化工作指导 印发《集采工作中应避免的部分影响公平竞争行为指南》《价格垄断失信评级若干注意事项指南》《价格招采信用评价制度若干问题应用指南》，引导各地提升工作水平。汇总并向各地共享全国“中等”失信企业评定情况。针对某些医药企业违约断供、商业贿赂、控销垄断等重点案件，督促相关省份集采机构及时按规定落实评级处置。

综合管理工作

2021年，综合管理工作持续强化党建引领，坚决做好“五个坚持”，在服务发展、服务决策、服务落实上下功夫，在保障运转、多方协调上作贡献，在增强政府透明度、强化督办落实上求创新，取得积极进展。荣获2021年度中央和国家机关平安建设目标管理考核优秀单位，实现全年机要通信“零差错”，被国务院办公厅评为2021年度优秀机要交换单位。

【“第一方阵”排头兵责任落实有力】 *坚决落实党史学习教育要求* 制定国家医疗保障局“我为群众办实事”清单，群众关心关注的8项重点任务全部完成既定目标。持续开展“我为身边人办实事”实践活动，共完成39项实事，进一步突出党建引领作用。

推动科学民主决策制度化、规范化 完善国家医疗保障局党组研究审议“三重一大”（即重大事项决策、重要干部任免、重大项目投资决策、大额资金使用）事项清单，就列入党组会、局长办公会事项提前审核、严格把关。

严格贯彻执行中央八项规定精神 落实习近平总书记关于厉行节约、制止餐饮浪费行为的重要指示精神，坚持过紧日子的要求，全年一般公共预算支出较2020年执行数压减64.01%。发出绿色用电倡议，积极推进节约型机关创建工作，获国家机关事务管理局通报表扬。持续加强作风建设，整治文山会海和指尖上的形式主义。

【基础保障质量不断提升】 *代表医保系统做典型发言* 国家医疗保障局办公室主要负责同志代表医保系统在全国政府秘书长和办公厅主任会议上做典型发言，就履行职责、服务大局，围绕中心工作当好参谋助手介绍经验做法。

召开办公室主任座谈会 召开首次全国医保系统办公室主任座谈会，学习贯彻习近平总书记对做好办公厅（室）工作的重要指示批示精神，对医保系统办公室强化统筹协调、加强研究谋划、狠抓政策落实、做好综合保障提出要求。

强化机关保障与运转 坚决落实疫情防控主体责任，持续加强安全、保密管理，严格执行24小时值班、节假日值班带班等制度，督促强化内部运转管理，积极推动报刊信件管理信息化、文档管理标准化。高质量完成606件代表建议和委员提案办理任务，办理成效被国务院办公厅编入《政务情况交流》。

完善信访工作与平台建设 加强信访工作培训，提高各级信访工作人员处置紧急突发事件的能力和水平。创新方式方法，采取及时分办、联手协办、跟踪督办的工作模式落实信访事项。开发网民互动平台，实现留言办理的信息化和移动办公，自2021年12月20日起不再转办纸质件。

规范预算执行与财务报销 按时完成各项审计整改任务，编发预算执行相关常用文件汇编，助推实现部门预算规范管理、机关内控合理高效。组织建设网上财务报销系统，推进财务报销规范化、标准化和精细化，实现全流程网上留痕、可追踪。

【服务决策能力显著增强】 *强化顶层设计研究* 组织研究基本医保省级统筹、公立医院合理投入机制、谈判药品“双通道”供应保障、养老保险和医疗保险个人账户比较等问题，形成研究成果，为领导决策提供参考。

健全信息工作机制 建立健全定向约稿、定期通报、质量评价等机制，提高信息报送精准度。确定包含地方医保部门、科研机构、医药服务机构、行业协会等28家信息直报单位，通过更多视角更真实地掌握地方医保工作进展。

加强课题管理和成果利用 动态更新政策咨询类专家库，建立健全专家黑名单制度。全年立项启动50多个课题研究。开展首届课题研究成

果评优，评选出 14 个优秀课题。完善课题管理办法，统筹强化课题中期检查和结题评估，督促全局提高课题质量。

【新闻宣传效果明显提升】 做好重大政策的引导宣传　积极组织参加各类新闻发布活动，全年组织参加国务院新闻办公室发布会 9 次，自行举办新闻发布会、通气会 8 次。针对“推动药品集中带量采购工作常态化制度化意见”“医保基金使用监督管理条例”“‘十四五’全民医疗保障规划”等重大政策，通过媒体发布会、邀请专家学者进行政策文件解读等方式，扩大政策知晓率。

举办“智慧医保解决方案大赛”　吸引全国 156 个医疗信息化及高科技企业团队参与赛事。大赛聚焦探索医保工作的堵点、痛点、难点问题，参赛团队运用大数据、云计算、互联网、人工智能手段提出解决方案，推动社会各界深入了解智慧医保工作进展以及智慧化成果在医保领域的应用前景、推动全国医保系统应用推广大赛成果。

构建并完善企业接待日制度　出台企业及社会组织接待日工作暂行办法，拓宽交流沟通渠道。2021 年完成当面和电话接待 125 次，及时听取企业及社会组织意见，推动构建“亲”“清”政商关系。

【国际交流合作有序推进】 深化国际项目合作　积极协调承担国际合作技术项目，包括世界银行“基于卫生技术评估（HTA）的医保目录调整决策支持体系建设研究”、与英国驻华使馆合作“抗肿瘤药物卫生技术评估方法学研究与机制探索项目”等。与哈佛大学合作举办第三期国际医疗保障经验学习培训班，打造具有国际视野的医保干部队伍。

组织参加线上线下国际会议　组织协调并安排外事会见 12 次。参加大湄公河次区域（GMS）经济合作高官会、中亚区域经济合作（CAREC）第 20 次部长级会议等线上会议。

做好对外宣传交流　加强同外国驻华使节和国际组织的沟通交流，多种渠道对外宣传疫情防控、减少贫困、降低药价等世界性难题的中国医保方案。配合药品耗材集中带量采购、医保目录准入谈判等工作，做好对外医保宣传。

科研与学术工作

2021年，聚焦医保科研和学科建设，首都医科大学国家医疗保障研究院（以下简称研究院）和中国医疗保险研究会（以下简称研究会）不断积极推进机构、制度和组织建设，开展科研与学术工作。

【学术机构建设】 *研究院机构建设* 通过公开招聘、打通职称晋升通道、科研工作等多途径不断充实和锻造高素质科研人才队伍。多项措施开展医保学科建设，2021年设立并全过程管理11项开放性课题；协助首都医科大学公共卫生学院完成国内第一个《医疗保险学》慕课录制；设立实践基地接纳首都医科大学医疗保险研究方向硕士研究生、本科生，开展联合培养和实习实践。

研究会机构建设 一是在民政部社会组织管理局完成新一届社团负责人、法人代表变更、备案等相关工作。二是完成研究会2020年度年检审计工作。三是根据地方人事调整和工作安排等情况，对研究会理事会成员名单作出及时调整。四是健全完善规章制度。根据国家相关文件和国家医疗保障局有关管理制度，对研究会工作制度汇编进行了修订。五是着力加强团队建设。采取定期开展业务培训和科研中带队伍的方法，提高员工综合素质和研究能力。

【研究院重点研究工作和成果】 2021年，研究院共开展120余项科研任务，其中科研课题42项，专项任务80项。全部科研任务按计划完成，部分研究成果转化为医保改革政策和制度，为医保改革发展提供全方位的专业支撑。

医疗保障运行评价分析 继续完善医保基金运行评价指标体系，开展各省和各统筹区医保基金运行评价研究。完成《2020年基本医保运行评价指标体系》《2020年全国基本医疗保险基金运行评价结果》《专题报告1：多维度透视基本医保运行状态》《专题报告2：大疫情下病人流向分析》。研究成果直接转化为《国家医疗保障局办公室关于印发2020年基本医疗保险基金运行评价方案和评价结果的通知》文件附件。

DIP付费方式改革研究 完成国家和地方医保部门委托研究任务。包括国家医疗保障局委托的《DIP试点运行经办系统监测评估研究》，地方医疗保障局委托的《海南省DIP分组测算及技术指导》《晋中市按病种分值付费技术支持项目》等。受国家医疗保障局委托，承担DIP技术指导工作，组织技术指导组制定和完善DIP技术规范、分组方案和管理办法。一是在国家标准基础上，组织专家对大数据分析及利用、分组策略与目录库、付费标准和配套政策、监管与改革效果评价等重点专题深入研究。二是参与DIP改革实施和相关政策制定。参与《2021年DRG付费国家试点、DIP试点工作要点》评估论证；《DIP医疗保障经办管理规程（试行版）》起草与论证；《DIP分组与付费信息化系统基本功能规范》起草；支付方式改革示范点工作方案、示范医院评选方案及指标、全国DIP经办运行监测方案及指标的起草和论证等工作。三是扎实推进试点技术指导。通过基线调查和进度跟踪、现场调研和评估等方式，摸清71个DIP试点城市进展，及时发现和了解试点问题。同时加强培训指导，为各地完成试点任务提供专业支撑。四是受国家医疗保障局医疗保障事业管理中心委托，承办首届中国CHS－DRG/DIP支付方式改革大会，起草DIP试点工作报告，承担论坛筹备相关工作。

医药价格和招标采购研究 完成《深化医疗服务价格改革试点工具操作手册》《医保高值耗材规范化管理对产业的影响》等研究报告，承担“医疗服务价格指数”和“药品价格指数”统计研究工作，每月跟踪全国药品和医用耗材集中带量采购进展。开展《医疗服务收入内涵与薪酬制度衔接

研究》《医保政策推动公立医院高质量发展（带量采购篇）》等项目研究，以及苏州市、深圳市等医疗服务价格改革相关研究。

支持医保药品目录调整工作　承担《关于制定中国特色医保药品目录调整评审规则及指标体系研究项目》，协助推进医保药品目录调整工作。同时，根据工作需要，通过严格的考核程序，建设药物经济学专家库，为相关工作提供支撑。

开展《分类保障制度未来发展研究》　完成《分类保障制度未来发展研究》报告，并撰写《分类保障制度未来发展趋势研判》《广东省医保一体化改革实践与启示》《专家观点医保制度整合路径选择》等 3 项研究专报。

编撰《2021 中国医疗保障统计年鉴》　协助国家医疗保障局完成医疗保障领域第一部统计年鉴编撰工作。《2021 中国医疗保障统计年鉴》是反映中国医疗保障制度体系发展和医药服务发展情况的资料性年刊，2021 年正式出版发行，诸多数据第一次向社会公开，具有里程碑意义。

国家医疗保障局委托的其他重点研究任务　完成《"十四五"时期医保基金运行预测研究》《医保区域不平衡对医保、医药和经济社会协调发展的影响研究》《建立健全职工基本医疗保险门诊共济保障机制工作督导评估的研究》《医疗保障待遇清单制度实施考核评估》《国家医疗保障局飞行检查绩效评估及规范流程研究》《互联网医疗医保结算费用和流程研究》《医保政务服务"好差评"制度建设工作评价标准体系研究》等任务。

为地方医保部门提供专业支撑　聚焦支付方式改革、"十四五"医保规划，完成地方医保部门委托课题 7 项，包括海南省、山西省晋中市支付方式改革研究，宁夏回族自治区、西藏自治区、黑龙江省等地"十四五"医疗保障发展规划研究，天津市基本医疗保险基金运行分析评价研究，雄安新区医疗保险支付方式改革研究。

开展国际合作研究　一是持续推进盖茨基金会委托的《结核病多渠道筹资和支付方式研究》，并在江苏省镇江市、湖北省宜昌市、湖南省益阳市、河北省保定市等四个城市开展试点，为我国实现《遏制结核病行动计划（2019—2022 年）》的目标提供支持。二是与中国医疗保险研究会联合承担并完成英国大使馆委托的两期《抗肿瘤卫生技术评估方法学研究与机制探索》项目，形成《抗肿瘤快速技术评估方法学》《抗肿瘤快速评估数据报告》《中国卫生技术评估发展概述及中英卫生技术评估合作展望》等三份报告，为完善我国卫生技术评估机制建设提供技术支撑。

【研究会重点研究工作和成果】　研究会紧密围绕医保事业发展新格局和新要求共开展或完成了 13 个科研项目，开展 1 期业务培训。利用多媒体矩阵围绕国家医疗保障局出台政策和重要举措，积极做好专项和日常宣传工作，举办学术交流活动 1 场，新闻发布会 2 场。

完成国家医疗保障局交办的各项科研任务　一是完成"重大疫情医疗救治费用保障研究""医保市地级垂直管理下基金管理实施路径和推进策略研究""长期护理保险基本保障范围研究""基本医疗保险支付方式改革现状及典型案例""完善门诊慢性病和特殊疾病保障研究"等 5 项课题评审验收。二是按照国家医疗保障局要求，在完成研究院开放性课题"DIP 医保经办管理研究"课题基础上，编写 DIP（医保版）操作参考手册。三是完成 2019 和 2020 年度医疗服务利用数据专项分析项目。针对 2018 和 2019 年度医保抽样数据，围绕药品用药改革政策、儿童用药、跨省异地就医结算、支付方式改革、高值耗材等内容开展专题分析。四是启动《城市定制型商业医疗保险发展现状及评估体系研究》项目。

承接科研机构、地方医保部门和央企科研任务　一是完成研究院开放性课题"医疗保险药品目录带量采购实施效果与对策研究"。二是完成云南省医保基金监控指标体系研究项目。三是完成德州市"十四五"医保事业发展规划研究项目。四是中标天津市医疗保障基金管理中心国家医疗保障服务热线中心运维建设项目中的"经办能力建设"子项目。五是接受国家电网集团委托，完成国家电网"集团型企业补充医疗保险管理及实践研究"项目，开拓为国有企业集团提供专业技术支持的新发展路径。

开展业务培训和学术交流　一是 7 月 15—16 日在武汉举办支付方式改革（DIP）研修班。全国 22 个省（自治区、直辖市）医疗保障局及部分地市级医疗保障局分管支付方式改革的领导和相关工作人员共计150余人参加。二是协助国家医疗保障局医疗保障事业管理中心举办首届中国CHS－DRG/DIP支付方式改革大会。包括1个主论坛和15个分论坛。出版发行DIP操作参考(医保版1.0＋医院版1.0)专刊。三是所属《中国医疗保险》杂志社开设医保“云课堂”,受国家医疗保障局医疗保障事业管理中心委托录制DIP经办规程、技术规范等相关培训视频,供系统内免费学习。

提升宣传平台效能　一是围绕医保改革成效及社会关切问题召开新闻发布会。4月9日召开“畅议谈判药品落地”研讨会;11月3日联合中国药学会召开《医保药品管理改革进展与成效蓝皮书》新闻发布会;12月15日与所属《中国医疗保险》杂志社以“用量‘两减一增’,价格‘三价齐降’”为主题,召开“集采推动仿制药替代——集采未中选原研药使用情况变化新闻发布会”。二是所属《中国医疗保险》杂志社努力扩大传播范围和舆论引导能力。截至2021年底,《中国医疗保险》杂志每期发行量为6.7万份,“中国医疗保险”微信公众号关注人数突破100万,各平台年阅读人次数超过5500万。承担国家医疗保障局交办的10余个专项宣传任务,与医疗保障事业管理中心联合主办“学党史办实事”案例评选,承担年鉴编制任务,编纂2020年卷和2021年卷《中国医疗保障年鉴》,编发18期《医保工作动态——医药价格和招标采购动态专刊》。编写出版首部医疗保障基金监管蓝皮书《中国医疗保障基金监督管理发展报告(2021)》。

二、专题特辑

推动党史学习教育走深走实

2021年，在党中央的正确领导下，在中央党史学习教育领导小组和第20指导组的具体指导下，国家医疗保障局党组紧紧围绕“学史明理、学史增信、学史崇德、学史力行”和“学党史、悟思想、办实事、开新局”的目标要求，聚焦重点任务、关键环节，扎实开展党史学习教育，强化责任担当，科学统筹谋划，狠抓落地落实，做到“规定动作”有亮点，“自选动作”有特色。

【提高站位深化认识，迅速有力部署启动】

提前筹划 2月1日，习近平总书记首次对开展党史学习教育作出部署后，国家医疗保障局党组即组织骨干力量形成初步方案。2月20日，中央召开党史学习教育动员大会，局党组抓紧细化完善实施方案，力求符合中央精神、体现医保特色、顺应群众期盼。

扎实部署 3月4日，召开全局党史学习教育动员大会，传达学习习近平总书记重要讲话精神，明确目标要求、重点内容和实践路径。

定实计划 先后制定了关于开展党史学习教育的实施方案、实施工作方案、宣传工作方案等3个具体方案，确保党史学习教育在医疗保障领域落地落实。

【学深悟透百年党史，汲取砥砺奋进力量】

注重学研结合 专门制定党史学习研讨交流计划安排，组织党员干部精读细读习近平《论中国共产党历史》等重要著作。局党组理论学习中心组围绕新民主主义革命史等内容，开展专题学习研讨。

注重学悟结合 从6月1日至11日，组织党史学习教育专题读书班，组织大学习、大交流、大研讨。

注重学用结合 召开庆祝中国共产党成立100周年座谈会，邀请专家学者开展专题辅导，梳理编印《医疗保障百年大事记》。

【深化创新理论武装，做到入脑入心入行】

原原本本精学 充分发挥局党组理论学习中心组领学促学作用，专题学习研讨习近平总书记在党史学习教育动员大会等重要讲话精神。

突出重点深学 自觉把学习宣传贯彻党的十九届六中全会精神作为重大政治任务和重要政治责任，党组主要负责同志带头宣讲全会精神，党组理论学习中心组开展专题学习研讨。统筹开展网上网下宣讲活动，形成正面舆论强势。

多措并举促学 邀请中央宣讲团成员作专题辅导讲座，组织党史学习教育知识竞赛、“党在我心中”演讲比赛。

【深刻领悟“两个确立”，坚决做到“两个维护”】 *坚定捍卫“两个确立”* 局党组以自身的示范表率引导全局党员干部始终忠诚核心、拥护核心、跟随核心、捍卫核心。局各级党组织自觉把“两个确立”贯彻落实到医疗保障工作各领域各方面各环节，积极主动将党的领导主张和重大决策部署转化为推动医疗保障事业高质量发展的实际效果。

坚决做到“两个维护” 建立贯彻落实习近平总书记重要指示批示和党中央决策部署专门台账，全程跟踪督办。严格执行《中国共产党重大事项请示报告条例》，重大事项、重大决定、重大问题以及执行党中央重要决定等情况及时请示报告。

严肃党内政治生活 认真组织召开党史学习教育专题组织生活会，严肃认真开展批评和自我批评。

【用好用活红色资源，赓续传承红色血脉】

开展主题活动 开展“学好百年党史、传承红色基因”主题教育活动，“七一”前后，局党组成员、各基层党支部书记分别讲专题党课；组织全局党员干部参观中国共产党历史展览馆，赴香山革命纪念馆开展主题党日活动；结合“根在基层”调研

实践，青年干部赴红军长征纪念碑碑园等地汲取奋进前行力量。

讲好红色故事　在江西赣州瑞金叶坪革命旧址群建设中华苏维埃共和国医疗保障史陈列馆，寻根溯源中国特色医疗保障制度。各党支部赴北京市档案馆等地参观红色档案史料，开展“聆听红色故事 赓续红色血脉”主题党日活动。

提炼医保文化　总结提炼医疗保障部门形成的上下认可、共同遵守的行为道德规范，概括为忠心向党、真心为民、用心干事、公心用权的“四心”行业文化。

【始终站稳群众立场，全力办好为民实事】

抓实方案制定　局党组成员分别深入基层群众、深入工作服务对象，广泛听取多方面意见建议，了解群众需求。在此基础上，研究制定“我为群众办实事”实践活动实施方案和项目清单，明确了4个方面重点任务和8个重点办实事项目。

解决急难愁盼　建立国家医保谈判药品“双通道”机制，推进跨省异地就医线上备案和基本医保关系转移接续“跨省通办”，扩大门诊费用跨省直接报销范围，推进群众就医购药“一码通行”，推进国家组织药品和医用耗材集中带量采购，全面降低核酸检测费用，完善支持三孩生育保险政策。

办好身边实事　各党支部分别选定1个村（社区）党支部结对共建，共同开展“我为群众办实事”主题党日活动。推动党员常态化参与志愿服务，在重阳节慰问独居老人、担任疫苗接种志愿者等，持续为身边群众办好事解难事。

【牢牢扛起政治责任，示范带动作好表率】

健全组织体系　成立由局党组主要负责同志任组长，党组其他成员任副组长的党史学习教育领导小组；领导小组下设办公室，由党组成员、副局长、直属机关党委书记任主任。同时，制定领导小组及办公室工作规则，研究党史学习教育中的重大工作。

坚持以上率下　局党组主要负责同志亲自谋划、亲自研究、亲自推动学习教育。发挥“头雁效应”，带头学习研讨、带头调查研究、带头检视问题、带头整改落实，作出示范表率。

力戒形式主义　坚持以严实作风开展党史学习教育，坚决克服形式主义、官僚主义，防止出现“人在心不在”、肤浅化和碎片化等现象。

注重统筹兼顾　坚持把开展党史学习教育同贯彻落实习近平总书记关于医疗保障工作的重要指示批示结合起来，同落实党中央、国务院各项决策部署结合起来，同做好当前各项中心工作结合起来，做到两手抓两促进。

新冠肺炎疫情防控医疗保障

2021年，国家医疗保障局认真贯彻习近平总书记重要指示批示精神和党中央、国务院决策部署，将做好常态化疫情防控作为一项重要的政治任务，圆满完成新冠肺炎确诊和疑似患者救治、疫苗及接种费用保障各项工作。

【指导各地合理降低新冠病毒核酸检测价格】 2021年实行三轮全国联调，春节前后指导各省将核酸检测单人单检价格从每人120元全部降至每人80元以下；中秋、国庆前夕，指导各省将单人单检降至60元以内，10人混检降至15元以内；11月，会同国务院应对新型冠状病毒肺炎疫情联防联控机制医疗救治组印发《关于进一步降低新冠病毒核酸检测价格和费用的通知》，单人单检每人份价格降至不高于40元，多人混检降至不高于10元，为疫情防控和经济社会发展作出了积极贡献。

【扎实做好新冠肺炎疫情防控医疗保障工作】

持续落实"两个确保"政策　按照确保患者不因费用问题影响就医、确保收治医院不因支付政策影响救治的"两个确保"要求，指导地方对确诊和疑似患者实行先救治、后结算，异地救治的费用由就医地医保部门先行垫付，持续有效解除了患者诊疗与医疗机构收治患者的后顾之忧，对促进社会和谐稳定发挥了重要作用。启动新冠肺炎确诊和疑似患者救治费用新一轮全国统一清算工作。

认真落实"两项费用保障"　按照国务院"新冠病毒疫苗及接种费用由医保基金负担、财政适当补助，居民免费接种"的有关决策部署，会同财政部、国家卫生健康委员会印发《关于做好新冠病毒疫苗及接种费用保障工作的通知》《关于做好新冠病毒疫苗加强免疫费用保障工作的通知》《关于居民免费接种新冠病毒疫苗价格有关事项的通知》，按程序完善医保基金结算政策，发挥医保对人民群众健康权益保障方面的最大效力。

一是建立预付机制，确保"钱等疫苗"。指导各地精心测算费用需求，做好资金管理，在社保基金专户中设立疫苗及接种专项，进行单独核算，并及时上解资金，向疫苗采购机构预付采购资金，持续做到"钱等苗""苗等人"，有效保障了疫苗生产企业安心生产、放心供应，疾病预防控制机构放心采购、接种机构放心接种，确保居民免费接种政策落实落细。

二是强化结算清算，确保"稳妥接种"。组织召开视频会迅速安排部署，赴天津、河北、海南等11个省份开展调研，了解结算中遇到的困难和问题，指导各地医保部门以高度的政治责任感和历史使命感，按月结算、分阶段清算，全力做好新冠病毒疫苗及接种费用保障工作，为新冠病毒疫苗接种稳妥推进保驾护航。截至2021年底，累计结算疫苗费用近1200亿元。

三是开展抽样核查，确保"基金安全"。在全国范围内，对医保专项基金已经完成结算的接种数据，组织开展抽样核查工作，全面了解接种数据的真实性和可靠性。指导地方医保部门创新方式、多措并举，采取电话、微信、短信、上门随访等方式进行核查，督促核查工作真正落实到位，确保"医保资金付得清楚、疫苗打得明白"，有力维护了医保基金安全。

【多轮次开展新冠病毒疫苗价格磋商】 及时收集全球范围内疫苗上市和价格水平变化情况，按照新冠病毒疫苗公共产品属性和保本微利原则，组织相关新冠病毒疫苗生产企业开展多轮价格磋商，形成了灭活、腺病毒载体、重组蛋白等多种技术路线新冠病毒疫苗的议定价格，并根据供求关系和企业成本变化多次降价，极大节约医保基金支出。

巩固拓展医疗保障脱贫攻坚成果有效衔接乡村振兴战略

2021年,国家医疗保障局坚决落实党中央、国务院关于巩固拓展脱贫攻坚成果同乡村振兴有效衔接决策部署,围绕巩固拓展基本医疗有保障成果,统筹完善过渡期医保帮扶政策,加快建立防范化解因病返贫致贫长效机制,扎实做好定点帮扶工作,推动医保制度在助力乡村振兴方面取得积极成效。

【强化工作组织领导】 优化调整国家医疗保障局原扶贫领导小组和定点扶贫领导小组,合并成立国家医疗保障局乡村振兴工作领导小组,下设乡村振兴办公室和定点帮扶办公室,统筹加强对巩固拓展医保脱贫攻坚成果有效衔接乡村振兴战略和定点帮扶工作领导。2021年,召开5次党组会和乡村振兴工作领导小组会,研究部署巩固拓展医保脱贫攻坚成果同乡村振兴有效衔接和定点帮扶工作。

【优化调整过渡期医保帮扶政策】 会同相关部门印发《关于巩固拓展医疗保障脱贫攻坚成果有效衔接乡村振兴战略的实施意见》,指导地方适应脱贫人口身份转化,推进医保帮扶政策逐步转向三重制度常态化保障。截至2021年底,原承担医保脱贫攻坚任务的25个省份全部印发配套文件,广东、江苏、天津等三个省份也同步完善长效帮扶措施。

【确保农村低收入人口应保尽保】 指导地方按规定落实好分类资助参保政策,全额资助特困人员,定额资助低保对象和返贫致贫人口,过渡期内将纳入监测的易返贫致贫人口纳入定额资助范围。健全完善参保台账,以统筹区为单位重点监测农村低收入人口参保情况。2021年,累计资助8519.7万人参保,支出176.7亿元,纳入监测的农村低收入人口参保率稳定在99%左右。

【强化三重制度综合保障】 巩固基本医保主体保障,稳定住院待遇水平,健全门诊共济保障机制,完善居民“两病”用药保障,进一步减轻慢特病患者门诊费用负担。发挥大病保险梯次减负功能,继续对低保对象、特困人员、返贫致贫人口实施倾斜支付政策。加大医疗救助托底力度,分类细化救助政策,统筹提高年度救助限额。2021年,各项医保帮扶政策惠及农村低收入人口就医1.23亿人次,帮助减轻费用负担1224.1亿元。

【加快建立防范化解因病返贫致贫长效机制】 指导各地做好高额医疗费用负担患者监测预警,分类细化因病返贫和因病致贫监测标准,完善依申请救助机制,及时将符合条件的重点监测人员纳入医疗救助范围,协同实施综合帮扶,合力防范因病返贫致贫风险。截至2021年底,25个省份均初步建立高额费用负担患者监测预警机制,全年各地主动推送预警信息120万余人次,经核查认定,将超过28万人纳入医疗救助范围。

【倾斜支持乡村振兴重点帮扶县】 积极争取财政加大投入力度,加大对乡村振兴重点帮扶县所在地区倾斜支持。2021年中央财政投入医疗救助补助资金302亿元,其中下达160个国家乡村振兴重点帮扶县所在省份及新疆维吾尔自治区、西藏自治区共172亿元。

三、特　载

踔厉奋发　勇毅前行
奋力谱写医疗保障高质量发展新篇章

——在全国医疗保障工作会议上的讲话

（2022 年 1 月 14 日）

国家医疗保障局党组书记、局长　胡静林

同志们：

这次会议的主要任务是以习近平新时代中国特色社会主义思想为指导，深入贯彻落实党的十九大和十九届历次全会以及中央经济工作会议精神，系统回顾 2021 年医疗保障工作，分析研判医疗保障改革发展形势，全面部署 2022 年医疗保障工作。下面，我讲三点意见：

一、医疗保障事业发展取得新的突出成效

2021 年是党和国家历史上具有里程碑意义的一年，党迎来百年华诞，实现第一个百年奋斗目标，开启向第二个百年奋斗目标进军的新征程。这一年，我们坚决贯彻习近平总书记重要指示批示精神，全面落实党中央、国务院决策部署，始终坚持以人民为中心，统筹疫情防控和医保发展，持续完善中国特色医疗保障制度，持续推动医保改革走向纵深，持续促进管理服务提质增效，群众待遇稳步改善，制度运行总体平稳，基金安全可持续，实现“十四五”良好开局。初步统计，2021 年全国基本医保参保人数 13.6 亿人，参保率稳定在 95%以上；基本医保基金（含生育保险）收入 2.8 万亿元，支出 2.4 万亿元，累计结存 3.6 万亿元。2021 年，我们重点推进了九个方面的工作：

（一）完善医保制度顶层设计

按照党中央擘画的改革蓝图，持续夯基垒台、立柱架梁。一是编制实施首个全民医疗保障五年规划。系统推进“十四五”时期医疗保障改革发展，确定黑龙江省等 6 个实施联系点。目前，浙江、山东、江西、四川等 21 个省份已印发本地规划。二是全面推进巩固拓展医保脱贫攻坚成果有效衔接乡村振兴战略工作。坚决落实医保先行一步的工作要求，在国家层面率先印发实施意见。原承担脱贫攻坚任务的 25 个省份全部出台配套措施，湖南、甘肃、贵州、湖北等 25 个省份部署开展因病致贫返贫预警监测。三是健全职工医保门诊共济保障机制。以国办名义印发文件，建立职工医保普通门诊统筹，改革个人账户。这是医保制度实施以来最大的政策调整。目前，天津、河北、青海、海南、西藏、兵团已启动实施。四是开展深化医疗服务价格改革试点。中央深改委会议审议通过《深化医疗服务价格改革试点方案》，在河北唐山、江苏苏州等 5 个城市开展试点。

（二）优化群众待遇保障质量

坚持在发展中持续改善群众医保待遇。一是健全重特大疾病医疗保险和救助制度。以国办名义印发文件，减轻困难群众和大病患者医疗费用负担，建立防范化解因病致贫返贫风险的长效机制。二是深化城乡居民高血压、糖尿病门诊用药保障机制。联合卫生健康部门开展专项行动，累计惠及 1.25 亿患者，减轻群众用药负担 428 亿元。湖南等省破除基层医疗机构药品配备壁垒，确保基层开得出、配得上“两病”用药。三是稳步推进长期护理保险制度试点。统一全国失能等级评估标准，国家试点城市增至 49 个、参保超过 1.4

亿人，累计165万失能群众获益，年人均减负超1.5万元。四是积极支持三孩生育政策落地实施。研究完善生育保险政策措施，各地迅速将参保女职工生育三孩费用纳入生育保险待遇支付范围。

（三）助力疫情防控取得显著成效

创新支持常态疫情防控，助力加快构建免疫屏障、有效应对局部疫情。一是精准做好新冠病毒疫苗及接种费用保障。会同财政部门共同承担疫苗及接种费用，迅速筹集并预拨疫苗采购资金，及时结算接种费用。“钱等苗”让企业放心生产、采购机构放心采购、接种机构放心接种。目前，已接种疫苗超29亿剂。二是持续降低常态防疫成本。三次与企业磋商降低疫苗价格，每阶段价格全球最低。持续推进核酸检测降价，经三轮降价，单人单检每人份价格已降至不高于40元，多人混检每人份价格降至不高于10元，大大减轻群众和政府负担。广东牵头联盟集采相关耗材，平均降价64%，惠及18个省份。江苏、甘肃、内蒙古等地全力确保疫情防控医疗物资“随时采、及时配、足量供”。同时，持续落实“两个确保”政策，创新经办管理服务，做好救治费用保障。

（四）持续加大药耗集中带量采购力度

针对性完善政策，持续扩大集采范围。一是国家组织集采取得新进展。先后开展三批药品集采，其中胰岛素专项集采破解了生物药集采难点，42个中选产品平均降价48%，预计惠及千万糖尿病患者，每年减负90亿元。开展人工髋关节、膝关节集采，平均降价82%，预计惠及80万患者，每年减负180亿元。前五批国家药品集采中选结果实施平稳，全年节省用药费用约1500亿元。全年使用集采中选冠脉支架150万个，达到协议采购量的1.4倍，减负160亿元。实施医药价格和招采信用评价，实现药品品种全覆盖，精准打击“行贿者”“围猎者”。二是地方集采已呈星星火燎原之势。重庆、湖北分别牵头开展短缺药、中成药省际联盟集采，天津、江苏、内蒙古、河南分别牵头开展冠脉扩张球囊、药物球囊、导引导丝、骨科创伤类耗材等联盟集采，安徽探索大型医用设备集采，四川正在牵头探索口腔耗材集采，广东、陕西、甘肃、新疆等地也分别组织跨省联盟采购，取得积极成效。上海精准引导未中选药品梯度降价，其他省份联动接续降低本地区未中选药品价格，平均降幅超过20%。

（五）完善医保药品目录管理

发挥全球最大市场优势最大程度议价，创新打通国家谈判药落地“最后一公里”。一是持续优化调整规则。健全药品评价指标体系，完善专家遴选和谈判机制。新版目录药品增至2860种，精准补齐慢性病、罕见病和抗肿瘤用药保障短板，17个治疗领域用药实现“增质不增支”的替代升级。二是整合全国用量“灵魂砍价”。67种药品平均降价62%。3种年用药费用超百万元的“天价药”全部降至30万元以下，其中原来每针70万元的“天价”诺西那生钠注射液降至3万多元，成为数万患者家庭翘首以盼“最暖的新年礼物”。人人点赞主谈人张劲妮、许伟等同志，体现了人民群众对医保改革发展的关注和认可。这些惠民成绩是千千万万“医保人”共同奋斗的成果。三是建立国谈药品“双通道”保障机制。暂时进不去医院的药品，先进药店保供应，实行同样支付政策，实时公布配备信息，确保国谈救命药“能查到、能买到、能报销”。目前，已有14.2万家医药机构供应谈判药品。2021年国谈药惠及患者1.4亿人次，减负1500亿元，为更多家庭带来希望。

（六）推进全国制度规范统一

注重全国一盘棋，始终防范“福利主义”，坚决治理过度保障。一是建立医疗保障待遇清单制度。这是我国民生领域建立的第一个待遇清单制度，在国家层面明确基本医保内涵、支付边界、决策权限，明确3年内实现全国基本制度、基本政策、支付范围等的规范统一。二是坚决防范“天价药”进医保。取消地方调整大病保险支付范围权限，逐步消化各省大病保险支付范围与国家药品目录的差异。有序清理消化各省自行增补医保药品目录品种，河南、山西、宁夏、河北、广东已提前完成全部消化任务。三是稳步规范脱贫攻坚期超常规保障政策。分人群、分类别、分阶段调整完善政策，基本杜绝地方新增超常规保障政策，地方补充保障政策正有序并转入三重制度框架，地方基本医保特惠政策正有序消化。

（七）守好人民群众“救命钱”

持续提高常态监管、综合监管、依法监管水平，筑牢医保基金安全防线。一是持续巩固基金监管高压态势。连续4年实行全覆盖日常监督检查，初步统计，2021年累计检查医药机构70.8万家次，处理41.4万家次，追回资金234.2亿元。联合公安部、卫生健康委专项打击“假病人、假病情、假票据”欺诈骗保行为，查处案件5922起，追回2.9亿元。开展基金监管存量问题“清零行动”，共办结存量问题9761件，追回资金27.8亿元。会同卫生健康、中医药部门开展30组飞行检查，查出涉嫌违法违规资金5.6亿元。年内曝光案件7万起。二是健全“一案多查、联合惩处”机制。会同公安部明确欺诈骗保案件移送范围、移送程序，实现行政执法和刑事司法有效衔接，强化部门监管合力。将监管中发现的涉嫌违反党纪、职务违法犯罪等问题线索移送纪检监察机关，坚决打击内外勾结欺诈骗保行为。会同卫生健康部门合力规范医务人员执业行为，强化行业自律。三是持续提高基金监管法治化规范化水平。正式实施《医疗保障基金使用监督管理条例》，出台《医疗保障行政处罚程序暂行规定》，印发系列规范性文件，进一步提高基金监管法治化水平。鼓励各地积极构建本地举报奖励制度，规范举报线索处理流程，年内国家局收到举报线索8253件，查实并追回资金1.1亿元。

（八）推进跨省就医直接结算

会同财政部优化业务流程，进一步方便群众异地就医。一是住院费用跨省直接结算稳中有进。已联入5.3万家医疗机构，每个县都有至少1家联网医疗机构，全年惠及群众住院440.6万人次、基金支付624.6亿元。二是普通门诊费用跨省直接结算全面突破。已覆盖所有统筹地区，联入12.8万家医药机构，90%以上的县有1家以上联网医疗机构，全年惠及群众门诊就医近千万人次。三是门诊慢特病费用跨省直接结算破题。启动高血压、糖尿病等五种门诊慢特病相关治疗费用跨省直接结算试点，已在全国31个省份和兵团的45个统筹地区开通。四是异地就医备案服务持续优化。拓展线上备案渠道，规范备案流程，开通代办功能。目前，所有统筹地区都开通跨省异地就医线上备案。

（九）进一步提高精细化管理服务水平

以精细化管理为抓手，巩固拓展医保改革成果。一是支付方式改革取得新进展。DRG和DIP国家试点城市全部实现实际付费，举办第一届中国CHS－DRG/DIP支付方式改革大会，启动三年行动计划。推进门诊支付方式改革，支持中医药传承创新发展，探索紧密型医共体总额付费政策。二是信息化、标准化和法治化建设取得新突破。医保信息平台已在31个省份的321个地市和兵团落地应用，地方平台上线率达到97%。全国均已开通医保电子凭证激活应用服务，累计用户超10.5亿。15项编码标准全面贯标应用，全国共用一个标准库、共享一个数据池。全面开展2020年度转移支付绩效评价工作，将评价结果与资金分配紧密挂钩。推进《医疗保障法》立法取得实质性进展，推动出台《社会保险经办条例》，制定医疗保障稽核管理暂行办法。三是经办服务标准化规范化建设取得新进步。积极谋划推进医保经办体系建设，打造示范点，规范经办大厅设置和服务标准，明确28项服务办理流程，规范经办机构内控管理。推进基本医保参保、转移接续等服务事项“跨省通办”，更好保障流动人员医保权益。持续强化药品价格日常管理，建立药品价格和供应异常变动监测制度，编制全国医药价格指数。加强医药集采平台顶层设计，推进行风建设，医药集采机构与平台建设取得新突破。

工作中，我们始终突出党建引领、政治统领，深刻感悟“两个确立”，坚定践行“两个维护”，全面从严管党治党，确保医保改革发展行稳致远。扎实开展党史学习教育，开展“我为群众办实事”实践活动，征集推介“学党史、办实事”案例，用心用情用力解决人民群众医疗保障领域“急难愁盼”问题，促进党史学习教育与业务工作深度融合、同频共振。从严落实中央巡视整改任务，压实管党治党责任，持续加强纪律和作风建设，强化基层党组织政治功能，稳步推进干部队伍建设，确保医保工作出实绩、惠人民。坚持党管意识形态，见诸未萌、防患于未然，用医保惠民实效展现党和政府的良好形象。

二、深入学习贯彻十九届六中全会和中央经济工作会议精神

近期，党中央先后召开十九届六中全会和中央经济工作会议。六中全会通过了《中共中央关于党的百年奋斗重大成就和历史经验的决议》，全面总结了党的百年奋斗重大成就和历史经验，强调了"两个确立"对新时代党和国家事业发展、对推进中华民族伟大复兴历史进程具有决定性的意义，为实现第二个百年奋斗目标提供了行动纲领和科学指南，为新时代更好地坚持和发展中国特色社会主义、实现中华民族伟大复兴提供了根本遵循和行动指南。中央经济工作会议研判国内外形势，深刻阐述了做好经济工作的规律性认识、需要正确认识和把握的重大理论和实践问题，系统部署了2022年经济工作。我们要深入学习领会、坚决贯彻落实。

结合中央对形势的判断和对民生工作的要求，医疗保障工作的地位更加突出，医疗保障高质量发展也正处于关键期。国际政治经济问题交织，我国经济遭遇"需求收缩、供给冲击、预期转弱"三重挑战，医保增收难度不断增大；疫情防控常态化、人口老龄化、疾病慢病化、医药科技加快发展，医保刚性支出不断增大，基金平衡压力持续增大。区域政策发展平衡性协调性不断增强，新型城镇化建设加快推进，跨地区就业、居住逐步成为常态，新业态、新经济加速发展，业务跨区域协作、管理服务方式等方面面临新要求、新挑战。医保改革进入深水区、攻坚期，利益调整更加深刻，改革阻力变大。欺诈骗保呈现系列新特点，打击仍需加大力度、久久为功。医保管理服务内涵不断拓展，对提高经办能力提出更高要求。医保顶层设计加快推进，但各地区推进落实力度和进度不均衡，一定程度上影响着群众获得感。

要正视困难，更要坚定信心和决心。以习近平同志为核心的党中央为医保改革发展提供了坚强领导，党的百年奋斗重大成就和历史经验汇聚了干事创业的强大精神力量。我国长期向好的基本面没有变，中国特色社会主义制度的优势没有变，经济持续恢复发展的态势也没有变，支撑医保高质量发展的有利条件没有变。要坚持用习近平新时代中国特色社会主义思想武装头脑，坚决贯彻落实习近平总书记关于医疗保障工作重要指示批示精神，"致广大而尽精微"，既要打好战略主动战，把握长期大势，谋势蓄势，坚定推动改革；又要打好遭遇战，更稳妥应对新风险、新问题、新挑战，转危为机、乘势借势，全力推动医疗保障高质量发展。在这个过程中，要准确理解把握一些问题。

（一）高质量发展是推动共同富裕的核心保障

共同富裕、美好生活是中国特色社会主义迈向更高阶段的社会形态。当前，我们全面建成小康社会、历史性消除绝对贫困，扎实推动共同富裕已经成为全面建设社会主义现代化国家的必然要求，成为实现中华民族伟大复兴的关键。目前，我国正处在跨越中等收入陷阱的关键时刻，高质量的发展仍是解决中国一切问题的基础和关键。扎实推动共同富裕就是始终坚持以经济建设为中心，不断解放和发展社会生产力，持续推动质量变革、效率变革、动力变革，在高质量发展中让人民群众更好地共享发展成果，是既做大做好蛋糕、又分好切好蛋糕的过程。绝不是简单搞"福利主义"、平均主义。

各级医保部门要准确把握共同富裕的内涵，通过医保高质量发展扎实推动共同富裕。要确保人人"有医保"，保障人人都有享受基本医疗保障的机会。要切实兜住底线，进一步织密扎牢医保安全网，防范化解因病致贫返贫风险。要始终"保基本"、可持续，把握好在发展中改善医保待遇的度，确保医保发展、经济增长、共同富裕同向而动。要优质高效，既确保有效发挥医保基金最大保障效能，又推动合理诊疗，提高医疗服务效率和质量，更好地保障病有所医。

当前的重点是逐步消除医保地域间发展不平衡。目前，各地已基本实现市地级统筹，初步具备探索推动省级统筹的条件。省级统筹是重大利益调整、是稳扎稳打的持久战，决不能搞大呼隆、一窝蜂。要积极稳慎推动省级统筹，市地级统筹全面做实、省内政策差异不大、管理服务基础较好的省份可以按照“政策统一规范、基金调剂平衡、完善分级管理、强化预算考核、提升管理服务”的方向探索省级统筹，其他省份要加速夯实基础条件，抓紧研究省级统筹的思路和方法。省级统筹重点是政策规范统一，可以采取基金调剂的方式，不强调基金统收统支和待遇水平削平补齐；目的是均衡各地基金与本地客观风险的匹配程度，绝不能对各地敞开花钱兜底；核心是创新管理机制，用有效的绩效管理等政策工具，充分激发省、市、县分级管理积极性，不仅不能鞭打快牛、还要能奖优惩劣，强化地市间就医管理和服务监管协作。

（二）旗帜鲜明反对医保领域泛福利化

要从百年医保发展史中坚定中国特色医疗保障制度自信。党的百年奋斗史，也是医保百年发展史。目前，我们建立并不断完善具有鲜明中国特色的医疗保障制度，让“基本医疗保障”从“吾辈不敢想的奢望”变成人人享有的基本保障，以比发达国家低得多的医保支出实现了有效的住院和门诊大病保障，人均预期寿命从新中国成立前的35岁增长到77.3岁，已经得到人民群众和国际社会的充分肯定。要坚定制度自信，按照中央绘就的蓝图，坚定不移地推动医保高质量发展。

要始终坚持尽力而为、量力而行，在发展中持续改善医保待遇。习近平总书记强调，“保障和改善民生是一项长期工作，没有终点站，只有连续不断的新起点，要实现经济发展和民生改善良性循环”。尽力而为，体现了党的初心使命和人民理念；量力而行，则体现了尊重规律、尊重国情、可持续发展理念。要准确把握两重含义：一是要把保障和改善医保待遇建立在经济发展和财力可持续的基础之上，在高质量发展中持续提高保障质量。始终把握我国是世界上最大的发展中国家、仍处于并将长期处于社会主义初级阶段的基本国情，充分认识我国发展水平离发达国家还有很大差距的现实，充分汲取国际上一些国家盲目搞“福利赶超”、实施“免费医疗”导致经济停滞、甚至衰退的深刻教训，不好高骛远，不杀鸡取卵，确保医疗保障制度不透支经济发展潜力、行稳致远。二是要始终推动医保高质量发展，最大程度发挥有限资金保障效能。政府不能什么都包，也包不起、包不住。必须从实际出发，守牢基本医疗保障“保基本”“可持续”底线，重点加强基础性、普惠性、兜底性医疗保障制度建设。同时，要不断提高基金使用效率，持续深化改革、持续完善管理、持续改善服务，确保群众最大程度获益。

（三）坚定不移推动制度规范统一

医保制度缺乏规范统一已成为可能动摇基本医疗保障制度根基的问题。我国医保制度建设从试点起步，鼓励各地大胆创新、不断探索，在前期制度发展和完善中起到重要作用。但不断拉大的地区间政策差异，与扎实推动共同富裕的新时代制度功能背道而驰。既导致群众地区间待遇攀比，加剧了异地就医管理服务的复杂程度，也制约了劳动力自由流动，不利于区域协调发展战略和新型城镇化的全面实施。同时，地方各自为政，容易被医药企业各个击破，难以有效整合全国需求形成巨大战略购买力，难以确保“灵魂砍价”的持续再现。经济发达地区结余多，本质是全国人口红利局部聚集的阶段性现象，是我国一部分地区先富起来的特定时代产物。随着共同富裕的推进，区域间发展和人口红利分配将持续均衡，发达地区医保筹资能力优势将持续弱化，今天的过高承诺就可能成为明天难以承受的负担。

要从国家富强、民族复兴的战略高度推动制度规范统一。破除地区间利益藩篱和政策壁垒，除了先富带动后富、推动共同富裕外，还是塑造发展新优势、增强威慑实力、应对空前复杂内外部环境的战略先手棋。各级医保部门要提高政治站位、心怀“国之大者”，坚定不移推动医保全国一盘棋。一是坚定不移推动制度、政策和支付范围全国统一。老制度坚决遏制增量、逐步消化存量，稳妥规范统一。新制度从试点开始就要“齐步走”，按照国家部署推进，不能自己搞变通、搞土政策。二是坚定不移推进全国统一医保信息平台建设。建设全国统一的医保信息平台，实质是让医保信息“书同文、车同轨”，搭建信息交互的高速公路，实现全国医保甚至部分医疗信息的互联互通、互识互用。不仅能有效解决医药行业管理黑箱问题，也能有效提高跨区域业务能力，更能提高政府对医药领域的治理水平，让各种违规违法行为无处遁形。三是坚定不移缩小地区间管理服务能力差距。管理能力强的地区要精益求精，发挥示范引领作用；管理能力弱的地区要奋起直追，逐步缩小差距。要客观准确评价各地绩效，引领各地“比学赶超”，有效巩固拓展各项医保改革成效。

制度统一规范是党中央的战略决策，必须无条件执行，确保不偏向、不变通、不走样。考虑到历史原因和经济发展水平的客观不同，一定时期内可能存在区域间医疗保障水平上的客观差异，但绝不能动摇规范统一制度的目标。在当前待遇保障基本到位、全国制度政策逐步规范统一的大背景下，在管理服务上搞精细化、搞创新，才是各地医保部门“创先争优”的着力点，也是医保高质量发展的重中之重。

（四）始终坚持改革和管理双轮驱动

习近平总书记强调，惟改革者进，惟创新者强，惟改革创新者胜。医保改革是红利源头，精细化管理是效益的增长极，两者缺一不可、相辅相成、相得益彰。

一方面，要始终确保改革力度不减。目前，医保发展面临的外部压力和挑战，正是破除利益藩篱、向改革要红利的有利时机。要准确把握医疗保障各方面之间、医疗保障领域和其他相关领域之间改革的联系，统筹谋划、协调推进，确保各项改革形成合力，进一步完善覆盖全民、城乡统筹、权责清晰、保障适度、可持续的多层次医疗保障体系。要全面系统深入学习“三明医改”经验，通过改革不断挤压虚高药耗价格水分、规范诊疗行为、打击欺诈骗保乱象，引导医药产业走向高质量健康发展。要不断补齐医保政策短板、堵塞管理漏洞，不断提高群众医保获得感、幸福感、安全感。

另一方面，要持续提高医保管理精细化程度。医保发展不仅依赖大改革，也高度依赖精细化管理，管得好不好，群众受益、基金支出差别很大。目前，医保改革发展正从谋篇布局的“大写意”阶段，转向精耕细作的“工笔画”阶段。巩固拓展改革成效，依靠的就是精细化管理，要下足绣花功夫，把医保管理服务做到极致。要下笨功夫，逐一夯实医保精细化管理的各项基础设施建设。要下细功夫，见微知著，从点滴数据、细微差异间发现问题，统筹细致谋划解决问题，优化流程和细节。要统筹技术工具便利性和个人主观能动性的关系，始终把握技术工具只是便利人，不是替代人的认识，不能把事情简单扔给新技术、扔给委托机构，要把好关、尽好责，确保管理精细到位。

三、全力做好 2022 年各项重点工作

2022 年是全面实施“十四五”规划、开启全面建设社会主义现代化国家新征程的关键之年。各级医保部门要以习近平新时代中国特色社会主义思想为指导，全面贯彻落实党的十九大和十九届历次全会以及中央经济工作会议精神，认真落实党中央、国务院决策部署，弘扬伟大建党精神，坚持稳字当头、稳中求进的总基调，坚持正确的政绩观，全面贯彻新发展理念，加快构建新发展格局，围绕共同富裕的战略目标，牢牢把握推动医疗保障高质量发展这个主题，待遇政策要稳、重在规范统一，管理服务要精、重在提质增效，改革创新要实、重在积极稳妥，扎实推动各项工作落地见效。

（一）讲大局，扎实支撑常态化疫情防控

慎终如初做好费用保障，确保救治无忧、接种不愁、防疫减负。一是做好救治费用保障。继续落实“两个确保”政策，确保患者和医疗机构救治费用不愁；继续创新管理服务，更加精准保障中高风险地区普通群众医保待遇享受不中断。同时，高质量完成 2021 年“两个确保”费用清算、疫苗和接种费用结算清算工作。二是做好疫情防控成本管控。密切关注成本变化，与企业磋商继续降低疫苗价格，适时下调核酸检测价格。各地要积极开展核酸检测耗材集采，鼓励医疗机构开展多人混检。要加强监督检查，防止“服务按多人混检进行、收费套用单人单检价格”。

（二）固成果，有效衔接乡村振兴战略

巩固拓展医保脱贫攻坚成果，坚决防范因病规模性返贫。一是全力做好脱贫人口参保工作。脱贫人口参保率不降是防范因病规模性返贫的关键。在调整稳定脱贫人口倾斜保障待遇的同时，始终不能放松参保动员工作，务必确保脱贫人口和防贫监测人口应保尽保。二是稳妥有序落实巩固脱贫攻坚期过渡保障政策。过渡期政策精准向真正困难的群众倾斜，向存在因病致贫返贫风险的群众倾斜。要抓住四个字：一“托”，倾斜保障聚焦农村低收入人口，确保“基本医疗有保障”。二“并”，将地方的超常规保障措施资金并转到医疗救助中，同步完善托底保障措施，确保资金支撑有力。三“优”，逐步将稳定脱贫人口转入常态保障，腾出宝贵资源保障真正需要的群众。四“防”，抓紧完善防止因病致贫返贫的长效机制，健全预警监测、精准帮扶办法，从统一提高待遇转向提前预警、精准帮扶、综合施救、化解风险。

（三）促统一，持续推动全国医保“一盘棋”

稳步规范统一全国制度政策，切实防范过度保障和保障不足。一是严格落实待遇清单制度。决不允许再出台超出清单授权的制度和政策，尤其要杜绝擅自将天价药纳入大病保险支付范围等行为。要妥善衔接、平稳过渡超出清单的存量政策，确保按期实现制度框架统一目标。二是推动药品目录、耗材目录全国统一。各省要全面完成自行增补药品品种清理工作。规范民族药、医疗机构制剂、中药饮片和中药配方颗粒管理，建立动态调整机制，及时将不符合条件的药品调出支付范围。启动全国统一医保医用耗材目录准入工作。三是稳步推进长期护理保险制度试点。着眼国家统一规范、顶层设计，现有试点地区全面向国家文件要求和标准过渡，年内要实施全国统一的长期护理失能等级评定标准。国家将统一安排扩大试点。四是扎实做好生育保险工作。要严格按照国家统一要求，完善政策措施，落实相关待遇，加强收支运行分析，确保制度稳定可持续。

（四）促提质，最大程度发挥医疗保障效能

理顺支付和补偿机制，推动合理诊治、分级诊疗。一是扎实抓好深化医疗服务价格改革试点。坚持民生价格“稳”的总基调，加强医疗价格总水平宏观管理，分类分批规范医疗服务价格项目。稳妥有序推进试点，其他省份可规范遴选和组织有条件的城市开展省级试点。二是推动目录药品“更新换代”。抓好 2021 版目录落地执行，加强患者用药衔接和舆情监测，持续完善“双通道”管理机制。开展 2022 年度目录动态调整，在医保基金安全可控情况下，实现目录药品提质升级。研究制定药品医保支付标准政策，用经济杠杆引导合理用药。要推动医保真实世界数据研究，用群众真实获益情况验证改革成效、指导政策完善。三是全面深化支付方式改革。推进 DRG/DIP 支付方式改革三年行动计划，确保年内覆盖不少于 40％的统筹地区、不低于 40％的医疗机构、不低于 70％的病种、不低于 30％的医保基金。开展门诊按人头付费试点，有效衔接家庭医生签约服务、分级诊疗、门诊慢特病管理等政策。探索符合中医药特点的医保支付评价机制和方法。完善紧密型县域医共体支付机制，加强医保总额预算管理和绩效考核，建立健全引导群众县域内就医的激励约束机制。夯实管理基础，切实提高编码和病案质量，妥善应对新建医院、新增床位对支付方式改革的影响。

（五）扩内需，补待遇短板提高保障质量

牢牢抓住助力扩大内需的目标，精准补齐保障短板。一是补齐门诊保障短板。积极稳慎推动健全职工医保门诊共济保障机制改革，针对门诊频率高、金额少、管理难等特点，系统谋划支付方式、预算管理、监管机制等系列办法，切实强化医疗行为管理、引导群众合理就医。持续完善居民“两病”门诊用药保障机制，引导省内政策规范统一。二是完善高额医疗费用减负机制。抓好健全重特大疾病医疗保险和救助制度贯彻实施，抓住精准识别、综合保障、规范救助、精准防贫四项目标。完善救助对象及时精准识别机制，提高救助资金使用效率。优化大病保险等补充保险制度。

三是鼓励支持慈善救助、商业健康险、职工互助等发挥综合帮扶作用。引导相关资源力量向经三重制度保障后负担仍然较重的大病患者倾斜。在保障范围、经办服务、信息共享、监管协同等方面加强衔接支持。要支持规范"惠民保"等商业补充险发展,引导其更好发挥补充保障功能,满足群众多样化保障需求,支持扩大内需。

(六)挤水分,减轻群众医药费用负担

集采工作要提速扩面,持续压缩带金销售空间。一是常态化制度化开展药品集采。持续开展国家组织药品集采,完善采购规则,扩大品种覆盖面,力争年内国家和省级集采药品总数累计达到350个以上。平稳实施前6批药品集采中选结果,做好集采协议期满后的接续工作。衔接支付方式改革,做好结余留用,激励医疗机构积极参与集采。二是扎实做好国家组织高值医用耗材集采。平稳实施冠脉支架和人工关节集采结果。借鉴前期集采成功做法,开展脊柱高值医用耗材集采。三是持续推动地方开展集采。各地要针对国家组织集采以外的药耗,积极开展联盟集采,注重上下协调、左右联动,逐步实现国内上市、临床必须、质量可靠的各类药耗应采尽采。四是提升医药价格治理能力。持续做好医药价格和招采信用评价,规范操作和裁量基准,完善信用修复办法,各地要定期公示通报失信企业名单。组织集采示范平台创建,开展绩效评价,提升网采率。做好药品价格监测应对和预期管理,全面推进医药价格指数编制,各省要编制好本省医药价格指数。

(七)严监管,持续加大欺诈骗保打击力度

综合施策、标本兼治,牢牢守住人民群众"救命钱"。一是持续重拳打击。继续会同公安部、卫生健康委深入开展全覆盖打击欺诈骗保专项整治行动,聚焦基层医疗机构、医养结合机构内设医疗机构、社会办医疗机构,以及篡改肿瘤患者基因检测结果、血液透析骗取医保基金、违规兑付医保卡现金等重点领域。继续加强飞行检查,健全发现问题后续处理机制,实现逐一跟踪督办。要持续提升基金监管专业化、信息化、法治化、规范化水平。二是健全长效机制。要持续强化监管体系建设,有条件的地区可以探索专职监管力量建设。要持续强化"一案多查、联合惩处"工作机制,完善行刑衔接、行纪衔接,发挥部门综合监管合力。要增强重大突发事件应急处置能力。三是构建综合监管体系。扩大智能监控系统应用范围和应用场景,加强对定点医药机构行为引导和审核,实现全流程监管。要规范用好举报奖励机制,逐一核查线索、限期清零,加大对各地移交线索办结案件抽查复核力度。主动曝光典型案件,营造全社会自觉维护基金安全的良好氛围。

(八)强经办,促进医保基本公共服务均等化

一是加快建设全国统一的经办体系。近期,我们将出台指导意见,各地要抓好落实。明确各级经办机构职能,省、市经办机构强管理,县(区)经办机构强稽核、强服务。强化乡镇(街道)、村(社区)经办服务网络,打造一批基层服务示范点。依托村(社区)综合服务大厅、定点医药机构、金融机构等延伸服务渠道。探索推进市地级以下医保部门垂直管理。二是完善异地就医结算机制。完善跨省异地就医直接结算管理办法,统一全国异地就医备案,提高直接结算率。年内实现每个县至少有1家医疗机构开通普通门诊费用跨省直接结算服务,所有统筹地区均开通高血压、糖尿病等五种门诊慢特病相关费用跨省直接结算服务。探索线上办理异地就医医疗费用手工(零星)报销。逐步统一规范省内异地就医结算政策和流程。三是持续提高医保经办规范化水平。全面落实经办政务服务事项清单、操作规范,推进示范工程建设,加强重复参保治理,持续开展审核结算专项治理,抓好行风建设,提高服务意识、能力和水平。提高生育保险经办标准化、便捷化水平,积极推动"出生一件事"协同办理,年底前实现"生育保险待遇核定与支付"事项"跨省通办",持续做好基本医保关系转移接续等"跨省通办"工作。

(九)促优化,持续夯实医保高质量发展基础

一是切实抓好群众应保尽保工作。落实全民参保计划,积极推动参保人在居住地、就业地参保,支持灵活就业人员参保,促进劳动力合理有序流动。二是做好医保信息平台优化应用。维护好

医保标准编码,推动医保疾病诊断、医疗服务项目等标准与卫生健康部门相关标准的共建共享,加强医保电子凭证、医保服务网厅和App、跨省异地就医小程序等推广应用,持续推动政务服务规范化便利化。三是加强医保大数据综合治理。发挥全国统一的医疗保障信息平台优势,积极推进医保信息化组织建设和能力建设,加强数据质控和数据归集力度,完善部门数据协同共享机制。此外,要积极推进《医疗保障法》等法律法规尽快出台,完善药品、医用耗材省级平台阳光挂网采购制度。

今年,党将召开第二十次全国代表大会。各级医保干部特别是领导干部要带头深刻感悟“两个确立”的决定性意义,带头学习贯彻习近平新时代中国特色社会主义思想,带头全面落实习近平总书记关于医疗保障工作重要指示批示精神,自觉同党中央保持高度一致,自觉增强“四个意识”、坚定“四个自信”、做到“两个维护”,自觉全面落实党中央、国务院决策部署,不断巩固拓展党史学习教育成果,接续解决群众医保急难愁盼问题。

要全面贯彻新时代党的组织路线,结合新时代医保工作需要,努力打造一支“心中有理想、肩上有担当、身上有本领、脚下有定力”的干部队伍,厚植文化底蕴,提高医保治理能力。要持续加强党风廉政建设,医疗保障系统廉政风险隐患比较突出,去年医保系统发生多起严重违纪违法案件,教训深刻,发人警醒。要吸取教训、引以为戒,管住嘴、管住腿、管住手,持续纠治“四风”,构建“亲”“清”政商关系,营造风清气正的政治生态。要持续推进作风建设,坚持“三严三实”,加强调查研究,坚决防止简单化、乱作为,坚决反对不担当、不作为,坚决防止“一刀切”和“层层加码”。要持续强化保密安全,时刻绷紧保密安全这根弦,建立完善保密规章制度,加强涉密人员和涉密载体管理,构筑国家安全人民防线。

同志们,做好医疗保障工作使命光荣、责任重大,让我们更加紧密地团结在以习近平同志为核心的党中央周围,大力弘扬伟大建党精神,在实现第二个百年奋斗目标的伟大征程中奋力谱写医疗保障高质量发展新篇章,以优异成绩迎接党的二十大胜利召开!

地方医疗保障工作

北京市

工作综述

2021年，北京市医疗保障局聚焦首都功能定位，紧盯医保领域重点工作，着力破解关键难题，持续深化改革，狠抓管理服务，加强基金监管，突出守正创新，不断激发和释放首都医保事业高质量发展的潜力和活力，让人民的获得感、幸福感、安全感更加充实、更有保障、更可持续。截至2021年底，北京市基本医疗保险参保1886.9万人，其中职工基本医疗保险参保1486.05万人，城乡居民基本医疗保险参保400.85万人。职工医保基金（含生育保险）总收入1672.45亿元，总支出1358.79亿元；城乡居民医保基金总收入113.64亿元，总支出106.84亿元。

【健全完善制度体系】 *调整职工基本医疗保险缴费* 1月起，北京市职工基本医疗保险（含生育保险）单位缴费比例降低1个百分点，由10.8%调整至9.8%，个人缴费比例不做调整，年减轻企业负担110余亿元，进一步减轻用人单位缴费负担，优化营商环境。7月1日，北京市2021年度职工基本医疗保险缴费基数公布，职工医疗保险与养老保险等险种缴费基数统一，月缴费上、下限分别为28221元和5360元，灵活就业人员月缴纳职工基本医疗保险费460.96元。

健全职工门诊共济机制 8月，北京市出台关于职工基本医疗保险个人账户使用范围的有关文件，规范调整个人账户使用范围，实行个人账户家庭共济，提高个人账户资金使用效率。

推进医保目录动态调整 3月，将国家新增的常规药品和谈判成功药品118种纳入北京市医保药品报销范围。12月，将北京市非国家医保目录182种从北京市医保药品目录调出。完善门诊特殊病政策，新增8种门诊长期使用的国家谈判成功药品，参照住院标准报销，进一步减轻重病群众就医负担。

推进长期护理保险扩大试点 年内，在石景山全区开展全方位、全流程、全要素长期护理保险试点，全区42.19万人参保，全年3228人享受待遇。

开展多元化医疗救助 充分发挥医疗救助托底保障作用，对社会救助对象和因病致贫家庭医疗救助累计18.9万人次、3.1亿元。财政补贴12类免缴人群34万名参加居民医保，确保困难人群应保尽保。

落实三孩政策生育保险待遇 将参保女职工2021年5月31日（含）以后生育三孩的费用纳入生育保险待遇支付范围，及时足额给付生育医疗费用和生育津贴。12月，市医疗保障局印发《关于婴幼儿医疗费用报销有关问题的通知》，父母一方为北京市户籍的出生六个月内婴幼儿发生的住院医疗费用，个人只需缴纳自付费用，无需全额垫付医疗费用。

【提供新冠疫情防控医保支持】 先后于1月、10月、12月三次对新冠病毒核酸检测项目价格进行动态调整，单样本检测价格由上年120元降低至35元，5样本和10样本混合检测的每样本价格分别由上年40元、30元统一降低至8元。做好新冠病毒疫苗及接种费用保障工作，及时向市疾病预防控制中心预付疫苗采购费用9.7亿元，实现"钱等苗"，年内支付新冠病毒疫苗及接种费用30.3亿元。

【推进医疗服务价格改革】 继2017年医药分开改革和2019年医耗联动改革调整7056项医疗服务项目价格后，年内分三批推进剩余1925个项目价格普调和动态修订工作。积极优化创新医疗技术项目价格管理方式，按照"定价报销两同步"原则，将17项中关村创新医疗技术进行统一定价，并全部纳入医保甲类报销。

【加大药品和耗材集中采购】 落实国家中选结果　完成第四、五批国家组织药品集中采购中选结果的落地实施，药品数量共计 106 种，药价平均降幅超过 50%。完成第一、二、三批 112 种国家集采协议到期药品接续工作。一至五批国家带量采购中选结果的实施，共节省采购资金约 40 亿元。执行首批国家高值医用耗材（冠脉支架）任务量采购金额 4474 万元（2021 年），降幅超 90%，节省采购资金约 7.8 亿元。

开展省际联合集中带量采购　开展京津冀及“3＋N”联盟药品、人工晶体、普通冠脉扩张球囊、冠脉药物球囊、起搏器等医用耗材集中带量采购，其中人工晶体平均降幅超 50%，冠脉扩张球囊集中带量采购平均降幅超 90%，冠脉药物球囊集中带量采购平均降幅超 70%，共计节省采购资金约 4.6 亿元。

【坚持监管执法双向发力】 推进法治医保建设　市医疗保障局落实医保基金监管制度体系改革，出台《关于推进医疗保障基金监管制度体系改革的实施意见》，明确监管制度体系改革的主要目标、工作任务和责任单位，提出建立监管制度体系、执法体系和完善相关保障措施。2 月，市医疗保障局公布《关于印发〈北京市医疗保障行政处罚听证暂行办法〉的通知》，规范北京市医疗保障行政处罚听证程序，保护公民、法人和其他组织的合法权益；市医疗保障局出台《关于印发〈落实全面推行行政执法公示制度执法全过程记录制度重大执法决定法制审核制度实施方案〉的通知》，全面实现执法信息公开透明、执法全过程留痕、执法决定合法有效，全面提升行政执法能力和水平，促进医疗保障业务和法制工作高质量协同发展。5 月，市医疗保障局公布《关于修订〈北京市医疗保障行政处罚自由裁量基准〉的通知》，规范医疗保障行政处罚自由裁量权，做到事实清楚、证据确凿、理由充分、适用法律得当。做好行政规范性文件合法性审核，研究出台《北京市医疗保障局关于开展法治宣传教育第八个五年规划（2021—2025 年）》，制定市医疗保障局年度普法依法治理工作要点和普法宣传工作方案，启动本市医疗保障系统“八五”普法工作。

完善基金监管机制　落实事中事后监管工作，严格落实“双随机、一公开”监管制度，随机抽取检查对象和执法人员，按照“谁检查、谁录入、谁公开”原则，及时公布检查结果，主动接受社会监督。健全监督检查、智能监控、举报奖励、信用管理、综合监管，综合运用日常巡查、飞行检查、部门联合执法等多形式检查，加强大数据应用，畅通投诉举报渠道，持续推进举报奖励，创新定点医药机构综合绩效考评机制，完善部门配合、协同监管的综合监管制度和协同执法工作机制。3 月，市医疗保障局联合市人力资源和社会保障局发布《关于建立监督检查协作机制的意见》，建立违法线索移送机制、监督检查联席会议制度、联合监督检查机制。与市公安机关建立完善案件移送制度、信息共享制度、联合执法工作站。与市检察院建立“行政＋刑侦＋司法”联席工作会，推动行刑衔接和反向移送工作，发挥部门合力共同维护医保基金安全。

有力推进打击欺诈骗保　持续严厉打击欺诈骗保行为，坚持监督检查全覆盖，同步整治假病人、假病情、假票据等“三假”欺诈骗保行为，开展基金监管存量问题“清零行动”。完成 2963 家定点医疗机构和 708 家定点零售药店的全覆盖现场检查，检查覆盖率达 100%，拒付或追回 9726 万元，处理违规定点医疗机构 33 家。组织对 11 家基金申报数据异常的区属定点医疗机构进行飞行检查，发现问题涉及金额 9136 万元，确定并追退回违规医保基金 5328.5 万元。联合卫生健康、公安等部门开展联合执法检查，立案 7 件。2021 年，作出 24 个行政处罚决定，2 个不予行政处罚决定，罚款 117 万余元，退回医保基金 75 万余元，减少医保基金损失 9800 余万元。筛查个人异常数据并制作《医疗保险告知书》1318 人次，约谈 1225 人次，暂停医保凭证结算 174 人次，挽回基金损失 908.4 万元。

【夯实医保管理基础】 积极开展医保规划编制　市医疗保障局会同市人力资源和社会保障局共同编制《北京市“十四五”时期人力资源和社会保障发展规划（包括医疗保障）》，以单独章节对推动医疗保障高质量发展进行前瞻性设计。

加强医保信息标准化建设　积极推进新医疗保障信息平台建设，率先在全国完成医保业务信息编码贯标工作，编码标准实现“纵向全贯通、横向全覆盖”，新码结算使用率达100%。优化医保目录库，医疗服务项目1.27万条、药品信息19.5万条、医用耗材9043条全部使用国家新标准。推动医保相关数据共享，完善千余项共享数据目录清单，基本覆盖医疗机构就医全流程。9月，北京市医疗保障信息业务编码新标准正式上线。11月，国家医疗保障信息平台在北京上线运行，实现与国家平台互联互通。

【深化医保支付方式改革】 *构建医疗机构质量评价体系* 加强医保基金总额预算管理，建立管用高效的医保支付机制，构建总额预算医疗机构质量评价体系(BJ－GBI)。以全市每家医疗机构近三年每日医保费用数据为基础，进行时间序列趋势预测，探索应用人工智能时序模型预测医保费用发生规律。构建多维度多层次总额预算质量评价动态指标库，从医保费用效率、医疗服务质量、医保综合管理三个维度科学确定质量核定系数。纳入区级医保评分指标，形成市区联动的总额预算管理模式，充分体现医疗机构管理质量，努力打造全国领先的总额预算管理制度。

推行按疾病诊断相关分组(DRG)付费 1月起，全市108家试点医院推行全病组模拟DRG付费，在全市范围启动FM19(经皮冠状动脉支架置入)DRG病组实际付费。做好总额预算与疾病诊断相关分组(DRG)付费、药品耗材集中采购等各项政策的有效衔接和有机结合，协同促进医用耗材集采工作落地，进一步提高医保基金使用效率。

【深化经办优质服务】 编制全市统一医保办事服务指南，积极启动异地就医快速备案，精简备案材料，简化办事程序，推动政务服务事项“跨省通办”“全程网办”。推行“网上办”“掌上办”，实现参保人修改定点医院、生育津贴申领，员工社会保险登记业务、五险一金及个税合并申报缴费业务等事项网上办理。建立免缴人员存量数据库，促进信息互联互通、数据交互共享。牵头建立死亡预警机制，停止死亡人员待遇11万人。做好接诉即办、信访工作，及时回应群众诉求，年内受理群众来信来电来访1.4万件次，其中12345市民服务热线反映问题5067件。

【有序规范定点医药机构管理】 市医疗保障局联合市卫生健康委员会、市民政局发布《关于本市基本医疗保险参保人员社区就医管理有关问题的通知》，完善社区就医管理，自7月1日起，全市2200多家定点社区卫生服务机构对所有参保人员全面放开，无需选择可直接就医。强化两定管理规范化，11月，印发《北京市医疗机构医疗保障定点管理暂行办法》《北京市零售药店医疗保障定点管理暂行办法》。完成54家新增医疗机构服务协议签订，修订定点医药机构协议文本，完成全市定点医药机构协议续签考核工作。

【推进互联网诊疗服务】 加速推进互联网复诊医保服务，2021年，31家医院通过互联网复诊23.6万人次。切实做好医保电子凭证激活使用推广，在全国率先实现全人群、全定点、全业务医保电子凭证就医结算，努力拓展医保电子凭证应用场景，探索在结算窗口、医技科室、药房取药和自助设备(包含结算票据、报告单和胶片打印)等环节的全流程应用，让群众真正实现“一码在手，医保无忧”，全市医保电子凭证激活率59.2%。

【稳步推进异地就医直接结算】 截至2021年底，全市2560家定点医疗机构实现跨省异地就医普通门诊直接结算。其中，246家二级以上定点医疗机构全部开通。累计门(急)诊异地直结137.95万人次，医疗费用4.6亿元。京津冀三地5124家定点医疗机构均可门诊直结，三地居民就医更加便捷。12月7日，完成北京市首例门诊特殊病费用跨省异地就医直接结算，切实减轻患者个人资金垫付压力及往返参保地、就医地报销麻烦。

重要活动

1. 全市2021年医疗保障工作会议召开。 2月9日，北京市2021年医疗保障工作会议召开，全面总结2020年全市医疗保障工作，安排部署2021年全市医疗保障工作任务。

2. 推进医疗保障基金监管制度体系改革调度会议召开。 3月22日，推进医疗保障基金监管制度体系改革调度会议召开，专题研究《关于本市推进医疗保障基金监管制度体系改革的实施意见》。

3. “宣传贯彻《条例》加强基金监管”集中宣传月活动启动。 4月8日，在全市启动“宣传贯彻《条例》加强基金监管”集中宣传月活动，以宣传贯彻《医疗保障基金使用监督管理条例》为主线，开展一次多部门联合现场宣传活动、一次联合执法行动、一次联合案例发布会。宣传月期间，市、区医保部门共组织现场宣传活动397场次，发放宣传海报3.5万余张，折页89万余联，问答手册4.6万余册。

4. 医用耗材限价挂网采购工作启动。 5月25日，启动医用耗材限价挂网采购工作，有效降低医用耗材虚高价格，切实减轻群众费用负担。共涉及全市2000余家医疗机构、3000余家生产经营企业、近5000家配送企业，基本能够满足医疗机构临床需求。

5. 宣传医保电子凭证应用。 6月4日起，市医疗保障局深入150余个社区，开展医保电子凭证宣传活动，设立医保电子凭证知识讲堂，帮助群众激活医保电子凭证。结合医院、商场、企业、展会等多种线下传播渠道特性优势，设立宣传资讯台，悬挂横幅，张贴海报，发放宣传折页等物料，现场展示激活医保电子凭证流程。利用公交、地铁、网络、微信朋友圈等渠道全面覆盖北京各个区域，形成强有力的社会传播力。

6. 北京市医疗保障信息业务编码新标准正式上线。 9月15日，北京市医疗保障信息业务编码新标准正式上线。分阶段、分步骤有序推进“贯标”工作，确保实现全国医疗保障信息业务一码通。历经前期准备、建立目录库、建立动态管理机制、建立应急预案、组织验收等五个阶段，完成医保疾病诊断和手术操作等8项信息业务编码全量完整维护，编码标准“纵向全贯通、横向全覆盖”。优化医保政策目录库，医疗服务项目1.27万条、药品信息19.5万条、医用耗材9043条全部使用国家新标准。

7. 全面启动2022年城乡居民基本医疗保险集中参保工作。 市医疗保障局联合市财政局发布2022年城乡居民基本医疗保险筹资标准，于10月1日全面启动2022年城乡居民基本医疗保险集中参保工作。在原有银行批扣和银行柜台缴费方式基础上，增加银行App查询缴费和电子税务局个人实时扣款缴费方式，切实提高居民参保便利性和满意度。

8. 新医疗保障信息平台上线运行。 11月27日24时，北京市新医疗保障信息平台上线运行，28日00时22分14秒，顺利完成切换平台后第一笔医保结算。

典型案例

案例一：北京市推进异地就医服务便捷高效

随着经济发展水平的不断提升，区域间人口流动频繁，异地就医需求呈快速增长趋势。北京市全力打造异地就医民生品牌，着力织密异地就医结算网，为参保群众提供更加便捷高效的医保服务。

【加强顶层设计】 基于异地就医费用手工报销工作量大、费用核实难、虚假发票骗保等现实问题，北京市通过医保信息系统联网实现跨省就医直接结算，提升医保经办管理效能；制定异地就医直接结算工作方案，明确时间表、路线图，按照“成熟一个、上线一个、应用一个”的原则，分步骤扎实推进异地就医直接结算工作。截至2021年底，异地参保人员在京住院直接结算累计240.69万人次，涉及费用799.68亿元，基金申报金额465.52亿元。北京参保人员异地住院直接结算累计11.3万人次，涉及费用20.95亿元，基金申报金额13.94亿元。

【深化组织帮带】 分期上线　按照“急用先行、有重点、分步骤”的原则，分期分批扩大异地直结定点范围，重点对京津冀、西北、东北等地区，优先开展系统联调。坚持科学推进，把好“实验、测试、验收”关，坚持成熟一家上线一家。

完善系统　坚持使用真卡验收，勇于暴露问题，及时研究对策，不断完善和优化异地就医结算信息系统，为稳步扩面出实招、铺实路，确保异地直接结算工作快速推进。

培训指导　对区级医保经办机构实行一对一指导，“手把手”培训，强化政策宣贯，积极沟通协调，提高结算成功率。

【夯实基础扩面】 经办流程标准化　执行全市统一的政务服务事项清单，按照“只减不增”的原则，梳理经办流程，聚力标准建设，及时向社会公布，使参保人办理异地就医手续更加省时省心。

服务平台智能化　依托“国家医保服务平台”App，进一步深化“互联网＋政务服务”，充分运用信息化手段，参保人在网上提交申请，经办机构2个工作日内审核完毕，审核无误后即刻通过，实现“数据多跑路、群众少跑腿”。

助力京津冀协同发展　积极响应号召，融入京津冀协同发展大局，联合津冀开展区域普通门诊直接结算试点。以疏解“非首都功能”、推进京津冀“医养结合”试点为导向，积极配合“北三县”、雄安新区、曹妃甸、迁安等承接北京产业转移任务较重的地区开展联调联试，优先扩大北京周边重点地区定点覆盖范围，支持北京市产业转移和养老项目向周边延伸布局。加速推进异地就医普通门(急)诊直接结算整体扩面，以京津冀为重点，以全覆盖为目标，深入推动京津冀三地医疗保障工作协同发展，全力支持雄安新区建设。截至2021年底，全市跨省异地就医门诊直接结算定点医疗机构2560家，其中二级以上定点医疗机构异地就医门(急)诊直接结算实现全覆盖。京津冀累计开通5124家定点医疗机构实现异地门(急)诊直接结算，开创京津冀医疗保障协同发展新局面。

【提升服务质效】 在管理服务上狠下功夫，积极精简异地就医备案业务所需材料，简化办事程序。在全市范围内实现四个“取消”，取消异地“择院就医”；取消参保单位前往经办柜台办理；取消“纸质异地就医转诊审批单”；取消异地转诊“就医地签字盖章”，让群众少跑腿，全面实现网上办、掌上办。截至2021年底，异地参保人员来京门诊直接结算累计137.95万人次，涉及费用4.6亿元，基金申报金额1.84亿元，北京参保人员异地门诊直接结算累计48.63万人次，涉及费用1.10亿元，基金申报金额0.58亿元。12月，启动门诊慢特病相关治疗费用跨省直接结算试点工作。截至2021年底，已纳入2家试点医疗机构，异地参保人员来京门诊慢特病直接结算9人次，涉及费用4.09万元，基金申报金额3.31万元，北京市参保人员在异地无门诊慢特病直接结算费用。

案例二：海淀区科技赋能推进智慧医保

海淀区是北京国际科技创新中心核心区和中关村示范区核心区。2021年，区医疗保障局借力区域优势，积极推进智慧医保建设跑出“加速度”，聚焦智能化和信息化，围绕群众满意度、治理精准度、就医便捷度、产学研用融合度“四个维度”，深化大数据、云计算、人工智能、移动互联网在医保公共服务、综合监管及创新场景的应用，探索新时期医疗保障海淀模式，推动医保决策科学化、管理精准化、服务高效化。

【创新智慧服务，着力提升群众满意度】 建设智慧医保大厅　对医保服务大厅进行智能化升级改造，建设信息发布平台实现预约、排队、(无声)叫号、评价等功能，增加自助查询机、疫情防控等设备，使用“海淀小跑”机器人传单，上线“云交单”系统，通过拍照、上传图片等方式提交单据，推动21项经办事项实现“全程网办”。

建设电子化审核平台　研发医保手工报销智能审核系统，采用“智能＋人工”方式对原有手工档案审核模式进行流程再造，优化手工报销工作流程。

建设“海淀医保”微信公众号　搭建海淀区医疗保障局对外统一的微信服务门户，及时发布服务事项办事指南、工作动态,“一把手访谈”“局长讲条例”普法宣传节目,拓展微信公众号智能咨询和预约服务功能,为群众提供便捷准确服务。

【依法智慧监管,切实提升治理精准度】 强化数据分析　把数据分析作为医保基金管理的利器,成立统计分析科,聚焦各险种和各业务工作重要指标,建立“月监测、季反馈,重点关注、提前预警”的医保费用支出管理机制,总结医保基金运行特点,以文字、图表形式生动呈现区域医疗保障工作运行情况,形成工作月报、季报、年报。

强化数据利用　根据数据挖掘分析,为发现医疗机构违规使用医保基金行为提供更加可靠的途径。通过筛查异常医疗数据、约谈违规个人、追回违规费用等方式,减少医保基金的“跑冒滴漏”,规范参保人员的就医行为。

做好数据服务　从“管理思维”向“服务思维”转变,针对日常审核工作中发现的问题,持续推出“一院一策”解决方案,每季度形成定点医疗机构“定制版”住院费用审核报告,督促定点医疗机构加强内部管理,落实问题整改,做好风险防范。

【推动智慧结算,有效提高就医便捷度】 推进异地就医直接结算服务　成立工作专班,开展系统改造验收工作,295 家定点医疗机构开通异地就医门(急)诊费用直接结算服务。51 家提供住院服务的医保定点医疗机构全部实现异地就医住院费用直接结算。异地就医直接结算人次及基金支付金额居北京市各区前列。

科技赋能创新场景应用　在全区推广医保电子凭证激活应用,在中关村医院试点建设医保支付平台,探索“先诊疗,后付费”新型医保就医流程,争取实现基于医保电子凭证的线上医保结算功能。在航天中心医院依托互联网医院和“互联网+医保”,建设云药房平台,解决外购药处方线上流转、医保结算等问题。在北下关社区卫生服务中心,依托家庭医生巡诊模式,患者持医保凭证或医保电子凭证等有效证件,自助使用智能药柜进行医保挂号、结算、取药,实现送药到社区。

【开展智慧研究,提升产学研用融合度】 开展智慧医保课题研究　区医疗保障局梳理“十四五”时期迫切需求和重点任务,发挥医保经济杠杆作用促进医药健康产业发展,建设以人民健康为中心、以医保支付为核心、以医保大数据为驱动的新型智慧医保服务平台,融合创新医保业务、数据、技术,为提升医保大数据综合治理能力提供支撑。

开展智慧医保调查研究　深入辖区定点医疗机构、区政务服务中心(分中心)、街镇便民服务中心、开展智慧医保建设专题调研座谈,了解信息化建设瓶颈和需求,共商实现跨院及多院区之间数据互通的有效路径。挖掘海淀区科技创新力量,多次深入科技企业了解人工智能在医药领域的前景运用,强化“智慧医保创新场景应用”,助力海淀区大健康产业发展。

案例三:丰台区建立医保基金监管七大体系、九项机制

丰台区医疗保障局始终将医保基金监管作为首要政治任务紧抓不放,不断深化医保基金监管制度改革,逐步形成具有丰台特色的医保基金监管“七大体系、九项机制”的工作格局。

【构建“七大体系”】 建立区级“医保基金监管联席会议”制度,构建政府主导工作体系　成立由区政府主管领导担任召集人,区政府各相关部门和各街镇作为成员单位,组成丰台区医保基金监管联席会议,统筹协调基金监管重大行动、重大案件查处工作,强化部门监管协同,推动形成监管合力,维护医保基金安全。

健全“以协议管理为核心”的定点医疗机构管理制度,构建医保主抓工作体系　围绕发挥协议管理奖优罚劣引导作用,实行定点医药机构动态管理,打破定点医疗机构终身制;围绕深化协议管理,在定点医疗机构服务协议书基础上,结合丰台区基金监管工作实际,逐步丰富完善协议管理内容,增加中草药规范管理、医保医师规范管理等内容作为补充协议,加强定点医疗机构院内医保管理。

设立打击欺诈骗保“联合执法工作站”,构建部门协同工作体系　会同公安分局环食药旅中队

成立北京市首家区级联合执法工作站——“丰台区打击欺诈骗保联合执法工作站”，建立联合打击欺诈医保基金违法犯罪行为协作机制，针对打击医保欺诈犯罪活动等情况，通过及时开展飞行检查、联合执法等方式，依法加大对医保欺诈违法犯罪案件的惩处力度。2021 年，向公安机关移交参保人违法线索 6 件，1 人按照诈骗罪判处有期徒刑 1 年，罚款 1 万元。

探索建设区级“医保基金监管信用体系”，构建信用激励工作体系　探索从医保管理制度、履行服务协议、规范医保基金使用等方面，对定点医药机构开展综合绩效考评，对违反医疗保障工作原则和欺诈骗取医保基金的定点医疗机构建立黑名单制度，纳入医保基金监管信用体系，建立失信惩戒制度，在医疗保障领域做到“让失信者寸步难行，让守信者一路畅通”。

组建“医保基金监管社会监督员队伍”，构建社会共治工作体系　聘请区发展和改革委员会、区检察院、区卫生健康委员会、报社、律师事务所等多领域 25 名社会专业人士组成社会监督员队伍，发挥物价、监督检查、医疗卫生、媒体监督、法律法规等专业优势，多角度、多层次对医保经办机构、定点医药机构进行日常监督。遴选邀请 998 名医疗专家，建立医保基金监管专家库，充分发挥专家咨询作用。2021 年，共有 166 家定点医疗、4 家定点零售药店和 3 家药企提交入会申请。

成立“丰台区医保管理协会”，构建行业自律工作体系　结合丰台区民营定点医疗机构多，基金安全意识薄弱的现状，组织发展辖区内定点医疗机构成立“丰台区医保管理协会”，开展医疗保障领域的政策宣传、业务培训、内外合作、调查研究、学术交流等工作，推进医疗保障行业规范建设和自律管理，落实定点医疗机构自我管理主体责任，成为政府医保基金监管的有益补充。2021 年，会同市医保中心，对辖区 24 家二、三级定点医疗机构开展专项审计。

实行“市区两级联审联查”动态工作模式，构建市区联动工作体系　紧密加强与市级医保部门的对接联络，针对投诉举报问题多、情况复杂的定点医疗机构，联合市执法总队适时开展市区联合检查，加大监督检查力度；针对日常对定点医疗机构开展的专项审计、专项检查，积极联系市医保中心指导工作，强化检查结果运用，指导定点医疗机构规范医保服务。

【健全“九项机制”】　构筑廉政风险“防火墙”，建立“封闭式独立审核”机制　创建全险种全流程医保基金实时结算审核与现场检查相分离的审核模式，设置审核联络人，作为第三方对接定点医疗机构，防范内外勾结、监守自盗，化解审核结算廉政风险。

提升费用审核准确性权威性，建立“审核专家委员会”机制　邀请医疗、医保、物价等领域专家，成立专家委员会，定期对审核存疑费用进行集中研究、集体决策，确保审核拒付事实清楚、依据正确，提升审核结算业务水平。2021 年，召开 2 次专家委员会会议，邀请 11 位市区医保、临床、物价专家对 22 个审核疑难问题进行研究，提出指导意见。

制定全覆盖全要素检查规范，建立“综合检查”机制　基金监管计划检查与突击检查、日常检查与专项检查相结合，落实“双随机、一公开”检查制度；完善现场检查清单，实现“进一扇门，查多项事”，减少检查频次，提高检查效率；制定现场检查工作指南，规范日常监督检查工作流程，建立现场检查文书档案制度。

推动形成工作合力，建立“检审合一”机制　将医疗费用审核结算与定点医疗机构现场检查、重点监控参保人员监督约谈相结合，建立审核问题线索移送制度，通过审核结算发现问题线索，助力现场检查；通过通报现场检查发现违规情况，反馈审核结算筛查异常费用。2021 年，移交审核发现问题线索 55 条，开展联合现场检查近 60 家次，给予定点医疗机构黄牌处理 7 家，调查缓支处理 5 家。

利用大数据精准分析技术，建立“统计分析”机制　围绕基金使用指标、医保领域违法违规问题，对次均费用、人次人头比、药占比、材料占比等数据进行多角度分析，发挥数据分析的引领和预警作用，为基金监管提供靶向支持。2021 年，围绕打击欺诈骗保专项行动，形成“一院一报表、一院一报告”，完成数据报告 200 余份，为基金监管提供数据支持。

发挥早发现早解决作用，建立“通报约谈”机制　运用动态通报、典型曝光、警示教育等形式，定期通报费用审核、现场检查、基金使用等监测情况，对基金使用严重异常、院内医保管理不力的定点医疗机构进行约谈，细化整改清单，督促整改到位。

统筹辖区执法力量，建立“部门联动”机制　结合医保管理和基金监管特点，制定与卫生健康、市场、公安等多部门协同综合监管制度，坚持医疗保障信息共享，推进部门协同，发现影响基金安全的苗头性问题时，加强辖区联合执法，打击各类欺诈骗保行为。

借助第三方审计，建立“专项审计”机制　组织开展“维护医保基金安全”专项审计三年行动计划，委托第三方审计事务所专业机构，对辖区非政府办医疗机构、基层社区卫生服务机构以及二、三级定点医疗机构分三年实施专项审计，实现辖区246家次定点医疗机构医保基金专项审计全覆盖，促进基金运行提质增效。

积极动员社会力量，建立“社会监督”机制　充分发挥社会监督员作用，聘请人大代表、政协委员、参保群众和媒体代表等各领域人员作为社会监督员，积极参与丰台区医保基金监管工作中。2021年，25名社会监督员共参与基金监管工作40余次，为基金监管建言献策。

案例四：石景山区高质量推动长期护理保险制度试点

2018年4月，石景山区作为北京市长期护理保险制度试点区，在鲁谷街道、八角街道、八宝山街道三个街道试点。2020年9月，石景山区被国家医疗保障局定为全国第二批长期护理保险制度试点城市。同年11月起，石景山区全面开展扩大长护险试点工作。

【主要做法】　强化制度体系建设　在制度体系建设、机构协议管理、服务质量监督、基金安全监管等方面进行积极探索，构建起“1＋1＋N”政策体系，含实施方案、实施细则及N个配套文件，推动制度完善化、管理科学化、服务规范化、跨区同步化、监管精细化、档案电子化进程，从制度层面保障国家惠民政策落实落地。

强化机构协议管理　充分发挥2家商保经办机构的企业优势，整合社会保险经办机构资源，在全市范围内签约6家评估机构、74家护理服务机构(石景山区内35家、区外39家)，协助政府高效推进政策宣传、人员培训、资格审定等工作。

强化日常工作督查　对商保经办机构、护理服务机构及评估机构进行全流程督导检查，指导护理人员及重度失能人员家属进行业务知识学习，提升长护险工作人员的知识水平、业务水平和服务水平。同时开展“石景山区一把手”走流程和基层调研活动，进一步优化工作流程、织密疫情防控网络，保障重度失能人员享受高质量长护险试点待遇。

强化业务“一窗综办”　组织政策宣讲团，通过现场宣讲、发放一封信、折页、海报、宣传品等，送政策进机关、进街道、进社区、进楼门、进企业，实现政策宣传100%全覆盖，方便群众及时了解、支持长护险试点政策。同时在中央、市区级主要媒体开展专题报道20余次。心系就近便捷服务群众，在全区9个街道政务服务大厅设置长护险经办服务窗口，统一经办工作模式，实现社区群众长护险需求“一窗综办”。

强化基金保障到位　对长护险基金实行专户管理，收支两条线，单独核算，采取常态化监督和第三方专项审计等方式，加强基金日常监管，确保长护险基金安全和精准发放。心系减轻百姓生活压力，重度失能人员每月除享受一定时长的专业护理服务外，还会得到千元左右的家属护理服务补贴，重度失能人员家庭的经济压力与照护负担得到极大缓解。

强化创新推动发展　心系养老市场健康有序，创新探索“邻里互助”服务新模式、新机制，制定《北京市石景山区扩大长期护理保险制度试点“邻里互助”服务管理办法试行》，鼓励试点区域内邻里之间为重度失能老人提供长护险试点服务，培育发展社会养老服务队伍，带动养老机构和相关产业社会就业的发展。扩大试点前，全区参与长护险试点服务的机构35家，护理服务人员不足100人。扩大试点后，加入石景山区长护险试点的机构达74家,护理服务人员增至500余人。

【主要成效】 社会反响良好 2021年,全区42.2万人参保,全年累计3178人享受待遇,人均待遇保障水平3000元/月。区医疗保障局及各机构共收到重度失能人员家属赠送的锦旗、感谢信80余件,群众对政策的支持度和满意度显著提升。

带动养老产业发展 长护险试点政策的实施,提升护理服务机构参与积极性、专业护理人员的专业水平和数量,引导适老化改造、康复辅具社区租赁等养老特色项目和相关产业的发展。

缓解人口老龄化带来的社会压力 据第七次全国人口普查数据显示,石景山区60岁以上的老人占全区总人口的24.3%,老龄化程度较为严重,长护险试点政策的实施对减轻家庭照护压力、社会从业人员的就业压力、社会养老服务压力起到积极作用。

案例五:平谷区“一窗综办”提升医保便民服务水平

2021年,平谷区医疗保障局积极探索“一窗综办”服务模式,打破服务界限,变“一事跑多窗”为“一窗办多事”,推进医保服务关联事项“打包办”“提速办”“简便办”,全力提升医疗保障服务水平。

【主要做法】 实施综合窗口改革,实现“一窗通办” 将对外窗口由“单一窗口办理单一业务”变为“综合窗口、一窗通办”,将以往多个科室分管大厅、不同窗口不同业务,转变为由综合业务受理科统领全部经办业务。积极探索“医保服务新模式”,实施“前台受理、后台审核”工作机制,创新践行“大厅围绕需求转,后台围绕大厅转”的服务理念,实现不分参保险种、不分业务类型的“一窗综办”受理模式,缩短手工报销费用受理时限,减少排队等候时间,提高工作效率,促进服务效能和群众满意度双提升。

设置“办不成事”反映窗口,解决急事难事 始终将接诉即办作为履职尽责的一面镜子,以“接诉即办”为抓手,将12345接诉即办与政务服务相融合。设立平谷区“办不成事”反映窗口,并通过区医疗保障局微信公众号积极搭建在线导办平台,提供即时服务,实现“未诉先办”,使企业群众咨询“找得到部门、问得清政策”,彻底打通服务群众“最后一公里”。2021年,共受理12345市民热线工单82件,响应率100%,解决率97.62%,满意率99.76%,综合成绩98.95分。

优化便民服务设施,优化服务环境 充分利用电子视频宣传屏、电子自助服务区、受理服务评价系统等电子服务通道,优化便民服务细节。自助区设置含有曲别针、印台、老花镜、创可贴等物品的便民箱,展示手工报销步骤材料及医保政策折页,提升企业和群众办事体验感。开展延时服务,解决企业和群众“上班没空办,下班没处办”的问题,全面开展法定工作日“早晚弹性办”“午间不间断”和“周末不休息”延时服务制度,切实增强人民群众满意度。

简化办事流程材料,推进服务高效便民 创新工作模式,让数据多跑路,群众少跑腿,医保内部提数据、减材料,缩减审批环节,简化报销流程,推进网络服务,切实解决“报销繁”问题。减少企业群众办理的环节及时间,利用信息共享、告知承诺、内部查询、人员业务提升等手段,最大幅度压减企业群众报送的材料,变材料由“手上来”为“网上来”“内部来”,窗口服务事项“一次办好,即时办结”为常态。

【主要成效】 数据共享提升效率 推进部门间数据共享和“互联网+医保”,实现因病致贫申请准确化、简便化,有效避免申请人因就医周期长,造成票据遗失、票据缺损,导致申报金额少于实际就医费用,使得救助金额减少;因票据丢失,直接导致申报金额减少,甚至达不到救助条件;票据量大,申请人票据费在3万元至60多万元,乡镇受理部门压力大,处理周期长,且大量的数据梳理,手工计算、核算等工作有数据处理不准确风险等情况。通过医保相关数据库,精准提取数据,实现因病致贫一站式数据提取、一站式受理公示、一体化服务。通过“数据多跑路”打通医保经办服务的堵点和难点,提升政务服务水平。

实现就医即时救助 实现“两低一特”辖区内18家卫生服务中心门诊就医即时救助,辖区内2

家三级医院住院即时救助，极大地减少困难群众就医垫资压力，缩短救助周期，强化困难群众的“托底保障”。

生育业务受理改模式　大力推行生育津贴网上申报，减少见面办理；对于窗口办理的生育产前检查和生育津贴申请减材料，由之前两项业务提交两份证明材料，精简到只需提供一份证明材料。

手工报销实现脱卡审核　在手工报销期间，参保人可以正常使用社保卡到医院看病就医实时结算，提升参保人看病就医的便捷性。2021 年，综合窗口共接待 3.38 万人次，办理各类业务 3.5 万笔。

案例六：怀柔区医疗保障助力偏远山区乡村振兴

2021 年，怀柔区医疗保障局持续深化医保改革发展，落实惠民政策，畅通医保政策落实的“最先一公里”，保障群众医保权益，打造医保服务的“最优一公里”，建立“联络员”制度，建立“带药下乡”机制，在精细精准服务上下功夫，提高“接诉即办”工作成效，提升医保管理服务能力和水平，提高人民群众的就医获得感、幸福感和安全感。

【建立联络员制度】　怀柔区医疗保障局主动下移服务重心，建立“联络员”制度，发动全局党员干部组建 12 支“联络员”队伍，深入街道镇乡和定点医疗机构提供点对点联络，向群众宣传医保政策，了解基层医疗机构医保需求，尽力解决基层医保方面的困难和问题。通过“身入基层，心入群众”行动，全局“联络员”成为“包村”“包院”干部，当好新时代医保工作的宣传员、服务员，先后到各定点医疗机构和 16 个镇乡街道送政策、送服务 138 次，服务群众 12000 余人次，到社区（村）参与志愿活动累计 754 人次，让医保政策深入到每一个角落，温暖到每一颗心。

【建立“带药下乡”机制】　怀柔区山区面积大，村居散落，盘山路多，村内居住者多为老人，部分村落存在村医空白，群众看病就医十分不便。区医疗保障局联合卫生健康部门，在偏远山区的卫生服务中心建立“带药下乡”医保服务管理机制，针对诊断明确、病情稳定的 65 岁以上家庭医生签约老年慢性病患者以及失能老年慢性病患者开展入户服务，尝试解决困难群众就医报销问题。2021 年首次有 9 家村卫生室纳入医保定点机构，有效缓解山区群众就近就医报销的实际困难。

【试点推进医疗救助流程改革】　怀柔区医疗救助对象共计 5797 人，机构改革后，开展医疗救助工作，累计救助 1.7 万人次，支付救助金 2400 万元，有效减轻困难群众医疗费用负担，充分发挥医疗救助托底保障功能。2021 年，启动“优化事后医疗救助待遇申请审批程序”工作，优化后的审批程序取消社会救助对象申请医疗救助提交纸质证明材料环节，充分利用医疗保险信息数据，筛查社会救助对象医疗费用信息，及时、精准、足额支付医疗救助资金。经过在两个镇（乡、街道）开展试点工作，此项流程优化改革取得显著成效，真正实现“群众不跑腿，数据多跑路”，受到社会救助对象的高度认可。

【坚持“干部直达现场”等便民机制】　聚焦费用报销、待遇享受、参保等群众关心关切问题，将医保咨询电话作为 12345 未诉先办的前哨窗口，全面提升 12345 诉求解决力度，优化便民电话响应机制，建立“干部直达现场”工作机制，选派业务骨干全面解答电话咨询，到现场与诉求人面对面了解情况，切实解决一批疑难复杂的医保诉求，持续推动“接诉即办”向“未诉先办”转变。作为区政府绩效的重要考评部分，怀柔区医疗保障局全年有 8 个月接诉即办工作考核满分，诉求量同比下降 47%。

案例七：房山区推行星级评价综合管理考评医疗机构

房山区定点医疗机构共计 250 家，基本达到乡镇全覆盖，级别全覆盖，类别全覆盖。为充分发挥医保在医疗管理体系中的作用，加强医保基金预算管理，促进医疗机构医疗服务水平提升，房山区医疗保障局结合区级实际，制定房山区定点医疗机构综合管理考评办法，有效推进基金监管制度健全完善。

【主要做法】 构建一个体系、两个层级整体评价　通过进一步细化、明确定点医疗机构诊疗行为及服务管理等方面监督管理办法，强化本区现有医保基金监管体系，形成一个体系、两个层级的整体评价办法。加强区域对比，对辖区内医疗机构按照级别、类别分成不同区块，进行同类医疗机构间分析比对，深入了解与自身情况相似的其他机构运行情况，主动帮助医院发现自身管理过程的薄弱环节。根据评价指标分成质量管理层级（次均费用、拒付率等）和风险管理层级（投诉举报数量、基金增速与服务量配比等），通过多个评价监督分支共同组成评价体系，分别得出质量管理和风险管理评分并评定星级，综合打分排名。

坚持公开透明，实施有效监控　通过对质量和风险两个层级内容的细化、量化管理，形成高效监管评价清单，以月度为时间节点，对定点医疗机构运行情况进行评分排名和数据分析，及时公布排名情况，并向各医疗机构下发运行分析报告。有针对性地指出医疗机构管理中存在的薄弱环节，对管理效果差的医疗机构进行预警、约谈、开展专项检查，帮助医疗机构查找问题症结。建立定点医疗机构申诉机制和渠道，根据定点医疗机构反馈意见，并结合医保管理体系的不断优化，及时调整定点医疗机构综合管理考评办法及工作运用，确保评价工作客观、公平、公正、公开。

探索完善机制，多角度推动考评　探索与定点医疗机构协议管理、年度考核等挂钩，逐步形成以考评拉动信用建设的机制，从源头上加强医疗行为的监管力度，同时引入第三方数据分析团队，通过建模、设卡等智能化、高端化分析模式提高考评工作的科学性和有效性。探索定点医疗机构综合管理考评与医保基金监管体系更加紧密衔接，引入奖惩机制，对管理质量好的医疗机构，年底工作会予以表彰并发放考核等次证书以示鼓励，对管理质量不好的医疗机构定期进行区内通报，视管理层级进行专项检查，约谈院领导，对存在违规问题屡教不改的进行协议处理。丰富对定点医疗机构的规范化管理，提高医保基金的使用效益。

【主要成效】 2021 年，房山区医保中心共形成综合评价报告及排名 10 期，发送定点医疗机构自身运行报告 1800 余家次，通过对次均费用、人次人头比、药占比、投诉举报查实情况及各种检查发现问题的具体分析与对比，将数据清楚明白地摆在医疗机构眼前，明确告知医疗机构各相关指标异常可能存在的问题，客观准确地指出定点医疗机构运行过程中需要改进的薄弱环节，获得医疗机构广泛好评。

补充总额预算管理办法　总额预算管理办法立足于北京市全域，重在分析对比全市同级同类医疗机构的数据质量。房山区定点医疗机构综合管理考评重在分析对比辖区内同级同类医疗机构的管理水平，更贴合本区特点，在医疗条件、面向人群相差较小的情况下，可以直观了解同级同类定点医疗机构管理水平。

扩展监督检查的范围　通过基础数据、问题数据汇总分析，对于重点指标管理差、投诉举报等风险指标居高不下的情况，举一反三类推其他医疗机构，运用至日常各项医保监督检查中，提高监督检查的针对性和精准性。

明确重点监控的对象　通过逐月分析、评分排名，持续掌握定点医疗机构运行状况，将重点监管对象锁定在连续两月以上没有明显改善、甚至变差的定点医疗机构，按程序进行预警、约谈、开展专项检查，使定点医疗机构明确使用医保基金行为责任主体，充分认清形势，坚持问题导向，狠抓整改落实，规范医疗服务行为，保障医保基金使用安全，提升医保基金使用效率，对经办机构分辨重点监控对象有重要的指向性意义。

天 津 市

工作综述

2021 年，天津市医疗保障局立足新发展阶段，贯彻新发展理念，融入新发展格局，推进医保待遇保障水平稳步提升、医药费用负担有效减轻、医保支付机制更加高效、基金监管持续加强、经办服务不断优化，医疗保障制度各项改革稳步推进，呈现稳中向好的高质量发展态势，实现“十四五”良好开局。截至 2021 年底，全市基本医保参保人数 1175.01 万人，职工生育保险参保人数 366.05 万人，基本医保基金总收入 439.97 亿元，总支出 385.36 亿元，累计结存 467.75 亿元。其中，职工医保基金累计结存 374.27 亿元，可支付能力由 2018 年 7.1 个月上升到 12.4 个月；居民医保基金累计结存 93.47 亿元，可支付 18.3 个月。

【待遇保障水平稳步提升】 *进一步减轻居民住院负担* 提高居民医保住院报销比例 5 个百分点，惠及全市约 540 余万参保居民，全年减轻群众负担约 2.3 亿元。

扎实推进长期护理保险试点 完成筹资运行、待遇保障、服务供给、基金运管等政策制定和 1 个市级综合服务中心、3 个片区中心、21 个辖区分中心三层委托经办服务体系构建，全年评定达到重度失能标准的共 3.26 万人，确定定点护理机构 710 家，入户（入院）提供护理服务 144 万余人次，累计支付护理费 7574.91 万元。

在全国率先出台医疗救助办法 市政府办公厅印发《天津市医疗救助办法》，明确将低保、特困、低收入家庭人员等纳入救助对象范围，可以享受资助参保、门诊救助、住院救助、重特大疾病医疗救助等待遇。按规定资助 16 万医疗救助对象参加居民医保，拨付医疗费用救助 3.88 亿元，强化困难群众的基础性、兜底性保障。

精准助力乡村振兴战略实施 制定落实巩固拓展医疗保障脱贫攻坚成果有效衔接乡村振兴战略的实施方案，降低困难群体大病保险起付线、提高报销比例和取消封顶线，进一步健全防范化解因病返贫致贫长效机制。

建立医疗保障待遇清单制度 明确基本制度内涵、待遇支付边界、政策调整权限、决策制定流程的清单，稳步推进天津市医疗保障制度设置、政策标准、基金支付范围等与国家要求规范统一。

支持三孩政策落地 将参保女职工三孩生育费用纳入生育保险报销范围，促进人口长期均衡发展。

坚决落实疫情防控政治责任 持续加强医保药品、待遇、资金、服务、系统安全等保障措施，做好新冠病毒疫苗及接种费用保障，联合北京市、河北省、山东省等地先后两次开展核酸检测试剂采购价格联动工作，价格处于全国较低水平。截至 2021 年 12 月底，累计拨付 2621.65 万人次新冠疫苗及接种费用 17.88 亿元，精准助力疫情防控。

【医药集中带量采购成效明显】 *认真组织落实国家组织医药集中带量采购* 落实第四批、第五批国家组织药品集采降价成果，106 种药品平均降幅 68.06%。冠脉支架集中带量采购平稳实施，全市各医疗机构共采购中选支架 51988 个，与集采前相比，节省采购费用 5.79 亿元。承担国家组织高值医用耗材联合采购办公室职责，成功开展国家组织高值医用耗材联合采购“第二单”，人工髋关节平均价格从 3.5 万元下降至 7000 元左右，人工膝关节平均价格从 3.2 万元下降至 5000 元左右，平均降价 82%。

大力开展京津冀“3＋N”医药联盟采购 依托京津冀“3＋N”联盟采购模式，冠脉扩张球囊平均降幅 90%，冠脉药物球囊平均降幅 72.50%，起搏器平均降幅 50%，管型/端端吻合器平均降幅 86.89%，痔吻合器平均降幅 88.09%。人工晶体

在2020年平均降幅46.4%的基础上，中选价格再降16.91%。开展10种高血压、糖尿病等群众常见用药集中带量采购，平均降价71.46%，有效减轻了群众负担。2021年执行各批次集采结果，累计节约医药费用34.86亿元，合计拨付定点医疗机构结余留用资金达18.6亿元，为深化医改腾出了空间，助力公立医疗机构健康可持续发展。

【医保支付机制更加管用高效】 切实加强医保目录管理　全面实施2020年版国家药品目录，将119种药品纳入报销范围，平均降价50.64%。剔除155种原增补药品品种，进一步优化天津市医保药品目录结构。将符合药典和炮制规范要求的中药饮片纳入天津市中药饮片目录，规范中药饮片名称，实施“一药一码”。制定新版《天津市基本医疗保险、工伤保险和生育保险诊疗项目目录暨服务设施标准》。

做好国家医保谈判药品供应保障和分类管理工作　健全“双通道”管理模式，建立谈判药品门诊用药保障机制，将适应症明确、患者费用负担较重的30种药品纳入保障范围。

完善医疗保障定点医药机构管理　出台实施《天津市医疗机构医疗保障定点管理办法》和《天津市零售药店医疗保障定点管理办法》及相关配套措施，规范定点申请、专业评估、协商谈判、协议订立、协议履行等环节工作程序，进一步加强定点医药机构协议管理。截至12月底，全市定点医药机构1987家，其中定点医疗机构1128家，定点零售药店859家。

持续深化支付方式改革　在全国率先完成区域点数法总额预算管理下多元复合式医保支付方式的制度设计，在18家三级医疗机构启动首批疾病诊断相关分组(DRG)实际付费，在10家一、二级医疗机构启动首批按病种分值付费(DIP)实际付费工作，覆盖全市50%的住院医疗费用，完成医保支付方式改革国家试点阶段性任务。国家医保局将天津市确定为综合(DRG/DIP)示范点。进一步做好住院医疗费用按病种付费，完善推广腹膜透析和丙肝按人头付费，启动实施精神病按床日付费，出台紧密型医联体按人头总额付费办法，推进支付方式改革向纵深发展。

加强糖尿病门特治理　出台全面推行糖尿病门诊特定疾病按人头总额付费政策措施，建立糖尿病门特患者健康主管责任制，建立以健康管理结果为导向的激励约束机制，进一步规范诊疗行为，引导定点医疗机构加强健康管理，提升糖尿病门特患者健康水平。

【异地就医直接结算基本覆盖】 在巩固异地就医住院直接结算全覆盖的基础上，深入开展异地就医门诊直接结算集中攻坚行动。全市累计1013家定点医疗机构提供门诊费用异地直接结算服务，推动5家定点零售药店实现异地就医门诊直接结算，启动门诊慢特病直接结算试点，提前完成了国家医保局“2022年底前，每个县至少有1家定点医疗机构能够提供包括门诊费用在内的医疗费用跨省直接结算服务”的目标。2021年1至12月，天津市参保人员累计到外省市就医(住院、门诊)直接结算39万人次，发生金额9.37亿元；外省市参保人员累计到天津市就医直接结算53.05万人次，发生金额50.49亿元，进一步满足群众异地就医需求，也为天津市医疗机构创新发展创造了有利条件。

【医疗服务价格改革稳步推进】 整合集成价格目录　汇集价格、医学、管理等方面专家，集中攻坚五个月，对1999年以来由原市物价局、卫生局、发展改革委、医保部门出台的160多份文件、5000余项医疗服务项目全面梳理，制定《天津市医疗服务项目价格目录(2021)》，进一步加强天津市医疗服务价格管理，切实规范医疗服务价格行为。

建立动态调整机制　制定医疗服务价格动态调整机制，明确价格调整基本路径、启动条件、调整周期、调价评估、调价空间测算、项目选择、方案制定等内容，根据机制要求，启动了调价评估工作，将价格改革纳入制度化管理轨道。

稳步推进价格调整　调整规范天津市经皮冠状动脉支架置入术等价格项目及医保支付标准，调整电子胃镜等6项医疗服务项目价格，规范15项临床检验类项目的名称、内涵、计价单位、医保支付标准等，淘汰21项不适应现行医疗技术的检验项目，新增143项项目价格，促进医疗服务价格与医疗技术发展同步。

【坚决守好人民群众“救命钱”】 加强基金监

管制度体系建设　制定《天津市推进医疗保障基金监管制度体系改革的若干措施》《关于医疗保障部门向纪检监察机关移送医疗保障基金监管中发现问题线索的意见》，进一步夯实基金监管制度基础。

多措并举切实维护基金安全　组织开展2021年度打击欺诈骗保专项整治行动、2020年度专项治理“回头看”和全市“飞行检查”，确保日常监督全覆盖，持续保持高压态势。坚持源头管控，完善智能审核规则内涵，累计上线智能审核规则62类，不断提高审核精准度，牢牢守住基金支出“第一道关口”。充分发挥询问制度警示作用，新增542家定点医药机构连通“互联网＋视频监控”，对241家次定点医疗机构384名医保服务医师发出询问函。完成国家医保智能监控示范点建设，被国家医疗保障局评为优秀等次，受到通报表扬。积极引入第三方力量，聘请社会监督员，畅通举报投诉渠道，加强行刑衔接，实施联合惩戒，强化监管合力。狠抓宣传培训，广泛深入开展医保监管集中宣传月活动，开展医保基金监管警示教育和能力提升培训，大力宣传医保法律法规与政策，提升行政执法的能力和水平。全年累计处理违法违规定点医药机构1896家，限期整改188家，暂停医保服务协议8家，行政罚款6家，主动公开曝光违法违规案例178件。处理各类违法违规行为涉及金额共计1.27亿元，其中追回医保基金1.26亿元，行政罚款149.78万元。

【医保公共服务水平持续提升】　扎实推进政务服务标准化规范化建设　明确医疗保障经办政务服务事项清单，压缩公共服务事项办结时限，延展“承诺制”事项范围，严格落实“好差评”制度，深化星级窗口创建，不断提升经办服务效能。

推进重特大疾病医疗救助联网结算　全面实现基本医保、大病保险、医疗救助“一站式”结算服务，进一步方便困难群体就医报销，切实减轻“跑腿垫资”压力。

在全国首批启动异地就医自助备案试点　依托国家医保服务平台App，为参保群众提供“免证明材料、免经办审核、即时开通、即时享受”的自助开通跨省异地就医结算服务。

出台医保便利老年人服务举措　聚焦老年人高频办理的医保事项制定7项务实措施，开通医保“线下办”方式，优化医保“线下办”服务，畅通医保“线下办”通道，提升老年人服务体验，推行就近办医保服务助老，打造智慧型医保创新助老，构建服务型医保温暖助老，努力为老年人提供公平可及、便捷高效、温暖舒心的医疗保障服务。

开通12393医保服务热线　开通服务热线集中受理群众咨询、意见建议、投诉举报等服务事项。制作全市医保经办政策知识库植入IVR语音导航功能，进一步畅通服务群众、联系群众的渠道。

设置“办不成事”窗口　在全市21个分中心全面设置“办不成事”反映窗口，对群众反映的“办不成”事项实时登记，建立工作台账，全程督办、限期解决。

推行药品管理“一站式服务”　聚焦药品管理中事项、要件、信息系统不统一等问题，创新“双周开放日”，推行医保药品“一站式”服务，打造“开门办公、联合服务”的工作模式，着力解决医药企业“急难愁盼”问题。

持续开展审核开放培训活动　围绕费用审核、拒付中的热点难点对定点医药机构开展培训，并现场指出定点医药机构存在的问题，解答疑问，有效促进规范管理。

加强与政务公共平台对接　推进医保账户、医保台账、“三目”用药等相关业务在“津心办”App、政务“无人审批”等自助终端查询、办理。

探索引入第三方监督　聘请第三方机构对医保政务服务进行访查评价，提出合理化的意见建议，不断提升经办服务效能。

【医保高质量发展基础进一步夯实】　完成天津市医疗保障“十四五”规划编制　明确“十四五”医疗保障改革发展的目标任务，全面细化落实全市“十四五”规划确定的医疗保障领域重点任务，为加快建设多层次医疗保障体系、推动天津市医疗保障事业高质量发展提供有力支撑。

扎实推进法治医保建设　严格落实《医疗保障基金使用监督管理条例》和《天津市基本医疗保险条例》，修订《规范天津市医疗保障行政处罚裁量权实施办法》，积极开展《天津市医疗保障基金使用监督管理办法》立法调研和草案起草，制定落实《天津市医疗保障局重大行政决策程序规定》，严格执行行政执法"三项制度",不断加强法制审核、执法监督、复议诉讼和普法宣传等工作,全面提升依法行政水平。

深入推进京津冀医保协同发展　制定落实《京津冀医保协同发展2021年工作要点》,着力疏解北京非首都功能、支持重点企业发展,配合做好京津冀协同发展专项审计。推动市政府与国家医保局签署国家医疗保障基金监管创新中心、国家医疗保障服务热线中心(国家医疗保障经办能力建设中心)和国家组织医用耗材联合采购平台局市合作备忘录,扎实推进"两中心、一平台"建设。

全面提升医保信息化建设水平　完成15项标准化信息业务编码落地应用工作,在全国率先通过验收。全力推进天津医保信息平台建设,10月22日在天津市全域全业务上线运行,实现无缝切换,成为全国唯一新医保平台上线采取"网络不中断、服务不暂停"的省份,最大限度减少对患者正常就医的影响。

扎实推进医保电子凭证推广应用　激活医保电子凭证参保人员701万,支持使用医保电子凭证定点医药机构达到1634家。在全国率先上线医保电子凭证终端设备,实现人脸识别、无卡就医、移动支付,群众就医更加方便快捷。

重要活动

1. 召开全市医疗保障工作会议。3月4日,全市医疗保障工作会议召开,会议全面总结天津市2020年医疗保障工作,部署2021年重点任务。市医疗保障局主要负责同志作工作报告,市公安局、民政局等部门负责同志,各区分管负责同志,以及全系统各单位、各部门领导班子成员在分会场参加会议。

2. 召开全市医疗救助工作推动会。3月29日,市医疗保障局召开全市医疗救助工作推动会议,市财政局、民政局等部门和各区医保局、民政局等相关负责同志参加。会议对《天津市医疗救助办法》进行解读培训,并就下一步工作进行部署。

3. 召开打击欺诈骗保专项检查动员部署专题会。4月29日,市医疗保障局等五部门组织召开打击欺诈骗保专项检查动员部署专题会,传达全国医疗保障基金监管主题工作电视电话会议精神,并就2021年全市打击欺诈骗保专项检查进行部署。

4. 开展医保基金监管集中宣传月活动。4月,市医疗保障局结合"我为群众办实事"实践活动,开展医保基金监管集中宣传,充分利用线上线下宣传特点,广泛宣传解读医保法规政策,主动公开打击欺诈骗保举报电话,曝光典型案件,推动社会共同关注、支持医保基金监管工作,营造"人人知法、人人守法"的良好监管环境。

5. 实施异地就医门诊联网集中攻坚专项行动。5月14日,市医疗保障局启动实施异地就医门诊联网集中攻坚专项行动,明确自5月17日至9月30日,推动本市所有定点医疗机构和有意愿的定点零售药店实现普通门诊费用跨省直接结算。

6. 召开全市打击欺诈骗保联席会办公室会议。6月8日,市医疗保障局等五部门联合召开全市打击欺诈骗保联席会办公室会议暨打击欺诈骗保专项整治行动工作专班会议,研究部署2021年度打击欺诈骗保专项整治工作。

7. 召开天津市医疗保险研究会第三届会员代表大会。6月26日,天津市医疗保险研究会第三届会员代表大会召开,会议选举产生了天津市医疗保险研究会第三届会长、常务副会长、副会长、秘书长、法人代表、常务理事、理事等。

8. 召开全市医保基金监管电视电话会议。9月11日,市医疗保障局召开全市医保基金监管电视电话会议,传达全国医保基金监管电视电话会议精神,认真分析当前医保基金严峻的监管形势,剖析欺诈骗保典型案例和"飞行检查"中发现问题的深层次原因,并安排部署下一阶段基金监管工作。

9. 天津市医保信息系统新平台正式上线运行。 10月22日，天津市医保信息系统新平台于17时进行新旧系统切换，用时5个小时完成数据迁移和中心端部署。当晚22时至次日凌晨06时，全市1940家医药机构（含河北涉县铁厂医院），244个街乡镇党群服务中心完成联通验证。新医保平台于06时起正式对外提供服务，系统切换期间，实现“网络不中断、服务不暂停”，减少了对患者正常就医的影响。

典型案例

案例一：天津市落实带量采购 推进降价惠民

天津市认真落实党中央、国务院决策部署，积极稳妥推进医药产品集中带量采购工作，有效地引导医药产品价格回归合理水平，着力减轻群众负担，助力医药卫生体制改革，促进医药行业健康发展，努力提高人民群众医疗保障水平。

【主要做法】 在实施医药产品集中带量采购过程中，天津市坚持问题导向，广泛深入调研，充分听取医疗机构、药品生产经营企业意见，制定实施多项措施，确保集中带量采购顺利开展。

探索实施医保资金直接结算药品货款 确保医疗机构到货确认30个工作日内完成款项拨付工作，减轻企业垫资压力，推动医药流通领域良性运转。

实行中选品种实时监测 升级改造医药采购平台信息系统，在全国率先实现“采购进度、汇款追踪、合理采购、供应保障、质量安全、票据追溯”实时监测。

丰富采购模式 根据集中带量采购品种和形式变化，及时丰富了“带量招标，竞价中选”“带量联动，双向选择”“带量谈判，以量换价”等多种采购形式。

创新建立区域采购联盟 依托京津冀协同发展有利契机，天津联合北京、河北组建京津冀“3＋N”医药采购联盟，并不断扩大成员单位，2021年已覆盖全国27个省份和新疆生产建设兵团，通过联盟用更大的采购量吸引企业竞价，进一步放大了集采优势。

积极落实结余留用政策 切实加强资金核算，及时将结余留用资金拨付给定点医疗机构，累计拨付18.6亿元，在疫情期间有效缓解其燃眉之急。支持定点医疗机构深化薪酬体制改革，助力深化医改向纵深发展。

【药品集采成效】 天津市已落实国家组织五批次药品集采和一批京津冀“3＋N”联盟药品集采中选结果，共计218个品种在天津市平稳落地。国家组织第六批药品集采（胰岛素专项），已组织全市医疗机构先后开展报量、分量、维护信息、签订协议等有关工作，正在积极推进落实。

【医用耗材集采成效】 *全力推进国家组织高值医用耗材集中带量采购* 积极承担国家组织高值医用耗材联合采购办公室工作职责，稳步推进国家组织冠脉支架集中采购中选结果落地。天津市医疗机构共采购中选支架51988个，节省采购费用5.79亿元。积极开展国家组织高值医用耗材集中带量采购“第二单”，髋关节平均价格从3.5万元下降至7000元左右，膝关节平均价格从3.2万元下降至5000元左右，平均降价82%；按照首年意向采购量计算，预计全国每年节约费用163亿元，每年将有超过50万名关节置换患者受益。

牵头或推动开展六批次京津冀“3＋N”医药产品集中带量采购 2021年，联盟地区冠脉扩张球囊平均降幅90%，冠脉药物球囊平均降幅72.50%，起搏器平均降幅50%，管型/端端吻合器平均降幅86.89%，痔吻合器平均降幅88.09%。人工晶体在2020年平均降幅46.4%的基础上，中选价格再降16.91%，不断释放改革红利。同时，参与集采联盟省份也已从最初的9个，

增加到2021年的28个(含新疆生产建设兵团)。随着联盟省份不断扩大,集中采购"以量换价"的效果更加显著,患者负担进一步减轻。

自2019年以来,执行各批次医药产品集采中选结果累计节省采购费用53.83亿元,在切实减轻群众负担的同时,也为医疗机构深化医改腾出空间。各医疗机构中选品种采购数量占同通用名同剂型药品采购数量的90%以上,中选品种对于未中选品种的挤出效应显著,规范了生产、流通环节市场秩序,实现了中选药品医生积极开具处方、患者愿意服用、企业愿意供应的共赢局面,进一步优化了营商环境。

案例二:天津市扎实推进长护保险制度试点建设

2020年9月,国家医保局、财政部印发《关于扩大长期护理保险制度试点的指导意见》,将天津市纳入14个长期护理保险制度扩大试点城市范围。为确保试点工作顺利实施,天津市全面贯彻落实国家文件要求,充分汲取先行试点省市长护保险经验做法,紧密结合天津市经济社会发展水平,于2020年12月以市政府名义印发《天津市长期护理保险制度试点实施方案》,将全市域纳入试点范围。2021年6月1日起启动长护险护理服务和待遇支付工作。

【主要做法】 完成长护险配套政策制定　完成长护险试点实施方案和细则、失能评定办法、定点护理机构管理办法、委托经办意见等"1+15"的配套政策制定,建立试点骨干政策体系。

开展政策模拟运行　在河西区组织开展政策模拟运行,摸索试点工作经验,特别是在推进长护险与全市居家养老服务试点深度融合方面的经验,为全市推广提供了重要参考。

开展重度失能评定工作　确定56家阶段性失能评定机构,经4轮规范培训后,向医护人员发放失能评定人员证。集中完成申请人员入户(或入院)失能评定工作,及时公布评定结果。

构建长护险经办服务体系　经公开招标,确定9家商业保险公司共建长护险委托经办机构。完成长护险综合服务中心(1家)、片区中心(3家)、辖区分中心(21家)等委托经办机构选址、岗位设置和人员招聘等工作,适时开展对外服务,委托经办费用按规定从长护险基金中按比例支付,从而构建起"1+3+21"三层委托经办服务体系。

做好长护险服务承接工作　确定长护险定点护理机构,初步确定符合条件的养老护理员,并按照"一对一"原则,安排养老护理员对接服务重度失能人员。同时,辖区医保、人社等部门密集开展养老护理员规范化培训工作,充实养老服务力量,确保长护险服务承接稳妥有序。

开发长护险信息系统　开发全市统一的长护险信息系统,涵盖失能评定、护理服务、经办管理、监督稽核等七大功能模块、140余子功能模块,联通行政部门、经办机构、护理机构、参保人员、服务人员、评定机构等,实现全程信息化管理。同时,开发全市统一的长护险App,联通行政部门、经办机构、护理机构、参保人员、服务人员、评定机构等,实现失能评定线上申请、线上查单,让数据多跑路,让群众少跑腿。

广泛开展政策宣传与业务培训　通过天津卫视、天津广播等多次广泛深入解读长护险政策,依托天津日报发布专版政策解读,利用"津云""天津医保"公众号推出政策解读等20余期,组织开展全市培训3次,各区开展二级培训40余场次。

【主要成效】 截至2021年底,天津市已经完成长护险试点筹资运行、待遇保障、服务供给、基金运管等配套政策制定和1个市级综合服务中心、3个片区中心、21个辖区分中心三层委托经办服务体系、信息化支撑体系、稽核巡查体系等的建立。全年评定达到重度失能标准的共3.26万人,确定定点护理机构710家,入户(入院)提供护理服务144万余人次,累计支付护理费7574.91万元。总体试点运行平稳,社会反响良好,有效减轻了重度失能人员及其家庭的负担。初步取得了五项工作成效、体现了六个天津特色。

五项工作成效　一是长护险筹资运行、待遇保障、服务供给、基金运营管理等政策框架基本建立。二是长护险失能评定、护理服务、费用结算、巡查检查等经办服务架构初步形成。三是重度失能人员及其家庭经济性和事务性负担得到有效减轻。四是养老服务机构内部行业管理不断加强，从业人员技能得到提高，养老服务质量不断提升。五是长护险引导下社会资本加快进入天津市养老服务市场，新增就业人口，养老护理员培训蓬勃开展，上门医疗护理服务逐步增加。

六个天津特色　一是创新实行"亲情照护"服务，兼顾平衡特殊国情和管理规范，着力解决试点初期护理力量不足的问题。二是创新建立经办管理体系，实行医保经办指导下的三层委托经办架构，全面兑现招标承诺，提升经办服务效能。三是创新充实养老服务内涵，将 10 余项医疗服务项目纳入支付范围，考核落地情况，解决上门医疗护理难题。四是创新加强待遇支付管理，实行待遇资格确认、入院押金和基金预算机制，规范全流程管理。五是创新规范审核结算管理，全部实行规范化票据管理，对长护险结算工单全面进行审核，违规费用予以拒付追回。六是创新开展监督检查，实施人脸识别、卫星定位、扫码打卡等，实现全覆盖式巡查检查，推进视频稽核，确保基金安全。

案例三：宝坻区扎实推进医保基金监管

2021 年，宝坻区医疗保障局认真落实国家医保局和天津市医保局加强基金监管工作的要求，在宝坻区委、区政府的直接领导下，着力健全严密有力的基金监管机制，持续打击欺诈骗保行为，有力维护医保基金安全。

【凝聚共识，形成合力】　坚持高位推动，上下统一　在开展打击欺诈骗保工作过程中，积极争取区委、区政府的大力支持，努力创建由多部门参与的联合机制。在历次专项治理行动中均邀请区分管领导为主帅，成立由卫生健康、市场监管、公安等部门主要负责同志为成员的领导小组，积极推动此项工作。同时，建立联席制度，强化协调配合，形成了由区级领导的常态化管理机制，为有力推动专项治理工作提供了坚强组织保障。

坚持警示在先，全面培训　加强医保基金监管工作，首要的是要让各定点医药机构清楚哪些行为是违规违法的，哪些行为是不可触碰的，解决好源头问题。2021 年，在开展打击欺诈骗保过程中，宝坻区医保局坚持对各定点医药机构加强培训和教育，先后 4 次对定点医药机构进行警示教育与培训。为持续扩大宣传医保监管政策法规，多次组织队伍深入定点医药机构，对医护人员、医保负责人及患者进行专题宣讲。

坚持全民参与，齐抓共管　为提升群众参与医保基金监督管理的积极性，着力营造全民参与的打击欺诈骗保强大阵势，坚持以形式多样的方式，全方位、多角度对医保基金监管法律法规进行宣传。2021 年，结合"我为群众办实事"主题实践活动，走遍全区 24 个镇街进行集中政策宣讲；通过"农村大喇叭，社区小喇叭"，在辖区内 790 余村居播放自行录制的音频材料；通过宝坻新闻中心电视报道《医疗保障基金使用监督管理条例》；利用"宝坻医保"微信公众号开展网络宣传，努力在全区形成良好氛围。

【强化队伍，提升能力】　做到全员执法　为弥补监管队伍的不足，区医保局现有全体干部职工均取得了执法资格，明确每一名干部职工随时投入到执法检查工作中。同时，由处级领导带队，将全体干部职工分 4 个检查组开展专项检查，既保证了时间，又保证了高质量完成检查任务。

做到业务过硬　为提高执法人员的业务能力，积极组织全体干部职工参加市局的专项培训，定期组织干部职工对《天津市基本医疗保险条例》《行政处罚操作手册》等相关业务知识进行学习，并利用"飞行检查""回头看检查"等各类机会锻炼队伍，积累经验。研究制定宝坻区医保局检查和查处机制，不断提升监管能力。

做到廉洁执法　要求全体干部职工坚决落实"廉洁医保"要求，严明政治纪律和政治规矩，严格落实各项行为准则和廉洁风险防控五项制度，始终做到严于律己，公正执法，努力建设一支忠诚干净担当的医保执法队伍。

【压实责任，勇于担当】　加大检查力度　严格按照天津市医保局组织开展的医保基金专项整治行动，2021 年组织精干力量对全区 64 家定点医药机构进行全覆盖式检查。在检查过程中，不走过场，针对各类医保基金欺诈行为，深挖细究，确保对每一家医药机构查到位，审到位，“过遍筛”。

突出重点检查　通过医保智能监控系统，定期对各定点医药机构进行监督查检，通过数据分析确定重点后进行现场核查、审查。结合日常掌握的情况和群众反映的情况确定重点检查对象。另外，将区内有一定规模的私立医院全部确定为重点检查对象。

加强联合惩处　坚持对经查实存在欺诈骗保行为的定点医药机构，综合运用协议、行政、司法手段联合进行查处。2021年，共处理涉嫌违法违规的定点医药机构22家，追回医保基金130万元，行政罚款5.6万元。同时，与区公安、卫生健康等部门召开三次座谈会，对欺诈骗保案件进行综合研判分析，制定联合惩处机制。与公安部门建立信息沟通，做好案件的行刑衔接准备；与区纪检监察部门建立通报制度，对存在滥用职权、玩忽职守、徇私舞弊的行为，依法依规严肃追责问责；对查处的各类案件，多层面及时向社会公开曝光，努力形成强大震慑。

河北省

工作综述

2021年，河北省医疗保障局推进药品耗材集中带量采购、规范药品挂网、跨省异地就医门诊直接结算、省内就医“无异地”、慢特病网上申报认定、医保信息化建设等工作，实现“十四五”良好开局。截至2021年底，河北省基本医疗保险参保7091.05万人，其中，职工基本医疗保险参保1212.01万人，城乡居民基本医疗保险参保5879.03万人，参保率96.86%。2021年，全省职工医保(含生育保险)基金收入608.04亿元，支出462.09亿元，累计结存1068.08亿元；居民医疗保险基金收入522.53亿元，支出469.29亿元，累计结存316.93亿元。

【深化医疗保障制度改革】 健全职工医保门诊共济保障机制　9月23日，以省政府办公厅名义印发《关于建立健全职工基本医疗保险门诊共济保障机制的实施办法》，科学设定普通门诊统筹起付标准、最低支付限额、支付比例、个人账户计入标准等四项指标。对需要各统筹区根据自身基金承受能力制定的标准，给各统筹区留出一定空间，充分发挥基金效能。《实施办法》积极推动职工医保门诊保障由个人积累式保障模式向社会互助共济保障模式的转变，补齐基本医疗保险门诊费用保障的制度短板。

做实职工基本医疗保险市级统筹　5月14日，省医疗保障局、财政厅、国家税务总局河北省税务局联合印发《关于进一步完善职工基本医疗保险市级统筹的指导意见》，以逐步推进职工医保基金省级统筹为目标，进一步统一规范省内职工基本医疗保险市级统筹制度，各市按照统一职工医保政策、统一基金预算管理、统一基金收支管理、统一责任分担机制、统一经办服务、统一信息系统“六统一”的要求，制定完善本市职工医保市级统筹制度。在2021年底前，全面做实职工医保基金市级统筹制度，从2022年1月1日起全部实行基金市级统收统支。

扎实推进长期护理保险制度试点工作　3月17日，省医疗保障局、财政厅印发《关于进一步规范长期护理保险制度试点工作的通知》，对承德市进一步完善长期护理保险制度试点政策，切实加强试点管理提出要求。承德市出台承德市职工长期护理保险管理办法，在实施范围和统筹层次、基金筹集、保障对象和失能评估、支付标准和结算办法等方面，作出具体规定。

优化调整脱贫人口医疗保障政策　12月3日，省医疗保障局联合财政厅、乡村振兴局等七部门印发《关于巩固拓展医疗保障脱贫攻坚成果有效衔接乡村振兴战略的实施方案》，建立巩固拓展医疗保障脱贫攻坚成果有效衔接乡村振兴战略机制，采取多种措施确保脱贫人口医保待遇政策平稳过渡，巩固医疗保障脱贫攻坚成果。

健全重特大疾病医疗保险和医疗救助制度　12月20日，以省政府办公厅名义印发《关于健全重特大疾病医疗保险和救助制度的实施意见》，建立防范因病致贫返贫风险兜底机制，全面提升低收入人口综合保障能力。

【助力疫情防控取得扎实成效】 全力做好疫苗及接种费用保障　将疫苗及接种费用保障作为重要政治任务，迅速筹集疫苗采购资金，及时结算接种费用，共上解疫苗预算专项资金99.92亿元，向省疾病控制预防中心预付疫苗采购费用76.17亿元，结算接种费用14.22亿元，涉及疫苗1.67亿剂次，真正做到“钱等苗”。

持续降低常态化疫情防控成本　先后四次降低新冠病毒核酸检测医疗服务项目价格，最高限价由每人份80元下调至40元；5人混合检测和10人混合检测的价格，最高限价由每人份40元、

30元统一调整为8元，减轻群众和政府负担。

持续落实“两个确保”政策　全省各级医疗保障部门共向收治新冠肺炎患者定点医疗机构预付医保基金8.31亿元，做好救治费用保障，确保患者不因费用问题影响就医、确保收治医院不因支付政策影响救治。

【常态化制度化开展集中带量采购】　集中带量采购常态化　2021年建立常态化开展药品和医用耗材集中带量采购制度并强力推进。截至12月31日，集中采购药品和耗材累计节约资金194.62亿元，其中，药品节约174.13亿元，耗材节约20.49亿元。自集中带量采购药品、医用耗材以来，药品、医用耗材平均降价62%和74%，群众医药费用负担进一步减轻。

落实国家组织药品集中采购中选结果　落实国家组织第四批、第五批106种药品中选结果，平均降价50%以上。1月，及时落实国家组织冠脉支架集采中选结果，平均降幅93%，均价从1.3万元左右下降到700元左右；5月，及时落实第四批国家组织集中采购药品中选结果，45种药品平均降价52%；10月，落实第五批国家组织集中采购药品中选结果，61种药品平均降价56%。

有序推进本省集中带量采购　自主开展输液器、静脉留置针、硬脑膜补片、疝补片、吻合器、颅内弹簧圈等六类医用耗材集采，实现医用耗材集中带量采购从“破冰”到“破题”再到“破局”的跨越。6月，落实本省输液器和静脉留置针集中带量采购中选结果，输液器最高降幅90%，平均降幅75.38%，留置针最高降幅89.82%，平均降幅78.42%。

积极参加跨地区联盟集中带量采购　4月，参加京津冀联盟冠脉扩张球囊集中采购，平均降价90%。7月，参加“3+N”联盟组织开展的药品带量采购，五个品种平均降幅达71.46%。8月，参加京津冀鲁四省份组织开展的新型冠状病毒相关检测试剂联合采购，核酸试剂平均价格再次下降22.2%，抗体试剂平均价格再次下降20.2%。11月，参加河南等十二省（自治区、直辖市）组织开展骨科创伤类医用耗材集中带量采购，中选产品平均降幅88.65%。

建立健全集中带量采购配套政策　3月，省医疗保障局会同省卫生健康委员会等七部门印发《关于推动药品集中带量采购工作常态化制度化开展的实施方案》，从分级开展药品集中带量采购、完善采购规则、强化措施保障等六部分18方面对河北省药品集中带量采购工作常态化制度化开展提出具体措施。7月，会同省卫生健康委员会等八部门联合制定《关于开展河北省医用耗材集中带量采购和使用的实施方案》，为推动河北省医用耗材集中带量采购工作制度化开展，完善医用耗材价格形成机制，治理价格虚高问题提供政策依据。

【规范药品挂网行为】　从源头上解决同通用名同品规药品最低价和最高价差价较大问题，对非集中带量采购的药品规范挂网，创造性提出同通用名同质量层次的化学药品最低与最高价之间一般不超过1.8倍，生物制剂和中成药一般不超过3倍。5月，化学药品挂网规范工作取得积极效果。共有1992家企业申报2698种药品，经过价格遴选，有1643家企业的2510种药品，符合挂网条件，比省药采平台原挂网品种增加22.9%，充分保障药品的供应需求和质量要求。2510种化学药品挂网价格平均降幅32.5%，最高降幅93.37%。截至2021年底，结余资金56.5亿元。以全省2020年化学药品年采购金额计算，预计年可节约药品费用91亿元，挤出药价中虚高水分，促进药品价格合理回归，进一步减轻群众用药负担。

【持续健全医保支付机制】　推进DRG、DIP国家试点建设　在国家医疗保障局组织的试点交叉评估中，DRG付费国家试点邯郸市和DIP付费国家试点邢台、保定、唐山、廊坊4市全部被评为优秀等次。邯郸市、邢台市被国家医疗保障局评为全国医保支付方式改革示范点。邯郸市建立咨询专家、质量控制、病案编码、信息化平台建设、权重与费率测算调整等五个团队，打造医保主导的DRG付费信息系统，实现控费提效作用初见成效、支付方案过渡平稳、费用结构逐步改良、数据质量稳步提升的目标。该市试点医院平均住院日从9.22天下降至8.47天，降幅为8.13%；住院次均费用从17306.90元下降至17024.53元，降幅为1.63%，试点医疗机构控成本、提效率效果初显，患者医疗负担减轻。

医保目录进一步规范　自7月1日起，省增补品种全部调出医保目录，提前一年实现与国家医保药品目录统一。鼓励医疗机构优先使用医保目录内药品，把医保目录执行情况纳入定点医疗机构协议管理内容。

将国谈药品全部纳入“双通道”管理　一是将国家医保目录内221种谈判药品全部纳入“双通道”管理，并根据国家医保药品目录中谈判药品的调入、调出进行调整。二是将符合条件的定点零售药店纳入“双通道”管理。三是推进医保信息平台定点医药机构管理子系统建设，实现医保经办机构、定点医疗机构、“双通道”定点零售药店信息互通。截至2021年11月底，河北省各统筹区均将221种谈判药品纳入“双通道”管理，并按照“先试先行，逐步推广”的模式，开展“双通道”定点零售药店纳入的申请受理、考核评估等工作。

医疗服务价格改革持续深化　探索试行差异化、个性化医疗服务价格，在驻石家庄省直三级医疗机构开展调整部分医疗服务价格试点，知名专家诊察费提高66.7%，注射费提高125.5%，输液费提高50%，新生儿护理费提高50%，体现医务人员劳务价值。唐山市被列为国家医疗服务价格改革五个试点城市之一。

【维护医保基金安全】　严厉打击欺诈骗保　以“三假”为重点，在全省组织开展欺诈骗保问题全面排查整治，建立医保部门向纪检监察机关移送医保基金监管中发现问题线索和骗取医保基金案件行刑衔接“两个工作机制”，实现对各级各类定点医药机构监督检查和省级飞行检查对各市“两个全覆盖”。全年共检查定点医药机构2.5万家，追缴违法违规资金7.89亿元，解除或暂停医保服务协议1093家。成安县骗保案件发生后，第一时间快速应对、彻查重处，追责问责20人。邯郸市以案为鉴，加强基金监管力量，增加编制，在县级医保部门全部组建医保基金监察大队，监管专职人员达100余人。

积极探索基金监管方式创新　研究制定定点医药机构常态化、制度化、精细化监管机制实施意见，将精细化管理贯穿医保基金监管全过程。河北省国家基金监管方式创新试点和唐山智能监控示范点在国家医疗保障局终期评估中均被评为“优秀”等次。各地市积极开展探索，石家庄推广定点医院前置审核系统，邢台整合区县执法力量由市局统一调配，承德建立监督管理可追溯机制和重点工作包联制度，沧州推行“网格化”监管。

坚决查办举报案件线索　2021年国家医疗保障局交办4批45例、河北省医疗保障局受理205例举报投诉线索，已全部办结。涉及定点机构被公安机关立案侦查3家，纪委介入调查2家，移交卫生健康、市场监管部门处理13家，追缴违规资金1143.36万元。

【努力打造全省医保“一张网”】　积极推进全省完成国家统一医保信息平台切换　5月27日，全省各统筹区全部切换运行国家统一医保信息平台。辛集、衡水市率先完成平台切换，为全省积累宝贵经验；唐山市15项业务编码标准贯标工作扎实彻底，在全省率先恢复医保业务办理，在全省医用耗材编码对照上，派出业务骨干，积极支持省医疗保障局工作；邢台市加快推进系统接口直联改造，定点药店直联率达99.82%；石家庄市两定机构月度结算工作开展较快，完成月结对账的定点医药机构占比达94.4%。强力推进“互联网+医保”，实现生育待遇申报、门诊慢特病认定、省本级体检预约、参保信息变更等经办业务网上办、掌上办。张家口市积极推进“互联网+医保”服务，实现门诊慢特病复诊购药及普通门诊互联网购药直接结算。

统一全省政务服务事项清单　统一全省医疗保障政务服务事项清单，实现基本医疗保险参保信息变更、城乡居民基本医疗保险参保登记、基本医保关系转移接续、异地就医结算备案、门诊费用跨省直接结算、医保定点医疗机构基础信息变更六项工作“跨省通办”。

【开展“我为群众办实事”实践活动】　实现门诊慢特病网上申报认定　针对门诊慢特病认定流程繁琐、认定周期长频次少、待遇享受不及时等问题，研究开发河北省门诊慢特病申报认定系统，2021年7月起，将原来定期到医保经办机构现场纸质申报，改为随时通过门诊慢特病申报认定系统网上申报。同时下放认定权限，由原来医保经办机构聘请专家定期集中评审，下放到各级医疗机构随时认定。慢特病资格认定通过后，参保人可即时享受待遇政策。

实现普通门诊费用跨省就医直接结算　截至2021年12月底，试点定点医疗机构数1466家，符合条件的二级以上定点医疗机构已全部接入异地就医门诊费用直接结算系统，实现所有县(区)全覆盖。推进跨省异地就医门诊慢特病直接结算试点，石家庄市、唐山市和省本级加强领导，成立专班，压实责任，推进试点工作。

实现省内就医“无异地”　5月，全国统一的医疗保障信息平台在河北省落地。8月6日，省医疗保障局印发《关于规范基本医疗保险省内异地就医政策实现省内无异地工作的通知》，规范省内异地就医待遇政策，确保群众能够享受更好的医保待遇。8月26—31日，河北省进行异地就医管理系统切换，9月1日起，河北省取消所有省内异地就医备案，实现就医“省内无异地”，参保人员可按规定在河北省内所有统筹区选择已开通异地就医住院、门诊费用直接结算定点医疗机构和定点零售药店就医购药，无须备案。

重要活动

1. 全国统一医保信息平台在河北省辛集市试运行。1月1日，全国统一医保信息平台在河北省辛集市试运行，标志着全国统一医保信息平台在河北进入实质性的落地应用阶段。

2. 全省医疗保障工作会议召开。1月28日，全省医疗保障工作会议在石家庄市召开。会议总结2020年医疗保障工作，并安排2021年重点任务。

3. 河北省举办2021年医保基金监管集中宣传月活动启动仪式。4月1日，河北省医疗保障局、石家庄市医疗保障局、新华区人民政府联合举办医保基金监管宣传月活动现场启动仪式，2021年“宣传贯彻条例 加强基金监管”宣传月活动正式启动。

4. 河北省挂网新规实施后确定2510种药品。河北省新挂网规则实施后的第一次实践确定挂网药品2510种，全部经过企业申报、价格遴选、结果公示等程序，过程严谨、兼顾利益、覆盖面广、降价明显，达到预期效果。5月1日起，河北省对符合条件的2510种化学药品正式挂网，全省各级公立医疗机构、军队医疗机构和医保定点医疗机构，以及药品生产企业和配送企业，可登录河北省药品集中采购平台线上完成采购交易。

5. 河北省上线运行国家统一医保信息平台。5月27日，河北省全域上线运行国家统一医保信息平台，实现全省范围内的医保信息集中、标准编码统一、经办业务互通。

6. 京津冀医疗保障协同发展座谈会召开。7月21日，京津冀医疗保障协同发展座谈会在雄安新区召开，会议听取雄安新区医疗保障工作承接非首都职能的汇报，对雄安新区提出的需要北京市、天津市医疗保障局支持的事项进行研究，讨论下一步京津冀采购联盟药品、耗材带量采购工作计划和思路，审议《京津冀医保协同发展2021年工作要点》。

7. 河北启用“省内无异地”。9月1日起，全省参保人省内异地就医无须备案，不再提高起付标准，不再降低报销比例，持医保凭证就可以到全省任何一家定点医疗机构进行门诊和住院直接结算，到定点药店可以直接结算药费。

8. 打击欺诈骗保“回头看”暨深入推进全面排查整治会议召开。9月7日，全省打击欺诈骗保“回头看”暨深入推进全面排查整治会议在石家庄市召开，听取成安县辛义乡卫生院徐村分院骗保案件查处情况汇报，安排部署下步工作。

9. 河北省医疗保障局成立三周年工作座谈会召开。11月5日，河北省医疗保障局成立三周年工作座谈会在石家庄市召开。会议回顾总结河北省医疗保障局成立三年来取得的工作成绩和经验启示，动员全局干部职工全力以赴推动河北省医疗保障事业高质量发展。

典型案例

案例一：河北全面实现基本医保报销结算省内无异地

河北省基本医疗保险实行市级统筹，因为各统筹区医保待遇政策和信息系统不同，就医群众在省内跨市住院就医结算必须备案，门诊慢特病省内跨市无法直接结算。2021 年 6 月，全国统一医保信息平台在省内所有统筹区切换上线，河北省实现全省范围内的医保信息集中、标准编码统一、经办业务互通。8 月 6 日，省医疗保障局印发《关于规范基本医疗保险省内异地就医政策实现省内无异地工作的通知》(以下简称《通知》)，自 9 月 1 日起，全省基本医保省内无异地政策全面实施，河北实现基本医保报销结算省内无异地，进一步方便参保群众省内看病就医结算。

【取消省内异地就医备案】 针对有些群众省内异地住院，因忘记备案，造成医保待遇降低的问题，取消所有省内异地就医备案。参保人员可按规定在省内所有统筹区选择已开通异地就医住院、门诊费用直接结算定点医疗机构和定点零售药店就医购药，无须备案，实现省内异地就医直接结算，解决当前省内流动人口住院就医忘记备案的问题。对于因特殊情况无法直接结算的群众，保留手工结算的渠道。

【规范省内异地就医待遇政策】 一是实行同级别医疗机构同比例待遇政策。省内参保患者在省内其他统筹区异地就医住院时，不再提高起付线、降低报销比例。二是实现普通门诊统筹和门诊慢特病省内异地直接结算。在统筹区外的省内二级及以上定点医疗机构，普通门诊统筹和门诊慢特病可以直接结算。三是取消各统筹区门诊慢特病定点数量限制。省内二级及以上定点医疗机构均可使用基本医保和个人账户直接结算，二级以下定点医疗机构和定点零售药店门诊慢特病定点由各统筹区确定。

【加强基金监管】 异地就医医疗服务行为实行就医地监管，加强对纳入医保支付范围的医疗服务行为和医疗费用监督管理，定点医药机构和参保人不得利用享受医疗保障待遇的机会获取非法利益。建立异地就医业务协同管理工作机制，基金监管机构将按季度对门诊慢特病患者数据进行监督检查。畅通投诉举报渠道，严厉打击利用异地就医政策欺诈骗保行为，对欺诈骗保案件依法依规严厉查处，造成医保基金损失的，追回医保基金；情节严重的，移交司法机关依法追究刑事责任。

案例二：河北省全面推行医疗保险门诊慢特病“网上申报评审”

河北省医疗保障局优化办事流程，创新服务举措，自 2021 年 7 月 1 日起，在全省范围全面推行医保门诊慢特病“网上自主申报、医疗机构评审认定、医保待遇即时享受”新模式(以下简称“慢病认定新模式”)。新的申报方式更加便利，认定流程更加透明，让参保群众感受到医保服务“新体验”。

【主要做法】 认定模式便民利民　省医疗保障局召开全省医疗保障系统培训会议进行动员部署，建立周报告、日调度机制，成立由信息技术、待遇审核等处室(单位)骨干力量组成的工作专班，集中力量完成系统的开发和测试，实行省级开发部署，市县应用；对各统筹区实行“一对一”包联督办，严格按照目标任务，责任压实到每一个统筹地区、每一个县(区)，确保工作落实落细，认定模式更加便民利民。

申报形式更加便捷　依托国家医保信息平台开发门诊慢特病评审认定系统，申报人利用手机登录国家统一医保信息平台公共服务子系统，即可完成门诊慢特病申报和资料提交，评审进度可随时查询,评审结果可及时知晓,病种申报便捷高效,让参保群众感受到医保服务"新体验"。

认定频次大幅增加 由原来一年只有1—2次申报调整为可全年365天、一天24小时随时随地进行申报,解决以往门诊慢特病评审认定周期长、频次少的问题。

待遇享受更加及时 以往是申报评审环节多,参保人从申报、提交资料到享受待遇,历时少则一个月,多则一年,现在认定通过后,参保人可即时享受待遇,进一步增强人民群众的获得感、幸福感。

评审进度随时查询 参保人对于评审进度可在公共服务子系统随时查询,及时知晓评审结果,了解未通过认定原因,认定流程更加透明,认定过程更具时效性。

评审资料电子存储 改变以往资料存档方式,全部实现病史资料网上传输、系统存储,无须留存纸质资料,随时可查询历史资料。

【主要成效】 *受益人群实现参保人员全覆盖* 新的认定模式将惠及全省所有参保人,认定系统正式运行后,全省参加基本医疗保险的职工、城乡居民7091.04万人均可应用认定系统进行申报。2021年7月1日新模式上线至12月底,全省共网上申报48.08万人,医疗机构认定通过31.19万人。

承办单位涵盖四级医疗机构 全省各统筹区按照服务半径适宜、交通便利、布局合理、方便就医的原则,选定承办门诊慢特病资料受理和资格认定医疗机构。同时为解决异地安置、年老或行动不便、运用智能技术困难、居住偏远等人员跑腿负担,将认定机构延伸到乡镇卫生院,全省认定机构纵向包含省、市、县、乡四级医疗机构。全省确定1133所符合条件的医疗机构和13251名评审医师。

案例三:河北省规范药品挂网规则和医疗机构采购行为

为构建规范有效的医药产品供应保障体系,促进市场竞争,强化药品价格管理,进一步提高药品供应保障能力,河北省稳健推进规范药品挂网和医疗机构合理采购工作,明确分类限价挂网规则,用改革的办法解决药品价格虚高问题,有力促进医药行业生态环境持续向好、健康发展。

【主要做法】 *完善药品挂网规则* 2020年10月,省医疗保障局出台《关于进一步做好药品挂网工作的通知》,明确新的药品挂网规则。一是全品种挂网。将挂网范围确定为在我国境内上市销售的所有药品,最大限度满足患者和临床用药需求。对已在省药采平台挂网的药品,医疗机构必须在省平台线上采购。二是限价挂网。挂网必挂价格,对不同类型药品确定不同的挂网价格,实现药品价格管理与挂网采购深度融合。对国谈药品、集采药品,以谈判价、中选价挂网;对独家原研药、参比制剂、通过一致性评价药品,以全国最低价挂网;除国谈、集采药品外的同通用名、同剂型、同质量层次的药品,申请企业2家及以上的,提出化学药品挂网最高价格和最低价格的差价一般不超过1.8倍,生物制剂、中成药最大差价一般不超过3倍。三是按需挂网。对于临床必需或急需的未挂网药品,明确可由医疗机构先行线下采购,并按规定于7个工作日内在省药采平台完成自主备案;备案后,采购药品将纳入医保监控目录,由医保部门根据采购量情况,研究确定是否挂网。

规范药品挂网价格 新的挂网规则制定后,按照先易后难、分步实施、有序推进的原则,先从规范化学药品开始,取得经验后再规范生物制剂、中成药。一是完善价格挂网流程。通过整合自身人员力量,引入药学、临床等医院业务骨干和信息技术支持人员,组建化学药品挂网工作专班,精心制定实施方案和差比价计算规则,明确挂网资质申报、分组原则、价格申报、价格遴选、差比价计算等流程及要求。在方案制定过程中,引入法律顾问参与专题研究、邀请公证机构参与价格解密,确保程序科学严谨、结果公平公正。二是完善企业申投诉处理机制。对化学药品的遴选结果及时进行公示,主动接受企业和社会监督,每周设定2个公开接待日与企业直接沟通,公布专门邮箱接收企业意见和申投诉,安排专人受理申诉材料,确保申投诉无遗漏。本次规范化学药品挂网工作中,

企业共提出 3624 条申投诉，其中，申诉 2993 条，投诉 631 条。三是建立专家论证机制。针对有些未收录在国家目录中但申诉质量优异、适应症不同、儿童专用等价格超同组 1.8 倍的 182 种药品，组织专家论证能否以超过同组 1.8 倍但不高于全国最低价的价格挂网。经专家论证，允许 151 种药品以高于最低价 1.8 倍挂网，其中 33 种药品以不高于同组最低价 2.3 倍、11 种药品以不高于同组最低价 2.8 倍、107 种药品以不高于全国最低价挂网，有效满足医疗机构和患者的不同用药需求。

建立工作推进落实机制　一是规范行为，合理采购。明确要求各医疗机构坚持需求导向，合理采购药品；主动控制成本，对同通用名药品按照集采中选药品优先、价格较低药品优先的原则进行采购。坚持合理用药，积极引导患者优先使用质优价宜的药品。二是诚实守信，确保供应。明确要求药品生产经营和配送企业诚信经营、履行承诺，确保药品质量和医疗机构用药需求，不得有商业贿赂、提供处方回扣等行为，杜绝带金销售。凡未提交《医药企业价格和营销行为信用承诺书》的企业，生产企业暂停药品挂网资格，配送企业暂停配送资格。三是明确责任，加强监管。省药采中心将超过最低价 1.8 倍的药品和线下采购未挂网的药品，纳入医保监控目录，对医疗机构药品采购情况进行常态化监管。定期将筛选出来的高价药品采购情况推送至各个医疗机构，对医疗机构“采购高价药品多、采购低价药品少”等异常情况，要求医疗机构进一步规范整改。各级医疗保障部门和经办机构加强对医疗机构采购价格、回款等环节的监督管理，不断提高网采率和及时回款率，及时与定点医疗机构结算医保费用，切实减轻医疗机构垫付压力。

【主要成效】　河北省开展规范化学药品挂网工作以来，截至 2021 年 7 月共有 1992 家企业参与申报、申报药品 2698 种 20075 个产品，共有 1643 家企业的 2510 种化学药品 8333 个产品符合挂网条件，相比原挂网药品增加 467 种、增幅为 22.9％；2510 种化学药品挂网价格平均降幅为 32.5％，按照 2020 年化学药品年采购金额计算，预计每年可节约药品费用 90 多亿元，群众用药负担进一步减轻。同时，通过规范医疗机构采购行为，强化常态化监管等措施，有效斩断药品销售中的不当利益链，杜绝商业贿赂、处方回扣等带金销售行为，推动医药行业生态环境进一步净化。

案例四：石家庄市积极推进国家谈判药品“双通道”保障模式

为不断提升医保谈判药品的供应保障能力和群众用药便捷性，切实解决谈判药品进院难和参保患者“跑腿垫资”的痛点，石家庄市医疗保障局从规范管理、建设信息化平台、优化服务、动态监测四方面入手积极推进国家谈判药品“双通道”保障模式，惠及参保人员 2 万余人，得到社会的广泛好评。

【主要做法】　*以“四定”模式保障规范管理*　为规范做好“双通道”工作，石家庄市医疗保障局对国谈药品实行“四定”管理，即：定药品品种、定医疗机构、定购药药房、定责任医师。一是定药品品种。在前期试点工作的基础上，将药品品种由原来的 45 种扩大到 221 种，逐步实现药品品种的“广覆盖”。二是定医疗机构。制定“双通道”定点医药机构遴选标准、申报流程和考核评定细则，并分批遴选出 8 家具备肿瘤、罕见病等学科优势、日常管理规范、药品配备齐全的三级甲等医疗机构作为定点，极大方便参保群众就医购药。三是定责任医师。为确保患者享受到优质的用药指导，规范责任医师的准入条件、制定详细的责任医师推荐标准，要求责任医师具备出诊时间确定、具有一年以上相关工作经验的副主任或主任医师等基本条件，并实行动态调整。全市共遴选出 257 名医师，授予责任医师资格。四是定定点药店。按照软硬件设施完备、药品备药充足、“进、销、存”信息系统完善、可实现药品电子追溯等条件，择优确定 14 家定点零售药店，保障谈判药品的“多渠道”稳定供应。

以信息化平台提升运转效率　按照省医疗保障局统一部署，以“纸质处方先行、电子处方跟进、

最终构建综合信息平台”的思路，全力打造联通“医疗机构、零售药店、参保患者、经办机构、行政机关”等五方的电子处方信息流转平台。第一步纸质先行。首先用纸质处方发挥探路功能，实现“双通道”快速落地。第二步电子跟进。在纸质处方流转的同时，接通省电子处方流转系统，实现无纸化管理，极大提升处方流转效率、方便群众购药；第三步接入国家医保信息系统，将电子处方流转接入国家医保信息系统，逐步实现药师信息维护、电子处方审核监管、谈判药品报销结算、药品“进、销、存”管理、基金月结等网上通，石家庄市电子处方流转已经实现“双通道”定点全覆盖。

以分类配送优化药事服务 根据谈判药品中口服、注射剂等不同剂型、常温、特温等不同保存环境、住院、门诊等不同购药方式，制定不同的药事服务流程，要求“双通道”定点药店针对患者住院期间使用谈判药品、非住院期间使用注射类谈判药品和口服类谈判药品的不同场景和需求，提供不同的药品配送服务。同时，要求定点药店免费提供配送到医院、配送到家服务，保障参保患者使用谈判药品的安全性和便捷性。

以动态监测防范基金风险 在充分发挥零售药店点多、面广、配送及时等优势的同时，始终把保障患者用药安全和基金安全放在同等重要的地位。从强化日常管理和考核入手，对定点药店实行月报制度，对定点医疗机构实行年报制度，对新版药品目录调整等特殊情况，实行即时报制度，通过信息监管、定时报告、随时抽查等途径掌握“双通道”运行情况，并根据“双通道”运行中出现的问题和情况，对“四定”模式进行动态管理，从而保障“双通道”机制的良性运转。

【主要成效】 *患者更加方便* “双通道”机制实现参保患者在定点药店购药直接结算，不仅购药更加方便，也省去“跑腿垫资”的报销手续。2021年，直接减少群众垫资8300余万元，惠及2万余人。新冠肺炎疫情期间，全市定点药店组织专人专车送药下乡入社区，保障1600余人次及时用药，得到群众的广泛好评。

医院负担减轻 “双通道”管理将特药审方、配药、结算的功能交给定点药店，定点药店为使用特药的参保患者建立购药档案，进行用药指导，有效降低医疗机构管理成本和垫资压力，医疗机构负担进一步减轻，主责主业更加突出。

医保经办更加高效 “双通道”管理将参保患者零星的资料审核、报销结算等手工环节分散到定点药店完成，医保经办机构负责定期集中与定点药店进行清算，大大提升经办效率。

支出更加透明 “四定”管理模式规范谈判药品购销流程，从认定备案到患者购药，全链条可追溯，使药品支出有迹可循，基金使用更加透明，有效防范基金安全风险。

案例五：沧州市全面推行网格化监管

沧州市医疗保障局始终把打击欺诈骗保工作作为一项长期性的目标任务，在开展专项治理工作取得成效的基础上，健全完善医保基金监管长效机制，着力推进常态化、制度化、精细化建设，立足新阶段，分析新形势，把握新机遇，强化制度改革和创新，对基层定点医药机构实行网格化监管，构建新的监管格局。

【主要做法】 *建立社会义务监督员制度* 为破解基层监管力量薄弱问题，打通“最后一公里”监管盲区，沧州市医疗保障局着力建立健全医疗保障基金监管工作的社会监督机制，在全市推行“网格化”监管，对二级定点医疗机构设立监督专员，由医保基金监管行政部门或经办稽核机构正式人员担任，一级以下定点医疗机构、定点零售药店和村卫生室设立社会义务监督员，聘请符合条件的、热心医疗保障事业的参保人担任，并印发《沧州市医疗保障基金监管社会义务监督员管理办法》，对监督对象实行一对一、点对点监督，共同规范医疗服务行为，形成多方联动、社会参与的医疗保障监管新格局。

广泛聘任社会义务监督员 通过官网公布招聘信息、朋友圈转发等方式，面向全社会公开招聘，广泛动员社会各界参与医保基金监管。全市共招聘社会义务监督员5519名，包括人大代表、

政协委员、新闻媒体记者、村支部书记等，并颁发社会义务监督员聘书。

明确社会义务监督员职责 社会义务监督员以明察暗访的形式在监督职责范围内实施监督，主要负责监督定点医疗机构、定点零售药店、参保人执行医保政策情况；协助宣传医疗保障政策法规、收集社会各界对医疗保障工作意见；监督定点医药机构、药品生产经营及配送企业执行药品、医用耗材招标采购政策情况，定点医药机构执行药品、医用耗材价格和医疗服务项目等政策情况；对全市医保经办机构工作开展情况和政风行风情况进行监督，将监督意见采用书面、电话或电子邮件等形式向医疗保障行政部门反馈。

明确社会义务监督员职责 市医疗保障局对社会义务监督员反映的问题、意见建议，转递的群众来信及投诉、举报，指定专人负责受理，并及时向社会义务监督员反馈办理和落实情况。社会义务监督员的设立，将医保基金监管延伸至最基层，解决基层监管工作的难点、堵点，打通医保基金监管条块分割的局面，构建“横到边、纵到底”的协同监管格局。

【主要成效】 *充分发挥监督作用* 沧州市医疗保障局以“网格化”管理为主要抓手，进一步织密筑牢医保基金“安全网”，建立社会义务监督员制度，是完善监管机制、健全监管职能、实现综合监管的一项重要举措。通过召开社会义务监督员座谈会，探讨问题，交流经验，听取社会义务监督员的意见和建议，对义务监督员进行监督能力培训、医保政策解读、常见问题宣传、典型案例通报，使其懂政策、能宣传、会监督，充分发挥监督作用，取得显著成效。

自律意识牢固树立 社会义务监督员犹如医保基金监管部门的“摄像头”，是监管部门的有力助手。通过对基层定点医药机构实现一对一、无死角、全方位监督，打造“不敢骗、不能骗”的长效机制，提高抵制欺诈骗保行为的主动性和自觉性，强化“底线意识”，坚守“红线思维”，进一步增强定点医药机构和参保群众“不想骗”的自律自觉。促使定点医药机构进一步规范医疗服务行为，优化医保服务能力，参保人员进一步树立主人翁意识，珍惜自身权益，以实际行动筑牢医保基金安全防护线，使用好、守护好人民的“看病钱”“救命钱”，为优化全市医保生态环境、促进医疗保障事业发展共同努力。

法制意识不断加强 社会义务监督员不仅是定点医药机构的监督员，又是医保政策的宣传员。不仅对基层定点医药机构存在违法违规使用医保基金行为进行重点关注，主动发现问题，更是拉近监管部门和群众之间距离的桥梁。通过社会义务监督员展现医保工作、宣传医保政策，切实推进《医疗保障基金使用监督管理条例》等法律法规和医保政策深入人心，有利于加强全市两定机构和参保群众合理合法使用医保基金的法制意识和法制观念，使定点医药机构、参保群众等相关主体知法、懂法、守法，坚决抵制并主动检举欺诈骗保行为，使全社会人人关注、人人支持、人人参与医保基金监管，为全面践行新发展理念的医保基金监管营造浓厚的法治氛围。

社会共治逐步实现 打击欺诈骗保是一场“人民战争”，医保基金监管工作具有重要的战略意义，监管部门的人力是有限的，参保群众既是医保基金的受益者，也是医保基金的监督者。推行“网格化”监管，建立社会义务监督员制度，不仅使基层监管力量得到有力补充，也使社会监督机制得到充分运用。通过广泛动员社会各界参与医保基金监管，协同构建基金安全防线，基金监管效能实现社会化治理，形成人人都是医保基金安全“吹哨人”工作局面，协同构建“部门监管、行业自律、人人参与”社会共治的监管格局，形成部门监管和社会监督共同发力的良好态势，促进医保基金监管工作提质增效，共同保障沧州市医保基金安全平稳运行。

案例六：唐山市深化医疗服务价格改革

为实现“基层首诊、双向转诊、急慢分治、上下联动”，方便百姓家门口就医，2021 年，唐山市按照《基层医疗机构医疗服务价格等级评定办法》，在滦南县等地医疗卫生机构探索开展医疗服务价格改革试点，通过推行按照基层医疗卫生机构综合考核指标确定价格等级，实行价格按医疗机构等级分档管理新模式，真正实现“以质论价”，打破价格服务“大锅饭”模式，调动基层医疗卫生机构提质增效积极性，促进基层医疗卫生事业高质量发展，推动实现“小病不出村，大病不出县”分级诊疗目标。

【主要做法】 综合评定质控等级　按照统一的规则标准，各县（市、区）医疗保障部门与相关部门协同联动，成立工作专班，起草工作方案，细化工作流程，明确工作路径，由相关专家组成专家组，结合国家卫生健康委员会“优质基层行”活动，统筹对全市142家城市社区卫生服务中心和238家乡镇卫生院质控指标采取现场与调取数据相结合、综合水平指标考评与百姓评议打分相结合进行综合审核。市医疗保障局根据最终评审结果进行复核，全市26家基层医疗卫生机构通过评定。评分80分以上的有23家医院，执行二级等级价格；评分90分以上的有3家，执行三级等级价格。调动医疗机构提升服务质量、提高医疗技术水平、提高医务人员薪酬和参与改革的积极性。

试点先行摸索经验　以全国医共体试点滦南县为试点先行先试，严格按照“公开透明、公平公正”原则对各项指标进行严格把关，对县域20家基层医疗机构进行评审，过评的5家全部为80分以上。市医疗保障局会同市卫生健康委员会组成医疗服务价格等级评定工作小组，组织开展现场复核，滦南县倴城镇中心卫生院、滦南县柏各庄镇中心卫生院等4家卫生院符合提高医疗服务价格等级条件，医疗服务价格等级执行二级，价格增长幅度达10%。试点为全市医疗服务价格改革积累成熟经验。其他县（市、区）“学、赶、超”的改革氛围逐步形成，改革政策纷纷落地。

医保统筹同步衔接　机构改革前，医疗服务价格和医保支付政策存在不协同、不衔接的问题，基层医疗机构大部分项目属于医保报销范围，医保报销政策不跟进价格政策调整就会增加患者就医负担。通过基层医疗服务价格价格管理方式的改革，实现价格政策和医保待遇支付政策同步。改革后，诊疗行为得到规范，医药费用得到控制，分级诊疗逐步推进，医保支付政策充分完善，增强改革的整体性、系统性和协同性。同时强化事中、事后的监测监管，进行持续跟踪监督，及时掌握社会医药费用负担等情况，为改革后续评估评价提供真实数据和依据。

【主要成效】 实现“以质论价”的价值规律回归　价格管理模式的改革，促进价值规律作用充分显现，促进基层医疗领域形成科学、公平、合理价格。调动医疗机构和医生参与改革的积极性。

推进薪酬制度等项改革统筹推进　通过合理调整医疗服务价格，医务人员的技术劳务价值得到合理体现，给薪酬制度改革腾出空间，为“四医联动”改革、支付方式改革等夯实基础。

合理引导百姓就医　改革医疗服务价格管理模式，促进医疗机构改善就医环境，提高技术服务水平，防止人才外流，提升区域卫生服务水平，有利于建立完整的基层就医体系。拉开价格档次，可以引导百姓理性就医，缓解大医院人满为患的现状，把更多常见病患者留在基层，推动优质医疗资源合理配置和分级诊疗“双下沉、双提升”政策的落地落实，进一步规范诊疗行为和就医秩序，遏制医药购销领域腐败等不正之风，确保基本医疗卫生服务的公平性。

案例七：秦皇岛市推行预住院管理模式

秦皇岛市医疗保障局坚持问需于民办实事、解难题，积极探索利民便民惠民新举措，于2021年7月1日在市第一医院率先推行预住院管理模式。2021年11月9日，秦皇岛市医疗保障局出台《秦皇岛市医疗保障局关于开展预住院管理的通知》，进一步扩大实施范围。截至2021年12月底，预住院管理模式已在市第一医院扩大到21个科室158个病种，共收治预住院患者510例。

【主要做法】 梳理问题，提出预住院模式　秦皇岛市医疗保障局深入基层调查研究发现，医院床位紧张、术前等待时间长、患者经济负担重等问题困扰着医生、患者。如患者术前边检查边回家休养，等待择日手术时再办理住院，对医院、患者都有利，可通过探索预住院管理模式解决以上突出矛盾问题。经医生综合评价符合住院指征、病情稳定、意识清楚的患者，在患者自愿的情况下，为其办理预住院手续。

做好前期论证 组织多轮研究论证，着力研究解决预住院患者的标准确定、医保基金支付、基金监管等现实问题，规范常规入院检查及专科检查项目的合理性、必要性，确保患者更好地享受医保政策，预住院管理模式得以真正推行落实。

严格流程管理 严格把控预住院指征，明确把病情稳定、需择期手术、相对单一稳定病种纳入预住院管理范围，明确在患者自愿情况下办理预住院手续，若患者因个人原因没能住院，则将患者从预住院模式转入门诊，其产生的费用按门诊报销。

确保基金安全 做好信息系统维护，按临床路径设置预住院管理模式应开展的检查项目，非必要检查项目由系统控制不予开展；患者由预住院转入正式住院时间一般不超过 5 个工作日，正式住院后将院前检查费用按规定及时上传并做好标识，确保基金监管有实时可追溯的佐证依据，确保基金安全。

【主要成效】 *缩减患者住院手术等待时间* 经测算，与未开展预住院管理模式相比平均减少患者床位等待及术前检查时间 3.9 天。

减轻患者就医负担 预住院体现医保便民新举措，预住院期间不收取住院诊察费、护理费、床位费等，仅这三项费用每人平均可节省约 400 元。

减少医保基金支出 预住院有利于提高医保基金使用效率，以实施例数最多的病种“肺部肿瘤行胸腔镜下肺部切除术”为例（208 例），2020 年该病种次均费用为 52675.87 元，实施预住院后，次均费用降至 50155.85 元，降低 2520.02 元。

提高床位周转使用率 预住院使优质医疗资源得以高效利用，进一步促进规范治疗，实施预住院病种的平均住院日较实施前均有不同程度的降低，以“肺部肿瘤行胸腔镜下肺部切除术”为例，平均住院日由 2020 年的 15.3 天，下降至 8.2 天。

提高患者满意度 预住院模式较好地发挥医保杠杆作用，有效缓解住院难、住院时间长和住院费用高的问题，使患者及陪护家属的舒适度和满意度都得到较大提升，真正实现患者、家属、医院、医保四方受益。

案例八：邢台市稳步推进 DIP 付费改革

2020 年，邢台市被确定为国家按病种分值付费（DIP）试点城市，并于 2021 年 6 月通过国家试点城市交叉调研预评估，评估结果为优秀。2021 年 9 月底，全市正式启动 DIP 实际付费。2021 年 12 月，经国家医疗保障局批准，邢台市被列为 DIP 改革国家示范城市。

【主要做法】 *建立工作机制* 2021 年 3 月，邢台市制定《邢台市区域点数法总额预算和按病种分值付费工作方案》，对 DIP 做出整体安排部署。市、县两级均成立以主管市（县、区）长为组长的 DIP 改革工作领导小组；从市医疗保障局、县（市、区）相关机构、医疗机构抽调人员组建各级 DIP 工作专班，形成多方共建 DIP 的工作格局。及时配置硬件设备和网络资源，改革工作全面开展。

建成本地目录库 先后采集自 2017 年 1 月—2019 年 12 月全市 122 家定点医疗机构参保人员住院结算数据和病案数据，并对提取的数据进行严格的清洗以及科学的分组匹配；分组后，共 7180 个病种进入国家主目录；按照国家技术规范，结合邢台市实际，以 15 例为临界值，形成 3085 个核心病种，833 个综合病种，邢台市 DIP 目录库初步建成。

加强队伍建设 按照“走出去、请进来、沉下去”的工作方式，进一步提高全市 DIP 队伍整体水平。一是“走出去”。多次前往北京听取专家指导意见，确保邢台市改革工作少走弯路。二是“请进来”。采取“线上＋线下”结合的方式，在全市先后组织开展多次大型培训会，邀请北京、上海和河北的专家来邢台对 DIP 相关业务及病案质控进行授课。三是“沉下去”。以邢台市人民医院为主，开展四轮病案质控专项培训会，组建全市病案质控

专家小组，多次到医疗机构和各县（市、区）指导工作，帮助县级医保系统和基层医疗机构从业人员进一步提高业务水平和实践能力。

构建多个信息模块 搭建医保基金DIP结算监管平台。研发基金结算系统，用于住院病例的分组、分值分配、结算；建成公示反馈系统，用于医院病例分组后的分值公示、反馈；开通全市DIP结算系统网络，完成全市范围结算系统专管员系统操作培训，各县（市、区）可登录本地DIP结算系统进行相关操作。加快与国家平台直联和信息回传，自2021年底起，已能正常上传医保结算清单数据，数据回传顺利，为DIP系统结算奠定基础。

完善配套政策 根据不同阶段的工作需要，邢台市先后制定《邢台市基本医疗保险区域点数法总额预算和按病种分值付费结算试行办法》《邢台市医疗保障局关于DIP等级系数实行动态调整机制的通知》《关于按病种分值付费（DIP）协商谈判机制（试行）》等10多项相关配套政策，确保DIP运行有据可依、有章可循。

科学测算医疗机构等级系数 为进一步规范和完善住院医疗费用按分值付费结算工作，充分体现医疗机构收费结构、功能定位、疾病难易、患者年龄分布等差异。邢台市按照专家意见和借鉴先进地市经验，以全市定点医疗机构三年历史住院数据为依据，经过数据优化，综合CMI指数，按照医疗机构级别和专科类别等测定7个等级系数，通过模拟运行，结果较为平稳。根据本年度定点医疗机构的重复入院率、次均费用变化率、实际报销比变化率等指标进行系数动态调整。

【主要成效】 *群众就医负担降低* 在系统未实现对接的情况下，采取报盘的方式采集定点医疗机构2021年10—12月住院数据，严格按照国家技术规范要求，对住院数据进行清洗和分组，对未能入组的数据进行综合分析，制定问题清单，要求医院协调信息、医保和临床相关人员进行比对和修改，确保数据准确规范。完成2021年第四季度DIP结算工作，根据数据分析，结算结果较为平稳：第四季度的次均费用相较于前三季度下降1789元，下降率为17%；参保职工平均自付费用相较于前三季度下降600元，下降比例为12%，城乡居民个人自付费用下降621元，下降比例为11%，有效减轻群众就医负担。

建立医疗机构等级系数动态调整机制 在科学测算医疗机构等级系数的基础上，结合专家意见，逐步建立医疗机构等级系数动态调整机制。年终清算时，结合各级定点医疗机构的人次人头比、次均费用变化率、实际报销比等因素，对测定的基础级别系数进行动态调整。对于DIP支付与实际发生费用差异大于10%的采取不同方式进行基金拨付，确保DIP付费合理，医保基金安全。

病案管理水平稳步提升 成立病案质控专家领导小组，统筹全市病案提升工作。通过开展研讨，促进病案质量能力提升；及时通报定点医疗机构病案室建立、人员到位情况，加快病案室建设；督导各级定点医疗机构的培训学习情况，确保培训效果；加大对定点医疗机构病案质控工作开展情况的抽查评比，发现问题，立查立改，切实提高病案质控管理水平；建立全市病案质控工作微信群，及时发布工作要求，及时解答问题咨询，实现各级定点医疗机构线上即时“面对面”沟通，进一步提高工作效率。

山西省

工作综述

2021 年，山西省医疗保障局努力推进医保精细化管理、促进高质量发展，更好满足人民群众的健康福祉需要。截至 2021 年底，全省基本医保参保 3246.04 万人，其中职工医保 731.06 万人、居民医保 2514.98 万人，参保率 95% 以上。2021 年，医疗保险(含生育保险)基金总收入 566.02 亿元，总支出 460.25 亿元，累计结存 671.79 亿元。其中职工医保(含生育保险)收入 322.48 亿元，支出 244.24 亿元，累计结存 508.69 亿元(统筹基金 200.15 亿元、个人账户 308.54 亿元)，统筹基金累计结存可支付 17.4 个月。城乡居民医保基金收入 243.54 亿元，支出 216.02 亿元，累计结存 163.1 亿元，累计结存可支付 9.1 个月。基金运行平稳，各统筹地区基金运行均在安全线以上。

【做好医保省级统筹准备】 省医疗保障局研究提出推进医保省级统筹的工作思路，按照“分级管理、责任共担、统筹调剂、预算考核”的要求，逐步实现政策统一、基金调剂、管理一体。收集整理了各市职工和城乡居民医保的筹资和待遇保障政策，全面开展居民医保普通门诊统筹，完善统一全省居民医保门诊慢性病病种和准入(退出)标准，建立全省统一的医疗保障信息平台，为解决医保政策碎片化奠定基础。

【全力做好新冠肺炎疫情防控】 按照“两个确保”要求，完善疫情防控保障措施。规范医疗服务价格管理和完善防控支付政策。先后实施两次降价，新冠病毒核酸检测单人检测费用每人次由 75 元降至 40 元以内，5 个样本混合检测和 10 个样本混合检测每人次由 25 元降至 10 元以内。全力支持新冠肺炎疫苗免费接种工作，医保基金支付疫苗及接种费用 34.64 亿元。截至 2021 年底，各统筹区共向省财政疫苗专户上解医保基金 31.46 亿元。

【规范行政执法行为】 为完善行政执法程序，建立健全行政裁量权基准制度，细化、量化行政裁量标准，规范裁量范围、种类、幅度，省医疗保障局制定出台《医疗保障行政处罚自由裁量基准》和《医疗保障行政处罚裁量细则》，明确了医疗保险经办机构、医疗机构、药品经营单位、用人单位、参保人等主体欺诈骗保行为的处罚程度、违法情节和处罚细化标准的详细规定，推动解决医疗保障领域执法不一的问题，为行政执法人员行使行政裁量权提供依据，防止同案异罚以及处罚不公现象的出现，促进医疗保障领域行政执法行为合法、公正、规范、高效运行。

【稳步提高筹资和待遇水平】 做好参保工作不断适应新业态发展，完善灵活就业人员参保缴费方式，全面取消灵活就业人员在就业地参保的户籍限制，稳步提高居民医保筹资标准。2021 年，居民医保方面，政策范围内住院费用平均报销 75%。职工医保方面，单位按工资总额的 7% 左右缴费，个人按 2% 缴费，政策范围内住院费用平均报销 86%。

完善“两病”门诊保障待遇　降低高血压、糖尿病门诊用药保障的起付标准，简化认定程序，全面推进“两病”门诊用药保障机制政策落地落实。到 2021 年底，全省 299 万人享受“两病”门诊保障待遇，基金支付 15.53 亿元。

推进长期护理保险试点　在晋城市深入推进长期护理保险试点，促进当地康养产业的发展。2021 年，晋城市 766 人享受长护险待遇，基金支出 249.4 万元。

出台支持三孩政策　省医疗保障局等三部门制定出台《关于进一步做好生育医疗保障工作支持三孩政策的通知》，将三孩生育医疗费用纳入居民医保支付范围，提高居民生育医保支付标准。

完善门诊保障机制　以省政府办公厅名义印发《关于建立健全职工基本医疗保险门诊共济保障机制的实施意见》，将普通门诊费用纳入统筹基金支付，拓展了医保基金保障功能，提升了基金使用效率，减轻群众特别是老年人群的医疗费用负担。2021年4月1日起，全省各市全面实施统一的城乡居民门诊统筹政策。截至2021年底，455万城乡居民医保参保人员享受普通门诊统筹待遇，基金支付2.26亿元。

【巩固医疗保障脱贫攻坚成果有效衔接乡村振兴战略】　强化制度建设　省医疗保障局等六部门联合印发《关于巩固拓展医疗保障脱贫攻坚成果有效衔接乡村振兴战略的实施方案》，优化完善阶段性医疗保障帮扶政策，建立健全防范化解因病返贫致贫、医疗保障资金投入、衔接乡村振兴定期调度等工作机制。

落实帮扶政策　继续落实脱贫攻坚期阶段性医疗保障帮扶政策，乡村振兴部门认定的全省249.3万名原建档立卡贫困人口全部纳入帮扶政策覆盖范围，36.3万名原建档立卡贫困人口纳入门诊慢性病保障范围，待遇实现“一站式”结算，住院综合保障比例90％。

完善各项待遇政策　优化分类资助参保政策，公平普惠实施基本医保。进一步健全大病保险制度，对特困人员、低保对象、返贫致贫人口实施倾斜支付，起付线降低50％，报销比例提高5个百分点。进一步健全医疗救助托底保障政策，细化分类资助困难群众参保办法，统一全省医疗救助待遇水平，完善门诊医疗救助政策，夯实防范因病致贫返贫制度基础。

【强化基金安全综合监管】　深入开展专项治理　定期开展基金运行分析，构建收支平衡、运行风险评估、预警提醒机制，聚焦假病人、假病情、假票据“三假”开展欺诈骗保专项整治和医保基金监管存量问题“清零”行动，深入开展打击欺诈骗保专项治理。

完善监管机制　省政府出台《山西省医疗保障基金使用监督管理办法》，规范和加强医疗保障基金使用监督管理、维护公民医疗保障合法权益、确保医疗保障基金使用安全。省政府办公厅出台《关于推进医疗保障基金监管制度体系改革的实施意见》，提出到2025年，全省将基本建成以法治为保障、信用管理为基础、大数据监管为支撑、多形式检查为依托的医保基金监管制度体系和执法体系。在全省开展以“宣传贯彻《医疗保障基金使用监督管理条例》，加强基金监管”为主题的集中宣传月活动。省医疗保障局会同省公安、卫健部门联合印发《关于开展打击欺诈骗保专项整治行动的通知》，制定了打击欺诈骗保专项整治行动方案，开展定点医疗机构专项治理“回头看”。

强力推进试点建设　加快落实国家医疗保障基金监管“两试点一示范”工作部署，全力推动医保基金监管综合创新改革省级试点工作。在国家医保局智能监控示范点终期评估中，太原市被评为“优秀”等次；在国家医保局基金监管方式创新试点总结评估中，国家试点城市晋中市被评为“良好”等次。在省级综合创新改革试点终期评估中，省医保中心和晋城市被评为“优秀”等次，大同市和临汾市被评为“良好”等次。

持续巩固高压监管态势　2021年，全省共检查定点医药机构38657家，检查覆盖率100％，处理违法违规机构27345家，占被检查机构的70.74％，共追回资金64363.46万元。其中：通报批评和限期整改9673家，暂停医保服务协议272家，解除医保服务协议126家，行政处罚74家，移交司法机关10家，移交纪检监察机关28家；处理参保人员475人，其中暂停医疗费用联网结算68人，移交司法机关22人，移交纪检监察机关2人，其他处理465人。全省主动曝光案例1212例，实施举报奖励13人9462.43元。

【有效降低药品耗材采购价格】　推进药品耗材集采常态化制度化开展　全省采取落实国家集采结果、开展省级集采、市域联盟低值耗材集采、参加省际联盟集采等多种方式，积极推进药品耗材集中带量采购常态化制度化开展。2021年全省签约或续标续约集采药品共计10批267种、医用耗材共计14批64种，集采品种价格平均降幅达50％以上。

规范省平台挂网药品价格管理工作　以规范挂网药品价格为核心，将挂网采购与加强药品价格监管紧密结合，通过公开发布竞价分组及基准价、企业自主确认挂网价格等工作流程，实行省平台化学药品挂网价差1.8倍工作机制。首批2239个化学药品价格平均降幅23.9%;有4225个价格较高药品从原挂网采购目录被移至备选药品目录。该项政策的实施基本扭转了长期以来存在的省平台挂网的同质量层次药品价格差异过大、医疗机构采购高价药等问题,引导医疗机构采购使用质优价宜的药品。

药品和医用耗材挂网采购省际动态联动　全省与天津市开展了第二批省平台挂网药品动态联动,3421个药品平均降价8.7%。与陕西联盟联动113614条医用耗材数据信息,有效降低了采购价格,进一步扩大了医疗临床选择使用的耗材品种数量。

【医疗服务项目价格动态调整】　推进实施医疗服务项目价格动态调整,不断完善价格管理工作机制,控制医药费用过快增长,确保群众负担总体稳定、医保基金可承受、公立医疗机构健康发展可持续。省医疗保障局联合省卫生健康委员会成立工作专班,进一步完善医疗服务项目准入制度,加快新增医疗服务价格项目审核,建立价格科学确定、动态调整的工作机制,持续优化医疗服务价格结构。重点对《山西省公立医疗机构医疗服务项目价格(2020版)》进行跟踪评估,针对医保稽核过程中医疗服务项目收费、项目内涵等方面有争议的项目进行规范。2021全年,省医疗保障局会同省卫生健康委员会共规范医疗服务项目价格192项、新增40项,其中省政府“136”兴医工程新增9项,促进医疗新项目在临床及时应用。

【持续深化医保支付方式改革】　省医疗保障局不断健全医保支付机制和利益调控机制,引导医疗资源合理配置和患者有序就医。对全省108个医疗集团医保基金“总额预算、打包付费”管理进行规范,完善基金预付和结余留用激励机制。将298种日间手术治疗纳入按病种付费管理。重点推进按疾病诊断相关分组付费(DRG)和按病种分值付费(DIP)试点工作,全省已经有10个统筹区的296家医疗机构启动DRG或DIP实际付费,统筹地区覆盖率超过80%。其中国家DRG试点城市临汾市在全市22家二级以上医院全面开展实际付费,医院在病案规范、信息化建设、绩效管理、费用控制等方面均有一定成效;太原市实行DRG付费的医院次均住院费用下降2%;平均住院日下降0.87天;病例组合指数(CMI)上涨0.06。DIP国家试点城市阳泉市实现实际付费。在国家组织的DRG/DIP试点交叉评估中,临汾、阳泉两市均被评为“优秀”等级。同时,在省人民医院等二级以上医院开展“预住院”管理试点,在省直开展中医适宜技术门诊报销试点。

【加强医保医药服务管理】　省医疗保障局进一步规范“两定”机构的医疗服务行为,切实维护参保人员合法权益。从3月1日起,在全省范围内统一执行2020年国家医保药品目录。印发《关于进一步完善国家谈判药品使用管理的通知》,将30种国家谈判药品新增纳入本省门诊特药目录,总数达到95种。印发《关于做好定点医药机构服务协议签订工作的通知》,就推进落实两定机构管理办法提出了明确要求。印发《山西省医疗保障定点医药机构准入细则(试行)》,进一步规范了全省定点医药机构准入评估工作。同步规范医疗服务设施支付范围,实现药品耗材带量采购中选价格与医保支付标准协同。

【着力提升经办服务能力】　优化医保经办服务　落实医疗保障“放管服”改革,实行全领域、全流程“网上办、阳光办、不见面办”,推进“一站式服务、一窗口办理、一单制结算”,逐步实现一件事系统集成套餐办理。根据“政务一网通办”要求,推行综合柜员制试点,实现药品耗材招标采购、医保目录维护、新增医疗服务项目申报、门诊大额疾病(慢性病)申报、门诊特药专家鉴定、基金征缴等业务的网上办理,推进新生儿落地参保和系统登记同步,进一步方便群众看病就医。全面落实《山西省医疗保障经办政务服务事项清单》,推进经办机构服务标准化建设。充分发挥医保大数据优势,加快智慧医保管理应用,统筹做好老年人等特殊人群经办服务。

不断扩大异地就医直接结算范围　12个统筹区117个县(市、区)全部双向开通普通门诊跨省就医直接结算服务,提前1年完成国家确定的目标任务。同步推进门诊慢性病(大额疾病)和门诊特药省内异地费用直接结算。山西省与全国30个省(自治区、直辖市)实现住院费用跨省直接结算13.4万人次,费用35亿元。普通门诊跨省直接结算11.23万人次,费用4295万元。

【建立全省统一的医保信息化平台】 按照国家医疗保障局统一部署及有关要求,建立全省统一的医疗保障信息平台。11月19日,全省12个统筹地区全部完成基础业务系统迁移切换工作,基本实现全省医保网络纵向到县乡、横向到其他部门、两定机构,实现了与国家医疗保障信息平台的联通。开展医保脱卡支付试点,1912.44万人激活医保电子凭证,激活率达到60%。

重要活动

1. 全省医疗保障工作会议召开。 1月15日,全省医疗保障工作会议在太原召开。会议认真落实全国医疗保障工作会、全省经济工作会精神,总结2020年医保工作,部署2021年医保工作。省医疗保障局主要负责同志作工作报告。

2. 普通门诊跨省直接结算试运行。 2月1日,山西作为全国试点省之一,依托国家异地就医结算系统,统一开展普通门诊费用(不含门诊慢特病)跨省直接结算试运行。首批开通省本级、太原、大同、阳泉、长治、晋城、朔州、晋中、临汾和运城等10个医保统筹区。

3. 医保个人权益记录单采用电子化形式发放。 2月1日,医疗保险个人权益记录单采取电子化形式发放,参保群众可通过"山西医保"微信公众号随时网上查询2020年医疗保险个人权益记录单。实行电子化形式发放后,原则上不再进行纸质记录单寄送。

4. 异地就医管理子系统上线。 6月14日,山西省医疗保障信息平台异地就医管理子系统正式上线,在全省实现了省内异地就医及跨省异地就医统一管理、直接结算。异地就医管理子系统为山西省医疗保障信息平台上线的第一个子系统,标志着山西省医疗保障信息平台建设进入上线阶段。

5. 普通门诊跨省直接结算实现全省全覆盖。 7月1日,吕梁、忻州两市开通普通门诊费用跨省直接结算,至此,全省11个市实现普通门诊费用跨省直接结算全覆盖。

6. 打击欺诈骗保专项行动领导小组联席会议召开。 10月27日,山西省打击欺诈骗保专项行动领导小组联席会议召开。会议总结通报了2021年以来全省医疗保障基金监管全覆盖检查情况,安排部署2021年打击欺诈骗保专项整治省级抽查复查工作。

7. 全省域上线国家医疗保障信息平台。 11月19日,长治市切换到国家医疗保障信息平台,全省12个统筹区完成国家医疗保障信息平台上线工作。

8. 医保参保动员会召开。 12月10日,省政府召开全省基本医保参保动员会,省医疗保障局、省乡村振兴局就做好医保参保巩固脱贫成果工作作出安排。

典型案例

案例一:山西省规范统一居民医保门诊保障政策

山西省以解决医保发展不平衡不充分问题为目标,逐步统一规范全省城乡居民医保门诊保障政策,渐次破解医保政策碎片化问题,2021年基本建成全省统一的城乡居民医保门诊保障体系。

【健全完善统一的"两病"门诊用药保障机制】 2021年,为进一步减轻城乡居民"两病"患者用药负担,提升"两病"患者健康管理水平,山西省从3月1日起全面实施"两病"门诊用药保障和健康管理专项行动,将"两病"门诊用药保障起付标准由60元/年降低为30元/年,并进一步简化认定程序。到2021年底,全省共有299万人享受"两病"门诊保障待遇,发生费用22.47亿元,基金支付15.53亿元。

【实施统一的城乡居民医保普通门诊统筹制度】 2020年,山西省制定出台《山西省城乡居民基本医疗保险普通门诊统筹管理办法》。从2021年1月1日起,取消居民医保个人账户,全面实施全省统一的城乡居民门诊统筹制度。城乡居民普通门诊统筹不设起付线,年度最高支付限额200元,每日每次支付限额50元,"甲类项目"支付60%,"乙类项目"支付50% 。到2021年底,全省共454.9万人享受门诊统筹待遇,发生费用5.40亿元,统筹基金支付2.26亿元。

【统一规范城乡居民门诊慢性病保障制度】 2020年12月,山西省出台《关于统一全省城乡居民门诊慢性病病种的通知》,明确45个病种全省统一执行,并确定了统一的准入和退出标准,从2021年4月1日起全省统一执行。45个病种包括省原规定门诊慢性病病种、群众负担重且目前统筹区开展较多的病种,同时将与省原规定门诊慢性病准入标准相近或治疗路径相近病种规范合并纳入,有效扩大居民医保门诊慢性病保障病种范围。各统筹地区根据本市居民医保基金支付能力、病种特点及实际费用支出,合理设定门诊慢性病待遇标准。按照国家贯标的要求,山西省以国家慢性病基础库病种名称为准,对城乡居民门诊慢性病病种名称和编码进行规范统一,以方便门诊慢性病患者异地就医直接结算工作的推进。在规范统一政策的基础上,要求各统筹区进一步优化服务、精简办理材料、缩短鉴定周期,为群众提供方便快捷的医保服务。到2021年底,全省共有131.51万城乡居民参保人员享受门诊慢性病待遇,发生费用26.14亿元,基金支付17.71亿元。待遇享受人数较2020年增加8.7%,政策覆盖面有所提升。

案例二:太原市构建服务型"两病"门诊用药保障机制

2021年,太原市以"两病"门诊用药保障专项行动为契机,推行保障服务六项举措,全面打通"两病"患者门诊用药"最后一公里",在降低患者用药负担的同时,进一步提升"两病"患者用药依从性和规范化管理率,降低大病发病风险,"两病"患者的获得感、幸福感、安全感进一步增强。

【主要做法】 强化三个纳入,建立应保尽保机制　与卫生健康信息管理部门协同配合,通过"三个纳入一批",即信息数据共享纳入一批、医疗机构认定纳入一批、新增审核纳入一批,明确县级医保部门、卫生健康部门、县级医疗集团和基层医疗机构各方责任,依托太原市全民健康信息平台,努力做到符合条件的"两病"患者门诊用药保障应纳尽纳、应保尽保。

衔接三项保障,梯次减轻用药费用负担　力争将"两病"患者全部纳入门诊慢病保障、"两病"门诊用药保障、普通门诊统筹保障三项医保门诊待遇保障范围,进一步明确各项政策准入标准,做好各项医疗保障政策衔接,避免重复报销、重复享受待遇。同时,通过支付倾斜政策,支持中医药发展,鼓励引导基层医疗机构为"两病"患者提供适宜的中医药服务。

推动医防融合,提升规范化健康管理率　通过太原市全民健康信息平台,实现基本公共卫生服务管理系统、家庭医生签约系统和区域协同公共卫生报病信息系统的互联互通,为医防融合一体化管理奠定信息基础;家庭医生为签约的"两病"患者提供综合、连续、动态的服务,提升规范化健康管理率以及用药依从性,对于病情稳定、依从性较好的患者开具4－12周长处方,方便患者用药。

保障药品供应,确保满足患者用药需求　强化县级医疗集团药品采购、供应和配备使用管理的主体责任。探索建立六城区区域采购联盟,在市卫生健康部门指导下统一采购配送药品,精准保障基层医疗机构的药品供应。新冠疫情期间,通过药品集中报量并组织医药流通企业"点对点"精准配送,确保定点基层医疗机构"两病"门诊用药开得出，患者用得上。

加强用药监管，确保基金合理规范使用 将符合条件的基层医疗机构全部纳入信息管理和监控管理范围，借助大数据手段，加强事前、事中、事后审核，严禁重复配药、超量配药等违规行为，杜绝超范围、串换用药等不规范诊疗行为，坚决打击将未患病人员纳入“两病”保障范围以及贩卖“两病”药品等欺诈骗保行为，切实保障医保基金安全。

突出绩效评价，建立健全专项考核机制 市医疗保障局出台《城乡居民医保“两病”门诊用药保障服务定点医疗机构年度考核内容及评分标准（试行）》，将各项工作要求量化为 8 大类 58 项细化指标，并将考核结果纳入医疗保障定点医药机构日常监管考核体系予以计分，与提供门诊保障的基层医疗卫生机构总额预算挂钩，推动医疗机构主动加强“两病”服务能力建设，提升服务水平。

【主要成效】 通过医保部门待遇保障政策的引导和家庭医生提供的签约系列服务，越来越多的“两病”患者在家门口就可享受优质的医疗服务，“两病”患者对基层医疗机构慢性病健康管理的意愿和依从性更强，“两病”患者规范化管理效率和健康水平有效提高。2021 年全年，太原市纳入“两病”门诊用药保障的患者共计 164610 人，门诊用药待遇享受 352887 人次，涉及用药政策范围内费用 2640.14 万元，居民医保统筹支付 1924.51 万元。

案例三：大同市完善异地就医直接结算服务

大同市医疗保障局不断优化异地就医备案流程，扩大联网定点机构范围，提升百姓异地就医的知晓度和满意度，异地就医直接结算工作取得新成效。

【加强组织领导，推进异地就医直接结算】 大同市成立医保异地就医直接结算工作专班，市医疗保障局主要领导任组长，相关科室和经办机构负责人为成员，负责政策制定、解读和信息协调，协同解决推进异地就医直接结算工作中出现的问题。针对具体工作，制定任务台账，确定责任部门和责任人，限时完成，挂图作战。在推进跨省异地普通门诊直接结算和门诊慢特病跨省直接结算工作时，派遣业务经办人员前往内蒙古、海南等地进行对接，实地进行直接结算测试，解决具体问题，确保测试成功。

【扩大联网范围，增加异地就医两定机构数量】 在前期二级以上医疗机构基本全部开通跨省就医直接结算基础上，鼓励指导更多符合条件的基层医疗机构申请加入跨省就医直接结算定点医疗机构。工作专班积极协调沟通各级医保部门和各有关定点医疗机构按照全省统一的医保信息系统进行接口改造，在医院端完成跨省直接结算信息系统更新和联调测试，确保异地就医直接结算网络通畅。对医疗机构做好异地就医直接结算政策解读、业务培训和跟踪服务，针对发现的问题，组织业务和信息运维人员及时解决。

直接结算两定机构数量增加 截至 2021 年底，大同市开通异地就医直接结算的两定医药机构 1597 家，接入国家异地就医平台数量同比增加 6%，其中 152 家定点医疗机构实现跨省直接结算，一级医院开通率 80%，二级医院开通率 90%，乡镇卫生院开通率 95%。新增 30 家定点医疗机构实现跨省普通门诊直接结算，覆盖大同市所有县区。选择 5 家定点医疗机构开展 5 种门诊慢特病的跨省直接结算试点工作，已完成接口改造联调测试等工作。1248 家定点零售药店实现（省内）异地医保刷卡结算，开通率 92%。

异地就医直接结算成效 2021 年外省来同人员住院直接结算涉及 41 家定点医院，2643 人次，结算金额 1646.04 万元；外省来同门诊刷卡结算 236 人次，涉及 30 家定点医院，医保个人账户支付 3.46 万元。大同市参保人员在全国 26 个省市的 985 家医院住院直接结算 20390 人次，医保统筹基金支付 18263.63 万元；在全国 21 个省市门诊刷卡 108254 人次，医保个人账户支付 259.04 万元。

【优化办事流程，提升医保经办服务水平】

优化简化备案方式 统一异地就医备案申报

表单，取消一切不必要的证明材料和盖章。拓展备案渠道，除柜台备案外，还开通了微信公众号、电话等多种备案方式，做到“不见面”即可办理异地就医备案业务。

规范异地就医备案审核　建立市内异地就医备案审核协同处理机制，市医保中心专人负责，每天向各区县下发全市异地就医备案申请情况，督促各县区经办人员及时审核，承诺并实现所有备案申请在48小时内完成审核。

落实预付金拨付清算制度　年初测算确定各县区异地就医统筹基金预留额度，及时做好异地就医资金上解结算工作，切实解决异地就医参保群众就医垫资压力大、报销往返时间长等实际问题。

推进“乌大张”医保业务跨省通办　2021年7月，参加“乌大张”跨省通办启动大会，加强内蒙古乌兰察布市、山西省大同市、河北省张家口市三地经办人员的联系，参保人向常驻地经办机构提出申请，由三地经办人员对接，采取电子邮箱、邮件寄递等互传资料的方式办理相关业务，让信息和资料多跑路，让参保群众少跑腿，大大缩减业务办理时间和流程，打破地域壁垒，方便群众参保就医。

【加大宣传培训，提高群众对异地就医政策知晓度】　强化对医保经办机构、定点医药机构工作人员异地就医知识培训，确保服务关口前移，将医保政策准确全面送到群众手中。全年共组织相关培训12次，740余人次参训。充分利用网站、微信、报纸等多种宣传渠道，对异地就医政策和流程进行详细解读。在医保经办窗口、定点机构、街道社区、用人单位和城市广场等人流集聚地，广泛宣传政策、张贴宣传海报、发放宣传资料、设置政策咨询台等，就近为群众解答相关问题。全年共印制发放宣传海报1500份，宣传折页6000份，政策解读折页20000份。

案例四：忻州市巩固脱贫攻坚成果与乡村振兴有效衔接

2021年，忻州市医保部门围绕解决农村居民最关心、最直接、最现实的医保问题，坚持“有序调整、平稳过渡”，建立健全“四三一”工作机制，巩固拓展医保脱贫攻坚成果同乡村振兴战略有效衔接。

【落实“四个不摘”，巩固扶贫成果】　全市医保系统严格落实脱贫摘帽后“四个不摘”（摘帽不摘责任、不摘政策、不摘帮扶、不摘监管）的工作部署，继续执行医保帮扶主要政策，坚决做到摘帽不摘政策，保持过渡期内医保扶贫政策总体稳定，落实脱贫人口应保尽保，强化基本医保、大病保险、医疗救助三重保障梯次减负作用，实施“先诊疗后付费”和“一站式”即时结算，优化经办流程，提升经办效率，解决跑腿、垫资难题，持续巩固“基本医疗有保障”成果，为巩固脱贫攻坚成果有效衔接乡村振兴奠定坚实基础。

【搞好“三个衔接”，助力乡村振兴】　机制衔接　忻州市医疗保障局党组多次召开专题会议研究部署巩固医保脱贫成果和乡村振兴有效衔接工作，制定工作方案、年度计划、工作台账，成立巩固拓展医保脱贫攻坚成果同推进乡村振兴有效衔接领导组和工作专班，统筹谋划、指导推动全市医保领域衔接工作。牵头建立由市民政、财政、卫健、税务、银保监、乡村振兴等部门参与的“衔接工作协调会议”制度，适时召开会议研究解决衔接过程中的重大问题，推进衔接目标任务高质高效落实。

政策衔接　巩固医保帮扶成果，保持政策总体稳定，在继续执行现行医疗保障帮扶政策基础上，2021年11月，市医疗保障局牵头市财政、民政等市直九部门联合制定印发《关于巩固拓展医疗保障脱贫攻坚成果有效衔接乡村振兴战略的实施办法》，适时适度调整完善帮扶内容，主要是优化资助参保政策，分类调整大病倾斜和救助托底政策，坚决治理过度保障，严禁超越发展阶段、超出承受能力设定待遇保障标准，确保制度可持续和政策持续发力。

工作衔接　一是排查医保帮扶政策落实情况。2021年忻州市乡村振兴部门认定的脱贫人口456417人全部纳入帮扶政策覆盖范围，参保率100%。符合条件的建档立卡脱贫人口96495人全部纳入门诊慢性病保障范围。落实好“先诊疗、后付费”“一站式服务、一单制结算”等各项惠民政策，脱贫人口医保综合保障比例达91.52%。二是衔接乡村振兴调度监测。各县(市、区)医保部门会同乡村振兴、民政等部门把动态监测农村低收入人口参保、三重制度综合保障政策落实、调度分析各项医保基金运行和群众医疗服务利用等情况作为医保部门过渡期巩固医保帮扶成效的重要工作，坚决守住医保领域不发生因病规模性返贫致贫的工作底线。

【建立“一个机制”，完善帮扶政策】 市医保部门在总结运用脱贫帮扶实践经验基础上，探索建立防范化解因病返贫致贫长效机制，主要是加强动态监测，及时预警，提前介入，跟进落实帮扶措施，确保医保脱贫成果更加稳固，成效更可持续。一是持续强化对脱贫人口的资助参保政策全落实。二是持续强化脱贫人口待遇全享受。对脱贫人口因病住院患者实行基本医保、大病保险和医疗救助三重制度保障。三是确保农村低收入人口应保尽保。市医保局始终把实现脱贫人口应保尽保作为首要任务，不断强化参保扩面，截至2021年底，全市城乡居民参加2022年度基本医保人数223.66万人，参保率98.41%；脱贫人口参保人数425183人，参保率100%；监测对象参保人数20778人，参保率100%；农村低收入人口参保人数233949人，参保率100%。

案例五：吕梁市做好基本医保参保守牢民生底线

2021年，吕梁市医疗保障局聚焦医保便民利民惠民，认真落实全民参保计划，以“四个一”为抓手，确保居民年度参保目标任务圆满完成。

【构建一个组织体系】 吕梁市政府领导高度重视居民医保参保工作，坚持高位推动，开展专项调研，全面梳理制约参保缴费的瓶颈问题，逐条逐项分析研判。各县市区人民政府成立城乡居民基本医保参保征缴工作领导组，实行税务、医保分管领导双组长制，及时协调、研究解决参保征缴工作中遇到的困难和问题。拟定全市城乡居民和农村低收入人口参保率至少达到95%和100%的双目标，将参保任务纳入政府年度目标考核，层层分解任务，逐级压实责任。县、乡、村三级主要负责同志亲自抓，驻村工作队、村医、村级协管员齐上阵，参保征缴工作多点推动，做到县不漏乡、乡不漏村、村不漏户、户不漏人，坚决守牢民生底线。

【形成一套工作机制】 建立数据共享比对机制　部门间数据交换和比对，参保人员身份信息反复核实精准无误，系统分类标识，建立起完善的参保数据库。

建立信息反馈核查机制　密切跟踪辖区内户籍人口和常住人口动态变化情况，将医保信息系统排查出来的未参保人员信息建立台账，及时沟通反馈，由村干部和驻村工作队员进行“拉网式”排查，上门推动参保缴费。

建立工作督导机制　市医保部门建立微信工作群，对县市区参保数据日调度、周反馈，及时通报时间节点任务完成情况，对参保进度缓慢的县市区开展督导，确保工作进度。

【提供一条便民通道】 明确参保政策　吕梁市医疗保障局统一印发《关于做好2022年度城乡居民基本医保参保征缴工作的通知》，明确参保范围、缴费对象、缴费标准、缴费时间、缴费方式以及各类人群参保资助标准等，在政府网站公开发布，提高群众知晓率。

加强政策培训解读　市医疗保障局与乡村振兴局主动对接，联合召开全市乡村振兴医保政策培训会，对居民参保政策和待遇政策进行精准解读，给群众讲清楚参保带来的好处，消除群众顾虑，提高参保意愿。

丰富参保缴费便民渠道　坚持线上与线下相结合，传统服务与智能化服务相并行，优化参保服务渠道，打通参保群众服务“最后一公里”。大力推行微信、手机银行等线上缴费方式，对于行动不便者，由村医或医保协管员上门服务，提高群众满意度。

加强部门间协调配合　税务部门加强与医疗保障经办机构紧密衔接和信息共享，做好医疗保险费征缴管理，提供缴费入库信息，协助医保部门做好退费工作。

【开展一系列宣传活动】 市级医保部门精心编制了内容详实、图文并茂的医保参保征缴和待遇政策宣传册、“口袋书”,指导县市区利用广播、微信公众号、微信群、宣传栏、走访入户等多种形式开展政策宣传,积极动员群众参保。镇村两级开辟专栏,积极回应、咨询解答“为什么医保费年年缴、年年涨”“贫困户脱贫后如何享受医保政策”等百姓最关切的话题。各县市区组建医保宣传队,利用医保协管员、村级宣传员、村医、代办员等进村入户宣讲政策,推动政策、服务、宣传向下延伸,使医保政策深入人心。村(社区)干部通过电话、微信、短信、告知书等渠道把医保政策告知外出务工群众,让广大群众熟悉医保惠民政策,进一步增强城乡居民的健康保险意识,提高居民参保积极性和主动性。

截至 2021 年底,2022 年度城乡居民医保总参保率 99.9%,全市稳定脱贫人口和农村低收入群众参保覆盖率 100%,实现应保尽保。

案例六:阳泉市开展区域点数法总额预算和 DIP 试点

2020 年 11 月,阳泉市被国家医疗保障局确定为“区域点数法总额预算和按病种分值付费(DIP)”国家试点城市。2021 年,阳泉市从加强组织保障、健全工作机制、完善配套政策、加大培训宣传、强化信息建设、建立本地化 DIP 目录库、开展 DIP 模拟测算及分值论证等方面,积极稳步推进 DIP 试点工作。

【强化组织保障,明确工作机制】 *领导高度重视* 市政府领导高度重视医保支付方式改革工作,成立了以市长为组长、分管副市长为常务副组长的 DIP 付费试点工作领导组,设立了 4 个项目工作小组,为统筹协调推进改革试点工作提供强有力的组织保障。

建立工作机制 阳泉市以试点工作预期目标为导向,建立部门联席会议和工作例会制度,统筹研判工作中遇到的具体问题和困难,及时通过联席会议和工作例会研究协同解决,按照拟定的工作计划图和时间进度表,有力有序推进试点工作。

【把握工作重点,基础工作扎实】 *组建本地 DIP 专家组* 阳泉市于 2021 年 1 月组织召开 DIP 试点工作山西专家线上交流会,在国家专家指导组基础上,组建了本地的第一批 DIP 项目专家组,为开展试点工作提供有力的技术支持。

开展 DIP 政策业务培训 围绕 DIP 技术应用、DIP 基础理论、DIP 付费政策、医保基金结算清单规范填写、病案数据质控技术应用、医保信息化标准化建设等方面,组织开展多批次、全方位的针对性政策业务培训,逐步提升 DIP 付费改革的理论水平和业务素质,为试点工作有效推进提供技术服务支撑能力。

完成 DIP 病种本地化分组 阳泉市于 2021 年 4 月初完成 DIP 分组器的开发,结合实际和上报的历史住院数据,形成本地化的核心病种和综合病种。通过采集提取有住院业务的 67 家定点医疗机构 2017—2019 年共计 425553 条病案数据,入组率 97.1%,按照国家医疗保障局分组目录 1.0 版本进行了两次分组测算,形成本地化病种 5354 组。经裁剪后组数为 4774 组,其中核心病种 1723 组、综合病种 3051 组,综合病种再按 DIP 技术规范要求聚类后为 547 组,与国家医疗保障局分组结果入组率相近,病种组数控制在国家预分组的范围内。

完善配套政策制度建设 为确保 DIP 运行有据可依、有章可循,阳泉市逐步建立完善 DIP 相关配套政策和技术规范,出台《阳泉市医疗保险区域点数法总额预算和按病种分值付费结算试行办法》等一系列配套政策,不仅为 DIP 实际付费运行提供政策支撑,而且避免了 DIP 实施过程中可能出现的医疗机构选择轻症病人住院、推诿重症病人、组别高套和良性竞争不足等现象,进一步规范医疗服务行为。

【规范接口改造,强化信息建设】 *完成 DIP 项目管理平台建设* 第三方服务机构于 2021 年 4 月初完成 DIP 综合管理平台、质控系统、中心数据库的部署,并完成了与定点医疗机构 HIS 系统、新的国家医保信息系统的对接工作,开发完成 DIP 综合管理平台主要功能模块,并通过接口程序的方式上报采集历史及实时住院病例数据。

完成医疗机构 HIS 系统接口改造对接 阳泉市开展住院业务的 73 家定点医疗机构均建立

了 HIS 系统,并且全部与新的国家医保信息系统完成对接。同时,DIP 综合管理平台与新的国家医保信息系统也完成对接。

【精准模拟测算,提供付费支撑】 完成 DIP 模拟测算运行 为检验完善 DIP 付费结算试行办法,通过第三方服务机构分别对 2020 年度和 2021 年 1—7 月住院数据进行模拟测算。对出院结算人次、出院次均费用、医保基金实际支付情况、医疗机构平均支付率,以及按 DIP 付费的入组病例数、DIP 结算人次、DIP 结算次均费用、DIP 基金支付金额、DIP 结算占比等进行多维度对比分析,并对医疗机构 DIP 结算盈利及亏损情况进行了比较;同时从医保基金运行、病种分值测算偏差、医疗机构等级系数以及三级医院、专科医院不同类型医疗机构 DIP 付费运行等方面进行风险分析和预判评估。

适时开展 DIP 分值论证 第三方技术机构根据国家医保局按病种分值付费(DIP)技术规范,依据全市 2017－2019 年历史病案结算数据确定了阳泉市 DIP 病种目录库和病种分值。为确保病种分组及其分值尽可能贴合临床实际、科学合理,召开 DIP 病种分值论证会,组织 DIP 试点工作专班有关成员、DIP 专家组、试点医疗机构有关专家对 DIP 病种目录分组及病种分值进行了论证。对综合病种分值的确定,通过分组讨论,充分听取临床专家的意见和建议,为启动 DIP 实际付费夯实基础。

合理调整 DIP 分值和医疗机构系数 阳泉市为促进医疗机构专科特色建设和新技术新项目的开展,结合实际重新调整了病种的 DIP 分值,对省级、市级重点建设专科的诊疗病种给予分值加成,并对专科医院(如儿童医院、中医医院等)设定了加成系数。

【试点稳步推进,阶段成效显现】 阳泉市纳入 DIP 付费的定点医疗机构共 73 家,其中三级医疗机构 3 家,二级医疗机构 16 家,一级及以下医疗机构 54 家,试点医院覆盖市直和 5 个县(区),涵盖全市所有开展住院医疗费用结算的定点医院。2021 年对 57 家定点医院 8—12 月发生的住院医疗费用按 DIP 统筹基金预支付 32877 万元,若按项目统筹基金应支付 33936 万元,当期减少支出 1059 万元,DIP 预结算支出比按项目付费减少 3.1%。

案例七:晋城市推进长期护理保险试点建设

2021 年,晋城市扎实推进长期护理保险制度试点,惠及全市 50 余万参保职工。到 2021 年底,晋城市长护险参保职工 50 余万人,受理待遇申请 1056 人,评定 951 人,评定通过 888 人,享受待遇 766 人,基金支付 249.4 万元。

【政府高度重视,夯实组织保障基础】 晋城市《2021 年政府工作报告》中将长护险试点列为全市重点工作,市政府成立试点工作领导小组,由市长挂帅,组织领导试点工作顺利推进。市医保局抽调各县(市、区)医保部门业务骨干组建工作专班,统筹推进试点工作落地实施。

【围绕中心目标,构建"1＋8"工作体系】 制定出台《晋城市职工长期护理保险实施细则》及 8 个配套制度,形成"1＋8"制度体系。将工作任务层层分解,标明路线图、时间表,与市民政局、财政局等部门发挥协调联动机制,建立长护险待遇标准确定、经办管理、失能评定、机构管理和考核、护理人员规范培训等工作机制。

【规范运行程序,提升长护险服务质量】 通过政府购买服务的方式,公开招标确定两家商业保险公司分片区承办经办服务工作,业务受理点覆盖全市六县(市、区),实现长护险申办"当地办""就近办"。同时,结合各县(市、区)实际,进行实地调研考察,确定 4 家评定机构、14 家护理机构,覆盖全市,为参保人员提供失能评定和照护服务。

【信息系统加持,整体联动推进落实】 市医疗保障局开发长护险信息管理模块,实现长护险管理服务"网上办";出台长护险护理服务项目清单,由失能人员自主选择个性化服务;开展长护险业务培训,提升经办机构、护理机构和评定机构服务水平;举办"长护险沙龙""长护险开放周",邀请各界专业人士深入交流,为制度试点提出合理建议。

【创新四化标准,打造长护险地方特色】 围绕政策框架标准化、护理服务套餐化、护理技能等级化、服务管理星级化的“四化”工作理念，打造地方特色。一是规范管理，框架标准化。成立医疗保障标准化技术委员会，聘请省医保局两名长护险专家担任顾问，通过创建长护险标准，提升服务水平。二是个性清单，服务套餐化。制定长护险护理服务项目清单，让失能人员享受个性化套餐式服务。三是加强培训，技能等级化。开展专业技能培训，划分护理技能等级，提升护理人员的护理素养和技能。2021 年组织培训 7 场次，累计受训人员 300 余人。四是创新方式，管理星级化。对定点护理机构实行分级管理，已确定五星级护理机构 5 家，四星级护理机构 9 家，实现了定点护理机构管理科学化、智能化、精细化。

【强化政策宣传，助推养老产业发展】 组织开展长护险政策进社区、进机构、进企业、进新媒体、进运营商“五进”宣传活动，面对面向群众宣讲长护险政策，解惑答疑，全年发放宣传资料 30 余万份，发送宣传短信 240 余万条。在晋城医保微信公众号及时发布长护险有关待遇政策、工作进展，构建多媒体、全方位、立体式宣传链，为试点工作营造良好氛围。

案例八：运城市开创山西南部四市联盟线上集采模式

2021 年 9 月，运城市牵头组织山西南部四市（运城、临汾、长治、晋城）联盟低值医用耗材集中带量采购，最终 17 家中选企业 12 个品种、41 个规格耗材中选，中选品种平均降幅 59.26%，最高降幅 96.43%，为四市联盟医疗机构节约采购资金 3360 万元。

【科学选取集采耗材品种】 耗材品种选取　依托运城医保信息系统，除四市联盟已集采品种外，结合其他三市临床使用需求，通过大数据分析筛选，根据临床使用量大的低值医用耗材排名情况，优先将普通诊所、乡镇卫生院及大中型医疗机构普遍使用的低值医用耗材纳入本次集采品种范围。

耗材质量标准　多次邀请临床专家、业务骨干进行集体研讨论证，立足医疗机构临床使用经验，首次将安全系数更高、不含 DEHP 材质的产品纳入集采质量标准。

样品评审规则　为杜绝暗箱操作，对材质单一、工艺简单的一次性使用注射器、一次性使用输液器、一次性使用溶药注射器等品种采用盲评的方式进行现场赋分。对结构复杂、规格多样的品种由专家综合考虑产品质量、材质、安全性、舒适性等因素给予综合评审赋分，确保中选产品安全、可靠、质优、价廉。按照该原则，选择 14 类低值医用耗材总计 46 个品规的产品作为运城市牵头集采的品种。

【开启市域联盟全流程线上集采新模式】 本次集采立足四市医用耗材带量采购联盟实际，积极对接省药械采购平台，建立山西南部四市联盟低值医用耗材集采系统运城平台，实现从集采品种筛选、医疗机构下一年度约定采购量数据填报、生产企业（供应商）网上报名及资格审查、网上议价谈判、综合评审到“三方购销协议”签订的全流程线上集采模式，做到全过程留痕、资料可溯源、责任可追究。

【同类比价，同质替换，以量换价初显成效】

精准施策，价格联动惠民生　运城市医疗保障局认真研究省内外医用耗材集采规则，科学制定实施方案、精细化评分规则、合理化引导、完善保障措施，参照省药械集中采购平台挂网条件，初次将同类产品全国最低价、全省最低价纳入评审范围，设置中选价格动态调整机制，确保同类同质中选产品在四市联盟医疗机构范围内采购价格最低。

凝聚共识，以量换价谋共赢　主动深入医疗机构，详细了解、听取临床医技人员对具有可替换性、同质不同价、安全可靠的品种规格的意见建议，将医疗机构使用的品牌杂、规格多的一次性动脉采血器、一次性使用输血器等医用耗材，统一替换为通用型的产品规格进行集中带量采购，量价挂钩、以量换价，以数量优势提高生产企业竞争力。

部门协作，闭环监管保健康　充分发挥工业和信息化局、市卫生健康委员会、市场监管局、商务局等职能部门作用，同步信息共享机制，加强对中选产品生产、流通、使用的全链条质量监管，全面实现四市联盟低值医用耗材带量采购中选产品质量安全、供应充足、回款及时、保障到位。

内蒙古自治区

工作综述

2021年，内蒙古自治区各级医疗保障部门着力固根基、扬优势、补短板、强弱项，全力推动医疗保障事业高质量发展。截至2021年底，全区基本医疗保险参保人数为2192.2万人，其中职工医疗保险参保564.7万人，居民医疗保险参保1627.5万人。基本医疗保险基金总收入432.53亿元，总支出342.56亿元，当期结存89.97亿元。其中，职工医疗保险基金总收入279.94亿元，总支出209.24亿元，当期结存70.7亿元，累计结存479.45亿元；居民医疗保险基金总收入152.59亿元，总支出133.32亿元，当期结存19.27亿元，累计结存117.08亿元。

【巩固脱贫成果 衔接乡村振兴】 以“基本医疗有保障”为目标，圆满完成医保脱贫攻坚各项工作后，将巩固拓展脱贫攻坚成果同乡村振兴战略有效衔接作为重大政治任务，优化完善脱贫人口待遇保障政策，健全防范化解因病返贫致贫长效机制，制定自治区“巩固拓展医疗保障脱贫攻坚成果有效衔接乡村振兴战略”实施方案。各盟市积极做好困难群众参保工作，特困人员参保率100%，低保、监测人口、稳定脱贫人口参保率99%以上。

【健全完善医疗保障制度机制】 按照自治区医疗保障“十四五”规划重点任务要求，在全面做实盟市级统筹基础上，积极稳慎推进基本医保自治区级统筹；巩固完善医疗救助盟市级统筹，增强医疗救助托底保障功能。2021年全区共救助245.68万人次，救助总金额10.57亿元。印发《关于建立完善职工基本医疗保险门诊共济保障机制的实施意见》，全面建立职工医保普通门诊统筹制度，改革职工个人账户计入办法，实现职工医保个人账户扩展到家庭成员共济使用，在国家规定框架范围内建立自治区职工基本医疗保险门诊共济保障机制。

【提高待遇保障质量】 *提高居民医保筹资标准* 健全公平适度的待遇保障机制和可持续的筹资运行机制，全区城乡居民基本医疗保险人均筹资水平提高70元，达到900元以上。

落实国家医疗保障待遇清单制度 按照国家医疗保障待遇清单制度要求，明确基本医保内涵、支付边界和决策权限，公平适度保障群众基本医疗保障权益。各地按照“杜绝增量、规范存量”原则，对已出台且与清单不相符的政策措施进行梳理规范。

推进长期护理保险制度试点 积极推进呼和浩特市长期护理保险制度试点工作，重点解决重度失能人员的基本生活照料和与基本生活密切相关的医疗护理等费用问题，有效提升失能人员生活质量，减轻了失能人员的家庭负担。

支持三孩生育政策落地 认真贯彻落实党中央“优化生育政策 促进人口长期均衡发展”的决策部署，将生育三孩的费用纳入生育保险待遇支付范围，多措并举积极推动三孩生育政策落地实施。

【助力疫情防控】 *持续落实“两个确保”政策* 持续落实自治区医疗保障局联合财政、卫生健康等部门2020年印发的《关于做好新型冠状病毒感染的肺炎疫情医疗保障的通知》《关于进一步做好新型冠状病毒感染的肺炎疫情医疗保障工作的通知》等文件精神，确保确诊、疑似患者不因费用问题影响就医，确保收治定点医疗机构不因支付政策影响救治。按照“先预拨后清算”原则，向新冠肺炎定点救治机构预拨专项救治资金，支持开展及时救治。

精准做好新冠病毒疫苗及接种费用保障 按照国家统一部署，做好新冠病毒疫苗及接种费用

保障工作，筹集并预拨疫苗采购资金，及时结算疫苗及接种费用。

做好药品和医用耗材供应保障 出台政策，对疫情防控相关药品、医用耗材和新冠诊断试剂供应保障提出明确要求。畅通采购渠道，确保医疗机构“应急采”；优化配送管理，确保药品耗材“及时配”；强化跟踪监测，确保药品耗材“足量供”。

开通医保支付绿色通道 对确诊和疑似患者使用的、符合新冠肺炎诊疗方案（卫生健康部门制定）的药品和医疗服务项目，以及药监局批准调剂使用的用于救治新冠肺炎的部分中药（蒙药）制剂，纳入医保基金支付范围，确保医疗机构及时结算。对确诊和疑似的区内异地就医患者，按区内无异地政策直接结算。

持续降低常态化防疫成本 组织开展新型冠状病毒核酸检测试剂及配套耗材集中带量采购，核酸检测试剂、核酸提取试剂、一次性采样管平均降幅分别为 60.3%、69.3%、81.75%。及时调整核酸检测价格，单检先后 3 次调价，从年初的 80 元/人次降到 35 元/人次，混检由最初的 25 元/人份（5 人混检）、15 元/人份（10 人混检）统一下调至 8 元/人份。

【发挥战略购买优势】 *开展药品和耗材集中带量采购* 落实国家组织的 5 批共 218 种药品及冠脉支架集中带量采购，平均降幅分别达 65.9% 和 93.7%。积极参加跨省联盟采购，32 个中选药品及人工晶体、冠脉扩张球囊平均降幅分别达 85% 和 32.6%、89.8%。针对冠脉支架降价后，冠脉介入手术配套使用的导引导丝价格虚高问题，牵头黑龙江、吉林、辽宁、青海、贵州、海南等 13 省开展联盟冠脉导引导丝集中带量采购，985 个规格的中选产品均价从 1510.16 元下降到 590.58 元，平均降幅 60.89%，最大降幅 77.29%。以上带量采购实现年度减负 20 余亿元。创新集采药品货款与医保资金直接结算模式，全年集采药品累计向 52 家配送企业直接结算药款 4.8 亿元。

推进国家谈判药品在全区落地 及时将国家谈判药品纳入医保基金支付范围，持续监测药品使用情况，通过定期调度、专项约谈、督察督办等手段确保谈判药品的供应保障。国家谈判药品在内蒙古落地以来，累计惠及 105 万人次，涉及药品费用 16.7 亿元，医保支付 12.5 亿元，报销比例 74.7%。为解决谈判药品“进得了医保，进不了医院”问题，2021 年 5 月出台政策，建立国家医保谈判药品“双通道”管理工作机制，政策出台以来，全区共有 6.8 万人次在“双通道”药店购药，基金结算 4871.3 万元。

完善医保目录管理 将自治区自行增补的乙类药品全部调出支付范围，提前完成国家要求 3 年内消化任务。将符合条件的民族药、中药饮片、医疗机构制剂、中药配方颗粒纳入医保基金支付范围。将涉及糖尿病、高血压、恶性肿瘤、白血病等疾病的谈判药品纳入门诊慢性病管理。将适合门诊或药店供应保障的 81 种治疗重特大疾病谈判药品纳入门诊特殊用药管理，满足患者门诊用药需求。

深化医保支付方式改革 完善总额预算下的按病种、床日、人头等多元复合式支付方式改革，自治区政府办公厅印发进一步深化基本医疗保险支付方式改革实施方案。国家 DIP 试点（呼伦贝尔市、赤峰市、鄂尔多斯市）和 DRG 试点（乌海市）全部实现实际付费，均在国家组织的省际交叉评估中获评优秀。付费改革实施以来，试点地区医疗机构按项目付费占比明显下降，收支结构调整成效初显。鼓励各地探索适应县域内紧密型医共体的付费方式，兴安盟突泉县先行先试，对县域医共体实行总额打包付费，引导分级诊疗机制形成。

【推动医疗服务价格改革】 健全医疗服务价格管理体系，规范可单独收费医用耗材管理。各盟市积极推进基本医疗服务价格动态调整，按要求完成 13 项中医（蒙医）项目价格、5 项国家组织冠脉支架集采相关手术项目价格和 24 项基本医疗服务项目价格调整工作。加快新增医疗服务项目审核，核准新增项目 27 项，补充调整特需项目 7 项。开展医疗服务项目价格运行监测评估，指标量化分析做法得到国家医保局肯定。

【强化医保基金监管】 以自治区人民政府令出台《内蒙古自治区医疗保障基金使用监督管理办法》，印发《内蒙古自治区人民政府办公厅关于推进医疗保障基金监管制度体系改革若干措施》

等文件，为基金监管提供法律依据和支撑。持续保持高压态势，坚决打击欺诈骗保，实现专项整治全覆盖，全年共检查定点医药机构18283家，处理6578家，追回医保基金2.8亿元。全面开展存量问题“清零行动”，处理定点医药机构432家、参保人员21人，追回医保基金6537.5万元。持续抓好国家基金监管“两试点一示范”工作，兴安盟、乌兰察布市作为国家医保基金监管方式创新试点及智能监控示范点在终期评估中均获评“优秀”。加强基金运行分析，乌海市在国家城乡居民医疗保障基金运行评价排名中位列全国第一。

【完善异地就医直接结算】 在住院费用跨省直接结算全覆盖基础上，实现门诊费用跨省直接结算县级行政区划全覆盖，提前17个月完成国家任务目标。2021年，门诊费用跨省直接结算9.2万人次，基金支出1392.2万元；住院费用跨省直接结算22万人次，基金支出32.3亿元。实施区内就医无异地政策，参保群众自治区内异地就医无需备案，执行参保地待遇。开通免材料、即时申、即时享的自助备案服务。针对慢性病、特殊病群体，实现区内职工门诊慢特病异地就医直接结算全覆盖，参保群众可在区内任一指定定点医疗机构享受门诊慢特病待遇。

【加强医保精细化管理】 *建设全国统一的医保信息平台* 将信息平台建设作为全区医保部门的“头号”工程、“一把手”工程，严格按照国家医保局“标准全国统一、数据两级集中、平台分级部署、网络全面覆盖”的建设要求，高质量推进医疗保障信息化建设。11月27日，国家医保信息平台在自治区范围内实现全域上线运行，标志着自治区正式并入医保全国“一张网”，与全国医保信息互联互通、数据共享。

优化医保公共服务管理 统一全区医保政务服务事项和业务经办标准，优化办事流程，简化办事材料，持续优化营商环境，开展行风建设，提升医保经办服务水平。建成内蒙古医保公共服务网上办事大厅、基层服务平台、自治区政务服务网便民应用等电脑端服务渠道，开通“内蒙古医保”App、“蒙速办”App、“国家医保服务平台”App地方专区等5个移动端掌上服务渠道，实现全区单位服务应用14个，个人服务应用37个，同时实现基本医疗保险关系转移接续等6项服务事项“跨省通办”。推行以医保电子凭证为载体的便民服务，参保群众可依托医保电子凭证就医购药、查询信息和结算费用。

【深化“放管服”改革】 主要有五方面措施：一是统一全区医保政务服务事项和业务经办流程，建立内蒙古医保公共服务网上办事大厅，推动线上办、掌上办。二是与自治区政务服务平台对接，实现政务服务事项在线办理；与“蒙速办”App对接实现医保业务查询及办理，为参保群众提供更加优质便捷的医疗保障服务。三是深入开展医保经办领域行风建设。建立医保政务服务“好差评”制度；聘请第三方开展全区行风建设体验式评价和群众满意度测评，并组织行风建设督导；提升针对老年人、残疾人等特殊群体的医保经办服务能力。四是全面推进“综合柜员制”。推动全区各医保经办机构统一经办服务流程，加大医保经办窗口人员培训，通过前台综合受理与后台业务复核有效衔接，实现综合窗口办理的目标要求，次均业务办理时间大幅缩短。五是全面实现跨省异地就医门诊、住院费用直接结算。创新工作方法，参保群众在区内异地就医时无需备案，实行同级别医疗机构同待遇政策。

重要活动

1. 开展医保基金监管集中宣传月活动。 4月，自治区医疗保障局开展以“宣传贯彻《条例》加强基金监管”为主题的宣传月活动。通过官方网站、微信公众号等发布宣传信息，提高社会和群众对医保政策的知晓度，营造全社会共同关注并自觉维护医保基金安全的良好氛围。

2. 医疗保障基金监管工作联席会议召开。 4月26日，经自治区人民政府同意，建立医保、卫健、公安、司法、民政、市场监管、药监等部门医保基金监管联席会议制度。5 月 26 日，召开第一次医疗保障基金监管工作厅际联席会议。

3. 牵头开展 13 省联盟冠脉导引导丝集中带量采购。7 月 15 日，自治区医疗保障局牵头开展的 13 省联盟冠脉导引导丝集中带量采购申报信息公开大会在呼和浩特市召开。中选产品包括 13 家企业、44 张注册证下的 985 个规格的产品。中选价格从平均 1510.16 元下降到 590.58 元，平均降幅 60.89%，最大降幅 77.29%。

4. 开展全区新型冠状病毒核酸检测试剂及配套耗材带量采购。11 月 23 日，自治区医疗保障局开展的全区新型冠状病毒核酸检测试剂及配套耗材带量采购信息公开大会在呼和浩特市召开，中选结果降幅明显，最高降幅达 94.75%。新冠病毒核酸检测试剂、核酸提取试剂、采样管平均降幅分别为 60.3%、69.3%、81.75%，中选结果中有 6 家企业的 11 个产品报出了全国集采最低价。

5. 国家医保信息平台在内蒙古全域上线运行。11 月 27 日，国家医保信息平台在自治区范围内实现全域上线运行，内蒙古成为全国第 18 个全域上线的省区。

典型案例

案例一：内蒙古新冠病毒核酸检测相关试剂及耗材集采工作成效显著

内蒙古东西跨度长约 2400 公里，人口分布相对分散，如阿拉善盟总面积 27 万平方公里，总人口仅 26 万人。新型冠状病毒核酸检测试剂及配套耗材使用人数少、配送费用高、调换货难度大。为进一步做好新冠肺炎疫情防控工作，有效降低常态化防控成本，内蒙古积极组织开展新型冠状病毒核酸检测相关试剂及耗材集中带量采购，创新采购规则，中选产品价格降幅明显。

【主要做法】 *广泛调研分析* 9 月 26 日，正式启动新型冠状病毒核酸检测试剂及配套耗材带量采购工作。内蒙古医保局多次对医疗机构进行调研，听取相关人员对现有采购价格、供应保障情况以及对集采工作的意见建议；召开多轮专家和企业座谈会，充分沟通交流；调取涵盖综合、专科、基层等 27 家医疗机构核酸检测成本核算表，开展数据分析；开发核酸检测试剂及配套耗材企业信息填报系统，组织企业填报相关数据。在此基础上，制定采购规则，于 11 月 23 日召开带量采购信息公开大会，产生拟中选结果。

创新采购举措 一是改革需求量确定方式。充分考虑疫情的不确定性，特别是核酸检测试剂及配套耗材采购、使用与疫情的密切关联性，既要通过带量采购将核酸检测试剂及配套耗材费用降下来，又要避免报量过大导致医疗机构协议采购量无法完成或报量过小导致医药企业供应保障不足。二是创新“带量采购”中“量”的确定方式。取消以往由医疗机构填报历史采购量和采购需求量的做法，按照疫情防控需求变化，以医疗机构的实际执行量作为协议采购量，合理确定竞价、中选及执行量分配规则，依据中选企业报价排名，按占比对实际执行量进行分配。

合理确定分组规则 按照国务院应对新型冠状病毒肺炎疫情联防联控机制下发的《关于印发医疗机构新型冠状病毒核酸检测工作手册（试行第二版）的通知》和《关于印发全员新型冠状病毒核酸检测组织实施指南（第二版）的通知》要求，将核酸检测试剂和核酸提取试剂打包集采。临床使用中选试剂时，若出现检测结果不准确，可第一时间联系中选企业查明原因，避免不同中选企业间互相推诿。打包集采进一步增大了“量”，有助于企业将产品价格降得更低。

建立应急保障预案 鉴于新冠疫情的不确定性，首创由中选企业建立新冠核酸检测试剂应急保障预案，承诺在突发疫情第一时间启动保价稳

供工作，保证参与此次集采的医疗机构试剂供应充足、有序。

保障检测顺利开展 申报企业需承诺开放医疗机构在用的由本企业生产或授权生产的设备/仪器检测程序；中选企业需承诺，医疗机构在用设备/仪器无法满足新冠检测临床需求时提供备用提取设备，保障医疗机构正常开展工作。

创新分量模式 根据新冠核酸检测试剂的多样性特点，将部分预采购量分配给排名靠前的几家企业，由医疗机构自主选择适宜产品，充分调动医疗机构积极性、参与性、主动性。

【主要成效】 内蒙古探索开展的新型冠状病毒核酸检测试剂及配套耗材带量采购，通过创新采购规则，克服配送难、用量少的不利因素，中选结果降幅明显，最高降幅达94.75%。核酸检测试剂最低中标价5.38元，核酸提取试剂最低中标价2.1元，采样管最低中标价1.15元（单人单检），平均降幅分别为60.3%、69.3%、81.75%。中选结果中有6家企业的11个产品报出了全国集采最低价。此次集采极大降低了医疗机构采购试剂及采样管费用，为新冠项目检测费用提供了降价空间。

案例二：呼和浩特市探索长护险“青城模式”

呼和浩特市委、市政府高度重视长期护理保险国家试点城市建设工作，积极构建“政府促动、部门联动、服务主动、社会齐动”四轮驱动，“制度完善、政策覆盖、经费保障、待遇标准、服务管理”五个到位试点运作机制，全力打造长护险“青城模式”。

【主要做法】 “四轮驱动” 一是政府促动。在试点城市获批之前，成立了以分管副市长为组长的申报工作领导小组，加强对申报工作的组织协调和规划指导。与自治区医保局、财政厅研究制定《呼和浩特市长期护理保险制度试点实施方案》，明确目标任务，加快推动实施。二是部门联动。组织相关部门工作人员赴其他长期护理保险国家试点城市进行调研学习，与人社、财政、民政、卫健、税务等部门和养老、医养结合、护理服务等机构定期召开联席会议，强化分工配合，形成工作合力，高效解决试点工作中存在的难题。三是服务主动。积极引入社会评估机构开展失能评估工作，进一步明确失能评估流程、监督管理途径及违规处理方式，梳理形成了包括接收资料、预评估、任务派单、现场评估、监督核查、结论公示、结论送达、复评、档案整理及特殊情况处理等各项规范化流程，组织制定《长期护理保险失能评估工作手册》，为符合条件的申请人提供优质、高效、便捷的服务。四是社会齐动。通过政府购买服务的方式委托具备资质的商业保险公司承办，明确承办机构的工作职责、权利义务、风险防范机制以及考核管理方式，同步建立绩效评价、考核激励等工作制度。

“五个到位” 一是制度完善到位。以《呼和浩特市长期护理保险制度试点实施方案》为依据，组织制定《长期护理保险服务项目和标准（试行）》《长期护理保险经办管理办法（试行）》《长期护理保险失能评定管理办法（试行）》《长期护理保险定点护理服务机构管理办法（试行）》《长期护理保险定点评估机构管理办法（试行）》五个配套文件，确保试点工作快速有效开展和长效运行。二是政策覆盖到位。根据医疗保险基金结余情况和呼和浩特市经济社会发展水平，经过反复测算，将职工基本医疗保险和城乡居民基本医疗保险的参保人员全部纳入保障范围。三是经费保障到位。探索建立互助共济、责任共担的多渠道筹资机制。组织专家学者科学测算基本护理服务相应的资金需求，合理确定年度筹资总额。积极协调财政拨付每人每年10元补助资金，进一步减轻参保人员经济负担。四是待遇标准到位。开始实施即把中度、重度失能人员全部纳入保障范围。重度失能人员最高待遇标准1800元/月，中度失能人员最高待遇标准900元/月。五是服务管理到位。按照参保人员类型、失能等级和对应护理标准、服务项目不同，实行差异化待遇保障政策。服务项目共分为三大类39项，以生活照料（21项）为基础，非治疗项目（13项）为辅助，刚需的特需护理（5项）为助力点，精准解决失能人员日常护理中的难题。按照“经办社会化、管理精细化、标准规范化、监管智能化”的原则，建设独立的长护险信息系统，实现经办过程、服务流程、服务标准全流程闭环智能管理。

【工作成效】 失能人员家庭生活质量提升　长期护理保险所提供的服务涉及生活照料、医疗护理、精神安慰等方面，专业性很强，使失能人员获得更有尊严的生活。有效分担了失能人员及其家庭的护理服务费用，提升了失能家庭的生活质量。积极引进成熟应用的辅具租赁服务，满足失能人员短期使用和应急使用的需求，享受高品质、多种类的辅助器具，进一步增加照护服务的便捷性，实现低碳环保、绿色节能和资源共享。

辐射带动影响加大　建立了与医养结合、居家、社区养老相配套的社会服务体系，保障失能人员基本生活照料和与生活密切相关的基本医疗护理需求，满足群众多元需求。通过增加辅具租赁服务引进了康复辅助器具仓储和租赁运维企业，带动了养老产业的发展。呼和浩特市有近 12000 人享受护理服务，按照 1∶3 的比例，可吸纳近 4000 人实现就业。建立完善“居家为基础、社区为依托、机构为补充”的长期护理保险制度，一定程度上缓解了社会性就医压力。

案例三：赤峰市创新方法推进全民参保计划

赤峰市位于内蒙古自治区东南部，总面积 9.02 万平方公里，常住人口 403.6 万，是内蒙古人口最多的地区。其中，低收入人口 49.77 万人，占全自治区低收入人口的 26.71%。2021 年，赤峰市医疗保障局创新方法，下大力气推进参保缴费工作，取得了显著效果。

【完善“四项机制”，确保应参尽参】 建立“四级联动”机制　市委、市政府高度重视参保缴费工作，主要领导多次进行安排部署，市、旗（县、区）、苏木乡镇（街道）、嘎查村（社区）逐级召开专题动员大会进行安排部署，并明确要求旗县区政府必须为基层参保缴费工作按照每人不低于一元的标准配备工作经费。

完善部门协同推进机制　各级医保部门与财政、公安、民政、乡村振兴等部门实现信息共享，全面掌握户籍人口信息，及时核对重点人群参保情况，畅通和拓宽缴费渠道。

推行逐级督办调度机制　实行处级领导分片包干，并向各旗（县、区）派驻 12 名督导员，各旗（县、区）逐乡逐村进行“地毯式”参保排查，各苏木（乡镇、街道）、嘎查（村）基层工作人员逐户逐人动员重点人群参保，参保缴费情况实行日调度日通报。

健全考核激励奖惩机制　合理下达参保缴费任务，参保缴费情况列入市政府年度重点工作任务清单，各旗（县、区）参保任务完成情况纳入年度督查考核计划指标，逐年进行督办考核，并将参保缴费任务完成情况与年度工作经费分配相挂钩。对每年不能按时完成任务的地区，市政府采取扣减财政经费、分管领导约谈、督查室通报等追责处罚措施。

【实现“四个精准”，提高参保质量】 参保底数精准　坚持系统集成，准确提取城乡居民、职工系统上年度参保底数；市县乡村逐一筛查比对外地常住人员信息；整合建立了赤峰市全民参保计划信息库。科学分析参保形势，灵活制定应对举措，有效避免了未参保、漏录、错缴、死亡退保、重复参保等问题，参保质量显著提高。

参保时间精准　集中缴费期、政策缴费期和参保数据核对期清晰明确，任务完成、群众参保和数据比对的具体时间段精确到天，参保缴费结果严格按经办流程进行公示，做到了参保任务如期完成。在赤峰市常住人口较第六次人口普查减少 305278 人的情况下，2021 年度参保人数较 2020 年度增加 11851 人。

参保重点精准　严格落实学生按学籍地参保、学龄前儿童属地参保政策。市政府专题部署推进教育部门与城区大中专院校参保工作，医保与教育部门联合发文明确职责分工，医保与公安部门深度共享信息。2021 年学生和学龄前儿童参保率分别达到了 99.8%和 96.3%，较上年度提高 3.1 和 2.4 个百分点。

参保任务完成工作管控精准　建立了星级管理制度，精准评估12个旗（县、区）完不成任务的风险级别。在把握全市参保工作总体形势的同时，聚焦重点人群参保、风险等级二星以上的旗（县、区）和任务完成率后三名的乡镇信息，对高风险地区进行重点调度和督导，确保如期完成任务。2021年，全市基本医疗保险参保缴费400.15万人，常住人口参保率达到99.15%，全市重点人群实现了应参尽参。

【提质增效，巩固全民参保计划成果】　完善“四项机制”建设　进一步压实各级政府责任，筑牢全民依法参保、医保惠民利民、筹资基础性作用、医保兜底保障的四个认识，持续强化逐级督办调度力度、丰富考核激励奖惩形式，巩固全民参保成果。充分发挥部门联动作用，完善信息共享机制，压实税务部门征收主体责任，优化线上＋线下缴费流程，进一步方便群众参保缴费。对上年度参保任务完成度较低的县、乡、村进行重点深入调研分析，对存在困难的地区聚焦问题、靶向发力，以点带面、补齐短板。系统总结梳理全市各旗（县、区）参保缴费工作亮点，健全完善前期探索形成的有效机制，为下一年度参保缴费工作提供决策依据和经验做法。

提升“四个精准”水平　加强医保数据综合治理，详细比对核实年度参保缴费信息，动态调整和更新全市全民参保信息库，针对性做好在校学生、流动人员参保工作，进一步提高精准参保水平。全力做好脱贫人口、低收入人口的参保工作，成立市县两级低收入人口及脱贫人口参保缴费和待遇保障调度监测工作专班，协助乡村振兴、民政部门根据个人年度医疗费用支出实际情况，建立主动发现和动态监测防范化解因病返贫致贫长效机制。完善市级医疗救助基金结算平台，做实做细医疗救助一站式结算服务，确保脱贫人口、低收入人口应保尽保、参保待遇应享尽享。

发挥“两个覆盖”效能　充分利用国家医保信息平台，推进服务下沉基层全覆盖，向镇乡苏木（街道）、嘎查村（社区）和参保单位、两定机构延伸下沉医保服务职能，打通服务基层群众“最后一公里”。实现市、县、乡、村四级医保代办帮办服务全覆盖，面对面、常态化动员群众依法参保，持续提升医保基层服务能力，进一步提高医保服务满意度、医保政策知晓度，推动全民认同医保、参加医保。

案例四：呼伦贝尔市国谈药品“双通道”管理显优势

为确保国家谈判药品政策顺利落实，满足广大参保患者用药需求，呼伦贝尔市医疗保障局坚持以人民为中心理念，以“一统一”“一保障”“两确保”为基本原则，积极探索医保谈判药品“双通道”管理机制，有效解决慢特病参保群众用药审批“多头跑”以及购药垫资等问题，切实方便群众。

【基本原则】　“一统一”即统一支付政策　对纳入“双通道”管理的药品，在定点医疗机构和定点零售药店实行统一支付政策。严格对照国家药品目录，将221种协议期内谈判药品全部纳入医保支付范围，将109种治疗重特大疾病及罕见病等临床必需、疗效确切、治疗周期长以及适合门诊或药店供应保障的谈判药品纳入门诊特殊用药，均实行“双通道”管理。推进“两病＋双通道”工作模式，将17种常用“两病”药品纳入“双通道”管理，打破“边远地区购药最后一公里”。

“一保障”即保障基金运行　根据医保基金收支及运行情况，规范相关待遇政策，将纳入门诊特殊用药范围的药品按乙类药品管理，患者个人自付10%后，职工按85%比例支付，城乡居民按70%比例支付。同时重点加强基金监管力度，加强风险预警监测，确保基金运行安全平稳。

“两确保”即确保流转信息准确、确保药品质量安全　将患者信息准确录入特药电子处方流转平台，确保“处方患者”和“实际用药患者”一致，堵塞欺诈骗保漏洞。针对大部分谈判药品特性，要求定点药店严格落实运输配送、冷链存储等运销环节，确保药品质量安全可靠。

【主要举措】　明确试点遴选　经综合考量，结合医药机构药品集中采购优势，将呼伦贝尔市人民医院、国药集团呼伦贝尔国大药房（院边店）列为医保谈判药品“双通道”管理机制首批试点单位。

“医、企、保”紧密衔接　为打通“服务群众最后一公里”，实现医保、医疗、医药“三医”联动，多次组织召开“双通道”处方直连网上结算工作对接推进会议，明确分工，提高资源利用率，确保群众就诊—开处方—结算流程及时便捷。

搭建电子处方平台　成功搭建特药电子处方流转平台，架起连通医保经办机构、定点医疗机构以及定点零售药店之间的桥梁，确保医保基金安全运行。

维护人员信息　对门诊特殊用药患者“姓名、病种、用药时间、剂量、备案”等信息实行电子台账管理。医疗机构作为谈判药品临床合理使用第一责任人，负责为符合用药指征的参保患者直接开具电子处方上传平台，并对患者病程、疗效等情况进行跟踪随访。

严格协议管理　将谈判药品供应保障、直接结算率等指标纳入定点医药机构协议管理范围。督促定点医疗机构按照功能定位和临床需求及时足量配备药品，定点药店按供应能力和协议要求规范配备。

强化监管措施　医保经办机构在平台上对患者就医用药信息进行复核，落实“定机构、定医师、可追溯”要求，确保“处方患者”和“实际用药患者”一致，确保基金安全。

【工作成效】　参保患者购药环节减少，垫资压力减轻　改变以往纸质审批购药需经医院—经办机构—药店—经办机构的多环节模式，实现“一站式”办理。就医资料、审批单、处方单等递交纸质材料环节全部由电子病历、电子处方取代，结算方式由手工报销变为网上直接结算，大大缩短了购药报销流程。

药企药房业务拓展，营商环境优化　助力药企进一步拓展经营业务，拓宽经营渠道，根据临床用药需求，及时统筹调度，做到“应配尽配”。对暂时无法纳入常规供应目录的药品纳入临时采购范围，建立绿色通道，简化程序，缩短周期，确保及时采购，配药到位。

推动医疗机构药制改革，降低成本因素　对医疗机构暂时无法供应的药品可转移至定点药店购买，既救群众之急，又在一定程度上降低医疗机构药品成本因素。

提升医保经办效率，强化基金监管　省去各旗（县、市、区）医保经办机构药品审批和费用核销环节，工作效率显著提升。精准聚焦基金安全风险点，有效落实“双随机”飞行检查模式，保障医保基金安全运行。

案例五：乌海市 DRG 支付方式改革实践

乌海市 2019 年 5 月被确定为按疾病诊断相关分组（DRG）付费国家级试点城市，2020 年 11 月被国家确定为第一批启动 DRG 付费模拟运行试点城市之一，2021 年 7 月 1 日启动实际付费。

【主要做法】　强化“三个保障”，精准施策夯基础　一是强化组织保障。乌海市委、市政府将 DRG 付费改革列为深化改革重点工作，成立以分管市长为组长、相关部门分管领导为成员的试点工作领导小组，全面推进 DRG 付费改革各项任务。二是强化制度保障。联合财政、卫健部门印发 DRG 试点工作实施方案，明确职责分工和工作任务。制定印发总额分配方案、业务经办规程、监管考核办法等，健全完善 DRG 付费配套实施政策体系。三是强化技术保障。遴选全市医保经办、医疗机构（临床医师、病案、编码）等领域的 220 名专业人员，成立专家库，为 DRG 付费改革提供重要技术支撑。

建立“五个机制”，精心合作促优化　一是建立 DRG 权重论证机制。由医疗保障、医疗机构管理人员、临床专家组成论证小组，对细分组进行权重论证。二是建立谈判协商及激励约束机制。每年根据总额预算指标，与各医疗机构进行谈判协商，总额与考核结果、药品耗材结余留用资金挂钩，提高医保资金使用效能。三是建立信息规范采集机制。全市共有定点医疗机构 46 家，其中二级及以上医疗机构 11 家，除精神卫生中心外全部纳入试点范围。9 家试点医疗机构使用医保版疾病诊断和手术操作编码 2.0 直接上传数据信息，1

家试点医疗机构使用2.0映射编码上传数据信息，实现试点医疗机构信息数据规范采集。四是建立协商评议评价机制。与卫健、财政、医疗机构等部门建立协商机制，不定期组织联席会议18次，就改革过程中存在的问题研讨磋商，达成共识。五是建立常态化宣传培训机制。多次邀请国家、自治区及本地专家对医疗机构就DRG付费下病案首页、手术操作代码规范填写等内容进行培训，建立工作群指导交流，提升病案数据质量。自2019年以来，累计组织“线上+线下”培训会共计161场，培训人数达7170余人次。

突出“四个统一”，精细管理强质效　一是统一信息平台搭建。对标国家信息平台技术标准，搭建“乌海DRG综合管理应用平台”，实现了与二级及以上医疗机构和核心业务系统的结算数据对接，实现信息系统的月度结算及年终清算。二是统一基础病组。结合实际，确定基础病组8个，按照“同城同病同价”的原则，基础病组付费标准以二级医疗机构级别费率进行计算，引导医疗资源合理配置。基础病组每年动态调整。三是统一审核监管。采取人工监管、专项监管、线上监管等多种方式，对高编、高靠、分解住院、推诿病人等医疗违规行为，实行流程化审核、系统化筛查、医疗机构申诉反馈、人工查实处理，确保医保基金高效合理使用。四是统一付费标准。根据2016－2019年的历史数据进行权重和费率测算，经组织专家研商讨论，分别确定模拟期和实际付费期的总权重和费率。按照国家1.1版分组方案，乌海市覆盖ADRG组343个，DRG细分组583个。

【主要成效】　乌海市自2021年7月1日实际付费以来，全市10家二级及以上医疗机构平均住院日由8.18天降为7.78天；次均费用由6102.3元降为5598元，降幅为8%；药占比、耗材占比由27.54%、15.33%分别降为23.03%、12.61%，降幅分别为4.51%、2.72%；入组率由2019年的76%提高到95%；医保支付住院费用增长率较2020年同期降低8.83%。通过DRG付费改革，医疗机构费用管理意识增强，平均住院日、次均住院费用、药占比、检查占比呈下降趋势，医疗费用不合理快速增长得到有效抑制，“医疗、医保、医药”三医联动的科学化、精细化、规范化水平得到提升，参保人员基本医疗需求得到保障。

辽宁省

工作综述

2021年,辽宁省医疗保障局统筹疫情防控和医保事业发展,完善医疗保障制度体系。截至2021底,全省医疗保险参保3808.3万人,其中职工医保1571万人、城乡居民医保2237.3万人。职工医保基金(含生育保险)收入608.79亿元,支出499.13亿元。城乡居民医保基金收入201.60亿元、支出199.66亿元,累计结存201.82亿元。医疗保险和生育保险累计享受待遇1708.5万人次,政策范围内职工医保报销比例80.1%,城乡居民医保报销比例67.8%。

【助力新冠肺炎疫情防控】 医保基金支持新冠病毒疫苗接种,全省共安排专项预算资金77.4亿元,预付省级疫苗采购机构专项资金10亿元,全程做到“钱等苗”。按上限确定全省统一接种服务费标准,最大限度支持接种单位开展疫苗接种工作。切实落实疫苗及接种费用月结算机制,鼓励各地采取“先预付、后结算”的方式与接种单位结算接种费用。截至2021年底,全省完成7525.9万剂次疫苗及接种费用资金拨付工作,累计拨付疫苗费用35.88亿元,各市累计拨付接种费用7.53亿元。切实做好疫苗接种信息审核,组织各市开展两轮接种数据真实性抽样核查。持续降低防疫成本,联动广东联盟集采结果,降低新冠病毒检测试剂和配套耗材挂网价格,同时将新冠病毒核酸检测价格由单人份最高限价每人份80元下调至40元,混合检测最高限价下调至每人份10元,政府支出和群众负担进一步减轻。

【出台辽宁省“十四五”医疗保障规划】 12月21日,省医疗保障局出台《关于印发辽宁省“十四五”医疗保障规划的通知》。这是“十四五”辽宁省规划体系的重要组成部分,是“十四五”时期指导全省医疗保障领域改革发展的行动指南。

【完善医疗保障制度建设】 *巩固拓展医保脱贫攻坚成果* 省医疗保障局将脱贫攻坚工作重心转入常态化防贫减贫,印发《辽宁省巩固拓展医疗保障脱贫攻坚成果有效衔接乡村振兴战略实施方案》,进一步完善过渡期医保扶贫政策,建立因病致贫和因病返贫预警机制。

提高居民医保财政补助标准 将城乡居民基本医疗保险人均财政补助标准提高30元,达到每人每年不低于580元,大病保险人均筹资不低于80元。

开展城乡居民高血压糖尿病门诊用药保障和健康管理专项行动 省医疗保障局指导各市简化认定程序,扩大政策受益面。截至2021年底,全省共有190万居民纳入“两病”门诊用药保障。铁岭市被确定为全国“两病”门诊用药保障专项行动重点联系的典型地区。

推进职工医保门诊共济保障机制改革 省医疗保障局贯彻国家要求,开展多轮实地调研、政策研讨和数据测算,以省政府办公厅名义印发《关于建立健全全省职工基本医疗保险门诊共济保障机制的实施意见》。统一确定全省职工医保个人账户计入调整办法,结合全省实际提出改革后的职工医保普通门诊起付标准、最高支付限额等政策指导线,并提出规范统一全省门诊慢特病待遇政策、适当提高居民医保门诊统筹待遇等配套政策措施,着力提升保障水平,提高基金运行效率。

长期护理保险制度试点在盘锦市正式运行 省医疗保障局指导盘锦市通过制定实施方案、经办规程、失能评估、定点护理机构准入、支付方式和待遇标准等10余个配套政策,建立符合地方实际的长期护理保险政策制度体系。2021年,盘锦市长护险基金支出751万元,享受待遇771人。

积极支持三孩生育政策落地实施　省医疗保障局指导各市及时将生育三孩的参保职工纳入生育保险和基本医疗保险保障范围。

【完善管用高效的医保支付制度】　省医疗保障局积极指导各市开展医保支付方式改革。沈阳市被国家医疗保障局确定为国家医保 DRG 付费示范点城市后，成立由市政府分管领导任组长的领导小组，制定工作方案，积极推进国家 DRG 付费试点工作。营口、抚顺市相继实现 DIP 实际付费，结算覆盖率达 80%以上。沈阳、营口、抚顺 3 市在国家医疗保障局组织的交叉评估中均被评定为优秀等次。大连、鞍山、丹东、锦州、盘锦等 5 个省级试点市被确定为省级 DRG 付费试点市。省医疗保障局建立省级 DRG 付费改革数据质量及分组模拟评估系统，按照规范数据，确定分组、模拟运行、实际付费等步骤，严格按照国家标准规范开展试点工作。

【全力推进国家医保谈判药品落地使用】　确保新准入药品特别是高值药品易查询、可购买、能报销，全年 221 种国家谈判药品累计有 450 万人次享受待遇，统筹基金支付 13.2 亿元。结合新版药品目录实施，经专家论证，将 117 种药品统一纳入辽宁省高值药品管理，统一全省待遇政策并提高高值药品待遇水平 7—8 个百分点，进一步减轻群众负担。联合省卫生健康委员会，进一步强调取消谈判药品的药占比考核，明确医疗机构确保谈判药品配备使用的主体责任，发挥零售药店的补充兜底作用，通过“双通道”模式确保药品的“应配尽配”，更新发布高值药品供应信息并继续组织真实性验证。

【创新医院制剂医保目录评审工作】　首次以谈判方式将 422 种医院制剂纳入辽宁省医保支付范围，部分用量大、价格高的医院制剂实现降价准入。在“两病”门诊用药、带量采购药品及耗材、谈判药及部分医保药品支付标准等领域稳妥试行支付标准。

【深化医药服务供给侧改革】　常态化制度化开展药品带量采购　省医疗保障局会同省工业和信息化厅、卫生健康委员会等有关部门印发《关于推动药品集中带量采购工作常态化制度化开展的实施意见》，推动药品集中带量采购工作常态化制度化开展，完善以市场为主导的药品价格形成机制，加快形成与全国各省统一开放、有效联动的药品集中采购市场，引导药品价格回归合理水平，减轻群众用药负担。

落实国家组织药品耗材集中带量采购结果　2021 年，前五批 218 个中选药品价格平均降幅 54%，冠脉支架平均降幅 93%，预计节省采购资金 36.9 亿元。推进省级集中带量采购，依托“八省二区”和京津冀“3＋N”省际联盟完成两批 27 种药品和 3 种医用耗材集中带量采购，药品平均降幅 63%，人工晶体、冠脉球囊、冠脉导引导丝平均降幅分别达 46%、90%和 61%，预计年节省采购资金 6.3 亿元。

落实药品集中带量采购医保资金结余留用政策　全省累计向医疗机构拨付结余留用医保资金 1.6 亿元，激励提升医疗机构和医务人员参与改革的积极性。抓好短缺药品保供，加强供应信息监测，对 84 个药品生产(配送)企业的 53 个药品启动调查程序，对 12 个短缺药品直接挂网。

完善医疗服务价格动态调整机制　印发《关于做好医疗服务价格动态调整工作的实施意见》，统一规范调价路径，科学设置启动条件，合理测算并确定调价空间，定期开展调价评估，逐步理顺比价关系，优化医疗服务价格。支持中医药传承创新发展，针对中医项目中价格较低、体现技术劳务价值的骨折手法整复术等 67 个项目开展价格动态调整。优化新增医疗服务项目审核流程，批复新增医疗服务项目 77 项，延期试行 139 项，让全省参保群众及时用上医疗新技术。

【医保信息化标准化建设】　上线国家医保信息平台　省医疗保障局党组统筹部署，全力推进医保信息平台建设。9 月 29 日，国家医保信息平台在辽宁省本级、沈阳市、丹东市、葫芦岛市启动运行。10 月 31 日，全省全部统筹区上线平台，覆盖全省 126 家医保系统单位和 3 万余家定点医药机构。全省日均结算人次达 50 万次、日均结算医疗费用超 2.5 亿元、日均结算医疗机构 2.3 万家。形成了“标准全国统一、数据两级集中、平台分级部署、网络全面覆盖、项目建设规范、安全保障有力”的医保信息平台建设新格局。

推进医保从“卡时代”迈向“码时代”　全省医

保系统大力推广医保电子凭证应用，在“辽事通”等15个政务服务App和公众号、20家银行的手机App，以及微信、支付宝等第三方渠道全面支持应用医保电子凭证。沈阳市在全国率先启动以医保电子凭证作为市民实名制个人数字身份有效载体的“一码通城”建设，在满足医疗保障服务的基础上，实现了政府津贴发放、预约接种新冠疫苗等17个市民服务场景医保电子凭证应用。截至12月31日，医保电子凭证全省激活使用人数1986万，12288家定点医疗机构和19977家定点零售药店支持使用，总交易量超过1500万笔，总交易金额超过14亿元。

15项业务编码贯标首批通过国家验收　组建省、市两级15个工作专班，推进医保编码标准化工作。印发《关于全省贯彻执行15项医疗保障信息业务编码标准工作情况的通报》，坚持按月通报，督办各市贯标工作任务保质保量按时完成。药品、医疗服务项目、医用耗材等15项国家医疗保障信息业务编码标准全部完成贯标，并导入本地医保信息系统在结算清单中使用。

【医疗保障基金监管】　全省医保系统深入学习宣传贯彻《医疗保障基金使用监督管理条例》，制定定点医药机构全覆盖现场检查清单，组织开展全省全覆盖现场检查和15次省级飞行检查，完成医保基金监管存量问题“清零行动”和举报线索办理“回头看”专项行动，联合公安、卫生健康部门开展打击欺诈骗保专项整治行动，与驻省卫健委纪检组对各级医保部门和公立医疗机构履职监督工作有机结合，多措并举提升医保基金监管效能，守护好老百姓“救命钱”。截至2021年底，全省全覆盖检查定点医药机构2.96万家，处理违法违规医药机构2.83万家，占比95.93%。移交司法机关案件13件，移交纪检监察机关13件，解除医保服务153家，暂停医保服务689家，行政处罚145家，公开曝光典型案例11580例。全省处罚并追回医保基金10.24亿元，同比增长58.3%。办结国家、省级举报线索和信访件69例，办结率98.57%；落实举报奖励123人次，发放奖励金额12.26万元，创下新高。

【医疗保障公共管理服务】　实施全省医疗保障公共管理服务质量提升工程　省医疗保障局研究制定《全省医疗保障公共管理服务质量提升工程三年行动计划（2021—2023年）》，在全省启动实施经办大厅标准化、公共服务规范化、经办管理精细化、经办队伍专业化的“四化”建设。提出用3年时间，构建全省“规范统一、上下贯通、运行高效、服务优质”的医疗保障公共管理服务体系的任务目标。全省推动医保政务服务事项“一网通办”的同时，强力推进基本医疗保险参保信息的变更、基本医疗保险关系转移接续、异地就医结算备案等高频事项“跨省通办”，进一步夯实“跨省通办”事项网办、掌办、线下办多种形式办理。跨省、省内转移接续无需参保人往返转入地和转出地办理，截至2021年底全省跨省转移接续医保关系2291次，实现转移接续“无感办”。

推进异地就医直接结算工作　2021年，省医疗保障局会同省财政厅修订印发2021年版异地就医结算管理办法，持续推进全省异地就医结算服务提质增效。全省15个统筹区全部上线依托国家医保服务平台的快速备案服务，其中沈阳、大连市和省本级按国家试点安排开通自助备案服务。

加快推进门诊费用跨省直接结算　在实现职工医保个人账户无备案通刷基础上，于2021年2月在全省全域试运行门诊费用跨省直接结算，首批试运行定点医疗机构282家，占当时全国总数的42.3%。截至2021年底，全省门诊费用跨省直接结算定点医疗机构2027家，定点药店15329家，提前实现县区全覆盖，大幅超额完成国家要求的覆盖60%县区的任务目标。沈阳、丹东、营口、盘锦4市开展高血压、糖尿病等5种门诊慢特病费用异地直接结算试点，其中沈阳市已于2021年底前开通服务。截至2021年底，辽宁省门诊异地就医直接结算54.4万人次，结算总费用1.3亿元，其中医保基金支付0.8亿元。药店直接结算人次310.7万人次，个人账户基金结算总费用3.9亿元。

重要活动

1. 冠脉支架集中带量采购结果落地。1月1日00时起，国家组织冠脉支架集中带量采购结果在辽宁落地执行。冠脉支架价格从均价1.3万元左右下降至700元左右，预计辽宁省年节约采购经费6.92亿元。

2. 召开全省医疗保障工作电视电话会议。2月25日，全省医疗保障工作电视电话会议在沈阳市召开。省医疗保障局和各市医疗保障局领导班子成员及相关处室（单位）负责同志参加会议。省医疗保障局主要负责同志作工作报告。

3. 举办辽宁省暨沈阳市"宣传贯彻《条例》加强基金监管"集中宣传月启动仪式。4月1日，辽宁省医疗保障局、沈阳市医疗保障局联合主办的辽宁省暨沈阳市"宣传贯彻《条例》加强基金监管"集中宣传月活动启动仪式在沈阳市举办。省医保局领导，沈阳市政府有关领导，省市公安、卫生健康等有关部门负责人，部分定点医药机构、群众代表近300人参加本次活动。

4. 盘锦市正式实施长期护理保险制度。从7月1日起，盘锦市长期护理保险制度正式实施，参保人开始享受政策待遇。

5. 召开全省医疗保障公共管理服务质量提升工程三年行动计划启动培训会。10月19—20日，全省医疗保障公共管理服务质量提升工程三年行动计划启动培训会在丹东市召开。

6. 国家组织药品集中采购结果在辽宁执行。5月1日00时，第四批国家组织药品集中采购结果在辽宁执行，本次中选药品45个，中选产品平均降幅52%，最高降幅96%，涉及高血压、糖尿病、消化道疾病、精神类疾病、恶性肿瘤等治疗领域。经过测算，45个药品年预计采购资金将由6.23亿元下降到1.36亿元，年节约采购资金4.87亿元。

7. 辽宁试运行普通门诊费用跨省直接结算。2月1日起，包括辽宁在内的27个省（自治区、直辖市）依托国家异地就医结算系统统一开展普通门诊费用（不含门诊慢特病）跨省直接结算试运行。辽宁省普通门诊费用跨省直接结算试运行后，职工医保个人账户跨省结算门诊医疗费用无需办理备案，按照省内模式实行通刷通用。已办理基本医疗保险跨省就医住院医疗费用直接结算备案人员同步开通普通门诊费用直接结算服务，无需另外备案。

8. 召开医保信息平台建设工作推进会。3月30日，全省医疗保障信息平台建设工作推进会在沈阳市召开，省局及市局主要领导、信息化工作负责人参加会议。省医疗保障局主要负责同志作工作报告。

9. 沈阳市推进医保电子凭证"一码通城"。9月29日，沈阳市人民政府新闻办公室召开沈阳市数字政府"一码通城"新闻发布会，沈阳市成为全国首个市民码以医保电子凭证为源码，遵循国家医保局技术标准，结合本地应用，探索和实现市民码与医保电子凭证双码融合的城市。

10. 国家医疗保障信息平台在辽宁正式启动运行。9月29日，国家医疗保障信息平台在省本级及沈阳、丹东、葫芦岛三市首批上线运行。

11. 国家医保信息平台在辽宁全面上线运行。10月31日，国家医疗保障信息平台在辽宁省15个统筹区全域实现核心业务系统上线运行，提前2个月完成上线任务。

典型案例

案例一：辽宁省优化医疗保障公共管理服务体系建设

为优化医疗保障公共管理服务，进一步提高全省医疗保障管理服务水平，辽宁省医疗保障局建立工作专班，在深入基层广泛调研、学习借鉴外地经验做法的基础上，会同省发展和改革委员会、财政厅等六部门,研究制定《全省医疗保障公共管理服务质量提升工程三年行动计划(2021—2023年)》,通过实施经办大厅标准化、公共服务规范化、经办管理精细化、经办队伍专业化的“四化”建设,力争构建全省“规范统一、上下贯通、运行高效、服务优质”的医疗保障公共管理服务体系。

【推进经办大厅建设“标准化”】 按照国家医疗保障局要求,以实现经办业务“全市通办”为目标,宜选择交通便捷、公共设施较完善的地点。各设区的市在设置市级经办服务大厅基础上,综合考虑参保人员规模、医保服务半径和经办服务强度等因素确定,可突破行政区划的限制,根据实际建设分中心大厅。各县(市)须单独设立医保经办服务大厅。各级医保经办服务窗口入驻本级政务服务大厅的,应按照各类政务服务中心管理和服务标准要求,具备医疗保障标识标志、徽章、办事指南、宣传单等基本元素。窗口经办人员和辅助人员在履职期间统一着工装,佩戴工牌。年底前实现省、市、县级经办大厅标准化全覆盖。

【推进医疗保障公共服务建设“规范化”】 *统一医保经办服务规范* 按照服务质量最优、所需材料最少、办理时限最短、办事流程最简的“四最”要求,统一服务规范,在原有服务事项名称、事项编码、办理材料、办理时限、办理环节、服务标准“六统一”的基础上,增加了统一经办方式、统一办事指南,实现全省“八统一”标准体系。

健全医保经办服务机制 健全全省统一的容缺受理制、否定备案制、延时服务制、帮办代办制、信息公开制等服务制度,大力优化营商环境,推进“跨省通办”和“互联网+医保服务”,提升异地就医便利性,积极推进门诊特慢病费用省内和跨省直接结算,优化备案流程,积极开展自助备案服务,建立便捷高效的异地就医结算协同工作机制。截至2021年12月底,全省异地就医有效备案52.6万人次。

拓展医保经办服务渠道 建立以定点医疗机构“医保办”为主体的“一站式”医保服务平台,将医保经办纳入省营商环境建设局在全省设立的2000余个政务服务驿站服务事项,发挥银行等第三方服务网点优势,以政府购买服务的方式引入商业保险机构等社会力量参与医保服务,加强行风建设,打造辽宁省医保经办服务品牌形象。

【推进经办队伍建设“专业化”】 *推进经办机构垂直管理* 全省实现地市级以下医疗保障部门垂直管理,县(市、区)医疗保障经办机构为市医疗保障事务服务中心分支机构。

落实经办机构人员 发挥乡镇(街道)作为服务城乡居民的区域中心作用,乡镇(街道)医疗保障服务站明确分管领导,每6000—8000名服务对象配备1名工作人员,具体负责医保服务工作。村(社区)医疗保障服务点明确1名工作人员担任医保管理员。

加强干部职工教育培训 依托党校、高校等资源,探索建立全省医保经办干部队伍教育培训基地。加强日常监督和年度考核,完善行业干部队伍监督考核办法,深入开展政风行风建设专项评价。实行负面清单管理,注重工作实绩,减轻基层负担,注重专业知识、专业能力、专业作风、专业精神的培养,打造忠诚干净担当的高素质专业化医保经办干部队伍。

案例二:沈阳市将飞行检查本地化小型化经常化

沈阳市把飞行检查模式运用到日常检查中,并将飞检模式本地化、小型化、经常化,成为基金监管手中有力武器。2021年,沈阳市运用飞检模式组织检查、自查、稽核近1000家定点医疗机构,拒付追回基金6686万元。

【飞检规则本地化】 沈阳市医疗保障局针对本区域定额、据实、单病种、床日、DRG等多元化的支付政策,对飞检规则进行本地化调整和过滤。特别是针对DRG付费定点医院可能存在的编码高编高靠等问题,在国家飞检规则的基础上建立本地化智能审核监控规则。2021年通过智能审核系统拒付追回医保基金3187万元。同时,结合沈阳当地政策,整理国家、省、市检查规则,形成易发问题汇编,并发给医疗机构进行自查自纠,全市145家医疗机构主动退回违规基金2241万元。

【飞检队伍小型化】 国家和省飞行检查队伍

呈现人员数量多、专业技术强的特点。从检查人数上看，国家飞检组平均在60人以上，省飞检组平均在35人以上，每个飞检组涵盖了医疗、计算机、财会等各方面专家。沈阳市医保局认真分析国家和省飞检的操作方式，总结出飞检三要素，即数据、专家和行政执法人员缺一不可。按此思路，通过政府购买服务的方式，沈阳市医保局与相关保险公司、科技公司签订服务协议，聘请信息技术人员和医疗方面的专家，同时又通过本市定点医疗机构建立了医保、物价、财会、医疗专家库，弥补第三方公司医疗等方面专家力量的不足。鉴于沈阳市医保局下辖10个分局，平均每个分局5名行政执法人员，通过给分局配备专家，提供疑点数据，构成了10个检查小组，对检查三级及以上大型医疗机构的配备4至8名专家，检查二级医疗机构的配备2至4名专家，检查一级医疗机构的配备1至2名专家，每次检查保证每个分局能达到5至10人，构成了一个小型检查队伍，弥补了行政执法人员专业性的不足，摆脱各分局检查定点医疗机构不会查不敢查的困境。

【飞检方式经常化】 沈阳市定点医药机构达到6800多家，定点医疗机构近2000家，每年一两次国家飞行检查和省飞行检查远远不够，即便通过招投标的方式聘请第三方检查机构，一次性检查三五十家，也难于做到检查全覆盖。沈阳市医保局利用体制上的优势，并配备第三方监管力量，在10个医保分局组建10个检查小组，按照国家局和省局全年检查计划，实施了常态化和全覆盖检查，做到检查有队伍、有计划、有效果。2021年，组织对2020年专项治理“回头看”，开展举报线索“清零”行动，对中医院重点检查，开展一级医疗机构专项行动，组织各分局交叉互检，监督检查覆盖率达到100%，各分局通过现场检查追回基金1258万元。全年全系统暂停协议148家，解除协议59家，共拒付追回基金1.87亿元。

案例三：大连医保信用体系建设让城市更有温度

2021年，大连市医疗保障局以信用体系建设为核心，坚持以信用为抓手，通过“信用承诺”提高定点机构评估效率，依托“信用评价”构建联合监管网络，凭借“信用联动”助力金融服务，利用“信用管理”畅通急救通道，多措并举，精准施政，大幅提升企业和群众的获得感和社会满意度。

【推行“信用承诺、事后监管”】 为提高定点管理效率，大连市医疗保障局制定新版医保定点管理经办规程，摒弃先评估、再现场核查、最后签订协议开通医保定点的传统做法，采取承诺准入和现场核查后置的方式，通过“信用承诺、事后监管”的方式，将评估与公示后置至协议签订后进行，大幅度缩短办理时限，优化营商环境。在完善网办程序基础上，采取线上、线下两种形式评估，将新增医保定点评估办理时限由国家要求的90天压缩至27个工作日。2021年全年，全市327家新增定点医药机构享受到“定点急速开通医保”。

【开展医师信用评价、分级监管】 大连市医疗保障局牵头建立医保基金监管部门协同机制和医保基金信用管理办法，以行政执法为手段、协议管理为依托、信用管理为核心，将定点医药机构、协议管理医（药）师纳入医保信用监管范围。对医保医师实行信用评价及分级监管，促使医保医师发挥基金“守门人”作用，主动维护基金安全。将全覆盖检查的考核结果运用到信用评价中，与定点机构协议续签、监管等级判定、结算政策调整、年度超标平衡等管理挂钩。对于违反医保相关法律法规等失信行为，性质恶劣、在社会上造成不良影响的，将被列入医保信用“黑名单”，大连市医疗保障局、卫生健康委员会、公安局、市场监管局等部门按照各自职责，实施联合惩戒。医保基金监管引入信用管理机制，改变了原来医保部门单方面监管和单一处罚手段的局限性，通过医保信用体系的联合惩戒措施，增强医药机构、医护人员等信用主体的自律和自我约束，从而在更广泛的领域建立起医保基金监管的安全网，推进医保治理体系和治理能力现代化。

【强化政企信用联动，助力“六稳”“六保”】 新冠疫情暴发以后，定点医药机构阶段性停诊或停售发热咳嗽类药物，生产经营受到影响。大连市医疗保障局联合市金融发展局等部门，在信用状况良好的定点医药机构和参保人自愿确认后，有序共享医保数据，支持商业银行利用信用联动发放“医保贷”“参保人 e 保贷”“医保 e 贷”等低利息、免抵押的信贷产品。2021 年全年，为 150 余家定点医药机构和 400 余名参保人累计放贷 7 亿元，为全市“六稳”“六保”工作贡献医保力量。

【推出信用就医购药】 2021 年，大连市医疗保障局会同市信用中心、市金融发展局，面向全市医保参保人员推出“信用就医购药、无感快捷支付”专属服务。在确保信息安全的基础上，经参保人员自主授权申请后，银行可通过查询其参保缴费、失信被执行人记录等信息，即时核发最高额度 8000 元的“惠民就医”信用额度，专项用于参保人在定点医药机构就医购药、购买可由医保个人账户支付的商业补充医疗保险等。通过银行普惠金融与医保公共服务平台、市公共信用信息管理平台的有效对接，解决参保人员小额短期急需就医资金需求，同时缓解医院就诊交费排队难题，为守信参保人提供便利化服务。

【依托信用管理体系畅通急诊急救“生命通道”】 2021 年 4 月底，大连市医疗保障局和卫生健康委员会联手，以大连市友谊医院为试点，对急诊急救缴费系统进行流程再造，确保需要抢救的急重症患者，在未持有社保卡或身份证，无法证明身份，未带费用，无人签字的情况下，可以无障碍获得“先救治”。为防止恶意逃费行为，未履行结算费用义务的患者，将被纳入信用管理体系。再造流程彻底畅通了急诊急救“生命通道”，维护了医疗机构正常的诊疗秩序，消减了医院“后结算”的经济风险。惠民政策让生命更有保障，城市更有温度。

案例四：鞍山市基于 DRGs＋点数法医保支付方式改革

为进一步提升医保付费制度的科学性、合理性，尽快扭转基本医疗保险统筹基金支付困难局面，结合鞍山市医保运行的实际情况，2021 年在全省率先启动“基于 DRGs＋点数法”医保 DRG 试点付费。

【主要做法】 *加强业务培训，夯实工作基础* 邀请省 DRG 专家和本地专家分类别、分阶段、分层次对全地区 180 多家定点医疗机构开展编码填写、病案首页填报及结算清单规范填写专场培训，确保付费改革工作顺利实施。

严格贯彻标准，转化分组版本 通过对采集的 2018—2020 年全市病案首页 62 万余条历史数据进行多轮清洗处理，在国家 CHS－DRG 细分组方案（1.0 版）618 组基础上，进行本地化细分组 683 组。之后在国家医疗保障疾病诊断相关分组（CHS－DRG）分组方案（1.1 版）下发后，完成本市 CHS－DRG 细分组方案，共分 581 个 DRG 组。

取消医院定额，统一总额管理 将原来对单个医疗机构的定额指标管理变成全市统一总额预算管理，不再细分到每家医疗机构。按照“以收定支，收支平衡、略有结余”的原则，根据当年度基金收入情况，结合上年度市本级医疗机构住院医保统筹基金支出情况，确定本年度用于 DRGs＋点数法付费预算总额度。

确定病组点数，制定结算方案 以既往三年规范化的病案编码数据为基础，与结算数据相匹配进行病组点数（权重）测算。定点医疗机构住院费用实行“年初总额预算、按月审核预付、年终考核清算”结算方式，采用 DRG 分组规范对病例进行分组，利用点数法结算方式对医疗机构按月结算。年底根据基金预算总额和医疗服务总点数确定每个点的实际价值，对各医疗机构按实际总点数价值进行费用拨付清算。

设立基础病组，促进分级诊疗 选择 10 个治疗复杂程度低、资源消耗较少、权重较低的常见多发病种为基础病组，按照“同城同病同价”原则，采取一个等级系数计算 DRGs 付费权重，引导医疗资源合理配置，实现小病进社区、大病进医院，助推分级诊疗。

提升病案质量，加强病案核查 为杜绝医疗机构追求高偿付率而有意高编高靠，低标准入院、分解住院等现象，通过公开招标引入第三方参与 DRG 病案审核，采用大数据分析和人工分析相结合的审核方式，每月对出院病历进行 DRG 病案审

核，使病案真正成为医保付费的凭证。

强化运行分析，平稳推进改革　利用信息系统平台，每月对医疗机构的病案质量、入组情况、结算情况进行反馈，同时对各医疗机构的统筹费用、次均费用、自费占比、CMI值、时间消耗指数、费用消耗指数等多项指标进行横向比较，引导医疗机构及时合理调整收治结构，发展自身学科特色，强化成本核算，为医疗机构改进工作提供有效帮助。

建立协商谈判机制，共商共议改革　为减少医疗机构的改革阻力，在DRG分组、点数（权重）确定和分组调整过程中，组织医疗机构和临床专家对变异系数较大、权重倒置、病例较少的DRG组病组进行充分协商谈判，将与临床实际有差异的病组权重进行调整。

完善医保协议，强化协议管理　在医保服务协议中增加DRG专项内容，明确医院的病案质控、信息上传、费用结算、监管要点等DRGs付费相关要求和规范，并在协议中明确医疗机构推诿拒收病人、减少服务内容、降低服务标准等违反协议约定的处理办法。

协同改革发展，共享改革红利　积极落实国家集中采购工作要求，制定集采医保资金结余留用工作方案，鼓励医疗机构使用集采耗材和药品，明确将医保节约资金的50%返还给医疗机构，使医疗机构也能享受到改革的红利，充分调动其参与集中采购的积极性。

【初步成效】 实现区域内“三个覆盖”　一是险种全覆盖，职工医保、居民医保住院项目全部实施DRGs+点数法付费。二是除精神疾病和传染性疾病外的病种全覆盖。三是医疗机构全覆盖，在试点医院基础上将市本级有住院功能的定点医疗机构全部纳入付费改革。

支出增长得到控制　市本级医疗机构平均住院总费用由2020年的9451元降至2021年的8024元，下降幅度达到15.09%；平均住院统筹费用由2020年的5036元降至2021年的4247元，下降了15.67%。采用DRGs+点数法付费方式的职工和居民医保统筹基金实际支付82434万元，比之前按项目付费（83526万元）少支付1092万元，差额占比1.32%。而职工统筹基金偿付率则由2020年的85%提高到2021年的98%，居民医保偿付率由2020年的97%提高到2021年的103%。

费用结构优化　试点医疗机构平均住院日由2020年的10.2天缩短至2021年的8.8天，控制不必要的检查、不合理用药以及压缩医用耗材费用，使药占比、耗材占比分别由2020年的22.31%、33.23%降到2021年的19.0%、19.95%。

个人负担有效降低　DRGs+点数法付费改革发挥医保支付的杠杆作用，市本级参保职工、居民住院个人自付费用占比由2020年的7.98%下降到2021年的5.76%，减少了不合理费用，群众就医负担有所减轻。

“住院难”问题得到缓解　实行DRGs+点数法付费改革后，医疗机构摘掉总额控制的“紧箍咒”，因年度定额指标不足推诿拒收患者等现象得到改善，相关投诉明显减少，群众就医获得感提升。

病案质量提升　通过对病案书写规范培训和全年DRG病历审核，临床医生在病案书写质量、病程记录完整性、用药检查、治疗合理性等方面都有明显改进，医疗机构病案填写质量稳步提升。

案例五：辽阳市创建国家“医保智能监控示范点”提升基金监管成效

2019年6月，辽阳市被国家医疗保障局确定为“医保智能监控示范点”。依托前期工作基础，2021年，辽阳市强化医保监管的智能化、精细化、流程化，将医保智能监控与基金监管、城乡整合、医保扶贫等诸多工作深度融合，持续深化医保基金监管工作。

【主要做法】 应用远程视频智能监控系统　应用视频“云监控”系统新技术，实现全市711家定点药店和95家社区卫生服务站监管全覆盖。通过在定点药店、社区卫生服务站前端部署高清球形摄像头，在医保监控中心部署大屏、操作台席，运用“云专线”分别访问私有云机房内的平台、服务器、存储设备等，对接定点药店、社区卫生服务站购药结算和进销存系统，实现系统信息实时比对，提升监管成效。

应用人脸识别智能监控系统 医院医务人员采用 App 软件，对住院患者每天早晚两个时间段现场采集人脸图像报送医保部门。医保监管部门也可随机发布指令，任意时间段对患者进行抽查，通过软件自动比对上传记录。开通门诊透析患者打卡、医保医师上岗打卡等多项功能。

应用第三方电子病历智能审核系统 通过政府购买服务的形式，将病例审核工作委托给专业的审核团队，形成政府购买、医保机构管理、第三方运营的工作模式。智能审核系统对接医院 HIS 系统，将患者电子病历信息上传至审核系统，在线审核医院住院、门诊单病种病历和处方。在线审核系统集成规则库和知识库，涵盖政策法规、临床诊疗、管理经验 10 余个大类、20 余个监控规则，近千万条知识库数据，并保持与国家医疗保障局信息系统及 15 项业务编码同步更新。智能筛查出疑点数据后，进行人工复核。

应用大数据反欺诈系统 依托大数据分析技术，医保数据通过多个维度进行拟合，将具象的患者就诊过程抽象为计算机可识别元素，通过大数据算法制定评分体系，以高分值机构作为重点关注对象，实施现场稽核，实现精准监管。

应用移动稽核 App 系统 通过移动稽核 App，监管部门可以随时在平板电脑中查看在院患者的就诊信息、费用明细，实现患者数据实时更新，通过人脸识别、核对身份证号信息等手段确认患者住院情况。对于已经完成事后审核的信息，通过移动稽核系统到院端采集相关证据，实现全流程监管。

【主要成效】 依托智能监控系统，助力行政执法检查和协议管理，查处打击各种违规行为力度不断加大。2021 年处理违规定点医药机构 500 余家次，其中，解除服务协议 3 家，行政处罚 2 家，暂停定点医药机构医保服务 18 家次，暂停违规医务人员医保服务 2 人次。医保基金累计结存由 24.2 亿元提高到 28.5 亿元。平均住院率下降 3%，住院均次费用无明显增长，定点药店结算医保费用无明显增长。基金抗风险能力进一步增强，各项基金收支平衡、运行平稳。

案例六：锦州市开通医保服务驿站

为进一步加快锦州市医保经办工作标准化、精细化建设，方便参保人就近办理异地备案等医保业务，最大程度地分散办件密度，提高办理效率，2021 年锦州市医保部门在全市范围内推行医保服务驿站。这一举措打破了地域限制，真正实现医保服务“零距离”。

【主要做法】 *合理布局，触角延伸* 把医保业务窗口搬到群众家门口，把服务触角延伸到最基层，这是设立医保服务驿站的出发点。为确保医保服务驿站工作稳步推进，锦州市医疗保障服务中心印发《关于设立医保服务工作站的通知》，以“地理位置能够满足锦州市内各行政区至少设立一个，医疗机构级别为二级以上公立医院，就医人数较多能够提供优质的服务”为标准，按照布局合理、点面结合、以点带面的原则，择优选取锦州市中心医院、锦州医科大学附属第三医院、锦州市中医医院、太和区医院共四家定点医疗机构为首批定点医疗机构的医保服务驿站试点。4 个区级经办机构（凌河、古塔、太和、松山）分中心打破原有区域限制，实现异地就医备案业务跨区通办，助力医保服务驿站业务开展。截至 2021 年底，先后将第二批 4 家、第三批 9 家，共计 17 家医疗机构作为医保服务驿站，进一步扩大医保服务驿站工作成效，提升医保服务质量，实现参保群众需求与服务无缝对接。

加强培训，强化服务 医保服务驿站可办理异地安置退休人员、异地长期居住人员、常驻异地工作人员、临时外出住院人员异地备案业务。参保人可就近选择区经办机构服务大厅、医保服务驿站，提交材料并办理备案。各区经办机构和医保服务驿站办理异地备案均为一站式服务即时办结。为确保医保服务驿站试行后的业务办理顺畅，锦州市医疗保障服务中心确定“统一培训事项、统一培训材料、统一培训流程”的“三统一”原

则，对各服务驿站的工作人员进行培训，使经办人员明确政策、掌握流程、操作熟练，提高服务驿站工作人员标准化服务本领，保证群众“就近办”“少跑腿”，切实打通服务群众“最后一公里”。

拓宽渠道，创新服务 在医保服务驿站办理异地就医备案业务基础上，锦州市开通两种线上备案渠道：一是依托国家医保服务平台App和国家异地就医备案小程序开展的全国统一的异地就医备案服务（办理跨省异地就医备案）；二是通过锦州医疗保障微信小程序自助办理异地就医备案服务（办理异地就医备案和办理临时就医住院备案）。锦州市参保人员通过手机即可为自己或者他人申请异地就医备案，医保服务效能实现再升级。医保服务驿站的工作人员在工作日期间将随时提供备案服务，协助参保人通过手机申报异地就医备案，在2个工作日内完成备案审批。真正实现“信息多跑路、群众少跑腿”。

【主要成效】 自2021年7月市医保中心首次推出医保服务驿站以来，各服务驿站为参保人办理各类备案120例，取消备案25例，成效明显，得到参保群众的充分肯定。2021年，医保服务驿站的设立开通，区级经办机构跨区业务通办，是从医保服务的实际特点出发，既方便参保群众，节约时间和成本，同时也减少参保人员集中到市医保中心窗口办理备案的聚集规模和频次，控制人员流量，是切实降低疫情扩散风险，落实好各项防护措施，严防疫情反弹的有效举措。

案例七：盘锦市推进长期护理保险制度试点建设

2020年9月，盘锦市被列为国家第二批长期护理保险制度试点城市。自2021年试点启动以来，该项制度试点惠及盘锦市55万名参保职工，有效解决约1200名重度失能人员及其家庭的基本护理保障需求。

【主要做法】 *创新体制机制，搭建科学可持续的制度体系* 按照国家长期护理保险制度试点指导意见要求，相继制定并出台试点实施方案、实施细则、失能评估管理办法及标准、定点护理服务机构管理办法、护理服务项目及标准、第三方经办机构管理办法、保费征收、支付方式及结算标准等10余个配套文件，建立符合盘锦实际的“1＋1＋N”政策制度框架。为让更多商保公司作为第三方机构参与到盘锦长护险试点的经办服务中，盘锦市医保局创新提出1家主承办、6家参与承办的第三方委托经办模式，由各承办商保公司组建成立盘锦市长护险服务中心，为失能参保人提供现场经办服务。形成益于全省推广的“1＋6”委托经办模式，健全保障长护险实施的护理服务体系，实现待遇申报、失能评估、服务保障、待遇兑现等各环节的常态化运行。

积极稳妥推进，切实提升长护险保障服务水平 在长护险制度实施过程中，盘锦市医疗保障局坚持以民生诉求为导向，由医保部门与第三方经办机构协同开展政策宣传工作，综合运用传统媒体和新媒体开展政策宣传，强化政策普及。3月，完成长护险信息系统开发改造。经办管理系统、大屏监控系统、护理机构管理系统以及参保人移动App、护理服务移动App等移动终端全部上线运行，全面满足经办需求，失能人员足不出户即可办理业务。4月，启动长护险参保缴费的扣费。2021年全年，全市共有54.7万人参保，征收保费7380万元。完成36家定点养老、医疗、护理机构的资格准入评估。5月，启动长护险失能评估工作，首批通过评估人员于7月1日起享受待遇，2021年共有984人享受长护险待遇，人均待遇标准达到1895元/人/月。

【主要成效】 长护险制度试点实施以来，有效减轻失能人员家庭护理负担，在拉动就业创业、优化医疗资源利用等方面的综合作用逐步显现。

切实减轻失能失智家庭负担 第七次人口普查数据显示，盘锦常住人口中60岁以上老年人占总人口22.67%，很多家庭特别是独生子女家庭对失能老人的照顾既力不从心，也不专业，严重影响生活和工作质量。开展长护险试点工作以来，有效满足盘锦市重度失能人员及家庭的基本护理保障需求，失能老人可以在家里或在定点护理机构得到精心照料和护理，既提升失能失智老人生

存质量，也切实减轻家庭经济负担和护理照料压力，提升这部分群众的幸福感，获得感。

促进医疗等资源集约高效利用 此前需要长期护理的失能人群很多长期滞留医院，既消耗了巨额医保基金，又会对失能人员的身心产生负担。现在这部分人群转向居家、养老院等机构获取护理服务，既可优化资金与资源配置，又保证失能人员的生存质量。

拓展养老等相关产业就业渠道 护理员职业一直以来处于边缘化状态，社会认同感低，流动性大。巨大的需求与社会化护理供给的不足形成强烈对比。实施长期护理保险，为激活养老护理培训市场、激发就业创业增添了动力、拓宽了渠道。从试点情况来看，随着长期护理保险的进一步推广，护理服务人员会向专业化、职业化转型，长护险一定程度上能够促进养老护理产业的健康发展，拉动经济增长。

吉林省

工作综述

2021年,吉林省医疗保障局坚持以人民为中心的发展思想,进一步完善制度政策,持续优化经办服务,有序推进重点领域改革,参保人员就医负担有所减轻,医疗保障权益得到有效维护,人民群众获得感、幸福感、安全感不断提升。截至2021年底,吉林省基本医疗保险参保2290.34万人,其中,职工医疗保险参保537.51万人,居民医疗保险参保1752.84万人,参保率稳定在95%以上。基本医疗保险基金总收入367.43亿元,总支出306.84亿元,当期结存60.59亿元,累计结存542.47亿元。其中,职工医疗保险(含生育保险)基金总收入226.19亿元,总支出175.89亿元,当期结存50.30亿元,累计结存413.72亿元;居民医疗保险基金总收入141.24亿元,总支出130.95亿元,当期结存10.29亿元,累计结存128.76亿元。

【健全多层次医疗保障制度体系】 *逐步健全医疗保障制度政策* 省医疗保障局印发《吉林省医疗保障事业发展“十四五”规划》,明确“十四五”期间医保改革发展方向和主要任务。完善重特大疾病医疗保险和救助制度,对符合条件的困难群众继续实行资助参保和倾斜支付政策。健全癌症晚期患者舒缓疗护机制,出台《关于进一步推进实施舒缓疗护保障机制的通知》,通过进一步深化医保支付制度改革,全面实施舒缓疗护保障机制,满足疾病终末期患者治疗和生活基本需求。建立医保待遇清单制度,严格规范决策权限,统一待遇政策制度,规范基本保障政策,规范统一基金支付范围。会同省卫生健康委员会联合印发《关于做好城乡居民高血压、糖尿病门诊用药保障和健康管理专项工作的通知》,进一步扩大高血压、糖尿病“两病”人群受益范围,政策范围内直接用于降血压、降血糖的药品报销比例达到50%以上。将五种降糖谈判药品纳入“两病”门诊用药范围,支付标准统一执行国家规定。

扎实做好城乡居民医疗保障工作 省医疗保障局会同省财政厅联合印发《关于做好2021年城乡居民基本医疗保障工作的通知》,将居民医保政府补助标准由2020年度每人每年550元提高至580元。2021年1月1日起,全面实行城乡居民医保基金市级统收统支管理,全省11个地市级统筹区居民医保同步实现“制度政策统一,基金统收统支,经办服务一体”,进一步做实市级统筹。统一居民医保基金收支渠道。建立城乡居民医保费统一由税务部门征收,各级财政补助资金统一归集至市级统筹区,市级统筹基金统一拨付至所辖市县医保部门支出的收支渠道。

推进落实医疗救助市级管理层次 省医疗保障局出台《关于进一步推进落实医疗救助市级管理层次工作的通知》,按照统一救助对象、统一费用范围、统一待遇算法、统一经办服务、统一信息系统的“五统一”工作要求,全面推进落实医疗救助市级管理层次工作。

深入推进长期护理保险制度试点 省医疗保障局与省财政厅等部门联合出台《吉林省深入推进长期护理保险制度试点工作实施方案》,重点保障在长期护理保险定点服务机构接受护理的重度失能人员的基本护理需求,完善多渠道筹资机制,健全待遇保障机制。截至12月31日,全省试点地区长期护理保险参保人数1277.94万,累计享受待遇3.78万人,政策范围内报销比例70%左右。

【巩固医保脱贫攻坚成果】 省医疗保障局会同民政、财政、乡村振兴等七部门出台吉林省《关于巩固拓展医疗保障脱贫攻坚成果有效衔接乡村振兴战略的实施意见》,健全防范化解因病致贫返贫长效机制，统筹完善多重制度综合保障政策，2021 年 43.9 万人脱贫人口实现应保尽保。指导基层落实医疗救助托底保障政策，确保脱贫人口 2021 年保障范围和保障标准不变。将大病兜底保障资金 9296 万元统一归集至医疗救助资金，增强医疗救助保障能力。建立乡村振兴数据监测预警机制，按时按需开展数据监测。

【推进医保支付管理改革】 医保支付方式改革　省医疗保障局出台《关于印发 2021 年医保支付方式改革试点工作推进方案的通知》，通过调研、督导、培训等方式，深入推进 DRG/DIP 付费试点工作。截至 2021 年底，DRG/DIP 国家试点完成实际付费准备工作。不断完善按病种付费政策，并将口底癌、颅内肿瘤等 7 个单病种纳入按病种收付费管理范围。

医保谈判药品落地　省医疗保障局出台《关于加强国家医保谈判药品配备使用完善“双通道药品”管理机制的通知》，促进国家医保谈判药品落地见效，更好地满足参保患者用药需求，切实减轻参保患者用药费用负担，人民群众医保获得感、幸福感进一步提升。

医保目录精细化管理　高标准完成国家新版药品目录落地及 2021 年省增药品消化任务。及时调整印发诊疗项目及医疗服务设施项目目录，完成国家医用耗材业务编码标准化对照工作，不断提升医保目录精细化管理程度。

【助力抗击新冠肺炎疫情】 降低新冠病毒核酸检测价格，明确新冠病毒核酸检测单检（40 元/次）、10 混 1 及 5 混 1 价格（10 元/人次）和支付政策，在提升检测效率的同时进一步减轻参保人经济负担。扎实做好本省新冠病毒疫苗及接种费用保障工作，明确疫苗免费接种专项资金保障范围及标准、归集渠道、统一划拨路径、疫苗价格变化衔接，规范结算流程。截至 2021 年 12 月 31 日，支付疫苗费用 19.3 亿元，接种费用 3.7 亿元。

【推进医药价格招采工作】 常态化制度化推进药品和医用耗材招采工作　省医疗保障局印发《关于做好第四批国家组织和“六省二区”药品集中采购和使用工作的通知》《关于做好第五批国家组织和“八省二区”药品集中采购和使用工作的通知》，执行第四批、第五批国家集采中选结果，积极稳妥推进第六批国家组织药品集中采购（胰岛素专项）中选结果落地，三批集采药品降幅分别为 52%、56%。有序开展国家组织高值医用耗材集采吉林省中选结果，完成冠脉支架分解采购，价格平均降幅 92.7%，按约定采购量计算，2021 年节省 2.3 亿元。

积极参与省际联盟联合采购　参与“八省二区”和“六省二区”省际联盟药品联合采购，平均降幅 62.38%，有效减轻全省患者用药负担。

完善省级平台阳光挂网采购制度　落实直接挂网采购政策，印发《关于进一步完善药品集中采购工作的通知》，明确药品挂网动态增补机制，规范挂网撤网规则，限价挂网药品一年内无销售的，视情况予以暂停挂网。

【保持医保基金监管高压态势】 巩固基金监管工作成效　2021 年，全省医保部门共检查定点医药机构 16981 家，处理 6951 家。其中，检查定点医疗机构 4213 家，处理 1803 家；检查定点药店 12768 家，处理 5148 家。在已处理的违规定点医药机构中，解除医保服务协议 91 家，暂停医保服务协议 293 家，移交司法机关 15 家。全省累计处理违规金额 17302.95 万元。

加强宣传曝光　开展《医疗保障基金使用监督管理条例》普法宣传和培训。加大典型案例曝光力度，规范曝光标准，2021 年共曝光典型案例 191 件。

全面开展监督检查　联合卫生健康、公安部门开展打击“三假”专项行动；组织对存量问题开展“清零行动”，追回违规使用医保基金 1491 万元；采用交叉互检的方式对全省各统筹区专项整治工作情况进行督查抽查，追回违规使用医保基金 1965 万元。

拓宽监管渠道，优化监管方式　建立与公安、卫生健康等六部门联席会议制度，加强信息共享和互联互通。积极引入信息技术服务公司、会计师事务所等第三方机构参与基金监管，提升专业技术水平。聘请社会监督员 230 人，支持动员社会各界参与医保基金监管工作。创新抽查办法，提高打击震慑力，在选取被检查定点医疗机构时，采取等距离随机抽样方法确定检查对象，既保证公平又产生强烈的震慑效果。建立集官方网站、微信公众号、支付宝生活号、钉钉服务平台等在内的医保宣传矩阵，设立损害医保权益行为“曝光台”。

【异地就医直接结算】 门诊费用跨省直接结算实现县域全覆盖　全省于2月1日开通门诊费用跨省直接结算，联网定点医疗机构县域全覆盖，超目标完成国家“60%以上的县至少有1家普通门诊费用跨省联网医疗机构”的年度工作任务。省内基本医疗保险门诊异地直接结算于5月24日全面开通，实现省内基本医疗保险异地就医参保人员、统筹地区、待遇类型三个“全覆盖”。截至2021年底，全省共结算跨省异地就医46.91万人次，其中门诊15.42万人次，住院31.49万人次；共结算跨省异地就医资金71.58亿元，其中门诊0.34亿元，住院71.24亿元；医保支付金额39.47亿元，其中门诊0.18亿元，住院39.29亿元。

拓展异地就医备案服务方式　各统筹区已全部上线国家平台异地就医备案服务，通过国家医保服务平台App、异地就医备案微信小程序，吉林医保公共服务平台微信公众号，各统筹区的网上平台、经办服务大厅均可办理异地就医线上备案。

【提升医保信息化便民服务水平】 不断提高信息化服务水平　6月21日，白城市、长白山管委会、辽源市在全省率先成功切换上线国家医保信息平台。10月8日，吉林省全域切换上线国家医保信息平台。完成全国医保系统核心业务区吉林省骨干网络建设，与省政务外网共同构建省、市、县三级主备骨干网。同步推行医保电子凭证、社会保障卡、身份证多渠道就医，全国首个将医保电子凭证与省政务系统对接。截至2021年12月31日，全省1132万参保人员激活医保电子凭证。

持续优化经办服务工作　依托国家医疗保障信息平台，全省各统筹区均已开通网办入口，实现基本医疗保险参保信息变更、城乡居民基本医疗保险参保登记、基本医疗保险关系转移接续、异地就医结算备案、门诊费用跨省直接结算、医保定点医疗机构基础信息变更等6项政务服务事项业务全程网办、进度可查、跨省通办。依托国家医疗保障信息平台，实现基本医保关系转移接续“跨省通办”“省内无感办”。跨省转移接续业务，按照《基本医疗保险关系转移接续暂行办法》有关规定，实现基本医保关系转移接续业务“跨省通办”；将省内医保关系转移接续业务与登记业务合并，在办理登记业务时同步核定转移接续业务，省内缴费年限及个人账户转移与参保登记同时办结，实现省内医保关系转移接续“无感办”。

坚持创新便民服务举措　在全省范围全面建立12393医保服务热线，采用与12345政务服务热线双号并行的模式办理群众诉求。将医保服务热线全面升级为全省医保智能客服中心，提供全流程闭环式、一体化服务，提升智能适老化服务水平，采用智能客服＋人工客服方式实现“全天候”服务。

重要活动

1. 召开全省医疗保障工作会议。 1月21日上午，全省医疗保障工作视频会议在长春召开。会议传达省领导批示精神及全国医疗保障工作会议精神。省医疗保障局主要负责同志出席会议并对2020年全省医保工作进行总结，部署2021年重点工作。

2. 启动医疗保障基金监管宣传月。 4月1日，省医疗保障局会同长春市医疗保障局，联合省市公安、卫生健康、司法、市场监管、药监等部门，举办2021年吉林省暨长春市医疗保障基金监管宣传月启动仪式。

3. 举办全省医疗保障系统行政执法队伍人员培训班。 4月13—16日，省医疗保障局联合省司法厅就提高执法能力素质、规范执法行为等方面内容，举办全省医疗保障系统行政执法队伍人员培训班。

4. 吉林省三地市率先成功切换上线国家医保信息平台。 6月21日，吉林省白城市、长白山保护区、辽源市作为首批试点率先成功切换上线国家医疗保障信息平台试运行。

5. 召开全省医疗保障基金监管“两试点一示范”专题培训。 7月29日，省医疗保障局在辽源市召开2021年全省医疗保障基金监管“两试点一示范”专题培训。着眼于健全基金监管执法体系，推进基金监管规范化管理。

6. 召开医疗保障基金使用监管省级抽查启动会。 9月16日，省医疗保障局在长春市召开2021年医疗保障基金使用监管省级抽查（长春地区）启动会。联合公安和卫生健康等部门，聚焦重点领域深入开展打击欺诈骗保专项治理“精准打击”。健全完善飞行检查工作机制，擦亮飞检利剑“直击现场”，形成多部门综合监管和联合惩戒机制。

7. 吉林省全域切换上线国家医疗保障信息平台。 10月8日，吉林省全部统筹区完成切换上线国家医疗保障信息平台任务，实现全域上线试运行。

8. 召开医疗保障基金使用监管省级抽查反馈会。 10月8日，省医疗保障局在长春市召开2021年医疗保障基金使用监管省级抽查（长春地区）反馈会。促进被检地区完善医保政策、排除基金风险、堵塞监管漏洞、完善长效机制，引导被检单位规范诊疗服务行为和收费行为，促进合理检查用药和健全医保管理制度，依法合理使用医保基金。

典型案例

案例一：吉林省推进长期护理保险制度试点建设

吉林省作为国家长期护理保险制度（以下简称长护险）试点的两个重点联系省份之一，积极推进改革试点落地，为国家完善制度顶层设计提供“吉林经验”。

【实现参保人员身份全覆盖】 2021年3月底，吉林省出台《吉林省深入推进长期护理保险制度试点工作实施方案》，作为全省持续深入推进试点的系统性、操作性文件。指导各试点地区持续加大探索力度。将参加吉林省基本医疗保险的职工在职人员、职工退休人员、灵活就业人员、城乡居民均纳入长护险参保范围。其中，长春统筹区在优先保障重度失能人员的基础上，逐步惠及高龄老人日常护理、中度失能护理和针对疾病终末期患者医疗诊治服务的舒缓疗护保障。长护险制度试点的实施，在有效缓解失能人员及其家庭的经济和精神压力的同时，对拉动就业创业、发展养老产业、改善家庭生活质量、优化医疗资源利用等方面发挥积极作用。

【实现制度试点区域全覆盖】 吉林省已基本实现长护险制度试点区域全覆盖，部分暂不具备启动城乡居民长护险制度的统筹区，采取从职工起步，重点保障重度失能职工基本长护险需求。截至2021年底，全省试点地区长期护理保险定点机构326家，其中，定点医疗机构19家、定点养老机构307家。全省试点地区当年长期护理保险享受待遇1.53万人，基金支出2.11亿元。制度试点以来，长期护理保险累计享受待遇3.78万人，基金累计支出5.9亿元，政策范围内费用报销比例72.6%。

【构建独立缴费机制，在多元筹资上实现“协助缴费”】 吉林省健全完善互助共济、责任共担的多元筹资机制。一是建立职工长护险单位和个人共同筹资机制，单位和个人均需单独缴费。现阶段，通过调整医保统筹基金和个人账户结构方式予以筹集，不增加单位负担。二是城乡居民长护险筹资主要通过个人缴费和财政补助相结合的方式缴纳。个人缴费和财政补助分担比例为5∶1。三是积极同财政、民政、残联、慈善总会、红十字会等相关部门协商，争取更多社会组织、慈善基金和公益性捐助资金等相关社会力量多方筹资，资助城乡特困群体和特殊人群参加长护险，切实减轻困难群体缴费负担。截至2021年底，全省试点地区长期护理保险参保人数1277.94万人，其中职工364.94万人、城乡居民913.00万人。

【探索建立医疗诊治、失能照护、居家护理“三位一体”的保障机制】 长春市于2021年12月底启动居家照护服务，通过制定差别化的待遇支付政策，采取“项目＋时长”方式由定点服务机构上门提供护理服务，健全基金支付方式和与之相适应的按床日、按月、按服务时长等基金结算办法。在管理机制上，加强定点长护机构协议管理，从优化评估指标、优化协议管理等作为切入点，倒逼养老机构走向专业化、精细化，实现服务质量提升、群众受益、行业发展的良性循环。指导试点城市将部分长护险经办业务通过购买服务方式委托给商业保险机构经办。通过拓展居家照护服务，逐步解决试点城区失能家庭居家护理难题，探索建立医疗诊治、失能照护、居家护理“三位一体”的保障机制。

案例二：吉林省12393医保服务热线运行

吉林省自2020年初启动全省统一医保服务热线建设工作，最初使用96618医保热线号码运行，并启动全省智慧医保在线服务平台建设。全国医保服务热线12393建设以来，吉林省与相关部门沟通，采取与12345双号并行的方式进行。2021年，12393医保服务热线在全省12个统筹区全部上线运行。

【主要做法】 在全省热线建设工作中，引入人工智能和大数据技术，将服务热线、网络服务渠道以及线下服务平台融合，打造“一号（12393）、一码（医保服务码）、一平台（智能客服平台）”的全省医保智能客服中心，提升医保服务的时效性、精准度和可及性，进一步提高群众满意度。

“全流程”闭环服务，提升诉求办理时效性

一是服务形成闭环。将线上线下服务纳入统一的工单流转体系，将一号（12393）、一码（医保服务码）作为“统一的服务入口”，参保人员通过全省统一的12393服务热线或在其他渠道通过扫描医保服务码进入全省医保智能客服中心，客服人员受理群众诉求后，经过“统一的平台”形成工单转办至相应部门，并标注诉求紧急程度，相应部门办理并提交客服中心，将平台作为“统一出口”统一反馈，群众得到反馈后，对服务进行满意度评价。业务受理、登记、分办、办理、反馈、催办和服务评价等所有环节，均纳入平台管理，形成“全流程”闭环服务体系。二是工单处理实现扁平化。将全省各级医保经办机构、定点服务机构、参保单位、通信运营商及商保公司等医保经办服务要素均纳入工单流转体系，提高沟通效率。三是热线可即时办理业务。将医保业务系统与客服平台深度融合，专家座席安排业务骨干实时在线服务，实现简单事项即时办，复杂事项限时办，切实提升诉求办理时效性。

“一体化”服务管理，提升服务体验一致性

平台改变传统服务方式，将电话与微信、网站、短信等渠道打通，群众可通过官微、官网等任意渠道进入服务平台，线上和线下各服务渠道接收的问题统一纳入智能客服平台处理，后台客服运维和服务统一管理，确保不同渠道政策解答和服务质量相一致。各渠道调用统一的医保服务知识库，实现知识库一处调整，处处生效。此外，知识库能够通过智能学习和数据挖掘，随时动态更新。

“大数据”待遇画像，提升信息推送准确性

客服平台通过建立与业务系统的数据接口，能够分析服务对象待遇享受数据。客服人员可根据服务对象待遇画像，精准解答问题。同时，在解答服务对象问题的基础上，可结合医保待遇“画像”，提前预判参保人员需求，有针对性地推送相关待遇政策和服务办理信息，避免参保人员因不了解医保政策享受不到应有的待遇。例如参保人员已办理慢病鉴定手续，尚未选择定点机构，可以通过平台推送信息，提示参保人员及时办理相关手续，确保及时享受待遇。

“智能化”互动交流，提升医保服务便捷性

一是避免陷入“语音导航迷宫”。热线接通后，服务对象只需说出具体诉求，不需要根据语音提示、逐级按键选择问题类型，很大程度上解决医保服务对象因不能准确判断问题归属类型，陷入“语音导航迷宫”或转入人工座席长时间等待问题。二是互动交流更加智能。平台由单一的人工服务升级为数字智能化服务，通过语音识别、语义理解、个性化推荐、语音合成等人工智能技术，对医保服务对象口述问题进行智能分析识别，精准推送问题答案。三是可视频在线办理业务。为方便参保人员特别是老年人在线办理业务，利用 5G 技术，对线下服务大厅进行仿真模拟，建设虚拟网上办事大厅，参保人员登录后，可叫号排队，参保人员通过与在线客服人员“面对面”交流可在线办理各项业务。

“案例化”工单分析，提升医保服务可及性 坚持问题导向，将群众诉求作为改进医保服务的指挥棒和方向标，通过对服务平台收集的办事堵点、难点、痛点深入分析，形成典型案例，进一步完善政策、优化服务。吉林省调整省直待遇期间，工作人员通过对客服平台热点问题分析，发现群众对门诊慢病待遇享受诉求比较强烈，经过研究，省医疗保障局出台《关于进一步优化省直门诊慢性病待遇服务相关工作的通知》，扩大提供慢病认定和服务的定点范围，提出全年变更定点次数不受限制等措施。在“吉林医保公共服务”中开通“慢病查询”，实现足不出户即可查询慢病办理进度。国家医保信息系统上线以来，通过及时分析热线收集群众反映的系统问题，为系统建设和政策制定提出积极的建议，及时、快速、集中解决群众诉求，收到良好效果。

【主要成效】 全面了解群众需求，政策实施更加精准 采用一体化的服务模式，将线上和线下各服务渠道接收的问题统一在全省平台进行处理，使医保部门对群众需求的了解和掌握更加全面、更加精准。针对群众反映的热点问题，能够第一时间研究解决措施，政策实施更加精准。医保关系转移接续问题一直是群众反映的高频服务事项，在全省实现医保关系转移接续“跨省通办”的基础上，进一步优化便民服务举措，实现全省省内医保关系转移接续“无感办”。

全面掌握服务情况，全省服务水平有效提升 智慧医保服务平台是全省统一的服务平台，可以实时显示全省咨询服务及需求情况，促进全省上下联动和横向沟通，提升工作效率，促进全省医保经办服务水平提升。2021 年，全省智慧医保服务平台服务需求量 176 万人次，平台受理总量 79 万人次。平台参评率约 95%，其中好评率 95% 以上。

快速处理群众诉求，群众体验感增强 制定吉林省政务服务转办件管理办法，明确“简单问题即时办、复杂问题限时办”的工作原则。2021 年，全省智能客服平台创建工单 14.9 万件，直接办结 14.6 万件，直接办结率 98%，转办率为 2%，转办办结率为 100%。转办工单的平均处理时长 2.6 天，相比于省政务服务热线要求时长 15 天缩至四分之一。由医保专业人员为参保群众提供服务，快速感知并响应群众需求，拉近医保部门与群众之间的距离，群众体验感增强。在 2021 年度国家医保行风专项评价中，吉林省被评为优秀档次。

案例三：辽源市医疗保障局 DIP 付费改革成效初显

辽源市被国家确定为 DIP 试点城市以来，聚焦目标任务、加强组织领导、健全工作机制、规范管理措施，形成“可借鉴、可复制、可推广”的基金监管和付费结算新模式。DIP 试点工作顺利通过两次阶段性评估，2021 年被国家医疗保障局确定为 DIP 付费改革示范城市之一。

【提高政治站位，高位推进改革试点工作】

加强组织领导 成立由分管市长任组长，相关部门为成员的领导小组，并以市政府名义下发推进试点工作实施方案。省医疗保障局多次来辽源调研指导，为试点提供坚强的组织领导和实地指导。

强化组织保障 市医疗保障局党组把试点工作纳入重要议事日程，多次召开专题会议，研究部署推进试点工作具体举措。针对专业技术人员匮乏的问题，在相关部门大力支持下，增加 4 名事业编制，从医疗机构调入 4 名中高级医疗专业技术人员充实到 DIP 试点工作一线；成立由分管副局长具体负责的DIP工作专班，具体负责DIP付费改革实施办法及相关配套政策的拟定工作；建立由医疗保障、卫生健康、医疗机构副高级以上医疗专家组成的DIP医保支付方式改革专家库，具体参与医疗保障部门组织的专题调研、实施方案的分析、论证和DIP结算付费相关的评审评议工作。

周密制定方案　深入全市公立医院、基层医疗机构以及部分民营医院开展调研、座谈13场，召开试点工作小组成员单位联席会议5次，广泛征求意见建议。本着“供需平衡、多方共赢”的原则，结合辽源地区实际，制定下发《辽源市区域点数法总额预算和按病种分值付费试点工作实施方案》，全面铺开试点工作。

【强化政策学习，准确把握DIP付费机理】

解读制度政策　邀请国内DIP付费改革专家，对《按病种分值付费(DIP)医保支付方式政策(技术规范解读)》《DIP实施条件及基础准备》《广州市基于大数据病种(DIP)分值付费改革实践》开展专题讲座，全面了解DIP的支付理念。

开展业务培训　为推进DIP支付方式改革试点工作，准确把握DIP的技术规范，市医疗保障局邀请先行试点地区专家，通过线上线下相结合的授课方式，对相关人员开展业务培训。在省医疗保障局的大力支持下，市医疗保障局承办全省病案质控编码培训班，邀请多位专家对医疗机构病案填报规范进行培训。

跟踪督导检查　市医疗保障局组织本地专家，多次对全市二级以上公立医院和部分民营医院进行督导检查，重点对病案首页填写、病历书写质量、病案编码水平、ICD字典库使用、医保编码对照映射、病案信息化建设和“十五项医保信息业务编码标准贯标”等各项工作的规范落实情况进行检查、验收和指导，共计抽查病案3500余份，发现五大类问题、126个问题，并就发现的问题跟踪督导，逐一进行整改，提升医院的基础工作质量和效率。

【严把质量标准，确保付费试点工作取得实效】　围绕规范，形成目录　针对辽源市医疗信息化相对滞后、历史数据少、质量差的现实情况，通过第三方技术支持，采取扩大数据范围和创新算法等措施，对历史数据进行筛查、清洗、效验，初步建立辽源市DIP支付地方病种目录及分值库。其中，核心病种977个，综合病种168个，辅助目录177个，整体入组率达98.77%，基本覆盖历史日常收治的所有常见病种。

科学规范，精心实施　在广泛征求意见的基础上，经过七轮论证，出台《辽源市基本医保区域点数法总额预算和按病种分值付费实施办法》，明确DIP试点支付范围，确定医院等级，设置病种调节系数；印发《辽源市医疗保障局关于发布2021年用于DIP支付方式结算住院费用基金预算总额的通知》，明确职工与城乡居民基本医疗保险基金分别预算、单独核算，实行总量控制的统筹基金支出预算管理机制以及年度清算办法；制定《DIP补充协议(范本)》，规范协议管理；制定《辽源市基本医疗保险区域点数法总额预算和按病种分值付费(DIP)经办规程(试行)》《辽源市区域点数法总额预算和按病种分值付费结算办法(试行)》，明确试点期间的支付制度、结算支付流程、月度结算制度；结合辽源市基金监管国家智能监控示范点工作，制定《DIP监管考核办法》《DIP基金监管工作内容及流程》，建立融经办、结算、监管、考核、奖惩等相关内容为一体的工作机制。

搭建平台，完善系统　在DIP结算系统建设上，建立集监管、结算、考核功能为一体的DIP管理平台，形成基金预算、支付结算、内部控制、综合考评为一体的基金管理新模式。在DIP试点中，相继出台付费考核方案、实施办法、业务经办等相关配套政策，结合辽源实际，通过创新确定病种、系数、分值，优化支付政策，实现更为公平的服务成本补偿，促进分级诊疗。

成效初显，未来可期　通过选取一个以内科药物治疗为主的二级医院(东丰县医院)的数据进行分析比对，DIP试点成效初显，住院次均费用由7096元下降至6516元，下降了580元；药品费用支出减少193万元；医保目录内费用占比由88%提高至93%。

案例四：白山市加强对脱贫人口监测预警

白山市积极落实巩固拓展脱贫攻坚成果同乡村振兴有效衔接精神，切实防范脱贫人口 、农村低保对象等群体因病返贫致贫，加强对脱贫人口、贫困边缘人口等易返贫致贫人口动态监测，建立监测预警机制，为乡村振兴提供健康保障。

【主要做法】 界定监测范围和标准　全市将脱贫人口、农村低保对象、贫困边缘户等纳入监测预警范围。重点监测是否全员参加城乡居民基本医疗保险。及时掌握监测对象医疗费用支出。对监测对象年度自付医疗费用达到 6000 元以上、上一年度人均收入低于 12000 元的列入预警名单，进行重点监测。监测对象年度累积自付医疗费用达到全市 2020 年农村居民人均可支配收入(12993 元)的 50%(含 50%)以上、上一年度人均收入低于 10496 元的，列入因病返贫致贫名单。

落实监测方式　一是开展日常监测。利用医保信息系统大数据平台，聚焦监测对象 100%参保指标，进行实时监测，指定专人负责，依托平台系统，加强数据比对分析，对达到预警线的人员建立监测预警统计表，按照预警和致贫两个级别分类管理，即时报送本级乡村振兴部门。二是开展专项监测。加强对监测对象参保情况信息比对，乡村振兴局每月提供监测对象数据，由医疗保障局进行数据比对，精准掌握监测对象参保情况，及时将动态调整的监测对象录入参保系统，确保监测对象 100%参加城乡居民基本医疗保险及大病保险。

科学设置监测流程　一是筛查比对。医疗保障部门根医保服务信息平台数据，对个人自付医疗费用达到预警标准的人员进行筛查比对。二是统计汇总。对自付费用达到预警标准的监测对象进行统计汇总，详细掌握个人健康和就医情况。三是备案报送。每月初向同级乡村振兴部门报送上月脱贫人口、低保对象等监测对象的监测预警统计表。四是审核反馈。同级乡村振兴部门根据监测预警统计表中的人员名单，调取监测对象上一年度收入情况，并将收入情况与自付医疗费用进行比对、审核，确定返贫致贫人员及临贫人员，并向同级医疗保障部门报送。五是确认纳入。对乡村振兴部门报送达到返贫致贫或临贫标准的人员纳入分类管理，落实相关医保待遇。

建立保障措施　建立监测对象就诊绿色通道。凡是达到预警警戒线的监测对象，到定点医疗机构就诊，实行先诊疗后付费，一单制结算。做好医保政策的统筹衔接及系统内信息标注工作，确保达到预警警戒线的人员 100%享受医保扶贫政策。重点关注突发重大疾病人群，医疗保障部门对这类人群安排属地定点医疗机构及时收集与反馈信息，及时落实基本医疗、大病保险、医疗救助三重保障，并向同级乡村振兴部门报送，制定针对性帮扶措施，确保其基本生活不受影响。

【主要成效】 2021 年，全市农村参保人口 35.6 万人次，全部纳入医保报销数据动态筛查。在此基础上，对重点人群实现监测常态化，即对脱贫不稳定人口、因病易返贫致贫人口、边缘人口实施常态化监测。与民政、乡村振兴部门进行综合分析，确定达到预警的条件，纳入重点管理。2021 年共纳入重点人员 18063 人，边缘户 376 人。切实做到早发现、早预警，用好三重保障。注重发挥医疗救助兜底功能，因户施策，精准帮扶，消除因病致贫返贫风险，切实巩固脱贫成果。

案例五：延边州研发医保微信小程序助力“放管服”改革

延边朝鲜族自治州医疗保障局指导安图县医疗保障局精心研发微信小程序“医保业务办理小程序”(以下简称小程序)，为参保企业和群众排忧解难。

【主要做法】 推进小程序上线 按照“推进‘互联网＋’医疗服务，开展线上医保业务办理”的总体思路，成立小程序开发领导小组，并抽调相关业务骨干成立开发协调小组，全面分析梳理业务需求，会同软件公司完成小程序研发上线。小程序上线后，通过多种渠道加大推广使用力度，并注重收集群众使用过程中的意见建议，不断形成新的需求。在小程序中新增在线评分、报表模块、业务办理进度反馈等模块，使参保群众能够及时收到业务办理结果。小程序上线后，参保群众在办理相关业务时，只需要使用智能手机，按照提示步骤提交相关材料后，便可办理医保业务、了解相关政策或查看关心的问题。小程序主要分为五个功能，页面整洁清晰，操作便捷。

城乡居民业务办理 在城乡居民业务办理页面，点击相应的模块即可按照提示操作步骤办理城乡居民参保缴费、异地就医备案和政策咨询等业务。

职工业务办理 在职工业务办理页面，点击相应的模块即可按照提示操作步骤办理职工异地就医备案，以及咨询转诊转院、慢病手续等事项。

常见问题解答 在常见问题页面，详细列举“职工基本医保门诊特殊疾病待遇标准”“长期异地就医医保备案”等参保群众关心的常见问题，并进行详细解答。

在线评分模块 在页面内选择评价部门，即可对部门进行整体评价，同时可以勾选服务过程中存在问题，并进行自由评价，提出批评和建议。

业务进度反馈模块 在页面内参保群众只需要点击查看具体办理事项，即可清晰看到所提交材料是否审核通过，是否被驳回以及驳回原因，以便下次顺利通过，从而提高办事效率、节省参保群众办理业务时间。

【主要成效】 *方便参保群众办理业务* 截至2021年12月31日，通过小程序共办理新参保及缴费错误上报1209人次，异地就医备案4378人次，刷卡结算错误信息申报44人次。涉及群众遍布全国各地。

为“两定”单位减轻负担 新增的“两定单位”线上报表模块，结束了多年参保单位人工送达纸质对账单的历史，节约了人力和物力成本，为“两定单位”减轻负担。

提高工作效率和群众满意度 在以往的业务办理过程中，一旦出现参保群众提交材料审核失败情况，就需要工作人员电话告知，办事效率降低。更新升级后的小程序在“进度反馈”模块中即可清晰查看业务办理进度，提高了工作效率，节省群众办理业务时间。

黑龙江省

工作综述

2021 年，黑龙江省医疗保障局紧盯群众“急难愁盼”问题，全面深化医疗保障制度改革。截至 2021 年 12 月底，全省基本医疗保险参保 2821.06 万人（职工参保 884.85 万人、城乡居民参保 1936.21 万人），参保率稳定在 95%以上。基本医保（含生育保险）基金总收入 551.33 亿元，其中职工医保基金（含生育保险）收入 379.87 亿元，居民医保基金收入 171.46 亿元。基本医保（含生育保险）基金总支出 477.42 亿元，其中职工医保（含生育保险）基金支出 308 亿元，居民医保基金支出 169.42 亿元。医保基金当期结存 73.91 亿元，其中职工医保（含生育保险）基金当期结存 71.87 亿元，居民医保基金当期结存 2.04 亿元。基本医保（含生育保险）基金累计结存 782.08 亿元，其中职工医保（含生育保险）基金累计结存 589.76 亿元，累计结存可支付 22.98 个月；居民医保基金累计结存 192.32 亿元，累计结存可支付 13.62 个月。

【提升依法行政能力】 省医疗保障局依据行政执法事项指导目录，修改完善权责清单，新增 11 项行政权力。同时，加强与省营商环境建设监督局沟通，将四项属地化的行政权力调整为省级保留权力。推进《黑龙江省医疗保障基金监督管理条例》立法进程，加强与省司法厅和省人大常委会法制工作委员会的沟通，将《黑龙江省医疗保障基金监督管理条例》列为预备立法项目。

【全力服务疫情防控】 *有力保障疫苗及接种费用* 印发省级疫苗接种资金保障工作方案并陆续出台六项配套政策，筹集资金 34.6 亿元，坚决做到“钱等苗”。

科学调整核酸检测价格 落实新冠检测试剂联动全国最低挂网价机制，核酸检测单人单检降至不高于 40 元，混检每人次不高于 8 元。

持续保障新冠肺炎患者医疗费用 各地拨付定点医院 3.2 亿元专项预付金，确保患者不因费用问题影响就医，确保收治医院不因支付政策影响救治。

【建立健全制度体系】 *编制黑龙江省“十四五”规划* 联合首都医科大学国家医疗保障研究院开展《黑龙江省“十四五”全民医疗保障发展规划》（以下简称《规划》）编制工作，经省政府常务会议审议通过，于 12 月 31 日以省政府办公厅名义正式印发。《规划》明确“十四五”时期全省医疗保障工作的总体要求、目标任务、保障措施，提出建设公平医保、法治医保、安全医保、智慧医保、协同医保发展目标，为实现全省医疗保障事业高质量发展提供规划保障和政策指引。

深入推进医保脱贫攻坚成果有效衔接乡村振兴战略 省医疗保障局会同有关部门制定印发《关于巩固拓展医疗保障脱贫攻坚成果有效衔接乡村振兴战略的实施意见》，对过渡期内医疗保障工作作出部署。13 个市（地区）和脱贫县（市）狠抓落实，出台配套措施，全面建立困难群体动态监测、信息共享、精准帮扶机制，切实发挥监测预警作用。

建立医疗保障待遇清单制度 严格落实国家医疗保障待遇清单制度，对国家待遇清单进行细化，明确基本制度、基本政策、医保基金支付项目和标准、不予支付范围等，结合实际将全面做实基本医疗保险和医疗救助市级统筹、推进基本医疗保险省级统筹、统一职工医保缴费年限政策、取消“双基数”缴费政策等重要改革内容纳入待遇清单。建立重大决策请示报告制度，明确决策权限，要求各统筹区出台或调整医疗保障政策实施细则前，要按程序请示报告，经省医疗保障行政部门同意后，方可执行。通过建立医疗保障待遇清单制度，进一步加快改革，推动医疗保障制度的规范

统一。

【深化医疗保障制度改革】 全面做实基本医保市级统筹 全省各市(地)推进落实市级统筹工作,为推进省级统筹奠定良好基础。

完成单基数缴费改革任务 全省医疗保障系统克服职工医保缴费基数低、退休人员占比高等实际困难,结合做实基本医保市级统筹的有利时机,推动全省职工基本医保单基数改革。2022年1月1日起,全省13个市(地)均已实现职工基本医保单基数缴费,将用人单位为在职人员和退休人员缴费调整为仅为在职人员缴费,预计每年可为参保单位减轻经济负担30亿元。

建立健全职工医保门诊共济保障机制 以省政府办公厅名义出台《黑龙江省关于建立健全职工基本医疗保险门诊共济保障机制的实施意见》,将门诊医疗费用纳入职工医保报销,并确定符合黑龙江省实际的普通门诊统筹待遇标准和个人账户计入办法,进一步健全职工基本医保制度,增强互助共济能力,补齐门诊保障短板。

健全重特大疾病医疗保险和救助制度 以省政府办公厅名义印发《关于健全重特大疾病医疗保险和救助制度的实施意见》。根据脱贫人口身份变化情况,相应调整医疗救助对象范围,分类确定资助参保和直接救助政策。建立"依申请、可追溯"的救助保障新机制,将因病致贫风险救助对象申请之日前12个月内,患者本人发生的个人负担的政策范围内医疗费用计入医疗救助范围,最大限度地为困难群体提供救助。

统一全省城乡居民大病保险政策 实行分段报销政策,进一步提高支付比例,取消年度最高支付限额,切实提升参保群众待遇保障水平。

医保支付方式改革取得实效 哈尔滨市DRG付费国家试点和佳木斯市、鹤岗市、伊春市DIP付费国家试点,经国家医疗保障局两轮考核评估与两轮省际交叉互检,全部顺利通过国家医疗保障局的最终验收,并按期启动实际付费。哈尔滨市被评为DRG付费国家级示范城市。

【常态化制度化推进药品医用耗材采购机制改革】 推进集采药品和耗材落地 通过落实国家冠脉支架集采和5批国家组织药品集采中选结果,牵头组织"八省二区"药品集采,推动冠脉扩张球囊、冠脉导引导丝省际联盟集采,实现对心脏介入类手术主要高值医用耗材的集采,预计年可为患者减少医药费用负担近11.6亿元。

实行药品和医用耗材承诺公示挂网制度 全年共有3822种药品、33777种医用耗材通过承诺公示制以全国最低挂网价挂网。在网的12589个品规药品、2401个耗材完成联动全国最低挂网价,平均降幅分别超过13%和31%。

进一步完善国家谈判药品"双通道"管理机制 联合省卫生健康部门印发《关于适应国家医保谈判常态化持续做好国家医保谈判药品落地工作并进一步完善"双通道"管理机制的实施意见》,全省医保谈判药品报销385万人次,医保报销金额超10亿元,减轻参保人员经济负担。

【推动三医联动】 规范医疗服务价格管理 全面梳理规范5032个医疗服务项目,落实医疗服务价格动态调整机制,全省共计调整医疗服务项目价格2147项次。

促进分级诊疗体系建设 助力分级诊疗体系建设,落实不同级别医疗机构差异化报销政策,对紧密型医联体实行打包付费。七台河市等地落实差异化的医保支付政策,拉开不同级别医疗机构支付比例;齐齐哈尔市克东县探索实行县域医共体打包付费。

【完善监管体系】 推进基金监管法治化建设 贯彻《医疗保障基金使用监督管理条例》,以省政府办公厅名义印发《关于推进医保基金监管制度体系改革的实施意见》,重点围绕健全和完善职责明确的监管责任体系、严密有力的监管制度体系、规范严格的监管执法体系、协同高效的监管保障体系进行规范和明确,为提升医保治理能力,维护基金安全提供制度保障。

从严打击欺诈骗保行为 省、市、县三级医保部门联动,与公安、卫生健康等部门联合行动,全年共处理违法违规定点医药机构8137家,追回医保基金3.59亿元,公开曝光违法违规定点医药机构1634家,形成震慑。黑龙江省基金监管方式创新试点工作被国家医疗保障局评为优秀等次。大庆市开展对所辖县医药机构的直接监督检查,增强一体化监管能力。

强化基金运行管理 对基金运行存在风险的

市(县)下发提示函 63 份。健全完善医保、财政、税务、银行对账机制。开展全省基金运行风险大排查,追回被挪用基金 4.7 亿元。

【推进信息化标准化建设】 省、市、县三级医保部门如期打赢医保信息平台建设攻坚战。试点城市黑河市密切配合省指挥部,仅用 2 个月完成上线,10 月 30 日全省实现核心功能全域上线,11 月 30 日实现全功能上线,整体融入“全国一张网”。全省医疗保障事业步入智能精准“大治理”、便捷可及“大服务”、规范高效“大经办”、融合共享“大协作”的新阶段。

【提升公共服务水平】 全面开通门诊费用跨省直接结算 进一步优化异地就医备案流程,方便群众异地就医。全省所有统筹地区全部实现跨省与省内异地就医线上备案;省本级、哈尔滨、鹤岗作为国家首批自助备案试点,开通自助备案服务。全省 127 个县(市、区)实现每个县(市、区)至少有 1 家定点医疗机构开通门诊跨省直接结算业务,提前 1 年完成国家要求。鹤岗市开通跨省门诊慢特病直接结算。作为参保省,全省跨省门诊基金支出 509.2 万;作为就医省,全省跨省门诊收入 17.60 万元。

深入推进医保服务“六进” 加快推进医保服务进定点医药机构、进银行网点、进机关企事业单位、进校园、进乡村、进社区试点工作,印发《黑龙江省医疗保障局关于开展医保服务“六进”工作的通知》和《黑龙江省医保服务“六进”工作方案》设立医保咨询、办事服务网点 1300 余家,将医保服务延伸到定点医药机构和乡村、社区等,着力布局“15 分钟医保服务圈”。齐齐哈尔市、牡丹江市将医保服务网点拓展到学校、妇幼保健院等重点区域,双鸭山市本级定点药店全部设立服务台。

开通全省统一的 12393 服务热线 12 月 3 日,“12393 黑龙江省医疗保障服务热线”正式上线,热线将全省各级医保部门原有的 400 多个服务电话整合成“12393”一个号码。热线集政策咨询、信息查询、业务申办、投诉受理、质量监控于一体,实现“一号对外、统一服务、规范管理”,为龙江参保群众提供问题咨询处理、视频业务办理、业务工单转办、知识库处理及满意度回访等热线工作相关服务。截至 2021 年底,全省 12393 服务热线共计接通 69002 通电话,话务服务满意度 99.38%。

重要活动

1. 黑龙江省医疗保障局扶贫办荣获全国脱贫攻坚先进集体称号。 2 月 25 日,全国脱贫攻坚总结表彰大会在北京隆重举行,黑龙江省医疗保障局扶贫办获全国脱贫攻坚先进集体荣誉称号。

2. 召开全省医疗保障工作会议。 3 月 31 日,黑龙江省医疗保障会议在哈尔滨市召开。会议以视频形式召开,总结 2020 全省医疗保障工作,分析面临形势,部署 2021 年医疗保障重点工作任务。

3. 开展“宣传贯彻《条例》 加强基金监管”集中宣传月活动。 省医疗保障局于 4 月在全省范围内开展以“宣传贯彻《条例》、加强基金监管”为主题的集中宣传月活动。宣传月期间,全省共发放宣传材料 45 万余份,举办 14 期培训学习。

4. 全省医疗保障信息化建设现场推进会议在黑河市召开。 7 月 17 日,全省医疗保障信息化建设现场推进会议在黑河市召开。省医疗保障局领导对前期工作进行总结,并就下步工作进行部署。

5. 全国统一的医疗保障信息平台在黑龙江省全域上线。 10 月 31 日,随着省本级、哈尔滨市、哈尔滨铁路以及大庆油田等 4 个统筹地区国家医保信息平台正式上线,黑龙江省已完成国家医保信息平台全省范围内全域上线。

6. 黑龙江省医疗保障服务热线正式上线。 12 月 3 日,“12393”黑龙江省医疗保障服务热线举行上线启动仪式,标志着黑龙江省医疗保障服务再次升级。

典型案例

案例一：黑龙江省牵头“八省二区”省际联盟药品集中带量采购

2021年6月，黑龙江省医疗保障局牵头，山西、内蒙古、辽宁、吉林、海南、四川、贵州、西藏、青海(省、自治区)医疗保障局参与“八省二区”省际联盟药品集中带量采购。此次牵头“八省二区”省际联盟药品集中带量采购，是向药品集采常态化制度化目标迈出的重要一步，有效克服人口相对较少、采购体量小、议价能力相对有限等现实情况，充分发挥联盟采购优势，用八省二区可观的临床用量吸引更多优秀企业参与，换来理想的集采价格。

【主要做法】 推行“互联网＋”集采　采用全流程网上提交申报材料、报价远程加密、同一时间解密，在确保公平公正的同时降低组织参与成本，提高集采效率。

实行“价格＋质量＋供应保障”综合评分机制　通过综合评分机制，筛选出质量和供应能力突出、临床认可度高、价格合理的药品。此次中选企业基本为《2019年中国医药统计年报》医药工业主营业务收入前400家企业或上市公司，药品质量及后续供应有保障。

强化服务意识　为提高企业参与度、满意度，提前20天发布采购文件，公布采购规则，畅通咨询热线3部，为企业答疑解惑，帮助准确理解规则文件；对企业申报材料及时进行网上审核，主动告知并指导不符合要求的申报企业补充完善申报材料，协助完成资格审核。最终集采结果得到企业普遍认可，实现零申诉。

【主要成效】 本次集采有134家企业参加，16个品种采购成功，产生拟中选企业14家。与联盟地区2020年最低采购价相比，拟中选价平均降幅66.71%，最高降幅91.6%。中选结果体现出三大特点：一是受益人口多。此次联盟采购从最北的黑龙江到最南的海南，从东部的吉林到西部的西藏，是一次覆盖十个省(自治区)、惠及3亿人口的大联盟采购，充分做大带量采购的优势，换来理想的采购价格。二是中选企业以大企业为主。基本为《2019年中国医药统计年报》中医药工业主营业务收入前400家企业或上市公司。三是集采目录以黑龙江省常用药品为主。筛选规则首要条件为在医保目录内采购金额高、用量大的药品，可更好减轻黑龙江省患者负担，节约医保基金支出。

案例二：黑龙江省全力推进医保信息化建设

黑龙江省高起点推进标准化和信息化建设，省、市、县三级医保部门主要领导亲自挂帅，抽调全系统精干力量，组建工作专班，挂图作战，全力推进全国统一的医保信息平台在全省上线。新的医保信息平台将全省2800多万参保群众和2万多家医保定点医药机构整体融入“全国一张网”，实现高效集约的业务支撑，并全面支持政策评估、基金精算、智能监控等现代化治理手段，为医保治理创新赋能。

【快速搭建云平台和安全设施】 根据医疗保障信息化基础设施服务及安全保障体系的建设要求，仅用不到20天完成数据中心机房租赁及硬件云平台建设，包括设备虚拟化、组云、资源分配、投产和运行后的巡检监控，为各业务运行提供有效支撑和安全保障。按照《医疗保障信息系统安全开发规范》相关要求，同步完成云平台安全系统的建设，并组织多次反渗透攻防演练，保障系统始终在安全环境下运行。

【全面推进医保信息网络建设】 严格遵照《全国医疗保障系统核心业务区骨干网络建设指南》相关要求，完成医疗保障平台所需要的网络环境建设。纵向骨干网络，采用省级集中方式，完成三级骨干网络建设，包括国家到省、省到市（地）、省到区（县）三级骨干网络，实现全省范围内各级经办机构的专线网络覆盖；完成全省2万余家两定机构结算网络的接入和管理，为全省参保群众的本地和异地实时联网结算提供可靠的网络环境支撑。完成营商环境建设监督、人力资源和社会保障、税务、银行等横向资源共享部门的网络接入，实现与相关厅局单位的数据共享和业务协作联动；完成公共服务互联网络的接入，系统可以基于互联网，面向广大参保单位和参保群众提供便捷安全的医疗保障公共服务。

【协同推进应用子系统建设】 在推进核心系统上线目录医保信息平台的同时，同步协同推进各应用子系统建设，11月30日，完成国家医疗保障局发布的全部26个中台、16个应用子系统的部署、配置、开发、测试、培训和上线等相关工作。12月，积极推进16个子系统在各地落地应用，完成公共服务、药品和耗材招标采购系统、智能监管、运行监测、宏观决策、基金审计、信用评价等全部子系统的部署。截至2021年底，已进入系统推广、完善、运维、部署、加固阶段，建设成果得到国家医疗保障局认可。

【加强数据清洗及治理工作】 按照国家医疗保障局要求，结合黑龙江实际，完成全省2016—2022年度的数据清洗转换工作。一是进行16个统筹区的数据清洗、转换、校验、入库等工作。共编写211个数据清洗转换组件，完成105张基表转换，入库数据总量约10 TB，可支撑黑龙江省医疗保障信息系平台稳运行。二是各统筹区数据补录工作。根据各统筹区实际运行中发现的数据问题进行及时补录。按照国家医疗保障局要求，制定上线地（市）历史数据转换工作规范和工作计划。三是加快数据治理力度。针对重复参保数据，根据不同险种、参保状态、待遇日期等进行批量数据治理，对转换后不符合标准或转换错误的数据进行修正，以满足业务需要。

【集中攻坚解决系统运行关键问题】 与税务部门对接，通过多次顶层对接、共同开发、联席运维等多种方式，压茬作战，顺利实现医保信息平台与税务2.0平台的对接，切实保障参保群众和参保单位参保缴费业务；完成国家异地就医2.0平台升级上线，实现黑龙江省住院费用跨省和省内异地就医费用全部常态化结算，实现普通门诊跨省直接结算上线和门诊慢特病费用直接结算试点成功上线。通过规范异地就医备案流程、拓展线上备案渠道等方式，实现多方式、便捷化异地就医备案服务，群众可以方便快捷地进行异地就医备案和结算。通过组织专班、聚类问题、突击解决等方式，异地联网结算报错率大幅降低，各类问题基本实现当日事当日毕。

案例三：黑龙江省施行药品和医用耗材承诺制挂网

黑龙江省医疗保障局制定实施《药品和医用耗材挂网承诺公示制度（试行）》（以下简称《挂网承诺公示制度》），综合运用五项措施，构建以企业主动承诺为基础，以强化事中事后监管为手段，以承诺公示为途径，以市场退出机制为惩戒的挂网工作机制。

【主要措施】 *减环节要件* 承诺制挂网启动后，取消前置审核材料要件24项，精简前置审核环节3个，精简企业提交备案材料共12项。预计缩短药品挂网时限50%以上、耗材挂网时限80%以上。

放宽挂网准入 《挂网承诺公示制度》规定，所有符合条件的药品、医用耗材，申请在药品集中采购平台或耗材集中采购平台挂网的，只需在公告发布后，在规定时限按要求一次性上传承诺书和产品相关要件，经公示未被质疑，即可实现挂网。

严格审核监管 《挂网承诺公示制度》实行后，省医疗保障局通过压实责任，变部门事前全面审核为事前承诺、事中事后系统全覆盖审核，对更多通过信息共享、事中检查、全过程审核等方式加强监管，以部门审核创新换企业挂网提速。

强信用约束 《挂网承诺公示制度》详细列出承诺挂网主体在集中采购过程中出现提交信息不真实、有时效性材料超过规定时限、隐瞒违法违规事实、未按规定提供相应资料等4类行为的，对违

约行为按约定严格处理。通过用好用足信用机制、激发企业诚信守约意识，提升企业依法诚信经营自觉性。

汇聚系统合力　通过企业价格公示，增强各级公立医疗机构和市地医疗保障部门责任，以信用机制推动形成药品和医用耗材生产经营企业主体自律自觉、企业相互监督、政府全程监管的社会共治格局，以药品耗材挂网的“小切口”推动医药招标治理体系“大改革”。努力提升医疗保障等部门挂网服务效能，为提升龙江百姓看病就医体验、促进新药品新耗材新技术应用起到助推作用。

【主要成效】 承诺公示挂网制度实施以来，共3822个品规药品，6万余种医用耗材通过承诺制挂网，并按照《黑龙江省药品和医用耗材挂网承诺公示制度(试行)》，对某医药企业上传不真实药品资料的行为进行严肃处理，对其在黑龙江省药品集中采购网通过承诺公示制度挂网的100种药品予以撤网处理。

案例四：哈尔滨市推进DRG付费改革

哈尔滨市作为国家CHS—DRG付费30个试点城市之一，扎实推进以DRG结算支付为主的多元复合式医保支付方式改革试点，努力建成医保基金预算更加合理、分类方法更加科学、协同保障更加有力、资源配置更加有效的医保支付体系，并于2021年11月1日正式启动实际付费，11—12月累计支付30631.91万元。12月，哈尔滨市被确定为全国DRG付费示范点城市。

【制定健全的工作机制，落实工作责任】 高度重视，组织有力　哈尔滨市委市政府第一时间成立以主管副市长为组长，各局主要领导为核心成员的领导工作小组，下设综合协调组、技术组等各职能小组，全面指导试点工作。市医疗保障局主要领导指挥项目实施，及时听取关于堵点、难点工作的情况汇报，召开协调会强力督办试点工作。

创新模式，合作共赢　为确保DRG试点工作高效、专业及准确开展，经过多角度考核甄选，选定第三方合作公司，提供专业技术服务并协助参与建设实施等工作。

协商反馈，多方参与　在试点过程中，筛选以临床科室、财务、信息与医保管理各方面专家，组建本地医保支付改革专家库；充分利用本地专家团队的能力，提高决策的科学性和严谨性，对形成的相关分组方案、基金分配规则及政策标准等，邀请专家组和试点医院代表进行评估论证及协商谈判，充分听取专家的反馈建议，常态化开展咨询反馈及交流协商工作，打造一个公平公正的决策平台。

【制定完善的政策方案，强化政策支撑】 制定实施方案，细化目标任务　市医疗保障局下发《哈尔滨市疾病诊断相关分组(DRG)付费国家试点工作方案》，明确试点工作总体要求、重点任务、工作安排等内容。结合哈尔滨市各试点医院综合实力、管理水平、诊疗特色及服务区域范围等因素，选取17家试点医院，覆盖全市近70%的基金总量，既包含学科能力较强的龙头医院，也有特色突出的专科医院，同时兼顾民营医院，较好地代表哈尔滨市医疗机构的整体情况，对于后期全面推广DRG支付方式改革能够起到标杆示范效果。

完善配套政策，加强制度管理　在深入学习研究国家医疗保障局技术规范及结算管理办法指导版本的基础上，结合哈尔滨市实际，在广泛征求试点医院及社会意见基础上，制定DRG结算的配套文件，针对总额预算管理、基础标准、分组方案、病例分类管理、月度结算及年终清算等内容进行明确，为DRG的实际付费提供完整的政策依据，明确执行方向。为确保付费结算工作的落地，管控基金支付风险，进一步制定DRG结算管理经办规程和监管方案，对数据传输、审核结算及申述反馈等业务环节进行全面梳理和优化，制定涵盖医保基础管理、数据质量、DRG效能管控和医疗质量等四大方面的二十余项监管指标，形成从基础标准到结算拨付，再到运行监管，贯穿整个经办流程的政策体系。

【精益求精技术标准，开展权重谈判】 细化分组方案，科学严谨测算　2021年6月，国家医疗保障局发布CHS—DRG1.1版细分组方案后，市医疗保障局第一时间进行适配，分组测算样本量130余万条，覆盖市区大部分二级、三级医疗机构，组织本地专家对新分组方案进行论证完善，完成 CHS－DRG1.1 版本地化细分组方案，最终共形成 376 个 ADRG 组下的 668 个细分 DRG 组。

开展专家谈判，修正权重费率　为满足 DRG 实际付费需要，确保病组权重及相关标准的公开、公平、合理，市医疗保障局在测算权重的基础上，组织临床权威专家对病组权重开展三轮现场论证，依据资源消耗结构合理性、疾病诊治难易程度和医改政策导向等因素，对部分权重进行调整，确定付费权重，引导医院规范治疗。

多轮模拟测算，确定支付标准　在确定支付标准的过程中，始终坚持测算与验证相结合的方式，按照技术规范进行多轮基金模拟测算，反复验证并调整各项参数。依据哈尔滨市本地住院医保基金实际支付情况，充分考虑疫情对就医人次的影响等因素，通过加权占比对 2021 年 DRG 基金进行预测，同时测算基础费率与付费费率等支付标准，并召开市领导小组会议研究确定实际付费支付标准。

【开展 DRG 专业培训，加强能力建设】　积极开展多种形式的医保 DRG 付费业务知识培训。邀请 CHS－DRG 国家试点资深专家，组织市医疗保障局经办及 DRG 试点医院相关人员，围绕医保结算清单情况、DRG 付费标准测算与结算、DRG 付费下医疗行为监控等内容进行培训，全年组织线上线下培训 20 余次，为准确开展付费结算工作打下坚实基础。

【加强信息系统建设，提高标准化水平】　开发系统　开发一套覆盖 DRG 全工作流程的高效信息系统，实现医院端 HIS 系统、医保核心系统以及 DRG 分组结算系统的互联互通和数据的交互与有效整合。积极推进国家医保结算清单建设，制定发布系统接口标准、系统操作手册等技术文档，并开展业务培训，安排专人对试点医院进行一对一地跟进，全力助推试点医院改造工作。

贯彻标准　严格贯彻执行国家医保 15 项业务编码标准。成立由"一把手"挂帅的专班，采取分片督导、"一对一"包保、任务清单管理等方式，统筹全市近万家"两定机构"开展平台贯标上线百日攻坚战，累计完成 7638 个诊疗项目、65179 名人员、172254 种药品、740715 种耗材的贯标录入工作，实现"联合序时推进、力争无感转换、确保成功上线"目标，制定的"哈尔滨标准"成为全省标杆。

上海市

工作综述

2021年，上海市围绕统筹疫情防控和经济社会发展，扎实推进医疗保障制度改革。截至2021年12月，上海市基本医疗保险参保1978.48万人，其中职工基本医疗保险参保1613.43万人，城乡居民基本医疗保险参保365.05万人。2021年，上海市职工医保（含生育保险）基金收入1730.50亿元，支出1038.04亿元，年末滚存结余3876.02亿元；城乡居民医保基金收入98.63亿元，支出95.22亿元，年末滚存结余27.34亿元，基金运行总体平稳有序，群众待遇稳步提升，市民群众看病就医更加便捷，实现"十四五"良好开局。

【服务常态化疫情防控】 *患者救治费用保障* 落实"两个确保"要求，将上海市新冠确诊和疑似患者发生费用纳入医保支付范围，确保患者不因费用问题影响就医，确保收治医疗机构不因支付政策影响救治。

核酸检测费用保障 推出新冠病毒核酸检测和抗体测定项目的医保支付政策，将发热门诊就诊患者、新住院患者及陪护人员等人群在定点医疗机构发生的核酸检测费用纳入医保支付。多次下调新冠病毒核酸检测项目价格，减轻社会及个人防疫经济负担。

疫苗及接种费用保障 建立上海新冠病毒疫苗及接种费用专项资金，做好疫苗采购及时预付、费用按时结算，做到"钱等苗"。落实国家要求三次下调灭活疫苗采购价格，2021年拨付专项资金32.44亿元，其中疫苗费用30.77亿元，接种费用1.67亿元。

【完善多层次医疗保障体系】 市医疗保障局从完善政策、建立机制、精细管理等多点协同发力，全方位完善多层次医疗保障体系，进一步织密医疗保障网络，提高医疗保障可及性，有效减轻群众就医负担。

优化基本医保制度 贯彻落实国家要求，2021年12月29日，市政府办公厅印发《健全上海市职工基本医疗保险门诊共济保障机制实施办法》，明确职工医保门诊共济和个人账户优化改革及配套调整方案。适当提高生育医疗费补贴标准，及时足额给付生育医疗费用和生育津贴待遇，积极支持三孩生育政策落地实施。职工医保年最高支付限额从2020年55万元提高至57万元。将221个国家谈判药品纳入上海市医保药品目录，参保人群基本医保待遇水平进一步提升。

完善医疗救助制度 在静安、杨浦、闵行、嘉定、浦东、崇明六区试点建立因病致贫预警机制，及时发现高额医疗费用支出对象，提前介入、精准帮扶，确保困难群众及时得到有效救助，着力构建医疗保障"安全网"。2021年共下发两批次预警人员名单共计约1.5万人，救助金额共计2.53亿元，初步实现医疗救助从"人找政策"到"政策找人"。

提升长护险精细化管理水平 注重顶层设计，坚持政策先行带动，加强部门协同联动衔接，促进精细化管理，推动制度成熟定型。2021年，修订完善《上海市长期护理保险试点办法》，进一步明确制度定位，夯实长护险试点部门联席会议和多部门协同工作机制，明确具体任务及责任分工。全面开展评估线下公示，加强评估规范、提升评估公信力。压实各区属地责任，加强市区联动和管理指导，基本实现服务总量平衡有序，为制度可持续发展奠定基础。2021年，长护险共服务失能老人60.2万人，其中居家照护49.5万人，养老机构照护10.7万人。

【深化医药招采机制改革】 *负责具体组织实施国家药品集采工作* 上海市医药集中招标采购事务管理所积极承担国家组织药品联合采购办公

室职责，负责具体实施第四、五、六批国家药品集采工作，建立完善各项工作机制，保障国家药品集采任务顺利完成。2021 年 2 月和 6 月，开展第四批、第五批国家药品集采工作，共 106 个通用名药品采购成功，中选价格平均降幅超过 50%。2021 年 11 月，开展第六批国家药品(胰岛素专项)集采工作，中选产品价格平均降幅达到 48%。

稳妥做好国家药品集采结果落地实施工作　落实质量控制、药品配送、药款支付等各环节保障措施，完善未中选药品梯度降价、未过评药品采购和支付限制、未中选“价高药”适当提高个人负担比例等配套措施，确保中选结果平稳落地。第四批、第五批中选结果分别于 5 月 20 日和 10 月 20 日开始执行。制定上海市落实国家药品集采医保资金结余留用工作方案，及时拨付结余资金。

开展国家药品集采协议到期品种接续工作　着眼于稳定市场预期、稳定价格水平、稳定临床用药，在采购联盟地区中，率先组织开展了“4＋7”试点品种协议期满后的重新集采工作，对竞争充分品种引入包括质量、供应、创新等多个维度的综合竞价机制，鼓励优质企业中选。9 个到期品种重新集采的中选价格稳中有降，平均降幅为 18.4%，中选结果于 8 月 20 日正式执行。

开展冠脉球囊类医用耗材集中带量采购　巩固国家组织冠脉支架带量采购成果，对普通冠脉球囊和药物球囊类医用耗材实施集中采购，采用量价挂钩为基础的价格联动模式，中选产品价格平均降幅 81.8%，静态测算预计节约总采购金额约 3.08 亿元。完善相关配套政策和措施，中选结果于 7 月 30 日执行。

推进药品集中议价采购试点工作　引导鼓励公立医疗机构规范开展药品集中议价采购试点。“新华—崇明”区域医联体开展集中议价采购，两批 14 个中选品种价格平均降幅分别 31.7% 和 40.2%。部分三级医院与区级公立医院组建集中议价采购联盟，依托第三方组织推进相关工作。

【加强医保基金监管】　抓好日常监管执法　市、区两级医保部门结合日常检查、举报线索发现的各类问题，综合运用常规检查、专项检查、飞行检查和预警检查等多种方式，全面开展对定点机构的现场检查，实现日常监管全覆盖。重点聚焦“假病人、假病情、假票据”和长期护理保险领域的“假评估、假服务、假结算”等行为，开展专项整治。

开展存量问题“清零行动”　开展全面数据筛查，形成存量问题清单和疑义数据清单，并将审计和巡视发现的问题整改落实情况纳入检查范围，采取定点机构自查整改、医保部门抽查复查等形式，开展存量问题“清零行动”。通过“制度＋科技”的手段，持续开展以预警为支撑的定点机构自查自纠，指导各区对监管预警指标异常且未及时开展预警检查的医疗机构开展检查。

通过“双随机”方式开展飞行检查　市、区医保部门集中力量，通过“双随机”方式，对全市使用医保基金分级排名靠前的 30 家定点医疗机构实施飞行检查，同步开展专项整治抽查复查工作。联合民政、卫生健康部门开展对长护险机构联合专项检查，并对长护险评估失能率较高的重点区域加强督导。

健全综合监管制度　对医保领域违法行为的法律适用进行梳理，制定相关指引，统一全市医保执法的适用标准。做实“市—区、医保—公安”两纵两横“行刑衔接”，完善与公安、卫生健康、药监等部门间的信息互通机制，推进联合执法。建立健全信用管理制度，健全医师记分制度、建立药师记分制度，压实医师、药师主体责任，提高诚信服务意识，规范医保服务行为。发挥医保社会监督员作用，完善举报奖励制度，优化举报案件查办的时限及流程，通过快奖、重奖，促进社会各方积极参与医保基金监管。

创新监管方式　以国家医保智能监控示范点建设验收评估为契机，研究制定《关于加强医疗保障智能监控 推进医保监管规范高效执法的通知》，加快应用大数据、生物识别、知识图谱、区块链等新技术，提升医保智能监控能力，规范行政执法流程，提高行政执法效率。

【持续推进医保支付方式改革】　市医疗保障局全面推进 DRG 和 DIP 两项支付方式试点工作，实现符合条件的 27 家三级医院 DRG 付费试点全覆盖，16 个区近 500 家医院 DIP 付费试点全覆盖。持续升级"市—区—院"三级信息服务平台等配套体系，提高过程管理水平。组织开展市、区及试点医疗机构三个层面培训，确保试点平稳有序。崇明医联体居民医保按人头付费试点扎实推进，通过合理适度的激励机制，有效促进"强化健康管理""落实分级诊疗""合理控制费用"三项指标改善，试点成效初步显现。印发《上海市医保支持中医药传承创新发展的若干措施》，明确了医保支持中医药发展的整体制度框架设计，研究完善对中医药的支付办法，积极支持上海海派中医药特色传承发展。

【支持公立医院高质量发展】 加快推进技术投入临床应用　加快公立医疗机构新增医疗服务价格项目审核和备案，开发网上申报备案系统，提升新项目价格申报及备案效率，鼓励市级医疗机构将更多的新技术投入临床应用。2021 年公布 23 个新项目价格，完成新项目价格备案 1170 余项次，完成 47 家次约定服务和 8 家次自制制剂的评审。

加大对区域医疗中心支持力度　支持区域医疗中心提升服务能力、扩大服务范围、拓展服务深度，在职工医保总额预算管理中，继续对市卫生健康委员会认定的区域医疗中心给予特别支持，助力发挥上接市级医院、下连基层医疗机构的重要作用，支撑其成为区域医疗服务的核心力量。

完善家庭医生签约服务费等政策　积极配合卫生健康、财政等部门，完善家庭医生签约服务费等政策。2021 年向全市社区卫生服务中心拨付家庭医生签约服务费约 6.9 亿元，激发家庭医生做好做实签约服务的积极性，助力提升基层医疗机构服务能级，促进实现分级诊疗目标。

【完善医疗服务价格调整机制】 开展新一轮医疗服务价格动态调整　市医疗保障局探索医疗服务价格形成机制，实施新一轮医疗服务价格动态调整，调价总额约 15 亿，涉及项目 230 项。

科学测定医疗费用增长总量　结合全市公立医疗机构医疗业务收入总量以及上海近三年内 CPI 指数浮动影响，经专家集体论证，提出本轮价格调整总金额。

引入公立医疗机构主动参与　充分尊重医院和医生的专业建议，合理确定调价范围和调价幅度。调价项目以技术价值和风险水平高的复杂型项目为主，支持中医、儿科等学科发展。适当控制调价幅度，并全额纳入医保支付，确保群众医疗费用负担不增加。

委托第三方开展政策风险评估　委托上海市卫生和健康发展研究中心在调价前期对可能产生的风险进行精准评估，并做好各类风险防范和舆情应对工作，确保调价工作平稳有序。

【助力生物医药产业高地建设】 加大医保政策扶持　加快新技术和新项目审批速度，将符合条件的相关诊疗技术、新器械等及时纳入医保支付。2021 年，将 28 个创新价值高、临床应用广泛的医疗服务项目纳入医保目录，促进新技术新材料临床应用。对纳入国家或上海创新医疗器械特别审查程序的可另收费医疗器械注册上市产品，可直接获得上海统编代码，并在医药采购"阳光平台"挂网采购。

加强医保服务引导　推进"医保医企面对面"机制化运作，多次赴浦东新区、奉贤区、宝山区、静安区等上海生物医药企业集聚区，为生物医药企业专题讲解国家最新医保政策，引导企业准确把握、积极适应新政策。第五批、第六批国家药品集采开标大会在奉贤区"东方美谷"园区举办，吸引 200 多家生物医药头部企业参加。

【推进长三角医保高质量一体化】 积极探索长三角示范区医保"同城化"　上海市青浦区、江苏省苏州市吴江区、浙江省嘉兴市嘉善县三地医保部门积极会同长三角生态绿色一体化发展示范区执行委员会，探索推进实现医保"同城化"。一是 5 月 28 日，在示范区异地门诊就医免备案基础上，将免备案范围扩大至住院、"互联网＋"异地就医结算等，惠及示范区 230 余万参保人员，覆盖示范区内所有 85 家医疗机构。二是 6 月 8 日，示范区全面实现异地就医结算"医保电子凭证一码通"。三是推进实现示范区内医保服务事项统一。以国家《全国医疗保障经办政务服务事项清单》为蓝本，建立统一的服务清单及办事指南，实现经办服务便利共享。四是实现示范区"互联网医院"医保异地结算。示范区参保人员实现网上复诊、网上配药、网上医保结算支付。截至 2021 年底,联网结算 8544 人次,涉及费用 24.8 万元。此外,在确保临床路径清晰、技术规范明确的基础上,支持长三角(上海)智慧互联网医院,试行"互联网远程特约高级专家诊察费"等"互联网+"医疗服务新项目。五是实现示范区内跨省异地医保基金联审互查,建立异地就医费用联审互查工作机制,统一标准、统一流程,对示范区内异地就医费用全领域、全过程、全方位监管。示范区医保一体化建设试点经验,已列入示范区第一、二批制度创新经验复制推广项目清单,在全国推广。

不断深化长三角异地就医门诊费用直接结算　三省一市医保部门持续抓好异地门诊费用直接结算在统筹区和医疗机构的"两个全覆盖",不断优化服务流程,改善群众体验。截至 2021 年底,门诊费用直接结算覆盖长三角全部 41 个城市和 9900 余家医疗机构,累计结算 731.83 万人次,涉及医疗费用 19.25 亿元。在国家医保局统一部署推动下,异地就医门诊费用直接结算已向全国推广,截至 2021 年底,覆盖全国 31 个省(自治区、直辖市)和新疆生产建设兵团共 347 个城市 926 个统筹区,4.56 万家定点医疗机构。

数字赋能长三角医保公共服务便利共享　一是长期居住免备案。对长期异地居住、工作和退休的参保群众,一次开通登记服务,异地就医不设限制,长期有效。在坚持分级诊疗基础上,医疗机构对转诊备案"一站式"办理,异地转诊无需备案,2021 年已在示范区内率先实现。二是移动支付少奔波。长三角参保群众在互联网医院复诊诊查费、药品费用,纳入异地医保支付。截至 2021 年底,上海已有 67 家互联网医院实现异地结算。三是脱卡结算更方便。长三角区域异地就医人员在上海所有医疗机构就医,均可凭医保电子凭证脱卡结算。四是服务事项全统一。在国家异地就医和服务平台上线后,同步推进长三角医保经办服务事项"六统一",实现"无感登记""无缝衔接"。此外,拓展长三角长护险延伸服务和结算范围,将 15 家异地连锁养老机构纳入长护险护理服务定点。

有计划逐步实现药品目录、诊疗项目、医疗服务设施目录的统一　聚焦有计划逐步实现长三角"三个目录"统一,开展广泛研究协商,并委托复旦大学专家团队开展数据比对筛查,以医保支付范围内的项目为基础,梳理至少两省市立项而且均纳入医保支付的诊疗项目和医疗服务设施项目,形成并发布"长三角三省一市基本医疗保险医疗服务项目(诊疗项目、医疗服务设施)支付目录(2021 版)"。

【推动医保数字化转型】　稳步推进医保信息化建设　按照国家医保局总体部署,大力推动国家医保信息平台在上海市的建设部署,项目纳入《上海市新型基础设施建设第二批重大项目清单》。截至 2021 年底,国家医保信息平台已在上海全市 16 个区全域上线,国家医保平台实时结算已基本覆盖全市定点医药机构。

积极做好"便捷就医"医保应用场景建设　开拓"便捷就医服务"数字化场景医保服务功能,扩大医保电子凭证推广应用,截至 2021 年底,"脱卡就医"实现 1100 余家定点医疗机构全覆盖,"脱卡购药"实现 1400 余家定点药店基本全覆盖,65 家互联网医院支持医保电子凭证应用。"医保电子记录册"在市级医院和四个区上线试点应用,群众就医更加方便。推动市级和部分郊区医疗急救中心 120 院前急救费用刷卡直接结算,实现院前急救费用"零跑动、移动付"。试点急救中心全年医保直接结算 5.12 万人次,涉及医保结算范围费用 826 万元,医保基金支付 730 万元。

提高群众就医费用报销速度和体验度　2021 年继续优化医疗费报销"一件事",将电子票据调取以及总工会职工互助会给付纳入医疗费报销"一件事",无须参保人事先打印电子票据,也可实现职工互助会自动给付。持续优化"一网通办"网办事项流程。超过 90%的生育保险待遇申领通过网上办理。将 5 项医保高频事项按照"好办""快办"要求进行完善,真正做到"自动填写表单,网上进行审核,无需线下跑动,结果及时告知"。

重要活动

1. 启动上海市失能老人长护险待遇和费用结算向长三角延伸试点。1月1日起，市医疗保障局会同市民政局、卫生健康委员会等部门，启动上海失能老人长护险待遇和费用结算向长三角延伸试点，全年共将15家异地连锁养老机构纳入。

2. 启动扩大异地门诊费用直接结算试点。2月1日，市医疗保障局在实现长三角异地门诊费用直接结算的基础上，配合其他纳入试点省市完成异地结算测试，实现全市所有设门诊的定点医疗机构，全部具备全国范围异地门诊直接结算条件。

3. 召开全市医保药品目录调整工作部署会。2月24日，市医疗保障局召开全市医保药品目录调整工作部署会，解读医保药品目录调整政策，布置系统调整和药品挂网采购等工作，稳妥推进国家2020年医保药品目录在上海落地实施。

4. 召开全市医疗保障工作会议。2月25日，市医疗保障工作会议召开，市医疗保障局主要负责同志通报2020年全市医保工作情况，部署2021年医保重点工作。

5. 开展医保基金监管集中宣传月活动。4月1日，市医疗保障局联合黄浦区人民政府联合举办“宣传贯彻《条例》加强基金监管”集中宣传月启动活动，现场播放宣传视频、发放宣传资料，展示宣传月海报、《医疗保障基金使用监督管理条例》问答和典型案例，并提供义诊服务。集中宣传月期间，市医疗保障局组织开展海报设计大赛、线上答题等活动，对医保政策法规进行广泛宣传。

6. 会同多部门召开打击欺诈骗保专项整治行动工作专题会议。4月21日，市医疗保障局、公安局、司法局、卫生健康委员会等部门联合召开“贯彻落实《条例》开展专项整治行动”专题工作会议，部署2021年全市打击欺诈骗取医疗保障基金专项整治行动相关工作。

7. 市医疗保障局开展“我为群众解难题”活动。4月23日和4月27日，市医疗保障局领导班子组织召开两场“我为群众解难题”专题座谈会，听取基层一线经办干部收集到的群众意见建议，梳理形成包括“推广医保电子凭证”“120院前急救费用医保直接结算”等27个“我为群众办实事”重点项目，2021年内全部完成。

8. 召开长三角示范区医保异地就医费用联审互查工作会议。5月7日，市医疗保障局联合长三角示范区内青浦、吴江、嘉善三地医保部门召开示范区异地就医费用联审互查工作会议，深化异地医保基金联审互查工作机制，建立健全医保联审互查标准。

9. 联合多部门召开长护险试点工作联席会议。5月14日，市医疗保障局、卫生健康委员会、人力资源社会保障局、发展改革委、财政局、上海银保监局等部门召开长护险试点工作联席会议，通报2021年长护险试点项目化工作，研究部署下一步工作。

10. 2021年职工医保年度转换顺利完成。7月1日，上海市2021医保年度转换工作（职工医保个人账户清算）正式实施，转换过程平稳有序，各医药机构、经办机构运行情况正常。7月1日起，上海市职工医保将进入2021医保年度，职工医保统筹基金最高支付限额从55万元提高到57万元，最高支付限额以上的部分，仍按规定继续报销80%。

11. 医保卡“脱卡支付”获评“上海医改十大创新举措”。7月13日，第四届“上海医改十大创新举措”成果揭晓，市医疗保障局推荐的“推进医保卡脱卡支付 优化群众就医体验”获评十大创新举措，此外，医疗付费“一件事”、DRG/DIP支付方式改革、长三角（上海）智慧互联网医院等领域均有成果获评。上海市医疗保障局有关负责同志出席成果发布会。

12. 举行“医保医企面对面”座谈会暨政府开放活动。7月29日，市医疗保障局举行“医保医企面对面”座谈会暨政府开放活动，向上海市创新医药企业代表介绍国家药品谈判与医保管理相关政策举措，并就企业关注的医保相关问题进行讨论交流。

13. 市委深改委会议听取深化医疗保障制度重点工作推进情况汇报。8月25日，市委深改委会议听取关于上海市深化医疗保障制度重点工作推进情况的汇报，指出要持续推进改革攻坚和系统集成，形成更多改革成果，放大示范引领效应，更好服务疫情防控、服务长三角一体化发展、服务生物医药产业发展。

14. 上海市首个《长护险居家服务管理规范》发布。 9月2日，上海市首个《长护险居家护理服务管理规范》团体标准在长宁区正式发布，进一步为护理服务机构开展标准化建设提供科学管理依据，是精准定位长护险服务内容、优化长护险管理服务的重要举措。

15. 开展"领导干部帮办"活动。 10月起，市医疗保障局组织领导干部赴基层经办服务窗口，全流程陪同、协助参保人办理"零星报销""就医关系转移""生育保险待遇申领"等高频事项，发现办事过程中存在的问题，并推进解决完善。

典型案例

案例一：上海市创新医疗服务价格形成机制

2021年，上海市医疗保障局在实施新一轮医疗服务价格调整中，坚持以人民健康为中心、以临床价值为导向、以促进医疗事业高质量发展为原则，由政府管好调价总额、制订规则，注重医疗机构参与度，进一步发挥价格引导资源配置、平衡利益分配的关键功能，充分释放改革红利。

【主要做法】 *科学测定价格调整总量* 综合考虑全市公立医疗机构医疗业务收入总量以及近三年CPI指数变化，测算物价水平变化对医疗业务收入影响金额。同时将医疗机构开展新项目，以及配合疫情防控、医用耗材集采、医疗服务项目纳保等政策所实施的专项价格调整等产生的业务收入变化情况，纳入价格调整总量通盘考虑，经专家论证和工作专班集体协商，最终确定本轮医疗服务价格调整总金额。

形成政府指导、医院申报的调价项目清单 委托市卫生健康委员会、申康医院发展中心组织抽选不同等级、不同类型的十余家医院，由医院自主申报调价建议项目清单。在项目遴选工作中主要考虑以下因素。一是按照临床发展迫切性强、价格成本偏离度大、学科发展急需扶持的优先顺序排序上报，将有限的调价额度用在最需要的地方。二是提高体现医务人员技术劳务价值的服务价格，降低容易诱导使用的大型设备检查和常规化验价格，优化医院收入结构。三是兼顾各学科发展，适当控制单个项目调价幅度，有升有降，群众负担不明显增加。在广泛听取一线医务人员和专家学者意见，综合比较项目成本、标化价值、开展频次、业务相关程度等因素的基础上，对比兄弟省市价格水平，反复论证形成调价项目清单。

支持重点学科发展与规范医疗服务项目收费相结合 加大对中医、儿科等重点学科的支持力度。按照国家医疗保障局《深化医疗服务价格改革试点方案》中关于支持中医传承创新发展以及《上海市中医药条例》相关精神，重点将功能疗效明显、特色优势突出、体现劳务价值的多项中医类项目纳入调价范围。扶持儿科发展，将临床治疗过程中，儿童操作相较成人难度大、耗时久的部分诊疗项目实施扩大6周岁及以下儿童加收范围，同时对部分儿科特色项目价格适当调增。考虑120急救在疫情防控中承担大量患者转运工作，适度调增相关项目价格，提升随车医生急抢救劳务价值。持续规范诊疗收费行为。针对日常监督检查中发现的部分医疗机构分解收费、让患者多次往返医院检查等不合理现象，对部分临床常用的检查类项目收费方式进行规范调整。

【主要成效】 *发挥医疗机构的主动性和专业优势，提升价格调整的科学性和实效性* 在政府部门确定调价原则、规则及方法的基础上，充分尊重医院和医生在医疗实践环节的专业意见建议，调价项目清单及价格建议均由医院自主提出。建议调价项目以技术和风险密集型的复杂型项目为主，优先调整临床反映集中的技术劳务价值较高的服务项目。建议价格调整幅度相对理性，与政府部门组织的成本测算水平基本契合。从调价项目数量和金额构成来看，临床诊疗类项目占比76%，金额占比46%；综合医疗类项目占比16%，金额占比34%；医技诊疗类项目占比8%，金额占比20%，充分体现尊重医务人员技术劳务价值的导向，进一步增强医务人员认同感、参与感、责任感。

精准评估风险，实现调价平稳推进 委托专业机构，在调价前期认真开展第三方评估，经评估认为风险总体可控。一是患者实际负担增加不明显。调整项目均在医保报销范围，其中90%调价项目为住院使用、医保报销比例较高的项目，患者实际付费增加不多。二是医保基金可承受。经测算，该轮基金支出增加金额占基金总规模比重较小。三是不涉及患者感受明显、医疗机构普遍开展、均质化程度高的诊察、床位等服务项目，以及社会敏感的医疗服务项目，社会风险较低。

建立缜密灵活的舆情应对预案，调价平稳有序落地 市医疗保障局会同相关部门提前研判潜在风险，完善舆情应对预案，明确政策口径，聚焦群众诉求，分层次、分对象做好宣传、沟通、解释工作，发动临床一线医务人员对患者耐心解释，及时回应群众关切，纠正不良舆论和对政策的片面解读，实现调价平稳落地。

案例二：上海市全面推进医保智能监控

2021年，上海市医疗保障局以国家医保智能监控示范点建设为契机，主动顺应和掌握数字化时代带来的新趋势新机遇，高效建设医保智能监管系统，依托人工智能、区块链、云计算、大数据、“互联网＋”等新技术，创新解决医保监管中的痛点和难题，提高医保监管效率和精准性，实现全方位、全流程、全环节医保智能监控。

【高位推进医保智能监控工作】 成立专项工作组负责医保智能监控工作，积极推动与卫生健康、公安、民政、市场监管、纪委监委等部门协作，注重与高校、信息技术公司的合作，集中力量开展国家医保智能监控示范点建设。制定《关于加强医疗保障智能监控推进医保监管规范高效执法的通知》等政策文件，建立健全制度体系，研究创新医保基金监管方式方法，及时将研究成果转化为实际应用，并不断丰富业务场景，改进提升系统功能。定期开展智能监管专业培训，提高智能监管系统的实际运用水平。

【建设医保智能监管系统】 *建设全方位立体化闭环医保智能监管系统* 适应医保制度改革发展需要，针对基金监管中发现的新问题、新动向，不断建设完善全市统一的医保智能监管系统，监管范围涵盖六大险种、八类监管对象，支持市、区医保监管部门监督检查和定点机构自查自纠三级联动，具有事前提醒、事中控制、事后追踪三大功能，贯穿线索发现、调查取证、违规处理、结果应用等环节，构建全方位、全流程、全环节的智能监控“防火墙”。

健全针对欺诈骗保新特点的智能监控知识库规则库 分析欺诈骗保行为特点，总结国家及上海医保监管规则指标，建立医保智能监控知识库，包括基础知识库、监控规则库、分析指标库和大数据主题模型库。将实际检查工作中运用的近200条规则纳入监控规则库，将对民办医疗机构预警检查中运用的近400条指标优化后纳入分析指标库，并扩展使用范围至全市所有定点医疗机构。结合上海DRG/DIP支付方式改革试点，将1.4万余个病组分值库、近900个DRG分组库纳入知识库统一管理。建立医保智能监控知识库全市共享机制，提升市、区两级监管部门监控能力和全市定点机构的自我管理水平。

应用大数据智能化手段助力医保精准监管 应用大数据、知识图谱、区块链、视频“云监控”、人脸识别、自然语言识别（NLP）、无线射频识别（RFID）等信息技术，开发参保人实时监控、定点机构预警监控、DRG/DIP融合监管、医师诚信画像、药品耗材进销存监管、“互联网＋”医疗监管、长护险监管等特色监管工具，着力实现各类疑点的自动抓取、智能研判和快速预警，提升基金监管的智能化与精准性。

探索长护险智能监管方法　针对长护险居家护理监管难点，以移动互联技术和在线服务数据为基础，开发长护险智能监管平台，综合各种技术手段，采集分析服务地点、服务人员身份、服务时段及服务过程等数据对服务进行管控，确保服务真实可靠。市、区医保监管执法人员应用长护险移动监管 App 执法端，开展“移动互联网＋飞行巡检”，通过异常服务数据预警，线上线下联动，事中、事后监管相结合，及时查处服务人员虚假服务、人员资质冒用等违法违规行为，精准快速打击各种欺诈骗保行为。

【打造医保数字化监管格局】　将医保基金监管纳入全市数字化转型布局　依托上海市“一网通办”“一网统管”平台，将医保数据汇入“城市大脑”，推进上海医保治理数字化转型，提升医保智能监管能级，全面支撑医保监管精细化，加强医保基金监管的广度和深度。

加快推进数字化监管成果应用　开展医保监管执法人员培训，推进数字化监管建设成果应用。坚持传统现场监督检查和数字化监管并举，由智能监控手段为线下监督检查赋能，由线下监督检查对智能监控知识库、应用场景等进行优化完善，实现相辅相成。

持续优化迭代升级，提升医保监管现代化治理水平　借鉴各地先进经验和做法，结合 DRG/DIP 支付方式改革、家庭医生综合监管、互联网医疗新业态监管、长三角异地结算共管共治，应用机器学习、深度挖掘、大数据分析算法等智能化手段，不断迭代升级大数据模型，拓展智能监控功能，提升医保基金监管能力水平。

【主要成效】　市医疗保障局以医保智能监控为支撑，不断探索大数据监管手段和创新监管方式，出台《关于加强医疗保障智能监控 推进医保监管规范高效执法的通知》政策文件，加大监管力度，注重监管实效。在 2021 年全市定点医疗机构专项治理“回头看”工作、“清零行动”自查自纠工作以及日常医保预警检查工作中，充分利用智能监控系统，实现数据监控和疑点排查 100％全覆盖，为全方位、多维度基金监管打下基础。上海市智能监控示范点建设工作通过国家医保智能监控示范点建设终期评审，获得“优秀”等次。

案例三：上海市开展因病致贫预警机制试点

2021 年，上海市医疗保障局首批确定闵行、静安、嘉定、浦东、杨浦和崇明六个试点区，开展因病致贫预警机制试点，建立完善主动发现机制，防范化解因病致贫风险，夯实医疗救助兜底功能。

【主要做法】　加强组织领导　在因病致贫预警机制试点阶段，由医保部门牵头协调，建立健全市、区、街镇三级工作机制，各区、街镇积极探索特殊矛盾的个案化解，并对困难对象提供转介服务，对经过医疗救助后仍有困难或者医疗救助政策覆盖不到的人群，提供临时救助、综合帮扶或慈善捐助等，形成多方合力。

强化数据归集　立足大数据系统，完善基本医保数据与综合减负、医疗救助、各区一站式结算、各类补充保障等数据整合，建立完善医保与民政、残联、总工会、红十字会、商业保险公司等部门的数据共享机制，打通数据链条，整合碎片化健康信息资源，实现对预警人员的智能研判。

明确预警流程　首先，明确监测人群和预警标准。试点阶段，主要监测重点人群包括低保家庭成员、特殊救济对象、支出型贫困家庭成员、低收入困难家庭中重病人员、重残人员。为确保预警数据敏感度和及时性，将预警费用范围设定为在医疗机构发生的基本医保报销后的现金自付医疗费用和自费费用的合计，暂不扣除大病保险、医疗互助、医疗救助等费用。预警标准与市人均可支配收入关联，将个人年均可支配收入的 30％作为预警线，2021 年为 5.6 万元（即上海市 2020 年人均可支配收入 7.2 万元×户均人数 2.6 人×30％＝5.6 万元）。其次，定期进行费用筛查并生成预警名单，由市医保部门下发至各区医保部门，并推送至街镇进行情况摸排并分类救助。最后，各街镇对医疗救助后仍有困难的、医疗救助政策覆盖不到的、高额自费医疗费用无法解决的人员，进行转介处置，并做好相关结果反馈。

【进展成效】 强化三级联动协同 强化市、区、街镇三级联动协同，依托区、街镇的纵向网络，打通医疗救助服务"最后一公里"，增强救助服务的精准性。如，闵行区浦江镇社区事务受理中心为患尿毒症居民制定"一户一方案"专业帮扶计划并跟踪关注，定期上门慰问，实施关爱结对，给予患者生活照护、心理辅导等方面帮扶，切实减轻患病困难群体医药负担。

从"人找政策"到"政策找人" 因病致贫预警机制试点以来，市医保部门共下发包括2020年全年和2021年1—8月累计医疗费大于5.6万元的14910名预警对象人员信息。通过"医疗救助帮扶家庭顾问"等医疗救助帮扶小组，将救助下沉至基层社区，主动联系，逐个摸排，帮助办理救助报销12704人；主动进行政策宣传，引导提出救助申请1376人；主动帮其提供转介服务601人。通过动态化、常态化监测预警，及早识别，及时救助，实现从"人找政策"到"政策找人"的转变。

从"以治病为中心"到"以健康为中心" 六个试点区内，共有1376名救助对象是由街镇救助顾问等专职人员根据其医疗费用支出困难情况和家庭经济状况，引导提出救助申请，享受救助报销，有助于发现贫困群体的医疗服务需求，实现"以治病为中心"向"以人民健康为中心"的转变。

实现医疗救助制度与相关制度的衔接 六个试点区共601人享受转介服务，为医疗救助和基本医疗保险以及其他社会救助搭建了桥梁，增强了医疗救助制度与基本生活救助、其他专项救助制度的衔接。

案例四：浦东新区打造医保"云服务"新模式

2021年，浦东新区医疗保障局依托互联网，全力打造医保"云服务"新模式，为辖区内384万参保人员提供更加高效便捷、贴心暖心的医保便民服务。

【依托线上渠道，精准宣传医保政策】 针对群众对医保政策知晓度低的难题，依托"浦东医保诚善服务"微信公众号，打造"医保快线"品牌，精准宣传医保政策，重点做实三个载体。

开设"浦问善答"栏目 记录服务大厅、咨询台中关注度高、咨询量大的医保热点，以日常对话为切入点，"一问一答"对高频问题进行情境式的官方解释，简单明了说明该情境下的正确处理办法。截至2021年底，推出"节假日突发急病，先行垫付医疗费如何报销""职保转居保，医保待遇会不会断档""住院期间在其他医院发生门诊怎么办"等六期内容，累计阅读量5000余人次。

上线"诚善小精灵"小程序 根据不同参保类型和年龄段，个人看病就医自付比例、医保待遇各不相同。"诚善小精灵"智能小程序引导群众按步骤勾选参保类型、年龄等信息，一键查询个人医保待遇，将复杂政策转化为直观精确的个性化信息告知。小程序还汇集了职工医保、居民医保、互助帮困等各类政策资源，支持扫码搜索、随扫随知。

制作"诚善小课堂"微视频 自编、自导、自行制作生动的动漫微视频，以简洁易懂的语言普及医保惠民政策，让群众随时看、看得懂、听得进。截至2021年底，推出异地结算、零星报销、长护险等六期小课堂，累计播放量5000余人次。

【探索"互联网＋"医保服务】 从方便群众办事出发，优化经办流程、提升服务细节、完善便民设施，积极探索"互联网＋"赋能的医保服务新模式，具体做好三项服务。

"指尖上"的移动服务 一方面，探索"前台提交申请、后台分类审批、掌上推送结果、场景交互融合"的微信服务模式，参保人绑定信息后，转移接续、零星报销业务的办理进度、结算金额将自动推送，在落实"排队与等候办结均不超过半小时"服务承诺的同时，实现全天候便民服务；另一方面，积极推进"互联网＋"医保结算，进一步方便群众就医看病。截至2021年底，浦东新区内所有130家定点医疗机构全部接入国家异地结算平台，实现"应联尽联"。所有502家定点医药机构实现"医保电子凭证"脱卡支付，看病买药"一码办理"；长护险移动结算试点有序推进，行动不便的老人不出家门就能结算支付。

"无纸化"的快办服务 对转移接续、就医关系转移两个高频服务事项，推行无纸化的快办表单服务。办事群众只需在经办机构的平板电脑上输入个人基本信息及参保凭证上的经办机构邮政编码，相应的外省市医保经办机构名称、地址、联系电话等自动匹配生成，群众免于填写纸质表单，经办人员亦无需重复录入，提升了申请信息准确率，加快了群众办事速度。

24小时的自助服务　为解决群众“上班时间没空办，下班时间没处办”的问题，在区医保中心开辟24小时自助服务区，并于2021年4月底试运行。自助服务终端上可24小时办理个人信息查询、参保凭证打印、就医记录册补办、医保网站密码变更等七项业务；支持医保电子凭证，免除群众忘带社保卡、身份证的烦恼；布设详细流程图，方便群众对照指南自助操作；建立服务区值班制度，定时巡视、协助办理。截至2021年底，累计服务2206人次。

【加强医保队伍建设，提升干部服务能力】升级“浦东医保业务练兵”线上小程序，更新医保经办、协议考核、监督管理、信息安全等医保知识模块，增加党建知识板块，全面提升医保工作人员政治素质、业务素养和服务技能，锻造一支信念坚定、政策熟悉、业务精通的医保服务“尖兵”队伍。此外，将医保经办业务技能练兵比武的范围向基层一线延伸，街镇社区事务受理中心的医保经办人员共同参加练兵，通过“比学赶超”，培树更多的医保业务“知识通”，带动基层一线医保经办服务能力和水平全面提升。

案例五：徐汇区推动120院前急救医保结算“零跑动、移动付”

位于徐汇辖区内的市急救中心承担上海市中心城区院前急救和全市性应急保障任务，下设近50个急救分站，年业务总量近40万车次。患者急救医疗费用“先垫付后报销”，给参保群众带来不便。2021年徐汇区医疗保障局聚焦“智慧急救”医保实时结算，积极推进便捷就医服务数字化转型，以实现院前急救医保交易实时结算为目标，让参保群众急救费用“零跑动、移动付”。

【专班专人，跟进指导】　医保部门在受理市急救中心申请医保定点资格的需求后，迅速成立工作专班，选派业务能手负责业务指导，同步开展验收项目准备。在救护车的硬件配置、医师药品的管理、调整HIS系统、定制专用POS机等方面逐一落实，从医保管理制度到硬件设备配置、从信息平台建设到系统运行模式、从数据上传比对到医保结算申报，逐项培训、层层落实、步步跟进。及时向上级部门报告工作进度、沟通难点堵点、寻求技术支持，确保有序有效推进。

【专题研讨，共商对策】　对于票据内容、格式等问题，积极与相关部门联商联调，多次组织召开专题协商研讨会，在票据式样无法更改的情况下，会同急救中心通过浓缩项目内容、调整打印设置，尽可能做到票据显示的医保结算信息内容最大化。经反复商榷，调整后的票据上可完整显示医保类型、现金支付金额、分类自负金额、自负金额、自费金额、医保统筹支付金额、附加支付金额、个人账户支付金额等类别，并已通过市医疗保障信息备案。会同软件公司等上门实地模拟演练职工医保、居民医保等不同类型的持卡及电子凭证结算，确保不同场景有效应用。

【搭建桥梁，形成合力】　与市急救中心通力合作，完成急救中心医保五期系统、医保电子凭证场景应用、急救中心医保信息系统本地库构建等建设。会同急救中心健全完善信息安全管理制度、网络故障应急预案、组织人员培训等；及时解答医保信息编码字段含义、字段格式等技术问题，协助保障网络边界安全，夯实信息安全基础。

【工作成效】　徐汇区医保部门以持续深化医保服务事项“最多跑一次”改革为契机，以5G移动通信技术为载体，以市、区两级医保部门上下联动为核心，以医保五期信息接口为支撑，努力推动服务创新与互联网、大数据等信息技术的深度融合，与市急救中心紧密协作互动，探索实践院前急救系统特有的医保实时结算新模式，彻底免除参保群众“院前急救，事后报销”的奔波烦恼。自2021年6月21日上线至12月31日，市急救中心直接持卡结算46624人次，申报结算金额695.23万元，医保基金支付 614.34 万元。

案例六：静安区建设长护险现场质控技防体系

2021 年，静安区医疗保障局围绕精准保障、高效保障的理念，利用信息化手段推动长护险全程“AI＋监管”，加强入户服务管理、加强评估质量，做实长护险整体管控，推动长护险服务提质增效。

【主要做法】 2021 年初，静安区医疗保障局在区科委、区政务数据中心支持下，依托静安区云平台资源，投入 25 台服务器，全面推动长护险居家服务现场质控技防体系建设，实现区内全体居家机构、全体长护险护理人员全覆盖，通过采集服务现场实时数据，应用语音识别、AI 声纹判断等多重智能审核，有效降低监管人力投入，提升监管效能。

加强入户服务管理、推全程智能监管 2021 年 6 月，区级长护险质控技防终端全覆盖试运行，全区养老护理员为老人提供上门照护服务期间，按要求携佩戴服务数据采集终端，服务现场签到、声纹等实时数据实时上传，通过后台 AI 算法实现对现场服务异常自主筛查，并挂钩机构长护险费用结算，每日上传现场数据 13000 余小时，基本实现服务数据全覆盖。

加强评估质量跟踪、抓源头管理 一方面，加强评估预告知，加大对申请对象长护险政策宣传，2021 年采取短信方式精准推送评估政策 6 万余条，帮助申请人加深对长护险政策的理解；另一方面，实现评估全程摄录，摄录视频上传政务云，为复核、终核工作提供有效依据，同时做到对服务对象的跟踪管理。

【主要成效】 *协同化管理* 静安区长护险试点工作由区医保、民政、卫健、各街镇等部门协同推进，通过梳理各方职责，制定行业管理和质控监管方案。在静安区医保信息平台，实现受理、评估、服务、结算、监管等全过程数据共享，并由三部门对机构就相应职责履行情况进行评分，有效推动协同化管理。

数字化治理 依托数据赋能，通过服务现场照护声纹音频实时上传、系统后台智能分析及时感知，起到过程追溯、服务分析作用，并将服务质控判定违规数据挂钩医保基金结算，有效提升基金管理效能。截至 2021 年底，已有多名失能对象因无法再有家政类服务而主动中止或暂停长护险服务，近 400 名护理员因无法再进行超范围服务而主动辞职退出，超范围服务时长占比降至 1% 以下，较好解决长护险超范围服务的问题。

精细化服务 将机构服务质量控制列为核心工作，要求机构压实主体责任，加强内涵管理、队伍建设和品牌发展。通过协议管理进一步完善长护险机构准入和退出机制，资质不全、管理薄弱的居家服务机构高比例平稳退出，居家服务机构从 2019 年底续约的 44 家减少到 2021 年底的 25 家，退出比例达 43%。

多元化评价 积极探索以信用评价为抓手的机构管理模式，构建医保执法检查、医保协议管理、医保专网安全检查、民政检查、卫健检查、协会成员行业自律、财会制度检查、劳动保障落实、政策法规考试、对象满意度测评、居家服务合规率、日常工作部署、信访投诉处置等 13 个指标构成的综合信用评价体系，评价结果直接挂钩机构协议考核和下年度协议管理签约，有效提升长护险养老服务整体品质。

2021 年，静安区共有长护险服务对象 2.64 万人，年居家服务 470 万人次，基金结算 3.655 亿元。静安区医疗保障局将从提高质控技防系统数据分析的精准性、探索现场服务质控技防技术的再更新、继续深入开展第三方满意度测评等方面提升静安区长护险服务整体品质。

案例七：普陀区持续提升医保公共服务水平

2021 年，普陀区医疗保障局坚持以人民为中心，聚焦群众服务需求，深化医保领域“放管服”改革，推动线上线下服务深度融合，促进医保经办服务高效便捷，全面提升群众的体验感和满意度。

【主要做法】 推动医保服务数字化转型　将办理医保卡、就医记录册、医疗费零星报销等 25 项区级医保公共服务事项接入上海市“一网通办”平台，实现市级下沉区级医保公共服务事项应接尽接。动态完善服务指南，确保医保线上线下服务无缝衔接、标准一致，让群众办理医保事项“减跑动”或“零跑动”。加大跨部门公共数据整合、共享，全面实施“两个免于提交”（本市政府部门核发的材料，原则上一律免于提交；能够提供电子证照的，原则上一律免于提交实体证照），加强“居民身份证”等电子证照应用推广宣传，引导群众“电子亮证”，实现业务办理“减材料”。积极推广医保电子凭证，实现在区内定点医疗机构及医保自助服务机的全覆盖应用，便利群众就医办事。

综合窗口模式加速实现业务融通　实施区医保服务窗口轮岗培训计划，从分大类业务通办，到跨岗位业务轮转。从培养业务通才，到实现业务融通，医保业务综合窗口覆盖率 100%，实现医保经办服务从“分设办理”向“一窗受理”的转变，不断优化资源配置，提升服务效能。

强化服务机制建设　设置党员示范岗、管理干部轮值岗，应需启动服务保障三级响应机制（窗口党员示范岗—服务大厅总值班长—中层行政办公会），顺畅应答。践行服务受理零推诿、服务办理零积压、服务结果零差错、服务过程零投诉的“四零”承诺，推行早上开门前延一点、中午服务后延一点、节前加班延长一点、志愿行动外延一点、便民设施延展一点的“五延”模式，重点帮扶老年群体跨越就医报销等方面的“数字鸿沟”。接入上海市政务服务“好差评”系统，优化评价模式，动态完善应急预案，防范风险隐患，保障服务安全。

方便群众就近办，着力织密服务网络　将 90%高频医保服务事项下沉至 10 个街道（镇）社区事务受理服务中心，将医保门诊大病登记等与就医过程紧密相关事项，下沉至区内 8 家二级综合性医疗机构办理，形成区内“1＋10＋8”邻家医保服务圈。扩大宣传面，加强普陀医保部门与各定点医疗机构、社区医保服务点三方协同，通过服务大厅张贴宣传海报、投放宣传折页、滚动播放高频业务网办指导视频等方式，利用“政府开放日”等活动，开展线上线下立体服务宣传，拓宽群众对医保政策的获得渠道和知晓度。

【改革成效】 提高医保服务便捷度　普陀区医疗保障局全力建设医保经办三级服务网络，解决群众“最后一公里”问题，增强群众办事便捷度。以“减环节、减时间、减材料、减跑动”为衡量标准，聚焦办事全流程，强化环节精简和流程再造，医保公共服务事项平均减环节 69%、减时间 54%、减材料 75%、减跑动 71%。医保关系转移接续、跨省异地就医备案、结算等高频业务实现“网上办”“掌上办”“码上办”。

提升医保服务速度　实行综合窗口办理服务模式以来，常设窗口减少 50%，业务办理提速 50%，切实减少群众办理业务跑动次数和等候时间，解决“二次排队”问题，经办业务提速增效。

案例八：宝山区医疗救助实现“免申即享、免单即办、免跑即领”

2021 年，宝山区医疗保障局依托云服务、市区两级数据共享、智能化算法、大数据分析等技术，建设完成医疗救助“医保 e 助”信息平台，打造“主动发现、一键触发、精简程序、上下联动、规范高效”的智慧医疗救助，实现医疗救助从“人找政策”到“政策找人”的转变。

【打破数据壁垒，实现救助数据精准对接】

“医保 e 助”创新依平台救助模式，经与多部门协调沟通，获取医保结算、综合减负、居保大病、总工会补助等数据，通过市级共享平台将数据导入“医保 e 助”信息平台，精确定位到每个救助对象的每一笔就医记录，无需人工计算即自动生成救助待遇，经街镇经办人员比对审核后通过系统直接提交区医保中心，实现救助流程线上全闭环，同时依托数据的真实性和准确性，有效规避了人工误差以及假发票骗保问题。区内12个基层经办机构分三批试点运行，实现区内正式上线全覆盖。

【打破时空壁垒，足不出户享受救助待遇】 聚焦医疗救助经办体验，打破原先“依申请”被动救助，转变为“数据式”主动救助，从救助对象持卡在定点医疗机构就医结算为起点，系统主动触发救助流程，生成工单并实时推送至对应街镇经办机构，再线上流转至区医保中心，点对点将救助资金打入救助对象银行卡。工单流转期间，救助对象可以通过短信或“一网通办”平台了解办理进度，追踪办理流程，真正实现救助零申请、申请零材料、线下零跑动。

【打破业务壁垒，持续精简优化经办流程】 “医保e助”信息平台围绕精简医疗救助办理周期、精简医疗救助申请材料、精简经办人员业务流程，通过数字化转型，着力打造智慧医疗救助平台。经办人员从原先手工录入发票信息，转变为在线核验发票数据；从原先人工计算金额，转变为系统自动计算；从原先手工制表，转变为系统一键生成，减轻人工成本和手工操作风险，救助周期人均缩短30天，大大提升经办效能。

宝山区通过“医保e助”信息平台，医疗救助周期缩短50%，精准度达100%，免去发票真伪核验的繁琐流程，有效精简经办流程，缩短救助经办周期，防范救助资金使用风险，切实提升医疗救助经办工作效能，真正做到“让数据多跑路，让群众少跑腿”。

案例九：崇明区创新推进“新华—崇明”区域医联体药品集中议价采购

2021年，崇明区医疗保障局启动开展“新华—崇明”区域医联体药品集中议价采购工作，截至2021年底，完成两批次药品集采，产生14个中选品种，对国家和上海药品带量采购形成补充和延伸。

【制定政策框架】 崇明区医疗保障局作为牵头单位起草指导意见和工作方案，广泛征求相关部门、医疗机构及医药企业等各方意见建议并不断修改完善。2021年1月，崇明区医疗保障局、卫生健康委联合印发《关于推进“新华—崇明”区域医联体药品集中议价采购工作的指导意见（试行）》。

明确四项任务目标 建立医联体药品集中议价采购机制、降低药品价格、增强药品供应保障能力、提升医联体改革活力。

明确四项基本原则 坚持依法依规，主动接受市场监管；坚持价值导向，避免唯低价是取；坚持诚实守信，承诺优先使用，及时回款；坚持公平公正，保障各方合法利益。

明确五项试点内容 一是医联体内各区属医疗机构是药品集采主体，政府指导协助开展工作；二是医联体搭建药品集采组织架构，成立领导小组作为议事决策机构，组建专家委员会编制采购目录，并建议医联体遴选第三方服务机构，提供各项事务和技术支持服务；三是对编制集采药品目录提出原则要求；四是要求医联体科学制订集中议价采购遴选办法和中选规则；五是强调必须进行阳光采购。

明确建立医联体药品集采联席会议制度 负责指导医联体开展工作，并完善考核激励机制，对结余部分按比例留用，且可以按照“两个允许”政策，用于发放医务人员薪资奖金。

【组织推进实施】 2021年2月，医联体药品集采试点工作领导小组召开会议，讨论通过各项操作办法和细则。

药品遴选办法和中选规则 明确以中国医药工业信息中心DRS药品第三方评价、本市历史采购量占比、医疗机构覆盖率等客观指标作为集中议价采购药品遴选的评价维度，进行综合评价排名，判定是否入围；再按价格综合得分由高到低次序确定中选药品。

专家抽选 除基本条件外，着重强调专家抽选要在评审工作开始前24小时内完成，由医保、卫生健康部门和医联体派出代表现场监督。

中选结果执行 着重明确医疗机构与中选企业、中选企业指定的1家医药销售企业签订药品

购销合同,并严格履行中选药品带量采购承诺,中选药品不低于首年约定采购量计算基数的 60%,且不低于本采购年度同种药品采购量的 60%;药品入库后下月底前,各医疗机构应做到及时入账,按时回款。

【主要成效】 2021 年 4 月中旬,崇明区首批药品集中带量采购中选公告在上海市阳光医药采购网发布,9 个药品中选。5 月 19 日,首批药品集中带量采购首单落地。10 月 27 日,崇明区第二批药品集中带量采购中选结果在上海市阳光医药采购网正式发布,5 个药品中选。医联体 2 批次药品集采活动产生的 14 个中选药品,涉及全身抗感染药、心血管系统药物、神经系统药物、消化道和代谢方面药物、血液和造血器官药五个类别,均为临床常用的大品种;中选药品平均降幅 34.74%,最高降幅 83.04%,切实减轻了群众的用药负担。经过测算,14 个中选药品两年预计至少可结余医保资金 4322 万元。

截至 2021 年底,第一批 9 个集中带量采购药品年承诺最低采购金额为 4067.15 万元,中选结果自 5 月执行起,截至 2021 年底,各成员单位采购中选药品 4024.81 万元,完成进度为 98.96%;实际使用中选药品 3656.14 万元,完成进度为 89.89%,总体达到七个月至少 58.33%的预期目标。第二批 5 个集中带量采购药品年承诺最低采购金额为 1718.65 万元,中选结果 12 月执行以来,截至年底,各成员单位采购中选药品 482.54 万元,完成进度为 28.08%;实际使用中选药品 310.99 万元,完成进度为 18.1%,执行情况符合预期。

江 苏 省

工作综述

2021年，江苏省医疗保障系统持续深化医疗保障制度改革，群众医药负担有所降低，基金安全得到有力维护，公共服务持续优化，基础支撑能力提升，实现"十四五"医保事业良好开局。

【基本医疗保障制度平稳运行】 截至2021年末，全省基本医保参保8063.8万人，参保率保持在98%以上，职工基本医疗保险（以下简称职工医保）和城乡居民基本医疗保险（以下简称居民医保）政策范围内住院医疗费用基金支付比例分别为86%和72%左右。全省职工医保参保3245.97万人，比上年末增加143.72万人，增长4.63%，完成年度目标任务的101.22%。其中在职职工2403.94万人，退休人员842.03万人，分别比上年末增加107.3万人和36.41万人。全年职工医保（含生育保险）基金收入1614.65亿元，比上年末增加316.9亿元，增长24.42%，基金支出1315.1亿元，比上年末增加208.95亿元，增长18.89%，当期结存299.55亿元。全省居民医保参保4817.84万人，比上年末减少47.65万人，减少0.98%。居民医保基金收入561.6亿元，比上年末增加60.82亿元，增长12.15%。居民医保基金支出538.95亿元，比上年增长12.58%，当期结存22.65亿元。

【构筑新时代医疗保障制度体系】 省医疗保障局着力加强医疗保障制度建设，加快完善法治、工作运行等基础制度。以省委、省政府名义印发《关于深化医疗保障制度改革的实施意见》，全面落实中央顶层设计，确定26项改革任务，明确未来5—10年医保改革方向。省人民政府办公厅编制全省首部医保领域专项规划《江苏省"十四五"医疗保障发展规划》，明确七大发展目标，为医保高质量发展提供坚强保障。以省政府办公厅名义印发《关于建立健全职工基本医疗保险门诊共济保障机制的实施意见》，全面建立职工医保门诊统筹制度，统一全省职工医保门诊统筹基金起付标准、支付比例、最高支付限额设置方法，改进个人账户计入办法，进一步规范个人账户使用范围，明确2021年起至2023年底减持个人账户逐步到位的"三年行动"具体步骤。推动《江苏省医疗保障条例》纳入省人大立法计划。迅速落实国家待遇清单制度，会同省财政厅联合印发《关于贯彻落实国家医疗保障待遇清单的实施方案》，推动各设区市厘清待遇边界，明确决策权限。印发《关于推动灵活就业人员参加职工基本医疗保险的通知》，放开灵活就业人员在就业地参加医保的户籍限制。规范职工医保转移接续及待遇享受政策，制定印发《关于规范职工基本医疗保险转移接续期间参保人员有关待遇享受政策的通知》，落实省内跨统筹地区实际缴费年限互认，促进人力资源合理流动，保障群众医保待遇。

【建立健全多层次医疗保障体系】 截至2021年12月，江苏省全面实现城乡居民大病保险（以下简称大病保险）市级统筹，统筹地区由78个减至13个，政策碎片化得到扭转。全年大病保险受益56.4万人，基金支出53.27亿元，同比分别增长11.82%和12.79%。

【稳步推进药品耗材集中带量采购工作】 省医疗保障局印发《关于深入推进药品阳光采购的实施意见》，完善药品阳光采购政策，明确分类挂网采购形式，开辟挂网"绿色通道"，支持医药产业创新发展。全年新增受理审核12批2834个药品、12批1116个医用耗材挂网以及2457个医用耗材备案申请。建立药品挂网价格预警机制，公布4批527个药品挂网价格预警标识品种，促进85个药品主动调低价格。原30万余条各设区市五大类普通医用耗材及检测试剂挂网产品信息合并至10万余条。建立信用评价管理机制，省平台挂网销售企业主动信用承诺率100%。全面落实国家组织集中带量采购(以下简称国家集采)结果，完成前三批国家集采药品续约，推动国家组织第四、五批药品以及首轮冠脉支架集采结果在本省执行。常态化开展省级药品耗材带量采购，完成省第二轮药品带量采购、第五轮医用耗材带量采购、第六轮(省际联盟药物球囊)带量采购，预计每年节约采购资金近13亿元。其中药物涂层球囊均价从2万多元降至6000元左右，主流双腔起搏器均价从5万—6万元降至2万元左右。

【建立完善国谈药“双通道”管理机制】 省医疗保障局会同省卫生健康委员会出台《关于建立完善国家医保谈判药品“双通道”管理机制的实施意见》等6个配套文件，健全完善国家医保谈判药品“双通道”管理机制。167个国家医保谈判药品(以下简称国谈药)纳入“双通道”管理，其中118个实行单独支付，惠及群众1455万人次，单独支付药品职工医保实际报销比例不低于70%，居民医保实际报销比例不低于60%。全年国谈药在江苏销售金额74.88亿元，医保基金支出53.34亿元，报销比例71%。全省第一批遴选确定374家国谈药定点医疗机构、317家国谈药定点零售药店，进一步提高患者对国谈药用药的可及性、服务便捷性。

【积极推进医疗服务价格改革】 省医疗保障局推荐苏州市作为全国五个试点城市之一，按照“五项机制、三项支撑、四项配套”要求，同步推进全省医疗服务价格改革。全面梳理全省383家二级以上公立医疗机构的医疗服务价格项目，建立全省医疗服务价格项目库，为推进全省医疗服务价格改革打牢数据基础。按照国家医疗保障局分类管理要求，两次开展医疗服务价格动态调整。上半年调整通用型项目价格，即诊察、护理、注射等21项综合服务类项目价格，平均增幅约70%；下半年调整复杂型项目价格，即骨科、普外科、神经外科等76项技术难度大、风险程度高的项目价格，普遍增幅50%以上。动态调整南京省(部)属公立医疗机构56项中医医疗服务项目价格，平均增幅23%。

【纵深推进医保支付方式改革】 省医疗保障局印发《关于做好2021年全省医保支付方式改革工作的通知》，全面推进总额预算下按病种付费为主的多元复合式医保支付方式改革，国家、省两级试点同标推进，率先实现13个统筹地区、548家二级以上综合医疗机构“全覆盖”。无锡市DRG国家试点以及淮安市、镇江市、宿迁市DIP国家试点进入实际付费阶段，且均在国家评估中获评优秀等次。其他9个设区市同步开展省级试点，其中7个设区市启动实际付费。省医疗保障局出台《关于规范医疗保障基金总额管理的实施意见(试行)》，统一总额预算编制规则和程序，编制药品、耗材专项预算，开展基金使用绩效综合评价和专项评价，推动总额管理与各类改革协同，将总额管理的各个环节置于阳光下，最大限度减少自由裁量权。

【全面落实“两病”门诊用药保障】 省医疗保障局会同省卫生健康委员会深化开展城乡居民高血压、糖尿病门诊用药保障和健康管理专项行动，指导重点联系的典型地区南京市、镇江市发挥先行先试功能。全年高血压、糖尿病门诊保障分别为564.3万人和269.2万人，统筹基金支出分别为15.3亿元和11.2亿元，政策范围内统筹基金支付比例分别为55.2%和54.7%。2021年10月，全省各设区市均实现基层医疗卫生机构规范化管理的“两病”用药患者全部享受待遇。

【加强医保基金监管】 省医疗保障局印发《关于推进医疗保障基金监管制度体系改革的实施意见》，加快构建全领域、全流程的医保基金安全防控机制。开展打击欺诈骗保专项整治行动，全省定点医药机构做到现场检查、自查自纠和抽查复查三个“全覆盖”。全年检查定点医药机构3.53万家，处理处罚2.48万家，追回医保基金本金并处罚金13.29亿元。加大曝光宣传力度，公开曝光案例2808例。加强基金监管源头治理，规范行政处罚裁量基准，健全与纪检、公安等部门信息共享、线索移交、联合执法工作机制，形成齐抓共管、多方合作的监管局面。全面贯彻落实《医疗保障基金使用监督管理条例》，培训人数超过14万人，实现监管主体和监管对象全覆盖。

【巩固拓展医疗保障脱贫致富奔小康成果】 省医疗保障局会同民政、财政、乡村振兴等部门印发《关于巩固拓展医疗保障脱贫致富奔小康成果有效衔接乡村振兴战略的实施意见》，保持过渡期帮扶政策总体稳定，困难人员参保资助、大病保险倾斜保障、医疗救助兜底三重制度综合保障水平持续巩固提升。全年资助总人次2120万人次，救助总金额43.5亿元。

【全力为新冠肺炎疫情防控提供保障】 省医疗保障局贯彻落实中央免费接种疫苗决策部署，做好疫苗和接种费用保障，全年累计上解疫苗专项资金82.91亿元，拨付疫苗采购费用79.85亿元，结算接种费用17.19亿元，保障接种1.7亿剂次。持续落实“两个确保”政策，累计向定点救治医疗机构拨付医疗资金50亿元，清算三批次跨省和两期省内新冠异地就医医疗费用1335.36万元。持续降低疫情防控成本，先后三次降低新冠病毒核酸检测价格，单人单检由120元降至40元，混检降至10元/人次。印发《做好新冠病毒肺炎疫情防控期间医疗保障经办服务工作的通知》，保障疫情期间人民群众医保服务需要，实现群众待遇享受“不断档、不断线”，累计“不见面”办理各类医保公共服务86.35万人次。

【加快推进医保标准化信息化建设】 省医疗保障局推动全省全面上线国家统一医保信息平台，建成覆盖8000万参保群众的医保信息“一张网”，日均直接服务人次突破300万。完成国家15项编码标准全面贯标应用，赋码定点医疗机构2.19万家、医保医师25.52万人、医保护士28.1万人、定点零售药店2.62万家、医保药师2.87万人、医疗服务项目0.56万条、医保药品5.8万条，纠正和取消药品、医疗服务项目6.4万条。全面推广应用医保电子凭证，全省4800万参保人员申领使用医保电子凭证，覆盖率超60%。全省3.7万家定点医药机构开通医保电子凭证服务，服务人次超3600万。

【提升医保公共服务水平】 江苏省全面建成32个省级“15分钟医保服务圈”示范点和104个市级“15分钟医保服务圈”示范点，全年累计服务基层参保群众30余万人次，群众在家门口办事更加便捷，公共服务可及性和群众满意度持续提升。基本建成全省统一的12393医保服务热线，实现与12345政务服务便民热线“一号响应、双号并行”，全省有话务座席341人，日均话务量超6000人次。

【深入推进异地就医直接结算】 江苏省实现与全国所有统筹地区间的跨省门诊直接结算，开通跨省异地就医定点医疗机构4614家、定点零售药店193家。门诊、住院直接结算医药机构数量居全国第二，惠及群众就诊405万人次，同比增长118.87%，直接结算医疗总费用181.13亿元，同比增长46.39%。其中，长三角地区累计直接结算354.1万人次、139.87亿元。累计开通省内异地就医定点医疗机构4762家、定点零售药店2691家，全年直接结算医疗费用116.01亿元，同比增长26.22%。

重要活动

1. 举行全省第一轮药品集中带量采购现场谈判。 1月14日至15日，江苏省第一轮药品集中带量采购现场谈判在南京举行。11个品种全部谈判成功，26家企业中选，最大降幅93%，充分竞争组平均降幅42%，预计全年节约采购资金近5亿元。

2. 召开全省医疗保障工作会议。 2月3日，全省医疗保障工作会议通过视频会议形式召开。会议总结2020年全省医保工作，部署安排2021年重点工作，动员全省医保系统全力推动医保事业高质量发展。

3. 召开全省深化医保制度改革推进会。 3月24日，全省深化医疗保障制度改革推进会在南京召开，全面部署安排全省医疗保障事业高质量发展的重点任务和工作要求。会上，省医疗保障局主要负责同志就贯彻省委、省政府《关于深化医疗保障制度改革的实施意见》作具体部署，徐州、常州、苏州、泰州等设区市政府负责同志作交流发言。

4. 召开全省定点医疗机构医保工作座谈会。 5月18日至19日，全省定点医疗机构医保工作座谈会在南京召开。会议听取定点医疗机构负责同志推动医保重大政策、重点改革在定点医疗机构落实落地、合法合规使用医保基金、建立健全医保部门和医疗机构常态化沟通衔接机制等对医保部门的意见建议。

5. 举行全省第五轮医用耗材集中带量采购谈判。 6月11日，江苏省第五轮医用耗材集中带量采购谈判在南京举行。此轮谈判涉及心脏起搏器、人工晶体、冠脉球囊等五类医用耗材，患者医药负担大幅减轻。其中心脏起搏器平均降幅60%，最高降幅69%；人工晶体平均降幅38%，最高降幅79%；冠脉球囊平均降幅86%，最高降幅94%。

6. 举行全省第二轮药品集中带量采购现场竞价和谈判。 9月8日至9日，江苏省第二轮药品集中带量采购现场竞价和谈判在南京举行，涉及13个品种。其中12个品种采购成功，36家企业、41个产品中选。竞价组最大降幅90%，平均降幅49%；谈判组最大降幅33%，平均降幅20%。中选结果于年底前执行，预计一年可节约采购资金6.5亿元。

7. 药物涂层球囊省际联盟采购在江苏开标。 江苏牵头开展药物涂层球囊集中带量采购，江苏、山西、福建、湖北、湖南、海南、重庆、贵州、云南、甘肃、新疆等省区市和新疆生产建设兵团共同组成省际联盟。11月19日，药物涂层球囊省际联盟采购在江苏开标，全国具有药物涂层球囊批件的所有7家企业、8个产品全部参与当天的投标，最终6家企业、7个产品中选，中选率88%。中选价格均在6300元左右，平均降幅70%，最大降幅77%。按照12省联盟地区年度需求量测算，预计每年可节约资金超过8亿元。

典型案例

案例一：江苏省全面推进“15分钟医保服务圈”示范工程

2021年，江苏省医疗保障局推动“15分钟医保服务圈”示范点建设纳入省政府15大类52件重点民生实事，并以此为重要抓手全面提升医保治理体系和治理能力现代化水平。

【主要做法】 打造五级联动医保公共服务网络　依托各级政务（为民）服务中心，扎实构建省市县乡村五级联动、城乡一体、全面覆盖的医疗保障公共服务网络，明确全省统一的公共服务事项清单和办事指南，推动医保公共服务标准化、规范化、接地气，实现“家门口办事，小事不出镇”，为参保群众和单位提供更加便捷、优质、高效、精细的服务。进一步简政放权，将基层可承接的高频医保公共服务事项下沉至省级示范点，解决群众“最先一公里”的难点、堵点问题。同时，持续提升基层医保经办队伍服务能力，完善专业化人才队伍和政府购买服务人员的选聘、管理和进修制度。

省市联动推进“15分钟医保服务圈”示范工程　面向全省遴选首批远离中心城区、具有一定软硬件基础的省级示范点，各设区市不少于两家。全年共拨付960万元省补资金，各地配套资金2000万元，保障各省级示范点按照序时进度高标准建成。督促指导各示范点全面落实全省统一的经办政务服务事项清单和综合柜员制服务模式，实现一站式服务、一窗口办理、一单制结算。依托“江苏医保云”和政务服务网，优化“网上办”“掌上办”“自助办”等“不见面”办理渠道，实现医保公共服务“不停歇、不打烊”。为特殊群体开辟绿色通道，提供上门办和帮办代办。

强化督导，保障建设实效　专题召开全省示范点建设现场推进会，赴盐城开展集体观摩和学习交流。建立月调度工作机制，第一时间跟踪掌握各地建设进展。通过委托第三方开展专项评价、组织专班现场督查等方式，对示范点建设及进展、资金使用等情况进行实时调度和动态评估。持续督促各地严格对标对表，切实推动示范点建设"周周有进展，月月有变化"。

【主要成效】 *优化基层医保公共服务* 2021年9月，32个省级示范点全部建成。截至2021年底，累计服务群众15万余人次，办件16万余件，向参保群众提供优质服务。注重结合当地实际，打造医保暖心品牌，如全程无纸化办理，取消所有填表环节，大幅压缩办理时间，实现群众"无感办结"；推出"去柜台化"VIP服务，为群众提供"一对一定制"服务等。

参保群众和单位办事成本有效降低 各示范点大多远离市级医保经办机构，辐射周边乡镇街道居民，方便企事业单位人员业务办理，大大降低时间和经济成本，有力改善了区域营商环境。同时，为下一步实现县区以上医保经办机构标准化窗口全覆盖，执行统一规范和标准，实现经办、服务流程和评价体系统一奠定了基础。

扩大优质服务供给 省医疗保障局适时推动各地坚持"同质同标、创新提升"，借鉴推广省级示范点建设经验。2021年9月，116个市级示范点全部投入使用，切实做到树立一个示范点、辐射带动一大片，发挥典型引路、示范带动的积极效应，促进全省医保公共服务网络更加便捷高效、均等可及。

案例二：南京市打造医保移动云平台

南京市医疗保障局依托"我的南京"App，打造随身行、随身用、随身管的移动云平台——南京"医保高铁"，实现医保业务数据"掌上通览"。"医保高铁"运用大数据将"四医"与医保相关的业务和信息串联、分析、整合，打造手机和PC端一体化、便捷全天候的多功能平台，有力凝聚"四医联动"改革合力，促进医保事业高质量发展。

【"四医"共建共通】 技术上，通过大数据汇集，清洗海量数据，遴选核心指标，多维度数字化场景应用，让数据说话，为平台赋能，促进管理精细化。业务上，通过全市基金、同级医院、本院三个维度业务数据分析，加强平台监管与医疗机构协同管理，互相促进、互相融合。服务上，着力提升手机应用端服务品质，按照医院、医生、医药企业、医保四类角色，分别赋权不同功能模块和业务菜单，让服务更精准、更高效、更有温度。

【"四医"共用共享】 南京"医保高铁"开发上线6个模块和26个功能。一是医院"调度台"，实时推送全市要情、流程监管、集中采购、集中结算、DRG支付方式改革试点执行情况、综合考核等重点业务数据，为医院管理者提供全面数字解决方案。二是医师"旅行箱"，展示医院、科室、医生情况，药品耗材使用金额、排名情况等，可通过医院比对、科室比对等板块，实现同级医院、同级科室、同级医生之间互相监督管理。三是医药"加油站"，展示企业配送、申请、结算及异常情况，可查阅企业耗材供应、医院采购排行、月度销售情况等多维度指标分析，为企业发展营造良性业态环境。四是医保"驾驶室"，展示招标、采购、配送、结算、使用、支付全流程情况，监控筹资运行、流程监管、降低价格、节约基金、DRG改革情况等，为监管工作提供可视化智能抓手。五是医保"气象台"，综合展示基金运行形势、突发风险预警、医保动态、公布价格指数等信息。六是医保"广播站"，综合展示阳光监管平台监测生成的异常工单情况、沟通意见建议、信息通报发布、典型案例曝光等信息。

【"四医"共治共管】 2021年7月平台上线运行以来，覆盖南京地区1028家定点医疗机构和803家医药企业，开通人数2.56万人。其中，南京地区35家三级定点医疗机构全部开通。日均使用量约4800人次，平均使用率92%，截至2021年12月底累计使用量约119万人次。根据医保、医院、医生、医药企业等用户的不同类别，开通不同的功能模块和使用权限，为不同领域决策者和执行者提供智慧工具。其中，为医保部门用户提供的功能模块为21个，为企业用户提供的专属功能模块3个，为全体用户提供消息和互动交流2个公共模块。截至2021年年底，公开发布各类政策、通报、月报、典型案例、工作动态、提醒提示等信息529条。

案例三：徐州市“双通道”模式助推国谈药落地

徐州市医疗保障部门推行分类管理、“双通道供应”模式，有效提高国谈药的患者用药可及性、服务便捷性，打通国谈药落地的“最后一公里”。

【主要做法】 分类管理破解门诊待遇不足难题　为破解出院后门诊待遇不足导致患者负担较重的问题，徐州市综合考虑临床价值、合理用药需求、治疗费用等，对国谈药分为两类进行管理。对“双通道”管理及单独支付药品，设立抗肿瘤专项保障机制和门诊按病种付费待遇。2021 年，将 58 种抗肿瘤靶向药纳入专项机制保障范围，不设起付标准，直接纳入医保统筹基金、职工补充医疗保险和居民大病保险支付。设立 20 个门诊单病种，将 51 种药品纳入按病种付费范围。对普通乙类药品，通过专家评估论证，将国谈药中直接治疗慢性病的药品全部纳入职工医保门慢门特、居民医保“两病”门诊用药补助范围。

“双通道”供药模式化解国谈药进院难　面对创新药进院难、国谈药“最后一公里”进院难等社会关注度较高的问题，徐州市对临床价值高、患者急需、替代性不高的品种，推行“双通道供药”模式，实行“两个供药渠道、一个待遇标准”，满足国谈药供应保障和临床使用，提升群众用药可及性。一是公平遴选国谈药保障点。按照“自愿申请、严格审核、总量控制、择优选用”和“医疗机构为主、零售药店为辅”的原则，明确国谈药保障点的遴选标准、程序，合理确定国谈药定点医疗机构和零售药店，方便群众就医、取药。二是实行单独支付政策。明确对医疗机构按规范使用新纳入的国谈药实行单独支付政策，不占当年医保总额预算指标，有效提高医疗机构使用国谈药的积极性。三是规范“四定”管理。采取定医疗机构、定责任医师、定零售药店、定输注中心的“四定”管理模式，制定“四定”操作细则，保障业务经办标准化、规范化。四是加强流通环节管理。对注射类药品，加强生产企业、药店、医疗机构配送环节的管理，要求配备专车、专人和实时定位温控系统，每个环节对温控、物流等信息验收后办理交接手续，患者全程不接触药品，有效保障用药安全。五是优化经办管理服务。自主开发“高值药品管理系统”，患者通过“网上办”“掌上办”，方便快捷地提交待遇申请，同步实现政策、“四定”范围、待遇审核结果、处方运行等信息随时查、随手查。优化完善结算系统，实现“双通道”管理药品“一站式”结算。

“全过程监管”确保基金安全　在满足国谈药待遇保障和用药可及性的同时，徐州市还注重强化精细化监管，提升基金监管及使用效率。一是事前审核，把好准入关。实行“先审核、后支付”管理模式，经审核符合支付条件的，相关费用纳入医保支付。二是事中监督，全程可追溯。加强处方流转平台信息化建设，责任医师处方顺畅流转至国谈药定点零售药店。以该平台为核心，通过人像识别、药品电子监管码等技术，实现国谈药使用可追溯、实名制等管理。三是事后监管，压实责任。加强“双通道”用药费用和基金支出分析和监测，让事后监管有的放矢。签订“双通道”管理专项服务协议，加强部门联合监管，鼓励群众监督举报，严厉打击违规行为。

【主要成效】 2021 年，徐州市享受国谈药医保待遇 3.17 万人次，发生药品费用 13.06 亿元，医保基金支付 10.64 亿元，实际报销比例 72.51%。其中，2021 年新增国谈药医保待遇 1.31 万人次，发生药品费用 5.11 亿元，医保基金支付 3.74 亿元，实际报销比例 73.19%。

案例四：常州市开展医疗服务价格动态调整

常州市 2021 年实施医疗服务价格动态调整，在江苏率先迈出医疗服务价格动态调整第一步，取得积极成效。

【主要做法】 抓配套，强化基础支撑　研发上线“医疗服务价格动态调整分析系统”，通过与全市二级以上医疗机构 HIS 系统对接，智能监测医疗机构收支、项目收入占比、均次费用涨幅等调价要素信息，为判断调价条件、测算调价规模、选择调整项目、科学制定医疗服务价格调整方案、评估调价效果提供基础支撑。

调价格，强化机制落地　抓住国家、省开展药品（医用耗材）集中带量采购、取消医用耗材加成等降低药品（医用耗材）费用的机遇，按照矛盾突出项目优先、体现医技劳务价值的项目优先、医卫改革扶持项目优先、与集采品种关联度高的项目优先的原则，制定中医、康复、眼科类407项医疗服务项目价格调整方案，动态实施价格调整。

重监测，强化效果评估　调价方案实施后，注重运用信息系统对调价影响开展监测，每月汇总分析医疗机构运行数据，评估调价对医疗机构、患者和医保基金的影响，评估调价结果与预期的关系，为价格动态调整积累实践经验。

【主要成效】　优化医疗机构收入结构，促进医疗机构健康发展　通过实施价格动态调整，2021年全市公立医疗机构中医等项目收入同比增加1.3亿元，体现医务人员技术劳务价值的医疗服务项目收入占比增至24.59%，同比增加1.53%，医疗机构收入结构进一步优化，促进医疗机构高质量发展。

优化项目比价关系，调动医务人员积极性　通过以成本为基础的价格调整，有效疏导医疗服务项目的价格成本矛盾，优化项目间的比价关系。价格调整前，407项医疗服务项目中有405项价格不能合理弥补成本，平均补偿率32%。价格调整后，355个项目得到补偿，体现了技术劳务价值，有效调动了医务人员积极性。

控制医疗费用不合理增长，减轻群众就医负担　通过科学设定动态调整的启停条件，合理安排调价规模，加强费用监测，有效控制医疗费用不合理增长，减轻患者负担，提高医保基金使用效率。2021年，全市二级以上公立医院门诊、住院次均费用分别为344元/次、14342元/次，同比下降11.3%、5.8%。

针对性遴选医疗服务项目，促进中医等学科发展　通过针对性遴选项目、调整价格，促进中医、康复等薄弱学科发展。以常州市中医院为例，调价前开展中医类项目数67个，调价后开展项目数85个，增幅26.87%。锋钩针项目工作量从调价前275次/年增至2160次/年，增幅685.45%。2021年，中医类项目收入5719.43万元，增幅51.68%。

案例五：苏州市实现基本医保市级统筹

苏州市医疗保障局全力克服苏州医保统筹区全省最多、政策差异全省最大、历史包袱全省最重的困难，于2021年12月底实现“由七到一”的有效整合，全面实现基本政策、待遇标准、基金管理、经办管理、定点管理、信息系统“六统一”的总体目标。

【实现统筹区“由七到一”有效整合】　由于历史原因，苏州基本医保以县级统筹为主。统筹前，全市共有市本级、张家港、常熟、太仓、昆山、吴江、工业园区7个统筹区，统筹区数量全省最多。苏州在市级统筹中，聚焦“六统一”目标，在工作推进中通过广泛调研、充分沟通、周密论证形成思想共识、改变行为惯性、打消县区顾虑，从形式上、实质上顺利实现七个统筹区到一个统筹区的有效整合。

【规范统一基本政策】　苏州市参保规模全省最大，其中仅基本医保参保人员就接近1100万，占全省的1/8。统筹前，全市7个统筹区在政策体系、基金运行、信息平台、公共服务上均有不同，每项政策的调整均涉及大量人群。苏州市在基本政策的规范统一中，聚焦两个“确保”，即确保市级统筹后参保人员待遇水平总体不降低，确保医保基金安全和制度运行平稳。在待遇上，尽力做“加法”，确保绝大多数参保人员待遇稳中有升，确需调整的，采取“时间换空间”方式，分期分步实施，最大限度减轻对参保人员的影响。在筹资上，尽力做“减法”，统一调整全市参保企业的职工医保单位缴费比例，同时也为稳定长期基金收入创造条件。

【改善医保服务体验】　市级统筹前，参保人员在苏州市域范围内跨县区享受医保服务仍需办理异地就医备案手续，且备案后的医保直接结算范围主要限于定点医院，定点诊所、药店等并不在列。苏州以基本医保市级统筹为契机，实施医保“一卡通”工程，全市参保人员在市域范围内跨地区就医购药时无须办理任何手续，直接在所有定点医药机构直接进行联网结算，全市医保服务便捷性、公平性明显提升。

案例六：盐城市建立 DRG 付费特病单议制度

2021 年 10 月，盐城市 75 家二级及以上定点医疗机构按疾病诊断相关分组(DRG)付费正式上线运行，总体运行状况平稳有序。盐城市医疗保障局针对部分特殊情形下实际资源消耗与病组平均费用偏离比较大的病例，试行 DRG 特病单议专家评审制度。

【主要做法】 *精准确定申请条件* 将符合界定条件的高倍率病例、急诊入院的危急症抢救患者、经卫健部门认定且在本市首次施行的新技术项目、住院天数过长或住院费用过高的患者、均以手术操作为主要治疗手段的转科患者、经医保经办机构核准可申请按项目付费的其他情况等 6 种情形，列入特病单议申请条件。

严格规范申请程序 特病单议以季度为评审周期，在每月前 10 个工作日内，医院通过 DRG 基金公示系统上传相应的特病单议证据材料，逐例进行申请。病例申请期限截止后 5 个工作日内，医保部门完成上一季度特病单议病例整理分类，并于每季度次月 28 日前完成上一季度特病单议评审。

严控申请病例数 医疗机构特病单议病例可申请量不得超过高倍率病例总数的 5%，且不得超过评审周期内出院总人次的 1%。如超过，则按照评审周期内出院总人次的 1% 计算，计算结果如存在小数，则向上取整。

严格评审要求 从 203 名专家库中随机抽取专家进行评审，实行专家回避制、合议与专家组长负责制，评审结论经评审组专家签名确认。对符合的，按项目付费方式拨付；对不符合的，按 DRG 付费方式拨付，且不再接受申诉。

精心组织专家评审 坚持专家不参与评审本机构病例的原则，采用“双盲”方式随机抽取参评医疗机构、评审专家，将医疗机构分为 A/B 两组，对组内病例按专业再细分，提高专家与病例的匹配度，进行交叉评审，避开地域限制，遵循临床诊疗技术规范。派驻纪检监察组全程监督方案制定、抽签操作、专家评审等环节，实行全封闭管理，评审程序公开、公平、公正，评审结果得到医疗机构认可。评审结果及时反馈医疗机构，加强沟通交流提醒，帮助医疗机构解决 DRG 支付领域存在的审核结算、极值病例、疑难病例等问题。

【主要成效】 2021 年，盐城市医疗保障局首次组织特病单议专家评审，收到符合规定的病例 229 份，评审通过 158 份(占 69%)、不通过 71 份(占 31%)。不通过的病例中，涉嫌存在违规违约行为的 39 份(占 17.03%)。严肃查处无指征用药、超量用药、重复收费、收费与实际不符、高套点数等违规违约问题。医疗机构推行临床路径、规范医疗行为、消除过度医疗的意识明显增强，为推进 DRG 平稳运行积累实战经验，为医保基金精准支付提供有力抓手，也为医院开展新技术和提升专科服务能力打下基础。

案例七：镇江市打造“异地就医 e 路畅通”品牌

2021 年初，镇江市医疗保障局打造“异地就医 e 路畅通”服务品牌，为参保群众异地就医提供便利快捷的医保公共服务。

【主要做法】 *优化服务，提高满意度* 绘制一图读懂，梳理参保人员异地就医过程中的堵点、难点问题，实现多渠道发布，扩大参保群众对政策的知晓度。坚守一句承诺，实行首问负责制、限时办结制，报销业务办结时限由省标准 10 个工作日缩短至 7 个工作日。确保一次办结，实行异地就医费用报销清单制度，坚持简单业务立即办，复杂业务受理办，办理事项“一键回应”，实现办事“最多跑一次”。

织密四级网，服务基层群众　将异地就医服务向基层一线延伸，实现一站集成，打造镇江市丹徒区宜城街道为民服务中心、扬中市新坝镇行政审批局（便民中心）2个“15分钟医保服务圈”省级示范点和11个市级示范点。同时，将19项经办服务向下延伸，市区所有二级以上医疗机构建成医保分中心，零距离解决参保群众的医保服务需求。

智慧赋能，打造数字医保　实行一网通办，打造“镇江智慧医保”App，将包括异地就医在内的32项经办服务由“窗口办”升级到“网上办”“掌上办”，实现“信息多跑路、群众少跑腿”。开通一卡结算，全市医保定点零售药店开通统一刷卡购药结算，实现同城就医购药一卡通刷。畅通一条热线，倾力打造12393医保服务热线，为参保群众提供全天候“一站式”专业咨询服务，服务满意率99.99%。

【主要成效】 结算范围持续扩大　跨省异地就医住院直接结算服务网络覆盖全国所有省份和统筹地区，异地就医门诊直接结算“版图”拓展至29个省（自治区、直辖市）和新疆生产建设兵团的331个统筹地区。2021年，全市跨省异地就医费用直接结算累计10.37万人次，医疗总费用3.28亿元，参保群众切实享受到异地就医直接联网结算带来的便捷。

办理路径更为便捷　全市除城区办事机构外，还设立丹徒、润州、新区、京口4个标准化建设的区级办事处，78个医疗保障服务中心、269个医疗保障服务站、700个医疗保障服务点，参保群众异地就医相关业务实现“就近办”“多点办”。以丹徒区省级示范点为例，宜城街道为民服务中心服务范围辐射辖区内14个村和社区，为13万常住人口提供15分钟可达范围内便捷、高效、优质的服务。

服务质效显著提升　服务大厅设有引导咨询区、自动排队叫号区、便民服务区、等候休息区、自助服务区、柜台受理服务区6个区域，所有经办窗口实现综合柜员制。开通“老年人绿色通道”，提供特殊困难群体上门服务、午间延时服务等个性化特色服务。做好线下服务的同时，持续完善线上服务功能，截至2021年12月底，“镇江智慧医保”App注册单位数量3.97万家，注册个人数量35.76万人，全市163.4万人激活医保电子凭证，通过“镇江智慧医保”App办理业务6.32万余件。

案例八：泰州市建立防范化解因病致贫返贫长效机制

泰州市医疗保障局充分运用信息化系统，建立“双预警”监测机制，推进部门信息共享、政策联动，探索建立防范化解因病致贫返贫的长效机制，形成了“三保险、四救助、双预警”医疗救助体系，促进巩固脱贫攻坚成果与乡村振兴有效衔接、平稳过渡。

【夯实医疗救助基础，巩固脱贫攻坚成果】 协调民政、乡村振兴等部门对救助对象精准认定、动态调整，全市资助16.06万人参加城乡居民基本医疗保险，9.65万名原建档立卡对象应保尽保。继续落实大病保险倾斜支付政策，将医疗救助对象起付线降低至5000元，各报销段提高10个百分点。将医疗救助对象在县域内定点医疗机构住院个人自付费用控制在政策范围内住院总费用10%以内，政策范围内超出部分纳入医疗救助托底保障，政策范围外超出总费用8%的部分由医疗机构进行减免，严控医疗费用个人负担。2021年，全市医疗救助101.9万人次，其中住院救助8.5万人次，门诊救助93.4万人次，累计支出救助资金2.8亿元。

【科学设置预警线，有效防止因病致贫返贫】 针对建档立卡脱贫群众，设置“因病返贫”预警线，以本市贫困线（7000元）为标准，每月对年度内个人就医累计自付费用超过7000元的建档立卡人员进行预警。针对普通城乡居民和职工，设置“因病致贫”预警线，以本市上年度居民人均可支配收入（47216元）和农村居民人均可支配收入（23116元）为标准，每月对年度内个人就医累计自付费用进行预警。医保信息系统每月自动生成因病致贫和因病返贫人员预警清单，2021年对可能因病致贫和因病返贫的人员发出 18470 条预警提示信息。

【汇聚多方力量，形成双预警救助工作闭环】 建立医疗救助（医保扶贫）联席会议制度和督查调度机制，每月将可能因病致贫返贫的人员信息移交有关职能部门，为民政、乡村振兴等部门单位及时落实帮扶政策措施提供精准数据支撑。基层街道和村居委会工作人员对反馈的预警信息逐一比对分析、调查核实，对预警信息中核实确认符合困难人员认定条件的，及时给予认定并纳入医疗救助范围，予以政策保障；达不到认定条件但因病导致家庭生活暂时困难的，市民政、慈善、总工会、残联等部门及时给予临时救助或慈善救助。预警机制建立以来，民政等相关部门经调查核实新认定救助对象 640 余人，给予临时救助、慈善救助 7600 余人，医疗机构减免费用 860 人次，共发放各类补助资金 1200 余万元。

案例九：宿迁市开展民营医疗机构为主体的 DIP 付费试点

宿迁市作为全国唯一的以民营医疗机构为主体的 DIP 试点地区，2021 年 6 月进入实际付费阶段以来，医保基金使用质效明显提高，群众看病负担明显降低，医疗机构诊疗行为日趋规范，监督管理精准有效。

【主要做法】 *强化制度指引，超前实现“三个全覆盖”* 宿迁市医疗保障局制定《宿迁市按病种分值付费办法》，促进医疗服务资源在本地住院、门诊和异地就医之间合理配置，实现“三个全覆盖”。一是覆盖所有住院定点医疗机构。238 家有住院资格的定点医疗机构 100％纳入区域预算管理，不再分县区、分类别、分等级设置定点医疗机构年度预算管理指标，提前三年实现国家“试点地区 2024 年实现覆盖 100％住院定点医院”要求。二是覆盖所有统筹基金支出项目。本地住院医保基金，连同本地门诊、异地就医等其他医保基金支出项目 100％纳入区域总额预算管理范围，提前超额实现国家“试点地区 2024 年原则上实现覆盖 70％统筹基金支出项目”要求。三是覆盖所有住院病种。按照国家规范形成核心病种分值、综合病种分值，另将精神类、康复类等病种，以及未入组、不完全治疗、转出、跨年结转等的特殊病例，按照一定规则确定转化分值，统一结算标准，将住院病种 100％纳入分值结算范围，提前超额实现国家“试点地区 2024 年原则上实现覆盖 90％住院病种”要求。

强化标准规范，为 DIP 试点提供有力数据支撑 一是统一医保信息业务编码。对试点医疗机构疾病编码、手术编码等 15 项医保业务编码标准实行统一使用，通过 DIP 数据标准化接口平台，将住院数据、门诊数据等全量数据上传至宿迁市按病种分值付费系统数据采集平台，并通过平台对各类数据等进行校验反馈，确保数据质量。二是统一结算标准。通过病种分组器，将近三年的疾病分为 3482 种，并对所有医院、所有病种采用一致结算标准，有效遏制医疗机构“拒收获益少的病种、鼓励甚至虚报获益多的病种”乱象。三是统一监管体系。研发宿迁市 DIP 业务信息监管系统，将医保监管功能融入 DIP 分值付费系统，实现对统筹区、医疗机构、医务人员、病种目录、费用明细五层数据信息的全面监管，对医疗机构医疗能力、服务效率、违规行为进行动态画像，提供数据支撑，月度平均对违规费用扣款 182.1 万元。

强化考评管理，确保 DIP 付费改革落地生效 宿迁市医疗保障局出台《宿迁市基本医疗保险按病种分值付费考核管理暂行办法》，建立 7 大类 24 项量化考核指标，形成日常监管、周期督导、长效考评机制。一是建立病种分值合理确定协商机制。成立医保部门和医疗机构共同参与的全市病种分值评审专家委员会，按月召开集体评审会，动态完善制度体系，保证分值确定科学合理。二是建立分级诊疗权重系数确定引导机制。建立完善适宜基层收治的基层病种目录及相关规则，合理提高诊疗权重系数，加强对中医、儿童、妇产、精神等专科扶持，引导不同等级医疗机构分级分类收治病种，推动“小病进社区、大病进医院”。三是建立试点改革问题确定及反馈机制。分值付费系统按日对医疗机构上传的病案数据质量进行反馈，

按月对医疗机构 DIP 结算结果进行反馈，按年对医疗机构绩效评估情况进行反馈，确保问题及时发现和整改。

【主要成效】 医保基金使用质效明显提高 医疗机构虚构医药服务、挂床住院、串换药品等违法违规行为明显减少，医保基金运行更加安全。2021 年 6—10 月（选取实际付费改革后的五个月为对比周期，以下简称"改革后"）全市本地医保月均住院医疗费用 4.63 亿元，同比增长 2.89%，与 2021 年 1—5 月（选取实际付费改革前的五个月为对比周期，以下简称"改革前"）相比下降 18.75%，迅速扭转了改革前月均住院费用快速增长势头，增幅与 2019 年、2020 年相比分别下降 8.31%、9.04%。

群众看病负担明显降低 受疫情以及医疗机构防控停诊等因素影响，群众 2021 年度医疗需求反弹明显。但实施 DIP 改革后，宿迁市相关重要指标增幅仍然控制在 5%以内。全市参保人员个人次均住院费用负担 2229.16 元，与 2020 年基本持平，较 2019 年下降 16%，个人负担明显降低。

医疗机构诊疗行为明显规范 DIP 改革后，市内医疗机构主动规范诊疗行为，优化病种费用结构，提高病案质量，控制医疗成本。全市人均住院医疗费 6888.16 元，较改革前下降 7.62%；次均住院天数 9.27 天，同比下降 15%；本地住院费用药占比 35.54%，同比下降 2.73%。三、四级手术病例数占比由改革前的 5.02%提升至 6.11%，CMI 值（基于疾病和手术操作、反映医疗机构整体技术难度的综合评价指标）由改革前的 1.036 提升至 1.157，医疗机构收治病例疑难程度指标提高 11.7%。

医保监督管理更加精准 DIP 改革后，将大数据分析贯穿病种分值确定、医保付费、医疗机构绩效评价等全过程，医保支付和监管一体化、智能化和精细化体系初步建成，与以往定期开展专家评审方式相比，人为介入因素和廉政风险大大降低，医保监管效能更加精准高效。2021 年，全市解除医保服务协议 16 家，暂停医保服务协议 32 家，向公安机关移交欺诈骗保案件线索 7 例，行政立案 3 起，处理处罚金额 2497.11 万元。

浙江省

工作综述

2021年，省医疗保障局统筹新冠肺炎疫情防控和医保改革发展，加快建立和完善医保制度体系，深化重点领域改革，人民群众获得感、幸福感、安全感进一步提升。全省基本医疗保险参保5655万人，其中职工2736万人，城乡居民2919万人，户籍参保率99.8%。职工基本医疗保险基金收入1554.96亿元，支出1180.05亿元，累计结存2599.28亿元，统筹基金可支付26.2个月；城乡居民基本医疗保险基金收入485.27亿元，支出460.03亿元，累计结存260.95亿元，可支付6.8个月，全省医保收支预算执行基本平稳。城乡居民基本医疗保险人均筹资1457元，其中个人缴纳497元、财政补助960元。全年全省医保定点医药机构22787个，其中定点医疗机构10147个（民营医疗机构5370个），定点零售药店12640个。

【医保助力疫情防控】 全年全省完成国家共计三批跨省异地就医新冠肺炎疫苗接种清算工作，作为参保地清算基金396.75万元，作为就医地清算基金206.21万元。2021年全省分三期累计上解疫苗费用专项资金69.84亿元。预付疫苗采购资金61.82亿元，完成1.26余亿接种人次结算，结算疫苗费用61.63亿元，接种费用12.64亿元。适应新冠肺炎疫情防控需要，三次降低新冠病毒核酸检测价格，单人单检从111元/次调整为40元/次，混合检测价格从每样本20元调整为10元。

【推进法治医保建设】 出台省医疗保障条例　3月26日，全国第一部医疗保障领域的综合性地方性法规《浙江省医疗保障条例》经浙江省十三届人大常委会第二十八次会议审议通过，于7月1日起正式施行。《条例》明确将统筹推进医保、医疗、医药联动改革定为医疗保障工作原则，强调做好医疗保障与基本公共卫生服务在疾病预防、诊断、治疗、护理和康复等方面的衔接配合等。省医疗保障局同步开展《条例》宣传和解读，推动条例配套政策制订。

进一步规范法律顾问服务工作　9月24日，省医疗保障局印发《关于进一步规范法律顾问服务工作的通知》，就发挥法律顾问在重大行政决策审查评估、规范性文件和机关合同审核、信访咨询、法律知识培训、代理行政复议和诉讼等方面专业支持作用提出要求。

【推进医保数字化改革】 年内，浙江省启动全省统一的医疗保障信息系统（智慧医保）建设。“智慧医保”平台在全国统一的医保信息平台的版本上配置，包含基础信息管理、跨省异地就医、智能监管等16个子系统，涵盖医保经办所有业务。12月31日，省“智慧医保”平台在嘉兴上线，推出“医保精密智控在线”“浙里医保”和“浙里数字药械”等场景应用，搭建具有浙江特色的数字服务体系。

【推进医疗保障智库建设】 3月10日，省医疗保障研究会成立。研究会是由从事医疗保障研究的专家、学者、管理工作者及相关单位组成的省级地方性、学术性社会团体。全年围绕医保重点领域改革开展16项课题研究，围绕国谈药品落地、支付方式改革等热点难点问题举办6场研讨会，并于7—9月组织了全省首届医保知识竞赛活动。

【医疗保障制度体系建设】 推进医疗保障领域共同富裕示范区建设　8月18日，省医疗保障局出台《浙江省医疗保障领域推进共同富裕建设实施方案》，明确5年内的总体目标及提升统筹层次、优化支出结构、增进制度供给、试点长期护理保险、深化数字化改革五方面重点工作。

推进基本医疗保险市级统筹　7月16日，省委办公厅、省政府办公厅印发《关于全面做实基本医疗保险市级统筹的指导意见》，明确市级统筹的时间节点和任务要求。年内，浙江全面做实市级统筹，基本医保统筹区由原先职工医保 64 个、城乡居民医保 66 个缩减至各 12 个，梳理智慧医保建设核心业务 2744 项，其中 2545 项政策实现统一。

完善大病保险制度　1 月 15 日，省医疗保障局印发《关于进一步完善大病保险制度切实减轻群众就医负担的通知》，提高大病保险待遇，自 2021 年 1 月 1 日起，将大病保险合规医疗费用支付比例低于 70%的提高到 70%；医疗救助对象大病保险起付线降低 50%，大病保险合规医疗费用支付比例低于 80%的提高到 80%，并取消最高支付限额；参保人员发生的慢性病、特殊病种门诊费用中，政策范围内个人负担部分，纳入大病保险支付范围。

促进医疗保障脱贫攻坚与乡村振兴有效衔接　4 月，省医疗保障局开展困难群众因病致贫返贫问题专项治理工作。按照"清存量、减增量"原则，完成 2662 名困难人员高额医疗费用共计 3561.72 万元的化解工作，实现高额医疗费用困难人员"清零"。11 月，省医疗保障局会同民政厅、财政厅等六部门出台《浙江省巩固拓展医疗保障脱贫攻坚成果促进共同富裕有效衔接乡村振兴战略实施意见》，将低保对象住院医疗救助报销比例从 70%提高到 80%，低保边缘对象从 60%提高到 70%，年度救助限额从不低于 8 万元提高到不低于 10 万元。补齐门诊医疗救助短板，医疗救助对象门诊政策范围内医疗费用与住院同比例救助，门诊和住院救助共用年度救助限额。至年末，全省困难群众参保资助 108.84 万人，资助资金 6.61 亿元；医疗救助困难群众 1123.75 万人次，支出医疗救助资金 13.45 亿元。

加强慢性病门诊保障　3 月，浙江省将慢性病门诊医疗费用中符合基本医疗保险基金支付范围的个人负担部分纳入大病保险资金支付范围，提升慢性病患者待遇保障水平。省医疗保障局联合省卫生健康委员会开展"两病"（高血压、糖尿病）门诊用药保障和健康管理专项行动，杭州、嘉兴两市被列为重点联系的典型地区，完善城乡居民医保"两病"门诊用药保障机制，确保"两病"用药配得齐、开得出。开展门诊慢性病、特殊疾病相关治疗费用跨省直接结算试点，选取省本级和嘉善县作为试点地区，省人民医院、嘉善县第一人民医院作为试点定点医疗机构。年内，试点单位门诊慢性病、特殊疾病跨省直接结算上线试运行，实现高血压、糖尿病、恶性肿瘤门诊放化疗、尿毒症透析、器官移植术后抗排异治疗等五个门诊慢性病、特殊疾病相关治疗费用跨省直接结算。

完善生育保险政策　11 月 25 日，省人大常委会通过对《浙江省人口与计划生育条例》的修订，省医疗保障局将参保女职工生育三孩的费用纳入生育保险待遇支付范围，按规定及时、足额给付生育医疗费用和生育津贴待遇，并同步做好城乡居民生育医疗费用待遇保障和新生儿参保工作，确保三孩生育待遇政策落实到位。全年全省生育保险参保人数 1811 万人，基金收入 61.37 亿元，支出 61.74 亿元，其中生育医疗费用支出 14.24 亿元，生育津贴支出（含计划生育）51.91 亿元，发放生育津贴（含计划生育）32 万人次。

推进长期护理保险试点　2021 年，省医疗保障局指导宁波市完善长期护理保险试点，建立长期护理保险失能评估和服务供给标准，初步形成长期护理保险制度政策框架、运行模式，加强共同富裕背景下的长期护理保险制度研究和政策储备。

建立待遇清单制度　10 月 20 日，省医疗保障局、财政厅印发《浙江省贯彻落实国家医疗保障待遇清单制度三年行动实施方案（2021—2023 年）》《浙江省医疗保障待遇清单（2021 版）》。按照"确定基本保障内涵，厘清待遇支付边界，明确政策调整权限，规范决策制定流程"总要求，在统一制度政策、做实市级统筹的基础上，对基本医保支付政策范围外费用的特殊政策进行清理规范。

开展职工医保门诊共济改革　2021 年，省医疗保障局对全省职工基本医疗保险门诊共济保障机制建立健全情况进行摸底，并代拟起草浙江省关于建立健全职工门诊共济保障机制的实施意见，明确全省门诊共济和个人账户改革方案，指导各市进一步明确和细化政策规定，落实各项改革举措。

【药品支付和管理】 执行国家药品目录　3月1日起，浙江省执行《国家基本医疗保险、工伤保险和生育保险药品目录(2020年版)》，国家医保药品目录调整中被调出的药品同步调出省基金支付范围。原浙江大病保险特殊药品调入《国家基本医疗保险、工伤保险和生育保险药品目录(2020年版)》的，同步执行国家限定支付范围和支付标准。

消化一批省增补药品　6月25日，省医疗保障局、人力资源和社会保障厅印发《关于将部分药品调出浙江省基本医疗保险、工伤保险和生育保险药品目录的通知》，将118种省增补药品调出基本医疗保险、工伤保险和生育保险药品目录。

建立国谈药品"双通道"管理机制　将国谈药品纳入"双通道"管理，在定点医疗机构和定点零售药店施行统一的支付政策，夯实医疗机构主体责任，遴选"双通道"定点零售药店，完善政策措施，强化监督管理，加强宣传培训，提高国谈药品可及性，确保国谈药品供应。275个国谈药品纳入本省"双通道"管理，并制定医保药品支付标准。

制定药品支付标准　5月1日，制定11998个医保药品支付标准并建立动态调整机制，预计全年节约医保基金5.12亿元。

【深入推进支付方式改革】 4月，浙江省完成2020年度住院费用疾病诊断相关分组DRG点数付费清算工作，全省医保基金按DRG点数付费543.46亿元，医保基金支出比上年增长5.3%，其中省本级增长7%。医疗机构获得结余留用金额26.21亿元。9月，省医疗保障局印发《浙江省医疗保障局办公室关于启用国家医保版疾病诊断和手术操作分类与代码2.0的通知》《浙江省医疗保障局关于促进分级诊疗实行DRGs支付同病同价的通知》《浙江省基本医疗保险DRGs点数付费评价办法(试行)》，明确启用新版诊断和手术代码，推进分级诊疗，完善DRG支付监管与评价指标体系。10月，省医疗保障局印发《浙江省医疗保障疾病诊断相关分组(ZJ－DRG)细分组目录(1.1版)》，公布DRG细分组1006组。

【深化医疗服务价格改革】 建立医疗服务价格动态调整机制　9月24日，省医疗保障局会同卫生健康委员会、财政厅、市场监督管理局出台《关于建立医疗服务价格动态调整机制的实施意见》，明确"总量控制、结构调整，循序渐进、分步实施，体现公益性、调动积极性"的基本原则，设置三条触发标准和三条约束标准，细化空间测算、项目选择、方案制订等基本方法，完善定价调价程序，建立灵敏有度的医疗服务价格动态调整机制。

新增和完善医疗服务价格项目　支持8个国家区域医疗中心建设及中医药事业高质量发展，设立80个新增医疗服务价格项目，将临床必需、经济性评价高的54项医疗服务项目纳入医保支付范围。将PET－CT检查费用纳入大病保险支付范围，减轻恶性肿瘤患者的检查费用负担，全年为全省肿瘤患者减负2.34亿元。调整完善妇产科类、中医类、精神类、儿科类等75个专科类医疗服务价格项目。

开展基层医疗服务价格改革试点　在湖州、绍兴两市开展基层医疗服务价格改革试点，合理优化调整基层医疗服务价格，探索建立"维护公益性、调动积极性、保障可持续性"的基层医疗服务价格体系和基层医疗卫生机构运行新机制，增强群众获得感。

【推进药械采购改革】 医用耗材产品动态调整　2月5日，省医疗保障局印发《浙江省医用耗材集中采购产品动态调整改革方案》，完善集中采购产品准入机制，建立集中采购产品换代、增补机制，建立集中采购产品退出机制，探索公立医疗机构自行采购制度，实现平台内产品动态调整，提升交易品种覆盖面和有效性。首批动态调整工作涉及挂网产品5366个，退出平台和更新换代暂停交易产品71个。

完善药品准入机制　4月13日，省医疗保障局出台《关于完善药品集中采购平台准入机制的通知》，完善短缺药品、治疗用生物制品、儿童用药、无糖型药品等七类药品的准入政策。全省新增挂网产品3425个，暂停交易产品914个。

建立"省级统筹、省市联动、市级联合"集中带量采购新模式　7月16日，省医疗保障局联合省经济和信息化厅、省卫生健康委员会、省药品监督管理局、无锡联勤保障中心出台《浙江省药品医用耗材集中带量采购暂行办法》，探索建立"省级统筹、省市联动、市级联合"具有浙江特色的集中带量采购新模式，明确市级联合集中带量采购的政策、规则、程序与省级保持统一。成立由省、市医保部门相关人员组成的浙江省药品医用耗材集中带量采购办公室，代表公立医疗机构实施集中带量采购。开展省级第二批医用耗材集中带量采购，四类耗材平均降幅 43%，最大降幅 89%。年底，启动省级第二批 17 种药品的集中带量采购。指导宁波、金华两市开展市级联合集中带量采购，中选结果实行全省共享。

完善药械采购平台功能　2021 年，浙江省药械采购平台参与交易的医疗卫生机构 1180 多家，在线交易(注册)企业中药品企业 2700 多家、医用耗材企业 1.19 万家。药品采购平台基础库产品 7.46 万个，交易产品 1.7 万个，采购订单 1300 万份，采购金额 675 亿元，结算金额 602 亿元；医用耗材采购平台基础库产品 25.03 万个，交易产品 9.55 万个，采购订单 500 万份，采购金额 306 亿元，结算金额 264 亿元。执行药品小单元竞价，周期内竞价 5 个品种，56 个产品竞价入围，22 个产品退出平台交易；开放式竞价两个批次，首批开放式竞价 2 个品种，平均降幅 34.4%，最大降幅 58.8%，第二批开放式竞价 4 个品种，平均降幅 13.5%，最大降幅 15.1%。开展新一轮全国最低价联动工作，药品平均降幅 9.3%，医用耗材平均降幅 12.8%。提高药品和医用耗材按时结算率，第四季度带量采购按时结算率较第一季度提高 13 个百分点。

开展药品供应和价格监测　全年收集医疗机构申报短缺药品信息 486 条，核查短缺原因，督促企业按要求履约，部分短缺药品供应紧张情况得到缓解。完善药品配送企业考核指标，引导企业强化对基层医疗机构、低价药品及用量较小药品的配送。

试行信用评价制度　通过系统集成守信承诺、信用评价、信用修复等机制，落实集采中选药品生产企业供应、配送主体责任。全省组织平台 3310 多家药品企业、1.13 万家医用耗材企业按线上线下并行方式提交守信承诺和失信行为信息报告。开展案源信息调查、信用评级与修复等工作，确认 21 家企业存在失信行为，其中 20 家企业对失信行为进行修复。

【支持中医药发展】　11 月 9 日，省医疗保障局印发《浙江省医疗保障局关于支持中医药传承创新发展的实施意见》，提升名老中医技术劳务价格。设立中医门诊辨证论治费，该费用纳入医保基金支付。加大推行分级诊疗力度，促进基层中医化、中医基层化，医保报销比例向基层医疗机构倾斜，发挥好医保支付在中医医疗资源配置中的杠杆作用。通过落实中医医疗服务价格项目和价格动态调整机制、住院中医医疗机构中医药服务比例与医保支付挂钩的正向激励机制，推动全省中医药传承创新和高质量发展。

【加强医保基金监管】　加强基金预算管理　2021 年，省医疗保障局加强医保基金预算管理和基金风险防控，对医保基金赤字重点地区采取更严格的防范措施。2 月，省医疗保障局完成《2019 年—2020 年基本医疗保险基金赤字情况分析报告》等调研报告。通过构建和完善基金月报、基金季度形势分析、全年风险预警和运行分析报告、赤字情况分析报送、医保核心指标参阅五大机制，预警基金运行薄弱环节，提升系统风险防范能力。11 月，省医疗保障局会同省财政厅等部门，完成 2022 年医保基金预算编制审核。

开展打击欺诈骗保　一是组织开展打击欺诈骗保专项治理“回头看”工作，召开全省打击欺诈骗保专项整治行动电视电话会议，联合省卫生健康、公安、市场监管等部门完成 2896 个定点医药机构专项检查。二是组织开展基金监管集中宣传，全省发布普法专栏 393 期，通过公交、地铁等移动电视开展普法宣传 136.7 万次，组织现场宣传 1860 多场，发放海报、折页、问答手册等 177.9 万份，发送宣传短信 336 万条。三是组织开展全省定点医药机构自查自纠，发现问题 67.9 万例(次)，退回医保基金 8617 万元。四是组织开展存量问题“清零”工作，全省排查基金监管存量问题 183 个，追回医保资金 4028.2 万元。五是加强医共体医保行业自律建设，出台推进医共体医保行业自律示范点建设指导意见。六是联合组织“双随机、一公开”抽查，检查定点医疗机构 203 个，发现问题 29 个，追回医保资金 788 万元；检查定点医药机构 2.26 万家，处理违法违规违约机构 7599 家，其中暂停医保协议 749 家，解除医保协议 215

家，行政罚款 101 家，移送司法机关 81 家；处理参保人员 2477 人，其中暂停医保卡结算 44 人，移送司法机关 112 人；追回医保资金 8 亿余元。

推进“两试点一示范”建设　纵深推进基金监管“两试点一示范”建设，进一步放大试点（示范点）工作格局。杭州市组建专门机构，推进执法标准化建设，实现现场执法 5G 实时上传、“云端”全程留痕，并组建 128 名义务监督员队伍，开发手机端 App，协助巡查机构 4600 个次，挽回基金损失 1030 多万元。湖州市完善反欺诈中心运行机制，全域做实监管专职执法机构，率先启用城市大脑医保驾驶舱。温州市开展医保全领域评分定级，并强化信用数据采集、评价、运用闭环管理，对全市信用中等以下医师实行重点监管，对守信机构授信融资，并提前拨付医保费用。绍兴创建信用评价指标体系标准，创新“智慧医保＋云上智治”“纪法协同”“枫桥经验”三大监管模式，实现医保信用＋金融服务、便民服务和政务事务跨场景综合应用。金华市重点打造全国首个疾病诊断相关分组 DRG 大数据监管系统，建成“全民安心医保城市综合管理平台”，打通公安、民政等 14 个部门行业 33 个数源系统，对全市基金运行进行实时监测。衢州市梳理颗粒事项 5 万余项，形成 128 项跨部门共享数据需求，建成医保“云管家”集成监管平台，实现基金监管“一键智审、一网统管、整体智治”。

开展基金绩效评价　2021 年，省医疗保障局贯彻落实《浙江省基本医疗保险基金绩效评价管理办法》，建立适合浙江实际、能统一、可比较的绩效评价指标体系和标准，分层分级全面组织市、县（市、区）开展 2020 年基本医保基金绩效自评。从基金收入质量、待遇保障质量等八个方面 39 个指标进行系统复评，归集计算 103 项数据资源、1.28 万条数据，形成全省统一、分层分级的绩效评价数据库，确保评价公平、公正和准确。加强绩效评价结果运用，评价结果作为 2022 年城乡居民基本医保转移支付资金分配因素，促进各地基金管理提质增效。

【便捷医保经办服务】　推进经办标准化建设　2 月 10 日，省医疗保障局发布省级医保部门内部标准规范，明确了各科室的工作职责及岗位标准。4 月 8 日，经省市场监督管理局批准，省医疗保障标准化技术委员会成立，委员会由来自医疗保障领域的 30 位专家委员和 5 位单位委员组成。省医疗保障局根据国家事项清单修订全省政务服务指南和办理规程，完善 30 个医保事项办理标准。年内，《定点医疗机构医疗保险服务规范》省级标准立项，医疗保障服务省级标准化试点项目以 94.5 分通过验收，评分等级为“优秀”。12 月 12 日，《医疗保障统计指标体系》省级标准正式发布。

长三角一体化加速发展　2021 年，省医疗保障局全方位推进长三角医保高质量一体化发展和区域合作，优化长三角异地就医门诊费用跨省直接结算工作。浙江省作为参保地和就医地，长三角异地就医（含门诊、住院）直接结算增幅 127%。5 月，嘉善县会同上海青浦、江苏吴江两地，通过三地政策、业务、技术联动，将示范区内门诊免备案范围扩大至住院患者，率先实现示范区内“异地就医结算全域免备案”。通过拓展长三角医保关系转移接续掌端 App 申请渠道、协同搭建长三角医保关系转移接续监控平台、加大江苏、安徽两省长三角医保关系转移接续覆盖面，11 月底全面实现浙江省全域、上海市、江苏省全域、安徽省省本级和黄山市四地双向医保关系转接平台联办，提前完成长三角跨省医保关系转移接续“一网通办”。全年浙江省办结长三角医保关系转移接续 4968 人次，办结率 83%，平均办结时限 3.2 个工作日。

深入推进异地就医结算　2021 年，省医疗保障局推进普通门诊和门诊慢特病相关治疗费用跨省直接结算工作。全省 90 个县（市、区）、所有医保统筹区第一批接入国家直接结算系统，与全国所有省份实现门诊和住院费用跨省直接结算。在确保“每个区县有一家门诊费用跨省直接结算医疗机构”基础上，持续扩大定点范围，全年新增异地联网医疗机构 978 个，异地定点医疗机构开通率 32.1%。作为参保地，门诊跨省直接结算 168.5 万人次，发生医疗费用 43196.83 万元；住院跨省直接结算 19.65 万人次，发生医疗费用 533570.91 万元。作为就医地，门诊跨省异地直接结算 70.34 万人次，发生医疗费用 11652.62 万元；住院跨省直接结算 19.37 万人次，发生医疗费用333745.86万元。进一步推行“承诺制”“容缺后补制”，全省所有统筹区均实现依托国家医保服务平台上的异地就医备案服务，省本级和舟山、杭州、湖州3个设区市开通自助备案通道，其他8个设区市开通快速备案通道。2021年，省内异地就医直接结算持续推进，全年门诊结算1770.96万人次，住院结算72.53万人次；发生门诊医疗费用35.3亿元、住院医疗费用125.0亿元。全省规定（特殊）病种异地直接结算87.95万人次，发生医疗费用4亿元。罕见病直接结算971人次、医疗费用6573.01万元，其中罕见病资金支付6142.67万元，医疗救助金支付156.41万元。

推进“一件事”集成　2021年，省医疗保障局与省委组织部、省人力资源社会保障厅、卫生健康委员会、市场监督管理局等部门构建跨部门协作长效机制，参与推动群众和企业全生命周期“一件事”和机关事业内部“最多跑一次”集成改革。在优化完善多个“一件事”集成联办基础上，着力推动社保参保等“一件事”集成改革，推动跨层级、跨部门、跨业务协同办理。至年末，全省完成“一件事”联办58万件，办结率超过98%。

重要活动

1. 省医疗保障工作会议召开。1月21日，全省医疗保障工作会议在杭州市召开，会议总结2020年和建局以来医保工作，分析当前医保事业发展面临形势，研究部署“十四五”时期及2021年医保重点工作。省医疗保障局主要负责同志作工作报告。

2. 开展普通门诊跨省直接结算服务试点。2月1日，浙江省作为国家跨省门诊费用直接结算先行试点省份之一，与北京、天津、河北、上海、江苏、安徽、重庆、四川、云南、西藏、贵州（省本级、黔西南布依族苗族自治州）等11个先行试点省实现普通门诊跨省直接结算服务。

3. 浙江省医疗保障研究会成立。3月10日，浙江省医疗保障研究会第一次会员代表大会暨成立大会在杭州市召开。

4.《浙江省医疗保障条例》出台。3月26日，《浙江省医疗保障条例》经浙江省十三届人大常委会第二十八次会议审议通过，并于7月1日起正式施行。这是全国第一部医疗保障领域的综合性地方性法规。

5. 开展打击欺诈骗保集中宣传月活动。4月1日至30日，浙江省开展打击欺诈骗保集中宣传月活动。活动期间，全省在报纸刊物上登载宣传文章120篇，曝光典型案例327起，普法专栏393期，公交地铁等移动电视136.7万次；开展现场宣传1862场，发放海报、折页、问答手册等177.9万份，发送宣传短信336万条等。

6. 首个地方医疗保障标准化技术委员会成立。4月8日，经浙江省市场监督管理局批准，浙江省医疗保障标准化技术委员会成立。这是全国首个省级医疗保障标准化技术委员会。

7. 全省打击欺诈骗保专项整治行动电视电话会议召开。5月21日，浙江省召开全省打击欺诈骗保专项整治行动电视电话会议。省政府办公厅、医疗保障局、公安厅等单位相关负责同志在主会场参会，各市、县（市、区）政府分管领导，医保、公安等部门的负责同志共900多人在分会场参会。

8. 浙江首届医疗保障知识竞赛总决赛顺利举行。2021年10月12日，省医疗保障局主办的全省首届医疗保障知识竞赛总决赛在杭州市举行，经过角逐，6支参赛队伍获得一、二、三等奖。

9. 省医疗保障局召开年度重点工作座谈会。10月21日，全省基本医保市级统筹暨落实待遇清单工作座谈会在杭州市召开。省医疗保障局主要负责同志通报市级统筹推进情况并部署待遇清单工作。

10. 医疗物资意向采购签约会成功举行。11月5日，第四届中国国际进口博览会浙江省医疗物资意向采购签约会在杭州市举行，浙江省药械采购中心代表公立医疗机构与 21 家进口药品、医用耗材供应商签订了采购意向协议，意向成交金额共计 100.2 亿元，较上年增长 6.2 亿元。

11. 智慧医保在嘉兴市率先上线。 12 月 31 日，浙江省“智慧医保”系统在嘉兴市率先上线，标志着浙江省医保信息系统正式接入国家医疗保障信息平台。

典型案例

案例一：浙江省出台《浙江省医疗保障条例》

浙江省医疗保障局成立伊始就举全系统之力推进立法工作。2021 年 3 月 26 日，《浙江省医疗保障条例》经浙江省第十三届人民代表大会常务委员会第二十八次会议通过，并于 2021 年 7 月 1 日起施行，是浙江推进省域医保治理现代化的里程碑事件。

【主要做法】 推进医保、医疗、医药联动改革　一是将统筹推进医保、医疗、医药联动改革明确为医疗保障的工作原则。二是加强医疗保障与基本公共卫生服务在疾病预防、诊断、治疗、护理和康复等方面的衔接配合。三是完善基本医疗保险基金支付与分级诊疗制度相衔接机制。四是通过集中带量采购等制度，推进医保支付标准和集中采购价格协同。

加强数字医保建设　一是建立统一、高效、兼容、便捷、安全的医疗保障数字化平台。二是实行部门间信息实时共享、医疗费用即时联网结算。三是推进互联网医疗服务，推广电子凭证、电子病历、电子处方、电子票据的应用。四是实行医疗救助对象医疗费用网上审核结算。五是加强基本医疗保险服务数据智能监管和费用智能审核。六是强化医保数字化网络安全保障，规范基本医疗保险服务数据的管理和应用。

建立健全多层次医疗保障体系　一是建立健全以基本医疗保险为主体，大病保险为延伸，医疗救助为托底，商业健康保险、职工互助医疗和医疗慈善服务等为补充的、多层次的医疗保障体系。二是分别明确了基本医疗保险、大病保险、医疗救助的保障对象和内容。三是鼓励发展商业健康保险。四是鼓励逐步建立长期护理保险制度。

提高医疗保障基金统筹层次　针对浙江省长期以来存在的统筹层次低、制度政策碎片化、发展不平衡不充分等问题，根据中央和省委文件精神，职工基本医疗保险、城乡居民基本医疗保险和大病保险分别以设区的市为统筹地区实行基金统筹，逐步推进省级统筹。

进一步统一和提高医疗保障待遇　一是明确以收定支、收支平衡、略有结余的基本医保基金筹集和使用原则。二是明确职工基本医疗保险费的缴费基数和比例。三是城乡居民基本医疗保险基金筹集实行个人缴费和政府补贴相结合。四是对参保职工未达到缴费年限要求延续缴纳和统筹地区延长累计缴纳年限作了特别规定。

此外，《浙江省医疗保障条例》还对规范统一医疗保障基金的筹集政策、完善经办管理和公共服务体系、加强监督管理等进行规定。

【主要成效】 健全医疗保障法治体系　通过专项立法对浙江省机构改革职能调整和医疗保障改革成果予以梳理、确认和补充完善，填补了浙江省医疗保障领域立法空白，有利于进一步健全浙江省民生保障法治体系。

有利于破解医疗保障领域现实难题、补齐民生领域短板　通过发挥立法对改革的引领和推动作用，破解浙江省医疗保障领域存在的弱项和短板，为医保事业改革与发展提供制度保障，具有重要现实必要性。

案例二：浙江省完善药品和医用耗材挂网，规范集中采购行为

浙江省始终坚持“质量优先、价格适宜”集中采购原则，长期以来形成以集中招标或备案采购为主的挂网模式，确保平台产品质量较好，价格普遍较低。但因集中招标采购和备案采购程序复杂、执行周期长，新产品、特需产品、质优价廉产品不能及时进入平台，造成医保药品、医用耗材目录平台覆盖不全，进入平台的产品又无竞争退出机制，随着市场变化出现价格虚高现象。另外，部分定点民营医院、零售药店利用平台外医保药品没有确定支付标准的政策空子，高价销售非招标医保药品，由医保基金买单。2021年，浙江省医疗保障局坚持问题与需求导向，先后出台多项政策，对药品和医用耗材集中挂网制度进行改革，健全竞争机制，实现平台产品市场化、动态化、机制化更新，保障临床需求，提高医保基金绩效，降低廉政风险。

【主要做法】 完善集中采购产品准入机制　一是在药品挂网方面，进一步完善平台药品准入机制，增加医保药品和基本药物通用名缺失品种、治疗用生物制品、儿童药品、无糖型药品、价格有明显优势等准入渠道，解决平台药品“进得少”的问题，基本实现医保药品通用名全覆盖。二是在医用耗材挂网方面，明确全新二级目录、无在线交易产品二级目录、价格有明显优势、更新换代、补齐规格型号、自行采购等六种产品准入渠道，企业可选择合适的准入渠道进入平台挂网。

建立动态竞争性退出机制　为实现平台交易产品有进有出，既能满足企业的诉求，又能提高浙江省在线交易产品的有效性，建立了产品退出机制。一是市场化动态竞争机制。通过开展集中带量采购、实行小单元同品规竞价、实行同类医保编码医用耗材竞价等多种方式，促使平台内的产品动态竞争，实现了交易产品和交易价格的动态调整，让更多质优价廉的产品进入平台。二是企业主动申请退出机制。对因各种原因导致无法供应并一年以上无交易、有其他产品可替代的，经申请、评估，不影响临床使用的，予以退出。退出后两年内不接受该产品再次挂网。

探索公立医疗机构自行采购制度　建立公立医疗机构自行采购制度，从机制上解决部分特殊产品的临床供应问题，允许公立医疗机构采购一定金额比例的平台内无在线交易产品或无法按平台内既定价格采购的产品，以满足医疗机构部分特殊产品临床需求。

完善医保药品支付标准制度体系　进一步规范医保药品支付政策，统一了定点民营医疗机构与定点零售药店的医保药品支付标准，民营医疗机构与公立医疗机构医保药品执行相同的支付标准，定点零售药店允许上浮15%，医保药品支付标准实行定期与动态相结合的方式调整。

【主要成效】 提升交易品种覆盖面，更有效地满足需求　2021年，通过动态调整改革方案，浙江省药械采购平台药品新增挂网产品共3425个，其中1238个一致性评价仿制药、44个1类新药、16个参比制剂（原研药）、532个国谈（国谈仿制药、国谈同通用名）药品以及治疗用生物制品等其他7类准入途径挂网产品1595个，暂停交易产品914个。医用耗材首批动态调整最早招标的四大类新增产品5366个，退出平台和更新换代暂停交易产品71个，其余十大类医用耗材已完成产品申报，初审结果已公示。

执行小单元竞价，更有效地推动竞争性更新　对在线交易药品中，同品规、同剂型或同适应症且同给药途径下供货企业较多或价格差异较大的品种，视情采取周期内竞价或开放式竞价。周期内竞价5个品种，共涉及在线交易产品78个，56个产品入围，22个产品竞价出局。开展开放式竞价两个批次，首批开放式竞价为2个省级带量采购无中选产品的品种，共6个产品竞价入围，平均降幅34.4%，最大降幅58.8%。第二批开放式竞价4个品种共15个产品入围，平均降幅13.5%，最大降幅15.1%。通过充分竞争，不仅实现平台挂网产品竞争性更新，而且扩充了在线交易企业数，更好地满足临床用药需求。

规范采购行为，更有效地防范风险　通过完善平台准入与退出机制，明确平台挂网途径及价格条件，减少药品和医用耗材采购过程中可能存在的人为因素，切断权力寻租和利益输送的链条，

有效防范采购机构工作人员的廉政风险。对集中采购不断制度化、规范化、市场化，明确产品多种形式的进入和退出渠道，打破了以前“进得少”“出去难”的局面，给企业有明确的预期，减轻企业行政成本。通过产品增补有效解决临床实际使用需求，降低医疗机构网下采购、目录外采购的廉政风险。同时，大大减少人为因素，有效降低医疗机构、医务人员“带金销售”带来的风险。

案例三：浙江省打造医保零星报销事项智能经办模式

为解决医保零星报销申报材料复杂、业务录入繁琐、后台审核时间长等突出问题，2021 年，浙江省坚持数字引领，依托区块链电子票据平台，通过 OCR(光学字符识别)技术智能收件和流程再造，打通医保零星报销经办服务“最后一公里”，实现医保费用零星报销“免材料”“不见面”“零次跑”。

【主要做法】 一个平台实现电子票据“上链盖戳” 发挥医保、财政、卫生健康等部门合力，依托区块链技术，打造全省“医保数据交换平台”，在依据医保经办要求统一电子票据的要素、特征、样式以及管理流程的基础上，集成医疗机构开具的医疗电子票据。同时，建立全省“异地定点医院自费医疗明细库”，根据电子票据在医疗机构推广使用情况，有重点地优先对就诊人员数量大、费用发生频次高的医疗机构进行系统升级改造，实现医疗机构将自费结算人员的检查记录、费用明细、出院记录等就诊信息全口径上传至省异地定点医疗自费明细数据库，以便各级医保经办机构审核应用。通过电子票据生成、传送、储存和报销全程“上链盖戳”，医疗费用零星报销实现“一键提交、一网通办”，患者只需在浙江政务服务平台——“浙里办”App 中“医疗保障专区”的“零星费用报销”模块完成一键申请，“医保数据交互平台”系统自动将报销申请推送给报销人参保地医保经办机构，参保地医保经办机构通过调取省内就诊医院电子医疗票据及明细清单等相关数据，完成费用审核结算，报销平均时间从 30 个工作日压缩到一周以内。

一台机器实现纸质报销“全时服务” 针对部分尚未普及电子票据应用的医疗机构，采取“自助收件”+“OCR 智能识别”的辅助方式探索开展医保零星报销业务，通过开发医保业务自助服务机，线下收取医疗机构开具的纸质票据，利用 OCR 智能识别对纸质票据进行分析识别处理，获取文字及版面信息，转换形成格式化数据，再上传经办机构后台进行智能审核，实现纸质票据报销“机器换人、全天候无间断服务”。该模式在方便群众报销的同时，通过搭建票据智能识别、智能抓取、自动匹配、自动计算等功能模块，改变原来传统报销靠人工识别单据、手工加减报销金额等模式，实现零星报销全流程智能化、数字化，大大提高了经办效率、降低差错率，医保报销经办件初审正确率从系统应用前的 90%—95%左右提升到 99.5%以上，大大缩减了经办窗口的工作压力。

一套考评体系实现报销流程“规范高效” 浙江医保零星报销线上业务项目启动实施以来，对“零星报销”的不同业务环节进行业务流程重塑，制定了技术实施方案和业务经办标准，实行“平台接件、后台审核、受办分离”的经办模式，实现受理、录入、审核、报销、复审、支付等业务环节全程数字化，已建立起从受理之日起 10 个工作日内审核完成，5 个工作日财务支付完成，通过省交换平台反馈办理结果的零星报销机制。同时，为确保医保零星报销业务的高效运行，浙江省将各地实施零星报销情况，纳入各级医疗保障经办机构日常考核评价体系，将审核准确率、办件时限和办结率三个主要指标作为考评依据，从审核质量、办件速度等多维度进行考核打分，为医保零星报销事项提质增效，增强办事群众的医保获得感和满足感。此外，为维护医保资金安全，浙江对医疗电子票据使用统一数字签名加密技术，对电子医疗票据零星报销经办业务全过程实时监控，做到电子票据全程可溯源、不可篡改，确保报销流程安全可靠。

【主要成效】 2021 年，纸质票据“自助收件、智能审件”模式在嘉兴、衢州部分地区推广应用。截至 2021 年底，浙江已有 1716 家定点医疗机构开通电子票据服务，累计开具医疗电子票据11.33亿张，开票金额达3469亿元，涵盖医保零星报销事项全部种类。

案例四：杭州市推进DRG结合点数付费改革

杭州市自2020年起全面实施住院医疗费用按DRG结合点数付费管理，通过建机制、优流程、强监管，充分发挥医保支付方式改革在“三医联动”中的杠杆作用，引导医疗机构建立重技术、提质量、控成本的价值导向，主动规范医疗行为，减轻群众就医负担，提升医保基金使用绩效。2021年，杭州市进一步完善工作机制，聚焦“一老一小一特殊”，完善长期、慢性病住院床日付费制度，分类支持各级别医疗机构发展，着力强化病案审核，引导医疗机构合理诊疗，切实提升群众就医获得感。

【主要做法】 *优化流程，确保落实到位* 一是省市联合共同推进。在浙江省医疗保障局成立省市共建DRG点数付费项目工作专班基础上，杭州市医疗保障局成立DRG工作领导小组，确保改革任务落地见效。二是优化部门协商流程。建立由市医疗保障部门牵头，相关部门参与的联席会议制度，实施集体决策，研究决定支付方式改革中的重大问题。三是完善内部管理流程。定期召开工作小组专题会议，及时研究工作中遇到的问题，形成初步意见后提交省市DRG例会研究决定，并下发各区县医保部门和医疗机构。

建章立制，实施精细管理 一是建立总额预算协商机制。会同财政、卫生健康等部门研究确定年度医保基金支出增长率，医保经办机构根据确定的增长率、上年度住院医保基金决算总额核定全市当年住院医保基金区域预算总额。二是建立“结余留用、超支分担”的责任共担机制。2021年度医保基金年度决算结余部分的85%由医疗机构留用，超支部分的85%由医疗机构分担。三是建立长期、慢性病住院床日付费制度。将按床日付费管理与DRG点数付费有机结合，通过区分MDC（主要诊断大类），实施分类管理。四是建立专家评议机制。通过建立医疗保障评审专家库，为DRG点数付费提供明确入组标准、规范诊疗行为等专业支持。五是建立中医支持制度。在DRG点数付费中设置中医激励系数，有效解决DRG付费方式下中医类服务的合理补偿问题。六是建立新技术支持机制。对达芬奇机器人手术、TAVI手术（经导管主动瓣膜置入术）、飞秒激光手术、TOMO治疗（肿瘤的局部断层调强放疗）等高新技术的应用予以点数激励，即新技术新项目病例在原有病组支付基础上，给予一定的激励点数。七是建立“一老一小”支持机制。在支付制度设计中聚焦“一老一小”，细化重症监护和新生儿分组，增加调节系数，重点对6周岁以下儿童和80周岁以上人群占比大的机构调节倾斜。

加强监管，防范运行风险 一是严格执行浙江省DRG分组方案。根据国家CHS－DRG分组与付费技术规范要求，在国家分组方案（核心组ADRG）的基础上，结合本地实际，最终形成1006个DRG分组目录，并作为全省分组标准。实施过程中严格执行分组方案，全市同类病例按统一标准入组。二是搭建DRG基金结算管理平台。医疗机构按要求填写病案首页，上传医保住院结算清单等信息，医保经办机构通过平台实现数据控制、结算付费、分组审核。三是规范病案上传，提升DRG病案质量。要求医疗机构严格按照《医疗保障基金结算清单填写规范》要求，正确上传主要诊断、主要手术或操作及次要诊断。四是组织临床和病案专家对全市有住院功能的医疗机构进行病案交叉检查，以查促改，督促医疗机构加强病案质量管理。五是探索开展大数据监管。积极推动病案审核系统落地，进一步加强对医疗机构病案信息的审核，不断提升DRG数据质量智能化监管水平。六是加强重复入院核查。严格按照文件要求，督促医疗机构从严掌握出入院标准，杜绝“分解住院”等违规行为发生。

【主要成效】 *实施奖惩激励* DRG点数付费实行住院基金区域总额管理，设定区域内年度住院预算总额后，不再细分到每家医疗机构，区域内的医疗机构形成竞争关系，引导医疗机构主动规范医疗行为，提高诊疗服务水平。

引导提质降费　通过改革引导医疗机构降低费用，缩短住院时间，加快床位周转，减轻群众个人负担。2021 年杭州市医疗机构住院均费和平均住院日均呈下降趋势；1006 个病组（其中 9 个病组为 2021 年新增）中有 853 个病组均费下降，占比达 84.79%，有 860 个病组平均住院日下降，占比为 85.49%。以 KD1（甲状腺大手术）为例，2021 年共开展 26199 例，例均费用从改革前的 20430 元下降到 18567 元，年减少医疗费用 5591 万元。

协同推进县域医共体发展　DRG 点数付费改革极大地支持了县域医共体发展，2021 年，杭州市又制定了 50 个不分差异系数的 DRG 病组，即不同等级医疗机构实现同病同价，支付政策进一步向区县医疗机构倾斜。2021 年，萧山区第一人民医院等县域医共体牵头医院合计留用金额达 2.47 亿元，较 2020 年的 2.22 亿元进一步增加。

合理设置预算总额　严格落实国家和省有关文件要求，对合理使用集中采购中选药品、履行采购合同、完成国家组织集中采购和使用药品以及耗材用量的定点医疗机构，不因集中采购和使用药品以及耗材费用下降而降低总额控制指标，鼓励医疗机构积极开展检查检验结果互认共享。

案例五：宁波市探索开展医用耗材市级联合集中带量采购

为降低医用耗材虚高价格，减轻患者医疗费用负担，规范医用耗材采购行为，2021 年，宁波市医疗保障局在全省首次探索开展“负压引流护创材料”和“一次性活检针”两类医用耗材市级联合集中带量采购工作，中选结果在全省公立医疗机构执行。

【主要做法】　采购模式突出市级联合　根据全省统一部署，通过“招采合一、量价挂钩”的方式，省内其他地市统计两类采购产品的 2019 年总用量后，按照报量规则形成约定采购量并汇总至宁波，由宁波代表全省开展带量采购，中选结果全省统一应用，此举大大增强了医保部门在带量采购过程中的主动权，企业有意愿通过降价获取市场。

品种选择突出临床导向　经过前期医保大数据分析和临床调研，“负压引流护创材料”和“一次性活检针”两类产品的临床用量较大、技术比较成熟，且从成本分析看具有较大的降价空间。此次共有 67 家供应商的 696 种产品报名，确保产品竞争充分、降幅明显，推动产品回归合理价格区间。

采购环节突出专家评价　宁波市医疗保障局多次向省医疗保障局汇报采购方案，确保方案符合全省总体要求。先后召开 5 次座谈会，广泛征求临床专家、采购专家、医保专家和企业代表的意见，确保产品选择、目录设置和评审规则符合需要。先后邀请 50 多位临床、采购和医院管理专家参与资质审核、技术评审相关工作，充分发挥专家的技术优势，确保中选产品聚焦临床一线需求。

中选结果突出现实运用　精准报量是“招采合一”高效执行的关键，宁波市医疗保障局在汇总各地市报量的基础上，得到了省药械采购中心强有力的数据支撑，对两者数据差异较大的地市，多次与各地市医疗保障局职能处室沟通，分析差异产生的客观因素，尽最大可能实现“精准报量”，同时与供应商签订承诺书，确保中选产品供应及时、质量稳定可靠，确保后续执行环节高效有序。

【主要成效】　按照“满足临床、性能优先、合理降价、量价挂钩”的总体思路，两类医用耗材共 19 家供应商 358 个产品中选，其中“负压引流护创材料”平均降幅 90.52%，最大降幅达 96.76%；“一次性活检针”平均降幅 43.10%，最大降幅达 91.54%。以 2019 年全省公立医疗机构采购金额测算，每年可减少就医费用和医保基金支出约 1.3 亿元。

案例六：衢州构建医疗保障“一站式”结算支付体系

衢州市于2019年上线运行医疗费用“3＋N”报销自动结算平台，通过充分发挥医保结算系统的基础性作用，串联起不同部门的12类报销（补助），建立统一结算资金池，实现老百姓医疗费用报销“零跑腿”“零材料”“零等待”“零垫付”。但随着纳入该平台的报销事项不断增加，对平台的兼容性和资金结算支付的安全性要求愈来愈高。2021年，衢州市对平台进行迭代升级，以结算的一站式撬动政策的统一完善、部门的协同联动、服务的标准规范，使医疗费用结算更精准，实现百姓利益最优，平台更安全、效能更高。

【主要做法】 理顺多层次医疗保障政策体系 一是多角度梳理最小颗粒度，明晰多层次医疗保障体系逻辑层次。依次开展医保政策梳理、业务事项梳理、情形梳理和数据梳理，形成包含13项医疗保障政策体系集、56024项事项和7983项数据“最小颗粒度”，经标准化处理后进行归组，形成结算逻辑链。二是多维度构建结算模型，理顺多层次医疗保障体系结算关系。从人员类别、两定单位、就医情形三个维度梳理形成45个结算模型及相应逻辑图，实现人员、两定单位和就医场景全覆盖。三是多举措做实平台管理，推动多层次医疗保障体系优化完善。出台医疗费用“一站式”结算管理实施办法、资金结算流程等系列配套政策，明确准入退出标准、资金结算清算规范、协同部门职责等，推动相关部门优化完善政策，促进多层次医疗保障体系政策的统一和衔接。

实现结算支付系统的迭代升级 一是重塑结算模式。将结算模式由“3＋N”调整为“2＋N＋1＋1”（2是指基本医疗保险、大病保险；“N”是指工会互助、公务员补助、优抚补助等，第一个“1”是指医疗救助，第二个“1”是指商业医疗保险），切实解决原“3＋N”结算模式存在的商业医疗保险的补充功能和医疗救助兜底保障功能不充分问题，实现资金绩效最高和群众待遇最大化。二是重建结算支付机制。将结算模型中的“N”部分由原来的“串联式”结算调整为“并联式”，创新性提出“串并双重式”支付模式和封顶线限制，即经基本医疗保险和大病保险结算后的剩余合规费用并行纳入“N”各部分并联结算，任一事项的增减变动都不会对整体造成影响，并实行合规费用和总费用封顶线限制，确保全部基金支付额不会超出合规费用和总费用，有效规避政策和技术风险。三是创新资金管理模式。推动以县（市、区）为中心的支付一体化，所有医疗费用由就医地医保部门统一结算支付，市级医保部门按月向各县医保部门预拨资金，各县（市、区）医保部门通过市级结算清算中心按月完成清算。解决了不同结算部门多次拨付造成的医疗机构对账难、医保部门拨付繁问题。

实现“一站式”结算支付的规范化、标准化 一是完成标准化的结算模型构建。将“一站式”结算从最初的“3＋N”模型进行重塑，构建了新型的“2＋N＋1＋1”模式，实现待遇政策和险种属性的回归，同时为标准化的结算支付模式构建做好了技术上的准备。二是完成标准化的结算支付模式构建。将“串联式”结算支付模式调整为“并联式”结算、“串并双重式”支付模式，提高平台结算安全性。三是完成标准化的资金拨付模式构建。设立统一专项资金池，将原来各部门分别拨付调整为由医保一个部门拨付的模式，实现参保人员待遇不遗漏，也利于医疗机构对账和清算。

【主要成效】 实现医保公共服务优质共享先行示范 医疗费用“一站式”结算实现了参保群众、医药机构、经办机构三方共赢，该项改革入选了浙江省公共服务优质共享典型案例。“2＋N＋1＋1”结算模式的实施，实现同等政策情况下医疗费用个人负担减少10%以上，群众利益保障实现最大化。结算、支付一体化机制下，所有资金从一个口子出，有效解决定点医药机构对账难问题，且医保部门拨付医保资金对象缩小至辖区内的定点医药机构，工作量大大减轻。

建成标准化结算支付模式 通过三年实践，从结算模型到结算支付模式、资金支付模式构建，不断迭代创新，标准化结算支付模式构建成形。

“一站式”结算制度体系基本建立 “一站式”结算相关做法写入浙江省地方标准《医疗救助服务规范》《医疗保障数字化经办服务》。2021年，进一步强化平台管理，通过技术和政策标准推动相关部门统一和完善各自领域内的保障政策，保障了“一站式”结算平台的可持续运行，有力推动了协同部门、医保部门、医药机构之间建立医保共建共治共享的治理新格局。

案例七：总额预算管理下的台州医保支付方式改革

2021 年，台州市实行总额预算下住院按 DRG 点数法，门诊结合家庭签约医生按人头付费、慢病按床日付费的支付新模式。

【主要做法】 *编制年度医保基金预算总额，激发支付改革新动力* 一是科学预算年度医保基金支出总额。以上年度住院实际基金报销额为基数，按基金支出增长率预算当年度全市住院医保基金支出总额，门诊则采用“区域预算＋分块预算＋分类预算”方式，确定门诊打包基金支出预算总量。二是合理确定医保基金支出增长率。根据上年度医保基金收支决算的结果，综合考虑人数增长、收入预算、重大政策调整、医疗服务数量、质量和能力、物价指数等因素，由医保会同有关部门，各县市区组织定点医药机构进行总额预算谈判，确定 2021 年度医保基金总支出增长率控制在 5%以内。三是建立“结余留用、超支分担”的激励和分担机制。以县市区为单位，住院医保基金年度预算总额与实际住院医保基金报销总额相比、医共体本年度门诊实际医保费用与打包额度相比，出现结余的，结余基金的 85%用于医疗机构奖励，15%由医保基金留用；出现超支的，超支金额的 85%由医疗机构承担，15%由医保基金补助。

建多元的付费体系 一是做实住院按 DRG 付费。通过建立医疗机构病案信息上传和校验机制，指导规范病案上传；建立 DRG 付费计算体系，规范月度预付、年底清算等支付流程；建立 DRG 分组大数据统计分析体系，对异常病例费用进行病历审核；建立 DRG 专家支撑服务体系，每季度召开疾病诊断分组案例分析会、“特病单议”专家论证会。二是探索门诊按人头付费。承担省级试点，门诊按人头定额标准与家庭医生签约服务相结合的支付方式，实行按人头划分包干、合理确定定额标准、优化结算办法。三是开展慢病按床日付费。对失能半失能、长期卧床、医疗康复、安宁疗护和晚期姑息治疗等患长期慢病参保人员，在全市 6 家医养结合机构开展试点。

构建大数据下的监督检查体系 一是上传费用全面审核。利用病种分组病案数据与阳光智能监管平台数据比对、审核，2021 年，系统共审核 7957.47 万张单据，拒付医保基金 2888.25 万元。二是分组合规性筛查。专项针对 DRG 分组合理性、组内明细合规性、套高结算的现象进行审核，并对过度用药、过度检查等不当医疗行为进行规范。三是加强监督检查和满意度测评。签订医疗服务补充协议，有效防范约束因医保基金包干可能出现的医疗服务不足、增加自费负担等问题。引入第三方机构测评，开展满意度调查和全市病案交叉检查。注重检查结果运用，对降低入院指标、提前出院、推诿病人、分解住院、转自费住院的医疗机构，作出扣罚点数等处理。

【主要成效】 *医保基金提绩效* 改革实施以来，台州市就医总费用及医保基金支出增长速度得到有效遏制，尤其住院总费用和次均费用均比改革前有较大回落，医保基金使用绩效明显提高，2021 年住院基金支出同比增长仅 0.91%。分级诊疗效果凸显，医疗服务资源配置逐步优化，2021 年台州市家庭医生签约人数同比增长 7.15%。

医疗机构强管理 一是主动控费能力增强。医院同原付费制度相比可实现增效节支收益；全部病组均次费用可实现同比下降，可同时实现病组节支收益和结余留用收益。二是精准诊疗能力进一步提升。在“结余留用，超支分担”机制下，倒逼医疗机构提高诊疗能力和精准度，过度治疗现象得到有效治理，病组诊疗费用逐步反映真实成本。如胸部大手术，伴一般并发症与合并症(EB13 组)，历史均费为 36778.56 元，2021 年均费为 36089.89 元，下降 1.88%。三是激励约束机制有效性显现。2021 年，住院基金结余的 85%共计 2.94 亿元由各医疗机构按照 DRG 总点数比例分享，成为医疗机构提质增效的内生动力。

就医群众减负担 一是群众就医负担明显下降。均次住院费用和患者自付费用增长逐步下

降。医院诊疗用药趋于合理,2021 年参保人住院年平均自付金额比改革前下降 382.4 元。二是群众就医服务更加高效便捷。DRG 对医疗行为的精准管理,不合理的分解住院、转院现象得到扭转。三是临床路径进一步规范,医疗质量进一步提高。改革实施以来,医院对支付方式改革逐步形成共识,诊疗更趋合理,人民群众看病的满意度和获得感明显提升。

案例八:金华探索门诊“APG 点数法”付费改革

金华市自 2016 年 7 月起对住院医疗服务按“病组(DRG)点数法”付费,有效推进了医保精细化管理。但门诊医保支付仍采用按项目结算方式,加之住院付费改革的影响,门诊医保基金支出增长率达 20%,亟须启动门诊付费改革。2021 年 1 月,金华市在全域推行医保门诊按人头包干结合 APG(门诊病例分组)点数法付费改革,即医保门诊在总额预算管理下,签约人员的普通门诊、慢病门诊按人头基金包干给签约医疗机构(医共体);非签约人员的普通门诊、慢病门诊、特病门诊的人头基金及签约人员的特病门诊人头基金按门诊服务量的 APG 点数、点值支付。

【主要做法】 推行门诊总额预算,实现基金支出可控　一是建立总额预算管理机制。按照“以收定支、收支平衡、略有结余”原则,由医保、卫生健康、财政协商确定门诊医保基金年度支出增长率。根据基金支出增长率和上年门诊医保基金实际(决算)支出总额,确定当年门诊统筹基金总额预算,即统筹基金总额预算=统筹区上年度统筹基金决算总额×(1+统筹基金年度支出增长率)。二是建立“结余留用、超支分担”激励约束机制。统筹区门诊医保基金决算总额年度结余或超支的,由医疗机构和医保基金按一定比例分担或留用,2021 年医疗机构留用或分担的比例设置为 95%。三是建立总额预算调整机制。因政策变动、疾病暴发等客观因素导致当年统筹基金支出发生重大变动的,总额预算予以合理调整。

实施人头包干管理,构建合理就医格局　一是科学确定人头基金。运用大数据分析,综合参保人员就医的历史平均医保费用及性别、年龄、健康等因素,按门诊类型、人群分类测算人头平均医保费用,再乘以参保人普通门诊、慢性门诊、特殊门诊对应的报销比例,计算得到每个参保人的各类门诊基金的人头额度权重(按周期动态迭代)。每年根据测定的人头额度权重将当前的预算基金进行分配,最终确定每个参保人的人头基金。二是分类划分包干类型。签约人员的普通门诊、慢性病种门诊的人头额度包干给签约医疗机构统筹使用,签约人员在签约机构以外发生的费用,从人头基金中列支,年终包干基金的结余部分由医疗机构留用,超支部分由医疗机构自行承担;未签约人员的全部门诊类型的人头额度、签约人员的特殊病种门诊人头基金,不包干给具体的医疗机构或药店,所有医药机构统筹使用。

制定分组标准,实现点数计量支付　一是科学进行 APG 分组。结合实际,根据临床过程相近、资源消耗相似,综合考虑急诊、长处方、儿科、国家谈判药等情况,制定了六项分组原则,将全市历史门诊病例 1.07 亿例,运用 APG 分组技术,按照主要手术、主要诊断、重要检查检验、高值耗材、国家谈判药等,分为手术操作 APG、诊断 APG、辅助 APG 三类,形成 2092 个细分组。二是测算病组医保支付标准。对诊断 APG 按打包均费支付(中药按帖打包支付),手术操作 APG 按主要手术打包均费支付,辅助 APG 按打包均费支付或项目支付,并对次要诊断和手术进行叠加支付。实行同级别医疗机构同价,按医疗机构级别合理确定差异系数,级别差异系数=某级别医疗机构 APG 例均费用÷全市该 APG 例均费用。三是按点数支付医保基金。通过 APG 点数计算医药机构的服务量,按“点数法”支付基金。APG 基准点数=该 APG 例均费用÷全部 APG 例均费用×100,具体门诊病例点数为该病例分入的手术操作 APG(诊断 APG)、辅助 APG 的点数之和。

【主要成效】 门诊医保基金支出增长控制在合理范围　通过科学预算年度门诊医保基金支出总额,强化预算执行刚度,医保基金支出增长得到合理控制。预计金华市 2021 年门诊医保基金支出增长率下降至7%左右,仅金华市本级就可减少医保基金支出8880万元。

有效促进基层签约服务和健康管理 通过改革,促进基层医疗机构专注家庭医生签约服务,提升精细化管理水平。2021年全市户籍人口签约率为47.01%,较2020年提高2.97个百分点,重点人群家庭医生签约率达90.37%,较2020年提高2.6个百分点。

有效提升医疗机构精细化管理水平 医药机构将APG作为内部精细化管理工具,在规范门诊病历书写、结算数据上传等方面起到积极作用。同时,激发医疗机构主动控制成本和费用的内生动力,从源头上减轻参保人医疗费用负担,目前金华80%以上的签约机构实现包干基金结余留用,72.9%的医疗机构实现基金结余留用,门诊合理用药率从95%上升到96%。

案例九:舟山市做实基本医保市级统筹

舟山市下辖两区两县,基本医保参保人数稳定在100万人左右。2021年,舟山市推进医保市级统筹工作。

【主要做法】 *统一政策制度制定* 全市基本医疗保障政策制度统一由市级医保部门制定,进一步统一了全市基本医疗保险、大病保险、医疗救助等制度的参保范围、筹资标准、待遇水平,实施统一的医保目录和支付方式改革政策,加强各项制度和政策的协同,促进医保、医疗、医药联动改革。统筹推进大病保险梯次减负,增强对贫困群众基础性、兜底性保障,使全市群众获得更加公平、精准和惠民的医保待遇和经办服务。

实现基金统收统支 出台《舟山市医疗保险基金市级统收统支实施细则(试行)》,全市医保基金年度预决算由市有关部门统一编制,各县(区)负责初编和核实。2021年3月底,省内首次实现全市职工和居民基本医保、大病保险基金市级统收统支,明确由市级统一核算和管理。各县(区)医保基金当期收入和历年结余均归集市财政专户,共归集医保基金54.78亿。同时,进一步完善基金兜底分担机制,有效化解人口基数和基金规模较小县(区)的收支平衡难题,并促使县(区)进一步抓好基金征缴和使用管理,避免吃"大锅饭"现象。

规范管理服务一体 印发《关于建立全市医保基金管理和经办服务市级统筹工作机制的通知》,从统一信息管理、数据统计分析、智能监管、医保定点管理、结报流程等方面实现全市基金监管和经办服务高度融合。改革基金拨付模式。辖区内定点医药机构发生的全市所有参保人员的基金拨付、违规扣付等事项,均由该县(区)经办机构负责,经办机构之间的基金清算由市医保经办机构负责处理,使市内所有定点医药机构只与一个经办机构的账户进行核算和拨付,为定点医药机构结算带来便捷。推进完善医保经办系统智能调度功能,实现各县(区)经办机构统一受理和办结全市所有参保人员申办事项,方便了全市参保人员医保事项办理,全面实现"一城通办"服务功能。

【主要成效】 *基金运行水平提升* 2021年门诊和住院综合报销比例较统筹前提高1.5%,达到65.8%,贫困人口经基本医保、大病医保、医疗救助三重制度保障后住院和门诊慢特病费用实际报销比例稳定在91%左右。2021年,基金支付能力提高到20.6个月,同比增加1.3个月,切实提高了基金互助共济和抗风险能力。

基金智能监管能力增强 全市统一建立了医疗服务"事前提示、事中提醒、事后处置"全过程智能审核平台,以及覆盖所有定点药店和诊所的视频监管系统。整合了全市基金监管力量,统一开展专项治理、飞行检查和日常监管等工作,保持打击欺诈骗保的高压态势,维护基金安全。2021年,共处理违规定点医药机构458家次(其中7家予以行政处罚),医保医师28名,追回违规医保费用1746.51万元。

实现了群众"办事不出岛" 健全市、县(区)、乡镇(街道)、村(社区)四级经办管理服务网络,服务窗口重点向二、三级医院和基层医疗机构延伸,开展"政银合作",服务事项下沉到银行网点,在41个乡镇(街道)设置359个便民服务窗口,按照全省统一的政务2.0模式以及智慧医保一体化进行收办件,满足群众办事"不出岛""一次办"。

安徽省

工作综述

2021年，安徽省医疗保障局持续完善医疗保障政策，深化医疗保障改革，改进医疗保障服务，履行医疗保障工作职责，完成各项工作任务。全省共6661.88万人参加基本医疗保险，其中，1010.84万人参加职工基本医疗保险，5651.04万人参加城乡居民基本医疗保险。基本医疗保险基金（含生育保险）收入906.71亿元，支出817.82亿元。其中，职工基本医疗保险（含生育保险）支出328.07亿元，城乡居民基本医疗保险支出489.74亿元。

【提高待遇保障水平】 基本医疗保险　省医疗保障部门推进基本医疗保险省级统筹管理，建立健全医保门诊共济保障机制。12月29日，省医疗保障局、财政厅印发《安徽省推进基本医疗保险省级统筹三年行动计划》，按照分级管理、责任共担、统筹调剂、预算考核的思路，建立基本医疗保险省级统筹。12月31日，以省政府办公厅名义印发《安徽省建立健全职工基本医疗保险门诊共济保障机制的实施办法》，更好地解决职工医保参保人员门诊费用负担。2021年，安徽省职工基本医疗保险、城乡居民基本医疗保险政策范围内住院费用支付比例分别稳定在80%、70%左右，普通门诊政策范围内费用报销比例达到50%以上。

大病保险　4月10日，省民生工作领导小组办公室印发《城乡居民大病保险实施方案》，稳步提高大病保险筹资水平、保障待遇，推进大病保险与商业保险"一站式"即时结算。城乡居民大病保险筹资标准提高至100元左右，实施分段报销，起付报销比例为60%，最高段报销比例达到80%，实行大病保险倾斜政策，加大对特困人员、低保对象、脱贫人口（不含稳定脱贫人口）的倾斜支付，较普通参保居民起付线降低50%，报销比例提高5个百分点，全面取消封顶线。截至2021年12月31日，共384.09万人次享受大病保险待遇，其中，普通居民189.75万人次，困难群众194.34万人次，大病保险合规费用报销比例达60%以上。

医疗救助　4月10日，省民生工作领导小组办公室印发《城乡医疗救助实施方案》，资助困难群众参保全覆盖，稳定实现特困人员、低保对象、脱贫人口（不含稳定脱贫人口）等全部纳入基本医疗保险、大病保险和医疗救助制度覆盖范围。住院救助和门诊救助应救尽救，以保障困难群众基本医疗权益为目标，最大限度减轻困难群众医疗支出负担。2021年，对农村低收入人口参保个人缴费实行分类资助，全省共资助464.33万人参加基本医疗保险，资助参保金额为11.77亿元。对特困人员、低保对象、返贫致贫人口、监测人口在参保地定点医疗机构或按规定转诊异地就医发生的合规医疗费用，经基本医疗保险、大病保险等报销后的个人自付部分按规定给予救助。截至12月31日，全省直接救助560.15万人次，其中，门诊救助380.95万人次，住院救助179.20万人次。直接救助金额25.71亿元，其中，门诊救助4.95亿元，住院救助20.76亿元。

慢性病保障　4月15日，省医疗保障局印发《安徽省基本医疗保险门诊慢特病病种目录（试行）》，统一63个基本医保门诊慢特病病种及其认定标准、编码，全省职工基本医疗保险、城乡居民基本医疗保险的门诊慢特病管理均执行统一尺度。4月16日，省医疗保障局印发《安徽省基本医疗保险慢特病门诊用药目录（试行）》，增加可报销药品346种，其中包括国家基本医保药品目录新增品种及谈判药品，进一步提高基本医疗保障待遇水平。

"两病"门诊保障　4月9日，省医疗保障局、卫生健康委员会印发《深化城乡居民高血压、糖尿病门诊用药保障和健康管理专项行动实施方案》，完善"两病"门诊用药保障与健康管理。截至12月31日，城乡居民"两病"政策范围内门诊用药费用报销比例稳定在50%以上。蚌埠市、六安市被确定为国家"两病"门诊用药保障专项行动重点联系的典型地区。

生育保险　省医疗保障局支持三孩政策落地实施，确保参保女职工生育三孩费用纳入生育保险待遇支付范围，及时、足额给付生育医疗费用和生育津贴待遇，保障参保人员生育保障权益。继续执行新生儿"落地"参保政策，新生儿自出生之日起3个月内参保缴费的，自出生之日起享受当年居民医保待遇，同步做好城乡居民分娩住院医疗费用保障。截至2021年底，全省参加生育保险人数为700.89万人，生育保险待遇支出为19.50亿元。

【提升医保服务管理质效】　医保药品目录调整　2月24日，省医疗保障局、人力资源和社会保障厅印发执行《国家基本医疗保险、工伤保险和生育保险药品目录(2020年)》(以下简称《2020年药品目录》)的通知。3月1日起，全省基本医疗保险、工伤保险和生育保险统一执行《2020年药品目录》，目录内共计2800种药品，其中，西药1426种，中成药1374种，中药饮片892种。12月22日，省医疗保障局、人力资源社会保障厅印发执行《国家基本医疗保险、工伤保险和生育保险药品目录(2021年)》的通知(以下简称《2021年药品目录》)。2022年1月1日起，全省基本医疗保险、工伤保险和生育保险统一执行《2021年药品目录》，目录内共计药品2860种，其中，西药1486种，中成药1374种，中药饮片892种。

药品"双通道"管理　6月3日，省医疗保障局、卫生健康委员会印发《关于建立完善全省国家医保谈判药品"双通道"管理机制的通知》，明确原则上二级及以定点医疗机构以及资质合规、管理规范、信誉良好、布局合理，并且满足对所售药品已实现电子追溯等条件的定点零售药店均可自愿申请纳入"双通道"管理范围。8月19日，省医疗保障局印发《安徽省国家谈判药品"双通道"管理目录(2021年版)》，将188种不同规格的国家谈判药品统一纳入全省国谈药品"双通道"管理目录，定点医疗机构应按功能定位和临床需求及时配备"双通道"药品目录内的药品，定点零售药店按供应能力和协议要求规范配备，确保形成"双通道"互补的供应保障机制，并于9月1日起执行。截至12月31日，全省共有"双通道"医保定点零售药店274家；"双通道"医保定点零售药店医保结算153455人次，产生医疗费用36839.83万元，基本医疗保险基金支付23892.97万元，报销比例64.86%。

开展中药配方颗粒医保支付试点　6月16日，省医疗保障局等部门联合印发《关于扩大中药配方颗粒医保支付试点范围的通知》，将中药配方颗粒医保支付试点范围由省中药配方颗粒试点企业扩大到取得国家药品监督管理局批复的药品生产企业。9月18日，省医疗保障局公布第五批纳入安徽省医保支付范围内的中药配方颗粒品种目录，同步公布3家企业开展临床科研使用试点医疗机构名单。10月29日，安徽省医疗保障局公布第六批纳入省医保支付范围内的中药配方颗粒品种目录，同步公布2家企业开展临床科研使用试点医疗机构名单。11月23日，省医疗保障局等部门联合印发《关于继续做好安徽省中药配方颗粒医保支付工作的通知》。在国家药品监督管理局、国家医疗保障局结束中药配方颗粒医保支付试点的情况下，规定2021年11月1日前在省药品监督管理局、省中医药管理局和省医疗保障局同时备案的中药配方颗粒试点企业，在11月1日前生产的中药配方颗粒在原备案医疗机构内使用的，原医保支付政策暂延长至2022年6月30日。

医疗机构制剂、中药饮片医保支付管理　9月16日，省医疗保障局、人力资源社会保障厅印发《安徽省基本医疗保险、工伤保险和生育保险医疗机构制剂支付管理暂行办法》，弥补安徽省基本医疗保险、工伤保险和生育保险基金支付管理在医疗机构制剂方面的空白，明确医疗机构制剂纳入安徽省基本医疗保险、工伤保险和生育保险基金支付范围的准入程序、准入条件、申报流程、支付范围、信息变更以及支付政策，详细列出8种不予准入和5种调出的情形。12月31日，省医疗保障局、人力资源社会保障厅印发《安徽省基本医疗保险、工伤保险和生育保险新增中药饮片支付管理暂行办法》,对新增中药饮片准入及支付管理进行全面规定,明确准入条件、准入程序、准入流程、支付政策4个方面重要内容。

医保支付方式改革　2月1日,省医疗保障局等部门联合印发《安徽省基本医保区域点数法总额预算和按病种分值付费试点工作指导方案》,明确DIP付费试点的基本原则和具体试点工作的进度安排。3月26日,省医疗保障局印发《安徽省"互联网+"医疗服务医保支付管理办法(试行)》,明确纳入医保支付范围的互联网医疗机构程序和条件。明确"互联网+"医疗费用纳入医保支付的范围。10月9日,省医疗保障局、卫生健康委员会印发《关于进一步规范基层医疗机构适宜日间病床收治住院病种按病种付费试点工作的通知》,坚持技术成熟、风险可控、费用稳定的原则,确定安徽省基层医疗机构日间病床按病种付费备选病种,明确规定"诊疗期间患者的床位费、护理费减半计算,诊察费、检查化验费、药费等全额计算"。11月23日,省医疗保障局印发《安徽省基本医疗保险精神病患者住院按床日付费指导方案》,明确职工基本医疗保险和城乡居民基本医疗保险参保精神病患者,在省内医保定点精神病专科医院和综合医院精神病科住院,实行按床日付费。

【医疗服务价格管理和药品耗材招标采购】 2021年,全省深化药品、医用耗材集中带量采购制度改革,前五批国家集采药品218个品种落地,年节约采购资金约24.58亿元。开展临床检验试剂集中带量采购,88个品种谈判成功,平均降幅47%,年节约资金约1.73亿元。开展大型医用设备集中采购,乙类大型医用设备采购总金额达5.3亿元,节约近2.6亿元,节资率33%。指导省药采服务中心、芜湖市、安庆市完成全省公立医疗机构骨科脊柱、眼科人工晶体、血液透析器、冠脉扩张球囊联盟带量采购,年节约资金达8亿元。建立医疗服务动态调整机制,调整雾化吸入等8个医疗服务项目价格和省属公立医疗机构法定甲、乙类传染病床位费,授权开展87个新开展医疗服务价格项目,核定111个新增医疗服务项目试行价格。

价格和招采制度建设　5月,省医疗保障局印发《安徽省省属公立医疗机构制定新增(新开展)医疗服务试行价格规范的通知》,推动医疗服务试行价格制定工作规范化、制度化;8月,印发《关于进一步做好医疗服务价格动态调整工作的通知》,为安徽省医疗服务价格动态调整提供基本遵循。4月,省医疗保障局联合省卫生健康委员会、商务厅、药监局印发《关于完善全省乙类大型医用设备集中采购工作的实施方案》,推动大型医用设备阳光交易。5月,联合省财政厅、卫生健康委员会印发《关于省属公立医疗机构国家组织药品集中采购医保资金结余留用有关事项的通知》,推进安徽国家集采药品医保资金结余留用政策落地见效。6月,省医疗保障局联合相关部门印发《关于推动药品集中带量采购工作常态化制度化开展的实施意见》,推动安徽集中带量采购工作常态化制度化开展。10月,省医疗保障局印发《安徽省省属公立医疗机构集中带量采购医保基金专项预付工作实施细则》,缓解省属公立医疗机构资金周转压力,确保医疗机构与医药企业按时回款结算。

开展药品耗材集中带量采购　4月,省医疗保障局印发《关于做好第四批国家组织药品集中采购中选结果落地实施相关工作的通知》,确保国家集采药品中选结果在安徽落地执行;组织实施安徽参加国家组织胰岛素专项、第二批耗材(骨科关节类)集采工作。开展协议期满中选品种接续。以国家组织药品第一批、第三批采购周期届满品种为切入口,探索以省际联盟方式协同开展接续工作。推进省级集采药品耗材扩品扩围。5月,按照《2021年度安徽省药品集中带量采购工作方案》《2021年度安徽省高值医用耗材集中带量采购工作方案》,在全省公立医疗机构开展骨科脊柱和眼科人工晶体、"未过评"常用药、血液透析器、冠脉扩张球囊联盟带量采购。11月,按照《关于执行安徽省公立医疗机构临床检验试剂集中带量采购谈判议价结果的通知》,开展临床检验试剂专项集采,选取肿瘤抗原测定等5大类23个项目145个产品开展"靶向集采",88个产品谈判议价成功,价格平均降幅47.02%,医疗机构年可节约采购资金1.73亿元。4月,组织大型医用设备集中采购。2021年全省乙类大型医用设备采购总金额达5.3亿元,与医院预算采购价相比,节约近2.6亿元。

开展医疗服务价格调整　2021年7月,省医疗保障局、卫生健康委员会联合印发《关于调整完善雾化吸入等医疗服务项目价格的通知》,调整完善省属公立医疗机构雾化吸入等8个医疗服务项目价格。2021年,共授权87个新开展医疗服务价格项目在公立医疗机构开展,核定111个新增(新开展)医疗服务项目试行价格,促进医疗新技术在安徽省临床及时应用,及时批复省立医院手术使用内窥镜手术器械控制系统加收试行价格,提升省属医院医技水平。先后两次降低新冠病毒核酸检测收费标准,单人单样检测由60元/人次下调为不超过40元/人次,混样检测不超过10元/人次。调整省属公立医疗机构法定甲、乙类传染病床位费,在现有规定基础上提高8元/床日,补偿因新冠肺炎等传染病增加医疗机构医疗废物处置成本;统一并调整全省新冠疫苗接种费用结算标准,3月,全省结算标准统一为5元/剂次,6月,调整到10元/剂次。

【强化医保基金监管】　查处太和县部分医疗机构骗保案　2020年底,有关媒体曝光安徽省太和县部分医疗机构骗保问题后,省医保部门在省纪委监委指挥调度和有关部门配合下,对太和县骗保问题进行深挖彻查,督促指导阜阳市医疗保障局抽调300余名专家对太和县2019年以来31.7万份住院病历以及其余7个县区所有定点医疗机构96万余份病历进行逐一核查,挽回基金损失8962万余元。省纪委监委追责问责7个责任单位、19名公职人员,公安机关立案调查9家医院,采取强制措施58人。

开展欺诈骗保专项治理　2021年,省医疗保障局在严查重处太和县部分医疗机构骗保问题基础上,在全省开展医保违法违规行为专项治理。全省各级医保部门共检查定点医药机构26549家,占定点医药机构总数100%,处理违法违规定点医药机构8239家,暂停协议698家,解除协议123家,追回医保基金8.07亿元,扣除违约金2.17亿元,行政处罚2650万元,移送司法机关处理医药机构23家,移送纪委监委36家。

开展集中宣传月活动　4月,在全省开展"宣传贯彻《条例》加强基金监管"集中宣传月活动。采取线上线下相结合的方式,集中开展《医疗保障基金使用监督管理条例》(以下简称《条例》)宣传教育。线上活动关注量达504.05万人次,线下宣传开展场次1606次,发放宣传折页128.27万份,悬挂宣传横幅9409条,张贴宣传海报13.6万张,印制发放《条例》38.32万份;全省共组织开展医保系统和两定机构各类《条例》培训1659场次,93182人参加培训活动。

健全基金监管长效机制　7月30日,省政府办公厅印发《安徽省人民政府办公厅关于建立健全医疗保障基金使用监管长效机制的若干意见》。省医疗保障局加快推动各项措施落实落细,提请省政府审议通过《安徽省医疗保障基金监督管理办法》,与省财政厅联合修订完善《欺诈骗取医保基金行为举报奖励实施办法》,与省公安厅联合印发《加强欺诈骗取医疗保障基金案件移送工作的通知》,制定印发《安徽省县域医共体医保基金派驻督导制度》《安徽省医疗保障基金监管部门会商制度》《安徽省医疗保障基金监管专项整治制度》等配套制度,全面构建医保基金监管"制度网"。

【医疗保障信息化工作】　医疗保障信息平台建设　省医保信息平台采取"省级集中建设、省市两级部署、县级不建平台"的建设思路,纳入全省政务大数据统一管理;建设覆盖全省各级医保管理经办机构和各级各类定点医药机构的医保专线;建设医保业务基础子系统等16个,涵盖医保部门各项业务领域,满足医保部门各项管理要求。12月12日,省医保信息平台全面上线运行。

医保信息业务编码贯标　按照国家医疗保障局《贯彻执行15项医疗保障信息业务编码标准实施方案》要求,组织全省各级医保部门、各医药机构合力推进信息编码标准贯彻执行工作。截至3月底,累计维护医保业务信息344293条、治理数据38973条、映射对码187017条、标识政策11316531条、测试评估以及切换应用医药机构26424家,全省各市15项信息业务编码贯标工作已基本完成,编码切换运行平稳。4月29日,省医保信息业务编码贯标工作通过国家医疗保障局验收。

推广医保电子凭证　2021年，全省医保部门宣传推广医保电子凭证。将电子凭证激活与参保登记缴费绑定，引导参保人先激活再登记；紧密结合抗疫防汛、招商引资、党建结对等活动，开展医保电子凭证“进企业、进社区、进机关”活动；运用医保办事大厅、医药机构结算窗口、社区乡村服务站、渠道服务网点开展电子凭证推广。截至12月31日，全省累计激活医保电子凭证4216.8万人，激活率63.77%。2021年，累计使用医保电子凭证结算7026.64万笔，结算金额103.66亿元，支出医保基金77.29亿元；累计开通“医保电子凭证”扫码结算定点医药机构35779家，开通率100%。

重要活动

1. 全省深挖彻查持续打击欺诈骗保视频推进会召开。2月2日下午，省医疗保障局、卫生健康委、省纪委监委驻省卫生健康委纪检监察组联合召开全省深挖彻查持续打击欺诈骗保视频推进会，部署深挖彻查太和县欺诈骗保案件和全省打击欺诈骗保工作。

2. 全省医疗保障工作视频会议召开。2月25日上午，省医疗保障局组织召开全省医疗保障工作视频会议，总结2020年全省医疗保障工作，部署2021年全省医疗保障工作任务。

3. 开展集中宣传月活动。3月31日下午，安徽省暨合肥市“宣传贯彻《条例》加强基金监管”集中宣传月活动启动仪式在合肥隆重举行，向社会宣传解读《医疗保障基金使用监督管理条例》，依法加强基金监督。

4. 全省DRG和DIP试点工作推进会召开。4月12日和13日，省医疗保障局在淮北、宿州分别召开全省DRG和DIP试点工作推进会，合肥、淮北、蚌埠、滁州、六安、马鞍山、铜陵7个DRG试点市以及宿州、阜阳、淮南、芜湖、宣城、黄山、安庆7个DIP试点市分别汇报试点工作进展情况、存在问题及下一步安排。省级DRG和DIP专家库成员现场点评。会议还讨论建立全省国谈药品“双通道”机制和日间病房(床)付费方式政策文件。

5. 安徽省医疗保障信息平台建设开工仪式举行。4月20日上午，省医疗保障局在合肥举行安徽省医疗保障信息平台建设开工仪式。

6. 安徽省异地定点零售药店直接结算系统正式上线运行。5月25日，安徽省异地定点零售药店直接结算系统正式上线运行。25日夜间，参保群众在合肥、阜阳、亳州、宣城、六安、芜湖、淮南等市定点零售药店，用本人医保电子凭证或社保卡顺利实现异地结算。至此，安徽省异地就医结算全面实现住院、门诊、零售药店等业务全覆盖。

7. 淮北市在全省率先正式切换上线国家(安徽省)医疗保障信息平台。8月10日00时，淮北市在全省率先正式切换上线国家(安徽省)医疗保障信息平台。

8. 省委巡视反馈意见整改工作动员部署会召开。9月7日上午，省医疗保障局召开省委巡视反馈意见整改工作动员部署会，对省委巡视省医疗保障局党组反馈意见整改工作进行动员部署。

9. 维护医保基金安全领导小组会议召开。9月7日下午，省政府相关领导主持召开维护医保基金安全领导小组会议，第一时间学习贯彻全国医保基金监管电视电话会议精神，分析研判医保基金监管形势，研究部署贯彻落实举措。

10. 全省“十四五”医疗保障事业发展规划编制工作座谈会召开。10月18日下午，省医疗保障局召开全省“十四五”医疗保障事业发展规划编制工作座谈会。

典型案例

案例一：安徽省推行日间病床按病种付费试点 实现“医保患”三方共赢

安徽省针对基层群众就医需求和特点，在12个县（区）试点开展基层医疗机构适宜日间病床收治住院病种按病种付费（以下简称日间病床按病种付费），试点工作取得显著成效。

【主要做法】 明确试点范围 一是明确两个范围，试点医疗机构仅限基层医疗机构，试点病种仅限达到普通住院标准且临床认为可以夜间不留院观察治疗的病种。二是中西医并重，科学确定备选病种。在前期试点的基础上，综合各地市日间病床收治住院病种，按照技术成熟、风险可控、费用稳定的原则，确定14个中医病种和31个西医病种，超过备选病种的原则上要退出试点。各试点地区原则上在中西医备选病种中各选择不超过10个病种开展试点。

夯实基础，统一报销办法 一是尊重各市实际，赋予地市权限。明确各试点地区须结合所选病种近三年费用及基金支付情况，谈判确定当地病种医保支付标准。二是结余留用，推动基层医疗机构发展。医保基金根据病种医保支付标准按比例结算，个人根据实际费用按比例结算，超出部分由医院自行承担，结余部分医院自行留用。三是坚持保基本，明确待遇清单范围。基层医疗机构日间病床按病种付费的病种治疗费用（包括药品、耗材、医药服务项目等）必须全部在医保目录范围内，超过部分由医疗机构自行承担。四是健全退出机制，保障群众待遇水平。患者同时进行两种以上病种诊疗，按定额最高病种结算。患者病情加重，需要转科转院住院治疗的，可按程序退出日间病床按病种付费，按照普通住院医保政策报销。

规范管理，加强监督 一是明确费用、病区、诊疗管理规定，减少监管漏洞。日间病床按病种付费参考住院进行诊疗管理，相关费用信息全部纳入医保基金报表“住院”统计范畴，单独设立病区，执行患者每日签字确认制度，严格按照诊疗规范、临床路径表单进行治疗。并且，明确日间病床按病种付费患者不得超过实际床位数的50%，打击“挂床住院”等危害基金安全现象。二是建立协议管理和数据分析测算机制，加强基金监管。试点地区与执行日间病床按病种付费的基层医疗机构签署补充协议，明确双方权利义务，对于违规行为，严格按照《医疗保障基金使用监督管理条例》和医保协议等相关规定处理。日常监管中，建立完善分析测算制度，定期对比分析日间病床按病种付费情况，及时总结发现问题。

【工作成效】 试点工作开展以来，12个县（区）开展基层医疗机构适宜日间病床收治住院病种按病种付费改革，取得明显成效。以金寨县为例，经与2019年比较，一是基层医疗机构住院人次逐年增加。2019年、2020年、2021年住院人次分别为16057、20898、25490，占县域内住院总人次比例分别为26.63%、33.46%、40.83%。二是基层医疗机构所得到的基金支付占比增加。医保基金支付分别为2330.73万元、3289.09万元、4203.67万元，占县域内基金总支付比例分别为11.59%、17.28%、22.85%。三是基层医疗机构次均住院费用下降。金寨县共将18种疾病纳入“日间病床”管理范围。按“日间病床”收治的病种较普通住院相比次均费用均有下降，其中，降幅最大的急性化脓性扁桃腺炎次均费用由1754元降至612元，降幅达65%，实现医保、医院、患者的三方共赢。

案例二：安徽探索开展临床检验试剂集中带量采购

临床检验试剂是医药招采领域的难点。面对临床检验试剂购销领域的突出问题，安徽省自2021年8月开始，通过集中带量采购谈判议价，引导试剂价格回归合理水平，切断流通使用环节的灰色利益链，净化流通环境和行业生态，减轻群众看病就医负担。

【开展调研论证，实施靶向治理】 按照“使用集中度高、采购量大、采购金额高”的原则，结合省医药集中采购平台大数据分析，最终选定对肿瘤抗原测定等5大类23小类145个产品开展“靶向集采”。

走访调研　省医疗保障局深入多家医疗机构，调研临床检验试剂院内使用、招标采购等情况，听取相关科室和医生的意见建议。

约谈企业　约谈省属医院检验科室违纪违法案件中涉案关联公司，要求企业严格落实医药价格和招标采购信用评价制度。

专题座谈　分别组织召开购、销端座谈会，分析改革形势，阐明利害关系，消除医疗机构的顾虑，提升各方参与改革的积极性。

专家论证　多次组织专家论证，对拟带量采购产品目录、带量采购谈判议价公告草案、集中带量采购流程规则等进行修改完善。

【坚持精准施策，创新招采机制】 带量集采，稳定企业预期　在组织形式上，以省属公立医疗机构为核心，组织全省公立医疗机构形成采购联盟，组团采购，用量换价。在目录选择上，以量划“杠”，以省医药集中采购平台2020年实际采购量为依据，分别选取五大类占同一目录采购金额前70%以上的产品，作为入选谈判议价的“门槛”，既兼顾当前医院在用的主流产品，保证临床使用习惯，又防止市场份额较小、临床评价不高的同类产品入选目录恶意降价抢占市场。在采购标的上，将谈判成功产品上年度联合体总采购量80%作为约定采购量，降低企业营销成本，稳定企业销售预期。

逐轮降价，挤出虚高水分　第一轮，采集市场价。收集相关产品的全国省一级销售中标价、挂网限价以及带量采购价的最低价、全省公立医院实际采购价等情况，形成一个降价预期。第二轮，专家内部评价。发挥专家专业优势，把握合理比价关系，按照产品不同质量层次，差异化设定降幅，确定入围谈判价。企业要书面确定接受入围价才有谈判资格，以实现一个初步降幅。第三轮，双方谈判议价。专家组根据不同企业产品的特点，结合临床经验，对产品质量和服务综合判断，与企业代表开展谈判议价，通过平等、自愿协商，确定中选价。通过“逐轮降价”的模式，进一步理顺临床检验试剂价格形成机制。

突出重点，破解行业痼疾　针对临床检验试剂采购中“专机专用”难题，一是注重保持试剂品牌齐整度和覆盖面。集采过程中确保实现同质量层次、同检验功能、同价格水平的产品能相互补充替代。二是设置采购过渡期。对医疗机构执行中选结果设置3个月的考核过渡期，确保医院新、旧试剂产品有序切换，过渡平稳。三是安排“出气口”。明确集中带量采购剩余用量，允许医疗机构根据临床需求，在省药采平台采购价格适宜的非中选产品，避免非中选产品存量设备资源浪费。

净化环境，实现多方共赢　一是试剂价格合理下降。88个产品谈判议价成功，价格平均降幅47.02%，进口与国产产品“同谈同降”。过去通过“钓鱼式”投放设备来捆绑试剂招标的模式，失去利益寻租的空间。二是群众得到实惠。利用招采改革释放出来的费用空间，采取“价采联动”的方式，适时下调B型钠尿肽（BNP）等检验类医疗服务价格。经测算，仅18家省属公立医疗机构，年可减少患者负担7600多万元。三是医疗机构受到激励。检验试剂价格大幅降低，减少医疗机构物耗成本支出，按纳入本次集采范围产品2020年度采购金额测算，全年医疗机构年可节约采购资金1.73亿元。四是市场格局得到优化。中选结果既有进口成熟品牌，也有国产头部企业，行业格局从“一家独大”变成“多家争鸣”，竞争更加充分，结构更加合理。

【实施配套政策，确保落地见效】 实行单独模块管理　在省医药集中采购平台为中选产品单独开辟“谈判议价目录管理”模块。

开展带量价格联动　对与谈判成功产品属同一目录未纳入谈判议价范围的同类产品，按照性能与价格相匹配的原则，将价格联动到不高于谈判成功产品价格水平。

禁止“二次议价”　带量采购谈判价即为企业的实际供货价。对谈判成功、联动降价成功的产品，医疗机构不得再组织与企业议价，防止医院无序再压价格。

严格采购监管　对不参加谈判议价、谈判不成功及未联动降价的产品，纳入重点监测范围，采取限定采购金额、严格审批流程、定期统计公示、联合约谈整改等约束措施。

强化中选责任　签订 3 方采购协议，落实企业保质、保供第一责任人责任。同时，要求配套服务内容、质量及标准不得低于招标采购前，做到“价格挤水分，服务不打折”。

案例三：濉溪县开展城乡居民门诊特殊疾病保障试点

2021 年，淮北市濉溪县认真组织开展城乡居民基本医疗保险门诊特殊疾病保障创新试点工作，建立与完善门诊特殊疾病定额支付管理机制和激励约束机制，切实提高门诊特殊疾病精细化管理水平，提高基层医疗机构综合服务能力，实现“两升两降”（城乡居民门诊特殊疾病门诊就诊率提升，群众对门诊特殊疾病医疗保障和医疗服务满意率提升，门诊特殊疾病总体住院率同比下降，门诊特殊疾病医保基金支出水平同比下降）的目标。

【主要做法】　试点机构为濉溪县人民医院、濉溪县中医医院医共体及体内镇村医疗机构。试点人群为高血压、糖尿病（下称“两病”）和常见慢性病人群。将门诊“两病”和城乡居民医保 30 组常见慢性病病种全部纳入试点。在医共体按人头总额预付的基础上，实行城乡居民门诊特殊疾病医保支付费用由乡镇卫生院按人头包干使用，结余留用，合理超支分担。一是门诊费用包干。2021 年“两病”人员门诊定额标准为 240 元/人，常见慢性病人员门诊定额标准为 900 元/人，实行家庭医生签约服务另加 100 元/人。二是住院费用包干。2021 年常见慢性病患者住院人头基金定额标准 7500 元/年。以 2020 年度常见慢性病产生医疗费用人数为基数，向医共体和乡镇卫生院下达本年度住院预算指标。

规范待遇认定，优化经办服务　针对群众反映强烈的常见慢性病门槛费问题，取消门诊统筹 20 元和慢性病报销 300 元门槛费，提高城乡居民保障待遇。制定下发《关于进一步规范全县基本医疗保险门诊慢性病申办程序的通知》，切实规范慢性病病种认定流程，将慢性病病种认定由原来的一年办两次，改成每月办一次。濉溪县城乡居民医保经办大厅窗口中午有人值守，服务不间断。将经办服务下沉，在乡镇卫生院设立医保服务站，优化包括门诊特殊疾病结算在内的医保经办服务，打通服务群众“最后一公里”。

强化综合干预，做实签约服务　坚持试点工作与推进分级诊疗制度相结合，与完善家庭医生签约服务相结合。大力推进家庭医生签约服务，强化常见慢性病跟踪随访、综合干预。通过签约，有效整合医保经费和公共卫生经费，对试点人群（“两病”人群和常见慢性病人群）家庭医生签约服务给予每人 100 元经费，引导县域医共体家庭医生“1＋1＋1”签约团队，加强试点人群健康教育和健康随访，提高重点人群的规范管理率，强化疾病早干预和早治疗，进而预防和减少慢性病发病和并发症发生。2021 年“两病”人群签约 39915 人，常见慢性病人群签约 25012 人，试点人群签约率 56％。

加强工作调度，确保平稳推进　县医保、卫生健康部门加强沟通协调，加强工作调度和督导指导，定期召开全县城乡居民基本医疗保险门诊特殊疾病保障创新试点工作调度会，及时研究分析试点工作运行情况，及时解决试点中存在的问题，确保试点工作平稳推进、达到预期效果。

【主要成效】　2021 年，濉溪县全县纳入试点“两病”人员 73992 人，30 组常见慢性病人员 41938 人。经过全县上下共同努力，濉溪县城乡居民医保门诊特殊疾病保障创新工作取得明显成效，实现“两升两降”的试点工作目标。

慢病人员门诊就诊率明显提高　2021 年，全县试点慢病人员门诊就诊人数 28385 人，共计 1940029 人次，门诊就诊率 462.66％，较 2020 年上升 96.44 个百分点。慢病患者通过门诊及时就医，所患慢病能够得到有效控制和治疗。

慢病人员住院率明显下降　2021 年，全县试点慢病人群住院人数 11379 人，住院 18110 人次，住院率 43.18％，较 2020 年下降 9.43 个百分点。

这是基层医疗机构通过落实综合干预措施和积极推进门诊治疗的结果。

“两病”用药保障机制有效推进　2021年，全县“两病”人员门诊就诊6910人，就诊21342人次，医保基金支出59.4万元，人均报销85.97元。“两病”用药保障机制受益面不断扩大。

医保基金使用绩效得到提高　2021年，试点慢病人群门诊就医28385人，医保资金支出2416.94万元，人均补偿851.48元，按照人均定额900元标准，人均结余48.52元，门诊包干资金结余137.71万元；住院医保包干资金预算10331.25万元，支出9201.52万元，人均补偿8086.41元，住院包干资金结余1129.73万元。试点慢病人群总结余1267.44万元。“两病”人群门诊包干资金结余106.44万元。2021年试点共计结余1373.88万元。通过按照县、镇、村2∶5∶3分配比例兑现结余分配，能够适当调节医共体结余分配，有效发挥医保基金强基层的作用。

案例四：宿州市推进DIP改革

2021年，安徽省宿州市持续推进多元复合式医保支付方式改革，扎实高效推进DIP改革工作，试点工作取得显著成效。2021年，宿州市被国家医疗保障局确定为“全国医保支付方式改革示范城市”。

【主要做法】　汇聚DIP试点改革合力　宿州市成立由分管副市长担任组长的试点工作领导小组，建立双部门“一把手”负责、协作交流、挂图调度、联席会商等4项工作推动机制，汇聚试点工作强大合力。一是建立双部门“一把手”负责制。市县两级医疗保障、卫生健康部门“一把手”对试点工作负总责，组织开展宣传、培训、考核等工作，指导改革工作扎实有效推进。二是建立协作交流机制。抽调医疗保障、卫生健康等部门和医保经办机构、信息中心人员与第三方服务公司派驻人员组成工作专班，定期梳理问题、进行反馈。三是建立挂图调度机制。根据试点时间安排，倒排工期、挂图作战，实行“日清、周结、月调度”制度，确保试点任务按序时进度有力推进。四是建立联席会商机制。市县两级医保、财政、卫生健康等相关部门密切协作，定期会商研究，畅通沟通机制，保障试点工作有序衔接、协作推进。

统一DIP规范标准建设　完善DIP改革技术标准和经办流程规范，提高付费方式改革标准化、规范化水平。一是严守DIP技术标准。严格遵循国家DIP技术规范及经办规程，科学合理确定分组、分值、点值及年度区域总额预算指标，规范业务经办流程。二是建设DIP信息系统。市财政全额保障投资概算300万元，高标准研究开发DIP管理信息系统，与基本医保结算系统互联互通信息共享，实现病种库的动态维护、等级系数计算、分值计算、预算指标、清算管理、绩效考核、基金监管和运行情况监测分析等功能。三是高质量清洗治理数据。按照国家、省医疗保障局DIP试点工作方案要求，高标准采集试点数据，经过数据清洗，形成核心病种3082个，并通过动态调整完善病种目录库。2021年，全市DIP试点医疗机构上传数据中，符合DIP分组要求的病例数占总病例数的96.85%。

建立健全DIP管理制度　建立与DIP相适应的医疗机构、医保经办相关文件，推进医疗服务质量不断提高。一是完善配套政策。制定宿州市医保DIP付费结算办法、监管办法、经办管理规程等系列配套制度，确立DIP试点工作指导原则。二是规范管理制度。优化设置28个基层病种，实施同病同质同价，构建分级诊疗机制。设定重点专科系数，遴选10个中医优势病种，促进中医药发展，提升医疗服务质量，体现“宿州特色”。三是优化经办服务。制订《宿州市医保DIP经办规程》，规范基金预算、月预结算、年度清算和监管考核等流程，与所有试点医疗机构签署DIP补充协议，明确双方权利义务。四是强化监管考核。按照《宿州市DIP监管办法》，依托信息化手段，对DIP进行事前、事中、事后全流程监测。市及各县（区）医疗保障局成立医保基金管理中心，核定编制68名，为DIP监管提供专业人才和组织保障。

加强专业人才队伍建设　一是开展医疗机构培训。组织医学、信息技术等方面专家，进行分县

(区)集中培训、重点培训,发放 DIP 信息系统院端使用手册,逐步提高医疗机构上传数据病案质量,深化医疗机构对 DIP 改革的理解,引导医疗机构主动参与试点工作。二是开展经办机构培训。对医保系统人员开展集中培训、集中办公、跟班学习等活动,医保经办机构熟练掌握 DIP 信息系统经办流程及操作,培养一支适应 DIP 工作的医保人才队伍。三是定期编辑问题手册。根据各试点医疗机构提出的问题,以及培训和调研收集的问题,汇总编辑问题手册四版 121 条,下发到各县(区)医保部门及医疗机构,集中解决试点过程中遇到的问题。2021 年,全市举办 DIP 业务经办培训会、配套文件专家论证会、试点工作培训暨现场推进会等 20 余次,累计参训人员 5000 余人次,试点工作水平全面提升。

【工作成效】 *基金使用更加高效* 2021 年,医保支付住院费用与 2020 年同比降低 9.45%,住院医疗总费用同比降低 7.3%。通过实施 DIP,有效地发挥医保基金战略性购买作用,基金支出总额减少。

医院管理水平提高 与 2020 年相比,居民医保住院次均费用、天数同比下降 292 元和 0.35 天;职工医保住院次均费用、天数同比下降 894 元和 0.79 天。医院开始注重规范诊疗、控制成本,药占比、耗占比实现双降。

患者获得感和满意度持续提升 与 2019 年相比,2021 年宿州市居民医保患者自付比例下降 5.57%,自付金额下降 114.02 元;职工医保患者自付比例下降 4.33%,自付金额下降 169.15 元。

案例五:阜阳市试点医保基金直接结算药品货款

为提高医保基金使用效率,破解医药企业长期得不到货款的问题,2021 年 7 月开始,安徽省阜阳市以推进国家集采药品政策落实为契机,在颍州区先行试点国家集采药品医保基金与医药企业直接结算货款基础上,将试点范围扩大至全市,覆盖 215 家公立医疗机构,取得初步成效。

【主要做法】 *探索打通直接结算路径* 阜阳市于 2020 年 4 月先行在颍州区试点医保基金与医药企业直接结算货款,通过深入医疗机构和医药企业开展调研、广泛听取意见建议,全面梳理工作流程,逐一解决难点堵点,明晰直接结算工作的规范程序和操作细节,于 2021 年 7 月扩大到全市范围。医保基金与医药企业货款直接结算机制以全市公立医保定点医疗机构为实施主体,以医药企业自愿参加为基本原则,由医保经办机构与负责配送药品和高值医用耗材的医药企业直接结算货款,采取“医院下单、企业配送、基金买单”方式,由医保基金购买整体医药服务向购买构成医药服务的药品耗材要素延伸,变革结算环节,缩短支付链条。

建立健全严密制度框架 市医保部门在总结试点经验的基础上,确定直接结算流程,科学制定结算协议和结算报表模板,下发《阜阳市医疗保障局关于扩大医保基金与医药企业直接结算试点范围的通知》,印发《阜阳市医保基金与医药企业直接结算管理办法(试行)》,明确试点阶段直接结算的重点品种和工作要求,组织经办机构、医疗机构和医药企业三方签署直接结算协议,对应市、县两级经办机构结算关系,依规依法开展集采药品配送、确认和结算等工作,确保产品质量、供应保障、结算流程和支付时限等关键环节责任义务落实到位。建立问题协商解决机制和直接结算四类工作台账,实行工作月报制度,确保机制健全、流程清晰、操作规范。

加强监督管理 在开展直接结算试点过程中,医保部门切实加强全过程监督管理,督促医药企业强化配送能力建设,严把药品耗材“安全关”,按照医疗机构的需求提前储备药品,在规定时间内配送;督促医疗机构做好药品货款台账报送;要求各级医保经办机构将结算资金纳入年度预算管理,严格按照协议约定,从定点医疗机构结算资金中按月扣除,及时足额结算货款,年底清算。医保部门对不执行政策要求和协议约定的单位,综合运用医保基金结余留用考核、失信违约行为惩戒、通报、约谈等方式进行严格管理;定期集中汇总医疗机构预采购量并向中选企业提前通报,保证集

采药品按时足量配送，凝聚各方合力，推动直接结算试点工作取得实效。

【主要成效】 截至2021年底，阜阳9家市、县级医保经办机构与22家国家集采药品配送企业之间已建立直接结算关系，正常开展线下直接结算。试点工作开展以来，全市累计直接结算金额超过1.57亿元，将以往6个月甚至更长的回款时间压缩至30天左右。

释放集采政策惠民红利 直接结算让医药企业及时回笼资金，不再担心医院积压货款问题，解除后顾之忧，更加积极主动地担当作为，参与国家集采谈判，推动药品耗材降价，释放集采政策红利。

缩短药企货款支付链条 直接结算有利于医保基金从购买整体医疗服务向购买构成医药服务的药品耗材要素延伸，缩短医保基金由医保经办机构支付给医疗机构再支付到医药企业的原有链条，变革为医保经办机构直接支付到医药企业，全面提高基金使用效率。

促进医药产业健康发展 直接结算破除医疗机构长期无法按时回款的行业顽疾，将回款周期压缩到30天左右，医药企业在药品交易和结算方面的支出显著降低，有利于降低经营成本，促进医药行业健康发展。

筑牢医药购销廉政防线 直接结算将药品耗材资金流与医疗机构隔绝，降低医药购销领域廉政风险，有利于医疗机构集中精力优先采购和合理使用集采中选产品，保障国家集采政策落地惠民。

案例六：芜湖市探索推进医保管理体制改革

为进一步理顺医保管理体制，芜湖市医疗保障局按照医保政策统一、基金统收统支、管理服务一体的标准，全面做实基本医疗保险市级统筹，实行市以下医保部门垂直管理。

【主要做法】 2021年10月，芜湖市委、市政府印发《芜湖市医疗保障管理体制改革方案》。方案实施后，芜湖市区域内医疗保障机构实行垂直管理，市级医疗保障行政部门性质、级别等保持不变，增加编制增设组织人事科，增加对全市医疗保障系统工作全面领导职责。各县（市、区）医保部门所涉人财物全部上收市医疗保障局和相应市中心统一管理。按照“编随事走、人随编走”原则，编制人事列入市本级管理。调整后，各分局、分中心编制和人员调配、科级干部任免由市医疗保障局负责。上划后的人员和工作经费由市级财政负担并纳入市级财政预算，由市本级财政予以保障。下设市医疗保障管理服务中心、市医药价格和集中采购服务中心、市医疗保障基金监管事务中心三个事业单位。

市医疗保障管理服务中心 在原市医疗保险管理中心基础上组建，增加居民医保、医疗救助、异地就医等职能，增设3个科室，原市区经办机构撤销作为市中心驻区服务窗口，市中心派驻窗口首席代表。无为市、南陵县、湾沚区、繁昌区设医保经办分中心。

市医药价格和集中采购服务中心 在原市药品医用耗材管理中心基础上组建，职能从主要管理市属八家公立医院药品耗材采购结算事务性工作转变为服务全市医疗机构，负责医用耗材集中带量采购，药品医用耗材网上采购、配送情况监管，药品医用耗材目录管理，医药价格和招采信用评价，重点药品耗材价格动态监测，医药价格调整前成本监审等工作。

市医疗保障基金监管事务中心 新成立事业单位，以市医疗保障局的名义统一行使医疗保障监管行政处罚权以及与之相关的行政检查、行政强制权，下设4个分中心。受市医疗保障局委托，各分中心接受属地医疗保障分局全面领导。县级医疗保障行政机构作为市医疗保障局派出机构，名称统一为“芜湖市医疗保障局××分局”，由市医疗保障局直接管理。成立芜湖市医疗保障局直属分局，负责两个开发区的医疗保障管理工作。

【主要成效】 基金“持续化”，实现新模式 坚持“以收定支、收支平衡、略有结余”原则，全面做实全市医疗保险基金市级统筹，进一步增强医保基金互助共济和抗风险能力，保障全市医保基金运行安全。通过制度统一、收支统一、待遇统一、管理统一，基金纳入市级财政专户、实行收支两条线管理，建立统一的预决算管理，健全和完善责任分担和激励约束机制，增强医保基金整体抗风险能力。深刻吸取太和县欺诈骗保事件教训，解决医保监管机制不健全、监管队伍缺失、欺诈骗保行为层出不穷的现状，市、县两级成立基金监管专职队伍，形成全覆盖的服务网络监管体系，不断强化基金监管，落实落细医保基金监管职责，努力扎牢织密基金监管网，切实守好群众"救命钱"。

经办"精细化"，构建新格局 围绕"管理上收、服务下沉"，整合经办机构，构建全市统一的医疗保障经办管理体系，推进市、县(市、区)经办服务一体化加快发展。推广"互联网＋医保"、医保电子凭证、移动支付等，推动医保服务从线下扩展到线上。大力推动服务下沉，充分发挥镇(街道)和村(社区)服务中心作用，延伸医疗保障服务网络，实现市、县(市、区)、镇(街道)、村(社区)经办服务全覆盖，全力构建优质便捷、运行高效、管理有序的"15 分钟医保服务圈"，推动医保公共服务在更深层次、更广范围内实现"网上办""自助办""就近办""一次办"，使参保群众办事更加方便、更加快捷、更加有获得感，不断提升芜湖医保公共服务精细化管理水平。加强医疗保障经办机构法人治理，引入社会力量参与经办服务，探索建立共建共治共享的医保治理格局。

改革"再深化"，开启加速度 实行市以下医保行政机关和事业单位统一垂直管理，全市医保系统上下一体，医保政策落实执行更加严实有力。深化医保支付方式改革，充分发挥医保的基础、杠杆和引擎作用，完善基本医疗保险基金年度区域总额预算，实现同城同待遇、同病同保障。深入推进国家按病种分值付费试点建设，优化以按病种分值付费为主的多元复合式医保支付，完善长期住院按床日付费、特殊慢性病打包付费办法，以及中医药适宜技术与优势病种医保支付方式。充分发挥医保基金战略性购买作用，深化药品、医用耗材集中带量采购，持续挤压药品、耗材价格水分，为调整医疗服务价格创造更大空间，释放改革红利，推动芜湖市医保事业高质量发展。

福 建 省

工作综述

2021年，福建省医疗保障部门统筹抓好常态化疫情防控保障和医疗保障改革发展，实现“十四五”良好开局。2021年全省基本医保参保人员3872.06万人（职工基本医保933.05万人、城乡居民基本医保2939.02万人），增长0.82%。职工基本医保（含生育保险）基金当期收入447.86亿元，支出357.82亿元，当期结存90.04亿元。其中，统筹基金收入245.1亿元，支出212.66亿元，当期结存32.44亿元，累计结存356.90亿元，可支付月数20.1个月；个人账户累计结存497.12亿元。城乡居民基本医保基金当期收入267.53亿元，支出260.86亿元，当期结存6.67亿元，累计结存109.58亿元，可支付月数5个月，医保基金运行总体平稳。

【落实疫情防控医保责任】 坚持人民至上、生命至上，把常态化疫情防控作为重大的政治责任，统筹做好医保支付、药品耗材供应保障、兜底保障等工作。完善疫情防控医疗保障机制，持续落实“两个确保”，全省共筹集疫苗采购专项资金43亿元，并及时结算接种费用，切实做到“钱等苗”。开展新冠病毒相关检测试剂省级集采，平均降幅72.89%，核酸检测单人单检价格从每人次80元下调至39元，混合检测价格下调至每人次8元，大幅降低疫情防控成本，助力本省疫情防控取得显著成效。

【优化医疗保障制度体系】 基本制度不断完善　编制实施本省医保领域首个五年专项规划，系统提出“388”重点任务，即构建“三大体系”，包括健全多层次医疗保障制度体系、优化医疗保障协同治理体系、构筑坚实的医疗保障服务支撑体系；打造“八大工程”，包括重大疾病救助工程、基金监管智能监控工程、药品耗材价格监测和交易系统工程、医疗保障服务示范工程、国家异地就医结算能力建设工程、创新医保结算服务新模式工程、省级医疗保障信息平台工程、医疗保障数据分析工程；推进“八项重点工作”，开展医保目录药品监测评估、推进多元复合式医保支付方式改革、实现医保基金监督管理全覆盖、鼓励商业健康保险发展、推进医保服务事项跨省通办、健全医保政务服务“好差评”制度、强化医药机构医保定点管理、提升医保适老服务水平，基本医保、大病保险和医疗救助三重保障制度有序衔接。

落实国家医保待遇清单制度　制定本省待遇清单实施办法，逐步规范统一各地医保待遇政策，医保制度更加公平可及。

完善生育保险和长护险制度　推进生育保险和职工医保合并实施，实现两险基金合并运行和一体化管理，并将女职工生育三孩费用纳入生育保险待遇支付范围。加快推进福州市国家长期护理保险试点，于6月1日起落地实施。

【加大医保民生保障力度】 稳步提高医保待遇水平　全面落实国家新版医保药品目录，开展第二批国家谈判药品门诊单列结算，新增单列结算药品13个。全力抓好巩固医疗保障脱贫攻坚成果同乡村振兴有效衔接，阶段性继续执行精准扶贫医疗叠加保险政策，平均报销比例约90%。将女职工生育三孩费用纳入生育保险待遇支付范围。开展城乡居民“两病”门诊用药保障专项行动，确定泉州市和龙岩市为重点联系的典型地区。

办好医保惠民实事　做好医疗救助工作，2021年资助参保、特殊门诊救助、住院救助等15.56亿元，救助649.95万人次。落实国家谈判药品“双通道”机制，全省各统筹区104家医药机构接入“双通道”处方流转中心，打通谈判药品落地“最后一公里”。推进医保“智能适老”建设，全省统一推行医保公共服务“老年人关怀模式”服务。

【深化“三医联动”改革】 *扩大药品耗材集中带量采购覆盖面* 在执行国家集采任务的基础上，推进省级集采工作，中选33种药品价格平均降幅51.22%，7类医用耗材价格平均降幅69.81%。预计每年将减负医药费用34亿元左右，其中省级集采减负约11亿元。截至2021年底，全省带量采购中选品种采购金额平台占比达40%左右，医用耗材集采金额占比20%左右。各地相应探索地区集采做法，泉州、南平、宁德探索开展低值医用耗材带量采购，有效降低医用耗材价格；三明市与联盟城市开展24个医用耗材联采。

深化医保支付制度改革 南平市DRG付费国家试点和厦门、莆田、龙岩、宁德等4市国家按病种分值付费试点落地实施，国家交叉调研评价结果均为优秀。三明全市范围和省、市16所医院开展DRG收付费改革。全省按病种收付费病种数达1391个，县级医院按病种收付费出院人次数占比达61%。全省60个县域紧密型医共体实行医保总额打包支付，并出台紧密型县域医共体医保基金打包支付指导意见，促进医保打包支付更加规范。

完善医疗服务价格管理 完善243项检验项目内涵边界，规范家庭病床、口腔、互联网医院复诊、居家透析监测等16项医疗服务相关收费行为，全省各地调整医疗服务价格金额2.56亿元。厦门市被列为全国医疗服务价格改革五个试点城市之一。积极支持区域医疗中心建设，出台省儿童医院等3家国家区域医疗中心专家门诊诊查费有关政策，满足群众优质医疗服务资源需求。

【加强医保基金监管】 *开展医保监管创新试点示范* 推进福建省基金监管方式创新试点、福州市基金监管信用体系建设试点和厦门市医保智能监控示范点建设，探索建立医保信用体系，统一智能监控系统，创新网格化监管和医保服务站现场监管，引入第三方力量开展监管，三项试点（示范）顺利通过国家终期评估，均获得优秀等次。福州市医疗保障局联合省第二人民医院在全国范围内首创医保信用就医，将参保人医保信用等级与授信额度相挂钩，实现“先诊疗、后付费、零结算”。

巩固基金监管高压态势 强化日常监管和专项整治，开展打击假病人、假病情、假票据“三假”专项行动。落实监督检查全覆盖，共检查定点医药机构1.3万余家，追回医保基金3.17亿元。各地累计公开曝光违法违规典型案例1522例。

加强监管能力建设 提升法治化规范化水平，开展《医疗保障基金使用监督管理条例》集中宣传月活动，完善基金监管应急处置机制、医保基金稽核实施办法和稽核问题规范等政策。加强医疗保障基金监测力量配备，福州、莆田、龙岩、漳州、三明、宁德等6个设区市设立数据监测机构。

【提升医保治理能力】 *法治医保更加规范* 省医疗保障局将“法治医保”纳入本省“十四五”全民医保专项规划统筹抓好落实，贯彻落实国家医疗保障基金使用监管条例，积极开展医保立法、普法和培训，研究推动修订《福建省职工生育保险规定》立法工作，组织开展送法进医院、入基层活动，健全民主依法决策和规范行政执法，提升依法行政、法治政府建设水平。加强平安医保建设，统筹抓好信访、保密、数据安全等工作。

加强基金精细化管理 持续推进职工医保基金省级统筹调剂，研究完善调剂政策，各地可支付月数差距从13.3倍缩小到6.3倍。开展医保基金运行绩效评价，全省职工医保和居民医保绩效分别位居全国第5和第7位。其中，福州、泉州和省本级职工医保排名进入全国前10。

加快打造“智慧医保” 推进省级医保“云平台”建设，全面贯彻执行国家15项医保业务编码标准，高标准高效率完成国家统一的医保信息系统全区域全业务上线任务。推进职工医保门诊跨省直接结算全覆盖，共有1127家医疗机构开通服务，1个统筹区实现门诊“五个病种”跨省直接结算。2499万参保人员激活医保电子凭证，群众医保服务更加方便快捷。

优化医保公共服务 深化“放管服”改革，推进医保公共服务标准化规范化，实施统一的医保政务服务事项和办事指南，全面推行证明事项告知承诺制。积极推进一件事服务套餐改革。出台新版医疗机构和零售药店“两定办法”实施细则。平潭等地医保公共服务事项全程网办率达100%。深化医保闽台融合，福州、厦门、漳州、莆田、泉州等地设立台胞医保服务中心，为台湾同胞提供便捷服务。

重要活动

1. 省人大代表、政协委员医保工作顾问和医疗机构负责人座谈会召开。 1月8日，省医疗保障局召开座谈会，与相关人大代表、政协委员和省属部分定点医疗机构负责人座谈交流，通报医疗保障工作情况，听取医保工作意见建议。

2. 全省医疗保障工作座谈会召开。 2月7日，全省医疗保障工作座谈会在福州召开。会议总结"十三五"期间全省医疗保障工作，分析医疗保障发展形势，研究部署2021年工作任务。

3. 全省医疗保障工作会议召开。 2月7日，全省医疗保障工作会议在福州召开，省医疗保障局主要负责同志作工作报告，福州市、厦门市、泉州市、三明市、龙岩市医疗保障局作典型经验发言。

4. 全省推进医改工作会议召开。 5月20日，全省推进医改工作视频会议在福州召开。省医疗保障局主要负责同志参加会议并发言。

5. 福州市启动长期护理保险试点。 6月1日，国家长期护理保险第二批试点城市福州市在职工医保参保人员中启动长期护理保险试点。

6. 执行第二批省级药品集中带量采购结果。 6月21日，福建省执行第二批省级药品集中带量采购结果，33个品种平均降幅51.22%，最高降幅87.09%。6月28日，执行7类医用耗材省级集中带量采购中选结果，平均降幅69.81%。

7. 全面实现国家医保信息平台核心业务上线运行。 10月30日，福建省全面实现国家医保信息平台核心业务上线运行，主要包括统一门户、基础信息管理、医保业务基础、支付方式管理、公共服务等系统，支持人员参保登记、医保就诊结算、医保公共服务查询等常用医保经办服务事项。

8. "双通道"电子处方流转平台正式上线。 11月1日，省医保"双通道"电子处方流转平台正式上线，实现基于国家统一医保信息平台处方流转中心的"双通道"电子处方流转服务。

9. 举办福建省医疗保障研究院首届学术研讨会。 11月16日，省医疗保障研究院首届学术研讨会在福州召开。省医改研究会主要负责同志出席并致辞。

典型案例

案例一：福建省实行市县医保垂直管理体制

福建省认真贯彻党中央、国务院决策部署，率先实现医保基金市级统筹，同时对经办机构实行市以下垂直管理，对县级医保行政部门实行垂直管理，实现管理体制与基金统筹层次的统一。2021年在全省各设区市进一步增设医保数据监测机构，进一步解决人员混编问题。运行以来，福建省医保体制改革优势逐步显现，"三医联动"改革持续深化，基金使用效率显著提高，群众获得感显著提升。

【主要做法】 实行市县医保垂直管理，夯实基金市级统筹基础　市县医保管理一体化，有利于形成市县权责一致、上下贯通、协同高效的医保治理格局。实行人财物统一管理，市医疗保障局党组统一负责管理干部人事、财务、资产、档案等，县级医疗保障局和经办机构财务实行预算管理和报账制。理清县级行政部门与经办机构关系，通过设立县级医疗保障局和医保基金管理部联合党支部，实行党支部集体领导，县级疗保障局主要负责人担任党支部书记，县级医疗保障局工作侧重"抓总"和行政管理，县级医保基金管理部工作侧重基金收支管理、业务经办服务等工作，形成联动推进、共同发力的工作机制。

建立基金预算约束机制，明晰市县管理责任　实行市县医保垂直管理，统一基金管理政策，明晰市县管理责任，是做实基金市级统筹的关键环节。按照统一管理、风险共担原则，强化对各地基金预算的约束，落实县级基金征缴与支出管理主体责任，实行预算额度与各地征缴率、管理效率等挂钩，建立激励约束机制，保障基金安全稳健运行。实行统一的基金财务管理、支付规范和医保待遇政策，消除市县两级政策差异，促进医疗保障制度公平。

统一医保稽查力量，提升常态化监管效能　实行市县医保垂直管理，有利于整合全市医保监管力量，统一实施医保常态化监管。建立全市医疗保障基金监管专业队伍，市医保中心、县级管理部医保稽核人员由市医疗保障局稽查部门统一调度使用，集中力量开展稽查稽核，解决县级监管力量薄弱问题。统一稽查稽核标准，制定医疗保障稽查稽核管理规定，解决各地稽查不统一、不规范问题，促进基金监管标准化、法治化。

推进管理服务一体，增强群众医保获得感　实行市县医保垂直管理，实现统一定点管理、服务流程、信息系统等管理服务一体化。完善规范统一的定点机构协议管理，统一经办服务流程，简化备案签约手续。2021 年全省 11752 个符合条件的村卫生所纳入医保定点范围，实现就医刷卡结算“村村通”。全面推广窗口“综合柜员制”改革，实现市级“一窗受理、全城通办”。整合改造医保信息系统，统一信息编码和标准，统一信息流转程序，实现市、县使用同一个信息管理系统。

【主要成效】　全省医保系统统筹区政策、基金、人财物统一指挥、高效治理，行政层级压缩，促进扁平化管理，构建形成各统筹区医保工作“一盘棋”格局；进一步夯实医保基金市级统筹管理基础，促进基金合理统筹使用，增强医保基金抗风险能力，突出体现医保基金管理的制度效益、运行效益；全市医保稽查力量统一调度，集中力量办大事效果更加明显；全市医保管理服务一体化、标准化、信息化，人民至上理念落实成效更加突显；机构分设、人员身份理顺，进一步优化人才资源配置，有效提振干部队伍精气神，增强干部队伍向心力。

案例二：福建省创新以医保支付为基础的一体化省级药械阳光采购平台

福建省持续深化医保制度改革，探索以医保支付为基础的药械阳光采购机制，创新建立招标、采购、交易、结算、监督一体化的省级药械阳光采购平台，并按照 2021 年国家医保信息化部署，积极推进标准化建设，省级平台药品目录内采购率约为 96%、医用耗材目录内采购率约为 98%，实现“药、价、保”有机衔接，完善市场为主导的药品价格形成机制，遏制药品耗材价格虚高，有效减轻群众用药负担。

【主要做法】　建立一体化药械采购平台，推进“药、价、保”有机衔接　按照“标准统一、业务闭环、全程监管、平台支撑”原则，结合福建省药品耗材采购改革，建立一体化省级药采平台，包括集采与挂网、交易与结算、监测与监管等应用系统，实现药耗采购从企业产品申报到挂网、交易、结算全流程一体化平台办理，并将药品耗材采购政策、规则和工作机制等嵌入省级平台，支撑药耗采购、医疗服务价格、医保支付等“药价保”环环相扣、互相衔接，保障改革政策落地。

推进医保支付标准与医药价格协同　转变过去按厂家剂型、按规格包装等招采的模式，改为采用“四通用”（即通用名称、通用剂型、通用规格、通用包装）竞价原则确定最高销售限价，按药品属性分类（即治疗性、辅助性和营养性）制定医保支付结算价，并建立“超支自负、结余留用”机制，激励医院作为采购主体参与谈判采购，挤压药品价格虚高水分。

建立动态开放的挂网采购机制　改变传统药品招标方式（标期、厂家、剂型、规格、价格确定，在标期内均不能变动调整），按照“为用而采、质量优先、价格适宜”的原则，建立采购平台产品动态挂网规则，符合挂网条件的产品均可及时挂网供医疗机构采购使用。同时，依据市场价格波动、药品供应及临床使用实际，对厂家和价格进行适时调整，并定期增补采购目录，保障临床用药需求。

创新带量采购常态化机制，实现招标和采购一体化　在全国率先跟进“4＋7”国家药品集采的基础上，进一步探索开展非过评药品（过评药品由国家统一开展)和医用耗材省级集中带量采购,建立集采药品质量准入体系,在确保药品质量的前提下,通过招采合一、以量换价,挤压药品流通环节水分,确保集采药品降价不降质。

建立医用耗材价格全省共享机制 改变原有的医用耗材采购不规范、同品价格不统一的状况,建立医用耗材阳光采购结果全省共享机制,实行耗材数据标准化、平台阳光采购和集中配送,公立医疗机构医用耗材采购信息全部上网,通过"晒价格"方式让全省公立医院共享价格信息。截至2021年底,挂网共享36242个。

创新药械货款医保统一结算机制,解决医院、医保、配送企业之间"三角债"问题 改变原来由定点医疗机构直接与药械供货企业结算货款的做法,由医保部门与药械供货企业先行代为结算货款,解决长期以来货款结算"三角债"问题,实现药品货款结算不超过30天。通过改革结算方式,节约药械企业货款周转资金成本,促进药品耗材价格下降。同时,完善平台药械结算管理系统功能,通过信息化手段,实现阳光采购、阳光交易和阳光结算,打造药械货款结算新模式。

【主要成效】 *药品耗材价格下降,群众用药负担减轻* 2021年福建省开展第二批次共33个药品和7类医用耗材集中带量采购,仅省级集采一年预计节约药品费用7.09亿元、医用耗材费用4.27亿元,其中,省级集采药品平均降幅51.22%,医用耗材平均降幅69.81%。此外,2021年开展新冠病毒检测试剂集采4类中选产品平均降幅72.89%,核酸检测项目价格从80元降为39元。

规范药械采购行为,保障临床用药需求 通过动态开放的采购模式,发挥市场充分竞争机制作用,建立供应监测和信用评价制度,保障临床用药。截至2021年底,福建省平台共挂网药品2277个通用品种(10939个产品),医用耗材95类(36242个产品),年交易金额320亿元以上。

"药、价、保"有机衔接,提升"三医联动"综合效应 省级采购平台是"三医联动"改革重要支撑,通过嵌入医保支付标准,实现医保药品政策前移,为药品谈判议价创造条件。通过货款代为结算,平均结算周期为23天,较改革前缩减5个月以上;掌握药品真实交易价格和数量,为精准监管提供数据支撑;通过医保支付改革和"结余留用、超支自负"激励约束机制,医院药品耗材费用从收入转为成本,激发医院合理用药的内生动力。

案例三:福建省推广职工医保个人账户家庭共济

为拓展个人账户的使用功能,加强医保精细化管理,福建省医疗保障局在全省开展职工医保个账家庭共济,从个人账户结余资金中划出部分资金建立家庭共济账户,用于家庭成员的健康综合保障,进一步提高医保基金的使用绩效,方便人民群众就医购药。

【主要做法】 福建省参保职工建立家庭共济账户后,指定的家庭成员中属于福建省基本医疗保险(包括职工医保和居民医保)参保对象的,都可以申请加入家庭共济,在全省范围内使用共济账户的资金。2021年,福建省进一步扩大家庭成员范围。参保职工可以通过"闽政通"App、微信小程序等手机终端申请办理个账家庭共济业务,凭借医保电子凭证等载体,在省内各统筹区的定点医药机构使用共济账户资金。

适度拓展,调整规范个账支付范围 为满足参保人员多层次医疗保障需求,省医疗保障局下发相关文件,调整扩大职工医保个人账户(含家庭共济账户)的资金使用范围,除了按规定支付在定点医药机构就医购药的费用,家庭共济账户还可以缴纳家庭成员参加城乡居民医保的保费等。

打破壁垒,实现跨统筹区共济保障 福建省医保实行市级统筹,各统筹区信息系统建设标准和规范各不相同。为真正实现全省个账家庭共济,省医疗保障局依托省级医保信息平台,根据个账家庭共济的信息化规划和需求,加快接口开发和测试应用,历时三个月完成省内10个统筹区的信息系统改造和对接,最终建成福建省首个全省统一的医保业务系统,打破在不同统筹区参保个账无法共济保障的制度壁垒和技术障碍。

优化管理，有序调度资金统筹使用　家庭共济账户建立以后，资金来源可能涉及多个个人账户，考虑到参加职工医保（有个人账户）共济成员的调整变更，如果采取实账划入，在共济账户发生几笔费用支出后，可能会面临共济成员退出时结转、计息账目不明的情况。为此将家庭共济账户设为虚拟账户，无需将参保职工个人账户资金实际划入，而是通过指定家庭共济账户调用个人账户资金的先后顺序，有效解决账户资金管理问题。

合理规划，动态调整资金起划标准　个人账户资金的使用首先是保障参保职工本人就医购药的需求。因此，个人账户家庭共济政策设计上对个人账户划入家庭共济账户的资金有一个起划标准，标准以下部分用于保障参保职工本人的医疗需求，并且先于家庭共济账户资金使用。经过测算，将个人账户结余资金超过 2000 元以上部分划入家庭共济账户使用，今后可根据医保基金收支、参保人员医疗费用负担状况等适时调整。

【主要成效】　实现医保经办便民惠民，提升群众医保获得感　此项政策的出台，让更多参保家庭的老年人、慢病患者、未成年人等能够共享职工医保个账权益，解决家庭成员的医药费用缺口。通过医保信息化建设，不断提高医保服务经办水平。

盘活个人账户资金使用　截至 2021 年底，全省开通家庭共济账户 67.8 万户（其中省内跨统筹区约占 10%），全省职工医保个人账户资金划拨到家庭共济账户 35 亿元，家庭共济账户支出总金额 3.45 亿元，覆盖住院、普通门诊、门诊特殊病种以及药店购药等多项医保业务。

案例四：福州推进“互联网＋医保”

近年来灵活就业人员参保人数逐年增加，截至 2020 年底，福州市以灵活就业人员身份参加职工医保人数达到 21.1 万人（其中已办理退休 10.4 万人），占职工医保参保人数的 12.4%。为适应新业态发展，完善灵活就业人员参保缴费方式，提供更加高效便捷的医保关系转移接续及异地就医等服务，2021 年福州市医保部门全面推进“互联网＋医保”服务，实现灵活就业人员参保缴费、转移接续及异地安置“网上办”“掌上办”“跨省通办”，让灵活就业人员参保缴费工作“活”起来。

【主要做法】　推行线上参保　为方便灵活就业人员办理参保登记，积极引导灵活就业人员参保登记实行“线上办”，开通灵活就业人员线上办理渠道，通过“福建省网上办事大厅”“福州市医疗保障局”微信公众号等平台可以直接办理灵活就业人员职工医保参保登记手续，让灵活就业人员“足不出户”“一趟不用跑”完成参保。

优化缴费方式　优化灵活就业人员缴费方式，实行批量扣缴和自助申报模式，除通过委托银行批量扣缴外，以灵活就业人员身份参加职工医保或补缴灵活就业人员职工医保费的参保人，也可以选择可登录“福州市医疗保障局”微信公众号，选择“医保中心—服务受理—灵活就业人员职工医保缴费”，或通过银行网点、二维码扫码支付等渠道自助申报缴费。

开通欠费提醒　为避免灵活就业人员因忘记缴费导致医保待遇受到限制，开通灵活就业人员的欠费提醒功能，当灵活就业人员出现欠费，系统会自动推送短信给灵活就业人员提醒及时缴费，保障灵活就业人员的合法权益。

转移接续“掌上办”　医保关系转移接续是影响灵活就业人员参保的重要因素之一，福州市进一步梳理优化基本医疗保险关系转移接续办事流程，通过“福州市医疗保障局”微信公众号、“闽政通”App，申请人查询下载打印职工医保、生育保险参保凭证，申请医保关系转出或扫描上传转出地的职工医保、生育保险参保凭证申请医保关系转入，实现灵活就业人员职工医保关系转移接续“掌上办”。

推进门诊费用跨省直接结算　为进一步方便灵活就业人员在异地就医，在全省联网定点医疗机构实行免报备即时刷卡结算，在省外异地住院可以直接通过“福州市医疗保障局”微信公众号中“异地就医备案”和“异地安置登记”进行网上备案登记的基础上，积极推进门诊费用跨省直接结算试点，解决灵活就业人员异地就医的后顾之忧。

【主要成效】 通过让信息“多跑路”，实现灵活就业人员“少跑腿”、少费事。随着“互联网＋医保”工作的不断推进，福州市推行灵活就业人员线上参保、缴费，实行批量扣缴和自助申报缴费。截至2021年底，近5000名灵活就业人员通过线上渠道完成新参保登记，近9万多名灵活就业人员通过线上渠道完成医保缴费，提高征缴率。转移接续、异地安置等医保服务渠道越来越多元，业务审核更加高效便捷，智能审批范围不断扩大，满足灵活就业人群参保缴费的多样需求，有效提升灵活就业人员医保经办服务水平。

案例五：厦门市四大创新构建医保监管大格局

2021年，厦门市推行四大创新举措，以健全制度为基础、科技创新为抓手、综合治理为目标，切实建立基金监管的长效机制。

【主要做法】 *治理体制创新，锻造智能监管“铁拳”* 面对严峻的基金监管形势，强化体制创新。组建专业执法团队。建立市医疗保障局、市医疗保障局直属分局和医保中心三级协同监管体系，实现统一指挥、统一行动、统一处理，重点组建医保审核部门，强化事前审核。出台综合监管制度。审核规程、病种审核办法、稽核规程等制度。强化事前审核、事中监管以及事后监管的有效衔接。建立案件审理制度。引入审计机关审理制度，形成经办团队合议、医保中心和分局初审、重大案件市局审理委员会审理的“二审终审”稽核案件审理制度，规范稽核程序。创新“三函、四化”管理机制。在定点医药机构协议管理中，建立基金运行风险“一提醒、二约谈、三稽核”的“三函”管理机制，对费用异常的机构进行预警提醒，重点机构进行约谈，约谈后仍不整改的启动稽核程序；同时参照纪检部门监督执纪四种形态，建立医保稽核处理“扯袖红脸常态化、违规轻处理多数化、严重处理少数化、解除协议个别化”的“四化”分类处置方式，宽严相济、惩教结合。

治理科技创新，破解基金监管“痛点” 引入信息化技术，着力推进“互联网＋医保监管”，打造涵盖基础信息、精准管理、决策支持三大板块15个子系统的智能监控平台。引入“人脸识别”。率先建立智能身份认证系统，通过“刷脸＋定位”实现医师认证，门诊刷脸识别就诊人身份，“移动查房”技术查验住院真实性等举措，防控“假病人、假医生、假住院”，清除“挂证医师”1126人次。建立“视频云监控”。在定点医院收费处、取药处、通道等关键公共场所安装视频监控，解决违规取证难问题，截至2021年底，覆盖全市355家医疗机构，5431个监控终端，实现24小时全时段、全场景监控。强化“智慧审核”。建立医保画像系统、智能审核等，精准识别和预警可疑违法违规行为，通过事前事中提醒，将大量违规苗头遏制在费用发生之前。

治理理念创新，强化资源规划引领 针对定点医药机构结构失衡，“小、散、多”等问题，厦门市从2018年开始创新推动医药机构定点评估和两定管理改革。精心规划，优化布局。坚持以参保人基本健康需求为导向、医保基金收支承受能力为基础，结合区域卫生规划及医疗卫生资源实际，统筹谋划制定医保定点医药机构发展规划。以调整布局结构、提升服务能力为主线，坚持“调整存量，优化增量，提高质量”原则，对定点医药机构进行存量管理和增量指导，避免资本盲目投入和无序恶性竞争。精细管理，落实协议。对评估专家和评估对象实行“双随机”与“双盲”，由医保部门组织，在医保与纪检双重监督下，保证评估程序公平、公正。从就医管理、药品和诊疗项目管理、医疗费用结算、信息管理、违约责任等方面深化协议精细化管理，提升医保经办管理服务水平。近年来，厦门市定点医药机构数量暴增的趋势得到遏制，截至2021年底，从原来的2002家下降到1986家，总体平衡，强化“放管服”中“管”的作用，实现医疗资源合理配置。

治理方式创新，构建共建共治格局 充分发挥部门联动机制作用，完善医保部门主导、多部门参与的监管联动机制，推进综合监管结果的协同运用，形成一案多查、一案多处、齐抓共管、联合惩戒的基金监管格局。强化行刑衔接。持续加强与

公安机关、检察院、法院的协调配合。签订多方合作备忘录，联合出台《厦门市医疗保障基金诈骗案件移送和查处工作实施办法》。厦门医保部门与公安机关深度合作、优势互补的行刑衔接做法，被福建省公安厅誉为"警政合作"的典范。强化行纪衔接。贯彻纪委"1＋X"监督机制，根据建立的"1＋X"线索移送机制，推进对欺诈骗保责任人多重查处，实现多种监督同频共振、同向发力，增强监督协同性、有效性。2021 年以来，移交纪检监察案件 4 起。强化联合执法。持续加强与市场监管、卫生健康等部门的协调配合，推进数据共享，开展联合专项执法行动。强化综合考核。建立与发展改革、审计、财政、卫生健康、人力资源社会保障等部门联合考核机制，将考核结果关联院长年薪、全院工资总额和绩效，实现共建共治。

【主要成效】 2021 年，厦门在国家医保智能监控示范点终期考评中位居全国前列，医保智能监控平台被评为厦门市委社会治理智能化创新应用项目，厦门"三位一体"医保现代化治理模式荣获福建省改革创新项目第一名，建成全国首家医保反欺诈宣教展厅，被评为"全省普法工作先进单位"。2021 年，联合公安部门破获 3 起医保骗保案，移交司法机关处理人员 202 人，挽回和减少医保基金损失上千万元。

案例六：漳州医保创新外伤核查新机制

2021 年，漳州市医保部门积极开展"警医保"联动核查和第三方商保公司承办城乡居民基本医保意外伤害保险试点，双管齐下织密医保基金安全网，有效破解基本医保意外伤害责任认定工作难度大、涉及面广、人手不足等问题，实现全市基本医保意外伤害责任认定更加精准、公正、高效。2021 年，全市通过"警医保"联动核查机制审查认定意外伤害责任 4.35 万起，拒付不属于医保基金支付范围的外伤住院 1697 人次 2357.58 万元；4 个试点县（区）意外伤害保险基金实际支出 6828.15 万元，节省支出约 3700 万元。

【变"单打独斗"为"协同作战"，监管机制更加完善】 建立"警医保"联动核查机制　针对交通事故医保欺诈骗保案件频发、外伤调查单方核查困难、基金联合监管运行不畅的情况，市医保部门联合交警、医院、保险公司建立"警医保"意外伤害联动协查机制，通过医院快速接诊备案、交警警情信息共享、保险公司联合查勘、医保统筹匹配分析，明晰联动单位职责分工，强化跨部门协作联动，形成外伤查访核验工作合力。

试点委托第三方承办机制　通过政府主导、商保运营模式，将芗城、龙海、平和、诏安 4 个县（区）纳入城乡居民医保意外伤害保险试点范围，以公开招标方式委托商业保险公司承办，借助商保公司专业性强、勘查技能和队伍完善、全国联网协查等优势，有效解决经办机构人手不足导致的回应力低、费用管控难等问题。2021 年，4 个试点县（区）意外伤害筛查阳性率由试点前的 2.20% 提升至 6.95%，同时通过深入查勘，全年排查出属工伤、私人雇佣关系等第三方责任的案件 311 起，涉及医疗费用 400 多万元。

外伤核查实现全覆盖　按照"线上线下相结合、市内市外不遗漏、打击骗保与宣传引导并重"的原则，"警医保"联动单位通过设立外伤报案和举报电话，联合开展政策宣传、疑点分析、查勘取证等，实现外伤疑点线索的应核尽核、有效覆盖。2021 年，"警医保"联动单位共开展电话回访 8243 人次、面访 4202 人次、现场查勘 239 人次、统筹区外查勘 93 人次，签署不属于医保支付范围知情同意书 156 人次。

【变"事后补漏"为"事前严管"，案件处置更加高效】 建立快速核查机制　参保患者意外受伤住院后，医疗机构 24 小时内完成初审并上报接诊备案，保险公司根据接诊情况第一时间指派驻医院医保服务站工作人员进行稽核回访，医保经办机构每周 2 次到交警、商保机构调取出警（险）记录开展核查比对。如发现有第三人责任的情况，医保经办机构将在 24 小时内书面通知接诊医疗机构暂缓医保基金结算，确保外伤核查时效性。

建立信息共享机制　通过大数据实时对接，实现"警医保"联动单位对基本医保参保人员外伤住院数据、交通事故材料、商保理赔情况等信息实时共享，有效破除“信息孤岛”，及时排查存在第三方责任、不属于医保支付的案件，坚决遏制骗保行为的发生。2021 年 1—12 月，医保部门通过“警医保”信息共享机制排查出的疑点线索暂缓医保结算 1641 人次，经查证属欺诈骗保进行行政处罚 2 起，移交司法机关 2 起。

建立联络沟通机制 “警医保”联动单位指定专人负责意外伤害的核查联络工作，第一时间汇总全市意外伤害接诊情况，协调处理跨县域的外伤认定审批。同时，通过定期通报、不定期会商等形式，进一步加强工作联系，统筹协调全市外伤认定工作的开展，确保外伤核查机制高效运行。

【变“部门自查”为“多方查证”，调查结果更加客观】 *改进经办流程* 改变传统意外伤害住院由参保人自行承诺、医院审查认定、医保抽查核验的经办模式，形成由医院、交警、商保、医保四方联合监管、相互约束、互相佐证的核查新机制，规避经办过程中的道德和廉政风险。

严格履约管理 通过招标方案和服务协议，制定履约考核方案，对试点商保公司设置的城乡居民医保意外伤害险监管网点、人员资质、查勘设备配置、赔付时效性等十个方面履约行为提出具体要求，着力构建全方位的履约考核体系，确保查勘理赔及时准确高效。

加强运行评估 建立医保基金运行分析报告长效机制，每季度由试点县（区）医保经办机构与商保公司共同出具运行报告，对每一笔费用情况进行回溯排查，并对总体赔付情况、具体工作开展以及存在问题进行深入分析，掌握基金运行趋势，提高基金预警分析能力。

案例七：三明市尤溪县完善医保打包支付改革

三明市尤溪县是全国县级公立医院综合改革四个示范县之一，在三明市 12 个县（市、区）中率先组建县域健康管护组织（总医院），率先实行医保基金按人头按年度总额包干制度，率先开展全民健康四级共保行动，2021 年进一步完善医保打包支付机制，基金使用的健康效益得到初步体现。

【主要做法】 *构建健康管护组织，实现全民健康管理* 尤溪县总医院作为县域健康管护组织，将县内所有参保人员列为健康管护对象，老百姓健康有了“守门人”。县级层面整合县医院和中医院医疗资源，科室进行优化组合，产生 1＋1＞2 的效应；乡镇层面设立乡镇分院，由总医院直管分院人、财、物；村级层面设立公办村卫生所，实行人事、财务、药品耗材、业务、绩效、信息化、养老保险等七统一管理。在改革过程中，尤溪县探索“总医院＋医保基金打包”健康管护机制，实现工作理念从以治病为中心向以人民健康为中心转变，居民健康指标得到改善。

实行医保打包支付，包干基金获得结余 按照“统筹包干、超支自付、结余归己”的原则，建立“一组团、一包干、两确定”医保基金打包支付机制，确定总医院结余的打包医保基金可直接列支医务性收入、健康促进经费。2021 年，明确医保基金实行“钱随人走”，按参保人数和人均基数年度打包支付给总医院，促使医院通过强化堵浪费、精细化管理、规范化服务和健康促进等举措主动节约医保基金。

实行慢病一体化管理，健康素养逐步提升 以“健康三明”慢性病一体化绩效考核政策为抓手，推进慢性病“分类、分标、分级、分片”管理。分类管理，总医院成立高血压、糖尿病、严重精神障碍、肺结核等 4 个县域慢性病管理中心，推进基本医疗与基本公共卫生服务有效融合。分标管理，将高血压、糖尿病患者分为极高危、高危、中危、低危 4 个等级，用红、黄、绿 3 标区分管理。分级管理，建立“慢性病一体化管理”信息系统，实现随访管理全程信息化，县、乡、村三级医生按照管理职责对管理对象进行管理服务。分片管理，组建若干个健康管理服务团队，分片包干定期驻乡入村开展健康服务。通过健康教育与促进，倡导健康文明生活方式，全民健康素养水平得到提升。

主动监管基金使用，守好群众“救命钱” 医保部门在医保打包支付后摒弃“一包了之”的监管理念，树立多方共同监管责任意识，探索医疗、医药、医保“三医联管一张网”模式，将以往的“事后检查”改变为“事前介入、靠前服务、全程跟踪”的

主动监管方式，更加注重与总医院紧密协作，更加注重医保医师药师代码管理和在线监控系统建设，更加注重定点医药机构“三合理”行为指导，纠正不合理检查、用药、治疗和收费问题，守护好群众的“救命钱”。2019 年以来，医保部门共查处定点医药卫生机构 136 家次，追回医保基金 587.7 万元，其中 2021 年查处 57 家次 91.3 万元，追缴基金全部重新纳入市级医保统筹基金池，保障基金安全有效运行。

【主要成效】 县域包干基金实现结余 2017—2021 年尤溪县总医院包干县域医保基金累计结余 9529.06 万元，其中 2021 年结余 2762.66 万元。

医院管理水平得到提升 病案首页审核流程由事后审核变为事前审核，病案质量得到大幅提高。2021 年，两家县级医院参保患者出院病例 3.19 万例；病种定额包干费用结余 186.8 万元。

患者住院自付比例明显降低 2021 年，尤溪县总医院职工和城乡居民患者实际报销比例（含大病保险）分别达到 77.08％和 76.31％，同比增长 2.51％和 0.37％。

慢性病管理得到规范 2021 年，全县管理高血压患者 29811 人，规范管理率 80.15％；管理 2 型糖尿病患者 9319 人，规范管理率 80.78％。

案例八：南平市推进 DRG 付费改革

南平市自 2019 年 5 月成为 DRG 付费国家试点城市以来，有序推进试点工作，2020 年 11 月入选全国首批 22 家模拟运行试点城市，2021 年 7 月和 11 月两次接受 DRG 国家医保支付方式改革试点交叉调研评估，均获得优秀等次评价。

【主要做法】 完善组织建设，打造坚强后盾 成立由市政府分管领导担任组长的试点工作领导小组，抽调市医疗保障局、卫生健康委员会、财政局、医保经办机构以及各家试点医院的业务人员，围绕医保信息化建设、医疗信息化建设、医疗规范化建设、测算与待遇政策制定、政策宣传培训以及具体业务经办等重点工作成立 5 个工作组和 1 个工作专班，在市 DRG 试点工作领导小组统筹领导下推进试点工作。通过强有力的组织保障，确保试点工作稳妥开展。

提高数据质量，夯实工作基础 南平市根据试点工作需要，对全市 2018—2020 年 104 万份病例，共计 1.08 亿条数据进行分析整理。针对早期病案首页中疾病诊断和操作编码版本不统一的问题，南平市将系统比对和人工修正手段相结合，将疾病名称和编码以组合形式进行映射，形成精确的全市统一映射表，完成与国家医保版编码对接。将数据整理过程中发现的问题第一时间反馈医疗机构，要求同步整改完善，不断提高历史数据质量，为试点工作打下坚实基础。

紧跟国家规范，规范本地分组 严格按照国家 CHS－DRG 技术规范和分组方案要求，进行本地化细分组测算。综合南平市疾病谱分布和医疗资源消耗特征，探索出一套含数据裁剪、病例分组、病组权重及费率测算等关键步骤在内的本地化测算方案。经多次征求医疗机构和南平医学会意见建议，最终形成符合本地临床实际、具有南平特色的 DRG 细分组方案，病组共计 592 组，CV 值大于 1 的病组仅 9 组，RIV 为 74.23％，测算病例入组率达 99.77％，各项分组效能指标均达国家技术规范要求。

做好政策配套，健全管理体系 一是结合南平市现行医保支付政策，按照覆盖范围、执行目标和改革逻辑，厘清 DRG 付费、县域内紧密型医共体医保打包支付以及按病种收付费等支付政策之间关系，明确政策体系层级架构，制定 DRG 支付管理办法和支付细则，确保相关医保政策平稳衔接、相辅相成、协同发力，进一步放大支付方式改革政策效应。二是深入基层一线摸底调研，实地了解经办工作中存在的问题和困难，结合实际，因地制宜，创新出台 DRG 经办流程，通过整合优化数据报送时间节点和环节，腾出足够时间给医疗机构反馈问题，修正上传数据，确保数据的时效性和准确性，一定程度上弥补南平市病案编码队伍力量薄弱的短板。三是会同卫生健康和财政部门，出台 DRG 监督管理办法和绩效考核方案。明确违规行为的处理措施，引导试点医疗机构主动规范诊疗行为，加强成本管控，强化院内精细化管理。

【工作成效】 提升医疗机构精细化管理水平 通过开展DRG付费改革，试点医疗机构病案首页、医保结算清单等数据质量显著提升，准确率均达95%以上；激发医疗机构主动规范医疗行为，提升院内精细化管理水平的内生动力。自DRG实际付费以来，相关试点医院住院次均费用较2020年同期下降271.28元，降幅3.02%；平均住院天数较2020年同期下降0.92天，降幅10.27%。

提高医保基金的使用效率 在医保基金平稳运行的情况下，试点医疗机构职工医保实际报销比较2020年同期提高2%；城乡居民医保实际报销比较2020年同期提高4.09%，患者的待遇保障水平和医保基金的使用效率进一步提升。

缓解患者的就医负担 通过开展DRG付费改革，与国家药耗集采、医保待遇调整等惠民政策协同发力，患者个人次均住院负担较2020年同期下降64.14元，降幅2.13%，有效缓解就医负担，让参保群众分享改革红利。

案例九：龙岩市推动"收付费一体化"改革机制

为深化医保支付方式改革，解决看病烦、看病贵的问题，发挥医保战略性购买作用，龙岩市率先实施单病种"收付费一体化"改革，进一步控制医疗费用的不合理上涨，减轻患者负担。改革实施以来，龙岩市按病种收付费出院占比从2017年的12.39%提高至2021年的63.77%。2021年以来，龙岩市在单病种改革基础上，探索推动实施全病种付费改革，病种目录达5600余种，列入国家区域点数法总额预算和按病种分值付费（以下简称DIP）71个首批试点城市，试点工作通过国家医疗保障局评估验收，获得优秀等次。

【完善定价机制，促进医保购买从粗放到精细】 病种筛选精细化 利用大数据分析，筛选临床诊治方案成熟、质量可控、费用稳定、实际诊疗人数较多的住院常见病、多发病，以及中医类相关病种纳入按病种收费范围，初步选定630多个病种，其中县级医院常见病种占95%以上，确保病种的广泛覆盖面；深入医院调研，广泛听取建议，最终确定561个病种。

价格测算科学化 通过三年病种费用大数据分析，医保、医院、临床专家谈判确定按病种收费标准；同时，结合医保基金支付能力及患者负担情况，参考既往实际发生费用，并兼顾区域经济社会发展和群众的承受力等因素，制定医保基金和参保患者支付比例。

支付政策差别化 根据医院等级及诊疗水平的差异，分档确定收费标准，等级高的医院病种价格高，医保支付比例低，患者自付比例高；等级低的医院病种价格低，医保支付比例高，患者自付比例低，以差别化的医保支付政策，促进分级诊疗制度落实。

【加强服务监管，促进费用控制从被动到主动】 动态调整评估 实施病种最高指导价政策，允许医院根据自身成本下浮价格。发挥大数据平台作用，开展年度病种费用分析价格评估，对入组率低、价格偏移在±10%以外的病种分析症结，动态调整病种价格。

加强质量监管 突出个性化管理，病种实现动态进入与退出，对特殊治疗需求的病患、造成明显偏离病种收费标准的病例按规定程序退出按病种收费，并结合临床特点，严格控制退出率在15%以内。切实保障参保人利益，对同一患者在15天之内以同一诊断再次入住同一医院，其再次住院的费用按标准减半收费，防止医疗机构推诿患者、分解住院次数或无故缩短住院时间等参保人员权益受到侵害的情况出现。

实行控费制度 遵循"超支不补、结余留用"原则，对实际费用超出病种收费标准部分，由医院自行承担，低于标准的结余部分，作为医院的医务性收入。实现将医保管理从被动埋单式的医疗服务购买，推向整体性购买，引导公立医院持续规范医疗行为、增强节约成本和控制费用的内生动力。2021年，龙岩市职工医保次均住院费用为10380.98元，同比降低3.9%。

【收付费一体化，促进"三医"联动从单向到协同】 扩大覆盖范围 完善和扩大病种覆盖范围，病种数量从 2017 年的 102 个逐步扩至 2020 年的 561 个，2021 年起探索全病种付费，病种目录库扩至 5606 种，病种入组率达 99.76%。医疗机构按病种收费标准收费，医保基金和患者按规定的比例付费，实现收付费闭环，防范医疗机构通过项目收费转嫁费用。龙岩市公立医院按病种收费出院人数占比，从 2018 年 12.39%逐年提高至 2021 年 63.77%，改革扩面不断延伸。

纳入监督考核　将按病种收付费改革纳入龙岩市政府对各县（市、区）党委、政府绩效考核指标、公立医院院长年薪制绩效考核和医保定点协议管理，发挥总医院绩效指挥棒作用，每年拿出 500 万作为绩效奖励基金。同时加强监测，每月通报各医院按病种工作完成情况，对完成率较差的医院进行提醒或约谈，督促整改。

形成改革合力　从医疗方面，引导医疗机构提高医疗服务能力，促进医疗机构提高病案质量、内部成本管理和信息化水平。从医药方面，助力国家、省药品耗材集中带量采购落地，截至 2021 年底，全市共执行集采中选药品 264 种、医用耗材 13 大类，共节省医药费用 5.17 亿元，进一步推动医疗机构合理用药。将龙岩市医保单向领域的完善，转换为与“医疗、医药”的相互配合、相互促进，助推“三医”改革的“全联”“深动”。

江 西 省

工作综述

2021年，江西省医疗保障局持续深化医疗保障制度改革。截至2021年底，全省基本医疗保险（以下简称基本医保）参保人数4689.14万人，参保覆盖率稳定在95%以上，其中职工基本医疗保险（以下简称职工医保）参保610.14万人，城乡居民基本医疗保险（以下简称居民医保）参保4079万人。基本医保基金（含生育保险）总收入672.14亿元，同比增长8.21%，其中职工医保基金（含生育保险）收入268.88亿元，同比增长9.47%；居民医保基金收入403.26亿元，同比增长7.39%。基本医保基金（含生育保险）总支出616.81亿元，同比增长11.49%，其中职工医保（含生育保险）基金支出225.63亿元，同比增长12.86%；居民医保基金支出391.19亿元，同比增长10.72%。基本医保基金（含生育保险）当期结存55.33亿元，其中职工医保基金（含生育保险）当期结存43.25亿元，居民医保基金当期结存12.08亿元。基本医保基金（含生育保险）累计结存730.93亿元，其中职工医保基金（含生育保险）累计结存432.48亿元，累计结存可支付23.00个月；居民医保基金累计结存298.46亿元，累计结存可支付9.16个月。

【开展医疗保障寻根溯源】 2021年3月，省医疗保障局按照国家医疗保障局在瑞金开展共和国医疗保障寻根溯源的工作要求，在瑞金市叶坪革命旧址群内建成中华苏维埃共和国医疗保障史陈列馆。陈列馆按照历史发展先后与专题组合相结合的方法，通过文献资料、实物、图片、微缩景观等，重点展示从1929年到1935年中央苏区和中华苏维埃共和国时期医疗保障工作艰辛探索的历程。

【夯实高质量发展基础】 深化医疗保障制度改革 1月21日，中共江西省委、江西省人民政府印发《关于深化医疗保障制度改革的实施意见》，提出加快补齐全省医疗保障领域体制机制短板，构建以基本医保为主体，医疗救助为托底，补充医疗保险、商业健康保险、慈善捐赠、医疗互助共同发展的多层次医疗保障制度体系，努力建成更加公平、更有效率、更可持续、更加安全、更加便捷的江西医保体系。6月8日，省政府办公厅印发《关于成立江西省深化医疗保障制度改革领导小组的通知》，成立由常务副省长任组长、分管卫生健康的副省长任副组长的全省深化医疗保障制度改革领导小组，并于12月17日组织召开全省深化医疗保障制度改革工作推进会议，统筹推进医保改革工作。

编制医保“十四五”规划 经过学习考察、调查研究、起草编制和专家论证等环节，江西省医疗保障局牵头编制实施江西省首个医疗保障领域的五年规划。11月3日，《江西省“十四五”全民医疗保障发展规划》（以下简称《规划》）以省政府办公厅名义正式印发。《规划》明确“十四五”时期全省医疗保障制度的发展思路和重点任务，提出建设智慧医保、公平医保、阳光医保、满意医保、责任医保五大发展目标；明确到2025年，全省基本医保参保覆盖率稳定在95%以上，职工医保政策范围内住院报销比例稳定在80%以上，居民医保政策范围内住院报销比例稳定在70%以上，重点救助对象符合规定的门诊特殊慢性病和住院救助费用救助比例达70%。

夯实法治医保建设基础 加快《江西省医疗保障基金使用监督管理办法》的立法步伐。为进一步加强执法队伍建设，提升行政执法效能，江西省按照《医疗保障基金使用监督管理条例》，依法委托省医疗保障监测中心组织开展医疗保障行政执法工作并全员办理行政执法证。10月10日，印发《江西省医疗保障局公平竞争审查工作管理办法》，细化公平竞争审查流程、压实处室单位工作责任，充分发挥法律顾问作用。发布全省医保系统权力清单，公示医保系统告知承诺制证明事项目录清单，全面完成医保领域统一乡镇权力清单编制、医保系统省市县三级权力清单颗粒化工作，推进依法行政，规范职责权限。省医疗保障局获评2020年度全面依法治省优秀单位；法规财务处获评2016—2020年全省依法治理创建活动先进单位。

加强医保基金和参保质量管理　1月1日，全省实施医保基金市级统收统支，全面做实医保市级统筹。2月8日，印发《江西省基本医疗保险基金绩效考核办法（试行）》，从筹资缴费、待遇保障、基金效率、基金结存、医疗协同等五个维度开展基金管理全过程评价，实现基本医保基金预算和绩效管理一体化，促进基金使用效率提升。6月25日，修订印发《江西省医疗保障局内部审计监督办法》并组织开展内部审计工作。加强参保管理，将参保完成情况、参保质量纳入全省高质量发展考核，通过开展重复参保清理，2021年筛查省内重复参保45万人，同时，借助全省统一医保信息平台上线契机，加强参保数据治理，提升参保数据质量。

【提升待遇保障水平】　巩固医疗保障脱贫攻坚成果　11月2日，省医疗保障局会同省民政厅等七部门印发《关于做好巩固拓展医疗保障脱贫攻坚成果有效衔接乡村振兴战略工作的通知》，巩固拓展医疗保障脱贫攻坚成果有效衔接乡村振兴战略，逐步实现由集中资源支持脱贫攻坚向统筹基本医保、大病保险、医疗救助三重制度常态化保障平稳过渡。做好因病返贫致贫风险监测。6月18日，省医疗保障局印发《关于做好巩固拓展医保脱贫攻坚成果同乡村振兴有效衔接相关调度监测工作的通知》，建立防范因病返贫致贫常态化预警监测机制。截至2021年底，省医疗保障局累计向乡村振兴等部门发送监测数据10万余条，确保易返贫致贫人员早发现、早干预、早帮扶。

完善基本医保制度　12月30日，以省政府办公厅名义印发《关于建立健全江西省职工基本医疗保险门诊共济保障机制的实施意见》，着力减轻职工医保参保人员门诊医疗费用负担。为支持三孩生育政策落地实施，8月16日，省医疗保障局印发《关于做好支持三孩政策生育保险工作的通知》，将参保女职工生育三孩的费用纳入生育保险待遇支付范围。截至2021年底，全省生育保险基金支出11.86亿元，其中，生育津贴待遇支出9.77亿元。继续提高居民医保筹资标准，居民医保人均财政补助标准新增30元，达到每人每年580元；持续深化城乡居民高血压、糖尿病“两病”门诊用药保障机制，扩大政策受益面，截至2021年底，“两病”门诊用药待遇惠及1460.6万人次，医保基金支出13.7亿元。

建立医疗保障待遇清单制度　贯彻落实国家医疗保障待遇清单制度部署要求，3月10日，省医疗保障局联合省财政厅印发《关于落实国家医疗保障待遇清单制度的实施意见》，严格执行基本制度、基本政策、基本支付范围和标准，实施公平适度保障；并于5月21日、8月26日先后印发《关于做好不符合国家有关规定的地方“小政策”核查清理工作的通知》《关于加强对医疗保障待遇清单制度实施进展调度工作的通知》，全面摸排超出医疗保障待遇清单范围的地方“小政策”，建立江西超出医疗保障待遇清单事项台账。11月23日，出台《江西省贯彻落实医疗保障待遇清单制度三年行动方案（2021－2023年）》，明确任务目标、具体举措、责任分工，全面落实医疗保障待遇清单制度。

【强化医保基金监管】　省医疗保障局紧扣推进基金监管制度体系改革，着力构建“不敢骗、不想骗、不能骗”的基金安全防控机制，初步形成行政监管、经办稽核、基金监测三位一体的基金监管新格局。2021年，全省检查定点医药机构26514家，实现全覆盖检查；处理违法违规医药机构25924家，占被检查机构的97.8%；处理违法违规参保人员141人；共追回资金8.46亿元。2021年基金监管综合成效全国排名第二。

开展基金监管专项行动　3月8日，省医疗保障局印发《江西省医保基金监管存量问题“清零行动”工作方案》，在全省开展为期三个月的基金监管存量问题“清零行动”。全省2018—2020年以来的378个存量问题全部处理到位，追回医保资金9549万元。10月9日，省医疗保障局联合公安、卫生健康部门印发《江西省开展打击“医疗机构内外勾结骗取、套取医保基金问题”专项整治行动实施方案》，围绕门诊慢性病、大病免费救治等领域，开展“假病人、假病情、假票据”专项整治行动，统筹推进医疗机构内外勾结骗取套取医保基金专项整治，全省查处“三假”案例66个，追回资金1697万元。开展省级飞行检查“秋季攻坚”行动，抽查147家定点医药机构，追回资金6100余万元。积极配合做好国家对九江飞行检查反馈问题的后续处理，共追回资金1650余万元。

加大基金监管宣传培训力度　3月8日，省医疗保障局印发《2021年江西省“宣传贯彻〈条例〉加强基金监管”集中宣传月活动实施方案》，在全省医保系统开展集中宣传月“春雷行动”，活动期间整体传播阅读点击量达3600万人次。5月10—13日，省医疗保障局在井冈山举办“学党史强监管”《医疗保障基金使用监督管理条例》专题培训班，实现省、市、县培训对象全覆盖。9月28日，组织召开2021年全省医疗保障基金监管专题工作电视电话会暨2021年省级飞检线上培训班，提升检查队伍能力水平。发挥行业协会平台优势，4月14日，借助江西省研究型医院医保分会平台，举办线上“2022年度维护医保基金安全专题沙龙”培训，向10万余名医务人员宣讲医保政策，引导增强守规自觉。

健全完善基金监管体系　规范开展基金监管。12月31日，省医疗保障局印发《江西省医疗保障基金监管行政处罚裁量权实施细则(试行)》，最大程度压缩监督检查执法弹性空间。10月11日，印发《医疗保障基金监管临床专家库管理暂行办法》，建立由43个学科、1587名临床医学专家组成的基金监管临床专家库，助力基金监管工作专业化、权威性。构建多部门协同监管机制，全省11个设区市全部建立基金监管联席会议制度。发挥考核“指挥棒”作用，将医保基金监管改革、打击欺诈骗保纳入2021年全省高质量发展综合绩效考评、平安建设考核，压实市县监管责任。

【完善医药服务管理机制】　深化医保支付方式改革　省医疗保障局全力推进以按病种付费为主的多元复合式医保支付方式改革工作，指导分类推进支付方式改革试点，上饶市按疾病诊断相关分组(CHS－DRG)付费国家试点和赣州、宜春、鹰潭市区域点数法总额预算和按病种分值付费(DIP)国家试点进入实际付费。2021年，四个试点城市均被国家医疗保障局评估为优秀等次。抚州市探索开展DIP省级试点，南昌市基于大数据技术的病组分值付费方式提质，新余市基于大数据技术的总额控制下病种分值付费方式改革扩面，其他统筹地区推行以按病种付费为主的多元复合式支付方式改革。

加强定点医药机构管理　为提高定点医药机构管理的科学化、规范化、标准化和精细化水平，1月7日，省医疗保障局印发《关于进一步推进定点医药机构管理改革的通知》，在全省部署开展定点医药机构管理制度改革试点工作。同时，为进一步完善规范医保定点协议管理，11月30日，省医疗保障局出台《江西省医疗机构医疗保障定点管理暂行办法》和《江西省零售药店医疗保障定点管理暂行办法》，明确医药机构定点申请、专业评估程序，详细规定协议主体权利、义务和责任，为协议管理确定总体框架。

稳步推进谈判药品落地　做好全省常态化制度化落地执行国家医保谈判药品工作，10月21日，省医疗保障局会同省卫生健康委员会转发《国家医疗保障局 国家卫生健康委关于适应国家医保谈判常态化持续做好谈判药品落地工作的通知》，并印发《关于做好国家医保谈判药品落地监测工作的通知》，建立每月定期报送和通报机制。同时，为做好国家医保谈判药品“双通道”管理工作，省医疗保障局先后于6月8日和11月22日印发《关于建立完善国家医保谈判药品“双通道”管理机制的实施意见》和《江西省“双通道”谈判药品管理暂行办法》，健全完善“双通道”药品管理机制，确保谈判药品落地。截至2021年底，全省国家医保谈判药品总费用24.1亿元，医保报销费用17.99亿元，惠及群众354.44万人次。

支持“江西中医药”品牌发展　贯彻落实中医药强省战略，分批遴选中医优势明显、治疗路径清晰、费用明确的病种，实施按病种付费，探索对部分慢性病病种等实行按人头付费。贯彻落实《国家药监局 国家中医药局 国家卫生健康委 国家医保局关于结束中药配方颗粒试点工作的公告》，10月29日，省医疗保障局联合药品监督管理局、卫生健康委、中医药管理局、科学技术厅、工业和信息化厅等部门印发《江西省中药配方颗粒管理细则（试行）》，明确对中药饮片品种已纳入医保支付范围的，经专家评审后可将与该中药饮片对应的同名中药配方颗粒纳入支付范围，并参照医保乙类管理。

【常态化制度化开展集中带量采购】 2021年，省医疗保障局深入推进药品和医用耗材集采制度改革，通过跟进国家集采中选结果、开展未过评药品集采"江西模式"和参与跨省联盟集采三大举措，落地执行13个批次药品和医用耗材集采中选结果，涵盖224个药品、三类高值医用耗材、两类检测试剂、一类低值医用耗材等，据测算每年可减轻群众药费负担超68亿元。

落实国家集采中选结果 执行五批次国家药品集采中选结果，218个药品中选价格平均降幅60%，最大降幅98%，可节约资金近50亿元。各批次药品和医用耗材中选产品采购与使用占比约90%。执行首批高值医用耗材（冠脉支架）中选结果，1月1日，江西省在全国首批执行国家组织冠脉支架集采中选结果，中选产品全国平均单价从1.3万元降至700元，平均降幅超过94%。2021年，协议采购量执行率127%，节约采购资金超过2.5亿元。

开展江西集采模式 在2020年开展第一批未过评药品集采"江西模式"的基础上，2021年，江西省牵头组建赣粤豫鄂四省联盟和赣冀鲁豫鄂桂渝滇陕九省（自治区、直辖市）联盟分别开展药品、医用耗材带量采购，据测算每年可节约采购资金6亿元。四省联盟开展的药品带量采购，共七个品种中选，包含一个原研药和一个过评药中选，中选价平均降幅66.57%，最高降幅91.96%，据测算首年可节约资金1.6亿元；九省（自治区、直辖市）联盟开展的冠脉导引导管和冠脉导引导丝两类高值医用耗材带量采购，拟中选价格平均降幅分别为51%、53%，据测算每年可节约采购资金4.33亿元。

参加跨省联盟集采 为进一步扩大集中带量采购改革成效，2021年江西省广泛参加广东、河南、湖北、四川等省牵头开展的药品医用耗材跨省联盟集采，涉及化药、中成药，以及冠脉球囊、人工晶体、新冠病毒检测试剂、骨科创伤类、吻合器、牙科种植体、输液器等医用耗材，参与覆盖面更大，中选价格降幅更明显。

【提升医保公共服务水平】 *创新医保经办服务模式* 推行"一份清单、两个下放、一项制度、四个办理"的"1214"江西医保经办服务模式，医保经办查询类和异地就医备案等16项事项实现"一次不跑"，14项业务在大厅即时办结，11项业务"一证办理"，7项业务实现全国"跨省通办"。全面建立医保政务服务"好差评"制度，通过书面表格、评价器、手机终端、意见箱等多种形式向参保群众开放评价渠道，实现现场评价"一次一评"、线上评价"一事一评"、社会各界"综合点评"。借助第三方机构力量，对全省医保经办机构行风建设情况进行督导检查，实现"管理上提，服务下沉"的工作目标。

加快医保信息化建设 推进全省统一的医疗保障信息平台建设，10月10日，国家医疗保障信息平台在江西省首个地市萍乡市正式上线运行，12月18日全省各统筹区全部上线运行。推广医保电子凭证应用，省内所有地市、所有定点医药机构均上线运行，截至2021年底，申领激活人数达1489万人，累计结算702万余人次、10亿元。贯彻执行医保疾病诊断和手术操作、医疗服务项目、药品和医用耗材等15项医疗保障信息业务编码标准，11月8日，通过国家医疗保障局标准化验收，实现全国医疗保障信息业务一码通。

推进异地就医直接结算 加快完善异地就医直接结算服务。8月，全省12个统筹区全部实现普通门诊费用跨省直接结算，提前4个月完成国家医疗保障局预定任务。9月，全省普通门诊跨省直接结算联网定点医疗机构实现县区全覆盖，提前3个月完成国家年底前60%以上的县区至少一家普通门诊跨省直接结算联网定点医疗机构目标任务。萍乡市作为全国首批门诊慢特病跨省直接结算试点统筹区之一，其参保人于12月1日在海南省完成全国第一笔门诊慢特病费用跨省直接结算。2021年全省参保人员跨省就医住院直接结算29.92万人次，医保基金结算38.59亿元，同

比增长率分别为38.83%和32.30%;外省参保人员在省内住院直接结算2.19万人次,医保基金结算1.91亿元,同比增长率分别为32.91%和38.10%。

【助力新冠疫情防控】 全力落实"两个确保" 省医疗保障局积极配合做好全省疫情防控工作,持续落实"两个确保"的免费救治政策,截至2021年底,累计向省内109家新冠肺炎救治定点医疗机构预付医保基金3.949亿元,医保基金支付新冠肺炎确诊和疑似患者3020人次医疗费用2457万元。

下调核酸检测费用 全面执行新冠核酸检测试剂联盟集采中选结果,中选产品价格在2020年平均降价80%的基础上再降29%,按照国家医疗保障局统一部署,全省先后两次降低新冠病毒核酸检测价格,单人单次检测价格不超过40元/人次,混合检测价格统一下调为10元/人次。

保障新冠病毒疫苗接种工作 省医疗保障局履行常态化疫情防控医保职责,会同财政、卫生健康部门先后于3月5日、6月9日出台《关于做好新冠病毒疫苗及接种费用保障工作的通知》《关于新冠病毒疫苗接种费用医保支付标准的通知》等新冠病毒疫苗及接种费用医疗保障政策,第一时间成立由局主要领导任组长的省新冠病毒疫苗接种资金保障工作组,并设立费用保障工作专班。调度全省12个统筹区做好资金上解工作,2021年累计筹集34.46亿元疫苗采购费用并预拨给省疾控中心,确保"钱等苗"。开展费用结算,截至2021年底,医保累计结算新冠病毒疫苗费用34.11亿元,结算新冠病毒疫苗接种费用5.83亿元。

常态化做好防疫物资供应保障 持续跟进国家新冠肺炎诊疗方案,对相关预防、诊断、治疗等临床技术指南的药品、医用耗材和新冠病毒检测检验试剂等,实行紧急挂网采购政策。2021年,全省各级医疗机构网上采购国家新冠肺炎诊疗方案推荐药品2369.19万瓶(盒)、核酸检测试剂盒1566.17万人份,采购金额8.67亿元,采购防护穿戴用品、体温检测耗材等其他防疫物资4.31亿元,供应保障充足正常,价格无异常波动。

重要活动

1. 全省医疗保障工作会议召开。3月1日,省医疗保障局召开全省医疗保障工作会议,会议传达学习习近平总书记在中共中央政治局第二十八次集体学习时关于完善覆盖全民的社会保障体系的重要讲话精神,全面总结2020年和"十三五"以来医疗保障工作成效,分析当前面临的形势任务,安排部署2021年和"十四五"时期工作。

2. 党史学习教育动员会召开。3月16日,省医疗保障局召开党史学习教育动员会,深入学习贯彻习近平总书记关于党史学习教育的重要讲话精神,对全局开展党史学习教育进行全面动员部署。

3. 全省医保系统全面从严治党工作会议召开。4月7日,省医疗保障局召开2021年全省医疗保障系统全面从严治党工作会议,会议总结2020年全面从严治党工作,分析当前全面从严治党面临的形势与任务,部署2021年工作。

4. 全省医疗保障基金监管专题工作电视电话会议召开。4月28日,省医疗保障局联合公安厅、司法厅、卫生健康委召开全省医疗保障基金监管专题工作电视电话会议,传达学习党中央、国务院领导同志关于加强医保基金监管工作的重要指示批示精神和全国医疗保障基金监管专题工作电视电话会议精神,分析当前医保基金监管工作面临的新问题、新形势,动员部署2021年基金监管专项整治和《医疗保障基金使用监督管理条例》贯彻实施工作。

5. 全省深化医疗保障制度改革领导小组成立。5月8日,江西省政府召开第六十七次常务会议,会议审议并原则通过关于成立江西省深化医疗保障制度改革领导小组的请示。7月24日,省政府办公厅印发《关于成立江西省深化医疗保障制度改革领导小组的通知》，成立由常务副省长任组长、分管卫生健康的副省长任副组长，省委编办、省医疗保障局、省卫生健康委等 15 个单位为成员的改革领导小组。

6. 发布 10 项“我为群众办实事”医保项目清单。5 月 29 日，省医疗保障局将党史学习教育与开展全省医保系统“狠抓落实年”活动、创建“让党最放心，人民最满意”的医保模范机关、深化医保领域“放管服”改革紧密结合，聚焦参保群众的所期所急所需，在调研走访、听取意见的基础上，梳理形成推进普通门诊费用跨省直接结算、全面推广医保电子凭证等 10 项“我为群众办实事”项目清单予以发布。

7. 全省医疗保障经办工作会议召开。5 月 31 日，全省医疗保障经办工作会议在南昌召开。会议总结 2020 年医保经办工作，部署 2021 年工作。省医疗保障局有关处室负责同志、各设区市医疗保障局分管领导、经办机构负责同志参加会议。南昌、萍乡等五个地市围绕做好 2021 年全省医疗保障经办工作作经验交流发言。

8. 省药品医用耗材集中采购联席会议 2021 年第一次会议召开。6 月 2 日，由省医疗保障局召集，江西省药品医用耗材集中采购联席会议 2021 年第一次会议在南昌召开。会议听取联席会议办公室关于联席会议 2020 年工作总结和 2021 年工作打算的汇报，审议通过《江西省改革完善药品医用耗材阳光集中挂网采购工作实施方案（试行）》，研究部署下一步工作安排。联席会议成员单位成员及联络员参加会议。

9. 启动 2021 年省级医疗保障监测点工作。7 月 8 日，省医疗保障监测中心召开 2021 年省级医疗保障监测点工作启动会，会议解读《2021 年省级医疗保障监测点工作方案》，介绍监测点工作目标任务、安排要求。监测主要内容为门诊特殊慢性病和特殊药品管理，共涉及定点医疗机构、定点零售药店、参保单位、参保人、医保经办机构五个医保主体 17 个监测点，定点医疗机构涵盖公立一级、二级、三级以及社会办医疗机构，基本实现医疗保障监测对象全覆盖。

10.“党报帮你办”2021 医保系列公益活动启动。9 月 27 日，由江西日报社、省医疗保障局联合主办的“党报帮你办”2021 医保系列公益活动正式启动。活动聚焦接续乡村振兴，努力解决群众所盼所需的医保医药医疗问题，以“增进民生福祉，守护百姓健康”为主题，携手省内三甲医院、爱心企业和单位，共同开展 2021 医保系列公益活动。

11. 全省深化医疗保障制度改革工作推进会召开。12 月 17 日，全省深化医疗保障制度改革工作推进会在南昌召开。会议总结全省深化医疗保障制度改革工作进展情况，研究部署下一阶段全省深化医疗保障制度改革工作。

典型案例

案例一：江西省探索建立医疗保障监测点

为深入贯彻党的十九大关于全面建立中国特色医疗保障制度的决策部署，持续深化医疗保障制度改革，全面推进江西医保“1235”工程（即聚焦全面建立中国特色医疗保障制度这一条工作主线；坚决打赢医保扶贫攻坚战和打击欺诈骗保持久战两场硬仗；推进支付方式、药品耗材集采和定点医药机构监管三项改革；加快智慧医保、公平医保、阳光医保、满意医保和责任医保五项建设），江西省于 2021 年探索建立省级医疗保障监测点，对选定的监测点 2021 年 1—9 月门诊特殊慢性病和医保特殊药品待遇认定、待遇享受全流程进行监测。

【主要做法】 监测准备扎实充分　一是扎实做好调研论证。深入省本级、吉安市等地区对门诊特殊慢性病管理、医保特药管理政策落实情况进行专项调研，召开定点零售药店、定点医疗机构座谈会，了解政策运行现状和存在的突出问题，听取监测服务对象及医保工作人员意见建议。二是梳理审计或飞行检查发现的问题及群众信访提出的各项问题，结合日常监测经验，形成门诊特殊慢性病及医保特药政策执行情况、基金使用、规范管理监测清单。三是通过向社会力量购买服务方式，积极引入商业保险机构第三方力量，协助做好政策和监测能力培训等前期准备工作。

监测对象全面覆盖　调取医保系统结算数据，综合考虑结算金额、机构性质、机构规模、地理位置等因素，科学选定监测点名单，共涉及定点医疗机构、定点零售药店、参保单位、参保人、医保经办机构五个医保主体17个监测点，定点医疗机构涵盖公立一级、二级、三级以及社会办医疗机构。选定机构中涵盖原公费医疗门诊部、原铁路职工医院等在门诊基金使用方面颇具特色的定点医疗机构，具有一定的代表性。

监测内容重点突出　门诊特殊慢性病存在政策缺乏规范统一、待遇水平公平不足、待遇审批不够便捷等问题，医保特药政策仍然有不少制度短板，群众反映较大。进一步建立健全门诊特殊慢性病政策，衔接“双通道”谈判药品政策是统筹规划医疗保障高质量发展的必然要求。因此，选定门诊特殊慢性病、医保特殊药品作为监测内容，是增进人民健康福祉的有效手段，为统一制度、完善政策、健全机制、提升服务提供依据和参考。

监测方式丰富多样　一是数据监测。对定点医药机构监测点门诊特殊慢性病及医保特药基金使用情况进行全面筛查，分析基金使用规律和趋势，发现可疑情况。二是座谈交流。就门诊特殊慢性病申请、就医用药、优化政策、便民服务等方面，做到对定点医药机构管理人员、医保管理人员、医药服务从业人员（即医生、护士等）“三必谈”，收集一线工作者的意见建议。三是现场核查。做到病历、处方、待遇认定材料“三必看”，发现定点医药机构、经办机构存在的疑点问题。四是沟通反馈。就监测过程中发现的疑点问题和反映的管理问题开展沟通反馈及政策宣传。

【主要成效】　推进医保基金监管关口前移　在数据监测分析的基础上，对苗头性、倾向性问题进行预警，做到事前提醒提示、事中审查稽核，堵塞管理漏洞。此次监测点工作共对八个定点医药机构监测点33个医保基金使用不合理不规范问题进行了提醒，促进两定机构全面自查，加强医保基金合理规范使用。

促进门诊特殊慢性病和医保特药政策统一规范　逐一对比分析门诊特殊慢性病病种、认定标准和材料、最高支付限额及报销比例等待遇水平差异，就医管理差异、支付范围和结算方式差异等内容，从门诊特殊慢性病不同病种、不同参保群体、不同定点医药机构层级和性质、不同时间对医保基金在门诊特殊慢性病使用的趋势进行全面分析，形成政策及基金使用监测分析情况，为下一步统一规范门诊特殊慢性病政策提供依据和参考。同种疾病申请使用特药品种数、异地就医备案前首次费用界定等问题均在2021年12月1日起施行的《江西省“双通道”谈判药品管理暂行办法》予以明确和优化，有效推进医保特药与“双通道”谈判药品平稳衔接。

强化医疗保障精细化管理　发现门诊特殊慢性病待遇认定、诊疗用药规范管理、医保精细化管理不足等方面九个问题，并从进一步健全门诊特殊慢性病管理、推进“互联网＋”在门诊特殊慢性病的应用、提升门诊特殊慢性病病种待遇认定公共服务水平、完善与门诊特殊慢性病政策相适应的付费机制、引导定点医药机构加强医保管理等方面提出可行性细化解决方案，为促进医疗保障精细化管理提供智慧和力量。

畅通沟通交流渠道　监测点工作的建立开辟了医、保、药之间一条新的沟通交流渠道，既有利于医保部门针对性开展政策宣传，也有利于定点医药机构将政策执行过程中存在的困难及问题及时反馈给医保部门，助力形成医疗、医保、医药的良性互动。

案例二：南昌市打造“三位一体”医保基金监管新模式

南昌市被纳入国家医疗保障局医保智能监控示范点以来，围绕医疗保障事业发展新需求，立足本地实际探索创新，在完善制度体系、优化工作流程、提升系统功能等方面取得明显进展。全市结合按病组分值付费的医保支付方式，构建了以智能监控为核心、信用体系建设与监督检查相结合的“三位一体”医保基金监管新模式，为支付方式改革背景下做好医保基金监管工作提供了借鉴参考。2021 年，全市累计查处违规定点医药机构 841 家，追回医保基金 1.51 亿元，医保统筹基金支出增长率由试点前 14.96%下降至 6.35%。在全国医保智能监控示范点终期评估中，南昌市被评为“优秀”等次。

【提升智能监控广度、深度】 按照国家医保智能监控示范点建设要求，将南昌市定点医药机构全部接入智能监控系统，做到医疗保险险种、医保支付方式、医疗费用类别“三个全覆盖”。在智能监控系统内置临床诊疗、DRG 审核、异常医疗行为等八大类规则库、33 个规则模板、2 万余条规则明细，对定点医疗机构医疗服务行为进行实时全过程监管，实现事前提醒、事中监控预警和事后审核。2021 年，通过智能审核系统初筛发现医保交易违规数据 50530 条，追回违规基金 424.53 万元。

【提升医保监控智能化、精准化】 依托智能监控系统，针对基金监管业务场景，建立“住院开药、组团住院和组团开药”三个大数据风险筛查模型，精准抓取可疑风险清单，对高风险违规医药机构进行重点排查。运用生物识别、人脸识别、视频“云监控”和区块链等高新技术，通过远程视频对就诊、购药等行为实现有效监控。同时，实时智能跟踪定点零售药店采购、销售、库存等流通环节数据，从源头上杜绝串换药品、虚计费用等违规现象。

【提升智能监控实操性、应用性】 在智能监控系统方面，针对 DRG 支付方式下的新风险点，系统重点监控医疗行为及其支付合理性。在信用体系建设方面，探索医保基金信用指标体系与智能审核结果相结合，对医药机构进行分级分类监管。在监督检查方面，与承办大病保险的商保公司联合组建稽核团队，通过线下稽核进一步核实违规行为。

【加强监管行为协同性、规范化】 针对稽核、飞检过程中的违规证据固定难、取证难问题，监控系统同步建设移动执法智能终端，包含任务查看和任务执行两个功能模块，协助现场稽核人员实时查看现场检查任务，支持现场执法照片、采集证据、相关数据等资料采集和上传，进行调查结果查看及结果判定等，促使证据采集更加及时、规范。

【结合支付方式改革强化医保基金风控体系建设】 运用大数据决策和运行监测功能动态监测每日全市各级各类定点医疗机构门诊和住院的结算人次、医疗费用、基金支出、主要病种等指标变动，从宏观层面掌握参保筹资、待遇保障等医保制度运行情况、评估筹资和待遇匹配程度，预测预警基金运行可持续性。将 DRG 审核规则与其他审核规则灵活搭配应用，多维监控 DRG 付费改革中衍生出的新违规行为，并结合稽核监管和信用监管，核实违规和欺诈骗保医疗行为。

案例三：九江市多举措巩固拓展脱贫攻坚成果与乡村振兴战略有效衔接

2021 年，九江市紧紧围绕巩固拓展医保领域脱贫攻坚成果与乡村振兴战略有效衔接，通过构建三重保障体系、完善门诊统筹制度和打造“四个一”(一张网管理、一卡通就医、一整套待遇、一站式结算)经办服务模式，切实降低困难群体就医成本，有效缓解“看病贵、报销难”问题，为存在因病致贫风险的群众开出了“祛病脱贫”良方。

【构筑住院保障线】 九江市以健全多层次医疗保障体系为目标，夯实基本保障制度基础，完善三重制度综合保障政策，助力乡村振兴战略全面推进。通过三重制度保障，困难群体门诊特殊慢性病与住院医疗费用在基本医保、大病保险和医疗救助按规定报销后，基本实现困难群体住院医疗费用报销稳定在适度水平。2021 年全年，九江市困难群体住院医疗费用 5.60 亿元，基本医保报销 3.04 亿元(占比 54.2%)，大病保险报销 5128.39 万元(占比 9.15%)，医疗救助 4657.59 万元(占比 8.31%)。一是确保应保尽保。市医疗保障局通过与乡村振兴局、民政局、残联等多部门信息共享和数据比对，做好困难群体全额资助参保和身份精准识别工作，逐步实现“随时认定、随时参保、随时享受待遇”，提升脱贫人口参保时效性和准确性，及时兑现基本医保待遇。二是大病倾斜保障。困难群体参加基本医保时同步参加大病保险，在政策上实行“提、降”的倾斜保障，即提高大病保险支付比例到65%，降低大病起付线到普通群体起付线的一半。三是规范医疗救助。为落实国家、省三重保障制度梯次减负要求，充分发挥医疗救助兜底保障功能，九江市对困难群体身份精准识别后纳入医疗救助，实行分类救助，对特困供养人员、低保对象以及支出型等其他困难群体住院医疗费用实行不同比例的救助。

【完善门诊保障制度】 在国家、省的统一部署下，九江市将城乡居民个人账户制度逐步过渡到门诊统筹保障，并依据门诊病情的轻重程度建立三个层次门诊医疗保障，加强保障力度。一是针对常见病、多发病建立门诊统筹制度。参保人员在乡镇（街道）卫生院、村（社区）卫生所门诊就医可报销65%，在县级定点中医院实施中医药治疗费用可报销40%。二是针对轻度高血压、糖尿病建立“两病”门诊报销制度。参保人员在乡镇（街道）卫生院、村（社区）卫生所门诊发生的降血压、降血糖的药品费用可报销65%，在县级定点医院（县级人民医院、县级中医院、县级妇幼保健院）门诊可报销50%。三是针对病情较重且符合门诊特殊慢性病标准的33个病种建立门诊特殊慢性病保障制度。参保人员认定门诊特殊慢性病后，相应病种门诊医疗费用按照不同等级医院住院报销比例实施报销，乡镇（村）级医院报销90%、县级医院报销80%、市级医院报销60%；特困供养人员、低保对象等困难群体在此基础上，政策范围内个人负担部分还享受50%以上医疗救助，进一步降低困难群体看病成本。

【打造经办服务“四个一”】 一是一张网管理，人头上精准对接。市医疗保障局与乡村振兴局、民政局、残联建立联动互通机制，将困难群体及时纳入城乡医保信息系统，定期更新特困、低保对象、防止返贫监测对象等人群的信息数据，实现人员识别、参保缴费、待遇结算等“一张网”管理，实现系统管理全覆盖。二是一卡通就医，信息上精准共享。推广人人持卡、共享服务，看病就医凭卡，报销结算认卡服务；两定机构实现数据互联互通，市、县、乡、村四级2523家定点医疗机构、1104家定点药店全部联网结算；异地就医一卡直通，实现全国异地就医住院费用直接结算和部分跨省门诊费用直接结算。三是一整套待遇，政策上精准配置。全面梳理各类困难人群医疗保障待遇，统一纳入医保信息系统开发，实现住院结算按人员身份类别精准报销；另外，在兜底保障的基础上，配套出台25种重大疾病专项救治实施办法，开展“光明微笑”“妇女两癌”、儿童“两病”、免费透析、重型精神病等重大疾病免费救治。四是一站式结算，服务上精准便捷。规范结算标准、结算清单、结算窗口，推行一站式结算报销，在市内定点医疗机构就医，医院一站式结算；在市外定点医疗机构就医，兜底部分回当地医保经办一站式报销。一站式结算免去了来回报销各道保障线的繁琐，实现了让数据多跑路，让百姓少跑路。

案例四：萍乡市在全省率先实现国家医保信息平台上线

2021年5月，江西省医疗保障局印发《江西省医疗保障信息平台建设工作方案》，明确萍乡市为先行试点统筹区。6月，萍乡市医疗保障局专门成立江西省医疗保障信息平台萍乡上线工作专班；7月召开医疗保障信息平台萍乡上线工作启动会；8月、9月承办全省医疗保障信息平台上线部署会，聚焦工作目标，高质量推进医保信息平台建设；10月上线国家医保信息平台。

【主要做法】 强化组织管理，确保多方协调联动　萍乡市医疗保障局在省委、省政府和市委、市政府的坚强领导下，在省医疗保障局的精心指导下，抽调精兵强将组成专班、集中办公、挂图作战，积极组织中标企业集中人员和技术，全力推进项目建设；积极对接有关责任部门单位，建立分片挂点督导、上下联动、日调度日通报等制度，形成“一盘棋”工作格局。

严格标准统一，确保建设全面规范 全面整合优化个性化需求，彻底消除不合理需求，推动医保政策、经办流程、公共服务向国家医保信息平台靠拢。明确各阶段标准化工作流程和文件模板，使得上线实施工作有据可循、统一输出。为快速顺利接入省局骨干网络，保障医保信息安全，在大数据中心机房设立医保信息网络专柜，所有定点医药机构和村卫生所（室）全部点对点接入医保专网。

突出重点环节，确保工作高质高效 针对编码贯标不统一、难开展等问题，萍乡市医疗保障局选取四家基础较好的医药机构作为贯标试点单位，合力攻坚做贯标示范，如萍乡市医院自主开发的耗材贯标程序有力解决了人工对照的困难，极大提高了贯标效率。同时建立全市定点医药机构接口改造工作联络群，将技术培训直接延伸到系统开发人员，及时交流解答问题，有效提升接口改造效率。采用全量用例测试验证的方式，及时查漏补缺。建立问题处理台账和快速反应机制，确保问题处理不过夜。

做好上线准备，确保运行安全平稳 考虑系统切换期间群众医保待遇是否受到影响、系统运行是否安全可控、上线后系统操作难等问题，萍乡市医疗保障局制定应急预案，提前进行系统上线切换演练，细化平台切换应急处置流程和处置要求，确保平台上线后风险可控、稳定运行。组织对医保部门和定点医药机构工作人员开展多轮全流程系统操作培训，建立了管理部门、经办机构、两定机构和系统开发商之间的问题咨询服务机制，及时分析、解决、回应经办诉求，提升平台应用效率。

【工作成效】 作为国家医保信息平台在全省首个上线的地级市，萍乡市医疗保障局为江西省其他地市的信息平台上线提供了可借鉴、可参考的案例，使得后续地市上线实施工作有据可依、有规可循，极大降低了平台切换可能带来的风险。同时，因为国家医保信息平台具有安全稳定、结算速度快、子系统功能完善等优点，平台上线后，萍乡市 180 多万参保人员和 1300 余家定点医药机构享受到了更加方便快捷、优质高效的医保服务，助推着萍乡市医疗保障高质量发展迈入标准化、规范化、一体化的全新阶段。

案例五：鹰潭市定点医药机构信息报告制度建设试点获“首创”评价

根据《国家医疗保障局办公室关于开展定点医药机构信息报告制度建设试点工作的通知》精神，国家医疗保障局于 2019 年 8 月 19 日将鹰潭市列为医保监管定点医药机构信息报告制度建设试点地区。鹰潭市经过历时一年多的筹划准备，在 2021 年成功建立了覆盖全市定点医药机构的信息报告系统，实现“信息化手段采集数据、智能监测预警分析”，达到了“及时准确获取基金监管所需必要信息”的试点工作目标。试点项目于 2021 年 6 月 26 日通过了国家医疗保障局组织的科技成果评审，评审结论为“项目属于国内首创，达到国内领先水平”。

【主要做法】 *研究核心指标体系、分析预警模型* 鹰潭市按照先易后难、先点后面、逐步推进的原则，选取了市级（含月湖区）四家定点公立医疗机构、三家定点民营医疗机构、三家定点零售药店，以及贵溪市、余江区各两家定点公立医疗机构、两家定点民营医疗机构、两家定点零售药店进行先行先试。结合对首批研究对象的基本信息、人事财务信息等数据分析，联系医保基金监管实际，于 2021 年初建立了定点医药机构信息报告制度框架，按照“最小必须、突出重点、精准科学”的原则打造出含九类 59 项指标的定点医药机构核心指标体系，构建出数据分析预警模型。

推进信息报告系统建设 市医疗保障局向市政府争取了相关服务器和网络环境支持，通过政府采购确定供应商，于 2021 年一季度完成了信息报告系统的全面建设。系统实现了核心指标体系和数据分析模型的信息化设置，以定点医药机构系统端接口改造的方式接入全市二三级定点医疗机构和定点零售药店，以医保系统数据导入的方式接入全市所有基层医疗机构，实现全域定点医药机构全覆盖。信息报告系统不仅可以实现定点医药机构管理、信息报告内容体系管理（包括基本

信息、核心指标等),相关信息报告数据还可以查询并下载,实时查看定点医药机构数据申报完成情况,数据周期涵盖月度、季度、半年度、年度。同时,系统可自定义配置核心指标阈值,提供查询机构的详细预警情况(包含预警项、当前值、标准值、同级标准值、异常情况等),从基金监管维度提供预警提示及指标分析应用。信息报告系统成功提取所有定点医药机构自2018年以来的各项数据,并将预警项进行可视化图表输出,实现了"一张地图抓医保基金监管"。

【工作成效】 一是通过建立定点医药机构信息报告制度,强化了定点医药机构依法报送信息的主体责任意识。二是将定点医药机构信息报告核心指标体系和相关数据作为各项医保工作的基础支撑数据,使各项医保决策更加快速、准确、公平。鹰潭市在基本医保总额预算控制工作方案中构建了医保部门对定点医疗机构的年终考核指标体系,其指标的选择和权重的设置充分利用了定点医药机构信息报告核心指标的研究成果,有效推进了医保基金市级统收统支工作,切实加强和完善了医保基金预算管理。三是通过对定点医药机构宏观数据的分析,能及时、精准地找到指标异常项,从而快速明确医保基金监管的对象、方向和重点,有针对性地组织集中专项核查,大大提高了医保基金监管的精度和效率。

案例六:赣州市紧抓数据质量控制,推动DIP付费改革

赣州市于2021年6月11日进入全市DIP付费改革实际付费阶段,从数据填报源头抓好数据质控,把好医保监管重要关口,全市数据上传率、入组率、准确率均达到99%,在国家医疗保障局组织的交叉调研评估中,赣州市获评优秀,并入选全国医保DIP付费示范点。

【主要做法】 强化建章立制　赣州市先后制定了《赣州市区域点数法总额预算和按病种分值付费试点实施方案(试行)》《赣州市区域点数法总额预算和按病种分值付费经办管理规程(试行)》《赣州市基本医疗保障按病种分值付费(DIP)结算清单填报细则》等14项制度,完善了住院医疗费用总额预算、结算管理办法,监督管理办法、付费考核办法、病案审核管理办法等配套文件。

共建组织保障　一是建立由财政、医保、卫生健康、大数据等部门组成的DIP国家试点工作联席会议制度。二是成立了赣州市DIP试点领导小组,下设综合管理组、政策制定及付费测算组、信息技术支撑组、预算结算经办组、监督管理组等五个工作组。三是成立全市DIP试点联络群,建立市一县一定点医疗机构三级联络员工作制度,协调全市试点工作稳步推进。

加强系统支撑　一是上线DIP医保结算系统,包括数据采集与校验分析、业务结算、特例单议申报与审批等功能配套,为DIP试点工作提供强有力的软硬环境支撑。二是上线实时校验智能反馈系统,全面审核DIP医疗机构数据上传的及时性、完整性、合理性和规范性。三是在实时校验反馈过程中,采取事中监管反馈,从数据填报源头抓好数据质量,同时把好医保监管重要关口。

科学数据分组　根据2021年1—11月持续数据治理后,对2021年4月下发的《赣州市按病种分值付费(DIP)预分组目录》进行修订,抽选组织116名临床医学专家、全市98家试点医疗机构负责人及市卫生健康委有关人员进行了六场次论证会议,对22个临床学科进行病种论证,制定了符合赣州市实际的病种分值库,确认赣州市7487个病种,制定本地中医适宜病种30组、日间手术病种133组、基层病种234组、康复病种153组、重性精神病病种84组。

【工作成效】 开展付费调研摸实重点　针对赣州市DIP试点实施情况,持续开展付费前、中、后调研,形成调研报告,汇总问题并提出针对性解决措施,进行持续改进。一是付费前调研。组织专家团队及卫生健康委对全市DIP试点医疗机构开展付费调研,并挑选30家有代表性的医疗机构进行实地走访,收集意见建议,为DIP付费的政策制定及具体实施打好基础。二是付费中调研。对全市122家试点医疗机构开展DIP数据治理中期调研,对通过智能校验系统发现的医保结算清单

填报典型错误数据进行分析,提出合理化建议。三是年终清算前进行调研,分析 DIP 付费下医疗机构管理理念转变情况、编码性亏损问题、医保监管执行情况、患者就医获得感情况、分级诊疗落实情况等。

狠抓分层培训统一思想　一是邀请国内著名编码专家开展五天理论课+八天实践课的编码培训。全市近 150 家定点医疗机构病案编码员、市医疗保障局及各分局等有关工作人员合计 360 多人参加培训,以此提高各医疗机构上报数据的准确性、规范性和入组率。二是加强试点工作培训。邀请专家对 DIP 病种分值付费、DIP 实施方案进行培训,加深医疗机构对 DIP 国家试点的认识。三是开展数据质控培训,采取线上+线下方式,对医疗机构进行医保结算清单填报、国家医保编码贯标等内容的一对一辅导培训,共授课 30 多场,累计培训两万人次。

打造专家陪审消除分歧　建立赣州市 DIP 本地专家库,打造共建共管专家陪审团模式。一是组建由全市 30 名医院院长组成的管理专家组,参与 DIP 政策审议等工作。二是组建由全市 26 个学科 127 名学会主委、副主委组成的医学专家组,主要参与分值论证、系数论证等工作。三是组建由编码培训考试遴选出的 40 名编码员组成的编码专家组,主要参与病历抽查、大病单议等工作。

多维监管考核保证实效　一是在全国率先开展结算清算实时校验反馈修订工作,建立数据上传、大数据校验、实时反馈、医院修订的循环机制,确保付费数据准确(实时检验反馈融入事前、事中监管),医保住院患者结算后 10 天内完成上传、修订,过期不允许再上传,无效数据零拨付。二是实施 DIP 付费下的诚信机制工作,引入临床医师、编码员诚信考核机制。三是积极开展医保基金动态监管,实现双随机抽查、实地检查、专项督查、联动检查、医疗机构互查等监管模式。四是引入“医保智能监管审核+编码专家审核”的双机审核。五是 DIP 付费绩效考核,将考核与付费挂钩。六是实施“患者满意度直通车”、立案稽核及曝光台等措施,确保 DIP 付费下患者能够体会到就医的获得感和幸福感。

案例七:上饶市积极探索 DRG 付费改革

作为全国首批、江西省唯一的 DRG 支付方式改革试点城市,上饶市严格按照国家医疗保障局“顶层设计、模拟运行、实际付费”的部署,从零起步,积极探索、稳步推进。2021 年,上饶市按照国家医保 CHS—DRG 细分组方案(1.1 版)、国家医保版疾病诊断和手术操作编码(2.0 版),完成本地细分组方案和付费标准测算,并完成和医疗机构的沟通协商工作,于 8 月开始在七家医疗机构开展实际付费。全市通过抓牢机制建设、夯实人才建设、坚持标准建设、用好信息建设,在国家医疗保障局开展的 2021 年度交叉评估中取得优秀等次。

【主要做法】　加强组织架构保障,完善工作机制　一是为确保试点工作有效推进,上饶市医疗保障局积极协调成立由常务副市长任组长的试点工作领导小组,形成了市政府主导、市医疗保障局主办、市卫生健康委和市财政局等相关部门联动的工作格局,为试点工作的开展提供了有力的组织保障。二是组织各试点医院成立以院领导为组长的 DRG 试点工作组,指定专人负责联络协调,抽调信息、病案、临床、质控和医保等专业人员组建 DRG 试点工作专班。三是建立协商谈判机制,通过召开座谈会、征求意见、点对点沟通、集体谈判等多种有效形式,加强与医疗机构的沟通协商,做好 DRG 付费技术指标管理和动态调整工作。

严格技术标准,科学设定参数值　结合临床和统计方法,采集、归类、清洗、分析全市 63 家二级及以上医疗机构前三年医疗机构病例数据,对总计 782 万份病例数据进行分析测试,经协商谈判后确定了实际付费参数值。

细化配套政策,完善经办管理　对标国家 DRG 技术标准和规范要求,融合上饶实际情况,制定 DRG 医疗保障制度政策文件,建立符合上饶实际的 DRG 经办支付管理政策体系,确保支付方式改革有序推进和规范操作。

强化培训，提升专业水平和协同配合度　利用国家、省、市专家资源库，采取分片区培训和送培训进医疗机构等多种形式，组织各类综合培训和专题培训，在提升病案数据质量的同时，加强各方协同配合度。

【工作成效】 2021 年 8 月 1 日，首批七家试点医院启动实际付费，标志着上饶医保支付方式迈入“DRG 时代”。截至 2021 年底，全市已有三级定点医疗机构 9 家、二级定点医疗机构 71 家实行 DRG 付费。一是坚持以信息建设提升改革效率，上饶市在全国率先建立了远程专家评审平台，对结算清单等环节进行实时监控把关；率先建立医保编码员网上训练系统，编码员可随时进行学习，专家也可在网上进行评估指导。二是坚持以协商机制促进改革协同。市医疗保障局建立试点工作协商谈判及争议仲裁机制，与卫生健康部门、医院协会联合主办多场培训，组织开展多次讨论，进行权重协商谈判等工作。三是设立基础病组促进分级诊疗。将部分权重低、例数多的病组确定为基础病组，实现相同参保类型在不同级别医院同病同价，促使三级医院将该病组患者向二级医院分流，实现分级诊疗。

案例八：吉安市推进医保智能监控改革实践

吉安市是国家医疗保障局选取的 32 家“医保智能监控示范点”建设城市之一。2021 年 4 月，吉安市医保智能监控平台（以下简称“吉平台”）建成并正式运用，实现了监管范围中的对象、险种、流程和数据“四个全覆盖”。“吉平台”通过部署前置机与医疗机构 HIS 系统生产库进行直连，实时采集医疗全过程数据，在防止数据失真方面取得了创新突破，走在了全国前列。“吉平台”项目在国家医疗保障局智能监控示范建设终期评审中获得“优秀”评价，改革成果被《中国医疗保险》杂志刊发。

【主要做法】 系统推进平台建设　一是打好平台搭建“整体战”。统筹“一个转变”（即医保与医疗关系认识上的改变）、“两个保障”（即组织保障和协同保障）、“三项机制”（即联席会议机制、分工协作机制、督查督办机制），实现“一盘棋”整体推进。二是打好平台落地“攻坚战”。坚持“问题不过夜、不解决不撒手”原则，压实科室、分管领导和主要领导链条式主体责任；坚持“四个一”（即一张路线图、一个试点区、一张时间表和一个工作日志）思路，推行“递进式”建设模式；坚持将医药机构接入并使用平台的情况纳入协议管理；坚持突出监控疑点核查率、对拒付资金占比等指标执行考核式绩效评估。三是打好平台运行“持久战”。组织交流座谈，开展疑难问题讨论，听取各类意见建议；拓宽监管渠道，引入大病保险承保公司监管服务，驻院代表依托“吉平台”数据高效巡查；探索拓展应用，从医疗过程数据交互共享等方面积极探索智能监控与 DRG 的深度融合。

解决四大突出难题　一是破解医院接入难。抓住市内五家三级医院这个“牛鼻子”，通过大医院接入做表率，营造“早接早主动、不接就被动”氛围；采取市医疗保障局、县医疗保障局和平台承建商三方共同帮助医疗机构的“三帮一”模式，通过现场协调、制定针对性方案、技术力量输入等方式，帮助 11 家医疗机构解决硬件网络不达标、系统老旧接入难、升级换代时间紧等难题。二是破解经费保障难。将“吉平台”建设纳入吉安市“智慧城市”重点项目，统筹 1168 万元用于项目建设，提前协调医疗机构与系统开发商进行系统升级及接口改造谈判，大幅降低医院成本；主动联合卫生健康部门向当地财政申请专项经费保障，极大减轻乡镇卫生院负担。三是破解数据治理难。一方面，坚持数据质量“当下治”，制定《接口采集数据目录》，出台《数据上传规范》，提出医保结算数据、医疗过程数据即时上传要求，确保数据实时性、完整性和真实性；另一方面，坚持数据质量“长久立”，建立数据质量周、月通报制度，每周向各医药机构通报全量数据质量情况，提出整改要求。四是破解疑点审核难。坚持从规则库入手，建立专家质控机制，建成并迭代更新本地化规则库；同时组织力量逐县开展覆盖各级各类经办人员的业务培训，弥补人员能力不足；出台《智能审核操作规范》，明确权责配置、审核流程、时限要求、违规责任、规则管理。

【工作成效】 实现"三个提升" 一是审核质效显著提升。2021 年 1—8 月,"吉平台"审核疑点数据 10.83 万条(含历史数据),同比增长 311.8%。二是审核违规数额显著提升。2021 年 4—6 月,吉州区审核违规金额 212.3 万元,超出 2020 年全年金额(203.9 万元)。三是医药机构正规化建设水平显著提升。2021 年,"吉平台"共对定岗医师的诊疗、用药行为前置提醒共计 60.27 万次,有效促使各医疗机构对违规行为的态度由"心存侥幸"向"心存戒惧"转变。

实现"三个下降" 一是次均费用支出开始下降。2021 年 1—8 月,全市三级医院次均统筹基金支出 5648.66 元,较上年同比下降 5.66%;门诊慢性病医疗费用人均统筹基金支出 340.71 元,较上年同比下降 5.11%。二是大病费用支出明显下降。截至 2021 年 8 月底,全市大病费用支出共计 15234 万元,较上年同比下降 16.3%。三是基金支出增长率下降。吉州区 2020 年上半年基金支出较上年增长 11.7%,2021 年"吉平台"启用以来,同时间段基金支出较上年增长 8.4%,基金支出增长趋势改善明显。

案例九:抚州市深入推进医保基金监管方式创新试点

2019 年,抚州市被列入国家医保基金监管方式创新试点城市后,市委深改会和市政府常务会专题研究并出台《抚州市医保基金监管创新试点实施方案》。市医疗保障局深入推进医保基金监管方式创新试点。2021 年 7 月 22 日,抚州在国家医疗保障局创新试点总结评估集中研讨会上获评"优秀"。

【主要做法】 依托"互联网+",构建大数据监管体系 一是建立药品鉴证核查数据平台。与网络公司合作,将医保信息平台与药品追溯码鉴证核查数据平台进行对接,把全市定点零售药店的医保药品名称、药品追溯码与结算信息绑定,杜绝串换药品等违规情况。二是建立全程智慧监管平台。平台整合医保信息系统、智能审核系统、药品鉴证核查数据系统、违规申诉系统四个系统功能,实现"四网合一",采取"日查看、周统计、月分析"的方式实现机构全覆盖管理。三是建立网上申诉平台。平台采取与定点医药机构线上对接的方式,发送违规信息供机构复核,允许机构网上提供材料进行申诉,根据申诉情况下达最后决定,完成基金拨付前稽核。

引入多方力量,构建第三方监管体系 一是全面建立驻院巡查制度。与两家商保公司合作,成立"医疗监督服务组",配备人员 83 人,建立巡查点 45 个,协助医院开展日常监督,提供医保经办服务。二是全面建立事前预警制度。建立智能自审系统并前置到医院信息系统,将医保用药规则、收费项目等规则嵌入,对违规行为进行事前筛查。三是全面建立战略合作制度。2021 年 3 月与商保公司建立第三方战略合作,同年委派会计师事务所对全市 208 家定点医药机构进行检查。

强化协作联动,构建综合监管体系 一是组建机构。2021 年 4 月 19 日,抚州市编办正式批复成立医疗保障监测中心,履行对定点医药机构执行医保政策法规、医疗服务项目管理等监测管理职责。二是完善机制。市政府印发《抚州市人民政府办公室关于建立抚州市打击欺诈骗取医疗保障基金专项治理联席会议制度的通知》,加强部门联动;市医疗保障局出台《抚州市医疗保障信用管理暂行办法》,将定点医药机构、参保单位、参保人纳入社会诚信体系建设,运用"红黑榜"开展信用评价,实施联合奖惩。三是部门协作。全市医保部门每年联合纪委、卫生健康委开展专项行动;与公安部门建立案件移送机制;与市监部门开展物价收费方面联合检查,建立信息共享机制;与发改部门联合开展信用惩戒工作,形成了部门联动、齐抓共管的综合监管体系。

广泛发动群众,构建社会监管体系 一是建立社会监督员制度。市医保部门从人大、政协等部门及群众代表中遴选出 95 名社会监督员,参与政策宣传、医疗监督。二是建立举报奖励制度。市、县财政安排专项举报奖励经费,对举报属实的按规定最高可给予十万元奖励。三是建立媒体曝光制度。定期利用新媒体曝光欺诈骗保典型案例，形成震慑。

【工作成效】 *实现智慧化监管新形态* 一是定点零售药店经营行为更加规范。全市 400 余家定点零售药店全部安装药品鉴证核查数据平台，截至 2021 年 12 月底，平台共核查药品 39509 种，药品数量 624.3 万个，拦截药品重复销售风险资金 799.16 万元。二是定点医疗机构医疗行为更加合理。通过全程智慧监管平台和网上申诉平台的运用加强违规防范，平台启用以来至 2021 年 12 月底，共检索费用异常增长定点医疗机构 2011 家次，异常就医 1410 人次，疑似违规金额 5121.33 万元，查实金额 3072.79 万元。三是医保定岗医师服务行为更加合规。加强定岗医师考核，将不良行为与个人信用挂钩，2019—2021 年底取消医保定岗医师处方权 6 人，扣除医生违规用药和检查金额 67.23 万元。

初步形成专业化监管新趋势 随着第三方监管形式不断丰富，监管力量逐步加强，监管效果日益凸显。截至 2021 年底，驻院巡查共巡查患者 49255 人次，发现违规医疗服务行为 6847 例，涉及违规金额 954.57 万元；智能自审累计违规弹框提醒 112.54 万次，拦截违规金额 13988.44 万元；网上申诉平台事前拒付金额达 189.6 万元。

初步形成联合化监管新常态 医保与其他部门的联动加强，"一案多查"成为监管常态。截至 2021 年底，通过与纪委监委的联合检查共追回资金 1100 余万元；与卫生健康、市监的联合检查共追回资金 900 余万元；将 16 人推送至信用平台进行信用惩戒，其中包括两名医务人员；对三家定点医疗机构骗保行为移送公安部门立案。

初步形成社会化监管新局面 社会监督员积极参与监督，截至 2021 年底共提供问题线索 30 余次，同时提出合理化建议 20 余条。鼓励对骗保行为举报，医保部门发放举报奖励金 13 例，金额 4232.78 元，精神奖励 28 例。截至 2021 年底，全市共曝光欺诈骗保典型案例 292 例，形成社会震慑。

山东省

工作综述

2021 年，山东省扎实推进医疗保障制度改革，不断提升全省医疗保障和公共管理服务水平，实现“十四五”良好开局。截至 2021 年底，山东省基本医疗保险参保 9732.4 万人，其中，职工医疗保险参保 2435.7 万人，居民医疗保险参保 7296.7 万人，参保率稳定在 95% 以上。基本医疗保险（含生育保险）基金总收入 1921.5 亿元，总支出 1827.6 亿元，累计结存 1759.2 亿元。其中，职工医疗保险（含生育保险）基金总收入 1223.6 亿元，总支出 1118 亿元，累计结存 1335.4 亿元；居民医疗保险基金总收入 697.9 亿元，总支出 709.6 亿元，累计结存 423.8 亿元。

【提升医疗保障水平】 提高居民基本医疗保险筹资和待遇水平　8 月 18 日，省医疗保障局联合省财政厅、国家税务总局山东省税务局印发《关于做好 2021 年城乡居民基本医疗保障工作的通知》，明确 2021 年居民医保人均财政补助标准新增 30 元，达到每人每年不低于 580 元，个人缴费同步新增 40 元达到每人每年 320 元，大病保险筹资标准提至每人每年 90 元，稳步提升城乡居民待遇保障水平，各地居民普通门诊基金年度最高支付限额原则上不低于 200 元。

扩大医保门诊慢特病保障范围　省医疗保障局联合省卫生健康委员会、省财政厅先后印发《关于将肺结核、慢性病毒性肝炎等纳入医保门诊慢特病管理的通知》和《关于进一步完善肺结核、慢性病毒性肝炎等门诊慢特病待遇保障政策的通知》，将肺结核、肺外其他部位结核、耐多药结核和广泛耐药结核、慢性乙型病毒性肝炎、慢性丙型病毒性肝炎、肝硬化等共 6 种门诊费用较多的疾病纳入医保门诊慢特病支付。从省级层面统一明确上述病种职工和居民医保政策范围内报销比例分别不低于 70% 和 60%；对肺结核等 5 种疾病，最高支付限额不低于 4000 元；对医疗费用较高、患者负担较重的耐多药结核和广泛耐药结核最高支付限额与住院合并计算，各市医保基金支付限额 40 万元以上。

进一步提高城乡居民高血压糖尿病门诊用药保障范围和水平　5 月 11 日，省医疗保障局联合省卫生健康委员会转发国家医疗保障局、国家卫生健康委员会《关于印发深化城乡居民医保高血压、糖尿病门诊用药保障和健康管理专项行动方案的通知》，明确将基层医疗机构规范化管理的“两病”患者整体纳入保障范围，同时要求单独建立“两病”门诊用药保障机制的市，取消基金起付线，报销比例不低于 60%，将单一病种年度最高支付限额提至 300 元以上，合并高血压糖尿病以及使用胰岛素治疗的患者年度最高支付限额提至 600 元以上，并对强化健康管理、药品供应、经办服务等方面提出明确要求。截至 12 月 31 日，全省 1110.6 万参加居民医保的“两病”患者享受待遇，医保基金支出 27.6 亿元。济南市、淄博市、烟台市、潍坊市被确定为全国“两病”门诊用药费用保障专项行动重点联系的典型地区。

【健全多层次医疗保障体系】 统筹推进职工医保个人账户改革和门诊共济保障机制健全　12 月 31 日，以省政府办公厅名义出台《山东省建立健全职工基本医疗保险门诊共济保障机制实施方案》，调整个人账户计入办法，建立健全职工医保普通门诊费用统筹机制，将多发病、常见病普通门诊费用纳入医保基金支付范围，进一步提高职工门诊保障水平。

建立实施医保待遇清单制度　9 月底，省医疗保障局联合省财政厅印发《关于建立医疗保障待遇清单制度的实施意见》，在国家统一框架下推进全省范围内医疗保障制度框架、制度名称、制度设置、政策标准等规范统一，逐步实现政策纵向统一、待遇横向均衡，推进医疗保障制度管理法治化、规范化、标准化。

全面建立职工长期护理保险制度　全省16市全部建立职工长期护理保险制度，济南市、青岛市和东营市、烟台市、威海市、日照市的部分县(区)将居民纳入长期护理保险保障范围，形成“多元筹资、城乡一体、医护兼顾、市场主体”的长期护理保险制度模式。11月12日，省医疗保障局联合省民政厅、省财政厅、省卫生健康委员会、中国银保监会山东监管局等五部门印发《关于建立省直职工长期护理保险制度的通知》，规定参保范围、资金筹集、基金管理、定点护理服务、待遇政策、费用结算、管理服务、监督检查等，实现职工长期护理保险制度全覆盖。全省长期护理保险参保人数3516.7万人。截至2021年底，为全省12.2万失能人员支付长期护理费用11.9亿元，平均报销比例80.4%。全省长期护理保险定点机构2539家，从业人员6.5万人。

完善生育保险制度　经省政府常务会议审议通过，1月30日，以省政府令发布《山东省企业职工生育保险规定》，理顺生育保险管理体制机制，扩大制度覆盖面。及时落实三孩生育保险待遇政策。

【巩固医保脱贫攻坚成果】　省医疗保障局联合民政厅、乡村振兴局等六部门出台《关于巩固拓展医疗保障脱贫攻坚成果同乡村振兴有效衔接的若干政策》，保持过渡期内现有医保扶贫政策总体稳定。及时做好低保对象、特困人员等困难群体参保工作，为全省292.4万名特困人员、低保对象、脱贫享受政策人员、防止返贫监测帮扶对象落实参保补贴，全部纳入基本医保、大病保险、医疗救助三重制度保障范围内。截至2021年底，全省医疗救助对象累计就医663.41万人次，基本医保支付77.26亿元，大病保险支付18.69亿元，医疗救助支付16.9亿元。有序推进困难群体资助参保工作，全省13个市对困难群众实行医保个人缴费全额财政代缴，其余3个市按照政策对不同困难群体分别执行全额补贴或定额补贴。截至2021年底，全省享受参保补贴人数313.59万人，拨付参保补贴8.08亿元。

【保障疫情防控】　做好新冠肺炎患者救治费用保障　落实新冠肺炎确诊患者、疑似患者医疗保障政策，取消医保目录范围、支付限额和用药量等限制，凡是符合国家和山东省诊疗方案的医疗费用全部纳入医保报销。对异地就医患者报销不执行异地转外就医支付比例调减规定。对应由个人自付的部分，由就医地财政给予补助。实行医保基金应急预付制度，无论是否参保、无论是否办理异地就医手续、无论是否能联网结算，一律先就医后结算，由医保基金先行垫付费用，确保患者不因费用问题影响就医，确保定点救治医疗机构不因资金问题影响救治。

建立新冠病毒疫苗及接种、核酸检测费用保障机制　3月16日，省医疗保障局联合财政厅、卫生健康委员会制定《关于印发〈山东省关于做好新冠病毒疫苗及接种费用保障工作的实施方案〉的通知》，明确疫苗接种、费用保障、疫苗价格和供应、费用结算等工作要求。省医疗保障局积极对接采购单位，明确疫苗采购资金额度，优化资金上解流程，督导各市医保部门加大资金上解力度，积极协调开设资金专户，加快资金划拨速度，在实施方案出台后10日内向省疾病预防控制中心预付首笔疫苗采购资金，切实做到“钱等苗”。4月2日，省医疗保障局联合财政厅、卫生健康委员会印发《关于建立山东省新冠病毒疫苗及接种费用保障协调机制小组的通知》，建立新冠病毒疫苗及接种费用保障的跨部门协作配合和信息沟通机制。扎实做好阶段性费用清算，7月19日，联合省卫生健康委员会制定《山东省新冠病毒疫苗及接种费用清算审核机制》。7月26日，联合省卫生健康委员会、财政厅印发《关于做好新冠病毒疫苗接种费用阶段性清算工作的通知》，进一步明确任务目标、规范工作流程、强化保障措施，确保全省疫苗及接种费用阶段性清算按时保质完成。将发热门诊(发热哨点)就诊患者、住院患者中的参保人员核酸检测项目纳入医保基金支付范围，按参保地现行医保政策规定支付。

调整新冠病毒检测项目价格　先后三次调整新冠病毒核酸检测价格，单人单检检测价格由每次60元(不含试剂费用)下调至30元(含试剂费用最高不超过40元/次)，5个样本混检检测价格由 30 元/次下调至 10 元/次,10 个样本混检检测价格由 20 元/次下调至 10 元/次。实施核酸和抗体检测试剂集中采购,每人份最低价分别降至 5.38 元和 4.8 元。

【深化医疗服务价格改革】 开展调价评估并动态调整部分医疗服务项目价格　按照全省医疗服务价格动态调整机制要求,调取 15 家驻济省(部)属公立医疗机构 2017—2020 年的相关数据,对医疗机构的整体医疗服务收入情况进行评估,为动态调整医疗服务价格、逐步理顺比价关系提供依据。4 月 14 日,省医疗保障局印发《关于调整部分医疗服务项目价格的通知》,有升有降调整 344 项医疗服务项目价格,平均调整幅度 29.66%。同时指导各市进行调价评估,及时做好价格衔接。

制定部分新纳入医保支付范围项目价格　8 月 13 日,省医疗保障局印发《关于公布部分新增医疗服务项目价格和医保支付政策的通知》,制定 58 项新增医疗服务项目价格,并同步纳入医保支付范围,要求各市医疗保障局结合当地实际,及时做好政策衔接。

加快受理审核新增医疗服务价格项目　4 月,启动新增医疗服务价格项目受理审核工作。经过公立医疗机构申报、专家评审、公开征求意见和集体审议,12 月 31 日,省医疗保障局印发《关于新增和修订部分医疗服务价格项目的通知》,新增 27 项医疗服务价格项目。

探索完善全省医药价格监测机制　8 月 24 日,省医疗保障局印发《关于做好当前短缺药品价格监测工作的通知》,由省医疗保险基金稽核中心加强与省公共资源交易中心对接,开展价格监测工作,重点将短缺、易短缺药品纳入监测范围,完成两期分析报告编制工作,完成 700 余个短缺、易短缺药品的价格监测。

【常态化制度化推进药品和医用耗材集中带量采购】 完成国家组织和省集采药品医用耗材结果落地工作　全面落实国家组织冠脉支架、第四批 45 种药品、第五批 61 种药品,省际联盟人工晶体和山东省首批 39 种药品、五类高值医用耗材集采中选结果,常见病、多发病和重大疾病治疗药品平均降价超过 50%、耗材平均降价超过 70%。各批药品和医用耗材集采结果落地执行以来,累计为全省节约医药费用近 134.7 亿元。

创新开展第二批省级药品和医用耗材集中带量采购　坚持价格和质量双目标要求,牵头成立山东、山西药品省际采购联盟,开展山东省第二批(鲁晋联盟)药品集中带量采购工作,48 种中选药品平均降价 45.81%。牵头成立山东、山西、河北、河南医用耗材省际采购联盟,开展山东省第二批(鲁晋冀豫联盟)医用耗材集中带量采购工作,五类中选医用耗材平均降价 70.79%。

有序推进国家组织药品集采协议期满接续工作　着眼于稳定市场预期、稳定价格水平、稳定临床用药,坚持"招采合一、量价挂钩",11 月 23 日,省医疗保障局制定印发《关于做好国家组织药品集中带量采购协议期满后接续工作的通知》,综合考量企业和产品多方面因素,通过询价、竞价等方式科学分类开展国家组织集采第一批、第三批协议期满药品接续工作。12 月 15 日,产生拟中选结果,拟中选价格稳中有降,实现平稳接续。

全面落实集中带量采购医保资金结余留用政策　为促进医疗机构采购、使用集中带量采购降价药品,着力推进建立医保资金结余留用机制,开发集中带量采购医保资金结余留用信息化系统,实现医保资金结余留用核算工作全流程线上办理,大幅提升工作效率,保障计算标准规范,核算过程透明、全程可追溯。举办全省医保资金结余留用工作培训班,全省近 3500 人参加培训。向 1803 家医疗机构拨付第一批、第二批国家组织集采药品结余留用的医保资金 3.30 亿元。

推进医保基金与医药企业直接结算　为降低企业交易成本、保障药品和医用耗材持续稳定供应,8 月 15 日,省医疗保障局联合财政厅、卫生健康委员会、中国人民银行济南分行印发《关于印发医保定点公立医疗机构药品和医用耗材货款医保基金与医药企业直接结算实施方案的通知》,破解医疗机构拖欠药企药款难题,实现集采药品货款平均 30 天由医保基金直接付款,减轻企业资金周转压力。搭建全省统一的药械结算监管平台,为直接结算费用线上对账、线上审核、线上支付提供信息化支撑,遴选确定四家合作银行,并对全省各级医保部门、医疗机构进行集中培训,部署启动直接结算工作。2021年医保基金累计直接结算医疗卫生机构的集采药款4亿元。

强化药品和医用耗材供应督导　针对每批集采中选产品建立供需对接群，及时解决供需信息不对称问题。针对临床反映的部分中选产品供应不及时问题，会同有关部门加强督导、约谈，督促中选企业切实履行供应保障责任，满足临床用药需求。深入推进落实医药价格和招采信用评价制度，指导省公共资源交易中心对协议期内供应违约的集采中选企业进行失信评价惩戒，有效发挥约束和震慑作用。

指导药械集中采购平台建设　省医疗保障局指导省公共资源交易中心制定发布《全面落实国家医疗保障局关于医药价格和招采信用评价制度的实施意见》《山东省医药价格和招采信用评价实施细则(试行)》，确保信用评价制度标准化、规范化、常态化运行。加强宣传培训，将相关制度文件及时通过网站和公众号面向社会公开；持续开展企业接待日制度，开展多种形式的企业见面会、政策培训会，向企业深入解读政策要求。创新守信承诺提交，山东省药品集中采购平台专门开发信用信息管理系统，企业通过线上提交《医药价格和营销行为信用承诺书》，减轻企业负担，提高服务效能，医药生产企业、医药配送企业提交守信承诺率均达100%。

【深入推进医保支付方式改革】　扎实推进DRG/DIP医保支付方式改革　4月、5月先后召开DRG付费试点城市评估情况反馈暨培训会、DIP试点推进交流会。10月26日，山东省DRG和DIP医保支付方式改革正式付费启动仪式在东营举行。年底前全省16市试点医疗机构全部启动实际付费。12月，青岛市、东营市分别被确定为全国DRG付费、DIP付费改革示范城市。

加快完善多元复合式医保支付方式　立足管好用好人民群众的“救命钱”，提高医保基金使用效能，不断深化医保支付方式改革，总额预算下多元复合式付费框架基本形成。相继开展按病种、按床日、按人头等支付方式改革，在全省符合条件的三级医疗机构全面推行日间手术医保支付工作；济南、枣庄、日照等多市试行针对恶性肿瘤特定放化疗和中医特色治疗的日间病房医保结算管理，降低医保费用支出和群众负担。积极开展紧密型县域医共体居民医保基金总额付费试点工作，支持医共体健康发展。积极构建适应中医药特色的医保支付方式，在全省积极推广中医优势病种按病种收付费，优势病种数量超过20种。

扎实做好医保目录管理　全面落实新版国家医保药品目录，自2021年3月1日起，全省基本医疗保险、工伤保险和生育保险统一执行2020年版国家医保药品目录。进一步完善国家医保谈判药品“双通道”管理机制，10月29日，省医疗保障局联合省卫生健康委员会印发《关于进一步做好国家医保谈判药品落地工作的实施意见》，提高国家医保谈判药品可及性。完成第二批115种省增补药品消化调出工作。

【提高经办服务水平】　构筑异地就医购药大通道　实现医保电子凭证省内“一卡通行”全覆盖和跨省刷卡结算。全省具有住院功能的4164家定点医疗机构全部实现省内和跨省住院联网结算。全面开展普通门诊省内和跨省联网结算，联网医疗机构达到3424家，提前16个月完成国家要求2022年底实现每个县(市、区)至少有一家联网医疗机构的目标。门诊慢特病实现省内联网结算，覆盖所有门诊慢特病病种，联网医疗机构达1901家。德州市、菏泽市被列为全国首批门诊慢特病跨省联网结算试点。

改革简化异地就医政策　着眼于解决参保群众异地就医中遇到的备案程序繁、证明材料多、提供转诊转院和在外急诊证明难等痛点堵点难点问题。10月28日，省医疗保障局联合省财政厅印发《关于调整我省参保人员异地就医政策有关问题的通知》，进一步整合简化异地就医人员分类，简化异地就医经办程序，改革异地就医相关政策，让群众异地就医更顺心、更省事、更便捷。

加快医保信息化和标准化建设　全省16市全部上线国家医保信息平台，15项业务编码全面落地应用；高频服务事项全部实现“全省通办”和“跨省通办”；制定医保服务标准12项，建成标准化窗口81个，山东省“四个最”“六统一”成为国家医保制度规范；建设乡村、社区医保服务站点7042个，群众不出村便可办医保事。

大力推广应用医保电子凭证　实现医保个人

账户"家庭共济"和"混合支付",方便群众就医购药,全省激活人数达 6019.4 万人、开通的定点医药机构达到 6.1 万家,数量均位居全国第一。

【强化医保基金监管】 建立完善医保基金监管制度机制 由省领导召集 10 个部门召开医保基金监管联席会议,推进基金监管联合检查、联合惩戒。深入贯彻国务院《医疗保障基金使用监督管理条例》,将《山东省医疗保障基金监督管理办法》列入一类立法计划。会同省财政厅修订欺诈骗取医疗保障基金举报奖励实施细则,细化奖励范围和奖励措施。建立医保基金监管问题线索向纪委监委移送机制、与公安部门的行刑衔接机制,加快构建党委领导、政府监管、社会监督、行业自律、个人守信相结合的全方位监管新格局。截至 2021 年底,向纪检监察机关移送案件 53 起,向司法机关移交案件 12 起。引入第三方稽核机构,开展 2021 年度省直单位医疗保险缴费基数稽核工作,完成 100 家省直参保单位缴费基数稽核,核实共需补缴医疗保险费 3944 万元。

深入开展打击欺诈骗保专项行动 实施定点医药机构全覆盖稽核、执法检查,省医疗保障局会同省公安厅、卫生健康委员会、审计厅开展规范医保基金使用专项联合行动,以打击"假病人、假病情、假票据"为重点,严厉查处欺诈骗保行为。会同有关部门开展全省基层医疗机构专项排查整治,重点对医疗服务行为、信息系统、结算审核等 11 个方面进行排查整治,全面落实实名制就医、压实医保费用审核责任,有力促进医保基金合规使用。截至 2021 年底,全省各级医保部门检查定点医药机构 68976 家,暂停或解除医保服务协议 2283 家、行政处罚 530 家,追回违法违规使用医保基金 15.42 亿元。

积极探索创新医保基金监管方式 全面实施医保基金监管"双随机、一公开"联合抽查,建立健全"两库一单"(即检查对象库、检查人员库和检查事项清单)。青岛、潍坊、东营和威海 4 市纳入国家医保基金监管方式创新试点范围,在终期评估中全部获得优秀等次,济南、烟台 2 市纳入参保人员个人信息授权查询和使用国家试点。全省统一的医保基金智能监控系统在全省 16 市上线运行,1.27 万家定点医药机构完成系统对接,监控内容涵盖医保定点医药机构价格收费、药品耗材购销存、医疗服务行为和医保费用结算等方面,累计审核 1.99 亿人次。

加强宣传曝光 4 月,组织开展集中宣传月活动,深入宣传《医疗保障基金使用监督管理条例》。加大曝光力度,2 次集中曝光 32 起违法违规使用医保基金典型案例。

【发挥医疗保障综合服务功能】 推动互联网医保大健康服务平台建设,形成从呼叫咨询、医保经办、帮办代办到基本医保、商业补充医疗保险、长期护理保险、慢病专区到送医、送药、送检、送护、送保上门综合服务体系,累计服务 1520 万人次。推动建立互联网中药(材)交易平台,成立三明采购联盟中药(材)专区,被列为全省新旧动能转换"五年取得突破"重点项目。

重要活动

1. 全省医疗保障工作会议召开。 2 月 23 日,全省医疗保障工作会议召开。会议总结 2020 年及"十三五"全省医疗保障工作,部署 2021 年重点任务。

2. 山东省医疗保险基金稽核中心挂牌成立。 3 月 4 日,山东省医疗保险基金稽核中心正式挂牌成立。

3. 开展山东省医保基金监管集中宣传月活动。 4 月,省医疗保障局组织开展 2021 年山东省医保基金监管集中宣传月活动,深入宣传解读《医疗保障基金使用监督管理条例》。

4. 山东省医保卡省内"一卡通行"正式开通。 7 月 28 日,山东省医保卡省内"一卡通行"正式开通运行,全省医保定点医疗机构和零售药店全部开通"一卡通行"功能,山东成为全国首个实现医保卡省内"一卡通行"全覆盖的省份。

5. DRG和DIP医保支付方式改革正式付费启动仪式在东营市举行。10月26日，省医疗保障局联合济南、青岛等12市人民政府，由国家医保局作为指导单位，在东营市举行山东省按疾病诊断相关分组付费（DRG）和按病种分值付费（DIP）医保支付方式改革正式付费启动仪式，宣布山东省启动DRG和DIP正式付费。

6. 山东省医保电子凭证跨省结算、普通门诊省内和跨省联网结算正式开通。11月18日，山东省医保电子凭证跨省结算、普通门诊省内和跨省联网直接结算正式开通运行。当日，山东省政府新闻办举办新闻发布会，通报医保电子凭证跨省结算、普通门诊省内和跨省联网结算有关情况。

7. 全国首个“双招双引”人才医疗保障服务平台在山东成立。12月28日，省医疗保障局联合省人力资源和社会保障厅印发《关于做好我省“双招双引”人才医疗保障全程帮办代办服务的通知》及服务方案，依托山东互联网医保大健康服务平台，建立山东省“双招双引”人才医疗保障服务平台，设立95169000专属服务热线，为全省“双招双引”人才及其亲属提供7×24小时从参保到就医购药全程帮办代办服务，营造良好营商环境。

8. 医保信息平台上线。7月16日，德州市在全省率先上线国家医保信息平台。11月30日，全省16市全部上线国家医保信息平台，15项医保信息业务编码标准全面落地应用，国家医疗保障14个业务子系统全部投入运行，全省统一的医保信息平台基本建成。

典型案例

案例一：山东推进医保卡“一卡通行”

2021年，山东以实现医保卡省内“一卡通行”为主线，构筑群众异地就医购药的“大通道”。截至2021年底，全省5.1万家医保定点医药机构全部开通“一卡通行”功能，累计为全省参保人提供818.78万人次服务，消费医保个人账户资金12.52亿元，全省日均异地支付3.6万人次、547.2万元，提高群众异地就医的便捷度和获得感、幸福感。

【建立统一平台和协同联动机制】 面对各级医药机构信息系统不统一、医保凭证制式不统一、信息链路自成体系，各省市及不同社会群体医保政策不统一等种种困难，省医疗保障局集中全省医保系统力量，成立32个工作指导组、巡检组，分赴16地市开展实地督查、抽查实测，现场走流程，确保定点医疗机构和药店全面开通、一个不落。建立全省统一的医保个人账户异地支付平台，破解虚实账户和统一结算的难题；制定全省统一的接口标准规范，改造信息系统4.68万个，安装更新读卡机具6.7万台，破解医药机构信息系统不统一的难题；建立医疗保障、人力资源与社会保障、卫生健康、大数据、银行、通信部门和数十家技术服务机构协同联动机制，破解职责、支撑、服务功能分割的难题；统一全省“一卡通行”标志标识，统一监督服务电话，统一应急抢修电话，健全日常维护、培训和应急保障体系，建立16支抢修服务队。

【深化改革打通堵点】 针对医保卡异地无法使用、家庭成员无法使用、无医保实体凭证无法支付等问题，省医疗保障局坚持用好改革关键一招，明确医保个人账户资金可在全省任何一地定点药店和定点医疗机构支付购药费和门诊、住院需个人自付的费用，打通地域限制，实现异地刷卡和统账衔接；规定医保个人账户资金不仅可用于支付本人费用，还可用于支付近亲属相关医药费和居民医保、长期护理保险的参保费，打通成员限制之堵，实现家庭共享共济；推广应用医保电子凭证，截至2021年12月底，全省参保群众激活人数6019.4万人、占参保人数的62.1%，开通的定点医药机构6.1万家。全省实现“一卡通行”后，即使不带医保实体凭证也可通过医保电子凭证扫码支付，打通载体限制的堵点，实现卡码并行。

【强化精细化管理服务】 坚持站在群众一端想问题，练好"绣花"功夫，改造医药机构结算系统，协调相关银行开发混合支付程序，解除余额不足群众不能支付之痛；组织所有发卡银行对全省参保人逐人核查完善参保人信息，更正完善104.8万人参保信息，解除因个人信息错误无法异地刷卡之痛；建立定期培训指导机制，确保医药机构窗口和柜台操作人员懂运行、会操作，共培训各类操作人员22.8万人，解除因窗口人员业务不熟、操作不当导致刷卡不畅之痛；建立"一卡通行"智能监控平台，对各医药机构信息系统、终端设备、参保人刷卡失败原因实行24小时监控分析，及时维护，解除人工监管难以实现之痛。截至2021年底，省内医保卡"一卡通行"失败率保持在千分之二以内，跨省刷卡失败率由开通初的70%左右降至20%左右。

【推进医保电子凭证跨省通行和门诊、住院异地联网结算】 顺应跨省人员就医需求，推进医保电子凭证跨省通行和门诊、住院异地联网结算，推动"一卡通行"走向全国。推进医保电子凭证个人账户资金跨省使用，加快与国家异地就医支付平台的对接，实现全省医保电子凭证跨省通行，为山东省参保人员在省外就医购药创造便利条件。推进普通门诊跨省联网结算，截至2021年底，全省16市全部开通普通门诊省内和跨省联网结算，接入国家异地就医结算平台医疗机构数量达3424家，提前16个月完成国家部署的"每个县(市、区)至少开通1家定点医疗机构"任务。扩大异地住院联网结算范围，实现乡镇全覆盖，4164家医疗机构接入国家平台，可与全国5万家定点医疗机构联网结算。创新异地就医备案政策，全省所有统筹区实现自助备案，对异地就医备案实行告知承诺制，长期居住人员一次备案、长期有效，享受与参保地就医相同的医保待遇政策；临时外出就医人员无需提供转诊转院证明、在外急诊证明等所有证明材料，将原来各市10%－40%的首先自付比例统一调减为10%以内，让异地就医更方便、群众负担再减轻。

案例二：山东省健全医保基金监管机制

山东省医疗保障局建成全省统一的医保基金智能监控系统，打造全方位、全流程、全环节、全链条医保基金监管的新模式，全面提升医保基金监管智能化、信息化水平，健全严密的基金监管机制，有力维护医保基金安全，为"健康山东"发展贡献医保力量。

【建成全省统一的医保智能监控系统】 加强顶层设计 遵照"六统一"总体要求，建成全省统一的医保基金智能监控信息系统，推动医保基金监管从医保部门事后人工抽单审核向事前事中智能监控的全方位、全流程、全环节智能监管转变，提升医保基金监管智能化水平，提高医保基金监管效能。

统一标准规范 制定《山东省医疗保障信息平台定点医药机构接口规范》《山东省医疗保障定点医药机构事前事中智能监控业务和技术规范》等标准规范，按照统一的技术架构和标准规范开展系统建设。

统一指标体系 按照"一套业务管理指标、一套系统功能指标、一套数据库设计指标和一套绩效评估指标"要求，做到"监管规范一致、系统互联互通、数据省级汇聚、资源共享复用"。

统一监管功能 系统监管具备医保基金拨付使用、药品和医用耗材进销存实时管理，医疗服务行为、处方审核流转、医药价格、医药费用结算监管，医保医师、药师、科室信用评价，医保经办业务延伸，机具终端管理和数据实时共享等功能。

统一监控规则 省医疗保障局统一建立全省通用的监管知识库、规则库，实现医保部门和定点医药机构监管标准一致，事前事中事后监管闭环管理。

统一系统部署 省市医保部门、定点医疗机构统一部署医保智能监控系统，医保部门与定点医药机构信息系统全面对接，实现全省事前事中审核数据汇聚、定点医药机构实时监控。

统一评估验收 省医疗保障局成立由信息化专家组成的评估验收组，按照统一的标准规范进行评估验收。截至2021年底，系统在全省16市部署上线运行，智能审核实现全省定点医药机构全覆盖；智能监控系统与12700家定点医药机构信息系统进行对接，其中定点医疗机构达到5934家。

【打造事前事中事后全链条监管新模式】 推进监管关口前移 省医疗保障局统一开发建设医保基金智能监控系统并在定点医疗机构部署应用，督促定点医疗机构落实医保基金使用主体责任。统一全省医保基金事前事中监控规则，实现医保部门和定点医药机构监管标准一致，推动医保基金监管从医保部门事后人工抽单审核向定点医药机构诊疗过程事前提醒、事中预警延伸，实现对医师开方、药师审方、处方流转等事前实时提醒，对医保规则遵从、合理用药、合理治疗等事中实时预警功能，加强对定点医疗机构临床诊疗行为的引导和预警，有效解决医保基金事前事中监管的难题。截至2021年底，事前事中智能监控对全省医疗机构不合理诊疗行为提醒次数995.71万次，医疗机构遵从次数为501.5万次，遵从率为50.37%；提醒金额为11.76亿，医疗机构遵从金额为6.38亿元，遵从率为54.28%，有力遏制医保基金违规使用行为的发生，减少医保基金不合理支出，提高医保基金使用效能。

强化事后费用审核 针对医药机构违规行为涉及诊疗规范、价格收费、药品耗材购销存，以及医保药品目录、诊疗项目和医疗服务设施目录等各个方面，欺诈骗保行为复杂性、隐蔽性强的特点，省医疗保障局不断完善医保智能监控规则，构建10大知识库、500多万条知识、200多条审核规则、80多万条规则明细、30多种大数据筛查模型、300多个风险特征、3大风险画像模型、11项风控数据服务等全省统一的医保基金监管知识库和规则库。并且，根据欺诈骗保行为变化和基金监管工作要求，不断进行规则细化和完善，加强对医疗机构就医结算数据的事后审核，对疑点问题的筛查稽核，增强医保监管的针对性和精准度。截至2021年底，累计审核2.48亿人次，发现疑点问题涉及金额56.98亿元，涉嫌违规金额2.46亿元，确保医保基金安全高效、合理使用。

加强基金全方位监管 省医疗保障局建立医保基金智能监控系统，推动医保部门与定点医药机构信息系统全流程无缝衔接、源数据实时共享、业务协同联动，将定点医药机构的医保基金收付、药品耗材购销存、医疗服务行为、医药价格、医药费用结算、医保医师药师信用评价等数据全量归集，对涉及医保基金管理使用的机构、人员、行为、项目、资金、价格等进行全方位实时监控，确保医保基金安全。截至2021年底，定点医药机构实现购销存数据上传的达到8399家、2.18亿条，事前事中数据上传的达到3984家、3.39亿条，基金结算数据上传达到3153家、4.93亿条。

【提升医保治理能力和服务水平】 推动完善药品集中采购机制 根据定点医疗机构的药品和医用耗材购销存数据，对医疗机构开展药品采购以及采购的数量、资金拨付、付款周期等进行实时监测、分析，为推动完善药品和医用耗材集中采购机制提供有力数据支撑。截至2021年，各批药品和医用耗材集中带量采购，累计为全省节约医药费用近134.7亿元，切实减轻群众用药负担，减少医保基金支出。

推动完善医疗服务价格形成机制 建立医疗服务价格调整与监测功能，健全医疗服务价格动态监测和定期发布机制，强化监测结果的分析和运用，推动完善和形成“有增有减、有升有降、有管有放、调管结合”的价格调节和形成机制，破除以耗养医、过度使用等顽症痼疾。

推动深化医保支付方式改革 对医疗临床路径、检查检验、药品耗材使用、医疗服务全过程数据进行采集分析，为DRG和DIP医保支付方式改革提供数据支撑和科学依据，让有限的医保基金购买到更科学、更优化、更有效的医疗服务，减轻群众就医负担，实现“医、保、患”三方共赢。

推动构建信用监管机制 以智能监控系统数据为依托，建立定点医药机构及人员信用评价管理功能，制定科学合理的信用评价指标标准，构建信用综合评价模型，将信用评价结果作为定点医药机构基金总额预算、限制采购、取消协议、暂停联网结算等工作的重要参考，促使定点医药机构严格遵守医保政策制度规定，进一步规范医疗服务行为，维护医保基金安全。

案例三：济南市医疗保障局依托“互联网＋”推动三医联动改革

2021 年，济南市医疗保障局充分运用“互联网＋”搭建平台，积极发挥医保支付、定价、集采等撬动作用，努力推动“三医”紧密联动。

【主要做法】 撬动医疗资源合理配置 一是分担医疗机构线下就诊压力。支持互联网医院发展，实现线上复诊、医保结算、送药上门的一站式服务，试点医院 20％左右的线下门诊患者实现线上分流。线下，在大型医疗机构建立“慢病服务中心”，有效解决群众多窗口排队、等待时间长等问题，慢病复诊平均时间由 2 个小时缩短到不足 30 分钟。二是提升基层医疗服务能力。依托智能医生工作站、移动健康服务车、云诊包等工具，打通线上医保支付，给予基层医疗机构数字化支撑和远程支持，把医、药、检送到群众家门口。三是群众就医更加方便。依托医保电子凭证打造就医全流程掌上医保结算模式，患者从挂号、就诊到结算全部通过手机自主办理，全程无需前往人工窗口，试点医院人均等待时间减少 40 分钟。

提升医保治理效能 一是提升医保基金管理水平。推动医保智能监控系统广泛覆盖定点医药机构，利用大数据分析系统，可实时监控到每家定点医院的科室、医护人员的诊疗情况，实现事前提醒、事中预警、事后审核全链条监管。二是完善多层次保障体系。不断完善基本医保、大病保险、医疗救助和商业补充保险紧密衔接的保障体系。指导商业保险公司推出“齐鲁保”，强化医保目录外医疗费用和罕见病保障，对基本医保形成有效补充。搭建“保医通”医保商保快速结算平台，实现数据多跑路、群众少跑腿，该做法被评为全国医保经办服务“学党史 办实事”典型案例。三是推动失能护理精准服务。研发长护服务智能管理系统，形成“群众点单、服务上门”的“网约护理”新业态。通过大数据分析和实时监控，实现精准管理，有效提升护理服务质量。

降低群众药费负担 一是构建集采药械使用体系。国家 5 批次 219 种集采药品在济南及时落地，价格平均下降 50％以上，每年减少群众医药费用约 3 亿元。组织驻济医疗机构开展药械联合招采，每年节约医药费用 1.6 亿元。试点开展医保基金与医药企业直接结算，形成医药供给的良性循环。二是构建中药材线上采购使用体系。广泛对接药材生产商及中医药机构，形成全网比价，实现药材从产地到患者全程有质控、可追溯。截至 2021 年底，2000 多家商家入驻交易平台，完成线上交易额 3000 万余元。将独立设置的智慧中药房纳入医保定点，通过处方流转，中药饮片统一煎煮、配送上门。三是构建药品“双通道”供应体系。70 种国家谈判药品可通过医院、药店“双通道”购药，群众用药更方便。

【主要成效】 群众得实惠 一是群众就医更加便捷。门诊慢特病审核鉴定手续大大简化，患者就诊取药等待时间大幅减少；通过送药上门服务，改善过往慢病患者每月一次往返医院复诊、购药的局面。二是医疗费用有效降低。通过实现医疗机构、社区卫生服务机构之间信息的有序共享和互认，避免患者不必要的重复检查和重复配药；患者可在线浏览和下载检查报告、咨询健康知识、预约医疗卫生服务等，减少群众获取医疗卫生服务的交通成本、时间成本支出。三是健康管理更加科学。利用互联网健康大数据，由平台提供专职医生进行健康管理，推动“以治疗为中心”转向“以健康为中心”。

医院有发展 一是释放医院医疗资源。将慢性病患者的服务由线下转移到线上，在更好服务慢病患者的同时，释放医院线下医疗资源，让医生将更多精力放到急诊、大病等临床治疗上来。二是提升基层医疗服务能力。依托平台让医疗数据跑起来，县级医院负责诊断，再通过互联网将结果回传至村卫生室，指导村医提供诊疗服务，让电子档案活起来。依托健康服务车，推动优质医疗资源“沉得下、用得起”，提升村卫生室和乡镇卫生院医疗服务水平。三是拓宽医院服务范围。依托平台连接互联网医院，将医院服务范围由线下扩展到线上，打破时空限制，让优质医疗服务可以覆盖更广泛的地区。

基金更安全 一是医保基金监管效能得到提升。医保基金使用实现智能监管一体化，对医师开处方和开具检查项目等各个方面进行事前提醒、事中预警和事后审核的全过程监管，大处方、大检查现象明显减少。二是国家政策得到落实。通过对公立医院、社会药房的一体化管理，国家药品集采、“双通道”药品供应等政策迅速落地，医保基金购买服务更加科学、合理、高效。三是“三医联动”真正形成闭环。打破传统模式下大型医疗机构与基层医疗机构“孤岛”式运行模式，就医需求得到保障，基层资源得到充分利用，形成区域内医疗资源的大整合。医院提供医疗服务，医药企业统一提供药品并配送，互联网医疗企业充分衔接好线上线下流量接口，实现全周期的服务闭环。

案例四：东营市医疗保障局构建医保基金监管信用体系

2021年，东营市扎实开展国家医保基金监管信用体系建设试点，探索建立围绕医保信用评价各类主体和信用管理重点环节的以信用管理办法为主体、完善配套制度、制定实施细则、加强宣传引导的医保基金监管信用体系建设“东营模式”，在国家医保基金监管信用体系建设试点终期评估中，获评“优秀”等次。

【全覆盖信用评价实现】 合理确定信用主体 2021年4月，东营市医疗保障局出台《东营市医保基金监管信用管理办法》，同时配套出台定点医疗机构、定点零售药店、医保经办机构、医师、药师、护师、参保人等7类医保主体的管理办法，构建“1+7”信用管理制度体系，建立完整的行业自律、信用归集、信用评价、评价结果应用、异议处理、信用修复制度模块。2021年实现对全市1258家定点医疗机构、806家定点零售药店、6524名医保医师、177.56万参保人的全覆盖评价，并向社会公布信用评价结果。其中，定点医疗机构的信用等级分布为A级39家（占比3.10%），B级1206家（占比95.87%），C级4家（占比0.32%），D级9家（占比0.72%）。定点零售药店的信用等级分布为A级55家（占比6.82%），B级724家（占比89.83%），C级25家（占比3.10%），D级2家（占比0.25%）。各信用主体信用等级情况呈正态分布。

科学构建评价指标 本着体系完整化、指标本地化、标准明确化、来源可溯化原则，充分解析各类信用主体的风险特征，分别制定7个信用主体的指标标准。指标体系覆盖医保基金使用的核心环节，完整体现信用主体医保信用状况；增加本地化的定性评价指标项、适度调整评价指标及权重，7个主体共制定33个一级指标，47个二级指标，211个三级指标，强化信用评价的指导性和可操作性；明确定性指标的评分标准和定量指标的阈值，使评价结果更加准确；指标和数据来源要求有据可依、有迹可循。

实行信用等级管理 对医保参与主体实行信用等级分类分级管理，设置诚实守信、信用良好、信用关注、信用异常四个等级，针对不同信用等级区别监管、分类管理，提高不同信用主体的信用自觉和自律意识。为“模范参保人”提供经办绿色通道、就诊优惠、购药折扣等奖励政策；创新搭建医保“信易贷”平台，提供基于医保信用评价结果的借贷渠道。

【全过程信用监管】 创新事前环节信用监管 建立信用主体信用档案，严格实行信用承诺制，规范医保主体信月记录。组建医保行业协会，加强宣传引导，强化行业自律。

加强事中环节信用监管 搭建不同信用主体的信用评价方法和信用评价指标体系。引入第三方机构开展信用评价工作，定期出具信用报告，进行信用监测并对风险指标进行预警，区分不同情况采取相应处理措施。2021年，对评价为D级的11家定点医药机构解除协议，对评价为C级的29家医药机构、35名医师进行约谈警示。

完善事后环节信用监管 加强与公共信用平台的对接，与市发展改革、卫生健康等部门密切协作，进行信息披露，对失信行为实施联合惩戒，取消被市场监管局通报的8家药店的定点资格；建立信用修复机制，允许失信行为主体通过医疗科技创新、医疗救助等方式，修复自身信用，根据信用评价结果动态管理。

【全方位智能监控】 信用评价指标与智能监控项目深度融合 将全市智能审核系统重点监控

项目相关的30余项指标纳入评价指标体系，实现智能监控系统与信用评价管理的深度融合和良性互动。

智能监控与信用管理精准衔接　线上抓取医师违规、重点监控项目等信息数据，纳入信用评价及信用监测模型。对CT检查等四大类项目实施重点监控，促进定点医疗机构加强医保管理、规范医师诊疗行为，生化项目、重点监控药品、质子泵抑制剂、CT等4个监测项目同比减少5264.31万元，降幅达29.21％。

智能监控与诊疗服务有机结合　实施市医保基金智能监督平台诊间审核项目建设，延伸智能监控触角，拓展智能监管功能应用，建立覆盖诊疗服务全过程的医保智能监管机制，全市医保基金住院费用总支出、住院次均费用增速同比分别下降7.3个、0.61个百分点。

案例五：烟台市推行医保个人账户新模式

为促进基金保值增值，提升管理服务质效，山东省烟台市医疗保障局完成医保个人账户“实”转“虚”改革，充分利用医保电子凭证启用的有利契机，将医保个人账户金从“社保卡发放模式”升级为“系统记账模式”，每月月初在医保中心系统中对参保人员个人账户（包括补充医疗账户）进行圈存记账，每月固定时间完成账户发放，发放周期为0.5—1天。优化后个人账户金不再经过各大社保卡发卡行发放，发放流程大大缩短，发放效率大幅提高，实现医保基金即时到账。

【创新账户管理模式，基金更保值】　将个人账户由“发放模式”调整为“记账模式”，稳步实现由“实”转“虚”。

化零为整　开设支出专户，专门用于个人账户资金使用，闲置资金定期存储于财政专户，由分散个人管理变成集中统一管理，扩大个人账户基金盘子。

“实”“虚”并行　个人账户改革涉及250多万参保人和众多金融机构切身利益，为确保平稳过渡，烟台市以启用电子凭证为契机，开发个人账户支付管理系统，将参保人社保卡余额与医保记账金额实时关联，实现实体卡账户与归集资金账户同步“无感”支付。

稳步“转虚”　改革平稳运行后，启动社保卡存量个人账户资金“转虚”。截至2021年底，完成290多万张社保卡21亿元“转虚”工作，实现个人卡中闲置资金“零存整取”。

保值增值　联合财政部门与金融机构谈判协商，最大限度放大基金集中管理效益，个人账户基金利率由原来社保卡个人计息0.35％提高至归集资金账户利率1.61％。截至2021年，医保基金账户新增个人账户基金52.29亿元，增加利息收入1亿元，实现基金保值增值。

高效运行　实行个人账户记账模式后，个人账户实现实时记账圈存，单位缴费后，个人账户当天即可支付。开发银保基金管理系统，1小时内完成上月定点医药机构个人账户支付金额的对账和拨付，有效保证基金拨付使用效率。

【创新资金记账模式，监管更有效】　为方便参保人“无感”支付，开发建设个人账户线上融合支付平台，无缝拼接参保人社保卡个人账户余额和归集资金账户，每一笔支付业务都连接至医保系统，再经融合支付平台完成扣款与支付记账，实现从余额查询、明细上传到扣款记账等资金流转全程“留痕”。特别是实行个人账户“家庭共济”后，在使用个人账户金时详细记录亲属的诊疗费用明细，医保个人账户基金进入记账明细、支付记录双掌控的全新管理时代，有效规范医保医师的诊疗行为，避免盗刷卡或套现等违法违规行为，消除基金监管工作的“死角”，维护医保基金安全。

【创新身份识别模式，支付更便捷】　由于实体卡配适的银联POS机刷卡支付无法支持个人账户“实虚并行”支付，烟台市使用兼具医保电子凭证、身份证、社保卡、银行卡、人脸识别多种功能的“五合一”支付终端设备，除支持个人账户支付外，还具备余额查询、密码修改与重置、预留手机号码修改等多项“一机多用”自助功能。截至2021年底，在全市6000多家医保定点医疗机构和药店部署，切实方便群众看病购药。积极做好电子凭证应用场景拓展工作，实现“医保电子凭证

＋微信”手机混合支付，参保人可通过微信端医保电子凭证，同时使用医保账户金和微信个人资金进行支付，实现“一次展码、混合支付”。

【创新线上应用模式，突破跨省障碍】 通过改革，个人账户的中心端记账模式完全脱离社保卡束缚，参保人有无社保卡、是否持有社保卡就医、社保卡状态如何等均不影响医保个人账户管理使用。新模式下的个人账户＋医保电子凭证，为线上支付提供解决方案，彻底解决“互联网＋诊疗”的个人账户线上支付问题。被确定为全省唯一“互联网＋购药”平台建设试点，在全省首家推出“网上下单买药、医保线上支付、快递配送到家”的购药服务，全市支持“互联网＋医保”购药的药店总数达到1240家。同时，烟台市坚持以前瞻性思维立柱架梁，保证改革后的个人账户完全适配于国家医保信息平台，为参保人在全国范围内的个人账户支付奠定坚实基础，真正实现“异地用医保、不再来回跑”的目标。

案例六：潍坊市推进按病种分值付费改革

潍坊市于2020年5月开始推行基于大数据分析的按病种分值付费工作，2020年11月被确定为国家按病种分值付费（DIP）试点城市，于2021年8月完成对2020年住院费用的年度清算，实现实际付费。经过不断探索实践，政策日益成熟，体系逐渐完善，医保支付方式改革取得初步成效。

【主要做法】 *遵循技术规范* 在国家出台按病种分值付费（DIP）技术规范后，潍坊市医疗保障局对照国家技术规范对本地政策进行完善，以“疾病诊断＋治疗方式”确定病种目录（2021年度确定核心病种5706组，综合病种681组），以病种费用比例关系结合基准分值计算病种点数，以设立基础系数和导向系数实现对医疗机构点数的调节和激励，以年初预算和年底决算实行总额管理，以各医疗机构点数和全市统一的点值拨付资金。

强化探索创新 在完成2020年度清算工作后，对发现的问题进行总结剖析，不断探索解决问题办法，创新政策措施。2021年度从5个方面对DIP付费办法进行完善。一是设立基层病种。对各级医疗机构收治的基层病种不按基础系数折算分数，实行同城、同病、同分、同价，促进分级诊疗。二是增加中医及康复辅助目录。对中药饮片、中医适宜技术、康复医学项目建立中医及康复辅助目录，对各病例中辅助目录相关费用单独计算加成系数。三是增加神经科、肿瘤科并发症及合并症辅助目录。针对神经科、肿瘤科病情及治疗过程复杂的情况，建立并发症及合并症辅助目录。分析各病例中辅助目录的疾病数量和费用情况，计算加成系数。四是增加高值抗肿瘤药品辅助目录。针对各病例中使用高值抗肿瘤药品相关费用单独计算加成系数。五是增加双侧手术病种辅助目录。分析一次住院中，同时对身体多个部位进行相同手术病例的费用情况，计算各病种双侧手术病例的加成系数。

注重落地实施 通过抓能力提升，聘请专家授课，提高业务人员的专业水平；通过抓信息化建设，建立病种分值付费信息系统，提升信息化支撑能力；通过抓宣传培训，先后培训医疗机构和医保部门5000多人次，加强其对DIP付费重要性的认识。

【主要成效】 *清算情况* 2021年度，对全市407家医疗机构纳入DIP付费的148.74万病例完成清算，共计拨付医保资金70.96亿元，整体拨付率达到95.6%。拨付率超过90%的医疗机构401家，占比达到98.5%，清算结果得到各级医疗机构的普遍认同，DIP支付方式改革取得较好成效。

符合本地实际 以大数据分析比对为主要依据，以医疗行业公认的临床路径明确、并发症少的疾病为基准病种，以全市各病种平均支付价格为参照，确定各病种的点数，再按点数向各医疗机构赋分，这一过程能够尊重和体现本地医疗价格和不同层次、类别医疗机构的现实水平，实现不同等级、类别医疗机构的价值认同。

支持中医发展 通过建立中医及康复辅助目录，把从简单按中医费用占比加成分数，变为对各具体病例单独计算中医和康复费用的加成分数，

即使中医和康复费用占比不高，也对其得分给予加成。从 2021 年的清算结果来看，中医和康复辅助目录能够对 26.12 万病例的得分起到加成作用，加成分数 3322 万分，多拨付医保基金 2.38 亿元，从而支持中医和康复医学发展。

引导分级诊疗　通过建立基层病种提高基层医疗机构权重系数。2021 年度基层病种病例在基层医疗机构占比达到 39.4%，多向基层医疗机构拨付资金 1.46 亿元。同时，对基层医疗机构设立保底拨付政策，基层医疗机构在 DIP 拨付办法下拨付率不高的问题得到根本性解决。

促进内涵发展　对按病种分值付费办法认识到位、加强内部管理、注重提升医疗服务水平和质量的医疗机构，在年终清算时，获益较大；仍想通过多开药、多检查、多用耗材的医疗机构，反而亏损，倒逼医疗机构追求内涵式发展。同时对各医疗机构重点专科建设予以加成，全市共有 104 家医疗机构获得加成，多加成分数 1624 万分，医保基金多支付 0.95 亿元。

案例七：泰安市打造“互联网＋医保＋医疗＋医药”模式

2021 年，泰安市医疗保障局坚持以慢性病管理为切入点，以信息化建设为手段，积极探索“互联网＋医保＋医疗＋医药”三医联动的体制机制，建立全国第一家慢性病互联网医院，开出全国第一张互联网医保结算单，签订全国第一个互联网医院医保服务协议。通过慢性病全程管理服务改革，实现慢性病医疗健康管理服务水平提升、慢性病人群健康指数提升、慢性病患者医疗费用负担下降的“两升、一降”目标，年节约医保基金近 1 亿元，群众个人负担下降 5%以上。

【主要做法】　全周期服务　一是健康信息一库共享。建立区域全民慢性病档案数据库，医生接诊可一键查询患者一年内就诊信息、用药记录等诊疗数据。二是慢病中心一站办理。在 17 家二级以上公立医院设立慢病服务中心，实现慢病就诊复诊、健康管理、医保支付、送药到家一专区办理、一站式服务、一单制结算。三是社区服务一网通办。首批为全市 30 个乡镇街道配置数字健康服务车，建立网格式管理布局。四是医保支付一键完成。将 30 余种门诊慢性病种纳入线上医保支付范围，实行同质化管理，同额度报销。2020 年 2 月 27 日，开具出全省首单电子医保处方，与武汉同步实现医保线上支付。截至 2021 年底，实现互联网线上支付 4.3 万人次，结算医疗费用 1456.4 万元，医保支付 744.3 万元。

全流程再造　一是再造经办服务流程。将慢性病申报材料精简为院内一张申请表，办理时限调整为甲类随时受理、乙类月度受理、当月享受待遇。二是再造申请审核流程。在全省率先将门诊慢性病待遇审核鉴定权限下放至定点医院，一站式办理。三是再造药品采购流程。互联网医院开展慢性病用药集采，减轻患者用药负担，节省医保资金。

全方位融合　一是推动专科与全科融合。构建“专科医师＋全科医师＋健康管理师”的“三师共管”慢性病管理机制。二是推动线上与线下融合。通过互联网医院区域内远程会诊功能，及时调整慢性病患者治疗方案。三是推动治病与防病融合。通过慢性病管理平台系统，为患者提供规范化慢性病诊疗健管方案，实现慢性病治疗与预防相结合的效果。

全过程监管　一是流程监管。在医院端推行事前、事中监管系统，对医生开具的每一个处方或下达的每一条医嘱进行动态监测。在医保中心端部署事后监管系统，覆盖 200 多家定点医疗机构。二是精准监管。建立医保监管规则库和知识库，形成基础数据、审核规则、评价体系三项标准。上线运行扣款规则 18 条、测试规则 8 条、可疑规则 28 条，提高智能监管的靶向性和精准度。三是联合惩戒。对医疗机构实行信用管理，与协议签订和总额分配额度相结合；建立医保医师信用档案数据库，实行积分制管理办法。年度初始积分 12 分，根据相应违规行为扣分，与其职称评聘、职务晋升等挂钩；对失信参保人员实行“黑名单”管理制度，在医保系统标注，实行重点监控。

【主要成效】　健康管理一体化，服务更周全通过对慢性病患者早发现、早诊断、早治疗、早干预,提高居民健康水平,构建起“预防、诊断、治疗、慢病管理和健康促进”一体化的新型医疗健康服务体系,有效降低慢性病并发症和死亡率。

诊疗服务一体化,群众更满意　通过慢病服务中心、在线医保支付、送药上门,有效保障患者多渠道购药需求。患者就诊取药时间由原来的2—3小时缩短至30分钟。

智能监管一体化,诊疗更规范　完善智能审核规则,开展全市医保基金使用分析和数据筛查,推进医保智能监控信息系统的使用,实现事前、事中、事后全链条的监管服务体系,大处方、大检查现象明显减少。

三医联动一体化,机制更完善　以慢病服务中心为突破口,实现对公立医疗机构、药品经营企业的一体化管理,规范医护人员的诊疗行为,压缩药价虚高的不合理空间,提高医保基金的使用效率。

案例八:威海市创新构建中医药医疗保障新模式

2021年,威海市医疗保障局以破解群众看病贵、中医药发展难等焦点问题为切入点,积极探索中医药医疗保障改革“威海模式”。

【主要做法】 创新支付机制促进中医药发展　一是调整起付标准和报销比例。对参保人员住院和门诊治疗慢性病,医保报销起付标准和职工个人负担比例均按“低一级”医院标准执行,居民报销在同级医院标准上提高5个百分点,提升中医医院的竞争力和吸引力。二是改革优势病种收付费方式。实施中医优势病种收付费方式改革,收费标准提高至2900—21300元,平均为西医收费水平的89%,极大提高中医技术应用率。三是扩大医保支付报销范围。将符合条件的中药和医疗机构内部中药制剂,及时纳入医保支付范围,取消药品目录中所有中药饮片的个人先自付比例。截至2021年底,将术前消肿止痛等多种自制药剂纳入医保报销范围,年可减轻群众负担1100多万元。

创新定价机制发展中医药文化　一是改革项目管理方式重构价值链。对医疗机构提报的新增中医医疗项目随时受理,先后新增热敏灸等特色项目10余个。设立针灸(高级职称加收)等项目,体现不同职级医务人员技术劳务价值。二是完善价格调节机制重构价值链。建立医疗服务价格动态调整机制,先后调整30余项中医价格,整体提高近20%,合理体现中医技术内在价值。三是创新技术定价理念重构价值链。探索建立“技术定价”医疗机制,在保持病种总费用低于西医的前提下,合理提高中医诊疗技术项目价格,推动医院中医疗法覆盖范围和临床质效双提升。

创新管理机制推动中医药改革　一是开展中医药领域管理创新试点。开展中医日间病房医保结算管理工作,将针灸疗效确切的21个病种纳入范围,优化患者的就医体验,减轻经济负担。建立中药配送中心,对中药实行集中统一采购、调剂、煎煮、配送,提升安全性和可及性。二是探索建立医保基金扶持政策。出台医保基金分配“适度调增、病种单列、奖励扶持”支持政策,在年度总额预付指标测算分配时,预留调剂金,对中医医院予以适度调增,中医优势病种支出不列入年初核定指标。三是勇于推动中医集团化改革。创新基金支付方式,在集团内部实行医保基金打包付费,促进集团内部资源整合;创新基金监管方式,推行“智能+”管理新模式,推动形成“龙头医院治大病、基层医院抓康复”的格局。

【经验成效】 群众就医负担有所减轻　通过降低住院起付线、提高报销待遇,参保人员看中医的待遇平均提高5.4%左右;通过推行中医优势技术,减少“耗材”“二次手术”等医疗费用,为群众平均节省费用0.9万元;通过中药饮片集中配送,解决群众“候药难”“煎药难”“品质保障难”三难问题。

医保基金得到节省　中医优势病种支付方式改革大幅降低患者的医疗费用,医保基金支付额度也随之明显下降。以某医院为例,截至2021年底,13个骨科中医优势病种运用中医整骨闭合穿针诊疗技术共治疗患者4946例,通过中医治疗共节约医保基金支出近3160余万元。

中医治疗技术得到传承　政策的调整激励医疗机构和医务人员中医疗法的使用。以某医院为例，优势病种首次调价后，次年开展手法整复闭合穿针技术的例数较上年增长 33.4%；将 13 个骨科优势病种纳入定额结算且不占用医院总额指标后，次年开展例数较上年提升 17.8%；当优势病种调价到 5000 元后，次年开展例数再次较上年提升 19.3%，中医医疗机构的特色优势更加凸显。

中医医院实现健康发展　改革以来，患者选择中医治疗的积极性显著提高，中医医院技术水平不断提升，业务收入稳步增长，管理更加规范。2021 年，全市各级中医医院按病种收费收入占医疗收入的比例由 0.9%提高至 2.3%。以某医院为例，2021 年门诊人次数同比增长 11.2%，年业务收入同比增长 6.2%。

案例九：菏泽市建设可视化医保便民服务站

2021 年，菏泽市建设“可视化医保便民服务站”，全面畅通服务群众“最后一公里”，解决“基层接不住、职能沉不下”的问题，全力打造群众满意的“暖心医保”“知心医保”服务品牌。

【主要做法】　“多级联动”提效能　菏泽市医保部门积极探索医保服务下沉的新路径，部署建设集医保业务咨询、受理、审核、反馈、监督、录像、评价于一体的医保可视化服务系统，2021 年实现市县区医保部门可视化工作站与基层医保便民服务站视频办理医保业务“多级联动”。

“流程再造”寻捷径　通过建设可视化医保服务系统，明确服务事项清单，实现“流程再造”，大大压缩办理时限。一是权限下放更彻底。按照“能放必放、应放尽放”的原则，梳理下沉慢特病资格确认、异地就医备案等医保便民服务职能 12 项，参保人员在便民服务站可以办理全部 12 项医保业务，基本实现一站式办好医保业务。二是业务受理更便捷。采取可视化便民服务站、市（县、区）医保部门多级联动受理模式，无缝对接完成医保业务办理。三是业务审核更及时。在医保业务审核环节推广使用医保电子签章，对于符合条件的业务，以电子签章形式予以审核同意。

“多点发力”保运行　通过多点发力，打牢根基固根本，全力保障正常运行。一是持续强化基层经办服务人员业务培训，培训合格者才能上岗。二是在办理好医保日常业务的同时，将医保服务项目清单等相关政策上墙进系统，可视化服务站成为宣传医保政策的主阵地。三是通过设立意见建议箱和服务监督电话，了解民情、化解民怨、凝聚民心。四是加强业务办理调度督导，建立业务办理日调度、周通报工作机制，强化可视化便民服务站业务办理的指导和使用督导。

【主要成效】　截至 2021 年底，菏泽市医保部门在一级以上定点医疗机构等建成可视化便民服务站 225 个，除院端报销以外的 95%以上的医保服务需求，群众足不出镇即可得到有效解决。业务办理量上升到日均 1000 件次，业务办理量上升势头明显。参保人员通过可视化便民服务站、手机视频“足不出户”即可办理医保业务，畅通服务群众“最后一公里”，有效提升基层医保服务“一次办好”能力，打造全流程、全方位、优质高效的基层医保服务体系，不断提升全市参保群众的获得感和幸福感。

河南省

工作综述

2021年，河南省医疗保障局全面深化医疗保障制度改革，持续推进药品耗材集中带量采购、支付方式改革、长期护理保险试点、医保信息化等改革，实现“十四五”良好开局。截至2021年底，河南省基本医疗保障参保10339.23万人，其中，职工医疗保险参保1351.82万人，居民医疗保险参保8987.41万人，参保率稳定在96%以上。基本医疗保险（含生育保险）基金总收入1398.96亿元，总支出1275.1亿元，当期结存123.86亿元，累计结存1200.35亿元。其中，职工医疗保险（含生育保险）基金总收入614.71亿元，总支出493.4亿元，当期结存121.31亿元，累计结存880.25亿元；居民医疗保险基金总收入784.24亿元，总支出781.7亿元，当期结存2.54亿元，累计结存320.1亿元。

【医保助力抗击新冠疫情】 抓好疫苗资金保障　切实做好新冠疫苗采购资金预付和接种费用结算，组织上解新冠病毒疫苗采购资金115.48亿元，预付新冠病毒疫苗采购资金76亿元，疫苗费用74.76亿元，接种费用12.99亿元。

推动应检尽检　先后三次降低核酸检测费用，降价幅度超过90%。截至12月底，河南省单人份新冠病毒核酸检测项目价格降至30元以下，多人混采核酸检测项目价格降至10元，有效减轻群众负担，助推应检尽检。

优化经办服务　及时出台新冠肺炎疫情防控医保政策，将新冠肺炎治疗费用和诊疗项目纳入医保支付范围，确保患者不因费用问题影响就医、确保收治医疗机构不因支付政策影响救治。持续推行“不见面办”等便民举措，落实门诊慢病“长处方”报销政策，较好保障参保群众待遇落实。

【巩固脱贫攻坚成果】 保持待遇稳定　落实医疗保障“四个不摘”要求，2021年，全省原建档立卡贫困人口、农村低保、农村特困共702.06万人，全部参保并享受和往年同样的待遇倾斜政策。

调整优化政策　省医疗保障局联合省民政、财政、卫生健康、税务、银保监、乡村振兴等六部门印发《关于巩固拓展医疗保障脱贫攻坚成果有效衔接乡村振兴战略的实施意见》。明确过渡期内，基本医保坚持公平普惠的保障政策，统筹区内所有参保居民基本医保待遇统一，大病保险继续对脱贫不稳定人口、低保对象和其他因病返贫致贫人口保持倾斜攻策，医疗救助按规定对上述各类人群以及其他农村低收入人口实施分层分类救助。

加强调度监测　健全防范因病返贫致贫长效机制，省医疗保障局印发《关于做好因病返贫致贫风险监测预警工作的通知》，建立健全脱贫人口、农村低收入人口参保信息登记台账和医疗费用支出情况监测机制。

推进制度整合　厘清全省医保救助基金和困难群众大病补充保险先行政策基本运行情况，形成整合实施意见，2021年底将困难群众大病补充保险资金划转至医疗救助基金，由困难群众大病补充保险报销的部分转移至由医疗救助按规定报销。实现困难群众在制度整合前后医疗保障待遇有效衔接，平稳过渡。

【医保制度改革扎实有力】 制定改革框架　省医疗保障局报请省委、省政府批准，以省委、省政府名义出台《关于深化医疗保障制度改革的实施意见》，医疗保障制度改革框架体系正式形成。

完善工作制度　以省政府办公厅名义出台《关于推进医疗保障基金监管制度体系改革的实施意见》，完善医保基金使用管理监督的制度体系。经省政府批准，印发《关于落实国家医疗保障待遇清单制度的实施方案》，逐步规范完善医疗保障待遇制度。

推进法制建设　法治医保制度建设不断完善，印发医疗保障行政执法三项制度清单、医疗保障行政执法事项权责清单、行政执法案卷的立卷规范和评查标准等文件。

【药品耗材集中带量采购取得新成果】　常态化开展招标采购　2021 年，河南省牵头开展跨省联盟采购 2 批；参与省际联盟采购 7 批；开展省辖市片区联盟采购 5 批；探索开展公立医疗机构联盟采购 1 批。截至 2021 年底，开展地方集中带量采购药品 155 种，耗材 49 种。

牵头跨省联盟采购　2021 年，河南省牵头开展跨省联盟采购 2 批。其中，12 省(自治区、直辖市)骨科创伤类医用耗材联盟采购平均降幅 88.65%，预计联盟省份每年可节约采购费用 75.83 亿元；14 省(自治区、直辖市)“三高”类药品联盟采购平均降幅 52.66%，预计联盟省份每年可节约采购费用 5.68 亿元。

参与省际联盟采购　2021 年，河南省参与省际联盟采购 7 批，其中，广东联盟人工晶体(多焦点)带量采购平均降幅 55%，预计节约采购金额 2361 万元；广东联盟新冠病毒检测试剂带量采购平均降幅 37%，预计节约采购金额 2966 万元；广东联盟超声刀头带量采购平均降幅 70%，预计节约采购金额 2.6 亿元；重庆联盟腔镜吻合器带量采购平均降幅 50%，预计节约采购金额 1.6 亿元；江西联盟冠脉导引导管和导丝带量采购平均降幅 51%，预计节约采购金额 1.4 亿元；山东联盟压力泵等耗材带量采购平均降幅 70%，预计节约采购金额 4.29 亿元；湖北联盟中成药带量采购平均降幅 42%，预计节约采购金额 2.1 亿元。

开展省辖市片区联盟采购　2021 年，河南省开展省辖市片区联盟采购 5 批。郑州市片区联盟同类可替代药品带量采购平均降幅 83%；漯河市片区联盟导尿管等医用耗材带量采购平均降幅 45%；新乡市片区联盟静脉导管等医用耗材带量采购平均降幅 52%；洛阳市片区联盟导管冲洗器等医用耗材带量采购平均降幅 52%；开封市片区联盟输液器等医用耗材带量采购平均降幅 77%。预计共节约采购金额 1.1 亿元。

探索公立医疗机构联盟采购　2021 年，河南省探索开展公立医疗机构联盟采购 1 批，郑州大学第一附属医院牵头开展公立医疗机构联盟止血防粘连等医用耗材带量采购，平均降幅 70%，预计节约采购费用 9.1 亿元。

严格执行采购结果　引导医疗机构和医务人员优先使用中选产品，开展国家集中采购第一批 25 种药品的结余留用考核工作，全省兑现奖励资金 3600 万元，累计节约采购费用 226 亿元，医药行业生态逐步改善，群众减负效果进一步显现。打通集采药品落地“最后一公里”，推行乡镇卫生院为村卫生室代购集采药品，通过协议管理把 9761 家连锁药店纳入集采范围，让老百姓在家门口就能购买到质优价廉的集采药品。

医药价格监测监管　做好药品增补挂网、价格联动和同通用名非中选品种梯度降价等工作，共增补挂网药品 1214 种，下调药品价格 288 种。制定《河南省推进医用耗材阳光采购工作实施方案》，进一步规范医用耗材(含体外诊断试剂)挂网办法，构建公开透明、应采尽采的医用耗材阳光采购机制。把集采政策执行情况纳入医保飞行检查内容，配合完善医保定点协议，印发集采替代药品监测目录，明确监测要求，引导医疗机构规范落实集采工作。常态化开展药品价格监测预警和统计分析，共约谈、函询企业 43 家次，形成震慑作用。认真落实医药价格和招标采购信用评价制度，对 15 家企业失信行为开展信用评级，确定“严重失信”2 例，“中等失信”1 例，“一般失信”12 例。

【加大基金监管力度】　严厉打击欺诈骗保　聚集打击“假病人、假病情、假票据”，在全省范围内组织开展“回头看”“专项整治”“清零行动”等专项行动，对欺诈骗保问题全面排查整治，实现对各级各类定点医药机构监督检查和省级飞行检查各市“两个全覆盖”。2021 年，全省共检查定点医疗机构 32778 家，处理 13935 家，暂停 872 家，解除 184 家，移交司法 24 起，曝光 346 例，追回、拒付医保基金 11.46 亿元。

坚决查办举报案件线索　2021 年国家医疗保障局交办举报线索 66 条，省医疗保障局受理举报投诉线索 44 条，已全部办结。

积极探索基金监管方式创新　研究制定定点医药机构常态化、制度化、精细化监管机制实施意见，将精细化管理贯穿医保基金监管全过程。积极推进“两试点一示范”改革工作，开封市、安阳市、信阳市在国家医疗保障局终期评估验收中，均被评为“优秀”等级。省医疗保障局会同公安厅、卫生健康委员会开展打击欺诈骗保专项整治行动，聚焦医药领域“三假”欺诈骗保行为，共破获案件312起，打掉犯罪团伙59个，抓获犯罪嫌疑人546人，追缴医保基金8400万元。

【认真做实市级统筹】 贯彻落实《河南省人民政府办公厅关于全面做实基本医疗保险和生育保险市级统筹的意见》，召开专题会议研究部署，建立月调度制度，指导和督促各省辖市医保部门及时出台实施方案、完善配套措施和开展基金审计，帮助解决推进工作中存在的难点和堵点，定期印发市级统筹工作进展通报。截至2021年6月30日，全省全面做实基本医疗保险市级统筹，基本医疗保险基金实行统收统支，实现基本政策、待遇标准、基金管理、经办管理、定点管理、信息系统“六统一”，医保基金风险共济能力得到较大提升。

【探索推进市级以下医保部门垂直管理试点和经办服务下沉】 确定郑州市、开封市为推进市级以下医保部门垂直管理试点，制定推进市级以下医保部门垂直管理试点和经办服务下沉专项工作方案，细化工作举措，列出时间表、路线图，稳步推进改革。2021年，全省经办服务下沉乡镇（街道）523家、村（社区）2343家。

【深化支付方式改革】 建立健全总额预算控制下的多元复合式医保支付体系，制定《紧密型县域医共体建设操作规范手册》，加强医共体建设医保规范管理。促进医疗机构加强内控管理、降低医疗成本、提高服务效能。科学制定《统筹推进以大数据病种分值付费为主的多元复合式医保支付方式改革专项工作方案》，全面推进DRG/DIP付费改革。在安阳承担国家DRG试点基础上，选取5个省级试点城市推进DRG改革；在焦作、商丘承担DIP国家试点基础上，新增10个省试点城市推进DIP改革，提前三年完成国家医疗保障局要求的统筹地区和DRG/DIP病种全覆盖两项任务目标。2021年，安阳、焦作、商丘3个国家试点城市在国家医疗保障局交叉调研评估中评为优秀，安阳市被确定为国家DRG付费示范点。

【价格服务改革取得积极成效】 推进医疗服务价格调整 深化医疗服务价格改革，持续优化医疗服务价格结构，提升医疗服务价格科学管理水平。先后评审确定5批189个新增和修订项目，其中新增项目33项，一批新技术应用于临床。

中医类医疗服务价格调整 积极支持中医诊疗技术的传承、创新和发展，组织开展中医类医疗服务价格项目专项评审，确定136个新增和修订项目，其中新增项目13个、修订项目123个。

骨科类医疗服务价格调整 配合骨科创伤类医用耗材集中采购，调降2个明显高于周边地区、设备占比高、医疗机构使用频次高的项目价格，利用降价腾出的空间，提高163个骨科创伤、关节类手术价格，更好地推动集采改革落地。

【待遇保障水平稳步提高】 国家三孩生育保险政策落实 省医疗保障局印发《河南省医疗保障局关于支持三孩政策做好生育保险工作的通知》，指导各地积极落实国家三孩政策，从2021年5月31日起将参保女职工生育三孩的费用纳入生育保险支付范围，生育津贴发放天数同生育一孩、二孩，切实保障女职工合法权益。

推进长期护理保险试点工作 指导长期护理保险试点城市开封于2021年1月1日起启动试点工作，加强对参保人员需求和其他试点城市相关政策的调研，并按要求规范完善政策，引导长期护理机构优化资源配置，为参保人员提供优质照护服务。2021年开封市长期护理保险的基金征缴、失能评定及专业护理人员培训等工作稳步推进，享受待遇2179人，长护险基金支付1100万元。

持续深化“两病”门诊用药保障机制 通过扩大用药保障覆盖面、加强药品配备和使用、强化慢病管理等措施，推动实现“两病”患者保障全覆盖。漯河、巩义被选定为开展深化城乡居民高血压、糖尿病门诊用药保障专项行动重点联系的典型地区。

【提升医保服务管理效能】 医保信息平台建设 年内全省所有省辖市、省直管县（市）均已上线国家医保信息平台，定点医药机构总体接入率均达90%以上，门诊和住院参保人员单日最高结算量113万人次以上。2021年，全省激活电子凭证 3833.8 万人，累计结算 1430 万人次，并实现异地就医结算功能。

异地就医直接结算 全省确定 3 个门诊慢特病跨省直接结算试点，实现门诊慢特病跨省直接结算。2021 年，省内直接结算医疗机构达 1710 家，跨省就医直接结算医疗机构达 1705 家，实现县级以上全覆盖，直接结算 158.37 万人次，直接结算金额 180.78 亿元。

"放管服"改革和行风建设 深入推进医保领域"放管服"改革和全省医疗保障系统行风建设，全省设置服务窗口 1178 个，入驻当地政务服务大厅的占近 70%。各地医保窗口的标准化、便民化建设持续推进，业务所需材料平均压减近 50%。

重要活动

1. 河南省医疗保障工作会议召开。2 月 23 日，河南省医疗保障工作会议以视频形式在郑州召开。会议总结 2020 年工作，部署 2021 年全省医疗保障工作。

2. 河南省"宣传贯彻《条例》、加强基金监管"集中宣传月启动仪式举行。4 月 2 日，河南省"宣传贯彻《条例》、加强基金监管"集中宣传月启动仪式在郑州举行。省医保基金监管工作领导小组 13 家成员单位负责人，省直医疗保障社会义务监督员，部分定点医药机构参加启动仪式。

3. 医保基金监管政策业务培训班举办。6 月 22 日，省医疗保障局、卫生健康委员会、审计厅联合在郑州市举办医保基金监管政策业务培训班。培训采取现场与线上（视频直播）同步进行的形式，参训近 52.1 万人次。

4. 河南省医保系统推进服务型行政执法比武开展。7 月 9 日，河南省医保系统推进服务型行政执法比武开展。全省医保系统法治骨干 40 余人参加服务型行政执法培训，开展全省医保系统推进服务型行政执法比武，通过微课比赛和法治知识测试，选拔出比武先进单位 10 家和先进个人 16 人。

5. 12 省份骨科创伤类医用耗材联盟采购信息公开大会在洛阳召开。7 月 20 日，12 省份骨科创伤类医用耗材联盟采购信息公开大会在河南省洛阳市召开，由河南省医疗保障局牵头，与山西、江西、湖北、重庆、贵州、云南、广西、宁夏、青海、湖南、河北等组成 12 省（自治区、直辖市）采购联盟，对骨科创伤类医用耗材开展集中带量采购，71 家企业的 20751 个产品拟中选，平均降幅 88.65%，预计联盟省份每年可节约采购费用 75.83 亿元。

6. 组织全省 134 家三级公立医疗机构开展集中带量采购。11 月 30 日，河南省组织全省 134 家三级公立医疗机构（含驻豫军队医疗机构）组成采购联盟，由郑州大学第一附属医院牵头，首批对止血材料、防粘连材料、脑（脊）膜材料三种医用耗材开展集中带量采购，竞价组平均降幅 76.64%，议价组平均降幅 62.88%。

7. 全省医保系统行政执法案卷评查开展。11 月 30 日，开展全省医保系统行政执法案卷评查，各省辖市、济源示范区医疗保障局选派 20 余名法治工作人员，对全省医疗保障系统推荐的 58 份行政执法案卷进行评查，最终选出 9 份优秀案卷。

8. 组织对高血压、高血糖、高血脂相关的 38 种药品开展集中带量采购。12 月 31 日，河南省医疗保障局牵头，与山西、内蒙古、江西、广东、广西、重庆、贵州、云南、陕西、青海、宁夏、新疆等省（自治区、直辖市）和新疆生产建设兵团组成省际联盟，对高血压、高血糖、高血脂相关的 38 种药品开展集中带量采购，综合评审组平均降幅 57.15%，议价谈判组平均降幅 38.86%。

典型案例

案例一：河南省牵头开展骨科创伤类医用耗材集中带量采购

为推动治理高值用耗材改革工作纵深发展，由河南省医疗保障局牵头，豫晋赣鄂渝黔滇桂宁青湘冀十二省(自治区、直辖市)组成跨区域联盟，对骨科创伤类医用耗材开展集中带量采购。2021年7月20日，十二省(自治区、直辖市)骨科创伤类医用耗材联盟采购信息公开大会在河南省洛阳市召开，并顺利产生拟中选结果。

【主要做法】 统一标准便于竞争　骨科创伤类医用耗材不仅有内外固定系统，并且规格型号繁多，在考虑采购标的时，按照“技术成熟、标准明确、用量优先”原则，选择内固定系统作为主要采购标的。接骨板和髓内钉与外固定架相比，虽然分类和功能属性相对明确，但仍存在大量难以界定的边界和概念，在制定采购目录时，难以做到合并同类。在不影响临床使用的前提下，对骨科创伤类全线产品抽丝剥茧、深入研究，将各款各式产品按部位归类，将大类子项按同类处理，同一部位同类同证同价，同一产品不同部位按类别按降幅取价，进一步理顺接骨板和髓内钉的功能分类和价格体系。

坚持临床需求导向　以保障临床、保证质量为出发点，研究确定“保结构、稳临床、促竞争”的总体思路，采取适度竞价、多家中选的方式开展集采。企业分组方面，不仅尊重医疗机构的整体使用需求，还统筹兼顾各联盟地区的诊疗情况，在形成有效竞争格局的同时，避免对临床使用习惯造成冲击。中选规则方面，坚持市场主导的价格形成机制，尽可能保留多数临床在用的主流产品，切实满足临床使用需求。中选结果执行方面，充分保留医疗机构的自主选择权，避免临床使用产品大规模调整的风险，平稳推进市场格局的优化调整。

设置中选规则，引导良性竞争　骨科创伤类医用耗材生产企业多，市场份额差异大，甚至有的刚进入市场。为防止恶性竞价，本次集采设置三条规则。一是按照医药价格和招采信用评价制度约束企业行为。二是设置熔断保护和价格平衡机制，防止部分企业恶性竞争，同时又缩小各企业间的价格差距。三是代表品降幅即中选降幅。骨科创伤类医用耗材作用于人体的部位多，规格型号也多。本次集采确定其中一个生产企业最多、需求量最大的部位作为代表品。若代表品的降幅中选，则其他部位均按此降幅中选，避免每个产品各自报价造成部位间价格不平衡的现象。

【主要成效】 本次集中带量采购共有101家生产企业参与申报，联盟省份各医疗机构报送产品需求量约97万块，涉及金额约84亿元。通过竞价，71家企业的20751个产品拟中选，最高降幅95.78%，平均降幅88.65%。其中，普通接骨板系统最高降幅95.54%，平均降幅87.05%，价格从平均4683元下降至606元；锁定(万向)加压接骨板系统最高降幅95.78%，平均降幅89.45%，价格从平均9360元下降至987元；髓内钉系统最高降幅95.52%，平均降幅89.12%，价格从平均11687元下降至1271元。集中采购结果执行后，预计联盟地区骨科创伤类医用耗材采购金额由每年84.37亿元降至8.54亿元，节约费用75.83亿元。

案例二：开封市规范化标准化建设长期护理保险制度

按照国家医疗保障局、财政部2020年9月10日下发的《关于扩大长期护理保险制度试点的指导意见》，开封市被确定为第二批全国长期护理保险试点城市。2021年1月1日，开封市全面启动长期护理保险试点工作。市医疗保障局成立试点工作领导小组，坚持低起步、广覆盖、保基本、可持续,编制试点实施方案,做好长期护理保险的制度设计、资金筹措和监督管理等工作,开封长护险试点工作推进顺利,进展有序。

【主要做法】 完善组织领导和工作机制 开封市成立以市委书记为组长的"开封市长期护理保险试点工作领导小组",统筹协调,高位推进。一是建立周例会制度,通报工作进展;二是指定专人负责数据统计与信息报送,定期数据汇总、运行分析;三是针对阶段性工作进展,开展对经办机构和定点护理机构的督导调研;四是牵头协调卫生健康、民政等部门,联络有关工作安排等;五是通过报纸、官方网站、微信公众号和手机抖音等平台持续广泛政策解读,制作长护险动漫及省市级电视访谈节目,发放宣传材料等。

配套政策出台落地 牵头卫生健康、民政、人力资源和社会保障、残联等部门成立市长护险失能评定委员会,出台一系列长护险政策文件,搭建完备的长护险制度运行框架。

推出长护险受理服务 设置长护险咨询受理岗、委托经办咨询电话、配备专职受理人员,实现长护险受理全城通办。

加快开展受理评估 一是失能评估专家培训。召开多期失能评估专家培训会,不断提升评估专家的专业能力。二是持续开展长护险上门评估工作。针对因疫情导致无法评估的申请人开展集中评估。三是提升评估技能。以研讨会、培训会等形式总结解决前期评估疑难问题,平衡评估信息记录。四是开展失能评估稽核管理。对已评估为重度失能人员开展动态复评工作,对发现不符合享受待遇的人员停止其长护险待遇。五是开展异议评估,规范评估体系。对评估结果有异议的申请人,可以提供相关材料申请异议复评。

实行定点护理机构准入管理 按照《定点护理服务机构管理办法》要求,共纳入 43 家长护险定点护理机构,其中医疗机构 11 家、养老机构 15 家、上门护理机构 17 家,全面覆盖 6 区 4 县。为满足预期护理服务需求,定点护理机构共新增养老护理服务人员 300 余人,对护理服务带动就业起到积极促进作用。

开展护理服务技能培训 确定河南省医药健康技师学院为长护险定点护理培训机构,并已完成首期 45 名养老护理员的培训工作,对养老护理从业人员素质和技能起到明显的提升作用。

引入社会力量经办管理 通过公开招标,政府购买服务,将长护险参保人员划分成 5 个承办片区,分别由 5 家商保公司具体负责经办业务。

完善失能等级评估标准 国家医疗保障局、民政部《长期护理失能等级评估标准(试行)》印发后,开封市医疗保障局高度重视,出台《开封市长期护理保险失能评估标准切换方案》,并确定执行新标准的学习培训、实践研究、标准切换三个阶段。

建立多方筹资渠道 根据《开封市长期护理保险制度试行办法》精神,长期护理保险基金接受企业、事业单位、慈善机构、社会团体等组织和个人的捐助。

设定待遇享受项目 为保证重度失能人员基本护理服务需求,《长期护理保险护理服务项目清单》中设定 10 项医疗护理服务项目。

规范护理服务行为 由于长期护理服务市场缺少相关法律、行业标准和服务流程,存在长期护理服务标准参差不齐、行为不规范、护理服务不能完全满足重度失能人员护理需求的现象,造成部分参保人对长护险护理待遇满意度不高。在市长期护理制度试点领导小组的牵头下,医保、卫健、民政等相关部门召开专项会议,进一步落实护理服务行业主管部门主体责任,出台《开封市长期护理保险护理服务项目规范(试行)》,加强护理服务质量监管,促进护理服务行业规范提升。

构建信息管理系统 长护险信息管理系统集"参保、评估、服务、结算、评价、监督"于一体,覆盖经办机构、护理机构、评估机构、监管机构和参保人员等,涵盖长护险基础资源库、信息管理平台和多应用移动终端(手机 App)。已实现与职工基本医疗保险参保缴费数据共享,做到参保缴费业务同步,待遇支付信息互查。

【主要成效】 2021 年度,开封市长护险基金筹资 4722 万元,其中统筹划拨 2361 万元,个人账户划转 2138 万元,财政补助 223 万元。市县区 11 个受理窗口共接受咨询 25899 次,评估申请 2555 份,受理审核通过 2211 人,上门评估 2206 人,达到重度失能等级 2179 人。全市享受长护险待遇

2179 人，长护险基金支付 1100 万元。截至 2021 年底，开封市已纳入 43 家长护险定点护理服务机构，丰富和增强护理市场服务供给能力。其中 21 家是新开设机构，已吸引社会投资 3659 万元。还催生护理培训、适老化改造等护理服务产业上下游的发展。因长护险试点新增就业岗位 500 多个。

案例三：濮阳市推行“综合柜员制”医保经办模式

2021 年，濮阳市医疗保障局建立健全体制机制，狠抓服务管理，以市本级为试点，不断规范优化医保经办服务大厅窗口设置和经办流程，大力推行“综合柜员制”服务，努力打造让服务对象更加满意的经办服务，把群众的事情“一次办妥”。

【主要做法】 梳理服务事项，优化办事流程　全面梳理经办业务，确定职工参保登记变更、医疗生育待遇受理、医疗保险异地关系转移接续、门诊慢性病申请受理、异地就医备案等 69 项高频服务事项进行一窗办理。根据全省统一要求，制定《濮阳市医疗保障经办政务服务事项》，包含十大类 29 项医疗保障经办服务事项清单、办事指南、业务流程图和 15 项业务样表等，并及时通过市医疗保障局官方网站和微信公众号对外公布，方便办事群众办理各类医保业务。将医保业务经办窗口进行优化整合，统一设置为医保业务综合受理窗口，由“多窗口分散受理”变为“一窗通办”。

开展业务培训，提升服务质量　全面推行“综合柜员制”，经办模式由单一受理向全科受理转变，逐步实现从受理单类事项转变为经办所有服务事项。市医疗保障局从政策法规、业务受理、经办服务、系统操作等多方面对窗口工作人员进行轮番培训，经办人员通过业务能力考核后方可上岗办理，顺利完成从专科受理员向全科受理员、从小窗口到大服务的“蝶变”。依托学习强国、河南干部网络学院、医保网上练兵等载体，对全体干部职工政治理论、业务知识等方面进行培训，医保干部队伍综合素质和业务水平得到质的提升。

强化制度建设，落实“好差评”　市医疗保障局持续推进行风建设，进一步强化党员干部的纪律意识、为民意识、责任意识、担当意识，促进业务水平和服务质量双提升。进一步健全窗口工作责任制、首问负责制、一次性告知制和限时办结制，在大厅服务窗口设置评价器和意见箱，公布投诉电话，全面落实“好差评”制度。坚持领导班子成员带班制，窗口工作人员亮身份、亮承诺、亮职责，努力使在窗口办事的群众“少跑一回路，少排一次队，少等一分钟”。

【工作成效】 濮阳市阳光大厦医保综合业务窗口工作人员以热情的工作态度、优质高效的服务、扎实的作风得到参保单位、参保群众的一致好评。濮阳市政务服务“好差评”系统统计，市医疗保障部门服务满意度为 100%。“综合柜员制”服务模式自 2021 年 5 月份实施至 2021 年底，共受理业务 38524 件。其中，即时办结业务 36212 件，办结率达 94%，医保经办平均办事效率提升 30% 以上，实现各窗口无差别经办，打通业务衔接壁垒，让审批更简、服务更优、办事更便捷。

案例四：信阳市规范统一医疗服务价格

为加强医疗服务价格管理，全面做实基本医疗保险市级统筹，提升医保服务能力，信阳市医疗保障局积极谋划、严密组织、精准测算、科学论证，持续推动医疗服务价格改革，于 2021 年 7 月规范统一全市医疗服务价格，实现信阳七县两区价格“一盘棋”，取得良好成效。

【主要做法】 深入调研，认真谋划　信阳市医疗保障局组织业务骨干赴福建三明深入学习先进改革经验，重点掌握医疗服务价格改革“七项原则”和调整步骤方法，同时学习兄弟地市的成熟做法，理顺价格调整方向和思路。明确信阳市医疗服务价格调价原则、调价步骤及调价方案，形成一套完整的实施方案。

精心实施，确定标准　按照“总量控制、结构调整、有升有降、逐步到位”的总体原则，在执行全省统一的项目规范基础上，结合本地实际，以省非三甲医院价格标准为参照，有序推进价格调整工作。一是合理设置调价类别。通过充分调研，将信阳市医疗服务价格设置为三级甲等、三级非甲等、二级甲等、二级非甲等、一级五个价格类别。二是严格实行分级定价。对待调整的医疗服务项目实行分级定价，根据医疗机构隶属关系和等级、医师级别、诊疗项目难易程度、风险程度和市场需求等因素，对医疗服务制定不同价格，体现服务质量差异，引导患者分级诊疗、合理就医。下一级医疗机构医疗服务价格不超过上一级医疗机构医疗服务价格水平。三是科学选取调整项目。2021年，以2020年度医疗机构医疗服务项目统计数据为基础进行测算，参照2020年度医疗机构财务报表医疗服务收入明细，同时对比不同县区、不同级别医疗机构医疗服务收入结构性差异，合理选取待调项目。

科学测算，逐步优化 从医疗保障专家库中遴选医保、医疗、财务、计算机等专家参与测算和论证，通过数据调查、建模、测算、初审、复审等环节。经严格筛选比对，选取24家符合条件的公立医疗机构，以其医疗服务价格数据建立测算模型。充分考量医疗机构类别、等级、工作量、收入结构等因素，在不断"试算、调整、再试算、再调整"等操作过程中，经过反复模拟、验证、优化，确定最优调整方案。

【主要成效】 *医疗服务价格管理进一步规范* 2021年以前，信阳市医疗服务价格实行属地管理，各县和城区同一级别医疗机构执行价格标准不同，价格管理存在不规范的问题。通过改革，将医疗服务价格由现行市、县分级管理，调整为市级统一管理，进一步完善信阳医疗价格管理体制，规范医疗服务价格管理，为后续建立医疗服务价格动态调整机制打下良好基础。

医疗服务收入结构更加合理 此次调价共调增项目1088项，调减项目513项，235家公立医疗机构医疗服务价格得到规范。其中手术、治疗、诊察、护理等项目价格平均提高36%，大型设备检查和检验项目价格平均降幅14%(磁共振平均降幅10.4%，CT平均降幅9.9%，检验项目平均降幅14.5%)。通过调整医疗服务价格，进一步理顺医疗服务比价关系，医疗服务项目的结构趋于合理。

公立医疗机构发展更加可持续 全市医疗服务价格的规范统一，进一步强化公立医疗机构的公益属性，提高医疗卫生为人民服务的质量和水平。经测算，价格调整后信阳市三甲和二级医院(二级甲等、二级非甲等)医疗服务总收入与2020年基本持平；三级非甲等医院医疗服务收入合理上涨(2家县二级医院升级为三级医院)，全市整体调价增量和降价空间基本达到平衡。在医保基金可承受、群众负担总体不增加的前提下，在总量控制范围内有升有降的结构性调整，促进了医疗机构良性运行和公立医疗机构健康可持续发展。

案例五：周口市开展肾透析打包付费

周口市医疗保障局以解决参保群众"急难愁盼"问题为导向，2021年创新开展肾透析打包付费，切实降低参保患者就医负担。

【主要做法】 *调研摸底，找准"突破口"* 周口市医疗保障局工作人员深入医疗机构和终末期肾病患者中，实地调研座谈，摸底掌握肾衰竭透析患者治疗情况、费用状况：非透析期间肾透析患者不必住院，单纯的肾透析可以在门诊完成；按项目支付增加透析患者费用负担和医保基金支出，甚至一定程度上容易产和诱导过度医疗，造成医疗资源和医保基金浪费；透析治疗的材料、药品及检查治疗等费用存在一定"水分"，具有降低的空间；肾透析(并发症治疗除外)治疗项目比较固定，可以把这些项目进行打包，打造成类似套餐的付费方式。

数据先行，锁定降价空间 根据摸底调研，掌握肾衰竭透析治疗的基本数据并进行分析、测算。一是提取数据，分析对比。医保结算系统提取历史结算数据，对肾透析治疗各项费用进行分析，通过分析确定，门诊可以节省住院诊查费、护理费、床位费等费用，有很大的降价空间。二是精准测算，确定付费思路。对透析费用医保支付和个人负担金

额进行测算，精准确定单次门诊透析医疗费用、医保基金支出、个人负担金额。为最大限度减轻患者费用负担，让参保患者得实惠，确定医保打包付费思路，医保基金出“大头”，患者出“小头”。

谈判为要，争取最大“让利” 在费用测算基础上，组织专业人员与周口市中心医院进行谈判，通过在治疗费、材料费、药品等方面“让利”，减轻参保患者负担，减少医保基金浪费。经过五轮谈判，市医疗保障局与周口市中心医院最终达成“让利患者、保障民生、发挥医保基金最大效益”共识，签订血液透析打包付费协议，对门诊血液透析治疗、医用耗材、药品等相关费用实行打包付费，由医保基金和参保人员共同负担。按照现行政策，每次血液透析收费 360 元，其中参保职工个人负担 20 元，医保基金支付 340 元；参保居民个人负担 40 元，医保基金支付 320 元。

【主要成效】 实行肾透析打包付费后，退休职工单次透析个人负担减少 98 元，在职职工单次透析个人负担减少 121 元，参保居民单次透析个人负担减少 186 元。2021 年，全市共 147 名参保人员享受此项待遇，开展打包付费 1.29 万次。截至 2021 年底，全市肾衰竭门诊透析打包付费实施范围不断扩大，除市本级外，还有 5 个县（市、区）实施门诊透析打包付费，定点医疗机构扩展到 11 家。

案例六：安阳市推进医疗保障服务下沉

2021 年，安阳市医疗保障局加强基层医疗保障服务体系建设，以汤阴县、龙安区为试点，着力打通医保服务群众“最后一公里”，提升基层医疗保障经办服务水平。

【主要做法】 经办服务下沉提效能 为进一步提升政务服务经办效能，安阳市医疗保障局成立专项工作领导小组，建立工作专班，研究制定《安阳市基层医疗保障服务体系建设规范》，对机构设置、工作职责、建设标准等方面提出明确要求，对医保经办场所选址、标识、设备和经办人员行为举止、服务纪律等作出规范，为全市推进基层医保服务体系建设提供标准和遵循。按照“15 分钟便民服务圈”建设目标，因地制宜选择建设模式和点位，明确负责人员和完成时限。梳理建立《基层医保服务下沉工作推进台账》，确保服务下沉高标准起步、高效率推进。

及时办、帮代办 市医疗保障局坚持医保经办服务与政务服务一体融合，依托乡（镇）、村（街道）便民服务平台，搭建医保服务体系，推进医保业务服务下沉，依托乡镇和村级便民服务中心，设立乡镇和村级医保服务专窗，分别下沉医保服务事项乡镇（街道）37 项、村级 3 项。乡镇医保服务专窗配备 2 名工作人员，其中所在区医疗保障局统一招聘选派 1 名专职人员，乡镇便民服务中心指定 1 人兼职；村级医保服务专窗由村“两委”（即村党支部委员会和村民自治委员会）工作人员兼职。村级医保便民服务中心实现下放业务就地办，其他业务由村级代办员利用高拍仪、计算机等工具，通过网络上传至区医保窗口“远程办”或村级医保代办员“代收代办”，同时推出“上门办”等服务，切实提高为民办事本领和政务服务质效。

打造 15 分钟便民服务圈 市医疗保障局积极探索多种服务模式，坚持“管理延伸、窗口前移”两条主线，采取在乡镇（街道）设立医保工作办公室、村（社区）医保工作纳入村级公共卫生委员会统一管理方式，明确分管的班子成员和专兼职人员。依托乡镇卫生院、村卫生室分别成立乡镇医保服务所和村医保服务站，打造 15 分钟便民服务圈。乡镇医保服务所配备 3 名工作人员，其中县医疗保障局统一招聘选派 2 名专职人员，县医保中心下派业务骨干 1 人作为负责人。县医疗保障局认真梳理服务事项清单，明确下发经办服务事项乡镇 20 项、村级 5 项，统一制定乡村两级经办事项明细表、办事指南、办理流程图及各项业务工作指南等内容，以便群众在看病就医时咨询医保政策、办理医保事项，避免群众来回奔波。

【主要成效】 截至 2021 年 12 月底，安阳市在汤阴县建成 10 个乡镇医保服务所、2 个村级医保服务站，配备专职人员 34 名；在龙安区开通 7 个偏远乡镇、2 个村级便民服务医保专窗，配备 7 名专职人员。累计提供政策咨询 3000 余人次，办理参保缴费、信息变更、手工报销等医保服务事项

4200 余件，县（区）医保中心月办件量相比去年同期减少 56%；在汤阴、龙安全面完成乡镇所站建设和部分村（社区）设点的基础上，其余县（市、区）结合实际，制定方案，建立工作台账，积极开展工作，建成乡镇（街道）医保服务所 52 个，村（社区）医保服务站 21 个，办理下沉业务 7000 余件。

案例七：郑州市全面实现门诊慢特病全程网办

郑州市共有 40 余万人次享受门诊慢特病保障。改革之前，郑州市门诊慢特病的申报办理模式主要有两种：一是即时办结病种，如恶性肿瘤、尿毒症、器官移植等，由医院组织专家进行初审，符合条件的，由医保经办机构录入系统，参保人即可享受待遇。二是限时办结病种，如糖尿病、高血压、冠心病等，每年两次集中申报，经办机构组织统一体检和专家鉴定。该模式因其过程繁琐、工作量大、参保人等待时间长，已不符合当前群众对医保工作的期盼。2021 年，郑州市推动门诊慢特病保障改革，全面实现门诊慢特病保障全程网办。

【主要做法】 *加强组织领导* 郑州市医疗保障局高度重视参保人员门诊慢特病办理体验问题，将实现更便捷高效的全程网办作为重点工作来抓，成立“一把手”任组长的专项工作组，多次到定点医疗机构、区（县、市）调研，听取民众心声，加强顶层设计，高位推动。

集中开展攻关 为确保如期完成任务，组织多方力量集中攻坚，认真梳理市县两级数据共享、专家库建立、申报信息推送等难点，逐一开展政策和技术攻关；升级信息系统，改造医保软件，搭建网办框架，于 2021 年 5 月完成门诊慢特病申报、鉴定全程网办试点，并于 2021 年底在全市范围推广应用。

规范申办流程 为切实减轻参保群众申报负担，让数据多跑路、让群众少跑腿，由市医保中心牵头，进一步研究简化申办流程。首先，参保人随时在定点医院医保部门提出申请；然后，医院医保部门在郑州市互联网医疗保障服务平台填写申请信息，并通过郑州市互联网医疗保障服务平台上传电子病历；之后，系统将信息随机推送至两名鉴定专家，鉴定专家在郑州市互联网医疗保障服务平台上根据电子病历做出鉴定结论；最后，鉴定结果以短信形式通知参保人，业务办结。对于提供异地住院病历的参保患者（转诊外地就医人员和办理过异地安置参保人员），由参保人或委托人到医保经办机构窗口申请，由经办机构工作人员负责扫描上传病历资料和诊断证明，其余流程同本地住院参保人员一样。

【主要成效】 *实现随时申报* 改革之前，慢特病限时办结病种为集中申报，每年上半年和下半年各组织一次，有些需要长期门诊治疗的病人不能马上享受待遇，错过申报时间需要再等半年。改革后，变为随时申报，不再受申报时间限制。

环节更加简化 改革之前，限时办结病种申报后，经办部门需组织参保人统一自费体检，体检医院通过电话、短信逐个通知参保人。部分漏接或短信屏蔽的人员、不在郑州的人员、误以为诈骗电话或短信的人员、体检期间住院的人员等未能按时参加体检，无法进入专家鉴定环节。门诊慢特病网办后，以申请人的病历为唯一依据，不再要求体检结果佐证，既简化环节，又节约申请人的医疗费用支出。

时限极大压缩 相较于之前限时办结病种 60 个工作日的办结时限，门诊慢特病网办模式下 1 个工作日即可办结，极大缩短申报人的等待期，进一步提升参保群众的经办体验。

更加公平公正 门诊慢特病网办模式下，专家鉴定环节实现完全盲推。申报人、医院和经办机构无法事先知晓专家信息，进一步确保鉴定工作公平、公正。医保经办机构将组织人员或委托第三方对鉴定通过的电子申报材料按不低于 10% 的比例进行抽查，辅以不定期进行明察暗访，进一步加强对门诊慢特病评审认定工作的监督检查。

湖北省

工作综述

2021年，湖北省医疗保障系统统筹疫情防控和医保发展，医保改革持续向纵深推进，管理服务提质增效，人民群众医保获得感进一步增强，实现"十四五"良好开局。全省基本医保参保5619.69万人，参保率超过96.4%，创历史新高。基本医保(含生育保险)基金总收入1001.87亿元；总支出861.60亿元，当期结存140.27亿元，累计结存1042.78亿元，基金运行总体平稳。

【医保助力疫情防控】 继续落实"两个确保"政策，及时开展新冠肺炎患者救治费用清算，切实保证患者和医疗机构救治。会同财政部门共同承担疫苗及接种费用，2021年共上解筹集资金62.45亿元，预付疫苗费用55.4亿元，做到"钱等苗"。落实核酸检测的医疗机构不得收取挂号费和门诊诊查费政策。统一全省10元/人次的新冠疫苗接种费结算标准。年内三次降低核酸检测价格，单检最高限价降至40元/人、混检不超过10元/人，核酸检测价格趋于合理。

【巩固拓展医保脱贫攻坚成果有效衔接乡村振兴】 省医疗保障局等七部门联合印发《关于巩固拓展医疗保障脱贫攻坚成果有效衔接乡村振兴战略的实施意见》，切实规范农村低收入人口基本医疗保障政策，分对象分类别、分阶段调整完善政策，将地方补充保障政策有序转入三重制度框架内，建立高额医疗费用患者负担监测预警机制和依申请救助机制，防范化解因病致贫返贫风险。

【待遇保障和筹资机制】 *完善多层次医疗保障体系* 基本医保待遇稳中有升，全省职工基本医保、城乡居民基本医保报销比例分别达81.9%、68.6%。大病保险减负作用明显，居民医保获得大病保险赔付36.74万人、151.91万人次，赔付金额32.71亿元。医疗救助兜底保障作用充分发挥，全省医疗救助总金额31.33亿元。

调整生育保险待遇 及时将参保女职工生育三孩费用纳入生育保险待遇支付范围，全省生育保险参保人数710.09万人，享受生育保险待遇36.94万人次。

"两病"门诊用药保障 "两病(高血压、糖尿病)"门诊用药保障政策惠及更多参保群众，截至2021年底，全省1508.06万人次享受"两病"门诊用药保障待遇，减轻群众负担17.28亿元。

落实医疗保障清单制度 全面落实国家医疗保障待遇清单制度，推进3年内完成清理规范超国家待遇清单制度政策。稳步提高基本医保统筹层次，2021年1月1日起全面做实城乡居民医保市级统筹，积极准进全省职工医保市级统筹，为推动省级统筹奠定基础。

建立健全门诊共济保障机制 省医疗保障局拟定《关于建立健全职工基本医疗保险门诊共济保障机制的实施意见(送审稿)》，进一步健全互助共济、责任共担的职工医疗保险制度。

探索长期护理保险制度 深化国家长期护理保险制度改革试点，全面总结荆门市国家长护险试点阶段性成果，荆门市医疗保障局制定《荆门市长期护理保险失能等级评定标准和评定办法(试行)》。截至2021年底，荆门市长期护理保险参保253.1万人，同比增长0.82%，累计惠及12687人次，节省医保基金1.67亿元。

【医保支付方式改革】 坚持守正创新，积极推进支付方式改革，全省70%市州相继开展DRG/DIP支付方式改革试点。9月底，武汉市按疾病诊断相关分组(DRG)付费和宜昌市、荆州市按病种分值(DIP)付费国家试点改革全部转入实际付费。武汉市、宜昌市、荆州市被国家医疗保障局评为优秀示范点城市，十堰市、黄冈市等省级DIP试点改革稳步推进。各地在遵循国家技术规范的前提下，形成各有特色的支付体系，武汉市实现DRG付费二级以上定点医疗机构、基本医保两个险种、所有病组“全覆盖”；宜昌市DIP付费改革全面落实“结余留用”，激发医疗机构控费动力，还支持建立特例单议制度，支持医疗机构新业务、新技术创新；荆州市在DIP付费改革中实施“基层病种”，形成本地化DIP病种目录库，相同病种在不同级别医疗机构结算相同的分值，有效促进分级诊疗的实施。据初步统计，实施改革地(市)次均住院费用、平均住院天数均有所降低，实际报销比例有所上升，改革初见成效。

【医保基金监管】 持续加大欺诈骗保打击力度　全省全覆盖检查定点医药机构29761家，处理两定医药机构10652家(定点医院5880家、定点药店4772家)，共追回医保基金、行政处罚、拒付及违约金等10.58亿元，约谈2980家，通报批评2045家，限期改正4393家，暂停医保462家，解除医保89家，移交司法机关5家，移交纪检部门85例，主动曝光1405例。处理参保人违法违规904例、1055人，对欺诈骗保行为形成震慑，增强医药机构规范使用医保基金的法治意识。

开展打击“三假”专项治理　通过开展全省打击“三假”专项治理，处理两定机构2791家，其中，假病人1119家、假病情1511家、假票据248家。追回医保基金、行政处罚、拒付及违约金等共1.23亿元，通报批评1140家，限期改正1465家，暂停医保328家，解除医保33家，移交司法机关45家，移交纪检部门120例，主动曝光925例，有力整治“三假”等侵害群众医疗保障利益的腐败和作风问题。

“两试点一示范”建设成效初显　孝感市、襄阳市、荆门市国家医保基金监管“两试点一示范”建设取得初步成效，其中孝感市国家基金监管信用体系建设试点被国家评估为“优秀”。

监管核查能力有力提升　健全省级抽查复核机制，省级按10%对举报线索予以复查，追回医保基金近1000万元。开展全省医保基金监管能力评估，17个代表队335人参加现场评估，历时48天现场查处8家医药机构违规金额总计2300余万元。

【医保发展规划】 科学编制湖北省医疗保障首个五年规划，以省政府办公厅名义印发《湖北省医疗保障事业发展“十四五”规划》，明确“十四五”时期参保覆盖、基金安全、保障程度、精细管理、优质服务5个方面的15项主要发展指标，提出健全多层次医疗保障体系、优化医疗保障协同治理体系、筑牢医疗保障管理服务体系“三大体系”。

【药品耗材集中采购】 减负降本取得成效　药耗集采减负降本成效显著，全年共计减轻群众看病负担约50亿元。牵头19省(自治区、直辖市)联盟开展中成药集采，97家企业、111个产品中选，平均降幅42.27%，最大降幅82.63%。

全面落地实施国家组织药品耗材集采结果　国家组织第四批、第五批集采的107个药品在湖北全面落地，平均降幅62%，概算节约全省患者药品负担约10亿元。执行国家组织冠脉支架集中带量采购中选结果，价格从1.3万元下降至700元左右，预计节约医疗费用近3.2亿元。

开展省级药品耗材集采　委托武汉市医疗保障局组织开展全省首批33个抗生素类药品集中带量采购工作，最高降幅96.24%，平均降幅37.94%，节约患者费用约3.5亿元。参加河南、广东、河北等省份牵头组织的骨科创伤类、超声刀头、冠脉药物涂层球囊、吻合器、口腔耗材等常用种类高值耗材省际联盟集采。其中，骨科创伤类医用耗材集采结果于2021年1月起执行，平均降幅88.65%，预计减轻群众负担约8.22亿元。

落实集采医保基金结余留用政策　省医疗保障局与省财政厅联合印发《关于国家和省组织药品集中采购中医保资金结余留用的实施意见》，组织国家集采第一批、第二批医保资金结余留用的考核，促进公立医疗机构改革，提升医疗机构和医务人员参与药品集采购改革积极性。

规范药品采购准入挂网　实现所有药品按标准分类纳入准入挂网及动态管理，切实保障公立医疗机构药品正常供应和使用。及时将原研药、通过一致性评价药、妇儿急抢救药、医保目录药及国家医保谈判药等2103个质优价廉药品纳入省级挂网目录，进一步增强药品可及性。

【医药服务管理】 实施国家新版药品目录　全面实施国家2020年版药品目录，目录内药品总数2800种。2021年12月1日起将原过渡期232

种药品一次性全部消化完毕，实现国家药品目录全省统一。

落实国家医保谈判药品“双通道”政策　通过定点医疗机构和定点零售药店两个渠道，打通谈判药落地“最后一公里”，明确要求国家医保谈判药品的职工医保报销比例不低于65%，城乡居民医保报销比例不低于50%，药品不单独设定年度支付限额，一并计入医保基金年度最高支付限额计算，进一步提高待遇水平，有效减轻群众费用负担。

完善医保支付管理　探索开展医保支付标准试点工作，采取国谈、集采、“两非”（非国谈、非集采）分类原则，对不同类型药品品种进行分别测算，共计26个品种、34个品规试点药品确定医保支付标准。落实诊疗项目动态调整机制，确保新增诊疗项目及时纳入医保，满足患者用药需求，有效减轻患者费用负担。

【医保公共服务】　深入推进医保领域“放管服”改革　扎实推进“高效办成一件事”，深入开展医保行风建设，全省28项医疗保障经办政务服务办理标准和服务流程进一步规范优化。“医疗费用报销”一事联办全面推广，办理时限从过去最多60个工作日压缩至15个工作日；跑腿次数从最多跑6次到最多跑1次；办理环节较过去精简2个，办理材料减少9份，实现报销“一表申请、一次办好、一网通办”。

完善异地就医直接结算服务　全省实现普通门诊费用跨省直接结算全覆盖，支持门诊费用直接结算的医疗机构超660家、异地就医定点药店超760家。孝感市开通高血压等5个门诊慢特病费用跨省直接结算。全省异地就医住院直接结算73.29万人次，医疗总费用176.34亿元。异地就医门诊费用直接结算4.13万人次，医疗总费用1061万元。所有市（自治州）实现异地就医网上备案“跨省通办”，提供“零跑腿”“不见面”等线上备案服务，宜昌市率先实现异地就医自助备案，群众看病就医更加便捷。

健全经办服务体系　在咸宁市咸安区、赤壁市和荆州市公安县开展基层医保经办服务能力建设试点，彻底实现横向到边、纵向到底、全面覆盖的县乡村一体化医保经办服务网络。开展在鄂央企医保经办服务，10家在鄂央企医保于1月1日起正式纳入省本级管理。

推进医保信息化标准化建设　12月底，国家医保信息平台在全省全面上线，全省每天结算超过70万人次，截至2021年底全省在新平台累计结算9468万人次，累计医疗费用529.46亿元，累计基金支出291.58亿元。高标准完成国家医保业务信息编码贯标工作，15项编码标准全面贯标应用。开通全省医保电子凭证激活落地应用服务，累计激活用户超1890万人，累计使用980万人次。

重要活动

1. 全省医疗保障工作会议召开。3月23日，全省医疗保障工作会议在武汉市召开。会议总结2020年全省医疗保障工作，分析全省医疗保障面临的新形势，安排部署2021年医疗保障工作任务。

2. 开展湖北省医保基金监管集中宣传月活动。4月，全省启动医保基金监管集中宣传月活动。以《医疗保障基金使用监督管理条例》为重点，周密动员部署，广泛开展宣传，深入推进“清零行动”，追回基金、行政处罚金额合计6911万元，限期整改219家，暂停医保16家，解除医保3家，移交司法3家，通过媒体网站曝光案例73条。

3. 承担国家医保基金飞行检查。7月，组织56人专业人员，协调省卫生健康委员会派出专家11人，查实海南省某三甲医疗机构和1家基层经办机构有关违规问题。

4. 湖北、湖南、江西三省医疗保障局签署省际协商合作备忘录。7月15日，湖北、湖南、江西三省医疗保障局在武汉市共同签署《长江中游城市群医疗保障部门省际协商合作备忘录》，推动建立医保协同联动机制，促进区域医保待遇水平趋同化、规范标准统一化、公共服务均等化。

5. 本省医保支付方式改革国家试点城市全部实现实际付费。9月28日，区域点数法总额预算和按病种分值（DIP）付费国家试点工作在荆州市实际付费。至此，本省武汉市DRG（按疾病诊断相关分组），宜昌市、荆州市DIP医保支付方式改革国家试点城市全部实现实际付费。

6. 全省医保基金监管核查能力建设现场评估工作正式启动。10月25日，全省医疗保障基金监管核查能力建设现场评估工作在仙桃市正式启动。

7. 湖北率先实现国家基本医保药品目录省内统一。12月1日起，全面完成省级增补医保药品消化工作，率先实现国家基本医保药品目录在省内统一，并发文明确2022年1月1日起统一执行国家2021版医保药品目录。

8. 湖北牵头19省组成省际联盟，共同开展中成药集中带量采购。12月21日，湖北召开中成药联盟集采信息公开大会，采购目录分为17个产品组，157家企业、182个产品参与集采。97家企业、111个产品中选，中选率62%，平均降幅42.27%，最大降幅82.63%。

9. 湖北省医疗保障信息平台在全省医保系统上线运行。12月31日，湖北省医疗保障信息平台在全省医保系统上线运行。

典型案例

案例一：湖北牵头19省份联盟开展中成药集中带量采购

2021年，湖北牵头19省份联盟首次开展中成药集中带量采购，97家企业的111个产品中选，中选率达62%，拟中选价格平均降幅42.27%，最大降幅82.63%。根据19省联盟年度需求量测算，预计年度可节约药品费用超过26亿元。此次联盟集采，通过创新竞争规则，解决中成药集采难点，为全国中成药集采工作的开展提供可借鉴可复制经验。

【积极探索开新局】 中成药“独家”产品多、集中度高，无法用一致性评价作为质量评价体系，是集采改革中的难点。随着国家组织化学药品集采工作不断深入、成熟，开展中成药大规模集采势在必行。湖北牵头负责此次中成药联盟集采工作，以中医药理论体系为指导，以国家药品集中采购规则为基础，以全国中成药采购数据分析为突破口，充分考虑集采质量评价难、议价难、竞价难等难点，探索出符合中医药发展规律、符合中成药特点和独特属性的集中带量采购模式，建立全国首个中成药联盟采购机制，获得联盟省份的积极响应，2.4万多家医疗机构参与报量，采购规模近百亿。

【四方会商解难题】 针对中成药集采中的疑难争议问题及集采后可能出现的问题，湖北省医疗保障局进行周密筹备，在实地调研和大数据分析的基础上，召集医疗机构临床专家、药学专家、高校及行业政策专家等召开研讨会10次，与省经济和信息化厅、卫生健康委员会、市场监管局、药监局、公共资源交易中心举行联席会议三次，深入研讨论证集采目录和规则。召开企业沟通会三次，接受处理申投诉15条，充分交流并听取企业意见和建议。政府管理部门、医疗机构、医药企业和第三方专家，多方研讨形成集采方案和文件，提高方案设计的科学性、可行性和有效性。

【善定规则促竞争】 科学分组　科学合并分组竞价，遵从中医药辨证施治原则，结合现代医学诊疗实际，对功能主治相近的中成药，形成合并集采、分类施策的工作思路。本次集采对公立医疗机构用量大、采购金额高的中成药进行分类归集，采取分类施策、一类一策办法，将76种中成药采购目录分为17个产品组进行竞价。在同产品组内，按采购金额占比形成A、B两个竞争单元，防止出现“劣币驱逐良币”问题。

比价标准　以代表品报价比较自身降幅，作为竞价的可比标准。中成药剂型繁多、规格繁杂、含量繁多，无法形成类似国家集采中“单位可比价”的概念。本次集采，创新提出以历史采购金额最大为标准确定报价代表品，以自身降幅作为竞价标准的方案，让企业充分考虑原材料、工艺等生产成本，既促进价格的下降，又避免唯低价中标。设置中位降幅为议价标准，防范降价惰性。

【着眼保障长规划】 湖北高度重视中医药的运用和研究，支持中医药事业高质量发展。本次联盟集采，着眼疫情防控和产业发展“双促进”，做到用药需求和药品质量“双保障”。综合采取竞价议价中选和低价增补中选规则，在促进价格合理下降的同时，确保大部分主流药品的中选，中选产品剂型规格齐全。从中选结果来看，临床使用的主流产品和新冠肺炎诊疗方案推荐用药大多中选，有效满足临床和常态化疫情防控用药需求。采用“降幅＋技术评价”模式，进行全方位考量，破解无质量评价体系难题。申报企业综合得分由价格竞争与技术评价得分共同构成。技术评价体系包括质量评价、信用评价、工信部医药排名评价、市场采购量四项评价标准。通过设置质量问题“一票否决”指标（即申报企业填报的产品在省级及以上药监部门生产环节质量抽样检测中存在不合格情况，技术评价得分为零），促使企业进一步重视生产质量。

案例二：十堰市扎实推进巩固医保脱贫攻坚成果衔接乡村振兴

2021 年，十堰市全力推进巩固医保脱贫攻坚成果有效衔接乡村振兴战略各项工作，确保年底国家脱贫攻坚后评估医保“零”失分，医保脱贫攻坚衔接乡村振兴战略政策调整过渡平稳。

【巩固脱贫成果】 抓巩固　毫不松懈抓参保，将参保率纳入市委对县（市、区）考核，全市脱贫人口参保率 100％。投入不减抓参保，脱贫人口参保补贴率 100％，全市补贴总额 8862.92 万元，人均 100 余元。保持政策稳定抓待遇，脱贫人口县域内政策范围内报销比例达 92.62％。

建机制　对因病因灾返贫人员建立动态监测和救助闭环。村组统计上报乡村振兴部门汇总反馈给医保部门，医保报销后个人自付费用仍在 1 万元以上人员反馈给乡村振兴部门，乡村振兴部门再交由各县（市、区）政府采取低保、防贫保险、民政救助等办法解决。2021 年乡村振兴部门共反馈给市医疗保障局动态监测的边缘易致贫户、突发严重困难户和脱贫不稳定户共 4.29 万人，其中存在致贫返贫风险户 2.7 万人。经“基本医保＋大病保险＋医疗救助”三位一体保障后，个人自付总费用在 1 万元以上的共有 2184 人，费用合计 4138.97 万元。市医疗保障局及时将人员清单反馈给市乡村振兴局组织其他救助。

兜底线　聚焦重特大疾病人员实施靶向施策、精准救助。2021 年享受重特大疾病医疗救助累计 31034 人次，医疗救助资金和扶贫补充险合计支出 6185.29 万元，有效解决特殊群体因病致贫返贫问题。持续加大医疗救助财政投入。市政府下发《关于健康扶贫补充医疗保险政策问题会议纪要》，要求各县（市、区）人民政府要按照每人每年不低于 300 元的标准，继续为脱贫人口购买补充医疗保险，确保救助资金充足。

【确保政策平稳过渡】 调研细化政策　湖北省医疗保障局关于巩固拓展医疗保障脱贫攻坚成果有效衔接乡村振兴战略的实施意见印发后，市医疗保障局会同乡村振兴部门深入调研，对操作层面进行细化，对取消的脱贫攻坚期的倾斜政策进行具体化，对省授权市（自治州）自定标准事项明确化，提请十堰市政府出台《十堰市关于实现巩固拓展医疗保障脱贫攻坚成果有效衔接乡村振兴战略的实施办法》（以下简称《实施办法》）。

加强内部管理　《实施办法》经市政府审定下发后，市医疗保障局协调工程师在医保新系统调整到位，组织各县（市、区）医保业务骨干培训、测试到位，指导各医疗机构、服务窗口对接到位，确保 2022 年 1 月 1 日正式上线运行，确保待遇结算不受影响。及时组织系统内政策解读和培训，要求城乡居民医保经办人员对新政策讲得清、道得明。

做好政策解释　通过各种媒体发布政策调整公告。利用微信公众号、QQ 工作群、微信朋友圈等网络平台广泛宣传新政策。制作宣传手册、展板、公示栏，利用广播电视、村村通广播、手机短信等新媒体，不间断播放、推送信息，让城乡居民参保人员最大限度了解新政策。在村委会和县、乡医保经办窗口加强面对面宣传，现场答疑解惑，配发宣传彩页，方便群众查阅咨询。

部门联动宣传　部门分工负责，守好各自舆论阵地。医疗保障、卫生健康、乡村振兴、民政等相关部门通力合作，确保服务窗口、定点医疗机构、平面媒体宣传全覆盖，确保工作人员人人知晓。

强化医保服务　下沉服务事项，增加乡镇医保经办人员力量，推进医保 15 分钟服务圈建设。政策调整以来，新政策平稳落地，顺利实施。

【规范医疗服务管理】 规范执行政策　政策调整前，叠加保障刺激脱贫人口住院消费需求，住院率一度达 40%，高于普通人群 15 个百分点。政策调整后，全市实施“五个严控”，即严控住院率、严控县外转诊率、严控医疗费用增长率、严控政策外医疗费用占比、严格落实先诊疗后付费，促进就医秩序规范，脱贫人口就医趋向地市级大医院的情况有所改观。

重点控制住院率　各定点医院严格把握脱贫人口出入院标准，能在门诊治疗的患者和预防性治疗的患者不收入院，达到出院条件的患者及时办理出院手续，严禁挂床住院、分解住院。对脱贫人口住院率明显高于普通人群的县（市、区），定期研判，完善措施，将脱贫人口住院率控制在合理范围。

严格落实分级诊疗　严格控制县域外转诊，县域内就诊率达 90% 以上。省域内就诊未按要求办理转诊手续、不在指定定点医院诊治的，不享受倾斜救助政策。严格控制政策范围外医疗费用支出。

协同加强综合管控　通过加强医疗服务管理、深化医保支付方式改革、开展打击欺诈骗取医保基金专项行动等措施，医保基金支出较快增长的势头得到遏制。全市实行按病种分值付费(DIP)结算办法，全年基金支出预计较同期下降 3 亿元左右，定点的三级医院里住院费用降幅达 14.4%。

案例三：荆门市扭住四个关键环节 聚力做实市级统筹

2020 年 9 月 1 日，荆门市城乡居民医保市级统筹工作准时按下“启动键”。医保部门全力落实，税务财政聚力协作，紧紧扭住资金上解、收支管理、基金安全、考核兑现等四个关键环节，确保城乡居民医保市级统筹工作落地见效。

【抓统筹调度，督促资金上解】 宣传发动先行，打消基层顾虑　基金由县管变为市管，实行市级统收统支，是做实市级统筹的重要标志，也是一些县（市、区）消极应对的最大“症结”。为杜绝市县之间责任缺失、推诿扯皮，市主要领导召开专题会议，先行统一县（市、区）政府一把手思想认识。强调市级统筹不是大包大揽，更不是责任上交，基金统一使用管理虽在市级层面，但仍实行谁收谁支、谁结余归谁用，县（市、区）还是参保扩面、基金征缴和监管、两定机构管理等工作的责任主体，打消县（市、区）“有责无权、有事无钱”的思想顾虑，澄清“事不关己、高高挂起”的模糊认识。

归集历年结余，走好做实第一步　归集各县（市、区）历年居民医保结余基金，是全面做实市级统筹的第一步。市长专题会议上，要求县（市、区）政府一把手人人现场表态，2020 年 9 月 1 日前，必须将历年结余基金上解至市级财政专户，定期存款到期一笔上解一笔。针对历年累计结余出现赤字和挤占居民医保基金的问题，由各县（市、区）政府自主筹集资金，填平补齐赤字，归还挤占基金，严禁将赤字带到新的市级统筹制度中。正式启动前，各县（市、区）除定期存款 1.8 亿元暂未到期外，全市共上解历年结余基金 9 亿多元。

边运行边完善，畅通上解渠道　实施之初，荆门市规定，县（市、区）征收的保险费，先划入当地财政专户，再按月上解市级财政专户。实际运行中，个别地区擅自坐支当期收入，导致其他地区跟风效仿。为此，市医疗保障局会同市税务局、市财政局紧急协商，争取市人民银行支持，将县（市、区）征收的保险费直接划入市级财政专户，不再经由县（市、区）财政专户，既畅通上解渠道，又提高基金上解效率。

【抓工作机制，强化收支管理】 只增不减分任务　每年9月至12月，是下年度城乡居民集中参保缴费的窗口期，保费征缴的多少直接影响到基金的可持续性。市医疗保障局按照征缴任务"只增不减"的原则，在充分征求县（市、区）意见的基础上，制定分配城乡居民参保人数、医保费征缴和地方配套资金等目标任务，并以市政府文件下发各地执行。

压实责任抓征缴　将扩面征缴任务层层分解到乡镇、街道、社区和村，压实各级责任，引导城乡居民按时续保缴费，确保应保尽保、应收尽收。

严格计划保平衡　县（市、区）将全年基金支出额度，按住院统筹、门诊统筹等项目及类别进行细化分解，形成年度支出计划，报市政府批准后，按季申请、按月拨付。县（市、区）支出计划一经批准，严格遵照执行，严禁滥开口子、随意搞变通，以"刚性"支出计划保证基金收支平衡。

【抓政策配套，筑牢安全防线】 完善分级诊疗制度　市政府出台《关于进一步完善分级诊疗制度的意见》，严格执行分级诊疗、双向转诊规定，并充分发挥医保基金调剂作用，建立梯次起付标准杠杆机制、拉开医院报销比例利益引导机制、违规转诊医保支付惩罚机制、突破目录收治病人扣款机制，引导参保人员合理有序就医。

统一全市定额分配　统一全市医保总额控制办法，严格按照实际服务量和实际发生费用，科学合理分配一级、二级、三级和市、县两级医疗机构医保基金预算定额，做到定额分配全市"一盘棋""一本账"，革除医保基金"肥水不流外人田"的老观念，打破市、县分离的"老框框"。

强化医保稽核查处　坚持凡付费必稽核，寓稽核于平时、扣款于平时，倒逼医院增强自我控费意识。对欺诈骗保行为依法打击，该扣款的，坚决扣款；该暂停定点服务协议的，坚决暂停；该取消定点服务资格的，坚决取消；该移交纪检监察和司法机关的，坚决移交，常态化保持医保反欺诈高压态势。

【抓考核兑现，保证行稳致远】 设立考核机制　建立市级统筹综合目标考核工作机制，按年度对各县（市、区）基金征缴、配套补助和工作绩效等进行考核，激励各县（市、区）抓好工作落实。

调整支出预算　对超额完成征缴目标任务的，相应提高当地下年度支出预算总额；对未按时足额完成征缴目标任务的，相应核减当地下年度支出预算总额。

补足基金缺口　对完成年度征缴目标任务的，当年基金出现收支缺口的，由做实市级统筹前当地历年结余补齐；当地历年结余不足以弥补缺口时，由市级统筹结余与当地按7∶3分担；市级统筹结余仍不足时，由市级财政与当地按3∶7分担。

压实属地责任　对未严格执行缴费政策或未按规定安排补助资金等情形造成的基金收支缺口，由当地政府负责追缴补齐；因被核减支出预算导致的基金收支缺口，由当地政府承担。

案例四：黄冈市推动高效办成一件事

2021年，黄冈市医疗保障局以"高效办成一件事"为目标，进一步减环节、减审批、减时限、减跑路，全面提升医保为民服务时效和能力，努力为人民群众提供优质、便捷、高效的医疗保障服务。

【提升医保经办服务质效】 减时限，经办速度提档升级　28个医保经办服务事项，承诺办理时限比法定时限缩短65%以上。其中，慢性病申报评审由原来一年两次，缩短为9个工作日内审批一次；门诊、住院费用报销由法定时限30个工作日缩短为9个工作日内办结；医保关系转移接续手续办理由法定时限20个工作日缩短为10个工作日内办结。

新机制，高效联动提效能　针对流程繁琐、涉及多部门审批的事项加强沟通、信息共享、再造流程、精减环节。新生儿在定点医疗机构即可进行"办理出生证明—上户口—参保缴费—医保报销"的"一窗办理""一事联办"；原涉及公安、税务、医院、医保等多部门来回跑的烦心事"秒批"办结；单位、职工、城乡居民参保登记、参保信息查询、异地安置退休人员备案、异地转诊人员备案等14个高频事项可“即来即办”。

新举措，打造便民惠民快捷通道　女职工产前检查费及生育津贴“免申即享”，检查补助费用和生育津贴不需企业和个人跑腿，直达个人和企业账户。自实施以来，全市享受待遇 6880 人次，共计支付待遇金额 7586.94 万元。实行“互联网＋医保”经办服务，为每个参保单位配备一名专职“服务员”，参保单位业务“一分钟办结”。实行“局长窗口坐班制”，每周一上午一名市医疗保障局领导在窗口现场办公，就地就近解决问题。

【精简优化办事程序】　开设异地就医“直通车”　进一步减轻参保人员跨省（市）异地就医办事负担，参保群众只需通过国家医保局异地就医备案小程序、“鄂汇办”App、电话、微信等方式办理异地就医备案手续，住院时费用由医保先行垫付后内部清算，出院时直接刷卡报销，实现从线下到网上直接办的转变。全市 11 个县（市、区）全面实现异地就医门诊直接结算，本市、外地参保群众无需办理备案手续，持社会保障卡即可在异地定点医疗机构进行门诊费用结算。

开设经办服务“掌上办”　市医疗保障局微信公众号“黄冈医保”与“鄂汇办”App 完成对接，实现医保事项网上办理，可实时查询个人账户收支明细、药品目录、医保缴费、定点药店等 12 事项，可办理异地安置退休人员备案、常驻异地工作人员备案、异地转诊人员备案等业务功能 8 项。2021 年 2 月，黄冈市正式启动医保电子凭证激活推广工作，该凭证不依托于实体卡，参保人员可以直接通过国家医保服务平台 App 或者微信、支付宝，自助进行人脸识别认证后激活使用，即用于挂号就医、药店购药、费用结算等医保全流程业务场景。自 2021 年 12 月医保新信息系统上线以来，医保电子凭证开通范围覆盖全市 67％的定点医疗机构，共 238.54 万人激活医保电子凭证，黄冈医保业务办理和结算进入无卡“码时代”。

开设费用报销“一单制”　改造医保信息系统、设立综合服务窗口、规范流程运作模式，参保人可直接在医疗机构实现一人一窗一卡一次结毕，系统自行审核参保人员身份类别，自动对应医保待遇，出院只需交齐个人自付部分即可，各类费用金额一张结算单一目了然。参保群众在县域内住院，结算实现基本医保、大病保险、医疗救助三重保障“一网一窗一次”应报尽报。无需往返医保、商保等多部门，实现“一单制”结算。2021 年全年，全市参保群众通过“一站式”结算 172.19 万人次，报销 45.51 亿元。

【零障碍服务提升群众获得感】　牵头推动医保服务“跨市通办”　6 月 29 日，主动联合武汉、黄石、鄂州、孝感 4 市签署医疗保障服务事项战略合作协议。城乡居民参保登记、异地转诊人员备案等 7 个事项实现“跨市通办”。

全力打通群众办事堵点　取消重复证明、循环证明 4 项，取消和下放行政审批事项 2 项；全国首创零售药店定点“先准入后评审”，第一批 15 家药店从申报到签约仅用 5 个工作日；特殊慢性病门诊病种评审新政实施以来，全市约有 12000 余人通过审批享受待遇。

为特殊群体排忧解难　降低肿瘤患者费用负担，将 80 种癌症患者所需的特殊药品纳入医保支付范围。黄州城区新增 12 家特殊慢性病药店和 2 家新特药药店，打造 5 分钟购药圈，特慢病患者购药更为便捷。为高龄人群提供特殊照顾，主动上门服务，单独设立服务窗口等。

案例五：黄石市开展“三假”行为专项治理

2021 年，黄石各级医保部门展开“三假”（假病人、假病情、假票据）专项治理，全年核查涉嫌违法违规违约问题线索 459 条，涉及违规申报的医保基金 1.93 亿元（其中市本级 1.75 亿元）；查处“三假”案件 293 件，追回（拒付）违规使用的医保基金及处罚金额共计 2.07 亿元。

【严密工作体系】　优化工作体制　提请市政府成立以分管市长为组长的黄石市打击欺诈骗保工作领导小组，横向会同公安等六部门建立医保综合监管协同工作机制，纵向推动形成市医疗保障局统一指挥、县（市、区）医疗保障局各负其责的一体化监管运行格局。

创新工作机制 学习借鉴全省医保基金监管核查能力建设现场评估工作经验，建立监管主体多元化、监管方式多样化、监管手段多种化的现代综合监管机制，明确基金使用过程中医保行政部门、经办机构、定点医药机构、承保商保公司的“四方责任”，实行重大疑难案件执法机构、业务部门、经办机构和法制机构“四方会审”，案件办理采取扣除申报数据、追回违规资金、实施行政处罚和移送公安纪检部门“四种形态”处理措施。

【严格监督检查】 *日常监管全覆盖* 全市各级医保部门按照属地管理原则和事权划分规定，完成对全市1200余家定点医药机构年度现场检查全覆盖。

多发问题专项查 针对肾透析等项目违规收费多发易发问题，组织专班集中一个月时间开展专项核查。为做好医保基金征缴“源头化”监管，组织开展事业单位职工医保缴费基数专项核查，查实2家学校、2家公立医院共少缴职工医保费500多万元。

重点问题督导查 会同派驻纪检组开展一对一督导；市医疗保障局领导带队对各县(市、区)医疗保障局及部分定点医疗机构进行督查，共发现问题25个，下发5份整改通知书，召开两次检查通报会。

【立足长效监管】 *夯实基础制度* 市医疗保障局提请市政府发布继续有效的医疗保障领域规范性文件38件，创新出台黄石市医保基金预算清算工作规则、医疗保障领域违约违规违法(“三违”)行为分类管理清单等制度，建立医保行政管理、稽核执法和经办服务协同机制及案件移交办理工作制度，不断健全医保监督管理制度。

加强政策宣传 以开展医保政策宣传月为契机，印制发放医保参保缴费、待遇管理、医药服务和基金监管政策宣传资料20余万份，发送手机短信34万余条。曝光2批次12例违规使用医保基金案件，持续做好查办案件“后半篇文章”。

保持高压态势 坚持“无禁区、全覆盖、零容忍”，每季度谋划开展一个方面主题的专项整治工作，做到全年专项整治不停歇，确保打击欺诈骗保永远在路上。

案例六：潜江市奋力谱写信息化建设发展新篇章

2021年，潜江市医疗保障局抢抓机遇，于9月27日成功上线国家医疗保障信息平台，完成15项医保信息业务编码标准贯标工作，普及应用医保“普通话”，加强医保电子凭证推广应用，构建网络基础设施和数据安全防护体系。

【筑牢信息化建设组织保障】 *组建专属机构* 2019年8月，从全系统抽调熟悉政策业务、网络管理、数据库管理的专业技术人才，组建市医疗保障信息中心，具体承担医疗保障系统信息化规划、建设和发展工作。

成立领导小组 2020年10月，成立由市医疗保障局局长任组长，局党组成员任副组长，机关各科室和中心负责人为成员的领导小组，统筹、协调信息化建设工作。

【“三化”推动信息化建设】 *接口规范化* 市域内810家定点医药机构，全部按照规范完成本机构信息系统的接口改造工作；同时将定点医药机构的硬件设备、网络接入方式及宽带等要求写入服务协议。

数据安全化 实现经办网络与互联网的物理隔离，对所有接入网络的终端进行IP地址和MAC地址绑定，购置防火墙、综合威胁探针、入侵防御、终端安全及防病毒服务器等硬件设备，有效杜绝网络安全事件发生。

工作制度化 先后制定《计算机使用管理制度》《信息网络安全管理制度》《系统权限管理制度》等规章制度。新平台上线后，制定《业务需求上报工作制度》，对各类需求进行全程跟踪管理，认真分析政策规定，严格把控业务流程。

【打赢新平台上线攻坚战】 *高质量完成业务编码贯标* 在省医疗保障局的全程指导协助下，市医疗保障局成立两个贯标工作组，加强与定点医药机构沟通办调，按时完成15项业务编码贯标，并顺利通过验收。

做好汇聚点接入工作 定期组织召开专题会议，统一医保网络接入方式、接入带宽及故障抢修

时限，明确运维保障范围和责任边界，并在规定时间内全量接入汇聚点。

开展业务实操培训　加强内部协调配合，认真分析梳理各子系统模块功能和经办人员权限，制定实操培训计划，分四个批次对所有经办人员进行实操培训，提升其新平台操作能力。

做好应急处置工作　针对新平台上线初期系统功能不完善、数据质量不高、运行不稳定等方面的问题，市医疗保障局成立五个工作专班，制定工作预案，及时处置各类突发事件，将矛盾化解在基层；与税务、民政等部门建立部门联席机制，整体联动，横向沟通，有效解决参保缴费和待遇享受问题。

【打造高效便民医保经办服务】　力推医保电子凭证激活和使用　将医保电子凭证激活推广列为“为群众办实事”项目，组织召开培训会、招募推广志愿者、设置激励活动等方式，推广医保电子凭证激活和使用。截至2021年底，全市共激活30.8万人，激活率37.07%。

创建“潜江医保”微信服务号　参保群众可通过该微信号进行政策咨询、业务查询、异地就医备案、激活医保电子凭证等操作，截至2021年底，累计推送各类医保资讯230余条。

开通医保政策服务热线　在非工作时间通过IVR智能导航系统，自动引导拨打电话的群众进行政策咨询，实现24小时不间断服务，得到参保群众的一致好评。

湖南省

工作综述

2021年,湖南省医疗保障部门坚持以人民为中心,以“制度建设年”为主线,统筹疫情防控和医保事业发展,服务管理继续提质增效,群众待遇逐步改善,基金安全可持续,实现“十四五”良好开局。截至2021年底,全省基本医疗保险参保人数达6748.66万人,比上年增加16.84万人。职工基本医疗保险1025.20万人,其中,在职职工712.94万人,退休人员312.26万人,在职退休比2.28∶1;城乡居民基本医疗保险参保5723.46万人。

【基金运行稳健】 截至2021年底,全省职工医保单位缴费基数4045.38亿元,同比增长8.65%,单位缴费费率8.00%,个人缴费基数3708.11亿元,同比增长9.34%,个人缴费费率2%。人均缴费基数4370元/月,比上年增加192元。2021年全省居民医保个人缴费标准280元/人,财政补助标准580元/人,均比上年增加30元。

职工基本医疗保险　全省职工医保(含生育保险)基金总收入(不含上解、下拨收入,支出同)453.22亿元,同比增长8.89%,其中,统筹基金276.13亿元,个人账户基金177.09亿元。职工医保(含生育保险)基金总支出347.92亿元,同比增长2.37%,其中,统筹基金200.46亿元,个人账户基金147.46亿元。当期结存105.30亿元,基金累计结存767.39亿元。其中,统筹基金373.01亿元,占48.60%;个人账户基金394.38亿元,占51.40%。

城乡居民基本医疗保险　全省城乡居民医保基金总收入(不含上解、下拨收入,支出同)502.80亿元,同比增长5.04%,基金总支出458.30亿元,同比减少0.43%,当期结存44.50亿元,基金累计结存293.10亿元。

生育保险　全省参加生育保险652.77万人,比上年增长3.00%。享受各项生育保险待遇29.12万人次,比上年减少1.34万人次,减幅4.40%。其中,享受生育医疗待遇人次22.39万人次,生育医疗费用7.42亿元,平均生育医疗费3313.98元/人次;享受生育津贴6.73万人次,发放生育津贴15.23亿元,平均生育津贴22630.01元/人次。

【完善多层次医疗保障体系】 建立医疗保障待遇清单制度　落实国家统一部署,依法设立基本制度,2021年11月5日出台《湖南省医疗保障待遇清单制度》,严格决策权限,明确全省医疗保障待遇清单范围和决策层级。

巩固拓展医保脱贫攻坚成果助力乡村振兴战略实施　实现由集中资源支持脱贫攻坚向统筹三重制度保障平稳过渡。清理过度保障政策,加强因病返贫致贫风险监测。全省资助农村低收入人口600.65万人参加基本医疗保险,共支出11.34亿元,人均资助188.86元。基本医疗保险、大病保险、医疗救助三重制度累计惠及农村低收入人口就医357.39万人次,减轻医疗费用负担64.84亿元。

提高大病保险保障能力　统一大病保险合规医疗费用范围,适当提高大病保险支付比例,将年度补偿限额从30万元提至40万元,对困难群众实施起付线降低50%、报销比例提高5个百分点、取消封顶线等政策倾斜。

夯实医疗救助托底保障功能　统一规范全省医疗救助政策,对救助对象进行分类,实行参保资助、住院医疗救助、门诊医疗救助,建立再救助制度,防止发生因病返贫致贫。

做好疫情防控医疗保障工作　在保持基金收支平衡的同时,扎实做好新冠肺炎救治医疗保障工作和新冠病毒疫苗及接种费用保障。2021年全省医保系统累计结算疫苗费用47.05亿元、接种费用11.98亿元,两项合计59.03亿元。为有效提高新冠疫情检测效率,减轻群众新冠病毒核酸检测费用负担,分别于2021年2月、8月、11月三次对公立医疗机构新冠肺炎核酸检测(含试剂)费用进行调整,将单人单检费用降至40元以下,混检费用降至10元以下;将新冠肺炎抗体检测价格降至每人次25元以下。

推动基本医保与商业健康保险有效衔接　鼓励商业保险公司开发商业补充保险,鼓励将医保目录外的合理医疗费用纳入保障范围,推进多层次医疗保障体系建设。

开展长期护理保险制度试点　湘潭市建立170余人的评估专家库,确定36家长护险护理服务定点机构,享受待遇1100余人,基金支付600余万元。

强化“两病”门诊用药保障　开展深化“两病”门诊用药保障和健康管理专项行动,扩大城乡居民“两病”患者受益面。截至2021年底,全省参保患者“两病”就诊人数705.94万人,就诊1981.95万人次,共支出基金24.39亿元,综合实际报销比例67.84%。株洲市、郴州市被国家医疗保障局确定为“两病”门诊用药保障专项行动重点联系的典型地区。

【深化医药供给侧改革】　强化医保药品目录落地　119种国家谈判药品调入目录,平均降价50.64%。出台国谈药品“双通道”使用管理办法,将97个国家谈判药品纳入全省医保“双通道”管理范围,让群众更方便地买到降价后的“救命药”。

全面落实国家集采　全省如期落地执行五批国家集采药品218个,平均降价53%,并完成约定采购量。国家集采冠脉支架平均降价93%,全省执行中选结果顺利,已完成约定采购量185.87%。

推动全省带量采购常态化运行　省级层面,圆满完成部分高值耗材带量采购。吻合器类46个中选产品平均降幅90.51%,最高降幅96.05%,最高降价金额5520元;冠脉球囊类14个中选产品平均降幅77.17%,最高降幅94.06%,最高降价金额2963元。实施抗菌药物专项集采第二周期续约,104个中选产品平均降价15.9%,最高降幅60.98%。市州级层面,长沙市开展低值医用耗材及检验试剂集中采购,96017个中标价格平均降幅30%,最大降幅90%。湘西土家族苗族自治州对1256个骨科植入类高值医用耗材实行限价挂网采购,价格平均降幅达73.62%,最高降幅99.63%;启动低值耗材三明联盟限价采购,1786个品种价格平均降幅52.4%,最高降幅89.8%,全州公立医疗机构每年可节约耗材支出1.2亿元。衡阳市开展终末期肾脏病相关药品耗材集中带量采购,9个中标产品与省平台挂网价格相比,平均降幅53.34%,最大降幅78.21%。株洲市联合湘潭、邵阳、张家界、娄底、郴州、永州、怀化等市组成低值医用耗材带量采购联盟,6个品种中标价格平均降幅达72.7%。常德市开展两轮低值医药耗材集中采购,实现挂网产品全部降价。

积极参与组建省际联盟药品耗材带量采购　分别与重庆、陕西、河南等省份联合开展8批次带量采购,其中与重庆和陕西联采药品35个,平均降价50%;参与陕西省人工晶体联采,50个产品平均降价50%;参与河南等12省骨科创伤类耗材采购联盟,骨科耗材2万多个产品平均降幅88.65%。

分类实施药品挂网和价格联动　对3.6万个挂网药品进行规范清理和省际价格联动,将挂网药品数量精简至1.5万个,其中新增1700个通过一致性评价的优质药品,挂网药品总体降价25.15%;对912个带量采购非中选药品实施限价挂网,平均降价31%,全面实现挂网药品结构优化、价格整体下降。

【医疗服务价格调整】　建立医疗服务价格动态调整机制和监测评估制度　通过监测医疗机构人均门诊费用、人均住院费用、医疗收入增长、职工薪酬增长情况和医疗服务项目定价成本变化,确定医疗服务价格是否调整、如何调整。对在长沙的部省属医院350个基础医疗服务价格项目进行调整,其中,下调大型设备检验类项目284个,上调诊查、护理、注射、治疗类项目66个,价格上调幅度为40%—55%。

出台特需医疗服务项目价格管理政策　按照

"总量控制，备案管理"的思路，简化审核程序，实行项目价格市场调节，充分发挥临床学科专业优势，实现项目准入的专业化、标准化。开展第一批特需项目评估，新增22个特需医疗服务项目。

【推进医保支付方式改革】 省医疗保障局严格按照国家方案和进度要求，抓好动员部署、情况调度、专业指导、督导推进等环节工作，促进两项改革试点任务落实落地。湘潭市、郴州市于2021年6月1日起实现DRG实际付费。湘潭市在全国医保支付改革推进会上作典型经验介绍，顺利通过国家评估验收，被评为优秀。通过运行数据分析，湘潭市8家试点医疗机构平均住院床日减少1.31天，药占比和耗材占比同比下降1.44%和2.96%。常德市、益阳市、邵阳市3个国家DIP试点城市于2021年10月实际付费；长沙市启动以"价值医疗"为导向的三级康复治疗医保支付方式改革，建立医、康、护一体的全病程管理体系；怀化、岳阳启动DIP付费，衡阳启动DRG付费。

【加强医保基金监管】 *建立医疗保障基金监管飞行检查规程* 遵循依法依规、相对独立、客观公正、程序严谨的原则开展飞行检查，就飞行检查的启动条件、检查过程、现场复核、专家论证、结果处理等作出制度性规定。

全力开展打击欺诈骗保套保挪用贪占医保基金集中整治 联合发展与改革、财政、卫生健康等16个部门，紧紧围绕定点医疗机构、定点药店、参保人、经办机构、医药企业、政府部门等六大整治重点，全面摸清经办机构、定点医药机构及参保人底数；对自医保部门成立以来飞检、审计、巡视（巡察）、信访、案件5个方面13576个问题进行全面起底，移送问题线索667条。针对集中整治发现的风险和问题，在立行立改的基础上，把整改成效固化到制度建设上来，通过建章立制进一步防风险堵漏洞。2021年，全省检查定点医药机构27568家，处理15971家，追回医保基金（含处罚）9.11亿元；检查发现参保人员违法违规498人，追回医保基金（含处罚）471.77万元。

创新医保基金监管方式 深入推进基金监管"两试点一示范"，全省三个国家试点城市在国家医疗保障局总结评估中获得两个优秀。长沙市医疗保障局联合公安、第三方信息公司以大数据分析等手段，全面实时排查医疗机构涉嫌欺诈问题。湘潭市大力推进医保智能监控国家示范点建设，实现对定点医疗机构智能审核、远程查房全覆盖，医院在床率明显提高，杜绝冒名顶替就医购药现象。

【多措并举提升经办服务水平】 *推动新的医保信息系统如期上线* 6月16日，核心经办系统在永州首先实现平台切换上线，11月12日，全省全面上线，实现职工和城乡居民医保信息系统整合、数据全省实时集中、定点医药机构一点接入。

扩大医保电子凭证激活应用规模 医保电子凭证激活量达2000万人，试点应用医药机构2万多家。依托医保电子凭证和移动支付平台，开展长株潭和省直医保个人账户异地药店消费清算试点，推进医保个人账户电子凭证全省通用。

推动经办服务提质增效 省医疗保障局对全省医保经办业务事项进行细化拆分，形成全省统一的45个业务办理项，推进政务服务"三化"攻坚行动，全面提升全省医保政务服务标准化、规范化和便利化水平。

推进门诊费用跨省结算 按照国家统一部署，出台《湖南省门诊费用跨省结算实施办法》，明确服务范围、备案管理、就医管理、门诊费用结算、稽核监督等具体细则。全省15个统筹区全部实现门诊费用跨省直接结算，12个统筹区提前实现每个县至少一家定点医疗机构实行普通门诊跨省直接结算。

重要活动

1. 省"十四五"医疗保障规划座谈会召开。 1月13日，湖南省"十四五"医疗保障规划座谈会召开。会议围绕处理好保障和持续、管理和服务、统筹和创新、治已病和治未病、医保自身和外部协同联动的关系，针对医保的筹资、待遇、支付、监管等重大问题，以及医保事业发展的短板，进一步对规划修改论证。

2. 全省卫生健康和医保工作电视电话会议召开。2月3日上午，省医疗保障局、省卫生健康委员会联合召开全省卫生健康和医保工作电视电话会议，总结2020年工作情况，分析研判医疗保障面临的形势，研究部署2021年重点工作任务。

3. 省医疗保障局联合省卫生健康委员会集体约谈14家部省属公立医院。3月11日，省医疗保障局联合省卫生健康委员会召开在长沙的部省属公立医院2020年度医保基金全覆盖检查情况通报约谈会。

4. 全省《医疗保障基金使用监督管理条例》集中宣传活动启动仪式举行。4月16日，全省《医疗保障基金使用监督管理条例》集中宣传活动启动仪式在长沙举行。

5. 全省医保系统5个集体、17名个人受到全省脱贫攻坚总结大会表彰。4月30日上午，全省脱贫攻坚总结表彰大会在长沙举行。根据《中共湖南省委湖南省人民政府关于表彰全省脱贫攻坚先进个人和先进集体的决定》，全省医保系统有5个集体被授予"湖南省脱贫攻坚先进集体"称号，17名个人被授予"湖南省脱贫攻坚先进个人"称号。

6. 湖南省医疗保障局召开庆祝中国共产党成立100周年大会。6月24日上午，省医疗保障局召开庆祝中国共产党成立100周年大会暨党史学习教育专题党课。省医疗保障局主要负责同志出席会议并为全局党员干部讲党课。

7. 全省医保系统2021年半年工作总结暨医保基金专项整治工作部署会召开。7月28日，全省医保系统2021年半年工作总结暨医保基金专项整治工作部署会在长沙召开。会议对上半年全省医疗保障工作进行全面总结，对当前工作形势进行分析研判，对下半年重点工作和全省打击欺诈骗保、套保或挪用贪占医保基金集中整治工作进行安排部署。

8. 全省打击欺诈骗保、套保或挪用贪占医保基金集中整治工作推进会暨省级督导培训会召开。9月29日，全省打击欺诈骗保、套保或挪用贪占医保基金集中整治工作推进会暨省级督导培训会在长沙召开。会议通报前期集中整治工作情况，对推进"清廉医保"和集中整治工作进行督导部署，对相关督导细则进行解读培训。

9. 湖南省所有统筹区全部纳入国家统一的医疗保障信息平台。11月12日，国家医保信息平台在湖南省本级、长沙正式上线，标志着湖南省所有统筹区全部纳入国家统一的医疗保障信息平台。

典型案例

案例一：湖南省建立医保谈判药品"双通道"机制

2021年8月9日，湖南省医疗保障局出台全省统一的医保谈判药品"双通道"管理办法，从四个方面提升群众的医保获得感、幸福感、安全感。

【主要做法】 *在政策完善上更加注重"规范性"* 对标国家医疗保障局文件要求，在纳入标准、管理范围、支付标准、适用范围等方面做到规范统一。在纳入标准上，将原湖南省特殊药品管理政策的"治疗重特大（罕见）疾病药品、价格昂贵药品"，调整为《湖南省医保谈判药品"双通道"管理办法》的"临床价值高、患者急需、替代性不高"的药品。在管理范围上，由原特殊药品政策的商品名管理转变为"双通道"药品通用名管理模式，同通用名同医保目录剂型的药品按企业自愿申请的原则，经相关程序并确定支付标准后，纳入"双通道"使用管理范围。在支付标准上，严格按照国家药品支付标准的规定确定"双通道"药品支付标准。在适用范围方面，全省执行统一的"双通道"管理药品目录和支付政策，各地不得自行调整和变通，确保相关政策在全省范围内落实不走样。

在待遇标准上更加注重"统一性" 湖南省对"双通道"管理药品在定点医疗机构和定点零售药店实行统一的单行支付政策，住院结算时不纳入分段政策支付，实现参保患者住院、门诊和药店"双通道"药品医保报销待遇统一。将基金来源由原特殊药品政策的"大病保险基金支付"调整为"先由基本医疗保险统筹基金支付，超统筹基金年度支付限额后，由职工大病互助或城乡居民大病保险按规定支付"。取消之前年度12万元的药店购药医保支付限额，自付比例调整为"职工按70%、城乡居民按60%的医保报销比例"，大幅提高整体保障水平。

在经办服务上全面提高"可及性" 为全面提高参保患者就医购药便捷性，进一步优化责任医师制度，明确原则上为副高级及以上职称的医师（根据当地实际可放宽至主治医师）担任责任医师。明确各县（区）必须配备责任医师，并实现责任医师的区域互认。进一步扩大"双通道"药店范围，按照"宽进严管、有进有出、动态调整"的原则，确保县（市、区）地域内至少有一家"双通道"药店服务药品供应。鼓励定点医疗机构门诊开展"双通道"药品业务，患者取得用药资质后，可在参保地内各"双通道"门诊管理的定点医疗机构购药报销。优化协议管理，在服务协议中明确"双通道"药品相关费用不纳入医药机构总额控制和次均费用考核指标。推行电子处方管理，建立线上申报、审核及监管、电子处方流转、网上支付结算的"双通道"药品医保经办一体化平台，全方位改进患者在"双通道"药品方面的就医购药体验。

在政策落地上大力强化"协同性" 紧盯国家医保谈判药品落地的"堵点""痛点"，与有关业务部门加强沟通协调、增进密切配合，协力推进"双通道"政策落实落地。省医疗保障局与省卫生健康委员会联合发文，明确各级卫生健康部门负责指导各定点医疗机构根据功能定位、临床需求和诊疗能力等及时配备、合理使用"双通道"药品，不得以医保付费总额控制、医疗机构用药目录数量限制、药占比等为由影响"双通道"药品配备、使用。督促各定点医疗机构根据"双通道"药品目录调入、调出情况，及时召开药事管理会议，对本医疗机构用药目录进行调整和优化。要求定点医疗机构出台相关措施，培养和鼓励具有资质的临床医师申报责任医师，并根据责任医师工作情况进行年度考核奖励，进一步促进国家医保谈判药品在医疗机构的配备和使用。

【主要成效】 截至2021年底，湖南省已分两批纳入97个"双通道"单行支付药品，每个县（市、区）均有一家以上定点协议"双通道"药店、均配备责任医师并实行省内责任医师资格互认，保证国家医保谈判药品落地可及性，确保群众享受政策红利。

案例二：湖南省规范挂网采购机制促进药品价格整体下降

为有效治理药品价格虚高，完善药品价格形成机制，推进药品挂网价格与医药集采中选结果协同，2021年湖南省在全面落实药品集中带量采购结果的基础上，全面启动药品规范挂网采购工作，促进挂网药品结构合理，药品价格整体下降，实现集采成效倍增。

【主要做法】 *精准分析，科学制定挂网规则* 2021年初，省医疗保障局出台《关于规范药品挂网采购工作的通知》，对省药品挂网范围与目录分类、准入规则与价格机制、采购交易与配送服务等方面进行全面规范管理，建立目录分类清晰明了、准入规则公开透明的挂网采购管理机制，引导相关企业规范挂网，促进医疗机构有序采购，督促平台操作公开透明，推动药品挂网采购工作阳光化、规范化、制度化。省挂网药品分为直接挂网、带量采购、联动挂网、急抢救短缺药品、应急挂网目录，各目录药品价格形成机制及准入规则明了，做到"准入有规则，操作有标准"。

精心组织，有序开展价格联动 全面梳理省采购平台药品挂网结构，精心组织，按照通用名有挂网药品、通用名无挂网药品、过评药品（含参比制剂、一类新药，下同），分批分类对3.6万个挂网药品开展省际价格联动工作，重构省药品挂网目录，加强药品挂网价格监测并进行动态调整。按

照“集采一批、规范一批、清理一批”工作思路，做好集采非中选药品限价挂网，推进药品挂网价格与集采中选结果协同，先后对陕西联盟 158 个非中选药品，国家集采第三批 175 个非中选药品，国家集采第五批 407 个非中选药品，国家集采第一批、第二批、第四批 997 个非中选药品，省抗菌药物专项集采 6309 个非中选药品开展限价挂网，进一步理顺药品目录分类，以带量采购推进非中选药品限价挂网，实现药品价格整体降价效果。

精确把关，稳妥实施价格纠偏 为有效治理药品价格虚高，引导医药市场有序竞争，在分析药品临床需求、市场竞争与供应情况，对同一挂网目录内挂网价格差异较大、相互投诉较多、被实名举报价格虚高的 10 个药品、339 个品规进行价格纠偏。已挂网药品中，挂网价格超过同通用名同医保剂型同规格最低挂网药品价格 1.8 倍的，超过部分按 50％计算挂网价格，联动外省最低价限价挂网。未挂网药品中，按不超过同通用名同医保剂型同规格最低挂网药品价格 1.8 倍，联动外省最低价限价挂网。价格纠偏后，如果外省出现更低的挂网价或实际交易价，需要在 15 个工作日内主动降价。经过价格纠偏，10 个通用名药品各留下 5 个品规，显著降低药品价格，有效治理同品同质药品价格虚高乱象，促进药品价格回归合理水平。

精细管理，妥善处理企业诉求 在规范省药品挂网价格联动工作中，共收到申诉 1962 条、投诉 468 条，省医疗保障局严格依法依规依程序，公平公正全公开，分类逐条核实，妥善处理企业各类诉求，做到申投诉件件有结果，事事有回应，并对联动挂网工作中存在“不正当价格行为”的 13 家企业进行警示约谈和取消产品挂网资格处理，纳入失信记录。依托国家医疗保障局医药价格和招标采购指导中心，查询在价格联动中相互投诉较多、矛盾较集中、挂网价格较高、价格差异较大的 8 个通用名 106 个品规全国挂网情况，重新复核其挂网资格，坚决打击虚假挂网信息，严格惩治药价虚高。

【主要成效】 *药品价格明显下降* 通过对近 2.9 万个品规（不含抗菌药物）开展省际价格联动，共有 1.2 万个品规纳入联动挂网，其中 3531 个药品价格下调，平均降幅 25.15％，最大降幅 98.34％。通过对集采非中选药品限价挂网，陕西联盟非中选药品挂网价格平均降幅 39％，国家集采第一批、第二批、第四批非中选药品挂网价格平均降幅 32.01％，国家集采第三批非中选药品挂网价格降幅 27％，国家集采第五批非中选药品挂网价格降幅 25.04％，省抗菌药物非中选药品挂网价格平均降幅超过 13％。

药品结构趋于合理 通过联动，共有 4100 多个原备案药品转联动挂网，进一步保障临床用药可及性；近 3000 个过评药品纳入挂网采购目录，进一步提高临床用药水平，满足临床用药多样化需求；通过规范挂网、价格联动、价格纠偏和备案药品清理，挂网药品由 3.6 万个减至 1.5 万个，大幅度减少挂网药品数量，改变过去备案药品价格“灯下黑”的顽疾，净化药品挂网环境，挂网药品结构及价格趋于合理。

价格机制更加透明 建立药品挂网价格动态调整和退出机制。通过与集采中选结果协同联动，分批分类实施限价挂网，并根据挂网价格情况，常态实施价格纠偏，药品挂网价格形成机制更加公开透明，公平公正的市场竞争秩序基本形成。

案例三：株洲市组建地市联盟开展低值医用耗材带量采购

2021 年，株洲市医疗保障局联合湘潭市、邵阳市、张家界市、娄底市、郴州市、永州市、怀化市医疗保障局组成低值医用耗材带量采购地市联盟，从国家医保医用耗材分类的注射穿刺类、麻醉科耗材和医用 X 射线附属设备及部件三大类中，选取一次性使用腹腔穿刺器、一次性使用开放式静脉留置针、一次性使用麻醉穿刺包、镇痛装置、压力传感器、医用胶片等 6 个产品 15 个型号开展带量采购。在本次低值医用耗材带量采购中，坚持市场机制和政府作用相结合，坚持以带量采购、量价挂钩、充分竞争、临床验证、一品一策、减少替换、联动全国、封顶报价、量化评选、全程客观为特点的采购模式。

【主要做法】 目录选定　市医疗保障局先后20次实地调研医疗机构，6次组织联盟地市各相关职能部门、医疗机构专家代表对采购目录进行论证，最终在国家医保医用耗材分类的注射穿刺类、麻醉科耗材和医用X射线附属设备及部件三个类别中遴选确定开展带量采购的6个产品15个型号。

方案制定　市医疗保障局先后召开18次生产企业交流会，10次联盟地市各相关职能部门、医疗机构专家代表论证会，反复论证修改完善方案，在方案正式出台前，还面向社会公开征求修改意见及建议。

组织实施　严格按方案规定的各项流程，全程公开透明，各阶段结果进行公示并接受企业申诉、投诉。一天内完成现场报价、线上报价及拟中选结果公示。在株洲市公共资源交易中心召开现场报价组的信息公开会，参与现场竞价共30家企业47个产品，所有企业代表现场填报价格后，现场公布所有企业报价，并确定最终拟中选39个产品；在株洲联盟医药集中限价采购平台开展线上报价组报价，参与线上竞价88家企业170个产品，经企业报价、价格确认、价格解密、价格调平后，最终75个产品拟中选，拟中选结果当天对外公示。6个品种平均降幅72.7%，最大降幅90.7%。其中，一次性使用腹腔穿刺器降幅86.4%，一次性使用密闭式留置针降幅77.9%，镇痛装置降幅79.6%，一次性使用腰硬联合麻醉穿刺包降幅70.3%，压力传感器降幅70.6%，医用胶片类降幅47.6%。

【主要成效】 中选产品品牌度高　参与现场竞价共30家企业47个产品，最终39个产品中选；参与线上竞价88家企业170个产品，最终75个产品中选。八市临床使用的一线品牌全部入选。

中选产品降价幅度大　6个品种平均降幅72.7%，最高降幅90.7%，其中一次性使用腹腔穿刺器86.4%，一次性使用密闭式留置针77.9%，镇痛装置79.6%，一次性使用腰硬联合麻醉穿刺包70.3%，压力传感器70.6%，医用胶片类47.6%。八市2020年6个医用耗材产品采购金额为5.16亿元，按中选价格估算，2022年将节省医用耗材采购费用约2.96亿元。

医疗机构认可度高　医疗机构积极参与带量采购相关环节工作，对中选结果认可度高，认为此次集采在提升临床护士注射穿刺工作的安全性、促进无痛分娩的推广、加快手术进程、提高手术效率等方面推动临床的发展。

临床在用产品替换度低　此次医用耗材带量采购在促进生产企业竞争降价的同时，侧重减少临床在用产品的替换度。通过科学合理的分组和中选规则的设置，让临床在用的、认可度高的主流生产企业积极参与，竞相降价入围。中选结果全部达到预期，医疗机构普遍反映临床基本不用替换正在使用的产品。

案例四：湘潭市创新推动DRG付费改革

湘潭市医疗保障局积极稳妥推进DRG试点，走出一条具有湘潭特色的DRG付费改革之路。

【主要做法】 发挥专家优势，提升技术支撑力　湘潭市组建了一支142名本地专家团队，覆盖政策管理咨询、统计分析、数据采集及技术支持、病案质量监督检查、收费分类、疾病分类及数据字典、培训等7个方面，对有关环节和流程提供领域内的专业和权威性建议和指导，为改革提供技术支撑。

狠抓病案质量，夯实改革基础　湘潭市从团队建设、人员管理、加强检查等方面，着力提高病案数据质量，夯实改革基础。一是围绕人员、制度、系统、实际工作四方面优化团队建设，为抓好病案质量保驾护航。二是建立医保病案编码人员管理制度，规范编码员管理。三是建立四级质控机制，通过层层把关，确保病案信息的全面性、规范性、准确性。四是加强病案检查。2021年共检查14545份病例，针对易发多发问题，分析原因、模拟演练、分类指导，即知即改。五是搭建网上平台。湘潭市建立远程专家评审平台和医保编码员网上训练系统，对结算清单等环节进行实时监控把关，并使编码员可以在网上随时学习，专家可以在网上评估指导。

注重沟通协调，凝聚改革共识　一是以公开促公正。坚持支付标准、分组方案、分组结果、谈判方案、运行分析的公开，不断提升医疗保障工作透明度和公信力。二是以协商促共识。建立协商谈判及争议仲裁机制，主动征求和广泛听取建议，不断优化调整，确保医院看得见、管得着、做得主。力求医保、医院在支付改革过程中统一思想、统一认识、统一行动。三是以合作促改革。实际付费前，邀请各领域专家对试点医院人次、费用、患者受益等方面进行科学测算和评估，合理推进改革落实。试点启动以来，与卫生健康部门、医院协会联合举办多场培训、讨论会以及权重协商谈判会，共商确定分组方案、权重和费率。实际付费后，根据运行情况，与试点医院协商，调整个别病组权重，为试点扩面提供最优方案。四是以创新保扩面。运行中逐步完善付费方案，取消原有单病种，将原有单病种纳入 DRG 分组付费，制定中医医院 DRG 实施方案，按整体纳入、多元复合支付将中医医院纳入实际付费，制定中医优势病种和同病同效同价病种支付标准和康复病组、重度失能人员、精神障碍疾病按床日付费标准等，实现病种覆盖达 90%以上，全市各行政区和二级以上公立医疗机构全部进入实际付费，DRG 付费基金达 80%以上。

【主要成效】 提升医疗机构服务能力　CMI 值（病例组合指数）从 2021 年 1—8 月的 115.27 增加到 2021 年 10—12 月的 122.61，时间消耗指数从 2021 年 1—8 月的 8.5 日下降到 2021 年 10—12 月的 7.3 日，降幅 13.76%，费用消耗指数从 2021 年 1—8 月的 9160.75 元下降到 2021 年 10—12 月的 8590.44 元，降幅 6.22%。减轻患者就医负担，医疗费用不合理增长得到有效控制，基金运行安全得到保障。

提高医保基金使用效能　住院费用和次均费用出现明显下降，较同期分别下降 19.8%和 15.9%，次均住院费用下降 1506 元，平均住院床日减少 1.19 天，医疗总费用减少 2.8 亿，基金支付与总额预算基本相符。

减轻群众就医负担　患者平均个人负担费用较去年同期减少 535 元，个人负担总体减少 10292 万元，群众就医获得感不断增强。

改善综合医改指标　门诊就诊人次增加 9.01%，试点医院住院人次减少 4.6%，平均住院日减少 1.19 天，医疗机构住院收治病例从提高收治人次转向提高服务质量。

案例五：邵阳市构建六大体系深化 DIP 改革

邵阳市 2020 年 10 月纳入全国首批 DIP 支付方式改革试点城市，2021 年 10 月实现试点医疗机构实际付费。2021 年 12 月被确定为全国 12 个 DIP 付费示范点之一。

【主要做法】 构建分级培训体系　市级层面，邀请 DIP 专家从 DIP 改革设计与实施要点、医院精细化管理体系、医保住院结算清单填报与数据质控等方面进行系统培训。组织 DIP 业务骨干在 12 个县市区开展巡回培训，2021 年共开展培训 38 场，实现医保部门和医疗机构培训全覆盖。各县（市、区）组织辖区内医疗机构开展 DIP 培训 23 场次，培训人员 1600 人次。各试点医疗机构按照“全面培训、全员培训、全程培训”要求，组织临床医生、相关部室开展培训 120 多场次，覆盖医疗机构每个科室和临床医生。

构建病案质量体系　精确采集历史数据，先后组织开展四次病案数据采集和数据治理工作，共采集 2018－2020 年关联数据 1738131 条，剔除无效数据 54020 条，确定试点有效数据 1684111 条，覆盖二级以上医疗机构 74 家。对上传数据开展实时监控，共制定校验规则 143 项，采用大数据分析进行三层校验，重点验证数据的完整性、准确性、合理性及规范性。试点医疗机构 100%建立医疗质量病案首页院—科—组—医生四级质控体系，提升病案质量。按照每月抽查 5%病案的要求，聘请第三方抽查病案，组织病案专家开展指导，促进医疗机构提升病案质量。

构建制度支撑体系　建立完善DIP试点工作实施方案、DIP经办规程、DIP协议管理、DIP监管考核办法、DIP结算办法以及地方DIP目录库等“5+1”政策体系，构建支撑DIP付费改革试点的“四梁八柱”。本地《DIP目录库》收录本地DIP病种3114组，以临界值15例及以上为核心病种，经过充分论证，确定核心病种2912组，形成综合病种260组，确定本地病种202组，确定基层病种76个。9月16日至25日，邵阳市开展10场DIP病种分值论证会，全市二、三级医疗机构300余名医疗专家参与论证，建立3114种病种分值，分值论证后未调整1759组，调整1355组，其中，调高507组，调低848组。为解决病种分组内部差异性的问题，初步建立CCI辅助目录库，用于病种分值校正。在全市中医医院将盆腔炎等4个门诊和锁骨骨折等6个住院中医优势明显、临床路径明确的中医优势病种纳入DIP付费试点。

建立日常监管体系　适应DIP付费环境下基金监管的新形势新特点，实现基金监管“四个转变”：即由过去事后监管为主向事前事中事后全流程监管转变；由过去管单个医疗机构基金总额预算向管统筹区总额预算转变；由过去管过度诊疗为主向管过度诊疗与治疗不足并重转变；由过去人工监管为主向智能监管与人工监管并重转变。建立DIP知识库，制定82个质控规则，重点监管结算清单合规性、分解住院等违规行为。

构建运行评价体系　采集10家试点医疗机构出院时间为2021年1—8月关联有效数据167万条。评估结果显示，所有试点医疗机构基金补偿比均控制在10%以内。通过模拟运行分析评估，10月试点医疗机构顺利实现实际付费。制定《邵阳市DIP付费改革运行综合评价体系》，从DIP对医疗机构、基金运行、参保患者、分级诊疗四个维度设置23项指标进行综合评价，客观反映DIP运行效果。

构建综合保障体系　强化组织保障，成立由分管副市长任组长的邵阳市DIP改革领导小组，下设六个工作专班，有序推进DIP试点。2021年7月组建735人规模的地方DIP专家人才库，参与DIP政策制定、目录库建立、特病单议等工作。强化技术保障，通过公开招标，确定武汉金豆医疗数据科技有限公司为第三方技术服务单位，为DIP试点工作提供技术保障。强化资金保障，各试点医疗机构先后投入数千万元资金进行接口改造、信息化建设和DIP医院端管理，全面实现医院信息化改造升级。

【主要成效】 促进医疗机构发展　试点医疗机构按DIP结算的基金补偿比基本控制在10%以内，没有出现大的波动。医院CMI值从试点前的115.27提高到试点后122.61。同时DIP付费后，取消单个医疗机构总额控制，医院不再推诿拒收参保患者，有效解决参保患者住院难的问题。

减轻患者就医负担　从2021年10—12月实际付费来看，医疗机构住院次均费用从试点前9160.75元下降到8590.44元，降幅6.22%，平均住院日从试点前的8.5日降至7.33日，降幅13.76%。医疗费用不合理增长得到有效控制，基金运行安全得到保障。

实现分级诊疗目标　2021年10—12月实际付费期间纳入DIP结算的病种病例57736例，其中，基层病种病例数3229例，二级医疗机构基层病例数2126例，占全部基层病例数的65.84%，三级医疗机构基层病种数1103例，占全部基层病例数的34.16%，从全市试点运行情况来看，基层病种的病例主要集中在二级医疗机构，实现分级诊疗的预计目标。

案例六：沅陵县五项机制提升经办服务实效

2021年，怀化市沅陵县围绕落实医疗保障经办政务服务事项清单，多措并举加强医保经办工作，提升经办服务能力和实效。

【主要做法】 推行暖心服务制　经办服务大厅开设定点医药机构医疗费用审核、县外就医医疗费用报销等26个窗口，对45项医保经办事项实行一站式办理。服务大厅设立志愿者引导台，引导群众叫号、排队办理业务；设立老年人咨询窗口与办事等候区，开展适老化服务；设置母婴室，为哺乳期女性提供暖心服务；配备便民休息桌椅、饮水机、老花镜、轮椅、急救药品箱等便民物品，提供费用报销单填写范本、证件资料专人复印等便民服务，为办事人员提供贴心服务。

推行培训考评制 设立“医保大讲堂”，开展知识测试，不断提高医药机构工作人员尤其是窗口经办人员的业务水平。有序组织业务部门工作人员走出去，到相关县市区经办机构交流学习，提升干部职工综合素质。2021 年，全年培训考评 9 次，近 400 人次参加。

推行常态会商制 为规范处理经办审核中发现的问题，明确由医保事务中心负责业务的副主任每天收集经办过程中存在的各类问题，定期提交至局党组研究，局党组根据情况安排业务骨干进行会商，通过会商形成统一的审核处理意见。常态会商既及时解决问题，又确保经办事项处置的公平性和合理性，并且规范审核行为。

推行风险预警制 为防范窗口人员在服务过程中可能出现的权力滥用，沅陵县成立医保基金审核质量控制领导小组，每月对事务中心窗口初审和复审工作人员审核的定点医药机构医疗费用进行抽样复审或对定点医疗机构的特殊检查检验项目进行专项复审。复审后，下发情况通报，督促整改落实，有效提高窗口初审和复审工作的质量。通过定期对经办人员审核业务对象进行轮换，强化委托经办业务单位月度考核，建立经办风险问题台账，并明确责任，逐一、及时排查化解各种风险，有效防止经办风险。

推行事后回访制 经办业务办理后，采取电话、短信等形式及时告之服务对象办理情况，听取服务对象对医保经办机构和第三方保险机构经办服务行为的评价。将回访结果纳入党风廉政建设考核内容，与单位对个人的绩效考核、评先评优直接挂钩。

【主要成效】 *经办服务大局意识进一步增强* 随着医保全面实现市级统筹，对县级医保经办工作提出了新的更高的要求。沅陵县医保局通过培训考评等多项举措，着力引导经办机构着眼于市级统筹下信息系统的统一、经办政务服务事项清单的统一，使全县经办机构进一步增强了协调一致的大局意识、统一规范的服务意识、优质高效的目标意识。

推动经办服务提质增效 通过创新服务提供方式，强化医疗保障经办政务服务事项清单的落地，推动服务事项办理流程规范化、便捷化，经办服务效能进一步提升。

“好差评”实现“无差评” 2021 年，经办服务窗口办件 35864 件，好评率达 99.72%，无一差评。通过推动服务事项办理规范、优质、高效运行，进一步增强服务意识、优化服务环境、提升服务效能，树立医保良好形象，切实方便参保人员，群众的获得感、幸福感和安全感不断增强。

广 东 省

工作综述

2021年，广东省医疗保障局深入开展党史学习教育和“我为群众办实事”实践活动，统筹疫情防控和医疗保障事业发展，持续夯实医保基金管理，推进医保支付方式、药品医用耗材采购方式改革，加强医保信息化建设，提升医保结算和经办服务水平，不断健全医保政策管理和服务体系。截至2021年底，全省基本医疗保险（以下简称基本医保）参保人数1.13亿人，其中参加职工基本医疗保险（以下简称职工医保）4757万人；参加城乡居民基本医疗保险（以下简称居民医保）6515万人。基本医疗保险基金（含生育保险）收入2573亿元，支出2199亿元。

【推进医疗保障制度改革】 省医疗保障局贯彻落实《中共中央 国务院关于深化医疗保障制度改革的意见》和《广东省深化医疗保障制度改革若干措施》，指导深圳等六市落实分类保障。推进基本医保省级统筹，按国家和省工作部署，根据“统一制度框架、统一参保缴费、统一待遇政策、统一基金管理、统一服务管理、统一信息系统”的改革思路推进相关工作，提高统筹层次，解决不平衡不充分的问题。研究制定《广东省“十四五”时期医疗保障事业高质量发展实施方案》，明确进一步提升全省医疗保障发展水平的主要任务和实践路径。印发《广东省医疗保障局 广东省财政厅转发国家医保局 财政部关于建立医疗保障待遇清单制度意见的通知》，明确建立广东省医疗保障待遇清单制度任务目标和实施路径，推动全省范围内医疗保障制度框架、制度名称、制度设置、政策标准、基金支付范围等规范统一，研究落实全省医疗保障待遇清单管理制度。出台《广东省人民政府办公厅关于印发广东省职工基本医疗保险门诊共济保障实施办法的通知》，推进医保普通门诊统筹和个人账户改革，建立健全门诊共济保障机制，提高职工医保参保人员普通门诊统筹待遇水平，职工医保个人账户成为“家庭账户”，进一步扩大并规范个人账户使用范围。修订出台《广东省职工生育保险规定》，注重保障弱势群体和职工权益，简化生育保险经办流程，提升生育保障水平。研究制定灵活就业人员参加职工医保政策和医保关系转移接续办法。

【不断提高医疗保障质效】 职工医保、居民医保政策范围内住院费用支付比例稳定在80%和70%左右，最高支付限额提高到80万元和68万元，大病保险起付线降低到年度居民人均可支配收入的50%，政策范围内支付比例提高至不低于60%。2021年，居民医保大病保险待遇享受人数55.8万人。进一步完善“两病”门诊特定病种政策，2021年全省高血压、糖尿病政策范围内报销比例分别达74.75%、71.38%。指导广州市修订完善长期护理保险试行办法，从试点开始至2021年底，全市累计享受待遇人数为7.9万人，基金累计支出17.8亿元。出台《广东省医疗保障局关于进一步加强严重精神障碍患者医疗保障工作的通知》，提高六种严重精神障碍门诊特定病种待遇。修订完善《广东省医疗救助办法》，印发《广东省巩固拓展医疗保障脱贫攻坚成果有效衔接乡村振兴战略实施方案》。2021年，医疗救助总金额39.36亿元，其中资助参加基本医疗保险资金金额10.64亿元，门诊和住院救助资金金额28.72亿元。

【加强医药服务管理】 深化医保支付制度改革创新 印发《关于开展医保支付改革促进中医药传承创新发展的指导意见》，率先建立符合中医药特色的医保支付体系，组织中医临床专家遴选中医诊治方案成熟、质量可控、费用稳定的169种中医优势住院病种和9种中医基层病种，印发《广东省基本医疗保险中医优势住院病种分值库》，对中医优势门诊病种实施按病种付费。开展 DIP 和 DRG 付费试点工作，广州、佛山等六个 DIP、DRG 国家试点城市已通过国家全面评估，完成试点任务，其中广州、深圳、珠海、佛山等市被国家评为优秀等级，广州市成为全国 DIP 试点示范城市；广州、深圳、珠海等市陆续出台医保支付制度评议组织议事规则，建立本市评议组织并规范日常运行，进一步健全医保部门与医疗机构的良性互动机制。

加强医保目录和两定机构管理 印发《广东省基本医疗保险、工伤保险和生育保险诊疗项目目录(2021 年)》，这是广东省自建立基本医保制度以来，首次出台全省统一、实施准入法管理的诊疗项目，进一步规范统一全省医保三大目录支付范围。出台《广东省医疗机构医疗保障定点管理暂行办法》和《广东省零售药店医疗保障定点管理暂行办法》，全省首次全面系统构建医保定点协议管理体系。开展医疗机构医药服务评价工作，印发《广东省医疗保障局关于印发基本医疗保险定点医疗机构医药服务评价工作方案的通知》，从医保政策规范、医保质量、医药服务、医保运营、持续发展等五个维度 50 个指标，对全省 182 家定点三级医疗机构进行综合评价。

强化基本医保用药保障 印发《关于建立完善国家医保谈判药品“双通道”管理机制的实施意见》《广东省“双通道”管理药品范围(2021 年)》，明确将医保定点零售药店纳入国家医保谈判药品供应保障范围，与医保定点医疗机构一起，形成谈判药品供应保障的“双通道”。

建立健全医保支付标准 按照国家医疗保障局部署，做好集中带量采购药品、医用耗材医保支付标准工作。印发《广东省医疗保障局关于印发第四批国家集中采购药品医保支付标准的通知》《广东省医疗保障局关于印发头孢氨苄药品省级集团带量采购中选及非中选药品医保支付标准的通知》，制定国家集采药品医保支付标准并动态调整，制定省级集采药品头孢氨苄的医保支付标准。落实国家组织冠脉支架集中采购品种支付标准政策，印发《广东省医疗保障局关于印发广东省人工晶状体医保支付标准的通知》，制定省级带量采购医用耗材人工晶状体的医保支付标准。

【推动集采工作制度化常态化】 *常态化开展集中带量采购* 超额完成国家药品和医用耗材集采任务。完成国家集采五批 218 个药品和一批医用耗材集采任务，完成率超过 170%，首年可节约基金和患者费用 121.52 亿元。完成省级四批 126 个药品以及冠脉球囊、人工晶体等八类耗材联盟带量采购，分别超过国家药品和医用耗材集采任务的 150% 和 400%，每年可节约基金和患者费用 25.3 亿元。疫情期间，牵头 11 个省(自治区、直辖市)开展三轮新冠病毒检测试剂及配套耗材省际联盟集采，平均降幅 78%。2021 年 4 月开展的核酸检测试剂集采中选价格创全国新低，得到国务院联防联控机制综合组的充分肯定。广州市首次开展医疗机构委托带量采购；深圳市完成广东省牵头规模最大的 16 省(直辖市)超声刀联盟带量采购。

扩大集采覆盖面 为持续释放改革红利，广东牵头组成 13 省联盟采购集团，对 2019 年度采购额排名前 80% 的药品一次性全部进行带量采购，一步到位实施药品采购主体全覆盖、品种全覆盖。首批阿莫西林等 45 个品种带量采购，中选品规平均再降 27.5%，最高降幅 50%，按联盟区首年采购总额 30 多亿元计算，预计年节省采购费用超过 8 亿元。组织冠脉扩张球囊七省联盟、人工晶状体三省联盟带量采购和超声刀头 16 省市联盟带量采购。

提升医药采购公共服务能力 落实短缺药品清单药品直接挂网办法，完善短缺药保障供应机制。落实关于协议期内国家谈判药品直接挂网采购政策，确保国家谈判药品落地。搭建广东省医药价格和招采信用评价信息系统，对限期内没有递交信用承诺函的 1989 家企业注销企业账号并暂停涉及的 6835 个医药产品的挂网交易资格，对涉商业贿赂案的四家医用耗材企业进行评级。指导各平台及时公布药品和医用耗材集中采购公共服务事项清单及办事指南，提高招采公共服务能力。积极开展集采货款清理工作，完成清理了 4 月底前国家集采药品货款，共结清 3.29 亿元。对个别供应不及时或供应紧张的集采中选企业进行约谈，督促保供应，加强对各采购平台运行监管，

2021年全省医疗机构通过线上采购药品和耗材总金额1345.94亿元。

【推动医疗服务价格改革】 统一规范全省医疗服务价格项目 按照“统一项目拆分、统一映射赋码、统一公布目录、统一匹配价格”的思路，全面规范并公布广东省7368个基本医疗服务价格项目和99个市场调节价医疗服务价格项目，清理了全省医疗机构1000多项不规范医疗服务项目，优化和修订“心脏移植”等134项医疗服务价格项目。研究草拟公立医疗机构特需医疗服务项目管理规定。

探索实施医疗服务定价机制改革 深入探索“技耗分离”定价管理机制，将核酸单样检测由项目打包收费改为由“检测服务费＋检测试剂价格”两部分构成，让医疗服务价格回归本位，体现人力价值。研究按病种收付费联动改革和“技耗分离”定价改革试点，选取试点病种，初步形成改革试点思路，为指导试点地市开展试点工作奠定理论基础。

实施医疗服务价格动态调整机制 印发《广东省医疗保障局关于印发网上就诊诊查费等医疗服务价格项目参考价的函》，公布213个基本医疗服务价格项目参考价，指导全省科学确定医疗服务价格。建立医疗服务价格动态调整机制，指导各地实施动态调整，持续优化价格结构，理顺比价关系。研究制定医疗服务价格动态调整指标体系。

【加强医保基金监督管理】 加强医保基金监管制度建设并落实 出台《广东省医疗保障基金社会监督员制度》，联合省财政厅完善《关于欺诈骗取医疗保障基金行为举报奖励暂行办法实施细则》，畅通投诉举报渠道，鼓励社会各方参与。落实医保基金综合监管联席会议制度，联合公安、卫生健康、审计、市场监管、药监部门召开两次联席会议，加强医保基金监管情况通报和重大案件信息共享，研究打击欺诈骗保专项治理工作开展，发挥综合监管效能。

开展《医疗保障基金使用监督管理条例》宣传培训活动 4月，在全省范围开展“宣传贯彻条例加强基金监管”集中宣传月活动，采取“线上＋线下”“传统＋新兴”“公媒＋自媒”多种形式，对医保经办机构、定点医药机构、参保人员广泛宣传和解读《医疗保障基金使用监督管理条例》（以下简称《条例》）及相关法律法规。全省开展《条例》宣传培训活动219场，开展两定机构访谈476场，制作短视频186条，播放宣传短片超668万条次，近18万人参与“粤省事”等小程序线上专题答题抽奖活动。全省全年累计曝光欺诈骗保典型案例1718例。

加快医保基金监管方式方法创新 指导深圳市医保基金监管诚信体系建设试点、湛江市创新医保基金监管方式试点、广州市医保智能监控示范点建设工作，“两试点一示范”国家终期评估两优一良。推进全省上线应用统一的医保智能监控系统，15项信息标准的贯标工作全部落地实施，丰富和完善智能监控相关知识库、规则库，知识点达到75万多个，规则70多条，强化对常见的违法违规行为的疑点筛查，助力医保基金监管效率提升。

完成基金监管存量问题“清零行动” 对自医疗保障局组建以来经飞行检查、信访举报、自查自纠发现但未查处完结的基金监管存量问题进行清零。全省各级医保部门按照统一部署，制定工作方案，建立清零问题台账，明确责任人、时间表和任务图，并开展同类问题的全面排查处理，完善机制，进一步堵塞漏洞，巩固扩大“清零行动”效果。全省共梳理出785个存量问题，至年底已全部清零，追回医保基金1.78亿元。

严厉打击欺诈骗保违法行为 联合公安、卫生健康部门开展打击“假病人、假病情、假票据”（以下简称“三假”）专项整治行动。省政府召开全省医保基金监管专题工作视频会议，对整治工作进行动员部署，省医疗保障局组织各市开展省级交叉检查，各地市落实监督检查全覆盖。2021年全省医保部门共检查定点医药机构4.18万家，处理违法违规机构14235家，追回医保基金约12.58亿元，比2020年提高一倍，其中查处涉及“三假”问题的定点医药机构257家（或人次），追回资金5177.99万元，占全国17.85％；省级交叉检查共检查61家医疗机构，现场核定违规金额3.4亿元。

【持续提升医保公共服务】 规范全省医保经

办管理　切实统一全省经办工作规范，联合省财政、税务部门印发广东省基本医疗保险参保管理经办规程，明确参保关系管理、重复参保关系处理等业务标准，切实提升基本医保参保管理质量；服务粤港澳大湾区发展大局，印发港澳台居民参保缴费办事指南，畅通持内地居住证的港澳台居民服务渠道；指导各地对照省级清单制定完善市级清单及办事指南，进一步精简办事环节、办事材料，压缩办理时限，为全省医保经办业务办理标准化、公共服务便捷化提供系统支撑。建立全省政务服务清单动态调整机制，根据医保经办政务服务事项的废改立释，及时调整办事指南，进一步提升医保经办政务服务效能。

提升医保经办服务水平　大力推进“互联网+医保”，制定广东省医保政务服务事项通办工作方案，谋划部署各地积极开通国家医保服务平台、广东政务服务网、“粤医保”等多渠道线上服务，推动全省18项高频事项实现异地通办，真正实现参保人“零跑动、指尖办”，打破事项办理属地限制；将门诊费用手工（零星）报销等事项纳入全省通办目标，进一步减轻参保患者就医报销跑腿压力及经济负担；通过国家医疗保障信息平台及省大数据中心实现与多部门信息数据共享，进一步减少参保人办理医保业务时需提交的各项材料，压缩办理时限、精简办事流程；全面推广医保电子凭证，在国家医保服务平台App、支付宝、微信、手机银行等多种渠道为广东省参保人提供在线激活个人医保电子凭证服务，推进实现在全省主要大型定点医疗机构和大型连锁药店就医购药时“持卡码”就医，2021年全省医保电子凭证已累计激活5470.86万人，线下扫码支付5666.12万笔，激活数量和活跃度居全国前列。

优化异地就医医疗费用直接结算　统一全省异地就医、门诊特定病种经办规程，推进跨省异地就医门诊医疗费用直接结算，截至2021年底，广东省全部地市均已开通省内异地就医门诊、住院医疗费用的直接结算功能，参保人员经备案后在就医地已开通异地就医直接结算功能的医疗机构就医，可以实现直接结算。面对门诊特定病种认定标准、认定流程、就医管理差异大三项难题，推动将全省统一的门诊特定病种范围从28个扩展至52个、将单次处方医保用药量从4周扩展至12周、将门诊特定病种待遇认定权限从参保地医保经办机构下放至定点医疗机构，并从参保地延伸至异地就医地的定点医疗机构。跨市就医人员可在符合资质的就医市定点医疗机构办理全省统一的门诊特定病种待遇认定，认定信息由就医市定点医疗机构上传至参保市和就医市经办机构备案。

加强医保领域行风建设　加强医保经办窗口行风建设工作，深入推进医保领域“放管服”改革，统一公共服务评价指标，组织开展片区现场检查，加强医保经办行风建设工作，持续落实“好差评”制度，推进医保经办精细化管理。在2021年度全国医疗保障系统行风建设专项评价中，广东省总体评价位居全国前列。

深化“放管服”改革　落实省政府2021年深化“放管服”改革重点工作任务；开展规范市场秩序、净化营商环境工作；落实深化“放管服”改革，着力培育和激发市场主体活力重点工作任务；印发《关于优化医保领域便民服务的实施方案》，深入推进广东省医保领域“放管服”改革，提高医保服务水平。

【加强医保信息化建设】　完成国家医保信息平台全省上线。2021年8月15日，广东省全面完成医保信息平台在21个地市落地的试点任务，成为全国上线最早、覆盖地市和人群最广的省份，打通了各统筹区之间的信息“孤岛”，覆盖全省1.1亿参保人，近四万家定点医药机构，日均门诊、住院结算超160万人次，在提升全省医疗保障服务水平的同时，为省级统筹提供强大的信息支撑能力。8月26日，国家医疗保障局党组书记、局长胡静林来粤调研时指出，广东医保信息化建设工作值得特别肯定。

【发挥医保作用支持疫情防控工作大局】　全力做好“两个确保”　推广“不见面”经办模式，提升医保经办服务便利度。加快推进“互联网+医保”应用，将符合规定的医疗费用纳入医保基金支付范围，减少因人员流动造成疫情传播的安全风险。

助力“早发现、早报告、早隔离、早治疗”　在全国率先将新冠肺炎CT筛查、“应检尽检”人群核酸检测等纳入特殊医疗保障范围。发挥医保定点零售药店“哨点”作用,对违反登记报告制度的医保定点零售药店作出暂停协议、停业整顿、责令整改等处理。

设立疫情相关医疗服务价格项目　设立“高流量氧疗”和“新型冠状病毒抗原检测”医疗服务价格项目和收费参考价,进一步保障新冠肺炎患者临床救治,缩短新冠病毒检测诊断时间,服务疫情防控大局。

承担新冠病毒疫苗、接种等费用　实行新冠病毒疫苗接种费用省级统收统支,统一筹集资金、统一预付、统一系统、统一结算、统一采购,高效保障疫苗和接种费用,助力全民免疫屏障尽快建立。截至12月31日,全省共筹集上解专项经费145.56亿元,已累计支付新冠病毒疫苗及接种费用约135.9亿元。疫情以来核酸检测试剂和配套耗材集采累计节约采购费用160亿元。

重要活动

1. 召开全省医疗保障2020年度工作总结大会。2月3日,广东省医疗保障2020年度工作总结大会在广州召开。会议总结2020年全省医保工作,并部署2021年工作。

2. 召开全省医疗保障系统党风廉政建设和反腐败工作会议。6月17日,省医疗保障局组织召开全省医疗保障系统党风廉政建设和反腐败工作视频会议,总结2020年全省医保系统党风廉政建设和反腐败工作并部署2021年任务。

3. 上线“民声热线”直播节目。7月6日,省医疗保障局结合党史学习教育,以“学党史悟思想办实事开新局”为主题,参加广东广播电视台“民声热线”现场节目,在广东广播电台、“民声热线”App等融媒体平台进行音视频直播。节目重点介绍省医疗保障局结合党史学习教育,推动医疗保障高质量发展相关情况,向广大群众解答医疗保障领域重点问题,倾听群众的意见建议,解答群众提出的问题。

4. 召开全省医保基金监管专题工作会议。7月7日,全省医保基金监管专题工作会议在广州召开。会议以电视电话会议形式开至各地级以上市,省政府分管领导出席会议并讲话。省医疗保障局、公安厅、卫生健康委员会等单位负责同志在主会场参加会议。省医疗保障局党组书记、局长肖学在会上传达了全国医疗保障基金监管专题工作电视电话会议精神,通报全省医保基金监管工作情况。广州市、河源市在会上做经验介绍。

5. 召开2021年全省医疗保障系统重点工作推进会。11月4日,2021年全省医疗保障系统重点工作推进会在广州召开。会议深入学习习近平总书记重要讲话精神,聚焦目标任务,分析研判2021年以来全省医疗保障工作进展情况。省医疗保障局主要负责同志对抓好2021年度重点改革和重要工作进行再动员再部署,确保全年工作目标全面实现。

6. 广东省医疗保障局党组召开会议传达学习贯彻党的十九届六中全会精神。11月16日,省医疗保障局主要负责同志主持召开党组会议,传达学习贯彻习近平总书记在党的十九届六中全会上的重要讲话精神和全会精神,传达学习全省干部大会精神,并结合广东省医疗保障工作实际,研究部署贯彻落实工作。

典型案例

案例一：广东省门诊特定病种政策再升级

为进一步提高门诊特定病种保障水平，减轻参保人员门诊医疗费用负担，2021 年 1 月 1 日，《广东省基本医疗保险门诊特定病种管理办法》(以下简称《办法》)正式实施。《办法》按照“尽力而为、量力而行，循序渐进、逐步纳入”原则，将门诊特定病种范围从原有 28 个扩大到 52 个。

【改革背景】 门诊特定病种是基本医保制度的重要组成部分，是对门诊医疗费用的有效保障。广东省于 2006 年率先出台门诊特定病种管理办法，将一些诊断明确、需要在门诊长期治疗且费用较高的慢性病纳入统筹基金支付范围。为统一规范门诊特定病种保障政策，进一步提高门诊特定病种保障水平，自 2021 年 1 月 1 日起，广东省全面执行《广东省基本医疗保险门诊特定病种管理办法》。10 月，出台《广东省医疗保障局关于进一步加强严重精神障碍患者医疗保障工作的通知》，进一步完善严重精神障碍患者医疗保障。

【主要做法】 一个扩大 按照“尽力而为、量力而行，循序渐进、逐步纳入”原则，门诊特定病种范围从原有 28 个病种扩大到 52 个，耐多药肺结核、肺动脉高压、克罗恩病等疾病纳入门诊特定病种保障范围，全省统一执行。高血压、糖尿病“两病”不区分轻、重症，一视同仁纳入门特管理。

三项延伸 一是延伸准入审核权限，参保人员申请门诊特定病种待遇时，由定点医疗机构按照相应准入标准予以审核确认，并将相关审核确认信息上传医保信息系统备案，让参保人“少跑腿”。二是延伸医保处方时限，定点医疗机构根据病情需要，可将门诊特定病种一次处方医保用药量从 4 周延长到 12 周，减少患者往返医疗机构次数和就诊时间。三是延伸参保患者购药渠道，鼓励地市推进处方流转平台建设，部分地市已实现“两病”参保人医保处方在云医保服务平台流转，将符合条件的定点零售药店提供的“两病”药品纳入门诊用药保障范围；支持患者在定点零售药店结算和配药，充分发挥定点零售药店提供便民、可及用药保障服务的作用。

多方面提高待遇 门诊特定病种不设起付线；政策范围内支付比例应不低于普通门诊统筹标准，慢性肾功能不全等 10 个病种政策范围内支付比例参照住院标准执行；同时要求各市根据病种特点，合理设置年度最高支付限额。其中，精神分裂症患者按照卫生健康部门规定使用棕榈酸帕利哌酮注射液、棕榈帕利哌酮酯注射液(3M)等长效针剂的费用，不纳入病种支付限额，直接计入基金最高支付限额。参保人员门诊特定病种医疗费用经基本医保支付后，其个人负担的合规医疗费用按规定纳入大病保险、补充医疗保险、医疗救助保障范围，进一步提高保障待遇。

【工作成效】 优化门诊特定病种保障 广东省 21 个地市均已印发并实施了门诊特定病种政策，统一扩大门诊特定病种范围，提高门诊特定病种待遇水平。2021 年全省职工、居民门诊特定病种就诊 2632.33 万人次、1666.15 万人次，医保基金支出 110.1 亿元、66.5 亿元，政策范围内支付比例 81%、77%。相较于 2020 年，职工、居民就诊人次分别提高 20%、15%，医保基金支出分别提高 19%、21%。

推动二代长效针剂使用 2021 年，全省医保基金支付使用长效针剂患者达 3.1 万人次 8300.1 万元，支付比例 84%；其中，支付长效针剂费用达 5129.6 万元，支付比例 88%。

案例二：广东省建立中医特色医保支付体系

为了更加精准系统地支持中医药发展，省医疗保障局于 2021 年创新性开展中医药服务医保支付方式改革，建立全省统一的中医优势病种分值库，在全国率先建立中医特色医保支付体系，支持中医药传承创新发展。

【改革背景】 根据《中共中央 国务院关于深化医疗保障制度改革的意见》《中共中央 国务院关于促进中医药传承创新发展的意见》《中共广东省委 广东省人民政府印发〈关于促进中医药传承创新发展的若干措施〉的通知》等文件精神，针对本省当前存在的中医医护人员劳动价值没有得到充分体现、中医医疗资源使用率不高、中医医疗机构发展动力不足等现状，充分发挥医疗保障制度优势，支持中医药传承创新发展，发挥中医药原创优势在维护和促进人民健康中的独特作用，更好满足人民群众对中医药服务的需求。

【主要做法】 *建立全省统一的中医优势住院病种分值库* 一是建立全省统一的中医优势住院病种分值库，实施按病种分值付费。省医疗保障局统一组织专家分批遴选中医优势病种，第一批共遴选169个中医优势住院病种和56个中医日间治疗病种，统一制订病种分值下发全省。二是对中西医并重的门诊和住院病种，实行中医与对应的西医病种同病同治同价。三是对以西医治疗为主的门诊和住院病种，增加特色中医治疗服务的，提高该病种的门诊费用或住院分值。

提高参保患者获得中医药服务的可及性和便利性 一是进一步优化中医药医保目录管理，按照国家统一部署，及时将符合条件的中成药、中药饮片、医疗机构中药制剂纳入广东省医保药品目录。二是做好定点医药机构采购和使用国家医保谈判中成药工作，建立“双通道”药品管理机制，将参保患者用药渠道拓展到定点零售药店，更好地保障参保群众用药需求。三是支持传统中医特色诊疗项目纳入本省医保诊疗项目目录，将符合规定的中医治未病诊疗项目纳入职工医保个人账户支付范围。四是支持建设以县中医院为龙头的紧密型县域医共体，探索实行总额付费，加强考核、结余留用、合理超支负担，推动优质中医药医疗资源下沉到基层医疗机构，提升基层中医服务能力。五是推进“互联网+”中医医疗服务医保支付工作，将发生的诊疗和药品费用按规定纳入医保支付范围。

大力提升基层中医药服务能力 一是统一制定适宜在基层医疗机构开展的中医基层病种，实行医保同标准支付，促进基层医疗机构开展中医药服务。二是支持基层医疗机构开展慢性病、医疗康复等中医药服务，优先将适宜的中药和中医特色诊疗项目纳入门诊特定病种用药和治疗范围，探索实施按病种付费。三是鼓励家庭医生提供中医药服务，制定全省统一的家庭医生中医服务包，将中医服务包纳入家庭医生签约内容，并将符合规定的费用纳入普通门诊统筹支付范围。

【主要成效】 *通过中医提升基层服务能力* 同病同分值的中医基层病种适宜在基层开展，医保支付政策通过更多适宜的中药和中医特色诊疗项目可以在门特中使用，制定家庭医生中医药服务包和培育中医类紧密型县域医共体医保支付方式综合改革试点，多措并举支持基层医疗机构发展，提升基层服务能力。

破解中医医疗机构发展动力不足的困境 遴选中医优势病种，赋予适当的病种分值，以纯中医或以中医特色为主治疗，对比使用西医治疗方法，利润空间更加合理，更体现中医技术价值。

以健康为中心的中医医保支付政策成效初显 深圳、中山、汕头等市先行探索支持中医的医保政策，取得较好成效。医疗机构在治疗骨折、头痛、颈椎病、腰椎病等疾病时，优先使用正骨、治疗性推拿、针灸等中医特色治疗，参保患者用更少费用，身体受更少创伤，获得更好的健康结果。

案例三：广东省推进药品和医用耗材带量采购新模式

2019年以来，随着国家集采政策落地，药品和医用耗材集中采购工作快速有序推进，已经进入常态化运行阶段，降价效果显著。为贯彻落实国家部署，广东省带量采购坚持以需求为导向、量价挂钩、市场化运作的总体思路，充分尊重医疗机构临床用药需求，竞价规则实行低淘汰率甚至不淘汰，既能有效解决企业规避集采、医疗机构使用非中选药品数量增多等问题，又能保留临床必需、质量可靠的各类大品种，体现“应采尽采”的决心。

【主要做法】 坚持联盟采购　联合有意向的省份组成采购联盟，集中联盟省份的采购量，以“超级团购”的规模优势吸引药品生产企业参与竞争，以量换价，获得质优价廉的产品。与各省单独组织集采相比，这样可以节约联盟省份的行政成本和企业分省份参加集采的运营成本，有利于获得更低的中选价格，减轻参保人医药费用负担。

坚持需求导向　充分尊重医疗机构临床用药需求，由医疗机构提出采购需求，明确采购品牌和类别，按照医院所需的质量和品类要求，各采购类别的产品按照采购量从高到低依次排序，采购量占年度总采购量达 80%的列入 A 采购单，其余 20%的同类产品列入 B 采购单，A、B 采购单分类进行采购，确保临床主流产品使用的延续性和可及性。

坚持以量换价　在竞价规则上实行“一类一策”，采取两轮带量竞价和两轮梯级报价。第一轮竞价实行最高价格末位淘汰，中选产品获得一定报量，剩余比例报量作为增量，奖励给第二轮竞价中选企业，鼓励企业进一步降价。通过梯度报价、多轮竞价，实现以量换价、量价挂钩。质优价低者获得更大的市场份额，既满足医疗机构和零售药店用药需求，又使生产企业有稳定的产销预期。

坚持公开透明　运用竞价测算模型，在企业申报信息公开大会上同步用电脑实时监控报价、竞价流程和中选结果的异常情况，实现竞价全流程监管；由公证处对报价、竞价流程和结果进行公证，确保竞价程序和中选结果公正有效，中选结果均以公证书的形式予以确定。

坚持支付引导　建立招采与医保支付标准联动机制，激发医疗机构使用质优价廉药品和医用耗材的内生动力，进一步引导企业主动降价，使价格回归合理。

【主要成效】 自 2020 年以来，广东省已完成四批共 126 个药品和冠脉扩张球囊、人工晶体、超声刀、吻合器等八类耗材省际联盟带量采购，比国家下达的药品和耗材集采任务分别超 150%、400%，年可节约采购费用 25.3 亿元。在新冠疫情期间，广东牵头 11 个省(自治区、直辖市)组织 3 轮省际联盟核酸检测试剂和配套耗材带量采购，平均降幅 78%，核酸检测试剂集采中选价格再创全国新低，得到国务院联防联控机制综合组的充分肯定。2021 年，广州指导市平台首次自行组织操作吻合器等四类耗材区域联盟采购工作，为广东省首次医疗机构委托带量采购探出新路子。深圳市组织开展首次 16 省(直辖市)医用耗材超声刀联盟带量采购，成为广东省牵头规模最大的“团购”项目，获得社会一致好评。

案例四：广州市聚焦便民利企“五个办”　精准提升医保服务水平

广州市积极深化“网上办”“智能办”“指尖办”“联合办”“就近办”等“五个办”服务模式，多措并举推进医疗保障治理创新，为人民群众提供更加便捷、高效、精细的医疗保障服务。

【不见面“网上办”】 全事项可网办　广州市医疗保障公共服务事项共 50 个子项、136 个办理项，通过广东政务服务网实现 100%“一网通办”，做到“让数据多跑路，让群众少跑腿”。2021 年市医保服务大厅来访人数较 2020 年下降 20%，线上办件占办件总量的 63.7%，较 2020 年增长 43.5%。

全流程零跑动　通过网上办理方式实现公共服务事项 100%“跨省通办”“省内通办”。通过“全程网办”及“网办申请与邮寄办理结合”的方式实现公共服务事项 96%“零跑动”。特别是在疫情防控期间，有效减少办事群众聚集，做到医保服务不停摆、群众办事不耽误。

全费用异地结　在 2017 年实现异地住院医疗费用直接结算的基础上，2021 年顺利实现异地普通门诊和门诊特定病种医疗费用直接结算。持续扩大异地就医联网结算机构范围，广州已有 334 家定点机构开通此功能，超国家下达的任务目标。2021 年广州作为就医地完成异地就医费用结算 104.8 万人次，结算费用 282.3 亿元，异地医保基金支付 147.7 亿元。

【再提速“智能办”】 免申即享“无感办”　市医疗保障局与市税务局、教育局、人社局等部门对接后台数据，打通数据共享“中梗阻”，实现正常情况下参保群众达到法定退休年龄时，免个人申请办理职工医保参保人退休状态修改业务，即可按规定享受职工医保退休待遇，2021 年月均免申请办理 6200 多人次。推进医院端直接办理费用补记账，无需参保人再向医保经办机构申请零星医疗费用报销，月均减少申请 4653 人次。

电子证照“关联用” 依托广东省政务服务事项管理系统，做好居民身份证、户口簿、出生证等 19 类办事材料关联电子证照工作，涉及医保公共服务事项 35 项，实现电子证照“应用尽用”免提交，减少企业群众办事时需提交的材料数量。持续推广医保电子凭证应用，2021 年有 1028 万参保人激活医保电子凭证，约占参保人数 73.1%，标志着全市从“卡时代”迈入“码时代”。

服务协议“云签约” 借助数字签名、信息加密等技术，实现定点医药机构签订医保服务协议书由“现场办”改为“线上办”，通过人脸核验、签承诺书、签署协议、手写签名四个步骤即可完成协议签署，突破协议签订的时空限制。已有 6700 余家定点医药机构通过电子签约完成 2022—2024 年度医保服务协议的续签。

【不打烊“指尖办”】 手机移动办 通过“穗好办”App 以及国家医保服务平台 App、粤省事小程序、粤医保小程序等多种渠道实现医保服务移动办、掌上办。21 项医保服务上线“穗好办”App，涵盖城乡居民参保登记、异地就医人员备案等 17 项高频医保公共服务事项（含 42 个办理项），以及业务进度查询等四项常用的其他医保服务。

终端自助办 选取量大面广、适合自助办理的 6 项个人高频服务事项通过进驻市自助终端监管平台输出至市政务服务一体机，海珠、天河、白云三区实现部分医保查询服务上线区政务服务一体机，同时保证各渠道自助办数据一致性。七家协议银行 1240 个服务网点的银行自助终端机提供 5—7 项医保查询办理服务。

就医信用付 在推进“互联网＋医保”移动支付的基础上，进一步创新开展就医信用无感支付试点，职工医保参保人通过“云闪付”App 进行授权签约后到指定医疗机构就诊，免除所有诊间支付流程。自 2021 年 10 月底在南方医科大学珠江医院、广州市第一人民医院、广州医科大学附属第二医院上线运行以来，已累计签约 946 人，提供服务共计 100 多次。

【无缝隙“联合办”】 综合柜员服务 各医保经办服务窗口实行“综合柜员制”，取消一批业务申请表，精简填写内容，减少手工录入内容，实现医保经办业务“一窗口受理、一站式服务、一柜台办结”。2021 年平均业务办理时长从 12 分钟减少到 9 分钟，减幅达 25%；服务大厅平均等候时长从 25 分钟减少到 9 分钟，减幅达 64%。

医保税务联办 市医疗保障局联合市税务局推广“医保＋税务”业务联办，通过线上即时联办、驻点专窗联办、线下直通联办等三种方式，针对医保和税务部门共同服务对象的 13 项高频跨部门关联业务，实现医保经办业务和社保缴费业务“一厅联办”“一窗联办”。业务联办已在越秀、海珠、天河、增城、从化五个区上线，按计划将于 2022 年 6 月底前推广至全市 11 个行政区。

一件事一次办 聚焦自然人生命周期和异地就医需求，实现 10 个医保公共服务事项纳入异地就医备案、自然人身后、婴儿出生等三个“一件事”主题集成服务，进一步方便群众办事。

【在身边“就近办”】 全城通办 实现医疗保障业务全城一体化通办，参保群众可到本市任一医保服务大厅办理医疗保险、生育保险业务，困难群众可到本市任一街（镇）政务中心申请医疗救助。实行办事预约，由企业群众自行选择医保服务大厅办理业务，实现“预约优先办、非预约自助办、特殊人群免预约办”，减少办事群众无效等候。

服务下沉 已实现城乡居民参保登记、医疗救助对象医疗费用手工（零星）报销等五个公共服务事项下沉至全市各街（镇）政务中心办理。部分区试点推动更多医保服务下沉至 41 个街镇，17 项医保服务延伸至越秀人力资源服务产业园。同时，部分定点医药机构提供简易医保便民服务。

医银合作 深化医银合作创新，与协议银行合作共建一体化服务网点，为参保群众提供简易业务咨询、网办、自助机的操作指引和帮办代办等服务。建设银行广州分行越秀支行“健康港湾·医保服务点”、光大银行从化青云社区支行“健康驿站·医保服务点”已先后启动运行。

案例五：深圳市上线“医保药价通” 探索医药价格公开透明机制

2021 年，深圳市医疗保障局探索建立定点零售药店医保药品价格监测管理制度，在国内率先上线集“药价监测预警”“便民查询服务”“药价形成机制引导”功能于一体的“医保药价通”。“医保药价通”依托全国医保信息平台医保药品记账数据动态监测预警定点零售药店药品价格，并通过“深圳医保”微信公众号等服务渠道向社会公开，受到社会广泛关注和群众好评。

【主要做法】 *借力智慧医保建设，实现系统无感上线* 深圳市积极顺应信息化、数字化、网络化、智能化发展趋势，依托国家统一的医保信息平台，直接采集全市医保药店基本信息、药品基本信息、医保记账数据，无需开发定点零售药店接口，无需人工填报数据，无感连通全市 4491 家医保定点零售药店，覆盖 18 万余个医保药品，实现了药价采集自动化、药价监测范围和品种覆盖全面化。使用贯标后的国家医保药品编码对采集信息进行自动处理，形成统一规范的药品信息，并通过“医保药价通”实时动态更新，做到不同包装、规格、厂家药品精准区分、药价可比，实现了药价监测精准化。自 2021 年 11 月 10 日上线至 2021 年 12 月底，已累计采集药品交易数据 610 万余条。

确定重点监控药品，改革成果人民共享 为进一步共享国家深化医药服务供给侧改革成果，保障群众在家门口能够买到“平价药”“降价药”，深圳市首批将国家、省组织的集中带量采购中选药品、国家医保谈判药品、“两病”药品、抗肿瘤药品等九大类药品纳入重点监控范围，并在“医保药价通”中进行专项分类标识，让群众切实感受到看得见、摸得着的购药实惠。

开放掌上便民查询，鼓励群众广泛监督 聚焦药价虚高、不透明及差价不合理等群众反映强烈的诉求问题，深圳在市医疗保障局官网、微信公众号、自助服务终端等多个渠道开放“医保药价通”便民查询端口，做到医保药价掌上查、随时查。围绕群众关心的“哪里买药更便宜”问题，主推“药品价格查询”“药店位置查询”和“地图导航”三项便民服务，群众无须注册登录便可一键查询药品价格、药店位置，并可按照药店位置远近、销售价格高低排序，进行购药路线导航。此外，开设“问题反馈”专区，群众可及时反馈药价问题。自 2021 年 11 月 10 日系统上线后，日均访问量达 430 余次。

强化行政监督管理，正面维护价格秩序 为防止药品市场价格失序，发挥“有为政府”作用，深圳市以监管需求为导向，借助人工智能、大数据等新一代信息技术，通过“医保药价通”根据需求自动生成不同类别数据统计报表，及时预警、反馈价格严重偏离市场平均水平，或短时期内波动过大的药品，推动实现价格监管智慧化。根据预警信息，医保部门结合协议管理、信用评价等手段，对定点零售药店进行准确有效的监督检查、提醒告诫，正面维护市场药品价格秩序。截至 2021 年 12 月 31 日，系统已自动预警药价异常交易 2.82 万条。

引导行业价格自律，探索药价市场形成 为推动“有效市场”发挥更大效能，引导药品经营者加强自律，按照公平合法、诚实信用、质价相符的原则合理制定药品价格，“医保药价通”在发布药品平均价格的基础上，还会进一步展示全市销量前 20 的药品及其价格信息，披露销售价格前五名和后五名药店，鼓励群众“价比三家”并“用脚投票”。截至 2021 年 12 月 31 日，已引导 726 家定点药店主动对 497 个药品进行了降价，占可比预警价格数据的 43.68%，有效推动药品价格形成机制进一步完善。

案例六：河源市扎实推进和平县紧密型县域医共体医保支付方式改革

2020 年以来，河源市县两级医保部门认真落实《广东省医疗保障局关于开展省级紧密型县域医共体医保支付方式综合改革试点工作的通知》要求，大力支持紧密型县域医共体建设，积极探索推进"总额付费、结余留用、合理超支分担"的紧密型县域医共体医保支付方式综合改革工作。经过一年多的探索，从2021年11月起，全市将和平县医共体20个成员单位的住院、门诊特殊病的基金预付款，统一划拨到和平县医共体总医院账户，由医共体牵头医院按照规定管理。截至2021年底，已预付城乡居民医保基金2863.36万元、职工医保基金448.06万元。

【主要做法】 强化制度设计　紧紧抓住省级紧密型县域医共体医保支付方式综合改革试点的重大机遇，主动开展改革调研、专家评估、数据测算等可行性研究，积极向省医疗保障局提出试点申请并获得确认。2021年以来，市县两级根据上级政策要求，结合实际、密切配合，以"保障基本、健全机制、激励约束、协同高效"为基本原则，在和平县医共体总医院成立医保管理中心，并先后印发《和平县紧密型县域医共体医保支付方式综合改革试点实施细则的通知》《和平县紧密型县域医共体医保支付方式综合改革年度绩效评估方案》，明确改革目标、基金预算分配方法、绩效评估指标等，推动和平县建立以县人民医院为核心，横向以县中医院、县妇保院，纵向以17家乡镇卫生院为成员，以251家村卫生站为基础，组建成"1＋2＋17＋251"模式的一个医疗卫生共同体。

力促实现"六统一"　一是实现行政统一，制定了行政管理一体化管理实施方案，完成了法定代表人的变更及行政管理中心、人才管理中心、财务管理中心、医疗质量管理中心、药事管理中心、器械管理中心、信息管理中心、健康管理中心、绩效考核管理中心、医保管理中心等十大中心的正(副)主任聘任。二是做到人员统一，和平县政府出台了人才引进相关文件，对全县医务人员进行造册建档管理并进行业务轮训，同时各部门出台人才引进政策方案，推进县域医共体人才统一招聘，落实分院院长聘任权，建立"和平县医共体人才池"由医共体牵头医院统一管理。三是实现财务统一，成立财务管理中心，开设牵头医院总账户，各成员单位独立核算。四是达到质量统一，制定医共体内医疗质量一体化管理方案，在成员医院建立联合病房及联合门诊，实行医疗、护理、院感、检验、影像、心电、病案等同质化管理。五是实现药械统一，实行了药品、耗材集中统一采购；在原来合水、大坝两个卫生院实行统一采购试点的基础上，统一了全县公立医疗机构的药品、耗材目录，制定了《和平县紧密型县域医疗卫生共同体统一采购管理实施细则》，全面实施药品、耗材统一集中采购。六是做到信息统一，制定医共体信息建设总体规划方案，分步实施建设，实现区域内信息互联互通，资源共享。

强化绩效评估　坚持定量与定性相结合，建立以医共体基础数据、家庭医生服务质量指标、防止出现虹吸现象、严格实行双向转诊标准、杜绝医保骗保事件、群众服务等六大项21小项指标为评估内容的监测评估体系，综合评估县级医院医疗资源下沉、基层服务能力提升和服务对象满意度等效果。同时，加强评估结果应用，充分发挥绩效评估的激励导向作用，并以此作为资金拨付的重要依据，有效调动医院和医务人员参与医共体建设的积极性。

【主要成效】 有序就医格局基本形成　2021年与2017年相比，县域就诊率由78%上升到91%；县域住院率由80%上升到86.7%；群众满意度由75%上升到96.2%；基层就诊率由52%提升到67.5%；牵头医院出院人次中下转患者数量占比由5.1%上升到23.7%。

县域医疗卫生服务能力提升　牵头医院在2019年成为首批达到国家县级综合服务能力推荐标准的县级医院之一，并于2021年顺利通过中国基层胸痛中心认证。与2017年相比，牵头医院高难度(III、IV级)手术占比由21.5%上升到58.5%；收治病种数量由916种上升到1373种；开展关键诊疗技术由65种上升到207种；基层I、II级手术实现"零"突破，完成各类创伤手术350余台；帮扶基层分院开展新技术新项目数量达29项。

医疗卫生资源有效利用　与2017年对比，2021年基层医疗卫生机构医疗服务收入占医疗收入的比例由28.15%上升到32.98%；基层医疗机构床位使用率由49.16%上升到67.42%。

案例七：汕尾市开展重大疾病巡访工作 建立因病返贫监测长效机制

汕尾市充分运用“数字政府”改革建设成果，依托国家医保信息平台和汕尾“民情地图”工作平台，建立重大疾病巡访医保服务工作机制，重点关注医疗费用支出五万元及以上重病患者，通过“大数据监测＋网格化巡访＋便捷化服务”方式，创新主动救助模式，及时将符合条件的人员纳入医疗救助范围，切实减轻困难群众和大病患者医疗费用负担，有效防范化解因病致贫返贫风险，筑牢民生保障底线。自 2021 年 10 月底启动至 12 月底，全市主动排查指引困难群众申请医疗救助 1708 人，经审核符合救助条件 491 人，共拨付医疗救助资金 2170.84 万元。

【变被动为主动】 汕尾市依托全国统一的医保信息平台，强化高额医疗费用支出预警监测，实施信息动态管理，重点监测本市经基本医保、大病保险等报销后个人医疗费用负担仍然较重的参保人员，做到及时预警。通过建立常态化监测机制落实专人负责，每月第一个工作日从系统中筛查出全市自 2020 年起医疗费用支出在五万元及以上、还未享受到医疗救助待遇的参保人作为巡访对象，并将信息推送至汕尾“民情地图”应用推广平台，同步下发各县（市、区）医保经办机构排查跟进。随后，“民情地图”工作专班将名单信息与平台“一标三实”（即标准地址、实有人口、实有房屋、实有单位）信息进行匹配。截至 12 月底，分三批经国家医保信息平台导出符合条件人员信息共 5645 条，分发至全市 56 个大网格、868 个中网格、4592 个小网格之中，通过网格化管理入户排查重大病患者家庭经济财产状况，筛查是否符合支出型医疗救助条件，并及时为符合条件的参保人提供医疗救助，形成“用数据说话、用数据管理、用数据决策”的工作机制。

【变粗放为精准】 为确保重大疾病患者巡访工作有效落实，按照《汕尾市网格化服务管理工作责任追究制度》的要求，镇街“民情地图”工作专班将重大疾病巡访工作纳入当地民情地图网格工作职责，进行一体培训、一体运行、一体考核。网格员根据各自网格划分和工作职责，通过钉钉 App 对照巡查走访任务中“关注人员”的重大疾病走访对象名单，通过主动上门巡访、获取电话联系、视频连线等方式，逐一开展走访核查，了解巡访对象的基本情况、困难与需求，核查提交巡访家庭成员名下产权房屋、非居住用途不动产、商事登记信息、金融资产人均金额等四个项目的具体情况。经初步评估符条件的，对其宣传医保政策，告知办理流程，并为有需求的参保人提供代办医疗救助申请。截至 12 月底，匹配网格的 5645 名应访对象经平台巡访 5159 人，巡访率 92%，经巡访推动申请医疗救助 1708 人，其中个人自主申请 1156 人，网格员或村社干部协助申请 552 人。

【变碎片化为一站式】 汕尾市结合实际落实依申请救助机制，实行“一站式”服务、“一窗口”办理，简化申请、受理、审核、审批、救助金给付流程，为群众提供快捷、高效、优质服务。低保对象、特困人员等收入型医疗救助对象，直接纳入“一站式”结算。针对支出型医疗救助对象，通过个人申请、镇街受理和审核、县级医保部门审批等流程，及时将核准救助金额直接支付到救助对象个人银行账户。申请人本人或者受托村（社区）干部、网格员，仅需提交家庭户籍信息及合规医疗费用的有效凭证，镇街医保经办机构受理后，通过省底线民生保障系统查询其家庭财产状况并出具核对报告，同时将入户核查后符合救助条件的信息在国家医保信息平台录入、审核，提交县（市、区）医保部门按有关规定组织抽查后审批，核准金额直接拨至救助对象个人账户，让群众足不出户就能迅速享受医疗救助，提高结算服务便利性和基金使用安全性。

案例八：湛江创新基金监管方式 维护医保基金安全

自 2019 年被列入国家医保基金监管方式创新试点城市以来，湛江市对标试点工作方案，坚持“五抓五强化”，形成了医保基金监管理论支撑“湛江智库”、基金智能审核“湛江规则”、第三方支付评审服务“湛江品牌”、基金监管“湛江力量”、医保智能监管“湛江样板”五大亮点。2021 年,湛江市基金监管创新试点工作在国家医疗保障局组织的终期验收中被评定为优秀等次。

【主要做法】 组织领导抓力度,强化监管统筹 一是成立以市长为组长,分管副市长为副组长,重点部门主要负责人为成员的创新试点工作领导小组。二是制定《湛江市打击欺诈骗取医疗保障基金部门联席会议制度》,建立了部门联动机制。三是把试点工作经费纳入财政预算,从人力、物力、财力上保障试点工作顺利开展。四是市委市政府主要领导多次了解试点工作进展情况,协调解决执法力量不足等问题。

顶层设计抓高度,强化监管创新 一是坚持以创新为统领、以问题为导向,高起点、高标准制定出台《湛江市医疗保险基金监管方式创新试点实施方案》。二是引入第三方力量打造集业务流、数据流、信息流、人才流、基金流“五流一体”的医保基金智能监管平台;依托该平台有效提升“分析决策、智能监管、稽核内控、现场巡查、宣传教育”五大功能;打造全流程、多维度覆盖基本医保、大病保险、医疗救助的一体化医疗保险监管服务。三是构建线上线下结合、多部门联动的基金监管体系,建立长效机制,为全国医保基金监管方式创新贡献“湛江方案”。

引入外力抓深度,强化监管效能 一是通过合作协议模式引入商业保险机构参与全市医保基金监管服务,成立专门的监管队伍负责巡查定点医院。二是通过政府公开招标购买服务方式引入第三方支付审核服务。三是建设湛江医保智能监管平台项目,项目经专家评审后引入第三方机构参与平台建设,全面启动相关应用场景,构成全方位、多维度智能监控体系。四是建立第三方考核机制,出台《第三方支付评审服务规程》和《第三方服务绩效评价制度》,使第三方服务绩效评价有规可依、有章可循。

建章立制抓强度,强化监管基础 一是突出制度先行,湛江市先后制定实施《湛江市医疗保障定点医疗机构医保医师管理制度》《湛江市医保基金第三方支付评审服务规程》《湛江市基本医疗保险社会监督员制度》《湛江市医疗保障第三方服务绩效评价制度》等 19 个文件,初步形成医保基金监管制度体系。二是突出执法支撑,在湛江市医疗保障局增设执法科,推进行政执法规范性建设,为医保执法工作提供有力支撑。

宣传培训抓广度,强化监管氛围 组建社会监督员队伍,截至 2021 年,全市共有基金监管专家组成员 681 名,社会监督员 21 名。在每年集中宣传月期间开展主题宣传,举办打击欺诈骗保专项治理培训。市医疗保障局与市医院协会签订《医院协会参与医疗保障基金监管工作协议》,委托医院协会定期举办相关的宣传和培训,引导医生依法依规使用医保基金。

【工作成效】 联合执法工作机制不断完善 医保、卫生健康、药监、公安和审计等部门联合执法,形成基金监管合力。2021 年,湛江市多部门联合执法三次,在“湛江医保”微信公众号曝光典型案例,对违法违规的定点医药机构采取解除服务协议、暂停服务协议、约谈整改等措施,有效推进医保基金规范安全运行。

第三方监管防火墙作用有效发挥 2021 年,线下商业保险机构共完成定点医疗机构检查 687 家次,核查住院 3 万多人次,从中发现涉嫌违规线索,剔除不合规医疗费用;“线上”第三方支付审核机构通过智能审核对全市 2353 家定点医药机构全部核查,发现问题处理率达到 100%,对控制医保违规行为和医疗费用不合理增长起到良好效果,保持医保基金健康可持续运行态势。

第三方监管审核利剑威力逐步显现 从监管审核数据来看,2021 年第三方支付审核机构线上核查全市定点医药机构单据违规率 23%,较 2020 年下降两个百分点,医保基金违规问题得到改善。

监管配套制度约束效应明显 建立全口径、全流程、实时联动的医保医师库,对医保医师实施准入、培训、行为规范、诚信管理、退出等综合管理,把监管关口前移,由管医院向管医师延伸,从源头上堵住基金流失。印发举报奖励实施细则、基本医疗保险社会监督员制度,有效发挥社会监督作用,保医保基金安全。

案例九：清远市推进紧密型县域医共体医保支付方式综合改革

清远市积极推进医保支付方式改革，在充分调研和综合分析的基础上，全力推动连州市成为全省第三个省级紧密型县域医共体医保支付方式综合改革试点，成效初显。

【主要做法】 深入调研，大力推动改革试点落地 清远市医疗保障局综合考虑全市基本医保统筹基金运行和县(市、区)紧密型医共体建设情况，发现连州市委市政府对紧密型县域医共体建设高度重视，成立了连州市医疗总院，组建了辖区内18家公立医疗机构的紧密型县域医共体，全面实现了"行政、人员、财务、质量、药械、信息"六个方面的统一管理。经清远市医疗保障局对基金的收支情况进行测算和对医疗保障市级统筹影响等方面的综合评估后，认为连州市已具备申报省级县域医共体医保综合改革试点的基本条件，将其作为试点单位向广东省医疗保障局提出申请，并于2021年8月获省局批准实施。

加强指导，全面推行总额预算管理 清远市医疗保障局加强对连州市医共体医保支付方式综合改革的指导协调，稳步推进试点工作。改革后，连州市医共体按照"以收定支、收支平衡、略有结余"的原则，实行"总额付费、结余留用、超支自负"的医保支付方式，医共体内18家医疗机构的医保统筹基金，大病补充医疗保险资金，医疗救助资金预付、结算和清算等相关医保款项直接拨付至连州市医共体总院医保专用账户，由医共体统筹使用。

强化监督，科学运用医保考评机制 对医共体的基层病种、住院率等指标进行考核，要求改革当年基层病种在基层医疗机构住院诊治率达到60%，并逐年增加15%直至达到90%；县级医疗机构业务量要逐步减少，如发生县级医疗机构住院费用不减反增的，每增加一个百分点扣除总额的1%，将普通病种留在基层诊治，医共体外住院率逐年下降，减少住院"虹吸"现象。加强对连州市改革试点实施细则、医疗总院18间医共体成员单位考核、医疗总院目标管理责任制绩效考核等落实情况的监督管理，通过信息技术手段对连州市医保结算、医保基金使用和管理等数据进行动态监测，做到及时预警、高效控费，不断解决改革过程中遇到的新问题、新情况。

服务发展，提升基层医疗服务水平 推动连州市医共体充分发挥医保支付在规范医疗服务行为、调节资源配置中的杠杆作用，优化医共体诊疗模式，全面提升连州市基层医疗服务水平。指导医共体共建"联合门诊""联合病房"，并推出统一基层门诊处方和临床路径、统一药品目录和采购、统一双向转诊制度流程、制定出台县镇利益共享分配机制及重点打造三大基层医疗区域中心医院等系列举措，合理配置基层医疗资源。加大省级县域医共体医保综合改革试点宣传力度，积极引导连州市本地患者留在当地就医。切实推动医防融合，逐步实现医疗健康服务从"保疾病"转变为"保健康"。

【主要成效】 "节约基金"动力大幅提高 "总额控制，结余留用"的支付方式实现了约束机制与激励机制并行、监督与放权并举，使医共体自主管理的积极性与医疗机构自我控制医疗费用增长的动力得到大幅提高。在启动省级紧密型县域医共体医保支付方式综合改革后，短短四个月时间，连州市统筹基金比同期节约近4000万元，超支差额从2020年的6900万元降至2021年的620.65万元，总体呈下降趋势，基金收支基本平衡。

"提升质量"难题得以解决 通过省级县域医共体医保支付方式综合改革试点探索，连州市医共体构建了分级诊疗、急慢分治、双向转诊的诊疗模式，使当地老百姓能够就近享受优质医疗服务；协同推进三医联动，支持医共体将医保基金结余留用与增加医疗收入统一起来，基层医疗卫生服务水平得到提高；推动落实家庭医生签约服务政策，推动健康关口前移，促进医疗健康服务"以治疗为中心"向"以健康为中心"转变。

广西壮族自治区

工作综述

2021年，广西壮族自治区医疗保障局以推动医保高质量发展为主题，以深化医保制度改革为主线，推动医疗保障工作更高质量发展、更加利民惠民便民。截至2021年底，全区基本医疗保险参保人数5249.27万人，其中职工医疗保险参保714.77万人，居民医疗保险参保4534.50万人，全区参保率稳定在97%以上。基本医疗保险（含生育保险）基金总收入731.02亿元，总支出677.32亿元，当期结存53.7亿元，累计结存913.89亿元。职工医疗保险（含生育保险）基金总收入321.44亿元，总支出257.90亿元，当期结存63.54亿元，累计结存513.41亿元，职工医保基金滚存统筹结余可支付23个月；居民医疗保险基金总收入409.58亿元，总支出419.42亿元，累计结存400.48亿元，居民医保基金滚存结余可支付11个月，基金运行安全平稳，基本实现全民享有基本医疗保险目标。

【医保助力疫情防控】 2021年，全区累计上解新冠肺炎疫苗专项资金58.50亿元，累计拨付疫苗及接种费用48.26亿元，其中疫苗费用（含预付）39.85亿元，接种费用8.41亿元，全程做到疫苗采购“钱等苗”、接种费用“及时付”。年内三次下调广西核酸检测项目价格，核酸检测单检每人次价格从2021年初的73元左右降至40元，核酸检测混检价格从每人次20元降至10元，有效降低疫情防控的社会运行成本，进一步减轻群众检测费用负担，减少新冠病毒检测支出近10亿元。

【完善医保制度建设】 *编制首个广西医疗保障五年规划* 自治区医疗保障局牵头编制《广西医疗保障“十四五”规划》，是“十四五”时期广西医疗保障事业发展的综合性、基础性、指导性文件。

健全职工医保门诊共济保障机制 12月，自治区政府办公厅出台《广西职工基本医疗保险门诊共济保障实施办法》，建立职工医保普通门诊共济保障机制，由原来的个人积累式走向了互助共济式。通过改进个人账户计入办法，进一步提高基金的使用效率。

【完善待遇保障机制】 *完善城乡居民高血压糖尿病门诊用药保障机制* 2021年，自治区开展“两病”门诊用药保障专项行动，择优选取南宁、梧州作为重点联系的典型地区。南宁市将“两病”待遇认定范围放宽至一级定点医疗机构，对符合条件的参保人员“即申即办”；梧州市通过电子处方推送，实现“两病”等患者可就近在处方共享药店购药，实现医保直接结算。

实现城乡居民大病保险平稳运行 通过保障范围、起付标准、支付比例、筹资标准、招标管理、盈亏分担机制、“一站式”服务及监督管理等八个方面统一全区大病保险政策，充分调动发挥商业保险的积极性和专业力量，破解大病保险制度运行难点。2021年全区大病保险累计支付49.64亿元，大病保险将参保人住院医疗费用报销比例提高18个百分点，做到参保人员应赔尽赔。

夯实医疗救助托底保障功能 自治区医疗保障局以广西高发的地中海贫血作为突破口健全重特大疾病医疗救助制度，联合财政厅、卫生健康委员会、民政厅印发《关于做好地中海贫血患者医疗救助工作的通知》，将地中海贫血患者年度救助限额从最低2万元提高到10万元。

稳步推进长期护理保险制度试点 自治区医疗保障局指导国家试点南宁市开展长期护理保险制度试点工作。2021年3月起，南宁市开始实施长期护理保险制度，将156.12万名参保职工纳入保障范围，2021年依申请实施评估7196人次，其中6248人符合享受待遇的标准，基金支出0.17亿元，切实减轻了失能人员家庭购买长期护理服

务的支出，为失能人员带来了规范专业的长期护理服务。同时，自治区医疗保障局联合财政厅印发《关于中区直驻邕单位参加南宁市长期护理保险制度试点的通知》，明确自治区本级参保人员统一纳入南宁市长期护理保险制度试点范围。

支持三孩生育政策落地实施　将生育三孩的费用纳入生育保险支付范围，保障参保人员生育保障权益，2021 年全区享受生育保险及津贴 17.35 万人次，统筹基金支付 8.88 亿元。

【巩固拓展脱贫攻坚成果有效衔接乡村振兴】 7 月，自治区医疗保障局等七部门联合印发《关于印发广西巩固拓展医疗保障脱贫攻坚成果有效衔接乡村振兴实施方案的通知》，采取“一事一议”方式，依申请对发生高额医疗费用的易返贫致贫人口实施救助，年度最高限额可达 10 万元。

健全低收入人口参保比对核查机制　加强部门间信息比对，确保参保动态全覆盖。同时，取消户籍限制，打破流动人口参保壁垒，实现“愿保尽保”。

建立医疗救助精细化管理机制　在梧州岑溪市、百色乐业县开展试点工作，依托大数据平台，实行救助对象信息全流程追踪，提高救助精准性、时效性。

建立医保“慧眼防贫”监测预警机制　通过对参保、医疗费用和帮扶情况进行事前、事中、事后全链条监测，实施部门联动帮扶，有效防范化解因病致贫返贫风险。2021 年，医保部门推送高额医疗费用困难群众信息 7.15 万人，其中 4.12 万人已落实综合帮扶措施，支出各项帮扶资金 1.19 亿元。

【医保支付方式改革】 在全区推行以 DRG 付费为主的医保支付方式改革，2021 年基本实现全区二级及以上定点医疗机构开展 DRG 付费，落实结余留用政策，激发医务人员主动参与改革的内生动力。

实现“三降一升”　全区住院患者次均住院费用、平均住院日、个人费用负担同比分别下降 16.40%、14.33%、13.35%，病例组合指数（CMI）同比上升 15.87%，达到“医、保、患”共赢，群众得实惠、医院受鼓舞、基金能承受。

实现“四个覆盖”　按照国家统一部署，广西提前实现统筹地区、定点医疗机构、病种和住院医保基金全覆盖的任务目标。截至 2021 年底，全区 15 个统筹地区共 464 家定点医疗机构实施 DRG 实际付费，基本覆盖全区二级及以上定点医疗机构以及符合条件的一级定点医疗机构。

发挥试点示范作用　积极发挥梧州市 DRG 付费国家试点和柳州市自治区试点的典型示范、辐射带动作用，在落实标准规范、完善工作机制、开展精细化管理等方面进行探索，引领改革向纵深发展。

【药品耗材集中采购】 全区共有包括抗肿瘤药、“两病”用药等 325 个常用药品和冠脉支架、新冠试剂等八类医用耗材集采结果在广西落地执行，平均降幅 56.1%，实际减少群众就医负担 61 亿元。

做好国家集采落地执行工作　全面落实执行国家集采和省际联盟药品 225 个以及冠脉支架等医用耗材集采工作，冠脉支架均价从 1.3 万元左右下降至 700 元左右，平均降幅 93%。

推进省级药品带量采购　以整省区开展广西药品集团采购工作，共 100 个药品品种中选，平均降幅 44.08%，单品种最大降幅达 97.47%。

积极参与省际采购联盟　主动与广东等省份组成采购联盟，开展短缺药品、人工晶体、冠脉球囊、骨科创伤类等药品耗材集采，不断扩大自治区带量采购品种范围。

落实药品耗材集中采购配套政策　完善广西药品、医用耗材挂网采购政策，实现“应挂尽挂”。推进广西药品集团采购服务平台建设，全面实现药品采购货款线上结算，全区公立医疗机构已完成集采货款结算 24.52 亿元。梧州市积极推进医疗机构线上结算，确保医药采购货款在 30 日内回款。贵港市落实结余留用政策，已完成国家和自治区部分批次的药品集采结余留用拨付工作，向全市各定点公立医疗机构拨付 2549.1 万元。柳州市创新推进集采药品进医院、进药店、进村卫生室模式，打通服务群众就医取药“最后一公里”。

【深化医药服务价格改革】 规范现行医疗服务价格项目，自治区医疗保障局组织力量对现行医疗服务价格项目全面梳理、统一归并和重新规范，兼顾解决区内地区价格差异，实现全区基本一致，调整比价不合理、价格倒置、价格偏低的部分项目价格。重新规范后形成的《广西医疗服务价格（2021年版）》，基本解决项目不全、内涵不清、价外收费不明确、计价单位不合理等问题。支持医疗机构开展符合技术先进性、临床应用性、社会需求性、经济合理性要求的新增医疗服务，发放新增医疗服务项目临时收费代码85项。

【加强医保基金监管】 完善制度健全机制 自治区医疗保障局建立行纪衔接、综合监管、联席会议等多项工作制度，构建全领域、全流程基金安全防控体系。探索推进医疗保障信用体系建设，实行守信联合激励和失信联合惩戒。

推进全方位监管 自治区医疗保障局推动开展日常巡查、飞行检查、专项整治等全方位、立体化监管，实现定点医药机构监督检查全覆盖。创新实施数字化监管，打造基金监管“视频监控＋人脸识别”基金监管模式，形成全流程、全方位监管，自治区本级创新基金监管方式试点获评国家“优秀”等次。2021年全区共检查定点医药机构14386家，查处9517家，其中暂停服务协议310家，终止服务协议58家，移交纪检监察机关19家，移交司法机关8家；处理违法违规个人562人，累计追回医保资金12.12亿元。

发挥部门联动效应 自治区医疗保障局会同公安厅、卫生健康委员会等部门联合开展打击“假病人、假病情、假票据”专项整治行动，明确向纪检监察机关移送问题线索工作办法。2021年，全区各级医保部门累计与公安部门开展了41次联合检查，向公安部门移送欺诈骗保案件和线索46例次，向纪检部门移交问题线索19例次，查处“三假”欺诈骗保案件32起。

构建社会共治共管监管模式 加强社会监督员队伍建设，畅通举报投诉渠道，强化典型案例曝光，防范恶性骗保事件发生。2021年各级医保部门共奖励举报人22人次，兑现奖励金15.39万元，曝光典型案例1006起。5月，自治区医疗保障事业管理中心出台《中区直驻邕单位职工基本医疗保险就医管理规程》等五个医保院内管理规程，促进医疗机构规范内部医保管理，开创医保、医院基金监管“双融合”治理新模式。

创新数字化监管模式 自治区本级建立住院场景监控、购药监控、医疗服务行为全流程智能化监管三大平台，建成覆盖4000万参保人的人脸生物特征库，并在基层试点使用，实现从粗放稽核到智能化、信息化、精细化核查的转变。

【强化医保目录管理】 执行统一医保药品目录 自治区严格落实国家政策，印发医保药品目录，目录内药品共计4391个，其中西药1439个、中成药1529个、中药饮片1423个，完成自行增补药品应消化任务的86.15%，明确最后一批药品于2022年6月30日前消化完毕。

将符合条件的中药（壮瑶药）饮片纳入医保 自治区医疗保障局按规定将符合条件的531个中药饮片、壮瑶药饮片纳入广西基本医疗保险、工伤保险和生育保险支付范围，目录内中药（含壮瑶药）饮片由原来的892个增加到1423个，解决民族地区群众临床用药需求，助力广西中医药民族医药事业高质量发展。

做好国家谈判药政策落地 落实国家谈判药落地监测，按月统计上报监测数据，2021年全区共181.32万人次使用了国家谈判药品，总费用12.62亿元，其中医保报销7.49亿元，切实减轻就医患者负担。

健全医保药品“双通道”管理机制 11月，自治区医疗保障局印发《关于建立完善国家医保谈判药品“双通道”管理机制的通知》，明确全区统一执行156个国家医保谈判、29种门诊特殊慢性病药品“双通道”管理名单，方便参保群众就医购药。

【优化医保公共管理服务】 推进“全区通办”和“跨省通办” 全区各级医保经办机构执行全区统一通办目录、实施清单和操作流程，异地就医备案等35项医保服务事项实现“全区通办”，生育医疗费用支付等29项医保服务事项实现“跨省通办”，建成“横到边、纵到底”的异地就医网络，门诊费用跨省直接结算实现全区所有县级行政区域（至少有1家以上医院实现门诊费用跨省直接结算）100%覆盖，以及全区所有二级以上定点医疗机构100%覆盖。梧州市承担国家门诊费用跨省直接结算试点工作，于2021年3月作为就医地和参保地双向开通门诊费用跨省直接结算服务。

优化便民服务 自治区医疗保障局实施“村医通＋”工程，全区依托“村医通”设备实现医保结算，提供简便易行的医保公共服务，群众家门口直接办理医保业务、“两病”就医报销不出村。将北海、钦州、防城港就医结算一体化范围扩大至北海、钦州、防城港、玉林、崇左五市，实现五市区域内三重保障一站式直接结算，医保服务、待遇结算“同城化”。全区累计有 3.28 万名新生儿出生即享受“参保缴费报销”一站式服务，减轻新生儿家庭负担 7885.13 万元。百色市全市实施“县、乡、村”医保业务经办一体化。

推进医保信息化标准化建设　自治区各级医保系统协同作战，15 项医保信息业务编码全面应用，医保电子凭证覆盖全区 1559 万参保人员。11 月 25 日，国家医保信息平台率先在贵港市、玉林市上线启动，12 月 12 日，全区 15 个统筹区如期全面上线医保信息平台，“纵向一根线、横向一张网、全区一盘棋”的信息系统搭建完成。

重要活动

1. 开展专项治理“回头看”工作。1 月，自治区医疗保障局联合自治区卫生健康委员会，在全区范围内开展定点医疗机构专项治理“回头看”工作，进一步推进打击欺诈骗保和整治医疗乱象等任务，重点打击诱导住院、虚假住院等行为。联合自治区审计厅、卫生健康委员会等部门，赴钦州、贵港、贺州等地医保部门开展定点医疗机构专项治理“回头看”工作进行督导检查，并对部分定点医疗机构进行现场检查。

2. 首次在网上开展药品集团采购议价工作。2 月 8 日，广西药品集团采购工作小组首次以网上在线议价方式开展第 4 批次广西药品集团采购(第二批)议价工作，13 个品规 10 个企业参与。

3. 全区开展《医疗保障基金使用监督管理条例》宣传贯彻暨医保基金监管宣传月活动。4 月 1 日至 30 日，自治区医疗保障局在全区范围内组织开展主题为“宣传贯彻《条例》 加强基金监管”的《医疗保障基金使用监督管理条例》宣传贯彻暨自治区、市、县三级联动医保基金监管集中宣传月活动。

4. 广西医疗救助精细化管理经办培训班暨“学党史、促担当”党史学习教育班举办。6 月 9 日至 10 日，自治区医疗保障局在百色市乐业县举办广西医疗救助精细化管理经办培训班暨“学党史、促担当”党史学习教育班，进一步提升医保经办系统干部履职担当能力，提高医疗救助精细化管理服务水平。

5. 组织开展 2021 年医疗保障基金监管飞行检查工作。7 月至 12 月，自治区医疗保障局联合自治区卫生健康委员会、财政厅、市场监管局组织开展 2021 年医疗保障基金监管飞行检查工作，同时邀请自治区公安厅、自治区纪委监委驻卫生健康委员会纪检监察组派观察员，赴全区各地市对部分定点医疗机构进行现场检查，初步查出涉嫌违规金额 31097.51 万元。

6. 自治区主要负责同志到自治区医疗保障局调研。9 月 2 日，自治区主要负责同志到自治区医疗保障局调研，详细了解医保中心服务情况，考察长者无忧服务区、智能便民服务设施，观看医保智能审核监控系统展示。

7. 药品生产和配送企业提醒告诫会召开。9 月 3 日，自治区医疗保障局召开药品生产和配送企业提醒告诫会，针对集采药品落地过程中部分医疗卫生机构反映的部分药品生产和配送企业出现缺货、用药需求无法保障、合同未响应、未履行以及配送不及时、不到位等情况，自治区医疗保障局约谈 17 家生产、配送企业，并限期完成整改。

8. 医保支付方式改革培训班暨 DRG 付费改革现场推进会召开。9 月 7 日至 8 日，自治区医疗保障局举办全区医保支付方式改革培训班暨 DRG 付费改革现场推进会，稳步推进广西医保支付方式改革，自治区医疗保障局有关负责同志主持会议，DRG 付费国家试点城市梧州市作经验交流发言。

9. 2021 年广西病案信息编写竞赛决赛举办。9 月 8 日，自治区医疗保障局会同自治区人力资源社会保障厅、卫生健康委员会联合举办“2021年广西病案信息(医保DRG付费)编写竞赛决赛”,全区14个市和18个医疗机构共74名选手参赛,分别评出个人奖自治区级6个、市级10个,团体奖一等奖3个、二等奖5个、三等奖6个,2名优秀选手获得2021年度“广西技术能手”称号。

10. 国家医疗保障信息平台在广西启动。11月25日,国家医疗保障信息平台在广西启动,贵港市、玉林市首批上线,标志着广西正式融入全国医保一张网。

11. 医保基金财务轮训工作开展。10月25日至12月31日,自治区医疗保障局对各市医保系统财务人员开展医保基金财务轮训工作,不断提高全区基层医疗保障经办机构医保基金财务工作者专业能力和管理水平,保障全区医保基金安全。

12. 北钦防玉崇医疗保障服务一体化签约仪式举办。11月25日,自治区北钦防一体化指挥部办公室及自治区医疗保障局在玉林市举办北海市、钦州市、防城港市、玉林市、崇左市五市医疗保障服务一体化签约仪式。五市参保人员不需办理异地就医备案,区域内就医即可享受与参保地就医购药同等待遇,五市参保人员在五市内基本医疗保险定点医疗机构和定点零售药店就医购药联网直接结算,实现三重保障一站式直接结算。

13. 广西全面切换至国家医疗保障信息平台。截至12月12日,广西14个设区市15个统筹区全部切换至国家医保信息平台。

典型案例

案例一:广西完善大病保险制度

广西自2013年启动大病保险试点工作,2015年实现自治区全覆盖。大病保险运行6年多来,有效减轻了参保群众看病就医负担,但制度运行中也存在全区政策不一、监督管理缺位、承保机构作用发挥不充分等突出问题,全区大病保险普遍性亏损,运行形势严峻。2021年,广西坚持问题导向,破解大病保险运行难题。

【主要做法】 实行政策“八统一” 自2021年1月1日起执行全区大病保险“八统一”政策。一是统一保障范围,对经城乡居民基本医疗保险报销后,个人累计负担的医疗费用超过大病保险起付线以上部分,由大病保险给予保障。二是统一起付标准,实行动态调整,逐步调整至统计部门最新公布的上一年度广西居民人均可支配收入的50%。三是统一待遇标准,全区统一报销比例和报销限额。四是统一筹资标准,根据医保基金筹资和大病保险赔付率趋势等情况测算,一年一定。五是统一招标管理,将14个统筹地区划分为三个片区,按照“肥瘦搭配”及人口布局等原则分出三个标的,引入竞争机制,由自治区统一选定不超过3家商业保险机构承办城乡居民大病保险业务,合作期限以不低于3年为一个周期。六是统一盈亏分担机制,商业保险承办机构盈利率控制在2%以内,非政策性亏损在目标值5%以内的,其中符合大病保险政策支付范围的,由基金和保险机构各负担50%;亏损率超过5%以上的部分,全部由商业保险机构承担。七是统一“一站式”服务,实施合署办公,实现大病保险“一站式”“一单制”结算。八是统一监督管理,完善基本医疗保险与商业保险机构对定点医药机构的联合巡查制度,并加以落实。

强化五个到位 一是政策宣传到位。医保部门与大病保险承保公司密切配合,组织人员深入社区、村委等开展广泛宣传,主动提供大病保险理赔咨询服务。二是理赔服务到位。承保公司按约定建立专业经办团队,派驻各级医保经办机构合署办公,设立大病保险服务专窗,全区共配置466人为参保人员提供咨询、赔付服务。三是保障能力和报销待遇到位。按照保本微利原则,完善大病保险收支结余和政策性亏损动态调整机制;截至2021年12月底，大病保险将参保人住院医疗费用报销比例提高约18个百分点，确保参保人员能够及时享受相应待遇。四是信息共享到位。统一医保系统和大病保险系统的对接模式和共享数据范围，使承办机构及时获取赔付数据，有效提高赔付效率，做到“不漏赔”；建立商保支付平台，通过平台可及时查询各市直接结算的大病保险费用情况，审核理赔案例，做到“不错赔”。五是“一站式”结算到位。由商业保险机构向参保地医保经办机构预付异地周转金，统一结算、清算流程，参保地与就医地医保经办机构实行直接结算，实现全区及跨省基本医疗保险、大病保险“一站式、一单制”直接结算，做到群众“免垫付、不跑腿”。

健全六项机制　一是健全协同工作机制。建立了从上至下的医保部门与商保机构协同工作机制，明确了工作职责和工作内容，建立了信息报送、联合检查等工作制度，为全区大病保险综合监管提供有力抓手。二是健全管理机制。健全大病保险检查方案和考核工具，完善“制度管人、专人做事、流程管事”机制，形成有效工作合力。三是健全激励约束机制。健全商业保险机构的考核、奖惩、退出机制，健全以服务能力、保障水平和参保人满意度为核心的考核评估体系，督促商业保险机构提高服务管理效能。四是健全联合巡查与专项检查机制。医保部门与商保机构组成联合检查队伍，充分利用商保机构医学专家资源，对统筹地区内定点医疗机构实行全覆盖检查。五是健全大病保险费用智能审核机制。通过大数据算法和反欺诈、过度诊疗、超高费用、超长住院等模型，对医保数据深入挖掘。六是健全重点赔案核查机制。由商保机构组建稽核团队，对异地就医费用真实性、意外伤害理赔案例进行重点核查。

【主要成效】 形成保险机构、群众、医疗机构三赢局面　一是保险公司承保合同落实落地快。自治区统一政策和保障标准，有利于保险公司与各市医保部门快速落实统一政策，提高协议签订、系统对接、经办落地等效率，减轻了保险机构工作压力。二是老百姓获得感更足。2021年1至12月赔付案件248.8万件，赔付人数46.42万人，赔付金额49.19亿元，大病保险将参保人员住院医疗费用报销比例提高为18%。三是定点医疗机构回款及时。有96.22%的支付额可当月结算，结算效率高、回款快，减轻了医院资金压力。

有效抑制不合理医疗费用上涨趋势　基本医保和商保形成监管合力，充分发挥大病保险承办机构稽核力量，联合开展监管，从就医诊疗行为的源头进行医疗行为监控，最大程度降低不合理医疗费用，2021年大病保险基金支付费用增长速度同比降低8%。截至2021年12月底，全区大病保险平均赔付率为101.23%，整体运行平稳，收支总体平衡。

三重保障政策红利叠加释放　通过大病保险制度改革，使三重保障线有效衔接，经三重保障制度报销后，政策范围内报销比例在80%以上。

案例二：531个民族药饮片纳入广西三险两金报销

广西壮医药、瑶医药历史悠久，基础深厚。这些富有民族特色、临床广泛使用、疗效确切的道地药材，在促进健康广西建设中发挥了独特优势和重要作用。自治区医疗保障局高度重视并积极支持中医药、民族医药的发展，2021年，将符合基金支付条件且具有广西地方标准的531个中药和民族药饮片（中药饮片180个，壮药饮片301个，瑶药饮片50个）纳入广西基本医疗保险、工伤保险、生育保险三个险种，以及大病保险和医疗救助两项资金支付范围，参保人员在定点医疗机构就医可直接结算，各项基金按规定比例报销。

【主要做法】 深入临床调研　自治区医疗保障局深入广西国际壮医医院、金秀瑶族自治县瑶医医院以及玉林市、贵港市等地中医医院进行调研，在广泛听取相关部门、地方意见等的基础上，会同自治区人力资源和社会保障厅印发《关于进一步加强广西基本医疗保险、工伤保险和生育保险中药和民族药饮片目录管理的通知》，以国家医保药品目录内892个中药饮片为基础，将符合条件且具有广西地方标准的531个中药和民族药饮片纳入基金支付范围。

对标国家标准　自治区医疗保障局结合国家

医保信息化标准化建设要求，收集整理全区定点医疗机构临床使用、有地方标准的中药和壮瑶药饮片名称、功能主治、用法用量等信息，统一向国家申请赋码，建立基础信息数据库。

严格准入程序 在中药饮片遴选准入过程中，严格把握临床必需、安全有效、价格适宜的基本原则，在医保基金可承受的前提下，对已获得国家医保编码的中药和民族药饮片，组织中医、壮瑶医药专家进行咨询、评审，比对临床疗效价值，通过评审准入的方式确定纳入基金支付的药品。

【主要成效】 *增加用药选择，减轻医疗费用负担* 医保目录内可报销的中药饮片数量增加到1423个，临床医生可根据患者病情，针对性地选用医保药品目录内的饮片。以往参保群众服用这些饮片需要个人全额负担药费，现在医保可报销大部分费用，减轻了患者的用药费用负担。

发挥少数民族用药特色 中医药、民族医药具有诊断方式简单、用药方便、治疗有效、费用廉价的特色和优势，这些饮片进入医保药品目录后可促使群众选择适合自己的中医、民族医治疗。同时，目录内1423个药品同时标注了中药饮片、壮药饮片和瑶药饮片的规范名称，临床医师在处方中书写任一规范名称，基金均予以支付。由此，不改变医疗机构、医务人员、群众的原有习惯，有利于民族中医药文化传承与发展。

促进自治区中医药、民族药发展 广西中草药资源十分丰富，中医药、民族医药品种位居全国前列。将更多的中药饮片纳入基金支付范围，将带动中医药、民族医药饮片市场，促进中医药、民族医药材种植养殖、中药材集散、中药深加工等全产业链的发展，助力乡村振兴，促进经济社会的发展。

案例三：南宁市建立长期护理保险制度

2021年，南宁市以国家扩大长期护理保险制度试点为契机，建立责任共担、保障基本、符合实际的长期护理保险制度。截至2021年底，长护险制度覆盖全市156.12万参保职工，受理待遇申请8564笔，依申请实施评估5900人，累计4180个失能人员家庭获益，年人均减负超过2万元。

【建立功能清晰的制度框架】 2021年，南宁市人民政府印发制度主体文件，市医疗保障局等七部门出台长护险筹资、待遇、服务、监督考核等在内的系列政策，并于2021年3月1日启动实施。结合本地实际出台护理服务人员管理办法、承办机构管理办法及基金管理办法等。

【建立权责对等的筹资机制】 南宁市长护险从职工基本医疗保险参保人群起步，稳步构建为重度失能人员长期护理服务需求提供资金和服务保障的社会保障制度。建立以个人和单位缴费为主的筹资机制，不挤兑基本医保基金和财政资金资源，保障长护险建制的独立性和可持续性。针对退休人员实行社会化管理、没有单位缴费问题，免去退休人员单位缴费部分，减轻财政负担。对灵活就业人员采取全额比例从医保个人账户划转，体现权责对等。在保费征收中，打通医保、税务部门信息渠道，采取“医保核定，税务征收”的模式，从长护险制度建立初期已实现税务征收。为进一步优化营商环境，为长护险制度落地创造“软着陆”环境，南宁市主动将企业职工缴费费率从7.3%（职工医保＋生育保险）调整至6.95%（职工医保＋生育保险＋长护险），总体费率低于2020年，参保职工获得三项保障，有效应对当前疫情防控和经济下行的双重压力。

【建立需求导向的供给平台】 南宁市对长护险护理服务机构实行准入评估机制，建立形式上兼顾居家护理和入住机构护理、内容上兼顾生活照料和医疗护理的多样化护理服务供给体系。对长期护理服务机构实行协议定点管理，并通过适当放宽外地优秀连锁企业准入条件，加速服务资源落地，加快实现供需平衡。对护理服务人员，出台管理办法，明确准入、管理要求，并加强与民政、卫生健康部门联动，以加强培训和监管为抓手，提高行业服务能力和水平。截至2021年底，累计受理定点准入评估申请110笔，87家护理服务机构符合准入条件，吸引24家在国内一线城市已有成熟运作经验的居家护理服务连锁机构进驻南宁，对南宁市护理服务产业提质增效、激发就业创业市场活力、推动养老产业供给侧结构性改革起到促进作用。

【建立政企共管的服务体系】 从提升管理效能和经办效率出发，在确保基金安全和监管有效的前提下，建立起政府与市场相结合的“1＋3＋N”长护险经办服务体系。“1”即在市级医保经办机构增加长护险管理职能，单独设立护理保险管理部门，负责统筹全市长护险经办管理；“3”即采用委托经办、政企共建的模式，通过政府购买服务引入专业性较强的三家商保机构，提供政策咨询、失能评定、服务组织、费用支付等服务支持，提高长护险的可及性，有效利用商业保险机构保险服务、综合监管、后台支持等集成资源参与共建民生保障事业；“N”即在全市医疗保障经办机构 13 个服务点同步开设长护险窗口，为全市参保人员提供全城通办、一窗受理的便捷服务，由 3 家商业保险机构分别成立专门的长护险服务中心，进一步扩大长护险经办服务网格辐射范围，提升经办服务水平，释放企业发展、政府高效、群众便利的直接利好。

【建立高效便捷的信息系统】 为减少重度失能人员及其家属“跑腿”次数，南宁市坚持制度建设与系统建设同步推进，在制度落地的同时就建立了全市统一的长护险信息系统，实现全业务流程线上线下有机融合，失能评估、机构准入、护理服务、费用结算等实现全流程线上办理，参保人员可选择全市任一服务点或手机服务终端即可办理长护险业务申请，通过信息化手段将业务进行内部推送，无需参保人员“跑腿”，体现政府对失能群体的支持和关怀。此外，经办机构、承办机构、护理服务机构及评估人员均使用长护险信息系统办理业务，简化办理方式，实现数据资源集中，有效保障信息安全以及内部监管。

案例四：桂林市打造“医保管家”

2021 年，桂林市以人民需要和人民期盼的身边医保为引领，积极探索打造由“医保 e 家”“医保邻家”“医保探家”组成的“医保管家”，让广大参保群众实现了一部手机办医保、一键预约出入院及配送药品，不出村屯便可享受城市大医院专家的诊疗服务等。

【“医保 e 家”实现“数据多跑路、群众少跑腿”】 针对传统医保经办现场排队时间长、资料手续多、往返路程远等难点堵点问题，桂林市于 2021 年 9 月推出桂林医保掌上业务大厅、桂林智慧医保微信小程序，实现医保业务“掌上办”。

推出“桂林医保”微信小程序，实现医保服务掌上办、指尖办、即时办　在掌上业务大厅设有“我要查”“我要办”“我要看”“我要问”“我要评”五大版块，可以办理医保账户查询、账户收支明细查询、个账消费明细查询、职工医疗缴费查询、居民医疗缴费查询等 10 项查询业务，还可办理异地就医备案、自治区内医保关系转移、个人账户共济、出具参保证明等 7 项业务。参保群众可使用小程序内的医保电子凭证就诊、购药，实现“刷码办”。以前的现场办、排队办、请假办等变为掌上办、指尖办、即时办。截至 2021 年底，医保掌上业务大厅日均办理超千余件，总办理量已达 10 万余件次。

推出“桂林智慧医保”微信小程序，让就医就诊更加便利　一是在桂林医学院附属医院试点，推出预约就诊、预约住院、预约出院、线上支付、门诊慢性病药品一键配送等智慧医保便民服务，进一步简化优化就诊环节、提高支付结算效率。如：针对常规就诊模式下挂号、结算环节出现长时间排队及实体医保凭证易丢失和忘带问题，推出高效快捷的线上医保服务，患者只需注册医院电子就诊卡并开通医保电子凭证，即可在线精准预约和在线医保结算服务。二是推出“门诊慢性病处方网上办、一键配送”试点服务，在医院就诊的慢病患者只需在“智慧医院”上点击续方申请，选择以往的处方记录，医生对续方申请审核并复开处方，患者可选择到院取药或一键配送。

【“医保邻家”打造 15 分钟医保管家圈】 针对部分老年人不会操作手机 App 办理医保业务、部分复杂业务需要现场咨询办理等问题，10 月 8 日，桂林市延伸医保经办服务触角，打造“医保邻家”服务圈，切实打通医保惠民便民“最后一公里”。

桂林市医保经办服务大厅搬迁后，为解决参保群众办事路途远、耗时多的问题，综合考虑区位覆盖、群众基础、服务能力等因素，在市本级试点“医保邻家”布局，即在市政务服务中心设医保经办大厅、老城区北部设“医保会客厅”、南部设“医保面对面”便民服务点，实行“中午不午休、专岗办业务”服务机制，五城区居民可到最近的医保经办点办理医保业务。

同时，在叠彩区选择22个社区、13家村卫生室、20家银行、38家药店作为合作单位，将这93个单位打造为医保网格点，每个网格点指定一名网格员，网格员深入各族群众中宣传医保政策、动员参保缴费、代办医保业务、手把手指导如何使用医保“掌上服务大厅”，叠彩区基本建成“15分钟医保管家圈”。截至2021年底，“医保邻家”和叠彩区各网格点已为7000余人提供服务，基本覆盖试点区域的全体居民。

【“医保探家”实现群众看病不出村】 针对外出就医难、慢性病购药难等长期困扰基层群众尤其是偏远民族地区居民的痛点难点问题，桂林市医疗保障局推出“医保探家”工程，探索健全全链条的“一站式”结算。9月，桂林市医疗保障局联手桂林医学院附属医院在离市区16公里的灵川县潭下镇码头村卫生室启动“医保探家”工程，实现村民不出村即可享受三甲医院的专家诊疗服务并同步享受医保基金“一站式”结算。通过“医保探家”，村民可经村卫生室开通的远程视频诊疗系统“直通”桂林医学院附属医院在线专家医生，在线医生“线上”诊疗并开具处方，村民再通过村卫生室里的智能药柜扫码支付医保报销后的自付费用并取药，真正实现医保基金覆盖最基层的“一站式”结算服务，也改变了村民一生病就习惯直奔市区大医院就诊的习惯。截至2021年底，通过灵川县潭下镇码头村卫生室“医保探家”工程接收桂林医学院附属医院专家诊疗服务共182人次，占本村同时段就诊人次的78.1%，村民足不出村就能“看得到专家、吃得到好药”变成现实。

案例五：梧州市实现门诊费用跨省直接结算

梧州市扎实推进门诊费用跨省直接结算工作，通过攻克信息系统技术难点、简化异地就医备案程序和巩固扩大定点医药机构覆盖面等举措，为外出就业参保人和来梧发展群众的健康保驾护航。

【攻克信息化建设瓶颈】 推进门诊费用跨省直接结算工作，系统是关键。因跨省异地医疗费用结算涉及就医地和参保地医保、医药机构等多个系统，需要攻克信息化建设技术难点。梧州市主动联系全国首批试点地区——云南省，互寄实体就诊卡测试。经过系统后台、定点医疗机构一个多月的实地反复测试、修改，不同信息系统间的对接瓶颈被逐一攻克，梧州与全国其他统筹地区实现了互联互通。2021年3月，梧州市实现广西首例门诊费用跨省直接结算，实现作为参保地和就医地双向开通，门诊费用结算范围由自治区内跨市门诊结算拓展到自治区外跨省门诊直接结算。

【优化经办服务】 针对大部分设区市“先备案后就医”，群众备案就医“来回跑”的难题，梧州市医保部门简化备案环节，实行无需备案，在已开通门诊费用跨省直接结算业务的定点医药机构门诊就医即可直接刷卡结算，切实解决梧州市参保人因身在异地备案困难的问题，真正实现参保人员异地普通门诊就医“零障碍”。

【以点带面辐射引领】 2021年，梧州市医保部门不断延伸拓展门诊费用跨省直接结算定点医药机构覆盖范围，将所有符合条件的定点医药机构纳入普通门诊费用跨省直接结算试点范围，实现了从三级到基层、从市区到县（市）、乡镇全覆盖，定点零售药店也实现县区全覆盖，充分满足异地参保人员在梧州就医的需求。不管是在基层就诊还是在药店购药，在家门口就可以享受优质便捷的医疗服务，让更多群众共享改革创新成果。

【主要成效】 2021年3月，梧州市在广西率先开通普通门诊费用跨省直接结算业务，实现县级医疗机构全覆盖。2021 年 5 月，梧州市所有县级以上定点医疗机构开通门诊费用跨省直接结算业务。截至 2021 年 12 月，共 124 家医院（三级医院 7 家，二级医院 24 家，一级医疗机构 93 家）和 431 家定点零售药店开通普通门诊费用跨省直接结算。2021 年 3—12 月跨省就医参保人到梧州门诊直接结算 195 人次，医保基金支出 2.73 万元，梧州参保人跨省门诊直接结算 130 人次，医保基金支出 2.24 万元，业务涉及广东、江苏、四川等 13 个省份。

案例六：百色市打造县域内“半小时医保服务圈”

2021 年，百色市积极探索构建“市、县、乡、村”四级医保经办服务一体化工作格局，实现“简单事项不出村、复杂事项可代办”的目标，全市县域内“半小时医保服务圈”初具雏形。

【强化“四个一”，完善组织体系】 百色市医保部门采取“试点先行，以点带面”的方式统筹实施，推动各县（市、区）人民政府出台《推进县、乡（镇）、村（社区）医保经办服务一体化工作实施方案》，为推进医保四级经办服务一体化建设提供组织保障。

依托一根网线 依托电子政务外网等现有数据平台，将“互联网＋医保”服务平台向乡和村延伸，逐步实现移动端申请、经办窗口网上办，解决乡、村两级“能办事”的问题。

设立一个窗口 设立医保服务窗口，按照“前台综合受理、后台分类办理”的模式，将医保政务服务事项纳入乡、村两级政务（便民）服务中心，解决乡、村两级“有地方办事”的问题。

解决一套设备 市、县两级加大投入，在乡级和村级服务点配备电脑、扫描仪、高拍仪等相关设施设备，解决乡、村两级“有钱办事”的问题。

组建一支队伍 整合乡镇、村（社区）政务服务中心工作人员，强化业务培训，建立相对稳定的乡、村两级医保经办队伍，有效解决乡、村两级“有人办事”的问题。全市医保经办队伍由原来的 300 余人增加到 4000 余人，医保经办服务点由原来的 13 个增加到 2000 余个。

【聚焦“四个规范”管理，提升县域医保服务能力】 百色市医保部门进一步统一规范县、乡、村三级医保服务事项清单，强化精细管理，提升县域医保经办服务能力和水平。

规范服务事项清单 本着“能放则放”“应放尽放”的原则，结合群众实际需求将医保经办服务事项列入县级人民政府委托下放乡、村两级的政务服务事项清单。明确医保经办“六统一”（统一事项名称、统一事项编码、统一办理材料、统一办理时限、统一办理流程、统一服务标准）标准，确保服务效率和质量。2021 年，百色市县级医保经办服务事项清单共有 33 项，已统一明确下放乡（镇）共 13 项，村（社区）共 8 项。

规范经办流程管理 完善医保经办规程，不断压减办事环节，精简申办材料。百色市医保经办机构的 31 个服务事项办结总时限为 166 个工作日，对比办结时限的 1169 个工作日缩短 85.80％，对比自治区明确的办结时限 349 个工作日缩短 52.44％。乡（镇）承担的下放医保经办服务，原则上全部集中在政务（便民）服务中心办理，全面推进“一窗受理、集成服务”，为群众提供“只进一扇门”“最多跑一次”的一站式服务。

规范基金监督管理 明确市县乡村四级医保经办人员基金监管职责，实现市县乡村四级医保基金监管网格化管理。全市完成对 1268 家定点医药机构全覆盖检查，对 521 家定点医疗机构进行约谈、通报批评、限期整改、暂停医保服务、解除医保协议等处理，拒付或追回资金 1 亿元。全力守护群众的“看病钱”“救命钱”。

规范防贫预警监测 通过全市防返贫信息系统与医保信息系统进行实时监测，对每月医疗总费用在 1 万元以上的重点人群进行监测。2021 年，全市累计监测医保结算信息 119.6 万条，筛查处理 6.33 万条，反馈乡村振兴部门疑似风险信息 4.43 万条，经认定纳入监测 1571 条，落实医疗保障帮扶措施 8573 条，落实帮扶资金 1.72 亿元，有效确保医保脱贫成果“稳得住”。

【推行“五个零”工作模式 】 百色市医疗保障局坚持“市级统筹指导、县级属地管理、乡村两级冲锋在前”的服务机制，发挥上下联动作用，形成“横向到边、纵向到底”的服务格局，统一推行“五个零”工作模式。

实行当日业务“零积压” 各级医保经办机构作出“不送走最后一名办事群众绝不下班”的服务承诺，延伸“首问责任制”，综合受理窗口作为受理业务第一责任人，常态化将每日参保群众申报业务当天完成受理，不积压。

执行服务事项管理“零差错” 以党员示范岗为样板，规范服务标准，强化主体责任意识，力争每项业务办理“零瑕疵”。

推行经办服务“零重访” 通过开通微信公众号、推广应用掌上经办大厅等，提升业务经办效率，严格落实“一次性告知单”工作模式，畅通业务咨询渠道，让到访群众一次就办好。

推行阳光作业“零差评” 各级医保经办机构公开服务监督电话，自觉接受社会各界和人民群众的监督，不定期组织窗口人员温习窗口服务规范及用语，以实际行动换取参保群众的“满意”。

开展党员服务“零投诉” 定期对群众意见建议梳理分析，找准服务工作短板，对实际问题不回避、不推诿，主动回访，积极解决，提升整体服务质量。

让群众在“家门口”即可享受到医保服务，全市县域内“半小时医保服务圈”初具雏形。有效推动巩固拓展医保脱贫攻坚成果同乡村振兴有效衔接，不断增强参保群众的医保获得感、幸福感和安全感。

海南省

工作综述

2021 年，海南省医疗保障工作推进有序、有力、有效，发展持续向好。全省医保部门致力于改善群众福利待遇，巩固医保基金全省统筹，推动医保制度改革持续走深走实；参保群众药品耗材负担有所减轻，医保经办体验稳步提升，群众“看病钱”“救命钱”更加安全，实现“十四五”良好开局。截至 2021 年底，海南省基本医疗保险参保 938.82 万人。其中，职工医疗保险参保 245.84 万人，城乡居民医疗保险参保 692.99 万人。基本医疗保险基金（含生育保险）总收入 197.18 亿元，总支出 141.44 亿元，当期结存 55.74 亿元，累计结存 277.83 亿元。其中，职工医疗保险基金（含生育保险）总收入 123.60 亿元，总支出 85.99 亿元，当期结存 37.61 亿元，累计结存 215.31 亿元；城乡居民医疗保险基金总收入 73.58 亿元，总支出 55.45 亿元，当期结存 18.13 亿元，累计结存 62.52 亿元。

【医疗保障制度不断完善】 做好制度顶层设计　以省委、省政府名义出台《中共海南省委 海南省人民政府关于深化医疗保障制度改革的实施意见》，组织编制《海南省“十四五”医疗保障事业规划》，为建设具有海南特色、与自贸港建设相适应的医疗保障制度体系明确目标路径。

建立职工医保门诊共济保障机制　省医疗保障局联合省卫生健康委员会印发《海南省城镇从业人员基本医疗保险普通门诊共济保障管理办法（试行）》，省医疗保障局印发《海南省城镇从业人员个人账户管理办法（试行）》，建立全省统一的职工门诊保障机制和推动个人账户改革，解决了海南省职工门诊费用医保不能报销和医保个账使用不规范问题，比国家要求三年过渡期提前两年完成。

开展医保待遇清单制度贯彻落实工作　省医疗保障局印发《海南省贯彻落实医疗保障待遇清单制度三年实施方案（2021—2023 年）》，将于三年内完成本省医疗保障待遇清单制度清理规范工作，基本实现医保制度设置、政策标准、基金支付范围等规范统一。

巩固拓展医疗保障脱贫攻坚成果有效衔接乡村振兴战略　省医疗保障局、省民政厅等五部门联合印发《海南省巩固拓展医疗保障脱贫攻坚成果有效衔接乡村振兴战略实施方案》，优化调整医保扶贫政策，逐步实现由集中资源支持脱贫攻坚向基本医保、大病保险、医疗救助三重制度常态化保障平稳过渡。

出台待遇衔接政策　省医疗保障局联合相关部门印发《关于明确基本医疗保险待遇衔接有关规定的通知》和《海南省基本医疗保险参保管理经办实施细则（暂行）》，明确待遇衔接、医保关系转移接续、重复参保关系处理等具体事项，破解待遇等待期长、非征缴期不能参保、重复参保难题。

【医疗保障待遇逐步提高】 健全重特大疾病救助制度　结合本省实际情况，修订《海南省医疗救助办法》，对特困人员、孤儿、低保对象、农村返贫致贫人口、低收入家庭成员等实行分类救助，强化三重保障，建立健全防范和化解因病致贫返贫长效机制。

提高门诊待遇　建立职工门诊保障机制，实现职工普通门诊报销从无到有；提高城乡居民医保门诊待遇标准，年度最高支付标准从 300 元调整为 60 周岁（不含）以下 500 元、60 周岁（含）以上 700 元；扩大门诊慢性特殊疾病保障范围，新增 12 个门诊慢性特殊疾病病种。

加强“两病”用药保障与健康管理　组织开展高血压、糖尿病门诊用药保障和健康管理专项行动，在三亚市开展“两病”门诊用药保障和健康管理试点，加快推进“两病”用药保障人群全覆盖，减轻“两病”患者医疗费用负担。

支持三孩生育政策落地实施　将参保女职工生育三孩的费用纳入生育保险待遇支付范围，城乡居民女性参保人员生育三孩享受生育住院医疗费用待遇。

【医药服务供给侧改革深入推进】　推进药品耗材集中带量采购平稳落地　落实国家组织药品集中采购五个批次218个中选结果和三个省际联盟药品集中采购98个中选结果，平均降幅59.76%，节约采购资金11.26亿元；执行国家组织冠脉支架和省级联盟人工晶体、冠脉导引导丝、心脏冠脉球囊四类医用耗材集中采购中选结果，平均降幅74.11%，节约采购资金1.18亿元。

建立医药招采和价格监测管理机制　5月14日，省医疗保障局出台《海南省医药招采和价格监测管理暂行办法》，实现对药品、医用耗材价格以及招标采购和执行带量采购等全流程信息进行监测预警，有效引导一批药品价格回归合理水平，全年节省采购资金超过2.79亿元。

医疗服务价格调整稳步推进　省医疗保障局、省卫生健康委员会发布《海南省医疗服务价格(2021版)》，进一步规范医疗服务价格项目管理；建立每半年新增医疗服务价格审批机制，2021年新增医疗服务价格项目83项；对中医治未病服务项目细化为236项实行分级分类管理；按照《海南省公立医疗机构特需医疗服务管理暂行办法》，批准10家公立医疗机构开展特需医疗服务。

推动多元复合支付方式改革　从省级层面构建总额预算基础上按病种、按床日、按人头等多元复合式支付方式改革框架。儋州市、三亚市分别扎实推进疾病诊断相关分组(DRG)、按病种分值付费(DIP)支付方式改革国家试点工作，在省际交叉评估中均获“优秀”等次，已进入实际付费阶段。在三亚市探索基础上，海南省将“按人头总额预付+紧密型医联体”推广至琼海、昌江、保亭等市县。完成全省前三年274万条住院数据病种分组；完成第一批病种目录和价格测算论证，填补日间手术打包支付政策空白。

【医保基金监管不断强化】　持续保持打击欺诈骗保高压态势　省医疗保障局积极推进综合监管，联合省公安厅、卫生健康委员会等对省内7家定点医疗机构开展省级专案核查；完成第一批89家、第二批47家定点医疗机构省级飞行检查及后续处理工作；首次对全省各级医保经办机构开展省级飞行检查，发现问题234项。2021年检查定点医疗机构2978家次，实现对全省定点医疗机构监督检查全覆盖，追回医保基金3.55亿元，处理定点医疗机构1320家。

推动医保基金监管法制化建设　相继出台海南省基金监管飞行检查规程、自由裁量权适用规则、问题线索处置规定、向公安纪检监察机关移送问题线索工作机制等配套政策，不断完善医疗保障基金监管的制度体系。

充分发挥社会监督力量　广泛动员社会各界参与监管，出台《海南省医疗保障基金社会监督员管理办法(试行)》，聘任海南省首批121名医疗保障社会监督员；省医疗保障局印发《医保基金监管专家库建设方案》，组建医保基金监管专家队伍，首批纳入198名专家，协同构建基金安全防线。

持续推进医保基金智能监控系统建设　2021年6月系统上线至年底，事前提醒7.41万次、事中预警提醒2.11万次、事后审核扣款1396.97万元，基本实现事前、事中、事后全过程监管。

推进医疗保障基金监管信用体系建设　2021年底印发《海南省医疗保障基金监管信用管理办法(试行)》，对各信用主体的信息采集、等级评定、信息披露和监管应用等医保信用监管的事前事中事后全过程进行严格规范，确保信用工作在法治轨道内运行。

加大宣传曝光力度　深入开展“集中宣传月”活动，省医疗保障局编印《飞行检查发现违规问题汇编》并发行超3000册；首次开通微信举报通道，开设省级“曝光台”，全年曝光12期135例违法违规典型案件。

【医保信息化标准化建设成效显著】　医保信息平台成功上线　6月19日，海南省医保信息平台在全省全业务、全流程上线应用，并与省卫生健康委员会基层卫生系统实现对接，较好满足参保群众在基层医疗机构看病的需求，并为分级诊疗提供强大的信息化支撑。

推进医保电子凭证落地应用　海南省医保电

子凭证在码上办事、椰城市民云、微信、支付宝、云闪付及其余15家国家医保局总对总的商业银行全面展码应用。截至2021年底，全省展码激活541.83万余人，部署扫码终端设备2700余台，三级定点医疗机构医保电子凭证应用率100%，二级定点医疗机构应用率88%，一级及以下定点医疗机构应用率68.77%。

深入推进“村医通”便民服务工程　持续优化“村医通”终端设备操作，加强宣传发动，组织村医培训，提高使用效率，并于10月29日通过专家验收评审。截至2021年底，全省有358个乡镇卫生院、64个社区卫生服务中心（站）、2325个村卫生室配备功能多元的“村医通”智能终端，打通城乡居民就医直接结算“最后一公里”。

【医保公共服务效能进一步提升】　全面实现门诊费用跨省直接结算　2月1日，海南省被国家医疗保障局列入门诊费用跨省直接结算新增试点省份范围，全省门诊费用跨省直接结算定点医疗机构229家，外省参保人在海南省普通门诊费用直接结算6729人次，总费用252.59万元，基金支付188.29万元；海南省在外省普通门诊费用直接结算984人次，总费用33.62万元，基金支付1136.22元。

简化门诊慢特病认定程序　将门诊慢特病认定工作授权有资格的53家定点医疗机构，方便参保群众就医。

提升参保群众用药可及性　10月14日，省医疗保障局印发《海南省医疗保障定点零售药店管理实施办法》，有序推进定点零售药店、“双通道”药品管理改革。

建立医保公共服务网上服务大厅　海南省医保公共服务网上服务大厅对接国家医保信息平台，实现“城乡居民基本医疗保险参保登记”“异地就医结算备案”“门诊费用跨省直接结算”“医保定点医疗机构基础信息变更”等四个事项“跨省通办”。

提高医保业务办理便捷度　加快推进医保电子凭证的落地应用，参保群众凭医保电子凭证即可看病就医、异地就医备案；推动实现新生儿“出生一件事”线上全流程办理，新生儿参保、申报核定秒批秒办；整合“医保报销一件事”，缩减医保报销办事环节，提升群众办事效率。

精准助力全省疫情防控　按国家要求全力做好新冠疫苗采购及接种费用保障工作，医保基金结算2021年新冠疫苗采购费用12.26亿元、接种费用1.27亿元；年内先后四次下调全省新冠病毒核酸检测、抗体测定等价格，单人单检每人份价格降至40元，多人混检每人份价格降至10元。

重要活动

1. 海南省医疗保障工作暨党风廉政建设会议召开。3月5日，海南省医疗保障局组织召开2021年海南省医疗保障工作暨党风廉政建设会议，总结2020年全省医疗保障工作，全省医保系统党风廉政建设工作，分析面临形势，全面部署2021年工作。

2. 召开全省医疗保障基金监管专题工作视频会议。4月28日，海南省医疗保障局、公安厅、卫生健康委员会联合召开全省医疗保障基金监管专题工作视频会议。会议传达学习中央领导同志对医保基金监管的指示批示精神和全国医疗保障基金监管专题工作电视电话会议精神，部署2021年全省医保基金监管专项整治行动和《医疗保障基金使用监督管理条例》贯彻落实工作。

3. 海南省医疗保障研究院正式揭牌。5月27日，海南省医疗保障研究院正式揭牌。海南省医疗保障局和海南医学院签约组建海南省医疗保障研究院，并共同举行揭牌仪式。

4. 召开国家医保信息平台海南全省上线动员暨工作部署电视电话会议。6月7日，海南省医疗保障局组织召开国家医保信息平台海南全省上线动员暨工作部署电视电话会议。会议对医保信息平台全省上线进行动员，对相关工作进行部署。

5. 召开2021年全省医保基金监管工作会议。9月24日,海南省医疗保障局组织召开2021年全省医保基金监管工作会议。会议深入分析研判当前海南省基金监管工作面临的形势和问题,部署推进2021年下半年重点工作。

6. 举办首批医疗保障基金社会监督员聘任仪式及培训班。10月21日,海南省医疗保障局组织举办首批医疗保障基金社会监督员聘任仪式及培训班。省医疗保障局为医保基金社会监督员代表颁发聘书,并开展相关培训。

7. 首例门诊慢特病费用跨省直接结算在海南省中医院实现。12月1日,全国首例门诊慢特病费用跨省直接结算在海南省中医院实现。11月30日,海南省作为全国首批开通门诊慢特病跨省直接结算试点省份之一,开展门诊慢特病费用跨省直接结算,12月1日全国首例门诊慢特病费用跨省直接结算在海南实现。

典型案例

案例一:海南省建立医药招采价格引导机制

海南省医疗保障局牵头会同省公共资源交易服务中心,创新工作思路,在全国医药招采价格监测领域率先推出具有海南特色的“医药招采价格引导机制”,取得较好成效。

【主要做法】 建设监测服务系统 2020年2月初,省医疗保障局针对当前医药招采领域存在的药价虚高、医药企业回款难、缺乏监管手段等问题,以及全省医药招采工作任务重和人手紧张的难题,以“第三方、小切口、见效快”的整体思路,将医药招采领域最迫切需要解决的医药招采价格监测体系建设问题摆在首要位置,整合第三方技术力量,用较低的投入,从小切口着手,探索破解海南省历年来存在的医药招采价格监测领域有政策缺手段的难题。2021年1月1日,匹配机制的监测服务系统正式运行。

建立价格引导机制 2021年5月,省医疗保障局印发《海南省医药招采和价格监测管理暂行办法》,建立“医药招采价格引导机制”。价格引导机制主要依托监测服务系统,通过出台管理暂行办法,利用全国和本省医药价格大数据,实时动态联动各省挂网价,横向比较本省医疗机构采购价,引入预警机制,对全省挂网药品设定红黄灯预警,结合积分考核、信用评价和监管惩戒机制,对海南本省参与医药招标采购的医药企业和医疗机构开展全过程监管,解决监测办法和监测手段难题,引导医药招采价格回归合理空间,提高事中事后监管水平,优化营商环境。

【主要成效】 医药招采价格进一步降低 2021年共联动全国药品价格信息25.26万条,发出预警信息46358条,收到企业和医疗机构预警处置信息9976条,预警处置率为21.29%,受理通过率为80.6%。预警信息主要涉及配送不及时预警、挂网未承诺全国最低价预警、收货不及时预警、资质有效期预警、医药价格异常变动预警和短缺药监测预警等6大类,占比分别为61.29%、19.82%、12.75%、4.96%、1.13%和0.9%。预警后,全年有5049个药品降价,平均降幅31.82%,最高降幅98.93%,预计节约采购资金1.13亿元(不含集中带量采购药品),海南老百姓用药负担进一步降低,可以享受到与其他省份同等低价好药。医疗机构采购高价药行为得到有效约束,医药招采领域管理工作更加规范。

营商环境不断优化 对全省医疗机构和医药企业开展采购的全流程进行评分,评分结果适时推送行政管理部门,并作为开展分类监管和定期考核等工作的重要参考依据。全年共对499家医疗机构、3617家医药生产企业和223家医药配送企业开展评分,平均得分分别为85.61分、66.28分和69.67分。全年给予694个药品和5132个医用耗材撤网处理,清理已在海南挂网的问题企业 100 多家，建立防火墙，为探索进一步放开挂网准入门槛，让更多医药企业进入海南提供实质便利。全省集中带量采购药品和医用耗材的 30 天及时回款率达到 90%以上，营商环境不断优化。

案例二：三亚市推进“两病”门诊用药保障机制改革

为减轻高血压、糖尿病患者医疗费用负担，三亚市开展城乡居民“两病”门诊用药保障专项行动，不断简化工作流程，完善工作模式，切实将“两病”门诊用药保障惠民政策落到实处，取得显著成效。2021 年 8 月，三亚市被国家医疗保障局列为“两病”门诊用药保障专项行动重点联系的典型地区。

【主要做法】 优化实施方案，确保政策落地 7 月 5 日，市医疗保障局联合市卫生健康委员会、市医保中心制定出台实施方案，组织医联体内各定点医疗机构对“两病”门诊用药保障相关工作进行深入细致的探讨，对方案进行反复优化，并召开动员部署会和推进会，进一步压实各主体在“两病”门诊用药保障机制专项行动中的责任，确保政策平稳落地。

促进服务下沉，保障精准到人　根据海南省医疗保障局工作要求，市医疗保障局立即安排专人对海南省高血压、糖尿病管理未就医报销人员名单进行整理，并牵头各区医疗保障局深入社区、村(居)委会开展持续排查工作两次，排查总人数 644 人。对排查出来未参保人员，三亚市医疗保障局以 2022 年城乡居民基本医保集中征缴工作为抓手，组织各区医疗保障局做好宣传动员工作，促成其全部完成参保。

专家服务下沉，提升基层医疗服务能力　市医疗保障局联合市卫生健康委共同建立“两病”专家坐诊机制，要求各医联体牵头医院定期安排专家到基层卫生院坐诊，配套对医疗服务价格进行改革，实行专家到基层医疗机构坐诊能按医师职称、委派医疗机构级别收取专家门诊诊查费，同时纳入医保报销范围。2021 年全市 5 家医联体牵头医院共向基层卫生院安排专家坐诊服务 600 余人次，通过大医院专家主动下沉坐诊，实现“两病”患者就近享受大医院的专家服务，指导用药调整。

门特认定下沉，为患者提供优质便捷服务　8 月 1 日起，三亚市将“两病”门诊慢性特殊疾病审核认定工作下沉至 5 家市级大医院，“两病”患者在出院时即可递交申请材料，由定点医疗机构认定通过后即时享受待遇，实现出院和申请门特一站式办理，减少办理时间和流程。下放门特认定权限给各区医保部门，建立 1 家市医保经办机构、5 个区医保部门、5 家市级医院的“两病”门特认定服务体系，方便符合条件的“两病”患者快速办理。2021 年三亚市办理“两病”门特患者 6024 人，其中，高血压 3213 人、糖尿病 2811 人。

“两病”用药下沉，确保基层药品配备充足　一是组织各医联体统一医联体内“两病”药品目录，并由牵头医院指导基层卫生院、村卫生室开展药品采购和使用工作。在三亚中心医院医疗集团率先实现“两病”药品“五统一”管理模式，即统一药品目录、统一集中采购、统一配送管理、统一费用结算、统一药学服务。截至 2021 年底，基层卫生院的“两病”药品由原来不到 10 种增加至 30 余种。二是放宽“两病”药品限制，基层医疗机构使用“两病”药品不纳入国家基本药物考核。在医联体内实行处方流转机制，基层医疗机构和家庭医生可延用上级医院处方，实现基层医疗机构与医联体牵头医院使用同类、同价格、同质量药品，满足参保患者就近就医取药。三是组织公立定点医疗机构及军队医院开展多批次药品集中采购，2021 年组织集中采购高血压国家集采药品 17 种、糖尿病国家集采药品 13 种，价格平均降幅超过 50%，极大减轻“两病”患者医疗费用负担。

督导工作下沉，问题立行立改　市医疗保障局联合各区医疗保障局及育才生态区教科卫健局，组成 10 个督导小组，赴各区村委会、村卫生室现场督导“两病”相关政策落实情况及群众用药保障情况。2021 年，对四个区及育才生态区 5 家医联体牵头医院、16 家基层卫生院、2 家社区卫生服务中心、105 家村卫生室“两病”政策落实情况进行全面摸排，并对发现的问题立查立改，确保政策落实不留死角。

政策宣传下沉，提高政策知晓度　7月以来，市医疗保障局积极梳理“两病”相关政策，发放到各区，牵头各区开展“两病”政策宣传。局领导班子分别带领相关业务科室人员前往各区深入调研“两病”相关政策落实情况及群众用药保障情况。通过与群众面对面交谈了解其看病就医、医保报销、用药保障等各方情况，宣讲“两病”用药保障相关政策，提高群众对基层医疗机构的认知度和认可度，改变传统就医观念和习惯，引导群众就近、优先选择基层医疗机构就诊，促进医疗服务资源下沉。

【主要成效】　截至2021年底，三亚市不断扩大城乡居民“两病”门诊用药待遇保障覆盖面，医疗保险统筹支付79997人次，医疗总费用3151.6万元，统筹基金支付2140.6万元，大病保险、医疗救助及财政兜底资金支付22.9万元。

案例三：儋州市推进DRG付费改革

2019年5月儋州市被确定为DRG付费30个国家试点城市之一。市医疗保障局按照国家试点工作整体部署和要求，结合地方实际选择确定疾病诊断相关分组(DRG)点数付费模式，在儋州市人民医院、海南西部中心医院和儋州市中医院先行试点。

【主要做法】　加强试点工作领导　市成立DRG付费国家试点工作领导小组和技术指导专家小组，试点医院成立医院领导小组(办公室)和DRG工作小组，建立健全试点工作组织架构。建立周例会制度，搭建全市DRG付费业务交流群、定期发布试点工作通报，建立DRG付费协商沟通机制。

全面开展业务培训　先后邀请国家技术指导组专家、病案管理专家到儋州市举办5场次DRG业务培训和专题讲座，组织4批次业务骨干到DRG付费先行区学习取经，试点医院多批次、多形式、线上线下开展培训累计40多场次。

结合信息编码贯标，推进信息化建设　试点医院HIS系统完成与省级新医保信息平台接口改造开发、接口联调测试、验收和系统切换，确保DRG付费正常运行。

抓好制度机制建设　在《儋州市DRG付费国家试点实施方案》总体框架范围内，制定DRG点数付费实施细则、协议管理和基础数据质量控制等两个管理办法和DRG付费业务经办、协商谈判、特病单议等三个经办规程以及医疗保障结算清单数据传输、DRG点数付费费率和基金分配测算、DRG分组点数法付费操作和基金管理等四个工作流程，配套相应的管理制度。

严格遵循国家技术标准和规范　分别直接使用国家CHS－DRG1.0版和1.0修订版带入试点医院2017年至2019年历史数据进行二轮分组，分组效能评估主要指标都达到或接近国家要求。

应用大数据分析做好风险预判和应对　每月编制运行报告，做好日常运行监测和潜在风险点排查，对应制定监测管控措施，加强综合协调监管，最大限度减少非预期结果出现。

【主要成效】　医院运营理念发生积极转变　儋州市人民医院等三家试点医院通过三年改革实践，医院从领导、科室主任到医护人员，理念都有了积极转变和更新。三所医院积极应用所积累的DRG数据，适时调整医院的发展目标和规划，通过病种结构的优化，实现质量－成本－效率最优均衡的医院长期发展战略。

精细化管理水平显著提升　三家医院坚持以临床路径为切入点，加强成本管控，平衡医疗质量与费用控制关系，深化和完善DRG在医院精益管理方面的作用。儋州市人民医院修订《儋州市人民医院临床路径实施方案》，鼓励开展常见病和多发病的临床路径，每年约投入120余万元用于奖励医务人员积极开展临床路径；提升临床路径信息化管理水平，实时监控路径病种的医疗资源消耗。海南省西部中心医院建立临床路径多学科协作机制，将临床路径管理作为工作重点予以推进，制定奖惩措施，充分发挥医务人员的积极性和主观能动性。

医院信息化建设加快　三家医院在2021年3月新医保接口上线后，完成疾病诊断编码2.0版和手术操作编码3.0对照映射医保1.0编码上线运行，以及国家医保编码标准贯彻执行工作，并不断进行修改更新，确保运行正常。DRG 付费改革倒逼和促进医院信息化建设，海南西部中心医院以电子病历为核心的信息化建设已达到 4 级水平，在用的业务系统达到 43 个，儋州市中医院改革前信息化严重滞后的状况得以改变。

基金使用效率明显提高　三家试点医院 DRG 付费改革实施以来，病案三日归档率分别达到 96%以上，临床路径入组率接近 70%。2021 年 7 月开始正式启动实际付费，运行总体平稳。2021 年住院人次同比增幅 8.55%，平均住院床日同比下降 0.38 天，医疗总费用同比增幅 6.71%（CMI 标化后同比增幅 4.81%），住院次均费用同比增幅 －1.69%（CMI 标化后同比增幅 －3.45%），住院实际补偿比同比增幅 0.29%，病例组合指数（CMI）同比增幅 1.82%；2021 年结算 DRG 付费基金支付大于医院住院统筹基金支出（医院垫支）803.83 万元。DRG 点数付费显著提升基金购买的质量，提高基金使用效率。

重 庆 市

工作综述

2021 年，全市医疗保障系统牢牢把握推动医保高质量发展主题，统筹疫情防控和经济社会发展，持续完善医疗保障制度机制，持续深化医疗保障改革创新，持续促进管理服务提质增效，全市医保制度运行平稳，群众待遇稳步改善，基金安全可持续，实现“十四五”良好开局。全市基本医保参保 3262 万人，参保率持续稳定在 95%以上，基本医疗保障基金总收入 605.51 亿元，总支出 504.74 亿元，累计结存 615.72 亿元。

【制度体系更加完善】 一是编制《重庆市医疗保障“十四五”规划(2021—2025 年)》，系统推进“十四五”时期医疗保障改革发展。二是会同民政、乡村振兴、财政等 7 部门印发《重庆市巩固拓展医疗保障脱贫攻坚成果有效衔接乡村振兴战略实施方案》，完善脱贫人口待遇保障政策，健全防范化解因病返贫致贫长效机制和精准帮扶机制。三是稳步提高居民医保住院报销比例，一档参保人在一级、二级、三级医疗机构住院报销比例调整为 80%、70%、50%，二档参保人相应提高 5%。四是高血压、糖尿病门诊用药保障覆盖所有参保群体，近 300 万参保人纳入保障范围。五是出台《重庆市关于扩大长期护理保险制度试点的实施意见》和《重庆市长期护理保险服务机构医疗保障定点管理暂行办法》等配套制度，试点范围从 4 个区县扩大到全市所有区县。六是研究制定《重庆市人民政府办公厅关于建立健全职工基本医疗保险门诊共济保障机制的实施意见》。

【助力疫情防控取得明显成效】 一是做好疫情防控费用保障。继续落实“两个确保”，做好疫苗及接种费用月结算、半年清算、数据抽样检查等工作。二是做好疫情防控成本管控。畅通药品耗材采购绿色通道，积极开展核酸检测耗材集中带量采购，适时下调核酸检测价格，鼓励医疗机构按规定开展多人混检。三是做好重大疫情应急保障。探索完善重大疫情医疗救治费用保障机制，防范化解重大疫情医药费支付风险，实现疫情防控政策和便民措施常态化、制度化。

【药品耗材集采取得新进展】 落实第四批、第五批国家组织药品集采结果，药品费用节约 5.04 亿元，冠脉支架费用节约 2.2 亿元，胰岛素和人工髋关节类医用耗材集采准备工作有序推进。牵头开展八省市常用药品联盟采购和十省市医用耗材联盟采购，全市节约费用 8.49 亿元。参加新冠病毒检测试剂、中成药、骨科创伤类医用耗材、冠脉药物涂层球囊、冠脉导引导管及导丝等五批次外省市药品耗材联盟集采，全市节约费用 9.15 亿元。

【医药价格改革取得新成效】 会同卫生健康、财政、市场监管部门印发《关于建立医疗服务价格动态调整机制的实施意见》，启动全市 2021 年医疗服务价格调整评估工作。制定药品交易采购挂网工作细则，2021 年 8 月，全面完成 2 万余个交易药品挂网价格首次定期调整，实现挂网药品支付标准与采购价格协同，挂网价格降低 9.2%，全市减少药品费用 15.15 亿元。

【药品目录管理进一步完善】 2020 年版国家医保药品目录及国家谈判药品目录 2800 个药品在全市全面执行。落实国谈药品“双通道”保障机制。开展第二批市级原增补药品消化工作。印发新版《重庆市基本医疗保险医疗服务项目目录》，全市实行政府指导价的 8592 个医疗服务项目中，6556 项纳入医保报销，医保覆盖率 76.3%。结合国家医保信息业务编码贯标印发《重庆市基本医疗保险医用耗材目录(2021 版)》，全市耗材目录由 84 项细化为 407 项。

【深化医保支付方式改革】 一是及时制定配

套文件。严格按照国家医疗保障局要求，制定《重庆市基本医疗保险按疾病诊断相关分组付费办法（试行）》等配套文件。二是及时形成细分组目录。完成符合本市实际情况的 DRG 细分组和权重测算，组织相关专家完成分组、权重和基础组论证，形成本市 DRG 细分组目录（1.0 版）。三是及时完善付费系统。实现 DRG 付费从数据采集、数据质控、DRG 分组和结算、DRG 付费智能监管和 DRG 付费运行分析全流程全环节运行支撑。四是稳妥开展付费运行。DRG 付费 4 家试点医院全部实现实际付费。三级医院全部开展日间手术，全部执行国家卫生健康委公布的 93 个病种。高血压、糖尿病门诊慢病按人头付费试点从 6 个区县扩大到所有区县。

【强化医保基金监管】 推动出台《重庆市医疗保障基金监督管理办法》，市政府办公厅印发《关于推进医疗保障基金监管制度体系改革的实施意见》。深入开展检验检查、器官移植及肾透析专项检查。聚焦“假病人、假病情、假票据”“乱计费、乱用药、乱检查”，开展“三假”“三乱”专项整治。开展“清零行动”、区县片区联组交叉检查，引入第三方力量对全市中医院开展核查。全年检查定点医药机构 2.7 万余家次，追回医保基金本金及违约金 6.64 亿元，国家医保基金监管“两试点一示范”终期评估结果为优秀。

【公共服务更加便捷】 一是扎实推进跨省异地就医结算。全市跨省住院费用直接结算医疗机构达到 1939 家，跨省普通门诊直接结算医药机构达到 13868 家，覆盖所有区县。率先在西南五省开展高血压、糖尿病特病门诊直接结算，并将恶性肿瘤门诊放化疗、尿毒症透析、器官移植术后抗排异治疗纳入结算范围。优化备案管理服务，实现参保群众异地就医备案“全域通办”，实现在“国家医保服务平台”App、“渝快办”App、重庆市医疗保障局微信公众号等多渠道线上备案。二是推动医保标准化建设。按照“六统一、四个最”要求，从政策、信息系统、经办流程三个层面全面梳理医保业务，精简办理材料 15 项，缩短业务办理时限 9 项，实现业务系统自动化办结 11 项，纳入“渝快办”政务服务平台管理，做到 36 项服务清单事项名称、编码、办理材料、办理环节、办理时限、服务标准全市统一。三是全力推进便民经办服务。大力推进居民医保参保登记、参保关系转移接续等高频医保服务事项“网上办”“掌上办”，加速构建手机 App、微信公众号、支付宝小程序、“渝快办”App、“国家医保服务平台”重庆专区等多位一体的线上服务渠道。“网上办”“掌上办”医保业务事项累计达到 64 项，线上服务 184 万人次。打破居民办事户籍或居住地限制，实现 26 项医保经办政务服务事项“就近办”。在全市所有乡镇（街道）和 93% 的村（社区）设立医保服务窗口，探索在 11 个区县设立 22 个医疗保障局驻医院服务站。推动成渝地区医保公共服务一体化发展，12 个事项纳入“川渝通办”。坚持传统服务与智能服务并行，在全市医保经办服务大厅设置老年优先窗口，优化完善无障碍服务设施，满足老年人等群体的特殊需要。

【信息化建设不断加强】 一是投资近 2 亿元的国家智慧医保实验室初步建成投用，与国家医保信息系统架构相同、参数一致的智慧医保实验平台运行平稳，有效支撑医保信息平台测试验证，开展新技术先行先试和成果转化。“扫脸”结算、医保移动支付应用、医保药品溯源与智能监管平台应用有序推进。二是全市医保信息化建设持续加强，医保标准化信息化绩效评估排名全国前列。国家医保信息平台在最短停机时间内全面上线，有序推进问题解决，加快平台安全平稳运行。构建高血压、糖尿病管理平台，提供备案签约、健康管理、线上续方等互联网服务。医保电子凭证全面推广，截至 2021 年底，医保电子凭证激活人数 1434.6 万，扫码支付 3350 万笔，累计基金支付 41.74 亿元，2 万余家定点医药机构实现扫码支付。

重要活动

1. 2021年全市医疗保障暨党风廉政建设工作视频会议召开。2月5日，2021年全市医疗保障暨党风廉政建设工作视频会议召开，会议深入落实《中共中央 国务院关于深化医疗保障制度改革的意见》、全国医保工作视频会和2021年全市“两会”精神，总结2020年工作，分析形势，部署2021年重点任务。

2. 11省(自治区、直辖市)常用药品、短缺药品联盟带量采购工作推进会在渝召开。4月23日，重庆、河南、湖北、湖南、广西、海南、云南、青海、宁夏、新疆、新疆生产建设兵团11省(自治区、直辖市)在渝召开常用药品、短缺药品联盟带量采购工作推进会。

3. 2021年度川渝医疗保障战略合作工作会、西南五省区市异地就医联网结算经办服务交流会在渝召开。6月9日至10日，2021年度川渝医疗保障战略合作工作会、西南五省区市异地就医联网结算经办服务交流会在重庆召开。会议总结回顾2020年度合作成效，商讨布置2021年推动川渝通办事项落地、药械区域联盟带量采购、医保基金监管合作、信息系统建设交流、医保缴费年限互认试点、毗邻地区合作等工作任务。

4. 重庆市牵头开展渝鄂琼滇青宁新兵团常用药品联盟带量采购。6月17日，重庆市医疗保障局牵头开展渝鄂琼滇青宁新兵团常用药品联盟带量采购，涉及抗微生物、抗肿瘤、镇痛、消化系统、心血管系统等多个治疗领域31个品种、35个品规，中选药品平均降幅为55.03%，联盟采购地区一年可节省费用约10.58亿元，全市一年可节省费用约2.49亿元。

5. 全市药品采购管理工作座谈会在云阳召开。7月22日，全市药品采购管理工作座谈会在云阳召开。会议研究部署贯彻落实国家组织药品和医用耗材集中带量采购改革具体举措，通报采购药品续签报量情况和平台药品采购服务情况。相关区县交流集采药品采购管理、配送管理和行为监管方面经验。

6. 重庆全面上线国家医疗保障信息系统平台。8月4日00时，国家医疗保障信息系统平台在重庆全面上线。

7. 全市医保基金监管工作电视电话会议召开。9月10日，重庆市医疗保障局召开全市医保基金监管工作电视电话会议，会议贯彻落实国家医疗保障局基金监管电视电话会议精神，总结2021年以来全市医保基金监管工作情况，安排部署当前医疗保障基金监管重点工作。

8. 全市医疗保障高质量发展工作座谈会召开。11月2日，重庆市医疗保障局召开全市医疗保障高质量发展工作座谈会，会议深入学习贯彻习近平总书记关于健康中国和医疗保障工作的重要指示批示精神，集中学习贯彻国家《“十四五”全民医疗保障规划》，研讨全市医疗保障高质量发展工作。

9. 重庆市基本医疗保险门诊慢特病跨省直接结算正式上线运行。12月25日，重庆市基本医疗保险门诊慢特病跨省直接结算正式上线运行，高血压、糖尿病、恶性肿瘤门诊治疗、肾透析、器官移植术后抗排异治疗五个病种纳入试点。

典型案例

案例一：重庆市规范药品耗材集中采购

重庆作为第一批“4+7”试点城市执行首批带量采购的25个药品品种及价格，已贯彻落实六批次国家组织药品、医用耗材集采和省级联盟药品集采中选结果。集采规则不断优化，质量评价更为严谨，供应保障更为稳定，使用政策更为完善，总体呈现“价降、量升、质优”的态势。

【全面落实集采中选结果，降费增效成效明显】 2021 年，贯彻落实国家集中带量采购三批 122 种药品，平均降价 52%；集采两批耗材，平均降价超 80%。牵头开展常用药品省际联盟采购两批 31 种药品，平均降价 55%。牵头开展医用耗材省际联盟采购两批 5 类医用耗材，平均降价 70%。参加新冠病毒检测试剂、中成药、骨科创伤类医用耗材等五批次外省市药品耗材联盟集采，平均降价 68%。突破性探索短缺药保供稳价联盟带量采购机制，全市累计降低药耗负担超 60 亿元。

随着带量采购药品品种的逐渐增加，医疗机构逐步规范调整用药结构，对本市药品整体采购趋势产生明显影响。本市药品交易平台交易数据表明，医疗机构采购药品总体呈现为量增费减的趋势，用药结构不断优化。2021 年，本市药品年累计交易金额 258.34 亿元，同比增幅 17.22%，累计交易数量 10.18 亿单位，同比增幅 14.77%。集采化学药品交易金额同比下降 7.87%，交易数量同比增长 10.04%。集采药品中临床常用的涉及消化、呼吸、抗肿瘤、心血管等系统类药物交易金额均有不同程度下降。部分纳入合理用药重点监控的临床风险大或疗效不显著的中药注射剂交易金额下降超过 3000 万元。

【规范医药交易采购行为，促进行业充分竞争】 2020 年 12 月，市政府办公厅印发《关于完善药品交易采购机制的实施意见》，进一步完善分类采购药价形成机制、推进医保支付与药品采购协同等配套措施，改变了运行 10 年的以药品均价为限价的挂网规则。新的药品交易采购机制及相关配套措施于 2021 年 8 月执行，从制度层面规范药品交易采购行为，实现采购价与医保支付价协同，畅通短缺药等特殊药品的挂网渠道，在控制药品价格上涨的同时，也保障药品临床供应，进一步规范全市医药交易秩序。2021 年，短缺药挂网 286 个品规，新冠肺炎诊疗用药挂网 469 个品规，麻精药品挂网 265 个品规，2021 年三类药品总交易金额 13.15 亿元。

【提升临床使用药械质量，保障医药持续可及】 国家组织的带量采购药品全部选择以原研药为参比制剂、通过国家药监局质量和疗效一致性评价的药品，在源头上为中选药品质量提供坚实保证，中选药品的质量水平高于行业平均质量水平。2021 年，医疗机构采购国家集采中选的原研药和通过质量疗效一致性评价的药品，其数量占比从集采前（2018 年）的 11.49% 上升到 78.33%。医疗机构采购集采中选的冠脉支架从原来的不锈钢材质类逐步由更高质量层次的铬合金类替代，铬合金类的使用率由 58.71%增长至 90.83%，不锈钢类的使用率由 25.38%下降至 2.47%。医保资金使用效率明显提升，相同医保资金能够发挥更大作用。集采中选的冠脉支架使用量从集采前的 23444 个增加至 33547 个，采购金额减少 3.96 亿元，提高了医保资金使用效率。

创新探索短缺药品保供稳价集采新机制。2021 年，开展九省区市短缺药品保供稳价联盟采购，15 个短缺药品全部中选，中选价与历史成交价相比稳中有降，保障短缺药品临床供应，稳定价格预期。自落地执行以来，集采中选的短缺药品整体供应到货率达 84.6%，已基本满足本市临床用药需求。

【整体性促进“三医联动”，发挥改革引领作用】 集采制度改革为改革医务人员薪酬制度拓展了腾挪空间。通过降低药品耗材费用、调整医疗服务价格等增加可支配收入，积极推进薪酬制度改革，完善医疗机构内部考核办法，调动医务人员积极性。2021 年，对全市参加药品、医用耗材集采使用的医疗机构进行结余留用资金清算，先后兑现 1.1 亿元。医药价格治理现代化水平明显提升，集采尊重市场规律、尊重医药行业自主定价权，使市场在医药价格形成中发挥重要作用，以市场为主导的药品、医用耗材价格形成机制不断完善，为调整医疗服务价格创造了有利条件。在冠脉支架集采配套政策中，允许适当调整与冠脉支架产品相关的临床植入手术价格，有利于医疗机构收入结构“腾笼换鸟”，较好地体现技术劳务价值。

案例二：合川区医保公共服务向“深、广、精”迈进

重庆市合川区以建设区域性公共服务中心为契机，通过完善区、镇（街道）、村（社区）三级医保服务体系，探索与企业协同开展医保服务，推广“医保管家”服务模式，让老百姓得到更方便、更快捷、更精准的医保服务。

【实现“三级体系”全覆盖，延伸医保服务的深度】 2021年，合川区依托区政务服务中心、镇（街道）便民服务中心、村（社区）便民服务站的场所及人员，加强区级医保服务大厅、镇（街）医保服务站、村（社区）医保便民服务点建设，构建完善的区、镇（街道）、村（社区）三级医保服务体系。

集约化打造区级医保服务大厅　一是创新政策宣传方式。用图、表等相对直观、通俗易懂的方式，将所有医保高频政策集成为一张“医保政策菜单”，方便群众理解。二是精简业务办理流程。在符合内控管理规定的前提下，对业务流程进行合理归并，精简办理材料，缩短办事周期，整合各个业务窗口，建设12个综合窗口，实现108项常规医保业务“一窗通办”，确保群众办事只排一次队。三是强化线上办理功能。通过“国家医保服务平台”App、重庆市医疗保障局微信公众号、支付宝“渝快办”等程序，实现40多项业务线上办理。四是完善协同服务机制。落实与大病保险承办公司合署办公机制，用好23名合署办公人员，充实经办力量。建立与税务部门协同办公机制，及时将涉及参保缴费的税务窗口调整到医保窗口对面，群众办事更方便。五是提升医保服务温度。对各类服务对象开展贴心、用心、暖心服务，不断丰富医保服务内容、提升医保服务品质。培育12名综合柜员，制定《医保“星服务”星级评定激励办法》，每季度对综合柜员进行评星定级，并作为考核依据，以星级服务提升整体服务质量。严格落实“好差评”制度，提升群众办事体验感、获得感。

规范化建设镇（街道）医保服务站　一是按照“五有”原则，即“有专职人员、有医保窗口、有专用设备、有专用网络、有宣传阵地”，对各镇（街道）医保服务站进一步加强规范化建设。二是下沉44项最常用的业务办理权限，确保参保登记（以个人身份参加职工医保）、业务查询办理、政策法规宣传等作用有效发挥。三是加强镇（街道）医保服务站与卫生院有效衔接，实现信息、数据互通。四是发挥镇（街道）医保服务站承上启下的作用，协助开展指导村（社区）便民服点标准化建设、年度考核等工作，并持续探索帮办、代办、电话办等适老化服务机制。

标准化建设村（社区）医保便民服务点　一是科学规划，稳步实施。依托现有村（社区）公共服务中心场所及人员，将医保服务纳入村（社区）公共服务内容，制定2021－2023年三年内建成419个村（社区）医保便民服务点的目标规划。截至2021年12月底，第一批162个村（社区）医保便民服务点完成建设，第二批、第三批257个医保便民服务点建设序时推进。二是规范建设，示范引领。制定医保便民服务点建设“四有”标准，即“有人干事、有章理事、有场办事、有信息平台支撑”，具备精准指导参保、全面宣传医保政策、保障“两病”用药、办理常用业务的功能。2021年，区财政出资200余万元，为医保便民服务点配备电脑、打印机等专用设备，并购买医保专网服务，减轻基层负担。选择10个基础条件好、服务人口多的村（社区）医保便民服务点进行“示范点”建设。三是下沉业务，上门指导。将城乡居民参保登记、参保信息查询、异地就医备案登记等12项（全市医保公共服务事项共36项，下放率超过30%）最常用的业务办理权限下放到医保便民服务点。对医保便民服务点专兼职人员统一培训，抽调业务骨干组成7个指导组，分赴各村（社区）进行现场指导培训，确保相关业务办理权限放得下、接得住、用得好。

【推动“医保管家”进万家，提高医保服务的精度】 以村（社区）为单位，组建以两委干部、本土人才、乡村医生、银行柜员、邮递员、保险宣传员为主体的“医保管家”团队。实现医保精细管理、精准指导、精确服务，实现医保政策应知尽知、医保档案应建尽建、医保参保应参尽参、医保待遇应享尽享。

精细管理　医保管家对辖区群众建立“一户一档、一人一卡”的参保档案，对脱贫户、低保、五

保等特殊群体建立独立档案和动态管理台账，对高血压、糖尿病患者建立“两病”档案和就诊用药台账，实现精细化分类管理。

精准指导　医保管家根据辖区群众的具体情况和实际需求指导群众选择参保类型和档次，指导“两病”患者用药，确保群众用上集采的低价药，指导群众使用“国家医保服务平台”App、“渝快办”App、重庆市医疗保障局微信公众号、开展医保电子凭证申领等。

精心服务　建立医保管家和企业联系机制，实现医保管家为企业送政策上门，并帮助企业解决在医保方面遇到的困难。在辖区划分责任片区，实行医保管家分片负责制，促进医保管家入户为群众排忧解难，为出行不便的“两病”患者送药上门，并为群众代办需要到镇（街道）、区办理的业务。

【探索“政企联动”新模式，拓展医保服务的广度】　积极推进医保服务社会化经办，探索开展“医保＋银行”“医保＋邮政”合作试点。2021 年，在全区 30 个镇（街道）的重庆农村商业银行和中国邮政网点分别建设 1 个医保服务站，设置医保服务窗口，配置医保自助机具，配备工作人员，开展医保高频事项办理。对镇（街道）社保所、医保服务站在空间、时间及人力上形成有效补充，缓解逢场天人流压力，解决周末、节假日无人办事的问题。同时，将邮政快递员发展为“医保助手”，在村（社区）医保便民服务点“医保管家”的指导下，利用进村入户的时机，深入宣传医保政策，指导群众线上办理医保业务。

案例三：秀山县解决偏远山区用药难问题

秀山县因地处偏远山区，长期面临交通不发达、信息不通畅、配送企业小而散的难题，药品供应短缺一直是医改工作的“难点”“堵点”。解决药品供应保障问题是当地医药价格招采工作的重中之重。秀山县医疗保障局以推动药品价格回归合理水平和降低人民群众就医负担为目标，深化“放管服”改革，分类施策，有效降低药品、医用耗材价格，强化药品供应，切实保障人民群众用药可及。

【落实药品分类采购机制，满足群众用药需求】　深入贯彻落实《重庆市人民政府办公厅关于完善药品交易采购机制的实施意见》，坚持以市场为主导的药品价格形成机制，大胆实施“放权简政”，发挥引导作用，促进药品交易采购主体公平有序竞争。一是减少行政干预，实行“两取消”“两废止”。取消自 2011 年起施行的“药品采购会员联合体机制”和“配送会员准入机制”，废止联合采购目录和配送会员名单。真正将采购主体回归医疗机构，拓宽采购渠道，做到药品“应采尽采”。二是落实药品分类采购，即集中带量采购、议价采购、限价挂网采购、备案采购和其他采购。医疗机构根据临床需求，自行决定采购品种、规格、生产企业，增强药品采购灵活性，满足群众多样化用药需求。三是改变货款结算方式。将货款支付由联合体代付模式改为医疗机构直接与企业平台结算，减少中间环节，提升支付效率。

【强化监督管理，精准发现问题】　加强数据的监督管理和分析运用，为价格监管提供精确“靶标”，及时发现处理价格异常、供应异常、结算异常、违规采购、配送失约等问题。一是抓好常态化数据监测。建立“六大监测台账”，即带量采购医药产品监测、配送企业交易诚信评价监测、持续采购同通用名同挂网分组价格偏高的药品监测、药品耗材货款支付实时监测、药品备案采购监测、药品价格信息监测。二是强化数据分析运用。定期对监测数据进行深入分析，并通过精确分析对买卖供三方的采购行为进行纠正。2021 年，监测并通报 22 个医院 64 例持续采购同通用名同挂网分组价格偏高的药品情况，及时解决带量采购药款超期支付问题 2158 个。三是抓好问题整改落实。依法依约及时处理违规行为，2021 年共处理配送不及时、不到位的配送企业 6 家，集中约谈医疗机构院长及相关工作负责人 105 人次。

【树立服务意识，提升服务效能，规范采购行为】　一是为医疗机构服好务、尽好责。优化医疗机构新增医疗服务项目审批流程，累计及时审核办理医疗机构新增医疗服务项目 7 项。定期发布医药价格信息,分批次开展"小班化"培训,组织医疗机构负责人、采购人员、财务人员、医保科人员等开展政策培训。2021 年以来,共组织药品交易、结算等宣传及培训会 8 次,累计培训人员约 400 人次,有效提升了医疗机构相关人员的业务水平。二是为人民群众服好务,确保群众用药可及。完成国家药品集中采购中选药品三批次共 80 个,完成率达 300%。序时开展国家集采和联盟集采等六批次药品采购,采购中选药品数量 1683 万(片/支/袋),为群众减少医药费用支出 3030 余万元。开展五批次医用耗材带量采购,完成采购任务 103 万(支/片/张),为群众减少医药费用支出 1193 万元。三是为整体工作服好务,加强督促指导。围绕带量采购药品和医用耗材采购及使用落实情况、药品和医用耗材规范采购执行情况、执行购销"两票制"情况、采购制度建设情况、采购价格合理情况、市委市政府规定的其他药品采购政策执行情况六个方面,重点加强药品和医用耗材购销专项督查工作,推动采购行为全面规范。

【做好药品供应保障,确保患者用药可及】 着力确保患者用药可及,解决临床缺药、少药之忧,根据秀山实际情况,坚持以保障药品供应为目的开展工作。一是搭建买供沟通交流平台。通过会议座谈等方式,组织买供双方就药品采购信息和药品库存信息及时沟通,确保信息畅通。二是健全工作机制。实行药品供应保障异常监测机制,医疗机构按月上报药品供应保障异常情况,及时汇总后开展药品供应保障异常信息收集确认和分析评估工作,逐个联系相关配送企业和生产企业协调解决供应保障异常问题。2021 年,秀山县药品采购配送率达 94.1%,帮助医疗机构解决 282 例药品采购异常情况,偏远山区用药难问题得到有效解决。

案例四:九龙坡区推进国家医保智能监控示范点建设

面对基金监管的新形势新任务,九龙坡区医疗保障局以医保智能监控示范点建设为契机,以推进"智能+"监管为主线,向管理要效能、靠科技提效率、借合力促效果,初步实现治理能力提升、参保群众受益、医院良性发展的良好局面。

【构建"政府主导、上下联动"的制度保障体系】 *建立跨部门综合监管机制* 2020 年 10 月,制定《九龙坡区医保基金监管"智能监控示范点"建设实施方案》,确保试点建设有人可用、风险可控、有章可循。2021 年,先后建立打击医疗保障欺诈骗保工作、基金监管工作联席会议制度,形成政府牵头,医保、公安、卫健、市场监管等多部门联动的协作机制。

推行医疗机构医保规范化建设 实施医疗机构内部流程标准化再造,健全内部考核体制机制,注重发挥医保科室在基金管理方面的枢纽作用。建立《九龙坡区医疗保险定点医疗机构监控预警与分级管理办法》,指导医保科室定期牵头相关科室开展内部自查自纠。2021 年通过自查共发现违规住院、不规范诊疗、不合理收费等 300 多个问题,涉及金额 120 余万元,及时督促整改,并将整改工作纳入 2021 年年终绩效考核。

开展医保医务人员精准化培训 创新医保医务人员培训模式,针对医保政策、审核规则和常见问题分析,采取"线上教学、实时沟通、互动评估"模式,面向全区医保医务人员开展业务培训和典型案例剖析 76 次,让医务人员做到"明政策、知红线、守底线",从源头上规范基金监管和使用。

【打造"便捷高效、科学精准"的智能监管平台】 *建设高标准监控网络* 通过实地调研学习先进经验和征集辖区医疗机构参与意愿,2021 年 10 月,拟定《九龙坡区医保智能监控示范点建设落地实施方案》,开展医保基金事前提醒、事中管控、事后监管,围绕场景监控、智能审核、大数据分析三大功能,开发建成智能监管平台,综合运用大数据分析、智能审核、人脸识别等新技术,形成以区医疗保障局为大数据中心、辐射全区所有定点医药机构的智能监管网络。

打造高效的智能审核平台 充分运用人脸识别、视频监控等新技术,对患者就医场景的真实性进行监控,实时监测分析医疗机构患者就医、诊疗、费用和结算数据,及时向医疗机构反馈预警信

息，促使医疗机构规范诊疗。全面分析医疗机构结算数据，通过大屏展示，直观反映医保基金流向和分类使用情况、医疗机构违规数据分类汇总及趋势变化、医疗机构医疗运营走势，帮助监管部门实时动态掌握全区医疗业务及医保基金运行状况。

强化智能监控成果运用　建立医保基金智能审核和监控规则库、知识库，通过信息化的审核引擎，对诊疗行为合理性进行逐单、快速、自动审核，进一步提高智能监控覆盖面和精准度。同时运用人脸识别技术，对患者就医的真实性进行“场景监控”，实现医疗保障全方位、全流程、全环节智能监管。2021 年，医保智能监控信息系统接入院内信息管理系统（HIS）数据 1.5 亿条，自动分析发现违规疑点数据 3 万余条，追回违规金额 238.5 万元。系统上线运行后，医疗机构违规行为下降 63.5%，有效杜绝“假病人”“假病情”情况发生。

【采取“先期试点、分批实施”的推广运用流程】　提升智能监控功能　通过采集 HIS 或药品进销存台账系统全量数据，形成诊疗档案库。通过采集就诊患者生物体征信息绑定医保卡，建立“一卡一体征”的生物体征库。运用生物体征识别技术，结合物联网技术在医疗机构构建场景真实性的业务应用，便于医保监管机构对定点医药机构基金使用情况进行全面评估、综合分析、主动预警、动态更新，为监管人员提供全方位、全流程监管以及多层级、多维度分析，形成有地方特色的智能监控平台。

丰富智能监测维度　智能监控系统直接连接医院 HIS 及医保结算系统，通过大数据实时监测分析就医、诊疗、费用和结算数据，依据监控、审核和预警信息，进行数据分析－检查立项－现场稽核－调查处理－归档销号，全面提高监管稽核工作效率和水平。

降低监控费用成本　在定点医药机构安装摄像头、人脸识别系统，对医疗机构门诊、住院、血透治疗场景的真实性、合理性、全面性进行实时监控。开展医保稽查远程查房，提高医保监管的智能化和精细化水平，完成对医疗机构的全天候监控，极大程度减少人力物力成本。同时，通过精准定位违规机构，利用大数据监管精准实施和预测性分析的特点，通过暂停拨付、暂停结算等临时性保全措施，实现线上预警和线下执法的有效衔接，实现医保基金监管从人工抽单审核向大数据全方位、全流程、全环节智能监控、智能审核转变。

案例五：永川区探索“医保服务站”建设试点

为方便参保群众办理医保业务，永川区本着“先行先试、逐步完善、总结推广”的思路，逐步扩大“医保服务站”建设试点范围。截至 2021 年 12 月，已在医疗机构、镇（街道）、村（社区）建立起“固定＋流动”医保服务站 22 个。

【先试点后推开，扩大覆盖范围】　为了进一步扩大服务范围，截至 2021 年 12 月，永川区医疗保障局在已建立 2 个“固定”医保服务站基础上，在全区二级以上医院设立“流动”医保服务站 18 个，镇（街道）医保服务站 1 个，村级医保服务站 1 个。其中，五间镇新建的景圣村医保服务站是全市已建成的唯一村级医保服务站。

【强化基础建设，统一服务标准】　一是办公场所到位。按照《重庆市医疗保险驻医院服务站试点工作方案》，做到标识、制度、流程“三统一”。统一制作“中国医疗保障”徽标和标识服务站门头，统一服务内容、服务标准、规章制度，统一医保经办事项办理流程。二是硬件设备到位。在服务大厅设置“医保政策咨询”“诊疗项目事前审批”“特病资料受理”“异地就医备案”4 个开放式服务柜台，安装 LED 显示屏、电脑、电话、打印机、复印机、座椅、饮水机等便民设备。三是信息网络到位。开通医保专网与全市医保网联通，并与外网隔离，确保业务办理通畅，信息查询便捷安全。四是工作人员到位。医保服务站统一配备 3 名工作人员，固定医保服务站按正常工作日上班，流动医保服务站实行每月定期轮换，适时调整进驻医院时间。

【健全管理制度，规范运作机制】　2021 年 3 月，制定《永川区医保驻医院服务站管理办法（试行）》，明确工作职责、工作内容和工作任务。医保服务站与医院医保科协同开展事前审批、特病办理、异地就医备案、信息查询、收集现场问题、政策咨询、举报投诉等工作。同时，明确医保服务站设置、人员选派、日常管理、工作原则、工作人员培训考核等工作。

【重服务强监管，提升治理能力】 一是着力“四个前移”。着力医保服务前移，解决经办服务“最后一公里”问题；着力监督关口前移，试点推行“诊疗项目事前审批”，减少违规行为发生；着力信息收集前移，听取群众意见建议，反馈政策制定；着力矛盾化解前移，及时沟通解决群众诉求。二是强化“两个服务”。强化与医院联动服务，加强对医院医保工作指导；强化对参保患者现场服务，将医保服务站现场办、经办机构窗口办、“互联网＋”医保线上办有机整合，解决在医院场景下参保人就医中出现的“难点”“堵点”问题。

【优化经办服务，改革成效显著】 2021年，永川区医保服务站指导医疗机构受理事前审批事项125066件，未审批通过90件，未审批通过金额32928元。开展特病办理2573件，异地就医备案698人次。开展信息查询、医保政策咨询14233人次，现场解决问题7191件，未接到涉及医疗保障领域的举报投诉。医保服务站的设立使得医、保、患三方沟通更顺畅，群众办事更方便，打通了医保服务“最后一公里”。

案例六：忠县聚焦“两病”医防结合　促进全民健康

2021年，忠县大力推进高血压、糖尿病（以下简称“两病”）医防结合改革，保障患者人人持有一张“两病”卡，就近就医取药并报销医药费。至2021年末，全县累计制发“两病”卡9.2万张，基本实现“应办尽办”。2021年，“两病”患者就医结算55255人次，结算费用807.21万元，就诊人次和报销额均大幅上升，有力促进“两病”患者就医在基层、病情得控制、费用有保障，确保疾病早诊断、早治疗、早预防，实现从疾病治疗向健康促进转变。

【协同推进，加强组织保障】 部门联动形成合力　为使“两病”惠民政策更广泛地惠及广大群众，2021年初，忠县医疗保障局、卫生健康委联合成立深化“两病”门诊用药保障和健康管理领导小组，将落实“两病”门诊用药保障和健康管理作为一项重要的政治任务来抓，作为巩固脱贫攻坚成果与乡村振兴有效衔接的一项重要工作。

分工协作齐抓共管　领导小组成立后，迅速建立协同推进机制。县医疗保障局负责了解“两病”患者实际保障需求，提高基金保障绩效。县卫生健康委负责加强“两病”患者的医疗服务和健康管理。县内两大医共体负责建立“两病”分级管理机制，做好国家免费基本公共卫生服务项目与诊断治疗的衔接，形成“发现—诊断—治疗—康复”的健康管理闭环。家庭医生负责为签约的“两病”患者提供综合性医防服务，稳步提高“两病”患者的健康水平。

【精细管理，提升监管效率】 信息维护准确　由县卫生健康委将国家基本公共卫生服务项目规范化管理的“两病”人员信息推送给县医疗保障局，县医疗保障局筛除原已纳入“两病”门诊用药及特病保障范围的人员、参加职工医保的人员及未参加基本医保的人员后，分发至各医疗机构核实是否规范化管理。对规范化管理的糖尿病患者录入备案，对规范化管理的高血压患者按Ⅰ类、Ⅱ类管理分类并录入备案，确保分类准确、信息维护准确。

平台管理高效　县医疗保障局负责开展政策宣传，引导定点医疗机构优先使用国家基本药物和集中招采药品，保障“两病”门诊药品开得出、用得上。县卫生健康委负责指导具有执业医师资格的乡村医生开展“两病”诊断，在医保信息系统为患者建立“两病”初始电子档案，将相关信息推送到医保“两病”管理平台。定点医疗机构负责保障“两病”患者门诊用药及费用结算。

监督机制健全　一是加强“两病”门诊用药监管。县医疗保障局实施全方位监督，借助大数据手段，加强事中、事后审核，县卫生健康委规范医疗机构诊疗行为，严禁重复配药、超量配药、超范围用药，联合公安部门打击贩卖“两病”医保药品等欺诈骗保行为。二是建立健全医疗机构绩效考核机制。将“两病”门诊用药保障落实情况纳入医疗机构考核,强化绩效考核结果与总额预算、基金预付等综合运用,推动医疗机构服务能力和质量持续提升。

【靠前服务,推动政策落实】 宣导先行 2021 年 11 月,在全县所有定点医药机构、社保所、村便民服务中心以及居民点张贴宣传海报近 8000 份,在乡镇政府和街道办事处、社保所、村(居)委会、医院、村卫生室制作宣传专栏 600 余处,发放“两病”宣传资料 5 万余份,让群众知晓“两病”医疗保障政策,引导参保群众主动申报,早诊、早防、早治。由家庭医生对“两病”患者开展一对一政策宣传,现场办理“两病”卡。

上门摸排 结合全县“大走访、大遍访”工作部署,由乡村医生和家庭医生按照“镇不漏村、村不漏户、户不漏人”的工作要求,开展“两病”人员地毯式摸排。2021 年 3 月、8 月、11 月,对纳入慢病管理的“两病”人员进行三批次数据精准筛查,对符合办理条件但未办理“两病”卡的,由医院及时录入系统备案,当场发放“两病”卡。同时各基层医疗机构建立定期排查机制,每月将新纳入慢病管理的“两病”人员经核对后办卡。2021 年,全县办理“两病”卡 85353 张,同比增长近 16 倍。

引导就医 为了让“两病”患者更好知晓政策,在制作“两病”卡时,在卡的背面印制“两病”门诊用药保障《政策须知》,让患者知晓就近的卫生院、村卫生室能看“两病”并报销费用,引导患者基层首诊。2021 年,忠县高血压患者在一级及以下医疗机构就医比例为 66.17%,高于全市平均值 8 个百分点;糖尿病患者在一级及以下医疗机构就医比例为 43.33%,高于全市平均值近 11 个百分点。

四川省

工作综述

2021年，四川省医疗保障系统全面深化医疗保障制度改革，切实抓好医保基金监管，细化落实医保惠民举措，持续优化医保公共服务，推动四川医保事业发展实现“十四五”良好开局。截至年底，全省基本医疗保险参保人数8586.23万人，参保率稳定在98%以上，职工医保基金当期收支分别为961.97亿元、674.25亿元，居民医保基金当期收支分别为592.64亿元、573.08亿元，职工、居民医保基金累计结存分别为1749.37亿元、501.05亿元，职工医保统筹基金、居民医保基金全省整体可支付月数分别为33.74个月、9.49个月，基金运行保持“收支平衡、略有结余”，基金总体支撑能力较强。

【有力支撑常态化疫情防控】 2021年，全省共结算确诊和疑似新冠病毒感染肺炎患者医疗费用1554人次，涉及医疗总费用1035.98万元，其中医保支付726.08万元。及时上解新冠疫苗接种专项资金70.73亿元，全年结算疫苗费64.79亿元、接种费用12.21亿元，涉及接种1.54亿人次。连续下调核酸检测项目收费标准，截至年底单人检测降至40元/人次，混合检测降至10元/人次。出台核酸检测配套耗材集中限价挂网政策，进一步降低核酸检测成本。

【加快医保区域协同发展】 四川医疗保障事业发展全面融入成渝地区双城经济圈建设，川渝医保战略合作进一步深化。省医疗保障局与重庆市医疗保障局签署《川渝两省市医疗保障基金监管合作事项》，在两地联合开展现场检查各一次，发现涉嫌违规违约金额共计871.11万元，新增城乡居民基本医疗保险参保登记、基本医疗保险关系转移接续等六个医保服务事项实现川渝通办。成德眉资（成都、德阳、眉山、资阳）医保同城化取得重要进展，四市医疗保障局联合出台《成德眉资职工基本医疗保险关系转移接续办法（暂行）》，四市职工医保参保人员在成都都市圈内转移参保关系时，可累计计算缴费年限并享受相应待遇。

【巩固拓展医保扶贫成果有序衔接乡村振兴】 省医疗保障局落实国家文件要求，于8月联合六部门出台《四川省巩固拓展医疗保障脱贫攻坚成果有效衔接乡村振兴战略的实施方案》，建立依申请救助机制、倾斜救助机制、主动预警发现机制，明确利用五年过渡期，梯度减负，确保政策平稳过渡，待遇有效衔接。2021年，全省1019万农村低收入人口参加基本医保，全年累计惠及就医超过901万人次，减轻医疗费用负担超过113亿元，切实防范规模化因病致贫返贫。

【健全多层次医保制度体系】 *规范健全基本医保制度* 省医疗保障局编制全省医疗保障领域首个五年专项规划，并以省政府办公厅名义印发，系统部署全省“十四五”时期医疗保障发展的主要目标和重点任务。严格执行国家医疗保障待遇清单制度，清理规范各统筹区原有清单外政策。实施职工门诊共济保障改革，于12月以省政府办公厅名义印发《四川省建立健全职工基本医疗保险门诊共济保障机制实施办法》，推动职工医保门诊保障由个人积累向社会互助共济保障模式转变。加强医疗救助托底保障，全面实施分类资助参保、分类救助，全年医疗救助资助参保25.57亿元，住院救助23.00亿元，门诊救助1.57亿元，其他有关部门实施直接救助0.13亿元。

丰富完善补充配套保障 省医疗保障局积极应对人口老龄化，着力减轻老年人就医负担，出台文件明确不断完善医疗保障涉老政策、优化服务质量提高保障水平等六项重点任务，保障老年群众获得高质量、高效率的医疗保障服务。进一步完善生育保险政策，落实三孩生育保障待遇，及时

将新生儿纳入基本医保保障范围。深化长期护理保险制度试点，成都市作为四川省唯一试点城市，将城乡居民和省本级参保职工纳入试点范围，实现试点市域内基本医保参保人员制度全覆盖，截至2021年底，成都市长期护理保险参保人数1446万余人，全年待遇支付3.78亿元，减轻失能人员家庭照料经济负担40%以上。

【加强医保基金监管】 整治欺诈骗保行为 全省各级医疗保障局面向省内5万余家医保定点医药机构，聚焦"假病人、假病情、假票据"以及诱导住院等欺诈骗保问题，扎实开展全覆盖监督检查和存量问题"清零行动"，一体推进医保领域系统治理和医保基金专项治理行动。2021年全省共查处违法违规定点医药机构3.97万家，其中暂停协议2366家、解除协议338家、行政处罚306家、移交司法机关24家、移送纪检监察部门95家，共计追回本金及处违约金等14.6亿元。对6家定点医疗机构开展省级飞行检查，查出并核实违法违规金额共计2633.35万元，起到强烈震慑作用和示范效应。

推进监管机制创新 省医疗保障局按照基金监管制度体系改革部署，规范引入中国人寿等4家第三方机构在全省范围内对2000余家定点医药机构及医保经办机构开展省级抽查复查工作，有力缓解监管力量不足问题。深化基金监管"两试点一示范"，成都、泸州、德阳、广安4个国家试点(示范点)城市终期评估均为优秀。持续推进基金监管法治化、规范化建设，分别于7月和9月出台《四川省医疗保障基金监管行政执法规程》《医保基金使用违规医疗服务行为分类处置手册(试行)》，联合纪检、公安分别建立行纪衔接、行刑衔接工作机制，加强执纪问责和对违法行为的打击。

动员社会力量参与 省医疗保障局广泛开展《医疗保障基金使用监督管理条例》宣传培训，建立医保基金监管社会监督员制度，首批选聘社会监督员50名，发动公众关注、支持、参与打击欺诈骗保，2021年公开曝光典型案例3332例，收到举报线索713件，办结711件，共向106人次发放举报奖励金15.05万元。

【健全医保支付机制】 科学调整医疗服务价格 省医疗保障局建立了医疗服务价格动态调整模型，完善价格动态调整机制，调价评估指标进一步优化，推动医疗服务价格调整更加科学及时。省医疗保障局出台"大容量全肺灌洗术"等50项新增和修订医疗服务项目试行价格，发布"机器人辅助骨科手术"等6项实行市场调节价的医疗服务收费项目，新增设立"远程心电监测"等4项"互联网+"医疗服务项目。省医疗保障局建立全省首个医疗服务项目基准库，首次统一全省8300余项医疗服务项目。

深化医保支付方式改革 持续扩大支付方式改革覆盖面，截至2021年底全省已有19个统筹区开展DRG、DIP和病组分值付费改革，付费改革覆盖医院2908家、覆盖率77.5%，覆盖住院572万人次、覆盖率84%，攀枝花市等10个统筹区实现实际付费，有效扭转基金支出不合理增长势头。推进紧密型县域医共体医保管理改革，全省50%以上的县域医共体开展了"一个总额"(将参与医共体的所有医疗机构视为一个整体，由医保经办机构确定一个总的年度医保费用支出数额，再由医共体内部自行分配安排给各医疗机构)管理，80%的县域医共体开展了家庭医生签约服务，53%的县域医共体签订了"一个服务协议"(医保经办机构与医共体签订一个总的服务协议，条款内容对医共体内所有医疗机构同样有效)管理。

坚持做好医药服务保障 省医疗保障局按时落地执行国家新版药品目录，完成第二批省级增补药品消化工作。全省单行支付药品88个，报销27.6万人次，医保支付11.6亿元，实际报销比例63.6%，由药店提供的报销服务达80.6%，四川"双通道"管理经验在全国推广。"两病"门诊保障不断加强，截至2021年底，"两病"门诊用药保障政策范围内报销比例分别达到64.65%(高血压)、65.34%(糖尿病)，政策累计惠及593.68万患者，为群众减轻"两病"用药负担14.81亿元，泸州、内江、达州和眉山四市被确定为"两病"门诊用药保障专项行动重点联系的典型地区。支持本土医药发展，将492个医院制剂、35项藏医诊疗项目纳入省本级基本医保支付范围。在省人民医院开展特殊药品处方流转试点，提供107个特殊药品线上复诊续方以及药品线下供应配送服务，既支持医院创新发展，也提升群众用药可及性和便捷度。

【常态化制度化开展药品耗材集采】 构建完善的集采制度体系　省医疗保障局制定四川省医药机构药品、医用耗材集中采购实施方案，出台挂网药品价格监测规范、挂网药械质疑处理规程，及时落实国家价格招采信用评价制度，形成相对完善的“1＋N”（“1”即省政府办公厅出台的完善药品耗材集中采购的指导意见，“N”为省医药机构药品和医用耗材集中采购实施方案、挂网药品价格监测规范等一系列配套制度文件）药械集中采购政策体系。

稳步实施国家和省级集采　2021 年，省医疗保障局完成 2.1 万条药品、62.3 万条耗材产品重新报价和挂网，推动均价分别下降 15％、21％。全省各级医疗保障局及时落地国家组织第四、五批药品及冠脉支架集采中选结果，完成国家组织首批集采药品续约工作，将落地四川的国家集采药品拓展到 216 个。省医疗保障局牵头完成第一批“八省二区”省际联盟冠脉扩张球囊和 11 个药品集采，药品平均降价 58.05％，冠脉扩张球囊平均降价 89.9％，第二批 16 个药品集采结果也稳步落地。牵头 31 个省份开展口腔种植体系统集采，会同重庆等地开展人工关节、冠脉药物球囊、起搏器、人工晶体、骨科创伤类医用耗材集中带量采购，会同湖北等地开展中成药集采，省际联盟带量采购成果进一步扩大。

规范搭建招采监管平台　省医疗保障局基本建成并在 18 家省管公立医疗机构正式上线省药械集中采购及医药价格监管平台，实现货款资金流、订单信息流、货物物流“三流合一”，对药械招标、采购、交易、结算实行一体化管理。

【优化医保公共服务】 完善经办管理服务体系　全省各级医保部门持续规范参保管理，会同财政、税务部门精心做好参保缴费工作，抓实重点人员参保，及时将困难人群纳入基本医保覆盖范围，防止“漏保”“断保”。推进医保服务事项入驻基层便民服务机构办理，开展医保经办大厅标准化规范化建设，推进医保服务网上办、跨省通办以及适老化改造，实现 16 项高频医保经办服务事项下沉乡镇（街道）办理。在广元市开展市、县、乡、村四级医保经办体系试点，为构建全省统一的经办体系提供经验。省医疗保障局推动全省 12393 医疗保障服务热线与 12345 政务服务便民热线“双号并行”，创新开展医保服务基层网格化服务管理，为群众提供政策咨询、高频事项办理等专业化应答和便捷服务。全省各级医保部门会同银行、商保机构等第三方力量，合作建设一体化医保服务网点，提升医保服务可及性。

加快医保信息化建设　省医疗保障局牵头，各级医疗保障局合力推进，按时完成全省医保一体化大数据平台招标建设，11 月底如期实现全省全面上线国家医保信息平台，医保信息化水平迈上标准化、集约化、一体化的新台阶。建成首套省本级定点医药机构服务协议信息管理系统，用时 10 天完成省本级定点医药机构协议签订工作，签约速度同比提升 600％，实现省本级服务协议全程网签。全省各级医疗保障局积极推广应用医保电子凭证，截至 2021 年底，全省申领人数 2600 余万人，4.7 万余家定点医药机构接入改造，实现扫码就医购药。

持续拓展异地就医结算　截至 2021 年底，全省开通跨省和省内异地住院直接结算定点医院分别达到 3264 家、3834 家，省内异地门诊慢特病、普通门诊、药店购药费用直接结算的定点医药机构分别达到 1298 家、8619 家和 18839 家，跨省异地门诊慢特病、普通门诊、药店购药直接结算的定点医药机构分别达到 145 家、6142 家、11109 家。所有统筹区全部开通个人账户普通门诊、药店购药费用跨省直接结算和跨省异地就医线上备案服务，所有统筹区双向开通糖尿病、高血压 2 个病种相关治疗费用跨省直接结算，5 个统筹区双向开通门诊慢特病 5 个病种相关治疗费用跨省直接结算。178 个县开通普通门诊费用跨省直接结算，占县区总数 97％，提前并超额完成开通率 60％的目标任务。

重要活动

1. 2021 年全省医疗保障工作会在成都召开。 1 月 21 日，全省医疗保障工作视频会议在成都市召开，会议全面总结 2020 年医疗保障工作，分析四川医疗保障改革发展形势，研究部署 2021 年工作任务。

2. 全省云同步启动医疗保障基金监管集中宣传月活动。 4 月 1 日，四川省 2021 年度医疗保障基金监管集中宣传月启动仪式以云同步形式在全省 21 个市（州）同时举办，省人民政府有关领导出席启动仪式并宣布集中宣传月活动正式启动。

3. 联合召开全省医疗保障基金监管专题工作会议。 4 月 15 日，省医疗保障局联合公安厅、司法厅、卫生健康委员会，共同召开全省医疗保障基金监管专题工作电视电话会议，安排部署 2021 年全省医保基金监管专项整治和《医疗保障基金使用监督管理条例》宣传贯彻实施工作。

4. 启动异地就医备案线下跨市通办试点。 5 月 26 日，省异地就医备案线下跨市通办启动暨业务培训会在成都市举行，标志着异地就医备案线下跨市通办成德眉资先行试点工作正式启动。

5. 挂牌成立四川省医疗保障基金监管事务中心。 6 月 4 日，经省委编办批准，省医疗保障基金监管事务中心正式挂牌成立。

6. 召开庆祝中国共产党成立 100 周年暨表彰大会。 6 月 28 日，省医疗保障局隆重召开庆祝中国共产党成立 100 周年暨表彰大会，回顾党的光辉历程和取得的伟大成就，表彰先进集体和优秀个人。

7. 启动特殊药品处方流转试点。 6 月 29 日，省医疗保障局会同省卫生健康委员会、成都市医疗保障局，在四川省人民医院启动特殊药品处方流转试点工作，相关供药机构代表参加启动仪式。

8. 国家医保信息平台全面上线。 11 月 30 日，国家医保信息平台四川省本级—成都市上线启动仪式在成都举行，标志着全省所有统筹区全部按期完成国家平台上线任务，四川医保信息化工作迈入标准化、集约化、一体化的新阶段。

9. 上线启用全新药械集中采购及医药价格监管平台。 12 月 15 日，四川省药械集中采购及医药价格监管平台上线启动仪式在四川大学华西医院举行，标志着货款资金流、订单信息流、货物物流“三流合一”综合管理的新模式正式实行。

10. 举行全省医疗保障工作总结表彰大会。 12 月 24 日，全省医疗保障工作总结表彰大会在成都隆重举行，总结全省各级医保部门成立以来的工作成绩，对全省医保系统中表现突出的先进集体和先进个人进行表彰，研究部署下一阶段医保改革发展工作。

典型案例

案例一：构建全省统一的医保经办管理服务体系

2021 年，省医疗保障局加快推进经办能力建设，构建起渠道多元、形式多样的立体化经办服务网络，有效破解基层医保服务“断层”问题。

【以镇村便民服务中心（站）为依托，完善经办体系】 *在全省乡镇（街道）便民服务中心设立医保服务窗口* 配备专（兼）职工作人员，按照“放得下、接得住、办得好”的原则，制定下放乡镇（街道）办理的 16 项经办政务服务事项清单，为参保群众提供便捷可及的医保服务。

在村（社区）设立医保服务窗口或提供帮办代办服务 鼓励有条件的村（社区）便民服务站设立医保服务窗口，根据市（州）实际确定下放村（社区）办理或帮办代办的医保服务事项，并由专（兼）职人员负责办理或帮办代办，解决医保服务“最后

一百米”的问题。

【以网格化服务为载体，服务网络全域覆盖】省医疗保障局会同省委政法委印发《关于将医疗保障服务纳入网格化服务管理的通知》，明确将医保纳入网格化服务管理，依托全省行政村（社区）网格员队伍，按照“群众急需、网格员可办”的原则，由网格员为辖区群众提供城乡居民参保登记、参保信息查询、参保信息变更、异地就医备案等高频事项办理和开展医保政策宣传及参保动员工作，通过大力推进镇村医保服务能力建设，构建起纵向到底、横向到边，覆盖省、市、县、乡、村的医保服务网络。

【以第三方力量为补充，提供更加多元渠道服务】 建设医保银行一体化服务网点　成都、泸州等地利用银行网点众多、分布广泛等优势，将医保经办渠道与银行服务网点有机融合，建设医保业务与银行业务“一站式”办理网点，为群众提供自助服务和柜台办理服务。

在定点医疗机构设立医保服务站　德阳、遂宁、雅安、眉山等地在定点医疗机构设置医保服务站、自助服务区，将门诊慢特病种认定、新生儿参保等与就医过程紧密相关的事项下放至定点医疗机构办理，方便群众查询及办理基本医保经办业务。截至2021年底，全省共建设一体化医保服务站（点）300余个，覆盖46个县（区）。雅安市创新开展“车载流动医院”试点，将医保报账结算服务嵌入流动医院，提供“车载医保”服务。

【以全国医保服务示范点建设为抓手，提升服务标准化、规范化水平】 对标硬件设施抓完善　结合实际、因地制宜，投入专项资金，按照《医疗保障经办大厅设置与服务规范》组织场所建设，合理布局办公区域和服务区域，配置各类设施设备和物品，突出医保视觉识别元素，打造标准化医保服务大厅（窗口）。

对标规章制度抓规范　严格对标国家相关法规和政策规定，分类梳理自查经办工作涉及的法规、政策依据，全面规范医疗保障经办行为。

对标服务效能抓优化　加强对各级医保服务窗口经办人员在政策、流程、礼仪等方面的培训，提升业务能力和办事效率。鼓励各地因地制宜创新服务模式，德阳市首批推出10个事项“秒批秒办”，广元市率先推进医保服务“市区通办”，泸州市实现住院结算“零跑路”，自贡市推行“点单式”医保服务，绵阳市设立高频医保事项专用二维码，攀枝花市中心医院率先实现从预约挂号、线上缴费到电子票据推送等“一站式”服务。

【主要成效】 经办体系日趋健全　截至2021年底，全省在乡镇（街道）便民服务中心设立医保服务窗口（站）2562个、覆盖82.6%的乡镇（街道），提供医保直接办理、帮办代办等服务的村（社区）达到23479个，覆盖71.3%的村（社区）。通过实施医保网格化服务管理，实现了医保服务网络乡村全覆盖。

服务渠道更加多元　积极引入第三方力量，打造群众身边的医保服务新阵地，有效解决医保经办服务站点较少、市民办理医保业务费时费神等问题。

案例二：成都市建设国家医保智能监控示范点

成都市是国家医保局确定的32家“医保智能监控示范点”试点城市之一。2021年，成都市按照“立足市情、开拓创新、夯基架梁、赋能提升”的整体思路，基本构建了以总额控制下按病组分值付费为基础的大数据实时动态智能监控体系，初步形成全过程数据化、全链条智慧化、全产权自主化的医保智能监管格局。2021年7月，在国家医保智能监控示范点终期评估中，成都市被评为“优秀”等次。

【主要做法】 夯实一个“数据基础”　一是拟定数据采集规范。进一步细化成都市全量数据采集标准，2021年细化完善15类包含322项的《成都市基本医疗保险运行分析指标体系规范》，为数据标准化采集提供基础规范。二是完善数据归集类别，在原有系统基础上增加药品、诊疗、耗材等9个基础信息库及药品进销存信息管理子系统，形成参保人员医保健康档案数据库。

建成两个“标准库”　一是完善“知识库”，搭建智能监控体系底座。遵循来源权威、标准统一等原则，以行业政策、临床诊疗规范及指南、药典及医保目录等为依据，结合医疗行为场景，形成支撑智能监控系统筛选、挖掘、统计分析的3大子库16类小库100余万项知识点。二是聚焦“规则库”，构建监控三维筛查体系。根据本地医疗服务特点，结合医保付费方式，依托知识库构建逻辑判断能力，建成实时在线监控19个主题52类489项和智能审核66大类289万条细目的智能监控规则体系。

建成四个“核心应用平台” 一是搭建医保实时全量数据采集平台。实时对接150家定点医疗机构医药服务管理系统，融合身份识别场景，按照业务流、实物流和病案流三条线，将定点医药机构服务数据清洗转换统一成九大维度690余项指标的标准数据。二是升级智能监控平台。完善两定机构协同机制，扩充按项目付费监控能力，实现医保单据全审核、两定机构全监控、业务经办全覆盖。同时引入社会力量，梳理明确疾病图谱、临床路径、资源消耗和医保费用的逻辑关联，构建1387个病组的按病组付费监控能力。三是建立大数据反欺诈平台。建设大数据反欺诈“练兵场”，形成17类欺诈监测算法场景的开发及部署，凭借AI无监督、半监督学习方式形成规则迭代闭环，实现规则更新由“被动服务”向“主动管理”转变，强化医保监管主动权。四是创新医保警示教育平台。强化源头治理，将医保管理与党风廉政相结合，依托信息技术以案释法，强化医保服务法制意识。四个核心应用平台聚合形成以患者为中心的立体智能监管网络，2021年共提供预警信息25284条，上报数据10批次。

【主要成效】 全过程数据化，创新推动智能监控技术应用 横向融合医疗服务过程和就医场景监控数据，拓展数据维度，解锁数据潜力；纵向贯通市区两级网络，打破数据壁垒，提取行为特征，勾勒“千人千面”的用户立体画像。

全链条智慧化，创新延展智能监控两种模式 扩展“规则＋阈值”监控模式，持续健全智能审核机制。同时深化支付方式改革，形成以质量和价值付费为导向的“场景＋模型”按病组监控模式。

全产权自主化，创新驱动智能监控双向发展 聚力创新应用中心，开发自主知识产权“医保大数据反欺诈监测平台”，驱动医保自身监控能力迭代升级。在保障数据安全的基础上，充分利用医保联盟合作优势，创新“医保＋银行”一体化医银服务网点、便民利民亲民的“邻里医保”等服务场景，形成优势互补、联动发展的医保治理新格局。

2021年共查处违法违规定点医药机构10770家，暂停医保协议1363家，解除医保协议45家，暂停医保医师资格35人，追回基金合并行政罚款共计16566.2万元。医保清算数据显示，2021年有35％的医疗机构结算差异数据由负转正，实现了“医院有发展”；全市次均住院费用下降6.2％，实现了“患者有收获”；总额控制预算结余3701万元，实现了“医保基金可持续”。

案例三：乐山市做实重点人员参保工作

2021年，乐山市医疗保障局围绕解决重点人群最关心最直接最现实的医疗保障问题，织密医保民生网，全年特困人员、低保对象参保140829人，防止返贫监测对象和已稳定脱贫人口参保195180人，重度残疾人参保59200人，实现乐山重点人员参保率100％。

【细化分工精心组织，层层压实主体责任】 乐山构建了全市齐抓共管、共同推进医保全民参保工作格局，做到各级各部门明责、担责、履责一体化推进。

市委市政府牵头明责 乐山市委、市政府高度重视医保工作，将医保全民参保工作纳入《乐山“人民美好生活需要”对标补短三年行动计划（2021—2023年）》《2021年乐山市32件民生实事实施方案》，明确各级政府为医保参保工作的责任主体，各级医保、税务、财政、卫生健康、民政、残联、乡村振兴、银行等部门为责任部门，建立起了“政府主导、医保牵头、部门配合、社会参与”的医保参保缴费工作机制。

医保系统主动担责 乐山市医疗保障局扛起

医保全民参保的牵头责任，建立以市医保局党组书记、局长为牵头人，分管领导为负责人，相关科室及各县（市、区）医保局分管领导为落实人的医保民生实事工作联动机制，同时建立联席会议制度和工作月报制度，确保每月按时完成医保民生实事工作进度。

基层一线认真履责　将全民参保任务纳入各级政府年度目标考核，明晰县、乡、村工作职责，紧盯一线关键环节，引导村组干部、帮扶干部、第一书记做实医保参保工作，特别是对民政部门动态调整的低保户和特困户、乡村振兴部门重点监测的低收入人群、残联部门动态调整的重度残疾人员进行摸排，切实做到重点人群数据准、情况清，底子明。

【高效联动精准对接，人员数据双向互通】

乐山市医疗保障局紧扣部门间数据互通这一核心关键，联合七部门印发《乐山市巩固拓展医疗保障脱贫攻坚成果有效衔接乡村振兴战略实施细则》，打破“信息孤岛”，实现重点人员数据精准对接、双向互通。

重点人员数据动态调整　建立农村低收入人口信息交换和动态调整机制，明确乡村振兴与民政部门在每年 11 月 30 日前，将在册重点人员台账盖章确认后推送至同级医保部门，医保部门根据台账内容，分类建立特困人员、低保对象、防止返贫监测对象和已稳定脱贫人口参保台账，并在医保信息系统进行标识。同时明确乡村振兴与民政部门在每季度首月 25 日前将动态新增、减少重点人员推送至同级医保部门，实现动态调整。

医保监测数据按时核验　坚持主动发现、信息共享、精准帮扶，明确医保部门在每季度首月 5 日前，将居民基本医疗保险参保人员个人年度累计自付医疗费用超过本市上一年度城乡居民可支配收入 50%的人员信息推送至民政、乡村振兴部门，并对其家庭收支情况进行监测、核验，对符合条件人员按规定反馈给医保部门动态调整，通过搭建互通互联的数据闭环，保障重点人员及时完成身份认定，享受相应的医疗保障待遇。

分类代缴代扣精准到位　及时制发《特殊困难群众、建档立卡贫困人口、困难尘肺病患者参加 2021 年居民基本医疗保险有关问题的通知》等文件，明确各类特殊困难群众代缴资金渠道。主动对接财政、税务、乡村振兴、民政、退役军人事务、残联等部门，及时分类锁定参保人群数据，提前做好参保代缴工作。同时协调税务部门对代扣代缴失败数据进行梳理分析，分门别类总结原因并点对点解决，不断提高批量代扣成功率。

【创新思路精细管理，医保参保宣传到位】

乐山市医疗保障局按照全域统筹、重点推进的理念，因地制宜开展参保宣传引导工作，推动实现“应保尽保”。

一对一进行参保动员　建立“市、县、镇、村”四级联动机制：联合市级税务部门成立专项工作小组，赴各区县督导参保征缴工作，以县为单位获取税务部门缴费数据，以镇为单位梳理出本地未参保人员名单，以村为单位逐人逐户核查参保情况。同时坚持与未参保人员“一对一”“面对面”沟通，确保及时动员未参保人员完成参保缴费。

多场景开展参保引导　打破医保参保工作仅由医保部门牵头，民政、乡村振兴等部门协作推动思维惯式，联动教育部门，大力开展校园宣传，探索构建由学生到家长的家庭宣传链条；联动卫生健康部门，强化基层卫生院、家庭医生、妇产医疗机构等对重点人群及新生儿家庭的动员引导作用，不断探索参保工作提速增效的“延伸线”。

全方位推进参保宣传　充分利用电子显示屏、户外广告、街头宣传、发放资料等群众喜闻乐见的方式开展好线下医保政策宣传。同时依托市、县两级融媒体、微信公众号等新媒体持续开展线上宣传，不断扩大政策知晓面，增强全民参保意识。定期对网格员、第一书记、帮扶干部等基层干部开展宣传培训，在基层一线打造一支懂政策、熟业务的医保宣传队伍，多措并举实现宣传动员全覆盖。

案例四：广安市打造医保信用体系特色模式

广安市是全国“医保基金监管信用体系建设”17 个试点城市之一。自试点开展以来，广安市着力构建医保信用评价、基金监管、智能监控“三位一体”试点工作格局，基本建成指标适用、系统好用、措施管用的医保信用评价体系。2021 年，广安市正式开展定点医疗机构信用评价，联合多部门开展信用联合奖惩，实现“医保信用”正式落地应用。2021 年 10 月，广安市试点工作在国家医疗保障局终期评估中被评为“优秀”等次。

【主要做法】 信用评价“双向计分” 遵循公平性、可操作性的原则，精心设计算法模型，改变一般只扣分的单向计分模式，以行业标准值、横向平均值、纵向增减值作为基准值，将指标分为高优、中优、低优指标，在基准值上下设置合理区间，根据指标属性，偏离合理区间者，按偏离方向和偏离度加分或扣分，形成指标“双向计分”机制。

信用评定“双动态” 一是信用评级动态管理。信用等级由高到低分为 A、B、C、D、E 五个等级，采取“年度评定＋即时评定”方式实行动态管理，年度评定既以当年度信用积分为主要依据，又参考历史等级，凡初评等级等于或低于上年度等级、并都处于 C 级以下者，评级再降一个等次；即时评定即对触犯核心指标者，一律即时、直接评定为最低等级。二是信用得分动态呈现。评价系统对线上指标自动归集信息并动态即时评分，系统根据线上线下信息积分情况，实时自动更新信用主体积分，实现信用系统自动评分、信用积分动态更新、信用等级动态呈现。

失信信息“双修复” 一是线上失信信息自主修复。当线上指标单项分值低于对应指标阈值、信用积分低于积分阈值时，评价系统自动预警提醒信用主体关注信用情况。信用主体根据动态分值，有针对性加强内部管理，实施自主修复，修复后信用分值自动更新。二是线下失信信息依申请修复。对线下录入的失信信息，评价系统实时推送录入结果及扣分分值，信用主体在整改完成后提交修复申请，经审核或验收通过后按规定修复信用。

系统建设“双智能” 一是综合监管平台智能集成。建设高度集成化的医保综合监管平台，通过系统互联互通，数据智能互用，全面提升监管效率。智能审核从结算和付费系统自动抓取违规数据，自动推送信用评价系统作为线上评分依据，自动推送移动稽核系统，精准开展现场核查。二是信用系统全程智能评价。信用评价系统实现线下数据一键录入，线上数据自动抓取、信用信息自动计分、风险预警自动推送、信用等级自动评定、奖惩建议自动生成、信用报告自动呈现、信用数据自动分析。满意度评价可在手机端操作，并与就诊信息关联，防止“水军”注水，提高评价便捷度和精准性。

纪监巡察“双协同” 以公立机构、公职人员、中共党员等为对象，对医保失信的单位和个人，由纪检监察部门按规定程序启动问责调查。对领导小组各成员单位未按规定实施联合奖惩等履责不到位、不作为问题严肃追责问责，形成刚性约束。将医保基金使用情况列入市、县对公立医疗机构常规巡察和相关部门延伸巡察范围，巡察结果纳入医保信用管理。

落实国务院政策法规“双对接” 一是对接《医疗保障基金使用监督管理条例》，完善评价指标体系，推行信用分级分类管理，实行信任、常规、重点三级管理。二是对接《国务院办公厅关于进一步完善失信约束制度构建诚信建设长效机制的指导意见》，修订形成新的联合奖惩实施办法，确保联合奖惩合法合规、奖惩效力得到有效保障。

医保信用文化建设“双融合” 一是与医德医风建设相融合。将医保信用文化作为医德医风建设的重点内容，实现医保信用文化和医德医风相融共促。二是与医保政策宣传相融合。将医保信用作为医保政策宣传工作的重要内容，全市各级医保部门分层次、分区域、分阶段开展各种形式的诚信医保宣讲活动，医保信用“人人参与、共建共享”的意识持续增强。

【主要成效】 监管效力有效增强 2021 年度信用评价结果公布后，纪检、医保、卫生健康部门对信用评级较低的医院主要负责人开展了联合约谈。医保部门将信用积分纳入 DRG 试点医疗机构年度考核指标，设定 50% 影响权重，直接与各试点医疗机构年度清算挂钩，并将评价结果应用于定点医疗机构总控指标测算，极大增强对信用主体刚性约束。

监管效能持续提升 2021 年，信用评价系统共收集信用信息 3373 条，市县医保部门通过对住院医疗费用增长率、次均住院费用增长率、重复收费等指标异常的医疗机构进行数据分析,及时开展监督检查,监管效率和针对性持续提升。2021年度,全市追回医保基金及处违约金6600余万元。

医保信用意识持续增强　2021年度信用评价结果中,A级信用等级医疗机构占比51.65%,较2020年度提升31.5个百分点;全市定点医疗机构信用平均积分88.93分,较2020年度提升2.18分,医疗机构信用意识普遍提升。

案例五:雅安市石棉县推进县域医共体建设

为有效发挥医保杠杆作用,提升基层医疗服务能力,解决群众看病难、看病贵的问题,雅安市石棉县在全省率先推行以"结余留用"为核心、以"五个一"为标志的县域医共体医保管理改革,以"医共体内家庭医生签约慢病管理医保服务包"嵌入公卫服务包的方式,推进县域医共体医保管理改革,以医保管理改革推进优质医疗资源下沉,方便基层群众看病就医。截至2021年底,石棉县构建形成"1235"医疗卫生服务体系(1个集团、2个公共卫生机构、3个县级医院、5个基层片区分院),挂牌成立石棉县公立医院集团,县医共体拥有开放床位997张、在岗医护人员1262人,2021年全年医保基金总收入10116万元。

【实施"五个一",推进医保系统管理】　一个总额付费调控　按照"超支不补、结余留用"的原则,对医共体实行总额付费管理,结余部分改变过去指标留用的方式,实行货币资金留用。

一个服务协议统领　医共体牵头单位代表所有成员单位与医保经办机构签订一个医保定点服务协议,医共体统一承担医保费用结算、医疗费用控制等责任,增进医共体内部联系。

一套信息平台支撑　医共体建立县域一体化健康信息平台,统一医共体成员单位之间基础信息、服务流程、服务质量标准。平台网络覆盖县、乡、村三级,全县域检验中心、远程心电中心与中医医院、12个基层医疗机构信息互联互通,推进远程会诊、双向转诊等医疗协同业务,实现电子病历共享和检查检验结果互认。

统一药品采购共享　围绕"带量采购、招采合一、质量优先、确保使用、保证回款"的基本思路,实行医共体内药品集中采购,统一用药考核,以降低药品采购成本,规范用药管理。

一套考核制度共管　建立医共体一体化协议服务激励约束机制,设置以服务便捷性、服务质量水平、患者自付负担、群众满意度为重点的考核指标,实行与考核结果挂钩的奖惩制度,推进医共体有序发展。

【打造"服务包",推进医卫融合发展】　针对糖尿病、高血压的高发病率,打造医共体内家庭医生签约慢病管理"医保服务包"。通过"医保服务包"融入基本公共卫生服务,涵盖签约群众全年专科诊疗费用,全科预约诊疗、预约转诊、长处方服务、用药指导、送药上门、巡诊服务和健康管理服务。2021年"医保服务包"高血压打包金额为3000元/人年、糖尿病打包金额为4000元/人年,签约定点医疗机构的资源和服务下沉到乡镇卫生院,签约服务费结余部分由医共体自主统筹使用。

【主要成效】　医院发展更积极　超支不补、结余资金留用的激励约束机制,让医共体对结余部分自主统筹,调动了医共体加强医保基金管理、约束医疗行为的积极性,实现了医院的长足发展。2021年,"医保服务包"签约人数2187人,开展签约服务20476人次,签约患者基层门诊就诊量同比增加11465人次、增长169.3%,住院同比下降29人次,下降15.26%。医疗费用由过去不合理过快增长逆转为大幅下降,医共体总住院人次同比下降7915人次,下降27.98%,总费用同比下降1267.59万元,下降12.54%,基金支付同比下降536.56万元,下降9.24%。医共体总控与"两病"服务包共结余资金1010万元,将按照协议予以留用。

签约医生更有为　通过提供优质签约服务在医共体内实行药品统一招采,将二级医疗机构药品目录纳入药品配送范围统一配送,破解了过去乡镇卫生院用药受困于基药制度的难题,基层医生的能动性得到释放。专家团队下乡服务的同时对基层医务人员进行培训指导，逐步提升基层医务人员的专业技术水平，也逐渐得到了老百姓的信任，让基层医生有事可干。2021 年，家庭签约医生年人均收入提高 5000 余元，其获得感与成就感显著增强。

医保基金更高效　通过“医保服务包”付费，有效发挥医保杠杆作用，促进医生自觉规范医疗，抑制过度医疗行为，改变了过去“两病”医保基金支付高速增长的态势。2021 年，全市高血压、糖尿病特门均次费用为 232.78 元、284.36 元，“医保服务包”下高血压、糖尿病均次费用仅为 138.72 元、140.82 元，降幅分别达 40.4%、50.4%。

群众看病得实惠　“医保服务包”的实施推进了医疗资源和服务双下沉，实现了签约患者就近就地在乡镇卫生院就医。2021 年，带动乡镇卫生院门急诊人次增长 16.54%，实际门急诊量占比提高 9.3 个百分点，区域协同业务 5.4 万余例，比改革前的 2019 年增长 96.85%，为群众节约费用 100 余万元。县、乡、村三级医疗资源整合组建专家团队，让签约患者可以就近享受日常问诊、就诊服务，变“群众出门求医”为“医生上门服务”。签约定点医疗机构由二级及以上医院转至乡（镇）卫生院，起付线从 400 元降至 50 元，患者自付费用降低，2021 年，患者个人自付比例从 2019 年的 42.5%降至 32.08%。

案例六：眉山市探索 DRG 付费“线上+线下”监管模式

眉山市自 2018 年启动实施 DRG 付费方式改革以来，经过四年多的探索实践，DRG 付费实现了医疗机构、病种、基金的全覆盖，初步达到医保基金支出可控、医院控费有动力、服务质量有保障、参保人群得实惠的多方共赢的目标。但由于 DRG 打包付费、依赖编码等特性，医疗机构容易出现分解住院、高编入组、转嫁费用、诊疗不足、推诿患者等违规行为和道德风险。为有效解决这些问题，2021 年眉山市始终坚持付费与监管双轮驱动，积极探索构建 DRG 付费“线上+线下”监管模式。

【主要做法】　构建线上智能监管体系　2021 年 7 月，眉山市以 DRG 关键指标监控及医学、医保监管规则构建线上监管规则库。关键指标包括病案首页、医疗保障基金结算清单指标和 DRG 监测指标两大类，关键指标监控基于大数据信息挖掘，建立提醒、警示、预警三种提示形态的层进监管模式，从定点机构、医务人员、参保人员、医疗服务项目、时间等不同维度设计监控分析指标，针对不同指标设立参考阈值。医学、医保监管规则审核以病案首页/医疗保障基金结算清单为基础，以结算数据为依托构建双要素线上智能审核规则库，从患者基本信息、住院诊疗信息、医疗收费信息三个角度，对诊断及操作的真实性、住院医疗服务的合理性、医疗服务质量等开展校验。线上监管体系审核检出疑似违规行为后，医保审核人员在线上对疑似违规病例进行初审判定，剔除假阳性病例，为线下核查明确核查对象及核查要点。

规范线下人工稽核流程　为指导审核监管人员在进行线下稽核时流程式规范化地开展工作，2021 年，眉山市医疗保障局编制了《眉山市基于 DRG 付费监管现场核查指导手册》(以下简称《指导手册》)，对医疗违规行为的定义、表现形式、线上监管规则、检查手段、线下稽核重点等方面进行指导。根据线上监管规则检出的疑似违规行为的差异，审核监管人员按照《指导手册》，有重点地进行线下核查，如疑似高编入组的病例应重点关注病程记录、医嘱、手术记录、医疗设备和病案首页填报信息的一致性等。

提高违规病例检出效率　眉山市医疗保障局运用 DRG 监管规则于 2021 年 4 月开始测试，经对 210 家实施 DRG 付费的医疗机构 2021 年 1—9 月结算数据进行线上智能规则运用，共检出涉及存在疑似违规行为医疗机构 141 家，在检出的五类疑似违规类型中，分解住院、转嫁费用、高编入组三类检出的疑似违规病例最多，分别占 64.95%、21.74%、11.52%。眉山市根据某月结算数据情况，通过线上智能规则共检出 1137 份疑似违规病例(线上剔除假阳性病例后)。通过线下稽核随机抽查 73 例疑似违规病例中，阳性病例为

23例，阳性率为31.51%；其余50例假阳性病例主要因病案首页填写不规范、因疾病差异引起的患者病情发展需要、康复病例等引起。通过线上初审＋线下终审，眉山市医疗保障局对实施DRG的医疗机构监管更加精准，效率大大提升。

【主要成效】 *初步发挥警示功能* 通过内部测试，2021年1—5月每月疑似违规病例平均为1338例。通过“线上＋线下”监管模式对数据进行监管后，6—9月平均检出疑似违规病例527例，减少了60.61%。医疗机构的诊疗行为处于“数据笼子”的监管之下，对医疗机构起到了初步警示作用。

助力提高病案质量 在线下核查抽查的50例假阳性病例中，有22例因病案质量问题被线上智能审核规则检出，占比44%。其中17例为病案首页填写不规范，主要表现在：自动出院病人离院方式填写为医嘱离院，肿瘤放化疗病人/肾透析病人无31天再入院计划，病情危重的紧急病人经急诊入院但入院方式填写为门诊入院且病情是否危重填写为否等。5例为病例内涵存在缺陷，主要表现在：病例内容和病案首页填写内容不符，即病案首页记录非医嘱离院，病程记录为自动离院，但病历资料中无病人签署的自动离院知情同意书。

协作优化审核规则 针对2021年某月结算数据的线下稽核工作，其中有18例假阳性病例因为智能审核规则未考虑到儿科病例、康复病例的特殊性被检出。在线下稽核中，监管人员通过和医疗机构沟通了解医疗行为导向，把控医疗违规行为变化，以提高线上智能审核规则的适用性。例如：分解住院的智能审核规则在排除肿瘤放化疗病人、肾透析病人的基础上还应考虑幼儿疾病反复情况、康复病人地方住院报销政策、新冠疫情住院政策影响等。

案例七：凉山州探索完善防范因病致贫返贫长效机制

凉山彝族自治州（以下简称凉山州）常住人口485.84万人，2020年7个深度贫困县最后一批摘帽脱贫。2021年，州医疗保障局立足医保职能，探索开展完善防止因病致贫返贫长效工作机制，不断巩固医疗保障脱贫攻坚成果助力乡村振兴。

【建立部门间信息共享机制】 在凉山州“三农”大数据平台筹建之际，按照凉山州委的要求，州医疗保障局主动对接民政、乡村振兴、残疾人联合会、退役军人事务管理等数据认定部门，及时共享应参保重点人群信息变化情况，搭建“信息共享”“会商研判”“逆向倒查”三个机制，配合开展批量数据比对、数据更新、信息核查，对同一人员同时具备多个身份、身份证号码重复、身份证与姓名对应关系不一致等问题数据46万多条进行及时处置，重点人群应参保人数从1858363人精准锁定为1458703人，去重率21.5%，核减重复身份、已死亡、参军、服刑等不属于医保参保范围399660人，解决了重点人群参保人数“底数不清”的历史性问题。

【夯实基本医疗保险保障功能】 *重点人群“应保尽保”* 落实分类资助参保政策，在2021年集中缴费期内全州重点人群参保1458686人，重点人群参保率99.99%，农村低收入人口全部纳入基本医保的覆盖范围。

住院费用“应报尽报” 2021年，全州城乡居民住院就医117.5万人次，医疗总费用410089.47万元，政策范围内费用341330.08万元，基本医疗保险支付231734.61万元。

门诊共济保障到位 补齐门诊保障短板，规范门诊慢特病保障政策，分别上调高血压、糖尿病门诊用药年度限额60元，达到260元、360元，确保“两病”患者用药保障和健康管理全覆盖。2021年，全州“两病”待遇享受人数16.12万人，基金支付4003.11万元门诊药品费用。

【提高大病保险保障能力】 巩固大病保险保障水平，在全面落实大病保险普惠待遇政策基础上，对特困人员、低保对象和原建档立卡贫困人口继续执行起付线降低50%、报销比例提高5个百分点、取消封顶线的倾斜保障政策。2021年，大病保险保障群众大病治疗95830人次，累计支付16204.23万元。

【巩固医疗救助托底保障】 *规范提升住院和*

门诊救助水平　在基本医保、大病保险支付后救助对象政策范围内个人自付的住院医疗费用在年度限额内按比例救助。特困人员、孤儿、事实无人抚养儿童全额救助，不设起付线；低保对象按75％救助，不设起付线；防止返贫监测对象和重度残疾人（Ⅰ级、Ⅱ级）、低收入家庭中60周岁以上老年人、未成年人、重病患者按65％救助，每次计收起付线150元。一类门诊特殊疾病按50％给予救助，二类门诊特殊疾病按照住院救助标准执行。

建立倾斜救助制度　为医疗救助对象经三重制度支付后政策范围内个人负担仍超过防止返贫监测范围的部分，按55％给予倾斜救助，倾斜救助年度限额为2万元。

设立依申请救助制度　因高额医疗费用支出导致家庭基本生活出现严重困难且未纳入医疗救助保障范围的大病患者，建立了依申请救助制度，按50％给予救助，不设起付线，年度救助限额为3万元。2021年城乡居民医疗救助资金支出为28526.26万元，其中资助参保支出6778.27万元，住院救助支出20851.01万元，门诊救助支出896.98万元。

【抓实动态监测工作】　凉山州医疗保障局、卫生健康委员会、乡村振兴局联合印发《防止因病返贫、因病致贫动态监测和帮扶机制实施方案》，要求各县（市）对全州新增国家重点关注的30种重特大疾病、凉山州内排名前20的重大疾病、39种慢性病、突发疫情重症等的农村居民进行监测，每月对全州城乡居民就医个人自费支出较大的进行监测，对基本医保、大病保险、医疗救助三重保障后个人负担费用仍然超过凉山州上一年度城乡居民可支配收入50％的城乡居民患者信息标识汇总，并及时将患者信息反馈至乡村振兴部门，配合开展农户因病致贫返贫筛查预警。

贵州省

工作综述

2021年，贵州省医疗保障局以开展“作风建设年”“基金监管年”为抓手，打基础、补短板，抓重点、解难点，提服务、促发展，出台了50余项政策性规章制度，搭建医保精细化管理高质量发展的“四梁八柱”，各项改革发展任务实现重大突破。全省参保4214.47万人，其中职工479.44万人、居民3735.03万人，参保率稳定在95%以上。基金（含生育保险）收入587.96亿元，其中职工医保261.40亿元、居民医保326.56亿元；支出489.04亿元；累计结存647.19亿元。

【巩固脱贫攻坚成果】 保持脱贫人口帮扶政策稳定 在参保资助上，对脱贫人口参保个人缴费给予140元/人定额资助。在待遇上，实行基本医保、大病保险和医疗救助三重制度综合保障。在便捷就医上，实现三重保障省内“一站式”结算。全年全省781.72万脱贫人口、42.71万监测对象实现动态应保尽保；资助参保11.49亿元，三重保障减轻困难群众医疗费用负担74.74亿元。

建立防范因病致贫返贫长效机制 省医疗保障局以医保三重保障制度为基础，联动民政、乡村振兴、慈善等单位，建立长效机制。全年共监测出医疗自负费用单次超过4000元、累计超过6320元的脱贫人口、低保对象等7.81万人次，医疗自负费用超过10000元的普通参保群众30.57万人次。监测数据按月推送到民政、乡村振兴等部门联动落实帮扶。

完善易地扶贫搬迁后续医保服务 省医疗保障局从搬迁群众参保服务、三重医保待遇、医保关系无缝衔接、综合保障措施等方面，分类做好192万易地扶贫搬迁群众医保工作，保证搬迁群众待遇及时享受。

【助力疫情防控】 巩固健全疫情期间医疗救治费用保障长效机制，确保患者不因费用问题影响就医，确保定点医疗机构不因医保支付政策影响救治。省医疗保障局及时筹集疫苗及接种专项资金54.75亿元，按照接种进度拨付38.63亿元，占筹集资金的70.56%，全省累计接种疫苗人次7298.30万人，累计完成接种人数3342.84万人。省医疗保障局对核酸检测项目进行三轮次价格调整，核酸检测费用从原130元/人次调整为不超过40元/人次，新增5人、10人混检项目不超过10元/人次，更好地服务于全省疫情常态化防控。

【完善待遇保障机制】 全省职工、居民医保住院费用政策范围内平均报销比例分别为84%、75%，封顶线50万元左右。

完善高血压、糖尿病门诊用药保障机制 将城乡居民高血压、糖尿病患者门诊使用规定药品费用纳入基金支付，参保年度内支付限额分别为800元、1200元，合并为2000元。开展用药保障专项行动，通过扩大认定覆盖面、简化认定程序、强化健康管理、完善用药保障、加强基金监管等方面，确保城乡居民高血压、糖尿病患者及时享受相关政策。

完善慢特病医保门诊保障政策 在全省范围内统一32个慢特病病种名称、办理标准和报销政策。统一的慢特病门诊保障制度自2021年9月1日起在全省实施，至当年12月31日，共有48万慢特病患者实际享受慢特病门诊待遇，减轻经济负担超5亿元，综合报销比例达77%以上，较2020年提高4个百分点。

完善医疗救助政策 夯实医疗救助托底保障功能，将医疗救助年救助限额从3万元提高到5万元，明确医疗救助对象范围和救助标准。建立完善医疗救助周转金机制，规范医疗救助异地就医结算管理，推动实现三重医疗保障省内“一站式”结算。2021年11—12月，医疗救助省内异地就医“一站式”结算 15015 人次，涉及金额 2237.50 万元。

推进职工医保门诊共济改革　2021 年 12 月 29 日，省政府办公厅印发《关于建立健全职工基本医疗保险门诊共济保障机制的实施意见》，改革职工医保个人账户，建立健全职工医保门诊共济保障机制。省医疗保障局明确了具体改革任务和时间表，督促指导市（州）严把时间节点，并出台具体实施方案，确保各市（州）具体待遇标准保持相对均衡。省医疗保障局联合省财政厅、省税务局加快研究个人账户家庭共济使用以及个人账户支付城乡居民参保缴费功能，回应群众期盼。提出了开展职工医保门诊保障机制三年行动，到 2023 年底，全省各统筹地区建立职工医保普通门诊保障制度。

推进黔西南州长期护理保险试点　2020 年 9 月，黔西南州被列入国家第二批扩大长期护理保险制度试点城市。试点工作开展以来，省医疗保障局指导黔西南州印发《黔西南州长期护理保险制度试点实施方案》，出台《黔西南州长期护理保险实施细则》等 8 个配套文件，形成“1＋8”政策体系。黔西南州明确将参加基本医疗保险城镇职工中长期失能人群作为对象先行先试，采取“单位＋个人＋财政”结合的方式筹资，筹资标准为每人每年 100 元，建立了失能人员评定专家库和评定标准体系。2021 年，黔西南州长期护理保险参保人数 24.45 万人，申请评估 481 人，符合评估条件 456 人，通过评估 405 人，享受待遇 405 人。

落实支持三孩生育保障政策　省医疗保障局将参加生育保险女职工和居民医保参保人员的三孩生育医疗费用分别纳入基金支付范围，新生儿 90 日内动态参加城乡居民医保。

【医保基金运行】　建立基金全链条监管长效机制　印发《关于推进医疗保障基金监管制度体系改革的实施意见》等 5 项制度，从加强基金征缴管理、支付管理、经办管理、监督管理、联合监管等方面，全面加强基金监管。

加强定点医药机构协议管理　制定全省统一的示范协议文本，明确协议签订的基本条件和流程，以及医保行政部门、经办机构和两定机构之间的权责关系。建立动态管理机制，促进医疗服务行为规范。全省 3.5 万余家定点医药机构统一了标识标牌，签订了统一协议。

厘清经办机构与定点医药机构关系　从参保服务管理、医疗服务管理、医疗费用审核与结算、基金财务管理、稽核与内控监督、信息管理、综合管理等 7 个方面，统一全省 110 项经办业务。全省医保部门对经办机构和定点医疗机构、定点零售药店实行网格化管理，责任落实到岗、到人，保证经办服务规范和风险防控措施落实到位。

加强基金运行监测分析　建立全省基金运行分析、监测机制，定期对医保政策、基金运行等情况的事前、事中、事后进行常态化监测和横纵比较分析，动态掌握全省各地基金运行趋势。

保持打击欺诈骗保高压态势　贵州省实现医保智能审核监控、督促检查全覆盖；省医疗保障局联合公安、卫生健康部门开展打击“假病人、假病情、假票据”欺诈骗保专项行动，落实举报奖励，加大曝光力度。全省稽核、检查定点医药机构 30102 家，共追回资金 4.58 亿元。

【发挥医保效能】　降低药品耗材虚高价格　省医疗保障局推动 256 种药品、8 种高值医用耗材集中带量采购落地，平均降价 67%，一年减轻群众经济负担 23.46 亿元。积极引导企业主动降低药品价格，102 个药品平均降幅约 18%，一年减轻群众负担 1409 万元。省医疗保障局落实结余留用政策，目前拨付医疗机构结余留用资金 9334 万元。

实施新版药品目录　实施 2020 年版药品目录，更好满足群众用药需求。将伊马替尼、奥希替尼、利妥昔单抗等 105 个特殊药品，通过定点医疗机构和特殊药品指定药店供应，满足重特大疾病患者用药需求。黔南州实现了慢特病药店县域全覆盖。

动态调整医疗服务项目价格　新增医疗服务价格项目 203 项，修订医疗服务价格项目 29 项，实行市场调节价格项目 1 项，现有 8031 项。省医疗保障局建立医疗服务价格动态调整机制，医疗服务价格与人均 GDP 在全国排名基本一致，保持合理水平。

推进支付方式改革　将 25 种重大疾病扩展到城乡居民参保人员，并开展按疾病诊断相关分组付费（DRG）、按病种分值付费（DIP）及中医支付方式改革试点，国家级 DRG/DIP 试点城市如期实现实际付费。六盘水市被列为 DRG 示范点，遵义市被列为 DIP 示范点。六盘水市实施 DRG 后，药占比从 26.61%下降至 22.45%；百元医疗收入中卫生耗材从 20.87%下降至 19.39%，有效控制了费用不合理增长，节省了医保资金。

【医保服务提升】 上线运行国家医保信息平台　贵州省以 15 项业务编码贯标应用为基础，建成了覆盖省、市、县、乡、村五级，以及全省 4200 余万参保群众、3.5 万余家定点医药机构的独立于互联网之外的医保信息系统。整体融入全国医保一张网，全省医保单笔业务平均响应时间从原来的 2—5 秒提速到 20—40 毫秒。全省共 2737 万人使用医保电子凭证，实现看病买药“码上办”。

开通 12393 医保服务热线　2021 年 1 月 1 日起，贵州省打造了全国第一家 12393 医保服务热线，参保群众拨打热线可随时随地办理医保政策咨询、业务查询、投诉建议等业务。热线累计解决群众提出的问题 14 万余个。

推出医保参保人短信服务　2021 年 10 月 1 日，省医疗保障局向全省参保人推出医保全链条手机短信服务，在参保人员完成参保缴费、就医购药、报销结算、经办服务、异地就医备案后，即可收到相应的告知短信。目前，已对 470 余万职工推送医保服务短信 1189 万余条。

全面实现异地就医直接结算　2021 年，贵州省实现跨省异地就医住院、普通门诊、药店购药费用直接结算。省医疗保障局开通跨省异地就医电话、电子转诊等服务，取消省内异地就医备案手续，推动医保“便捷办”。全年全省跨省就医直接结算 18 万人次，涉及费用 22.98 亿元，基金支付 14.76 亿元。省内异地就医直接结算 457.43 万人次，涉及费用 69.61 亿元，基金支付 46.1 亿元。

重要活动

1.《实施意见》新闻发布会召开。1 月 15 日，省人民政府新闻办召开《中共贵州省委 贵州省人民政府关于深化医疗保障制度改革的实施意见》新闻发布会。省医疗保障局主要负责人就文件出台背景和主要内容作了详细介绍，并对目标任务、改革举措等作了重点解读。

2. 全省医疗保障工作会议召开。1 月 22 日，省医疗保障局组织召开全省医疗保障工作会议，省医疗保障局主要负责同志出席并讲话。会议全面总结 2020 年和“十三五”时期全省医疗保障工作，分析面临的形势任务，安排部署 2021 年和“十四五”时期工作。

3. 药品目录调整新闻通气会召开。3 月 1 日，省医疗保障局组织召开 2021 年贵州省药品目录调整新闻通气会，局有关负责同志出席通气会。会议介绍贵州省 2021 年药品目录调整工作的完成情况，并回答媒体提问。

4. 党风廉政建设和反腐败工作会议召开。3 月 31 日，省医疗保障局组织召开全省医疗保障系统党风廉政建设和反腐败工作会议，省医疗保障局主要负责人出席会议并讲话。会议回顾总结了过去一年全省医疗保障系统全面从严治党情况，对当前党风廉政建设和反腐败形势进行分析研究，安排部署 2021 年工作。

5. 开展医保基金监管集中宣传月活动。4 月，贵州省医疗保障局以“宣传贯彻《医疗保障基金使用监督管理条例》，加强基金监管”为主题，在全省范围内组织开展集中宣传月活动。通过海报、折页、宣传栏、公益广告、情景短片、普法栏目、普法知识竞答、动漫宣传等线上线下相结合的形式，解读《条例》等医疗保障相关法律法规及政策规定，展示打击欺诈骗保工作成果及曝光典型案例，营造“人人知法、人人守法”的良好监管环境。

6.“作风建设年”和“基金监管年”工作部署会议召开。4 月 21 日，省医疗保障局在铜仁市组织召开全省医疗保障系统“作风建设年”和“基金监管年”工作部署电视电话会议。省医疗保障局主要负责同志出席会议并讲话。会议对开展全省医保系统“作风建设年”和“基金监管年”行动进行了全面安排部署。

7. 开展医疗保障基金监管飞行检查。12 月 20—25 日，省医疗保障局组织 8 个检查组对各市(州)开展医疗保障基金监管飞行检查，检查组长由省医疗保障局处级干部担任。此次飞行检查根据医保基金支出、“三假”(假病人、假病情、假票据)专项整治、举报投诉线索等因素确定检查对象，共计检查 16 家定点医疗机构、8 家零售药店、8 家医保经办机构。

8. 开展超范围执业、串换药品结算等专项治理。7 月 15 日至 8 月 10 日，省医疗保障局在全省组织开展 2021 年医保监管超范围执业、串换药品结算、标识标牌不规范使用专项治理工作，对定点医药机构违规违法行为开展专项治理。重点检查治理定点医疗机构提供超出卫生健康部门核定范围的医疗服务、医护/医技人员无相应资质独立开展诊疗活动等情况。重点检查治理定点零售药店将政策外医药物资或生活物品串换为药品予以结算的情况。

典型案例

案例一：贵州省深化慢特病门诊保障制度改革

当前，全国各地虽已将慢特病门诊费用纳入长期保障，但在医疗保险市(州)级统筹并制定具体政策的情况下，存在病种不统一、待遇偏低等问题，与群众健康需求、慢特病防控目标有不少差距。为此，贵州省医疗保障局推进建立全省统一的慢特病门诊保障制度，报销水平居全国中上游，工作走在全国前列。

【主要做法】 通过调查研究、意见征集、专家论证、风险评估，省医疗保障局印发《关于进一步规范慢特病门诊保障制度的通知》，并于 2021 年 9 月 1 日正式实施，省级统筹的慢特病门诊保障制度有效落实。

打破市(州)独立格局，省级统一政策标准

改变市级分散决策的现状，推动医保政策规范统一。严格决策权限，实施全省一个政策出口，避免待遇差异和老百姓互相攀比；全省一盘棋，执行统一的病种范围、病种名称、办证条件和待遇标准。将各市(州)的慢性病、重大疾病、特殊疾病、规定病种等门诊制度统一规范为慢性病和特殊疾病 2 种门诊保障制度，让老百姓能看懂、能理解、能转述。

打破待遇地区差异化局面，提高待遇水平

改革前，各市(州)慢特病的起付线为 300－1000 元，封顶线多数为 5000 元左右，报销比例 60%左右，且市(州)之间差距很大。实施慢特病门诊保障制度改革后，全省统一的慢性疾病起付线降低为 150 元，特殊疾病起付线取消，慢特病支付限额提高至 10000 元左右，报销比例提高到 70%左右，大幅减轻患者长期门诊治疗的经济负担。

打破城乡病种不一局面，促进医疗医保协同发展 病种覆盖面新增 16 个疾病，职工和居民执行一样的病种范围，提高制度公平性。除伤害不属于慢特病外，病种全面覆盖贵州省死亡原因前 10 位的疾病，包括脑血管病、心脏病、恶性肿瘤、呼吸系统病、消化系统疾病、内分泌营养代谢疾病、传染病等。

打破医院采购模式，有效降低就医成本 组合运用集中带量采购和基金监管，大幅降低参保患者医药负担，节约医保基金。推动集中带量采购常态化。1—10 月，全省实施带量采购药品 144 种，平均降幅 63%。其中，高血压、糖尿病用药——缬沙坦胶囊、格列美脲片降价 91%以上。

打破原经办服务模式，大力提升便民利民服务 开展预警监测，通过医保信息系统主动排查发现符合条件人员，由基层部门提醒、协助其办理。将审核办理工作延伸到医院，大多数市(州)实行在医院窗口申办成功即可享受待遇。大力推广线上参保缴费，2021 年线上缴费 2580 万笔，为

落实医保待遇奠定基础。提升直接结算效率，群众就医只需支付个人负担部分。推广医保电子凭证，激活医保电子码达2159万人，实现扫码支付。开通费用结算短信提醒，刷卡支付即可收到支付明细，明白消费更贴心。

【工作成效】 有效减轻群众负担　扩大病种保障范围，新增的16种病种，如骨髓增生异常综合征、耐多药肺结核、神经系统良性肿瘤放化疗等，这些疾病门诊治疗费用每年少则五六万，多则几十万。纳入门诊保障后，可以享受住院报销待遇，预计每年将有近百万参保患者及家庭获益，为患者及家庭减轻经济负担约27亿元。

促进患者早诊早治　改革前，侧重于保障重症患者，如心脑血管、呼吸系统疾病需出现偏瘫、呼吸衰竭等后遗症、合并症后才纳入保障，不利于引导轻症患者规范治疗。改革后，考虑到脑血管、呼吸系统疾病是致死率居高的疾病，将保障端口前移，轻症即可纳入保障，促进早诊早治，有效控制病情。政策实施2个月，已有2.87万轻症患者享受医保待遇。

协同重大传染病防控　传染病防控的一项有效举措是“以治代防”，通过治疗可以较好地降低传染率。贵州重大传染病（艾滋病、耐多药肺结核）防控形势严峻。2020年，全省现存活的艾滋病病例数为4.57万例，全国排名第8位；结核病发病率96.54/10万，全国排名第三；耐多药肺结核纳入治疗率31%，全国倒数第一。2021年9月起，将艾滋病、结核病纳入全省门诊保障范围，使全省艾滋病、结核病患者“用得起药、用得上药、可用好药”。截至12月底，艾滋病、肺结核慢特病门诊待遇享受人数6530人，政策内医疗总费用771.96万元，医保报销605.48万元，报销比例78.43%，有效提升全省传染病防治能力。

有效节约医保基金　改革前，申办慢特病证必须提供住院资料，导致许多可以门诊明确诊断的患者去住院、多花钱，医保基金多支付。同时，之前许多病种无门诊报销待遇，存在大量“门诊挤住院”的现象，浪费医保基金。改革后，引导住院向门诊转移，节约了医保基金。

案例二：黔南州推进DIP改革

2020年11月黔南布依族苗族自治州（以下简称黔南州）获批为DIP试点城市后，聚焦“医院、医保、患者”三方共赢，不断探索。2021年，国家医疗保障局对全国71个DIP试点城市进行交叉全面评估，黔南州获优秀等次。

【主要做法】 标准化构建DIP支付体系　一是应用平台建设专业化。制定《黔南州DIP数据管理规范》，引进第三方技术团队，严格按照国家DIP技术规范开展数据校验和分组测算，搭建“互联网＋病种目录＋分值管理＋支付管理＋综合监管”的DIP大数据应用平台。二是病种目录编制本地化。以国家预分组为基础，结合本地实际，按照直接组合法和编码归类法，以主目录为基础、辅助目录为修正，建立病种目录库，实现DIP病种目录本地化。建立主目录3628组，辅助目录34246条。三是病种分值测算科学化。在建立病种目录库基础上，利用近三年病案（按照1∶2∶7比例）测算平均住院费用，根据每个病种资源消耗程度、疾病严重程度、治疗方式复杂与疑难程度确定分值，最终通过病种分值和权重标准确定医保支付点数进行结算。四是多元支付协同集成化。协同推进按床日付费改革，对需要长期住院治疗且不宜纳入DIP付费的精神类疾病、残疾儿童康复疾病等纳入住院床日付费，加强支付方式的针对性和适应性，构建以DIP付费为主的多元复合式支付方式。

专业化推进DIP管理运行　一是工作落实专班化。将DIP试点改革纳入深化医疗保障制度改革和医改工作总体部署，印发《黔南州实施区域点数法总额预算和按病种分值付费试点工作方案》等文件，组建工作领导小组、工作专班、工作组，制定工期表，定期督促调度。二是管理规程精细化。按照“以收定支、收支平衡、略有结余”原则，制定《黔南州区域点数法总额预算和按病种分值付费经办管理规程》《黔南州区域点数法总额预算和按病种分值付费结算实施细则》，确定全州医保基金支出预算总额，为医保成本控制提供精准依据，推动医保管理精细化。三是考核奖惩合理化。制定《黔南州区域点数法总额预算和按病种分值付费工作考核方案》，对参与DIP改革的所有医疗机构实施考核，考核结果作为医疗机构调节权重系数、确定DIP超支分担比例的依据。

指标化评估DIP运行效果　一是注重服务效能评估。采用基层病种与常见病种同病同价方式，有效引导州级医疗机构看大病治重病，基层医疗机构抓常见病多发病，促使医院运行的动力机制以收入为中心向以质量和成本控制为中心转变，由以扩张式发展向内涵式发展转变。二是注重安全效能评估。通过DIP系统，运用大数据、互联网等手段创新医保监管模式，完善医保智能监管体系，形成事前、事中、事后闭环监管，快速精准处置医保支付中的高风险，推动全州医保基金安全运行。DIP付费实施以来，全州试点医院DIP预算占医院实际医疗费用99.56%，DIP入组率接近100%，组内变异系数控制在0.6左右。三是注重减负效果评估。DIP有效督促医疗机构强化成本核算意识，积极采用最合理和个性化的诊疗路径精准服务患者，有效遏制过度医疗、过度检查和低标入院行为。

【工作成效】　医疗机构发展水平得提升　一是提高了管理水平。通过实施DIP，诊疗行为更加标准化、规范化、透明化，促进了医疗机构精细化管理。第一批上线的23家试点医院中，6家获得风险分担调剂金共103万元，17家获得医保基金结余奖励共计395万元，达到“优成本、节开支”的效果。二是提升了医疗质量。通过上线DIP系统，提升了医务人员规矩意识，提高了医疗机构病案质量，全州药品耗材及检查检验费用占比由63.45%压缩至60.17%，费用指数单价由5.52下降到4.67。三是推动了分级诊疗。通过设置分值和系数，州级三级医院CMI值由1493.75提升到1548.14；二级医院CMI值由973.65提升到1026.64，分级诊疗效果初显。

医保基金使用效率得提高　一是支付更加高效。医疗机构自我优化收入结构、重构绩效考核机制，住院质量付费占比提升至69.81%，为提升医务人员技术服务性收入创造了合理空间。二是支付更加精准。通过实施DIP，建立了更加科学合理的基金预算计算模型，2021年23家DIP试点医院可支配基金预算和调节金预算分别为3.06亿元、1674.35万元。相对实施DIP前，达到了预算更加精准、资源分配更加合理的效果。三是支付更加安全。通过突出“支付+监管”双轮驱动，医疗机构加强临床路径管理，药品耗材及检查检验费用占比由63.45%压缩至60.17%，滥检查、滥用药、过度医疗等现象进一步减少。

参保患者就医得实惠　一是住院费用降低。DIP推动医疗机构规范诊疗行为和分级诊疗，州级医疗机构向下转诊病人同比上升80.79%，县级向基层转诊病人同比上升42.14%，患者人均住院自付费用下降幅度为7.8%。二是住院比值降低。通过实施DIP，城乡居民门诊受益率稳步提升，住院率控制在14%左右，明显低于全国16.64%的平均值，“小病大治”状况得到有效控制。三是住院时长缩短。医疗机构主动调整诊疗路径，精准服务患者，有效避免为创收而故意延长住院床日的违规现象。患者人均住院天数缩短9.67%，患者经济负担明显减轻。

案例三：长顺县以强化监管推进“三医联动”改革

2021年，黔南州长顺县医疗保障局从精准核定预算总额、科学建立监管体系、合理制定考核机制三方面强化基金监管，推进“三医联动”改革，成效明显。

【主要做法】　精准核定预算总额　一是确定县级基金预算总额。按黔南州州级城乡居民医疗保险基金总额的8%提取长顺县风险调控金，将扣除县域外基金支出预算的基金总额作为医共体内基金预算总额。二是确定民营医疗机构预算总额。根据上一年度县域内城乡医保参保人员在该定点医疗机构发生的医疗费用、就诊人次及上上年度全国人均住院费用增长比例等指标，确定年度总额包干金额。三是确定县医共体预算总额。将县级基金预算总额扣除民营定点医疗机构总额后的指标，作为年度总额预算指标，医共体内定点医疗机构年度指标由医共体自主管理和进行二次分配。

科学建立监管体系　一是建立医保基金运行分析制度。按月、季、半年、年度分析医保基金支付情况，及时掌握患者和医保资金流向，查找基金运行风险点，加强预警监测。二是建立医共体医保基金监管制度。采取医保智能监控系统监管与“流程化清算”审核双重监管方式，通过智能监控系统对定点医疗机构门诊、住院费用全面审核。成立基金审核小组对定点医疗机构每月住院费用开展“流程化清算”审核。三是建立医疗保障协作联动制度。制定《长顺县医疗保障协作联动工作机制（试行）》，联合卫生健康、市场监管、公安等部门开展打击欺诈骗保专项行动，严防欺诈骗保行为发生。

合理制定考核机制　一是制定基金控费机制。制定《长顺县2021年度城乡居民医保基金控费指标》，加强各项指标的日常监管，年终对定点医疗机构指标完成的服务量进行清算。二是制定激励和风险分担机制。在确保医疗水平不降低、服务质量有保障的前提下，制定医保资金“总额打包、结余留用（留转）、合理超支分担”的激励和风险分担机制，激发定点医疗机构内部管控，促进定点医疗机构从规模扩张向内涵式发展转变。三是制定绩效管理考核机制。采取年终考评的方式，对医共体医保基金管理、药品耗材政策落实、待遇政策落实、满意度等16项指标实施年度绩效考核，考核结果作为医共体年度打包付费资金结算的主要依据，与下年度打包付费预算资金挂钩。

【工作成效】　医保基金支出得到有效控制　2021年，全县通过医保智能监控系统审核、医疗保障协作联动、医共体基金审核小组流程化审核，共核减医疗机构不合理费用162.23万元。2021年，全县城乡居民医保就医63.23万人次，医保基金支出14175.65万元，可支配基金使用率约为90.18%，基金结存约1500万元。

基层医疗服务能力提升　通过构建城乡一体信息化管理平台，实现乡镇卫生院与县级三家医院诊疗系统、检验系统、影像系统数据信息的互联互通。通过县级医院和乡镇卫生院人员互派、轮岗、培训，大幅提升了乡镇卫生院的医疗服务能力。2021年，医疗集团中心医院长期（6个月及以上）下沉乡镇卫生院医护人员13人，利用赶集日下沉医护人员360余人。通过组建医疗专家工作站及博士工作站，与24家省内外医院建立长期协作机制，引进北京307医院、北京协和医院及贵州医科大学附属医院等92名省内外知名专家入库，提升医疗技术水平。2021年，基层就诊26.61万人次，较上年同期增长20.19%；基金支出454.82万元，较上年同期增长37.48%。初步形成“小病不出村、常见病不出镇、大病不出县”的分级诊疗格局。

云 南 省

工作综述

2021 年，云南省医疗保障系统健全完善医保制度体系，精准助力疫情防控，全面推进医保脱贫攻坚成果有效衔接乡村振兴战略，医保信息化标准化建设实现历史性突破，异地就医直接结算扩面提速，经办服务体系不断优化。截至 2021 年底，全省基本医疗保险参保 4522 万人，参保率稳定在 95%以上，其中职工基本医疗保险参保 569 万人，城乡居民基本医疗保险参保 3953 万人。全省基本医保基金（含生育保险）总收入 760.4 亿元，支出 640.25 亿元，累计结存 853.85 亿元，基金运行安全平稳、风险可控。

【健全完善医保制度体系】 *编制全省首个全民医疗保障五年规划* 围绕国务院办公厅在《"十四五"全民医疗保障规划》中提出的建设"五个医保"目标要求，着手编制《云南省"十四五"全民医疗保障规划》，确定 17 项发展指标，实施搭建数据化信息共享平台工程、基金运行管理提升工程、重大疾病救助工程、深化医保支付方式改革工程、基金监管全覆盖工程、医疗保障服务示范工程、医疗保障政务服务提升工程、医疗保障信息平台建设工程等"八大工程"。在征求全省 16 个州（市）医疗保障局及定点医疗机构、医药企业、参保群众意见建议后，8 月 20 日经国家医疗保障局备案审核后通过合法性审核，10 月 15 日正式向省人民政府提请审议。

建立职工门诊共济保障机制 12 月 22 日，省人民政府办公厅印发《云南省职工基本医疗保险门诊共济保障实施办法（暂行）》，明确职工医保普通门诊政策范围内费用报销比例不低于 50%，同步改革个人账户，从制度层面填补了职工医保普通门诊保障空白。

贯彻国家医疗保障待遇清单制度 9 月 23 日，省医疗保障局办公室印发《云南省医疗保障待遇通用术语及结算规则（V1.0）》。11 月 17 日，省医疗保障局会同财政厅印发《云南省医疗保障制度筹资及待遇政策（2021 年版）》，规范全省医疗保障待遇政策框架，各统筹地区按照全省规范的政策框架制定实施细则并组织实施，逐步实现医疗保障制度设置、政策标准、基金支付范围等统一，为推动基本医保省级统筹提供政策保障。

支持三孩生育政策落地实施 8 月 23 日，省医疗保障局办公室印发《关于做好支持三孩政策生育保险工作通知》，将符合政策的参保职工生育三孩的生育医疗费用和生育津贴纳入生育保险待遇支付范围，及时足额支付。同步落实参保居民生育三孩的生育医疗费用保障待遇，同时做好新生儿参保工作，支持三孩生育政策落地实施。

深化"两病"门诊用药保障机制 4 月 28 日，省医疗保障局会同卫生健康委印发《关于转发国家医疗保障局 国家卫生健康委印发深化城乡居民高血压、糖尿病门诊用药保障和健康管理专项行动方案的通知》，健全信息共享机制，实现纳入卫生健康部门公共卫生服务管理的高血压、糖尿病（以下简称"两病"）患者及时纳入"两病"用药保障。截至 12 月 31 日，全省共有 1476 万人次享受高血压用药保障待遇，医保基金报销 7.91 亿元；共有 503 万人次享受糖尿病用药保障待遇 5.09 亿元。

建立国家谈判药门诊保障机制 4 月 14 日，省医疗保障局会同卫生健康委印发《关于完善协议期内国家医保谈判药品门诊待遇保障机制的通知》，实施谈判药品定点医疗机构分类保障，建立临时采购绿色通道，构建国家谈判药门诊保障机制和"双通道"管理模式，满足群众用药需求。截至 2021 年底，221 种谈判药报销总人次为 311 万，医保报销总金额 16.6 亿元。

【精准助力全省疫情防控】 持续做好救治和疫苗费用保障 全省预拨“两个确保”(确保患者不因费用问题影响就医、确保收治医院不因支付政策影响救治)救治资金3.57亿元,筹集新冠疫苗专项采购资金50.05亿元,累计拨付采购资金42.68亿元,接种费用6.45亿元,全程做到疫苗采购“钱等苗”,接种费用“及时付”。

持续降低常态化防疫成本 通过联盟集采和动态调整,全省分别于2月、9月、12月三次调整降低“新型冠状病毒核酸检测”项目最高限价标准,检测总费用从120元左右(检测费用65元加上核酸检测试剂55元左右)降至不超过40元(检测费用30元加上核酸检测试剂8元左右),推动核酸检测配套耗材价格降至全国最低。

建立重大疫情综合医疗保障长效机制 6月1日,省医疗保障局会同财政厅、卫生健康委印发《云南省重大疫情综合医疗保障应急预案(试行)》,制定9条应急处置措施,建立长效机制。

【推进医保脱贫攻坚成果有效衔接乡村振兴战略】 推进政策衔接 12月20日,省医疗保障局等七部门联合印发《云南省巩固拓展医疗保障脱贫攻坚成果有效衔接乡村振兴战略实施方案》,实施逐步调整的脱贫攻坚成果有效衔接乡村振兴战略政策。截至12月31日,全省脱贫人口已实现基本医保、大病保险、医疗救助三重制度全覆盖,共有3219万人次享受医保待遇,报销住院医疗费用75.38亿元,报销比例88.67%,未发现因病规模性返贫问题。

完善“政府救助平台”医保业务办理 按照省委、省政府在县级政府层面建设面向困难群众的救助平台、建产业帮扶全覆盖机制、建壮大村级集体经济帮扶机制、建扶志扶智机制的“一平台、三机制”部署安排,完成“政府救助平台”上居民医保参保登记、异地就医报销和申请大病救助三个模块开发部署,并于8月15日上线运行,实现农村低收入人口在线提交资料,在线办理医保业务“一条龙”服务。截至12月31日,全省“政府救助平台”已办理医保业务申请4395件,其中参保登记1445件、异地就医报销853件、大病救助2097件,按时办结率100%。

【支持生物医药产业和中医药事业发展】 4月28日,省医疗保障局印发《云南省基本医疗保险民族药、医疗机构制剂和中药饮片管理暂行办法》,将符合条件的民族药、医疗机构制剂和中药饮片(配方颗粒)纳入全省医保支付范围,同步纳入门诊特殊病、慢性病支付范围。将新增民族医疗服务项目纳入医保甲类支付,迪庆州完成23项藏医项目纳入医保支付工作。省内7家医药企业的10个中药品种在湖北省等19省中成药联盟采购中成功中选。

【深化医药服务供给侧改革】 常态化制度化推进药品和医用耗材集中带量采购 9月17日,省人民政府办公厅印发《云南省推动药品集中带量采购工作常态化制度化开展若干措施》。11月17日,省医疗保障局等八部门联合印发《关于转发〈国家医疗保障局 国家发展改革委 工业和信息化部 财政部 国家卫生健康委、市场监管总局 国家药监局 中央军委后勤保障部关于开展国家组织高值医用耗材集中带量采购和使用的指导意见〉的通知》。2021年云南省共组织开展13批次药品和医用耗材集中带量采购,其中包括三批次国家组织药品集中带量采购、一批次国家组织高值医用耗材集中带量采购、九批次跨省联盟带量采购,中选药品平均降幅60%以上、中选耗材平均降幅50%以上,已落地中选产品节约采购资金约45亿元。药品和医用耗材参与集采品种数分别排名全国第12、第3。全省向医疗机构结算国家集采药品结余留用资金2053.88万元。

挂网药品和医用耗材实现动态调整 定点民营医疗机构全面实现平台采购。6507个品种药品挂网价格平均降幅11.68%,最高降幅94.67%,均调至全国最低价;医用耗材挂网价格平均降幅14%,最高降幅30%,节约采购资金约10亿元。

推进医疗服务价格调整 9月29日,省医疗保障局会同卫生健康委印发《云南省2021年省级公立医疗机构医疗服务价格调整方案》,遵循“重技术、重劳动、轻设备”导向,推动手术、中医、检验检测等1300项医疗服务项目价格调整,调增1113项、调减187项,助推公立医疗机构健康发展。2021年全省已有12个州(市)至少完成一轮价格调整，玉溪市、楚雄州、大理州、临沧市完成至少两轮调整。

【推进支付方式改革】 4月30日，省医疗保障局印发《2021年昆明地区按疾病诊断相关分组(DRG)付费分组方案(试行)》，统一省本级和昆明市DRG付费分组方案和权重。5月17日，省医疗保障局办公室印发《规范DRG付费医保数据质量工作方案》，实现对DRG付费数据质量的高效管理。8月16日，省医疗保障局会同财政厅、卫生健康委、人社厅印发《云南省推进医保支付方式改革实施方案》，从省级层面整体统筹医保支付方式改革工作。2021年，昆明市、昭通市、文山州三个DRG/DIP国家试点城市均进入实际付费阶段，在国家医疗保障局组织的医保支付方式改革试点交叉评估调研工作中，三地均取得"优秀"成绩；昆明市被列为30个国家DRG付费试点城市之一，12月，被国家医保局评为全国支付方式改革DRG付费示范点。截至12月底，全省共有8个统筹区探索开展DRG、2个统筹区开展DIP支付方式改革，全省61个县(市、区)开展居民医保资金打包支付改革。

【强化基金监管治理】 *建立健全基金监管制度体系* 4月19日，省人民政府办公厅印发《关于同意建立云南省打击欺诈骗取医疗保障基金工作联席会议制度的函》，建立由省医疗保障局主要负责人为召集人，医保、公安、司法、卫生健康、审计等18家单位为成员的云南省打击欺诈骗取医疗保障基金工作联席会议制度。3月16日，省医疗保障局印发《关于转发〈国家医疗保障局关于医疗保障部门向纪检监察机关移送医疗保障基金监管中发现问题线索的通知〉的通知》，对医保基金监管执法案件的移送范围、移送管辖、移送时限、移送内容和移送形式作出明确规定，强化纪检监察部门对医保领域违法违规行为的责任追究。经省委考评办批准，将"打击欺诈骗取医疗保障基金专项治理"纳入《2021年度州市卫生健康工作目标责任制(含疫情防控工作)考评指标》进行考核，为做好打击欺诈骗保工作提供抓手。

开展打击欺诈骗保专项治理 1月，聚焦定点医药机构通过有偿推荐的方式诱导群众住院，编造文书、伪造文书骗取医保基金等欺诈骗保行为，开展定点医药机构专项治理"回头看"。期间，全省排查定点医疗机构3033家，查处违规定点医疗机构19家，追回医保基金746.63万元。4月，省医疗保障局联合公安厅、卫生健康委印发《2021年云南省打击欺诈骗保专项整治行动实施方案》，聚焦"假病人、假病情、假票据"等"三假"欺诈骗保行为开展专项整治。11月，省医疗保障局联合省公安厅印发《关于打击欺诈骗保有关事项的通告》，向社会各界征集医保基金违法违规问题线索，持续推进打击欺诈骗保工作。从9月开始，组织对省内15个州市48家定点医疗机构、16家医保经办机构开展省级飞行检查。同时，配合国家飞行检查组对省内4家定点医疗机构、1家医保经办机构开展飞行检查。

开展存量案件"清零行动" 3月，全面清理各级医保部门自成立以来至2020年12月底，经飞行检查、信访举报、自查自纠、移送处理等尚未办结的存量案件109件，全部依法依规处理完毕，追回医保基金9011.86万元，实现基金监管存量案件全部"清零"。

整治群众身边腐败和不正之风 7月，按照省纪委省监委安排部署，聚焦定点医疗机构"院外购药"违规转嫁费用，药品耗材超范围使用，不按照医保支付条件结算医保费用、虚传诊疗项目和耗材等三类医保领域群众身边腐败和不正之风问题开展整治。7月至12月，全省共查处违规定点医疗机构979家，追回医保基金1912.62万元，清退患者费用11526人次298.07万元。

【优化医保公共服务】 *推进医保信息化标准化建设* 全省医保系统15项医保信息业务编码全部落地。12月5日，17个统筹区如期全面上线全国医保信息平台，"纵向一根线、横向一张网、全省一盘棋"的信息系统搭建完成。全省医保电子凭证累计激活达到3097.51万人，占总参保人数的67.29%，全国排名第五。全省共有2.58万家定点医药机构部署医保电子凭证应用。

推进经办服务标准化规范化建设 12月20日，省医疗保障局印发《关于优化医保领域便民服务的若干措施》，细化优化37项便民举措。统一并明确全省医保经办政务服务事项清单31项，推进经办大厅综合柜员制服务，实行一站式、一窗式

办结，省内职工参保关系转移接续实现网上办理。楚雄州推进经办窗口综合柜员制改革，打造“一次就办好”“最多跑一次”医保服务。

推进异地就医直接结算　全省6196家定点医药机构接入国家医保信息平台，覆盖全省所有县域并延伸到乡镇卫生院，与全国31个省（自治区、直辖市）及新疆建设兵团实现住院费用跨省异地就医直接结算，与全国440个统筹地区实现普通门诊费用跨省异地就医直接结算，与北京市、海南省以及西南片区实现高血压、糖尿病、恶性肿瘤门诊放化疗等五个门诊特慢病种相关治疗费用的跨省直接结算。2021年结算810.81万人次、120.04亿元，医保支付83.64亿元，较2020年增长均超过20%，基本解决了群众异地就医“垫资”“跑腿”报销问题。截至2021年底，省内提供异地就医联网直接结算服务的定点医药机构15584家，其中医疗机构3117家，零售药店12467家。

开展全省医保系统“局长处长科长走流程”活动　7月21日，省医疗保障局印发《云南省医疗保障系统“局长处长科长走流程”活动实施方案》，启动全省医保系统“局长处长科长走流程”活动，聚焦医保政策落实和经办服务，各级医保干部以办事单位、群众或经办人员“角色”，通过“亲身办”“陪同办”“坐柜台”“接热线”等多种形式，对医保业务咨询、申请、受理、审核、办结、反馈等开展全流程检验。截至12月底，全省共开展“走流程”活动3456次，梳理形成问题整改清单144项，完成整改、立行立改115项，长期坚持29项。

重要活动

1. 全省医疗保障工作会议召开。2月5日，云南省医疗保障局组织召开全省医疗保障工作会议，系统总结2020年全省医疗保障工作，深入分析全省医疗保障改革发展面临的形势，安排部署2021年重点工作任务。

2. 全省新冠病毒疫苗及接种费用保障工作视频会议召开。3月5日，云南省医疗保障局组织召开全省新冠病毒疫苗及接种费用保障工作视频会议，对做好新冠病毒疫苗及接种费用保障工作进行安排部署。

3. 全省贯标工作视频调度培训会议召开。3月12日，云南省医疗保障局组织全省16个州（市）、129个县（区）医保部门，召开全省贯标工作视频调度培训会议，对全省15项医保信息业务编码标准贯彻执行验收工作进行安排部署。

4. 党史学习教育动员会议召开。3月12日，云南省医疗保障局召开党史学习教育动员会议，传达全国和全省党史学习教育动员大会精神，紧扣“学史明理、学史增信、学史崇德、学史力行”的总要求，动员部署全局党史学习教育工作。

5. 全省医保基金监管专题工作视频会议召开。4月27日，云南省医疗保障局联合省公安厅、省司法厅、省卫生健康委召开全省医保基金监管专题工作视频会议，宣传贯彻《医疗保障基金使用监督管理条例》，研究部署2021年打击欺诈骗保专项整治行动。

6. 全省医疗保障系统党风廉政建设和反腐败工作视频会议召开。5月14日，云南省医疗保障局召开全省医疗保障系统党风廉政建设和反腐败工作视频会议，对做好2021年全省医保系统党风廉政建设和反腐败工作进行安排部署。

7. 云南省脱贫攻坚总结表彰大会召开。4月30日，云南省脱贫攻坚总结表彰大会在昆明举行，全省医保系统有四人被授予“云南省脱贫攻坚先进个人”称号，省医疗保障局待遇保障处等九个集体被授予“云南省脱贫攻坚先进集体”称号。

8. 出台十项措施保障大理州漾濞地震灾区医疗保障工作。5月24日，云南省医疗保障局发布《关于做好大理州漾濞县地震灾区因灾受伤群众医疗保障工作的通知》，出台十项措施保障大理州漾濞地震灾区医疗保障工作，全面贯彻落实省委、省政府抗震救灾决策部署，做好因灾受伤群众医疗保障工作，确保受伤群众得到及时救治。

9. 云南省参与全国首次省级跨区域短缺药

品联盟采购。 6月18日,云南省参与渝豫桂琼滇青宁新新疆兵团九省(自治区、直辖市)采购联盟,本次带量采购报价的15个药品20个分组全部中选,中选率达100%。

10. 召开全省基本医疗保险基金审计情况整改落实专题电视电话会议。 6月21日,云南省医疗保障局召开全省基本医疗保险基金审计整改专题电视电话会议,对做好2020年全国基本医保基金审计情况整改落实工作进行了安排部署,强调坚持分类施策,标本兼治,坚决落实审计发现问题的整改任务。

11. 举行"忆党情、感党恩、跟党走"庆祝中国共产党成立100周年主题庆祝活动。 6月26日,云南省医疗保障局举行"忆党情、感党恩、跟党走"庆祝中国共产党成立100周年主题庆祝活动,通过重温入党誓词、红色诗词朗诵、表彰"两优一先"等形式,礼赞中国共产党建党100年来的光辉历程和伟大成就。

12. 西南片区门诊慢特病跨省异地就医直接结算专题研讨会在昆明召开。 10月22日,重庆、四川、贵州、云南以及西藏五省(自治区、直辖市)医疗保障局相关负责人根据国家医疗保障局提出的政务服务跨省通办及2021年异地就医直接结算工作目标和要求,对起草的《关于扩大异地就医门诊慢特病病种跨省直接结算实施方案》进行讨论。

13. 国家医保信息平台云南省上线启动仪式举行。 12月5日,国家医保信息平台云南省上线启动仪式在云南省医疗保障局举行。副省长李玛琳在陇川县抗疫前线通过视频方式出席启动仪式并致辞。

14. 云南省打击欺诈骗取医疗保障基金工作联席会议第一次全体会议召开。 12月22日,云南省打击欺诈骗取医疗保障基金工作联席会议第一次全体会议在省医疗保障局召开,进一步树立大监管理念,18家成员部门加强联动配合,完善综合监管机制,形成监管合力,坚决打击欺诈骗保行为,打出联合监管的"组合拳",推进行政执法与刑事司法、纪检监察有效衔接,实现基金监管全链条的无缝衔接。

15. 云南省2021年药品和医用耗材招标采购联席会议召开。 12月28日,2021年云南省药品和医用耗材招标采购联席会议全体会议在省医疗保障局召开。会议总结了全省2021年药品和医用耗材招标采购工作情况,研究下一步工作,进一步增强各职能部门改革攻坚合力,药品耗材集中带量采购改革从试点探索向纵深推进。

典型案例

案例一:云南省"五落实"巩固拓展医疗保障脱贫攻坚成果有效衔接乡村振兴

2021年,在省委、省政府的坚强领导下,云南省医疗保障部门按照"四个不摘"(即摘帽不摘责任、摘帽不摘政策、摘帽不摘帮扶和摘帽不摘监管)工作要求,坚持作风效能革命,推进"五个落实",推动全省巩固拓展医疗保障脱贫攻坚成果有效衔接乡村振兴战略工作走深走实,保持政策平稳过渡。

【落实工作责任】 始终坚持"省负总责、市县乡抓落实",各级医保部门成立以主要负责人任组长的乡村振兴工作领导小组,形成责任清单,明确工作措施。建立云南省巩固拓展医保扶贫成果有效衔接乡村振兴督导员库,经推荐评估,将全省47名具有脱贫攻坚丰富经验的医保管理经办人员纳入督导员库,增强工作力量,健全上下联动工作机制。

【落实政策衔接】 为全面贯彻落实国家巩固拓展医疗保障脱贫攻坚成果有效衔接乡村振兴战略要求,经省人民政府同意,省医疗保障局会同省乡村振兴等部门,以坚决守住不发生因病规模性返贫致贫为底线,立足云南"后发展、欠发达"及脱贫人口基数大、脱贫基础薄弱、因病还是返贫致贫主要因素等实际，对标对表国家文件，印发了《云南省巩固拓展医疗保障脱贫攻坚成果有效衔接乡村振兴战略实施方案》。

【落实"云南省政府救助平台"医保任务】 依托"云南省政府救助平台"，重点针对农村低收入人口，持续完善居民医保参保登记、异地就医费用报销和申请大病救助三项服务事项，扎实做好"找政府"业务办理。截至12月31日，全省"政府救助平台"已办理医保业务申请4395件，其中参保登记1445件、异地就医报销853件、大病救助2097件，按时办结率100%。

【落实医保三重制度综合保障】 夯实基本医保、大病保险、医疗救助三重制度保障基础，坚决守住防止出现因病规模性返贫致贫底线。截至2021年底，全省农村低收入人口实现应保尽保，享受医保待遇3219万人次，报销住院医疗费用75.38亿元，实际报销比例88.67%，保障水平总体稳定，符合国家和省级政策要求。

【落实日常监测】 依托全国统一的医保信息平台，开发部署全省乡村振兴医疗保障监测系统，建立"周分析、月通报、季调度"工作机制，主动发挥"政府找"作用，对存在因病返贫致贫风险的农村低收入人口早发现、早干预、早帮扶。2021年云南省医疗保障局共向省乡村振兴部门推送个人负担医疗费用明细数据78.54万条，其中个人自付超过6000元的明细数据9104条。

案例二：云南省全面启动DRG付费改革

昆明市于2019年成为国家DRG付费改革30个试点城市之一，云南省以此为契机，制定全省DRG付费改革工作实施方案，成立疾病诊断相关分组(DRG)付费技术指导组，全面启动DRG付费改革工作。截至2021年底，全省17个统筹地区中已有8个探索开展DRG付费改革工作。

【充分尊重历史数据】 2021年前，省本级和昆明市在推动DRG付费时，存在分组、权重和费率不统一的问题，给省、市两级协同推动改革带来一定困难和不少问题。对此，省、市两级医保部门联合研商，一致认为有必要统一昆明地区DRG分组方案。汇总收集省本级、昆明市2018—2020年全口径住院患者病案首页信息和结算数据，经数据清洗后分批入库，做好关联、对应工作，为模拟运行分组工作奠定坚实的数据基础，确保统一分组方案工作有依据、有遵循、有支撑。

【科学模拟分组分析】 对关联后的数据进行再处理，并以北京市DRG分组情况为参考，通过分组器对昆明三年住院历史数据进行预分组，形成初步分组方案。在此基础上，结合临床实际、病案质量、费用开支、病情程度等因素，按专业对分组情况逐类逐项进行综合分析研判，准确评估预先分组的可行性和操作性，梳理汇总需通过谈判调整完善组别的专业类型，确定需要通过谈判进行权重修正调整的组别。

【组织权威专家谈判】 分专业组建谈判专家队伍，按照"基金控费、费用保底、合规合理"的原则举行谈判，分别对21个主要诊断大类(MDC)组进行权重谈判调整。谈判过程中，共涉及DRG组621个，其中权重上调的DRG组96个，下调的DRG组135个，未变化的DRG组390个。在权重变化方面，通过历史数据测算出总权重并调整降幅达2.4%。

【精确完成费率测算】 省本级和昆明市医疗保障局按照"公平公正、实事求是、科学合理"的原则，结合基金预算，以实际情况为支撑，最大程度凝聚共识，探索出昆明地区统一的职工费率，确保如期按照《2021年昆明地区按疾病诊断相关分组(DRG)付费分组方案(试行)》正式付费。

【跟进完成配套工作】 5月17日，省医疗保障局办公室印发《规范DRG付费医保数据质量工作方案》，建立基于DRG付费的医保结算清单数据质量监管流程，不断提高数据质量。省、市经办部门按照统一的分组方案，确定总控额度，及时制定结算办法并组织实施。

案例三：昆明市探索开展共建共享的长护险试点

昆明市于2020年启动长期护理保险试点以来，逐步出台系列文件，构建了长期护理保险政策体系。截至2021年12月31日，全市参加长期护理保险共计189.04万人，受理待遇申请10601人次，享受待遇7381人，基金支出3719.07万元，其中护理服务费用支出3374.19万元，进一步减轻了失能人员护理负担，保障了失能人员护理需求。

【主要做法】 昆明市结合当地实际，制定出台了失能评定、定点服务机构管理、护理服务项目标准、费用结算、业务监管、经办考核等一系列配套政策文件共计26个，制度体系已基本搭建完成。

规范失能等级评估工作机制 一是成立由行业专家组成的长期护理保险失能评定专家委员会，并依托定点医疗机构专家资源，选取相关专家学者组建昆明市失能等级评定员库和评定专家库（评定员364名、评定专家110名）。二是评定工作严格按照“三统一、三强化”原则，统一评定流程、统一评定话术、统一评定装备，强化全流程摄像、强化背靠背评分、强化结果公示，确保失能等级评定工作公开、公平、公正。

建立标准化的护理服务体系 一是规范定点服务机构准入管理，按照合理布局、择优选择、方便服务、便于管理的原则，围绕机构服务资质、服务设施设备配置、护理人员配置、护理服务人员资质等内容，确定了55家定点服务机构，基本能够满足护理服务需求供给。二是规范定点服务机构护理服务标准，出台《昆明市长期护理保险护理服务项目和标准（试行）》，确定长期护理的服务项目、服务流程和服务标准，规范定点服务机构护理服务协议管理、失能人员综合评估、护理计划制定、护理服务登记、护理服务票据结算管理、档案管理，统一机构服务资质、服务文书、考核办法。

建立常态化长护监管机制 一是实现系统全流程监控，通过建立长期护理保险信息系统，实现全业务流程线上线下有机融合，除满足医保经办机构、委托经办机构、定点服务机构、评定人员工作需求和参保人业务办理需求外，还按照政策对全链条业务流程和各业务主体行为进行实时在线监控。二是开展常态化人工线下监管，按照“内审＋外调”的原则，采用月度审核、季度稽核的方式，对定点服务机构开展台账审核、现场检查、明察暗访、电话回访等工作，全方位、全流程对服务情况进行360度无死角环扫，对服务机构实行100％全覆盖检查，确保基金安全。三是强化绩效考核，由市医保经办机构会同县区医保经办机构，以服务对象满意度为基础，从组织保障、评定管理、机构选择、定点服务机构监管、费用结算、保密及廉政风险管理等方面对委托经办机构进行考核，考核结果与经办服务费挂钩；对定点服务机构则采取“季度考核＋年度考核”的方式，针对机构基础管理、服务质量管理、信息系统管理、费用结算管理、监督管理等进行考核，考核结果与服务质量保证金挂钩。

引入商业保险公司参与经办服务 昆明市积极发挥社会力量参与长期护理保险经办工作，通过公开招标引入四个商业保险公司联合体作为委托经办机构，分四个片区开展长期护理保险经办服务工作。建立由一个总的服务中心（即昆明市长期护理保险服务中心）、四个分片区服务中心、N个经办服务人员组成的“1＋4＋N”经办服务网络。四家中标联合体分别在委托经办片区设立长期护理保险服务分中心，在昆明市所有县（市）区设立医保合署办公点，配置经办人员106人，提供全流程的长期护理保险经办服务。

【工作成效】 *保障失能人员护理需求* 试点工作开始后，很多失能老人因为有长期护理保险的待遇支付而选择居家上门护理服务或住进了专业化的护理机构，不仅老人可以在家里或医养照护机构中得到精心照料和护理，家属们的照护压力也大幅减轻。

促进护理产业发展并扩大就业渠道 长期护理保险制度的实施能有效拉动护理产业的发展。未开展长护险之前，全市仅有少量养老护理机构和医养结合单位；长护险开展后，大量居家护理机构入驻昆明，有效弥补了居家护理服务短板，释放了约2765个岗位，创造了大量就业和再就业机会，构建了全市多层次、多样化的长期护理服务体系。

案例四：昭通市以“医保服务热线”为抓手探索医保服务精准化

昭通市居民参保群众超过510万人，其中外出务工人员150余万人，每年异地就医住院超过15万人次，几乎每天都有大量急切渴望了解医保政策和办理异地就医结算服务的群众。为了让群众通过一个电话就能精准快速地解决医保服务诉求，昭通市于2021年12月1日起正式开通了整合医保职能和大病承保公司资源的医保服务热线，旨在破解医保服务领域群众的“急难愁盼”问题，进一步推进医保便民服务前置与下沉，拓宽医保服务的广度、增强医保服务的深度。

昭通医保服务热线项目总投资129.97万元，办公面积61.74平方米，配备八名工作人员，设置前台、呼叫中心、数据分析功能区三个区域。截至2021年12月31日，接听参保群众来电共计860个(其中咨询类843个，举报投诉类9个，建议类1个，办理异地就医备案7件)；对可能存在基金支出风险的住院患者开展电话回访，拨打访查电话并接通3924个。

【主要做法】 创新服务模式，提升服务体验 市医保部门提供场地并进行政策业务培训，大病保险承保公司负责具体承建昭通医保服务热线(4008477666)，每天早八点至晚八点提供人工服务，节假日不休息；全天24小时提供电话自助服务。参保人可通过电话进行医保政策咨询，即时查询本人医保个人信息(包括慢特病申报情况、门诊统筹基金使用情况等)，开展异地就医备案业务，及时处理参保人在统筹区内外定点医药机构不能正常刷卡结算问题等工作。

规范热线接转办，确保电话件件有回应 规范工单登记、转办、承办、督办、回复、归档和回访流程，构建集话务受理、甄别转办、部门承办、协调督办、回复反馈、办结归档和话务回访七个步骤的闭环式运转模式，切实提高热线服务质量。建立系统督办制度，通过平台系统在线实时监管功能，对所有转派工单实施全流程、全环节、全覆盖在线监督，严防出现超期未接单、未办结情况，确保“事事有回音、件件有落实”。实施办结回访制度，指定专人定期抽查回访，确保群众所反映的问题得到妥善处理。

持续完善知识库更新，确保热线服务质效 在确保知识的规范性、有效性、准确性基础上，严格按照医保相关的法律、法规、规章、政策规定，工作中实时收集、梳理有关信息，适时整理录入知识库，要求做到简明扼要、真实准确、详细具体、便于查询，为热线平台的高效运行提供有力保证。

【工作成效】 一键办理，即时解决群众“急难愁盼” 医保服务热线可为参保患者办理异地就医备案、及时处理参保人在统筹区内外定点医药机构不能正常刷卡结算等问题，形成“打得通、办得快”的热线工作格局，扩充了医保服务的办理途径，让群众获得更加立体化、人性化的医保服务。

无缝连接，为参保人提供零距离服务 双休日、节假日不休息，尽最大可能为群众解决急事难事。参保人一个电话，即可第一时间实现待遇报销、参保业务、生育报销、异地就医、新生儿参保及报销、慢特病待遇及报销等高频医保服务的政策咨询和业务办理，以及医保个人信息(包括特慢病申报情况、门诊统筹基金使用情况等)查询。情况复杂的自收到咨询之日起三个工作日内对咨询人做出回复；咨询内容特别复杂的，经调查落实后，不超过五个工作日做出回复；投诉、举报类事项一般不超过15个工作日转医保部门办结并回复。

主动访查，甄别骗保线索 建立针对医疗费用较高及异常住院参保患者的电话访查机制，重点访查住院实际情况，发现欺诈骗保的行为线索及时移交医保部门办理。

案例五：曲靖市网格化推动“医保管家”管理到家

2021年，曲靖市医疗保险服务中心结合党史学习教育和“我为群众办实事”活动，坚持推进深化医疗保障制度改革，开展“医保管家”网格化管理服务工作。按照“带队领导+业务骨干”包片包抓的管理服务机制，将全体干部职工编为若干个“医保管家”工作小组，把定点医药机构划分为若干个片区，实行一组一片、分组包干，定期开展走访联系服务，做好定点医药机构的“引路人”，守好群众“保命钱”“救命钱”。

【主要做法】 变“坐等上门”为“主动服务” “医保管家”是由医保行政部门、医保服务中心、社会监督员等方面力量组成的联系服务组织。曲靖市医疗保险服务中心以分片联系、工作联动为抓手，将领导班子和干部职工统一编组，以定点医药机构为重点，明确每季度走访任务和走访计划，各小组对定点医药机构每季度至少开展一次全覆盖走访、政策宣传、服务指导、监督检查等管理服务工作，每季度汇总工作情况，严格对照任务清单进行销号管理。通过划分服务网格，推动干部走出机关、沉到一线，直接指导服务定点医药机构，缩小管理服务半径。

变“单兵突击”为“协同作战” 结合“我为群众办实事”活动，通过开展组织联建，曲靖市医疗保险服务中心多次会同公安、卫生健康等部门以及定点医药机构组织专题研究，梳理服务事项、沟通业务规范、精简办事流程，合力打造由医保行政部门主管，医保经办机构具体负责的管理机制，由医保经办机构、社会监督员等各方面力量共同组成的“医保管家”服务联合体，并依托各个网格，推动监管力量、服务资源、社区资源共同汇聚在网格上，形成到底到边的工作力量。

变“群众跑腿”为“干部跑腿” 各小组负责对区域内定点医药机构进行业务培训与指导，及时听取意见建议，会同相关部门解决群众最关心、最迫切需要解决的问题。对医药机构提出的医保定点、费用及时结算拨付、异地就医、药品耗材对码等问题，各小组通过面对面讲解、现场演示或联系信息技术人员上门服务给予解决。全面推进“三化”服务，即保障基础工作提质增效，做到联系服务亲情化；走访小组定期不定期对网格内的定点医药机构进行实地走访联系，在医保业务交流上相互尊重、医保政策学习上共同提高，做到监督管理常态化；网格化管理服务小组定期组织所辖片区定点医药机构工作人员对医保服务协议和医保法规政策内容进行学习培训，做到协议履行规范化，构建起“人在格中走、事在网上办、矛盾不上交”的服务管理格局。

【工作成效】 通过推行网格化管理服务，“医保管家”工作小组在定点医药机构和医保部门间架设起了沟通的桥梁。一是回应了群众关切，通过推行网格化管理服务，引导干部认真践行“以人民为中心”的服务理念，通过直接联系服务管理对象和服务群众，疏通了群众医保报销的痛点堵点。二是锤炼了干部作风，有效引导干部把思想从“办理业务”转变到“搞好服务”，杜绝了面对基层单位和群众“冷硬横粗”的现象。三是堵住了违规漏洞，通过开展定期和不定期的实地检查、突击回访，采用随机取证、实时监督等方式，对医保领域违规问题“抓早、抓小、抓预防”，加强医药机构自我约束，降低医疗成本、节约医保基金，为参保人提供更加优质、高效、合理合规的服务。2021 年，全市“医保管家”网格化管理服务小组已多轮走访服务定点医药机构 2092 家次，现场解答解决医药机构医保经办业务方面的问题 600 余次，处理回复医保相关问题 19 条，发放医保法规政策宣传海报及折页 2000 余份，发现并移交违规问题线索 42 条。

案例六：德宏州贡献边境疫情防控医保力量

2021 年，德宏州医疗保障局坚持以人民为中心，立足医保部门职责，做到“两个确保”，落实“两项费用”，全面助力疫情防控，遏制疫情扩散蔓延，抵御多轮疫情侵袭，实现“动态清零”，守住了“不外传”的底线，为全省、全国疫情防控大局贡献了医保力量。2021 年 2 月，德宏州瑞丽市医疗保障局被评为“全国医疗保障系统抗击新冠肺炎疫情先进集体”。

【提高政治站位】 全州医保系统深入贯彻落实习近平总书记关于疫情防控的重要讲话和指示批示精神，自觉站在疫情防控是“国之大者”的政治高度，紧紧围绕“外防输入、内防反弹、严防输出”的总要求，提高思想认识，强化责任担当，健全组织机构，领导靠前指挥，凝聚起医保系统助力疫情防控的强大合力。

【做到“两个确保”】 疫情发生后，及时落实报销政策，对新冠肺炎确诊病例、疑似病例实行免费救治，向定点救治医院累计预拨专项医保基金1600万元，确保患者不因费用问题影响及时就医，确保定点医疗机构不因医保资金总额问题影响患者的救治，充分发挥了医保“定心丸”作用。截至2021年12月底，全州共救治参保患者1013人次，医疗总费用726.37万元，医保统筹支付653.73万元。2021年7月16日，德宏州医疗保障局会同财政局、卫生健康委印发《德宏州重大疫情综合医疗保障应急预案(试行)》，在面对重大疫情时，确保患者就诊、医疗机构收治有规可循，最大限度保障人民群众生命安全和身体健康。

【保障“两项费用”】 全面落实新冠肺炎疫苗采购和接种经费保障。2021年全年及时上解疫苗采购资金1.23亿元，支付疫苗接种费补助1935.71万元，累计接种新冠肺炎疫苗325.6万剂次，有效建立起牢固的免疫屏障。

【抓好医疗服务项目管理】 全力支持常态化疫情防控。截至2021年底，先后三次动态调整“新冠病毒核酸检测”项目价格，加大试剂耗材集中带量采购工作力度，累计采购2320余万人份，有力支持了全员核酸检测和常态化疫情防控工作，服务疫情防控大局。

【严格边境管控】 德宏州医疗保障局及瑞丽、陇川、芒市、盈江四县市医疗保障局选派20%以上的干部职工投入边境一线参与疫情防控管控和社区网格化管理，以镇守边关、视死如归的决心和意志，认真落实“五级段长制”包保责任，坚决执行“五个管住”和“稳堵防管”措施，坚决堵住了疫情从边境值守一线输入的风险隐患。

【落实部门责任】 严格经办服务管理，优化经办服务流程，积极推广运用网上办、掌上办、不见面办；强化宣传教育和舆论引导，加大医保疫情防控政策宣传、解释、解读力度；抓牢本单位本系统疫情防控，做到严管干部队伍、严格日常防护、严密防范措施、严推疫苗接种、严防人员聚集、严控外出审批，全州医保系统实现“零感染”工作目标。

西藏自治区

工作综述

2021年，西藏自治区医疗保障局始终坚定政治方向，聚焦民生大局，主动攻坚克难，勇于改革创新，医疗保障事业发展取得新成效，实现"十四五"良好开局。截至2021年底，全区基本医疗保险参保346.01万人，职工基本医疗保险（含生育保险）基金收入63.59亿元，支出25.70亿元，当年结存37.89亿元，累计结存174.84亿元；城乡居民基本医疗保险基金收入23.87亿元，支出15.22亿元，当年结存8.65亿元，累计结存19.4亿元。

【医保制度体系建设】 *改革总体框架初步搭建* 2021年10月，以自治区党委、政府名义印发《中共西藏自治区委员会 西藏自治区人民政府关于深化医疗保障制度改革的实施意见》（以下简称《实施意见》）。提出包括完善基本医疗保险制度、落实医疗保障待遇清单制度、健全统一规范的医疗救助制度在内的22项具体改革任务。

保障水平稳步提升 2021年12月，自治区人民政府办公厅印发《关于建立职工基本医疗保险门诊共济保障机制的实施办法》，明确将普通门诊费用纳入医保统筹基金报销范围，改革职工医保个人账户，建立健全门诊共济保障机制。明确先天性心脏病和大骨节病救治费用由医保支付80％的保障政策。制定女职工分娩新生儿抢救无效死亡报销政策，将儿童脑瘫和儿童孤独症纳入城乡居民基本医疗保险门诊特殊病种保障范围。

有效衔接乡村振兴 出台《西藏自治区巩固拓展医疗保障脱贫攻坚成果有效衔接乡村振兴战略的实施方案》，明确"四个不摘"（即摘帽不摘责任、摘帽不摘政策、摘帽不摘帮扶、摘帽不摘监管）原则。落实特殊困难人员参加城乡居民医保个人缴费补贴政策，2021年拨付1.79亿元医疗救助资金对重度残疾人员、特困供养人员、孤儿、最低生活保障对象等特殊困难人员和建档立卡脱贫人员参加居民医保个人缴费给予全额或定额补贴。

【重点领域改革】 *集中带量采购* 以着力解决群众"看病贵"问题为突破口，2021年先后落实国家组织第四批、第五批106个品种药品和冠脉支架以及省际联盟组织27个品种药品和冠脉扩张球囊、冠脉导引导丝集中带量采购工作，中选药品和医用耗材价格平均降幅分别达到73.49％、73.42％，节约医保基金1.77亿元。

规范新增医疗服务价格项目管理 规范新增医疗服务价格项目申报流程，建立评审专家库，对符合新增条件的738项（西医类375项、藏医类363项）医疗服务价格项目予以审核新增，初步建立医疗服务价格动态调整机制，更好满足群众医疗服务需求。

支付方式改革 稳步有序推进自治区本级和拉萨、日喀则医保支付方式改革DIP试点，制定实施办法、经办规程、监督考核等配套文件。将自治区内所有三级公立定点医疗机构作为首批试点医院，开展日间手术、肿瘤日间病房相关病种纳入医保支付试点工作。

推动国家医保药品目录落地 建立国家医保谈判药品"双通道"管理机制，提升谈判药品供应保障能力。红花如意丸、如意珍宝片两个藏药品种成功纳入国家医保药品目录。国家医保药品目录中藏药品种达45种，占全国民族药品种数48％。

【医保基金监管】 *长效机制逐步健全* 2021年7月，自治区人民政府办公厅印发《关于推进医疗保障基金监管制度体系改革的实施意见》，全面部署推进西藏医保基金监管制度体系改革。包括总体要求、建立健全监管制度体系，明确监管职责、完善保障措施、工作要求五个部分。明确"1＋

7＋4＋5”改革“路线图”和“任务书”，即到2025年，西藏基本建成医保基金监管制度体系和执法体系，形成以法治为保障，信用管理为基础，多形式检查、大数据监管为依托，党委领导、政府监管、社会监督、行业自律、个人守信相结合的全方位监管格局，实现医保基金监管法治化、专业化、规范化、精细化、智能化、常态化，并在实践中不断发展完善的“一个目标”；建立健全监督检查、协议管理、智能监控、举报奖励、信用管理、综合监管、社会监督等“七项监管制度”。加强党的领导、强化政府监管、落实医药机构责任、加强行业自律管理的“四项监管职责”。完善强化医保基金监管法治及规范保障、强化医保基金监督检查能力保障、严厉打击欺诈骗保行为、统筹推进相关医疗保障制度改革、协同推进医药服务体系改革等“五个保障措施”。提出19项具体改革任务。先后出台举报线索查处工作制度、欺诈骗取医疗保障基金行为举报奖励办法、医疗保障基金社会监督员制度、基金监管重大案情曝光制度以及打击欺诈骗保工作联席会议制度，推动形成综合监管、联合惩治、社会共治的基金监管长效常治机制。

高压态势打击欺诈骗保行为　以全区定点公立和非公立医药机构、医保经办机构为重点监管对象，通过专项治理、全覆盖检查、飞行检查、自查自纠、“回头看”、引进第三方专业机构等多种形式，聚焦“假病人、假病情、假票据”等问题，实现常态监管。2021年全区累计检查定点医药机构1365家次，处理定点医药机构381家次，追回医保基金4720.34万元，行政罚款109.15万元，扣除违约金110.07万元，实现监管“无禁区”、处罚“零容忍”，形成强有力的震慑力量。

舆论宣传氛围浓厚　开展“宣传贯彻《条例》加强基金监管”为主题的集中宣传活动，深入宣传解读《医疗保障基金使用监督管理条例》内容、广泛展示打击欺诈骗保成果、大力畅通举报投诉渠道，进一步提高定点医药机构和参保人员遵规守法意识，自觉维护医保基金安全，促进医保基金合理使用。

【疫情防控】　疫情期间医保支付　及时将国家发布的卫生健康委《新型冠状病毒感染的肺炎诊疗方案》第一版至第九版中涉及药品和诊疗项目全部纳入自治区医保基金临时支付范围。同时将自治区卫生健康委员会发布的《西藏自治区新型冠状病毒感染的肺炎藏医药防治方案（试行第一版、第二版）》中12个诊疗项目和藏药品种全部纳入自治区医保基金临时支付范围。及时将自治区药品监督管理局对藏医医疗机构核发的具有临时备案号的144个藏药品种全部临时纳入医保基金支付范围。将疫情期间新冠病毒相关检测医疗服务项目及相关耗材纳入自治区医保基金支付范围。

新冠疫苗及接种费用保障　联合自治区财政厅、卫生健康委员会印发《西藏自治区关于做好新冠病毒疫苗及接种费用保障工作实施方案》，及时成立自治区新冠病毒疫苗及接种费用保障工作协调机制领导小组，统筹全区新冠病毒疫苗及接种费用保障工作。落实联席会议制度、数据共享机制、定期调度机制，对疫苗和接种费用发生情况实时掌握。自2021年2月6日起，自治区新冠疫苗费用由职工医保滚存结余基金予以支付，累计安排6.02亿专项预算资金指标。截至12月底，已拨付5.1亿元专项资金用于保障疫苗采购和接种服务费用，确保救治无忧、接种不愁。

抗疫药品保障和核酸检测价格调整　按照“特事特办”原则，建立诊疗方案覆盖药品的集中采购“绿色通道”，同时在自治区体外诊断试剂阳光采购系统中设立新冠病毒试剂采购专区，与四川省新冠试剂信息和价格数据同步，实现价格联动，有力保障自治区疫情防控工作的顺利进行。为有效应对疫情形势变化，降低大规模核酸筛查和高频率检测成本，减轻群众负担，及时动态调整新冠病毒核酸检测项目价格，将单人单检价格下调至40元/人次（含检测试剂）；5人混检、10人混检价格下调至10元/人次（含检测试剂）。

【异地就医直接结算】　国家医疗保障信息平台西藏平台上线运行　累计投入资金1.2亿元，建成城乡居民和职工医保信息系统、跨省异地就医子系统等，并于2021年7月31日24时起实现国家医疗保障信息平台西藏平台上线运行，西藏全域上线进度居全国前列。自治区内74个县（区）实现城乡居民基本医疗保险、大病保险、医疗救助和职工基本医疗保险、大额医疗费商业补充保险(公务员医疗补助)“一站式服务、一窗口办理、一单制结算”,参保人员可持医保电子凭证、社会保障卡等介质在自治区内或跨省进行异地就医住院和门诊直接结算。信息平台成功上线,为有效解决过去自治区参保人员跨省异地就医费用结算不便利、报销慢、周期长等问题打通关口瓶颈,为全面实现跨省异地就医直接结算提供系统支撑、奠定坚实基础。

实现异地就医直接结算　国家医疗保障信息平台西藏平台上线运行以来至2021年底,与自治区外30个省(自治区、直辖市)和新疆生产建设兵团定点医疗机构产生异地就医住院费用结算3035人次,医保统筹基金支付3360.50万元。2021年9月,全区74个县(区)人民医院实现门诊费用跨省直接结算全覆盖,提前实现国务院常务会议提出的“到2022年底前,全国每个县都至少开通一家联网定点医疗机构,开展门诊费用跨省直接结算”任务目标。

扩大门诊慢特病跨省直接结算范围　截至2021年11月,将高血压、糖尿病、恶性肿瘤门诊放化疗、尿毒症透析、器官移植术后抗排异治疗等5个群众需求量大、各地普遍开展的门诊慢特病费用纳入跨省异地直接结算范围。

持续优化跨省异地就医直接结算服务　为确保参保人员跨省就医更加便捷、高效,自治区医疗保障局进一步简化异地就医备案流程,拓展异地就医备案渠道。在传统的窗口备案、电话备案基础上,依托国家医保服务平台App、异地就医备案小程序等方式实现从线下到线上快速备案,并可实时查询备案流程、医保统筹地区、定点医药机构等信息,有效避免以往异地就医需要跨时间、跨空间以及繁琐的备案手续,实现“群众少跑腿、信息多跑路”的目标,极大便利参保人员。同时,加大医保电子凭证推广应用力度。通过国家医保服务平台App、“西藏医疗保障”微信公众号、“藏易通”等多种渠道均可激活使用医保电子凭证,异地就医通过扫码即可实现直接结算,群众就医购药从“卡时代”迈向“码时代”。

【经办服务】　深入推进行风建设　建立政务服务“好差评”制度,制定政务服务“好差评”制度建设实施方案,构建评价、反馈、改进、监督闭环运转的政务服务“好差评”体系,实现政务服务事项、评价对象、服务渠道全覆盖,促进政府服务质量持续提升。自治区医疗保障服务中心获“西藏工人先锋号”“巾帼文明岗”荣誉称号。

规范服务事项　以统一事项名称、统一事项编码、统一办理材料、统一办理时限、统一办理环节、统一服务标准的“六统一”为前提,以服务质量最优、所需材料最少、办理时限最短、办事流程最简的“四最”服务为目标,全面实施全区统一的医疗保障经办政务服务事项清单和办事指南,为参保人员提供标准化、精准化、精细化的服务。积极推进证明事项告知承诺制,对于意外伤害就医无法提供相关证明材料等部分经办服务事项,不再提供证明材料,由参保人员进行书面承诺,填写《个人承诺书》,直接予以受理。

推进跨省通办　积极推进高频服务事项“跨省通办”,基本医疗保险参保信息变更、基本医疗保险关系转移接续、城乡居民基本医疗保险参保登记、异地就医备案、门诊费用跨省直接结算、医保定点医疗机构基础信息变更,六项业务实现“跨省通办”。

重要活动

1. 全区医疗保障工作会议在拉萨召开。3月16日,全区医疗保障工作电视电话会议在拉萨召开。会议总结2020年医疗保障工作,分析研判形势,谋划“十四五”时期医疗保障事业发展目标,部署2021年重点任务。

2. 国家医疗保障信息平台西藏平台正式上线。8月1日,自治区医疗保障局举行国家医疗保障信息平台西藏平台上线暨医保电子凭证推广应用启动仪式,标志着全国统一的医疗保障信息平台在西藏全区域、全业务功能上线。

典型案例

案例一：提升医保经办水平 群众医保报销更加高效便捷

2021年，西藏自治区医保部门聚焦群众医保领域的热点难点堵点问题，简化医保办事流程，拓宽医保办事途径，打造"贴心服务、暖心行动"的特色医保服务品牌。

【提升服务水平，群众办事渠道更加畅通】

服务公开化　通过"西藏医疗保障"微信公众号将14大类34项医保经办业务办事指南进行公示，参保人员可及时了解掌握医保业务办理流程，提前准备好相关资料，实现"最多跑一次"目标。主动公开自治区、地(市)医疗保障经办机构服务电话，方便群众咨询。

流程标准化　按照医疗保障业务"四最、六统一"的要求，对全区医疗保障经办服务事项名称、编码、办理材料、办理时限、办理流程、设定依据等进行规范，统一业务表样，制定经办指南，切实规范全区医疗保障业务经办工作。

信息可视化　将定点医药机构、门诊特殊病、医保药品目录、全区经办机构、异地联网定点医药机构、异地就医经办机构等9项业务纳入公共查询范畴，将个人参保、个人账户上账、异地就医备案等9项业务纳入自助查询领域，方便群众及时了解医保动态信息。

渠道多元化　在保留窗口办理、电话办理的基础上，依托西藏医疗保障微信公众号开通居民登记缴费、异地就医备案等9项业务自主办理渠道，方便群众足不出户就可以办理医保业务。

【优化经办流程，群众办事效率更加高效】

精简办事材料　取消异地就医定点医疗机构证明，由经办机构通过中国政府网提供的"异地就医服务"微信公众号、国家异地就医平台查询或电话咨询等方式实现。取消异地就医审批，参保人员提交资料时后附异地就医相关证明材料即可，并充分利用既有的证明材料，无需单独出具。全面取消无依据的证明和盖章环节，将原来申请生育保险待遇所需提供的10种材料减至6种。意外伤害就医无法提供相关证明材料、医保待遇支付给非参保人本人银行卡、提交电子发票等情形的，提供《个人承诺书》即可。

缩短办事周期　委托商业银行将医疗保险待遇直接支付给参保人员本人，有效解决支付周期过长的问题。严格落实医保待遇审核结算支付，在材料齐全且符合要求的前提下不超过30个工作日完成参保人员医保待遇审核结算，切实提升群众满意度。

简化办事环节　调整转诊转院审批权限，由符合规定的定点医疗机构出具意见即可前往内地就医，取消经办机构和单位审批环节。调整门诊特殊病认定权限，由符合规定的定点医疗机构审核把关即可，取消经办机构审批环节。探索推行异地就医自助备案试点工作，取消经办机构审批环节。

规范工作流程　实际工作中，坚持必需的资料依规收取，取消的资料坚决不要，无谓的资料必须取缔，形成手续齐全"马上办"、资料合规"立即办"、常规业务"一次办"的工作格局，切实提升群众的获得感。

【创新工作机制，群众办事模式更加优化】

实现系统互联互通　加强与人社、税务等医保业务相关部门的沟通交流，打通系统壁垒，实现基本医疗保险(生育保险)征缴、养老金发放等信息实时共享，参保单位不再单独申报退休人员个人账户上账基数，调整基本医疗保险个人账户上账频次，由原来的每周上账一次调整为实时上账，确保参保人员及时足额享受医疗保险待遇。

探索业务联合办理　在医疗保障经办大厅和部分定点医疗机构设置大病(大额)保险服务窗口，实现"基本医疗保险、大病保险、医疗救助"一门办理。

健全部门协同机制　加强与承保商业保险机构的联系，建立健全信息共享机制，开放数据端口，对接信息系统，将低保对象、特困人员直接纳入“一站式”结算范围，努力实现“数据多跑路、群众少跑腿”目标。截至 2021 年 12 月，全区“一站式”结算 144.78 万人次，涵盖普通住院、门诊特殊病，总费用 16.25 亿元。利用信息化手段弥补基础薄弱难题，持续提升医保服务能力，让群众的获得感成色更足、幸福感更可持续、安全感更有保障。

案例二：拉萨市健全完善防止因病返贫致贫长效机制

为进一步贯彻落实关于巩固拓展医疗保障脱贫攻坚成果同乡村振兴有效衔接工作部署，防止大规模因病返贫致贫情况发生，2021 年，拉萨市医疗保障局致力于构建医保防返贫致贫的制度防线，建立常态化监测预警机制。

【主要做法】 切实做好特殊困难群众政策优化调整工作　在脱贫攻坚目标完成后的 5 年过渡期内，坚持基本标准，通过优化调整医保资助政策，健全防范化解因病返贫致贫长效机制，逐步实现由集中资源支持脱贫攻坚向统筹发挥基本医疗保险、大病保险、医疗救助三重制度综合梯次减负和常态化保障平稳过渡。健全多层次医疗保障体系，夯实基本保障制度基础，完善三重制度综合保障政策，提升医疗保障公共管理服务水平，助力乡村振兴战略全面推进，不断增强医保资助对象获得感、幸福感、安全感。

全面落实医保资助对象医疗保障待遇政策　拉萨市医疗保障局按照自治区优化调整脱贫人口资助参保政策的相关要求细化调整政策措施，2021 年制定《拉萨市医疗保障局防止因病造成规模性返贫风险隐患应对预案》，成立拉萨市防止因病造成规模性返贫风险隐患工作领导小组，明确各方工作责任，确保共同推进防止因病造成规模性返贫风险隐患工作；督促各县（区）医疗保障局、各功能园区医保经办机构入户调查特困人员、低保对象、返贫致贫人口、低收入人口等人员情况，加强防止因病返贫政策的宣传解读，不断提高人民群众对医保领域防止因病返贫政策的知晓度和认知度，全面落实医疗保障待遇政策。

健全完善防范化解因病返贫致贫长效机制　一是加强患病风险预警监测。充分发挥乡（镇）卫生院、村（居）卫生室贴近群众、服务群众的优势，有效掌握本辖区村（居）民疾病发生、治疗和费用负担情况，对特困人员、低保对象、低收入人口等特殊困难群众大病、重病救治情况进行监测。二是运用拉萨市因病致贫返贫动态监测系统。通过系统实时监测城乡居民参保、报销费用、报销比例等信息，做好数据比对、数据统计工作，做到动态监测、动态预警，切实发挥监测预警风险的作用，不断提高医保部门服务脱贫不稳定且纳入民政、乡村振兴等部门低收入人口、返贫致贫人口监测质量，有效防范因病返贫致贫风险。完善防范因病致贫返贫监测系统功能，增加因患病住院或发生门诊特殊病产生的医疗总费用和自付超 10 万元以上、20 万元以上、30 万元以上监测模块及相应导出功能，构建医保防范返贫致贫的制度防线，指定“防因病致贫返贫动态监测系统”专职工作人员实施动态监测、动态预警，及早发现并识别存在因病返贫致贫风险的人口，及时实施医疗救助帮扶政策措施，及时精准有效防止发生参保人员因病致贫返贫情况。三是严格执行一事一议制度。经三重医疗保障制度支付后负担仍然较重的，由参保地县（区）政府组织医保、民政、财政、卫生健康、乡村振兴等部门按一事一议原则予以救助，化解高额费用负担患者个案风险，防止因病返贫致贫。

【主要成效】 通过系统实时监测拉萨市城乡居民参保、报销费用、报销比例等情况的信息，做好数据比对、数据统计工作，做到动态监测、动态预警，切实发挥监测预警风险的作用，不断提高医保部门服务脱贫不稳定且纳入民政、乡村振兴等部门低收入人口、返贫致贫人口监测质量，有效防范因病返贫致贫风险。2021 年住院或发生门诊特殊病产生的医疗总费用超 10 万以上达 583 人次，超 20 万以上达 141 人次，超 30 万以上达 44 人次。通过实时监测，及时发现，精准施策，有效防范了因病返贫致贫风险的发生，参保群众获得感、幸福感、安全感不断增强。

案例三：日喀则市以“互查、互学”方式开展定点医药机构年终交叉考核

为切实加强医疗保障基金使用的监督管理，保障基金安全，日喀则市医疗保障局立足职能定位，在全市范围内全面开展基本医疗保险定点医疗机构、定点零售药店年终交叉考核工作。

【主要做法】 明确任务分工 2021年，日喀则市医疗保障局把协议管理工作纳入议事日程，及时研究年终考核工作方案，明确具体责任，细化任务分工，成立由局主要领导担任组长，分管领导担任副组长，科室负责人、行业专家、县(区)执法人员、经办人员参与的领导小组，以“互查、互学”方式，深入排查市、县(区)定点医药机构在基金使用安全上的“疑难杂症”，挖掘监督管理的典型做法，为实现全市医保经办协议管理、执法监督工作的“统一化、标准化”奠定基础。

集中培训 由市医疗保障局业务骨干人员对各县(区)医保执法、经办人员开展集中培训，从日常工作中的疑点、难点入手，在集中培训基础上，对个别问题进行分析研判，形成全市统一的协议管理程序。

代训检查 由市医疗保障局业务骨干人员带队，分医疗机构组、零售药店组两个专项检查组，各县(区)医保执法、经办人员交叉参训，从不同检查对象、不同检查方式入手，对市区所有定点医药机构开展全覆盖式代训监督考核，进一步把集中培训“理论知识”转化为“实战经验”，为后期独立检查工作奠定基础。

交叉分组 按照考核方案，由市医疗保障局业务骨干人员带队，分三组赴18家县(区)医保经办机构和114家定点医药机构，通过听取汇报、查阅台账材料、翻阅病例资料、病房走访询问等形式，从医保政策执行、医保信息管理、医保政策宣传、内控制度落实、诊疗服务行为、药品经营管理、合理收费行为等方面进行综合考核，按照“一点一反馈”“一县一反馈”形式，每检查一次医药机构向被检查单位反馈发现的问题，并按照程序扣相应分值，每检查完一个县(区)所有两定机构，向县(区)医疗保障局反馈具体问题，同时将在检查中发现的违法违规行为现场收集证据及线索移交当地医疗保障局。

【主要成效】 通过集中培训、代训检查、交叉分组方式，执法、经办人员进一步强化协议管理、日常稽核、年终考核工作政策要领，拓宽检查方式方法；两定机构明确医保部门基金监管的“亮剑”决心，起到震慑作用。通过年终交叉考核，共发现违规线索10条，按照服务协议约定，对40家定点医疗机构执行扣除年度预留保证金5%－30%不等的处理，累计扣除保证金98.27万元，追回违约资金7.63万元，暂停服务协议12家，解除服务协议1家，立案调查1家，协同财政、卫生健康等部门进驻核查1家。

案例四：那曲市扎实做好城乡居民基本医保参保缴费工作

2021年，那曲市医疗保障局瞄准“覆盖全民、依法参保”目标，通过健全机制、联动合力、创新缴费方式等举措推进医疗保险征缴工作。全市基本医保参保缴费55.51万人，其中，职工医保(含生育保险)4.52万人、城乡居民医保50.99万人，参保缴费率持续稳定在99%以上，特别是城乡居民医保参保缴费率达到99.48%，人均缴费标准达到221.42元。

【加强组织领导，建强组织体系】 责任明确重落实 按照“市级主导、县级主责、乡级主抓”工作原则，建立市、县(区)、乡镇、村居四级医保体系，明确责任，上下联动，形成一级抓一级，层层抓落实的工作格局。

协作联动强配合 建立健全部门协调机制，积极协调税务、财政、民政、退役军人事务管理、乡村振兴等部门，密切配合，加强沟通，稳妥有序推进工作落实。

谋划动员早部署 联合市财政、税务等部门印发《关于做好2022年度城乡居民基本医疗保险参保缴费工作的通知》，对缴费时间、缴费标准、参

保对象、收缴方式等进行细化明确。2021 年 9 月,市、县、乡相继召开参保缴费工作动员部署及培训会。

【严格政策执行,构建顶格设计】 完善政策制度　在 2020 年完成城乡居民基本医保制度整合的基础上,对《那曲市城乡居民基本医疗保险实施办法》资助缴费、待遇享受等方面作了修改完善。

编印宣传材料　精心组织人员,全面梳理医疗保险主要政策,精心编制印发《那曲市 2022 年度城乡居民基本医疗保险参保缴费须知》《那曲市城乡居民基本医疗保险政策问答》等多种政策宣传资料,就参保缴费、住院报销、异地就医、门诊特殊疾病等参保人员最为关心的医保政策进行详细解读。

创新缴费方式　坚持服务创新,增开网上掌上参保缴费渠道。对线上缴费操作困难的群众,依托乡镇和村居基层党员干部走村入户、上门服务,提供“一对一”医保缴费服务。同时依托微信、支付宝“西藏城乡居民社保缴纳”小程序完成城乡居民医保参保缴费业务,为参保人及时参保缴费提供便利。

【强化政策宣传,扩大政策覆盖】 坚持线上线下“双向”发力,构建起新型高效的医保政策宣传体系,多渠道、多形式、高频次开展城乡居民医保政策和参保缴费宣传,不断强化群众参保意识,提高参保缴费的积极性和主动性。

营造全民参保浓厚氛围　通过在市县城区广场、村委会等人员密集场所和两定机构悬挂宣传标语、张贴宣传海报、发放宣传材料等方式向广大群众宣传。印制发放政策宣传资料 2 万余份、悬挂横幅 500 余条。借助那曲广播电视台等主流媒体和网络传播平台,以公告、微电影等形式广泛宣传居民参保缴费重要性,提醒居民按时足额缴费,形成人人参保、人人受益的良好社会舆论氛围。

拓展宣传政策维度　将县乡工作人员、两定机构工作人员、基层优秀宣讲员和“村两委”、第一书记、驻村工作队、乡村振兴专干、联户长、村医等基层力量纳入医保政策宣传队伍,组织开展精准培训,通过各类医保政策宣传人员的全方位立体式宣传,有效拓展医保政策宣传的广度和深度。

走进群众零距离服务　2021 年 7 月开始组织各县(区)开展 2022 年度医保参保缴费宣传工作,9 月进行再部署再动员。市本级利用下乡调研、督导检查等机会宣传医保政策,县乡村工作人员深入村居、寺庙、学校、养老院,把办公桌搬到帐篷里、搬到草坝子上,通过医保惠民典型案例进行面对面宣传,用群众身边的真实事例让群众真切感受医保带来的实惠,切实做到把医保服务送到基层,把医保政策宣传到基层,把惠民政策落实到基层,把医保问题解决到基层。

加强督促指导　市本级通过数据汇总、电话询问等方式每日了解城乡居民基本医保参保动态,尤其在城乡居民基本医疗保险延长参保缴费工作开展期间,及时分析未参保人员 数量、占比、人员结构等信息,督促各县(区)加强对未参保人员未参保原因分析、研判,制定针对性措施,沟通衔接、思想劝解,大大提高参保率。

陕西省

工作综述

截至2021年底，陕西省基本医疗保险（以下简称基本医保）参保人数3891.64万人，其中职工基本医疗保险（以下简称职工医保）参保783.80万人，城乡居民基本医疗保险（以下简称居民医保）参保3107.84万人，参保率稳定在95%以上。2021年全省基本医保基金（含生育保险）总收入695.62亿元，总支出629.75亿元，当期结存65.87亿元，累计结存770.67亿元。其中，职工医保基金（含生育保险）总收入414.98亿元，总支出351.04亿元，当期结存63.94亿元，累计结存605.54亿元；居民医保基金总收入280.64亿元，总支出278.72亿元，当期结存1.92亿元，累计结存165.13亿元。

【系统规划顶层设计】 出台落实医保制度改革若干措施　省医疗保障局起草《关于深化医疗保障制度改革的若干措施》，8月27日，省委、省政府印发《〈关于深化医疗保障制度改革的若干措施〉的通知》。9月28日，省医疗保障局印发《〈中共陕西省委 陕西省人民政府印发《关于深化医疗保障制度改革的若干措施》的通知〉涉及医保职责重点任务分工方案的通知》，同步督导各市（区）医疗保障局贯彻落实。11月2日，省医疗保障局会同省政府新闻办召开新闻发布会进行详细解读。

编制实施全省首个医保事业发展规划　省医疗保障局以国务院办公厅印发的《"十四五"全民医疗保障规划》为统领，围绕《陕西省国民经济和社会发展第十四个五年规划和二〇三五年远景目标纲要》总体要求，结合全省发展实际，通过成立专班、密集调研、编制起草、征求意见和专家评审等步骤，起草陕西省第一个省级医疗保障五年规划。经省政府组织专题会议审议，12月7日，省医疗保障局和省发改委联合印发《陕西省"十四五"医疗保障事业发展规划》。

制定落实重要改革实施方案　9月30日，《陕西省贯彻落实医疗保障待遇清单制度三年实施方案（2021—2023年）》出台，规范各级政府决策权限，明确医疗保障领域基本制度、基本政策，以及医保基金支付项目与标准、不予支付的范围。12月9日，省医疗保障局报送《关于建立健全职工基本医疗保险门诊共济保障机制实施方案（送审稿）》。12月28日，《全面推进基本医疗保险全民参保计划的实施意见》印发。

【提升三重保障效能】 不断完善基本医保制度　进一步完善统一的居民医保政策，取消新业态从业人员参加职工医保户籍限制，落实居民医保人均财政补助标准再增30元的政策，职工医保、居民医保住院费用政策范围内报销比例分别稳定在80%以上和70%左右。

完善大病保险政策　统一全省大病保险待遇，巩固加强制度衔接和减负功能发挥，继续向困难群众倾斜，明确支付规则和规范计算办法，加强监督管理，开展考核评价，全省城乡居民大病保险待遇水平稳步提高。

推动医疗救助市级统筹　陕西省推动医疗救助市级统筹，资金纳入市财政专户管理，统筹区内资助参保和救助标准实现统一。年内全省医疗救助资助困难群众参保107.65万人，直接救助135.36万人次。

巩固提升待遇保障水平　陕西省生育保险参保人数560.24万人，较上年增加41.28万人。明确要求各地将参保女职工生育三孩的费用纳入生育保险待遇支付范围。不断完善高血压、糖尿病"两病"门诊用药保障机制，加强运行监测，定期统计"两病"运行情况，督促地市加快落实。选择汉中市、宝鸡市作为"两病"门诊用药保障机制专项行动重点联系的典型地区，指导两市出台实施办法，实现“两病”门诊用药保障机制规范化、运行和管理科学化。为缓解重度失能人员基本生活照料和医疗护理负担，推进汉中市长期护理保险制度国家试点工作，全年全市长期护理保险试点累计受理失能申请1369人，享受待遇830人。

【有效衔接乡村振兴战略】 出台实施方案 7月14日，出台《陕西省巩固拓展医疗保障脱贫攻坚成果有效衔接乡村振兴战略实施方案》，落实“四个不摘”（即摘帽不摘责任、摘帽不摘政策、摘帽不摘帮扶、摘帽不摘监管）要求，优化调整资助参保和待遇倾斜政策，保持医保政策延续稳定。

兜住民生底线 开展公益助保帮扶，全省建档立卡脱贫人口全部参加2021年居民医保和大病保险，三重制度综合保障下脱贫人口县域内政策范围内住院费用报销比例达到86.77%。

构建帮扶长效机制 建立防返贫动态监测预警机制，建立健全防止因病返贫致贫帮扶长效机制。监测筛查参保群众因病支出情况，全年反馈预警数据5.1万余条。将脱贫攻坚期省、市、县财政补贴规范纳入医疗救助。国家医疗保障局领导在《陕西省医疗保障局关于巩固拓展医疗保障脱贫攻坚成果同乡村振兴有效衔接工作的汇报》上批示予以肯定。

【强化医药服务管理】 加强医保目录管理 2月3日，省医疗保障局会同省人社厅制定印发《陕西省基本医疗保险、工伤保险和生育保险药品目录(2021年)》，新版药品目录基本实现治疗领域的全覆盖和中西药数量持平。经专家论证将部分国家谈判药品纳入特殊药品管理范围。2021年全省国家谈判药品报销480万人次，为患者减负9.9亿元。

加快推进医保支付方式改革 4月19日，省医疗保障局印发《关于做好2021年医保支付方式改革试点工作的通知》等文件，指导西安市、韩城市推进DRG和DIP付费改革两项国家试点并顺利通过国家医疗保障局两次交叉调研评估。西安、韩城、铜川、榆林四市作为DRG/DIP试点城市按照国家技术规范不断推进，进入实际付费阶段。建立季报告制度，跟踪各市支付方式改革进展。加强总额预算管理和绩效考核，完善紧密型县域医共体支付机制，医疗机构优化医疗服务流程、调整病组成本结构、控制医疗成本的内生动力增强。全省所有地市实行医保付费总额预算，均开展不少于100个单病种付费；七个统筹区开展慢性病住院医疗服务按床日付费。

【推进药品耗材集采】 强化药品耗材集采力度 落实国家集采药品五批(六轮)、医用耗材冠脉支架中选结果，组织八省(自治区、兵团)联盟开展心脏起搏器集中招采，牵头11省(自治区、兵团)联盟开展未过评药品集中招采，参与兄弟省份组织的冠状动脉球囊、吻合器、导管导丝、未过评药品等集中招采，中选品种价格平均降幅超过50%。全年组织(参与)药品耗材集中招采160个，其中中成药111个。

落实集采药品医保资金结余留用政策 8月31日，陕西省落实集采药品(医用耗材)医保资金结余留用政策现场推进会在商洛市召开。会后，陕西省建立了集采药品(医用耗材)医保资金结余留用政策落实情况通报制度，实现集采品种结余留用资金按政策规定按时足额拨付医疗机构。截至2021年底，各统筹区已向医疗机构拨付结余留用资金6004.04万元。

动态调整医疗服务价格 2月7日，省医疗保障局、卫生健康委、财政厅、市场监管局发布《关于建立健全我省医疗服务价格动态调整机制的通知》，协同推进医疗服务价格动态调整，压实新增医疗服务价格项目准入责任，进一步规范医疗服务价格管理行为。12月17日，省医疗保障局编印《陕西省医疗服务项目价格(2021版)》，在统一省内公立医疗机构医疗服务项目的同时，新增、修订医疗服务项目价格82项(类)，新增修订特殊卫生材料6类，完善二级医院医疗服务项目价格49项、一级医院1255项，上调22项体现技术劳务价值的中医项目价格，上调6岁(含)以下儿童手术项目价格(涉及600多项手术项目)，上调基层医疗机构检验、诊疗、康复、中医等1281项项目价格。

【建立健全监管长效机制】 保持高压态势 3月11日，省医疗保障局印发《陕西省医疗保障局关于做好2021年医疗保障基金监管工作的通知》，推进基金监管制度体系和执法体系建设。持续严厉打击欺诈骗保行为，完善两定协议管理，开设全省统一的投诉举报热线。联合多部门开展以“假病情、假病人、假票据、假血透”为重点的专项整治行动,开展以“打击欺诈骗保 维护基金安全”为主题的宣传活动。2021 年省医疗保障局检查医药机构 36448 家,处理违规机构 9062 家,追回违规资金 2.43 亿元。

发挥监管合力 5 月 20 日,省医疗保障局联合省公安厅、省卫生健康委、省财政厅联合印发《陕西省 2021 年打击欺诈骗保专项整治行动方案》,建立健全系统集成监管机制体制,持续推进打击欺诈骗保,强化基金监管高压态势。配合国家医疗保障局对咸阳市 32 家机构进行飞行检查,省医疗保障局对 11 个市(区)的 56 家定点医疗机构医保基金结算数据进行了分析,各市(区)根据反馈的疑似线索对医疗机构进行逐一核查。西安市和汉中市作为国家医保智能监控示范点、基金监管信用体系建设试点,在国家医疗保障试点工作终评中被评定优秀。

【稳步推进信息化标准化建设】 陕西省医保信息平台建设严格按照《陕西省医疗保障信息平台建设工程初步设计方案和投资概算》和项目建设目标计划,推进需求调研与设计、项目招标、硬件建设、云平台资源扩容、各统筹区分布上线等关键工作,以工作专班推动具体工作落实,建立问题跟踪机制,推进接口改造、贯标验收、网络联通、数据治理等工作。信息平台各业务子系统、基础设施及骨干网络如期完成开发建设,15 项业务编码标准贯标工作于 11 月 19 日通过国家医疗保障局验收,医保信息平台先后在延安、汉中等 11 个统筹区(除西安外)分批次上线。全省累计 2877 万参保群众激活医保电子凭证,医保服务初步从“卡时代”迈入“码时代”。

【巩固提升公共服务能力】 推动医保经办改革 10 月 22 日,省医疗保障局印发《关于优化医保领域便民服务的实施意见》,推动全省医保服务标准化、规范化、便利化建设,落实医保服务事项“最多跑一次”改革。深化“放管服”改革,完善经办管理服务流程。构建县一镇一村三级医保服务网络,打通医保服务“最后一公里”。持续推进行风建设,在全省范围内组织开展 2021 年度医疗保障系统行风建设交叉检查工作,通过强化责任、自查互查、明察暗访、整改落实等措施,优化规范全省医保经办服务。

优化异地就医经办服务 陕西省市域内实现“一站式服务、一窗口办理、一单制结算”,异地住院垫资、跑腿报销问题基本解决。实现高频医保服务事项“跨省通办”。优化异地就医备案,取消省内异地门诊备案程序,实现门诊费用省内异地就医直接结算“漫游”,全省异地就医定点医疗机构达到 1495 家、定点药店 9320 家。2021 年所有统筹区全部开通跨省异地就医线上备案服务,开通普通门诊费用跨省联网医疗机构 1418 家,门诊费用跨省直接结算县区覆盖率达到 100%,提前一年实现国家提出的“2022 年底前,每个县至少有 1 家定点医疗机构能够提供包括门诊费用在内的医疗费用跨省直接结算服务”目标。

【助力新冠疫情防控】 全力做好新冠疫苗及接种费用保障 落实“两个确保”(即确保患者不因费用问题影响就医,确保收治医院不因支付政策影响救治),做好疫苗及接种费用保障工作,全年计提专项资金 62.20 亿元,全程做到“钱等苗”。全年疫苗费用支付 33.30 亿元、接种费用支付 7.15 亿元。省医疗保障局重点督导西安、咸阳等市新型冠状病毒肺炎医疗救治保障工作,协调西安、延安等医保部门向收治患者的医疗机构拨付周转金 7415 万元,畅通绿色结算通道,保障医疗救治工作。

下调新冠病毒核酸检测最高限价 按照国家医疗保障局统一部署,陕西省年内三次下调公立医疗机构新型冠状病毒核酸检测最高限价。1 月 27 日,省医疗保障局印发《关于调整公立医疗机构新型冠状病毒核酸检测收费政策有关问题的通知》,2 月 1 日起执行核酸检测最高限价为单人单检 80 元(含检测试剂),混检 5 人份 30 元、10 人份 15 元;8 月 9 日,省医疗保障局印发《关于调整公立医疗机构新型冠状病毒核酸检测项目价格的通知》,8 月 15 日,执行核酸检测最高限价单人单检下调到 60 元、混检价格不变;11 月 26 日,省医疗保障局会同省卫生健康委印发《关于调整公立医疗机构新型冠状病毒核酸检测项目价格的通知》,11 月 29 日,执行核酸检测最高限价单人单检下调到 38 元、混检统一下调为 10 元。

重要活动

1. 省医疗保障局与西安交大签署战略合作协议。1月15日,陕西省医疗保障局一行到访中国西部科技创新港,与西安交通大学签署战略合作协议并为陕西省医疗保障改革发展研究中心揭牌。

2. 全省医疗保障工作会议在西安召开。2月2日,陕西省医疗保障工作会议在西安召开。会议总结2020年医疗保障工作成效,分析2021年和“十四五”发展面临的形势,安排2021年医疗保障重点任务。陕西省医疗保障局主要负责同志以《蓝图已绘就 奋进正当时 努力开启医疗保障事业新征程》为题作工作报告。

3. 城乡居民大病保险统计报告工作培训会在西安召开。4月23日,省医疗保障局举办陕西省城乡居民大病保险统计报告工作培训会。会议通报了2020年度全省城乡居民大病保险工作运行情况,重点对2021年城乡居民大病保险统计报告制度进行了详细的解读和培训,并就2021年待遇保障重点工作进行安排。各市(区)医疗保障局业务科(处)长、业务统计岗位人员和承办大病保险业务的保险公司统计岗位人员共45人参加会议。

4.《医疗保障基金使用监督管理条例》专题培训会在西安召开。5月1日,《医疗保障基金使用监督管理条例》正式施行。5月7日,省医疗保障局组织召开全省《医疗保障基金使用监督管理条例》专题培训会。省医疗保障局相关处室负责同志,各市(区)医疗保障局分管基金监管工作的负责同志及相关单位共计140余人参加会议。

5. 陕西省医保信息平台建设上线工作推进视频会议召开。8月5日,为加快推进陕西省医保信息平台上线工作,落实好平台上线阶段各项任务,省医疗保障局召开陕西省医保信息平台建设上线工作推进视频会议。会议传达了国家医保信息化标准化培训会议精神,通报了陕西省信息化标准化工作现状,并对陕西省医保信息平台上线工作进行了安排部署。延安、西安、渭南、安康四市作了表态发言。会后,针对平台上线各项工作进行了相关技术培训。

6. 落实集采药品(医用耗材)医保资金结余留用政策推进会在商洛召开。为贯彻落实《国务院办公厅关于推动药品集中带量采购工作常态化制度化开展的意见》和《国家医保局 财政部关于国家组织药品集中采购工作中医保资金结余留用的指导意见》精神,推进集采药品、医用耗材医保资金结余留用政策在陕西省落地见效,8月31日,陕西省落实集采药品(医用耗材)医保资金结余留用政策推进会在商洛市召开。会上,省医疗保障局通报了全省落实集采药品医保资金结余留用政策情况,西安市、商洛市和延安市洛川县医疗保障局分别介绍了落实集采药品医保资金结余留用政策、医保资金与医药企业直接结算经验做法。商洛市医疗保障局向商洛市中心医院等医疗机构现场拨付“4+7”扩围集采药品结余留用医保资金。

7. 推进省本级医疗保险移交西安市实行属地管理。9月6日,陕西省政府第二十四次常务会议研究决定,将省本级医疗保险移交西安市实行属地管理,以解决原省本级医保缴费基数低、基金共济能力不足、待遇同城不同策、药店购药不便捷等问题。9月18日,省医疗保障局成立省本级医保移交西安市管理工作领导工作专班,制定移交工作方案和工作计划,负责具体移交业务对接。移交准备期间,省医保经办中心会同市医保经办中心举办了省本级医保业务移交西安市属地管理培训班,共培训参保单位医保专干700余人,两定机构300余人。

8. 省长期护理保险国家试点工作现场推进会暨国家评估标准培训会在汉中召开。10月19日,省医疗保障局举办陕西省长期护理保险国家试点工作现场推进会暨国家评估标准培训会。会上,相关专家就《长期护理失能等级评估标准(试行)》进行辅导和讲解,对国家试点城市长期护理保险经办工作进行介绍;汉中市医疗保障局介绍了长期护理保险试点工作推进情况。省、市(区)医疗保障局相关处(科)室及汉中市各县区医疗保障局负责同志60余人参加培训。

9. 医保基金预算编制暨预算汇审会议在西安召开。11月10日—20日,省医疗保障局召开2022年医疗保险基金预算编制暨预算汇审会议。省医疗保险基金中心、各市(区)医疗保障局医疗保险基金预算编制人员参会,会同省财政完成2022年医疗保险基金预算编制及上报工作。

10. 省医疗保障局贯彻执行15项医保信息业务编码标准工作通过国家验收。11月19日,国家医疗保障局第五贯标组召开陕西省医疗保障局贯彻执行15项医保信息编码标准(以下简称'贯标')验收会,陕西省贯标专班、西安市医疗保障局、宝鸡市医疗保障局及相关定点医药机构共60余家单位参加会议。经专家讨论认定,陕西省贯彻执行医保信息编码工作,符合国家标准要求,通过验收。

11. 数据筛查分析规则研讨会举行。11月24日—25日,陕西省医疗保险基金中心组织专家召开数据筛查分析规则研讨会,结合第三方专业机构分析的疑似违规线索,对数据筛查分析规则进行论证。省司法规与监督处、医药服务管理处、医药价格和招标采购处以及西安市医疗保障局相关人员参与讨论。

12. 省际联盟心脏起搏器集中带量采购产生中选结果。陕西省牵头组织八省(自治区、兵团)开展心脏起搏器集中带量采购,并于12月8日产生中选结果。中选产品平均降幅57.77%,最高降幅78.26%,每年可为联盟省份节约采购资金2.61亿元。

典型案例

案例一:陕西省医疗保障局助力乡村振兴战略全面推进

陕西省医疗保障局以习近平新时代中国特色社会主义思想为指导,全面贯彻党的十九大和十九届历次全会精神,认真学习贯彻习近平总书记来陕考察重要讲话重要指示精神,坚决落实"四个不摘"要求,充分发挥医保职能作用,助力乡村振兴战略全面推进,扎实推动共同富裕。

【主要做法】 *在全国率先出台配套文件* 2021年7月,省医疗保障局联合七部门印发《陕西省巩固拓展医疗保障脱贫攻坚成果有效衔接乡村振兴战略实施方案》,在保持医保帮扶政策总体连续稳定的基础上,立足实际优化调整资助参保和待遇倾斜政策,加快建立健全防范化解因病返贫致贫长效机制,巩固提升居民医保待遇水平,构建统一的医疗保障经办管理体系,大力推进经办服务下沉和提质增效。2021年起,全面取消一般诊疗费全额报销、住院报销比例提高10个百分点、慢病封顶线提高20%、居民医保、大病保险、医疗救助三重保障后政策范围内报销比例控制在80%—85%等四项过度保障政策,全面恢复基本医保保基本、公平可持续的待遇政策。保持补贴资金总额不变,省、市、县财政补贴用于资助纳入监测范围内的农村低收入人口参保资金的剩余部分和用于开展兜底保障的每人每年70元筹资全部并入医疗救助基金。继续巩固大病保险保障水平,对特困人员、低保对象和返贫致贫人口实施各统筹地区现行城乡居民大病起付线降低50%,支付比例提高5个百分点,取消最高支付限额(封顶线)。夯实医疗救助托底保障功能,统筹加大门诊慢特病救助保障。2021年陕西省脱贫人口住院待遇享受72.14万人次,基金支出35.72亿元,三重保障后住院政策范围报销比例86.77%。

延长享受参保资助人员身份认定时限 为做好受灾困难群众救助帮扶工作,防止因灾返贫致贫,省医疗保障局联合相关部门印发《关于因灾情影响延长享受参保资助人员身份认定时限的通知》,要求及时落实救助帮扶政策,强化兜底保障,

做到应保尽保、应救尽救，对民政、乡村振兴部门认定的各类享受参保资助人员认定时间延长一个月。新认定人员按规定享受参保资助和医保待遇倾斜政策。为充分发挥驻村帮扶和社会力量优势，省医疗保障局开展“公益助保”行动，确保脱贫群众应保尽保。截至 2021 年 12 月 31 日，全省 2958 万余人参加 2022 年居民医保，脱贫人口 457.24 万人和易返贫致贫人口 17.1 万人全部参保。

加大监测预警力度　2021 年 8 月，建立防返贫动态监测预警机制，每月监测筛查参保人因病支出的个人负担医疗费用超过 10000 元的建档立卡脱贫户和超过 26000 元的一般农户就诊情况，汇总情况及数据报送乡村振兴和民政部门，防止出现规模性因病返贫致贫现象。截至 12 月 31 日，累计监测预警信息 5.2 万余条。同时，建立健全防止因病返贫致贫帮扶长效机制。

不断完善“两病”门诊用药保障　省医疗保障局进一步补齐门诊保障短板，规范门诊慢特病保障政策，优化高血压、糖尿病（以下简称“两病”）门诊用药保障机制，确保“两病”患者用药保障和健康管理全覆盖，实现城乡居民参保人群政策全覆盖，政策范围内报销比例不低于 50%。选择汉中、宝鸡两市作为“两病”门诊用药保障机制专项行动重点联系的典型地区，指导两市出台实施办法，实现“两病”门诊用药保障机制规范化、科学化运行管理。“两病”患者门诊用药便捷顺畅，门诊待遇得到切实保障。

抓帮扶，驻村定点帮扶工作成效明显　省医疗保障局始终把定点帮扶和驻村帮扶工作作为重要政治任务抓紧抓实，2021 年择优选派挂职副县长 1 名、驻村工作队员 3 名。帮扶东张村筹建 310 亩标准化苹果示范园，引进资金 120 余万元，组织实施灌溉机井，推动产业帮扶项目建设。立足技术帮扶，促进产业振兴，会同省科技厅邀请种植专家、养殖专家对种养殖户进行技术培训，助推村民增产增收。

省医疗保障局将继续深化医保制度改革，坚持目标导向和问题导向，不断完善医保待遇政策，加强监测预警机制运行和有效措施落实，坚决防止规模性返贫致贫情况的发生。一是及时出台医疗救助制度政策措施，不断完善三重保障制度建设，进一步明晰不同救助群体的保障政策标准。将建档立卡脱贫人口、三类监测对象等特殊人群的资助参保政策加以明确和完善。二是进一步做实医疗救助市级统筹，积极联系财政部门，继续加大医疗救助资金投入，解决资金支出在区县层面的结构性不平衡，提高医疗救助资金使用效率。

案例二：西安市探索创新基金监管方式　构建综合监管长效机制

西安市认真贯彻落实国家医疗保障局关于开展医保基金监管“两试点一示范”工作要求，探索形成了“3＋5＋5＋2”（即三个保障、五个引入、五个强化、两个联动）综合性监管长效机制。2021 年 7 月，参加国家基金监管创新试点终期评估，荣获优秀等次，市政府主要领导作出批示予以肯定。全市党委领导、政府监管、社会监督、行业自律、个人守信相结合的全方位监管格局基本形成，为维护群众“保命钱”建起安全屏障。

【主要做法】　健全“三个保障”，夯实监管基础　健全组织保障，成立试点领导小组，统筹全市力量，制定《西安市医疗保障基金监管方式创新试点工作实施方案》，夯实责任，2021 年先后召开 11 次专题会、办公会、座谈会研究推进。健全制度保障，制定《关于加强全市医疗保障基金使用监督管理工作的意见》《开展打击欺诈骗取医疗保障基金专项治理行动方案》等文件，规范监管执法，建立医保部门牵头、有关部门参与的联合监管机制。健全队伍保障，成立市医疗保险基金管理中心，聘用 10 名医学、法学、财务审计等专业人员加强监管；七个区县基金专管机构挂牌，编制人员 96 名，全市医保基金专管队伍初步成型。

实施“五个引入”，提升监管效能　引入商保公司实施稽核检查，2021 年先后检查两定机构 1400 余家，协助追回基金 2200 余万元。引入律师事务所提供全程法务保障，形成“文书、记录、证据、查处、法制审核”五个到位的规范化执法机制。引入科技公司推进智能监管，构建事前提醒、事中控制、事后监管和智能审核、大数据监控的全流程智能监管体系。引入会计师事务所强化经办内控,制定经办内控制度、内控手册,实现决策、执行和监督分离,各司其职又相互监督。引入信用管理协同共治,制定《西安市医疗保障信用管理暂行办法》《西安市医疗保障信用承诺制度》,探索将诚信记录纳入全国(陕西)信用信息共享平台,实现"一处违法,处处受限"。

落实"五个强化",协同发力监管　强化行政监管,落实属地管理责任,开展打击欺诈骗保"利箭行动""血透专项治理""回头看"等专项治理,实现拉网式检查"全覆盖"。强化协议管理,修订两定机构服务协议,制定稽核检查规程,提升协议管理的针对性和约束性。强化联合监管,联合卫生健康、人社、公安、财政和市场监管等部门建立联席会议制度,构建线索信息共享、案件联合查处、违规共同惩戒的联合监管机制。强化行业自律,2021 年开展定点医药机构培训讲堂、警示教育 50 余次,曝光典型案例 168 例,筑牢行业自律防线。强化社会监督,深入开展年度基金监管宣传月活动,出台《西安市打击欺诈骗取医疗保障基金举报奖励实施细则》,2021 年共选聘 375 名社会监督员(市级 50 名,区县 325 名),营造全社会共建共治共享良好氛围。

拓展"两个联动",放大监管效应　与市纪委监委联动,2021 年 4 月向市纪委监委汇报,将医保基金监管纳入民生领域专项整治,旨在强力监管维护群众切身利益。与市公安局联动,2021 年 3 月,市医疗保障局与市公安局联合下发《关于加强欺诈骗取医疗保障基金案件移送工作的通知》,强化医保行政执法与刑事司法有效衔接,有力打击并震慑欺诈骗保行为。

【工作成效】 维护基金安全意识大幅提升　西安市委市政府高度重视医保基金监管工作,主要领导先后作出重要批示,作为重点民生工作全力推进。定点医疗机构将医保基金管理工作从医保办负责提升为分管院领导负责,并进一步提升为"一把手"工作责任,西安市第三医院等多家医疗机构主动引入第三方自查自纠、自我规范,全社会维护基金安全意识大幅提升。

综合监管机制形成完整体系　全市范围内实现了案件管理、检查方式、协议管理、智能监控、内控管理、举报奖励的"六统一",形成了以多形式检查、大数据监管为依托,法治为保障,党委领导、政府监管、社会监督、行业自律、个人守信相结合的全方位监管格局。

医保基金监管能力显著提升　2021 年,全市共暂停医药机构服务协议 214 家,解除医保服务协议 8 家,拒付/追回资金 548 家,行政处罚 3 家,移交司法机关 4 例,共计追回医保基金 9690.56 万元,医保基金跑、冒、滴、漏现象得到有效治理。

部门联动形成常态机制　市卫生健康、公安、市场监管等相关部门主动参与医保基金监管,建立联席会议制度,形成各司其职、密切对接、主动作为的工作局面,构建起信息共享、联合查处、共同惩戒的医保基金联合监管常态化机制。

案例三:宝鸡市构建闭环体系　实现慢特病管理经办和服务质量双提升

宝鸡市辖四区八县和一个国家级高新技术产业开发区,人口 342 万人。截至 2021 年底,全市职工医保中慢病患者已增至 2.94 万人,占职工医保参保人群的 5.42%。近年来,宝鸡市坚持以人民健康为中心的发展理念,认真贯彻落实国家和省医保部门决策部署,积极探索创新,不断扩大慢病保障范围,优化经办流程、完善服务手段。

【主要做法】 以战略思维系统谋划　一是探索经办模式,经过多方学习比对、采取招标购买第三方服务的方式,与商业保险机构签订门诊慢特病经办服务协议。二是优化经办队伍,选派 30 名骨干力量下沉市县经办机构,承担慢病经办、费用审核、医疗巡查、档案管理等经办工作;同时聘请医疗机构专家组建慢特病管理专家库,承担慢特病的资质鉴定,形成"政府主导、专业经办、独立评估"的管理格局。三是严格资质管理,认真落实宝鸡市职工特殊慢性病门诊补充医疗保险有关文件,依托慢特病鉴定专家小组,对门诊慢特病待遇申请者实行资格准入审核,截至 2021 年底,累计完成资格审核 2.94 万人,审核通过率 73%左右。

四是加强基金监管，采取线上监控和线下巡查相结合方式，多渠道加强对定点医药机构和慢特病患者的行为监管。线上通过药店进销存系统与医保系统实时对比，对服务频次高、分布广的定点药店进行现场核查，同时在资金支出最大的透析项目上引进人脸识别技术，透析费用支出得到有效监管；线下定期组织专业队伍对定点医药机构进行专项检查，有力打击门诊慢特病欺诈骗保行为。五是提升服务质量，积极推动慢病管理系统与政府医保系统、定点医药机构系统互联互通，实现“一站式”即时结算服务。截至 2021 年底，全市门诊慢特病服务网点从 2012 年的 14 处扩展到 932 处，慢病患者 10 分钟“购药圈”基本形成。

以科学方法深耕管理　一是在宣传上用力，通过“宝鸡医保”公众号、当地媒体、印发宣传彩页等方式，多渠道、全方位宣传慢特病保障相关政策，定期组织相关人员下沉基层一线开展政策培训，有效提升参保群众的政策知晓率。二是在便民上出策，组织定点医疗机构专家深入乡镇卫生院、村卫生室等乡村一线现场办理慢性病评审认定，并对年龄大、行动不便的慢特病患者开展上门服务。同时，微信小程序可提供进展情况查询、政策解读、自助申报等服务，实现“让信息多跑路、让群众少跑腿”。三是在流程上优化，全面落实“一次性告知”和“限时服务承诺”制度，对能即时结算的，五个工作日内完成审核结算，15 个工作日内资金拨付到位。四是在监管上强化，采取暗访调查、电话回访、入户询问等多种方式，实施全过程监管，并邀请审计部门定期开展审计，确保门诊慢特病政策落到实处。

以健全机制强化保障　一是加强组织领导，市委市政府将慢特病管理经办工作列入重要议事日程，多次召开会议，专题研究慢特病管理经办工作；市医疗保障局成立慢特病管理经办工作领导小组，形成市医疗保障局、医保经办中心齐抓共管的良好局面。二是建立“三个一”制度，市医保经办中心每月、市医疗保障局每两月、市级分管领导每季度听取一次工作情况汇报，研究解决存在的具体问题。三是完善监督机制，建立“周排查、月汇报、季小结、年总结”工作督查机制，定期开展督查督导。四是建立相关配套制度机制，修订完善门诊慢特病相关病种及高血压、糖尿病“两病”政策体系的 16 个配套制度，促进门诊慢性病保障政策更加清晰健全、申请认定更加科学合理、管理服务更加规范有效。

【工作成效】　*基金支出合理化*　截至 2021 年底，全市职工医保门诊慢特病种类由 2012 年的 17 种扩展到 37 种，尽管享受慢特病待遇的患者人数增长了 5.7 倍，但医保基金住院费用支出不断减少，平均每年减少 2000 万元左右。

经办效能提升　利用微信小程序等信息化手段，改原来一季度集中审核一次的方式变线上随时申报，申报办理时限从原来的四个月缩减到五天，提升了经办服务效率。

便民举措有效落实　通过搭建线上服务平台，实现门诊慢特病患者诊疗信息、复诊处方等信息在各级定点医药机构间的有序流转，群众无需再赴医疗机构办理申报手续，实现了群众“零跑路”“一站式”结算。

案例四：咸阳市创新居民大病保险管理模式

咸阳市城乡居民大病保险工作对标对表国家、省有关要求，坚持“政府主导、行业主管、购买服务、创新驱动、保障到位”原则，始终将“规范、精细、优质、高效”作为大病保险管理重点，不断完善制度建设，创新经办管理模式，狠抓服务效能提升，持续推进城乡居民大病保险工作向规范化、精细化和专业化服务目标迈进。2021 年，咸阳市城乡居民大病保险在缓解重大疾病高额医疗费用负担，防止因病致贫返贫，巩固脱贫攻坚成果有效衔接乡村振兴等方面发挥了重要的作用，为 48628 人次提供了大病保险支付服务，支付金额达到 20544 万元。

【主要做法】　*严把招标管理，承办机构优中选优*　咸阳市城乡居民大病保险招标项目按照政府主导、专业承办、优质服务要求，以三年为一个采购周期。2021 年咸阳市城乡居民大病保险招标项目全权委托第三方,财政、纪检多部门参与,采购过程规范公开,与上一个采购周期相比,2021年承办服务费率由过去的2.6%下降到1.43%,节约财政资金300多万元。按承办合同要求配备医疗专业人数占比达到15%以上,备用金达到三个月周转金额,派驻医保经办机构和协议医疗机构开展工作,发挥保险承办机构行业跨地域联网联通优势,协查重点大额案件,为咸阳市参保患者提供全方位、一体化的优质服务。

细化过程管理,运转流程规范有序 建立资金月对账制度,形成多层审核、闭环管理,有效防范基金运行风险,实现基金收支平衡;建立病例审核制度,实行在院病例随时抽审、出院病例即时初审、大额病例重点复审,挤掉大病保险报销中不合规费用;建立费用核查制度,重点审核五万元以上大额医疗费用案件;建立异地周转金制度,实现省内异地、跨省异地就诊患者基本医保和大病保险出院即时报销。

完善考核制度,强化管理提升水平 建立完善以保障水平和参保人满意度为核心的考核评估体系,制定《咸阳市城乡居民大病保险监督管理考核办法》,充分发挥医保、财政、审计、银保监等部门联合监管作用,强化考核结果运用,做好跟踪分析、监测评价、监督考核和风险预警等工作,通过日常抽查、投诉受理、财务检查、年度审计等方式进行综合考评,不断提高经办服务质量和水平。

创新高效管理,服务行为提质增效 充实专业队伍优服务,全面打造服务至上、理论专业、训练有素的大病保险服务团队,全市配备46名大病保险服务专员。继续实施大病保险对困难群众的倾斜政策,统一保障人群范围,建立绿色报销通道,优先支付困难群众报销款,助力乡村振兴,防止返贫致贫。指导承办机构创新服务,积极拓宽服务领域,为群众提供多样化的健康保险产品和健康管理服务,推动从疾病治疗向健康管理延伸。

【工作成效】 经办服务开新局 充分调动承办机构主观能动性,引导承办机构由过去单一的费用核赔向主动监管、积极服务等职能转变。在全市定点医疗机构派驻服务专员,在"一站式"结算窗口通过开通满意度测评二维码通道,收集群众对大病保险的意见和建议。

社保商保共治理 积极探索医保部门与商业保险机构的资源共享,打通医保商保同步理赔渠道,让患者少跑路,让数据多对接,累计实现医保报销和商业保险案件同步理赔,有效减轻大病患者高额医疗费用负担。

完善政策讲精准 政策向低保对象、特困人员和返贫致贫人口倾斜,提高大病保险对困难群众支付的准确性。全市困难人口大病保险起付标准降低50%,各段支付比例均提高5个百分点,全面取消年度支付限额,缓解因病致贫返贫现象的发生。

创新方式强监管 创新监管方式、充实监管力量、健全监管机制,坚持以费用核查促进常态化管理,建立以保障水平和参保人满意度为核心的考核评价体系,不断规范医疗服务行为,督促指导大病保险承办机构按合同要求提高服务质量和水平。

部门协作更密切 注重各相关部门之间的配合协作,形成大病保险工作合力。财政部门列支足额大病保险经办工作经费,税务部门提供真实、准确和完整的城乡居民参保信息,审计部门及时完成城乡居民大病保险年度审计,银保监会对承办机构开展指导和监管,各定点医疗机构有序开展结算服务,各相关部门紧密配合,确保城乡居民大病保险工作深入开展。

案例五:延安市推行医保基金与医药企业直接结算

延安市医疗保障局坚持问题导向,大胆改革创新,率先在洛川县推行医保基金与医药企业直接结算工作,取得良好效果。

【主要做法】 深入调研,掌握县域药品耗材采供用现状 2021年对洛川县各级医疗机构药品、医用耗材采购配送和使用情况进行全面调研,发现近年来各级公立医疗机构因规模扩大、设施设备购进、人力成本增加、政府投入不足等因素影响,直接导致医疗机构资金周转困难,药品回款不到位,长期拖欠药款问题突出。个别医疗机构出现药品、医用耗材供应不及时问题，直接影响正常临床诊疗业务开展。

理清欠账，推进医保基金与医药企业直接结算　落实《关于进一步明确药械货款结算相关事宜的通知》提出的具体措施，明确 2019 年底之前各医疗机构历史药品、医用耗材欠账，由各医疗机构与供货企业协商，商定还款计划，分期偿还。执行《洛川县医保基金与医药企业直接结算工作实施方案》《推行医保基金与医药企业直接结算工作有关具体事项通知》《关于简化医保基金与医药企业直接结算审核工作的通知》，正式启动医保基金与企业直接结算工作，明确药械采购货款的结算流程、各方职责和回款时限，给药品配送企业吃下“定心丸”。

部门联动，建立健全齐抓严管长效保障机制　结合药品采购业务特点和工作实际，先后建立日常督导、季度考核、半年评估、定期通报等工作机制，把药品、医用耗材集中采购工作纳入医疗机构、配送企业年度目标任务考核范围；卫生健康部门同步将药品采购与药款偿还工作纳入医疗机构年度工作考核和院长任期考核范围；纪检监察部门将药款采购与偿还欠款纳入专项问责范围。对当月 20 日前未付款到位的医疗机构进行督办；对当月 25 日前未付款到位的医疗机构，约谈其主要负责人；对存在网下采购、“两票制”执行不到位、价格不合理、开票不及时等问题的配送企业，采取提醒、警告、约谈和纳入黑名单等措施强化惩戒。

【工作成效】　2021 年，洛川县共有药品配送企业 25 家，其中常规药品配送企业 13 家、国家组织集采药品配送企业 21 家、大输液直配企业一家，全县各级公立医疗机构药品和医用耗材年采购量约 6000 万元。通过医保基金与医药企业直接结算，压缩了药品流通环节，缩短了医药资金支付链条，降低了企业交易成本，畅通了供应渠道。截至 2021 年底，医保基金与医药企业直接结算额已达 2561.58 万元，药款基本做到当月采购次月结清，药品配送率由改革前的 50%提高到 95%以上，未发生配送不到位现象。同时，洛川县第一、二、三批药品集中带量采购任务已超额完成，三批首轮累计采购中选药品 10.38 万盒，共 59.65 万元，为群众节约购药费用 304.16 万元。

案例六：推进长期护理保险制度试点的汉中做法

汉中市作为国家第二批长期护理保险制度（以下简称长护险）试点城市，于 2021 年 1 月 1 日在全市职工中正式实施长护险试点。试点工作开展以来，汉中市围绕政策体系、标准体系、管理体系、经办体系等方面进行积极探索，取得初步经验和阶段性成效。

【制度框架基本建成】　保障对象全锁定　凡参加职工医保的人员（含退休），均自动纳入长护险保障范围，实现了全市职工全覆盖。

筹资缴费多元化　参保缴费与职工医保同步，采用个人缴费、医保统筹基金划转、政府补助、社会捐赠的多元化筹资方式，基金筹集采取每人每年 100 元的定额标准一次性缴纳，其中个人缴费 50 元从个人账户代扣代缴，医保统筹基金划转 30 元，财政补助 20 元；同时接受社会捐助，可从福彩公益金、残疾人就业补助等多渠道筹资。

待遇享受差别化　根据参保对象的失能状态，经评估符合重度失能的参保职工可根据自身需求选择居家自主护理、上门护理、居家自主与上门护理相结合、康养机构护理、医疗机构护理五种护理方式中的一种方式，按照不同的失能程度和选择的不同护理方式，确定相应补助标准。同时，严格界定待遇支付边界，对不属于长护险基金支付范围的不予支付。

待遇标准动态调整　2021 年按照护理方式分别给予每月不超过 450 元、800 元、1100 元、1200 元的标准支付待遇。从 2022 年起，按照不同的失能等级和不同护理方式，待遇标准按 450 元—1620 元 15 个不同标准支付。同时新增护理用品、助浴护理、部分护具租赁三个项目，其中，助浴服务按每月一次、每次 100 元给予补助，纸尿裤、护理垫两类耗材按每人每月 70 元限额补助，轮椅、护理床两类辅具租赁按每人每年最高 3600 元限额补助。

【评定服务标准统一】 评估量表标准化 以国际通用的《日常生活活动能力评定表》为依据，按照感知能力、认识能力、行为能力进行打分后相加，得分小于等于40分为重度失能；国家评估标准出台后，汉中市评估标准除评估打分不一致外，其他标准项目基本一致，并于2021年9月10日起采用国家失能评估标准进行评估，对重度失能患者分为重度失能Ⅰ级、Ⅱ级、Ⅲ级，享受有差别待遇标准。

评定过程标准化 组建具有护理、临床等经验的300多名失能评定评估员和由60多名专家组成的评审专家队伍。在具体评估时，采用“窗口受理(前置调查)—上门评估—专家评审—综合评定”四级审核，上门评估时随机抽取评定评估员、经办服务人员和县区医保人员组成评估小组，根据上门评估登记资料、视频资料和病历档案由评估专家署名评审、提出意见，报市医疗保障局评审委员会审定并公示后纳入待遇保障；出台《汉中市长期护理保险异地失能评估管理办法》，就市域外居住的失能人员申请受理、现场评估、待遇保障等做出安排。

护理服务标准化 执行《汉中市长期护理保险护理服务项目及标准》，明确护理服务项目内容，共三大类41项。其中，身体护理9项，生活护理17项，医疗护理15项(该服务需由具有护理资格证书的护理人员执行)。

【管理服务日趋规范】 经办服务社会化 按照“择优竞选、费用固定、风险共担、合作共赢”原则公开招标两家商业保险公司按共保方式承担长护险政策宣传、申请受理、失能评定、待遇审定、费用结算、稽核调查、系统运维等经办工作。

监督管理精准化 出台定点协议服务机构管理、基金管理、服务标准管理、协议管理、考核管理等管理机制，以及业务、失能评定、服务经办等工作规范，实现长护险全过程精准化管理。

运行过程动态控制 对制度体系的调整矫正设置时间窗口，根据新出现的情况不断完善政策规定和服务规范，建立了“事前、事中、事后”管理和“双随机”监督制度，确保试点工作质量不断提高，制度体系日趋完善成熟。

信息服务智能化 对承办公司的信息系统进行本地化改造，建立服务网络信息平台，实现全程信息化和“全网通办”，达到经办手段便捷化、智能化。

【制度效应初步显现】 助推经济发展 汉中市长护险试点已吸引六家省外医养机构前来投资，提供就业岗位200多个，吸引了一批社会资金投入康养事业；同时，引导失能护理由家庭转向机构和社区，推动居家和社区养老服务机构等医养结合相关产业迅速发育发展，加快了老龄事业和“银发”经济的发展。

改善失能人员生存质量 2021年，制度覆盖人群37.31万人，累计受理失能申请1369人，已享受长护险待遇830人，基金支出365万元；有近10%的重度失能长期住院患者从医疗机构迁入照护机构，次均费用从原来的9000元左右降到1150元左右。

案例七：安康市推行“外伤承诺制”方便群众办事

2021年以来，安康市医疗保障局深化“放管服”改革和“我为群众办实事”要求，着力推行医保证明事项告知承诺制，有效解决办理医保事项时各类材料重复报、审批时限长等难题，实现了“减证便民”“一纸承诺，一次办好”，让老百姓少跑腿，为群众快办事。参保人在对外伤住院费用进行医保报销时，仅需向就诊定点医疗机构或参保地经办机构提供《外伤医保病人知情承诺书》，承诺受伤无第三方责任人，定点医疗机构在月度结账时备案即可。

外伤承诺制虽然优化了便民服务效率，同时也会在一定程度上增加基金安全风险。外伤承诺制实施以来，确有个别案例显示参保人有侥幸心理，企图通过医保承诺规避有第三方责任事故造成的意外伤害，以达到医保报销的目的。外伤承诺制不仅需要参保群众以良好信用为基础，共同构建便民的医保公共服务，更需要完善的后期监管。为了更好地维护医保基金安全、高质量服务参保患者，市医疗保障局通过不断探索与实践，研究制定了切实有效的具体实施方案。

【健全监管方式】 与商业保险公司签订《安康市基本医疗保险意外伤害案件调查服务协议》，利用商业机构健全的服务网络与调查资源优势，对特殊意外伤害进行第三方调查，并协同办理特殊外伤案件，通过对存疑病例的深入调查了解，加强外伤事故及责任认定，有利于公平公正地执行医保政策。

【加大宣传力度】 通过报刊、广播、网络等新闻媒体，多形式、多渠道宣传医疗保险政策和意外伤害的相关政策知识，加大对证明事项告知承诺制的宣传解读，通过各级定点医疗机构宣传医保基金安全的意义与打击欺诈骗保的相关惩戒措施，增强公众自律，引导群众形成良好的约束行为。向社会公开告知承诺书，及时回应参保群众对证明事项告知承诺制的意见建议，接受社会监督，营造良好的社会氛围。

【鼓励社会监督】 不断完善意外伤害的相关法制保障，对相关伤者信息在媒体或在居住社区公示，鼓励揭发失实行为，从基层减少并防范外伤骗保行为发生。将骗保行为划分等级，情节严重的移交公安机关追究刑事责任，提高对骗保行为的惩治力度，确保落实处罚措施，在切实保障参保对象合法权益的同时维护医保基金安全。

截至 2021 年 12 月底，全市共计开展意外伤害调查案件 268 件，其中本地调查案件 160 件，异地调查案件 108 件，根据调查实际情况医保拒绝支付 8 件，涉及金额 391883 元。

案例八：用国家规范打造 DIP 付费的韩城特色

韩城市以被列为“区域点数法总额预算和按病种分值付费（DIP）”国家试点城市为契机，开启以国家规范为依据打造 DIP 付费本地特色的实践探索。

【主要做法】 *立足国家规范，把握重要环节设置* DIP 付费必然涉及区域预算总额方案设计、病种目录库分组、病种分值确定、医疗机构权重系数设置、医疗费用监管配套、特例评议机制流程，以及相关参数确立和动态调整等关键环节。

韩城市结合实际，采集市内所有医疗机构近三年医保出院病人的历史数据信息，以疾病诊断分类与代码（ICD－10 医保 V2.0 版）和手术操作分类与代码（ICD－9－CM3 医保 V2.0 版）标准分类为基础，对照国家 DIP 目录库、韩城预分组目录，以同病组病例发生数八例作为核心病种入组病例数临界值，确定 DIP 病种目录库共计 1001 种病种（其中核心病种 754 种，综合病种 247 种）。

系统设计改革方案 为建成适应国家 DIP 试点要求的信息系统，韩城市重点把握三个环节：一是通过建设 DIP 信息管理外挂系统与国家医保信息平台对接，从国家医保基金结算清单中提取 DIP 付费管理所需的关键数据信息用于数据质控分析，为科学合理付费提供技术支撑；二是与医疗机构数据定时交互，及时反馈医疗机构存在的问题，规范病案首页填写，为精准分组、动态调整提供依据；三是建立 DIP 信息管理系统配置医保监管规则和 DIP 实施过程中可能出现的分解住院、高套分值、低标入院等问题预警机制，利用信息化手段开展智能监管，提高工作效率，形成闭环。

精准推进改革落地 DIP 的实施运行是医保的一项革命性技术提升，从信息系统建设需求到功能模块设置，从病案首页质量提升到 15 项医保信息业务编码贯标，从三年医疗机构基础数据采集标化到病种分组，从 DIP 入组到根据医疗机构的意见本地化，从医保基金的收支分析到总额预算控制，从结算清单的信息抓取到审核、监管、结算线上流程的确立，从医疗规范梳理到医疗行为违规的判断，从辅助目录形成的因素分析到对主目录的校正方法，都有明确的步骤流程和时间节点。2021 年 7 月和 12 月，韩城市以优异的成绩顺利通过国家医疗保障局 DIP 付费试点交叉调研评估，终评为“优秀”等次。这标志着韩城的 DIP 试点充分体现了向上贯通国家规范，向下形成标准化、信息化、专业化的改革思路。

【工作成效】 一是医疗机构管理进一步规范。在 DIP 支付方式引导下，医疗机构病案质量明显提升，成本意识显著增强，服务行为更加规范。2020 年全市病案首页诊断和手术填写合格率为 80%，2021 年提升为 95%。二是基金使用效率进一步提升。2020 年按项目付费统筹基金实际支付比率为 93.08%，2021 年 DIP 预清算统筹基金支付比率 94.68%；2021 年统筹基金支出同比 2020 年增长 1.8%，同比 2019 年降低 8.8%（2020 年受疫情影响医疗费用整体较低）；2021 年 DIP 管理病种年度清算可结余医保资金 776 万元左右。三是患者自付医疗费用降低。2021 年患者个人自付医疗费用较 2020 年降低 1.7%，较 2019 年降低 4.1%。四是基金监管力度进一步增强。依托大数据分析，建立异常数据预警和医保智能审核系统，实现对医疗机构服务行为全覆盖、全流程监管，倒逼医疗机构合理使用卫生资源，控制医疗费用不合理增长。

甘肃省

工作综述

2021 年，甘肃省医疗保障局以高质量发展为主题，以精细化管理和机制创新为抓手，以可持续、提效能、求突破、利民生为目标，奋力推进医疗保障各项重点工作有效落实。截至 2021 年底，甘肃省基本医疗保险参保 2587.18 万人，其中，职工医疗保险参保 372.34 万人，居民医疗保险参保 2214.85 万人，参保率稳定在 97%以上。基本医疗保险(含生育保险)基金总收入 402.68 亿元，总支出 318.78 亿元，当期结存 83.9 亿元，累计结存 376.36 亿元。其中，职工医疗保险(含生育保险)基金总收入 201.58 亿元，总支出 145.88 亿元，当期结存 55.7 亿元，累计结存 258.48 亿元；居民医疗保险基金总收入 201.10 亿元，总支出 172.90 亿元，当期结存 28.20 亿元，累计结存 117.89 亿元。

【疫情防控保障任务落实有力】 保障疫苗资金供应　2021 年，共拨付疫苗预付金 20.52 亿元，结算疫苗接种费用 3.15 亿元。疫苗采购价格由最初单剂 100 元，逐步下调至年底 21 元，为常态化疫情防控提供有力保障。

助力打赢疫情防控阻击战　10 月，全省聚集性疫情暴发后，医保部门紧急拨付救治预付金 2.83 亿元，全额保障新冠肺炎确诊患者医疗救治费用。省医疗保障局印发《关于支持疫情防控医疗物资采购保障工作有关事宜的紧急通知》，着力保障疫情防控医药物资采购。年内连续 6 次下调新冠病毒核酸检测价格，单人单样本检测最高限价降至 40 元/人次，多样本混合检测统一降至 10 元/人次，有效减轻多轮大规模核酸检测费用负担。

【巩固拓展脱贫攻坚成果同乡村振兴有效衔接】 建立工作推进机制　坚持“四个不摘”，紧盯重点人群 100%参保、100%资助、100%待遇享受，以及 100%“一站式”结算 4 个底线性任务，周通报、月调度，逐项核对、逐户排查、逐人清零，着力固成效、守底线、建机制、促衔接，稳步推动各项工作有效落实。

制定实施方案　6 月，省医疗保障局等七部门联合印发《巩固拓展医疗保障脱贫攻坚成果有效衔接乡村振兴战略实施方案》，进一步明确帮扶对象、帮扶标准、细化责任分工和推进措施。

分阶段、分对象、分类别优化调整　通过完善三重制度综合保障政策、巩固农村低收入人口参保覆盖面、积极动员参保缴费、分类实施参保资助等措施，建立健全防止因病返贫致贫动态监测和帮扶机制，巩固脱贫攻坚成果，坚决杜绝大规模因病致贫返贫。

开展巩固拓展脱贫攻坚成果“大排查”行动　紧盯脱贫攻坚成果后评估工作要求，从参保动员、参保资助、待遇享受、巩固“一站式”结算成果四个方面形成监测台账模板，深入开展自查自纠，全面梳理存在问题，举一反三、查漏补缺，切实保障各项医保惠民政策全面落实落地。

【稳步提升保障能力】 规范参保缴费　结合 2021 年度参保缴费工作实际，进一步规范全省基本医保的参保目标、筹资标准、待遇衔接等具体内容。2021 年，省内城乡居民基本医疗保险人均筹资标准 860 元(财政补助 580 元，个人缴费 280 元)，全省基本医疗保险参保 2581.9 万人，参保率保持在 97%以上。

全面做实市级统筹　省医疗保障局会同财政部门出台做实职工基本医疗保险市级统筹工作的有关文件，按照“尽力而为、量力而行”的原则，对全省职工基本医保分阶段、分类别推进市级统筹，确保参保人员待遇平稳衔接，截至 2021 年年底，全省所有统筹区全部实现职工医保市级统筹。

优化完善“两病”门诊用药保障机制　持续推进深化城乡居民高血压、糖尿病门诊用药保障和健康管理专项行动，截至2021年底，全省264.6万人享受“两病”门诊用药待遇，“两病”用药医保基金支出6.3亿元。

探索建立多层次医疗保障体系　统筹推进长期护理保险、居民医保门诊统筹、缴费年限和待遇挂钩机制等试点工作，推进完善多层次医疗保障体系。甘南州开展长期护理保险试点，从职工基本医疗保险参保人员起步，重点解决重度失能人员基本护理保障需求，优先保障符合条件的失能老年人、重度残疾人。张掖市、嘉峪关市率先开展居民医保门诊统筹试点工作，酒泉、白银开展缴费年限和待遇挂钩试点工作，为后期全省工作开展奠定经验和基础。

建立健全职工医保门诊共济保障机制　省人民政府印发《甘肃省职工基本医疗保险门诊共济保障实施办法》，全面部署全省职工基本医疗保险门诊共济保障工作。通过改革职工医保个人账户，将门诊医疗费用纳入职工医保统筹基金支付范围，建立门诊共济保障机制，提高医保基金使用效率，切实减轻参保人员医疗费用负担，实现制度更加公平可持续。

【推进医药服务管理工作】　抓好基本医保药品目录落地执行　省医疗保障局联合人社厅印发通知，确保《国家基本医疗保险、工伤保险和生育保险药品目录（2020年）》及时落地实施，并将甘肃省增补的25个民族药、42个有地方标准的中药饮片、608种医疗机构制剂纳入省医保基金支付范围。

推动谈判药品落地　对国家谈判药品进行分类管理，认真落实“双通道”管理机制，满足谈判药品供应保障、临床使用等方面的合理需求。2021年，全省谈判药品共使用80万人次，药品总费用8.1亿元，医保报销5.3亿元，人均报销比例达65%。

推进支付方式改革　深入推行按人头、按病种、总额预付等相结合的复合式付费方式，国家DRG试点城市庆阳市和省级试点城市金昌市，国家DIP试点城市定西市、武威市、陇南市全部进入实际付费。

扎实开展带量采购工作　推进国家组织的218个化学药品、冠脉支架、人工关节的集中带量采购在本省落地。首次牵头联合陕西省组成省际联盟，顺利完成30个化学药品集中带量采购，平均降幅58.73%，首年预计可节约药品费用超过1.48亿元。积极参加省际联盟53个化学药品、17类中成药、10种医用耗材的集中带量采购工作。截至2021年底，集采药品耗材价格平均降幅50%以上，累计节约费用超过20亿元。

提高医药管理治理水平　按照“统一规划、统一分类、统一编码、统一维护、统一发布、统一管理”要求，贯彻执行全国医保信息业务编码标准。省医疗保障局印发全省统一的《甘肃省基本医疗保险、生育保险诊疗项目目录（试行版）》和《甘肃省基本医疗保险、生育保险医用耗材目录（试行版）》，建立分类管理模式，逐步理顺诊疗项目比价关系，及时更新国家医用耗材编码，进一步提升医疗保障治理水平。

【夯实基金监管基础】　推进基金监管制度建设　成立省级打击欺诈骗保专项整治行动领导小组及联合工作专班，统筹协调全省打击欺诈骗保专项整治行动。建立“行刑衔接”工作机制，与公安部门明确移送范围、规范移送程序、健全协作机制。建立“行纪衔接”工作机制，印发《甘肃省医疗保障部门向纪检监察机关移送医疗保障基金监管中发现问题线索工作规程》，畅通移送渠道，强化了对医疗保障领域违规违法违纪行为的责任追究。修订《甘肃省欺诈骗取医疗保障基金行为举报奖励实施办法》，投诉举报奖励机制更加健全。

持续巩固基金监管高压态势　扎实开展定点医疗机构专项治理“回头看”、省级飞行检查、案件线索专查和存量问题清零等工作，全年各级共检查定点医药机构1.06万家，处理违法违规医药机构4958家，追回、扣减、处罚资金2.55亿元。

探索推进监管方式创新　进一步完善基金监管责任体系、制度体系和信用体系，构建政府监管与社会监督相结合的监督模式，推动基金监管更加科学规范开展。积极指导国家医疗保障局基金监管方式创新试点城市张掖市因地制宜、探索创新，组建“五市协同监管联盟”，构建市、县、乡、村四级医保监管体系，在国家医保基金监管方式创新试点终期评估中被国家医疗保障局评为“优秀”等次。

【医保公共服务水平有效提升】 全面实现普通门诊费用省内、省外异地直接结算　2021 年，全省共发生异地门诊直接结算 250604 人次，报销费用 3328.42 万元。在此基础上，省本级和兰州市参保人员在异地实现高血压、糖尿病等 5 种门诊慢特病直接结算。积极推进省内无异地，对临时外出就医人员实现直接结算，有效解决群众就医“垫资”问题和返回参保地手工报销“时间长”问题。

推进经办服务“放管服”改革　实行医药机构定点协议互认，方便医药机构准入、退出和参保人员就医、购药。开通谈判药品医药机构“双通道”直接结算服务，为参保群众提供了更加高效的惠民服务。省直和兰州市将特殊疾病门诊补助审核认定下沉至定点医疗机构，由定点医疗机构“一站式”受理，病种认定时限由原来的 3 个月缩短至 20 个工作日。

医保政策宣传成效突显　充分发挥医疗保障局网站、微信公众号以及各类新媒体宣传媒介作用，组织开展“每月一主题”、智慧医保“甘快办”20 策、药品集中带量采购、参保缴费、知识竞赛等专题宣传活动，对医保重点工作、政策法规、经办流程等群众关切的内容，有重点、高频次、广覆盖进行宣传。建立信访事项分级分类、台账管理、限期办结、督办约谈、月通报五项制度。2021 年及时回复领导信箱信息 522 件，办理信访 1072 件，电话解答 5000 多个。

【全面建成全省医保信息平台】 融合推进全省医保信息化和标准化建设，通过需求调研、系统开发、接口改造、编码贯标、系统对接、功能测试、数据治理、业务培训等各项工作，5 月 24 日，国家医保信息平台在兰州上线。8 月 26 日，国家医保信息平台在全省全面上线，实现全省医保信息系统“标准全省统一、数据省级集中、平台省级部署、网络全面覆盖”，实现医保业务网上办理、掌上办理。

重要活动

1. 召开甘肃省医疗保障工作暨党风廉政建设工作视频会议。 1 月 26 日，甘肃省医疗保障工作暨党风廉政建设工作视频会议在兰州召开，会议总结 2020 年全省医疗保障工作，对医疗保障改革发展面临的形势进行了深入分析，安排部署 2021 年医疗保障重点任务和党风廉政建设工作。省医疗保障局主要负责同志出席会议并讲话。

2. 开展兰州地区基本医疗保险定点医疗机构综合考核。 3 月 10—31 日，甘肃省医保服务中心联合兰州市医保服务中心，开展兰州地区基本医疗保险定点医疗机构综合考核。此次考核实行省市区三级联合行动，由省医保服务中心、兰州市医保服务中心和各县（区）医疗保障局同志共同参与。

3. 开展“宣传贯彻《条例》，加强基金监管”集中宣传月活动。 4 月 1 日，全省启动以“宣传贯彻《条例》，加强基金监管”为主题的集中宣传月活动，集中宣传《医疗保障基金使用监督管理条例》。

4. 召开全省医疗保障经办工作会议。 4 月 27 日，省医疗保障局召开全省医疗保障经办工作会议，局主要负责同志出席会议并讲话。会议总结回顾 2020 年全省医疗保障经办工作，安排部署 2021 年医疗保障经办重点工作，并就国家医保谈判药品落地、异地就医工作开展情况、新冠疫苗及接种费用结算政策开展培训。酒泉、兰州、庆阳、定西 4 个市州分别围绕行风建设、“放管服”改革、异地就医运行情况、DRG 支付方式改革进行大会交流发言。

5. 举行“庆祝建党 100 周年党史知识暨医保政策知识竞赛”。 6 月 19 日，甘肃省医保系统庆祝建党 100 周年党史知识暨医保政策知识竞赛省级决赛在兰州举行，并在网络同步直播。此次活动历时 4 个月，800 多名来自全省医保系统行政机关、经办机构、两定机构的干部职工参与，全省

14个市(自治州)的14支代表队参加决赛,决出团体奖一等奖1名,二等奖2名,三等奖5名;评选出个人奖一、二、三等奖共21名。

6. 国家医保信息平台在甘肃全域上线。8月26日,国家医保信息平台在全省15个统筹区全面上线,实现"标准全省统一、数据省级集中、平台省级部署、网络全面覆盖"的既定建设目标。平台接入定点医药机构21238家、定点零售药店9871家,服务全省2643万参保群众。

7. 召开甘肃省医疗保障基金综合监管工作领导小组会议。9月28日,全省医疗保障基金综合监管工作领导小组会议召开,会议通报2021年全省医保基金监管工作情况,明确下一步重点工作。与会单位结合工作职能,针对医保基金监督检查工作中发现的问题,就共同做好综合监管工作提出意见建议。省医保基金综合监管工作领导小组组长、省医疗保障局主要负责同志出席会议并讲话。

8. 签订《甘肃、青海两省协同推动医疗保障高质量发展合作框架协议》。12月16日,甘肃、青海两省医疗保障高质量发展合作框架协议签约仪式在兰州举行。甘肃省医疗保障局和青海省医疗保障局的主要负责同志出席仪式并讲话。两省将在完善医疗保障制度、医保政策协同、携手打击欺诈骗取医保基金行为、提升医保服务质量与效率、实现医保信息系统互联互通、建立长效合作机制等六方面进行深度合作,携手推动两省医保高质量发展。

典型案例

案例一:甘陕联盟探索开展同质量层次药品集中带量采购

2021年9月,甘肃省联合陕西省探索开展的首批同质量层次药品集中带量采购,共有30个药品41个品规中选,中选价格较基准价平均降幅58.73%,最高降幅99%,按照医疗机构上报的年度需求量,甘肃省首年预计可节约药品费用超过1.48亿元。

【充分发挥甘陕联盟耦合联动作用】 建立甘陕联盟药品集中带量采购工作机制,由甘陕两省医保部门会商确定集采方案和规则,甘肃省级药品采购机构负责具体实施工作。通过政策协同、数据共享、结果互认,充分发挥甘陕联盟耦合联动作用。对不参与甘陕联盟集采的企业,两省联动取消挂网资格或2年内不接受其参加集采或阳光挂网,提高企业参与度和竞争度。此次集采共有203家企业442个药品申报,183家企业388个产品取得报价资格,共有180家企业的368个品规完成报价解密,企业参与率98.36%、产品参与率94.85%。

【严格遴选同质量层次药品集采目录】 按照"分级开展、有序衔接、由简到难、应采尽采"的总体思路,甘陕联盟以基本医保药品目录内采购金额高、临床使用成熟、可替代性强、市场竞争充分等类型的化学药品为基础,剔除有国内上市原研药品或相当质量层次的同通用名品种,形成此次同质量层次药品集采目录。并以临床使用实际和大数据为基础,对同通用名药品进行科学分组,将大部分药品不同剂型、规格按照合理比价关系纳入同组,明确每组中可申报竞价的规格和未中选规格约定量折算规则,有效促进竞争。本次集采共有2个药品以非主规格中选,降价幅度分别为93.98%和77.76%。此次集采目录和分组目录的确定经过两轮专家论证,纪检部门全程监督,同时面向社会公开征求意见,确保目录遴选和分组确定科学严谨。

【科学优化质价并重的采购规则】 本次集采首次将价格招采信用评价内容纳入采购要求,列入《全国医药价格和招采失信企业风险警示名单》、被甘陕两省医药价格招采信用评级结果为"严重"及以上、未在甘陕两省平台上传《医药企业价格和营销行为信用承诺书》的企业,取消其申报资格。在采购规则的制定上，坚持临床优先、质量优先，按照企业择强、产品择优的原则，引入反映企业规模和供应能力、医疗机构使用成熟度、产品质量安全等质量竞争评价指标，由报价绝对值和降幅 2 个维度组成价格竞争评价指标，按照综合评分产生中选结果。对中选价格明显异常的，启动专家复议机制，共有 9 个产品二次降价，二次平均降幅 5.2%，最高降幅 35.7%，对不合理中选价格干预纠偏，确保带量采购提质增效。

【探索采用全流程电子化申报评标模式】 为深化“放管服”改革、优化营商环境，此次集采首次探索采取全流程电子化申报和远程异地评审方式，通过网上申报资料、网上报价解密、网上评审议价，主动公开资审结果、评价指标数据、报价解密结果，接受企业网上申诉质疑，确保集采流程合规、评价数据结果公开透明。全流程电子化完成集采工作，节约企业参与成本，提高集采工作效率。

案例二：兰州市积极推进信息化建设 有效提升乡村两级即时结算效率

兰州市积极推进全省统一的医保信息平台建设任务落实，充分利用信息化建设基础条件，发挥省会城市担当，成为全国首个在省会城市上线新的医保信息平台的城市。2021 年 5 月 31 日起，兰州市正式启用全省统一的医保信息系统。为全市乡、村两级就医费用即时结算奠定基础。

【高质量做好系统上线准备工作】 医保信息化建设是构筑医疗保障服务支撑体系的重要内容，也是建设“五个医保”的重要基础，更是实现医保事业高质量发展的重要引领。作为最先上线省级统一医保信息平台的城市，兰州市医疗保障局完成两定机构接口改造和乡村两级即时结算等系统上线前的准备工作，先后完成网络延伸、需求分析、编码贯标、两定机构接口改造、测试培训、迁移对接等工作。全方位开展需求调研，省、市、县三级联动，共同参与系统功能调研，形成 70 余份需求确认方案，切实保证原自建系统功能不减少、不缩水，准确对接医保经办服务中的新功能、新要求。

【高标准完成接口改造任务】 兰州市医疗保障局通过四项措施按时完成全市 3218 家医药机构接口改造任务。

组建工作专班 及时召开专门会议部署两定机构接口改造工作，成立分管领导为组长的工作专班，带领相关科室（中心）和县（区）医保部门抓两定机构接口改造工作落实；形成协同调度机制，坚持初期周报告、后期日报告的方式，先后召开专题会议 20 余次，及时解决存在的困难和问题，确保信息平台如期上线。

统筹多方力量 针对全市医药机构数量庞大、工作人员不足的实际，市局牵头、县（区）专责，按照上线时间节点倒排工期，制定细致的工作计划，保证工作任务细化到人、责任到位，有力推进定点医药机构接口改造工作落实。针对系统切换可能引发的舆情风险，拟定切换应急预案，确保不因系统切换影响群众就医及两定机构运行秩序。联合全市信访、大数据、卫生健康、民政、政管、税务等相关部门协作配合，发挥好全市 2700 余家医药机构宣传阵地作用，积极主动、提前谋划、充分宣传，加强参保群众对系统切换的支持力度。

形成问题反馈机制 建立并形成稳定的省、市、县三级问题响应反馈机制，在系统试运行期间，各县（区）收集经办、医药机构发现的问题，经市级整理汇总、研判完成时限后，立即提请省级项目组响应，最大限度地保障群众利益。上线省级信息系统以来，全市定点医药机构在新系统中累计结算 1243 万笔，结算资金超 70 亿元。

组织专场培训 市、县两级医保部门多次召开线上线下专场培训会，邀请省项目组工程师为定点医药机构负责人和软件服务商做专项培训，安排部署定点医药机构接口改造、联调测试和验收检查等工作，累计培训 4000 余人次，保证所有医药机构全覆盖，有效提升接口改造质量。

【高效率推进乡村即时结算】 为保障乡、村两级医保结算平稳过渡，最大程度减小对群众就医购药的影响，市医疗保障局从三个方面高效推进乡村医疗机构即时结算。

强化部门协作 充分考虑基层医疗机构工作

实际(尤其是远郊乡、村两级使用市卫生健康委员会自建系统),多次和卫生健康委员会沟通对接基层平台互通事宜,通过实地走访基层医疗机构、协商解决措施、增加硬件设备等方式,实现平台间数据的互通共用,实现部门间高效互动,协同解决刷卡结算和数据共享等问题,保障群众在乡村两级看病就医不受影响。

做实巡检督导　紧密配合省医疗保障局项目组,多轮次地督导基层系统承建公司加快系统开发和建设,实地巡检乡村基层医疗机构结算开展情况,做实乡、村两级医疗机构和人员的培训考核,提高工作质量。

监测结算数据　发挥新平台数据集中优势,通过分析筛查乡、村两级基层医疗机构结算数据,及时发现结算方面存在的管理盲点,以实际数据抓整改。截至2021年底,全市乡、村两级医疗机构721家(乡镇卫生院62家,村级卫生室总数659家),均已完成贯标赋码等工作,即时结算率100%。

案例三:白银市精准发力促进“两病”门诊用药保障提质增效

2021年7月,白银市被确定为甘肃省“两病”门诊用药保障专项行动重点联系的典型地区。在推进“两病”门诊用药保障工作中,白银市医疗保障局持续增强门诊保障工作力度、提升医疗保障服务能力、减轻群众用药负担、方便患者就医购药、推动慢病治疗前移。

【强化“四个保障”】　强化待遇保障　在原“两病”门诊支付限额的基础上,进一步提高年度支付限额,执行全省最高标准,提升“两病”待遇水平。与门诊慢特病保障政策有效衔接,按照不重不漏原则确保“两病”患者全部纳入保障范围,及时享受应有待遇。

强化资金保障　将“两病”门诊用药保障资金纳入年度付费总额预算,与其他指标统筹安排下达,2021年全市预算“两病”专项门诊3000万元,充分保障政策落地。

强化用药保障　按照“四个优先”原则,指导乡镇卫生院、村卫生室加强“两病”药品配备和使用,优先采购、使用列入国家带量采购范围内的“两病”药品,全市共使用国家集采高血压药品19种,糖尿病药品14种,累计采购金额626万元,节约采购资金约797万元。落实药品集中带量采购医保资金结余留用政策,激发医疗机构使用带量采购药品的积极性,减轻患者用药费用负担。

强化协同保障　建立医疗保障、财政、卫生健康、市场监管四部门各司其职、协同配合的机制,共同做好“两病”门诊的待遇落实、健康管理、药品配备和综合监管等工作,并将“两病”门诊用药保障服务纳入定点医疗机构服务协议和年度绩效考核范围。

【优化“三项服务”】　优化认定服务　基于全市农村人口多、“两病”患者底数大的实际情况,压减申报、受理、认定环节,采取以整体纳入为主,依申请为辅的认定模式,以卫生健康部门规范化管理的“两病”参保患者为基数,符合条件的“两病”患者无需申请即可全部纳入“两病”门诊保障范围,扩大政策受益面。

优化处方服务　执行长期处方管理,基层医疗卫生机构可根据用药实际一次性开具不超过12周的长期药量处方,保障“两病”参保患者长期用药需求。对病情稳定、只取药不进行其他诊疗服务的“两病”患者,只收取便民处方费,不收取诊疗服务费。

优化结算服务　对纳入“两病”门诊用药服务的定点医疗机构全部开通“两病”门诊结算功能,并实行就医地即时结报,“两病”参保人员在市域内定点医疗机构购买“两病”药品,均可直接享受“两病”待遇,畅通政策落地“最后一公里”。

【完善“三个机制”】　完善基金监管机制　加强对虚假住院、挂床住院等违规行为的监管,杜绝需药物治疗的“两病”患者挂床住院,并将虚假申报“两病”门诊用药、串换套取“两病”药品等违规行为纳入重点监管范围,引导住院率回归合理水平,城乡居民住院率由2019年的14%下降到2021年的12%。

完善政策宣传机制　采取“媒体宣传+阵地

宣传＋集中宣传＋入户宣传”方式，通过电视、广播、微信公众号、抖音短视频等媒体，以及各级医保经办大厅、定点医药机构和村镇公共服务场所等阵地，结合医保政策宣讲培训等集中宣传活动，依托乡镇及村社干部、家庭医生开展入户走访，让“两病”门诊用药保障政策深入人心。

完善调度分析机制　建立“两病”门诊用药保障定期调度分析机制，每月对“两病”患者待遇享受、药品费用、基金支出等情况统计分析，为政策进一步优化调整提供决策依据。

【实现“三个目标”】　扩大政策保障范围　卫生健康部门规范化管理的“两病”患者 18.7 万人，其中门诊慢病和“两病”政策覆盖高血压、糖尿病患者 16 万人，纳入保障范围的“两病”患者占规范化管理人数比例达 85％以上，政策受益面逐步扩大。

提升服务便捷程度　通过家庭医生签约服务和就近定点医疗机构即时结报，“两病”患者无需申请认定，在家门口就可以便捷享受“两病”门诊待遇。

减轻患者门诊费用负担　随着“两病”政策覆盖范围逐步扩大，国家集采药品政策效应逐渐凸显，全市城乡居民“两病”患者门诊费用负担明显减轻。2021 年“两病”门诊用药保障政策惠及 3.5 万城乡居民，减轻患者门诊费用负担约 215 万元。

案例四：嘉峪关市医疗保障局率先开展城乡居民普通门诊统筹试点

嘉峪关市作为甘肃省城乡居民普通门诊统筹第一批试点地区，于 2021 年 7 月正式启动实施城乡居民基本医疗保险普通门诊统筹试点工作。

【主要做法】　完善政策措施，提供制度保障　积极调研，并结合实际情况，创新管理方式，开展支付方式改革，初步建立一套比较完善的居民门诊统筹政策体系。2021 年 6 月 8 日，印发《嘉峪关市城乡居民基本医疗保险普通门诊统筹实施细则（试行）》（以下简称《实施细则》），明确居民普通门诊统筹基金的使用范围、流程和监督管理，规定 2021 年 7 月 1 日正式实施。同时实行严格的考核办法，根据结算管理办法，实行日常监督、每月审核与年末决算相结合，在试点工作推进过程中，及时发现问题、解决问题、完善办法，确保参保居民权益落到实处，确保试点工作有序开展，为门诊统筹工作的顺利开展提供制度保障。

依托社区等基层医疗卫生机构，合理设定待遇水平　一是合理确定门诊医疗服务提供方。选择以网点多、距离近、费用低的社区卫生服务中心等基层医疗卫生机构为依托开展门诊统筹工作。机构实现信息网络全覆盖，充分发挥社区服务中心“守门人”作用，引导病人合理救治，实现“小病在社区，大病进医院”的就医模式，为居民门诊医疗服务提供方便。二是科学确定门诊待遇水平。为有效控制基金风险，按照低水平起步，稳步提高待遇水平的思路，实行按比例限额支付门诊费用。按照参保城乡居民每人每年 60 元的付费标准（此标准可根据当年参保人数、缴费金额等因素动态调整），预算全市普通门诊统筹总额控制额度。即基金总量的 7％左右用于门诊统筹。门诊报销比例 75％，一个年度内个人门诊最高支付限额为 120 元。

精细考核，适度奖惩，确保基金有效使用　为确保基金使用效率，《实施细则》明确规定考核奖惩指标及支付标准，总控费用的 20％作为预拨费用，按照门诊统筹定点医疗机构的服务人群年初一次性预拨各机构。50％留用考核款和 30％奖励惩罚款分别设定考核奖惩指标。考核奖惩指标的设定结合医保管理现状，客观、合理、可操作。主要有门诊“两病”用药保障、各医疗机构医保费用控制水平、服务本责任区及外责任区参保人群、医保政策宣传培训、超支分担等指标。按照各机构年度实际服务的就诊人次支付考核留用及奖励惩罚款，考核分数为 0－100 分，次均支付标准为 10－30 元/人次。年底考核后按照考核评分支付标准核算支付，各机构考核费用大于实际支付的，结余部分可留用绩效奖励。

加大政策宣传，提高参保居民政策认知度　高度重视政策宣传和舆论导向工作，多次组织门诊统筹定点医疗机构开展政策解读，从居民就诊流程、待遇标准、定点机构诊疗服务、考核指标等方面进行培训宣传，通过报纸、网络、电视等多种方式大力宣传，为政策实施奠定基础；门诊统筹定点医疗机构利用家庭医生微信群定期推送相关政策规定，通过电子屏滚动药品及诊疗项目价格，在药房、收费、诊疗区域内放置宣传彩页，设置宣传展板等扩大宣传范围，进一步扩大政策的影响面和受益面。

【主要成效】 *参保居民满意* 门诊统筹保障参保居民门诊常见病、多发病、慢性病的诊疗，改变单一购药的方式，对纳入门诊统筹资金支付范围的药品、诊疗项目、耗材及其他符合规定的费用实时报销，让居民切身体会到门诊就医的实惠和好处。就诊居民次均报销额度从 2020 年的 48 元/人次增至 82 元/人次，居民门诊实际报销待遇进一步提升。

医保基金用到实处 2021 年，城乡居民普通门诊就诊人次下降 30%，次均医保报销费用增长 50%，在降低参保患者门诊医疗费用支出的同时，参保群众医疗保障待遇水平进一步提升。

管理效能有所提升 通过考核的激励措施，有效提升定点医疗机构主动规范诊疗行为的积极性、主动性，在提高诊疗质量的同时降低医疗费用，实现参保群众和医疗机构双满意。

案例五：张掖市创新医保基金监管方式

张掖市医保系统加快推进基金监管法治化、专业化、规范化、常态化，坚决守好人民群众的“看病钱”“救命钱”。2019 年 5 月，张掖市被确定为国家医保基金监管方式创新试点城市以来，紧抓试点契机，创新工作思路，逐步探索形成可借鉴、可推广的“44351”医保基金监管模式，筑牢医保基金监管防护线。截至 2021 年底，张掖市各项医疗保障重要指标明显下降，城乡居民住院人次降低 23860 人次，总费用降低 0.7 亿元，住院率下降 11.8%，住院人次人头比降低 3.9%，全市职工医保基金累计结余 6.1 亿元，全市居民医保基金累计结余 3.87 亿元，在国家医疗保障局基金监管方式创新试点总结评估中被评为“优秀”等次。

【构建“四级体系”，基金监管实现无盲区全覆盖】 成立市、县两级医保基金监管服务中心，市级核定编制 4 人，张掖市五县一区中有四个县成立医保基金监管服务中心，核定编制 29 人，充实基金监管力量。建立市、县、乡、村四级医保监管体系，成立市、县（区）创新试点领导小组，制定实施方案，明确各级医保基金监管分管领导、医保专干，配备村（社区）专（兼）职医保工作人员，构建起横向到边，纵向到底的监管体系，层层把关，对医保基金监管进行全面覆盖检查。

【坚持“四个同步”，积极发挥综合监管效能】 发挥部门监管优势，由医保部门牵头，联合纪委监委、公安、审计、卫生健康、市场监管等部门，成立医保基金综合监管协同工作组，定期召开部门联席会议，确定重点监测指标，按季度测定排名，对异常指标及时作出预警提示，并在全市范围公布，形成事前与职能部门监督检查同步、事中案件移送与职能部门信息共享同步、行政执法与司法部门行刑衔接同步、事后处理与纪委监委责任追究同步的监管机制。2021 年 1—12 月，全市检查定点医疗机构 951 家次，处理 422 家次，其中：约谈 146 家次、通报批评 42 家次、限期整改 267 家次、暂停医保结算 21 家次、解除医保服务协议 9 家、行政处罚 59 家次；追缴违规基金及行政罚款（违约金）共计 1225.07 万元，其中：追回违规医保基金本金 908.8 万元、追缴违约金 242.54 万元、行政罚款 73.73 万元、定点医疗机构通过自查自纠主动退回医保基金 75.03 万元、公开曝光典型案例 6 起、举报奖励 3 人次。

【用好“第三方”力量，促进监管手段多元化】

把好准入 优选省内外从事医疗服务行为评审机构、商业保险机构、会计师事务所、信息技术服务机构及医学、药学、审计、信息等专业人员，充分利用第三方机构专业和技术优势协助基金监管。

优化手段 制定检查方案，监管手段由单一的现场检查和住院病历抽检转变为大数据筛查、重点指标预警分析、审计结果应用等相结合的多形式检查。

规范考评　明确双方职责权限，对第三方机构的服务、人员资质、信息保密、合理化建议、廉洁自律等方面进行全过程监督管理，并委托兰州大学对第三方服务进行绩效评价，调动社会资源参与基金监管，有效提升第三方服务质量和成效。截至 2021 年底，委托第三方机构审核医保住院病历 32.03 万份，追回医保基金本金及罚款 3756 万元，比 2018 年的 220 万元增长 3536 万元；委托商业保险公司经办医保业务，审核、调查基本医保无第三方住院意外保险案件 1.32 万件，挽回医保基金 779 万元。

【形成“五市联盟”，打破异地就医监管壁垒】 针对跨区域监管难点、盲点，率先建立河西张掖、酒泉、嘉峪关、武威、金昌等五市协同监管机制，明确协同监管的原则、内容、方式、程序；建立协同监管联席会议制度，五市医保部门轮流担任联席会议轮值主席，定期或不定期牵头召集协同监管联席会议，研究基金监管中的重点和难点问题；建立医保专家库互聘共享制度，并对医保基金运行重点指标、异地就医返回参保地手工报销住院信息真实性等实行共享。约定追回的违法违规本金归属原参保地，违约金和罚款归属就医地，激发跨区域监管的积极性。截至 2021 年底，检查医疗机构 22 家，检查病历 2139 份，追回医保基金 22.8 多万元，打破跨统筹区异地就医监管瓶颈。

【紧抓“第一防线”，守好基金安全不放松】

抓好经办内控　制定印发《张掖市医疗保障经办服务内部控制暂行办法》《关于进一步规范定点医药机构协议管理经办工作的通知》，推进协议管理制度化、清单化、图表化，形成经办业务各个环节相互监督、相互制约的机制。

抓好医疗机构内控　出台《关于进一步加强定点医疗机构使用医保基金内控管理的意见》，促使定点医疗机构由过去的被动控费逐步向科学、合理、高效、主动管理和使用医保基金转变。

抓好医保医师管理　出台医保医师工作规则，建立全市统一的医保医师库，明确医保医师诚信责任和惩戒奖励。实行记分管理，对医保医师的各类违规行为，视情节轻重给予记分处理；记分在一个自然年度内累加计算，年底清零，一个自然年度内记满 12 分以上的，列入“黑名单”予以失信联合惩戒，并与评先评优、职务晋升、绩效考核及定点医疗机构年终考核挂钩，从而将监管对象由医疗机构延伸至医务人员。

案例六：庆阳市稳步推进 DRG 支付方式改革

庆阳市以 DRG 国家付费试点为契机全力推动支付方式改革，于 2021 年 8 月完成模拟运行，9 月进入实际付费。通过开展 DRG 付费，有效规范医疗机构的诊疗行为，提升病案质量和医保基金的使用效率。截至 2021 年底，13 家试点医疗机构的病案数据入组准确率由原来的 94.13%提高到 95.25%；试点医疗机构次均费用由同期的 5774.07 元下降为 5748.80 元，降低 25.27 元；平均住院日由同期的 8.3 天下降为 8.1 天，降低 0.2 天。庆阳市连续 2 年被国家医疗保障局交叉评估验收为优秀等次，2021 年 12 月，被国家医疗保障局确定为全国 18 个示范城市之一。

【党政主抓，部门主推，保障机制建立更加有条不紊】　统筹规划　市委将此项工作列为全市深改的重要任务和县区党政领导班子年度工作任务目标考核内容。

有序推进　市政府成立庆阳市 DRG 付费试点工作领导小组，市政府分管领导任组长，以市政府办名义印发试点实施方案，推进试点落实。成立专项督查组，建立专项督查、定期通报和阶段性工作评估验收机制，实行周计划、月报告、季考核、阶段性专项督查和评估验收相结合的工作制度，有力促进试点工作。

分工合作　建立试点工作联席会议制度，梳理重点任务 20 余项，明确各试点单位的工作职责，划定时间表和路线图。

坚持原则　始终坚持顶层设计、国家标准这条主线，紧跟国家统一部署这一原则，统筹推进试点工作。

协作会商　建立高效沟通机制，注重与医疗机构及相关部门的沟通衔接，采取建立工作例会制度、定期会商制度、重大问题征询意见制度，让医疗机构直接参与到政策、经办规程、结算办法制定等具体工作中来，及时解决改革中出现的困难和问题，推动达成共识，形成工作合力。

技术保障　组建24人省、市DRG专家指导组，并以此为基础，成立市本级专家团队，细化为政策咨询、医保、临床、统计、信息、病案和财务7个组，共42人。

【对接标准，搭建平台，付费结算系统更加配套实用】 制定出台《庆阳市DRG结算管理一体化平台建设改造工作方案》，确立以数据采集、分组、结算和智能监管为关键内容的系统建设规则，开发建设包括数据采集、编码映射管理、分组管理、结算支付、智能监管审核、医疗质量评价为一体的DRG付费结算管理一体化系统。组织各试点医院对照技术标准开展接口改造和信息化建设工作，实现医保结算平台和13家试点医院DRG付费结算管理一体化平台间的互联互通，为DRG付费的全面开展提供必要的前提条件。

【对标要求，坚持规范，细分组方案更加科学合理】 充分利用大数据的基础支撑作用，对13家公立医疗机构近3年的基础数据进行采集，与专业公司合作开展基线调查，全面摸清医疗、医保管理工作在数据完整度、数据质量、接口标准等各方面的情况，并针对问题和短板弱项，制定有针对性的工作方案。借助第三方力量，坚持突出本地化要求、突出权重的审慎确定、突出试点平稳落地、突出分级诊疗、突出基金平稳运行，经过8轮分组调整测算和基金模拟测算，研究制定符合本地实际的CHS－DRG细分组方案。形成376个核心组(ADRG)下的601个细分组的庆阳本地化分组体系(包括33个历史数据空组)。经组内稳定性测算，CV值大于1的只有2组，占比为0.36%。组间差异性RIV值71.89%。

【健全机制，强化监管，配套政策更加符合实际】 围绕实际付费平稳运行，从健全各项机制、政策、制度入手，先后制定出台《庆阳市基本医疗保险住院医疗费用按疾病诊断相关分组付费工作制度(试行)》《庆阳市按疾病诊断相关分组(DRG)付费结算管理经办规程》等涉及整个管理、支付流程的相关配套政策和措施，明确支付制度、分组方案、权重与费率标准、结算支付流程、基金预算及月度结算、年终清算原则，建立融经办、结算、监管、考核、奖惩、谈判等相关工作内容为一体的工作制度，建立健全谈判协商、激励约束、费用极高病例、新药新技术除外、付费争议处理等工作机制。

【重点推动，基础先行，病案质量更加精准规范】 为使全市医保经办人员和试点医疗机构临床医护人员快速、准确掌握DRG付费相关基础原理和编码规范、积蓄改革后劲、熟练开展工作，采取走出去与请进来相结合的方式，开展基础性培训工作。与市卫生健康委员会联合印发关于加强病案质量管理的紧急通知，多次联合开展病案质量督查，并邀请省内病案管理质量控制专家对13家试点医院的病案首页填写、病历书写质量、电子病历应用、ICD字典库使用、病案信息化建设和“18项核心制度”落实等工作进行检查、验收和培训，为全面提升全市病案管理规范化水平、夯实DRG付费试点病案质量基础、持续推进病案管理质量整体上台阶打下坚实基础。

案例七：陇南市多措并举切实维护医保基金安全

陇南市医疗保障局始终把维护医保基金安全作为首要任务，始终对“三假”问题零容忍，始终坚持“四管齐下”，强力推进基金监管，坚决守好参保群众“救命钱”。

【以基金筹集使用为支点，全链条监管】 坚持把基金征缴作为保障、基金监管作为责任、待遇落实作为落脚点，高度重视医保基金的筹集使用。在基金征缴过程中，以医保基金“集中征缴月”活动为突破口，建立市县政府主导、部门协作联动、全社会共同参与的基金征缴工作机制，全力打赢参保缴费歼灭战，确保医保基金“应征尽征”，把“蛋糕”做大，把“蛋糕”分好。在基金使用过程中，为规范基金使用行为、规避基金使用风险，组建全市医保基金审核专家库，在所有待遇支付项目系统100%初核、人工100%初审基础上，按照10%的抽查比例进行随机抽查。对涉嫌欺诈骗保、违反现行报销政策的，一律追根溯源，坚决守好“业务经办审批关”。在医保基金支付后，及时组织开展“回头看”，努力拓宽基金监管渠道，将医保基金使用项目全部纳入审计范围，由审计部门进行全面审计，坚决守好“基金运行安全关”。严格落实基金风险预警、运行分析制度，着力加强基金运行风险防控。

【以服务协议管理为重点，全覆盖监管】 为全面加强医药机构协议管理，在常规检查、提高检查频率基础上，对全市定点医药机构实行“五个一管理”，即一月一检查、一月一通报、一季一排名、半年一评比、年度一考核。严格按照考核方案兑现奖惩，奖优罚劣。将保证金、预算指标与考核结果直接挂钩，对存在严重问题的定点医药机构取消其定点资格。截至 2021 年底，全市 385 家定点医疗机构、362 家定点零售药店，共 747 家定点医药机构全部实现“五个一”协议管理，日常检查 100%全覆盖，做到“从严准入、从严监管、从严奖惩”。

【以基金飞行检查为抓手，全方位监管】 健全机构　为规范执法行为、提升医保基金监管质量，申请成立陇南市医保基金监测中心，增加 3 个事业编制，配备工作人员和记录仪等执法设备。联合相关部门及时成立基金监管工作专责组，跨部门协调调度，有效推进工作落实。

强化工作力量　聘请当地律师行业优秀团队作为全市医保基金监管执法咨询服务机构，提供专业司法服务。引入第三方团队开展数据分析和飞行检查，以省医疗保障局组织的市（自治州）飞行检查为契机，对全市开展 2 次医保基金飞行检查，1 次联合监督检查，并认真整改反馈问题，切实提升基金监管的针对性和时效性。

建立部门联动机制　以完善监管机制、提升监管合力为目标，会同市公安局等成员单位，先后建立日常监管、社会监督、举报奖励等制度，建立欺诈骗保行刑衔接机制和打击欺诈骗保工作联席会议制度，联合印发《陇南市推进医疗保障基金监管体系改革的实施意见》等文件，不断加强常态化监督检查。

强化专项治理　以查处重点领域、频发违规行为为目的，扎实组织开展城乡居民医保基金突出问题专项整治，开展“假病人、假病情、假票据”行为专项整治行动，严厉打击骗保行为，阻断“跑冒滴漏”源头。2021 年全市共处罚 337 家违规医药机构，累计追罚扣减 1863.02 万元，其中，解除服务协议 1 家，暂停结算 7 家，约谈 118 家，公开曝光 9 起典型案例。

【以 DIP 支付改革为契机，全过程监管】 以开展 DIP 支付方式改革试点为契机，坚持把维护基金安全作为推进 DIP 改革试点的重要动力、关键任务。2021 年 5 月 1 日起实施的《医疗保障基金使用监督管理条例》，要求适应医保基金管理链条长、风险环节多的特点，以 DIP 改革为契机，形成对医保基金的事前、事中、事后的全流程监管。截至 2021 年底，试点医疗机构全部实行 DIP 实际付费。通过 DIP 支付方式改革，倒逼医疗机构实行全方位改革，提高管理能力，规范医疗行为，提升服务能力，优化诊疗方案，降低医疗成本，减轻群众负担，维护基金安全，真正实现把群众“救命钱”花在刀刃上。

青 海 省

工作综述

2021年，青海省医疗保障局统筹疫情防控、医保改革等工作，“十四五”医保事业发展取得新成绩。截至2021年底，全省基本医保参保566.96万人，其中，职工参保114.83万人，城乡居民参保452.13万人，参保率稳定在95%以上。全省基本医疗保险(含生育保险)基金收入139.07亿元，支出110.13亿元，累计结存215.23亿元。

【助力疫情防控】 做好新冠肺炎疫苗采购及接种费用保障　及时拨付新冠肺炎疫苗采购及接种费用，2021年拨付疫苗采购资金5.11亿元，接种费用8624.76万元。

集采核酸检测试剂，降低新冠病毒核酸检测价格　集中带量采购核酸检测试剂，并及时调低检测价格。2021年，核酸检测单检每人次下降至40元，混检每人次下降至10元，防疫成本大幅降低。

【推进医疗保障制度建设】 出台《青海省深化医疗保障制度改革的实施意见》　3月13日，省委、省政府顶层设计出台《青海省深化医疗保障制度改革的实施意见》，提出未来10年全省深化医保制度改革目标，明确30项任务，重点包括建立全省统一的医疗保障制度体系、完善公平适度的待遇保障机制、健全稳健可持续的筹资运行机制、健全严密有力的基金监管机制、协同推进医药服务供给侧改革，搭起医保事业高质量发展的“四梁八柱”。

制定《关于建立医疗保障待遇清单制度的实施意见》　7月13日，省医疗保障局、省财政厅联合出台《关于建立医疗保障待遇清单制度的实施意见》，规范决策权限、厘清政策框架，为全省医保政策纵向统一、待遇横向均衡和基金安全可持续运行奠定基础。12月8日，省医疗保障局办公室印发《贯彻落实青海省医疗保障待遇清单制度三年行动方案(2021—2023年)》，明确行动目标、重点任务、时间进度和责任分工，进一步推动待遇清单落实落地。

印发《青海省“十四五”全民医疗保障规划》　12月16日，省政府办公厅正式印发《青海省“十四五”全民医疗保障规划》，明确到2025年，全省医疗保障制度更加成熟定型，基本医疗保险依法覆盖全民，基金支撑能力显著增强，待遇保障、筹资运行、医保支付、基金监管等重要机制和医药服务供给、医保管理服务等关键领域的改革任务基本完成，医疗保障政策规范化、管理精细化、服务便捷化、改革协同化明显提升，全面绘就未来五年青海省医保事业发展的美好蓝图。

【做好医保待遇保障】 做好脱贫攻坚成果同乡村振兴有效衔接　6月10日，省医疗保障局联合民政厅、财政厅等六部门出台《关于巩固拓展医疗保障脱贫攻坚成果有效衔接乡村振兴战略实施方案》，通过建立渐退机制、优化倾斜政策、健全预警机制、提升服务能力等举措，全省53.9万脱贫人口实现应保尽保，有效防范农村居民因病致贫返贫，助力全省乡村振兴战略实施。

建立职工医保门诊共济保障机制　11月4日，省政府办公厅出台《青海省职工基本医疗保险门诊共济保障实施办法》，改革个人账户，推动职工医保门诊保障由个人积累式向互助共济式转变。调整完善居民医保普通门诊统筹政策，将年支付限额由原来的120元提高至300元，支付范围扩大到三级以下所有医疗机构，报销比例有所增加，保障水平有效提高。

参保扩面任务全面完成　认真实施全民参保计划，强化政策宣传，优化医保服务，鼓励和引导城乡居民积极参保。调整完善城乡居民医保筹资机制，确定2021年居民医保人均财政补助标准新增 30 元，达到 656 元，个人缴费标准为 320 元。为解决因疫情未能返乡、流动人口居住证办理时限较长等错过集中参保的省外出务工人员的参保问题，省医疗保障局适当延长参保补缴期限，确保应保尽保。

持续推动“两病”政策落实　深化实施城乡居民高血压、糖尿病门诊用药保障和健康管理专项行动，西宁市、海南州确定为国家和省级“两病”门诊用药保障专项行动重点联系的典型地区。

【深入推进医保重点改革】　深入推进医保支付方式改革　12 月 30 日，省医疗保障局印发《青海省 DRG/DIP 支付方式改革三年行动方案》，明确西宁、海南、海西、海北、黄南、玉树六个地区实施 DRG 付费方式；海东、果洛两个地区实施 DIP 付费。西宁市 DRG 付费和海东市 DIP 付费改革国家试点在全国交叉评估中均获优秀等次；在互助县中医院遴选 10 个病种开展中医按病种付费试点，积极推进县域紧密型医共体医保总额付费管理改革，完成 2020 年度省级职工医保总额清算工作，研究核定 2021 年总额付费指标，安排部署并督促落实各市州医保总额的核定、清算工作。

持续推进药品耗材集中招采改革　8 月 19 日，省政府办公厅研究出台《关于推动药品集中带量采购工作常态化制度化开展实施方案》。10 月 18 日，省医疗保障局研究出台《青海省医用耗材集中带量采购和使用实施方案》，推动药品耗材集中招采由粗放式向精细化管理转变，积极参加国家组织药品集采和省际联盟集采，抓好中选结果落地使用。2021 年全年集采药品 137 个、医用耗材 9 种，节约采购资金 13 亿元，省医疗保障局落实药品集采医保资金结余留用政策，兑现资金 2145.59 万元。

稳步推进医疗服务价格改革　统筹兼顾医疗事业发展需要和各方承受能力，按照“总量控制、结构调整、有升有降、逐步到位”原则，及时对诊察、护理、床位等 79 项医疗服务价格项目进行调整，涉及调价资金 3.14 亿元。其中，门急诊诊察费等 14 项服务价格提高的 5800 万元资金全部由医保基金支付。及时审核确定省级医疗机构申请的 12 项新增医药服务价格项目，促进医疗机构新技术发展。

率先实施医疗救助省级统筹　3 月 5 日，省政府办公厅印发《青海省医疗救助省级统筹实施方案》，启动实施医疗救助省级统筹，实现救助范围、救助政策、经办服务、基金管理、信息系统“五统一”。

【完善药品支付与管理】　进一步优化医保目录　1 月 26 日，省医疗保障局、人力资源社会保障厅联合印发《青海省基本医疗保险、工伤保险和生育保险药品目录（2020 年）》，在国家医保目录 2800 种的基础上，增补 53 种民族药、57 种西药、37 种中成药，并制定《青海医疗保障门诊慢性病特殊病用药目录》，收录药品 4687 种，保障 26 种慢特病患者门诊用药需求。

抓好国家医保谈判药品落地监测工作　为确保国家 221 种谈判药品落实落地，扩大特殊药品医药机构范围，将符合条件的 3 家医疗机构和 22 家定点零售药店纳入医保特殊药品定点范围。2021 年，全省有 44.5 万人次享受特药政策，医保基金支付 2.5 亿元。

积极支持民族医药事业发展　经国家医疗保障局同意，青海省将 96 种藏药纳入省级医保目录，全省 11 家藏（蒙）医院的 874 种自制制剂纳入省级医保目录。截至 2021 年底，青海省纳入医保的自制制剂达 1261 种，调整 203 种藏医院制剂支付标准，有效满足群众看病就医需求。

【推进基金监管工作】　出台《关于推进医疗保障基金监管制度体系改革的实施意见》　3 月 15 日，省医疗保障局、财政厅联合印发《青海省打击欺诈骗取医保基金举报奖励办法》，完善总则、举报受理、举报办理、举报奖励、有关责任等方面内容。6 月 4 日，省政府办公厅研究出台《关于推进医疗保障基金监管制度体系改革的实施意见》（以下简称《实施意见》），对“十四五”期间全省医保基金监管作出全面部署，明确监管主体和责任，完善基金监管制度，严格医保基金监管等。《实施意见》明确，到 2025 年，基本建成与医疗保障制度相匹配的基金监管制度体系，形成以法治为保障，以信用管理为基础，以多形式检查审核、大数据监管为依托，党委领导、政府监管、社会监督、行业自律、个人守信相结合的全方位监管格局，实现医保基金监管法治化、专业化、规范化、常态化，并在实践中不断发展完善。

推进"两试点一示范"建设　9月27日，海南州国家医保基金监管方式创新试点和海西州医保基金监管信用体系建设试点工作全面完成。海南州医保局在完善制度建设、强化信息披露、建立医保专家库和社会监督队伍等方面取得成效，为全国范围内推进基金监管制度体系改革积累经验。海西州医保局明确评价周期、评价指标、信用等级、末位淘汰等信用管理要点，根据信用评价系统分析重点失信行为及分布，助力医疗机构专项整治工作，规范医疗行为。

开展基金监管集中宣传　省医疗保障局编印《医疗保障基金使用监督管理条例问答手册》及城乡居民参保政策、大病保险、医疗救助等宣传折页和海报，并制作宣传光盘，发放至全省各级医保部门开展宣传。启动2021年省医保政策集中宣传月活动，召开新闻发布会发布活动具体安排，集中曝光11家定点医药机构违规使用医保基金典型案例。制作四期医保政策短视频，推出《医疗保障基金使用监督管理条例》进万家有奖问答等活动扩大宣传影响。开设全省医疗保障系统干部专业化能力提升培训班，对紧贴实际、基层急需的内容进行专题授课，提高医保系统基金监管的能力和水平。

开展打击欺诈骗保专项行动　省医疗保障局联合公安、卫生健康部门深入开展以整治"假病人、假病情、假票据"为重点的打击欺诈骗保专项行动，积极配合国家飞行检查，扎实开展省内飞行检查，全面核查定点医药机构医保基金使用情况，严厉查处违法违规问题。2021年，检查定点医药机构5138家，查处违法违规行为1968家。其中，取消协议41家、暂停协议175家、移交司法机关4家、移交纪检监察机关11家，公开曝光20起，追回违法违规使用医保基金1.2亿元。

加强医保基金收支管理　合理编制医保基金预算，强化预算执行，建立医保统计分析报告制度，增强基金收支平衡和风险预警能力。2021年，全省基本医疗保险基金收入139.07亿元，支出110.13亿元，累计结存215.23亿元。

【强化医保为民服务】　加强医保经办服务　2021年，全省各市州陆续完成医保经办服务中心机构设置并正常运行，建立省医疗保障局经办服务中心，西宁、海东两地对口帮扶玉树、黄南、果洛三州。建立医保经办服务工作机制，推行医保政务服务事项清单制度，统一事项名称、事项编码、办理材料、办理时限、办理环节、服务标准，细化调整参保人员享受门诊慢特病待遇的认定、申报及待遇支付方式。简化认定程序，全面取消主管医保院长签字、职工参保单位审核盖章和定点医疗机构限制，实行"即来即办"。加强商保公司经办居民医保服务的日常监管和绩效考核，完成新一轮委托经办服务招投标工作，强化定点医药机构协议管理，2021年，全省互认两定机构达808家。

推进"互联网＋医保"业务办理　通过网上申报客户端，参保单位可在网上办理参保信息查询、缴费通知单打印等业务，同时利用微信公众号、手机App、门户网站等渠道，为参保人员提供个人信息查询、医保政策咨询、异地就医备案办理等服务。特别是在疫情期间，采取"线上办""延后办""网厅办"等非接触办理模式，正常开展医疗保险个人账户手工划账、异地备案审核、异地安置信息维护等业务。结合藏族群众较多的实际情况，同步推出藏文版医保电子凭证，方便藏族群众"持码就医"，实现"一次展码、混合支付"。

加快医保信息化建设　1月5日，国家医保信息平台在西宁地区陆续上线试运行，7月29日全省上线启动仪式举行后，项目由建设阶段转入上线运行调试阶段。省医疗保障局深入查找和梳理平台运行中的各类问题，通过反复修改和系统演示，不断优化和完善各子系统的使用功能，同时加快推进医保数据中心建设、医保信息业务编码贯标、医保电子凭证应用、跨部门互连互通等支撑平台运行的其他辅助性工作。2021年，建设项目形成有效投资1.02亿元，占总投资的34%，25个子系统平稳运行，能够满足医保核心业务工作需要。15项医保业务编码贯标工作基本完成。全省累计激活医保电子凭证的参保群众600多万人，基本实现医保费用"刷脸支付""扫码支付"。平台与公安、财政、卫生健康、民政、税务等11个部门基本实现互联互通。

完善跨省异地就医直接结算办理服务　进一步简化异地就医办理流程，在完善电话、邮件、手机 App 备案的基础上，开通离休待遇人员备案、差别化支付备案新模式，开通普通门诊直接结算，开展门诊慢特病、药店直接结算试点，拓宽备案渠道、简化业务流程。2021 年，全省新增异地就医备案 24.9 万人次，住院结算 4.6 万人次，基金报付 7.2 亿元，普通门诊结算 3.75 万人次。开通手机 App、电子邮箱等备案方式，将省内符合条件的医院(含民营医院)全部纳入国家异地就医平台，实现差别化支付及省内异地安置人员在省内医院发生的医疗费用持卡结算。截至 2021 年底，青海省参保人员有效备案 9.36 万人次，发生业务 2.16 万人次，医疗总费用 4.13 亿元，基金支付 3.08 亿元。省外参保人员有效备案 1.3 万人次，发生业务 1181 人次。

推进医保领域"放管服"改革　结合国家医疗保障局和省政府公布的政务服务事项，省医疗保障局对医保经办服务过程中需要提供的证明材料、办理方式、法定依据等进行深入研究，将群众关注的异地安置、长期居住、外省工作证明等高频办理事项列入承诺制事项目录，最大限度简化参保群众办理医保业务的流程等。同时，按照直接取消审批、审批改为备案等要求，实现一地准入、他地互认，结束两定医药机构纳入各级医保管理需跑多地重复准入的问题，持续释放改革红利。此外，省医疗保障局印发《青海省职工医疗保险个人账户家庭共济使用管理办法(试行)》《医疗保险智能审核系统上线通知》及配套文件，统一全省相关业务办理规程，并通过门户网站及时向社会公布医保相关工作情况，实现社会共同监管，充分发挥社会公众监督作用，持续简政放权，实行医保定点纳入互认制度。

强化医疗保障行风建设　省医疗保障局主要领导严格履行第一责任人职责，督促工作落实。及时解决城乡居民"两病"待遇支付政策，办事流程中的难点问题，确保"两病"政策落地落实。并且严格落实政务服务事项清单制度，规范经办大厅设置，统一工作人员服装，配置便民服务设施等。

探索建立省际共建共享协作机制　省医疗保障局与甘肃省医疗保障局签订合作框架协议，在规范完善医疗保障制度、建立待遇政策协商机制、携手打击欺诈骗取医保基金行为、提升医保服务质量与效率、逐步实现医保信息系统互联互通、建立长效合作机制等六个方面进一步加强合作，为两省参保群众提供更加便捷的医保服务。

重要活动

1. 全省医疗保障工作会议召开。1 月 26 日，省医疗保障工作会议在西宁召开。会议传达学习全国医疗保障工作会议精神，西宁市、海南州、黄南州等 6 家地区和单位交流发言，省医疗保障局主要负责同志作工作报告。

2. 举办医保政策集中宣传月活动。4 月 9 日，省医疗保障局联合卫生健康委员会、市场监管局召开新闻发布会，正式启动 2021 年青海省医保政策集中宣传月活动，省内外 20 余家新闻媒体参加发布会。发布会上，省医疗保障局向全省新闻媒体介绍医保政策集中宣传月活动的主题、内容和方式，并集中曝光 11 家定点医药机构违规使用医保基金典型案例。

3. 青海省医保信息平台在全国率先全面上线。4 月 20 日，国家医保信息平台在全省上线运行，青海省成为全国首个医保信息平台业务功能全层级完整上线、并实现全省全覆盖的省份。

4. 青海省医保经办人员能力素养提升培训班开班。5 月 16 日，省医保经办人员能力素养提升培训班(第一期)在浙江大学开班，来自全省医保系统的 50 名业务经办骨干参加。

5. 召开庆祝中国共产党成立 100 周年暨"七一"表彰大会。6 月 29 日，省医疗保障局召开庆祝中国共产党成立 100 周年暨"七一"表彰大会，表彰优秀共产党员、优秀党务工作者和先进基层党组织等一批先进集体和先进个人。

6. 青海省医疗保障系统干部专业化能力提升培训班开班。 9月15日至18日，省医疗保障系统干部专业化能力提升培训班开班，来自北京、上海等地医疗保障领域的知名专家学者有针对性地对医保改革热点、政策解读、支付方式改革、基金监管、经办服务等紧贴实际、基层急需的内容进行专题授课，全省各市州、县区和省局机关的100名医保业务骨干参加培训。

典型案例

案例一：西宁市深化多元复合式医保支付方式改革

西宁市将DRG付费国家试点列入重点工作及深化改革事项，逐步建立起以保证质量、控制成本、规范诊疗、提高医务人员积极性为核心的DRG付费和绩效管理体系，DRG付费国家试点工作取得新突破。2021年，西宁市被国家确定为DRG付费示范点城市。

【协同推进DRG支付方式改革实施】 *高位推进，推动DRG付费试点工作落实* 西宁市委市政府将DRG付费国家试点工作作为深化支付方式改革的重要一环，成立以主管副市长为组长，医疗保障、卫生健康、财政等相关部门为成员的领导小组，负责西宁市DRG付费试点工作的安排、部署和协调。

摸清底数，确保支付方式改革实施 强化"四方"沟通机制，向国家和青海省争取政策扶持，向第三方机构谋求技术支持，向定点医疗机构了解改革症结，向看病群众了解就医需求。强化调查研究，搞清楚政策走向、技术支撑、群众意愿及存在的问题，针对性地制定重点工作、具体措施和改革方向，确定青海省人民医院、青海省第五人民医院、西宁市第二人民医院、湟中区第一人民医院和湟源县人民医院五家试点医疗机构，由西宁市医疗保障局牵头，组织五家试点医疗机构相关人员先后赴沈阳、无锡、楚雄等地实地考察学习，确保支付方式改革顺利实施。

健全制度，实现付费系统、医保业务经办系统有效衔接 由西宁市医疗保障局牵头负责，抽调医保经办人员，试点医疗机构病案、信息、医保相关科室人员，第三方信息技术开发人员34人，成立付费方案制定组、病案质控小组（编码员管理组）、信息技术组、政策培训宣传保障组、审核监管组五个工作小组，分别负责DRG付费相关方案及政策制定、病案质控和疾病编码工作，DRG实施过程中涉及的信息系统建设和病案数据分析及DRG分组权重及费率测算工作，开展DRG付费政策和付费管理及相关技术标准规范等方面的集中培训和实地操作培训、DRG试点工作实施中各项监控指标的拟定和试点医疗机构DRG付费的日常监控和审核工作。发挥第三方作用，加强信息化建设，先后完成历史病案采集、医疗机构接口改造、分组方案及付费标准确定、数据采集和报送等工作，实现DRG付费系统和医保业务经办系统有效衔接。

【全面提高工作人员能力素质】 *成立编码员培训中心* 依托试点医疗机构建立西宁市DRG付费试点工作编码员培训中心，负责试点医疗机构编码员培训任务。先后进行DRG基础业务知识、病案填写、质控、病案编码等四期培训。积极向DRG付费国家技术指导组申请，由主管领导带领具体经办人员赴北京参加为期两周的DRG实战进修集训，提升经办人员对DRG实施各个环节关键点的认识。

建立本地DRG付费国家试点工作专家组 DRG付费国家试点工作专家组由各试点医院主管院长和医保、信息、病案编码负责人及临床专家共128人组成，负责DRG病例分组、付费标准、排除标准等论证工作，指导试点医疗机构统一使用国家医保局疾病诊断、手术操作、医疗服务、药品和耗材编码，规范临床病案书写管理及DRG其他业务工作。

完善DRG付费经办规程和操作流程　通过模拟付费，结合专家论证，对基于历史数据测算的权重及付费标准进行多轮调整、优化，DRG支付与基金使用基本达到平衡，为开展实际付费奠定坚实基础。实行二级、三级医疗机构职工和居民医保同时启动，为全省推进DRG付费工作奠定基础。

【多举措构建付费体系】　设立第二批试点医疗机构　在首批五家DRG付费试点医疗机构模拟付费的基础上，西宁市将信息化建设、医疗服务能力、病案管理等方面较为突出的7家三级医疗机构和3家二级医疗机构作为DRG付费第二批试点医疗机构，持续推进DRG付费国家试点工作。

夯实实际付费基础　进一步强化基础工作、规范经办流程，加大监管力度，提升病案质量，督促数据上传，开展模拟支付，通过国家医保局两次评估，为实际付费夯实基础。

推进高质量付费　稳步推进实际付费，从粗放式付费向高质量付费迈进。DRG付费实施增强医疗机构主动控制医疗费用过快增长的意识，医疗机构加大成本控制，首批五家试点医疗机构次均住院费用同比降低8.63%，平均住院床日由付费前的11.15天降至9.85天。

案例二：海东市打出药品耗材集中招采“组合拳”

2021年，海东市医疗保障局着力解决群众“看病贵”“看病难”问题，推动国家药品集中带量采购政策落地见效。

【主要做法】　发挥县域医共体批量采购优势　区域医疗共同体以县区人民医院和中医院为主体医院，牵动所属的乡镇卫生院、村卫生室。卫生院根据临床需求和卫生室上报计划，制定采购计划，并报药械科，经分管院长审批后，由采购人员统一采购。带量采购药品落实到各个卫生院，各卫生院将中选药品采购和使用情况监测数据报至医院药械科后统一上报，“上下联动”打通临床用药需求，提升配送效率。

做好药品验收入库及货款结算　对药品货款支付进行监管，全面了解掌握定点医疗机构药品采购情况，并根据货款支付合同约定，在定点医疗机构收到配送药品及医用耗材，且验收合格入库后，按实际发生金额，在30日内向配送企业支付货款。

医保基金结余留用政策执行到位　组织辖区执行医保总额预算的19家二级公立医疗机构开展第一批国家药品集中带量采购资金结余留用考核工作，围绕“执行药品集中采购、合理控制药品费用、落实集采价格等改革价格、宣传培训情况”四个方面11项内容展开，详细查阅国家集采相关材料，重点查看有无线下采购情况，执行报量、采购、签约情况和医疗机构30天委托回款率，随机调取药品线上采购、药品零差价销售记录，现场指出工作中存在的问题，并按照统一的考核标准、考核指标，逐项计算打分。根据考核结果兑现医保资金结余留用政策，向7家考核合格的医疗机构拨付首批医保结余留用资金563248.3万元。其中，民和县人民医院获得奖励资金最高，为259247.6万元。6家妇幼保健院因搬迁、没有采购账号等原因未能执行国家带量采购政策。3家二级综合医疗机构存在线下采购，一票否决，未核算。其余医疗机构考核成绩在80分以下，未兑付奖金。

建立健全集中采购药品价格常态化动态监测机制　优先采购和使用国家和省级集中带量采购中选药品，对中选药品配备采购和使用情况进行监测和分析。根据区域医疗共同体与医药公司签订的配送合同，各公司所配送的药品均严格分类执行采购网平台价格。指定专人每月在医保信息系统抽取5家医疗机构进行价格核查，每季度随机抽取数家医疗机构，实地考察医疗机构HIS系统数据并进行价格比对，要求医疗机构严格按照文件及时准确调整价格，确保零差价政策贯彻执行，对药品价格不符的情况及时发现、及时整改。

【主要成效】　截至2021年底，全市先后组织开展五批药品集中带量采购共268个品种，19家公立医疗机构及所属医共体成员单位积极参与集采，药品采购总金额为21638.14万元，配送总金额为21169.34万元，配送率为97.83%，入库总金额为19795.12万元，入库率为93.51%。其中，一般耗材采购总金额为1323.69万元，配送总金额为1133.48万元，配送率为85.63%，入库总金额为871.03万元，入库率为76.85%；高值耗材采购总金额为3789.86万元，配送总金额为3744.32万元，配送率为98.80%，入库总金额为3743.61万元，入库率为99.98%。

通过集中带量采购，医院临床用药行为发生深刻变化。一是实现六方面提升：医保目录内药品金额、用量占比上升；医保谈判药品金额、用量攀升，抗癌药等救命新药可及性提高；集中采购药品使用人次增长，更多患者用得上、用得起好药；集采中选仿制药市场份额上升，推动了仿制药替代；用药质量水平大幅提升，未过评药品市场份额骤减；“两病”门诊药品基金支付比例提高，缓解了居民用药负担。二是达成“四降”：医院药品费用占比连续下降，医院内部收入结构逐步优化；集采药品费用占比下降，实现医保基金高效率置换；药品集采降低群众人均药品费用，促使通用名和剂型下其他品牌降价；重点监控品种使用情况下降，用量跌至原来二成。九成以上“两病”患者使用目录药品，费用覆盖超七成以上，患者得到较全面的保障。

案例三：海南州推进基金监管方式创新

2021年，海南藏族自治州（以下简称海南州）基本医疗保险参保44.1万人，两定医药机构1054家。海南州紧抓医保基金监管，推进基金监管方式创新，在国家医疗保障局组织的“两试点一示范”终期评估中，获评“良好”等次，在国家级、省级、州级和县级医保部门组织的四级飞行检查中，受检的154家（次）定点医药机构，查处违规医保基金697.5万元，均定性为“一般违规”，无严重违规违纪行为发生。

【推进医保基金风险预防】 成立由医保、财政、卫生健康、公安、市场监管等部门组成的打击欺诈骗保专项工作领导小组，建立联席会议制度，统筹推进医保基金监管方式创新试点工作。通过推进医保支付方式改革，2021年海南州检查两定医药机构409家（次），召开医保相关政策解读培训会35次、座谈会40次，对76家两定机构负责人进行警示约谈，并对49家存在总额超支风险的医疗机构下发预警通知书。推进建章立制，逐步建立完善基金财务管理职责、医保基金财务票据管理办法等制度。与定点医药机构签订服务协议时，增加补充协议，对总额控制、医保电子凭证推广应用、规范结算票据、贯彻执行国家基金监管条例等方面纳入协议管理，确保全州基金监管工作有章可循。海南州还通过各县自查、相互交叉检查、州级抽查和接受群众举报等多种方式，开展打击欺诈骗取医保基金专项行动和“回头看”大检查，召开打击欺诈骗取医保基金专项行动通报会暨定点药店约谈会，通报发现的问题及处理结果，对违规机构约谈警示，限期整改。

【严厉打击欺诈骗保违规违法行为】 在打击欺诈骗保违规违法行为过程中，海南州大力开展医疗收费专项检查，对公立医疗机构执行药品价格零差率政策、医疗服务项目收费等项目开展核查。2021年，海南州对29家违规定点医疗机构进行约谈，拒付违规金额88.28万元，将涉及违规收费问题的定点医疗机构移交至市场监督管理局进行行政处罚。加强参保职工就医行为管理，对在定点药店、诊所涉嫌套现的295名参保职工进行警示警告。2021年，通过内外部稽核检查，海南州追缴医疗机构违规资金91.45万元。

【加强信息支撑，持续完善医保系统建设】 海南州在全省范围内率先启用“云”HIS系统和“云”药店。“云”HIS系统可通过监管医保信息入口监管基金，实现医院与医保部门业务的高度融合，为推进分级诊疗制度、医疗联合体建设提供基础共享数据支撑，全面落实医保智能监控制度，实现全过程监管；“云”药店实现全州药店基本档案、采购管理、库存管理、会员管理、财务管理、零售管理、处方调入、医保结算、组合支付等功能模块的组合，通过对药品库存的管理，所售药品可进行具有追溯功能的“一物一码”录入。2021年，海南州在全州36个乡镇卫生院及120个村卫生室进行

“云”HIS系统功能的试点推广，并通过人脸识别、微信、支付宝等支付渠道，实现全自助、半自助的电子凭证支付。

案例四：海西州紧抓“四级”信用评价体系建设

海西蒙古族藏族自治州(以下简称海西州)充分利用互联网、大数据等现代技术，不断探索医保基金监管“四级”信用评价体系，以信用评价提升医保基金监管质效，确保医保基金安全运行。2021年度，全州基本医保参保41.6万人，医保基金筹资总额20.61亿元，基金支出15.57亿元。共有两定医药机构412个，其中，定点医疗机构241个，定点零售药店171个。海西州被国家医疗保障局列为医保基金监管“两试点一示范”试点地区，获得试点终期评估良好等次。海西州医疗保障局获青海省社会保险基金预算绩效管理“一等奖”，一名工作人员被评为青海省基金预算绩效管理先进个人。

【评价体系等级化】 海西州将定点医药机构等纳入医保信用体系，建立诚信档案，鼓励诚信、惩戒失信。设定履行协议、基金绩效、基金监管、满意度评价、自律管理、社会信用等六个方面59项评价指标。置入两定机构监管系统，实时对刷卡结算、药品进销存数据进行归集和系统分析。评价结果分为A(信用优秀)、B(信用良好)、C(信用一般)、D(信用较差)四个等级，对定点药店进行分类管理。引导医药机构树立“不敢骗保、不能骗保、不想骗保”的思想。对基础信息、综合管理、基金绩效、自律管理等四个指标设置信用修复期限，指导定点药店纠正失信行为。引导定点零售药店按照信用等级和协议管理要求，对标对表、查漏补缺，针对性落实整改，承担失信惩戒，接受诚信教育，做出守信承诺，及时修复扣分项目。建立诚信自律公约，组织开展诚信服务承诺，规范医保服务行为，塑造两定医药机构道德标准和行为规范，提升社会信用水平。

【等级评定科学化】 通过与海西州信用中心对接，将医疗保障信用评价纳入“信用海西”建设体系，依托“信用青海”服务平台，归集各方数据，实时导入企业信用信息，实施联合评价、联合惩戒。对监管对象信用承诺、信用评价结果进行“双公示”，营造“守信光荣、失信可耻”良好氛围，逐步形成医保领域“一处失信、处处受限”的信用惩戒格局。结合每月的日常检查、“互联网+监管”“双随机”信息和医保信息系统实时数据检测结果，按季度对定点零售药店医保信用服务情况进行评价。对评级高的定点药店，在基金拨付额度、预算指标安排上给予优先考虑；对B级及以上定点药店减少检查频次，缩减检查事项；对C级及以下定点药店提高检查频次，增加检查事项，采取自我约束和重点检查、专项抽查、飞行检查等方式进行重点监管，并根据违规违约情况进行约谈、警告、通报。建立信用评价积分管理机制，创新设置信用评价加分项，探索医保信用体系激励新路径，对开展医保管理创新、连续两年无违规违约、举报欺诈骗保等行为的药店给予鼓励加分，对连续三个季度信用评价在C级以下的药店，终止医保协议。

【信用评价制度化】 主动公开医保违规典型案例，形成有力震慑。聘请专兼职网格员、人大代表等担任医保社会监督员，对医保定点医疗机构、定点零售药店、医保经办机构及工作人员加强监督。严厉打击欺诈骗保行为，制定出台打击欺诈骗保举报奖励办法，设立投诉举报电话，认真落实医保基金监管十项监督执纪措施，持续保持打击欺诈骗保高压态势，全力构建社会协同、公众参与的医保基金监管新模式。将医保部门年度内作出的行政处罚、协议处理信息纳入评价内容，对发生骗取医保基金行为的定点医药机构进行顶格扣分，提高违法成本。将医保信用融入医保监管，发挥信用监管效能，督促定点医药机构诚实守信，净化行业环境，提升医疗服务水平。

宁夏回族自治区

工作综述

2021年，宁夏回族自治区各级医疗保障部门统筹推进疫情防控和医疗保障改革发展，持续完善医疗保障制度，持续推动改革纵深发展，持续提升服务质量，人民群众的待遇保障不断改善。全区基本医疗保险参保率稳定在95%以上。全年医保基金(含生育保险)收入127.84亿元，较上年同期增加6.50亿元，基金支出101.53亿元。

【加强制度建设，医疗保障制度体系不断完善】 *落实医保改革任务* 2月，自治区党委、政府印发《关于深化医疗保障制度改革的实施意见》，明晰深化改革的总体方案，提出未来10年医保改革目标任务和落实举措。自治区政府办公厅印发《关于深化医疗保障基金监管制度体系改革的实施意见》，明确未来5年医保基金监管制度体系改革的“任务书”，全区上下“一盘棋”，基金监管制度体系改革的框架基本形成。

制定医保政策规划 自治区政府办公厅印发《自治区全民医疗保障“十四五”规划》，对未来5年推动医保改革发展的“路线图”进行全面规划。自治区政府办公厅印发《推动药品集中带量采购工作常态化制度化开展的实施意见》，进一步规范自治区药品招标采购工作。制定《关于巩固拓展医疗保障脱贫攻坚成果有效衔接乡村振兴战略的实施意见》，建立健全防范化解因病返贫致贫长效机制，逐步实现由集中资源支持脱贫攻坚转向三重制度保障，助推乡村振兴战略实施。

强化医保法治建设 提请自治区政府颁布《自治区实施〈医疗保障基金使用监督管理条例〉办法》，夯实医保基金监管的“法治底座”。

【坚决兜住底线，待遇保障水平不断提高】

提升筹资标准 积极争取财政支持，2021年城乡居民基本医保人均财政补助净增30元，达到580元/人，个人缴费标准为300元/人。

做好应保尽保 2021年，全区基本医疗保险参保663.41万人，较上年同期增加4.65万人，同比增长0.71%，参保率稳定在95%以上。其中，职工参保159.59万人，较上年同期增加6.64万人，同比增长4.34%；城乡居民参保503.82万人，较上年同期减少1.99万人，同比下降0.39%。困难人口动态参保率达100%，全区人人“有医保”的目标基本实现。

支持生育政策 自治区医疗保障局印发《关于做好支持三孩政策生育保险工作的通知》，推动生育保险报销政策落实，及时将参保女职工生育三孩费用纳入生育保险待遇支付范围。

落实待遇保障 自治区医疗保障局印发《关于贯彻落实国家医疗保障待遇清单制度的实施意见》，发布自治区2021年版医疗保障待遇清单，明确各级权限，理清待遇支付边界。2021年11月底全区健康扶贫兜底、普惠性健康体检等超纲政策全部清理到位。在总体医疗费用较快增长的背景下，有效保障参保群众报销待遇水平，年内职工、城乡居民政策内报销比例分别达到81%、73.83%。已脱贫人口和监测对象经三重保障后，住院实际报销比例稳定在87.2%。

【做好费用保障，助力疫情防控】 *全面做好“两个确保”* 2021年各级医保部门全力落实国家和自治区疫情防控医保政策，提前预拨专项基金3.84亿元，确保全区新冠肺炎确诊患者、疑似患者和发热门诊患者救治费用得到全部保障。

全面保障疫苗费用 建立“五统一”费用结算机制(即统一单设新冠病毒疫苗接种专项账户，统一明确专项资金预算安排，统一资金上解及结算程序，统一设置财务核算流程，统一资金清算方式)，全区五市上解新冠病毒疫苗及接种费用7.44亿元，结算疫苗及接种费用6.5亿元，做到

"钱等苗"。

持续降低检测费用　及时启动新冠病毒检测试剂集中采购，确保疫情防控物资"随时采、及时配、足量供"。全年三次下调核酸检测次均费用，单人单检和多人混检费用降幅超过 50%，有效减轻群众负担，确保"应检尽检、愿检尽检"的有效落实。进一步减轻财政支出和群众费用负担，有力支持疫情防控工作。

【推进医保信息化建设】　推进国家医保信息平台上线运行　10 月中旬，在做好疫情防控的前提下，协调各方利用 1 个多月的时间，高效完成需求收集、接口改造、云平台部署、数据中心建设、政策加载、数据迁移、切网测试等工作，确保信息化平台如期上线。11 月 28 日，全区 5 个统筹区数据加载完成，并上传国家医保信息平台，提前 2 天完成上线任务。

维护国家医保信息平台正常运行　全区医保部门及经办系统齐心协力确保信息平台正常运行。2021 年 12 月，平台每天的结算量均保持 12 万—14 万人次，网上申报、生育津贴、异地就医、个账划拨、两定对账等功能基本实现并运行较好。

【扎实开展医保基金监管】　构建共治格局　在石嘴山市试点的基础上，全区地级市全面开展信用监管工作，得到国家医疗保障局的肯定。制定社会监督员工作制度、医保基金使用监管信用管理办法，初步建立全区医保信用评价和监督体系。

做优省级统筹　制定自治区级统筹调剂金管理办法，推动自治区调剂金申请机制更加完善，充分发挥调剂金共济作用，缓解各地级市因客观因素导致的医保基金收不抵支困难，同时杜绝因不合理使用基金导致浪费而依赖自治区调剂的现象。全面实施预算管理、绩效评价结果应用，构建基金综合绩效评价指标体系，切实防范化解基金运行风险。

开展专项治理　全年现场检查定点医药机构 4874 家，处理处罚定点医药机构 1492 家，处理违法违规参保人 226 人，罚没和追回违规基金 1.29 亿元。

【协同医保助力"三医联动"】　深化支付方式改革　会同卫生健康部门制定 DIP 国家实施方案，建成全区统一的 DIP 信息系统，指导石嘴山市、固原市开展数据采集、基线调查等工作，形成本地化病种结算目录。全年 DIP 付费的医院达 125 家，涉及住院患者 2.3 万人次，累计支出医保基金 9500 多万元。在自治区中医院、人民医院实现"互联网＋"医保移动支付，群众就医支付结算和药品配送更便捷，老百姓在家享受"送药上门"服务和挂号结算"零等待"。

推进医药服务价格改革　会同自治区卫生健康委员会出台《试点三甲公立医院优化医疗收入结构调整医疗服务价格方案》，指导试点医院通过"一升二降五控"（一升：调升医疗服务项目价格；二降：降低检验项目和检查项目价格；五控：控制医疗收入过快增长、控制次均费用、控制药品、耗材、检查检验不合理使用）实现调整优化医疗收入结构和比价关系。

落实药品耗材集中带量采购　宁夏共计落地实施国家组织药品集中采购 218 个品种药品，平均降幅 50% 以上。执行第一批国家组织高值医用耗材冠脉支架类集中带量采购工作。截至 12 月底，宁夏医疗机构中选产品总采购量 12609 个，占全区总需求量的 116%。参加 7 个省际联盟牵头组织药品集中带量采购，已执行广东、陕西、新疆、重庆牵头组织的 4 个省际联盟 45 种药品的带量采购中选结果。参加 9 类医用耗材省际联盟带量采购。已有 3 类医用耗材（人工晶体、冠脉球囊、冠脉导丝）在宁夏执行。

【持续优化服务】　规范服务规程　制定全区医保政务服务事项清单和办事指南，出台或修订城乡居民基本医保、大病保险、门诊费用跨省结算经办规程，推行"一次告知、一表受理、一次办好"服务模式。

异地就医便捷高效　制定工作方案，改造结算系统，提前实现个人账户跨省直接结算。2021 年 12 月底，全区开通门诊费用跨省直接结算定点医疗机构 258 家，实现门诊费用跨省直接结算统筹地区、二级以上公立医疗机构和线上备案服务全覆盖，接通率均为 100%。银川市率先实现"两病"、恶性肿瘤门诊放化疗等五个门诊慢特病治疗费用跨省直接结算。截至 2021 年 12 月底，宁夏与全国 5.29 万家定点医疗机构实现联网，当年累计住院费用跨省直接结算62911人次，医疗总费用8.97亿元，基金支付5.48亿元，宁夏作为参保地，结算38467人次，医疗总费用5.47亿元，基金支付3.73亿元。宁夏作为就医地，结算24444人次，医疗费用总费用3.5亿元，基金支付1.75亿元。

电子凭证推广使用　全年医保电子凭证激活使用人数超过440万，就医结算达250万人次、结算资金超2.5亿元，参保群众实现“看病不带卡，就用医保码”。

重要活动

1. 召开《宁夏全民医疗保障“十四五”规划》验收评审会。1月25日，自治区医疗保障局召开《宁夏全民医疗保障“十四五”规划》验收评审会。由自治区发展和改革委员会、财政厅、卫生健康委员会、人力资源和社会保障厅、公共资源交易管理局、宁夏社会科学院和宁夏医科大学的专家组成的专家评审组对规划进行评审。

2. 全区医疗保障工作会议召开。2月3日，宁夏回族自治区全区医疗保障工作会议在银川以视频形式召开。会议全面总结2020年医疗保障工作，分析“十四五”时期医保事业发展面临的新形势，研究部署2021年重点工作。

3. 开展医保基金监管集中宣传月活动。4月8日上午，自治区医疗保障局在吴忠市举行全区“宣传贯彻《条例》加强基金监管”集中宣传月活动启动仪式。自治区领导出席，吴忠市人民政府、自治区发展改革委、公安厅等12个医疗保障基金监管工作联席会议成员单位、吴忠市打击欺诈骗保专项治理领导小组成员单位有关领导参加。

4. 召开自治区新冠病毒疫苗及接种费用保障工作协调机制小组会议。5月19日，自治区医疗保障局牵头，联合自治区财政厅、卫生健康委员会召开自治区新冠病毒疫苗及接种费用保障工作协调机制小组会议。会议由自治区医疗保障局领导主持，自治区新冠病毒疫苗及接种费用保障工作协调机制小组副组长及各单位成员参加。

5. 召开医疗保障基金监管信用体系建设启动会。6月1日，自治区医疗保障局联合石嘴山市人民政府在石嘴山市召开宁夏医疗保障基金监管信用体系建设启动会。石嘴山市人民政府分管负责同志，自治区、石嘴山市有关单位负责同志、各市、县(区)医疗保障局分管负责同志及部分定点医药机构负责人、代表参加。

6. 宁夏医疗保障信息平台工程建设顺利推进。10月12日，宁夏医疗保障信息平台建设工程完成项目招标，10月18日正式入场开工建设，宁夏医疗保障信息平台工程建设进入加速推进的快车道。

7. 宁夏医疗保障信息平台上线。11月28日，宁夏医疗保障信息平台建设工程，经过一个半月的奋战，全区5个统筹区完成医疗保障数据加载，并上传国家医疗保障信息平台，提前完成国家部署的省(自治区)级医疗保障信息平台上线任务。

8. 自治区领导调研医保信息平台上线运行情况。12月29日，自治区人民政府有关负责同志到自治区医疗保障局调研医保信息平台上线运行情况。

典型案例

案例一：宁夏巩固医疗保障脱贫攻坚成果同乡村振兴有效衔接

2021年，宁夏医疗保障局认真贯彻落实巩固拓展脱贫攻坚成果同乡村振兴有效衔接的工作部署，结合自身实际情况，优化调整医保扶贫政策，确保过渡期政策平稳有序衔接。按照基本医保、大病保险、医疗救助三重制度常态化保障总体要求，坚持医保制度普惠性保障功能的同时，增强对困难群众基础性、兜底性保障，建立完善防范化解因病致贫返贫长效机制。

【救助对象采取“三增两续一渐退”】 根据自治区实际情况，“三增”是新增低保对象(高龄低收入老年人)及纳入农村低收入人口监测范围的边缘易致贫人口、突发严重困难人口；“两续”是原特困人员(孤儿)、建档立卡人员中的脱贫不稳定人口；“一渐退”对未纳入农村低收入人口监测范围的稳定脱贫人口逐渐退出资助参保优惠政策，将其纳入防范化解因病返贫致贫长效机制保障范围。参保资助政策“渐退”的温和调整措施，群众普遍反响好，原建档立卡户中的4万多稳定脱贫人口全部参保，有效避免建档立卡贫困户从多年习惯的0元缴费调整到每户平均1000元左右后，可能出现的“参保资助政策调整后脱保”问题。2021年度，全区农村人口基本医疗保险参保率达97%以上，脱贫人口、农村低收入人口实现应保尽保。

【提高门诊慢特病救助保障水平】 补齐门诊慢特病救助力度不足短板，将原门诊慢特病按照年度起付线2000－3000元的标准单独救助的政策，转为按照门诊慢特病和住院救助共用5万元的年度救助限额的政策，分别以80%－100%的救助比例，给予不同类别救助对象医疗救助。

【降低因病返贫致贫人员救助门槛】 进一步完善防范化解因病返贫致贫长效机制，最大程度防范因病返贫致贫现象发生。根据自治区医疗救助工作实际，将因病返贫致贫人员年度自付监测标准由原政策的3万元降到2万元，因病返贫致贫人员年度门诊慢特病和住院累计总费用，扣除基本医保、大病保险支付部分，剩余合规费用达到2万元及以上，即可纳入因病返贫致贫医疗救助范围，对经基本医保、大病保险支付后年度累计超过5000元起付线以上的合规费用，按照70%比例给予救助，年度救助限额为16万元。

【调整医保扶贫保障政策】 一是对自治区脱贫攻坚期农村建档立卡人员的资助缴费政策予以优化调整，该提高个人医保缴费比例的提高，该逐步退出的逐步退出。二是对自治区“确保贫困患者年度内住院费用实际报销比例不低于90%或当年住院自付费用累计不超过5000元”的政策予以废止，转为按政策规定享受基本医保、大病保险、医疗救助三重制度保障，严格执行基本医保“三个目录”规定，目录外费用不再享受相关政策救助。原80多万贫困人口待遇水平回归合理，得到社会普遍认同，有效避免可能出现的“区域性、群体性待遇攀比不满”问题。2021年度，保障对象住院综合保障比达90%。

案例二：宁夏开展转移支付资金绩效评价

2021年，宁夏医疗保障局按照“围绕一个核心、突出两个特色、坚持三个导向，实现四个同步”的工作思路，着力规范绩效评价管理，精细构建指标体系，提升绩效评价质量，强化评价结果应用与监管协同，取得明显成效。

【构建绩效评价体系总体框架】 以建立全方位、全过程、全覆盖的中央转移支付资金绩效管理体系为核心，2021年宁夏制定医疗保障项目资金预算绩效目标管理暂行规定和医疗保障转移支付资金绩效评价指标体系，将质量指标和数量指标全面分解和细化，强化宏观决策和微观管理有机结合，将项目顶层规划与落地实施、绩效目标和预算编制、资金分配与监管、医保服务标准化规范化、基金使用效能和群众满意度全部纳入评价范围，构建事前、事中、事后110多个绩效评价管理指标体系。

【以评促管提升绩效评价质量】 全区成立由自治区、市、县三级负责的绩效评价工作小组，紧密配合，提早部署和安排，举全区之力，积极谋划，精准推进，运用科学的方法、规范的流程、统一的指标及标准，对医保转移支付资金项目支出及其政策的经济性、效率性、效益性、公平性进行综合测量、分析、考核与评价，据以形成绩效评价报告及相关印证资料，准确、客观地反映项目实施情况。高质量完成国家医疗保障局绩效评价组对宁夏2021年医保转移支付资金绩效评价复查复检，并得到国家医疗保障局肯定。

【打造宁夏绩效评价鲜明特色】 建立全流程管理机制　在下达资金的同时，根据地区实际因地制宜分解绩效目标，使绩效管理贯穿资金使用的全流程，既关注资金的直接产出和效果，又关注政策目标的实现程度，充分发挥绩效评价指挥棒作用；加强基金运行与审计监管子系统建设，将绩效评价理念融入项目建设中，积极探索利用信息化手段对中央转移支付资金实行穿透式监管。

引入第三方机构提升绩效评价工作成效　通过聘请第三方专业机构对近两年各项转移支付资金使用情况全面开展绩效评价，聚力“治病”，查找项目实施和资金使用中的薄弱环节，揭示政策制度漏洞，坚持问题导向，采取扎实有力举措让问题“销号清零”，确保资金用在刀刃上，守护好群众“救命钱”。

【注重评价结果有效应用】 充分利用绩效评价结果推动改进预算编制和完善资金管理，实现从“重分配轻管理”向“花钱必问效”转变，确保医保转移支付资金“用得好”。

落实绩效评价结果反馈整改机制　绩效评价完成后立即通报评价结果，做好“后半篇文章”，紧盯问题毫不松懈，将绩效评价整改与审计问题整改放在同一高度抓落实，督促限期整改并确保彻查彻改，形成“反馈、整改、提升”的良性循环。

健全绩效评价结果与资金分配挂钩机制　坚持“基础＋因素”的分析机制，对绩效好的市县优先安排资金，对绩效不好的减少分配资金，形成结果运用的硬约束。

完善绩效评价信息公开机制　通过部门官网公开绩效自评、财政重点绩效评价项目评价结果，主动接受社会公众的监督，切实增强绩效评价透明度。

【推动绩效与监管协同高效】 凸显绩效评价在调剂金管理中的作用　在自治区统筹调剂金申请考核中，将绩效评价作为硬指标约束，通过绩效问责，2021年扣减两个地级市调剂金近5000万元。

将绩效评价管理植入基金监管信用体系建设　绩效评价成为定点医药机构、医保医师规范合理使用医保基金，实行分级分类管理的重要参数。

不断拓展绩效评价对象和范围　将绩效评价对象进一步延伸至医疗机构，强化与定点医疗机构协议管理结合，在协议管理中融入绩效评价因素。

将绩效评价融入经办机构内控管理　在经办机构内控体系建设中，将年度绩效评价制度化、规范化和长效化，用足用好绩效管理利器，切实守护基金安全。

绩效评价管理成效显著　一是医保基金管理更加规范。城乡居民统筹基金累计结存可支付月数从不到4个月增加至9.6个月，城乡居民财政补助标准逐年提升，资金使用合规，监管措施有力。二是充分发挥绩效评价指挥棒作用。全力推进医保支付方式改革和医保信息化建设，扎实开展医保基金监管，显著提升医保经办服务能力，规范医药价格和招标采购，有效发挥基金战略购买作用。三是老百姓的获得感、幸福感进一步增强。城乡居民医保政策范围内住院报销比逐年提高至73.86%左右，满意度有所提升，推动老百姓看病就医负担降低和基金安全可持续同向而行。

案例三：宁夏采用违规事项清单制为医保基金使用监管提质增效

宁夏医疗保障局创新医保基金监管模式，以违规事项清单为抓手，不断规范全区定点医疗机构医保基金使用行为，医保基金监管手段加强。

【认真梳理，确保违规事项清单制定准确实用】 制定清单　针对各市县（区）监管队伍能力参差不齐、力量明显不足的现状，分批次、分阶段形成三个违规事项清单，对过度检查、重复收费、分解收费、违规用药等近100个项目列为查处重点，统一筛查及认定标准，并在压实各方责任的同时，逐一组织核查整改，提升医保基金监管效率。

明确目标　对宁夏医保局成立以来，经飞行检查、抽查复查、自查自纠、线索核查中发现的反复出现且具有代表性的违法违规行为，形成《定点医疗机构现场检查清单》，涉及违规事项33项，作为第一次现场检查全覆盖的必查事项，明确各级医保部门的监管目标和责任。

压实责任　梳理汇总2021年度国家飞行检查组在宁夏飞检期间发现的违规问题，形成《定点医疗机构自查自纠清单》，涉及违规事项44项，压实各级定点医疗机构合理使用医保基金责任。

规范管理　以规范医疗服务行为为目标，分析重点医疗机构医保结算数据及明细，形成《定点医疗机构检验检查疑似违规清单》，涉及违规事项16项，在全区范围内对定点医疗机构结算费用占比异常偏高的检验检查项目进行规范。

【靶向发力，确保违规事项清单检查落实落细】　充分发挥违规使用医保基金清单的靶向作用，提升医保基金监管成效。各级医保部门以《定点医疗机构现场检查清单》为切入点，全面推进定点医疗机构第一次现场检查全覆盖工作，对清单涉及内容进行逐条清理。2021年11月底，完成全区所有定点医疗机构的检查，发现存在违法违规问题的定点医疗机构659家，涉及医保基金5857.54万元。各级定点医疗机构对照《定点医疗机构自查自纠清单》进行全面体检，从制度建设、内控管理等方面对医保基金使用情况进行多层次、多角度自查自纠，全面提升定点医疗机构自我净化能力和主动性。充分发挥第三方服务的专业优势，对各市使用医保基金排名靠前的医疗机构涉及三个清单的违规项目进行汇总，并以全区基金监管飞行检查的形式抽查了15家定点医疗机构进行现场检查，查实违规使用医保基金5627.68万元。

【督导督查，确保违规事项清单发力有理有序】　高位推动　为切实做到各级医保部门同心同向发力，由局分管领导、相关处室负责人组成督导调研组，赴各地对三个清单落实情况进行调研，找准着力点，压实主体责任，将自治区督导"势能"与地方主导"动能"有效叠加。

精准答疑　为确保各地高标准对照清单开展检查，抽调精干力量组成指导组负责协调联动，精准把握政策要点，着力解决疑点、难点和重点问题，有效提升全区医保基金监管队伍能力。

定期上报　制定医保基金监管定期上报制度，各级医保部门定期上报清单落实情况，并对工作拖沓、清单落实不力的地区及时督导。

【追根溯源，确保违规事项清单整改标本兼治】　精准发现问题　在清单制定中，对发现个别诊疗服务项目存在内涵不明确或没有内涵说明、计价单位与收费单位不匹配、收费价格与实际劳动付出不匹配等问题，进行梳理汇总。

统筹解决问题　针对以上问题，为进一步促进医疗服务项目内涵、价格政策的科学性、合理性，第一时间邀请各地医疗保障局相关负责人、医药服务以及价格服务等处室工作人员和部分定点医疗机构医学专家等，对清单中反馈的问题分析讨论，达成一致意见，提请政策处室研究解决。

政策优化完善　连续印发《自治区医疗保障局关于修订〈三甲医院医疗服务项目价格（2020版）〉部分医疗服务项目价格的通知》《关于国家飞行检查后续需明确价格政策意见的函》等，适时调整价格管理方式，对包括综合医疗服务类、医技诊疗类、临床诊疗类、中医诊疗等在内的多个项目进行明确，进一步规范公立医院收费行为。

案例四：银川市探索"互联网＋"医保服务新模式

2016年以来，银川市围绕"方便百姓、优化服务"原则，坚持"创新、突破"理念，以互联网新技术为支撑，在医疗保障领域大胆探索"互联网＋"医保服务，出台一系列"互联网＋"医保服务政策，积极探索"互联网＋"医保服务新模式，持续提升人民群众获得感、幸福感。

【主要做法】　创新医保服务新模式　2017年，将互联网医院纳入医保定点范围，将参保人员在互联网医院的问诊、咨询、普通门诊就诊费用纳入医保支付范围，创立线上就诊、支付、送药上门的"互联网＋"医保服务新模式。2019年，又创立医疗保险门诊大病（门诊慢特病）互联网医院就诊报销制度，实现门诊大病线上复诊、医保报销、送药上门全过程服务，服务更加便捷高效。2019年，针对参保人员门诊大病就诊需求，实施糖尿病、高血压互联网医保支付及服务政策，有效缓解群众看病难问题。

巩固拓展改革成果　银川市巩固拓展“互联网＋医保服务”改革成果，2020 年，将互联网医院医保门诊统筹服务人群从试点期间的市辖三区参保人员扩大至全市，将互联网医院门诊大病病种由试点期间 2 种扩大 8 种。2021 年，又将恶性肿瘤药物治疗等 9 种门诊大病病种纳入互联网医院医保服务范围，纳入互联网医院医保服务范围的门诊大病病种达到 17 种。形成一整套设计合理、流程规范、便捷高效、监管有力、符合实际的互联网医院医保政策体系。在探索实践中先后出台 10 多项互联网医院医疗、医保政策，渐进实施互联网医院医疗保险个人账户支付问诊费用、门诊统筹费用报销、门诊大病费用报销等试点制度。同时，着力构建“互联网＋”医保与健康管理相融互促机制，积极引导互联网医院将医保服务与家庭医生签约、慢病管理相结合，为慢性病患者提供在线交流、健康教育、用药指导、预约诊疗等服务，真正实现以健康师和家庭医生为核心，预防、治疗为一体的主动、连续性慢性病管理。利用银川市已有的智能监控系统，对互联网医院的诊疗行为进行全方位多角度筛查，从单纯管制向监督、管理、服务相结合转变。

【主要成效】 银川市在互联网医院开通个人账户、普通门诊统筹、门诊大病统筹等医保服务，实现互联网医院在线复诊延方、线上支付、送药到家全流程服务，参保群众足不出户就能享受到看病就医服务，还能实现医保报销，省时省力又安全。既解决参保群众在实体医疗机构挂号、就诊、取药等反复排队问题，又减轻线下医疗机构的接诊压力，释放医疗资源。特别是新冠肺炎疫情期间，“互联网＋”医保高效、便捷、安全、优质的服务得到充分发挥，有效降低人员聚集风险。随着“互联网＋”医保服务的拓展和完善，纳入慢病管理的人数逐年增加，慢病管理规范化水平明显提高，参保患者健康管理进一步得到保障，医疗保险基金使用效率进一步提高。截至 2021 年底，银川市纳入医保定点的互联网医院达到 14 家，银川市互联网医院线上签约门诊大病患者 25129 人，线上问诊 36584 人，送药上门 24864 人次，线上支付总额 600 万元，医保报销 300 多万元，群众享受到实实在在的便利。

案例五：石嘴山市构建医保基金信用监管长效机制

2019 年 5 月，石嘴山市被国家医疗保障局列为全国医疗保障基金监管信用体系建设 17 个试点城市之一，随即在全市启动以信用为基础的医保基金监管机制改革。经过两年的不懈努力，基本形成符合实际的医保基金信用监管模式。2020 年 11 月，石嘴山市医保基金信用监管管理平台正式上线，并将当年信用评价结果应用于医保基金年终决算。2021 年 9 月，石嘴山市被国家医疗保障局评为“优秀”等次。

【主要做法】 夯实组织保障，确保信用体系建设有序开展　石嘴山市医疗保障局成立以“一把手”为组长的医保基金监管信用体系建设试点领导小组，按照《宁夏石嘴山市医疗保障基金监管信用体系建设试点工作实施方案》提出的目标任务、实施步骤和时间节点，实行信用体系建设试点工作周报制，定期召开领导小组专题工作会，及时了解工作进展并研究解决实际问题，不断推动试点工作有序开展。

注重制度建设，确保医保信用体系有规可依　结合石嘴山市实际，市医疗保障局先后印发信用体系建设试点方案和医保信用管理办法，制定定点医药机构信用等级管理制度、医保医师药师诚信积分管理制度、医保信用体系“失信黑名单”制度和医保领域信用公开承诺制度等配套政策文件，进一步夯实信用管理制度保障。结合石嘴山市实际，建立完善医疗保障信用管理制度体系。

细化指标设定，确保医保信用运行量化规范　按照国家医保局相关标准，经过多轮讨论，确定定点医疗机构 6 大类 54 项指标及定点零售药店 5 大类 27 项指标。对定点医药机构进行分级分类管理：AAA 级（90－100 分，为信用优秀）、AA 级（80－90 分，为信用良好）、A 级（70－80 分，为信用一般)、B级(0—70分,为信用较差),每项指标按照同级别、同类别选取同种评分方法进行评分,保证评级评价公平合理。

搭建信息系统,确保医保信用运行更加智能 通过开展大数据分析、数据服务等诚信医疗大数据建设,建立指标风险模型,每月产生评价结果。健全定点医药机构、医师、药师的各类信用记录,包括失信行为和守信情况,纳入信用等级评价。将日常稽核检查、行政处罚数据实时纳入系统,完成数据归集,并且对评价结果产生影响,通过实时数据的获取,建立信用评价动态管理机制。

探索联合惩戒,确保医保信用评价结果更有力度 与市发展和改革、市场监管等部门联合印发《石嘴山市医疗保障信用管理暂行办法》,将定点医药机构、医保医师药师信用评价结果与医保基金预算管理、检查稽核、费用结算和市场监管日常检查频次等相关联,与医师药师执业资格、评先评优、晋升晋级、职称评审等相挂钩,建立跨领域、跨区域、跨部门的联合激励和惩戒机制,形成"一处失信、处处被动"新格局。

引导行业发展,确保医保信用建设管用有效 与石嘴山市医院协会等建立沟通机制,不定期开展以医保信用监管为主题的"医保大讲堂"和"订单式培训",教育引导医保医师规范使用医保基金,将有限的医保基金用在刀刃上。同时建立医保领域信用公开承诺制度,与医保医师药师签订《信用承诺书》,承诺自身依法依约履行服务协议,违约失信后将自愿接受约束和惩戒,引导行业自律建设和社会协同监管。

【主要成效】 复制推广,产生试点工作示范效应 2021年6月1日,自治区医疗保障局在石嘴山市召开全区医保基金监管信用体系建设启动会,推广石嘴山市试点经验,并对全区医保系统领导和工作人员进行培训,培育医保从业人员诚信理念。宁夏成为全国率先实行医保基金信用监管的省区。

增强意识,促进医保基金合理使用 通过信用管理,医疗机构和医师医保守信意识进一步增强,医保违规行为大幅度减少。2021年定点医疗机构统筹支出呈下降趋势,其中职工医保住院人次和次均费用同比分别下降13.39%和13.47%,城乡居民医保住院人次和次均费用同比分别下降17.32%和19.47%。

严厉惩戒,全面规范医药服务行为 根据日常检查、飞行检查等,2021年共查处违规费用315.25万元,行政处罚医疗机构4家,暂停医疗机构医保服务2家,约谈相关负责人3人次,对8名违规医保医师进行诚信扣分处理,公开曝光违规医药机构13家,并将以上结果应用于信用评价及医保年终决算。

案例六:盐池县深化医保支付方式改革 助力县域综合医改纵深推进

2021年,吴忠市盐池县将深化医保支付方式改革与深度整合县域医疗服务资源、提高县域医疗卫生资源配置和使用效能相结合,为人民群众提供全方位全生命周期健康服务。

【推行专家测算、实行总额预付,优化总额预算分解比例】 创新开展包干经费专家测算、医保与医疗机构协商的操作流程,按照城乡居民医保和职工医保两个险种分别测算县医共体包干医保基金总额。建立"年初预算、按季拨付、年终结算"的工作机制,将医保基金打包给县医疗健康总医院后,每季度按70%拨付,剩余30%根据年终考核结果进行结算。

【强化基金监管、坚持科学考评,提高医保基金使用效益】 对医疗机构主要业务指标和关键质量指标跟踪监测,及时进行反馈指导,并通过大数据汇总分析,对工作效果进行半年和全年绩效评估考核。医疗健康总医院根据各医疗机构的功能定位给予每个机构固定预算,制定《医保基金内部分配方案》,按照方案对各医疗机构进行医保基金二次分配。通过绩效考核、自主分配,医疗机构自我约束、强化管理、控制成本、提升质量的积极性和主动性明显提高。

【深化药品集采、降低药耗价格,缓解群众就医负担】 在全区率先开展县级药品、医用耗材集中采购谈判议价工作,出台《盐池县药品、医用耗材集中采购实施方案》,按照"分类别、分阶段、分步骤"的工作思路，组织198家供应商进行2轮谈判议价，涉及医药物资4200个品种，通过谈判，西药、中药饮片、高值医用耗材、试剂最高降幅分别达5%、31%、77%、49%，总体降幅25%－35%，切实缓解困难群众就医负担。

【注重城乡统筹、突出资源协调，促进医疗服务均等化】 按照"县强、乡活、村稳、上下联、信息通"的要求，以县人民医院为龙头，整合县域内医疗资源，实行人员、资金、业务、信息、药械"五统一"管理，组建医疗健康总医院，形成集管理、服务、发展、利益、责任"五位一体"的紧密型医共体。选派具有中级及以上职称人员组成7个医疗专家团队，定期到惠安堡镇中心卫生院、大水坑镇中心卫生院、高沙窝镇中心卫生院和麻黄山乡卫生院进行帮扶指导。开展基层医疗机构骨干人员中医药适宜技术理论培训2期、操作培训5期，共培训121人。组建三级家庭医生签约服务团队48个，完善家庭医生签约服务内容，提高签约服务水平和覆盖面，做到"应签尽签、应管尽管"。优化"互联网＋"与"专科＋全科"相结合的家庭医生团队服务模式，通过动态健康管理应用、线上线下诊疗服务，持续丰富家庭医生签约服务内涵。深入推进高血压、糖尿病、布病、结核病"三位一体"医防融合模式，对慢病患者落实筛查、诊断、推送、治疗、健康管理、健康教育"六步管理法"，免费开展妇女"两癌"筛查、城乡居民早期肺癌及上消化道癌筛查，传染病疫情报告率达到100%。

【精准整合资源、优化资源配置，稳步推进"互联网＋医疗健康"】 建立远程诊疗中心、远程影像中心、远程心电中心、远程超声中心、远程检验中心和远程教学六大中心，推动"互联网＋医疗健康"、公共卫生和家庭医生签约数据互联互通，实现居民电子健康档案、电子病历、健康管理、家庭医生签约服务连续记录。采取"基层检查，上级诊断"的远程诊断新模式，让患者在乡镇、社区就可享受县级医院优质的诊疗服务。建立医疗质量监控信息平台，对基本医疗、公共卫生等数据全程监管，通过居民健康档案库、电子病历库数据共享，实现公卫与医疗信息共享和业务协同。全面启动"移动智慧医院"建设，在县级医院设立自助挂号、打印报告、取片等便民服务设备，利用微信公众号，手机App等，将医院"搬"上手机，进一步促进医疗监管科学化、就医流程简易化、医疗结算高效化。

案例七：固原市推进DIP试点改革

2020年10月，固原市被国家医疗保障局确定为全国DIP试点城市，全市各相关部门大力协同，取得初步成效。

【主要做法】 抓好目标导向　研究确定固原市DIP试点"五个一"要求，即：实现一种状态，实现"医保患"三方共赢；达到一个效果，使医疗事业可发展、医保基金可持续、医保制度可运行、群众待遇可保障；建成一个系统，建立起功能完备、运行高效、数据统一、体系完善的支付方式与智能监管一体化管理系统；健全一套机制，形成DIP医疗费用给付、重大问题沟通解决、争议问题协调处理、医疗机构绩效考核、信用等级评定、集体协商谈判、基金规范使用的机制；打造一支队伍，提升全市医保部门经办管理能力。

抓好组织领导　成立全市DIP试点工作领导小组，建立部门联席会议制度，组建工作专班、地方专家技术团队和DIP费用评审委员会，做到组织领导到位，职责任务明确。制定工作方案、结算办法，确定试点任务，开展基线调查，进行目录预分组，形成有效的政策落实机制。

抓好人员培训　先后邀请区内外医院专家进行病案管理培训。邀请国家医疗保障研究院、自治区内外专家、软件研发人员，围绕DIP基本理论、技术规范、实施路径、实际操作等，对全市医院及医保部门相关人员进行10余次系统培训，为DIP实际付费打下坚实基础。

抓好院端协同　医保部门加强与医院沟通协商，促使医院主动融入改革，健全工作机制，跟进管理措施。开展15项业务编码贯标和医院接口改造工作，将数据质控办法嵌入系统，提醒医院须完整规范地填写病案首页，上传结算清单，为DIP精准付费提供支撑。

抓好政策配套　制定出台 DIP 经办规程、定点医药机构医保信用等级评定管理办法、DIP 基础数据质控办法、风险识别及评估防范方案、目录库管理办法、试点成效评估方案、沟通协商机制、考核管理暂行办法等，基本形成涵盖 DIP 政策、管理及经办各个方面全流程、闭环式管理体系。同时配合自治区统一建设 DIP 系统，确保各项政策全面落地。

抓好模拟运行　提取全市所有医院前三年病案数据并进行清洗，为病种分组、分值计算、系数确定打好基础。组织对 2021 年上半年贯标数据进行实际付费测算。定期分析，全面了解掌握医院医保结算清单上传率、病例入组、医疗服务质量及绩效、医保基金支付额变化等，集中研究解决出现的问题，于 9 月开展实际付费。

【主要成效】 基础管理水平提升　通过开展多次病案质量管理培训、病案管理现场点评及评估、15 项业务编码贯标、接口改造、模拟和实际付费中反馈盈亏信息等，促进医院更加重视 DIP 改革，加大对信息化人、财、物的投入，促使医院更加重视成本控制和病案首页填写及医保结算清单上传质量。从实际付费数据来看，医院病组入组率明显提高，质控问题数据明显减少，医院基础管理水平得到大幅提升。

基金使用效率提升　建立“结余留用、合理补偿”的责任共担机制，引导医疗机构自发控制医疗成本，强化院内精细化管理，规范临床诊疗行为，实施检查结果互认。实际付费后，病组入组率提高 1%，住院人次下降 2.4%，小病大治得到遏制；住院次均费用下降 2.6%，医保平均报销比例提高 0.3%，患者人均减少住院支出 118 元，节约医保基金 2000 万元。固原市 DIP 试点被国家医疗保障局评估为优秀等次。

提高付费精准水平　DIP 确定的医保支付标准，是应用大数据方法，对以往病案数据的拟合，既关注基金安全，又关注医疗行为，通过确定支付“度量衡”，使医保付费更加精准和贴合实际，使医保部门和医院共同找到付费认识上的共同点、工作上的协同点。通过 DIP 支付方式改革，减少原来粗放式、照单被动支付的按项目付费，使医保基金杠杆作用得到充分发挥，牵动医疗机构通过控制成本、优化服务、提升水平来获取更多的补偿额。

打造专业经办队伍　通过开展 DIP 支付方式改革，推动医院管理、病案编码、信息化和内控建设等人才聚集，引导社会对病案编码专业人才培养及发展的重视。通过各类专业知识的培训和 DIP 实操工作锻炼，全市各级医保经办人员对 DIP 基本原理，操作能力、监管重点、核查手段等有了全面了解和掌握，管理服务理念得以更新，适应精心化管理服务的能力得到大幅提升。

助推分级诊疗落实　对每个病组对应的不同级别医院给予不同的系数，使付费更加精准。确定 120 种病种为基层病种，实行同病、同质、同治、同价，全市开展 DIP 付费后，三级医疗机构未发生收住基层病种的现象，全年在住院人次下降的基础上，二级医疗机构就诊人次较上年增加 1136 人次(其中基层病种占 70%)，增加 3%，推进分级诊疗制度落实。确定 25 种中医优势病种给予系数加成。实行 DIP 下基金分类切块管理，防止级别高的医疗机构虹吸参保患者，防止低水平医疗机构过度医疗。将职工大额医保费纳入 DIP 管理，实行县域医共体 DIP 下打包支付，使打包付费更加精准，破解分级诊疗难题。

新疆维吾尔自治区

工作综述

2021年，新疆维吾尔自治区医疗保障局坚持以人民为中心，深化医疗保障制度改革，健全多层次医疗保障体系，推进医保惠民政策落实，各项工作取得新成效。截至2021年底，全区基本医疗保险参保人数2061.30万人，其中，职工医疗保险参保503.13万人，居民医疗保险参保1558.16万人，参保率稳定在95%以上。基本医疗保险基金总收入499.42亿元，基金总支出375.05亿元，当期结存124.37亿元，基金累计结存736.78亿元。其中，职工医疗保险（含生育保险）基金总收入337.73亿元，基金总支出239.09亿元，当期结存98.64亿元，基金累计结存601.37亿元；居民医疗保险基金总收入161.69亿元，总支出135.96亿元，当期结存25.73亿元，累计结存135.41亿元。

【落实“两个确保”，做好常态化疫情防控】 自治区医疗保障局坚持“两个统筹”，创新支持常态化疫情防控，助力加快构建免疫屏障、有效应对局部疫情。3月22日，自治区医疗保障局会同自治区财政厅、自治区卫生健康委员会印发《关于做好2021年自治区新冠病毒疫苗及接种费用保障工作有关问题的通知》，从各统筹地区医保基金筹集疫苗及接种专项资金，全力做好新冠病毒疫苗及接种费用保障。全区共上解专项资金至自治区医保基金财政专户18.12亿元，向自治区疾控中心预付疫苗采购费用18.14亿元（含专户利息收入195万元）。按照自治区指挥部确定的6元/剂（含注射器）结算标准，共结算疫苗接种费用1.92亿元。适应常态化疫情防控需要，将新冠病毒核酸检测指导价调整为10样本和5样本混合检测的每样本价格分别不超过3.5元和6.6元，单样本检测每样本价格不超过25.1元，进一步降低防疫成本。

【优化制度机制，促进多层次医疗保障体系加快发展】 提升全民参保质量　加强和改进基本医疗保险参保工作，健全跨部门的参保数据共享交换比对机制，实施精准参保扩面，做到应保尽保，避免重复参保，提升参保质量。截至2021年底，全区基本医疗保险参保人数达2061.30万人，同比增加2.67万人，增长0.13%，参保率稳定在95%以上。提高城乡居民基本医疗保险筹资标准，2021年全区城乡居民基本医疗保险人均财政补助标准新增30元，达到每人每年不低于580元；同步提高个人缴费标准40元，达到每人每年不低于320元。

完善基本医保待遇保障　报请自治区人民政府审议并印发《关于印发新疆维吾尔自治区医疗保障“十四五”规划的通知》，擘画“十四五”全区医疗保障改革发展蓝图。6月30日，自治区医疗保障局会同自治区财政厅印发《关于贯彻落实国家医疗保障待遇清单制度的实施意见》，全区基本医保制度实现统一。落实待遇清单制度。8月25日，自治区医疗保障局印发《关于印发〈新疆维吾尔自治区贯彻落实医疗保障待遇清单制度三年行动实施方案（2021—2023年）〉的通知》，规范基本制度、基本政策、基金支付项目和标准，确定基准筹资和基准待遇。8月5日，自治区医疗保障局印发《关于做好生育保险工作支持三孩政策落实的通知》，积极做好新生儿参保工作，优化生育政策，促进人口长期均衡发展。12月21日，报请自治区人民政府审议并印发《关于印发〈新疆维吾尔自治区职工基本医疗保险门诊共济保障实施办法〉的通知》，完善门诊共济保障机制，改革个人账户，统筹门诊和住院待遇政策衔接。

开展深化城乡居民高血压、糖尿病门诊用药保障和健康管理专项行动　规范化管理的“两病”

人员全部纳入门诊用药保障。2 月 20 日，自治区医疗保障局会同自治区卫生健康委员会印发《自治区深化城乡居民高血压、糖尿病门诊用药保障和健康管理专项行动方案》，按诊疗规范确诊的"两病"人员动态纳入门诊用药保障。截至 2021 年底，全区"两病"待遇享受 1042.67 万人次，发生费用 11.16 亿元，医保基金支付 6.88 亿元。

发挥补充医疗保险保障作用 抓好职工大病保险工作，实现参保职工全覆盖。3 月 5 日，自治区医疗保障局与自治区总工会联合举行自治区在职职工医疗互助保障活动启动仪式。3 月 17 日，自治区医疗保障局会同自治区总工会印发《关于实行职工互助保障和基本医疗保险"一单"结算的通知》，将职工互助保障住院医疗费用嵌入医保信息系统实行"一单"结算。指导乌鲁木齐市开展长期护理保险国家试点工作，乌鲁木齐市医疗保障局修订完善《长期护理保险办法》，落地执行《长期护理失能等级评估标准(试行)》，减轻失能人员及家庭的照护负担。截至 2021 年底，累计享受长期护理保险待遇 2860 人，基金支出 7143.32 万元。

完善重特大疾病医疗保险和医疗救助制度 完善低收入人员、因病致贫人员重特大疾病医疗救助政策。7 月 5 日，自治区医疗保障局会同财政厅、民政厅印发《关于加强城镇困难群众医疗救助工作的通知》，健全统一规范的医疗救助制度，促进建立救助对象精准识别机制。医疗救助实现救助人群全面覆盖、救助政策全面落实，全区 14 个市(自治州)全部实行医疗救助地级统筹、全部实现医疗救助疆内"一单"结算。2021 年 1—12 月，全区低收入人员申请医疗救助 10.29 万人，审核纳入医疗救助范围 6.89 万人，救助 5.81 万人次，救助金额 14265.93 万元。

【深入推进"三医联动"改革】 *推进药品耗材集中带量采购改革释放巨大红利* 报请自治区人民政府审议并印发《关于推动药品和医用耗材集中采购工作常态化制度化开展的实施意见》，引导药品和医用耗材价格回归合理水平。抓好国家、省际联盟和自治区组织药品集中采购中选结果落地执行。截至 2021 年底，全区共落地执行集中采购药品 323 种 409 个品规、高值医用耗材 4 类，药品集中采购品种数排名全国第一，预计每年可节约医疗费用支出 32.14 亿元。其中，国家组织药品集采五批 218 种 280 个品规、高值医用耗材 1 类，药品平均降价 54%，冠脉支架平均降价 93%，减轻群众负担超 28.27 亿元；自治区组织药品集采四批 105 种 129 个品规，高值医用耗材 3 类(人工晶体、冠脉球囊、导引导丝)，减轻群众负担超 3.87 亿元。

深化医疗服务价格改革 积极稳妥推进医疗服务价格改革，加强分类管理，完善动态调整机制，更好体现技术劳务价值。11 月 27 日，自治区医疗保障局会同自治区卫生健康委员会、新疆生产建设兵团医疗保障局、新疆生产建设兵团卫生健康委员会印发《关于印发〈新疆维吾尔自治区、新疆生产建设兵团新增医疗服务价格项目管理办法(试行)〉的通知》，进一步优化新增医疗服务项目价格审核流程，促进成熟可靠、先进有效的医疗新技术、新方法进入临床应用。

推进医保支付方式改革试点 医保支付方式改革试点取得突破。2021 年，自治区医疗保障局会同新疆生产建设兵团医疗保障局先后印发《按疾病诊断相关分组(DRG)付费经办管理规程(试行)》《乌鲁木齐统筹地区按疾病诊断相关分组(DRG)付费权重谈判工作实施方案》《乌鲁木齐统筹地区 CHS－DRG 疾病诊断分组和权重标准(试行版)》，乌鲁木齐市作为按疾病诊断相关分组(DRG)付费试点城市，阿克苏地区、哈密市作为区域点数法总额预算和按病种分值(DIP)付费试点城市，均已开展实际付费。11 月 22 日，自治区医疗保障局会同财政厅、卫生健康委员会印发《关于推进紧密型县域医疗卫生共同体实行基本医疗保险总额付费管理的通知》，进一步深化医药卫生体制改革，完善县域医疗卫生服务体系，提升医疗保险基金共济能力，促进基本医疗卫生服务公平可及。12 月 17 日，自治区医疗保障局会同自治区人力资源和社会保障厅、新疆生产建设兵团医疗保障局、新疆生产建设兵团人力资源和社会保障厅、自治区政务服务和公共资源交易中心印发《关于执行〈国家基本医疗保险、工伤保险和生育保险药品目录(2021 年)〉的通知》，药品通用名、药品分类、剂型和限定支付范围等严格按照国家规定执行，甲、乙类按各地基本医疗保险支付政策执

行。扩大谈判药品定点医疗机构和定点零售药店"双通道"保障，让群众更快、更经济地用上救命"新药"。

【确保医保基金安全可持续运行】 改革基金监管制度体系 织密扎牢医保基金监管制度笼子，着力健全基金监管体制机制，以零容忍态度严厉打击欺诈骗保行为，确保医保基金安全。报请自治区人民政府审议并印发《关于推进医保基金监管制度体系改革的实施意见》，落实地、县两级监管职责，强化医保定点机构的主体责任。加强跨部门协同监管，健全"一案多查、一案多处"机制。

创新基金监管方式 完善监督检查常态机制，推广医保智能监控，实施信用监管，锻造飞行检查利器，落实举报奖励措施，"以案示警"推动行业自律，基金监管长效机制逐步形成。动员社会各界参与基金监管，全区各级医保部门共选聘社会监督员590名。

依法严厉打击欺诈骗保行为 持续提高常态监管、综合监管、依法监管水平，筑牢医保基金安全防线。5月21日，自治区医疗保障局联合公安厅、卫生健康委员会印发《自治区打击欺诈骗保专项整治行动方案》，聚焦"假病人、假病情、假票据"等"三假"问题，联合公安、卫生健康部门开展打击欺诈骗保专项整治行动，严肃追究欺诈骗保单位和个人责任。2021年1—12月，共检查定点医药机构8298家，检查覆盖率100%；处理违法违规医药机构5674家，占被检查机构的68%，其中，暂停医保服务739家、解除医保服务协议282家、行政罚款257家、移交司法机关6家、约谈告诫4085家、限期整改4707家；处罚和追回资金3.4亿元。

【医保助力民生经济发展】 巩固拓展医保脱贫攻坚成果有效衔接乡村振兴 8月2日，自治区医疗保障局会同民政厅、财政厅等七部门印发《关于实现巩固拓展医疗保障脱贫攻坚成果同乡村振兴有效衔接的实施意见》，落实"四不摘"要求，稳妥衔接医保政策，大病保险对特困人员、低保对象和返贫致贫人员实施倾斜支付政策。年度救助限额内，特困人员、低保对象、返贫致贫人口政策范围内个人自付住院医疗费用救助比例不低于70%，南疆四地州不低于80%。2021年1—12月，全区监测预警存在因病返贫致贫风险人员15.50万人，符合条件并予救助5.18万人，救助金额9757.26万元。

支持中医药和健康产业创新发展 11月19日，自治区医疗保障局、新疆生产建设兵团医疗保障局印发《关于支持加快中医药发展的若干措施的通知》，从中医医疗机构纳入医保定点、中医药临床应用、基层医疗卫生机构中医事业发展、符合中医药特点的医保支付方式、中医诊疗技术发展、中药产业发展等六个方面提出支持措施。支持丝绸之路经济带核心区医疗服务中心建设、自治区国家区域医疗中心综合改革试点。

稳步提升跨省异地就医体验 跨省异地就医住院费用直接结算稳中有进。普通门诊费用跨省直接结算全面突破，实现新疆参保人员在30个省（自治区、直辖市）和新疆生产建设兵团定点医药机构直接结算普通门诊费用和药店购药费用。启动高血压、糖尿病、恶性肿瘤门诊放化疗、尿毒症透析、器官移植术后抗排异治疗等5种门诊慢特病相关治疗费用跨省直接结算试点。

积极推进兵地医保融合发展 确保全区各族群众同步享受同等的医保制度改革红利。4月16日，自治区医疗保障局会同新疆生产建设兵团医疗保障局制定进一步推进兵地医疗保障融合发展的实施意见，推进兵地医保制度政策趋于一致、管理模式基本统一、医保信息互查互认。截至2021年底，经兵地双方定点医药机构自主申请，自治区各统筹地区医保经办机构互认新疆生产建设兵团定点医药机构648家；新疆生产建设兵团医保经办机构互认自治区各统筹地区定点医药机构992家。

【推进医保公共服务均等化】 法治医保建设稳步推进 自治区医疗保障局深入学习宣传贯彻《医疗保障基金使用监督管理条例》，并于2021年12月27日印发《关于印发〈新疆维吾尔自治区医疗保障基金使用监督管理行政处罚裁量基准（试行）〉的通知》，规范自治区医疗保障基金使用监管行政执法裁量尺度，保障各级医疗保障行政部门合法、合理、适当地行使行政处罚裁量权，保护公民、法人和其他组织的合法权益。2021年7月6日，修订《自治区医疗保障局行政规范性文件制定程序和备案管理办法》，进一步规范行政规范性文件的制定和监督管理，重大决策、重要政策措施按规定开展合法性审核、社会稳定风险评估。

信息化标准化建设取得新突破　健全标准化体系，统一全区医疗保障业务标准和技术标准。11 月 12 日，全区 15 个统筹地区全部上线运行国家医疗保障信息平台，全区统一、高效、兼容、便捷、安全的“智慧医保”平台全面落地应用。抓好 15 项医保信息业务编码标准的贯彻实施工作，全国共用一个标准库、共享一个数据池。积极推广使用医保电子凭证，截至 2021 年底，累计用户超 1447.4 万，激活率位居全国前列。

经办服务能力进一步提升　积极推进建设统一规范的医保经办管理服务体系，明确 28 项医保政务服务事项办理流程，加强经办机构内控管理，规范经办大厅设置和服务标准。推进基本医保参保、医保关系转移接续等服务事项“跨省通办”，更好保障流动人口医保权益。3 月 4 日，自治区医疗保障局印发《关于取消医保定点医疗机构医疗保险预留保证金的通知》，全区职工医疗保险和城乡居民医疗保险对定点医疗机构费用全额结算支付，进一步减轻定点医疗机构垫资压力，促进定点医药机构持续健康发展。

重要活动

1. 自治区医疗保障工作电视电话会议召开。2 月 8 日，自治区人民政府召开自治区医疗保障工作电视电话会议。会议总结 2020 年医疗保障工作，分析医疗保障改革发展面临的形势，研究部署 2021 年工作任务。

2. 自治区在职职工医疗互助保障活动启动仪式举行。3 月 5 日，自治区总工会与自治区医疗保障局联合举行自治区在职职工医疗互助保障活动启动仪式。

3. 自治区人民政府分管领导到自治区医疗保障局调研。3 月 8 日，自治区人民政府分管领导一行到自治区医疗保障局调研座谈。

4. 自治区打击欺诈骗保专项整治行动联席会议召开。6 月 11 日，自治区打击欺诈骗保专项整治行动联席会议在自治区医疗保障局召开。会议回顾总结两年来医保基金监管工作，分析研判当前医保基金监管工作面临的新形势、新问题，安排部署下一个阶段打击欺诈骗保专项整治行动。

5. 乌鲁木齐区域打击欺诈骗保专项整治行动启动会召开。12 月 1 日，自治区医疗保障局、新疆生产建设兵团医疗保障局联合自治区公安厅、卫生健康委员会等部门召开乌鲁木齐区域打击欺诈骗保专项整治行动启动会。本次专项行动重点聚焦“假病人、假病情、假票据”等“三假”欺诈骗保行为，坚持日常巡查与突击检查相结合，飞行检查与智能监控排查相结合，规范定点医药机构服务和收费行为。

典型案例

案例一：自治区和兵团联合组织“2＋N”联盟药品集中带量采购

2021 年 3 月，由新疆维吾尔自治区和新疆生产建设兵团发起，陕西、甘肃、青海、宁夏、广西等省（自治区）积极参与的省际联盟（简称“2＋N”联盟）药品集中带量采购工作正式启动。“2＋N”联盟省（自治区）医疗保障局成立药品省际联盟带量采购工作领导小组，领导小组下设联合采购办公室，负责本次药品集中带量采购工作的组织实施以及药品品种遴选、实施方案和采购文书拟定、组织开展招标、中标结果执行等工作。“2＋N”联盟的组成，进一步增强药品集采的议价能力，奠定坚实的组织基础。

【主要做法】 坚持多维度遴选联盟集采药品品种 依托医保结算系统，从基本医保药品目录内用量大、采购金额高、临床使用成熟、覆盖人群广等多维度遴选集采药品品种。坚持“应采尽采”，有效发挥省采的补充作用，扩大高血压、糖尿病“两病”用药集采品种，降低“两病”药品整体价格，满足群众和医疗机构多样化用药需求。坚持与国家集采品种“错位集采”，省际集采以未通过仿制药质量和疗效一致性评价的药品为主，国家规划拟集采的药品也不纳入集中采购范围。针对药品适应症、临床常用规格、不同规格的临床适应症、药品的可替代性等专业性强的问题，组织药学和临床医学权威专家进行多轮论证，最终遴选确定 52 个品种 60 种规格的药品进入本次集采范围。同时，积极探索完善独家品种、复方制剂带量采购模式。

坚持科学化制定联盟集采药品规则 按照国家药品集中带量采购工作总体要求和联盟省区相关意见，在学习借鉴内地省市集采经验，并广泛听取医药企业、药品协会、医疗机构、各有关部门意见基础上，研究起草《“2＋N”联盟药品集采工作实施方案》《“2＋N”联盟药品集采文件》，主动向社会公开征求意见建议，不断优化完善，较好体现各方利益。针对独家产品，一方面制定“基础采购量＋调剂采购量”的约定采购量分配规则，另一方面将所有独家产品归为一组，构建独家竞争格局，排名前 70％的企业进入谈判，以排名前 50％的企业的平均降幅为谈判的预期降幅线；针对两家的产品，按照组内最低价格进行议价，议价后价格低者为拟中选产品，激发企业自主降价主动性；对入围三家及以上药品采用“综合竞价指标体系”综合评分，同时专门增设中选国家和省级（含联盟）集采企业加分项，联动扩大集采工作影响力，调动企业参与积极性。

坚持构建市场化多元公平竞争集采格局 通过药采平台、门户网站、手机 App 等新媒体发布采购文件，动员企业积极参与联盟集采，主动为未挂网企业开通绿色通道，做到网上通办、不见面办，方便企业参与集采。为营造公开透明、公平公正的竞争环境，先后召开 3 场企业通气会和 1 场报名实操答疑会，进行政策解读和实操培训，与企业交流互动。为保证网上申报工作安全，制定严密的网上申报规则，由纪检监察人员全程监督报价解密、资质审核、谈判议价等关键环节。抽调医疗机构药学和临床人员组成网上审核小组，建立 AB 岗不见面审核机制，形成审核工作闭环，确保一个标准和一个尺度。

坚持不断优化完善药品集中带量改革工作 充分发挥“2＋N”联盟省区的规模优势，组织各省区医药机构积极参与，根据报送的预采购量数据汇总各通用名品种的预采购量基数，在采购文件中向社会公布，以相对明确的市场预期吸引企业积极参与，以充分透明的信息助力企业准确决策。坚持以质量为本的临床用药，制定约定采购比例不超过 50％，在带量的基础上，不仅为中选企业的产品进院提供快速通道，从根本上改变带金销售的模式，同时还充分尊重临床用药需求，避免临床替换风险，系统建立生产企业和医药机构利益平衡机制。探索建立医保支付标准与集中采购价格协同机制，完善医保支付政策。通过深化医保支付方式改革，建立医保部门与医疗机构间的激励和风险分担机制。对优先使用中选药品、按要求履行合同的定点医疗机构，按照集中采购药品医保基金结余留用有关政策给予激励。

【主要成效】 “2＋N”联盟集采得到广大医药生产企业的积极响应，共有 198 家企业 260 个产品参与投标，经过竞价和议价谈判，46 个企业的 50 个产品（其中，原研药、参比制剂和过评药 11 个，未过评药 39 个）确定为中选产品。中选产品平均降价 37.68％，其中，进入判议价环节的 59 家企业的 65 个产品（涉及 39 个药品），34 个企业的产品经过谈判议价后确定为拟中选集中带量采购品种，平均降价 20.14％；进入竞价环节的企业产品共有 155 个（涉及 19 个药品），19 个企业的产品在同组内“综合竞价指标体系”得分最高确定为拟中选，竞价平均降价 68.16％。按约定采购量测算，中选药品和价格联动药品在采购周期内将节约费用近 1 亿元。较好发挥医疗保障基金战略性购买作用。

案例二：阿克苏地区推进 DIP 支付方式改革

2020 年 11 月，阿克苏地区被国家医疗保障局确定为按区域点数法总额预算和按病种分值(DIP)付费改革试点城市。一年多来，阿克苏地区医疗保障局与定点医疗机构充分协商、联合推动改革，不断完善 DIP 付费体系，取得一定成效。

【主要做法】 提供组织保障　成立以行署分管领导为组长，多部门分管负责人为成员的 DIP 付费试点工作领导小组，设立领导小组办公室，建立综合协调制度、联席会议制度、工作例会制度。组建病案管理、分组费率与总额测算、支付政策制定、信息技术指导、项目专家等 6 个工作小组，将医疗保障、卫生健康、医疗机构等部门分管领导、业务骨干及相关专家纳入小组成员，明确各部门职能分工、目标任务及时间进度，确保工作落实。阿克苏地区形成政府统一领导，相关部门各司其职、医疗机构共同参与的工作格局，为 DIP 付费试点提供组织和技术保障。

制定配套政策　为确保 DIP 运行有据可依、有章可循，逐步建立完善 DIP 相关配套政策。印发《阿克苏地区基本医疗保险区域点数法总额预算和按病种分值(DIP)付费结算试行办法》，明确实施范围、基本原则、预算管理、费用结算、基金监管与考核等内容。印发《阿克苏地区按病种分值付费经办规程(试行)》，明确 DIP 政策下医保和医疗机构的费用结算依据、病种分值测算和相关业务流程，为实现基金合理支付以及各业务环节的有效衔接提供遵循。印发《DIP 付费基金管理暂行办法》《DIP 付费定点医疗机构补充协议》，将高编码、低编码、高靠诊断、推诿病人等内容纳入协议管理范围，进一步规范医疗服务行为。

落实国家标准　印发《阿克苏地区医疗保障局贯彻执行 15 项医疗保障信息业务编码标准实施方案》，成立贯标工作领导小组，协调解决在编码映射过程中遇到的问题，确保编码规范、标准统一，为实行国家版的病种分值付费打下良好基础。全面实行统一规范的医保信息业务编码、疾病诊断编码和手术操作编码，并完成医疗机构医保结算清单测试。

完善信息系统　引入第三方机构共同参与，组建 DIP 建设项目组，完成服务器、网络联通，软件、数据库安装调测等工作。结合实际，研发并部署医疗机构病案填报系统、DIP 分组系统及基金结算系统为一体的综合管理云平台系统，实现从医疗机构医保基金结算清单上传、病案与结算数据清洗、编码映射转换、数据集成处理、形成病种分组的系统化流程。

【主要成效】 经过数据提取、数据清洗、分组匹配，初步建成具有本地特点的阿克苏地区 DIP 目录库。根据 DIP 病种目录库(1.0 版)和国家预分组规则，对提取的基础数据进行审核，结算数据和病案数据的总体匹配率达 99.61%。对匹配成功的数据进行反复清洗和优化，对不可用数据逐个比对和处理，筛选出满足分组条件的数据 719766 条，占总结算数据的 99.76%。依据分组规则，将 654282 条数据顺利入组，数据入组率达 90.90%。经过数据分组，共分为 4612 组病种，其中，核心病种 1682 组，核心病种覆盖病例占比为 90.18%；综合病种 2930 组，综合病种覆盖病例占比为 9.82%。2021 年 10 月，DIP 支付正式上线以来，向 23 家定点医疗机构预付周转金 50489.95 万元，清算 10—12 月医保基金 29398.82 万元。

案例三：昌吉州创新门诊特殊慢性病管理服务模式

2021 年，昌吉回族自治州(以下简称昌吉州)医疗保障局创新门诊特殊慢性病管理服务模式，着力解决“看病难、看病贵”的问题，不断提升参保群众的医疗保障获得感、幸福感、安全感。

【主要做法】 简化病种认定流程　简化门诊特殊慢性病病种认定手续，制定特殊慢性病服务指南，压缩病种认定时间，全流程下放，由具有病种认定资格的定点医院负责特殊慢性病病种认定的初审、组织病种认定、复核确认和信息录入工作，实现特殊慢性病病种认定“一站式”服务，参保患者在病种认定通过当月就可享受门诊特殊慢性病待遇。对于家庭困难且患有重病的参保群众，医院开通绿色通道，患者可以即时享受待遇。

扩大供药范围　将职工特殊慢性病中的病毒性肝炎、慢性肾炎等13个病种以及城乡居民特殊慢性病中的肾功能衰竭、结核病共15个病种纳入“双通道”(定点医院、慢性病定点零售药店)购药。截至2021年底，昌吉州特殊慢性病“双通道”供药服务职工扩大到23个病种、城乡居民扩大到12个病种。

延长慢病处方　延长处方用药量，凡处方用药量超过30日的，均视为长期处方，对病情稳定的慢性病患者，一次可开具12周以内的相关药品，有效解决老百姓多跑趟、排长队购药难的堵点问题。

优化购药服务　在特殊慢性病定点药店建立特殊慢性病患者处方留存购药和档案管理制度，凡是建档特殊慢性病患者只要6个月内没有换药，均可根据档案记录通过互联网电子处方直接购药。

降低药品价格　制定《昌吉州全面贯彻落实国家组织药品集中采购和使用试点扩围工作实施方案》并组织实施，四批164种药品带量参加国家集采，平均降幅64%，2021年节省采购金额1.06亿元。

充实药品供应　取消门诊慢性病地方小目录，国家谈判类药品及时落地并立即纳入门诊特殊慢性病报销范围，用于治疗癌症和罕见病等疾病的120余种救命救急的好药纳入医保支付。

强化监督执纪　将门诊特殊慢性病病种认定权下放后，自治州、县医保经办机构加强对门诊特殊慢性病病种认定和服务的日常监督管理，每年定期对特殊慢性病患者病种认定进行复查，复查率不低于5%。并采取“双随机、一公开”监管、信用监管、“互联网＋第三方＋监管”、跨部门协同监管、聘用医保基金社会监督员、落实举报奖励制度等有效措施，在给群众提供便利的同时，守好参保群众的“保命钱”，确保业务全流程下放后基金可持续。

【主要成效】　办理门诊特殊慢性病病种认定业务的多为老年人，将业务全流程下放后，群众不用每个月排长队开处方购药，大大缩短患者挂号、缴费、取药时间，解决患者在医院、药店两头跑的难点问题。2021年，门诊特殊慢性病群众15万人次从中受益。

案例四：喀什地区推进药品和医用耗材集采和使用

2021年，喀什地区坚决贯彻落实党中央、国务院和自治区关于药品耗材集中带量采购工作的安排部署，坚持以人民健康为中心，以临床价值为导向，以成本为基础，以科学方法为依托，按照“总量控制、结构调整、有升有降、逐步到位”的原则，扎实开展药品耗材集采和使用工作。

【主要做法】　加强领导，高位推动　成立由喀什地区行署分管领导为组长的工作领导小组，在行署层面推动药品耗材集采工作，印发《喀什地区医用耗材集中招标采购工作实施方案》，建立起喀什地区医用耗材招标采购工作运行机制。由行署牵头，统筹医疗保障、卫生健康、民政、发展改革、政资等部门工作职责。在地区医用耗材招标采购代理机构遴选、招标目录确认、评审专家抽取等工作中，卫生健康、民政、发展改革、政资等部门全程参与、积极配合、通力协作，保证本地区医用耗材招标采购工作顺利实施。

部门主动，砥砺前行　一是保质保量完成集采任务。2021年开展9批次国家、自治区组织药品耗材集采报量工作，督促医药机构按时签订三方合同，医保基金预付6批次1122.68万元，定期调度医药机构回款情况，超额完成集采任务量。落实结余留用政策，已向164家医药机构拨付结余留用资金1111.3万元。二是主动实施本地耗材招采。组织90名专家分2轮对各医药机构报送的190882条拟采购目录进行整理和集中评审，确定招标目录12770条。招标公告结束后，组织61名专家对1556家企业投标的36665个品规进行网上评审、集中复审，最终入围 1388 家企业、29251 个品规。三是加强招采产品落地监管。结合基金监管工作，采取数据分析、会议调度、抽查检查等方式，对中选产品采购使用情况进行全流程监测，确保中选产品优先合理使用，防止招而不采、采而不用。

依法行政，程序正当 在制定医用耗材集中招标采购工作方案时，严格遵守国家、自治区相关政策规定，在行署常务会研究审议前，广泛听取审计、财政、卫生健康、政资等部门意见，并由司法部门进行合规性审查，确保政策合法合规、程序符合要求。

【工作成效】 落实国家组织和省际联盟药品集采 9 批次 453 个品规、4 类高值医用耗材中选结果，节约医保资金 1.8 亿元。自行组织实施本地区医用耗材和检验试剂招标采购工作，最终入围 29251 个品规，普遍降价 20%－40%，可节约资金 3.59 亿元，大幅减轻参保群众的就医负担。本次招采结果落地实施后，较好保障了部分先进医用耗材及检验试剂的临床需要，推动国内部分先进新技术、新设备在喀什落地使用，提升本地区医疗水平，为南疆区域医疗中心的建设和发展打下坚实基础。

案例五：克州完善城乡医疗救助制度

为减轻城乡困难家庭的经济负担，保障困难群众就医看病需求，克孜勒苏柯尔克孜自治州（以下简称克州）医疗保障局不断完善城乡医疗救助制度，巩固拓展医保脱贫成果，切实提升各族群众满意度、幸福感。

【主要做法】 *落实分类资助参保政策，确保困难对象应保尽保* 2021 年度脱贫人口参保率 100%、城乡居民参保率 99.39%。对特困人员、低保对象、孤儿、重症残疾及纳入监测的脱贫人口参加城乡居民医保个人缴费部分实行分类资助，全年资助 27 万人，资助 4012 万元，救助对象参保率达 100%。

完善医疗救助政策支撑，强化托底保障效果 2021 年为切实解决农村困难群众大额医疗费用问题，防止因病返贫，自治州医疗保障局经过调研、测算、征求县（市）及相关单位意见建议，对医疗救助政策进行调整完善。住院医疗救助特困人员年度封顶线提至 50000 元；低保对象、脱贫户和脱贫监测户年度封顶线提至 100000 元；重特大疾病医疗救助年度封顶线提至 150000 元。将二次医疗救助基准线由 4000 元降至 1000 元、临时医疗救助基准线由 5000 元降至 1000 元。

强化大额费用动态监测，确保困难对象救助全覆盖 自治州医疗保障局按月通过医保信息平台大数据筛查，筛选出城乡居民在经过基本医保、大病保险和医疗救助报销后的大额医疗费用数据，并推送至县（市）医疗保障局进一步筛选，积极与民政、乡村振兴等部门以及保险公司等单位对接，进村入户了解患者家庭实际情况，发现存在返贫致贫风险的，及时开展二次医疗救助、临时医疗救助，进一步筑牢防范因病致贫返贫的防线。

加强政策宣传，提高政策知晓率 按照自治区“五个一”要求，加强县、乡（镇）、村三级联动宣传，通过宣传手册、展板、播放电子屏幕等多种形式宣传，合理有序引导符合条件的患者申请医疗救助，确保困难群众了解政策，及时享受救助待遇。

【主要成效】 2021 年，全州资助参保 27 万人，资助参保金额 4012 万元，全州医疗救助“一站式”救助困难群众 61714 人次、8194.63 万元（包括手工报销数据）。动态防返贫监测预警推送大额医疗费用数据 23787 人次，累计救助 18736 人次、2920.03 万元，其中，医疗救助手工报销 8646 人次、1885.04 万元，二次医疗救助累计 8814 人次，705.97 万元，临时医疗救助 1276 人次、329.02 万元。

案例六：阿勒泰地区富蕴县构建整合型医疗卫生服务体系

根据《关于全面推进县域医疗共同体建设工作实施方案》《关于印发自治区深化县域综合医改试点工作方案的通知》《关于印发富蕴县深化县域综合医改工作实施方案的通知》要求，阿勒泰地区富蕴县启动县域医共体建设，通过试运行，医共体支付方式改革取得阶段性成效。

【主要做法】 坚持高位推动，强化专题部署　成立以县委、县政府主要领导任组长，卫生健康、医疗保障、机构编制委员会办公室等部门主要负责同志为成员的医改工作领导小组，召开县委常委会、政府常务会和医改领导小组专题会议 24 次，专题研究部署紧密型县域医共体建设工作，并制定印发《富蕴县紧密型县域医疗卫生共同体基本医疗保险医保基金打包付费实施方案（试行）》《富蕴县紧密型县域医共体 2021 年基本医疗保险医保基金使用管理绩效考核细则（试行）》。

重构服务体系，提高整体效能　将县域内 12 个公立医疗卫生机构整合成紧密型医共体，隶属关系由县卫生健康委员会调整为医共体管理，实现“政事分开、管办分离”。实现人员管理、财务管理、信息系统、医保结算、考核监督“五统一”，形成共建共享、分工协作、分级诊疗、急慢分治的县域医疗健康服务新格局。建立协同发展机制，打造“管理共同体”，即医共体内各医疗机构在规章制度、技术规范、人员培训、绩效考核等方面执行统一标准，实现以上带下，协同发展。建立共建共享机制，打造“服务共同体”，即通过健全医共体运作机制，实现组织同建、管理同步、服务同做、资源共享，形成优势互补的医疗卫生服务体系。

改革支付方式，持续深化医改　按照“以收定支、收支平衡、略有结余”原则，实行医疗保险基金总额包干付费，遵循基金安全、总额包干、结余留用、超支自付的原则。打包付费按规定标准预留医保基金风险金后，扣除非医共体医院总额控费基金及政策规定的正常性基金支出，剩余基金 100%打包付费给医共体，打包资金以“按月拨付，年终结算”的方式进行考核拨付。结余基金由医共体牵头单位按照 6∶3∶1 的比例直接拨付给医共体内各定点医疗卫生机构。2021 年富蕴县职工医保打包基金 5830.28 万元，医共体打包实际支出 4874.33 万元，职工医共体打包基金结余 955.95 万元；居民医保打包基金 5524.83 万元，医共体打包实际支出 6505.77 万元，居民医共体打包基金超支 980.94 万元。打包付费的试行，促进定点医疗机构从规模扩张向内涵式发展的转变。

【主要成效】 医共体牵头医疗机构建立县域心电远程会诊中心、影像远程会诊中心和远程会诊中心（门诊和住院），在远程审核诊断下，不但让患者少跑路，还节省医疗费用。2021 年医共体牵头医院远程会诊审核诊断 23711 例，其中，心电远程会诊 11613 例，影像远程会诊 22098 例。建立医共体药品采购中心，实行县、乡、村三级统一目录、议价、采购、配送、结算，全面配备、优先使用国家基本药物，实现县域内同药、同质、同价，乡镇卫生院基础药品储备 230 余种，村卫生室 83 种，慢性病药品 60 余种。以保障医保基金收支平衡为出发点，创新建立“总额包干、结余留用、超支自负”的医共体总额包干机制，变“医保病人医疗收入”为“医院成本支出”，让医共体自己“点菜”自己“买单”，推动医保基金使用绩效和医疗服务质量双提升。

新疆生产建设兵团

工作综述

2021年，新疆生产建设兵团医疗保障局进一步完善兵团医保制度，改善待遇保障质量，推进支付方式改革，落实药品医用耗材集中带量采购中选结果，加大打击欺诈骗保力度，加强医保信息化建设，做好医疗保障兵地融合，推动兵团医疗保障工作实现更高质量发展。截至2021年底，兵团医疗保险参保总人数265.14万人，比上年增加7.01万人。其中，职工医保参保人数151万人，比上年增加5.08万人；城乡居民医保参保114.14万人，比上年增加1.93万人。基本医疗保险基金收入75.07亿元，其中职工医保基金收入64.52亿元，城乡居民医保基金收入10.55亿元。基本医疗保险基金支出60.76亿元，其中职工医保基金支出51.22亿元，城乡居民医保基金支出9.54亿元。基本医保基金累计结存90.44亿元，近三年年均增长14.64%，其中职工医保基金累计结存75.17亿元。

【医保待遇水平稳步提升】 *居民医保人均财政补助和缴费标准增加* 2021年，兵团居民基本医保人均财政补助标准新增30元，达到每人每年不低于580元；人均个人缴费标准新增40元，达到每人每年320元（其中成年居民370元，学生儿童270元）。

调整职工大病保险筹资标准 职工大病保险筹资标准由原来的人均50元提高到75元。2021年，全兵团有5.68万人次享受大病保险待遇，支付大病保险基金0.96亿元。

进一步完善职工大额补充医保 印发《关于完善兵团职工大额医疗费补助筹资政策的通知》。截至2021年底，兵团大额补充医疗保险参保人数为141.4万人，比上年增加4.5万人。基金总收入3.65亿元，较上年增加0.25亿元，增长7.35%；基金总支出3.24亿元，较上年增加0.21亿元，增长6.93%。实际享受大额医疗费用补助人数为11704人。

进一步支持生育保险政策落地 印发《关于转发国家医疗保障局办公室关于做好支持三孩政策生育保险工作的通知》，要求各统筹区将参保女职工生育三孩的费用纳入生育保险待遇支付范围。截至2021年底，兵团生育保险参保职工76.31万人，比上年同期增加4.5万人，增长5.42%。享受生育保险待遇1.7万人次，次均女职工生育医疗费用为4799元，次均顺产医疗费用为3673元，次均女职工生育津贴为29008元。

加强居民慢性病用药保障 简化高血压、糖尿病（下称“两病”）鉴定程序。开展城乡居民“两病”门诊用药保障和健康管理专项行动，居民“两病”参保患者不再进行“两病”门诊用药保障资格申请和审核，整体纳入保障范围。

全力保障新冠病毒疫苗及接种费用 2021年，兵团累计支付疫苗费用3.08亿元，支付疫苗接种费用3001.92万元。核酸检测费用从每人次260元下降至每人次25元；5合1混管检测6.6元/人次，10合1混管检测3.5元/人次。

【进一步加强医保基金监管】 2021年，兵团各级医疗保障部门对全兵团3311家定点医药机构进行全覆盖检查，共查处违法违规医药机构1380家，占被检查机构的41.7%，追回资金8557万元，行政处罚540.24万元，移交司法机关1家，主动曝光典型案例382例。

引入第三方机构参与基金监管工作 印发《第三方机构参与兵团医疗保障基金监督管理工作暂行办法》，通过政府购买方式引入第三方机构参与医保基金监督管理工作。2021年共对28家定点医疗机构开展“飞行检查”。

建立医保基金社会义务监督员制度 印发

《兵团医疗保障基金监管社会义务监督员管理暂行办法》，聘请人大代表、政协委员和新闻媒体代表等社会各界人士436人担任社会监督员。全年奖励举报打击欺诈骗取医疗保障基金行为4人次，发放奖金2000元。

【落实药品与医用耗材集中采购】 2021年，兵团落地国家组织集中采购药品五个批次、高值医用耗材集采一类（冠脉支架）；落地执行省际组织集中采购药品四个批次、高值医用耗材三类（眼科人工晶体、冠脉球囊、导引导丝）。与新疆维吾尔自治区联合组织开展“2＋N”联盟组织药品集中带量采购，共涉及药品373种467个品规、4类高值医用耗材，药品和高值医用耗材平均降幅分别为46％、72％，累计节约医疗费用7.5亿元。落实国家第一批集采药品集中带量采购资金结余留用政策，全兵团返还公立医疗机构医保结余资金863.33万元。兵团所属公立医疗机构所需药品已全部通过兵团集中采购平台实现阳光挂网采购。

【深化医保支付方式改革】 积极开展DRG付费国家试点，制定实施方案，建立涵盖结算办法、经办规程、协议管理、考核监督全链条管理体系。2021年9月，兵直、十一师、十二师三个统筹区已进入实际付费阶段。

【规范完善目录及药品管理】 全面执行国家药品目录 印发《关于执行〈国家基本医疗保险、工伤保险和生育保险药品目录（2020年）〉部分药品名称的通知》，规定自2021年3月1日，兵团基本医疗保险、工伤保险和生育保险全面执行国家药品目录。

规范特殊药品管理使用 印发《关于规范和完善特殊药品使用管理的通知》，并将118种特殊药品纳入“三定”及“双通道”管理，确保国家谈判药品顺利落地，满足参保患者合理用药需求，自2022年起将自行增补药品中非民族药的305个品种全部调出医保支付范围。

【推进异地就医直接结算】 2021年，兵团全年共结算跨省就医6.99万人次，支付医保统筹基金5.5亿元。

加强退休回沪定居人员医疗费用直接结算工作 2021年，兵团回沪人员通过国家异地就医结算系统结算9504.2万元，手工结算843.19万元，委托医疗机构结算181.01万元，个人账户划转5048.28万元，合计支出15576.68万元。

提升服务便捷性 实现医保电子凭证申领、异地就医结算备案、门诊费用跨省直接结算、医疗保险信息变更、城乡居民基本医疗保险参保登记、基本医疗保险关系转移接续、定点医疗机构信息变更等七个“跨省通办”事项。

【加强医保信息化建设】 提前完成医保信息平台上线 2021年3月25日，兵团医疗保障信息平台项目开始建设，7月27日在全兵团、全业务流程上线运行，提前5个月完成国家医保局平台上线目标。截至2021年底，3192家定点医药机构通过医保信息平台实时联网结算，累计结算584.94万人次，日均结算3.63万人次，统筹支付17.38亿元，税务征集到账金额34.5亿元。

推广应用医保电子凭证 按照《兵团医疗保障电子凭证过渡期推广使用工作实施方案》，结合兵团医疗保障信息平台建设情况，在全兵团15个统筹区推广使月医保电子凭证。截至2021年底，兵团已有156.58万人激活医保电子凭证。

重要活动

1.2021年兵团医疗保障工作会议召开。2月3日，兵团医疗保障局以电视电话会议的形式召开2021年兵团医疗保障工作会议。会议总结兵团2020年医保工作，研究部署2021年兵团医保重点任务。

2.“宣传贯彻《条例》 加强基金监管”集中宣传月活动启动会召开。4月7日，兵团医疗保障局以宣传贯彻国务院颁布的《医疗保障基金使用监督管理条例》为主要内容，采用视频会议的形式，召开“宣传贯彻《条例》 加强基金监管”宣传月活动启动会。

3. 兵团医疗保障信息平台顺利上线运行。 6月25日，兵团医保信息平台在八师石河子市试点上线运行；7月27日，兵团医保信息平台在全兵团上线应用。

4. 编制兵团“十四五”全民医疗保障事业规划。 8月31日，兵团医疗保障局印发《兵团“十四五”全民医疗保障规划》。该规划共分为四章24个小节，细化提出了未来五年的发展目标、重要指标、重大工程和重点措施，是兵团医疗保障第一次独立编制的医保五年规划。

典型案例

案例一：兵团医保数据治理工作迈上新台阶

2021年7月27日，兵团15个统筹区全部上线国家医保信息平台，完成兵团全域、全业务、全系统的上线任务，标志着兵团医保业务编码贯标和历史数据治理迁移工作圆满完成。按照国家数据归集标准和要求，兵团持续完善医保数据质量监测标准，不断加强数据上传数量和质量的把控，实现了重要业务全面覆盖和重要数据全面上传的工作目标。

【高度重视，精心组织，保障数据治理顺利实施】 一是思想认识到位。严格按照《医疗保障信息平台建设指南》确定的原则，将国家的要求作为规定动作，将兵团的自身需要作为自选动作，量力而行，积极稳步推进数据治理。二是组织领导到位。项目启动之初，兵团医保局就成立了网信领导小组，由局主要领导任组长，分管副局长任副组长，抽调一名处级干部具体负责现场总体指挥，形成了主要领导负总责、分管领导抓牵头、现场指挥负责人抓执行的工作格局。三是技术保障到位。成立数据治理技术支撑组、数据清理组、师市协调组。从项目承建单位中抽调精通国家标准规范、新老数据结构、业务政策流程等方面的骨干成员12人，全力保障历史数据迁移工作的高质量完成。四是工作措施到位。详细梳理各项工作任务、工作标准、工作目标，制定数据治理实施方案，明确时间表、路线图，挂图作战。与各师市和各小组签订数据治理目标责任状，形成一级抓一级、层层抓落实的工作运行机制，强化数据治理的计划性和约束力。

【以编码贯彻使用为基础，统一各方标准】 根据国家医保局的统一工作部署，快速启动医保信息业务编码贯标工作，印发《兵团医疗保障局贯彻执行15项医疗保障信息业务编码标准实施方案》。联合新疆维吾尔自治区医疗保障局成立联合贯标工作组，建立兵地协同推进工作机制，由自治区医疗保障局牵头负责兵地医保药品、医疗服务项目的赋码，由兵团医疗保障局牵头负责兵地医保医用耗材赋码，共同组织各地州市和各师市同步开展贯标工作。

成立兵团贯标专项工作组，每日召开调度会，及时跟踪各师市工作进度，分析问题、统一指导、总结经验，保证各师市高标准、高质量、高效率开展贯标工作。加强业务培训和技术指导，组织医保信息业务编码基础知识、国家动态维护平台使用、基准数据采集规范、贯标接口对接标准等专项培训八期，组织技术团队提供全程线上技术指导，并派专人驻场三级医疗机构指导贯标工作。

开发使用贯标小程序，打造“主体数据系统自动对照匹配、存疑数据人工重点核实”的贯标工作模式，有效解决贯标工作数据量大、工作难度大、易出错等突出问题。严把验收标准，邀请10余名医保医药专家组成评审小组，采取现场核查资料及数据的方式，对验收存在问题的医药机构及时指导、现场整改，集中大干20天，经过30轮次业务编码比对、分析和清洗，共完成3675家兵地医药机构、1.06万项医疗服务项目、20.21万项药品、1171.02万项耗材的贯标工作。

2021 年 4 月 8 日，兵团通过国家贯标初验。8 月 24 日，通过国家贯标终验，成为全国第四个通过贯标验收的单位。

【以历史数据治理为核心，提升数据质量】 全面落实国家医保局“严格落实数据标准规范，确保数据质量不打折扣”的数据治理要求，完善数据清洗、数据比对、数据转换、数据质控的数据治理流程，开展六轮全量数据模拟转换、云迁移验证、经办实操验证工作，确保数据质量和迁移时效符合国家医保平台建设要求。

结合兵团实际，制定了数据迁移转换、数据割接、数据结构及数据字典对照关系、数据迁移应急等工作方案，明确各相关单位数据治理工作职责，做到每个环节每个步骤都职责清晰、有章可循。全面完成兵团医保全量历史数据迁移，真正做到历史数据“应迁尽迁”。其中，完成自 2001 年兵团开展医疗保险业务以来所有经办数据的迁移转换，涉及 5 项险种、159 张历史表全量业务数据；完成兵团药品耗材招采系统启用以来的挂网信息、订单信息等历史数据的转换，共迁移 66 张历史表数据。

由于数据年限跨度长、各历史阶段原因复杂，在数据迁移过程中，遇到诸如相同身份证号重复参保、非法身份证号、单位统一信用代码重复、特殊身份人员不准确、个人账户余额与历史收支明细不一致等问题。兵团医保坚持“一事一议、一事一策、先易后难”的做法，先按照业务逻辑推导，多方数据比对清洗一批，与参保单位、参保人员联系核对处理一批，对确实无法处理的，作为遗留问题导入新平台。存在遗留问题的单位和个人在办理业务时，平台向经办人员弹窗提示其存在待清理的问题，做好遗留问题清理工作。在此过程中，共清洗个人基础数据 4.5 万条、3.1 万人；清理单位统一信用代码重复、为空的 3310 家。为保障迁移数据完整性和准确性，采取新平台规则校验历史数据逻辑关系、核对新老系统关键指标、应收核定及拨付数据新老系统批量比对、经办验证抽查等措施，共制定转换数据合法性、逻辑关系校验规则 1108 个，制定关键指标校验规则 95 个。

【以平台数据应用为重点，加强源头治理】 坚持常态化开展数据全量质检策略，对照国家医保局标准规范，在本地数仓中执行国家医保局下发的 4000 余条质控规则，在向交换库归集数据前，进行数据质量控制，提早发现风险，及时整改问题，把脏数据消灭在萌芽阶段。共优化系统界面 78 个，完善指标录入规则 228 个，与人力社保、税务等单位共享数据 38 类。

落实脏数据日清日结制度，安排专人按日下载国家医保局质检出的脏数据，组织专班及时分析、清理脏数据。紧跟国家医保局脏数据校验规则，形成快速反应机制，强化事前事中校验，避免出现脏数据越治越多的现象。脏数据从上线初期的日均 10.38%下降到日均 0.05%。提高定点医药机构接入数据校验标准，按照“找出问题、查明原因、协助整改、跟踪落实”的工作方法，全力做好定点医药机构数据接入工作。校验两定机构接口规则 81 个。

【以上下联动和培养信息化专业队伍作为保障，推进高效协同】 对上积极主动向国家医保局汇报数据治理归集工作情况，确保统一步调，目标同向、落实同步；对下压实师市工作责任，指导师市工作组及时督促统筹区定点医药机构数据治理和贯标工作，对收集到的问题加强分析和研判。建立以结果为导向的绩效通报机制，实行日调度、周通报，强化进度和质量的动态考核，将数据治理绩效考核与单位部门年度绩效挂钩。按照“强基础、补短板、练内功”的工作思路，制定行之有效的培训方案，加强各师市经办人员的培训力度，强化技术团队工作本领，持续提升技术团队的综合实力。

法规政策、重要文件

一、法律法规

中华人民共和国国务院令

第 735 号

《医疗保障基金使用监督管理条例》已经2020年12月9日国务院第117次常务会议通过，现予公布，自2021年5月1日起施行。

总　理　李克强

2021年1月15日

医疗保障基金使用监督管理条例

第一章　总　　则

第一条　为了加强医疗保障基金使用监督管理，保障基金安全，促进基金有效使用，维护公民医疗保障合法权益，根据《中华人民共和国社会保险法》和其他有关法律规定，制定本条例。

第二条　本条例适用于中华人民共和国境内基本医疗保险（含生育保险）基金、医疗救助基金等医疗保障基金使用及其监督管理。

第三条　医疗保障基金使用坚持以人民健康为中心，保障水平与经济社会发展水平相适应，遵循合法、安全、公开、便民的原则。

第四条　医疗保障基金使用监督管理实行政府监管、社会监督、行业自律和个人守信相结合。

第五条　县级以上人民政府应当加强对医疗保障基金使用监督管理工作的领导，建立健全医疗保障基金使用监督管理机制和基金监督管理执法体制，加强医疗保障基金使用监督管理能力建设，为医疗保障基金使用监督管理工作提供保障。

第六条　国务院医疗保障行政部门主管全国的医疗保障基金使用监督管理工作。国务院其他有关部门在各自职责范围内负责有关的医疗保障基金使用监督管理工作。

县级以上地方人民政府医疗保障行政部门负责本行政区域的医疗保障基金使用监督管理工作。县级以上地方人民政府其他有关部门在各自职责范围内负责有关的医疗保障基金使用监督管理工作。

第七条　国家鼓励和支持新闻媒体开展医疗保障法律、法规和医疗保障知识的公益宣传，并对医疗保障基金使用行为进行舆论监督。有关医疗保障的宣传报道应当真实、公正。

县级以上人民政府及其医疗保障等行政部门应当通过书面征求意见、召开座谈会等方式，听取人大代表、政协委员、参保人员代表等对医疗保障基金使用的意见，畅通社会监督渠道，鼓励和支持社会各方面参与对医疗保障基金使用的监督。

医疗机构、药品经营单位（以下统称医药机构）等单位和医药卫生行业协会应当加强行业自律，规范医药服务行为，促进行业规范和自我约束，引导依法、合理使用医疗保障基金。

第二章　基金使用

第八条　医疗保障基金使用应当符合国家规定的支付范围。

医疗保障基金支付范围由国务院医疗保障行政部门依法组织制定。省、自治区、直辖市人民政府按照国家规定的权限和程序，补充制定本行政区域内医疗保障基金支付的具体项目和标准，并报国务院医疗保障行政部门备案。

第九条　国家建立健全全国统一的医疗保障经办管理体系，提供标准化、规范化的医疗保障经办服务，实现省、市、县、乡镇（街道）、村（社区）全覆盖。

第十条　医疗保障经办机构应当建立健全业务、财务、安全和风险管理制度，做好服务协议管理、费用监控、基金拨付、待遇审核及支付等工作，并定期向社会公开医疗保障基金的收入、支出、结余等情况，接受社会监督。

第十一条 医疗保障经办机构应当与定点医药机构建立集体谈判协商机制，合理确定定点医药机构的医疗保障基金预算金额和拨付时限，并根据保障公众健康需求和管理服务的需要，与定点医药机构协商签订服务协议，规范医药服务行为，明确违反服务协议的行为及其责任。

医疗保障经办机构应当及时向社会公布签订服务协议的定点医药机构名单。

医疗保障行政部门应当加强对服务协议订立、履行等情况的监督。

第十二条 医疗保障经办机构应当按照服务协议的约定，及时结算和拨付医疗保障基金。

定点医药机构应当按照规定提供医药服务，提高服务质量，合理使用医疗保障基金，维护公民健康权益。

第十三条 定点医药机构违反服务协议的，医疗保障经办机构可以督促其履行服务协议，按照服务协议约定暂停或者不予拨付费用、追回违规费用、中止相关责任人员或者所在部门涉及医疗保障基金使用的医药服务，直至解除服务协议；定点医药机构及其相关责任人员有权进行陈述、申辩。

医疗保障经办机构违反服务协议的，定点医药机构有权要求纠正或者提请医疗保障行政部门协调处理、督促整改，也可以依法申请行政复议或者提起行政诉讼。

第十四条 定点医药机构应当建立医疗保障基金使用内部管理制度，由专门机构或者人员负责医疗保障基金使用管理工作，建立健全考核评价体系。

定点医药机构应当组织开展医疗保障基金相关制度、政策的培训，定期检查本单位医疗保障基金使用情况，及时纠正医疗保障基金使用不规范的行为。

第十五条 定点医药机构及其工作人员应当执行实名就医和购药管理规定，核验参保人员医疗保障凭证，按照诊疗规范提供合理、必要的医药服务，向参保人员如实出具费用单据和相关资料，不得分解住院、挂床住院，不得违反诊疗规范过度诊疗、过度检查、分解处方、超量开药、重复开药，不得重复收费、超标准收费、分解项目收费，不得串换药品、医用耗材、诊疗项目和服务设施，不得诱导、协助他人冒名或者虚假就医、购药。

定点医药机构应当确保医疗保障基金支付的费用符合规定的支付范围；除急诊、抢救等特殊情形外，提供医疗保障基金支付范围以外的医药服务的，应当经参保人员或者其近亲属、监护人同意。

第十六条 定点医药机构应当按照规定保管财务账目、会计凭证、处方、病历、治疗检查记录、费用明细、药品和医用耗材出入库记录等资料，及时通过医疗保障信息系统全面准确传送医疗保障基金使用有关数据，向医疗保障行政部门报告医疗保障基金使用监督管理所需信息，向社会公开医药费用、费用结构等信息，接受社会监督。

第十七条 参保人员应当持本人医疗保障凭证就医、购药，并主动出示接受查验。参保人员有权要求定点医药机构如实出具费用单据和相关资料。

参保人员应当妥善保管本人医疗保障凭证，防止他人冒名使用。因特殊原因需要委托他人代为购药的，应当提供委托人和受托人的身份证明。

参保人员应当按照规定享受医疗保障待遇，不得重复享受。

参保人员有权要求医疗保障经办机构提供医疗保障咨询服务，对医疗保障基金的使用提出改进建议。

第十八条 在医疗保障基金使用过程中，医疗保障等行政部门、医疗保障经办机构、定点医药机构及其工作人员不得收受贿赂或者取得其他非法收入。

第十九条 参保人员不得利用其享受医疗保障待遇的机会转卖药品，接受返还现金、实物或者获得其他非法利益。

定点医药机构不得为参保人员利用其享受医疗保障待遇的机会转卖药品，接受返还现金、实物或者获得其他非法利益提供便利。

第二十条 医疗保障经办机构、定点医药机构等单位及其工作人员和参保人员等人员不得通过伪造、变造、隐匿、涂改、销毁医学文书、医学证明、会计凭证、电子信息等有关资料，或者虚构医药服务项目等方式，骗取医疗保障基金。

第二十一条 医疗保障基金专款专用，任何组织和个人不得侵占或者挪用。

第三章 监督管理

第二十二条 医疗保障、卫生健康、中医药、市场监督管理、财政、审计、公安等部门应当分工协作、相互配合，建立沟通协调、案件移送等机制，共同做好医疗保障基金使用监督管理工作。

医疗保障行政部门应当加强对纳入医疗保障基金支付范围的医疗服务行为和医疗费用的监督，规范医疗保障经办业务，依法查处违法使用医疗保障基金的行为。

第二十三条 国务院医疗保障行政部门负责制定服务协议管理办法，规范、简化、优化医药机构定点申请、专业评估、协商谈判程序，制作并定期修订服务协议范本。

国务院医疗保障行政部门制定服务协议管理办法，应当听取有关部门、医药机构、行业协会、社会公众、专家等方面意见。

第二十四条 医疗保障行政部门应当加强与有关部门的信息交换和共享，创新监督管理方式，推广使用信息技术，建立全国统一、高效、兼容、便捷、安全的医疗保障信息系统，实施大数据实时动态智能监控，并加强共享数据使用全过程管理，确保共享数据安全。

第二十五条 医疗保障行政部门应当根据医疗保障基金风险评估、举报投诉线索、医疗保障数据监控等因素，确定检查重点，组织开展专项检查。

第二十六条 医疗保障行政部门可以会同卫生健康、中医药、市场监督管理、财政、公安等部门开展联合检查。

对跨区域的医疗保障基金使用行为，由共同的上一级医疗保障行政部门指定的医疗保障行政部门检查。

第二十七条 医疗保障行政部门实施监督检查，可以采取下列措施：

（一）进入现场检查；

（二）询问有关人员；

（三）要求被检查对象提供与检查事项相关的文件资料，并作出解释和说明；

（四）采取记录、录音、录像、照相或者复制等方式收集有关情况和资料；

（五）对可能被转移、隐匿或者灭失的资料等予以封存；

（六）聘请符合条件的会计师事务所等第三方机构和专业人员协助开展检查；

（七）法律、法规规定的其他措施。

第二十八条 医疗保障行政部门可以依法委托符合法定条件的组织开展医疗保障行政执法工作。

第二十九条 开展医疗保障基金使用监督检查，监督检查人员不得少于 2 人，并且应当出示执法证件。

医疗保障行政部门进行监督检查时，被检查对象应当予以配合，如实提供相关资料和信息，不得拒绝、阻碍检查或者谎报、瞒报。

第三十条 定点医药机构涉嫌骗取医疗保障基金支出的，在调查期间，医疗保障行政部门可以采取增加监督检查频次、加强费用监控等措施，防止损失扩大。定点医药机构拒不配合调查的，经医疗保障行政部门主要负责人批准，医疗保障行政部门可以要求医疗保障经办机构暂停医疗保障基金结算。经调查，属于骗取医疗保障基金支出的，依照本条例第四十条的规定处理；不属于骗取医疗保障基金支出的，按照规定结算。

参保人员涉嫌骗取医疗保障基金支出且拒不配合调查的，医疗保障行政部门可以要求医疗保障经办机构暂停医疗费用联网结算。暂停联网结算期间发生的医疗费用，由参保人员全额垫付。经调查，属于骗取医疗保障基金支出的，依照本条例第四十一条的规定处理；不属于骗取医疗保障基金支出的，按照规定结算。

第三十一条 医疗保障行政部门对违反本条例的行为作出行政处罚或者行政处理决定前，应当听取当事人的陈述、申辩；作出行政处罚或者行政处理决定，应当告知当事人依法享有申请行政复议或者提起行政诉讼的权利。

第三十二条 医疗保障等行政部门、医疗保障经办机构、会计师事务所等机构及其工作人员，不得将工作中获取、知悉的被调查对象资料或者相关信息用于医疗保障基金使用监督管理以外的其他目的，不得泄露、篡改、毁损、非法向他人提供当事人的个人信息和商业秘密。

第三十三条 国务院医疗保障行政部门应当建立定点医药机构、人员等信用管理制度，根据信用评价等级分级分类监督管理，将日常监督检查结果、行政处罚结果等情况纳入全国信用信息共享平台和其他相关信息公示系统，按照国家有关规定实施惩戒。

第三十四条 医疗保障行政部门应当定期向社会公布医疗保障基金使用监督检查结果，加大对医疗保障基金使用违法案件的曝光力度，接受社会监督。

第三十五条 任何组织和个人有权对侵害医疗保障基金的违法违规行为进行举报、投诉。

医疗保障行政部门应当畅通举报投诉渠道，依法及时处理有关举报投诉，并对举报人的信息保密。对查证属实的举报，按照国家有关规定给予举报人奖励。

第四章 法律责任

第三十六条 医疗保障经办机构有下列情形之一的，由医疗保障行政部门责令改正，对直接负责的主管人员和其他直接责任人员依法给予处分：

（一）未建立健全业务、财务、安全和风险管理制度；

（二）未履行服务协议管理、费用监控、基金拨付、待遇审核及支付等职责；

（三）未定期向社会公开医疗保障基金的收入、支出、结余等情况。

第三十七条 医疗保障经办机构通过伪造、变造、隐匿、涂改、销毁医学文书、医学证明、会计凭证、电子信息等有关资料或者虚构医药服务项目等方式，骗取医疗保障基金支出的，由医疗保障行政部门责令退回，处骗取金额 2 倍以上 5 倍以下的罚款，对直接负责的主管人员和其他直接责任人员依法给予处分。

第三十八条 定点医药机构有下列情形之一的，由医疗保障行政部门责令改正，并可以约谈有关负责人；造成医疗保障基金损失的，责令退回，处造成损失金额 1 倍以上 2 倍以下的罚款；拒不改正或者造成严重后果的，责令定点医药机构暂停相关责任部门 6 个月以上 1 年以下涉及医疗保障基金使用的医药服务；违反其他法律、行政法规的，由有关主管部门依法处理：

（一）分解住院、挂床住院；

（二）违反诊疗规范过度诊疗、过度检查、分解处方、超量开药、重复开药或者提供其他不必要的医药服务；

（三）重复收费、超标准收费、分解项目收费；

（四）串换药品、医用耗材、诊疗项目和服务设施；

（五）为参保人员利用其享受医疗保障待遇的机会转卖药品，接受返还现金、实物或者获得其他非法利益提供便利；

（六）将不属于医疗保障基金支付范围的医药费用纳入医疗保障基金结算；

（七）造成医疗保障基金损失的其他违法行为。

第三十九条 定点医药机构有下列情形之一的，由医疗保障行政部门责令改正，并可以约谈有关负责人；拒不改正的，处 1 万元以上 5 万元以下的罚款；违反其他法律、行政法规的，由有关主管部门依法处理：

（一）未建立医疗保障基金使用内部管理制度，或者没有专门机构或者人员负责医疗保障基金使用管理工作；

（二）未按照规定保管财务账目、会计凭证、处方、病历、治疗检查记录、费用明细、药品和医用耗材出入库记录等资料；

（三）未按照规定通过医疗保障信息系统传送医疗保障基金使用有关数据；

（四）未按照规定向医疗保障行政部门报告医疗保障基金使用监督管理所需信息；

（五）未按照规定向社会公开医药费用、费用结构等信息；

（六）除急诊、抢救等特殊情形外，未经参保人员或者其近亲属、监护人同意提供医疗保障基金支付范围以外的医药服务；

（七）拒绝医疗保障等行政部门监督检查或者提供虚假情况。

第四十条 定点医药机构通过下列方式骗取医疗保障基金支出的，由医疗保障行政部门责令退回，处骗取金额 2 倍以上 5 倍以下的罚款；责令定点医药机构暂停相关责任部门 6 个月以上 1 年以下涉及医疗保障基金使用的医药服务，直至由医疗保障经办机构解除服务协议；有执业资格的，由有关主管部门依法吊销执业资格：

（一）诱导、协助他人冒名或者虚假就医、购药，提供虚假证明材料，或者串通他人虚开费用单据；

（二）伪造、变造、隐匿、涂改、销毁医学文书、医学证明、会计凭证、电子信息等有关资料；

（三）虚构医药服务项目；

（四）其他骗取医疗保障基金支出的行为。

定点医药机构以骗取医疗保障基金为目的，实施了本条例第三十八条规定行为之一，造成医疗保障基金损失的，按照本条规定处理。

第四十一条 个人有下列情形之一的，由医疗保障行政部门责令改正；造成医疗保障基金损失的，责令退回；属于参保人员的，暂停其医疗费用联网结算 3 个月至 12 个月：

（一）将本人的医疗保障凭证交由他人冒名使用；

（二）重复享受医疗保障待遇；

（三）利用享受医疗保障待遇的机会转卖药品，接受返还现金、实物或者获得其他非法利益。

个人以骗取医疗保障基金为目的，实施了前款规定行为之一，造成医疗保障基金损失的；或者使用他人医疗保障凭证冒名就医、购药的；或者通过伪造、变造、隐匿、涂改、销毁医学文书、医学证明、会计凭证、电子信息等有关资料或者虚构医药服务项目等方式，骗取医疗保障基金支出的，除依照前款规定处理外，还应当由医疗保障行政部门处骗取金额 2 倍以上 5 倍以下的罚款。

第四十二条 医疗保障等行政部门、医疗保障经办机构、定点医药机构及其工作人员收受贿赂或者取得其他非法收入的，没收违法所得，对有关责任人员依法给予处分；违反其他法律、行政法规的，由有关主管部门依法处理。

第四十三条 定点医药机构违反本条例规定，造成医疗保障基金重大损失或者其他严重不良社会影响的，其法定代表人或者主要负责人 5 年内禁止从事定点医药机构管理活动，由有关部门依法给予处分。

第四十四条 违反本条例规定，侵占、挪用医疗保障基金的，由医疗保障等行政部门责令追回；有违法所得的，没收违法所得；对直接负责的主管人员和其他直接责任人员依法给予处分。

第四十五条 退回的基金退回原医疗保障基金财政专户；罚款、没收的违法所得依法上缴国库。

第四十六条 医疗保障等行政部门、医疗保障经办机构、会计师事务所等机构及其工作人员，泄露、篡改、毁损、非法向他人提供个人信息、商业秘密的，对直接负责的主管人员和其他直接责任人员依法给予处分；违反其他法律、行政法规的，由有关主管部门依法处理。

第四十七条 医疗保障等行政部门工作人员在医疗保障基金使用监督管理工作中滥用职权、玩忽职守、徇私舞弊的，依法给予处分。

第四十八条 违反本条例规定，构成违反治安管理行为的，依法给予治安管理处罚；构成犯罪的，依法追究刑事责任。

违反本条例规定，给有关单位或者个人造成损失的，依法承担赔偿责任。

第五章 附 则

第四十九条 职工大额医疗费用补助、公务员医疗补助等医疗保障资金使用的监督管理，参照本条例执行。

居民大病保险资金的使用按照国家有关规定执行，医疗保障行政部门应当加强监督。

第五十条 本条例自 2021 年 5 月 1 日起施行。

二、中共中央、国务院文件

国务院办公厅关于推动药品集中带量采购工作常态化制度化开展的意见

国办发〔2021〕2号

各省、自治区、直辖市人民政府，国务院各部委、各直属机构：

药品集中带量采购是协同推进医药服务供给侧改革的重要举措。党的十九大以来，按照党中央、国务院决策部署，药品集中带量采购改革取得明显成效，在增进民生福祉、推动三医联动改革、促进医药行业健康发展等方面发挥了重要作用。为推动药品集中带量采购工作常态化制度化开展，经国务院同意，现提出如下意见。

一、总体要求

（一）指导思想。以习近平新时代中国特色社会主义思想为指导，全面贯彻党的十九大和十九届二中、三中、四中、五中全会精神，坚持以人民为中心的发展思想，完善以市场为主导的药品价格形成机制，发挥医保基金战略性购买作用，推动药品集中带量采购工作常态化制度化开展，健全政府组织、联盟采购、平台操作的工作机制，加快形成全国统一开放的药品集中采购市场，引导药品价格回归合理水平，有力减轻群众用药负担，促进医药行业健康发展，推动公立医疗机构改革，更好保障人民群众病有所医。

（二）基本原则。一是坚持需求导向，质量优先。根据临床用药需求，结合医保基金和患者承受能力，合理确定集中带量采购药品范围，保障药品质量和供应，满足人民群众基本医疗用药需求。二是坚持市场主导，促进竞争。建立公开透明的市场竞争机制，引导企业以成本和质量为基础开展公平竞争，完善市场发现价格的机制。三是坚持招采合一，量价挂钩。明确采购量，以量换价、确保使用，畅通采购、使用、结算等环节，有效治理药品回扣。四是坚持政策衔接，部门协同。完善药品质量监管、生产供应、流通配送、医疗服务、医保支付、市场监管等配套政策，加强部门联动，注重改革系统集成、协同高效，与药品集中带量采购制度相互支持、相互促进。

二、明确覆盖范围

（三）药品范围。按照保基本、保临床的原则，重点将基本医保药品目录内用量大、采购金额高的药品纳入采购范围，逐步覆盖国内上市的临床必需、质量可靠的各类药品，做到应采尽采。对通过（含视同通过，下同）仿制药质量和疗效一致性评价（以下简称一致性评价）的药品优先纳入采购范围。符合条件的药品达到一定数量或金额，即启动集中带量采购。积极探索“孤儿药”、短缺药的适宜采购方式，促进供应稳定。

（四）企业范围。已取得集中带量采购范围内药品注册证书的上市许可持有人（药品上市许可持有人为境外企业的，由其依照《中华人民共和国药品管理法》指定履行药品上市许可持有人义务的中国境内的企业法人），在质量标准、生产能力、供应稳定性等方面达到集中带量采购要求的，原则上均可参加。参加集中带量采购的企业应对药品质量和供应保障作出承诺。

（五）医疗机构范围。所有公立医疗机构（含军队医疗机构，下同）均应参加药品集中带量采购，医保定点社会办医疗机构和定点药店按照定点协议管理的要求参照执行。

三、完善采购规则

（六）合理确定采购量。药品采购量基数根据医疗机构报送的需求量，结合上年度使用量、临床使用状况和医疗技术进步等因素进行核定。约定采购比例根据药品临床使用特征、市场竞争格局和中选企业数量等合理确定，并在保障质量和供应、防范垄断的前提下尽可能提高。约定采购量根据采购量基数和约定采购比例确定，在采购文书中公开。鼓励公立医疗机构对药品实际需求量超出约定采购量以外的部分，优先采购中选产品，也可通过省级药品集中采购平台采购其他价格适宜的挂网品种。

（七）完善竞争规则。对通过一致性评价的仿制药、原研药和参比制剂不设置质量分组，直接以通用名为竞争单元开展集中带量采购，不得设置保护性或歧视性条款。对一致性评价尚未覆盖的药品品种，要明确采购质量要求，探索建立基于大数据的临床使用综合评价体系，同通用名药品分组原则上不超过 2 个。按照合理差比价关系，将临床功效类似的同通用名药品同一给药途径的不同剂型、规格、包装及其采购量合并，促进竞争。探索对适应症或功能主治相似的不同通用名药品合并开展集中带量采购。挂网药品通过一致性评价的仿制药数量超过 3 个的，在确保供应的前提下，集中带量采购不再选用未通过一致性评价的产品。

（八）优化中选规则。基于现有市场价格确定采购药品最高有效申报价等入围条件。根据市场竞争格局、供应能力确定可中选企业数量，体现规模效应和有效竞争。企业自愿参与、自主报价。通过质量和价格竞争产生中选企业和中选价格。中选结果应体现量价挂钩原则，明确各家中选企业的约定采购量。同通用名药品有多家中选企业的，价格差异应公允合理。根据中选企业数量合理确定采购协议期。

（九）严格遵守协议。各方应严格遵守法律法规和协议约定，落实中选结果，依法享有权利、履行义务并承担相应责任。采购协议期满后，应着眼于稳定市场预期、稳定价格水平、稳定临床用药，综合考虑质量可靠、供应稳定、信用优良、临床需求等因素，坚持招采合一、量价挂钩，依法依规确定供应企业、约定采购量和采购协议期；供求关系和市场格局发生重大变化的，可通过竞价、议价、谈判、询价等方式，产生中选企业、中选价格、约定采购量和采购协议期。

四、强化保障措施

（十）加强质量保障。严格药品质量入围标准，强化中选企业保证产品质量的主体责任。落实地方政府属地监管责任，将中选药品列入重点监管品种，按照“最严谨的标准、最严格的监管、最严厉的处罚、最严肃的问责”要求，加强生产、流通、使用的全链条质量监管。医疗机构应加强中选药品不良反应监测，发现疑似不良反应及时按程序报告。完善部门协调和监管信息沟通机制，加快推进药品生产流通使用全过程追溯体系建设，基本实现中选药品全程可查询、可追溯。依法依规处置药品质量问题。

（十一）做好供应配送。中选企业应做好市场风险预判和防范，按照采购合同组织药品生产，按要求报告产能、库存和供应等情况，确保在采购周期内及时满足医疗机构的中选药品采购需求。中选药品由中选企业自主委托配送企业配送或自行配送，配送费用由中选企业承担。配送方应具备药品配送相应资质和完备的药品流通追溯体系，有能力覆盖协议供应地区，及时响应医疗机构采购订单并配送到位。加强偏远地区配送保障。出现无法及时供应的，除不可抗力因素外，中选企业应承担相应责任和由此产生的所有费用，否则将被视为失信违约行为。

（十二）确保优先使用。医疗机构应根据临床用药需求优先使用中选药品，并按采购合同完成约定采购量。医疗机构在医生处方信息系统中设定优先推荐选用集中带量采购品种的程序，临床医师按通用名开具处方，药学人员加强处方审核和调配。将医疗机构采购和使用中选药品情况纳入公立医疗机构绩效考核、医疗机构负责人目标责任考核范围，并作为医保总额指标制定的重要依据。

五、完善配套政策

（十三）改进结算方式。医疗机构应承担采购结算主体责任，按采购合同与企业及时结清药款，结清时间不得超过交货验收合格后次月底。在医保基金总额预算基础上，建立药品集中带量采购预付机制，医保基金按不低于年度约定采购金额的30％专项预付给医疗机构，之后按照医疗机构采购进度，从医疗机构申请拨付的医疗费用中逐步冲抵预付金。在落实医疗机构采购结算主体责任的前提下，探索通过在省级药品集中采购机构设立药品电子结算中心等方式，推进医保基金与医药企业直接结算。医保经办机构对医疗机构申请结算的医疗费用要及时审核，并足额支付合理医疗费用。

（十四）做好中选价格与医保支付标准协同。对医保目录内的集中带量采购药品，以中选价格为基准确定医保支付标准。对同通用名下的原研药、参比制剂、通过一致性评价的仿制药，实行同一医保支付标准。对未通过一致性评价的仿制药，医保支付标准不得高于同通用名下已通过一致性评价的药品。

（十五）完善对医疗机构的激励机制。对因集中带量采购节约的医保资金，按照相关规定给予医疗机构结余留用激励。在集中带量采购覆盖的药品品种多、金额大、涉及医疗机构多的情况下，要开展医疗服务价格动态调整评估，符合条件的及时调整医疗服务价格。定点医疗机构应完善内部考核办法和薪酬机制，促进临床医师和药学人员合理用药，鼓励优先使用中选产品。

六、健全运行机制

（十六）完善药品集中采购平台功能。省级药品集中采购机构要依托药品集中采购平台，以医保支付为基础，在药品集中采购主管部门领导下，对招标、采购、交易、结算进行管理，提高透明度。省域范围内所有公立医疗机构应在本省（自治区、直辖市）药品集中采购平台上采购全部所需药品。加强药品集中采购平台规范化建设，统一基本操作规则、工作流程和药品挂网撤网标准，统一医保药品分类和代码，统一药品采购信息标准，实现省际药品集中采购信息互联互通，加快形成全国统一开放的药品集中采购市场，建立健全医药价格和招采信用评价制度，依法依规实行全网动态守信激励和失信惩戒。促进医保信息平台、国家药品供应保障综合管理信息平台、区域全民健康信息平台和全国信用信息共享平台信息共享。

（十七）健全联盟采购机制。按照政府组织、联盟采购、平台操作的要求，推进构建区域性、全国性联盟采购机制。医疗保障部门会同有关部门指导或组织相关地区和医疗机构形成药品集中采购联盟，加强工作协调，部署落实重点任务；联盟地区药品集中采购机构共同成立跨区域联合采购办公室，代表联盟地区医疗机构实施药品集中带量采购，组织并督促执行采购结果。进一步完善国家组织药品集中带量采购的常态化、专业化运作机制，由上海市医药集中招标采购事务管理所承担国家组织药品联合采购办公室日常工作并负责具体实施。

七、强化组织保障

（十八）加强组织领导。国家医保局、国家卫生健康委、国家药监局、工业和信息化部要完善药品集中带量采购工作机制，相互协调、密切配合。国家医保局要切实担负起药品集中带量采购工作常态化制度化开展的统筹协调和督促指导责任，完善相关政策措施，适时开展监测分析、督导检查、总结评估。财政部、商务部、市场监管总局等有关部门要加强政策协同和工作配合，形成合力。地方人民政府要加强对本地区药品集中带量采购工作的组织领导，深入落实各项政策措施，积极开展探索创新，确保药品集中带量采购工作有序推进。

（十九）分级开展工作。国家组织对部分通过一致性评价的药品开展集中带量采购，根据市场情况开展专项采购，指导各地开展采购工作。各省（自治区、直辖市）对本区域内除国家组织集中带量采购范围以外的药品独立或与其他省份组成联盟开展集中带量采购，并指导具备条件的地市级统筹地区开展采购工作。地市级统筹地区应根据所在省(自治区、直辖市)安排,就上级组织集中带量采购范围以外的药品独立或与其他地区组成联盟开展集中带量采购。对尚未纳入政府组织集中带量采购范围的药品,医疗机构可在省级药品集中采购平台上自主或委托开展采购。集中带量采购中选价格应及时报上级医药价格主管部门备案。

(二十)做好宣传引导。各地区各有关部门要全面准确解读药品集中带量采购政策,大力宣传集中带量采购取得的成效、典型案例、创新做法,以及不断增强人民群众获得感、幸福感、安全感的重要作用。充分发挥医务人员在临床用药中的作用,做好解释引导工作。完善重大舆情监测和应对处置机制,主动回应社会关切,凝聚社会共识,营造良好舆论氛围。

国务院办公厅

2021 年 1 月 22 日

国务院办公厅关于建立健全职工基本医疗保险门诊共济保障机制的指导意见

（国办发〔2021〕14号）

各省、自治区、直辖市人民政府，国务院各部委、各直属机构：

为进一步健全互助共济、责任共担的职工基本医疗保险（以下简称职工医保）制度，更好解决职工医保参保人员门诊保障问题，切实减轻其医疗费用负担，按照党中央、国务院关于深化医疗保障制度改革任务部署，经国务院同意，现就建立健全职工医保门诊共济保障机制提出如下意见。

一、总体要求

（一）指导思想。以习近平新时代中国特色社会主义思想为指导，全面贯彻党的十九大和十九届二中、三中、四中、五中全会精神，既尽力而为、又量力而行，坚持人人尽责、人人享有，完善制度、引导预期，加快医疗保障重点领域和关键环节改革，将门诊费用纳入职工医保统筹基金支付范围，改革职工医保个人账户，建立健全门诊共济保障机制，提高医保基金使用效率，逐步减轻参保人员医疗费用负担，实现制度更加公平更可持续。

（二）基本原则。坚持保障基本，实行统筹共济，切实维护参保人员权益。坚持平稳过渡，保持政策连续性，确保改革前后待遇顺畅衔接。坚持协同联动，完善门诊保障机制和改进个人账户制度同步推进、逐步转换。坚持因地制宜，在整体设计基础上，鼓励地方从实际出发，积极探索增强职工医保门诊保障的有效途径。

二、主要措施

（三）增强门诊共济保障功能。建立完善职工医保普通门诊费用统筹保障机制，在做好高血压、糖尿病等群众负担较重的门诊慢性病、特殊疾病（以下统称门诊慢特病）医疗保障工作的基础上，逐步将多发病、常见病的普通门诊费用纳入统筹基金支付范围。普通门诊统筹覆盖职工医保全体参保人员，政策范围内支付比例从50%起步，随着医保基金承受能力增强逐步提高保障水平，待遇支付可适当向退休人员倾斜。针对门诊医疗服务特点，科学测算起付标准和最高支付限额，并做好与住院费用支付政策的衔接。同步完善城乡居民基本医疗保险门诊统筹，并逐步提高保障水平。

根据医保基金承受能力，逐步扩大由统筹基金支付的门诊慢特病病种范围，将部分治疗周期长、对健康损害大、费用负担重的疾病门诊费用纳入共济保障，对部分适合在门诊开展、比住院更经济方便的特殊治疗，可参照住院待遇进行管理。不断健全门诊共济保障机制，逐步由病种保障向费用保障过渡。将符合条件的定点零售药店提供的用药保障服务纳入门诊保障范围，支持外配处方在定点零售药店结算和配药，充分发挥定点零售药店便民、可及的作用。探索将符合条件的“互联网+”医疗服务纳入保障范围。

（四）改进个人账户计入办法。科学合理确定个人账户计入办法和计入水平，在职职工个人账户由个人缴纳的基本医疗保险费计入，计入标准原则上控制在本人参保缴费基数的2%，单位缴纳的基本医疗保险费全部计入统筹基金；退休人员个人账户原则上由统筹基金按定额划入，划入额度逐步调整到统筹地区根据本意见实施改革当年基本养老金平均水平的2%左右。个人账户的具体划入比例或标准，由省级医保部门会同财政部门按照以上原则，指导统筹地区结合本地实际研究确定。调整统筹基金和个人账户结构后，增加的统筹基金主要用于门诊共济保障，提高参保人员门诊待遇。

（五）规范个人账户使用范围。个人账户主要用于支付参保人员在定点医疗机构或定点零售药店发生的政策范围内自付费用。可以用于支付参保人员本人及其配偶、父母、子女在定点医疗机构就医发生的由个人负担的医疗费用，以及在定点零售药店购买药品、医疗器械、医用耗材发生的由个人负担的费用。探索个人账户用于配偶、父母、子女参加城乡居民基本医疗保险等的个人缴费。个人账户不得用于公共卫生费用、体育健身或养生保健消费等不属于基本医疗保险保障范围的支出。健全完善个人账户使用管理办法，做好收支信息统计。

（六）加强监督管理。完善管理服务措施，创新制度运行机制，引导医疗资源合理利用，确保医保基金稳定运行，充分发挥保障功能。严格执行医保基金预算管理制度，加强基金稽核制度和内控制度建设。建立对个人账户全流程动态管理机制，加强对个人账户使用、结算等环节的审核。强化对医疗行为和医疗费用的监管，严肃查处“挂床”住院、诱导住院等违法违规行为。建立医保基金安全防控机制，严厉打击欺诈骗保行为，确保基金安全高效、合理使用。创新门诊就医服务管理办法，健全医疗服务监控、分析和考核体系，引导定点医疗机构规范提供诊疗服务。加快全国统一的医疗保障信息平台建设，推进门诊费用异地就医直接结算。通过协同推动基层医疗服务体系建设、完善家庭医生签约服务、规范长期处方管理等，引导参保人员在基层就医首诊。结合完善门诊慢特病管理措施，规范基层定点医疗机构诊疗及转诊等行为。

（七）完善与门诊共济保障相适应的付费机制。对基层医疗服务可按人头付费，积极探索将按人头付费与慢性病管理相结合；对日间手术及符合条件的门诊特殊病种，推行按病种或按疾病诊断相关分组付费；对不宜打包付费的门诊费用，可按项目付费。科学合理确定医保药品支付标准，引导医疗机构和患者主动使用疗效确切、价格合理的药品。

三、组织实施

（八）加强组织领导。建立健全职工医保门诊共济保障机制是深化医疗保障制度改革的重要内容，涉及广大参保人员切身利益，政策性和技术性强。各省级人民政府要高度重视，切实加强领导，建立协调机制，抓好工作落实。国家医保局、财政部要会同相关部门加强对各地的工作指导，上下联动，形成合力。

（九）积极稳妥推进。各省级人民政府要按照本意见要求，统筹安排，科学决策，在 2021 年 12 月底前出台实施办法，指导各统筹地区推进落实，可设置 3 年左右的过渡期，逐步实现改革目标。各统筹地区要结合本地实际，进一步明确和细化政策规定，妥善处理好改革前后的政策衔接，确保参保人员待遇平稳过渡，已经开展相关工作的要进一步规范政策标准，尚未开展相关工作的要积极稳妥启动实施。

（十）注重宣传引导。要创新宣传方式，丰富宣传手段，广泛开展宣传，准确解读政策。充分宣传建立健全职工医保门诊共济保障机制对减轻参保人员医疗费用负担、促进制度更加公平更可持续的重要作用，大力宣传医疗保险共建共享、互助共济的重要意义。要建立舆情监测和处置机制，积极主动回应社会关切，营造良好舆论氛围。

国务院办公厅

2021 年 4 月 13 日

国务院办公厅关于印发“十四五”全民医疗保障规划的通知

（国办发〔2021〕36号）

各省、自治区、直辖市人民政府，国务院各部委、各直属机构：

《“十四五”全民医疗保障规划》已经国务院同意，现印发给你们，请认真贯彻执行。

国务院办公厅

2021年9月23日

“十四五”全民医疗保障规划

医疗保障是减轻群众就医负担、增进民生福祉、维护社会和谐稳定的重大制度安排。习近平总书记指出，要加快建立覆盖全民、城乡统筹、权责清晰、保障适度、可持续的多层次医疗保障体系。新一轮医改以来，贯彻党中央、国务院决策部署，我国已建成全世界最大、覆盖全民的基本医疗保障网，为全面建成小康社会、实现第一个百年奋斗目标作出了积极贡献。为进一步推进医疗保障高质量发展，保障人民健康，促进共同富裕，依据《中华人民共和国国民经济和社会发展第十四个五年规划和2035年远景目标纲要》和《中共中央 国务院关于深化医疗保障制度改革的意见》，制定本规划。

一、发展基础

党中央、国务院高度重视医疗保障工作，“十三五”期间，加强全民医疗保障制度顶层设计，推动医疗保障事业改革发展取得突破性进展，为缓解群众看病难、看病贵问题发挥了重要作用。

制度体系更加完善。以基本医疗保险为主体，医疗救助为托底，补充医疗保险、商业健康保险、慈善捐赠、医疗互助等共同发展的多层次医疗保障制度框架基本形成，更好满足了人民群众多元化医疗保障需求。统一的城乡居民基本医疗保险和大病保险制度全面建成。基本医疗保险统筹层次稳步提高。生育保险与职工基本医疗保险合并实施。长期护理保险制度试点顺利推进。

体制机制日益健全。整合医疗保险、生育保险、药品和医疗服务价格管理、医疗救助等职责，初步建立起集中统一的医疗保障管理体制。医保基金战略性购买作用初步显现，支付方式改革进一步深化，医保药品目录动态调整机制基本建立，定点医药机构协议管理更加规范，对医药体系良性发展的引导和调控作用明显增强。城乡居民高血压、糖尿病（以下统称“两病”）门诊用药保障机制普遍建立。

重点改革成效显著。药品集中带量采购工作实现常态化。高值医用耗材集中带量采购改革破冰。医疗服务价格合理调整机制初步形成。基金监管制度体系改革持续推进，飞行检查形成震慑，举报奖励机制初步建立，打击欺诈骗保专项治理成效显著，综合监管格局基本形成。“互联网＋医疗健康”等新模式蓬勃发展，医疗保障支持“互联网＋医疗健康”发展的机制初步成型。

基础支撑不断夯实。医疗保障信息化、标准化建设取得突破，医疗保障信息国家平台建成并投入使用，医保信息业务编码标准和医保电子凭证推广应用。制定《医疗保障基金使用监督管理条例》，医疗保障法治基础持续夯实。医疗保障经办管理服务体系初步理顺，政务服务事项实施清单管理，服务智能化、适老化程度显著提高。基金预算和绩效管理持续加强。

疫情应对及时有效。新冠肺炎疫情发生后，第一时间出台应对措施，确保患者不因费用问题影响就医，确保收治医院不因支付政策影响救治。加大医保基金预拨力度，及时结算医疗费用，支持医疗机构平稳运行。积极推行“不见面办”、“及时办”、“便民办”、“延期办”、“放心办”，确保疫情期间群众医保服务不断线。合理降低新冠病毒核酸检测价格，新冠病毒疫苗接种实行全民免费，有力支持疫情防控。

群众获得感持续增强。基本医疗保险覆盖13.6亿人，覆盖率稳定在95%以上，职工和城乡居民基本医疗保险政策范围内住院费用基金支付比例分别稳定在80%左右和70%左右，国家组织药品和高值医用耗材集中带量采购价格平均降幅50%以上。跨省异地就医住院费用直接结算全面推开，门诊费用跨省直接结算稳步试点，异地就医备案服务更加便捷。高质量打赢医疗保障脱贫攻坚战，助力近千万户因病致贫家庭精准脱贫，基本医疗有保障目标全面实现。基本医疗保险（含生育保险）五年累计支出8.7万亿元，2020年个人卫生支出占卫生总费用比例下降到27.7%。

当前，我国社会主要矛盾发生变化，城镇化、人口老龄化、就业方式多样化加快发展，疾病谱变化影响更加复杂，基金运行风险不容忽视，对完善医疗保障制度政策提出更高要求。同时，我国医疗保障发展仍不平衡不充分，多层次医疗保障体系尚不健全，重特大疾病保障能力还有不足，医保、医疗、医药改革协同性需进一步增强，医保服务与群众需求存在差距。但也要看到，我国制度优势显著，治理效能提升，经济长期向好，医疗保障制度框架基本形成，管理服务日趋精细，医疗保障改革共识不断凝聚，推动医疗保障高质量发展具有多方面的优势和条件。

二、总体要求

（一）指导思想

以习近平新时代中国特色社会主义思想为指导，深入贯彻党的十九大和十九届二中、三中、四中、五中全会精神，按照党中央、国务院关于医疗保障工作的决策部署，立足新发展阶段，完整、准确、全面贯彻新发展理念，构建新发展格局，坚持以人民为中心的发展思想，深入实施健康中国战略，深化医药卫生体制改革，以推动中国特色医疗保障制度更加成熟定型为主线，以体制机制创新为动力，发挥医保基金战略性购买作用，坚持医疗保障需求侧管理和医药服务供给侧改革并重，加快建设覆盖全民、统筹城乡、公平统一、可持续的多层次医疗保障体系，努力为人民群众提供全方位全周期的医疗保障，不断提升人民群众的获得感、幸福感、安全感。

（二）基本原则

——坚持党的全面领导。始终坚持党对医疗保障工作的领导，完善中国特色医疗保障制度，坚持制度的统一性和规范性，强化顶层设计，增强制度的刚性约束，为医疗保障制度更加成熟定型提供根本保证。

——坚持以人民健康为中心。把维护人民生命安全和身体健康放在首位，提供更加公平、更加充分、更高质量的医疗保障，使改革发展成果更多惠及全体人民，增进民生福祉，促进社会公平，推进共同富裕。

——坚持保障基本、更可持续。坚持实事求是，尽力而为、量力而行，把保基本理念贯穿始终，科学合理确定保障范围和标准，纠正过度保障和保障不足问题，提高基金统筹共济能力，防范和化解基金运行风险。

——坚持系统集成、协同高效。准确把握医疗保障各方面之间、医疗保障领域和相关领域之间改革的联系，建立基本医疗体系、基本医保制度相互适应的机制，统筹谋划，协调推进，汇聚改革合力，推动医疗保障改革取得更大突破。

——坚持精细管理、优质服务。深入推进医保领域“放管服”改革，加强管理服务能力建设，优化定点医药机构管理，健全基金监管长效体制机制。坚持传统服务方式和智能化应用创新并行，为群众提供更贴心、更暖心的服务。

——坚持共享共治、多方参与。促进多层次医疗保障有序衔接、共同发展，形成政府、市场、社会协同保障的格局。强化多主体协商共治，调动各方面积极性，凝聚改革发展共识，提高医疗保障治理水平。

（三）发展目标

到2025年，医疗保障制度更加成熟定型，基本完成待遇保障、筹资运行、医保支付、基金监管等重要机制和医药服务供给、医保管理服务等关键领域的改革任务，医疗保障政策规范化、管理精细化、服务便捷化、改革协同化程度明显提升。

——建设公平医保。基本医疗保障更加公平普惠，各方责任更加均衡，保障范围和标准与经济社会发展水平更加适应，公共服务更加可及，制度间、人群间、区域间差距逐步缩小，医疗保障再分配功能持续强化。

——建设法治医保。医疗保障制度法定化程度明显提升，定点医药机构管理更加透明高效，基金监管制度体系更加完善，行政执法更加规范，全社会医保法治观念明显增强。

——建设安全医保。基金运行更加安全稳健，信息安全管理持续强化，防范和化解因病致贫返贫长效机制基本建立，医疗保障安全网更加密实。

——建设智慧医保。医疗保障信息化水平显著提升，全国统一的医疗保障信息平台全面建成，“互联网＋医疗健康”医保服务不断完善，医保大数据和智能监控全面应用，医保电子凭证普遍推广，就医结算更加便捷。

——建设协同医保。医疗保障和医药服务高质量协同发展，医保支付机制更加管用高效，以市场为主导的医药价格和采购机制更加完善，医疗服务价格调整更加灵敏有度。

专栏1“十四五”时期全民医疗保障发展主要指标

类别	主要指标	2020年	2025年	指标属性
参保覆盖	基本医疗保险参保率(%)	＞95	＞95①	约束性
基金安全	基本医疗保险(含生育保险)基金收入(万亿元)	2.5	收入规模与经济社会发展水平更加适应	预期性
	基本医疗保险(含生育保险)基金支出(万亿元)	2.1	支出规模与经济社会发展水平、群众基本医疗需求更加适应	预期性
保障程度	职工基本医疗保险政策范围内住院费用基金支付比例(%)	85.2	保持稳定	预期性
	城乡居民基本医疗保险政策范围内住院费用基金支付比例(%)	70	保持稳定	预期性
	重点救助对象符合规定的住院医疗费用救助比例(%)	70	70	预期性
	个人卫生支出占卫生总费用的比例(%)	27.7	27	约束性
精细管理	实行按疾病诊断相关分组付费和按病种付费的住院费用占全部住院费用的比例(%)	—	70	预期性
	公立医疗机构通过省级集中采购平台采购药品金额占全部采购药品(不含中药饮片)金额的比例(%)	75左右	90	预期性
	公立医疗机构通过省级集中采购平台采购高值医用耗材金额占全部采购高值医用耗材金额的比例(%)	—	80	预期性
	药品集中带量采购品种(个)	112	＞500②	预期性
	高值医用耗材集中带量采购品种(类)	1	＞5③	预期性
优质服务	住院费用跨省直接结算率④(%)	＞50	＞70	预期性
	医疗保障政务服务事项线上可办率(%)	—	80	预期性
	医疗保障政务服务事项窗口可办率(%)	—	100	约束性

注：①指“十四五”期间基本医疗保险参保率每年保持在95%以上。
②指到2025年各省(自治区、直辖市)国家和省级药品集中带量采购品种达500个以上。
③指到2025年各省(自治区、直辖市)国家和省级高值医用耗材集中带量采购品种达5类以上。
④指住院费用跨省直接结算人次占全部住院跨省异地就医人次的比例。

展望 2035 年,基本医疗保障制度更加规范统一,多层次医疗保障体系更加完善,医疗保障公共服务体系更加健全,医保、医疗、医药协同治理格局总体形成,中国特色医疗保障制度优越性充分显现,全民医疗保障向全民健康保障积极迈进。

三、健全多层次医疗保障制度体系

坚持公平适度、稳健运行,持续完善基本医疗保障制度。鼓励支持商业健康保险、慈善捐赠、医疗互助等协调发展。

(四)提升基本医疗保险参保质量

依法依规分类参保。职工基本医疗保险覆盖用人单位及其职工,城乡居民基本医疗保险覆盖除职工基本医疗保险应参保人员以外的其他所有城乡居民。灵活就业人员可根据自身实际,以合适方式参加基本医疗保险。完善灵活就业人员参保缴费方式,放开对灵活就业人员参保的户籍限制。落实困难群众分类资助参保政策。

实施精准参保扩面。建立健全医疗保障部门与教育、公安、民政、人力资源社会保障、卫生健康、税务、市场监管、乡村振兴、残联等部门和单位的数据共享机制,加强数据比对,完善覆盖全民的参保数据库,实现参保信息实时动态查询。落实全民参保计划,积极推动职工和城乡居民在常住地、就业地参保,避免重复参保,巩固提高参保覆盖率。

优化参保缴费服务。深化医疗保险费征收体制改革,提高征缴效率。优化城乡居民参保缴费服务,积极发挥乡镇(街道)在参保征缴中的作用,加强医疗保障、税务部门和商业银行等"线上+线下"合作,丰富参保缴费便民渠道。做好跨统筹地区参保人员基本医疗保险关系转移接续工作。

(五)完善基本医疗保障待遇保障机制

促进基本医疗保险公平统一。完善职工基本医疗保险与城乡居民基本医疗保险分类保障机制,基金分别建账、分账核算。巩固提高基本医疗保险统筹层次,基本统一全国基本医疗保险用药范围,规范医保支付政策确定办法。坚持保基本定位,建立健全医疗保障待遇清单制度,确定基本保障内涵,厘清待遇支付边界,明确政策调整权限,规范政策制定流程。

合理确定待遇保障水平。根据经济社会发展水平和基金承受能力,稳定基本医疗保险住院待遇,稳步提高门诊待遇,做好门诊待遇和住院待遇的统筹衔接。健全职工基本医疗保险门诊共济保障机制,改革职工基本医疗保险个人账户。完善城乡居民基本医疗保险门诊保障政策,逐步提高保障水平。完善城乡居民"两病"门诊用药保障机制,推进"两病"早诊早治、医防融合。

规范补充医疗保险。完善和规范城乡居民大病保险制度,加强与基本医疗保险和医疗救助的衔接,提高保障能力和精准度。逐步规范职工大额医疗费用补助、企业补充医疗保险等制度。

统一规范医疗救助制度。建立救助对象及时精准识别机制。实施分层分类救助,规范救助费用范围,合理确定救助标准。建立健全防范和化解因病致贫返贫长效机制,协同实施大病专项救治,积极引导慈善等社会力量参与救助保障,强化互联网个人大病求助平台监管,促进医疗救助与其他社会救助制度的衔接。完善疾病应急救助管理运行机制,确保需急救的急重危伤病患者不因费用问题影响及时救治。

专栏 2　重大疾病救助工程

1. 建立救助对象及时精准识别机制,加强部门协同,做好各类困难群众身份信息共享,及时将符合条件的困难群众纳入医疗救助范围。

2. 强化高额医疗费用支出预警监测,依申请落实综合保障政策。

3. 引导合理诊疗,促进有序就医,严控不合理医疗费用。

4. 完善基本医疗保险政策,夯实医疗救助托底保障,发展商业健康保险,健全引导社会力量参与机制,促进慈善医疗救助发展,规范发展医疗互助,稳步提高重大疾病患者保障水平,合力防范因病致贫返贫风险。

有效衔接乡村振兴战略。巩固拓展医保脱贫攻坚成果,实现由集中资源支持脱贫攻坚向基本医疗保险、大病保险、医疗救助三重制度常态化保障平稳过渡。分类优化医疗保障综合帮扶政策,坚决治理过度保障,将脱贫攻坚期地方自行开展的其他医疗保障扶贫措施资金逐步统一并入医疗救助基金。综合施策降低农村低收入人口看病就医成本，引导合理诊疗，促进有序就医，整体提升农村医疗保障和健康管理水平。

健全重大疫情医疗保障机制。在突发疫情等紧急情况时，确保医疗机构先救治、后收费，确保患者不因费用问题影响就医。探索建立重大疫情特殊群体、特定疾病医药费豁免制度，有针对性免除医保目录、支付限额、用药量等限制性条款，减轻困难群众就医就诊后顾之忧。统筹医保基金和公共卫生服务资金使用，对基层医疗机构实施差别化支付政策，实现公共卫生服务和医疗服务有效衔接。

完善生育保险政策措施。继续做好生育保险对参保女职工生育医疗费用、生育津贴等待遇的保障，规范生育医疗费用支付管理，推进生育医疗费用支付方式改革，住院分娩按病种支付，产前检查按人头支付，控制生育医疗费用不合理增长，降低生育成本，提高生育保险与职工基本医疗保险合并实施成效。继续做好城乡居民基本医疗保险参保人员生育医疗费用待遇保障。

（六）优化基本医疗保障筹资机制

完善责任均衡的多元筹资机制。均衡个人、用人单位和政府三方筹资责任。建立基准费率制度，合理确定费率，研究规范缴费基数。提高统筹基金在职工基本医疗保险基金中的比重。完善城乡居民基本医疗保险筹资政策，研究建立缴费与经济社会发展水平和居民人均可支配收入挂钩的机制，优化个人缴费和政府补助结构。拓宽医疗救助筹资渠道，鼓励社会捐赠等多渠道筹资。加强财政对医疗救助的投入。

提高基金统筹层次。按照制度政策统一、基金统收统支、管理服务一体的标准，全面做实基本医疗保险市地级统筹。按照政策统一规范、基金调剂平衡、完善分级管理、强化预算考核、提升管理服务的方向，推动省级统筹。完善提高统筹层次的配套政策，夯实分级管理责任，强化就医管理和医疗服务监管。推动医疗救助统筹层次与基本医疗保险统筹层次相协调。建立健全与医疗保障统筹层次相适应的管理体系，探索推进市地级以下医疗保障部门垂直管理。

提升基金预算管理水平。科学编制医疗保障基金收支预算。加强预算执行监督，全面实施预算绩效管理，强化绩效监控、评价和结果运用。加强基金精算管理，构建收支平衡机制，建立健全基金运行风险评估预警机制，促进基金中长期可持续。探索开展跨区域基金预算试点。

（七）鼓励商业健康保险发展

鼓励产品创新。鼓励商业保险机构提供医疗、疾病、康复、照护、生育等多领域的综合性健康保险产品和服务，逐步将医疗新技术、新药品、新器械应用纳入商业健康保险保障范围。支持商业保险机构与中医药机构合作开展健康管理服务，开发中医治未病等保险产品。更加注重发挥商业医疗保险作用，引导商业保险机构创新完善保障内容，提高保障水平和服务能力。

完善支持政策。厘清基本医疗保险责任边界，支持商业保险机构开发与基本医疗保险相衔接的商业健康保险产品，更好覆盖基本医保不予支付的费用。按规定探索推进医疗保障信息平台与商业健康保险信息平台信息共享。

加强监督管理。规范商业保险机构承办大病保险业务，建立并完善参与基本医疗保险经办的商业保险机构绩效评价机制。落实行业监管部门责任，加强市场行为监管，突出商业健康保险产品设计、销售、赔付等关键环节监管。

（八）支持医疗互助有序发展

更好发挥医疗互助低成本、低缴费、广覆盖、广受益的优势，加强制度建设，强化监督管理，规范医疗互助发展。加强医疗互助与职工基本医疗保险的衔接，依托全国统一的医疗保障信息平台，推动医疗保障与医疗互助信息共享，充分发挥医疗保险和医疗互助的协同效应。坚持职工医疗互助的互济性和非营利性，推动科学设计、规范运营，更好减轻职工医疗费用负担，提高服务保障能力。

（九）稳步建立长期护理保险制度

适应我国经济社会发展水平和老龄化发展趋势，构建长期护理保险制度政策框架，协同促进长期照护服务体系建设。从职工基本医疗保险参保人群起步，重点解决重度失能人员基本护理保障需求。探索建立互助共济、责任共担的多渠道筹资机制，参加长期护理保险的职工筹资以单位和个人缴费为主，形成与经济社会发展和保障水平相适应的筹资动态调整机制。建立公平适度的待遇保障机制,合理确定待遇保障范围和基金支付水平。制定全国统一的长期护理保险失能等级评估标准,建立并完善长期护理保险需求认定、等级评定等标准体系和管理办法,明确长期护理保险基本保障项目。做好与经济困难的高龄、失能老年人补贴以及重度残疾人护理补贴等政策的衔接。健全长期护理保险经办服务体系。完善管理服务机制,引入社会力量参与长期护理保险经办服务。鼓励商业保险机构开发商业长期护理保险产品。

四、优化医疗保障协同治理体系

发挥医保支付、价格管理、基金监管综合功能,促进医疗保障与医疗服务体系良性互动,使人民群众享有高质量、有效率、能负担的医药服务和更加优质便捷的医疗保障。

(十)持续优化医疗保障支付机制

完善医保药品目录调整机制。立足基金承受能力,适应群众基本医疗需求、临床技术进步需要,建立并完善医保药品目录调整规则及指标体系,动态调整优化医保药品目录,及时将临床价值高、患者获益明显、经济性评价优良的药品按程序纳入医保支付范围。将符合条件的中药按规定纳入医保支付范围。健全医保药品评价机制,加强医保药品目录落地情况监测和创新药评价,支持药品创新,提高谈判药品可及性。2022 年实现全国基本医保用药范围基本统一。建立健全医保药品支付标准,从谈判药品、集中带量采购药品和“两病”患者用药支付标准切入,逐步衔接医保药品目录管理和支付标准。

专栏 3　医保目录药品监测评估工程

1. 建立评估机制。建立科学的评估框架和指标体系,评估药品使用相关数据,为目录调整和支付标准确定提供依据。

2. 建立医保目录药品评价监测机制。监测药品配备、使用、挂网、医保支付和临床疗效等情况,评价药品安全性、有效性、可及性。

3. 加强创新药信息评价。强化对创新药创新性、经济学评价,及时评估其安全性、有效性情况。

加强医保医用耗材管理。建立医保医用耗材准入制度,制定医保医用耗材目录。探索制定医用耗材医保支付标准,引导规范医疗服务行为,促进医用耗材合理使用。

提升医疗服务项目管理水平。完善医保医疗服务项目范围管理,明确医疗服务项目医保准入、支付、监管政策,规范医疗服务行为。在规范明细、统一内涵的基础上,逐步建立科学、公正、透明的医疗服务项目准入和动态调整机制,促进医疗服务新技术有序发展。支持将符合条件的中医医疗服务项目按规定纳入医保支付范围。

持续深化医保支付方式改革。在全国范围内普遍实施按病种付费为主的多元复合式医保支付方式,推进区域医保基金总额预算点数法改革,引导医疗机构合理诊疗,提高医保资金使用效能。制定医保基金总额预算管理、按床日付费、按人头付费等技术规范。完善紧密型医疗联合体医保支付政策。深化门诊支付方式改革,规范门诊付费基本单元,逐步形成以服务能力、服务项目、服务量为基础的支付方式。引导合理就医,促进基层首诊。探索符合中医药特点的医保支付方式,发布中医优势病种,鼓励实行中西医同病同效同价,引导基层医疗机构提供适宜的中医药服务。制定完善不同支付方式经办规程。探索医疗服务与药品分开支付。

专栏 4　多元复合式医保支付方式主要类型及改革方向

1. 医保基金总额预算管理。积极探索将点数法与总额预算管理等相结合,逐步使用区域(或一定范围内)医保基金总额预算代替具体医疗机构总额控制。

2. 按病种付费。重点推进按病种分值付费工作,完善技术规范和病种库,形成本地化的病种库,加强基础数据测算和质量监控,不断提高付费精准度。

3. 按疾病诊断相关分组付费。推广按疾病诊断相关分组付费国家试点经验,不断优化细分组方案。

4. 按床日付费。对于精神疾病、安宁疗护、医疗康复等需要长期住院治疗且日均费用较稳定的疾病,采取按床日付费的方式。

5. 按人头付费。推广基层医疗卫生机构普通门诊按人头付费与家庭医生签约服务相结合的做法,推行糖尿病、高血压、慢性肾功能衰竭等诊疗方案、评估指标明确的慢性病按人头付费,加强慢性病管理。

6. 按项目付费。对不宜打包付费的复杂病例和门诊费用按项目付费。

健全对定点医药机构的预算分配机制。坚持“以收定支、收支平衡、略有结余”的总额预算编制原则，统筹考虑住院与门诊保障、药品（医用耗材）与医疗服务支付、地区内就医与转外就医等情况，完善分项分类预算管理办法，健全预算和结算管理机制。支持有条件的地区医保经办机构按协议约定向医疗机构预付部分医保资金，提高医保基金使用绩效。

加强医保定点管理。全面实施医疗保障定点医疗机构、医疗保障定点零售药店管理办法。优化定点管理流程，扩大定点覆盖面，将更多符合条件的基层医疗机构纳入医保定点范围。加强考核监督，完善定点医药机构绩效考核，制定针对不同支付方式的医疗服务行为监督管理办法，推动定点管理与医疗质量、协议履行相挂钩。

（十一）改革完善医药价格形成机制

深化药品和医用耗材集中带量采购制度改革。常态化制度化实施国家组织药品集中带量采购，持续扩大国家组织高值医用耗材集中带量采购范围。强化对集中采购机构的统一指导，规范地方开展集中带量采购，形成国家、省级、跨地区联盟采购相互配合、协同推进的工作格局。建立以医保支付为基础，招标、采购、交易、结算、监督一体化的省级集中采购平台。推进并规范医保基金与医药企业直接结算，完善医保支付标准与集中采购价格协同机制。完善与集中带量采购相配套的激励约束机制，落实医保资金结余留用政策，推动集中带量采购成为公立医疗机构医药采购的主导模式，鼓励社会办医疗机构、定点零售药店参与集中带量采购。

完善药品和医用耗材价格治理机制。全面建立公立医疗机构药品和医用耗材采购价格信息监测机制、交易价格信息共享机制，提升对药品和医用耗材价格异常变动的分析预警应对能力。强化药品和医用耗材价格常态化监管，实施全国医药价格监测工程，全面落实医药价格和招采信用评价制度，灵活运用成本调查、函询约谈、信用评价、信息披露、价格指数、挂网规则等管理工具，遏制药品和医用耗材价格虚高，兼顾企业合理利润，促进医药行业高质量发展。

专栏5　全国医药价格监测工程

1. 完善监测体系。强化监测制度保障，注重普遍监测与深度监测相结合，开展多维度、多主体的连续监测。

2. 扩大监测范围和内容。以公立医院为主，逐步向社会办医疗机构、零售药店等延伸。在监测采购价格的同时，向监测服务收费、要素成本等方面拓展。

3. 加强医药价格监测能力建设。升级监测平台，充实监测力量，增加监测哨点，提升价格监测能力。

4. 推广监测信息数据应用。开发价格管理工具，开展价格分析警示，提供相关决策支持；公布价格信息，服务相关部门和社会。

稳妥有序试点医疗服务价格改革。加强医疗服务价格宏观管理，完善定调价规则，改革优化定调价程序，探索适应经济社会发展、更好发挥政府作用、医疗机构充分参与、体现技术劳务价值的医疗服务价格形成机制。开展深化医疗服务价格改革试点，形成可复制的改革经验并有序推广。制定完善医疗服务价格项目编制规范，分类整合现行价格项目，健全医疗服务价格项目进入和退出机制，简化新增医疗服务价格申报流程，加快受理审核，促进医疗技术创新发展和临床应用。探索完善药学类医疗服务价格项目。健全上门提供医疗服务的价格政策。完善公立医疗机构价格监测，编制医疗服务价格指数，探索建立灵敏有度的动态调整机制，发挥价格合理补偿功能，稳定调价预期。加强总量调控、分类管理、考核激励、综合配套，提高医疗服务价格治理的社会化、标准化、智能化水平。

（十二）加快健全基金监管体制机制

建立健全监督检查制度。建立并完善日常巡查、专项检查、飞行检查、重点检查、专家审查等相结合的多形式检查制度，健全“双随机、一公开”检查机制，规范不同检查形式的对象、内容、工作要求和流程，明确各方权利义务，确保公开、公平、公正。完善部门联动机制，开展联合检查，形成监管合力。引入信息技术服务机构、会计师事务所、商业保险机构等第三方力量参与医保基金监管，提升监管的专业性、精准性、效益性。

专栏 6　医保基金监管全覆盖工程
1. 系统监控全覆盖。以智能监控为依托，应用大数据手段，实现全方位、全流程、全环节监控。 2. 现场检查全覆盖。健全常态化日常监管工作机制，每年开展一次全覆盖式现场检查。现场检查由统筹地区医疗保障部门负责，对辖区内全部定点医药机构开展检查。 3. 飞行检查全覆盖。国家和省两级医疗保障部门联合相关部门组织开展飞行检查。飞行检查随机抽查范围覆盖全国所有统筹地区。 4. 社会监督全覆盖。畅通优化电话、网站、微信等举报渠道，完善举报奖励机制，有效举报线索凡接必查，实名举报查实必奖。动员社会力量参与监管，强化社会监督员队伍建设。 5. 监管责任全覆盖。健全基金监管执法体系，强化监管责任，合理调配监管力量。加强医疗保障部门与卫生健康、市场监管、公安、审计等部门以及纪检监察机关的协同配合，健全协同执法、一案多处工作机制。

全面建立智能监控制度。提升医保智能监管能力，积极探索将按疾病诊断相关分组付费、按病种分值付费等新型支付方式、“互联网＋医疗健康”等新模式、长期护理保险等纳入智能监控范围，实现智能审核全覆盖，加强对定点医疗机构临床诊疗行为的引导和审核，实现基金监管从人工抽单审核向大数据全方位、全流程、全环节智能监控转变。

专栏 7　医保基金监管智能监控
1. 适应医保支付方式改革和长期护理保险、商业健康保险发展需要，不断完善基础信息标准库和临床指南等医学知识库，推进智能监控规则库建设，逐步实现全国统一标准、线上线下一致，并动态更新。 2. 开展药品和医用耗材进销存实时管理。 3. 推广视频监控、生物特征识别等技术应用。 4. 将异地就医、购药即时结算纳入智能监控范围。

建立医疗保障信用管理体系。完善医疗保障信用管理制度，形成信用承诺、信用评价、信息共享、结果公开、结果应用、信用修复等全链条闭环式信用监管，推动实施分级分类监管。在充分掌握信用信息、综合研判信用状况基础上，根据信用等级高低，对监管对象采取差异化监管措施。以相关处理结果为依据，按程序将性质恶劣、情节严重、社会危害大的医疗保障违法失信行为的责任主体纳入严重失信主体名单，依法依规开展失信联合惩戒。建立药品和医用耗材生产流通企业等信用承诺制度，鼓励行业协会开展自律建设，促进行业规范发展。

健全综合监管制度。适应医疗保障管理服务特点，建立并完善部门间相互配合、协同监管的综合监管制度。大力推进部门联合执法、信息共享和互联互通，促进监管结果协同运用。对查实的欺诈骗保行为，各相关部门按照职责权限对有关单位和个人依规依纪依法严肃处理。加强基金监管行政执法与刑事司法有效衔接，按程序向公安机关移送涉嫌犯罪案件。

完善社会监督制度。广泛动员社会各界参与医疗保障基金监管，协同构建基金安全防线，促进形成社会监督的良好态势，实现政府治理和社会监督、舆论监督良性互动。健全欺诈骗保行为举报投诉奖励机制，完善奖励政策和奖励标准。健全完善要情报告制度，用好基金监管曝光台，做好医保基金监管典型案例的收集遴选和公开通报。医疗保障经办机构定期向社会公布参加基本医疗保险情况以及基金收入、支出、结余和收益情况，接受社会监督。

（十三）协同建设高效的医药服务供给体系

优化提升医疗卫生服务体系。完善区域卫生规划和医疗机构设置规划，健全城市三级医院、县级医院和基层医疗卫生机构分工协作的现代医疗卫生服务体系，支持整合型医疗卫生服务体系建设，加强分级诊疗体系建设，推进基层医疗卫生机构发展，促进基层医疗卫生服务有效利用和患者有序就医。促进定点医药机构行业行为规范、成本控制和行业自律。支持中医药传承创新发展，强化中医药在疾病预防治疗中的作用，推广中医治未病干预方案。支持儿科、老年医学科、精神心理科和康复、护理等紧缺医疗服务发展。鼓励日间手术、多学科诊疗、无痛诊疗等医疗服务发展。完善检查检验政策，推进医疗机构检查检验结果互认。支持远程医疗服务、互联网诊疗服务、互联网药品配送、上门护理服务等医疗卫生服务新模式新业态有序发展，促进人工智能等新技术的合理运用。

提高医药产品供应和安全保障能力。深化审评审批制度改革，鼓励药品创新发展，加快新药好药上市，促进群众急需的新药和医疗器械研发使用。稳步推进仿制药质量和疗效一致性评价。分步实施医疗器械唯一标识制度，拓展医疗器械唯一标识在卫生健康、医疗保障等领域的衔接应用。严格药品监管，有序推进药品追溯体系建设。健全短缺药品监测预警和分级应对体系，加大对原料药垄断等违法行为的执法力度，进一步做好短缺药品保供稳价。逐步建立中标生产企业应急储备、库存和产能报告制度，保障集中采购药品供应。支持药店连锁化、专业化、数字化发展，更好发挥药店独特优势和药师作用。依托全国统一的医疗保障信息平台，支持电子处方流转。

强化协商共治机制。健全医疗保障部门、参保人代表、医院协会、医师协会、药师协会、护理学会、药品上市许可持有人、药品生产流通企业等参加的协商机制，构建多方利益协调的新格局，推动政策制定更加精准高效。

五、构筑坚实的医疗保障服务支撑体系

聚焦群众就医和医保需求，深入推进“放管服”改革，补短板、堵漏洞、强弱项，着力健全经办管理服务体系，提升医疗保障基础支撑能力，不断增强服务效能。

（十四）健全医疗保障公共服务体系

加强经办管理服务体系建设。建立统一规范的医疗保障公共服务和稽核监管标准体系。统一经办规程，规范服务标识、窗口设置、服务事项、服务流程、服务时限，推进标准化窗口和示范点建设。建立覆盖省、市、县、乡镇（街道）、村（社区）的医疗保障服务网络。依托乡镇（街道）政务服务中心、村（社区）综合服务中心，加强医疗保障经办力量，大力推进服务下沉。在经办力量配置不足地区，可通过政府购买服务等方式，补齐基层医疗保障公共管理服务能力配置短板。加强医疗保障经办管理服务机构内控机制建设，落实协议管理、费用监控、稽查审核责任。建立绩效评价、考核激励、风险防范机制，提高经办管理服务能力和效率。

专栏8 医疗保障服务示范工程

1. 实现全区县级以上经办标准化窗口全覆盖，出台全国医疗保障管理服务窗口标准规范，制定示范窗口评定标准。

2. 建成400个区县级以上经办服务示范窗口，重点向区县倾斜。

3. 建设500个医疗保障基层服务示范点，面向乡镇（街道）和村（社区）两级，结合人口分布、人口流动、经济社会发展水平，因地制宜制定评定标准，推动医疗保障经办服务下沉。

4. 建设500个医疗保障定点医疗机构示范点，推动精细化管理，提升参保人就诊体验。

5. 建设100个智慧医保管理服务示范点，提升经办管理服务数字化、智能化水平。

提升服务质量。坚持传统服务方式和新型服务方式“两条腿”走路，为参保群众提供优质服务，推进政务服务事项网上办理，健全多种形式的医疗保障公共管理服务。实现医疗保障热线服务与“12345政务服务便民热线”相衔接，探索实施“视频办”。建立健全跨区域医疗保障管理服务协作机制，推进高频医疗保障政务服务事项“跨省通办”落地实施。健全政务服务“好差评”制度，制定与医疗保障发展相适应的政务服务评价标准体系和评价结果应用管理办法。

专栏9 医疗保障政务服务提升工程

1. 健全政务服务“好差评”制度。建立差评和投诉问题调查核实，督促整改和反馈机制。健全政务服务激励约束机制，及时公开政务服务情况、评价结果及整改情况等政务服务评价信息。

2. 推进“跨省通办”。推进基本医疗保险参保信息变更、城乡居民基本医疗保险参保登记、基本医疗保险关系转移接续、异地就医备案、门诊费用跨省直接结算、医疗保障定点医疗机构基础信息变更、生育保险待遇核定与支付等高频医疗保障政务服务事项“跨省通办”。统一“跨省通办”政务服务事项的业务规则和标准，加强部门数据共享，支持重点区域拓展“跨省通办”政务服务范围。

3. 提升全流程数字化服务水平。推动人工智能、大数据、物联网、云计算、区块链等新技术运用，鼓励发展诊间结算、床边结算、线上结算，推进医疗电子票据使用，鼓励有条件的地区探索建立慢性病互联网诊疗、第三方药品配送上门等服务新模式。

4. 提升适老服务水平。加强经办服务大厅建设和窗口管理，合理布局服务网点，配备引导人员，提供咨询、指引等服务，保留传统服务方式，畅通为老年人代办的线下渠道，优化完善无障碍设施，提供预约服务、应急服务，积极推广“一站式”服务。优化网上办事流程，提供更多智能化适老服务。

完善异地就医直接结算服务。加强国家异地就医结算能力建设，实现全国统一的异地就医备案，扩大异地就医直接结算范围，逐步实现住院、门诊费用线上线下一体化的异地就医结算服务。

专栏10　国家异地就医结算能力建设工程
1. 完善跨省异地就医直接结算制度体系。制定全国统一的跨省异地就医直接结算管理办法和工作规程。指导各省(自治区、直辖市)统一跨省异地就医直接结算相关制度和规程。 2. 健全跨区域医疗保障管理工作体系和协作机制。加强国家、省级异地就医结算中心建设，完善各级异地就医业务管理、基金管理和信息管理岗位职责，保障异地就医直接结算平稳运行。 3. 优化跨省异地就医结算管理服务。完善国家异地就医管理服务平台，扩大跨省直接结算的覆盖范围，提高直接结算率。探索重大公共卫生事件医疗保障费用异地就医直接结算。开展医疗费用手工(零星)报销线上服务，提供住院、普通门诊、门诊慢特病费用线上线下一体化的异地就医结算服务。

健全完善医保协议管理。简化优化定点医药机构专业评估、协商谈判程序，制定并定期修订医疗保障服务协议范本，加强事中事后监管。建立健全跨区域就医协议管理机制。合理确定统筹地区定点医药服务资源配置。

专栏11　重点区域医保一体化任务
1. 京津冀：支持北京非首都功能疏解，支持雄安新区与北京定点医疗机构互认、缴费年限互认，支持京津冀药品、医用耗材联合采购。 2. 长三角：加快基本医疗保险一体化发展，逐步统一医保药品、医用耗材、医疗服务项目三个目录，提升异地就医便利化水平。 3. 粤港澳大湾区：支持港澳居民在内地参加基本医疗保险，为港澳参保人员提供高效便利服务。加强广东与香港、澳门医疗保障工作衔接。 4. 海南自由贸易港：支持商业保险机构跨境结算试点。 5. 成渝地区双城经济圈：实现公共服务一体化和异地就医门诊慢特病直接结算，逐步推动基本医疗保障待遇均等化。

探索经办治理机制创新。推进经办管理服务与各地政务服务、网上政务服务平台衔接，鼓励商业保险机构等社会力量参与经办管理服务。加强定点医疗机构医保职能部门建设，发挥其联结医保服务与医院管理的纽带作用，加强定点医疗机构医保精细化管理，提升医疗卫生服务与医疗保障服务的关联度和协调性。更好服务重大区域发展战略及高水平对外开放。推动重点区域医疗保障合作，提升区域医疗保障一体化发展水平。开展医疗保障领域对外交流合作，积极宣传医疗保障中国方案，为推动构建人类卫生健康共同体贡献中国智慧。

(十五)强化法治支撑

建立健全法律法规体系。推进医疗保障法立法工作，夯实医疗保障事业改革和发展的法治基础。深入实施《医疗保障基金使用监督管理条例》。制定药品价格管理办法等规章，做好相关释义及解释。

规范医疗保障行政执法。完善权责清单、执法事项清单、服务清单，制定全国统一的行政处罚程序规定，规范执法文书样式、行政执法指引，约束行政执法自由裁量权。规范执法行为，改进执法方式，加强执法监督，建立健全医疗保障行政执法公示、执法全过程记录、重大执法决定法制审核等制度。健全行政复议案件处理工作机制。

(十六)推动安全发展

强化基金管理。全面实施基金运行监控，提高基金管理水平，防范系统性风险，促进基金运行区域平衡。全面开展统筹地区基金运行评价，压实统筹地区管理责任。

确保数据安全。落实数据分级分类管理要求，制定医疗保障数据安全管理办法，规范数据管理和应用，依法保护参保人员基本信息和数据安全。强化医疗保障信息基础设施建设，维护信息平台运行安全。

加强内部控制。梳理医疗保障内部管理和职权运行风险点，建立健全流程控制、风险评估、运行监控、内部监督等内部控制工作机制，及时发现并有效防范化解安全隐患，确保不发生重大安全问题。强化责任追究，促进内控机制有效运行。

（十七）加快医保信息化建设

全面建成全国统一的医疗保障信息平台。持续优化运行维护体系和安全管理体系，完善平台功能。依托全国统一的医疗保障信息平台，建立救助患者医疗费用信息共享机制。有效发挥国家智慧医保实验室作用。通过全国一体化政务服务平台，实现跨地区、跨部门数据共享，做好医疗保障数据分级分类管理，探索建立医疗保障部门与卫生健康、药监等部门信息共享机制。

专栏 12　全国统一的医疗保障信息平台
1. 全面建成全国统一的医疗保障信息平台，重点完成省级平台建设任务，实现数据两级集中、平台分级管理。 2. 动态维护医保药品、医用耗材、医疗服务项目分类与代码等 15 项医保信息业务编码标准，全面推进医保信息业务编码贯彻应用。 3. 推进数据迁移、清洗等工作，提高数据质量。 4. 持续优化完善信息平台，建立健全物理安全、数据安全、网络安全等安全管理体系和云平台、业务系统、网络等运行维护体系。 5. 深化大数据、区块链等技术在宏观决策分析、医疗电子票据等工作中的应用，更好服务医保科学决策和便民服务。

完善"互联网＋医疗健康"医保管理服务。完善"互联网＋医疗健康"医保服务定点协议管理，健全"互联网＋"医疗服务价格和医保支付政策，将医保管理服务延伸到"互联网＋医疗健康"医疗行为，形成比较完善的"互联网＋医疗健康"医保政策体系、服务体系和评价体系。

提升医疗保障大数据综合治理能力。发挥全国统一的医疗保障信息平台优势，加强对医疗保障基础信息数据、结算数据、定点医药机构管理数据的采集、存储、清洗、使用，完善部门数据协同共享机制，探索多维度数据校验，提升精细化治理水平，提高医药资源配置效率。

（十八）健全标准化体系

完善标准化工作基础。建立上下联动、部门合作、职责分明的标准化工作机制，推进医疗保障部门与人力资源社会保障、卫生健康、银保监、药监等部门的工作衔接。推动医疗保障标准在规范执业行为和促进行业自律等方面更好发挥作用。强化标准实施与监督。向定点医药机构提供标准服务。

加强重点领域标准化工作。统一医疗保障业务标准和技术标准，制定基础共性标准清单、管理工作标准清单、公共服务标准清单、评价监督标准清单，组建各类标准咨询专家团队。

健全标准化工作体制机制。组建全国医疗保障标准化技术委员会，建设高水平医疗保障标准化智库。强化医疗保障标准日常管理维护，完善落地应用长效机制。健全医保信息业务编码信息维护、审核、公示、发布的常态化工作机制。

六、做好规划实施

各地区、各有关部门要始终在思想上政治上行动上同以习近平同志为核心的党中央保持高度一致，增强"四个意识"、坚定"四个自信"、做到"两个维护"，确保医疗保障工作始终坚持正确政治方向，确保本规划各项任务落实到位。

（十九）健全实施机制

建立健全国家和省两级医疗保障规划体系，加强两级规划衔接，确保全国医疗保障规划"一盘棋"。建立规划实施机制，做好规划重点任务分解，明确责任单位、实施时间表和路线图，提升规划实施效能。组织开展规划实施评估，监测重点任务进展、主要指标完成情况，及时完善优化政策。

（二十）强化能力建设

加强医疗保障人才队伍建设，培养高素质专业化人才，鼓励高等院校、科研院所等与医疗保障部门开展合作，加强智库建设和人才支撑。实施医疗保障干部全员培训，开展多种形式挂职交流。建立体现医疗保障领域特点的人才评价机制，加大对先进单位和个人的表彰力度。

（二十一）营造良好氛围

做好政府信息公开和新闻发布，及时准确发布权威信息，引导社会舆论，增进各方共识。开展多种形式的医保普法宣传活动，增强全社会医保法治意识，提高政策知晓度，营造医保、医疗、医药协同改革的良好氛围，为深化医疗保障制度改革创造良好舆论环境。

国务院办公厅关于健全重特大疾病医疗保险和救助制度的意见

（国办发〔2021〕42 号）

各省、自治区、直辖市人民政府，国务院各部委、各直属机构：

做好重特大疾病医疗保障，是进一步减轻困难群众和大病患者医疗费用负担、防范因病致贫返贫、筑牢民生保障底线的重要举措。为深入贯彻党中央、国务院关于深化医疗保障制度改革和完善社会救助制度的决策部署，巩固拓展医疗保障脱贫攻坚成果，不断增强人民群众获得感、幸福感、安全感，经国务院同意，现就健全重特大疾病医疗保险和救助制度提出以下意见。

一、总体要求

以习近平新时代中国特色社会主义思想为指导，全面贯彻党的十九大和十九届二中、三中、四中、五中全会精神，坚持以人民为中心，坚持共同富裕方向，坚持应保尽保、保障基本，尽力而为、量力而行，推动民生改善更可持续。聚焦减轻困难群众重特大疾病医疗费用负担，建立健全防范和化解因病致贫返贫长效机制，强化基本医保、大病保险、医疗救助（以下统称三重制度）综合保障，实事求是确定困难群众医疗保障待遇标准，确保困难群众基本医疗有保障，不因罹患重特大疾病影响基本生活，同时避免过度保障。促进三重制度综合保障与慈善救助、商业健康保险等协同发展、有效衔接，构建政府主导、多方参与的多层次医疗保障体系。

二、科学确定医疗救助对象范围

（一）及时精准确定救助对象。医疗救助公平覆盖医疗费用负担较重的困难职工和城乡居民，根据救助对象类别实施分类救助。对低保对象、特困人员、低保边缘家庭成员和纳入监测范围的农村易返贫致贫人口，按规定给予救助。对不符合低保、特困人员救助供养或低保边缘家庭条件，但因高额医疗费用支出导致家庭基本生活出现严重困难的大病患者（以下称因病致贫重病患者），根据实际给予一定救助。综合考虑家庭经济状况、医疗费用支出、医疗保险支付等情况，由省（自治区、直辖市）民政部门会同医疗保障等相关部门合理确定因病致贫重病患者认定条件。县级以上地方人民政府规定的其他特殊困难人员，按上述救助对象类别给予相应救助。

三、强化三重制度综合保障

（二）确保困难群众应保尽保。困难群众依法参加基本医保，按规定享有三重制度保障权益。全面落实城乡居民基本医保参保财政补助政策，对个人缴费确有困难的群众给予分类资助。全额资助特困人员，定额资助低保对象、返贫致贫人口。定额资助标准由省级人民政府根据实际确定。适应人口流动和参保需求变化，灵活调整救助对象参保缴费方式，确保其及时参保、应保尽保。

（三）促进三重制度互补衔接。发挥基本医保主体保障功能，严格执行基本医保支付范围和标准，实施公平适度保障；增强大病保险减负功能，探索完善大病保险对低保对象、特困人员和返贫致贫人口的倾斜支付政策，发挥补充保障作用；夯实医疗救助托底保障功能，按照“先保险后救助”的原则，对基本医保、大病保险等支付后个人医疗费用负担仍然较重的救助对象按规定实施救助，合力防范因病致贫返贫风险。完善农村易返贫致贫人口医保帮扶措施，推动实现巩固拓展医疗保障脱贫攻坚成果同乡村振兴有效衔接。

四、夯实医疗救助托底保障

（四）明确救助费用保障范围。坚持保基本，妥善解决救助对象政策范围内基本医疗需求。救助费用主要覆盖救助对象在定点医药机构发生的住院费用、因慢性病需长期服药或患重特大疾病需长期门诊治疗的费用。由医疗救助基金支付的药品、医用耗材、诊疗项目原则上应符合国家有关基本医保支付范围的规定。基本医保、大病保险起付线以下的政策范围内个人自付费用，按规定纳入救助保障。除国家另有明确规定外，各统筹地区不得自行制定或用变通的方法擅自扩大医疗救助费用保障范围。

（五）合理确定基本救助水平。按救助对象家庭困难情况，分类设定年度救助起付标准（以下简称起付标准）。对低保对象、特困人员原则上取消起付标准，暂不具备条件的地区，其起付标准不得高于所在统筹地区上年居民人均可支配收入的5%，并逐步探索取消起付标准。低保边缘家庭成员起付标准按所在统筹地区上年居民人均可支配收入的10%左右确定，因病致贫重病患者按25%左右确定。对低保对象、特困人员符合规定的医疗费用可按不低于70%的比例救助，其他救助对象救助比例原则上略低于低保对象。具体救助比例的确定要适宜适度，防止泛福利化倾向。各统筹地区要根据经济社会发展水平、人民健康需求、医疗救助基金支撑能力，合理设定医疗救助年度救助限额。农村易返贫致贫人口救助水平，按巩固拓展医疗保障脱贫攻坚成果有效衔接乡村振兴战略有关政策规定执行。

（六）统筹完善托底保障措施。加强门诊慢性病、特殊疾病救助保障，门诊和住院救助共用年度救助限额，统筹资金使用，着力减轻救助对象门诊慢性病、特殊疾病医疗费用负担。对规范转诊且在省域内就医的救助对象，经三重制度综合保障后政策范围内个人负担仍然较重的，给予倾斜救助，具体救助标准由统筹地区人民政府根据医疗救助基金筹资情况科学确定，避免过度保障。通过明确诊疗方案、规范诊疗等措施降低医疗成本，合理控制困难群众政策范围内自付费用比例。

五、建立健全防范和化解因病致贫返贫长效机制

（七）强化高额医疗费用支出预警监测。实施医疗救助对象信息动态管理。分类健全因病致贫和因病返贫双预警机制，结合实际合理确定监测标准。重点监测经基本医保、大病保险等支付后个人年度医疗费用负担仍然较重的低保边缘家庭成员和农村易返贫致贫人口，做到及时预警。加强部门间信息共享和核查比对，协同做好风险研判和处置。加强对监测人群的动态管理，符合条件的及时纳入救助范围。

（八）依申请落实综合保障政策。全面建立依申请救助机制，畅通低保边缘家庭成员和农村易返贫致贫人口、因病致贫重病患者医疗救助申请渠道，增强救助时效性。已认定为低保对象、特困人员的，直接获得医疗救助。强化医疗救助、临时救助、慈善救助等综合性保障措施，精准实施分层分类帮扶。综合救助水平要根据家庭经济状况、个人实际费用负担情况合理确定。

六、积极引导慈善等社会力量参与救助保障

（九）发展壮大慈善救助。鼓励慈善组织和其他社会组织设立大病救助项目，发挥补充救助作用。促进互联网公开募捐信息平台发展和平台间慈善资源共享，规范互联网个人大病求助平台信息发布，推行阳光救助。支持医疗救助领域社会工作服务和志愿服务发展，丰富救助服务内容。根据经济社会发展水平和各方承受能力，探索建立罕见病用药保障机制，整合医疗保障、社会救助、慈善帮扶等资源，实施综合保障。建立慈善参与激励机制，落实相应税收优惠、费用减免等政策。

（十）鼓励医疗互助和商业健康保险发展。支持开展职工医疗互助，规范互联网平台互助，加强风险管控，引导医疗互助健康发展。支持商业健康保险发展，满足基本医疗保障以外的保障需求。鼓励商业保险机构加强产品创新，在产品定价、赔付条件、保障范围等方面对困难群众适当倾斜。

七、规范经办管理服务

（十一）加快推进一体化经办。细化完善救助服务事项清单，出台医疗救助经办管理服务规程，做好救助对象信息共享互认、资助参保、待遇给付等经办服务。推动基本医保和医疗救助服务融合，依托全国统一的医疗保障信息平台，依法依规加强数据归口管理。统一协议管理，强化定点医疗机构费用管控主体责任。统一基金监管，做好费用监控、稽查审核，保持打击欺诈骗保高压态势，对开展医疗救助服务的定点医疗机构实行重点监控，确保基金安全高效、合理使用。推动实行“一站式”服务、“一窗口”办理，提高结算服务便利性。

（十二）优化救助申请审核程序。简化申请、审核、救助金给付流程，低保对象、特困人员直接纳入“一站式”结算，探索完善其他救助对象费用直接结算方式。加强部门工作协同，全面对接社会救助经办服务，按照职责分工做好困难群众医疗救助申请受理、分办转办及结果反馈。动员基层干部，依托基层医疗卫生机构，做好政策宣传和救助申请委托代办等，及时主动帮助困难群众。

（十三）提高综合服务管理水平。加强对救助对象就医行为的引导，推行基层首诊，规范转诊，促进合理就医。完善定点医疗机构医疗救助服务内容，提高服务质量，按规定做好基本医保和医疗救助费用结算。按照安全有效、经济适宜、救助基本的原则，引导医疗救助对象和定点医疗机构优先选择纳入基本医保支付范围的药品、医用耗材和诊疗项目，严控不合理费用支出。经基层首诊转诊的低保对象、特困人员在市域内定点医疗机构住院，实行“先诊疗后付费”，全面免除其住院押金。做好异地安置和异地转诊救助对象登记备案、就医结算，按规定转诊的救助对象，执行户籍地所在统筹地区救助标准。未按规定转诊的救助对象，所发生的医疗费用原则上不纳入医疗救助范围。

八、强化组织保障

（十四）加强组织领导。强化党委领导、政府主导、部门协同、社会参与的重特大疾病保障工作机制。将困难群众重特大疾病医疗救助托底保障政策落实情况作为加强和改善民生的重要指标，纳入医疗救助工作绩效评价。各省（自治区、直辖市）要落实主体责任，细化政策措施，强化监督检查，确保政策落地、待遇落实、群众得实惠。要结合落实医疗保障待遇清单制度，制定出台细化措施，切实规范医疗救助保障范围，坚持基本保障标准，确保制度可持续发展。加强政策宣传解读，及时回应社会关切，营造良好舆论氛围。各地区政策实施情况及时报送国家医保局。

（十五）加强部门协同。建立健全部门协同机制，加强医疗保障、社会救助、医疗卫生制度政策及经办服务统筹协调。医疗保障部门要统筹推进医疗保险、医疗救助制度改革和管理工作，落实好医疗保障政策。民政部门要做好低保对象、特困人员、低保边缘家庭成员等救助对象认定工作，会同相关部门做好因病致贫重病患者认定和相关信息共享，支持慈善救助发展。财政部门要按规定做好资金支持。卫生健康部门要强化对医疗机构的行业管理，规范诊疗路径，促进分级诊疗。税务部门要做好基本医保保费征缴相关工作。银保监部门要加强对商业保险机构承办大病保险的行业监管，规范商业健康保险发展。乡村振兴部门要做好农村易返贫致贫人口监测和信息共享。工会要做好职工医疗互助和罹患大病困难职工帮扶。

（十六）加强基金预算管理。在确保医疗救助基金安全运行基础上，统筹协调基金预算和政策制定，落实医疗救助投入保障责任。拓宽筹资渠道，动员社会力量，通过慈善和社会捐助等多渠道筹集资金，统筹医疗救助资金使用。加强预算执行监督，全面实施预算绩效管理。促进医疗救助统筹层次与基本医保统筹层次相协调，提高救助资金使用效率。

（十七）加强基层能力建设。加强基层医疗保障经办队伍建设，统筹医疗保障公共服务需求和服务能力配置，做好相应保障。积极引入社会力量参与经办服务，大力推动医疗救助经办服务下沉，重点提升信息化和经办服务水平。加强医疗救助政策和业务能力培训，努力打造综合素质高、工作作风好、业务能力强的基层经办队伍。

国务院办公厅

2021 年 10 月 28 日

三、部门规章及规范性文件

2021 年国家医疗保障局令

国家医疗保障局令

第 4 号

《医疗保障行政处罚程序暂行规定》已经2021年6月11日第3次局务会议审议通过，现予以公布，自2021年7月15日起施行。

局长：胡静林

2021 年 6 月 11 日

医疗保障行政处罚程序暂行规定

第一章 总则

第一条 为了规范医疗保障领域行政处罚程序，确保医疗保障行政部门依法实施行政处罚，维护医疗保障基金安全，保护公民、法人和其他组织的合法权益，根据《中华人民共和国行政处罚法》《中华人民共和国行政强制法》等法律、行政法规，制定本规定。

第二条 医疗保障领域行政处罚，适用本规定。

第三条 医疗保障行政部门实施行政处罚遵循公正、公开的原则。坚持以事实为依据，与违法行为的事实、性质、情节以及社会危害程度相当。坚持处罚与教育相结合，做到事实清楚、证据确凿、依据正确、程序合法、处罚适当。

第四条 医疗保障行政部门应当全面落实行政执法公示制度、执法全过程记录制度、重大执法决定法制审核制度。

第五条 执法人员与案件有直接利害关系或者有其他关系可能影响公正执法的，应当回避。

当事人认为执法人员与案件有直接利害关系或者有其他关系可能影响公正执法的，有权申请回避。

当事人提出回避申请的，医疗保障行政部门应当依法审查。医疗保障行政部门主要负责人的回避，由医疗保障行政部门负责人集体讨论决定；医疗保障行政部门其他负责人的回避，由医疗保障行政部门主要负责人决定；其他有关人员的回避，由医疗保障行政部门负责人决定。决定作出前，不停止调查。

第六条 违法行为在二年内未被发现的，不再给予行政处罚；涉及公民生命健康安全且有危害后果的，上述期限延长至五年。

前款规定的期限，从违法行为发生之日起计算；违法行为有连续或者继续状态的，从行为终了之日起计算。

第七条 上级医疗保障行政部门对下级医疗保障行政部门实施的行政处罚，应当加强监督。

医疗保障行政部门法制机构对本部门实施的行政处罚，应当加强监督。

第八条 各级医疗保障行政部门可以依法委托符合法定条件的组织开展行政执法工作。行政强制措施权不得委托。

受委托组织在委托范围内，以委托行政机关的名义实施行政处罚，不得再委托其他组织或者个人实施行政处罚。

委托书应当载明委托的具体事项、权限、期限等内容。委托行政机关和受委托组织应当将委托书向社会公布。

委托行政机关对受委托组织实施行政处罚的行为应当负责监督，并对该行为的后果承担法律责任。

第二章 管辖和适用

第九条 医疗保障领域行政处罚由违法行为

发生地的县级以上医疗保障行政部门管辖。法律、行政法规、部门规章另有规定的，从其规定。

医疗保障异地就医的违法行为，由就医地医疗保障行政部门调查处理。仅参保人员违法的，由参保地医疗保障行政部门调查处理。

第十条 两个以上医疗保障行政部门因管辖权发生争议的，应当自发生争议之日起七个工作日内协商解决；协商不成的，报请共同的上一级医疗保障行政部门指定管辖；也可以直接由共同的上一级医疗保障行政部门指定管辖。

第十一条 上级医疗保障行政部门认为有必要时，可以直接管辖下级医疗保障行政部门管辖的案件，也可以将本部门管辖的案件交由下级医疗保障行政部门管辖。法律、法规、规章明确规定案件应当由上级医疗保障行政部门管辖的，上级医疗保障部门不得将案件交由下级医疗保障行政部门管辖。

第十二条 医疗保障行政部门发现所查处的案件属于其他医疗保障行政部门或其他行政管理部门管辖的，应当依法移送。

受移送的医疗保障行政部门对管辖权有异议的，应当报请共同的上一级医疗保障行政部门指定管辖，不得再自行移送。

第十三条 医疗保障行政部门实施行政处罚时，应当责令当事人改正或者限期改正违法行为。

第三章 行政处罚的普通程序

第十四条 医疗保障行政部门对依据监督检查职权或者通过投诉、举报、其他部门移送、上级交办等途径发现的违法行为线索，应当自发现线索或者收到材料之日起十五个工作日内予以核查，并决定是否立案；特殊情况下，经医疗保障行政部门主要负责人批准后，可以延长十五个工作日。

第十五条 立案应当符合下列标准：

(一)有明确的违法嫌疑人；

(二)经核查认为存在涉嫌违反医疗保障监督管理法律、法规、规章规定，应当给予行政处罚的行为；

(三)属于本部门管辖。

符合立案标准的，应当及时立案。

第十六条 行政处罚应当由具有医疗保障行政执法资格的执法人员实施，执法人员不得少于两人。

执法人员应当文明执法，尊重和保护当事人合法权益。

第十七条 除依据《行政处罚法》第五十一条规定的可以当场作出的行政处罚外，医疗保障行政部门发现公民、法人或者其他组织有依法应当给予行政处罚的行为的，必须全面、客观、公正地调查，收集有关证据；必要时，依照法律、法规的规定，可以进行检查。

医疗保障行政部门及参与案件办理的有关单位和人员对调查或者检查过程中知悉的国家秘密、商业秘密和个人隐私应当依法保密。不得将调查或者检查过程中获取、知悉的被调查或者被检查对象的资料或者相关信息用于医疗保障基金使用监管管理以外的其他目的，不得泄露、篡改、毁损、非法向他人提供当事人的个人信息和商业秘密。

第十八条 医疗保障行政部门开展行政执法，可以采取下列措施：

(一)进入被调查对象有关的场所进行检查，询问与调查事项有关的单位和个人，要求其对有关问题作出解释说明、提供有关材料；

(二)采取记录、录音、录像、照相或者复制等方式收集有关情况和资料；

(三)从相关信息系统中调取数据，要求被检查对象对疑点数据作出解释和说明；

(四)对可能被转移、隐匿或者灭失的资料等予以封存；

(五)聘请符合条件的会计师事务所等第三方机构和专业人员协助开展检查；

(六)法律、法规规定的其他措施。

第十九条 办案人员应当依法收集证据。证据包括：

(一)书证；

(二)物证；

(三)视听资料；

(四)电子数据；

(五)证人证言；

(六)当事人的陈述；

(七)鉴定意见；

(八)勘验笔录、现场笔录。

立案前核查或者监督检查过程中依法取得的证据材料,可以作为案件的证据使用。

对于移送的案件,移送机关依职权调查收集的证据材料,可以作为案件的证据使用。

证据经查证属实,作为认定案件事实的根据。

第二十条 办案人员在进入现场检查时,应当通知当事人或者有关人员到场,并按照有关规定采取拍照、录音、录像等方式记录现场情况。现场检查应当制作现场笔录,并由当事人或者有关人员以逐页签名或盖章等方式确认。

无法通知当事人或者有关人员到场,当事人或者有关人员拒绝接受调查及签名、盖章或者拒绝以其他方式确认的,办案人员应当在笔录或者其他材料上注明情况。

第二十一条 收集、调取的书证、物证应当是原件、原物。调取原件、原物有困难的,可以提取复制件、影印件或者抄录件,也可以拍摄或者制作足以反映原件、原物外形或者内容的照片、录像。复制件、影印件、抄录件和照片、录像由证据提供人核对无误后注明与原件、原物一致,并注明取证日期、证据出处,同时由证据提供人签名或者盖章。

第二十二条 收集、调取的视听资料应当是有关资料的原始载体。调取视听资料原始载体有困难的,可以提取复制件,并注明制作方法、制作时间、制作人等。声音资料应当附有该声音内容的文字记录。视听资料制作记录、声音文字记录同时由证据提供人核对无误后签名或者盖章。

第二十三条 医疗保障行政部门可以利用网络信息系统或者设备收集、固定违法行为证据。用来收集、固定违法行为证据的网络信息系统或者设备应当符合相关规定,保证所收集、固定电子数据的真实性、完整性。

医疗保障行政部门可以指派或者聘请具有专门知识的人员,辅助办案人员对案件关联的电子数据进行调取。

收集、调取的电子数据应当是有关数据的原始载体。收集电子数据原始载体有困难的,可以采用拷贝复制、委托分析、书式固定、拍照录像等方式取证,并注明制作方法、制作时间、制作人等。

医疗保障行政部门利用电子技术监控设备收集、固定违法事实的,证据记录内容应符合法律、法规的规定。

第二十四条 办案人员可以询问当事人及其他有关单位和个人。询问应当个别进行。询问应当制作笔录,笔录应当交被询问人核对;对阅读有困难的,应当向其宣读。笔录如有差错、遗漏,应当允许其更正或者补充。涂改部分应当由被询问人签名、盖章或者以其他方式确认。经核对无误后,由被询问人在笔录上逐页签名、盖章或者以其他方式确认。办案人员应当在笔录上签名。

第二十五条 为查明案情,需要对案件相关医疗文书、医疗证明等内容进行评审的,医疗保障行政部门可以组织有关专家进行评审。

第二十六条 医疗保障行政部门在收集证据时,在证据可能灭失或者以后难以取得的情况下,经医疗保障行政部门负责人批准,可以先行登记保存,并应当在七个工作日内及时作出处理决定。

情况紧急,需要当场采取先行登记保存措施的,执法人员应当在二十四小时内向医疗保障行政部门负责人报告,并补办批准手续。医疗保障行政部门负责人认为不应当采取先行登记保存措施的,应当立即解除。

第二十七条 先行登记保存有关证据,应当当场清点,开具清单,由当事人和办案人员签名或者盖章。清单交当事人一份,并当场交付先行登记保存证据通知书。

先行登记保存期间,当事人或者有关人员不得损毁、销毁或者转移证据。

第二十八条 对于先行登记保存的证据,医疗保障行政部门可以根据案件需要采取以下处理措施:

(一)根据情况及时采取记录、复制、拍照、录像等证据保全措施;

(二)可依法采取封存措施的,决定予以封存;

(三)违法事实不成立,或者违法事实成立但不予行政处罚的,决定解除先行登记保存措施。

逾期未采取相关措施的,先行登记保存措施自动解除。

第二十九条 医疗保障行政部门对可能被转移、隐匿或者灭失的资料,无法以先行登记保存措施加以证据保全，采取封存措施；采取或者解除封存措施的，应当经医疗保障行政部门负责人批准。

情况紧急，需要当场采取封存等行政强制措施的，执法人员应当在二十四小时内向医疗保障行政部门负责人报告，并补办批准手续。医疗保障行政部门负责人认为不应当采取行政强制措施的，应当立即解除。

第三十条 医疗保障行政部门实施封存等行政强制措施应当依照《中华人民共和国行政强制法》规定的程序进行，并当场交付实施行政强制措施决定书和清单。

第三十一条 封存的期限不得超过三十日；情况复杂的，经医疗保障行政部门负责人批准，可以延长，但是延长期限不得超过三十日。延长封存的决定应当及时书面告知当事人，并说明理由。

第三十二条 封存的资料应妥善保管，防止丢失、损毁、篡改和非法借阅；医疗保障行政部门可以委托第三人保管，第三人不得损毁、篡改或者擅自转移、处置。

第三十三条 有下列情形之一的，医疗保障行政部门应当及时作出解除封存决定：

（一）当事人没有违法行为；

（二）封存的资料与违法行为无关；

（三）对违法行为已经作出处理决定，不再需要封存；

（四）封存期限已经届满；

（五）其他不再需要采取封存措施的情形。

解除封存应当立即退还资料，并由办案人员和当事人在资料清单上签名或者盖章。

第三十四条 医疗保障行政部门在案件办理过程中需要其他行政区域医疗保障行政部门协助调查取证的，应当出具书面协助调查函。被请求协助的医疗保障行政部门在接到协助调查函之日起十五日内完成相关协查工作。需要延期完成或者无法协助的，应当在期限届满前告知提出协查请求的医疗保障行政部门。

第三十五条 医疗保障行政部门应当依法以文字、音像等形式，对行政处罚的立案、调查取证、审核决定、送达执行等进行全过程记录，归档保存。

第三十六条 案件调查终结，办案机构应当撰写案件调查终结报告，案件调查终结报告包括以下内容：

（一）当事人的基本情况；

（二）案件来源、调查经过及采取行政强制措施的情况；

（三）调查认定的事实及主要证据；

（四）违法行为性质；

（五）处理意见及依据；

（六）其他需要说明的事项。

第三十七条 有下列情形之一，在医疗保障行政部门负责人作出决定之前，应当进行法制审核，未经法制审核或者审核未通过的，不得作出决定：

（一）责令追回医保基金或者罚款数额较大的；

（二）责令解除医保服务协议等直接关系到当事人或第三人重大权益，经过听证程序的；

（三）案件情况疑难复杂、涉及多个法律关系的；

（四）涉及重大公共利益的；

（五）法律、法规规定的其他需要审核的重大行政执法情形。

法制审核由医疗保障行政部门法制机构负责实施，同一案件的办案人员不得作为审核人员。

第三十八条 法制审核的主要内容包括：

（一）行政执法主体是否合法，行政执法人员是否具备执法资格；

（二）是否具有管辖权；

（三）案件事实是否清楚、证据是否充分；

（四）定性是否准确；

（五）适用依据是否正确；

（六）程序是否合法；

（七）处理是否适当；

（八）行政执法文书是否完备、规范；

（九）违法行为是否涉嫌犯罪、需要移送司法机关；

（十）其他需要合法性审核的内容。

第三十九条 法制机构经对案件进行审核，区别不同情况提出书面意见和建议：

（一）事实清楚、证据确凿充分、定性准确、适用法律正确、处罚适当、程序合法的，提出同意的意见；

（二）主要事实不清、证据不足的，提出继续调查或不予作出行政执法决定的意见；

（三）定性不准、适用法律不准确和执行裁量基准不当的，提出变更意见；

（四）超越执法权限或程序不合法的，提出纠正意见；

（五）认为有必要提出的其他意见和建议。

行政执法机构或办案人员应根据法制机构提出的上述第二项至第四项意见作出相应处理后再次进行法制审核。

第四十条 法制机构收到相关资料后，于十个工作日内审核完毕。因特殊情况需要延长的，经法制机构负责人批准后可延长十个工作日，但不得超过法定时限要求。

行政执法机构或办案人员与法制机构对审核意见不一致时，法制机构可以组织有关专家、法律顾问或者委托第三方专业机构论证，将论证意见等相关材料提交医疗保障行政部门负责人，由医疗保障行政部门负责人组织集体讨论决定。

第四十一条 根据调查情况，拟给予行政处罚的案件，医疗保障行政部门在作出行政处罚决定之前应当书面告知当事人拟作出行政处罚决定的事实、理由及依据，并告知当事人依法享有陈述权、申辩权。

医疗保障行政部门应当充分听取当事人陈述、申辩意见，对当事人提出的事实、理由和证据进行复核。

拟作出的行政处罚属于听证范围的，应当告知当事人有要求举行听证的权利，当事人要求听证的，医疗保障行政部门应当依法组织听证。

当事人提出的事实、理由或者证据成立的，医疗保障行政部门应当予以采纳，不得因当事人陈述、申辩或者申请听证而加重行政处罚。

第四十二条 有下列情形之一的，经医疗保障行政部门负责人批准，中止案件调查，并制作案件中止调查决定书：

（一）行政处罚决定必须以相关案件的裁判结果或者其他行政决定为依据，而相关案件尚未审结或者其他行政决定尚未作出；

（二）涉及法律适用等问题，需要送请有权机关作出解释或者确认；

（三）因不可抗力致使案件暂时无法调查；

（四）因当事人下落不明致使案件暂时无法调查；

（五）其他应当中止调查的情形。

中止调查的原因消除后，应当立即恢复案件调查。

第四十三条 医疗保障行政部门负责人经对案件调查终结报告、法制审核意见、当事人陈述和申辩意见或者听证报告等进行审查，根据不同情况，分别作出以下决定：

（一）确有依法应当给予行政处罚的违法行为的，根据情节轻重及具体情况，作出行政处罚决定；

（二）确有违法行为，但有依法不予行政处罚情形的，不予行政处罚；

（三）违法事实不能成立的，不得给予行政处罚；

（四）依法应移送其他行政管理部门或者医疗保障经办机构处理的，作出移送决定；

（五）违法行为涉嫌犯罪的，移送司法机关。

第四十四条 对下列情节复杂或者重大违法行为给予行政处罚的案件，应当由医疗保障行政部门负责人集体讨论决定：

（一）涉及重大安全问题或者有重大社会影响的案件；

（二）调查处理意见与法制审核意见存在重大分歧的案件；

（三）医疗保障行政部门负责人认为应当提交集体讨论的其他案件。

集体讨论应当形成讨论记录，集体讨论中有不同意见的，应当如实记录。讨论记录经参加讨论人员确认签字，存入案卷。

第四十五条 适用普通程序办理的案件应当自立案之日起九十日内作出处理决定。

因案情复杂或者其他原因，不能在规定期限内作出处理决定的，经医疗保障行政部门负责人批准，可以延长三十日。

案情特别复杂或者有其他特殊情况，经延期仍不能作出处理决定的，应当由医疗保障行政部门负责人集体讨论决定是否继续延期，决定继续延期的，应当同时确定延长的合理期限，但最长不得超过六十日。

案件处理过程中，检测检验、鉴定、听证、公告和专家评审时间不计入前款所指的案件办理期限。

第四十六条 医疗保障行政部门作出的行政处罚决定应当按照政府信息公开及行政执法公示制度等有关规定予以公开。公开的行政处罚决定被依法变更、撤销、确认违法或者确认无效的，医疗保障行政部门应在三日内变更行政处罚决定相关信息并说明理由。

第四十七条 具有下列情形之一的，经医疗保障行政部门负责人批准，终止案件调查：

（一）涉嫌违法的公民死亡（或者下落不明长期无法调查的）或者法人、其他组织终止，并且无权利义务承受人等原因，致使案件调查无法继续进行的；

（二）移送司法机关追究刑事责任的；

（三）其他依法应当终止调查的。

对于终止调查的案件，已经采取强制措施的应当同时解除。

第四章　行政处罚的简易程序

第四十八条 违法事实确凿并有法定依据，对公民处以二百元以下、对法人或者其他组织处以三千元以下罚款或者警告的行政处罚的，可以当场作出行政处罚决定。

第四十九条 适用简易程序当场查处违法行为，办案人员应当向当事人出示执法证件，填写预定格式、编有号码的行政处罚决定书，并当场交付当事人。当事人拒绝签收的，应当在行政处罚决定书上注明。

第五十条 办案人员在行政处罚决定作出前，应当告知当事人拟作出的行政处罚内容及事实、理由、依据，并告知当事人有权进行陈述和申辩。当事人进行陈述和申辩的，办案人员应当记入笔录。

第五十一条 适用简易程序当场作出行政处罚决定的，办案人员应当在作出行政处罚决定之日起七个工作日内将处罚决定及相关材料报所属医疗保障行政部门备案。

第五章　执行与结案

第五十二条 依照本法规定当场作出行政处罚决定，有下列情形之一的，办案人员可以当场收缴罚款：

（一）依法给予一百元以下的罚款的；

（二）不当场收缴事后难以执行的。

办案人员当场收缴罚款的，必须向当事人出具国务院财政部门或者省、自治区、直辖市人民政府财政部门统一制发的专用票据；不出具财政部门统一制发的专用票据的，当事人有权拒绝缴纳罚款。

办案人员当场收缴的罚款，应当自收缴罚款之日起二个工作日内，交至医疗保障行政部门；医疗保障行政部门应当在二个工作日内将罚款缴付指定的银行。

第五十三条 退回的基金退回原医疗保障基金财政专户；罚款、没收的违法所得依法上缴国库。

行政处罚决定依法作出后，当事人应当在行政处罚决定规定的期限内予以履行。

当事人对行政处罚决定不服申请行政复议或者提起行政诉讼的，行政处罚决定不停止执行。法律另有规定的除外。

第五十四条 当事人确有经济困难，需要暂缓或者分期缴纳罚款的，应当提出申请。经医疗保障行政部门负责人批准，同意当事人暂缓或者分期缴纳罚款的，医疗保障行政部门应当书面告知当事人暂缓或者分期的期限以及罚款金额。

第五十五条 当事人逾期不履行行政处罚决定的，作出行政处罚决定的医疗保障行政部门可以采取下列措施：

（一）到期不缴纳罚款的，每日按罚款数额的百分之三加处罚款，加处罚款的数额不得超出罚款的数额；

（二）依照《中华人民共和国行政强制法》的规定申请人民法院强制执行。

医疗保障行政部门批准暂缓、分期缴纳罚款的，申请人民法院强制执行的期限，自暂缓或者分期缴纳罚款期限结束之日起计算。

第五十六条 有下列情形之一的，医疗保障行政部门可以结案：

（一）行政处罚决定执行完毕的；

（二）医疗保障行政部门依法申请人民法院强制执行行政处罚决定，人民法院依法受理的；

（三）不予行政处罚等无须执行的；

（四）医疗保障行政部门认为可以结案的其他情形。

办案人员应当填写行政处罚结案报告，经医疗保障行政部门负责人批准后，予以结案。

第五十七条 医疗保障行政部门应当按照下列要求及时将案件材料立卷归档：

（一）一案一卷；

（二）文书齐全，手续完备；

（三）案卷应当按顺序装订。

第六章 期间、送达

第五十八条 期间以时、日、月计算，期间开始的时或者日不计算在内。期间不包括在途时间。期间届满的最后一日为法定节假日的，以法定节假日后的第一日为期间届满的日期。

第五十九条 行政处罚决定书应当在宣告后当场交付当事人；当事人不在场的，医疗保障行政部门应当在七个工作日内依照《中华人民共和国民事诉讼法》的有关规定，将行政处罚决定书送达当事人。

当事人同意并签订确认书的，医疗保障行政部门可以采用传真、电子邮件等方式，将行政处罚决定书等送达当事人。

第七章 附 则

第六十条 本规定中的“以上”“以下”“内”均包括本数。

第六十一条 外国人、无国籍人、外国组织在中华人民共和国领域内有医疗保障违法行为，应当给予行政处罚的，适用本规定，法律、法规另有规定的除外。

第六十二条 本规定自 2021 年 7 月 15 日起施行。

2021年部门规章及规范性文件

国家医疗保障局 国家卫生健康委员会 关于适应国家医保谈判常态化 持续做好谈判药品落地工作的通知

（医保函〔2021〕182号）

各省、自治区、直辖市及新疆生产建设兵团医疗保障局、卫生健康委员会：

国家医保药品谈判是党中央、国务院的重大决策部署。国家医保谈判药品（以下简称谈判药品）落地涉及广大参保患者切身利益，对更好满足临床需求，提升医保基金使用效能具有重要意义。按照深化医改工作部署，为适应国家医保药品谈判常态化，提升谈判药品的供应保障水平，现就有关事项通知如下：

一、提高认识，增强主动性协同性

各级医疗保障、卫生健康部门要切实提高政治站位，把保障人民健康放在优先发展的战略位置，统一思想、高度负责、密切配合，加强对定点医药机构的引导、管理和监督，自觉适应医保药品目录调整常态化、管理精细化的要求，调整完善政策措施，积极主动做好谈判药品（含同通用名仿制药和生物类似药，下同）落地的统筹协调和组织实施工作，切实提高谈判药品的可及性，增进人民健康福祉。

二、夯实医疗机构主体责任，及时合理配备使用

医疗机构是谈判药品临床合理使用的第一责任人。各定点医疗机构要落实合理用药主体责任，建立院内药品配备与医保药品目录调整联动机制，自新版目录正式公布后，要根据临床用药需求，及时统筹召开药事会，“应配尽配”。对于暂时无法纳入本医疗机构供应目录，但临床确有需求的谈判药品，可纳入临时采购范围，建立绿色通道，简化程序、缩短周期、及时采购。对于暂时无法配备的药品，要建立健全处方流转机制，通过“双通道”等渠道提升药品可及性。要健全内部管理制度，加强临床用药行为监管，规范医疗服务行为，确保谈判药品合理使用。

三、完善政策措施，树立促进谈判药品落地的鲜明导向

医保部门要加强协议管理，将定点医疗机构合理配备使用谈判药品情况纳入协议内容，并与年度考核挂钩。要科学设定医保总额，对实行单独支付的谈判药品，不纳入定点医疗机构总额范围。对实行DRG等支付方式改革的病种，要及时根据谈判药品实际使用情况合理调整该病种的权重。要提升精细化管理能力和水平，科学测算基金支付额度，综合考虑新版目录药品增减、结构调整、支付标准变化以及实际用药量等因素，对医疗机构年度医保总额做出合理调整，保障患者基本用药需求。卫生健康部门要调整完善医疗机构药品使用考核机制，将合理使用的谈判药品单列，不纳入医疗机构药占比、次均费用等影响其落地的考核指标范围。加强对定点医疗机构临床用药行为的指导和管理，督促辖区医疗机构合理配备、使用谈判药品，不得以医保总额限制、医疗机构用药目录数量限制、药占比等为由影响谈判药品落地。

四、强化部署，及时做好谈判药品挂网采购和支付结算工作

新版医保药品目录正式印发后，各省级医保部门要尽快将目录内谈判药品在本省级药品集中采购平台上直接挂网。督促指导有用药需求的定点医疗机构及时与药品企业签订协议，规范采购。

各统筹地区医保部门要根据新版目录的品种调整情况，及时调整医保信息系统，制定结算管理办法，做好政策衔接。

五、扎实推进“双通道”管理

各地医保部门要按照加强管理、保障供应、规范使用、严格监管的原则，建立处方流转中心，并对纳入“双通道”管理的药品在定点零售药店和定点医疗机构施行统一的报销政策。具备条件的地区要积极探索完善谈判药品单独支付政策，逐步将更多谈判药品纳入单独支付范围。要细化完善定点药店遴选准入、患者认定、处方流转、直接结算和基金监管等措施，切实提升谈判药品的供应保障水平。原则上 2021 年 10 月底前，各省份要确定本省份纳入“双通道”管理的药品名单并向社会公布。2021 年 11 月底前，各省份要实现每个地级市(州、盟)至少有 1 家符合条件的“双通道”零售药店，并能够提供相应的药品供应保障服务。要明确定点医疗机构和定点零售药店的责任，满足患者合理的用药需求。

六、加强监测指导，确保规范使用

各级医保部门要加强参保患者用药全流程的监管，防范和打击利用谈判药品“双通道”管理机制套骗取医保基金的行为，维护基金安全。各定点医药机构要加强内部管理，严格执行药品流通、临床使用和医保支付等政策规范，确保谈判药品流程可追溯、质量安全有保证、使用合理规范。

各地医保部门要完善谈判药品使用情况监测机制，加强对谈判药品配备、使用和支付等情况的统计监测和评估，按要求定期向国家医保局反馈。

七、强化宣传培训，合理引导预期

各有关部门要建立健全与新闻媒体、患者等的沟通机制，加强政策解读，及时回应社会关切，合理引导预期，积极营造各方面理解、支持谈判药品落地的良好舆论氛围。定期开展政策和业务培训，加强对各级医保部门、定点医药机构和医务人员的指导，按规定积极妥善处理患者反映的诉求和问题。

谈判药品落地执行中如遇重大问题，要及时向国家医保局、国家卫生健康委反馈。

国家医疗保障局

国家卫生健康委员会

2021 年 9 月 9 日

国家医疗保障局 国家中医药管理局 关于医保支持中医药传承创新发展的指导意见

（医保函〔2021〕229 号）

各省、自治区、直辖市及新疆生产建设兵团医疗保障局，中医药管理局：

为贯彻落实《中共中央 国务院关于促进中医药传承创新发展的意见》及《国务院办公厅关于加快中医药特色发展的若干政策措施》等文件要求，充分发挥医疗保障制度优势，支持中医药传承创新发展，更好满足人民群众对中医药服务的需求，现提出以下意见。

一、充分认识医保支持中医药传承创新发展的重要意义

医疗保障是减轻群众就医负担、增进民生福祉、维护社会和谐稳定的重大制度安排，在调节医疗资源合理配置、促进医改等方面发挥了积极作用。充分发挥医保职能作用，进一步完善中医药医保支持政策，是党中央、国务院的重要决策部署，是满足人民群众日益增长的医疗健康需求的必然要求。传承创新发展中医药是新时代中国特色社会主义事业的重要内容，是中华民族伟大复兴的大事，也是打造中医药和西医药相互补充、协调发展的中国特色卫生健康发展模式的必然要求。中医药以其独特优势和作用在抗击新冠肺炎疫情阻击战中发挥了重要作用。医保支持中医药传承创新发展是贯彻落实习近平总书记关于中医药工作的重要论述，继承好、发展好、利用好中医药的具体措施。各级医保部门、中医药主管部门要切实提高政治站位，将思想和行动统一到党中央、国务院决策部署，牢固树立以人民健康为中心的发展思想，以更大的力度和更强的决心，深化医疗保障制度改革，支持和促进中医药传承创新发展。

二、将符合条件的中医医药机构纳入医保定点

（一）及时将符合条件的中医（含中西医结合、少数民族医，下同）医疗机构、中药零售药店等纳入医保定点协议管理。按规定将符合条件的提供中医药服务的基层医疗卫生机构和康复医院、安宁疗护中心、护理院以及养老机构内设中医医疗机构纳入医保定点管理。

（二）及时将符合条件的定点中医医疗机构纳入异地就医直接结算定点范围，提升中医医疗机构区域辐射力。

（三）开展互联网诊疗的定点中医医疗机构，按规定与统筹地区医保经办机构签订补充协议后，将其提供的“互联网＋”中医药服务纳入医保支付范围。

三、加强中医药服务价格管理

（四）建立目标导向的中医服务价格项目管理机制，优化现有中医价格项目，完善新增中医服务价格项目管理政策，丰富中医价格项目。对来源于古代经典、至今仍广泛应用、疗效确切的中医传统技术以及创新性、经济性优势突出的中医新技术，简化新增价格项目审核程序，开辟绿色通道。

（五）建立健全灵敏有度的价格动态调整机制，及时开展调价评估，在医疗服务价格动态调整中重点考虑中医医疗服务项目，优先将功能疗效明显、患者广泛接受、特色优势突出、体现劳务价值、应用历史悠久，成本和价格明显偏离的中医医疗服务项目纳入调价范围。

（六）公立医疗机构从正规渠道采购中药饮片，严格按照实际购进价格顺加不超 25％销售。

非饮片的中药严格按照实际购进价格“零差率”销售。中药饮片的具体范围以药品监管部门的定性为准。公立医疗机构无法提供中药饮片实际采购票据的,可参照本地区社会药店购进价格作为监管依据。医疗机构炮制使用的中药饮片、配制的中药制剂实行自主定价。鼓励将公立医疗机构采购的中药配方颗粒纳入省级医药集中采购平台挂网交易,促进交易公开透明。

四、将适宜的中药和中医医疗服务项目纳入医保支付范围

(七)按规定将符合条件的中药饮片、中成药、医疗机构中药制剂等纳入医保药品目录。将经国家谈判纳入医保目录的中成药配备、使用纳入监测评估。充分利用“双通道”药品管理机制,将参保患者用药的渠道拓展到定点零售药店,更好地保障参保群众用药需求。各地应根据基金承受能力和临床需要,按程序将符合条件的民族药、医疗机构中药制剂和中药饮片纳入本地医保支付范围,并建立动态调整机制。将符合《处方管理办法》和《医院中药饮片管理规范》但超出《中华人民共和国药典》规定常用剂量开具的中药饮片纳入医保支付范围。

(八)加大对中医特色优势医疗服务项目的倾斜力度。鼓励各地将疗效确切、体现中医特色优势的中医适宜技术纳入医保支付范围。规范使用中医医疗服务项目,医保支付不得设置不合理限制。

(九)注重发挥中医药在重大疫情防治中的积极作用,建立完善符合疫情诊疗规范的中医药费用按规定纳入医保支付范围的机制。

五、完善适合中医药特点的支付政策

(十)加强医保总额预算管理,根据中医医疗机构的特点合理确定总额指标,加大对基层医疗卫生机构开展中医药服务的支持力度。对于中医医疗机构牵头组建的紧密型县域医共体在总额预算上适当倾斜。

(十一)推进中医医保支付方式改革。一般中医医疗服务项目可继续按项目付费。探索实施中医病种按病种分值付费,遴选中医病种,合理确定分值,实施动态调整。优先将国家发布的中医优势病种纳入按病种付费范围。中医医疗机构可暂不实行按疾病诊断相关分组(DRG)付费,对已经实行 DRG 和按病种分值付费的地区,适当提高中医医疗机构、中医病种的系数和分值,充分体现中医药服务特点和优势。对康复医疗、安宁疗护等需长期住院治疗的中医优势病种,可按床日付费。探索对治疗周期长、风险可控、需持续治疗的中医病种,开展日间中医医疗服务,实施按病种付费,合理确定付费标准,国家统一制定日间病房的病种目录。

(十二)支持基层医疗机构提供中医药服务。鼓励定点中医医疗机构在其诊疗范围内承担医保门诊慢特病的诊疗,充分发挥中医药在慢特病防治中的作用。在符合条件的基层医疗卫生机构开展按人头付费,鼓励家庭医生提供中医药服务,鼓励中医医师和有条件的中医诊所组建团队开展家庭医生签约服务。医保部门加强协议管理、完善结算办法、加强绩效评价,完善结余留用的激励政策,鼓励引导基层医疗卫生机构提供适宜的中医药服务。

(十三)支持建设中医医疗机构牵头组建的紧密型医疗联合体,实行总额付费、加强监督考核、结余留用、合理超支分担的支付政策,推动优质中医药医疗资源下沉到基层医疗卫生机构,提升基层中医药服务能力。

六、强化医保基金监管

(十四)加强日常监督管理。健全常态化日常监管机制,加强对定点中医医疗机构、中药零售药店医保基金支出管理,防范医药机构虚假就医、住院、购药、虚开诊疗项目等骗取医保基金行为。充分利用医保智能监控、现场检查等多种手段加强对定点中医药机构的监督检查,推进定点中医药机构落实基金使用主体责任,合理使用医保基金,规范中医药诊疗服务行为。

(十五)健全综合监管制度。适应中医药服务管理特点,建立并完善医保部门和中医药主管部门相互配合、协同监管的综合监管制度。加强信息共享和互联互通,促进监管结果协同运用,完善部门联动机制,开展联合检查,形成监管合力,加

强基金监管行政执法与刑事司法有效衔接，依法严厉查处各类定点中医药机构违规违法犯罪行为。

各地医保部门、中医药主管部门要高度重视医保支持中医药传承创新发展有关工作，加强组织领导，做好部门协调，结合本地区实际制定医保支持中医药传承创新发展的政策措施，国家中医药综合改革示范区要率先制定医保支持中医药传承创新发展的政策措施。国家医疗保障局和国家中医药管理局将结合各地工作开展情况，选择部分地区开展医保支持中医药传承创新发展特色试点。

国家医疗保障局

国家中医药管理局

2021 年 12 月 14 日

国家医保局 民政部 财政部 国家卫生健康委 国家税务总局 银保监会 国家乡村振兴局 关于巩固拓展医疗保障脱贫攻坚成果有效衔接乡村振兴战略的实施意见

（医保发〔2021〕10 号）

省、自治区、直辖市及新疆生产建设兵团医保局、民政厅（局）、财政厅（局）、卫生健康委、银保监局、乡村振兴局，国家税务总局各省、自治区、直辖市和计划单列市税务局：

党的十八大以来，以习近平同志为核心的党中央高度重视贫困人口医疗保障工作，作出系列战略部署，贫困人口“基本医疗有保障”突出问题彻底消除，长期困扰贫困人口的“看病难、看病贵”问题得到普遍缓解。医疗保障脱贫攻坚取得的决定性成就，为接续推动乡村振兴奠定坚实基础。实施乡村振兴战略是党的十九大作出的重大决策部署，是推动实现农业农村现代化的总抓手，是一项关系全面建设社会主义现代化国家的全局性、历史性任务。为进一步贯彻落实党中央、国务院关于实现巩固拓展脱贫攻坚成果同乡村振兴有效衔接的决策部署，现就巩固医疗保障脱贫攻坚成果、有效衔接乡村振兴战略制定如下实施意见。

一、总体要求

以习近平新时代中国特色社会主义思想为指导，全面贯彻党的十九大和十九届二中、三中、四中、五中全会精神，坚持以人民为中心，在脱贫攻坚目标任务完成后，对摆脱贫困的县在规定的 5 年过渡期内，通过优化调整医保扶贫政策，健全防范化解因病返贫致贫长效机制，逐步实现由集中资源支持脱贫攻坚向统筹基本医保、大病保险、医疗救助三重制度常态化保障平稳过渡。坚持问题导向、目标导向，围绕解决农村居民最关心、最直接、最现实的医疗保障问题，加快补齐民生短板，在坚持医保制度普惠性保障功能的同时，增强对困难群众基础性、兜底性保障。坚持尽力而为、量力而行，既要应保尽保，又要防止泛福利化倾向，实事求是确定农村居民医疗保障标准。健全多层次医疗保障体系，夯实基本保障制度基础，完善三重制度综合保障政策，提升医疗保障公共管理服务水平，助力乡村振兴战略全面推进，扎实推动共同富裕，不断增强农村参保群众获得感、幸福感、安全感。

二、巩固拓展医疗保障脱贫攻坚成果，完善脱贫人口待遇保障政策

（一）优化调整脱贫人口医疗救助资助参保政策

根据脱贫人口实际困难，统筹完善居民医保分类资助参保政策，合理把握调整节奏、力度、时限。对特困人员给予全额资助，对低保对象给予定额资助，脱贫不稳定且纳入相关部门农村低收入人口监测范围的，过渡期内可根据实际，享受一定期限的定额资助政策。定额资助标准由各省（自治区、直辖市）确定。乡村振兴部门认定的返贫致贫人口，过渡期内按规定享受资助参保政策。未纳入农村低收入人口监测范围的稳定脱贫人口，按标准退出，不再享受医疗救助资助参保政策。

（二）分类调整医疗保障扶贫倾斜政策

基本医保实施公平普惠保障政策。在逐步提

高大病保障水平基础上，大病保险继续对特困人员、低保对象和返贫致贫人口实施倾斜支付。进一步夯实医疗救助托底保障，合理控制救助对象政策范围内自付费用比例。

（三）坚决治理医保扶贫领域过度保障政策

坚决防范福利主义，严禁超越发展阶段、超出承受能力设定待遇保障标准。全面清理存量过度保障政策，杜绝新增待遇加码政策。推进居民基本医疗保险统筹区内政策统一、待遇普惠，确保政策有效衔接、待遇平稳过渡、制度可持续。

三、有效衔接实施乡村振兴战略，合理确定农村居民医疗保障待遇水平

（四）确保农村低收入人口应保尽保

落实参保动员主体责任，做好分类资助参保工作，重点做好脱贫人口参保动员工作。健全农村低收入人口参保台账，确保纳入资助参保范围且核准身份信息的特困人员、低保对象、返贫致贫人口动态纳入基本医疗保险覆盖范围。对已实现稳定就业的脱贫人口，引导其依法依规参加职工基本医疗保险。做好农村低收入人口参保和关系转移接续工作，跨区域参保关系转移接续以及非因个人原因停保断保的，原则上不设待遇享受等待期，确保待遇接续享受。

（五）增强基本医疗保险保障功能

完善统一的城乡居民基本医疗保险制度，巩固住院待遇保障水平，县域内政策范围内住院费用支付比例总体稳定在70%左右。补齐门诊保障短板，规范门诊慢特病保障政策，优化高血压、糖尿病（简称“两病”）门诊用药保障机制，确保“两病”患者用药保障和健康管理全覆盖，切实降低“两病”并发症、合并症风险。

（六）提高大病保险保障能力

巩固大病保险保障水平，参保农村居民大病保险起付线降低并统一至当地上年居民人均可支配收入的50%，政策范围内支付比例稳定在60%左右。在全面落实大病保险普惠待遇政策基础上，对特困人员、低保对象和返贫致贫人口实施起付线降低50%、报销比例提高5个百分点、逐步取消封顶线的倾斜保障政策。

（七）夯实医疗救助托底保障

完善统一规范的医疗救助制度，明确救助费用范围，严格执行基本医保“三个目录”规定，合理确定救助水平和年度救助限额，按规定做好分类救助。原则上年度救助限额内，特困人员、低保对象、返贫致贫人口政策范围内个人自付住院医疗费用救助比例可由各地按不低于70%的比例确定。其他农村低收入人口救助比例略低于低保对象。统筹加大门诊慢特病救助保障，门诊和住院救助共用年度救助限额。经三重制度支付后政策范围内个人负担仍然较重的，给予倾斜救助。重点加大医疗救助资金投入，倾斜支持国家乡村振兴重点帮扶县。

（八）建立防范化解因病返贫致贫长效机制

依托农村低收入人口监测平台，做好因病返贫致贫风险监测，建立健全防范化解因病返贫致贫的主动发现机制、动态监测机制、信息共享机制、精准帮扶机制。根据个人年度费用负担情况，由地方根据实际情况，分类明确因病返贫和因病致贫监测标准。建立依申请救助机制，将发生高额医疗费用的易返贫致贫人口和因高额医疗费用支出导致家庭基本生活出现严重困难的大病患者纳入医疗救助范围，对其经基本医保、大病保险支付后，符合规定的个人自付费用酌情予以救助，防止因病返贫致贫。各统筹区要加强动态监测，及时预警，提前介入，跟进落实帮扶措施。健全引导社会力量参与减贫机制，鼓励商业健康保险和医疗互助发展，不断壮大慈善救助，形成对基本医疗保障的有益补充。

四、推进医疗保障和医疗服务高质量协同发展，整体提升农村医疗保障和健康管理水平

（九）提升农村地区经办管理服务能力

构建全国统一的医疗保障经办管理体系，重点加强农村地区医保经办能力建设，大力推进服务下沉。全面实现参保人员市（地）统筹区内基本医疗保险、大病保险、医疗救助“一站式”服务。基本实现异地就医备案线上办理，稳步推进门诊费用跨省直接结算工作。

（十）综合施措合力降低看病就医成本

推动药品招标采购工作制度化、常态化，确保

国家组织高值医用耗材集中采购落地。动态调整医保药品目录，建立医保医用耗材准入制度。创新完善医保协议管理，持续推进支付方式改革，配合卫生健康部门规范诊疗管理。有条件的地区可按协议约定向医疗机构预付部分医保资金，缓解其资金运行压力。强化医疗服务质量管理，优先选择基本医保目录内安全有效、经济适宜的诊疗技术和药品、耗材，严格控制不合理医疗费用发生。

（十一）引导实施合理诊疗促进有序就医

继续保持基金监管高压态势，建立和完善医保智能监管子系统，完善举报奖励机制，切实压实市县监管责任，加大对诱导住院、虚假医疗、挂床住院等行为打击力度。规范医疗服务行为，引导居民有序合理就医。全面落实异地就医就医地管理责任，优化异地就医结算管理服务。建立健全医保基金监督检查、信用管理、综合监管等制度，推动建立跨区域医保管理协作协查机制。

（十二）补齐农村医疗卫生服务供给短板

农村低收入人口在省域内按规定转诊并在定点医疗机构就医，住院起付线连续计算，执行参保地同等待遇政策。将符合条件的"互联网＋"诊疗服务纳入医保支付范围，提高优质医疗服务可及性。加强基层医疗卫生机构能力建设，探索对紧密型医疗联合体实行总额付费，加强监督考核。引导医疗卫生资源下沉，整体提升农村医疗卫生服务水平，促进城乡资源均衡配置。

五、组织实施

（十三）加强组织领导

要自觉将思想和行动统一到党中央、国务院关于巩固拓展脱贫攻坚成果同乡村振兴有效衔接的总体部署上来。健全中央统筹、省负总责、市县乡抓落实的工作机制，强化工作力量、组织保障、制度资源等方面的统筹衔接。各地要结合本地实际制订具体实施方案，明确时间表、路线图，层层落实责任，周密组织实施。要建立统一高效的议事协调工作机制，研究解决政策衔接过渡中的重大问题。

（十四）加强部门协同

医保部门负责统筹推进巩固拓展医保脱贫攻坚成果同乡村振兴有效衔接的制度、机制建设，抓好政策落实。民政、乡村振兴等部门负责做好相应农村低收入人口身份认定和信息共享。财政部门负责做好资金投入保障。卫生健康部门做好基层医疗卫生服务能力建设和医疗机构行业管理。税务部门协同做好费款征收工作。银保监部门规范商业健康保险发展。

（十五）加强运行监测

加强脱贫人口医保帮扶政策落实和待遇享受情况监测，每个省份选取1－2个国家乡村振兴重点帮扶县或巩固拓展脱贫攻坚任务较重的县开展监测。做好与农村低收入人口数据库的信息比对和信息共享，健全农村低收入人口医保综合保障信息台账，加强信息动态管理，及时跟踪政策落实、待遇享受情况，做好因病返贫致贫风险预警和相关政策的督导落实。

各地要加强政策解读，做好宣传引导，营造良好舆论氛围。贯彻落实情况要向有关部门反馈，重大问题及时报告。

国家医保局　民政部　财政部　国家卫生健康委
国家税务总局　银保监会　国家乡村振兴局
2021年1月29日

国家医疗保障局
关于印发加强网络安全和数据保护工作指导意见的通知

（医保发〔2021〕23 号）

各省、自治区、直辖市及新疆生产建设兵团医疗保障局、局内各单位：

《国家医疗保障局关于加强网络安全和数据保护工作的指导意见》已经第 44 次局长办公会审议通过，现印发给你们，请遵照执行。

附件：国家医疗保障局关于加强网络安全和数据保护工作的指导意见

国家医疗保障局
2021 年 4 月 6 日

国家医疗保障局关于加强网络安全和数据保护工作的指导意见

医疗保障信息化是医疗保障事业高质量发展的基础，是医保治理体系和治理能力现代化的重要支撑。为全面落实习近平总书记关于网络强国战略、大数据战略、数字经济的重要指示批示精神，以及党中央关于网络安全工作的总体部署，扎实推进医疗保障信息平台建设及运营维护，防范化解医疗保障系统数据安全风险，促进数据合理安全开发利用，现就加强医疗保障网络安全和数据保护工作，提出以下指导意见。

一、总体要求

（一）指导思想

坚持以习近平新时代中国特色社会主义思想为指导，全面贯彻党的十九大和十九届二中、三中、四中、五中全会精神，坚持总体国家安全观，深入实施网络强国和大数据战略，以医保系统网络安全为基础，以智慧医保和安全医保建设为目标，以医保信息安全技术为支撑，以制度建设和人才队伍建设为保障，筑牢安全防线，促进数据安全应用，更好助力医保治理体系和治理能力现代化，推动医保事业高质量发展。

（二）基本原则

坚持安全为本，促进发展。统筹网络安全保障和数据安全保护，夯实医疗保障信息化发展的安全底线，稳步推动医保大数据建设，为智慧医保建设、合法合规数据信息共享、多层次医疗保障体系建设提供有力支撑。

坚持健全制度，强化技术。制定实施网络安全管理和数据安全保护的系列制度，建立有效工作机制，广泛运用先进的网络安全和数据安全保护技术，建立健全数据安全治理体系，提高数据安全保障能力。

坚持强化基础，提升能力。把网络基础设施建设放在重要位置，加快提升医疗保障系统网络安全管理能力、数据安全保护能力、数据共享服务能力，加强人才队伍建设，筑牢安全发展基础。

坚持明晰责任，闭环管理。坚持“谁主管、谁负责，谁使用、谁负责”原则，落实网络安全责任制，落实数据主管单位、数据使用单位责任，建立健全安全审查审批和权限管理机制，实现数据全流程全生命周期管理。

（三）主要目标

到 2022 年，基本建成基础强、技术优、制度全、责任明、管理严的医疗保障网络安全和数据安全保护工作体制机制。到“十四五”期末，医疗保障系统网络安全和数据安全保护制度体系更加健全，智慧医保和安全医保建设达到新水平。

——网络安全水平显著提升。主体责任明晰，监督管理机制完善，基础设施完备，网络安全技术能力、态势感知、预警能力、突发网络安全事件应急响应能力显著提升，网络安全有效保障。

——数据安全管理有效实施。数据安全审批制度全面建立，分级分类管理及重要数据保护目录全面落实，数据实现全生命周期安全管理，数据安全评估机制日益完善。

——数据共享使用安全有序。数据共享使用流程明晰、机制健全，医疗保障数字化、智能化水平显著提升。

二、加强网络安全管理

（一）落实网络安全主体责任

建立健全网络安全责任制。各级医保部门是本级网络安全的责任主体，各级医保部门主要负责人是第一责任人。各级医保部门要组建网络安全和信息化领导小组，落实网络安全主体责任，明确信息技术保障和意识形态工作责任边界，强化行政部门网络安全管理责任和担当，健全考核机制，严格责任追究，确保网络安全责任全覆盖。

（二）完善网络安全监督管理机制

各级医保部门要强化日常工作中网络安全“红线”意识和底线思维，建立多环节、多层次、全方位的网络安全监督管理机制。定期对信息系统运行的相关软硬件开展安全防护检查。对涉及关键网络岗位和重要数据岗位的从业人员实施严格的背景审查。全面梳理网络、系统和关键设备的网络安全责任部门和责任人。

（三）加强关键信息基础设施安全保护

全面推进网络安全等级保护工作。根据行业规范合理定级备案，在系统规划、设计阶段同步确定安全保护等级，按照国家和行业标准进行等级测评。切实落实关键信息基础设施重点保护要求，加强关键信息基础设施网络安全监测预警体系建设，提升关键信息基础设施应急响应和恢复能力。按照“安全分区、网络专用、横向隔离、纵向认证”的原则，进一步完善网络结构安全、本体安全和基础设施安全，逐步推广安全免疫。加强内外网安全隔离，严禁医保专网接入互联网。

（四）强化网络安全技术防护能力

建立并完善入侵检测与防御、防病毒、防拒绝服务攻击、防信息泄露、异常流量监测、网页防篡改、域名安全、漏洞扫描、集中账号管理、数据加密、安全审计等网络安全防护技术手段。积极研究利用云计算、大数据等技术提高网络安全监测预警能力。加强网站安全防护和日常办公、维护终端的安全管理。完善域名系统安全防护措施，做好网络和业务系统上线前的风险评估。

（五）提高网络安全态势感知、预警和协同能力

加强网络安全和数据保护“实战化、体系化、常态化”和“动态防御、主动防御、纵深防御、精准防护、整体防控、联防联控”的“三化六防”措施，推进全国医疗保障信息系统网络安全和数据保护态势感知、预警能力建设。加强网络安全和数据保护信息的汇集、研判，建立健全网络安全和数据保护信息共享和通报机制，健全完善上下协同的通报预警机制。

（六）提升突发网络安全事件应急响应能力

严格落实突发网络安全事件报告制度。制定和完善本单位网络安全应急预案。健全大规模拒绝服务攻击、高级可持续性威胁攻击、大规模公民个人信息泄露等突发网络安全事件的应急协同配合机制，加强应急预案演练，定期评估和修订应急预案，提高科学性、实用性、可操作性。建立重大活动期间网络安全保障机制，强化对网络安全突发事件的统一指挥和协调，确保全国医疗保障信息系统的运行安全、数据安全和网络安全，最大程度地预防和减少网络安全事件造成的损害。

三、加强数据安全保护

（一）实施数据全生命周期安全管理

依法依规对数据的产生、传输、存储、使用、共享、销毁等实行全生命周期安全管理，提高数据安全防护能力和个人隐私保护力度。强化个人隐私

保护，采用适当的安全控制措施，确保数据的产生、采集和汇集过程合规、安全。个人信息的采集，坚持法定授权原则，法定授权外个人信息采集事项须先获得自然人或者其监护人同意。处理个人信息应当遵循合法、正当、必要原则，不得过度使用。采用适当的系统架构、技术手段对数据传输和数据存储进行安全加固，确保数据安全和高效可用。建立数据清除和销毁机制，防止因存储介质上数据内容的恶意恢复而导致的数据泄露风险。加强数据迁移销毁流程安全管理，全力确保平台迁移中的数据安全。

（二）实施分级分类管理

根据本单位本系统数据安全保护的实际需要，结合医疗保障数据特点，制定统一的分级分类管理制度，按照数据分级分类保护标准、规则，对数据划分安全等级，实行分级分类管理。地方医保部门要落实分级分类规则标准，参照《国家医疗保障局数据安全管理办法》制定本地的数据安全管理办法。

（三）加强重要数据和敏感字段保护

制定重要数据保护目录，对列入目录的数据进行重点保护，涉及国家秘密、工作秘密的数据应严格保密，不予共享及公开。建立敏感数据字段库，包含但不限于个人隐私数据、参保单位隐私数据、协议机构隐私数据、药品诊疗目录项目隐私数据等。

（四）强化数据安全审批管理

严格执行数据处理和使用审批流程，按照“知所必须，最小授权”的原则划分数据访问权限，实施脱敏、日志记录等控制措施，防范数据丢失、泄露、未授权访问等安全风险。

加强对数据共享（含交换、导出、开放）环节的安全管控，防止不经审批、不受控制的数据共享行为。

（五）落实数据安全权限

明确各级权限，分离信息系统运维权限和经办业务角色，对不同角色设置不同权限。根据经办业务人员职责区分设置业务操作和数据查询范围。按照网络安全等级保护 2.0 制度要求，结合实际设置安全保密管理员、安全审计员和系统管理员等岗位。加强信息系统运维人员和经办业务人员权限管理，落实岗位安全职责。

（六）推动数据安全共享和使用

在保障数据安全的前提下，稳妥推动数据资源开发利用，发挥数据生产要素作用，保障数据依法依规有序共享。建立先试点、后推广机制，强化医疗保障大数据运用，更好地服务医保政策制定和医保精细化管理，推动多层次医疗保障体系建设。对于敏感数据需要落地到外部的业务场景，应做好脱敏处理，制定统一数据出口和统一销毁要求，建立严格的审批流程和数据交付流程。

（七）建立健全数据安全风险评估机制

定期评估安全系统软硬件运行状况、制度执行情况、数据复制情况、告警或故障设备的数据保护状况、权限的审批收回情况、密码强度、外包服务中的数据保护管理情况、研发测试环境数据保护情况，对发现的问题及时整改。

四、保障措施

（一）加强组织领导

各级医保部门要充分认识加强网络安全和数据保护工作的重要性，加强组织领导，做好部门协调，层层落实责任，确保相关部署落到实处。要建立相应工作机制，夯实工作力量，科学合理制定工作推进时间安排，周密组织实施网络安全管理和数据保护工作，切实提高医疗保障网络安全和数据保护工作水平。

（二）加强人才队伍建设

加大网络安全和数据保护人才培养投入，加强从业人员技能培训，形成培养、选拔、吸引和使用网络安全和数据保护人才的良性机制。建立各级医保部门网络和数据安全专家库。

（三）加强资金投入

各级医保部门应加强统筹规划，做好网络安全和数据保护体系顶层设计，制定工作计划。按照总体进度安排和工作目标，将网络安全和数据保护建设、运行维护经费纳入信息化建设项目投入，加强资金保障和使用监管，确保网络安全和数据保护工作的资金投入。

（四）加强法律法规宣传

积极宣传网络安全法律法规，定期组织网络安全和数据保护培训交流，对产品和服务供应商加强网络安全和数据保护教育，提升全员网络安全和数据保护意识，为网络安全和数据保护治理营造良好氛围。

（五）加强督导检查

要将网络安全与数据保护工作推进情况纳入本单位工作考核范畴，建立督查情况通报制度，对工作不力的要及时督查整改，确保网络安全和数据保护工作万无一失。对工作中出现问题造成不良后果的单位及人员要通报批评，造成严重后果的要依纪依法问责处理。

国家医保局 财政部
关于加快推进门诊费用跨省直接结算工作的通知

（医保发〔2021〕27 号）

各省、自治区、直辖市及新疆生产建设兵团医保局、财政厅（局）：

为贯彻落实 2021 年《政府工作报告》重点任务和《国务院办公厅关于加快推进政务服务“跨省通办”的指导意见》（国办发〔2020〕35 号）要求，解决人民群众在跨省异地就医结算中的“急难愁盼”问题，加快推进门诊费用跨省直接结算，现就有关事项通知如下：

一、工作目标

2021 年底前，各省份 60％以上的县至少有 1 家普通门诊费用跨省联网医疗机构，各统筹地区基本实现普通门诊费用跨省直接结算；对于高血压、糖尿病、恶性肿瘤门诊放化疗、尿毒症透析、器官移植术后抗排异治疗等 5 个群众需求大、各地普遍开展的门诊慢特病，每个省份至少有一个统筹地区实现相关治疗费用跨省直接结算。

2022 年底前，每个县至少有 1 家定点医疗机构能够提供包括门诊费用在内的医疗费用跨省直接结算服务；基本实现上述 5 个主要门诊慢特病的相关治疗费用跨省直接结算统筹地区全覆盖，推进其他门诊慢特病的相关治疗费用跨省直接结算或线上零星报销。

二、重点工作

（一）扩大普通门诊费用跨省直接结算覆盖范围

各省份要全力推动门诊费用跨省直接结算工作，确保 2021 年底前所有省份、所有统筹地区作为参保地和就医地双向开通，符合条件的职工医保和城乡居民医保参保人员能够在联网定点医疗机构实现普通门诊费用跨省直接结算。

（二）积极推进门诊慢特病的相关治疗费用跨省直接结算

各省份要规范统一参保人员门诊慢特病申办途径、就医规定等政策措施。门诊慢特病的相关治疗费用跨省直接结算时使用全国统一的病种编码，执行就医地规定的支付范围及有关规定（基本医疗保险药品、医疗服务项目和医用耗材等支付范围），门诊慢特病病种范围和医保基金起付标准、支付比例、最高支付限额等执行参保地政策。国家医保局重点推进高血压、糖尿病、恶性肿瘤门诊放化疗、尿毒症透析、器官移植术后抗排异治疗等 5 个门诊慢特病的相关治疗费用跨省直接结算。各省份可根据实际情况，加强区域协作，协商确定增补纳入联网结算的病种，探索将更多门诊慢特病的相关治疗费用纳入跨省直接结算或通过线上报销途径提供便捷高效的政务服务。

（三）全力推进定点医药机构联网工作

省级医保部门要指导所辖统筹地区加强协议管理，新增定点医疗机构应同步提供门诊费用跨省直接结算服务。按照合理布局、分步纳入的原则，重点加大异地就医需求量大，流动人口相对集中地区联网定点医疗机构扩围力度。鼓励各地结合本地实际，推进定点零售药店提供门诊费用跨省直接结算服务。

（四）持续优化异地就医备案线上服务

推行“承诺制”“容缺后补制”，推进异地就医备案“零跑腿”“不见面”等线上服务。已上线国家异地就医快速备案和已自助开通异地就医直接结算服务的省份，力争在 2021 年 6 月底前实现统筹地区全覆盖。未上线省份统筹推进系统改造和联调测试，尽快开通相关服务。2021 年 9 月底前，全国所有统筹地区依托国家医保服务平台提供统一的线上备案服务。

自助开通异地就医直接结算服务试点省份要及时掌握和跟踪试点实施和运行情况，2021 年 6 月底前将自评报告报送国家医保局。国家医保局将总结试点经验，适时扩大试点范围。

（五）确保跨省直接结算信息系统升级改造到位并平稳运行

2021 年 6 月底前，按照《跨省异地就医管理子系统接口规范（V2.0）》要求，各省（自治区、直辖市）医保部门应安全、平稳、有序地完成系统接口升级，新接口支持医保电子凭证、身份证、社会保障卡等多种就医介质直接结算。2021 年 6 月底前，各地应将全国统一的定点医药机构编码上传至国家跨省异地就医管理子系统，开通门诊慢特病跨省联网定点医疗机构应将开通的病种编码经医保经办机构确认后同步上传。

（六）强化跨省异地就医结算业务协同高效

门诊结算时效强，各地应充分利用跨省异地就医业务协同管理机制，加强就医地与参保地间信息沟通。就医地应按照《医疗保障基金使用监督管理条例》要求加强监管，切实打击欺诈骗保行为。国家医保局将探索零星报销线上办理的实现路径，参保地可将零星报销疑点通过国家跨省异地就医管理子系统业务协同管理模块发起费用协查，就医地应积极配合，协助完成。

（七）加强异地就医费用跨省直接结算预付金和清算资金管理

省级医保部门和财政部门应按照《国家医保局办公室财政部办公厅关于完善跨省异地就医直接结算资金收付工作的通知》（医保办发〔2020〕2 号）等文件提出的时限要求，按期完成年度预付金额度调整、预付金紧急调增和月度清算资金拨付，以及在国家跨省异地就医管理子系统内的确认工作。原则上，当月跨省异地就医结算费用应于次月 20 日前完成申报并纳入清算，清算时间延期最长不超过 2 个月；当年度跨省异地就医结算费用，最晚应于次年第一季度清算完毕；如确有特殊情况，需提前报备说明。

三、工作要求

（一）加强组织领导

推动门诊费用跨省直接结算是 2021 年《政府工作报告》明确提出的重点工作，各级医保部门和财政部门要紧紧围绕党中央、国务院决策部署，进一步提高政治站位，始终将医保事业高质量发展同人民美好生活需要紧密结合起来，切实解决参保群众异地就医结算中遇到的“急难愁盼”问题。各级医保部门要将跨省异地就医直接结算工作作为本单位年度重点工作任务，主要领导负总责亲自抓，分管领导具体抓好落实。要按照工作目标和时限要求，制定工作计划，把握工作节奏和力度，将工作落实到具体责任人，层层压实责任，确保按时保质完成任务。省级财政部门要会同医保部门按要求做好预付资金和清算资金的收付款工作，做好经费保障工作，支持跨省异地就医直接结算重点任务落地。

（二）加强统筹协调

省级医保部门统筹“十四五”时期医疗保障制度改革和制度运行，坚持门诊费用跨省直接结算政策和管理的统一性和规范性，兼顾全国统一医疗保障信息平台建设、15 项业务编码的贯标落地应用进度，加强系统集成，注重各项改革协调推进。尚未开展门诊费用省内异地就医直接结算的省份，要按照跨省联网工作安排，同步实现省内联网结算。

（三）加强调度督导

2021 年 4 月 30 日前，省级医保部门将 2021—2022 年门诊费用跨省直接结算工作计划报送至国家医保局。各省份要建立省内专项工作督导台账，定期调度统筹地区接入、定点医疗机构扩面和系统运行情况。国家医保局将按月通报跨省异地就医直接结算扩面情况和系统运行报错情况，会同财政部按季度通报跨省异地就医直接结算资金收付款情况，适时组织省际间门诊费用跨省直接结算业务实测，对进展缓慢、工作落实不力的省份进行约谈督导。

国家医保局　财政部

2021 年 4 月 12 日

国家医保局 国家卫生健康委 关于建立完善国家医保谈判药品“双通道”管理机制的指导意见

（医保发〔2021〕28号）

各省、自治区、直辖市及新疆生产建设兵团医保局、卫生健康委：

为确保国家医保谈判药品（以下简称谈判药品）顺利落地，更好满足广大参保患者合理的用药需求，各地积极探索“双通道”的管理机制，提高了谈判药品的可及性。“双通道”是指通过定点医疗机构和定点零售药店两个渠道，满足谈判药品供应保障、临床使用等方面的合理需求，并同步纳入医保支付的机制。为加强和规范“双通道”管理，进一步提升谈判药品供应保障水平，维护医保基金安全，保障参保患者利益，现就建立完善谈判药品“双通道”管理机制提出以下意见。

一、分类管理，提升供应保障水平

综合考虑临床价值、患者合理的用药需求等因素，对谈判药品施行分类管理。对于临床价值高、患者急需、替代性不高的品种，要及时纳入“双通道”管理。将谈判药品“双通道”供应保障情况纳入定点医药机构协议管理范围，明确药品供应主体和责任，督促定点医疗机构按功能定位和临床需求及时配备，定点零售药店按供应能力和协议要求规范配备。

二、明确药店遴选程序，动态调整

发挥定点零售药店分布广泛、市场化程度高、服务灵活的优势，与定点医疗机构互为补充，形成供应保障合力。各地医保部门要坚持“公开、公平、公正”的原则，确定遴选标准和程序，将资质合规、管理规范、信誉良好、布局合理，并且满足对所售药品已实现电子追溯等条件的定点零售药店纳入“双通道”管理，及时主动向社会公开。建立健全“双通道”定点零售药店退出机制，适度竞争、有进有出、动态调整。

三、规范使用，确保安全

建立药品质量安全全程监管和追溯机制，落实存储、配送、使用等环节安全责任，确保“双通道”谈判药品质量安全。对储存等有特殊要求的药品，要遴选具备相应资质和能力的机构承担储存、配送任务。鼓励探索通过购买商业保险等市场化手段，建立药品质量风险防范和经济补偿机制。定点医疗机构要严格遵守临床用药管理政策和规范，保证用药安全。

四、完善支付政策，确定适宜的保障水平

对纳入“双通道”管理的药品，在定点医疗机构和定点零售药店施行统一的支付政策。对使用周期较长、疗程费用较高的谈判药品，可探索建立单独的药品保障机制。要根据基金承受能力、住院补偿水平等情况，确定适宜的保障水平。结合谈判药品使用情况，合理调整定点医疗机构医保总额。在确保基金安全的前提下，施行单独支付政策的药品，可不纳入定点医疗机构医保总额控制范围。纳入“双通道”管理和施行单独支付的药品范围，原则上由省级医保行政部门按程序确定。

五、优化经办管理服务，提升群众获得感

坚持便民利民原则，鼓励具备条件的定点医

药机构开展预约就诊、送药上门等服务。让信息多跑路,患者少跑路,整合基本医保、大病保险、医疗救助服务,大力推进“双通道”一站式结算。在有效管控风险的基础上,稳妥推进将“双通道”谈判药品纳入异地就医直接结算范围。

六、强化监管,防范风险

依托全国统一的医保信息平台,部署处方流转中心,连通医保经办机构、定点医疗机构、定点零售药店,保证电子处方顺畅流转。以处方流转为核心,落实“定机构、定医师、可追溯”等要求,实现患者用药行为全过程监管。完善细化医保用药审核规则,引入智能监控,严厉打击“双通道”领域套骗取医保资金的行为。加强“双通道”用药费用和基金支出常规分析和监测,及时调整完善监管政策措施,确保基金安全。

七、加强领导,扎实推进

建立“双通道”管理机制是一项系统工程,各级医保、卫生健康部门要加强组织领导、周密部署、细化措施、夯实责任,严格按照本意见要求,提升谈判药品供应保障水平。要科学制定实施方案,广泛征求意见建议。统筹做好“双通道”管理机制与门诊统筹、支付方式改革、带量采购、异地就医等政策的衔接。加强政策宣传解读,合理引导公众预期,营造良好的舆论氛围。要积极开展政策措施落地情况监测,做好应急预案,妥善处理政策执行过程中出现的问题,确保平稳推进,落地见效。

国家医保局
国家卫生健康委
2021 年 4 月 22 日

国家医保局 国家发展改革委 工业和信息化部 财政部 国家卫生健康委 市场监管总局 国家药监局 中央军委后勤保障部关于开展国家组织高值医用耗材集中带量采购和使用的指导意见

（医保发〔2021〕31 号）

各省、自治区、直辖市人民政府，新疆生产建设兵团，军队各有关单位：

为贯彻落实《中共中央 国务院关于深化医疗保障制度改革的意见》，完善高值医用耗材价格形成机制，治理价格虚高问题，进一步明显降低患者医药负担，经国务院同意，现就开展国家组织高值医用耗材集中带量采购和使用工作提出以下指导意见。

一、总体要求

（一）指导思想。以习近平新时代中国特色社会主义思想为指导，全面贯彻党的十九大和十九届二中、三中、四中、五中全会精神，坚持以人民为中心，按照国家组织、联盟采购、平台操作的总体思路，由国家拟定基本政策和要求，组织各地区形成联盟，以公立医疗机构为执行主体，开展国家组织高值医用耗材集中带量采购，探索完善集采政策，逐步扩大覆盖范围，促进高值医用耗材价格回归合理水平，减轻患者负担，降低企业交易成本，净化流通环境，引导医疗机构规范使用，更好保障人民群众病有所医。

（二）基本原则。一是需求导向、确保质量。根据临床需求，遵循医疗技术发展规律，合理确定集中带量采购的高值医用耗材品种范围，确保质量和供应，满足人民群众基本医疗需求。二是招采合一、量价挂钩。明确采购量，以量换价、确保使用，畅通采购、使用、结算等环节，改革高值医用耗材采购和使用中的不合理因素，治理价格虚高问题。三是因材施策、公平竞争。考虑不同高值医用耗材临床使用特点，功能、技术、使用差异，以及生产供应能力等因素，形成具体采购方案，引导公平竞争。四是部门协同、上下联动。强化部门合作机制，加强对中选产品生产、供应、采购、使用的监督监测，完善激励约束机制，在国家和地方两个层面协同推进高值医用耗材集中带量采购工作。

二、覆盖范围

（三）品种范围。重点将部分临床用量较大、采购金额较高、临床使用较成熟、市场竞争较充分、同质化水平较高的高值医用耗材纳入采购范围，并根据市场销售情况、临床使用需求以及医疗技术进步等因素，确定入围标准。

（四）企业范围。已取得集中带量采购范围内产品合法资质的医疗器械注册人（备案人），在质量标准、生产能力、供应稳定性、企业信用等方面达到集中带量采购要求的，均可参加。境外医疗器械注册人（备案人）应当指定我国境内企业法人协助其履行相应的法律义务。

（五）医疗机构范围。所有公立医疗机构（含军队医疗机构，下同）均应按规定参加高值医用耗材集中带量采购，医保定点社会办医疗机构可按所在省（自治区、直辖市）的相关规定，自愿参加集中带量采购。

三、采购规则

（六）约定采购量。采购量基数根据医疗机构报送的需求量，结合上年度使用量、临床使用状况和医疗技术进步等因素进行核定。约定采购比例根据市场竞争格局和中选企业数量等合理确定。约定采购量根据采购量基数和约定采购比例确定，在采购文书中公开。鼓励公立医疗机构对实际需求量超出约定采购量以外的部分，优先采购中选产品，也可通过省级医药集中采购平台采购其他价格适宜的挂网品种。

（七）竞价和中选规则。将治疗目的、临床功效、产品质量类似的同类高值医用耗材采购量合并，统一竞价，公平竞争；鼓励合并分组，促进竞争。需要联合使用的多种高值医用耗材可整合成系统，视为一个品种进行采购。根据高值医用耗材临床使用特点、标准化程度、参与企业数量等因素，因材施策，可采取招标、竞争性谈判、询价等方式进行采购。企业自愿参加、自主报价，通过质量和价格竞争产生中选价格和中选企业。多家企业中选的，应合理控制不同企业之间的差价。按照量价挂钩原则，明确各中选企业的约定采购量，合理确定采购协议期。

四、保障措施

（八）确保质量。科学严谨制定高值医用耗材采购入围质量技术标准。加强对中选产品生产、流通、使用的全链条质量监管，完善中选产品质量问题的处置机制，督促企业落实主体责任。中选产品使用中发生不良事件和质量问题的，医疗机构应及时按程序报告。

（九）确保供应配送。中选企业应做好市场风险预判和防范，加强生产安排，按要求报告产能、库存和供应等情况，确保在采购周期内及时满足医疗机构中选产品采购需求。中选产品由中选企业自主委托配送企业配送或自行配送，伴随服务由中选企业自行提供或委托第三方提供，相关费用由中选企业承担。中选产品配送及其伴随服务提供能力应覆盖协议供应地区，配送方和伴随服务提供方应及时响应医疗机构采购和使用需求。出现无法及时供应的，除不可抗力因素外，中选企业应承担相应责任和由此产生的所有费用，否则将被视为失信违约行为。

（十）确保优先使用。医疗机构应优先采购集中采购中选产品，制定优先使用中选产品的院内诊疗路径，并按采购合同完成约定采购量。医务人员应在合理诊疗原则下，优先使用中选产品。对不按规定采购和使用中选产品的医疗机构，在公立医院绩效考核、医保总额指标制定、定点协议管理考核、医疗机构负责人目标责任考核中予以惩戒。

（十一）确保回款。在医保基金总额预算管理基础上开展结算，建立集中带量采购预付机制，医保基金按不低于年度约定采购金额 30% 的比例预付，并按照医疗机构采购进度，从医疗机构申请拨付的医疗费用中逐步冲抵预付金。医疗机构应按采购合同与企业及时结清货款，结清时间不得超过交货验收合格后次月底。推进医保基金与企业直接结算。

五、政策衔接

（十二）探索医保支付标准协同。对医保支付范围内的集中采购高值医用耗材，中选产品医保支付标准按照中选价格确定，非中选产品医保支付标准不高于类别相同、功能相近中选产品的最高中选价格。

（十三）完善医疗机构激励机制。在采购周期内，不因采购品种价格下降而相应降低医保总额指标。对因集中带量采购节约的医保资金，可在考核基础上，以一定方式激励医疗机构，具体办法参照国家组织药品集中采购结余留用相关规定。医疗机构应完善内部考核办法，将激励政策传导至医务人员，鼓励合理、优先使用中选产品。

六、组织实施

（十四）建立工作机制，加强部门协同。国家医保局、国家卫生健康委、国家药监局、工业和信息化部、市场监管总局等部门要加强沟通、协调联动、各司其职、形成合力，加强对地方的指导，不断总结经验，完善相关政策，持续推进高值医用耗材集中带量采购。医保部门作为牵头单位，要加强统筹协调和综合服务，贯彻落实高值医用耗材集中带量采购相关政策、监督实施中选结果，指导省级医药集中采购平台依法依规开展集中带量采购品种交易，加快推进医疗保障医用耗材统一编码使用，并与医疗器械唯一标识相衔接，做好医保基金预付和结算、医疗服务价格调整、定点医疗机构考核等工作，实行医药价格与招采信用评价制度，加大对违规企业的处置力度，并指导和推动各地自行开展高值医用耗材集中带量采购。卫生健康部门负责对医疗机构使用中选产品情况进行指导和监督，规范合理使用。药监部门要加快推进医疗器械唯一标识在高值医用耗材生产经营使用中的全链条应用，加强中选医疗器械产品质量监管，开展不良事件监测，督促企业落实质量安全主体责任。工业和信息化部门负责督促企业按照中选产品约定采购量落实生产供应责任，支持企业开展生产技术改造，提升中选产品供应保障能力。市场监管部门要严厉查处各类价格违法行为，坚决打击扰乱市场公平竞争的行为。发展改革、财政、军队后勤等部门要积极配合做好高值医用耗材集中带量采购相关工作。

（十五）精心组织实施，有序推进。各省（自治区、直辖市）和新疆生产建设兵团派代表组成联合采购办公室，并根据联合采购办公室安排，统计报送相关产品历史采购量和采购需求。联合采购办公室根据本意见有关要求，在广泛听取相关专家、部门、企业、行业组织意见基础上，制定并发布采购公告。联合采购办公室代表联盟地区开展集中带量采购的具体操作，发布中选结果，组织并督促执行集中带量采购结果。集中采购结果产生后，由各地区负责落实中选产品在本地区的挂网、签约、采购、使用、回款和支付。联合采购办公室下设专家组和监督组。专家组负责提供相关政策、临床使用、采购操作等技术咨询；监督组负责对集中采购工作进行监督，及时受理、处理相关检举和投诉。由天津市医药采购中心承担国家组织高值医用耗材联合采购办公室日常工作，并负责具体实施。

（十六）做好政策解读和宣传引导。各地区和有关部门要加强政策解读，强化对高值医用耗材集中带量采购工作成效的正面宣传，提高政策知晓度，合理引导社会预期。要加强舆情监测，及时主动回应社会关切，努力营造改革良好氛围。要面向医务人员深入开展政策解读和培训，充分发挥其在临床治疗中的重要作用，引导患者合理选用集中采购中选产品。

国家医保局　国家发展改革委
工业和信息化部　财政部
国家卫生健康委　市场监管总局
国家药监局　中央军委后勤保障部
2021 年 4 月 30 日

国家医保局 财政部 国家税务总局 关于做好2021年城乡居民基本医疗保障工作的通知

（医保发〔2021〕32号）

各省、自治区、直辖市及新疆生产建设兵团医保局、财政厅（局），国家税务总局各省、自治区、直辖市和计划单列市税务局：

为贯彻落实《中共中央 国务院关于深化医疗保障制度改革的意见》和2021年《政府工作报告》决策部署，完善统一的城乡居民基本医疗保险制度（以下简称“居民医保”）和大病保险制度，切实做好城乡居民医疗保障工作，现就有关工作通知如下：

一、继续提高城乡居民医保筹资标准

为支持巩固提高居民医保待遇水平，逐步扩大医保支付范围，2021年继续提高居民医保筹资标准。居民医保人均财政补助标准新增30元，达到每人每年不低于580元。同步提高居民医保个人缴费标准40元，达到每人每年320元。中央财政按规定对地方实行分档补助，对西部、中部地区分别按照80%、60%的比例进行补助，对东部地区各省分别按照一定比例进行补助。地方各级财政要按规定足额安排财政补助资金并及时拨付到位。进一步放开参加基本医疗保险的户籍限制，对于持居住证参加当地居民医保的，各级财政要按当地居民相同标准给予补助。

要按要求合理确定居民医保财政补助和个人缴费标准，优化筹资结构。根据城乡居民大病保险（以下简称“大病保险”）基金运行情况，在确保现有筹资水平不降低的基础上，统筹考虑确定大病保险筹资标准。完善医疗救助分类资助参保政策，结合实际细化资助参保标准。适应经济社会发展，探索建立健全居民医保稳健可持续筹资机制。

二、巩固完善城乡居民医保待遇

要做好医疗保障待遇清单落地工作，坚决树立清单意识和科学决策意识，严格执行基本医疗保障支付范围和标准。要加强基本医保、大病保险和医疗救助三重保障制度衔接，充分发挥综合保障功能。进一步巩固稳定住院待遇保障水平，政策范围内基金支付比例稳定在70%左右，完善门诊慢性病、特殊疾病待遇保障和普通门诊统筹，做好待遇衔接。持续抓好高血压、糖尿病门诊用药保障政策落实，开展专项行动，各省（自治区、直辖市）统一组织示范城市活动。有条件的地区可探索将心脑血管等慢性病纳入慢病保障范围，发挥医保促进慢病早诊早治作用，提升健康管理水平。加快健全重大疾病医疗保险和救助制度，大病保险继续实施对特困人员、低保对象和返贫致贫人口倾斜支付政策，完善统一规范的医疗救助制度，根据实际合理确定救助待遇标准，夯实医疗救助托底保障功能。

要规范待遇享受等待期（以下简称“等待期”）设置，对居民医保在集中参保期内参保的、在职工医保中断缴费3个月内参加居民医保的，以及新生儿、农村低收入人口等特殊群体，不设等待期。

三、巩固拓展医疗保障脱贫攻坚成果有效衔接乡村振兴战略

要进一步巩固拓展医保脱贫成果，逐步实现由集中资源支持脱贫攻坚向统筹基本医保、大病保险、医疗救助三重制度常态化保障平稳过渡。严格落实“四不摘”要求，保持医疗保障主要帮扶政策总体稳定，分类落实好脱贫人口各项医疗保障待遇。要立足实际优化调整资助参保和医保扶

贫倾斜帮扶政策，实事求是确定待遇标准，确保政策平稳衔接、制度可持续。过渡期内持续抓好过度保障治理，清理存量过度保障政策。

要建立防范化解因病返贫致贫长效机制，做好高额费用负担患者因病返贫致贫风险监测，及时将符合条件的人员纳入医疗救助范围，依申请落实医疗救助政策。要统筹完善托底保障措施，加大门诊慢性病、特殊疾病救助保障，对规范转诊且在省域内就医的救助对象经三重制度保障后政策范围内个人负担仍然较重的，探索给予倾斜救助。

四、加强医保支付管理

要切实抓好《医疗机构医疗保障定点管理暂行办法》和《零售药店医疗保障定点管理暂行办法》贯彻落实，进一步简化、优化医药机构医保定点工作，及时将符合条件的医药机构纳入医保定点范围。着力推进医保支付方式改革，30 个 DRG 付费试点城市和 71 个 DIP 试点城市要推动实际付费。积极探索点数法与统筹地区医保基金总额预算相结合，逐步使用区域医保基金总额控制代替具体医疗机构总额控制。完善与门诊共济保障相适应的付费机制。加强医保目录管理，严格落实《基本医疗保险用药管理暂行办法》，严格执行《国家基本医疗保险、工伤保险和生育保险药品目录(2020 年)》，贯彻落实《关于建立完善国家医保谈判药品“双通道”管理机制的指导意见》(医保发〔2021〕28 号)，健全谈判药品落地监测机制，各省(自治区、直辖市)要在 2021 年 6 月底前完成第二批 40%增补品种的消化工作。完善基本医保医用耗材和医疗服务项目管理。

五、加强药品耗材集中带量采购和价格管理

要做好国家组织药品和医用耗材集中带量采购落地实施工作，落实好医保基金预付、支付标准协同、结余留用等配套政策，做好采购协议期满后的接续工作。贯彻落实《国务院办公厅关于推动药品集中带量采购工作常态化制度化开展的意见》(国办发〔2021〕2 号)，统筹协调针对国家集采范围外、用量大、采购金额高的药品开展省级或省际联盟集中带量采购，进一步探索高值医用耗材的集中带量采购改革，扩大高值医用耗材集采范围。完善和规范省级医药集中采购平台交易规则。

要建立并实施医药价格和招采信用评价制度，对拒绝提交守信承诺的投标挂网企业采取约束措施，公布一批取得治理实效的典型案例，推动信用评价制度落地见效。国家医保局将进一步深化医疗服务价格改革试点，指导地方做好医疗服务价格动态调整工作，建立健全市场经济条件下政府管理药品价格的常态化机制。

六、加强基金监督管理

要切实抓好《医疗保障基金使用监督管理条例》贯彻落实，做好宣传培训工作。加强基金监督检查，聚焦假病人、假病情、假票据等“三假”开展欺诈骗保专项整治。推动大数据应用，优化完善智能监控子系统功能，提高监管效能。加强综合监管，整合监管资源，充分发挥医保行政监管、经办稽核等作用和第三方专业力量。健全协同执法、一案多处工作机制。健全完善举报奖励机制，加大宣传曝光力度，营造维护基金安全的良好氛围。

巩固提升统筹层次，按照“制度政策统一、基金统收统支、管理服务一体”要求，全面做实基本医保市地级统筹，统一覆盖范围、缴费政策、待遇水平、基金管理、定点管理、支付管理、经办服务、信息系统。加强对地方提升统筹层次工作的指导，在夯实市地级统筹基础上，按照“分级管理、责任共担、统筹调剂、预算考核”的原则，积极稳妥推动基本医保省级统筹。推进医疗救助管理层次与基本医保统筹层次相协调。

结合新冠肺炎疫情影响，加强基金收支运行分析，开展基金使用绩效评价，完善收支预算管理，健全风险预警、评估、化解机制及预案。探索综合人口老龄化、慢性病等疾病谱变化、医疗支出水平增长等因素，开展基金支出预测分析。

七、加强医保公共管理服务

继续做好新冠肺炎患者医疗费用结算和跨省就医医保费用全国清算工作，及时结算新冠疫苗

及接种费用。全面落实《全国医疗保障经办政务服务事项清单》,推动医保公共服务标准化规范化建设。推进医保经办标准化窗口和服务示范点建设。增强基层医疗保障公共服务能力,推进医疗保障公共服务纳入县乡村公共服务一体化建设,在医保经办力量配置不足的地区,可通过政府购买服务等方式,加强医疗保障经办力量。规范商业保险机构承办大病保险的管理服务。推进医保经办管理服务与网上政务服务平台等有效衔接,坚持传统服务方式与智能服务方式创新并行,提高线上服务适老化水平,优化线下服务模式,保障老年人、重度残疾人等特殊人群顺畅便捷办理业务。

完善新就业形态从业人员等灵活就业人员参保缴费方式。加强部门数据比对和动态维护,防止"漏保""断保",避免重复参保,优化参保缴费服务,压实乡镇街道参保征缴责任。坚持线上与线下结合,推进参保人员办理参保登记、申报缴费、查询信息、欠费提醒等"一次不用跑"。加快推进高频医保服务事项跨省通办。

优化普通门诊费用跨省直接结算服务,探索门诊慢性病、特殊疾病费用跨省直接结算实现路径。加快建设全国统一的医疗保障信息平台,优化完善运维服务管理体系、安全管理体系、制度规范以及平台功能。加强医保数据安全管理和信息共享,加快医保信息业务标准编码落地应用。

八、做好组织实施

要高度重视城乡居民医疗保障工作,切实加强组织保障,压实工作责任,确保各项政策措施落地见效。要强化服务意识,优化服务方式,更好为人民群众提供公平可及、便捷高效、温暖舒心的医疗保障服务。要进一步加大政策宣传力度,普及医疗保险互助共济、责任共担、共建共享的理念,增强群众参保缴费意识,合理引导社会预期。各级医疗保障、财政和税务部门要加强统筹协调,建立健全部门信息沟通和工作协同机制,做好基金运行评估和风险监测,制定工作预案,遇到重大情况要及时按要求报告。

国家医保局 财政部 国家税务总局

2021 年 5 月 27 日

国家医疗保障局
关于印发《规范医疗保障基金使用监督管理行政处罚裁量权办法》的通知

（医保发〔2021〕35 号）

各省、自治区、直辖市及新疆生产建设兵团医疗保障局：

《规范医疗保障基金使用监督管理行政处罚裁量权办法》已经 2021 年 6 月 9 日国家医疗保障局第 46 次局长办公会审议通过。现印发给你们，请认真遵照执行。

国家医疗保障局

2021 年 6 月 23 日

规范医疗保障基金使用监督管理行政处罚裁量权办法

第一条 为规范医疗保障基金使用监管行政执法行为，保障医疗保障行政部门合法、合理、适当地行使行政处罚裁量权，保护公民、法人和其他组织的合法权益，根据《中华人民共和国行政处罚法》《医疗保障基金使用监督管理条例》等相关法律法规，制定本办法。

第二条 本办法所称医疗保障基金使用监督管理行政处罚裁量权，是指医疗保障行政部门在实施医疗保障基金使用监督管理行政处罚时，根据法律、法规、规章等规定，综合考虑违法行为的事实、性质、情节、社会危害程度以及当事人主观过错等因素，决定行政处罚种类及处罚幅度的权限。

第三条 省级医疗保障行政部门制定行政处罚裁量基准和行使行政处罚裁量权，适用本办法。

第四条 行使行政处罚裁量权，应当符合法律、法规、规章规定，遵循法定程序，保障行政相对人的合法权益。

第五条 行使行政处罚裁量权应当符合法律目的，排除不相关因素的干扰，所采取的措施和手段应当必要、适当。

第六条 行使行政处罚裁量权，应当以事实为依据，行政处罚的种类和幅度应当与违法行为的事实、性质、情节、社会危害程度相当，与违法行为发生地的经济社会发展水平相适应。

违法事实、性质、情节及社会危害后果等相同或相近的违法行为，同一行政区域行政处罚的种类和幅度应当基本一致。

第七条 省级医疗保障行政部门可以根据统一和规范的全国医疗保障基金监管行政执法裁量尺度，针对特定的医疗保障基金监管行政处罚事项制定裁量基准。

第八条 法律、法规、规章对行政处罚事项规定有裁量空间的，省级医疗保障行政部门应当根据本办法结合本地区实际制定裁量基准，明确处罚裁量标准和适用条件，供本区域医疗保障行政部门实施行政处罚时参照执行。

第九条 省级医疗保障行政部门应当依据法律、法规、规章制定情况、上级部门制定的行政处罚裁量权适用规则的变化以及执法工作实际，及时修订完善本部门的行政处罚裁量基准并向国家医保局备案。

第十条 制定行政处罚裁量基准，应当遵守以下规定：

（一）法律、法规、规章规定可以选择是否给予行政处罚的，应当明确是否给予行政处罚的具体裁量标准和适用条件；

（二）法律、法规、规章规定可以选择行政处罚种类的，应当明确适用不同种类行政处罚的具体裁量标准和适用条件；

（三）法律、法规、规章规定可以选择行政处罚幅度的，应当根据违法事实、性质、情节、社会危害程度等因素确定具体裁量标准和适用条件；

（四）法律、法规、规章规定可以单处也可以并处行政处罚的，应当明确单处或者并处行政处罚的具体裁量标准和适用条件。

第十一条 法律、法规、规章设定的罚款数额有一定幅度的，在相应的幅度范围内分为从重处罚、一般处罚、从轻处罚。除法律、法规、规章另有规定外，罚款处罚的数额按照以下标准确定：

（一）罚款为一定幅度的数额，并同时规定了最低罚款数额和最高罚款数额的，从轻处罚应低于最高罚款数额与最低罚款数额的中间值，从重处罚应高于中间值；

（二）罚款为一定金额的倍数，并同时规定了最低罚款倍数和最高罚款倍数的，从轻处罚应低于最低罚款倍数和最高罚款倍数的中间倍数，从重处罚应高于中间倍数。

第十二条 同时具有两个以上从重情节、且不具有从轻或者减轻情节的，应当在违法行为对应的处罚幅度内按最高档次实施处罚。

同时具有两个以上从轻情节、且不具有从重情节的，应当在违法行为对应的处罚幅度内按最低档次实施处罚。

同时具有从重和从轻或减轻情节的，应当根据违法行为的性质和主要情节确定对应的处罚幅度，综合考虑后实施处罚。

第十三条 有下列情形之一的，医疗保障行政部门应当不予处罚：

（一）未满十四周岁的未成年人实施违法行为的；

（二）精神病人、智力残疾人在不能辨认或者控制自己行为时实施违法行为的；

（三）违法事实不清，证据不足的；

（四）违法行为轻微并及时改正，未造成危害后果的；

（五）当事人有证据足以证明没有主观过错的，法律、行政法规另有规定的，从其规定；

（六）违法行为在二年内未被发现的，不再给予行政处罚；涉及公民生命健康安全、金融安全且有危害后果的，上述期限延长至五年。法律另有规定的除外。

前期规定的期限，从违法行为发生之日起计算；违法行为有连续或继续状态的，从行为终了之日起计算。

（七）法律、法规、规章规定其他依法不予处罚的情形。

第十四条 有下列情形之一的，医疗保障行政部门应当从轻或减轻处罚：

（一）已满十四周岁不满十八周岁的未成年人实施违法行为的；

（二）主动消除或减轻基金使用违法行为危害后果的；

（三）受他人胁迫或者诱骗实施违法行为的；

（四）主动供述行政机关尚未掌握的基金使用违法行为的关键线索或证据，并经查证属实的；

（五）积极配合行政机关查处违法行为、如实陈述违法事实并主动提供证据材料的；

（六）主动投案向行政机关如实交代违法行为的；

（七）法律、法规、规章规定应当从轻或减轻处罚的其他情形。

第十五条 有下列情形之一的，医疗保障行政部门可以从轻或减轻处罚：

（一）尚未完全丧失辨认或者控制自己行为能力的精神病人、智力残疾人有违法行为的；

（二）初次违法且危害后果轻微并及时改正的；

（三）法律、法规、规章规定可以从轻或减轻处罚的其他情形。

第十六条 有下列情形之一的，医疗保障行政部门应当从重处罚：

（一）违法情节恶劣，造成严重危害后果的；

（二）责令改正拒不改正，或者一年内实施两次以上同一性质违法行为的；

（三）妨碍、阻挠或者抗拒执法人员依法调查、处理其违法行为的；

（四）故意转移、隐匿、毁坏或伪造证据，或者对举报投诉人、证人打击报复的；

（五）法律、法规、规章规定应当从重处罚的其他情形。

第十七条 给予减轻处罚的，依法在法定行政处罚的最低限度以下作出。

第十八条 行使行政处罚裁量权，应当坚持处罚与教育相结合、执法与普法相结合，将普法宣传融入行政执法全过程，教育和引导公民、法人或者其他组织知法学法、自觉守法。

第十九条 医疗保障行政部门应当加强医疗保障基金监管执法典型案例的收集、整理、研究和发布工作，建立医疗保障基金监管行政执法案例库，充分发挥典型案例在指导和规范行政处罚裁量权工作中的引导、规范功能。

第二十条 医疗保障行政部门行使行政处罚裁量权，不得有下列情形：

（一）违法行为的事实、性质、情节以及社会危害程度与受到的行政处罚相比，畸轻或者畸重的；

（二）在同一时期同类案件中，不同当事人的违法行为相同或者相近，所受行政处罚差别较大的；

（三）依法应当不予行政处罚或者应当从轻、减轻行政处罚的，给予处罚或未从轻、减轻行政处罚的；

（四）其他滥用行政处罚裁量权情形的。

第二十一条 各级医疗保障行政部门应当建立健全规范医疗保障基金监管行政处罚裁量权的监督制度，通过以下方式加强对本行政区域内医疗保障行政部门行使裁量权情况的监督：

（一）行政处罚集体讨论；

（二）行政处罚决定法制审核；

（三）行政执法评议考核；

（四）行政处罚案卷评查；

（五）办理行政执法投诉举报；

（六）行政处罚结果公开；

（七）法律、法规和规章规定的其他方式。

各级医疗保障行政部门应当加强对下级医疗保障行政部门行使行政处罚裁量权的监督、指导。发现行政处罚裁量违法或者不当的，应当及时纠正。

第二十二条 医疗保障基金监管行政执法人员滥用行政处罚裁量权的，依法追究其行政责任。涉嫌违纪、犯罪的，移交纪检监察机关、司法机关依法依规处理。

第二十三条 省级医疗保障行政部门制定的行政处罚裁量权基准，应当及时向社会公开。

第二十四条 本办法自 2021 年 7 月 15 日实施。

国家医保局 财政部 国家卫生健康委关于切实做好新冠病毒疫苗及接种费用阶段性清算工作的通知

（医保发〔2021〕38 号）

各省、自治区、直辖市、计划单列市及新疆生产建设兵团医疗保障局，财政厅（局），卫生健康委：

为贯彻落实党中央、国务院决策部署，切实做好新冠病毒疫苗及接种费用保障工作，确保群众打得放心，疫苗接种专项资金（以下简称医保专项资金）付得明白，按照《国家医保局 财政部 国家卫生健康委关于做好新冠病毒疫苗及接种费用保障工作的通知》（医保发〔2021〕15 号，以下简称 15 号文）和《财政部 国家医保局 国家卫生健康委关于医保基金负担新冠病毒疫苗及接种费用财政补助有关事项的通知》（财社〔2021〕24 号）要求，现就新冠病毒疫苗及接种费用阶段性清算工作有关事项通知如下：

一、充分认识做好清算工作的重要意义

自实施居民免费接种新冠病毒疫苗以来，医保专项资金预算编制、资金划拨、费用结算等工作有序开展，逐步建立和完善了按月结算的费用结算机制，为保障疫苗生产供应和接种工作发挥了积极作用。各地医保、财政、卫生健康部门要切实提高政治站位，增强“四个意识”，坚定“四个自信”，做到“两个维护”，充分认识做好新冠病毒疫苗及接种费用清算工作的重要性和必要性，牢固树立政治意识、大局意识和责任意识，进一步强化医保、财政、卫生健康部门联合工作机制，加强统一领导，加强沟通协调，加强信息交流，切实做好新冠病毒疫苗及接种费用清算工作。

二、明确清算范围

新冠病毒疫苗及接种费用清算是指省级医保部门与省级采购机构之间、各级医保部门与接种单位之间确认有关新冠病毒疫苗及接种费用的应收或应付额，据实划拨的过程。

（一）时间范围

2021 年资金清算工作分批次进行。本次清算 2021 年 2 月 6 日至 2021 年 6 月 30 日医保专项资金应付疫苗及接种费用。

（二）费用范围

根据 15 号文，自 2021 年 2 月 6 日起发生的纳入医保专项资金保障范围的疫苗费用和接种费用。包括符合规定的外籍、华人华侨、港澳台等特殊人群（以下简称特殊人群）自国家相关文件执行之日起发生的疫苗及接种费用。政策文件执行之日前发生的相关费用不纳入本轮清算范围。

三、明确清算程序

（一）信息核验

1. 信息初审与传送。各省、自治区、直辖市（含新疆生产建设兵团，以下统称省）卫生健康部门应按照 15 号文的时限要求，对本次清算范围内由医保专项资金采购的疫苗及接种信息数据进行审核，并根据审核结果据实填写《新型冠状病毒疫苗及接种信息采集表（医保专项资金应结算疫苗）》（详见附件 1）、《新型冠状病毒疫苗及接种信息采集表（存疑疫苗）》（详见附件 2）、《新型冠状病毒疫苗及接种信息采集表（超出医保专项资金保障范围疫苗）》（详见附件 3）。附件电子版、盖章确认的数据交接单 PDF 格式电子版发医保、财政部门、财政部当地监管局，卫生健康部门对提供表格数据的真实性、准确性和完整性负责。

2. 信息复审。各省医保、卫生健康部门应建立联合审核工作机制(可邀请财政部当地监管局参加),2021 年 7 月 15 日前完成相关信息数据复核。信息中受种者姓名、证件号码、疫苗接种时间、接种剂次、疫苗生产企业代码、疫苗批号、疫苗追溯码、接种单位编码等关键字段应该完整、符合校验规则。身份信息、疫苗信息不合规的,个人接种剂次数大于正常免疫程序的,接种单位信息缺失、不完整或与相应费用保障政策规定不相符的,应退回当地卫生健康部门重新审核。复核后,属于信息遗漏或错误的,卫生健康部门应在 5 日内补充改正并提交。不能及时提供准确信息的,不纳入本次清算范围,其中已拨付费用的,在结算 6 月份费用时予以扣除,并做好相应财务处理。经复核,由省医保部门会同卫生健康部门生成复核后的《新型冠状病毒疫苗及接种信息采集表(医保专项资金应结算疫苗)》《新型冠状病毒疫苗及接种信息采集表(存疑疫苗)》、《新型冠状病毒疫苗及接种信息采集表(超出医保专项资金保障范围疫苗)》。

3. 特殊信息审核。因特殊原因,身份信息无法采集的(如涉密、服刑、戒毒、看守、拘留以及其他由主管部门牵头部署接种的人员等),省联防联控机制应提供由其或相应主管部门盖章的书面材料,注明涉及人员分类、人次、接种单位名称等信息。经复核,材料齐全且属于医保专项资金保障范围的,医保专项资金予以支付。

疫苗损耗信息应单独报送,单独审核。对于疫苗送抵疾控机构以后发生的合理损耗,应按照规范的疫苗报损程序报疾控机构并由疾控机构完成认定。省联防联控机制应提供盖章的书面材料,注明涉及剂次、疫苗批号、疫苗追溯码等信息。经复核,材料齐全的且属于医保专项资金保障范围的,医保专项资金予以支付,财政按规定予以补助,报损疫苗不支付接种费用;经复核,属于企业责任的(运输不当产生的破损、装量不足、盘亏的)或个人恶意损毁的,医保专项资金不予支付。

特殊信息(含疫苗损耗信息)审核所需凭证材料由省联防联控机制统一认定,原始材料由卫生健康部门留存备查。特殊信息审核工作应在 7 月 25 日前完成。

(二)实际发生费用清算

1. 疫苗费用清算。6 月 30 日前实际接种的并由卫生健康和医保部门复核通过的疫苗费用,各省医保部门应于 7 月 31 日前与省相关采购机构完成结算。2 月 6 日以后到货验收入库,并且到货价格调整为议定价格的,医保专项资金可按医保议定价格支付,不再区分合同签订日期。

疫苗结算费用从预付金抵扣的,应做好相应财务处理,并完成疫苗费用的实际结算。各接种单位收取的自费疫苗款,按现有收支渠道归集资金。其中用医保专项资金采购的疫苗,收取的疫苗款要及时上交省级采购机构,冲抵疫苗采购预付款。

2. 接种费用清算。7 月 31 日前,各统筹区医保部门与接种单位完成本次清算接种费用的结算。经报省联防联控机制同意,紧急接种阶段采购且 2 月 6 日以后接种疫苗产生的接种费用,其中财政尚未支付的,医保专项资金可按本地接种费用结算标准支付接种费用,每剂次不超过 10 元(含注射器),财政按规定予以补助。

3. 数据报送。8 月 7 日前,省医保部门应会同卫生健康部门,根据数据信息复核和实际结算情况,将本省《新型冠状病毒疫苗及接种信息采集表(医保专项资金应结算疫苗)》《新型冠状病毒疫苗及接种信息采集表(存疑疫苗)》《新型冠状病毒疫苗及接种信息采集表(超出医保专项资金保障范围疫苗)》《新型冠状病毒疫苗及接种费用医保专项资金清算数据汇总表》(详见附件 4)电子版、盖章的 PDF 格式电子版分别报国家医保局、国家卫生健康委,同步抄送财政部当地监管局。清算工作应确保应付尽付,应结尽结,应收尽收。

(三)已拨付资金处理

各地医保部门要根据疫苗接种进度,及时掌握已拨付资金的使用和结余情况,避免后期出现已拨付医保专项资金超出应结算资金或超出部分无法退回的情况。相关采购机构应合理制定疫苗采购计划,避免出现因库存量过大造成浪费资金的情况。

四、工作保障

本次清算工作由各省医保部门牵头负责,联

合卫生健康部门成立清算工作专班具体落实，相关部门要高度重视，明确分工，确保在规定时限内完成清算工作。

各省医保部门要指定1名联系人，专门负责于8月7日前通过医保核心业务区网络访问国家医疗保障信息平台（http://ips.hsip.gov.cn/）统一门户子系统专项工作一新冠病毒疫苗及接种费用统计模块报送数据。

各地自行调整的事项方案和在工作中遇到的重大问题和情况，请及时向国家医保局、财政部、国家卫生健康委报告。各级医保、财政、卫生健康部门应在要求时限内完成信息报送、信息审核、资金拨付等工作，对不能在规定时限内完成的，国家医保局、财政部、国家卫生健康委将予以联合通报。

特此通知。

附件：1. 省（区、市）截至2021年6月30日新型冠状病毒疫苗及接种信息采集表（医保专项资金应结算疫苗）（略）

2. 省（区、市）截至2021年6月30日新型冠状病毒疫苗及接种信息采集表（存疑疫苗）（略）

3. 省（区、市）截至2021年6月30日新型冠状病毒疫苗及接种信息采集表（超出医保专项资金保障范围疫苗）（略）

4. 省（区、市）截至2021年6月30日新型冠状病毒疫苗及接种费用医保专项资金清算数据汇总表（略）

国家医保局

财政部

国家卫生健康委

2021年7月14日

国家医疗保障局
关于优化医保领域便民服务的意见

（医保发〔2021〕39号）

各省、自治区、直辖市人民政府，国务院各部委、各直属机构：

为贯彻落实党中央、国务院关于为人民群众提供便捷高效的医疗保障服务的决策部署，深入推进医保领域“放管服”改革，提高医保服务水平，经国务院同意，现就优化医保领域便民服务提出以下意见。

一、总体要求

（一）指导思想。以习近平新时代中国特色社会主义思想为指导，全面贯彻落实党的十九大和十九届二中、三中、四中、五中全会精神，坚持以人民健康为中心，深化医保领域“放管服”改革，增强服务意识，创新管理方式，强化能力建设，打造高效便民的医保服务体系，持续提升人民群众的获得感、幸福感、安全感。

（二）基本原则。坚持需求导向，聚焦群众就医和医保需求，补短板、堵漏洞、强弱项，提供更加贴心暖心的服务。坚持便捷高效，推动服务创新与互联网、大数据等信息技术深度融合，推进经办服务扁平化、高效化、智能化，让数据多跑路、群众少跑腿。坚持统一规范，强化管理服务规则和经办服务能力建设，推动医保服务标准化、规范化，不断提升服务效能。

（三）工作目标。2022年底前，加快推动医保服务标准化、规范化、便利化建设，推行医保服务事项“最多跑一次”改革，高频医保服务事项实现“跨省通办”，切实提高医保服务水平。在此基础上，逐步建成以人性化为导向、法治化为保障、标准化为基础、信息化为支撑的医保经办管理服务体系，实现全国基本医保、大病保险、医疗救助等医保服务一体化。

二、主要任务

（四）推动医保服务标准化规范化建设。推行医保经办服务事项清单管理，2021年底前，实现全国医保经办服务事项名称、事项编码、办理材料、办理时限、办理环节、服务标准“六统一”，并适时调整更新。各级医保部门要按照服务质量最优、所需材料最少、办理时限最短、办事流程最简“四最”要求，坚决取消法律法规及国家政策要求之外的办理环节和材料。规范压减医保支付自由裁量权，完善多元复合支付方式，积极推行按疾病诊断相关分组付费、区域点数法总额预算和按病种分值付费。保障参保人员基本医疗需求，避免医疗机构年底突击“控费”。推行医保报销集成套餐服务，以保障群众办好医保报销为主线，实施流程再造，实现一次告知、一表申请、一窗办成，切实解决群众医保报销申请材料繁、手续杂等问题。

（五）深化医保服务“最多跑一次”改革。推行医保经办服务窗口“综合柜员制”，实现服务前台不分险种、不分事项一窗受理，后台分办联办。鼓励基层医保经办服务进驻政务服务综合大厅，加强与人力资源社会保障、人民银行、税务等部门业务衔接，方便群众参保登记缴费“一站式”联办。探索在地市推行基本医保、大病保险、医疗救助和商业保险一单结算，最多跑一次。

（六）推进“互联网＋医保服务”。优化医疗服务，参保群众可自主选择使用社保卡（含电子社保卡）、医保电子凭证就医购药。依托全国一体化政务服务平台，推动医保经办服务网上办理，实现“掌上办”“网上办”。积极推进“互联网＋医疗服务”，按照线上线下公平的原则和医保支付政策，根据服务特点完善协议管理、结算流程，积极探索信息共享，实现处方流转、在线支付结算、送药上门一体化服务。各统筹地区医保部门要加快完善本地区“互联网＋医疗服务”医保支付协议管理。畅通医保咨询服务渠道，加强智能知识库建设，向群众提供应答及时、咨询有效、解决率高的专业化医保热线服务。积极探索医保服务事项“视频办”。

（七）优化医保关系转移接续和异地就医结算。适应人口流动和就业转换需求，完善医保关系转移接续政策，积极推进跨统筹区基本医保关系转移接续工作，实现基本医保关系转移接续“跨省通办”。通过全国一体化政务服务平台，推进基本医保关系转移接续服务“网上办”“就近办”，办理时限不超过 20 个工作日。加快推进基本医保跨省异地就医直接结算，实现全国统一的异地就医备案，扩大异地就医直接结算范围。2021 年底前，各省份 60％以上的县至少有 1 家普通门诊费用跨省联网医疗机构，各统筹地区基本实现普通门诊费用跨省直接结算；2022 年底前，每个县至少有 1 家定点医疗机构能够提供包括门诊费用在内的医疗费用跨省直接结算服务。加强医保与财政、税务部门数据共享，建立健全全国医疗费用电子票据库，实现与医保系统、医院端的对接。逐步实现住院、门诊费用线上线下一体化的异地就医结算服务。

（八）推行医保经办服务就近办理。大力推动医保经办服务下沉，发挥乡镇（街道）作为服务城乡居民的区域中心作用，将参保登记缴费、信息查询及变更、异地就医备案、零星（手工）报销初审等业务下放乡镇（街道）一级办理，鼓励有条件的统筹地区下放至村（社区）一级办理。鼓励将门诊慢特病种认定、新生儿参保等与就医过程紧密相关的事项下放至定点医疗机构办理。拓展自助服务功能，在指定定点医药机构设置自助服务区，方便群众查询及办理基本医保经办业务。

（九）优化定点医药机构协议管理。公开定点医药机构申请条件，对所需提供的材料实施清单管理，并明确不予受理情形，对社会办医疗机构等不设“玻璃门”，做到一视同仁。统筹地区经办机构应及时受理医疗机构、零售药店提出的定点申请并组织评估，协商达成一致的，双方自愿签订服务协议。

（十）完善医保经办管理服务体系。加快构建全国统一的医保经办管理服务体系，实现省、市、县、乡镇（街道）、村（社区）全覆盖。加强基层医保经办服务能力建设，推进医保经办服务纳入县乡村公共服务一体化建设。依托乡镇（街道）服务站完善基层医保经办服务体系。鼓励商业健康保险发展，丰富保险品种，引入信息技术服务机构、商业保险机构、社会服务机构等第三方力量参与医保经办服务，提高医保精算水平，建立绩效评价和优胜劣汰调整机制。

（十一）强化医保服务数据支撑。按照建设全国统一医保信息平台的目标，依托全国统一的技术体系和架构，加快推进各地医保信息平台落地应用，并与全国一体化政务服务平台互联互通。全面推行 15 项信息业务编码标准的落地应用，实现全国医保系统和各业务环节的“一码通”，逐步实现医保数据的聚合贯通、深度挖掘及在线应用。提升医保一体化经办、便捷化服务、智能化监管和科学化决策能力，提高医保治理能力现代化水平。强化新就业形态从业人员等灵活就业人员、新生儿、孤弃儿童、事实无人抚养儿童等重点群体参保数据管理，防止“漏保”“断保”。以全国一体化政务服务平台为数据共享枢纽，建立医保部门与教育、公安、民政、人力资源社会保障、卫生健康、退役军人事务、税务、市场监管、乡村振兴、残联等部门的数据共享交换机制，加强人员信息比对和动态维护，做实参保基础数据。

（十二）打造医保经办服务示范窗口。加强医保经办服务窗口标准化建设，完善基础设施设备，统一服务标准，全面落实一次性告知制、首问负责制、限时办结制。落实好“好差评”制度，加强结果运用，开展创先争优，加强医保经办服务窗口行风建设，开展体验式评价和群众满意度调查。加快推进全国县区以上医保经办服务标准化窗口全覆盖，为群众提供更好办事环境和办事体验。

（十三）打击医保领域欺诈骗保行为。强化医保基金全过程监管，完善法规，依法严厉打击诱导住院、虚开费用单据、过度诊疗等欺诈骗保行为，守好群众“保命钱”。依托全国统一的医保信息平台，加快医保智能监管子系统落地应用，与医药机构信息系统全面对接。针对医保领域欺诈骗保行为特点，完善智能监控知识库和审核规则库，加强对定点医疗机构临床诊疗行为的引导和审核，强化事前、事中监管，事后运用大数据筛查医疗费用异常情况并及时进行处理。鼓励有条件的地方推广运用人脸识别技术，实现参保人“刷脸”就医住院，杜绝“假病人”；医师“刷脸＋定位”双重认证，杜绝“假医生”。

三、加强组织保障

（十四）强化组织领导。各地区、各相关部门要充分认识推进医保领域“放管服”改革的重要性，积极协同配合，强化信息共享、机制衔接，形成工作合力。各地医保部门要细化分解任务，层层压实责任，确保落实落细。

（十五）优化资源保障。各地区要根据实际情况，优化医保经办机构资源配置，加强履职所需的技术、设备、经费等方面的保障。合理配备与定点医疗机构数、参保人员数以及工作职责相匹配的经办力量，推进医保经办队伍专业化、规范化，全面提升医保经办服务水平，为乡镇（街道）、村（社区）承接下放业务提供必要的工作条件和业务指导。

（十六）积极宣传引导。各地区要及时总结评估医保领域便民服务有效做法，倡导简化手续、提高效率，便利参保群众享受医保服务，打造医保服务品牌。加大宣传力度，积极回应社会关切，广泛凝聚社会共识，营造医保领域便民服务良好氛围。

国家医疗保障局

2021 年 7 月 16 日

国家医保局 国家卫生健康委 国家发展改革委 财政部 人力资源社会保障部 市场监管总局 国家中医药局 国家药监局关于印发《深化医疗服务价格改革试点方案》的通知

（医保发〔2021〕41 号）

各省、自治区、直辖市人民政府，新疆生产建设兵团，国务院有关部委、有关直属机构：

《深化医疗服务价格改革试点方案》已经中央全面深化改革委员会第十九次会议审议通过。经国务院同意，现印发你们，请结合实际认真组织实施。

国家医保局 国家卫生健康委
国家发展改革委 财政部
人力资源社会保障部 市场监管总局
国家中医药局 国家药监局
2021 年 8 月 25 日

深化医疗服务价格改革试点方案

深化医疗服务价格改革是推进医疗保障和医疗服务高质量协同发展的重要举措。按照党中央、国务院关于深化医疗保障制度改革任务部署，为加快建立科学确定、动态调整的医疗服务价格形成机制，持续优化医疗服务价格结构，现制定本方案。

一、总体要求

（一）指导思想。以习近平新时代中国特色社会主义思想为指导，深入贯彻党的十九大和十九届二中、三中、四中、五中全会精神，坚持以人民健康为中心、以临床价值为导向、以医疗事业发展规律为遵循，建立健全适应经济社会发展、更好发挥政府作用、医疗机构充分参与、体现技术劳务价值的医疗服务价格形成机制，坚持公立医疗机构公益属性，建立合理补偿机制，调动医务人员积极性，促进医疗服务创新发展，提高医疗卫生为人民服务的质量和水平，控制人民群众医药费用负担，保障人民群众获得高质量、有效率、能负担的医疗卫生服务。

（二）总体思路。规范管理医疗服务价格项目，建立符合价格规律的计价单元体系。统筹兼顾医疗事业发展需要和各方承受能力，调控医疗服务价格总体水平。探索政府指导和公立医疗机构参与相结合的价格形成机制，充分发挥公立医疗机构专业优势，合理确定医疗服务价格。建立灵敏有度的价格动态调整机制，明确调价的启动条件和约束条件，发挥价格合理补偿功能，稳定调价预期、理顺比价关系，确保群众负担总体稳定、医保基金可承受、公立医疗机构健康发展可持续。强化大数据和信息化支撑作用，加强公立医疗机构价格监测评估考核，确保价格机制稳定运行。坚持系统观念，统筹推进公立医院补偿机制、分级诊疗、医疗控费、医保支付等相关改革，完善激励约束机制，增强改革的系统性、整体性、协同性，形成综合效应。

（三）改革目标。通过 3 至 5 年的试点，探索形成可复制可推广的医疗服务价格改革经验。到 2025 年，深化医疗服务价格改革试点经验向全国推广，分类管理、医院参与、科学确定、动态调整的医疗服务价格机制成熟定型，价格杠杆功能得到充分发挥。

二、建立目标导向的价格项目管理机制

（四）制定价格项目编制规范。按照服务产出为导向、医疗人力资源消耗为基础、技术劳务与物耗分开的原则，制定国家价格项目编制规范。明确医疗技术或医疗活动转化为价格项目的立项条件和管理规则，厘清价格项目与临床诊疗技术规范、医疗机构成本要素、不同应用场景加收标准等的政策边界。构建内涵边界清晰、适应临床诊疗、便于评价监管的价格项目体系。

（五）完善全国价格项目规范。在充分听取临床专家等意见基础上，分类整合现行价格项目，完善全国医疗服务价格项目规范，统一价格项目编码，逐步消除地区间差异。实现价格项目与操作步骤、诊疗部位等技术细节脱钩，增强现行价格项目对医疗技术和医疗活动改良创新的兼容性，合理压减项目数量。医用耗材从价格项目中逐步分离，发挥市场机制作用，实行集中采购、“零差率”销售。

（六）优化新增价格项目管理。简化新增价格项目申报流程，加快受理审核进度，促进医疗技术创新发展和临床应用。对资源消耗大、价格预期高的新增价格项目，开展创新性、经济性评价。对优化重大疾病诊疗方案或填补诊疗空白的重大创新项目，开辟绿色通道，保障患者及时获得更具有临床价值和成本效益的医疗服务。

三、建立更可持续的价格管理总量调控机制

（七）加强医疗服务价格宏观管理。根据经济发展水平、医疗技术进步和各方承受能力，对公立医疗机构医疗服务价格调整总量实行宏观管理，控制医药费用过快增长，提升价格管理的社会效益。在价格调整总量范围内突出重点、有升有降调整医疗服务价格，发挥价格工具的杠杆作用。

（八）合理确定价格调整总量。建立健全价格调整总量的确定规则和指标体系。以区域内公立医疗机构医疗服务总费用为基数，综合考虑地区经济发展水平、医药总费用规模和结构、医保基金筹资运行、公立医疗机构运行成本和管理绩效、患者跨区域流动、新业态发展等因素，确定一定时期内公立医疗机构医疗服务价格调整的总金额。

（九）统筹平衡总量分配。地区间价格调整总量增速要快慢结合，促进增加医疗资源有效供给，提高均等化水平。医疗费用增速过快的地区要严格控制增长。公立医疗机构间价格调整总量有保有压，体现合理回报、激励先进，反映各级各类公立医疗机构功能定位、服务特点，支持薄弱学科、基层医疗机构和中医医疗服务发展，促进分级诊疗。

四、建立规范有序的价格分类形成机制

（十）通用型医疗服务的政府指导价围绕统一基准浮动。医疗机构普遍开展、服务均质化程度高的诊察、护理、床位、部分中医服务等列入通用型医疗服务目录清单。基于服务要素成本大数据分析，结合宏观指数和服务层级等因素，制定通用型医疗服务政府指导价的统一基准，不同区域、不同层级的公立医疗机构可在一定范围内浮动实施，促进通用型医疗服务规范化标准化和成本回收率均等化。

（十一）复杂型医疗服务的政府指导价引入公立医疗机构参与形成。未列入通用型医疗服务目录清单的复杂型医疗服务，构建政府主导、医院参与的价格形成机制，尊重医院和医生的专业性意见建议。公立医疗机构在成本核算基础上按规则提出价格建议。各地集中受理，在价格调整总量和规则范围内形成价格，严格控制偏离合理价格区间的过高价格，统一公布政府指导价。建立薄弱学科的调查监测和政策指引机制，允许历史价格偏低、医疗供给不足的薄弱学科项目价格优先调整，推动理顺比价关系。充分考虑中医医疗服务特点，支持中医传承创新发展。支持技术难度大、风险程度高、确有必要开展的医疗服务适当体现价格差异。引导公立医疗机构加强成本管理和精算平衡、统筹把握调价项目数量和幅度，指导公立医疗机构采取下调偏高价格等方式扩大价格调整总量。

（十二）特需服务和试行期内新增项目实行市场调节价。公立医疗机构确定特需服务和试行期内新增项目（试行期 1 至 2 年）的价格，并报医疗服务价格主管部门备案。定价要遵守政府制定的

价格规则，与医院等级、专业地位、功能定位相匹配，定价增加的医疗服务费用占用价格调整总量。严格控制公立医疗机构实行市场调节价的收费项目和费用所占比例，不超过全部医疗服务的10％。新增项目试行期满后，按通用型或复杂型项目进行管理。

五、建立灵敏有度的价格动态调整机制

（十三）通用型医疗服务项目价格参照收入和价格指数动态调整。通用型医疗服务项目基准价格参照城镇单位就业人员平均工资、居民消费价格指数变化进行定期评估、动态调整。城镇单位就业人员平均工资累计增幅达到触发标准、居民消费价格指数低于一定水平的，按规则调整基准价格。

（十四）复杂型医疗服务项目价格经评估达标定期调整。建立健全调价综合评估指标体系，将医药卫生费用增长、医疗服务收入结构、要素成本变化、药品和医用耗材费用占比、大型设备收入占比、医务人员平均薪酬水平、医保基金收支结余、患者自付水平、居民消费价格指数等指标列入评估范围，明确动态调整的触发标准和限制标准。定期开展调价评估，符合标准时集中启动和受理公立医疗机构提出的价格建议。

（十五）建立医疗服务价格专项调整制度。为落实药品和医用耗材集中带量采购等重大改革任务、应对突发重大公共卫生事件、疏导医疗服务价格突出矛盾、缓解重点专科医疗供给失衡等，根据实际需要启动医疗服务价格专项调整工作，灵活选择调价窗口期，根据公立医疗机构收入、成本等因素科学测算、合理确定价格调整总量和项目范围，有升有降调整价格。

六、建立严密高效的价格监测考核机制

（十六）加强公立医疗机构价格和成本监测。监测公立医疗机构重要项目价格变化。实行医疗服务价格公示、披露制度，编制并定期发布医疗服务价格指数。对监测发现医疗服务价格异常、新增项目定价偏高的，必要时组织开展成本调查或监审、成本回收率评价、卫生技术评估或价格听证，防止项目价格畸高畸低。

（十七）做好医疗服务价格改革评估。密切跟踪医疗服务价格项目管理机制改革进展，定期评估新增项目执行效果。全面掌握医疗服务价格总量调控和动态调整执行情况，定期评估调价对公立医疗机构运行、患者和医保基金负担等的影响。密切跟踪价格分类形成机制落实情况，定期评估区域间、学科间比价关系。科学运用评估成果，与制定和调整医疗服务价格挂钩，支撑医疗服务价格新机制稳定高效运行。

（十八）实行公立医疗机构价格责任考核制度。制定公立医疗机构医疗服务价格主体责任考核办法。稽查公立医疗机构内部价格管理和定价的真实性、合规性，检查公立医疗机构医疗服务价格执行情况，考核公立医疗机构落实改革任务、遵守价格政策、加强经营管理、优化收入结构、规范服务行为等情况。稽查、检查和考核结果与公立医疗机构价格挂钩。

七、完善价格管理的支撑体系

（十九）优化医疗服务价格管理权限配置。医疗服务价格项目实行国家和省两级管理。医疗服务价格水平以设区的市属地化管理为基础，国家和省级医疗保障部门可根据功能定位、成本结构、医疗技术复杂程度等，对部分医疗服务的价格进行政策指导。

（二十）完善制定和调整医疗服务价格的规则程序。周密设计各类医疗服务价格制定和调整的规则，减少和规范行政部门自由裁量权，确保医疗服务价格形成程序规范、科学合理。建立调价公示制度。加强事前的调价影响分析和社会风险评估，重点关注特殊困难群体，主动防范和控制风险。依法依规改革完善优化医疗服务定调价程序，采取多种形式听取意见。

（二十一）加强医疗服务价格管理能力建设。健全联动反应和应急处置机制，加强上下衔接、区域联动、信息共享。畅通信息报送渠道，为价格调整提供良好信息支撑。提升医疗服务价格管理信息化水平，加强医疗服务价格管理队伍建设。

八、统筹推进配套改革

（二十二）深化公立医院综合改革。完善区域

公立医院医疗设备配置管理，引导合理配置，严控超常超量配备。加强公立医疗机构内部专业化、精细化管理。规范公立医疗机构和医务人员诊疗行为。合理确定公立医院薪酬水平，改革完善考核评价机制，实现医务人员薪酬阳光透明，严禁下达创收指标，不得将医务人员薪酬与科室、个人业务收入直接挂钩。

(二十三)改进医疗行业综合监管。加强医疗机构医疗服务价格监督检查，以及部门间信息共享、配合执法。研究制定医疗服务价格行为指南。依法严肃查处不执行政府指导价、不按规定明码标价等各类价格违法行为，以及违规使用医保资金行为。

(二十四)完善公立医疗机构政府投入机制。落实对符合区域卫生规划的公立医疗机构基本建设和设备购置、重点学科发展等政府投入。落实对中医(民族医)医院和传染病、精神病、职业病防治、妇产和儿童等专科医疗机构的投入倾斜政策。

(二十五)规范非公立医疗机构价格。非公立医疗机构提供的医疗服务，落实市场调节价政策，按照公平合法、诚实信用、质价相符的原则合理定价，纳入医保基金支付的按医保协议管理。加强非公立医疗机构价格事中事后监管，做好价格监测和信息披露，必要时采取价格调查、函询约谈、公开曝光等措施，维护良好价格秩序。

(二十六)衔接医疗保障制度改革。做好医疗服务价格和支付政策协同，价格管理总量调控和医保总额预算管理、区域点数法协同。探索制定医保支付标准。建立健全医保医用耗材目录管理制度。深化以按病种、按疾病诊断相关分组付费为主的多元复合式医保支付方式改革。探索对紧密型医疗联合体实行医保总额付费，加强监督，在考核基础上结余留用、合理超支分担。推进医用耗材全部挂网采购，扩大高值医用耗材集中带量采购范围。强化公立医疗机构定点协议管理。

九、组织开展试点

(二十七)加强组织领导。开展试点的地区要充分认识深化医疗服务价格改革的重要性、复杂性和艰巨性，把改革试点作为深化医疗保障制度改革的重要工作任务，把党的领导贯彻到试点全过程，建立试点工作领导机构，健全工作机制，加强组织领导，严格按照统一部署开展试点工作。

(二十八)稳妥有序试点。国家医保局会同相关部门，初期在科学评估基础上遴选5个城市，重点围绕总量调控、价格分类形成和动态调整、监测考核等机制开展试点，并加强直接联系指导。有条件的省(自治区、直辖市)可组织设区的市参与试点。试点城市要因地制宜制定试点实施方案，稳妥有序推进，形成可复制、可推广的改革经验。

(二十九)精心组织实施。试点实施方案要聚焦突出问题和关键环节，深入探索体制机制创新，力求有所突破，取得实效。试点实施方案由省级人民政府审核后组织实施，并报国家医保局备案。试点中遇到重大情况，及时向国家医保局和省级人民政府报告。非试点地区要按照国家医保局等4部门印发的《关于做好当前医疗服务价格动态调整工作的意见》(医保发〔2019〕79号)要求，做好相关工作，持续理顺医疗服务比价关系。

(三十)做好宣传引导。各地区、各有关部门要主动做好深化医疗服务价格改革政策解读，及时回应群众关切，合理引导社会预期。充分调动各方支持配合改革的积极性和主动性，广泛听取意见，凝聚社会共识，提前做好风险评估，努力营造良好改革氛围。

国家医疗保障局
关于印发 DRG/DIP 支付方式改革三年行动计划的通知

(医保发〔2021〕48 号)

各省、自治区、直辖市及新疆生产建设兵团医疗保障局:

为全面贯彻落实党的十九大和十九届二中、三中、四中、五中、六中全会精神,按照《中共中央 国务院关于深化医疗保障制度改革的意见》提出的"建立管用高效的医保支付机制"的要求,总结推广 2019－2021 年 DRG/DIP 付费国家试点的有效做法,推动医保高质量发展,促进供给侧结构性改革,维护参保人权益,国家医疗保障局制定了《DRG/DIP 支付方式改革三年行动计划》。现印发给你们,请认真组织实施,确保工作取得实效。

国家医疗保障局将继续开展技术指导、监测和评估等工作,并加强对先进经验、典型案例的总结宣传,充分展现改革惠及人民群众、引导医疗机构加强管理以及促进医保基金提质增效的重要意义。各地在实施过程中的工作动态、成熟经验和意见建议,请及时报国家医疗保障局。

国家医疗保障局

2021 年 11 月 19 日

DRG/DIP 支付方式改革三年行动计划

为深入贯彻落实《中共中央 国务院关于深化医疗保障制度改革的意见》,加快建立管用高效的医保支付机制,在三年试点取得初步成效基础上,加快推进 DRG/DIP 支付方式改革全覆盖,制定本行动计划。

一、工作目标

以习近平新时代中国特色社会主义思想为指导,坚持以人民健康为中心,以加快建立管用高效的医保支付机制为目标,分期分批加快推进,从 2022 到 2024 年,全面完成 DRG/DIP 付费方式改革任务,推动医保高质量发展。到 2024 年底,全国所有统筹地区全部开展 DRG/DIP 付费方式改革工作,先期启动试点地区不断巩固改革成果;到 2025 年底,DRG/DIP 支付方式覆盖所有符合条件的开展住院服务的医疗机构,基本实现病种、医保基金全覆盖。完善工作机制,加强基础建设,协同推进医疗机构配套改革,全面完成以 DRG/DIP 为重点的支付方式改革任务,全面建立全国统一、上下联动、内外协同、标准规范、管用高效的医保支付新机制。

二、工作任务

聚焦抓扩面、建机制、打基础、推协同四个方面,分阶段、抓重点、阶梯式推进改革工作,加快扩面步伐,建立完善机制,注重提质增效,高质量完成支付方式改革各项任务。

(一)抓扩面:实现四个全面覆盖。

狠抓统筹地区、医疗机构、病种分组、医保基金四个方面全面覆盖,推动 DRG/DIP 支付方式改革实现从局部向全面、从部分到全体、从粗放式向精细化纵深发展。

1. 抓统筹地区全面覆盖。在 2019－2021 年试点基础上,按 2022 年、2023 年、2024 年三年进度安排。以省(自治区、直辖市)为单位,分别启动不少于 40%、30%、30%的统筹地区开展 DRG/DIP 支付方式改革并实际付费。鼓励以省(自治区、直辖市)为单位提前完成统筹地区全覆盖任务。

2. 抓医疗机构全面覆盖。统筹地区启动DRG/DIP付费改革工作后，按三年安排实现符合条件的开展住院服务的医疗机构全面覆盖，每年进度应分别不低于40%、30%、30%，2024年启动地区须于两年内完成。

3. 抓病种全面覆盖（原则上达到90%）。统筹地区启动DRG/DIP付费改革工作后，按三年安排实现DRG/DIP付费医疗机构病种全面覆盖，每年进度应分别不低于70%、80%、90%，2024年启动地区须于两年内完成。鼓励入组率达到90%以上。

4. 抓医保基金全面覆盖（原则上达到70%）。统筹地区启动DRG/DIP付费改革工作后，按三年安排实现DRG/DIP付费医保基金支出占统筹区内住院医保基金支出达到70%，每年进度应分别不低于30%、50%、70%，2024年启动地区须于两年内完成。鼓励超过70%的基金总额预算覆盖率。

（二）建机制：建立完善四个工作机制。

通过DRG/DIP付费改革，建立医保对医疗机构管用高效的支付管理和激励约束机制，是支付方式改革的出发点和落脚点，也是支付方式改革的应有之义。各地在推进改革过程中，应牢牢抓住机制建设这个核心，利用三年左右的时间，突出建立和完善四个机制，不断推进医保支付方式改革内涵式、精细化发展。

1. 完善核心要素管理与调整机制。突出病组（病种）、权重（分值）和系数三个核心要素，建立完善管理和动态调整机制，并不断完善各项技术标准和流程规范。加强病组（病种）管理，以国家分组为基础，结合本地实际，维护和调整病种分组，使之更加贴近临床需求，贴近地方实际，更利于开展病种费用结构分析；加强病组（病种）权重（分值）管理，使之更加体现医务人员劳动价值，更加体现公平公正；加强医疗机构系数管理，有效体现医疗服务技术含量，促进医疗服务下沉，促进分级诊疗，大幅提高医疗服务资源和医保基金使用绩效。

2. 健全绩效管理与运行监测机制。加强医保基金使用效率效果评价考核，不断提高有限医保基金使用绩效。各地要基于DRG/DIP付费改革，加强医疗服务行为的纵向分析与横向比较，建立医保基金使用绩效评价与考核机制，并充分利用考核评价成果建立激励约束机制，真正发挥医保支付“牛鼻子”作用。按照DRG/DIP付费国家医疗保障经办管理规程要求，围绕DRG/DIP付费全流程管理链条，构建“国家－省－市”多层次监测机制，加强数据分析，优化工作流程，提升信息化水平，建立管用高效的监测体系。

3. 形成多方参与的评价与争议处理机制。各地要建立相应技术评价与争议处理机制，形成多方参与、相互协商、公开公平公正的医保治理新格局，要立足当地实践，建立完善争议问题发现、研究解决和结果反馈机制，加强专业专家队伍建设、评议机制建设，支撑病种、权重（分值）和系数等核心要素动态调整，形成与医疗机构集体协商、良性互动、共治共享的优良环境。

4. 建立相关改革的协同推进机制。各地要相应完善总额预算管理机制，大力推进病种分值付费等区域总额预算管理，减少直至取消具体医疗机构年度绝对总额管理方式；要协同推进按床日付费、按人头付费机制改革，加强各种支付方式的针对性、适应性、系统性；在DRG/DIP政策框架范围内，协同推进紧密型医疗联合体“打包”付费；探索中医药按病种支付的范围、标准和方式，支持和促进中医药传承创新发展；要建立与国家医保谈判药品“双通道”管理、药品医用耗材集中带量采购等政策措施的协同推进机制，形成正向叠加效应。同步加强支付审核管理，完善基金监管机制，促进医疗机构强化管理，规范医疗服务行为。

（三）打基础：加强四项基础建设。

支付方式改革是一项系统工程、战略任务，必须加强基础支撑。要牢牢抓住专业能力、信息系统、技术标准和示范点四项建设任务，夯实基础，确保支付方式改革行稳致远。

1. 加强专业能力建设。国家、省（自治区、直辖市）、统筹区分级开展分管领导、处（科）负责人和业务骨干培训。要规范培训内容、丰富培训形式，保证培训规模，确保培训质量。要建立干中学、学中干的良性互动机制，完善交叉评估交流与集中调研机制，国家医保局每年组织1－2次交叉调研评估活动。国家和省(自治区、直辖市)要加强指导,分级组织开发培训课件,培养相对固定、讲解能力强的培训人员。实施双百计划,国家医保局每年培训省级骨干 100 人(含省级医保局分管领导、医药处负责人、业务骨干各 1 人);地市业务骨干 100 人(新启动改革地区各 1 人)。各省级医保局负责加强本省域支付方式改革培训。

2. 加强信息系统建设。国家医保局依托全国统一的医保信息平台制定 DRG/DIP 相关信息系统标准和规范,着重保障 DRG/DIP 系统的统一性、规范性、科学性、兼容性以及信息上下传输的通畅性,发布全国统一的 DRG/DIP 功能模块基础版。按照国家标准规范和基础版本,各地结合本地实际设置 DRG/DIP 功能模块的规则、参数,并做好与国家平台的对接、传输、使用、安全保障等工作。各统筹地区要在启动改革第一年完成相应功能模块落地应用,并持续完善。

3. 加强标准规范建设。国家医保局组织力量,开发和完善 DRG/DIP 付费改革技术标准和经办流程规范,明确改革方向、步骤和路径,明确各个阶段、各个环节工作重点、主要内容、注意事项、建设标准等。省级医保部门按国家医保局统一要求,完善本省域范围内技术标准和经办流程规范,指导督促各统筹地区落地落实;强化协议管理,在协议中明确 DRG/DIP 付费预算管理、数据质量、支付标准、审核结算、稽核检查、协商谈判、考核评价等要求,对定点医疗机构在 DRG/DIP 付费中发生的违约行为进行重点关注并提出具体处理办法;不断提高本省份各统筹地区改革质量和效率,提高付费方式改革标准化、规范化水平。

4. 加强示范点建设。国家局在前三年试点基础上,通过试点城市自愿申报,评选 DRG/DIP 支付方式改革示范点。示范点要发挥典型示范、辐射带动作用,在落实标准规范、完善工作机制、开展精细化管理等方面,引领改革向纵深发展。开展示范医院建设,调动定点医疗机构推进支付方式改革的积极性。省级医保部门要加强对本省(自治区、直辖市)国家示范点建设的指导和督导,组织统筹地区开展示范医院建设,开展示范医院申报、评选、宣传等工作,发挥典型示范作用。

(四)推协同:推进医疗机构协同改革。

支付方式改革直接作用对象是定点医疗机构,要最大程度争取医疗机构的理解、配合和支持,促进医疗机构推进相关配套改革,保证 DRG/DIP 付费改革在医疗机构顺利落地,并得到多方认可,实现预期改革目标。要引导和协调医疗机构重点推进编码管理、信息传输、病案质控、内部运营机制建设等四个方面的协同改革,做到四个到位。

1. 编码管理到位。全面推进标准化是医保部门的重大战略任务,也是 DRG/DIP 付费改革的重要支撑。要确保国家 15 项医保信息业务编码在定点医疗机构的全面落地,重点优先实现医保疾病诊断和手术操作、药品、医用耗材、医疗服务项目编码的落地应用,并使用医保标准编码,按照《医疗保障基金结算清单填写规范》上传统一的医保结算清单。

2. 信息传输到位。医疗机构及时、准确、全面传输 DRG/DIP 付费所需信息是支付工作开展的基础。各统筹地区要指导、督促辖域内医疗机构对标国家标准,组织力量校验医保结算清单接口文档及各字段数据来源,梳理医保结算清单数据项的逻辑关系和基本内涵,做细医保结算清单贯标落地工作,落实 DRG/DIP 付费所需数据的传输需要,确保信息实时传输、分组结果和有关管理指标及时反馈并能实时监管。

3. 病案质控到位。病案管理是 DRG/DIP 分组的核心。要引导医疗机构切实加强院内病案管理,提高病案管理质量。各统筹地区可以支持和配合定点医疗机构,开发病案智能校验工具,开展病案质量专项督查,提高医疗机构病案首页以及医保结算清单报送的完整度、合格率、准确性。

4. 医院内部运营管理机制转变到位。支付方式改革的主要目的,就是要引导医疗机构改变当前粗放式、规模扩张式运营机制,转向更加注重内涵式发展,更加注重内部成本控制,更加注重体现医疗服务技术价值。各统筹地区要充分发挥 DRG/DIP 支付方式改革付费机制、管理机制、绩效考核评价机制等引导作用,推动医疗机构内部运营管理机制的根本转变,在促进医院精细化管理、高质量发展的同时,提高医保基金使用绩效。

三、工作要求

深化医保支付方式改革是保障群众获得优质医药服务、提高基金使用效率的关键环节，是深化医疗保障改革、推动医保高质量发展的必然要求。各级医保部门要进一步提高思想认识，加强组织领导，完善工作机制，积极稳妥地推进支付方式改革工作。

（一）统一思想认识，加强组织领导。

各级医保部门要进一步提高认识，统一思想，充分把握医保支付方式改革的必要性、紧迫性，充分把握 DRG/DIP 付费改革工作的重大意义、基本原理、业务流程、标准规范，确保思想到位、措施到位、行动到位。省（自治区、直辖市）、地市级医保部门主要负责同志要加强对医保支付方式改革工作的领导，要亲力亲为抓改革、扑下身子抓落实，确保全面完成各项改革任务；分管负责同志要靠前指挥，亲自调度医保支付方式改革全覆盖工作；主管部门要加强与规划信息、筹资待遇、价格招采、基金监管等工作的协调配合，加强与财政、卫生健康等部门的沟通协调，明确目标任务、路径方法和各自责任，形成工作合力。

（二）制定推进方案，完善工作机制。

省级医保部门是三年行动计划的责任主体，要按三年行动计划要求，制定本省（自治区、直辖市）推进 DRG/DIP 支付方式改革具体行动计划，明确目标任务、进度安排、质量要求，于 12 月 31 日前报国家医保局。要认真总结三年试点经验和成绩，研究分析问题，在推动先期试点工作做实做细做精过程中，不断完善 DRG/DIP 付费工作机制，提高支付方式改革绩效，并做好示范引领和推广工作。要坚持目标导向和问题导向，建立工作交流、调度和督导工作机制，及时解决工作中出现的困难和问题，确保按时高质量完成改革任务。

（三）加大落实力度，确保改革见效。

要充分发挥经办机构在支付方式改革落地中的重要作用，省级经办机构要切实落实责任，指导和组织地市级经办机构按照统一要求、结合实际制定本地支付方式经办管理规程和定点医疗机构支付方式经办管理规程，规范流程、统一标准，推进支付方式改革取得实效。

（四）加强宣传引导，营造良好环境。

支付方式改革涉及多方利益，社会关注度高，必须加强宣传解读和舆论引导，形成广泛的社会共识，为改革创造良好、宽松的工作环境。要加强效果评估，讲好改革故事，用事实讲道理，用数据讲效果，及时宣传支付方式改革的进展和成效，争取社会各方的理解和支持。要充分展现改革惠及人民群众、引导医疗机构加强管理以及促进医保基金提质增效的重要意义。

国家医保局 公安部 关于加强查处骗取医保基金案件行刑衔接工作的通知

（医保发〔2021〕49 号）

各省、自治区、直辖市及新疆生产建设兵团医保局、公安厅（局）：

为完善行政执法与刑事司法衔接机制，加强医疗保障行政部门与公安机关的协作配合，依法惩处骗取医保基金犯罪行为，切实保障医保基金安全，维护参保群众合法权益，促进社会诚信和法治建设，根据《中华人民共和国刑法》《中华人民共和国社会保险法》《医疗保障基金使用监督管理条例》《行政执法机关移送涉嫌犯罪案件的规定》等法律法规，现就进一步加强查处骗取医保基金案件行刑衔接工作通知如下：

一、切实加强查处骗取医保基金案件行刑衔接工作

各级医疗保障行政部门、公安机关要坚持以人民为中心的发展思想，贯彻宽严相济的刑事司法政策，切实加强医保基金监管行政执法与刑事司法有效衔接，做好案件移送、受理等工作。各级医保部门、公安机关要按照职责权限，切实做好骗取医保基金案件的调查、移送、立案、侦查和查处等工作，做到应移尽移，应收尽收，不得以行政处罚代替刑事责任追究。

二、明确查处骗取医保基金案件移送范围

各级医疗保障行政部门在医保基金监管执法过程中，发现公民、法人和其他组织有《骗取医保基金案件移送情形》（详见附件 1）所列行为，涉嫌犯罪的，应依法向同级公安机关移送。

三、规范查处骗取医保基金案件移送程序

（一）移送办理。医疗保障行政部门移送骗取医保基金的案件，应确定不少于 2 名行政执法人员组成专案组，核实情况后，提出移送涉嫌犯罪案件书面报告，报本部门正职负责人或主持工作负责人审批，本部门正职负责人或主持工作负责人应当自接到报告之日起 3 日内作出批准移送或者不批准移送的决定。决定批准的，在 24 小时内向同级公安机关移送；决定不批准的，应当将不予批准的理由记录在案。

（二）移送材料。移送案件应当附以下材料：《涉嫌犯罪案件移送书》（详见附件 2），并附骗取医保基金涉嫌犯罪《案件调查报告》（详见附件 3）、涉案物品清单及有关书证、物证、检验报告或者鉴定结论及其他有关涉嫌犯罪的材料。

移送案件时已经作出行政处罚决定的，应当将行政处罚决定书一并抄送。

（三）接受立案。公安机关对医疗保障行政部门移送的骗取医保基金案件，应当予以受理，并在《涉嫌犯罪案件移送书（回执）》（详见附件 4）上签字。公安机关认为医疗保障行政部门移送的案件材料不全的，应当在接受案件后 24 小时内通知移送案件的医疗保障行政部门在 3 日内补正，但不得以材料不全为由不接受移送案件。公安机关认为医疗保障行政部门移送的案件不属于本机关管辖的，应当在 24 小时内转送有管辖权的机关，并书面告知移送案件的医疗保障行政部门。

公安机关应当自接受案件之日起进行立案审查，立案审查期限原则上不超过 3 日，涉嫌犯罪线索需要查证的，立案审查期限不超过 7 日，重大疑难复杂案件，经县级及以上公安机关负责人批准，立案审查期限可以延长至 30 日。认为有犯罪事实，应追究刑事责任的，依法立案。公安机关作出

立案或者不予立案决定，应当在作出决定之日起3日内书面告知移送案件的医疗保障行政部门。决定不予立案的，应当书面说明不立案的理由，并退回案卷材料。医疗保障行政部门对于公安机关不予立案的决定有异议的，可以自接到通知后3日内向作出不予立案的公安机关提出复议，也可以建议检察机关依法进行立案监督。

四、健全查处骗取医保基金案件协作机制

（一）深化移送案件查办协作。各级医疗保障行政部门、公安机关要建立行刑衔接联络人机制，协同做好移送案件的查处工作。医疗保障行政部门对应当移送的案件，要及时向公安机关提供相关医保信息、佐证材料和政策依据等；对案件移送和查处过程中，发现可能逃匿、转移资金和销毁证据等情况，要及时通报公安机关，由公安机关协助医疗保障行政部门采取紧急措施，必要时双方协同加快移送进度，依法采取紧急措施予以处置。公安机关要加大对骗取医保基金案件查办力度，及时追缴违规使用的医保基金并退回医保基金专户，对幕后组织操纵者、骨干成员、职业收卡人、职业贩药者要坚持依法从严处罚，对社会危害不大、涉案不深的初犯、偶犯从轻处理，对认罪认罚的医务人员、患者依法从宽处理。

（二）建立联席会议和情况通报制度。各级医疗保障行政部门、公安机关要定期召开联席会议，互通骗取医保基金案件查处以及行政执法与刑事司法衔接工作情况，通过构建实时分析预警监测模型等手段，分析骗取医保基金违法犯罪形势和任务，协调解决工作中存在的问题，研究提出加强预防和查处的措施，及时发现骗取医保基金违法犯罪线索，并依职权组织核查。要加强信息情况通报，通过工作简报、信息网络等形式，及时通报和交换相关信息，实现信息共享。

（三）健全案件管理和报告制度。各级医疗保障行政部门、公安机关要建立规范、有效的案件管理制度，加强案件跟踪督办和汇总报告，定期向上级部门报告骗取医保基金案件情况。完善单位和个人骗取医保基金违法犯罪信息记录和应用机制，促进社会诚信建设。加强骗取医保基金违法犯罪典型案例分析，总结和把握案件规律特点，强化业务培训，不断提高案件查办能力和执法水平。医疗保障行政部门和公安机关应当对下级医疗保障行政部门和公安机关执行本通知的情况进行督促检查，定期抽查案件查办情况，及时纠正案件移送工作中的问题和不足。

（四）加强重大案件查办会商。公安机关对医疗保障行政部门移送的大案要案，要集中优势警力，运用多种侦查手段，快侦快破。对案情复杂、社会影响较大的案件，要组织专门力量侦办，全力破案攻坚，将查办结果适时向社会公布。要加强案件会商，严格依法办案，按照法定职责、权限和程序，严格区分罪与非罪，既要防止以罚代刑，降格处理，又要防止扩大打击面。

五、工作要求

（一）强化组织领导。各级医疗保障行政部门、公安机关要高度重视查处骗取医保基金案件行刑衔接工作，进一步提高政治站位，加强组织领导，健全工作机制，明确职责分工，压实工作责任，强化督查考核，狠抓工作落实。要做好案件移送、接受、立案、查处等各环节的衔接，形成合力，依法打击骗取医保基金违法犯罪行为，切实守护好人民群众的“治病钱、救命钱”。

（二）实行挂牌督办。公安部、国家医疗保障局针对大案要案的查处实行“双挂牌”督办。公安部、国家医疗保障局负责按照重要、急缓程度确定挂牌督办案件，加强案件督导、通报。各级公安机关、医疗保障行政部门对于挂牌督办案件，要实行主要负责人负总责，组建专班办理，确保如期完成。对于确有困难的，应及时上报公安部、国家医疗保障局作出调整。挂牌督办案件是否完成，由公安部、国家医疗保障局组织核实决定，逾期未完成的予以通报批评。

（三）加大宣传曝光。要加强查处骗取医保基金政策宣传力度，鼓励动员全民参与监督，积极举报骗取医保基金违法犯罪行为。完善举报线索处理流程，落实举报奖励措施，依法依规重奖快奖。严格执行举报保密制度，保护举报人合法权益，营造社会关注、参与、支持基金监管工作的良好氛围。要加大骗取医保基金违法犯罪案件曝光力度，做好舆论宣传引导工作，有效发挥警示教育作用,从而更好地惩处违法犯罪行为、震慑犯罪分子。

此项工作由国家医疗保障局基金监管司、公安部刑事侦查局具体负责组织指导。

附件:1. 骗取医保基金案件移送情形(略)
2. 涉嫌犯罪案件移送书(略)
3. 案件调查报告(略)
4. 涉嫌犯罪案件移送书(回执)(略)

国家医保局
公安部
2021 年 11 月 26 日

国家医保局 人力资源社会保障部 关于印发《国家基本医疗保险、工伤保险和生育保险药品目录(2021年)》的通知

(医保发〔2021〕50号)

各省、自治区、直辖市及新疆生产建设兵团医保局、人力资源社会保障厅(局):

为贯彻落实党中央、国务院决策部署,进一步提高参保人员的用药保障水平,按照《基本医疗保险用药管理暂行办法》(国家医疗保障局令第1号)及《2021年国家医保药品目录调整工作方案》要求,国家医保局、人力资源社会保障部组织专家调整制定了《国家基本医疗保险、工伤保险和生育保险药品目录(2021年)》(以下简称《2021年药品目录》),现予印发,请遵照执行。有关事项通知如下:

一、及时做好支付范围调整

《2021年药品目录》收载西药和中成药共2860种,其中西药1486种,中成药1374种。另外,还有基金可以支付的中药饮片892种。各地要严格执行《2021年药品目录》,不得自行调整目录内药品的限定支付范围和甲乙分类。要及时调整信息系统,更新完善数据库,将本次调整中被调入的药品,按规定纳入基金支付范围,被调出的药品要同步调出基金支付范围。

二、规范支付标准

协议期内谈判药品(以下简称谈判药品)执行全国统一的医保支付标准,各统筹地区根据基金承受能力确定其自付比例和报销比例,协议期内不得进行二次议价。协议有效期内,若谈判药品存在国家医保药品目录未载明的规格需纳入医保支付范围,须由企业向国家医保局提出申请,国家医保局将根据协议条款确定支付标准后,在全国执行。协议期内如有与谈判药品同通用名药品上市,同通用名药品的直接挂网价格不得高于谈判确定的同规格医保支付标准。如谈判药品在协议期内有同通用名药品上市或纳入药品集中带量采购(国家组织的集中带量采购和省级含省际联盟集中带量采购)等情形,省级医保部门可根据市场竞争情况、同通用名药品价格或药品集中带量采购中选结果等,调整该药品的医保支付标准。

《2021年药品目录》中医保支付标准有“*”标识的,各地医保和人力资源社会保障部门不得在公开发文、新闻宣传等公开途径中公布其医保支付标准。

三、扎实推进推动谈判药品落地

《2021年药品目录》自2022年1月1日起正式执行。《国家医保局、人力资源社会保障部关于印发〈国家基本医疗保险、工伤保险和生育保险药品目录〉的通知》(医保发〔2020〕53号),自2022年1月1日起同时废止。各省(自治区、直辖市)药品集中采购机构要在2021年12月底前将谈判药品在省级药品集中采购平台上直接挂网采购。各地医保部门要会同有关部门,指导定点医疗机构合理配备、使用目录内药品,可结合医疗机构实际用药情况对其年度总额做出合理调整。要加强医保定点医疗机构、工伤保险协议医疗机构和工伤康复协议机构协议管理,将医疗机构合理配备使用《2021年药品目录》内谈判药品的情况纳入协议内容,积极推动新版目录落地执行。

省级医保部门要按照《关于建立完善国家医保谈判药品“双通道”管理机制的指导意见》(医保

发〔2021〕28 号）和《关于适应国家医保谈判常态化持续做好谈判药品落地工作的通知》（医保函〔2021〕182 号）要求，结合本省情况，及时更新本省纳入“双通道”管理的药品名单，加强“双通道”药店管理，切实提升谈判药品的供应保障水平。继续完善谈判药品落地监测机制，按要求定期向国家医保局反馈《2021 年药品目录》中谈判药品使用和支付等方面情况。

四、按时完成消化任务

省级医保部门要加快原自行增补品种的消化工作，确保 2022 年 6 月 30 日前完成全部消化任务。同时做好政策宣传解读，合理引导舆情。

五、规范民族药、医疗机构制剂、中药饮片和中药配方颗粒的管理

省级医保部门要按照《基本医疗保险用药管理暂行办法》要求，完善程序，细化标准，科学测算，把符合临床必须、价格合理、疗效确切等条件的药品纳入医保支付范围。具备条件的地区，可同步确定医保支付标准。要建立动态调整机制，及时将不符合条件的药品调出支付范围。

《2021 年药品目录》落实过程中，遇有重大问题及时向国家医保局、人力资源社会保障部报告。

附件：国家基本医疗保险、工伤保险和生育保险药品目录（2021 年）

一、凡例（略）

二、西药部分（略）

三、中成药部分（略）

四、协议期内谈判药品部分（略）

五、中药饮片部分（略）

国家医保局

人力资源社会保障部

2021 年 11 月 24 日

国家医疗保障局办公室
关于印发《中国医疗保障官方标识使用管理办法(暂行)》的通知

（医保办发〔2021〕1号）

各省、自治区、直辖市及新疆生产建设兵团医疗保障局：

为加强中国医疗保障官方标识的管理和规范使用，我们制定了《中国医疗保障官方标识使用管理办法（暂行）》。现印发给你们，请严格贯彻执行。

附件：中国医疗保障官方标识使用管理办法（暂行）

国家医疗保障局办公室
2021年1月7日

附件：

中国医疗保障官方标识使用管理办法(暂行)

第一条 为加强中国医疗保障官方标识的管理和规范使用，制定本办法。

第二条 中国医疗保障官方标识包括官方标志和官方徽标（以下统称医保官方标识）。

第三条 医保官方标识主要使用于各级医疗保障行政部门及其相关机构的办公场所，所属的官方网站、移动应用软件、信息系统，制发的文书、单证、标记，公务活动中使用的物品以及人员的制服、配件、配饰等。其中官方标志主要用于体现机构属性的场合，官方徽标主要用于体现医保工作人员个人身份的场合。

第四条 基本医疗保险定点医疗机构和定点零售药店（以下简称两定机构）根据与医疗保障经办机构签订的协议，可以在本机构中医疗保障办理场所使用医保官方标志。

本条中上述机构及其工作人员不得使用医保官方徽标。

第五条 有权使用医保官方标识的单位、组织和个人，不得将医保官方标识用于：

（一）商标、商业广告、商品的装饰和标志；

（二）日常生活陈设、用品和装饰或其他非医疗保障用品；

（三）以个人名义出版、印刷或制作的出版物、印刷品和音像制品等作品；

（四）国务院医疗保障主管部门规定不得使用医保官方标识的其他情形。

第六条 除本办法第三条、第四条规定的机构外，其他任何单位、组织和个人不得擅自使用医保官方标识或近似的标识。有正当理由确需使用的，需经国务院医疗保障主管部门同意。

第七条 任何单位、组织和个人不得使用破损、污损或者不合格的医保官方标识。使用方应对医保官方标识予以合理维护。

第八条 各级医疗保障行政部门负有监督检查医保官方标识使用的责任。

医疗保障行政部门不按本办法使用医保官方标识的，由其上级医疗保障行政部门监督管理。医疗保障行政部门相关机构不按本办法使用医保官方标识的，由该医疗保障行政部门监督管理。两定机构不按本办法使用医保官方标识的，医疗保障经办机构按照协议规定管理。本办法第三条、第四条以外的单位、组织或个人违规使用医保官方标识的，由所在地县级医疗保障行政部门监督管理。

第九条 本办法自发布之日起施行。

国家医疗保障局办公室
关于联通京津冀、长三角、西南五省普通门诊费用跨省直接结算服务的通知

（医保办发〔2021〕4 号）

北京、天津、河北、上海、江苏、浙江、安徽、重庆、四川、贵州、云南、西藏等省、自治区、直辖市医疗保障局：

为贯彻落实党的十九届四中、五中全会精神，加快落实异地就医结算制度，稳妥有序推进门诊费用跨省直接结算试点工作，综合考虑前期跨区域业务实测情况，决定联通京津冀、长三角、西南五省等 12 个先行试点省际间的普通门诊费用跨省直接结算服务。现就有关事项通知如下：

一、联通服务范围

北京、天津、河北、上海、江苏、浙江、安徽、重庆、四川、云南、西藏等 11 个省（区、市）的统筹地区，以及贵州省本级和黔西南布依族苗族自治州全部接入国家异地就医结算系统并联通普通门诊费用跨省直接结算服务。同时，开通 1.02 万家跨省直接结算定点医疗机构和 1.18 万家定点药店，具体信息可通过国家医保服务平台 App 查询。

二、做好联通前的准备工作

要按照《国家医疗保障局办公室关于对门诊费用跨省直接结算业务实测发现问题进行整改的通知》要求，抓紧整改。在确保结算系统畅通的同时，继续组织先行试点省际间的交叉实测工作，优先保障就医集中地与参保人流出量较大地区间的跨省直接结算业务实测，并确保通过医保电子凭证和社会保障卡均可顺利办理跨省直接结算业务；对普通门诊费用跨省直接结算定点医药机构开展相关培训，确保窗口结算人员熟悉并能够操作相关业务；畅通定点医药机构和经办机构的联络渠道，确保第一时间解决结算故障等问题。

三、做好试运行期间的运行监测

2021 年 2 月 1 日起启动试运行。相关省级医疗保障部门要组织所辖统筹地区做好运行监测和系统保障工作。重点跟踪普通门诊费用结算相对集中的定点医药机构，做好参保群众的政策宣传和解释工作，制定好工作预案，及时响应和处理系统故障及结算细节问题。

四、工作要求

要高度重视，加强组织领导，建立健全业务协同工作机制，安排专人跟踪普通门诊费用跨省直接结算执行落实情况，遇有重大问题及时反馈国家医保局。

国家医疗保障局办公室

2021 年 1 月 14 日

国家医保局办公室 财政部办公厅
关于印发新增门诊费用跨省直接结算试点省份名单的通知

（医保办发〔2021〕7 号）

各省、自治区、直辖市及新疆生产建设兵团医保局、财政厅(局)：

根据《国家医疗保障局 财政部关于推进门诊费用跨省直接结算试点工作的通知》(医保发〔2020〕40 号)要求，经国家医保局、财政部审核，决定新增山西等 15 个省份为门诊费用跨省直接结算试点省份。自 2021 年 2 月 1 日起，开展普通门诊费用跨省直接结算试运行工作。现将试点省份名单印发你们，请按照试点工作要求，强化组织领导，抓好工作落实。

附件：新增门诊费用跨省直接结算试点省份名单

国家医保局办公室

财政部办公厅

2021 年 1 月 20 日

附件

新增门诊费用跨省直接结算试点省份名单

1. 山西省
2. 内蒙古自治区
3. 辽宁省
4. 吉林省
5. 黑龙江省
6. 福建省
7. 江西省
8. 山东省
9. 湖北省
10. 广西壮族自治区
11. 海南省
12. 陕西省
13. 青海省
14. 宁夏回族自治区
15. 新疆维吾尔自治区

国家医疗保障局办公室
关于规范《国家基本医疗保险、工伤保险和生育保险药品目录(2020年)》部分药品名称的通知

（医保办发〔2021〕14号）

各省、自治区、直辖市及新疆生产建设兵团医疗保障局：

近期，国家药典委员会对2020年版《中国药典》中部分药品的名称进行了规范。为做好《国家基本医疗保险、工伤保险和生育保险药品目录(2020年)》(以下简称《医保药品目录》)的落地实施，避免影响参保患者受益，经研究，现决定对《医保药品目录》中部分药品名称进行规范，以保持与《中国药典》中药品名称一致。现予印发，请遵照执行。

附件：1.《医保药品目录》“西药部分”规范药品名称名单

2.《医保药品目录》“中成药部分”规范药品名称名单

国家医疗保障局办公室

2021年2月10日

附件 1

《医保药品目录》“西药部分”规范药品名称名单

序号	《医保药品目录》中的编号	《医保药品目录》中的药品名称	规范后的药品名称	剂型
1	92	重组人胰岛素	人胰岛素(重组人胰岛素)	注射剂
2	101	精蛋白重组人胰岛素	精蛋白人胰岛素(精蛋白重组人胰岛素)	注射剂
3	104	30/70 混合重组人胰岛素	精蛋白人胰岛素混合(30R)(30/70 混合重组人胰岛素)	注射剂
4	105	50/50 混合重组人胰岛素	白人胰岛素混合(50R)(50/50 混合重组人胰岛素)	注射剂
5	106	精蛋白重组人胰岛素混合(30R)	精蛋白人胰岛素混合(30R)[精蛋白重组人胰岛素混合(30R)]	注射剂
6	107	精蛋白重组人胰岛素混合(50R)	精蛋白人胰岛素混合(50R)[精蛋白重组人胰岛素混合(50R)]	注射剂
7	108	精蛋白重组人胰岛素(预混 30/70)	精蛋白人胰岛素混合(30R)[精蛋白重组人胰岛素(预混 30/70)]	注射剂
8	109	精蛋白重组人胰岛素混合(30/70)	精蛋白人胰岛素混合(30R)[精蛋白重组人胰岛素混合(30/70)]	注射剂
9	110	精蛋白重组人胰岛素混合(50/50)	精蛋白人胰岛素混合(50R)[精蛋白重组人胰岛素混合(50/50)]	注射剂
10	111	精蛋白锌重组人胰岛素混合	精蛋白人胰岛素混合(30R)(精蛋白锌重组人胰岛素混合)	注射剂
11	244	重组人促红素(CHO 细胞)	人促红素[重组人促红素(CHO 细胞)]	注射剂
12	439	重组牛碱性成纤维细胞生长因子	牛碱性成纤维细胞生长因子(重组牛碱性成纤维细胞生长因子)	外用冻干制剂
13	★(439)	重组牛碱性成纤维细胞生长因子	牛碱性成纤维细胞生长因子(重组牛碱性成纤维细胞生长因子)	凝胶剂
14	★(439)	重组牛碱性成纤维细胞生长因子	牛碱性成纤维细胞生长因子(重组牛碱性成纤维细胞生长因子)	滴眼剂
15	440	重组人表皮生长因子	人表皮生长因子(重组人表皮生长因子)	外用冻干制剂
16	★(440)	重组人表皮生长因子Ⅰ	人表皮生长因子(Ⅰ)(重组人表皮生长因子Ⅰ)	外用液体剂
17	★(440)	重组人表皮生长因子(酵母)	人表皮生长因子[重组人表皮生长因子(酵母)]	凝胶剂
18	★(440)	重组人表皮生长因子(酵母)	人表皮生长因子[重组人表皮生长因子(酵母)]	滴眼剂
19	557	重组人生长激素	人生长激素(重组人生长激素)	注射剂

续表

序号	《医保药品目录》中的编号	《医保药品目录》中的药品名称	规范后的药品名称	剂型
20	824	重组人粒细胞刺激因子	人粒细胞刺激因子(重组人粒细胞刺激因子)	注射剂
21	825	重组人粒细胞巨噬细胞刺激因子	人粒细胞巨噬细胞刺激因子(重组人粒细胞巨噬细胞刺激因子)	注射剂
22	828	重组人干扰素 α—1b 人	干扰素 α1b(重组人干扰素 α—1b)	注射剂
23	829	重组人干扰素 α—2a 人	干扰素 α2a(重组人干扰素 α—2a)	注射剂
24	★(829)	重组人干扰素 α—2a(酵母)	人干扰素 α2a[重组人干扰素 α—2a(酵母)]	注射剂
25	830	重组人干扰素 α—2b 人	干扰素 α2b(重组人干扰素 α—2b)	注射剂
26	★(830)	重组人干扰素 α—2b(假单胞菌)	人干扰素 α2b[重组人干扰素 α—2b(假单胞菌)]	注射剂
27	★(830)	重组人干扰素 α—2b(酵母)	人干扰素 α2b[重组人干扰素 α—2b(酵母)]	注射剂
28	831	重组人白介素—11	人白介素—11(重组人白介素—11)	注射剂
29	★(831)	重组人白介素—11(酵母)	人白介素—11[重组人白介素—11(酵母)]	注射剂
30	832	重组人白介素—2	人白介素—2(重组人白介素—2)	注射剂
31	★(832)	重组人白介素—2(Ⅰ)	人白介素—2(Ⅰ)[重组人白介素—2(Ⅰ)]	注射剂
32	837	维生素 B4(腺嘌呤)	腺嘌呤(维生素 B4)	口服常释型

附件 2

《医保药品目录》“中成药部分”规范药品名称名单

序号	《医保药品目录》中的编号	《医保药品目录》中的药品名称	规范后的药品名称
1	440	刺五加脑灵液	刺五加脑灵合剂(刺五加脑灵液)

国家医疗保障局办公室 关于印发按疾病诊断相关分组(DRG)付费医疗保障经办管理规程(试行)的通知

(医保办发〔2021〕23 号)

各省、自治区、直辖市及新疆生产建设兵团医疗保障局:

现将《按疾病诊断相关分组(DRG)付费医疗保障经办管理规程(试行)》印发给你们,请结合实际,认真贯彻落实。

国家医疗保障局办公室
2021 年 4 月 15 日

按疾病诊断相关分组(DRG)付费医疗保障经办管理规程(试行)

为贯彻落实《中共中央 国务院关于深化医疗保障制度改革的意见》,深化医保支付方式改革,提高医疗保障基金使用效率,保障参保人员基本权益,积极稳妥做好 DRG 付费经办工作,特制定本规程。

第一章 总 则

第一条 按疾病诊断相关分组(DRG)付费是深化医保支付方式改革的重要组成部分,目标是促进医疗卫生资源合理利用、参保人员待遇水平得以充分保障、医保基金平稳高效运行。

第二条 医疗保障经办机构(以下简称“经办机构”)要根据国家医疗保障疾病诊断相关分组(CHS—DRG)分组方案等政策,推进 DRG 付费落实,做好协议管理、数据采集,加强医保基金预算清算管理,建立与 DRG 付费相适应的支付体系及激励约束机制、稽查审核机制,完善 DRG 付费信息系统建设,加强考核评价,健全医保协商谈判机制等,为参保人员购买高质量、有效率、能负担的医药服务。

第三条 DRG 付费适用于职工基本医疗保险、城乡居民基本医疗保险等的中短期住院服务。省级经办机构要切实落实指导和组织责任,指导统筹地区制定适合本地区的 DRG 付费经办管理规程,并对 DRG 付费经办运行情况进行监测评估。已在全省开展 DRG 付费的,省级经办机构要依据本规程制定本省 DRG 付费经办管理规程。

第二章 协议管理

第四条 DRG 付费实行协议管理。经办机构与定点医疗机构通过签订医疗保障服务协议,明确双方权利义务。可单独签订 DRG 付费医疗保障服务补充协议,也可在现有医疗保障服务协议中增加与 DRG 付费管理有关条款。

第五条 与 DRG 付费管理相关的医疗保障服务协议内容原则上应包括:明确是否为 DRG 付费管理的定点医疗机构;定点医疗机构病案首页、医保结算清单填报和上传等数据质量管理要求;定点医疗机构病案编码人员的相关职责及管理内容;经办机构与定点医疗机构日常结算办法、时限及付费标准;DRG 付费结算适用范围、费用审核、结算方法及流程;明确定点医疗机构应用 DRG 付费绩效管理的相关规定;明确经办机构与定点医疗机构对 DRG 分组及付费标准的协商谈判程序;明确经办机构和定点医疗机构应尽职责及义务等。

第六条 按照《医疗保障基金使用监督管理条例》(国令第 735 号)及《医疗机构医疗保障定点管理暂行办法》(国家医疗保障局令第 2 号)要求,在协议中对定点医疗机构在 DRG 付费中发生的高靠分组、推诿患者、分解住院、服务不足等违约行为进行重点关注并提出具体处理办法。

第三章 数据采集

第七条 数据采集是制定 DRG 付费分组方案、测算支付标准、结算、审核、稽核等工作的基础。按照 DRG 付费要求，做好国家医疗保障信息业务编码标准的贯标应用工作，统一使用医保疾病诊断和手术操作、医疗服务项目、药品、医用耗材等信息业务编码标准；明确本统筹区数据采集对象、范围和内容，以及其他需要补充采集的数据；指导医疗机构按要求上传数据，加强数据治理能力建设，制定数据填写、采集、传输、储存、使用等有关管理办法；对采集的数据进行校验、审查和评价，开展医保结算清单、医保费用明细表等的质量控制工作；开展医保信息系统数据库动态维护、编码映射和有关接口改造等工作。

第八条 医疗机构住院服务的诊疗信息、费用信息严格按照《国家医疗保障局办公室关于印发医疗保障基金结算清单填写规范的通知》（医保办发〔2020〕20 号）填报，并按规定及时、准确上传至医保信息系统，做好数据安全维护工作。

第九条 对采集数据进行完整性、规范性检查，对有问题的数据应及时返回医疗机构核对修正并重传，同时建立数据质量评价管理机制，审核和评估医疗机构的数据质量。

第四章 预算管理

第十条 在总额预算前提下，遵循“以收定支、收支平衡、略有结余”的原则，DRG 付费应整体进行单独预算单独管理。

第十一条 根据当年基金收入、上年医疗费用金额、医保基金支出、各类医疗机构收治病人数、参保人数及增长预期、参保人员年龄结构及缴费水平等指标确定本年度 DRG 付费预算，制定基金预算编制和管理方案，并在充分考虑总预算的前提下，预留一定比例的风险金。

第五章 支付标准

第十二条 权重确定。权重反映每一个 DRG 病组的资源消耗相对于所有病例的资源消耗程度，可用平均医疗费用表示资源消耗程度。

（一）确定总权重。总权重为各病组权重与例数的加权之和，某 DRG 病组权重可用该 DRG 病组的次均费用与所有病例次均费用的比值表示。

（二）调整权重。在总权重不变的前提下，可根据地方实践经验和数据积累、协商谈判结果或通过调整资源消耗结构，进行病组权重调整优化。

第十三条 费率确定。费率代表每一权重的费用值，即年度住院总预算与总权重的比值。应进行全量费用计算，实行全病组付费，并逐步实现同城同病同价。

第十四条 DRG 病组支付标准。各 DRG 病组依据费率乘以各病组权重获得相应的付费标准，根据 DRG 付费运行实际情况，适时进行权重、费率的动态调整。

第十五条 基金与个人支付。参保人员可按既有方式结算，也可根据当地实际情况，探索个人定额支付等其他方式，医保补足 DRG 病组支付标准与个人支付的差额部分。

第六章 审核结算

第十六条 经办机构要加强事前、事中管理力度，对医疗机构申报的 DRG 付费相关费用，应严格按规定审核、结算、支付，确保医保基金合理使用。

第十七条 审核结算包括以下内容：

（一）医疗机构申报 DRG 费用流程、标准；

（二）经办机构接收申报材料流程、标准；

（三）经办机构审核流程及各岗位的审核标准和时限；

（四）经办机构与医疗机构费用结算方式、支付标准、结算和清算时限、对违规费用的拒付标准等。根据各地区医保基金运行实际情况，可进一步明确：预付金拨付流程、拨付时间；考核细则、考核结果运用；风险金拨付流程、拨付标准等；

（五）鼓励采取医保智能审核与人工审核相结合的方式进行审核。

第十八条 清算管理。对上年度 DRG 付费基金实际使用情况进行清算，确保预算执行过程能合理反映本地医疗服务的购买情况，开展 DRG 付费基金运行质量评估，并建立激励约束机制。

第七章 稽核检查

第十九条 建立 DRG 付费相关的稽核机制，加强事后管理力度。运用持续全面质量管理的理念，设计并执行监控体系，有效实施稽核程序，循迹追踪实现对DRG付费的全流程把控。重点稽核申报数据不实、高靠分组、推诿患者、分解住院、服务不足等情况，对因此造成的不合理费用进行追回等处理。稽核工作可委托符合条件的第三方机构开展。

第二十条 稽核方式及方法。

（一）日常稽核。建设和完善DRG付费下的智能审核体系，借助DRG付费医疗管理工具，分析数据、追踪问题线索，通过稽核手段锁定疑似病例，提交人工核查，通过书面稽核、实地稽核等方式，对违规、违约行为依照相应程序进行处理。

（二）专项稽核。经办机构应根据本地的医疗机构数量、结算病例数量等实际情况，以日常稽核发现问题为切入点，制定切实可行的专项稽核计划，聘请临床和病案编码专家对抽取的DRG付费结算病历进行核查。

第二十一条 社会监督。各级经办机构应当畅通投诉举报途径，发挥舆论监督作用，鼓励和支持社会各界参与监督，实现多方监督良性互动。

第八章 信息系统建设

第二十二条 统筹地区应加快全国统一的医保信息平台落地应用，实现DRG付费业务所需的数据采集和质量控制、分组方案管理、分组服务、权重和费率测算、审核结算管理、基金稽核与医疗服务考核评价等功能，为DRG付费管理提供数据和平台支撑，通过对医保数据的采集、统计、分析，以及智能审核，提高支付审核效率，实现对医保基金的运行趋势、风险监测、辅助决策及精准稽核，提高医保治理能力。

第二十三条 医保信息系统要实现与医疗机构上下联通和数据的快速归集，做好信息系统技术支撑，满足DRG分组及付费管理需要。

第二十四条 信息系统建设应遵循全国统一的医保信息平台要求，落实国家及本地区网络与信息安全相关法律法规、政策标准规范，特别是信息系统等级保护相关政策规范，做好网络与信息安全保障；同时制定运维及服务方案，及时处理各个业务环节中的系统问题。

第九章 考核评价

第二十五条 为保障DRG付费可持续运行，保证参保人员受益水平，遏制可能存在的医疗机构选择轻症病人住院、推诿重症病人和服务不足等现象，建立DRG付费考核评价制度。

第二十六条 统筹地区经办机构要为开展医保住院按DRG付费的医疗机构开展专项考核评价，确定适合本地的医疗机构考核指标，将日常考核与定期考核有机结合，建立激励约束机制，加强考核结果的应用，推进DRG付费的正常运行。

第十章 协商谈判

第二十七条 在DRG付费的分组、预算、支付等相关标准制定中，逐步建立并完善医保协商谈判机制。

第二十八条 协商谈判要充分考虑各类医疗机构的利益，各级别、各类型医疗机构都可派代表参加协商谈判。

第二十九条 加强组织管理，建立协商谈判相关的工作机制。提出协商方案，接受医疗机构的质询，通过充分的讨论和磋商，最终达成统一的意见。

第十一章 争议处理

第三十条 通过建立DRG付费争议处理机制，解决医疗机构提出极值病例支付等DRG支付领域的争议问题，推进DRG付费工作。

第三十一条 争议处理原则。应遵循“公平公正、客观合理、多方参与、及时处理”的原则。

第三十二条 经办机构与医疗机构在DRG付费中出现的各类纠纷，均应按照医疗保障服务协议及相关法律法规处理。

第十二章 附 则

第三十三条 本规程由国家医疗保障局医疗保障事业管理中心负责解释。

国家医疗保障局办公室
关于印发按病种分值付费(DIP)医疗保障经办管理规程(试行)的通知

(医保办发〔2021〕27号)

各省、自治区、直辖市及新疆生产建设兵团医疗保障局:

现将《按病种分值付费(DIP)医疗保障经办管理规程(试行)》印发给你们,请结合实际,认真贯彻落实。

国家医疗保障局办公室

2021年5月20日

按病种分值付费(DIP)医疗保障经办管理规程(试行)

为贯彻落实《中共中央 国务院关于深化医疗保障制度改革的意见》,深化医保支付方式改革,提高医疗保障基金使用效率,积极稳妥推进区域点数法总额预算和按病种分值付费,规范按病种分值付费(DIP)的经办管理工作,制定本规程。

第一章 总 则

第一条 DIP是深化医保支付方式改革的重要组成部分,是符合中国国情的一种原创付费方式。DIP以大数据为支撑,把点数法和区域总额预算相结合,引导医疗卫生资源合理配置,体现医务人员劳务价值,保障参保人员基本医疗需求,推进医保基金平稳高效运行。

第二条 医疗保障经办机构(以下简称经办机构)按照国家医疗保障政策要求,积极推进DIP经办管理服务工作,做好协议管理,开展数据采集和信息化建设,建立区域总额预算管理,制定分值等指标,开展审核结算、考核评价、稽核检查,做好协商谈判及争议处理等经办管理工作。同时,建立激励约束和风险分担机制,激励定点医疗机构建立健全与DIP相适应的内部管理机制,合理控制医疗费用,提高医疗服务质量,有序推进与定点医疗机构按病种分值付费方式结算。

第三条 省级经办机构要切实落实指导和组织责任,指导统筹地区制定适合本统筹地区的DIP经办管理规程、扎实推进规程落实,并对经办运行情况进行监测评估。省级经办机构应当依据本规程制定全省DIP付费经办管理规程。

第四条 DIP业务的主要内容包括:

(一)完善协议管理,建立健全医保经办机构与定点医疗机构协商谈判机制;

(二)按照全国统一的业务和技术标准,加强数据治理,为DIP业务开展提供支撑;

(三)实施区域总额预算管理,合理制定DIP支付预算总额;

(四)确定统筹地区病种分值和医疗机构等级系数;

(五)开展审核及月度预结算,也可按月结算;

(六)开展年度清算,计算各定点医疗机构DIP年度清算医保基金支付金额;

(七)强化DIP全流程监测,加强考核评价。

第五条 DIP主要适用于统筹地区医保住院医疗费用结算(包括日间手术等)。

第二章 协议管理

第六条 DIP纳入协议管理。经办机构与定点医疗机构通过签订医疗保障服务协议,明确双方权利义务。可单独签订DIP医疗服务协议,也可在现有医疗服务协议基础上,增加与DIP管理相关的条款内容。

第七条 协议内容包括 DIP 数据报送、费用审核、申报结算、费用拨付及争议处理等内容。根据 DIP 管理需要,完善协议管理流程,规范 DIP 经办管理程序,强化定点医疗机构履约责任。

第八条 按照《医疗保障基金使用监督管理条例》(国令第 735 号)及《医疗机构医疗保障定点管理暂行办法》(国家医疗保障局令第 2 号)要求,对定点医疗机构在 DIP 付费中发生的高套分值、诊断与操作不符等违约行为进行重点关注并提出具体处理办法。

第三章 信息系统建设与数据采集

第九条 统筹地区应加快全国统一的医保信息平台落地实施应用,加强数据治理,为 DIP 业务提供支撑,实现 DIP 业务所属的数据采集及质量管理、DIP 病种分组及分值赋值、定点医疗机构等级系数的计算与生成、定点医疗机构数据处理及分值计算、审核结算管理、监控预警等功能。

第十条 统筹地区要指导定点医疗机构建立医院信息系统并根据 DIP 业务需要进行信息系统升级改造,做好医保信息系统的数据接口。

第十一条 加强对定点医疗机构上传数据工作指导、培训及数据质量管理,从及时性、完整性、合理性和规范性等方面进行审核,发现问题数据应及时反馈定点医疗机构核查并重新采集上传。

第十二条 明确定点医疗机构应当严格按照医疗保障基金结算清单及填写规范填报住院服务的诊疗信息、费用信息,并按规定及时、准确上传至医保信息系统。医保结算清单填写要准确反映住院期间诊疗信息以及医疗收费明细,使用的疾病诊断编码应当为国家医保统一的版本。

第四章 预算管理

第十三条 统筹地区要按照“以收定支、收支平衡、略有结余”的基本原则,以保障参保人基本医疗需求为前提,综合考虑医疗发展,合理确定区域年度住院医保基金预算支出总额。

第十四条 以上年度基金的实际支出为基础编制基金预算,需综合考虑下列因素:

(一)本年度基金收入;

(二)参保人群变动;

(三)待遇标准等医保政策调整;

(四)符合区域卫生规划的医疗卫生发展情况;

(五)参保人员就医需求、物价水平等变动情况;

(六)重大公共卫生事件、自然灾害等其他影响支出的情况;

(七)其他因素。

第十五条 根据地方实际设立统筹地区年度按病种分值付费调节金(以下简称区域调节金),主要用于年度清算时合理超支分担。

第十六条 以年度住院医保基金预算支出为基础,扣除区域调节金、异地就医费用、不纳入 DIP 结算等费用,确定年度 DIP 医保基金支出。

第十七条 年度内因相关重大政策调整、重大公共卫生事件、自然灾害等特殊情形发生需要调整 DIP 医保基金预算支出或区域调节金的,由统筹地区根据实际情况调整。

第五章 病种分值确定

第十八条 制定本地病种目录库。统筹地区以国家预分组结果为基础,确定病种及病种分值等,形成本地 DIP 目录库。对于实际病例数较少、病种分值测算结果不稳定的,要对该类病种做好记录和分析。如确需增加部分病种,可对目录库进行扩展,予以标识后报国家医疗保障局备案。

第十九条 计算病种的分值和点值。将区域内住院平均医疗费用或基准病种的次均医疗费用作为基准,计算各病种的分值。基准病种通常是本地普遍开展、临床路径明确、并发症与合并症少、诊疗技术成熟且费用相对稳定的某一病种。在总额预算下,根据年度医保支出、医保支付比例及各定点医疗机构病例的总分值,计算点值。

第二十条 建立辅助目录分值调整机制。在主目录基础上,基于年龄、合并症、并发症等因素对病种细化分型,确定各辅助分型调整系数,在病种分值的基础上予以调整校正。

第二十一条 建立偏差病例校准机制。对与实际医疗费用严重偏离的病种分值进行校准,使其符合实际。病例医疗总费用与该病种上一年度同级别定点医疗机构次均医疗总费用偏差超出一定比例的,视为偏差病例,需重新计算分值。

第二十二条 建立特殊病例评议机制。对于住院天数明显高于平均水平、费用偏离度较大、

ICU住院天数较长或者运用新医疗技术等特殊病例，定点医疗机构可提出按特殊病例结算的申请，积累到一定例数后赋予分值。经协商谈判后医保基金可予以支付。

第二十三条 建立定点医疗机构等级系数动态调整机制。综合考虑定点医疗机构的级别、功能定位、医疗水平、专科特色、病种结构、医保管理水平、协议履行情况等相关因素，设定定点医疗机构等级系数，区分不同级别、不同管理服务水平的定点医疗机构分值并动态调整。

第六章 审核结算

第二十四条 指导定点医疗机构按规定开展月度申报结算工作。

第二十五条 加强医保智能审核，运用均衡指数等大数据手段，开展运行监测。重点对高套分值、诊断与操作不符等情形进行审核，发现有异常的情形，按规定作相应处理。

第二十六条 基金预拨付。统筹地区可按国家规定向定点医疗机构预付一部分医保资金，缓解其资金运行压力。在突发疫情等紧急情况时，可以按国家规定预拨专项资金。

第二十七条 建立医保质量保证金。可将定点医疗机构申报的月度结算费用按一定比例扣除，作为当年度医保服务质量保证金，质量保证金额度与年度综合考核等情况挂钩。

第二十八条 开展月度预结算。对定点医疗机构申报月度结算费用可按照一定比例按月予以预结算，暂未拨付的部分纳入年度清算处理。也可根据地方实际按月结算。

第二十九条 有条件的地区可定期开展病例评审，组织专家对实施DIP的偏差病例、特殊病例等按比例抽检。病例评审结果与年度清算挂钩。

第三十条 开展年度清算。根据基金收入、DIP医保基金支出，结合协议管理、考核、监测评估等因素，开展年度清算，主要包括以下内容：

（一）计算统筹地区年度分值和点值；

（二）根据点值和各定点医疗机构的年度分值，确定各定点医疗机构的预清算总额；

（三）综合考虑定点医疗机构经审核扣减后的医保基金支付金额、DIP年度预清算支付金额、协议管理情况、区域调节金等因素，计算结余留用或超额补偿金额，确定各定点医疗机构的年度医保基金支付金额；

（四）核定各定点医疗机构DIP年度医保基金支付金额和按月度预付金额之间的差额，向定点医疗机构拨付医保基金。

第七章 稽核检查

第三十一条 对DIP进行事前、事中、事后全流程监测，依托信息化手段，开展日常稽核，调动线上与线下资源，推动费用审核与稽核检查联动，提高管理效率。

第三十二条 充分利用大数据分析等技术手段，对医疗服务相关行为和费用进行监测分析，重点对结算清单质量和日常诊疗行为、付费标准的合理性、参保人住院行为等开展监测。针对不同的环节、对象、结算方式、就医类型等，逐步建立完善覆盖医保支付全口径、全流程的智能监控规则库。

第三十三条 对定点医疗机构开展的稽核方式包含日常稽核与专项稽核。日常稽核主要根据数据监测发现的疑点问题进行稽查审核并核实病种申报规范性，重点查处高套分值、诊断与操作不符等违规行为；针对多发或重大违规线索，可组织医疗、病案等领域专家开展专项稽核。

第三十四条 社会监督。畅通投诉举报途径，发挥舆论监督作用，鼓励和支持社会各界参与监督，实现多方监督良性互动。

第八章 考核评价

第三十五条 对定点医疗机构年度履行协议、执行医保政策情况进行考核，为确定DIP年度预清算支付金额、年度清算等提供依据。

第三十六条 建立DIP专项考核评价，可纳入定点医疗机构协议考核，采用日常考核与现场考核相结合的方式，协议考核指标应包括DIP运行相关指标。

第三十七条 考核指标要与定点医疗机构绩效考核相结合，确定各项指标的考核方式、评分主体、评分标准，确保指标评价的客观性及可操作性。将各定点医疗机构考核结果应用于各定点医疗机构DIP年度预清算。

第三十八条 开展DIP运行监测，定期对DIP运行成效进行周期性评价，从医疗费用、医疗资源使用效率、医疗行为改变、医疗质量水平和参保患者满意度等不同维度进行综合评价，客观反映 DIP 运行效果。

第九章　协商谈判与争议处理

第三十九条　应当与定点医疗机构建立集体协商谈判机制，促进定点医疗机构集体协商，组织专家或委托第三方机构开展病种目录、分值动态调整等工作，推动形成共建共治共享的医保治理新格局。

第四十条　协商谈判要充分考虑各类定点医疗机构的利益和发展，各级别、各类型定点医疗机构都可派代表参加协商谈判。

第四十一条　加强组织管理，建立协商谈判相关的工作机制。提出协商方案，接受定点医疗机构的质询，通过充分的讨论和磋商，达成统一意见。

第四十二条　建立 DIP 争议处理机制，按照“公平公正、客观合理、多方参与、及时处理”的原则，解决定点医疗机构提出的争议问题。

第四十三条　经办机构与定点医疗机构在 DIP 付费中出现的各类纠纷，按照相关法律法规及医疗保障服务协议解决。

第十章　附　则

第四十四条　本规程由国家医疗保障局负责解释。

国家医疗保障局办公室
关于印发《国家医疗保障局企业及社会组织接待日工作暂行办法》的通知

（医保办发〔2021〕28 号）

局内各单位：

《国家医疗保障局企业及社会组织接待日工作暂行办法》已经第 45 次局长办公会审议通过。现印发你们，请认真贯彻落实。

附件：国家医疗保障局企业及社会组织接待日工作暂行办法

国家医疗保障局办公室
2021 年 5 月 25 日

国家医疗保障局企业及社会组织接待日工作暂行办法

第一条 为构建“亲”“清”政商关系，向广大企业及社会组织提供与国家医疗保障局的交流沟通渠道，促进政府与相关组织的沟通交流及信息共享，并推动国家医疗保障局在政策制定中广泛听取社会意见，特制定国家医疗保障局企业及社会组织接待日制度。

第二条 本制度适用于医疗、医保、医药领域的企(事)业单位和社会团体、行业协会、慈善组织等社会组织(以下统称为申请单位)。

第三条 国家医疗保障局制定并公开《国家医疗保障局企业及社会组织接待日申请表》(以下简称《申请表》)。申请单位填写《申请表》，尤其要准确填写具体申请原因，并传真至国家医疗保障局。

第四条 收到《申请表》后，国家医疗保障局根据申请原因可与申请单位电话沟通。如通过电话沟通满足了申请单位需求，可不再安排当面接待。

第五条 根据《申请表》以及局内工作安排，视情况由国家医疗保障局局领导或局内相关单位人员开展接待。

第六条 接待工作原则上一月一次，每月 20 日前申请单位提出申请的，一般在次月进行接待，20 日之后提出的申请转入下月处理；必要时可酌情尽快接待。接待地点相对固定。

第七条 接待时，申请单位根据申请原因提出需求或反映情况，国家医疗保障局接待方作出解释回应。对申请单位提出的意见建议，接待方要认真记录，并在后续工作中予以研究考虑。

第八条 对于接待中反映的典型共性问题以及国家医疗保障局的答复意见，在不违反政府信息公开等相关规定前提下，国家医疗保障局可归纳整理后适时对外公开。

第九条 国家医疗保障局加强接待工作的内部管理，进一步提升接待工作的规范化水平。

第十条 本办法自印发之日起施行，由国家医疗保障局办公室负责解释。

附件：《国家医疗保障局企业及社会组织接待日申请表》(略)

国家医疗保障局办公室
关于认定部分药品医保目录归属的通知

（医保办发〔2021〕30号）

各省、自治区、直辖市及新疆生产建设兵团医疗保障局：

为做好《国家基本医疗保险、工伤保险和生育保险药品目录（2020年）》（以下简称《药品目录》）的落地实施，保障参保患者用药，经研究，对部分药品的医保目录归属进行了认定。现予以印发，请遵照执行。

一、"可乐定控释贴"属于《药品目录》西药部分第★（317）号"可乐定贴剂"。

二、"酒石酸美托洛尔缓释片（II）"属于《药品目录》西药部分第★（360）号"美托洛尔缓释控释剂型"。

三、"外用重组人碱性成纤维细胞生长因子"属于《药品目录》西药部分第441号"重组人碱性成纤维细胞生长因子外用冻干制剂"。

四、"普罗雌烯阴道胶丸"属于《药品目录》西药部分第★（521）号"普罗雌烯阴道软胶囊"。

五、"通关藤口服液（消癌平口服液）"属于《药品目录》中成药部分第932号"消癌平丸（胶囊、颗粒、口服液）、消癌平片（通关藤片）"。

六、"通关藤胶囊"属于《药品目录》中成药部分第932号"消癌平丸（胶囊、颗粒、口服液）、消癌平片（通关藤片）"。

国家医疗保障局办公室

2021年6月1日

国家医疗保障局办公室关于修订《医疗保障基金结算清单》《医疗保障基金结算清单填写规范》的通知

（医保办发〔2021〕34 号）

各省、自治区、直辖市及新疆生产建设兵团医疗保障局：

为进一步提高医保结算清单数据质量，加快医保结算清单全面落地应用，根据《国家医疗保障局办公室关于贯彻执行 15 项医疗保障信息业务编码标准的通知》（医保办发〔2020〕51 号）等文件要求，结合应用地区实际情况，国家医保局对《医疗保障基金结算清单》（医保发〔2019〕55 号）和《医疗保障基金结算清单填写规范（试行）》（医保办发〔2020〕20 号）进行了修订。现印发给你们，请认真贯彻落实，加快推进医保结算清单的落地使用，做好基础信息质量控制，提高数据管理能力。如遇重大问题，请及时向国家医疗保障局规财法规司反馈。

附件：1. 医疗保障基金结算清单（样式）（略）
　　　2. 医疗保障基金结算清单填写规范（略）

国家医疗保障局办公室
2021 年 7 月 5 日

国家医疗保障局办公室
关于做好支持三孩政策生育保险工作的通知

（医保办发〔2021〕36号）

各省、自治区、直辖市及新疆生产建设兵团医疗保障局：

为贯彻落实党中央关于优化生育政策促进人口长期均衡发展的任务部署，积极支持三孩生育政策落地实施，确保参保女职工生育三孩的费用纳入生育保险待遇支付范围，各地医保部门要按规定及时、足额给付生育医疗费用和生育津贴待遇，切实保障参保人员生育保障权益。同步做好城乡居民生育医疗费用待遇保障和新生儿参保工作。

各地医保部门要高度重视，提高政治站位，积极采取管用高效措施办法，确保三孩生育待遇政策落实到位，主动做好正向宣传，增强参保群众获得感。遇有重大情况和问题，及时向国家医保局报告。

国家医疗保障局办公室

2021年7月6日

国家医保局办公室 民政部办公厅
关于印发《长期护理失能等级评估标准(试行)》的通知

（医保办发〔2021〕37 号）

有关省、自治区、直辖市及新疆生产建设兵团医保局、民政厅(局)：

为贯彻落实《国家医保局 财政部关于扩大长期护理保险制度试点的指导意见》(医保发〔2020〕37 号，以下简称“37 号文件”)，稳步推进长期护理保险制度试点，协同促进养老服务体系建设，国家医保局会同民政部拟制了《长期护理失能等级评估标准(试行)》(以下简称《评估标准(试行)》)，现印发给你们，请按要求指导长期护理保险制度试点城市做好试行工作。

各试点地区要从促进标准统一性、待遇均衡性、制度公平性方面充分认识统一规范长期护理失能等级评估工作的重要性，加强对《评估标准(试行)》的实施应用。37 号文件明确的 14 个新增试点城市参照执行《评估标准(试行)》，原有试点城市参照完善地方标准，原则上自本通知印发之日起两年内统一到《评估标准(试行)》上来。试点城市可根据试点实际情况，对《评估标准(试行)》进行细化完善。

试点地区各级医保部门和民政部门要建立协作机制，加强协调配合。探索建立评估结果跨部门互认机制，对医保部门评估符合长期护理保险待遇享受条件的失能老年人，民政部门在给予护理补贴、指导养老机构开展入院评估时，探索采信医保部门评定结果。探索建立评估数据共享机制，在确保评估对象个人信息等数据安全的前提下，定期沟通调度，实现评估数据共享。协同探索建立评估效果的评价机制，研究新情况新问题，总结好经验好做法，及时反馈评估中遇到的困难和问题。

特此通知。

国家医保局办公室 民政部办公厅

2021 年 7 月 16 日

附件：长期护理失能等级评估标准(试行)

国家医保局办公室 财政部办公厅 关于印发《基本医疗保险关系转移接续暂行办法》的通知

（医保办发〔2021〕43号）

各省、自治区、直辖市及新疆生产建设兵团医保局、财政厅（局）：

《基本医疗保险关系转移接续暂行办法》已经国家医保局第49次局长办公会审议通过，现印发你们，请遵照执行。

国家医保局办公室

财政部办公厅

2021年11月1日

基本医疗保险关系转移接续暂行办法

第一章 总 则

第一条 为规范基本医疗保险关系转移接续工作，统一经办流程，提升服务水平，根据《中华人民共和国社会保险法》《中共中央 国务院关于深化医疗保障制度改革的意见》等有关规定，制定本办法。

第二条 本办法主要适用于职工基本医疗保险参保人员（不含退休人员，以下简称职工医保参保人员）和城乡居民基本医疗保险参保人员（以下简称居民医保参保人员）因跨统筹地区就业、户籍或常住地变动的，按规定办理基本医疗保险关系转移接续，包括个人医保信息记录的传递、职工医保个人账户（以下简称个人账户）资金的转移和医保待遇衔接的处理。

第三条 基本医疗保险关系转移接续实行统一规范、跨省通办。国家医疗保障经办机构负责指导协调跨省基本医疗保险关系转移接续经办工作。省级医疗保障经办机构负责组织实施跨省和省内跨统筹地区基本医疗保险关系转移接续经办工作。各统筹地区医疗保障经办机构按要求做好基本医疗保险关系转移接续经办工作。

第四条 本办法所称转出地是指参保人员转移接续前基本医疗保险关系所在地，转入地是指参保人员基本医疗保险关系拟转入地。

第二章 范围对象

第五条 参保人员跨统筹地区流动，不得重复参保和重复享受待遇，按规定办理基本医疗保险关系转移接续。有单位的职工医保参保人员可由单位为其申请办理，灵活就业人员及居民等参保人员由个人申请办理。

1. 职工医保制度内转移接续。职工医保参保人员跨统筹地区就业，转出地已中止参保，在转入地按规定参加职工医保的，应申请转移接续。

2. 居民医保制度内转移接续。居民医保参保人员因户籍或常住地变动跨统筹地区流动，原则上当年度在转入地不再办理转移接续手续，参保人员按转入地规定参加下一年度居民医保后，可申请转移接续。

3. 职工医保和居民医保跨制度转移接续。职工医保参保人员跨统筹地区流动，转出地已中止参保，在转入地按规定参加居民医保的，可申请转移接续。居民医保参保人员跨统筹地区流动，转出地已中止参保，在转入地按规定参加职工医保的，可申请转移接续。

第三章 转移接续申请

第六条 参保人员或用人单位提交基本医疗保险关系转移申请，可通过全国统一的医保信息平台（以下简称医保信息平台）直接提交申请，也可通过线下方式在转入地或转出地经办机构窗口申请。

第七条 转移接续申请实行统一的校验规则前置，在申请时转入地和转出地校验是否符合转移接续条件，若不符合条件则不予受理转移接续申请并及时告知申请人原因；符合条件则予以受理。

转出地的校验规则主要为是否已中止参保，转入地的校验规则主要为是否已按规定参加转入地基本医保。校验规则涉及事项应逐步实现网上办理、一站式联办。

第四章 转移接续手续办理

第八条 参保人员转移接续申请成功受理后，转出地经办机构10个工作日内完成基本医疗保险关系转出，生成《参保人员基本医疗保险信息表》(以下简称《信息表》)，核对无误后，将带有电子签章的《信息表》同步上传到医保信息平台，经医保信息平台传送至转入地经办机构；若个人账户有余额的，办理个人账户余额划转手续。

第九条 转入地经办机构收到《信息表》后，核对相关信息并在5个工作日内将《信息表》同步至本地医保信息平台，完成基本医疗保险关系转入。

转入地经办机构收到转出地经办机构划转的个人账户余额后，与业务档案匹配并核对个人账户转移金额，核对无误后可将个人账户金额计入参保人员的个人账户。

第十条 转移接续手续办理过程中，参保人员或用人单位可通过医保信息平台查询业务办理进度。鼓励各地在本办法规定时限基础上，进一步压缩办理时限。

第五章 待遇衔接

第十一条 办理转移接续的职工医保参保人员，在转移接续前中断缴费3个月(含)以内的，可按转入地规定办理职工基本医疗保险费补缴手续，补缴后不设待遇享受等待期，缴费当月即可在转入地按规定享受待遇，中断期间的待遇可按规定追溯享受。中断缴费3个月以上的，基本医疗保险待遇按各统筹地区规定执行，原则上待遇享受等待期不超过6个月。

参保人员已连续2年(含2年)以上参加基本医疗保险的，因就业等个人状态变化在职工医保和居民医保间切换参保关系的，且中断缴费3个月(含)以内的，可按转入地规定办理基本医疗保险费补缴手续，补缴后不设待遇享受等待期，缴费当月即可在转入地按规定享受待遇，中断期间的待遇可按规定追溯享受。中断缴费3个月以上的，基本医疗保险待遇按各统筹地区规定执行，原则上待遇享受等待期不超过6个月。

第十二条 参加职工基本医疗保险的个人，基本医疗保险关系转移接续时，基本医疗保险缴费年限累计计算。达到法定退休年龄时，享受退休人员基本医疗保险待遇的缴费年限按照各地规定执行。各地不得将办理职工医保退休人员待遇与在当地按月领取基本养老金绑定。

第十三条 加强基本医疗保险关系转移接续管理，在转入地完成接续前，转出地应保存参保人员信息、暂停基本医保关系，并为其依规参保缴费和享受待遇提供便利。转移接续完成后，转出地参保关系自动终止。

第六章 附 则

第十四条 在同一统筹地区跨制度转移接续的，参照本办法执行。

第十五条 全国实行统一的转移接续办法，现有规定与本办法不符的，按本办法执行。

第十六条 本办法所称个人医保信息记录，主要包括个人基本信息、参保信息、缴费明细、个人账户信息等。

第十七条 本办法由国家医疗保障局负责解释，自2021年12月1日起实施。

附件：1. 参保人员或用人单位申请基本医疗保险关系转移接续流程图(略)
2. 转出地和转入地经办机构办理基本医疗保险关系转移接续手续流程图(略)
3. 参保人员基本医疗保险信息表(略)

国家医疗保障局办公室关于做好国家组织药品集中带量采购协议期满后接续工作的通知

（医保办发〔2021〕44 号）

各省、自治区、直辖市及新疆生产建设兵团医疗保障局：

为贯彻落实《国务院办公厅关于推动药品集中带量采购工作常态化制度化开展的意见》（国办发〔2021〕2 号），巩固国家组织药品集中采购改革成果，实现采购协议期满后平稳接续，现将有关工作要求通知如下。

一、高度重视协议期满后接续工作

平稳实施国家组织药品集中带量采购协议期满后的接续工作（下称“接续工作”），是落实党中央、国务院关于药品集中采购制度改革决策部署，推动集中带量采购常态化制度化运行的重要环节。各地要充分认识做好此项工作的重要性，切实把思想和行动统一到党中央决策部署上来，坚持以人民为中心，坚持“招采合一、量价挂钩”的原则，把准改革方向，着眼于稳定市场预期、稳定价格水平、稳定临床用药，以省（自治区、直辖市及新疆生产建设兵团）或省际联盟为单位，依法合规，平稳开展接续工作，引导社会形成长期稳定预期。

二、精心做好接续工作

（一）坚持带量采购。原则上所有国家组织集采药品协议期满后均应继续开展集中带量采购，不得“只议价、不带量”。原研药、参比制剂、通过仿制药质量和疗效一致性评价的药品上市许可持有人均可参加。由医疗机构结合上年度实际使用量、临床使用状况和医疗技术进步等因素报送拟采购药品的需求量。医保部门汇总医疗机构报送的需求总量，结合带量比例确定约定采购量，原则上不少于上一年度约定采购量。对于报送需求量明显低于上年度采购量的医疗机构，应要求其作出说明，并加大对其采购行为的监管。应事先明确约定采购量分配规则，确保将约定采购量分配到每家中选企业和每家医疗机构。

（二）分类开展接续。着眼于维护市场和临床用药稳定，综合考量企业和产品的多方面因素，通过询价、竞价、综合评价等方式确定中选企业和中选价格。

1. 上一轮集采时差额中选的品种，原则上在稳定价格水平和临床用药的基础上开展询价。所在省上一轮中选价格不高于全国最低中选价 1.5 倍的，以所在省上一轮中选价格为基线向所有符合条件的企业开展询价；所在省上一轮中选价格高于全国最低中选价 1.5 倍的，以不高于全国最低中选价 1.5 倍为基线向所有符合条件的企业开展询价。询价上限为上一轮全国最高中选价。可根据企业报价意愿，结合对企业及其产品的综合评估结果，确定中选企业和中选价格。

2. 对询价未成功，或者上一轮集采时等额产生中选结果，或者当前市场中已有非中选产品实际销售价明显低于上一轮集采本省最低中选价且有实际供应的，可通过竞价方式重新产生中选企业和中选价格。

需求量较大或供应保障要求较高的省，鼓励同一品种由多家企业中选，不同中选企业的价格差异应公允合理。按照量价挂钩原则，明确各中选企业的约定采购量。可参照国家组织药品集采相关规则确定采购协议期，适当调整采购周期，逐步统一不同集采批次的执行时间。鼓励对企业的供应、履约情况及产品质量、临床反应等开展综合评价。

（三）强化信用和履约评价。把信用评价和履约情况融入到接续规则各个主要环节中，使其在企业申报资格、中选资格、中选顺位、供应地区选择中发挥实质性作用。采用综合评价方式确定中选企业的，各省应将企业的信用评价和履约情况纳入综合评价因素，并给予较高的权重。暂未采用综合评价的，应将医药价格和招采信用评价情况作为企业入围的重要条件之一，同等情况下，信用评价较好的企业优先中选。上一轮已中选企业，如综合评价结果或信用、履约情况较好，可在接续工作中优先考虑；如信用、履约情况较差，在接续规则中应予以惩戒。申报企业如被国家组织药品联合采购办公室列入“违规名单”或被所在省认定为不同程度失信的，可按规定采取中选顺位后移、降低带量比例、减少供应地区等处置措施，直至暂停其参加接续的资格。

（四）完善配套政策。继续落实好医保基金预付，减轻医疗机构回款压力。完善集采品种挂网规则，进一步做好医保支付标准与中选价格协同，切实提升患者获得感。

（五）加强履约监督。建立健全中选药品信息化追溯体系，保障中选药品在生产流通全过程可追溯。针对中选企业供应、信用等方面开展监测评估，压实履约责任，并将评估结果应用于未来的集采工作。常态化监测医疗机构采购、使用和回款情况，确保医疗机构合理使用、优先使用中选产品和及时回款。

三、加强组织实施

各地医疗保障部门要切实担负起统筹协调和督促指导责任，细化完善本地区实施方案，会同相关部门加强政策协同和工作配合，及时开展接续工作，重大问题要及时向国家医疗保障局报告。国家组织药品联合采购办公室继续做好日常监测分析，督促执行采购结果。

特此通知。

国家医疗保障局办公室

2021 年 11 月 3 日

统计数据

一、医疗保障统计公报

2021年全国医疗保障事业发展统计公报①

2021年，国家医保局坚持以习近平新时代中国特色社会主义思想为指导，深入贯彻党的十九大和十九届历次全会以及中央经济工作会议精神，坚决贯彻落实党中央、国务院决策部署，认真开展党史学习教育，统筹疫情防控和医疗保障事业高质量发展，推动医保改革继续深化，管理服务精细高效，基金运行安全平稳，群众待遇巩固完善，“十四五”实现良好开局。

一、医疗保险

截至2021年底，全国基本医疗保险（以下简称基本医保）参保人数136297万人，参保率稳定在95%以上。2021年，全国基本医疗保险（含生育保险）基金总收入28731.99亿元，比上年增长15.6%；全国基本医疗保险（含生育保险）基金总支出24048.19亿元，比上年增长14.3%；全国基本医疗保险（含生育保险）基金当期结存4683.80亿元，累计结存36178.34亿元，其中，职工基本医疗保险（以下简称职工医保）个人账户累计结存11770.36亿元。

（一）职工基本医疗保险

1.参保人数。截至2021年底，职工医保参保人数35431万人，比上年增加976万人，增长2.8%，其中，在职职工26106万人，比上年增长2.7%；退休职工9324万人，比上年增长3.3%。在职退休比为2.80，较上年下降0.02。

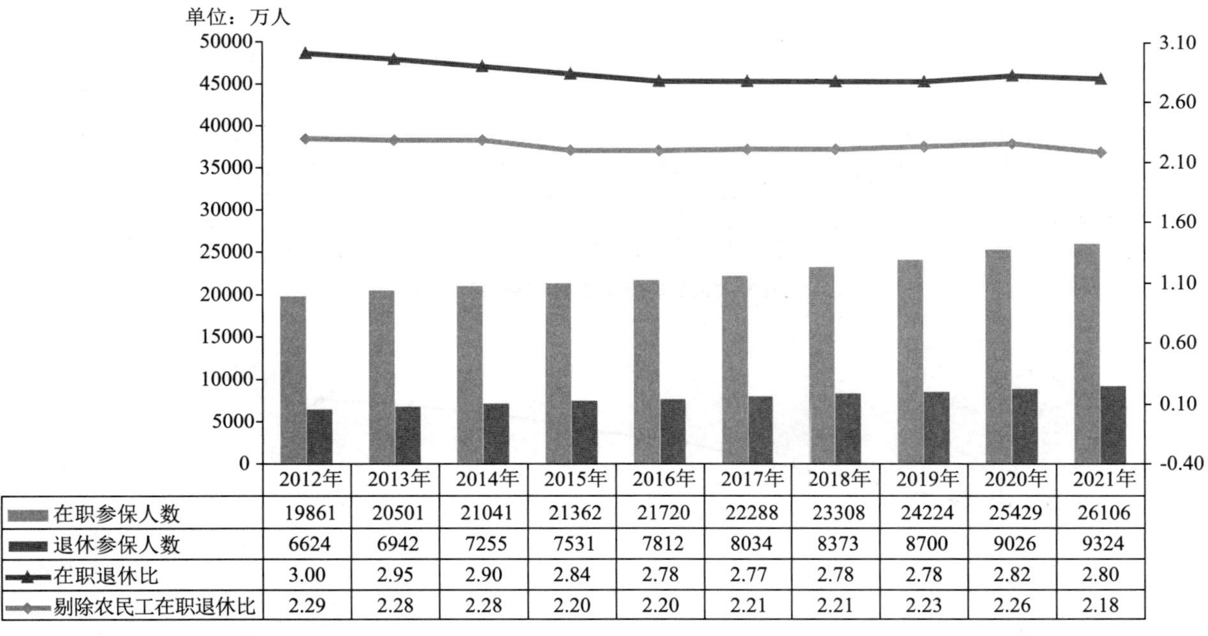

	2012年	2013年	2014年	2015年	2016年	2017年	2018年	2019年	2020年	2021年
在职参保人数	19861	20501	21041	21362	21720	22288	23308	24224	25429	26106
退休参保人数	6624	6942	7255	7531	7812	8034	8373	8700	9026	9324
在职退休比	3.00	2.95	2.90	2.84	2.78	2.77	2.78	2.78	2.82	2.80
剔除农民工在职退休比	2.29	2.28	2.28	2.20	2.20	2.21	2.21	2.23	2.26	2.18

2012—2021年职工医保参保人员结构

企业、机关事业、灵活就业等其他人员的三类参保人（包括在职职工和退休人员）分别为24043万人、6535万人、4853万人，分别比上年增加726万人、148万人、101万人，分别占参保总人数的67.9%、18.4%和13.7%，构成比例与上年基本一致。职工医保统账结合和单建统筹参保人员分

①报告数据与国家医疗保障局官网公布数据略有差异，以本报告为准。

别为 32714 万人、2717 万人，分别占职工医保参保总人数的 92.3%和 7.7%。

2. 基金收支。2021 年，职工医保基金（含生育保险）收入 19007.52 亿元，比上年增长 20.8%[1]。基金（含生育保险）支出 14751.82 亿元，比上年增长 14.6%。2021 年，职工医保统筹基金（含生育保险）收入 11866.18 亿元，比上年增长 29.8%；统筹基金（含生育保险）支出 9322.45 亿元，比上年增长 17.5%；统筹基金（含生育保险）当期结存 2543.73 亿元，累计结存（含生育保险）17691.40 亿元。2021 年，职工医保个人账户收入 7141.34 亿元，比上年增长 8.4%；个人账户支出 5429.37 亿元，比上年增长 10.0%；个人账户当期结存 1711.97 亿元，累计结存 11770.36 亿元。

3. 待遇享受。2021 年，参加职工医保人员享受待遇 20.40 亿人次，比上年增长 13.9%。其中：普通门急诊 17.23 亿人次，比上年增长 14.5%；门诊慢特病 2.58 亿人次，比上年增长 10.6%；住院 0.59 亿人次，比上年增长 11.8%。

2021 年，职工医保参保人员住院率 17.0%，比上年增长 1.1 个百分点。其中：在职职工住院率为 9.5%，比上年增长 0.9 个百分点；退休人员住院率为 37.9%，比上年增长 1.9 个百分点。全国职工医保次均住院费用为 12948 元，比上年增长 2.3%。其中在三级、二级、一级及以下医疗机构的次均住院费用分别为 15588 元、9284 元、7415 元，分别比上年增长 −0.5%、2.1%、12.6%。次均住院床日 10.0 天，同比减少 0.7 天。

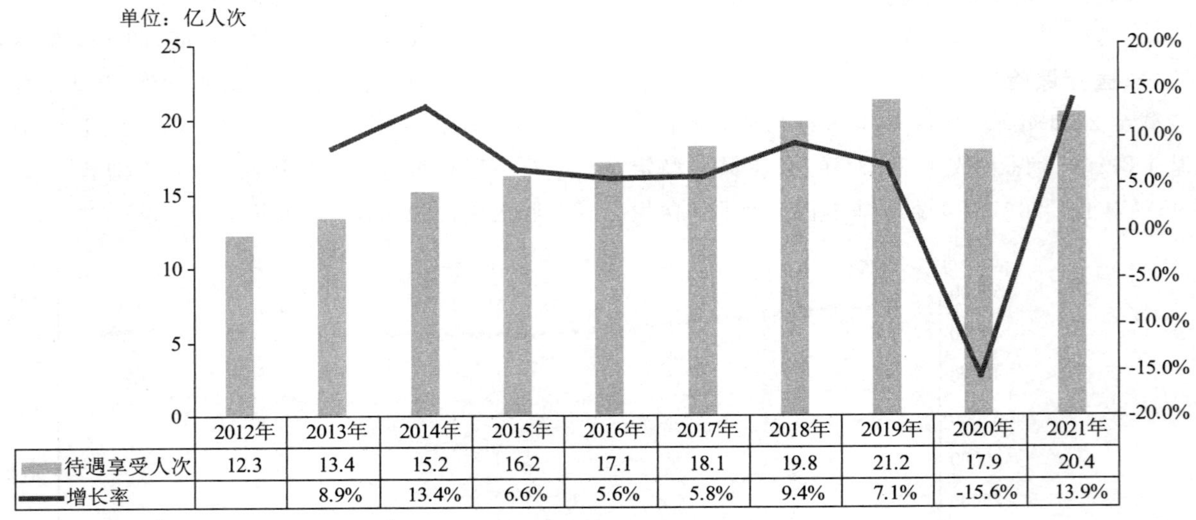

2012—2021 年职工医保享受待遇人次

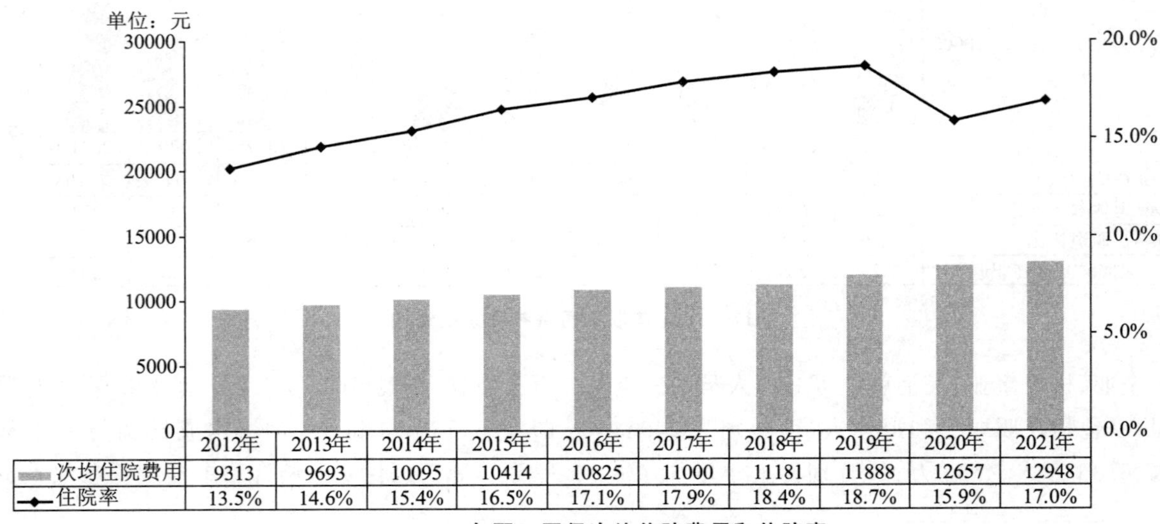

2012—2021 年职工医保次均住院费用和住院率

2021年职工医保参保人员医疗总费用14997.37亿元，比上年增长12.2%，其中医疗机构发生费用12936.45亿元，个人账户在药店支出费用2060.92亿元。医疗机构发生费用中，退休人员医疗费用7461.37亿元，比上年增长11.6%；在职职工医疗费用5475.08亿元，比上年增长19.0%。

职工医保政策范围内住院费用基金支付比例84.4%。三级、二级、一级及以下医疗机构政策范围内住院费用基金支付比例分别为83.4%、86.9%、87.9%。

（二）城乡居民基本医疗保险

1. 参保人数。截至2021年底，城乡居民基本医疗保险（以下简称居民医保）人数100866万人，比上年减少0.8%。其中成年人、中小学生儿童、大学生分别为74305万人、24568万人、1993万人，分别比上年下降0.9%、0.2%、3.0%，分别占参保总人数的73.7%、24.4%、2.0%。

2. 基金收支。2021年，居民医保基金收入9724.48亿元，支出9296.37亿元，分别比上年增长6.7%、13.9%。2021年，居民医保基金当期结存428.10亿元、累计结存6716.58亿元。2021年，居民医保人均筹资889元。

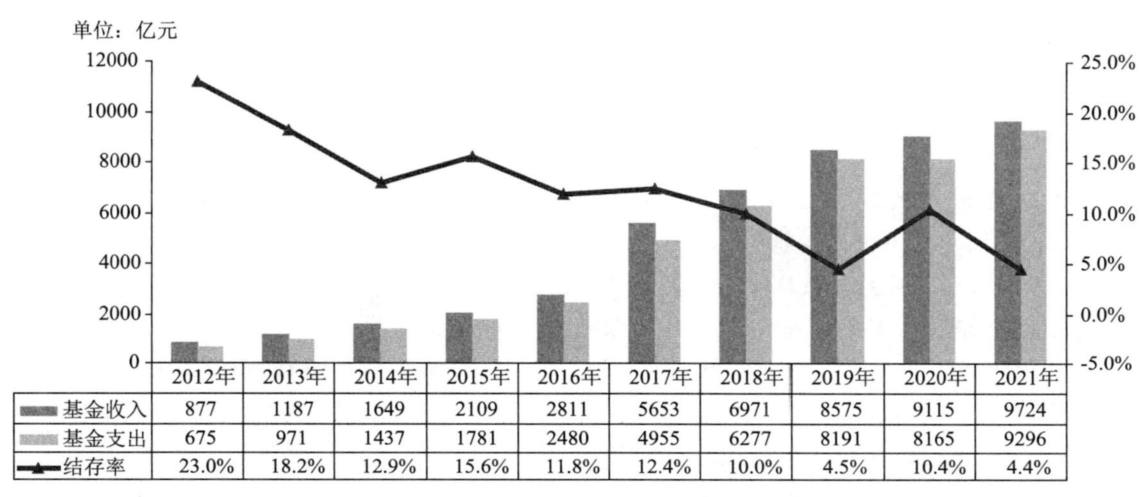

	2012年	2013年	2014年	2015年	2016年	2017年	2018年	2019年	2020年	2021年
基金收入	877	1187	1649	2109	2811	5653	6971	8575	9115	9724
基金支出	675	971	1437	1781	2480	4955	6277	8191	8165	9296
结存率	23.0%	18.2%	12.9%	15.6%	11.8%	12.4%	10.0%	4.5%	10.4%	4.4%

2012—2021年居民医保基金收支情况

3. 待遇享受。2021年，居民医保参加人员共享受待遇20.81亿人次，比上年增长4.7%。其中：普通门急诊16.83亿人次，比上年增长4.0%；门诊慢特病2.44亿人次，比上年增长13.7%；住

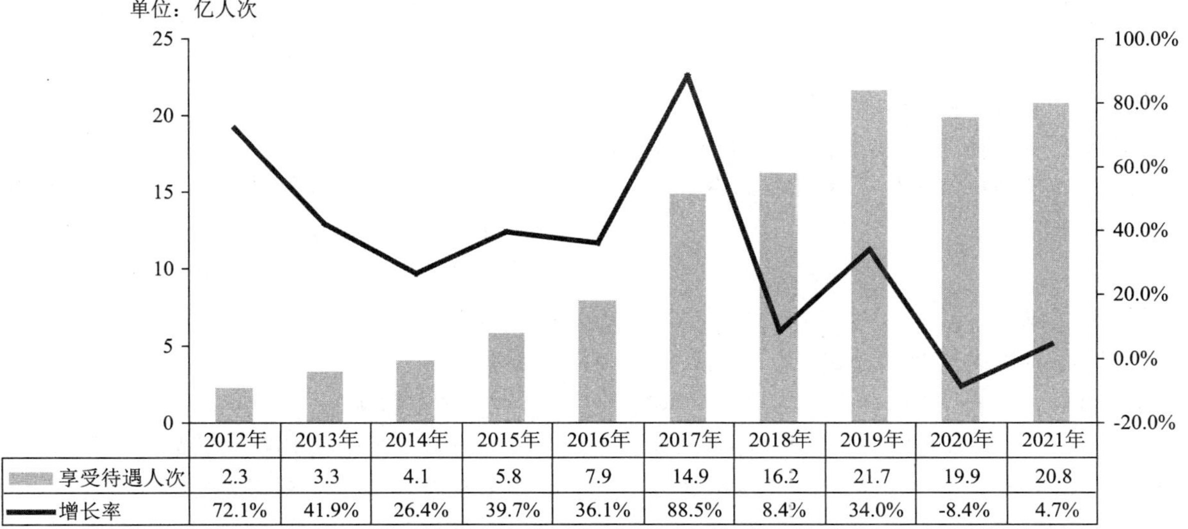

	2012年	2013年	2014年	2015年	2016年	2017年	2018年	2019年	2020年	2021年
享受待遇人次	2.3	3.3	4.1	5.8	7.9	14.9	16.2	21.7	19.9	20.8
增长率	72.1%	41.9%	26.4%	39.7%	36.1%	88.5%	8.4%	34.0%	-8.4%	4.7%

2012—2021年居民医保享受待遇人次

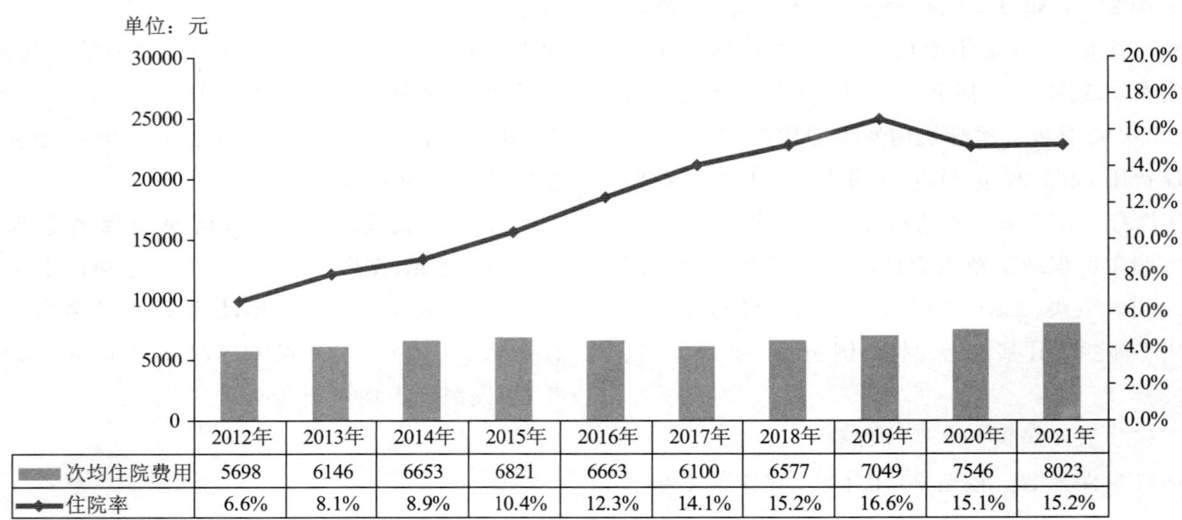

	2012年	2013年	2014年	2015年	2016年	2017年	2018年	2019年	2020年	2021年
次均住院费用	5698	6146	6653	6821	6663	6100	6577	7049	7546	8023
住院率	6.6%	8.1%	8.9%	10.4%	12.3%	14.1%	15.2%	16.6%	15.1%	15.2%

2012—2021 年居民医保次均住院费用和住院率

院 1.53 亿人次，与上年基本持平。次均住院费用 8023 元，比上年增长 6.3%。其中在三级、二级、一级及以下医疗机构的次均住院费用分别为 13942 元、6626 元、3623 元，分别比上年增长 3.0%、2.5%、11.9%。居民医保参保人员住院率为 15.2%，比上年增长 0.1 个百分点；次均住院床日 9.4 天，比上年增加 0.2 天。

2021 年，居民医保医疗费用 15107 亿元，比上年增长 7.3%。居民医保政策范围内住院费用基金支付比例 69.3%，比上年降低 0.7 个百分点。三级、二级、一级及以下医疗机构政策范围内住院费用基金支付分别为 64.9%、72.6%、77.4%。

二、生育保险

2021 年，全国参加生育保险 23752 万人，比上年增长 0.8%。享受各项生育保险待遇 1321 万人次，比上年增加 154 万人次，比上年增长 13.2%。生育保险人均生育待遇支出为 22261 元，比上年增长 1.3%。

三、医疗救助

2021 年，全国医疗救助支出 619.90 亿元，资助参加基本医疗保险 8816 万人[2]，实施门诊和住院救助 10126 万人次，全国次均住院救助、门诊救助分别为 1074 元、88 元。2021 年，中央财政安排医疗救助补助资金 302 亿元，比上年增长 16.2%。

2021 年，全国纳入监测范围农村低收入人口[3]参保率稳定在 99%以上。各项医保综合帮扶政策惠及农村低收入人口就医 1.23 亿人次，减轻农村低收入人口医疗费用负担 1224.1 亿元。

四、医保药品目录

《国家基本医疗保险、工伤保险和生育保险药品目录（2021 年）》收载西药和中成药共 2860 种，其中，西药 1486 种，中成药 1374 种，年内新纳入药品 74 个。另含中药饮片 892 种。

自 2018 年国家医保局成立以来，连续 4 次开展医保药品目录准入谈判，累计将 250 种药品通过谈判新增进入目录，价格平均降幅超过 50%。2021 年，协议期内 221 种谈判药报销 1.4 亿人次。通过谈判降价和医保报销，年内累计为患者减负 1494.9 亿元。

五、医保支付改革

截至 2021 年底，全国 30 个按疾病诊断相关分组（DRG）付费国家试点城市和 71 个区域点数法总额预算和按病种分值（DIP）付费试点城市全部进入实际付费阶段。

六、药品采购

2021 年，全国通过省级药品集中采购平台网采订单总金额 10340 亿元，比 2020 年增加 1028 亿元[4]。其中，西药（化学药及生物制品）8315 亿元，中成药 2025 亿元，分别比 2020 年增加 794 亿元和234亿元。医保目录内药品8259亿元，占网采订单总金额的79.9%。

2021年，开展三批国家组织药品集中带量采购，涉及122个品种，平均降价52%。开展国家组织人工关节集采，髋关节平均价格从3.5万元降到7000元左右，膝关节平均价格从3.2万元降至5000元左右，平均降价82%。

七、异地就医

2021年，职工医保参保人员异地就医6434万人次，异地就医费用1663亿元，其中，住院异地就医786万人次，就医费用1457亿元。居民医保参保人员异地就医4318万人次，异地就医费用2985亿元，其中，住院异地就医1627万人次，就医费用2845亿元。住院费用跨省直接结算440.59万人次，涉及医疗费用1070.20亿元，医保基金支付624.63亿元。

门诊费用跨省直接结算试点工作稳妥推进，开通联网定点医疗机构4.56万家，联网定点零售药店8.27万家，门诊费用跨省直接结算949.60万人次，涉及医疗总费用23.82亿元，医保基金支付13.21亿元。

八、医疗保障基金监管

2021年，继续加强医保行政部门专项检查和医保经办机构日常核查，共检查定点医药机构70.8万家，处理违法违规机构41.4万家，其中解除医保服务协议4181家，行政处罚7088家，移交司法机关404家；处理参保人员45704人，其中，暂停医疗费用联网结算6472人，移交司法机关1789人。全年共追回医保资金234.18亿元。组织开展飞行检查30组次，检查定点医疗机构68家、医保经办机构30家，查出涉嫌违法违规资金5.58亿元。

九、长期护理保险

2021年，49个试点城市中参加长期护理保险人数共14460.7万人，享受待遇人数108.7万人。2021年基金收入260.6亿元，基金支出168.4亿元。长期护理保险定点服务机构6819个。护理服务人员30.2万人。

注：本公报中部分数据因四舍五入，总计与分项合计略有差异。

[1]2020年职工基本医疗保险实施阶段性减征政策，基数较低。

[2]医疗救助基金资助参保人数不含其他部门资助参加基本医疗保险人数。

[3]纳入监测范围农村低收入人口包括农村特困人口、农村低保对象、乡村振兴部门监测的防止返贫监测对象及部分省份民政部门认定的农村低保边缘家庭成员。

[4]对2020年省级药品集中采购平台网采订单总金额做了修订，相关西药、中成药、医保目录内药品金额同步做了修订。

二、医疗保障事业统计数据

指标解释

基本医疗保险参保人数 指报告期末参加职工基本医疗保险和城乡居民基本医疗保险人员的合计。

职工基本医疗保险基金收入 指根据国家有关规定，由纳入基本医疗保险范围的缴费单位和个人，按国家规定的缴费基数和缴费比例缴纳的基金，以及通过其他方式取得的形成基金来源的款项，包括单位缴纳的社会统筹基金收入、个人缴纳的个人账户基金收入、财政补贴收入、利息收入、其他收入。2019年起包含生育保险。

职工基本医疗保险基金支出 指按照国家政策规定的开支范围和开支标准从社会统筹基金中支付给参加基本医疗保险的职工和退休人员的医疗保险待遇支出，和从个人账户基金中支付给参加基本医疗保险的职工和退休人员的医疗费用支出，以及其他支出。包括住院医疗费用支出、门急诊医疗费用支出、个人账户基金支出和其他支出。2019年起包含生育保险。

职工基本医疗保险累计结存 指截至报告期末基本医疗保险的社会统筹和个人账户基金累计结存金额。包括银行存款、财政专户、债券投资和其他。2019年起包含生育保险。

城乡居民基本医疗保险基金收入 指根据国家有关规定，由纳入基本医疗保险范围的个人缴费按国家规定的缴费基数和缴费比例缴纳的基金，以及通过财政补助方式取得的形成基金来源的款项。

城乡居民基本医疗保险基金支出 指按照国家政策规定的开支范围和开支标准从社会统筹基金中支付给参加基本医疗保险的居民的医疗保险待遇支出的医疗费用支出，以及其他支出。包括住院医疗费用支出、门急诊医疗费用支出和其他支出。

城乡居民基本医疗保险累计结余 指截至报告期末基本医疗保险的社会统筹和个人账户基金累计结余金额。包括银行存款、财政专户、债券投资和其他。

生育保险参保人数 指报告期末参加生育保险的人数。

享受生育待遇人次 指报告期内按规定享受生育保险待遇的总人次数。包括本期因生育、流产、计划生育手术、生育医疗和津贴等享受生育保险待遇的总人次数。

医疗救助资助总人次 等于医疗救助资助参加基本医疗保险人数、住院救助人次数、门诊救助人次数、其他有关部门资助参加基本医疗保险人数、其他有关部门实施直接救助人次数之和。

医疗救助总金额 等于医疗救助资助参加基本医疗保险资金数、住院救助资金数、门诊救助资金数、其他有关部门资助参加基本医疗保险资金数、其他有关部门实施直接救助资金数之和。

简要说明

一、本章反映我国基本医疗保险制度、生育保险和医疗救助情况，内容包括参保人数、基金收支、累计结存、生育保险和医疗救助等相关数据。

二、1994—2018 年基本医疗保险年末参保人数情况数据来源于《中国统计年鉴 2019》，2019—2021 年基本医疗保险年末参保人数情况数据来源于国家医疗保障局。1995—2019 年基本医疗保险基金收支及累计结存数据来源于《中国统计年鉴 2020》。2018—2021 年参保人数、基金收支、累计结存、生育保险及医疗救助数据来源于国家医疗保障局。

三、统计口径调整 2019 年起，城乡居民基本医疗保险完成整合，统计数据包括城镇居民医疗保险和新农合。2019 年 3 月，国务院出台《关于全面推进生育保险和职工基本医疗保险合并实施的意见》（国发〔2019〕10 号），全面推进生育保险和职工基本医疗保险合并实施。

四、除行政区划外，书中所涉及的全国性统计数据均未包括香港特别行政区、澳门特别行政区和台湾省数据。

五、本年鉴部分数据由于四舍五入的原因，总数可能不等于组成部分的总和，所产生的计算误差，均未做机械调整。

1—1 1994—2021年基本医疗保险参保人数

单位:万人

年份	年末参保人数	职工基本医保年末参保	城乡居民基本医保年末参保
1994	400.3	400.3	
1995	745.9	745.9	
1996	855.7	855.7	
1997	1762.0	1762.0	
1998	1877.6	1877.6	
1999	2065.3	2065.3	
2000	3786.9	3786.9	
2001	7285.9	7285.9	
2002	9401.2	9401.2	
2003	10901.7	10901.7	
2004	12403.6	12403.6	
2005	13782.9	13782.9	
2006	15731.8	15731.8	
2007	22311.1	18020.0	4291.1
2008	31821.6	19995.6	11826.0
2009	40147.0	21937.4	18209.6
2010	43262.9	23734.7	19528.3
2011	47343.2	25227.1	22116.1
2012	53641.3	26485.6	27155.7
2013	57072.6	27443.1	29629.4
2014	59746.9	28296.0	31450.9
2015	66581.6	28893.1	37688.5
2016	74391.6	29531.5	44860.0
2017	117681.4	30322.7	87358.7
2018	134458.6	31680.8	102777.8
2019	135407.4	32924.7	102482.7
2020	136131.1	34455.1	101676.0
2021	136296.7	35430.9	100865.9

注:年末参保人数不含新农合参保人数。

1－2　1995—2021 年基本医疗保险基金收支及累计结存

单位:亿元

年份	基金收入	基金支出	累计结存
1995	9.7	7.3	3.1
2000	170.0	124.5	109.8
2001	383.6	244.1	253.0
2002	607.8	409.4	450.7
2003	890.0	653.9	670.6
2004	1140.5	862.2	957.9
2005	1405.3	1078.7	1278.1
2006	1747.1	1276.7	1752.4
2007	2257.2	1561.8	2476.9
2008	3040.4	2083.6	3431.7
2009	3671.9	2797.4	4275.9
2010	4308.9	3538.1	5047.1
2011	5539.2	4431.4	6180.0
2012	6938.7	5543.6	7644.5
2013	8248.3	6801.0	9116.5
2014	9687.2	8133.6	10644.8
2015	11192.9	9312.1	12542.8
2016	13084.3	10767.1	14964.3
2017	17931.3	14421.8	19385.6
2018	21384.4	17823.0	23440.0
2019	24420.9	20854.2	27696.7
2020	24846.1	21032.1	31500.0
2021	28732.0	24048.2	36178.3

数据来源:《中国统计年鉴 2022》表 24—24 社会保险基金收支及累计结余

注:1. 2007 年及以后基本医疗保险基金中包括职工基本医疗保险和城乡居民基本医疗保险。

2. 2019 年起,基本医疗保险基金包含生育保险基金(下同)。

1—3 分地区基本医疗保险参保人数(2021年)

单位:万人

地 区	年末参保总人数合计	职工基本医疗保险	在职	退休	城乡居民基本医疗保险
全 国	136296.74	35430.86	26106.49	9324.37	100865.89
北 京	1886.90	1486.05	1165.51	320.54	400.85
天 津	1175.01	637.64	415.54	222.09	537.38
河 北	7091.05	1212.01	845.98	366.04	5879.03
山 西	3246.04	731.06	496.97	234.09	2514.98
内蒙古	2192.20	564.70	380.46	184.24	1627.50
辽 宁	3808.31	1571.01	902.39	668.62	2237.30
吉 林	2290.34	537.51	333.29	204.21	1752.84
黑龙江	2821.06	884.85	484.25	400.60	1936.21
上 海	1978.48	1613.43	1084.74	528.70	365.05
江 苏	8063.81	3245.97	2403.94	842.03	4817.84
浙 江	5654.55	2736.02	2188.25	547.77	2918.53
安 徽	6661.88	1010.84	731.65	279.19	5651.04
福 建	3872.06	933.05	757.42	175.63	2939.02
江 西	4689.14	610.14	394.90	215.24	4079.00
山 东	9732.38	2435.64	1811.11	624.53	7296.73
河 南	10339.23	1351.82	949.68	402.15	8987.41
湖 北	5619.69	1196.10	838.08	358.02	4423.59
湖 南	6748.66	1025.20	712.94	312.26	5723.46
广 东	11271.92	4757.14	4175.80	581.33	6514.78
广 西	5249.27	714.77	531.42	183.35	4534.50
海 南	938.82	245.84	179.62	66.21	692.99
重 庆	3261.73	795.85	586.33	209.52	2465.88
四 川	8586.23	1945.80	1435.42	510.38	6640.43
贵 州	4214.47	479.44	357.35	122.09	3735.03
云 南	4521.86	569.22	407.44	161.78	3952.63
西 藏	346.01	55.06	43.74	11.32	290.96
陕 西	3891.64	783.80	566.81	216.99	3107.84
甘 肃	2587.18	372.34	253.17	119.16	2214.85
青 海	566.96	114.83	76.71	38.13	452.13
宁 夏	663.41	159.59	119.10	40.49	503.82
新 疆	2061.30	503.13	387.31	115.82	1558.16
兵 团	265.14	151.00	89.16	61.84	114.14

1—4 分地区基本医疗保险基金(含生育保险)收支及累计结存(2021年)

单位:亿元

地区	基金收入(含生育)			基金支出(含生育)			累计结存(含生育)		
	合计	职工医保(含生育)	城乡居民	合计	职工医保(含生育)	城乡居民	合计	职工医保(含生育)	城乡居民
全国	28731.99	19007.52	9724.48	24048.19	14751.82	9296.37	36178.34	29461.76	6716.58
北京	1786.08	1672.45	113.64	1465.63	1358.79	106.84	1674.20	1613.07	61.13
天津	439.97	386.62	53.35	385.36	324.05	61.31	467.75	374.27	93.47
河北	1130.57	608.04	522.53	931.38	462.09	469.29	1385.01	1068.08	316.93
山西	566.02	322.48	243.54	460.25	244.24	216.02	671.79	508.69	163.10
内蒙古	432.53	279.94	152.59	342.56	209.24	133.32	596.53	479.45	117.08
辽宁	810.39	608.79	201.60	698.79	499.13	199.66	881.30	679.47	201.82
吉林	367.43	226.19	141.24	306.84	175.89	130.94	542.47	413.72	128.76
黑龙江	551.33	379.87	171.46	477.43	308.00	169.42	782.08	589.75	192.32
上海	1829.13	1730.50	98.63	1133.26	1038.04	95.22	3903.36	3876.02	27.34
江苏	2176.25	1614.65	561.60	1854.05	1315.10	538.95	2625.72	2348.86	276.86
浙江	2032.62	1549.54	483.08	1632.48	1174.64	457.84	2860.23	2599.28	260.95
安徽	906.75	417.80	488.95	817.82	328.07	489.74	867.52	632.35	235.17
福建	715.39	447.86	267.53	618.68	357.82	260.86	963.60	854.02	109.58
江西	672.14	268.88	403.26	616.81	225.63	391.19	730.93	432.48	298.46
山东	1921.54	1223.59	697.95	1827.62	1118.05	709.58	1759.21	1335.36	423.85
河南	1398.96	614.71	784.24	1275.10	493.40	781.70	1200.35	880.25	320.10
湖北	1001.87	598.02	403.85	861.60	469.00	392.59	1042.78	754.34	288.45
湖南	956.02	453.22	502.80	806.22	347.92	458.30	1060.49	767.39	293.10
广东	2573.18	1890.54	682.64	2199.28	1572.90	626.38	4042.13	3313.26	728.87
广西	731.02	321.44	409.58	677.32	257.90	419.42	913.89	513.41	400.48
海南	197.18	123.60	73.58	141.44	85.99	55.45	277.83	215.31	62.52
重庆	605.51	401.57	203.94	504.74	290.74	214.00	615.72	445.28	170.45
四川	1554.61	961.97	592.64	1247.33	674.25	573.08	2250.42	1749.37	501.05
贵州	587.96	261.40	326.56	489.04	187.40	301.63	647.19	379.60	267.59
云南	760.40	388.40	372.00	640.25	298.91	341.34	853.85	613.83	240.01
西藏	87.46	63.59	23.87	40.91	25.70	15.22	194.24	174.84	19.40
陕西	695.62	414.98	280.64	629.75	351.04	278.72	770.67	605.54	165.13
甘肃	402.68	201.58	201.10	318.78	145.88	172.90	376.36	258.48	117.89
青海	139.07	94.89	44.18	110.13	66.90	43.23	215.23	168.71	46.51
宁夏	127.84	78.16	49.68	101.53	54.79	46.74	178.27	140.73	37.54
新疆	499.42	337.73	161.69	375.05	239.09	135.96	736.78	601.37	135.41
兵团	75.06	64.52	10.55	60.77	51.22	9.54	90.44	75.17	15.27

1—5 分地区生育保险及医疗救助情况(2021年)

地区	生育保险		医疗救助	
	生育保险参保人数（万人）	享受生育保险待遇人次（万人次）	资助总人次（人次）	救助总金额（万元）
全国	23751.71	1320.49	209410773	6198959
北京	1082.66	49.12	284380	35467
天津	366.05	18.11	1126745	25634
河北	900.61	24.36	8086948	232327
山西	379.10	12.85	1476141	71912
内蒙古	345.37	9.64	2456816	105714
辽宁	704.79	31.85	3397371	109168
吉林	331.68	18.98	2177654	56668
黑龙江	396.01	12.00	4098359	152865
上海	1084.74	29.29	3930654	68420
江苏	2094.92	101.93	21200550	434951
浙江	1810.90	152.05	12325840	200642
安徽	700.89	40.25	10974681	394465
福建	711.11	18.35	6499531	155563
江西	380.44	12.42	8344866	277279
山东	1607.49	76.12	8944784	281409
河南	889.35	29.59	9665994	242911
湖北	710.09	36.94	7129390	313333
湖南	652.77	29.12	8558885	282152
广东	3973.88	420.10	9579442	393610
广西	523.49	17.35	8624695	278387
海南	179.62	10.75	1693676	47509
重庆	536.55	26.32	8429993	182578
四川	1201.73	33.17	13680667	502679
贵州	341.75	36.05	12969034	318069
云南	393.26	17.52	13176077	285642
西藏	41.62	3.49	816412	22117
陕西	560.24	18.11	2430143	156931
甘肃	250.69	9.87	9127788	248644
青海	68.40	6.89	915637	56556
宁夏	111.50	5.31	1613432	51385
新疆	343.69	10.86	5569083	209104
兵团	76.32	1.70	105105	4868

大事记

大事记

1月

1月1日，国家医疗保障局党组书记、局长胡静林赴首都医科大学宣武医院开展调研，实地了解医保电子凭证在挂号窗口、医生诊室、互联网诊疗实时结算以及药房取药等环节的应用情况，并与参保患者、医院工作人员和医保部门同志进行交流。

1月1日起，西南5省(自治区、直辖市)以高血压、糖尿病两个门诊慢特病病种为突破口，启动门诊慢特病费用跨省直接结算试点工作。

1月7日，国家医疗保障局党组书记、局长胡静林主持召开“十四五”全民医疗保障规划编制领导小组会议，审议《“十四五”全民医疗保障规划(讨论稿)》。

1月9日，国务院联防联控机制举行新闻发布会，国家医疗保障局党组成员、副局长李滔介绍近期疫情防控和疫苗接种有关情况，并答记者问。

1月12日，全国医疗保障工作会议在北京市召开，总结2020年医疗保障工作，分析医疗保障改革发展面临的形势，研究部署2021年医疗保障工作。国家医疗保障局党组书记、局长胡静林作工作报告，局党组成员、副局长施子海主持会议，局党组成员、副局长陈金甫、李滔出席会议。

1月12日，国家医疗保障局党组成员、副局长李滔会见英国驻华大使吴若兰女士，双方探讨了中英两国在医疗保障领域的交流合作，并正式启动中英抗肿瘤药物卫生技术评估研究项目。

1月13日，国家医疗保障局党组书记、局长胡静林主持召开局法治建设工作领导小组会议，认真学习贯彻习近平法治思想及《法治中国建设规划(2020—2025)》，总结2020年医保法治建设工作进展，研究做好下一步工作。

1月15日，国家医疗保障局召开部分省份医保信息平台建设工作视频座谈会，国家医疗保障局党组成员、副局长施子海出席并讲话。

1月15日，国务院总理李克强签署第735号国务院令，公布《医疗保障基金使用监督管理条例》，该条例自2021年5月1日起施行。

1月29日，国务院新闻办公室举行国务院政策例行吹风会，国家医疗保障局党组成员、副局长陈金甫介绍《关于推动药品集中带量采购工作常态化制度化开展的意见》有关情况，并答记者问。

1月，新增山西、内蒙古、辽宁、吉林、黑龙江、福建、江西、山东、湖北、广西、海南、陕西、宁夏、青海、新疆等15个省(自治区)作为普通门诊费用跨省直接结算试点省份，首批开通统筹地区89个、定点医药机构563家。2月1日，上述15个省份和此前已开展普通门诊费用跨省直接结算的12个省份依托国家异地就医结算系统统一开展普通门诊费用(不含门诊慢特病)跨省直接结算试运行。

2月

2月3日，第四批国家组织药品集中带量采购在上海市开标，产生中选结果。

2月19日，经中央机构编制委员会办公室批准，为国家医疗保障局2019年度机关接受安置军队转业干部增加1名行政编制。调整后，行政编制为103名。

2月20日，国务院新闻办公室举行国务院政策例行吹风会，国家医疗保障局党组成员、副局长施子海介绍《医疗保障基金使用监督管理条例》有关情况，并答记者问。

2月22日至23日，国家医疗保障局党组书记、局长胡静林赴四川省开展调研，实地考察了四川大学华西医院、四川大学华西口腔医院、四川省骨科医院关于骨科和口腔科医用耗材的采购、管理和使用情况，考察了医药企业关于国家组织药品集采中选产品的生产和供应保障情况，并就深入开展高值医用耗材集中带量采购听取意见建议。

2 月 23 日至 24 日，国家医疗保障局党组成员、副局长李滔带队赴湖南省开展调研并召开医保基金监管座谈会。

2 月 25 日至 26 日，国家医疗保障局党组成员、副局长陈金甫在天津市主持召开专题研讨会，听取冠脉支架集中带量采购落地情况，研究下一批医用耗材集中采购工作，听取联采办和专家的意见建议。

2 月 25 日，国家医疗保障局组织召开全国新冠病毒疫苗及接种费用保障工作视频会，对做好新冠病毒疫苗及接种费用保障工作进行安排部署。国家医疗保障局党组成员、副局长李滔出席会议并讲话。

3 月

3 月 1 日至 2 日，国家医疗保障局党组成员、副局长施子海赴海南省就医保信息化标准化工作开展专题调研，听取信息化标准化工作汇报，现场观摩医保信息平台落地情况演示，实地考察医保经办机构并听取意见建议。

3 月 4 日，国家医疗保障局召开党史学习教育动员大会，传达学习习近平总书记在党史学习教育动员大会上的重要讲话精神，对国家医疗保障局开展党史学习教育进行动员部署。局党组书记、局长、局党史学习教育领导小组组长胡静林作动员讲话，局党组成员、副局长施子海主持会议，局党组成员、副局长陈金甫、李滔出席会议。

3 月 18 日至 19 日，国家医疗保障局党组成员、副局长李滔带队，赴安徽省调研国家医保谈判药品落地和基金监管等工作，听取安徽省医疗保障局、合肥市医疗保障局和安徽省立医院的汇报，考察安徽医科大学第一附属医院、定点零售药店，并听取意见建议。

3 月 22 日至 23 日，国家医疗保障局党组书记、局长胡静林赴陕西省调研，实地考察西安交通大学附属第一医院、陕西省公共资源交易中心、铜川市人民医院、铜川市医保经办中心，重点了解国家组织药品和医用耗材集中带量采购实施情况、跨省联盟采购开展情况以及医疗保障经办管理情况。

3 月 22 日至 25 日，国家医疗保障局党组成员、副局长施子海一行赴黑龙江省、吉林省、辽宁省就医保信息化标准化工作开展专题调研，听取医保信息化标准化工作汇报，现场观摩医保信息平台落地情况演示，实地考察医保经办机构并听取意见建议。

3 月 25 日，国家医疗保障局召开全面推进药品和医用耗材集中带量采购改革专题座谈会，局党组成员、副局长陈金甫出席并讲话。

3 月 26 日，国家医疗保障局组织召开全国待遇保障工作视频会，国家医疗保障局党组书记、局长胡静林出席会议并讲话，局党组成员、副局长陈金甫主持会议。

3 月 31 日，国家医疗保障局召开 2021 年医保支付方式改革试点推进视频会，部署疾病诊断相关分组(DRG)付费、区域点数法总额预算和按病种分值(DIP)付费两个试点年度重点工作。国家医疗保障局党组成员、副局长李滔出席会议并讲话。

3 月 31 日至 4 月 2 日，国家医疗保障局党组书记、局长胡静林陪同全国人大常委会副委员长张春贤赴重庆市开展医疗保障立法调研。

3 月 31 日至 4 月 2 日，国家医疗保障局党组成员、副局长陈金甫带队赴江苏省连云港市、泰州市开展调研，实地考察医药企业化学药、中成药生产供应情况，围绕全面推进药品集中带量采购召开有关企业座谈会并听取意见建议，深入市、县、社区三级医疗机构，了解中选药品和医用耗材集中使用、结余留用等情况并听取意见建议。

4 月

4 月 9 日，国家医疗保障局、公安部、司法部、国家卫生健康委员会联合召开全国医疗保障基金监管专题工作电视电话会议，动员部署 2021 年基金监管专项整治和《医疗保障基金使用监督管理条例》贯彻实施工作。国家医疗保障局党组书记、局长胡静林出席并讲话。

4 月 12 日至 15 日，国家医疗保障局党组成员、副局长施子海赴河南省、贵州省、湖南省就医保信息化标准化工作开展专题调研，实地考察医保经办机构和定点医药机构，听取医保信息化标准化工作汇报并深入交流，现场观摩医保信息平台应用情况演示。

4月14日，国家医疗保障局党组成员、副局长李滔赴北京大学口腔医院开展调研，实地考察国家口腔医学工程实验室，听取CHS－DRG前期工作进展以及口腔专业临床论证安排，并座谈交流。

4月15日至16日，国家医疗保障局在河北省廊坊市召开全国医疗保障经办工作会议，国家医疗保障局党组成员、副局长李滔出席并讲话。

4月20日至21日，国家医疗保障局党组成员、副局长陈金甫赴湖南省就医药价格和招标采购平台规范化建设开展专题调研，实地考察湖南省公共资源交易中心、韶山市清溪镇卫生院药品耗材集中采购和使用实施落地情况，并召开座谈会。

4月20日，国家医疗保障信息平台在青海省全面上线运行。青海省成为全国首个医保信息平台业务功能全层级完整上线的省份，并实现省域内全覆盖。

4月22日，国务院新闻办公室举行国务院政策例行吹风会，国家医疗保障局党组成员、副局长陈金甫介绍建立健全职工基本医疗保险门诊共济保障机制有关情况，并答记者问。

4月23日，国家医疗保障局召开医药配送企业座谈会，局党组成员、副局长陈金甫出席会议并讲话。

4月26日至30日，国家医疗保障局党组成员、副局长施子海赴江苏省、上海市和浙江省就医保信息化标准化工作开展专题调研，听取工作汇报并座谈交流，实地调研医保经办机构和定点医药机构。

4月28日，国家医疗保障局召开青年干部座谈会，局党组书记、局长胡静林出席会议并讲话。

5月

5月7日，国家医疗保障局党组成员、副局长施子海赴北京市就医保信息化标准化工作开展专题调研，听取工作汇报并座谈交流。

5月10日，国家医疗保障局、国家卫生健康委员会召开新闻发布会，介绍《关于建立完善国家医保谈判药品“双通道”管理机制的指导意见》有关情况。

5月11日至12日，国家医疗保障局在广西壮族自治区南宁市举办“全国医药集中采购政策与实操培训班”，局党组成员、副局长陈金甫出席并讲话。

5月12日至13日，国家医疗保障局党组成员、副局长陈金甫带队赴广西调研巩固拓展医保脱贫攻坚成果有效衔接乡村振兴战略工作。

5月13日，国家医疗保障局和天津市人民政府签署局市合作备忘录。国家医疗保障局党组书记、局长胡静林与天津市委副书记、市长廖国勋见证签约仪式，国家医疗保障局党组成员、副局长李滔和天津市副市长周德睿代表双方签约。

5月13日，国家医疗保障局党组成员、副局长李滔带队赴北京协和医院就门诊费用跨省直接结算工作进行专题调研，听取情况介绍并座谈交流。

5月17日至20日，国家医疗保障局党组书记、局长胡静林陪同全国人大常委会副委员长张春贤赴上海开展医疗保障立法调研。

5月19日，国家医疗保障局党组成员、副局长李滔带队赴中国中医科学院广安门医院开展“医保支持中医药发展”专题联合调研，听取医保工作开展、医保支付、医保基金运行及医保支持中医院发展等意见建议。

5月26日至6月1日，国家医疗保障局党组成员、副局长施子海赴内蒙古自治区、陕西省、新疆维吾尔自治区和新疆生产建设兵团调研医保信息化标准化工作，实地考察医保经办机构和定点医药机构，听取工作汇报并座谈交流。

5月26日，国家医疗保障局党组成员、副局长陈金甫主持召开药品、高值医用耗材集中带量采购专家座谈会。

6月

6月8日，国家医疗保障局召开全国医疗保障系统党风廉政建设和反腐败工作会议，局党组书记、局长胡静林对全国医保系统党风廉政建设和反腐败工作进行总结部署，局党组成员、副局长施子海、陈金甫、李滔出席会议。

6月10日，国家医疗保障局召开全国基本医疗保险基金审计情况整改落实专题电视电话会议，局党组书记、局长胡静林出席会议并讲话。

6月15日至18日，国家医疗保障局党组成员、副局长施子海赴四川省、安徽省、山东省就医保信息化标准化工作开展专题调研，实地考察医保信息平台建设现场，观看医保信息平台应用和医保信息业务编码标准贯标演示，听取工作汇报并座谈交流。

6月17日，国家医疗保障局组织召开庆祝中国共产党成立100周年座谈会，局党组书记、局长胡静林主持会议，听取各方面代表的意见建议。

6月18日，国家医疗保障局党组成员、副局长陈金甫出席国家组织高值医用耗材联合采购办公室工作会议并讲话。

6月18日，国家医疗保障局召开国家医保谈判药品配备机构名单(第二批)发布会，介绍92种谈判药品配备总体情况。

6月23日，第五批国家组织药品集中带量采购在上海市开标，产生中选结果。

6月23日至25日，国家医疗保障局党组成员、副局长李滔赴贵州省就新冠肺炎疫苗及接种费用保障、医保经办管理服务、DRG/DIP等支付方式改革试点等工作开展调研。

6月24日，国家医疗保障局组织召开2020年预算执行审计整改专题会，局党组成员、副局长施子海参加会议。

7月

7月7日至8日，国家医疗保障局党组成员、副局长施子海主持召开上半年医疗保障形势分析会，总结上半年医疗保障重点工作和重点任务落实情况，深入分析当前工作面临的主要形势和存在问题与风险，研究部署下半年重点工作。

7月12日，国家医疗保障局直属机关召开第一次团员大会，大会选举产生了第一届直属机关团委。局党组成员、副局长、直属机关党委书记施子海出席会议并讲话。

7月13日，国家医疗保障局组织全体党员干部前往中国共产党历史展览馆，参观“不忘初心、牢记使命”中国共产党历史展览。局党组书记、局长、局党史学习教育领导小组组长胡静林，局党组成员、副局长、局党史学习教育领导小组副组长施子海、陈金甫参加活动。

7月14日至16日，国家医疗保障局党组成员、副局长李滔赴湖北省就长江中游城市群医疗保障区域合作及基金监管工作开展专题调研。

7月15日至19日，国家医疗保障局党组成员、副局长施子海赴西藏自治区、云南省、广西壮族自治区调研医保信息化标准化工作，实地考察医疗保障信息平台项目建设现场、医保经办机构和定点医药机构，了解平台建设进展、观看医保信息平台演示，听取工作汇报并座谈交流。

7月20日至21日，国家医疗保障局在广东省广州市举办全国医疗保障信息化标准化建设培训班，局党组成员、副局长施子海出席培训班并讲话。

7月22日至23日，国家医疗保障局在宁夏举办全国待遇保障基本制度政策培训班。

7月26日，国务院新闻办公室举行国务院政策例行吹风会，国家医疗保障局党组成员、副局长李滔，以及医药服务管理司、基金监管司、医疗保障事业管理中心负责同志介绍《关于优化医保领域便民服务的意见》有关情况，并答记者问。

7月27日至28日，国家医疗保障局党组书记、局长胡静林赴甘肃省临夏回族自治州积石山保安族东乡族撒拉族自治县调研，走访县人民医院、小关乡小关村卫生室、寨子沟乡曹姚村村委会、曹姚小学等地，了解医保政策落实及群众就医用药保障情况、美丽乡村建设工作进展，并调研产业帮扶、就业帮扶、消费帮扶等情况。

7月28日，国家医疗保障局党组成员、副局长陈金甫主持召开工作座谈会，就胰岛素集中带量采购改革听取有关企业、行业协会的意见建议。

7月29日，国家医疗保障局党组书记、局长胡静林赴青海省西宁市，出席全国统一的医疗保障信息平台青海省上线仪式并讲话。

8月

8月26日，国家医疗保障局党组成员、副局长李滔带队赴中国银行保险信息技术管理有限公司开展联合调研，听取利用信息化平台支持规范健康险发展工作汇报，并就基本医疗保险与商业健康保险信息互联互通、促进与规范商业健康保险发展、共同构建多层次医疗保障体系等问题座谈交流。

8月26日，广东省举行全面应用国家医保信息平台总结会，国家医疗保障局党组书记、局长胡静林出席会议并讲话。

9月

9月1日至3日，国家医疗保障局党组成员、副局长施子海赴山西省、宁夏回族自治区调研医保信息化标准化建设工作。

9月6日，国家医疗保障局召开全国医保基金监管电视电话会议，国家医疗保障局党组成员、副局长李滔出席会议并讲话。

9月7日至10日，国家医疗保障局党组成员、副局长陈金甫带队赴辽宁省沈阳市、大连市和吉林省长春市、四平市调研并召开座谈会，听取医院负责人、医生、患者代表的意见建议，了解国家组织药品和医用耗材集中带量采购产品落地使用情况以及医疗服务价格运行情况，并实地考察有关药品中选企业，了解生产供应、质量安全等情况。

9月8日至10日，国家医疗保障局党组成员、副局长施子海赴江西省、福建省调研医保信息化标准化工作，听取相关工作汇报，并就加快推进两地医保信息平台上线等重点工作座谈交流。

9月14日，国家组织人工关节集中带量采购在天津市开标，产生中选结果。

9月16日，国家医疗保障局党组成员、副局长施子海赴天津市调研医保信息化标准化工作，听取相关工作汇报，现场考察医保信息平台落地情况并展开交流。

9月17日至18日，国家医疗保障局在江苏省苏州市举办深化医疗服务价格改革试点培训班，局党组成员、副局长陈金甫出席开班式并讲话。

9月24日，医保信息化标准化专题座谈会在国家医疗保障局召开。国家医疗保障局党组书记、局长胡静林出席专题座谈会并讲话，局党组成员、副局长施子海主持会议。

9月29日，国务院新闻办公室举行国务院政策例行吹风会，国家医疗保障局党组成员、副局长施子海，以及规划财务和法规司负责同志介绍《“十四五”全民医疗保障规划》有关情况，并答记者问。

9月29日，全国医保系统办公室主任座谈会在北京市召开，国家医疗保障局党组成员、副局长施子海出席并讲话。

10月

10月8日至10日，全国医疗保障政务服务跨省通办暨异地就医直接结算工作培训班在贵州省贵阳市举办，国家医疗保障局党组成员、副局长李滔出席并讲话。

11月

11月19日，国家医疗保障局在北京市举办“十四五”全民医疗保障规划培训班，局党组成员、副局长施子海出席开班式并讲话。

11月24日，国家医疗保障局在江西省赣州市召开深化医疗服务价格改革试点动员部署会，局党组成员、副局长陈金甫出席会议并讲话。

11月24日，经中央批准，颜清辉任国家医疗保障局党组成员。

11月26日，第六批国家组织药品集中带量采购（胰岛素专项）在上海市开标，首次将集采范围扩展到生物药领域。

11月29日，国家医疗保障局组织党的十九届六中全会精神专题宣讲，局党组书记、局长胡静林宣讲全会精神。

12月

12月1日至3日，国家医疗保障局党组成员、副局长施子海带队赴甘肃省调研乡村振兴定点帮扶和医保信息化标准化工作，赴积石山保安族东乡族撒拉族自治县座谈交流，实地考察中药材产业和电子商务等帮扶工作进展，调研寨子沟乡曹姚村美丽乡村和村卫生室建设，以及医保政策落实情况。

12月2日，“中华苏维埃共和国医疗保障史陈列馆”开馆仪式在江西省赣州市瑞金市叶坪革命旧址群举行，国家医疗保障局党组书记、局长胡静林出席并讲话。

12 月 2 日，国家医疗保障局在北京市召开健全重特大疾病医疗保险和救助制度工作部署视频会，局党组成员、副局长陈金甫出席会议并讲话。

12 月 4 日，国务院印发通知，任命颜清辉为国家医疗保障局副局长。

12 月 7 日至 9 日，国家医疗保障局党组成员、副局长施子海赴湖北省调研医保信息化标准化工作，并以视频方式连线江苏省医疗保障局，听取相关工作汇报，就加快推进医保信息平台上线开展深入交流。

12 月 8 日，国家医疗保障局党组成员、副局长陈金甫在广东省主持召开部分省份职工医保门诊共济保障工作座谈会。

12 月 10 日，国务院新闻办公室举行国务院政策例行吹风会，国家医疗保障局党组成员、副局长李滔，以及规划财务和法规司、医疗保障事业管理中心负责同志介绍全国跨省异地就医费用直接结算工作有关情况，并答记者问。

12 月 15 日，国家医疗保障局党组成员、副局长李滔在海南省出席全国医保支付范围管理培训班开班式并讲话。

12 月 21 日，国家医疗保障局在四川省成都市召开长期护理保险制度试点工作座谈会，局党组成员、副局长陈金甫出席会议并讲话。

12 月 23 日，国家医疗保障局在北京市召开医药价格指数编制工作培训班，局党组成员、副局长陈金甫出席培训班并讲话。

12 月 25 日至 31 日，国家医疗保障局党组成员、副局长陈金甫带队赴河北省开展 2021 年度巩固拓展脱贫攻坚成果同乡村振兴有效衔接综合核查工作。

附　录

国家医疗保障局2021年政府信息公开工作年度报告

根据《中华人民共和国政府信息公开条例》(国务院令第711号,以下简称《条例》)的规定,现发布国家医疗保障局2021年政府信息公开工作年度报告。本报告所列统计数据的期限自2021年1月1日起,至2021年12月31日止。如对本报告有任何疑问,请与我局政府信息公开申请受理机构联系(地址:北京市西城区月坛北小街2号;邮编:100830;电话:010－89061394;传真:010－89061251)。

一、总体情况

2021年,我局严格执行《条例》规定,认真开展政府信息公开工作。一是完善健全信息公开体制机制。严格执行《国家医保局政府信息公开暂行办法》(医保发〔2019〕72号)。二是依法主动公开政府信息,按照《条例》第二十条的规定,主动公开我局制定的部门规章、规范性文件、对人大建议和政协提案的答复等政府信息162件,特别是坚持做到"政策文件类政府信息与政策解读材料同步公开",不断提升政府信息公开工作的质量。三是认真做好依申请公开。全年收到政府信息公开申请25件,加上上年末结转15件,共计40件。其中37件已办结,3件于2021年12月底收到,已按照规定时限结转下年度继续办理。四是做好政府信息公开平台建设。在我局官方网站首页显著位置设立"信息公开"专栏,便于公众查询我局政府信息公开有关事项。

二、主动公开政府信息情况

第二十条第(一)项			
信息内容	本年制发件数	本年废止件数	现行有效件数
规章	1	0	4
行政规范性文件	21	0	62
第二十条第(五)项			
信息内容	本年处理决定数量		
行政许可	0		
第二十条第(六)项			
信息内容	本年处理决定数量		
行政处罚	0		
行政强制	0		
第二十条第(八)项			
信息内容	本年收费金额(单位:万元)		
行政事业性收费	0		

三、收到和处理政府信息公开申请情况

(本列数据的勾稽关系为：第一项加第二项之和，等于第三项加第四项之和)			申请人情况						
			自然人	法人或其他组织					总计
				商业企业	科研机构	社会公益组织	法律服务机构	其他	
一、本年新收政府信息公开申请数量			24	1	0	0	0	0	25
二、上年结转政府信息公开申请数量			15	0	0	0	0	0	15
三、本年度办理结果	(一)予以公开		25	0	0	0	0	0	25
	(二)部分公开(区分处理的，只计这一情形，不计其他情形)		0	0	0	0	0	0	0
	(三)不予公开	1. 属于国家秘密	1	0	0	0	0	0	1
		2. 其他法律行政法规禁止公开	0	0	0	0	0	0	0
		3. 危及“三安全一稳定”	1	0	0	0	0	0	1
		4. 保护第三方合法权益	2	0	0	0	0	0	2
		5. 属于三类内部事务信息	0	0	0	0	0	0	0
		6. 属于四类过程性信息	2	1	0	0	0	0	3
		7. 属于行政执法案卷	0	0	0	0	0	0	0
		8. 属于行政查询事项	0	0	0	0	0	0	0
	(四)无法提供	1. 本机关不掌握相关政府信息	4	0	0	0	0	0	4
		2. 没有现成信息需要另行制作	0	0	0	0	0	0	0
		3. 补正后申请内容仍不明确	0	0	0	0	0	0	0
	(五)不予处理	1. 信访举报投诉类申请	0	0	0	0	0	0	0
		2. 重复申请	0	0	0	0	0	0	0
		3. 要求提供公开出版物	0	0	0	0	0	0	0
		4. 无正当理由大量反复申请	0	0	0	0	0	0	0
		5. 要求行政机关确认或重新出具已获取信息	0	0	0	0	0	0	0
	(六)其他处理	1. 申请人无正当理由逾期不补正、行政机关不再处理其政府信息公开申请	0	0	0	0	0	0	0
		2. 申请人逾期未按收费通知要求缴纳费用、行政机关不再处理其政府信息公开申请	0	0	0	0	0	0	0
		3. 其他	1	0	0	0	0	0	1
	(七)总计		36	1	0	0	0	0	37
四、结转下年度继续办理			3	0	0	0	0	0	3

四、政府信息公开行政复议、行政诉讼情况

行政复议					行政诉讼									
					未经复议直接起诉					复议后起诉				
结果维持	结果纠正	其他结果	尚未审结	总计	结果维持	结果纠正	其他结果	尚未审结	总计	结果维持	结果纠正	其他结果	尚未审结	总计
1	0	0	0	1	0	0	0	0	0	0	0	0	0	0

五、存在的主要问题及改进情况

2021年我局扎实做好政府信息公开工作，多措并举，有序推进，取得了一定成效，但仍存在许多不足。主要表现为以下两个方面：一是政策解读力度需要进一步加大；二是政府信息公开的工作流程还需要进一步完善。下一步，我局将严格按照《条例》规定和国务院办公厅要求，完善政府信息公开工作流程，持续加大政策解读力度，推进局内信息公开业务培训，切实提升政府信息公开工作能力和水平，接受人民群众的监督。

六、其他需要报告的事项

无。

国家医疗保障局 2021 年法治政府建设情况报告

2021 年,国家医疗保障局坚持以习近平新时代中国特色社会主义思想为指导,全面贯彻落实党的十九大和十九届历次全会精神,增强"四个意识",坚定"四个自信",做到"两个维护",推进全面依法治国战略布局,扎实完成《法治政府建设实施纲要(2021—2025 年)》各项任务要求,努力推动构建职责明确、依法行政的政府治理体系,促进法治医保建设各项工作取得新进展、新成效。

一、坚持党的全面领导,确保法治政府建设正确方向

(一)深入学习贯彻习近平法治思想

国家医疗保障局深入学习领会习近平法治思想,全面贯彻落实习近平总书记关于"坚持走中国特色社会主义法治道路,更好推进中国特色社会主义法治体系建设"等重要批示指示精神,全面推进医保法治体系建设,不断提高医保部门依法行政的能力和水平,发挥法治体系建设固根本、稳预期、利长远的重要作用,推进医保事业高质量发展。

(二)强化对医保法治建设的领导

国家医疗保障局党组始终坚持将医保法治建设摆在医保工作全局的重要位置,牢牢把握党的领导是社会主义法治最根本的保证,切实增强医保法治工作的政治性,积极研究部署医保改革与医保法治建设重点工作,以及立法计划、法规草案送审稿、部门规章草案、文件清理等医保法治专项工作。坚决执行中央全面依法治国各项决策部署,逐项落实中央全面依法治国委员会工作要点有关任务。

(三)切实履行医保法治建设第一责任人责任

国家医疗保障局高度重视医保法治建设责任落实,局主要负责同志担任局法治建设工作领导小组组长,切实履行法治政府建设第一责任人职责。召开局法治建设工作领导小组会议,明确法治工作职责分工,推进立法进度,推动法治建设工作与业务工作同部署、同实施,确保法治政府建设各项要求同医保业务工作实现高度融合,为深化改革提供法治支撑和保障。

二、坚持依法立法,以立法引领医保制度改革

(一)坚持全面系统,积极推进医疗保障法的立法工作

积极配合全国人大开展医疗保障法立法调研工作,医疗保障法列入全国人大常委会 2021 年度立法工作计划。组织完善医疗保障法文本,向相关部门和社会公开征求意见,持续推进立法工作,以立法引领医保待遇保障、筹资运行、医保支付、基金监管等重要制度改革。积极参与《社会救助法》《社会保险经办条例》等其他涉及医疗保障的相关法律法规的制定和修订工作。

(二)坚持急用先行,推动《医疗保障基金使用监督管理条例》出台实施

《医疗保障基金使用监督管理条例》作为我国医疗保障领域第一部专门行政法规,于 2021 年 5 月 1 日正式施行,对建立基金监管长效机制,促进医保法治化,推动医保领域依法行政,提升医保治理水平具有里程碑意义。组织撰写条例释义,为条例执行提供遵循。

(三)坚持基础支撑,制定出台《医疗保障行政处罚程序暂行规定》《规范医疗保障基金使用监督管理行政处罚裁量权办法》

《医疗保障行政处罚程序暂行规定》进一步规范医疗保障领域行政处罚程序,明确医疗保障行政部门实施行政处罚的原则,确保医疗保障行政

部门依法实施行政处罚。《规范医疗保障基金使用监督管理行政处罚裁量权办法》进一步规范医疗保障基金使用监管行政执法行为，保障医疗保障行政部门合法、合理、适当地行使行政处罚裁量权，维护医疗保障基金安全，保护公民、法人和其他组织的合法权益。

三、坚持依法依规，助力医保“放管服”改革

（一）坚持依法行政，落实依法行政相关制度

落实公众参与制度，对关系群众利益和社会长远发展的重大事项，严格履行调研起草、征求意见、咨询论证、合法性审核和集体研究决定等必经程序，充分吸纳社会各界的意见建议。落实规范性文件合法性审查和政策措施公平竞争审查制度，对规范性文件进行合法性审查和公平竞争审查，确保规范性文件与法律法规和规章相一致。为局内执法人员配发行政执法证件，促进医保系统行政执法公示制度、执法全过程记录制度和重大执法决定法制审核制度有效落实，规范行政执法自由裁量权，促进行政权力规范运行。落实公职律师制度，印发《关于加快推进公职律师工作的通知》，将符合条件的局内公职人员纳入公职律师管理范围。

（二）持续推进“放管服”综合改革，促进医药领域市场活力不断提升

持续开展和规范药品、医用耗材集中带量采购，切断医药流通和使用环节的灰色利益链，营造公平规范、风清气正的医药流通秩序和交易环境。进一步完善医保定点医药机构管理，明晰各主体之间的权责关系，推进定点医药机构精细化管理。不断完善“互联网＋”医疗服务医保支付政策，优化医保协议管理和医保经办管理服务，大力支持医疗服务模式创新。严厉打击欺诈骗保，通过强化日常监管、开展专项整治和飞行检查等监督检查方式，保障医保基金安全。2021 年，累计检查定点医药机构 70.8 万家，处理 41.4 万家，追回医保资金 234.18 亿元。加快推动医保服务标准化、规范化、便利化建设，推行医保服务事项“最多跑一次”改革，高频医保服务事项实现“跨省通办”。持续推进行风建设和“好差评”相关工作，明确行风建设任务目标，组织开展全国行风建设现场评价，进一步完善医保政务服务“好差评”制度建设。

四、坚持履行行政复议和行政诉讼职责，维护行政相对人合法权益

（一）复议为民，提高行政复议公信力

2021 年，国家医疗保障局共审理行政复议案件 9 件，始终坚持以事实为依据，以法律为准绳，对地方医保部门合法合理的行政处理决定予以维持；对违法、不当的行政行为依法作出要求改正、确认违法、撤销重作等决定。督促各级医保行政部门依法行政，切实将行政争议化解在初始阶段、化解在行政系统内部，更好维护行政相对人权益。

（二）多措并举，提高行政诉讼案件应诉水平

2021 年，国家医疗保障局共参加行政应诉案件 4 件，积极做好行政应诉工作，自觉接受司法监督，维护司法权威和行政相对人合法权益。提高行政应诉能力，扎实做好每一项行政行为，使各项医保工作都经得起司法检验。

（三）以案释法，提高依法行政水平

加强对重点案件的总结分析，针对案件反映出的依法行政薄弱环节，进行法律风险提示并提出改进建议，做到“办结一案，规范一片”。

五、坚持强化法治宣传和普及，提高全系统和全社会医保法治意识

（一）多种形式加强医保干部法治培训

邀请国家医疗保障局法律顾问为局法治工作领导小组讲授习近平法治思想，组织开展 2021 年医保干部法治培训班，切实提高法治思维和依法行政能力。结合 12 月 4 日国家宪法日举办“宪法宣传周”活动，引导医保干部尊崇宪法、维护宪法。

（二）积极开展医保系统普法宣传

做好对医保法规规章的宣传解读，重点开展《医疗保障基金使用监督管理条例》宣传工作，发挥条例在打击欺诈骗保、维护医保基金安全方面的重要作用。加强对医保系统干部的法治培训工作，选派相关人员赴地方对基层医保人员进行专

题培训，进一步强化各级医保部门法治意识。

2021年，国家医疗保障局在推进法治政府建设上取得一定成绩，但还存在一些问题和不足，主要是医疗保障法治基础较为薄弱，尚未全面形成高质量医疗保障法治体系，医保立法工作亟待进一步推进，医保干部法治培训的覆盖范围和方式有待进一步拓展和优化等。对此，国家医疗保障局高度重视，将持续采取措施予以解决。

下一步，国家医疗保障局将继续按照党中央关于推进全面依法治国实践的系列要求，深入推进法治政府建设，构建完善的医保法治体系，严格依法行政，不断增强运用法治思维和法治方式做好医保工作的能力，在实现第二个百年奋斗目标的伟大征程中奋力谱写医疗保障事业高质量发展新篇章，以优异成绩迎接党的二十大胜利召开！

国家基本医疗保险、工伤保险和生育保险药品目录(2021年)

一、凡例 

二、西药部分 

三、中成药部分 

四、协议期内谈判药品部分 

五、中药饮片部分 

Contents

Important Literature

II. Speeches by Leaders of the National Healthcare Security Administration

National Healthcare Security

I. Overview

Statistics

I. Healthcare Security Statistical Bulletin

II. Statistics of Healthcare Security Services

Chronicle of Major Events

Appendix

索 引

说明

1. 本索引为《中国医疗保障年鉴(2022)》主题分析索引。

2. 本索引采用主题分析法,款目按汉语拼音字母(同音字按声调)升序排列。书中的类目名、分目名用黑体字标明,其余用宋体字排印。

3. 索引款目后的数字表示内容所在页码,数字后面的拉丁字母(a、b)表示栏别(即版面的1、2栏)。

4. 同一主题在书中多处出现的,在其款目后用不同的页码注明;同一主题在地方医疗保障工作类目中不同省(自治区、直辖市)出现的,在同一款目下另起行退一字排列。

5. 本索引对"图片专辑""重要文献""特载""法规政策、重要文件""统计数据""大事记""附录"等类目内容不做主题分析。

A

B

D

F

G

J

K

L

M

N

R

S

W

Z

数字首

英文字母首